略号	書名	出版者	刊行年月
新能	新版 能・狂言事典	平凡社	2011.1
数学	日本数学者人名事典	現代数学社	2009.6
全戦	全国版 戦国時代人物事典	学研パブリッシング	2009.11
全幕	全国版 幕末維新人物事典	学研パブリッシング	2010.3
戦武	戦国武将事典：乱世を生きた830人	新紀元社	2008.6
対外	対外関係史辞典	吉川弘文館	2009.2
武田	武田氏家臣団人名辞典	東京堂出版	2015.5
地理	日本地理学人物事典 近世編・近代編1	原書房	2011.5〜12
天皇	天皇皇族歴史伝説大事典	勉誠出版	2008.12
徳将	徳川歴代将軍事典	吉川弘文館	2013.9
徳人	徳川幕臣人名辞典	東京堂出版	2010.8
徳代	徳川幕府全代官人名辞典	東京堂出版	2015.3
徳松	徳川・松平一族の事典	東京堂出版	2009.8
中世	日本中世史事典	朝倉書店	2008.11
内乱	日本中世内乱史人名事典 上・下	新人物往来社	2007.5
日文	日本文化文学人物事典	鼎書房	2009.2
俳文	俳文学大辞典 普及版	角川学芸出版	2008.1
幕末	幕末維新大人名事典 上・下	新人物往来社	2010.5
美画	美術家人名事典 古今・日本の物故画家3500人	日外アソシエーツ	2009.2
美建	美術家人名事典 建築・彫刻篇	日外アソシエーツ	2011.9
美工	美術家人名事典 工芸篇	日外アソシエーツ	2010.7
平家	平家物語大事典	東京書籍	2010.11
密教	日本密教人物事典 上・中	国書刊行会	2010.5〜2014.5
室町	室町時代人物事典	新紀元社	2014.4
山小	山川 日本史小辞典	山川出版社	2016.8

新訂増補

人物
レファレンス
事典

古代・中世・近世編
III（2007-2016）

あ～す

日外アソシエーツ

BIOGRAPHY INDEX

55,695 Japanese Historical Figures Before 1868,
Appearing in 52 Volumes of
48 Biographical Dictionary and Encyclopedias
Published in 2007-2016

Compiled by

Nichigai Associates, Inc.

© 2018 by Nichigai Associates, Inc.

Printed in Japan

本書はディジタルデータでご利用いただくことが
できます。詳細はお問い合わせください。

●編集スタッフ●
児山 政彦／石田 翔子／松本 裕加／新西 陽菜／岡田 真弓

刊行にあたって

　本書は、弊社が2007年に刊行した「新訂増補 人物レファレンス事典 古代・中世・近世編Ⅱ（1996-2006）」の追補版にあたり、神代・古代から近世・幕末までの日本史上で活躍した人物について、人名表記、人名読みのほか、人名異表記、人名異読、生没年、活動時期、身分・肩書・職業、業績などの簡単なデータも示し、国内で刊行された人物事典・歴史事典などのうち、どの事典にその人物が載っているか、どんな見出しで掲載されているか、を明らかにしたものである。例えば武将、茶人として知られる古田織部の本名は重然であり、「俳文学大辞典 普及版」にはその重然の見出しで掲載されている。本書では「古田織部」の見出しのもとに人物のデータ・掲載事典をまとめて示し、「重然」の見出しからは「古田織部」への参照を立てている。

　前版は追補版として人物事典・歴史事典など31種38冊（見出し数は延べ131,167件）を索引対象とし、今回は48種52冊（見出し数は延べ80,555件）を索引対象とした。この結果、前版・前々版（1996年刊）にも収録されていた88,714人に加え、今回新たに23,690人が新規追加となり、本書では合わせて55,695人を収録した。前版・前々版の分と合わせると総計112,404人の総索引となる。収録掲載事典は全て新規データである。

　ある人物がどの事典に載っているかを示すことで人物調査の効率化に資する、という基本的コンセプトに加え、本書では同一人物の統合、生没年表示の方法、活動時期の表現などの具体的な編集方針についても前版を踏襲した。ただし、今回対象とした事典類の収録人物で、本書の前版・前々版にも掲載されていた人物については、人名表記の右肩に「*」をつけ、前版になかった人名の異表記・異読みを加えたほかは原則前版の記述のままとした。

　本書が索引対象としたのは一般的な人物事典・歴史事典などであり、このほかにも県別の人物事典・百科事典など人物調査のための資料は多々出

ているが、それらについてはまた機会を改めて検討したい。

　なお、誤りのないよう十分気を付けたつもりだが、大量の人物情報を扱ったため思わぬ誤字や誤解が残っていないとも限らない。発見された誤りは今後の増刷・改訂の際に正してゆきたいと考えている。お気づきの点などご教示いただければ幸いである。

　　2017年11月

　　　　　　　　　　　　　　　　　　　日外アソシエーツ

凡　例

1．本書の内容

　本書は、2007年から2016年までに国内で刊行された人物事典、歴史事典に掲載されている明治維新以前に活躍した人物の総索引である。見出しとしての人名表記・読みのほか、異表記・異読み、生没年、その人物の活動時期、身分・肩書・職業、業績など人物の特定に最低限必要なプロフィールを補記し、その人物がどの事典にどのような表記・読みで掲載されているかを明らかにしたものである。

　２分冊構成で、本書には人名読みの先頭が「あ～す」のものを収録した。

2．収録範囲と人数

　別表に示した48種52冊の事典類に掲載されている、明治維新以前の日本史上で活躍し、各種の史料にその名が見える人物55,695人を収録した。収録対象には鑑真など日本に帰化した外国人、三浦按針など日本名を持った外国人も含めた。また実在の人物に限らず、日本武尊や妓王・妓女など神話や物語の登場人物も原則採用した。さらに商家や職工などの世襲名（事典類の見出しが特定の個人名ではなく代々の集合になっているもの。例：飛驒屋久兵衛など）も採用した。

3．本項目の記載事項

本書の各項目は次の要素から成る。

　（1）　人名見出し

　（2）　人物説明

　（3）　掲載事典

　前版に掲載されている人物については、人名表記の右肩に「＊」をつけ、原則前版の記述のままとした。ただし前版になかった人名の異表記・異読みがあった場合は新たに加えてある。

　今回新規に収録された人物については以下の通りとした。

(1) 人名見出し

1) 原則として同一人物は各事典での表記・読みに関わらず1項目にまとめた。その中で最も多くの事典で採用されているものを代表表記、代表読みとして太字で見出しとした。

2) 代表読みと比べ、読み癖による部分的な清濁音・拗促音の差しかない読みが事典に採用されている場合は、それを代表読みの後に「，」で区切って太字で表示した。

3) 代表表記と同読み異表記の関係になるものが事典類に採用されている場合は、それを（　）で囲んで代表表記の後に表示した。

4) 事典によっては読みの「ぢ」「づ」を「じ」「ず」に一律置き換えて掲載・排列しているものと、「ぢ」「づ」と「じ」「ず」とを明確に区別しているものとがある。本書では代表読みに限り、区別することに統一した。従って代表読みは置き換えをしている事典の読みとは異なっていることがあり、その際その事典における読みは代表読みの後に「，」で区切って表示した。

(2) 人物説明明

1) 生没年表示

①以下の条件に当てはまるものに限り、人物説明の冒頭に生没年を表示した。

・その人物が複数の事典に掲載されていること

・その過半数が少なくとも年単位では一致している（生年、没年ごとに比べた）場合は、その年を「生年〜没年」の形で表示する

・年単位で一致している中でさらに過半数のものが月日まで一致している場合は、年に続けてその月日も表示する

・「生没年不詳」という記載が過半数を占める場合は、「生没年不詳」と表示する

②年表示は和暦と西暦の併記とした。ただし和暦年と西暦年の対応は、月日まで考慮に入れた厳密な対応ではなく、多くの事典類に採用されている年単位の大まかな対応を踏襲した。従って誤差の出るものもあるが、およその目安としてご利用いただきたい。

③和暦年のうち南北朝時代については「北朝／南朝」の順に記載した。

④生年不詳のものが過半数で、没年が一つの説を採用できるときは、生年を「？」で表した。逆に没年が不詳の場合も同様である。

⑤諸説ある生年のどれもが過半数に至らず、没年は一つの説を採用できるときは、生年を「＊」で表した。逆に没年が諸説ある場合も同様である。

⑥例外として、商家や職工などの世襲名は、生没年表示の代わりに「世襲名」と表示した。

2) 別表記、別読み

人名見出しに示したものと異なる表記・読みで、各事典中に掲載されている場合、それらをまとめて掲載した。

3) プロフィール

人物を同定するための最低限の情報として、その人物の活動時期と身分・肩書・職業、係累、業績を補記した。

人物を同定するための最低限の情報として、その人物の活動時期と身分・肩書・職業、係累、業績を補記した。

①本書の活動時期は以下の基準で区分した。（ ）はトピック。

・上代　6世紀半ば（仏教伝来、宣化・欽明朝の頃）まで

・飛鳥時代　8世紀初頭（奈良遷都、文武・元明朝の頃）まで

・奈良時代　8世紀末（長岡・平安遷都、桓武朝の開始）まで

・平安時代前期　9世紀末〜10世紀初頭（菅原道真左遷、醍醐朝の開始）まで

・平安時代中期　11世紀後半（後三条天皇即位、白河院政開始）まで

・平安時代後期　12世紀末（平氏滅亡、鎌倉幕府成立）まで

・鎌倉時代前期　13世紀後半（元寇、北条氏得宗家専制支配の確立）まで

・鎌倉時代後期　14世紀前半（鎌倉幕府滅亡）まで

・南北朝時代　14世紀末（両朝合一）まで

・室町時代　15世紀後半（応仁・文明の乱）まで

・戦国時代　16世紀半ば（織田信長上洛、室町幕府滅亡）まで

・安土桃山時代　17世紀初頭（関ヶ原の戦い、江戸幕府成立）まで

・江戸時代前期　17世紀末（綱吉将軍就任、元禄時代開始）まで

・江戸時代中期　18世紀末（田沼意次失脚、家斉将軍就任）まで

・江戸時代後期　19世紀半ば（黒船来航、開国）まで

・江戸時代末期　1867、68年（明治改元、大政奉還、王政復古、江戸開城、戊辰戦争）まで

②身分・肩書は極力簡潔に記載した。特に重要と思われる人物については簡単に業績も記した。

（3）掲載事典

1）その人物が掲載されている事典類を¶の後に略号で示した。（略号は別表を参照）

2）各事典における記載が、本書の代表表記、代表読み、生没年表示と異なるときは略号の後に（　）で囲んでその内容を示した。その際、生年は○、没年は○で表した。

3）（　）内の生没年の記載については、年月日を補記するなどある程度の統一をはかったが、その事典が西暦しか記載していない場合は西暦のみを示し、西暦・和暦の両方を記載していれば和暦も示した。南北朝時代の元号の記載順は各事典の記述にそのまま従った。またその事典が中国や琉球の元号を記載している場合はそれも示した。

4）同一人物がひとつの事典に複数回出現する場合は、その回数だけ同じ略号を表示して（1）（2）‥‥と序数を付し、それぞれに相異点を明示した。

（4）共通事項

1）旧漢字は原則として新字に統一した。

2）全体を通じ、和暦における「元年」は「1年」と表示した。

3）全体を通じ、代数表示は名の後に〔　〕で囲んで表示した。また「初代」は「1代」と表示した。

4）事典類によっては、代数表示を「○世」という形にしているものもある。

本書では見出しの表記と別表記はすべて「○代」に統一した。但し各事典における記述の相異点を示す際には、もとの表示を使用した。

5）典拠に人名読みが記載されていなかったものについては編集部で読みを補記し、末尾に「★」を付した。

４．参照項目
   (1) 別表記・別読みから本書で採用した代表表記・代表読みが検索できる
   ように参照項目を立てた。
   (2) 「ぢ」「づ」と「じ」「ず」については、代表読みの場合と同様に
   区別して記載した。

５．排　列
   (1) 人名見出しの読みの五十音順に排列した。
   (2) 「ぢ」「づ」と「じ」「ず」は排列上も区別した。
   (3) 同読みの場合は、同じ表記のものをまとめた。
   (4) 読み・表記とも同一の人物は (1) (2) ‥‥と序数を付して、おおむ
   ね活動時期の古い順に並べた。

６．収録事典一覧
   (1) 本書で索引対象にした事典類の一覧を次ページ（及び見返し）に掲
   げた。
   (2) 略号は、本書において掲載事典名の表示に使用したものである。
   (3) 掲載は、略号の五十音順とした。

収録事典一覧

略号	書　名	出版者	刊行年月
浮絵	浮世絵大事典	東京堂出版	2008.6
江人	江戸時代人名控1000	小学館	2007.10
江表	江戸期おんな表現者事典	現代書館	2015.2
大坂	大坂の陣豊臣方人物事典	宮帯出版社	2016.12
織田	織田信長家臣人名辞典 第2版	吉川弘文館	2010.11
科学	事典 日本の科学者―科学技術を築いた5000人	日外アソシエーツ	2014.6
歌大	最新 歌舞伎大事典	柏書房	2012.7
眼医	眼科医家人名辞書	思文閣	2006.11
公卿	公卿人名大事典 普及版	日外アソシエーツ	2015.10
公家	公家事典	吉川弘文館	2010.3
古人	日本古代人名辞典	東京堂出版	2009.12
古代	日本古代氏族人名辞典 普及版	吉川弘文館	2010.11
古物	日本古代史人物事典	KADOKAWA	2014.2
後北	後北条氏家臣団人名辞典	東京堂出版	2006.9
コン	コンサイス日本人名事典 第5版	三省堂	2009.1
詩作	詩歌作者事典	鼎書房	2011.11
思想	日本思想史辞典	山川出版社	2009.4
出版	出版文化人物事典―江戸から近現代・出版人1600人	日外アソシエーツ	2013.6
植物	植物文化人物事典―江戸から近現代・植物に魅せられた人々	日外アソシエーツ	2007.4
女史	日本女性史大辞典	吉川弘文館	2008.1
女文	日本女性文学大事典	日本図書センター	2006.1
新歌	新版 歌舞伎事典	平凡社	2011.3
新隊	新選組隊士録	新紀元社	2011.12

(10)

略 号	書 名	出版者	刊行年月
新 能	新版 能・狂言事典	平凡社	2011.1
数 学	日本数学者人名事典	現代数学社	2009.6
全 戦	全国版 戦国時代人物事典	学研パブリッシング	2009.11
全 幕	全国版 幕末維新人物事典	学研パブリッシング	2010.3
戦 武	戦国武将事典：乱世を生きた830人	新紀元社	2008.6
対 外	対外関係史辞典	吉川弘文館	2009.2
武 田	武田氏家臣団人名辞典	東京堂出版	2015.5
地 理	日本地理学人物事典 近世編・近代編1	原書房	2011.5～12
天 皇	天皇皇族歴史伝説大事典	勉誠出版	2008.12
徳 将	徳川歴代将軍事典	吉川弘文館	2013.9
徳 人	徳川幕臣人名辞典	東京堂出版	2010.8
徳 代	徳川幕府全代官人名辞典	東京堂出版	2015.3
徳 松	徳川・松平一族の事典	東京堂出版	2009.8
中 世	日本中世史事典	朝倉書店	2008.11
内 乱	日本中世内乱史人名事典 上・下	新人物往来社	2007.5
日 文	日本文化文学人物事典	鼎書房	2009.2
俳 文	俳文学大辞典 普及版	角川学芸出版	2008.1
幕 末	幕末維新大人名事典 上・下	新人物往来社	2010.5
美 画	美術家人名事典 古今・日本の物故画家3500人	日外アソシエーツ	2009.2
美 建	美術家人名事典 建築・彫刻篇	日外アソシエーツ	2011.9
美 工	美術家人名事典 工芸篇	日外アソシエーツ	2010.7
平 家	平家物語大事典	東京書籍	2010.11
密 教	日本密教人物事典 上・中	国書刊行会	2010.5～2014.5
室 町	室町時代人物事典	新紀元社	2014.4
山 小	山川 日本史小辞典	山川出版社	2016.8

(11)

【あ】

あい(1)
江戸時代の女性。教育。美濃多芸郡島田村の地主千秋氏。寺子屋を開いた。
¶江表(あい(岐阜県))

あい(2)
江戸時代中期の女性。俳諧。遠江水窪の人。元禄15年刊、太田白雪編『三河小町』下に載る。
¶江表(あい(静岡県))

あい(3)
江戸時代中期の女性。和歌。京都の歌人で歌学者有賀長伯の娘。元禄9年成立、平間長雅編「住吉社奉納千首和歌」に載る。
¶江表(あい(京都府))

あい(4)
江戸時代後期の女性。教育。小林菊三郎の娘。
¶江表(あい(東京都) [生]嘉永3(1850)年頃)

あい(5)
江戸時代後期の女性。俳諧。文政7年刊、十方庵画山編『笠の露』に少女あいとして載る。
¶江表(あい(佐賀県))

あい(6)
江戸時代末期の女性。和歌。阿以とも。安政7年跋、蜂屋光世編『大江戸倭歌集』に載る。
¶江表(あい(東京都))

愛(1) あい★
江戸時代前期の女性。俳諧。俳人松濤の娘。貞享4年刊、江左尚白編『孤松』に載る。
¶江表(愛(京都府))

愛(2) あい★
江戸時代後期の女性。俳諧。大坂の人。俳人津田寿山の娘。嘉永6年刊、不二鷹著『浪花三十六佳人』に載る。
¶江表(愛(大阪府))

愛(3) あい★
江戸時代後期の女性。俳諧。天保3年刊多賀庵四世筵史編『やまかつら』に5句が載る。
¶江表(愛(広島県))

愛(4) あい★
江戸時代後期～明治時代の女性。工芸。鹿見村の郷士阿比留大膳の妹。
¶江表(愛(長崎県) [生]文政6(1823)年 [没]明治12(1879)年)

愛(5) あい★
江戸時代末期の女性。俳諧。上河氏。安政6年刊大塩無外編『わきゆ』に載る。
¶江表(愛(京都府))

愛(6) あい★
江戸時代末期の女性。俳諧。摂津伊丹の人。安政6年に岡田糠人が発刊した『かさりたる』に載る。
¶江表(愛(兵庫県))

愛阿 あいあ
戦国時代の僧、連歌師。北条氏綱の時。
¶後北

相合元綱 あいおうもとつな
⇒毛利元綱(もうりもとつな)

愛花 あいか★
江戸時代の女性。俳諧。下都賀郡富山の人。明治27年刊、土屋麓編『下毛友かき』に載る。
¶江表(愛花(栃木県))

秋鹿朝重 あいかともしげ
江戸時代前期の代官。
¶徳代([生]慶長12(1607)年 [没]延宝8(1680)年12月26日)

秋鹿朝正 あいかともまさ
天正8(1580)年～明暦2(1656)年 安土桃山時代～江戸時代前期の幕臣。
¶徳人,徳代([没]明暦2(1656)年6月8日)

愛加那* あいがな,あいかな
天保8(1837)年～明治35(1902)年 江戸時代末期～明治時代の女性。西郷隆盛の奄美大島配流時代の妻。
¶全幕(あいかな),幕末(あいかな)

秋鹿直朝 あいかなおとも
戦国時代～江戸時代前期の代官。
¶徳代([生]弘治2(1556)年 [没]慶長14(1609)年9月2日)

相賀久茂* あいがひさしげ
天保9(1838)年～明治24(1891)年 江戸時代末期～明治時代の志士、陸軍軍人、大尉。西南戦争の際には広島鎮代副官として参加。
¶幕末([没]明治24(1891)年4月21日)

秋鹿政朝 あいかまさとも
戦国時代～安土桃山時代の今川義元・徳川家康の家臣。
¶後北(政朝〔秋鹿〕 まさとも [生]天文3年 [没]天正18年12月)

秋鹿道重 あいかみちしげ
寛永19(1642)年～元禄10(1697)年 江戸時代前期～中期の幕臣。
¶徳人,徳代([没]元禄10(1697)年2月20日)

合川珉和* あいかわみんわ
?～文政4(1821)年 江戸時代後期の浮世絵師。
¶美画([没]文政4(1821)年9月25日)

阿江木玄悦 あいきげんえつ
戦国時代の信濃佐久郡阿江木郷の国衆。
¶武田(生没年不詳)

阿江木常喜 あいきじょうき
⇒阿江木常喜(あえきじょうき)

阿江木常林 あいきじょうりん
⇒阿江木常林(あえきじょうりん)

安威久大夫秀俊 あいきゅうだゆうひでとし
江戸時代前期の豊臣秀吉・池田忠雄の家臣。
¶大坂([没]万治3年)

あい子 あいこ★
江戸時代後期の女性。和歌。越前鯖江藩藩士野村源六の娘。文化5年頃、真田幸弘編「御ことほきの記」に載る。
¶江表(あい子(福井県))

あゐ子 あいこ★
江戸時代の女性。和歌。緒方氏。明治4年刊、『不

知火歌集』に載る。
¶江表（あゐ子（熊本県））

愛子(1)　あいこ*
江戸時代中期の女性。和歌。諏訪靫負頼深の娘。明和5年刊、石野広通編『霞関集』に載る。
¶江表（愛子（東京都））

愛子(2)　あいこ*
江戸時代後期の女性。和歌。幕臣、書院番頭酒井和泉守の妻。文政4年「詩仙堂募集和歌」に載る。
¶江表（愛子（東京都））

愛子(3)　あいこ*
江戸時代後期の女性。和歌。萩生村の御用達森川平九郎定見の妻。天保6年刊飯尾葛蔭編、母の八〇賀集『水石寿言』に載る。
¶江表（愛子（愛媛県））

愛子(4)　あいこ*
江戸時代後期～末期の女性。和歌。越後高田の豪農長野氏の娘。
¶江表（愛子（新潟県）　㊀文化3（1806）年　㊁文久2（1862）年）

愛子(5)　あいこ*
江戸時代末期の女性。和歌。豊後杵築の田中幸作の妻。安政4年序、物集高世編『類題春草集』初に載る。
¶江表（愛子（大分県））

安伊子　あいこ*
江戸時代後期の女性。和歌。長門清末藩藩士渡辺澄の妹。天保12年刊、小野基圀編『海内偉帖人名録』に名が載る。
¶江表（安伊子（山口県））

相古曽女・古曽女　あいこそじょ*
江戸時代後期の女性。狂歌。寛政11年序、便々館湖鯉鮒編『狂歌杓子栗』に載る。
¶江表（相古曽女・古曽女（東京都））

愛護の若*（愛護若）　あいごのわか
説経浄瑠璃「あいごの若」の主人公。
¶コン（愛護若）

鮎沢伊太夫　あいざわいだゆう
⇒鮎沢伊太夫（あゆざわいだゆう）

相沢朮　あいざわうけら
⇒相沢朮（あいざわおけら）

相沢朮*　あいざわおけら
文政8（1825）年～明治37（1904）年　㊇相沢朮（あいざわうけら）　江戸時代末期～明治時代の医師、歌人。著書に「脚気治験録」「全医詳解」、歌集「雪の舎集」がある。
¶幕末（あいざわうけら）

会沢元輔　あいざわげんすけ
⇒会沢元輔（あいざわもとすけ）

相沢定常*　あいざわさだつね
慶安1（1648）年～正徳4（1714）年　江戸時代中期の和算家。
¶数学（㊁正徳4（1714）年7月3日）

会沢正志斎*　あいざわせいしさい
天明2（1782）年～文久3（1863）年　㊇会沢安（あいざわやすし）　江戸時代後期の儒学者、水戸藩士。水戸斉昭の藩政改革の中心的人物。尊皇攘夷論を唱え、彰考館総裁、藩校弘道館の初代総教となる。著作に「新論」「言志篇」など。
¶江人，コン（㊀天明1（1781）年），思想，全幕（会沢安　あいざわやすし），幕末（㊀天明2（1782）年5月25日　㊁文久3（1863）年7月14日），山小（㊀1782年5月25日　㊁1863年7月14日）

相沢石湖*　あいざわせきこ
文化3（1806）年～*　江戸時代後期の画家。
¶美画（㊁弘化4（1848）年12月29日）

相沢扇子*　あいざわせんこ
文政12（1829）年10月6日～明治37（1904）年11月24日　江戸時代末期～明治時代の歌人。歌人相沢朮の妻。歌集に娘竹子との共編「母子草」。
¶江表（扇子（愛知県））

相沢道玄　あいざわどうげん
江戸時代後期～末期の眼科医。
¶眼医（生没年不詳）

会沢矩道　あいざわのりみち
江戸時代後期～末期の和算家、水戸藩士。
¶数学（㊀文政3（1820）年　㊁文久2（1862）年閏8月10日）

会沢元輔*　あいざわもとすけ
？～慶応3（1867）年　㊇会沢元輔（あいざわげんすけ）　江戸時代末期の薩摩藩士。
¶幕末（あいざわげんすけ　㊁慶応3（1867）年12月12日）

会沢安　あいざわやすし
⇒会沢正志斎（あいざわせいしさい）

愛子　あいし*
江戸時代末期の女性。和歌。生野図書時興の娘。今泉蟹守編、安政2年に南里有鄰序「樟葉三十六歌仙」に載る。
¶江表（愛子（佐賀県））

あい女　あいじょ*
江戸時代後期の女性。俳諧。高岡の人。天保5年刊、高岡の真葛坊編『己之中集』に載る。
¶江表（あい女（富山県））

愛女(1)　あいじょ*
江戸時代中期の女性。俳諧。越前の人。安永3年刊、与謝蕪村編『俳諧玉藻集』に載る。
¶江表（愛女（福井県））

愛女(2)　あいじょ*
江戸時代後期の女性。和歌。芥川左市衛門の妻。文化2年成立「宥天上人中陰手向和歌三拾首」に載る。
¶江表（愛女（愛媛県））

藹昭院　あいしょういん
江戸時代後期～昭和時代の女性。工芸。蓮池藩主鍋島直与の娘。
¶江表（藹昭院（佐賀県）　㊀天保14（1843）年　㊁昭和5（1930）年）

愛洲移香*（愛洲惟孝）　あいすいこう，あいずいこう
享徳1（1452）年～天文7（1538）年　戦国時代の剣術家。陰流の開祖。
¶コン（愛洲惟孝　あいずいこう），全戦

愛洲兵部少輔*　あいすひょうぶしょうゆう
生没年不詳　㊇愛洲兵部少輔（あいすひょうぶのしょう）　戦国時代の武将。後北条氏家臣。
¶後北（兵部少輔〔愛洲〕　ひょうぶしょう）

愛洲兵部少輔　あいすひょうぶのしょう
⇒愛洲兵部少輔（あいすひょうぶしょうゆう）

愛石*　あいせき
江戸時代中期の画僧。
¶美画（生没年不詳）

相磯平二郎*　あいそへいじろう
生没年不詳　戦国時代の在郷被官。
¶後北（平二郎〔相磯〕　へいじろう）

相磯与三左衛門　あいそよさざえもん
安土桃山時代の平二郎の一族。
¶後北（与三左衛門〔相磯〕　よさざえもん）

会田（合田）掃部助　あいだかもんのすけ
安土桃山時代の北条氏照の家臣布施景尊の同心。
¶後北（掃部助〔会田・合田（2）〕　かもんのすけ）

会田求吾　あいだきゅうご
⇒合田求吾（ごうだきゅうご）

会田後家　あいだごけ
安土桃山時代の女性。信清夫人か。
¶後北（会田後家〔会田（1）〕）

会田吾山*　あいだござん
享保2（1717）年～天明7（1787）年12月17日　[別]越谷吾山（こしがやござん），吾山（ござん）　江戸時代中期の俳人。「物類称呼」「朱紫」を刊行。
¶俳文（吾山　ござん）

間小四郎*　あいだこしろう
天明7（1787）年～安政2（1855）年　[別]間小四郎（はざまこしろう）　江戸時代後期の秋月藩士。
¶幕末（はざまこしろう）

会田定裕　あいださだすけ
戦国時代の岩付城主太田氏の家臣。弾正忠。
¶後北（定裕〔会田（1）〕　さだすけ）

会田資敏　あいだすけとし
*～安永5（1776）年　江戸時代中期の幕臣。
¶徳人（[生]1717年），徳代（[生]享保3（1718）年　[没]安永5（1776）年10月26日）

会田資刑　あいだすけのり
江戸時代前期～中期の代官。
¶徳代（[生]寛文6（1666）年　[没]寛保1（1741）年9月8日）

会田資久　あいだすけひさ
江戸時代前期の代官。
¶徳代（[生]？　[没]元和5（1619）年7月16日）

相田千之允　あいたせんのじょう
⇒高畑房次郎（たかはたふさじろう）

相田東湖*　あいだとうこ
天保3（1832）年～明治30（1897）年　江戸時代末期～明治時代の会津の画人。会津若松ではじめて写真術を手がけた。
¶幕末（[生]天保2（1831）年　[没]明治30（1897）年6月17日）

会田某　あいだなにがし
安土桃山時代の江戸城代遠山氏の家臣。資久か。
¶後北（某〔会田（1）〕　なにがし）

会田信清*　あいだのぶきよ
生没年不詳　戦国時代の武将。後北条氏家臣。
¶後北（信清〔会田（1）〕　のぶきよ）

会田安明*　あいだやすあき
延享4（1747）年～文化14（1817）年10月26日　[別]鈴木安旦（すずきやすあき）　江戸時代中期の和算家。
¶江人，科学（[生]延享4（1747）年2月10日），コン，数学（[生]延享4（1747）年2月10日）

会田安豊　あいたやすとよ
江戸時代中期～後期の和算家。
¶数学

会津小鉄　あいづこてつ
⇒会津小鉄（あいづのこてつ）

会津少将　あいづしょうしょう
⇒蒲生氏郷（がもううじさと）

会津中将　あいづちゅうじょう
⇒保科正之（ほしなまさゆき）

会津中納言　あいづちゅうなごん
⇒上杉景勝（うえすぎかげかつ）

安威摂津守　あいつのかみ
江戸時代前期の豊臣秀吉の家臣。
¶大坂（[没]慶長20年5月7日）

会津小鉄*　あいづのこてつ
弘化2（1845）年～明治18（1885）年　[別]会津小鉄（あいづこてつ）　江戸時代末期～明治時代の侠客。会津小鉄組の基礎を築いた。
¶コン，全幕（あいづこてつ）

会津屋八右衛門*　あいづやはちえもん
？～天保7（1836）年12月23日　江戸時代後期の密貿易家。大坂町奉行に逮捕され、死罪。
¶コン

愛方　あいのかた
⇒西郷局（さいごうのつぼね）

間の川又五郎*　あいのかわまたごろう
文化12（1815）年～明治8（1875）年　江戸時代末期～明治時代の博徒、中野県庁職員。旅籠屋を営むかたわら目明かし、探索方として活躍。
¶コン

愛宮*　あいのみや
生没年不詳　[別]愛宮（あいみや）　平安時代中期の女性。右大臣九条師輔の5女。左大臣源高明の室。
¶古人（あいみや）

饗場越前守　あいばえちぜんのかみ
戦国時代の臼井阿原郷の領主。
¶武田（生没年不詳）

相場薫三郎*　あいばしげさぶろう，あいばしげざぶろう
天保13（1842）年～？　江戸時代後期～末期の新撰組隊士。
¶新隊（あいばしげざぶろう）

安威八左衛門　あいはちざえもん
江戸時代前期の豊臣秀吉の家臣。
¶大坂（[没]正保5年1月14日）

相場朋厚*　あいばともあつ
天保5（1834）年～明治44（1911）年　江戸時代末期～明治時代の志士、画家。足利学校遺跡保存に尽力。
¶美画（[没]明治44（1911）年6月22日）

饗庭局　あいばのつぼね
？～慶長20（1615）年　江戸時代前期の女性。田屋石見守明政の次女。淀殿に出仕。

¶江表（饗庭局（滋賀県）　あえばのつぼね），大坂（[没]慶長20年5月8日）

合葉文山*　あいばぶんざん
寛政9（1797）年～安政4（1857）年　江戸時代末期の本草学者。
¶美画（[没]安政4（1857）年4月13日）

粟飯原氏光*　あいはらうじみつ
生没年不詳　南北朝時代の武将。
¶室町

粟飯原清胤*　あいはらきよたね，あいばらきよたね
生没年不詳　[別]粟飯原清胤（あわいはらきよたね）　南北朝時代の武将。
¶コン（あいばらきよたね），室町（[生]？　[没]正平8/文和2（1353）年）

相原賢*　あいばらけん
文政4（1821）年～明治22（1889）年　江戸時代末期～明治時代の漢学者。学制頒布後、小学校で子弟の教育に従事。
¶幕末（[没]明治22（1889）年9月14日）

相原三有楽*　あいはらさうら
江戸時代末期～明治時代の工芸家。水晶工芸界初期の名工。
¶幕末（[生]文政12（1829）年　[没]？），美工（[生]文政11（1828）年11月25日　[没]？）

粟飯原左衛門　あいはらさえもん
安土桃山時代の代官。
¶徳代（[生]？　[没]慶長8（1603）年）

相原庄左衛門尉　あいはらしょうざえもんのじょう
戦国時代の武田氏の家臣。越後国境付近での活動が目立つ。
¶武田（生没年不詳）

相原内匠助　あいはらたくみのすけ
戦国時代～安土桃山時代の武士。御嶽衆のひとり。
¶武田（生没年不詳）

粟飯原常基*　あいはらつねもと
生没年不詳　平安時代後期の豪族。
¶古人

粟飯原孫二郎　あいはらまごじろう
安土桃山時代の千葉胤富の家臣。左衛門大夫。
¶後北（孫二郎〔粟飯原〕　まごじろう）

相原安次郎　あいはらやすじろう
江戸時代後期～明治時代の幕臣。
¶幕末（[生]天保13（1842）年4月　[没]明治43（1910）年10月31日）

粟飯原保宗　あいはらやすむね
安土桃山時代の人。一反の地を木内神社に寄進。
¶後北（保宗〔粟飯原〕　やすむね）

相□秀満　あい□ひでみつ
戦国時代～安土桃山時代の人。慈徳庵門前の禰宜屋敷について育書記に書き送る。
¶武田（生没年不詳）

愛宮　あいみや
⇒愛宮（あいのみや）

秋元安民　あいもとやすたみ
⇒秋元正一郎（あきもとしょういちろう）

愛蘭皐　あいらんこう★
江戸時代の女性。書。西須賀の庄屋太平恵之丞の母。
¶江表（愛蘭皐（徳島県））

安威了佐*　あいりょうさ
生没年不詳　安土桃山時代～江戸時代前期のキリシタン。豊臣秀吉の右筆、奏者を務めた。
¶コン

アウグスティヌス
⇒小西行長（こにしゆきなが）

阿氏奥島*　あうじのおきしま
[別]阿氏奥島（あしのおくしま）　奈良時代の地方官。
¶古人（あしのおくしま　生没年不詳）

相木市兵衛　あえきいちべえ
安土桃山時代の北条氏直の家臣。依田能登守。能登守。
¶後北（市兵衛〔相木〕　いちべえ）

阿江木常喜*　あえきじょうき
生没年不詳　[別]阿江木常喜（あいきじょうき）　戦国時代の信濃国衆。
¶武田（あいきじょうき）

阿江木常林*　あえきじょうりん
生没年不詳　[別]阿江木常林（あいきじょうりん）　戦国時代の信濃国衆。
¶武田（あいきじょうりん）

敢朝臣安麻呂*　あえのあそんやすまろ
[別]敢安万呂（あえのやすまろ）　奈良時代の戸主。
¶古人（敢安万呂　あえのやすまろ　生没年不詳），古代

吾瓮海人鳥摩呂*（吾瓮海人烏摩呂）　**あえのあまのおまろ**
上代の海人。
¶古代

敢忍国　あえのおしくに
⇒敢臣忍国（あえのおみおしくに）

敢臣忍国*　あえのおみおしくに
[別]敢忍国（あえのおしくに）　奈良時代の富豪。
¶古人（敢忍国　あえのおしくに　生没年不詳），古代

阿閉臣国見*　あえのおみくにみ
[別]阿閉国見（あえのくにみ）　上代の豪族。
¶古代

阿閉臣事代*　あえのおみことしろ
[別]阿閉事代（あえのことしろ）　上代の豪族。
¶古代

阿閉国見　あえのくにみ
⇒阿閉臣国見（あえのおみくにみ）

阿閉事代　あえのことしろ
⇒阿閉臣事代（あえのおみことしろ）

敢船主　あえのふなぬし
奈良時代の尾張国中島郡の人。天応1年敢臣の姓を賜わる。
¶古人（生没年不詳）

敢安万呂　あえのやすまろ
⇒敢朝臣安麻呂（あえのあそんやすまろ）

饗場氏直*（饗庭氏直）　**あえばうじなお**
建武2（1335）年～？　[別]饗庭尊宜（あえばたかの

ぶ）　南北朝時代の武将、歌人。
¶室町（饗庭氏直　生没年不詳）

饗庭尊宣　あえばたかのぶ
⇒饗場氏直（あえばうじなお）

饗庭東庵*　あえばとうあん
元和1（1615）年～延宝1（1673）年　江戸時代前期の医学者。曲直瀬玄朔の門人。
¶科学，コン

阿江与助　あえよすけ
⇒阿江与助（あこうよすけ）

阿円*　あえん
生没年不詳　鎌倉時代の仏師。
¶美建

葵　あおい
⇒葵の前（あおいのまえ）

青家次*　あおいえつぐ
生没年不詳　戦国時代～安土桃山時代の鏡師。
¶美工

葵の前*（葵前）　あおいのまえ
生没年不詳　[別]葵（あおい）　平安時代後期の女性。高倉天皇の宮人、建礼門院に仕えた。
¶古人（葵前），平家（葵　あおい）

葵康継　あおいやすつぐ
⇒康継（やすつぐ）

亜欧堂田善*　あおうどうでんぜん
寛延1（1748）年～文政5（1822）年　[別]永田善吉（ながたぜんきち）　江戸時代中期～後期の銅版画家、陸奥白河藩士。本名、永田善吉。
¶浮絵，江人，コン，美画（[没]文政5（1822）年5月7日），山小（[没]1822年5月7日）

青海皇女　あおうみのひめみこ
⇒飯豊青皇女（いいとよあおのひめみこ）

青貝某*　あおかい
生没年不詳　安土桃山時代の織田信長の家臣。
¶織田

青貝長兵衛*　あおがいちょうべえ
生没年不詳　江戸時代前期の螺鈿工。
¶コン，美工

青蔭雪鴻*　あおかげせっこう
天保3（1832）年～明治18（1885）年　江戸時代末期～明治時代の禅僧、永平寺貫主、曹洞宗管長。福井藩菩提寺の孝顕寺住職。
¶幕末（[没]明治18（1885）年8月10日）

青景隆著*　あおかげたかあきら
戦国時代の武士。
¶全戦（[生]？　[没]弘治2（1556）年），戦武（[生]？　[没]弘治2（1556）年）

青方簡斎*　あおかたかんさい
文政3（1820）年～安政6（1859）年　江戸時代末期の肥前福江藩家老。
¶幕末（[没]安政6（1859）年5月29日）

青方運善*　あおかたゆきよし
寛政5（1793）年～嘉永3（1850）年8月7日　江戸時代末期の肥前福江藩家老。
¶幕末（[没]嘉永3（1850）年6月30日）

青木いち*　あおきいち
元和3（1617）年～寛永13（1636）年6月28日　江戸時代前期の女性。伊達政宗に殉じた青木友重の妻。
¶江表（いち（宮城県））

青木一右衛門　あおきいちえもん
戦国時代の石切職棟梁。北条氏康に仕えた。
¶後北（一右衛門〔青木（1）〕　いちえもん）

青木市左衛門　あおきいちざえもん
江戸時代前期の武士。大坂の陣で籠城。
¶大坂

青木逸民*　あおきいつみん
文化14（1817）年～明治25（1892）年　江戸時代末期～明治時代の教育者。盛岡藩医学校設立に際し学制決定に努力。
¶幕末（[没]明治25（1892）年4月20日）

青木右京亮*　あおきうきょうのすけ
天保3（1832）年～？　江戸時代末期～明治時代の鷹司家諸大夫。
¶幕末

青木永弘　あおきえいこう
⇒青木永弘（あおきながひろ）

青木栄五郎　あおきえいごろう
江戸時代後期～明治時代の陶工。
¶美工（[生]弘化2（1845）年　[没]明治39（1906）年）

青木興勝*　あおきおきかつ
宝暦12（1762）年～文化9（1812）年6月　江戸時代中期～後期の蘭学者、筑前福岡藩士。筑前福岡藩蘭学の祖。
¶コン，思想

青木主計頭　あおきかずえのかみ
安土桃山時代の武士。青木尾張守信正の子という。長篠合戦で討死。
¶武田（[生]？　[没]天正3（1575）年5月21日）

青木一重*　あおきかずしげ
天文20（1551）年～寛永5（1628）年　[別]青木民部少輔一重（あおきみんぶのしょうかつしげ）　安土桃山時代～江戸時代前期の武将、大名。摂津麻田藩主。大坂城七手組頭の一人。
¶大坂（青木民部少輔一重　あおきみんぶのしょうかつしげ　[没]寛永5年8月9日），全戦

青木賢清　あおきかたきよ
⇒青木賢清（あおきけんせい）

青木包高　あおきかねたか
⇒青木包高（あおきほうこう）

青木喜右衛門盛俊　あおききえもんもりとし
安土桃山時代～江戸時代前期の豊臣秀頼の小姓。
¶大坂（[生]慶長4年　[没]万治1年5月9日）

青木彊斎　あおききょうさい
⇒青木理蔵（あおきりぞう）

青木九郎兵衛　あおきくろべえ
安土桃山時代の相模国真鶴の小代官。北条氏に属した。
¶後北（九郎兵衛〔青木（2）〕　くろべえ）

青木賢清*　あおきけんせい
天正10（1582）年～明暦2（1656）年　[別]青木賢清（あおきかたきよ）　江戸時代前期の神道家。長崎

あ

諏訪神社宮司。
¶コン

青木研蔵* あおきけんぞう
文化12(1815)年～明治3(1870)年 江戸時代後期～明治時代の医師。
¶コン, 幕末([没]明治3(1870)年9月8日)

青木源之助 あおきげんのすけ
江戸時代末期の大工。
¶美建(生没年不詳)

青木玄蕃允* あおきげんばのじょう
生没年不詳 安土桃山時代の織田信長の家臣。
¶織田

青木昆山* あおきこんざん
*～明治4(1871)年 江戸時代末期の画家。
¶美画([生]文化2(1805)年8月6日 [没]明治4(1871)年1月17日)

青木昆陽* あおきこんよう
元禄11(1698)年～明和6(1769)年 [別]青木文蔵(あおきぶんぞう), 甘藷先生(かんしょせんせい) 江戸時代中期の儒学者、書誌学者、蘭学者。享保の改革に寄与。
¶江人, 科学([生]元禄11(1698)年5月12日 [没]明和6(1769)年10月12日), コン, 思想, 植物([生]元禄11(1698)年5月12日 [没]明和6(1769)年10月12日), 対外, 徳将, 徳人, 山小([生]1698年5月12日 [没]1769年10月12日)

青木左衛門五郎 あおきさえもんごろう
戦国時代～安土桃山時代の石切職人。
¶後北(左衛門五郎〔青木(1)〕 さえもんごろう), 武田(生没年不詳)

青木左近 あおきさこん
江戸時代中期の眼科医。
¶眼医(生没年不詳)

青木貞正* あおきさだまさ
文化12(1815)年～明治11(1878)年 江戸時代末期～明治時代の習字塾主宰。
¶幕末([没]明治11(1878)年9月24日)

青木貞良 あおきさだよし
江戸時代後期の和算家。文政13年算額を奉納。
¶数学

青木重直* あおきしげなお
大永8(1528)年～慶長18(1613)年 [別]刑部卿法印(ぎょうぶきょうほういん) 戦国時代～安土桃山時代の武士。豊臣氏家臣。
¶織田([生]享禄1(1528)年 [没]慶長18(1613)年11月21日), 全戦

青木重満* あおきしげみつ
生没年不詳 戦国時代の武士。武田氏家臣。
¶武田

青木七左衛門 あおきしちざえもん
江戸時代前期の武士。大坂の陣で籠城。
¶大坂

青木十口 あおきじっこう
⇒広瀬十口(ひろせじゅうこう)

青木周弼* あおきしゅうすけ
享和3(1803)年～文久3(1863)年12月16日 [別]青木周弼(あおきしゅうひつ) 江戸時代末期の医師、蘭学者、長州(萩)藩士。長州(萩)藩主毛利敬親の侍医、好生堂教諭役。
¶江人(あおきしゅうひつ), 科学([生]享和3(1803)年1月3日), コン(あおきしゅうひつ), 思想, 幕末([生]享和3(1803)年1月3日 [没]文久3(1864)年12月16日)

青木周弼 あおきしゅうひつ
⇒青木周弼(あおきしゅうすけ)

青木秀平* あおきしゅうへい
文政3(1820)年～明治16(1883)年 江戸時代末期～明治時代の商人。堺で貿易に従事。堺紡績所の建設にも関与。
¶幕末([没]明治16(1883)年8月21日)

青木夙夜* あおきしゅくや
？～享和2(1802)年 [別]大雅堂(たいがどう) 江戸時代中期の南画家。池大雅に師事。
¶コン, 美画([没]享和2(1802)年10月23日)

青木次郎左衛門 あおきじろうざえもん
安土桃山時代の織田信長の家臣。
¶織田([生]? [没]天正10(1582)年6月2日)

青木四郎左衛門久矩 あおきしろざえもんひさのり
⇒青木久矩(あおきひさのり)

青木甚九郎* あおきじんくろう
文政4(1821)年～明治29(1896)年 江戸時代末期～明治時代の製糸業者、東行社社長。須坂製糸業の発展に尽力。
¶幕末

青木新三郎* あおきしんざぶろう
天保4(1833)年～元治1(1864)年 江戸時代末期の加賀藩料理人。
¶幕末([生]天保4(1833)年6月26日 [没]元治1(1864)年10月19日)

青木翠山 あおきすいざん
江戸時代後期～明治時代の日本画家。
¶美画([生]天保13(1842)年4月29日 [没]明治29(1896)年12月13日)

青木駿河守正重 あおきするがのかみまさしげ
安土桃山時代～江戸時代前期の武士。小寺宮内右衛門則頼の長男。
¶大坂([生]天正9年 [没]寛文4年8月3日)

青木精一郎 あおきせいいちろう
⇒三枝蓊(さいぐさしげる)

青木清九郎 あおきせいくろう
江戸時代前期の豊臣秀頼の家臣。青木平太夫直次の長男。
¶大坂([没]慶長20年5月7日)

青木善左衛門 あおきぜんざえもん
戦国時代の石切棟梁。北条氏康に仕えた。
¶後北(善左衛門〔青木(1)〕 ぜんざえもん)

青木千松 あおきせんまつ
安土桃山時代の武士。青木右衛門佐の子。牢人。秀頼から扶持を給せられ、大坂籠城。
¶大坂

青木宗鳳〔1代〕* あおきそうほう
元禄3(1690)年～明和2(1765)年 [別]几鳥(きちょう) 江戸時代中期の茶人。
¶コン

青木宇于 あおきたかゆき
江戸時代後期の数学者。著書に『算法早割秘伝抄』。

¶数学

青木猛比古*　あおきたけひこ
天保2(1831)年～慶応3(1867)年　江戸時代末期の志士。
¶幕末（㊀天保2(1831)年3月　㊁慶応3(1867)年10月29

青木紀明　あおきただあきら
江戸時代中期～後期の代官。
¶徳代（㊀元文5(1740)年　㊁寛政1(1789)年7月28日）

青木忠陽　あおきただひさ
江戸時代中期の幕臣。
¶徳人（㊀1756年　㊁？）

青木忠吉　あおきただよし
江戸時代後期～明治時代の和算家。
¶数学

青木経清　あおきつねきよ
江戸時代後期の和算家。
¶数学

青木鶴*　あおきつる
生没年不詳　安土桃山時代の織田信長の家臣。
¶織田

青木諦了　あおきていりょう
眼科医。
¶眼医（生没年不詳）

青木東庵*　あおきとうあん
慶安3(1650)年～元禄13(1700)年　江戸時代前期～中期の医師、詩人。
¶眼医（㊁？）

青木俊定　あおきとしさだ
江戸時代前期の代官。
¶徳代（㊀？　㊁承応2(1653)年8月25日）

青木利求　あおきとしもと
⇒青木利求（あおきりきゅう）

青木豊定　あおきとよさだ
安土桃山時代～江戸時代前期の代官。
¶徳代（生没年不詳）

青木永章*　あおきながあき
天明7(1787)年～弘化1(1844)年7月10日　別青木永章（あおきながふみ）　江戸時代後期の国学者。諏訪神社第9代宮司。
¶コン

青木永弘*（青木長広）**　あおきながひろ**
明暦2(1656)年～享保9(1724)年1月10日　別青木永弘（あおきえいこう）　江戸時代中期の吉田流の神道家。
¶コン

青木永章　あおきながふみ
⇒青木永章（あおきながあき）

青木長由　あおきながゆき
江戸時代前期～中期の和算家、仙台藩士。
¶数学（㊀寛文9(1669)年　㊁元文5(1740)年11月2日）

青木信定　あおきのぶさだ
戦国時代の武士。武河衆。
¶武田（㊀文明13(1481)年　㊁天文10(1541)年10月20日）

青木信立　あおきのぶたつ
戦国時代～安土桃山時代の武士。武河衆の一員で、青木信時・横手満俊・柳沢信俊の父。
¶武田（㊀永正15(1518)年　㊁天正18(1590)年6月13日）

青木信時　あおきのぶとき
安土桃山時代の武士。武河衆のひとりで、信立の子。
¶武田（㊀？　㊁慶長5(1600)年11月2日？）

青木信秀*　あおきのぶひで
生没年不詳　戦国時代の武士。武田氏家臣。
¶武田

青木信敬*　あおきのぶよし
文政12(1829)年～明治30(1897)年　江戸時代末期～明治時代の牛久藩士。
¶幕末（㊁明治30(1897)年5月19日）

青木春澄*　あおきはるずみ、あおきはるすみ
承応2(1653)年～正徳5(1715)年　別春澄（しゅんちょう）、はるすみ、はるずみ　江戸時代中期の俳人（貞徳系）。
¶俳文（春澄　はるずみ　㊁正徳5(1715)年7月30日）

青木彦四郎*　あおきひこしろう
天保8(1837)年～文久3(1863)年　江戸時代末期の播磨赤穂藩士。
¶幕末（㊁文久3(1863)年3月18日）

青木久矩*　あおきひさのり
？～元和1(1615)年　別青木四郎左衛門久矩（あおきしろざえもんひさのり）　安土桃山時代～江戸時代前期の武士。豊臣氏家臣。
¶大坂（青木四郎左衛門久矩　あおきしろ（う）ざえもんひさのり　㊁慶長20年5月6日）

青木文蔵　あおきぶんぞう
⇒青木昆陽（あおきこんよう）

青木芳庵　あおきほうあん
江戸時代中期の眼科医。
¶眼医（生没年不詳）

青木包高*　あおきほうこう
寛保3(1743)年～文政10(1827)年　別青木包高（あおきかねたか）　江戸時代中期～後期の数学者。
¶数学（あおきかねたか　㊁文政10(1827)年6月28日）

青木芳斎*　あおきほうさい
天保3(1832)年～明治38(1905)年12月7日　別湯浅芳斎（ゆあさほうさい）　江戸時代末期～明治時代の医師。
¶幕末（㊀天保3(1832)年10月14日）

青木北海*　あおきほくかい
*～慶応1(1865)年　別青木北海（あおきほっかい）、青木又市（あおきまたいち）　江戸時代後期の国学者。
¶コン（㊀天明2(1782)年）、幕末（あおきほっかい　㊀天明3(1783)年正月晦日　㊁慶応1(1865)年6月11日）

青木北海　あおきほっかい
⇒青木北海（あおきほくかい）

青木又市　あおきまたいち
⇒青木北海（あおきほくかい）

青木光延*（青木充延）**　あおきみつのぶ**
宝暦10(1760)年～文化3(1806)年　江戸時代後期の儒者、安芸広島藩隠密。

¶コン

青木美濃守の室　あおきみののかみのしつ★
江戸時代中期の女性。和歌。旗本久留島光通の娘。青木一新の室。
¶江表(青木美濃守の室(大阪府))

青木民部少輔一重　あおきみんぶのしょうかつしげ
⇒青木一重(あおきかずしげ)

青木連*　あおきむらじ
？〜明治1(1868)年11月5日？　江戸時代後期〜末期の新撰組隊士。
¶新隊(生没年不詳)

青木木米*　あおきもくべい
明和4(1767)年〜天保4(1833)年　[別]古器観(こきかん)，木米(もくべい)　江戸時代中期〜後期の陶工、南画家。代表作に「兎道朝暾図」。
¶江人，コン，美画([没]天保4(1833)年5月15日)，美工([没]天保4(1833)年5月15日)

青木守法*　あおきもりつね
生没年不詳　江戸時代末期の紀伊和歌山藩士。
¶幕末

青木主水　あおきもんど
江戸時代前期の人。越前北ノ庄城主青木紀伊守の次男。
¶大坂

青木安清　あおきやすきよ
貞享3(1686)年〜明和3(1766)年　江戸時代前期〜中期の幕臣。
¶徳人，徳代([没]明和3(1766)年11月21日)

青木泰定　あおきやすさだ
戦国時代の武田氏の家臣。
¶武田(生没年不詳)

青木与三郎*　あおきよさぶろう
天保7(1836)年〜元治1(1864)年　江戸時代末期の志士。
¶幕末([没]元治1(1864)年7月19日)

青木義精　あおきよしきよ
安土桃山時代〜江戸時代前期の幕臣。
¶徳人([生]1596年　[没]1628年)

青木吉定　あおきよしさだ
江戸時代前期の代官。
¶徳代([生]？　[没]承応2(1653)年8月25日)

青木義継　あおきよしつぐ
江戸時代前期〜中期の幕臣。
¶徳人([生]1609年　[没]1694年)

青木利求*　あおきりきゅう
生没年不詳　[別]青木利求(あおきとしもと)　江戸時代中期の和算家。
¶数学(あおきとしもと)

青木理蔵*　あおきりぞう
天保5(1834)年〜明治13(1880)年7月　[別]青木彊斎(あおききょうさい)　江戸時代末期〜明治時代の出羽秋田藩士。
¶幕末([生]文政8(1825)年)

青木鷺水*　あおきろすい
万治1(1658)年〜享保18(1733)年　[別]鷺水(ろすい)　江戸時代前期〜中期の俳人、浮世草子作者。伊藤信徳門下。
¶俳文(鷺水　ろすい　[没]享保18(1733)年3月26日)

青島五郎兵衛　あおしまごろうひょうえ
戦国時代〜安土桃山時代の駿河国青島の土豪。朝比奈信置の軍事指揮下にある同心衆か。
¶武田(生没年不詳)

青島直弼　あおしまなおすけ
江戸時代後期の和算家、沼田藩士。
¶数学

青地与右衛門　あおじよえもん
⇒青地与右衛門(あおちよえもん)

青田顕治　あおたあきはる
⇒青田信濃(あおたしなの)

青田信濃*　あおたしなの
？〜永禄6(1563)年　[別]青田顕治(あおたあきはる)　戦国時代の武士。相馬氏家臣。
¶全戦(青田顕治　あおたあきはる)

青田依定*　あおたよりさだ
元文1(1736)年〜寛政2(1790)年　江戸時代中期の暦数家、陸奥仙台藩士。
¶数学([没]寛政2(1790)年8月12日)

青地牛之助　あおちうしのすけ
江戸時代前期の豊臣家の家臣。
¶大坂([没]寛文3年12月4日)

青地源太郎　あおちげんたろう
⇒沢釆女(さわうねめ)

青地茂綱*　あおちしげつな，あおぢしげつな
？〜元亀1(1570)年　[別]青地駿河守茂綱(あおちするがのかみしげつな)　戦国時代の武士。
¶織田(あおぢしげつな　[没]元亀1(1570)年9月20日)

青地駿河守茂綱　あおちするがのかみしげつな
⇒青地茂綱(あおちしげつな)

青地宗三　あおちそうぞう
⇒三升屋二三治(みますやにそうじ)

青地孫二郎*　あおぢまごじろう
生没年不詳　安土桃山時代の織田信長の家臣。
¶織田

青地元珍　あおぢもとたか
⇒青地元珍(あおぢもとよし)

青地元珍*　あおぢもとよし
？〜寛永10(1633)年9月　[別]青地元珍(あおぢもとたか)　安土桃山時代〜江戸時代前期の織田信長の家臣。
¶織田(あおぢもとたか　[生]永禄3(1560)年　[没]寛永10(1633)年9月29日)

青地与右衛門*　あおちよえもん，あおぢよえもん
生没年不詳　[別]青地与右衛門(あおじよえもん)　戦国時代〜安土桃山時代の武士。織田氏家臣。
¶織田(あおぢよえもん)，全戦(あおじよえもん　[生]？　[没]天正10(1582)年)

青地林宗*　あおちりんそう
安永4(1775)年〜天保4(1833)年　江戸時代後期の蘭学者、伊予松山藩士。蛮書和解御用。
¶江人，科学([没]天保4(1833)年2月22日)，コン，思想，対外，地理，徳人

青砥綱義*　あおとつなよし
正徳3(1713)年〜天明8(1788)年　[別]青砥武平次，

青砥武平治（あおとぶへいじ）　江戸時代中期の越後村上藩士。越後三面川の種川制度の創設者。
¶コン（生没年不詳）

青砥藤綱* あおとふじつな
生没年不詳　鎌倉時代の武士。北条時頼に仕え、幕府評定衆を務めた。
¶コン, 中世, 内乱

青砥武平次（青砥武平治）　あおとぶへいじ
⇒青砥綱義（あおとつなよし）

青沼忠重* あおぬまただしげ
生没年不詳　戦国時代の甲斐武田晴信・勝頼の家臣。
¶武田

青野源左衛門* あおのげんざえもん
承応2（1653）年～宝永3（1706）年　[別]青野叔元（あおのしゅくげん）　江戸時代中期の儒学者、修史家。
¶コン

青野三右衛門* あおのさんえもん
安永10（1781）年～万延1（1860）年　江戸時代後期の農民。
¶幕末（[生]天明1（1781）年）

青野叔元 あおのしゅくげん
⇒青野源左衛門（あおのげんざえもん）

青野清庵 あおのせいあん
江戸時代前期の豊臣秀頼の家臣。
¶大坂

青羽かも女 あおばかもじょ★
江戸時代後期の女性。狂歌。天明8年刊、朱楽菅江編『八重垣縁結』に載る。
¶江表（青羽かも女（東京都））

青蒜 あおひる
飛鳥時代の津軽の蝦夷の族長。阿倍比羅夫に服して津軽郡少領。
¶古人（生没年不詳）

青海勘七 あおみかんしち
⇒青海勘七（せいかいかんしち）

青海夫人勾子* あおみのおおとじのまがりこ
生没年不詳　[別]青海夫人句人（あおみのおおとじまがりこ）　飛鳥時代の女性。欽明天皇の妃。
¶古代, 女史（青海夫人句人　あおみのおおとじまがりこ）

青海夫人句人 あおみのおおとじまがりこ
⇒青海夫人勾子（あおみのおおとじのまがりこ）

青柳近江守 あおやぎおうみのかみ
戦国時代の信濃国筑摩郡青柳の国衆。
¶武田（生没年不詳）

青柳加賀守 あおやぎかがのかみ
戦国時代の信濃国筑摩郡青柳の土豪。
¶武田（生没年不詳）

青柳勘太郎 あおやぎかんたろう
安土桃山時代の織田信長の家臣。信長か信忠の馬廻か。
¶織田（[生]？　[没]天正10（1582）年6月2日）

青柳健之助*（青柳健之介）　あおやぎけんのすけ
天保11（1840）年～明治25（1892）年10月8日　[別]青柳高鞆（あおやぎたかとも）　江戸時代末期～明治時代の岩村田藩士。
¶幕末（[生]天保11（1840）年1月10日）

青柳剛斎* あおやぎごうさい
天保2（1831）年～明治23（1890）年　江戸時代末期～明治時代の漢学者、教育家、柏崎学校一等教師。菁莪舎を設立して教育にあたる。著書に「孔門宗要」。
¶幕末（[没]明治23（1890）年9月6日）

青柳四郎右衛門尉 あおやぎしろうえもんのじょう
安土桃山時代の下総国佐倉城主千葉邦胤の家臣。
¶後北（四郎右衛門尉〔青柳〕　しろうえもんのじょう）

青柳信正 あおやぎしんせい
安土桃山時代～江戸時代前期の代官。
¶徳代（生没年不詳）

青柳清庵（青柳青庵）　あおやぎせいあん
*～慶長20（1615）年　江戸時代前期の真田信繁の家臣。
¶大坂（[没]慶長20年5月7日）, 全戦（青柳青庵　[生]？　[没]元和1（1615）年）

青柳高鞆 あおやぎたかとも
⇒青柳健之助（あおやぎけんのすけ）

青柳種信* あおやぎたねのぶ
明和3（1766）年～天保6（1835）年　江戸時代中期～後期の国学者、筑前福岡藩士。
¶コン

青柳二右衛門尉 あおやぎにえもんのじょう
戦国時代の甲斐国巨摩郡下山の土豪。
¶武田（生没年不詳）

青柳牧太夫* あおやぎまきだゆう
天保9（1838）年～慶応4（1868）年1月　江戸時代後期～末期の新撰組隊士。
¶新隊（[没]明治1（1868）年1月）

青柳民部丞 あおやぎみんぶのじょう
安土桃山時代の甲斐国山梨郡万力の土豪。
¶武田（生没年不詳）

粟生屋源右衛門* あおやげんえもん
寛政1（1789）年～安政5（1858）年　[別]源右衛門（げんえもん）　江戸時代末期の九谷焼の陶工。
¶コン（[生]寛政1（1789年/1791年/1792）年　[没]安政5（1858年/1863）年）, 美工（[生]寛政4（1792）年）

粟生屋源兵衛 あおやげんべえ
江戸時代後期の陶工。
¶美工（[生]？　[没]文化6（1809）年）

青山延寿 あおやまえんじゅ
⇒青山鉄槍（あおやまてっそう）

青山金貞* あおやまかねさだ
天明3（1783）年～安政2（1855）年　江戸時代後期の画家。
¶美画（[没]安政2（1855）年3月）

青山勘四郎* あおやまかんしろう
文化3（1806）年～明治11（1878）年　江戸時代末期～明治時代の蒔絵師。
¶美工（[生]文化6（1809）年）

青山愚痴* あおやまぐち
享和3（1803）年～明治2（1869）年　江戸時代末期の出水郷士、砲術師範。
¶幕末（[生]文化3（1806）年）

あ

青山小三郎* あおやまこさぶろう
文政9(1826)年〜明治31(1898)年 ㉜青山貞(あおやまさだ，あおやまただす，あおやまてい) 江戸時代末期〜明治時代の越前福井藩士。
¶幕末(㉓文政9(1826)年9月3日 ㉕明治31(1898)年11月21日)

青山小助* あおやまこすけ
生没年不詳 ㉜青山宗勝(あおやまむねかつ) 安土桃山時代の織田信長の家臣。
¶織田(青山宗勝 あおやまむねかつ)

青山貞 あおやまさだ
⇒青山小三郎(あおやまこさぶろう)

青山秀堅 あおやましゅうけん
⇒青山秀堅(あおやまひでかた)

青山庄蔵* あおやましょうぞう
天保1(1830)年〜明治25(1892)年 江戸時代末期〜明治時代の銅山支配人。足尾銅山発展の功労者。
¶幕末

青山次郎* あおやまじろう
江戸時代末期の新撰組隊士。
¶新隊(生没年不詳)

青山新七* あおやましんしち
生没年不詳 安土桃山時代の織田信長の家臣。
¶織田

青山助一 あおやますけいち
安土桃山時代の織田信長の家臣。
¶織田(生没年不詳)

青山助右衛門昌満 あおやますけざえもんまさみつ
江戸時代前期の豊臣秀吉・秀頼の家臣。
¶大坂(㉕元和4年1月6日)

青山助之丞* あおやますけのじょう
嘉永1(1848)年〜明治1(1868)年 江戸時代末期の陸奥二本松藩士。
¶全幕(㉓嘉永1(1848)年？ ㉕慶応4(1868)年)，幕末(㉕慶応4(1868)年7月29日)

青山拙斎 あおやませっさい
⇒青山延于(あおやまのぶゆき)

青山貞 あおやまただす
⇒青山小三郎(あおやまこさぶろう)

青山忠俊* あおやまただとし
天正6(1578)年〜寛永20(1643)年4月15日 ㉜青山伯耆守(あおやまほうきのかみ) 安土桃山時代〜江戸時代前期の大名。武蔵岩槻藩主、上総大多喜藩主、幕府老職。
¶コン

青山忠良* あおやまただなが
文化4(1807)年〜元治1(1864)年 江戸時代末期の大名。丹波篠山藩主。
¶幕末(㉓文化4(1807)年4月10日 ㉕元治1(1864)年11月15日)

青山忠成* あおやまただなり
天文20(1551)年〜慶長18(1613)年 ㉜青山播磨守(あおやまはりまのかみ) 安土桃山時代〜江戸時代前期の大名、関東総奉行。
¶コン，徳将

青山忠裕 あおやまただひろ
⇒青山忠裕(あおやまただやす)

青山忠裕 あおやまただみち
⇒青山忠裕(あおやまただやす)

青山忠元* あおやまただもと
生没年不詳 安土桃山時代の武士。
¶織田

青山忠裕* あおやまただやす
明和5(1768)年〜天保7(1836)年 ㉜青山忠裕(あおやまただひろ，あおやまただみち) 江戸時代後期の大名。丹波篠山藩主。
¶コン

青山忠敏* あおやまただゆき
天保5(1834)年〜明治6(1873)年 江戸時代末期〜明治時代の篠山藩主、篠山藩知事。
¶幕末(㉓天保5(1834)年2月21日 ㉕明治5(1872)年)

青山宙平* あおやまちゅうへい
文政1(1818)年〜明治43(1910)年 江戸時代末期〜明治時代の地方官。浜松県の民会設立に尽力。
¶幕末

青山貞 あおやまてい
⇒青山小三郎(あおやまこさぶろう)

青山鉄槍* あおやまてっそう
文政3(1820)年〜明治39(1906)年 ㉜青山延寿(あおやまえんじゅ，あおやまのぶひさ) 江戸時代末期〜明治時代の水戸藩士、儒学者。
¶江人，コン，幕末(青山延寿 あおやまのぶひさ ㉕明治39(1906)年11月)

青山伝右衛門* あおやまでんえもん
生没年不詳 江戸時代末期の下総結城藩家老。
¶幕末

青山藤六* あおやまとうろく
生没年不詳 安土桃山時代の織田信長の家臣。
¶織田

青山利永 あおやまとしなが
⇒青山利永(あおやまりえい)

青山知次* あおやまともつぐ
？〜嘉永1(1848)年2月28日 江戸時代末期の加賀藩家老。
¶幕末(㉕安政2(1855)年4月4日)

青山豊女 あおやまとよじょ
⇒大坂屋豊女(おおさかやとよじょ)

青山長貴 あおやまながたか
江戸時代末期の幕臣。
¶徳人(㉓？ ㉕1865年)

青山長容 あおやまながやす
江戸時代末期の幕臣。
¶徳人(㉓？ ㉕1855年)

青山成存 あおやまなりすみ
正徳4(1714)年〜寛政7(1795)年 江戸時代中期〜後期の幕臣。
¶徳人，徳代(㉕寛政7(1795)年11月24日)

青山成次 あおやまなりつぐ
安土桃山時代〜江戸時代前期の幕臣。
¶徳人(㉓1593年 ㉕1639年)

青山延寿 あおやまのぶひさ
⇒青山鉄槍(あおやまてっそう)

青山延光* あおやまのぶみつ
文化4(1807)年〜* [別]青山佩弦斎(あおやまはいげんさい) 江戸時代末期〜明治時代の儒学者、彰考館編集総裁、弘道館教授。著書に「国史紀事本末」など。
¶江人(青山佩弦斎 あおやまはいげんさい [没]1871年),コン([没]明治3(1870)年),幕末([生]文化4(1807)年10月 [没]明治3(1870)年9月)

青山延于*(青山延干) あおやまのぶゆき
安永5(1776)年〜天保14(1843)年9月6日 [別]青山拙斎(あおやませっさい) 江戸時代後期の儒学者、水戸藩士。彰考館総裁、弘道館の教授頭取。
¶江人(青山拙斎 あおやませっさい),コン,思想(青山拙斎 あおやませっさい)

青山悳次* あおやまのりつぐ
天保3(1832)年〜明治26(1893)年 江戸時代末期〜明治時代の加賀藩家老。藩主父子と勤皇派との周旋に尽力。
¶幕末([没]明治26(1893)年4月27日)

青山佩弦斎 あおやまはいげんさい
⇒青山延光(あおやまのぶみつ)

青山播磨* あおやまはりま
「皿屋敷」譚の主人公。
¶コン

青山播磨守 あおやまはりまのかみ
⇒青山忠成(あおやまただなり)

青山秀堅* あおやまひでかた
生没年不詳 [別]青山秀堅(あおやましゅうけん) 江戸時代末期の幕臣。
¶徳代(あおやましゅうけん [生]? [没]文久3(1863)年6月)

青山都通 あおやまひろみち
江戸時代中期の和算家。山岸安代に中西流の和算を学ぶ。
¶数学

青山伯耆守 あおやまほうきのかみ
⇒青山忠俊(あおやまただとし)

青山正陽 あおやままさはる
江戸時代中期〜後期の代官。
¶徳代([生]享保8(1723)年 [没]寛政4(1792)年5月6日)

青山宗勝 あおやまむねかつ
⇒青山小助(あおやまこすけ)

青山盛長 あおやまもりなが
江戸時代前期の幕臣。
¶徳人([生]1625年 [没]1685年)

青山安義 あおやまやすよし
江戸時代後期〜大正時代の和算家。
¶数学([生]弘化3(1846)年 [没]大正9(1920)年7月20日)

青山幸成 あおやまゆきなり
⇒青山幸成(あおやまよしなり)

青山幸宜* あおやまゆきのぶ
*〜昭和5(1930)年 [別]青山幸宜(あおやまゆきよし) 江戸時代末期〜明治時代の大名。美濃郡上藩主。
¶全幕(あおやまゆきよし [生]嘉永7(1854)年?)

青山幸通 あおやまゆきみち
江戸時代前期の幕臣。
¶徳人([生]1619年 [没]1676年)

青山幸宜 あおやまゆきよし
⇒青山幸宜(あおやまゆきのぶ)

青山暘城* あおやまようじょう
*〜明治17(1884)年 江戸時代末期〜明治時代の書家。
¶幕末([生]天保3(1832)年 [没]明治17(1884)年9月6日)

青山与三右衛門 あおやまよさんえもん
⇒青山与三右衛門(あおやまよそうえもん)

青山幸成* あおやまよしなり
天正14(1586)年〜寛永20(1643)年 [別]青山幸成(あおやまゆきなり) 江戸時代前期の大名。遠江掛川藩主、摂津尼ケ崎藩主。
¶徳将(あおやまゆきなり)

青山与三* あおやまよぞう
生没年不詳 安土桃山時代の織田信長の家臣。
¶織田([生]天文11(1542)年? [没]慶長17(1612)年6月29日?)

青山与三右衛門* あおやまよそうえもん
?〜天文16(1547)年 [別]青山与三右衛門(あおやまよさんえもん) 戦国時代の武将。織田氏家臣。
¶織田([没]天文13(1544)年9月22日),全戦([没]天文13(1544)年)

青山利永* あおやまりえい
生没年不詳 [別]青山利永(あおやまとしなが) 江戸時代中期の数学者。
¶数学(あおやまとしなが)

青山禄平 あおやまろくへい
江戸時代末期の幕臣。
¶徳人([生]? [没]1863年)

青人* あおんど
?〜元文5(1740)年 [別]青人(せいじん) 江戸時代中期の俳人(伊丹派)。
¶俳文([生]万治3(1660)年 [没]元文5(1740)年5月18日)

赤 あか★
江戸時代後期の女性。和歌。行田本町の富田氏。入間郡赤尾村の名主林信豊の妻。
¶江表(赤(埼玉県))

赤池宗右衛門 あかいけそううえもん
安土桃山時代の甲斐国巨摩郡河内瀬戸の土豪。
¶武田([生]? [没]慶長8(1603)年12月15日?)

赤池宗左衛門尉 あかいけそうざえもんのじょう
安土桃山時代〜江戸時代前期の甲斐国巨摩郡河内瀬戸の土豪。
¶武田(生没年不詳)

赤池長任* あかいけながとう
戦国時代の武将。
¶全戦([生]享禄2(1529)年 [没]永禄11(1568)年?)

赤池弥左衛門 あかいけやざえもん
安土桃山時代の甲斐国巨摩郡河内瀬戸の土豪。
¶武田(生没年不詳)

赤池弥左衛門尉 あかいけやざえもんのじょう
安土桃山時代〜江戸時代前期の甲斐国巨摩郡河内瀬戸の土豪。
¶武田(生没年不詳)

赤石行三　あかいしこうぞう
⇒赤石礼次郎（あかいしれいじろう）

赤石礼次郎*　あかいしれいじろう
天保1（1830）年～明治29（1896）年　[別]赤石行三（あかいしこうぞう）　江戸時代末期～明治時代の陸奥弘前藩士。
¶幕末（赤石行三　あかいしこうぞう　[没]明治29（1896）年9月5日）

赤井宗元　あかいそうげん
江戸時代中期の眼科医。享保年間の人。
¶眼医（生没年不詳）

赤井忠晶*　あかいただあきら
享保12（1727）年～寛政2（1790）年　江戸時代中期の勘定奉行。田沼意次政権の経済政策を担当。
¶コン, 徳将, 徳人

赤井忠家*　あかいただいえ
天文18（1549）年～慶長10（1605）年　安土桃山時代の武将。秀吉馬廻、徳川氏家臣。
¶織田（[没]慶長10（1605）年4月29日）

赤井東海*　あかいとうかい
天明7（1787）年～文久2（1862）年　江戸時代後期の儒者。
¶思想

赤井陶然〔1代〕　あかいとうぜん
⇒赤井陶然〔1代〕（あかいとうねん）

赤井陶然〔2代〕　あかいとうぜん
⇒赤井陶然〔2代〕（あかいとうねん）

赤井陶然〔3代〕　あかいとうぜん
⇒赤井陶然〔3代〕（あかいとうねん）

赤井陶然〔4代〕　あかいとうぜん
江戸時代後期～大正時代の陶工。
¶美工（[生]天保14（1843）年　[没]大正3（1914）年11月）

赤井陶然〔1代〕*　あかいとうねん
宝暦12（1762）年～文政12（1829）年　[別]赤井陶然〔1代〕（あかいとうぜん）　江戸時代後期の尾張常滑の陶工。
¶美工（あかいとうぜん　[没]文政12（1829）年12月）

赤井陶然〔2代〕*（——〔1代〕）　あかいとうねん
寛政8（1796）年～安政5（1858）年　[別]赤井陶然〔2代〕（あかいとうぜん）　江戸時代後期の尾張常滑の陶工。
¶美工（あかいとうぜん　[没]安政5（1858）年7月19日）

赤井陶然〔3代〕*　あかいとうねん
文政1（1818）年～明治23（1890）年　[別]赤井陶然〔3代〕（あかいとうぜん）　江戸時代末期～明治時代の陶工。
¶美工（あかいとうぜん　[生]文政1（1818）年7月19日　[没]明治23（1890）年1月11日）

赤井直正*　あかいなおまさ
*～天正6（1578）年　[別]荻野直正（おぎのなおまさ）　戦国時代～安土桃山時代の武将、丹波国黒井城主。
¶織田（[生]享禄2（1529）年？　[没]天正6（1578）年3月9日）, 全戦（荻野直正　おぎのなおまさ　[生]享禄2（1529）年）, 戦武（[生]享禄2（1529）年）

赤井尼　あかいのあま
⇒妙心尼（みょうしんに）

赤井弥七郎　あかいやしちろう
江戸時代前期の豊臣秀吉・秀頼の家臣。
¶大坂

阿嘉犬子*（赤犬子）　あかいんこ
伝説上の琉球三線音楽の始祖。
¶コン（赤犬子）

あかう十左衛門　あかうじゅうざえもん
安土桃山時代の大野道犬の家臣。初め宇喜多秀家に仕えた。
¶大坂

赤枝安大夫　あかえだやすだゆう
江戸時代前期の武士。はじめ宇喜多秀家に仕えた。
¶大坂（[没]寛永18年）

赤岡大助*　あかおかだいすけ
文政7（1824）年～明治11（1878）年　江戸時代末期～明治時代の会津藩士。会津藩江戸邸の目付職。
¶幕末（[没]明治11（1878）年9月28日）

赤尾清綱*　あかおきよつな
？～天正1（1573）年　戦国時代の武将。
¶全戦, 戦武（[生]永正11（1514）年）

赤尾庄左衛門　あかおしょうざえもん
江戸時代前期の豊臣秀頼の家臣。
¶大坂

赤垣源蔵　あかがきげんぞう
⇒赤埴源蔵（あかばねげんぞう）

胝大太*　あかがりだいた
「平家物語」の登場人物。
¶平家（生没年不詳）

赤川景弘*　あかがわかげひろ
生没年不詳　安土桃山時代の織田信長の家臣。
¶織田

赤川敬三*　あかがわけいぞう
天保14（1843）年～大正10（1921）年　江戸時代末期～明治時代の長州（萩）藩士。
¶幕末（[没]大正10（1921）年1月20日）

赤川玄悦*　あかがわげんえつ
文化5（1808）年～明治23（1890）年　江戸時代末期～明治時代の医師、萩藩医。種痘の普及に尽力。
¶幕末（[没]明治23（1890）年9月24日）

赤川玄櫟*　あかがわげんれき
江戸時代末期～明治時代の医師。
¶幕末（[生]天保8（1837）年　[没]明治36（1903）年2月5日）

赤川三郎右衛門重令　あかがわさぶろ（う）えもんしげのり
江戸時代前期の豊臣秀頼の家臣。
¶大坂

赤川大膳*　あかがわだいぜん
天和2（1682）年～享保11（1726）年　江戸時代中期の山伏。
¶コン

赤川直次　あかがわなおじ
⇒佐久間佐兵衛（さくまさへえ）

赤川直次郎　あかがわなおじろう
⇒佐久間佐兵衛（さくまさへえ）

赤川晩翠*　あかがわばんすい
文政11(1828)年～明治7(1874)年　[別]赤川又太郎(あかがわまたたろう)　江戸時代末期～明治時代の長州(萩)藩士。
¶幕末([没]明治7(1874)年12月12日)

赤川彦右衛門*　あかがわひこえもん
生没年不詳　安土桃山時代の織田信長の家臣。
¶織田

赤川平七*　あかがわへいしち
生没年不詳　安土桃山時代の織田信長の家臣。
¶織田

赤川又太郎　あかがわまたたろう
⇒赤川晩翠(あかがわばんすい)

赤川元保*　あかがわもとやす
？～永禄10(1567)年　戦国時代の武士。
¶全戦，戦武

赤川弥十郎　あかがわやじゅうろう
安土桃山時代の織田信長の家臣。
¶織田(生没年不詳)

赤木定信　あかぎさだのぶ
江戸時代末期の和算家。
¶数学

赤城信一*　あかぎしんいち
天保12(1841)年～明治29(1896)年　江戸時代末期～明治時代の医師、初代室蘭病院院長。戊辰戦争で戦傷者の治療に尽力。
¶幕末([生]天保10(1839)年)

赤木忠春*　あかぎただはる
文化13(1816)年10月13日～慶応1(1865)年　[別]赤木宗春(あかぎむねはる)　江戸時代末期の黒住教の高弟、布教者。
¶コン，コン(赤木宗春　あかぎむねはる)，幕末([没]慶応1(1865)年4月16日)

赤木忠房*　あかぎただふさ
生没年不詳　安土桃山時代の織田信長の家臣。
¶織田

赤木日正　あかぎにっしょう
⇒日正(にっしょう)

赤木宗春　あかぎむねはる
⇒赤木忠春(あかぎただはる)

阿覚大師　あかくだいし
⇒安然(あんねん)

赤御膳真砂子　あかごぜんまさこ*
江戸時代末期の女性。狂歌。相模鎌倉雪の下の人。安政2年刊、天明老人尽語楼編『狂歌四季人物』に載る。
¶江表(赤御膳真砂子(神奈川県))

藜庵青岐*　あかざあんせいぎ
*～文化1(1804)年　[別]上野青岐(うえのせいき)，青岐(せいき，せいぎ)　江戸時代後期の俳人。
¶俳文(青岐　せいき　[生]宝暦6(1756)年　[没]文化1(1804)年7月11日)

赤坂幸太夫*　あかさかこうだゆう
生没年不詳　江戸時代末期～明治時代の戊辰戦争の投機隊員。
¶幕末

赤坂多計乎*　あかさかたけや
弘化4(1847)年～明治43(1910)年　江戸時代末期～明治時代の自由民権運動家。白河自由党の中心人物。
¶幕末

赤崎海門*　あかさきかいもん，あかざきかいもん
寛保2(1742)年～享和2(1802)年　[別]赤崎源助(あかざきげんすけ)　江戸時代中期～後期の漢学者。
¶コン(赤崎源助　あかざきげんすけ)

赤崎源助　あかざきげんすけ
⇒赤崎海門(あかさきかいもん)

赤座小法師*　あかざこほうし，あかざこぼうし
生没年不詳　[別]赤座吉家(あかざよしいえ)　安土桃山時代の国人。
¶織田(赤座吉家　あかざよしいえ　[生]？　[没]慶長11(1606)年3月5日)

赤座三右衛門*　あかざさんえもん
安土桃山時代の武将。秀吉馬廻。
¶大坂([没]慶長20年)

赤座七郎右衛門*　あかざしちろうえもん
？～天正10(1582)年　安土桃山時代の武士。
¶織田([没]天正10(1582)年6月2日)，全戦

赤座次郎右衛門　あかざじろ(う)えもん
江戸時代前期の豊臣秀吉の家臣。
¶大坂([没]寛永3年5月16日)

赤座助六郎*　あかざすけろくろう
？～天正10(1582)年6月2日　戦国時代～安土桃山時代の織田信長の家臣。
¶織田

赤座内膳正永成　あかざないぜんのかみながなり
江戸時代前期の豊臣氏・森忠政の家臣。
¶大坂

赤座弥太郎*　あかざやたろう
文政13(1830)年～明治35(1902)年　江戸時代末期～明治時代の豊後岡藩士。
¶幕末([生]天保1(1830)年　[没]明治35(1902)年5月1日)

赤座吉家　あかざよしいえ
⇒赤座小法師(あかざこほうし)

赤沢某　あかざわ
安土桃山時代の織田信長の家臣。
¶織田(生没年不詳)

赤沢右近　あかざわうこん
安土桃山時代の織田信長の家臣。
¶織田(生没年不詳)

赤沢宗益*　あかざわそうえき
宝徳3(1451)年～永正4(1507)年7月4日　室町時代～戦国時代の武将。
¶全戦([生]？)

赤沢朝経*　あかざわともつね
？～永正4(1507)年6月26日　戦国時代の武将、室町幕府管領細川政元の内衆。
¶コン，室町

赤沢長経*　あかざわながつね
？～永正5(1508)年　戦国時代の武士。
¶室町

赤沢文治　あかざわぶんじ
⇒川手文治郎(かわてぶんじろう)

赤沢吉彦　あかざわよしひこ
江戸時代後期～明治時代の和算家、盛岡藩士。
¶数学([生]文政8(1825)年4月26日　[没]明治24(1891)年4月11日)

明石浦子・浦子・うら子　あかしうらこ*
江戸時代後期の女性。狂歌。享和4年刊、四方歌垣編『狂歌茅花集』に載る。
¶江表(明石浦子・浦子・うら子(東京都))

明石格庵*　あかしかくあん
生没年不詳　江戸時代末期の侍医。
¶幕末

明石覚一*　あかしかくいち
？～建徳2/応安4(1371)年　[別]明石検校(あかしけんぎょう)，覚一(かくいち)，覚一検校(かくいちけんぎょう)　鎌倉時代後期～南北朝時代の平家琵琶演奏者。
¶コン(生没年不詳)

明石覚四郎*　あかしかくしろう
江戸時代末期の新撰組隊士。
¶新隊(生没年不詳)

明石景親*　あかしかげちか
安土桃山時代の武士。
¶全戦(生没年不詳)

明石掃部*　あかしかもん
生没年不詳　[別]明石掃部頭(あかしかもんのかみ)，明石全登(あかしぜんとう，あかしてるずみ)，明石守重(あかしもりしげ)，ジョバンニ　安土桃山時代～江戸時代前期の武将、キリシタン。宇喜多家に仕え、大坂の陣で豊臣方につく。
¶大坂(明石掃部頭　あかしかもんのかみ)，コン，全戦(明石全登　あかしてるずみ)，戦武(明石全登　あかしてるずみ　[生]永禄9(1566)年　[没]元和4(1618)年？)

明石掃部頭　あかしかもんのかみ
⇒明石掃部(あかしかもん)

明石勘三郎〔1代〕　あかしかんざぶろう
⇒中村勘三郎〔2代〕(なかむらかんざぶろう)

明石検校　あかしけんぎょう
⇒明石覚一(あかしかくいち)

明石志賀之助*　あかししがのすけ
生没年不詳　江戸時代前期の力士。初代横綱といわれる。
¶コン

赤石昭斎　あかししょうさい
⇒明石恬(あかしてん)

明石次郎*　あかしじろう
元和6(1620)年～延宝7(1679)年　江戸時代前期の伝説上の人物。小千谷縮みの技術を伝えた。
¶コン

明石清左衛門　あかしせいざえもん
江戸時代前期の長宗我部盛親の家人。
¶大坂

明石清三郎　あかしせいざぶろう
⇒中村明石〔2代〕(なかむらあかし)

明石全登　あかしぜんとう
⇒明石掃部(あかしかもん)

明石丹後守全延　あかしたんごのかみたけのぶ
江戸時代前期の武士。明石全登の兄または季父とされるが、実在は疑わしい。
¶大坂([没]慶長20年)

明石長左衛門　あかしちょうざえもん
江戸時代前期の豊臣秀次・加藤嘉明の家臣。
¶大坂

明石全登　あかしてるずみ
⇒明石掃部(あかしかもん)

明石恬*　あかしてん
文政2(1819)年～安政6(1859)年　[別]赤石昭斎(あかししょうさい)　江戸時代末期の加賀藩医。
¶幕末([没]安政6(1859)年8月20日)

明石内記　あかしないき
江戸時代前期の武士。明石掃部頭の次男。
¶大坂([没]寛永17年5月20日)

明石御方*　あかしのおんかた
[別]明石の君，明石君(あかしのきみ)　「源氏物語」の登場人物。
¶コン

明石の君(明石君)　あかしのきみ
⇒明石御方(あかしのおんかた)

赤石貞根*　あかしのさだね
生没年不詳　平安時代前期の播磨国明石郡の大領。
¶古人

明石八兵衛　あかしはちびょうえ
江戸時代前期の武士。明石掃部頭の弟。
¶大坂

明石博高*　あかしひろあきら
天保10(1839)年～明治43(1910)年　江戸時代末期～明治時代の化学者、殖産事業家、歌人。京都に製糸場、外国語学校、病院など多くの施設を創立。
¶科学([生]天保10(1839)年10月4日　[没]明治43(1910)年6月20日)，幕末([生]天保10(1839)年10月4日　[没]明治43(1910)年6月20日)

垢染衣紋　あかしみのえもん
⇒垢染衣紋(あかぞめえもん)

明石守重　あかしもりしげ
⇒明石掃部(あかしかもん)

明石屋初太郎　あかしやはつたろう
江戸時代後期の陶工(湖東焼)。
¶美工([没]明治8(1875)年)

赤須*　あかす
奈良時代の婢。
¶古代

赤須昌為　あかずまさため
戦国時代の信濃国伊那郡の国衆。
¶武田(生没年不詳)

赤須頼泰　あかずよりやす
戦国時代の信濃国伊那郡の国衆。
¶武田(生没年不詳)

垢染衣紋*　あかぞめえもん
宝暦10(1760)年～文政8(1825)年　[別]垢染衣紋

（あかしみのえもん，あかぞめのえもん）　江戸時代後期の女性。狂歌師。
　¶江表（垢染衣紋〔東京都〕）

赤染衛門*（赤染右衛門）　あかぞめえもん
　生没年不詳　平安時代中期の女性。歌人。
　¶古人、コン、詩作、思想、女史、女文、日文、山小

赤染色経　あかぞめのいろつね
　平安時代後期の官人。
　¶古人（生没年不詳）

垢染衣紋　あかぞめのえもん
　⇒垢染衣紋（あかぞめえもん）

赤染佐弥万呂*　あかぞめのさみまろ
　奈良時代の画工。
　¶古代

赤染時用*　あかぞめのときもち
　生没年不詳　平安時代中期の人。
　¶古人

赤染長浜　あかぞめのながはま
　奈良時代の官人。遠江国秦原郡の主帳。
　¶古人（生没年不詳）

赤染麻呂　あかぞめのまろ
　奈良時代の官人。
　¶古人（生没年不詳）

県居　あがたい
　⇒賀茂真淵（かものまぶち）

県犬養姉女*　あがたいぬかいのあねめ
　生没年不詳　県犬養姉女（あがたのいぬかいのあねめ），県犬養宿禰姉女（あがたのいぬかいのすくねあねめ），犬部姉女（いぬべのあねめ）　奈良時代の女性。宮人。
　¶古人（あがたのいぬかいのあねめ），古代（県犬養宿禰姉女　あがたのいぬかいのすくねあねめ），コン，女史

県犬養勇耳*　あがたいぬかいのいさみみ
　生没年不詳　県犬養勇耳（あがたいぬかいのゆうに，あがたのいぬかいのいさみみ）　奈良時代～平安時代前期の女性。光仁天皇の宮人。
　¶天皇（あがたのいぬかいのゆうに）

県犬養大伴　あがたいぬかいのおおとも
　？～大宝1（701）年　県犬養大伴（あがたのいぬかいのおおとも），県犬養連大伴（あがたのいぬかいのむらじおおとも）　飛鳥時代の官人。
　¶古人（あがたのいぬかいのおおとも　生没年不詳），古代（県犬養連大伴　あがたのいぬかいのむらじおおとも），コン

県犬養浄人*　あがたいぬかいのきよひと
　県犬養浄人（あがたのいぬかいのきよひと），県犬養宿禰浄人（あがたのいぬかいのすくねきよひと）　奈良時代の地方官。
　¶古人（あがたのいぬかいのきよひと　生没年不詳）

県犬養貞守　あがたいぬかいのさだもり
　⇒県犬養大宿禰貞守（あがたのいぬかいのおおすくねさだもり）

県犬養橘宿禰三千代　あがたいぬかいのたちばなのすくねみちよ
　⇒県犬養橘三千代（あがたいぬかいのたちばなのみちよ）

県犬養橘三千代*　あがたいぬかいのたちばなのみちよ
　？～天平5（733）年　県犬養橘宿禰三千代（あがたいぬかいのたちばなのすくねみちよ），県犬養三千代（あがたいぬかいのみちよ），県犬養宿禰三千代（あがたのいぬかいのすくねみちよ），橘三千代（たちばなのみちよ）　奈良時代の女性。光明皇后の母。
　¶古人（県犬養三千代　あがたいぬかいのみちよ），古代（県犬養宿禰三千代　あがたのいぬかいのすくねみちよ），コン，女史（県犬養橘宿禰三千代　あがたいぬかいのたちばなのすくねみちよ），山小（県犬養三千代　あがたいぬかいのみちよ　②733年1月11日）

県犬養為政*　あがたいぬかいのためまさ
　生没年不詳　県犬養為政（あがたのいぬかいのためまさ）　奈良時代中期の兼検非違使の衛門府官人。
　¶古人（あがたのいぬかいのためまさ）

県犬養筑紫　あがたいぬかいのつくし
　飛鳥時代の官人。
　¶古人（生没年不詳）

県犬養人上*　あがたいぬかいのひとかみ
　県犬養宿禰人上（あがたのいぬかいのすくねひとかみ），県犬養人上（あがたのいぬかいのひとかみ，あがたのいぬかいのひとがみ）　奈良時代の人。
　¶古人（あがたのいぬかいのひとがみ　生没年不詳）

県犬養広刀自*　あがたいぬかいのひろとじ
　？～天平宝字6（762）年　県犬養宿禰広刀自（あがたのいぬかいのすくねひろとじ），県犬養広刀自（あがたのいぬかいのひろとじ）　奈良時代の女性。聖武天皇の妃。
　¶古人（あがたのいぬかいのひろとじ），古代（県犬養宿禰広刀自　あがたのいぬかいのすくねひろとじ），コン，女史，天皇（あがたのいぬかいのひろとじ　②天平宝字6（762）年10月14日）

県犬養三千代　あがたいぬかいのみちよ
　⇒県犬養橘三千代（あがたいぬかいのたちばなのみちよ）

県犬養八重*　あがたいぬかいのやえ
　？～天平宝字4（760）年　県犬養宿禰八重（あがたのいぬかいのすくねやえ），県犬養八重（あがたのいぬかいのやえ）　奈良時代の女性。葛井広成の妻。
　¶古人（あがたのいぬかいのやえ），古代（県犬養宿禰八重　あがたのいぬかいのすくねやえ），女史

県犬養勇耳　あがたいぬかいのゆうに
　⇒県犬養勇耳（あがたいぬかいのいさみみ）

県犬養吉男*　あがたいぬかいのよしお
　県犬養宿禰吉男（あがたのいぬかいのすくねよしお），県犬養吉男（あがたのいぬかいのよしお）　奈良時代の国守。
　¶古人（あがたのいぬかいのよしお　生没年不詳）

県居大人　あがたいのうし
　⇒賀茂真淵（かものまぶち）

県居翁　あがたいのおきな
　⇒賀茂真淵（かものまぶち）

県石見　あがたいわみ
　安土桃山時代の人。長尾当長の家臣である忠親の一族。
　¶後北（石見〔県〕　いわみ）

県宗知*　あがたそうち
　明暦2（1656）年～享保6（1721）年　江戸時代中期の庭師、茶人。

¶コン

県忠親 あがたただちか
安土桃山時代の長尾当長の家臣。左京亮・因幡守。
¶後北〔忠親〔県〕 ただちか〕

県主石前 あがたぬしのいわさき
奈良時代の官人。大和国添下郡の人。
¶古人(生没年不詳)

県主嶋姫 あがたぬしのしまひめ
⇒島姫(しまひめ)

県主近守 あがたぬしのちかもり
平安時代中期の官人。
¶古人(生没年不詳)

県主富茂 あがたぬしのとみしげ
平安時代中期の官人。
¶古人(生没年不詳)

県主益雄 あがたぬしのますお
平安時代前期の遣唐使准録事。和泉国の人。
¶古人(生没年不詳)

県直 あがたのあたい
平安時代後期の摂津国の相撲人。寛治2年〜天永2
年頃活動。
¶古人(生没年不詳)

県犬養貞守 あがたのいぬかいさだもり
⇒県犬養大宿襧貞守(あがたのいぬかいのおおすく
ねさだもり)

県犬養阿古祇 あがたのいぬかいのあこぎ
平安時代中期の官人。
¶古人(生没年不詳)

県犬養東人 あがたのいぬかいのあずまひと
飛鳥時代の官人。右大臣橘諸兄の外祖父。
¶古人(生没年不詳)

県犬養姉女 あがたのいぬかいのあねめ
⇒県犬養姉女(あがたいぬかいのあねめ)

県犬養阿野子 あがたのいぬかいのあやこ
⇒県犬養宿襧阿野子(あがたのいぬかいのすくねあ
やこ)

県犬養勇耳 あがたのいぬかいのいさみみ
⇒県犬養勇耳(あがたいぬかいのいさみみ)

県犬養石次* あがたのいぬかいのいわすき
？〜天平14(742)年 ㊇県犬養宿襧石次(あがたの
いぬかいのすくねいわすき) 奈良時代の官人(参
議)。
¶公卿(㊇天平14(742)年10月14日),古人(生没年不
詳),古代(県犬養宿襧石次 あがたのいぬかいのすく
ねいわすき)

県犬養氏河 あがたのいぬかいのうじかわ
平安時代前期の官人。
¶古人(生没年不詳)

県犬養内麻呂 あがたのいぬかいのうちまろ
奈良時代の官人。
¶古人(生没年不詳)

県犬養大宿襧貞守* あがたのいぬかいのおおすくねさ
だもり
生没年不詳 ㊇県犬養貞守(あがたいぬかいのさだ
もり,あがたのいぬかいさだもり,あがたのいぬか
いのさだもり) 平安時代前期の官人。

¶古人(県犬養貞守 あがたのいぬかいのさだもり),古代

県犬養大伴 あがたのいぬかいのおおとも
⇒県犬養大伴(あがたいぬかいのおおとも)

県犬養大麻呂 あがたのいぬかいのおおまろ
奈良時代の官人。名は大万侶とも。
¶古人(生没年不詳)

県犬養岡富 あがたのいぬかいのおかとみ
平安時代後期の官人。
¶古人(生没年不詳)

県犬養伯 あがたのいぬかいのおじ
奈良時代の官人。
¶古人(生没年不詳)

県犬養伯麻呂 あがたのいぬかいのおじまろ
奈良時代の官人。
¶古人(生没年不詳)

県犬養堅魚麻呂 あがたのいぬかいのかつおまろ
奈良時代の官人。
¶古人(生没年不詳)

県犬養唐 あがたのいぬかいのから
奈良時代の官人。広刀自の父。
¶古人(生没年不詳)

県犬養浄人 あがたのいぬかいのきよひと
⇒県犬養浄人(あがたいぬかいのきよひと)

県犬甘黒麻呂 あがたのいぬかいのくろまろ
奈良時代の官人。
¶古人(生没年不詳)

県犬養古麻呂 あがたのいぬかいのこまろ
生没年不詳 ㊇県犬養古麻呂(あがたのいぬかいの
ふるまろ) 奈良時代の官人。
¶古人,古人(あがたのいぬかいのふるまろ)

県犬養貞守 あがたのいぬかいのさだもり
⇒県犬養大宿襧貞守(あがたのいぬかいのおおすく
ねさだもり)

県犬養沙弥麻呂 あがたのいぬかいのさみまろ
⇒県犬養宿襧沙弥麻呂(あがたのいぬかいのすくね
さみまろ)

県犬養宿襧姉女 あがたのいぬかいのすくねあねめ
⇒県犬養姉女(あがたいぬかいのあねめ)

県犬養宿襧阿野子* あがたのいぬかいのすくねあやこ
㊇県犬養阿野子(あがたのいぬかいのあやこ) 平
安時代前期の女官。
¶古人(県犬養阿野子 あがたのいぬかいのあやこ 生
没年不詳),古代

県犬養宿襧石次 あがたのいぬかいのすくねいわすき
⇒県犬養石次(あがたのいぬかいのいわすき)

県犬養宿襧浄人 あがたのいぬかいのすくねきよひと
⇒県犬養浄人(あがたいぬかいのきよひと)

県犬養宿襧沙弥麻呂* あがたのいぬかいのすくねさ
みまろ
㊇県犬養沙弥麻呂(あがたのいぬかいのさみまろ)
奈良時代の官人。
¶古人(県犬養沙弥麻呂 あがたのいぬかいのさみまろ
生没年不詳),古代

県犬養宿襧人上 あがたのいぬかいのすくねひとかみ
⇒県犬養人上(あがたいぬかいのひとかみ)

県犬養宿禰広刀自　あがたのいぬかいのすくねひろとじ
⇒県犬養広刀自（あがたいぬかいのひろとじ）

県犬養宿禰三千代　あがたのいぬかいのすくねみちよ
⇒県犬養橘三千代（あがたいぬかいのたちばなのみちよ）

県犬養宿禰八重　あがたのいぬかいのすくねやえ
⇒県犬養八重（あがたいぬかいのやえ）

県犬養宿禰吉男　あがたのいぬかいのすくねよしお
⇒県犬養吉男（あがたいぬかいのよしお）

県犬養須奈保　あがたのいぬかいのすなほ
奈良時代の官人。
¶古人（生没年不詳）

県犬養為政　あがたのいぬかいのためまさ
⇒県犬養為政（あがたいぬかいのためまさ）

県犬養継麻呂　あがたのいぬかいのつぎまろ
奈良時代の官人。
¶古人（生没年不詳）

県犬養時足　あがたのいぬかいのときたり
奈良時代の官人。
¶古人（生没年不詳）

県犬養人上　あがたのいぬかいのひとかみ，あがたのいぬかいのひとがみ
⇒県犬養人上（あがたいぬかいのひとかみ）

県犬養広刀自　あがたのいぬかいのひろとじ
⇒県犬養広刀自（あがたいぬかいのひろとじ）

県犬養真伯　あがたのいぬかいのまはく
奈良時代の官人。
¶古人（生没年不詳）

県犬養三千代　あがたのいぬかいのみちよ
⇒県犬養橘三千代（あがたいぬかいのたちばなのみちよ）

県犬養連大伴　あがたのいぬかいのむらじおおとも
⇒県犬養大伴（あがたいぬかいのおおとも）

県犬養八重　あがたのいぬかいのやえ
⇒県犬養八重（あがたいぬかいのやえ）

県犬養吉男　あがたのいぬかいのよしお
⇒県犬養吉男（あがたいぬかいのよしお）

県氏益　あがたのうじます
平安時代前期の官人。
¶古人（生没年不詳）

県乙長　あがたのおとなが
平安時代中期の官人。
¶古人（生没年不詳）

県兼貞　あがたのかねさだ
平安時代後期の相撲人。嘉保2年五番右として出場。
¶古人（生没年不詳）

県久太良　あがたのくだら
奈良時代の官人。
¶古人（生没年不詳）

県貞生　あがたのさだおい
平安時代中期の官人。
¶古人（生没年不詳）

県高平　あがたのたかひら
平安時代中期の相撲人。越中国在住。長和2年以降相撲に出場。
¶古人（生没年不詳）

県為永　あがたのためなが
平安時代中期の大宰府の相撲人。
¶古人（生没年不詳）

県為行　あがたのためゆき
平安時代後期の相撲人。
¶古人（生没年不詳）

県経利　あがたのつねとし
平安時代後期の相撲最手。
¶古人（生没年不詳）

県恒利　あがたのつねとし
平安時代後期の相撲最手。
¶古人（生没年不詳）

県利貞　あがたのとしさだ
平安時代後期の相撲人。
¶古人（生没年不詳）

県富永　あがたのとみなが
平安時代中期の官人。
¶古人（生没年不詳）

県富世　あがたのとみよ
平安時代前期の官人。貞観10年遠流。
¶古人（生没年不詳）

県奉平　あがたのともひら
平安時代中期の陰陽師・天文博士。
¶古人（生没年不詳）

県永国　あがたのながくに
平安時代中期の官人。
¶古人（生没年不詳）

県長邦　あがたのながくに
平安時代中期の官人。
¶古人（生没年不詳）

県信貞　あがたののぶさだ
平安時代後期の官人。
¶古人（生没年不詳）

県信久　あがたののぶひさ
平安時代後期の官人。父は信貞。
¶古人（生没年不詳）

県春貞*　あがたのはるさだ
平安時代前期の百姓。
¶古代

県等　あがたのひとし
平安時代後期の相撲人。
¶古人（生没年不詳）

県信緝*　あがたのぶつぐ
＊〜明治14（1881）年　[別]県六石（あがたりくせき）
江戸時代末期〜明治時代の宇都宮藩士、司法省判事。尊王攘夷論に共鳴。維新後は司法省判事を務める。
¶コン（[生]文政6（1823）年），幕末（県六石　あがたりくせき　[生]文政6（1824）年12月1日　[没]明治14（1881）年12月12日）

県造奈爾毛売　あがたのみやつこなにもめ
飛鳥時代の女性。大宝2年に作成された御野国加毛

郡半布里の戸籍にみえる。

¶女史（[生]652年　[没]？）

県用吉　あがたのもちよし

平安時代後期の伊勢国大国荘の岡前村の刀禰。

¶古人（生没年不詳）

県守貞　あがたのもりさだ

平安時代後期の官人。父は信貞。

¶古人（生没年不詳）

県悦　あがたのよろこぶ

平安時代後期の相撲人。

¶古人（生没年不詳）

赤田百久*　あかだひゃくきゅう

[別]赤田百久（あかだひゃっきゅう，あかだももひさ）　江戸時代中期の数学暦術家。

¶数学（あかだももひさ　[没]安永2（1773）年）

赤田百久　あかだひゃっきゅう

⇒赤田百久（あかだひゃくきゅう）

赤田百久　あかだももひさ

⇒赤田百久（あかだひゃくきゅう）

県六石　あがたりくせき

⇒県信緝（あがたのぶつぐ）

赤塚源六*　あかつかげんろく

天保5（1834）年～明治6（1873）年　江戸時代末期～明治時代の鹿児島藩士、海軍軍人、大佐。春日丸艦長として幕府の開陽丸と戦う。維新後は海軍に入り大佐。

¶全幕，幕末（[没]明治6（1873）年6月11日）

赤塚武盛*　あかつかたけもり

嘉永5（1852）年～明治12（1879）年　江戸時代末期～明治時代の会津藩士、権少警部。西南戦争の際、別働第一旅団第五大隊小隊長として従軍。

¶幕末（[生]嘉永4（1851）年　[没]明治12（1879）年4月7日）

赤塚平左衛門〔6代〕*　あかつかへいざえもん

弘化2（1845）年～明治33（1900）年　江戸時代後期～明治時代の蒔絵師。博覧会、共進会等でしばしば賞牌を得る。

¶美工（[生]弘化2（1845）年3月　[没]明治33（1900）年7月）

垢付衣紋　あかつきえもん

江戸時代後期の女性。狂歌。狂歌師三条茂佐彦の妻。文化8年刊、六樹園編『狂歌画像作者部類』に載る。

¶江表（垢付衣紋（大阪府））

暁鐘成*　あかつきかねなり

寛政5（1793）年～万延1（1860）年12月19日　[別]暁鐘成（あかつきかねなる，あかつきのかねなり），暁鐘成，暁鐘成〔1代〕（あかつきのかねなり）　江戸時代後期の読本作者。

¶浮絵，歌大（暁鐘成　あかつきのかねなり），コン（あかつきのかねなり），数学，幕末（あかつきかねなる　[没]万延1（1861）年12月19日）

暁鐘成　あかつきかねなる

⇒暁鐘成（あかつきかねなり）

暁鍾成（暁鐘成）　あかつきのかねなり

⇒暁鐘成（あかつきかねなり）

赤津作兵衛*　あかつさくべえ

天保4（1833）年～明治22（1889）年　江戸時代末期～明治時代の自由民権運動家。興風社を創立。官吏侮辱罪で投獄。

¶幕末

赤津中務少輔　あかつなかつかさのしょう

安土桃山時代の遠江敷智郡入野の土豪。

¶武田（生没年不詳）

赤津盛孝の妻　あかつもりたかのつま★

江戸時代後期の女性。教育。倉田氏の娘。赤津寺子屋の三代目赤津盛孝の妻。

¶江表（赤津盛孝の妻（秋田県））

赤穴久清*　あかなひさきよ

文明3（1471）年～天文22（1553）年　戦国時代の武将。尼子氏家臣、毛利氏家臣。

¶全戦（[生]明応2（1493）年），室町

赤沼専　あかぬません

江戸時代後期の和算家。

¶数学

赤禰謙次*　あかねけんじ

天保8（1837）年～明治27（1894）年　江戸時代末期～明治時代の神官倅、教員。第二奇兵隊の創立に尽力。のち教員となる。

¶幕末（[没]明治27（1894）年1月15日）

赤根武人*（赤禰武人）　あかねたけと

天保9（1838）年～慶応2（1866）年　[別]赤根武人（あかねたけんど）　江戸時代末期の志士、長州（萩）藩士。奇兵隊総督。

¶コン（赤禰武人），全幕（赤禰武人），幕末（[生]天保9（1838）年1月15日　[没]慶応2（1866）年1月25日）

赤根武人　あかねたけんど

⇒赤根武人（あかねたけと）

茜忠宗　あかねのただむね

平安時代中期の官人。

¶古人（生没年不詳）

赤禰雅平*　あかねまさへい

文政9（1826）年～明治25（1892）年　江戸時代末期～明治時代の長州（萩）藩士。

¶幕末（[没]明治25（1892）年2月24日）

上野喜蔵*　あがのきぞう

*～承応3（1654）年　[別]十時甫快（とときほかい）　安土桃山時代～江戸時代前期の豊前小倉藩の陶工。八代焼・上野焼の開祖。

¶美工（生没年不詳）

赤羽音吉　あかばおときち

⇒赤羽音吉（あかばねおときち）

赤橋登子*　あかはしとうし，あかばしとうし

徳治1（1306）年～正平20/貞治4（1365）年　[別]足利登子（あしかがとうし），平登子（たいらとうし），北条登子（ほうじょうとうし）　鎌倉時代後期～南北朝時代の女性。足利尊氏の妻。

¶内乱（[没]貞治4（1365）年），室町（足利登子　あしかがとうし　[没]正平20/貞和4（1365）年）

赤橋久時　あかはしひさとき，あかばしひさとき

⇒北条久時（ほうじょうひさとき）

赤橋英時*　あかはしひでとき，あかばしひでとき

？～元弘3/正慶2（1333）年5月25日　[別]北条英時（ほうじょうひでとき）　鎌倉時代後期の鎮西探題。

¶コン，室町（北条英時　ほうじょうひでとき　[没]元弘3（1333）年）

赤橋守時* あかはしもりとき，あかばしもりとき
？～元弘3/正慶2（1333）年5月18日 [別]北条守時（ほうじょうもりとき） 鎌倉時代後期の鎌倉幕府第16代（最後）の執権（在職1327～1333）。久時の子。
¶コン，中世（北条守時 ほうじょうもりとき [生]1295年），内乱（[没]正慶2/元弘3（1333）年），室町（[生]永仁3（1295）年 [没]元弘3（1333）年）

赤羽新之丞* あかばしんのじょう
生没年不詳 安土桃山時代の織田信長の家臣。
¶織田

赤蜂 あかはち
⇒遠弥計赤蜂（おやけあかはち）

赤埴源三（赤埴源蔵） あかはにげんぞう
⇒赤埴源蔵（あかばねげんぞう）

赤羽音吉* あかばねおときち
天保14（1843）年～明治1（1868）年11月5日 [別]赤羽音吉（あかばおときち） 江戸時代後期～末期の新撰組隊士。
¶新隊（あかばおときち）

赤埴源蔵*（赤埴源三） あかばねげんぞう
寛文9（1669）年～元禄16（1703）年 [別]赤垣源蔵（あかがきげんぞう），赤埴源三，赤埴源蔵（あかはにげんぞう） 江戸時代前期～中期の播磨赤穂藩士。赤穂義士の一人。
¶コン（赤垣源蔵 あかがきげんぞう），コン

赤羽庄三郎* あかばねしょうさぶろう
文化4（1807）年～明治27（1894）年 江戸時代末期～明治時代の文学者。会津藩の人。著書に「鎌倉懐古」など。
¶幕末（[生]文化4（1807）年10月 [没]明治27（1894）年4月）

赤林掃部介 あかばやしかもんのすけ
安土桃山時代の織田信雄の家臣。尾張の豪族。
¶織田（生没年不詳）

赤人 あかひと
⇒山部赤人（やまべのあかひと）

赤姫皇女 あかひめのこうじょ
上代の女性。継体天皇の皇女。
¶古人（生没年不詳）

赤星研造* あかぼしけんぞう
弘化1（1844）年～明治37（1904）年1月6日 江戸時代末期～明治時代の医師、侍医。ドイツに留学して医学を修める。外科臨床医として活躍。
¶科学（[生]弘化3（1846）年）

赤星三郎武重 あかほしさぶろうたけしげ
安土桃山時代の武士。赤星肥後守統家の子。
¶大坂（[生]慶長8年）

赤星内匠 あかほしたくみ
安土桃山時代～江戸時代前期の武士。大坂冬の陣に大野治房組に付属された。
¶大坂

赤星親武 あかほしちかたけ
安土桃山時代～江戸時代前期の武士。赤星統家の子で、加藤清正十六将の1人とされる。
¶全戦（生没年不詳）

赤星統家* あかほしむねいえ
享禄3（1530）年～元和5（1619）年 安土桃山時代～江戸時代前期の国人。
¶全戦

英保代作 あかほのしろつくり
奈良時代の官人。
¶古人（生没年不詳）

赤堀上野介* あかぼりこうずけのすけ
生没年不詳 戦国時代の上野国衆。
¶後北（景秀〔赤堀〕 かげひで）

赤堀五郎兵衛 あかほりごろ（う）びょうえ
江戸時代前期の後藤又兵衛・徳川頼宣の家臣。
¶大坂

赤堀肥前守* あかほりひぜんのかみ
生没年不詳 安土桃山時代の織田信長の家臣。
¶織田

赤堀又太郎* あかぼりまたたろう
生没年不詳 戦国時代の上野国衆。
¶後北（又太郎〔赤堀〕 またたろう）

アカマタ・クロマタ*
沖縄県八重山地方で信仰される来訪神。
¶思想

赤松伊豆守* あかまついずのかみ
[別]赤松伊豆守祐高（あかまついずのかみすけたか） 安土桃山時代の武将。秀吉馬廻。
¶大坂（赤松伊豆守祐高 あかまついずのかみすけたか [生]永禄2年 [没]慶長20年5月28日）

赤松伊豆守祐高 あかまついずのかみすけたか
⇒赤松伊豆守（あかまついずのかみ）

赤松氏範* あかまつうじのり
元徳2（1330）年～元中3/至徳3（1386）年 南北朝時代の南朝の武将、弾正少弼。
¶コン，中世，室町

赤松円心 あかまつえんしん
⇒赤松則村（あかまつのりむら）

赤松休庵（則福） あかまつきゅうあん（のりさき）
江戸時代中期～後期の眼科医。
¶眼医（[生]享保4（1719）年 [没]天明8（1788）年）

赤松休庵（則光） あかまつきゅうあん（のりみつ）
江戸時代中期の眼科医。
¶眼医（[生]？ [没]元文5（1740）年）

赤松休庵（義隆） あかまつきゅうあん（よしたか）
江戸時代の眼科医。
¶眼医（生没年不詳）

赤松休悦 あかまつきゅうえつ
江戸時代の眼科医。
¶眼医（生没年不詳）

赤松休亭 あかまつきゅうてい
眼科医。
¶眼医（生没年不詳）

赤松久米之助* あかまつくめのすけ
寛政11（1799）年～明治3（1870）年 江戸時代末期～明治時代の陸奥弘前藩士。
¶幕末

赤松光映 あかまつこうえい
⇒竹林坊光映（ちくりんぼうこうえい）

赤松小左衛門　あかまつこざえもん
江戸時代前期の武士。大坂の陣で籠城。
¶大坂

赤松小三郎＊　あかまつこさぶろう
天保2（1831）年〜慶応3（1867）年　江戸時代末期の洋学者、兵法家、信濃上田藩士。
¶コン,全幕,幕末（❷慶応3（1867）年9月3日）

赤松沙鷗＊　あかまつさおう
寛文8（1668）年〜明和4（1767）年　江戸時代中期の儒学者。
¶コン（❽寛文8（1668年/1666）年）　❷明和4（1767年/1769）年）

赤松貞範＊　あかまつさだのり
？〜文中3/応安7（1374）年　南北朝時代の武士。
¶コン,室町（❽徳治1（1306）年）

赤松貞村＊　あかまつさだむら
明徳4（1393）年〜文安4（1447）年　室町時代の武将。将軍足利義教の寵臣。
¶コン,内乱,室町

赤松祐則＊　あかまつすけのり
？〜文安2（1445）年　室町時代の武将。
¶コン

赤松青竜軒＊　あかまつせいりゅうけん
生没年不詳　江戸時代中期の講釈師。
¶コン

赤松滄洲＊　あかまつそうしゅう
享保6（1721）年〜享和1（1801）年　❹大川良平（おおかわりょうへい）　江戸時代中期〜後期の儒学者、播磨赤穂藩家老。
¶コン,思想

赤松宗旦＊　あかまつそうたん
文化3（1806）年〜文久2（1862）年　江戸時代末期の医師、地理学者。
¶幕末（❷？）

赤松則祐　あかまつそくゆう
⇒赤松則祐（あかまつのりすけ）

赤松大三郎　あかまつだいざぶろう
⇒赤松則良（あかまつのりよし）

赤松太庾＊　あかまつたいゆ，あかまつだいゆ
宝永6（1709）年〜明和4（1767）年4月12日　江戸時代中期の儒学者。
¶コン

赤木唯五郎　あかまつただごろう
江戸時代後期の幕臣。
¶徳人（生没年不詳）

赤松宮　あかまつのみや
⇒興良親王（おきながしんのう）

赤松範静＊　あかまつのりきよ
天保3（1832）年〜明治37（1904）年　江戸時代末期〜明治時代の旧幕臣。歩兵頭、御目付などを歴任。
¶幕末（❷明治37（1904）年11月5日）

赤松則貞　あかまつのりさだ
戦国時代の武将。初代政秀の子。
¶全戦（生没年不詳）

赤松則実　あかまつのりざね
室町時代〜戦国時代の武将、上野赤松家の当主。
¶全戦（生没年不詳）

赤松則繁　あかまつのりしげ
？〜文安5（1448）年　室町時代の武将。将軍足利義教を暗殺。
¶室町

赤松教祐　あかまつのりすけ
⇒赤松教康（あかまつのりやす）

赤松則祐＊　あかまつのりすけ
応長1（1311）年〜建徳2/応安4（1371）年11月29日
❹赤松則祐（あかまつそくゆう）、則祐（そくゆう）
南北朝時代の武将、播磨・摂津・備前守護。
¶コン,内乱（あかまつそくゆう）❷応安4（1371）年），室町（❷応安4/建徳2（1371）年）

赤松範資＊　あかまつのりすけ
？〜正平6/観応2（1351）年　鎌倉時代後期〜南北朝時代の武将。則村の嫡男。摂津守護。
¶コン,室町

赤松範忠＊　あかまつのりただ
江戸時代末期の幕臣。講武所奉行・側衆。
¶徳人（生没年不詳）

赤松則尚＊　あかまつのりなお
応永32（1425）年〜康正1（1455）年　❹赤松則尚（あかまつのりひさ）　室町時代の武将。
¶コン,室町

赤松則尚　あかまつのりひさ
⇒赤松則尚（あかまつのりなお）

赤松則房＊　あかまつのりふさ
？〜慶長3（1598）年　安土桃山時代の武将、大名。阿波住吉領主。
¶全戦（❽永禄2（1559）年），戦武（❽永禄2（1559）年）

赤松則村＊　あかまつのりむら
建治3（1277）年〜正平5/観応1（1350）年　❹赤松円心（あかまつえんしん）　鎌倉時代後期〜南北朝時代の武将、法名円心、播磨守護。
¶コン,中世（赤松円心（則村）　あかまつえんしん（のりむら），内乱（❷観応1（1350）年），室町,山小（❷1350年1月11日）

赤松教康＊　あかまつのりやす
応永30（1423）年〜嘉吉1（1441）年　❹赤松教祐（あかまつのりすけ）　室町時代の武将。将軍足利義教を殺害。
¶コン,内乱

赤松則良＊　あかまつのりよし
天保12（1841）年11月1日〜大正9（1920）年9月23日
❹赤松大三郎（あかまつだいざぶろう）　江戸時代末期〜明治時代の造船技術者、海軍軍人、中将、男爵。オランダで造船学・理学を学び、帰国後は海軍兵学校大教授、横須賀鎮守府司令長官などを歴任。
¶科学,数学,全幕（赤松大三郎　あかまつだいざぶろう），室町（赤松大三郎　あかまつだいざぶろう）

赤松晴政　あかまつはるまさ
❹赤松政村（あかまつまさむら）　戦国時代の武士。
¶全戦（❽永正10（1513）年　❷永禄8（1565）年），戦武（❽永正10（1513）年　❷永禄8（1565）年），室町（❽？　❷永禄8（1565）年）

赤松広秀 あかまつひろひで
⇒赤松広通（あかまつひろみち）

赤松広通* あかまつひろみち
永禄5（1562）年～慶長5（1600）年10月28日 [別]赤松広秀（あかまつひろひで） 安土桃山時代の武将、大名。但馬竹田城主。
¶織田（赤松広秀 あかまつひろひで [没]慶長5（1600）年11月28日），全戦（赤松広秀 あかまつひろひで）

赤松法印* あかまつほういん
生没年不詳 江戸時代前期の軍書読み。
¶コン

赤松孫次郎貞義 あかまつまごじろうさだよし
安土桃山時代～江戸時代前期の武士。赤松氏嫡流。
¶大坂（[生]天正16年 [没]寛永2年8月19日）

赤松政則*（赤松正則） あかまつまさのり
康正1（1455）年～明応5（1496）年4月25日 室町時代～戦国時代の武将。
¶公卿（赤松正則），公家（政則〔赤松家〕 まさのり），コン，全戦，中世，内乱，室町

赤松政秀*（1） あかまつまさひで
応永28（1421）年？～文亀2（1502）年 室町時代～戦国時代の武将、播磨西域の守護代。
¶コン，全戦（[生]？）

赤松政秀*（2） あかまつまさひで
？～元亀1（1570）年 戦国時代の武将。
¶全戦，戦武

赤松政村 あかまつまさむら
⇒赤松晴政（あかまつはるまさ）

赤松満祐* あかまつみつすけ
文中2/応安6（1373）年～嘉吉1（1441）年 室町時代の武将、播磨・備前・美作守護。将軍義教を猿楽の宴席で謀殺（嘉吉の乱）。後に山名・細川氏らによって追討されて自殺。
¶コン（[生]弘和1/永徳1（1381）年），内乱（[生]永徳1（1381）年），室町，山小（[没]1441年9月10日）

赤松満政* あかまつみつまさ
？～文安2（1445）年 室町時代の武将。嘉吉の乱では幕府方についた。
¶コン，内乱，室町

赤松村秀 あかまつむらひで
戦国時代の武将。
¶全戦（[生]文明12（1480）年 [没]天文9（1540）年）

赤松持家* あかまつもちいえ
生没年不詳 [別]有馬教実（ありまのりざね），有馬持家（ありまもちいえ） 室町時代の武将。
¶内乱（有馬持家 ありまもちいえ [生]応永3（1396）年 [没]宝徳2（1450）年），室町（有馬持家 ありまもちいえ）

赤松持貞* あかまつもちさだ
？～応永34（1427）年 室町時代の武将。将軍足利義持の近習。
¶内乱，室町

赤松弥三郎 あかまつやさぶろう
⇒斎村政広（さいむらまさひろ）

赤松義祐*（1） あかまつよしすけ
？～応永30（1423）年 南北朝時代～室町時代の武将。摂津国有馬郡守護。
¶コン

赤松義祐*（2） あかまつよしすけ
*～天正4（1576）年 戦国時代～安土桃山時代の武将。
¶コン（[生]文亀1（1501）年），全戦（[生]天文6（1537）年），戦武（[生]天文6（1537）年）

赤松義則* あかまつよしのり
正平13/延文3（1358）年～応永34（1427）年9月21日 南北朝時代～室町時代の武将、侍所頭人。
¶コン，内乱（[生]延文3（1358）年），室町

赤松義雅 あかまつよしまさ
室町時代の武士。
¶内乱（[生]応永3（1396）年？ [没]嘉吉1（1441）年）

赤松義村* あかまつよしむら
文明4（1472）年～大永1（1521）年9月17日 戦国時代の武将、播磨・備前・美作守護。
¶コン（[生]？），全戦（[生]？），戦武（[生]？）

赤松和鳴の妻 あかまつわめいのつま⋆
江戸時代後期の女性。俳諧。文化15年序、大屋士由編『美佐古鮓』に息子の句と共に載る。
¶江表（赤松和鳴の妻（宮城県））

赤見伊勢守 あかみいせのかみ
安土桃山時代の武士。上杉氏の越後根知城将。
¶武田（生没年不詳）

赤見因幡守 あかみいなばのかみ
戦国時代の武士。赤見山城守（初代）の子、二代山城守の兄と伝えられる。
¶武田（生没年不詳）

赤見源七郎 あかみげんしちろう
戦国時代～江戸時代前期の武田氏の家臣。二代赤見山城守の嫡子。
¶武田（[生]天文20（1551）年？ [没]寛永2（1625）年7月9日？）

赤見左衛門佐 あかみさえもんのすけ
⇒赤見春光（あかみはるみつ）

赤見春光* あかみはるみつ
？～天正2（1574）年 [別]赤見左衛門佐（あかみさえもんのすけ） 戦国時代～安土桃山時代の武士。
¶織田（赤見左衛門佐 あかみさえもんのすけ [没]天正2（1574）年9月29日）

赤見山城守*（——〔1代〕） あかみやましろのかみ
？～寛永2（1625）年7月9日 安土桃山時代の武士。上野国衆。のち後北条氏家臣。
¶後北（綱泰〔赤見〕 つなやす），武田（——〔1代〕 生没年不詳）

赤見山城守〔2代〕 あかみやましろのかみ
安土桃山時代の武田氏家臣。赤見山城守の嫡子とみられる。
¶武田（[生]？ [没]文禄3（1594）年2月5日）

赤山靱負*（赤山靫負） あかやまゆきえ
文政6（1823）年～嘉永3（1850）年 江戸時代末期の薩摩藩士。
¶全幕（赤山靫負），幕末（[生]文政6（1823）年1月17日 [没]嘉永3（1850）年3月4日）

阿川四郎* あがわしろう
天保13（1842）年～慶応2（1866）年 [別]阿川延実（あかわのぶざね） 江戸時代末期の長州（萩）藩足軽。
¶幕末（[没]慶応2（1866）年7月3日）

阿川延実　あかわのぶざね
⇒阿川四郎（あがわしろう）

阿観*　あかん
保延2（1136）年～承元1（1207）年　平安時代後期～鎌倉時代前期の真言宗の僧。
¶古人, コン

あき
江戸時代後期の女性。俳諧。藤田山崎の人。文化8年刊、霰庵太呂編『醒斎稿』に載る。
¶江表（あき（福島県））

安芸*（1）　あき
生没年不詳　平安時代後期の箏の名手。
¶古人

安芸（2）　あき
⇒郁芳門院安芸（いくほうもんいんのあき）

安芸（3）　あき
⇒待賢門院安芸（たいけんもんいんのあき）

秋上綱平*　あきあげつなひら
戦国時代の武士。
¶全戦（生没年不詳）

阿貴王（安貴王）　あきおう
⇒安貴王（あきのおおきみ）

秋岡良孝　あきおかよしたか
江戸時代末期の和算家。
¶数学

秋香　あきか★
江戸時代後期の女性。和歌。彦根西中藪の大工棟梁河村重弘の妹。
¶江表（秋香（滋賀県）　㊄寛政9（1797）年）

秋風女房*（秋風の女房）　あきかぜのにょうぼう
*～文政9（1826）年　江戸時代後期の女性。狂歌師。
¶江表（秋風女房（東京都）　㊄明和1（1764）年）

安芸国虎*　あきくにとら
？～永禄12（1569）年　戦国時代の武将。
¶全戦（㊄享禄3（1530）年）, 戦武（㊄享禄3（1530）年？）, 室町（㊄享禄3（1530）年）

あき子　あきこ★
江戸時代後期の女性。和歌。庄内藩酒井家の娘。嘉永4年序、鈴木直麿編『八十番歌合』に載る。
¶江表（あき子（山形県））

暁子　あきこ
江戸時代末期の女性。和歌。青木氏。安政6年の「言玉集」四に載る。
¶江表（暁子（岩手県））

秋子　あきこ★
江戸時代末期の女性。和歌。岡部東平の妻。文久2年刊、村上忠順編『河藻歌集』に載る。
¶江表（秋子（東京都））

昌子　あきこ★
江戸時代末期の女性。和歌。陸奥三春藩主秋田孝季の娘。安政7年跋、蜂屋光世編『大江戸倭歌集』に載る。
¶江表（昌子（静岡県））

章子　あきこ★
江戸時代後期の女性。和歌。常陸水戸藩主徳川斉昭と側室古与の娘。
¶江表（章子（茨城県）　㊄文政5（1822）年　㊀天保10（1839）年）

明子（1）　あきこ★
江戸時代中期～後期の女性。和歌。但馬出石藩主仙石政辰の娘。
¶江表（明子（兵庫県）　㊄宝暦10（1760）年　㊀文化11（1814）年）

明子（2）　あきこ★
江戸時代後期～末期の女性。和歌。武蔵忍藩主阿部正識の娘。
¶江表（明子（島根県）　㊄寛政5（1793）年　㊀元治1（1864）年）

曜子　あきこ
江戸時代後期の女性。和歌。園田庄左衛門の母。文政8年刊、青木行敬ほか編『聖廟奉納歌百二十首』に載る。
¶江表（曜子（兵庫県））

韶子　あきこ★
江戸時代後期の女性。和歌。梅宮神社祠官で国学者橋本経亮の妻。
¶江表（韶子（京都府）　㊀弘化3（1846）年）

顕子女王*　あきこじょおう
寛永16（1639）年～延宝4（1676）年　㊖顕子女王（あきこにょおう），高厳院（こうげんいん），光厳院（こうごんいん）　江戸時代前期の女性。伏見宮貞清親王の第7王女。
¶江表（高厳院（東京都）　㊄寛永17（1640）年）, コン（あきこにょおう）, 女史（高厳院　こうげんいん　㊄1640年）, 徳将（高厳院　こうげんいん　㊄1640年）

光子女王*　あきこじょおう
文政2（1819）年～明治39（1906）年　江戸時代後期～明治時代の女性、孝仁親王の第3王女。
¶江表（光子（東京都）　㊄文政5（1822）年）

昭子女王　あきこじょおう
⇒昭子女王（しょうしじょおう）

明子女王*　あきこじょおう
寛永15（1638）年～延宝8（1680）年　㊖池田明子（いけだあきこ），明子女王（めいしじょおう）　江戸時代前期の女性。高松宮好仁親王の第1王女。後西天皇の女御。
¶天皇（めいし・あきこじょおう　㊀延宝8（1680）年7月8日）

昱子内親王*　あきこないしんのう
寛喜3（1231）年～寛元4（1246）年　㊖昱子内親王（いくしないしんのう）　鎌倉時代前期の女性。後堀河天皇の第3皇女。
¶天皇（いくしないしんのう）

暲子内親王　あきこないしんのう
⇒八条院（はちじょういん）

秋子内親王*　あきこないしんのう
元禄13（1700）年～宝暦6（1756）年　㊖秋子内親王（しゅうしないしんのう）　江戸時代中期の女性。東山天皇の皇女。伏見宮貞建親王妃。
¶江表（秋子内親王（京都府））, 天皇（しゅうしないしんのう　㊄元禄13（1700）年1月5日　㊀宝暦6（1756）年3月29日）

昭子内親王*（1）　あきこないしんのう
寛永2（1625）年9月～慶安4（1651）年　㊖照子内親王（てるこないしんのう）　江戸時代前期の女性。後水尾天皇の第3皇女。

¶江表（昭子内親王（京都府）），天皇（[没]慶安4（1651）年5月15日）

昭子内親王* ⑵（顕子内親王）　**あきこないしんのう**
寛永6（1629）年～延宝3（1675）年　[別]顕子内親王（けんしないしんのう）　江戸時代前期の女性。後水尾天皇の第4皇女。
¶天皇（顕子内親王　[没]延宝3（1675）年閏4月26日）

章子内親王　**あきこないしんのう**
⇒二条院（にじょういん）

明子内親王　**あきこないしんのう**
⇒明子内親王（めいしないしんのう）

覲子内親王　**あきこないしんのう**
⇒宣陽門院（せんようもんいん）

韶子内親王　**あきこないしんのう**
⇒韶子内親王（しょうしないしんのう）

顕子女王　**あきこにょおう**
⇒顕子女王（あきこじょおう）

安芸宰相　**あきさいしょう**
⇒毛利輝元（もうりてるもと）

秋里籬島*　**あきざとりとう，あきさとりとう**
生没年不詳　江戸時代後期の読本作者。「都名所図会」の作者。
¶浮絵，コン

安芸実光*　**あきさねみつ**
平安時代後期の武将。
¶古人（[生]？　[没]1185年？），平家（生没年不詳）

安芸三郎左衛門*　**あきさぶろうざえもん**
慶長2（1597）年～寛文11（1671）年　[別]安芸三郎左衛門（あきさぶろざえもん）　江戸時代前期の土佐紙業開発者。
¶コン

安芸三郎左衛門　**あきさぶろざえもん**
⇒安芸三郎左衛門（あきさぶろうざえもん）

秋沢貞之*　**あきざわさだゆき，あきさわさだゆき**
？～明治12（1879）年　[別]秋沢清吉（あきざわせいきち）　江戸時代末期～明治時代の志士。
¶全幕（秋沢清吉　あきざわせいきち　[没]明治17（1884）年），幕末（[生]天保10（1839）年　[没]明治12（1879）年7月16日）

秋沢清吉　**あきざわせいきち**
⇒秋沢貞之（あきざわさだゆき）

安芸思温　**あきしおん**
⇒安芸恭雅（あきやすまさ）

安芸侍従　**あきじじゅう**
⇒毛利秀元（もうりひでもと）

秋篠王*　**あきしのおう**
奈良時代の官人。
¶古人（生没年不詳），古代

秋篠朝臣安人　**あきしののあそんやすひと**
⇒秋篠安人（あきしののやすひと）

秋篠氏永　**あきしののうじなが**
平安時代前期の官人。
¶古人（生没年不詳）

秋篠男足　**あきしののおたり**
平安時代前期の官人。
¶古人（生没年不詳）

秋篠祖継　**あきしののおやつぐ**
平安時代前期の官人。
¶古人（生没年不詳）

秋篠高子*　**あきしののたかこ**
生没年不詳　[別]秋篠京子（あきしののみやこ）　平安時代前期の女性。嵯峨天皇の更衣。
¶古人（秋篠京子　あきしののみやこ），天皇（秋篠京子　あきしののきょうし・たかこ）

秋篠直平　**あきしののなおひら**
平安時代中期の左京七条の刀禰。
¶古人（生没年不詳）

秋篠全継　**あきしののまたつぐ**
平安時代前期の官人。
¶古人（生没年不詳）

秋篠京子　**あきしののみやこ**
⇒秋篠高子（あきしののたかこ）

秋篠安人*　**あきしののやすひと**
天平勝宝4（752）年～弘仁12（821）年　[別]秋篠朝臣安人（あきしののあそんやすひと），秋篠安人（あきしのやすひと），土師安人（はじのやすひと）　奈良時代～平安時代前期の公卿（参議）。従四位下土師宇遅の子。
¶公卿（[生]天平勝宝6（754）年　[没]弘仁12（821）年2月10日），古人，古人（土師安人　はじのやすひと　[生]753年　[没]822年），古代（秋篠朝臣安人　あきしののあそんやすひと　[生]743年）

秋篠茂左衛門*　**あきしのもざえもん**
生没年不詳　江戸時代前期の大工。
¶美建

秋篠安人　**あきしのやすひと**
⇒秋篠安人（あきしののやすひと）

秋月韋軒　**あきずきいけん**
⇒秋月悌次郎（あきづきていじろう）

秋月悌次郎　**あきずきていじろう**
⇒秋月悌次郎（あきづきていじろう）

秋田映季*　**あきたあきすえ**
安政5（1858）年～明治40（1907）年　江戸時代末期～明治時代の三春藩主、三春藩知事、子爵。
¶全幕

秋田伊任*　**あきたいにん**
生没年不詳　[別]秋田伊任（あきたただとう）　江戸時代後期の和算家。
¶数学（あきたただとう）

秋田義一　**あきたぎいち**
⇒秋田十七郎（あきたじゅうしちろう）

秋田左次右衛門　**あきたさじえもん**
江戸時代前期の武士。大坂の陣で籠城。
¶大坂

秋田実季*　**あきたさねすえ**
天正4（1576）年～万治2（1659）年11月29日　[別]安東実季（あんどうさねすえ），安東太郎（あんどうたろう）　安土桃山時代～江戸時代前期の大名。常陸宍戸藩主。
¶コン（[生]？），全戦，戦武

秋田七賀助　**あきたしちかすけ**
⇒中村嘉七〔4代〕（なかむらかしち）

秋田十七郎*　あきたじゅうしちろう
生没年不詳　[別]秋田義一（あきたぎいち，あきたよしかず），津田宜義（つだぎぎ）　江戸時代末期の和算家。
¶コン，数学（秋田義一　あきたよしかず）

秋田季次　あきたすえつぐ
江戸時代前期の幕臣。
¶徳人（[生]？　[没]1624年）

秋田助太夫*　あきたすけだゆう
生没年不詳　江戸時代末期の谷田部藩家老。
¶幕末

秋田静臥*　あきたせいが
文政1（1818）年～明治33（1900）年　江戸時代末期～明治時代の陸奥三春藩士、三春藩大参事。幼少の藩主の後見役として藩政をとり、藩の存続に尽力。
¶コン，全幕，幕末（[生]文政1（1818）年10月11日　[没]明治33（1900）年3月14日）

秋田伊任　あきたただとう
⇒秋田伊任（あきたいにん）

秋谷玄益　あきたにげんえき
世襲名　江戸時代後期の眼科医。
¶眼医（生没年不詳）

安芸田面　あきたのも
⇒安芸恭雅（あきやすまさ）

秋田文雄*（秋田文男）　あきたふみお
文政12（1829）年～*　江戸時代末期～明治時代の上野館林藩士。
¶コン（[没]明治23（1890）年），幕末（[没]明治22（1889）年3月28日）

秋田屋新作*　あきたやしんさく
文化2（1805）年～明治8（1875）年　江戸時代末期～明治時代の商人。飴屋を営む。狂歌に巧みで庶民的な逸話を残す。
¶幕末（[没]明治8（1875）年12月23日）

秋田義一　あきたよしかず
⇒秋田十七郎（あきたじゅうしちろう）

秋田愛季　あきたよしすえ
⇒安東愛季（あんとうちかすえ）

安芸忠左衛門重房　あきちゅうざえもんしげふさ
安土桃山時代～江戸時代前期の医官。秀吉、豊臣秀保、秀頼に仕えた。落城後、江戸に下向して医官。
¶大坂

安芸中納言　あきちゅうなごん
⇒毛利輝元（もうりてるもと）

秋月韋軒　あきづきいけん
⇒秋月悌次郎（あきづきていじろう）

秋月胤永　あきづきかずひさ
⇒秋月悌次郎（あきづきていじろう）

秋月橘門*　あきづききつもん
文化6（1809）年～明治13（1880）年　江戸時代後期～明治時代の儒者。
¶幕末（[没]明治13（1880）年4月26日）

秋月種節　あきづきしゅせつ
⇒秋月種節（あきづきたねよ）

秋月庄馬*　あきづきしょうま
文政4（1821）年～明治33（1900）年　江戸時代末期～明治時代の医師。回春堂という私塾を設立し子弟の教育に尽力。
¶幕末（[没]明治33（1900）年1月31日）

秋月種方　あきづきたねかた
⇒秋月文種（あきづきふみたね）

秋月種実*　あきづきたねざね
天文14（1545）年～慶長1（1596）年　安土桃山時代の武将。
¶コン，全戦（[生]天文17（1548）年），戦武（[生]天文17（1548）年？）

秋月種樹*　あきづきたねたつ
天保4（1833）年～明治37（1904）年10月17日　江戸時代末期～明治時代の政治家、貴族院議員。将軍徳川家茂の侍読、維新後は明治天皇の侍読をつとめた。
¶コン，幕末（[生]天保4（1833）年10月17日）

秋月種殷*　あきづきたねとみ
文化14（1817）年～明治7（1874）年3月18日　江戸時代末期～明治時代の高鍋藩主、高鍋藩知事。砂糖栽培による富国をはかったほか、西洋兵式を採用して領内に砲台を築いた。
¶コン（[生]文政1（1818）年），全幕，幕末（[生]文化14（1817）年6月13日）

秋月種長*　あきづきたねなが
永禄10（1567）年～慶長19（1614）年　安土桃山時代～江戸時代前期の大名。日向高鍋藩主。
¶コン，戦武

秋月種節*　あきづきたねよ
文化11（1814）年～明治10（1877）年　[別]秋月種節（あきづきしゅせつ），水筑種節（みずきたねよ）　江戸時代末期～明治時代の日向高鍋藩家老。
¶全幕（水筑種節　みずきたねよ），幕末

秋月悌次郎*（秋月悌二郎）　あきづきていじろう
文政7（1824）年～明治33（1900）年　[別]秋月韋軒（あきずきいけん，あきづきいけん），秋月悌次郎（あきずきていじろう），秋月胤永（あきづきかずひさ）　江戸時代末期～明治時代の陸奥会津藩士、漢学者。
¶江人（秋月韋軒　あきづきいけん），コン（秋月韋軒　あきづきいけん），詩作（秋月胤永　あきづきかずひさ　[生]文政7（1824）年7月2日　[没]明治33（1900）年1月5日），全幕，幕末（[生]文政7（1824）年7月2日　[没]明治33（1900）年1月5日）

秋月天放　あきづきてんぽう
江戸時代後期～大正時代の文官。
¶詩作（[生]天保12（1841）年　[没]大正2（1913）年）

秋月登之助*　あきづきのぼりのすけ
生没年不詳　江戸時代末期の陸奥会津藩士。
¶全幕（[生]天保13（1842）年　[没]明治18（1885）年），幕末

秋月文種*　あきづきふみたね
？～弘治3（1557）年　[別]秋月種方（あきづきたねかた）　戦国時代の武将、筑前秋月城主。
¶戦武

秋津子　あきつこ★
江戸時代末期の女性。狂歌。嘉永7年刊、清音楼清樹編『三十石狂歌集』に載る。
¶江表（秋津子（東京都））

阿岐奈安継　あきなのやすつぐ
平安時代前期の官人。
¶古人（生没年不詳）

顕成*　あきなり
寛永12（1635）年～延宝4（1676）年　[別]阿知子顕成（あちしあきなり）　江戸時代前期の俳人。
¶俳文（[没]延宝4（1676）年4月10日）

秋成　あきなり
⇒上田秋成（うえだあきなり）

昭登親王　あきなりしんのう
⇒昭登親王（あきのりしんのう）

秋野王　あきのおう
奈良時代の女王。宝亀7年従四位下。
¶古人（生没年不詳）

安貴王*　あきのおおきみ
生没年不詳　[別]阿貴王，安貴王（あきおう）　奈良時代の万葉歌人。
¶古人（阿貴王　あきおう），古代（阿貴王　あきおう），日文

商長宗麿*　あきのおさのむねまろ
飛鳥時代の久比の子。
¶古代

安吉子佐美　あきのこさみ
平安時代前期の近江国蒲生郡安吉郷の人。
¶古人（生没年不詳）

安吉子人　あきのこひと
平安時代前期の近江国蒲生郡安吉郷の人。
¶古人（生没年不詳）

秋野殿　あきのどの
⇒桂昌院（けいしょういん）

秋の坊*　あきのぼう
？～享保3（1718）年　[別]寂玄（じゃくげん）　江戸時代中期の俳人（蕉門）。
¶俳文（[没]享保3（1718）年1月4日）

安吉法師丸　あきのほしまろ
平安時代前期の近江国蒲生郡安吉郷の人。
¶古人（生没年不詳）

安吉真道　あきのまみち
平安時代前期の官人。
¶古人（生没年不詳）

精宮*　あきのみや
文政8（1825）年5月～大正2（1913）年6月　[別]精姫（あきひめ）　江戸時代末期～明治時代の皇族、有栖川宮韶仁親王の第4王女。はじめ水戸藩主徳川慶篤と婚約していたが、幕府は久留米藩主有馬頼咸にめあわせた。
¶徳将（精姫　あきひめ）

哲宮　あきのみや
⇒礼仁親王（うやひとしんのう）

昭登親王*　あきのりしんのう
長徳4（998）年～長元8（1035）年　[別]昭登親王（あきなりしんのう）　平安時代中期の花山天皇の第2皇子。
¶古人（あきなりしんのう），天皇

愛喜濃和多子・愛喜和多子　あきのわたこ★
江戸時代後期の女性。狂歌。文化10年刊、鈍々亭和樽ほか編『狂歌関東百題集』に載る。
¶江表（愛喜濃和多子・愛喜和多子（東京都））

秋場桂園*　あきばけいえん
文化10（1813）年～明治28（1895）年　江戸時代末期～明治時代の名主、儒者。多くの門弟を育て、文化的指導者。
¶幕末（[生]文化10（1813）年1月28日　[没]明治28（1895）年5月14日）

秋葉孝宗　あきばたかむね
江戸時代末期の和算家。
¶数学

阿只抜都*　あきばつ
生没年不詳　南北朝時代の倭冦の大将。
¶対外，室町（[生]？　[没]天授6/康暦2（1380）年）

啓仁親王　あきひとしんのう
⇒啓仁親王（けいじんしんのう）

彰仁親王　あきひとしんのう
⇒小松宮彰仁親王（こまつのみやあきひとしんのう）

精姫　あきひめ
⇒精宮（あきのみや）

昭平親王*　あきひらしんのう
天暦8（954）年～長和2（1013）年　[別]昭平入道親王（あきひらにゅうどうしんのう），昭平親王（しょうへいしんのう）　平安時代中期の村上天皇の皇子、常陸太守。
¶古人，天皇（[没]長和2（1013）年6月28日）

昭平入道親王　あきひらにゅうどうしんのう
⇒昭平親王（あきひらしんのう）

顕広王*　あきひろおう
嘉保2（1095）年～治承4（1180）年　平安時代後期の貴族。神祇伯、白川家の祖。
¶古人

秋間重秀　あきましげひで
戦国時代の大工。六郎次郎。武蔵国滝山城主大石綱周に属した。
¶後北（重秀〔秋間〕）

秋間四良左衛門*　あきましろうざえもん
生没年不詳　戦国時代の大工。相模国で活動。
¶後北（四良左衛門〔秋間〕　しろうざえもん）

秋間武直　あきまたけなお
江戸時代中期～後期の幕臣。
¶徳人（[生]1752年　[没]1818年）

飽間光泰　あきまみつやす
⇒飽間光泰（あくまみつやす）

秋本主計*　あきもとかずえ
？～明治3（1870）年3月2日？　江戸時代末期～明治時代の人。医師倅。
¶幕末（[没]明治3（1870）年4月2日？）

秋元正一郎*　あきもとしょういちろう
文政6（1823）年～文久2（1862）年8月29日　[別]秋元安民（あいもとやすたみ，あきもとやすたみ）　江戸時代末期の国学者、洋学家。
¶科学（[生]文政6（1823）年1月1日），コン，幕末（秋元安民　あきもとやすたみ　[生]文政6（1823）年1月）

秋本新蔵*　あきもとしんぞう
文化9（1812）年～明治10（1877）年　江戸時代後期

〜明治時代の尊攘運動家。
¶コン, 幕末([生]文化9(1812)年6月24日 [没]明治10(1877)年11月17日)

秋元喬知* あきもとたかとも
慶安2(1649)年〜正徳4(1714)年 江戸時代前期〜中期の大名。武蔵川越藩主、甲斐谷村藩主。
¶コン

秋元長朝* あきもとながとも
天文15(1546)年〜寛永5(1628)年 安土桃山時代〜江戸時代前期の大名。上野総社藩主。
¶後北(長朝〔秋元〕 ながとも [没]寛永5年8月29日)

秋元礼朝* あきもとひろとも
*〜明治16(1883)年 江戸時代末期〜明治時代の館林藩主、館林藩知事。戊辰戦争では官軍につき、維新後は館林藩知事を務めた。
¶コン([生]嘉永1(1848)年), 幕末([生]嘉永1(1848)年5月16日 [没]明治16(1883)年6月13日)

秋元安民 あきもとやすたみ
⇒秋元正一郎(あきもとしょういちろう)

秋元泰朝* あきもとやすとも
天正8(1580)年〜寛永19(1642)年10月23日 江戸時代前期の大名。上野総社藩主、甲斐谷村藩主。
¶徳将, 徳人

秋元志朝* あきもとゆきとも
文政3(1820)年〜明治9(1876)年7月26日 江戸時代後期〜明治時代の大名、華族。
¶コン, 幕末([生]文政3(1820)年3月8日)

安芸恭雅* あきやすまさ
文化12(1815)年〜文久3(1863)年 [別]安芸思温(あきしおん), 安芸田面(あきたのも) 江戸時代末期の儒学者。
¶幕末([没]文久3(1863)年6月18日)

秋山章* あきやまあきら
享保8(1723)年〜文化5(1808)年 [別]秋山富南(あきやまふなん) 江戸時代中期〜後期の国学者。
¶コン

秋山家慶* あきやまいえよし
生没年不詳 安土桃山時代の織田信長の家臣。
¶織田

秋山市右衛門尉 あきやまいちえもんのじょう
戦国時代の武田氏の家臣。
¶武田(生没年不詳)

秋山彝徳* あきやまいとく
生没年不詳 [別]秋山彝徳(あきやまつねのり) 江戸時代後期の和算家。
¶数学(あきやまつねのり)

秋山越前守 あきやまえちぜんのかみ
戦国時代〜安土桃山時代の武田龍芳の家臣。「惣人数」に御聖導様衆とあり。
¶武田([生]永正16(1519)年 [没]慶長7(1602)年6月17日)

秋山角左衛門* あきやまかくざえもん
?〜正徳1(1711)年 江戸時代中期の義民。「万石騒動」の頭取の一人。
¶江人, コン

秋山勝鳴 あきやまかつなり
⇒秋山五郎治(あきやまごろうじ)

秋山紀伊守(——〔1代〕) あきやまきいのかみ
⇒秋山光次(あきやまみつつぐ)

秋山紀伊守〔2代〕 あきやまきいのかみ
戦国時代の武田勝頼の家臣。永禄5年武田勝頼が高遠に入った際の付家臣の1人。
¶武田(生没年不詳)

秋山義三郎* あきやまぎさぶろう
江戸時代末期の新撰組隊士。
¶新隊(生没年不詳)

秋山玉山* あきやまぎょくざん, あきやまぎょくさん
元禄15(1702)年〜宝暦13(1763)年 江戸時代中期の漢学者。
¶江人([生]?), コン, 詩作([生]元禄15(1702)年6月29日 [没]宝暦13(1763)年12月12日), 思想

秋山御風* あきやまぎょふう
寛政7(1795)年〜慶応2(1866)年 [別]御風(ぎょふう) 江戸時代後期〜末期の武士、俳人。
¶俳文(御風 ぎょふう [没]慶応2(1866)年1月26日)

秋山宮内丞* あきやまくないのじょう
生没年不詳 戦国時代の武田氏の家臣。
¶武田([生]? [没]天正10(1582)年3月11日)

秋山源三郎* あきやまげんざぶろう
永禄5(1562)年?〜天正10(1582)年3月11日 安土桃山時代の武田氏の家臣。
¶武田

秋山厳山* あきやまげんざん
文化4(1807)年〜文久3(1863)年 [別]秋山惟恭(あきやまこれいや, あきやまこれたか) 江戸時代末期の祠官。
¶幕末(秋山惟恭 あきやまこれいや [没]文久3(1863)年4月10日)

秋山源兵衛の妻 あきやまげんべえのつま*
江戸時代末期の女性。和歌。文久1年成立「烈公一回御忌和歌」に載る。
¶江表(秋山源兵衛の妻(茨城県))

秋山光彪* あきやまこうひょう
安永4(1775)年〜天保3(1832)年 [別]秋山光彪(あきやまてるたけ, あきやまみつたけ) 江戸時代後期の国学者。
¶コン

秋山惟恭 あきやまこれいや
⇒秋山厳山(あきやまげんざん)

秋山惟恭 あきやまこれたか
⇒秋山厳山(あきやまげんざん)

秋山維禎*(秋山惟禎) あきやまこれよし
宝暦2(1752)年〜文化15(1818)年1月23日 江戸時代中期〜後期の幕臣。
¶徳人(秋山惟禎)

秋山五郎治* あきやまごろうじ
寛政10(1798)年〜明治7(1874)年 [別]秋山勝鳴(あきやまかつなり), 秋山清風(あきやませいふう), 秋山白賁堂(あきやまはくひどう) 江戸時代末期〜明治時代の桑名藩士。
¶幕末([生]寛政10(1798)年4月28日 [没]明治7(1874)年7月11日)

秋山左衛門* あきやまさえもん
文化9(1812)年〜明治1(1868)年 江戸時代末期

の藩校日新館教授、医学師範。
¶幕末(㊥慶応4(1868)年9月6日)

秋山式部右衛門尉 あきやましきぶえもんのじょう
戦国時代の武士。伯耆守(虎繁)の父または兄弟か。
¶武田(生没年不詳)

秋山十郎兵衛 あきやまじゅうろうひょうえ
安土桃山時代の人。「惣人数」に諸国へ御使い衆、むかでの指物衆ともに記載がある。
¶武田(㊤?　天正3(1575)年5月21日)

秋山四郎左衛門尉 あきやましろうざえもんのじょう
戦国時代の武士。駿河衆。
¶武田(生没年不詳)

秋山甚右衛門 あきやまじんえもん
安土桃山時代～江戸時代前期の代官。武田家旧臣。
¶徳代(生没年不詳)

秋山新左衛門* あきやましんざえもん
?～延享3(1746)年　江戸時代中期の治水家。
¶コン

秋山伯重 あきやますけしげ
江戸時代前期の代官。
¶徳代(㊤?　㊥正保2(1645)年12月16日)

秋山伯正 あきやますけまさ
江戸時代前期の代官。
¶徳代(㊤?　㊥元和5(1619)年5月)

秋山清風 あきやませいふう
⇒秋山五郎治(あきやまごろうじ)

秋山善右衛門尉 あきやまぜんえもんのじょう
安土桃山時代の織田信長の家臣。
¶織田(生没年不詳)

秋山宣修 あきやませんしゅう
江戸時代中期の眼科医。
¶眼医(生没年不詳)

秋山仙朴* あきやませんぼく
生没年不詳　江戸時代中期の囲碁棋士。
¶コン

秋山惣九郎* あきやまそうくろう
?～天正10(1582)年3月11日　戦国時代～安土桃山時代の武田氏の家臣。
¶武田

秋山断* あきやまだん
嘉永2(1849)年～昭和4(1929)年　㉞秋山罷斎(あきやまひさい)　江戸時代末期～明治時代の伊勢桑名藩士。
¶幕末(㊥昭和4(1929)年11月13日)

秋山彝徳 あきやまつねのり
⇒秋山彝徳(あきやまいとく)

秋山津摩* あきやまつま
?～天正19(1591)年　㉞妙真院(みょうしんいん)　安土桃山時代の女性。徳川家康の侍女、下山殿。
¶徳将(妙真院　みょうしんいん　㊥1571年)

秋山鉄太郎 あきやまてつたろう
江戸時代後期の幕臣。
¶徳人(㊤1831年　㊥?)

秋山光条* あきやまてるえ
天保14(1843)年～明治35(1902)年　江戸時代末

期～明治時代の国学者・神職。
¶徳人

秋山光彪 あきやまてるたけ
⇒秋山光彪(あきやまこうひょう)

秋山恬堂* あきやまてんどう
文政9(1826)年～明治19(1886)年　江戸時代末期～明治時代の儒学者。著書に「訓蒙邇言」「銚子紀行」など。
¶幕末(㊤文政9(1826)年3月2日　㊥明治19(1886)年5月18日)

秋山虎繁*[1] あきやまとらしげ
大永7(1527)年～天正3(1575)年11月21日　戦国時代～安土桃山時代の甲斐武田晴信・勝頼の家臣。
¶全戦,武田(㊤大永7(1527)年?　㊥天正3(1575)年11月26日)

秋山虎繁[2] あきやまとらしげ
⇒秋山信友(あきやまのぶとも)

秋山内記* あきやまないき
?～天正10(1582)年3月　戦国時代～安土桃山時代の武田氏の家臣。
¶武田

秋山直行 あきやまなおゆき
江戸時代後期～明治時代の幕臣。
¶徳人(㊤1819年　㊥1869年)

秋山仲子* あきやまなかこ
天明5(1785)年～安政3(1856)年5月2日　江戸時代後期～末期の女性。歌人。
¶江表(仲子(東京都))

秋山信友* あきやまのぶとも
?～天正3(1575)年　㉞秋山虎繁(あきやまとらしげ)　戦国時代の武将。武田氏家臣。
¶コン,戦武(㊤大永7(1527)年)

秋山白貴堂 あきやまはくひどう
⇒秋山五郎治(あきやまごろうじ)

秋山罷斎 あきやまひさい
⇒秋山断(あきやまだん)

秋山富南 あきやまふなん
⇒秋山章(あきやまあきら)

秋山平十郎* あきやまへいじゅうろう
?～慶応3(1867)年　江戸時代末期の生人形師。
¶美工(㊥慶応3(1867)年6月)

秋山昌詮* あきやままさあき
安土桃山時代の武士。武田氏家臣。
¶武田(㊤天文20(1551)年?　㊥天正7(1579)年7月23日)

秋山昌成 あきやままさしげ
⇒秋山昌成(あきやままさなり)

秋山正重 あきやままさしげ
安土桃山時代～江戸時代前期の幕臣。
¶徳人(㊤1586年　㊥1640年)

秋山正甫 あきやままさすけ
江戸時代前期の代官。
¶徳代(㊤?　㊥寛永16(1639)年6月19日)

秋山正親 あきやままさちか
万治1(1658)年～享保8(1723)年　江戸時代前期～中期の幕臣。

¶徳人, 徳代([没]享保8(1723)年4月29日)

あ

秋山昌成*　あきやままさなり
？～天正10(1582)年3月　[別]秋山昌成(あきやままさしげ)　戦国時代～安土桃山時代の武田氏の家臣。
¶武田(あきやままさしげ)

秋山昌満*　あきやままさみつ
生没年不詳　戦国時代の武田氏の家臣。
¶武田

秋山又三郎*　あきやままたさぶろう
弘化3(1846)年～慶応1(1865)年　江戸時代末期の水戸藩士。
¶幕末([没]慶応1(1865)年2月15日)

秋山万可斎　あきやままんかさい
安土桃山時代の武田氏の家臣。元尾張浪人。
¶武田([生]？　[没]天正10(1582)年3月)

秋山光彪　あきやまみつたけ
⇒秋山光彪(あきやまこうひょう)

秋山光次*　あきやまみつつぐ
？～天正10(1582)年　[別]秋山紀伊守，秋山紀伊守〔1代〕(あきやまきいのかみ)　安土桃山時代の武将。武田氏家臣。
¶武田(秋山紀伊守〔1代〕　あきやまきいのかみ　[没]天正10(1582)年3月11日)

秋山民部助　あきやまみんぶのすけ
安土桃山時代の武田氏の家臣。
¶武田([生]？　[没]天正10(1582)年3月11日)

秋山杢助　あきやまもくのすけ
安土桃山時代の武士。
¶武田([生]？　[没]天正10(1582)年3月11日)

秋山要助*　あきやまようすけ
安永1(1772)年～天保4(1833)年　江戸時代後期の剣術家。
¶江人

秋山幸常　あきやまよしつね
江戸時代前期～中期の代官。
¶徳代([生]承応2(1653)年　[没]享保16(1731)年1月16日)

あきら
江戸時代中期の女性。俳諧。筑前漆生村の俳人土明の娘。享保9年刊、坂本朱拙・菊田有隣編『はせをたらひ』に句が載る。
¶江表(あきら(福岡県))

あきら・明
江戸時代中期の女性。俳諧。長崎の俳人小川単方の妻。
¶江表(あきら・明(長崎県))

秋良敦之助　あきらあつのすけ
⇒秋良貞温(あきらさだあつ)

慧子内親王　あきらけいこないしんのう
⇒慧子内親王(けいしないしんのう)

秋良貞温*　あきらさだあつ
文化8(1811)年～明治23(1890)年　[別]秋良敦之助(あきらあつのすけ)，秋良貞温(あきらさだよし)　江戸時代後期～明治時代の武士、神職。
¶コン(あきらさだよし), 幕末(秋良敦之助　あきらあつのすけ　[生]文化8(1811)年9月4日　[没]明治23(1890)年10月16日)

秋良貞臣*　あきらさだおみ
天保12(1841)年～明治38(1905)年　[別]秋良雄太郎(あきらゆうたろう)　江戸時代末期～明治時代の塩業家、防長塩田会社社長、大日本塩業同盟会委員長。全国塩業界で指導的役割を果たし日本塩業の発展に尽力。
¶幕末(秋良雄太郎　あきらゆうたろう　[生]天保12(1841)年4月1日　[没]明治38(1905)年4月10日)

秋良貞温　あきらさだよし
⇒秋良貞温(あきらさだあつ)

晃親王*　あきらしんのう
文化13(1816)年～明治31(1898)年　[別]済範(さいはん)，清範法親王(せいはんほうしんのう)，山階宮晃親王(やましなのみやあきらしんのう)　江戸時代末期～明治時代の宮廷政治家。伏見宮邦家親王の長子。
¶全幕, 天皇(清範法親王　せいはんほうしんのう　[生]文化13(1816)年2月2日　[没]明治31(1898)年2月17日), 幕末([生]文化13(1816)年2月2日　[没]明治31(1898)年2月17日)

秋良雄太郎　あきらゆうたろう
⇒秋良貞臣(あきらさだおみ)

阿久　あく*
江戸時代後期の女性。俳諧。甲斐の人。寛政3年刊、素丸編、起早庵稲後1周忌追善集『こぞのなつ』に載る。
¶江表(阿久(山梨県))

安居院庄七　あぐいしょうしち
⇒安居院庄七(あごいんしょうしち)

安居院法印　あぐいのほういん
⇒澄憲(ちょうけん)

安居三河守*　あぐいみかわのかみ
生没年不詳　[別]安居三河守(あごみかわのかみ)　安土桃山時代の織田信長の家臣。
¶織田(あごみかわのかみ)

悪源太　あくげんた
⇒源義平(みなもとのよしひら)

悪源太義平　あくげんたよしひら
⇒源義平(みなもとのよしひら)

悪左府　あくさふ
⇒藤原頼長(ふじわらのよりなが)

阿久沢左馬助*　あくざわさまのすけ
生没年不詳　戦国時代の上野国黒川谷の国衆。
¶後北(左馬助〔阿久沢〕　さまのすけ)

阿久沢助太郎*　あくざわすけたろう
生没年不詳　戦国時代の上野国黒川谷の国衆。
¶後北(助太郎〔阿久沢〕　すけたろう)

阿久沢彦二郎*　あくざわひこじろう
安土桃山時代の武将。後北条氏家臣。
¶後北(彦次郎〔阿久沢〕　ひこじろう)

阿久沢義守　あくさわよしもり
江戸時代中期～後期の幕臣。
¶徳人([生]1757年　[没]？), 徳代([生]宝暦10(1760)年　[没]文政4(1821)年8月)

悪七兵衛景清　あくしちびょうえかげきよ
⇒平景清(たいらのかげきよ)

悪七兵衛　あくしちべえ
⇒平景清(たいらのかげきよ)

アグスチン
⇒小西行長(こにしゆきなが)

芥川某*　あくたがわ
生没年不詳　安土桃山時代の織田信長の家臣。
¶織田

芥川義天*　あくたがわぎてん
弘化4(1847)年～大正4(1915)年　江戸時代末期～明治時代の住職。真宗僧侶の僧練隊を創設し上ノ関防衛に尽力。
¶幕末(㊀弘化4(1847)年1月16日　㊁大正4(1915)年10月23日)

芥川小七　あくたがわこしち
⇒芥川小七(あくたがわこひち)

芥川小七*　あくたがわこひち
天保14(1843)年～元治1(1864)年　㊉芥川小七(あくたがわこしち)　江戸時代末期の集義隊兵。
¶幕末(㊁元治1(1864)年7月27日)

芥川三九郎*　あくたがわさんくろう
天保4(1833)年～明治14(1881)年　江戸時代末期～明治時代の剣士。克己堂師範となり家士を育成。
¶幕末(㊁明治14(1881)年4月7日)

芥川主税助元良　あくたがわちからのすけもとよし
江戸時代前期の豊臣秀頼の家臣。
¶大坂(㊁慶長20年5月)

芥川雅輔*　あくたがわまさすけ
弘化1(1844)年～大正10(1921)年　江戸時代末期～明治時代の萩藩寄組浦靱負臣。第二奇兵隊劇剣稽古掛として農兵の指導に努力。
¶幕末(㊀天保15(1844)年　㊁大正10(1921)年6月)

芥川元珍　あくたがわもとつら
江戸時代中期～後期の幕臣。
¶徳人(㊀1735年　㊁1814年)

飽田石足　あくたのいわたり
奈良時代の河内国渋川郡賀美郷の戸主、写経所経師。
¶古人(㊀726年　㊁?)

飽田真人　あくたのまひと
奈良時代の河内国渋川郡賀美郷の戸主。
¶古人(生没年不詳)

飽田女*　あくため
上代の女性。麁寸の妻。
¶古代,女史

阿久津小太郎*　あくつこたろう
天保14(1843)年～元治1(1864)年　江戸時代末期の水戸藩士。
¶幕末(㊁元治2(1865)年2月15日)

阿久津尊陸　あくつたかのり
江戸時代後期の和算家。渡辺一、佐久間纉に最上流の算学を学ぶ。
¶数学

阿久津敏衛門*　あくつとしえもん
文化3(1806)年～慶応3(1867)年　江戸時代末期の水戸藩士。
¶幕末(㊁慶応3(1867)年7月24日)

飽波女王*　あくなみのじょおう
生没年不詳　奈良時代の女性。
¶古人(㊀?　㊁787年)

飽間光泰*　あくまみつやす
生没年不詳　㊉飽間光泰(あきまみつやす),斎藤光泰(さいとうみつやす)　南北朝時代の在地領主。
¶内乱(あきまみつやす)

阿久里　あぐり★
江戸時代前期～中期の女性。宗教・書簡。丸亀藩主京極高和の娘。
¶江表(阿久里(長崎県)　㊀寛永20(1643)年　㊁宝永3(1706)年)

悪霊左府　あくりょうさふ
⇒藤原顕光(ふじわらのあきみつ)

悪路王*　あくろおう
?～延暦20(801)年　平安時代前期の蝦夷の族長。坂上田村麻呂に滅ぼされる。
¶古人,コン

吾笥*　あけ
㊉土師吾笥(はじのあけ)　上代の土師連の祖。
¶古代

揚梅盛親*　あげうめもりちか
生没年不詳　鎌倉時代後期～南北朝時代の公卿(非参議)。入道従二位藤原兼行の三男。
¶公卿

阿賢移那斯　あけえなし
⇒阿賢移那斯(あけんえなし)

朝子　あけこ
江戸時代の女性。和歌。桂宮諸大夫生島成房の娘。明治39年刊『好古類纂』二に載る。
¶江表(朝子(京都府))

曙立王*　あけたつのおう
上代の開化天皇の孫。
¶古人(生没年不詳),古代

明智掃部*　あけちかもん
生没年不詳　安土桃山時代の織田信長の家臣。
¶織田

明智次右衛門*　あけちじえもん
?～天正10(1582)年6月　戦国時代～安土桃山時代の織田信長の家臣。
¶織田

明智十兵衛　あけちじゅうべえ
⇒明智光秀(あけちみつひで)

明智秀満*　あけちひでみつ
?～天正10(1582)年　㊉明智光春(あけちみつはる),三宅秀満(みやけひでみつ),三宅弥平次(みやけやへいじ)　安土桃山時代の武将。明智光秀の女婿。
¶織田(㊁天正10(1582)年6月14日),コン(㊀弘治3(1557)年),戦武

明智孫十郎*　あけちまごじゅうろう
?～天正10(1582)年6月2日　戦国時代～安土桃山時代の織田信長の家臣。
¶織田

明智政宣*　あけちまさのぶ
生没年不詳　㊉宗文(そうぶん),政宣(まさのぶ)

戦国時代の連歌作者。
¶俳文（宗文　そうぶん），俳文（政宣　まさのぶ）

明智光春　あけちみつはる
⇒明智秀満（あけちひでみつ）

明智光秀*　あけちみつひで
*〜天正10（1582）年　㊞明智十兵衛（あけちじゅうべえ），惟任日向守（これとうひゅうがのかみ），光秀（みつひで）　戦国時代〜安土桃山時代の武将。越前朝倉義景・足利義昭に仕え，のち織田信長の家臣となる。1571年近江坂本城主に，1580年丹波亀山城主となる。1582年京都本能寺に主君信長を殺害したが，山崎の戦いで羽柴秀吉に敗れ，近江坂本に逃げ帰る途中，土民に殺された。
¶織田（㉘永正13（1516）年？　㉚天正10（1582）年6月13日），コン（㉘大永6（1526）年），全戦（㉚？），戦武（大永6（1526）年/享禄1（1528）年），中世（㉚？），俳文（光秀　みつひで　㉚？　㉚天正10（1582）年6月13日），山小（㉚？　㉚1582年6月13日）

明智光安*　あけちみつやす
？〜弘治2（1556）年　戦国時代の武将。
¶戦武

明渡五右衛門　あけどごえもん
江戸時代前期の武士。明渡太郎大夫信虎の子。
¶大坂（㉚慶長20年5月7日）

明野栄章　あけのえいしょう
江戸時代後期〜明治時代の和算家。関流八伝を称す。
¶数学（㉘天保6（1835）年　㉚明治37（1904）年12月12日）

曙めさ女・曙目左女・目左女　あけぼのめさじょ*
江戸時代後期の女性。狂歌。寛政5年刊，桑楊庵光編『狂歌太郎殿犬百首』に2首入集。
¶江表（曙めさ女・曙目左女・目左女（東京都））

あげまき
江戸時代中期の女性。俳諧。長門下関の遊女。元禄15年刊，太田白雪編『三河小町』下に載る。
¶江表（あげまき（山口県））

揚巻*　あげまき
生没年不詳　江戸時代中期の女性。江戸吉原三浦屋の遊女。
¶江表（総角（東京都）），女史

総角助六　あげまきのすけろく
生没年不詳　江戸時代前期の侠客。
¶コン

上松蔵人*　あげまつくらんど
生没年不詳　㉚上松蔵人（あげまつくろうど）　安土桃山時代の織田信長の家臣。
¶織田，武田（あげまつくろうど）

上松蔵人　あげまつくろうど
⇒上松蔵人（あげまつくらんど）

朱楽菅江*　あけらかんこう
元文5（1740）年〜寛政12（1800）年　㉚朱楽菅江（あけらちかんこう），菅江（かんこう）　江戸時代中期〜後期の狂歌師。狂歌三大家の一人。
¶江人（㉘1738年，日文（㉘元文3（1738）年，㉚寛政10（1798）年），コン，日文（㉘元文3（1738）年，㉚寛政10（1798）年），俳文（菅江　かんこう　㉘元文3（1738）年　㉚寛政10（1798）年12月12日）

明楽茂昭　あけらしげあきら
江戸時代中期の幕臣。

¶徳人（生没年不詳）

明楽茂正　あけらしげまさ
？〜嘉永6（1853）年　㉚明楽茂正（あけらもせい）　江戸時代末期の幕臣。普請奉行。
¶徳人（あけらもせい）

明楽茂村　あけらしげむら
江戸時代中期〜後期の幕臣。
¶徳人（㋐1760年　㉚1841年）

朱楽菅江　あけらちかんこう
⇒朱楽菅江（あけらかんこう）

明楽允武　あけらまさたけ
江戸時代中期の幕臣。
¶徳人（㋐1722年　㉚？）

明楽茂正　あけらもせい
⇒明楽茂正（あけらしげまさ）

亜元*　あげん
安永2（1773）年〜天保13（1842）年　江戸時代後期の歌人。
¶コン

阿賢移那斯　あげんいなし
⇒阿賢移那斯（あけんえなし）

阿賢移那斯*　あけんえなし
生没年不詳　㉚阿賢移那斯（あけえなし，あげんいなし）　上代の安羅（伽耶国）の人。
¶古人（あげんいなし），古代（あけえなし），対外

安居院庄七*　あごいんしょうしち
寛政1（1789）年〜文久3（1863）年　㉚安居院庄七（あぐいしょうしち，あんごいんしょうしち）　江戸時代後期の報徳運動家，農事指導者。
¶コン（幕末　㉚文久3（1863）年8月13日）

阿江与助　あこうよすけ
？〜寛永11（1634）年　㉚阿江与助（あえよすけ）　江戸時代前期の治水家。
¶コン

あこぎ*
生没年不詳　平安時代前期の歌人。
¶古人

阿古局　あこのつぼね
安土桃山時代〜江戸時代前期の女性。伊勢兵庫頭貞景の長女。秀頼の上臈として出仕。大坂城では淀殿に仕えた。
¶大坂（㉘天正8年　㉚慶長20年5月8日）

安居三河守　あごみかわのかみ
⇒安居三河守（あぐいみかわのかみ）

阿古屋　あこや
平安時代後期〜鎌倉時代前期の遊女、平景清の愛人。
¶コン

阿古也の聖*（阿古也聖）　あこやのひじり
生没年不詳　平安時代中期の比叡山にゆかりの勧進聖。
¶古人（阿古也聖）

あさ(1)
江戸時代中期の女性。俳諧。前橋の人。明和4年刊、建部綾足編『片歌旧宜集』に載る。
¶江表（あさ（群馬県））

あさ (2)
江戸時代中期の女性。和歌。弓場勘右衛門貞敞の母。宝永6年奉納、平間長雅編「住吉社奉納千首和歌」に載る。
¶江表(あさ(京都府))

アサ
江戸時代末期の女性。教育。岡村氏。嘉永7年、麴町隼町に寺小屋松声堂を開業。
¶江表(アサ(東京都))

阿佐* (1) あさ
生没年不詳 江戸時代前期の女性。武芸者、尼僧。
¶江表(阿佐(新潟県))

阿佐 (2) あさ★
江戸時代後期の女性。画。文人画家谷文晁の後妻。
¶江表(阿佐(東京都) [没]天保6(1835)年)

浅 あさ★
江戸時代の女性。漢詩。甲田氏。明治9～13年刊、佐田白茅編『明治詩文』55集に載る。
¶江表(浅(千葉県))

麻 あさ★
江戸時代後期の女性。和歌。本内時敏の妻。寛政2年序、隠岐正甫・清水貞固撰「続稲葉和歌集」に載る。
¶江表(麻(鳥取県))

朝明老人 あさあけのおゆひと
奈良時代の官人。
¶古人(生没年不詳)

浅井充秀* あさいあつひで
？～文禄4(1595)年7月 戦国時代～安土桃山時代の織田信長の家臣。
¶織田

浅井一毫* あさいいちごう
天保7(1836)年～大正5(1916)年 江戸時代末期～明治時代の九谷焼の画工。明治の九谷焼を作り上げた。
¶幕末([没]大正5(1916)年12月),美工([没]大正5(1916)年12月)

浅井井広 あさいいひろ
⇒浅井清蔵(あさいせいぞう)

浅井井頼* あさいいより, あざいいより
[別]浅井周防(あざいすおう) 戦国時代の武士。
¶大坂(浅井周防 あざいすおう [没]寛文1年5月16日)

浅井王 あさいおう
奈良時代の官人。
¶古人(生没年不詳)

浅井吉兵衛 あさいきちべえ
安土桃山時代の織田信長の家臣。苅安賀の浅井氏の一族か。
¶織田(生没年不詳)

浅井清足* あさいきよたり
文政2(1819)年～明治9(1876)年 江戸時代末期～明治時代の歌人、国学者。本居内遠の門人で歌道の興隆に尽力。
¶幕末([没]明治9(1876)年9月7日)

朝井工左衛門 あさいくざえもん
⇒浅尾工左衛門〔1代〕(あさおくざえもん)

浅井熊之助 あざいくまのすけ
江戸時代前期の浅井周防守井頼の惣領。
¶大坂

浅井健次郎 あさいけんじろう
江戸時代後期～末期の幕臣。
¶徳人(生没年不詳)

浅井弘五郎* あさいこうごろう
嘉永1(1848)年～明治5(1872)年 江戸時代末期～明治時代の加賀藩老本多氏臣。
¶幕末([没]明治5(1872)年11月4日)

浅井才助 あさいさいすけ
⇒竹内百太郎(たけうちひゃくたろう)

浅井柞 あさいさく
江戸時代後期～明治時代の女性運動家。
¶女史([生]1843年 [没]1906年)

浅井沢助* あさいさわすけ
文政2(1819)年～慶応2(1866)年 江戸時代末期の窮民救済記録著者。
¶幕末([没]慶応2(1866)年10月22日)

浅井四郎左衛門* あさいしろうざえもん
？～天正4(1576)年8月12日 戦国時代～安土桃山時代の織田信長の家臣。
¶織田([没]天正4(1576)年8月12日？)

浅井新九郎* あさいしんくろう
文政9(1826)年～明治31(1898)年 江戸時代末期～明治時代の熊本藩士。討幕戦には軍資金調達に尽力。
¶幕末([没]明治31(1898)年7月7日)

浅井甚内 あざいじんない
江戸時代前期の武士。大坂の陣で籠城。
¶大坂

浅井新八郎* あさいしんぱちろう
生没年不詳 [別]浅井信宏, 浅井信広(あさいのぶひろ) 安土桃山時代の織田信長の家臣。
¶織田(浅井信宏 あさいのぶひろ [生]？ [没]天正9(1581)年5月24日),全戦(浅井信広 あさいのぶひろ [生]？ [没]天正9(1581)年？)

浅井周防 あざいすおう
⇒浅井井頼(あさいいより)

浅井亮政* あさいすけまさ, あざいすけまさ
？～天文11(1542)年 戦国時代の北近江の大名。
¶コン([没]天文11(1542年/1546)年),全戦(あざいすけまさ),戦武(あざいすけまさ [生]延徳3(1491)年),室町([生]延徳3(1491)年)

浅井清蔵* あさいせいぞう
？～天正10(1582)年6月2日 [別]浅井井広(あさいいひろ) 戦国時代～安土桃山時代の織田信長の家臣。
¶織田(浅井井広 あさいいひろ)

阿佐井宗瑞 あさいそうずい
⇒阿佐井野宗瑞(あさいのそうずい)

浅井忠能の妻 あさいただのりのつま★
江戸時代前期の女性。和歌。旗本稲垣清右衛門正代の娘。貞享5年跋、忠能編「難波捨草」に載る。
¶江表(浅井忠能の妻(東京都))

浅井忠能の娘 あさいただのりのむすめ★
江戸時代前期の女性。和歌。旗本浅井忠能の娘。

貞享5年跋、忠能編「難波捨草」に載る。
¶江表（浅井忠能の娘（東京都））

浅井忠政 あさいただまさ
安土桃山時代～江戸時代前期の代官。
¶徳代（㋭天正5（1577）年　㋜寛永1（1624）年7月28日）

浅井達子 あさいたつこ
⇒崇源院（すうげんいん）

浅井田宮丸* あさいたみやまる
永禄12（1569）年？～天正12（1584）年3月6日　安土桃山時代の織田信長の家臣。
¶織田（㋜天正12（1584）年3月3日）

浅井藤右衛門* あさいとうえもん
文政7（1824）年～明治12（1879）年　江戸時代末期～明治時代の商人。富商。安政大地震で被害を受けたが焼け跡から金銀を掘り出し人々を救済。
¶幕末（㋭文政7（1824）年3月5日　㋜明治12（1879）年7月29日）

浅井図南* あさいとなん
宝永3（1706）年～天明2（1782）年　江戸時代中期の医師、本草家。
¶植物（㋭宝永3（1706）年11月13日　㋜天明2（1782）年8月5日）、美画（㋭宝永3（1706）年11月13日　㋜天明2（1782）年8月5日）

浅井長政* あさいながまさ，あざいながまさ
天文14（1545）年～天正1（1573）年　戦国時代の北近江の大名。浅井久政の子。織田信長の妹お市と政略結婚したが、のち越前朝倉氏と結び、信長と対立。1570年姉川の戦いで敗れ、のち小谷城で自殺。
¶コン，全戦（あざいながまさ），戦武（あざいながまさ），中世，山小（㋜1573年8月28日）

浅井長政室 あさいながまさしつ
⇒小谷の方（おだにのかた）

朝比奈泰能 あさいなやすよし
⇒朝比奈泰能（あさひなやすよし）

朝比奈義秀 あさいなよしひで
⇒朝比奈義秀（あさひなよしひで）

浅井有賢 あさいのありかた
平安時代中期の官人。
¶古人（生没年不詳）

浅井清遠 あさいのきよとお
平安時代中期の官人。
¶古人（生没年不詳）

浅井季好 あさいのすえよし
平安時代中期の官人。
¶古人（生没年不詳）

阿佐井野宗瑞*（阿佐井宗瑞） あさいのそうずい
？～享禄4（1531）年　㋵阿佐井宗瑞（あさいそうずい）　戦国時代の出版人、事業家。
¶コン（㋜天文1（1532）年），中世（㋭1473年頃　㋜1532年），山小（㋜1531年5月17日）

浅井筑紫雄 あさいのつくしお
平安時代前期の官人。
¶古人（生没年不詳）

浅井信宏（浅井信広） あさいのぶひろ
⇒浅井新八郎（あさいしんぱちろう）

浅井当宗 あさいのまさむね
平安時代中期の官人、近江筑摩御厨長。
¶古人（生没年不詳）

浅井善隆 あさいのよしたか
平安時代中期の官人。
¶古人（生没年不詳）

浅井久政* あさいひさまさ，あざいひさまさ
？～天正1（1573）年　戦国時代の北近江の大名。
¶コン（㋭大永4（1524）年），全戦（あざいひさまさ）㋭大永6（1526）年），戦武（あざいひさまさ），室町

浅井兵左衛門 あさいひょうざえもん
江戸時代前期の興福寺僧坊窪転経院の主人。平尾城主細井戸右近丞の子。
¶大坂（㋜寛永18年2月16日）

浅井風睡* あさいふうすい
？～元禄14（1701）年　㋵風睡（ふうすい）　江戸時代前期～中期の俳人。
¶俳文（風睡　ふうすい　㋜元禄14（1701）年9月23日）

浅井弁庵* あさいべんあん
文政5（1822）年～明治20（1887）年　江戸時代末期～明治時代の三河国吉田藩医。種痘を1850年から実施、後に藩医。
¶幕末（㋭文政5（1822）年3月5日　㋜明治20（1887）年10月16日）

浅井道多* あさいみちあま
天正22（1553）年～寛永11（1634）年7月18日　㋵浅井道多（あさいみちしげ）　戦国時代～江戸時代前期の徳川家奉行人。
¶徳代（あさいみちあま（みちしげ）　㋭天正5（1577）年　㋜寛永11（1634）年6月）

浅井道多 あさいみちしげ
⇒浅井道多（あさいみちあま）

浅井道忠* あさいみちただ
生没年不詳　安土桃山時代の織田信長の家臣。
¶織田

浅井道尹 あさいみちただ
江戸時代中期の代官。
¶徳代（㋭元禄16（1703）年　㋜明和7（1770）年閏6月2日）

浅井道博 あさいみちひろ
天保14（1843）年～明治18（1885）年　江戸時代後期～明治時代の数学者。開成所取締役、沼津兵学校二等教授。
¶数学（㋜明治18（1885）年10月12日）、徳人（㋭？），幕末（㋭天保14（1843）年6月19日　㋜明治18（1885）年10月28日）

浅井盛家 あさいもりいえ
安土桃山時代の織田信長の家臣。
¶織田（生没年不詳）

朝夷義智 あさよしとも
江戸時代前期～中期の幕臣。
¶徳人（生没年不詳）

浅井善弘 あさいよしひろ
江戸時代後期～明治時代の和算家。歴算家福田理軒に学ぶ。著書に『応天堂算法』など。
¶数学（㋭天保4（1833）年　㋜明治34（1901）年7月）

浅井柳塘　あさいりゅうとう
江戸時代後期～明治時代の日本画家。
¶美画（[生]天保13（1842）年　[没]明治40（1907）年11月23日）

浅井了意*　あさいりょうい
？～元禄4（1691）年　[別]釈了意（しゃくりょうい），了意（りょうい）　江戸時代前期の仮名草子作者、唱導僧。
¶江人，コン（[生]慶長17（1612）年），思想，日文

朝江種寛*　あさえたねひろ
寛永15（1638）年～？　[別]種寛（たねひろ）　江戸時代前期の俳人。
¶俳文（種寛　たねひろ）

浅江直之進*　あさえなおのしん
天保14（1843）年～明治10（1877）年　江戸時代末期～明治時代の鹿児島県士族。西南戦争勃発時に権中警部らを捕縛。
¶幕末（[生]嘉永1（1848）年　[没]明治10（1877）年3月4日）

浅尾延三郎　あさおえんさぶろう
⇒実川額十郎〔2代〕（じつかわがくじゅうろう）

浅尾奥次郎〔1代〕　あさおおくじろう
⇒浅尾為十郎〔2代〕（あさおためじゅうろう）

浅尾奥次郎〔3代〕　あさおおくじろう
⇒浅尾為十郎〔4代〕（あさおためじゅうろう）

浅尾奥山〔1代〕　あさおおくやま
⇒浅尾為十郎〔1代〕（あさおためじゅうろう）

浅尾奥山〔2代〕　あさおおくやま
⇒浅尾為十郎〔3代〕（あさおためじゅうろう）

浅尾鬼吉　あさおおにきち
⇒姉川新四郎〔4代〕（あねがわしんしろう）

朝岡興禎*　あさおかおきさだ
寛政12（1800）年～安政3（1856）年　[別]朝岡興禎（あさおかさきさだ）　江戸時代後期の画家、考証家。
¶美画（[没]安政3（1856）年4月27日）

朝岡勝宗　あさおかかつむね
江戸時代前期の代官。
¶徳代（[生]慶長10（1605）年　[没]明暦1（1655）年6月21日）

浅岡杏庵*　あさおかきょうあん
天保11（1840）年～大正3（1914）年　江戸時代末期～明治時代の医師。泰平寺に新民社を設立して二等訓導。
¶幕末

浅尾額十郎　あさおがくじゅうろう
⇒実川額十郎〔1代〕（じつかわがくじゅうろう）

浅岡元哲*　あさおかげんてつ
文政1（1818）年～明治4（1871）年　江戸時代末期～明治時代の侍医。
¶幕末（[没]明治3（1871）年12月）

朝岡興禎　あさおかさきさだ
⇒朝岡興禎（あさおかおきさだ）

浅岡胤直　あさおかたねなお
江戸時代中期の代官。
¶徳代（[生]元禄5（1692）年　[没]宝暦7（1757）年10月15日）

浅岡世温　あさおかとしはる
江戸時代後期の和算家。
¶数学

浅岡直澄　あさおかなおすみ
寛延2（1749）年～文化9（1812）年　江戸時代中期～後期の幕臣。
¶徳人，徳代（[没]文化9（1812）年5月7日）

浅岡一*　あさおかはじめ
嘉永4（1851）年～大正15（1926）年　江戸時代末期～明治時代の教育者、長野県師範学校長。信州教育の発展に貢献。
¶幕末（[没]大正15（1926）年9月25日）

朝岡泰勝　あさおかやすかつ
安土桃山時代～江戸時代前期の幕臣。
¶徳人（[生]1574年　[没]1630年）

朝岡泰直　あさおかやすなお
安土桃山時代～江戸時代前期の幕臣。
¶徳人（[生]1601年　[没]1652年）

浅尾工左衛門〔1代〕*　あさおくざえもん
宝暦8（1758）年～文政7（1824）年　[別]朝井工左衛門（あさいくざえもん），鬼丸（きがん），鬼玉（ぎょく），竹田仁三郎（たけだじんざぶろう），中山太四郎〔2代〕（なかやまたしろう）　江戸時代中期～後期の歌舞伎役者。明和年間～文政5年頃に活躍。
¶歌大（[没]文政7（1824）年8月22日），コン，新歌（――〔1世〕）

浅尾工左衛門〔2代〕*　あさおくざえもん
天明6（1786）年～弘化2（1845）年　[別]市川力松（いちかわりきまつ），大谷友次〔1代〕（おおたにともじ），鬼丸（きがん），柴崎林左衛門〔3代〕（しばさきりんざえもん）　江戸時代後期の歌舞伎役者。文政末～弘化2年頃に活躍。
¶歌大（[没]弘化2（1845）年9月11日），新歌（――〔2世〕）

浅尾工左衛門〔3代〕　あさおくざえもん
江戸時代後期～末期の歌舞伎俳優。
¶歌大（[生]文化11（1814）年　[没]明治2（1869）年）

浅尾工左衛門〔4代〕*　あさおくざえもん
嘉永6（1853）年3月20日～大正13（1924）年4月14日　江戸時代末期～明治時代の歌舞伎役者。
¶歌大

浅尾国五郎〔2代〕　あさおくにごろう
⇒片岡仁左衛門〔7代〕（かたおかにざえもん）

浅尾正三　あさおしょうぞう
⇒並木正三〔2代〕（なみきしょうぞう）

浅尾為十郎〔1代〕*　あさおためじゅうろう
享保20（1735）年～文化1（1804）年　[別]浅尾奥山〔1代〕（あさおおくやま），浅尾為蔵（あさおためぞう），浅尾藤吉（あさおとうきち），浅尾万吉（あさおまんきち），奥山（おくやま），杉本為十郎（すぎもとためじゅうろう）　江戸時代中期～後期の歌舞伎役者。宝暦6年～享和2年頃に活躍。
¶歌大（[没]文化1（1804）年4月7日）

浅尾為十郎〔2代〕*　あさおためじゅうろう
安永8（1779）年～文化3（1806）年　[別]浅尾奥次郎〔1代〕（あさおおくじろう），奥山（おくやま），山子（さんし）　江戸時代中期～後期の歌舞伎役者、歌舞伎座本。寛政3年～文化3年頃に活躍。
¶歌大（[没]文化3（1806）年7月25日）

浅尾為十郎〔3代〕* あさおためじゅうろう
安永9(1780)年～天保7(1836)年 [別]浅尾奥山〔2代〕(あさおおくやま), 浅尾友蔵〔1代〕(あさおともぞう), 奥山(おくやま), 口山(こうざん), 山道(さんどう) 江戸時代後期の歌舞伎役者。享和2年～天保6年頃に活躍。
¶歌大([没]天保7(1836)年1月)

浅尾為十郎〔4代〕* あさおためじゅうろう
[別]浅尾奥次郎〔3代〕(あさおおくじろう), 浅尾友蔵〔4代〕(あさおともぞう), 浅尾房之助(あさおふさのすけ), 寿猿(じゅえん) 江戸時代後期の歌舞伎役者。文化14年～嘉永3年頃に活躍。
¶歌大([生]? [没]慶応3(1867)年)

浅尾為蔵 あさおためぞう
⇒浅尾為十郎〔1代〕(あさおためじゅうろう)

浅尾藤吉 あさおとうきち
⇒浅尾為十郎〔1代〕(あさおためじゅうろう)

浅尾友蔵〔1代〕 あさおともぞう
⇒浅尾為十郎〔3代〕(あさおためじゅうろう)

浅尾友蔵〔4代〕 あさおともぞう
⇒浅尾為十郎〔4代〕(あさおためじゅうろう)

浅尾仲蔵〔2代〕 あさおなかぞう
⇒姉川新四郎〔4代〕(あねがわしんしろう)

浅尾弘昌* あさおひろまさ
？～明治19(1886)年 江戸時代末期～明治時代の医師。
¶幕末([没]明治19(1886)年6月5日)

浅尾房之助 あさおふさのすけ
⇒浅尾為十郎〔4代〕(あさおためじゅうろう)

浅尾万吉(1) あさおまんきち
⇒浅尾為十郎〔1代〕(あさおためじゅうろう)

浅尾万吉(2) あさおまんきち
⇒実川額十郎〔2代〕(じつかわがくじゅうろう)

浅尾八百蔵 あさおやおぞう
⇒実川額十郎〔1代〕(じつかわがくじゅうろう)

浅尾勇次郎〔1代〕 あさおゆうじろう
⇒実川額十郎〔1代〕(じつかわがくじゅうろう)

浅香(1) あさか★
江戸時代中期の女性。和歌。仙台藩主伊達吉村の娘藤子付の侍女。元文4年成立、畔充英写「宗村朝臣亭後宴和歌」に載る。
¶江表(浅香(宮城県))

浅香(2) あさか★
江戸時代後期の女性。俳諧。鮎貝の人。天保14年、高橋六左衛門が主催する俳額が笹野観音堂に奉納された中に載る。
¶江表(浅香(山形県))

浅香市作* あさかいちさく
天保5(1834)年～明治23(1890)年 江戸時代末期～明治時代の筑前福岡藩士。
¶幕末([没]明治23(1890)年5月13日)

安積覚 あさかかく
⇒安積澹泊(あさかたんぱく)

安積五郎*(1) あさかごろう
文政11(1828)年～元治1(1864)年 江戸時代末期の易者、志士。
¶コン, 幕末([没]元治1(1864)年2月16日)

安積五郎(2) あさかごろう
⇒那珂梧楼(なかごろう)

安積艮斎* あさかごんさい
寛政3(1791)年～万延1(1860)年 江戸時代末期の儒学者、陸奥二本松藩士。昌平坂学問所儒官。
¶江人, コン, 詩作([生]寛政3(1791)年3月2日 [没]万延1(1861)年11月21日), 思想, 全幕, 徳人([没]1861年), 幕末([生]寛政2(1790)年3月2日 [没]文久1(1861)年3月30日)

浅香重昌* あさかしげまさ
生没年不詳 江戸時代後期の和算家。
¶数学

浅香治兵衛真乗 あさかじひょうえさねのり
江戸時代前期の豊臣秀頼の家臣。
¶大坂([没]寛文19年11月25日)

浅香勝七 あさかしょうしち
江戸時代前期の豊臣秀頼の小姓。
¶大坂

浅香次郎市経信 あさかじろ(う)いちつねのぶ
江戸時代前期の豊臣秀頼の近習。
¶大坂

安積親王* あさかしんのう
神亀5(728)年～天平16(744)年 [別]安積親王(あさかのしんのう), 安積皇子(あさかのみこ) 奈良時代の聖武天皇の皇子。
¶古人([生]727年), 古代, コン([生]神亀5(728)年？), 天皇(浅香(安積)皇子 あさかのおうじ [没]天平16(744)年閏1月13日)

朝風文将 あさかぜのふみまさ
⇒朝風文将(あさかぜのぶんしょう)

朝風文将* あさかぜのぶんしょう
[別]朝風文将(あさかぜのふみまさ) 飛鳥時代の仏師。
¶古人(あさかぜのふみまさ 生没年不詳), 古代, 美建(生没年不詳)

安積澹泊* あさかたんぱく
明暦2(1656)年～元文2(1737)年12月10日 [別]安積覚(あさかかく), 安積澹泊斎(あさかたんぱくさい) 江戸時代前期～中期の儒学者。
¶江人, コン([生]明暦1(1655)年), 思想, 山小([生]1656年11月13日 [没]1737年12月10日)

安積澹泊斎 あさかたんぱくさい
⇒安積澹泊(あさかたんぱく)

浅香伝四郎* あさかでんしろう
安永3(1774)年～元治1(1864)年 江戸時代後期の幕臣。
¶幕末([生]安永4(1774)年 [没]文久3(1864)年12月2日)

安積親王 あさかのしんのう
⇒安積親王(あさかしんのう)

安積皇子 あさかのみこ
⇒安積親王(あさかしんのう)

浅香久敬*(浅加久敬) あさかひさたか
明暦3(1657)年～享保12(1727)年 江戸時代前期～中期の国学者、加賀藩士。
¶コン

阿座上庄蔵*(阿坐上正蔵) あざがみしょうぞう, あざ

あさくら

かみしょうぞう
弘化3(1846)年~元治1(1864)年　江戸時代末期
の長州(萩)藩士。
¶幕末(没元治1(1864)年7月19日)

朝川善庵*(朝川善菴)　あさかわぜんあん
天明1(1781)年~嘉永2(1849)年　江戸時代後期
の儒学者。
¶コン,詩作(生天明1(1781)年4月8日　没嘉永2(1849)
年2月7日),思想,幕末(生天明2(1782)年4月18日　没
嘉永2(1849)年2月7日)

朝川同斎*　あさかわどうさい
文化11(1814)年~安政4(1857)年10月22日　江戸
時代末期の儒者、書家。肥前平戸藩儒。
¶コン

浅黄裏成　あさぎのうらなり
⇒朋誠堂喜三二(ほうせいどうきさんじ)

朝霧　あさぎり*
江戸時代中期の女性。俳諧。播磨室津の遊女。元
禄9年刊、井上千山編『印南野』に載る。
¶江表(朝霧(兵庫県))

浅草屋宇一郎*　あさくさやういちろう
文政1(1818)年~明治25(1892)年　江戸時代末期
~明治時代の商人、目明し。官軍参謀世良修蔵を仙
台藩士が襲撃した際の先導役。
¶幕末(没明治25(1892)年7月28日)

麻口源助　あさぐちげんすけ
安土桃山時代の信濃国筑摩郡会田の土豪。
¶武田(生没年不詳)

麻口与左衛門　あさぐちよざえもん
安土桃山時代の信濃国筑摩郡会田の土豪。
¶武田(生没年不詳)

朝倉在重(1)　あさくらありしげ
戦国時代~江戸時代前期の駿河国柿島村の土豪。
¶武田(生天文14(1545)年　没元和1(1615)年11月6日)

朝倉在重*(2)　あさくらありしげ
天正11(1583)年~*　江戸時代前期の江戸町奉行。
¶徳人(没1650年)

朝倉右京進　あさくらうきょうのじょう
⇒朝倉右京進(あさくらうきょうのしん)

朝倉右京進*　あさくらうきょうのしん
(朝倉右京進(あさくらうきょうのじょう))　戦国
時代の御馬廻衆。後北条氏家臣。
¶後北(右京進(朝倉)　うきょうのじょう)

朝倉氏景*　あさくらうじかげ
宝徳1(1449)年~*　室町時代~戦国時代の武士。
¶室町(生文安6(1449)年　没文明18(1486)年)

朝倉右馬助*　あさくらうまのすけ
生没年不詳　戦国時代の武士。後北条氏家臣。
¶後北(右馬助(朝倉)　うまのすけ)

朝倉近江守*　あさくらおうみのかみ
生没年不詳　(勝蓮華近江守(しょうれんげおうみ
のかみ))　安土桃山時代の織田信長の家臣。
¶織田(勝蓮華近江守　しょうれんげおうみのかみ)

朝倉景鏡　あさくらかげあきら
?~天正2(1574)年　(朝倉信鏡(あさくらのぶあ
きら))　戦国時代~安土桃山時代の越前の武将。

¶織田(没天正2(1574)年4月15日),全戦,戦武

朝倉景高*　あさくらかげたか
戦国時代の武士。
¶全戦(生明応5(1496)年　没?),戦武(生明応4(1495)
年?　没?)

朝倉景隆*(1)　あさくらかげたか
生没年不詳　戦国時代の武士。
¶全戦

朝倉景隆(2)　あさくらかげたか
安土桃山時代の北条氏政の家臣。能登守。政景
の弟。
¶後北(景隆(朝倉)　かげたか)

朝倉景健*　あさくらかげたけ
?~天正3(1575)年　戦国時代~安土桃山時代の
武士。
¶織田(没天正3(1575)年8月16日),全戦,戦武(生天文5
(1536)年?)

朝倉景忠　あさくらかげただ
⇒朝倉景紀(あさくらかげとし)

朝倉景胤　あさくらかげたね
?~天正3(1575)年8月　戦国時代~安土桃山時代
の織田信長の家臣。
¶織田

朝倉景綱*　あさくらかげつな
生没年不詳　戦国時代~安土桃山時代の武将。
¶織田

朝倉景恒*　あさくらかげつね
?~元亀1(1570)年　戦国時代の武士。朝倉氏
家臣。
¶全戦(没元亀2(1571)年)

朝倉景連*　あさくらかげつら
?~元亀1(1570)年　戦国時代の武士。
¶全戦(生没年不詳)

朝倉景紀*　あさくらかげとし
(朝倉景忠(あさくらかげただ))　戦国時代の武将。
¶全戦(あさくらかげただ　生?　没元亀3(1572)年)

朝倉景衡*　あさくらかげひら
万治3(1660)年~?　江戸時代中期の国学者。
¶コン

朝倉景盛*　あさくらかげもり
?~天正2(1574)年2月?　戦国時代~安土桃山時
代の武士。
¶織田,全戦(生没年不詳)

朝倉景泰*　あさくらかげやす
生没年不詳　安土桃山時代の織田信長の家臣。
¶織田

朝倉景行　あさくらかげゆき
⇒朝倉源太郎(あさくらげんたろう)

朝倉景嘉　あさくらかげよし
安土桃山時代の織田信長の家臣。朝倉氏の旧臣。
生没年不詳。

朝倉源太郎*　あさくらげんたろう
天保7(1836)年~慶応1(1865)年　(朝倉景行(あ
さくらかげゆき))　江戸時代末期の志士。
¶コン(朝倉景行　あさくらかげゆき),幕末(没元治2
(1865)年2月4日)

あ

朝倉貞景* あさくらさだかげ
文明5(1473)年～永正9(1512)年　戦国時代の越前の大名。
¶室町

朝倉三四郎* あさくらさんしろう
弘化4(1847)年～慶応1(1865)年　江戸時代末期の志士。
¶幕末([没]元治2(1865)年2月23日)

朝倉集義 あさくらしゅうぎ
⇒朝倉集義(あさくらちかよし)

朝倉俊徳 あさくらしゅんとく
江戸時代後期～末期の幕臣。
¶徳人(生没年不詳)

朝倉省吾 あさくらしょうご
⇒田中静洲(たなかせいしゅう)

朝倉真斎* あさくらしんさい
文化10(1813)年～明治3(1870)年　江戸時代末期～明治時代の医師。
¶幕末([没]明治3(1870)年10月16日)

朝倉震陵* あさくらしんりょう
寛政10(1798)年～*　江戸時代末期～明治時代の絵師。
¶幕末([没]明治4(1872)年11月29日)

朝倉駿河守* あさくらするがのかみ
生没年不詳　[別]向景乙(むかいかげおと)　安土桃山時代の織田信長の家臣。
¶織田(向景乙　むかいかげおと)

朝倉宗滴 あさくらそうてき
⇒朝倉教景(あさくらのりかげ)

朝倉孝景*(1) あさくらたかかげ，あさくらたかがけ
正長1(1428)年～文明13(1481)年　[別]朝倉敏景(あさくらとしかげ)，朝倉教景(あさくらのりかげ)　室町時代～戦国時代の越前の大名、家景の子。
¶コン，中世，内乱，室町(あさくらたかがけ)，山小([生]1428年4月19日　[没]1481年7月26日)

朝倉孝景*(2) あさくらたかかげ，あさくらたかがけ
明応2(1493)年～天文17(1548)年　戦国時代の越前の大名、貞景の子。
¶全戦，室町(あさくらたかがけ)

朝倉高清 あさくらたかきよ
平安時代後期の但馬国の武士。
¶平家(生没年不詳)

朝倉弾蔵* あさくらだんぞう
天保12(1841)年～明治7(1874)年　江戸時代末期～明治時代の佐賀藩士。戊辰の役に戦功有り。
¶幕末

朝倉集義* あさくらちかよし
文政12(1829)年～明治12(1879)年　[別]朝倉集義(あさくらしゅうぎ)　江戸時代末期～明治時代の加賀藩士。禁門の変後勤王党の弾圧に連座。
¶幕末(あさくらしゅうぎ　[没]明治12(1879)年8月6日)

朝倉遠江守 あさくらとおとうみのかみ
戦国時代の北条氏康の家臣。政景の一族。
¶後北(遠江守〔朝倉〕　とおとうみのかみ)

朝倉敏景 あさくらとしかげ
⇒朝倉孝景(あさくらたかかげ)

朝倉俊光 あさくらとしてる
江戸時代後期の幕臣。
¶徳人([生]?　[没]1847年)

朝倉家長 あさくらのいえなが
奈良時代の官人。
¶古人(生没年不詳)

朝倉君(欠名)* あさくらのきみ
飛鳥時代の豪族。
¶古代

朝倉信鏡 あさくらのぶあきら
⇒朝倉景鏡(あさくらかげあきら)

朝倉延景 あさくらのぶかげ
⇒朝倉義景(あさくらよしかげ)

朝倉教景*(1) あさくらのりかげ
天授6/康暦2(1380)年～寛正4(1463)年　室町時代の武将。孝景の祖父。
¶室町

朝倉教景*(2) あさくらのりかげ
文明6(1474)年～弘治1(1555)年　[別]朝倉宗滴(あさくらそうてき)，教景(のりかげ)　戦国時代の越前の武将。
¶コン([生]文明6(1474年/1477)年)，全戦([生]文明9(1477)年)，戦武(朝倉宗滴　あさくらそうてき　[生]文明9(1477)年)，俳文(教景　のりかげ　[生]文明9(1477)年　[没]弘治1(1555)年9月8日)，室町(朝倉宗滴　あさくらそうてき　[生]文明9(1477)年)

朝倉教景(3) あさくらのりかげ
⇒朝倉孝景(あさくらたかかげ)

朝倉隼之介 あさくらはやのすけ
⇒里村波四郎(さとむらなみしろう)

朝倉半九郎 あさくらはんくろう
江戸時代前期～中期の関東代官。
¶徳代([生]明暦2(1656)年　[没]享保10(1725)年11月29日)

朝倉平次郎* あさくらへいじろう
生没年不詳　戦国時代の武士。後北条氏家臣。
¶後北(平次郎〔朝倉〕　へいじろう)

朝倉正昭 あさくらまさあき
江戸時代の和算家。
¶数学

朝倉政景 あさくらまさかげ
戦国時代～安土桃山時代の北条氏康・氏政の家臣。因幡守。
¶後北(政景〔朝倉〕　まさかげ)

朝倉政元* あさくらまさもと
天文15(1546)年～寛永6(1629)年　安土桃山時代～江戸時代前期の武士。豊臣氏家臣、徳川氏家臣。
¶後北(政元〔朝倉〕　まさもと)

朝倉元常の母 あさくらもとつねのはは★
江戸時代中期の女性。和歌。朝倉元常は常陸水戸藩士。伴香竹の享保6年序「青木翁八十賀和詞并序」に載る。
¶江表(朝倉元常の母(茨城県))

朝倉盛明 あさくらもりあき
⇒田中静洲(たなかせいしゅう)

浅倉屋久兵衛* あさくらやきゅうべえ
文政6(1823)年〜明治38(1905)年3月22日　江戸時代末期〜明治時代の書舗経営者。「横文字百人一首」を出版。
¶幕末

朝倉友真* あさくらゆうしん
天保9(1838)年〜元治1(1864)年　江戸時代末期の医師。
¶幕末(㉝元治1(1864)年9月7日)

朝倉将景 あさくらゆきかげ
室町時代の武将。教景の2男。
¶室町(㊌？　㉝長禄3(1459)年)

朝倉義景* あさくらよしかげ
天文2(1533)年〜天正1(1573)年　㊄朝倉延景(あさくらのぶかげ)　戦国時代の越前の大名。
¶コン,全戦,戦武,中世,室町,山小(㊍1533年9月24日㉝1573年8月20日)

朝倉義方* あさくらよしかた
生没年不詳　江戸時代後期の和算家。
¶数学(㉝天保11(1840)年9月)

朝倉与四郎* あさくらよしろう
生没年不詳　戦国時代の北条氏の家臣。
¶後北(与四郎〔朝倉〕　よしろう)

朝倉与三* あさくらよぞう
生没年不詳　安土桃山時代の織田信長の家臣。
¶織田

朝日郎* あさけのいらつこ
上代の豪族。
¶古代

あさ子 あさこ*
江戸時代末期の女性。和歌。徳島藩中老西尾安福の娘。
¶江表(あさ子(徳島県))

アサ女 あさこ*
江戸時代後期〜大正時代の女性。教育。佐賀藩の儒学者武雪圯南の娘。
¶江表(アサ子(佐賀県)　㊌天保14(1843)年㊀大正8(1919)年)

浅子⑴ あさこ*
江戸時代中期の女性。和歌。女中名、岡野か。元文4年成立、畔充英写「宗村朝臣亭後宴和歌」に載る。
¶江表(浅子(宮城県))

浅子⑵ あさこ*
江戸時代後期の女性。狂歌。大坂の人。嘉永年間刊、梅廼屋月花園編『狂歌東西集』に載る。
¶江表(浅子(大阪府))

浅子⑶ あさこ*
江戸時代後期〜明治時代の女性。和歌。種子島西之表の平山武世の娘。西村時彦・時輔兄弟の母。
¶江表(浅子(鹿児島県))

浅子⑷ あさこ*
江戸時代後期の女性。和歌。薩摩鹿児島の樺山氏。安政3年刊、薩摩藩藩士で桂園派歌人八田知紀編『都洲集』に載る。
¶江表(浅子(鹿児島県))

朝子 あさこ*
江戸時代後期の女性。和歌。筑前山鹿村の神官波多野駿河守春樹の娘。
¶江表(朝子(福岡県))

朝来賀須夜 あさこのかすや
奈良時代の官人。
¶古人(生没年不詳)

浅芽生 あさじう
江戸時代末期の女性。和歌。美濃大垣の小出信利の妻。安政4年刊、富樫広蔭編『千百人一首』に載る。
¶江表(浅芽生(岐阜県))

浅茅生 あさじう
江戸時代後期の女性。狂歌。新吉原の大文字屋の遊女。天保6年刊『紅叢紫籙』の編者。
¶江表(浅茅生(東京都))

浅女⑴ あさじょ*
江戸時代後期の女性。俳諧。文政3年刊、青野太笻編『俳諧発句題叢』に載る。
¶江表(浅女(東京都))

浅女⑵ あさじょ*
江戸時代末期の女性。俳諧。安芸戸河内の浅田元俊の妻。慶応4年刊『八幡社奉灯発句集』に載る。
¶江表(浅女(広島県))

朝女 あさじょ*
江戸時代末期の女性。狂歌。嘉永7年刊、六緑園元春編『狂歌百人一首』に載る。
¶江表(朝女(徳島県))

麻女 あさじょ*
江戸時代後期の女性。俳諧。八重原の人。寛政4年刊、大森素筍ほか編『駒牽集』に載る。
¶江表(麻女(長野県))

朝右王* あさすけおう
平安時代前期の官人。
¶古人(生没年不詳),古代

朝田大隅 あさだおおすみ
⇒岸本由豆流(きしもとゆずる)

浅田儀一郎* あさだぎいちろう
天保8(1837)年〜大正5(1916)年　江戸時代末期〜明治時代の書籍呉服雑貨商。自宅でビールを醸造販売、洋裁店を開くなど商業界の先駆者。
¶幕末(㉝大正5(1916)年7月5日)

朝田儀助(朝田義助) あさだぎすけ
⇒小田彦三郎(おだひこさぶろう)

麻田公輔 あさだきみすけ
⇒周布政之助(すふまさのすけ)

麻田公輔 あさだこうすけ
⇒周布政之助(すふまさのすけ)

麻田剛立* あさだごうりゅう
享保19(1734)年〜寛政11(1799)年5月22日　㊄綾部剛立(あやべごうりゅう)、綾部妥彰(あやべやすあき)　江戸時代中期の天文暦学者、医学者。
¶江人,科学(㊌享保19(1734)年2月6日),コン,思想,数学(㊌享保19(1734)年2月6日),山小(㊌1734年2月6日㉝1799年5月22日)

浅田惟季 あさだこれすえ
生没年不詳　㊄浅田麟之助(あさだりんのすけ)　江戸時代末期の幕臣、幕府陸軍兵隊指図役頭取。
¶全幕,幕末(浅田麟之助　あさだりんのすけ)

浅田宗伯 * (朝田宗伯)　あさだそうはく
文化12 (1815) 年5月22日〜明治27 (1894) 年3月16日　江戸時代末期〜明治時代の漢方医。漢方医として初めてフランス公使を治療。浅田飴を創製。
¶江人, 科学, コン (㊎文化10 (1813年/1815) 年), 思想, 植物, 全ска, 徳人, 幕末

浅田忠之進 *　あさだちゅうのしん
天保12 (1841) 年〜慶応2 (1866) 年　江戸時代末期の志士。
¶幕末 (㊏慶応2 (1866) 年3月7日)

浅田鉄蔵 *　あさだてつぞう
寛政12 (1800) 年〜元治1 (1864) 年　江戸時代末期の相模小田原藩士。
¶幕末 (㊏文久4 (1864) 年1月2日)

麻田直子 *　あさだなおこ
天明1 (1781) 年〜嘉永1 (1848) 年4月21日　江戸時代後期の女性。教育者。土佐国佐川郷の女子教育の祖。
¶江表 (直子 (高知県))

麻田金生　あさだのかねなり
奈良時代の官人。
¶古人 (生没年不詳)

麻田�># cariф *　あさだのかりふ
生没年不詳　㊙麻田連狪賦 (あさだのむらじかりふ)　奈良時代の官吏。
¶古人 (麻田狪賦), 古代 (麻田連狪賦　あさだのむらじかりふ)

麻田真明　あさだのさねあき
平安時代中期の官人。
¶古人 (生没年不詳)

麻田真浄　あさだのまきよ
奈良時代の僧。座主。
¶古人 (生没年不詳)

麻田光貴　あさだのみつたか
平安時代中期の官人。
¶古人 (生没年不詳)

麻田連狪賦　あさだのむらじかりふ
⇒麻田狪賦 (あさだのかりふ)

麻田連陽春　あさたのむらじやす, あさだのむらじやす
⇒麻田陽春 (あさだのやす)

麻田陽春 *　あさだのやす
生没年不詳　㊙麻田連陽春 (あさたのむらじやす, あさだのむらじやす), 麻田陽春 (あさだのようしゅん), 塔本陽春 (たほのやす), 答本陽春 (つぼようしゅん, とうほんようしゅん)　奈良時代の官人, 文人。
¶古人, 古人 (塔本陽春　たほのやす), 古代 (麻田連陽春　あさだのむらじやす), コン, 日文 (あさだのようしゅん・あさだのやす)

麻田陽春　あさだのようしゅん
⇒麻田陽春 (あさだのやす)

麻田梅陰 *　あさだばいいん
文政4 (1821) 年〜明治19 (1886) 年　江戸時代末期〜明治時代の志士, 藩士。幕末に勤王の大儀を提唱。
¶幕末 (㊎文政4 (1821) 年8月9日　㊏明治19 (1886) 年1月16日)

浅田弥次右衛門 *　あさだやじえもん
生没年不詳　江戸時代末期の肥前大村藩家老。
¶幕末

麻田立達 *　あさだりゅうたつ
明和8 (1771) 年8月21日〜文政10 (1827) 年1月4日　江戸時代中期〜後期の暦学・天文学者。
¶科学

あさち女　あさちじょ *
江戸時代後期の女性。俳諧。文政4年, 青隠跋『七夕後集』に少女の句として載る。
¶江表 (あさち女 (東京都))

朝綱　あさつな
⇒大江朝綱 (おおえのあさつな)

朝妻王　あさづまおう
奈良時代の長屋王の子。長屋王事件に坐し淡路に配流。
¶古人 (生没年不詳)

朝妻金作大蔵　あさづまのかねつくりのおおとし
奈良時代の官人。
¶古人 (生没年不詳)

朝野宿褹魚養　あさぬのすくねなかい
⇒朝野魚養 (あさののなかい)

朝寝坊むらく 〔4代〕　あさねぼうむらく
⇒柳家小さん 〔1代〕 (やなぎやこさん)

朝野意泉 *　あさのいせん
生没年不詳　安土桃山時代の織田信長の家臣。
¶織田

浅野氏祐 *　あさのうじすけ
？〜明治33 (1900) 年　江戸時代末期〜明治時代の幕臣, 若年寄並兼陸軍奉行。
¶徳人 (生没年不詳), 幕末 (㊎天保5 (1834) 年3月7日　㊏明治33 (1900) 年1月8日)

浅野英章 〔1代〕 *　あさのえいしょう
江戸時代後期の浮世絵師。
¶美画 (生没年不詳)

浅野薫 *　あさのかおる
？〜慶応3 (1867) 年　江戸時代末期の新撰組隊士。
¶新撰 (㊏慶応3 (1867) 年頃), 全幕, 幕末

朝野鹿取　あさののかとり
⇒朝野鹿取 (あさののかとり)

浅野小平太　あさのこへいだ
江戸時代前期の大坂城士。
¶大坂

浅野五兵衛 *　あさのごへえ
文化13 (1816) 年〜明治3 (1870) 年　江戸時代末期〜明治時代の山口流剣術・宝蔵院流槍術師範。私財をもって演武場を建て藩士や有志を教授。
¶幕末

浅野式部　あさのしきぶ
江戸時代末期の安芸広島藩士。
¶幕末 (生没年不詳)

浅野重晟　あさのしげあきら
寛保3 (1743) 年〜文化10 (1813) 年　江戸時代中期〜後期の大名。安芸広島藩主。
¶コン

朝野十郎左衛門＊　あさのじゅうろうざえもん
　　生没年不詳　安土桃山時代の織田信長の家臣。
　　¶織田

浅野春道　あさのしゅんどう
　　明和6（1769）年〜天保11（1840）年　江戸時代後期
　　の本草学者。
　　¶植物（㊌天保11（1840）年1月3日）

朝野宿禰魚養　あさのすくねなかい
　　⇒朝野魚養（あさののなかい）

浅野西湖＊　あさのせいこ
　　江戸時代末期の画家。
　　¶美画（生没年不詳）

浅野孝光　あさのたかみつ
　　江戸時代後期〜明治時代の関流和算家。元治2年算
　　額を奉納。
　　¶数学（㊌天保10（1839）年　㊞明治43（1910）年）

浅野内匠頭　あさのたくみのかみ
　　⇒浅野長矩（あさのながのり）

浅野忠＊　あさのただし
　　文政2（1819）年〜明治25（1892）年　㊞浅野忠（あ
　　さのただす），浅野遠江（あさのとおとうみ）　江
　　戸時代末期〜明治時代の広島藩士、宮司。幕末は藩
　　の軍制改革にあたり、維新後は厳島神社などの宮司
　　を務めた。
　　¶コン、全幕（浅野遠江　あさのとおとうみ　㊌文化14
　　（1817）年），幕末（あさのただす　㊌文化14（1817）年
　　㊞明治25（1892）年11月14日）

浅野忠　あさのただす
　　⇒浅野忠（あさのただし）

浅野忠敬　あさのただひろ
　　享和1（1801）年〜万延1（1860）年　江戸時代末期
　　の安芸広島藩家老。
　　¶幕末（㊌享和1（1801）年12月　㊞安政7（1860）年1月23
　　日）

浅野忠吉＊　あさのただよし
　　天文16（1547）年〜元和7（1621）年　安土桃山時代
　　〜江戸時代前期の武士。織田氏家臣、浅野氏家臣。
　　¶コン

浅野遠江　あさのとおとうみ
　　⇒浅野忠（あさのただし）

浅野徳右衛門＊　あさのとくうえもん
　　天保9（1838）年〜大正6（1917）年　江戸時代末期
　　〜明治時代の蚕糸業功労者。県下を巡回し養蚕飼
　　育法を伝授。
　　¶幕末（㊞大正6（1917）年3月5日）

浅野長晟　あさのながあきら
　　天正14（1586）年〜寛永9（1632）年　江戸時代前期
　　の大名。紀伊和歌山藩主、備中足守藩主、安芸広島
　　藩主。
　　¶コン

浅野長厚　あさのながあつ
　　天保14（1843）年〜明治6（1873）年　江戸時代末期
　　〜明治時代の大名、華族。
　　¶幕末（㊌天保14（1843）年2月26日　㊞明治6（1873）年8
　　月28日）

浅野長勝　あさのながかつ
　　？〜天正3（1575）年9月10日？　戦国時代〜安土
　　桃山時代の織田信長の家臣。

¶織田

浅野長勲＊　あさのながこと
　　天保13（1842）年7月23日〜昭和12（1937）年2月1日
　　江戸時代末期〜明治時代の広島藩主、政治家、貴族
　　院議員、侯爵。幕府に批判的な大名の代表。維新後
　　は元老院議官、駐伊公使などを歴任。
　　¶江人、コン、全幕、幕末

浅野長武　あさのながたけ
　　江戸時代前期〜中期の幕臣。浅野長賢の養子。
　　¶徳人（㊌1663年　㊞1712年）

浅野長経＊（浅野長恒）　あさのながつね
　　万治1（1658）年〜享保17（1732）年　江戸時代中期
　　の堺奉行。
　　¶徳人（浅野長恒）

浅野長直＊　あさのながなお
　　慶長15（1610）年〜寛文12（1672）年　江戸時代前
　　期の大名。常陸笠間藩主、播磨赤穂藩主。
　　¶コン

浅野長矩＊　あさのながのり
　　寛文7（1667）年〜元禄14（1701）年3月14日　㊞浅
　　野内匠頭（あさのたくみのかみ）　江戸時代前期〜
　　中期の大名。播磨赤穂藩主。
　　¶江人、コン（㊌寛文5（1665）年），山小（㊞1701年3月14日）

浅野長広＊　あさのながひろ
　　寛文10（1670）年〜享保19（1734）年　江戸時代中
　　期の幕府寄合衆。
　　¶徳人

浅野長政＊　あさのながまさ
　　天文16（1547）年〜慶長16（1611）年　㊞浅野長吉
　　（あさのながよし）　安土桃山時代〜江戸時代前期
　　の武将、大名。甲斐甲府藩主、常陸真壁藩主。五奉
　　行の一人。
　　¶織田（浅野長吉　あさのながよし　㊞慶長16（1611）年
　　4月7日），コン、全戦、戦武、中世、内乱、山小（㊞1611年4
　　月7日）

浅野長訓＊　あさのながみち
　　文化9（1812）年〜明治5（1872）年　江戸時代後期
　　〜明治時代の大名。
　　¶コン、全幕、幕末（㊌文化9（1812）年7月29日　㊞明治5
　　（1872）年7月26日）

浅野長吉　あさのながよし
　　⇒浅野長政（あさのながまさ）

浅野長祚　あさのながよし
　　⇒浅野梅堂（あさのばいどう）

浅野斉粛＊　あさのなりたか
　　文化14（1817）年〜明治1（1868）年　江戸時代末期
　　の大名。安芸広島藩主。
　　¶全幕、幕末（㊌文化14（1817）年9月28日　㊞慶応4
　　（1868）年1月12日）

厚狭寝太郎＊　あさのねたろう
　　山口県厚狭郡に伝わる伝説上の人物。
　　¶コン

朝野朝臣鹿取　あさののあそんかとり
　　⇒朝野鹿取（あさののかとり）

朝野魚養　あさののいおかい
　　⇒朝野魚養（あさののなかい）

あ

朝野魚養　あさののうおかい
⇒朝野魚養（あさののなかい）

朝野鹿取*　あさののかとり
宝亀5（774）年～承和10（843）年6月11日　[別]朝野鹿取（あさのかとり，あさののしかとり），朝野朝臣鹿取（あさののあそんかとり）　平安時代前期の文人、公卿（参議）。大和国の正六位上忍海連鷹取の子。
¶公卿（あさののしかとり），古人（あさののしかとり），古代（朝野朝臣鹿取　あさののあそんかとり），コン

朝野国恒　あさののくにつね
平安時代後期の法隆寺領近江国野洲荘の案主。
¶古人（生没年不詳）

朝野貞吉　あさののさだよし
平安時代前期の官人。
¶古人（生没年不詳）

朝野真吉　あさののさねよし
平安時代前期の官人。
¶古人（生没年不詳）

朝野鹿取　あさののしかとり
⇒朝野鹿取（あさののかとり）

朝野清雄　あさののすがお
平安時代前期の官人。
¶古人（生没年不詳）

朝野宿禰魚養　あさののすくねなかい
⇒朝野魚養（あさののなかい）

朝野鷹取*　あさののたかとり
生没年不詳　平安時代前期の官人。
¶古人

朝野魚養*　あさののなかい
生没年不詳　[別]朝野宿禰魚養（あさぬのすくねなかい，あさのすくねなかい，あさののすくねなかい），朝野魚養（あさののいおかい，あさののうおかい），忍海原連魚養（おしぬみのはらむらじうおかい）　奈良時代の官人、能書家。
¶古人（あさののいおかい），古代（朝野宿禰魚養　あさののすくねなかい）

朝野道守　あさののみちもり
平安時代前期の官人。
¶古人（生没年不詳）

浅野梅堂*　あさのばいどう
文化13（1816）年～明治13（1880）年　[別]浅野長祚（あさのながよし）　江戸時代後期～明治時代の武士、画家。
¶コン，徳人（浅野長祚　あさのながよし），幕末（浅野長祚　あさのながよし　[生]文化13（1816）年6月9日　[没]明治13（1880）年2月17日），美画（[生]文化13（1816）年6月9日　[没]明治13（1880）年2月17日）

浅野治意　あさのはるおき
江戸時代末期の和算家。栃木塩屋郡土屋村の人。安政5年、6年算額を奉納。
¶数学

浅野豊後*　あさのぶんご
江戸時代末期の安芸広島藩家老。
¶幕末（生没年不詳）

浅野政周*　あさのまさちか
文化1（1804）年～明治22（1889）年4月　[別]浅野栗斎（あさのりっさい）　江戸時代末期～明治時代の加賀藩士。
¶幕末

朝野三輪*　あさのみわ
享保7（1722）年～文化3（1806）年5月19日　江戸時代中期～後期の女性。俳人。
¶江表（三輪女（愛知県））

浅野屋佐平*　あさのやさへい
文化11（1814）年～慶応1（1865）年　江戸時代末期の町人。
¶幕末（[生]文化11（1814）年9月　[没]元治2（1865）年4月5日）

浅野由隆の妻　あさのよしたかのつま*
江戸時代中期の女性。和歌。備前岡山藩士浅野由隆の妻。
¶江表（浅野由隆の妻（岡山県）　[没]元禄6（1693）年）

浅野慶熾*　あさのよしてる
天保7（1836）年～安政5（1858）年　江戸時代末期の大名。安芸広島藩主。
¶全幕，幕末（[生]天保7（1836）年11月12日　[没]安政5（1858）年9月10日）

浅野幸長*　あさのよしなが
天正4（1576）年～慶長18（1613）年　安土桃山時代～江戸時代前期の大名。甲斐甲府藩主、紀伊和歌山藩主。
¶コン，全戦，戦武，対外

浅野吉長の妻*（浅野吉長妻）　あさのよしながのつま
延宝8（1680）年～享保15（1730）年　江戸時代中期の女性。金沢城主前田綱紀の娘。
¶江表（節姫（広島県））

浅野栗斎　あさのりっさい
⇒浅野政周（あさのまさちか）

浅羽尾張守　あさばおわりのかみ
安土桃山時代の武士。武蔵国滝山城主北条氏照の家臣か。
¶後北（尾張守〔浅羽〕　おわりのかみ）

浅羽忠之助*　あさばちゅうのすけ
天保2（1831）年～明治30（1897）年　江戸時代末期～明治時代の陸奥会津藩士。
¶幕末（[没]明治30（1897）年11月9日）

浅葉仁三郎*　あさばにさぶろう
文化13（1816）年～明治25（1892）年　江戸時代末期～明治時代の与力配下。相模国三浦郡の人。日記に二度目のペリー来航の様子を記す。
¶幕末

浅羽宗信　あさばのむねのぶ
⇒浅羽宗信（あさばむねのぶ）

浅羽平八*　あさばへいはち
弘化3（1846）年～大正3（1914）年　江戸時代末期～明治時代の農民。茶業振興に活躍。
¶幕末

浅羽宗信*　あさばむねのぶ
生没年不詳　[別]浅羽宗信（あさばのむねのぶ）　平安時代後期～鎌倉時代前期の武士・浅羽荘司。
¶古人（あさばのむねのぶ）

浅羽幸勝　あさばゆきかつ
江戸時代後期～明治時代の海軍軍人。

¶幕末（[生]天保5（1834）年　[没]明治30（1897）年10月14日）

浅羽譲* あさばゆずる
天保11（1840）年～明治41（1908）年　江戸時代末期～明治時代の教育者。戊辰戦争で砲術長。
¶幕末（[没]明治41（1908）年4月3日）

浅羽要衛武* あさばようえむ
天保3（1832）年～大正2（1913）年　江戸時代末期～明治時代の農民。貧村に茶栽培を指導。
¶幕末

浅原為頼* あさはらためより
？～正応3（1290）年　鎌倉時代後期の武士。甲斐源氏小笠原の一族。
¶コン，内乱

朝原内親王* あさはらないしんのう
宝亀10（779）年～弘仁8（817）年　[別]朝原内親王（あしたのはらのないしんのう）　平安時代前期の女性。桓武天皇の第2皇女。平城天皇の妃。
¶古人，天皇（あさはらのないしんのう・あしたはらないしんのう　[没]弘仁8（817）年4月25日）

朝原有生 あさはらのありなり
平安時代中期の官人。
¶古人（生没年不詳）

朝原忌寸道永 あさはらのいみきみちなが
⇒朝原道永（あさはらのみちなが）

朝原岡埜*（朝原岡野）　あさはらのおかの
生没年不詳　平安時代の官医。
¶古人（朝原岡野）

朝原清里 あさはらのきよさと
平安時代後期の下総国印東荘内の郷司または村司。
¶古人（生没年不詳）

朝原真行 あさはらのさねゆき
平安時代前期の官人。
¶古人（生没年不詳）

朝原嶋主 あさはらのしまぬし
平安時代前期の官人。
¶古人（生没年不詳）

朝原高道 あさはらのたかみち
平安時代前期の官人。
¶古人（生没年不詳）

朝原武季 あさはらのたけすえ
平安時代後期の官人。
¶古人（生没年不詳）

朝原行方 あさはらのなめかた
平安時代後期の官人。
¶古人（生没年不詳）

朝原道永* あさはらのみちなが
生没年不詳　[別]朝原忌寸道永（あさはらのいみきみちなが），朝原道永（あさはらみちなが）　奈良時代の官吏。
¶古人，古代（朝原忌寸道永　あさはらのいみきみちなが）

朝原善（義）理 あさはらのよしまさ
平安時代中期の官人。
¶古人（生没年不詳）

朝原良道 あさはらのよしみち
平安時代前期の官人。
¶古人（生没年不詳）

朝原四上 あさはらのよつかみ
平安時代前期の官人。
¶古人（生没年不詳）

朝原世常 あさはらのよつね
平安時代中期の官人。
¶古人（生没年不詳）

朝原道永 あさはらみちなが
⇒朝原道永（あさはらのみちなが）

浅原安近 あさはらやすちか
戦国時代～江戸時代前期の代官。
¶徳代（[生]享禄2（1529）年　[没]元和2（1616）年6月3日）

浅原安次 あさはらやすつぐ
江戸時代前期の代官。
¶徳代（[生]？　[没]慶長19（1614）年）

あさひ
江戸時代後期の女性。俳諧。小山の神楽女。享和3年以降成立、嘯月庵秋天・月中庵秋英共編『下毛みやけ』に載る。
¶江表（あさひ（栃木県））

旭形亀太郎* あさひがたかめたろう
天保13（1842）年3月25日～明治34（1901）年3月11日　江戸時代後期～明治時代の新撰組隊士。
¶新隊

旭玉山 あさひぎょくざん
天保14（1843）年～大正12（1923）年　江戸時代後期～大正時代の彫刻家、工芸家。
¶美建（[没]大正12（1923）年8月10日），美工

朝日軒棚吉 あさひけんたなきち
江戸時代末期～明治時代の陶工。
¶美工（生没年不詳）

朝彦親王* あさひこしんのう
文政7（1824）年1月28日～明治24（1891）年　[別]尊応法親王（そんのうほうしんのう），尊融（そんゆう），中川宮朝彦親王（なかがわのみやあさひこしんのう）　江戸時代末期～明治時代の皇族。伏見宮邦家親王の子。公武合体に努め、政変を推進。維新後は伊勢神宮祭主などを務めた。
¶コン，全幕，天皇（尊応法親王　そんのうほうしんのう　[没]？），幕末（[没]明治24（1891）年10月29日）

旭女 あさひじょ★
江戸時代後期の女性。俳諧。棚倉の人。寛政6年序、京都の一無庵丈左編『狭名辺墳集』に載る。
¶江表（旭女（福島県））

朝日将軍 あさひしょうぐん
⇒源義仲（みなもとのよしなか）

朝日千助* あさひせんすけ
天保6（1835）年～明治18（1885）年　江戸時代末期～明治時代の出雲松江藩家老。
¶幕末（[生]天保6（1835）年10月16日　[没]明治18（1885）年3月13日）

朝日丹波* あさひたんば
宝永2（1705）年～天明3（1783）年　江戸時代中期の出雲松江藩家老。
¶コン

朝日近路 あさひちかみち
戦国時代～安土桃山時代の代官。

¶徳代（[生]天文18（1549）年　[没]慶長8（1603）年7月28日）

朝仁親王　あさひとしんのう
⇒道覚入道親王（どうかくにゅうどうしんのう）

朝比奈左京進　あさひなさきょうのしん
安土桃山時代の武士。第四次川中島合戦に際し、武田信繁に従い討死。
¶武田（[生]？　[没]永禄4（1561）年9月10日）

朝比奈真定　あさひなさねさだ
安土桃山時代の武士。駿河衆。
¶武田（[生]？　[没]天正9（1581）年3月22日）

朝比奈真重*　あさひなさねしげ
生没年不詳　戦国時代の駿河国の武将。
¶武田（[生]永正15（1518）年　[没]文禄3（1594）年1月6日）

朝比奈三郎右衛門尉　あさひなさぶろうえもんのじょう
安土桃山時代の武田氏の家臣。
¶武田（[生]？　[没]天正3（1575）年5月21日）

朝比奈資致　あさひなすけよし
江戸時代前期～中期の関東代官。
¶徳代（[生]寛文2（1662）年　[没]元文2（1737）年11月13日）

朝比奈親徳*　あさひなちかのり
戦国時代の武将。今川氏家臣。
¶全戦（生没年不詳）

朝比奈綱堯*　あさひなつなたか
生没年不詳　戦国時代の北条氏の家臣。
¶後北（綱堯〔朝比奈〕　つなたか）

朝比奈輝勝*　あさひなてるかつ
戦国時代の武将。今川氏家臣。
¶武田（生没年不詳）

朝比奈藤太郎　あさひなとうたろう
戦国時代～安土桃山時代の武士。駿河衆。
¶武田（[生]弘治2（1556）年　[没]天正3（1575）年5月21日）

朝比奈豊日子*　あさひなとよひこ
文政3（1820）年～明治17（1884）年　江戸時代末期～明治時代の水戸藩士、歌人。「類題明治和歌集」の撰者。
¶幕末

朝日奈信置*（朝比奈信置）　あさひなのぶおき
*～天正10（1582）年　戦国時代～安土桃山時代の武将。今川氏家臣、武田氏家臣。
¶戦武（朝比奈信置　[生]享禄1（1528）年），武田（朝比奈信置　[生]享禄2（1529）年　[没]天正10（1582）年4月8日）

朝比奈信良　あさひなのぶよし
安土桃山時代の武士。駿河先方衆。
¶武田（[生]？　[没]天正10（1582）年3月）

朝比奈兵衛尉*　あさひなひょうえのじょう
戦国時代の武将。後北条氏家臣。
¶後北（兵衛尉〔朝比奈〕　ひょうえのじょう）

朝比奈兵右衛門正次　あさひなひょうえもんまさつぐ
江戸時代前期の京都所司代板倉勝重の間諜。
¶大坂

朝比奈孫左衛門尉　あさひなまごさえもんのじょう
戦国時代の武士。駿河国朝比奈谷を本地とする駿河衆。
¶武田（生没年不詳）

朝日奈孫太郎*（朝比奈孫太郎）　あさひなまごたろう
生没年不詳　戦国時代の武士。後北条氏家臣。
¶後北（孫太郎〔朝比奈〕　まごたろう）

朝比奈正重　あさひなまさしげ
安土桃山時代～江戸時代前期の幕臣。
¶徳人（[生]1575年　[没]1653年）

朝比奈昌寿　あさひなまさとし
江戸時代後期の幕臣。
¶徳人（[生]1804年　[没]？）

朝比奈昌広*　あさひなまさひろ
*～明治38（1905）年　江戸時代末期～明治時代の江戸南町奉行。
¶徳人（[生]1829年），幕末（[生]文政12（1829）年　[没]明治38（1905）年8月21日）

朝比奈昌始　あさひなまさもと
寛保3（1743）年～文政10（1827）年　江戸時代中期～後期の幕臣。
¶徳人，徳代（[没]文政10（1827）年4月2日）

朝比奈茂吉*　あさひなもきち
嘉永5（1852）年～明治27（1894）年　江戸時代末期～明治時代の美濃郡上藩士。
¶全幕，幕末

朝比奈弥三郎*　あさひなやさぶろう
？～永正12（1515）年6月19日　戦国時代の三浦道寸（義同）の八丈島代官。
¶後北（弥三郎〔朝比奈〕　やさぶろう）

朝比奈弥四郎　あさひなやしろう
安土桃山時代の武田信豊の近臣（若衆）。
¶武田（[生]？　[没]天正10（1582）年3月）

朝比奈泰勝*　あさひなやすかつ
天文16（1547）年～寛永10（1633）年　安土桃山時代の武士。今川氏家臣、徳川氏家臣。
¶後北（泰勝〔朝比奈〕　やすかつ），徳人

朝比奈泰朝*　あさひなやすとも
生没年不詳　安土桃山時代の武将。今川氏家臣。
¶全戦，戦武（[生]天文7（1538）年　[没]？）

朝比奈泰煕*（朝比奈泰凞）　あさひなやすひろ
戦国時代の武将。今川氏家臣。
¶後北（泰凞〔朝比奈〕　やすひろ　[没]永正8年1月），全戦（[生]？　[没]永正8（1511）年）

朝比奈泰政　あさひなやすまさ
江戸時代の和算家。
¶数学

朝比奈泰以*　あさひなやすもち
？～永正15（1518）年　戦国時代の武士。今川氏家臣。
¶後北（泰以〔朝比奈〕　やすもち）

朝比奈泰之*　あさひなやすゆき
生没年不詳　戦国時代の北条氏の家臣。
¶後北（泰之〔朝比奈〕　やすゆき）

朝比奈泰能*　あさひなやすよし
？～弘治3（1557）年　[別]朝比奈泰能（あさいなやすよし）　戦国時代の武将。
¶全戦，戦武

朝比奈泰寄*　あさひなやすより
生没年不詳　戦国時代の北条氏の家臣。

¶後北(泰寄〔朝比奈〕　やすより)

朝比奈弥太郎*　あさひなやたろう
？～明治1(1868)年　江戸時代末期の水戸藩士。
¶全幕,幕末(没明治1(1868)年10月6日)

朝比奈弥六　あさひなやろく
安土桃山時代の高天神籠城衆。
¶武田(生？　没天正9(1581)年3月22日)

朝比奈義秀*　あさひなよしひで
安元2(1176)年～？　[別]朝比奈義秀(あさいなよしひで),和田義秀(わだのよしひで,わだよしひで)　鎌倉時代前期の武士。
¶古人(和田義秀　わだのよしひで　生没年不詳),コン(生没年不詳)

朝日方*(朝日の方)　あさひのかた
天文12(1543)年～天正18(1590)年　[別]旭姫,朝日姫(あさひひめ),駿河御前(するがごぜん),徳川家康室(とくがわいえやすしつ),南明院(なんみょういん,なんめいいん)　安土桃山時代の女性。徳川家康の継室。豊臣秀吉の異父妹。
¶コン,女史(旭姫　あさひひめ),全戦,徳将(南明院　なんみょういん)

旭姫(朝日姫)　あさひひめ
⇒朝日方(あさひのかた)

朝日孫八郎*　あさひまごはちろう
？～永禄12(1569)年　戦国時代の武将。信長馬廻。
¶織田(没永禄12(1569)年9月8日)

浅姫*　あさひめ
享和3(1803)年～安政4(1857)年　[別]松栄院(しょうえいいん)　江戸時代後期の女性。徳川家斉の12女。
¶江表(松栄院(福井県)),徳将(松栄院　しょうえいいん)

朝日明堂　あさひめいどう
江戸時代末期～明治時代の牙彫作家。
¶美工(生没年不詳)

朝日若狭掾　あさひわかさのじょう
⇒鶴賀若狭掾〔1代〕(つるがわかさのじょう)

浅見栄三郎*　あさみえいざぶろう
寛政10(1798)年～明治15(1882)年　江戸時代末期～明治時代の周防徳山藩士。
¶幕末(生寛政10(1798)年7月18日　没明治15(1882)年12月15日)

下見吉十郎　あさみきちじゅうろう
⇒下見吉十郎(したみきちじゅうろう)

浅見絅斎*　あさみけいさい
承応1(1652)年～正徳1(1711)年　江戸時代中期の儒学者。
¶江人,コン,思想,山小(生1652年8月13日　没1711年12月1日)

浅見五郎介*(──〔1代〕)　あさみごろすけ
生没年不詳　[別]五郎介(ごろすけ)　江戸時代末期の陶工。
¶美工(浅見五郎助〔1代〕)

浅見修次*　あさみしゅうじ
文政6(1823)年～明治17(1884)年　江戸時代末期～明治時代の徳山藩士、教育者。学館興譲館最後の学長。
¶幕末(生文政6(1823)年10月22日　没明治17(1884)年1月18日)

浅見田鶴樹*　あさみたづき,あさみたずき
？～安永7(1778)年　[別]田鶴樹(たづき)　江戸時代中期の俳人。
¶俳文(田鶴樹　たづき　没安永7(1778)年10月5日)

浅見対馬守*　あさみつしまのかみ
生没年不詳　戦国時代の武士。
¶織田

阿座見俊次*　あざみとしつぐ
生没年不詳　江戸時代中期の和算家。
¶数学

薊瓊入媛*　あざみにいりひめ
[別]薊瓊入媛命(あざみにいりひめのみこと),阿邪美能伊理毘売(あざみのいりびめ)　上代の女性。垂仁天皇の妃。
¶古代,天皇(薊瓊入媛命　あざみにいりひめのみこと　生没年不詳)

薊瓊入媛命　あざみにいりひめのみこと
⇒薊瓊入媛(あざみにいりひめ)

阿邪美能伊理毘売　あざみのいりびめ
⇒薊瓊入媛(あざみにいりひめ)

阿佐見光包　あさみみつかね
江戸時代後期の宮大工。
¶美建(生？　没天保3(1832)年)

浅見安之丞*　あさみやすのじょう
天保4(1833)年～慶応1(1865)年　江戸時代末期の周防徳山藩士。
¶幕末(生天保4(1833)年10月15日　没元治2(1865)年1月14日)

朝宗吉継　あさむねのよしつぐ
平安時代前期の官人。
¶古人(生没年不詳)

浅山芦国*(浅山蘆国)　あさやまあしくに
？～文政1(1818)年　江戸時代後期の浮世絵師。
¶浮絵(没文政3(1820)年),歌大(没文政3(1820)年9月5日),美画(浅山蘆国　没文政1(1818)年5月5日)

朝山意林庵*　あさやまいりんあん
天正17(1589)年～寛文4(1664)年　[別]朝山素心(あさやまそしん)　江戸時代前期の儒者。
¶コン,思想

朝山清常*　あさやまきよつね
天明3(1783)年～弘化3(1846)年　江戸時代後期の歌人。
¶コン

浅山九郎左衛門*　あさやまくろうざえもん
文政9(1826)年～明治27(1894)年6月15日　[別]浅山純尹(あさやますみただ)　江戸時代末期～明治時代の地方功労者。神官壱岐住吉神社宮司となり同神社を再築復興。九十九国立銀行頭取などを歴任。
¶幕末

浅山荘三郎*　あさやましょうざぶろう
天保3(1832)年～明治1(1868)年　江戸時代末期の一番大番士。
¶幕末(没慶応4(1868)年8月11日)

浅山純尹　あさやますみただ
⇒浅山九郎左衛門(あさやまくろうざえもん)

朝山素心　あさやまそしん
⇒朝山意林庵(あさやまいりんあん)

朝山日乗*　あさやまにちじょう
？〜天正5(1577)年　[別]朝山日乗(ちょうざんにちじょう)，日乗(にちじょう)，日乗朝山(にちじょうちょうざん)　戦国時代〜安土桃山時代の僧。キリスト教を排斥。
¶織田([没]天正5(1577)年9月15日)，コン，思想，全戦([没]天正5(1577)年？)，対外(日乗　にちじょう　生没年不詳)

朝山紀次　あさやまののりつぐ
⇒朝山紀次(あさやまのりつぐ)

朝山紀次*　あさやまのりつぐ
生没年不詳　[別]朝山紀次(あさやまののりつぐ)　平安時代後期の在庁朝山家の一族。
¶古人(あさやまののりつぐ)

朝山梵灯庵　あさやまぼんちょうあん
⇒朝山梵灯庵(あさやまぼんとうあん)

朝山梵灯　あさやまぼんとう
⇒朝山梵灯庵(あさやまぼんとうあん)

朝山梵灯庵*　あさやまぼんとうあん
正平4/貞和5(1349)年〜？　[別]朝山梵灯庵(あさやまぼんちょうあん)，朝山梵灯(あさやまぼんとう)，朝山師綱(あさやまもろつな)，梵灯(ぼんとう)，梵灯庵(ぼんとうあん)，梵灯庵主(ぼんとうあんしゅ)　南北朝時代〜室町時代の歌人、連歌師。
¶コン([没]文安5(1448)年)，日文(梵灯庵　ぼんとうあん　[生]貞和5(1349)年　[没]応永34(1427)年？)，俳文(梵灯　ぼんとう　[生]貞和5(1349)年)

朝山師綱　あさやまもろつな
⇒朝山梵灯庵(あさやまぼんとうあん)

浅利右衛門尉　あさりえもんのじょう
戦国時代の人。永禄10年下之郷起請文を小幡信尚に提出。小幡氏の被官か。
¶武田(生没年不詳)

浅利勝頼*　あさりかつより
？〜天正11(1583)年　安土桃山時代の地方豪族・土豪。
¶戦武([生]享禄2(1529)年)

浅利七次郎*　あさりしちじろう
天保10(1839)年〜慶応2(1866)年　江戸時代末期の水戸藩士。
¶幕末([没]慶応2(1866)年10月24日)

浅利虎在*　あさりとらあり
生没年不詳　戦国時代の甲斐武田信虎・武田晴信の家臣。
¶武田

浅利信種*　あさりのぶたね
？〜永禄12(1569)年　戦国時代の武将。武田氏家臣。
¶全戦，武田([没]永禄12(1569)年10月6日)

浅利則祐　あさりのりすけ
戦国時代〜安土桃山時代の国人。
¶戦武([生]大永3(1523)年　[没]永禄5(1562)年)

浅利彦次郎　あさりひこじろう
戦国時代〜安土桃山時代の武田氏・徳川家康・本多忠勝の家臣。
¶武田(生没年不詳)

浅利大賢　あさりひろかた
⇒浅利太賢(あさりふとかた)

浅利太賢*　あさりふとかた
生没年不詳　[別]浅利大賢(あさりひろかた)，浅利太賢(あさりもとかた)　江戸時代中期の神学者。
¶コン

浅利又七郎*　あさりまたしちろう
安永7(1778)年〜嘉永6(1853)年　[別]浅利義信(あさりよしのぶ)　江戸時代後期の小野派一刀等流の剣術家。
¶江人，幕末(浅利義信　あさりよしのぶ　[没]嘉永6(1853)年2月21日)

浅利太賢　あさりもとかた
⇒浅利太賢(あさりふとかた)

浅利与一*　あさりよいち
久安5(1149)年〜承久3(1221)年　[別]浅利義成(あさりよしなり)，源義成(みなもとのよししげ)　平安時代後期〜鎌倉時代前期の武士。
¶古人(源義成　みなもとのよししげ　生没年不詳)，平家(浅利義成　あさりよしなり　生没年不詳)

浅利義明*　あさりよしあき
文政5(1822)年〜明治27(1894)年　[別]浅利義明(あさりよしあきら)　江戸時代末期〜明治時代の小浜藩士。
¶幕末(あさりよしあきら　[没]明治27(1894)年4月16日)

浅利義明　あさりよしあきら
⇒浅利義明(あさりよしあき)

浅利義成　あさりよしなり
⇒浅利与一(あさりよいち)

浅利義信　あさりよしのぶ
⇒浅利又七郎(あさりまたしちろう)

浅利頼平　あさりよりひら
安土桃山時代の陸奥比内郡の領主。
¶全戦([生]？　[没]慶長3(1598)年)

葦浦正則　あしうらのまさのり
平安時代中期の官人。
¶古人(生没年不詳)

芦江　あしえ★
江戸時代中期の女性。俳諧。宝暦11年刊、文月庵周東編『譬喩蓮華』に載る。
¶江表(芦江(東京都))

足利安王丸　あしかがあんおうまる
⇒足利安王(あしかがやすおう)

足利家氏　あしかがいえうじ
⇒斯波家氏(しばいえうじ)

足利家国*　あしかがいえくに
生没年不詳　戦国時代の古河公方の一族。
¶全戦

足利家時*　あしかがいえとき
鎌倉時代後期の武将。足利尊氏の祖父。
¶コン([生]？　[没]正応2(1289)年？)，内乱(生没年不詳)

足利氏経　あしかがうじつね
⇒斯波氏経(しばうじつね)

足利氏姫　あしかがうじひめ
⇒足利氏姫（あしかがのうじひめ）

足利氏満*　あしかがうじみつ
正平14/延文4（1359）年～応永5（1398）年　南北朝時代～室町時代の第2代の鎌倉公方。鎌倉公方初代基氏の子。
¶コン, 中世, 内乱（[生]延文4（1359）年）, 室町, 山小（[没]1398年11月4日）

足利亀王丸　あしかがかめおうまる
⇒足利義晴（あしかがよしはる）

足利菊童丸　あしかがきくどうまる
⇒足利義輝（あしかがよしてる）

足利義山*　あしかがぎざん
文政7（1824）年12月30日～明治43（1910）年6月16日　江戸時代末期～明治時代の浄土真宗本願寺派学僧、仏教大学名誉講師。
¶幕末

足利義昭*　あしかがぎしょう
応永12（1405）年？～嘉吉1（1441）年　[別]義昭（ぎしょう），大覚寺義昭（だいかくじぎしょう）　室町時代の僧、武将。6代将軍足利義教の異母弟。謀反して自刃。
¶室町（大覚寺義昭　だいかくじぎしょう　[生]応永11（1404）年）

足利貞氏*　あしかがさだうじ
文永10（1273）年～元弘1/元徳3（1331）年　鎌倉時代後期の武将。
¶コン（[没]元弘1（1331）年）, 内乱（[没]元徳3（1331）年）

足利成氏*　あしかがしげうじ
永享6（1434）年～明応6（1497）年　[別]永寿王丸（えいじゅおうまる）　室町時代～戦国時代の初代の古河公方。鎌倉公方4代持氏の四男。
¶コン, 中世, 内乱（[生]永享8（1436）年）, 室町（[生]永享10（1438）年）, 山小（[生]1434年？　[没]1497年9月30日）

足利春王丸　あしかがしゅんおうまる
⇒足利春王（あしかがはるおう）

足利尊氏*（足利高氏）　あしかがたかうじ
嘉元3（1305）年～正平13/延文3（1358）年　[別]尊氏（たかうじ），等持院（とうじいん），等持院殿（とうじいんどの）　鎌倉時代後期～南北朝時代の室町幕府初代の将軍（在職1338～1358）。足利貞氏の子。母は上杉清子、妻は赤橋登子。元弘の変で幕命により上洛する途中、北条氏に反旗を翻し、六波羅探題を攻略。建武新政では勲功第一とされたが、後に離反して持明院統の皇系を擁して後醍醐天皇と対立し南北朝時代を招いた。北朝のもと室町幕府を開き初代将軍となる。
¶公卿（[没]正平13（1358）年4月30日）, 公家（尊氏〔足利家（絶家）〕　たかうじ　[没]延文3（1358）年4月30日）, コン, 詩作（[没]延文3/正平13（1358）年4月30日）, 中世, 内乱（[没]延文3（1358）年）, 日文, 俳文（尊氏　たかうじ　[没]延文3（1358）年4月30日）, 室町, 山小（[没]1358年4月30日）

足利高経　あしかがたかつね
⇒斯波高経（しばたかつね）

足利高基*　あしかがたかもと
？～天文4（1535）年　戦国時代の第3代の古河公方。古河公方2代政氏の長男。
¶コン（[没]天文8（1539年/1535）年）, 全戦, 室町（[生]文明17（1485）年）

足利忠綱*　あしかがただつな
生没年不詳　[別]藤原忠綱（ふじわらのただつな）　平安時代後期の武将。
¶古人（藤原忠綱　ふじわらのただつな）, コン, 内乱（[生]長寛2（1164）年　[没]？）, 平家（[生]長寛2（1164）年？　[没]？）

足利直冬*　あしかがただふゆ
生没年不詳　南北朝時代～室町時代の武将。尊氏の庶長子。叔父直義の養子となり、直義が尊氏に毒殺された後は、実父尊氏に反旗を翻す。
¶コン（[生]嘉暦2（1327）年？　[没]応永7（1400）年）, 中世, 内乱（[生]嘉暦2（1327）年？　[没]応永7（1400）年？）, 室町, 山小

足利直義*　あしかがただよし
徳治1（1306）年～正平7/文和1（1352）年2月26日　[別]錦小路殿（にしきのこうじどの）　鎌倉時代後期～南北朝時代の武将、副将軍。足利貞氏の子、尊氏の同母弟。兄とともに建武新政に協力したが、後に離反し鎌倉で護良親王を暗殺。室町幕府樹立後は実務面の最高実力者として尊氏との二頭政治をおこなうが、その後反目し尊氏により毒殺された。
¶公卿（[没]文和1/正平7（1352）年2月26日）, 公家（直義〔足利家（絶家）〕　ただよし　[没]文和1（1352）年2月26日）, コン, 中世, 内乱（[没]観応3/正平7（1352）年）, 室町, 山小（[没]1352年2月26日）

足利茶々丸*　あしかがちゃちゃまる
？～延徳3（1491）年　室町時代～戦国時代の武将。堀越公方政知の長男。
¶コン, 全戦（[没]明応7（1498）年）, 室町（[没]明応7（1498）年）, 山小（[没]1498年8月）

足利登子　あしかがとうし
⇒赤橋登子（あかはしとうし）

足利俊綱*　あしかがとしつな
？～寿永2（1183）年　[別]藤原俊綱（ふじわらのとしつな）　平安時代後期の武将。
¶古人（藤原俊綱　ふじわらのとしつな）, 平家（[没]寿永2（1183）年？）

足利氏姫*　あしかがのうじひめ
天正2（1574）年～元和6（1620）年5月6日　[別]足利氏姫（あしかがうじひめ），足利義氏の娘（あしかがよしうじのむすめ），氏姫（うじひめ）　安土桃山時代～江戸時代前期の女性。古河公方足利義氏の娘。
¶女史（足利義氏の娘　あしかがよしうじのむすめ）

足利晴氏*　あしかがはるうじ
？～永禄3（1560）年　戦国時代の第4代の古河公方。古河公方3代高基の長男。
¶コン, 全戦, 戦武（[生]永正5（1508）年）, 室町（[生]永正5（1508）年）

足利春王*　あしかがはるおう
*～嘉吉1（1441）年5月16日　[別]足利春王丸（あしかがしゅんおうまる，あしかがはるおうまる），足利安王・春王（あしかがやすおう・はるおう），春王丸（はるおうまる）　室町時代の武将。鎌倉公方4代持氏の三男。
¶コン（[生]？）, 内乱（足利春王丸　あしかがはるおうまる　[生]永享4（1430）年）, 室町（足利春王丸　あしかがはるおうまる　[生]永享3（1431）年）, 山小（足利安王・春王　あしかがやすおう・はるおう）

足利春王丸　あしかがはるおうまる
⇒足利春王（あしかがはるおう）

足利凞氏　あしかがひろうじ
⇒喜連川凞氏(きつれがわひろうじ)

足利藤氏*　あしかがふじうじ
生没年不詳　戦国時代の古河公方の一族。
¶全戦

足利藤政*　あしかがふじまさ
生没年不詳　戦国時代の古河公方の一族。
¶全戦

足利政氏*　あしかがまさうじ
文正1(1466)年～享禄4(1531)年　戦国時代の第2代の古河公方。古河公方初代成氏の長男。
¶コン([生]?),全戦,室町

足利政知*　あしかがまさとも
永享7(1435)年～延徳3(1491)年　[別]堀越公方(ほりこしくぼう)　室町時代～戦国時代の堀越公方。6代将軍義教の三男、8代将軍義政の弟。
¶公卿([没]延徳3(1491)年4月5日),公家(政知〔足利家(絶家)〕　まさとも　[没]延徳3(1491)年4月5日),コン([生]?),全戦,内乱,室町,山小([生]1435年7月12日　[没]1491年4月5日)

足利満詮*　あしかがみつあき
正平19/貞治3(1364)年～応永25(1418)年　[別]足利満詮(あしかがみつあきら)　南北朝時代～室町時代の武将。足利義詮の次男。
¶公卿([生]正平24/応安2(1369)年　[没]応永25(1418)年5月14日),公家(満詮〔足利家(絶家)〕　みつあき　[生]?　[没]応永25(1418)年5月14日),室町(あしかがみつあきら)

足利満詮　あしかがみつあきら
⇒足利満詮(あしかがみつあき)

足利光氏*　あしかがみつうじ
柳亭種彦作「偐紫田舎源氏」の主人公。
¶コン

足利満兼*　あしかがみつかね
天授4/永和4(1378)年～応永16(1409)年7月22日　室町時代の第3代の鎌倉公方。鎌倉公方2代氏満の長男。
¶コン,内乱([生]永和4(1378)年),室町

足利満貞*　あしかがみつさだ
?～永享11(1439)年　室町時代の武将、稲村公方。
¶コン,内乱,室町

足利満隆*　あしかがみつたか
?～応永24(1417)年　室町時代の武将。鎌倉公方足利氏満の子。
¶コン,内乱,室町

足利満直*　あしかがみつただ
?～永享12(1440)年　[別]足利満直(あしかがみつなお)　室町時代の武将、篠川公方。
¶コン,内乱(あしかがみつなお),室町(あしかがみつただ(みつなお))

足利満直　あしかがみつなお
⇒足利満直(あしかがみつただ)

足利持氏*　あしかがもちうじ
応永5(1398)年～永享11(1439)年　室町時代の第4代の鎌倉公方。鎌倉公方3代満兼の子。
¶公卿([生]?　[没]永享11(1439)年2月),公家(持氏〔足利家(絶家)〕　もちうじ　[生]?　[没]永享11(1439)年2月10日),コン,中世,内乱,室町,山小([没]1439年2月10日)

足利持仲*　あしかがもちなか
?～応永24(1417)年　室町時代の武将。上杉禅秀の乱に敗れ自刃。
¶コン,内乱

足利基氏*　あしかがもとうじ
興国1/暦応3(1340)年～正平22/貞治6(1367)年4月26日　[別]瑞泉寺殿(ずいせんじどの)　南北朝時代の初代の鎌倉公方。足利尊氏の四男。
¶公卿,公家(基氏〔足利家(絶家)〕　もとうじ　[没]貞治6(1367)年4月26日),コン,中世,内乱([生]暦応3(1340)年　[没]貞治6(1367)年),室町,山小([没]1367年4月26日)

足利基頼*　あしかがもとより
?～天文7(1538)年　戦国時代の武将。
¶全戦

足利泰氏*　あしかがやすうじ
建保4(1216)年～文永7(1270)年　鎌倉時代前期の武士。
¶内乱

足利安王*　あしかがやすおう
永享1(1429)年～嘉吉1(1441)年　[別]足利安王丸(あしかがあんおうまる,あしかがやすおうまる),足利安王・春王(あしかがやすおう・はるおう)　室町時代の武将。鎌倉公方4代持氏の次男。
¶コン,内乱(足利安王丸　あしかがやすおうまる),山小(足利安王・春王　あしかがやすおう・はるおう)

足利安王・春王(1)　あしかがやすおう・はるおう
⇒足利春王(あしかがはるおう)

足利安王・春王(2)　あしかがやすおう・はるおう
⇒足利安王(あしかがやすおう)

足利安王丸　あしかがやすおうまる
⇒足利安王(あしかがやすおう)

足利義昭*(足利義秋)　あしかがよしあき
天文6(1537)年～慶長2(1597)年8月28日　[別]一条院覚慶(いちじょういんかくけい),覚慶(かくけい),霊陽院(れいよういん),霊陽院殿(れいよういんどの)　安土桃山時代の室町幕府の第15代将軍(在職1568～1573)。12代義晴の次男、13代将軍義輝の弟。永禄11年織田信長を頼り上洛。義栄を追放して15代将軍となる。のち信長と対立し、石山本願寺、武田、朝倉、浅井氏らと結んだが結局信長に降伏し、1573年室町幕府は滅亡した。
¶公卿([生]天文6(1537)年11月3日),公家(義昭〔足利家(絶家)〕　よしあき　[生]天文6(1537)年11月3日),コン,詩作([生]天文6(1537)年11月3日),全戦,戦武,中世,室町,山小([生]1537年11月3日　[没]1597年8月28日)

足利義明*　あしかがよしあき
?～天文7(1538)年　[別]小弓御所(おゆみごしょ)　戦国時代の武将。古河公方2代政氏の三男。尊称は小弓公方。
¶コン,全戦,室町

足利義詮*　あしかがよしあきら
元徳2(1330)年～正平22/貞治6(1367)年12月7日　[別]法篋院(ほうきょういん),宝篋院(ほうきょういん,ほんきょういん),宝篋院殿(ほうきょういんどの),坊門殿(ぼうもんどの),義詮(よしあきら)　南北朝時代の室町幕府第2代の将軍(在職1358～1367)。初代尊氏の三男。
¶公卿([没]正平22(1367)年12月7日),公家(義詮〔足利家(絶家)〕　よしあきら　[没]貞治6(1367)年12月7日),コン,中世,内乱([没]貞治6/正平22(1367)年),俳

文(義詮　よしあきら　[没]貞治6(1367)年12月7日),室町([没]貞治6/正平22(1367)年),山小([生]1330年6月18日　[没]1367年12月7日)

足利義氏*(1)　あしかがよしうじ

文治5(1189)年～建長6(1254)年11月21日　鎌倉時代前期の武士。義兼と北条時政の娘の子。

¶コン,内乱

足利義氏*(2)　あしかがよしうじ

*～天正11(1583)年　安土桃山時代の第5代の古河公方。古河公方4代晴氏の長男。

¶コン([生]?　[没]天正10(1582)年),全戦([生]天文12(1543)年),戦武([生]天文10(1541)年),山小([生]1541年?　[没]1583年1月21日)

足利義氏の娘　あしかがよしうじのむすめ

⇒足利氏姫(あしかがのうじひめ)

足利義遐　あしかがよしか

⇒足利義澄(あしかがよしずみ)

足利義量*　あしかがよしかず

応永14(1407)年～応永32(1425)年　[別]長得院殿(ちょうとくいんどの)　室町時代の室町幕府第5代の将軍(在職1423～1425)。4代義持の子。

¶公卿([生]応永14(1407)年2月　[没]応永32(1425)年2月27日),公家(義量〔足利家(絶家)〕　よしかず　[没]応永32(1425)年2月27日),コン,中世,室町,山小([生]1407年7月24日　[没]1425年2月27日)

足利義勝*　あしかがよしかつ

永享6(1434)年～嘉吉3(1443)年　[別]慶雲院(けいうんいん),慶雲院殿(けいうんいんどの)　室町時代の室町幕府第7代の将軍(在職1442～1443)。6代義教の長男。

¶コン,中世,内乱,室町,山小([生]1434年2月9日　[没]1443年7月21日)

足利義兼*　あしかがよしかね

?～正治1(1199)年　[別]源義兼(みなもとのよしかね,みなもとよしかね)　平安時代後期～鎌倉時代前期の武将。

¶古人(源義兼　みなもとのよしかね),コン,内乱([生]久安4(1148)年　[没]建久10(1199)年)

足利義材　あしかがよしき

⇒足利義稙(あしかがよしたね)

足利義清*　あしかがよしきよ

?～寿永2(1183)年　[別]源義清(みなもとのよしきよ,みなもとよしきよ),矢田義清(やだよしきよ)　平安時代後期の武将。仁木、細川両氏の祖。

¶古人(源義清　みなもとのよしきよ),コン,平家(矢田義清　やだよしきよ)

足利義重　あしかがよししげ

⇒斯波義重(しばよししげ)

足利義成　あしかがよししげ

⇒足利義政(あしかがよしまさ)

足利義純　あしかがよしずみ

⇒畠山義純(はたけやまよしずみ)

足利義澄*　あしかがよしずみ

文明12(1480)年～永正8(1511)年　[別]足利義遐(あしかがよしか,あしかがよしとお),足利義高(あしかがよしたか),清晃(せいこう),法住院殿(ほうじゅういんどの)　戦国時代の室町幕府第11代の将軍(在職1494～1508)。堀越公方足利政知の次男。

¶公卿([没]永正8(1511)年8月14日),公家(義澄〔足利家(絶家)〕　よしずみ　[没]永正8(1511)年8月14日),コン([生]文明11(1479)年),全戦,中世,室町([生]文明12(1481)年),山小([生]1480年12月15日　[没]1511年8月14日)

足利義高　あしかがよしたか

⇒足利義澄(あしかがよしずみ)

足利義尊　あしかがよしたか

室町時代の武士。

¶内乱(生没年不詳),室町([生]応永20(1413)年　[没]嘉吉2(1442)年)

足利義尹　あしかがよしただ

⇒足利義稙(あしかがよしたね)

足利義稙*　あしかがよしたね

文正1(1466)年～大永3(1523)年4月9日　[別]足利義材(あしかがよしき),足利義尹(あしかがよしただ),恵林院殿(えりんいんどの),恵林院(けいりんいん),島公方(しまくぼう)　戦国時代の室町幕府第10代の将軍(在職1490～1493および1508～1521)。足利義視の長男。

¶公卿,公家(義稙〔足利家(絶家)〕　よしたね　[生]文正1(1466)年7月29日　[没]大永3(1523)年4月9日?),コン,全戦,中世,室町(足利義稙(義材)　あしかがよしたね(よしき)),山小([生]1466年7月30日　[没]1523年4月9日)

足利義嗣*　あしかがよしつぐ,あしかがよしづぐ

応永1(1394)年～応永25(1418)年1月24日　[別]円修院殿(えんじゅいんどの)　室町時代の武将。第3代将軍足利義満の次子。

¶公卿,公家(義嗣〔足利家(絶家)〕　よしつぐ),コン,中世,内乱,室町

足利義維*　あしかがよしつな

永正6(1509)年～天正1(1573)年　[別]足利義冬(あしかがよしふゆ)　戦国時代の武将。将軍足利義澄の子。

¶コン,全戦([生]永正4(1507)年),室町([生]?)

足利義輝*　あしかがよしてる

天文5(1536)年～永禄8(1565)年　[別]足利菊童丸(あしかがきくどうまる),足利義藤(あしかがよしふじ),光源院(こうげんいん),光源院殿(こうげんいんどの)　戦国時代の室町幕府第13代の将軍(在職1546～1565)。12代義晴の長男。

¶公卿([生]天文5(1536)年3月10日　[没]永禄8(1565)年5月19日),公家(義輝〔足利家(絶家)〕　よしてる　[生]天文5(1536)年3月10日　[没]永禄8(1565)年5月19日),コン,全戦,戦武,中世,室町,山小([生]1536年3月10日　[没]1565年5月19日)

足利義遐　あしかがよしとお

⇒足利義澄(あしかがよしずみ)

足利義教*　あしかがよしのり

応永1(1394)年～嘉吉1(1441)年6月24日　[別]義円(ぎえん),普広院(ふこういん),普広院殿(ふこういんどの),義教(よしのり)　室町時代の室町幕府第6代の将軍(在職1429～1441)。3代義満の4男。将軍専制政治をめざし、鎌倉公方足利持氏を滅ぼしたが、その強圧政策に諸将が動揺して、1441年赤松満祐によって謀殺された。

¶公卿,公家(義教〔足利家(絶家)〕　よしのり),コン,中世,内乱,俳文(義教　よしのり　[生]応永1(1394)年6月13日),室町,山小([生]1394年6月13日　[没]1441年6月24日)

足利義晴*　あしかがよしはる

永正8(1511)年～天文19(1550)年5月4日　[別]足利

あしかか

亀王丸（あしかがかめおうまる），万松院殿（ばんしょういんどの）　戦国時代の室町幕府第12代の将軍（在職1521～1546）。11代義澄の長男。
¶公卿（㋐永正8（1511）年3月5日），公家（義晴〔足利家（絶家）〕　よしはる　㋐永正8（1511）年3月5日），コン，全戦，中世，室町，山小㋐1511年3月5日　㋑1550年5月4日）

足利義久*　あしかがよしひさ
応永33（1426）年～永享11（1439）年　室町時代の武将。
¶内乱（㋑永享2（1430）年）

足利義尚*　あしかがよしひさ
寛正6（1465）年～長享3（1489）年3月26日　㋬足利義煕（あしかがよしひろ），常徳院殿（じょうとくいんどの）　室町時代～戦国時代の室町幕府第9代の将軍（在職1473～1489）。8代義政の長男。
¶公卿（㋐寛正6（1465）年11月　㋑延徳1（1489）年3月26日），公家（義尚〔足利家（絶家）〕　よしひさ　㋐寛正6（1465）年11月23日），コン（㋑延徳1（1489）年），詩作（㋐寛正6（1465）年11月23日），全戦（㋑延徳1（1489）年），中世，内乱，室町（㋑延徳1（1489）年），山小（㋐1465年11月23日　㋑1489年3月26日）

足利義栄*　あしかがよしひで
天文7（1538）年～永禄11（1568）年　㋬光徳院殿（こうとくいんどの）　戦国時代の室町幕府第14代の将軍（在職1568）。足利義維の長男。
¶コン，全戦（㋐天文9（1540）年），室町，山小（㋑1568年9月30日）

足利義煕　あしかがよしひろ
⇒足利義尚（あしかがよしひさ）

足利義藤　あしかがよしふじ
⇒足利義輝（あしかがよしてる）

足利義冬　あしかがよしふゆ
⇒足利義維（あしかがよしつな）

足利義将　あしかがよしまさ
⇒斯波義将（しばよしまさ）

足利義政*　あしかがよしまさ
永享8（1436）年～延徳2（1490）年1月7日　㋬足利義成（あしかがよししげ），慈昭院，慈照院（じしょういん），慈照院殿（じしょういんどの），東山殿（ひがしやまどの），義政（よしまさ）　室町時代～戦国時代の室町幕府第8代の将軍（在職1449～1473）。6代義教の次男。父と兄が相次いで急死し，8代将軍となる。幕政を顧みず，濫費による財政難を招く。将軍後継問題に守護大名家の家督争いがからみ応仁の乱が勃発するが，義政は政治から逃避し，京都東山に隠棲。東山文化を主導した。
¶公卿（㋐永正7（1435）年1月2日），公家（義政〔足利家（絶家）〕　よしまさ　㋐永正7（1435）年1月2日），コン，思想，中世，内乱（㋐永正8（1435）年），日文，俳文（義政　㋐永正7（1435）年1月2日），室町，山小（㋐1436年1月2日　㋑1490年1月7日）

足利義視*　あしかがよしみ
永享11（1439）年～延徳3（1491）年1月7日　㋬今出川殿（いまでがわどの），義尋（ぎじん），大智院殿（だいちいんどの）　室町時代～戦国時代の武将。第8代将軍足利義政の弟。
¶公卿，公家（義視〔足利家（絶家）〕　よしみ），コン，全戦，中世，内乱，室町，山小（㋐1439年閏1月18日　㋑1491年1月7日）

足利義満*　あしかがよしみつ
正平13/延文3（1358）年～応永15（1408）年5月6日

㋬北山殿（きたやまどの），義満（よしみつ），鹿苑院（ろくおんいん），鹿苑院殿（ろくおんいんどの）　南北朝時代～室町時代の室町幕府第3代の将軍（在職1368～1394）。2代義詮の長男。明徳の乱，応永の乱などを平らげて幕府権力を確立し，その象徴として京都室町に花の御所を造営。また南北両朝を統一し，後小松天皇の猶持として自らは法皇なみの格式を持つなど，権勢は朝廷をもしのぐ。日明勘合貿易を推進したが，明帝からは「日本国王源道義」と呼ばれた。
¶公卿，公家（義満〔足利家（絶家）〕　よしみつ），コン，思想（㋐延文3/正平13（1358）年），対外，中世，内乱（㋐延文3（1358）年），俳文（義満　よしみつ　㋐延文3（1358）年8月20日），室町，山小（㋐1358年8月22日　㋑1408年5月6日）

足利義持*　あしかがよしもち
元中3/至徳3（1386）年～応永35（1428）年1月18日　㋬勝定院（しょうじょういん），勝定院殿（しょうじょういんどの）　室町時代の室町幕府第4代の将軍（在職1394～1423）。3代義満の長男。1394年父義満より将軍職を譲られたが，実権は政務は義満の手にあった。父の死後は前代の弊害を除くことにつとめ，将軍の貴族化を嫌い，また明との貿易を「屈辱外交」として廃した。
¶公卿（㋐元中3/至徳3（1386）年2月　㋑応永1（1428）年1月18日），公家（義持〔足利家（絶家）〕　よしもち），コン（㋑応永1（1428）年），中世（㋐至徳3/元中3（1386）年），全戦（㋑応永1（1428）年），内乱（㋐至徳3（1386）年），室町（㋑応永1（1428）年），山小（㋐1386年2月12日　㋑1428年1月18日）

足利義康*　あしかがよしやす
？～保元2（1157）年　㋬源義康（みなもとのよしやす，みなもとよしやす）　平安時代後期の武将。足利氏諸流の祖。
¶古人（源義康　みなもとのよしやす），コン，内乱（源義康　みなもとよしやす　㋐大治2（1127）年？）

味方尚作*　あじかたしょうさく
寛政11（1799）年～明治10（1877）年　江戸時代末期～明治時代の商人。新潟町の人。英国領事ツループが来日の際の書記。
¶幕末

葦敢竈見別命　あしかみのかまみわけのみこ
上代の日本武尊の子。成務天皇の甥，仲哀天皇の異母弟。
¶天皇

芦川景盛　あしかわかげもり
安土桃山時代の北条氏政の家臣。左近将監。
¶後北（景盛〔芦川（1）〕　かげもり）

芦川綱盛　あしかわつなもり
安土桃山時代の北条氏政・氏直の家臣。景盛の嫡男か。
¶後北（綱盛〔芦川（1）〕　つなもり）

あし川彦国　あしかわひこくに
江戸時代後期の画家。
¶浮絵（生没年不詳）

葦川盛吉*　あしかわもりよし
生没年不詳　戦国時代の大工。
¶後北（盛吉〔芦川・芦川（2）〕　もりよし）

安食定政*　あじきさだまさ
生没年不詳　安土桃山時代の織田信長の家臣。
¶織田

芦沢喜兵衛 あしざわきひょうえ
戦国時代の穴山家臣。甲斐国河内谷の人。
¶武田(生没年不詳)

葦沢君次* あしざわきみつぐ
生没年不詳 [別]芦沢君次(あしざわただつぐ) 戦国時代の穴山信君・勝千代の家臣。
¶武田(芦沢君次 あしざわただつぐ)

芦沢九郎右衛門尉 あしざわくろうえもんのじょう
戦国時代～安土桃山時代の甲斐国南部の土豪。
¶武田(生没年不詳)

芦沢元省 あしざわげんしょう
江戸時代の眼科医。
¶眼医(生没年不詳)

芦沢清左衛門尉 あしざわせいざえもんのじょう
戦国時代の駿河国久沢の土豪。国衆葛山氏の家臣。
¶武田(生没年不詳)

芦沢君次 あしざわただつぐ
⇒葦沢君次(あしざわきみつぐ)

芦沢太郎右衛門尉 あしざわたろうえもんのじょう
戦国時代の穴山家臣。甲斐国河内谷の人。
¶武田(生没年不詳)

芦沢友孝 あしざわともたか
戦国時代の甲斐国南部の土豪。
¶武田(生没年不詳)

芦沢兵部左衛門尉 あしざわひょうぶざえもんのじょう
戦国時代～安土桃山時代の金山衆。甲斐黒川金山で金の採掘に携わる。
¶武田(生没年不詳)

芦沢宝永 あしざわほうえい
戦国時代の甲斐国下山の土豪。問屋を経営していたと考えられる。
¶武田(生没年不詳)

味耜高彦根神* あじすきたかひこねのかみ
神名。大国主命の子。農耕の守護神たる雷神。
¶コン

葦田王 あしだおう
奈良時代の皇族。丹後国に流された。
¶古人(生没年不詳)

蘆田五郎兵衛尉 あしだごろうひょうえのじょう
戦国時代の信濃佐久郡の国衆。
¶武田(生没年不詳)

蘆田作内*(芦田作内) あしださくない
安土桃山時代の武士。
¶大坂(芦田作内 [没]慶長20年4月29日)

朝重隣 あしたのしげちか
平安時代中期の官人。
¶古人(生没年不詳)

葦田宿禰* あしだのすくね
上代の豪族。履中天皇后黒媛の父。
¶古代

朝原内親王 あしたのはらのないしんのう
⇒朝原内親王(あさはらないしんのう)

芦田信蕃(蘆田信蕃) あしだのぶしげ
⇒依田信蕃(よだのぶしげ)

蘆田信守*(芦田信守) あしだのぶもり
?～天正3(1575)年 戦国時代～安土桃山時代の武将。武田氏家臣。
¶武田([没]天正3(1575)年6月19日)

味田孫兵衛* あじたまごべえ
文化6(1809)年～明治18(1885)年5月20日 江戸時代末期～明治時代の化学研究家。写真・飛行機・眼鏡などを研究。三葉葵の模様の入った金魚を生産。
¶幕末

芦田真七* あしだまさしち
弘化4(1847)年～大正2(1913)年 江戸時代末期～明治時代の指物師。数多くの弟子を育成。
¶幕末([没]大正2(1913)年8月9日),美工([没]大正2(1913)年8月9日)

蘆田康国 あしだやすくに
⇒依田康国(よだやすくに)

芦鶴 あしつる★
江戸時代後期の女性。俳諧。筑前大宰府の人。文政4年の歳旦帖『北筑』に載る。
¶江表(芦鶴(福岡県))

蘆東山*(芦東山) あしとうざん
元禄9(1696)年11月23日～安永5(1776)年6月2日 [別]芦野東山,蘆野東山(あしのとうざん),蘆東山(ろとうざん) 江戸時代中期の儒学者。
¶コン,思想(蘆野東山 あしのとうざん)

臘嘴鳥皇子 あしどりのおうじ
⇒臘嘴鳥皇子(あとりのおうじ)

芦名小太郎盛連の養母 あしなこたろうもりつらのようぼ★
江戸時代末期の女性。和歌。仙台藩士芦名刑部盛信の妻。慶応2年序、仙台藩主伊達慶邦撰、日野資始編『宮城百人一首』に載る。
¶江表(芦名小太郎盛連の養母(宮城県))

蘆名盛詮 あしなもりあき
⇒蘆名盛詮(あしなもりあきら)

蘆名盛詮* あしなもりあきら
*～文正1(1466)年 [別]蘆名盛詮(あしなもりあき,あしなもりのり),芦名盛詮(あしなもりのり) 室町時代の武将、奥州黒川城主。
¶全戦(あしなもりのり [生]永享2(1430)年),室町(あしなもりあき [生]?)

蘆名盛氏*(芦名盛氏) あしなもりうじ
大永1(1521)年～天正8(1580)年 戦国時代～安土桃山時代の武将。
¶コン,全戦,戦武,室町

蘆名盛興* あしなもりおき
天文16(1547)年～天正3(1575)年 安土桃山時代の武将。
¶全戦([没]天正2(1574)年),戦武

葦名盛景*(芦名盛景) あしなもりかげ
*～明治29(1896)年 [別]葦名靫負(あしなゆきえ) 江戸時代末期～明治時代の靫負。西南戦争に三等少警部で参加。
¶幕末(葦名靫負 あしなゆきえ [生]天保9(1838)年 [没]明治29(1896)年3月19日)

蘆名盛舜*(芦名盛舜) あしなもりきよ
延徳2(1490)年～天文22(1553)年 [別]蘆名盛舜

（あしなもりみつ）　戦国時代の武将。
¶全戦, 室町

蘆名盛滋*（芦名盛滋）　あしなもりしげ
?～大永1（1521）年　戦国時代の武将。
¶全戦（㊥文明13（1481）年）

蘆名盛重*（芦名盛重）　あしなもりしげ
天正3（1575）年～寛永8（1631）年　㊀芦名義広, 蘆名義広（あしなよしひろ）, 佐竹義広（さたけよしひろ）, 白川義広（しらかわよしひろ）　安土桃山時代～江戸時代前期の大名。常陸江戸崎藩主。
¶コン（㊥天正4（1576）年）, 全戦（蘆名義広　あしなよしひろ）, 戦武（蘆名義広　あしなよしひろ）

蘆名盛高*（芦名盛高）　あしなもりたか
?～永正14（1517）年　戦国時代の武将。
¶全戦（㊥文安5（1448）年）, 室町（㊥文安5（1448）年）

蘆名盛隆*（芦名盛隆）　あしなもりたか
永禄4（1561）年～天正12（1584）年　㊀二階堂盛隆（にかいどうもりたか）　安土桃山時代の武将。陸奥国会津黒川城主。
¶全戦, 戦武

芦名盛詮（蘆名盛詮）　あしなもりのり
⇒蘆名盛詮（あしなもりあきら）

蘆名盛政*（芦名盛政）　あしなもりまさ
元中3/至徳3（1386）年～永享6（1434）年　室町時代の武将, 奥州黒川城主。
¶室町（㊥正平16/延文6（1361）年　㊁?）

蘆名盛舜　あしなもりみつ
⇒蘆名盛舜（あしなもりきよ）

葦名靫負　あしなゆきえ
⇒葦名盛景（あしなもりかげ）

芦名義広（蘆名義広）　あしなよしひろ
⇒蘆名盛重（あしなもりしげ）

阿氏奥島　あしのおくしま
⇒阿氏奥島（あうじのおきしま）

蘆野資泰　あしのすけやす
江戸時代前期の幕臣。
¶徳人（㊥?　㊁1646年）

芦野胤恭*（蘆野胤恭）　あしのたねやす
宝暦10（1760）年～*　江戸時代後期の仏師。
¶美建（蘆野胤恭　㊥天保3（1832）年11月18日）

芦野東山（蘆野東山）　あしのとうざん
⇒蘆東山（あしとうざん）

蘆野屋麻績一*（芦野屋麻績一）　あしのやおみいち
享和3（1803）年～安政2（1855）年　㊀芦野屋麻績一（あしのやおみのいち）　江戸時代末期の国学者。
¶コン（芦野屋麻績一）

芦野屋麻績一　あしのやおみのいち
⇒蘆野屋麻績一（あしのやおみいち）

葦原王*　あしはらおう
奈良時代の流罪人。
¶古人（生没年不詳）, 古代

韋原処士　あしはらしょし
⇒児島強介（こじまきょうすけ）

芦原鈴女　あしはらすずめ*
江戸時代後期の女性。狂歌。尾張大屋舗の芦原都留成の妻。文化14年刊, 橘庵芦辺田鶴丸撰『狂歌弄花集』に載る。
¶江表（芦原鈴女（愛知県））

葦原醜男　あしはらのしこお
⇒大国主命（おおくにぬしのみこと）

安島帯刀*　あじまたてわき
文化9（1812）年～安政6（1859）年　㊀安島信立（あじまのぶたつ）　江戸時代末期の水戸藩家老。安政の大獄で刑死。
¶コン, 全幕, 幕末（㊁安政6（1859）年8月27日）

安島鉄三郎　あじまてつさぶろう
⇒佐藤鉄三郎（さとうてつさぶろう）

安島直円*　あじまなおのぶ
享保17（1732）年～寛政10（1798）年　江戸時代中期の和算家。
¶江人, 科学（㊁寛政10（1798）年4月5日）, コン（㊥元文4（1739）年）, 数学（㊥元文4（1739）年　㊁寛政10（1798）年10月7日/4月5日）

安島信立　あじまのぶたつ
⇒安島帯刀（あじまたてわき）

味真御助麻呂　あじまのみすけまろ
平安時代前期の官人。
¶古人（生没年不詳）

蘆屋道満*（芦屋道満）　あしやどうまん
平安時代の架空の法師、陰陽師。
¶コン

芦屋利宇　あしやとしのき
江戸時代中期～後期の幕臣。
¶徳人（㊥1758年　㊁1838年?）

あしやの栄子*　あしやのえいこ
生没年不詳　江戸時代末期の女性。筑前国遠賀郡芦屋の商家の妻女、「不知火日記」を執筆。
¶江表（栄子（福岡県）　㊥天明6（1786）年　㊁文久4（1864）年）

蘆谷昇*（芦谷昇）　あしやのぼる
江戸時代末期の新撰組隊士。
¶新隊（芦谷昇　生没年不詳）

足代幸子*　あじろこうこ
文政2（1819）年～明治1（1868）年11月23日　㊀足代幸子（あじろゆきこ）　江戸時代末期の女性。歌人。
¶江表（幸子（三重県）　こうこ）

網代権兵衛　あじろごんひょうえ
江戸時代前期の武士。大坂の陣で籠城。
¶大坂

足代弘訓*　あじろひろのり
天明4（1784）年～安政3（1856）年　江戸時代後期の国学者。
¶コン, 幕末（㊥天明4（1785）年11月26日　㊁安政3（1856）年11月5日）

網代弥兵衛元清　あじろやひょうえもときよ
安土桃山時代～江戸時代前期の大野治長の使番。
¶大坂（㊥永禄7年　㊁慶長20年5月7日）

足代幸子　あじろゆきこ
⇒足代幸子（あじろこうこ）

飛鳥井栄雅 あすかいえいが
⇒飛鳥井雅親(あすかいまさちか)

飛鳥井雅有 あすかいがゆう
⇒飛鳥井雅有(あすかいまさあり)

飛鳥井清* あすかいきよし
天保14(1843)年～明治17(1884)年 [別]飛鳥井清(あすかいせい) 江戸時代末期～明治時代の実業家。初めての鉛筆の製造や、九谷陶器会社を設立し九谷焼の復興をはかるなど多くの産業振興の功績をのこす。
¶幕末(あすかいせい [生]天保14(1843)年9月 [没]明治17(1884)年11月)

飛鳥井清 あすかいせい
⇒飛鳥井清(あすかいきよし)

飛鳥井経有* あすかいつねあり
？～興国4/康永2(1343)年5月4日 鎌倉時代後期～南北朝時代の公卿(非参議)。権中納言飛鳥井雅孝の長男。
¶公卿([没]康永2/興国4(1343)年5月4日),公家(経有〔飛鳥井家〕 つねあり [没]康永2(1343)年5月4日)

飛鳥井雅永 あすかいなさなが
⇒飛鳥井雅永(あすかいまさなが)

飛鳥井教定* あすかいのりさだ
？～文永3(1266)年4月8日 [別]二条教定(にじょうのりさだ) 鎌倉時代前期の学者、公卿(非参議)。参議飛鳥井雅経の長男。
¶公卿,公家(教定〔飛鳥井家〕 のりさだ),コン(二条教定 にじょうのりさだ [生]承元4(1210)年)

飛鳥井雅章* あすかいまさあき
慶長16(1611)年3月1日～延宝7(1679)年10月12日 江戸時代前期の歌人、公家(権大納言)。権大納言飛鳥井雅庸の三男。
¶公卿,公家(雅章〔飛鳥井家〕 まさあき),コン,日文

飛鳥井雅敦* あすかいまさあつ
天文17(1548)年～天正6(1578)年8月7日 安土桃山時代の公卿(参議)。権大納言飛鳥井雅春の長男。
¶公卿,公家(雅敦〔飛鳥井家〕 まさあつ)

飛鳥井雅有* あすかいまさあり
仁治2(1241)年～正安3(1301)年 [別]飛鳥井雅有(あすかいがゆう),雅有(まさあり) 鎌倉時代後期の歌人、公卿(参議)。左兵衛督飛鳥井教定の子。
¶公卿([没]正安3(1301)年1月11日),公家(雅有〔飛鳥井家〕 まさあり [没]正安3(1301)年1月11日),日文,俳文(雅有 まさあり [没]正安3(1301)年1月11日)

飛鳥井雅家* あすかいまさいえ
？～元中2/至徳2(1385)年 南北朝時代の公卿(非参議)。権中納言飛鳥井雅孝の三男。
¶公卿([没]至徳2/元中2(1385)年),公家(雅家〔飛鳥井家〕 まさいえ [没]至徳2(1385)年)

飛鳥井雅香* あすかいまさか
元禄16(1703)年6月7日～明和2(1765)年12月18日 江戸時代中期の公家(権大納言)。内大臣西園寺致季の次男で権中納言飛鳥井雅豊の養子。
¶公卿,公家(雅香〔飛鳥井家〕 まさか [生]元禄16(1703)年8月7日 [没]明和2(1765)年12月19日)

飛鳥井雅重* あすかいまさしげ
享保6(1721)年6月6日～安永8(1779)年6月3日 江戸時代中期の公家(権大納言)。権大納言飛鳥井雅香の子。
¶公卿,公家(雅重〔飛鳥井家〕 まさしげ)

飛鳥井雅澄 あすかいまさすみ
⇒鹿持雅澄(かもちまさずみ)

飛鳥井雅孝* あすかいまさたか
*～正平8/文和2(1353)年5月17日 鎌倉時代後期～南北朝時代の公卿(権中納言)。参議飛鳥井雅有の長男。
¶公卿([生]弘安6(1283)年 [没]文和2/正平8(1353)年5月17日),公家(雅孝〔飛鳥井家〕 まさたか [生]1281年 [没]文和2(1353)年5月17日)

飛鳥井雅威* あすかいまさたけ
宝暦8(1758)年12月16日～文化7(1810)年7月27日 江戸時代中期～後期の公家(権大納言)。権大納言飛鳥井雅重の子。
¶公卿,公家(雅威〔飛鳥井家〕 まさたけ)

飛鳥井雅親* あすかいまさちか
応永24(1417)年～延徳2(1490)年12月22日 [別]飛鳥井栄雅(あすかいえいが) 室町時代～戦国時代の歌人、公卿(権大納言)。権中納言飛鳥井雅世の長男。
¶公卿,公家(雅親〔飛鳥井家〕 まさちか),コン,詩作([生]応永23(1416)年),思想,日文([生]応永23(1416)年)

飛鳥井雅綱* あすかいまさつな
延徳1(1489)年～* 戦国時代の公卿(権大納言)。権大納言飛鳥井雅俊の子。
¶公卿([没]永禄6(1563)年10月5日),公家(雅綱〔飛鳥井家〕 まさつな [没]永禄6(1563)年8月21日),後北(雅綱〔飛鳥井〕 まさつな)

飛鳥井雅経* あすかいまさつね
嘉応2(1170)年～承久3(1221)年3月11日 [別]藤原雅経(ふじわらのまさつね,ふじわらまさつね) 鎌倉時代前期の歌人、公卿(参議)。飛鳥井家の祖。入道刑部卿難波頼経の次男。
¶公卿,公家(雅経〔飛鳥井家〕 まさつね),古人(藤原雅経 ふじわらのまさつね),コン,詩作(あすかいまさつね,あすかいがけい),中世,日文,日文(藤原雅経 ふじわらのまさつね)

飛鳥井雅庸* あすかいまさつね
永禄12(1569)年～元和1(1615)年12月22日 安土桃山時代～江戸時代前期の歌人、公家(権大納言)。参議飛鳥井雅敦の子。
¶公卿,公家(雅庸〔飛鳥井家〕 まさつね [生]永禄12(1569)年10月20日)

飛鳥井雅宣 あすかいまさつら
⇒飛鳥井雅宣(あすかいまさのぶ)

飛鳥井雅俊* あすかいまさとし
寛正3(1462)年～大永3(1523)年 [別]藤原雅俊(ふじわらのまさとし) 戦国時代の公卿(権大納言)。権大納言飛鳥井雅親の子。
¶公卿([生]寛正2(1461)年 [没]大永3(1523)年4月11日),公家(雅俊〔飛鳥井家〕 まさとし [没]大永3(1523)年4月11日)

飛鳥井雅豊* あすかいまさとよ
寛文4(1664)年5月30日～正徳2(1712)年7月22日 江戸時代中期の公家(権中納言)。権大納言飛鳥井雅章の三男。
¶公卿,公家(雅豊〔飛鳥井家〕 まさとよ)

飛鳥井雅永* あすかいまさなが
生没年不詳 [別]飛鳥井雅永(あすかいなさなが) 室町時代の公卿(権中納言)。権中納言飛鳥井雅縁

の次男。

¶公卿, 公家（雅永〔飛鳥井家〕　まさなが）

飛鳥井雅宣*　あすかいまさのぶ

天正15（1587）年～慶安4（1651）年3月21日　[別]飛鳥井雅宣（あすかいまさつら），難波宗勝（なんばむねかつ）　江戸時代前期の公家（権大納言）。権大納言飛鳥井雅庸の次男。

¶公卿（[生]天正14（1586）年）, 公家（雅宣〔飛鳥井家〕　まさのぶ　[生]1586年）

飛鳥井雅教*　あすかいまさのり

永正17（1520）年9月22日～文禄3（1594）年1月12日　[別]飛鳥井雅春（あすかいまさはる）　戦国時代～安土桃山時代の公卿（権大納言）。権大納言飛鳥井雅綱の子。

¶公卿（飛鳥井雅春　あすかいまさはる）, 公家（雅春〔飛鳥井家〕　まさはる）, 後北（雅教〔飛鳥井〕　まさのり）, 全戦

飛鳥井雅典*　あすかいまさのり

文政8（1825）年～明治16（1883）年　江戸時代末期～明治時代の公家（権大納言）。権大納言飛鳥井雅久の子。

¶公卿（[生]文政8（1825）年10月25日　[没]明治16（1883）年2月）, 公家（雅典〔飛鳥井家〕　まさのり　[生]文政8（1825）年10月25日　[没]明治16（1883）年2月23日）, 全幕, 幕末（[生]文政8（1825）年10月25日　[没]明治16（1883）年2月23日）

飛鳥井雅春　あすかいまさはる

⇒飛鳥井雅教（あすかいまさのり）

飛鳥井雅久*　あすかいまさひさ

寛政12（1800）年11月4日～安政4（1857）年7月4日　江戸時代末期の公家（権大納言）。権大納言飛鳥井雅光の子。

¶公卿, 公家（雅久〔飛鳥井家〕　まさひさ）

飛鳥井雅光*　あすかいまさみつ

天明2（1782）年～嘉永4（1851）年9月18日　江戸時代後期の公家（権大納言）。権大納言飛鳥井雅威の子。

¶公卿（[生]天明2（1782）年2月16日）, 公家（雅光〔飛鳥井家〕　まさみつ　[生]天明2（1782）年10月6日）

飛鳥井雅宗*　あすかいまさむね

？～興国4/康永2（1343）年8月30日　鎌倉時代後期～南北朝時代の公卿（非参議）。権中納言飛鳥井雅孝の次男。

¶公卿（[没]康永2/興国4（1343）年8月30日）, 公家（雅宗〔飛鳥井家〕　まさむね　[没]康永2（1343）年8月30日）

飛鳥井雅康*　あすかいまさやす

永享8（1436）年～永正6（1509）年　[別]宋世（そうせい）　室町時代～戦国時代の歌人、公卿（権中納言）。権中納言飛鳥井雅世の次男。

¶公卿（[没]永正6（1509）年10月26日）, 公家（雅康〔飛鳥井家〕　まさやす　[没]永正6（1509）年10月26日）

飛鳥井雅世*　あすかいまさよ

元中7/明徳1（1390）年～享徳1（1452）年　室町時代の歌人、公卿（権中納言）。権中納言飛鳥井雅縁の長男。

¶公卿（[生]明徳1/元中7（1390）年　[没]享徳1（1452）年2月1日）, 公家（雅世〔飛鳥井家〕　まさよ　[没]享徳1（1452）年2月）, コン, 詩作（[生]明徳1（1390）年）, 日文（[生]明徳1（1390）年）

飛鳥井雅縁*　あすかいまさより

正平13/延文3（1358）年～正長1（1428）年　南北朝時代～室町時代の歌人、公卿（権中納言）。左中将飛鳥井雅家の子。

¶公卿（[生]延文3/正平13（1358）年　[没]正長1（1428）年10月5日）, 公家（雅縁〔飛鳥井家〕　まさより　[没]正長1（1428）年11月）, 詩作（[生]正平13（1358）年）

明日香采女　あすかうねめ

⇒明日香采女（あすかのうねめ）

飛鳥衣縫樹葉　あすかきぬぬいのこのは

⇒飛鳥衣縫樹葉（あすかのきぬぬいのこのは）

明日香親王*　あすかしんのう

？～承和1（834）年　[別]明日香親王（あすかのしんのう）　平安時代前期の桓武天皇の皇子。

¶古人, 古代, 天皇（あすかのしんのう　[没]承和1（834）年2月13日）

飛鳥田女王*　あすかだのじょおう

*～延暦1（782）年　奈良時代の女性。舎人親王の娘。

¶古人（[生]？）, 古代（[生]？）

明日香采女*　あすかのうねめ

生没年不詳　[別]明日香采女（あすかうねめ）　平安時代中期の歌人。

¶古人（明日香采女　あすかうねめ）

飛鳥皇女　あすかのおうじょ

⇒飛鳥皇女（あすかのひめみこ）

安宿大広　あすかのおおひろ

奈良時代の官人。

¶古人（生没年不詳）

安宿大虫　あすかのおおむし

奈良時代の官人。

¶古人（生没年不詳）

飛鳥衣縫樹葉*　あすかのきぬぬいのこのは

生没年不詳　[別]飛鳥衣縫樹葉（あすかきぬぬいのこのは），飛鳥衣縫造樹葉（あすかのきぬぬいのみやつここのは）　飛鳥時代の豪族、伴造。

¶古代（飛鳥衣縫造樹葉　あすかのきぬぬいのみやつここのは）, 古物（あすかきぬぬいのこのは）

飛鳥衣縫造樹葉　あすかのきぬぬいのみやつここのは

⇒飛鳥衣縫樹葉（あすかのきぬぬいのこのは）

飛鳥皇女　あすかのこうじょ

⇒飛鳥皇女（あすかのひめみこ）

安宿真人　あすかのさねひと

奈良時代の官人。

¶古人（生没年不詳）

明日香親王　あすかのしんのう

⇒明日香親王（あすかしんのう）

飛鳥皇女*（明日香皇女）　あすかのひめみこ

？～文武天皇4（700）年　[別]飛鳥皇女（あすかのおうじょ，あすかのこうじょ）　飛鳥時代の女性。天智天皇の皇女。

¶古人（あすかのこうじょ）, 古代, 古物, コン（[没]文武4（700）年）, 天皇（[没]文武天皇4（700）年4月）

安宿広成　あすかのひろなり

奈良時代の写経所経師。河内国安宿郡の人。

¶古人（[生]733年　[没]？）

安宿王*　あすかべおう

生没年不詳　[別]安宿王（あすかべのおう，あすかべ

のおおきみ，あすかべのおおぎみ）　奈良時代の皇
族，官人。
¶古人，古代，コン（あすかべのおう）

飛鳥部常則　あすかべつねのり
⇒飛鳥部常則（あすかべのつねのり）

飛鳥戸有雄　あすかべのありお
平安時代前期の官人。河内国高安郡の人。
¶古人（生没年不詳）

飛鳥戸有成　あすかべのありなり
平安時代前期の官人。
¶古人（生没年不詳）

飛鳥部稲子　あすかべのいねこ
平安時代前期の官人。
¶古人（生没年不詳）

飛鳥戸今貞　あすかべのいまさだ
平安時代前期の官人。
¶古人（生没年不詳）

飛鳥戸今吉　あすかべのいまよし
平安時代中期の人。長保1年大和国城下郡東郷早米
使藤原良信を殺害した犯人。
¶古人（生没年不詳）

飛鳥戸浦丸　あすかべのうらまろ
平安時代前期の官人。
¶古人（生没年不詳）

安宿王　あすかべのおう
⇒安宿王（あすかべおう）

安宿王　あすかべのおおきみ，あすかべのおおぎみ
⇒安宿王（あすかべおう）

飛鳥部弟見　あすかべのおとみ
奈良時代の官人。安宿弟見と同一人物か。
¶古人

飛鳥戸河主　あすかべのかわぬし
平安時代前期の官人。
¶古人（生没年不詳）

安宿公奈杼麻呂　あすかべのきみなとまろ
⇒安宿奈杼麿（あすかべのなどまろ）

飛鳥戸清貞　あすかべのきよさだ
平安時代前期の官人。
¶古人（生没年不詳）

飛鳥戸清生　あすかべのきよなり
平安時代前期の官人。
¶古人（生没年不詳）

飛鳥戸貞氏　あすかべのさだうじ
平安時代前期の官人。
¶古人（生没年不詳）

飛鳥戸貞門　あすかべのさだかど
平安時代前期の官人。
¶古人（生没年不詳）

飛鳥部済世　あすかべのすみよ
平安時代中期の官人。
¶古人（生没年不詳）

飛鳥部常則*（飛鳥部常典）　あすかべのつねのり
生没年不詳　別飛鳥部常則（あすかべつねのり）
平安時代中期の絵師。

¶古人，コン，美画

飛鳥戸時持　あすかべのときもち
平安時代中期の官人。
¶古人（生没年不詳）

飛鳥戸豊宗　あすかべのとよむね
⇒飛鳥部造豊宗（あすかべのみやつことよむね）

**安宿奈杼麿*（安宿奈杼麻呂）　あすかべのなどまろ，あ
すかべのなとまろ**
別安宿公奈杼麻呂（あすかべのきみなとまろ）　奈
良時代の地方官。
¶古人（安宿奈杼麻呂　あすかべのなとまろ　生没年不
詳），古代（安宿公奈杼麻呂　あすかべのきみなとまろ）

飛鳥戸春宝　あすかべのはるよし
平安時代前期の官人。
¶古人（生没年不詳）

飛鳥部弘真　あすかべのひろざね
平安時代中期の官人。
¶古人（生没年不詳）

飛鳥部正兼　あすかべのまさかね
平安時代中期の官人。
¶古人（生没年不詳）

飛鳥部光正　あすかべのみつまさ
平安時代中期の官人。
¶古人（生没年不詳）

飛鳥部造豊宗*　あすかべのみやつことよむね
別飛鳥戸豊宗（あすかべのとよむね）　平安時代前
期の官人。
¶古人（飛鳥戸豊宗　あすかべのとよむね　生没年不
詳），古代

飛鳥部良（好）兼　あすかべのよしかね
平安時代中期の官人。
¶古人（生没年不詳）

飛鳥部嘉樹　あすかべのよしき
平安時代中期の官人。
¶古人（生没年不詳）

安宿媛　あすかべひめ
⇒光明皇后（こうみょうこうごう）

足助重氏*　あすけしげうじ
？～元弘3/正慶2（1333）年　鎌倉時代後期の武士。
新田義貞の鎌倉攻撃で戦死。
¶コン

足助重範*　あすけしげのり
正応5（1292）年～元弘2/正慶1（1332）年　鎌倉時
代後期の武士。後醍醐天皇の討幕計画に参加。
¶コン，中世（㉖元弘2（1332）年

安墀雄継　あずちのおつぐ
平安時代前期の官人。
¶古人（生没年不詳）

安墀豊額　あずちのとよぬか
平安時代前期の官人。
¶古人（生没年不詳）

安墀良棟　あずちのよしむね
平安時代前期の遣唐使。槻本氏。
¶古人（生没年不詳）

足羽敬明　あすはたかあき
⇒足羽敬明（あすわもりあき）

足羽忠俊　あすはのただとし
⇒足羽忠俊（あすわただとし）

足羽千平(1)　あすはのちひら
平安時代後期の官人。
¶古人（生没年不詳）

足羽千平(2)　あすはのちひら
⇒足羽千平（あすわちひら）

阿須波束麻呂　あすはのつかまろ
⇒阿須波臣束麻呂（あすわのおみつかまろ）

阿須波真虫　あすはのまむし
奈良時代の官人。
¶古人（生没年不詳）

足羽吉久　あすはのよしひさ
平安時代後期の加賀国額田荘の番頭。
¶古人（生没年不詳）

足羽敬明　あすはもりあき
⇒足羽敬明（あすわもりあき）

足羽敬明　あすはよしあき
⇒足羽敬明（あすわもりあき）

吾妻　あずま★
江戸時代前期の女性。和歌。延宝頃の新吉原の遊女。
¶江表（吾妻（東京都））

東馬次郎*　あずまうまじろう
生没年不詳　[別]東馬次郎（ひがしうまのじろう）　安土桃山時代の織田信長の家臣。
¶織田（ひがしうまのじろう）

東旭斎*　あずまきょくさい
文政5（1822）年～明治30（1897）年　江戸時代後期～明治時代の俳人。
¶俳文（[没]明治30（1897）年7月5日）

東金羅*　あずまきんら
延享1（1744）年～寛政6（1794）年　[別]金羅，金羅〔1代〕（きんら）　江戸時代中期の俳人。
¶俳文（金羅〔1世〕　きんら　[没]寛政6（1794）年1月5日）

東子女王　あずまこのじょうおう
⇒東子女王（とうしじょおう）

吾妻三八（東三八〔1代〕）　あずまさんぱち
⇒吾妻三八（あづまさんぱち）

東太夫　あずまだゆう★
江戸時代末期の女性。狂歌。島原の遊女。安政2年刊、清流亭西江編『狂歌茶器財集』に載る。
¶江表（東太夫（京都府））

東東洋*　あずまとうよう
宝暦5（1755）年～天保10（1839）年　[別]東東洋（とうとうよう）　江戸時代中期～後期の陸奥仙台藩画家。
¶美画（[没]天保10（1839）年11月23日）

東秀隆*　あずまひでたか
生没年不詳　[別]東秀隆（ひがしひでたか）　安土桃山時代の織田信長の家臣。
¶織田（ひがしひでたか）

東秀幸　あずまひでゆき
江戸時代後期の和算家。願念寺典隆に中西流の和算を学び免許。
¶数学（[没]文化12（1815）年）

東人　あずまびと★
江戸時代前期の女性。俳諧。吉原（明暦3年以前）の近江屋の遊女。
¶江表（東人（東京都））

東部材君　あずまべのえだきみ
平安時代中期の官人。
¶古人（生没年不詳）

安曇王　あずみおう
奈良時代の官人。父は廬原王。
¶古人（生没年不詳）

安曇粟麻呂*　あずみのあわまろ
生没年不詳　平安時代前期の官人。
¶古人

安曇磯良*　あずみのいそら
古代の海の精霊。
¶コン

阿曇稲敷　あずみのいなしき
⇒阿曇連稲敷（あずみのむらじいなしき）

安曇石成　あずみのいわなり
奈良時代の官人。
¶古人（生没年不詳）

安曇大丘　あずみのおおおか
平安時代前期の官人。
¶古人（生没年不詳）

安曇大足　あずみのおおたり
奈良時代の官人。
¶古人（生没年不詳）

阿曇刀*　あずみのかたな，あづみのかたな
生没年不詳　[別]阿曇宿禰刀（あずみのすくねかたな），阿曇刀（あづみのかたな）　奈良時代の官人、内膳司の長官（奉膳）。
¶古代（阿曇宿禰刀　あずみのすくねかたな），コン（あづみのかたな）

安曇浄成　あずみのきよなり
奈良時代の官人。
¶古人

安曇外命婦*　あずみのげみょうぶ，あずみのげみようぶ
生没年不詳　奈良時代の女性。安部虫麻呂の母。
¶古人

安曇福雄*　あずみのさきお
？～貞観11（869）年　平安時代前期の浪人。
¶古人（生没年不詳），古代

安曇貞信　あずみのさだのぶ
平安時代中期の播磨国赤穂郡有年荘の寄人。
¶古人（生没年不詳）

安曇貞道　あずみのさだみち
平安時代中期の播磨国赤穂郡有年荘の寄人。
¶古人（生没年不詳）

安勅島足*（安勅嶋足）　あずみのしまたり
奈良時代の彫刻家。
¶美建（安勅嶋足　生没年不詳）

阿曇宿禰刀　あずみのすくねかたな
⇒阿曇刀（あずみのかたな）

安曇宿禰継成　あずみのすくねつぐなり
⇒安曇継成（あずみのつぐなり）

安曇宿禰広吉　あずみのすくねひろよし
⇒安曇広吉（あずみのひろよし）

安曇宿禰三国　あずみのすくねみくに
⇒安曇三国（あずみのみくに）

安曇力　あずみのちから
奈良時代の官人。
¶古人（生没年不詳）

安曇継成*　あずみのつぐなり
生没年不詳　[別]安曇宿禰継成（あずみのすくねつぐなり）　奈良時代の官吏。
¶古人, 古代（安曇宿禰継成　あずみのすくねつぐなり）

阿曇頬垂　あずみのつらたり
⇒阿曇連頬垂（あずみのむらじつらたり）

安曇豊信　あずみのとよのぶ
平安時代中期の播磨国赤穂郡有年荘の寄人。
¶古人（生没年不詳）

安曇成任　あずみのなりとう
平安時代後期の東大寺領山城国玉井荘司。
¶古人（生没年不詳）

安曇述友　あずみののぶとも
平安時代中期の播磨国赤穂郡有年荘の寄人。
¶古人（生没年不詳）

安曇述平　あずみののぶひら
平安時代中期の播磨国赤穂郡有年荘の寄人。
¶古人（生没年不詳）

阿曇浜子　あずみのはまこ
⇒阿曇連浜子（あずみのむらじはまこ）

安曇久頼　あずみのひさより
平安時代中期の播磨国赤穂郡有年荘の寄人。
¶古人（生没年不詳）

阿曇比羅夫*（阿曇比邏夫, 安曇比羅夫）　あずみのひらふ, あずみのひらぶ, あづみのひらぶ
生没年不詳　[別]阿曇連比羅夫（あずみのむらじひらぶ）, 阿曇比羅夫（あづみのひらぶ）　飛鳥時代の官人。百済救済の軍の将軍。
¶古人, 古代（阿曇連比羅夫　あずみのむらじひらぶ）, 古物（あずみのひらぶ）, コン（安曇比羅夫）, コン（あづみのひらぶ）, 対外（あずみのひらぶ）

安曇弘成　あずみのひろなり
平安時代後期の山城国玉井荘の荘司。
¶古人（生没年不詳）

安曇広吉*　あずみのひろよし
生没年不詳　[別]安曇宿禰広吉（あずみのすくねひろよし）　奈良時代〜平安時代前期の官吏。
¶古人, 古代（安曇宿禰広吉　あずみのすくねひろよし）

安曇三国*　あずみのみくに
[別]安曇宿禰三国（あずみのすくねみくに）　奈良時代の地方官。
¶古人（生没年不詳）

阿曇三雄　あずみのみつお
奈良時代の官人。
¶古人（生没年不詳）

安曇宗平　あずみのむねひら
平安時代中期の相撲人。長徳3年召合に出場し負けた。
¶古人（生没年不詳）

阿曇連（欠名）*　あずみのむらじ
飛鳥時代の官人。
¶古代

阿曇連稲敷*　あずみのむらじいなしき
[別]阿曇稲敷（あずみのいなしき）　飛鳥時代の学者。
¶古人（阿曇稲敷　あずみのいなしき　生没年不詳）, 古代

阿曇連頬垂*　あずみのむらじつらたり
[別]阿曇頬垂（あずみのつらたり）　飛鳥時代の外交官。
¶古人（阿曇頬垂　あずみのつらたり　生没年不詳）, 古代

阿曇連浜子*　あずみのむらじはまこ
[別]阿曇浜子（あずみのはまこ）　上代の廷臣。
¶古人（阿曇浜子　あずみのはまこ　生没年不詳）, 古代

阿曇連比羅夫　あずみのむらじひらぶ
⇒阿曇比羅夫（あずみのひらふ）

阿曇連百足*（1）　あずみのむらじももたり
[別]阿曇百足（あずみのももたり）　上代の豪族。
¶古人（阿曇百足　あずみのももたり　生没年不詳）, 古代

阿曇連百足*（2）　あずみのむらじももたり
[別]阿曇百足（あずみのももたり）　上代の廷臣。
¶古人（阿曇百足　あずみのももたり　生没年不詳）, 古代

安曇元高　あずみのもとたか
平安時代中期の相撲人。寛仁3年の召合で持、抜出には勝つ。
¶古人（生没年不詳）

阿曇百足（1）　あずみのももたり
⇒阿曇連百足（あずみのむらじももたり）

阿曇百足（2）　あずみのももたり
⇒阿曇連百足（あずみのむらじももたり）

安曇諸継　あずみのもろつぐ
奈良時代の官人。
¶古人（生没年不詳）

安曇安信　あずみのやすのぶ
平安時代中期の播磨国赤穂郡有年荘の荘官。
¶古人（生没年不詳）

足羽敬明　あすわたかあき
⇒足羽敬明（あすわもりあき）

足羽忠俊*　あすわただとし
生没年不詳　[別]足羽忠俊（あすはのただとし）　平安時代中期の医師。
¶古人（あすはのただとし）

足羽千平*　あすわちひら
生没年不詳　[別]足羽千平（あすはのちひら）　平安時代中期の医師。
¶古人（あすはのちひら）

阿須波臣束麻呂*　あすわのおみつかまろ
[別]阿須波束麻呂（あすはのつかまろ, あすわのつかまろ）　奈良時代の少領。
¶古人（阿須波束麻呂　あすはのつかまろ　生没年不詳）, 古代

あ

阿須波束麻呂 あすわのつかまろ
⇒阿須波臣束麻呂（あすわのおみつかまろ）

足羽敬明* あすわもりあき
寛文12(1672)年1月25日～宝暦9(1759)年2月10日 [別]足羽敬明（あすはたかあき，あすはもりあき，あすはよしあき，あすわたかあき，あすわもりはる） 江戸時代中期の国学者、神道家。
¶コン

足羽敬明 あすわもりはる
⇒足羽敬明（あすわもりあき）

蛙井 あせい★
江戸時代後期の女性。川柳。文化8年刊『誹風 柳多留』五三篇に「紙ひなを隣の米屋春たをし」が狐声選、川柳選で載る。
¶江表（蛙井（東京都））

阿瀬川宗藤 あせがわむねふじ
⇒湯浅宗藤（ゆあさむねふじ）

按察三位局* あぜちのさんみのつぼね
生没年不詳 [別]按察局（あぜちのつぼね），四条隆衡女（しじょうたかひらのむすめ） 鎌倉時代前期の女性。後嵯峨天皇の宮人。
¶天皇（四条隆衡女 しじょうたかひらのむすめ）

按察局(1) あぜちのつぼね
南北朝時代の女性。後円融天皇の後宮。
¶天皇（生没年不詳）

按察局(2) あぜちのつぼね
⇒按察三位局（あぜちのさんみのつぼね）

按察使局* あぜちのつぼね
生没年不詳 [別]高辻豊長女（たかつじとよながのむすめ） 江戸時代前期の女性。後西天皇の宮人。
¶女史，天皇（高辻豊長女 たかつじとよながのむすめ）

按察典侍* あぜちのてんじ
生没年不詳 [別]藤原頼定女（ふじわらのよりさだのむすめ） 平安時代後期の女性。高倉天皇の宮人。
¶天皇（藤原頼定女 ふじわらのよりさだのむすめ）

按察御息所 あぜちのみやすんどころ
⇒藤原正妃（ふじわらのまさひめ）

阿世王 あせのおう
平安時代中期の官人。
¶古人（生没年不詳）

麻生貞樹* あそうさだき
天保8(1837)年～大正8(1919)年 江戸時代末期～大正時代の地方功労者。初代宇佐郡長、朝陽銀行監査役など歴任。帆足記念文庫の創立に尽力するなど官民両面で活躍。
¶幕末（[没]大正8(1919)年5月1日）

麻生三五* あそうさんご
生没年不詳 [別]佐々宇三五（さそうさんご） 安土桃山時代の織田信長の家臣。
¶織田（佐々宇三五 さそうさんご）

麻生鎮里* あそうしげさと
生没年不詳 戦国時代の武将。
¶戦武

麻生女 あそうじょ★
江戸時代後期の女性。俳諧。小豆島アコヤ村の茶屋文右衛門の妻。嘉永4年刊、浪花の雪交斎梅助編『諸国俳人通名録』に載る。
¶江表（麻生女（香川県））

麻生資清 あそうすけきよ
平安時代後期の検非違使。
¶古人（生没年不詳）

麻生隆実 あそうたかざね
安土桃山時代の筑前国遠賀郡山鹿城主。
¶全戦（[生]？ [没]天正4(1576)年）

麻生直温* あそうなおはる
弘化4(1847)年～大正7(1918)年 江戸時代末期～明治時代の郷士。萩の乱では状況調査に協力。
¶幕末（[没]大正7(1918)年3月2日）

麻生野直盛 あそうのなおもり
安土桃山時代の飛驒国洞城主。
¶武田（[生]？ [没]永禄6(1563)年7月10日？）

阿蘇惟馨 あそこれか
⇒阿蘇惟馨（あそこれきよ）

阿蘇惟馨* あそこれきよ
安永2(1773)年～文政3(1820)年 [別]阿蘇惟馨（あそこれか） 江戸時代後期の神官（阿蘇大神宮大宮司）。阿蘇大神宮大宮司阿蘇惟典の子。
¶公卿，公家（惟馨〔阿蘇神社大宮司 阿蘇家〕 これか [没]文政3(1820)年4月3日）

阿蘇惟澄* あそこれずみ，あそこれすみ
？～正平19/貞治3(1364)年 [別]恵良惟澄（えらこれずみ） 南北朝時代の武将、阿蘇大宮司。
¶コン，中世，内乱（[没]貞治3/正平19(1364)年），室町

阿蘇惟武* あそこれたけ
？～天授3/永和3(1377)年 南北朝時代の武将、阿蘇大宮司。
¶コン

阿蘇惟種 あそこれたね
戦国時代～安土桃山時代の阿蘇社大宮司。
¶全戦（[生]天文9(1540)年 [没]天正12(1584)年）

阿蘇惟時* あそこれとき
？～正平8/文和2(1353)年 [別]宇治惟時（うじこれとき） 南北朝時代の武将、阿蘇大宮司。
¶コン，室町

阿蘇惟豊* あそこれとよ
明応2(1493)年～永禄2(1559)年 戦国時代の阿蘇大宮司。
¶全戦（[生]明応2(1493)年？），戦武，室町

阿蘇惟直* あそこれなお
？～建武3/延元1(1336)年 南北朝時代の武将。
¶コン（[没]延元1/建武3(1336)年），中世，室町

阿蘇惟長* あそこれなが
？～天文6(1537)年 [別]菊池武経（きくちたけつね） 戦国時代の神主・神官、武将。
¶全戦（[生]文明12(1480)年），室町（菊池武経 きくちたけつね [生]文明12(1480)年）

阿蘇惟治* あそこれはる
文化5(1808)年5月8日～明治10(1877)年9月12日 江戸時代末期～明治時代の阿蘇神社大宮司。
¶幕末

阿蘇惟将* あそこれまさ
？～天正11(1583)年 安土桃山時代の神主・神官。

¶戦武(㋐永正17(1520)年？)

阿蘇惟政*　あそこれまさ
　生没年不詳　南北朝時代の武将。阿蘇大宮司。
　¶コン

阿蘇惟光*　あそこれみつ
　天正10(1582)年〜文禄2(1593)年　安土桃山時代の神主・神官。
　¶全戦,戦武

阿蘇惟村*　あそこれむら
　？〜応永13(1406)年　南北朝時代の武将。
　¶コン,内乱,室町

阿蘇有隣(陟)　あそのありちか
　平安時代中期の官人。
　¶古人(生没年不詳)

阿蘇惟遠　あそのこれとお
　平安時代後期の相撲人。寛治2年召合に勝つ。
　¶古人(生没年不詳)

阿蘇広遠*　あそのひろとお
　生没年不詳　平安時代前期の官人。
　¶古人

阿蘇矢次右衛門　あそやじうえもん
　江戸時代後期〜明治時代の大工。
　¶美建(㋑明治19(1886)年)

阿夕　あた
　江戸時代後期の女性。俳諧。但馬美含郡の人。弘化1年刊、石燕編『紫藤養老集』に載る。
　¶江表(阿夕(兵庫県))

直有光　あたいのありみつ
　平安時代中期の官人。
　¶古人(生没年不詳)

直伊勢雄　あたいのいせお
　平安時代前期の官人。
　¶古人(生没年不詳)

直氏成*　あたいのうじなり
　生没年不詳　平安時代前期の対馬国下県郡の擬大領。
　¶古人

直仁徳　あたいのきみのり
　⇒直仁徳(あたいのにんとく)

直是氏　あたいのこれうじ
　平安時代中期の官人。是盛の子。
　¶古人(生没年不詳)

直是盛　あたいのこれもり
　平安時代中期の官人。
　¶古人(生没年不詳)

直隆昌　あたいのたかまさ
　平安時代中期の官人。
　¶古人(生没年不詳)

直千世麻呂　あたいのちよまろ
　平安時代前期の官人。
　¶古人(生没年不詳)

直常澄　あたいのつねずみ
　平安時代中期の宮主。
　¶古人(生没年不詳)

直仁徳*　あたいのにんとく
　㋓直仁徳(あたいのきみのり)　平安時代前期の擬少領。
　¶古人(あたいのきみのり　生没年不詳),古代

直全連　あたえのまつら
　平安時代中期の春宮宮主。
　¶古人(生没年不詳)

安宅紀伊守　あたかきいのかみ
　戦国時代の北条氏康の家臣。
　¶後北(紀伊守〔安宅〕　きいのかみ)

安宅清康　あたかきよやす
　⇒安宅清康(あたぎきよやす)

安宅源八郎*　あたかげんぱちろう、あだかげんぱちろう
　㋓安宅源八郎(あたぎげんぱちろう)　安土桃山時代の武将。秀吉馬廻。
　¶大坂(あたぎげんぱちろう)

安宅七郎次郎　あたかしちろうじろう
　⇒安宅七郎次郎(あたかしちろうじろう)

安宅七郎次郎*　あたかしちろうじろう
　生没年不詳　㋓安宅七郎次郎(あたかしちろうじろう)　戦国時代の武士。後北条氏家臣。
　¶後北(七郎次郎〔安宅〕　しちろうじろう)

安宅信康　あたかのぶやす
　⇒安宅信康(あたぎのぶやす)

安宅冬康　あたかふゆやす、あだかふゆやす
　⇒安宅冬康(あたぎふゆやす)

安宅清康*　あたぎきよやす
　？〜天正9(1581)年　㋓安宅清康(あだかきよやす)　安土桃山時代の武士。
　¶織田(生没年不詳)

安宅源八郎　あたぎげんぱちろう
　⇒安宅源八郎(あたかげんぱちろう)

安宅甚七郎冬久　あたぎじんしちろうふゆひさ
　江戸時代前期の人。淡路国津名郡の由良城主安宅冬康の子と称した。秀頼に仕え、大坂籠城。
　¶大坂(㋑慶長20年)

安宅信康*　あたぎのぶやす
　生没年不詳　㋓安宅信康(あたかのぶやす)　戦国時代〜安土桃山時代の武将。織田氏家臣。
　¶織田,全戦,戦武(㋐天文18(1549)年〜㋑天正6(1578)年)

安宅冬康　あたぎふゆやす
　？〜永禄7(1564)年　㋓安宅冬康(あたかふゆやす、あだかふゆやす)、冬康(ふゆやす)　戦国時代の武士、歌人。
　¶全戦,戦武(㋒享禄1(1528)年)、俳文(冬康　ふゆやす　㋐大永6(1526)年　㋑永禄7(1564)年5月9日),室町

阿多実吾*　あたじつご
　弘化1(1844)年〜明治10(1877)年　江戸時代末期〜明治時代の薩摩藩士。戊辰戦争・伏見・上野・奥羽の戦いに転戦。
　¶幕末(㋑明治10(1877)年12月23日)

阿多壮五郎*　あたそうごろう
　天保14(1843)年〜明治10(1877)年　江戸時代末期〜明治時代の薩摩藩士。西南戦争では熊本城を包囲攻撃。

¶幕末（[没]明治10（1877）年9月1日）

阿多忠景* あたただかげ
生没年不詳 [別]阿多平忠景（あたのたいらのただかげ） 平安時代後期の南九州の在地豪族。
¶古人（阿多平忠景 あたのたいらのただかげ）

安達雨窓* あだちうそう
文化5（1808）年～明治19（1886）年5月23日 [別]安達舒長（あだちのぶなが） 江戸時代末期～明治時代の周防岩国藩士。
¶幕末

安達景盛* あだちかげもり
？～宝治2（1248）年5月18日 [別]覚智（かくち） 鎌倉時代前期の武士。秋田城介。
¶古人，コン，中世，内乱，密教（覚智 かくち [没]1248年5月18日），山小（[没]1248年5月18日）

安立数衛 あだちかずえ
⇒安立数衛（あだちかずえい）

安立数衛* あだちかずえい
文政4（1821）年～明治36（1903）年 [別]安立数衛（あだちかずえ），安立権斎，足立権斎（あだちごんさい） 江戸時代末期～明治時代の人。越後府で功績。
¶科学（安立権斎 あだちごんさい [没]明治36（1903）年9月7日），数学（足立権斎 あだちごんさい [生]文政4（1821）年12月17日 [没]明治36（1903）年9月7日），幕末（あだちかずえ [没]明治36（1903）年9月7日）

足立寛* あだちかん
天保13（1842）年～大正6（1917）年 [別]足立寛（あだちひろし） 江戸時代末期～大正時代の医師、陸軍軍医学校長。医学所に出仕。維新後は陸軍軍医、軍医監を歴任。
¶科学（あだちひろし [生]天保13（1842）年1月 [没]大正6（1917）年7月7日），幕末（あだちひろし）

安達清経*（足立清経） あだちきよつね
生没年不詳 鎌倉時代前期の雑色。
¶古人，平家（足立清経）

安達吟光* あだちぎんこう
生没年不詳 江戸時代後期～末期の絵師。
¶浮絵，美画

足立敬 あだちけい
江戸時代の和算家。著書に『三斜容円術』など。
¶数学

安達玄杏* あだちげんきょう
天保9（1838）年～明治24（1891）年 江戸時代末期～明治時代の医師。大洲藩医鎌田玄台に師事。
¶幕末（[没]明治24（1891）年3月19日）

安達玄碩 あだちげんせき
江戸時代後期の眼科医。
¶眼医（[生]嘉永6（1853）年 [没]？）

安達幸之助* あだちこうのすけ
文政7（1824）年～明治2（1869）年 江戸時代後期～明治時代の兵法家。
¶コン（[生]文政7（1824年/1821）年），幕末（[没]明治2（1869）年9月4日）

安立権斎（足立権斎） あだちごんさい
⇒安立数衛（あだちかずえい）

足立左内 あだちさない
⇒足立信頭（あだちしんとう）

足立重信*（安達重信） あだちしげのぶ
？～寛永2（1625）年 安土桃山時代～江戸時代前期の武将。
¶コン

足立信順* あだちしんじゅん
寛政8（1796）年～天保12（1841）年 [別]足立信順（あだちのぶより） 江戸時代後期の暦術家。
¶数学（あだちのぶより [没]天保12（1841）年10月21日）

足立信頭* あだちしんとう
明和6（1769）年～弘化2（1845）年 [別]足立左内（あだちさない），足立信顕（あだちのぶあき），足立信頭（あだちのぶあき，あだちのぶあきら） 江戸時代後期の天文方。
¶科学（[没]弘化2（1845）年7月23日），コン，数学（足立信顕 あだちのぶあき [没]弘化2（1845）年7月1日），徳人（あだちのぶあきら）

安達新兵衛* あだちしんべえ
生没年不詳 江戸時代の陶工。
¶美工

足立清右衛門* あだちせいえもん
生没年不詳 安土桃山時代の織田信長の家臣。
¶織田

安達清風* あだちせいふう
天保6（1835）年～明治17（1884）年9月15日 江戸時代末期～明治時代の鳥取藩士。尊皇攘夷運動に従事。維新後は日本原開墾に尽力。
¶コン，幕末

足立節子* あだちせつこ
文化1（1804）年～明治19（1886）年3月8日 江戸時代後期～明治時代の歌人。
¶江表（節子（兵庫県））

安達親長* あだちちかなが
生没年不詳 鎌倉時代前期の武将。
¶古人

足立長雋* あだちちょうしゅん
安永5（1776）年～天保7（1836）年 江戸時代後期の西洋産科医。
¶江人，科学（[没]天保7（1836）年12月26日），コン，対外

安達藤三郎* あだちとうざぶろう，あだちとうさぶろう
嘉永5（1852）年～明治1（1868）年 江戸時代末期の陸奥会津藩士。
¶全幕（あだちとうさぶろう [没]慶応4（1868）年），幕末（[没]慶応4（1868）年8月23日）

足立遠元* あだちとおもと
生没年不詳 平安時代後期～鎌倉時代前期の武士。
¶古人，中世，内乱

安達時顕* あだちときあき
？～元弘3/正慶2（1333）年 鎌倉時代後期の武将。北条高時の外舅。寄合衆。
¶コン（[没]正慶2/元弘3（1333）年）

安立利綱* あだちとしつな
天保3（1832）年～明治25（1892）年 江戸時代末期～明治時代の薩摩藩士。戊辰戦争・西南戦争に奮戦。
¶幕末（[没]明治25（1892）年9月20日）

足立直宣* あだちなおのぶ
生没年不詳 江戸時代中期の和算家。
¶数学

足立信顕（足立信顕）　**あだちのぶあき**
⇒足立信頭（あだちしんとう）

足立信頭　**あだちのぶあきら**
⇒足立信頭（あだちしんとう）

安達舒長　**あだちのぶなが**
⇒安達雨窓（あだちうそう）

足立信順　**あだちのぶより**
⇒足立信順（あだちしんじゅん）

足立彝　**あだちひとし**
江戸時代の和算家。
¶数学

足立寛　**あだちひろし**
⇒足立寛（あだちかん）

足立正声＊　**あだちまさな**
天保12（1841）年～明治40（1907）年　江戸時代末期～明治時代の鳥取藩士、刑法官。明治維新後刑法官を歴任の後、伊奈県、浜田県の大参事。
¶コン，幕末（[没]明治40（1907）年4月19日）

安達充章　**あだちみつあき**
江戸時代後期の和算家、出羽新庄藩士。
¶数学

安達盛長＊　**あだちもりなが**
保延1（1135）年～正治2（1200）年　[別]藤原盛長（ふじわらのもりなが）　平安時代後期～鎌倉時代前期の武将。安達氏の祖。
¶古人（藤原盛長　ふじわらのもりなが），コン，中世，内乱，平家

安達泰盛＊　**あだちやすもり**
寛喜3（1231）年～弘安8（1285）年　鎌倉時代後期の武将。霜月騒動で一族滅亡。
¶コン，中世，内乱，山小（[没]1285年11月17日）

安達義景＊　**あだちよしかげ**
承元4（1210）年～建長5（1253）年6月3日　鎌倉時代前期の武将、引付頭人。
¶コン，内乱

安達喜幸＊　**あだちよしゆき**
文政10（1827）年～明治17（1884）年　江戸時代末期～明治時代の建築技術者。洋風建築を推進。代表作に「札幌農学校家畜房」「豊平館」など。
¶美建（[生]文政10（1827）年11月　[没]明治17（1884）年1月17日）

足立林太郎＊　**あだちりんたろう**
弘化4（1847）年11月～大正8（1919）年8月16日　江戸時代後期～明治時代の新撰組隊士。
¶新隊

阿多小椅君＊　**あたのおばしのきみ**
上代の豪族。神武天皇の妃阿比良比売の兄。
¶古代

阿多平忠景　**あたのたいらのただかげ**
⇒阿多忠景（あたただかげ）

吾田媛　**あだのひめ**
⇒吾田媛（あたひめ）

阿塔海　**あたはい**
⇒阿塔海（あとうかい）

吾田彦　**あたひこ**
⇒日下部吾田彦（くさかべのあたひこ）

吾田媛＊　**あたひめ**
[別]吾田媛（あだのひめ）　上代の女性。武埴安彦命の妻。
¶古人，古代，女史

アダムス（アダムズ）
⇒三浦按針（みうらあんじん）

アダムズ，ウィリアム
⇒三浦按針（みうらあんじん）

阿直岐＊　**あちき**
上代の朝鮮からの渡来人の首長。
¶古人（生没年不詳），古代，思想（生没年不詳），対外

阿知子顕成　**あちしあきなり**
⇒顕成（あきなり）

阿智王　**あちのおう**
⇒阿知使主（あちのおみ）

阿知使主＊　**あちのおみ**
[別]阿智王（あちのおう）　上代の朝鮮からの渡来人の長。倭漢の祖。
¶古人（阿智王　あちのおう），古代，古物，コン（生没年不詳），対外，山小

阿直敬　**あちのけい**
奈良時代の官人。
¶古人（生没年不詳）

阿茶局＊　**あちゃのつぼね**
天文24（1555）年～寛永14（1637）年　[別]雲光院（うんこういん），須和（すわ）　安土桃山時代～江戸時代前期の女性。徳川家康の側室。
¶江表（阿茶の局（東京都）　[生]弘治1（1555）年），コン（[生]弘治1（1555）年），女史，徳将（雲光院　うんこういん）

あつ（1）
江戸時代中期の女性。和歌。冷泉家中興の祖といわれた公卿で歌人冷泉為村の娘。
¶江表（あつ（京都府））

あつ（2）
江戸時代後期の女性。和歌。広岡氏。弘化4年刊、清堂観尊編『たち花の香』に載る。
¶江表（あつ（奈良県））

敦明親王＊　**あつあきらしんのう**
正暦5（994）年～永承6（1051）年　[別]小一条院（こいちじょういん）　平安時代中期の三条天皇の第1皇子。
¶古人，コン（小一条院　こいちじょういん），天皇（小一条院　こいちじょういん　[生]正暦5（994）年5月9日　[没]永承6（1051）年1月8日）

敦賢親王＊　**あつかたしんのう**
長暦3（1039）年～承保4（1077）年　平安時代中期の公卿。三条天皇の皇孫、式部卿。
¶古人

敦固親王＊　**あつかたしんのう**
？～延長4（926）年　[別]敦固親王（あつもとしんのう）　平安時代中期の宇多天皇の皇子。
¶古人，コン

厚鹿文＊　**あつかや**
上代の熊襲の首長。

¶古代

安津子・あつ子　あつこ★
江戸時代の女性。和歌。有馬氏。明治8年刊、橘東世子編「明治歌集」に載る。
¶江表(安津子・あつ子(東京都))

厚子(1)　あつこ★
江戸時代後期の女性。和歌。岡見経道の娘。
¶江表(厚子(茨城県)　[没]天保1(1830)年)

厚子(2)　あつこ★
江戸時代後期の女性。和歌。伊勢津藩士甲藤忠之進の妻。寛政10年成立、本居宣長編『古事記頒題集』に載る。
¶江表(厚子(三重県))

淳子　あつこ
江戸時代後期～明治時代の女性。和歌。播磨加東郡大畑村の医師近藤揚純の娘。
¶江表(淳子(兵庫県)　[生]文政7(1824)年　[没]明治39(1906)年)

篤子(1)　あつこ★
江戸時代後期の女性。和歌。加納氏。天保12年成立「弘道館梅花詩歌」に載る。
¶江表(篤子(茨城県))

篤子(2)　あつこ★
江戸時代後期の女性。和歌。近藤氏。文政8年刊、青木行敬ほか編『聖廟奉納歌百二十首』に載る。
¶江表(篤子(京都府))

敦子　あつこ★
江戸時代後期の女性。和歌。水戸藩主徳川治紀の娘。
¶江表(敦子(福島県)　[生]寛政9(1797)年　[没]文政6(1823)年)

任子　あつこ
⇒後簾中任子(ごれんちゅうにんこ)

穆子　あつこ
江戸時代後期～明治時代の女性。和歌・書。公卿で歌人豊岡隋資の娘。
¶江表(穆子(京都府)　[生]弘化1(1844)年　[没]明治45(1912)年)

淳子女王　あつこじょおう
⇒淳子女王(じゅんしじょおう)

同子内親王　あつこないしんのう
⇒同子内親王(どうしないしんのう)

篤子内親王＊　あつこないしんのう
康平3(1060)年～永久2(1114)年10月1日　[別]篤子内親王(とくしないしんのう)　平安時代後期の女性。後三条天皇の皇女。堀河天皇の皇后。
¶古人,コン,天皇(とくしないしんのう),天皇(とくしないしんのう)

惇子内親王　あつこないしんのう
⇒惇子内親王(じゅんしないしんのう)

敦子内親王＊　あつこないしんのう
？～延長8(930)年　平安時代中期の女性。清和天皇の第5皇女、加茂斎院。
¶古人

濃子内親王　あつこないしんのう
⇒濃子内親王(のうしないしんのう)

諄子内親王　あつこないしんのう
⇒諄子内親王(じゅんしないしんのう)

敦貞親王＊　あつさだしんのう
長和3(1014)年～康平4(1061)年　平安時代中期の三条天皇の皇孫、式部卿。
¶古人,天皇([生]長和3(1014)年10月6日　[没]康平4(1061)年2月8日)

敦実親王　あつざねしんのう
⇒敦実親王(あつみしんのう)

阿閉貞大＊　あつじさだひろ
？～天正10(1582)年6月　安土桃山時代の武士。
¶織田,全戦

阿閉貞征＊　あつじさだゆき
？～天正10(1582)年　[別]阿閉貞征(あべさだゆき)　安土桃山時代の武将。浅井氏家臣。
¶織田([没]天正10(1582)年6月),全戦,戦武([生]享禄1(1528)年)

敦輔王＊　あつすけおう
寛徳1(1044)年～天永2(1111)年　平安時代中期～後期の公卿(神祇伯)。三条天皇皇曽孫。
¶古人

熱田大宮司季範　あつただいぐうじすえのり
⇒藤原季範(ふじわらのすえのり)

篤尼　あつに★
江戸時代後期の女性。俳諧歌。財田の人。文政11年に大膳神社の奉額俳諧歌に載る。
¶江表(篤尼(香川県))

敦儀親王＊　あつのりしんのう
長徳3(997)年～天喜2(1054)年　平安時代中期の公卿。三条天皇の第2皇子、式部卿。
¶古人,天皇([生]長徳3(997)年5月9日　[没]天喜2(1054)年7月11日)

篤姫　あつひめ
⇒天璋院(てんしょういん)

敦平親王＊　あつひらしんのう
長保1(999)年～永承4(1049)年　平安時代中期の公卿。三条天皇の第3皇子、式部卿。
¶古人,天皇([没]永承4(1049)年3月18日)

敦文親王＊　あつぶみしんのう,あつふみしんのう
承保1(1074)年～承暦1(1077)年　平安時代後期の白河天皇の第1皇子。
¶古人(あつふみしんのう),天皇(あつふみしんのう　[生]承保1(1074)年12月26日　[没]承暦1(1077)年9月6日)

あつま(1)
江戸時代中期の女性。狂歌。難波の遊女。天明7年刊、四方赤良編『狂歌才蔵集』に載る。
¶江表(あつま(大阪府))

あつま(2)
江戸時代中期の女性。俳諧。安芸宮島の遊女。元禄6年刊、北条団水編『くやみ草』に載る。
¶江表(あつま(広島県))

あつま(3)
江戸時代後期の女性。俳諧。常陸潮来の遊女。寛政5年刊、子日庵一草編『潮来集』に載る。
¶江表(あつま(茨城県))

東方王　あづまおう
奈良時代の官人。

¶古人(生没年不詳)

敦昌親王* あつまさしんのう
生没年不詳　平安時代中期の敦明親王の王子。
¶古人, コン, 天皇

吾妻三八* あづまさんぱち, あづまさんはち, あずまさんぱち
生没年不詳　㊗吾妻三八, 東三八〔1代〕(あずまさんぱち)　江戸時代中期の歌舞伎作者。元禄14年～享保15年頃に活躍。
¶歌大

厚見王 あつみおう
㊗厚見王(あつみのおおきみ)　奈良時代の官人。
¶古人(生没年不詳), 古代, 詩作(あつみのおおきみ　生没年不詳)

渥美刑部丞 あつみぎょうぶじょう
⇒渥美刑部丞(あつみぎょうぶのじょう)

渥美刑部丞* あつみぎょうぶじょう
生没年不詳　㊗渥美刑部丞(あつみぎょうぶじょう)　戦国時代の武士。織田氏家臣。
¶織田

敦実親王* あつみしんのう
寛平5(893)年～康保4(967)年　㊗敦実親王(あつざねしんのう)　平安時代中期の宇多天皇の皇子。宇多源氏の祖。
¶古人, コン, 天皇(㊥? ㊦康保3(966)年)

敦道親王* あつみちしんのう
天元4(981)年～寛弘4(1007)年10月2日　平安時代中期の冷泉天皇の皇子、歌人。
¶古人, コン, 天皇

熱海貞爾 あづみていじ
江戸時代後期～明治時代の仙台藩士。
¶幕末(㊥天保7(1836)年6月1日　㊦明治17(1884)年8月9日)

厚見王 あつみのおおきみ
⇒厚見王(あつみおう)

阿曇刀 あづみのかたな
⇒阿曇刀(あずみのかたな)

阿曇比羅夫 あづみのひらぶ
⇒阿曇比羅夫(あずみのひらふ)

熱海又治* あつみまたじ
文化12(1815)年～明治11(1878)年　㊗熱海光隆(あつみみつたか)　江戸時代末期～明治時代の和算家。
¶数学(熱海光隆　あつみみつたか　㊦明治11(1878)年3月3日)

熱海光隆 あつみみつたか
⇒熱海又治(あつみまたじ)

渥美康方 あつみやすかた
江戸時代後期の和算家。宮城桃生郡寺崎の人。早井次賀の後を継ぎ関流十伝を称する。
¶数学(㊥天保2(1831)年)

敦元親王* あつもとしんのう
治安3(1023)年～長元5(1032)年　平安時代中期の敦明親王の皇子。
¶古人, 天皇(㊦長元5(1032)年7月14日)

敦固親王 あつもとしんのう
⇒敦固親王(あつかたしんのう)

敦康親王* あつやすしんのう
長保1(999)年～寛仁2(1018)年　平安時代中期の一条天皇の第1皇子。
¶古人(㊥長保1(999)年11月7日　㊦寛仁2(1018)年12月17日)

敦慶親王* あつよししんのう
仁和3(887)年～延長8(930)年　平安時代中期の宇多天皇の皇子。
¶古人

阿氏河宗藤 (阿氏川宗藤) あてがわむねふじ
⇒湯浅宗藤(ゆあさむねふじ)

あてき
平安時代中期の女性。後宮に仕えた女童。『紫式部日記』に見える。
¶古人(生没年不詳)

安勅内親王 あてないしんのう
⇒安勅内親王(あてのないしんのう)

安勅内親王* あてのないしんのう
?～斉衡2(855)年　㊗安勅内親王(あてないしんのう)　平安時代前期の女性。桓武天皇の第13皇女。
¶古人(あてないしんのう)

高貴宮 あてのみや
⇒悦仁親王(としひとしんのう)

阿弖流為* あてるい
?～延暦21(802)年　平安時代前期の蝦夷の首領。
¶古人, 古代, コン, 山小(㊦802年8月13日)

阿塔海* あとうかい
元・太宗6(1234)年～元・至元26(1289)年　㊗阿塔海(あたはい)　鎌倉時代後期の武将。弘安の役の元方の指揮者。
¶対外(あたはい)

阿刀王 あとおう
奈良時代の官人。安都王とも書く。
¶古人(㊥? ㊦763年)

阿閉権之丞 あとじごんのじょう
⇒阿閉権之丞(あべごんのじょう)

阿刀有友 あとのありとも
平安時代後期の官人。
¶古人(生没年不詳)

阿刀粟麻呂 あとのあわまろ
平安時代前期の官人。左京の人。
¶古人(生没年不詳)

阿刀石成 あとのいわなり
平安時代前期の官人。左京の人。
¶古人(生没年不詳)

阿刀大足* あとのおおたり
生没年不詳　㊗阿刀宿禰大足(あとのすくねおおたり)　平安時代前期の学者。空海のおじ。
¶古人, 古代(阿刀宿禰大足　あとのすくねおおたり)

安都長人 あとのおさひと
生没年不詳　㊗安都長人(あとのながひと)　奈良時代の官人。
¶古人, 古人(あとのながひと)

あとのお　　　　　　　　62

あ

安都雄足* あとのおたり
生没年不詳　㉟安都宿禰雄足（あとのすくねおた
り）　奈良時代の下級官人。東大寺造営に関わる。
¶古人，古代（安都宿禰雄足　あとのすくねおたり）

安都堅石女 あとのかたいわめ
奈良時代の女性。井上内親王の廃后事件で配流。
¶古人（生没年不詳）

阿刀兼遠 あとのかねとお
平安時代中期の官人。
¶古人（生没年不詳）

阿斗加布利 あとのかぶり
飛鳥時代の天武天皇の臣下。
¶古人（生没年不詳）

迹浄足 あとのきよたり
平安時代前期の官人。
¶古人（生没年不詳）

迹浄永 あとのきよなが
平安時代前期の官人。摂津国豊島郡の人。
¶古人（生没年不詳）

阿刀酒主 あとのさかぬし
⇒阿刀連酒主（あとのむらじさかぬし）

阿刀佐美麻呂 あとのさみまろ
奈良時代の下級官人。
¶古人（生没年不詳）

阿刀宿禰大足 あとのすくねおおたり
⇒阿刀大足（あとのおおたり）

安都宿禰雄足 あとのすくねおたり
⇒安都雄足（あとのおたり）

安斗宿禰智徳 あとのすくねちとこ
⇒安斗智徳（あとのちとこ）

阿刀佐友 あとのすけとも
平安時代中期の官人。
¶古人（生没年不詳）

阿刀高泰 あとのたかやす
奈良時代の官人。
¶古人（生没年不詳）

阿刀忠行* あとのただゆき
生没年不詳　平安時代中期の官人。
¶古人

阿刀足嶋 あとのたるしま
奈良時代の官人。
¶古人（生没年不詳）

安斗智徳* あとのちとこ
生没年不詳　㉟安斗宿禰智徳（あとのすくねちと
こ）　飛鳥時代の官人。大海人皇子の舎人。
¶古人，古代（安斗宿禰智徳　あとのすくねちとこ），コン

迹継麻呂 あとのつぎまろ
平安時代前期の官人。摂津国豊島郡の人。
¶古人（生没年不詳）

迹成人 あとのなりひと
平安時代前期の官人。摂津国豊島郡の人。
¶古人（生没年不詳）

阿刀根継 あとのねつぎ
平安時代の相撲人。仁和2年頃、左近衛で天下

無双の相撲の最手といわれた。
¶古人（生没年不詳）

阿刀浜主 あとのはまぬし
奈良時代の官人。
¶古人（生没年不詳）

阿刀春里 あとのはるさと
平安時代中期の因幡国の書生。
¶古人（生没年不詳）

阿刀春正* あとのはるまさ
生没年不詳　平安時代前期の文人・貴族。
¶古人

阿刀平緒 あとのひらお
平安時代中期の官人。
¶古人（生没年不詳）

阿刀雅親 あとのまさちか
平安時代中期の官人。
¶古人（生没年不詳）

阿刀真足 あとのまたり
奈良時代の官人。安都とも書く。
¶古人（生没年不詳）

阿刀麻呂 あとのまろ
奈良時代の官人。
¶古人（生没年不詳）

阿刀満主 あとのみつぬし
奈良時代の官人。
¶古人（生没年不詳）

阿刀水通 あとのみみち
奈良時代の官人。
¶古人（生没年不詳）

阿刀連酒主* あとのむらじさかぬし
㉟阿刀酒主（あとのさかぬし）　奈良時代の下級
官人。
¶古人（阿刀酒主　あとのさかぬし　生没年不詳），古代

阿刀宅足 あとのやかたり
奈良時代の官人。
¶古人（生没年不詳）

阿刀与佐美 あとのよさみ
奈良時代の造東大寺案主。
¶古人（生没年不詳）

阿刀良縄 あとのよしただ
平安時代前期の官人。
¶古人（生没年不詳）

跡部家吉 あとべいえよし
戦国時代～安土桃山時代の上野国衆。倉賀野城主。
¶武田（生没年不詳）

跡部一雲斎 あとべいちうんさい
戦国時代～安土桃山時代の甲斐国河内の武士。
¶武田（生没年不詳）

跡部犬千代 あとべいぬちよ
安土桃山時代の穴山家臣。甲斐国河内谷の人。跡
部昌長の子か。
¶武田（生没年不詳）

跡部右衛門尉 あとべえもんのじょう
安土桃山時代の武田氏の家臣。

¶武田([生]? [没]天正3(1575)年5月21日)

跡部景家* あとべかげいえ
?～文正1(1466)年閏2月 室町時代の甲斐守護代。
¶武田([没]寛正6(1465)年7月2日?)

跡部勝資* あとべかつすけ
?～天正10(1582)年 安土桃山時代の武士。武田氏家臣。
¶全戦, 武田([没]天正10(1582)年3月11日)

跡部勝忠* あとべかつただ
?～天正10(1582)年3月 戦国時代の武士。武田氏家臣。
¶武田

跡部源左衛門尉 あとべげんざえもんのじょう
安土桃山時代の武田遺臣。
¶武田(生没年不詳)

跡部源三郎* あとべげんざぶろう
生没年不詳 戦国時代の武田氏の家臣。
¶武田

跡部小藤太* あとべことうだ
天保9(1838)年～元治1(1864)年 江戸時代末期の水戸藩士。
¶幕末([没]元治1(1864)年9月12日)

跡部五郎右衛門 あとべごろ(う)えもん
江戸時代前期の武士。大坂の陣で籠城。
¶大坂

跡部蕃実 あとべしげざね
江戸時代前期～中期の幕臣。
¶徳人([生]1666年 [没]1747年)

跡部十郎左衛門尉(1) あとべじゅうろうざえもんのじょう
安土桃山時代の武田勝頼の近習。津金衆津金意久の娘を妻とした。
¶武田([生]? [没]天正3(1575)年5月21日)

跡部十郎左衛門尉(2) あとべじゅうろうざえもんのじょう
安土桃山時代の武将。武田氏家臣、徳川氏家臣。
¶武田(生没年不詳)

跡部資長 あとべすけなが
戦国時代～安土桃山時代の望月氏の家臣。
¶武田(生没年不詳)

跡部摂津守 あとべせっつのかみ
室町時代の武田氏の家臣。
¶武田([生]? [没]寛正6(1465)年11月24日)

跡部祖慶* あとべそけい
生没年不詳 戦国時代の甲斐武田信虎・晴信の家臣。
¶武田([生]? [没]? 年2月25日)

跡部君長 あとべただなが
⇒跡部藤三(あとべとうぞう)

跡部達蔵* あとべたつぞう
嘉永4(1851)年～明治22(1889)年 江戸時代末期～明治時代の秋田藩士。薩摩軍加勢を謀るが、暴露し禁獄の後処刑。
¶幕末([生]嘉永5(1852)年 [没]明治22(1889)年6月11日)

跡部藤三* あとべとうぞう
生没年不詳 [別]跡部君長(あとべただなが) 戦国時代の穴山梅雪の家臣。
¶武田(跡部君長 あとべただなが)

跡部長与* あとべながとも
生没年不詳 戦国時代の甲斐武田晴信の家臣。
¶武田([生]? [没]永禄5(1562)年1月21日)

跡部常陸介* あとべひたちのすけ
生没年不詳 戦国時代の武田氏の家臣。
¶武田

跡部秀次* あとべひでつぐ
生没年不詳 安土桃山時代の織田信長の家臣。
¶織田

跡部昌出* あとべまさいで
生没年不詳 戦国時代の甲斐武田勝頼の家臣。
¶武田([生]? [没]天正10(1582)年3月11日)

跡部昌勝* あとべまさかつ
安土桃山時代の武将。武田氏家臣、徳川氏家臣。
¶武田(生没年不詳)

跡部昌副* あとべまさそえ
生没年不詳 戦国時代の武田氏の家臣。
¶武田([生]? [没]天正8(1580)年10月4日)

跡部昌忠(1) あとべまさただ
安土桃山時代の武田氏の家臣。勝忠の子とは別人。
¶武田(生没年不詳)

跡部昌忠*(2) あとべまさただ
天文12(1543)年～慶長11(1606)年11月12日 安土桃山時代～江戸時代前期の武将。武田氏家臣、徳川氏家臣。
¶武田([生]? [没]慶長12(1607)年11月12日)

跡部昌胤 あとべまさたね
戦国時代の諏方春芳軒宗富の縁者か。
¶武田(生没年不詳)

跡部昌虎 あとべまさとら
戦国時代～安土桃山時代の武田氏の家臣。跡部惣右衛門尉の子。
¶武田([生]弘治1(1555)年 [没]天正1(1573)年7月17日)

跡部昌長* あとべまさなが
生没年不詳 戦国時代の甲斐武田晴信・勝頼の家臣。
¶武田

跡部昌秀* あとべまさひで
?～慶長2(1597)年7月7日 戦国時代～安土桃山時代の甲斐武田晴信・勝頼の家臣。
¶武田

跡部昌光 あとべまさみつ
安土桃山時代の武田氏の家臣。諏方春芳軒宗富の息子。
¶武田(生没年不詳)

跡部明海 あとべみょうかい
室町時代の武士。甲斐守護代。
¶武田([生]? [没]寛正5(1464)年)

跡部泰忠* あとべやすただ
生没年不詳 戦国時代の甲斐武田晴信の家臣。
¶武田

跡部良顕* あとべよしあき
万治1(1658)年～享保14(1729)年 [別]跡部良顕

（あとべよしあきら）　江戸時代中期の垂加神道家、旗本。
¶江人（あとべよしあきら），コン（㊤万治2（1659）年），思想（あとべよしあきら）

跡部良顕　あとべよしあきら
⇒跡部良顕（あとべよしあき）

跡部良弼*　あとべよしすけ
?〜明治1（1868）年12月20日　江戸時代末期の旗本、若年寄。
¶コン（生没年不詳），徳人，幕末（㊦明治1（1869）年12月20日）

跡部良久　あとべよしひさ
江戸時代中期の幕臣。
¶徳人（㊤1741年　㊦?）

跡部良保　あとべよしやす
安土桃山時代〜江戸時代前期の幕臣。
¶徳人（㊤1582年　㊦1642年）

跡見玄山*　あとみげんざん
天保5（1834）年〜*　江戸時代末期〜明治時代の医師。遠州地方の医師の中心として活躍。
¶幕末（㊦明治23（1890）年）

臘嘴鳥皇子*　あとりのおうじ
生没年不詳　㊧臘嘴鳥皇子（あしどりのおうじ）上代の記・紀にみえる欽明天皇の皇子。
¶古人（あしどりのおうじ）

姉小路昌家　あながこうじまさいえ
⇒姉小路昌家（あねのこうじまさいえ）

穴沢次太夫　あなざわじだゆう
安土桃山時代の武士。
¶武田（㊤?　㊦天正10（1582）年3月11日）

穴沢たみ子*（穴沢民子）　あなざわたみこ
?〜文政2（1819）年　江戸時代後期の女性。歌人。
¶江表（たみ子（新潟県）　㊦明和6（1769）年）

穴沢鉄可　あなざわてっか
江戸時代前期の長刀の達人。
¶大坂（㊦慶長19年11月26日）

穴沢俊光　あなざわとしみつ
⇒穴沢信堅（あなざわのぶかた）

穴沢主殿助盛秀　あなざわとのものすけもりひで
⇒穴沢盛秀（あなざわもりひで）

穴沢長秀　あなざわながひで
江戸時代中期〜後期の和算家。
¶数学（㊤安永3（1774）年　㊦天保5（1834）年）

穴沢信厚　あなざわのぶあつ
⇒穴沢杏斎（あなざわようさい）

穴沢信堅*　あなざわのぶかた
?〜天正12（1584）年　㊧穴沢俊光（あなざわとしみつ）安土桃山時代の地頭。
¶全戦（穴沢俊光　あなざわとしみつ　㊦天正13（1585）年）

穴沢盛秀*　あなざわもりひで
?〜元和1（1615）年　㊧穴沢主殿助盛秀（あなざわとのものすけもりひで）安土桃山時代〜江戸時代前期の武術家。
¶大坂（穴沢主殿助盛秀　あなざわとのものすけもりひで）

穴沢杏斎*　あなざわようさい
元禄14（1701）年〜天明4（1784）年1月11日　㊧穴沢信厚（あなざわのぶあつ）江戸時代中期の出羽米沢藩士、暦学者。
¶数学（穴沢信厚　あなざわのぶあつ）

詢子内親王　あなしないしんのう
⇒上西門院（じょうさいもんいん）

穴師安見　あなしのやすみ
平安時代中期の衛門府鎰取。
¶古人（生没年不詳）

穴太内人　あなとうちひと
⇒穴太内人（あなほのうちひと）

穴門直践立*　あなとのあたいほんたち
㊧穴門践立（あなとのほんたち）上代の穴門直の祖。
¶古代

穴門践立　あなとのほんたち
⇒穴門直践立（あなとのあたいほんたち）

穴秋丸　あなのあきまろ
奈良時代の盗賊。備後国葦田郡屋穴国郷の人。
¶古人

穴弟公　あなのおとぎみ
⇒穴君弟公（あなのきみおとぎみ）

安那御室　あなのおむろ
奈良時代の采女。天応1年外従五位下。
¶古人

穴君弟公*　あなのきみおとぎみ
㊧穴弟公（あなのおとぎみ）奈良時代の地方豪族。
¶古代

船橋宣賢　あなばしのぶかた
⇒清原宣賢（きよはらのぶかた）

穴太内人　あなほのうちと
⇒穴太内人（あなほのうちひと）

穴太内人*　あなほのうちひと
生没年不詳　㊧穴太内人（あなとうちひと，あなほのうちと，あのうのうちひと）平安時代前期の明法家。
¶古人（あのうのうちひと），コン

穴太浦吉　あなほのうらよし
⇒穴太日佐浦吉（あなほのおさうらよし）

穴太日佐浦吉*　あなほのおさうらよし
㊧穴太浦吉（あなほのうらよし，あのうのうらよし）平安時代前期の官人。
¶古人（穴太浦吉　あのうのうらよし　生没年不詳），古代

穴穂天皇　あなほのすめらみこと
⇒安康天皇（あんこうてんのう）

穴太豊理*　あなほのとよまさ
㊧穴太豊理（あのうのとよまさ）平安時代中期の医師。
¶古人（あのうのとよまさ　生没年不詳）

穴穂尊　あなほのみこと
⇒安康天皇（あんこうてんのう）

穴穂部皇子　あなほべおうじ
⇒穴穂部皇子（あなほべのみこ）

穴穂部皇子　あなほべのおうじ
⇒穴穂部皇子（あなほべのみこ）

孔生部富世*　あなほべのとみよ
平安時代前期の医師。
¶古人（孔王部富世（乎）　生没年不詳）

穴穂部間人皇女　あなほべのはしひとのおうじょ
⇒穴穂部間人皇女（あなほべのはしひとのひめみこ）

穴穂部間人皇女　あなほべのはしひとのこうじょ
⇒穴穂部間人皇女（あなほべのはしひとのひめみこ）

穴穂部間人皇女*　あなほべのはしひとのひめみこ
？～推古29（621）年12月21日　[別]穴穂部間人皇女（あなほべのはしひとのおうじょ，あなほべのはしひとのこうじょ，あなほべはしひとおうじょ），埿部穴穂部皇女（はしひとのあなほべのこうじょ，はしひとのあなほべのひめみこ）　飛鳥時代の女性。欽明天皇の皇女。用明天皇の皇后。
¶古人（あなほべのはしひとのおうじょ），古人（埿部穴穂部皇女　はしひとのあなほべのこうじょ），古代（埿部穴穂部皇女　はしひとのあなほべのひめみこ），古物，コン，女史，天皇（[没]推古天皇29（621）年12月21日）

穴穂部皇子*　あなほべのみこ
？～用明天皇2（587）年6月7日　[別]穴穂部皇子（あなほべおうじ，あなほべのおうじ），泥部穴穂部皇子（はしひとのあなほべのおうじ），埿部穴穂部皇子（はしひとのあなほべのおうじ，はしひとのあなほべのみこ），泥土部穴穂部皇子（はしひとべあなほべのおうじ）　飛鳥時代の欽明天皇の皇子。
¶古人（あなほべのおうじ），古人（埿部穴穂部皇子　はしひとのあなほべのおうじ），古代（埿部穴穂部皇子　はしひとのあなほべのみこ），古物，コン，天皇（泥土部穴穂部皇子　はしひとべあなほべのおうじ）

穴穂部間人皇女　あなほべはしひとおうじょ
⇒穴穂部間人皇女（あなほべのはしひとのひめみこ）

穴山甲斐守*　あなやまかいのかみ
？～享禄4（1531）年3月12日　[別]穴山信風（あなやまのぶかぜ）　戦国時代の河内領主穴山氏の当主。
¶武田（穴山信風　あなやまのぶかぜ　[没]享禄4（1531）年3月12日？）

穴山勝千代*　あなやまかつちよ
元亀3（1572）年～天正15（1587）年6月7日　[別]武田勝千代（たけだかつちよ）　安土桃山時代の武士。穴山家の嫡男。
¶武田（武田（穴山）勝千代　たけだかつちよ　[生]天正1（1573）年）

穴山小助*　あなやまこすけ
立川文庫「真田幸村」の登場人物。
¶全戦，戦武（[生]永禄11（1568）年？　[没]慶長20（1615）年）

穴山宗九郎*　あなやまそうくろう
生没年不詳　戦国時代の河内領主。
¶武田

穴山篤太郎　あなやまとくたろう
江戸時代後期～明治時代の有隣堂創業者。
¶出版（[生]？　[没]明治15（1882）年7月30日）

穴山信風　あなやまのぶかぜ
⇒穴山甲斐守（あなやまかいのかみ）

穴山信君*　あなやまのぶきみ
天文10（1541）年～天正10（1582）年　[別]穴山梅雪（あなやまばいせつ），武田信君（たけだのぶただ）　安土桃山時代の武将。号は梅雪斎不白。甲斐武田氏の一族。
¶コン（[生]？），全戦，戦武，武田（武田（穴山）信君　たけだのぶただ　[生]天文16（1547）年　[没]天正10（1582）年6月2日）

穴山信君室　あなやまのぶただしつ
⇒見性院（けんしょういん）

穴山信懸*　あなやまのぶとお
？～永正10（1513）年5月27日　戦国時代の穴山氏の当主。
¶武田

穴山信友*　あなやまのぶとも
？～永禄3（1560）年　[別]穴山蟠竜斎（あなやまばんりゅうさい），武田信友（たけだのぶとも）　戦国時代の武士。武田氏家臣。
¶全戦（[生]永正3（1506）年），武田（武田（穴山）信友　たけだのぶとも　[生]永正1（1504）年　[没]永禄3（1560）年12月16日）

穴山信嘉*　あなやまのぶよし
？～永禄9（1567）年12月5日　戦国時代～安土桃山時代の武士。穴山信友の次男。
¶武田（[没]永禄9（1566）年12月5日）

穴山梅雪　あなやまばいせつ
⇒穴山信君（あなやまのぶきみ）

穴山梅雪室　あなやまばいせつしつ
⇒見性院（けんしょういん）

穴山蟠竜斎　あなやまばんりゅうさい
⇒穴山信友（あなやまのぶとも）

穴山彦九郎*　あなやまひこくろう
天文16（1547）年～永禄2（1559）年3月29日　戦国時代の甲斐武田氏の一族穴山氏の人。
¶武田（[生]天文17（1548）年）

穴山彦太郎　あなやまひこたろう
安土桃山時代の甲斐国河内波高島の人。
¶武田（生没年不詳）

阿庭庄八の妻　あにわしょうはちのつま★
江戸時代中期の女性。和歌。盛岡藩士阿庭庄八の妻。寛永3年、見坊景兼の「寛延和歌集」に載る。
¶江表（阿庭庄八の妻（岩手県））

安努広島*　あぬのひろしま
生没年不詳　[別]安努広島（あののひろしま）　奈良時代の歌人。
¶古人

姉小路　あねがこうじ
⇒姉小路局（あねがこうじのつぼね）

姉小路顕朝*　あねがこうじあきとも
建暦2（1212）年～文永3（1266）年9月20日　鎌倉時代前期の公卿（権大納言）。参議藤原宗隆の子。
¶公卿，公家（顕朝〔八条家（絶家）〕　あきとも）

姉小路家綱　あねがこうじいえつな
⇒姉小路家綱（あねこうじいえつな）

姉小路公聡*　あねがこうじきみあき
寛延2（1749）年10月26日～寛政6（1794）年1月6日　[別]姉小路公聡（あねがこうじきんとし）　江戸時代中期の公家（権大納言）。権大納言姉小路公文の子。
¶公卿，公家（公聡〔姉小路家〕　きんあき）

あ

姉小路公景* あねがこうじきみかげ
慶長7(1602)年9月12日～慶安4(1651)年12月11日 [別]姉小路公景(あねがこうじきんかげ) 江戸時代前期の公家(権大納言)。権中納言阿野実顕の三男。
¶公卿, 公家(公景〔姉小路家〕 きんかげ)

姉小路公量* あねがこうじきみかず
慶安4(1651)年3月20日～享保8(1723)年5月25日 江戸時代前期～中期の公家(権大納言)。蔵人頭・左中将姉小路実道の子。
¶公卿, 公家(公量〔姉小路家〕 きんかず)

姉小路公朝* あねがこうじきみとも
?～文保1(1317)年9月23日 鎌倉時代後期の公卿(権中納言)。権中納言姉小路実尚の子。
¶公卿, 公家(公朝〔姉小路家〕 きんとも)

姉小路公文* あねがこうじきみふみ
正徳3(1713)年1月26日～安永6(1777)年11月29日 江戸時代中期の公家(権大納言)。左中将姉小路実武の子。
¶公卿, 公家(公文〔姉小路家〕 きんふみ)

姉小路公景 あねがこうじきんかげ
⇒姉小路公景(あねがこうじきみかげ)

姉小路公遂 あねがこうじきんかつ
⇒姉小路公遂(あねこうじきんすい)

姉小路公知 あねがこうじきんさと
⇒姉小路公知(あねがこうじきんとも)

姉小路公聡 あねがこうじきんとし
⇒姉小路公聡(あねがこうじきみあき)

姉小路公知* あねがこうじきんとも
天保10(1839)年12月5日～文久3(1863)年 [別]姉小路公知(あねがこうじきんさと, あねのこうじきんとも) 江戸時代末期の公家、宮廷政治家。
¶コン(あねのこうじきんとも), 全幕(あねがこうじきんさと(きんもと)), 幕末([生]天保10(1840)年12月5日 [没]文久3(1863)年5月20日)

姉小路公宣* あねがこうじきんよし
養和1(1181)年～嘉禄1(1225)年5月27日 鎌倉時代前期の公卿(権大納言)。姉小路家の祖。左大臣三条実房の三男。
¶公卿, 公家(公宣〔姉小路家〕 きんよし)

姉小路定子 あねがこうじさだこ
⇒開明門院(かいめいもんいん)

姉小路実武* あねがこうじさねたけ
元禄9(1696)年8月21日～享保11(1726)年2月22日 江戸時代中期の公家(参議)。権大納言姉小路公量の次男。
¶公卿, 公家(実武〔姉小路家〕 さねたけ)

姉小路実次* あねがこうじさねつぎ
正安2(1300)年～建武2(1335)年8月11日 鎌倉時代後期～南北朝時代の公卿(参議、但馬権守)。権中納言姉小路公朝の長男。
¶公卿, 公家(実次〔姉小路家〕 さねつぎ)

姉小路実富* あねがこうじさねとみ
?～正平8/文和2(1353)年 南北朝時代の公卿(非参議)。権中納言姉小路公朝の次男。
¶公卿([没]文和2/正平8(1353)年), 公家(実富〔姉小路家〕 さねとみ [没]文和2(1353)年)

姉小路実尚* あねがこうじさねなお
生没年不詳 鎌倉時代前期の公卿(権中納言)。権大納言姉小路公宣の三男。
¶公卿, 公家(実尚〔姉小路家〕 さねなお)

姉小路実文 あねがこうじさねふみ
⇒藤原実文(ふじわらさねぶみ)

姉小路実世 あねがこうじさねよ
⇒姉小路実世(あねのこうじさねよ)

姉小路高基* あねがこうじたかとも
永仁6(1298)年～正平13/延文3(1358)年 [別]姉小路高基(あねがこうじたかもと) 南北朝時代の公卿(非参議)。飛驒姉小路家の祖。内蔵頭・参議藤原頼基の子。
¶公卿([生]? [没]延文3/正平13(1358)年3月2日), 公家(高基〔小一条流姉小路家(絶家)〕 たかとも [生]? [没]延文3(1358)年3月2日)

姉小路高基 あねがこうじたかもと
⇒姉小路高基(あねがこうじたかとも)

姉小路忠方* あねがこうじただかた
仁治2(1241)年～弘安5(1282)年12月19日 鎌倉時代後期の公卿(権中納言)。権大納言姉小路顕朝の子。
¶公卿, 公家(忠方〔八条家(絶家)〕 ただかた)

姉小路尹綱 あねがこうじただつな
⇒姉小路尹綱(あねのこうじただつな)

姉小路嗣頼 あねがこうじつぐより
⇒姉小路嗣頼(あねのこうじつぐより)

姉小路済継* あねがこうじなりつぐ
文明2(1470)年～永正15(1518)年 戦国時代の公卿(参議)。権中納言姉小路基綱の子。
¶公卿([没]永正15(1518)年5月29日), 公家(済継〔小一条流姉小路家(絶家)〕 なりつぐ [没]永正15(1518)年5月30日)

姉小路局* あねがこうじのつぼね
寛政7(1795)年～明治13(1880)年8月9日 [別]姉小路(あねがこうじ), 姉小路局(あねのこうじのつぼね) 江戸時代後期～明治時代の大奥女中。
¶江表(姉小路(東京都)), コン(あねのこうじのつぼね), 全幕, 徳将(姉小路 あねがこうじ)

姉小路秀綱 あねがこうじひでつな
戦国時代～安土桃山時代の武将。
¶戦武([生]? [没]天正13(1585)年)

姉小路昌家 あねがこうじまさいえ
⇒姉小路昌家(あねのこうじまさいえ)

姉小路基綱* あねがこうじもとつな
嘉吉1(1441)年～永正1(1504)年 [別]姉小路基綱(あねのこうじもとつな), 基綱(もとつな) 室町時代～戦国時代の歌人、公卿(権中納言)。参議姉小路昌家の子。
¶公卿([没]永正1(1504)年4月23日), 公家(基綱〔小一条流姉小路家(絶家)〕 もとつな [没]永正1(1504)年4月23日), 俳文(基綱 もとつな)

姉小路良頼 あねがこうじよしより
⇒姉小路嗣頼(あねのこうじつぐより)

姉小路頼綱*(姉小路自綱) あねがこうじよりつな
天文9(1540)年～天正15(1587)年 [別]姉小路自綱(あねのこうじこれつな), 姉小路頼綱(あねのこうじよりつな), 三木頼綱(みきよりつな, みつきよ

りつな），三木自綱（みつきよりつな，みつぎよりつな）　安土桃山時代の飛驒国の大名。
¶織田（三木自綱　みつきよりつな），織田（三木自綱　みつきよりつな），全戦（三木自綱　みつきよりつな），戦武

姉川栄蔵* あねかわえいぞう
天保5（1834）年～明治33（1900）年　江戸時代末期～明治時代の久留米藩士。尊攘運動に奔走。
¶幕末（[没]明治33（1900）年8月19日）

姉川菊八* あねがわきくはち
生没年不詳　[別]嵐小六〔2代〕（あらしころく），嵐三右衛門〔7代〕（あらしさんえもん），倭夕，和勇（わゆう）　江戸時代中期の歌舞伎役者。明和2年～寛政3年以降に活躍。
¶歌大（嵐三右衛門〔7代〕　あらしさんえもん）

姉川新九郎 あねがわしんくろう
⇒中山新九郎〔1代〕（なかやましんくろう）

姉川新四郎〔1代〕* あねかわしんしろう，あねがわしんしろう
貞享2（1685）年～寛延2（1749）年　[別]豊島勝三郎（としまかつさぶろう），豊島勝之助（としまかつのすけ），女市（めいち）　江戸時代中期の歌舞伎役者。宝永7年～寛延2年頃に活躍。
¶歌大（あねがわしんしろう　[没]寛延2（1749）年11月25日）

姉川新四郎〔2代〕* あねかわしんしろう，あねがわしんしろう
生没年不詳　[別]姉川新之助（あねかわしんのすけ）江戸時代中期の歌舞伎役者、歌舞伎座本。宝暦4年～11年以降に活躍。
¶歌大（あねがわしんしろう）

姉川新四郎〔3代〕*（――〔4代〕）　あねかわしんしろう，あねがわしんしろう
寛延1（1748）年～文化2（1805）年　[別]姉川綱吉（あねかわつなきち），姉川みなと〔2代〕（あねかわみなと），一口，一幸（いっこう）　江戸時代中期～後期の歌舞伎役者。明和8年～寛政9年以降に活躍。
¶歌大（――〔4代〕　あねがわしんしろう　[没]文化2（1805）年2月16日）

姉川新四郎〔3代〕 あねがわしんしろう
江戸時代の歌舞伎俳優。
¶歌大（生没年不詳）

姉川新四郎〔4代〕*（――〔5代〕）　あねがわしんしろう，あねかわしんしろう
文化6（1809）年～嘉永6（1853）年　[別]浅尾鬼吉（あさおおにきち），浅尾仲蔵〔2代〕（あさおなかぞう），姉川仲蔵（あねかわなかぞう），小猿（こえん）　江戸時代末期の歌舞伎役者。弘化4年～嘉永2年以降に活躍。
¶歌大（――〔5代〕　[没]嘉永6（1853）年4月19日）

姉川新四郎〔6代〕 あねがわしんしろう
江戸時代後期～末期の歌舞伎俳優。
¶歌大（[生]天保15（1844）年6月3日　[没]？）

姉川新之助 あねかわしんのすけ
⇒姉川新四郎〔2代〕（あねかわしんしろう）

姉川綱吉 あねかわつなきち
⇒姉川新四郎〔3代〕（あねかわしんしろう）

姉川仲蔵 あねかわなかぞう
⇒姉川新四郎〔4代〕（あねがわしんしろう）

姉川みなと〔2代〕 あねかわみなと
⇒姉川新四郎〔3代〕（あねかわしんしろう）

姉川行道* あねがわゆきみち，あねかわゆきみち
文政7（1824）年～明治23（1890）年　江戸時代末期～明治時代の志士、筑後久留米藩士。
¶コン（[生]天保5（1834）年）

姉小路家綱* あねこうじいえつな
？～元中7/明徳1（1390）年　[別]姉小路家綱（あねがこうじいえつな）　南北朝時代の公卿（参議）。宮内卿姉小路高基の長男。
¶公卿（[没]明徳1/元中7（1390）年），公家（家綱〔小一条流姉小路家（絶家）〕　いえつな　[没]明徳1（1390）年）

姉小路公遂* あねこうじきんすい
寛政6（1794）年6月13日～安政4（1857）年1月29日　[別]姉小路公遂（あねがこうじきんかつ）　江戸時代末期の公家（権中納言）。右中将姉小路公春の子。
¶公卿，公家（公遂〔姉小路家〕　きんかつ）

姉小路公知 あねのこうじきんとも
⇒姉小路公知（あねがこうじきんとも）

姉小路自綱 あねのこうじこれつな
⇒姉小路頼綱（あねがこうじよりつな）

姉小路聡子 あねのこうじさとこ
江戸時代後期の女性。光格天皇の宮人。
¶天皇（[生]寛政6（1794）年1月25日　[没]？）

姉小路実世* あねのこうじさねよ
元久1（1204）年～文永1（1264）年　[別]姉小路実世（あねがこうじさねよ）　鎌倉時代前期の公卿（権中納言）。権大納言姉小路公宣の長男。
¶公卿（あねがこうじさねよ　[生]元久1（1205）年　[没]？），公家（実世〔姉小路家〕　さねよ　[生]1205年　[没]？）

姉小路尹綱* あねのこうじただつな
？～応永18（1411）年　[別]姉小路尹綱（あねがこうじただつな），姉小路頼時（あねのこうじよりとき）室町時代の武将、中流公家。
¶室町（あねがこうじただつな）

姉小路嗣頼* あねのこうじつぐより
？～元亀3（1572）年　[別]姉小路嗣頼（あねがこうじつぐより），姉小路良頼（あねがこうじよしより），三木良頼（みつきよしより，みつぎよしより）　戦国時代の飛驒国司。
¶織田（三木良頼　みつきよしより　[没]元亀3（1572）年11月12日），公家（良頼〔小一条流姉小路家（絶家）〕　よしより　[没]元亀3（1572）年11月12日），全戦（三木良頼　みつきよしより），戦武（姉小路良頼　あねがこうじよしより　[生]永正17（1520）年）

姉小路局 あねのこうじのつぼね
⇒姉小路局（あねがこうじのつぼね）

姉小路昌家* あねのこうじまさいえ
？～文明1（1469）年　[別]姉小路昌家（あながこうじまさいえ，あねがこうじまさいえ）　室町時代の飛驒国司、公卿（参議）。参議姉小路家綱の子。
¶公卿（あねがこうじまさいえ　生没年不詳），公家（昌家〔小一条流姉小路家（絶家）〕　まさいえ）

姉小路基綱 あねのこうじもとつな
⇒姉小路基綱（あねがこうじもとつな）

姉小路頼綱 あねのこうじよりつな
⇒姉小路頼綱（あねがこうじよりつな）

あ

姉小路頼時　あねのこうじよりとき
⇒姉小路尹綱（あねのこうじただつな）

姉歯武之進*　あねはたけのしん
弘化1（1844）年～明治1（1868）年　江戸時代末期の五番大隊長瀬上主膳の小隊長兼軍艦。
¶幕末（[没]慶応4（1868）年5月1日）

安濃恒生*　あのうつねお
天保4（1833）年～明治32（1899）年　江戸時代末期～明治時代の大阪阿部野神社初代宮司。国学や皇朝医学を研究。
¶幕末（[没]明治32（1899）年6月4日）

穴太牛養　あのうのうしかい
平安時代前期の官人。
¶古人（生没年不詳）

穴太牛刀自□　あのうのうしとじ□
平安時代前期の官人。
¶古人（生没年不詳）

穴太内人　あのうのうちひと
⇒穴太内人（あなほのうちひと）

穴太馬麻呂　あのうのうままろ
平安時代前期の官人。
¶古人（生没年不詳）

穴太浦吉　あのうのうらよし
⇒穴太日佐浦吉（あなほのおさうらよし）

穴太老　あのうのおゆ
奈良時代の官人。
¶古人（生没年不詳）

穴太門継　あのうのかどつぐ
平安時代前期の官人。
¶古人（生没年不詳）

穴太清行　あのうのきよゆき
平安時代中期の藤原道兼家の家令。
¶古人（生没年不詳）

穴太古麻呂　あのうのこまろ
平安時代前期の官人。
¶古人（生没年不詳）

穴太雑物　あのうのさいもの
奈良時代の官人。
¶古人（生没年不詳）

穴太季保　あのうのすえやす
平安時代中期の官人。
¶古人（生没年不詳）

穴太豊理　あのうのとよまさ
⇒穴太豊理（あなほのとよまさ）

穴太春真　あのうのはるさね
平安時代中期の官人。姓は村主。
¶古人（生没年不詳）

穴太通忠　あのうのみちただ
平安時代中期の官人。姓は村主。
¶古人（生没年不詳）

穴太保信　あのうのやすのぶ
平安時代中期の官人。
¶古人（生没年不詳）

穴太愛親*　あのうのよしちか
生没年不詳　平安時代中期の弁官局の官人。
¶古人

彼御方　あのおんかた
平安時代後期の女性。平重盛の妻、平時信の娘。
¶平家（生没年不詳）

阿野公緒*　あのきみお
寛文6（1666）年～寛保1（1741）年9月3日　江戸時代中期の公家（権大納言）。権大納言阿野実藤の次男。
¶公卿，公家（公緒〔阿野家〕　きんつぐ　[生]寛文6（1666）年12月22日）

阿野公業*　あのきみかず
慶長4（1599）年～天和3（1683）年12月6日　江戸時代前期の公家（権大納言）。権大納言阿野実顕の子。
¶公卿，公家（公業〔阿野家〕　きんかず）

阿野公誠　あのきみしげ
⇒阿野公誠（あのきんみ）

阿野公為*　あのきみため
生没年不詳　南北朝時代の公卿（非参議）。内大臣阿野実為の子。
¶公卿，公家（公為〔阿野家〕　きんため）

阿野公倫*　あのきみとも
安永2（1773）年3月10日～寛政12（1800）年7月12日　江戸時代中期～後期の公家（権中納言）。右中将阿野実紐の子。
¶公卿，公家（公倫〔阿野家〕　きんとも　[生]安永2（1773）年閏3月10日）

阿野公縄*　あのきみなわ
享保13（1728）年12月14日～天明1（1781）年　[別]阿野公縄（あのきんのり）　江戸時代中期の公家（権大納言）。権中納言阿野実惟の子。
¶公卿（[没]天明1（1781）年6月30日），公家（公縄〔阿野家〕　きんなわ　[没]天明1（1781）年6月28日）

阿野公寛*　あのきみひろ
嘉禎1（1235）年～？　鎌倉時代後期の公卿（非参議）。左中将阿野実直の長男。
¶公卿，公家（公寛〔阿野家（絶家）〕　きんひろ）

阿野公煕*　あのきみひろ
応永24（1417）年～文明4（1472）年8月7日　室町時代の公卿（権中納言）。権中納言阿野実治の子。
¶公卿，公家（公煕〔阿野家〕　きんひろ）

阿野公縄　あのきんのり
⇒阿野公縄（あのきみなわ）

阿野公誠*　あのきんみ
文政1（1818）年～明治12（1879）年　[別]阿野公誠（あのきみしげ）　江戸時代末期～明治時代の公家。尊攘派で四奸排撃運動などに活躍。
¶公卿（あのきみしげ　[生]文政1（1818）年3月17日　[没]明治12（1879）年6月），公家（公誠〔阿野家〕　きんみ　[生]文化15（1818）年3月17日　[没]明治12（1879）年6月1日），幕末（[生]文政14（1818）年3月17日　[没]明治12（1879）年6月1日）

阿野軍治*　あのぐんじ
弘化2（1845）年～元治1（1864）年　江戸時代末期の長州（萩）藩司国司信濃臣。
¶幕末（[没]元治1（1864）年7月19日）

阿野実顕*　あのさねあき
天正9（1581）年～正保2（1645）年11月8日　江戸時

代前期の公家（権大納言）。右少将阿野季時の孫、僧内山上乗院の子。

¶公卿（[生]天正9（1581）年3月13日），公家（実顕〔阿野家〕　さねあき　[生]天正9（1581）年3月13日）

阿野実敦*　あのさねあつ

生没年不詳　鎌倉時代後期の公卿（非参議）。左中将阿野公寛の子。

¶公卿，公家（実敦〔阿野家（絶家）〕　さねあつ）

阿野実廉*　あのさねかど

正応1（1288）年～？　[別]阿野実廉（あのさねやす）　鎌倉時代後期の公卿（非参議）。左中将阿野公廉の子。

¶公卿（あのさねやす　[生]弘安10（1287）年），公家（実廉〔阿野家〕　さねかど）

阿野実惟*　あのさねこれ

元禄13（1700）年2月7日～寛保3（1743）年6月30日　[別]阿野実惟（あのさねただ）　江戸時代中期の公家（権中納言）。権大納言阿野公緒の子。

¶公卿，公家（実惟〔阿野家〕　さねこれ）

阿野実惟　あのさねただ

⇒阿野実惟（あのさねこれ）

阿野実為*　あのさねため

生没年不詳　南北朝時代の公卿（内大臣）。大納言阿野実村の次男。

¶公卿，内乱，室町

阿野実直*　あのさねなお

承元3（1209）年～建長3（1251）年9月10日　[別]藤原実直（ふじわらさねなお）　鎌倉時代前期の公卿（非参議）。信濃守阿野公佐の子。

¶公卿，公家（実直〔阿野家〕　さねなお）

阿野実典*　あのさねのり

寛政10（1798）年7月1日～天保9（1838）年1月14日　江戸時代後期の公家（非参議）。権中納言阿野公倫の子。

¶公卿，公家（実典〔阿野家〕　さねのり）

阿野実治*　あのさねはる

？～宝徳1（1449）年2月11日　室町時代の公卿（権中納言）。左中将阿野公為の長男。

¶公卿，公家（実治〔阿野家〕　さねはる　[没]文安6（1449）年2月11日）

阿野実紐*　あのさねひも

*～天明6（1786）年7月26日　[別]阿野実紐（あのさねもと）　江戸時代中期の公家（参議）。権大納言阿野公縄の子。

¶公卿（[生]延享3（1747）年6月25日），公家（実紐〔阿野家〕　さねひも　[生]延享3（1746）年6月25日）

阿野実藤*　あのさねふじ

寛永11（1634）年2月15日～元禄6（1693）年9月21日　江戸時代前期の公家（権大納言）。権大納言阿野公業の子。

¶公卿，公家（実藤〔阿野家〕　さねふじ）

阿野実文*　あのさねふみ

鎌倉時代後期の公卿（非参議）。左中将阿野公仲の長男。

¶公卿（[生]？　[没]正和5（1315）年9月），公家（実文〔阿野家〕　さねふみ　[生]？　[没]正和5（1316）年9月）

阿野実村*　あのさねむら

生没年不詳　南北朝時代の公卿（大納言）。大納言阿野季継の長男。

¶公卿

阿野実紐　あのさねもと

⇒阿野実紐（あのさねひも）

阿野実廉　あのさねやす

⇒阿野実廉（あのさねかど）

阿野季継*　あのすえつぐ

生没年不詳　南北朝時代の公卿（大納言）。宮内卿阿野実廉の子。

¶公卿

阿野季綱*　あのすえつな

文明3（1471）年～永正8（1511）年9月16日　戦国時代の公卿（非参議）。権中納言阿野公煕の子。

¶公卿，公家（季綱〔阿野家〕　すえつな）

阿野季遠*　あのすえとお

応永16（1409）年～？　室町時代の公卿（権中納言）。左中将阿野公為の次男。

¶公卿，公家（季遠〔阿野家〕　すえとお）

阿野全成*　あのぜんじょう

仁平3（1153）年～建仁3（1203）年6月23日　[別]全成（ぜんじょう，ぜんせい）　平安時代後期～鎌倉時代前期の僧籍の武将。頼朝の異母弟、義経の同母兄。

¶古人（全成　ぜんじょう），コン（[生]？），中世，内乱

安濃津侍従　あのつじじゅう

⇒織田信包（おだのぶかね）

安濃津中将　あのつちゅうじょう

⇒織田信包（おだのぶかね）

安濃内親王　あのないしんのう

⇒安濃内親王（あののないしんのう）

安濃内親王*　あののないしんのう

？～承和8（841）年　[別]安濃内親王（あのないしんのう）　平安時代前期の女性。桓武天皇の第4皇女。

¶古人（あのないしんのう）

安努広島　あののひろしま

⇒安努広島（あぬのひろしま）

阿野廉子　あののれんし

⇒阿野廉子（あのれんし）

阿野廉子*　あのれんし

正安3（1301）年～正平14/延文4（1359）年　[別]阿野廉子（あののれんし），新待賢門院（しんたいけんもんいん），藤原廉子（ふじわらのれんし）　鎌倉時代後期～南北朝時代の女性。後醍醐天皇の後宮、後村上天皇の母。

¶コン，女史，天皇（あののれんし・やすこ　[生]正安3（1304）年），中世，内乱，室町（[生]応長1（1311）年　[没]延文4/正平14（1359）年）

安八萬王　あはちまのおう

奈良時代の官人。

¶古人（[生]？　[没]719年）

阿彦*　あひこ

明和6（1769）年～天保8（1837）年1月21日　江戸時代中期～後期の俳人。

¶俳文

阿弭古　あびこ

上代の依網屯倉の人。

¶古人（生没年不詳）

我孫有柯　あびこのありえだ
平安時代中期の官人。
¶古人（生没年不詳）

阿比古氏雄*　あびこのうじお
平安時代前期の官医。
¶古人（生没年不詳）

我孫重吉　あびこのしげよし
平安時代後期の算学生。
¶古人（生没年不詳）

我孫孝道　あびこのたかみち
平安時代中期の官人。
¶古人（生没年不詳）

我孫吉友　あびこのよしとも
平安時代後期の官人。
¶古人（生没年不詳）

阿比古吉則　あびこのよしのり
平安時代後期の官人。
¶古人（生没年不詳）

阿比多*　あひた
上代の倭系の百済人。
¶古人（生没年不詳），古代

吾平津媛*　あひらつひめ
[別]吾平津媛命（あひらづひめのみこと），阿比良比売（あひらひめ）　上代の女性。神武天皇の妃。
¶古代（阿比良比売　あひらひめ），天皇（生没年不詳）

吾平津媛命　あひらづひめのみこと
⇒吾平津媛（あひらつひめ）

阿比良比売　あひらひめ
⇒吾平津媛（あひらつひめ）

阿比留鋭三郎*（阿比留栄三郎）　あびるえいざぶろう
天保13（1842）年～文久3（1863）年　江戸時代末期の浪人。壬生浪士隊創設。
¶新隊（[没]文久3（1863）年4月6日），全幕（阿比留栄三郎），幕末（[没]文久3（1863）年4月6日）

阿比留忠好　あびるのただよし
平安時代後期の官人。
¶古人（生没年不詳）

阿比留茂山　あびるもさん
⇒茂山（もさん）

安冨祖正元*（安富祖政元，安冨祖正元）　あふそせいげん
尚穆34（1785）年～尚泰18（1865）年　江戸時代後期の琉球音楽演奏者。安冨祖流の祖。
¶コン（安富祖政元　[生]天明5（1785）年　[没]慶応1（1865）年）

阿仏　あぶつ
⇒阿仏尼（あぶつに）

阿仏尼*　あぶつに
？～弘安6（1283）年　[別]阿仏（あぶつ），安嘉門院四条（あんかもんいんのしじょう），北林禅尼（ほくりんぜんに）　鎌倉時代後期の女性。歌人。
¶コン（[没]弘安6（1283）年？），思想，女史，女文（[没]弘安6（1283）年4月8日），中世（[没]弘安6（1283）年？），日文（[生]承元3（1209）年），山小（[没]1283年4月8日）

阿武松緑之助　あぶのまつみどりのすけ
⇒阿武松緑之助（おおのまつみどりのすけ）

油井加兵衛　あぶらいかひょうえ
安土桃山時代の高天神籠城衆。
¶武田（[生]？　[没]天正9（1581）年3月22日）

油井藤太夫　あぶらいとうだゆう
安土桃山時代の高天神籠城衆。
¶武田（[生]？　[没]天正9（1581）年3月22日）

油井清九郎　あぶらかわせいくろう
戦国時代の武田氏の家臣。
¶武田（[生]？　[没]永正5（1508）年10月4日）

油川珍宝丸　あぶらかわちんぽうまる
戦国時代の武田氏の家臣。
¶武田（[生]？　[没]永正5（1508）年10月4日）

油川豊子　あぶらかわとよね
安土桃山時代の武田氏の家臣。
¶武田（生没年不詳）

油川信貞　あぶらかわのぶさだ
戦国時代～江戸時代前期の武田氏・徳川家康の家臣。
¶武田（[生]弘治3（1557）年　[没]寛永3（1626）年6月23日）

油川信近　あぶらがわのぶちか
⇒油川錬三郎（ゆかわれんざぶろう）

油川信次　あぶらかわのぶつぐ
安土桃山時代の武田氏の家臣。
¶武田（[生]？　[没]天正3（1575）年5月21日）

油川信連　あぶらかわのぶつら
安土桃山時代の武田氏の家臣。
¶武田（[生]？　[没]永禄4（1561）年9月10日）

油川信友　あぶらかわのぶとも
戦国時代の武士。油川信恵の子。
¶武田（[生]？　[没]天文19（1550）年10月1日？）

油川信守　あぶらかわのぶもり
安土桃山時代の武田氏の家臣。
¶武田（生没年不詳）

油川信恵　あぶらかわのぶよし
⇒武田信恵（たけだのぶよし）

油川晴正　あぶらかわはるまさ
安土桃山時代の武士。五郎左衛門。
¶武田（生没年不詳）

油川昌重　あぶらかわまさしげ
安土桃山時代の武田氏の家臣。
¶武田（生没年不詳）

油川弥九郎　あぶらかわやくろう
戦国時代の武田氏の家臣。
¶武田（[生]？　[没]永正5（1508）年10月4日）

油川錬三郎　あぶらかわれんざぶろう
⇒油川錬三郎（ゆかわれんざぶろう）

油小路隆蔭　あぶらこうじたかかげ
⇒四条隆蔭（しじょうたかかげ）

油小路隆家*　あぶらのこうじたかいえ
延元3/暦応1（1338）年～正平22/貞治6（1367）年4月3日　南北朝時代の公卿（権中納言）。権大納言油小路隆蔭の子。
¶公卿（[生]暦応1/延元3（1338）年　[没]貞治6（1367）年4月3日），公家（隆家〔油小路家〕　たかいえ　[没]貞治6（1367）年4月3日）

油小路隆蔭　あぶらのこうじたかかげ
⇒四条隆蔭（しじょうたかかげ）

油小路隆前*　あぶらのこうじたかさき
享保15（1730）年9月21日～文化14（1817）年11月29日　[別]油小路隆前（あぶらのこうじたかちか）　江戸時代中期～後期の公家（権大納言）。権大納言油小路隆典の三男。
¶公卿, 公家（隆前〔油小路家〕　たかさき）

油小路隆貞*　あぶらのこうじたかさだ
元和8（1622）年～元禄12（1699）年9月3日　江戸時代前期の公家（権大納言）。権中納言油小路隆基の子。
¶公卿, 公家（隆貞〔油小路家〕　たかさだ）

油小路隆真*　あぶらのこうじたかざね
万治3（1660）年～享保14（1729）年　江戸時代中期の公家（権中納言）。権大納言油小路隆貞の子。
¶公卿（[生]万治3（1660）年5月3日　[没]享保14（1729）年閏9月7日），公家（隆真〔油小路家〕　たかざね　[生]万治3（1660）年5月3日　[没]享保14（1729）年閏9月7日）

油小路隆前　あぶらのこうじたかちか
⇒油小路隆前（あぶらのこうじたかさき）

油小路隆継*　あぶらのこうじたかつぐ
文明1（1469）年～天文4（1535）年7月　戦国時代の公卿（権中納言）。参議西川房任の子。
¶公卿, 公家（隆継〔油小路家〕　たかつぐ　[生]1449年）

油小路隆夏*　あぶらのこうじたかなつ
？～応仁2（1468）年6月　室町時代の公卿（権大納言）。権中納言油小路隆信の子。
¶公卿, 公家（隆夏〔油小路家〕　たかなつ　[生]1404年　[没]応仁2（1468）年6月4日）

油小路隆信*　あぶらのこうじたかのぶ
正平20/貞治4（1365）年～応永26（1419）年　南北朝時代～室町時代の公卿（権中納言）。権中納言油小路隆家の子。
¶公卿（[生]貞治4（1365）年　[没]応永26（1419）年8月28日），公家（隆信〔油小路家〕　たかのぶ　[没]応永26（1419）年8月28日）

油小路隆典*　あぶらのこうじたかのり
貞享1（1684）年2月17日～延享3（1746）年8月22日　江戸時代中期の公家（権大納言）。民部卿油小路隆真の子。
¶公卿, 公家（隆典〔油小路家〕　たかのり）

油小路隆基*　あぶらのこうじたかもと
文禄4（1595）年～明暦1（1655）年12月2日　江戸時代前期の公家（権中納言）。油小路隆継の養子。
¶公卿, 公家（隆基〔油小路家〕　たかもと）

油小路隆彭　あぶらのこうじたかもり
⇒油小路隆彭（あぶらのこうじたかゆき）

油小路隆彭*　あぶらのこうじたかゆき
宝暦9（1759）年9月8日～寛政4（1792）年10月8日　[別]油小路隆彭（あぶらのこうじたかもり）　江戸時代中期の公家（権中納言）。民部卿油小路隆前の子。
¶公卿, 公家（隆彭〔油小路家〕　たかみち）

阿部有清*　あべありきよ
文政4（1821）年5月30日～明治30（1897）年12月20日　江戸時代末期～明治時代の数学者、天文学者。数学、天文学、蘭学を修める。帰郷後は徳島において師弟の育成に従事。
¶数学, 幕末

安部井磐根*　あべいいわね
天保3（1832）年～大正5（1916）年　江戸時代末期～明治時代の陸奥二本松藩士、政治家。廃藩置県後福島県議会議員、衆議院議員、副議長を歴任。
¶コン, 幕末（[生]天保3（1832）年3月17日　[没]大正5（1916）年11月19日）

阿部伊吉*　あべいきち
嘉永1（1848）年～？　江戸時代末期の民権家。
¶幕末

安部井寿太郎*　あべいじゅたろう
天保12（1841）年～大正10（1921）年　江戸時代末期～大正時代の会津藩歌人、医者。西周の塾で仏蘭仏語を学び仏式練兵や築城法を会得。
¶幕末（[没]大正10（1921）年8月25日）

安部井政治*　あべいせいじ
弘化2（1845）年～明治2（1869）年　[別]安部井政治（あべいまさじ）　江戸時代末期の陸奥会津藩士。
¶幕末（[生]天保7（1836）年　[没]明治2（1869）年4月29日）

安部井仲八*　あべいちゅうはち
文政1（1818）年～明治1（1868）年　江戸時代末期の儒学者。
¶幕末（[没]慶応4（1868）年8月23日）

阿部市郎兵衛〔5代〕　あべいちろうべえ
⇒阿部市郎兵衛〔5代〕（あべいちろべえ）

阿部市郎兵衛〔5代〕*　あべいちろべえ
明和4（1767）年～天保6（1835）年　[別]阿部市郎兵衛〔5代〕（あべいちろうべえ）　江戸時代後期の近江商人。
¶コン

阿部一行*　あべいっこう
天保11（1840）年～明治37（1904）年　江戸時代末期～明治時代の教育者。私塾培根舎を設立。漢字と筆道を教授。
¶幕末

安部井浩*　あべいひろし
天保7（1836）年～安政6（1859）年　江戸時代末期の儒学者。
¶幕末

安部井政治　あべいまさじ
⇒安部井政治（あべいせいじ）

安部井又之丞　あべいまたのじょう
江戸時代後期～末期の二本松藩士。勘定奉行。
¶全幕（[生]文化1（1804）年？　[没]慶応4（1868）年）

安部井櫟堂*（安部井櫟堂）　あべいれきどう
文化5（1808）年～明治16（1883）年　江戸時代後期～明治時代の篆刻家。命を奉じて大日本国璽、天皇御璽の二金印を刻んだ。鉄筆の巨匠。
¶美工（安部井櫟堂　[没]明治16（1883）年9月16日）

阿部右衛門尉　あべえもんのじょう
戦国時代～安土桃山時代の甲斐国巨摩郡竜地村の土豪。
¶武田（生没年不詳）

阿閇皇女　あへおうじょ
⇒元明天皇（げんめいてんのう）

安部一信　あべかずのぶ
⇒安部一信（あんべかずのぶ）

安倍清行　あべきよゆき
⇒安倍清行（あべのきよゆき）

阿部謹子＊　あべきんこ
文政5（1822）年～嘉永5（1852）年8月13日　江戸時代末期の女性。福島藩主阿部正弘の妻。松平治好の第2女。
¶江表（謹子（広島県）　きんこ　[生]文政4（1821）年）

阿部邦之助＊　あべくにのすけ
天保10（1839）年～　[別]阿部潜（あべせん）　江戸時代末期～明治時代の陸軍軍人、陸軍重立取扱、静岡県少参事。沼津兵学校を開校した。広島藩の兵学校設立顧問も務めた。
¶徳人（阿部潜　あべせん　[没]1911年），幕末（阿部潜　あべせん　[生]天保10（1839）年1月2日　[没]明治28（1895）年9月1日）

阿部九兵衛＊　あべくへえ
文化4（1807）年～明治5（1872）年　[別]阿部知翁（あべちおう）　江戸時代末期～明治時代の算学中興の祖。
¶数学（阿部知翁　あべちおう　[没]明治5（1872）年1月7日），幕末（[没]明治5（1872）年1月17日）

阿部豪逸＊　あべごういつ
天保5（1834）年～明治15（1882）年　江戸時代末期～明治時代の英彦山修験奉行。長州で討幕運動に参加。維新後は奉行職に尽す。
¶コン，幕末（[没]明治15（1882）年9月4日）

阿部弘蔵　あべこうぞう
江戸時代末期の幕臣。
¶幕末（生没年不詳）

安倍維則　あべこれのり
江戸時代後期の和算家。千葉胤秀に関流の算学を学ぶ。
¶数学

阿閉権之丞＊　あべごんのじょう
文政10（1827）年～慶応1（1865）年　[別]阿閉権之丞（あとじごんのじょう）　江戸時代末期の志士、近江膳所藩士。
¶幕末（あとじごんのじょう　[没]慶応3（1867）年10月21日）

阿部莎鶏　あべさけい
⇒莎鶏（しゃけい）

安倍貞任　あべさだとう
⇒安倍貞任（あべのさだとう）

阿倍貞行（阿部貞行）　あべさだゆき
⇒阿部茂兵衛（あべもへえ）

阿閉貞征　あべさだゆき
⇒阿閉貞征（あつじさだゆき）

阿部三圭＊　あべさんけい
？～慶応3（1867）年　江戸時代末期の医師、歌人。
¶幕末

安倍氏（倉橋泰貞女）　あべし
⇒中将局（ちゅうじょうのつぼね）

阿部重次＊　あべしげつぐ
慶長3（1598）年～慶安4（1651）年4月20日　江戸時代前期の大名。下野鹿沼藩主、武蔵岩槻藩主。
¶コン，徳将，徳人

阿部重道＊　あべしげみち
文政8（1825）年～明治8（1875）年　江戸時代末期～明治時代の数学者。
¶数学（[生]文政8（1825）年10月4日　[没]明治8（1875）年12月3日）

安部重救の妻　あべしげもとのつま⋆
江戸時代中期の女性。和歌。井戸氏の娘。享保5年成立、夫重救勧進の「北野奉納五十首和歌」に載る。
¶江表（安部重救の妻（東京都））

安部重救の母　あべしげもとのはは⋆
江戸時代中期の女性。和歌。旗本安部重宣の娘。享保5年成立、子重救勧進の「北野奉納五十首和歌」に載る。
¶江表（安部重救の母（東京都））

阿部莎鶏　あべしゃけい
⇒莎鶏（しゃけい）

阿部十郎＊　あべじゅうろう
天保8（1837）年～明治40（1907）年1月6日　[別]阿部信次郎（あべしんじろう），阿部隆明（あべたかあき）　江戸時代末期～明治時代の壬生浪士組入隊者。
¶新隊（[生]天保8（1837）年8月22日），全幕，幕末（[生]天保8（1837）年8月22日）

阿部隼多＊　あべじゅんた
嘉永3（1850）年～？　江戸時代後期～末期の新撰組隊士。
¶新隊（生没年不詳）

阿部順貞＊（安部順貞）　あべじゅんてい
？～延宝4（1676）年　江戸時代前期の医師。
¶徳人（安倍順貞）

阿部将翁＊　あべしょうおう
？～宝暦3（1753）年　[別]阿部照任（あべてるとう）　江戸時代中期の本草学者。
¶江人，科学（[生]寛文6（1666）年　[没]宝暦3（1753）年1月26日），コン（[生]慶安3（1650）年），植物（[生]寛文6（1666）年　[没]宝暦3（1753）年1月26日），徳人（阿部照任　あべてるとう　[生]1650年？）

阿部正蔵＊　あべしょうぞう
？～嘉永1（1848）年　[別]阿部正蔵（あべせいぞう）　江戸時代後期の江戸北町奉行。
¶徳人（あべせいぞう），幕末（[没]嘉永1（1848）年8月7日）

阿部昭方　あべしょうほう
⇒阿部文治郎（あべぶんじろう）

阿部信次郎　あべしんじろう
⇒阿部十郎（あべじゅうろう）

阿部真造＊　あべしんぞう
天保2（1831）年～明治21（1888）年　江戸時代末期～明治時代の唐通事筆者、キリスト教教導職。浦上教徒事件の際香港に逃れ、のち教導職。
¶コン（生没年不詳），対外，幕末（[没]明治21（1888）年3月21日）

安倍季政（安倍季正）　あべすえまさ
⇒安倍季正（あべのすえまさ）

安倍資兼　あべすけかね
平安時代後期の武士。
¶平家（生没年不詳）

安部資成　あべすけなり
平安時代後期の武士。
¶平家（生没年不詳）

安倍祐頼 あべすけより
平安時代中期の官人。
¶古人（生没年不詳）

阿部正蔵 あべせいぞう
⇒阿部正蔵（あべしょうぞう）

阿部清兵衛* あべせいべえ
享和1（1801）年～慶応2（1866）年　江戸時代末期の儒学者。
¶コン

安倍晴明 あべせいめい
⇒安倍晴明（あべのせいめい）

阿部潜 あべせん
⇒阿部邦之助（あべくにのすけ）

阿部宗兵衛*（安部宗兵衛） あべそうべえ
天保2（1831）年～慶応2（1866）年　[別]阿部吉道（あべよしみち）　江戸時代末期の長州（萩）藩士。
¶幕末（安部宗兵衛　[没]慶応2（1866）年7月28日）

阿部隆明 あべたかあき
⇒阿部十郎（あべじゅうろう）

阿部忠秋* あべただあき
慶長7（1602）年～延宝3（1675）年　江戸時代前期の大名。下野壬生藩主、武蔵忍藩主。
¶江人, コン, 徳将, 徳人

阿倍橘娘 あべたちばなのいらつめ
⇒橘娘（たちばなのいらつめ）

阿部胤信 あべたねのぶ
江戸時代の和算家。関流算術家。
¶数学

阿部為清 あべためきよ
江戸時代の和算家。
¶数学

阿部淡斎* あべたんさい
文化10（1813）年～明治13（1880）年　江戸時代末期～明治時代の儒学者。私塾緑猗園を設立し子弟教育に貢献。
¶幕末（[没]明治16（1883）年）

阿部知栄 あべちえい
江戸時代中期～後期の和算家。
¶数学（[生]天明1（1781）年　[没]文化11（1814）年3月）

阿部知翁 あべちおう
⇒阿部九兵衛（あべくへえ）

安倍親任*（安部親任） あべちかとう
文化9（1812）年～明治11（1878）年6月24日　江戸時代末期～明治時代の庄内藩士。
¶幕末（安部親任　[生]文化9（1812）年5月12日）

安倍親職* あべちかもと
？～仁治1（1240）年　[別]安倍親職（あべのちかもと）　鎌倉時代前期の陰陽師。
¶古人（あべのちかもと）

阿部千万多* あべちまた
文政4（1821）年～明治1（1868）年　江戸時代末期の志士。
¶全幕（[没]慶応4（1868）年）, 幕末（[生]文政4（1821）年4月　[没]慶応4（1868）年8月14日）

安倍貞治 あべていじ
⇒安倍保定（あべほうてい）

阿部定之助* あべていのすけ
文政2（1819）年～明治18（1885）年　江戸時代末期～明治時代の商人。質屋、酒造業を営む。開成社社員の一人。
¶幕末（[没]明治18（1885）年11月15日）

阿部照任 あべてるとう
⇒阿部将翁（あべしょうおう）

阿閇利信 あべとしのぶ
平安時代後期の官人。
¶古人（生没年不詳）

阿部知義* あべともよし
寛延1（1748）年～文化8（1811）年閏2月28日　江戸時代中期～後期の和算家。
¶数学

安部豊吉* あべとよきち
嘉永5（1852）年～明治22（1889）年　江戸時代末期～明治時代の鉱山技師。鉱山寮で分析と化学冶金学を習得。
¶幕末（[没]明治22（1889）年3月24日）

阿部内膳* あべないぜん
？～明治1（1868）年　江戸時代末期の陸奥棚倉藩士。
¶幕末（[没]慶応4（1868）年5月1日）

阿部直輔* あべなおすけ
天保8（1837）年～明治41（1908）年　江戸時代末期～明治時代の尾張藩士、地方行政官、文筆家。
¶幕末

阿倍仲麻呂 あべなかまろ
⇒阿倍仲麻呂（あべのなかまろ）

安部仁右衛門 あべにえもん
江戸時代前期の武士。大坂の陣で籠城。
¶大坂

安部二右衛門* あべにえもん
生没年不詳　安土桃山時代の織田信長の家臣。
¶織田

安倍章親* あべのあきちか
生没年不詳　平安時代中期の陰陽寮の官人。
¶古人（[生]954年　[没]1026年）

阿倍秋麻呂 あべのあきまろ
⇒阿倍朝臣秋麻呂（あべのあそんあきまろ）

阿倍東人 あべのあずまひと
⇒阿倍朝臣東人（あべのあそんあずまひと）

安倍朝臣奥道 あべのあそみおきみち
⇒安倍奥道（あべのおきみち）

安倍朝臣子祖父 あべのあそみこおおじ
⇒安部子祖父（あべのこおじ）

安倍朝臣沙弥麻呂 あべのあそみさみまろ
⇒阿倍沙弥麻呂（あべのさみまろ）

阿倍朝臣継麻呂 あべのあそみつぎまろ
⇒阿倍朝臣継麻呂（あべのあそんつぐまろ）

安倍朝臣豊継 あべのあそみとよつぐ
⇒安倍豊継（あべのとよつぐ）

あへのあ

安倍朝臣広庭 あべのあそみひろにわ
⇒阿倍広庭（あべのひろにわ）

安倍朝臣虫麻呂 あべのあそみむしまろ
⇒阿部虫麿（あべのむしまろ）

阿倍朝臣秋麻呂＊ あべのあそんあきまろ
㋞阿倍秋麻呂（あべのあきまろ）　奈良時代の官人。
¶古人（阿倍秋麻呂　あべのあきまろ　生没年不詳），古代

阿倍朝臣東人 あべのあそんあずまひと
？～延暦18（799）年　㋞阿倍東人（あべのあずまひと，あべのあづまひと）　奈良時代～平安時代前期の官人。
¶古人（阿倍東人　あべのあづまひと），古代

安倍朝臣兄雄 あべのあそんあにお
⇒安倍兄雄（あべのあにお）

阿倍朝臣毛人 あべのあそんえみし
⇒阿倍毛人（あべのえみし）

阿倍朝臣息道 あべのあそんおきみち
⇒安倍奥道（あべのおきみち）

安倍朝臣興行 あべのあそんおきゆき
⇒安倍興行（あべのおきゆき）

阿倍朝臣首名＊ あべのあそんおびとな
664年～神亀4（727）年　㋞阿倍首名（あべのおびとな）　飛鳥時代～奈良時代の中級官人。
¶古人（阿倍首名　あべのおびとな　㋳？），古代

阿倍朝臣浄成＊ あべのあそんきよなり
㋞阿倍浄成，阿倍清成（あべのきよなり）　奈良時代の官人。
¶古人（阿倍清成　あべのきよなり　生没年不詳），古代

安倍朝臣清行 あべのあそんきよゆき
⇒安倍清行（あべのきよゆき）

安倍朝臣黒麻呂 あべのあそんくろまろ
⇒安倍黒麻呂（あべのくろまろ）

阿倍朝臣子嶋＊ あべのあそんこしま
？～天平宝字8（764）年　㋞阿倍子嶋（あべのこしま，あべのこじま）　奈良時代の中級官人。
¶古人（阿倍子嶋　あべのこじま），古代

安倍朝臣子美奈 あべのあそんこみな
⇒阿部古美奈（あべのこみな）

安倍朝臣貞行 あべのあそんさだゆき
⇒安倍貞行（あべのさだゆき）

阿倍朝臣沙弥麻呂 あべのあそんさみまろ
⇒阿倍沙弥麻呂（あべのさみまろ）

阿倍朝臣嶋麻呂 あべのあそんしままろ
⇒阿倍島麻呂（あべのしままろ）

阿倍朝臣宿奈麻呂 あべのあそんすくなまろ
⇒阿倍宿奈麻呂（あべのすくなまろ）

阿倍朝臣継麻呂＊ あべのあそんつぐまろ
？～天平9（737）年　㋞阿倍朝臣継麻呂（あべのあそみつぎまろ），阿倍継麻呂（あべのつぎまろ，あべのつぐまろ）　奈良時代の官人。
¶古人（阿倍継麻呂　あべのつぎまろ），古代，日文（阿倍継麻呂　あべのつぎまろ）

阿倍朝臣仲麻呂 あべのあそんなかまろ
⇒阿倍仲麻呂（あべのなかまろ）

安倍朝臣比高 あべのあそんなみたか
⇒安倍比高（あべのなみたか）

阿倍朝臣爾閇＊ あべのあそんにえ
？～霊亀2（716）年　㋞阿倍爾閇，阿倍爾閇（あべのにえ）　飛鳥時代～奈良時代の中級官人。
¶古人（阿倍爾閇　あべのにえ），古代

安倍朝臣枚麻呂＊ あべのあそんひらまろ
？～弘仁3（812）年　㋞安倍枚麻呂（あべのひらまろ）　平安時代前期の官人。
¶古人（安倍枚麻呂　あべのひらまろ），古代

阿倍朝臣広庭 あべのあそんひろにわ
⇒阿倍広庭（あべのひろにわ）

阿倍朝臣真勝＊ あべのあそんまかつ
天平勝宝6（754）年～天長3（826）年　㋞阿倍真勝，安倍真勝（あべのまかつ）　奈良時代～平安時代前期の官人。
¶古人（安倍真勝　あべのまかつ），古代

安倍朝臣真直 あべのあそんまなお
⇒安倍真直（あべのまなお）

阿倍朝臣虫麻呂 あべのあそんむしまろ
⇒阿部虫麿（あべのむしまろ）

阿倍朝臣家麻呂＊ あべのあそんやかまろ
生没年不詳　㋞阿倍家麻呂（あべのいえまろ，あべのやかまろ）　奈良時代の武官。
¶古人（阿倍家麻呂　あべのいえまろ），古人（阿倍家麻呂　あべのやかまろ），古代

安倍朝臣安仁 あべのあそんやすひと
⇒安倍安仁（あべのやすひと）

安倍厚子 あべのあつこ
平安時代前期の官人。
¶古人（生没年不詳）

阿倍東人⑴ あべのあづまひと
奈良時代の官人。
¶古人（生没年不詳）

阿倍東人⑵ あべのあづまひと
⇒阿倍朝臣東人（あべのあそんあずまひと）

安倍東麻呂 あべのあづままろ
奈良時代の官人。陸奥国の人。
¶古人（生没年不詳）

安倍兄雄＊（阿倍兄雄） あべのあにお
？～大同3（808）年　㋞安倍朝臣兄雄（あべのあそんあにお），阿部兄雄（あべのえお），安倍兄雄（あべのしげお）　平安時代前期の公卿（畿内観察使）。参議阿倍島麻呂の曽孫，従五位上阿倍粳虫の孫，無位阿倍道守の子。
¶公卿㋥（大同3（808）年10月19日），古人（あべのしげお），古代（安倍朝臣兄雄　あべのあそんあにお），コン（阿倍兄雄）

安倍有親（隣） あべのありちか
平安時代中期の官人。
¶古人（㋕？　㋳1010年？）

安倍有富＊ あべのありとみ
生没年不詳　室町時代の公卿（非参議）。
¶公卿，公家（有富〔安倍家（絶家）2〕　ありとみ）

安倍有脩 あべのありなが
⇒土御門有脩（つちみかどありやす）

安倍有春　あべのありはる
平安時代中期の官人。
¶古人(生没年不詳)

安倍有萬呂　あべのありまろ
奈良時代の官人。
¶古人(生没年不詳)

安倍有道　あべのありみち
平安時代前期の官人。
¶古人(生没年不詳)

安倍有行　あべのありゆき
平安時代後期の陰陽師。
¶古人(生没年不詳)

安倍有之　あべのありゆき
平安時代前期の官人。
¶古人(生没年不詳)

安倍家任　あべのいえとう
平安時代後期の武将。
¶古人(生没年不詳)

阿倍家麻呂　あべのいえまろ
⇒阿倍朝臣家麻呂(あべのあそんやかまろ)

安倍礒根　あべのいそね
平安時代前期の正倉院開扉の勅使。
¶古人(生没年不詳)

安倍謂奈麻呂　あべのいなまろ
平安時代前期の官人。
¶古人([生]?　[没]809年?)

阿倍犬養　あべのいぬかい
奈良時代の官人。
¶古人(生没年不詳)

阿倍女郎＊(阿部郎女，安倍郎女，阿部女郎)　あべのいらつめ
奈良時代の女性。万葉歌人。
¶古人(安倍女郎　生没年不詳)，古代(安倍郎女)，日文(安倍女郎)

阿倍石井＊　あべのいわい
生没年不詳　奈良時代の女性。孝謙天皇の乳母。
¶古人

阿倍石行　あべのいわつら
奈良時代の官人。
¶古人(生没年不詳)

安倍氏雄　あべのうじお
平安時代前期の官人。
¶古人(生没年不詳)

阿倍牛養　あべのうしかい
奈良時代の東大寺写経所校生。
¶古人(生没年不詳)

安倍氏主　あべのうじぬし
奈良時代～平安時代前期の官人。友上の子。
¶古人([生]794年　[没]858年)

阿倍内麻呂　あべのうちのまろ
⇒阿倍倉梯麻呂(あべのくらはしまろ)

阿倍内麻呂(阿部内麻呂)　あべのうちまろ
⇒阿倍倉梯麻呂(あべのくらはしまろ)

阿部兄雄　あべのえお
⇒安倍兄雄(あべのあにお)

阿倍毛人＊　あべのえみし
?～宝亀3(772)年　[別]阿倍朝臣毛人(あべのあそんえみし)　奈良時代の官人(参議)。
¶公卿([没]宝亀3(772)年11月)，古人，古代(阿倍朝臣毛人　あべのあそんえみし)

安倍円随　あべのえんずい
平安時代後期の陰陽権助。
¶古人(生没年不詳)

安倍甥麻呂　あべのおいまろ
平安時代前期の官人。
¶古人(生没年不詳)

阿倍意宇麻呂　あべのおうまろ
奈良時代の官人。於宇万呂とも書く。大炊頭・出雲介・主船正を歴任。
¶古人(生没年不詳)

安倍男笠＊　あべのおがさ
天平勝宝5(753)年～天長3(826)年　奈良時代～平安時代前期の官人。
¶古人

安倍興氏　あべのおきうじ
平安時代前期の官人。
¶古人(生没年不詳)

阿閇興時　あべのおきとき
平安時代中期の官人。
¶古人(生没年不詳)

安倍奥道＊(阿倍息道)　あべのおきみち
?～宝亀5(774)年　[別]安倍朝臣奥道(あべのあそみおきみち)，阿倍朝臣息道(あべのあそんおきみち)　奈良時代の官人。阿倍息道ともかく。
¶古人(阿倍息道　生没年不詳)，古代(阿倍朝臣息道　あべのあそんおきみち)

安倍興行＊(安部興行)　あべのおきゆき
生没年不詳　[別]安倍朝臣興行(あべのあそんおきゆき)　平安時代前期の官人、大宰大弐。
¶古人，古代(安倍朝臣興行　あべのあそんおきゆき)，コン

阿倍小足媛＊　あべのおたらしひめ
生没年不詳　[別]小足媛(おたらしひめ)　飛鳥時代の女性。孝徳天皇の妃。
¶古人，古代(小足媛　おたらしひめ)，コン，天皇

安倍小殿小鎌＊　あべのおてのおかま
飛鳥時代の廷臣。
¶古代

安倍弟雄　あべのおとお
平安時代前期の官人。
¶古人(生没年不詳)

阿倍乙加志　あべのおとかし
奈良時代の官人。
¶古人(生没年不詳)

安倍弟澄＊　あべのおとずみ
生没年不詳　平安時代前期の官女。
¶古人

安倍弟当＊(阿倍弟当)　あべのおとまさ
?～大同3(808)年　平安時代前期の廷臣。

¶古人（阿倍弟当）

安倍雄能麻呂　あべのおのまろ
平安時代前期の官人。
¶古人（生没年不詳）

あ

阿倍首名　あべのおびとな
⇒阿倍朝臣首名（あべのあそんおびとな）

安倍意比麻呂　あべのおびまろ
奈良時代の官人。帯麻呂とも書く。
¶古人（生没年不詳）

阿倍臣人　あべのおみひと
飛鳥時代の豪族。
¶古代

阿倍臣摩侶*　あべのおみまろ
飛鳥時代の官人。
¶古代

阿倍祖足　あべのおやたり
奈良時代の官人。
¶古人（生没年不詳）

安倍笠成　あべのかさなり
奈良時代の官人。
¶古人（生没年不詳）

安倍兼景　あべのかねかげ
平安時代後期の官人。
¶古人（生没年不詳）

安倍兼時(1)　あべのかねとき
平安時代後期の官人。
¶古人（生没年不詳）

安倍兼時(2)　あべのかねとき
平安時代後期の天文権博士。
¶古人（生没年不詳）

安倍兼吉　あべのかねよし
平安時代後期の官人。父は円弼。
¶古人（生没年不詳）

安倍公輔　あべのきみすけ
平安時代中期の官人。
¶古人（生没年不詳）

安倍木屋麻呂　あべのきやまろ
奈良時代の官人。
¶古人（生没年不詳）

安倍清（浄）足　あべのきよたり
平安時代前期の官人。
¶古人（生没年不詳）

阿倍清継*（安倍清継）　あべのきよつぐ
生没年不詳　平安時代の地方官。姓は安倍ともかく。
¶古人（安倍清継）

阿倍浄成（阿倍清成）　あべのきよなり
⇒阿倍朝臣浄成（あべのあそんきよなり）

阿倍清成　あべのきよなり
平安時代中期の官人。
¶古人（生没年不詳）

阿倍浄目　あべのきよめ
奈良時代の官人。安倍とも書く。
¶古人（生没年不詳）

安倍清安　あべのきよやす
平安時代中期の平安京西七条の刀禰。
¶古人（生没年不詳）

安倍清行*　あべのきよゆき
天長2（825）年～昌泰3（900）年　[別]安倍清行（あべきよゆき），安倍朝臣清行（あべのあそんきよゆき）　平安時代前期の官人、歌人。
¶古人，古代（安倍朝臣清行　あべのあそんきよゆき），コン

阿倍草麻呂　あべのくさまろ
奈良時代の官人。安倍とも書く。
¶古人（生没年不詳）

安倍屎子*　あべのくそこ
生没年不詳　平安時代前期の女性。大和国宇陀郡の家地を母から譲与。
¶古人

安倍国久　あべのくにひさ
平安時代後期の官人。
¶古人（生没年不詳）

安倍国随　あべのくにより
平安時代後期の天文権博士。
¶古人（生没年不詳）

阿倍久努朝臣麻呂*　あべのくぬのあそんまろ
[別]阿倍久努麻呂（あべのくぬのまろ）　飛鳥時代の官人。
¶古代

阿倍久努麻呂　あべのくぬのまろ
⇒阿倍久努朝臣麻呂（あべのくぬのあそんまろ）

阿倍倉梯麻呂　あべのくらはしのまろ
⇒阿倍倉梯麻呂（あべのくらはしまろ）

阿倍倉梯麻呂*（阿部倉梯麿）　あべのくらはしまろ
？～大化5（649）年　[別]阿倍内麻呂（あべのうちのまろ，あべのうちまろ），阿部内麻呂（あべのうちまろ），阿倍倉梯麻呂（あべのくらはしのまろ）　飛鳥時代の廷臣（左大臣）。阿倍鳥子臣・阿倍内臣鳥の子か。
¶公卿（[没]大化5（649）年3月17日），古人，古代（あべのくらはしのまろ），古物（あべのくらはしのまろ），コン，山小（阿倍内麻呂　あべのうちのまろ　[没]649年3月17日）

安倍黒麻呂*　あべのくろまろ
生没年不詳　[別]安倍朝臣黒麻呂（あべのあそんくろまろ）　奈良時代の人。藤原広嗣の乱で活躍。
¶古人，古代（安倍朝臣黒麻呂　あべのあそんくろまろ），コン

阿倍小東人　あべのこあずまひと
奈良時代の官人。
¶古人（生没年不詳）

安倍甲由　あべのこうゆう
奈良時代の官人。
¶古人（生没年不詳）

安部子祖父*（安倍子祖父）　あべのこおじ
[別]安倍朝臣子祖父（あべのあそみこおおじ）　奈良時代の大舎人。
¶古人（安倍子祖父　生没年不詳）

阿倍子嶋　あべのこしま，あべのこじま
⇒阿倍朝臣子嶋（あべのあそんこしま）

阿倍渠曽部　あべのこそべ
　飛鳥時代の武人。
　¶古人(生没年不詳)

阿倍許智　あべのこち
　奈良時代の官人。安倍己知とも書く。山背介・信部少輔・摂津亮・丹波介・主税頭を歴任した。
　¶古人(生没年不詳)

安倍小水麻呂　あべのこみずまろ
　平安時代前期の官人。
　¶古人(生没年不詳)

阿倍小路　あべのこみち
　奈良時代の官人。子路とも書く。近江介。
　¶古人(㊤? ㊦764年)

阿部古美奈*(安倍古美奈, 安倍子美奈)　あべのこみな
　?～延暦3(784)年　㊙安倍朝臣子美奈(あべのあそんこみな)　奈良時代の女性。桓武天皇の皇后藤原乙牟漏の母。従五位上阿部粳虫の娘。
　¶古人(安倍子美奈　あべのあそんこみな), 古代(安倍朝臣子美奈　あべのあそんこみな), 女史

安倍比高　あべのこれたか
　⇒安倍比高(あべのなみたか)

安陪惟孝　あべのこれたか
　平安時代中期の官人。
　¶古人(生没年不詳)

安部惟忠　あべのこれただ
　平安時代中期の官人。
　¶古人(生没年不詳)

安倍惟宗　あべのこれむね
　平安時代後期の官人。藤原基実家の知家事。
　¶古人(生没年不詳)

安倍惟良　あべのこれよし
　平安時代前期の官人。
　¶古人(生没年不詳)

安倍猨嶋朝臣墨縄*　あべのさしまのあそんすみなわ
　㊙安倍猨嶋墨縄(あべのさしまのすみなわ), 安倍墨縄(あべのすみなわ)　奈良時代の征夷の副将軍。
　¶古人(安倍猨嶋墨縄　あべのすみなわ　生没年不詳), 古代

安倍猨嶋墨縄　あべのさしまのすみなわ
　⇒安倍猨嶋朝臣墨縄(あべのさしまのあそんすみなわ)

安倍貞任*　あべのさだとう
　*～康平5(1062)年　㊙安倍貞任(あべさだとう)　平安時代中期の東北地方の豪族。前九年の役で敗死。
　¶古人(㊤?), コン(寛仁3(1019)年), 山小(㊤? ㊦1062年9月17日)

安倍貞媛娘　あべのさだひめこ
　飛鳥時代～奈良時代の女性。貞吉の女。藤原武智麻呂の室。
　¶古人(生没年不詳)

安倍貞行*　あべのさだゆき
　生没年不詳　㊙安倍朝臣貞行(あべのあそんさだゆき)　平安時代前期の官人。
　¶古人, 古代(安倍朝臣貞行　あべのあそんさだゆき)

安倍実茂　あべのさねしげ
　平安時代中期の官人。

¶古人(生没年不詳)

安倍真弘　あべのさねひろ
　平安時代中期の敦明親王の家人。良忠の子。
　¶古人(生没年不詳)

安倍真行　あべのさねゆき
　平安時代前期の官人。
　¶古人(生没年不詳)

阿倍沙弥麻呂*(安倍沙美麿, 安倍沙弥麻呂)　あべのさみまろ
　?～天平宝字2(758)年　㊙安倍朝臣沙弥麻呂(あべのあそみさみまろ), 阿倍朝臣沙弥麻呂(あべのあそんさみまろ)　奈良時代の官人(参議)。
　¶公卿(㊤天平宝字2(758)年4月20日), 古人, 古代(阿倍朝臣沙弥麻呂　あべのあそんさみまろ)

安倍兄雄　あべのしげお
　⇒安倍兄雄(あべのあにお)

安倍重貞　あべのしげさだ
　平安時代後期の官人。
　¶古人(生没年不詳)

安倍茂忠　あべのしげただ
　平安時代中期の官人。
　¶古人(生没年不詳)

安倍兄麻呂　あべのしげまろ
　平安時代前期の官人。
　¶古人(生没年不詳)

安倍重宗　あべのしげむね
　平安時代後期の検非違使。
　¶古人(㊤1054年? ㊦1133年)

阿倍島麻呂*(阿倍嶋麻呂)　あべのしままろ
　?～天平宝字5(761)年　㊙阿倍朝臣嶋麻呂(あべのあそんしままろ)　奈良時代の官人(参議)。右大臣阿倍御主人の孫, 中納言阿倍広庭の子。
　¶公卿(㊤天平宝字6(762)年3月1日)(阿倍嶋麻呂), 古代(阿倍朝臣嶋麻呂　あべのあそんしままろ)

安倍季弘*　あべのすえひろ
　保延2(1136)年～正治1(1199)年　平安時代後期～鎌倉時代前期の陰陽師。
　¶古人

安倍季正*(安倍季政)　あべのすえまさ
　康和1(1099)年～長寛2(1164)年　㊙安倍季政, 安倍季正(あべすえまさ)　平安時代後期の京都方楽人。
　¶古人(安倍季政　㊤?), コン

阿倍宿奈麻呂*(阿部奈麻呂)　あべのすくなまろ
　?～養老4(720)年　㊙阿倍朝臣宿奈麻呂(あべのあそんすくなまろ)　飛鳥時代～奈良時代の官人(大納言)。筑紫大宰帥大錦上阿倍比羅夫の子。
　¶公卿(㊤養老4(720)年1月11日), 古代(阿倍朝臣宿奈麻呂　あべのあそんすくなまろ), 古物(阿倍野宿奈麻呂), コン

安倍資清　あべのすけきよ
　平安時代後期の検非違使。
　¶古人(㊤1060年 ㊦1119年)

安倍助清　あべのすけきよ
　平安時代後期の官人。
　¶古人(生没年不詳)

安倍資保　あべのすけやす
平安時代後期の官人。
¶古人(生没年不詳)

安倍資良　あべのすけよし
平安時代後期の官人。
¶古人(生没年不詳)

安倍墨縄　あべのすみなわ
⇒安倍猨嶋朝臣墨縄(あべのさしまのあそんすみなわ)

阿倍駿河*　あべのするが
生没年不詳　奈良時代の官人、持節鎮狄将軍。
¶古人, コン

安倍晴明*　あべのせいめい
延喜21(921)年～寛弘2(1005)年　[別]安倍晴明(あべせいめい, あべのはるあきら)　平安時代中期の陰陽家。「今昔物語」などに逸話がある。
¶古人(あべのはるあきら), コン, 思想, 山小([没]1005年12月16日/9月26日)

阿倍鷹養　あべのたかかい
奈良時代の官人。
¶古人(生没年不詳)

安倍高子*　あべのたかこ
生没年不詳　平安時代前期の女性。憲平親王の御巫。
¶古人

安倍高貞　あべのたかさだ
平安時代前期の官人。
¶古人(生没年不詳)

阿倍高継　あべのたかつぐ
平安時代前期の官人。弘仁3年従七位上。阿倍長田朝臣を改めて阿倍朝臣を賜う。
¶古人(生没年不詳)

安倍鷹野　あべのたかの
平安時代前期の官人。
¶古人([生]?　[没]809年)

安倍忠雄　あべのただお
平安時代前期の官人。
¶古人(生没年不詳)

安倍忠清　あべのただきよ
平安時代後期の官人。
¶古人(生没年不詳)

安倍董永　あべのただなが
平安時代中期の官人。
¶古人([生]934年　[没]?)

安倍忠所　あべのただのぶ
平安時代中期の官人。
¶古人(生没年不詳)

安倍忠良　あべのただよし
平安時代の官人。忠頼の子。陸奥大掾。
¶古人(生没年不詳)

安倍忠頼*　あべのただより
生没年不詳　平安時代の陸奥の豪族。
¶古人

阿倍橘娘　あへのたちばなのいらつめ, あべのたちばなのいらつめ
⇒橘娘(たちばなのいらつめ)

安倍為方　あべのためかた
平安時代中期の武士。為良の子。
¶古人(生没年不詳)

安倍為国　あべのためくに
平安時代中期の官人。
¶古人(生没年不詳)

阿閇為貞　あべのためさだ
平安時代後期の伊勢国大国荘の専当。
¶古人(生没年不詳)

安倍為恒　あべのためつね
平安時代中期の勧学院案主。
¶古人(生没年不詳)

安倍為世　あべのためよ
平安時代後期の官人。
¶古人(生没年不詳)

安倍為義　あべのためよし
平安時代中期の官人。
¶古人(生没年不詳)

安倍為良(1)　あべのためよし
平安時代中期の官人。
¶古人(生没年不詳)

安倍為良(2)　あべのためよし
平安時代中期の官人。
¶古人(生没年不詳)

安倍親兼　あべのちかかね
平安時代中期の官人。
¶古人(生没年不詳)

安倍近忠　あべのちかただ
平安時代中期の大宮司。
¶古人(生没年不詳)

安倍近範　あべのちかのり
平安時代中期の官人。藤原為光の雑色長。
¶古人(生没年不詳)

安倍親宗*　あべのちかむね
生没年不詳　平安時代後期の陰陽師。
¶古人

安倍親職　あべのちかもと
⇒安倍親職(あべちかもと)

安倍近吉　あべのちかよし
平安時代前期の官人。
¶古人(生没年不詳)

安倍親良*　あべのちかよし
平安時代後期の医師。
¶古人(生没年不詳)

阿倍継麻呂　あべのつぎまろ
⇒阿倍朝臣継麻呂(あべのあそんつぐまろ)

阿倍継人　あべのつぐひと
奈良時代の官人。安倍とも書く。
¶古人(生没年不詳)

阿倍継麻呂　あべのつぐまろ
⇒阿倍朝臣継麻呂(あべのあそんつぐまろ)

阿倍綱麻呂　あべのつなまろ
奈良時代の官人。
¶古人(生没年不詳)

安倍経明*　あべのつねあき
生没年不詳　平安時代後期の陰陽師、漏刻博士。
¶古人

安倍経清　あべのつねきよ
平安時代後期の陸奥の豪族。
¶古人([生]?　[没]1062年)

安倍恒貞　あべのつねさだ
平安時代後期の官人。
¶古人(生没年不詳)

阿倍常嶋　あべのつねしま
奈良時代の官人。安倍とも書く。
¶古人(生没年不詳)

安部経安　あべのつねやす
平安時代後期の官人。
¶古人(生没年不詳)

安倍遠成　あべのとおなり
平安時代後期の官人。
¶古人(生没年不詳)

安倍時親*　あべのときちか
生没年不詳　平安時代中期の陰陽博士。
¶古人([生]954年?　[没]1027年)

安倍時範　あべのときのり
平安時代中期の官人。
¶古人(生没年不詳)

安倍節麻呂　あべのときまろ
平安時代前期の官人。
¶古人(生没年不詳)

安倍利柯　あべのとしえだ
平安時代前期の官人。
¶古人(生没年不詳)

安倍俊清*　あべのとしきよ
寛徳1(1044)年～大治4(1129)年　平安時代中期～後期の書博士。
¶古人

安倍俊貞　あべのとしさだ
平安時代後期の官人。
¶古人(生没年不詳)

安倍俊助　あべのとしすけ
平安時代後期の官人。
¶古人(生没年不詳)

安倍俊常　あべのとしつね
平安時代後期の官人。
¶古人(生没年不詳)

安倍利友　あべのとしとも
平安時代中期の官人。
¶古人(生没年不詳)

安倍利生　あべのとしなり
平安時代中期の大和国添上郡楢中郷の保証刀禰。
¶古人(生没年不詳)

安倍利行　あべのとしゆき
平安時代前期の官人。
¶古人(生没年不詳)

安倍富忠*　あべのとみただ
生没年不詳　平安時代中期の武将。前九年の役で活躍。
¶古人

安倍友清　あべのともきよ
平安時代後期の官人。
¶古人(生没年不詳)

安倍奉親*　あべのともちか
生没年不詳　平安時代中期の陰陽家。
¶古人

安倍豊柄　あべのとよえ
平安時代前期の官人。
¶古人(生没年不詳)

安倍豊継*(阿倍豊継)　あべのとよつぐ
[別]安倍朝臣豊継(あべのあそみとよつぐ)　奈良時代の官吏。
¶古人(阿倍豊継　生没年不詳)

安倍豊主　あべのとよぬし
平安時代前期の官人。
¶古人(生没年不詳)

阿倍豆余理*　あべのとより
生没年不詳　奈良時代の女官、女孺。
¶古人

阿倍鳥*　あべのとり
生没年不詳　[別]阿倍鳥臣(あべのとりのおみ)　飛鳥時代の官人。
¶古人,古代(阿倍鳥臣　あべのとりのおみ),コン

安倍尚貞　あべのなおさだ
平安時代中期の官人。
¶古人([生]?　[没]1002年)

安倍直道　あべのなおみち
奈良時代の官人。
¶古人(生没年不詳)

安倍永邦　あべのながくに
平安時代中期の官人。
¶古人(生没年不詳)

安倍長子　あべのながこ
平安時代中期の女性。有親の娘。
¶古人([生]976年?　[没]?)

安倍(閇)長嶋　あべのながしま
平安時代中期の相撲人。長保2年の召合に出場。
¶古人(生没年不詳)

阿倍仲麻呂*(安倍仲麻呂)　あべのなかまろ
文武2(698)年～宝亀1(770)年　[別]阿倍仲麻呂(あべなかまろ),阿倍朝臣仲麻呂(あべのあそんなかまろ)　奈良時代の遣唐留学生。717年遣唐留学生として遣唐使に随行して入唐。科挙に合格し唐朝に仕官して玄宗皇帝に仕える。遂に帰国を果たせず長安で死去。
¶古人,古代(阿倍朝臣仲麻呂　あべのあそんなかまろ),コン,詩作,対外,日文,山小([生]698年?　[没]770年?)

阿倍永宗　あべのながむね
平安時代前期の官人。
¶古人(生没年不詳)

阿倍名継　あべのなつぐ
奈良時代の官人。
¶古人（生没年不詳）

安倍並清　あべのなみきよ
平安時代前期の官人。
¶古人（生没年不詳）

安倍比高*　あべのなみたか
生没年不詳　[別]安倍朝臣比高（あべのあそんなみたか），安倍比高（あべのこれたか）　平安時代前期の官吏。
¶古人（あべのこれたか），古代（安倍朝臣比高　あべのあそんなみたか）

安倍成親　あべのなりちか
平安時代後期の官人。摂政藤原忠通家の書吏。
¶古人（生没年不詳）

安倍業俊*　あべのなりとし
保延5（1139）年～建久3（1192）年　平安時代後期の陰陽家。
¶古人

阿倍爾閉（阿倍爾閇）　あべのにえ
⇒阿倍朝臣爾閉（あべのあそんにえ）

阿倍粳虫　あべのぬかむし
奈良時代の官人。
¶古人（生没年不詳）

阿倍禰夫人　あべのねふひと
奈良時代の官人。
¶古人（生没年不詳）

安倍信貞　あべののぶさだ
平安時代後期の官人。
¶古人（生没年不詳）

安倍信孝　あべののぶたか
平安時代中期の官人。
¶古人（生没年不詳）

安倍延忠　あべののぶただ
平安時代後期の官人。
¶古人（生没年不詳）

安倍信行*　あべののぶゆき
生没年不詳　平安時代中期の検非違使。
¶古人

安倍則枝　あべののりえだ
平安時代後期の官人。
¶古人（生没年不詳）

安倍憲清　あべののりきよ
平安時代後期の官人。
¶古人（生没年不詳）

安倍則任*　あべののりとう
生没年不詳　平安時代中期の武将。
¶古人（[生]？　[没]1062年）

安倍長谷　あべのはつせ
平安時代前期の官人。
¶古人（生没年不詳）

安倍浜成　あべのはまなり
平安時代前期の官人。
¶古人（生没年不詳）

安倍浜主　あべのはまぬし
平安時代前期の官人。
¶古人（生没年不詳）

安倍晴明　あべのはるあきら
⇒安倍晴明（あべのせいめい）

安倍晴忠　あべのはるただ
平安時代中期の官人。
¶古人（生没年不詳）

安倍晴道*　あべのはるみち
嘉保1（1094）年～仁平3（1153）年　平安時代後期の陰陽師。陰陽権助、天文博士。
¶古人（[生]1086年）

阿倍引田臣比羅夫　あべのひけたのおみひらぶ
⇒阿倍比羅夫（あべのひらふ）

安倍久忠　あべのひさただ
平安時代後期の検非違使。
¶古人（生没年不詳）

安倍久脩　あべのひさなが
⇒土御門久脩（つちみかどひさなか）

安倍久光　あべのひさみつ
平安時代中期の相撲人。
¶古人（生没年不詳）

安倍久宗　あべのひさむね
平安時代後期の官人。
¶古人（生没年不詳）

安倍肱主　あべのひじぬし
平安時代前期の官人。
¶古人（生没年不詳）

阿閇秀忠　あべのひでただ
平安時代中期の官人。
¶古人（生没年不詳）

安倍秀行　あべのひでゆき
平安時代中期の官人。
¶古人（生没年不詳）

阿倍比等　あべのひと
奈良時代の官人。
¶古人（生没年不詳）

阿倍人足　あべのひとたり
奈良時代の官人。
¶古人（生没年不詳）

阿倍比羅夫*（阿部比羅夫）　あべのひらふ，あべのひらぶ
生没年不詳　[別]阿倍引田臣比羅夫（あべのひけたのおみひらぶ），引田宿奈麻呂（ひけたのすくなまろ）　飛鳥時代の官人、武将。水軍を率い、東北地方日本海側の蝦夷を討って越の国守となる。のち朝鮮にも遠征したが、663年白村江の戦いで唐・新羅の連合軍に敗れた。
¶古人（あべのひらぶ），古人（引田宿奈麻呂　ひけたのすくなまろ　[生]？　[没]711年），古代（阿倍引田臣比羅夫　あべのひけたのおみひらぶ），古物（あべのひらぶ），コン（あべのひらぶ），対外（あべのひらぶ），山小

安倍枚麻呂　あべのひらまろ
⇒安倍朝臣枚麻呂（あべのあそんひらまろ）

安倍広賢*　あべのひろかた
嘉承2（1107）年～応保2（1162）年　平安時代後期の陰陽家。

¶古人
安倍広津麻呂　あべのひろつまろ
　奈良時代の官人。
　¶古人(生没年不詳)

阿倍広庭*(阿部広庭,安倍広庭)　あべのひろにわ
　*～天平4(732)年　㊾安倍朝臣広庭(あべのあそみひろにわ)，安倍広庭(あべひろにわ)　飛鳥時代～奈良時代の官人(中納言)。右大臣阿倍御主人の子。
　¶公卿(㊌天智天皇2(663)年　㊙天平4(732)年2月22日)，古人(㊌659年),古代(阿倍朝臣広庭　あべのあそんひろにわ　㊙659年),コン(㊌?)

安倍広主　あべのひろぬし
　平安時代前期の官人。
　¶古人(生没年不詳)

阿倍広人　あべのひろひと
　奈良時代の官人。
　¶古人(生没年不詳)

安倍寛麻呂*　あべのひろまろ
　*～弘仁11(820)年11月11日　平安時代前期の公卿(参議)。治部卿従四位上安倍東人の三男。
　¶公卿(㊌?),古人(㊙757年)

安倍広基*　あべのひろもと
　生没年不詳　平安時代後期の天文博士、陰陽師。
　¶古人

安倍弘行　あべのひろゆき
　平安時代前期の官人。
　¶古人(生没年不詳)

安倍信厚　あべのぶあつ
　江戸時代前期～中期の幕臣。
　¶徳人(㊌1647年　㊙1728年)

安部信発　あべのぶおき
　⇒安部信発(あんべのぶおき)

安部房上*　あべのふさかみ，あべのふさがみ
　生没年不詳　平安時代前期の官人。
　¶古人(あべのふさがみ)

安部信孝　あべのぶたか
　江戸時代前期の幕臣。
　¶徳人(㊌?　㊙1645年)

安部信宝*　あべのぶたか
　天保10(1839)年～文久3(1863)年4月10日　㊾安部信宝(あんべのぶたか)　江戸時代末期の大名。武蔵岡部藩主。
　¶全幕(あんべのぶたか)

安部信富　あべのぶとみ
　享保15(1730)年?～?　江戸時代中期の武士。
　¶徳人(㊌1730年　㊙1812年)

阿倍船道　あべのふなみち
　奈良時代の官人。
　¶古人(生没年不詳)

阿倍船守　あべのふなもり
　奈良時代の官人。
　¶古人(生没年不詳)

阿倍夫人　あべのぶにん
　⇒橘娘(たちばなのいらつめ)

安部信盛*　あべのぶもり
　天正12(1584)年～延宝1(1673)年　㊾安部信盛(あんべのぶもり)　江戸時代前期の大名。武蔵岡部藩主。
　¶徳人

安部信之　あべのぶゆき
　⇒安部信之(あんべのぶゆき)

阿倍真勝(安倍真勝)　あべのまかつ
　⇒阿倍朝臣真勝(あべのあそんまかつ)

阿倍真君　あべのまきみ
　飛鳥時代の官人。
　¶古人(生没年不詳)

安倍正国　あべのまさくに
　平安時代中期の人。永祚1年尾張守藤原文信の金峯山よりの帰途を襲う。
　¶古人(生没年不詳)

安倍正時　あべのまさとき
　平安時代中期の官人。
　¶古人(生没年不詳)

安倍益成　あべのますなり
　平安時代前期の官人。
　¶古人(生没年不詳)

安倍益人　あべのますひと
　平安時代前期の官人。
　¶古人(生没年不詳)

安倍真直*　あべのまなお
　生没年不詳　㊾安倍朝臣真直(あべのあそんまなお)，安倍真直(あべまなお)　平安時代前期の官僚、学者。医方書「大同類聚方」の著者。
　¶古人,古代(安倍朝臣真直　あべのあそんまなお)

阿倍真道　あべのまみち
　奈良時代の官人。安倍とも。
　¶古人(生没年不詳)

阿倍御県　あべのみあがた
　奈良時代の官人。安倍、三県とも書く。
　¶古人(生没年不詳)

阿倍御主人*(阿部御主人)　あべのみうし
　舒明7(635)年～大宝3(703)年　㊾阿倍御主人(あべのみぬし)，布勢朝臣御主人(ふせのあそんみうし)，布勢御主人(ふせのみぬし)　飛鳥時代の公卿(右大臣)。布勢麿古臣の子。
　¶公卿(㊌舒明天皇7(635)年　㊙大宝3(703)年閏4月1日),古人(布勢御主人　ふせのみうし),古代(布勢朝臣御主人　ふせのあそんみうし),コン

安倍御笠　あべのみかさ
　平安時代前期の官人。
　¶古人(生没年不詳)

安倍光重　あべのみつしげ
　平安時代中期の相撲人。長保2年召合に出場。
　¶古人(生没年不詳)

安倍三寅*　あべのみとら
　生没年不詳　平安時代前期の官人。
　¶古人

阿倍御主人　あべのみぬし
　⇒阿倍御主人(あべのみうし)

安倍宮道　あべのみやみち
奈良時代の官人。
¶古人（生没年不詳）

阿部虫麿*（阿倍虫麻呂）　あべのむしまろ
？～天平勝宝4（752）年　[別]安倍朝臣虫麻呂（あべのあそみむしまろ），阿倍朝臣虫麻呂（あべのあそんむしまろ）　奈良時代の中級官人、歌人。
¶古人（阿倍虫麻呂），古代（阿倍朝臣虫麻呂　あべのあそんむしまろ）

安倍宗明*　あべのむねあき
生没年不詳　平安時代後期の陰陽師、天文博士。
¶古人

安倍宗生　あべのむねお
平安時代後期の官人。
¶古人（生没年不詳）

安倍宗重　あべのむねしげ
平安時代後期の官人。
¶古人（生没年不詳）

安倍宗任*　あべのむねとう
生没年不詳　[別]安倍宗任（あべむねとう）　平安時代中期～後期の陸奥国の武将。
¶古人，コン，山小

安倍宗行　あべのむねゆき
平安時代前期の官人。
¶古人（生没年不詳）

安倍以清　あべのもちきよ
平安時代中期の官人。
¶古人（生没年不詳）

安倍持信　あべのもちのぶ
平安時代後期の官人。
¶古人（生没年不詳）

安倍基子　あべのもとこ
平安時代前期の官人。
¶古人（生没年不詳）

安倍守助　あべのもりすけ
平安時代中期の官人。
¶古人（[生]？　[没]1017年）

安倍守近（親）　あべのもりちか
平安時代中期の随身。藤原実資の随身。
¶古人（生没年不詳）

安倍盛親*　あべのもりちか
平安時代後期の医師。
¶古人（生没年不詳）

安倍守経*　あべのもりつね
？～応永29（1422）年10月　室町時代の公卿（非参議）。
¶公卿，公家（守経〔安倍家（絶家）1〕　もりつね　[没]応永29（1422）年閏10月）

安倍守富　あべのもりとみ
平安時代後期の人。伊勢国三重郡内の郷々に名田を領知。
¶古人（生没年不詳）

安倍守良（長）　あべのもりなが
平安時代中期の検非違使。
¶古人（生没年不詳）

安倍盛長　あべのもりなが
平安時代後期の医師。仁平4年従五位下采女正侍医。
¶古人（生没年不詳）

安倍盛良　あべのもりよし
平安時代後期の医師。長承4年侍医。
¶古人（生没年不詳）

安倍諸上　あべのもろがみ
奈良時代の官人。
¶古人（生没年不詳）

安倍衆説　あべのもろとき
平安時代中期の官人。
¶古人（生没年不詳）

安倍諸根　あべのもろね
平安時代前期の官人。
¶古人（生没年不詳）

阿倍家麻呂　あべのやかまろ
⇒阿倍朝臣家麻呂（あべのあそんやかまろ）

安倍宅麻呂　あべのやかまろ
平安時代前期の官人。
¶古人（生没年不詳）

安倍家守　あべのやかもり
平安時代前期の官人。
¶古人（生没年不詳）

安倍安国　あべのやすくに
平安時代後期の官人。
¶古人（生没年不詳）

安倍泰邦　あべのやすくに
⇒土御門泰邦（つちみかどやすくに）

阿閇安高　あべのやすたか
平安時代中期の藤原良信の従者。大和国城下郡東郷。
¶古人（生没年不詳）

安倍安立　あべのやすたつ
平安時代前期の官人。
¶古人（生没年不詳）

安倍泰親*　あべのやすちか
天永1（1110）年～寿永2（1183）年　[別]安倍泰親（あべやすちか）　平安時代後期の陰陽家。
¶古人（あべやすちか），コン（生没年不詳），平家（あべやすちか　[生]？　[没]寿永2（1183）年？）

安倍泰福　あべのやすとみ
⇒土御門泰福（つちみかどやすとみ）

安倍保名*　あべのやすな
古浄瑠璃「しのだづま」の登場人物。
¶コン

安倍泰長*　あべのやすなが
生没年不詳　平安時代後期の陰陽師。
¶古人

安倍安仁*　あべのやすひと
延暦12（793）年～貞観1（859）年　[別]安倍朝臣安仁（あべのあそんやすひと）　平安時代前期の公卿（大納言）。参議・兼大宰大弐安倍寛麻呂の次男。
¶公卿（[没]天安3（859）年4月23日），古人，古代（安倍朝臣安仁　あべのあそんやすひと），コン

安倍安正 あべのやすまさ
平安時代前期の官人。
¶古人（生没年不詳）

阿倍安麻呂＊（阿部安麻呂） あべのやすまろ
生没年不詳　奈良時代の官人、遣唐大使。
¶古人（安倍安麻呂），コン

安倍安光 あべのやすみつ
平安時代後期の官人。
¶古人（生没年不詳）

阿閇行時 あべのゆきとき
平安時代中期の相撲人。正暦4年、長徳3年の召合
に出場。
¶古人（生没年不詳）

安倍良昭 あべのよしあき
（劒良昭（りょうしょう）　平安時代後期の奥羽の豪
族。陸奥大掾頼良の子。頼良の弟。
¶古人（生没年不詳），古人（良昭　りょうしょう　生没年
不詳）

安倍吉岡 あべのよしおか
平安時代前期の人。大逆を誣告する罪により、元慶
4年佐渡島に配流。
¶古人（生没年不詳）

安倍良住 あべのよしずみ
平安時代中期の官人。
¶古人（生没年不詳）

安倍吉忠（正） あべのよしただ
平安時代中期の天文博士。
¶古人（生没年不詳）

安倍良忠 あべのよしただ
平安時代中期の官人。真弘の父。
¶古人（生没年不詳）

安倍吉春 あべのよしはる
平安時代中期の官人。
¶古人（生没年不詳）

安倍吉人＊ あべのよしひと
天応1（781）年〜承和5（838）年6月10日　劒安部吉
人（あべよしひと）　奈良時代〜平安時代前期の
官人。
¶古人

安倍吉平＊ あべのよしひら
天暦8（954）年〜万寿3（1026）年　平安時代中期の
陰陽家。安倍晴明の子。
¶古人

安倍吉昌＊ あべのよしまさ
？〜寛仁3（1019）年　平安時代中期の陰陽師。
¶古人

安倍良行 あべのよしゆき
平安時代前期の官人。
¶古人（生没年不詳）

安倍頼重 あべのよりしげ
平安時代後期の検非違使。
¶古人（生没年不詳）

安倍頼武 あべのよりたけ
平安時代後期の官人。
¶古人（生没年不詳）

安倍頼弐 あべのよりつぐ
平安時代後期の官人。
¶古人（生没年不詳）

安倍頼時＊ あべのよりとき
？〜天喜5（1057）年　平安時代中期の東北地方の豪
族、俘囚長。
¶古人，コン，山小（殁1057年7月26日）

安倍頼直 あべのよりなお
平安時代後期の官人。
¶古人（生没年不詳）

阿部則敏 あべのりとし
⇒阿部保左衛門（あべやすざえもん）

安倍若足 あべのわかたり
奈良時代の官人。
¶古人（生没年不詳）

安倍綿犬丸 あべのわたいぬまる
平安時代の東大寺領大和国樔荘の荘官。
¶古人（生没年不詳）

安倍吾人 あべのわれひと
奈良時代の官人。
¶古人（生没年不詳）

安倍晴信 あべはるのぶ
平安時代後期の陰陽博士。
¶平家（生没年不詳）

安倍広庭 あべひろにわ
⇒阿倍広庭（あべのひろにわ）

阿部文治郎＊ あべぶんじろう
天保5（1834）年〜文久3（1863）年　劒阿部昭方（あ
べしょうほう）　江戸時代末期の和算家。
¶数学（阿部昭方　あべしょうほう　殁文久3（1863）年1
月10日）

安倍保定＊ あべほうてい
寛政11（1799）年〜安政4（1857）年　劒安倍貞治
（あべていじ），安倍保定（あべやすさだ）　江戸時
代末期の数学者。
¶数学（あべやすさだ　殁安政4（1857）年12月16日）

阿部誠 あべまこと
江戸時代の和算家。
¶数学

阿部正方 あべまさかた
⇒阿部正方（あべまさたか）

阿部政樹＊ あべまさき
文政11（1828）年〜明治16（1883）年　江戸時代末
期〜明治時代の数学者。
¶数学（殁明治16（1883）年6月7日）

阿部正静＊ あべまさきよ
嘉永2（1849）年〜明治11（1878）年　江戸時代末期
〜明治時代の大名。陸奥棚倉藩主、陸奥白河藩主。
¶全幕，幕末（生嘉永2（1849）年11月28日　殁明治11
（1878）年1月23日）

阿部正方＊ あべまさたか
嘉永1（1848）年〜慶応3（1867）年　劒阿部正方（あ
べまさかた）　江戸時代末期の大名。備後福山藩主。
¶全幕（あべまさかた），幕末（あべまさかた　生嘉永1
（1848）年8月21日　殁慶応3（1867）年11月21日）

阿部正武* あべまさたけ
慶安2(1649)年～宝永1(1704)年　江戸時代前期～中期の大名。武蔵忍藩主、老中。
¶徳将

阿部正次* あべまさつぐ
永禄12(1569)年～正保4(1647)年　安土桃山時代～江戸時代前期の大名、大坂城代。下野鹿沼藩主、武蔵岩槻藩主、武蔵鳩谷藩主、相模小田原藩主、上総大多喜藩主。
¶コン, 徳将

阿部正恒* あべまさつね
天保10(1839)年～明治32(1899)年　江戸時代末期～明治時代の佐貫藩主、佐貫藩知事、子爵。
¶全幕

阿部正外* あべまさと
文政11(1828)年～明治20(1887)年4月20日　[別]阿部正外(あべまさとう)　江戸時代後期～明治時代の大名。
¶コン, 徳人, 幕末(あべまさとう　[生]文政11(1828)年1月1日)

阿部正外 あべまさとう
⇒阿部正外(あべまさと)

安部正成 あべまさなり
安土桃山時代～江戸時代前期の三崎奉行。
¶徳代([生]天正17(1589)年　[没]寛文9(1669)年1月16日)

阿部正教* あべまさのり
天保10(1839)年～文久1(1861)年　江戸時代末期の大名。備後福山藩主。
¶幕末([生]天保10(1840)年12月17日　[没]文久1(1861)年5月27日)

阿部正耆* あべまさひさ
*～元治1(1864)年　江戸時代末期の大名。陸奥白河藩主。
¶幕末([生]文政12(1827)年10月24日　[没]元治1(1864)年3月2日)

阿部正弘* あべまさひろ
文政2(1819)年～安政4(1857)年　江戸時代末期の大名。備後福山藩主、老中。
¶江人, コン, 全幕, 徳将, 幕末([生]文政2(1819)年10月16日　[没]安政4(1857)年6月17日), 山小([生]1819年10月16日　[没]1857年6月17日)

阿部正寧* あべまさやす
文化6(1809)年～明治3(1870)年　江戸時代後期～明治時代の大名、華族。
¶幕末([没]明治3(1870)年7月1日)

阿部正之*(阿倍正之)　あべまさゆき
天正12(1584)年～慶安4(1651)年　江戸時代前期の旗本、使番。
¶コン, 徳人

安倍真直 あべまなお
⇒安倍真直(あべのまなお)

阿部峯子* あべみねこ
寛政5(1793)年～嘉永3(1850)年7月8日　江戸時代後期の女性。歌人。
¶江表(峯子(福岡県))

安倍宗貞* あべむねさだ
？～天正10(1582)年3月11日　戦国時代～安土桃山時代の甲斐武田晴信・勝頼の家臣。
¶武田

阿部宗重 あべむねしげ
安土桃山時代～江戸時代前期の幕臣。
¶徳人([生]1591年　[没]1653年)

安倍宗任 あべむねとう
⇒安倍宗任(あべのむねとう)

安部宗久* あべむねひさ
*～明治2(1869)年　江戸時代後期の神職。
¶幕末([生]天明5(1784)年10月　[没]明治2(1869)年9月)

阿部茂助* あべもすけ
天保9(1838)年～明治15(1882)年　江戸時代末期～明治時代の商人、県会議員。10馬力の蒸気機関車を使った阿部製糸所を設立。
¶幕末([没]明治15(1882)年6月15日)

安倍元真*(安部元真)　あべもとざね
永正10(1513)年～天正15(1587)年　[別]安倍元真(あんべもとざね)　戦国時代～安土桃山時代の武士。今川氏家臣、徳川氏家臣。
¶戦武(あんべもとざね)

阿部茂兵衛* あべもへえ
文政10(1827)年～明治18(1885)年6月23日　[別]阿倍貞行, 阿部貞行(あべさだゆき)　江戸時代末期～明治時代の商人、開拓事業家。開成社を結成、開墾に尽し、猪苗代湖疎水工事にも貢献。
¶コン(阿部貞行　あべさだゆき), 幕末([生]文政10(1827)年7月17日)

安部主水* あべもんど
生没年不詳　戦国時代の武士。北条氏忠家臣。
¶後北(主水〔安倍〕　もんど)

安倍泰邦 あべやすくに
⇒土御門泰邦(つちみかどやすくに)

阿部保左衛門* あべやすざえもん
天明9(1789)年～万延2(1861)年　[別]阿部則敏(あべのりとし)　江戸時代後期の算官。
¶数学(阿部則敏　あべのりとし　[生]寛政1(1789)年　[没]万延2(1861)年1月18日), 幕末([生]寛政1(1789)年　[没]万延2(1861)年1月18日)

安倍保定 あべやすさだ
⇒安倍保定(あべほうてい)

安倍泰親 あべやすちか
⇒安倍泰親(あべのやすちか)

安倍泰福 あべやすとみ
⇒土御門泰福(つちみかどやすとみ)

安倍保円 あべやすのぶ
江戸時代末期～明治時代の和算家。
¶数学

阿部保訓(安倍保命)　あべやすのり
⇒大島保命(おおしまほうめい)

阿部裕之介* あべゆうのすけ
天保6(1835)年～大正10(1921)年　江戸時代末期～大正時代の漢詩人、歌人。詩集に「草虫吟」「井蛙鳴」など。
¶幕末([没]大正10(1921)年4月30日)

阿部喜任 あべよしとう
⇒阿部櫟斎(あべれきさい)

安部吉人　あべよしひと
⇒安倍吉人（あべのよしひと）

阿部吉道　あべよしみち
⇒阿部宗兵衛（あべそうべえ）

阿部与之助　あべよのすけ
江戸時代後期～大正時代の北海道開拓者。
¶植物（[生]天保13（1842）年12月　[没]大正2（1913）年6月30日）

安部竜平*（阿部竜平）　あべりゅうへい
天明4（1784）年～嘉永3（1850）年　江戸時代後期の蘭学者。
¶科学（[没]嘉永3（1850）年3月25日），思想

阿部椽斎*（阿部櫟斎，阿部櫟斎）　あべれきさい
文化2（1805）年～明治3（1870）年　[別]阿部喜任（あべよしとう）　江戸時代末期～明治時代の本草家、医師。
¶科学（阿部喜任　あべよしとう　[没]明治3（1870）年10月20日），コン（阿部櫟斎），植物（阿部喜任　あべよしとう　[没]明治3（1870）年10月20日），幕末（阿部櫟斎　[没]明治3（1870）年10月19日）

阿部和作　あべわさく
江戸時代後期～明治時代の和算家。
¶数学（[生]天保5（1834）年　[没]明治16（1883）年）

阿保経覧　あぼうつねただ
⇒阿保経覧（あぼのつねみ）

阿保当平　あぼうまさひら
平安時代中期の官人。算博士、主計助、左大史、従五位下。
¶数学（[没]延長7（929）年9月）

安保清康　あぼきよやす
⇒林謙三（はやしけんぞう）

阿保親王*（安保親王）　あぼしんのう
延暦11（792）年～承和9（842）年　平安時代前期の平城天皇の第1子。
¶古人，古代，コン，天皇

阿保経覧　あほつねみ
⇒阿保経覧（あぼのつねみ）

安保中務大輔*　あぼなかつかさたいゆう
戦国時代の武将。後北条氏家臣。
¶後北（晴泰〔安保〕　はるやす）

阿保意保賀斯　あぼのいおかし
⇒阿保君意保賀斯（あほのきみおおかし）

阿保今雄　あぼのいまお
⇒小槻今雄（おつきのいまお）

阿保氏丸　あぼのうじまる
平安時代前期の官人。
¶古人（生没年不詳）

阿保意保賀斯　あほのおおかし
⇒阿保君意保賀斯（あほのきみおおかし）

阿保君意保賀斯*　あほのきみおおかし
[別]阿保意保賀斯（あほのおおかし，あぼのいおかし）　上代の武士。
¶古人（阿保意保賀斯　あぼのいおかし　生没年不詳），古代

阿保居安　あぼのすえやす
平安時代中期の官人。
¶古人（生没年不詳）

阿保経覧*　あぼのつねみ
？～延喜12（912）年　[別]阿保経覧（あほつねみ，あぼうつねただ）　平安時代前期～中期の官吏。
¶古人，数学（あぼうつねただ　[没]延喜17（917）年）

阿保人上*　あぼのひとがみ
生没年不詳　奈良時代～平安時代前期の官人。
¶古人

阿保広成　あぼのひろなり
平安時代前期の官人。尾張国権掾。延暦18年鷹を飼ったことなどから太政官に訴えられた。
¶古人（生没年不詳）

安保泰倫*　あぼやすみち
戦国時代の武士。後北条氏家臣。
¶後北（泰通〔安保〕　やすみち）

海犬養五百依　あまいぬかいのいおより
⇒海犬養宿禰五百依（あまのいぬかいのすくねいおより）

海犬養岡麻呂　あまいぬかいのおかまろ
⇒海犬養岡麻呂（あまのいぬかいのおかまろ）

天雨女　あまうじょ★
江戸時代後期の女性。和歌。文化11年刊、中山忠雄・河田正致編『柿本社奉納和歌集』に載る。
¶江表（天雨女（東京都））

甘粕景継*（甘糟景継）　あまかすかげつぐ
*～慶長16（1611）年5月12日　安土桃山時代～江戸時代前期の武士。上杉氏家臣。
¶全戦（[生]？），戦武（[生]？）

甘糟景持*（甘粕景持）　あまかすかげもち
？～慶長9（1604）年　戦国時代の武士。上杉氏家臣。
¶全戦（甘粕景持）

甘糟忠綱*　あまかすただつな
？～治承2（1178）年？　[別]甘糟太郎（あまかすたろう）　平安時代後期の武蔵国那珂郡甘糟の武士。
¶古人，平家（甘糟太郎　あまかすたろう）

甘糟太郎　あまかすたろう
⇒甘糟忠綱（あまかすただつな）

甘糟継成*　あまかすつぐしげ
天保3（1832）年～明治2（1869）年　[別]甘粕備後（あまかすびんご）　江戸時代末期～大正時代の学者、太政官。著書に「鷹山公遺蹟録」など。
¶コン，全幕（甘粕備後　あまかすびんご），幕末（[生]天保3（1832）年3月12日　[没]明治2（1869）年11月29日）

甘糟長俊*　あまかすながとし
生没年不詳　戦国時代の相模粟船郷の名主。
¶後北（長俊〔甘糟〕　ながとし　[没]天正10年3月13日）

甘糟春　あまかすはる
⇒甘糟春女（あまかすはるじょ）

甘糟春女*　あまかすはるじょ
弘化1（1844）年～明治34（1901）年　[別]甘糟春（あまかすはる）　江戸時代末期～明治時代の武家女性。「塵塚日記」の著者。
¶江表（春（山形県））

甘糟広忠　あまかすひろただ
平安時代後期の武蔵国那珂郡甘糟の武士。源頼朝

あまかす 86

の家人。
¶古人(生没年不詳)

甘粕備後 あまかすびんご
⇒甘糟継成(あまかすつぐしげ)

天方通直 あまかたみちなお
安土桃山時代~江戸時代前期の幕臣。
¶徳人(㊙1589年 ㊙1630年)

天川七兵衛* あまかわしちべえ
生没年不詳 安土桃山時代の竹籠師。
¶美工

天川深右衛門* あまかわふかえもん
天保7(1836)年~明治10(1877)年 江戸時代末期
~明治時代の会津藩士。西南戦争では伍長勤務。
¶幕末(㊙天保7(1836)年10月 ㊙明治10(1877)年6月
25日)

天河屋義平 あまかわやぎへい
⇒天野屋利兵衛(あまのやりへえ)

天川屋義兵衛 あまかわやぎへえ
⇒天野屋利兵衛(あまのやりへえ)

天木時中* あまきじちゅう, あまぎじちゅう
元禄10(1697)年~元文1(1736)年9月16日 江戸
時代中期の儒学者。
¶コン

天木義抽* あまぎよしひで
文政5(1822)年~明治32(1899)年 江戸時代末期
~明治時代の農民。勅諚返納に反対し尊攘激派に
参加。
¶幕末(㊙明治32(1899)年3月26日)

天草四郎 あまくさしろう
⇒益田時貞(ますだときさだ)

天草四郎時貞 あまくさしろうときさだ
⇒益田時貞(ますだときさだ)

天草四郎の母 あまくさしろうのはは*
江戸時代前期の女性。書簡・宗教。宇土城主小西
行長の遺臣益田甚兵衛好次の妻。
¶江表(天草四郎の母(熊本県))

天草種元* あまくさたねもと
?~天正17(1589)年 ㊙アンデレ, ジョアン 安
土桃山時代の武将。肥後国天草本渡城主。
¶コン(生没年不詳), 対外

天草時貞 あまくさときさだ
⇒益田時貞(ますだときさだ)

天国* あまくに
生没年不詳 奈良時代の大和の刀工。日本刀剣師
の祖。
¶コン, 美工

尼子詮久 あまごあきひさ
⇒尼子晴久(あまこはるひさ)

尼子勝久* あまごかつひさ, あまこかつひさ
天文22(1553)年~天正6(1578)年 安土桃山時代
の武将。
¶コン, 全戦(あまごかつひさ), 戦武(あまごかつひさ)

尼子久次郎* あまこきゅうじろう
弘化3(1846)年~元治1(1864)年 ㊙尼子長蔵(あ
まこちょうぞう) 江戸時代末期の志士。

¶コン, 幕末(尼子長蔵 あまこちょうぞう ㊙元治1
(1864)年12月17日)

尼子清定* あまごきよさだ
生没年不詳 戦国時代の武士。
¶室町

尼子国久* あまこくひさ, あまごくにひさ
?~天文23(1554)年 戦国時代の武将。
¶コン, 戦武(あまごくにひさ) ㊙明応1(1492)年), 室町
(あまごくにひさ)

尼子誠久 あまごさねひさ
⇒尼子誠久(あまごまさひさ)

尼子長三郎* あまこちょうざぶろう
文政1(1818)年~文久3(1863)年 ㊙尼子久恒(あ
まこひさつね) 江戸時代末期の水戸藩士。
¶コン(㊙文政2(1819)年), 幕末(㊙文久3(1863)年11
月25日)

尼子長蔵 あまこちょうぞう
⇒尼子久次郎(あまこきゅうじろう)

尼子経久* あまこつねひさ, あまごつねひさ
長禄2(1458)年~天文10(1541)年11月13日 戦国
時代の出雲の武将。
¶コン, 全戦(あまごつねひさ), 戦武(あまごつねひさ),
室町(あまごつねひさ)

尼子晴久* あまこはるひさ, あまごはるひさ
永正11(1514)年~永禄3(1560)年12月24日 ㊙尼
子詮久(あまごあきひさ), 晴久(はるひさ) 戦国
時代の武将。出雲など8カ国の守護。
¶コン(㊙永禄5(1562)年), 全戦(あまごはるひさ), 戦
武(あまごはるひさ), 中世, 俳文(晴久 はるひさ), 室
町(あまごはるひさ ㊙永禄3(1561)年)

尼子久恒 あまこひさつね
⇒尼子長三郎(あまこちょうざぶろう)

尼子政久 あまごまさひさ
戦国時代の武将。
¶全戦(㊙長享2(1488)年 ㊙永正15(1518)年)

尼子誠久* あまごまさひさ
?~天文23(1554)年 ㊙尼子誠久(あまごさねひ
さ) 戦国時代の武将。
¶戦武(あまごさねひさ) ㊙永禄7(1510)年?)

尼子元知 あまごもとさと
安土桃山時代~江戸時代前期の武将。
¶全戦(㊙? ㊙元和8(1622)年)

尼子友林 あまごゆうりん
⇒尼子義久(あまこよしひさ)

尼子義久* あまこよしひさ, あまごよしひさ
?~慶長15(1610)年 ㊙尼子友林(あまごゆうり
ん) 戦国時代の出雲の武将。
¶コン, 全戦(あまごよしひさ), 戦武(あまごよしひさ
㊙天文9(1540)年)

甘地一撰 あましいっせん
⇒甘地一撰(あまぢいっせん)

尼将軍 あましょうぐん
⇒北条政子(ほうじょうまさこ)

安摩忠景 あまただかげ
平安時代後期の淡路国の武士。
¶平家(生没年不詳)

あまのこ

甘地一撰* あまぢいっせん，あまじいっせん
天保14（1843）年頃〜？　⑱甘地一撰（あましいっせん）　江戸時代後期〜末期の新撰組隊士。
¶新隊（あましいっせん　㋩天保14（1843）年？）

海使蓑女*（海使蓑女）　あまつかいのみのめ
生没年不詳　⑱海使蓑女（あまのつかいみのめ）　奈良時代の女性。観音信仰の利益譚で知られる。
¶古人（あまのつかいみのめ），古代

天津女 あまつじょ*
江戸時代後期の女性。俳諧。相模石倉の人。文政4年刊，遠藤雉啄編『葛三居士大禅忌追善集』に載る。
¶江表（天津女（神奈川県））

天津多祁許呂命* あまつたけころのみこと
上代の茨城国造の祖。
¶古代

天津彦根命* あまつひこねのみこと
神名。天照大御神の子。
¶古代

天津彦穂瓊瓊杵尊 あまつひこほのににぎのみこと
⇒瓊瓊杵尊（ににぎのみこと）

天津真浦 あまつまうら
⇒天津真浦（あまつまら）

天津真浦* あまつまら
⑱天津真浦（あまつまうら）　上代の鍛冶の神。
¶古代，コン

天照大神 あまてらすおうかみ
⇒天照大神（あまてらすおおみかみ）

天照大神 あまてらすおおかみ
⇒天照大神（あまてらすおおみかみ）

天照大神*（天照大御神）　あまてらすおおみかみ
⑱天照大神（あまてらすおうかみ，あまてらすおおかみ，てんしょうだいじん），天照日女之命（あまてらすひるめのみこと），大日孁貴（おおひるめのむち），日神（ひのかみ）　上代の女神。記紀神話の太陽神。
¶コン，思想（アマテラスオオミカミ），女史，平家，山小

天照日女之命 あまてらすひるめのみこと
⇒天照大神（あまてらすおおみかみ）

天豊津媛命 あまとよつひめのみこと
⇒天豊津媛命（あまのとよつひめのみこと）

海家継 あまのいえつぐ
平安時代前期の官人。
¶古人（生没年不詳）

海揖賀 あまのいか
奈良時代の官人。
¶古人（生没年不詳）

海犬養五百依 あまのいぬかいのいおり
⇒海犬養宿禰五百依（あまのいぬかいのすくねいおより）

海犬養岡麻呂*（海犬養岡麿）　あまのいぬかいのおかまろ
生没年不詳　⑱海犬養岡麻呂（あまいぬかいのおかまろ），海犬養宿禰岡麻呂（あまのいぬかいのすくねおかまろ）　奈良時代の官人，歌人。
¶古人（あまいぬかいのおかまろ），コン

海犬養勝麻呂 あまのいぬかいのかつまろ
⇒海犬養連勝麻呂（あまのいぬかいのむらじかつまろ）

海犬養宿禰五百依* あまのいぬかいのすくねいおより
⑱海犬養五百依（あまのいぬかいのいおり，あまのいぬかいのいおより）　奈良時代の中級官人。
¶古人（海犬養五百依　あまいぬかいのいおり　生没年不詳），古代

海犬養宿禰岡麻呂 あまのいぬかいのすくねおかまろ
⇒海犬養岡麻呂（あまのいぬかいのおかまろ）

海犬養連勝麻呂* あまのいぬかいのむらじかつまろ
⑱海犬養勝麻呂（あまのいぬかいのかつまろ）　飛鳥時代の廷臣，入鹿暗殺の加担者。
¶古代

海大食 あまのおおじき
奈良時代の官人。
¶古人（生没年不詳）

天野興定* あまのおきさだ
文明7（1475）年〜天文10（1541）年　戦国時代の武将。
¶室町

海忍立 あまのおしたつ
奈良時代の官人。
¶古人（生没年不詳）

天野開三* あまのかいぞう
文化11（1814）年〜明治33（1900）年　江戸時代末期〜明治時代の事業家。お台場建設を請け負い成功。
¶幕末（㋩明治33（1900）年11月22日）

天野景忠 あまのかげただ
⇒天野藤次衛門（あまのとうじえもん）

天野景貫* あまのかげつら
戦国時代〜安土桃山時代の武将。今川氏家臣，徳川氏家臣，武田氏家臣。
¶後北（景貫〔天野〕　かげぬき），戦武（生没年不詳）

天野景能 あまのかげよし
⇒天野康景（あまのやすかげ）

天野可春 あまのかしゅん
江戸時代後期〜大正時代の幕臣。
¶幕末（㋺天保3（1832）年8月24日　㋑大正7（1918）年5月15日）

天野久七 あまのきゅうしち
⇒辰岡久菊（たつおかひさぎく）

天野清宗 あまのきよむね
江戸時代前期の幕臣。
¶徳人（㋑？　㋱1646年）

天野謙吉* あまのけんきち
文化13（1816）年〜明治4（1871）年　江戸時代末期〜明治時代の長州（萩）藩士。
¶幕末（㋩文化13（1816）年1月1日　㋑明治4（1871）年3月8日）

天野幸逸郎* あまのこういつろう
文政5（1822）年〜明治38（1905）年　江戸時代末期〜明治時代の土木事業者。駿河国大御神村の開発を行う。
¶幕末

天野小四郎* あまのこしろう
生没年不詳　戦国時代の武田氏の家臣。
¶武田（⊕?　⊗慶長1（1595）年10月7日）

天野五兵衛 あまのごひょうえ
安土桃山時代の甲斐国八代郡河内岩間庄中山の土豪。穴山家臣か。
¶武田（生没年不詳）

天野左衛門尉 あまのさえもんのじょう
安土桃山時代の北条氏直の家臣。景貫の嫡男。
¶後北（左衛門尉〔天野〕　さえもんのじょう）

天野信景* あまのさだかげ
寛文3（1663）年～享保18（1733）年　㊞天野信景（あまののぶかげ）　江戸時代中期の国学者。
¶コン,思想

天野定矩 あまのさだのり
江戸時代後期の和算家。量地術を得意とし、門人に渡辺以親など。
¶数学（⊗弘化2（1845）年）

海繁忠 あまのしげただ
平安時代中期の官人。
¶古人（生没年不詳）

天野成利の母 あまのしげとしのはは*
江戸時代中期の女性。和歌。明和3年成立、難波玄生・清水貞固ほか撰「稲葉和歌集」に載る。
¶江表（天野成利の母（鳥取県））

天野七郎左衛門尉 あまのしちろうざえもんのじょう
安土桃山時代の甲斐国八代郡河内岩間庄中山の土豪。穴山家臣か。
¶武田（生没年不詳）

天邪鬼* あまのじゃく
民間説話上の妖怪。
¶コン

天野新太郎 あまのしんたろう
江戸時代後期～末期の旗本。
¶幕末（⊕?　⊗明治2（1869）年4月29日）

天野助左衛門 あまのすけざえもん
安土桃山時代～江戸時代前期の武士。加藤清正十六将の1人。
¶全戦（生没年不詳）

天野政徳 あまのせいとく
⇒天野政徳（あまのまさのり）

天野拙斎 あまのせっさい
⇒矢野拙斎（やのせっさい）

天野桑古* あまのそうこ
文政11（1828）年～明治30（1897）年　㊞桑古（そうこ）　江戸時代末期～明治時代の俳人。
¶俳文（桑古　そうこ　⊕文政11（1828）年5月21日　⊗明治30（1897）年4月3日）

天野宗歩 あまのそうふ
⇒天野宗歩（あまのそうほ）

天野宗歩 あまのそうほ
文化13（1816）年～安政6（1859）年　㊞天野宗歩（あまのそうふ）　江戸時代末期の将棋棋士。
¶江人

天野隆重* あまのたかしげ
*～天正12（1584）年　戦国時代～安土桃山時代の武将。毛利氏家臣。
¶戦武（⊗文亀3（1503）年）

海敬忠 あまのたかただ
平安時代中期の官人。
¶古人（生没年不詳）

海孝範 あまのたかのり
平安時代中期の官人。
¶古人（生没年不詳）

海忠明 あまのただあき
平安時代中期の官人。
¶古人（生没年不詳）

天野忠重 あまのただしげ
戦国時代～江戸時代前期の代官。
¶徳代（⊕永禄1（1558）年　⊗正保1（1644）年8月22日）

天野忠詣 あまのただゆき
安土桃山時代～江戸時代前期の代官、鷹場支配。
¶徳代（⊕天正17（1589）年　⊗万治3（1660）年2月27日）

海為隆 あまのためたか
平安時代中期～後期の官人。
¶古人（生没年不詳）

海使蓑女 あまのつかいみのめ
⇒海使蓑女（あまつかいのみのめ）

海恒貞 あまのつねさだ
平安時代中期の官人。
¶古人（生没年不詳）

海経佐 あまのつねすけ
平安時代中期の官人。
¶古人（生没年不詳）

海常忠 あまのつねただ
平安時代中期の官人。
¶古人（生没年不詳）

海部常山 あまのつねやま
奈良時代の官人。
¶古人（生没年不詳）

海恒世 あまのつねよ
平安時代中期の丹後国の相撲人。10～11世紀の頃。
¶古人（生没年不詳）

天野貞省 あまのていしょう
天保6（1835）年～明治39（1906）年　㊞天野貞省（あまのていせい）　江戸時代後期～明治時代の幕臣。
¶徳人,幕末（あまのていせい　⊕天保6（1835）年7月26日　⊗明治39（1906）年3月）

天野藤次衛門* あまのとうじえもん
文政12（1829）年～慶応3（1867）年　㊞天野景忠（あまのかげただ）　江戸時代末期の水戸藩士。
¶幕末（⊗慶応3（1867）年11月17日）

天野桃隣 あまのとうりん
⇒桃隣（とうりん）

天野遠景* あまのとおかげ
生没年不詳　平安時代後期～鎌倉時代前期の武将、鎮西奉行人。
¶古人（藤原遠景　ふじわらのとおかげ）,コン,中世,内

乱, 平家

天野聡隆 あまのとしたか
江戸時代末期の和算家。
¶数学

海共忠 あまのともただ
平安時代中期の官人。
¶古人(生没年不詳)

天野豊三郎 あまのとよさぶろう
江戸時代後期〜明治時代の幕臣。
¶幕末([生]天保10(1839)年 [没]明治2(1869)年4月21日)

天豊津媛命* あまのとよつひめのみこと
[別]天豊津媛命(あまとよつひめのみこと) 上代の女性。懿徳天皇の皇后。
¶天皇(あまとよつひめのみこと)

天野虎次郎* あまのとらじろう
天保13(1842)年〜慶応3(1867)年 江戸時代末期の水戸藩属吏。
¶幕末([没]慶応3(1867)年1月6日)

天野長重* あまのながしげ
元和7(1621)年〜宝永2(1705)年12月12日 江戸時代前期〜中期の幕臣。
¶徳将

天野長信 あまのながのぶ
安土桃山時代〜江戸時代前期の幕臣。
¶徳人([生]1587年 [没]1645年)

海成忠 あまのなりただ
平安時代後期の宇佐宮の神官。
¶古人(生没年不詳)

海業恒 あまのなりつね
平安時代中期の官人。
¶古人(生没年不詳)

天野縫殿右衛門尉 あまのぬいえもんのじょう
安土桃山時代の甲斐国巨摩郡河内岩欠郷の土豪。穴山家臣か。
¶武田(生没年不詳)

天野信景 あまののぶかげ
⇒天野信景(あまのさだかげ)

天野八郎* あまのはちろう
天保2(1831)年〜明治1(1868)年 江戸時代末期の佐幕派志士、彰義隊士。
¶江人, コン([生]天保1(1830)年), 全幕, 幕末([没]明治1(1868)年11月8日), 山小([没]1868年11月8日)

天野栄親* あまのひでちか
天保12(1841)年〜明治14(1881)年 江戸時代末期〜明治時代の数学者。「掲廟算法初編」を作った。
¶数学([没]明治14(1881)年8月11日)

天野房義* あまのふさよし
生没年不詳 江戸時代後期の綴織の名匠。
¶コン, 美工

天野藤秀* あまのふじひで
戦国時代の武将。今川氏家臣。
¶全戦(生没年不詳), 武田(生没年不詳)

天野方壺* あまのほうこ
文政11(1828)年〜明治27(1894)年12月26日 江戸時代末期〜明治時代の日本画家。京都府画学校出仕。作品に「芦雁」「山水」など。
¶美画

天野正景 あまのまさかげ
*〜天明8(1788)年 江戸時代中期の幕臣。
¶徳人([生]1703年), 徳代([生]元禄15(1702)年 [没]天明8(1788)年11月4日)

天野正澄 あまのまさずみ
江戸時代中期の代官。
¶徳代([生]宝永6(1709)年 [没]宝暦13(1763)年10月8日)

海正忠 あまのまさただ
平安時代中期の官人。
¶古人(生没年不詳)

天野政徳* あまのまさのり
天明4(1784)年〜文久1(1861)年 [別]天野政徳(あまのせいとく) 江戸時代後期の歌人、旗本。
¶コン

海松長 あまのまつなが
平安時代後期の官人。
¶古人(生没年不詳)

天野御民* あまのみたみ
天保12(1841)年〜明治36(1903)年 [別]冷泉雅次郎(れいぜんがじろう) 江戸時代末期〜明治時代の長州(萩)藩士。
¶幕末([生]天保12(1841)年1月14日)

天野美濃守* あまのみののかみ
生没年不詳 戦国時代の武田氏の家臣。
¶武田

海致親 あまのむねちか
平安時代中期の官人。
¶古人(生没年不詳)

海宗嗣 あまのむねつぐ
平安時代後期の学生。承保1年正六位上で、北堂の挙により美作少掾に任ぜられた。
¶古人(生没年不詳)

天野元政* あまのもとまさ
永禄2(1559)年〜慶長14(1609)年 [別]毛利元政(もうりもとまさ) 安土桃山時代〜江戸時代前期の武士。
¶全戦

海守忠 あまのもりただ
平安時代中期の暦博士。
¶古人(生没年不詳)

海守富(留) あまのもりとみ(め)
平安時代中期の随身。長保3年右近衛で大宰帥平惟仲の随身。
¶古人(生没年不詳)

雨森芳洲 あまのもりほうしゅう
⇒雨森芳洲(あめのもりほうしゅう)

雨森弥兵衛尉 あまのもりやひょうえのじょう
⇒雨森弥兵衛尉(あめもりやひょうえのじょう)

海部諸石 あまのもろいわ
奈良時代の官人。
¶古人(生没年不詳)

天野康景* あまのやすかげ
天文6(1537)年〜慶長18(1613)年 [別]天野景能(あまのかげよし) 安土桃山時代〜江戸時代前期の大名。駿河興国寺藩主。

¶コン

天野屋太郎左衛門* あまのやたろうざえもん
生没年不詳　江戸時代前期の貿易家。
¶対外

天野屋利平 あまのやりへい
⇒天野屋利兵衛(あまのやりへえ)

天野屋利兵衛* あまのやりへえ
?～享保12(1727)年　[別]天河屋義平(あまかわやぎへい), 天川屋義兵衛(あまかわやぎへえ), 天野屋利平(あまのやりへい), 土斉(どさい)　江戸時代前期の侠商。
¶コン

海幸見 あまのゆきみ
平安時代中期の官人。
¶古人(生没年不詳)

海部男種麻呂* あまべのおたねまろ
平安時代前期の医師。
¶古人(生没年不詳)

海部金麻呂*(海部金麿)　あまべのかねまろ
平安時代前期の白水郎。
¶古人(海部金麿　生没年不詳), 古代

海部黒麿 あまべのくろまろ
平安時代前期の出雲国楯縫郡の漁師。
¶古人(生没年不詳)

天海勝之進 あまみかつのしん
⇒天海勝之助(あまみかつのすけ)

天海勝之助* あまみかつのすけ
[別]天海勝之進(あまみかつのしん), 木村勝之助(きむらかつのすけ)　江戸時代末期の新撰組隊士。
¶新隊(天海勝之進　あまみかつのしん　生没年不詳), 新隊(木村勝之助　きむらかつのすけ　生没年不詳)

アマミキヨ*
琉球神話の開闢神。
¶コン

天宮慎太郎* あまみやしんたろう
文政10(1827)年～慶応1(1865)年　[別]天宮慎太郎(あめのみやしんたろう)　江戸時代末期の長州(萩)藩士、奇兵隊陣馬奉行。
¶コン([生]文政11(1828)年　[没]慶応2(1866)年), 幕末([没]元治2(1865)年1月6日)

雨森芳洲 あまもりほうしゅう
⇒雨森芳洲(あめのもりほうしゅう)

天谷教盈 あまやのりみつ
江戸時代中期～後期の和算家。関流の算学を学ぶ。文化9年算額を奉納。
¶数学([生]天明7(1787)年　[没]天保8(1837)年)

甘利為徳 あまりいとく
生没年不詳　江戸時代末期の幕臣。
¶徳人, 徳代

甘利右衛門 あまりえもん
安土桃山時代の武田信豊の被官。
¶武田([生]?　[没]天正10(1582)年3月)

甘利佐渡守* あまりさどのかみ
戦国時代の武将。今川氏家臣。
¶後北(佐渡守〔甘利〕　さどのかみ)

甘利甚九郎* あまりじんくろう
生没年不詳　戦国時代の武田氏の家臣。
¶武田

甘利甚五郎 あまりじんごろう
安土桃山時代の武田氏の家臣。
¶武田(生没年不詳)

甘利虎泰* あまりとらやす
?～天文17(1548)年　戦国時代の武士。武田氏家臣。
¶全戦, 戦武([生]明応7(1498)年?), 武田([没]天文17(1548)年2月14日)

甘利信家 あまりのぶいえ
戦国時代～安土桃山時代の武田遺臣。
¶武田(生没年不詳)

甘利信忠* あまりのぶただ
生没年不詳　戦国時代の甲斐武田晴信の家臣。
¶武田([生]天文3(1534)年　[没]永禄10(1567)年8月22日)

甘利信恒 あまりのぶつね
安土桃山時代の武田氏の家臣。
¶武田([生]永禄3(1560)年　[没]天正4(1576)年9月)

甘利信康* あまりのぶやす
生没年不詳　戦国時代の武田氏の家臣。
¶武田([生]?　[没]天正3(1575)年5月21日)

甘利信頼* あまりのぶより
生没年不詳　戦国時代の甲斐武田勝頼の家臣。
¶武田

阿麻和利*(阿摩和利)　あまわり
?～尚泰久5(1458)年　室町時代の琉球の按司。
¶コン([没]長禄2(1458)年), 対外(阿摩和利)

阿万豊蔵* あまんとよぞう
文化7(1810)年～明治9(1876)年　江戸時代末期～明治時代の日向飫肥藩士。
¶幕末([生]文化7(1810)年6月18日　[没]明治9(1876)年6月3日)

網子 あみこ
江戸時代前期の女性。俳諧。摂津尼崎の人。貞享3年刊、水田西吟編『庵桜』に載る。
¶江表(網子(兵庫県))

安見直政* あみなおまさ
?～元亀2(1571)年5月10日　[別]安見直政(やすみなおまさ), 安見宗房(やすみむねふさ)　戦国時代の武将。畠山氏家臣。
¶織田(安見宗房　やすみむねふさ　生没年不詳)

網野新五左衛門尉 あみのしんござえもんのじょう
戦国時代～安土桃山時代の甲斐国山梨郡仏師原郷の土豪。武田氏滅亡後、徳川氏に仕えた。
¶武田(生没年不詳)

網屋吉兵衛* あみやきちべえ
天明5(1785)年～明治2(1869)年　江戸時代後期の船たで場建設者。
¶幕末([没]明治2(1869)年9月5日)

阿牟人足 あむのひとたり
平安時代前期の大安寺の僧。漏刻を完成させた。弘仁2年外従五位下。
¶古人(生没年不詳)

安室頼里 あむろのよりさと
平安時代後期の官人。
¶古人(生没年不詳)

天押帯日子命* あめおしたらしひこのみこと
上代の孝昭天皇の皇子。
¶古代

天国排開広庭尊 あめくにおしはらきひろにわのみこと
⇒欽明天皇(きんめいてんのう)

雨僧正 あめそうじょう
⇒仁海(にんがい)

天足彦国押人命* あめたらしひこくにおしひとのみこと
上代の孝昭天皇の第1皇子。
¶天皇

天豊財重日足姫尊 あめとよたからいかしひたらしひめのみこと
⇒皇極天皇(こうぎょくてんのう)

天鈿女命*(天宇受売命) あめのうずめのみこと
記紀神話の女神。
¶コン,女史

天上腹* あめのうわはら
上代の知々夫国造の祖。
¶古代

天事代主命 あめのことしろぬしのみこと
⇒事代主神(ことしろぬしのかみ)

天児屋命* あめのこやねのみこと
上代の中臣氏の祖神。
¶コン

天下腹* あめのしたはら
上代の知々夫国造の祖。
¶古代

天渟中原瀛真人尊 あめのぬなはらおきのまひとのみこと
⇒天武天皇(てんむてんのう)

天日槍*(天日矛, 天之日矛) あめのひぼこ
上代の「古事記」「日本書紀」に登場する新羅の王子。
¶古人(生没年不詳),古代,古物,コン,対外

天日別命* あめのひわけのみこと
上代の伊勢氏の祖神。
¶古代

天日鷲神 あめのひわしのかみ
⇒天日鷲命(あめのひわしのみこと)

天日鷲命* あめのひわしのみこと
[別]天日鷲神(あめのひわしのかみ) 上代の阿波国忌部の祖。
¶古代

天太玉命* あめのふとだまのみこと
[別]太玉命(ふとたまのみこと, ふとだまのみこと) 上代の斎部氏の祖神。
¶コン(太玉命 ふとたまのみこと)

天穂日命* あめのほひのみこと
上代の神名。
¶コン

天目一箇神 あめのまひとつのかみ
⇒天目一命(あめのまひとつのみこと)

天目一命* あめのまひとつのみこと
[別]天目一箇神(あめのまひとつのかみ) 山背氏の祖神。
¶古代

天之御中主神*(天御中主神) あめのみなかぬしのかみ
[別]天御中主尊(あめのみなかぬしのみこと) 神名、造化三神の一柱。
¶コン,思想(アメノミナカヌシノカミ)

天御中主尊 あめのみなかぬしのみこと
⇒天之御中主神(あめのみなかぬしのかみ)

雨宮家次 あめのみやいえつぐ
⇒雨宮家次(あめみやいえつぐ)

雨宮勘兵衛(1) あめのみやかんべえ
江戸時代前期～中期の関東代官。
¶徳代([生]万治3(1660)年 [没]正徳5(1715)年11月24日)

雨宮勘兵衛(2) あめのみやかんべえ
江戸時代中期の代官。
¶徳代([生]? [没]元禄7(1694)年3月6日)

雨宮源左衛門尉 あめのみやげんざえもんのじょう
安土桃山時代の武田氏の家臣。
¶武田(生没年不詳)

雨宮権兵衛尉 あめのみやごんべえのじょう
戦国時代～安土桃山時代の武田氏の家臣。雨宮十兵衛家次と同一人物か。
¶武田([生]享禄4(1531)年 [没]天正3(1575)年5月21日)

雨宮十兵衛 あめのみやじゅうひょうえ
⇒雨宮家次(あめみやいえつぐ)

雨宮二郎右衛門尉 あめのみやじろうえもんのじょう
戦国時代～安土桃山時代の甲斐国山梨郡岩崎郷在郷の番匠。
¶武田(生没年不詳)

天宮慎太郎 あめのみやしんたろう
⇒天宮慎太郎(あまみやしんたろう)

雨宮図書助 あめのみやずしょのすけ
戦国時代の武田氏家臣。
¶武田(生没年不詳)

雨宮存哲 あめのみやぞんてつ
⇒雨宮淡路守(あめみやあわじのかみ)

雨宮忠長 あめのみやただなが
安土桃山時代の代官。武田家旧臣。
¶徳代(生没年不詳)

雨宮忠善 あめのみやただよし
安土桃山時代の武士。
¶武田(生没年不詳)

雨宮長貞 あめのみやながさだ
江戸時代中期の幕臣。
¶徳人([生]1770年 [没]?)

雨宮縫殿丞 あめのみやぬいのじょう
戦国時代～安土桃山時代の人。上杉景勝に嫁いだ菊姫付家臣。
¶武田(生没年不詳)

あ

雨宮備中守　あめのみやびっちゅうのかみ
戦国時代の人。塩田の住人。所領を向嶽寺に寄進。
¶武田（生没年不詳）

雨宮正種*　あめのみやまさたね
慶長17（1612）年～寛文11（1671）年　江戸時代前期の京都町奉行。
¶徳人，徳代（[没]寛文11（1671）年10月16日）

雨宮与十郎　あめのみやよじゅうろう
戦国時代～安土桃山時代の武田氏の家臣。
¶武田（[生]永禄1（1558）年　[没]慶長8（1603）年4月17日）

雨森出雲守　あめのもりいずものかみ
江戸時代前期の豊臣秀吉・秀頼の家臣。
¶大坂

雨森三右衛門貞任　あめのもりさんえもんさだとう
江戸時代前期の豊臣秀頼・本多忠政・松平忠昌の家臣。
¶大坂

雨森精翁　あめのもりせいおう
⇒雨森精斎（あめのもりせいさい）

雨森精斎*　あめのもりせいさい
文政5（1822）年～明治15（1882）年　[別]雨森精翁（あめのもりせいおう）　江戸時代後期～明治時代の儒者。
¶幕末（雨森精翁　あめのもりせいおう　[生]文政5（1822）年5月22日　[没]明治15（1882）年9月16日）

雨森東五郎　あめのもりとうごろう
⇒雨森芳洲（あめのもりほうしゅう）

雨森芳洲*　あめのもりほうしゅう
寛文8（1668）年～宝暦5（1755）年　[別]雨森芳洲（あまのもりほうしゅう，あまもりほうしゅう），雨森東五郎（あめのもりとうごろう）　江戸時代中期の儒学者。
¶コン，思想，対外，徳将，山小（あまのもりほうしゅう　[生]1668年5月17日　[没]1755年1月6日）

天八重事代主神　あめのやえことしろぬしのかみ
⇒事代主神（ことしろぬしのかみ）

天湯河板挙*　あめのゆかわたな
上代の鳥取造の祖。
¶古代

雨畑仁衛門　あめはたじんえもん
安土桃山時代の甲斐国巨摩郡河内下山の人。穴山家臣か。
¶武田（生没年不詳）

天命開別尊　あめみことひらかすわけのみこと
⇒天智天皇（てんぢてんのう）

雨宮淡路守*　あめみやあわじのかみ
生没年不詳　[別]雨宮存哲（あめのみやぞんてつ）　戦国時代の甲斐武田晴信の家臣。
¶武田（雨宮存哲　あめのみやぞんてつ）

雨宮家次*　あめみやいえつぐ
享禄4（1531）年？～天正3（1575）年5月21日　[別]雨宮家次（あめのみやいえつぐ），雨宮十兵衛（あめのみやじゅうひょうえ）　戦国時代の武士。武田氏家臣。
¶武田（雨宮十兵衛　あめのみやじゅうひょうえ　[生]享禄4（1531）年）

雨宮寛長　あめみやひろなが
寛永7（1630）年～正徳2（1712）年　[別]雨宮寛長（あめのみやひろなが）　江戸時代前期～中期の幕臣。
¶徳人，徳代（あめのみやひろなが　[没]正徳2（1712）年閏5月2日）

雨宮正宴　あめみやまさやす
江戸時代中期の幕臣。
¶徳人（[生]1752年　[没]？）

雨森弥兵衛尉*　あめもりやひょうえのじょう
[別]雨森弥兵衛尉（あまのもりやひょうえのじょう）　戦国時代の武士。
¶全戦（あまのもりやひょうえのじょう　生没年不詳）

飴也*（阿米夜，飴屋）　あめや
*～天正2（1574）年　[別]宗慶（そうけい）　戦国時代～安土桃山時代の陶工。
¶美工（生没年不詳）

天万豊日尊　あめよろずとよひのみこと
⇒孝徳天皇（こうとくてんのう）

アメリカ彦蔵　あめりかひこぞう
⇒浜田彦蔵（はまだひこぞう）

天羽景安　あもうかげやす
江戸時代前期の代官。
¶徳代（[生]？　[没]天和2（1682）年）

天羽景慶　あもうかげよし
江戸時代前期の代官。
¶徳代（生没年不詳）

天羽七右衛門　あもうしちえもん
江戸時代前期の代官。
¶徳代（生没年不詳）

あや
江戸時代後期の女性。和歌。因幡鳥取藩江戸芝藩邸の奥女中。天保11年成立「鷲見家短冊帖」に載る。
¶江表（あや（鳥取県））

阿屋　あや★
江戸時代後期の女性。教育。阿国利右衛門の娘。
¶江表（阿屋（東京都）　[生]文化1（1804）年頃）

阿夜　あや
⇒阿夜御前（あやのごぜ）

綾(1)　あや★
江戸時代の女性。和文。秋田藩御用達津村淙庵編「片玉集」前集巻66に載る。
¶江表（綾（東京都））

綾(2)　あや★
江戸時代中期の女性。俳諧。下総多古の人。宝暦13年刊、建部綾足編『古今俳諧明題集』に載る。
¶江表（綾（千葉県））

綾(3)　あや★
江戸時代中期の女性。和歌。但馬豊岡の人。保田佐世の編んだ歌会集記録「長閑集」の明和期の中に載る。
¶江表（綾（兵庫県））

綾(4)　あや★
江戸時代中期の女性。和歌。徳島藩家老稲田家家臣で猪尻の三宅民助の娘。
¶江表（綾（徳島県）　[生]明和7（1770）年頃）

綾(5) あや★
江戸時代後期の女性。書。儒者摩島長弘の娘。天保3年に父長弘が著した『娯語』の序を清書。
¶江表(綾(京都府))

綾(6) あや★
江戸時代後期の女性。俳諧。徳見氏の娘。俳人田上菊舎稿「九国再遊 墨摺山」二によると、寛政8年に徳見亭での茶事に菊舎を招き交流を持った。
¶江表(綾(長崎県))

綾(7) あや★
江戸時代末期の女性。書簡。因幡鳥取藩儒者堀省斎の長女。
¶江表(綾(鳥取県) [没]安政3(1856)年)

漢一郎 あやいちろう
⇒漢一郎(かんいちろう)

綾岡輝松* あやおかきしょう
文化14(1817)年～明治20(1887)年 江戸時代後期～明治時代の日本画家。
¶美画([没]明治20(1887)年5月24日)

綾岡有真 あやおかゆうしん
江戸時代後期～明治時代の日本画家。
¶美画([生]弘化3(1846)年7月29日 [没]明治43(1910)年4月3日)

綾糟* あやかす
飛鳥時代の蝦夷の族長。
¶古代

あや子(1) あやこ★
江戸時代の女性。和歌。福岡氏。明治10年刊、高橋富兄編『類題石川歌集』に載る。
¶江表(あや子(石川県))

あや子(2) あやこ★
江戸時代の女性。和歌。和歌山の渡来左膳の妻。明治14年刊、岡田良策編『近世名婦百人撰』に載る。
¶江表(あや子(和歌山県))

あや子(3) あやこ★
江戸時代後期の女性。和歌。医者数原氏。文政3年刊、天野政徳編『草縁集』に載る。
¶江表(あや子(東京都))

あや子(4) あやこ★
江戸時代後期の女性。和歌。歌人中島昌紀の妻。嘉永1年刊、長沢伴雄編『類題和歌鴨川集』に載る。
¶江表(あや子(京都府))

あや子(5) あやこ★
江戸時代後期～明治時代の女性。和歌・漢詩・書簡。那賀郡小倉村の南方勝右衛門の娘。
¶江表(あや子(和歌山県) [生]文政12(1829)年 [没]明治39(1906)年)

あや子(6) あやこ★
江戸時代末期の女性。和歌。江戸城本丸大奥女中。文久3年刊、関橋守編『耳順賀集』に載る。
¶江表(あや子(東京都))

綾戸 あやこ★
江戸時代前期の女性。俳諧。俳人大原千春の妻。天和2年に『武蔵曲』を撰した。
¶江表(綾戸(京都府))

綾子(1) あやこ★
江戸時代の女性。和歌。中村氏。明治11年刊、平塚梅花撰『王盛集』に載る。
¶江表(綾子(神奈川県))

綾子(2) あやこ★
江戸時代中期の女性。和歌。横河鎮真の妻。明和3年成立、難波玄生・清水貞固ほか撰「稲葉和歌集」に載る。
¶江表(綾子(鳥取県))

綾子(3) あやこ★
江戸時代後期の女性。狂歌。文政期刊、文々舎蟹子丸撰『江戸名物百題狂歌集』に載る。
¶江表(綾子(東京都))

綾子(4) あやこ★
江戸時代後期の女性。和歌。尾張藩藩士駒因幡守の妻。弘化4年刊、清堂観尊編『たち花の香』に載る。
¶江表(綾子(愛知県))

綾子(5) あやこ★
江戸時代後期の女性。和歌。尾張藩藩士で兵学・国学者上田仲敏の娘か。
¶江表(綾子(愛知県))

綾子(6) あやこ★
江戸時代後期の女性。和歌。山本氏。文政13年版、天保9年版『平安人物志』に載る。
¶江表(綾子(京都府))

綾子(7) あやこ★
江戸時代後期の女性。和歌。紀州藩藩士村辻織部の妻。弘化2年刊、加納諸平編『類題鰒玉集』五に載る。
¶江表(綾子(和歌山県))

綾子(8) あやこ★
江戸時代後期の女性。和歌。大洲阿蔵の総鎮守八幡神社社家常盤井守貫の娘。文化初年頃、大洲藩主加藤泰済の八男泰周・常盤井守貫編「大洲和歌集」に入集。
¶江表(綾子(愛媛県))

綾子(9) あやこ★
江戸時代後期～大正時代の女性。和歌。旗本三枝七四郎の娘。
¶江表(綾子(佐賀県) [生]嘉永3(1850)年 [没]大正12(1923)年)

綾子(10) あやこ★
江戸時代末期の女性。和歌。石見矢上の諏訪神社社司諏訪信濃重濤の娘。
¶江表(綾子(島根県))

綾子(11) あやこ★
江戸時代末期の女性。和歌。西氏。豊前小倉藩藩士で国学者西田直養の歌風を慕った幕末期の長府の歌人平田秋足社中の一枚摺歌書に載る。
¶江表(綾子(山口県))

綾子(12) あやこ★
江戸時代末期の女性。和歌。宇和島藩の奥女中。元治1年頃に詠まれた「宇和島御奥女中大小吟」に載る。
¶江表(綾子(愛媛県))

綾子(13) あやこ★
江戸時代末期～明治時代の女性。教育。安芸広島の吉川左近の娘。
¶江表(綾子(広島県) [生]安政4(1857)年 [没]明治15(1882)年)

言子　あやこ⋆
江戸時代後期〜明治時代の女性。和歌。肥後熊本藩藩士小笠原一学の娘。
¶江表(言子(大分県))　[生]文政4(1821)年　[没]明治22(1889)年)

斐子(1)　あやこ⋆
江戸時代中期〜後期の女性。和歌。志度村の大庄屋岡田元丘の娘。
¶江表(斐子(香川県))　[生]天明6(1786)年　[没]文化9(1812)年)

斐子(2)　あやこ⋆
江戸時代後期の女性。和歌。穂積氏。天保4年成立「二拾八番歌合」に載る。
¶江表(斐子(茨城県))

斐子(3)　あやこ⋆
江戸時代後期の女性。和歌。内島村の五十嵐篤好の妻。
¶江表(斐子(富山県)　[没]天保9(1838)年)

文子　あやこ
江戸時代後期の女性。和歌。松前藩藩士長倉貞義の娘。
¶江表(文子(北海道)　[没]享和1(1801)年)

操子女王　あやこじょおう
⇒操子女王(そうしじょおう)

阿夜御前　あやごぜん
⇒阿夜御前(あやのごぜ)

文石小麻呂＊　あやしのおまろ
上代の大力の人。
¶古代

あや女　あやじょ⋆
江戸時代末期の女性。俳諧。更級郡上山田の人。元治1年刊、下戸倉の宮本真篶編、父八朗追善集『あふぎ集』に載る。
¶江表(あや女(長野県))

綾女(1)　あやじょ⋆
江戸時代後期の女性。狂歌。下総飯沼の人。文政12年刊、浅草庵ほか編『三才月百首』に載る。
¶江表(綾女(千葉県))

綾女(2)　あやじょ⋆
江戸時代後期の女性。和歌。人吉藩主相良頼徳主宰の月例歌会「繊月」に参加した数少ない女性。この歌会は天保頃に催され、その会での歌が佐無田家文書に残る。
¶江表(綾女(熊本県))

綾女(3)　あやじょ⋆
江戸時代末期の女性。俳諧・書簡。坂出の人。美寿著「桜戸日記」に安政2年6月14日着の書簡が載る。
¶江表(綾女(香川県))

文女　あやじょ⋆
江戸時代後期の女性。俳諧。白井の人。文化1年版、松露庵坐来撰『松露随筆』に載る。
¶江表(文女(群馬県))

綾刀自　あやとじ
江戸時代末期の女性。狂歌。国学者黒川春村の妻、あや子。
¶江表(綾刀自(東京都))

あや成　あやなり⋆
江戸時代後期の女性。俳諧。相模小田原城西連の人。文化3年の歳旦帖『春帖』に載る。
¶江表(あや成(神奈川県))

文馬養＊　あやのうまかい
[別]文忌寸馬養(ふみのいみきうまかい)，文馬養(ふみのうまかい)　奈良時代の官人。
¶古人(ふみのうまかい　生没年不詳)，古代(文忌寸馬養　ふみのいみきうまかい)

綾兼則　あやのかねのり
平安時代中期の官人。
¶古人(生没年不詳)

綾君菅麻呂＊　あやのきみすがまろ
奈良時代の讃岐国揖保郡の人。
¶古代

文清信　あやのきよのぶ
生没年不詳　[別]文清信(ふみのきよのぶ)　平安時代後期の官人。
¶古人，古人(ふみのきよのぶ)

綾小路敦有＊　あやのこうじあつあり
元亨2(1322)年〜応永7(1400)年2月15日　南北朝時代〜室町時代の公卿(参議)。備前権守綾小路有頼の子。
¶公卿([生]正和5(1316)年)，公家(敦有〔綾小路家〕　あつあり)

綾小路有長＊　あやのこうじありおさ
寛政4(1792)年〜＊　[別]綾小路有長(あやのこうじありなが)　江戸時代末期〜明治時代の郢曲師範。
¶公卿([生]寛政4(1792)年10月4日　[没]明治6(1873)年9月)，公家(有長〔綾小路家〕　ありなが　[生]寛政4(1792)年10月4日　[没]明治14(1881)年2月12日)

綾小路有胤＊　あやのこうじありたね
寛文4(1664)年10月12日〜寛保2(1742)年9月6日　江戸時代中期の公家(権中納言)。権中納言綾小路俊景の子。
¶公卿，公家(有胤〔綾小路家〕　ありたね)

綾小路有時＊　あやのこうじありとき
？〜文保2(1318)年11月14日　鎌倉時代後期の公卿(参議)。権中納言綾小路信有の子。
¶公卿，公家(有時〔綾小路家〕　ありとき)

綾小路有俊＊　あやのこうじありとし
応永26(1419)年〜？　室町時代〜戦国時代の公卿(権中納言)。民部卿山科行有の子。
¶公卿，公家(有俊〔綾小路家〕　ありとし)

綾小路有長　あやのこうじありなが
⇒綾小路有長(あやのこうじありおさ)

綾小路有美＊　あやのこうじありよし
享保7(1722)年8月28日〜寛政5(1793)年9月15日　江戸時代中期の公家(権大納言)。権大納言・按察使綾小路俊宗の子。
¶公卿，公家(有美〔綾小路家〕　ありよし)

綾小路有頼＊　あやのこうじありより
永仁3(1295)年〜元徳1(1329)年7月18日　鎌倉時代後期の公卿(参議)。権中納言綾小路信有の子。
¶公卿，公家(有頼〔綾小路家〕　ありより　[没]嘉暦4(1329)年7月18日)

綾小路定利　あやのこうじさだとし
⇒定利(さだとし)

あやひと

綾小路茂賢* あやのこうじしげかた
？〜正中2（1325）年6月3日　鎌倉時代後期の公卿（非参議）。権中納言・按察使綾小路経賢の子。
¶公卿, 公家（茂賢〔庭田家〕　しげかた）

綾小路高有* あやのこうじたかあり
文禄4（1595）年〜正保1（1644）年1月25日　江戸時代前期の公家（参議）。正三位五辻之仲の次男。
¶公卿, 公家（高有〔綾小路家〕　たかあり）㉓寛永21（1644）年1月25日

綾小路経賢* あやのこうじつねかた
生没年不詳　鎌倉時代後期の公卿（非参議）。権中納言・按察使綾小路経資の子。
¶公卿, 公家（経賢〔庭田家〕　つねかた）

綾小路経資 あやのこうじつねすけ
⇒庭田経資（にわたつねすけ）

綾小路俊景* あやのこうじとしかげ
寛永9（1632）年1月2日〜元禄1（1688）年6月17日　江戸時代前期の公家（権中納言）。参議綾小路高有の子。
¶公卿, 公家（俊景〔綾小路家〕　としかげ）

綾小路俊量* あやのこうじとしかず
宝徳3（1451）年〜永正15（1518）年7月10日　戦国時代の公卿（権中納言）。権中納言綾小路有俊の子。
¶公卿, 公家（俊量〔綾小路家〕　としかず）

綾小路俊賢* あやのこうじとしかた
文政7（1824）年閏8月23日〜嘉永7（1854）年7月10日　江戸時代末期の公家（非参議）。権大納言綾小路有長の子。
¶公卿, 公家（俊賢〔綾小路家〕　としかた）㉓安政1（1854）年7月10日

綾小路俊実 あやのこうじとしさね
⇒大原重実（おおはらしげみ）

綾小路俊資 あやのこうじとしすけ
⇒綾小路俊資（あやのこうじとしもと）

綾小路俊宗* あやのこうじとしむね
元禄3（1690）年3月8日〜明和7（1770）年9月1日　江戸時代中期の公家（権大納言）。権中納言綾小路有胤の子。
¶公卿, 公家（俊宗〔綾小路家〕　としむね）

綾小路俊資* あやのこうじとしもと
宝暦8（1758）年〜天保4（1833）年11月17日　㊙綾小路俊資（あやのこうじとしすけ）　江戸時代中期〜後期の公家（権大納言）。権大納言庭田重熙の次男。
¶公卿（㊕宝暦8（1758）年11月8日）, 公家（俊資〔綾小路家〕　㊕宝暦8（1758）年11月4日）

綾小路成賢* あやのこうじなりかた
？〜元中8/明徳2（1391）年4月5日　南北朝時代の公卿（参議）。備前権守綾小路有頼の子。
¶公卿（㉓明徳2（1391）年4月5日）, 公家（成賢〔綾小路家〕　なりかた　㉓明徳2（1391）年4月5日）

綾小路信有* あやのこうじのぶあり
＊〜正中1（1324）年9月10日　鎌倉時代後期の公卿（権中納言）。権中納言源有資の子。
¶公卿（㊕文永6（1269）年）, 公家（信有〔綾小路家〕　のぶあり　㊕1258年？）

綾小路信俊* あやのこうじのぶとし
正平10/文和4（1355）年〜永享1（1429）年6月18日　南北朝時代〜室町時代の公卿（権中納言）。参議綾小路敦有の子。
¶公卿（㊕文和4/正平10（1355）年）, 公家（信俊〔綾小路家〕　のぶとし）

阿夜御前* あやのごぜ
生没年不詳　㊙阿夜（あや）, 阿夜御前（あやごぜん）　平安時代後期の女性。鳥羽天皇の皇女。
¶天皇（あやごぜん　㊕？）㉓建久6（1195）年1月25日）

綾貞久 あやのさだひさ
平安時代後期の相撲人。嘉保2年頃諸記録所見。
¶古人（生没年不詳）

文武並 あやのたけなみ
平安時代中期の官人。
¶古人（生没年不詳）

綾武主 あやのたけぬし
平安時代前期の人。本貫を左京六条三坊にうつす。
¶古人（生没年不詳）

綾の局 あやのつぼね＊
江戸時代後期の女性。俳諧。豊後東国東郡朝来生まれ。本名小野トモ。京都の九条家に仕えた。号・竹子。
¶江表（綾の局（大分県）　㊕享和3（1803）年　㉓嘉永1（1848）年）

漢奴加己利* あやのぬかこり
飛鳥時代の画師。
¶古代

綾姑継 あやのはるつぐ
平安時代前期の官人。
¶古人（生没年不詳）

漢皇子 あやのみこ
飛鳥時代の皇極・斉明天皇の皇子。
¶古物

綾野杢頭 あやのもくのかみ
安土桃山時代の武蔵国多摩郡の番匠大工の棟梁。武蔵国滝山城主北条氏照に属した。
¶後北（杢頭〔綾野〕　もくのかみ　㉓天正18年6月23日？）

文守孝 あやのもりたか
平安時代後期の官人。
¶古人（生没年不詳）

漢山口直大口* あやのやまぐちのあたいおおぐち
生没年不詳　㊙漢山口大口（あやのやまぐちのおおぐち）, 薬師徳保（くすしのとくは）, 山口直大口（やまぐちのあたいおおぐち, やまぐちのあたいおおぐち）, 山口大口（やまぐちのおおぐち）, 山口大口費（やまぐちのおおぐちのあたい, やまぐちのおおぐちのあたい）　飛鳥時代の仏師。
¶古人（山口大口（やまぐちのおおぐち）, 古代, コン, 美建

漢山口大口 あやのやまぐちのおおぐち
⇒漢山口直大口（あやのやまぐちのあたいおおぐち）

漢織・呉織 あやはとり・くれはとり
⇒呉織・漢織（くれはとり・あやはとり）

文仁親王* あやひとしんのう
延宝8（1680）年〜宝永8（1711）年　江戸時代中期の霊元天皇の第8皇子。桂宮の第6代。
¶天皇（㊕延宝8（1680）年8月16日　㉓宝永8（1711）年3月6日）

漢人刀良 あやひとのとら
上代の播磨国揖保郡の人。
¶古代

漢人夜菩 あやひとのやぼ
上代の禅蔵尼の父。
¶古代

綾部絅斎 あやべけいさい
延宝4(1676)年～寛延3(1750)年 江戸時代中期
の儒学者。
¶コン

綾部剛立 あやべごうりゅう
⇒麻田剛立(あさだごうりゅう)

綾部志知 あやべしち
慶安2(1649)年～正徳1(1711)年 ㊙小林志知(こ
ばやししち) 江戸時代前期～中期の女性。豊後国
杵築の漢学者綾部道弘の妻、綾部絅斎の母。
¶江表(志知(大分県) しち)

漢部沙弥万呂 あやべのさみまろ
奈良時代の官人。佐美万呂、左美麻呂とも書く。
¶古人(生没年不詳)

綾部力里 あやべのちかさと
平安時代後期の官人。
¶古人(生没年不詳)

漢部近時 あやべのちかとき
平安時代後期の官人。
¶古人(生没年不詳)

漢部時数 あやべのときかず
平安時代中期の官人。
¶古人(生没年不詳)

漢部長実 あやべのながざね
生没年不詳 ㊙漢部永見(あやべのながみ) 平安
時代中期の官人。
¶古人,古人(漢部永見(長実) あやべのながみ)

漢部松長 あやべのまつなが
生没年不詳 平安時代前期の明法家。
¶古人,コン

綾部保延 あやべのやすのぶ
平安時代中期の官人。
¶古人(生没年不詳)

綾部妥彰 あやべやすあき
⇒麻田剛立(あさだごうりゅう)

あやめ(1)
江戸時代後期の女性。俳諧。郡山大町の俳人佐々
木露秀(俳人塩田冥々の兄)が営む佐渡屋の遊女。
郡山市籠山公園の文政9年建立碑に句が残る。
¶江表(あやめ(福島県))

あやめ(2)
江戸時代末期の女性。和歌。山田郡十河村の辰之
丞の妻。
¶江表(あやめ(香川県) ㉓文久3(1863)年)

菖蒲御前 あやめごぜん
生没年不詳 ㊙菖蒲前(あやめのまえ) 平安時代
後期の女性。源三位頼政の妻。
¶平家(菖蒲前(あやめのまえ))

菖蒲前 あやめのまえ
⇒菖蒲御前(あやめごぜん)

阿友 あゆう
江戸時代中期の女性。俳諧。深浦の遊女か。天明3
年の深浦町関八幡宮にある俳諧奉納額に載る。
¶江表(阿友(青森県))

鮎貝太郎平 あゆかいたろべえ
⇒鮎貝盛房(あゆかいもりふさ)

鮎貝盛房 あゆかいもりふさ
天保6(1835)年～明治27(1894)年 ㊙鮎貝太郎平
(あゆかいたろべえ) 江戸時代末期～明治時代の
仙台藩士。戊辰戦争で九番大隊長で出陣。
¶幕末(鮎貝太郎平 あゆかいたろべえ) ㉓明治27
(1894)年7月16日)

鮎川一雄 あゆかわいちゆう
文化10(1813)年～明治2(1869)年 江戸時代末期
の火薬・鉄砲製造者。
¶幕末(㉓明治2(1869)年10月28日)

鮎川勝繁 あゆかわかつしげ
戦国時代の武田氏の家臣。
¶武田(生没年不詳)

鮎川昌尚 あゆかわまさひさ
戦国時代の武田氏の家臣。
¶武田(生没年不詳)

鮎川盛長 あゆかわもりなが
生没年不詳 戦国時代の国人。
¶全戦

鮎沢杏仙(玄英) あゆさわあんせん(げんえい)
江戸時代中期～後期の眼科医。
¶眼医(㊕延享2(1745)年 ㉓文化4(1807)年)

鮎沢伊太夫 あゆざわいだゆう
文政7(1824)年～明治1(1868)年 ㊙鮎沢伊太夫
(あいざわいだゆう) 鮎沢国維(あゆざわくにつ
な) 江戸時代末期の志士。
¶コン,幕末(㉓明治1(1868)年10月1日)

鮎沢国維 あゆざわくにつな
⇒鮎沢伊太夫(あゆざわいだゆう)

鮎沢周禎(粲) あゆさわしゅうてい(あきら)
江戸時代後期～末期の眼科医。
¶眼医(㊕寛政3(1791)年 ㉓慶応1(1865)年)

鮎沢周禎友久 あゆさわしゅうてい(ともひさ)
江戸時代後期～大正時代の眼科医。
¶眼医(㊕天保8(1837)年 ㉓大正5(1916)年)

鮎沢周徳(簡) あゆさわしゅうとく(あきら)
江戸時代後期～末期の眼科医。
¶眼医(㊕文政9(1826)年 ㉓文久2(1862)年)

鮎沢虎守 あゆさわとらもり
戦国時代の武田氏の家臣。
¶武田(生没年不詳)

荒井顕徳 あらいあきのり
⇒荒井郁之助(あらいいくのすけ)

荒井顕道 あらいあきみち
文化11(1814)年～文久2(1862)年 ㊙荒井顕道
(あらいけんどう)、荒井清兵衛、新井清兵衛(あら
いせいべえ) 江戸時代末期の代官。

¶コン, 徳人(あらいけんどう), 徳代(あらいけんどう [没]文久2(1862)年8月12日)

荒井為以* あらいいい
生没年不詳 [別]荒井為以(あらいためとも) 江戸時代中期の和算家。
¶数学(あらいためとも)

荒井郁之助* あらいいくのすけ
天保6(1835)年～明治42(1909)年7月19日 [別]荒井顕徳(あらいあきのり) 江戸時代末期～明治時代の幕臣、中央気象台台長。函館に渡り共和政府の海軍奉行。のち内務省測量局長を経て気象台長。
¶科学([生]天保6(1835)年4月29日), コン, 数学(荒井顕徳 あらいあきのり [生]天保7(1836)年4月), 全幕, 徳人([生]1836年), 幕末([生]天保7(1836)年4月29日)

新井乙瓢* あらいいっひょう, あらいいっぴょう
文政5(1822)年～明治29(1896)年 [別]乙瓢(おとひょう) 江戸時代末期～明治時代の農林業者、生糸仲買業者。俳人として著名。
¶幕末(あらいいっぴょう [没]明治29(1896)年2月11日)

新井勝重* あらいかつしげ
文政4(1821)年～明治26(1893)年 江戸時代末期～明治時代の画家。
¶美画([生]文政4(1821)年1月20日 [没]明治26(1893)年1月20日)

新井勝房* あらいかつふさ
寛政5(1793)年～弘化3(1846)年 江戸時代後期の画家。
¶美画([没]弘化3(1846)年6月27日)

新井玩三* あらいがんぞう
文政6(1823)年～明治38(1905)年 江戸時代末期～明治時代の数学者。
¶科学([没]明治38(1905)年7月6日), 数学([没]明治38(1905)年7月6日)

新井寒竹* あらいかんちく
?～享保16(1731)年 江戸時代中期の陸奥弘前藩士、画家。
¶美画([没]享保16(1731)年11月9日)

新井喜兵衛 あらいきへえ
安土桃山時代の鉢形城主北条氏邦の家臣。
¶後北(喜兵衛〔新井(1)〕 きへえ)

新井君美 あらいきみよし
⇒新井白石(あらいはくせき)

新井蔵人助 あらいくらんどのすけ
戦国時代の上野国衆国峰小幡氏の家臣。甘楽郡高瀬村の土豪。
¶武田(生没年不詳)

荒井顕道 あらいけんどう
⇒荒井顕道(あらいあきみち)

新井源八郎* あらいげんぱちろう
文政7(1824)年～慶応1(1865)年 江戸時代末期の水戸藩士。
¶幕末([没]元治2(1865)年4月3日)

荒井古春 あらいこしゅん
江戸時代中期～後期の仏師。
¶美建(生没年不詳)

新井左京亮 あらいさきょうのすけ
安土桃山時代の武蔵国入間郡大井郷の名主。吉良氏に属した。
¶後北(左京亮〔新井(2)〕 さきょうのすけ)

荒井悟* あらいさとる
文政12(1829)年～明治39(1906)年 [別]荒井宣行(あらいのぶゆき) 江戸時代末期～明治時代の仙台藩士。額兵隊に入隊して会計を担当。榎本武揚とともに函館で戦う。
¶幕末(荒井宣行 あらいのぶゆき [生]天保1(1830)年 [没]明治39(1906)年8月25日)

新井俊蔵 あらいしゅんぞう
⇒新井忠雄(あらいただお)

荒井庄十郎* あらいしょうじゅうろう
生没年不詳 [別]森平右衛門(もりへいえもん) 江戸時代中期のオランダ通詞、蘭学者。
¶対外

荒井新左衛門 あらいしんざえもん
安土桃山時代の鍛冶職。北条氏照の御用を務めた。
¶後北(新左衛門〔荒井(1)〕 しんざえもん)

新井輔徳* あらいすけのり
寛政7(1795)年～慶応3(1867)年 江戸時代末期の加賀藩儒。
¶幕末([没]慶応3(1867)年11月)

新井世傑 あらいせいけつ
⇒新井文山(あらいぶんざん)

荒井清兵衛(新井清兵衛) あらいせいべえ
⇒荒井顕道(あらいあきみち)

新井竹次郎* あらいたけじろう
天保10(1839)年～元治1(1864)年 [別]新井竹次郎(にいたけじろう) 江戸時代末期の志士。
¶幕末(にいたけじろう [生]天保10(1839)年8月18日 [没]元治1(1864)年9月5日)

荒井但馬守 あらいたじまのかみ
安土桃山時代の武蔵国滝山城主北条氏照の家臣。
¶後北(但馬守〔荒井(2)〕 たじまのかみ)

新井忠雄* あらいただお
天保6(1835)年～明治24(1891)年2月15日 [別]新井俊蔵(あらいしゅんぞう) 江戸時代末期～明治時代の新撰組隊士。
¶新隊([生]天保6(1835)年2月7日), 全幕, 幕末(新井俊蔵 あらいしゅんぞう [生]天保6(1835)年3月5日)

荒井為以 あらいためとも
⇒荒井為以(あらいいい)

新井為淵 あらいためふち
平安時代中期の官人。
¶古人(生没年不詳)

荒井彝徳 あらいつねのり
江戸時代後期の和算家。中西流三伝を称した。
¶数学

荒井敏明 あらいとしあき
江戸時代中期～末期の和算家。
¶数学([生]安永9(1780)年 [没]安政2(1855)年6月1日)

荒井以道 あらいともみち
江戸時代後期の和算家。
¶数学

新井某 あらいなにがし
安土桃山時代の武蔵国鉢形城主北条氏邦の家臣。
¶後北(某〔新井(1)〕 なにがし)

新井日薩* (新居日薩)　あらいにっさつ
天保1 (1830) 年～明治21 (1888) 年8月29日　江戸時代末期～明治時代の日蓮宗の僧。
¶コン, 幕末 (新居日薩　[生]天保1 (1831) 年12月26日)

新井縫殿助　あらいぬいのすけ
安土桃山時代の鉢形城主北条氏邦の家臣。
¶後北 (縫殿助〔新井 (1)〕　ぬいのすけ)

荒井宣行　あらいのぶゆき
⇒荒井悟 (あらいさとる)

新井白蛾*　あらいはくが
正徳5 (1715) 年～寛政4 (1792) 年　江戸時代中期の儒学者、易家。
¶コン, 思想

新井白石*　あらいはくせき
明暦3 (1657) 年～享保10 (1725) 年　[別]新井君美 (あらいきみよし)　江戸時代前期～中期の学者、政治家。甲府藩主徳川綱豊の侍講から綱豊が6代将軍家宣となると白石も幕臣として政治に参画、正徳の治を主導した。吉宗が8代将軍になると失脚。主な著書に「読史余論」「古史通」「采覧異言」「折りたく柴の記」など。
¶江人, コン, 詩作 ([生]明暦3 (1657) 年2月10日　[没]享保10 (1725) 年5月19日), 思想, 対外, 地理, 徳将, 徳人, 山小 ([生]1657年2月10日　[没]1725年5月19日)

新井破魔男*　あらいはまお
天保14 (1843) 年～慶応4 (1868) 年9月5日？　江戸時代後期～末期の新撰組隊士。
¶新隊 ([没]明治1 (1868) 年9月5日)

新井文山*　あらいぶんざん
安永8 (1779) 年～嘉永4 (1851) 年　[別]新井世傑 (あらいせいけつ)　江戸時代後期の儒学者。
¶幕末 ([没]嘉永4 (1851) 年7月24日)

荒井保恵　あらいほけい
江戸時代後期の関東代官。
¶徳代 ([生]？　[没]天保1 (1830) 年10月24日)

新井又太郎　あらいまたたろう
戦国時代の上野国衆国峰小幡氏の家臣。甘楽郡高瀬村の土豪。
¶武田 (生没年不詳)

荒井鳴門*　あらいめいもん
安永4 (1775) 年～嘉永6 (1853) 年　江戸時代後期の漢学者。山崎淀藩儒。
¶コン

新居守村*　あらいもりむら
文化5 (1808) 年～明治26 (1893) 年　江戸時代末期～明治時代の国学者。皇典学に通じ学士職授与。
¶幕末 ([生]文化3 (1806) 年8月15日　[没]明治26 (1893) 年4月19日)

荒井幽谷　あらいゆうこく
江戸時代後期～末期の和算家。中西流十伝を称す。
¶数学 ([生]寛政2 (1790) 年　[没]万延1 (1860) 年)

新井若狭守　あらいわかさのかみ
安土桃山時代の上野国和田城主和田信業の家臣。
¶後北 (若狭守〔新井 (3)〕　わかさのかみ)

荒尾成章*　あらおしげあき
宝暦13 (1763) 年～文政4 (1821) 年7月20日　江戸時代中期～後期の幕臣。
¶徳人 ([生]1760年)

荒尾成章*　あらおしげあきら
文政9 (1826) 年～明治36 (1903) 年　江戸時代末期～明治時代の鳥取藩士、大神山神社宮司。家老となって藩をまとめ、討幕軍に参加。維新後は宇倍・大神山神社宮司を務めた。
¶幕末 ([没]明治36 (1903) 年9月11日)

荒尾成裕　あらおしげひろ
⇒荒尾清心斎 (あらおせいしんさい)

荒尾成允*　あらおしげまさ，あらをしげまさ
？～文久1 (1861) 年　[別]荒尾成允 (あらおなりまさ)　江戸時代末期の幕臣。
¶徳人 (あらおなりまさ), 幕末 (あらをしげまさ　[没]文久1 (1861) 年8月25日)

荒尾清心斎*　あらおせいしんさい
*～明治11 (1878) 年　[別]荒尾成裕 (あらおしげひろ，あらおなりひろ)　江戸時代末期～明治時代の因幡鳥取藩家老。
¶コン ([生]文化11 (1814) 年　[没]明治12 (1879) 年), 幕末 (荒尾成裕　あらおしげひろ　[生]文政1 (1818) 年　[没]明治11 (1878) 年11月9日)

荒尾成裕　あらおなりひろ
⇒荒尾清心斎 (あらおせいしんさい)

荒尾成允　あらおなりまさ
⇒荒尾成允 (あらおしげまさ)

荒尾久次の娘　あらおひさつぐのむすめ★
江戸時代中期の女性。和歌。藤井紋太夫徳昭の実兄の旗本荒尾久次の娘。元禄2年奥書、跡部良隆編・源信之補編「近代和歌一人一首」に載る。
¶江表 (荒尾久次の娘 (東京都))

荒尾善次*　あらおよしつぐ
永正5 (1508) 年～天正18 (1590) 年2月13日　戦国時代～安土桃山時代の織田信長の家臣。
¶織田 ([没]天正18 (1590) 年12月13日)

荒尾善久*　あらおよしひさ
天文8 (1539) 年～元亀3 (1572) 年12月22日　戦国時代～安土桃山時代の織田信長の家臣。
¶織田

荒角金太郎*　あらかどきんたろう
？～明治15 (1882) 年　[別]桐山金太郎 (きりやまきんたろう)　江戸時代末期～明治時代の力士。
¶幕末

荒川喜右衛門*　あらかわきえもん
生没年不詳　安土桃山時代の織田信長の家臣。
¶織田

荒川亀斎* (――〔1代〕)　あらかわきさい
文政10 (1827) 年～明治39 (1906) 年　江戸時代後期～明治時代の彫刻家。コロンブス博覧会に出陳した木彫施彩の稲田姫像は賞賛を博した。
¶美建 (――〔1代〕　[生]文政10 (1827) 年4月25日　[没]明治39 (1906) 年10月14日)

荒川久太郎*　あらかわきゅうたろう
文政10 (1827) 年～明治15 (1882) 年　[別]荒川秀種 (あらかわひでたね)　江戸時代末期～明治時代の出羽秋田藩士。
¶コン, 幕末 (荒川秀種　あらかわひでたね　[生]文政10 (1827) 年4月16日　[没]明治15 (1882) 年2月17日)

荒川貢吾*　あらかわこうご
天保8 (1837) 年～明治44 (1911) 年　江戸時代末期

〜明治時代の祝部。戊辰戦争の際、居之隊に参加。
¶幕末（⊗明治44（1911）年2月）

荒川定安　あらかわさだやす
安土桃山時代〜江戸時代前期の幕臣。
¶徳人（⊕1599年　⊗1656年）

荒川治部少輔*(1)　あらかわじぶのしょう
生没年不詳　安土桃山時代の織田信長の家臣。
¶織田

荒川治部少輔(2)　あらかわじぶのしょう
安土桃山時代の武田氏の家臣。武田信玄による駿河侵攻に際し、葛山氏元とともに武田氏へ属した。
¶武田（生没年不詳）

荒川重平　あらかわじゅうへい
嘉永4（1851）年〜昭和8（1933）年12月25日　江戸時代後期〜昭和時代の数学者。
¶科学, 数学

荒川新八郎　あらかわしんぱちろう
？〜天正2（1574）年9月29日　戦国時代〜安土桃山時代の織田信長の家臣。
¶織田

荒川善左衛門*　あらかわぜんざえもん
㊿荒川善左衛門尉（あらかわぜんざえもんのじょう）
戦国時代〜安土桃山時代の武将。後北条氏家臣。
¶後北（善左衛門尉［荒川］　ぜんざえもんのじょう）

荒川善左衛門尉　あらかわぜんざえもんのじょう
⇒荒川善左衛門（あらかわぜんざえもん）

荒川蔦子*　あらかわつたこ
文化12（1815）年〜明治4（1871）年7月28日　江戸時代後期〜明治時代の歌人。日向高鍋藩教授日高耳水の妻、「此花日記」を執筆。
¶江表（蔦子（宮崎県））

荒川藤吉*　あらかわとうきち
天保7（1836）年〜慶応3（1867）年　江戸時代末期の出流山挙兵参加者。
¶幕末（⊗慶応3（1867）年12月16日）

荒河戸畔*　あらかわとべ
上代の女性。崇神天皇の妃遠津年魚眼眼媛の母。
¶古代

荒川直勝　あらかわなおかつ
江戸時代前期〜中期の代官。
¶徳代（⊕万治2（1659）年　⊗寛保2（1742）年1月7日）

荒川梅二*　あらかわばいじ
文化1（1804）年〜慶応3（1867）年　江戸時代末期の陸奥会津藩家老ि原采女の臣。
¶幕末（⊗慶応3（1867）年7月21日）

荒川秀種　あらかわひでたね
⇒荒川久太郎（あらかわきゅうたろう）

荒川匡富　あらかわまさよし
江戸時代中期の佐渡奉行。
¶徳代（⊕元禄14（1701）年　⊗宝暦12（1762）年11月4日）

荒川勇居*　あらかわゆうい
天保1（1830）年〜明治20（1887）年　江戸時代末期〜明治時代の鹿児島県士族。横須賀鎮守府主計部長などを歴任。
¶幕末（⊗明治20（1887）年5月29日）

荒川与十郎*　あらかわよじゅうろう
？〜天文21（1552）年4月17日　戦国時代の織田信長の家臣。
¶織田

荒川義行　あらかわよしゆき
江戸時代中期〜後期の幕臣。
¶徳人（⊕1775年　⊗1836年）

荒川類右衛門*　あらかわるいえもん
天保4（1833）年〜明治42（1909）年　江戸時代末期〜明治時代の会津藩士。戊辰戦争では進撃隊席御供番。
¶幕末（⊗明治42（1909）年2月5日）

荒川伊左衛門*　あらきいざえもん
文政10（1827）年〜＊　江戸時代末期〜明治時代の政治家、山形県議会議員。山形県の農林業発展に尽力。
¶幕末（⊕文政10（1827）年12月12日　⊗明治31（1899）年1月10日）

荒木氏綱*　あらきうじつな
生没年不詳　戦国時代〜安土桃山時代の武将。
¶織田

荒木栄懐*　あらきえいかい
文化6（1809）年〜明治23（1890）年　江戸時代末期〜明治時代の久留里藩家老。ペリー来航に際し飯野に派遣され両総の東海岸を検分。
¶幕末（⊕文化6（1809）年6月27日　⊗明治23（1890）年1月5日）

荒木越後守*　あらきえちごのかみ
生没年不詳　安土桃山時代の織田信長の家臣。
¶織田

荒木越中守*　あらきえっちゅうのかみ
？〜天正9（1581）年3月6日？　戦国時代〜安土桃山時代の織田信長の家臣。
¶織田（⊗天正9（1581）年3月6日）

荒木加友*　あらきかゆう
？〜延宝1（1673）年　㊿加友（かゆう）　江戸時代前期の医師、俳人（貞門五哲の一人）。
¶俳文（加友　かゆう　生没年不詳）

新木河内守*　あらきかわちのかみ
生没年不詳　戦国時代の上野沼田城の東南地域の地衆の筆頭。
¶後北（河内守［新木・荒木(2)］　かわちのかみ）

荒木元融　あらきがんいう
⇒荒木元融（あらきげんゆう）

荒木寛一　あらきかんいち
江戸時代後期〜明治時代の日本画家。
¶美画（⊕文政10（1827）年5月10日　⊗明治44（1911）

荒木寛快*　あらきかんかい
天明5（1785）年〜万延1（1860）年　江戸時代後期の画家。
¶美画（⊗安政7（1860）年1月9日）

荒木寛畝*　あらきかんぽ
天保2（1831）年6月16日〜大正4（1915）年6月2日　江戸時代末期〜明治時代の画家。洋風画を加味した写実的な花鳥画を描いた。作品に「芦辺遊鴨図」「孔雀図」など。
¶美画

あ

荒木寛友 あらきかんゆう
江戸時代後期～大正時代の日本画家。
¶美画（㊤嘉永2（1849）年12月 ㊦大正9（1920）年11月23日）

荒木元融* あらきげんゆう
享保13（1728）年～寛政6（1794）年 ㊿荒木元融（あらきがんいう） 江戸時代中期の画家。
¶美画（㊦寛政6（1794）年4月18日）

荒木古童〔1代〕* あらきこどう
文政6（1823）年～明治41（1908）年 江戸時代後期～明治時代の尺八奏者。
¶コン

荒木小平太 あらきこへいた，あらきこへいだ
⇒荒木重堅（あらきしげかた）

荒木五郎左衛門* あらきごろうざえもん
？～天正7（1579）年12月13日 戦国時代～安土桃山時代の織田信長の家臣。
¶織田

荒木権之丞 あらきごんのじょう
江戸時代前期の武士。
¶大坂

荒木左馬助村常 あらきさまのすけむらつね
江戸時代前期の武士。荒木村重の孫。
¶大坂

荒木重堅* あらきしげかた
？～慶長5（1600）年 ㊿荒木小平太（あらきこへいた，あらきこへいだ），木下小平太（きのしたこへいた），木下備中守（きのしたびっちゅうのかみ） 安土桃山時代の武士。豊臣氏家臣。
¶織田（㊦慶長5（1600）年10月13日）

荒木如元* あらきじょげん
明和2（1765）年～文政7（1824）年 江戸時代後期の長崎系の洋画家。
¶コン，美画（㊦文政7（1824）年閏8月5日）

荒木四郎左衛門 あらきしろ（う）ざえもん
江戸時代前期の武士。大坂の陣で真田信繁に属した。
¶大坂

荒木信三郎* あらきしんざぶろう
？～慶応4（1868）年 江戸時代後期～末期の新撰組隊士。
¶新隊（生没年不詳）

荒木新丞* あらきしんのじょう
永禄4（1561）年～天正7（1579）年12月16日 安土桃山時代の織田信長の家臣。
¶織田

荒木済三郎 あらきせいざぶろ
江戸時代後期～末期の幕臣。
¶徳人（生没年不詳）

荒木千洲* あらきせんしゅう
文化4（1807）年～明治9（1876）年 江戸時代後期～明治時代の画家。
¶美画（㊤文化4（1807）年3月15日 ㊦明治9（1876）年6月15日）

荒木宗太郎* あらきそうたろう
？～寛永13（1636）年11月7日 江戸時代前期の朱印船貿易家。
¶コン，対外，山小（㊦1636年11月7日）

荒木村英 あらきそんえい
⇒荒木村英（あらきむらひで）

荒木田明家 あらきだあきいえ
平安時代後期の官人。
¶古人（生没年不詳）

荒木田氏貞* あらきだうじさだ
慶安2（1649）年～正徳2（1712）年9月12日 江戸時代前期～中期の神官（伊勢神宮内宮禰宜）。
¶公卿，公家（氏貞〔伊勢内宮禰宜 荒木田氏〕 うじさだ）

荒木田氏倫* あらきだうじつぐ
延享1（1744）年～享和1（1801）年8月7日 江戸時代中期～後期の神官（伊勢神宮内宮二禰宜）。
¶公卿，公家（氏倫〔伊勢内宮禰宜 荒木田氏〕 うじみち）

荒木田氏経（1） あらきだうじつね
平安時代後期の神官。伊勢内宮三禰宜。父は満経。
¶古人（㊤？ ㊦1104年）

荒木田氏経*（2） あらきだうじつね
応永9（1402）年～文明19（1487）年1月12日 ㊿藤波氏経（ふじなみうじつね） 室町時代の祠官（伊勢神宮）。「氏経卿神事日次記」の著者。
¶思想（㊦長享1（1487）年）

荒木田氏朝* あらきだうじとも
生没年不詳 江戸時代後期の神官（伊勢神宮内宮一禰宜）。
¶公卿，公家（氏朝〔伊勢内宮禰宜 荒木田氏〕 うじとも ㊤1803年 ㊦？）

荒木田氏長 あらきだうじなが
平安時代中期の神官。二禰宜。父は興忠。
¶古人（㊤？ ㊦1001年）

荒木田氏式* あらきだうじのり
宝暦8（1758）年～享和1（1801）年10月27日 江戸時代中期～後期の神官（伊勢神宮内宮四禰宜）。
¶公卿，公家（氏式〔伊勢内宮禰宜 荒木田氏〕 うじのり）

荒木田氏範 あらきだうじのり
平安時代中期～後期の神官。一禰宜。
¶古人（㊤1012年 ㊦1085年）

荒木田氏彦* あらきだうじひこ
享保10（1725）年～天明1（1781）年9月8日 ㊿藤波氏彦（ふじなみうじひこ） 江戸時代中期の神官（伊勢神宮内宮一禰宜）。
¶公卿，公家（氏彦〔伊勢内宮禰宜 荒木田氏〕 うじひこ）

荒木田氏養* あらきだうじやす
享和1（1801）年～安政2（1855）年12月14日 ㊿藤波氏養（ふじなみうじもり） 江戸時代末期の神官（伊勢神宮内宮二禰宜）。
¶公卿，公家（氏養〔伊勢内宮禰宜 荒木田氏〕 うじやす）

荒木田氏良* あらきだうじよし
仁平2（1152）年～承久4（1222）年3月10日 ㊿荒木田氏良（あらきだのうじよし） 平安時代後期～鎌倉時代前期の神職・歌人。
¶古人

荒木田興忠* あらきだおきただ
[別]荒木田興忠（あらきだのおきただ） 平安時代中期の神職。
¶古人（[生]？ [没]981年）

荒木田首麻呂 あらきだかんぬしおびとまろ
⇒荒木田神主首麻呂（あらきだのかんぬしおびとまろ）

荒木田清高 あらきだきよたか
平安時代後期の人。康和4年伊勢豊受宮ならびに離宮院放火の件について流罪に処された。
¶古人（生没年不詳）

荒木田茎貞 あらきだくきさだ
⇒荒木田茎貞（あらきだもとさだ）

荒木田定制* あらきださだせい
文政9（1826）年～文久2（1862）年6月30日 江戸時代末期の神官（伊勢神宮内宮三禰宜）。
¶公卿，公家（定制〔伊勢内宮禰宜 荒木田氏〕 さだのり）

荒木田定綱* あらきださだつな
寛保2（1742）年～文化10（1813）年7月3日 江戸時代中期～後期の神官（伊勢神宮内宮一禰宜）。
¶公卿，公家（定綱〔伊勢内宮禰宜 荒木田氏〕 さだつな）

荒木田定平 あらきださだひら
平安時代後期の神官。四禰宜。父は宮常。
¶古人（[生]？ [没]1091年）

荒木田貞頼 あらきださだより
平安時代中期の内宮権禰宜。
¶古人（生没年不詳）

荒木田左馬之輔*（荒木田左馬之助） あらきださまのすけ
天保10（1839）年頃～文久3（1863）年10月 江戸時代後期～末期の新撰組隊士。
¶新隊（荒木田左馬之助 [生]天保10（1839）年頃 [没]文久3（1863）年9月26日），全幕（荒木田左馬介 [生]？）

荒木田重経 あらきだしげつね
平安時代中期の官人。
¶古人（生没年不詳）

荒木田重頼 あらきだしげより
平安時代中期の神官。伊勢内宮禰宜。
¶古人（生没年不詳）

荒木田末寿* あらきだすえほぎ
明和1（1764）年～文政11（1828）年 [別]益谷末寿（ますたにすえほぎ） 江戸時代中期～後期の神道家、伊勢内宮祠官。
¶コン

荒木田忠連 あらきだただつら
平安時代中期の内宮権禰宜。
¶古人（生没年不詳）

荒木田忠俊 あらきだただとし
平安時代後期の神官。四禰宜。
¶古人（生没年不詳）

荒木田忠延 あらきだただのぶ
平安時代後期の官人。
¶古人（生没年不詳）

荒木田忠元 あらきだただもと
⇒荒木田忠元（あらきだのただもと）

荒木田忠良 あらきだただよし
平安時代後期の官人。
¶古人（生没年不詳）

荒木田経相* あらきだつねあい
元文5（1740）年～寛政9（1797）年7月27日 江戸時代中期の神官（伊勢神宮内宮二禰宜）。
¶公卿，公家（経相〔伊勢内宮禰宜 荒木田氏〕 つねすけ）

荒木田経晃* あらきだつねあきら
慶安3（1650）年～享保9（1724）年11月16日 江戸時代前期～中期の神官（伊勢神宮内宮禰宜）。
¶公卿，公家（経晃〔伊勢内宮禰宜 荒木田氏〕 つねあきら）

荒木田経陰* あらきだつねかげ
宝暦14（1764）年～天保1（1830）年3月30日 江戸時代中期～後期の神官（伊勢神宮内宮一禰宜）。
¶公卿，公家（経陰〔伊勢内宮禰宜 荒木田氏〕 つねかげ [生]1761年 [没]文政13（1830）年3月30日）

荒木田経竿* あらきだつねかず
明和7（1770）年～弘化1（1844）年4月13日 江戸時代後期の神官（伊勢神宮内宮一禰宜）。
¶公卿，公家（経竿〔伊勢内宮禰宜 荒木田氏〕 つねかず）

荒木田経林* あらきだつねしげ
元禄12（1699）年～宝暦12（1762）年4月2日 [別]中川経林（なかがわつねしげ） 江戸時代中期の神官（伊勢神宮内宮二禰宜）。
¶公卿，公家（経林〔伊勢内宮禰宜 荒木田氏〕 つねしげ）

荒木田経高* あらきだつねたか
寛延3（1750）年～文化7（1810）年10月22日 江戸時代中期～後期の神官（伊勢神宮内宮一禰宜）。
¶公卿（[生]元文1（1736）年 [没]文化7（1810）年10月22日）

荒木田経雅* あらきだつねただ
寛保2（1742）年～文化2（1805）年 [別]荒木田経雅（あらきだつねまさ，あらきだのつねただ），中川経雅（なかがわつねただ，なかがわつねまさ） 江戸時代中期～後期の神官、国学者（伊勢神宮内宮三禰宜）。
¶公卿（あらきだつねまさ [生]寛保3（1743）年9月4日 [没]文化2（1805）年3月13日），公家（経雅〔伊勢内宮禰宜 荒木田氏〕 つねただ [没]文化2（1805）年3月13日），コン

荒木田経豊* あらきだつねとよ
延宝4（1676）年～寛保1（1741）年3月24日 [別]中川経豊（なかがわつねとよ） 江戸時代中期の神官（伊勢神宮内宮禰宜）。
¶公卿，公家（経豊〔伊勢内宮禰宜 荒木田氏〕 つねとよ）

荒木田経冬* あらきだつねふゆ
慶安1（1648）年～宝永1（1704）年4月13日 [別]中川経冬（なかがわつねふゆ） 江戸時代前期～中期の神官（伊勢神宮内宮禰宜）。
¶公卿，公家（経冬〔伊勢内宮禰宜 荒木田氏〕 つねふゆ）

荒木田経雅 あらきだつねまさ
⇒荒木田経雅（あらきだつねただ）

あ

荒木田経盛* あらきだつねもり
元和4(1618)年～元禄7(1694)年10月26日 [別]中川経盛(なかがわつねもり) 江戸時代前期の神官(伊勢神宮内宮禰宜)。
¶公卿,公家(経盛〔伊勢内宮禰宜 荒木田氏〕 つねもり)

荒木田経美* あらきだつねよし
寛政10(1798)年～安政3(1856)年8月8日 [別]中川経美(なかがわつねはる) 江戸時代末期の神官(伊勢神宮内宮二禰宜)。
¶公卿,公家(経美〔伊勢内宮禰宜 荒木田氏〕 つねよし)

荒木田利方 あらきだとしかた
平安時代中期の神宮禰宜。敏忠の子。
¶古人(生没年不詳)

荒木田敏忠 あらきだとしただ
平安時代中期の官人。
¶古人([生]? [没]995年)

荒木田俊経 あらきだとしつね
平安時代後期の官人。
¶古人([生]? [没]1119年)

荒木田豊平 あらきだとよひら
平安時代後期の内宮権禰宜。
¶古人(生没年不詳)

荒木田豊元 あらきだとよもと
平安時代後期の神官。太神宮大内人。
¶古人(生没年不詳)

荒木田永親* あらきだながちか
承応2(1653)年～享保15(1730)年8月24日 江戸時代前期～中期の神官(伊勢神宮内宮禰宜)。
¶公卿,公家(永親〔伊勢内宮禰宜 荒木田氏〕 ながちか)

荒木田氏良 あらきだのうじよし
⇒荒木田氏良(あらきだうじよし)

荒木田興忠 あらきだのおきただ
⇒荒木田興忠(あらきだおきただ)

荒木田神主首麻呂* あらきだのかんぬしおびとまろ
[別]荒木田首麻呂(あらきだかんぬしおびとまろ) 飛鳥時代の皇大神宮神主。
¶古人(荒木田首麻呂 あらきだかんぬしおびとまろ 生没年不詳),古代

荒木田忠元* あらきだのただもと
天喜1(1053)年～大治1(1126)年 [別]荒木田忠元(あらきだただもと) 平安時代後期の神宮祠官。
¶古人(あらきだただもと)

荒木田経雅 あらきだのつねただ
⇒荒木田経雅(あらきだつねただ)

荒木田宣綱* あらきだののぶつな
?～康和5(1103)年 [別]荒木田宣綱(あらきだのぶつな) 平安時代後期の神宮祠官。
¶古人(あらきだのぶつな)

荒木田延利* あらきだののぶとし
?～長元3(1030)年 [別]荒木田延利(あらきだのぶとし) 平安時代中期の神宮祠官。
¶古人(あらきだのぶとし)

荒木田延基* あらきだののぶもと
長和2(1013)年～承暦2(1078)年 [別]荒木田延基(あらきだのぶもと) 平安時代中期～後期の神宮祠官。
¶古人(あらきだのぶもと)

荒木田徳雄 あらきだののりお
⇒荒木田徳雄(あらきだのりお)

荒木田延明 あらきだのぶあき
平安時代後期の神宮権禰宜、稲木村刀禰。
¶古人(生没年不詳)

荒木田信置 あらきだのぶおき
平安時代後期の人。康和4年伊勢豊受宮ならびに離宮院放火事件につき兄宣綱の嫌疑につき拷問をうける。
¶古人(生没年不詳)

荒木田宣兼 あらきだのぶかね
平安時代後期の官人。
¶古人(生没年不詳)

荒木田延清 あらきだのぶきよ
平安時代後期の神官。伊勢内宮三禰宜。
¶古人(生没年不詳)

荒木田宣真 あらきだのぶざね
平安時代中期の官人。
¶古人(生没年不詳)

荒木田延親 あらきだのぶちか
平安時代中期の官人。
¶古人(生没年不詳)

荒木田宣綱 あらきだのぶつな
⇒荒木田宣綱(あらきだののぶつな)

荒木田延利 あらきだのぶとし
⇒荒木田延利(あらきだののぶとし)

荒木田延長 あらきだのぶなが
平安時代中期の内宮権禰宜。
¶古人(生没年不詳)

荒木田延満 あらきだのぶみつ
平安時代中期の官人。
¶古人(生没年不詳)

荒木田延基 あらきだのぶもと
⇒荒木田延基(あらきだののぶもと)

荒木田延能 あらきだのぶよし
平安時代後期の神官。
¶古人(生没年不詳)

荒木田元定* あらきだのもとさだ
生没年不詳 [別]荒木田元定(あらきだもとさだ) 平安時代後期の神宮祠官。
¶古人(あらきだもとさだ)

荒木田範明 あらきだのりあき
平安時代後期の神宮権禰宜。元定の子。
¶古人(生没年不詳)

荒木田徳雄* あらきだのりお
?～延喜13(913)年12月22日 [別]荒木田徳雄(あらきだののりお) 平安時代前期～中期の神職。
¶古人

荒木田彦晴 あらきだひこはる
平安時代中期の神宮禰宜。康平の子。
¶古人([生]952年 [没]1027年)

荒木田久老　あらきだひさおい
⇒荒木田久老（あらきだひさおゆ）

荒木田久老*　あらきだひさおゆ
延享3（1746）年〜文化1（1804）年　[別]荒木田久老（あらきだひさおい）　江戸時代中期〜後期の国学者、歌人、伊勢内宮権禰宜。
¶江人，コン（あらきだひさおい），思想

荒木田久守*　あらきだひさもり
安永8（1779）年〜嘉永6（1853）年　[別]度会久守（わたらいひさもり）　江戸時代後期の国学者、伊勢内宮の祠官。
¶コン（[生]天明8（1788）年　[没]安政5（1858）年）

荒木田正富　あらきだまさとみ
平安時代後期の神官。口入神主。
¶古人（生没年不詳）

荒木田満経　あらきだみつつね
平安時代後期の神官。伊勢内宮二禰宜。
¶古人（生没年不詳）

荒木田宮常　あらきだみやつね
平安時代中期の官人。父は利方。
¶古人（生没年不詳）

荒木田茎貞*　あらきだもとさだ
？〜延喜23（923）年2月21日　[別]荒木田茎貞（あらきだくきさだ）　平安時代前期〜中期の神職。
¶古人（あらきだくきさだ　生没年不詳）

荒木田元定　あらきだもとさだ
⇒荒木田元定（あらきだのもとさだ）

荒木田守相*　あらきだもりあい
承応1（1652）年〜享保3（1718）年閏10月9日　[別]薗田守相（そのだもりすけ）　江戸時代前期〜中期の神官（伊勢神宮内宮禰宜）。
¶公卿，公家（守相〔伊勢内宮禰宜　荒木田氏〕　もりすけ）

荒木田守浮*　あらきだもりうき
享保3（1718）年〜天明1（1781）年6月27日　[別]薗田守浮（そのだもりちか）　江戸時代中期の神官（伊勢神宮内宮一禰宜）。
¶公卿，公家（守浮〔伊勢内宮禰宜　荒木田氏〕　もりうき）

荒木田守緒*　あらきだもりお
宝暦8（1758）年〜文化9（1812）年8月13日　江戸時代中期〜後期の神官（伊勢神宮内宮二禰宜）。
¶公卿，公家（守緒〔伊勢内宮禰宜　荒木田氏〕　もりお）

荒木田守和*　あらきだもりかず
宝永2（1705）年〜安永2（1773）年　[別]井面守和（いのもりかず）　江戸時代中期の神官（伊勢神宮内宮一禰宜）。
¶公卿（[没]安永2（1773）年8月8日），公家（守和〔伊勢内宮禰宜　荒木田氏〕　もりかず　[没]安永2（1773）年10月21日）

荒木田盛員*　あらきだもりかず
寛永12（1635）年〜貞享4（1687）年　[別]堤盛員（つつみもりかず）　江戸時代前期の国学者、伊勢内宮権禰宜。
¶コン

荒木田守堅*　あらきだもりかた
生没年不詳　江戸時代末期の神官（伊勢神宮内宮三禰宜）。
¶公卿，公家（守堅〔伊勢内宮禰宜　荒木田氏〕　もりかた　[生]1829年　[没]？）

荒木田守訓　あらきだもりくに
⇒荒木田守訓（あらきだもりのり）

荒木田守洪*　あらきだもりこう
寛永18（1641）年〜宝永2（1705）年閏4月11日　[別]薗田守洪（そのだもりひろ）　江戸時代前期〜中期の神官（伊勢神宮内宮禰宜）。
¶公卿，公家（守洪〔伊勢内宮禰宜　荒木田氏〕　もりひろ）

荒木田守重*　あらきだもりしげ
生没年不詳　江戸時代末期の神官（伊勢神宮内宮二禰宜）。
¶公卿，公家（守重〔伊勢内宮禰宜　荒木田氏〕　もりしげ　[生]1826年　[没]？）

荒木田盛徴*　あらきだもりずみ，あらきだもりすみ
文禄5（1596）年〜寛文3（1663）年　[別]堤盛徴（つつみもりずみ）　江戸時代前期の国学者、伊勢内宮の祠官。
¶コン（あらきだもりすみ　[生]慶長1（1596）年）

荒木田守敬*　あらきだもりたか
元禄2（1689）年〜宝暦2（1752）年　[別]薗田守敬（そのだもりよし）　江戸時代中期の神官（伊勢神宮内宮禰宜）。
¶公卿（[没]宝暦2（1752）年9月29日），公家（守敬〔伊勢内宮禰宜　荒木田氏〕　もりたか　[没]宝暦2（1752）年9月19日）

荒木田守武*　あらきだもりたけ
文明5（1473）年〜天文18（1549）年　[別]守武（もりたけ）　戦国時代の連歌・俳諧作者、伊勢内宮神官。
¶コン，詩作（[没]天文18（1549）年8月8日），思想，中世，日文，俳文（守武　もりたけ　[没]天文18（1549）年8月8日），山小（[没]1549年8月8日）

荒木田守民*　あらきだもりたみ
天明8（1788）年〜天保13（1842）年8月7日　江戸時代後期の神官（伊勢神宮内宮二禰宜）。
¶公卿，公家（守民〔伊勢内宮禰宜　荒木田氏〕　もりたみ）

荒木田守晨*　あらきだもりとき
文正1（1466）年〜永正13（1516）年11月17日　[別]薗田守晨（そのだもりあさ，そのだもりとき）　戦国時代の伊勢内宮の禰宜、神宮学者。
¶思想

荒木田守脩*　あらきだもりなが
享保11（1726）年〜天明1（1781）年3月22日　江戸時代中期の神官（伊勢神宮内宮二禰宜）。
¶公卿，公家（守脩〔伊勢内宮禰宜　荒木田氏〕　もりおさ　[没]安永10（1781）年3月22日）

荒木田守宣　あらきだもりのぶ
⇒薗田守宣（そのだもりのぶ）

荒木田守訓*　あらきだもりのり
明和2（1765）年〜天保13（1842）年9月13日　[別]荒木田守訓（あらきだもりくに），井面守訓（いのもりのり）　江戸時代中期〜後期の神官、国学者（伊勢神宮内宮一禰宜）。
¶公卿（あらきだもりくに　[生]明和7（1770）年），公家（守訓〔伊勢内宮禰宜　荒木田氏〕　もりくに　[生]1767年），コン

荒木田守秀*　あらきだもりひで
元禄9（1696）年〜安永2（1773）年6月21日　[別]薗田

あらきた　　　　　104

守秀（そのだもりひで）　江戸時代中期の神官（伊勢神宮内宮一禰宜）。

¶公卿, 公家（守秀〔伊勢内宮禰宜　荒木田氏〕　もりひで）

荒木田守雅* あらきだもりまさ
寛政8（1796）年〜安政5（1858）年5月18日　㊞井面
守雅（いのももりつね）　江戸時代末期の神官（伊勢神宮内宮一禰宜）。

¶公卿, 公家（守雅〔伊勢内宮禰宜　荒木田氏〕　もりまさ）

荒木田守宗* あらきだもりむね
元和5（1619）年〜元禄11（1698）年11月4日　㊞薗
田守宗（そのだもりむね）　江戸時代前期の神官（伊勢神宮内宮禰宜）。

¶公卿, 公家（守宗〔伊勢内宮禰宜　荒木田氏〕　もりむね）

荒木田守世* あらきだもりよ
寛文10（1670）年〜享保11（1726）年3月22日　江戸時代中期の神官（伊勢神宮内宮禰宜）。

¶公卿, 公家（守世〔伊勢内宮禰宜　荒木田氏〕　もりよ）

荒木田守良 あらきだもりよし
⇒薗田守良（そのだもりよし）

荒木田師平 あらきだもろひら
平安時代後期の神官。太神宮一禰宜。

¶古人（生没年不詳）

荒木田康延 あらきだやすのぶ
平安時代後期の官人。

¶古人（生没年不詳）

荒木田行真 あらきだゆきざね
平安時代中期の神官。伊勢内宮禰宜。

¶古人（㊟? ㊟973年）

荒木田頼親 あらきだよりちか
平安時代中期の神官。伊勢内宮禰宜。延利の子。

¶古人（生没年不詳）

荒木田頼光 あらきだよりみつ
平安時代中期の神官。伊勢内宮禰宜。延利の子。

¶古人（㊟978年　㊟1021年）

荒木田麗* あらきだれい
享保17（1732）年〜文化3（1806）年1月12日　㊞荒
木田麗女（あらきだれいじょ）, 慶徳麗女（けいとくれいこ）, 慶徳麗女（けいとくれいじょ）　江戸時代中期〜後期の女性。文学者。伊勢国山田の人。慶徳家雅の妻。

¶江人（荒木田麗女　あらきだれいじょ）, 江表（麗女（三重県）, コン, 女史, 女文（荒木田麗女　あらきだれいじょ　㊟享保17（1732）年3月10日）, 日文（荒木田麗女　あらきだれいじょ）

荒木田麗女 あらきだれいじょ
⇒荒木田麗（あらきだれい）

荒木道薫 あらきどうくん
⇒荒木村重（あらきむらしげ）

荒木東明* あらきとうめい
文化14（1817）年〜明治3（1870）年　江戸時代後期〜明治時代の装剣金工。

¶コン, 美工

荒木トマス* あらきとます
?〜正保3（1646）年頃　㊞荒木了順（あらきりょうじゅん）, 荒木了伯（あらきりょうはく）, トマス荒

木（とますあらき）　江戸時代前期のキリシタン、司祭。1612年頃司祭昇任のためイタリアに渡る。

¶コン（荒木了順　あらきりょうじゅん　㊟慶安2（1649）年）

荒城永（長）人 あらきながひと
平安時代前期の筑前国高子内親王家荘の荘官。

¶古人（生没年不詳）

荒木某 あらきなにがし
戦国時代の駿河国の道者。伊勢宗瑞の家臣と推定。

¶後北（某〔荒木（1）〕　なにがし）

荒木忍国, 荒木押国 あらきのおしくに
⇒荒木臣忍国（あらきのおみおしくに）

荒木臣忍国* あらきのおみおしくに
㊞荒木押国, 荒木忍国（あらきのおしくに）　飛鳥時代の官人。

¶古人（荒木忍国（押国）　あらきのおしくに　生没年不詳）, 古代

荒木武晴 あらきのたけはる
平安時代中期の随身。長和2年頃から藤原実資の随身近衛と見える。

¶古人（生没年不詳）

荒木友松 あらきのともまつ
平安時代後期の官人。

¶古人（生没年不詳）

荒木道麻呂 あらきのみちまろ
奈良時代の人。神護景雲元年（767）墾田100町、稲1万2500束、庄3区を西大寺に献じた。

¶古人（生没年不詳）

荒木正羽 あらきまさは
江戸時代前期〜中期の幕臣。

¶徳人（㊞1662年　㊟1732年）

荒木又右衛門* あらきまたえもん
慶長4（1599）年〜寛永15（1638）年　江戸時代前期の播磨姫路藩士、因幡鳥取藩士、剣術家。

¶江人（㊞1598年）, コン, 戦武

荒木三野* あらきみの
生没年不詳　江戸時代後期の女性。国学者本居春庭の門人。

¶江表（三野（三重県））

糟君娘* （糠君娘） あらぎみのいらつめ, あらきみのいらつめ
㊞糠君娘（ぬかきみのいらつめ）　上代の女性。仁賢天皇の宮人。春日山田皇女の母。

¶天皇（糠君娘　ぬかきみのいらつめ　生没年不詳）

荒木村重* あらきむらしげ
*〜天正14（1586）年　㊞荒木道薫（あらきどうくん）　安土桃山時代の摂津の武将。利休七哲の一人。

¶織田（㊞天文4（1535）年　㊟天正14（1586）年5月4日）, コン（㊞?）, 全戦（㊞天文5（1536）年）, 戦武（㊞天文4（1535）年）

荒木村次* あらきむらつぐ
生没年不詳　戦国時代〜安土桃山時代の武士。

¶織田

荒木村英* あらきむらひで
寛永17（1640）年〜享保3（1718）年　㊞荒木村英（あらきそんえい）　江戸時代前期〜中期の和算家。

¶科学（㊟享保3（1718）年7月15日）, コン, 数学（㊟享保3

(1718)年7月15日)

荒木元清* あらきもときよ
天文5(1536)年～慶長15(1610)年　安土桃山時代～江戸時代前期の馬術家。荒木流の祖。
¶織田([没]慶長15(1610)年5月23日)

荒木主水佑 あらきもんどのじょう
安土桃山時代の上野国衆白井長尾氏の家臣。群馬郡上白井内伊久間郷の土豪。
¶武田(生没年不詳)

荒木与次兵衛〔1代〕* あらきよじべえ
寛永14(1637)年～元禄13(1700)年　[別]十木枡蔵(ときますぞう)　江戸時代前期～中期の歌舞伎役者、歌舞伎座本。慶安1年～元禄13年頃に活躍。
¶歌大([没]?),コン(代数なし),新歌(——〔1世〕　生没年不詳)

荒木蘭皐* あらきらんこう
享保2(1717)年～明和4(1767)年　江戸時代中期の漢詩人。
¶コン

荒木了順 あらきりょうじゅん
⇒荒木トマス(あらきとます)

荒木了伯 あらきりょうはく
⇒荒木トマス(あらきとます)

糠子 あらこ
⇒春日糠子(かすがのぬかこ)

嵐猪三郎* あらしいさぶろう
明和3(1766)年～文政8(1825)年　江戸時代中期～後期の歌舞伎役者。
¶歌大(——〔1代〕　[没]文政8(1825)年5月13日)

嵐市太郎〔旧2代〕 あらしいちたろう
⇒嵐璃珏〔2代〕(あらしりかく)

嵐猪八 あらしいはち
⇒中山文七〔2代〕(なかやまぶんしち)

嵐岩次郎〔1代〕 あらしいわじろう
⇒嵐雛助〔1代〕(あらしひなすけ)

嵐岩次郎〔2代〕 あらしいわじろう
⇒嵐小六〔4代〕(あらしころく)

嵐歌八 あらしうたはち
⇒嵐音八〔4代〕(あらしおとはち)

嵐梅太郎 あらしうめたろう
⇒嵐小七〔3代〕(あらしこしち)

嵐音之助〔1代〕 あらしおとのすけ
⇒嵐音八〔1代〕(あらしおとはち)

嵐音八〔1代〕* あらしおとはち
元禄11(1698)年～明和6(1769)年　[別]嵐音之助〔1代〕(あらしおとのすけ),和考(わこう)　江戸時代中期の歌舞伎役者。享保15年～明和5年頃に活躍。
¶歌大([生]正徳1(1711)年　[没]明和6(1769)年3月26日),新歌(——〔1世〕)

嵐音八〔2代〕* あらしおとはち
生没年不詳　[別]嵐彦吉(あらしひこきち),三風(さんぷう),和考(わこう)　江戸時代中期の歌舞伎役者。明和6年～文化5年以降に活躍。
¶歌大

嵐音八〔3代〕* あらしおとはち
天明6(1786)年～安政1(1854)年12月8日　[別]嵐和三郎〔1代〕(あらしわさぶろう),和考(わこう)　江戸時代後期の歌舞伎役者。弘化4年～安政1年頃に活躍。
¶歌大([生]寛政8(1796)年　[没]安政1(1854)年11月28日)

嵐音八〔4代〕* あらしおとはち
生没年不詳　[別]嵐歌八(あらしうたはち),和考(わこう)　江戸時代末期の歌舞伎役者。安政3年～文久1年以降に活躍。
¶歌大

あら鹿* あらしか
生没年不詳　安土桃山時代の織田信長の家臣。
¶織田

嵐珏蔵〔4代〕 あらしかくぞう
⇒嵐璃珏〔4代〕(あらしりかく)

嵐亀蔵 あらしかめぞう
⇒中村宗十郎〔1代〕(なかむらそうじゅうろう)

嵐亀之丞〔2代〕 あらしかめのじょう
⇒中村大吉〔2代〕(なかむらだいきち)

嵐勘太郎 あらしかんたろう
⇒嵐三右衛門〔2代〕(あらしさんえもん)

嵐吉三郎〔1代〕* あらしきちさぶろう
元文2(1737)年～安永9(1780)年　[別]竹田吉三郎(たけだきちさぶろう),里環(りかん)　江戸時代中期の歌舞伎役者。宝暦8年～安永9年頃に活躍。
¶歌大([没]安永9(1780)年12月8日),新歌(——〔1世〕)

嵐吉三郎〔2代〕* あらしきちさぶろう
明和6(1769)年～文政4(1821)年　[別]嵐橘三郎〔1代〕(あらしきつさぶろう),嵐吉松(あらしよしまつ),嵐璃寛〔1代〕(あらしりかん),金橘楼(こんきつろう),大璃寛(だいりかん),李冠,璃寛(りかん)　江戸時代中期～後期の歌舞伎役者。安永5年～文政4年頃に活躍。
¶歌大(嵐璃寛〔1代〕　あらしりかん　[没]文政4(1821)年9月27日),新歌(嵐璃寛〔1世〕　あらしりかん)

嵐吉三郎〔3代〕* あらしきちさぶろう
文化7(1810)年～元治1(1864)年　[別]嵐橘三郎〔3代〕(あらしきつさぶろう),嵐大三郎〔3代〕(あらしだいざぶろう),冠子(かんし),璃子(りし),鱗昇(りんしょう)　江戸時代末期の歌舞伎役者。文政4年～元治1年頃に活躍。
¶歌大([没]元治1(1864)年9月28日),新歌(——〔3世〕)

嵐吉三郎〔4代〕* あらしきちさぶろう
?～明治12(1879)年　[別]嵐小六〔6代〕(あらしころく),嵐鱗昇(あらしりんしょう)　江戸時代末期～明治時代の歌舞伎役者。元治1年～明治12年頃に活躍。
¶歌大([生]天保10(1839)年頃　[没]明治12(1879)年7月15日)

嵐吉三郎〔5代〕 あらしきちさぶろう
江戸時代後期～明治時代の歌舞伎俳優。
¶歌大([生]弘化1(1844)年　[没]明治31(1898)年10月7日)

嵐橘三郎〔1代〕 あらしきつさぶろう
⇒嵐吉三郎〔2代〕(あらしきちさぶろう)

嵐橘三郎〔2代〕 あらしきつさぶろう
⇒嵐璃寛〔2代〕(あらしりかん)

嵐橘三郎〔3代〕　あらしきつさぶろう
⇒嵐吉三郎〔3代〕(あらしきちさぶろう)

嵐橘次郎　あらしきつじろう
⇒片岡仁左衛門〔8代〕(かたおかにざえもん)

嵐橘蝶〔1代〕　あらしきっちょう
⇒嵐璃寛〔3代〕(あらしりかん)

嵐喜世三郎〔1代〕*　あらしきよさぶろう
？～正徳3(1713)年　[別]花井喜代三郎(はないきよさぶろう)　江戸時代中期の歌舞伎役者。元禄10年～正徳3年頃に活躍。
¶歌大([没]正徳3(1713)年閏5月15日)

嵐喜世三郎〔2代〕*　あらしきよさぶろう
生没年不詳　[別]萩野某(はぎのぼう)　江戸時代中期の歌舞伎役者。正徳3年～享保8年頃に活躍。
¶歌大

嵐佳香　あらしけいか
⇒嵐璃珏〔4代〕(あらしりかく)

嵐小三郎　あらしこさぶろう
⇒嵐雛助〔3代〕(あらしひなすけ)

嵐湖七(嵐小七〔1代〕)　**あらしこしち**
⇒嵐小六〔1代〕(あらしころく)

嵐小七〔3代〕*　あらしこしち
生没年不詳　[別]嵐梅太郎(あらしうめたろう)，嵐三十郎〔7代〕(あらしさんじゅうろう)，嵐雛助〔5代〕(あらしひなすけ)，叶梅太郎(かのううめたろう)，叶雛助〔2代〕(かのうひなすけ)　江戸時代後期の歌舞伎役者。文化5年～天保8年以降に活躍。
¶歌大(嵐雛助〔5代〕　あらしひなすけ　[生]文化9(1812)年　[没]弘化4(1847)年7月3日)

嵐寿　あらしことぶき
⇒嵐三右衛門〔9代〕(あらしさんえもん)

嵐小六〔1代〕*　あらしころく
宝永7(1710)年～天明6(1786)年　[別]嵐湖七，嵐小七〔1代〕(あらしこしち)，嵐三右衛門〔5代〕(あらしさんえもん)，杉鳥(さんちょう)，紫朝(しちょう)，是心(ぜしん)，雛助(ひなすけ)，珉師(みんし)，吉田小六(よしだころく)　江戸時代中期の歌舞伎役者。享保12年～安永5年頃に活躍。
¶歌大(嵐三右衛門〔5代〕　あらしさんえもん　[没]天明6(1786)年7月26日)

嵐小六〔2代〕　あらしころく
⇒姉川菊八(あねがわきくはち)

嵐小六〔3代〕　あらしころく
⇒嵐雛助〔1代〕(あらしひなすけ)

嵐小六〔4代〕*　あらしころく
天明3(1783)年～文政9(1826)年　[別]嵐岩次郎〔2代〕(あらしいわじろう)，嵐三右衛門〔8代〕(あらしさんえもん)，叶三右衛門〔1代〕(かのうさんえもん)，叶珉子〔1代〕(かのうみんし)，湖鹿(ころく)，紫朝(しちょう)，珉子(みんし)　江戸時代後期の歌舞伎役者。寛政7年～文政8年頃に活躍。
¶歌大(嵐三右衛門〔8代〕　あらしさんえもん　[没]文政9(1826)年11月15日)

嵐小六〔6代〕　あらしころく
⇒嵐吉三郎〔4代〕(あらしきちさぶろう)

嵐三右衛門　あらしさんえもん
世襲名　江戸時代の歌舞伎役者。江戸時代に活躍したのは、初世から10世まで。
¶江人

嵐三右衛門〔1代〕*　あらしさんえもん
寛永12(1635)年～元禄3(1690)年　[別]西崎三右衛門(にしざきさんえもん)，丸小三右衛門(まるこさんえもん)　江戸時代前期の歌舞伎役者、歌舞伎座本。寛文10年～貞享3年頃に活躍。
¶歌大([没]元禄3(1690)年10月18日)，新歌(――〔1世〕)

嵐三右衛門〔2代〕*　あらしさんえもん
寛文1(1661)年～元禄14(1701)年　[別]嵐勘太郎(あらしかんたろう)，嵐門三郎〔1代〕(あらしもんざぶろう)　江戸時代中期の歌舞伎役者、歌舞伎座本。延宝末～元禄14年頃に活躍。
¶歌大([没]元禄14(1701)年11月26日)，新歌(――〔2世〕)

嵐三右衛門〔3代〕*　あらしさんえもん
元禄10(1697)年～宝暦4(1754)年　[別]嵐新平〔1代〕(あらししんぺい)，嵐松之丞〔1代〕(あらしまつのじょう)，杉鳥(さんちょう)，番虎(ばんこ)　江戸時代中期の歌舞伎役者、歌舞伎座本。宝永1年～延享4年以降に活躍。
¶歌大([没]宝暦4(1754)年7月10日)，新歌(――〔3世〕)

嵐三右衛門〔4代〕*　あらしさんえもん
享保17(1732)年～宝暦6(1756)年　[別]嵐松之丞〔2代〕(あらしまつのじょう)，杉風(さんぷう)　江戸時代中期の歌舞伎役者。延享1年～宝暦6年頃に活躍。
¶歌大([没]宝暦6(1756)年4月22日)，新歌(――〔4世〕)

嵐三右衛門〔5代〕　あらしさんえもん
⇒嵐小六〔1代〕(あらしころく)

嵐三右衛門〔6代〕*　あらしさんえもん
宝暦10(1760)年～天明5(1785)年　[別]嵐松次郎〔1代〕(あらしまつじろう)，文射(ぶんしゃ)，嵐子(らんし)　江戸時代中期の歌舞伎役者、歌舞伎座本。安永2年～天明4年頃に活躍。
¶歌大([没]天明5(1785)年8月26日)，新歌(――〔6世〕生没年不詳)

嵐三右衛門〔7代〕　あらしさんえもん
⇒姉川菊八(あねがわきくはち)

嵐三右衛門〔8代〕　あらしさんえもん
⇒嵐小六〔4代〕(あらしころく)

嵐三右衛門〔9代〕*　あらしさんえもん
文化2(1805)年～安政6(1859)年　[別]嵐寿(あらしことぶき)，嵐雛三郎(あらしひなさぶろう)，嵐珉子〔1代〕(あらしみんし)，叶珉子(かのうみんし)，寿(ことぶき)　江戸時代末期の歌舞伎役者。文政6年～安政5年頃に活躍。
¶歌大([没]安政6(1859)年3月16日)，新歌(――〔9世〕)

嵐三右衛門〔10代〕*　あらしさんえもん
？～明治11(1878)年　[別]嵐珉子〔2代〕(あらしみんし)，岩井喜代三(いわいきよぞう)，岩井やまと(いわいやまと)，叶珉子〔4代〕(かのうみんし)，珉子(みんし)　江戸時代末期～明治時代の歌舞伎役者。安政6年～明治11年頃に活躍。
¶歌大([没]明治11(1878)年4月)，新歌(――〔10世〕)

嵐三勝〔3代〕　あらしさんかつ
⇒山下金作〔4代〕(やましたきんさく)

嵐三勝〔4代〕　あらしさんかつ
⇒山下金作〔6代〕(やましたきんさく)

嵐三五郎〔2代〕* あらしさんごろう
享保17（1732）年～享和3（1803）年 [別]嵐富三郎〔1代〕（あらしとみさぶろう），嵐来芝〔1代〕（あらしらいし），京屋七兵衛（きょうやしちべえ），密巌（みつげん），来芝，雷子（らいし） 江戸時代中期～後期の歌舞伎役者、歌舞伎座本。元文4年～寛政10年頃に活躍。
¶歌大（[没]享和3（1803）年5月2日）

嵐三五郎〔6代〕* あらしさんごろう
嘉永4（1851）年～大正14（1925）年 [別]嵐雛助〔7代〕（あらしひなすけ） 江戸時代末期～明治時代の歌舞伎役者。立役。
¶歌大（嵐雛助〔7代〕 あらしひなすけ [生]嘉永4（1851）年2月12日 [没]大正14（1925）年6月5日）

嵐三十郎〔4代〕（嵐山十郎） あらしさんじゅうろう
⇒関三十郎〔1代〕（せきさんじゅうろう）

嵐三十郎〔6代〕 あらしさんじゅうろう
⇒嵐雛助〔4代〕（あらしひなすけ）

嵐三十郎〔7代〕 あらしさんじゅうろう
⇒嵐小七〔3代〕（あらしこしち）

嵐三蔵 あらしさんぞう
⇒山下金作〔4代〕（やましたきんさく）

嵐七三郎〔1代〕 あらししちさぶろう
⇒関三十郎〔1代〕（せきさんじゅうろう）

荒至重* あらしじゅう
文政9（1826）年～明治42（1909）年5月7日 [別]荒至重（あらむねしげ） 江戸時代末期～明治時代の奥州相馬藩北郷代官。算術・天文を学び御仕法係代官助役次席。
¶数学（[生]文政9（1826）年9月13日），幕末（あらむねしげ）

嵐十次郎 あらしじゅうじろう
⇒中村粂太郎〔3代〕（なかむらくめたろう）

嵐寿三郎〔1代〕 あらしじゅさぶろう
⇒嵐璃寛〔2代〕（あらしりかん）

嵐新平〔1代〕 あらししんぺい
⇒嵐三右衛門〔3代〕（あらしさんえもん）

嵐新平〔3代〕 あらししんぺい
⇒中山来助〔4代〕（なかやまらいすけ）

嵐宗太郎 あらしそうたろう
⇒関三十郎〔2代〕（せきさんじゅうろう）

嵐大三郎〔3代〕 あらしだいざぶろう
⇒嵐吉三郎〔3代〕（あらしきちさぶろう）

嵐徳三郎〔2代〕 あらしとくさぶろう
⇒嵐璃寛〔2代〕（あらしりかん）

嵐徳三郎〔3代〕 あらしとくさぶろう
⇒嵐璃寛〔3代〕（あらしりかん）

嵐富三郎〔1代〕 あらしとみさぶろう
⇒嵐三五郎〔2代〕（あらしさんごろう）

嵐豊丸 あらしとよまる
⇒嵐璃珏〔4代〕（あらしりかく）

嵐直次郎 あらしなおじろう
⇒嵐雛助〔4代〕（あらしひなすけ）

嵐彦吉 あらしひこきち
⇒嵐音八〔2代〕（あらしおとはち）

嵐秀之助〔1代〕 あらしひでのすけ
⇒嵐雛助〔2代〕（あらしひなすけ）

嵐秀之助〔2代〕 あらしひでのすけ
⇒嵐雛助〔4代〕（あらしひなすけ）

嵐雛三郎 あらしひなさぶろう
⇒嵐三右衛門〔9代〕（あらしさんえもん）

嵐雛助〔1代〕* あらしひなすけ
寛保1（1741）年～寛政8（1796）年 [別]嵐岩次郎〔1代〕（あらしいわじろう），嵐小六〔3代〕（あらしころく），叶雛助〔1代〕（かのうひなすけ），小七（こしち），小六玉（ころくだま），珉子，眠獅（みんし） 江戸時代中期の歌舞伎役者。宝暦2年～寛政8年頃に活躍。
¶歌大（[没]寛政8（1796）年3月29日），新歌（——〔1世〕）

嵐雛助〔2代〕* あらしひなすけ
安永3（1774）年～享和1（1801）年 [別]嵐秀之助〔1代〕（あらしひでのすけ），可晴（かせい），叶秀之助（かのうひでのすけ），虚枝（こし），中村十蔵〔3代〕，中村十蔵〔4代〕（なかむらじゅうぞう），珉子，眠獅（みんし） 江戸時代中期～後期の歌舞伎役者。天明5年～享和1年頃に活躍。
¶歌大（[没]寛政13（1801）年2月4日），新歌（——〔2世〕）

嵐雛助〔3代〕* あらしひなすけ
寛政3（1791）年～文化10（1813）年 [別]嵐小三郎（あらしこさぶろう），富山（とざん），叶升（としょう） 江戸時代後期の歌舞伎役者。寛政末～文化10年頃に活躍。
¶歌大（[没]文化10（1813）年9月17日）

嵐雛助〔4代〕* あらしひなすけ
生没年不詳 [別]嵐三十郎〔6代〕（あらしさんじゅうろう），嵐直次郎（あらしなおじろう），嵐秀之助〔2代〕（あらしひでのすけ），眠獅（みんし） 江戸時代後期の歌舞伎役者。文化2年～文政8年頃に活躍。
¶歌大

嵐雛助〔5代〕 あらしひなすけ
⇒嵐小七〔3代〕（あらしこしち）

嵐雛助〔7代〕*（1）（嵐雛助〔6代〕） あらしひなすけ
？～明治5（1872）年 [別]市川叶升（いちかわきょしょう），市川当太郎（いちかわとうたろう），市川紅粉助〔1代〕（いちかわべにすけ），可升（かしょう），叶雛助〔3代〕，叶雛助〔4代〕（かのうひなすけ） 江戸時代末期～明治時代の歌舞伎役者。嘉永2年～明治5年頃に活躍。
¶歌大（——〔6代〕 [没]明治5（1872）年2月）

嵐雛助〔7代〕（2） あらしひなすけ
⇒嵐三五郎〔6代〕（あらしさんごろう）

嵐雛助〔8代〕 あらしひなすけ
江戸時代末期～明治時代の歌舞伎俳優。
¶歌大（生没年不詳）

嵐房次郎 あらしふさじろう
⇒中村粂太郎〔2代〕（なかむらくめたろう）

嵐松次郎〔1代〕 あらしまつじろう
⇒嵐三右衛門〔6代〕（あらしさんえもん）

嵐松之丞〔1代〕 あらしまつのじょう
⇒嵐三右衛門〔3代〕（あらしさんえもん）

嵐松之丞〔2代〕 あらしまつのじょう
⇒嵐三右衛門〔4代〕（あらしさんえもん）

嵐珉子〔1代〕　あらしみんし
⇒嵐三右衛門〔9代〕(あらしさんえもん)

嵐珉子〔2代〕　あらしみんし
⇒嵐三右衛門〔10代〕(あらしさんえもん)

嵐門三郎〔1代〕　あらしもんざぶろう
⇒嵐三右衛門〔2代〕(あらしさんえもん)

嵐山甫安*(嵐山甫庵，嵐山甫菴)　あらしやまほあん
寛永10(1633)年～元禄6(1693)年　江戸時代前期の紅毛流の外科医、肥前平戸藩医。嵐山流外科医の祖。
¶江人，科学([没]元禄6(1693)年11月30日)，コン([生]寛永9(1632)年)，対外

荒女　あらじょ*
江戸時代後期の女性。狂歌。文化9年刊、便々館湖鯉鮒編『狂歌浜荻集』に載る。
¶江表(荒女(東京都))

嵐芳三郎〔2代〕　あらしよしさぶろう
⇒嵐璃珏〔2代〕(あらしりかく)

嵐芳三郎〔3代〕　あらしよしさぶろう
⇒市川権十郎(いちかわごんじゅうろう)

嵐吉松　あらしよしまつ
⇒嵐吉三郎〔2代〕(あらしきちさぶろう)

嵐来芝〔1代〕　あらしらいし
⇒嵐三五郎〔2代〕(あらしさんごろう)

嵐璃珏〔1代〕　あらしりかく
⇒嵐璃寛〔2代〕(あらしりかん)

嵐璃珏〔2代〕*　あらしりかく
文化9(1812)年～元治1(1864)年　[別]嵐市太郎〔旧2代〕(あらしいちたろう)，嵐芳三郎〔2代〕(あらしよしさぶろう)，佳香(かこう)，璃玉(りぎょく)　江戸時代末期の歌舞伎役者。文政6年～文久1年以降に活躍。
¶新歌(――〔2世〕)

嵐璃珏〔3代〕　あらしりかく
⇒市川権十郎(いちかわごんじゅうろう)

嵐璃珏〔4代〕*　あらしりかく
*～大正7(1918)年11月24日　[別]嵐珏蔵〔4代〕(あらしかくぞう)，嵐佳香(あらしけいか)，嵐豊丸(あらしとよまる)，大江珏蔵(おおえかくぞう)，尾上梅鶴(おのえばいかく)，橘豊(きっぽう)，橘豊舎(きっぽうしゃ)，佳香(けいか)　江戸時代末期～明治時代の歌舞伎役者。安政6年～大正初に活躍。
¶新歌(――〔4世〕　[生]1853年)

嵐璃寛〔1代〕　あらしりかん
⇒嵐吉三郎〔2代〕(あらしきちさぶろう)

嵐璃寛〔2代〕*　あらしりかん
天明8(1788)年～天保8(1837)年　[別]嵐橘三郎〔2代〕(あらしきつさぶろう)，嵐寿三郎〔1代〕(あらしじゅさぶろう)，嵐徳三郎〔2代〕(あらしとくさぶろう)，嵐璃珏〔1代〕(あらしりかく)，玉山(ぎょくざん)，目徳(めとく)，璃珏，里鶴(りかく)　江戸時代後期の歌舞伎役者。寛政12年～天保8年頃に活躍。
¶歌大([生]天明8(1787)年　[没]天保8(1837)年6月13日)，新歌(――〔2世〕)

嵐璃寛〔3代〕*　あらしりかん
文化9(1812)年～文久3(1863)年　[別]嵐橘蝶〔1代〕(あらしきっちょう)，嵐徳三郎〔3代〕(あらしとくさぶろう)，尾上和三郎〔1代〕(おのえわさぶろう)，橘蝶(きっちょう)，巌獅(げんし)　江戸時代末期の歌舞伎役者。天保1年～文久3年頃に活躍。
¶歌大([没]文久3(1863)年4月21日)，新歌(――〔3世〕)

嵐璃寛〔4代〕*　あらしりかん
天保8(1837)年～明治27(1894)年　江戸時代末期～明治時代の歌舞伎役者。重厚な芸風で板額などの女武道が当り芸。
¶歌大([没]明治27(1894)年5月31日)，新歌(――〔4世〕)

嵐麟昇　あらしりんしょう
⇒嵐吉三郎〔4代〕(あらしきちさぶろう)

嵐和三郎〔1代〕　あらしわさぶろう
⇒嵐音八〔3代〕(あらしおとはち)

荒瀬百合子*　あらせゆりこ
文化6(1809)年～明治26(1893)年3月29日　江戸時代後期～明治時代の歌人。
¶江表(百合子(山口県))，幕末([生]文化6(1809)年7月20日)

荒田尾赤麻呂*　あらたおのあかまろ
生没年不詳　[別]荒田尾直赤麻呂(あらたおのあたいあかまろ)　飛鳥時代の武人。
¶古人，古代(荒田尾直赤麻呂　あらたおのあたいあかまろ)

荒田尾直赤麻呂　あらたおのあたいあかまろ
⇒荒田尾赤麻呂(あらたおのあかまろ)

新田(荒田)宮内　あらたくない
安土桃山時代の北条氏照の家臣。孫七郎。
¶後北(宮内〔新田・荒田〕　くない)

荒田礒藤　あらたのいそふじ
平安時代後期の官人。
¶古人(生没年不詳)

荒田井高　あらたのいたか
平安時代前期の熱田神宮の祝。
¶古人(生没年不詳)

荒田皇女　あらたのひめみこ
上代の女性。誉田(応神)天皇皇女。
¶天皇(生没年不詳)

荒田光季　あらたのみつすえ
平安時代後期の官吏。
¶古人(生没年不詳)

荒田部光安(1)　あらたべのみつやす
上代の軍人。将軍として新羅討伐のため渡海。
¶古人(生没年不詳)

荒田部光安(2)　あらたべのみつやす
平安時代中期の官吏。
¶古人(生没年不詳)

荒田目喜惣次*　あらためきそうじ
生没年不詳　[別]荒田目村喜惣次(あらためむらきそうじ)　江戸時代中期の義民、磐城平藩岩城騒動の指導者。
¶コン

荒田目村喜惣次　あらためむらきそうじ
⇒荒田目喜惣次(あらためきそうじ)

荒田別＊　あらたわけ
　囫荒田別命（あらたわけのみこと）　上代の東国の豪族上毛野氏の祖先。
　¶古代, 対外

荒田別命　あらたわけのみこと
　⇒荒田別（あらたわけ）

阿良都命＊　あらつのみこと
　上代の景行天皇の曽孫。
　¶古代

糠手姫皇女　あらてひめのこうじょ
　⇒糠手姫皇女（ぬかてひめのひめみこ）

荒巻左源太＊　あらまきさげんた
　？〜文久3（1863）年　江戸時代末期の紀伊和歌山藩士。
　¶幕末（囫文久3（1863）年9月3日）

荒巻助然＊　あらまきじょぜん
　？〜元文2（1737）年　囫荒巻助然（あらまきじょねん）, 助然（じょぜん, じょねん）　江戸時代中期の俳人（蕉門）。
　¶俳人（助然　じょねん　囫元文2（1737）年10月25日）

荒巻助然　あらまきじょねん
　⇒荒巻助然（あらまきじょぜん）

荒巻羊三郎＊　あらまきようざぶろう
　天保12（1841）年〜元治1（1864）年　江戸時代末期の筑後久留米藩士。
　¶コン, 幕末（囫文久4（1864）年2月16日）

荒至重　あらむねしげ
　⇒荒至重（あらしじゅう）

新谷義和　あらやよしかず
　江戸時代中期〜後期の和算家。石田玄圭に関流の算学を学び免許。
　¶数学

あら〉ぎ
　江戸時代中期の女性。俳諧。松本の人。明和4年刊, 綾兄編の高点句集の片歌撰集『片歌旧宜集』に載る。
　¶江表（あら〉ぎ（長野県））

あられ
　江戸時代中期の女性。俳諧。長崎の遊女。元禄7年刊, 蕉門の和田泥足編『其便』に載る。
　¶江表（あられ（長崎県））

有明親王＊　ありあきらしんのう
　延喜10（910）年〜応和1（961）年　平安時代中期の公卿（兵部卿）。醍醐天皇の皇子。
　¶古人, 天皇（囫応和1（961）年閏3月27日）

有井諸九　ありいしょきゅう
　⇒諸九尼（しょきゅうに）

有井諸九尼　ありいしょきゅうに
　⇒諸九尼（しょきゅうに）

有井四郎左衛門　ありいしろ（う）ざえもん
　江戸時代前期の土佐牢人。
　¶大坂

有泉昌輔＊　ありいずみまさすけ
　生没年不詳　戦国時代の武士。甲斐穴山信君・勝千代の家臣。
　¶武田（囫天文18（1549）年　囫慶長3（1598）年）

有磯周斎　ありいそしゅうさい
　江戸時代後期〜明治時代の彫刻家。
　¶美建（囫文化2（1805）年　囫明治12（1879）年8月16日）

有井浮風　ありいふふう
　⇒浮風（ふふう）

有王＊　ありおう
　生没年不詳　「平家物語」中で俊寛に仕えた童。
　¶古人, コン, 内乱, 平家

有賀織之助＊　ありがおりのすけ
　嘉永6（1853）年〜明治1（1868）年　江戸時代末期の陸奥会津藩士。
　¶全幕（囫慶応4（1868）年）, 幕末（囫慶応4（1868）年8月）

有賀勝慶＊　ありがかつよし
　？〜天正10（1582）年　囫有賀勝慶（あるがかつよし）　安土桃山時代の武士。武田氏家臣。
　¶武田（あるがかつよし　生没年不詳）

有賀長因＊　ありがちょういん
　正徳2（1712）年〜安永7（1778）年　囫有賀長因（あるがちょういん）　江戸時代中期の歌人。
　¶コン

有賀長収＊　ありがちょうしゅう
　寛延3（1750）年〜文政1（1818）年　囫有賀長収（あるがちょうしゅう）　江戸時代中期〜後期の歌人。
　¶コン

有賀長伯　ありがちょうはく
　⇒有賀長伯（あるがちょうはく）

有勝の妻　ありかつのつま＊
　江戸時代中期の女性。和歌。美濃岐阜の賀島有勝の妻。宝永6年奉納, 平間長雅編「住吉社奉納千首和歌」に載る。
　¶江表（有勝の妻（岐阜県））

有賀豊秋＊　ありがとよあき
　寛政2（1790）年〜明治15（1882）年　江戸時代末期〜明治時代の歌人, 俳人。幼児から国学歌道を学び国学研究の会で講師。
　¶幕末

有賀長隣　ありがながちか
　⇒有賀長隣（あるがながちか）

有賀半弥＊　ありがはんや
　天保10（1839）年〜文久1（1861）年　江戸時代末期の水戸藩士。
　¶コン, 幕末（囫文久1（1861）年5月28日）

有川七之助＊　ありかわしちのすけ
　生没年不詳　江戸時代末期の薩摩藩士。
　¶幕末

有川恒槌＊　ありかわつねづち, ありかわつねつち
　弘化3（1846）年〜元治1（1864）年　江戸時代末期の長門長府藩士。
　¶コン（ありかわつねつち）, 幕末（囫弘化3（1846）年1月13日　囫元治1（1864）年7月19日）

蟻川直方　ありかわなおかた
　江戸時代後期〜明治時代の松代藩士。
　¶幕末（囫天保3（1832）年　囫明治24（1891）年）

有川矢九郎＊　ありかわやくろう
　天保2（1831）年〜＊　江戸時代末期の薩摩藩士。

¶幕末（[生]天保2（1831）年9月14日　[没]？）

蟻君　ありきみ★
江戸時代中期の女性。俳諧。朝気の人。天明3年刊、平橋庵敲氷編『折鶴』に載る。
¶江表（蟻君（山梨県））

有国*　ありくに
天暦2（948）年？～寛仁3（1019）年？　平安時代中期の刀鍛冶。
¶コン, 美工（[生]天暦2（948）年　[没]寛仁3（1019）年）

有子　ありこ★
江戸時代後期の女性。和歌。伊勢四日市の森本正根の母。
¶江表（有子（三重県）　[没]天保8（1837）年）

有子内親王　ありこないしんのう
⇒有子内親王（ゆうしないしんのう）

有坂北馬　ありさかほくば
⇒蹄斎北馬（ていさいほくば）

有沢石見　ありさわいわみ
安土桃山時代の安芸国虎の老臣。
¶全戦（[生]？　[没]永禄12（1569）年）

有沢小太郎*　ありさわこたろう
生没年不詳　安土桃山時代の織田信長の家臣。
¶織田

有沢図書助*　ありさわずしょのすけ
生没年不詳　安土桃山時代の織田信長の家臣。
¶織田

有沢武貞*　ありさわたけさだ
天和2（1682）年～元文4（1739）年9月25日　江戸時代前期～中期の藩士・軍学者。
¶数学

有沢永貞*　ありさわながさだ
寛永16（1639）年～正徳5（1715）年　江戸時代前期～中期の加賀藩士。
¶数学（[没]正徳5（1715）年11月）

有沢致貞*　ありさわむねさだ
元禄2（1689）年～宝暦2（1752）年12月4日　江戸時代中期の藩士・軍学者。
¶数学（[没]宝暦2（1752）年12月）

阿利斯等*　ありしと
上代の加羅国の王。
¶古人（生没年不詳）, 古代

有栖川宮貞子*　ありすがわのみやさだこ
嘉永3（1850）年～明治5（1872）年　[別]有栖川宮妃貞子（ありすがわのみやひさだこ）　江戸時代末期～明治時代の女性。有栖川宮幟仁親王の妃。
¶江表（貞子妃（京都府））

有栖川宮幟仁　ありすがわのみやたかひと
⇒幟仁親王（たかひとしんのう）

有栖川宮幟仁親王　ありすがわのみやたかひとしんのう
⇒幟仁親王（たかひとしんのう）

有栖川宮熾仁　ありすがわのみやたるひと
⇒熾仁親王（たるひとしんのう）

有栖川宮熾仁親王　ありすがわのみやたるひとしんのう
⇒熾仁親王（たるひとしんのう）

有栖川宮妃貞子　ありすがわのみやひさだこ
⇒有栖川宮貞子（ありすがわのみやさだこ）

有栖川宮幸仁親王　ありすがわのみやゆきひとしんのう
⇒幸仁親王（ゆきひとしんのう）

有栖川宮職仁親王　ありすがわのみやよりひとしんのう
⇒職仁親王（よりひとしんのう）

有竹（有滝）摂津守　ありたきせっつのかみ
戦国時代の北条氏康の家臣。
¶後北（摂津守〔有竹・有滝〕　せっつのかみ）

有竹（有滝）母　ありたきはは
戦国時代の女性。摂津守某の母か。
¶後北（母〔有竹・有滝〕　はは）

有田貞勝*　ありたさだかつ
元文2（1737）年～？　江戸時代中期の武士。
¶徳人

有田常蔵*　ありたつねぞう
天保11（1840）年～慶応2（1866）年　江戸時代末期の奇兵隊士。
¶幕末（[没]慶応2（1866）年4月28日）

有田要輔*　ありたようすけ
文政5（1822）年～慶応2（1866）年　江戸時代末期の遊撃隊伍長。
¶幕末（[没]慶応2（1866）年8月2日）

有綱*　ありつな
生没年不詳　平安時代中期の刀工。
¶古人

蟻通勘吾*　ありどおしかんご
天保10（1839）年～明治2（1869）年　江戸時代末期の志士。
¶新隊（[没]明治2（1869）年5月11日）, 全幕, 幕末（[没]明治2（1869）年5月11日）

蟻通七五三之進*　ありどおししめのしん
江戸時代末期の新撰組隊士。
¶新隊（生没年不詳）

有富*　ありとみ
生没年不詳　平安時代中期の下級官人。障子絵を得意とした。
¶古人

蟻臣*　ありのおみ
上代の顕宗・仁賢両天皇の祖父。
¶古代

蟻臣荑媛　ありのおみはえひめ
⇒荑媛（はえひめ）

在原古玩*　ありはらこがん
文政12（1829）年～大正11（1922）年　[別]古玩（こげん）　江戸時代末期～大正時代の日本画家。作品に「徳川光国賞孝子図」など。御用画も務める。
¶美画（[生]文政12（1829）年8月4日　[没]大正11（1922）年8月13日）

在原朝臣滋春　ありはらのあそんしげはる
⇒在原滋春（ありわらのしげはる）

在原朝臣友于　ありはらのあそんともゆき
⇒在原友于（ありわらのともゆき）

在原朝臣業平　ありはらのあそんなりひら
⇒在原業平（ありわらのなりひら）

在原朝臣棟梁　ありはらのあそんむねはり
⇒在原棟梁（ありわらのむねはり）

在原朝臣守平　ありはらのあそんもりひら
⇒在原守平（ありはらのもりひら）

在原朝臣安貞　ありはらのあそんやすさだ
⇒在原安貞（ありはらのやすさだ）

在原朝臣行平　ありはらのあそんゆきひら
⇒在原行平（ありわらのゆきひら）

在原滋春　ありはらのしげはる
⇒在原滋春（ありわらのしげはる）

在原季信　ありはらのすえのぶ
平安時代中期の官人。
¶古人（生没年不詳）

在原扶光　ありはらのすけみつ
平安時代中期の官人。
¶古人（生没年不詳）

在原相安*　ありはらのすけやす
生没年不詳　平安時代中期の官人。大宰府追補使。
¶古人

在原連枝　ありはらのつらえだ
平安時代前期の人。筑後守都御酉襲撃事件に与同。
¶古人（生没年不詳）

在原遠瞻　ありはらのとおみ
平安時代前期の官人。行平の子。右近衛将監正六位上。
¶古人（[生]？　[没]887年）

在原載春　ありはらのとしはる
平安時代前期の官人。
¶古人（生没年不詳）

在原友于　ありはらのともゆき
⇒在原友于（ありわらのともゆき）

在原仲平　ありはらのなかひら
平安時代前期の官人。
¶古人（生没年不詳）

在原業平　ありはらのなりひら
⇒在原業平（ありわらのなりひら）

在原信義　ありはらののぶよし
平安時代中期の官人。
¶古人（生没年不詳）

在原尚子　ありはらのひさこ
平安時代中期の女官。
¶古人（生没年不詳）

在原一貫　ありはらのひとつら
平安時代前期の官人。
¶古人（生没年不詳）

在原弘景　ありはらのひろかげ
平安時代前期の官人。
¶古人（生没年不詳）

在原文子*　ありはらのぶんし
生没年不詳　[別]在原文子（ありわらのぶんし）　平安時代前期の女性。清和天皇の更衣。
¶天皇（ありわらのぶんし）

在原宗任　ありはらのむねとう
平安時代中期の官人。
¶古人（生没年不詳）

在原棟梁　ありはらのむねはり
⇒在原棟梁（ありわらのむねはり）

在原棟梁　ありはらのむねやな
⇒在原棟梁（ありわらのむねはり）

在原元方　ありはらのもとかた
⇒在原元方（ありわらのもとかた）

在原守平*　ありはらのもりひら
生没年不詳　[別]在原朝臣守平（ありはらのあそんもりひら）　平安時代前期の官吏。
¶古人, 古代（在原朝臣守平　ありはらのあそんもりひら）

在原安貞*　ありはらのやすさだ
生没年不詳　[別]在原朝臣安貞（ありはらのあそんやすさだ）　平安時代前期の官吏。
¶古人, 古代（在原朝臣安貞　ありはらのあそんやすさだ）

在原行平　ありはらのゆきひら
⇒在原行平（ありわらのゆきひら）

在原善淵　ありはらのよしふち
⇒在原善淵（ありわらのよしふち）

在原義行　ありはらのよしゆき
平安時代中期の官人。
¶古人（[生]？　[没]968年）

有福恂允*　ありふくじゅんすけ
天保2（1831）年～明治9（1876）年　江戸時代末期～明治時代の長州藩士。前原一誠の乱に加担。
¶幕末（[没]明治9（1876）年12月3日）

有福新輔　ありふくしんすけ
⇒都野巽（つのたつみ）

有福槌三郎　ありふくつちさぶろう
⇒都野巽（つのたつみ）

有馬韶子*　ありまあきこ
文政8（1825）年5月19日～大正2（1913）年6月6日　江戸時代後期～明治時代の歌人。
¶江表（韶子（福岡県）　つなこ）

有馬一郎*　ありまいちろう
安永9（1780）年～安政1（1854）年　[別]有馬義成（ありまよしなり）　江戸時代後期の薩摩藩士。
¶幕末

有馬氏倫*　ありまうじのり
寛文8（1668）年～享保20（1735）年12月12日　江戸時代中期の大名。伊予西条藩主、徳川吉宗の側近。
¶コン（[没]享保20（1736）年）, 徳将, 徳人

有馬氏弘*　ありまうじひろ
嘉永3（1850）年～？　江戸時代末期の大名。下野吹上藩主。
¶全幕

有間皇子　ありまおうじ
⇒有間皇子（ありまのみこ）

有馬河内　ありまかわち
⇒有馬監物（ありまけんもつ）

有馬源内*　ありまげんない
嘉永5（1852）年～明治25（1892）年　江戸時代末期～明治時代の熊本藩士。同志と自由民権主義の植木中学校を創立。
¶幕末（[没]明治25（1892）年10月10日）

あ

ありまけ

有馬玄蕃頭 ありまげんばのかみ
⇒有馬豊氏（ありまとようじ）

有馬監物* ありまけんもつ
文政5（1822）年〜明治1（1868）年 ㉕有馬河内（ありまかわち） 江戸時代末期の筑後久留米藩藩老。
¶幕末（㊐文政5（1822）年4月1日 ㉔慶応4（1868）年4月11日）

有村次左衛門 ありまじざえもん
⇒有村次左衛門（ありむらじざえもん）

有馬周祐 ありましゅうすけ
⇒有馬定次郎（ありまていじろう）

有馬主膳氏時 ありましゅぜんうじとき
安土桃山時代〜江戸時代前期の武士。紀伊新宮領主堀内安房守氏善の次男あるいは四男。
¶大坂（㊐天正17年 ㉔万治2年3月4日）

有馬純一* ありまじゅんいち
弘化4（1847）年〜明治14（1881）年 江戸時代末期〜明治時代の鹿児島県士族。西南戦争では別働旅団に属す。
¶幕末（㊐明治14（1881）年2月27日）

有馬新七* ありましんしち
文政8（1825）年11月4日〜文久2（1862）年4月23日 ㉕有馬正義（ありままさよし） 江戸時代末期の志士。
¶江人，コン，全幕，幕末，山小（㊐1825年11月4日 ㉔1862年4月23日）

有馬純堯* ありますみたか
弘化2（1845）年〜明治25（1892）年 江戸時代末期〜明治時代の薩摩藩士。佐幕派の要人の襲撃を計画。
¶幕末（㊐明治25（1892）年1月22日）

有馬貴純* (有馬貴澄) ありまたかずみ
生没年不詳 戦国時代の武士。
¶室町

有松則雄 ありまつのりお
江戸時代後期の和算家。
¶数学

有松正信* ありまつまさのぶ
生没年不詳 江戸時代中期の和算家。
¶数学

有馬定次郎* ありまていじろう
生没年不詳 ㉕有馬周祐（ありましゅうすけ） 江戸時代後期の和算家。
¶数学（有馬周祐 ありましゅうすけ）

有馬照長 ありまてるなが
⇒有馬照長（ありまてるひさ）

有馬照長* ありまてるひさ
天明1（1781）年〜嘉永4（1851）年 ㉕有馬照長（ありまてるなが） 江戸時代後期の筑後久留米藩藩老。
¶幕末（ありまてるなが ㉔嘉永4（1851）年7月13日）

有馬藤太* ありまとうた
天保8（1837）年〜大正13（1924）年 江戸時代末期〜明治時代の志士。戊辰戦争、西南戦争で活躍。頭山満のもとで玄洋社運動を画策。
¶幕末（㉔昭和2（1927）年7月）

有馬豊氏* ありまとようじ
永禄12（1569）年〜寛永19（1642）年 ㉕有馬玄蕃頭（ありまげんばのかみ） 安土桃山時代〜江戸時代前期の大名。遠江横須賀藩主、丹波福知山藩主、筑後久留米藩主、利休七哲。
¶コン

有馬直純* ありまなおずみ，ありまなおすみ
天正14（1586）年〜寛永18（1641）年4月25日 ㉕サンゼズ 江戸時代前期の大名。肥前日之江藩主、日向延岡藩主。
¶コン，全戦

有間皇子（有馬皇子） ありまのおうじ
⇒有間皇子（ありまのみこ）

有間皇子*（有馬皇子） ありまのみこ
舒明天皇12（640）年〜斉明天皇4（658）年 ㉕有間皇子（ありまおうじ，ありまのおうじ），有馬皇子（ありまのおうじ） 飛鳥時代の孝徳天皇の皇子。
¶古人（ありまのおうじ），古代，古物，コン（㊐舒明12（640）年 ㉔斉明4（658）年），詩作（㊐斉明天皇4（658）年11月11日），天皇（有馬皇子 ㊐斉明天皇4（658）年11月11日），日文，山小（㉔658年11月11日）

有馬則篤* ありまのりあつ
文政9（1826）年〜明治30（1897）年 江戸時代末期〜明治時代の江戸北町奉行。
¶徳人（生没年不詳），幕末（㉔明治30（1897）年10月3日）

有馬教実 ありまのりざね
⇒赤松持家（あかまつもちいえ）

有馬則頼* ありまのりより
天文2（1533）年〜慶長7（1602）年 刑部卿法印（ぎょうぶきょうほういん），中務卿法印（なかつかさきょうほういん），兵部卿法印（ひょうぶきょうほういん） 戦国時代〜安土桃山時代の大名。播磨三木城主、摂津三田城主。
¶織田（㉔慶長7（1602）年7月28日）

有馬晴子* ありまはるこ
文政3（1820）年〜明治36（1903）年12月7日 江戸時代末期〜明治時代の女性。久留米藩主有馬頼永の妻。薩摩藩主島津斉宣の娘。鶴久子に和歌を師事。
¶江表（晴雲院（福岡県））

有馬晴純* ありまはるずみ
文明15（1483）年〜永禄9（1566）年 ㉕仙巌（せんがん） 戦国時代の肥前の武将。
¶全戦，戦武

有馬晴信* ありまはるのぶ
永禄10（1567）年〜慶長17（1612）年 ㉕ジョアン 安土桃山時代〜江戸時代前期の大名、キリシタン。肥前日之江藩主。
¶江人，コン，全戦，戦武（㊐永禄10（1567）年？），対外，中世，山小（㊐1561年/1567年 ㉔1612年5月6日）

有馬百鞭* ありまひゃくべん
天保6（1835）年〜明治39（1906）年 江戸時代末期〜明治時代の儒者、神職。
¶幕末（㉔明治39（1906）年5月30日），美画（㊐天保6（1835）年10月25日 ㉔明治39（1906）年5月30日）

有馬兵庫 ありまひょうご
江戸時代後期の眼科医。
¶眼医（生没年不詳）

有馬正義 ありままさよし
⇒有馬新七（ありましんしち）

有馬道純* ありまみちずみ
天保8(1837)年～明治36(1903)年 江戸時代末期～明治時代の丸岡藩主、丸岡藩知事、子爵。
¶幕末([没]明治36(1903)年5月24日)

有馬持家 ありまもちいえ
⇒赤松持家(あかまつもちいえ)

有馬幸次* ありまゆきじ
天保14(1843)年～明治3(1870)年 [別]大濤緩(おおなみかん) 江戸時代末期～明治時代の志士。
¶幕末([没]明治3(1870)年3月5日)

有馬義貞* ありまよしさだ
大永1(1521)年～天正4(1576)年 [別]有馬義直(ありまよしなお),アンドレ 戦国時代～安土桃山時代の武将。肥前国有馬城主。
¶全戦,戦武

有馬義純* ありまよしずみ
*～元亀2(1571)年 戦国時代の武士。
¶全戦([生]天文19(1550)年),戦武([生]天文19(1550)年)

有馬義直 ありまよしなお
⇒有馬義貞(ありまよしさだ)

有馬義成 ありまよしなり
⇒有馬一郎(ありまいちろう)

有馬慶頼* ありまよしより
文政11(1828)年～明治14(1881)年 [別]有馬頼成,有馬頼咸(ありまよりしげ) 江戸時代末期～明治時代の大名。筑後久留米藩主。
¶全幕(有馬頼咸 ありまよりしげ),幕末([生]文政11(1828)年7月17日 [没]明治14(1881)年5月21日)

有馬頼成(有馬頼咸) ありまよりしげ
⇒有馬慶頼(ありまよしより)

有馬頼永 ありまよりとう
⇒有馬頼永(ありまよりとお)

有馬頼永* ありまよりとお
文政5(1822)年～弘化3(1846)年 [別]有馬頼永(ありまよりとう,ありまよりなが) 江戸時代後期の大名。筑後久留米藩主。
¶コン(ありまよりとう),全幕(ありまよりなが)

有馬頼永 ありまよりなが
⇒有馬頼永(ありまよりとお)

有馬頼徸* ありまよりゆき
正徳4(1714)年～天明3(1783)年11月23日 江戸時代中期の和算家、大名。筑後久留米藩主。
¶江人,科学([生]正徳4(1714)年11月25日),コン,数学([生]正徳4(1714)年11月25日)

蟻道 ありみち
⇒森本蟻道(もりもとぎどう)

有道氏道 ありみちのうじみち
平安時代前期の官人。
¶古人(生没年不詳)

有宗益門 ありむねますかど
[別]有宗益門(ありむねのますかど) 平安時代前期の算博士。
¶古人(ありむねのますかど 生没年不詳),数学

有村国彦* ありむらくにひこ
江戸時代末期の薩摩藩士。
¶幕末(生没年不詳)

有村次左衛門* ありむらじざえもん
天保9(1838)年～万延1(1860)年 [別]有村次左衛門(ありまじざえもん) 江戸時代末期の志士、薩摩藩士。井伊直弼を暗殺。
¶コン,全幕([没]安政7(1860)年),幕末([生]天保9(1838)年12月28日 [没]安政7(1860)年3月3日)

有村雄助* ありむらゆうすけ
天保4(1833)年～万延1(1860)年 江戸時代末期の薩摩藩士。
¶コン([生]天保6(1835)年),全幕([生]天保6(1835)年),幕末([没]万延1(1860)年3月23日)

有村れん(有村連,有村蓮) ありむられん
⇒有村連寿尼(ありむられんじゅに)

有村連寿尼* ありむられんじゅに
文化6(1809)年～明治28(1895)年10月2日 [別]有村れん,有村蓮,有村連(ありむられん) 江戸時代後期～明治時代の女性。
¶江表(蓮寿院(鹿児島県)),コン([生]文化5(1808)年),幕末(有村蓮 ありむられん)

有村碗右衛門* ありむらわんえもん
生没年不詳 江戸時代前期の薩摩竪野窯の陶工。
¶美工

有本応虎* ありもとまさとら
生没年不詳 江戸時代末期の紀伊和歌山藩士。
¶幕末

有谷善三郎 ありやぜんさぶろう
江戸時代前期の代官。
¶徳代(生没年不詳)

有山源右衛門* ありやまげんえもん
生没年不詳 戦国時代の商人。
¶後北(元貞〔有山〕 もとさだ)

有山源右衛門尉* ありやまげんえもんのじょう
生没年不詳 戦国時代の問屋。武蔵国関戸郷にて伝馬役などをつとめる。
¶後北(源右衛門尉〔有山〕 げんえもんのじょう)

有吉熊次郎* ありよしくまじろう
天保13(1842)年～元治1(1864)年 江戸時代末期の長州(萩)藩士。
¶コン,全幕,幕末([没]元治1(1864)年7月19日)

有吉善三郎 ありよしぜんざぶろう
江戸時代中期の眼科医。
¶眼医(生没年不詳)

有良朝臣安岑* ありよしのあそんやすみね
[別]有良安岑(ありよしのやすみね) 平安時代前期の左京の人。
¶古人(有良安岑 ありよしのやすみね 生没年不詳),古代

有良春岑 ありよしのはるみね
平安時代前期の人。有良朝臣を賜い、左京に貫附された。
¶古人(生没年不詳)

有良安岑 ありよしのやすみね
⇒有良朝臣安岑(ありよしのあそんやすみね)

在原滋春 ありわらしげはる
⇒在原滋春(ありわらのしげはる)

在原業平 ありわらなりひら
⇒在原業平(ありわらのなりひら)

ありわら　　　　　　　114

在原滋春* ありわらのしげはる
生没年不詳　㊞在原朝臣滋春（ありはらのあそんし
げはる），在原滋春（ありはらのしげはる，ありわ
らしげはる）　平安時代前期の歌人，業平の二男。
¶古人（ありはらのしげはる ㊐？）㊞905年？），コン
（在原朝臣滋春 ありはらのあそんしげはる），コン

在原友于* ありわらのともゆき
*～延喜10（910）年4月20日　㊞在原朝臣友于（あり
はらのあそんともゆき），在原友于（ありはらのとも
ゆき）　平安時代前期～中期の公卿（参議）。中
納言在原行平の子。
¶公卿（㊐？），古人（ありはらのともゆき ㊐843年），古
代（在原朝臣友于 ありはらのあそんともゆき）

在原業平* ありわらのなりひら
天長2（825）年～元慶4（880）年　㊞在原朝臣業平
（ありはらのあそんなりひら），在原業平（ありはら
のなりひら，ありひらのなりひら，ありわらなりひ
ら），在五中将（ざいごちゅうじょう）　平安時
代前期の歌人。六歌仙，三十六歌仙の一人。
¶古人（ありはらのなりひら），古代（在原朝臣業平 あり
はらのあそんなりひら），コン，詩作（㊞元慶4（880）年5
月28日），女史,日文,山小（㊞880年5月28日）

在原文子 ありわらのぶんし
⇒在原文子（ありはらのぶんし）

在原棟梁 ありわらのむなはり
⇒在原棟梁（ありわらのむねはり）

在原棟梁* ありわらのむねはり
？～昌泰1（898）年　㊞在原朝臣棟梁（ありはらの
あそんむねはり），在原棟梁（ありはらのむねはり），
ありはらのむねやな，在原のむなはり，ありわ
らのむねやな，ありわらむねはり）　平安時代前期
の歌人。
¶古人（ありはらのむねやな），古代（在原朝臣棟梁 あり
はらのあそんむねはり），コン（ありはらのむねやな）
詩作（ありわらのむねやな）

在原棟梁 ありわらのむねやな
⇒在原棟梁（ありわらのむねはり）

在原元方* ありわらのもとかた
生没年不詳　㊞在原元方（ありはらのもとかた，あ
りわらもとかた）　平安時代中期の歌人。
¶古人（ありはらのもとかた），コン（㊐仁和4（888）年
㊞天暦7（953）年），詩作（㊐？ ㊞天暦7（953）年）

在原行平* ありわらのゆきひら
弘仁9（818）年～寛平5（893）年　㊞在原朝臣行平
（ありはらのあそんゆきひら），在原行平（ありはら
のゆきひら，ありわらゆきひら）　平安時代前期の
歌人，公卿（中納言）。平城天皇の皇子阿保親王の
三男。
¶公卿（㊞寛平5（893）年7月19日），古人（ありはらのゆ
きひら），古代（在原朝臣行平 ありはらのあそんゆき
ひら），コン,日文

在原善淵* ありわらのよしふち
弘仁7（816）年～貞観17（875）年2月　㊞在原善淵
（ありはらのよしふち）　平安時代前期の神祇伯。
¶古人（ありはらのよしふち）

在原棟梁 ありわらむねはり
⇒在原棟梁（ありわらのむねはり）

在原元方 ありわらもとかた
⇒在原元方（ありはらのもとかた）

在原行平 ありわらゆきひら
⇒在原行平（ありはらのゆきひら）

阿留　ある*
江戸時代後期の女性。漢詩。弘化4年の序がある友
野霞舟編・著『熙朝詩薈』に載る。
¶江表（阿留（京都府））

有賀石見守 あるがいわみのかみ
戦国時代～安土桃山時代の信濃国諏訪郡有賀郷の
土豪。
¶武田（生没年不詳）

有賀勝慶 あるがかつよし
⇒有賀勝慶（ありがかつよし）

有賀紀伊守 あるがきいのかみ
戦国時代の信濃国諏訪郡有賀郷の土豪。
¶武田（生没年不詳）

有賀十左衛門 あるがじゅうざえもん
安土桃山時代の武士。実名は貞重。長篠合戦で
討死。
¶武田（㊐？ ㊞天正3（1575）年5月21日）

有賀新介 あるがしんすけ
戦国時代の信濃国諏訪郡有賀郷の土豪。諏訪西方
衆の一員出身か。
¶武田（生没年不詳）

有賀清左衛門尉 あるがせいざえもんのじょう
戦国時代の人。諏訪大社春宮・秋宮造営時の寺之
郷、芋川、大穴の徴収責任者。
¶武田（生没年不詳）

有賀善左衛門 あるがぜんざえもん
安土桃山時代の武士。
¶武田（㊐？ ㊞天正10（1582）年3月11日）

有賀直義 あるがただよし
戦国時代の人。出自不明。若宮八幡神社の本殿造
営棟札に名がある。
¶武田（生没年不詳）

有賀長因 あるがちょういん
⇒有賀長因（ありがちょういん）

有賀長収 あるがちょうしゅう
⇒有賀長収（ありがちょうしゅう）

有賀長伯* あるがちょうはく
寛文1（1661）年～元文2（1737）年6月2日　㊞有賀
長伯（ありがちょうはく）　江戸時代中期の歌人、
歌学者。
¶コン（ありがちょうはく ㊐寛文2（1662）年）

有賀藤右衛門尉 あるがとうえもんのじょう
安土桃山時代の諏訪大社下社春宮の四の御柱負担
の郷村真々部の代官。
¶武田（生没年不詳）

有賀長隣* あるがながちか
文政1（1818）年～明治39（1906）年　㊞有賀長隣
（ありがながちか）　江戸時代末期～明治時代の国
学者。歌学で高名。
¶幕末（㊞明治39（1906）年10月1日）

有賀備後守 あるがびんごのかみ
安土桃山時代の武士。
¶武田（㊐？ ㊞天正10（1582）年2月16日）

有賀弥兵衛　あるがやひょうえ
安土桃山時代の信濃国伊那郡手良郷・福与などの徴収役。
¶武田（生没年不詳）

阿礼　あれ
⇒稗田阿礼（ひえだのあれ）

阿波　あわ
⇒阿波局（あわのつぼね）

粟井助六重晴　あわいすけろくしげはる
江戸時代前期の豊臣秀頼の家臣。
¶大坂（[没]慶長20年）

粟飯原清胤　あわいはらきよたね
⇒粟飯原清胤（あいはらきよたね）

粟凡鱒麻呂　あわおおしのますまろ
⇒粟凡鱒麻呂（あわのおおしのますまろ）

淡路*　あわじ
生没年不詳　平安時代中期の女房。後冷泉皇后藤原寛子の四条宮の女房。
¶古人

安房侍従　あわじじゅう
⇒里見義康（さとみよしやす）

淡路公　あわじのきみ
⇒淳仁天皇（じゅんにんてんのう）

淡路廃帝　あわじのはいてい
⇒淳仁天皇（じゅんにんてんのう）

淡路福良麻呂　あわじのふくらまろ
奈良時代～平安時代前期の官人。姓は真人。
¶古人（生没年不詳）

淡島椿岳*　あわしまちんがく
文政6（1823）年～明治22（1889）年　江戸時代末期～明治時代の画人。浅草絵の創始者。泥絵や劇画を描いて好評。
¶コン，幕末（[生]文政5（1822）年7月10日　[没]明治22（1889）年9月21日），美画（[生]文政6（1823）年7月　[没]明治22（1889）年9月21日）

粟田口国綱*　あわたぐちくにつな
生没年不詳　[別]国綱（くにつな）　鎌倉時代の刀工。
¶古人，コン，中世，美工

粟田口慶羽*　あわたぐちけいう
享保8（1723）年～寛政3（1791）年　江戸時代中期の画家。江戸幕府の御用絵師。
¶美画（[没]寛政3（1791）年10月16日）

粟田口教経*　あわたぐちたかつね
？～正応5（1292）年8月21日　[別]粟田口教経（あわたぐちのりつね）　鎌倉時代後期の公卿（参議）。大納言二条良教の次男。
¶公卿，公家（教経〔粟田口家（絶家）〕　のりつね）

粟田口隆光　あわたぐちたかみつ
⇒粟田口隆光（あわたぐちりゅうこう）

粟田口忠輔*　あわたぐちただすけ
生没年不詳　鎌倉時代後期～南北朝時代の公卿（大納言）。権中納言二条経良の子。
¶公卿，公家（忠輔〔粟田口家（絶家）〕　ただすけ　[生]1271年　[没]？）

粟田口嗣房　あわたぐちつぎふさ
⇒粟田口嗣房（あわたぐちつぐふさ）

粟田口嗣房*　あわたぐちつぐふさ
文永6（1269）年～徳治2（1307）年7月11日　[別]粟田口嗣房（あわたぐちつぎふさ）　鎌倉時代後期の公卿（参議）。大納言二条良教の三男。
¶公卿，公家（嗣房〔粟田口家（絶家）〕　つぐふさ）

粟田口藤四郎　あわたぐちとうしろう
⇒吉光（よしみつ）

粟田口教経　あわたぐちのりつね
⇒粟田口教経（あわたぐちたかつね）

粟田口良教　あわたぐちよしのり
⇒藤原良教（ふじわらよしのり）

粟田口吉光　あわたぐちよしみつ
⇒吉光（よしみつ）

粟田口隆光*　あわたぐちりゅうこう
生没年不詳　[別]粟田口隆光（あわたぐちたかみつ）　南北朝時代～室町時代の粟田口派のやまと絵師。
¶美画

粟田章員　あわたのあきかず
平安時代後期の官人。
¶古人（生没年不詳）

粟田飽田麻呂　あわたのあきたまろ
平安時代前期の入唐留学生。
¶古人（生没年不詳）

粟田章広　あわたのあきひろ
平安時代後期の官人。
¶古人（生没年不詳）

粟田朝臣奈勢麻呂*　あわたのあそんなせまろ
？～神護景雲1（767）年　[別]粟田奈勢麻呂（あわたのなせまろ）　奈良時代の官人。
¶古人（粟田奈勢麻呂　あわたのなせまろ），古代

粟田朝臣必登　あわたのあそんひと
⇒粟田必登（あわたのひと）

粟田朝臣真人　あわたのあそんまひと
⇒粟田真人（あわたのまひと）

粟田朝臣諸姉　あわたのあそんもろね
⇒粟田諸姉（あわたのもろね）

粟田家継*　あわたのいえつぐ
生没年不詳　平安時代前期の画工。
¶古人

粟田入鹿　あわたのいるか
平安時代前期の官人。
¶古人（生没年不詳）

粟田馬養*　あわたのうまかい，あわたのうまがい
生没年不詳　奈良時代の官人、通詞。
¶古人，コン

粟田海明　あわたのうみあけ
平安時代中期の官人。
¶古人（生没年不詳）

粟田女王　あわたのおおきみ
⇒粟田女王（あわたのじょおう）

粟田興　あわたのおこる
平安時代中期の官人。

あ

¶古人（生没年不詳）

粟田男玉　あわたのおたま
奈良時代の官人。
¶古人（生没年不詳）

粟田大臣　あわたのおとど
⇒藤原在衡（ふじわらのありひら）

粟田娘子　あわたのおとめ
⇒粟田女娘子（あわためのいらつめ）

粟田臣細目*　あわたのおみほそめ
飛鳥時代の豪族。
¶古代

粟田臣道麻呂　あわたのおみみちまろ
⇒粟田道麻呂（あわたのみちまろ）

粟田香櫛娘　あわたのかくしのいらつめ
飛鳥時代の女性。舒明天皇の后。
¶天皇（生没年不詳）

粟田堅石　あわたのかたいわ
奈良時代の官人。
¶古人（生没年不詳）

粟田関白　あわたのかんぱく
⇒藤原道兼（ふじわらのみちかね）

粟田公足　あわたのきみたり
奈良時代の官人。
¶古人（生没年不詳）

粟田清高　あわたのきよたか
平安時代中期の官人。
¶古人（生没年不詳）

粟田国経　あわたのくにつね
平安時代後期の官人。
¶古人（生没年不詳）

粟田黒麻呂　あわたのくろまろ
奈良時代の官人。
¶古人（生没年不詳）

粟田惟（碓）雄　あわたのこれ（うす）お
平安時代前期の官人。
¶古人（生没年不詳）

粟田左大臣　あわたのさだいじん
⇒藤原在衡（ふじわらのありひら）

粟田茂兼　あわたのしげかね
平安時代中期の官人。
¶古人（生没年不詳）

粟田茂忠　あわたのしげただ
平安時代中期の珍皇寺の判官代兼行事。
¶古人（生没年不詳）

粟田成直　あわたのしげなお
⇒粟田成直（あわたのなりなお）

粟田女王*　あわたのじょおう
？～天平宝字8（764）年　[別]粟田女王（あわたのおおきみ）　奈良時代の女王。
¶古人

粟田季高　あわたのすえたか
平安時代後期の御冠師、官人。
¶古人（生没年不詳）

粟田大夫　あわたのたいふ
⇒粟田大夫（あわたのまえつきみ）

粟田鷹主　あわたのたかぬし
奈良時代の官人。
¶古人（生没年不詳）

粟田鷹守　あわたのたかもり
奈良時代～平安時代前期の官人。
¶古人（[生]？　[没]806年）

粟田足人　あわたのたるひと
奈良時代の官人。
¶古人（生没年不詳）

粟田豊門　あわたのとよかど
平安時代中期の官人。
¶古人（生没年不詳）

粟田豊房　あわたのとよふさ
平安時代後期の官人。
¶古人（生没年不詳）

粟田豊理　あわたのとよまさ
平安時代中期の官人、検非違使。
¶古人（[生]？　[没]1000年？）

粟田豊道（通）　あわたのとよみち
平安時代中期の検非違使。
¶古人（生没年不詳）

粟田直子　あわたのなおいこ
平安時代前期～中期の光孝天皇の後宮。
¶天皇（生没年不詳）

粟田奈勢麻呂　あわたのなせまろ
⇒粟田朝臣奈勢麻呂（あわたのあそんなせまろ）

粟田成直*　あわたのなりなお
？～建久8（1197）年　[別]粟田成直（あわたのしげなお）　平安時代後期～鎌倉時代前期の武士。
¶古人（あわたのしげなお）

粟田憲景　あわたののりかげ
平安時代後期の官人。
¶古人（生没年不詳）

粟田久倫　あわたのひさとも
平安時代後期の官人。
¶古人（生没年不詳）

粟田必登*　あわたのひと
生没年不詳　[別]粟田朝臣必登（あわたのあそんひと）　奈良時代の官吏。
¶古人, 古代（粟田朝臣必登　あわたのあそんひと）

粟田人上*　あわたのひとかみ, あわたのひとがみ
？～天平10（738）年　奈良時代の官人、造薬師寺大夫。
¶古人（あわたのひとがみ）, コン

粟田人成　あわたのひとなり
奈良時代の官人。
¶古人（生没年不詳）

粟田深見*（粟田深身）　あわたのふかみ
生没年不詳　奈良時代の女官。
¶古人（粟田深身）

粟田別当　あわたのべっとう
⇒藤原惟方（ふじわらのこれかた）

粟田大夫* あわたのまえつきみ
[別]粟田大夫(あわたのたいふ) 奈良時代の官人。
¶古人(あわたのたいふ 生没年不詳)

粟田真人* あわたのまひと
?〜養老3(719)年 [別]粟田朝臣真人(あわたのあそんまひと) 飛鳥時代〜奈良時代の学者、官人(中納言)。天足国押人命の裔。
¶公卿([没]養老3(719)年2月5日),古人,古代(粟田朝臣真人 あわたのあそんまひと),コン,対外,山小([没]719年2月2日/5日)

粟田道麻呂* あわたのみちまろ
?〜天平神護1(765)年 [別]粟田臣道麻呂(あわたのおみみちまろ) 奈良時代の医師、官人(参議)。
¶公卿(生没年不詳),古人,古代(粟田臣道麻呂 あわたのおみみちまろ),コン

粟田光安 あわたのみつやす
平安時代中期の官人。
¶古人(生没年不詳)

粟田女娘子 あわたのめおとめ
⇒粟田女娘子(あわためのいらつめ)

粟田基忠 あわたのもとただ
平安時代中期の官人。姓は宿禰。
¶古人(生没年不詳)

粟田諸姉 あわたのもろえ
⇒粟田諸姉(あわたのもろね)

粟田諸姉* あわたのもろね
[別]粟田朝臣諸姉(あわたのあそんもろね),粟田諸姉(あわたのもろえ) 奈良時代の女性。淳仁天皇の妃。
¶古人,古代(粟田朝臣諸姉 あわたのあそんもろね),女史(生没年不詳),天皇(生没年不詳)

粟田良種 あわたのよしたね
平安時代中期の東大寺枡別当。
¶古人(生没年不詳)

粟田良仲 あわたのよしなか
平安時代中期の官人。
¶古人(生没年不詳)

粟田女娘子* あわためのいらつめ
生没年不詳 [別]粟田娘子(あわたのおとめ),粟田女娘子(あわたのめおとめ,あわためのおとめ) 奈良時代の女性。万葉歌人。
¶古人(あわたのめおとめ)

粟田女娘子 あわためのおとめ
⇒粟田女娘子(あわためのいらつめ)

粟津潤照* あわづじゅんしょう,あわずじゅんしょう
元禄13(1700)年〜安永4(1775)年 江戸時代中期の女性。書家。京都の人。
¶江表(潤照尼(京都府))

粟津駿河守* あわづするがのかみ
天保3(1832)年〜? 江戸時代末期の地下、有栖川宮諸大夫。
¶幕末

粟津義清 あわづよしきよ
江戸時代中期〜後期の公家。粟津清直(実某)の子。
¶公家(義清〔有栖川宮諸大夫 粟津家(藤原氏)〕 よしきよ [生]1750年 [没]文政12(1829)年3月15日)

粟直若子* あわのあたいわくご
[別]粟凡若子(あわのおおしのわくご) 奈良時代の采女、国造。
¶古代,女史(粟凡若子 あわのおおしのわくご)

阿波院 あわのいん
⇒土御門天皇(つちみかどてんのう)

粟凡鱒麻呂* あわのおおしのますまろ
生没年不詳 [別]粟凡鱒麻呂(あわおおしのますまろ),粟鱒麻呂(あわのますまろ) 平安時代前期の明法博士。
¶古人(粟鱒麻呂 あわのますまろ),コン

粟凡若子 あわのおおしのわくご
⇒粟直若子(あわのあたいわくご)

阿波大臣 あわのおとど
⇒藤原経宗(ふじわらのつねむね)

粟貞延 あわのさだのぶ
平安時代後期の官人。
¶古人(生没年不詳)

粟為則 あわのためのり
平安時代後期の官人。
¶古人(生没年不詳)

粟為頼 あわのためより
平安時代中期の官人。
¶古人(生没年不詳)

安拝常麻呂 あわのつねまろ
奈良時代の左京六条二坊の人。
¶古人

阿波局* あわのつぼね
?〜安貞1(1227)年 [別]阿波(あわ) 鎌倉時代前期の女性。北条時政の娘、北条政子の妹。
¶古人(阿波 あわ),女史,中世,内乱

阿波内侍*(1) あわのないし
生没年不詳 平安時代後期の女性。建礼門院の侍女。
¶古人

阿波内侍(2) あわのないし
『平家物語』の灌頂巻の登場人物。
¶女史,平家(生没年不詳)

粟野秀用* あわのひでもち
?〜文禄4(1595)年 安土桃山時代の武士。伊達氏家臣、豊臣氏家臣。
¶コン

粟秀頼 あわのひでより
平安時代後期の官人。
¶古人(生没年不詳)

粟鱒麻呂 あわのますまろ
⇒粟凡鱒麻呂(あわのおおしのますまろ)

粟野又平* あわのまたへい
生没年不詳 江戸時代末期の伊予宇和島藩士。
¶幕末

粟百行 あわのももゆき
平安時代中期の官人。
¶古人(生没年不詳)

粟屋右京亮* あわやうきょうのすけ
生没年不詳　安土桃山時代の織田信長の家臣。
¶織田

粟屋勝久* あわやかつひさ
生没年不詳　安土桃山時代の織田信長の家臣。
¶織田

粟屋小次郎* あわやこじろう
生没年不詳　安土桃山時代の織田信長の家臣。
¶織田

粟屋五郎兵衛 あわやごろ(う)びょうえ
江戸時代前期の武士。大坂の陣で籠城。
¶大坂

粟屋四郎兵衛 あわやしろ(う)びょうえ
江戸時代前期の福島正則の家臣。
¶大坂

粟屋助大夫 あわやすけだゆう
江戸時代前期の豊臣秀頼の家臣。
¶大坂([没]寛永12年)

粟屋滄洲* あわやそうしゅう
寛政3(1791)年～明治7(1874)年　江戸時代末期～明治時代の周防岩国藩中老。
¶幕末([没]明治7(1874)年8月24日)

粟屋信賢 あわやのぶかた
江戸時代中期の和算家。戸板保佑に中西流の算学を学ぶ。
¶数学

粟屋亦助* あわやまたすけ
天保6(1835)年～元治1(1864)年　江戸時代末期の長州(萩)藩士。
¶幕末([没]元治1(1864)年11月3日)

粟屋元吉* あわやもときち
弘化1(1844)年～明治9(1876)年　江戸時代末期～明治時代の萩藩士。前原一族と親交があり萩の乱の準幹部。
¶幕末([生]天保15(1844)年　[没]明治9(1876)年11月7日)

粟屋元親 あわやもとちか
安土桃山時代の武将。毛利氏家臣。
¶全戦([生]?　[没]永禄4(1561)年)

粟屋弥四郎* あわややしろう
生没年不詳　安土桃山時代の武将。秀吉馬廻。
¶織田

粟屋良之助*(粟谷良之助)　あわやよしのすけ
天保12(1841)年～元治1(1864)年　[別]粟屋良之助(あわやりょうのすけ)　江戸時代末期の近江膳所藩士。
¶コン, 幕末(粟谷良之助　[没]元治1(1864)年7月19日)

粟屋良之助 あわやりょうのすけ
⇒粟屋良之助(あわやよしのすけ)

粟屋六蔵* あわやろくぞう
天保12(1841)年～明治1(1868)年　江戸時代末期の毛利一門吉敷毛利出雲臣。
¶幕末([没]慶応4(1868)年8月13日)

安毓* あんいく
生没年不詳　平安時代前期の南都の僧。
¶古人

安雲* あんうん
生没年不詳　平安時代前期の四天王寺の別当。
¶古人

安慧*(安恵)　あんえ
延暦13(794)年～貞観10(868)年4月3日　[別]安恵,安慧(あんね)　平安時代前期の僧。天台座主。
¶古人(安恵　[生]795年), 古代(安恵　あんね), コン

安永懐玉斎 あんえいかいぎょくさい
⇒安永正次(やすながまさつぐ)

安快* あんかい
?～永観1(983)年?　平安時代中期の元興寺三論宗の学僧。
¶古人

安海*(1)　あんかい
?～昌泰1(898)年　平安時代前期の三論宗の僧。
¶古人

安海*(2)　あんかい
生没年不詳　平安時代中期の天台宗の学僧。
¶古人, コン

安覚良祐 あんかくりょうゆう
⇒良祐(りょうゆう)

安嘉門院* あんかもんいん
承元3(1209)年～弘安6(1283)年　[別]邦子内親王(くにこないしんのう, ほうしないしんのう)　鎌倉時代前期の女性。高倉天皇の第2皇子守貞親王の2女。
¶コン, 女史

安嘉門院左衛門督局 あんかもんいんのさえもんのかみのつぼね
鎌倉時代前期の女院安嘉門院の女房。
¶女史(生没年不詳)

安嘉門院四条 あんかもんいんのしじょう
⇒阿仏尼(あぶつに)

安嘉門院宣旨局 あんかもんいんのせんじのつぼね
鎌倉時代前期の女院安嘉門院の女房。
¶女史(生没年不詳)

安嘉門院内侍局 あんかもんいんのないしのつぼね
鎌倉時代前期の女院安嘉門院の女房。
¶女史(生没年不詳)

安寛* あんかん
奈良時代の東大寺の僧。
¶古人(生没年不詳), 古代

安願* あんがん
平安時代前期の僧。
¶古人(生没年不詳), 古代

安閑天皇* あんかんてんのう
雄略10(466)年～安閑2(535)年　[別]勾大兄広国押武金日尊(まがりのおおえひろくにおしたけかなひのみこと)　上代の第27代の天皇。継体天皇の子。
¶古人, 古代, 古物([生]雄略天皇10(466)年　[没]安閑天皇2(535)年12月17日), コン, 天皇([没]安閑2(535)年12月17日), 山小

安軌* あんき
弘仁4(813)年～元慶5(881)年　平安時代前期の東大寺僧。
¶古人

安貴宝 あんきほう
奈良時代の高麗国使。
¶古人（生没年不詳）

安喜門院* あんきもんいん
承元1（1207）年〜弘安9（1286）年 ㊔三条有子（さんじょうありこ）、藤原有子（ふじわらのありこ、ふじわらのゆうし、ふじわらゆうし） 鎌倉時代前期の女性。後堀河天皇の皇后。太政大臣三条公房の娘。
¶コン，女史，天皇（藤原有子 ふじわらのゆうし ㊶建永2（1207）年）

安鏡* あんきょう
*〜貞元2（977）年 平安時代中期の天台宗の僧。
¶古人（㊶？）

安居院庄七 あんごいんしょうしち
⇒安居院庄七（あごいんしょうしち）

安居院知輔* あんごいんともすけ
？〜元中9/明徳3（1392）年12月23日 南北朝時代の公卿（参議）。権中納言安居院行知の子。
¶公卿（㊇明徳3/元中9（1392）年12月23日），公家（知輔〔安居院家（絶家）〕 ともすけ ㊇明徳3（1392）年12月23日）

安居院行兼* あんごいんゆきかね
正和5（1316）年〜正平7/文和1（1352）年8月22日 鎌倉時代後期〜南北朝時代の公卿（非参議）。平家末裔の従三位平行高の子。
¶公卿（㊇文和1/正平7（1352）年8月22日），公家（行兼〔安居院家（絶家）〕 ゆきかね ㊇観応3（1352）年8月22日）

安居院行知* あんごいんゆきとも
生没年不詳 南北朝時代の公卿（権中納言）。補蔵人頭・宮内卿安居院行兼の子。
¶公卿，公家（行知〔安居院家（絶家）〕 ゆきとも）

安高* あんこう
平安時代前期の僧。
¶古人（㊶？ ㊇849年），古代

安康天皇* あんこうてんのう
㊔穴穂天皇（あなほのすめらみこと）、穴穂尊（あなほのみこと） 上代の第20代の天皇。允恭天皇の子。
¶古人（生没年不詳），古代，古物（㊶履中天皇2（401）年 ㊇安康天皇3（456）年8月9日），コン，天皇（㊶？ ㊇456年/477年以前？），山小

安国寺恵瓊 あんこくじえけい
？〜慶長5（1600）年 ㊔恵瓊（えけい），瑤甫（ようほ），瑤甫恵瓊（ようほえけい） 安土桃山時代の臨済宗の僧、大名。
¶コン，全戦，戦武（㊶天文8（1539）年），対外，山小（㊇1600年10月1日）

安西某* あんざい
生没年不詳 安土桃山時代の織田信長の家臣。
¶織田

安西秋益 あんざいあきます
平安時代後期の武士。
¶平家（生没年不詳）

安西有味* あんざいありみ
？〜天正10（1582）年3月11日 戦国時代〜安土桃山時代の武田氏の家臣。
¶武田

安西伊賀守* あんざいいがのかみ
生没年不詳 戦国時代の武田氏の家臣。
¶後北（伊賀守〔安西（1）〕 いがのかみ），武田

安斎宇兵衛* あんざいうへい
文政11（1828）年〜明治36（1903）年 江戸時代末期〜明治時代の経営者、二本松製糸会社社長。「浜出し糸」の先駆者。
¶幕末（㊇明治36（1903）年1月20日）

安西景益* あんざいかげます
生没年不詳 鎌倉時代前期の武将。
¶中世

安斎新五郎* あんざいしんごろう
生没年不詳 戦国時代の北条氏の家臣。
¶後北（新五郎〔安斎・安西（3）〕 しんごろう）

安西虎満 あんざいとらみつ
戦国時代〜安土桃山時代の駿河府中浅間社の社人。
¶武田（生没年不詳）

安斎教子* あんざいのりこ
文化10（1813）年〜明治32（1899）年4月26日 江戸時代末期〜明治時代の歌人。作品に「木綿園集」。
¶江表（教子（埼玉県））

安西八郎兵衛 あんざいはちろうひょうえ
安土桃山時代の高天神籠城衆。
¶武田（㊶？ ㊇天正9（1581）年3月22日）

安西晴胤* あんざいはるたね
生没年不詳 戦国時代の古河公方の家臣。
¶後北（晴胤〔安西（2）〕 はるたね）

安西平右衛門 あんざいへいえもん
安土桃山時代の武田氏家臣。
¶武田（㊶？ ㊇天正9（1581）年3月22日）

安斎茂七郎* あんざいもしちろう
文政3（1820）年〜明治15（1882）年 江戸時代末期〜明治時代の名主。俳諧に巧で維新後は士族授産開墾に尽力。
¶幕末（㊇明治15（1882）年12月6日）

安斎茂兵衛* あんざいもへい
天明6（1786）年〜安政5（1858）年 江戸時代後期の製菓業。
¶幕末（㊶？ ㊇安政5（1858）年7月15日）

安左衛門 あんざえもん
戦国時代の武士。小山田信茂の与力。もと下吉田月江寺の住僧。還俗して仕官。
¶武田（生没年不詳）

晏子欽 あんしきん
奈良時代の唐からの帰化人。
¶古人（生没年不詳）

安紫女 あんしじょ*
江戸時代中期の女性。俳諧。富山の人。享保7年序、『鵜坂集』に載る。
¶江表（安紫女（富山県））

晏子内親王 あんしないしんのう
⇒晏子内親王（やすこないしんのう）

安寿 あんじゅ
⇒安寿・厨子王（あんじゅ・ずしおう）

あ

安宗* あんしゅう
弘仁4(813)年〜仁和3(887)年　平安時代前期の僧。
¶古人, 古代

安秀* あんしゅう
*〜天禄2(971)年　平安時代中期の法相宗の僧。
¶古人([生]?)

安寿・厨子王* あんじゅ・ずしおう
[別]安寿(あんじゅ), 安寿と厨子王(あんじゅとずしおう)　室町時代の伝説上の姉弟。説教節「安寿と厨子王丸」の主人公。
¶コン

安寿と厨子王 あんじゅとずしおう
⇒安寿・厨子王(あんじゅ・ずしおう)

安春* あんしゅん
生没年不詳　平安時代前期の法相宗の僧。
¶古人

安昌院 あんしょういん*
江戸時代前期〜中期の女性。政治・宗教。角館の芦名氏家臣金丸弥右衛門末道の娘。
¶江表(安昌院(秋田県)　[生]慶長17(1612)年　[没]元禄4(1691)年)

安祥院* あんしょういん
享保6(1721)年〜天明9(1789)年　江戸時代中期の女性。徳川家重の側室。
¶江表(安祥院(東京都)　[没]寛政1(1789)年), 女史, 徳将

安生定洪 あんじょうさだひろ
江戸時代前期〜中期の代官。
¶徳代([生]延宝7(1679)年　[没]元文5(1740)年2月28日)

安祥寺僧都 あんじょうじそうず
⇒恵運(えうん)

安祥寺福* あんしょうじとし
文化11(1814)年〜明治6(1873)年11月16日　江戸時代末期〜明治時代の女性。公卿西園寺実季の娘。出羽国安祥寺住職華園継尊の後妻となる。
¶江表(福(山形県)　とし)

アンジロー*
生没年不詳　[別]アンジロウ, 里見ヤジロウ(さとみやじろう), パウロ・ダ・サンタフェ, ヤジロー, ヤジロウ, 弥次郎(やじろう)　戦国時代の日本人最初のキリシタン。
¶コン, 思想, 対外, 中世, 室町, 山小(ヤジロウ　[生]?　[没]1551年?)

アンジロウ
⇒アンジロー

安信 あんしん
⇒寺島安信(てらしまやすのぶ)

安真* あんしん
?〜長徳4(998)年　平安時代中期の天台僧。
¶古人

安勢* あんせい
天長5(828)年〜延喜9(909)年　平安時代前期〜中期の興福寺の僧。
¶古人

安静 あんせい
⇒荻田安静(おぎたあんせい)

安栖軒 あんせいけん
世襲名　戦国時代の北条氏康・氏政抱えの医師。田村長栄もしくは嫡男長伝。
¶後北

安瀬敬蔵* あんぜけいぞう
天保12(1841)年〜明治42(1909)年　江戸時代末期〜明治時代の自由民権運動家。愛身社を設立。加波山事件の三浦文次をかくまった容疑で逮捕。
¶幕末

安禅寺宮* あんぜんじのみや
永享6(1434)年〜延徳2(1490)年　[別]安禅寺宮芳苑恵春(あんぜんじのみやほうえんえしゅん), 恵春(えしゅん), 観心女王(かんしんじょおう, かんしんにょおう), 皇女安禅寺(こうじょあんぜんじ)　室町時代〜戦国時代の女性。後花園天皇の第1皇女。
¶女史(安禅寺宮芳苑恵春　あんぜんじのみやほうえんえしゅん), 天皇(皇女安禅寺　こうじょあんぜんじ　[生]永享6(1434)年10月28日　[没]延徳2(1490)年12月11日)

安禅寺宮芳苑恵春 あんぜんじのみやほうえんえしゅん
⇒安禅寺宮(あんぜんじのみや)

奄智王* あんちおう
?〜延暦3(784)年　[別]奄智王(えんちおう, おおちのおう)　奈良時代の鈴鹿王の王子。
¶古人(えんちおう), 古人(おおちのおう), 古代

安澄* あんちょう
天平宝字7(763)年〜弘仁5(814)年3月1日　奈良時代〜平安時代前期の大安寺の学僧。
¶古人, 古代, コン

安珍 あんちん
⇒安珍・清姫(あんちん・きよひめ)

安珍・清姫* あんちん・きよひめ
[別]安珍(あんちん), 清姫(きよひめ)　道成寺伝説の主人公。
¶コン

アンデレ
⇒天草種元(あまくさたねもと)

安藤有益 あんどうあります
⇒安藤有益(あんどうゆうえき)

安藤伊右衛門* あんどういえもん
宝暦1(1751)年〜文政10(1827)年　江戸時代後期の水利・新田開発の功労者。
¶コン

安藤幾平* あんどういくへい
享和1(1801)年〜明治7(1874)年　江戸時代末期〜明治時代の水戸藩郷士。
¶幕末([没]明治7(1874)年10月13日)

安藤右衛門佐* あんどううえもんのすけ
?〜元亀1(1570)年11月26日　戦国時代〜安土桃山時代の織田信長の家臣。
¶織田

安藤鎌次* あんどうかまじ
天保13(1842)年〜慶応2(1866)年　[別]安藤鎌次(あんどうけんじ)　江戸時代末期の土佐藩士。
¶幕末([生]天保14(1843)年3月　[没]慶応2(1866)年9月13日)

安藤亀子* あんどうかめこ
寛永7(1630)年〜寛文8(1668)年　江戸時代前期

の歌人。安藤朴翁の妻。父山田道夢に和歌を学ぶ。
¶江表（亀（京都府））, コン

安藤貫造　あんどうかんぞう
江戸時代後期の眼科医。
¶眼医（生没年不詳）

安藤冠里　あんどうかんり
⇒安藤信友（あんどうのぶとも）

安東舜季*　あんとうきよすえ, あんどうきよすえ
？～天文23（1554）年　戦国時代の武士。
¶戦武（あんどうきよすえ　[生]永正11（1514）年　[没]天文22（1553）年）

安藤清広*　あんどうきよひろ
生没年不詳　戦国時代～安土桃山時代の武士。後北条氏家臣。
¶後北（清広〔安藤〕　きよひろ）

安藤外記　あんどうげき
江戸時代後期の眼科医。文政年間の人。
¶眼医（生没年不詳）

安藤源左衛門尉　あんどうげんざえもんのじょう
戦国時代の北条氏綱の家臣。清広の祖父、良整の父か。
¶後北（源左衛門尉〔安藤〕　げんざえもんのじょう）

安藤鎌次　あんどうけんじ
⇒安藤鎌次（あんどうかまじ）

安藤源四郎*　あんどうげんしろう
生没年不詳　戦国時代の北条氏の家臣。
¶後北（源四郎〔安藤〕　げんしろう）

安藤惟要　あんどうこれとし
江戸時代中期～後期の幕臣。
¶徳人（[生]1715年　[没]1792年）

安藤権兵衛*　あんどうごんべえ
寛政8（1796）年～明治10（1877）年　江戸時代末期～明治時代の常陸土浦藩士。
¶幕末（[没]明治10（1877）年1月15日）

安東貞季*（安藤貞季）　あんどうさだすえ, あんとうさだすえ
生没年不詳　[別]安東季長, 安藤季長（あんどうすえなが）　鎌倉時代後期の蝦夷管領。
¶中世（安東季長　あんどうすえなが）, 内乱

安藤定賢　あんどうさだたか
江戸時代中期の幕臣。
¶徳人（[生]1725年　[没]？）

安藤定為　あんどうさだため
⇒安藤朴翁（あんどうぼくおう）

安藤定智*　あんどうさだとも
天正14（1586）年～寛永13（1636）年　安土桃山時代～江戸時代前期の武士。
¶徳人

安藤定治*　あんどうさだはる
？～天正10（1582）年6月8日　戦国時代～安土桃山時代の織田信長の家臣。
¶織田

安東実季　あんどうさねすえ
⇒秋田実季（あきたさねすえ）

安東三郎兵衛　あんどうさぶろ（う）びょうえ
江戸時代前期の武士。大坂の陣で籠城。
¶大坂

安藤三郎兵衛*　あんどうさぶろべえ
生没年不詳　安土桃山時代の織田信長の家臣。
¶織田

安藤織馬*　あんどうしきま
生没年不詳　江戸時代末期の備後福山藩士。
¶幕末

安藤重長*　あんどうしげなが
慶長5（1600）年～明暦3（1657）年　江戸時代前期の大名。上野高崎藩主。
¶コン

安藤重信*　あんどうしげのぶ
弘治3（1557）年～元和7（1621）年　[別]安藤対馬守（あんどうつしまのかみ）　安土桃山時代～江戸時代前期の大名。上野高崎藩主、下総小見川藩主。
¶コン, 徳将

安藤重能　あんどうしげよし
安土桃山時代～江戸時代前期の幕臣。
¶徳人（[生]1586年　[没]1615年）

安藤七郎*　あんどうしちろう
生没年不詳　安土桃山時代の織田信長の家臣。
¶織田

安藤昌益*　あんどうしょうえき
元禄16（1703）年～宝暦12（1762）年　江戸時代中期の農本思想家、漢方医。著作に「自然真営道」など。
¶江人, 科学（[没]宝暦12（1762）年10月14日）, コン, 思想, 植物（[没]宝暦12（1762）年10月14日）, 徳将, 山小（[生]1707年？　[没]1762年10月14日）

安藤真之助*　あんどうしんのすけ
天保14（1843）年～元治1（1864）年　[別]安東真之助（あんどうまさのすけ）　江戸時代末期の土佐藩士。
¶全幕（安東真之助　あんどうまさのすけ）, 幕末（[生]天保14（1843）年4月21日　[没]元治1（1864）年7月21日）

安東季長（安藤季長）　あんどうすえなが
⇒安東貞季（あんどうさだすえ）

安藤右宗*　あんどうすけむね
生没年不詳　[別]安藤右宗（あんどうみぎむね）　平安時代後期～鎌倉時代前期の右馬大夫。
¶古人, 平家（あんどうみぎむね）

安東省庵*（安東省菴, 安藤省庵）　あんどうせいあん
元和8（1622）年～元禄14（1701）年　江戸時代前期～中期の儒学者。
¶コン, 思想

安藤素軒　あんどうそけん
⇒安藤抱琴（あんどうほうきん）

安東楯男*　あんどうたてお
天保6（1835）年～明治34（1901）年　江戸時代末期～明治時代の幕末の剣士・勤王家。尊攘家だったが戊辰戦争では奥羽に転戦。
¶幕末（[没]明治34（1901）年12月4日）

安藤帯刀　あんどうたてわき
⇒安藤直次（あんどうなおつぐ）

安藤為章　あんどうためあき
⇒安藤為章（あんどうためあきら）

安藤為章* あんどうためあきら
万治2(1659)年～享保1(1716)年 [別]安藤為章(あんどうためあき), 安藤年山(あんどうねんざん) 江戸時代前期～中期の国学者。
¶コン(安藤年山 あんどうねんざん), 思想

安藤為実 あんどうためさね, あんどうためざね
⇒安藤抱琴(あんどうほうきん)

安東太郎 あんどうたろう
⇒秋田実季(あきたさねすえ)

安藤太郎 あんどうたろう
江戸時代後期～末期の幕臣。
¶全幕([生]弘化3(1846)年 [没]大正13(1924)年)

安藤親枝 あんどうちかえだ
江戸時代後期～大正時代の幕臣。
¶徳人([生]1842年 [没]1919年)

安東愛季* あんとうちかすえ, あんどうちかすえ
?～天正15(1587)年 [別]秋田愛季(あきたよしすえ), 安東愛季(あんどうよしすえ) 安土桃山時代の武将。
¶全戦(あんどうちかすえ [生]天文8(1539)年), 戦武(あんどうちかすえ [生]天文8(1539)年)

安藤嗣興 あんどうつぐおき
江戸時代後期の和算家。
¶数学

安藤次行 あんどうつぐつら
江戸時代前期～中期の幕臣。
¶徳人([生]1663年 [没]1712年)

安藤次吉 あんどうつぐよし
安土桃山時代～江戸時代前期の代官。
¶徳代([生]永禄12(1569)年 [没]承応3(1654)年3月8日)

安藤対馬守 あんどうつしまのかみ
⇒安藤重信(あんどうしげのぶ)

安東鉄馬*(安藤鉄馬) あんどうてつま
天保14(1843)年～元治1(1864)年 江戸時代末期の志士。
¶コン, 幕末([没]元治1(1864)年7月19日)

安東輝光 あんどうてるみつ
戦国時代～安土桃山時代の駿河国菖蒲谷の土豪。駿河衆。
¶武田(生没年不詳)

安藤伝蔵 あんどうでんぞう
生没年不詳 江戸時代末期の幕臣。
¶徳人, 徳代

安藤藤右衛門* あんどうとうえもん
嘉永2(1849)年～大正3(1914)年 江戸時代末期～明治時代の山林農家。湯ケ島温泉の基礎をつくり観光開発に尽力。
¶幕末

安藤藤二* あんどうとうじ
文政5(1822)年～明治21(1888)年 江戸時代末期～明治時代の平戸藩家老。鳥羽・伏見の戦いでは奥羽に転戦。
¶幕末([没]明治21(1888)年7月2日)

安藤東野* あんどうとうや
天和3(1683)年1月28日～享保4(1719)年4月13日 江戸時代中期の儒者。徂徠門。
¶コン, 思想

安藤直次* あんどうなおつぐ
天文23(1554)年～寛永12(1635)年 [別]安藤帯刀(あんどうたてわき) 安土桃山時代～江戸時代前期の紀伊和歌山藩付家老。
¶コン([生]天文13(1544)年), 徳将([生]?)

安藤直裕* あんどうなおひろ
文政4(1821)年～明治18(1885)年 江戸時代末期～明治時代の田辺藩主、田辺藩知事。
¶幕末([生]文政4(1821)年11月8日 [没]明治18(1885)年4月5日)

安藤直政 あんどうなおまさ
江戸時代前期の幕臣。
¶徳人([生]1611年 [没]1687年)

安藤就高* あんどうなりたか
天保1(1830)年～明治19(1886)年 江戸時代末期～明治時代の武士、官僚。
¶幕末([生]天保1(1830)年4月1日 [没]明治19(1886)年1月10日)

安藤野雁 あんどうぬかい
⇒安藤野雁(あんどうのかり)

安藤野雁 あんどうぬかり
⇒安藤野雁(あんどうのかり)

安藤年山 あんどうねんざん
⇒安藤為章(あんどうためあきら)

安藤野雁* あんどうのかり
文化12(1815)年3月4日～慶応3(1867)年 [別]安藤野雁(あんどうぬかい, あんどうぬかり) 江戸時代末期の国学者、歌人。
¶コン(あんどうぬかり), 詩作(あんどうぬかり [没]慶応3(1867)年3月24日), 幕末(あんどうぬかり [没]慶応3(1867)年3月24日)

安藤信勇* あんどうのぶたけ
嘉永2(1849)年～明治41(1908)年 江戸時代末期～明治時代の磐城平藩主、学習院教授。
¶全幕, 幕末([生]嘉永2(1849)年10月10日 [没]明治41(1908)年5月24日)

安藤信友* あんどうのぶとも
寛文11(1671)年～享保17(1732)年 [別]安藤冠里(あんどうかんり) 江戸時代中期の大名。美濃加納藩主、備中松山藩主。
¶徳将

安藤信正* あんどうのぶまさ
文政2(1819)年11月25日～明治4(1871)年 江戸時代後期～明治時代の大名、華族。
¶江人, コン, 全幕, 徳将, 幕末([没]明治4(1871)年10月8日), 山小([生]1819年11月25日 [没]1871年10月8日)

安藤則命* あんどうのりなが
文政11(1828)年～明治42(1909)年 [別]安藤則命(あんどうのりみち) 江戸時代末期～明治時代の鹿児島県士族、貴族院議員。東京府の市中取締隊長、権大警視・中警視などを歴任。
¶幕末(あんどうのりみち [生]文政11(1828)年3月 [没]明治42(1909)年11月23日)

安藤則命 あんどうのりみち
⇒安藤則命(あんどうのりなが)

安藤早太郎* あんどうはやたろう
?～元治1(1864)年 江戸時代末期の新撰組隊士。

¶新隊（[生]文政4（1821）年？　[没]元治1（1864）年7月22日），全幕，幕末（[没]元治1（1864）年7月22日）

安藤彦之進* あんどうひこのしん
天保10（1839）年～慶応1（1865）年　江戸時代末期の水戸藩属吏。
¶幕末（[没]元治2（1865）年2月15日）

安藤広重〔1代〕 あんどうひろしげ
⇒歌川広重〔1代〕（うたがわひろしげ）

安藤広近〔2代〕 あんどうひろちか
⇒歌川広近〔2代〕（うたがわひろちか）

安藤広栄 あんどうひろまさ
江戸時代中期～後期の幕臣。
¶徳人（[生]1772年　[没]1827年）

安藤文沢* あんどうぶんたく
文化4（1807）年～明治5（1872）年　江戸時代末期～明治時代の医師、政治家、外務省通商局長。鳥取藩において種痘を実施。維新後は明治政府でハワイ総領事等を歴任。
¶幕末（[生]文化4（1807）年5月5日　[没]明治5（1872）年6月29日）

安東平右衛門尉蓮聖 あんどうへいえもんのじょうれんしょう
⇒安東蓮聖（あんどうれんしょう）

安藤抱琴* あんどうほうきん
承応3（1654）年～享保2（1717）年　[別]安藤素軒（あんどうそけん），安藤為実（あんどうためさね，あんどうためざね）　江戸時代前期～中期の国学者、有職故実家。
¶コン

安藤朴翁* あんどうぼくおう
寛永4（1627）年～元禄15（1702）年　[別]安藤定為（あんどうさだため）　江戸時代前期の国学者。
¶コン

安藤正胤 あんどうまさたね
江戸時代後期～大正時代の眼科医。
¶眼医（[生]弘化4（1847）年　[没]大正15（1926）年）

安藤正次 あんどうまさつぐ
安土桃山時代～江戸時代前期の幕臣。
¶徳人（[生]1565年　[没]1615年）

安東正虎* あんどうまさとら
天保9（1838）年～明治22（1889）年2月7日　江戸時代末期～明治時代の勤王家。学塾行余堂を開設。新政府で司法省に勤務。
¶幕末

安東真之助 あんどうまさのすけ
⇒安藤真之助（あんどうしんのすけ）

安藤正珍 あんどうまさよし
江戸時代前期の幕臣。
¶徳人（[生]1604年　[没]1666年）

安藤右宗 あんどうみぎむね
⇒安藤右宗（あんどうすけむね）

安藤通故* あんどうみちふる
天保4（1833）年～明治31（1898）年　江戸時代末期～明治時代の日向延岡藩士、国学者。
¶幕末（[生]天保4（1833）年2月30日　[没]明治31（1898）年7月16日）

安東盛季* あんどうもりすえ，あんとうもりすえ
生没年不詳　室町時代の土豪。津軽十三湊の下国安東氏当主。
¶室町（[生]？　[没]文安2（1445）年）

安藤守就* あんどうもりなり
？～天正10（1582）年　安土桃山時代の武将。
¶織田（[没]天正10（1582）年6月8日），全戦，戦武

安藤有益* あんどうゆうえき
寛永1（1624）年～宝永5（1708）年6月25日　[別]安藤有益（あんどうあります）　江戸時代前期～中期の暦算家、和算家。
¶江人，科学，コン（あんどうあります），数学（あんどうあります）

安藤勇次郎* あんどうゆうじろう
？～慶応4（1868）年　江戸時代後期～末期の新撰組隊士。
¶新隊（[没]明治1（1868）年1月）

安東愛季 あんどうよしすえ
⇒安東愛季（あんとうちかすえ）

安藤良整* あんどうよしなり
生没年不詳　[別]安藤良整（あんどうりょうせい）　戦国時代～安土桃山時代の武士。後北条氏家臣。
¶後北（良整〔安藤〕　りょうせい）

安藤吉治* あんどうよしはる
生没年不詳　江戸時代前期の和算家。
¶数学

安藤涼宇*（安藤凉宇）　あんどうりょうう
享保19（1734）年～文化4（1807）年　江戸時代後期の華道家。
¶コン（生没年不詳）

安藤良整 あんどうりょうせい
⇒安藤良整（あんどうよしなり）

安東蓮聖*（安東蓮性，安藤蓮聖）　あんどうれんしょう
延応1（1239）年～元徳1（1329）年　[別]安東平右衛門尉蓮聖（あんどうへいえもんのじょうれんしょう）　鎌倉時代後期の武士、得宗被官、摂津守護代。
¶コン（安東平右衛門尉蓮聖　あんどうへいえもんのじょうれんしょう　生没年不詳），中世，内乱（安東蓮聖　生没年不詳），山小（安藤蓮聖）

安東六右衛門 あんどうろくえもん
江戸時代前期の武士。大坂の陣で籠城。
¶大坂

安徳天皇* あんとくてんのう
治承2（1178）年～文治1（1185）年　平安時代後期の第81代の天皇（在位1180～1185）。高倉天皇の第1皇子。
¶古人，コン，天皇（[生]治承2（1178）年11月12日　[没]元暦2（1185）年3月24日），中世，内乱（[没]元暦2（1185）年），平家（[没]元暦2（1185）年），山小（[生]1178年11月12日　[没]1185年3月24日）

アンドレ
⇒有馬義貞（ありまよしさだ）

安中家繁* あんなかいえしげ
生没年不詳　戦国時代の上野国衆。
¶武田

安中景繁* あんなかかげしげ
？～天正3（1575）年　戦国時代～安土桃山時代の武士。上杉氏家臣、武田氏家臣。

¶武田（[没]天正3（1575）年5月21日）

安中源左衛門尉* あんなかげんざえもんのじょう
戦国時代の武将。後北条氏家臣。
¶後北（源左衛門尉〔安中〕　げんざえもんのじょう）

安中左近大夫* あんなかさこんのだいぶ
生没年不詳　戦国時代の上野国衆。
¶後北（左近大夫〔安中〕　さこんのだいぶ）

安中繁勝 あんなかしげかつ
戦国時代の人。上野国衆安中氏の一族。
¶武田（生没年不詳）

安中重繁* あんなかしげしげ
生没年不詳　戦国時代の上野国衆。
¶後北（重繁〔安中〕　しげしげ？），武田

安中七郎三郎 あんなかしちろうさぶろう
安土桃山時代の上野国衆。碓氷郡安中城主。
¶武田（生没年不詳）

安中下総守 あんなかしもうさのかみ
戦国時代の人。上野国衆安中氏の一族。
¶武田（生没年不詳）

安中丹後守* あんなかたんごのかみ
戦国時代の武将。後北条氏家臣。
¶武田（生没年不詳）

安阿弥 あんなみ
⇒快慶（かいけい）

安恵（安慧） あんね
⇒安慧（あんえ）

安寧天皇* あんねいてんのう
[別]磯城津彦玉手看尊（しきつひこたまてみのみこと）　上代の第3代の天皇。
¶古人，古代，古物（[生]綏靖天皇5（前577）年　[没]安寧天皇38（前511）年12月6日），コン，天皇（[生]綏靖15（前567）年　[没]安寧38（前511）年12月6日）

安然* あんねん
承和8（841）年～？　[別]阿覚大師（あかくだいし），五大院大徳（ごだいいんだいとく）　平安時代前期～中期の天台宗の僧。天台密教の大成者。
¶古人（生没年不詳），古代，コン（生没年不詳），思想（生没年不詳）

安能* あんのう
？～文治2（1186）年　平安時代後期の筑前国安楽寺の別当。
¶古人

阿武素行* あんのもとゆき
？～明治44（1911）年　江戸時代末期～明治時代の長州（萩）藩足軽。
¶幕末（[没]明治44（1911）年7月4日）

安部一信* あんべかずのぶ
元禄8（1695）年～明和8（1771）年　[別]安部一信（あべかずのぶ）　江戸時代中期の長崎奉行。
¶徳人（あべかずのぶ）

安部信発* あんべのぶおき
？～明治28（1895）年　[別]安部信発（あべのぶおき）　江戸時代末期～明治時代の大名。武蔵岡部藩主、三河半原藩主。
¶全幕（[生]弘化3（1847）年），幕末（[生]弘化2（1845）年4月3日　[没]明治28（1895）年9月6日）

安部信宝 あんべのぶたか
⇒安部信宝（あべのぶたか）

安部信盛 あんべのぶもり
⇒安部信盛（あべのぶもり）

安部信之* あんべのぶゆき
貞享3（1686）年～宝暦5（1755）年　[別]安部信之（あべのぶゆき）　江戸時代中期の佐渡奉行。
¶徳代（あべのぶゆき　[没]宝暦5（1755）年6月25日）

安倍元真 あんべもとざね
⇒安倍元真（あべもとざね）

安宝* あんぼう
平安時代前期の僧。
¶古代

安法 あんぽう
⇒源趁（みなもとのちん）

安法女* あんぽうのむすめ
生没年不詳　[別]安法法師女（あんぽうほうしのむすめ）　平安時代中期の歌人。
¶古人（安法法師女　あんぽうほうしのむすめ）

安法法師 あんぽうほうし
⇒源趁（みなもとのちん）

安法法師女 あんぽうほうしのむすめ
⇒安法女（あんぽうのむすめ）

安保光泰 あんぼみつやす
南北朝時代の足利尊氏の家臣。
¶室町（生没年不詳）

安間好易* あんまこうえき
？～明治2（1869）年　[別]安間好易（あんまよしやす）　江戸時代末期の数学者。
¶数学（あんまよしやす）

安間平次弥 あんまへいじや
安土桃山時代の代官。
¶徳代（生没年不詳）

安間好易 あんまよしやす
⇒安間好易（あんまこうえき）

安養寺禾麿* あんようじのぎまろ
元禄10（1697）年～明和4（1767）年　江戸時代中期の漢学者。
¶コン

安養尼* あんように
天暦7（953）年～長元7（1034）年　[別]願西（がんさい），願西尼（がんさいに），願証尼（がんしょうに）　平安時代中期の女性。恵心僧都源信の妹または姉といわれる人。
¶古人（願西尼　がんさいに　生没年不詳），コン（願証尼　がんしょうに），女史（願証尼　がんしょうに）

安楽 あんらく
⇒遵西（じゅんさい）

安楽庵策伝* あんらくあんさくでん
天文23（1554）年～寛永19（1642）年　[別]策伝（さくでん）　安土桃山時代～江戸時代前期の浄土宗の僧。落語家の元祖。
¶江人，コン，植物（[没]寛永19（1642）年1月8日），日文

安楽兼道* あんらくかねみち
*～昭和7（1932）年　江戸時代末期～明治時代の薩

摩藩士、福島県・岐阜県知事。高知県・熊本県警察
部長などを歴任。
¶幕末（㋹嘉永3（1851）年12月12日　㋷昭和7（1932）年4
月12日）

アンリケ
⇒結城忠正（ゆうきただまさ）

庵利鍔女　あんりつばじょ*
江戸時代後期の女性。狂歌。寛政6年～文化1年刊、
千秋庵三陀羅編『狂歌三十六歌仙』に載る。
¶江表（庵利鍔女（東京都））

【 い 】

伊阿弥*　いあみ
生没年不詳　安土桃山時代の畳師。
¶美工

井伊詮子*　いいあきこ
明和7（1770）年9月7日～天保15（1844）年9月11日
江戸時代後期の女性。陸奥仙台藩主伊達重村の3女。
¶江表（詮子（滋賀県）　あきこ）

飯泉譲介　いいいずみじょうすけ
⇒飯泉半次郎（いいずみはんじろう）

飯入根*　いいいりね
上代の出雲国造の祖・出雲振根の弟。
¶古代

飯岡助五郎　いいおかすけごろう
⇒飯岡助五郎（いいおかのすけごろう）

飯岡助五郎*　いいおかのすけごろう
寛政4（1792）年～安政6（1859）年　㋾飯岡助五郎
（いいおかすけごろう）　江戸時代後期の侠客。
¶江人, コン

飯尾貞連　いいおさだつら
⇒飯尾貞連（いのおさだつら）

飯尾定宗*　いいおさだむね
？～永禄3（1560）年　㋾飯尾定宗（いいのおさだむ
ね）　戦国時代の武将。
¶織田（いいのおさだむね）　㋷永禄3（1560）年5月19日）、
全戦（いいのおさだむね）

飯尾宗祇　いいおそうぎ
⇒宗祇（そうぎ）

飯尾為数　いいおためかず
⇒飯尾為数（いのおためかず）

飯尾為種　いいおためたね
⇒飯尾為種（いのおためたね）

飯尾連竜*　いいおつらたつ
？～永禄8（1565）年　戦国時代の武将。今川氏
家臣。
¶戦武

飯尾敏成*　いいおとしなり
？～天正10（1582）年　㋾飯尾敏成（いいのおとし
なり）　安土桃山時代の武士。織田氏家臣。
¶織田（いいのおとしなり）　㋷天正10（1582）年6月2日）

飯尾信宗*　いいおのぶむね
享禄1（1528）年～天正19（1591）年　㋾飯尾尚清

（いいのおひさきよ）、八幡山侍従（はちまんやまじ
じゅう）　戦国時代～安土桃山時代の武将。
¶織田（飯尾尚清　いいのおひさきよ　㋷天正19（1591）
年2月22日）

飯尾元連　いいおもとつら
⇒飯尾元連（いのおもとつら）

飯河小膳*　いいかわこぜん
文政8（1825）年～明治17（1884）年　江戸時代末期
～明治時代の会津藩士。寄合組に入り禁門の変に
参戦。
¶幕末（㋷明治17（1884）年10月21日）

飯河成信　いいかわしげのぶ
江戸時代後期～明治時代の和算家、幕臣。関流の算
学を学ぶ。
¶数学（㋹天保9（1838）年8月20日　㋷明治21（1888）年8
月31日）

飯坂弥五郎　いいざかやごろう
江戸時代後期～明治時代の宮大工。
¶美建（㋹文化5（1808）年　㋷明治23（1890）年）

井伊左近直章　いいさこんなおあき
江戸時代前期の武士。大坂の陣で籠城。
¶大坂

飯篠長威　いいざさちょうい
⇒飯篠長威斎（いいざさちょういさい）

飯篠長威斎*　いいざさちょういさい
？～長享2（1488）年　㋾飯篠長威（いいざさちょう
い）、飯篠長意（いいざさちょうい、いいざさながお
き）　室町時代の剣術家。天真正伝香取神道流の祖。
¶コン, 室町

飯篠長意　いいざさながおき
⇒飯篠長威斎（いいざさちょういさい）

飯沢高亮　いいざわたかすけ
江戸時代中期の和算家。戸板保佑に算学を学ぶ。
¶数学

飯島勘解由介　いいじまかげゆのすけ
戦国時代の信濃国伊那郡の国衆？
¶武田（生没年不詳）

飯島珈涼尼*　いいじまかりょうに
元禄9（1696）年～明和8（1771）年　㋾珈涼（かりょ
う）、珈涼尼（かりょうに）　江戸時代中期の女性。
俳人。加賀国金沢の人。
¶江表（珈涼（石川県）　かりょう）、コン, 俳文（珈涼　か
りょう　㋷明和8（1771）年11月25日）

飯島義角*　いいじままがかく
文化1（1804）年～明治3（1870）年　江戸時代末期
～明治時代の肥前島原藩士。
¶幕末

飯島虚心　いいじまきょしん
天保12（1841）年～明治34（1901）年8月1日　㋾飯
島半十郎（いいじまはんじゅうろう）　江戸時代後
期～明治時代の浮世絵研究家。
¶浮絵, 出版, 幕末（飯島半十郎　いいじまはんじゅうろ
う　㋹天保12（1841）年10月17日）

飯島国政　いいじまくにまさ
江戸時代前期～中期の関東代官。
¶徳代（㋹正保4（1647）年　㋷享保4（1719）年5月17日）

飯島傑叟　いいじまけっそう
安土桃山時代の人。信濃国伊那郡国衆飯島氏の一族。
¶武田（生没年不詳）

飯島光峨*　いいじまこうが
文政12（1829）年5月～明治33（1900）年2月11日
江戸時代末期～明治時代の日本画家。作品に「花鳥ノ図」「盆栽ノ図」など。
¶浮絵, 美画

飯島小次郎　いいじまこじろう
戦国時代の信濃国伊那郡の国衆。
¶武田（生没年不詳）

飯島小太郎　いいじまこたろう
安土桃山時代の人。信濃国伊那郡の国衆飯島氏の一族。
¶武田（[生]？　[没]天正3（1575）年3月2日）

飯島三郎右衛門　いいじまさぶろ（う）えもん
江戸時代前期の木村重成の家臣。
¶大坂（[没]慶長20年5月6日）

飯島重綱　いいじましげつな
戦国時代の信濃国伊那郡の国衆。
¶武田（生没年不詳）

飯島新三郎　いいじましんざぶろう
安土桃山時代の人。信濃国伊那郡の国衆飯島氏の一族か。
¶武田（生没年不詳）

飯島新介　いいじましんすけ
戦国時代の信濃国伊那郡の国衆。
¶武田（生没年不詳）

飯島介三郎　いいじますけさぶろう
安土桃山時代の人。信濃国伊那郡の国衆飯島氏の一族か。
¶武田（生没年不詳）

飯島専祐　いいじませんすけ
安土桃山時代の人。信濃国伊那郡の国衆飯島氏の一族か。
¶武田（生没年不詳）

飯島泰助　いいじまたいすけ
江戸時代後期～末期の幕臣。
¶徳人（生没年不詳）

飯島武雄*（飯嶋武雄）　いいじまたけお
安永3（1774）年～弘化3（1846）年　江戸時代後期の数学者。
¶数学（飯嶋武雄　[没]弘化3（1846）年7月29日）

飯島辰千世　いいじまたつちよ
安土桃山時代の信濃国伊那郡の国衆。飯島城主。
¶武田（[生]？　[没]天正13（1585）年閏8月2日？）

飯島為方　いいじまためかた
戦国時代の信濃国伊那郡の国衆。飯島城主。
¶武田（生没年不詳）

飯島為定　いいじまためさだ
戦国時代の信濃国伊那郡の国衆。飯島城主。
¶武田（生没年不詳）

飯島為長　いいじまためなが
安土桃山時代の信濃国伊那郡の国衆。飯島城主。
¶武田（生没年不詳）

飯島為政　いいじまためまさ
戦国時代の武士。信濃国伊那郡国衆飯島氏の一族。
¶武田（生没年不詳）

飯島為吉　いいじまためよし
安土桃山時代の武士。信濃国伊那郡の国衆飯島氏の一族。
¶武田（生没年不詳）

飯島為若　いいじまためわか
安土桃山時代の武士。信濃国伊那郡の国衆飯島氏の一族。
¶武田（生没年不詳）

飯島太郎左衛門高定　いいじまたろ（う）ざえもんたかさだ
江戸時代前期の河内国若江郡若江村庄屋の出身。士分。
¶大坂

飯島長左衛門　いいじまちょうざえもん
室町時代～戦国時代の武士。信濃国伊那郡の国衆飯島氏の一族か。春日虎綱麾下。
¶武田（生没年不詳）

飯島吐月*　いいじまとげつ
享保12（1727）年～安永9（1780）年　[別]吐月（とげつ）　江戸時代中期の俳人。
¶俳文（吐月　とげつ　[没]安永9（1780）年9月4日）

飯島某　いいじまなにがし
戦国時代の地侍。駒井と宿河原に知行があった。
¶後北（某〔飯島〕　なにがし）

飯島半右衛門尉　いいじまはんえもんのじょう
安土桃山時代の人。信濃国伊那郡国衆飯島氏の一族か。
¶武田（生没年不詳）

飯島民部丞　いいじまみんぶのじょう
安土桃山時代の信濃国伊那郡の国衆。飯島城主。
¶武田（[生]？　[没]天正3（1575）年3月2日）

飯島安助　いいじまやすすけ
戦国時代の信濃国伊那郡の国衆。
¶武田（生没年不詳）

飯島保長　いいじまやすなが
江戸時代後期～明治時代の和算家。信州飯田の人。斎藤保定、のち長谷川寛に関流の算学を学ぶ。
¶数学（[生]文政5（1822）年　[没]明治39（1906）年）

飯島保信　いいじまやすのぶ
江戸時代後期～明治時代の和算家。信州前沢村の人。斎藤保定に関流の算学を学ぶ。
¶数学（[生]享和1（1801）年　[没]明治16（1883）年）

井伊次郎法師直虎　いいじろうほっしなおとら
⇒井伊直虎（いいなおとら）

飯塚桃葉　いいずかとうよう
⇒飯塚桃葉（いいづかとうよう）

飯泉喜内*　いいずみきない
文化2（1805）年～安政6（1859）年　[別]渡辺六蔵（わたなべろくぞう）　江戸時代末期の志士。
¶幕末（[没]安政6（1859）年10月7日）

飯泉譲介　いいずみじょうすけ
⇒飯泉半次郎（いいずみはんじろう）

飯泉半次郎* いいずみはんじろう
文政6(1823)年〜安政3(1856)年 [別]飯泉譲介(いいいずみじょうすけ, いいずみじょうすけ) 江戸時代末期の蘭学者。
¶幕末([没]安政3(1856)年7月26日)

飯田某* いいだ
生没年不詳 安土桃山時代の織田信長の家臣。
¶織田

飯田有道 いいだありみち
江戸時代前期〜中期の幕臣。
¶徳人([生]1687年 [没]1749年)

飯田宅重* いいだいえしげ
生没年不詳 安土桃山時代の織田信長の家臣。
¶織田

飯田宅次 いいだいえつぐ
戦国時代〜江戸時代前期の織田信長の家臣。
¶織田([生]弘治1(1555)年 [没]元和3(1617)年1月)

飯田家義* いいだいえよし
生没年不詳 鎌倉時代前期の武将。
¶古人

飯田梅之允* いいだうめのじょう
天保12(1841)年〜慶応2(1866)年 [別]飯田梅之進(いいだうめのしん) 江戸時代末期の奇兵隊士。
¶幕末([没]慶応2(1866)年6月17日)

飯田梅之進 いいだうめのしん
⇒飯田梅之允(いいだうめのじょう)

飯田興秀* いいだおきひで
生没年不詳 戦国時代の武士。
¶全戦,戦武([生]永正3(1506)年 [没]弘治3(1557)年)

井伊高顕* いいたかあき
?〜元中3/至徳3(1386)年 南北朝時代の武将。
¶室町([没]至徳3/元中3(1386)年)

飯高勝成 いいだかかつなり
江戸時代前期〜中期の幕臣。
¶徳人([生]1655年 [没]1715年)

飯高貞勝 いいだかさだかつ
江戸時代前期の幕臣。
¶徳人([生]? [没]1672年)

飯高貞次 いいだかさだつぐ
安土桃山時代〜江戸時代前期の幕臣。
¶徳人([生]1564年 [没]1638年)

飯高惣兵衛〔2代〕* いいだかそうべえ
享保20(1735)年〜文化2(1805)年 江戸時代中期〜後期の九十九里浜の大地曳網主。
¶コン(代数なし)

飯高挙用 いいだかたかもち
平安時代中期の官人。
¶古人(生没年不詳)

飯田易信 いいだかねのぶ
江戸時代中期〜後期の幕臣。
¶徳人([生]1752年 [没]1806年)

飯高市光 いいだかのいちみつ
平安時代中期の官人。
¶古人(生没年不詳)

飯高息足 いいだかのおきたり
奈良時代の官人。
¶古人(生没年不詳)

飯高笠目 いいたかのかさめ, いいだかのかさめ
⇒飯高諸高(いいだかのもろたか)

飯高君笠目* いいだかのきみかさめ, いいたかのきみかさめ
奈良時代の采女。
¶古代

飯高貞宗 いいだかのさだむね
平安時代前期の官人。
¶古人(生没年不詳)

飯高宿禰諸高 いいたかのすくねもろたか, いいだかのすくねもろたか
⇒飯高諸高(いいだかのもろたか)

飯高常比麻呂 いいだかのつねひまろ
平安時代前期の官人。伊勢国の人。
¶古人(生没年不詳)

飯高永雄 いいだかのながお
平安時代前期の官人。
¶古人(生没年不詳)

飯高皇女 いいたかのひめみこ
⇒元正天皇(げんしょうてんのう)

飯高諸高* いいだかのもろたか, いいたかのもろたか
文武天皇2(698)年〜宝亀8(777)年 [別]飯高笠目(いいたかのかさめ, いいだかのかさめ), 飯高宿禰諸高(いいたかのすくねもろたか, いいだかのすくねもろたか) 奈良時代の采女(従三位)。4代の天皇に仕えた。飯高笠女と同一人物とする説がある。
¶公卿([生]持統天皇1(687)年 [没]宝亀8(777)年5月),古人(飯高笠目 いいだかのかさめ 生没年不詳),古人,古代(飯高宿禰諸高 いいだかのすくねもろたか),女史(飯高宿禰諸高 いいたかのすくねもろたか)

飯田玉琴 いいだぎょくきん
江戸時代後期〜明治時代の彫刻家。
¶美建([生]文化14(1817)年 [没]明治13(1880)年12月)

飯田軍蔵*(飯田軍造) いいだぐんぞう
天保5(1834)年〜元治1(1864)年 江戸時代末期の志士。
¶コン,幕末([没]元治1(1864)年11月23日)

飯田幸十郎* いいだこうじゅうろう
天保8(1837)年〜慶応2(1866)年 江戸時代末期の奇兵隊士。
¶幕末([没]慶応2(1866)年8月20日)

飯田厚蔵* いいだこうぞう
文政12(1829)年〜明治13(1880)年 江戸時代末期〜明治時代の徳山藩士。萩の乱では徳山の人士と結んで呼応し、花岡警察署を襲撃し捕らえられる。
¶幕末([没]明治13(1880)年6月27日)

飯田左馬助 いいださまのすけ
江戸時代前期の武士。大坂の陣で籠城。
¶大坂([没]慶長19年11月26日)

飯田左門* いいださもん
文化1(1804)年〜元治1(1864)年 江戸時代末期の長州(萩)藩士。
¶幕末([没]元治1(1864)年6月9日)

飯田庄蔵* いいだしょうぞう
文政2（1819）年？～？　江戸時代後期の幕臣。
¶徳人（生没年不詳），幕末

飯田正伯* いいだしょうはく
文政8（1825）年～文久2（1862）年　[別]飯田正伯（いいだせいはく）　江戸時代末期の長州（萩）藩士。
¶全幕（いいだせいはく），幕末（[没]文久2（1862）年6月1日）

飯田新右衛門正国 いいだしんえもんまさくに
江戸時代前期の武士。大坂の陣で籠城。
¶大坂

飯田新七〔1代〕* いいだしんしち
享和3（1803）年～明治7（1874）年7月29日　江戸時代後期の商人。百貨店高島屋の店祖。
¶コン（代数なし）

飯田新七〔2代〕* いいだしんしち
文政10（1827）年～明治11（1878）年9月9日　江戸時代末期～明治時代の商人、実業家。木綿呉服商に改業、その後も商域を広げた。
¶幕末（代数なし）

飯田新助 いいだしんすけ
江戸時代前期の大坂城士。
¶大坂

飯田助左衛門* いいだすけざえもん
生没年不詳　安土桃山時代～江戸時代前期の釜師。
¶美工

飯田助太夫* いいだすけだゆう
文化10（1813）年～明治28（1895）年　[別]飯田助大夫（いいだすけだゆう）　江戸時代末期～明治時代の名主、綱島寄場組合大総代。橘樹郡芝生村への繰綿会所設立を企図。
¶幕末（[生]文化10（1813）年8月29日　[没]明治28（1895）年8月1日）

飯田助大夫 いいだすけだゆう
⇒飯田助太夫（いいだすけだゆう）

飯田正伯 いいだせいはく
⇒飯田正伯（いいだしょうはく）

飯田節* いいだせつ
天保8（1837）年～慶応3（1867）年　[別]飯田節（いいだみさお）　江戸時代末期の丹波福知山藩家老。
¶幕末（[没]慶応3（1867）年10月22日）

飯田善左衛門尉 いいだぜんざえもんのじょう
安土桃山時代の江戸城代遠山氏の家臣。
¶後北（善左衛門尉〔飯田（1）〕　ぜんざえもんのじょう）

飯田総蔵* いいだそうぞう
文政7（1824）年～慶応1（1865）年　江戸時代末期の水戸藩士。
¶幕末（[没]慶応1（1865）年9月10日）

飯田武郷* いいだたけさと
文政10（1827）年～明治33（1900）年　江戸時代末期～明治時代の国学者、信濃高島藩士。尊皇運動に奔走。維新後は東大などで教鞭を執る。著書に「日本書紀通釈」。
¶コン，幕末（[生]文政10（1827）年12月6日　[没]明治33（1900）年8月26日）

飯田忠彦* いいだただひこ
＊～万延1（1860）年　江戸時代末期の有栖川宮家士、史家。
¶コン（[生]寛政10（1798）年），幕末（[生]寛政10（1799）年12月18日　[没]万延1（1860）年5月27日）

飯田長次郎* いいだちょうじろう
？～正徳1（1711）年　江戸時代中期の義民、安房万石騒動の指導者。
¶コン

飯田篤老* いいだとくろう
安永7（1778）年～文政9（1826）年　[別]篤老（とくろう）　江戸時代後期の安芸広島藩士。
¶俳文（篤老　とくろう　[没]文政9（1826）年4月23日）

飯田俊子* いいだとしこ
文化14（1817）年～明治16（1883）年　江戸時代末期～明治時代の歌人。本居大平に師事し、歌集に「飯田俊子集」。
¶江表（俊子（鳥取県））

飯田年平* いいだとしひら
文政3（1820）年～明治19（1886）年　江戸時代末期～明治時代の国学者、歌人。鳥取藩国学所教授。明治以後は神祇大録、式部大属を歴任。
¶コン，幕末（[没]明治19（1886）年6月26日）

飯田直景 いいだなおかげ
＊～寛永9（1632）年　安土桃山時代～江戸時代前期の武将。
¶全戦（[生]？），戦武（[生]永禄8（1565）年？）

飯田長能 いいだながよし
戦国時代の武田氏の家臣。
¶武田（生没年不詳）

飯田半兵衛尉 いいだはんべえじょう
⇒飯田半兵衛尉（いいだはんべえのじょう）

飯田半兵衛尉* いいだはんべえのじょう
[別]飯田半兵衛尉（いいだはんべえじょう）　安土桃山時代の武士。織田氏家臣。
¶織田（生没年不詳）

飯田秀雄* いいだひでお
寛政3（1791）年～安政6（1859）年　江戸時代後期の国学者、歌人。
¶コン

飯田正基 いいだまさもと
安土桃山時代～江戸時代前期の代官。
¶徳代（生没年不詳）

飯田護* いいだまもる
嘉永3（1850）年～昭和5（1930）年　江戸時代末期～明治時代の自由民権運動家。興風社を結成。福島事件で逮捕。大和流弓道の大家。
¶幕末

飯田節 いいだみさお
⇒飯田節（いいだせつ）

飯田守年* いいだもりとし
文化12（1815）年～明治29（1896）年　江戸時代末期～明治時代の豪農。
¶コン，幕末（[生]文化12（1815）年5月1日　[没]明治29（1896）年4月15日）

飯田泰長* いいだやすなが
生没年不詳　戦国時代の武士。狩野介の被官、伊豆松瀬村在地支配者。
¶後北（泰長〔飯田（2）〕　やすなが）

飯田泰光 いいだやすみつ
戦国時代の後北条氏家臣。惣左衛門尉。泰長の子。狩野介の同心。
¶後北（泰光〔飯田（2）〕 やすみつ）

飯田屋八郎右衛門* いいだやはちろうえもん
*～嘉永5（1852）年 江戸時代末期の陶画工。
¶美工（[生]文化1（1804）年 [没]嘉永5（1852）年7月14日）

飯忠七* いいちゅうしち
天保12（1841）年～大正11（1922）年1月 江戸時代末期～大正時代の海運業者。押切船を就航させ綿替木綿輸送を始める。
¶幕末

飯塚久米三郎 いいづかくめさぶろう
江戸時代後期～末期の幕臣。
¶徳人（生没年不詳）

飯塚染子 いいづかそめこ
⇒染子（そめこ）

飯塚弾正忠 いいづかだんじょうのじょう
戦国時代～安土桃山時代の緑埜郡北谷琴辻の土豪。上野国衆長井氏の家臣。
¶武田（生没年不詳）

飯塚綱重 いいづかつなしげ
戦国時代の佐野唐沢山城主北条氏忠の家臣。尾張守。貞重の嫡男。
¶後北（綱重〔飯塚（2）〕 つなしげ）

飯塚桃葉* いいづかとうよう
生没年不詳 [別]飯塚桃葉（いいずかとうよう） 江戸時代後期の蒔絵士。
¶コン，美工（いいずかとうよう [生]享保4（1719）年 [没]寛政2（1790）年）

飯塚長隆 いいづかながたか
江戸時代前期～中期の代官。
¶徳代（[生]延宝5（1677）年 [没]享保10（1725）年8月28日）

飯塚英長 いいづかふさなが
享保11（1726）年～寛政6（1794）年 江戸時代中期～後期の幕臣。
¶徳人，徳代（[没]寛政6（1794）年3月10日）

飯塚孫次郎*（飯塚孫二郎） いいづかまごじろう
天保9（1838）年～明治43（1910）年 江戸時代後期～明治時代の地域開発功労者。
¶幕末（飯塚孫二郎）

飯塚正矩 いいつかまさかね
江戸時代の和算家。
¶数学

飯塚昌常 いいつかまさつね
江戸時代中期の和算家。
¶数学

飯塚政長 いいづかまさなが
*～文政8（1825）年 江戸時代中期～後期の幕臣、代官：佐渡奉行。
¶徳人（[生]？），徳代（[生]宝暦8（1758）年 [没]文政8（1825）年2月23日）

飯塚六左衛門尉 いいづかろくざえもんのじょう
安土桃山時代の緑埜郡北谷琴辻の土豪。上野国衆長井氏の家臣。
¶武田（生没年不詳）

飯塚六郎左衛門尉 いいづかろくろうざえもんのじょう
安土桃山時代の武蔵国鉢形城主北条氏邦の家臣。和泉守。
¶後北（六郎左衛門尉〔飯塚（1）〕 ろくろうざえもんのじょう）

飯豊青皇女 いいとよあおのおうじょ
⇒飯豊青皇女（いいとよあおのひめみこ）

飯豊青皇女 いいとよあおのこうじょ
⇒飯豊青皇女（いいとよあおのひめみこ）

飯豊青皇女* いいとよあおのひめみこ
439年～484年 [別]青海皇女（あおうみのひめみこ），飯豊青皇女（いいとよあおのおうじょ，いいとよあおのこうじょ，いいとよのあおのおうじょ，いいとよのあおのこうじょ，いいとよのあおのひめみこ，いいどよのあおのひめみこ），飯豊皇女（いいとよおうじょ），飯豊天皇（いいとよてんのう），飯豊青（いいとよのあお） 上代の女性。履仲天皇の皇子市辺押磐の娘。
¶古人（いいとよあおのこうじょ 生没年不詳），古代（いいとよのあおのひめみこ），古物（いいどよのあおのひめみこ），コン，女史（飯豊青 いいとよのあお）

飯豊皇女 いいとよおうじょ
⇒飯豊青皇女（いいとよあおのひめみこ）

飯豊天皇 いいとよてんのう
⇒飯豊青皇女（いいとよあおのひめみこ）

飯豊青 いいとよのあお
⇒飯豊青皇女（いいとよあおのひめみこ）

飯豊青皇女 いいとよのあおのおうじょ
⇒飯豊青皇女（いいとよあおのひめみこ）

飯豊青皇女 いいとよのあおのこうじょ
⇒飯豊青皇女（いいとよあおのひめみこ）

飯豊青皇女 いいとよのあおのひめみこ，いいどよのあおのひめみこ
⇒飯豊青皇女（いいとよあおのひめみこ）

井伊直興* いいなおおき
明暦2（1656）年3月6日～享保2（1717）年4月20日 [別]井伊直該（いいなおもり） 江戸時代前期～中期の大名、大老。近江彦根藩主。
¶徳将（井伊直該 いいなおもり）

井伊直弼* いいなおすけ
文化12（1815）年～万延1（1860）年 江戸時代末期の大名、大老。近江彦根藩主。勅許のないまま日米修好通商条約に調印。将軍継嗣問題では徳川慶福を推挙し、尊王攘夷派や水戸藩の反感を買う。反対派を安政の大獄で弾圧したが、桜田門外の変で横死。
¶江人，コン，全幕（[没]安政7（1860）年），徳将，幕末（[生]文化12（1815）年10月29日 [没]安政7（1860）年3月3日），山小（[生]1815年10月29日 [没]1860年3月3日）

井伊直孝* いいなおたか
天正18（1590）年～万治2（1659）年 江戸時代前期の大名。近江彦根藩主。
¶江人，コン，徳将

井伊直親* いいなおちか
天文5（1536）年～* 戦国時代の武将、遠江井伊谷城主。
¶全戦（[生]？ [没]永禄5（1562）年），戦武（[生]天文4（1535）年 [没]永禄5（1562）年）

い

井伊直虎* いいなおとら
[別]井伊次郎法師直虎（いいじろうほっしなおとら）　戦国時代の女性。井伊直盛の娘。井伊氏の家督を継いだ。
¶女史（井伊次郎法師直虎　いいじろうほっしなおとら　[生]？　[没]1582年）

井伊直憲* いいなおのり
嘉永1（1848）年～明治37（1904）年　江戸時代末期～明治時代の彦根藩主、彦根藩知事、伯爵、貴族院議員。
¶全幕（[没]明治35（1902）年），幕末（[生]嘉永1（1848）年4月20日　[没]明治37（1904）年1月9日）

井伊直幸* いいなおひで
享保16（1731）年～寛政1（1789）年　江戸時代中期の大名、大老。近江彦根藩主。
¶コン

井伊直政* いいなおまさ
永禄4（1561）年～慶長7（1602）年　[別]井伊兵部少輔（いいひょうぶしょうゆう）　安土桃山時代の大名。上野高崎藩主、近江彦根藩主。
¶江人，コン，全戦，戦武，徳将

井伊直該 いいなおもり
⇒井伊直興（いいなおおき）

井伊直盛* いいなおもり
永正3（1506）年～永禄3（1560）年　戦国時代の武将。今川氏家臣。
¶全戦（[生]？）

井伊直安* いいなおやす
嘉永4（1851）年2月11日～昭和10（1935）年8月25日　江戸時代末期～明治時代の政治家、与板藩主、与板藩知事、県知事、貴族院議員、子爵。外国事情視察をして「欧米各国遊歴」を執筆。
¶幕末

飯沼貞吉* いいぬまさだきち
安政1（1854）年～昭和6（1931）年　江戸時代末期～大正時代の白虎隊士、逓信技師。
¶全幕（[生]嘉永6（1853）年），幕末（[没]昭和6（1931）年6月12日）

飯沼長継* いいぬまながつぐ
？～天正11（1583）年　安土桃山時代の武将。織田氏家臣。
¶織田（[没]天正11（1583）年？）

飯沼仁右衛門* いいぬまにえもん
安土桃山時代の武将。秀吉馬廻。
¶大坂

飯沼慾斎*（飯沼慾斉）　いいぬまよくさい
天明2（1782）年～慶応1（1865）年　江戸時代後期の蘭方医、植物学者。「草木図説」の著者。
¶江人（[生]1782・83年），科学（[生]天明2（1782）年6月10日　[没]慶応1（1865）年閏5月5日），コン（[生]天明3（1783）年），植物（[生]天明2（1782）年6月10日　[没]慶応1（1865）年閏5月5日），対外，幕末（[生]天明2（1782）年6月10日　[没]慶応1（1865）年閏5月5日）

飯野厚比* いいのあつとも
寛政9（1797）年～安政1（1854）年　江戸時代後期の国学者、歌人。
¶コン

飯尾貞連 いいのおさだつら
⇒飯尾貞連（いのおさだつら）

飯尾定宗 いいのおさだむね
⇒飯尾定宗（いいおさだむね）

飯尾重宗* いいのおしげむね
天文9（1540）年～元和2（1616）年7月4日　戦国時代～江戸時代前期の織田信長の家臣。
¶織田

飯尾為数 いいのおためかず
⇒飯尾為数（いのおためかず）

飯尾為種 いいのおためたね
⇒飯尾為種（いのおためたね）

飯尾敏成 いいのおとしなり
⇒飯尾敏成（いいおとしなり）

飯尾尚清 いいのおひさきよ
⇒飯尾信宗（いいおのぶむね）

飯尾元連 いいのおもとつら
⇒飯尾元連（いのおもとつら）

飯野香古* いいのこうこ
享和3（1803）年～明治12（1879）年　江戸時代末期～明治時代の肝煎役。和歌を極める。
¶幕末（[没]明治12（1879）年3月1日）

飯野王 いいののおう
奈良時代の官人。
¶古人（生没年不詳）

飯野盛光 いいのもりみつ
⇒伊賀盛光（いがもりみつ）

飯羽間右衛門尉* いいばさまうえもんのじょう
？～天正10（1582）年3月　[別]飯狭間右衛門尉（いいばさまえもんのじょう）　戦国時代～安土桃山時代の織田信長の家臣。
¶織田，武田（飯狭間右衛門尉　いいばさまえもんのじょう）

飯狭間右衛門尉 いいばさまえもんのじょう
⇒飯羽間右衛門尉（いいばさまうえもんのじょう）

飯原宗敏 いいはらむねとし
江戸時代の和算家。
¶数学

井伊兵部少輔 いいひょうぶしょうゆう
⇒井伊直政（いいなおまさ）

飯淵貞幹* いいぶちさだもと
天保5（1834）年～明治35（1902）年7月4日　[別]飯淵櫟堂（いいぶちれきどう）　江戸時代末期～明治時代の三河吉田藩家老。
¶幕末

飯淵櫟堂 いいぶちれきどう
⇒飯淵貞幹（いいぶちさだもと）

飯村誠介* いいむらせいすけ
*～慶応2（1866）年　江戸時代末期の水戸藩属吏。
¶幕末（[生]天保9（1838）年　[没]慶応2（1866）年6月21日）

飯室昌包の妻 いいむろまさしげのつま★
江戸時代中期の女性。和歌。旗本八木庄兵衛正信の娘。元禄16年刊、植山検校江民軒梅之・梅柳軒水之編『歌林尾花末』に載る。
¶江表（飯室昌包の妻（東京都））

飯室吉門 いいむろよしかど
戦国時代の武田氏の家臣。越前守。

¶武田（生没年不詳）

飯室楽圃* いいむろらくほ
寛政1（1789）年～安政6（1859）年　江戸時代後期の博物学者。主著「虫類図説」。
¶科学

飯女之子* いいめのいらつめ
[別]飯女之子（いいめのこ）　上代の用明天皇宮人。
¶古人（いいめのこ　生没年不詳）

飯女之子 いいめのこ
⇒飯女之子（いいめのいらつめ）

井伊弥四右衛門尉 いいやしえもんのじょう
安土桃山時代の牢人衆頭。遠江牢人井伊豊前の甥。
¶武田（[生]？　[没]天正3（1575）年5月21日）

井伊宜子* いいよしこ
嘉永4（1851）年2月26日～明治28（1895）年1月4日　江戸時代末期～明治時代の女性。有栖川宮幟仁親王の王女。彦根藩主井伊直憲の妻。
¶江表（宜子（滋賀県）　よしこ）

いゑ(1)
江戸時代後期の女性。俳諧。沼館の人。享和1年死去した美濃派の指導者鶯山の七回忌追悼記念集に「少女いゑ」として載る。
¶江表（いゑ（秋田県））

いゑ(2)
江戸時代後期の女性。俳諧。常陸太田の人。文化4年刊『両判筆之綾』に載る。
¶江表（いゑ（茨城県））

いゑ(3)
江戸時代後期の女性。俳諧。寛政11年成立、宮本虎杖編「虎杖庵日々稿」に載る。
¶江表（いゑ（長野県））

いゑ(4)
江戸時代後期の女性。俳諧。享和1年刊、十方庵画山編『残夢塚集』に載る。
¶江表（いゑ（佐賀県））

家木将監* いえきしょうげん
江戸時代末期の新撰組隊士。
¶新隊（生没年不詳）

伊恵子 いえこ★
江戸時代後期の女性。和歌。石巻の住吉社別当修善院元済の妻。天保12年刊『海内偉帖人名録』に載る。
¶江表（伊恵子（宮城県））

家子(1) いえこ★
江戸時代中期～後期の女性。和歌・俳諧。筑前遠賀郡本城村庄屋佐藤信明の娘。
¶江表（家子（福岡県）　[生]明和4（1767）年　[没]天保3（1832）年）

家子(2) いえこ★
江戸時代末期～明治時代の女性。教育・和歌。伊具郡金山の加藤氏の娘。
¶江表（家子（宮城県）　[没]明治38（1905）年）

家崎善之* いえさきよしゆき，いえざきよしゆき
生没年不詳　江戸時代後期の和算家。
¶数学（いえざきよしゆき）

家貞 いえさだ
江戸時代前期～中期の平野神社禰宜。
¶公家（家貞〔平野神社禰宜 伊藤家〕　[生]1652年　[没]享保7（1722）年9月23日）

家里松嶹* いえさとしょうとう
文政10（1827）年～文久3（1863）年　江戸時代末期の志士。尊王攘夷運動に邁進。
¶幕末（[没]文久3（1863）年5月19日）

家里次郎* いえさとじろう
天保10（1839）年～文久3（1863）年　[別]家里次郎（いえさとつぐお，いえざとつぐお）　江戸時代末期の志士。
¶新隊（いえさとつぐお　[没]文久3（1863）年4月24日），全幕（いえさとつぐお），幕末（いえざとつぐお　[没]文久3（1863）年4月24日）

家里新太郎 いえさとしんたろう
江戸時代後期～末期の儒者。
¶全幕（[生]文政10（1827）年　[没]文久3（1863）年）

家里次郎 いえさとつぐお，いえざとつぐお
⇒家里次郎（いえさとじろう）

家重 いえしげ
戦国時代の武士。小山田氏の重臣か。
¶武田（生没年不詳）

家女 いえじょ★
江戸時代後期の女性。和歌。周布の人。文化10年刊、『年賀集』に81歳として載る。
¶江表（家女（愛媛県））

家隆 いえたか
⇒藤原家隆（ふじわらのいえたか）

家忠 いえただ
⇒松平家忠（まつだいらいえただ）

伊江朝直* いえちょうちょく
尚灝15（1818）年8月23日～明治29（1896）年1月4日　江戸時代末期～明治時代の琉球の政治家、男爵。琉球処分時に摂政として勅語を受理し帰国。
¶幕末（[生]文政1（1818）年8月23日）

家継 いえつぐ
室町時代～戦国時代の武田氏家臣。
¶武田（生没年不詳）

家所帯刀 いえどころたてわき
江戸時代前期の武士。大坂の陣で籠城。
¶大坂（[没]慶長20年）

家長(1) いえなが
戦国時代の武士。姓は未詳。義信の側近か。
¶武田（生没年不詳）

家長(2) いえなが
⇒源家長（みなもとのいえなが）

家長韜庵* いえながとうあん
？～慶応2（1866）年　江戸時代末期の儒学者。
¶コン

家長彦三郎 いえながひこさぶろう
⇒家長方親（いえながまさちか）

家長方親* いえながまさちか
永禄12（1569）年～慶安2（1649）年　[別]家長彦三郎（いえながひこさぶろう）　安土桃山時代～江戸時代前期の筑後柳河藩士、焼物師。
¶美工

い

家原朝臣郷好　いえはらのあそんさとよし
⇒家原郷好（いえはらのさとよし）

家原朝臣善宗　いえはらのあそんよしむね
⇒家原善宗（いえはらのよしむね）

家原氏主*　いえはらのうじぬし
延暦20（801）年～貞観16（874）年　平安時代前期の博士。
¶古人，数学（[没]貞観16（874）年7月30日）

家原音那　いえはらのおとな
⇒家原音那（いえはらのおんな）

家原音那*　いえはらのおんな
[別]家原音那（いえはらのおとな），家原連音那（いえはらのむらじおんな）　奈良時代の女性。左大臣多治比真人嶋の妻。貞節の人。
¶古代（家原連音那　いえはらのむらじおんな）

家原郷好*　いえはらのさとよし
生没年不詳　[別]家原朝臣郷好（いえはらのあそんさとよし）　平安時代前期の官吏。
¶古人，古代（家原朝臣郷好　いえはらのあそんさとよし）

家原高郷　いえはらのたかさと
平安時代前期の官人。
¶古人（生没年不詳）

家原高斉　いえはらのたかなり
平安時代前期の官人。
¶古人（生没年不詳）

家原高我　いえはらのたかわれ
平安時代前期の官人。
¶古人（生没年不詳）

家原縄雄　いえはらのただお
平安時代前期の官人。斉衡2年左大史正六位上で、姓連を改め宿禰を賜う。
¶古人（生没年不詳）

家原春郷　いえはらのはるさと
平安時代前期の官人。貞観14年主税助正六位上で、姓宿禰を改め朝臣を賜わる。
¶古人（生没年不詳）

家原連音那　いえはらのむらじおんな
⇒家原音那（いえはらのおんな）

家原保実　いえはらのやすざね
平安時代中期の官人。出雲権介従五位下。
¶古人（生没年不詳）

家原善宗*　いえはらのよしむね
生没年不詳　[別]家原朝臣善宗（いえはらのあそんよしむね），家原善宗（いえはらよしむね）　平安時代前期の医師。
¶古人，古代（家原朝臣善宗　いえはらのあそんよしむね），コン

家原善宗　いえはらよしむね
⇒家原善宗（いえはらのよしむね）

家久　いえひさ
⇒島津家久（しまづいえひさ）

家村住義*　いえむらすみよし
天保9（1838）年～明治43（1910）年　江戸時代末期～明治時代の鹿児島県士族。薩英戦争・戊辰戦争に従軍。
¶幕末（[没]明治43年1月15日）

い円　いえん★
江戸時代後期の女性。和歌。甲斐の人。天保2年刊、渡雀真垣編『風流人海』後に載る。
¶江表（い円（山梨県））

以円*　いえん
？～天喜（1053～1058）年間　平安時代中期の天台宗の僧。
¶古人（生没年不詳）

いを
江戸時代後期の女性。和歌。八木氏。文化11年刊、中山忠雄・河田正致編『柿本社奉納和歌集』に載る。
¶江表（いを（京都府））

廬井鯨*（庵井鯨）　いおいのくじら
生没年不詳　[別]廬井造鯨（いおいのみやつこくじら）　飛鳥時代の武将。壬申の乱で大友皇子方につく。
¶古人（廬井鯨），古代（廬井造鯨　いおいのみやつこくじら），古物，コン

五百井女王*　いおいのじょおう
？～弘仁8（817）年　奈良時代～平安時代前期の女性。市原王の娘。
¶古人，古代，女史

廬井造鯨　いおいのみやつこくじら
⇒廬井鯨（いおいのくじら）

伊王野坦*　いおうのひろし
文化11（1814）年～明治16（1883）年　[別]伊王野坦（いおのたいら）　江戸時代末期～明治時代の鳥取藩士、蘭学者。維新後、久美浜県知事、鳥取藩少参事などを歴任。
¶コン，幕末（いおのたいら　[生]文化10（1813）年）

五百重娘*　いおえのいらつめ
生没年不詳　飛鳥時代の女性。天武天皇の妃。藤原鎌足の娘。
¶古人，コン，女史

五百枝王　いおえのおう
⇒春原五百枝（はるはらのいおしげ）

五百城入彦皇子*　いおきいりひこのおうじ
[別]五百城入彦皇子（いおきいりひこのみこ，いおきいりびこのみこ）　上代の景行天皇の皇子。
¶古代（いおきいりひこのみこ），天皇（いおきいりびこのみこ）

五百城入彦皇子　いおきいりひこのみこ，いおきいりびこのみこ
⇒五百城入彦皇子（いおきいりひこのおうじ）

五百城入姫皇女　いおきいりひめのおうじょ
⇒五百城入姫皇女（いおきいりひめのこうじょ）

五百城入姫皇女*　いおきいりひめのこうじょ
[別]五百城入姫皇女（いおきいりひめのおうじょ，いおきいりひめのひめみこ）　上代の女性。景行天皇の皇女。
¶古代（いおきいりひめのひめみこ）

五百城入姫皇女　いおきいりひめのひめみこ
⇒五百城入姫皇女（いおきいりひめのこうじょ）

伊尾木権兵衛　いおきごんひょうえ
江戸時代前期の武士。長宗我部盛親に従い、大坂籠城。
¶大坂

五百木部明延 いおきべのあきのぶ
平安時代後期の官人。
¶古人(生没年不詳)

伊福部直安道 いおきべのあたいやすみち
⇒伊福部安道(いおきべのやすみち)

五百木部全成* いおきべのうつなり
生没年不詳 ㊅五百木部全成(いおきべのまたなり) 平安時代前期の医師。
¶古人(いおきべのまたなり)

伊福吉部臣徳足比売 いおきべのおみとこたりひめ
⇒伊福吉部徳足比売(いふきべのとこたりひめ)

伊福部女王* いおきべのじょおう
?～宝亀9(778)年 奈良時代の女官。
¶古人

伊福部宿禰男依* いおきべのすくねおより
奈良時代の写経所の官僚。
¶古代

伊福部高光 いおきべのたかみつ
平安時代中期の官人。
¶古人(生没年不詳)

伊福吉部徳足比売 いおきべのとこたりひめ
⇒伊福吉部徳足比売(いふきべのとこたりひめ)

五百木部俊基 いおきべのとしもと
平安時代後期の官人。
¶古人(生没年不詳)

五百木部陳番 いおきべののぶつぐ
平安時代中期の官人。
¶古人(生没年不詳)

五百木部延久 いおきべののぶひさ
平安時代後期の官人。
¶古人(生没年不詳)

伊福部久経* いおきべのひさつね
生没年不詳 平安時代後期の祀官。
¶古人

五百木部全成 いおきべのまたなり
⇒五百木部全成(いおきべのうつなり)

廬城部連莒喩* いおきべのむらじきこゆ
上代の豪族。
¶古代

伊福部安道* いおきべのやすみち
生没年不詳 ㊅伊福部直安道(いおきべのあたいやすみち) 平安時代前期の豪族。
¶古人,古代(伊福部直安道 いおきべのあたいやすみち)

伊尾木六左衛門吉兼 いおきろくざえもんよしかね
江戸時代前期の長宗我部氏の家臣。
¶大坂

五百子(1) いおこ*
江戸時代中期～後期の女性。和歌。国学者で歌人で書家加藤千蔭の娘。
¶江表(五百子(東京都) ㊥宝暦13(1763)年 ㊷嘉永1(1848)年)

五百子(2) いおこ*
江戸時代後期の女性。和歌。尾中清介政栄の祖母。文化初年頃、加藤泰周・常磐井守貫編「大洲和歌集」に載る。
¶江表(五百子(愛媛県))

五百子(3) いおこ*
江戸時代後期の女性。和歌。宇和津彦神社七代神職松浦上総介正職の娘。文化2年に行われた「百首組題」に歌が載る。
¶江表(五百子(愛媛県))

五百子(4) いおこ*
江戸時代末期の女性。和歌。真田家の妻として、安政7年跋、幕臣で歌人蜂屋光世編『大江戸倭歌集』に載る。
¶江表(五百子(長野県))

伊尾女 いおじょ*
江戸時代後期の女性。俳諧。越中の人。弘化3年安楽林社編、嵐外追善句集『わかれ霜』に載る。
¶江表(伊尾女(富山県))

五百女 いおじょ*
江戸時代後期の女性。和歌。秋田藩士茂木岡之丞の母。
¶江表(五百女(秋田県))

伊王野坦 いおのたいら
⇒伊王野坦(いおうのひろし)

五百野皇女 いおののおうじょ
⇒五百野皇女(いおののこうじょ)

五百野皇女* いおののこうじょ
㊅五百野皇女(いおののおうじょ,いおののひめみこ) 上代の女性。景行天皇の皇女。
¶古人,古代(いおののひめみこ)

五百野皇女 いおののひめみこ
⇒五百野皇女(いおののこうじょ)

廬原王 いおはらおう
奈良時代の官人。安曇王の子。
¶古人(生没年不詳)

庵原助右衛門 いおばらすけえもん
⇒庵原助左衛門(いはらすけざえもん)

庵原助左衛門 いおはらすけえもん
⇒庵原助左衛門(いはらすけざえもん)

庵原存園* いおはらそんえん
文化5(1808)年～明治12(1879)年 江戸時代末期～明治時代の儒学者。明倫堂監生、退職後「修文塾」を開校。
¶幕末(㊷明治12(1879)年9月24日)

庵原朝儀 いおはらともよし
⇒庵原助左衛門(いはらすけざえもん)

廬原有子 いおはらのありね
平安時代前期の遣唐使。有守とも。右京の人。
¶古人(生没年不詳)

廬原臣 いおはらのおみ
⇒廬原君臣(いおはらのきみおみ)

廬原君臣* いおはらのきみおみ
㊅廬原臣(いおはらのおみ) 飛鳥時代の武士。
¶古人(廬原臣 いおはらのおみ 生没年不詳),古代

庵原康成 いおはらやすなり
⇒庵原康成(いはらやすなり)

五百蔵左馬進* いおろいさまのしん
?～元和1(1615)年 ㊅五百蔵左馬進盛政(いおろ

いさまのしんもりまさ） 安土桃山時代〜江戸時代
前期の武士。
¶大坂（五百蔵左馬進盛政　いおろいさまのしんもりま
さ　慶長20年5月6日）

五百蔵左馬進盛政　いおろいさまのしんもりまさ
⇒五百蔵左馬進（いおろいさまのしん）

五百蔵魯泉*　いおろいろせん
文政10（1827）年〜文久3（1863）年　江戸時代末期
の医師。
¶幕末（㊥文久3（1863）年9月22日）

いか
江戸時代後期の女性。和歌。幕臣、同朋頭半田丹阿
弥の姉妹。天保9年刊、海野遊翁編『類題現存歌選』
二に載る。
¶江表（いか（東京都））

伊賀*　いが
寛永14（1637）年〜正徳4（1714）年　江戸時代前期
〜中期の女性。後陽成天皇第8皇子良純親王の王
女。鍋島直能の後妻。和歌に優れた。
¶江表（俊子（佐賀県））

伊賀家長*　いがいえなが
？〜文治1（1185）年　㊞平家長（たいらいえなが，
たいらのいえなが）　平安時代後期の武士。
¶古人（平家長　たいらのいえなが），平家（平家長　たい
らいえなが　生没年不詳）

猪飼敬所*　いかいけいしょ，いがいけいしょ
宝暦11（1761）年〜弘化2（1845）年　江戸時代中期
〜後期の儒学者。
¶コン，思想

猪飼豊次郎　いがいとよじろう
江戸時代中期の天文暦学者。
¶科学（㊥？　㊗寛保1（1741）年）

猪飼野佐渡守*　いかいのさどのかみ
生没年不詳　安土桃山時代の織田信長の家臣。
¶織田

猪飼野昇貞*　いかいののぶさだ
？〜天正10（1582）年6月13日？　戦国時代〜安土
桃山時代の織田信長の家臣。
¶織田

猪飼野秀貞*　いかいのひでさだ
弘治1（1555）年〜文禄5（1596）年6月21日　戦国時
代〜安土桃山時代の織田信長の家臣。
¶織田

猪飼野孫右衛門*　いかいのまごえもん
生没年不詳　安土桃山時代の織田信長の家臣。
¶織田

猪飼花子*（猪飼華子）　いかいはなこ
？〜安永9（1780）年11月8日　江戸時代中期の歌人。
¶江表（華子（愛知県））　㊥正徳5（1715）年　㊗天明1
（1781）年），女史（猪飼華子㊥1715年　㊗1781年）

猪飼正胤　いがいまさたね
江戸時代中期の幕臣。
¶徳人（㊥1737年　㊗？）

猪飼光重　いかいみつしげ
江戸時代前期の代官。
¶徳代（㊥？　㊗明暦2（1656）年）

猪飼光中　いかいみつなか
江戸時代中期の代官。
¶徳代（㊥？　㊗元禄8（1695）年）

猪飼光治　いかいみつはる
江戸時代前期の代官。
¶徳代（㊥？　㊗寛永9（1632）年？）

伊賀氏理　いがうじただ
江戸時代後期〜明治時代の土佐藩家老。
¶全幕（㊥文化14（1817）年　㊗明治21（1888）年）

伊香色雄　いかがしこお
⇒伊香色雄命（いかがしこおのみこと）

伊香色雄命*（伊迦賀色許男命）　いかがしこおのみこと
㊞伊香色雄（いかがしこお）　上代の饒速日命6世の
孫、物部氏の祖。
¶古代

伊香色謎命*　いかがしこめのみこと，いがしこめの
みこと
㊞伊香色謎命（いがしこめのみこと）　上代の女性。
孝元天皇の妃、開化天皇の皇后。
¶古代，天皇（生没年不詳）

伊賀兼光*　いがかねみつ
生没年不詳　鎌倉時代後期〜南北朝時代の武士。
¶内乱

伊香淳行　いかがのあつゆき
⇒伊香淳行（いかのあつゆき）

胆香瓦臣安倍　いかがのあへ
⇒胆香瓦臣安倍（いかごのおみあべ）

為哿可君*　いかかのきみ
上代の官人。
¶古代

伊香豊高　いかがのとよたか
平安時代中期の官人。
¶古人（生没年不詳）

奈若弘吉　いかがのひろよし
平安時代中期の官人。姓は宿禰。
¶古人（生没年不詳）

五十川訒堂　いかがわじんどう
⇒五十川訒堂（いそがわじんどう）

五十川基*　いかがわもとい
*〜明治6（1873）年　㊞五十川基（いそかわもとい）
江戸時代末期〜明治時代の福山藩留学生。アメリ
カに留学し、「休戦要録」を翻訳出版。
¶幕末（㊥弘化1（1844）年　㊗明治6（1873）年1月21日）

伊覚*　いかく
生没年不詳　平安時代後期の東大寺僧。
¶古人

井鶴　いかく*
江戸時代末期の女性。俳諧。常陸笠間の淀川氏。
文久2年刊、上島の草中庵希水編『俳諧画像集』に
載る。
¶江表（井鶴（茨城県））

伊香王*　いかごおう
奈良時代の官人。
¶古人（生没年不詳），古代

胆香瓦安倍　いかごのあべ
⇒胆香瓦臣安倍（いかごのおみあべ）

胆香瓦臣安倍*　いかごのおみあべ
[別]胆香瓦安倍（いかがのあへ，いかごのあべ）　飛鳥時代の壬申の乱の功臣。
¶古人（胆香瓦安倍　いかがのあへ　生没年不詳），古代

伊賀氏　いがし
⇒伊賀朝光の娘（いがともみつのむすめ）

伊香色謎命　いがしこめのみこと
⇒伊香色謎命（いかがしこめのみこと）

伊賀侍従　いがじじゅう
⇒筒井定次（つついさだつぐ）

いか女　いかじょ★
江戸時代後期の女性。俳諧。慈眼寺観音堂に弘化3年の小金井連奉納があり、その句額の中に載る。
¶江表（いか女（栃木県））

雷権太夫　いかずちごんだゆう
江戸時代後期～末期の相撲年寄。
¶全幕（生没年不詳）

筏井満好　いかだいみつよし
江戸時代後期の和算家。
¶数学（[没]天保6（1835）年6月24日）

伊形霊雨*　いがたれいう
延享2（1745）年～天明7（1787）年　江戸時代中期の肥後熊本藩士、国学者。
¶詩作（[没]天明7（1787）年6月6日）

伊賀朝光*　いがともみつ
？～建保3（1215）年　[別]伊賀朝光（いがのともみつ）　鎌倉時代前期の武将。鎌倉幕府の宿老。
¶古人（いがのともみつ），コン，中世，内乱

伊賀朝光女　いがともみつじょ
⇒伊賀朝光の娘（いがともみつのむすめ）

伊賀朝光の娘*（伊賀朝光女）　いがともみつのむすめ
生没年不詳　[別]伊賀氏（いがし），伊賀朝光女（いがともみつじょ，いがのともみつのむすめ）　鎌倉時代前期の女性。北条義時の後妻。
¶古人（伊賀朝光女　いがのともみつのむすめ），女史（伊賀氏　いがし），内乱（伊賀氏　いがし）

伊香淳行*　いかのあつゆき
生没年不詳　[別]伊香淳行（いかがのあつゆき）　平安時代前期の官人。
¶古人（いかがのあつゆき）

伊賀采女宅子　いがのうねめのやかつこ
⇒宅子娘（やかこのいらつめ）

伊賀采女宅子娘　いがのうねめやかこのいらつめ
⇒宅子娘（やかこのいらつめ）

伊賀皇子　いがのおうじ
⇒弘文天皇（こうぶんてんのう）

印奇臣（欠名）*　いがのおみ
上代の遣新羅使。
¶古代

伊賀少将*　いがのしょうしょう
生没年不詳　平安時代中期の女房・歌人。
¶古人

伊賀為貞　いがのためさだ
平安時代後期の官人。
¶古人（生没年不詳）

伊賀局　いがのつぼね
⇒亀菊（かめぎく）

伊賀朝光　いがのともみつ
⇒伊賀朝光（いがともみつ）

伊賀朝光女　いがのともみつのむすめ
⇒伊賀朝光の娘（いがともみつのむすめ）

伊賀皇子　いがのみこ
⇒弘文天皇（こうぶんてんのう）

伊賀光季　いがのみつすえ
⇒伊賀光季（いがみつすえ）

伊賀光宗　いがのみつむね
⇒伊賀光宗（いがみつむね）

伊賀宅子娘　いがのやかこのいらつめ，いがのやかごのいらつめ
⇒宅子娘（やかこのいらつめ）

伊賀久隆*　いがひさたか
？～天正6（1578）年　戦国時代～安土桃山時代の武士。
¶全戦（[没]天正8（1580）年）

伊賀光季*　いがみつすえ
？～承久3（1221）年　[別]伊賀光季（いがのみつすえ）　鎌倉時代前期の武将、京都守護。
¶古人（いがのみつすえ），コン，中世（[生]1174年？），内乱

伊賀光宗*　いがみつむね
治承2（1178）年～正嘉1（1257）年　[別]伊賀光宗（いがのみつむね）　鎌倉時代前期の武将、政所執事。
¶古人（いがのみつむね），コン，中世，内乱

伊賀盛光*　いがもりみつ
生没年不詳　[別]飯野盛光（いいのもりみつ）　鎌倉時代後期～南北朝時代の武将。
¶室町

伊賀屋勘右衛門　いがやかんえもん
江戸時代中期の江戸の版元、文亀堂。元禄～万延1年まで活動。
¶浮絵

五十嵐篤好*　いがらしあつよし
寛政5（1793）年～万延2（1861）年1月24日　江戸時代末期の国学者、歌人。
¶コン（[生]寛政2（1790）年　[没]万延1（1860）年），数学（[生]寛政5（1793）年12月6日），幕末（[生]寛政5（1793）年12月　[没]安政7（1860）年1月24日）

五十嵐伊織*　いがらしいおり，いがらしいおり
？～明治3（1870）年　江戸時代末期～明治時代の越後村松藩士。
¶幕末（[没]明治2（1870）年12月28日）

五十嵐伊織　いがらしいおり
江戸時代末期の新撰組隊士。
¶新隊（生没年不詳）

五十嵐員正　いがらしかずまさ
江戸時代末期の和算家。上州神戸村の人。安政5年算額を奉納。
¶数学

五十嵐関八*　いからしかんぱち，いがらしかんぱち
文政6（1823）年～明治1（1868）年　[別]五十嵐関八（いがらしせきはち）　江戸時代末期の越後村松藩士。
¶幕末（[生]文政10（1827）年　[没]慶応4（1868）年6月2日）

五十嵐儀一*　いがらしぎいち
文政2（1819）年～明治7（1874）年　江戸時代後期～明治時代の儒者。
¶幕末（[没]明治7（1874）年7月27日）

五十嵐喜三郎*　いがらしきさぶろう
生没年不詳　江戸時代前期の蒔絵師。
¶美工

五十嵐茶三*　いがらしさぞう
文化5（1808）年～明治2（1869）年　江戸時代末期の俳人。
¶幕末（[没]明治2（1869）年3月1日）

五十嵐次左衛門*　いがらしじざえもん
生没年不詳　江戸時代の筑前高取焼の陶工。
¶美工

五十嵐浚明*（五十嵐俊明）　いがらししゅんめい
元禄13（1700）年～天明1（1781）年　[別]呉浚明（ごしゅんめい）　江戸時代中期の画家。
¶美画（呉浚明　ごしゅんめい　[没]天明1（1781）年8月10日）

五十嵐所吉*　いがらししょきち
文化11（1814）年～明治20（1887）年　江戸時代末期～明治時代の陸奥弘前藩士。
¶幕末（[没]明治20（1887）年3月4日）

五十嵐信斎*　いがらししんさい
生没年不詳　室町時代の蒔絵師。五十嵐派の始祖。
¶コン，美工

五十嵐信平〔3代〕*　いがらししんぺい
？～明治15（1882）年　江戸時代末期～明治時代の陶工。父祖以来の釉薬を一変して中国の辰砂風の小器を作り出した。
¶美工（[生]天保4（1833）年　[没]明治15（1882）年10月）

五十嵐随歩　いがらしずいほ
江戸時代後期～明治時代の蒔絵師。
¶美工（[生]嘉永5（1852）年　[没]明治36（1903）年）

五十嵐関八　いがらしせきはち
⇒五十嵐関八（いからしかんぱち）

五十嵐敬之*　いがらしたかゆき
天保8（1837）年～大正6（1917）年　江戸時代末期～大正時代の藩士。勤王党の獄では藩内で同志の救援に尽力。
¶幕末（[生]天保8（1837）年4月11日　[没]大正6（1917）年7月10日）

五十嵐忠広　いがらしただひろ
江戸時代後期の和算家。羽州林崎村の人。安永8年算額を奉納。
¶数学（[没]寛政3（1791）年5月）

五十嵐太兵衛*　いがらしたへえ
生没年不詳　江戸時代前期の蒔絵師。
¶美工

五十嵐竹沙*　いがらしちくさ
安永3（1774）年～天保15（1844）年　江戸時代後期の画家。
¶美画（[没]天保15（1844）年2月25日）

五十嵐道甫〔1代〕*　いがらしどうほ
？～延宝6（1678）年　江戸時代前期の蒔絵師。
¶コン（代数なし　生没年不詳），美工（[没]延宝6（1678）年5月26日）

五十嵐富安*　いがらしとみやす
文化8（1811）年～明治18（1885）年　[別]五十嵐富安（いがらしふあん）　江戸時代末期～明治時代の慈善事業家。
¶幕末（[生]文化8（1811）年10月17日　[没]明治18（1885）年4月19日）

五十嵐波間藻*（五十嵐浜間藻）　いがらしはまも
生没年不詳　[別]浜藻（はまも）　江戸時代後期の女性。俳人。
¶江表（浜藻（東京都）　[生]安永1（1772）年　[没]弘化5（1848）年），女史（五十嵐浜間藻　[生]1772年　[没]1848年），俳文（浜藻　はまも　[生]安永1（1772）年　[没]弘化5（1848）年2月14日）

五十嵐富安　いがらしふあん
⇒五十嵐富安（いがらしとみやす）

五十嵐武平*　いがらしぶへい
？～明治16（1883）年　江戸時代末期～明治時代の財産家。
¶幕末（[没]明治16（1883）年6月26日）

五十嵐文吉*　いがらしぶんきち
文化2（1805）年～明治14（1881）年　江戸時代後期～明治時代の武士。
¶幕末（[生]文化2（1805）年2月13日　[没]明治14（1881）年10月8日）

五十嵐孫平　いがらしまごへい
江戸時代の和算家。
¶数学

五十嵐政能　いがらしまさよし
戦国時代の地侍。武蔵国多摩郡立川郷。北条氏に属した。
¶後北（政能〔五十嵐〕　まさよし）

五十嵐弥五右衛門*　いがらしやごうえもん
天保4（1833）年～明治26（1893）年　江戸時代末期～明治時代の蚕糸業功労者。蚕糞を除去する時に使用する繭網を考案。
¶幕末（[没]明治26（1893）年3月7日）

伊賀理命*　いかりのみこと
上代の景行天皇の使者。
¶古代

井狩宗重　いかりむねしげ
江戸時代前期の代官。
¶徳代（生没年不詳）

井狩宗次　いかりむねつぐ
安土桃山時代～江戸時代前期の代官。
¶徳代（生没年不詳）

井狩宗房　いかりむねふさ
安土桃山時代の代官。織田家旧臣。
¶徳代（生没年不詳）

井狩宗政　いかりむねまさ
江戸時代前期～中期の代官。
¶徳代（生没年不詳）

碇山将曹 いかりやましょうそう
⇒島津将曹(しまづしょうそう)

何鹿王* いかるがおう
奈良時代の舎人親王の孫。
¶古人(生没年不詳),古代

斑鳩平次*(鵤平次) いかるがへいじ
安土桃山時代の武士。
¶全戦(鵤平次 生没年不詳)

井川千之助* いがわせんのすけ
天保12(1841)年～明治3(1870)年 江戸時代後期～明治時代の武士。
¶幕末([没]明治3(1870)年12月)

飯川光誠* いがわみつのぶ
戦国時代の武将。畠山氏家臣。
¶全戦(生没年不詳)

井川鳴門* いかわめいもん
宝暦1(1751)年～* 江戸時代中期～後期の画家、書家。
¶美画([没]文化2(1806)年12月25日)

以喜 いき★
江戸時代末期の女性。和歌。美濃犬塚の郷実篤の母。安政4年刊、富樫広蔭編『千百人一首』に載る。
¶江表(以喜(岐阜県))

いき子 いきこ★
江戸時代末期の女性。和歌。豊前四日市の渡辺修斎の娘。万延1年序、物集高世編『類題春草集』二に載る。
¶江表(いき子(大分県))

以幾子 いきこ★
江戸時代後期～明治時代の女性。和歌・遺書。熊本藩士鳥居喜新太の娘。
¶江表(以幾子(熊本県) [生]嘉永4(1851)年 [没]明治9(1876)年)

伊木左近祐光 いぎさこんすけみつ
江戸時代前期の武士。大坂の陣で籠城。
¶大坂([没]慶長20年5月7日)

伊木三郎右衛門 いきさぶろうえもん
⇒伊木庄次郎(いきしょうじろう)

伊木三猿斎 いきさんえんさい,いぎさんえんざい
⇒伊木忠澄(いぎただずみ)

伊岐氏 いきし
⇒伊岐善盛の娘(いきよしもりのむすめ)

伊木七郎右衛門常紀 いぎしちろ(う)えもんつねのり
安土桃山時代～江戸時代前期の豊臣秀吉の近習、小姓。
¶大坂([生]永禄10年/永禄3年 [没]正保2年1月29日)

息石耳命* いきしみみのみこと
[別]息石耳命(おきそみみのみこと) 上代の安寧天皇の皇子。
¶天皇(おきそみみのみこと)

ゐ喜女 いきじょ★
江戸時代後期の女性。和歌。幕臣山中平吉の妻。文化11年刊、中山忠雄・河田正致編『柿本社奉納和歌集』に載る。
¶江表(ゐ喜女(東京都))

伊木庄次郎* いきしょうじろう
[別]伊木三郎右衛門(いきさぶろうえもん),伊木三郎右衛門尚重(いぎさぶろえもんなおしげ) 安土桃山時代～江戸時代前期の武士。豊臣氏家臣、真田氏家臣。
¶大坂(伊木三郎右衛門尚重 いぎさぶろ(う)えもんなおしげ [生]慶長3年 [没]寛永20年10月2日/10月22日/12月2日),全戦(生没年不詳)

伊木忠澄* いぎただずみ
文政1(1818)年～明治19(1886)年 [別]伊木三猿斎(いきさんえんさい,いぎさんえんざい) 江戸時代末期～明治時代の岡山藩士。岡山藩主席家老。維新後は岡山藩大参事となる。
¶江人(伊木三猿斎 いきさんえんさい),コン,全幕,幕末([没]明治19(1886)年3月20日)

伊木忠次* いきただつぐ,いぎただつぐ
天文12(1543)年～慶長8(1603)年 安土桃山時代の武士。
¶織田(いぎただつぐ [没]慶長8(1603)年11月17日)

壱岐直真根子 いきのあたいまねこ
⇒壱岐真根子(いきのまねこ)

壱岐韓国*(壱伎韓国) いきのからくに
生没年不詳 [別]壱伎史韓国(いきのふひとからくに) 飛鳥時代の武将。壬申の乱で大友皇子方につく。
¶古人(壱伎韓国),古代(壱伎史韓国 いきのふひとからくに),コン

伊吉古麿*(伊吉古麻呂) いきのこまろ
[別]伊吉連古麻呂(いきのむらじこまろ) 奈良時代の遣唐使。
¶古人(伊吉古麻呂 生没年不詳),古代(伊吉連古麻呂 いきのむらじこまろ)

伊岐是雄*(伊伎是雄) いきのこれお
弘仁10(819)年～貞観14(872)年 [別]伊伎宿禰是雄(いきのすくねこれお) 平安時代前期の卜部、宮主。
¶古人,古代(伊伎宿禰是雄 いきのすくねこれお),コン

壱岐才麻呂 いきのさいまろ
平安時代前期の官人。
¶古人(生没年不詳)

伊伎宿禰是雄 いきのすくねこれお
⇒伊岐是雄(いきのこれお)

伊岐奉綱 いきのともつな
平安時代後期の官人。
¶古人(生没年不詳)

伊吉豊宗 いきのとよむね
平安時代前期の河内国の人。承和2年(835)、滋生宿禰の姓を賜わる。
¶古人(生没年不詳)

伊岐則政(正) いきののりまさ
平安時代中期の神祇官人。
¶古人(生没年不詳)

伊吉博徳* いきのはかとこ
生没年不詳 [別]伊吉連博徳(いきのむらじはかとこ),伊吉博徳(いきはかとこ) 飛鳥時代の廷臣。大宝律令の制度に参画。
¶古人,古代(伊吉連博徳 いきのむらじはかとこ),古物,コン,対外

い

伊吉史乙等* いきのふひとおと
㊀伊吉乙等（いきのおと）　飛鳥時代の官人。
¶古人（伊吉乙等　いきのおと　生没年不詳），古代

壱伎史韓国 いきのふひとからくに
⇒壱岐韓国（いきのからくに）

伊岐正真 いきのまさざね
平安時代中期の神祇官人。
¶古人（生没年不詳）

伊岐正胤 いきのまさたね
平安時代中期の官人。
¶古人（生没年不詳）

伊吉益麻呂 いきのますまろ
奈良時代の官人。遣渤海副使。父は宅麻呂、母は中臣人足の女という。
¶古人（生没年不詳）

壱岐真根子* いきのまねこ
㊀壱岐直真根子（いきのあたいまねこ）　上代の壱岐直民の祖。
¶古代（壱岐直真根子　いきのあたいまねこ）

伊岐致兼 いきのむねかね
平安時代後期の官人。
¶古人（生没年不詳）

伊岐致遠 いきのむねとう
⇒伊岐致遠（いきのむねとお）

伊岐致遠* いきのむねとお
生没年不詳　㊀伊岐致遠（いきのむねとう）　平安時代後期の官僚。
¶古人（いきのむねとう）

伊岐致遠女* いきのむねとおのむすめ
生没年不詳　平安時代後期の女性。六条天皇の母。
¶古人

伊岐致政 いきのむねまさ
平安時代後期の官人。
¶古人（生没年不詳）

伊岐致元 いきのむねもと
平安時代後期の官人。姓は宿禰。寛治6年山城介で加茂祭に供奉。
¶古人（生没年不詳）

伊吉連古麻呂 いきのむらじこまろ
⇒伊吉古麿（いきのこまろ）

伊吉連博徳 いきのむらじはかとこ
⇒伊吉博徳（いきのはかとこ）

伊吉連宅麻呂 いきのむらじやかまろ
⇒雪連宅麻呂（ゆきのむらじやかまろ）

伊吉宅麻呂* いきのやかまろ
生没年不詳　㊀雪宅麻呂（ゆきのやかまろ）　奈良時代の官吏。
¶古人（雪宅麻呂　ゆきのやかまろ　㊐？　㊊736年）

伊岐泰政 いきのやすまさ
平安時代後期の官人。
¶古人（生没年不詳）

伊伎雪雄 いきのゆきお
平安時代中期の神官。松尾月読社長官。
¶古人（㊐？　㊊922年）

伊岐義成 いきのよしなり
平安時代後期の官人。
¶古人（生没年不詳）

伊岐善政 いきのよしまさ
平安時代中期の官人。
¶古人（生没年不詳）

伊吉博徳 いきはかとこ
⇒伊吉博徳（いきのはかとこ）

伊木八郎* いぎはちろう
江戸時代末期の新撰組隊士。
¶新隊（生没年不詳）

伊木半七郎 いぎはんしちろう
江戸時代前期の武士。大坂の陣で籠城。
¶大坂（㊊寛永14年）

伊木均* いぎひとし
文政9（1826）年～明治9（1876）年　江戸時代末期～明治時代の武士、士族。
¶幕末（㊐文政10（1826）年11月　㊊明治9（1876）年9月30日）

印支弥* いきみ
上代の任那日本府の臣。
¶古人（生没年不詳），古代

伊喜見文吾* いきみぶんご
嘉永1（1848）年～昭和7（1932）年　江戸時代末期～昭和時代の印刷業者。白河新聞を発刊し熊本実業界に活躍。
¶幕末（㊊昭和7（1932）年2月10日）

維馨尼 いきょうに
江戸時代中期～後期の女性。和歌。越後与板の豪商大坂屋三輪九郎右衛門長高と吟の娘。
¶江表（維馨尼（新潟県）　㊐明和1（1764）年　㊊文政5（1822）年）

伊行末* いぎょうまつ
？～文応1（1260）年　㊀伊行末（いのゆきすえ）　鎌倉時代前期の石工。宋の明州出身。
¶対外

伊岐善盛の娘* いきよしもりのむすめ
生没年不詳　㊀伊岐氏（いきし）　平安時代後期の女性。二条天皇の女御、六条天皇の生母。
¶天皇（伊岐氏　いきし）

いく (1)
江戸時代中期の女性。俳諧。戸倉の俳人犀河の娘。天明4年刊、加舎白雄編『春秋稿』四に載る。
¶江表（いく（長野県））

いく (2)
江戸時代中期の女性。和歌。道穂村の村井善右衛門頼敬の妻。宝永6年奉納、平間長雅編「住吉社奉納千首和歌」に載る。
¶江表（いく（奈良県））

いく (3)
江戸時代後期の女性。和歌。常陸真鍋の人。天保5年刊、国学者吉田令世編『はるのすさひ』に歌が載る。
¶江表（いく（茨城県））

いく (4)
江戸時代後期の女性。俳諧。下戸倉の宮本真鶯の娘。文化・文政期の俳人宮本虎杖の曽孫。

いくこ

¶江表(いく(長野県))

いく(5)
江戸時代後期の女性。教育。淵東の百瀬氏。天保から弘化期まで家塾を開く。
¶江表(いく(長野県))

いく(6)
江戸時代末期の女性。俳諧。羽山郷の大庄屋千屋半平の妻。安政6年、素風の六〇の賀集『楽寿観』に載る。
¶江表(いく(高知県))

いく(7)
江戸時代末期〜明治時代の女性。教育。金子治喜の妻。
¶江表(いく(東京都))

以久　いく*
江戸時代中期の女性。俳諧。下総古河連。安永3年刊、雪下庵武然編『歳旦』に載る。
¶江表(以久(茨城県))

幾(1)　いく
江戸時代中期の女性。俳諧。北里の人。享保20年序・跋、吾鼠編『筑紫野集』に載る。
¶江表(幾(熊本県))

幾(2)　いく*
江戸時代末期の女性。書簡。因幡鳥取藩士田中幸六の妻。
¶江表(幾(鳥取県))

生江宇左衛門　いくえうざえもん
江戸時代の和算家。
¶数学

生江東人* 　いくえのあずまひと
生没年不詳　㋑生江臣東人(いくえのおみおずまひと)　奈良時代の越前国足羽郡の氏族。
¶古人,古代(生江臣東人　いくえのおみおずまひと),コン

生江家道女* 　いくえのいえみちめ
生没年不詳　㋑生江臣家道女(いくえのおみいえみちめ)　奈良時代〜平安時代前期の女性。優婆夷。
¶古人,古代(生江臣家道女　いくえのおみいえみちめ),女史

生江息嶋* 　いくえのおきしま
生没年不詳　㋑生江臣息嶋(いくえのおみおきしま)　奈良時代の越前国足羽郡の人。
¶古人,古代(生江臣息嶋　いくえのおみおきしま)

生江臣家道女　いくえのおみいえみちめ
⇒生江家道女(いくえのいえみちめ)

生江臣息嶋　いくえのおみおきしま
⇒生江息嶋(いくえのおきしま)

生江臣東人　いくえのおみあずまひと
⇒生江東人(いくえのあずまひと)

生江臣長浜　いくえのおみながはま
⇒生江長浜(いくえのながはま)

生江兼平　いくえのかねひら
平安時代中期の官人。
¶古人(生没年不詳)

生江貞(定)澄　いくえのさだずみ
平安時代中期の検非違使。

¶古人(生没年不詳)

生江為良　いくえのためよし
平安時代中期の勧学院知院事。
¶古人(生没年不詳)

生江恒山* 　いくえのつねやま
生没年不詳　平安時代前期の越前国の人。
¶古人,古代

生江智麻呂　いくえのともまろ
奈良時代の官人。
¶古人(生没年不詳)

生江長浜* 　いくえのながはま
生没年不詳　㋑生江臣長浜(いくえのおみながはま)　奈良時代の豪族。
¶古代(生江臣長浜　いくえのおみながはま)

生江久光　いくえのひさみつ
平安時代後期の官人。
¶古人(生没年不詳)

生江世経　いくえのよつね
平安時代中期の官人。越前国の人。加賀掾。
¶古人(生没年不詳)

鋪子　いくこ
江戸時代後期の女性。日記・記録。岡本氏。光格天皇の中宮欣子内親王の女房。文化13年に光格天皇の譲位が決定、翌年までの備忘録を記す。
¶江表(鋪子(京都府))

いく子　いくこ*
江戸時代後期の女性。和歌。因幡鳥取藩士小林大茂の娘。天保12年刊『類題鰒玉集』四に載る。
¶江表(いく子(鳥取県))

いく子・幾子　いくこ*
江戸時代末期の女性。和歌。筑前鞍手郡原田村の農家勝木利兵衛則元の娘。
¶江表(いく子・幾子(福岡県))　㋒慶応3(1867)年頃

以久子　いくこ*
江戸時代後期の女性。和歌。紀州藩主徳川治宝の側医本多玄達の妻。文化5年頃、真田幸弘編「御ことほきの記」に載る。
¶江表(以久子(和歌山県))

育子　いくこ*
江戸時代後期の女性。和歌・画。播磨姫路藩家老河合寸翁の娘。
¶江表(育子(兵庫県))

郁子(1)　いくこ*
江戸時代中期〜後期の女性。和歌・書。摂関家一条兼香と島氏の娘。
¶江表(郁子(茨城県))　㋔享保14(1729)年　㋒文化5(1808)年

郁子(2)　いくこ*
江戸時代後期の女性。和歌。小林氏の娘。嘉永3年刊、長沢伴雄編『類題鴨川次郎集』に載る。
¶江表(郁子(京都府))

郁子(3)　いくこ*
江戸時代後期の女性。和歌。安芸郡蒲刈島の荘厳寺恵空の妻。
¶江表(郁子(広島県))

い

幾子(1) いくこ★
江戸時代中期の女性。和歌。宝暦12年序、賀茂真淵門で土佐藩士村上影面編『続采藻編』に載る。
¶江表(幾子(東京都))

幾子(2) いくこ★
江戸時代中期の女性。和歌。備前岡山藩天城領領主池田家家臣松本源次郎の娘。
¶江表(幾子(岡山県) [没]安永7(1778)年)

幾子(3) いくこ★
江戸時代後期の女性。和歌。備中浅口郡長尾の商家田辺治兵衛の妻。弘化2年刊、加納諸平編『類題鰒玉集』五に載る。
¶江表(幾子(岡山県))

幾子(4) いくこ★
江戸時代後期の女性。和歌。今治藩藩士重松市弥の娘。
¶江表(幾子(愛媛県) [没]天保9(1838)年)

幾子(5) いくこ★
江戸時代末期の女性。和歌。神田弥右衛門正清の妻。安政7年跋、蜂屋光世編『大江戸倭歌集』に載る。
¶江表(幾子(東京都))

幾子(6) いくこ★
江戸時代末期の女性。和歌。石見の一宮物部神社社司金子有郷の妻。慶応2年序、村上忠順編『元治元年千首』に載る。
¶江表(幾子(島根県))

幾子(7) いくこ★
江戸時代末期の女性。和歌。美作勝南郡行延村庄屋で歌人矢吹経正の妹。安政4年刊、大沢深臣編『美作国英多郡巨勢郷総社千首』に載る。
¶江表(幾子(岡山県))

幾子(8) いくこ★
江戸時代末期の女性。和歌。大納言正親町公明の娘。万延1年序、『類題春草集』二に載る。
¶江表(幾子(大分県))

井草孫三郎 いくさまごさぶろう
⇒歌川国芳(うたがわくによし)

幾之 いくし★
江戸時代末期の女性。画。名、甲子。安政6年刊、畑銀鶏編『書画薈粋』二に載る。
¶江表(幾之(東京都))

幾地内子 いくじないし
江戸時代後期の女性。狂歌。狂歌師元杢網と智恵内子の娘。
¶江表(幾地内子(東京都))

昱子内親王 いくしないしんのう
⇒昱子内親王(あきこないしんのう)

幾島* いくしま
生没年不詳 江戸時代末期の女性。13代将軍徳川家定の妻天璋院付き大奥女中。
¶江表(幾島(東京都) [生]文化5(1808)年 [没]明治3(1870)年),徳将([生]1808年 [没]1870年),幕末

生島嘉蔵* いくしまかぞう
文政4(1821)年～明治32(1899)年 江戸時代末期～明治時代の商人、貿易商。貿易業に従事、唐反物を取り扱う。
¶幕末([没]明治32(1899)年7月2日)

生島新五郎* いくしましんごろう
寛文11(1671)年～寛保3(1743)年 [別]江島・生島(えしま・いくしま),野田倉之丞,野田蔵之丞(のだくらのじょう),野田内蔵之助(のだくらのすけ),菱賀(りょうが) 江戸時代中期の歌舞伎役者。天和2年～正徳4年頃に活躍。
¶江人,歌大([没]寛保3(1743)年1月5日),コン,新歌

生島藤七* いくしまとうしち
生没年不詳 江戸時代前期の螺鈿工。
¶コン,美工

以久女(1) いくじょ★
江戸時代中期の女性。和歌。西条の高橋伝三郎演政の妻。「詠百首和歌」に載る。
¶江表(以久女(愛媛県))

以久女(2) いくじょ★
江戸時代後期の女性。俳諧。中条の小坂幸右衛門の妻。文政7年の上伊那郡箕輪町中箕輪木下の清水庵奉額に載る。
¶江表(以久女(長野県))

郁女 いくじょ★
江戸時代中期の女性。俳諧。元禄4年跋、斎部路通編「俳諧勧進牒」に「款冬」の句が載る。
¶江表(郁女(滋賀県))

幾女(1) いくじょ★
江戸時代後期の女性。川柳。文化9年刊『誹風柳多留』八九篇に、川柳評で載る。
¶江表(幾女(東京都))

幾女(2) いくじょ★
江戸時代後期の女性。俳諧。埴科郡坂城町の人。文政7年刊、宮本八朗・宮沢武日判、月並句合高点集『雁の使』に載る。
¶江表(幾女(長野県))

生田安宅* いくたあたか
天保11(1840)年～明治35(1902)年 江戸時代末期～明治時代の医師、岡山医学館二等教授。性病予防・治療に尽力し、著書に「生理提要附録」など。
¶科学([生]天保11(1840)年11月 [没]明治35(1902)年4月3日),幕末([没]明治35(1902)年4月6日)

生田覚兵衛経朝 いくたかくびょうえつねとも
江戸時代前期の荒木村重・豊臣秀頼の家臣。
¶大坂

生田勘十郎 いくたかんじゅうろう
江戸時代前期の武士。大坂の陣で籠城。
¶大坂([没]慶長19年11月26日)

生田国秀 いくたくにひで
⇒生田万(いくたよろず)

生田精* いくたくわし
天保1(1830)年12月21日～明治14(1881)年10月8日 江戸時代後期～明治時代の国学者。
¶幕末([生]天保1(1831)年12月21日)

生田外記 いくたげき
江戸時代前期の御宿越前の譜代の郎党。
¶大坂([没]慶長20年5月7日)

生田検校* いくたけんぎょう
明暦2(1656)年～正徳5(1715)年 江戸時代前期～中期の箏曲家。生田流箏曲の始祖。
¶江人,コン([生]明暦1(1655)年)

生田鎬＊　いくたこう
文化4（1807）年〜天保8（1837）年　江戸時代後期の女性。国学者生田万の妻。
¶江表（鎬（群馬県））, コン

生田古麦＊　いくたこばく
文政5（1822）年〜明治30（1897）年　江戸時代末期〜明治時代の福井藩士。小隊長として会津戦争に従軍。
¶幕末（[没]明治30（1897）年1月17日）

生田神助＊　いくたしんすけ
文化2（1805）年〜明治4（1871）年　江戸時代末期〜明治時代の郷校弘道館祭酒。
¶幕末（[没]明治4（1871）年1月13日）

生田忠三郎　いくたちゅうざぶろう
江戸時代前期の豊臣秀頼の御膳番。
¶大坂

幾度八郎　いくたびはちろう
⇒幾度八郎（きどはちろう）

生玉琴風＊　いくたまきんぷう
＊〜享保11（1726）年　[別]琴風（きんぷう），柳川琴風（やながわきんぷう）　江戸時代前期〜中期の俳人（蕉門）。
¶俳文（琴風　きんぷう　[生]寛文7（1667）年　[没]享保11（1726）年2月7日）

生田万　いくたまん
⇒生田万（いくたよろず）

生田茂庵　いくたもあん
江戸時代前期の大坂城士。
¶大坂

生田万＊　いくたよろず
享和1（1801）年〜天保8（1837）年6月1日　[別]生田国秀（いくたくにひで），生田万（いくたまん）　江戸時代後期の石見浜田藩士、上野館林藩士、国学者。
¶江人, コン, 思想, 山小（[没]1837年6月1日）

生田良佐＊　いくたりょうすけ
天保8（1837）年〜文久1（1861）年　江戸時代末期の志士。
¶幕末（[没]文久1（1861）年11月12日）

井口貞正　いぐちさだまさ
江戸時代末期の和算家。
¶数学

井口常範　いぐちじょうはん
⇒井口常範（いぐちつねのり）

井口新助＊　いぐちしんすけ
天保8（1837）年〜明治43（1910）年　江戸時代末期〜明治時代の商人、醤油商近江屋主人。土佐藩出入り商人で、坂本龍馬を匿うなど、勤王のため尽力。
¶幕末

生口酔僊＊　いくちすいせん
天保5（1834）年〜明治42（1909）年8月11日　江戸時代末期〜明治時代の医師。
¶幕末（[没]明治41（1908）年8月11日）

井口糺＊　いぐちただす
天保14（1843）年〜明治38（1905）年　[別]井口糺（いのくちただす，いのぐちただす）　江戸時代末期〜明治時代の教育者、祠官。
¶幕末（いのぐちただす　[生]天保14（1843）年8月13日　[没]明治38（1905）年1月16日）

生地太郎左衛門＊　いくぢたろうざえもん
生没年不詳　安土桃山時代の織田信長の家臣。
¶織田

井口忠左衛門＊　いぐちちゅうざえもん
？〜明治3（1870）年　江戸時代末期〜明治時代の名主。
¶コン（[生]文化9（1812）年）, 幕末（[没]明治3（1870）年2月8日）

井口忠三郎の母　いぐちちゅうざぶろうのはは⋆
江戸時代末期の女性。和歌。忠三郎は熊本藩士。安政6年序、村上忠順編『類題和歌玉藻集』初編下に載る。
¶江表（井口忠三郎の母（熊本県））

井口常範＊（井口常憲）　いぐちつねのり
生没年不詳　[別]井口常範（いぐちじょうはん，いのくちつねのり）　江戸時代前期の天文暦学者、医師。
¶科学（井口常憲）

井口徳四郎＊　いぐちとくしろう
？〜明治1（1868）年　江戸時代末期の薩摩藩士。
¶幕末

井口宗貞　いぐちむねさだ
江戸時代前期の代官。
¶徳代（[生]？　[没]元和6（1620）年11月10日）

幾千代　いくちよ⋆
江戸時代中期の女性。和歌。長門長州藩藩士山内縫殿の妹。宝永6年奉納、平間長雅編「住吉社奉納千首和歌」に載る。
¶江表（幾千代（山口県））

幾年　いくとし⋆
江戸時代末期〜明治時代の女性。画。歌川一葉斎を名乗り、浮世絵師芳幾の門。
¶江表（幾年（東京都））

幾宮　いくのみや
⇒堯恭法親王（ぎょうきょうほうしんのう）

的臣（欠名）＊　いくはのおみ
上代の任那日本府の官人。
¶古代

的臣真嚙＊　いくはのおみまくい
飛鳥時代の武将。
¶古代

的戸田　いくはのとだ
⇒的戸田宿禰（いくはのとだのすくね）

的戸田宿禰＊　いくはのとだのすくね
[別]的戸田（いくはのとだ）　上代の遣加羅・新羅使。
¶古代, コン

郁芳門院＊　いくほうもんいん
承保3（1076）年4月5日〜嘉保3（1096）年8月7日　[別]媞子内親王（ていしないしんのう，やすこないしんのう），六条院（ろくじょういん）　平安時代後期の女性。白河天皇の第1皇女。
¶古人（媞子内親王　やすこないしんのう）, コン（[没]永長1（1096）年）, 女史, 天皇（[没]永長1（1096）年8月6日）, 日文

郁芳門院安芸＊　いくほうもんいんのあき
生没年不詳　[別]安芸（あき）　平安時代後期の女性。歌人。

¶古人（安芸　あき）

生熊左介＊　いくまさすけ
安土桃山時代の代官。
¶織田（生没年不詳）

い

生熊左兵衛尉＊（生熊佐兵衛尉）　いくまさひょうえのじょう
生没年不詳　安土桃山時代の武士。織田氏家臣。
¶織田（生熊佐兵衛尉）

幾松　いくまつ
⇒木戸松子（きどまつこ）

井汲唯一＊　いくみただいち
文政12（1829）年～慶応2（1866）年　江戸時代末期の美作津山藩士、勤王家、剣術家。
¶幕末（[生]文政12（1829）年11月　[没]慶応2（1866）年4月24日）

活目入彦五十狭茅尊　いくめいりひこいさちのみこと
⇒垂仁天皇（すいにんてんのう）

いくよ
江戸時代末期の女性。俳諧。越後下平の人。万延1年刊、松岡茶山編『鄙さへつり』に載る。
¶江表（いくよ（新潟県））

いく世　いくよ★
江戸時代中期の女性。俳諧。安芸宮島の遊女。元禄6年刊、北条団水編『くやみ草』に載る。
¶江表（いく世（広島県））

いく代　いくよ★
江戸時代後期の女性。俳諧。能登富来の人。文化4年序、中山眉山編、千代女33回忌追善集『長月集』に載る。
¶江表（いく代（石川県））

幾代　いくよ★
江戸時代中期の女性。俳諧。筑前直方の俳人桂宇の母。享保13年序、朝月舎程十編『門司硯』に載る。
¶江表（幾代（福岡県））

池穴伊豆　いけあないず
江戸時代前期の紀伊国牟婁郡熊野本宮大社の神官。
¶大坂

以恵(1)　いけい★
江戸時代後期の女性。俳諧。越前福井の人。享和2年のラ山下東水坊編「各年賀探題」に載る。
¶江表（以恵（福井県））

以恵(2)　いけい★
江戸時代後期の女性。俳諧。石見大森の江永堂可方の母。文化11年序、可方の子思明堂里方編、可方七回忌追善句集『月の寝さめ』乾に載る。
¶江表（以恵（島根県））

依兮＊　いけい
＊～享和1（1801）年　江戸時代中期～後期の俳人。
¶俳文（[生]延享3（1746）年　[没]享和1（1801）年10月7日）

怡渓宗悦　いけいしゅうえつ
⇒怡渓宗悦（いけいそうえつ）

惟馨周徳＊　いけいしゅうとく
生没年不詳　[別]周徳（しゅうとく）　戦国時代の画僧。
¶美画

怡渓宗悦＊　いけいそうえつ
正保1（1644）年～正徳4（1714）年5月2日　[別]怡渓宗悦（いけいしゅうえつ），宗悦（そうえつ）　江戸時代前期～中期の茶人。石州流怡渓派の祖。
¶コン

池内大学＊　いけうちだいがく
文化11（1814）年～文久3（1863）年　[別]池内陶所（いけうちとうしょ），池内奉時（いけうちまさとき）　江戸時代末期の儒者、尊攘派志士。
¶コン，全幕，幕末（池内陶所　いけうちとうしょ　[生]文化11（1814）年10月22日　[没]文久3（1863）年1月23日）

池内陶所　いけうちとうしょ
⇒池内大学（いけうちだいがく）

池内奉時　いけうちまさとき
⇒池内大学（いけうちだいがく）

池尻勝房　いけがみかつふさ
⇒池尻勝房（いけじりかつふさ）

池上五郎右衛門＊　いけがみごろうえもん
生没年不詳　室町時代の御大工。
¶織田，美建

池上隼之助　いけがみじゅんのすけ
⇒池上隼之助（いけがみはやのすけ）

池上将監丞　いけがみしょうげんのじょう
安土桃山時代の武蔵国滝山城主北条氏照の家臣。
¶後北（将監丞〔池上〕　しょうげんのじょう）

池上四郎　いけがみしろう
⇒池上四郎（いけのうえしろう）

池上新太郎＊　いけがみしんたろう
嘉永6（1853）年～明治1（1868）年　江戸時代末期の陸奥会津藩士、白虎士中二番隊士。
¶全幕（[没]慶応4（1868）年），幕末（[没]慶応4（1868）年8月23日）

池上清左衛門尉　いけがみせいざえもんのじょう
安土桃山時代の信濃国伊那郡長谷村在郷の細工職人。
¶武田（生没年不詳）

池尻胤房＊　いけがみたねふさ
文政13（1830）年～明治3（1870）年　[別]池尻胤房（いけじりたねふさ）　江戸時代後期～明治時代の公卿。
¶公卿（いけじりたねふさ　[生]文政13（1830）年6月13日　[没]明治3（1870）年4月），公家（胤房〔池尻家〕　たねふさ　[生]文政13（1830）年6月11日　[没]明治3（1870）年4月23日）

池上太郎左衛門＊　いけがみたろうざえもん
享保3（1718）年～寛政10（1798）年　[別]池上太郎左衛門幸豊（いけがみたろうざえもんゆきとよ），池上太郎左衛門（いけがみたろざえもん），池上幸豊（いけがみゆきとよ）　江戸時代中期の新田開発家、殖産興業家。
¶江人，コン，植物（[没]寛政10（1798）年2月15日）

池上太郎左衛門幸豊　いけがみたろうざえもんゆきとよ
⇒池上太郎左衛門（いけがみたろうざえもん）

池上太郎左衛門　いけがみたろざえもん
⇒池上太郎左衛門（いけがみたろうざえもん）

池尻暉房　いけがみてるふさ
⇒池尻暉房（いけじりてるふさ）

池尻共孝　いけがみともたか
　⇒池尻共孝（いけじりともたか）

池上阿闍梨　いけがみのあじゃり
　⇒皇慶（こうけい）

池上国貞　いけがみのくにさだ
　平安時代後期の八幡宇佐宮本司職に補せらる。
　¶古人（生没年不詳）

池上女王　いけがみのじょおう
　⇒池上女王（いけのえのじょおう）

池上僧都　いけがみのそうず
　⇒源仁（げんにん）

池上隼之助*　いけがみはやのすけ
　文政12（1829）年～元治1（1864）年　㊄池上隼之助（いけがみじゅんのすけ）　江戸時代末期の佐渡原藩士。
　¶コン、全幕、幕末（㊐文政12（1829）年8月17日）（㊁元治1（1864）年8月11日）

池上平三　いけがみへいぞう
　安土桃山時代の滝山城主北条氏照の家臣。
　¶後北（平三〔池上〕　へいぞう）

池上幸豊　いけがみゆきとよ
　⇒池上太郎左衛門（いけがみたろうざえもん）

池上幸政の妹　いけがみゆきまさのいもうと*
　江戸時代中期の女性。和歌。幸政は武蔵大師河原の名主。
　¶江表（池上幸政の妹〔神奈川県〕）　㊁元文5（1740）年

池谷清右衛門　いけがやせいえもん
　江戸時代前期の代官。
　¶徳代（生没年不詳）

池谷政一郎*　いけがやまさいちろう
　天保5（1834）年～明治20（1887）年　江戸時代末期～明治時代の農民。駿河国宗高村の道路開発に着手。
　¶幕末

池城安規*　いけぐすくあんき
　？～明治10（1877）年　江戸時代末期～明治時代の三司官。
　¶コン、幕末（㊁明治10（1877）年4月）

池内蔵太*　いけくらた
　天保12（1841）年～慶応2（1866）年　㊄細井徳太郎（ほそいとくたろう）、細川左馬之助（ほそかわさまのすけ）　江戸時代末期の志士、土佐藩士。海援隊士。
　¶コン、全幕（㊐天保11（1840）年）、幕末（㊐天保12（1841）年5月）（㊁慶応2（1866）年5月2日）

池尻勝房　いけじりかつふさ
　慶安3（1650）年～正徳1（1711）年　㊄池尻勝房（いけがみかつふさ）　江戸時代前期～中期の公家（権大納言）。権大納言池尻共孝の子。
　¶公卿（㊐慶安3（1650）年8月10日）（㊁正徳1（1711）年2月7日）、公家（勝房〔池尻家〕　かつふさ　㊐慶安3（1650）年8月10日　㊁宝永1（1711）年2月7日）

池尻定孝*　いけじりさだたか
　天明8（1788）年11月17日～文政9（1826）年10月14日　江戸時代後期の公家（非参議）。権大納言池尻暉房の子。
　¶公卿、公家（定孝〔池尻家〕　さだたか）

池尻岳五郎*　いけじりたけごろう
　弘化1（1844）年～元治1（1864）年　江戸時代末期の筑後久留米藩士。
　¶幕末（㊁元治1（1864）年11月）

池尻胤房　いけじりたねふさ
　⇒池尻胤房（いけがみたねふさ）

池尻懋　いけじりつとむ
　⇒池尻茂四郎（いけじりもしろう）

池尻栄房*　いけじりてるふさ
　享保7（1722）年1月2日～天明8（1788）年1月14日　江戸時代中期の公家（権大納言）。参議梅園久季の子。
　¶公卿、公家（栄房〔池尻家〕　しげふさ）

池尻暉房*　いけじりてるふさ
　宝暦12（1762）年～嘉永5（1852）年　㊄池尻暉房（いけがみてるふさ）　江戸時代中期～後期の公家（権大納言）。兵部少輔池尻定治の子。
　¶公卿（㊐宝暦12（1762）年7月5日）（㊁嘉永5（1852）年8月17日）、公家（暉房〔池尻家〕　てるふさ　㊐宝暦12（1762）年7月5日　㊁嘉永5（1852）年8月17日）

池尻共条　いけじりともえだ
　貞享4（1687）年6月16日～享保12（1727）年7月19日　江戸時代中期の公家（非参議）。権大納言池尻勝房の子。
　¶公卿、公家（共条〔池尻家〕　ともえだ）

池尻共孝*　いけじりともたか
　慶長19（1614）年～天和3（1683）年　㊄池尻共孝（いけがみともたか）　江戸時代前期の公家（権大納言）。池尻家の祖。権大納言清閑寺共房の次男。
　¶公卿（㊐慶長18（1613）年11月24日）（㊁天和3（1683）年9月14日）、公家（共孝〔池尻家〕　ともたか　㊐慶長18（1613）年11月24日　㊁天和3（1683）年9月14日）

池尻延房*　いけじりのぶふさ
　文化3（1806）年11月21日～元治1（1864）年6月2日　江戸時代末期の公家（非参議）。讃岐権守池尻定孝の子。
　¶公卿、公家（延房〔池尻家〕　のぶふさ）

池尻始*　いけじりはじめ
　享和2（1802）年～*　㊄池尻茂左衛門（いけじりもざえもん）　江戸時代末期～明治時代の久留米藩士。久留米藩の藩校明善堂教授、議事院副議長を務める。
　¶コン（㊁明治11（1878）年）、幕末（池尻茂左衛門　いけじりもざえもん　㊁明治10（1877）年11月13日）

池尻茂左衛門　いけじりもざえもん
　⇒池尻始（いけじりはじめ）

池尻茂四郎*　いけじりもしろう
　天保11（1840）年～元治1（1864）年　㊄池尻懋（いけじりつとむ）　江戸時代末期の筑後久留米藩士。
　¶幕末（㊁元治1（1864）年7月22日）

池田明子　いけだあきこ
　⇒明子女王（あきこじょおう）

池田安芸守　いけだあきのかみ
　生没年不詳　戦国時代の北条氏の家臣。
　¶後北（安芸守〔池田（1）〕　あきのかみ）

池田章政*　いけだあきまさ
　天保7（1836）年～明治36（1903）年6月5日　江戸時代末期～明治時代の華族、岡山藩主、岡山藩知事、

華族銀行頭取、侯爵。
¶幕末（[生]天保7（1836）年5月3日）

池大雅　いけたいが
⇒池大雅（いけのたいが）

池田和泉*　いけだいずみ
？～天正7（1579）年11月19日　戦国時代～安土桃山時代の織田信長の家臣。
¶織田

池田緯太郎*　いけだいたろう
天保12（1841）年～大正2（1913）年　江戸時代末期～明治時代の名主、県議会議員。地租改正の折には区長として尽力。
¶幕末

池田東市佑　いけだいちのじょう（すけ）
戦国時代～安土桃山時代の甲斐国山梨郡於曽郷の土豪。金山衆の一人。
¶武田（生没年不詳）

池大納言　いけだいなごん
⇒平頼盛（たいらのよりもり）

池大六*　いけだいろく
文政10（1827）年～明治12（1879）年　[別]山中安敬（やまなかやすたか）　江戸時代末期～明治時代の足軽下横目。勤王心を抱き国事に奔走。
¶幕末（[生]？　[没]明治12（1879）年9月9日）

池田雲樵*　いけだうんしょう
文政8（1825）年～明治19（1886）年　江戸時代末期～明治時代の日本画家。作品に「松林読書」「威振八荒」など。
¶美画（[生]文政8（1825）年10月4日　[没]明治19（1886）年6月30日）

池田英泉　いけだえいせん
⇒渓斎英泉（けいさいえいせん）

池田王　いけだおう
⇒池田王（いけだのおう）

池田大隅守*　いけだおおすみのかみ
天保11（1840）年？～？　江戸時代末期の幕臣。
¶幕末（[生]天保12（1841）年？）

池田景雄　いけだかげかつ
⇒池田秀雄（いけだひでお）

池田勝　いけだかつ
⇒勝姫（かつひめ）

池田勝之介*　いけだかつのすけ
生没年不詳　安土桃山時代の織田信長の家臣。
¶織田

池田勝正*（池田勝政）　いけだかつまさ
？～天正6（1578）年　戦国時代～安土桃山時代の武将。
¶織田（[没]天正6（1578）年？），コン（池田勝政　生没年不詳），全戦，戦武（生没年不詳）

池田鑑子*　いけだかんこ
天保9（1838）年2月～明治39（1906）年9月25日　江戸時代末期～明治時代の女性。岡山藩主池田章政の妻。美濃大垣藩主戸田氏正の娘。
¶江表（鑑子（岡山県）　かんこ）

池田冠山　いけだかんざん
⇒池田定常（いけださだつね）

池田貫兵衛*　いけだかんべえ
天保13（1842）年～明治40（1907）年　江戸時代末期～明治時代の貿易商。米商人ハリス・モールスの家僕。
¶幕末（[没]明治40（1907）年8月29日）

池田喜代井*　いけだきよい
文化9（1812）年～天保13（1842）年12月2日　江戸時代後期の女性。文筆家。
¶江表（喜代井（山形県））

池田錦橋　いけだきんきょう
⇒池田瑞仙〔1代〕（いけだずいせん）

池田謙斎*　いけだけんさい
天保12（1841）年～大正7（1918）年4月30日　江戸時代末期～昭和時代の医師。文部省留学生としてドイツに留学後東大医学部初代総理となる。日本最初の医学博士。
¶科学（[生]天保12（1841）年11月10日），幕末（[生]天保12（1841）年11月1日）

池田源兵衛*(1)　いけだげんべえ
？～享保7（1722）年　江戸時代中期の津軽塗の祖、津軽藩士。
¶美工

池田源兵衛(2)　いけだげんべえ
⇒清海源兵衛（せいかいげんべえ）

池田謙竜*（池田謙龍）　いけだけんりょう
文政10（1827）年～明治29（1896）年　江戸時代末期～明治時代の医師。三椏を静岡県より移入し殖産興業に尽力。
¶幕末（池田謙龍　[生]文政10（1827）年9月13日　[没]明治29（1896）年12月13日）

池田幸*　いけだこう
文政1（1818）年～慶応1（1865）年　[別]川瀬幸（かわせこう）　江戸時代末期の女性。勤王家。近江彦根藩医飯島三太夫の娘。
¶江表（幸子（滋賀県）），コン，全幕（川瀬幸　かわせこう）

池田好運*　いけだこううん
生没年不詳　江戸時代前期の航海家。「元和航海書」の著者。
¶江人，コン，対外

池田小三郎*　いけだこさぶろう
天保13（1842）年～慶応4（1868）年3月　江戸時代後期～末期の新撰組隊士。
¶新隊（[没]明治1（1868）年3月）

池田孤村*（池田孤邨）　いけだこそん
享和1（1801）年～慶応2（1866）年　江戸時代末期の画家。
¶コン（[生]享和2（1802）年　[没]慶応3（1867）年），美画（[没]慶応2（1866）年2月13日）

池田貞一　いけださだかず
⇒池田貞一（いけだていいち）

池田定常*　いけださだつね
明和4（1767）年10月3日～天保4（1833）年　[別]池田冠山（いけだかんざん），松平冠山（まつだいらかんざん）　江戸時代中期～後期の大名。因幡鳥取西館藩主。
¶コン

池田定見　いけださだみ
江戸時代後期～明治時代の和算家、松代藩士。
¶数学（[生]寛政7（1795）年　[没]明治3（1870）年）

池田佐渡守　いけださどのかみ
戦国時代～安土桃山時代の真田氏の家臣。
¶武田（生没年不詳）

池田三左衛門　いけださんざえもん
⇒池田輝政（いけだてるまさ）

池田重富　いけだしげとみ
江戸時代前期～中期の代官。
¶徳代（[生]正保4（1647）年　[没]宝永4（1707）年1月23日）

池田重成*　いけだしげなり
？～慶長8（1603）年　安土桃山時代の武将。織田氏家臣、豊臣氏家臣、徳川氏家臣。
¶織田

池田七三郎*　いけだしちさぶろう
嘉永2（1849）年11月23日～昭和13（1938）年1月16日　江戸時代後期～明治時代の新撰組隊士。
¶新隊（[生]嘉永2（1849）年11月13日），全幕

池田重治郎*　いけだじゅうじろう
文政8（1825）年～明治12（1879）年　江戸時代末期～明治時代の刀工、鍛冶職。
¶美工

池田昌意　いけだしょうい
⇒池田昌意（いけだまさおき）

池田庄司*　いけだしょうじ
江戸時代末期の新撰組隊士。
¶新隊

池田正蔵　いけだしょうぞう
江戸時代後期～明治時代の薩摩藩士。
¶幕末（[生]1816年10月27日　[没]1888年11月30日）

池田勝入　いけだしょうにゅう
⇒池田恒興（いけだつねおき）

池田次郎兵衛*　いけだじろべえ
天保5（1834）年～明治43（1910）年　江戸時代末期～明治時代の鹿児島県士族、陸軍軍人、大佐。戊辰戦争では砲兵監事、西南戦争では西郷軍と参戦。
¶幕末（[生]天保5（1834）年7月2日　[没]明治43（1910）年10月12日）

池田新太郎　いけだしんたろう
⇒池田光政（いけだみつまさ）

池田瑞仙〔1代〕*　いけだずいせん
享保20（1735）年5月22日～文化13（1816）年9月6日　[別]池田錦橋（いけだきんきょう），池田独美（いけだどくび）　江戸時代中期～後期の痘科医、幕府医師。
¶科学（[生]享保19（1734）年5月22日），コン（代数なし　[生]享保19（1734）年）

池田瑞仙〔2代〕*　いけだずいせん
天明4（1784）年～安政4（1857）年8月18日　[別]池田霧渓（いけだむけい）　江戸時代後期の痘科医。
¶科学，コン（池田霧渓　いけだむけい）

池田季隆　いけだすえたか
＊～宝暦4（1754）年　江戸時代前期～中期の幕臣。
¶徳人（[生]1677年），徳代（[生]延宝6（1678）年　[没]宝暦4（1754）年12月18日）

池田季秀　いけだすえひで
江戸時代後期～末期の代官。
¶徳代（[生]寛政12（1800）年　[没]文久1（1861）年8月17日）

池田季庸　いけだすえもち
江戸時代中期～後期の代官。
¶徳代（[生]享保1（1716）年　[没]寛政4（1792）年3月4日）

池田正直*　いけだせいちょく
慶長2（1597）年～延宝5（1677）年　江戸時代前期の医師。
¶科学，コン

池田清貪*　いけだせいとん
生没年不詳　戦国時代の武士、茶人。
¶織田

池田是誰*　いけだぜすい
生没年不詳　[別]是誰（これたれ，ぜすい）　江戸時代前期の俳人（貞門）。
¶俳文（是誰　ぜすい）

池田草庵*　いけだそうあん
文化10（1813）年～明治11（1878）年　江戸時代末期～明治時代の儒学者、漢学者。郷村に青谿書院を開き、但馬聖人と仰がれる。著書に「読易録」など。
¶コン，思想，幕末（[生]文化10（1813）年7月23日　[没]明治11（1878）年9月24日）

池田泰真*　いけだたいしん
文政8（1825）年～明治36（1903）年　江戸時代末期～明治時代の蒔絵師。薬研堀派と称され、パリ万国博で金牌受賞。
¶美工（[生]文政8（1825）年7月7日　[没]明治36（1903）年3月7日）

池田但季　いけだただすえ
＊～天保5（1834）年　江戸時代中期～後期の幕臣、代官。
¶徳人（[生]1752年），徳代（[生]宝暦1（1751）年　[没]天保5（1834）年4月27日）

池田種徳*　いけだたねのり
天保2（1831）年～明治7（1874）年　江戸時代末期～明治時代の志士。新撰組前身の浪士組の隊士として活躍。維新後は若森県権知事、岩手参事、青森県権令などを歴任。
¶コン（[没]明治6（1873）年），幕末（[没]明治7（1874）年9月12日）

池田弾正*　いけだだんじょう
天保1（1830）年？～？　江戸時代末期の幕臣。
¶幕末

池田長発　いけだちょうはつ
⇒池田長発（いけだながおき）

池田綱政女*　いけだつなまさのむすめ
生没年不詳　江戸時代前期～中期の女性。山内（松平）土佐守豊房の後妻。
¶江表（玉仙院（高知県）　[生]貞享3（1686）年　[没]宝暦8（1758）年）

池田恒興*　いけだつねおき
天文5（1536）年～天正12（1584）年　[別]池田勝入（いけだしょうにゅう），池田信輝（いけだのぶてる）　安土桃山時代の武将。織田信長の家臣。
¶織田（[没]天正12（1584）年4月9日），コン，全戦，戦武

池田常蔵*　いけだつねぞう
嘉永4（1851）年～明治43（1910）年　江戸時代末期

〜明治時代の蚕糸業。
¶幕末

池田露*　いけだつゆ
文化14（1817）年11月22日〜文政5（1822）年11月27日　[別]露姫（つゆひめ）　江戸時代後期の女性。因幡若桜藩主池田定常の16女。
¶江表（露姫（鳥取県））, 女史（露姫　つゆひめ）

池田鶴子　いけだつるこ
⇒鶴姫（つるひめ）

池田貞一*　いけだていいち
生没年不詳　[別]池田貞一（いけださだかず）　江戸時代後期の数学者。
¶数学（いけださだかず）

池田輝政*（池田照政）　**いけだてるまさ**
永禄7（1564）年〜慶長18（1613）年　[別]池田三左衛門（いけださんざえもん），岐阜侍従（ぎふじじゅう），羽柴三左衛門（はしばさんざえもん），吉田侍従（よしだじじゅう）　安土桃山時代〜江戸時代前期の大名。播磨姫路藩主。
¶織田（池田照政　[没]慶長18（1613）年1月25日）, コン, 全戦, 戦武, 徳将, 山小（[生]1564年12月29日　[没]1613年1月25日）

池田輝政室　いけだてるまさしつ
⇒督姫（とくひめ）

池田徳右衛門　いけだとくえもん
⇒牧徳右衛門（まきのとくえもん）

池田独美　いけだどくび
⇒池田瑞仙〔1代〕（いけだずいせん）

池田利隆室(1)　**いけだとしたかしつ**
安土桃山時代の女性。北条氏直の娘。
¶後北（利隆室〔池田（2）〕　としたかしつ　[没]慶長7年2月28日）

池田利隆室(2)　**いけだとしたかしつ**
⇒鶴姫（つるひめ）

池田富明　いけだとみあきら
江戸時代前期〜中期の代官。
¶徳代（[生]寛文12（1672）年　[没]宝暦1（1751）年1月28日）

池田留吉*　いけだとめきち
天保10（1839）年〜文久2（1862）年　江戸時代末期の水戸藩属吏。
¶幕末（[没]文久2（1862）年8月14日）

池田知正*　いけだともまさ
？〜慶長8（1603）年　安土桃山時代の武将。織田氏家臣、豊臣氏家臣、徳川氏家臣。
¶織田（[没]慶長9（1604）年3月18日？）, 全戦（生没年不詳）, 戦武

池田長顕*　いけだながあき
？〜文久2（1862）年　江戸時代末期の幕臣、講武所総裁。
¶徳人

池田長発*　いけだながおき
天保8（1837）年7月23日〜明治12（1879）年9月12日　[別]池田長発（いけだちょうはつ）　江戸時代後期〜明治時代の武士。
¶コン（いけだちょうはつ）, 徳人, 幕末

池田長賢　いけだながかた
江戸時代前期の幕臣。
¶徳人（[生]1604年　[没]1664年）

池田長恵　いけだながしげ
⇒池田長恵（いけだながよし）

池田長門守　いけだながとのかみ
[別]池田長門（いけだながと）　江戸時代前期の武士。真田昌幸・信之に仕えた。
¶全戦（池田長門　いけだながと　生没年不詳）, 武田（[生]？　[没]寛永4（1627）年7月15日）

池田長休　いけだながのり
江戸時代中期の幕臣。
¶徳人（[生]1784年　[没]？）

池田長溥*　いけだながひろ
享和3（1803）年〜嘉永6（1853）年　江戸時代末期の幕府大目付。
¶幕末（[生]？　[没]嘉永6（1853）年11月10日）

池田長正*　いけだながまさ
？〜永禄6（1563）年　戦国時代の武将。
¶戦武

池田長恵*　いけだながよし
延享2（1745）年〜寛政12（1800）年　[別]池田長恵（いけだながしげ）　江戸時代中期の江戸町奉行。
¶徳人（いけだながしげ）

池田長頼*　いけだながより
？〜寛永9（1632）年　江戸時代前期の書院番士。
¶徳人

池田成章*　いけだなりあき
天保11（1840）年〜大正1（1912）年　江戸時代末期〜明治時代の米沢藩士、沖縄県吏、実業家。両羽銀行設立に尽力。
¶幕末（[生]天保11（1840）年5月26日）

池田斉衆　いけだなりひろ
江戸時代後期の徳川家斉の十二男。
¶徳将（[生]1812年　[没]1826年）

池谷佐平*　いけたにさへい
天保8（1837）年〜大正10（1921）年　江戸時代末期〜明治時代の薬種業、貿易家。
¶幕末

池田朝臣真枚　いけだのあそんまひら
⇒池田真枚（いけだのまひら）

池田王*　いけだのおう
生没年不詳　[別]池田王（いけだおう）　奈良時代の公卿（非参議）。天武天皇の孫、舎人親王王子。
¶公卿, 古人, 古代, コン

池田真枚　いけだのさねひら
⇒池田真枚（いけだのまひら）

池田足継　いけだのたりつぐ
奈良時代の官人。
¶古人（生没年不詳）

池田足床　いけだのたりとこ
奈良時代の官人。
¶古人（生没年不詳）

池田春野*　いけだのはるの
天平宝字1（757）年〜承和5（838）年　奈良時代〜平安時代前期の官人。
¶古人

池田信輝 いけだのぶてる
⇒池田恒興(いけだつねおき)

池田真枚*(池田真平) いけだのまひら
生没年不詳 [別]池田朝臣真枚(いけだのあそんまひら),池田真枚(いけだのさねひら) 奈良時代の官人、武将、鎮守副将軍。
¶古人(いけだのさねひら),古人(池田真平),古代(池田朝臣真枚 いけだのあそんまひら),コン

池田徳澄* いけだのりずみ
安政1(1854)年～明治9(1876)年 江戸時代末期～明治時代の鳥取東館藩主、子爵。
¶幕末([没]明治9(1876)年12月13日)

池田教正* いけだのりまさ
[別]シメオン 安土桃山時代の武将、河内若江城主。
¶織田([生]? [没]文禄4(1595)年7月?)

池田秀雄* いけだひでお
享禄1(1528)年～慶長2(1597)年 [別]池田景雄(いけだかげかつ) 戦国時代～安土桃山時代の武士。織田氏家臣、豊臣氏家臣。
¶織田(池田景雄 いけだかげかつ [没]慶長2(1597)年11月30日)

池田兵助正奉 いけだひょうすけまさとも
江戸時代前期の武士。大坂の陣で籠城。
¶大坂([没]慶長20年5月7日)

池田孫左衛門尉* いけだまござえもんのじょう
安土桃山時代の武将。後北条氏家臣。
¶後北(孫左衛門尉〔池田(1)〕 まござえもんのじょう)

池田昌意* いけだまさおき
生没年不詳 [別]池田昌意(いけだしょうい),古郡彦左衛門(ふるごおりひこざえもん) 江戸時代前期の和算家、暦算家。
¶科学,数学

池田政礼* いけだまさかた
嘉永2(1849)年～明治40(1907)年 [別]池田政礼(いけだまさのり) 江戸時代末期～明治時代の大名。備中生坂藩主。
¶幕末([生]嘉永2(1850)年12月17日 [没]明治40(1907)年10月7日)

池田政貞 いけだまささだ
江戸時代中期～後期の幕臣。
¶徳人([生]1748年 [没]1817年)

池田政武* いけだまさたけ
慶安2(1649)年～貞享4(1687)年 江戸時代前期の大名。播磨福本藩主。
¶徳人([生]1638年)

池田昌豊* いけだまさとよ
文政5(1822)年～明治31(1898)年 江戸時代末期～明治時代の徳島藩家老。藩主を補佐し藩論の統一に努力。
¶幕末([没]明治31(1898)年7月18日)

池田政礼 いけだまさのり
⇒池田政礼(いけだまさかた)

池田正式* いけだまさのり
[別]正式(まさのり) 江戸時代中期の大和郡山藩士。
¶俳文(正式 まさのり 生没年不詳)

池田政隼 いけだまさはや
江戸時代中期の幕臣。
¶徳人([生]1707年 [没]1784年)

池田正盛* いけだまさもり
生没年不詳 [別]正盛(まさもり) 戦国時代の連歌作者。
¶俳文(正盛 まさもり)

池田正慶* いけだまさよし
生没年不詳 江戸時代末期の和算家。
¶数学

池田造酒之進* いけだみきのしん
天保4(1833)年～慶応2(1866)年 江戸時代末期の忠告隊士。
¶幕末([没]慶応2(1866)年7月28日)

池田光仲* いけだみつなか
寛永7(1630)年～元禄6(1693)年 江戸時代前期の大名。因幡鳥取藩主、備前岡山藩主。
¶コン

池田光政* いけだみつまさ
慶長14(1609)年～天和2(1682)年5月22日 [別]池田新太郎(いけだしんたろう) 江戸時代前期の大名。播磨姫路藩主、因幡鳥取藩主、備前岡山藩主。
¶江人,コン,思想,徳将,山小([生]1609年4月4日 [没]1682年5月22日)

池田充正*(池田充政) いけだみつまさ
正長1(1428)年～文明14(1482)年 室町時代～戦国時代の武士。
¶室町(生没年不詳)

池田光政妻 いけだみつまさのつま
⇒勝姫(かつひめ)

池田霧渓 いけだむけい
⇒池田瑞仙〔2代〕(いけだずいせん)

池田村子* いけだむらこ
宝永3(1706)年4月11日～延享3(1746)年7月7日 江戸時代中期の女性。備前岡山藩主池田継政の妻。
¶江表(村子(岡山県))

池田茂政* いけだもちまさ
天保10(1839)年10月11日～明治32(1899)年12月12日 江戸時代後期～明治時代の大名。
¶コン,全幕,幕末

池田元助* いけだもとすけ
*～天正12(1584)年 [別]池田之助(いけだゆきすけ) 安土桃山時代の武将。織田氏家臣、豊臣氏家臣。
¶織田([生]永禄2(1559)年? [没]天正12(1584)年4月9日)

池田弥七* いけだやしち
文化5(1808)年～明治10(1877)年 江戸時代末期～明治時代の播磨姫路焼(東山焼)の陶工。
¶美工([生]享和3(1803)年)

池田屋惣兵衛* いけだやそうべえ
文政6(1823)年～元治1(1864)年 江戸時代末期の京都の旅館池田屋の主人。
¶幕末([没]元治1(1864)年7月13日)

池田之助 いけだゆきすけ
⇒池田元助(いけだもとすけ)

池田奉永* いけだよしなが
平治1(1159)年～仁治1(1240)年 [別]紀奉永(きのともなが) 平安時代後期～鎌倉時代前期の武家。

¶古人（紀奉永　きのともなが）

池田慶徳*　いけだよしのり

天保8（1837）年～明治10（1877）年8月2日　江戸時代末期～明治時代の大名、鳥取藩知事。藩政改革に努め、藩論を勤王に統一、維新後は華族会館創立に尽力。

¶コン，全幕，幕末

池田慶政*　いけだよしまさ

文政6（1823）年～明治26（1893）年3月4日　江戸時代後期～明治時代の大名、華族。

¶全幕，幕末

池田喜通*　いけだよしみち

文政11（1828）年～明治1（1868）年　江戸時代末期の大名。播磨福本藩主。

¶幕末（[生]文政11（1828）年6月21日　[没]明治1（1868）年7月28日）

池田頼方*　いけだよりかた

江戸時代末期の幕臣、隼人、将監、播磨守。

¶徳人（生没年不詳），幕末（生没年不詳）

池田利牛*　いけだりぎゅう

生没年不詳　[別]利牛（りぎゅう）　江戸時代中期の俳人（蕉門）。

¶俳文（利牛　りぎゅう）

池田良輔*　いけだりょうすけ

*～明治27（1894）年　江戸時代末期～明治時代のフランス語学者。弟子に陸奥宗光。著書に「英吉里私文典」など。

¶幕末（[生]文政1（1818）年　[没]明治27（1894）年5月27日）

池田六右衛門　いけだろくえもん

江戸時代前期の長宗我部盛親の家臣。

¶大坂（[没]慶長20年5月6日）

池知退蔵*　いけぢたいぞう，いけちたいぞう

天保2（1831）年～明治23（1890）年　[別]池知重利（いけともしげとし）　江戸時代末期～明治時代の地方功労者。教育、士族授産のために尽力。「高陽新報」「弥生新聞」を発行し皇室尊崇を唱えた。

¶コン（池知重利　いけともしげとし），幕末（いけちたいぞう　[没]明治23（1890）年7月23日）

池知重利　いけともしげとし

⇒池知退蔵（いけぢたいぞう）

池永大虫*　いけながだいちゅう

[別]大虫（だいちゅう）　江戸時代後期～明治時代の俳人。

¶俳文（大虫　だいちゅう　[生]？　[没]明治5（1872）年12月18日），幕末（[生]？　[没]明治3（1871）年12月18日）

池西言水*　いけにしごんすい

慶安3（1650）年～享保7（1722）年9月24日　[別]言水（げんすい，ごんすい）　江戸時代前期～中期の俳人。

¶江人（言水　ごんすい），コン，詩作，俳文（言水　ごんすい）

池之上　いけのうえ*

江戸時代前期の女性。書簡。島津家御一門の北郷時久の娘。

¶江表（池之上（鹿児島県）　[没]元和9（1623）年）

池上四郎*　いけのうえしろう

天保13（1842）年～明治10（1877）年　[別]池上四郎（いけがみしろう）　江戸時代末期～明治時代の薩摩藩士、近衛陸軍少佐。私学校の創立に尽力。

¶幕末（いけがみしろう　[没]明治10（1877）年9月24日）

池上内親王　いけのうえないしんのう

⇒池上内親王（いけのえないしんのう）

池内信夫*　いけのうちのぶお

文政9（1826）年～明治24（1891）年　江戸時代末期～明治時代の武芸家。柳生流剣術の達人。

¶幕末（[没]明治24（1891）年3月25日）

池上内親王*　いけのえないしんのう

？～貞観10（868）年　[別]池上内親王（いけのうえないしんのう）　平安時代前期の女性。桓武天皇の皇女。

¶古人（いけのうえないしんのう），古代

池上女王*　いけのえのじょおう

生没年不詳　[別]池上女王（いけがみのじょおう）　奈良時代の女王。

¶古人（いけがみのじょおう）

池玉瀾*　いけのぎょくらん

*～天明4（1784）年　[別]祇園町子（ぎおんのまちこ），玉瀾（ぎょくらん），徳山玉瀾（とくやまぎょくらん）　江戸時代中期の女性。画家。池大雅の妻。

¶コン（[生]？），女史（[生]1727年），女文（[生]享保12（1727）年　[没]天明4（1784）年9月28日），美画（[生]享保12（1727）年　[没]天明4（1784）年9月28日）

池禅尼*　いけのぜんに

生没年不詳　[別]藤原宗子（ふじわらのむねこ）　平安時代後期の女性。平忠盛の後妻。清盛の継母。

¶古人，コン，女史，中世，内乱，平家

池大雅*　いけのたいが

享保8（1723）年～安永5（1776）年　[別]池大雅（いけたいが），九霞山樵（きゅうかさんしょう），大雅（たいが）　江戸時代中期の文人画家、書家。日本の文人画の大成者。

¶浮絵，江人，コン，徳将，美画（[生]享保8（1723）年5月8日　[没]安永5（1776）年4月13日），山小（[生]1723年5月4日　[没]1776年4月13日）

池大納言　いけのだいなごん

⇒平頼盛（たいらのよりもり）

池野藤兵衛*　いけのとうべえ

寛政6（1794）年～万延1（1860）年　江戸時代末期の陸奥盛岡藩士。

¶幕末（[没]万延1（1860）年7月5日）

池辺王　いけのべのおう

⇒池辺王（いけのべのおおきみ）

池辺王*　いけのべのおおきみ

[別]池辺王（いけのべのおう）　奈良時代の万葉歌人。天智天皇の曽孫。

¶古人（いけのべのおう　生没年不詳）

池辺大嶋　いけのべのおおしま

奈良時代の官人。右京の人。正七位上、漏刻博士。

¶古人（生没年不詳）

池辺氷田　いけのべのひた

⇒池辺氷田（いけべのひた）

池坊専応*　いけのぼうせんおう

生没年不詳　[別]池坊専応（いけのぼうせんのう）　戦国時代の立花の宗匠。

¶コン，植物（[生]文明14（1482）年　[没]天文12（1543）年），山小（いけのぼうせんのう　[生]1482年　[没]1543年）

池坊専慶* いけのぼうせんけい
生没年不詳　室町時代の僧、立花巧者。池坊花道の元祖。
¶コン，中世，山小

池坊専好* いけのぼうせんこう
世襲名　安土桃山時代～江戸時代前期のいけ花作者。
¶山小

池坊専好〔1代〕* いけのぼうせんこう
*～元和7（1621）年　安土桃山時代～江戸時代前期の華道家。
¶コン（――〔1世〕　[生]？），植物（[生]天文10（1541）年）

池坊専好〔2代〕* いけのぼうせんこう
*～万治1（1658）年　安土桃山時代～江戸時代前期の僧、専応花道の宗匠。
¶江人（[生]1570年），コン（――〔2世〕　[生]？　[没]万治1（1658）年？），植物（[生]天正3（1575）年）

池坊専順 いけのぼうせんじゅん
⇒専順（せんじゅん）

池坊専応 いけのぼうせんのう
⇒池坊専応（いけのぼうせんおう）

池原禾守 いけはらのあわもり
⇒池原公禾守（いけはらのきみあわもり）

池原公禾守* いけはらのきみあわもり
[別]池原禾守（いけはらのあわもり）　奈良時代の官人。
¶古人（池原禾守　いけはらのあわもり　生没年不詳），古代

池辺吉十郎* いけべきちじゅうろう
天保9（1838）年～明治10（1877）年10月26日　江戸時代末期～明治時代の熊本藩士。士族反乱の指導者で、学校党を中心に熊本隊を編成し西南戦争で転戦。長崎で刑死。
¶幕末

池部啓太*（池辺啓太）　いけべけいた
寛政10（1798）年～明治1（1868）年8月13日　[別]池部如泉（いけべじょせん）　江戸時代末期の洋式兵学者、砲術家、肥後熊本藩士。
¶科学（[生]寛政9（1797）年），全幕（[没]慶応4（1868）年），幕末（[没]慶応4（1868）年8月13日）

池部如泉 いけべじょせん
⇒池部啓太（いけべけいた）

池部清真* いけべせいしん
生没年不詳　江戸時代後期の和算家。
¶数学

池辺藤左衛門* いけべとうざえもん
文政2（1819）年～明治27（1894）年　江戸時代末期～明治時代の筑後柳河藩士。
¶幕末（[没]明治27（1894）年2月12日）

溝辺直（欠名）* いけべのあたい
飛鳥時代の仏師。
¶古代

池辺直氷田 いけべのあたいひた，いけべのあたいひだ
⇒池辺氷田（いけべのひた）

池辺氷田* いけべのひた
生没年不詳　[別]池辺氷田（いけのべのひた），池辺直氷田（いけべのあたいひた，いけべのあたいひだ）　飛鳥時代の仏教信者。
¶古人（いけのべのひた），古代（池辺直氷田　いけべのあたいひた），美建

池辺真榛* いけべまはり
天保1（1830）年～文久3（1863）年　[別]池辺真榛（いけべまはる）　江戸時代末期の国学者、勤王家。
¶幕末（[生]文政13（1830）年6月6日　[没]文久3（1863）年9月8日）

池辺真榛 いけべまはる
⇒池辺真榛（いけべまはり）

池松豊記* いけまつとよき
弘化3（1846）年～大正10（1921）年9月13日　江戸時代末期～明治時代の自由民権運動家、民権結社相愛社社長。隔日発行の東肥新報を発刊。
¶幕末

池麻呂 いけまろ
奈良時代の奴。
¶古人（生没年不詳）

池道之助* いけみちのすけ
文政4（1821）年～明治5（1872）年　江戸時代末期～明治時代の土佐藩士。
¶幕末（[没]明治5（1872）年7月16日）

池柳 いけやなぎ★
江戸時代中期の女性。俳諧。東武獅子門。宝暦5年刊、雪炊庵二狂編『葛の別』に載る。
¶江表（池柳（東京都））

池谷肥前守 いけやひぜんのかみ
安土桃山時代の武蔵国松山城主上田憲定の家臣。
¶後北（肥前守〔池谷〕　ひぜんのかみ）

池山信勝* いけやまのぶかつ
生没年不詳　安土桃山時代の織田信長の家臣。
¶織田

威公 いこう
⇒徳川頼房（とくがわよりふさ）

惟高 いこう
⇒惟高妙安（いこうみょうあん）

飯河宮松 いこうみやまつ
安土桃山時代の織田信長の家臣。
¶織田（[生]？　[没]天正10（1582）年6月2日）

惟高妙安* いこうみょうあん
文明12（1480）年～永禄10（1567）年12月3日　[別]惟高（いこう），妙安（みょうあん），惟高妙安（ゆいこうみょうあん）　戦国時代の臨済宗の僧。
¶思想，武田（[生]天文15（1546）年　[没]天正10（1582）年）

いこく
江戸時代中期の女性。俳諧。安芸宮島の遊女。元禄6年刊、北条団水編『くやみ草』に載る。
¶江表（いこく（広島県））

伊古田純道* いこたじゅんどう
享和2（1802）年～明治19（1886）年9月4日　江戸時代末期～明治時代の産科医。西洋医学を学び、開業。日本で最初の帝王切開術を行い、成功させる。
¶科学，コン，思想，幕末（[生]享和2（1802）年10月17日）

生駒家長* いこまいえなが
？～慶長12（1607）年1月7日　安土桃山時代の武将。秀吉馬廻。

¶織田, 全戦

い

生駒一正* いこまかずまさ
弘治1(1555)年～慶長15(1610)年3月18日　安土桃山時代～江戸時代前期の大名。讃岐丸亀藩主。
¶織田

生駒宮内少輔 いこまくないのしょう
江戸時代前期の豊臣秀頼の家臣。
¶大坂

生駒耕雲* いこまこううん
文化5(1808)年～明治13(1880)年　江戸時代末期～明治時代の医師。西洋医学を学び福井藩での種痘に携わる。
¶幕末([没]明治13(1880)年5月)

生駒次右衛門* いこまじえもん
安土桃山時代の武将。秀吉馬廻。
¶大坂([没]慶安3年2月7日)

生駒勝介* いこましょうすけ
生没年不詳　安土桃山時代の織田信長の家臣。
¶織田

生駒甚助正信 いこまじんすけまさのぶ
安土桃山時代～江戸時代前期の武士。生駒讃岐守一正の次男。
¶大坂([没]元和1年7月13日)

生駒図書満正 いこまずしょみつまさ
江戸時代前期の豊臣秀頼の家臣。
¶大坂([没]慶長20年5月7日)

生駒高清 いこまたかきよ
江戸時代前期～中期の幕臣。
¶徳人([生]1643年　[没]1694年)

生駒多膳の母 いこまたぜんのはは★
江戸時代の女性。和歌。丹波柏原の人。明治21年刊『柏原叢志』に載る。
¶江表(生駒多膳の母(兵庫県))

生駒頼母* いこまたのも
天保11(1840)年～明治38(1905)年　江戸時代末期～明治時代の尾張藩家老、実業家。名古屋に開業の第百三十四国立銀行頭取をつとめる。
¶幕末([生]天保11(1840)年8月9日　[没]明治38(1905)年4月27日)

生駒近清* いこまちかきよ
生没年不詳　安土桃山時代の織田信長の家臣。
¶織田

生駒親重* いこまちかしげ
？～元亀1(1570)年8月15日　戦国時代～安土桃山時代の織田信長の家臣。
¶織田

生駒親正* いこまちかまさ
大永6(1526)年～慶長8(1603)年2月13日　戦国時代～安土桃山時代の武将。
¶織田([生]天文4(1535)年？), コン

生駒親敬* いこまちかゆき
嘉永2(1849)年～明治13(1880)年9月9日　江戸時代末期～明治時代の武士、矢島藩大名。王政復古と同時に官軍とともに、庄内藩征伐の先頭にたち、矢島藩再興に貢献。
¶コン, 全幕, 幕末([生]嘉永2(1849)年11月7日)

生駒等寿* いこまとうじゅ
寛永3(1626)年～元禄15(1702)年　江戸時代前期～中期の画家。
¶美画([没]元禄15(1702)年5月8日)

生駒殿 いこまどの
⇒生駒吉乃(いこまよしの)

生駒僧都 いこまのそうず
⇒良遍(りょうへん)

生駒八郎右衛門 いこまはちろ(う)えもん
江戸時代前期の前田利常の家臣。
¶大坂([没]寛文6年)

生駒平左衛門* いこまへいざえもん
生没年不詳　安土桃山時代の織田信長の家臣。
¶織田

生駒又右衛門 いこまたえもん
江戸時代前期の武士。大坂の陣で籠城。
¶大坂

生駒万子* いこままんし
承応3(1654)年～享保4(1719)年　[別]万子(まんし)　江戸時代前期～中期の加賀藩士、俳人。
¶俳文(万子　まんし　[没]享保4(1719)年4月27日)

生駒吉乃* いこまよしの
？～永禄9(1566)年　[別]生駒殿(いこまどの)　戦国時代の女性。織田信長の側室。信忠、信雄、五徳の母。
¶全戦(生駒殿　いこまどの)

いさ(1)
江戸時代の女性。俳諧・諸芸。島畑の名主喜右衛門の姉。
¶江表(いさ(長野県))

いさ(2)
江戸時代中期の女性。和歌。徳島藩士西尾安親の娘。元禄9年刊、平間長雅編『奉納千首和歌』に載る。
¶江表(いさ(徳島県))

いさ(3)
江戸時代中期～末期の女性。和歌。荒町陣屋代官市岡佐蔵智寛の娘。
¶江表(いさ(長野県)　[生]明和5(1768)年　[没]安政3(1856)年)

いさ(4)
江戸時代末期の女性。俳諧。鮫村上川端の佐川屋の抱え遊女。安政3年、亀遊山浮木寺に奉納された「華蔵乙因居士円満忌追善献額」に載る。
¶江表(いさ(青森県))

伊佐(1) いさ★
江戸時代中期の女性。和歌。盛岡藩主南部利視に仕えた盛岡藩士で歌人の三輪秀寿の娘。安永5年の秀寿13回忌追福和歌に載る。
¶江表(伊佐(岩手県))

伊佐(2) いさ★
江戸時代中期の女性。和歌。遠江下山梨の久野氏の娘。
¶江表(伊佐(静岡県)　[生]享保7(1722)年　[没]宝暦9(1759)年)

惟済* いさい
生没年不詳　[別]惟済(ゆいせい)　平安時代前期の

僧侶・歌人。
¶古人(ゆいせい)

以哉坊* いさいぼう
正徳5(1715)年〜安永9(1780)年 [別]安田以哉坊(やすだいさいぼう) 江戸時代中期の俳人。
¶俳文([没]安永9(1780)年8月29日)

砂岡雁宕* いさおかがんとう
?〜安永2(1773)年 [別]雁宕(がんとう) 江戸時代中期の俳人。
¶俳文(雁宕 がんとう [没]安永2(1773)年7月)

井阪宇吉*(井坂宇吉) いさかうきち，いざかうきち
弘化2(1845)年〜明治32(1899)年 江戸時代末期〜明治時代の本草学者。本草学に造詣深く、また完全な温室を設けて熱帯植物の培養を試みた。
¶植物(井坂宇吉 いざかうきち [生]弘化2(1845)年9月18日 [没]明治32(1899)年9月13日)

井坂行蔵 いさかこうぞう
⇒越惣太郎(こしそうたろう)

清子 いさぎよいこ
⇒清子(いさぎよきこ)

清子* いさぎよきこ
生没年不詳 [別]清子(いさぎよいこ，きよいこ) 平安時代中期の歌人。
¶古人(いさぎよいこ(きよいこ))

意朔 いさく
江戸時代前期の俳諧師。寛永〜延宝ごろ。
¶俳文(生没年不詳)

いさ子 いさこ★
江戸時代の女性。和歌。今田氏。明治11年刊、近藤芳樹編『薫風集』に載る。
¶江表(いさ子(山口県))

伊佐子(1) いさこ★
江戸時代後期の女性。和歌。盛岡藩の鍼医の上斗米仲英の妹。寛政11年に三輪表秀が書写した「奉納詠百首和歌」に載る。
¶江表(伊佐子(岩手県))

伊佐子(2) いさこ★
江戸時代後期の女性。和歌。浜松氏。佐渡の浄土真宗光福寺住職土居原法啓の妻。
¶江表(伊佐子(新潟県))

伊沙子 いさこ★
江戸時代中期の女性。和歌。鷲見氏。元禄15年、米子の商人竹内時安斎によって刊行された和歌集『出雲大社奉納清地草』に載る。
¶江表(伊沙子(鳥取県))

勇子 いさこ★
江戸時代末期の女性。和歌。信楽の藤尾秀成の妻。文久1年序、佐々木弘綱編『類題千船集』二に載る。
¶江表(勇子(滋賀県))

伊佐幸琢〔1代〕* いさこうたく
貞享1(1684)年〜延享2(1745)年 江戸時代中期の茶匠。江戸幕府の御数寄屋頭。
¶コン([生]天和3(1683)年)

伊佐幸琢〔2代〕* いさこうたく
宝永3(1706)年〜寛政7(1795)年 江戸時代中期の石州流茶人。
¶コン

伊佐敷道与 いさしきどうよ
江戸時代前期〜中期の眼科医。
¶眼医(生没年不詳)

いさ女(1) いさじょ★
江戸時代前期の女性。俳諧。吉田氏。延宝5年刊、樋口兼頼序・編『熱田宮雀』に載る。
¶江表(いさ女(愛知県))

いさ女(2) いさじょ★
江戸時代後期の女性。和歌。江戸城西の丸小納戸菅沼大蔵定敬の奥女中。文化11年刊、中山忠雄・河田正致編『柿本社奉納和歌集』に載る。
¶江表(いさ女(東京都))

以佐女 いさじょ★
江戸時代中期の女性。和歌。尾張の佐野才兵衛の母。安永7年序、梵韶編『張城人物誌』に載る。
¶江表(以佐女(愛知県))

伊左女 いさじょ★
江戸時代末期の女性。和歌。大岡氏。安政7跋、蜂屋光世編『大江戸倭歌集』に載る。
¶江表(伊左女(東京都))

勇女(1) いさじょ★
江戸時代の女性。俳諧。白河の安達藤兵衛の妻、勇。明治初年没。
¶江表(勇女(福島県))

勇女(2) いさじょ
江戸時代末期の女性。俳諧。越前福井の人。安政4年刊、皎月舎其睡編『花野塚』に載る。
¶江表(勇女(福井県))

伊佐新次郎* いさしんじろう
文化7(1810)年〜明治24(1891)年 江戸時代末期〜明治時代の幕臣。米国商船ピアス号の下田入港の際に接待役。
¶幕末([生]文化7(1810)年7月)

伊佐頼母* いさたのも
享和3(1803)年〜明治19(1886)年 江戸時代末期〜明治時代の郷士、庄屋。勤倹殖産を指導。
¶幕末

五十狭茅宿禰* いさちのすくね
上代の吉士氏の祖とされる人物。
¶古代

伊弉諾・伊弉冉(1) いざなぎ・いざなみ
⇒伊奘諾尊(いざなぎのみこと)

伊弉諾・伊弉冉(2) いざなぎ・いざなみ
⇒伊弉冉尊(いざなみのみこと)

伊弉諾・伊弉冉尊(1) いざなぎ・いざなみのみこと
⇒伊奘諾尊(いざなぎのみこと)

伊弉諾・伊弉冉尊(2) いざなぎ・いざなみのみこと
⇒伊弉冉尊(いざなみのみこと)

伊奘諾尊*(伊弉諾尊) いざなぎのみこと，いざなきのみこと
[別]伊奘諾尊・伊奘冉尊(いざなきのみこと・いざなみのみこと)，伊弉諾尊・伊弉冉尊(いざなきのみこと・いざなみのみこと，いざなぎのみこと・いざなみのみこと)，伊弉諾・伊弉冉(いざなぎ・いざなみ)，伊弉諾・伊弉冉尊(いざなぎ・いざなみのみこと) 記紀神話の国土創成の男神。
¶コン(伊奘諾尊)，思想(イザナキノミコト)，女史(伊佐

い

奈伎命・伊佐奈美命　いざなぎのみこと・いざなみのみこと)，山小(伊奘諾尊・伊奘冉尊　いざなきのみこと・いざなみのみこと)

伊奘諾尊・伊奘冉尊(1)(伊弉諾尊・伊弉冉尊)　**いざなきのみこと・いざなみのみこと**
⇒伊奘諾尊(いざなぎのみこと)

伊奘諾尊・伊奘冉尊(2)(伊弉諾尊・伊弉冉尊，伊佐奈伎命・伊佐奈美命)　**いざなきのみこと・いざなみのみこと**
⇒伊弉冉尊(いざなみのみこと)

伊弉冉尊*(伊奘冉尊)　**いざなみのみこと**
[別]伊奘諾尊・伊奘冉尊(いざなきのみこと・いざなみのみこと)，伊弉諾尊・伊弉冉尊(いざなきのみこと・いざなみのみこと，いざなぎのみこと・いざなみのみこと)，伊弉諾・伊弉冉(いざなぎ・いざなみ)，伊弉諾・伊弉冉尊(いざなぎ・いざなみのみこと)，伊佐奈伎命・伊佐奈美命(いざなぎのみこと・いざなみのみこと)　記紀神話の国土創成の女神。
¶コン，思想(イザナミノミコト)，女史(伊佐奈伎命・伊佐奈美命　いざなぎのみこと・いざなみのみこと)，山小(伊奘諾尊・伊奘冉尊　いざなきのみこと・いざなみのみこと)

伊佐庭如矢*　**いさにわゆきや**
文政11(1828)年～明治40(1907)年9月4日　江戸時代末期～明治時代の漢学者、官僚。維新後、愛媛県の幹部。
¶幕末

諫早一学*　**いさはやいちがく**
文政10(1827)年～明治28(1895)年　江戸時代末期～明治時代の佐賀藩諫早領主、貴族院議員。京都・長崎に出兵。
¶幕末([没]明治28(1895)年12月17日)

諫早作次郎*　**いさはやさくじろう**
天保13(1842)年～大正8(1919)年　江戸時代末期～大正時代の萩藩士。有志と海運業を興し、また牛牧場を経営。
¶幕末([没]大正8(1919)年4月8日)

諫早生二*　**いさはやせいじ**
天保4(1833)年～大正4(1915)年11月15日　江戸時代末期～明治時代の長州(萩)藩士。
¶幕末([生]天保4(1833)年10月13日)

勇姫　**いさひめ**
江戸時代後期～明治時代の女性。和歌。肥後熊本藩主細川斉護の娘。
¶江表(勇姫(福井県)　[生]天保5(1834)年　[没]明治20(1887)年)

去来穂別尊　**いざほわけのみこと**
⇒履中天皇(りちゅうてんのう)

伊佐政富　**いさまさとみ**
江戸時代中期の和算家。
¶数学

勇子　**いさみこ**
江戸時代後期の女性。和歌。三河西尾藩主松平乗佑の娘。文化5年頃、真田幸弘編「御ことほきの記」に載る。
¶江表(勇子(秋田県))

諫山菽村*　**いさやましゅくそん**
文政8(1825)年～明治26(1893)年　江戸時代末期～明治時代の医師。棄児の養育を始め三本松に養育館を設立。
¶幕末([没]明治26(1893)年1月25日)

勇山家継*　**いさやまのいえつぐ**
生没年不詳　平安時代前期の学者。
¶古人

勇山伎美麻呂　**いさやまのきみまろ**
奈良時代の官人。
¶古人(生没年不詳)

勇山文継*　**いさやまのふみつぐ**
宝亀4(773)年～天長5(828)年　[別]勇山連文継(いさやまのむらじふみつぐ)，勇山文継(いさやまふみつぐ)　平安時代前期の学者、漢詩人。
¶古人，古代(勇山連文継　いさやまのむらじふみつぐ)

勇山連文継　**いさやまのむらじふみつぐ**
⇒勇山文継(いさやまのふみつぐ)

勇山文継　**いさやまふみつぐ**
⇒勇山文継(いさやまのふみつぐ)

諫山麗吉　**いさやまれいきち**
江戸時代後期～明治時代の洋画家。
¶美画([生]嘉永2(1849)年　[没]明治39(1906)年)

十六夜・清心*　**いざよい・せいしん**
河竹黙阿弥作の歌舞伎「小袖曽我薊色経」の登場人物。
¶コン

伊沢家景*　**いさわいえかげ，いざわいえかげ**
生没年不詳　[別]留守家重(るすいえしげ)　鎌倉時代前期の陸奥国留守職。
¶古人

井沢宜庵*　**いざわぎあん**
文政6(1823)年～慶応1(1865)年　江戸時代末期の医師。
¶コン，幕末([没]慶応1(1865)年7月28日)

伊沢主馬之助*　**いさわしめのすけ**
寛政6(1794)年～明治2(1869)年　江戸時代末期の実業家。
¶幕末([没]明治2(1869)年11月10日)

井沢女　**いざわじょ***
江戸時代後期の女性。俳諧。庄内藩藩士石沢頼弘の娘。寛政12年、鳥海山麓に白井新田を開拓した矢太夫重行の祖母。
¶江表(井沢女(山形県))

伊沢善助　**いざわぜんすけ**
江戸時代中期の仏師。
¶美建([生]天明6(1786)年　[没]?)

井沢為永　**いざわためなが**
⇒井沢弥惣兵衛(いざわやそべえ)

伊沢棠軒*　**いざわとうけん**
天保5(1834)年～明治8(1875)年　江戸時代末期～明治時代の医師。奥医となる。丸山邸誠之館医学助教。
¶幕末

伊沢政信　**いざわまさのぶ**
安土桃山時代～江戸時代前期の幕臣。
¶徳人([生]1595年　[没]1670年)

伊沢政義*(井沢政義)　**いざわまさよし，いさわまさよし**
?～元治1(1864)年　江戸時代末期の幕臣、大目付。
¶全幕(井沢政義)，徳人(いさわまさよし)，幕末([没]元治1(1864)年7月23日)

井沢弥惣兵衛　いざわやそうべい
⇒井沢弥惣兵衛（いざわやそべえ）

井沢弥惣兵衛＊　いざわやそべえ
承応3（1654）年～元文3（1738）年　[別]井沢為永（いざわためなが），井沢弥惣兵衛（いざわやそうべい）　江戸時代前期～中期の農政家、治水家。
¶江人（[生]1663年），コン（井沢為永　いざわためなが），徳将（井沢為永　いざわためなが　[生]1663年），徳人（井沢為永　いざわためなが），徳代（井沢為永　いざわためなが　[没]元文3（1738）年3月1日）

伊沢蘭軒＊　いざわらんけん，いさわらんけん
安永6（1777）年～文政12（1829）年　江戸時代後期の医師、考証家。
¶江人，コン（いさわらんけん），植物（[生]安永6（1777）年11月11日　[没]文政12（1829）年3月17日），山小（[生]1777年11月11日　[没]1829年3月17日）

為山　いざん
⇒関為山（せきいざん）

いし(1)
江戸時代中期の女性。俳諧。駿河吉原の人。明和8年刊、六花庵乙児編『伊豆十二歌仙附録』に載る。
¶江表（いし（静岡県））

いし(2)
江戸時代中期の女性。俳諧。京都の人。元禄4年刊、繁田常牧編『この花』に載る。
¶江表（いし（京都府））

いし(3)
江戸時代後期の女性。俳諧。長門長府の人。文政7年、田上菊舎72歳の長府での俳諧記録「鳳尾蕉」に載る。
¶江表（いし（山口県））

いし(4)
江戸時代末期～明治時代の女性。芸妓屋の女将。新橋竹川町住の幕府御典医某の娘。
¶江表（いし（東京都）　[没]明治43（1910）年）

以之＊　いし
？～宝暦9（1759）年　[別]丹羽以之（にわいし，にわともゆき）　江戸時代中期の俳人。
¶俳文（[没]宝暦9（1759）年7月13日）

石　いし★
江戸時代後期の女性。和歌。鳥取藩伯耆米子組士山内三右衛門親郷の妻。
¶江表（石（鳥取県）　[没]文化10（1813）年）

石合庄次郎道房　いしあいしょうじろうみちふさ
江戸時代前期の信濃国小県郡矢沢郷石合村の住人。
¶大坂

石井当光　いしいあつみつ
⇒石井庄助（いしいしょうすけ）

石井伊左衛門＊　いしいいざえもん
生没年不詳　江戸時代中期の下野国下稲葉村の義民。
¶コン

石井一斎＊　いしいいっさい
文政10（1827）年～明治32（1899）年1月21日　[別]石井孫兵衛（いしいまごべえ）　江戸時代末期～明治時代の能楽囃子方。
¶新能

石井伊之助＊　いしいいのすけ
江戸時代末期の新撰組隊士。
¶新隊

石井右京進　いしいうきょうのしん
安土桃山時代の真田家臣。
¶武田（[生]？　[没]天正3（1575）年5月21日）

石井勝之進　いしいかつのしん
？～嘉永3（1850）年　江戸時代後期の幕臣。
¶徳人，徳代

石井兼実　いしいかねざね
戦国時代の北条氏康の家臣。八大夫・内匠助。
¶後北（兼実〔石井（1）〕　かねざね）

石井喜兵衛義建　いしいきひょうえよしたつ
江戸時代前期の武士。石井喜兵衛義弘（犬養左京）の婿。
¶大坂

石井金四郎＊　いしいきんしろう
天保2（1831）年～文久1（1861）年　江戸時代末期の水戸藩属吏。
¶幕末（[没]文久1（1862）年12月25日）

石井金陵　いしいきんりょう
江戸時代後期～大正時代の南画家。
¶美画（[生]天保13（1842）年9月29日　[没]大正15（1926）年11月19日）

石井源左衛門＊　いしいげんざえもん
文政1（1818）年～明治6（1873）年　江戸時代末期～明治時代の名主。
¶幕末

石井謙次郎　いしいけんじろう
江戸時代後期～明治時代の幕臣。
¶幕末（[生]天保9（1838）年9月27日　[没]明治21（1888）年11月10日）

石井謙道＊　いしいけんどう
天保11（1840）年～明治15（1882）年　江戸時代末期～明治時代の蘭方医、藩医。ポンペや緒方塾に学び、幕府の医学所教授、維新後は文部中教授などを歴任。
¶科学（[生]天保11（1840）年11月　[没]明治15（1882）年1月20日），幕末（[没]明治15（1882）年1月12日）

石井五郎左衛門　いしいごろうざえもん
戦国時代の相模国津久井城主内藤康行の家臣。
¶後北（五郎左衛門〔石井（3）〕　ごろうざえもん）

石井佐兵衛　いしいさひょうえ
江戸時代後期～明治時代の宮大工。
¶美建（[生]文化11（1814）年　[没]明治2（1869）年）

石井三朶花＊　いしいさんだか
慶安2（1649）年～享保9（1724）年　[別]石井収（いわいおさむ），石井三朶花（いわいさんだか）　江戸時代中期の漢学者。
¶コン

石井至穀＊　いしいしこく
安永7（1778）年～文久1（1861）年　江戸時代後期の著述家。
¶徳人

石井七郎＊　いしいしちろう
江戸時代末期の新撰組隊士。
¶新隊（生没年不詳）

石井修三*　いしいしゅうぞう
？～安政4（1857）年9月29日　江戸時代末期の兵学家。
¶科学, 幕末（[生]文政12（1829）年？）

石井修理*　いしいしゅり
？～明治25（1892）年　[別]石井櫟堂（いしいれきどう）　江戸時代末期～明治時代の安芸広島藩士。
¶幕末（[没]明治25（1892）年3月25日）

石井修理亮*　いしいしゅりのすけ
生没年不詳　戦国時代の鋳物師。
¶美工

石井庄助*　いしいしょうすけ
寛保3（1743）年～？　[別]石井当光（いしいあつみつ）　江戸時代中期の通詞出身者、蘭学者。
¶コン, 対外

石井善庵　いしいぜんあん
江戸時代後期～末期の眼科医。
¶眼医（生没年不詳）

石井宗謙*　いしいそうけん
寛政8（1796）年～文久1（1861）年5月23日　江戸時代末期の蘭方医。
¶科学, 幕末

石井忠亮*　いしいただあきら
天保11（1840）年～明治34（1901）年　江戸時代末期～明治時代の佐賀藩士。五稜郭攻略の際は陽春丸艦長として活躍。
¶幕末（[没]明治34（1901）年1月3日）

石井潭香*　いしいたんこう
文化3（1806）年～明治3（1870）年　江戸時代後期～明治時代の書家。
¶幕末（[没]明治3（1870）年6月4日）

石井鼎湖　いしいていこ
江戸時代後期～明治時代の画家。
¶美画（[生]嘉永1（1848）年3月　[没]明治30（1897）年11月2日）

石井知義　いしいともよし
江戸時代後期の和算家。武州原市場村の人。文政13年算額を奉納。
¶数学

石井某　いしいなにがし
戦国時代の北条氏康の家臣。
¶後北（某〔石井（2）〕　なにがし）

石井信義*　いしいのぶよし
天保8（1837）年～明治15（1882）年　江戸時代末期～明治時代の蘭方医。
¶眼医（[生]天保11（1840）年）

石井八郎　いしいはちろう
⇒島男也（しまおなり）

石井寛道*　いしいひろみち
宝暦13（1763）年～天保14（1843）年9月22日　江戸時代中期～後期の国学者・和算家。
¶数学

石井豊洲*　いしいほうしゅう
安永5（1776）年～文久2（1862）年　江戸時代後期の儒学者。
¶幕末（[没]文久2（1862）年8月10日）

石井暮四*　いしいぼし
寛文6（1666）年～享保19（1734）年　[別]暮四（ぼし）　江戸時代前期～中期の俳人。
¶俳文（暮四　ぼし）

石井孫兵衛　いしいまごべえ
⇒石井一斎（いしいいっさい）

石井雅穎*　いしいまさかい
生没年不詳　江戸時代中期の和算家。
¶数学

石井正敏*　いしいまさとし
文政3（1820）年～明治25（1892）年　江戸時代末期～明治時代の安芸広島藩士。
¶幕末（[没]明治25（1892）年3月25日）

石井政之丞　いしいまさのじょう
⇒金井国之丞（かないくにのじょう）

石井光子*　いしいみつこ
文化14（1817）年～明治27（1894）年5月　江戸時代末期～明治時代の歌人。維新後、税所敦子に侍する。没後門人により「いしゐの水」が出版された。
¶江表（光子（千葉県））

石井棟喜　いしいむねよし
戦国時代の信濃小県郡の国衆。海野氏の被官。
¶武田（生没年不詳）

石井持審　いしいもちあきら
江戸時代後期の和算家。東都青山の人。天保5年算額を奉納。
¶数学

石井資美　いしいもとよし
江戸時代中期～後期の和算家。倉敷の油屋。
¶数学（[生]宝暦11（1761）年　[没]享和2（1802）年11月7日）

石井勇吉　いしいゆうきち
⇒石井勇助（いしいゆうすけ）

石井勇次郎*　いしいゆうじろう
弘化3（1846）年1月5日～明治36（1903）年6月17日　江戸時代後期～明治時代の新撰組隊士。
¶新隊

石井勇助〔1代〕*　いしいゆうすけ
文化7（1810）年～明治19（1886）年　江戸時代後期～明治時代の漆芸家。
¶美工（[没]？）

石井勇助〔2代〕*　いしいゆうすけ
天保14（1843）年～明治30（1897）年　[別]石井勇吉（いしいゆうきち）　江戸時代後期～明治時代の漆工家。
¶幕末（石井勇吉　いしいゆうきち　[没]明治30（1897）年9月8日），美工（[没]明治30（1897）年9月8日）

石井行豊　いしいゆきとよ
⇒石井行豊（いわいゆきとよ）

石井与八郎吉通　いしいよはちろうよしみち
江戸時代前期の豊臣秀頼の家臣。
¶大坂（[没]寛永7年5月29日）

石井隆庵*　いしいりゅうあん
文化8（1811）年～明治17（1884）年3月4日　江戸時代末期～明治時代の医師。
¶幕末

石井竜右衛門* いしいりゅうえもん
文政8（1825）年〜明治15（1882）年　江戸時代末期〜明治時代の教育者。家塾純粋社を開校し江藤新平らが師事。
¶幕末

石井了珪の妻 いしいりょうけいのつま*
江戸時代末期の女性。和歌。仙台の人。慶応2年序、日野資始編『宮城百人一首遺稿』に載る。
¶江表（石井了珪の妻（宮城県））

石井櫟堂 いしいれきどう
⇒石井修理（いしいしゅり）

石尾氏武 いしおうじたけ
江戸時代中期の幕臣。
¶徳人（㊀1753年　㊁？）

石尾氏信 いしおうじのぶ
江戸時代前期〜中期の幕臣。
¶徳人（㊀1669年　㊁1708年）

石尾氏昌 いしおうじまさ
江戸時代中期の幕臣。
¶徳人（㊀1772年　㊁？）

石岡玄梅* いしおかげんばい
㊟玄梅（げんばい）　江戸時代中期の俳人（蕉門）。
¶俳文（玄梅　げんばい　生没年不詳）

石岡庄寿郎 いしおかしょうじゅろう
江戸時代中期の漆芸家。
¶美工（生没年不詳）

石尾健吉* いしおけんきち
？〜明治1（1868）年11月5日　江戸時代後期〜末期の新撰組隊士。
¶新隊

石尾顕誠の母 いしおけんせいのはは*
江戸時代中期の女性。和歌。明和3年成立、難波玄生・清水貞固ほか撰「稲葉和歌集」に載る。
¶江表（石尾顕誠の母（鳥取県））

石生光明 いしおのみつあき
平安時代中期の官人。
¶古人（生没年不詳）

石谷清昌* いしがいきよまさ
正徳5（1715）年〜天明2（1782）年11月10日　㊟石谷清昌（いしがやきよまさ）　江戸時代中期の旗本、長崎奉行。
¶コン、徳将（いしがやきよまさ），徳人（いしがやきよまさ），徳代（いしがやきよまさ）

石谷貞清 いしがいさだきよ
⇒石谷貞清（いしがやさだきよ）

石谷穆清 いしがいぼくせい
⇒石谷穆清（いしがやあつきよ）

石垣東山* いしがきとうさん、いしがきとうざん
*〜明治9（1876）年　㊟石垣東山（いしざきとうざん）　江戸時代末期〜明治時代の画家。
¶美画（いしがきとうざん　㊀享和3（1803）年　㊁明治9（1876）年2月6日）

石城東山 いしがきとうざん
⇒石城一作（いしきいっさく）

石垣光隆 いしがきみつたか
江戸時代後期の和算家、長岡藩士。

¶数学

石金音主* いしがねおとぬし
？〜安政7（1860）年　江戸時代後期の国学者。
¶コン（生没年不詳）

石神義比 いしがみぎひ
？〜元治1（1864）年　江戸時代末期の幕臣。
¶徳人、徳代

石神豊民* いしがみほうみん
文政3（1820）年〜明治8（1875）年　江戸時代末期〜明治時代の薩摩藩医。
¶幕末（㊁明治8（1875）年4月1日）

石上弥次郎 いしがみやじろう
生没年不詳　戦国時代の武士。後北条氏家臣。
¶後北（弥次郎〔石上〕　やじろう）

石神良策* いしがみりょうさく
文政4（1821）年〜明治8（1875）年4月1日　江戸時代末期〜明治時代の藩士、海軍軍医。ウイリスの鹿児島医学校設立に参画、海軍軍医制度の創始に貢献。
¶科学（㊀文政4（1821）年8月）

石亀左司馬* いしがめさじま
天保3（1832）年〜明治14（1881）年　江戸時代末期〜明治時代の志士、大目付。奥羽列藩同盟に勤王の大儀を提唱。
¶幕末（㊁明治14（1881）年2月7日）

石亀千春* いしがめちはる
寛政7（1795）年〜文久2（1862）年　江戸時代末期の人。陸奥国百姓一揆の収拾に活躍。
¶幕末（㊁文久2（1862）年4月5日）

石谷穆清* いしがやあつきよ
㊟石谷穆清（いしがいぼくせい）　江戸時代末期の幕臣。
¶徳人（いしがいぼくせい　㊀1801年　㊁？），幕末（生没年不詳）

石谷清定 いしがやきよさだ
江戸時代中期の幕臣。
¶徳人（㊀1746年　㊁？）

石谷清豊 いしがやきよとし
江戸時代中期〜後期の幕臣。
¶徳人（㊀1771年　㊁1832年）

石谷清昌 いしがやきよまさ
⇒石谷清昌（いしがいきよまさ）

石谷貞清* いしがやさだきよ
文禄3（1594）年〜寛文12（1672）年9月12日　㊟石谷貞清（いしがいさだきよ）　江戸時代前期の旗本、江戸の町奉行。
¶コン、徳将、徳人

石川昭光* いしかわあきみつ
*〜元和8（1622）年　㊟石川昭光（いしこあきみつ）　安土桃山時代〜江戸時代前期の武将。伊達氏家臣。
¶全戦（㊀天文19（1550）年），内乱（㊁？）

石川厚狭介* いしかわあさすけ
天保14（1843）年〜明治1（1868）年　㊟石川厚狭介（いしかわあさのすけ）　江戸時代末期の長州（萩）藩足軽。
¶幕末（いしかわあさのすけ　㊁慶応4（1868）年1月5日）

石川厚狭介　いしかわあさのすけ
⇒石川厚狭介（いしかわあさすけ）

石川安貞　いしかわあんてい
⇒石川香山（いしかわこうざん）

石川家成*　いしかわいえなり
天文3（1534）年～慶長14（1609）年　戦国時代～安土桃山時代の武将。徳川家康の臣。美濃大垣城主。
¶全戦, 戦武

石川伊太郎*　いしかわいたろう
江戸時代末期の新撰組隊士。
¶新隊

石川維徳　いしかわいとく
⇒石川重左衛門（いしかわじゅうざえもん）

石川糸子*　いしかわいとこ
文政2（1819）年3月～明治5（1872）年　江戸時代末期～明治時代の女性。出羽岩崎藩士の娘。佐竹義孟の娘静姫の乳母。
¶江表（糸子（秋田県））

石川雲蝶　いしかわうんちょう
江戸時代後期～明治時代の彫刻家。
¶美建（[生]文化11（1814）年　[没]明治16（1883）年5月13日）

石川王*　いしかわおう
？～天武8（679）年　[別]石川王（いしかわのおおきみ）　飛鳥時代の皇族、官人。
¶古人, 古代, 古物（いしかわのおおきみ）, コン（いしかわのおおきみ）

石川桜所*　いしかわおうしょ
*～明治15（1882）年　[別]石川良信（いしかわりょうしん）, 千葉三安（ちばさんあん）　江戸時代末期～明治時代の医師。
¶幕末（[生]文政8（1825）年　[没]明治15（1882）年2月20日）

石川於兎次郎*　いしかわおとじろう
弘化1（1844）年～元治1（1864）年　江戸時代末期の相模小田原藩士。
¶幕末

石河確太郎　いしかわかくたろう
⇒石河正竜（いしかわせいりゅう）

石川数正*　いしかわかずまさ
？～文禄1（1592）年　[別]箇三寺（かさんじ）　安土桃山時代の大名。信濃松本藩主。
¶コン（[没]文禄2（1593）年）, 全戦（[没]文禄2（1593）年）, 戦武（[没]文禄1（1592）年？）

石川刀子娘　いしかわかたなこのいらつめ
⇒石川刀子娘（いしかわのとねのいらつめ）

石河掃部助　いしかわかもんのすけ
戦国時代の鶴岡八幡宮の神人。
¶後北（掃部助〔石河（1）〕　かもんのすけ）

石河幹二郎*　いしかわかんじろう
文政4（1821）年～明治3（1870）年　江戸時代末期～明治時代の水戸藩士。
¶幕末（[没]明治3（1870）年6月19日）

石川貫道*　いしかわかんどう
天保10（1839）年～明治36（1903）年4月16日　江戸時代末期～明治時代の数学者。著作に「本邦数学官民自由電速法皆伝録」。
¶数学

石河喜左衛門勝栄の妻　いしかわきざえもんかつえいのつま★
江戸時代中期の女性。和歌。元禄2年奥書、跡部良隆編・源信之補編「近代和歌一人一首」に載る。
¶江表（石河喜左衛門勝栄の妻（東京都））

石川喜四郎*　いしかわきしろう
天保5（1834）年～明治1（1868）年　江戸時代末期の上野館林藩士。
¶幕末（[没]慶応4（1868）年4月17日）

石川吉次郎*　いしかわきちじろう
寛政12（1800）年～慶応3（1867）年　[別]石川清賞（いしかわせいしょう）　江戸時代末期の水戸藩士。
¶幕末（[没]慶応3（1867）年4月5日）

石川熊太郎*　いしかわくまたろう
天保14（1844）年～大正6（1917）年6月7日　[別]石川呉山（いしかわござん）　江戸時代末期～明治時代の画家、伝道者。
¶美画（石川呉山　いしかわござん　[生]天保15（1844）年11月15日　[没]大正6（1917）年5月7日）

石川内蔵允*　いしかわくらのすけ, いしかわくらのじょう
文政10（1827）年～明治1（1868）年　江戸時代末期の尾張藩士。佐幕派の指導者。
¶幕末（いしかわくらのじょう（くらのすけ）　[没]慶応4（1868）年1月20日）

石川瓊洲*　いしかわけいしゅう
文化7（1810）年～安政5（1858）年　江戸時代後期の文人画家。
¶コン, 美画

石川玄二　いしかわげんじ
江戸時代後期の眼科医。文政年間の人。
¶眼医（生没年不詳）

石川玄常*　いしかわげんじょう
延享1（1744）年～文化12（1815）年　江戸時代中期～後期の蘭方医。一橋侯の侍医。
¶科学（[生]延享1（1744）年2月28日　[没]文化12（1815）年1月28日）

石川源兵衛　いしかわげんべえ
江戸時代後期～明治時代の幕臣。
¶徳人（生没年不詳）

石川晃山*　いしかわこうざん
文政4（1821）年～明治2（1869）年　江戸時代後期～明治時代の画家。
¶美画（[没]明治2（1869）年12月2日）

石川香山*　いしかわこうざん
元文1（1736）年～文化7（1810）年　[別]石川安貞（いしかわあんてい）　江戸時代中期の儒学者。
¶コン（石川安貞　いしかわあんてい）

石川光明　いしかわこうめい
嘉永5（1852）年8月18日～大正2（1913）年7月30日　江戸時代後期～大正時代の彫刻家。
¶美建, 美工

石川五右衛門*　いしかわごえもん
？～文禄3（1594）年　安土桃山時代の盗賊。
¶コン（生没年不詳）, 戦武, 山小（[没]1594年8月23日）

石川呉山　いしかわござん
⇒石川熊太郎（いしかわくまたろう）

石川之裴 いしかわこれかげ
⇒石川竹崖(いしかわちくがい)

石川惟徳(石川維徳) いしかわこれのり
⇒石川重左衛門(いしかわじゅうざえもん)

石川作右衛門* いしかわさくうえもん
?～明治2(1869)年 [別]石川作右衛門(いしかわさくえもん) 江戸時代末期の三河吉田藩士、槍術師範。
¶幕末(いしかわさくえもん)

石川作右衛門 いしかわさくえもん
⇒石川作右衛門(いしかわさくうえもん)

石川三郎* いしかわさぶろう
弘化2(1845)年～慶応1(1865)年6月21日 江戸時代後期～末期の新撰組隊士。
¶新隊

石川子温 いしかわしおん
⇒石川重左衛門(いしかわじゅうざえもん)

石河之裴 いしかわしけい
⇒石川竹崖(いしかわちくがい)

石川之圭* いしかわしけい
文政9(1826)年～慶応3(1867)年 江戸時代末期の伊勢津藩士。
¶幕末([没]慶応3(1867)年6月28日)

石川重勝 いしかわしげかつ
安土桃山時代～江戸時代前期の幕臣。
¶徳人([生]1589年 [没]1637年)

石川重正 いしかわしげまさ
江戸時代前期の幕臣。
¶徳人([生]? [没]1656年)

石川成之* いしかわしげゆき
安政2(1855)年～明治11(1878)年 江戸時代末期～明治時代の亀山藩主、亀山藩知事。
¶幕末

石川七財* いしかわしちざい
文政11(1828)年～明治15(1882)年 江戸時代末期～明治時代の土佐藩士、実業家。
¶幕末([生]文政11(1828)年4月8日 [没]明治15(1882)年7月30日)

石川七之助 いしかわしちのすけ
江戸時代後期の和算家。
¶数学

石川七郎左衛門 いしかわしちろうざえもん
江戸時代後期の大工。
¶美建([没]?)

石川重左衛門* いしかわじゅうざえもん
安永5(1776)年～安政3(1856)年 [別]石川維徳(いしかわいとく,いしかわこれのり),石川惟徳(いしかわこれのり),石川子温(いしかわしおん) 江戸時代後期の信濃高遠藩代官。
¶数学(石川惟徳 いしかわこれのり [没]安政3(1856)年8月30日)

石川潤次郎* いしかわじゅんじろう
天保7(1836)年～元治1(1864)年 [別]石川真義(いしかわまさよし) 江戸時代末期の志士。
¶コン,幕末([生]天保7(1836)年8月 [没]元治1(1864)年6月5日)

石川舜台* いしかわしゅんたい,いしかわしゅんだい
天保13(1842)年10月～昭和6(1931)年12月31日 江戸時代末期～明治時代の僧侶、真宗大谷派寺務総長。廃仏毀釈に反対し慎憲塾開設、のち宗政の改革に携わり、朝鮮・中国で布教活動。
¶コン(いしかわしゅんだい),幕末

石川丈山* いしかわじょうざん
天正11(1583)年～寛文12(1672)年 江戸時代前期の漢詩人、蘭学者、書家。
¶コン,詩作([生]天承11(1583)年10月 [没]寛文12(1672)年5月23日),思想,日文([生]天正11(1583)年10月 [没]寛文12(1672)年5月),山小([生]1583年10月 [没]1672年5月23日)

石川晨山 いしかわしんざん
江戸時代末期～大正時代の日本画家、彫刻家。
¶美建([生]安政4(1857)年3月2日 [没]大正14(1925)年11月16日)

石川助吉 いしかわすけきち
江戸時代後期～明治時代の彫刻家。
¶美建([生]天保4(1833)年5月5日 [没]明治37(1904)年7月10日)

石川清賞 いしかわせいしょう
⇒石川吉次郎(いしかわきちじろう)

石川清之助 いしかわせいのすけ
⇒中岡慎太郎(なかおかしんたろう)

石河正竜*(石川正龍) いしかわせいりゅう
文政8(1825)年12月19日～明治28(1895)年10月16日 [別]石河確太郎(いしかわかくたろう),石河正竜(いしかわまさたつ) 江戸時代末期～明治時代の紡績技術者、奉任4等技師。鹿児島藩の殖産事業に参画。鹿児島藩堺紡績所の建設、運営に当たる。
¶江人(いしかわまさたつ [生]1826年),科学,コン(いしかわまさたつ),コン(石川正竜),幕末(石河確太郎 いしかわかくたろう)

石川善兵衛* いしかわぜんべえ
生没年不詳 江戸時代後期の植林家。
¶コン

石川台嶺* いしかわたいれい
天保14(1843)年～明治4(1871)年 [別]台嶺(たいれい) 江戸時代末期～明治時代の真宗僧侶、三河護法会幹事。三河大浜事件の首謀者として有名。
¶コン(台嶺 たいれい),幕末([生]天保14(1843)年1月1日 [没]明治4(1871)年12月27日)

石川大浪*(石川太浪) いしかわたいろう
明和2(1765)年～文化14(1817)年 江戸時代後期の洋風画家。旗本で大御番頭組頭。
¶対外,徳人,美画([生]明和2(1765)年11月8日 [没]文化14(1817)年12月23日)

石川貴成 いしかわたかなり
江戸時代前期の幕臣。
¶徳人(生没年不詳)

石川高信 いしかわたかのぶ
⇒南部高信(なんぶたかのぶ)

石川たき* いしかわたき
生没年不詳 江戸時代末期～明治時代の女性。夫と蝦夷地に移住、夫と死別したのち姑への孝養を尽くした。
¶女史

い

いしかわ　　　　158

石川滝右衛門*　いしかわたきえもん
　?～文化14（1817）年　江戸時代後期の殖産興業家。
　¶コン（生没年不詳）

石川忠房*　いしかわただふさ
　宝暦5（1755）年～天保7（1836）年1月18日　江戸時代後期の幕臣。勘定奉行。
　¶コン（㊺宝暦4（1754）年），対外，徳人（㊺1748年）

石川丹治*　いしかわたんじ
　文政9（1826）年～慶応1（1865）年　江戸時代末期の長州（萩）藩士。
　¶幕末（㊷慶応1（1865）年5月23日）

石川竹崖*（石川竹厓）　いしかわちくがい
　寛政5（1793）年～天保14（1843）年　㊺石川之裘（いしかわこれかげ），石河之裘（いしかわしけい）
　江戸時代後期の儒学者。
　¶コン（石川竹厓）

石川長次郎　いしかわちょうじろう
　江戸時代末期の和算家，旧福山藩士。
　¶数学

石川潮叟　いしかわちょうそう
　江戸時代末期～明治時代の幕臣。
　¶幕末（㊺?　㊷明治13（1880）年10月23日）

石川従縄*　いしかわつぐなわ
　生没年不詳　江戸時代後期の和算家。
　¶数学

石川強*　いしかわつとむ
　*～明治22（1889）年　江戸時代末期～明治時代の水戸藩士，酪農家。
　¶幕末（㊺天保14（1843）年　㊷明治22（1889）年4月11日）

石川伝蔵*　いしかわでんぞう
　江戸時代末期の水戸藩士。
　¶幕末（生没年不詳）

石川伝兵衛　いしかわでんべえ
　江戸時代前期～中期の代官。
　¶徳代（㊺延宝5（1677）年　㊷享保13（1728）年7月23日）

石川桃蹊*　いしかわとうけい
　宝暦6（1756）年～天保8（1837）年　㊺石川久徴（いしかわひさもと）　江戸時代後期の儒学者。
　¶コン

石川徳右衛門*　いしかわとくえもん
　文化2（1805）年～明治22（1889）年　江戸時代末期～明治時代の名主。横浜五カ町総年寄を務め，町政に参加。
　¶幕末（㊷明治22（1889）年7月10日）

石河徳五郎*　いしかわとくごろう
　寛政8（1796）年～安政4（1857）年　㊺石河幹忠（いしかわもとただ），平沢又七郎（ひらさわまたしちろう）　江戸時代末期の水戸藩士。
　¶幕末（㊷安政4（1857）年7月16日）

石川年足　いしかわとしたり
　⇒石川年足（いしかわのとしたり）

石川利政*　いしかわとしまさ
　*～明治1（1868）年　江戸時代末期の幕臣。1866年ロシアに渡り樺太国境画定を交渉。
　¶徳人（生没年不詳），幕末（㊺天保3（1832）年6月23日
　㊷慶応4（1868）年8月28日）

石川流宣*　いしかわとものぶ
　生没年不詳　㊺石川流宣（いしかわりゅうせん）
　江戸時代の浮世草子作者，俳人，浮世絵師。
　¶浮絵（生没年不詳），コン，美画

石川豊成　いしかわとよなり
　⇒石川豊成（いしかわのとよなり）

石川豊信*　いしかわとよのぶ
　正徳1（1711）年～天明5（1785）年　江戸時代中期の浮世絵師。
　¶浮絵，江人，コン，美画（㊷天明5（1785）年5月25日）

石川豊雅*　いしかわとよまさ
　生没年不詳　江戸時代中期の浮世絵師。明和～安永年間に活躍。
　¶浮絵

石川名足　いしかわなたり
　⇒石川名足（いしかわのなたり）

石川某　いしかわなにがし
　安土桃山時代の武蔵国滝山城主北条氏照の家臣。和泉守か。
　¶後北（某〔石川〕　なにがし）

石川縫*　いしかわぬい
　生没年不詳　江戸時代前期の歌人。加賀藩主・前田吉徳の側室の一人。
　¶江表（善良院（石川県）　㊺宝永5（1708）年　㊷宝暦8（1758）年）

石川東人　いしかわのあずまひと
　奈良時代の官人。
　¶古人（生没年不詳）

石川朝臣君子　いしかわのあそみきみこ
　⇒石川朝臣君子（いしかわのあそんきみこ）

石川朝臣足人　いしかわのあそみたるひと
　⇒石川足人（いしかわのたりひと）

石川朝臣年足　いしかわのあそみとしたり
　⇒石川年足（いしかわのとしたり）

石川朝臣広成　いしかわのあそみひろなり
　⇒石川広成（いしかわのひろなり）

石川朝臣水通　いしかわのあそみみみち
　⇒石川水通（いしかわのみみち）

石川朝臣石足　いしかわのあそんいわたり
　⇒石川石足（いしかわのいわたり）

石川朝臣大蕤比売　いしかわのあそんおおぬひめ
　⇒石川大蕤娘（いしかわのおおぬのいらつめ）

石川朝臣垣守　いしかわのあそんかきもり
　⇒石川垣守（いしかわのかきもり）

石川朝臣君子*　いしかわのあそんきみこ
　生没年不詳　㊺石川朝臣君子（いしかわのあそみきみこ），石川君子（いしかわのきみこ）　奈良時代の中級官人，歌人。
　¶古人（石川君子　いしかわのきみこ），古代

石川朝臣木村　いしかわのあそんきむら
　⇒石川木村（いしかわのきむら）

石川朝臣国助　いしかわのあそんくにすけ
　⇒石川国助（いしかわのくにすけ）

いしかわ

石川朝臣年足　いしかわのあそんとしたり
　⇒石川年足(いしかわのとしたり)

石川朝臣刀子娘　いしかわのあそんとすのいらつめ
　⇒石川刀子娘(いしかわのとねのいらつめ)

石川朝臣豊成　いしかわのあそんとよなり
　⇒石川豊成(いしかわのとよなり)

石川朝臣名足　いしかわのあそんなたり
　⇒石川名足(いしかわのなたり)

石川朝臣真主　いしかわのあそんまぬし
　⇒石川真主(いしかわのまぬし)

石川朝臣真守　いしかわのあそんまもり
　⇒石川真守(いしかわのまもり)

石川朝臣宮麻呂　いしかわのあそんみやまろ
　⇒石川宮麿(いしかわのみやまろ)

石川在麻呂　いしかわのありまろ
　奈良時代の官人。
　¶古人(生没年不詳)

石川有光　いしかわのありみつ
　⇒源有光(みなもとのありみつ)

石川魚麻呂　いしかわのいおまろ
　平安時代前期の官人。
　¶古人(生没年不詳)

石川石足　いしかわのいしたり
　⇒石川石足(いしかわのいわたり)

石川郎女*(1)　いしかわのいらつめ
　飛鳥時代の女性。天智朝の万葉歌人。久米禅師に求愛された女性。
　¶古人(生没年不詳),古代,女史(生没年不詳)

石川郎女*(2)(石川女郎)　いしかわのいらつめ
　生没年不詳　飛鳥時代〜奈良時代の女性。万葉歌人。大津皇子の宮の侍女。
　¶古人,古代,女史

石川郎女*(3)　いしかわのいらつめ
　生没年不詳　奈良時代の女性。万葉歌人。藤原宿奈麻呂の妻。
　¶古代,女史

石川郎女*(4)　いしかわのいらつめ
　生没年不詳　奈良時代の女性。万葉歌人。佐保大納言大伴安麻呂の妻。坂上郎女の母。
　¶古人,古代,女史,女史(石川邑婆　いしかわのおおば)

石川郎女(5)　いしかわのいらつめ
　奈良時代の女性。万葉歌人。
　¶女史,日文

石川色子*　いしかわのいろこ
　生没年不詳　平安時代前期の女性。仁徳天皇の命婦。
　¶古人

石川石足*　いしかわのいわたり
　天智天皇6(667)年〜天平1(729)年8月9日　㋺石川朝臣石足(いしかわのあそんいわたり),石川石足(いしかわのいしたり)　飛鳥時代〜奈良時代の官人(権参議)。蘇我連子の孫、中納言小花下安麿の子。
　¶公卿(㋺?),古人,古代(石川朝臣石足　いしかわのあそんいわたり)

石川牛養　いしかわのうしかい
　奈良時代の官人。
　¶古人(生没年不詳)

石川氏人　いしかわのうじひと
　奈良時代の官人。
　¶古人(㋺?,㋥764年)

石川王　いしかわのおおきみ
　⇒石川王(いしかわおう)

石川夫人　いしかわのおおとじ
　⇒蘇我姪娘(そがのめいのいらつめ)

石川大蕤娘*　いしかわのおおぬのいらつめ
　?〜神亀1(724)年　㋺石川朝臣大蕤比売(いしかわのあそんおおぬひめ),石川大蕤比売(いしかわのおおぬひめ),大蕤娘(おおぬのいらつめ),蘇我大蕤娘(そがのおおぬのいらつめ)　飛鳥時代〜奈良時代の女性。天武天皇の妃。穂積皇子、紀皇女、田形皇女の母。
　¶古人(石川大蕤比売　いしかわのおおぬひめ),古代(石川朝臣大蕤比売　いしかわのあそんおおぬひめ),コン,天皇(生没年不詳)

石川大蕤比売　いしかわのおおぬひめ
　⇒石川大蕤娘(いしかわのおおぬのいらつめ)

石川越智人　いしかわのおちひと
　平安時代前期の官人。
　¶古人(生没年不詳)

石川弟庭　いしかわのおとにわ
　平安時代前期の官人。
　¶古人(生没年不詳)

石川弟人　いしかわのおとひと
　奈良時代の官人。乙人とも書く。
　¶古人(生没年不詳)

石川弟道　いしかわのおとみち
　平安時代前期の官人。
　¶古人(生没年不詳)

石川垣守*　いしかわのかきもり
　?〜延暦5(786)年　㋺石川朝臣垣守(いしかわのあそんかきもり)　奈良時代の中級官人。
　¶古人,古代(石川朝臣垣守　いしかわのあそんかきもり)

石川加美　いしかわのかみ
　奈良時代の官人。賀美とも書く。
　¶古人(㋺?,㋥747年)

石川河主　いしかわのかわぬし
　平安時代前期の官人。
　¶古人(生没年不詳)

石川吉備人　いしかわのきびひと
　奈良時代の左京六条一坊戸主石川今成の戸口。延暦7年兵部大丞正六位上。
　¶古人(生没年不詳)

石川君子　いしかわのきみこ
　⇒石川朝臣君子(いしかわのあそんきみこ)

石川君成　いしかわのきみなり
　奈良時代の官人。公成とも書く。
　¶古人

石川木村*　いしかわのきむら
　生没年不詳　㋺石川朝臣木村(いしかわのあそんきむら),石川木村(いしかわのこのむら)　平安時

いしかわ

代前期の官吏。
¶古人(いしかわのこのむら),古代(石川朝臣木村 いしかわのあそんきむら)

石川浄足 いしかわのきよたり
奈良時代の官人。陸奥掾。俘囚伊治呰麻呂の叛で多賀城を捨て逃げた。
¶古人(生没年不詳)

石川清(浄)直 いしかわのきよなお
平安時代前期の官人。
¶古人(㊀?) ㊁812年)

石川清主* いしかわのきよぬし
生没年不詳 平安時代前期の国司。
¶古人

石川浄浜 いしかわのきよはま
平安時代前期の官人。
¶古人(生没年不詳)

石川清麻呂 いしかわのきよまろ
奈良時代の内舎人。浄麻呂・浄万呂とも。
¶古人(生没年不詳)

石川浄(清)道 いしかわのきよみち
平安時代前期の官人。
¶古人(生没年不詳)

石川国助* いしかわのくにすけ
生没年不詳 ㊟石川朝臣国助(いしかわのあそんくにすけ) 平安時代前期の官吏。
¶古人,古代(石川朝臣国助 いしかわのあそんくにすけ)

石川毛比 いしかわのけひ
奈良時代の官人。
¶古人(㊀?) ㊁783年)

石川子老 いしかわのこおゆ
飛鳥時代の官人。石河とも書く。
¶古人(生没年不詳)

石川木村 いしかわのこのむら
⇒石川木村(いしかわのきむら)

石川宿奈麻呂 いしかわのすくなまろ
奈良時代の官人。
¶古人(生没年不詳)

石川宿禰* いしかわのすくね
㊟蘇我石川(そがのいしかわ),宗我石川宿禰(そがのいしかわのすくね) 上代の蘇我氏の祖。
¶古代(宗我石川宿禰 そがのいしかわのすくね)

石河楯* (石川楯) いしかわのたて
上代の人。
¶古代

石川太襧 いしかわのたに
奈良時代の官人。多襧とも書く。
¶古人(生没年不詳)

石川足人* いしかわのたりひと
㊟石川朝臣足人(いしかわのあそみたるひと),石川足人(いしかわのたるひと) 奈良時代の地方官。
¶古人(いしかわのたるひと 生没年不詳)

石川足麻呂 いしかわのたりまろ
奈良時代の官人。
¶古人(生没年不詳)

石川足人 いしかわのたるひと
⇒石川足人(いしかわのたりひと)

石川継人* いしかわのつぐひと
天平13(741)年～天長3(826)年 奈良時代～平安時代前期の官人。
¶古人

石川年足* いしかわのとしたり
持統天皇2(688)年～天平宝字6(762)年 ㊟石川年足(いしかわとしたり,いしかわのとしたる),石川朝臣年足(いしかわのあそみとしたり,いしかわのあそんとしたり) 飛鳥時代～奈良時代の学者,官人(御史大夫)。蘇我連子の曽孫,中納言小花下安麻呂の孫,権参議石川石足の子。
¶公卿(いしかわのとしたる ㊁天平宝字6(762)年9月),古人,古代(石川朝臣年足 いしかわのあそんとしたり),コン(㊀持統2(688)年)

石川年足 いしかわのとしたる
⇒石川年足(いしかわのとしたり)

石川刀子娘 いしかわのとすのいらつめ
⇒石川刀子娘(いしかわのとねのいらつめ)

石川刀子 いしかわのとね
⇒石川刀子娘(いしかわのとねのいらつめ)

石川刀子娘* いしかわのとねのいらつめ
生没年不詳 ㊟石川刀子娘(いしかわかたなこのいらつめ,いしかわのとすのいらつめ),石川朝臣刀子娘(いしかわのあそんとすのいらつめ),石川刀子(いしかわのとね) 飛鳥時代の女性。文武天皇の嬪。
¶古人(いしかわのとすのいらつめ),古代(石川朝臣刀子娘 いしかわのあそんとすのいらつめ),コン,天皇(石川刀子 いしかわのとね)

石川豊足 いしかわのとよたり
奈良時代の官人。
¶古人(生没年不詳)

石川豊成* いしかわのとよなり
?～宝亀3(772)年 ㊟石川朝臣豊成(いしかわとよなり),石川朝臣豊成(いしかわのあそんとよなり) 奈良時代の官人(中納言)。蘇我連子の曽孫,中納言小花下安麻呂の孫,権参議石川石足の子。
¶公卿(いしかわとよなり ㊁宝亀3(772)年9月),古人,古代(石川朝臣豊成 いしかわのあそんとよなり),コン

石川豊人 いしかわのとよひと
奈良時代の官人。
¶古人(㊀?) ㊁790年)

石川豊麻呂 いしかわのとよまろ
奈良時代の官人。豊万里とも書く。
¶古人(生没年不詳)

石川永津* (石川長津) いしかわのながつ
延暦4(785)年～斉衡1(854)年 奈良時代～平安時代前期の官人。
¶古人(石川長(永)津)

石川長継 いしかわのながつぐ
奈良時代の官人。
¶古人(生没年不詳)

石川永年 いしかわのながとし
奈良時代の官人。長年とも書く。
¶古人(生没年不詳)

石川名足* いしかわのなたり
神亀5(728)年～延暦7(788)年 [別]石川名足(いしかわなたり，いしかわのなたる)，石川朝臣名足(いしかわのあそんなたり) 奈良時代の官人(中納言)。権参議石川石足の孫、御史大夫石川年足の子。
¶公卿(いしかわなたり [没]延暦7(788)年6月4日)，古人([生]？)，古代(石川朝臣名足 いしかわのあそんなたり)，コン

石川名足 いしかわのなたる
⇒石川名足(いしかわのなたり)

石川名継 いしかわのなつぐ
奈良時代の官人。
¶古人(生没年不詳)

石川難波麻呂 いしかわのなにわまろ
奈良時代の官人。
¶古人(生没年不詳)

石川名主 いしかわのなぬし
奈良時代の官人。
¶古人

石川名人 いしかわのなひと
奈良時代の官人。
¶古人([生]？ [没]764年)

石川錦織首許呂斯* いしかわのにしごりのおびところし
[別]石川錦織許呂斯(いしかわのにしごりのころし) 上代の人。
¶古代

石川錦織許呂斯 いしかわのにしごりのころし
⇒石川錦織首許呂斯(いしかわのにしごりのおびところし)

石川橋継 いしかわのはしつぐ
平安時代前期の官人。
¶古人(生没年不詳)

石川人公 いしかわのひときみ
奈良時代の官人。
¶古人(生没年不詳)

石川人成 いしかわのひとなり
奈良時代の官人。父は石足。
¶古人(生没年不詳)

石川人麻呂 いしかわのひとまろ
奈良時代の官人。石河とも書く。
¶古人(生没年不詳)

石川牧夫 いしかわのひらふ
奈良時代の官人。比良夫とも。
¶古人(生没年不詳)

石川広成* いしかわのひろなり
[別]石川朝臣広成(いしかわのあそみひろなり) 奈良時代の国守。
¶古人(生没年不詳)

石川夫子 いしかわのふし
奈良時代の官人。
¶古人(生没年不詳)

石川信統 いしかわのぶとう
江戸時代前期～中期の蔵奉行。
¶徳代([生]寛文7(1667)年 [没]享保19(1734)年3月5日)

石川夫人(1) いしかわのぶにん
飛鳥時代の万葉歌人。
¶古人(生没年不詳)

石川夫人(2) いしかわのぶにん
飛鳥時代の人。朱鳥1年伊勢神宮に遣わされた。
¶古人(生没年不詳)

石川夫人(3) いしかわのぶにん
⇒蘇我姪娘(そがのめいのいらつめ)

石川真永 いしかわのまなが
奈良時代の官人。
¶古人(生没年不詳)

石川真主* いしかわのまぬし
生没年不詳 [別]石川朝臣真主(いしかわのあそんまぬし) 平安時代前期の官吏。
¶古人，古代(石川朝臣真主 いしかわのあそんまぬし)

石川真人 いしかわのまひと
奈良時代の官人。
¶古人(生没年不詳)

石川真守 いしかわのまもり
⇒石川真守(いしかわまもり)

石川麻呂 いしかわのまろ
奈良時代の官人。石河とも書く。
¶古人(生没年不詳)

石川道成 いしかわのみちなり
奈良時代の官人。
¶古人(生没年不詳)

石川道益* いしかわのみちます
天平宝字7(763)年～延暦24(805)年 奈良時代～平安時代前期の官人。
¶古人

石川美奈伎麻呂* いしかわのみなきまろ
奈良時代の安房国司。
¶古人(生没年不詳)

石川水通* いしかわのみみち
[別]石川朝臣水通(いしかわのあそみみみち) 奈良時代の歌人。
¶古人(生没年不詳)

石川宮麿*(石川宮麻呂) いしかわのみやまろ
？～和銅6(713)年 [別]石川朝臣宮麻呂(いしかわのあそんみやまろ) 奈良時代の地方官。
¶古人(石川宮麻呂 [生]655年)，古代(石川朝臣宮麻呂 いしかわのあそんみやまろ [生]655年？)

石川虫名 いしかわのむしな
飛鳥時代の官人。
¶古人(生没年不詳)

石川宗継 いしかわのむねつぐ
平安時代前期の官人。
¶古人(生没年不詳)

石川宗成 いしかわのむねなり
平安時代前期の官人。
¶古人(生没年不詳)

石川宗主 いしかわのむねぬし
平安時代前期の官人。
¶古人(生没年不詳)

石川宗益　いしかわのむねます
平安時代前期の官人。
¶古人(生没年不詳)

石川望足　いしかわのもちたり
奈良時代の官人。
¶古人(生没年不詳)

石川諸足　いしかわのもろたり
奈良時代の官人。
¶古人(生没年不詳)

石川安麻呂　いしかわのやすまろ
奈良時代の官人。蘇我連子の子。石足の父。
¶古人(生没年不詳)

石川乗紀　いしかわのりただ
⇒松平乗紀(まつだいらのりただ)

石川乗政　いしかわのりまさ
⇒松平乗政(まつだいらのりまさ)

石川駿*　いしかわはやし
天保6(1835)年～明治20(1887)年　江戸時代末期～明治時代の飫肥藩士。西南戦争では薩摩軍に参加し奇兵隊隊長として転戦。
¶幕末([没]明治20(1887)年8月20日)

石川半右衛門*　いしかわはんえもん
文政3(1820)年～明治14(1881)年　江戸時代末期～明治時代の名主。外国人居留地取締役。横浜開港による旧村民の移住地建設に従事。
¶幕末([没]明治14(1881)年7月15日)

石川肥後守康勝　いしかわひごのかみやすかつ
江戸時代前期の豊臣秀吉家臣。
¶大坂

石川久徴　いしかわひさもと
⇒石川桃蹊(いしかわとうけい)

石川総管*　いしかわふさかね
天保12(1841)年～明治32(1899)年6月23日　江戸時代末期～明治時代の幕府官僚、下館藩知事。講武所奉行を経て若年寄に進み陸軍奉行を歴任。廃藩置県により免官。
¶幕末([生]天保12(1841)年8月9日)

石川夫人　いしかわふじん
⇒蘇我姪娘(そがのめいのいらつめ)

石川平次郎*　いしかわへいじろう
江戸時代末期の新撰組隊士。
¶新隊(生没年不詳)

石河(石川)孫三郎　いしかわまごさぶろう
戦国時代の北条氏康家臣小野氏の同心。
¶後北(孫三郎〔石河・石川(2)〕　まごさぶろう)

石川昌勝の母　いしかわまさかつのはは★
江戸時代後期の女性。和歌。出雲松江藩主堀尾忠晴の娘。嘉永4年刊、堀尾光久編『近世名所歌集』初に載る。
¶江表(石川昌勝の母(三重県))

石河正竜　いしかわまさたつ
⇒石河正竜(いしかわせいりゅう)

石川政次　いしかわまさつぐ
安土桃山時代～江戸時代前期の幕臣。
¶徳人([生]1583年　[没]1662年)

石川政信　いしかわまさのぶ
戦国時代～安土桃山時代の武将。石川高信の二男。
¶全戦([生]弘治2(1556)年　[没]天正16(1588)年?)

石河政平　いしかわまさひら
⇒石河政平(いしこまさひら)

石川雅望*　いしかわまさもち
宝暦3(1753)年～文政13(1830)年閏3月24日　[別]宿屋飯盛(やどやのめしもり，やどやめしもり)，六樹園(ろくじゅえん)　江戸時代中期～後期の国学者、狂歌師、読本作者。
¶浮絵,江人,コン([没]天保1(1830)年),思想,日文(宿屋飯盛　やどやのめしもり　[没]天保1(1830)年),山小([生]1753年12月14日　[没]1830年閏3月24日)

石川真義　いしかわまさよし
⇒石川潤次郎(いしかわじゅんじろう)

石川正芳　いしかわまさよし
江戸時代末期の和算家。
¶数学

石川真守*　いしかわまもり
天平1(729)年～延暦17(798)年　[別]石川朝臣真守(いしかわのあそんまもり)，石川真守(いしかわのまもり)　奈良時代～平安時代前期の公卿(参議)。権参議石川石足の曽孫、御史大夫石川年足の孫、中納言・左京大夫石川名足の子。
¶公卿([生]天平2(730)年　[没]延暦17(799)年8月19日),古人(いしかわのまもり),古代(石川朝臣真守　いしかわのあそんまもり)

石川通清*　いしかわみちきよ
?～天正12(1584)年　安土桃山時代の武将。
¶全戦

石河幹忠　いしかわもとただ
⇒石河徳五郎(いしかわとくごろう)

石河盛繁*　いしかわもりしげ
生没年不詳　戦国時代の大工。
¶後北(守重〔石河(3)〕　もりしげ)

石川保良　いしかわやすよし
江戸時代後期～末期の和算家。
¶数学

石川与左衛門尉　いしかわよさえもんのじょう
安土桃山時代の甲斐国巨摩郡下山在住の大工頭。穴山氏に仕える。
¶武田(生没年不詳)

石川好芳　いしかわよしか
江戸時代中期～後期の幕臣。
¶徳人([生]1777年　[没]1836年)

石川義兼　いしかわよしかぬ
⇒石川義兼(いしかわよしかね)

石川義兼*　いしかわよしかね
生没年不詳　[別]石川義兼(いしかわよしかぬ)，源義兼(みなもとよしかね)　平安時代後期～鎌倉時代前期の武将。
¶古人,内乱,平家(いしかわよしかぬ)

石川義基　いしかわよしもと
平安時代後期の河内国石川郡石川庄の武士。
¶平家([生]?　[没]治承5(1181)年)

石川依平*　いしかわよりひら
寛政3(1791)年～安政6(1859)年　江戸時代末期

の歌人。
¶コン, 幕末

石川柳城 いしかわりゅうじょう
江戸時代後期〜昭和時代の南画家。
¶美画 (生)弘化4(1847)年10月26日 (没)昭和2(1927)年11月17日)

石川流宣 いしかわりゅうせん
⇒石川流宣(いしかわとものぶ)

石川良信 いしかわりょうしん
⇒石川桜所(いしかわおうしょ)

石川魯庵* いしかわろあん
安永2(1773)年〜天保12(1841)年4月3日 江戸時代後期の儒学者。
¶コン

石城一作* いしきいっさく
天保5(1834)年〜慶応3(1867)年 (別)石城東山(いしがきとうざん), 石城一作(いわきいっさく) 江戸時代末期の信濃高島藩士、国学者。
¶コン, 幕末(石城東山 いしがきとうざん (生)天保5(1834)年3月 (没)慶応3(1867)年9月18日)

石北下野守 いしきたしもつけのかみ
戦国時代の上野群馬郡渋川の土豪。
¶武田(生没年不詳)

石寸名* いしきな
生没年不詳 (別)蘇我石寸名(そがのいしきな) 飛鳥時代の女性。用明天皇の嬪、蘇我稲目の娘。
¶天皇(蘇我石寸名 そがのいしきな)

石蔵卯平* いしくらうへい
天保7(1836)年〜明治1(1868)年 江戸時代末期の商人。
¶コン, 幕末((没)慶応4(1868)年3月4日)

石倉孫六 いしくらまごろく
安土桃山時代の那波郡沼之上村の土豪？
¶武田(生没年不詳)

石黒圭三郎* いしぐろけいざぶろう
天保11(1840)年〜大正1(1912)年 (別)桂正直(かつらまさなお) 江戸時代末期〜明治時代の加賀藩儒者。藩校明倫堂訓導。
¶幕末(桂正直 かつらまさなお (生)天保11(1840)年11月9日 (没)大正1(1912)年12月6日)

石黒左近* いしぐろさこん
？〜天正9(1581)年7月6日 (別)石黒成綱(いしぐろしげつな) 安土桃山時代の武将。上杉氏家臣、織田氏家臣。
¶織田(石黒成綱 いしぐろしげつな)

石黒成綱 いしぐろしげつな
⇒石黒左近(いしぐろさこん)

石黒千尋* いしぐろちひろ
文化1(1804)年〜明治5(1872)年 江戸時代後期〜明治時代の国学者。
¶幕末((没)明治5(1872)年8月5日)

石黒務* いしぐろつとむ
天保11(1840)年〜明治39(1906)年 (別)石黒伝右衛門(いしぐろでんえもん) 江戸時代末期〜明治時代の近江彦根藩士。
¶幕末(石黒伝右衛門 いしぐろでんえもん (生)天保11(1841)年12月28日 (没)明治39(1906)年3月19日)

い

石黒伝右衛門 いしぐろでんえもん
⇒石黒務(いしぐろつとむ)

石黒藤右衛門 いしぐろとうえもん
⇒石黒信由(いしぐろのぶよし)

石黒某 いしぐろなにがし
戦国時代の北条氏綱の家臣。もと北条為昌の家臣か。
¶後北(某〔石黒〕 なにがし)

石黒信基* いしぐろのぶもと
天保7(1836)年〜明治2(1869)年 江戸時代末期の算学者、測量家。
¶数学((生)天保7(1836)年4月1日 (没)明治2(1869)年9月18日), 幕末((没)明治2(1869)年9月18日)

石黒信易 いしぐろのぶやす
江戸時代後期の和算家、加賀藩士。
¶数学((生)寛政1(1789)年 (没)弘化3(1846)年1月20日)

石黒信之 いしぐろのぶゆき
文化8(1811)年〜嘉永5(1852)年 江戸時代末期の算学者。
¶数学((没)嘉永5(1852)年12月13日), 幕末

石黒信由* いしぐろのぶよし
宝暦10(1760)年〜天保7(1836)年12月3日 (別)石黒藤右衛門(いしぐろとうえもん) 江戸時代中期〜後期の和算家、測量家。
¶科学((生)宝暦10(1760)年11月18日), コン(石黒藤右衛門 いしぐろとうえもん), 数学((生)宝暦10(1760)年12月28日)

石黒彦二郎* いしぐろひこじろう
？〜天正10(1582)年6月2日 戦国時代〜安土桃山時代の織田信長の家臣。
¶織田

石黒政宇 いしぐろまさすみ
江戸時代中期の代官。
¶徳代((生)元禄3(1690)年 (没)宝暦6(1756)年5月16日)

石黒政澄 いしぐろまさすみ
江戸時代前期〜中期の幕臣、関東代官。
¶徳代((生)寛永2(1625)年 (没)宝永1(1704)年1月2日)

石黒政常〔1代〕* いしぐろまさつね
宝暦10(1760)年〜文政11(1828)年 江戸時代中期〜後期の装剣金工家。石黒派の開祖。
¶コン(代数なし(生)延享3(1746/1760)年), 美工((没)文政11(1828)年7月4日)

石黒又右衛門* いしぐろまたえもん
文化9(1812)年〜明治24(1891)年 江戸時代末期〜明治時代の越後村上藩士。
¶幕末((没)明治24(1891)年2月)

石毛金右衛門尉 いしげきんえもんのじょう
安土桃山時代の下総国佐倉城主千葉邦胤の家臣。五郎三郎の一族か。
¶後北(金右衛門尉〔石毛〕 きんえもんのじょう)

石毛五郎三郎 いしげごろうさぶろう
安土桃山時代の下総国佐倉城主千葉胤富の家臣。北条氏に属した。
¶後北(五郎三郎〔石毛〕 ごろうさぶろう)

石毛昌相 いしげしょうすけ
江戸時代後期の和算家。
¶数学

いしけや

石毛大和守* いしげやまとのかみ
　生没年不詳　戦国時代の千葉胤富の家臣。
　¶後北（大和守〔石毛〕　やまとのかみ）

伊志子(1)　いしこ*
　江戸時代中期～明治時代の女性。狂歌。狂歌師六
　樹園宿屋飯盛の二女、うめ。
　¶江表（伊志子（東京都）　㊦天明5（1785）年　㊥明治6
　（1873）年）

伊志子(2)　いしこ*
　江戸時代中期の女性。和歌。出雲松江の翠柳の娘。
　元禄15年刊、伯耆米子の唐物商人竹内時安斎編『出
　雲大社奉納清地草』に載る。
　¶江表（伊志子（島根県））

石子(1)　いしこ*
　江戸時代後期の女性。和歌。照床神社神主幡垣政
　意の母。天保13年刊、千家尊孫編『類題八雲集』に
　載る。
　¶江表（石子（島根県））

石子(2)　いしこ*
　江戸時代後期の女性。和歌。大洲藩藩士佐治一二
　三の妻。天保4年刊、加納諸平編『類題鰒玉集』二
　に載る。
　¶江表（石子（愛媛県））

石川昭光　いしこあきみつ
　⇒石川昭光（いしかわあきみつ）

石河勝政　いしこかつまさ
　⇒石河政勝（いしこまさかつ）

石河貞貴　いしこさだたか
　江戸時代中期の幕臣。
　¶徳人（㊦1714年　㊥1777年）

石河積翠* いしこせきすい
　元文3（1738）年～享和3（1803）年　㊙積翠（せきす
　い）　江戸時代中期～後期の俳人。
　¶俳文（積翠　せきすい　㊥享和3（1803）年7月4日）

石河善左衛門　いしこぜんざえもん
　江戸時代前期の代官。
　¶徳代（生没年不詳）

石河貞大　いしこていだい
　江戸時代後期～末期の幕臣。
　¶徳人（生没年不詳）

石河利政* いしことしまさ
　慶長2（1597）年～寛文6（1666）年　江戸時代前期
　の泉州政所職。
　¶徳人

石河正養* いしこまさかい
　文政4（1821）年～明治24（1891）年11月17日　江戸
　時代末期～明治時代の国学者。平田篤胤の没後門
　人で、官に仕え教導職大教正となる。著書に「産土
　氏神」「大祓私釈」。
　¶コン、幕末

石河政勝* いしこまさかつ
　天正5（1577）年～万治2（1659）年　㊙石河勝政（い
　しこかつまさ）　江戸時代前期の泉州堺政所職。
　¶徳人（石河政勝　いしこかつまさ）、徳代（石河政勝　い
　しこかつまさ　㊥万治2（1659）年9月2日）

石河政郷* いしこまささと
　万治3（1660）年～寛保3（1743）年　江戸時代中期

の長崎奉行。
　¶徳人

石河政武* いしこまさたけ
　享保9（1724）年～天明7（1787）年　江戸時代中期
　の京都町奉行。
　¶徳人

石河政朝* いしこまさとも
　貞享3（1686）年～明和2（1765）年　江戸時代中期
　の江戸町奉行。
　¶徳人

石河政平* いしこまさひら
　？～安政5（1858）年　㊙石河政平（いしかわまさひ
　ら）　江戸時代末期の幕臣。
　¶徳人（生没年不詳）、幕末（㊥安政5（1858）年11月12日）

石河木工兵衛* いしこもくべえ
　？～永禄11（1568）年2月22日　戦国時代～安土桃
　山時代の織田信長の家臣。
　¶織田

石凝姥　いしこりどめ
　⇒石凝姥命（いしこりどめのみこと）

石凝姥命* いしこりどめのみこと、いしごりどめのみ
こと
　㊙石凝姥（いしこりどめ）　記紀神話の女神。
　¶コン（石凝姥　いしこりどめ）、女史（石凝姥　いしこり
　どめ）

石坂惟寛　いしざかいかん
　江戸時代後期～大正時代の岡山藩侍医、陸軍軍医
　総監。
　¶科学（㊦天保11（1840）年2月21日　㊥大正12（1923）年
　7月29日）

石坂空洞　いしざかくうどう
　⇒石坂堅壮（いしざかけんそう）

石坂堅壮* いしざかけんそう
　文化11（1814）年～明治32（1899）年10月26日　㊙
　石坂空洞（いしざかくうどう）　江戸時代末期～明
　治時代の医学者。肝ジストマを発見。
　¶科学（文化11（1814）年8月）、幕末

石坂実行　いしざかさねゆき
　江戸時代末期～明治時代の和算家。屋敷分村の人。
　手習い塾・石坂塾を経営。
　¶数学（㊥明治36（1903）年）

石坂周造* いしざかしゅうぞう
　天保3（1832）年～明治36（1903）年5月22日　江戸
　時代末期～明治時代の志士、実業家。石油掘削事業
　を興し、長野石炭油会社創立するが失敗。新潟県西
　山油田で成功。
　¶幕末（㊦天保3（1832）年1月1日）

石坂常堅　いしざかじょうけん
　⇒石坂常堅（いしざかつねかた）

石坂新六　いしざかしんろく
　江戸時代の眼科医。
　¶眼医（生没年不詳）

石坂宗哲* いしざかそうてつ、いしさかそうてつ
　㊙石坂昌孝、石阪昌孝（いしざかまさたか）　江戸
　時代後期の鍼術家。
　¶コン（㊦明和2（1765）年？　㊥天保11（1840）年？）、徳
　人（いしさかそうてつ　㊦1770年　㊥1841年）、幕末
　（㊦明和7（1770）年？　㊥天保12（1841）年11月20日）

石坂常堅*　いしざかつねかた
生没年不詳　[別]石坂常堅（いしざかじょうけん）　江戸時代後期の天文学者。
¶科学, コン, 数学

石坂逸　いしざかとし
江戸時代後期～明治時代の数学者。著書に『西洋算籌用法略解』。
¶数学（[生]文化11（1814）年　[没]明治32（1899）年）

石坂昌孝（石阪昌孝）**　いしざかまさたか**
⇒石坂宗哲（いしざかそうてつ）

石坂弥次右衛門*　いしざかやじえもん
文化6（1809）年～明治1（1868）年　江戸時代末期の八王子千人同心頭。
¶幕末（[没]慶応4（1868）年閏4月10日）

石坂養雲　いしざかようろん
江戸時代の眼科医。
¶眼医（生没年不詳）

石崎元徳*　いしざきげんとく
？～明和7（1770）年　江戸時代中期の画家。
¶美画（[生]元禄6（1693）年　[没]明和7（1770）年10月29日）

石崎源六*　いしざきげんろく
？～明治7（1874）年　江戸時代末期～明治時代の俳人。
¶幕末（[没]明治7（1874）年5月7日）

石垣東山　いしざきとうざん
⇒石垣東山（いしがきとうさん）

石崎ナカ*　いしざきなか
文政2（1819）年～明治17（1884）年　江戸時代末期～明治時代の女性。伊予国の木綿問屋三津屋の長女。寺子屋を開いた。
¶女史

石崎文雅　いしざきふみまさ
⇒石崎文雅（いしざきぶんが）

石崎文雅*　いしざきぶんが
享保8（1723）年～寛政11（1799）年　[別]石崎文雅（いしざきふみまさ）　江戸時代中期の国学者、漢学者。
¶コン

石崎融思*　いしざきゆうし
明和5（1768）年～弘化3（1846）年　江戸時代中期～後期の画家。
¶コン, 美画（[没]弘化3（1846）年2月28日）

石崎融済*　いしざきゆうせい
文化7（1810）年～文久2（1862）年閏8月2日　江戸時代後期の画家。
¶美画

石沢寛助*　いしざわかんすけ
弘化1（1844）年～大正2（1913）年　江戸時代末期～明治時代の農業従事者。開農社を組織し農事講習講話会などを開催。
¶幕末（[没]大正2（1913）年2月21日）

石沢謹吾*　いしざわきんご
天保1（1830）年～大正6（1917）年　江戸時代末期～明治時代の典獄。
¶幕末

石島筑波*　いしじまつくば
宝永5（1708）年～宝暦8（1758）年　[別]石島正猗（いしじままさき）　江戸時代中期の漢詩人。
¶コン（石島正猗　いしじままさき）

石島正猗　いしじままさき
⇒石島筑波（いしじまつくば）

いし女(1)　いしじょ★
江戸時代の女性。俳諧。意史とも。明治3年刊、酒雄編の浪兮女追善集『枯藻集』に載る。
¶江表（いし女（東京都））

いし女(2)　いしじょ★
江戸時代後期の女性。和歌。西条連の人。享和3年序、佐伯貞中八〇賀集「周桑歌人集」に載る。
¶江表（いし女（愛媛県））

いし女(3)　いしじょ★
江戸時代末期の女性。俳諧。上伊那郡の人。文久3年刊、井月編『越後獅子』に載る。
¶江表（いし女（長野県））

いし女(4)　いしじょ★
江戸時代末期の女性。俳諧。石見追原の人。嘉永7年刊、金子頼甫編『石海集』初に載る。
¶江表（いし女（島根県））

以志女　いしじょ★
江戸時代後期の女性。俳諧。寒河江の人。天保15年、寒河江八幡宮に奉納された俳額に載る。
¶江表（以志女（山形県））

石女　いしじょ★
江戸時代の女性。狂歌。年々斎撰『きさらぎの哥』に載る。
¶江表（石女（東京都））

石塚国保　いしずかくにやす
⇒石塚国保（いしづかくにやす）

石塚倉子　いしずかくらこ
⇒石塚倉子（いしづかくらこ）

石塚竜麿　いしずかたつまろ
⇒石塚竜麿（いしづかたつまろ）

石塚直吉〔1代〕　いしずかなおきち
江戸時代後期の彫物師。
¶美建（生没年不詳）

石塚直吉〔2代〕　いしずかなおきち
江戸時代後期～末期の彫物師。
¶美建（[生]寛政7（1795）年　[没]慶応4（1868）年）

石津亮澄　いしずすけずみ
⇒石津亮澄（いしづすけずみ）

石田伊予*　いしだいよ
生没年不詳　安土桃山時代の織田信長の家臣。
¶織田

石田英吉*　いしだえいきち
天保10（1839）年～明治34（1901）年4月8日　江戸時代末期～明治時代の行政官、政治家、貴族院議員、男爵。地方官を歴任し治績を上げ、元老院議官も務める。農商務大臣、農商務次官を歴任。
¶全幕, 幕末（[生]天保10（1839）年11月8日）

石田三成　いしだかずしげ
⇒石田三成（いしだみつなり）

い

石田九野* いしだきゅうや
文化4(1807)年～文久1(1861)年　江戸時代末期の人。桐生織物発展の功労者。
¶幕末([没]文久1(1861)年9月11日)

石田玉山* いしだぎょくざん
？～文化9(1812)年？　江戸時代中期～後期の挿絵画家。
¶浮絵([没]文化9(1812)年)

石田玄圭* いしだげんけい
？～文化14(1817)年　江戸時代後期の暦算家、医師。
¶数学([没]文化14(1817)年6月7日)

石田玄斎 いしだげんさい
江戸時代前期の鉄砲の妙手。
¶大坂

石田小太郎 いしだこたろう
江戸時代前期の武士。伊達政宗に仕えていたが、出奔して大坂に籠城。
¶大坂

石田五郎七* いしだごろしち
天保5(1834)年～明治29(1896)年　江戸時代末期～明治時代の塾教育者。坂下組大肝煎となり子弟の教育に尽力。
¶幕末([没]明治29(1896)年8月20日)

石田治部少輔 いしだじぶしょうゆう
⇒石田三成(いしだみつなり)

石田春律 いしだしゅんりつ
⇒石田春律(いしだはるのり)

石田石叟* いしだせきそう
文化12(1815)年～明治1(1868)年　江戸時代末期の陸奥二本松藩士。
¶幕末([没]慶応4(1868)年7月27日)

石田大弐* いしだだいに
生没年不詳　戦国時代の北条氏の家臣。
¶後北(大弐〔石田〕　だいに)

石田高明 いしだたかあき
江戸時代の和算家。
¶数学

石田為久* いしだためひさ
生没年不詳　[別]石田為久(いしだのためひさ)　平安時代後期の相模三浦党の士。
¶古人,平家

石谷忠量 いしたにただかず
江戸時代後期の和算家。
¶数学

石田入道* いしだにゅうどう
江戸時代末期の新撰組隊士。
¶新隊(生没年不詳)

石田為久 いしだのためひさ
⇒石田為久(いしだためひさ)

石田能登* いしだのと
？～文久3(1863)年　江戸時代末期の安芸広島藩士。
¶幕末([没]文久3(1863)年2月20日)

石田梅岩* いしだばいがん
貞享2(1685)年～延享1(1744)年　江戸時代中期の石門心学の始祖。江戸時代中期に登場して江戸後半の百数十年にわたって少なからぬ思想的影響を庶民社会に及ぼした石門心学の祖。
¶江人,コン,思想,徳将,山小([生]1685年9月15日 [没]1744年9月24日)

石田春律* いしだはるのり
宝暦7(1757)年～文政9(1826)年　[別]石田春律(いしだしゅんりつ)　江戸時代中期～後期の農学者、庄屋。
¶コン

石田半兵衛* いしだはんべえ
？～明治4(1871)年　江戸時代末期～明治時代の彫刻家。
¶幕末,美建([生]文化2(1805)年)

石田平蔵 いしだへいぞう
江戸時代後期～明治時代の陶画工。
¶美工([生]弘化1(1844)年　[没]明治25(1892)年)

石田孫左衛門* いしだまござえもん
？～天正10(1582)年6月2日　戦国時代～安土桃山時代の織田信長の家臣。
¶織田

石田未琢* いしだみたく
？～天和2(1682)年　[別]未琢(みたく)　江戸時代前期の俳人。
¶俳文(未琢　みたく　[没]天和2(1682)年3月20日)

石田三千井* いしだみちい
弘化2(1845)年～慶応1(1865)年　江戸時代末期の百姓、八幡隊士。
¶幕末([没]元治2(1865)年1月10日)

石田三成* いしだみつなり
永禄3(1560)年～慶長5(1600)年　[別]石田三成(いしだかずしげ),石田治部少輔(いしだじぶしょうゆう)　安土桃山時代の武将。豊臣政権下で近江佐和山城主、五奉行の一人となる。秀吉の死後、徳川家康打倒のため挙兵したが関ヶ原の戦いに敗れ処刑された。
¶コン,全戦,戦武,対外,中世,内乱,山小([没]1600年10月1日)

石田未得 いしだみとく
⇒未得(みとく)

石田守直 いしだもりなお
⇒石田幽汀(いしだゆうてい)

石田幽汀* いしだゆうてい
享保6(1721)年～天明6(1786)年　[別]石田守直(いしだもりなお)　江戸時代中期の画家。
¶美画([没]天明6(1786)年5月25日)

石田悠汀* いしだゆうてい
寛政10(1798)年～安政6(1859)年　江戸時代末期の画家。
¶コン,美画

石田義信 いしだよしのぶ
江戸時代後期～明治時代の和算家。播州下太田村の人。明治11年算額を奉納。
¶数学

石田竜元*(石田竜玄)　いしだりゅうげん
*～明治8(1875)年　江戸時代末期～明治時代の

医師。

¶幕末（石田竜玄 [生]文政4（1821）年）

石田和助* いしだわすけ

嘉永6（1853）年～明治1（1868）年 江戸時代末期の白虎士中二番隊士。

¶全幕（[没]慶応4（1868）年），幕末（[没]慶応4（1868）年8月23日）

伊地知季通 いじちきつう

⇒伊地知季通（いぢちきつう）

伊地知左衛門尉重貞 いじちさえもんのじょうしげさだ

⇒桂庵玄樹（けいあんげんじゅ）

伊地知貞馨* いじちさだか

文政9（1826）年～明治20（1887）年4月15日 [別]伊地知貞馨（いぢちさだか） 江戸時代末期～明治時代の鹿児島藩士、官吏。尊攘激派誠忠組の一員として活動、維新後参政、藩政改革にあたる。著書に「沖縄志」。

¶コン（いぢちさだか），全幕，幕末

伊地知正治 いじちしょうじ

⇒伊地知正治（いじちまさはる）

伊地知季安 いじちすえやす

⇒伊地知季安（いぢちすえやす）

伊地知季安 いじちすえよし

⇒伊地知季安（いぢちすえやす）

伊地知文大夫 いじちぶんだゆう

江戸時代前期の武士。大坂の陣で籠城。

¶大坂

伊地知正治* いじちまさはる

文政11（1828）年6月1日～明治19（1886）年5月23日 [別]伊地知正治（いじちしょうじ，いぢちまさはる） 江戸時代末期～明治時代の鹿児島藩士、官吏、修史館総裁、宮中顧問官。戊辰戦争で東山道先鋒総督府参謀として功績を挙げる。

¶コン（いぢちまさはる），全幕（いぢちまさはる），幕末

石津王 いしづおう

⇒藤原朝臣石津（ふじわらのあそんいしづ）

石塚巌 いしづかいわお

江戸時代末期の偽新撰組隊士。

¶新隊（[没]文久3年7月1日）

石塚主計助 いしづかかずえのすけ

安土桃山時代の斑目郷の百姓。

¶後北（主計助〔石塚〕 かずえのすけ）

石塚克孝 いしつかかつたか，いしづかかつたか

⇒石塚克孝（いしづかこくこう）

石塚国保* いしづかくにやす

生没年不詳 [別]石塚国保（いしずかくにやす） 江戸時代中期の機業家。

¶コン，美工（いしずかくにやす）

石塚倉子* いしづかくらこ，いしずかくらこ

貞享3（1686）年10月～宝暦8（1758）年 [別]石塚倉子（いしずかくらこ） 江戸時代中期の女性。歌人。

¶江表（庫子（栃木県））

石塚克孝* いしづかこくこう

文化5（1808）年～天保14（1843）年 [別]石塚克孝（いしつかかつたか，いしづかかつたか） 江戸時代後期の算家。

¶数学（いしつかかつたか [没]天保14（1843）年9月21日）

石塚五郎右衛門* いしづかごろうえもん

生没年不詳 戦国時代の鋳物師、百姓。

¶後北（五郎右衛門〔石塚〕 ごろうえもん）

石塚竜麿*（石塚竜麻呂） いしづかたつまろ

明和1（1764）年～文政6（1823）年6月13日 [別]石塚竜麿（いしずかたつまろ） 江戸時代中期～後期の国学者。

¶コン

石塚長左衛門* いしづかちょうざえもん

弘化3（1846）年～明治10（1877）年 江戸時代末期～明治時代の鹿児島県士族。西南戦争で城山にて西郷隆盛らと戦死。

¶幕末（[生]弘化2（1845）年 [没]明治10（1877）年9月24日）

石塚豊芥子* いしづかほうかいし

寛政11（1799）年～文久1（1861）年12月15日 [別]豊芥子（ほうかいし） 江戸時代末期の雑学者。

¶歌大，コン，幕末

石塚法師 いしづかほうし

安土桃山時代の相模国斑目郷の百姓。

¶後北（法師〔石塚〕 ほうし）

石塚豊民* いしつかほうみん

文化12（1815）年～明治11（1878）年 江戸時代末期～明治時代の学者、昌平黌教官。江戸にでて諸藩の右筆を務めた。

¶幕末（[没]明治11（1878）年10月4日）

石塚行信 いしつかゆきのぶ

江戸時代の和算家。

¶数学

石作大来 いしつくりのおおく

⇒石作連大来（いしつくりのむらじおおく）

石作武延 いしつくりのたけのぶ

平安時代後期の官人。

¶古人（生没年不詳）

石作忠時（節） いしつくりのただとき

平安時代中期の藤原実資家の家司。

¶古人（生没年不詳）

石作藤武 いしつくりのふじたけ

平安時代後期の官人。

¶古人（生没年不詳）

石作連大来* いしつくりのむらじおおく

[別]石作大来（いしつくりのおおく） 上代の石工。

¶古代

石作目辟 いしつくりのめさき

奈良時代の画師。天平勝宝9年山背国久世郡奈美郷の戸主君足の戸口、画師司画師。

¶古人（[生]736年 [没]？）

石津亮澄* いしづすけずみ

安永8（1779）年～天保11（1840）年 [別]石津亮澄（いしずすけずみ） 江戸時代後期の歌人、国学者。

¶コン

石出掃部介*（石出掃部亮） いしでかもんのすけ

天文1（1532）年～元和4（1618）年 [別]石出吉胤（いしでよしたね） 安土桃山時代～江戸時代前期の名主。

¶コン

い

石出常軒* いしでじょうけん
元和1(1615)年〜元禄2(1689)年 [別]石出吉深(いしでよしふか), 吉深(よしふか) 江戸時代前期の歌人、国学者、牢屋奉行。
¶コン, 俳文(吉深 よしふか [没]元禄2(1689)年3月2日)

石出吉胤 いしでよしたね
⇒石出掃部介(いしでかもんのすけ)

石出吉深 いしでよしふか
⇒石出常軒(いしでじょうけん)

石童丸* いしどうまる
?〜元暦1(1184)年 平安時代後期の人。「平家物語」に平維盛の童として登場。
¶古人, 平家([没]寿永3(1184)年)

石塔義房* いしどうよしふさ
生没年不詳 南北朝時代の武将。足利氏の有力一族。
¶コン, 中世, 室町

石塔頼房* いしどうよりふさ
生没年不詳 南北朝時代の武将。
¶コン, 内乱, 室町

依子内親王* いしないしんのう
寛平7(895)年〜承平6(936)年 [別]依子内親王(よりこないしんのう) 平安時代中期の女性。宇多天皇の皇女。
¶古人(よりこないしんのう)

惟子内親王* いしないしんのう
生没年不詳 [別]今林尼衆(いまばやしあましゅう) 南北朝時代の女性。後醍醐天皇の皇女。
¶天皇, 天皇(今林尼衆 いまばやしあましゅう)

為子内親王* いしないしんのう
?〜昌泰2(899)年 [別]為子内親王(ためこないしんのう) 平安時代前期の女性。醍醐天皇の妃。光孝天皇の皇女。
¶古人(ためこないしんのう), 天皇(いしないしんのう・ためこないしんのう [没]昌泰2(899)年3月14日)

怡子内親王*(恰子内親王) いしないしんのう
生没年不詳 [別]北小路斎院(きたこうじのさいいん), 怡子内親王(よしこないしんのう) 平安時代後期の輔仁親王(後三条天皇皇子)の王女。
¶古人(よしこないしんのう)

いしの
江戸時代前期の女性。書簡。千姫の侍女。明暦3年蔭涼軒宛書状が残る。
¶江表(いしの(兵庫県))

伊治呰麻呂*(伊治砦麻呂) いじのあざまろ
生没年不詳 [別]伊治公呰麻呂(いじのきみあざまろ), 伊治呰麻呂(これはりのあざまろ, これはるのあざまろ) 奈良時代の蝦夷の族長。
¶古人(これはるのあざまろ), 古代(伊治公呰麻呂 いじのきみあざまろ), コン, 山小

石野氏利 いしのうじとし
⇒石野伝一(いしのでんいち)

石野氏満* いしのうじみつ
天文22(1553)年〜慶長11(1606)年 戦国時代〜江戸時代前期の織田信長の家臣。
¶織田

石野雲嶺* いしのうんれい
*〜明治3(1870)年 江戸時代末期〜明治時代の旅籠主人。詩人として有名で著書に「香国為政」など。
¶幕末([生]寛政2(1790)年)

伊治公呰麻呂 いじのきみあざまろ
⇒伊治呰麻呂(いじのあざまろ)

石野伝一* いしのでんいち
元和7(1621)年〜元禄6(1693)年 [別]石野氏利(いしのうじとし) 江戸時代前期の槍術の離相流の祖。
¶江人

石野範季 いしのののりすえ
平安時代後期の官人。
¶古人(生没年不詳)

石野則任 いしのののりとう
平安時代後期の官人。
¶古人(生没年不詳)

石野範行 いしのののりゆき
平安時代後期の官人。
¶古人(生没年不詳)

石野行信 いしののゆきのぶ
平安時代中期の官人。
¶古人(生没年不詳)

石野善根 いしののよしね
平安時代中期の官人。
¶古人(生没年不詳)

石野則常 いしののりつね
生没年不詳 江戸時代後期〜末期の幕臣。
¶徳人, 幕末

石野広通*(石野広道) いしのひろみち
享保3(1718)年〜寛政12(1800)年 [別]中原広通(なかはらひろみち) 江戸時代中期〜後期の歌人、幕臣。
¶コン(石野広道), 徳人, 徳代([没]寛政12(1800)年5月26日)

石埜大和* いしのやまと
天保11(1840)年〜慶応4(1868)年8月 江戸時代末期〜明治時代の神主。勤王の国学に共鳴。
¶幕末

石橋絢彦 いしばしあやひこ
嘉永5(1852)年12月27日〜昭和7(1932)年 江戸時代後期〜昭和時代の幕臣、土木技術者。
¶科学([没]昭和7(1932)年11月25日), 幕末([没]昭和7(1932)年10月25日)

石橋和義* いしばしかずよし
生没年不詳 南北朝時代の武将。
¶コン, 室町

石橋規天* いしばしきてん
江戸時代中期の数学者。
¶数学

石橋規満* いしばしきまん
寛政12(1800)年〜明治16(1883)年 [別]石橋規満(いしばしのりみつ) 江戸時代末期〜明治時代の数学者。
¶数学(いしばしのりみつ [没]明治16(1883)年12月9日)

石橋好一 いしばしこういち
江戸時代後期〜大正時代の幕臣・洋学者。

¶徳人（生没年不詳），幕末（[生]弘化3（1846）年2月11日 [没]大正3（1914）年8月25日）

石橋重朝* いしばししげとも
弘化2（1845）年～大正8（1919）年 江戸時代末期～大正時代の佐賀藩士、初代統計局局長。米国留学後、佐賀藩権大属。
¶幕末

石橋荘次郎 いしばししょうじろう
江戸時代末期～明治時代の蒔絵師。
¶美工（[生]弘化4（1847）年8月 [没]？）

石橋助左衛門* いしばしすけざえもん
宝暦7（1757）年～天保8（1837）年7月17日 江戸時代後期の長崎のオランダ通詞。
¶コン（[没]天保9（1838）年），対外

石橋清八* いしばしせいはち
天保8（1836）年～明治10（1877）年 江戸時代末期～明治時代の鹿児島県士族。西南戦争では熊本城総攻撃に参加。
¶幕末（[没]明治10（1877）年7月24日）

石橋規満 いしばしのりみつ
⇒石橋規満（いしばしきまん）

石橋政方* いしばしまさかた
天保11（1840）年3月～大正5（1916）年12月26日 江戸時代末期～明治時代の通詞、官吏、外務大書記官。オランダ通詞として長崎、神奈川で活躍、英語にも熟達し、会話指南書「英語箋」を著す。
¶徳人

石橋六之助* いしばしろくのすけ
天保5（1834）年～明治39（1906）年 江戸時代末期～明治時代の消防組頭。手押しポンプ二台を購入し火消しから洋式消防に変換。
¶幕末（[没]明治39（1906）年4月）

石浜喜兵衛 いしはまきひょうえ
江戸時代前期の武士。
¶大坂

石原市郎右衛門* いしはらいちろうえもん
弘化2（1845）年～明治10（1877）年 江戸時代末期～明治時代の鹿児島県士族。西南戦争では熊本城攻撃に参加。
¶幕末（[没]明治10（1877）年3月25日）

石原一重 いしはらかずしげ
永禄5（1562）年～寛永10（1633）年 安土桃山時代～江戸時代前期の幕臣。
¶徳人，徳代（[没]寛永10（1633）年5月9日）

石原吉次 いしはらきちじ
江戸時代前期の代官。
¶徳代（生没年不詳）

石原久大夫 いしはらきゅうだゆう
江戸時代前期の武士。大坂の陣で籠城。
¶大坂

石原倉右衛門* いしはらくらえもん
？～明治1（1868）年 [別]石原倉右衛門（いしわらくらえもん） 江戸時代末期の庄内藩中老。
¶全幕（[生]天保10（1839）年 [没]慶応4（1868）年），幕末（いしわらくらえもん [没]慶応4（1868）年7月25日）

石原守明 いしはらしゅめい
戦国時代～江戸時代前期の代官。
¶徳代（[生]天文20（1551）年 [没]元和7（1621）年5月19日）

石原次郎三郎 いしはらじろうさぶろう
戦国時代～安土桃山時代の武田氏の家臣。甲斐国巨摩郡鼻輪郷を知行地とした。
¶武田（生没年不詳）

石原助右衛門 いしはらすけえもん
江戸時代前期の伊東長次の家来。
¶大坂（[没]慶長20年5月7日）

石原清次郎 いしはらせいじろう
安土桃山時代の武田氏の家臣。
¶武田（生没年不詳）

石原多助 いしはらたすけ
江戸時代後期の幕臣。
¶徳人（生没年不詳）

石原種 いしはらたね
江戸時代後期～明治時代の錦織物改良者。
¶美工（[生]天保12（1841）年11月15日 [没]明治42（1909）年6月12日）

石原長博 いしはらながひろ
江戸時代前期～中期の幕臣。
¶徳人（[生]1673年 [没]1746年）

石原信貴* いしはらのぶき
天保4（1833）年～明治25（1892）年 江戸時代末期～明治時代の政治家、衆議院議員。藩学教授で維新後に藩権大属。
¶幕末（[没]明治25（1892）年1月6日）

石原昌明* いしはらまさあき
享禄3（1530）年～慶長12（1607）年 戦国時代～江戸時代前期の武田氏・徳川氏の家臣。
¶武田

石原正明 いしはらまさあき
⇒石原正明（いしはらまさあきら）

石原正顕 いしはらまさあきら
江戸時代中期の代官。
¶徳代（[生]元禄7（1694）年 [没]安永5（1776）年3月12日）

石原正明* いしはらまさあきら
宝暦10（1760）年～文政4（1821）年 [別]石原正明（いしはらまさあき，いしわらまさあきら） 江戸時代後期の国学者、有職故実家。
¶コン（[生]宝暦9（1759）年），思想

石原正氏 いしはらまさうじ
江戸時代中期の代官。
¶徳代（[生]？ [没]宝永7（1710）年9月14日）

石原正勝 いしはらまさかつ
延宝7（1679）年～延享4（1747）年 江戸時代前期～中期の幕臣。
¶徳人，徳代（[没]延享4（1747）年4月23日）

石原正重 いしはらまさしげ
江戸時代前期の代官。
¶徳代（[生]元和1（1615）年 [没]明暦2（1656）年6月16日）

石原正種 いしはらまさたね
江戸時代前期の代官。
¶徳代（[生]？ [没]寛文7（1667）年2月24日）

石原正利 いしはらまさとし
江戸時代前期～中期の代官。
¶徳代（[生]万治2（1659）年 [没]元文3（1738）年8月13日）

石原正永　いしはらまさなが
江戸時代前期の代官。
¶徳代（[生]寛永18（1641）年　[没]延宝2（1674）年7月19日）

石原正修　いしはらまさのぶ
江戸時代末期の代官。
¶徳代（[生]？　[没]安政1（1854）年11月2日）

石原政矩　いしはらまさのり
江戸時代中期の幕府御蔵奉行。
¶徳人（[生]？　[没]1730年）

石原正範　いしはらまさのり
江戸時代中期～後期の近江国大津代官。
¶徳代（[生]享保15（1730）年　[没]寛政6（1794）年12月22日）

石原政久　いしはらまさひさ
江戸時代前期～中期の代官。
¶徳代（[生]延宝6（1678）年　[没]宝暦11（1761）年12月5日）

石原正通　いしはらまさゆき
江戸時代中期～後期の代官。
¶徳代（[生]宝暦7（1757）年　[没]文政4（1821）年11月17日）

石原正美　いしはらまさよし
江戸時代後期～末期の代官。
¶徳代（生没年不詳）

石原安定　いしはらやすさだ
安土桃山時代の徳川家康の家臣。一左衛門尉。
¶後北（安定〔石原〕　やすさだ）

石原竜助*　いしはらりゅうすけ
江戸時代末期の薩摩藩士。
¶幕末（生没年不詳）

石姫　いしひめ
⇒石姫皇女（いしひめのひめみこ）

石姫皇女　いしひめのおうじょ
⇒石姫皇女（いしひめのひめみこ）

石姫皇女　いしひめのこうじょ
⇒石姫皇女（いしひめのひめみこ）

石姫皇女*　いしひめのひめみこ
生没年不詳　[別]石姫（いしひめ），石姫皇女（いしひめのおうじょ，いしひめのこうじょ，いわのひめのこうじょ）　飛鳥時代の女性。欽明天皇の皇后。
¶古人（いわのひめのこうじょ），古代，女史，天皇（石姫　いしひめ）

伊叱夫礼智　いしぶれち
上代の新羅の大臣。
¶古人（生没年不詳）

石部官治　いしべかんじ
江戸時代中期～後期の眼科医。
¶眼医（[生]享保5（1720）年　[没]寛政9（1797）年）

石部保正　いしべのやすまさ
平安時代中期の官人、藤原道長家の知家事。
¶古人（生没年不詳）

石巻家貞*　いしまきいえさだ
[別]石巻家種（いしまきいえたね）　戦国時代の武将。後北条氏家臣。
¶後北（家貞〔石巻〕　いえさだ），全戦（生没年不詳）

石巻家種　いしまきいえたね
⇒石巻家貞（いしまきいえさだ）

石巻康敬*　いしまきやすまさ
天文3（1534）年～慶長18（1613）年　安土桃山時代～江戸時代前期の武士。後北条氏家臣、徳川氏家臣。
¶後北（康敬〔石巻〕　やすまさ　[没]慶長18年10月1日），全戦（生没年不詳），戦武

石巻康宗　いしまきやすむね
江戸時代前期～中期の幕臣。
¶徳人（[生]1649年　[没]1711年）

石巻康保*　いしまきやすもり
生没年不詳　戦国時代～安土桃山時代の武士。後北条氏家臣。
¶後北（康保〔石巻〕　やすもり　[没]天正6年頃）

石間土源五郎　いしまどげんごろう
安土桃山時代の武蔵国鉢形城主北条氏邦の家臣秩父孫次郎の同心。
¶後北（源五郎〔石間土〕　げんごろう）

石丸有定*　いしまるありさだ
天文16（1547）年～寛永8（1631）年11月6日　戦国時代～江戸時代前期の織田信長の家臣。
¶織田

石丸賢*　いしまるけん
生没年不詳　江戸時代中期の和算家。
¶数学

石丸定次*　いしまるさだつぐ
慶長8（1603）年～延宝7（1679）年　江戸時代前期の幕臣、大坂東町奉行。
¶コン，徳人

石丸安世*　いしまるやすよ
天保5（1834）年～明治35（1902）年5月6日　江戸時代末期～明治時代の佐賀藩士、官吏。グラバーの紹介でイギリスに留学。帰国後電信事業の育成指導に尽力。
¶科学，幕末（[生]天保7（1836）年）

伊甚国造*　いじみのくにのみやつこ
上代の豪族。
¶古代

伊甚国造稚子直　いじみのくにのみやつこわくごのあたい
⇒伊甚稚子（いじみのわくご）

伊甚稚子*　いじみのわくご
[別]伊甚国造稚子直（いじみのくにのみやつこわくごのあたい）　上代の「日本書紀」にみえる豪族。
¶古人，古代（伊甚国造稚子直　いじみのくにのみやつこわくごのあたい）

石村近江〔1代〕*　いしむらおうみ
江戸時代前期の三味線製作者。
¶コン（生没年不詳）

石村近江〔2代〕*　いしむらおうみ
？～寛永13（1636）年　江戸時代前期の三味線製作者。
¶コン

石村近江〔5代〕*　いしむらおうみ
？～宝永5（1708）年　江戸時代前期～中期の三味線製作者。
¶コン

石村検校*　いしむらけんぎょう
？～寛永19（1642）年9月24日　江戸時代前期の三

味線組歌の創始者。
¶コン

石村貞一* いしむらていいち
天保10(1839)年～大正8(1919)年　江戸時代末期～明治時代の史学者。陸軍省で戦史編纂に従事。
¶幕末(㊛天保10(1839)年2月28日　㊡大正8(1919)年10月5日)

石母田但馬* いしもだたじま
文政11(1828)年～明治39(1906)年　江戸時代末期～明治時代の仙台藩一族。ペリー来航の時尊王派を代表し藩主に攘夷を建白。
¶幕末

石本庄五郎* いしもとしょうごろう
安永9(1780)年～天保5(1834)年　江戸時代後期の長崎平戸町の乙名、豊後武田藩用達商人。
¶対外

石本新兵衛* いしもとしんべえ
？～正保2(1645)年　㊥了円(りょうえん)　江戸時代前期の貿易家。長崎平戸町乙名。
¶対外

石山篤熙* いしやまあつひろ
宝暦12(1762)年9月5日～天保8(1837)年9月24日　江戸時代中期～後期の公家(権中納言)。権中納言壬生基貫の次男。
¶公卿, 公家(篤熙〔石山家〕　あつひろ)

石山虎之助* いしやまとらのすけ
嘉永5(1852)年～明治1(1868)年　江戸時代末期の白虎士中二番隊士。
¶全幕(㊛嘉永6(1853)年　㊡慶応4(1868)年), 幕末(㊡慶応4(1868)年8月23日)

石山僧都 いしやまのそうず
⇒真紹(しんじょう)

石山内供 いしやまのないく
⇒淳祐(しゅんにゅう)

石山孫六* いしやままごろく
＊～明治37(1904)年　江戸時代末期～明治時代の武術家。鍛冶橋藩の剣術指南。
¶幕末(㊛文政11(1837)年10月28日　㊡明治37(1904)年7月10日)

石山正盈* いしやままさみつ
生没年不詳　江戸時代中期の和算家。
¶数学(㊛慶安3(1654)年　㊡享保2(1717)年8月29日)

石山基陳* いしやまもとつら
延享1(1744)年6月23日～文政3(1820)年8月24日　江戸時代中期～後期の公家(権大納言)。権大納言石山基名の子。
¶公卿, 公家(基陳〔石山家〕　もとつら)

石山基名* いしやまもとな
享保5(1720)年11月11日～寛政4(1792)年2月27日　江戸時代中期の公家(権大納言)。参議姉小路実武の次男。
¶公卿, 公家(基名〔石山家〕　もとな　㊡寛政4(1792)年閏2月27日)

石山基正* いしやまもとなお
天保14(1843)年～明治27(1894)年　江戸時代末期～明治時代の公家。禁門の変で長州藩のために工作。
¶幕末(㊛天保14(1843)年4月7日　㊡明治27(1894)

年12月28日)

石山基文* いしやまもとふみ, いしやまもとぶみ
文政10(1827)年～明治24(1891)年　江戸時代末期～明治時代の公家。禁門の変で長州藩のため宮廷で工作。
¶公卿(いしやまもとぶみ　㊛文政10(1827)年1月7日　㊡明治24(1891)年11月), 公家(基文〔石山家〕　もとふみ　㊛文政10(1827)年1月7日　㊡明治24(1891)年11月4日), 幕末(㊛文政10(1827)年1月7日　㊡明治24(1891)年11月4日)

石山師香* いしやまもろか
寛文9(1669)年～享保19(1734)年　江戸時代中期の公家(権中納言)。左大臣園基香の孫。
¶公卿(㊛寛文9(1669)年5月13日　㊡享保19(1734)年10月13日), 公家(師香〔石山家〕　もろか　㊛寛文9(1669)年5月13日　㊡享保19(1734)年10月13日)

惟舟(維舟)　いしゅう
⇒重頓(しげより)

伊集院兼貞の母 いじゅういんかねさだのはは*
江戸時代後期の女性。和歌。垂水島津家家臣の川上親辰の娘。
¶江表(伊集院兼貞の母(鹿児島県)　㊛文化7(1810)年)

伊集院兼貞の娘 いじゅういんかねさだのむすめ*
江戸時代後期の女性。和歌。島津家御一門の垂水島津家の家老兼貞の娘。
¶江表(伊集院兼貞の娘(鹿児島県))

伊集院兼常 いじゅういんかねつね
＊～明治42(1909)年　江戸時代末期～明治時代の鹿児島県士族。
¶幕末(㊛天保8(1837)年)

伊集院兼寛 いじゅういんかねひろ
天保9(1838)年～明治31(1898)年　江戸時代末期～明治時代の海軍軍人。元老院議官を経て、貴族院議員となる。
¶幕末(㊛天保9(1838)年1月2日　㊡明治31(1898)年4月20日)

伊集院忠倉 いじゅういんただあお
戦国時代の武士。
¶戦武(生没年不詳)

伊集院忠朗* いじゅういんただあき
戦国時代の武士。
¶戦武(生没年不詳)

伊集院忠国 いじゅういんただくに
生没年不詳　南北朝時代の武将。
¶室町

伊集院忠真 いじゅういんただざね
生没年不詳　安土桃山時代～江戸時代前期の武士。
¶戦武(㊛天正4(1576)年　㊡慶長7(1602)年)

伊集院忠棟 いじゅういんただむね
？～慶長4(1599)年　安土桃山時代の武将、島津氏の宿老。
¶全戦, 戦武(㊛天文10(1541)年？)

伊集院藤九郎* いじゅういんとうくろう
生没年不詳　江戸時代末期の薩摩藩士。
¶幕末

伊集院俊子* いじゅういんとしこ
生没年不詳　江戸時代末期の女性。西郷隆盛の妻。
¶幕末

い

伊集院盛昌*　いじゅういんもりまさ
弘化3(1846)年～明治10(1877)年　江戸時代末期～明治時代の薩摩藩士。西南戦争では熊本城総攻撃に参加。
¶幕末

伊集院与一*　いじゅういんよいち
天保3(1832)年～明治1(1868)年　江戸時代末期の薩摩藩士。
¶幕末([没]慶応4(1868)年1月5日)

伊集院頼久*　いじゅういんよりひさ
生没年不詳　室町時代の武将。
¶室町

以春軒*　いしゅんけん
生没年不詳　戦国時代の穴山梅雪の家臣。
¶武田

倚松*　いしょう
元禄12(1699)年～明和8(1771)年4月13日　江戸時代中期の俳人。
¶俳文

為杖　いじょう
江戸時代中期の俳諧・雑俳点者。
¶俳文(生没年不詳)

因斯羅我*　いしらが
生没年不詳　[別]因斯羅我(いんしらが)　上代の画工。画部。
¶古代(いんしらが),対外,美画

井尻清次　いじりきよつぐ
江戸時代中期の和算家。宮城流宮城清行の高弟。『和漢算法大成』を校訂。
¶数学

井尻源四郎　いじりげんしろう
戦国時代の甲斐国山梨郡下井尻村の土豪。
¶武田(生没年不詳)

井尻与十郎　いじりよじゅうろう
戦国時代の甲斐国山梨郡下井尻村の土豪。
¶武田(生没年不詳)

石六の妻　いしろくのつま
⇒石六の妻おかち(いしろくのつまおかち)

石六の妻おかち*　いしろくのつまおかち
生没年不詳　[別]石六の妻(いしろくのつま)　江戸時代前期～中期の女性。豪商石川屋六兵衛の妻。
¶女史(石六の妻　いしろくのつま)

石渡栄治郎　いしわたえいじろう
江戸時代末期～明治時代の幕臣。
¶幕末([生]?　[没]明治8(1875)年4月24日)

石幡貞*　いしわたてい
天保10(1839)年～大正5(1916)年　江戸時代末期～大正時代の教育者。著書に「遭難詩紀」など。
¶幕末([没]大正5(1916)年3月15日)

石渡孫右衛門　いしわたまごえもん
安土桃山時代の公郷村百姓。相模国三崎城主北条氏規に属す。
¶後北(孫右衛門〔石渡(1)〕　まごえもん)

石渡正吉　いしわたまさよし
安土桃山時代の大工鍛冶職人。北条氏に属した。
¶後北(正吉〔石渡(2)〕　まさよし)

石渡好成　いしわたりよしなり
江戸時代中期～後期の和算家。
¶数学([生]宝暦8(1758)年　[没]天保9(1838)年4月)

石原倉右衛門　いしわらくらえもん
⇒石原倉右衛門(いしはらくらえもん)

石原正明　いしわらまさあきら
⇒石原正明(いしはらまさあきら)

已心院殿　いしんいんどの
⇒九条道教(くじょうみちのり)

以心軒真興　いしんけんしんこう
戦国時代の武田氏の家臣。塩田に居住したか。
¶武田(生没年不詳)

以心崇伝*　いしんすうでん
永禄12(1569)年～寛永10(1633)年　[別]円照本光国師(えんしょうほんこうこくし),金地院崇伝(こんちいんすうでん),崇伝(すうでん),伝長老(でんちょうろう),本光国師(ほんこうこくし)　安土桃山時代～江戸時代前期の臨済宗の僧。徳川家康に重用された。
¶江人,コン,思想,全戦,戦武,対外,徳将(金地院崇伝　こんちいんすうでん),山小([没]1633年1月20日)

意水　いすい★
江戸時代後期の女性。俳諧。越前黒目の人。寛政9年刊、加藤甫文編『葉月のつゆ』に載る。
¶江表(意水(福井県))

韋吹*　いすい
?～延享1(1744)年8月5日　江戸時代中期の俳人。
¶俳文

出浦左馬助*　いずうらさまのすけ
生没年不詳　戦国時代の武蔵鉢形城主北条氏邦の家臣。
¶後北(左馬助〔出浦〕　さまのすけ)

伊頭志君麻良比*　いずしのきみまらひ
上代の但馬国の人。
¶古代

いす女　いすじょ★
江戸時代後期の女性。和歌。小野市郎兵衛の娘。文化11年刊、中山忠雄・河田正致編『柿本社奉納和歌集』に載る。
¶江表(いす女(東京都))

伊豆女　いずじょ★
江戸時代後期～末期の女性。和歌。伊勢桑名の国学者で歌人富樫広蔭の娘。
¶江表(伊豆女(三重県)　[生]天保5(1834)年　[没]慶応3(1867)年)

五十鈴依媛　いすずよりひめ
⇒五十鈴依媛命(いすずよりひめのみこと)

五十鈴依媛命*　いすずよりひめのみこと
[別]五十鈴依媛(いすずよりひめ)　上代の女性。綏靖天皇の皇后。
¶天皇(生没年不詳)

伊豆大夫　いずだいぶ
戦国時代の北条氏の舞々司職。移他家・唱門師の統括者。
¶後北

井筒　いずつ★
江戸時代中期の女性。俳諧。播磨室津の遊女。元

禄6年刊、北条団水編『くやみ草』に載る。
¶江表(井筒(兵庫県))

井筒屋庄兵衛 いずつやしょうべえ
⇒井筒屋庄兵衛〔1代〕(いづつやしょうべえ)

伊都内親王 いずないしんのう
⇒伊都内親王(いとないしんのう)

伊豆厚正 いずのあつまさ
平安時代中期の官人。
¶古人(生没年不詳)

伊豆国盛 いずのくにもり
平安時代後期の官人、三嶋大社司職。
¶古人(生没年不詳)

伊豆の長八(伊豆長八) いずのちょうはち
⇒入江長八(いりえちょうはち)

伊豆俊郷 いずのとしさと
平安時代中期の官人。
¶古人(生没年不詳)

出羽元倶 いずはもととも
戦国時代～安土桃山時代の武将。毛利元就の六男。
¶全戦([生]弘治1(1555)年 [没]元亀2(1571)年)

出淵新吾* いずぶちしんご
天保11(1840)年～文久3(1863)年 江戸時代末期の播磨姫路藩士。
¶幕末([没]文久3(1863)年11月3日)

泉佳逸 いずみかいつ
⇒泉佳一(いずみかえつ)

泉佳一* いずみかえつ
文政8(1825)年～明治5(1872)年 [別]泉佳逸(いずみかいつ) 江戸時代末期～明治時代の歌人。
¶幕末(泉佳逸 いずみかいつ [没]明治5(1872)年1月12日)

泉川亀吉 いずみかわかめきち
⇒沢村国太郎〔2代〕(さわむらくにたろう)

和泉式部* いずみしきぶ
生没年不詳 平安時代中期の女性。歌人。「和泉式部日記」の作者。
¶古人,コン,詩作,思想,女史,女文,日文([生]天元1(978)年頃),山小

泉十郎* いずみじゅうろう
天保10(1839)年～慶応1(1865)年 [別]野々村勘九郎(ののむらかんくろう) 江戸時代末期の長門長府藩士。
¶コン,幕末([生]天保10(1839)年9月9日 [没]慶応1(1866)年11月27日)

泉亮之 いずみすけゆき
江戸時代後期～大正時代の彫刻家。
¶美建([生]天保9(1838)年1月11日 [没]大正9(1920)年2月)

泉仙介*(泉仙助) いずみせんすけ
文政10(1827)年～慶応3(1867)年 江戸時代末期の越後村松藩士。
¶幕末([没]慶応3(1867)年5月19日)

泉田重光* いずみだしげみつ
享禄2(1529)年～慶長1(1596)年 戦国時代～安土桃山時代の武将。伊達氏家臣。
¶全戦

泉忠衡*(和泉忠衡) いずみただひら
仁安2(1167)年～文治5(1189)年 [別]藤原忠衡(ふじわらのただひら) 平安時代後期の武将。藤原秀衡の3男。
¶古人,古人(藤原忠衡 ふじわらのただひら),コン(藤原忠衡 ふじわらのただひら)

泉親衡* いずみちかひら
生没年不詳 鎌倉時代前期の武士。
¶コン

泉智等* いずみちとう
嘉永2(1849)年～昭和3(1928)年 江戸時代末期～明治時代の古義真言宗僧侶、金剛峰寺座主。
¶幕末([没]昭和3(1928)年9月26日)

泉内親王 いずみないしんのう
⇒泉内親王(いずみのないしんのう)

和泉守兼定 いずみのかみかねさだ
⇒古川兼定(ふるかわかねさだ)

泉野長左衛門 いずみのちょうざえもん
江戸時代前期の代官。
¶徳代(生没年不詳)

泉内親王* いずみのないしんのう
?～天平6(734)年 [別]泉内親王(いずみないしんのう),泉皇女(いづみのひめみこ) 奈良時代の女性。天智天皇の皇女。
¶古人(いずみないしんのう),天皇(泉皇女 いづみのひめみこ [没]天平6(734)年2月)

和泉法眼 いずみほうがん
⇒淵信(えんしん)

和泉法眼淵信 いずみほうがんえんしん
⇒淵信(えんしん)

和泉法眼淵信 いずみほうげんえんしん
⇒淵信(えんしん)

和泉真国* いずみまくに
明和2(1765)年?～文化2(1805)年 江戸時代後期の国学者、書籍商。
¶コン,思想([生]明和1(1764)年?)

泉本忠亮 いずみもとただあきら
江戸時代中期の代官。
¶徳代([生]享保4(1719)年 [没]宝暦12(1762)年12月21日)

泉本幸忠 いずみもとゆきただ
江戸時代中期の代官。
¶徳代([生]? [没]宝暦6(1756)年5月20日)

和泉屋市兵衛 いずみやいちべえ
世襲名 江戸時代～明治時代の浮世絵出版の代表的版元。
¶浮絵

和泉屋権四郎 いずみやごんしろう
江戸時代中期の江戸の版元、彩染堂。
¶浮絵

和泉屋庄次郎〔2代〕* いずみやしょうじろう
明和6(1769)年～文政5(1822)年3月13日 江戸時代中期～後期の江戸の考証学派の書肆、会合衆の一人。
¶コン(代数なし)

い

泉屋正三（和泉屋正三）　**いずみやしょうぞう**
⇒並木正三〔1代〕（なみきしょうぞう）

泉屋桃妖*　**いずみやとうよう**
？～宝暦1（1751）年　[別]桃妖（とうよう）　江戸時代中期の俳人（蕉門）。
¶俳文（桃妖　とうよう　[生]延宝4（1676）年　[没]宝暦1（1751）年12月29日）

和泉屋久太郎　**いずみやひさたろう**
⇒並木正三〔1代〕（なみきしょうぞう）

泉山古康　**いずみやまふるやす**
戦国時代の武将。
¶戦武（生没年不詳）

和泉屋和助　**いずみやわすけ**
⇒烏亭焉馬〔1代〕（うていえんば）

和泉要助*　**いずみようすけ**
文政12（1829）年～明治33（1900）年　江戸時代末期～明治時代の筑前福岡藩士、車夫。人力車の発明者の一人。
¶幕末（[没]明治33（1900）年9月30日）

泉養仲　**いずみようちゅう**
江戸時代後期の眼科医。
¶眼医（生没年不詳）

出雲*（1）　**いずも**
生没年不詳　[別]前中宮出雲（さきのちゅうぐうのいずも）　平安時代中期の歌人。前中宮出雲。藤原成親の娘。中宮威子の女房。
¶古人

出雲*（2）　**いずも**
生没年不詳　[別]皇嘉門院出雲（こうかもんいんのいずも）　平安時代後期の歌人。皇嘉門院女房。藤原令明の娘。
¶古人

出雲（3）　**いずも**
江戸時代前期の仏師。
¶美建（生没年不詳）

出雲王*　**いずもおう**
？～宝亀8（777）年　奈良時代の高市皇子の孫。
¶古人，古代

出雲お国　**いずもおくに**
⇒出雲阿国（いずものおくに）

出雲寺和泉掾〔2代〕*　**いずもじいずみのじょう**
？～宝永1（1704）年　江戸時代前期～中期の書肆。御書物師。
¶出版（代数なし　[没]宝永1（1704）年9月14日）

出雲醜大臣命*　**いずもしこおおおみのみこと**
上代の饒速日命の三世の孫。
¶古代

出雲路信直*　**いずもじのぶなお**
慶安3（1650）年～元禄16（1703）年3月20日　江戸時代中期の垂加神道家。
¶思想

出雲聖人*　**いずもしょうにん**
生没年不詳　平安時代後期の念仏聖。四天王寺周辺で活躍。
¶古人

出雲建*　**いずもたける**
上代の出雲の首長。倭律命に滅ぼされた。
¶古代，コン

泉本忠篤　**いずもとただあつ**
宝暦7（1757）年～天保6（1835）年　[別]泉本忠篤（いずみもとただあつ）　江戸時代中期～後期の幕臣。
¶徳人，徳代（いずみもとただあつ　[没]天保6（1835）年8月16日）

出雲家刀自女*　**いずものいえとじめ**
生没年不詳　平安時代前期の内教坊の女孺。
¶古人

出雲太田*　**いずものおおた**
生没年不詳　[別]出雲臣太田（いずものおみおおた）　奈良時代の豪族。
¶古代（出雲臣太田　いずものおみおおた）

出雲阿国*（出雲のお国〔1代〕，出雲の阿国，出雲のお国，出雲お国）　**いずものおくに**
[別]出雲お国（いずもおくに），阿国（おくに），国（くに）　安土桃山時代～江戸時代前期の女歌舞伎役者。慶長8年～元和5年頃に活躍した歌舞伎の創始者。出雲大社の巫女を名乗り各地で公演。かぶき踊りは後に女歌舞伎に発展する原形となった。
¶江人（出雲の阿国　生没年不詳），江表（阿国（島根県）　[生]天正1（1573）年頃），歌大（出雲のお国　生没年不詳），コン（生没年不詳），思想（出雲のお国　生没年不詳），女史（生没年不詳），女文（生没年不詳），新歌（出雲のお国　生没年不詳），全戦（出雲御国　生没年不詳），中世（生没年不詳），山小（出雲のお国　生没年不詳）

出雲弟山　**いずものおとやま**
⇒出雲臣弟山（いずものおみおとやま）

出雲臣太田　**いずものおみおおた**
⇒出雲太田（いずものおおた）

出雲臣弟山*　**いずものおみおとやま**
生没年不詳　[別]出雲弟山（いずものおとやま）　奈良時代の地方官。
¶古人（出雲弟山　いずものおとやま），古代，コン

出雲臣狛　**いずものおみこま**
⇒出雲狛（いずものこま）

出雲臣果安　**いずものおみはたやす**
⇒出雲果安（いずものはたやす）

出雲臣広嶋*　**いずものおみひろしま**
生没年不詳　[別]出雲広嶋（いずものひろしま，いずもひろしま）　奈良時代の地方官、出雲国造。
¶古人（出雲広嶋　いずものひろしま），古代，コン

出雲臣益方　**いずものおみますかた**
⇒出雲益方（いずものますかた）

出雲臣安麻呂*　**いずものおみやすまろ**
685年～？　[別]出雲安麻呂（いずものやすまろ）　飛鳥時代～奈良時代の長屋王の資人。
¶古代

出雲狛*　**いずものこま**
生没年不詳　[別]出雲臣狛（いずものおみこま）　飛鳥時代の武将。
¶古人，古代（出雲臣狛　いずものおみこま），コン

出雲惟香　**いずものこれか**
平安時代中期の陰陽師。
¶古人（生没年不詳）

出雲是景　いずものこれかげ
平安時代中期の官人。
¶古人（生没年不詳）

出雲滋之　いずものしげゆき
平安時代中期の官人。
¶古人（生没年不詳）

出雲宿禰広貞　いずものすくねひろさだ
⇒出雲広貞（いずものひろさだ）

出雲孝房　いずものたかふさ
⇒出雲孝房（いずもののりふさ）

出雲千代*　いずものちよ
元文2（1737）年～文化14（1817）年8月10日　江戸時代中期～後期の女性。俳人。本名しげ。
¶江表（しげ（島根県））

出雲時沢　いずものときさわ
平安時代後期の下級官人。
¶古人（生没年不詳）

出雲永嗣　いずものながつぐ
平安時代前期の官人。天長10年出雲宿禰を賜わる。
¶古人（生没年不詳）

出雲孝房*　いずもののりふさ
生没年不詳　㊊出雲孝房（いずものたかふさ）　鎌倉時代の神職。
¶古人（いずものたかふさ）

出雲果安*　いずものはたやす
生没年不詳　㊊出雲臣果安（いずものおみはたやす）　奈良時代の出雲国造。
¶古人，古代（出雲臣果安　いずものおみはたやす），コン（出雲臣果安　いずものおみはたやす）

出雲広貞*　いずものひろさだ
生没年不詳　㊊出雲宿禰広貞（いずものすくねひろさだ），出雲広貞（いずもひろさだ），菅原広貞（すがわらのひろさだ）　平安時代前期の医薬家。「大同類聚方」を編纂。
¶古人，古代（出雲宿禰広貞　いずものすくねひろさだ），コン

出雲広嶋　いずものひろしま
⇒出雲臣広嶋（いずものおみひろしま）

出雲振根*　いずものふるね
㊊出雲振根（いずもふるね）　上代の出雲の首長。
¶古代，コン

出雲益方*　いずものますかた
生没年不詳　㊊出雲臣益方（いずものおみますかた）　奈良時代の地方官、出雲国造。
¶古人，コン（出雲臣益方　いずものおみますかた）

出雲全嗣（継）　いずものまたつぐ
平安時代前期の官人。
¶古人（生没年不詳）

出雲麻呂　いずものまろ
飛鳥時代～奈良時代の山背国愛宕郡出雲郷雲下里の戸主、官人。
¶古人（㊤687年　㊦？）

出雲岑嗣　いずものみねつぐ
⇒菅原岑嗣（すがわらのみねつぐ）

出雲宗孝　いずものむねたか
平安時代後期の出雲国造職。
¶古人（生没年不詳）

出雲安麻呂　いずものやすまろ
⇒出雲臣安麻呂（いずものおみやすまろ）

出雲屋麻呂　いずものやまろ
奈良時代の官人。家麻呂、屋満、屋万里とも書く。
¶古人（生没年不詳）

出雲広貞　いずもひろさだ
⇒出雲広貞（いずものひろさだ）

出雲広嶋　いずもひろしま
⇒出雲臣広嶋（いずものおみひろしま）

出雲振根　いずもふるね
⇒出雲振根（いずものふるね）

出雲部赤人　いずもべのあかひと
奈良時代の官人。
¶古人（生没年不詳）

出雲岑嗣　いずもみねつぐ
⇒菅原岑嗣（すがわらのみねつぐ）

出雲屋和助　いずもやわすけ
⇒植松自謙（うえまつじけん）

伊豆屋弥助　いずややすけ
⇒坂田半五郎〔4代〕（さかたはんごろう）

出吉共　いずるのよしとも
平安時代後期の官人。
¶古人（生没年不詳）

いせ（1）
江戸時代の女性。俳諧。相模の人。明治2年刊、月の本為山編『葛三・雉啄・宇山追悼句集』に載る。
¶江表（いせ（神奈川県））

いせ（2）
江戸時代中期の女性。俳諧。能代の人。明和8年刊、願勝寺住職如是閣来翁編『辛卯歳旦帖』に載る。
¶江表（いせ（秋田県））

いせ（3）
江戸時代後期～末期の女性。教育。勢多郡大胡の寺子屋師匠。
¶江表（いせ（群馬県））

伊世　いせ★
江戸時代の女性。和歌。塩山の向岳院の法身和尚の妹。
¶江表（伊世（山梨県））

伊勢*（1）　いせ
平安時代前期～中期の女性。歌人。宇多天皇の更衣。
¶古人（㊤877年？　㊦939年？），コン（㊤？　㊦天慶2（939）年），詩作（㊤貞観17（875）年頃　㊦天慶1（938）年頃），女文（生没年不詳）

伊勢（2）　いせ★
江戸時代後期の女性。俳諧。相模川入村の俳人五雲井槐堂の娘。弘化3年の槐堂の撰句集「つるおと集」に載る。
¶江表（伊勢（神奈川県））

伊勢（3）　いせ★
江戸時代後期の女性。書・和歌。上田光逸と琴風の三女。
¶江表（伊勢（山口県）　㊤文政4（1821）年　㊦嘉永3（1850）年）

伊勢(4)　いせ
⇒松室敦子（まつむろあつこ）

伊勢煥*　いせあきら
天保2（1831）年～明治16（1883）年　江戸時代末期～明治時代の武士、官吏。
¶幕末（[没]明治16（1883）年1月25日）

惟政*　いせい
天文12（1543）年～慶長15（1610）年　[別]松雲大師（しょううんだいし）　安土桃山時代～江戸時代前期の朝鮮の僧。
¶対外

伊勢右衛門佐　いせえもんのすけ
戦国時代～安土桃山時代の北条氏康・氏政の家臣。京都伊勢氏の一族か。
¶後北（右衛門佐〔伊勢〕　えもんのすけ）

伊勢大鹿菟名子　いせおおかのうなこ
⇒伊勢大鹿菟名子（いせのおおかのうなこ）

伊勢興房*　いせおきふさ
生没年不詳　[別]伊勢興房（いせのおきふさ）　平安時代前期の官人。
¶古人（いせのおきふさ）

伊勢長氏　いせおさうじ
⇒北条早雲（ほうじょうそううん）

井関英太郎*　いぜきえいたろう，いせきえいたろう
弘化3（1846）年～文久3（1863）年　江戸時代末期の長州（萩）藩士。
¶幕末（[生]弘化2（1845）年　[没]文久3（1863）年10月14日）

井関玄説*　いぜきげんえつ
元和4（1618）年～元禄12（1699）年　江戸時代前期の幕府医師。
¶コン

井関左言*　いせきさげん
[別]左言（さげん）　江戸時代中期の俳人。
¶俳文（左言　さげん　[生]宝暦9（1759）年　[没]文政2（1819）年閏4月9日）

衣関順庵　いせきじゅんあん
⇒衣関順庵（きぬとめじゅんあん）

井関隆子*　いせきたかこ，いぜきたかこ
天明5（1785）年～弘化1（1844）年　江戸時代後期の旗本庄田安僚の娘、日記作者。
¶江表（隆子（東京都）　[没]天保15（1844）年），女史，女文（いぜきたかこ　[生]天明5（1785）年6月21日　[没]天保15（1844）年11月1日）

井関親賢　いせきちかかた
江戸時代後期～末期の幕臣。
¶徳人（[生]1809年？　[没]1865年）

井関親経　いせきちかつね
江戸時代後期～末期の幕臣。
¶徳人（[生]1792年　[没]1858年）

井関知辰*　いぜきともたつ
生没年不詳　[別]井関知辰（いせきともとき，いぜきともとき）　江戸時代中期の数学者。
¶数学（いせきともとき）

井関知辰　いせきともとき，いぜきともとき
⇒井関知辰（いぜきともたつ）

井関宗信*　いぜきむねのぶ
？～元亀3（1572）年　戦国時代の能面師。
¶コン，美工

井関盛艮*　いせきもりとめ，いぜきもりとめ
天保4（1833）年～明治23（1890）年　江戸時代末期～明治時代の宇和島藩士、官僚、政治家。日本最初の日刊新聞「横浜毎日新聞」発行者。宇和島藩士で最も重要な人物と評される。
¶幕末（いぜきもりとめ　[生]天保4（1833）年4月21日　[没]明治23（1890）年2月12日）

いせ子　いせこ★
江戸時代後期の女性。和歌。石見浜田の木川氏。文政3年刊、天野政徳編『草縁集』に載る。
¶江表（いせ子（島根県））

伊勢子　いせこ★
江戸時代末期の女性。和歌。出雲松江藩士藤江千元の母。慶応2年序、村上忠順編『元治元年千首』に載る。
¶江表（伊勢子（島根県））

伊勢五郎太夫祥瑞　いせごろうだゆうしょうずい
⇒祥瑞五郎太夫（しょんずいごろうだゆう）

伊勢華*　いせさかえ
文政5（1822）年～明治19（1886）年　江戸時代末期～明治時代の武士、官僚。
¶幕末（[没]明治19（1886）年2月1日）

伊勢貞興*　いせさだおき
永禄2（1559）年～天正10（1582）年6月13日　安土桃山時代の武士。
¶織田（[生]永禄5（1562）年）

伊勢貞運*　いせさだかず
？～天正18（1590）年　安土桃山時代の武士。後北条氏家臣。
¶後北（貞運〔伊勢〕　さだかず）

伊勢貞国*　いせさだくに
応永5（1398）年～享徳3（1454）年5月27日　[別]伊勢貞慶（いせさだよし）　室町時代の武将。
¶コン，室町

伊勢貞孝*　いせさだたか
？～永禄5（1562）年　戦国時代の幕府吏僚、政所執事。
¶後北（貞孝〔伊勢〕　さだたか　[没]永禄5年9月11日），コン，全戦

伊勢貞丈*　いせさだたけ
享保2（1717）年～天明4（1784）年　[別]伊勢貞丈（いせていじょう）　江戸時代中期の和学者。有職故実に精通した。
¶江人，コン，思想，徳人，山小（[生]1717年12月28日　[没]1784年5月28日/6月5日）

伊勢貞忠*　いせさだただ
文明15（1483）年～天文4（1535）年　戦国時代の幕府吏僚、政所執事。
¶コン

伊勢貞為*　いせさだため
永禄2（1559）年～慶長14（1609）年5月23日　安土桃山時代～江戸時代前期の武士。
¶織田

伊勢貞親*　いせさだちか
応永24（1417）年～文明5（1473）年1月21日　室町

時代の政所執事。武家故実の権威。
¶コン, 中世, 内乱, 室町, 山小（[没]1473年1月21日）

伊勢貞継* いせさだつぐ
延慶2（1309）年～元中8/明徳2（1391）年 [別]伊勢時貞（いせときさだ） 南北朝時代の武士。
¶コン, 室町

伊勢貞常* いせさだつね
？～寛永4（1627）年12月9日 [別]伊勢貞知（いせさだとも） 安土桃山時代～江戸時代前期の故実家。
¶織田（伊勢貞知 いせさだとも）

伊勢貞辰* いせさだとき
生没年不詳 戦国時代の武士。室町幕府奉公衆・北条氏の臣。
¶後北（貞辰〔伊勢〕 さだとき）

伊勢貞知 いせさだとも
⇒伊勢貞常（いせさだつね）

伊勢貞就* いせさだなり
生没年不詳 戦国時代の北条氏の臣。
¶後北（貞就〔伊勢〕 さだなり）

伊勢貞勅 いせさだのり
江戸時代前期～中期の幕臣。
¶徳人（[生]1649年 [没]1723年）

伊勢貞春* いせさだはる
宝暦10（1760）年～文化9（1812）年12月24日 江戸時代後期の有職故実家。
¶コン, 徳人

伊勢貞衡* いせさだひら
慶長10（1605）年～元禄2（1689）年11月7日 [別]伊勢清十郎貞衡（いせせいじゅうろうさだひら） 江戸時代前期～中期の故実家。
¶大坂（伊勢清十郎貞衡 いせせいじゅうろうさだひら）, 徳人

伊勢貞昌の妻 いせさだまさのつま★
江戸時代前期の女性。書簡。薩摩藩藩士市来家守の娘。同藩士で家老一所持の伊勢貞昌の妻。
¶江表（伊勢貞昌の妻（鹿児島県））

伊勢貞倍* いせさだます
？～元亀3（1572）年5月20日 戦国時代～安土桃山時代の織田信長の家臣。
¶織田

伊勢貞陸* いせさだみち
寛正4（1463）年～永正18（1521）年8月7日 戦国時代の幕府吏僚、政所執事。
¶コン（[没]大永1（1521）年）

伊勢貞宗* いせさだむね
文安1（1444）年～永正6（1509）年10月28日 室町時代～戦国時代の幕府吏僚、政所執事。
¶コン, 内乱, 室町, 山小（[没]1509年10月28日）

伊勢貞行* いせさだゆき
正平13/延文3（1358）年～応永17（1410）年7月5日 室町時代の武将。
¶コン, 室町

伊勢貞慶 いせさだよし
⇒伊勢貞国（いせさだくに）

伊勢三郎義盛 いせさぶろうよしもり
⇒伊勢義盛（いせよしもり）

伊勢女 いせじょ★
江戸時代後期～大正時代の女性。和歌。伊勢桑名の富樫広睦の妻。
¶江表（伊勢女（三重県） [生]天保10（1839）年 [没]大正15（1926）年）

伊勢新九郎 いせしんくろう
⇒北条早雲（ほうじょうそううん）

伊勢清十郎貞衡 いせせいじゅうろうさだひら
⇒伊勢貞衡（いせさだひら）

伊勢早雲 いせそううん
⇒北条早雲（ほうじょうそううん）

伊勢宗瑞 いせそうずい
⇒北条早雲（ほうじょうそううん）

伊勢津彦 いせつひこ
⇒伊勢都彦命（いせつひこのみこと）

伊勢都彦命* いせつひこのみこと
[別]伊勢津彦（いせつひこ） 上代の神名。出雲神の子。
¶古代（伊勢津彦 いせつひこ）

伊勢貞丈 いせていじょう
⇒伊勢貞丈（いせさだたけ）

伊勢時貞 いせときさだ
⇒伊勢貞継（いせさだつぐ）

伊勢長氏 いせながうじ
⇒北条早雲（ほうじょうそううん）

伊勢中務丞 いせなかつかさのじょう
戦国時代の信濃国諏訪郡の在郷商人。
¶武田（生没年不詳）

伊勢朝臣継子 いせのあそんつぎこ
⇒伊勢継子（いせのつぐこ）

伊勢菟名子 いせのうなこ
⇒伊勢大鹿菟名子（いせのおおかのうなこ）

伊勢采女* いせのうねめ
上代の女性。伊勢国貢進の采女。
¶古代

伊勢王*（1） いせのおう
生没年不詳 [別]伊勢王（いせのおおきみ） 飛鳥時代の皇親。全国を巡行して諸国の境界を分けた。
¶古人, 古物（いせのおおきみ）, コン（いせのおおきみ）

伊勢王（2） いせのおう
飛鳥時代の人。
¶古人（[生]？ [没]661年）

伊勢王（3） いせのおう
飛鳥時代の人。天智天皇7年に薨じた王。
¶古人

伊勢大鹿菟名子* いせのおおかのうなこ
[別]伊勢大鹿菟名子（いせおおかのうなこ）, 伊勢菟名子（いせのうなこ） 飛鳥時代の女性。敏達天皇の妃、伊勢大鹿首小熊の娘。
¶天皇（伊勢菟名子 いせのうなこ 生没年不詳）

伊勢王 いせのおおきみ
⇒伊勢王（いせのおう）

伊勢大輔 いせのおおすけ
⇒伊勢大輔（いせのたいふ）

い

いせのお　　　　　　　　178

伊勢興房　いせのおきふさ
⇒伊勢興房（いせおきふさ）

伊勢三郎　いせのさぶろう
⇒伊勢義盛（いせよしもり）

伊勢上人　いせのしょうにん
⇒慶光院清順（けいこういんせいじゅん）

伊勢大輔＊　いせのたいふ
生没年不詳　㋙伊勢大輔（いせのおおすけ，いせの
たゆう，いせのだゆう）　平安時代中期の女性。
歌人。
¶古人, 詩作, 女史（いせのおおすけ）, 女文, 日文

伊勢大輔　いせのたゆう，いせのだゆう
⇒伊勢大輔（いせのたいふ）

伊勢継子　いせのつぎこ
⇒伊勢継子（いせのつぐこ）

伊勢継麻呂　いせのつぎまろ
平安時代前期の官人。
¶古人（生没年不詳）

伊勢継子＊　いせのつぐこ
宝亀3（772）年～弘仁3（812）年　㋙伊勢朝臣継子
（いせのあそんつぎこ），伊勢継子（いせのつぎこ）
平安時代前期の女性。平城天皇の宮人。
¶古人（いせのつぎこ）, 古代（伊勢朝臣継子　いせのあそ
んつぎこ）, コン

伊勢徳継（嗣）　いせののり（とく）つぐ
平安時代前期の官人。
¶古人（生没年不詳）

伊勢徳成　いせののりなり
平安時代前期の官人。
¶古人（生没年不詳）

伊勢春友　いせのはるとも
平安時代前期の左京六条一坊の戸主。寛平3年に
「先飛騨守正六位下」と見える。
¶古人（生没年不詳）

伊勢水通＊　いせのみなみち
生没年不詳　㋙伊勢水通（いせのみみち）　奈良時
代の官吏。
¶古人（いせのみみち）

伊勢水通　いせのみみち
⇒伊勢水通（いせのみなみち）

伊勢守国　いせのもりくに
平安時代後期の官人。
¶古人（生没年不詳）

伊勢諸継　いせのもろつぐ
平安時代前期の検非違使。
¶古人（生没年不詳）

伊勢諸人　いせのもろひと
奈良時代の官人。
¶古人（生没年不詳）

伊勢義盛　いせのよしもり
⇒伊勢義盛（いせよしもり）

伊勢八郎＊　いせはちろう
生没年不詳　戦国時代の武士。後北条氏家臣。
¶後北（八郎〔伊勢〕　はちろう）

伊勢兵庫の妻　いせひょうごのつま＊
江戸時代中期の女性。和歌。伊勢家は旗本。元禄
16年刊，柳陰堂了寿編『新歌さゝれ石』に載る。
¶江表（伊勢兵庫の妻（東京都））

伊勢村重安＊　いせむらじゅうあん
生没年不詳　㋙重安（じゅうあん）　江戸時代前期
～中期の俳人。
¶俳文（重安　じゅうあん）

伊勢盛時　いせもりとき
⇒北条早雲（ほうじょうそううん）

伊勢弥次郎＊　いせやじろう
生没年不詳　戦国時代の武士。北条早雲の弟。
¶後北（弥次郎〔伊勢〕　やじろう），後北（弥次郎〔北
条〕　やじろう）

伊勢屋四郎左衛門＊　いせやしろうざえもん
世襲名　江戸時代後期の浅草蔵前の札差。
¶コン

伊勢屋宗三郎〔3代〕　いせやそうざぶろう
⇒三升屋二三治（みますやにそうじ）

伊勢屋安右衛門＊　いせややすえもん
江戸時代中期の浅草蔵前の札差、蔵書家。
¶コン（生没年不詳）

伊勢屋利兵衛　いせやりへえ
江戸時代後期の浮世絵の版元。
¶浮絵

伊勢義盛＊〔伊勢能盛〕　いせよしもり
？～文治2（1186）年　㋙伊勢三郎義盛（いせさぶろ
うよしもり），伊勢三郎（いせのさぶろう），伊勢義
盛（いせのよしもり）　平安時代後期の武士。源義
経四天王の一人。
¶古人（いせのよしもり）, コン（いせのよしもり）, 内乱,
平家

井芹秀重　いぜりひでしげ
鎌倉時代後期の肥後国の御家人。
¶中世（㋑1192年　㋺？）

以仙＊　いせん
慶長10（1605）年～？　㋙高滝以仙（たかたきいせ
ん）　江戸時代前期の俳人。
¶俳文

以船　いせん
平安時代前期の人。入唐求法のため正税稲1000束
を賜わった。
¶古人（生没年不詳）

為川　いせん
江戸時代末期の女性。俳諧。越前福井の人。安政4
年福井美濃派一〇代皎月舎其睡の句碑建立の記念
集, 其睡編『花野塚』に載る。
¶江表（為川（福井県））

惟然＊　いぜん
？～正徳1（1711）年　㋙広瀬惟然（ひろせいぜん）
江戸時代中期の俳人。松尾芭蕉門下。
¶江人, コン（広瀬惟然　ひろせいぜん）, 詩作（広瀬惟然
ひろせいぜん　㋑正徳1（1711）年2月9日）, 日文（広瀬
惟然　ひろせいぜん　㋺宝永4（1711）年）, 俳文（㋑正
徳1（1711）年2月9日）

以船文済＊　いせんぶんさい
長禄1（1457）年～天文16（1547）年　戦国時代の曹

洞宗の僧。
¶武田([生]康正2(1456)年)

いそ(1)
江戸時代の女性。和歌。初岡氏。秋田藩御用達津村淙庵編「片玉集」に載る。
¶江表(いそ(東京都))

いそ(2)
江戸時代中期の女性。俳諧。小松の人。明和2年刊、河合見風編、記念集『霞かた』に載る。
¶江表(いそ(石川県))

いそ(3)
江戸時代中期の女性。和歌。遠江浜松の脇本陣梅谷甚三郎方良の娘。
¶江表(いそ(静岡県)　[没]寛延4(1751)年)

いそ(4)
江戸時代中期の女性。俳諧。京都の人。明和8年刊、佐々木泉明編『一人一首短冊篇』乾に載る。
¶江表(いそ(京都府))

いそ(5)
江戸時代中期の女性。俳諧。筑前赤間の人で、志太野坡門。宝暦2年刊、市中庵梅従編『十三題』に載る。
¶江表(いそ(福岡県))

いそ(6)
江戸時代後期～明治時代の女性。和歌。飯田藩藩士宮沢義茂の娘。
¶江表(いそ(長野県)　[生]文化8(1811)年　[没]明治14(1881)年)

いそ(7)
江戸時代後期の女性。俳諧。長門の人。寛政2年刊、大隅国分の俳人林雅松が山陽道、東海道、陸奥を旅した記念集『其みちのく』に載る。
¶江表(いそ(山口県))

いそ(8)
江戸時代後期の女性。俳諧。日和佐の庄屋湯浅家の娘。
¶江表(いそ(徳島県))

磯　いそ★
江戸時代中期～後期の女性。和歌・旅日記。安蘇郡越名河岸の問屋須藤勝美の娘。
¶江表(磯(栃木県)　[生]安永6(1777)年　[没]嘉永3(1850)年)

礒　いそ
江戸時代後期の女性。狂歌。長谷川氏。寛政2年刊、玉雲斎貞右著『狂歌玉雲集』に載る。
¶江表(礒(大阪府))

惟草　いそう
⇒惟草庵寥岱(いそうあんりょうたい)

惟草庵寥岱*　いそうあんりょうたい
*～嘉永6(1853)年　[別]惟草(いそう)　江戸時代後期の俳人。
¶俳文(惟草　いそう　[生]?　[没]嘉永6(1853)年11月6日)

磯氏法麿*(磯氏法麻呂,礒氏法麻呂)　いそうじののりまろ
奈良時代の大宰府の陰陽師。
¶古人(磯氏法麻呂　生没年不詳)

礒生真近　いそうのさねちか
平安時代後期の但馬国の住人。
¶古人(生没年不詳)

磯江　いそえ★
江戸時代後期の女性。俳諧。京都の人。寛政12年刊、宮紫暁編の蕪村一七回忌追善『常盤の香』に載る。
¶江表(磯江(京都府))

磯貝秀庵*(磯貝秀菴)　いそがいしゅうあん
寛政1(1789)年～天保14(1843)年　江戸時代後期の医師(眼科)。
¶眼医(磯貝秀菴　生没年不詳)

磯谷新介*　いそがいしんすけ
生没年不詳　安土桃山時代の織田信長の家臣。
¶織田

磯谷久次*　いそがいひさつぐ
?～天正6(1578)年　[別]磯谷久次(いそのやひさつぐ)　戦国時代の武将。
¶織田([没]天正6(1578)年2月)

礒谷謙蔵　いそがやけんぞう
⇒礒谷謙蔵(いそたにけんぞう)

磯谷利右衛門　いそがやりえもん
江戸時代後期～明治時代の漆芸家。
¶美工([生]天保13(1842)年7月　[没]明治37(1904)年5月)

五十川訒堂*(五十川訒堂)　いそがわじんどう,いそかわじんどう
天保6(1835)年～明治35(1902)年　[別]五十川訒堂(いかがわじんどう)　江戸時代末期～明治時代の教育者。著書に「竹雨山房文鈔」「併得録」など。
¶幕末(いかがわじんどう　[没]明治35(1902)年2月19日)

礒川徳英　いそかわとくひで
江戸時代末期の和算家。
¶数学

五十川基　いそかわもとい
⇒五十川基(いかがわもとい)

いそ子　いそこ★
江戸時代末期の女性。和歌。照井氏。文久1年に成立「言玉集」六に載る。
¶江表(いそ子(岩手県))

磯子(1)　いそこ★
江戸時代の女性。和歌。深江氏。今泉蟹守が明治29年刊行した「西肥女房百歌撰」に載る。
¶江表(磯子(佐賀県))

磯子(2)　いそこ★
江戸時代後期の女性。和歌。常陸太田の水戸藩士立川貞介の妻。天保5年に水戸藩主徳川斉昭が開催した歌会の記録「御会始和歌」に載る。
¶江表(磯子(茨城県))

磯子(3)　いそこ★
江戸時代後期の女性。和歌。上野沼田藩主土岐定経の娘。
¶江表(磯子(愛媛県)　[没]天保8(1837)年)

磯子(4)　いそこ★
江戸時代末期の女性。和歌。佐賀藩の奥女中。安政4年刊、井上文雄編『摘英集』に載る。
¶江表(磯子(佐賀県))

い

礒子　いそこ⋆
江戸時代後期の女性。和歌。尾張の人。弘化4年刊、清堂観尊編『たち花の香』に載る。
¶江表(礒子(愛知県))

磯崎眠亀*　いそざきみんき
天保5(1834)年～明治41(1908)年　江戸時代末期～明治時代の花莚業者。花筵及びその染色法の改良者。功労者として緑綬褒章受章。
¶美工([生]天保5(1834)年4月1日　[没]明治41(1908)年1月14日)

いそ女(1)　いそじょ⋆
江戸時代後期の女性。俳諧。文化6年跋、富岡の八朔坊夷柏編『とりたすき』に載る。
¶江表(いそ女(徳島県))

いそ女(2)　いそじょ⋆
江戸時代後期の女性。俳諧。文化9年刊、祥禾・天外共編『以左奈宇太』に載る。
¶江表(いそ女(佐賀県))

以曽女　いそじょ⋆
江戸時代後期の女性。俳諧。米沢の人。天保14年に奉納の笹野観音堂俳額に載る。
¶江表(以曽女(山形県))

磯女(1)　いそじょ⋆
江戸時代後期の女性。和歌。倉科の人。天保15年序、定門舎面高序『終和亭澄良追善歌集』に載る。
¶江表(磯女(山梨県))

磯女(2)　いそじょ⋆
江戸時代末期の女性。和歌。高橋氏。安政7跋、蜂屋光世編『大江戸倭歌集』に載る。
¶江表(磯女(東京都))

磯女(3)　いそじょ⋆
江戸時代末期の女性。和歌。尾張津島の堀田氏。安政4年刊、富樫広蔭編『千百人一首』に載る。
¶江表(磯女(愛知県))

礒女　いそじょ⋆
江戸時代後期の女性。画。天保12年刊、国学者井上淑蔭著『たからの島根』に挿絵が1点載る。
¶江表(礒女(東京都))

いそ田　いそだ⋆
江戸時代後期の女性。和歌。松山藩の奥女中。天保9年刊、海野遊翁編『類題現存歌選』二に載る。
¶江表(いそ田(愛媛県))

磯田源左衛門　いそだげんざえもん
安土桃山時代の真田氏の家臣。
¶武田([生]?　[没]天正3(1575)年5月21日)

磯田湖龍斎*(礒田湖竜斎)　いそだこりゅうさい
生没年不詳　江戸時代中期の浮世絵師。
¶浮絵([生]享保20(1735)年　[没]?), コン([生]?　[没]宝暦10(1760年/1763)年), 美画(礒田湖竜斎　[没]宝暦10(1760)年)

礒谷謙蔵*(磯谷謙蔵)　いそたにけんぞう
天保1(1830)年～明治26(1893)年　[別]礒谷謙蔵(いそがやけんぞう)　江戸時代末期～明治時代の長門長府藩士。
¶幕末([生]文政13(1830)年5月　[没]明治26(1893)年8月25日)

磯鳥　いそどり⋆
江戸時代後期の女性。俳諧。加茂の人。享和1年序、金丸潮平編、平橋庵敲氷追善集『暦の寸衛』に載る。
¶江表(磯鳥(山梨県))

磯永彦助*(磯永彦輔)　いそながひこすけ
*～昭和9(1934)年3月1日　[別]長沢鼎(ながさわかなえ)　江戸時代末期～明治時代の薩摩藩士。1865年英国留学、のち米国永住の先駆者となる。
¶幕末(長沢鼎　ながさわかなえ　[生]安政1(1854)年)

磯永孫四郎*　いそながまごしろう
生没年不詳　江戸時代末期の薩摩藩士。
¶幕末

以園　いその⋆
江戸時代中期の女性。俳諧。林崎の人。明和2年、以哉坊編『奥羽行』四に載る。
¶江表(以園(山形県))

磯野員昌*　いそのかずまさ
生没年不詳　戦国時代の武士。
¶織田([生]大永3(1523)年?　[没]天正18(1590)年9月10日?), 全戦, 戦武([生]?)

石上乙麻呂(石上乙麿)　いそのかみおとまろ
⇒石上乙麻呂(いそのかみのおとまろ)

石上内親王　いそのかみないしんのう
⇒石上内親王(いそのかみのないしんのう)

石上朝臣乙麻呂　いそのかみのあそみおとまろ
⇒石上乙麻呂(いそのかみのおとまろ)

石上朝臣堅魚　いそのかみのあそみかつお
⇒石上堅魚(いそのかみのかつお)

石上朝臣麻呂　いそのかみのあそみまろ
⇒石上麻呂(いそのかみのまろ)

石上朝臣宅嗣　いそのかみのあそみやかつぐ
⇒石上宅嗣(いそのかみのやかつぐ)

石上朝臣乙麻呂　いそのかみのあそんおとまろ
⇒石上乙麻呂(いそのかみのおとまろ)

石上朝臣麻呂　いそのかみのあそんまろ
⇒石上麻呂(いそのかみのまろ)

石上朝臣宅嗣　いそのかみのあそんやかつぐ
⇒石上宅嗣(いそのかみのやかつぐ)

石上朝臣家成*　いそのかみのあそんやかなり
養老6(722)年～延暦23(804)年　[別]石上家成(いそのかみのやかなり)　奈良時代～平安時代前期の公卿。
¶古人(石上家成　いそのかみのやかなり), 古代

石上皇子*　いそのかみのおうじ
[別]上王(かみのみこ)　飛鳥時代の欽明天皇の皇子。
¶古人(生没年不詳)

石上奥継　いそのかみのおきつぐ
奈良時代の官人。
¶古人(生没年不詳)

石上乙名　いそのかみのおとな
平安時代前期の官人。
¶古人(生没年不詳)

石上乙麻呂*　いそのかみのおとまろ
?～天平勝宝2(750)年9月1日　[別]石上乙麻呂, 石上乙麿(いそのかみおとまろ), 石上朝臣乙麻呂(いそのかみのあそみおとまろ, いそのかみのあそんおとまろ)　奈良時代の歌人、官人(中納言)。左大

臣石上麻呂の子。
¶公卿(いそのかみおとまろ),古人,古代(石上朝臣乙麻呂 いそのかみのあそんおとまろ),コン,日文

石上堅魚＊(石上勝男) **いそのかみのかつお**
[別]石上朝臣堅魚(いそのかみのあそみかつお) 奈良時代の官吏。名は勝男、勝雄ともかく。
¶古人(石上勝男)

石上兼親 いそのかみのかねちか
平安時代後期の官人。
¶古人(生没年不詳)

石上重時 いそのかみのしげとき
平安時代中期の官人。
¶古人(生没年不詳)

石上継足 いそのかみのつぎたり
奈良時代の官人。
¶古人(生没年不詳)

礒上奉忠 いそのかみのともただ
平安時代中期の仏師。正暦1年藤原実資の命により金毗沙門天などを鋳造。
¶古人(生没年不詳)

石上豊庭 いそのかみのとよにわ
飛鳥時代～奈良時代の官人。
¶古人([生]? [没]718年)

石上内親王＊ **いそのかみのないしんのう**
?～承和13(846)年 [別]石上内親王(いそのかみないしんのう) 平安時代前期の女性。平城天皇の皇女。
¶古人

石上卿 いそのかみのまえつきみ
⇒石上麻呂(いそのかみのまろ)

石上真足 いそのかみのまたり
奈良時代の官人。
¶古人(生没年不詳)

石上麻呂＊ **いそのかみのまろ**
舒明天皇12(640)年～養老1(717)年 [別]石上朝臣麻呂(いそのかみのあそみまろ, いそのかみのあそんまろ), 石上卿(いそのかみのまえつきみ), 物部麻呂(もののべのまろ) 飛鳥時代～奈良時代の左大臣。石上氏の祖。物部宇常麿の子。
¶公卿([没]霊亀3(717)年3月3日),古人,古代(石上朝臣麻呂 いそのかみのあそんまろ),古物(物部麻呂 もののべのまろ),コン([生]舒明12(640)年),対外

石上美奈麻呂 いそのかみのみなまろ
平安時代前期の官人。
¶古人(生没年不詳)

石上宅嗣＊ **いそのかみのやかつぐ**
天平1(729)年～天応1(781)年 [別]石上朝臣宅嗣(いそのかみのあそみやかつぐ, いそのかみのあそんやかつぐ), 石上宅嗣(いそのかみやかつぎ, いそのかみやかつぐ) 奈良時代の文人、官人(大納言)。左大臣石上麻呂の孫、中納言石上乙麻呂の子。
¶公卿(いそのかみやかつぎ [生]神亀5(728)年 [没]天応1(781)年6月24日),古人,古代(石上朝臣宅嗣 いそのかみのあそんやかつぐ),コン,対外,日文,山小([没]781年6月24日)

石上家成 いそのかみのやかなり
⇒石上朝臣家成(いそのかみのあそんやかなり)

石上部皇子＊ **いそのかみべのおうじ**
[別]石上部皇子(いそのかみべのみこ), 伊美賀古王(いみがこのみこ) 飛鳥時代の欽明天皇の皇子。
¶古人,古物(いそのかみべのみこ)

石上部男嶋 いそのかみべのおしま
奈良時代の官人。左京の人。
¶古人(生没年不詳)

石上部皇子 いそのかみべのみこ
⇒石上部皇子(いそのかみべのおうじ)

石上宮麻呂＊ **いそのかみみやまろ**
斉明1(655)年～和銅4(711)年12月5日 飛鳥時代の廷臣(散位)。大臣連子の五男。
¶公卿([生]斉明天皇1(655)年)

石上宅嗣 いそのかみやかつぎ
⇒石上宅嗣(いそのかみのやかつぐ)

石上宅嗣 いそのかみやかつぐ
⇒石上宅嗣(いそのかみのやかつぐ)

礒野熊蔵＊ **いそのくまぞう**
弘化1(1844)年～明治2(1869)年 江戸時代末期の奇兵隊士。
¶幕末([生]天保15(1844)年 [没]明治2(1869)年10月29日)

礒野小右衛門 いそのこうえもん
⇒礒野小右衛門(いそのこえもん)

礒野小右衛門＊ **いそのこえもん**
文政8(1825)年～明治36(1903)年 [別]礒野小右衛門(いそのこうえもん, いそのしょうえもん) 江戸時代末期～明治時代の実業家。
¶幕末(礒野小右衛門 いそのしょうえもん [生]文政8(1825)年10月 [没]明治36(1903)年6月11日)

礒野小右衛門 いそのしょうえもん
⇒礒野小右衛門(いそのこえもん)

磯禅師＊(磯の禅師, 磯野禅師) **いそのぜんじ**
生没年不詳 平安時代後期の女性。白拍子。源義経の愛人静の母。
¶古人,女史,内乱,平家

礒野虎蔵＊ **いそのとらぞう**
弘化2(1845)年～慶応2(1866)年 江戸時代末期の奇兵隊士。
¶幕末([没]慶応2(1866)年9月28日)

礒野秀一 いそのひでかず
江戸時代後期の和算家。
¶数学

礒野響 いそのひびき
江戸時代後期～明治時代の和算家。長野師範学校教官。著書に『小学形体面積早見法』『新撰和算大全』など。
¶数学

礒野政昌 いそのまさすけ
江戸時代中期の幕臣。
¶徳人([生]1772年 [没]?)

礒野政武＊(礒野正武) **いそのまさたけ**
享保2(1717)年～安永5(1776)年6月18日 江戸時代中期の幕臣・歌人。
¶徳人(礒野正武)

五十宮　いそのみや
⇒倫子女王（ともこじょおう）

五十宮倫子　いそのみやともこ
⇒倫子女王（ともこじょおう）

い

磯牟良*　いそのむら
生没年不詳　[別]磯連牟良（いそのむらじむら）　飛鳥時代の豪族。
¶古代（磯連牟良　いそのむらじむら）

磯連牟良　いそのむらじむら
⇒磯牟良（いそのむら）

磯谷久次　いそのやひさつぐ
⇒磯谷久次（いそがいひさつぐ）

磯若女・いその若女　いそのわかじょ⋆
江戸時代中期の女性。狂歌。狂歌師標梅園千里同風の妻。天明3年刊、元杢網編『落栗庵狂歌月並摺』をはじめ、多数の狂歌に載る。
¶江表（磯若女・いその若女（東京都））

磯浜　いそはま⋆
江戸時代の女性。奥女中。中津藩主奥平家の家臣佐藤氏の娘。のち、佐賀藩主となる鍋島直正の乳母。
¶江表（磯浜（佐賀県））

磯彦左衛門尉*　いそひこざえもんのじょう
生没年不詳　戦国時代の北条氏の家臣。
¶後北（彦左衛門尉〔磯（1）〕　ひこざえもんのじょう）

磯彦七郎*　いそひこしちろう
生没年不詳　戦国時代の武士。後北条氏家臣。
¶後北（彦七郎〔磯（2）〕　ひこしちろう）

礒部王　いそべおう
⇒磯部王（いそべのおう）

磯辺菊渓*（磯部菊渓）　いそべきくけい
寛政1（1789）年～明治14（1881）年　江戸時代末期～明治時代の画家。明治天皇に双鶴の図を献上。
¶幕末, 美画（磯部菊渓）

磯部小平次*　いそべこへいじ
生没年不詳　安土桃山時代の織田信長の家臣。
¶織田

磯部三郎兵衛　いそべさぶろうべえ
⇒高橋多一郎（たかはしたいちろう）

磯部四郎右衛門重玄　いそべしろ（う）えもんしげはる
江戸時代前期の新庄直忠の家臣。
¶大坂（[没]寛永6年1月8日）

磯部新右衛門　いそべしんえもん
江戸時代前期の豊臣家の家臣。
¶大坂（[没]寛文2年）

磯部新七郎　いそべしんしちろう
江戸時代前期の武士。南条中務の従兄弟。
¶大坂

磯部為吉*　いそべためきち
天保7（1836）年～明治32（1899）年9月2日　江戸時代末期～明治時代の豪農。阿波派議員を束ねて徳島県再置運動を展開。
¶幕末

磯部太郎兵衛〔3代〕　いそべたろうべえ
江戸時代後期の磯部屋文昌堂主人。
¶出版（[生]嘉永6（1853）年3月1日　[没]？）

磯辺遁斎*　いそべとんさい
生没年不詳　安土桃山時代の織田信長の家臣。
¶織田

磯部王*（礒部王）　いそべのおう
[別]礒部王（いそべおう）　奈良時代の天武天皇の皇孫。桑田王王子。
¶古人（礒部王　いそべおう　生没年不詳）

礒部逆麿　いそべのさかまろ
平安時代前期の尾張国中島郡の人。
¶古人（[生]？　[没]866年）

磯部貞倫　いそべのさだとも
平安時代後期の官人。寛治1年外記・史生で摂政師実家の家司（案主）の1人。
¶古人（生没年不詳）

磯部盛貞　いそべのもりさだ
平安時代後期の官人。
¶古人（生没年不詳）

磯部百鱗*　いそべひゃくりん
天保7（1836）年6月21日～明治39（1906）年　江戸時代後期～明治時代の画家。典雅な画風で広く知られた。
¶美画（[没]明治39（1906）年4月17日）

磯部泰　いそべやすし
江戸時代後期～明治時代の和算家。
¶数学（[生]天保7（1836）年　[没]大正1（1912）年10月24日）

磯部竜淵斎　いそべりゅうえんさい
安土桃山時代の甲斐国三宮の国玉神社宮司。
¶武田（[生]？　[没]天正3（1575）年5月21日）

磯みる女・みる女　いそみるじょ⋆
江戸時代後期の女性。狂歌。文化1年刊、四方真顔ほか編『狂歌武射志風流』に載る。
¶江表（磯みる女・みる女（東京都））

礒村吉徳　いそむらきちとく
⇒礒村吉徳（いそむらよしのり）

礒村白斎　いそむらはくさい
江戸時代後期～大正時代の陶工。
¶美工（[生]嘉永4（1851）年9月11日　[没]大正9（1920）年8月）

礒村文蔵　いそむらぶんぞう
⇒礒村吉徳（いそむらよしのり）

礒村善方　いそむらよしかた
江戸時代の和算家。
¶数学

礒村吉徳*（磯村吉德）　いそむらよしのり
？～宝永7（1710）年12月24日　[別]礒村吉徳（いそむらきちとく），礒村文蔵（いそむらぶんぞう）　江戸時代中期の和算家。
¶江人, 科学, コン（磯村吉徳）, 数学（礒村吉徳）

居初雲峰*　いそめうんぽう
延宝6（1678）年～寛延2（1749）年　[別]雲峰（うんぽう）　江戸時代前期～中期の俳人。
¶俳文（雲峰　うんぽう　[没]寛延1（1748）年12月18日）

居初乾峰〔1代〕*　いそめけんぽう
正徳3（1713）年～延享3（1746）年　[別]乾峰（けんぽう）　江戸時代中期の俳人。
¶俳文（乾峰　けんぽう　[没]延享3（1746）年10月4日）

居初津奈 いそめつな
江戸時代中期の女性。筆工、絵師。
¶江表(津奈(京都府)),女史(生没年不詳)

居初又次郎* いそめまたじろう
生没年不詳 安土桃山時代の織田信長の家臣。
¶織田

磯矢宗庸* いそやそうよう
天保7(1836)年～明治27(1894)年 江戸時代末期～明治時代の幕臣、東町奉行所与力。岩崎家の茶事掛。
¶幕末([没]明治27(1894)年9月8日)

磯山清兵衛* いそやませいべえ
嘉永5(1852)年～明治24(1891)年 江戸時代末期～明治時代の自由民権運動家。国会開設上願書の総代、酒税軽減建白の発起人で自由党壮士養成所・有一館開設。
¶幕末([没]明治24(1891)年11月21日)

井田賛周 いだいんしゅう
江戸時代中期の和算家。
¶数学

井田胤定 いだいんてい
安土桃山時代の上総国の在地領主、代官。
¶徳代(生没年不詳)

板垣兼信* いたがきかねのぶ
生没年不詳 鎌倉時代前期の武将。
¶中世,平家

板垣助四郎* いたがきすけしろう
？～明治15(1882)年 江戸時代末期～明治時代の事業家。小川の土で耐火煉瓦を製造。
¶幕末

板垣宗憺 いたがきそうたん
⇒板垣聊爾斎(いたがきりょうじさい)

板垣退助* いたがきたいすけ
天保8(1837)年4月17日～大正8(1919)年7月16日 江戸時代末期～明治時代の土佐藩士、民権家。「民選議員設立建白書」を提出し自由民権運動を展開、自由党結成。
¶コン,思想,全幕,幕末,山小([生]1837年4月17日 [没]1919年7月16日)

板垣董五郎* いたがきとうごろう
天保10(1839)年～明治16(1883)年 江戸時代末期～明治時代の名主。若木原を開拓し板垣新田を開く。
¶幕末([生]天保10(1839)年1月 [没]明治16(1883)年12月9日)

板垣信方*(板垣信形) いたがきのぶかた
？～天文17(1548)年 戦国時代の武将。武田氏家臣。
¶全戦,戦武,武田([没]天文17(1548)年2月14日)

板垣信憲* いたがきのぶのり
？～天文21(1552)年 戦国時代の武士。武田氏家臣。
¶全戦(生没年不詳),武田(生没年不詳)

板垣信安* いたがきのぶやす
生没年不詳 戦国時代の武将。武田氏家臣。
¶武田

板垣信泰* いたがきのぶやす
生没年不詳 戦国時代の甲斐武田信虎の家臣。
¶武田

板垣将兼* いたがきまさかね
？～慶長5(1600)年 安土桃山時代の武士。
¶全戦

板垣与衛門* いたがきよえもん
生没年不詳 江戸時代末期の商人。
¶幕末

板垣聊爾 いたがきりょうじ
⇒板垣聊爾斎(いたがきりょうじさい)

板垣聊爾斎* いたがきりょうじさい
寛永15(1638)年～元禄11(1698)年 [別]板垣宗憺(いたがきそうたん),板垣聊爾(いたがきりょうじ) 江戸時代前期の国学者。
¶コン

井田吉六* いだきちろく
寛政4(1792)年～文久1(1861)年 [別]吉六(きちろく) 江戸時代末期の古陶磁の模造家。
¶美工

板倉槐堂 いたくらかいどう
⇒淡海槐堂(おうみかいどう)

板倉勝明* いたくらかつあき
文化6(1809)年～安政4(1857)年 [別]板倉勝明(いたくらかつあきら),板倉節山(いたくらせつざん) 江戸時代後期の大名。上野安中藩主。
¶江人(いたくらかつあきら),幕末(いたくらかつあきら [生]文化6(1809)年11月11日 [没]安政4(1857)年4月10日)

板倉勝明 いたくらかつあきら
⇒板倉勝明(いたくらかつあき)

板倉勝清* いたくらかつきよ
宝永3(1706)年～安永9(1780)年 江戸時代中期の大名、老中。
¶徳将

板倉勝静* いたくらかつきよ
文政6(1823)年1月4日～明治22(1889)年4月6日 江戸時代後期～明治時代の大名。
¶コン,全幕,徳将,幕末

板倉勝重* いたくらかつしげ
天文14(1545)年～寛永1(1624)年 安土桃山時代～江戸時代前期の初代京都所司代。
¶江人,コン,戦武,徳将,徳代([没]寛永1(1624)年4月29日),山小([没]1624年4月29日)

板倉勝弼* いたくらかつすけ
弘化3(1846)年～明治29(1896)年 江戸時代末期～明治時代の松山藩主、高梁藩知事。
¶全幕

板倉勝尚* いたくらかつひさ
嘉永4(1851)年～大正13(1924)年 江戸時代後期～大正時代の大名。
¶全幕

板倉勝正 いたくらかつまさ
江戸時代後期‐明治時代の和算家。関流の算学を学び別伝免許、算学塾を開く。
¶数学([生]天保9(1838)年 [没]明治19(1886)年8月30日)

いたくら　　　　　　　　　184

板倉勝殷*　いたくらかつまさ
文政3(1820)年〜明治6(1873)年　江戸時代末期〜明治時代の大名、華族。
¶全幕

板倉勝達*　いたくらかつみち
天保10(1839)年〜大正2(1913)年　江戸時代末期〜明治時代の大名、華族。
¶全幕、幕末(⊕天保10(1839)年5月　⊗大正2(1913)年7月)

板倉塞馬*　いたくらさいば
天明8(1788)年〜慶応3(1867)年　⊛塞馬(さいば)　江戸時代後期の商人、俳人。
¶幕末(⊗慶応3(1867)年11月24日)

板倉左近の室　いたくらさこんのしつ*
江戸時代後期の女性。和歌。文政7年頃成立の『玉露童女追悼集』に板倉左近室として載る。
¶江表(板倉左近の室(岡山県))

板倉三次郎*　いたくらさんじろう
天保8(1837)年〜明治13(1880)年　⊛板倉良顕(いたくらよしあき)　江戸時代末期〜明治時代の上野館林藩士。
¶幕末(⊕天保8(1837)年10月15日　⊗明治13(1880)年6月28日)

板倉重矩*　いたくらしげのり
元和3(1617)年〜延宝1(1673)年　江戸時代前期の大名、老中。三河中島藩主、下野烏山藩主、三河深溝藩主。
¶コン、徳将

板倉重昌*　いたくらしげまさ
天正16(1588)年〜寛永15(1638)年　⊛板倉内膳正(いたくらないぜんのしょう)　江戸時代前期の大名。三河深溝藩主。
¶江人、コン、徳将、徳人

板倉重涂　いたくらしげみち
⇒淡海槐堂(おうみかいどう)

板倉重宗*　いたくらしげむね
天正14(1586)年〜明暦2(1656)年12月1日　江戸時代前期の大名、京都所司代。下総関宿藩主。
¶江人(⊕1587年)、コン、徳将

板倉修理亮*　いたくらしゅりのすけ
生没年不詳　戦国時代の武士。後北条氏家臣。
¶後北(修理亮[板倉]　しゅりのすけ)

板倉節山　いたくらせつざん
⇒板倉勝明(いたくらかつあき)

板倉内膳正*　いたくらないぜんのかみ
生没年不詳　戦国時代の北条氏の家臣。
¶後北(内膳正[板倉]　ないぜんのかみ)

板倉内膳正　いたくらないぜんのしょう
⇒板倉重昌(いたくらしげまさ)

板倉復軒*　いたくらふくけん
寛文5(1665)年〜享保13(1728)年　⊛板倉復軒(いたくらふっけん)　江戸時代中期の漢学者、幕臣。
¶コン

板倉復軒　いたくらふっけん
⇒板倉復軒(いたくらふくけん)

板倉雄碩*　いたくらゆうせき
文化3(1806)年〜明治2(1869)年　江戸時代末期の医師。
¶幕末

板倉良顕　いたくらよしあき
⇒板倉三次郎(いたくらさんじろう)

板坂宗商　いたさかそうしょう
⇒板坂卜斎〔1代〕(いたさかぼくさい)

板坂卜斎〔1代〕*　いたさかぼくさい，いたさかぼくさい
生没年不詳　⊛板坂宗商(いたさかそうしょう)　戦国時代の医師。
¶武田(板坂宗商　いたさかそうしょう)

依田貞鎮　いださだかね
⇒依田貞鎮(よださだしず)

井田政一郎*　いだせいいちろう
生没年不詳　江戸時代末期の紀伊和歌山藩士。
¶幕末

井田太刀脇　いだたてわき
安土桃山時代の北条氏政の家臣。帯刀。
¶後北(太刀脇[井田(1)]　たてわき)

井田胤徳*　いだたねのり
安土桃山時代〜江戸時代前期の武士。大台城・坂田城の城主。後北条氏家臣。
¶後北(胤徳〔井田・伊田(3)〕　たねのり)

板津福阿弥入道　いたつふくあみにゅうどう
戦国時代の木曽氏の家臣。
¶武田(生没年不詳)

井田遠江守姉　いだとおとうみのかみあね
安土桃山時代の上野国那波城主那波顕宗の家臣。北条氏に属した。
¶後北(遠江守姉〔井田(2)〕　とおとうみのかみあね)

井田年之助*　いだとしのすけ
弘化3(1846)年〜明治5(1872)年　江戸時代末期〜明治時代の名士。会津城落城後の残務整理に尽力。
¶幕末(⊕弘化3(1846)年8月5日　⊗明治5(1872)年5月24日)

板場九左衛門　いたばきゅうざえもん
安土桃山時代の信濃国筑摩郡会田の土豪。
¶武田(生没年不詳)

板橋隆朝　いたばしたかとも
江戸時代後期の和算家。関流竹越豊延に算学を学ぶ。
¶数学(⊗天保14(1842)年閏9月12日)

板橋又太郎*　いたばしまたたろう
戦国時代の武士。後北条氏家臣。
¶後北(又太郎[板橋]　またたろう)

伊太八　いだはち
⇒尾上・伊太八(おのえ・いだはち)

板場一市　いたばひといち
安土桃山時代の信濃国筑摩郡会田の土豪。
¶武田(生没年不詳)

井田平三郎*　いだへいざぶろう
天保9(1838)年〜慶応1(1865)年　江戸時代末期の水戸藩士。
¶幕末(⊗元治2(1865)年2月4日)

板部岡江雪* いたべおかこうせつ
天文5(1536)年〜慶長14(1609)年 [別]板部岡江雪斎(いたべおかこうせつさい),板部岡融成(いたべおかゆうせい),岡江雪(おかこうせつ),岡野嗣成(おかのつぐなり),江雪(こうせつ) 安土桃山時代〜江戸時代前期の武将。
¶後北(融成〔板部岡〕 ゆうせい [生]天文6年 [没]慶長17年10月11日),全戦(板部岡江雪斎 いたべおかこうせつさい),戦武(板部岡江雪斎 いたべおかこうせつさい [生]天文6(1537)年)

板部岡江雪斎 いたべおかこうせつさい
⇒板部岡江雪(いたべおかこうせつ)

板部岡彦太郎(1) いたべおかひこたろう
戦国時代の相模国玉縄城主北条為昌の家臣。
¶後北(彦太郎〔板部岡〕 ひこたろう)

板部岡彦太郎(2) いたべおかひこたろう
安土桃山時代の相模国新城主北条氏忠の家臣。康雄の孫か。
¶後北(彦太郎〔板部岡〕 ひこたろう)

板部岡康雄* いたべおかやすかつ
生没年不詳 戦国時代の武士。後北条氏家臣。
¶後北(康雄〔板部岡〕 やすかつ)

板部岡融成 いたべおかゆうせい
⇒板部岡江雪(いたべおかこうせつ)

依田徧無為 いだへんむい
⇒依田貞鎮(よださだしず)

井田昌胖* いだまさなお
江戸時代中期の植物学者。
¶植物(生没年不詳)

伊丹 いたみ★
江戸時代中期の女性。俳諧。大坂の人。元禄5年序、朧麿遠舟編『姿哉』に載る。
¶江表(伊丹(大阪府))

伊丹因幡守永親 いたみいなばのかみながちか
安土桃山時代〜江戸時代前期の武士。秀吉の小姓あがり。大坂七組の青木一重の本参組子。
¶大坂([生]天正8年 [没]寛永5年)

伊丹勝重* いたみかつしげ
寛永14(1637)年〜享保2(1717)年 [別]岡部勝重(おかべかつしげ) 江戸時代前期〜中期の山田奉行。
¶徳人(岡部勝重 おかべかつしげ)

伊丹勝長* いたみかつなが
慶長8(1603)年〜寛文2(1662)年 江戸時代前期の大名。甲斐徳美藩主。
¶徳人,徳代([没]寛文2(1662)年3月27日)

伊丹蔵人 いたみくらんど
⇒伊丹蔵人(いたみくろうど)

伊丹蔵人* いたみくろうど
天保1(1830)年〜明治33(1900)年7月15日 [別]伊丹蔵人(いたみくらんど) 江戸時代末期〜明治時代の武士。青蓮院宮家臣。
¶幕末([生]文政13(1830)年10月7日)

伊丹貞親 いたみさだちか
[別]伊丹親興(いたみちかおき) 戦国時代の摂津伊丹城主。大和守。細川晴元家臣。
¶全戦(生没年不詳)

伊丹真一郎* いたみしんいちろう
天保4(1833)年〜慶応1(1865)年 江戸時代末期の筑前福岡藩士。
¶幕末([没]慶応1(1865)年10月23日)

伊丹新三* いたみしんぞう
?〜天正10(1582)年6月2日 戦国時代〜安土桃山時代の織田信長の家臣。
¶織田

伊丹周防守正俊 いたみすおうのかみまさとし
江戸時代前期の武士。大坂の陣で籠城。
¶大坂

伊丹宗味* いたみそうみ
生没年不詳 [別]伊丹屋宗味(いたみやそうみ),ペドロ 江戸時代前期の武士。伊達氏家臣。慶長遣欧使節随員。
¶対外

伊丹忠親* いたみただちか
*〜慶長5(1600)年 安土桃山時代の武将。細川氏家臣。
¶織田([生]天文21(1552)年 [没]慶長5(1600)年9月15日),全戦([生]天文21(1552)年)

伊丹親興* いたみちかおき
?〜天正2(1574)年 戦国時代〜安土桃山時代の武将。
¶コン([没]天正1(1573)年)

伊丹椿園* いたみちんえん
?〜天明1(1781)年8月15日 [別]椿園(ちんえん) 江戸時代中期の読本作者。
¶日文

伊丹続堅 いたみつぐかた
戦国時代の能登畠山氏の家臣。
¶全戦([生]? [没]天文22(1553)年)

伊丹虎康 いたみとらやす
安土桃山時代〜江戸時代前期の武士。海賊衆。伊丹大隅守康直の嫡男。
¶武田([生]永禄3(1560)年 [没]寛永7(1630)年5月5日)

伊丹直賢 いたみなおかた
江戸時代中期の幕臣。
¶徳人([生]1696年 [没]1766年)

伊丹孫三郎* いたみまごさぶろう
?〜天正9(1581)年6月27日 戦国時代〜安土桃山時代の織田信長の家臣。
¶織田

伊丹政富* いたみまさとみ
天文17(1548)年〜慶長15(1610)年2月28日 戦国時代〜江戸時代前期の北条氏の家臣。
¶後北(政富〔伊丹〕 まさとみ [生]天文7年)

伊丹康勝* いたみやすかつ
天正3(1575)年〜承応2(1653)年 安土桃山時代〜江戸時代前期の大名。甲斐徳美藩主。
¶コン,徳将,徳人,徳代([没]承応2(1653)年6月3日)

伊丹康直* いたみやすなお
大永2(1522)年〜慶長1(1596)年 [別]伊丹屋康直(いたみやすやお) 戦国時代〜安土桃山時代の武将。今川氏家臣。
¶全戦,戦武([生]大永2(1522)年?)

い

い

伊丹康信* いたみやすのぶ
？～永禄7（1564）年？ 戦国時代～安土桃山時代の北条氏の家臣。
¶後北（康信〔伊丹〕 やすのぶ）

伊丹屋康直 いたみやすやお
⇒伊丹康直（いたみやすなお）

伊丹屋宗味 いたみやそうみ
⇒伊丹宗味（いたみそうみ）

伊丹之信 いたみゆきのぶ
安土桃山時代～江戸時代前期の代官。
¶徳代（[生]天正7（1579）年 [没]寛文3（1663）年1月5日）

板持鎌束* いたもちのかまつか
奈良時代の官人。
¶古代

板持真釣 いたもちのまつり
奈良時代の官人。板茂とも書く。
¶古人（生没年不詳）

板茂連安麻呂 いたもちのむらじやすまろ
⇒板茂安麻呂（いたもちのやすまろ）

板茂安麻呂* いたもちのやすまろ
生没年不詳 [別]板茂連安麻呂（いたもちのむらじやすまろ） 奈良時代の官吏。
¶古人，古代（板茂連安麻呂 いたもちのむらじやすまろ）

板谷桂舟〔板谷家1代〕*（板谷慶舟） いたやけいしゅう
享保14（1729）年～寛政9（1797）年 [別]板谷広当（いたやひろまさ） 江戸時代中期の画家。幕府の御用絵師。
¶コン（代数なし），徳人（板谷広当 いたやひろまさ），美画（――〔1代〕 [没]寛政9（1797）年8月21日）

板谷桂舟〔板谷家3代〕* いたやけいしゅう
天明6（1786）年～天保2（1831）年 [別]板谷広隆（いたやひろたか） 江戸時代後期の画家。
¶美画（板谷広隆 いたやひろたか [没]天保2（1831）年5月30日）

板谷広隆 いたやひろたか
⇒板谷桂舟〔板谷家3代〕（いたやけいしゅう）

板谷広当 いたやひろまさ
⇒板谷桂舟〔板谷家1代〕（いたやけいしゅう）

井田譲* いだゆずる
天保9（1838）年～明治22（1889）年 江戸時代末期～明治時代の美濃大垣藩士、軍人。オーストリア、フランス駐在全権公使、元老院議官を歴任。
¶幕末（[生]天保9（1838）年9月22日 [没]明治22（1889）年11月29日）

板良敷朝忠 いたらしきちょうちゅう
⇒牧志朝忠（まきしちょうちゅう）

いち（1）
江戸時代の女性。俳諧。相模河内の人。明治2年刊、月の本為山編『葛三・雉啄・宇山追悼句集』に載る。
¶江表（いち（神奈川県））

いち（2）
江戸時代前期～中期の女性。俳諧。新原正右衛門正矩の娘。
¶江表（いち（福岡県） [生]元禄1（1688）年 [没]元文1（1736）年）

いち（3）
江戸時代中期の女性。音楽・教育。備前岡山の塩見平右衛門行重と加藤氏の娘。
¶江表（いち（福島県） [生]宝永7（1710）年）

いち（4）
江戸時代中期の女性。俳諧。伊勢の人。宝永6年刊、杉山輪雪序『星会集』に載る。
¶江表（いち（三重県））

いち（5）
江戸時代後期の女性。教育。松前藩藩士志村氏の家族。
¶江表（いち（北海道） [生]天保8（1837）年頃）

いち（6）
江戸時代後期の女性。俳諧。常陸二重作の人。文政11年成立『俳諧もゝ鼓』五に載る。
¶江表（いち（茨城県））

いち（7）
江戸時代後期の女性。俳諧。甲斐の人。天保4年成立、流上斎山下百慈編、百慈の亡夫山下百二・叔父松保の追善集『二樒集』に載る。
¶江表（いち（山梨県））

いち（8）
江戸時代後期の女性。和歌。松代藩藩士金井甚五左衛門苗寛の妻。歌人窪田久麻呂の妻の追悼集「なけきのしけり」に載る。
¶江表（いち（長野県））

いち（9）
江戸時代後期の女性。俳諧。文化4年序、中山眉山（翠台）編、千代女33回忌追善集『長月集』に載る。
¶江表（いち（石川県））

いち（10）
江戸時代後期の女性。和歌。伊豆江間村の旧家石井通駿の妻。天保12年刊、竹村茂雄編『門田の抜穂』に載る。
¶江表（いち（静岡県））

いち（11）
江戸時代後期の女性。俳諧。石見益田の人。文化8年刊、自然房以松編『月のまこと』に載る。
¶江表（いち（島根県））

イチ
江戸時代中期～後期の女性。書簡。筑前姪浜の五島屋と称する浦庄屋早船氏の娘。
¶江表（イチ（福岡県） [生]安永2（1773）年 [没]弘化2（1845）年）

伊ち いち*
江戸時代後期の女性。和歌。仙台藩士松川宇仲の妻。文化11年刊、中山忠雄・河田正致編『柿本社奉納和歌集』に載る。
¶江表（伊ち（宮城県））

伊知 いち*
江戸時代後期の女性。和歌。豊後日田の歌人森里都子の娘。
¶江表（伊知（大分県））

一 いち*
江戸時代中期の女性。俳諧。河内板持の人。元禄9年刊、珍著堂遊林子詠嘉編『反古集』に載る。
¶江表（一（大阪府））

市(1) いち*
江戸時代中期の女性。俳諧。伊勢一ノ瀬の人。元禄16年跋、三輪素覧撰『幾人水主』に載る。
¶江表(市(三重県))

市(2) いち
江戸時代中期の女性。俳諧。宝暦2年刊、志太野坡派の俳人後藤梅従編『十三題』に載る。
¶江表(市(広島県))

市(3) いち*
江戸時代中期の女性。和歌・俳諧・書簡。土佐藩奉行職中玄蕃直継の娘。
¶江表(市(高知県)) ㊥元禄12(1699)年

市(4) いち*
江戸時代中期の女性。俳諧。享保10年刊、各務支考編の芭蕉三三回忌追善句集『三千化』に載る。
¶江表(市(熊本県))

市(5) いち
江戸時代後期の女性。和歌。三河吉田藩主松平信明家の奥女中。寛政10年跋、真田幸弘の六〇賀集「千とせの寿詞」に載る。
¶江表(市(愛知県))

市(6) いち
⇒小谷の方(おだにのかた)

一阿弥* いちあみ
生没年不詳 安土桃山時代の柄杓づくりの名人。
¶美工

一葦 いちい
江戸時代後期の女性。俳諧。河内の人。寛政8年序、並井むら編、至simplified七回忌追善句集『大練諱』に載る。
¶江表(一葦(大阪府))

樸井忠国 いちいのただくに
平安時代後期の官人。
¶古人(生没年不詳)

樸井恒清 いちいのつねきよ
平安時代中期の官人。
¶古人(生没年不詳)

樸井永国 いちいのながくに
平安時代中期の人。秦武重の馬を横領したと大春日淑孝に訴えられた。
¶古人(生没年不詳)

一葦の母 いちいのはは*
江戸時代前期の女性。俳諧。越前福井の人。延宝5年刊、松風軒ト琴撰『玉江草』四に載る。
¶江表(一葦の母(福井県))

市浦検校〔1代〕* いちうらけんぎょう
生没年不詳 江戸時代後期の箏曲家。替手式箏曲の創始者。
¶コン(代数なし)

一運* いちうん
?〜貞享3(1686)年 江戸時代前期の大仏師。
¶美建(㊥貞享3(1686)年11月11日)

一雲 いちうん
生没年不詳 戦国時代の北条氏の家臣。
¶後北

一雲斎針阿弥* いちうんさいしんあみ
?〜天正10(1582)年6月2日 ㊥一雲斎針阿弥(いちうんさいはりあみ) 戦国時代〜安土桃山時代の織田信長の家臣。
¶織田(いちうんさいはりあみ), 全戦

一雲斎針阿弥 いちうんさいはりあみ
⇒一雲斎針阿弥(いちうんさいしんあみ)

一栄 いちえ*
江戸時代中期の女性。俳諧。河内板持の人。元禄9年刊、珍著堂遊林子詠嘉編『反古集』に載る。
¶江表(一栄(大阪府))

一枝 いちえ*
江戸時代後期の女性。俳諧。三宅の人。文化期没か。
¶江表(一枝(滋賀県))

一衛門 いちえもん
安土桃山時代の信濃国筑摩郡井堀・高の土豪。麻績氏の被官とみられる。
¶武田(生没年不詳)

市右衛門 いちえもん
⇒村山平十郎〔2代〕(むらやまへいじゅうろう)

市衛門(1) いちえもん
安土桃山時代の信濃国安曇郡宮本の代官。仁科氏の被官。
¶武田(生没年不詳)

市衛門(2) いちえもん
安土桃山時代の信濃国筑摩郡井堀・高の土豪。麻績氏の被官とみられ、代官をつとめていた。
¶武田(生没年不詳)

市衛門(3) いちえもん
安土桃山時代の信濃国筑摩郡会田の土豪。会田岩下氏の被官とみられる。
¶武田(生没年不詳)

一円 いちえん
⇒無住(むじゅう)

壱演* いちえん
延暦22(803)年〜貞観9(867)年 平安時代前期の真言宗の僧(権僧正)。
¶古人, 古代, コン

一円房 いちえんぼう
⇒無住(むじゅう)

一翁院豪* いちおういんごう
承元4(1210)年〜弘安4(1281)年 ㊥院豪(いんごう) 鎌倉時代後期の臨済宗仏光派の僧。
¶コン, 対外

一謳軒 いちおうけん
安土桃山時代の医師・薬師。宗庸。京都の医師・薬師。豊臣秀吉の使者。
¶後北

一鶯斎芳梅 いちおうさいよしうめ
⇒歌川芳梅(うたがわよしうめ)

市岡殷政 いちおかいんせい
⇒市岡殷政(いちおかしげまさ)

市岡清次 いちおかきよつぐ
江戸時代前期の代官。
¶徳代(生没年不詳)

市岡殷政*　いちおかしげまさ
文化10(1813)年～明治12(1879)年8月24日　[別]市岡殷政(いちおかいんせい)　江戸時代末期～明治時代の国学者。平田門人となり国事に奔走。
¶コン,幕末([生]文化10(1813)年4月3日)

市岡猛彦*　いちおかたけひこ
*～文政10(1827)年　江戸時代後期の国学者、尾張藩士。
¶コン([生]天明1(1781)年)

市岡忠次　いちおかただつぐ
安土桃山時代～江戸時代前期の代官。
¶徳代([生]永禄7(1564)年　[没]寛永16(1639)年12月24日)

市岡房仲　いちおかふさなか
江戸時代中期～後期の幕臣。
¶徳人([生]1739年　[没]1814年)

市岡正次　いちおかまさつぐ
江戸時代前期の幕臣。
¶徳人([生]?　[没]1664年)

一尾通尚　いちおみちひさ
安土桃山時代～江戸時代前期の幕臣。
¶徳人([生]1599年　[没]1689年)

一音*　いちおん
生没年不詳　[別]一音(いっとん)　江戸時代中期の俳人(凉袋門)。
¶俳文(いっとん)

一岳軒　いちがくけん
戦国時代の木曽氏の家臣。
¶武田(生没年不詳)

市鹿文　いちかや
⇒市乾鹿文・市鹿文(いちふかや・いちかや)

市川明利　いちかわあきとし
江戸時代後期の和算家。
¶数学

市川荒五郎〔1代〕*　いちかわあらごろう
宝暦9(1759)年～文化10(1813)年　[別]市丸(いちまる),後藤真次郎(ごとうしんじろう),佐野川市松〔3代〕(さのかわいちまつ,さのがわいちまつ),盛府(せいふ),中村粂三郎(なかむらくめさぶろう),中村粂次郎(なかむらくめじろう),中村直吉(なかむらなおきち)　江戸時代中期～後期の歌舞伎役者。明和1年～文化6年頃に活躍。
¶歌大(佐野川市松〔3代〕　さのがわいちまつ　[没]文化10(1813)年閏11月13日)

市河家光*(市川家光)　いちかわいえみつ
生没年不詳　安土桃山時代の武士。武田氏家臣。
¶武田(市川家光　[生]永正8(1511)年　[没]文禄2(1593)年9月1日)

市川市三郎　いちかわいちさぶろう
⇒市川団蔵〔2代〕(いちかわだんぞう)

市川市十郎　いちかわいちじゅうろう
⇒市川鰕十郎〔4代〕(いちかわえびじゅうろう)

市川市蔵〔1代〕　いちかわいちぞう
⇒市川鰕十郎〔1代〕(いちかわえびじゅうろう)

市川市蔵〔2代〕　いちかわいちぞう
⇒市川鰕十郎〔2代〕(いちかわえびじゅうろう)

市川右近助　いちかわうこんのすけ
戦国時代の南牧谷砥沢村の土豪。上野国南牧谷の地縁集団南牧衆の一人。
¶武田(生没年不詳)

市川右団次〔1代〕　いちかわうだんじ
⇒市川斎入(いちかわさいにゅう)

市川右団次〔世代に加えず〕　いちかわうだんじ
⇒沢村源之助〔3代〕(さわむらげんのすけ)

市川右馬助　いちかわうまのすけ
戦国時代の上野国南牧谷羽沢村の土豪。地縁集団南牧衆の一人。
¶武田(生没年不詳)

市川海蔵　いちかわうみぞう
⇒市川雷蔵〔4代〕(いちかわらいぞう)

市川梅丸　いちかわうめまる
⇒市川団十郎〔5代〕(いちかわだんじゅうろう)

市川栄蔵　いちかわえいぞう
⇒市川小団次〔4代〕(いちかわこだんじ)

市川栄之助　いちかわえいのすけ
江戸時代末期の日本語教師、キリスト教殉難者。
¶コン([生]天保2(1831)年　[没]明治5(1872)年)

市川江戸平　いちかわえどへい
⇒市川升蔵〔2代〕(いちかわますぞう)

市川鰕十郎〔1代〕*　いちかわえびじゅうろう
安永6(1777)年～文政10(1827)年　[別]市川市蔵〔1代〕(いちかわいちぞう),市の川市蔵(いちのかわいちぞう),市鶴(しかく),新升(しんしょう)　江戸時代後期の歌舞伎役者。寛政1年～文政10年頃に活躍。
¶歌大([没]文政10(1827)年7月16日)

市川鰕十郎〔2代〕*　いちかわえびじゅうろう
文化3(1806)年～文政12(1829)年　[別]市川市蔵〔2代〕(いちかわいちぞう),市川助蔵(いちかわすけぞう),新升(しんしょう)　江戸時代後期の歌舞伎役者。文化12年～文政12年頃に活躍。
¶歌大

市川鰕十郎〔3代〕*　いちかわえびじゅうろう
天明7(1787)年～天保7(1836)年　[別]市川滝十郎〔1代〕(いちかわたきじゅうろう),新升(しんしょう),扇升(せんしょう),中山甚吉(なかやまじんきち)　江戸時代後期の歌舞伎役者。文化14年～天保7年頃に活躍。
¶歌大

市川鰕十郎〔4代〕*　いちかわえびじゅうろう
文化6(1809)年～安政5(1858)年　[別]市川市十郎(いちかわいちじゅうろう),市川眼玉〔1代〕(いちかわがんぎょく),眼玉(がんぎょく),幡谷十蔵(はたやじゅうぞう),坂東寿太郎〔2代〕(ばんどうじゅうたろう,ばんどうじゅたろう),松島巳之助(まつしまみのすけ)　江戸時代末期の歌舞伎役者。文化11年～安政5年頃に活躍。
¶歌大

市川鰕十郎〔5代〕*　いちかわえびじゅうろう
嘉永5(1852)年～明治36(1903)年10月7日　江戸時代末期～明治時代の歌舞伎役者。
¶歌大([生]?　[没]明治21(1888)年)

市川海老蔵 いちかわえびぞう
世襲名 江戸時代前期以降の歌舞伎俳優の芸名。
¶歌大

市川鰕蔵 いちかわえびぞう
⇒市川団十郎〔5代〕(いちかわだんじゅうろう)

市川海老蔵〔1代〕 いちかわえびぞう
⇒市川団十郎〔1代〕(いちかわだんじゅうろう)

市川海老蔵〔2代〕 いちかわえびぞう
⇒市川団十郎〔2代〕(いちかわだんじゅうろう)

市川海老蔵〔3代〕 いちかわえびぞう
⇒市川団十郎〔4代〕(いちかわだんじゅうろう)

市川海老蔵〔4代〕 いちかわえびぞう
⇒市川団十郎〔6代〕(いちかわだんじゅうろう)

市川海老蔵〔5代〕 いちかわえびぞう
⇒市川団十郎〔7代〕(いちかわだんじゅうろう)

市川海老蔵〔6代〕 いちかわえびぞう
⇒市川団十郎〔8代〕(いちかわだんじゅうろう)

市川海老蔵〔7代〕* いちかわえびぞう
天保4(1833)年～明治7(1874)年 江戸時代末期～明治時代の歌舞伎役者。立役。
¶浮絵, 新歌(――〔7世〕)

市川海老蔵〔8代〕* いちかわえびぞう
弘化2(1845)年～明治19(1886)年 江戸時代末期～明治時代の歌舞伎役者。立役。
¶浮絵, 新歌(――〔8世〕)

市川猿三郎〔1代〕 いちかわえんざぶろう
⇒市川雷蔵〔4代〕(いちかわらいぞう)

市川大隅 いちかわおおすみ
安土桃山時代の武田氏の家臣。
¶武田(㋐? ㋙天正3(1575)年5月21日)

市川男熊 いちかわおぐま
⇒常磐津文字太夫〔4代〕(ときわづもじたゆう)

市川男寅〔1代〕 いちかわおとら
⇒市川門之助〔3代〕(いちかわもんのすけ)

市川海猿 いちかわかいえん
⇒市川雷蔵〔4代〕(いちかわらいぞう)

市川鶴鳴* いちかわかくめい
元文5(1740)年～寛政7(1795)年 ㋙市川匡麻呂(いちかわたずまろ) 江戸時代中期の漢学者、上野高崎藩士。寛政異学の禁に反対した五鬼の一人。
¶コン, 思想

市川景吉 いちかわかげよし
戦国時代の上野国衆国峰小幡氏の家臣。甘楽郡南牧谷の地縁集団南牧衆の一人。
¶武田(生没年不詳)

市川花升 いちかわかしょう
⇒沢村国太郎〔3代〕(さわむらくにたろう)

市川方静 いちかわかたきよ
⇒市川方静(いちかわほうせい)

市川兼恭 いちかわかねたか
⇒市川兼恭(いちかわかねのり)

市川兼恭* いちかわかねのり
文政1(1818)年～明治32(1899)年 ㋙市川兼恭

(いちかわかねたか, いちかわかねやす), 市川斎宮(いちかわさいぐう) 江戸時代末期～明治時代の洋学者、砲術家。
¶科学(市川斎宮 いちかわさいぐう ㋐文政1(1818)年5月11日 ㋑明治32(1899)年8月26日), 数学(いちかわかねやす ㋐明治32(1899)年5月26日), 徳人, 幕末(㋐文政1(1818)年6月14日 ㋑明治22(1889)年5月26日)

市川兼恭 いちかわかねやす
⇒市川兼恭(いちかわかねのり)

市川眼玉〔1代〕 いちかわがんぎょく
⇒市川鰕十郎〔4代〕(いちかわえびじゅうろう)

市河寛斎* (市川寛斎) いちかわかんさい
寛延2(1749)年～文政3(1820)年7月10日 ㋙市河米庵(いちかわべいあん) 江戸時代中期～後期の漢詩人、儒者、越中富山藩士。
¶江人, コン, 詩作(㋐寛延2(1749)年6月16日)

市川儀右衛門* いちかわぎえもん
?～文久1(1861)年 江戸時代末期の丹波福知山藩士。
¶コン, 幕末(㋑文久1(1861)年3月)

市川喜三郎 いちかわきさぶろう
江戸時代前期の代官。
¶徳代(生没年不詳)

市川叶升 いちかわきょしょう
⇒嵐雛助〔7代〕(あらしひなすけ)

市川喜世太 いちかわきよた
⇒市山助五郎〔1代〕(いちやますけごろう)

市川喜世太郎 いちかわきよたろう
⇒市山助五郎〔1代〕(いちやますけごろう)

市川九蔵〔1代〕 いちかわくぞう
⇒市川団十郎〔2代〕(いちかわだんじゅうろう)

市川熊太郎 いちかわくまたろう
⇒中村富十郎〔2代〕(なかむらとみじゅうろう)

市川九女八〔1代〕 いちかわくめはち
弘化3(1846)年～大正2(1913)年 江戸時代後期～大正時代の女役者。
¶歌大(㋐弘化3(1846)年11月28日 ㋑大正2(1913)年7月24日), コン

市川行英 いちかわこうえい
⇒市川行英(いちかわゆきひで)

市川幸吉* いちかわこうきち
天保12(1841)年～大正10(1921)年 江戸時代末期～大正時代の農事改良家。
¶植物(㋐天保12(1841)年11月 ㋑大正10(1921)年3月5日)

市河興仙* いちかわこうせん
生没年不詳 南北朝時代～室町時代の武将。
¶室町

市川幸蔵 いちかわこうぞう
⇒市川団十郎〔5代〕(いちかわだんじゅうろう)

市川小団次 いちかわこだんじ
世襲名 江戸時代の歌舞伎俳優。江戸前期から5世を数えるが、4世が著名。
¶江人, 山小

い

市川小団次〔1代〕*　いちかわこだんじ
延宝4(1676)年～享保11(1726)年　[別]市川子団次〔1代〕(いちかわねだんじ)，花薫(かくん)，滝中花蝶(たきなかかちょう)　江戸時代中期の歌舞伎役者。享保6～11年頃に活躍。
¶浮絵, 歌大

市川小団次〔2代〕*　いちかわこだんじ
？～文化2(1805)年10月17日　[別]市川三治(いちかわさんじ)，三光(さんこう)，三寿(さんじゅ)　江戸時代中期～後期の歌舞伎役者。明和5～7年以後に活躍。
¶浮絵, 歌大

市川小団次〔3代〕　いちかわこだんじ
⇒市川升蔵〔2代〕(いちかわますぞう)

市川小団次〔4代〕*　いちかわこだんじ
文化9(1812)年～慶応2(1866)年　[別]市川栄蔵(いちかわえいぞう)，市川米十郎〔1代〕(いちかわよねじゅうろう)，市川米蔵〔2代〕(いちかわよねぞう)，高島屋栄太(たかしまやえいた)，米升(べいしょう)　江戸時代末期の歌舞伎役者。文政3年～慶応2年頃に活躍。
¶浮絵, 歌大([生]文化9(1812)年1月　[没]慶応2(1866)年5月8日), コン, 新歌(——〔4世〕), 幕末(代数なし　[没]慶応2(1866)年5月8日)

市川小団次〔5代〕*　いちかわこだんじ
嘉永3(1850)年8月18日～大正11(1922)年5月6日　江戸時代末期～大正時代の歌舞伎役者。
¶浮絵, 歌大

市川高麗蔵〔2代〕　いちかわこまぞう
⇒松本幸四郎〔4代〕(まつもとこうしろう)

市川高麗蔵〔3代〕　いちかわこまぞう
⇒松本幸四郎〔5代〕(まつもとこうしろう)

市川高麗蔵〔4代〕　いちかわこまぞう
⇒中山富三郎〔2代〕(なかやまとみさぶろう)

市川高麗蔵〔5代〕　いちかわこまぞう
⇒松本幸四郎〔6代〕(まつもとこうしろう)

市河五郎兵衛　いちかわごろうひょうえ
安土桃山時代の甲斐国山梨郡下別田村在郷の番匠細工職人。
¶武田(生没年不詳)

市川五郎兵衛*　いちかわごろべえ
元亀2(1571)年～寛文5(1665)年　江戸時代前期の新田開発者。
¶コン

市川権右衛門尉　いちかわごんえもんのじょう
戦国時代の駿河国衆葛山氏の家臣。
¶武田(生没年不詳)

市川権十郎*(——〔2代〕)　いちかわごんじゅうろう
嘉永1(1848)年～明治37(1904)年　[別]嵐芳三郎〔3代〕(あらしよしさぶろう)，嵐璃珏〔3代〕(あらしりかく)　江戸時代末期～明治時代の歌舞伎役者。
¶新歌(嵐芳三郎〔3世〕　あらしよしさぶろう), 新歌(嵐璃珏〔3世〕　あらしりかく)

市川才牛　いちかわさいぎゅう
⇒市川団十郎〔1代〕(いちかわだんじゅうろう)

市川斎宮　いちかわさいぐう
⇒市川兼恭(いちかわかねのり)

市川斎入*　いちかわさいにゅう
天保14(1843)年7月16日～大正5(1916)年3月18日　[別]市川右団次〔1代〕(いちかわうだんじ)，斉入(さいにゅう)　江戸時代末期～明治時代の歌舞伎役者。関西歌舞伎の大立物で水芸、宙乗り、早替りのケレンで人気を得る。
¶歌大(市川右団次〔1代〕　いちかわうだんじ　[没]大正5(1916)年3月19日), 新歌(市川右団次〔1世〕　いちかわうだんじ)

市川貞吉　いちかわさだよし
戦国時代の上野国衆国峰小幡氏の家臣。南牧衆の一人。
¶武田(生没年不詳)

市川定吉　いちかわさだよし
安土桃山時代の武蔵国八王子代官。
¶徳代(生没年不詳)

市川左団次　いちかわさだんじ
世襲名　江戸時代末期の歌舞伎俳優。幕末期から4世を数える。
¶山小

市川左団次〔1代〕*　いちかわさだんじ
天保13(1842)年～明治37(1904)年8月7日　[別]左団次〔1代〕(さだんじ)　江戸時代末期～明治時代の歌舞伎役者、明治座座主。9代市川団十郎、5代尾上菊五郎と共に団・菊・左と称される名優。
¶浮絵, 歌大([生]天保13(1842)年5月28日), コン, 新歌(——〔1世〕), 幕末([生]天保13(1842)年10月28日)

市川三左衛門*　いちかわさんざえもん
文化13(1816)年～明治2(1869)年　江戸時代末期の水戸藩士、諸生党の指導者。
¶コン([生]？), 全幕, 幕末([生]文化13(1816)年4月　[没]明治2(1869)年4月3日)

市川三治　いちかわさんじ
⇒市川小団次〔2代〕(いちかわこだんじ)

市川三升(1)　いちかわさんしょう
⇒市川団十郎〔2代〕(いちかわだんじゅうろう)

市川三升(2)　いちかわさんしょう
⇒市川団十郎〔3代〕(いちかわだんじゅうろう)

市川三升(3)　いちかわさんしょう
⇒市川団十郎〔4代〕(いちかわだんじゅうろう)

市川三升(4)　いちかわさんしょう
⇒市川団十郎〔5代〕(いちかわだんじゅうろう)

市川三升(5)　いちかわさんしょう
⇒市川団十郎〔6代〕(いちかわだんじゅうろう)

市川三升(6)　いちかわさんしょう
⇒市川団十郎〔7代〕(いちかわだんじゅうろう)

市川三升(7)　いちかわさんしょう
⇒市川団十郎〔8代〕(いちかわだんじゅうろう)

市川三太郎　いちかわさんたろう
⇒中山富三郎〔2代〕(なかやまとみさぶろう)

市川重久　いちかわしげひさ
戦国時代の上野国衆国峰小幡氏の家臣。甘楽郡南牧谷の地縁集団南牧衆の一人。
¶武田(生没年不詳)

市川市紅〔1代〕　いちかわしこう
⇒市川団蔵〔5代〕(いちかわだんぞう)

市川十郎* いちかわじゅうろう
文化10(1813)年～明治1(1868)年 [別]市川松筠(いちかわしょういん) 江戸時代末期の蝦夷地調査者。
¶幕末([没]慶応4(1868)年3月14日)

市川十郎右衛門尉 いちかわじゅうろうえもんのじょう
安土桃山時代の武田氏の家臣。
¶武田([生]? [没]天正2(1574)年8月14日)

市川寿海〔1代〕 いちかわじゅかい
⇒市川団十郎〔7代〕(いちかわだんじゅうろう)

市川純蔵〔1代〕 いちかわじゅんぞう
⇒松本幸四郎〔5代〕(まつもとこうしろう)

市川松筠 いちかわしょういん
⇒市川十郎(いちかわじゅうろう)

市川小玉 いちかわしょうぎょく
⇒市川団十郎〔7代〕(いちかわだんじゅうろう)

市川常西 いちかわじょうさい
戦国時代の上野国衆国峰小幡氏の家臣。甘楽郡南牧谷の地縁集団南牧衆の一人。南牧谷砥沢村の土豪。
¶武田(生没年不詳)

市川庄左衛門尉 いちかわしょうざえもんのじょう
戦国時代～安土桃山時代の武士。武田旧臣。上杉氏に仕える。
¶武田(生没年不詳)

市川白之助 いちかわしらのすけ
⇒中村芝雀〔1代〕(なかむらしばじゃく)

市川次郎三 いちかわじろぞう
⇒市川団蔵〔3代〕(いちかわだんぞう)

市川新右衛門 いちかわしんえもん
江戸時代中期の代官。
¶徳代(生没年不詳)

市川甚左衛門 いちかわじんざえもん
⇒市川正好(いちかわまさよし)

市川新蔵〔3代〕 いちかわしんぞう
⇒中山富三郎〔2代〕(なかやまとみさぶろう)

市川慎太郎 いちかわしんたろう
江戸時代末期～明治時代の幕臣。
¶全幕([生]? [没]明治2(1869)年)

市川新之助〔1代〕 いちかわしんのすけ
⇒市川団十郎〔7代〕(いちかわだんじゅうろう)

市川新之助〔2代〕 いちかわしんのすけ
⇒市川団十郎〔8代〕(いちかわだんじゅうろう)

市川新之助〔6代〕 いちかわしんのすけ
⇒片岡仁左衛門〔8代〕(かたおかにざえもん)

市川翠扇〔1代〕* いちかわすいせん
?～安永4(1775)年 江戸時代中期の女優。
¶歌大

市川助右衛門 いちかわすけえもん
江戸時代前期の代官。
¶徳代([生]? [没]元和6(1620)年11月11日)

市川助蔵 いちかわすけぞう
⇒市川鰕十郎〔2代〕(いちかわえびじゅうろう)

市川助六 いちかわすけろく
⇒市川段四郎〔1代〕(いちかわだんしろう)

市川寿美蔵〔3代〕 いちかわすみぞう
⇒中山富三郎〔2代〕(なかやまとみさぶろう)

市川寿美蔵〔4代〕 いちかわすみぞう
⇒市川雷蔵〔4代〕(いちかわらいぞう)

市川寿美蔵〔5代〕* いちかわすみぞう
弘化2(1845)年～明治39(1906)年 江戸時代末期～明治時代の歌舞伎役者。
¶歌大([没]明治39(1906)年5月7日),コン,新歌(――〔5世〕)

市川寿美之丞〔2代〕 いちかわすみのじょう
⇒沢村国太郎〔3代〕(さわむらくにたろう)

市川清子 いちかわせいし
⇒沢村源之助〔3代〕(さわむらげんのすけ)

市川清十郎〔1代〕 いちかわせいじゅうろう
⇒沢村源之助〔3代〕(さわむらげんのすけ)

市川清流 いちかわせいりゅう
⇒市川渡(いちかわわたる)

市川染五郎〔1代〕 いちかわそめごろう
⇒松本幸四郎〔4代〕(まつもとこうしろう)

市川染五郎〔2代〕 いちかわそめごろう
江戸時代以降の歌舞伎俳優。
¶歌大(生没年不詳)

市川代治郎* いちかわだいじろう
文政8(1825)年～明治29(1896)年 江戸時代末期～明治時代の大工。
¶美建([生]文政8(1825)年8月5日 [没]明治29(1896)年4月25日)

市川大介* いちかわだいすけ
生没年不詳 安土桃山時代の織田信長の家臣。
¶織田

市川滝三郎〔1代〕 いちかわたきさぶろう
⇒尾上菊次郎〔1代〕(おのえきくじろう)

市川滝十郎〔1代〕 いちかわたきじゅうろう
⇒市川鰕十郎〔3代〕(いちかわえびじゅうろう)

市川武十郎 いちかわたけじゅうろう
⇒松本幸四郎〔4代〕(まつもとこうしろう)

市川匡麻呂 いちかわたずまろ
⇒市川鶴鳴(いちかわかくめい)

市川伊達十郎 いちかわだてじゅうろう
⇒関三十郎〔3代〕(せきさんじゅうろう)

市川伊達十郎〔1代〕 いちかわだてじゅうろう
⇒市川八百蔵〔4代〕(いちかわやおぞう)

市川団吉 いちかわだんきち
⇒関三十郎〔3代〕(せきさんじゅうろう)

市川団五郎 いちかわだんごろう
⇒市川雷蔵〔4代〕(いちかわらいぞう)

市川団三郎〔2代〕 いちかわだんざぶろう
⇒市川団蔵〔3代〕(いちかわだんぞう)

市川団三郎〔3代〕 いちかわだんざぶろう
⇒市川団蔵〔4代〕(いちかわだんぞう)

市川団三郎〔4代〕　いちかわだんさぶろう
⇒市川団蔵〔5代〕(いちかわだんぞう)

市川団子(1)　**いちかわだんし**
⇒市川団之助〔3代〕(いちかわだんのすけ)

市川団子(2)　**いちかわだんし**
⇒市川雷蔵〔4代〕(いちかわらいぞう)

市川団十郎*　いちかわだんじゅうろう
世襲名　江戸時代の歌舞伎役者。
¶江人, 山小

市川団十郎〔1代〕*(市川段十郎)　**いちかわだんじゅうろう**
万治3(1660)年～元禄17(1704)年　[別]市川海老蔵〔1代〕(いちかわえびぞう), 市川才牛(いちかわさいぎゅう), 才牛(さいぎゅう), 三升屋兵庫(みますやひょうご)　江戸時代前期～中期の歌舞伎役者、歌舞伎作者。延宝1年～元禄17年頃に活躍。
¶浮絵(市川海老蔵〔1代〕　いちかわえびぞう　[没]宝永1(1704)年), 浮絵([没]宝永1(1704)年), 歌大, コン([没]宝永1(1704)年), 新歌(——〔1世〕)

市川団十郎〔2代〕*　いちかわだんじゅうろう
元禄1(1688)年～宝暦8(1758)年　[別]市川海老蔵〔2代〕(いちかわえびぞう), 市川九蔵〔1代〕(いちかわくぞう), 市川三升(いちかわさんしょう), 才牛斎(さいぎゅうさい), 三升(さんしょう), 成田屋重兵衛(なりたやじゅうべえ), 栢莚, 柏莚(はくえん)　江戸時代中期の歌舞伎役者。元禄10年～宝暦8年頃に活躍。
¶浮絵, 浮絵(市川海老蔵〔2代〕　いちかわえびぞう), 歌大, コン([没]宝暦7(1757)年), 新歌(——〔2世〕), 俳文(栢莚　はくえん　[生]元禄1(1688)年10月11日　[没]宝暦8(1758)年9月24日)

市川団十郎〔3代〕*　いちかわだんじゅうろう
享保6(1721)年～寛保2(1742)年　[別]市川三升(いちかわさんしょう), 市川升五郎(いちかわますごろう), 三升(さんしょう, みます), 徳弁(とくべん), 三升屋助太郎(みますやすけたろう)　江戸時代中期の歌舞伎役者。享保12年～寛保1年頃に活躍。
¶歌大, 新歌(——〔3世〕)

市川団十郎〔4代〕*　いちかわだんじゅうろう
正徳1(1711)年～安永7(1778)年　[別]市川海老蔵〔3代〕(いちかわえびぞう), 市川三升(いちかわさんしょう), 海丸(かいがん), 五粒(ごりゅう), 三升(さんしょう), 随念(ずいねん), 栢莚(はくえん), 松本幸四郎〔2代〕(まつもとこうしろう), 松本七蔵〔1代〕(まつもとしちぞう), 夜雨庵(やうあん)　江戸時代中期の歌舞伎役者。享保4年～安永5年頃に活躍。
¶浮絵(市川海老蔵〔3代〕　いちかわえびぞう), 浮絵, 浮絵(松本幸四郎〔2代〕　まつもとこうしろう), 歌大, コン, 新歌(——〔4世〕)

市川団十郎〔5代〕*　いちかわだんじゅうろう
寛保1(1741)年～文化3(1806)年　[別]市川梅丸(いちかわうめまる), 市川鰕蔵(いちかわえびぞう), 市川幸蔵(いちかわこうぞう), 市川三升(いちかわさんしょう), 市川白猿〔1代〕(いちかわはくえん), 男女川(おめがわ), 三升(さんしょう), 成田屋七左衛門〔1代〕(なりたやしちざえもん), 白猿(はくえん), 花道つらね, 花道のつらね(はなみちのつらね), 梅童(ばいどう), 反古庵(ほごあん), 松本幸四郎〔3代〕(まつもとこうしろう)　江戸時代中期～後期の歌舞伎役者。延享2年～享和2年頃に活躍。
¶浮絵(市川鰕蔵　いちかわえびぞう), 浮絵, 浮絵(松本幸四郎〔3代〕　まつもとこうしろう), 歌大, コン, 新歌(——〔5世〕), 俳文(白猿　はくえん　[没]文化3(1806)年10月30日)

市川団十郎〔6代〕*　いちかわだんじゅうろう
安永7(1778)年～寛政11(1799)年　[別]市川海老蔵〔4代〕(いちかわえびぞう), 市川三升(いちかわさんしょう), 市川徳蔵(いちかわとくぞう), 三升(さんしょう), 栢莚, 柏筵(はくえん)　江戸時代中期～後期の歌舞伎役者。天明2年～寛政11年頃に活躍。
¶浮絵(市川海老蔵〔4代〕　いちかわえびぞう), 歌大, 新歌(——〔6世〕)

市川団十郎〔7代〕*　いちかわだんじゅうろう
寛政3(1791)年～安政6(1859)年　[別]市川海老蔵〔5代〕(いちかわえびぞう), 市川三升(いちかわさんしょう), 市川小玉(いちかわしょうぎょく), 市川新之助〔1代〕(いちかわしんのすけ), 市川寿海〔1代〕(いちかわじゅかい), 市川白猿〔2代〕(いちかわはくえん), 子福長者(こふくちょうじゃ), 三升(さんしょう), 寿海老人(じゅかいろうじん), 成田屋七左衛門〔2代〕(なりたやしちざえもん), 二九亭(にくてい), 白猿(はくえん, はくき), 幡谷重蔵(はたやじゅうぞう), 笛吹勝(ふえふきかつ), 夜雨庵(やうあん)　江戸時代末期の歌舞伎役者。寛政6年～安政6年頃に活躍。
¶浮絵(市川海老蔵〔5代〕　いちかわえびぞう), 浮絵, 歌大, コン, 新歌(——〔7世〕), 幕末([生]寛政3(1791)年4月　[没]安政6(1859)年3月23日)

市川団十郎〔8代〕*　いちかわだんじゅうろう
文政6(1823)年～嘉永7(1854)年　[別]市川海老蔵〔6代〕(いちかわえびぞう), 市川三升(いちかわさんしょう), 市川新之助〔2代〕(いちかわしんのすけ), 三升(さんしょう), 団栗(どんぐり), 夜雨庵(やうあん)　江戸時代末期の歌舞伎役者。文政10年～安政1年頃に活躍。
¶浮絵(市川海老蔵〔6代〕　いちかわえびぞう　[没]安政1(1854)年), 浮絵([没]安政1(1854)年), 歌大, 新歌(——〔8世〕), 幕末([生]文政6(1823)年10月5日　[没]嘉永7(1854)年8月6日)

市川団十郎〔9代〕*　いちかわだんじゅうろう
天保9(1838)年～明治36(1903)年　[別]河原崎権之助〔7代〕(かわらさきごんのすけ)　江戸時代末期～明治時代の歌舞伎役者。活歴とよぶ史劇を創始、新歌舞伎十八番を制定、歌舞伎の近代化に貢献。
¶浮絵, 浮絵(河原崎権之助〔7代〕　かわらさきごんのすけ), 歌大, コン, 新歌(——〔9世〕), 幕末([生]天保9(1838)年10月13日　[没]明治36(1903)年9月13日)

市川段四郎〔1代〕*　いちかわだんしろう
慶安4(1651)年～享保2(1717)年　[別]市川助六(いちかわすけろく), 円正(えんしょう)　江戸時代中期の歌舞伎役者。貞享3年～正徳1年頃に活躍。
¶歌大, コン, 新歌(——〔1世〕)

市川段四郎〔2代〕*　いちかわだんしろう
安政2(1855)年～大正11(1922)年2月6日　[別]市川猿之助〔1代〕(いちかわえんのすけ)　江戸時代末期～明治時代の歌舞伎役者。敵役、老役のほか立役をよくし、舞踊に天分を発揮。
¶歌大(市川猿之助〔1代〕　いちかわえんのすけ), 歌大, コン(市川猿之助〔1代〕　いちかわえんのすけ), 新歌(——〔2世〕)

市川団次郎〔旧2代〕　いちかわだんじろう
⇒市川団蔵〔5代〕(いちかわだんぞう)

市川団蔵　いちかわだんぞう
世襲名　江戸時代の歌舞伎役者。江戸時代に活躍したのは、初世から6世まで。
¶江人

市川団蔵〔1代〕* 　いちかわだんぞう
貞享1(1684)年～元文5(1740)年　[別]市川団之助〔1代〕,市川段之助(いちかわだんのすけ),市紅(しこう)　江戸時代中期の歌舞伎役者。元禄6年以前～元文5年頃に活躍。
¶歌大([没]元文5(1740)年4月5日),コン,新歌(――〔1世〕)

市川団蔵〔2代〕* 　いちかわだんぞう
*～元文5(1740)年10月20日　[別]市川市三郎(いちかわいちさぶろう),市紅(しこう)　江戸時代中期の歌舞伎役者。元文5年頃に活躍。
¶歌大([生]宝永7(1710)年),新歌(――〔2世〕　[生]?)

市川団蔵〔3代〕* 　いちかわだんぞう
宝永6(1709)年～安永1(1772)年　[別]市川次郎三(いちかわじろぞう),市川団三郎〔2代〕(いちかわだんざぶろう),市紅(しこう),坂東次郎三郎(ばんどうじろさぶろう)　江戸時代中期の歌舞伎役者。元文4年～安永1年頃に活躍。
¶歌大([生]享保4(1719)年　[没]明和9(1772)年6月24日),コン,新歌(――〔3世〕)

市川団蔵〔4代〕* 　いちかわだんぞう
延享2(1745)年～文化5(1808)年　[別]市川団三郎〔3代〕(いちかわだんざぶろう),市川友蔵〔1代〕(いちかわともぞう),亀谷虎蔵(かめやとらぞう),市紅(しこう),二紅(じこう),中村虎蔵(なかむらとらぞう)　江戸時代中期～後期の歌舞伎役者。宝暦7年～文化5年頃に活躍。
¶歌大([没]文化5(1808)年10月9日),コン([没]文政9(1826)年),新歌(――〔4世〕)

市川団蔵〔5代〕* 　いちかわだんぞう
天明8(1788)年～弘化2(1845)年　[別]市川市紅〔1代〕(いちかわしこう),市川団三郎〔4代〕(いちかわだんさぶろう),市川団次郎〔旧2代〕(いちかわだんじろう),市川森之助(いちかわもりのすけ),紅山(こうざん),市紅(しこう),千升(せんしょう)　江戸時代後期の歌舞伎役者。寛政6年～弘化1年頃に活躍。
¶歌大([生]天明8(1788)年9月　[没]弘化2(1845)年10月6日),コン,新歌(――〔5世〕)

市川団蔵〔6代〕* 　いちかわだんぞう
寛政12(1800)年～明治4(1871)年　江戸時代末期～明治時代の歌舞伎役者。立役、女方、所作事を兼ねる上手。
¶歌大([没]明治4(1871)年10月22日),新歌(――〔6世〕)

市川団蔵〔7代〕* 　いちかわだんぞう
天保7(1836)年～明治44(1911)年　江戸時代末期～明治時代の歌舞伎役者。実事と敵役を得意とし、立役の名優。
¶歌大([生]天保7(1836)年3月20日　[没]明治44(1911)年9月11日),コン,新歌(――〔7世〕),幕末([生]天保7(1836)年3月20日　[没]明治44(1911)年9月11日)

市川団之助〔1代〕(市川段之助)　いちかわだんのすけ
⇒市川団蔵〔1代〕(いちかわだんぞう)

市川団之助〔3代〕* 　いちかわだんのすけ
天明6(1786)年～文化14(1817)年11月2日　[別]市川団子(いちかわだんし),三可亭(さんかてい),三紅(さんこう)　江戸時代後期の歌舞伎役者。寛政12年～文化14年頃に活躍。
¶コン

市川中車(1)　いちかわちゅうしゃ
⇒市川八百蔵〔2代〕(いちかわやおぞう)

市川中車(2)　いちかわちゅうしゃ
⇒市川八百蔵〔4代〕(いちかわやおぞう)

市川中車(3)　いちかわちゅうしゃ
⇒助高屋高助〔2代〕(すけたかやたかすけ)

市川中車(4)　いちかわちゅうしゃ
⇒関三十郎〔3代〕(せきさんじゅうろう)

市川長之助　いちかわちょうのすけ
⇒市川門之助〔1代〕(いちかわもんのすけ)

市川経好* 　いちかわつねよし
戦国時代～安土桃山時代の武士。
¶全戦([生]?　[没]天正12(1584)年),戦武([生]永正17(1520)年　[没]天正12(1584)年)

市川定綱　いちかわていこう
江戸時代中期の代官。
¶徳代([生]?　[没]元禄8(1695)年)

市川照之助　いちかわてるのすけ
⇒尾上菊次郎〔1代〕(おのえきくじろう)

市川伝蔵(1)　いちかわでんぞう
⇒市川門之助〔3代〕(いちかわもんのすけ)

市川伝蔵(2)　いちかわでんぞう
⇒常磐津文字太夫〔4代〕(ときわづもじたゆう)

市川当太郎　いちかわとうたろう
⇒嵐雛助〔7代〕(あらしひなすけ)

市河等長*(市川等長)　いちかわとうちょう
生没年不詳　戦国時代の武将。武田氏家臣。
¶武田(市川等長)

市川徳蔵　いちかわとくぞう
⇒市川団十郎〔6代〕(いちかわだんじゅうろう)

市川友蔵〔1代〕　いちかわともぞう
⇒市川団蔵〔4代〕(いちかわだんぞう)

市川豊次*(市川豊治,市川豊二)　いちかわとよじ
天保12(1841)年～元治1(1864)年　江戸時代末期の播磨姫路藩士。
¶幕末([没]元治1(1865)年12月26日)

市川内膳正　いちかわないぜんのかみ
安土桃山時代の武田氏の家臣。
¶武田([生]?　[没]天正3(1575)年5月21日)

市川縫殿助　いちかわぬいのすけ
戦国時代の土豪。上野国南牧谷の地縁集団南牧衆のひとり。
¶武田(生没年不詳)

市川子団次〔1代〕　いちかわねだんじ
⇒市川小団次〔1代〕(いちかわこだんじ)

市川信任　いちかわのぶとう
江戸時代後期～明治時代の和算家。法道寺善に算学を学び、関流八伝を称す。
¶数学([生]文政11(1828)年　[没]明治19(1886)年)

市川信房* 　いちかわのぶふさ
生没年不詳　戦国時代～安土桃山時代の信濃国衆。
¶武田([生]?　[没]天正16(1588)年6月2日)

市川の矢師　いちかわのやし
戦国時代の矢師職人頭。市川郷上野村の人。
¶武田(生没年不詳)

市河行房　いちかわのゆきふさ
⇒市河行房(いちかわゆきふさ)

市川白猿〔1代〕　いちかわはくえん
⇒市川団十郎〔5代〕(いちかわだんじゅうろう)

市川白猿〔2代〕　いちかわはくえん
⇒市川団十郎〔7代〕(いちかわだんじゅうろう)

市川馬十　いちかわばじゅう
⇒中島三甫右衛門〔5代〕(なかじまみほえもん)

市川八蔵　いちかわはちぞう
⇒市川升蔵〔2代〕(いちかわますぞう)

市川半右衛門　いちかわはんえもん
安土桃山時代の北条氏政家臣石巻康敬の同心。
¶後北(半右衛門〔市川〕　はんえもん)

市川雛助　いちかわひなすけ
⇒市川雷蔵〔4代〕(いちかわらいぞう)

市川復斎*　いちかわふくさい
文政11(1828)年～文久2(1862)年　江戸時代末期の儒学者。
¶幕末([没]文久2(1863)年11月14日)

市川豊前守　いちかわぶぜんのかみ
戦国時代～安土桃山時代の土豪。上野国南牧谷の地縁集団南牧衆のひとりか。
¶武田(生没年不詳)

市川文吉*　いちかわぶんきち
弘化4(1847)年～昭和2(1927)年　江戸時代末期～明治時代の幕府開成所仏学稽古人世話心得、外務省官吏。
¶幕末([生]弘化4(1847)年6月23日？　[没]昭和2(1927)年7月30日)

市河米庵*(1)　いちかわべいあん
安永8(1779)年～安政5(1858)年　江戸時代後期の書家。三筆の一人。
¶江人, コン, 幕末([没]安政5(1858)年7月18日)

市河米庵(2)　いちかわべいあん
⇒市河寛斎(いちかわかんさい)

市川平吉*　いちかわへいきち
天保5(1834)年～*　江戸時代末期の出流山挙兵参加者。
¶幕末([没]慶応3(1868)年12月18日)

市川紅粉助〔1代〕　いちかわべにすけ
⇒嵐雛助〔7代〕(あらしひなすけ)

市川弁次郎　いちかわべんじろう
⇒市川門之助〔1代〕(いちかわもんのすけ)

市川弁蔵　いちかわべんぞう
⇒市川門之助〔2代〕(いちかわもんのすけ)

市川弁松　いちかわべんまつ
⇒市川門之助〔3代〕(いちかわもんのすけ)

市川方静*　いちかわほうせい
天保5(1834)年～明治36(1903)年11月28日　[別]市川方静(いちかわかたきよ)　江戸時代末期～明治時代の数学者。測量器製作の先駆者。
¶科学([生]天保5(1834)年10月24日), 数学(いちかわかたきよ　[生]天保5(1834)年10月24日), 幕末([生]天保5(1834)年10月24日)

市川孫右衛門　いちかわまごえもん
江戸時代中期の代官。
¶徳代([生]？　[没]正徳5(1715)年10月20日)

市川孫三郎　いちかわまごさぶろう
戦国時代の信濃国高井郡志久見郷の国衆。
¶武田(生没年不詳)

市川昌房*　いちかわまさふさ
？～天正3(1575)年5月21日　戦国時代～安土桃山時代の甲斐武田晴信・勝頼の家臣。
¶武田

市川正好*　いちかわまさよし
*～宝暦7(1757)年　[別]市川甚左衛門(いちかわじんざえもん)　江戸時代中期の林政家。
¶コン([生]延宝6(1678)年)

市川昌倚　いちかわまさより
安土桃山時代の武田氏の家臣。駒井肥前守の子。
¶武田(生没年不詳)

市川升五郎　いちかわますごろう
⇒市川団十郎〔3代〕(いちかわだんじゅうろう)

市川升蔵〔2代〕*　いちかわますぞう
生没年不詳　[別]市川江戸平(いちかわえどへい), 市川小団次〔3代〕(いちかわこだんじ), 市川八蔵(いちかわはちぞう), 市川米蔵〔1代〕(いちかわよねぞう), 鶴岡八蔵(つるおかはちぞう)　江戸時代後期の歌舞伎役者。文化13年～天保3年以後に活躍。
¶浮絵(市川小団次〔3代〕　いちかわこだんじ), 歌大(市川小団次〔3代〕　いちかわこだんじ)

市川又太郎　いちかわまたたろう
⇒市山助五郎〔1代〕(いちやますけごろう)

市河万庵*　いちかわまんあん
天保9(1838)年～明治40(1907)年　江戸時代末期～明治時代の先手鉄砲方、書家、官吏。
¶コン, 幕末([生]天保9(1838)年3月21日　[没]明治40(1907)年11月10日)

市川光蔵　いちかわみつぞう
⇒中村松江〔2代〕(なかむらまつえ)

市川満友　いちかわみつとも
安土桃山時代～江戸時代前期の代官。
¶徳代([生]元亀2(1571)年　[没]寛永14(1637)年1月20日)

市川守雄*　いちかわもりお
文政12(1829)年～元治1(1864)年　江戸時代末期の長州(萩)藩士。
¶幕末([没]元治1(1864)年7月19日)

市川森三郎*(市川盛三郎)　いちかわもりさぶろう
嘉永5(1852)年8月20日～明治15(1882)年10月26日　[別]平岡盛三郎(ひらおかもりさぶろう)　江戸時代末期～明治時代の幕府留学生、教育者。1866年イギリスに渡る。
¶科学(平岡盛三郎　ひらおかもりさぶろう)

市川森之助　いちかわもりのすけ
⇒市川団蔵〔5代〕(いちかわだんぞう)

市川門之助〔1代〕*　いちかわもんのすけ
元禄4(1691)年～享保14(1729)年　[別]市川長之助(いちかわちょうのすけ), 市川弁次郎(いちかわべんじろう), 新車(しんしゃ)　江戸時代中期の歌

舞伎役者。正徳3年～享保14年頃に活躍。
¶歌大([没]享保14(1729)年1月25日),新歌(――〔1世〕)

市川門之助〔2代〕* いちかわもんのすけ
寛保3(1743)年～寛政6(1794)年 [別]市川弁蔵(いちかわべんぞう),新車(しんしゃ),滝中鶴蔵(たきなかつるぞう),滝中秀松〔2代〕(たきなかひでまつ) 江戸時代中期の歌舞伎役者。宝暦6年～寛政6年頃に活躍。
¶歌大([没]寛政6(1794)年10月19日),新歌(――〔2世〕)

市川門之助〔3代〕* いちかわもんのすけ
寛政6(1794)年～文政7(1824)年 [別]市川男寅〔1代〕(いちかわおとら),市川伝蔵(いちかわでんぞう),市川弁松(いちかわべんまつ),新車(しんしゃ),つらね〔2代〕(つらね) 江戸時代後期の歌舞伎役者。享和1年～文政7年頃に活躍。
¶歌大([没]文政7(1824)年7月27日),新歌(――〔3世〕[生]1804年)

市川門之助〔4代〕 いちかわもんのすけ
⇒常磐津文字太夫〔4代〕(ときわづもじたゆう)

市川門之助〔5代〕* いちかわもんのすけ
文政4(1821)年～明治11(1878)年 江戸時代末期～明治時代の歌舞伎役者。明治の団十郎、菊五郎らの先輩に当たり、前代の諸優の型を伝えた。
¶歌大([生]文政4(1821)年? [没]明治11(1878)年9月12日),新歌(――〔5世〕)

市川八百蔵〔1代〕* いちかわやおぞう
享保15(1730)年～宝暦9(1759)年 [別]定花(じょうか),松島吉三郎(まつしまきちさぶろう),松島八百蔵(まつしまやおぞう) 江戸時代中期の歌舞伎役者。元文2年～宝暦9年頃に活躍。
¶歌大([没]宝暦9(1759)年10月19日),新歌(――〔1世〕)

市川八百蔵〔2代〕* いちかわやおぞう
享保20(1735)年～安永6(1777)年 [別]市川中車(いちかわちゅうしゃ),中車(ちゅうしゃ),豊竹和泉太夫(とよたけいずみだゆう),豊竹掃部(とよたけかもん),中村伝蔵〔1代〕(なかむらでんぞう) 江戸時代中期の歌舞伎役者。宝暦1年～安永6年頃に活躍。
¶歌大([没]安永6(1777)年7月3日),新歌(――〔2世〕)

市川八百蔵〔3代〕 いちかわやおぞう
⇒助高屋高助〔2代〕(すけたかやたかすけ)

市川八百蔵〔4代〕* いちかわやおぞう
安永1(1772)年～弘化1(1844)年 [別]市川伊達十郎〔1代〕(いちかわだてじゅうろう),市川中車(いちかわちゅうしゃ),岩井かるも(いわいかるも),岩井喜世太郎〔2代〕,岩井喜代太郎〔2代〕(いわいきよたろう),扇蝶(せんちょう),中車(ちゅうしゃ) 江戸時代後期の歌舞伎役者。天明2年～天保5年頃に活躍。
¶歌大([没]天保15(1844)年7月3日),新歌(――〔4世〕)

市川八百蔵〔5代〕 いちかわやおぞう
⇒関三十郎〔3代〕(せきさんじゅうろう)

市川八百蔵〔6代〕 いちかわやおぞう
⇒関三十郎〔4代〕(せきさんじゅうろう)

市川保定* いちかわやすさだ
文化10(1813)年～明治16(1883)年 江戸時代後期～明治時代の蘭方医。
¶科学([没]明治16(1883)年4月7日),幕末([没]明治16(1883)年4月7日)

市川行英* いちかわゆきひで
文化2(1805)年～安政1(1854)年 [別]市川行英(いちかわこうえい) 江戸時代末期の数学者。
¶数学([没]嘉永7(1854)年)

市河行房* いちかわゆきふさ
生没年不詳 [別]市河行房(いちかわのゆきふさ) 平安時代後期の武士。
¶古人(いちかわのゆきふさ)

市川米十郎〔1代〕 いちかわよねじゅうろう
⇒市川小団次〔4代〕(いちかわこだんじ)

市川米蔵〔1代〕 いちかわよねぞう
⇒市川升蔵〔2代〕(いちかわますぞう)

市川米蔵〔2代〕 いちかわよねぞう
⇒市川小団次〔4代〕(いちかわこだんじ)

市川雷蔵〔4代〕* いちかわらいぞう
文政3(1820)年～慶応2(1866)年5月7日 [別]市川海蔵(いちかわうみぞう),市川猿三郎〔1代〕(いちかわえんざぶろう),市川海猿(いちかわかいえん),市川寿美蔵〔4代〕(いちかわすみぞう),市川団五郎(いちかわだんごろう),市川団子(いちかわだんし),市川雛助(いちかわひなすけ),海猿(かいえん),亀猿(きえん),桜屋亀猿(さくらやきえん) 江戸時代末期の歌舞伎役者。安政5年～文久1年以降に活躍。
¶歌大(市川寿美蔵〔4代〕 いちかわすみぞう),新歌(市川寿美蔵〔4世〕 いちかわすみぞう)

市川力松 いちかわりきまつ
⇒浅尾工左衛門〔2代〕(あさおくざえもん)

市川渡* いちかわわたる
文政7(1824)年～? [別]市川清流(いちかわせいりゅう) 江戸時代末期の官吏、辞書編纂者。1862年幕府遣欧使節としてヨーロッパに渡る。
¶幕末

一木勝右衛門 いちきかつえもん
江戸時代中期の和算家。
¶数学

市来勘兵衛* いちきかんべえ
天保10(1839)年～明治1(1868)年 江戸時代末期の薩摩藩士。
¶幕末([没]慶応4(1868)年1月5日)

市木公太 いちきこうた
⇒金子重輔(かねこじゅうすけ)

市来琴* いちきこと
天保3(1832)年～大正2(1913)年 江戸時代末期～明治時代の女性。西郷隆盛の妹。西郷家の内部の世話役。
¶幕末

一木権兵衛* いちきごんべえ
寛永5(1628)年～延宝7(1679)年 [別]一木政利(いちきまさとし) 江戸時代前期の土木行政家。
¶江人([生]?),コン([生]?)

市来四郎* いちきしろう
文政11(1828)年12月24日～明治36(1903)年 江戸時代末期～明治時代の鹿児島藩士。鹿児島で鋳造した天保銭流通のため瀬戸内海の御手洗島に貿易会所を設立・運営にあたる。
¶科学([没]明治36(1903)年2月12日),コン,幕末([生]文政11(1829)年12月24日 [没]明治36(1903)年2月21日)

い

市来宗介* いちきそうすけ
*〜明治10(1877)年　江戸時代末期〜明治時代の薩摩藩士。西郷隆盛の甥。隆盛の子とともにアメリカに留学。
¶幕末([生]嘉永2(1849)年　[没]明治10(1877)年9月24日)

市来政清* いちきまさきよ
生没年不詳　江戸時代末期の薩摩藩士。
¶幕末

一木政利 いちきまさとし
⇒一木権兵衛(いちきごんべえ)

市来正之丞* いちきまさのじょう
文化10(1813)年〜文久1(1861)年　江戸時代末期の薩摩藩士。
¶幕末([生]文化10(1813)年10月　[没]文久1(1861)年3月)

一慶 いちきょう
⇒雲章一慶(うんしょういっけい)

一行花* いちぎょうはな
享保9(1724)年〜寛政1(1789)年　江戸時代中期〜後期の女性。富士講教主。
¶江表(一行花(東京都))

移竹* いちく
宝永7(1710)年〜宝暦10(1760)年　[別]田河移竹，田川移竹(たがわいちく)　江戸時代中期の俳人。
¶俳文([生]?　[没]宝暦10(1760)年9月13日)

一九 いちく
⇒十返舎一九(じっぺんしゃいっく)

一具* いちぐ
天明1(1781)年〜嘉永6(1853)年　[別]一具菴一具(いちぐあんいちぐ)，高梨一具(たかなしいちぐ)　江戸時代後期の俳人。
¶俳文([没]嘉永6(1853)年11月17日)

一具菴一具 いちぐあんいちぐ
⇒一具(いちぐ)

一栗放牛* いちくりほうぎゅう，いちぐりほうぎゅう
戦国時代〜安土桃山時代の武将。大崎氏家臣。
¶戦武([生]明応9(1500)年　[没]天正19(1591)年)

市毛孝之介* いちげこうのすけ
弘化4(1847)年〜慶応1(1865)年　江戸時代末期の水戸藩属吏。
¶幕末([没]元治2(1865)年2月16日)

一元 いちげん
⇒玉水弥兵衛〔1代〕(たまみずやへえ)

伊知子 いちこ★
江戸時代後期の女性。国学・和歌。南鍋町住の江川安豊の妻。文化5年頃、平田篤胤門。
¶江表(伊知子(東京都))

一子 いちこ★
江戸時代末期の女性。和歌。奥平氏。慶応3年刊、猿渡容盛編『類題新竹集』に載る。
¶江表(一子(埼玉県))

市子 いちこ★
江戸時代末期の女性。和歌。品川氏。慶応2年、白石資風序、『さくら山の歌集』に載る。
¶江表(市子(山口県))

市桜 いちざくら★
江戸時代前期の女性。俳諧。歌舞伎役者初代市川団十郎と栄光尼の娘。
¶江表(市桜(東京都))

一山一寧 いちざんいちねい
⇒一山一寧(いっさんいちねい)

一実 いちじつ
⇒廓山(かくざん)

壱志王 いちしのおう
奈良時代の官人。施基皇子の子。
¶古人(生没年不詳)

壱志濃王* いちしのおう
天平5(733)年〜延暦24(805)年　奈良時代〜平安時代前期の公卿(大納言)。天智天皇の曽孫。
¶公卿([没]延暦24(805)年11月11日)，古人([生]?)，古代

壱志倫明 いちしのともあき
平安時代中期の官人。
¶古人(生没年不詳)

市磯長尾市* いちしのながおち
上代の大倭直を称する氏族の始祖。
¶古代

壱志元秀 いちしのもとひで
平安時代中期の官人。
¶古人(生没年不詳)

壱志吉野 いちしのよしの
平安時代前期の官人。
¶古人(生没年不詳)

壱志姫王 いちしひめおう
飛鳥時代の女性。弘文天皇(大友皇子)皇女。
¶天皇(生没年不詳)

市島喜右衛門* いちしまきえもん
正徳3(1713)年〜安永3(1774)年　江戸時代中期の越後の薬種商人、市島家3代。
¶コン

一寿 いちじゅ★
江戸時代の女性。俳諧。下都賀郡栃木の人。明治27年刊、土屋麓編『下毛友かき』に載る。
¶江表(一寿(栃木県))

一十竹 いちじゅうちく
江戸時代中期の俳諧師。
¶俳文(生没年不詳)

一樹存松 いちじゅそんしょう
戦国時代の曹洞宗の僧。
¶武田([生]?　[没]天文2(1533)年)

いち女(1) いちじょ★
江戸時代前期の女性。俳諧。尾張の八島氏。延宝5年刊、樋口兼頼序・編『熱田宮雀』に載る。
¶江表(いち女(愛知県))

いち女(2) いちじょ★
江戸時代末期の女性。俳諧。大塚の人。文久1年刊、宮本八朗門人竹亭・一中編、俳人画像集『別世界』上に載る。
¶江表(いち女(長野県))

いち女(3) いちじょ★
江戸時代末期の女性。俳諧。越後下新の人。安政3年刊、里正斎庵鷺眼編『新葉集』に載る。
¶江表(いち女(新潟県))

一女(1)　**いちじょ★**
江戸時代中期の女性。俳諧。元禄4年成立、拳扇堂静栄編「誹諧水茎の岡」に載る。
¶江表(一女(滋賀県))

一女(2)　**いちじょ★**
江戸時代後期の女性。俳諧。氷上の人。寛政12年刊、京都の俳人三宅嘯山編『俳諧独喰』に載る。
¶江表(一女(香川県))

市女(1)　**いちじょ★**
江戸時代中期の女性。和歌。旗本須田為昌の娘。元禄年間半ば頃の成立、羽山蘭子編「細江草」に載る。
¶江表(市女(東京都))

市女(2)　**いちじょ★**
江戸時代中期の女性。俳諧。伊勢古市の遊女。元禄12年刊、菊谷三惟編『梅の嵯峨』に載る。
¶江表(市女(三重県))

市女(3)　**いちじょ★**
江戸時代中期の女性。和歌。飯尾弥一右衛門の妻。明和7年の柿本明神への奉納詠と考えられる「詠百首和歌」に載る。
¶江表(市女(愛媛県))

市女(4)　**いちじょ★**
江戸時代後期の女性。俳諧。谷戸の人。文政2年成立、鷹園蟹守序、野辺地馬城追善集『かれあやめ』に載る。
¶江表(市女(山梨県))

一条*(1)　**いちじょう**
生没年不詳　平安時代前期の女房・歌人。
¶古人

一条*(2)　**いちじょう**
？～寿永2(1183)年　平安時代後期の女性。大蔵卿源師隆の娘。
¶古人

一条(3)　**いちじょう**
⇒徽安門院一条(きあんもんいんのいちじょう)

一定*(壱定)　**いちじょう**
元慶8(884)年～天慶10(947)年2月9日　平安時代中期の真言宗の僧。
¶古人(壱定)

一条昭良*　**いちじょうあきよし**
慶長10(1605)年4月26日～寛文12(1672)年　[別]一条恵観(いちじょうえかん)，一条兼遐(いちじょうかねとお)，恵観(えかん)　江戸時代前期の公家(摂政・関白・左大臣)。後陽成天皇の第9皇子で、左大臣・関白一条内基の嗣。
¶公卿([没]寛文12(1672)年3月12日)，公家(昭良〔一条家〕　あきよし　[没]寛文12(1672)年3月12日)，コン

一条家経*　**いちじょういえつね**
宝治2(1248)年～永仁1(1293)年12月11日　鎌倉時代後期の公卿(左大臣・摂政)。関白一条実経の長男。
¶公卿，公家(家経〔一条家〕　いえつね)

一条家房*　**いちじょういえふさ**
生没年不詳　鎌倉時代後期の公卿(非参議)。左大臣・摂政一条家経の次男。
¶公卿，公家(家房〔一条家〕　いえふさ)

一条院覚慶　**いちじょういんかくけい**
⇒足利義昭(あしかがよしあき)

一乗院経覚　**いちじょういんきょうかく**
⇒経覚(きょうかく)

一条内家*　**いちじょううちいえ**
正応1(1288)年～？　鎌倉時代後期の公卿(権中納言)。太政大臣一条実家の子。
¶公卿，公家(内家〔一条家〕　うちいえ)

一条内実*　**いちじょううちざね**
建治2(1276)年～嘉元2(1304)年12月17日　鎌倉時代後期の公卿(内大臣)。左大臣・摂政一条家経の長男。
¶公卿，公家(内実〔一条家〕　うちざね)

一条内嗣*　**いちじょううちつぐ**
建武3/延元1(1336)年～？　南北朝時代の公卿(権大納言)。左大臣・関白一条経通の長男。
¶公卿，公家(内嗣〔一条家〕　うちつぐ)

一条内経*　**いちじょううちつね**
正応4(1291)年～正中2(1325)年　[別]藤原内経(ふじわらのうちつね)，芬陀利華院殿(ふんだりかいんどの)　鎌倉時代後期の公卿(関白・内大臣)。左大臣一条内実の子。
¶公卿([没]正中2(1325)年12月2日)，公家(内経〔一条家〕　うちつね　[没]正中2(1325)年10月1日)

一条内房　**いちじょううちふさ**
⇒一条兼輝(いちじょうかねてる)

一条内政　**いちじょううちまさ**
⇒一条内政(いちじょうただまさ)

一条内基*　**いちじょううちもと**
天文17(1548)年～慶長16(1611)年7月2日　安土桃山時代～江戸時代前期の公家(左大臣・関白)。関白一条房通の次男。
¶公卿，公家(内基〔一条家〕　うちもと)，全戦

一条恵観　**いちじょうえかん**
⇒一条昭良(いちじょうあきよし)

一条兼香*　**いちじょうかねか**
*～寛延4(1751)年8月2日　[別]一条兼香(いちじょうかねよし)　江戸時代中期の公家(関白・太政大臣)。関白鷹司房輔の末子。
¶公卿(いちじょうかねよし　[生]元禄5(1692)年12月16日　[没]宝暦1(1751)年8月2日)，公家(兼香〔一条家〕　かねか　[生]元禄5(1692)年12月16日)，コン([生]元禄6(1693)年　[没]宝暦1(1751)年)

一条兼定*　**いちじょうかねさだ**
天文12(1543)年～天正13(1585)年　安土桃山時代の武将(土佐国司・権中納言)。土佐国司・右中将・阿波権守一条房基の子。
¶公卿([没]天正1(1573)年)，公家(兼定〔土佐一条家(絶家)〕　かねさだ　[没]天正13(1585)年7月1日)，コン([没]天正13(1585年/1573)年)，全戦，戦武([没]天正13(1585)年？)，室町

一条兼輝*　**いちじょうかねてる**
慶安5(1652)年4月13日～宝永2(1705)年9月10日　[別]一条内房(いちじょううちふさ)　江戸時代前期～中期の公家(摂政・関白・右大臣)。右大臣一条教輔の子。
¶公卿，公家(兼輝〔一条家〕　かねてる)，コン([生]承応1(1652)年)

一条兼遐　**いちじょうかねとお**
⇒一条昭良(いちじょうあきよし)

一条兼冬* いちじょうかねふゆ
享禄2(1529)年～天文23(1554)年　戦国時代の公卿(左大臣・関白)。関白一条房通の長男。
¶公卿([没]天文23(1554)年2月1日), 公家(兼冬〔一条家〕　かねふゆ　[没]天文23(1554)年2月1日)

一条兼香 いちじょうかねよし
⇒一条兼香(いちじょうかねか)

一条兼良* いちじょうかねよし
応永9(1402)年～文明13(1481)年　[別]一条兼良(いちじょうかねら), 兼良(かねよし, かねら), 後成恩寺関白(ごじょうおんじかんぱく, のちのじょうおんじかんぱく)　室町時代～戦国時代の歌学者・公卿(関白・太政大臣)。左大臣・関白一条経嗣の次男。
¶公卿([生]応永9(1402)年5月7日　[没]文明13(1481)年4月2日), 公家(兼良〔一条家〕　かねよし　[生]応永9(1402)年5月7日　[没]文明13(1481)年4月2日), コン(いちじょうかねら), 詩作([生]応永9(1402)年5月7日　[没]文明13(1481)年4月2日), 思想, 植物([生]応永9(1402)年5月7日　[没]文明13(1481)年4月2日), 中世, 内乱, 日文(いちじょうかねよし・かねら), 俳文(兼良　かねよし　[没]文明13(1481)年4月2日), 室町, 山小([生]1402年5月27日　[没]1481年4月2日)

一条兼良 いちじょうかねら
⇒一条兼良(いちじょうかねよし)

一条公仲 いちじょうきみなか
⇒一条公仲(いちじょうきんなか)

一条頊子 いちじょうきょくし
⇒万秋門院(ばんしゅうもんいん)

一条公勝* いちじょうきんかつ
元亨1(1321)年～元中6/康応1(1389)年　[別]清水谷公勝(しみずだにきんかつ)　鎌倉時代後期～南北朝時代の公家・歌人。
¶公卿(清水谷公勝　しみずだにきんかつ　[没]康応1/元中6(1389)年), 公家(公勝〔清水谷家〕　きんかつ　[生]?　[没]康応1(1389)年)

一条公仲* いちじょうきんなか
?～延慶3(1310)年6月5日　[別]一条公仲(いちじょうきみなか)　鎌倉時代後期の公卿(非参議)。従二位藤原能基の次男。
¶公卿(いちじょうきみなか), 公家(公仲〔一条家(絶家)〕　きんなか)

一条公有 いちじょうきんなり
⇒清水谷公有(しみずだにきんあり)

一条実秋* いちじょうさねあき
元中1/至徳1(1384)年～応永27(1420)年4月21日　[別]清水谷実秋(しみずだにさねあき)　南北朝時代～室町時代の公家・歌人。
¶公卿(清水谷実秋　しみずだにさねあき　[生]?), 公家(実秋〔清水谷家〕　さねあき　[生]?)

一条実家* いちじょうさねいえ
建長2(1250)年～正和3(1314)年　鎌倉時代後期の公卿(太政大臣)。関白一条実経の次男。
¶公卿([没]正和3(1314)年5月28日), 公家(実家〔一条家〕　さねいえ　[生]?　[没]正和3(1314)年5月28日)

一条実経* いちじょうさねつね
貞応2(1223)年～弘安7(1284)年7月18日　[別]円明寺殿(えんみょうじどの), 藤原実経(ふじわらのさねつね)　鎌倉時代後期の公卿(摂政・関白・左大臣)。一条家の祖。関白九条道家の三男。
¶公卿([生]貞応1(1222)年), 公家(実経〔一条家〕　さねつね　[生]貞応1(1222)年?), コン

一条実豊* いちじょうさねとみ
建治2(1276)年～正平3/貞和4(1348)年5月11日　鎌倉時代後期～南北朝時代の公卿(参議)。従二位兵部卿藤原公頼の長男。
¶公卿([没]貞和4/正平3(1348)年5月11日), 公家(実豊〔河鰭家〕　さねとよ　[没]貞和4(1348)年5月12日)

一条実雅* いちじょうさねまさ
建久7(1196)年～安貞2(1228)年　[別]藤原実雅(ふじわらさねまさ, ふじわらのさねまさ)　鎌倉時代前期の公卿(参議)。権中納言藤原能保の三男。
¶公卿(藤原実雅　ふじわらのさねまさ　[没]安貞2(1228)年4月1日), 公家(実雅〔一条家(絶家)〕　さねまさ　[没]安貞2(1228)年4月1日), 内乱

一条実益* いちじょうさねます
弘安7(1284)年～正平8/文和2(1353)年12月11日　鎌倉時代後期～南北朝時代の公卿(参議)。従二位兵部卿藤原公頼の次男。
¶公卿([没]文和2/正平8(1353)年12月11日), 公家(実益〔河鰭家〕　さねます　[没]文和2(1353)年12月11日)

一条実通* いちじょうさねみち
天明8(1788)年8月2日～文化2(1805)年5月25日　江戸時代後期の公家(権中納言)。左大臣・関白一条忠良の子。
¶公卿, 公家(実通〔一条家〕　さねみち)

一条実良* いちじょうさねよし
天保6(1835)年～明治1(1868)年　江戸時代末期の公家(右大臣)。左大臣一条忠香の子。
¶公卿([生]天保6(1835)年2月28日　[没]明治1(1868)年4月24日), 公家(実良〔一条家〕　さねよし　[生]天保6(1835)年2月28日　[没]明治1(1868)年4月24日), 幕末([生]天保6(1835)年2月28日　[没]慶応4(1868)年4月24日)

一条十次郎* いちじょうじゅうじろう
生没年不詳　[別]後藤常(ごとうつね)　江戸時代末期～明治時代の移民。1867年アメリカに移住。
¶幕末(後藤常　ごとうつね)

一条高能* いちじょうたかよし
安元2(1176)年～建久9(1198)年9月17日　[別]藤原高能(ふじわらのたかよし)　平安時代後期～鎌倉時代前期の公卿(参議)。権中納言藤原能保の長男。
¶公卿(藤原高能　ふじわらのたかよし　[生]久安2(1146)年), 公家(高能〔一条家(絶家)〕　たかよし), 古人([生]1179年)

一条忠香* いちじょうただか
文化9(1812)年2月13日～文久3(1863)年11月7日　江戸時代末期の公家(左大臣)。左大臣・関白一条忠良の次男。
¶公卿, 公家(忠香〔一条家〕　ただか), コン, 幕末([没]文久3(1864)年12月17日)

一条忠輔* いちじょうただすけ
生没年不詳　鎌倉時代後期の公卿(非参議)。関白一条実経の四男。
¶公卿, 公家(忠輔〔一条家〕　ただすけ　[生]1253年　[没]?)

一条内政* いちじょうただまさ
弘治3(1557)年～天正8(1580)年　[別]一条内政(いちじょううちまさ)　安土桃山時代の国司。
¶全戦([生]永禄5(1562)年　[没]?)

一条忠良* いちじょうただよし
安永3(1774)年～天保8(1837)年　江戸時代後期の

公家（左大臣・関白）。関白・左大臣一条輝良の子。

¶公卿（[生]安永3（1774）年3月22日　[没]天保8（1837）年6月3日），公家（忠良〔一条家〕　ただよし　[生]安永3（1774）年3月22日　[没]天保8（1837）年6月3日）

一条忠頼* いちじょうただより

？～元暦1（1184）年　[別]武田忠頼（たけだただより），源忠頼（みなもとのただより）　平安時代後期の武将。甲斐源氏の嫡流。

¶古人（武田忠頼　たけだただより），古人（源忠頼　みなもとのただより），中世，内乱，平家

一条経輔* いちじょうつねすけ

生没年不詳　室町時代の公卿（権大納言）。左大臣・関白一条経嗣の長男。

¶公卿，公家（経輔〔一条家〕　つねすけ）

一条経嗣* いちじょうつねつぐ

正平13/延文3（1358）年～応永25（1418）年11月17日　[別]成恩寺関白（じょうおんじかんぱく）　南北朝時代～室町時代の公卿（左大臣・関白）。左大臣・関白一条経通の養子。

¶公卿（[生]延文3/正平13（1358）年），公家（経嗣〔一条家〕　つねつぐ　[生]延文3/正平13（1358）年），コン，室町

一条経通* いちじょうつねみち

文保1（1317）年～正平20/貞治4（1365）年　南北朝時代の公卿（左大臣・関白）。関白一条内経の子。

¶公卿（[没]貞治4/正平20（1365）年3月10日），公家（経通〔一条家〕　つねみち　[没]貞治4（1365）年3月10日）

一条輝良* いちじょうてるよし

宝暦6（1756）年～寛政7（1795）年10月14日　江戸時代中期の公家（関白・左大臣）。左大臣・太政大臣一条道香の子。

¶公卿（[生]宝暦6（1756）年11月7日），公家（輝良〔一条家〕　てるよし　[生]宝暦6（1756）年11月7日）

一条天皇* いちじょうてんのう

天元3（980）年～寛弘8（1011）年　平安時代中期の第66代の天皇（在位986～1011）。

¶古人，コン，天皇（[生]天元3（980）年6月1日　[没]寛弘8（1011）年6月22日），山小（[生]980年6月1日　[没]1011年6月22日）

一条殿局 いちじょうどののつぼね

鎌倉時代前期の女性。後嵯峨天皇の後宮。

¶天皇

一条富子 いちじょうとみこ

⇒恭礼門院（きょうらいもんいん）

一条局*(1) いちじょうのつぼね

生没年不詳　[別]正親町実明女（おおぎまちさねあきのむすめ）　鎌倉時代後期の女性。花園天皇の宮人。後伏見天皇の女房。

¶天皇（正親町実明女　おおぎまちさねあきのむすめ　[生]正安初（1299）年？　[没]正中2（1325）年1月17日）

一条局*(2) いちじょうのつぼね

生没年不詳　鎌倉時代後期～南北朝時代の女性。後宇多天皇、後醍醐天皇の宮人。

¶天皇

一条信竜*（一条信龍） いちじょうのぶたつ

？～天正10（1582）年3月？　戦国時代～安土桃山時代の甲斐武田晴信・勝頼の一族。

¶全戦（一条信龍　[没]天正10（1582）年？），戦武（一条信龍　[生]天文8（1539）年？），武田（[没]天正10（1582）年3月10日）

一条信就* いちじょうのぶなり

？～天正10（1582）年3月　戦国時代～安土桃山時代の甲斐武田晴信・勝頼の一族。

¶武田（[没]天正10（1582）年3月10日）

一条信能* いちじょうのぶよし

*～承久3（1221）年　[別]藤原信能（ふじわらののぶよし，ふじわらのぶよし）　鎌倉時代前期の公卿（参議）。権中納言藤原能保の次男。

¶公卿（藤原信能　ふじわらののぶよし　[生]建久1（1190）年　[没]承久3（1221）年7月），公家（信能〔一条家（絶家）〕　のぶよし　[生]1190年　[没]承久3（1221）年7月5日），古人（[生]1190年？），内乱（[生]？）

一条教輔* いちじょうのりすけ

寛永10（1633）年～宝永4（1707）年　江戸時代前期～中期の公家（右大臣）。摂政・関白一条昭良の長男。

¶公卿（[生]寛永10（1633）年5月2日　[没]宝永4（1707）年1月6日），公家（教輔〔一条家〕　のりすけ　[生]寛永10（1633）年5月2日　[没]宝永4（1707）年1月6日）

一条教房* いちじょうのりふさ

応永30（1423）年～文明12（1480）年　室町時代～戦国時代の公卿（左大臣・関白）。土佐一条家の祖。権大納言一条兼良の長男。

¶公卿（[没]文明12（1480）年10月5日），公家（教房〔一条家〕　のりふさ　[没]文明12（1480）年10月5日），コン，中世，内乱，室町

一条美子 いちじょうはるこ

⇒昭憲皇太后（しょうけんこうたいごう）

一条房家* いちじょうふさいえ

文明7（1475）年～天文8（1539）年　戦国時代の土佐国司・権大納言。左大臣・関白一条教房（土佐一条の祖）次男。

¶公卿（[没]天文8（1539）年11月13日），公家（房家〔土佐一条家（絶家）〕　ふさいえ　[没]天文8（1539）年11月13日）

一条房経* いちじょうふさつね

正平2/貞和3（1347）年～正平21/貞治5（1366）年12月27日　南北朝時代の公卿（権大納言）。左大臣・関白一条経通の次男。

¶公卿（[生]貞和3（1347）年　[没]貞治5/正平21（1366）年12月27日），公家（房経〔一条家〕　ふさつね　[生]貞和3/正平2（1347）年　[没]貞治5（1366）年12月27日）

一条房冬* いちじょうふさふゆ

明応7（1498）年～天文10（1541）年　戦国時代の土佐国司・権中納言。土佐国司・権大納言一条房家の長男。

¶公卿（[生]長享2（1488）年　[没]天文10（1541）年11月6日），公家（房冬〔土佐一条家（絶家）〕　ふさふゆ　[没]天文10（1541）年11月6日）

一条房通* いちじょうふさみち

永正6（1509）年～弘治2（1556）年　戦国時代の公卿（関白・左大臣）。土佐国司・権大納言一条房家の二男。

¶公卿（[没]弘治2（1556）年10月30日），公家（房通〔一条家〕　ふさみち　[没]弘治2（1556）年10月30日），全戦

一条房基* いちじょうふさもと

大永2（1522）年～天文18（1549）年　戦国時代の非参議・土佐国司。土佐国司・権中納言一条房冬の子。

¶公卿（[没]天文18（1549）年4月12日），公家（房基〔土佐一条家（絶家）〕　ふさもと　[没]天文18（1549）年4月12日），全戦，戦武

一条冬実* いちじょうふゆざね
弘安1(1278)年～？　鎌倉時代後期の公卿(権中納言)。左大臣・摂政一条家経の三男。
¶公卿,公家(冬実〔一条家〕　ふゆざね　[没]康永1(1342)年12月25日)

一条冬良 いちじょうふゆよし
⇒一条冬良(いちじょうふゆら)

一条冬良* いちじょうふゆら
寛正5(1464)年～永正11(1514)年3月27日　[別]一条冬良(いちじょうふゆよし),冬良(ふゆよし)　戦国時代の公卿(太政大臣・関白)。権大納言一条兼良の次男。
¶公卿([生]寛政5(1464)年6月25日),公家(冬良〔一条家〕　ふゆよし　[生]寛正5(1464)年6月25日),コン,俳文(冬良　ふゆよし　[生]寛政5(1464)年)

一条政房* いちじょうまさふさ
？～文明1(1469)年　室町時代の公卿(権大納言)。左大臣・関白一条教房の子。
¶公卿([没]文明1(1469)年10月17日),公家(政房〔一条家〕　まさふさ　[没]文明1(1469)年10月17日),内乱([生]文安3(1446)年)

一条道香 いちじょうみちか
⇒一条道香(いちじょうみちよし)

一条道香* いちじょうみちよし
享保7(1722)年10月10日～明和6(1769)年9月5日　[別]一条道香(いちじょうみちか)　江戸時代中期の公家(太政大臣)。関白・太政大臣一条兼香の子。
¶公卿,公家(道香〔一条家〕　みちか)

一条師良 いちじょうもろなが
⇒一条師良(いちじょうもろよし)

一条師良* いちじょうもろよし
正嘉2(1258)年～永仁1(1293)年9月29日　[別]一条師良(いちじょうもろなが)　鎌倉時代後期の公卿(非参議)。関白一条実経の三男。
¶公卿,公家(師良〔一条家〕　もろよし)

一条康政 いちじょうやすまさ
戦国時代の土佐一条氏の家司。
¶全戦(生没年不詳)

一条能清 いちじょうよしきよ
⇒藤原能清(ふじわらのよしきよ)

一条能基* いちじょうよしもと
承久3(1221)年～弘安8(1285)年　[別]藤原能基(ふじわらのよしもと)　鎌倉時代前期～後期の公卿。
¶公卿(藤原能基　ふじわらのよしもと　[生]承久2(1220)年　[没]弘安8(1285)年1月21日),公家(能基〔一条家(絶家)〕　よしもと　[生]1220年　[没]弘安8(1285)年1月21日)

一条能保* いちじょうよしやす
久安3(1147)年～建久8(1197)年　[別]藤原能保(ふじわらのよしやす,ふじわらよしやす)　平安時代後期～鎌倉時代前期の公卿(権中納言)。右大臣藤原俊家の孫。源頼朝の義弟。京都守護。
¶公卿(藤原能保　ふじわらのよしやす　[没]建久8(1197)年10月23日),公家(能保〔一条家(絶家)〕　よしやす　[没]建久8(1197)年10月13日),古人,コン,中世,内乱,平家(藤原能保　ふじわらよしやす),山小([没]1197年10月13日)

一条頼氏 いちじょうよりうじ
⇒藤原頼氏(ふじわらのよりうじ)

市介 いちすけ
安土桃山時代の信濃国安曇郡草深の土豪。仁科氏の被官とみられる。
¶武田(生没年不詳)

市助 いちすけ
安土桃山時代の信濃国筑摩郡井堀・高の土豪。麻績氏の被官とみられる。
¶武田(生没年不詳)

市瀬惟長* いちせこれなが
生没年不詳　江戸時代後期の和算家。
¶数学

市田氏盛* いちだうじもり
生没年不詳　戦国時代の武蔵国衆。
¶後北(氏盛〔市田〕　うじもり)

一田正七郎〔1代〕*(一田庄七郎)　いちだしょうしちろう
？～文政5(1822)年9月23日　江戸時代後期の人形細工師。
¶美工

伊地知季通* いぢちきつう,いじちきつう
文政1(1818)年～明治34(1901)年3月19日　[別]伊地知季通(いじちきつう)　江戸時代末期～明治時代の歴史学者。「旧記雑録」を集大成。
¶幕末(いじちきつう)

伊地知佐衛門尉重貞 いぢちさえもんのじょうしげさだ
⇒桂庵玄樹(けいあんげんじゅ)

伊地知貞馨 いぢちさだか
⇒伊地知貞馨(いじちさだか)

伊地知重興* いぢちしげおき,いじちしげおき
享禄1(1528)年～天正8(1580)年　戦国時代～安土桃山時代の武士。
¶戦武

伊地知季安* いぢちすえやす
天明2(1782)年～慶応3(1867)年8月3日　[別]伊地知季安(いじちすえやす,いじちすえよし)　江戸時代末期の武士、歴史家。薩摩藩士。
¶コン,幕末(いじちすえやす　[生]天明2(1782)年4月11日)

伊知地文大夫* いちぢぶんだゆう
？～天正17(1589)年11月？　戦国時代～安土桃山時代の織田信長の家臣。
¶織田

伊地知正治 いぢちまさはる
⇒伊地知正治(いじちまさはる)

一入子 いちにゅうし
安土桃山時代～江戸時代前期の俳諧作者。
¶俳文(生没年不詳)

一寧 いちねい
⇒一山一寧(いっさんいちねい)

一寧一山 いちねいいっさん
⇒一山一寧(いっさんいちねい)

一井貞政* いちのいさだまさ
？～延元2/建武4(1337)年　鎌倉時代後期～南北朝時代の武将。
¶室町

一井倭文子* いちのいしずこ
天明5(1785)年～嘉永4(1851)年4月　江戸時代後期の女性。歌人。
¶江表(倭文子(京都府)　しずこ　[生]天明4(1784)年),女史

市の川市蔵 いちのかわいちぞう
⇒市川鰕十郎〔1代〕(いちかわえびじゅうろう)

市野真防 いちのさねあき
江戸時代前期～中期の代官。
¶徳代([生]寛永5(1628)年　[没]享保5(1720)年)

市野実次 いちのさねつぐ
江戸時代前期の代官。
¶徳代([生]?　[没]寛永1(1624)年5月18日)

市野実利 いちのさねとし
江戸時代前期の代官。
¶徳代([生]?　[没]延宝4(1676)年6月18日)

市野実久 いちのさねひさ
江戸時代前期の代官。
¶徳代([生]?　[没]元和2(1616)年12月11日)

市野茂喬* いちのしげたか
生没年不詳　江戸時代中期～後期の和算家。
¶数学

市上人 いちのしょうにん
⇒空也(くうや)

市之助 いちのすけ
安土桃山時代の信濃国筑摩郡生野の土豪。塔原海野氏の被官とみられる。
¶武田(生没年不詳)

一ノ瀬要人* いちのせかなめ
天保2(1831)年～明治1(1868)年　江戸時代末期の陸奥会津藩家老。
¶全幕([没]慶応4(1868)年),幕末([没]明治1(1868)年9月22日)

一瀬寛治*(一瀬寛次)　いちのせかんじ
江戸時代末期の新撰組隊士。
¶新隊(一瀬寛次　生没年不詳)

一瀬大蔵* いちのせだいぞう
寛政9(1797)年～安政4(1857)年　江戸時代末期の砲術師範。
¶幕末

一瀬調実* いちのせちょうじつ
承応1(1652)年～享保10(1725)年　[別]調実(ちょうじつ)　江戸時代前期～中期の俳人。
¶俳文(調実　ちょうじつ　[没]享保10(1725)年4月18日)

市野善次郎* いちのぜんじろう
生没年不詳　戦国時代の北条氏の家臣。
¶後北(善次郎〔市野〕　ぜんじろう)

一対局 いちのたいのつぼね
⇒葉室宣子(はむろのぶこ)

市原儀伝太* いちのはらぎでんた
天保5(1834)年～明治33(1900)年　江戸時代末期～明治時代の庄屋。郷勇隊を設立し頭取。
¶幕末([生]大保5(1834)年7月19日　[没]明治33(1900)年6月23日)

市聖 いちのひじり
⇒空也(くうや)

市野秀忠 いちのひでただ
戦国時代～安土桃山時代の駿府の商人。
¶武田(生没年不詳)

市辺押磐皇子 いちのべのおしはおうじ
⇒市辺押磐皇子(いちのべのおしはのみこ)

市辺押羽皇子(市辺押磐皇子)　いちのべのおしはのおうじ
⇒市辺押磐皇子(いちのべのおしはのみこ)

市辺押磐皇子*(市辺押羽皇子，市辺之忍歯王)　いちのべのおしはのみこ，いちのへのおしはのみこ
[別]市辺押磐皇子(いちのへのおしわのみこ，いちのべのおしはおうじ，いちのべのおしはのおうじ，いちのべのおしわのおうじ)，市辺押羽皇子(いちのべのおしはのおうじ)　上代の履中天皇の子。
¶古人(市辺押羽皇子　生没年不詳),古代(市辺押羽皇子),古物(いちのへのおしわのみこ　[生]?　[没]安康天皇3年),コン,天皇(市辺押羽皇子　いちのへのおしはのみこ　[生]?　[没]安康3(456)年10月),天皇(市辺之忍歯王　[生]?　[没]安康天皇3(456)年10月)

市辺押磐皇子 いちのべのおしわのおうじ
⇒市辺押磐皇子(いちのべのおしはのみこ)

市辺押磐皇子 いちのへのおしわのみこ
⇒市辺押磐皇子(いちのべのおしはのみこ)

市野光彦 いちのみつひこ
⇒市野迷庵(いちのめいあん)

一宮 いちのみや
⇒済深入道親王(さいじんにゅうどうしんのう)

一宮有氏 いちのみやありうじ
戦国時代の甲斐都留郡西原の国衆。一宮武田氏の当主。
¶武田(生没年不詳)

一宮右衛門大夫* いちのみやうえもんのたいふ，いちのみやうえもんのだいぶ
?～天正14(1586)年?　戦国時代～安土桃山時代の織田信長の家臣。
¶織田(いちのみやうえもんのだいぶ)

一宮氏忠* いちのみやうじただ
生没年不詳　戦国時代の上野国衆。
¶武田

一宮氏義 いちのみやうじよし
戦国時代の武田氏の家臣。
¶武田(生没年不詳)

一宮道永 いちのみやどうえい
戦国時代の甲斐国都留郡西原国衆。一宮武田氏の当主。
¶武田(生没年不詳)

一宮豊氏* いちのみやとようじ
生没年不詳　戦国時代の上野国衆。
¶武田

一宮長常* いちのみやながつね
享保6(1721)年～天明6(1786)年　江戸時代中期の装剣金工家。京都金工三傑の一人。
¶コン([生]享保7(1722年/1720年/1721)年),美工([生]享保7(1722)年)

市野迷庵*(市野迷菴)　いちのめいあん
明和2(1765)年～文政9(1826)年　[別]市野光彦(いちのみつひこ)　江戸時代中期～後期の儒学、考証

学者。
¶コン, 思想

櫟本才四郎　いちのもとさいしろう
江戸時代前期の興元寺の被官。
¶大坂（[没]慶長20年5月14日）

市橋鎌吉*　いちはしかまきち
？～慶応2（1866）年10月7日　[別]市橋鎌太（いちはしかまた）　江戸時代後期～末期の新撰組隊士。
¶新隊（市橋鎌太　いちはしかまた）

市橋鎌太　いちはしかまた
⇒市橋鎌吉（いちはしかまきち）

市橋源八*　いちはしげんぱち
生没年不詳　安土桃山時代の織田信長の家臣。
¶織田

市橋為則*　いちはしためのり
生没年不詳　安土桃山時代の織田信長の家臣。
¶織田

市橋伝左衛門*　いちはしでんざえもん
生没年不詳　安土桃山時代の織田信長の家臣。
¶織田

市橋長利*　いちはしながとし，いちばしながとし
永正10（1513）年～天正13（1585）年　戦国時代～安土桃山時代の武将。
¶織田（[没]天正13（1585）年3月13日）, 全戦

市橋長義*　いちはしながよし
文政4（1821）年～明治15（1882）年　江戸時代末期～明治時代の仁正寺藩主、西大路藩知事。
¶コン, 幕末（[生]文政4（1821）年5月8日　[没]明治15（1882）年1月17日）

市橋長吉　いちはしながよし
江戸時代前期の幕臣。
¶徳人（[生]？　[没]1647年）

市橋秀松*　いちはしひでまつ
嘉永2（1849）年～？　江戸時代後期～末期の新撰組隊士。
¶新隊

市場通笑*　いちばつうしょう
*～文化9（1812）年　江戸時代中期～後期の戯作者。
¶江人（[生]1739年？）, コン（[生]元文4（1739）年）

市原王*　いちはらおう
生没年不詳　[別]市原王（いちはらのおう，いちはらのおおきみ）　奈良時代の皇族、歌人。
¶古人（[生]？　[没]764年？）, 古代, コン, 日文（いちはらのおおきみ）

市原横歛　いちはらおうかん
安土桃山時代～江戸時代前期の眼科医。
¶眼医（生没年不詳）

市原峴山*　いちはらけんざん
文政9（1826）年～明治42（1909）年　江戸時代末期～明治時代の陶工。能茶山焼を広める。
¶幕末（[生]文政9（1826）年6月6日　[没]明治42（1909）年7月18日）, 美工（[生]文政9（1826）年6月6日　[没]明治42（1909）年7月18日）

一原源之丞　いちはらげんのじょう
眼科医。
¶眼医（生没年不詳）

市原獷歛　いちはらこうかん
眼科医。
¶眼医（生没年不詳）

市原光蓮　いちはらこうれん
眼科医。
¶眼医（生没年不詳）

市原定直*　いちはらさだなお
弘化4（1847）年～明治42（1909）年　江戸時代末期～明治時代の足軽、陶工、実業家。自由民権運動に参加。高知銀行頭取。
¶幕末（[没]明治42（1909）年10月）, 美工（[没]明治42（1909）年10月）

市原多代　いちはらたよ
⇒多代女（たよじょ）

市原たよ女（市原多代女）　いちはらたよじょ
⇒多代女（たよじょ）

市原たよ女（市原多代女）　いちはらたよめ
⇒多代女（たよじょ）

市原王　いちはらのおう
⇒市原王（いちはらおう）

市原王　いちはらのおおきみ
⇒市原王（いちはらおう）

市原又次郎*　いちはらまたじろう
弘化2（1845）年～大正12（1923）年　江戸時代末期～明治時代の自由民権運動家。
¶幕末（[没]大正12（1923）年4月17日）

市原弥惣左衛門　いちはらやそざえもん
江戸時代中期の眼科医。
¶眼医（生没年不詳）

一樋作兵衛*　いちひさくべえ
天保8（1837）年～明治28（1895）年　江戸時代末期～明治時代の軍人。堺区長、堺市長などを歴任。
¶幕末（[没]明治28（1895）年3月16日）

一美女　いちびじょ★
江戸時代後期の女性。俳諧。文化7年跋、今日庵一峨編『何袋』に載る。
¶江表（一美女（東京都））

市聖　いちひじり
⇒空也（くうや）

市姫*　いちひめ
慶長12（1607）年1月1日～慶長15（1610）年2月12日　[別]一照院（いっしょういん）　江戸時代前期の女性。徳川家康の5女、英勝院の娘。
¶徳将（一照院　いっしょういん）

市乾鹿文　いちふかや
⇒市乾鹿文・市鹿文（いちふかや・いちかや）

市乾鹿文・市鹿文*　いちふかや・いちかや
[別]市鹿文（いちかや），市乾鹿文（いちふかや）　上代の女性（姉妹）。熊襲梟師の娘。
¶古代（市乾鹿文　いちふかや）, コン

一甫の娘　いちほのむすめ★
江戸時代中期の女性。俳諧。今田村の人。熊本の俳人風斜が明和3年編んだ「蛍塚集」に載る。
¶江表（一甫の娘（熊本県））

一万田鑑実* (一萬田鑑実)　いちまだあきざね
？～天正16(1588)年　[別]一万田宗慶(いちまだそうけい)　安土桃山時代の武士。
¶全戦(一萬田鑑実), 戦武

一万田宗慶　いちまだそうけい
⇒一万田鑑実(いちまだあきざね)

一松　いちまつ★
江戸時代中期の女性。俳諧。生地の人。享保8年刊、支考門の山隣編『獅子物狂』に載る。
¶江表(一松(富山県))

市松(1)　いちまつ
⇒佐野川市松〔1代〕(さのがわいちまつ)

市松(2)　いちまつ
⇒佐野川市松〔2代〕(さのがわいちまつ)

市丸　いちまる
⇒市川荒五郎〔1代〕(いちかわあらごろう)

一幡*　いちまん
建久9(1198)年～建仁3(1203)年　[別]源一幡(みなもとのいちまん)　鎌倉時代前期の鎌倉幕府2代将軍源頼家の子。
¶中世([生]1197年), 山小([没]1203年9月2日)

一夢　いちむ★
江戸時代後期の女性。俳諧。駿河台住の戸田氏の母。嘉永6年序、五梅庵舎用ほか編『俳諧内人名録』に載る。
¶江表(一夢(東京都))

市村市蔵　いちむらいちぞう
⇒中村翫雀〔2代〕(なかむらがんじゃく)

市村羽左衛門*　いちむらうざえもん
世襲名　江戸時代前期の歌舞伎の座主名。
¶江人

市村羽左衛門〔1代〕　いちむらうざえもん
⇒村山又三郎〔1代〕(むらやままたさぶろう)

市村羽左衛門〔2代〕*　いちむらうざえもん
元和8(1622)年～承応1(1652)年　江戸時代前期の歌舞伎役者。
¶歌大([生]?　[没]慶安5(1652)年8月2日)

市村羽左衛門〔座元2代〕　いちむらうざえもん
⇒村山平右衛門〔3代〕(むらやまへいえもん)

市村羽左衛門〔3代〕* (一村宇左衛門, 市村卯左衛門)　いちむらうざえもん
？～貞享3(1686)年　[別]市村竹之丞〔1代〕(いちむらたけのじょう)　江戸時代前期の歌舞伎座本。寛永18年～寛文4年頃に活躍。
¶歌大([生]寛永5(1628)年　[没]貞享3(1686)年7月24日), 新歌(──〔3世・名義初世〕)

市村羽左衛門〔4代〕*　いちむらうざえもん
*～享保3(1718)年　[別]市村竹之丞〔1代〕(いちむらたけのじょう), 沢井弁之助(さわいべんのすけ)　江戸時代前期の歌舞伎役者、歌舞伎座本。寛文1年～延宝7年頃に活躍。
¶歌大([生]承応3(1654)年　[没]享保3(1718)年10月10日), 歌大(市村竹之丞〔1代〕　いちむらたけのじょう　[生]承応3(1654)年　[没]享保3(1718)年10月10日), コン(市村竹之丞〔1代〕　いちむらたけのじょう　[生]承応3(1654)年), 新歌(──〔4世〕　[生]1654年?), 新歌(市村竹之丞〔1世〕　いちむらたけのじょう　[生]1654年?)

市村羽左衛門〔5代〕*　いちむらうざえもん
*～元禄4(1691)年　[別]市村竹松〔1代〕(いちむらたけまつ), 市村若太夫〔1代〕(いちむらわかだゆう)　江戸時代前期～中期の歌舞伎座主。延宝3年～貞享1年頃に活躍。
¶歌大([生]?　[没]元禄4(1691)年8月8日), 新歌(──〔5世・名義2世〕　[生]?)

市村羽左衛門〔6代〕*　いちむらうざえもん
延宝8(1680)年～貞享3(1686)年　[別]市村竹之丞〔3代〕(いちむらたけのじょう)　江戸時代中期の歌舞伎役者。
¶歌大([没]貞享3(1686)年11月24日), 新歌(──〔6世〕)

市村羽左衛門〔7代〕*　いちむらうざえもん
天和1(1681)年～元禄11(1698)年　[別]市村長太郎(いちむらちょうたろう)　江戸時代中期の歌舞伎座本。貞享3年～元禄11年頃に活躍。
¶歌大([没]元禄11(1698)年4月12日), 新歌(──〔7世〕)

市村羽左衛門〔8代〕*　いちむらうざえもん
元禄11(1698)年～宝暦12(1762)年　[別]市村竹之丞〔4代〕(いちむらたけのじょう), 何江(かこう), 橘中庵(きっちゅうあん)　江戸時代中期の歌舞伎役者、歌舞伎座本。元禄16年～宝暦12年頃に活躍。
¶浮絵, 歌大([没]宝暦12(1762)年5月6日), 新歌(──〔8世・名義3世〕)

市村羽左衛門〔9代〕*　いちむらうざえもん
享保10(1725)年～天明5(1785)年　[別]市村亀蔵〔1代〕(いちむらかめぞう), 市村満蔵(いちむらまんぞう), 家橘(かきつ)　江戸時代中期の歌舞伎役者、歌舞伎座本。享保16年～天明5年頃に活躍。
¶浮絵, 歌大([没]天明5(1785)年8月25日), 新歌(──〔9世・名義4世〕)

市村羽左衛門〔10代〕*　いちむらうざえもん
寛延1(1748)年～寛政11(1799)年　[別]市村亀蔵〔2代〕(いちむらかめぞう), 市村七十郎(いちむらしちじゅうろう), 亀全(きぜん)　江戸時代中期の歌舞伎役者、歌舞伎座本。宝暦12年～寛政5年頃に活躍。
¶歌大, 新歌(──〔10世・名義5世〕)

市村羽左衛門〔11代〕*　いちむらうざえもん
寛政3(1791)年～文政3(1820)年　[別]市村万次郎〔1代〕(いちむらまんじろう), 家橘(かきつ)　江戸時代後期の歌舞伎役者、歌舞伎座本。寛政5年～文政3年頃に活躍。
¶歌大([没]文政3(1820)年7月11日), 新歌(──〔11世・名義6世〕)

市村羽左衛門〔12代〕*　いちむらうざえもん
文化9(1812)年～嘉永4(1851)年　[別]市村亀之助(いちむらかめのすけ), 市村竹之丞〔5代〕(いちむらたけのじょう), 市村豊松(いちむらとよまつ), 家橘(かきつ)　江戸時代末期の歌舞伎役者、歌舞伎座本。文政1年～嘉永4年頃に活躍。
¶浮絵, 歌大([没]嘉永4(1851)年8月20日), 新歌(──〔12世・名義7世〕)

市村羽左衛門〔13代・名義8代〕　いちむらうざえもん
⇒尾上菊五郎〔5代〕(おのえきくごろう)

市村羽左衛門〔14代〕*　いちむらうざえもん
*～明治26(1893)年　[別]坂東家橘(ばんどうかきつ)　江戸時代末期～明治時代の歌舞伎役者。13代市村羽左衛門の弟で、座元の地位を失う。
¶浮絵([生]弘化4(1847)年), 歌大([生]弘化4(1847)年12

月18日〔图明治26（1893）年3月18日〕，新歌（——〔14世・名義9世〕 图1847年）

市村家橘〔4代〕 いちむらかきつ
⇒尾上菊五郎〔5代〕（おのえきくごろう）

市村亀蔵〔1代〕 いちむらかめぞう
⇒市村羽左衛門〔9代〕（いちむらうざえもん）

市村亀蔵〔2代〕 いちむらかめぞう
⇒市村羽左衛門〔10代〕（いちむらうざえもん）

市村亀之助 いちむらかめのすけ
⇒市村羽左衛門〔12代〕（いちむらうざえもん）

市村吉五郎〔1代〕 いちむらきちごろう
⇒坂東彦三郎〔3代〕（ばんどうひこさぶろう）

市村九郎右衛門〔2代〕 いちむらくろうえもん
⇒尾上菊五郎〔5代〕（おのえきくごろう）

市村七十郎 いちむらしちじゅうろう
⇒市村羽左衛門〔10代〕（いちむらうざえもん）

市村竹之丞〔1代〕(1) いちむらたけのじょう
⇒市村羽左衛門〔3代〕（いちむらうざえもん）

市村竹之丞〔1代〕(2) いちむらたけのじょう
⇒市村羽左衛門〔4代〕（いちむらうざえもん）

市村竹之丞〔3代〕 いちむらたけのじょう
⇒市村羽左衛門〔6代〕（いちむらうざえもん）

市村竹之丞〔4代〕 いちむらたけのじょう
⇒市村羽左衛門〔8代〕（いちむらうざえもん）

市村竹之丞〔5代〕 いちむらたけのじょう
⇒市村羽左衛門〔12代〕（いちむらうざえもん）

市村竹松〔1代〕 いちむらたけまつ
⇒市村羽左衛門〔5代〕（いちむらうざえもん）

市村辰之助* いちむらたつのすけ
？～明治5（1872）年2月7日　江戸時代後期～明治時代の新撰組隊士。
¶新隊, 幕末

市村長太郎 いちむらちょうたろう
⇒市村羽左衛門〔7代〕（いちむらうざえもん）

市村鉄之助* いちむらてつのすけ
嘉永7（1854）年～*　江戸時代末期～明治時代の新撰組隊士。
¶新隊（图安政1（1854）年　图明治5（1872）年11月16日），全幕（图安政1（1854）年　图？），幕末（图安政1（1854）年　图？）

市村敏麿* いちむらとしまろ
天保10（1839）年～大正7（1918）年　江戸時代末期～明治時代の伊予宇和島藩士。
¶幕末（图天保10（1839）年2月15日　图大正7（1918）年5月29日）

市村友次郎* いちむらともじろう
嘉永1（1848）年～大正10（1921）年　江戸時代末期～大正時代の津山藩士、勤王家。外山愛宕事件に連座。
¶幕末（图大正10（1921）年2月15日）

市村豊松 いちむらとよまつ
⇒市村羽左衛門〔12代〕（いちむらうざえもん）

市村万次郎〔1代〕 いちむらまんじろう
⇒市村羽左衛門〔11代〕（いちむらうざえもん）

市村満蔵 いちむらまんぞう
⇒市村羽左衛門〔9代〕（いちむらうざえもん）

市村若太夫〔1代〕 いちむらわかだゆう
⇒市村羽左衛門〔5代〕（いちむらうざえもん）

市女 いちめ*
江戸時代後期の女性。和歌。久保田町の大野喜左衛門の妻。文化15年序、秋田藩士山方泰通編「月花集」に載る。
¶江表（市女（秋田県））

一文字則宗 いちもんじのりむね
⇒則宗（のりむね）

いちや
江戸時代前期の女性。豊臣秀頼の勘定頭役矢野五左衛門の母。大蔵卿衆。
¶大坂（图慶長20年5月8日）

一柳幾三郎 いちやなぎいくさぶろう
江戸時代末期～大正時代の宮大工。
¶美建（图安政2（1855）年　图大正12（1923）年）

市山七十郎 いちやましちじゅうろう
世襲名　江戸時代中期以降の舞踊市山流家元、劇場振付師。
¶歌大

市山七蔵 いちやましちぞう
⇒瀬川如皐〔1代〕（せがわじょこう）

市山七之助 いちやましちのすけ
⇒瀬川菊之丞〔3代〕（せがわきくのじょう）

市山助五郎〔1代〕* いちやますけごろう
元禄5（1692）年～延享4（1747）年　图市川喜世太（いちかわきよた），市川喜世太郎（いちかわきよたろう），市川又太郎（いちかわまたたろう），風切忠之助（かざぎりただのすけ），風切辰之助（かざぎりたつのすけ），榊山助五郎（さかきやますけごろう），志山（しざん），出来島喜代三郎（できじまきよさぶろう）　江戸時代中期の歌舞伎役者、歌舞伎作者、歌舞伎座本。元禄13年～延享2年頃に活躍。
¶歌大（图延享4（1747）年5月10日）

市山富三郎 いちやまとみさぶろう
⇒瀬川菊之丞〔3代〕（せがわきくのじょう）

惟中 いちゅう
⇒岡西惟中（おかにしいちゅう）

一雄 いちゅう
⇒福森久助〔1代〕（ふくもりきゅうすけ）

惟忠通恕* いちゅうつうじょ
正平4/貞和5（1349）年～永享1（1429）年9月25日　图通恕（つうじょ）　室町時代の臨済宗の僧。
¶コン

市雪 いちゆき*
江戸時代中期の女性。俳諧。京都の人。明和8年刊、佐々木泉明編「一人一首短冊篇」乾に載る。
¶江表（市雪（京都府））

一代 いちよ*
江戸時代後期の女性。俳諧。周防三田尻の人。花の浦の俳人聴濤舎只吹が文化13年に刊行した『つたふかせ』に載る。
¶江表（一代（山口県））

一葉　いちよう★
江戸時代後期の女性。川柳。天保6年版、四世川柳撰『誹風狂句百人集』(歌川国直画)に載る。
¶江表(一葉(東京都))

鴨脚昭子*　いちょうあきこ
生没年不詳　江戸時代末期の命婦。「鴨脚昭子日記」を著す。
¶江表(昭子(京都府))

鴨脚和泉*　いちよういずみ，いちょういずみ
文政3(1820)年〜？　[別]鴨脚光興(いちょうみつおき)　江戸時代末期の非蔵人。
¶幕末(いちょういずみ　[生]文政3(1820)年4月6日)

鴨脚加賀　いちょうかが，いちようかが
⇒鴨脚光長(いちようみつなが)

鴨脚克子*　いちょうかつこ
文化13(1816)年〜明治16(1883)年10月5日　江戸時代末期〜明治時代の女官。孝明天皇の女官。和宮付けとなり、和宮の輿入れに随って江戸に下向。
¶幕末([生]文化13(1816)年2月)

鴨脚下総*　いちようしもうさ，いちょうしもうさ
天保14(1843)年〜？　江戸時代末期〜明治時代の非蔵人。
¶幕末(いちょうしもうさ)

一葉女(1)　いちようじょ★
江戸時代後期の女性。俳諧。江戸後期の人。
¶江表(一葉女(栃木県))

一葉女(2)　いちようじょ★
江戸時代後期の女性。俳諧。詫間の人。丸亀の弘化4年に没した藤井茂椎門。
¶江表(一葉女(香川県))

一陽井素外　いちようせいそがい
⇒谷素外(たにそがい)

一養亭芳滝　いちようていほうりゅう
天保12(1841)年〜明治32(1899)年　[別]一養亭芳滝(いちようていよしたき)　江戸時代末期〜明治時代の画家。
¶浮絵(いちようていよしたき)，歌大([生]天保12(1841)年2月22日　[没]明治32(1899)年6月28日)

鴨脚光興　いちょうみつおき
⇒鴨脚和泉(いちよういずみ)

鴨脚光長*　いちようみつなが
文政9(1826)年〜？　[別]鴨脚加賀(いちょうかが，いちようかが)　江戸時代末期の非蔵人。尊攘運動家。
¶幕末(鴨脚加賀　いちょうかが　[生]文政9(1826)年4月10日)

一来*　いちらい
長寛2(1164)年〜治承4(1180)年　[別]一来法師(いちらいほうし)　平安時代後期の僧。
¶平家(一来法師　いちらいほうし　[生]？)

一来法師　いちらいほうし
⇒一来(いちらい)

一楽　いちらく★
江戸時代末期の女性。活花。増田氏。文久3年刊『文久文雅人名録』に載る。
¶江表(一楽(東京都))

一楽女　いちらくじょ★
江戸時代の女性。俳諧。相模厚木の人。明治2年刊、月の本為山編『葛三・雉啄・宇山追悼句集』に載る。
¶江表(一楽女(神奈川県))

一楽亭栄水　いちらくていえいすい
⇒栄水(えいすい)

一嵐　いちらん★
江戸時代後期の女性。俳諧。長門長府の人か。文化8年春、田上菊舎が京都に上る際の餞別句が「鶯の舎」に載る。
¶江表(一嵐(山口県))

一竜斎貞山　いちりゅうさいていざん
世襲名　江戸時代の講釈師。8代を数える。江戸時代に活躍したのは初代。
¶江人

一竜斎貞山〔1代〕*　いちりゅうさいていざん
？〜安政2(1855)年　江戸時代後期の講釈師。錦城斎典山の門弟。
¶コン(——〔1世〕)

一竜斎貞山〔2代〕*　いちりゅうさいていざん
天保10(1839)年〜明治7(1874)年　江戸時代末期〜明治時代の講談師。
¶コン(——〔2世〕)

一竜斎貞山〔3代〕*　いちりゅうさいていざん
天保6(1835)年〜明治22(1889)年　江戸時代末期〜明治時代の講談師。2代の門人で「義士伝」を得意とした。
¶コン(——〔3世〕)

一立斎広重　いちりゅうさいひろしげ
⇒歌川広重〔1代〕(うたがわひろしげ)

一礼*　いちれい
生没年不詳　江戸時代前期〜中期の俳人。
¶俳文

一鷺　いちろ
江戸時代中期の俳諧作者。
¶俳文([生]？　[没]享保15(1730)年8月9日)

一路　いちろ★
江戸時代後期の女性。俳諧。長門徳地の人。文政3年、田上菊舎68歳の長府での俳諧記録「かゞみもち」に載る。
¶江表(一路(山口県))

一路女　いちろじょ★
江戸時代中期の女性。俳諧。酒田の人。明和3年刊、酒田の久松淇水編『袖の浦』に載る。
¶江表(一路女(山形県))

壱和*　いちわ
寛平2(890)年〜康保4(967)年　平安時代中期の法相宗の僧。
¶古人

市若*　いちわか
生没年不詳　安土桃山時代の織田信長の家臣。
¶織田

いつ(1)
江戸時代後期〜末期の女性。和歌。長崎の歌人木谷与一右衛門忠英の娘。
¶江表(いつ(長崎県)　[生]文化3(1806)年　[没]安政6(1859)年)

い

いつ(2)
江戸時代末期の女性。教育。下総諸徳持村の名主で、大原幽学門の菅谷又左衛門の妻。
¶江表(いつ(千葉県)　[没]慶応4(1868)年)

いつ(3)
江戸時代末期の女性。国学。林駒蔵の妻。安政6年跋、淡路の高階惟昌編『国学人物志』初に名が載る。
¶江表(いつ(徳島県))

いつ・逸
江戸時代後期〜明治時代の女性。機織。関ヶ原の戦い後、八丈島に流された宇喜多秀家の末裔大賀郷村の百姓沖山栄右衛門の娘。
¶江表(いつ・逸(東京都)　[没]明治8(1875)年)

イツ
江戸時代後期の女性。教育。熊本藩士中村氏の家族。日奈久村で天保5年、寺子屋を開業する。
¶江表(イツ(熊本県))

逸(1)　**いつ**★
江戸時代中期の女性。旅日記。京都の小磯平左衛門の娘。明和8年、仕えていた前右大臣花山院常雅の娘敬子が松前藩に嫁ぐのに随行した。
¶江表(逸(大阪府))

逸(2)　**いつ**★
江戸時代末期の女性。和歌。仙台藩士で儒者田辺氏の娘。慶応2年序、日野資始編『宮城百人一首遺稿』に載る。
¶江表(逸(宮城県))

逸淵　**いつえん**
⇒児玉逸淵(こだまいつえん)

一華　**いっか**
⇒文英(ぶんえい)

一海*　**いっかい**
永久4(1116)年〜治承3(1179)年9月26日　平安時代後期の真言宗の僧。
¶古人,密教([没]1179年9月26日)

猪使子首　**いつかいのこおびと**
飛鳥時代の武人。百済の役に従軍し唐軍に捕らえられ奴卑とされたが、後に帰朝。
¶古人(生没年不詳)

一覚*　**いっかく**
生没年不詳　戦国時代の時宗の僧・連歌作者。
¶俳文

一河斎　**いっかさい**
⇒津打治兵衛〔3代〕(つうちじへえ)

一何斎鈍通　**いっかさいどんつう**
⇒津打治兵衛〔3代〕(つうちじへえ)

一架女　**いつかじょ**
江戸時代後期の女性。俳諧。須賀川の人。弘化期頃刊『あきの空戻』に載る。
¶江表(一架女(福島県))

一方井快孝*　**いっかたいかいこう**
天保10(1839)年〜明治7(1874)年　江戸時代末期〜明治時代の修験者。修験道の再興に奔走。
¶幕末([没]明治7(1874)年5月30日)

一華文英　**いっかぶんえい**
⇒文英(ぶんえい)

一官*　**いっかん**
生没年不詳　江戸時代前期の陶工。
¶美工

一閑　**いっかん**
⇒飛来一閑(ひらいいっかん)

壱叶　**いっかん**
安土桃山時代の女性。池田長門守の娘とされ、室賀信俊に嫁いだ。
¶武田([生]?　[没]慶長6(1601)年12月5日?)

一鬼　**いっき**
⇒山中平十郎〔3代〕(やまなかへいじゅうろう)

いつき
江戸時代中期の女性。俳諧。安芸宮島の遊女。元禄6年刊、北条団水編『くやみ草』に載る。
¶江表(いつき(広島県))

斎静斎*　**いつきせいさい**
享保14(1729)年〜安永7(1778)年1月8日　[別]斎宮静斎(いつきみやせいさい),斎必簡(さいひっかん)　江戸時代中期の儒学者。
¶思想

斎宮局*　**いつきのみやのつぼね**
*〜宝永7(1710)年　[別]本光院(ほんこういん)　江戸時代中期の女性。6代将軍徳川家宣の側室。
¶徳将(本光院　ほんこういん　[生]?)

斎宮の女御　**いつきのみやのにょうご**
⇒斎宮女御(さいぐうのにょうご)

斎宮静斎　**いつきみやせいさい**
⇒斎静斎(いつきせいさい)

一休　**いっきゅう**
⇒一休宗純(いっきゅうそうじゅん)

一休宗純*　**いっきゅうそうじゅん**
応永1(1394)年〜文明13(1481)年　[別]一休(いっきゅう),宗純(しゅうじゅん,そうじゅん)　室町時代の臨済宗の僧。
¶コン,詩作(一休　いっきゅう　[生]応永1(1394)年1月1日　[没]文明13(1481)年11月21日),思想,天皇(一休　いっきゅう),中世,内乱,日文,室町,山小([没]1481年11月21日)

一京女　**いっきょうじょ**★
江戸時代後期の女性。生花。中楯氏。嘉永3年から松桐庵一司が門弟の作品を編集した『挿花蝶乃友』に載る。
¶江表(一京女(山梨県))

一琴　**いっきん**★
江戸時代末期の女性。漢詩・書。儒学者海野宥斎の妻、琴。安政7年刊『安政文雅人名録』に載る。
¶江表(一琴(東京都))

一九　**いっく**
⇒十返舎一九(じっぺんしゃいっく)

一空*　**いっくう**
宝永6(1709)年〜享保15(1730)年　江戸時代中期の陶工(玉水焼の2代目)。
¶美工

一栗兵部*　**いっくりひょうぶ**
江戸時代前期の武将。最上氏家臣。
¶全戦(生没年不詳)

いつしき

一慶 いっけい
⇒雲章一慶（うんしょういっけい）

一景 いっけい*
江戸時代末期の女性。画。画家一丘の娘、藤衛女。
¶江表〈一景（東京都）〉

一渓庵市井 いっけいあんいっせい
⇒感和亭鬼武（かんわていおにたけ）

一華文英 いっけぶんえい
⇒文英（ぶんえい）

逸巌理秀 いつげんりしゅう
⇒理秀女王（りしゅうにょおう）

以都子 いつこ
江戸時代後期の女性。和歌。石見津和野の中村安由の娘。文政6年成立、中村安由編「柿葉集」に載る。
¶江表〈以都子（島根県）〉

溢子 いつこ
江戸時代中期の女性。和歌・書簡。摂関家一条道香の娘。
¶江表〈溢子（茨城県）　㋐宝暦2（1752）年　㋣天明1（1781）年〉

逸子(1) いつこ*
江戸時代後期の女性。和歌。石見津和野藩家老布施三郎右衛門久道の妻。文化11年刊、津和野藩士中山忠雄・河田正致編『柿本社奉納和歌集』に載る。
¶江表〈逸子（島根県）〉

逸子(2) いつこ*
江戸時代後期の女性。和歌。布施氏。嘉永4年刊、周防宮市松崎天満宮社司で国学者鈴木高鞆編『類題玉石集』上に載る。
¶江表〈逸子（山口県）〉

逸子(3) いつこ*
江戸時代末期の女性。和歌。伊勢白子の寺村氏。文久1年序、佐々木弘綱編『類題千船集』二・上に載る。
¶江表〈逸子（三重県）〉

逸子(4) いつこ*
江戸時代末期の女性。和歌。豊前猿渡村田口三平の母。万延1年序、物集高世編『類題春草集』二に載る。
¶江表〈逸子（大分県）〉

一光 いっこう
⇒三桝大五郎〔1代〕（みますだいごろう）

一口（一幸） いっこう
⇒姉川新四郎〔3代〕（あねかわしんしろう）

一紅(1) いっこう*
江戸時代後期の女性。俳諧。八幡の人。寛政9年刊、好文軒耕淵編『宵の春』に載る。
¶江表〈一紅（長野県）〉

一紅(2) いっこう*
江戸時代後期の女性。俳諧。周防地家室の人。文化年頃、翠瀾亭風静撰『行小春集』に載る。
¶江表〈一紅（山口県）〉

一紅(3) いっこう
⇒羽鳥一紅（はとりいっこう）

一高 いっこう
⇒金子吉左衛門（かねこきちざえもん）

乙孝 いつこう
⇒乙孝（おとたか）

一茶 いっさ
⇒小林一茶（こばやしいっさ）

佚斎樗山 いっさいちょざん
万治2（1659）年～寛保1（1741）年　㋟樗山（ちょざん）　江戸時代前期～中期の談義本作者。
¶思想

一山一寧* いっさんいちねい
モンゴル・定宗2（1247）年～文保1（1317）年　㋟一山一寧（いちざんいちねい），一寧（いちねい），一寧一山（いちねいいっさん），寧一山（ねいいっさん）　鎌倉時代後期の日本に来た元の僧、南禅寺住持。
¶コン（㋐宝治1（1247）年），思想（㋐南宋淳祐7/宝治1（1247）年），対外,中世,日文（いちさんいちねい・いっさんいちねい）（㋐宝治1（1247）年），山小（㋑1317年10月24日）

一枝 いっし
⇒中山南枝〔2代〕（なかやまなんし）

一糸(1) いっし*
江戸時代後期の女性。俳諧。一関の人。文化期頃の人。
¶江表〈一糸（岩手県）〉

一糸(2) いっし
⇒一糸文守（いっしぶんしゅ）

一之*(1) いっし
？～応永1（1394）年　室町時代の画僧。
¶美画

一之*(2) いっし
文政3（1820）年～明治17（1884）年　江戸時代後期～明治時代の俳人。
¶俳文（㋐文政4（1821）年　㋑明治17（1884）年9月）

逸志 いっし，いつし
⇒笠家逸志（かさやいっし）

一色詮範 いっしきあきのり
？～応永13（1406）年　室町時代の武将、侍所頭人。
¶コン，内乱（㋐暦応3（1340）年？），室町

一色氏久* いっしきうじひさ
生没年不詳　安土桃山時代の武将。足利氏家臣。
¶後北（氏久〔一色〕うじひさ）

一色沖之丞* いっしきおきのじょう
文政12（1829）年～明治34（1901）年　江戸時代末期～明治時代の実業家。茨城県最初の国立銀行、第五十国立銀行頭取。
¶幕末（㋑明治34（1901）年7月27日）

一色儀十郎* いっしきぎじゅうろう
文政1（1818）年～明治12（1879）年　江戸時代末期～明治時代の庄屋。松山藩に大可賀海岸の干拓、新田造成を出願。
¶幕末（㋑明治12（1879）年6月24日）

一色須賀* いっしきすが
天保9（1838）年4月26日～昭和4（1929）年　江戸時代末期～昭和時代の女性。15代将軍徳川慶喜の側室。
¶徳将

一色助左衛門　いっしきすけざえもん
安土桃山時代～江戸時代前期の武士。大坂の陣で籠城。
¶大坂

一色善之助*（一色善之丞）　いっしきぜんのすけ
江戸時代末期の新撰組隊士。
¶新隊（一色善之丞　生没年不詳）

一色直温　いっしきちょくおん
⇒一色直温（いっしきなおあつ）

一色直休　いっしきちょくきゅう
⇒一色直休（いっしきなおよし）

一色直温*　いっしきなおあつ
文化14（1817）年？～？　[別]一色直温（いっしきちょくおん）　江戸時代後期の幕臣。
¶コン（[生]文政2（1819）年），徳人（いっしきちょくおん　[生]1819年），幕末（[生]文化14（1817）年　[没]明治24（1891）年12月30日）

一色直氏*　いっしきなおうじ
生没年不詳　南北朝時代の武将。九州探題。
¶室町

一色直兼　いっしきなおかね
室町時代の武士。
¶内乱（[生]？　[没]永享10（1438）年）

一色直為　いっしきなおため
江戸時代前期の代官。
¶徳代（[生]？　[没]明暦3（1657）年12月18日）

一色直朝*　いっしきなおとも
？～慶長2（1597）年　安土桃山時代の武将。足利氏家臣。
¶後北（直朝〔一色〕　なおとも　[没]慶長2年11月14日）

一色直正　いっしきなおまさ
江戸時代前期の代官。
¶徳代（[生]？　[没]寛文2（1662）年3月27日）

一色直休*　いっしきなおよし
？～安政2（1855）年　[別]一色直休（いっしきちょくきゅう）　江戸時代末期の幕臣。
¶徳人（いっしきちょくきゅう），幕末（[没]安政2（1855）年8月27日）

一色中務大輔　いっしきなかつかさのだいぶ
安土桃山時代の古河公方足利義氏の家臣。
¶後北（中務大輔〔一色〕　なかつかさのだいぶ）

一色範氏*　いっしきのりうじ
？～正平24/応安2（1369）年　南北朝時代の武将、九州探題。
¶コン（生没年不詳），中世，内乱（[没]応安2（1369）年？），室町，山小（[没]1369年2月18日）

一色範勝*　いっしきのりかつ
生没年不詳　江戸時代前期の武士。
¶徳人（[生]1581年　[没]1633年）

一色教親*　いっしきのりちか
応永26（1419）年～宝徳3（1451）年　室町時代の武将、侍所頭人。
¶コン（[生]？），室町

一色範親　いっしきのりちか
江戸時代前期の幕臣。
¶徳人（[生]1609年　[没]1650年）

一色範光*　いっしきのりみつ
正中2（1325）年～元中5/嘉慶2（1388）年　南北朝時代の武将。
¶内乱（[没]嘉慶2（1388）年），室町（[生]正中1（1324）年）

一色半左衛門*　いっしきはんざえもん
文政1（1818）年？～？　江戸時代後期の幕臣。
¶幕末

一色藤長*　いっしきふじなが
？～慶長1（1596）年　安土桃山時代の武将、足利義昭の近習。
¶全戦（[没]慶長5（1600）年），戦武（[没]慶長1（1596）年？）

一色政沆　いっしきまさひろ
江戸時代中期の幕臣。
¶徳人（[生]1690年　[没]1770年）

一色満信　いっしきみつのぶ
⇒一色義定（いっしきよしさだ）

一色満範*　いっしきみつのり
？～応永16（1409）年　南北朝時代～室町時代の武将、丹後守護。
¶コン，内乱（[生]応安1（1368）年），室町

一色義清*　いっしきよしきよ
？～天正10（1582）年　安土桃山時代の武将。
¶戦武（[生]天文4（1535）年），室町

一色義定*　いっしきよしさだ
[別]一色満信（いっしきみつのぶ），一色義俊（いっしきよしとし）　安土桃山時代の武将。
¶織田（一色満信　いっしきみつのぶ　[生]？　[没]天正10（1582）年9月8日？），戦武（[生]永禄1（1558）年　[没]天正10（1582）年）

一色義貫*　いっしきよしつら
応永7（1400）年～永享12（1440）年　[別]一色義範（いっしきよしのり）　室町時代の武将、侍所頭人。
¶コン（[生]？），中世，内乱，室町

一色義俊　いっしきよしとし
⇒一色義定（いっしきよしさだ）

一色義直*　いっしきよしなお
？～明応7（1498）年　室町時代～戦国時代の武将。
¶中世（[生]1428年　[没]？），内乱（[生]永享3（1431）年），室町

一色義範　いっしきよしのり
⇒一色義貫（いっしきよしつら）

一色義道*　いっしきよしみち
？～天正7（1579）年　戦国時代～安土桃山時代の国主。
¶織田（[没]天正7（1579）年1月？），戦武（[生]天文2（1533）年）

一色義幸　いっしきよしゆき
戦国時代の武将。
¶戦武（生没年不詳）

一糸文守*　いっしぶんしゅ
慶長13（1608）年～正保3（1646）年3月19日　[別]一糸（いっし），一糸文守（いっしもんしゅ，いっしもんじゅ），仏頂国師（ぶっちょうこくし），文守（もんじゅ）　江戸時代前期の臨済宗の僧。
¶コン（いっしもんじゅ），思想（いっしもんじゅ）

一糸文守 いっしもんしゅ，いっしもんじゅ
⇒一糸文守（いっしぶんしゅ）

いつ女(1) いつじょ★
江戸時代中期の女性。俳諧。大島蓼太門の松浦関牛の妻。天明頃、夫の追善集『秋団扇』を上梓した。
¶江表（いつ女（東京都））

いつ女(2) いつじょ★
江戸時代中期の女性。和歌。万女の甥浅井義旭の妻。『相生の言葉』に載る。
¶江表（いつ女（群馬県））

いつ女(3) いつじょ★
江戸時代中期の女性。俳諧。越後曽根村の人。享保8年刊、廻船業北村七里編、吉田雲鈴七回忌追善集『淡雪』に載る。
¶江表（いつ女（新潟県））

いつ女(4) いつじょ★
江戸時代中期の女性。俳諧。三河中垣内の人。明和5年刊、加藤暁台社中編『姑射文庫』に載る。
¶江表（いつ女（愛知県））

逸女(1) いつじょ★
江戸時代中期の女性。狂歌。尾張名古屋の童楽斎鳥兆の娘。明和7年跋、三休斉白掬撰『狂歌気のくすり』に載る。
¶江表（逸女（愛知県））

逸女(2) いつじょ★
江戸時代後期の女性。俳諧。寛政10年序、白鳥の文雅堂武陵編『さぬ幾婦利』に載る。
¶江表（逸女（香川県））

一晶＊（一昌） いっしょう
？～宝永4（1707）年 [別]芳賀一晶（はがいっしょう） 江戸時代前期～中期の画師、俳人。
¶俳文（[没]宝永4（1707）年4月）

一笑(1) いっしょう
江戸時代前期の俳諧作者。
¶俳文（生没年不詳）

一笑(2) いっしょう
⇒小椙一笑（こすぎいっしょう）

一照院 いっしょういん
⇒市姫（いちひめ）

一勝女 いっしょうじょ★
江戸時代末期の女性。生花。甲斐飯野の人。安政4年刊、松桐庵一司編『挿花蝶乃友』四に載る。
¶江表（一勝女（山梨県））

逸人 いつじん
⇒加藤逸人（かとういつじん）

一心太助＊ いっしんたすけ
江戸時代前期の魚屋。架空の人物。
¶江人（生没年不詳），コン（生没年不詳）

一翠 いっすい★
江戸時代後期の女性。俳諧。文化7年跋、今日庵一峨編『何袋』に載る。
¶江表（一翠（東京都））

一寸法師＊ いっすんぼうし
物語の主人公。
¶コン

一雪 いっせつ
⇒椋梨一雪（むくなしいっせつ）

五瀬命＊ いつせのみこと
神武の皇兄。
¶コン

一先（一洗） いっせん
⇒中村歌右衛門〔1代〕（なかむらうたえもん）

一扇 いっせん
江戸時代後期の俳諧師。
¶俳文（[生]寛政6（1794）年 [没]文政13（1830）年6月28日）

一泉（一洗） いっせん
⇒奈河篤助〔1代〕（ながわとくすけ）

逸選 いっせん
⇒藤川武左衛門〔1代〕（ふじかわぶざえもん）

一鼠＊ いっそ
享保15（1730）年～天明2（1782）年5月21日 江戸時代中期の俳人。
¶俳文（[没]天明2（1782）年1月21日）

一操 いっそう★
江戸時代中期の女性。俳諧。安永9年刊、柳絮尼編、蝶々庵百花の追善句集『花かたみ』に載る。
¶江表（一操（滋賀県））

一草 いっそう
⇒子日庵一草（ねのひあんいっそう）

一叟〔1代〕＊ いっそう
享保19（1734）年～享和1（1801）年5月5日 江戸時代中期～後期の俳人。
¶俳文（――〔1世〕）

一叟〔4代〕＊ いっそう
安永6（1777）年～安政4（1857）年2月5日 江戸時代中期～末期の俳人。
¶俳文（――〔4世〕 [没]安政4（1857）年3月5日）

一尊如来きの いっそんにょらいきの
⇒孀姪喜之（りゅうぜんきの）

一対局＊(1) いったいのつぼね
生没年不詳 [別]佐子局（さこのつぼね） 室町時代の女性。足利義政の側室。
¶女史（佐子局 さこのつぼね）

一対局(2) いったいのつぼね
⇒葉室宣子（はむろのぶこ）

一中 いっちゅう
⇒都太夫一中〔1代〕（みやこだゆういっちゅう）

一忠＊ いっちゅう
生没年不詳 南北朝時代の田楽本座の能役者。
¶コン，新能

一中〔5代〕 いっちゅう
⇒都太夫一中〔5代〕（みやこだゆういっちゅう）

一張 いっちょう★
江戸時代後期の女性。俳諧。小笠原村の桑島蓬庵玄桂の妻。天保5年、夫の7回忌追善『桂の露』に載る。
¶江表（一張（山梨県））

一朝＊ いっちょう
江戸時代後期の俳人。
¶俳文（生没年不詳）

一蝶(1)　**いっちょう**★
江戸時代中期の女性。俳諧。追分の屋号みなとやの娘まつ。安永6年成立、鶏山編『もとかしは』に載る。
¶江表(一蝶(長野県))

一蝶(2)　**いっちょう**
⇒中山新九郎〔1代〕(なかやましんくろう)

一町田大江＊　**いっちょうだおおえ**
天保10(1839)年～明治42(1909)年　江戸時代末期～明治時代の津軽弘前藩士。目付、町奉行などを歴任。
¶幕末([没]明治42(1909)年8月2日)

一椿斎芳輝＊　**いっちんさいよしてる**
文化5(1808)年～明治24(1891)年　[別]歌川芳輝(うたがわよしてる)　江戸時代後期～明治時代の絵師。
¶浮絵(歌川芳輝　うたがわよしてる)

五辻高仲＊　**いつつじたかなか**
文化4(1807)年～明治19(1886)年　[別]五辻高仲(いつつつじたかなか)　江戸時代後期～明治時代の公卿、政治家。
¶公卿(いつつつじたかなか　[生]文化4(1807)年12月22日　[没]明治6(1873)年4月),公家(高仲〔五辻家〕　たかなか　[生]文化4(1807)年12月22日　[没]明治19(1886)年6月5日),幕末([生]文化4(1807)年12月22日　[没]明治19(1886)年6月5日)

五辻為仲＊　**いつつじためなか**
享禄3(1530)年～天正13(1585)年6月17日　[別]五辻為仲(いつつつじためなか)　戦国時代～安土桃山時代の公卿(非参議)。権中納言滋野井季国の次男。
¶公卿(いつつつじためなか　[生]享禄2(1529)年　[没]天正12(1584)年6月17日),公家(為仲〔五辻家〕　ためなか)

五辻朝仲女　**いつつじともなかのむすめ**
室町時代の女性。称光天皇の後宮。
¶天皇(生没年不詳)

五辻諸仲＊　**いつつじもろなか**
長享1(1487)年～天文9(1540)年10月28日　[別]五辻諸仲(いつつつじもろなか)　戦国時代の公卿(非参議)。従四位上・右衛門佐蔵人五辻富仲の子。
¶公卿(いつつつじもろなか),公家(諸仲〔五辻家〕　もろなか)

五辻之仲＊　**いつつじゆきなか**
永禄1(1558)年～寛永3(1626)年11月25日　[別]五辻之仲(いつつつじゆきなか)　安土桃山時代～江戸時代前期の公家(非参議)。権中納言滋野井公古の子。
¶公卿(いつつつじゆきなか),公家(之仲〔五辻家〕　ゆきなか)

五辻順仲　**いつつじよりなか**
⇒五辻順仲(いつつつじありなか)

五辻順仲＊　**いつつつじありなか**
延享2(1745)年11月19日～＊　[別]五辻順仲(いつつじよりなか)　江戸時代中期の公家(非参議)。治部卿五辻盛仲の子。
¶公卿([没]?),公家(順仲〔五辻家〕　よりなか　[没]文化3(1806)年6月10日)

五辻高仲　**いつつつじたかなか**
⇒五辻高仲(いつつじたかなか)

五辻忠氏＊　**いつつつじただうじ**
生没年不詳　鎌倉時代後期の公卿(非参議)。従二位左兵衛督藤原宗氏の子。
¶公卿,公家(忠氏〔五辻家(絶家)〕　ただうじ)

五辻為仲　**いつつつじためなか**
⇒五辻為仲(いつつじためなか)

五辻親氏＊　**いつつつじちかうじ**
?～正和1(1312)年11月29日　鎌倉時代後期の公卿(非参議)。参議藤原宗親の子。
¶公卿,公家(親氏〔五辻家(絶家)〕　ちかうじ)

五辻俊氏＊　**いつつつじとしうじ**
生没年不詳　鎌倉時代後期の公卿(参議)。参議藤原俊雅の子。
¶公卿,公家(俊氏〔五辻家(絶家)〕　としうじ)

五辻豊仲＊　**いつつつじとよなか**
天明7(1787)年11月15日～安政4(1857)年4月27日　江戸時代後期の公家(非参議)。治部卿五辻順仲の三男。
¶公卿,公家(豊仲〔五辻家〕　とよなか)

五辻広仲＊　**いつつつじひろなか**
貞享4(1687)年7月5日～寛延3(1750)年9月8日　江戸時代中期の公家(非参議)。宣慶の次男。
¶公卿,公家(広仲〔五辻家〕　ひろなか)

五辻盛仲＊　**いつつつじもりなか**
宝永7(1710)年12月13日～宝暦12(1762)年9月25日　江戸時代中期の公家(非参議)。宮内卿五辻広仲の子。
¶公卿,公家(盛仲〔五辻家〕　もりなか)

五辻諸仲　**いつつつじもろなか**
⇒五辻諸仲(いつつじもろなか)

五辻之仲　**いつつつじゆきなか**
⇒五辻之仲(いつつじゆきなか)

伊都都比古＊　**いつつひこ**
上代の豪族。
¶古代

井筒屋庄兵衛〔1代〕＊　**いづつやしょうべえ**
元和7(1621)年～＊　[別]井筒屋庄兵衛(いずつやしょうべえ)　江戸時代前期～中期の京都の書肆の初代。
¶コン(代数なし　[没]宝永7(1710)年?),出版(代数なし　いずつやしょうべえ　[没]宝永6(1709)年/宝永7(1710)年),俳文([没]宝永6(1709)年)

一貞尼＊　**いっていに**
?～天保8(1837)年　[別]村野一貞尼(むらのいっていに)　江戸時代後期の女性。歌人。
¶江表(一貞尼(神奈川県))

一鉄＊　**いってつ**
江戸時代前期の俳人。
¶俳文(生没年不詳)

一桐　**いっとう**
江戸時代前期～中期の俳諧作者。
¶俳文(生没年不詳)

逸堂　**いつどう**
⇒堯恕入道親王(ぎょうじょにゅうどうしんのう)

乙堂喚丑　**いつどうかんちゅう**
⇒乙堂喚丑(おつどうかんちゅう)

一凍紹滴*　いっとうしょうてき
　天文2(1533)年〜慶長11(1606)年　㊞紹滴（しょうてき，じょうてき）　安土桃山時代〜江戸時代前期の禅僧。
　¶俳文（紹滴　じょうてき　生没年不詳）

一音　いっとん
　⇒一音（いちおん）

伊都内親王　いつないしんのう
　⇒伊都内親王（いとないしんのう）

逸然*　いつねん
　明・万暦29(1601)年〜寛文8(1668)年　㊞逸然性融（いつねんしょうゆう）　江戸時代前期の渡来僧、南画伝来者。
　¶コン（㊥慶長6(1601)年）

乙年女　いつねんじょ*
　江戸時代末期の女性。俳諧。随巣羽人門。文久1年序、羽人編、その女の80歳記念賀集『憑藤集』に載る。
　¶江表（乙年女（東京都））

逸然性融　いつねんしょうゆう
　⇒逸然（いつねん）

一筆庵可候　いっぴつあんかこう
　⇒渓斎英泉（けいさいえいせん）

一筆斎文調*（一筆斉文調）　いっぴつさいぶんちょう
　生没年不詳　㊞文調（ぶんちょう）　江戸時代中期の浮世絵師。
　¶浮絵，歌大，コン，新歌，美画（㊥？　㊤寛政4(1792)年）

一瓢　いっぴょう
　⇒清水一瓢（しみずいっぴょう）

一標女　いっぴょうじょ*
　江戸時代末期の女性。俳諧。常陸宍戸の人。西根にある薬師堂付属の額堂の文久1年の奉納額に句が載る。
　¶江表（一標女（茨城県））

逸風　いっぷう
　⇒藤川平九郎（ふじかわへいくろう）

一平安代　いっぺいやすよ
　⇒安代（やすよ）

一遍*　いっぺん
　延応1(1239)年〜正応2(1289)年　㊞円照大師（えんしょうだいし），証誠大師（しょうじょうだいし），智真（ちしん），遊行上人（ゆぎょうしょうにん）　鎌倉時代後期の時宗の僧（開祖）。念仏唱名を称えて各地を遍歴・遊行して「遊行上人」とも呼ばれる。
　¶コン，思想，中世，内乱，山小（㊥1239年2月15日　㊤1289年8月23日）

一甫　いっぽ
　⇒和田東潮（わだとうちょう）

一蜂*　いっぽう
　寛永8(1631)年〜享保10(1725)年9月15日　江戸時代前期〜中期の俳人。
　¶俳文（㊥寛永18(1641)年）

一鳳(1)　いっぽう
　江戸時代後期〜明治時代の俳諧作者。
　¶俳文（㊥寛政11(1799)年　㊤明治14(1881)年1月15日）

一鳳(2)　いっぽう
　⇒芳沢あやめ〔3代〕（よしざわあやめ）

一鳳(3)　いっぽう
　⇒芳沢あやめ〔5代〕（よしざわあやめ）

逸見勝三郎*　いつみかつさぶろう
　文政13(1830)年〜慶応4(1868)年1月5日　江戸時代後期〜末期の新撰組隊士。
　¶新隊（㊥天保1(1830)年　㊤明治1(1868)年1月5日）

逸見十兵衛　いつみじゅうべえ
　江戸時代中期の和算家。中西流の算学に通じる。門人に岡崎安之など。
　¶数学

逸見忠栄　いつみただなか
　元禄9(1696)年〜天明5(1785)年　㊞逸見忠栄（へんみただなが）　江戸時代中期の幕臣。
　¶徳人，徳代（へんみただなが　㊤天明5(1785)年12月23日）

泉皇女　いづみのひめみこ
　⇒泉内親王（いずみのないしんのう）

井爪丹岳*　いづめたんがく
　天保3(1832)年〜明治33(1900)年　江戸時代末期〜明治時代の酒造業、農業、画家。
　¶幕末（㊥天保3(1832)年7月5日　㊤明治33(1900)年5月17日），美画（㊤明治33(1900)年5月17日）

いつも
　江戸時代中期の女性。俳諧。安芸宮島の遊女。元禄6年刊、北条団水編『くやみ草』に載る。
　¶江表（いつも（広島県））

出雲屋和助　いづもやわすけ
　⇒植松自謙（うえまつじけん）

いつよ
　江戸時代中期の女性。俳諧。美濃大垣の人。宝永1年刊『国の花』、谷木因編「かたはし」に載る。
　¶江表（いつよ（岐阜県））

いて
　江戸時代後期の女性。和歌。遠江都田の富田与右衛門の娘。寛政12年成立、催主服部菅雄、本居宣長判「鈴屋大人判 二十四番歌合」に載る。
　¶江表（いて（静岡県））

井手曙覧（井出曙覧）　いであけみ
　⇒橘曙覧（たちばなあけみ）

出井重四郎　いでいじゅうしろう
　江戸時代後期〜末期の幕臣。
　¶徳人（生没年不詳）

出浦昌相　いでうらまさすけ
　戦国時代〜江戸時代前期の武士。対馬守の子。真田氏の重臣。
　¶武田（㊥天文15(1546)年　㊤元和9(1623)年8月18日）

出浦盛清　いでうらもりきよ
　生没年不詳　㊞出浦対馬守（いでうらつしまのかみ）　安土桃山時代の村上義清の一族。更級郡上平の出浦城主。対馬守。
　¶全戦，武田（出浦対馬守　いでうらつしまのかみ）

井出作左衛門　いでさくざえもん
　江戸時代前期の豊臣秀頼の家臣。
　¶大坂

井手孝典* いでたかのり
生没年不詳 江戸時代中期の和算家。
¶数学

井出内匠助* いでたくみのすけ
安土桃山時代の武将。後北条氏家臣。
¶後北(正内〔井出〕 まさない)

井出伝右衛門尉 いででんえもんのじょう
戦国時代の駿河国富士郡狩宿の土豪。
¶武田(生没年不詳)

井出時吉 いでときよし
戦国時代の北条氏の家臣。相模国玉縄城主北条為昌、のち北条氏康の家臣幸田右馬助の同心。
¶後北(時吉〔井出〕 ときよし)

井手尼*(井出尼) いでのあま
生没年不詳 平安時代中期の女房・歌人。
¶古人(井出尼)

出羽弁 いではのべん
⇒出羽弁(いでわのべん)

井出兵部丞* いでひょうぶのじょう
生没年不詳 戦国時代の武士。後北条氏家臣。
¶後北(兵部丞〔井出〕 ひょうぶのじょう)

井手孫太郎* いでまごたろう
天保9(1838)年～慶応2(1866)年 [別]松宮相良(まつみやさがら) 江戸時代末期の奇兵隊士。
¶全幕(松宮相良 まつみやさがら),幕末(松宮相良 まつみやさがら [生]天保9(1838)年7月 [没]慶応2(1866)年10月23日)

井手真棹* いでまさお
天保8(1837)年～明治42(1909)年8月10日 江戸時代末期～明治時代の歌人、実業家。松山に蓬園吟社を創設。
¶幕末

井出正員 いでまさかず
安土桃山時代～江戸時代前期の幕臣。
¶徳人([生]1600年 [没]1665年)

井出正勝 いでまさかつ
安土桃山時代～江戸時代前期の代官。
¶徳代([生]慶長4(1599)年 [没]承応1(1652)年5月18日)

井手正次*(井出正次) いでまさつぐ
天文21(1552)年～慶長14(1609)年2月26日 戦国時代～江戸時代前期の徳川家奉行人。
¶後北(正次〔井出〕 まさつぐ),徳人(井出正次),徳代(井出正次)

井出正直 いでまさなお
安土桃山時代の今川氏真・北条氏政の家臣。藤九郎。
¶後北(正直〔井出〕 まさなお)

井出正信 いでまさのぶ
安土桃山時代～江戸時代前期の代官。
¶徳代([生]永禄11(1568)年 [没]寛永12(1635)年6月30日)

井出正雅 いでまさもと
江戸時代前期～中期の幕臣。
¶徳人([生]1666年 [没]1714年)

井出正基 いでまさもと
?～元禄5(1692)年 江戸時代中期の幕臣。
¶徳人,徳代([没]元禄5(1692)年11月15日)

井出正祇 いでまさやす
江戸時代前期の代官。
¶徳代([生]? [没]延宝8(1680)年2月26日)

井出正吉 いでまさよし
安土桃山時代～江戸時代前期の代官。
¶徳代([生]慶長4(1599)年 [没]寛永13(1636)年6月19日)

井出弥五郎* いでやごろう
生没年不詳 戦国時代の北条氏の家臣。
¶後北(弥五郎〔井出〕 やごろう)

井手与四太郎* いでよしたろう
天保13(1842)年～明治28(1895)年 江戸時代末期～明治時代の製茶業者。嬉野茶の輸出、嬉野温泉の経営に努力。
¶幕末

出羽弁* いでわのべん
生没年不詳 [別]出羽弁(いではのべん,でわのべん) 平安時代中期の女性。歌人。女房。
¶古人,古人(でわのべん)

いと(1)
江戸時代中期の女性。俳諧。撫養の人。天明5年序、撫養の初日庵千子撰『友しら髪』に載る。
¶江表(いと(徳島県))

いと(2)
江戸時代後期の女性。和歌。弘前藩士兼松伊大夫の妻。文化11年刊、中山忠雄・河田正致編『柿本社奉納和歌集』に載る。
¶江表(いと(青森県))

いと(3)
江戸時代後期の女性。和歌。仙台の松本左近の妻。文化11年刊、中山忠雄・河田正致編『柿本社奉納和歌集』に載る。
¶江表(いと(宮城県))

いと(4)
江戸時代後期の女性。和歌。松山藩の奥女中。嘉永4年序、鈴木直麿編『八十番歌合』に載る。
¶江表(いと(山形県))

いと(5)
江戸時代後期の女性。和歌。庄内藩の奥女中。嘉永4年序、鈴木直麿編『八十番歌合』に載る。
¶江表(いと(山形県))

いと(6)
江戸時代後期の女性。教育。北川泰次郎の母。寺子屋晴江舎を開業。
¶江表(いと(東京都) [生]文政1(1818)年頃)

いと(7)
江戸時代後期の女性。和歌。菅野村の旧家新井甚兵衛如水の娘。
¶江表(いと(長野県) [没]天保8(1837)年)

いと(8)
江戸時代後期の女性。俳諧。万場村の原金平の妻。嘉永5年興行主となって俳諧連歌を行う。
¶江表(いと(長野県))

いと(9)
江戸時代後期の女性。俳諧。紀伊郡伏見の人。文化6年序、五十嵐梅夫編『草神楽』に載る。
¶江表(いと(京都府))

い

いと(10)
江戸時代末期の女性。和歌。祇園の歌妓。慶応2年序、村上忠順編『元治元年千首』に載る。
¶江表(いと(京都府))

いと・以登
江戸時代末期の女性。旅日記。出戸の名主今野蔵松の姉。
¶江表(いと・以登(秋田県))

いと・糸
江戸時代後期の女性。和歌。寄合衆花房数馬の妹。
¶江表(いと・糸(長野県)　[没]文政2(1819)年)

伊登　いと★
江戸時代後期～大正時代の女性。和歌。備中浅口郡乙島の猪木義行の娘。
¶江表(伊登(岡山県)　[生]天保6(1835)年　[没]大正2(1913)年)

伊都　いと
江戸時代中期の女性。記録。摂津川辺郡伊丹の酒造家・近藤領伊丹郷町惣宿老八尾八左衛門の妻。天明4年～寛政8年の覚書を残す。
¶江表(伊都(兵庫県))

糸(1)　いと★
江戸時代前期～中期の女性。和歌。高松藩主松平頼重の娘。
¶江表(糸(香川県)　[生]承応3(1654)年　[没]元禄15(1702)年)

糸(2)　いと★
江戸時代後期の女性。俳諧。八戸の人。嘉永4年刊、寿川亭常丸著『俳諧風雅帖』に載る。
¶江表(糸(青森県))

糸(3)　いと★
江戸時代後期の女性。和歌・書簡。徳川家(田安)の用人万年七郎左衛門頼良の娘。文化11年刊、中山忠雄・河田正致編『柿本社奉納和歌集』に載る。
¶江表(糸(東京都))

糸(4)　いと★
江戸時代末期の女性。俳諧。相模藤沢宿の人。幕末頃の人。
¶江表(糸(神奈川県))

井樋政之允*　いといまさのじょう
享和2(1802)年～元治1(1864)年　江戸時代末期の水戸藩郷士。
¶幕末([没]元治1(1864)年8月1日)

伊藤梓*　いとうあずさ
天保11(1840)年～明治1(1868)年　江戸時代末期の浜田藩士。
¶幕末([没]慶応4(1868)年1月6日)

伊東家祐*　いとういえすけ
生没年不詳　戦国時代の武士。北条氏家臣。
¶後北(家祐〔伊東(1)〕　いえすけ)

伊藤一刀斎*(伊東一刀斎)　いとういっとうさい
[別]伊藤一刀斎景久(いとういっとうさいかげひさ),伊東景久(いとうかげひさ),伊東友景(いとうともかげ),伊東弥五郎(いとうやごろう)　安土桃山時代～江戸時代前期の剣術家。一刀流の開祖。
¶コン(伊東一刀斎　生没年不詳),全戦(生没年不詳)

伊藤一刀斎景久　いとういっとうさいかげひさ
⇒伊藤一刀斎(いとういっとうさい)

伊藤伊兵衛　いとういへい
⇒伊藤伊兵衛(いとういへえ)

伊藤伊兵衛〔3代〕*　いとういへえ
生没年不詳　江戸時代前期の園芸家。
¶植物(伊藤伊兵衛(3代・三之丞)　[生]?　[没]享保4(1719)年?)

伊藤伊兵衛〔4代〕*　いとういへえ
延宝4(1676)年～宝暦7(1757)年　[別]伊藤伊兵衛(いとういへい)　江戸時代前期～中期の園芸家。
¶植物(伊藤伊兵衛(4代・政武)　[没]宝暦7(1757)年10月2日)

伊藤岩次郎　いとういわじろう
江戸時代末期～大正時代の誠之堂主人。
¶出版([生]安政5(1858)年11月8日　[没]大正9(1920)年)

伊藤允譲*　いとういんじょう
天保3(1832)年～明治43(1910)年　江戸時代末期～明治時代の有志者。廃藩後は教育に努め、自宅を小学校とした。また地方産業のために私財を投じた。
¶美工([没]明治43(1910)年8月8日)

伊藤右京亮　いとううきょうのすけ
戦国時代の信濃国高井郡坂田郷の国衆。
¶武田(生没年不詳)

伊藤梅子*　いとううめこ
嘉永1(1848)年～大正13(1924)年4月12日　江戸時代末期～大正時代の女性。伊藤博文の妻。木戸孝允の妻松子と並び、良妻賢母の典型と称された。
¶江表(梅子(山口県)),全幕,幕末([生]嘉永1(1848)年1月8日)

伊東燕晋〔1代〕*　いとうえんしん
宝暦11(1761)年～天保11(1840)年12月10日　江戸時代後期の講釈師伊東派の祖。
¶コン(代数なし)

伊藤音五郎*　いとうおとごろう
弘化3(1846)年～昭和15(1940)年　江戸時代末期～大正時代の兵士。真土騒動に加担。
¶幕末

伊藤格佐*　いとうかくさ
文化2(1805)年～文久2(1862)年　江戸時代末期の備後福山藩士。
¶幕末([没]文久1(1862)年12月30日)

伊東覚次郎*　いとうかくじろう
弘化1(1844)年～明治1(1868)年　江戸時代末期の陸奥会津藩士。
¶幕末([没]慶応4(1868)年1月)

伊藤景綱　いとうかげつな
⇒藤原景綱(ふじわらのかげつな)

伊東景久　いとうかげひさ
⇒伊藤一刀斎(いとういっとうさい)

伊東甲子太郎*　いとうかしたろう
天保6(1835)年～慶応3(1867)年　[別]伊東甲子太郎(いとうきねたろう),宇田兵衛(うだひょうえ),藤原武明(ふじわらたけあき)　江戸時代末期の新撰組参謀。
¶コン(いとうきねたろう　[生]?),新隊([没]慶応3(1867)年11月18日),全幕,幕末([没]慶応3(1867)年11月18日)

伊東主計* いとうかずえ
天保12(1841)年～？　江戸時代後期～末期の新撰組隊士。
¶新隊

伊藤和兌 いとうかずさわ
⇒伊藤和兌(いとうかずみち)

伊藤和兌* いとうかずみち
文化12(1815)年～明治11(1878)年　[別]伊藤和兌(いとうかずさわ，いとうわたい)　江戸時代末期～明治時代の郷士。
¶幕末(いとうかずさわ　[生]文化12(1815)年2月20日　[没]明治11(1878)年12月26日)

伊藤夏虫の妻 いとうかちゅうのつま*
江戸時代前期の女性。俳諧・狂歌。大和長楽の俳人で狂歌作者伊藤夏虫の妻。俳諧師松江維舟門。
¶江表(伊藤夏虫の妻(奈良県))

伊藤克孝* いとうかつたか
宝暦8(1758)年～文化6(1809)年　江戸時代中期～後期の加賀大聖寺藩士。
¶数学([没]文化6(1809)年1月)

伊藤嘉平治* いとうかへいじ
嘉永5(1852)年～明治36(1903)年　江戸時代末期～明治時代の発明家。人力車、手押印刷機、自転車などをつくる。全鍛鉄製足踏旋盤を発明。
¶幕末

伊藤完伍* いとうかんご
寛政8(1796)年～明治2(1869)年　[別]完伍(かんご)　江戸時代後期～明治時代の俳人。
¶俳文(完伍　かんご)

伊東貫斎* いとうかんさい
文政9(1826)年～明治26(1893)年7月28日　江戸時代末期～明治時代の蘭方医。西洋医学所教授、大典医を歴任、訳著に「眼科新編」「遠西方彙」など。
¶科学([生]文政9(1826)年5月19日)，眼医，幕末([生]文政9(1826)年5月19日)

伊藤勘丞 いとうかんのじょう
戦国時代～安土桃山時代の武士。実名は重久と伝わる。長篠合戦で討死。
¶武田([生]天文12(1543)年　[没]天正3(1575)年5月21日)

伊藤喜右衛門* いとうきうえもん
天保6(1835)年～大正5(1916)年　江戸時代末期～大正時代の実業家。地方開発に貢献。
¶幕末

伊東希元* いとうきげん
天保8(1837)年～明治43(1910)年　江戸時代末期～明治時代の僧侶、善福寺住職。私塾敬業学舎を創設。
¶幕末([没]明治43(1910)年3月20日)

伊東甲子太郎 いとうきねたろう
⇒伊東甲子太郎(いとうかしたろう)

伊藤清澄 いとうきよずみ
⇒伊藤定太(いとうさだた)

伊藤金太郎 いとうきんたろう
江戸時代後期～明治時代の大工。
¶美建([生]天保7(1836)年　[没]明治4(1871)年)

伊藤錦里* いとうきんり
宝永7(1710)年～安永1(1772)年　江戸時代中期の儒学者、越前福井藩儒。
¶コン

伊藤九三* いとうくぞう
天保1(1830)年～明治5(1872)年　江戸時代末期～明治時代の長門国赤間関大年寄。坂本竜馬、おりょう夫妻を自宅に寓居。
¶幕末([生]天保1(1831)年12月19日　[没]明治5(1872)年11月19日)

伊藤熊四郎 いとうくましろう
⇒白斎(はくさい)

伊東九郎五郎* いとうくろうごろう
生没年不詳　戦国時代の武士。後北条氏家臣。
¶後北(九郎五郎〔伊東(1)〕　くろうごろう)

伊東九郎次郎* いとうくろうじろう
生没年不詳　戦国時代の北条氏の家臣。
¶後北(祐員〔伊東(1)〕　すけかず)

伊藤軍兵衛* いとうぐんべえ
天保11(1840)年～文久2(1862)年　江戸時代末期の尊攘派志士。
¶幕末([生]天保11(1840)年11月　[没]文久2(1862)年6月1日)

伊藤圭介* いとうけいすけ
享和3(1803)年～明治34(1901)年　江戸時代末期～明治時代の本草学者、植物学者、東京帝国大学教授。幕藩体制下の東洋型本草学を維新後の西洋型博物学へ発展させた功労者。
¶江人，科学([生]享和3(1803)年1月27日　[没]明治34(1901)年1月20日)，コン，思想，植物([生]享和3(1803)年1月27日　[没]明治34(1901)年1月20日)，対外，徳人，幕末([生]享和3(1803)年1月27日　[没]明治34(1901)年1月20日)

伊藤敬蔵* いとうけいぞう
*～元治1(1864)年　江戸時代末期の長州(萩)藩士。
¶幕末([生]文化14(1817)年　[没]元治1(1864)年7月19日)

伊藤謙意 いとうけんい
江戸時代末期の算学者。著書に『以等円換不等円解』。
¶数学

伊藤源助* いとうげんすけ
天保13(1842)年～明治2(1869)年12月29日　江戸時代後期～明治時代の新撰組隊士。
¶新隊

伊東玄伯 いとうげんぱく
⇒伊東方成(いとうほうせい)

伊東玄朴*(伊藤玄朴) いとうげんぼく
寛政12(1800)年12月28日～明治4(1871)年1月2日　江戸時代後期～明治時代の蘭方医。
¶江人，科学，コン，思想，全幕，対外，徳人，幕末([生]寛政12(1801)年12月28日)，山小([生]1800年12月28日　[没]1871年1月2日)

伊藤好義斎* いとうこうぎさい
万治1(1658)年～享保13(1728)年　江戸時代中期の儒学者。
¶コン

伊藤甲之助* いとうこうのすけ
弘化2(1845)年～元治1(1864)年　江戸時代末期の志士。土佐勤王党に参加。
¶幕末([生]天保15(1844)年2月　[没]元治1(1864)年7月19

日)

伊藤小太夫〔1代〕* いとうこだゆう
生没年不詳 江戸時代前期の歌舞伎役者。
¶新歌(――〔1世〕)

伊藤小太夫〔2代〕* いとうこだゆう
?～元禄2(1689)年 江戸時代前期の若女形の歌舞伎役者。
¶歌大,コン,新歌(――〔2世〕)

伊藤小太夫〔3代〕 いとうこだゆう
江戸時代中期の歌舞伎俳優。
¶新歌(――〔3世〕)

伊藤定* いとうさだ
元文4(1739)年～明和3(1766)年6月5日 江戸時代中期の著述家。井口蘭雪の長女、伊藤東所の妻。
¶江表(定(京都府) てい)

伊藤定太* いとうさだた
天保13(1842)年～明治44(1911)年 [別]伊藤清澄(いとうきよずみ),伊藤定太(いとうていた) 江戸時代末期～明治時代の信濃高島藩士、算学者。
¶数学(伊藤清澄 いとうきよずみ [没]明治44(1911)年8月13日)

伊藤定敬* いとうさだたか
文化6(1809)年8月～明治28(1895)年2月24日 江戸時代後期～明治時代の和算家。
¶数学

伊東左太夫*(伊東左大夫) いとうさだゆう
文政9(1826)年～明治4(1871)年 江戸時代末期～明治時代の陸奥会津藩士。
¶幕末([没]明治4(1871)年4月15日)

伊藤実重* いとうさねしげ
生没年不詳 安土桃山時代の織田信長の家臣。
¶織田

伊藤実信* いとうさねのぶ
天文11(1542)年～文禄1(1592)年 戦国時代～安土桃山時代の織田信長の家臣。
¶織田

伊藤実元* いとうさねもと
生没年不詳 安土桃山時代の織田信長の家臣。
¶織田

伊東三郎兵衛 いとうさぶろうべえ
安土桃山時代の北条氏直の家臣。新左衛門の一族か。
¶後北(三郎兵衛〔伊東(2)〕 さぶろうべえ)

伊藤参行* いとうさんぎょう
延享2(1745)年～文化6(1809)年8月10日 江戸時代中期～後期の富士講2代教主。
¶コン

伊藤二介* いとうじすけ
?～天正3(1575)年4月8日 戦国時代～安土桃山時代の織田信長の家臣。
¶織田

伊藤七郎左衛門* いとうしちろうざえもん
生没年不詳 安土桃山時代の織田信長の家臣。
¶織田

伊藤若冲* いとうじゃくちゅう
享保1(1716)年～寛政12(1800)年 [別]若冲(じゃくちゅう) 江戸時代中期～後期の画家。
¶江人,コン([生]正徳3(1713年/1716)年),植物([生]享保1(1716)年2月8日 [没]寛政12(1800)年9月10日),美画([生]享保1(1716)年2月8日 [没]寛政12(1800)年9月10日)

伊藤秀允* いとうしゅういん
*～天保9(1838)年 [別]伊藤秀允(いとうひでみつ) 江戸時代後期の数学者。
¶数学(いとうひでみつ [生]宝暦5(1755)年 [没]天保9(1838)年4月15日)

伊藤十右衛門* いとうじゅうえもん
生没年不詳 安土桃山時代の織田信長の家臣。
¶織田

伊藤十蔵* いとうじゅうぞう
*～明治29(1896)年 江戸時代末期～明治時代の長州(萩)藩足軽。伊藤博文の父。
¶幕末([生]文化13(1817)年12月28日 [没]明治29(1896)年3月19日)

伊藤重兵衛〔4代〕 いとうじゅうべえ
江戸時代末期～大正時代の園芸家。
¶植物([生]安政2(1855)年10月 [没]大正5(1916)年8月)

伊藤雋吉 いとうしゅんきち
⇒伊藤雋吉(いとうとしよし)

伊藤俊蔵* いとうしゅんぞう
文政3(1820)年～明治1(1868)年 江戸時代末期の奇兵隊士。
¶幕末([没]慶応4(1868)年7月20日)

伊藤松軒* いとうしょうけん
宝永6(1709)年～寛政6(1794)年 江戸時代中期の歌人。
¶コン

伊藤庄三郎 いとうしょうざぶろう
江戸時代後期の和算家。
¶数学

伊東昇迪*(伊東昇廸) いとうしょうてき
文化1(1804)年～明治21(1888)年 江戸時代末期～明治時代の医師。米沢藩主の侍医をつとめ、種痘を施し多大の成果を得た。
¶眼医(伊東昇迪 [生]文化2(1804)年)

伊藤仁斎* いとうじんさい
寛永4(1627)年～宝永2(1705)年 江戸時代前期～中期の京都町衆。古義学の創始者。
¶江人,コン,詩作([生]寛永4(1627)年7月20日 [没]宝永2(1705)年3月12日),思想,徳将,山小([生]1627年7月20日 [没]1705年3月12日)

伊東新左衛門* いとうしんざえもん
生没年不詳 戦国時代の武蔵六浦の廻船商人。
¶後北(新左衛門〔伊東(2)〕 しんざえもん)

伊藤慎蔵* いとうしんぞう
文政8(1825)年～明治13(1880)年 江戸時代末期～明治時代の洋学者、大野藩洋学館長。蘭学教育、翻訳著述、牛痘種痘法の普及など大きな功績をあげた。
¶数学([生]文政9(1825)年 [没]明治13(1880)年6月13日),幕末([没]明治13(1880)年6月17日)

伊藤信徳* いとうしんとく
寛永10(1633)年～元禄11(1698)年 [別]信徳(しんとく,のぶのり) 江戸時代前期の俳人。
¶江人(信徳 しんとく),コン,俳文(信徳 しんとく

[没]元禄11(1698)年10月13日)

伊藤神六*　いとうしんろく
生没年不詳　安土桃山時代の織田信長の家臣。
¶織田([生]？　[没]天正4(1576)年5月7日)

伊東祐氏　いとうすけうじ
平安時代後期の伊豆国伊東の武士。
¶平家([生]？　[没]寿永2(1183)年)

伊東祐香　いとうすけか
江戸時代中期～後期の佐渡奉行、留守居。
¶徳代([生]宝暦4(1754)年　[没]文政13(1830)年3月6日)

伊東祐清*　いとうすけきよ
？～寿永2(1183)年　[別]藤原祐清(ふじわらのすけきよ)　平安時代後期の伊豆国の武士。
¶古人(藤原祐清　ふじわらのすけきよ)

伊東祐国*　いとうすけくに
？～文明17(1485)年　室町時代～戦国時代の武士。
¶室町([生]宝徳2(1450)年)

伊藤助五郎　いとうすけごろう
江戸時代前期の豊臣秀頼の家臣。
¶大坂([没]慶長20年)

伊東助左衛門祐方　いとうすけざえもんすけかた
江戸時代前期の摂津鳴尾の牢人。
¶大坂([没]慶長19年11月26日)

伊東祐実　いとうすけざね
戦国時代の山内上杉氏・伊勢宗瑞・氏綱の家臣。九郎・左衛門尉。祐範の嫡男。
¶後北(祐実〔伊東(1)〕　すけざね)

伊東祐兵*　いとうすけたか
永禄2(1559)年～慶長5(1600)年　[別]伊東祐兵(いとうすけたけ)　安土桃山時代の大名。日向飫肥藩主。
¶戦武

伊東祐堯*　いとうすけたか
？～文明17(1485)年　室町時代～戦国時代の武将。
¶室町([生]応永16(1409)年)

伊藤祐敬　いとうすけたか
江戸時代後期～大正時代の和算家。維新後は大蔵省会計監査部長。
¶数学([生]嘉永3(1850)年　[没]大正2(1913)年5月)

伊東祐兵　いとうすけたけ
⇒伊東祐兵(いとうすけたか)

伊藤祐忠*(伊東祐忠)　いとうすけただ
生没年不詳　安土桃山時代の織田信長の家臣。
¶織田(伊東祐忠)

伊東祐親*　いとうすけちか
？～寿永1(1182)年　平安時代後期の伊豆国の武士。
¶コン(生没年不詳),内乱,平家([没]養和2(1182)年)

伊藤助次　いとうすけつぐ
江戸時代前期の代官。
¶徳代([生]？　[没]元和8(1622)年2月29日)

伊東祐経　いとうすけつね
⇒工藤祐経(くどうすけつね)

伊東祐遠*　いとうすけとお
戦国時代の武将。後北条氏家臣。
¶後北(祐遠〔伊東(1)〕　すけとお)

伊東祐時*　いとうすけとき
文治1(1185)年～建長4(1252)年　鎌倉時代前期の武士。源実朝、藤原頼経に近侍。
¶古人,コン,内乱

伊藤祐言　いとうすけとき
江戸時代中期の和算家。
¶数学

伊東祐相*　いとうすけとも
文化9(1812)年～明治7(1874)年　江戸時代末期～明治時代の飫肥藩主、飫肥藩知事。
¶全幕,幕末([生]文化9(1812)年8月12日　[没]明治7(1874)年10月21日)

伊東祐春　いとうすけはる
江戸時代前期～中期の幕臣。
¶徳人([生]1635年　[没]1706年)

伊藤祐春*　いとうすけはる
江戸時代末期の和算家。
¶数学

伊東祐尚　いとうすけひさ
戦国時代の北条氏綱・氏康の家臣。祐衡。九郎三郎・右馬允・法名秀玉。
¶後北(祐尚〔伊東(1)〕　すけひさ　[生]永正13年　[没]元亀1年10月4日)

伊東祐広　いとうすけひろ
南北朝時代の武将。
¶室町([生]？　[没]延元4/暦応2(1339)年)

伊藤祐房　いとうすけふさ
江戸時代後期～末期の和算家。関流の算学を安倍保定に学び、関流九伝を称す。
¶数学

伊藤祐昌*　いとうすけまさ
嘉永1(1848)年～明治24(1891)年　江戸時代末期～明治時代の呉服商。
¶幕末([没]明治24(1891)年4月30日)

伊東祐益　いとうすけます
⇒伊東マンショ(いとうまんしょ)

伊東祐麿*　いとうすけまろ
*～明治39(1906)年　江戸時代末期～明治時代の薩摩藩士、海軍軍人。
¶幕末([生]天保3(1832)年8月25日　[没]明治39(1906)年2月26日)

伊東祐充　いとうすけみつ
戦国時代の武将。
¶戦武([生]永正7(1510)年　[没]天文2(1533)年)

伊東祐泰*　いとうすけやす
？～安元2(1176)年　[別]河津祐泰(かわづすけやす,かわづのすけやす),藤原祐泰(ふじわらのすけやす)　平安時代後期の武士。曽我兄弟の父。
¶古人,古人(藤原祐泰　ふじわらのすけやす),コン(河津祐泰　かわづのすけやす),内乱

伊東祐亨*(伊東祐享)　いとうすけゆき
天保14(1843)年～大正3(1914)年1月16日　[別]伊東祐亨(いとうゆうこう)　江戸時代末期～明治時代の薩摩藩士、海軍軍人。
¶コン,全幕,幕末([生]天保14(1843)年5月12日)

伊東祐之 いとうすけゆき
⇒伊東梅軒（いとうばいけん）

伊藤祐行* いとうすけゆき
生没年不詳 江戸時代前期～中期の和算家。
¶数学

伊東祐吉* いとうすけよし
？～天文5（1536）年 戦国時代の武将。
¶戦武（[没]天文5（1536）年？）

伊藤祐吉 いとうすけよし
江戸時代後期～末期の和算家。福田金塘の高弟。
¶数学

伊藤静斎* いとうせいさい
？～明治16（1883）年 江戸時代末期～明治時代の長門国伊藤杢之充の養子。
¶幕末

伊藤正秀 いとうせいしゅう
江戸時代前期～中期の武士、勘定。
¶徳代（[生]寛文3（1663）年 [没]延享2（1745）年6月22日）

伊藤清兵衛* いとうせいべえ
天保2（1831）年～慶応1（1865）年 江戸時代末期の筑前福岡藩士。
¶幕末（[没]慶応1（1865）年10月23日）

伊藤仙右衛門 いとうせんえもん
⇒伊藤孫右衛門（いとうまごえもん）

伊藤善次 いとうぜんじ
江戸時代後期～明治時代の杜陵隊士。
¶全幕（生没年不詳）

伊藤宗看〔1代〕* いとうそうかん
元和4（1618）年～元禄7（1694）年11月6日 江戸時代前期の将棋棋士。3世名人。
¶コン（代数なし [生]？）

伊藤宗看〔3代〕* いとうそうかん
宝永3（1706）年～宝暦11（1761）年 江戸時代中期の将棋棋士。7世将棋名人。
¶江人（代数なし），徳将（伊藤宗鑑）

伊藤宗十郎*（伊藤惣十郎） いとうそうじゅうろう
生没年不詳 戦国時代～安土桃山時代の豪商。
¶織田（伊藤惣十郎 [生]？ [没]慶長10（1605）年8月2日），コン

伊藤惣兵衛* いとうそうべえ
文化11（1814）年～慶応1（1865）年 江戸時代末期の志士、長州（萩）藩大島の庄屋、豪農。
¶コン，幕末（[生]文化11（1814）年9月19日 [没]慶応1（1865）年5月19日）

伊藤退蔵* いとうたいぞう
文政12（1829）年～明治19（1886）年 江戸時代末期～明治時代の商人。戊辰戦争では北辰隊を編成して各地で転戦。
¶幕末（[没]明治19（1886）年8月1日）

伊東尹祐* いとうただすけ
？～大永3（1523）年 戦国時代の武士。
¶戦武（[没]大永3（1523）年？），室町（[生]応仁2（1468）年）

伊藤忠勧 いとうただすけ
江戸時代中期の幕臣。
¶徳人（[生]1713年 [没]1780年）

伊藤忠移 いとうただのぶ
江戸時代中期～後期の幕臣。
¶徳人（[生]1744年 [没]1820年）

伊藤竜太郎 いとうたつたろう
⇒伊藤竜太郎（いとうりゅうたろう）

伊藤胤晴 いとうたねはる
江戸時代後期の和算家。本多利明に算学を学び、関流五伝を称す。
¶数学

伊藤朶年* いとうだねん
＊～明治12（1879）年 江戸時代末期～明治時代の建具商。芭蕉の句碑蛍塚を建立。
¶幕末（[生]寛政3（1791）年 [没]明治12（1879）年3月18日）

伊藤田宮* いとうたみや
天保10（1839）年～慶応3（1867）年 江戸時代末期の水戸藩士。
¶幕末（[没]慶応3（1867）年3月14日）

伊藤坦庵* いとうたんあん
元和9（1623）年～宝永5（1708）年 江戸時代前期～中期の漢学者、越前福井藩儒。
¶コン

伊東丹後守長次 いとうたんごのかみながつぐ
⇒伊東長次（いとうながつぐ）

伊藤淡蔵* いとうたんぞう
文化5（1808）年～明治6（1873）年 江戸時代末期～明治時代の常陸土浦藩士。
¶幕末（[没]明治6（1873）年9月16日）

伊藤単朴* いとうたんぼく
延宝8（1680）年～宝暦8（1758）年8月4日 江戸時代中期の談義本作者。
¶コン，思想

伊藤竹塘* いとうちくとう
天保7（1836）年～明治13（1880）年 江戸時代末期～明治時代の福山藩士。誠之館素読掛り、のちに教授。
¶幕末（[没]明治13（1880）年3月28日）

伊藤竹堂* いとうちくどう
文化4（1807）年～明治9（1876）年 江戸時代末期～明治時代の伊予西条藩士。
¶幕末（[没]明治9（1876）年3月19日）

伊藤忠右衛門尉 いとうちゅうえもんのじょう
戦国時代～安土桃山時代の武田氏の家臣。遠江・三河両国で活動。
¶武田（生没年不詳）

伊藤忠兵衛〔1代〕* いとうちゅうべえ
天保13（1842）年～明治36（1903）年 江戸時代末期～明治時代の近江商人。伊藤忠商事と丸紅の始祖。
¶コン（代数なし），幕末（代数なし [生]天保13（1842）年7月2日 [没]明治36（1903）年7月8日）

伊藤中立* いとうちゅうりつ
生没年不詳 江戸時代後期の和算家。
¶数学

伊藤長胤 いとうちょういん
⇒伊藤東涯（いとうとうがい）

到津公古* いとうづきみふる，いとうずきみふる
元文1（1736）年8月8日～享和2（1802）年1月23日

[別]宇佐公古（うさきんこ）　江戸時代中期～後期の宇佐宮大宮司。

¶公卿（宇佐公古　うさきんこ　[生]享保19（1734）年），公家（公古〔宇佐八幡宮大宮司 到津家〕　きんこ　[生]1734年）

伊藤常足　いとうつねたり

⇒伊藤常足（いとうつねたる）

伊藤常足*　いとうつねたる

安永3（1774）年～安政5（1858）年　[別]伊藤常足（いとうつねたり）　江戸時代後期の国学者。「太宰管内志」の著者。

¶コン，幕末（[生]安永3（1775）年12月21日　[没]安政5（1858）年11月9日）

伊藤禎哉　いとうていさい

江戸時代後期の眼科医。

¶眼医（[生]文化3（1806）年　[没]嘉永5（1852）年）

伊藤聴秋*　いとうていしゅう

文政3（1820）年～明治28（1895）年　江戸時代末期～明治時代の勤王志士。勤皇運動に従事。

¶幕末（[生]文政5（1822）年　[没]明治28（1895）年4月）

伊東悌次郎*　いとうていじろう

安政1（1854）年～明治1（1868）年　江戸時代末期の白虎士中二番隊士。

¶全幕（[生]嘉永5（1852）年　[没]慶応4（1868）年），幕末（[没]慶応4（1868）年8月23日）

伊藤禎蔵*（伊東禎蔵）　**いとうていぞう**

天保7（1836）年～慶応2（1866）年　江戸時代末期の長州（萩）藩八組士、奇兵隊騎馬斥候。

¶幕末（[没]慶応2（1866）年8月21日）

伊藤定太　いとうていた

⇒伊藤定太（いとうさだた）

伊藤鉄五郎*　いとうてつごろう

天保11（1840）年～慶応4（1868）年5月1日　江戸時代後期～末期の新撰組隊士。

¶新隊（[生]？　[没]明治1（1868）年5月1日？）

伊藤伝右衛門*　いとうでんえもん

寛保1（1741）年～天明5（1785）年　江戸時代中期の美濃大垣藩士、治水技術者。

¶コン

伊藤伝之輔*　いとうでんのすけ

生没年不詳　江戸時代末期の人。長州（萩）藩中間倅。

¶幕末

伊藤伝兵衛*（伊東伝兵衛）　**いとうでんべえ**

享和1（1801）年～文久2（1862）年　江戸時代末期の名主、治水家。

¶コン，幕末（伊東伝兵衛　[生]享和1（1801）年5月　[没]文久2（1862）年3月13日）

伊東道右衛門*　いとうどううえもん

文化3（1806）年～慶応4（1868）年　[別]伊東道右衛門（いとうどうえもん）　江戸時代末期の越後長岡藩士。

¶幕末（いとうどうえもん　[没]慶応4（1868）年5月19日）

伊東道右衛門　いとうどうえもん

⇒伊東道右衛門（いとうどううえもん）

伊藤東涯*　いとうとうがい

寛文10（1670）年4月28日～元文1（1736）年7月17日　[別]伊藤長胤（いとうちょういん）　江戸時代中期の儒学者。古義学の大成者。

¶江人，コン，詩作，思想，山小（[生]1670年4月28日　[没]1736年7月17日）

伊藤東岳*（伊藤東嶽）　**いとうとうがく**

文政3（1820）年～明治2（1869）年　江戸時代末期の越後長岡藩士。

¶幕末（伊藤東嶽　[没]明治2（1869）年1月19日）

伊東陶山〔1代〕　いとうとうざん

江戸時代後期～大正時代の陶芸家。

¶美工（[生]弘化3（1846）年4月10日　[没]大正9（1920）年9月24日）

伊藤東里*　いとうとうり

宝暦7（1757）年～文化14（1817）年　江戸時代後期の儒学者。古義堂第4代塾主。

¶コン

伊藤徳兵衛　いとうとくべえ

⇒須藤敬之進（すどうけいのしん）

伊藤俊彦*　いとうとしひこ

嘉永5（1852）年～明治1（1868）年　江戸時代末期の白虎隊士。

¶全幕（[没]慶応4（1868）年），幕末（[生]嘉永6（1853）年　[没]慶応4（1868）年8月23日）

伊藤利賢　いとうとしまさ

延宝2（1674）年～寛保2（1742）年　江戸時代前期～中期の幕臣。

¶徳人，徳代（[没]寛保2（1742）年7月12日）

伊藤雋吉*　いとうとしよし

天保11（1840）年3月28日～大正10（1921）年4月10日　[別]伊藤雋吉（いとうしゅんきち）　江戸時代末期～明治時代の丹後田辺藩士、海軍軍人。海軍次官、軍務局長などを歴任、予備役後は貴族院議員となる。

¶数学（いとうしゅんきち）

伊東友景　いとうともかげ

⇒伊藤一刀斎（いとういっとうさい）

伊藤虎松*　いとうとらまつ

弘化4（1847）年～慶応2（1866）年　江戸時代末期の奇兵隊士。

¶幕末（[没]慶応2（1866）年7月4日）

伊藤直記*　いとうなおき

文政9（1826）年～大正4（1915）年　江戸時代末期～明治時代の算術教育者。安積疎水事業に関わり不朽の業績を残す。私塾（伊藤春左右衛門社）を開き数学、測量術の大衆化を進めた。

¶数学

伊東直二*　いとうなおじ

天保11（1840）年～明治41（1908）年　江戸時代末期～明治時代の鹿児島県士族。西南戦争では四番大隊九番小隊長。

¶幕末

伊藤直次　いとうなおつぐ

江戸時代後期の和算家。

¶数学

伊藤直義*　いとうなおよし

生没年不詳　江戸時代末期の和算家。

¶数学

伊東長実　いとうながざね
⇒伊東長次（いとうながつぐ）

伊東長次*　いとうながつぐ
永禄3（1560）年～寛永6（1629）年　[別]伊東丹後守長次（いとうたんごのかみながつぐ），伊東長実（いとうながざね）　安土桃山時代～江戸時代前期の武将、大名。備中岡田藩主。
¶大坂（伊東丹後守長次　いとうたんごのかみながつぐ　[生]永禄3年/弘治2年/弘治3年　[没]寛永6年2月17日）

伊東長久*　いとうながひさ
天文2（1533）年～天正13（1585）年　戦国時代～安土桃山時代の武士。
¶織田（[生]？　[没]天正12（1584）年8月？）

伊東長昌*　いとうながまさ
文禄2（1593）年～寛永17（1640）年　[別]伊東若狭守長昌（いとうわかさのかみながまさ）　江戸時代前期の大名。備中岡田藩主。
¶大坂（伊東若狭守長昌　いとうわかさのかみながまさ　[没]寛永17年9月18日）

伊藤那倍*　いとうなべ
慶長14（1609）年～寛文13（1673）年7月11日　江戸時代前期の女性。伊藤仁斎の母。
¶江表（那倍（京都府）　なべ）

伊藤浪之介*　いとうなみのすけ
弘化3（1846）年～明治4（1871）年2月8日　江戸時代後期～明治時代の新撰組隊士。
¶新隊

伊藤憲章　いとうのりあき
江戸時代後期の和算家。
¶数学

伊藤徳敦*　いとうのりあつ
天保11（1840）年～明治43（1910）年　江戸時代末期～明治時代の土佐藩士。家老に随行して国事に奔走。
¶幕末（[生]天保11（1840）年5月15日　[没]明治43（1910）年2月21日）

伊藤梅宇*　いとうばいう
天和3（1683）年8月19日～延享2（1745）年10月28日　江戸時代中期の古義学派の儒学者。
¶思想

伊東梅軒*　いとうばいけん
文化12（1815）年～明治10（1877）年　[別]伊東祐之（いとうすけゆき）　江戸時代末期～明治時代の志士。
¶幕末（[没]明治10（1877）年6月14日）

伊東隼之助*　いとうはやのすけ
天保14（1843）年～？　江戸時代後期～末期の新撰組隊士。
¶新隊

伊藤春義*（伊東春義）　いとうはるよし
天保13（1842）年～大正14（1925）年　江戸時代末期～明治時代の公共事業家。
¶幕末

伊藤半左衛門*　いとうはんざえもん
安土桃山時代の武将。秀吉馬廻。
¶大坂（[没]慶長20年5月7日）

伊藤彦作*　いとうひこさく
？～天正10（1582）年6月2日　戦国時代～安土桃山時代の織田信長の家臣。
¶織田

伊藤彦兵衛*　いとうひこべえ
生没年不詳　安土桃山時代の織田信長の家臣。
¶織田

伊藤秀允　いとうひでみつ
⇒伊藤秀允（いとうしゅういん）

伊藤裕春　いとうひろはる
江戸時代後期～明治時代の和算家。菊池長良に和算を学び、算術を教授。
¶数学（[生]寛政6（1794）年　[没]明治4（1871）年）

伊藤博文*　いとうひろぶみ
天保12（1841）年9月2日～明治42（1909）年10月26日　江戸時代末期～明治時代の志士、政治家。もと長州（萩）藩士。のち初代総理大臣。
¶コン，詩作（いとうひろぶみ，いとうはくぶん），思想，全幕，幕末，山小（[生]1841年9月2日　[没]1909年10月26日）

伊藤風国*　いとうふうこく
？～元禄14（1701）年　[別]風国（ふうこく）　江戸時代中期の俳人（蕉門）。
¶俳文（風国　ふうこく　[没]元禄14（1701）年7月3日）

伊藤不玉*（伊東不玉）　いとうふぎょく
*～元禄10（1697）年　[別]不玉（ふぎょく）　江戸時代前期の俳人（蕉門）。
¶俳文（不玉　ふぎょく　[生]慶安1（1648）年　[没]元禄10（1697）年5月3日）

伊藤房次郎*　いとうふさじろう
天保2（1831）年～明治40（1907）年　江戸時代末期～明治時代の薬商人。薬商亀屋をつぐ。幕末には長府藩に多額の用金を献納。
¶幕末（[生]天保2（1831）年7月　[没]明治40（1907）年2月）

伊東武兵衛　いとうぶへえ
⇒伊東武兵衛（いとうむへえ）

伊藤平左衛門（1）　いとうへいざえもん
安土桃山時代の武蔵国岩付城主太田氏重臣細谷資満の被官。
¶後北（平左衛門〔伊藤〕　へいざえもん）

伊藤平左衛門*（2）（伊藤平左衛門〔9代〕）　いとうへいざえもん
文政12（1829）年～大正2（1913）年　江戸時代末期～明治時代の堂宮大工。
¶幕末（[没]大正2（1913）年5月11日），美建（――〔9代〕　[生]文政12（1829）年11月19日　[没]大正2（1913）年5月11日）

伊藤鳳山*　いとうほうざん
文化3（1806）年～明治3（1870）年　江戸時代後期～明治時代の儒者。
¶思想，幕末（[没]明治3（1870）年1月23日）

伊東方成*　いとうほうせい
天保3（1832）年～明治31（1898）年5月2日　[別]伊東玄伯（いとうげんぱく）　江戸時代末期～明治時代の医師。1862年オランダに留学。
¶科学（[生]天保3（1832）年9月15日），眼医（伊東方成（玄伯）　いとうほうせい（げんぱく）　[生]天保2（1831）年），幕末（[生]天保3（1832）年9月15日）

伊藤孫右衛門*　いとうまごえもん
天文12（1543）年～寛永5（1628）年　[別]伊藤仙右衛門（いとうせんえもん）　安土桃山時代～江戸時代前期の農民。紀州みかんの創始者。

¶コン(伊藤仙右衛門　いとうせんえもん), 植物([没]寛永5(1628)年7月15日)

伊藤孫大夫*　いとうまごだゆう
生没年不詳　安土桃山時代の織田信長の家臣。
¶織田

伊東政勝　いとうまさかつ
安土桃山時代〜江戸時代前期の幕臣。
¶徳人([生]1596年　[没]1662年)

伊藤正勝*　いとうまさかつ
安永5(1776)年〜安政2(1855)年　江戸時代後期の歌人。
¶幕末([没]安政2(1855)年3月13日)

伊東政世*(伊藤政世)　いとうまさよ
弘治3(1557)年〜寛永5(1628)年　安土桃山時代〜江戸時代前期の武士。後北条氏家臣、徳川氏家臣。
¶後北(政世〔伊東(1)〕　まさよ　[没]寛永5年7月9日), 徳人

伊藤益荒*　いとうますら
弘化1(1844)年〜元治1(1864)年　[別]伊藤嘉融(いとうよしなが)　江戸時代末期の肥前島原藩士。
¶幕末([没]元治1(1864)年9月8日)

伊藤万寿　いとうまんじゅ
江戸時代末期〜大正時代の俳人。
¶俳文([生]安政2(1855)年　[没]大正3(1914)年6月10日)

伊東マンショ*(伊東満所)　いとうまんしょ
元亀1(1570)年〜慶長17(1612)年　[別]伊東祐益(いとうすけます)　安土桃山時代〜江戸時代前期の天正遣欧少年使節正使、神父。1582年正使として渡欧。
¶コン(伊東満所　[生]元亀1(1570)年?), 全戦([生]?), 対外, 中世, 山小([生]1569年?　[没]1612年10月21日)

伊藤湊　いとうみなと
⇒矢嶋作郎(やじまさくろう)

伊藤美作守*(伊東美作守)　いとうみまさかのかみ
安土桃山時代の武将。豊臣秀頼に伺候。
¶大坂(伊東美作守)

伊藤武蔵守*　いとうむさしのかみ
?〜元和1(1615)年　安土桃山時代〜江戸時代前期の武将。豊臣秀吉・秀頼の臣。
¶大坂([没]慶長20年5月8日)

伊東武兵衛*　いとうむへえ
?〜永禄12(1569)年　[別]伊東武兵衛(いとうぶへえ)　戦国時代の武士。織田氏家臣、今川氏家臣。
¶織田(いとうぶへえ　[没]永禄12(1569)年1月21日)

伊藤茂右衛門　いとうもうえもん
⇒伊藤茂右衛門(いとうもえもん)

伊東蒙吉*　いとうもうきち
天保13(1842)年〜明治22(1889)年　江戸時代末期〜明治時代の鹿児島県士族、海軍軍人、大佐。裁判所一等主理などを歴任。
¶幕末([没]明治22(1889)年8月9日)

伊藤茂右衛門*　いとうもえもん
文化13(1816)年〜?　[別]伊藤茂右衛門(いとうもうえもん)　江戸時代後期の薩摩藩士、陽明学者。
¶幕末

伊藤木児*　いとうもくじ
元禄2(1689)年〜宝暦13(1763)年　[別]木児(もくじ)　江戸時代中期の俳人(支考門)。
¶俳文(木児　もくじ　[没]宝暦13(1763)年6月18日)

伊藤守一　いとうもりかず
江戸時代後期の和算家。
¶数学([生]寛政9(1797)年　[没]嘉永2(1849)年)

伊東弥五郎　いとうやごろう
⇒伊藤一刀斎(いとういっとうさい)

伊藤安七郎*　いとうやすしちろう
天保2(1831)年〜明治34(1901)年　江戸時代末期〜明治時代の商屋。道路建設など東海道の交通に貢献。
¶幕末

伊藤保喬*　いとうやすたか
生没年不詳　江戸時代後期の和算家。
¶数学

伊藤泰蔵*　いとうやすとし
天保11(1840)年〜大正8(1919)年1月27日　江戸時代末期〜明治時代の人。香取神宮に奉仕。
¶幕末

伊藤弥惣*　いとうやそう
?〜明治10(1877)年　江戸時代末期〜明治時代の高田藩士。
¶幕末([没]明治10(1877)年4月16日)

伊東友賢　いとうゆうけん
江戸時代後期〜明治時代の仙台藩医。
¶幕末([生]天保14(1843)年7月9日　[没]明治34(1901)年4月13日)

伊東祐亨　いとうゆうこう
⇒伊東祐亨(いとうすけゆき)

伊藤有終*　いとうゆうしゅう
?〜明治9(1876)年　[別]有終(ゆうしゅう)　江戸時代後期〜明治時代の俳人。
¶俳文(有終　ゆうしゅう　[没]明治9(1876)年4月3日)

伊東至義　いとうゆきよし
江戸時代中期の幕臣。
¶徳人([生]1744年　[没]?)

伊藤弓子*　いとうゆみこ
享和2(1802)年〜?　江戸時代後期の女性。歌人、紀行文作者。
¶江表(弓子(福岡県)　[没]明治7(1874)年)

伊藤百合五郎*　いとうゆりごろう
弘化2(1845)年〜文久3(1863)年　江戸時代末期の奇兵隊士。
¶幕末([没]文久3(1863)年10月24日)

伊東与九郎　いとうよくろう
戦国時代〜安土桃山時代の北条為昌・北条氏康・氏政の家臣。
¶後北(与九郎〔伊東(2)〕　よくろう)

伊東義祐*　いとうよしすけ
永正9(1512)年〜天正13(1585)年　戦国時代〜安土桃山時代の日向の大名。
¶コン([生]永正10(1513)年), 全戦([生]永正10(1513)年), 戦武, 室町

伊藤嘉融　いとうよしなが
⇒伊藤益荒(いとうますら)

いとこ

伊東義益* いとうよします
天文15(1546)年〜永禄12(1569)年 戦国時代の武将。
¶戦武

伊藤与三左衛門 いとうよそうざえもん
生没年不詳 安土桃山時代の織田信長の家臣。
¶織田(㊞? ㊡天正6(1578)年4月18日)

伊藤与八郎* いとうよはちろう
江戸時代末期の新撰組隊士。
¶新隊(生没年不詳)

伊藤嵐牛* いとうらんぎゅう
寛政9(1797)年〜明治9(1876)年 ㊛嵐牛(らんぎゅう) 江戸時代末期〜明治時代の俳人。遠州各地に句碑。
¶俳文(嵐牛 らんぎゅう)(㊞寛政10(1798)年 ㊡明治9(1876)年5月28日),幕末

伊藤蘭嵎 いとうらんぐう
元禄7(1694)年〜安永7(1778)年 江戸時代中期の儒者、紀伊和歌山藩儒。
¶コン,思想

伊東藍田*(伊藤蘭田) いとうらんでん
享保19(1734)年〜文化6(1809)年 江戸時代中期〜後期の儒者。徂徠学派。
¶コン(㊞寛保3(1743)年)

伊藤蘭林 いとうらんりん
文化12(1815)年〜明治28(1895)年 江戸時代末期〜明治時代の教育者。名教館教授で門下生に多数の勤皇志士。
¶幕末(㊞文化12(1815)年9月28日 ㊡明治28(1895)年3月14日)

伊藤李佐* いとうりさ
生没年不詳 江戸時代中期の歌人。
¶江表(梨佐・李佐(福井県))

伊藤竜州(伊藤竜洲) いとうりゅうしゅう
⇒伊藤竜洲(いとうりょうしゅう)

伊藤隆三 いとうりゅうぞう
江戸時代末期の新撰組隊士。
¶新隊(生没年不詳)

伊藤竜太郎* いとうりゅうたろう
天保6(1835)年〜慶応3(1867)年 ㊛伊藤竜太郎(いとうたつたろう、いとうりょうたろう) 江戸時代末期の剣術家。
¶コン(いとうたつたろう),幕末(㊞天保6(1835)年1月 ㊡慶応3(1867)年11月18日)

伊藤竜洲* いとうりょうしゅう
天和3(1683)年〜宝暦5(1755)年 ㊛伊藤竜洲、伊藤竜洲(いとうりゅうしゅう) 江戸時代中期の漢学者。
¶コン

伊藤良蔵 いとうりょうぞう
江戸時代後期の眼科医。
¶眼医(㊞嘉永3(1850)年 ㊡?)

伊藤竜太郎 いとうりょうたろう
→伊藤竜太郎(いとうりゅうたろう)

伊藤林慶 いとうりんけい
安土桃山時代〜江戸時代前期の大野治房の家来。
¶大坂

伊藤隷尾* いとうれいび
生没年不詳 江戸時代末期の和算家。
¶数学

伊藤六郎兵衛 いとうろくべい
⇒伊藤六郎兵衛(いとうろくべえ)

伊藤六郎兵衛 いとうろくべえ
文政12(1829)年〜明治27(1894)年3月30日 ㊛伊藤六郎兵衛(いとうろくべい) 江戸時代末期〜明治時代の宗教家。丸山教の教祖で、明治政府の宗教政策には合致する方針をとる。
¶コン,幕末(㊞文政12(1829)年7月15日)

伊東若狭守長昌 いとうわかさのかみながまさ
⇒伊東長昌(いとうながまさ)

伊藤和兌 いとうわたい
⇒伊藤和兌(いとうかずみち)

糸栄 いとえ
江戸時代中期の女性。俳諧。元文2年刊、美濃派三世伯石里紅編、各務支考七回忌追善集『渭江話』に載る。
¶江表(糸栄(熊本県))

伊刀王(1) いとおう
奈良時代の官人。
¶古人(生没年不詳)

伊刀王(2) いとおう
奈良時代の皇族。天平宝字元年(757)殺人の罪により陸奥に流された。
¶古人(生没年不詳)

井戸王 いどおう
⇒井戸王(いどのおおぎみ)

懿徳天皇* いとくてんのう
㊛大日本彦耜友尊(おおやまとひこすきとものみこと) 上代の第4代の天皇。
¶古人(生没年不詳),古代,古物(㊛綏靖天皇29(前553)年 ㊡懿徳天皇34(前477)年9月8日),コン,天皇(㊞綏靖29(前553)年 ㊡懿徳34(前477)年9月8日)

いとこ
江戸時代後期の女性。和歌。河内丹南藩主高木正剛の娘。寛政10年跋、真田幸弘の六〇賀集「千とせの寿詞」に載る。
¶江表(いとこ(大阪府))

いと子(1) いとこ*
江戸時代後期の女性。和歌。幕臣、書院番頭内藤甲斐守正範の娘。
¶江表(いと子(東京都))

いと子(2) いとこ*
江戸時代後期の女性。和歌。但馬出石藩主仙石久行家の奥女中。文化5年頃、真田幸弘編「御ことほきの記」に載る。
¶江表(いと子(兵庫県))

いと子(3) いとこ*
江戸時代末期の女性。和歌。片山氏。文久3年刊、関橋守編『耳順賀集』に載る。
¶江表(いと子(東京都))

以登子 いとこ*
江戸時代後期の女性。和歌。山下氏の母。嘉永5年版『平安人物志』に載る。
¶江表(以登子(京都府))

糸子(1)　いとこ★
江戸時代の女性。和歌。加藤氏。明治13年刊、佐々木弘綱編『明治開化和歌集』に載る。
¶江表(糸子(東京都))

糸子(2)　いとこ★
江戸時代前期の女性。和歌。樵木町の人。寛文12年に三条の橋の袂で自害した。
¶江表(糸子(京都府))

糸子(3)　いとこ★
江戸時代中期の女性。和歌。盛岡藩士椎名弥佐衛門高武の妹。
¶江表(糸子(岩手県)　[没]享保9(1724)年)

糸子(4)　いとこ★
江戸時代後期～明治時代の女性。和歌。大館の歌人・漢詩人で秋田新聞界の祖・江幡通静の妻。
¶江表(糸子(秋田県)　[生]嘉永4(1851)年　[没]明治45(1912)年)

糸子(5)　いとこ★
江戸時代後期の女性。和歌。伊勢一志郡本村の信藤勘太夫の妻。文政5年本居春庭に入門。
¶江表(糸子(三重県))

糸子(6)　いとこ★
江戸時代後期の女性。狂歌。松田氏。享和3年刊、如棗亭栗洞撰『狂歌続うなゐ草紙』に載る。
¶江表(糸子(大阪府))

糸子(7)　いとこ★
江戸時代後期の女性。和歌。因幡鳥取藩士神旦平の娘。天保12年刊、加納諸平編『類題鰒玉集』四に載る。
¶江表(糸子(鳥取県))

糸子(8)　いとこ★
江戸時代後期の女性。和歌。備前岡山藩士今田知貞の妻。嘉永3年刊、藤井尚澄編『類題吉備国歌集』に載る。
¶江表(糸子(岡山県))

糸子(9)　いとこ★
江戸時代末期の女性。和歌。今治藩藩士池山良文の母。安政1年刊、半井梧庵編『鄙のてぶり』初に数首が載る。
¶江表(糸子(愛媛県))

糸子(10)　いとこ★
江戸時代末期～明治時代の女性。和歌・教育。摂津兵庫の竹中半右衛門の娘。
¶江表(糸子(兵庫県)　[没]明治16(1883)年)

絮子　いとこ★
江戸時代後期～明治時代の女性。和歌。島津家御一門の越前島津家の島津忠寛の娘。
¶江表(絮子(鹿児島県)　[生]文化10(1813)年　[没]明治9(1876)年)

井戸覚弘*　いどさとひろ
？～安政5(1858)年　江戸時代末期の幕臣、長崎奉行、大目付。
¶コン,徳人,幕末([生]文化8(1811)年　[没]安政5(1858)年4月7日)

いと女(1)　いとじょ★
江戸時代後期の女性。狂歌。文化1年刊、四方真顔ほか編『狂歌武射志風流』に載る。
¶江表(いと女(東京都))

いと女(2)　いとじょ★
江戸時代後期の女性。和歌。与力斎藤庄兵衛師英の娘。文化11年刊、中山忠雄・河田正致編『柿本社奉納和歌集』に載る。
¶江表(いと女(東京都))

いと女(3)　いとじょ★
江戸時代末期の女性。俳諧。江戸に住んだ羽田墨芳の妻か娘。万延1年建立、長野市城山県社羽田墨芳句碑の発起者の中に載る。
¶江表(いと女(長野県))

伊と女　いとじょ★
江戸時代後期の女性。教育。石井安兵衛の妻。
¶江表(伊と女(東京都)　[生]文化14(1817)年頃)

伊登女　いとじょ★
江戸時代後期の女性。和歌。幕臣、寄合席阿部大学正信の家臣上崎大助の妻。文政4年の「詩仙堂募集和歌」に載る。
¶江表(伊登女(東京都))

糸女(1)　いとじょ★
江戸時代後期の女性。狂歌。文化9年刊、便々館湖鯉鮒撰『狂歌浜荻集』に載る。
¶江表(糸女(岩手県))

糸女(2)　いとじょ★
江戸時代後期の女性。狂歌。文化12年刊、四方真顔撰『俳諧歌兄弟百首』に載る。
¶江表(糸女(東京都))

石徹白長澄*　いとしろながずみ
生没年不詳　安土桃山時代の織田信長の家臣。
¶織田(いとしろながずみ)

伊登志別王*　いとしわけのおう
上代の垂仁天皇の皇子。
¶古代

井戸助左衛門　いどすけざえもん
江戸時代中期の関東代官。
¶徳代([生]？　[没]寛延2(1749)年6月3日)

糸田貞義*　いとださだよし
？～建武1(1334)年　[別]北条貞義(ほうじょうさだよし)　鎌倉時代後期の武将。
¶室町

五十迹手*　いとで，いとて
上代の筑紫伊都県主。
¶古代(いとて)

伊都内親王*　いとないしんのう
？～貞観3(861)年　[別]伊都内親王(いずないしんのう，いつないしんのう)，伊豆内親王(いとのないしんのう)　平安時代前期の女性。桓武天皇の第7皇女、在原業平の母。
¶古人(いずないしんのう),古代(いつないしんのう),女史,天皇(伊豆内親王　いとのないしんのう　[生]延暦20(801)年頃　[没]貞観3(861)年9月19日)

井戸王*　いどのおおぎみ
[別]井戸王(いどおう，いのへのおおきみ)　奈良時代の皇族。
¶古人(いどおう　生没年不詳)

伊刀女王　いとのじょおう
奈良時代の官人。
¶古人(生没年不詳)

伊豆内親王　いとのないしんのう
⇒伊都内親王（いとないしんのう）

糸橋　いとはし*
江戸時代後期の女性。俳諧。武蔵神奈川宿の人。
天保9年、歳旦帖『芳春帖』に載る。
¶江表（糸橋（神奈川県））

糸原重正　いとはらしげまさ
江戸時代前期の幕臣。
¶徳人（生没年不詳）

糸原正安　いとはらまさやす
江戸時代前期の代官。
¶徳代（㋺？）　㋷元和3（1617）年7月8日）

糸姫　いとひめ
⇒京姫（きょうひめ）

糸媛*　いとひめ
上代の女性。応神天皇の妃。
¶天皇（生没年不詳）

井戸弘隆　いどひろたか
江戸時代前期～中期の佐渡奉行、作事奉行。
¶徳代（㋺貞享3（1686）年　㋷寛保2（1742）年9月19日）

井戸弘道　いどひろみち
？～安政2（1855）年　江戸時代末期の幕臣、浦賀
奉行。
¶徳人、幕末（㋷安政2（1855）年7月26日）

井戸平左衛門*　いどへいざえもん
寛文12（1672）年～享保18（1733）年　㋺井戸平左
衛門正明（いどへいざえもんまさあき）、井戸正明
（いどまさあきら）、井戸正朋（いどまさとも）、芋
代官（いもだいかん）　江戸時代中期の民政家、石
見国大森代官。
¶江人（井戸正明　いどまさあきら）、コン（㋷寛文11
（1671）年）、徳人（井戸正明　いどまさあきら）、徳代
（井戸正明　いどまさあきら　㋷享保18（1733）年5月
27日）

井戸平左衛門正明　いどへいざえもんまさあき
⇒井戸平左衛門（いどへいざえもん）

井戸正明　いどまさあきら
⇒井戸平左衛門（いどへいざえもん）

井戸正朋　いどまさとも
⇒井戸平左衛門（いどへいざえもん）

井戸将元*　いどまさもと
？～天正7（1579）年7月19日　戦国時代の武将。斎
藤氏家臣。
¶織田

糸女　いとめ*
江戸時代後期の女性。俳諧。嘉永4年の一枚摺「雪
のふる道」（寛兆主催）に載る。
¶江表（糸女（福島県））

糸屋随右衛門*（糸屋隋右衛門）　いとやずいえもん
天正14（1586）年～慶安3（1650）年　江戸時代前期
の長崎の朱印船の船長。
¶コン、対外

井戸良弘*（1）　いどよしひろ
？～慶長17（1612）年　安土桃山時代～江戸時代前
期の武将。
¶織田（㋺天文2（1533）年？　㋷慶長17（1612）年1月5
日？）、全戦（㋺天文2（1533）年？　㋷慶長17（1612）

年？）

井戸良弘*（2）　いどよしひろ
寛永12（1635）年～享保2（1717）年　江戸時代前期
～中期の幕臣。勘定奉行。
¶徳人

いな
江戸時代中期の女性。俳諧。深浦の山田屋の娘。天
明3年の深浦町関八幡宮にある俳諧奉納額に載る。
¶江表（いな（青森県））

為奈王*　いなおう
生没年不詳　奈良時代の舎人親王の孫。
¶古人、古代

稲生勘解由左衛門*　いなおかげゆざえもん
？～永禄12（1569）年12月　戦国時代～安土桃山時
代の織田信長の家臣。
¶織田

稲垣大平　いながきおおひら
⇒本居大平（もとおりおおひら）

稲垣覚之丞*　いながきかくのじょう
天保1（1830）年～慶応3（1867）年　江戸時代末期
の越後村松藩士。
¶幕末（㋷慶応3（1867）年5月19日）

稲垣定穀*　いながきさだよし
明和1（1764）年～天保6（1835）年　㋺稲垣定穀（い
ながきていこく）　江戸時代後期の天文地理研究
家。商家の主人。
¶科学、コン

稲垣重為の妻　いながきしげためのつま*
江戸時代後期の女性。和歌。伊勢白子の人。天明8
年西村節甫の編んだ詩歌句集『老伴集』に載る。
¶江表（稲垣重為の妻（三重県））

稲垣重大　いながきしげとも
⇒稲垣重太（いながきしげもと）

稲垣重太*　いながきしげもと
文禄3（1594）年～万治1（1658）年　㋺稲垣重大（い
ながきしげとも）　江戸時代前期の大番頭。
¶徳人（稲垣重大　いながきしげとも）

稲垣秋荘*　いながきしゅうそう
天保6（1835）年～明治34（1901）年　江戸時代末期
～明治時代の漢学者。泊園書院助教、教授などを
歴任。
¶幕末（㋷明治34（1901）年5月19日）

稲垣すは子*　いながきすわこ
寛政8（1796）年～明治2（1869）年10月1日　㋺稲垣
妙智尼（いながきみょうちに）　江戸時代末期～明
治時代の狂歌師。女流歌人として令名を馳せる。
遺稿『法の道芝』『万延二年伊勢参宮紀行』がある。
¶江表（妙智尼（群馬県））

稲垣種信*　いながきたねのぶ
元禄7（1694）年～*　江戸時代中期の大坂町奉行。
¶徳人（㋺1763年）

稲垣つる*　いながきつる
生没年不詳　㋺稲垣つる女（いながきつるじょ）
江戸時代末期の女性。浮世絵師。
¶コン（稲垣つる女　いながきつるじょ）、女史（稲垣つる
女　いながきつるじょ）、美画

い

稲垣つる女　いながきつるじょ
⇒稲垣つる（いながきつる）

稲垣定穀　いながきていこく
⇒稲垣定穀（いながきさだよし）

稲垣藤兵衛　いながきとうべえ
⇒稲垣藤兵衛（いながきふじべえ）

稲垣豊章　いながきとよあきら
江戸時代中期の代官。
¶徳代（㊐正徳5（1715）年　㊚天明2（1782）年11月8日）

稲垣豊強　いながきとよかつ
江戸時代後期の幕臣。
¶数学，徳人（㊐1742年　㊚？），徳代（㊐寛保3（1743）年　㊚？）

稲垣長行*　いながきながゆき
嘉永4（1851）年～明治1（1868）年　江戸時代末期の大名。志摩鳥羽藩主。
¶幕末（㊐嘉永4（1851）年8月24日　㊚慶応4（1868）年8月14日）

稲垣藤兵衛*　いながきふじべえ
文化10（1813）年～明治12（1879）年　㊛稲垣藤兵衛（いながきとうべえ），稲垣碧峯（いながきへきほう）　江戸時代末期～明治時代の酒造業、勤王家。
¶幕末（いながきとうべえ　㊚明治12（1879）年8月12日）

稲垣平助*　いながきへいすけ
天保8（1837）年～明治19（1886）年　江戸時代末期～明治時代の越後長岡藩家老。
¶全幕（㊐天保7（1836）年　㊚明治18（1885）年），幕末（㊚明治19（1886）年5月）

稲垣碧峯　いながきへきほう
⇒稲垣藤兵衛（いながきふじべえ）

稲垣正武*　いながきまさたけ
元禄11（1698）年～明和8（1771）年　江戸時代中期の大目付。
¶徳人（㊐1699年）

稲垣妙智尼　いながきみょうちに
⇒稲垣すは子（いながきすわこ）

稲垣太清*　いながきもときよ
天保11（1840）年～明治21（1888）年　江戸時代末期～明治時代の山上藩主、山上藩知事。
¶幕末（㊐天保12（1841）年9月11日　㊚明治21（1888）年9月20日）

稲垣与右衛門　いながきよえもん
江戸時代前期の真田信繁の配下。
¶大坂

稲垣義方*　いながきよしかた
天保12（1841）年～明治40（1907）年　江戸時代末期～明治時代の加賀藩士。改作奉行、軍艦棟取役などを歴任。
¶幕末（㊚明治41（1908）年7月）

稲懸大平　いながけおおひら
⇒本居大平（もとおりおおひら）

稲河大夫　いながわだゆう
戦国時代～安土桃山時代の駿河府中浅間社の社人。
¶武田（生没年不詳）

稲寸丁女*　いなきおとめ
㊛稲置丁女（いなきをみな）　飛鳥時代の女性。稲置姓。
¶女史（稲置丁女　いなきをみな）

稲置丁女　いなきをみな
⇒稲寸丁女（いなきおとめ）

稲木三右衛門　いなきさんえもん
江戸時代前期の武士。大坂の陣で籠城。
¶大坂

稲城丹生公真秀　いなきたんせいのきみしんしゅう
平安時代前期の女性。光孝天皇の宮人。
¶天皇（生没年不詳）

因支秋主*　いなきのあきぬし
生没年不詳　㊛因支首秋主（いなきのおびとあきぬし）　平安時代前期の豪族。
¶古代（因支首秋主　いなきのおびとあきぬし）

因支首秋主　いなきのおびとあきぬし
⇒因支秋主（いなきのあきぬし）

因支首□思波*　いなきのおびと□しは
飛鳥時代の讃岐国の人。
¶古代

稲毛重成*　いなげしげなり
？～元久2（1205）年　㊛平重成（たいらのしげなり）　平安時代後期～鎌倉時代前期の武蔵国の在地領主。
¶古人（平重成　たいらのしげなり），中世，内乱，平家

稲毛実*　いなげみのる
*～明治2（1869）年　江戸時代後期の土佐藩士。
¶コン（㊐？），幕末（㊐天明6（1786）年　㊚明治2（1870）年12月13日）

伊奈定秀　いなさだひで
戦国時代の北条氏康家臣富永康景・政家の同心。
¶後北（定秀〔伊奈（2）〕　さだひで）

稲沢宗庵*　いなさわそうあん
寛政11（1799）年～明治3（1870）年　江戸時代末期～明治時代の医師。
¶幕末（㊚明治3（1870）年10月18日）

伊奈侍従（1）　いなじじゅう
⇒京極高知（きょうごくたかとも）

伊奈侍従（2）　いなじじゅう
⇒毛利秀頼（もうりひでより）

稲背入彦皇子*　いなせいりひこのおうじ
㊛稲背入彦皇子（いなせのいりびこのみこ）　上代の景行天皇の皇子。
¶天皇（いなせのいりびこのみこ）

稲背入彦皇子　いなせのいりびこのみこ
⇒稲背入彦皇子（いなせいりひこのおうじ）

稲田大炊助*　いなだおおいのすけ
生没年不詳　安土桃山時代の織田信長の家臣。
¶織田

稲田佐太郎*　いなださたろう
㊛柳田三次郎（やなださんじろう）　江戸時代末期の新撰組隊士。
¶新隊（柳田三次郎　やなださんじろう　生没年不詳）

稲田重蔵*　いなだじゅうぞう
文化11（1814）年～万延1（1860）年　江戸時代末期の水戸藩属吏。
¶全幕（㊚安政7（1860）年），幕末（㊚安政7（1860）年3月

3日）

伊奈忠篤 いなただあつ
江戸時代前期～中期の関東郡代。
¶徳代（㋑寛文9（1669）年　㋘元禄10（1697）年10月19日）

伊奈忠宥* いなただおき
享保14（1729）年～安永1（1772）年　江戸時代中期の関東郡代。勘定奉行。
¶徳人、徳代（㋘安永1（1772）年8月25日）

伊奈忠賢* いなただかた
享保11（1726）年～寛政7（1795）年5月21日　江戸時代中期～後期の幕臣。
¶徳人

伊奈忠克*（伊奈忠勝）　いなただかつ
？～寛文5（1665）年　江戸時代前期の関東郡代。水道奉行として玉川上水を完成。
¶コン、徳人（伊奈忠勝）、徳代（㋑元和3（1617）年　㋘寛文5（1665）年8月14日）

伊奈忠公 いなただきみ
安土桃山時代～江戸時代前期の代官。
¶徳代（㋑慶長2（1597）年　㋘寛文5（1665）年2月17日）

伊奈忠達* いなたださと
？～宝暦6（1756）年　㋕伊奈忠達（いなただみち）
江戸時代中期の関東郡代、東伊奈家6代の主。
¶徳人（伊奈忠達　いなただみち　㋑1690年）、徳代（伊奈忠達　いなただみち　㋑元禄3（1690）年　㋘宝暦6（1756）年11月17日）

伊奈忠尊* いなただたか
明和1（1764）年～寛政6（1794）年　江戸時代後期の関東郡代。
¶コン、徳将、徳人、徳代（㋘寛政6（1794）年8月19日）

伊奈忠次* いなただつぐ
天文19（1550）年～慶長15（1610）年　安土桃山時代～江戸時代前期の大名。武蔵小室藩主。
¶江人、コン、戦武、徳将、徳人、徳代（㋘慶長15（1610）年6月13日）、山小（㋘1610年6月13日）

伊奈忠常 いなただつね
江戸時代前期の関東郡代。
¶徳代（㋑慶安1（1648）年　㋘延宝8（1680）年1月4日）

伊奈忠辰 いなただとき
江戸時代中期の関東郡代。
¶徳代（㋑元禄12（1699）年　㋘明和4（1767）年10月15日）

伊奈忠利 いなただとし
江戸時代前期の関東代官。
¶徳代（生没年不詳）

伊奈忠富 いなただとみ
*～文化10（1813）年　江戸時代中期～後期の幕臣。
¶徳人（㋑1741年）、徳代（㋑寛保2（1742）年　㋘文化10（1813）年3月26日）

稲田植誠*（稲田植誠）　いなだたねのぶ
弘化1（1844）年～慶応1（1865）年　江戸時代末期の阿波徳島藩洲本城代。
¶全幕、幕末（㋘慶応1（1865）年7月19日）

伊奈忠順* いなただのぶ
？～正徳2（1712）年　江戸時代中期の関東郡代。江戸の拡張工事を推進。
¶コン、徳人、徳代（㋘正徳2（1712）年2月29日）

伊奈忠信 いなただのぶ
江戸時代後期の関東郡代。
¶徳代（㋑？　㋘弘化1（1844）年）

伊奈忠治* いなただはる
文禄1（1592）年～承応2（1653）年　江戸時代前期の関東郡代。玉川上水の開削工事に当たる。
¶江人、コン、徳人、徳代（㋘承応2（1653）年6月27日）、山小（㋘1653年6月27日）

伊奈忠敬 いなただひろ
江戸時代中期の関東郡代。柳沢吉里の六男。
¶徳代（㋑享保20（1735）年　㋘安永7（1778）年3月11日）

伊奈忠政* いなただまさ
天正13（1585）年～元和4（1618）年　安土桃山時代～江戸時代前期の武将、大名。武蔵小室藩主。
¶コン

伊奈忠達 いなただみち
⇒伊奈忠達（いなたださと）

伊奈忠盈 いなただみつ
江戸時代中期の旗本。
¶徳代（㋑安永5（1776）年　㋘文政7（1824）年11月）

伊奈忠易 いなただやす
江戸時代前期～中期の代官。
¶徳代（㋑寛永7（1630）年　㋘元禄12（1699）年1月26日）

伊奈忠行 いなただゆき
江戸時代後期～末期の代官。
¶徳代（生没年不詳）

稲田平部* いなだへいぶ
文政6（1823）年～明治34（1901）年　江戸時代末期～明治時代の発明家。
¶科学（㋑文政6（1823）年2月24日　㋘明治34（1901）年5月5日）

稲田又左衛門* いなだまたざえもん
天保5（1834）年～明治43（1910）年　江戸時代末期～明治時代の政治家。廃藩後、大村家の家政顧問となり、その後衆議院議員となった。
¶幕末（㋑天保5（1834）年1月21日　㋘明治43（1910）年3月3日）

稲田瞭斎 いなだりょうさい
江戸時代末期の眼科医。
¶眼医（生没年不詳）

伊奈忠高 いなちゅうこう
江戸時代中期～後期の代官。
¶徳代（㋑天明3（1783）年　㋘天保13（1842）年10月18日）

伊奈長三〔1代〕* いなちょうざ
延享1（1744）年～文政5（1822）年　江戸時代中期～後期の尾張常滑の陶工。
¶美工（㋘文政5（1822）年1月5日）

伊奈長三〔2代〕* いなちょうざ
天明1（1781）年～安政5（1858）年　江戸時代後期の尾張常滑の陶工。
¶美工（㋘安政5（1858）年6月5日）

伊奈長三〔4代〕 いなちょうざ
江戸時代後期～大正時代の陶芸家。
¶美工（㋑天保12（1841）年10月9日　㋘大正13（1924）年4月）

稲津祇空 いなつぎくう, いなづぎくう
⇒祇空(ぎくう)

稲次春之助* いなつぎはるのすけ
天保9(1838)年〜? [別]稲次春之助(いなつぐはるのすけ) 江戸時代後期〜末期の新撰組隊士。
¶新隊(いなつぐはるのすけ)

稲次春之助 いなつぐはるのすけ
⇒稲次春之助(いなつぎはるのすけ)

稲津新介 いなづしんすけ
平安時代後期の越前国河合系斎藤氏の武士。
¶平家(生没年不詳)

稲津長豊* いなづちょうほう
享和1(1801)年〜嘉永3(1850)年 [別]稲津長豊(いなつながとよ) 江戸時代末期の数学者。
¶数学(いなつながとよ [没]嘉永3(1850)年12月20日)

稲津長豊 いなつながとよ
⇒稲津長豊(いなづちょうほう)

稲妻雷五郎* いなづまらいごろう, いなずまらいごろう
*〜明治10(1877)年 江戸時代末期〜明治時代の力士。
¶幕末([生]寛政7(1795)年 [没]明治10(1877)年3月29日)

稲富一夢 いなとみいちむ
⇒稲富直家(いなとみなおいえ)

稲富之幹の母 いなとみしかんのはは⋆
江戸時代後期の女性。和歌。因幡気多郡宿村の人。天保12年刊、加納諸平編『類題鰒玉集』四に載る。
¶江表(稲富之幹の母(鳥取県))

稲富祐直 いなとみすけなお
⇒稲富直家(いなとみなおいえ)

稲富直家* いなとみなおいえ
天文21(1552)年〜慶長16(1611)年 [別]稲富一夢(いなとみいちむ, いなどめいちむ), 稲富祐直(いなとみすけなお, いなどめすけなお), 稲留祐直(いなどめすけなお), 稲富直家(いなどめなおいえ) 安土桃山時代〜江戸時代前期の砲術家、伊勢亀山藩士。稲富派の祖。
¶織田(稲富祐直 いなとみすけなお [生]天文20(1551)年 [没]慶長16(1611)年2月6日), コン(稲富祐直 いなとみすけなお [生]天文20(1551)年), 全戦(稲富一夢 いなどめいちむ), 戦武(稲富祐直 いなどめすけなお), 対外(稲富一夢 いなどめいちむ)

稲富一夢 いなどめいちむ
⇒稲富直家(いなとみなおいえ)

稲富祐直(稲留祐直) いなどめすけなお
⇒稲富直家(いなとみなおいえ)

稲富祐秀 いなどめすけひで
戦国時代〜安土桃山時代の武将。
¶戦武([生]永正5(1508)年 [没]永禄10(1567)年)

稲富直家 いなどめなおいえ
⇒稲富直家(いなとみなおいえ)

稲主女 いなぬしめ
奈良時代の婢。
¶古人([生]732年 [没]772年)

為奈東麻呂 いなのあずままろ
奈良時代の官人。
¶古人(生没年不詳)

猪名石前 いなのいわさき
飛鳥時代〜奈良時代の官人。
¶古人([生]? [没]714年)

韋那磐鍬* いなのいわすき
生没年不詳 [別]韋那公磐鍬(いなのきみいわすき) 飛鳥時代の官吏。
¶古人, 古代(韋那公磐鍬 いなのきみいわすき)

為奈馬養 いなのうまかい
奈良時代の官人。
¶古人(生没年不詳)

威奈大村* いなのおおむら
天智1(662)年〜慶雲4(707)年 [別]威奈真人大村(いなのまひとおおむら) 飛鳥時代の官僚。宣化天皇の末裔。
¶古人, 古代(威奈真人大村 いなのまひとおおむら), コン

韋那公磐鍬 いなのきみいわすき
⇒韋那磐鍬(いなのいわすき)

稲野三重郎* いなのさんじゅうろう
享和1(1801)年〜明治5(1872)年 江戸時代後期〜明治時代の和算家。
¶数学

猪名高見 いなのたかみ
飛鳥時代の官人。
¶古人([生]? [没]672年)

為奈玉足* いなのたまたり
?〜天応1(781)年 奈良時代の女官。
¶古人

伊奈局 いなのつぼね
江戸時代前期の女性。大坂城の女房衆。伊茶局(いちゃ)の誤記の可能性も。
¶大坂([没]慶長20年5月8日)

稲野年恒 いなのとしつね
江戸時代末期〜明治時代の浮世絵師。
¶美画([生]安政5(1858)年 [没]明治40(1907)年5月27日)

為奈豊人 いなのとよひと
奈良時代の官人。
¶古人(生没年不詳)

猪名法麻呂 いなののりまろ
奈良時代の官人。
¶古人(生没年不詳)

威奈真人大村 いなのまひとおおむら
⇒威奈大村(いなのおおむら)

稲宮 いなのみや
⇒守恕法親王(しゅじょほうしんのう)

伊奈波 いなは⋆
江戸時代中期の女性。俳諧。遠江橋爪村の橋爪六郎右衛門芳興の娘。
¶江表(伊奈波(静岡県) [没]寛延4(1751)年)

因幡*(1) いなば
生没年不詳 平安時代前期の歌人。
¶古人

因幡(2) いなば
平安時代中期の女性。橘行頼の女。藤原信長の乳母。

¶古人（生没年不詳）

因幡(3)　いなば
平安時代中期～後期の女性。源実基の女。四条宮の女房。
¶古人（生没年不詳）

稲葉観通*　いなばあきみち
*～文久2（1862）年　江戸時代末期の大名。豊後臼杵藩主。
¶幕末（[生]天保10（1839）年　[没]文久2（1862）年閏8月1日）

稲葉伊織　いなばいおり
江戸時代前期の武士。大坂の陣で籠城。後に松平直政に出仕。
¶大坂

稲葉市之丞*　いなばいちのじょう
生没年不詳　安土桃山時代の織田信長の家臣。
¶織田

稲葉一鉄*　いなばいってつ
永正13（1516）年～天正16（1588）年　[別]稲葉良通（いなばよしみち）　戦国時代～安土桃山時代の武将、西美濃三人衆の一人。
¶織田（稲葉良通　いなばよしみち　[生]永正12（1515）年　[没]天正16（1588）年11月19日），コン（[生]永正12（1515）年），全戦（稲葉良通　いなばよしみち　[生]永正12（1515）年），戦武（稲葉良通　いなばよしみち　[生]永正12（1515）年），室町（[生]永正12（1515）年　[没]天正16（1589）年）

稲葉迂斎*　いなばうさい
貞享1（1684）年～宝暦10（1760）年　江戸時代中期の儒学者、肥前唐津藩士。闇斎学派の大家。
¶コン，思想

稲葉大炊　いなばおおい
江戸時代前期の武士。大坂の陣で大野治長組に所属。
¶大坂

稲葉勝信　いなばかつのぶ
江戸時代中期の幕臣。
¶徳人（[生]？　[没]1730年）

稲葉勝行　いなばかつゆき
江戸時代前期～中期の幕臣、代官。
¶徳代（[生]明暦2（1656）年　[没]元禄10（1697）年2月5日）

稲葉儀右衛門*　いなばぎえもん
安永7（1778）年～文久1（1861）年　江戸時代後期の名主。
¶幕末（[没]文久1（1861）年11月3日）

稲葉刑部少輔*　いなばぎょうぶのしょう
生没年不詳　安土桃山時代の織田信長の家臣。
¶織田

因幡浄成女　いなばきよなりめ
⇒因幡国造浄成女（いなばのくにのみやつこきよなりめ）

稲葉鯤*　いなばこん
文化14（1817）年～明治21（1888）年　[別]東海鯤女（とうかいこんじょ）　江戸時代後期～明治時代の書家。
¶江表（鯤女（秋田県）　こんじょ），幕末（[没]明治21（1888）年1月11日）

稲葉貞通*　いなばさだみち
天文15（1546）年～慶長8（1603）年　[別]郡上侍従（ぐじょうじじゅう），曽禰侍従（そねじじゅう）　安土桃山時代の大名。美濃郡上藩主、豊後臼杵藩主。
¶織田（[没]慶長8（1603）年9月3日）

稲葉重通*　いなばしげみち
？～慶長3（1598）年　安土桃山時代の武将、大名。美濃清水城主。
¶織田（[生]天文10（1541）年？　[没]慶長3（1598）年10月3日），戦武

稲葉清太夫*　いなばせいだいゆう
文化5（1808）年～嘉永5（1852）年　[別]稲葉清太夫（いなばせいだゆう）　江戸時代末期の下総結城藩家老。
¶幕末（いなばせいだゆう　[没]嘉永5（1852）年3月18日）

稲葉清太夫　いなばせいだゆう
⇒稲葉清太夫（いなばせいだいゆう）

稲葉清六*　いなばせいろく
安土桃山時代の武士。豊臣氏家臣。
¶大坂（[没]慶長19年11月26日）

稲葉雍通　いなばちかみち
⇒稲葉雍通（いなばてるみち）

稲蜂間仲村売*（稲蜂間仲村女）　いなばちまのなかむらめ，いなはちまのなかむらめ
生没年不詳　奈良時代の女官。
¶古人（稲蜂間仲村女　いなはちまのなかむらめ）

稲葉雍通*　いなばてるみち
安永5（1776）年5月8日～弘化4（1847）年9月18日　[別]稲葉雍通（いなばちかみち）　江戸時代後期の大名。豊後臼杵藩主。
¶コン（[生]安永3（1774）年）

稲葉土佐*　いなばとさ
生没年不詳　安土桃山時代の織田信長の家臣。
¶織田

因幡内親王　いなばないしんのう
⇒因幡内親王（いなばのないしんのう）

稲葉直政*　いなばなおまさ
弘治1（1555）年～寛永5（1628）年6月8日　安土桃山時代の武将。秀吉馬廻。
¶織田

因幡厚子　いなばのあつこ
平安時代中期の陪膳采女。寛弘7年、18年の労により正五位下に叙される。
¶古人（生没年不詳）

因幡浄成女　いなばのきよなりめ
⇒因幡国造浄成女（いなばのくにのみやつこきよなりめ）

因幡国造浄成女*　いなばのくにのみやつこきよなりめ
？～延暦15（796）年　[別]因幡浄成女（いなばきよなりめ，いなばのきよなりめ）　奈良時代～平安時代前期の女性。采女。
¶古人（因幡浄成女　いなばきよなりめ），古代，女史

因幡千里*　いなばのちさと
？～寛弘4（1007）年　平安時代中期の因幡国の豪族。
¶古人

い

因幡内親王* いなばのないしんのう
？～天長1（824）年　[別]因幡内親王（いなばないしんのう）　平安時代前期の女性。桓武天皇の皇女。
¶古人（いなばないしんのう），天皇（[没]天長1（824）年9月26日）

因幡八上采女* いなばのやかみのうねめ，いなばのやがみのうねめ
奈良時代の女性。采女。安貴王の愛人。
¶古代（いなばのやがみのうねめ），女史（いなばのやがみのうねめ　生没年不詳）

稲葉彦六* いなばひころく
安土桃山時代の織田信長の家臣。
¶織田

稲葉久通* いなばひさみち
天保14（1843）年～明治26（1893）年　江戸時代末期～明治時代の臼杵藩主、臼杵藩知事。
¶幕末（[没]明治26（1893）年7月23日）

稲葉正明* いなばまさあき
享保8（1723）年～寛政5（1793）年　[別]稲葉正明（いなばまさあきら）　江戸時代中期の大名、御用取次。安房館山藩主。
¶徳将，徳人（いなばまさあきら）

稲葉正明 いなばまさあきら
⇒稲葉正明（いなばまさあき）

稲葉正勝* いなばまさかつ
*～寛永11（1634）年　江戸時代前期の大名。下野真岡藩主、相模小田原藩主、常陸柿岡藩主。
¶コン（[生]慶長2（1597）年），徳将（[生]1597年），徳人（[生]1597年）

稲葉正邦* いなばまさくに
天保5（1834）年5月26日～明治31（1898）年7月15日　江戸時代末期～明治時代の大名、華族。
¶コン，全幕，幕末

稲葉正利 いなばまさとし
安土桃山時代～江戸時代前期の幕臣。
¶徳人（[生]1603年　[没]1676年）

稲葉正成* いなばまさなり
元亀2（1571）年～寛永5（1628）年　安土桃山時代～江戸時代前期の武将、大名。美濃十七条城主、越後糸魚川藩主、下野真岡藩主。
¶コン，全戦，戦武

稲葉正申 いなばまさのぶ
江戸時代後期の幕臣。
¶徳人（[生]1794年　[没]1848年）

稲葉正則* いなばまさのり
元和9（1623）年～元禄9（1696）年　[別]稲葉正通（いなばまさみち）　江戸時代前期の大名、老中。相模小田原藩主。
¶徳将

稲葉正巳* いなばまさみ
文化12（1815）年～明治12（1879）年　江戸時代後期～明治時代の大名、華族。
¶コン（[没]明治11（1878）年），全幕，徳将，幕末（[生]文化12（1815）年10月15日　[没]明治12（1879）年9月16日）

稲葉正通 いなばまさみち
⇒稲葉正則（いなばまさのり）

稲葉正休* いなばまさやす
寛永17（1640）年～貞享1（1684）年　江戸時代前期の大名。美濃青野藩主。
¶江人，コン，徳将，徳人

稲葉正吉 いなばまさよし
江戸時代前期の幕臣。
¶徳人（[生]1618年　[没]1656年）

稲葉三鶴* いなばみつる
天保4（1833）年～？　江戸時代末期の下総結城藩番頭役。
¶幕末

稲葉黙斎* いなばもくさい
享保17（1732）年～寛政11（1799）年　江戸時代中期の儒学者。
¶思想

稲葉良弘* いなばよしひろ
？～元亀2（1571）年5月27日　戦国時代～安土桃山時代の織田信長の家臣。
¶織田

稲葉良通 いなばよしみち
⇒稲葉一鉄（いなばいってつ）

伊奈治詣 いなはるゆき
江戸時代前期の関東代官。
¶徳代（[生]？　[没]万治2（1659）年5月3日）

稲生氏 いなぶし★
江戸時代前期の女性。和歌。豊後岡藩主中川久清の側室。
¶江表（稲生氏（大分県））

猪名部王(1) いなべのおう
奈良時代の皇族。天平宝字元年（757）豊野真人の姓を賜わる。
¶古人（生没年不詳）

猪名部王(2) いなべのおう
奈良時代の皇族。天平勝宝3年（751）三島真人姓を賜う。
¶古人（生没年不詳）

猪名部財麿 いなべのたからまろ
奈良時代の官人。参議春澄善縄の祖父。
¶古人（生没年不詳）

位奈部橘王* いなべのたちばなのおう
飛鳥時代の敏達天皇の孫。
¶古人（生没年不詳），古代

猪名部常人 いなべのつねひと
奈良時代の官人。
¶古人（生没年不詳）

猪名部豊雄 いなべのとよお
奈良時代～平安時代前期の官人。
¶古人（生没年不詳）

猪名部枚虫 いなべのひらむし
奈良時代の官人。
¶古人（生没年不詳）

猪名部真根*（韋那部真根） いなべのまね
上代の木工。
¶古代（韋那部真根），コン（韋那部真根）

猪名部百世* (猪奈部百世)　**いなべのももよ**
生没年不詳　奈良時代の造東大寺司の官僚。
¶古人, 古代, コン

稲丸(1)　**いなまる**
⇒井上稲丸(いのうえいねまる)

稲丸(2)　**いなまる**
⇒坂上稲丸(さかのうえいねまる)

伊波(伊浪)和泉守　**いなみいずみのかみ**
安土桃山時代の北条氏直の家臣。大学助の一族か。
¶後北(和泉守〔伊波・伊浪〕　いずみのかみ)

伊波大学助*　**いなみだいがくのすけ**
戦国時代の武将。後北条氏家臣。
¶後北(大学助〔伊波・伊浪〕　だいがくのすけ)

印南正村　**いなみのまさむら**
平安時代中期の官人。
¶古人(生没年不詳)

印南野宗雄　**いなみのむねお**
平安時代前期の官人。左京の人。
¶古人(生没年不詳)

印南別嬢*　**いなみのわきいらつめ**
上代の播磨国の女性。
¶古代

稲村喜勢子*　**いなむらきせこ**
寛政2(1790)年～万延1(1860)年　江戸時代後期の女性。歌人、国学者。
¶江表(喜勢子(千葉県)), コン(生没年不詳)

稲村三伯*　**いなむらさんぱく**
宝暦8(1758)年～文化8(1811)年　[別]海上随鷗(うなかみずいおう, うながみずいおう)　江戸時代後期の蘭学者。因幡鳥取藩医。最初の蘭日辞典「ハルマ和解」を完成。
¶江人, 科学([没]文化8(1811)年1月16日), コン, 思想, 対外, 山小([没]1811年1月16日)

伊奈盛泰*　**いなもりやす**
生没年不詳　戦国時代の武士。北条早雲の家臣。
¶後北(盛泰〔伊奈(1)〕　もりやす)

稲芳雄三郎*　**いなよしゆうざぶろう**
弘化2(1845)年～？　江戸時代後期～末期の新撰組隊士。
¶新隊([没]明治9(1876)年)

稲依別王　**いなよりわけのおう**
上代の日本武尊の子。
¶天皇

猪苗代兼載*　**いなわしろけんさい**
享徳1(1452)年～永正7(1510)年　[別]兼載(けんさい, けんざい)　戦国時代の連歌師。
¶俳文(兼載　けんざい　[没]永正7(1510)年6月6日)

猪苗代兼寿*　**いなわしろけんじゅ**
寛永6(1629)年～元禄7(1694)年　[別]兼寿(けんじゅ)　江戸時代前期の連歌師。
¶俳文(兼寿　けんじゅ　[没]元禄7(1694)年5月18日)

猪苗代兼純*　**いなわしろけんじゅん**
長享1(1487)年～？　[別]兼純(けんじゅん)　戦国時代の連歌師。
¶俳文(兼純　けんじゅん　生没年不詳)

猪苗代兼如*　**いなわしろけんにょ**
？～慶長14(1609)年　[別]兼如(けんにょ)　安土桃山時代～江戸時代前期の連歌師。
¶俳文(兼如　けんにょ　[没]慶長14(1609)年9月20日)

猪苗代長珊*　**いなわしろちょうさん**
生没年不詳　[別]長珊(ちょうさん)　戦国時代～安土桃山時代の連歌師。
¶俳文(長珊　ちょうさん)

猪苗代盛国*　**いなわしろもりくに**
生没年不詳　戦国時代～安土桃山時代の武将。
¶全戦([生]天文5(1536)年　[没]？), 戦武([生]天文5(1536)年　[没]？)

猪苗代盛胤* (猪苗代盛種)　**いなわしろもりたね**
安土桃山時代の武将。
¶全戦(猪苗代盛種　[生]弘治1(1555)年　[没]寛永18(1641)年), 戦武([生]弘治1(1555)年　[没]寛永18(1641)年？)

以南*　**いなん**
？～寛政7(1795)年　[別]似南(じなん)　江戸時代中期の俳人。
¶俳文([生]元文1(1736)年　[没]寛政7(1795)年7月25日)

五十瓊敷入彦皇子　**いにしきいりひこのみこ**
⇒五十瓊敷入彦命(いにしきいりひこのみこと)

五十瓊敷入彦命* (伊邇色入彦命)　**いにしきいりひこのみこと**
[別]五十瓊敷入彦皇子(いにしきいりひこのみこ)　上代の垂仁天皇の皇子。
¶古代, コン(五十瓊敷入彦皇子　いにしきいりひこのみこ)

いぬ(1)
江戸時代中期の女性。俳諧。長崎の俳人小川単方の娘。元禄8年刊、穂積東藤編『皺筥物語』に載る。
¶江表(いぬ(長崎県))

いぬ(2)
江戸時代後期の女性。俳諧。土佐城東の白蓮社の杉本庄次郎とせいの娘。弘化4年成立、無尽庵貫三序、松二編、東海林道人松二還暦賀集『十返りの花』に載る。
¶江表(いぬ(高知県))

乾純水*　**いぬいきよみ**
？～安政5(1858)年　江戸時代末期の阿波徳島藩医。
¶植物

乾元亨　**いぬいげんきょう**
江戸時代中期の和算家。父に中西流の算学を学び姫路にて教授。
¶数学([生]元禄9(1696)年　[没]宝暦6(1756)年11月11日)

乾十郎*　**いぬいじゅうろう**
*～元治1(1864)年　[別]楠本橙庵(くすもととうあん)　江戸時代末期の志士。天誅組挙兵に参加。
¶コン([生]文政11(1828)年), 全幕([生]文政11(1828)年), 幕末([生]文政11(1828)年　[没]元治1(1864)年7月20日)

犬井貞恕*　**いぬいていじょ**
*～元禄15(1702)年　[別]貞恕(ていじょ)　江戸時代前期～中期の俳人(貞徳系)。
¶俳文(貞恕　ていじょ　[生]元和6(1620)年　[没]元禄15(1702)年3月4日)

い

乾憲長の妻　いぬいのりながのつま*
江戸時代中期の女性。和歌。明和3年成立、難波玄生・清水貞固ほか撰「稲葉和歌集」に載る。
¶江表（乾憲長の妻（鳥取県））

犬王　いぬおう
⇒道阿弥（どうあみ）

犬養五十君　いぬがいいそぎみ
⇒犬養五十君（いぬかいのいきみ）

犬飼清芳　いぬかいきよよし
江戸時代中期の幕臣。
¶徳人（[生]1689年　[没]1741年）

犬養左京　いぬかいさきょう
安土桃山時代～江戸時代前期の豊臣秀吉の家臣。
¶大坂（[生]天正1年　[没]万治3年1月28日）

犬飼松窓*　いぬかいしょうそう
文化13（1816）年～明治26（1893）年　江戸時代末期～明治時代の儒者、篤農家。聖賢の教えを農業に生かすことを力説。
¶幕末（[生]文化13（1816）年3月10日　[没]明治26（1893）年6月7日）

犬飼助三*　いぬかいすけぞう
生没年不詳　安土桃山時代の織田信長の家臣。
¶織田

犬養五十君　いぬかいのいかきみ
⇒犬養五十君（いぬかいのいきみ）

犬養五十君*　いぬかいのいきみ
？～弘文天皇1・天武天皇1（672）年　[別]犬養五十君（いぬかいのいかきみ，いぬがいいそぎみ），犬養連五十君（いぬかいのむらじいきみ）　飛鳥時代の官僚。壬申の乱に参加。
¶古人（いぬかいのいかきみ），古代（犬養連五十君　いぬかいのむらじいきみ），コン（[没]天武1/弘文1（672）年）

犬養広麻呂　いぬかいのひろまろ
飛鳥時代の河内国錦部郡の人。
¶古人（生没年不詳）

犬養連五十君　いぬかいのむらじいきみ
⇒犬養五十君（いぬかいのいきみ）

犬飼孫三*　いぬかいまごぞう
？～天正10（1582）年6月2日　戦国時代～安土桃山時代の織田信長の家臣。
¶織田

犬上王*　いぬがみおう，いぬかみおう
？～和銅2（709）年　飛鳥時代の官僚。
¶古人（いぬかみおう），古代（いぬかみおう）

犬上君御田鍬　いぬかみのきみみたすき
⇒犬上御田鍬（いぬがみのみたすき）

犬上是成*　いぬがみのこれなり，いぬかみのこれなり
生没年不詳　平安時代前期の舞楽家。
¶古人

犬上春吉　いぬがみのはるよし
平安時代前期の近江国検非違使権主典前犬上郡大領。従七位上。仁和1年官物奸盗を太政官に訴えた。
¶古人（生没年不詳）

犬上御田鍬*　いぬがみのみたすき，いぬかみのみたすき
生没年不詳　[別]犬上君御田鍬（いぬかみのきみみたすき）　飛鳥時代の遣唐使。
¶古人，古代（犬上君御田鍬　いぬかみのきみみたすき），古物（いぬかみのみたすき），コン，対外（いぬかみのみたすき），山小（いぬかみのみたすき）

犬上望成　いぬかみのもちなり
平安時代前期の官人。姓は朝臣。
¶古人（生没年不詳）

犬公方　いぬくぼう
⇒徳川綱吉（とくがわつなよし）

犬塚信乃*　いぬづかしの
滝沢馬琴作「南総里見八犬伝」に登場する八犬士の1人。
¶コン

犬塚忠次　いぬづかただつぐ
戦国時代～江戸時代前期の幕臣。
¶徳人（[生]1557年　[没]1613年）

犬塚胤義　いぬつかたねよし
江戸時代前期～中期の幕臣。
¶徳代（[生]寛文6（1666）年　[没]元文1（1736）年4月3日）

犬塚祐一郎*　いぬづかゆういちろう
生没年不詳　江戸時代末期の幕府普請方役人。
¶幕末

犬塚蘭園*　いぬづからんえん
？～文化3（1806）年　江戸時代後期の儒学者。
¶コン

犬童治成*　いぬどうはるなり
文化6（1809）年～明治14（1881）年　[別]犬童治成（いんどうはるなり）　江戸時代末期～明治時代の人吉藩士。西南戦争では人吉隊を組織し副総裁。
¶幕末（いんどうはるなり　[没]明治14（1881）年3月28日）

犬部姉女　いぬべのあねめ
⇒県犬養姉女（あがたいぬかいのあねめ）

犬丸市之助*　いぬまるいちのすけ
？～万延1（1860）年　江戸時代末期の製蠟家。
¶幕末

犬女　いぬめ
鎌倉時代の女性。小早川氏が領有した安芸国豊田郡梨子羽郷の一期領主。
¶女史（生没年不詳）

犬目宿兵助　いぬめじゅくひょうすけ
⇒水越兵助（みずこしひょうすけ）

犬目宿兵助　いぬめじゅくへいすけ
⇒水越兵助（みずこしひょうすけ）

犬目村兵助　いぬめむらひょうすけ
⇒水越兵助（みずこしひょうすけ）

いね（1）
江戸時代中期の女性。俳諧。天明7年初頭頃刊、菊亮編『笠の晴』に載る。
¶江表（いね（佐賀県））

いね（2）
江戸時代後期の女性。和歌。根岸住の彫師江川八左衛門美啓の娘。天保9年刊、海野遊翁編『類題現存歌選』二に載る。
¶江表（いね（東京都））

いね（3）
江戸時代後期の女性。教育。斎藤実尭の妻。

いのうえ

依称　いね*
江戸時代後期の女性。教育。高田義宣の妻。
¶江表（依称（東京都））　㋺文政9（1826）年頃

稲子　いねこ*
江戸時代中期〜後期の女性。和歌。会津の今泉利紀の娘。
¶江表（稲子（福島県））　㋺享保18（1733）年　㋾文化8（1811）年

いね女　いねじょ*
江戸時代末期の女性。俳諧。白岩の人。文久4年成立、安達郡の登那木二郎左衛門編『千と世集』に載る。
¶江表（いね女（福島県））

稲姫　いねひめ
江戸時代中期の女性。和歌・書簡。越後高田藩主松平光長の娘。
¶江表（稲姫（愛媛県））　㋾宝永6（1709）年

稲丸(1)　**いねまる**
⇒井上稲丸（いのうえいねまる）

稲丸(2)　**いねまる**
⇒坂上稲丸（さかのうえいねまる）

いの(1)
江戸時代中期の女性。和歌。大村藩の奥女中。安永3年に集められた「田村村隆母公六十祝賀歌集」に載る。
¶江表（いの（長崎県））

いの(2)
江戸時代後期の女性。書簡。大奥御年寄三保山付の女中。
¶江表（いの（東京都））

いの(3)
江戸時代後期の女性。教育。相模小田原藩藩士拝郷武矩の妻。
¶江表（いの（神奈川県））　㋺天保2（1831）年

為の　いの*
江戸時代末期の女性。和歌。伊勢松坂の小津克孝の妻。文久2年序、西田惟恒編『文久二年八百首』に載る。
¶江表（為の（三重県））

猪石栄太郎*　いのいしえいたろう
天保14（1843）年〜明治44（1911）年　江戸時代末期〜明治時代の清松村の二代目村長。今市の戦いで負傷。
¶幕末（㋺天保14（1843）年2月9日）

伊能稲*　いのういね
宝暦13（1763）年〜文政5（1822）年　江戸時代中期〜後期の女性。伊能忠敬の娘。
¶江表（稲（千葉県））

井上市郎兵衛〔1代〕　いのうえいちろべえ
⇒井上播磨掾（いのうえはりまのじょう）

井上稲丸　いのうえいねまる
明和7（1770）年〜文化5（1808）年　㋺稲丸（いなまる、いねまる）　江戸時代後期の俳人。
¶俳文（稲丸　いなまる）　㋾文化5（1808）年8月15日

井上伊兵衛*　いのうえいへえ
文政4（1821）年〜*　江戸時代末期〜明治時代の西陣織職人。
¶美工（㋾？）

井上石見*　いのうえいわみ
？〜明治1（1868）年　㋺井上長秋（いのうえながあき）　江戸時代末期の志士。
¶幕末

井上雅楽助*(1)　**いのうえうたのすけ**
生没年不詳　戦国時代の武士。後北条氏家臣。
¶後北（行宗〔井上(3)〕　ゆきむね）

井上雅楽助*(2)　**いのうえうたのすけ**
生没年不詳　戦国時代の北条氏の家臣。
¶後北（雅楽助〔井上(1)〕　うたのすけ）

井上延年　いのうええんねん
江戸時代後期〜大正時代の陶工。
¶美工（㋺天保13（1842）年10月　㋾大正3（1914）年8月9日）

井上丘隅*　いのうえおかずみ
文化12（1815）年〜明治1（1868）年　江戸時代末期の陸奥会津藩士。
¶幕末（㋾慶応4（1868）年8月23日）

井上修*　いのうえおさむ
天保12（1841）年〜明治41（1908）年　江戸時代末期〜明治時代の岡山藩士、勤王家。藩主に尊王攘夷を上書し旋方手許用となる。
¶幕末（㋾明治41（1908）年1月3日）

井上快雪*　いのうえかいせつ
文化8（1811）年〜明治18（1885）年　江戸時代末期〜明治時代の周防徳山藩士。
¶幕末（㋾明治18（1885）年8月）

井上馨*　いのうえかおる
天保6（1835）年11月28日〜大正4（1915）年9月1日　㋺井上世外（いのうえせがい）、井上聞多（いのうえもんた）、志道聞多（しじもんた）　江戸時代末期〜明治時代の志士、政治家。もと長州（萩）藩士。のち外務卿、外務大臣。
¶コン、全幕、幕末（㋺天保6（1836）年11月28日　㋾大正4（1915）年9月4日）、山小（㋺1835年11月28日　㋾1915年9月1日）

井上加賀守*　いのうえかがのかみ
戦国時代の武将。後北条氏家臣。
¶後北（加賀守〔井上(3)〕　かがのかみ）

井上鶴峯　いのうえかくほう
江戸時代後期〜大正時代の彫刻家。
¶美建（㋺嘉永3（1850）年　㋾大正8（1919）年6月）

井上嘉林*　いのうえかりん
生没年不詳　江戸時代中期の和算家。
¶数学

井上貫流左衛門　いのうえかんりゅうざえもん
江戸時代後期の幕臣。
¶徳人（㋺1790年　㋾1852年）

井上喜三郎*　いのうえきさぶろう
文化6（1809）年〜文久1（1861）年　江戸時代末期の石工。
¶幕末

井上吉次　いのうえきちじ
生没年不詳　㋺井上吉次（いのうえよしつぐ）　江戸時代前期の幕臣。

¶徳人(いのうえよしつぐ),徳代

井上吉兵衛　いのうえきちべえ
⇒墻東庵雪鳩(しょうとうあんせつう)

井上久八郎*　いのうえきゅうはちろう
生没年不詳　安土桃山時代の織田信長の家臣。
¶織田

井上潔*　いのうえきよし
天保14(1843)年～明治34(1901)年　江戸時代末期～明治時代の医師。長崎で蘭方を学び静岡県で開業。
¶幕末

井上清直*　いのうえきよなお
文化6(1809)年～慶応3(1867)年　江戸時代末期の幕府官僚、町奉行。
¶江人,コン,全幕,徳人,徳代([生]寛政12(1800)年　[没]慶応2(1866)年12月28日),幕末([没]慶応3(1868)年12月25日),山小([没]1867年12月28日)

井上清秀*　いのうえきよひで
天文2(1533)年～慶長9(1604)年9月14日　戦国時代～江戸時代前期の織田信長の家臣。
¶織田

井上金峨*　いのうえきんが
享保17(1732)年～天明4(1784)年6月16日　江戸時代中期の漢学者。折衷学派。
¶コン,思想

井上矩慶*　いのうえくけい
享保9(1724)年～文化4(1807)年　[別]井上矩慶(いのうえのりよし)　江戸時代中期～後期の数学者、肥後熊本藩士。
¶数学(いのうえのりよし　[没]文化4(1807)年8月25日)

井上見庵　いのうえけんあん
江戸時代後期の眼科医。
¶眼医([生]?　[没]天明9(1789)年)

井上源三郎*(1)　いのうえげんざぶろう
文政12(1829)年～慶応4(1868)年　江戸時代末期の幕臣。
¶新隊([没]明治1(1868)年1月5日),全幕,徳人,幕末([没]慶応4(1868)年1月5日)

井上源三郎*(2)　いのうえげんざぶろう
天保7(1836)年～大正9(1920)年　江戸時代末期～明治時代の幕臣。
¶幕末([没]大正9(1920)年1月20日)

井上玄桐　いのうえげんとう
⇒井上挹翠(いのうえゆうすい)

井上小左衛門定利　いのうえこざえもんさだとし
安土桃山時代～江戸時代前期の豊臣秀吉の家臣。
¶大坂([生]永禄9年　[没]慶長20年5月6日)

井上小豊後　いのうえこぶんご
⇒井上与四郎(いのうえよしろう)

井上惟方　いのうえこれかた
平安時代中期の官人。
¶古人(生没年不詳)

井上五郎右衛門頼次　いのうえごろ(う)えもんよりつぐ
江戸時代前期の武士。大坂の陣で籠城。
¶大坂([没]慶長19年11月26日)

井上佐一郎*(井上佐市郎)　いのうえさいちろう
?～文久2(1862)年　江戸時代末期の志士。
¶全幕(井上佐市郎　[生]天保12(1841)年),幕末([生]天保12(1841)年　[没]文久2(1862)年8月2日)

井上左衛門尉　いのうえさえもんのじょう
戦国時代の信濃国高井郡井上庄の国衆井上氏の一族。綿内を本拠とした。
¶武田(生没年不詳)

井上左太夫　いのうえさだゆう
江戸時代後期～末期の幕臣。
¶徳人(生没年不詳)

井上左伝次　いのうえさでんじ
安土桃山時代～江戸時代前期の武士。後藤又兵衛の甥。
¶大坂([生]慶長1年　[没]寛永18年10月18日)

井上三郎右衛門　いのうえさぶろうえもん
安土桃山時代の相模国田代城主内藤秀行の家臣。
¶後北(三郎右衛門〔井上(2)〕　さぶろうえもん)

井上重次*　いのうえしげつぐ
寛永7(1630)年～元禄2(1689)年　江戸時代前期の京都町奉行。
¶徳人

井上四明*　いのうえしめい
享保15(1730)年～文政2(1819)年　江戸時代中期の儒学者。
¶思想

井上秀栄*　いのうえしゅうえい
生没年不詳　江戸時代後期の幕臣。
¶徳人(井上栄信　いのうええいしん)

井上重厚*　いのうえじゅうこう
*～享和4(1804)年　[別]重厚(じゅうこう)　江戸時代中期～後期の俳人。
¶俳文(重厚　じゅうこう　[生]元文3(1738)年　[没]文化1(1804)年1月18日)

井上鰲介*　いのうえしゅうすけ
天保7(1836)年～大正13(1924)年　江戸時代末期～大正時代の庄屋。自治制を敷き総会所文事頭取。
¶幕末([没]大正13(1924)年3月12日)

井上春清*　いのうえしゅんせい
生没年不詳　[別]春清(しゅんせい)　江戸時代前期の俳人。
¶俳文(春清　しゅんせい)

井上俊三*　いのうえしゅんぞう
*～明治40(1907)年　江戸時代末期～明治時代の医師。
¶幕末([生]天保5(1834)年9月16日　[没]明治40(1907)年9月28日)

井上春洋　いのうえしゅんよう
⇒井上不鳴(いのうえふめい)

井上俊良　いのうえしゅんりょう
江戸時代後期～末期の医師。
¶徳人(生没年不詳)

井上尚志*　いのうえしょうし
文化14(1817)年～明治20(1887)年　江戸時代末期～明治時代の岩国藩士、儒学者。学館養老館学頭、吉川経幹の侍講。
¶幕末([没]明治20(1887)年2月7日)

井上奨輔* いのうえしょうすけ
天保14(1843)年〜明治1(1868)年　江戸時代末期の長州(萩)藩足軽。
¶幕末([没]慶応4(1868)年8月12日)

井上松坪* いのうえしょうへい
天保2(1831)年〜明治28(1895)年　江戸時代末期〜明治時代の陶工、京都の陶業組合組合長。湖東焼の御抱の後、京都清水坂で作陶。
¶美工([没]明治28(1895)年7月6日)

井上士朗(井上士郎)　いのうえしろう
⇒士朗(しろう)

井上真改* いのうえしんかい
*〜天和2(1682)年　[別]国貞〔2代〕(くにさだ),真改(しんかい)　江戸時代前期の刀工。大坂新刀鍛冶。
¶美工([生]寛永8(1631)年　[没]天和2(1682)年11月9日)

井上新左衛門(1)　いのうえしんざえもん
江戸時代前期の幕臣。
¶徳人(生没年不詳)

井上新左衛門*(2)　いのうえしんざえもん
?〜慶応3(1867)年12月18日　江戸時代後期〜末期の新撰組隊士。
¶新隊

井上新左衛門尉　いのうえしんざえもんのじょう
戦国時代の北信濃の国衆。
¶武田(生没年不詳)

井上周防　いのうえすおう
⇒井上之房(いのうえゆきふさ)

井上資直　いのうえすけなお
戦国時代の津久井城主内藤大和入道の家臣。
¶後北(資直〔井上(3)〕　すけなお)

井上井月* いのうえせいげつ
*〜明治20(1887)年　[別]乞食井月(こじきせいげつ,こつじきせいげつ),井月(せいげつ)　江戸時代末期〜明治時代の俳人。江戸、信濃などを放浪。編著に「余波の水茎」など。
¶詩作([生]?　[没]明治20(1887)年2月16日),俳文(井月　せいげつ　[生]文政5(1822)年　[没]明治20(1887)年3月10日)

井上世外　いのうえせがい
⇒井上馨(いのうえかおる)

井上千山* いのうえせんざん
?〜享保11(1726)年　[別]千山(せんざん)　江戸時代中期の俳人。
¶俳文(千山　せんざん　[没]享保11(1726)年11月14日)

井上僊智* いのうえせんち
?〜明治1(1868)年　江戸時代末期の古代塗考案者。
¶幕末,美工

井上壮太郎* いのうえそうたろう
天保2(1831)年〜明治19(1886)年　江戸時代末期〜明治時代の萩藩士。奥番頭、第三大隊中隊司令などを歴任。
¶幕末([生]天保2(1831)年4月23日　[没]明治19(1886)年12月9日)

井上泰助* いのうえたいすけ
安政4(1857)年12月5日〜昭和2(1927)年2月10日　江戸時代末期〜明治時代の新撰組隊士。
¶新隊

井上高格* いのうえたかのり
天保2(1831)年〜明治26(1893)年　江戸時代末期〜明治時代の徳島藩士、自由民権家、徳島市市長、衆議院議員。自助社を起こし板垣退助の立志社と共に民権運動を主導。
¶全幕,幕末([生]天保2(1831)年6月11日　[没]明治26(1893)年4月26日)

井上唯一* いのうえただいち
天保13(1842)年〜元治1(1864)年　江戸時代末期の周防徳山藩士。
¶幕末([生]天保13(1842)年3月29日　[没]元治1(1864)年10月24日)

井上達也* いのうえたつや
嘉永1(1848)年〜明治28(1895)年　江戸時代末期〜明治時代の医師、眼科。我が国における西洋眼科医の始祖。著書に「眼科摂正篇」など。
¶科学([生]嘉永1(1848)年7月　[没]明治28(1895)年7月15日),眼医,幕末([没]明治28(1895)年7月10日)

井上種次　いのうえたねつぐ
安土桃山時代の織田信長の家臣。山県郡春近村の人。小野伝介種正の弟。
¶織田(生没年不詳)

井上竹逸* いのうえちくいつ
文化11(1814)年〜明治19(1886)年　江戸時代末期〜明治時代の画家。
¶美画([没]明治19(1886)年4月3日)

井上遅春* いのうえちしゅん
?〜文政4(1821)年　[別]遅春(ちしゅん)　江戸時代後期の俳人(月居門)。
¶俳文(遅春　ちしゅん　[生]安永4(1775)年　[没]文政4(1821)年9月14日)

井上忠兵衛　いのうえちゅうびょうえ
江戸時代前期の武士。大坂の陣で籠城。
¶大坂([没]慶長19年11月26日)

井上長次郎* いのうえちょうじろう
文化8(1811)年〜明治23(1890)年　江戸時代末期〜明治時代の商人。社会育嬰講を設立し社会救済事業に尽力。
¶コン,幕末([生]文化8(1811)年4月19日　[没]明治23(1890)年10月31日)

井上通　いのうえつう
⇒井上通女(いのうえつうじょ)

井上通女* いのうえつうじょ
万治3(1660)年〜元文3(1738)年　[別]井上通(いのうえつう)　江戸時代中期の女性。歌人、文学者。
¶江表(通(香川県)),コン,女史,女文([生]万治3(1660)年6月11日　[没]元文3(1738)年6月23日)

井上綱行　いのうえつなゆき
安土桃山時代の津久井城主内藤康行の家臣。資直の嫡男か。
¶後北(綱行〔井上(3)〕　つなゆき　[没]天正2年2月12日)

井上鉄之助　いのうえてつのすけ
江戸時代後期の幕臣。
¶徳人([生]1832年　[没]?)

井上伝* いのうえでん
天明8(1788)年12月30日〜明治2(1869)年4月26日

江戸時代後期〜明治時代の女性、久留米絣の創始者。
¶江表(伝(福岡県) でん), コン, 女史, 幕末([没]明治2(1869)年3月15日), 美工

井上伝吉* いのうえでんきち
嘉永2(1849)年〜明治38(1905)年 江戸時代末期〜明治時代の蚕糸業功労者。蚕種の改良に着手、化性青熟種を完成。
¶幕末([没]明治38(1905)年1月28日)

井上童平* いのうえどうへい
元禄2(1689)年〜延享1(1744)年 [別]童平(どうへい) 江戸時代中期の俳人(支考門)。
¶俳文(童平 どうへい [没]延享1(1744)年8月9日)

井上俊清 いのうえとしきよ
南北朝時代の武将。
¶室町(生没年不詳)

井上利恭* いのうえとしやす
寛延2(1749)年〜? 江戸時代中期〜後期の幕臣。
¶徳人

井上友貞* いのうえともさだ
寛永3(1626)年〜? [別]友貞(ともさだ) 江戸時代前期の俳人、歌人。
¶俳文(友貞 ともさだ)

井上内親王* いのうえないしんのう
養老1(717)年〜宝亀6(775)年4月27日 [別]井上内親王(いのえないしんのう) 奈良時代の女性。光仁天皇の皇后。聖武天皇の皇女。
¶古人, 古代, コン(いのえないしんのう [没]宝亀6(775)年), 女史, 天皇(いのうえないしんのう・いがみないしんのう)

井上直元* いのうえなおもと
延宝5(1677)年〜寛保1(1741)年 江戸時代中期の信濃上田藩士、儒学者。
¶数学([生]延宝5(1677)年6月9日 [没]寛保1(1741)年12月5日)

井上長秋 いのうえながあき
⇒井上石見(いのうえいわみ)

井上麻呂 いのうえのまろ
奈良時代の官人。
¶古人(生没年不詳)

井上矩慶 いのうえのりよし
⇒井上矩慶(いのうえくけい)

井上八郎* いのうえはちろう
文化13(1816)年〜明治30(1897)年 江戸時代末期〜明治時代の地方功労者。第二十八国立銀行頭取を務める。
¶徳人

井上播磨掾* いのうえはりまのじょう
寛永9(1632)年〜貞享2(1685)年 [別]井上市郎兵衛〔1代〕(いのうえいちろべえ), 井上大和少掾(いのうえやまとのしょうじょう), 井上大和掾(いのうえやまとのじょう) 江戸時代前期の古浄瑠璃の太夫、播磨節浄瑠璃の祖。
¶コン([生]寛永9(1632年/1624)年 [没]貞享2(1685年/1677)年)

井上半左衛門 いのうえはんざえもん
⇒荻野沢之丞(おぎのさわのじょう)

井上光 いのうえひかる
江戸時代後期〜明治時代の岩国藩士。
¶全幕([生]嘉永4(1851)年 [没]明治41(1908)年)

井上兵庫 いのうえひょうご
江戸時代前期の大友義統・豊臣秀頼の家臣。
¶大坂([没]慶長20年)

井上文雄* いのうえふみお
寛政12(1800)年〜明治4(1871)年 江戸時代末期〜明治時代の国学者、歌人。岸本由豆流に国学を学ぶ。維新後「諷歌新聞」で筆禍を被る。歌論「伊勢の家づと」など。
¶詩作, 幕末([没]明治4(1871)年11月18日)

井上文雄の祖母 いのうえふみおのそぼ⋆
江戸時代後期の女性。歌人。
¶江表(井上文雄の祖母(東京都))

井上不鳴* いのうえふめい
文化9(1812)年〜明治25(1892)年1月4日 [別]井上春洋(いのうえしゅんよう) 江戸時代末期〜明治時代の医師。
¶幕末

井上正章 いのうえまさあきら
江戸時代中期〜後期の幕臣。
¶徳人([生]1758年 [没]1841年)

井上正在 いのうえまさあり
江戸時代中期の幕臣。
¶徳人([生]1731年 [没]1787年)

井上正巳*(井上正己) いのうえまさおと
安政3(1856)年〜大正10(1921)年 江戸時代末期〜明治時代の下妻藩主、下妻藩知事。
¶幕末(井上正己)

井上正香* いのうえまさか
文政2(1819)年〜明治33(1900)年 江戸時代末期〜明治時代の国学者、医師、神官。貫前神社権宮司、竜田神社禰宜なども務める。
¶幕末([没]明治33(1900)年11月20日)

井上正兼* いのうえまさかね
文政6(1823)年〜明治11(1878)年 江戸時代後期〜明治時代の大名。
¶幕末([没]明治11(1878)年8月)

井上正鉄* いのうえまさかね, いのうえまさがね
寛政2(1790)年〜嘉永2(1849)年2月18日 江戸時代後期の神道家。禊教の教祖。
¶江人, コン, 思想

井上正清* いのうえまさきよ
安永5(1776)年〜? 江戸時代中期〜後期の幕臣・砲術家。
¶科学

井上政子* いのうえまさこ
寛延1(1748)年〜文化9(1812)年3月10日 江戸時代中期〜後期の女性。歌人。
¶江表(政子(岡山県))

井上政重* いのうえまさしげ
天正13(1585)年〜万治4(1661)年2月27日 江戸時代前期の大名、大目付。下総高岡藩主。
¶コン([没]寛文1(1661)年), 徳人

井上正経* いのうえまさつね
享保10(1725)年〜明和3(1766)年 江戸時代中期の大名。常陸笠間藩主、陸奥磐城平藩主、遠江浜松藩主。

¶コン

井上正直* いのうえまさなお
天保8(1837)年〜明治37(1904)年　江戸時代末期〜明治時代の大名、華族。
¶幕末(㊃文政8(1825)年　㊄明治37(1904)年3月9日)

井上方直* いのうえまさなお
文政9(1826)年〜明治11(1878)年　江戸時代末期〜明治時代の上山郷方面の郷士小頭。勤王志士と交流し国事に奔走。
¶幕末(㊄明治11(1878)年11月11日)

井上正永の妻 いのうえまさながのつま★
江戸時代中期の女性。和歌。歌人井上正永の妻。宝永6年奉納、平間長雅編「住吉社奉納千首和歌」に載る。
¶江表(井上正永の妻(大阪府))

井上正就* いのうえまさなり
天正5(1577)年〜寛永5(1628)年8月10日　江戸時代前期の大名、老中。遠江横須賀藩主。
¶コン、徳将

井上昌伸* いのうえまさのり
宝暦1(1751)年〜文化12(1815)年　江戸時代後期の数学者。
¶数学(㊄文化12(1815)年4月26日)

井上勝* いのうえまさる
天保14(1843)年8月1日〜明治43(1910)年8月2日　江戸時代末期〜明治時代の技術者、官吏。工部省で品川・横浜間の鉄道敷設を指揮。京都・神戸、京都・大津間を開通させる。
¶科学、コン、全幕、幕末、山小(㊃1843年8月1日　㊄1910年8月2日)

井上又蔵* いのうえまたぞう
?〜天正10(1582)年6月2日　戦国時代〜安土桃山時代の織田信長の家臣。
¶織田

井上満直 いのうえみつなお
戦国時代の小柳郷の地頭。信濃高井郡の国衆とみられる。
¶武田(生没年不詳)

井上光盛 いのうえみつもり
平安時代後期の信濃国高井郡の武士。
¶平家(㊃?　㊄元暦1(1184)年)

井上宗朝 いのうえむねとも
江戸時代末期の和算家。文政2年秋算額を奉納。
¶数学(㊄安政3(1856)年)

井上宗行 いのうえむねゆき
江戸時代末期の彫刻家。
¶美建(生没年不詳)

井上元章* いのうえもとあき
天保6(1835)年〜明治11(1878)年　江戸時代末期〜明治時代の医師。戊辰戦争に参加し維新後は軍医。
¶幕末(㊄明治11(1878)年6月22日)

井上元兼* いのうえもとかね
?〜天文19(1550)年　戦国時代の武士。
¶全戦(㊃明応5(1496)年)、戦武(㊃文明18(1486)年)

井上聞多 いのうえもんた
⇒井上馨(いのうえかおる)

井上弥吉 いのうえやきち
⇒熊野九郎(くまのくろう)

井上弥太右衛門* いのうえやたえもん
?〜明治1(1868)年　江戸時代末期の足軽。
¶幕末(㊄明治1(1868)年9月14日)

井上八千代(1)　いのうえやちよ
世襲名　江戸時代の京舞井上流家元。江戸時代に活躍したのは、初世から2世まで。
¶江人

井上八千代*(2)(井上八千代〔1代〕)　いのうえやちよ
明和4(1767)年〜安政1(1854)年　江戸時代後期の京舞の名手。
¶コン(──〔1代〕)、女史

井上大和掾 いのうえやまとのじょう
⇒井上播磨掾(いのうえはりまのじょう)

井上大和少掾 いのうえやまとのしょうじょう
⇒井上播磨掾(いのうえはりまのじょう)

井上揖翠* いのうえゆうすい
?〜元禄15(1702)年　㊅井上玄桐(いのうえげんとう)、寺井玄東(てらいげんとう)　江戸時代前期〜中期の水戸藩士、儒学者、医師。
¶コン

井上幽雪斎 いのうえゆうせつさい
江戸時代後期〜明治時代の彫刻家。
¶美建(㊃文化12(1815)年　㊄明治25(1892)年12月17日)

井上之房* いのうえゆきふさ
天文23(1554)年〜寛永11(1634)年　㊅井上周防(いのうえすおう)　安土桃山時代〜江戸時代前期の武士。
¶全戦

井上与右衛門 いのうえよえもん
江戸時代前期の武士。大坂の陣で籠城。
¶大坂

井上義斐* いのうえよしあや
文化13(1816)年〜?　江戸時代末期の幕臣、大坂町奉行。
¶徳人(㊃1817年)、幕末(生没年不詳)

井上良馨 いのうえよしか
弘化2(1845)年〜昭和4(1929)年3月22日　江戸時代末期〜明治時代の薩摩藩士、海軍軍人。
¶コン、幕末(㊃弘化2(1845)年11月3日)

井上淑蔭* いのうえよしかげ
文化1(1804)年〜明治19(1886)年　江戸時代末期〜明治時代の国学者。新政府に登用され大学中助教。
¶幕末(㊃文化1(1804)年4月10日　㊄明治19(1886)年12月21日)

井上与四郎* いのうえよしろう
文化4(1807)年〜明治26(1893)年　㊅井上小豊後(いのうえこぶんご)　江戸時代末期〜明治時代の長州(萩)藩士。
¶幕末(㊃文化4(1808)年12月10日　㊄明治26(1893)年10月14日)

井上頼圀*(井上頼図)　いのうえよりくに
天保10(1839)年〜大正3(1914)年　江戸時代末期〜明治時代の国学者。

¶コン, 幕末（[生]天保10（1839）年2月18日　[没]大正3（1914）年7月4日）

井上頼紀　いのうえよりのり
江戸時代中期の幕臣、代官。
¶徳人（生没年不詳）, 徳代（[生]天明1（1781）年　[没]？）

井上蘭台*　いのうえらんだい
宝永2（1705）年～宝暦11（1761）年　江戸時代中期の漢学者、備前岡山藩士。折衷学派。
¶コン, 思想

井上利助*　いのうえりすけ
文政4（1821）年～明治29（1896）年　江戸時代末期～明治時代の織物商。問屋美濃利を創業し京都商工銀行などの創立に尽力。
¶幕末（[生]文政4（1821）年9月15日　[没]明治29（1896）年7月22日）

井上隆蔵*　いのうえりゅうぞう
天保10（1839）年～明治38（1905）年　江戸時代末期～明治時代の津和野藩士。即位式考定掛、太政官権少外史などを歴任。
¶幕末（[没]明治38（1905）年9月12日）

井上良一*　いのうえりょういち
嘉永5（1852）年6月26日～明治12（1879）年1月29日　江戸時代末期～明治時代の留学生、法律学者。
¶幕末

井上良斎〔1代〕*　いのうえりょうさい
文政11（1828）年～＊　江戸時代末期～明治時代の陶工。浅草橋場町で開窯。
¶美工（[没]？）

井上良斎〔2代〕　いのうえりょうさい
江戸時代後期～明治時代の陶工。
¶美工（[生]弘化2（1845）年　[没]明治38（1905）年8月4日）

井上廉　いのうえれん
弘化3（1846）年～大正3（1914）年　[別]井上廉八（いのうえれんぱち）　江戸時代後期～大正時代の幕臣。
¶徳人（井上廉八　いのうえれんぱち）, 幕末（[没]大正3（1914）年10月18日）

伊能栄*　いのうさかえ
生没年不詳　江戸時代後期の女性。伊能忠敬の内妻。
¶江表（栄（東京都）　[没]文政1（1818）年）

稲生若水*　いのうじゃくすい
明暦1（1655）年～正徳5（1715）年　[別]稲生若水（いのおじゃくすい）, 稲若水（とうじゃくすい）　江戸時代中期の本草学者。「庶物類纂」を編纂。
¶江人, 科学（[生]明暦1（1655）年7月27日　[没]正徳5（1715）年7月6日）, コン（稲若水　とうじゃくすい）, 思想, 植物（[生]明暦1（1655）年7月27日　[没]正徳5（1715）年7月6日）, 山小（[没]1715年7月6日）

伊能忠敬*　いのうただたか
延享2（1745）年～文政1（1818）年　江戸時代後期の地理学者、測量家。
¶江人, 科学（[生]延享2（1745）年1月11日　[没]文政1（1818）年4月18日）, コン, 思想, 地理, 徳将, 山小（[生]1745年1月11日　[没]1818年4月18日）

伊能信*　いのうのぶ
？～寛政7（1795）年　江戸時代後期の女性。伊能忠敬の後妻。
¶江表（信（千葉県））

稲生はる　いのうはる
⇒稲生春子（いのうはるこ）

稲生春子*　いのうはるこ
元和5（1619）年～元禄8（1695）年　[別]稲生はる（いのうはる）　江戸時代前期～中期の女性。本草学者稲生若水の母。
¶江表（波留子（東京都）　はるこ）

伊能穎則*　いのうひでのり
文化2（1805）年～明治10（1877）年　江戸時代末期～明治時代の国学者。平田篤胤らに学び、江戸で家塾を開く。大学大教授、香取神宮少宮司を歴任。
¶コン, 幕末（[没]明治10（1877）年7月11日）

稲生正興　いのうまさおき
江戸時代中期～末期の幕臣。
¶徳人（[生]1782年　[没]1863年）

稲生正武　いのうまさたけ
江戸時代前期の幕臣。
¶徳人（[生]1683年　[没]？）

稲生正照　いのうまさてる
江戸時代前期～中期の幕臣。
¶徳人（[生]1641年　[没]1725年）

稲生正倫　いのうまさとも
江戸時代前期の幕臣。
¶徳人（[生]1626年　[没]1666年）

稲生正英　いのうまさふさ
江戸時代中期の幕臣。
¶徳人（[生]1715年　[没]1760年）

伊能達*　いのうみち
寛保2（1742）年～＊　江戸時代中期の女性。伊能忠敬の先妻。
¶江表（達（千葉県）　みち　[生]元文6（1741）年　[没]天明3（1783）年）

伊能友鷗*　いのうゆうおう
文化14（1817）年～明治8（1875）年　[別]吉見左膳（よしみさぜん）　江戸時代末期～明治時代の伊予宇和島藩士。伊達宗紀の側近として藩政に参画、安政の大獄に連座。
¶コン, 全幕（吉見左膳　よしみさぜん）, 幕末（[生]文化14（1817）年2月17日　[没]明治8（1875）年4月30日）

伊能りて*　いのうりて
天明4（1784）年～文政1（1818）年6月15日　江戸時代後期の女性。伊能忠敬の長男景敬の妻。
¶江表（りて（千葉県））

井上内親王　いのえないしんのう
⇒井上内親王（いのうえないしんのう）

猪尾　いのお⋆
江戸時代末期の女性。教育。元武士の広田氏。中庄村で文久1年～慶応3年算術を教授。
¶江表（猪尾（滋賀県））

飯尾貞連*　いのおさだつら
？～康正1（1455）年　[別]飯尾貞連（いいおさだつら, いいのおさだつら）　室町時代の法曹家、式評定衆。
¶コン（いいおさだつら）

稲生若水　いのおじゃくすい
⇒稲生若水（いのうじゃくすい）

飯尾宗祇 いのおそうぎ
⇒宗祇(そうぎ)

飯尾為数* いのおためかず
?～応仁1(1467)年 [別]飯尾為数(いいおためかず, いいのおためかず) 室町時代の法曹家、政所執事代。
¶コン(いいおためかず), 内乱, 室町

飯尾為種* いのおためたね
?～長禄2(1458)年5月20日 [別]飯尾為種(いいおためたね, いいのおためたね) 室町時代の法曹家。
¶コン(いいおためたね)

飯尾元連* いのおもとつら
永享3(1431)年～延徳4(1492)年5月10日 [別]飯尾元連(いいおもとつら, いいのおもとつら) 室町時代～戦国時代の武士。奉行人。
¶コン(いいおもとつら [生]? [没]明応1(1492)年)

飯尾弥四右衛門尉 いのおやしえもんのじょう
安土桃山時代の武士。遠江衆。
¶武田([生]? [没]天正3(1575)年5月20日)

猪木陽賢 いのきようけん
江戸時代後期の眼科医。
¶眼医(生没年不詳)

伊野銀蔵 いのぎんぞう
江戸時代後期～明治時代の和算家。農業の傍ら青年達に和算を教授。
¶数学([生]嘉永6(1853)年 [没]明治44(1911)年)

井口織部 いのくちおりべ
安土桃山時代の甲斐国巨摩郡井口郷の土豪。
¶武田(生没年不詳)

井口義平* いのくちぎへい
嘉永2(1849)年～明治4(1871)年 江戸時代末期～明治時代の加賀藩士、与力。同志と金沢城内で本多政均を刺殺。
¶幕末([没]明治4(1871)年2月14日)

井口如貞* いのぐちじょてい
生没年不詳 [別]如貞(じょてい) 江戸時代前期の俳人。
¶俳文(如貞 じょてい)

井口慎次郎* いのくちしんじろう
安政1(1854)年～明治10(1877)年 江戸時代末期～明治時代の会津藩士。
¶幕末([没]明治10(1877)年2月7日)

井口済* いのくちせい
文化10(1813)年～明治17(1884)年 江戸時代末期～明治時代の加賀藩儒者。藩知事に従い東上し議衆・侍読を兼任。
¶幕末([生]文化9(1813)年12月 [没]明治17(1884)年5月15日)

井口高精 いのくちたかきよ
江戸時代中期の代官。
¶徳代([生]? [没]宝永5(1708)年8月13日)

井口糺 いのくちただす, いのぐちただす
⇒井口糺(いぐちただす)

井口常範 いのくちつねのり
⇒井口常範(いぐちつねのり)

井口宗重* いのくちむねしげ
生没年不詳 安土桃山時代の織田信長の家臣。
¶織田

井口吉次 いのくちよしつぐ
安土桃山時代～江戸時代前期の黒田氏の家臣。
¶全戦([生]永禄8(1565)年 [没]元和7(1621)年)

猪隈関白 いのくまかんぱく
⇒近衛家実(このえいえざね)

猪子一明 いのこかずあき
江戸時代前期の駿府町奉行。
¶徳代([生]慶長14(1609)年 [没]寛文9(1669)年1月10日)

猪子賀介* いのこがすけ
生没年不詳 安土桃山時代の織田信長の家臣。
¶織田

猪子一時* いのこかずとき
天文11(1542)年～寛永3(1626)年 安土桃山時代～江戸時代前期の武士。織田氏家臣、豊臣氏家臣。
¶織田([没]寛永3(1626)年2月28日)

猪子外記入道* いのこげきにゅうどう
生没年不詳 安土桃山時代の織田信長の家臣。
¶織田

猪子高就* いのこたかなり
?～天正10(1582)年 安土桃山時代の武士。
¶織田([没]天正10(1582)年6月2日), 全戦

猪野女 いのじょ★
江戸時代後期の女性。和歌。伊予大洲藩の支藩新谷藩主加藤泰広の娘。文政4年の「詩仙堂募集和歌」に載る。
¶江表(猪野女(東京都))

猪瀬東寧* いのせとうねい
天保9(1838)年～明治41(1908)年 江戸時代末期～明治時代の画家、漢詩人。
¶幕末([生]天保9(1838)年10月5日 [没]明治41(1908)年4月23日), 美画([生]天保9(1838)年10月5日 [没]明治41(1908)年4月23日)

猪瀬豊城* いのせほうじょう
天明1(1781)年～文久2(1862)年 江戸時代後期の名主、儒学者。
¶幕末([没]文久2(1862)年6月15日)

猪瀬与左衛門 いのせよざえもん
戦国時代の人。武田信玄に従属。
¶武田(生没年不詳)

井早太* いのはやた
生没年不詳 平安時代後期の武士。
¶平家

井野部厳水* いのべげんすい
天保7(1836)年～明治35(1902)年 江戸時代末期～明治時代の土佐国家老福岡氏の家臣。高知藩留守居組となり致道館教授。
¶幕末([生]天保7(1836)年5月8日 [没]明治35(1902)年12月)

井戸王 いのへのおおきみ
⇒井戸王(いどのおおぎみ)

猪野政数 いのまさかず
江戸時代後期の和算家。上州箱石村の人。弘化2年算額を奉納。

¶数学

猪俣邦憲* (猪股邦憲)　いのまたくにのり
？～天正18(1590)年　安土桃山時代の武士。後北条氏家臣。
¶後北(邦憲〔猪俣〕　くにのり　[没]天正18年6月),全戦([生]天文16(1547)年　[没]?),戦武(猪股邦憲　[生]天文18(1549)年？　[没]天正18(1590)年？)

い

猪俣左衛門尉*　いのまたさえもんのじょう
戦国時代の武将。後北条氏家臣。
¶後北(左衛門尉〔猪俣〕　さえもんのじょう)

猪俣範綱　いのまたのりつな
平安時代後期の武士。
¶内乱(生没年不詳),平家(生没年不詳)

猪野道教　いのみちきよ
江戸時代後期～明治時代の和算家。極楽寺の猪野孫左衛門の養子。植松是勝に和算を学ぶ。
¶数学([生]天保8(1837)年　[没]明治11(1878)年4月17日)

井面守和　いのももりかず
⇒荒木田守和(あらきだもりかず)

井面守雅　いのももりつね
⇒荒木田守雅(あらきだもりまさ)

井面守訓　いのももりのり
⇒荒木田守訓(あらきだもりのり)

伊行末　いのゆきすえ
⇒伊行末(いぎょうまつ)

井野行恒　いのゆきつね
鎌倉時代後期の石大工。
¶美建(生没年不詳)

伊庭角兵衛　いばかくびょうえ
江戸時代前期の豊臣秀頼の家臣。
¶大坂([没]慶長20年)

伊庭可笑*　いばかしょう
延享4(1747)年～天明3(1783)年　江戸時代中期の戯作者。
¶コン([没]天明3(1783年/1782)年)

夷白　いはく
江戸時代後期～末期の俳諧師。
¶俳文([生]寛政9(1797)年　[没]明治1(1868)年9月12日)

伊庭軍兵衛*　いばぐんべえ
文政5(1822)年～明治19(1886)年　[別]伊庭軍兵衛秀俊(いばぐんべえひでとし)　江戸時代末期～明治時代の幕臣。講武所剣術指南、のちに遊撃隊頭取。
¶幕末(伊庭軍兵衛秀俊　いばぐんべえひでとし　[没]明治19(1886)年2月13日)

伊庭軍兵衛秀俊　いばぐんべえひでとし
⇒伊庭軍兵衛(いばぐんべえ)

伊庭軍兵衛秀業　いばぐんべえひでなり
⇒伊庭秀業(いばひでなり)

以伴子　いはこ⋆
江戸時代後期の女性。和歌。幕臣、小普請支配蒔田権佐の妻。文化5年頃、真田幸弘編「御ことほきの記」に載る。
¶江表(以伴子(東京都))

伊庭貞隆*　いばさだたか
[別]伊庭出羽守貞隆(いばでわのかみさだたか)　戦国時代の武士。
¶全戦(生没年不詳),室町(生没年不詳)

伊庭想太郎　いばそうたろう
嘉永4(1851)年～*　江戸時代末期～明治時代の剣客。
¶コン([没]明治36(1903)年),全幕([没]明治40(1907)年)

伊庭出羽守貞隆　いばでわのかみさだたか
⇒伊庭貞隆(いばさだたか)

伊庭八郎*　いばはちろう
天保14(1843)年～明治2(1869)年　江戸時代後期～明治時代の幕臣・剣客。
¶コン,全幕([生]天保15(1844)年),徳人([生]1844年),幕末([生]弘化1(1844)年　[没]明治2(1869)年5月12日)

伊庭秀賢*　いばひでかた
寛政12(1800)年～明治5(1872)年　江戸時代末期～明治時代の国学者。村山素行の門下、語格に精通し、著書に「霊語指掌」「霊語天格」など。
¶コン

伊庭秀業*　いばひでなり
文化7(1810)年～安政5(1858)年　[別]伊庭軍兵衛秀業(いばぐんべえひでなり)　江戸時代末期の幕臣。
¶江人(伊庭軍兵衛　いばぐんべえ　[生]1807年),全幕([生]文化6(1809)年),幕末(伊庭軍兵衛秀業　いばぐんべえひでなり　[生]文化6(1809)年　[没]安政5(1858)年8月13日)

伊場屋仙三郎　いばやせんざぶろう
江戸時代後期の団扇問屋。天保年間以降。
¶浮絵

井原応輔*　いはらおうすけ
天保13(1842)年～慶応1(1865)年　江戸時代末期の志士。
¶コン,全幕,幕末([生]天保13(1842)年2月　[没]慶応1(1865)年2月22日)

井原主計*　いばらかずえ,いはらかずえ
文化13(1816)年～慶応2(1866)年　江戸時代末期の長州(萩)藩寄組。
¶幕末(いはらかずえ　[生]文化13(1816)年4月15日　[没]慶応2(1867)年12月19日)

井原嘉平次*　いはらかへいじ
天保10(1839)年～文久3(1863)年　江戸時代末期の水夫。
¶幕末([没]文久3(1863)年6月1日)

菴原菡斎*　いばらかんさい
寛政6(1794)年～安政5(1858)年　[別]菴原道磨(いはらみちまろ)　江戸時代末期の蝦夷地開拓者。
¶幕末([没]安政5(1858)年6月14日)

伊舟城源一郎*　いばらきげんいちろう,いばらぎげんいちろう
天保1(1830)年～元治1(1864)年　江戸時代末期の志士、播磨姫路藩士。賀川肇暗殺事件に関与。
¶幕末([没]元治1(1864)年12月26日)

茨木佐渡守*　いばらきさどのかみ
？～元亀2(1571)年8月28日　戦国時代の武将。
¶織田

茨木重謙*　いばらぎしげかね,いばらきしげかね
明和4(1767)年～文化13(1816)年　[別]茨木重謙(いばらきじゅうけん)　江戸時代後期の伊勢津藩郡奉行。
¶江人,コン(いばらきじゅうけん)

茨木重謙 いばらきじゅうけん
⇒茨木重謙（いばらぎしげかね）

茨木司* いばらきつかさ
？～慶応3（1867）年6月14日　江戸時代後期～末期の新撰組隊士。
¶新隊, 全幕

茨木童子*（茨城童子）　いばらきどうじ
酒呑童子配下の鬼。
¶コン

茨木長隆*（茨城長隆）　いばらぎながたか, いばらきながたか
生没年不詳　戦国時代の武将。細川晴元を補佐。
¶コン（いばらきながたか）, 全戦（いばらきながたか）, 室町

伊原木茂兵衛* いばらぎもへえ
*～文久2（1862）年　江戸時代末期の天満屋創立者。
¶幕末（[生]寛政5（1793）年　[没]文久2（1862）年6月8日）

茨木屋直江 いばらきやなおえ★
江戸時代中期の女性。上書文。浪花新町茨木屋の遊女。享保14年頃、藩主松平信祝に贅沢禁止令に対する意見を上申した。
¶江表（茨木屋直江（大阪府））

庵原源一良 いはらげんいちろう
戦国時代～安土桃山時代の武士。駿河衆。
¶武田（生没年不詳）

井原西鶴* いはらさいかく, いばらさいかく
寛永19（1642）年～元禄6（1693）年　[別]西鶴（さいかく）　江戸時代前期の浮世草子作者、俳人。作品に「好色一代男」「好色五人女」「日本永代蔵」「世間胸算用」など。
¶浮絵, 江人, 科学（[没]元禄6（1693）年8月10日）, コン, 詩作（[没]元禄6（1693）年8月10日）, 思想, 徳将, 日文, 俳文（西鶴　さいかく　[没]元禄6（1693）年8月10日）, 山小（[没]1693年8月10日）

庵原助左衛門* いはらすけざえもん
天保5（1834）年～明治4（1871）年　[別]庵原助左衛門（いおはらすけざえもん）, 庵原朝儀（いおはらともよし）, 庵原助右衛門（いおばらすけえもん）　江戸時代末期～明治時代の近江彦根藩家老。
¶幕末（生没年不詳）

庵原忠恕 いはらただあつ
江戸時代中期の代官。
¶徳代（[生]享保18（1733）年　[没]？）

井原主税助 いはらちからのすけ
安土桃山時代の太田源五郎・北条氏房の家臣。
¶後北（主税助〔井原〕　ちからのすけ）

荊国足 いばらのくにたり
奈良時代の官人。
¶古人（生没年不詳）

荊嶋足 いばらのしまたり
奈良時代の官人。天平宝字2年大初位下で右大舎人。
¶古人（生没年不詳）

荊助仁 いばらのすけひと
飛鳥時代の官人。
¶古人（生没年不詳）

井原昂* いはらのぼる
*～昭和1（1926）年　[別]岩神圭一郎（いわがみけいいちろう）　江戸時代末期～明治時代の志士。土佐勤王党に参加。
¶幕末（[生]天保11（1841）年10月13日　[没]大正12（1923）年1月15日）

庵原正成 いはらまさなり
江戸時代前期の幕臣。
¶徳人（生没年不詳）

菴原道麿 いはらみちまろ
⇒菴原菡斎（いばらかんさい）

庵原康成* いはらやすなり
生没年不詳　[別]庵原康成（いおはらやすなり）　江戸時代末期の筑後三池藩執政。
¶幕末（いおはらやすなり）

揖斐章* いびあきら
生没年不詳　江戸時代末期～明治時代の静岡藩士族。
¶幕末

井光* いひか
上代の女神。大和吉野の国神。
¶古代

衣非茂記* いびしげき
天保2（1831）年～慶応1（1865）年　[別]衣斐茂記, 衣非茂記（えびしげき）　江戸時代末期の筑前福岡藩士。
¶幕末（[没]慶応1（1865）年10月25日）

揖斐政明 いびまさあき
江戸時代後期～明治時代の幕臣。
¶徳人（[生]1844年　[没]1881年）

揖斐政景 いびまさかげ, いひまさかげ
？～寛永18（1641）年　江戸時代前期の幕臣。
¶徳人, 徳代（いひまさかげ　[没]寛永18（1641）年1月28日）

揖斐政喬 いひまさたか
江戸時代中期の西国筋郡代。
¶徳代（[生]明和1（1764）年　[没]天明6（1786）年1月6日）

揖斐政恒 いひまさつね
江戸時代中期～後期の西国筋郡代。
¶徳代（[生]明和3（1766）年　[没]寛政6（1794）年5月23日）

揖斐政俊 いひまさとし
享保16（1731）年～安永1（1772）年4月29日　[別]楽水（らくすい）　江戸時代中期の代官。
¶徳代, 俳文（楽水　らくすい）

揖斐徫俊 いひゆきとし
江戸時代中期の西国筋郡代。
¶徳代（[生]宝暦3（1753）年　[没]安永6（1777）年3月3日）

依風 いふう★
江戸時代中期の女性。俳諧。石見日原村の人。安永2年刊、大石蜓鼓編『松の花集』に載る。
¶江表（依風（島根県））

井深勝皐* いぶかかつたか
元禄9（1696）年～明和5（1768）年2月　江戸時代中期の和算家。
¶数学

井深茂太郎* いぶかしげたろう
嘉永6（1853）年～明治1（1868）年　江戸時代末期の白虎士中二番隊士。

¶全幕（[没]慶応4（1868）年），幕末（[没]慶応4（1868）年8月23日）

い

井深宅右衛門＊　いぶかたくうえもん

天保1（1830）年～＊　[別]井深宅右衛門（いぶかたくえもん）　江戸時代末期～明治時代の陸奥会津藩士。

¶全幕（いぶかたくえもん　[生]文政13（1830）年　[没]明治30（1897）年），幕末（いぶかたくえもん　[生]文政13（1830）年2月4日　[没]明治30（1897）年3月19日）

井深宅右衛門　いぶかたくえもん

⇒井深宅右衛門（いぶかたくうえもん）

井深登世＊　いぶかとよ

嘉永6（1853）年～昭和19（1944）年　江戸時代末期～明治時代の女性。戊辰戦争では鶴ヶ城に籠城。

¶幕末（[没]昭和19（1944）年12月12日）

井深元治＊　いぶかもとはる

嘉永2（1849）年～明治6（1873）年　江戸時代末期～明治時代の会津藩士、高島学校教頭。監察官を同志と東松峠で惨殺。

¶幕末（[没]明治6（1873）年2月5日）

伊吹童子＊　いぶきどうじ

近江国伊吹山に住んだとされる伝説上の人物。

¶コン

伊福吉部徳足比売＊　いふきべのとこたりひめ

？～和銅1（708）年　[別]伊福吉部臣徳足比売（いおきべのおみとこたりひめ），伊福吉部徳足比売（いおきべのとこたりひめ）　飛鳥時代の女官。

¶古人（いおきべのとこたりひめ　[没]710年），古代（伊福吉部臣徳足比売　いおきべのおみとこたりひめ），女史（いおきべのとこたりひめ）

伊吹政満の妻　いぶきまさみつのつま★

江戸時代中期の女性。和歌。明和3年成立、難波玄生・清水貞固ほか撰「稲葉和歌集」に載る。

¶江表（伊吹政満の妻（鳥取県））

伊孚九＊　いふきゅう，いぶきゅう

生没年不詳　江戸時代中期の清の貿易商人、南画家。

¶コン，対外，美画（[生]康熙37（1698）年　[没]？）

飯降伊蔵　いぶりいぞう

江戸時代末期～明治時代の宗教家。

¶コン（[生]文政6（1823）年　[没]明治40（1907）年）

いへ(1)

江戸時代中期の女性。俳諧。加賀の人。安永6年刊、堀麦水編『新虚栗』に載る。

¶江表（いへ（石川県））

いへ(2)

江戸時代中期の女性。和歌。遠江掛川の渡辺三立の妻。宝暦4年に死去した杉浦真崎悲悼会に出席。

¶江表（いへ（静岡県））

いへ(3)

江戸時代後期の女性。和歌。大村藩の奥女中。文化11年刊、中山忠雄・河田正致編『柿本社奉納和歌集』に載る。

¶江表（いへ（長崎県））

井部栄範＊　いべえいはん

天保13（1842）年1月25日～大正3（1914）年2月22日　[別]井部栄範（いべよしのり）　江戸時代末期～明治時代の僧侶。環俗して杉の植林にはげみ、大山林地主となる。

¶植物，幕末（いべよしのり）

伊部王　いべおう

奈良時代の官人。

¶古人（生没年不詳）

いへ子　いへこ★

江戸時代後期～明治時代の女性。和歌。出雲国造千家上官の千家之正の妻。

¶江表（いへ子（島根県）　[生]文政11（1828）年　[没]明治19（1886）年）

伊部直瑚＊　いべちょくこ

生没年不詳　江戸時代後期の和算家。

¶数学

伊部社麻呂　いべのこそまろ

奈良時代の官人。

¶古人（生没年不詳）

伊部子水通　いべのこみみち

奈良時代の官人。

¶古人（生没年不詳）

伊部豊持　いべのとよもち

平安時代前期の官人。越前国敦賀郡の人。貞観15年右大史正六位上で、姓飯高朝臣を賜る。

¶古人（生没年不詳）

井部栄範　いべよしのり

⇒井部栄範（いべえいはん）

いほ(1)

江戸時代後期の女性。和歌。相模小田原藩の奥女中。文化11年刊、中山忠雄・河田正致編『柿本社奉納和歌集』に載る。

¶江表（いほ（神奈川県））

いほ(2)

江戸時代後期の女性。俳諧。播磨の人。寛政11年刊、子日庵一草編『須磨明石』に載る。

¶江表（いほ（兵庫県））

いほ(3)

江戸時代後期の女性。和歌。因幡鳥取西館新田藩江戸鉄砲洲藩邸に仕えた堀久七の妻。天保11年成立「鷲見家短冊帖」に載る。

¶江表（いほ（鳥取県））

渭北　いほく

⇒右江渭北（みぎえいほく）

いほ子　いほこ★

江戸時代後期の女性。和歌。江目氏。文化7年成立、弘中重義著「大淵寺の道の記」に載る。

¶江表（いほ子（富山県））

いほ女　いほじょ★

江戸時代中期の女性。和歌。高崎藩藩士で歌人宮部義正・万女夫妻、息子義直三人の日記『三藻日記』に載る。

¶江表（いほ女（群馬県））

以保女　いほじょ★

江戸時代後期の女性。和歌。秋田藩の奥女中。文化8年、「貞明院一周忌歌会綴」に載る。

¶江表（以保女（秋田県））

伊保女　いほじょ★

江戸時代末期の女性。和歌。仙台藩国学教授で侍講の三分一所平介景明の娘。慶応2年序、日野資始編『宮城百人一首遺稿』に載る。

¶江表（伊保女（宮城県））

伊本女　いほじょ*
江戸時代後期の女性。和歌。八木橋良作の伯母。寛政11年成立「奉納詠百首和歌」に載る。
¶江表（伊本女（岩手県））

いほり
江戸時代後期の女性。俳諧。播磨の人。寛政12年刊、子日庵一草編『あき風』に載る。
¶江表（いほり（兵庫県））

いま
江戸時代後期の女性。教育。吾妻郡大戸村の商人加部丈四郎の妻。寺小屋師匠として教育。
¶江表（いま（群馬県））

今阿弥*　いまあみ
生没年不詳　戦国時代の吏僚。北条氏に仕えた。
¶後北

今井家平　いまいいえひら
戦国時代の北条氏家臣大藤氏の同心。二郎左衛門。
¶後北（家平〔今井（3）〕　いえひら）

今井伊勢守　いまいいせのかみ
戦国時代の武士。武田晴信初期の重臣。
¶武田（生没年不詳）

今井興之丞*　いまいおきのじょう
天保3（1832）年～明治1（1868）年　江戸時代末期の武士。松前氏家臣。
¶幕末

今井尾張守　いまいおわりのかみ
戦国時代の武田氏の家臣。
¶武田（[生]？　[没]享禄4（1531）年2月2日）

今井兼隆*　いまいかねたか
慶長7（1602）年～寛永10（1633）年　江戸時代前期の堺の茶人。
¶徳代（[没]寛永10（1633）年3月8日）

今井兼継*（今井兼続）　いまいかねつぐ
江戸時代中期の茶人、堺の町人。
¶徳代（今井兼続　[生]元和8（1622）年　[没]寛文6（1666）年9月11日）

今井兼利*　いまいかねとし
天保6（1835）年～明治23（1890）年　江戸時代末期～明治時代の鹿児島県士族、陸軍軍人、少将。西南戦争で西郷軍と参戦。
¶幕末（[没]明治23（1890）年9月11日）

今井兼直　いまいかねなお
江戸時代前期～中期の代官。
¶徳代（[生]寛永18（1641）年　[没]宝永3（1706）年3月27日）

今井兼庭　いまいかねにわ
⇒今井兼庭（いまいけんてい）

今井兼久　いまいかねひさ
⇒今井宗薫（いまいそうくん）

今井兼平*　いまいかねひら
？～元暦1（1184）年　[別]中原兼平（なかはらのかねひら）　平安時代後期の武士。木曽の四天王。
¶古人（中原兼平　なかはらのかねひら），コン，内乱（[没]寿永3（1184）年），平家（[没]寿永3（1184）年）

今井金衛門*（今井金右衛門）　いまいきんえもん
寛政12（1800）年～弘化4（1847）年　[別]今井紐蘭（いまいちゅうらん）　江戸時代後期の水戸藩士。
¶コン（今井金右衛門），幕末（[没]弘化4（1847）年10月13日）

今井元一*　いまいげんいち
生没年不詳　江戸時代後期の和算家。
¶数学

今井源太郎*　いまいげんたろう
戦国時代の武士。後北条氏家臣。
¶後北（源太郎〔今井（2）〕　げんたろう）

今井兼庭*　いまいけんてい
享保3（1718）年～安永9（1780）年　[別]今井兼庭（いまいかねにわ）　江戸時代中期の暦算家。
¶数学（いまいかねにわ　[没]安永9（1780）年4月23日）

今井弘済*　いまいこうさい
承応1（1652）年～元禄2（1689）年　[別]今井魯斎（いまいろさい）　江戸時代前期の国学者、医師。
¶コン

今井佐次平　いまいさじへい
江戸時代後期～明治時代のタマネギ栽培業者。
¶植物（[生]天保7（1836）年3月　[没]明治41（1908）年7月7日）

今井貞吉*　いまいさだきち
天保2（1831）年～明治36（1903）年3月27日　江戸時代末期～明治時代の博物学者、土佐藩の下級官吏、町方下横目。古銭に関心を持ち、趣味を兼ねた研究生活を送り「古泉大全」30巻を完成。
¶植物（[生]天保2（1831）年9月21日），幕末（[生]天保2（1831）年9月21日）

今井定清*　いまいさだきよ
？～永禄4（1561）年　戦国時代の武士。
¶全戦

今井貞恵　いまいさだよし
戦国時代の武士。越前守。
¶武田（生没年不詳）

今井三郎右衛門*　いまいさぶろうえもん
文政2（1819）年～元治1（1864）年　江戸時代末期の豊岡藩士。
¶幕末（[没]元治1（1864）年7月18日）

今井似閑*　いまいじかん
明暦3（1657）年～享保8（1723）年10月4日　江戸時代前期～中期の国学者。万葉集考証家。
¶コン

今井次郎左衛門尉　いまいじろうざえもんのじょう
戦国時代の武田氏の家臣。
¶武田（生没年不詳）

今泉今右衛門〔10代〕*　いまいずみいまえもん
嘉永1（1848）年～昭和2（1927）年　江戸時代後期～明治時代の陶芸家。
¶美工（[没]昭和2（1927）年9月27日）

今泉蟹守*　いまいずみかにもり
文政1（1818）年～明治31（1898）年　江戸時代末期～明治時代の歌人。「白縫集」など肥前の近世の和歌を集成。
¶幕末（[没]明治31（1898）年2月7日）

今泉久右衛門*　いまいずみきゅううえもん
天保8（1837）年～明治7（1874）年　[別]今泉久右衛門（いまいずみきゅうえもん）　江戸時代末期～明治時代の安積開拓功労者、本陣主人。郡山最初の戸長。

い

¶幕末（いまいずみきゅうえもん　[没]明治7（1874）年1月21日）

今泉久右衛門　いまいずみきゅうえもん
⇒今泉久右衛門（いまいずみきゅううえもん）

今泉久三郎*　いまいずみきゅうざぶろう
弘化2（1845）年～大正1（1912）年　江戸時代末期～明治時代の自治功労者、名主。戊辰戦争後、郡山の復興に尽力。
¶幕末（[没]明治45（1912）年5月）

今泉玄栄　いまいずみげんえい
江戸時代末期～明治時代の眼科医。
¶眼医（[生]？　[没]明治19（1886）年）

今泉岫雲*　いまいずみしゅううん
天保5（1834）年～明治29（1896）年　江戸時代末期～明治時代の学者、教育者、私立日新館教授。
¶幕末（[生]天保5（1834）年4月　[没]明治29（1896）年4月17日）

今泉素月　いまいずみそげつ
⇒素月（そげつ）

今泉武太郎*　いまいずみたけたろう
嘉永5（1852）年～明治1（1868）年　江戸時代末期の陸奥会津藩士。
¶幕末（[没]慶応4（1868）年5月1日）

今泉恒丸　いまいずみつねまる
⇒恒丸（つねまる）

今泉みね　いまいずみみね
安政2（1855）年～昭和12（1937）年　江戸時代末期～昭和時代の女性。随筆「名ごり夢」の著者。将軍家侍医桂川甫周の娘。
¶江表（みね（東京都））, コン

今泉元長　いまいずみもとなが
江戸時代後期～明治時代の幕臣。
¶徳人（[生]1818年　[没]1892年）

今井宗久*（今井宗休）　いまいそうきゅう
永正17（1520）年～文禄2（1593）年　[別]宗久（そうきゅう），納屋宗久（なやそうきゅう）　戦国時代～安土桃山時代の堺の豪商、茶湯者。信長茶頭。
¶織田（[没]文禄2（1593）年8月5日）, コン, 全戦, 中世, 山小（[没]1593年8月5日）

今井宗薫*　いまいそうくん
天文21（1552）年～寛永4（1627）年　[別]今井兼久（いまいかねひさ），宗薫（そうくん）　安土桃山時代～江戸時代前期の堺の商人、茶湯者。
¶コン, 全戦, 徳将, 徳代（今井兼久　いまいかねひさ　[没]寛永4（1627）年4月11日）, 山小（[没]1627年4月11日）

今井忠昌　いまいただまさ
江戸時代前期の代官。
¶徳代（[生]？　[没]万治1（1658）年7月3日）

今井多門　いまいたもん
江戸時代の眼科医。
¶眼医（生没年不詳）

今井太郎右衛門*　いまいたろうえもん
文政7（1824）年～明治10（1877）年　江戸時代末期～明治時代の長州藩用達商人。大黒屋の養子に入り、長州藩尊攘運動を援助、明治維新後も志士の遺墨を集める。
¶幕末（[没]明治10（1877）年12月5日）

今井紐蘭　いまいちゅうらん
⇒今井金衛門（いまいきんえもん）

今井藤左衛門　いまいとうざえもん
安土桃山時代の上野国国衆那波顕宗の家臣。北条氏に属した。
¶後北（藤左衛門〔今井（1）〕　とうざえもん）

今井虎甫　いまいとらすけ
戦国時代の武士。今井信乂の子で、信房・信甫の弟。
¶武田（[生]？　[没]享禄4（1531）年2月2日）

今井直方*　いまいなおかた
文政8（1825）年～？　江戸時代後期～末期の和算家。
¶数学

今井能登守　いまいのとのかみ
安土桃山時代の武田氏の家臣。
¶武田（生没年不詳）

今井信郎*　いまいのぶお
天保12（1841）年～大正7（1918）年6月25日　[別]今井信郎（いまいのぶろう）　江戸時代後期～大正時代の武士。
¶全幕, 徳人（いまいのぶろう）, 幕末（[生]天保12（1841）年10月2日）

今井信意*　いまいのぶおき
生没年不詳　戦国時代の武士。今井信慶の子。
¶武田

今井信名　いまいのぶかた
⇒今井八九郎（いまいはちくろう）

今井信乂*　いまいのぶかた
？～明応3（1494）年3月26日　室町時代～戦国時代の武士。武田氏家臣、府中今井氏の祖。
¶武田

今井信是*　いまいのぶこれ
生没年不詳　戦国時代の浦氏当主。
¶武田（[生]？　[没]？　年？　月24日）

今井信甫*　いまいのぶすけ
生没年不詳　戦国時代の武田信虎・晴信の近臣。
¶武田

今井信近　いまいのぶちか
戦国時代の武田氏の家臣。摂津守。
¶武田（生没年不詳）

今井信経　いまいのぶつね
戦国時代の武士。今井氏の当主。信景の子で、武田信満の孫。
¶武田（[生]？　[没]延徳2（1490）年9月17日）

今井信俊*　いまいのぶとし
*～文禄4（1595）年　[別]今井昌茂（いまいまさしげ）戦国時代～安土桃山時代の武将。武田氏家臣。
¶武田（今井昌茂　いまいまさしげ　生没年不詳）

今井信仲*　いまいのぶなか
？～天正10（1582）年3月　戦国時代～安土桃山時代の甲斐武田勝頼の家臣。
¶武田

今井信尚　いまいのぶひさ
安土桃山時代の武田氏の家臣。彦十郎。
¶武田（生没年不詳）

今井信衡* いまいのぶひら
生没年不詳 戦国時代の武将。武田氏家臣。
¶武田（[生]？ [没]天正10（1582）年3月11日？）

今井信房* いまいのぶふさ
？～永正12（1515）年10月17日 戦国時代の武田信虎の近臣。
¶武田

今井信元* いまいのぶもと
生没年不詳 戦国時代の浦氏当主、国人領主。
¶武田

今井信慶* いまいのぶよし
？～延徳2（1490）年3月28日 室町時代～戦国時代の逸見今井氏の祖。
¶武田

今井信良* いまいのぶよし
生没年不詳 戦国時代の武田晴信の近臣。
¶武田

今井信郎 いまいのぶろう
⇒今井信郎（いまいのぶお）

今井載肥 いまいのりよし
江戸時代中期の代官。
¶徳代（[生]宝永6（1709）年 [没]安永3（1774）年12月7日）

今井八九郎* いまいはちくろう
寛政2（1790）年～文久2（1862）年 [別]今井信名（いまいのぶかた） 江戸時代末期の蝦夷松前藩士、測量家。
¶幕末（今井信名 いまいのぶかた）

今井彦左衛門 いまいひこざえもん
安土桃山時代の武士。武田親類衆今井氏の一門か。詳細不明。
¶武田（生没年不詳）

今井肥前守 いまいひぜんのかみ
安土桃山時代の武士。信玄旗本の陣立書にその名がみえる。武田親類衆か。
¶武田（[生]？ [没]天正10（1582）年3月？）

今井弘* いまいひろし
天保2（1831）年～明治4（1871）年 江戸時代末期～明治時代の三河西尾藩家老。
¶幕末

今井平三 いまいへいぞう
戦国時代の武田氏の家臣。
¶武田（[生]？ [没]永正6（1509）年12月24日）

今井昌茂 いまいまさしげ
⇒今井信俊（いまいのぶとし）

今井政兵衛 いまいまさべえ
世襲名 江戸時代～明治時代の稲元屋寸金堂主人。
¶出版

今井昌安 いまいまさやす
江戸時代前期の代官。
¶徳代（[生]？ [没]慶安1（1648）年2月14日）

今井昌吉 いまいまさよし
江戸時代前期の代官。
¶徳代（[生]？ [没]慶長18（1613）年12月13日）

今井昌良 いまいまさよし
戦国時代の武田氏の重臣。
¶武田（生没年不詳）

今井満太郎* いまいまんたろう
嘉永5（1852）年～慶応2（1866）年 江戸時代末期の長州（萩）藩寄組。
¶幕末（[没]慶応2（1866）年7月3日）

今井光隆* いまいみつたか
文化7（1810）年～明治10（1877）年 江戸時代末期～明治時代の教育者。
¶幕末（[生]文政7（1824）年 [没]明治10（1877）年8月1日）

今井弥七郎 いまいやしちろう
安土桃山時代の上野国衆長井政実の家臣。
¶武田（生没年不詳）

今井祐次郎* いまいゆうじろう
天保15（1844）年～慶応4（1868）年1月 江戸時代後期～末期の新撰組隊士。
¶新隊（[没]明治1（1868）年1月）

今井好親 いまいよしちか
江戸時代前期～中期の代官。
¶徳代（[生]正保3（1646）年 [没]元禄7（1694）年6月3日）

今井義行 いまいよしゆき
江戸時代中期の和算家。
¶数学

今井柳荘* いまいりゅうそう
宝暦1（1751）年～文化8（1811）年 [別]柳荘（りゅうそう） 江戸時代後期の俳人。
¶俳文（柳荘 りゅうそう）

今井魯斎 いまいろさい
⇒今井弘済（いまいこうさい）

今枝勘右衛門* いまえだかんえもん
生没年不詳 安土桃山時代の武将。秀吉馬廻。
¶大坂（今枝勘右衛門光俊 いまえだかんえもんみつとし），織田

今枝重直* いまえだしげなお
天文23（1554）年～寛永4（1627）年 安土桃山時代～江戸時代前期の武士。織田氏家臣、豊臣氏家臣。
¶織田（[没]寛永4（1627）年12月23日）

今枝甚左衛門是氏 いまえだじんざえもんこれうじ
江戸時代前期の青木一重の与力。後、水野勝成に出仕。
¶大坂

今枝直応* いまえだなおまさ
生没年不詳 江戸時代末期の加賀藩老臣。
¶幕末

今枝六蔵* いまえだろくぞう
生没年不詳 戦国時代の武士。織田氏家臣。
¶織田

今大路親清 いまおおじちかきよ
安土桃山時代～江戸時代前期の幕臣。
¶徳人（[生]1577年 [没]1626年）

今大路親昌* いまおおじちかまさ
慶長13（1608）年～寛永16（1639）年 [別]曲直瀬親昌（まなせちかまさ） 江戸時代前期の徳川幕府の侍医。
¶徳人

今尾清香* いまおきよか
文化2（1805）年～明治6（1873）年 江戸時代末期

の国学者。
¶コン

今尾景年　いまおけいねん
江戸時代後期～大正時代の日本画家。
¶美画([生]弘化2(1845)年8月12日　[没]大正13(1924)年10月5日)

今川　いまがわ*
江戸時代中期の女性。俳諧。安芸宮島の遊女か。元禄6年刊、北条団水編『くやみ草』に載る。
¶江表(今川(広島県))

今川氏真*　いまがわうじざね
天文7(1538)年～慶長19(1614)年　安土桃山時代～江戸時代前期の武将、歌人。
¶コン, 全戦, 戦武

今川氏親*　いまがわうじちか
文明5(1473)年～大永6(1526)年　[別]氏親(うじちか)　戦国時代の武将。
¶コン([生]文明2(1470)年), 全戦([生]文明3(1471)年), 中世([生]?), 俳文(氏親　うじちか　[没]大永6(1526)年6月23日), 室町, 山小([没]1526年6月23日)

今川氏親室　いまがわうじちかしつ
⇒寿桂尼(じゅけいに)

今川氏輝*　いまがわうじてる
永正10(1513)年～天文5(1536)年　戦国時代の武将。
¶コン([生]?), 全戦, 室町

今川岳南*　いまがわがくなん
文政11(1828)年～明治29(1896)年　江戸時代末期～明治時代の教育者。周陽学舎長、右田小学校教師などを歴任。
¶幕末([没]明治29(1896)年10月17日)

今川国泰　いまがわくにやす
⇒今川仲秋(いまがわなかあき)

今川貞世　いまがわさだよ
⇒今川了俊(いまがわりょうしゅん)

今川忠恕　いまがわちゅうじょ
生没年不詳　江戸時代後期の幕臣。
¶徳人, 徳代

今川直房*　いまがわなおふさ
文禄3(1594)年～寛文1(1661)年　江戸時代前期の武士、今川義元の曽孫。
¶徳人

今川仲秋*　いまがわなかあき
生没年不詳　[別]今川国泰(いまがわくにやす)　南北朝時代の武将。肥前国守護。
¶コン(今川国泰　いまがわくにやす), 内乱, 室町

今川範氏*　いまがわのりうじ
正和5(1316)年～正平20/貞治4(1365)年　南北朝時代の武将、駿河守護。
¶内乱([没]貞治4(1365)年)

今川範国*　いまがわのりくに
*～元中1/至徳1(1384)年　鎌倉時代後期～南北朝時代の武将、歌人。
¶コン([生]嘉元2(1304)年), 室町([生]?)

今川範忠*　いまがわのりただ
応永15(1408)年～*　室町時代の武将。
¶コン([生]?　[没]康正1(1455)年), 内乱([没]?), 室町([没]?)

今川範政*　いまがわのりまさ
正平19/貞治3(1364)年～永享5(1433)年5月27日　南北朝時代～室町時代の武将、歌人。
¶コン, 内乱([生]貞治3(1364)年), 室町

今川彦五郎　いまがわひこごろう
戦国時代の武将。今川氏親の二男。母は氏親の正室中御門氏(寿桂尼)と思われる。
¶全戦([生]?　[没]天文5(1536)年)

今川孫二郎*　いまがわまごじろう
?～天正10(1582)年6月2日　戦国時代～安土桃山時代の織田信長の家臣。
¶織田

今川以昌*　いまがわもちあき
嘉永3(1850)年～明治27(1894)年　江戸時代末期～明治時代の教育者。著書に「白川遊記」。
¶幕末([生]嘉永3(1850)年3月　[没]明治27(1894)年10月1日)

今川泰範*　いまがわやすのり
建武1(1334)年～応永16(1409)年　南北朝時代～室町時代の武将、侍所頭人。
¶コン(生没年不詳), 内乱, 室町(生没年不詳)

今川義忠*　いまがわよしただ
永享8(1436)年～文明8(1476)年　室町時代の武将。駿河国守護。
¶コン([生]嘉吉2(1442)年), 内乱, 室町

今川義元*　いまがわよしもと
永正16(1519)年～永禄3(1560)年　戦国時代の武将。東海一の弓取りといわれたが上洛の途次桶狭間で討死。
¶コン, 全戦, 戦武, 中世, 室町, 山小([没]1560年5月19日)

今川了俊*　いまがわりょうしゅん
嘉暦1(1326)年～?　[別]今川貞世(いまがわさだよ), 了俊(りょうしゅん)　南北朝時代～室町時代の武将、歌人、九州探題。
¶コン(今川貞世　いまがわさだよ　[生]正中2(1325)年　[没]応永27(1420)年), 対外(今川貞世　いまがわさだよ), 中世, 内乱([没]応永25(1418)年以前), 日文, 俳文(了俊　りょうしゅん　[没]応永21(1414)年頃), 室町, 山小(今川貞世　いまがわさだよ)

今木*　いまき
生没年不詳　平安時代前期の女官、歌人。
¶古人

今城王*　いまきおう
奈良時代の官人、歌人。
¶古人(生没年不詳), 古代

今城定章　いまきさだあき
⇒今城定章(いまきさだあや)

今城定淳　いまきさだあつ
⇒今城定淳(いまきさだのり)

今城定章*　いまきさだあや
寛政9(1797)年～明治4(1871)年　[別]今城定章(いまきさだあき)　江戸時代末期～明治時代の公家(権大納言)。権中納言今城定成の次男。
¶公卿(いまきさだあき　[生]寛政9(1797)年11月18日　[没]明治4(1871)年4月), 公家(定章〔今城家〕　さだあき　[生]寛政9(1797)年11月18日　[没]明治4(1871)年4月19日), 幕末([生]寛政9(1798)年11月18日　[没]明治4

(1871)年4月19日)

今城定興* いまきさだおき

享保17(1732)年9月7日～安永5(1776)年5月12日 江戸時代中期の公家(参議)。権中納言今城定種の子。

¶公卿,公家(定興〔今城家〕 さだおき [生]享保17(1732)年9月4日)

今城定国* いまきさだくに

文政2(1819)年～明治8(1875)年 江戸時代末期～明治時代の公家。幕府委任反対八十八卿列参に参加。

¶公卿([生]文政3(1820)年3月19日 [没]明治8(1875)年11月),公家(定国〔今城家〕 さだくに [生]文政3(1820)年3月19日 [没]明治8(1875)年11月29日),幕末([生]文政2(1819)年3月19日 [没]明治8(1875)年11月29日)

今城定成 いまきさだしげ

⇒今城定成(いまきさだなり)

今城定種* いまきさだたね

元禄9(1696)年5月15日～寛延1(1748)年6月29日 江戸時代中期の公家(権中納言)。権中納言今城定経の子。

¶公卿,公家(定種〔今城家〕 さだたね [没]延享5(1748)年6月29日)

今城定経* いまきさだつね

明暦2(1656)年6月24日～元禄15(1702)年2月26日 江戸時代前期～中期の公家(権中納言)。権中納言今城定淳の子。

¶公卿,公家(定経〔今城家〕 さだつね)

今城定成* いまきさだなり

*～文政11(1828)年6月19日 [別]今城定成(いまきさだしげ) 江戸時代後期の公家(権中納言)。参議今城定興の末男。

¶公卿([生]安永9(1780)年12月17日),公家(定成〔今城家〕 さだしげ [生]安永3(1774)年12月17日)

今城定淳* いまきさだのり

寛永12(1635)年2月24日～元禄2(1689)年5月27日 [別]今城定淳(いまきさだあつ) 江戸時代前期の公家(権中納言)。今城家の祖。権中納言中山冷泉為尚の子。

¶公卿,公家(定淳〔今城家〕 さだあつ)

今城重子* いまきしげこ

文政11(1828)年～明治34(1901)年7月18日 江戸時代末期～明治時代の女官。和宮の徳川家降嫁に尽力し、反対派から排撃、宮中退去・辞官の処分を受ける。

¶全幕,幕末([生]文政11(1828)年9月16日)

今城婧子 いまきしゅんし

⇒今城婧子(いまきたつこ)

今北洪川* いまきたこうせん

文化13(1816)年～明治25(1892)年 江戸時代末期～明治時代の臨済宗僧侶。学僧として高名、居士禅の興隆に努め、儒仏一致を説き、「禅海一瀾」を著す。

¶コン,思想,幕末([生]文化13(1816)年7月10日 [没]明治25(1892)年1月16日)

今城婧子* いまきたつこ

文化6(1809)年～明治8(1875)年 [別]今城婧子(いまきしゅんし) 江戸時代末期～明治時代の女性。仁孝天皇の女房となり、皇子常寂光院宮を生む。

¶天皇(いまきしゅんし [生]文化6(1809)年10月17日 [没]明治8(1875)年6月7日),幕末([生]文化6(1809)年10月17日 [没]明治8(1875)年6月7日)

新漢済文* いまきのあやのさいもん

飛鳥時代の渡来人。

¶古代

新漢陶部高貴 いまきのあやのすえつくりのこうき

⇒高貴(こうき)

新漢人日文 いまきのあやひとにちもん

⇒旻(みん)

新漢人旻 いまきのあやひとみん

⇒旻(みん)

今木正矩* いまきまさのり

生没年不詳 江戸時代後期の和算家。

¶数学

今子(1) いまこ

平安時代前期の女性。宇多天皇に仕えた。亭子院の今子ともいう。

¶古人(生没年不詳)

今子(2) いまこ★

江戸時代の女性。和歌。伊勢久保の乾氏。明治13年刊、佐々木弘綱編『明治開化和歌集』下に載る。

¶江表(今子(三重県))

今子(3) いまこ★

江戸時代後期の女性。和歌。宇和島藩藩士山内久右衛門の母。嘉永5年刊、内遠編『五十鈴川』に載る。

¶江表(今子(愛媛県))

今子(4) いまこ★

江戸時代末期の女性。和歌。西条藩領の歌人三木松窓の妻。安政1年刊、半井梧庵編『鄙のてぶり』初に数首が載る。

¶江表(今子(愛媛県))

今佐有国 いまさのありくに

平安時代中期の官人。

¶古人(生没年不詳)

今沢石見守 いまざわいわみかみ

戦国時代の府中八幡神社の神主。

¶武田(生没年不詳)

今女 いまじょ★

江戸時代後期の女性。画。大村氏。名、可中、今子とも。天保3年刊、畑銀鶏編『書画薈粋』に載る。

¶江表(今女(東京都))

今州利* いますり

上代の和歌山県の隅田八幡宮所蔵の人物画像鏡銘にみえる人物。

¶古代

今立五郎大夫*(今立五郎太夫) いまだてごろうだゆう

天保6(1835)年～明治38(1905)年 江戸時代末期～明治時代の福井藩士。禁門の変では堺町御門を守衛。

¶幕末([生]天保6(1835)年7月4日 [没]明治38(1905)年8月7日)

今田浪江* いまだなみえ

江戸時代末期の周防徳山藩士。

¶幕末([生]嘉永4(1851)年 [没]?)

今田政安* いまだまさやす

生没年不詳 江戸時代後期～末期の和算家。

¶数学

今田靫負＊(今田靫負)　**いまだゆきえ**
天保3(1832)年～慶応2(1866)年　[別]今田靫負(いまだゆげい)　江戸時代末期の周防岩国藩士。
¶幕末([没]慶応2(1866)年9月16日)

今田靫負　**いまだゆげい**
⇒今田靫負(いまだゆきえ)

今田佳保＊　**いまだよしお**
享和1(1801)年～明治18(1885)年　江戸時代末期～明治時代の岩国藩士。書籍購入に努め学館養老館に寄贈。
¶幕末([没]明治18(1885)年12月18日)

今津卯三郎＊　**いまづうさぶろう, いまずうさぶろう**
弘化2(1845)年～元治1(1864)年　江戸時代末期の奇兵隊士。
¶幕末([没]元治1(1864)年7月20日)

今出河院＊(今出川院)　**いまでがわいん**
建長5(1253)年～文保2(1318)年　[別]藤原嬉子(ふじわらきし, ふじわらのきし)　鎌倉時代の女性。亀山天皇の中宮。
¶天皇(藤原嬉子　ふじわらのきし　[没]文保2(1318)年4月)

今出川院近衛＊(今出河院近衛)　**いまでがわいんのこのえ**
生没年不詳　鎌倉時代後期の女性。歌人。
¶女史

今出川兼季＊　**いまでがわかねすえ**
弘安4(1281)年～延元4/暦応2(1339)年1月16日　鎌倉時代後期～南北朝時代の公卿(太政大臣)。今出川家の祖。太政大臣西園寺実兼の三男。
¶公卿([没]暦応2(1339)年1月16日), 公家(兼季〔今出川家〕　かねすえ　[没]暦応2(1339)年1月16日), コン

今出川公彦　**いまでがわきみひこ**
⇒今出川公彦(いまでがわきんひこ)

今出川公顕　**いまでがわきんあき**
⇒西園寺公顕(さいおんじきんあき)

今出川公詮　**いまでがわきんあき**
⇒今出川公詮(いまでがわきんせん)

今出川公興＊　**いまでがわきんおき**
文安3(1446)年～永正11(1514)年　室町時代～戦国時代の公卿(左大臣)。左大臣今出川教季の子。
¶公卿([生]文安2(1445)年　[没]永正11(1513)年2月4日), 公家(公興〔今出川家〕　きんおき　[没]永正11(1514)年2月4日)

今出川公言＊　**いまでがわきんこと**
元文3(1738)年8月1日～安永5(1776)年　江戸時代中期の公家(権中納言)。権大納言今出川誠季の子。
¶公卿([没]安永5(1776)年8月26日), 公家(公言〔今出川家〕　きんこと　[没]安永5(1776)年8月25日), コン

今出川公詮＊　**いまでがわきんせん**
元禄9(1696)年3月29日～享保16(1731)年2月14日　[別]今出川公詮(いまでがわきんあき)　江戸時代中期の公家(権大納言)。左中将今出川公香の次男。
¶公卿, 公家(公詮〔今出川家〕　きんあき)

今出川公富＊　**いまでがわきんとみ**
応永3(1396)年～応永28(1421)年8月9日　室町時代の公卿(権大納言)。権大納言今出川実富の子。
¶公卿, 公家(公富〔今出川家〕　きんとみ　[生]1399年)

今出川公直＊　**いまでがわきんなお**
建武2(1335)年～応永3(1396)年5月　南北朝時代の公卿(左大臣)。権大納言今出川実尹の子。
¶公卿, 公家(公直〔今出川家〕　きんなお)

今出川公規＊　**いまでがわきんのり**
寛永15(1638)年～元禄10(1697)年　江戸時代前期の公家(右大臣)。内大臣徳大寺公信の次男。
¶公卿([生]寛永15(1638)年1月12日　[没]元禄10(1697)年10月26日), 公家(公規〔今出川家〕　きんのり　[生]寛永15(1638)年1月12日　[没]元禄10(1697)年10月26日)

今出川公彦＊　**いまでがわきんひこ**
永正3(1506)年～天正6(1578)年　[別]今出川公彦(いまでがわきみひこ)　戦国時代～安土桃山時代の公卿(左大臣)。権大納言今出川季孝の子。
¶公卿([没]天正6(1578)年1月23日), 公家(公彦〔今出川家〕　きんひこ　[没]天正6(1578)年1月23日)

今出川公久＊　**いまでがわきんひさ**
文化3(1806)年5月23日～天保7(1836)年8月17日　江戸時代後期の公家(権中納言)。権大納言今出川尚季の子。
¶公卿, 公家(公久〔今出川家〕　きんひさ　[生]文化3(1806)年5月22日)

今出川公冬＊　**いまでがわきんふゆ**
南北朝時代の公卿(参議)。参議西園寺実顕の子。
¶公卿([生]元徳1(1329)年　[没]康暦2(1380)年), 公家(公冬〔今出河家(絶家)〕　きんふゆ　[生]?　[没]康暦2(1380)年)

今出川公行＊　**いまでがわきんゆき**
＊～応永28(1421)年　室町時代の公卿(左大臣)。右大臣今出川実直の子。
¶公卿([生]?　[没]応永28(1421)年6月13日), 公家(公行〔今出川家〕　きんゆき　[生]?　[没]応永28(1421)年6月13日)

今出川公香＊　**いまでがわきんよし**
元禄4(1691)年5月1日～?　江戸時代中期の公家(非参議)。右大臣今出川伊季の長男。
¶公卿, 公家(公香〔今出川家〕　きんよし　[没]宝永6(1709)年2月26日)

今出川伊季＊　**いまでがわこれすえ**
万治3(1660)年～宝永6(1709)年　江戸時代前期～中期の公家(右大臣)。右大臣今出川公規の子。
¶公卿([生]万治3(1660)年5月29日　[没]宝永6(1709)年2月26日), 公家(伊季〔今出川家〕　これすえ　[生]万治3(1660)年5月29日　[没]宝永6(1709)年2月26日)

今出川実順＊　**いまでがわさねあや**
天保3(1832)年～元治1(1864)年　[別]菊亭実順(きくていさねあや)　江戸時代末期の公家(権中納言)。権中納言今出川公久の子。
¶公卿([生]天保3(1832)年7月13日　[没]元治1(1864)年9月5日), 公家(実順〔今出川家〕　さねあや　[生]天保3(1832)年7月13日　[没]元治1(1864)年9月5日), 幕末([生]天保3(1832)年7月13日　[没]元治1(1864)年9月4日)

今出川実尹＊　**いまでがわさねただ**
＊～興国3/康永1(1342)年8月21日　[別]今出川実尹(いまでがわさねまさ)　鎌倉時代後期～南北朝時代の公卿(権大納言)。太政大臣今出川兼季の子。
¶公卿([生]正和5(1316)年　[没]康永1(1342)年8月21日), 公家(実尹〔今出川家〕　さねただ　[生]1316年　[没]康永1(1342)年8月21日)

今出川実種＊　**いまでがわさねたね**
宝暦4(1754)年～享和1(1801)年　江戸時代中期

〜後期の公家（内大臣）。内大臣西園寺公晃の末子。
¶公卿（[生]宝暦4（1754）年6月4日　[没]享和1（1801）年6月22日），公家（実種〔今出川家〕　さねたね　[生]宝暦4（1754）年6月4日　[没]享和1（1801）年6月22日）

今出川実富＊　いまでがわさねとみ
？〜正長1（1428）年7月8日　室町時代の公卿（権大納言）。左大臣今出川公行の子。
¶公卿，公家（実富〔今出川家〕　さねとみ）

今出川実直＊　いまでがわさねなお
興国3/康永1（1342）年〜応永3（1396）年5月15日　南北朝時代の公卿（右大臣）。権大納言今出川実尹の子。
¶公卿（[生]康永1（1342）年），公家（実直〔今出川家〕　さねなお）

今出川実尹　いまでがわさねまさ
⇒今出川実尹（いまでがわさねただ）

今出川季孝＊　いまでがわすえたか
文明11（1479）年〜永正16（1519）年10月5日　戦国時代の公卿（権大納言）。左大臣今出川公興の子。
¶公卿，公家（季孝〔今出川家〕　すえたか）

今出川季持＊　いまでがわすえもち
天正3（1575）年〜慶長1（1596）年6月13日　安土桃山時代の公卿（権中納言）。右大臣今出川晴季の子。
¶公卿，公家（季持〔今出川家〕　すえもち　[没]文禄5（1596）年6月13日）

今出川経季＊　いまでがわつねすえ
文禄3（1594）年〜承応1（1652）年　江戸時代前期の公家（右大臣）。権中納言今出川季持の子。
¶公卿（[生]文禄3（1594）年11月20日　[没]承応1（1652）年2月9日），公家（経季〔今出川家〕　つねすえ　[生]文禄3（1594）年11月20日　[没]慶安5（1652）年2月9日）

今出川殿　いまでがわどの
⇒足利義視（あしかがよしみ）

今出川尚季＊　いまでがわなおすえ
天明2（1782）年9月18日〜文化7（1810）年8月29日　[別]今出川尚季（いまでがわひさすえ）　江戸時代後期の公家（権大納言）。内大臣今出川実種の子。
¶公卿，公家（尚季〔今出川家〕　なおすえ）

今出川誠季＊　いまでがわのぶすえ
正徳3（1713）年〜延享3（1746）年　江戸時代中期の公家（権大納言）。内大臣西園寺致季の末男。
¶公卿（[生]正徳3（1713）年9月17日　[没]延享3（1746）年6月13日），公家（誠季〔今出川家〕　のぶすえ　[生]正徳3（1713）年9月17日　[没]延享3（1746）年6月13日）

今出川教季＊　いまでがわのりすえ
応永32（1425）年〜＊　室町時代〜戦国時代の公卿（左大臣）。権大納言今出川実富の子。
¶公卿（[没]文明15（1483）年），公家（教季〔今出川家〕　のりすえ　[没]文明15（1483）年）

今出川晴季＊　いまでがわはるすえ
天文8（1539）年〜元和3（1617）年　[別]菊亭晴季（きくていはるすえ）　安土桃山時代〜江戸時代前期の公家（右大臣）。左大臣今出川公彦の子。
¶公卿（[没]元和3（1617）年3月28日），公家（晴季〔今出川家〕　はるすえ　[没]元和3（1617）年3月28日），コン，全戦

今出川尚季　いまでがわひさすえ
⇒今出川尚季（いまでがわなおすえ）

今中作兵衛＊　いまなかさくべえ
＊〜慶応1（1865）年　江戸時代末期の尊攘派志士。
¶幕末（[生]天保7（1836）年　[没]慶応1（1865）年10月23日）

今中祐十郎　いまなかすけじゅうろう
⇒今中祐十郎（いまなかゆうじゅうろう）

今中大学＊　いまなかだいがく
天明4（1784）年〜安政4（1857）年　[別]今中丹後（いまなかたんご）　江戸時代後期の安芸広島藩年寄。
¶コン，全幕（今中丹後　いまなかたんご）

今中丹後　いまなかたんご
⇒今中大学（いまなかだいがく）

今中祐十郎＊　いまなかゆうじゅうろう
天保6（1835）年〜慶応1（1865）年　[別]今中祐十郎（いまなかすけじゅうろう）　江戸時代末期の筑前福岡藩士。
¶幕末（[没]慶応1（1865）年10月23日）

今小路成冬＊　いまのこうじなりふゆ
生没年不詳　室町時代の公卿（非参議）。権中納言今小路持冬の子。
¶公卿，公家（成冬〔今小路家（絶家）〕　なりふゆ）

今小路満冬＊　いまのこうじみつふゆ
生没年不詳　室町時代の公卿（権中納言）。権大納言今小路師冬の子。
¶公卿，公家（満冬〔今小路家（絶家）〕　みつふゆ）

今小路持冬＊　いまのこうじもちふゆ
？〜永享8（1436）年12月　室町時代の公卿（権中納言）。権中納言今小路満冬の子。
¶公卿，公家（持冬〔今小路家（絶家）〕　もちふゆ）

今小路師冬＊　いまのこうじもろふゆ
生没年不詳　室町時代の公卿（権大納言）。権大納言二条基冬の子。
¶公卿，公家（師冬〔今小路家（絶家）〕　もろふゆ）

今宮　いまのみや
⇒守澄入道親王（しゅちょうにゅうどうしんのう）

今橋権助＊　いまはしごんすけ
？〜明治32（1899）年　江戸時代末期〜明治時代の志士。土佐勤王党に参加。
¶幕末（[没]明治32（1899）年1月18日）

今林尼衆　いまばやしあましゅう
⇒惟子内親王（いしないしんのう）

今林五郎右衛門の娘　いまばやしごろうえもんのむすめ★
江戸時代中期の女性。弁指。筑前福間浦の庄屋今林家の娘。弁指とは北部九州で中世末頃まで使われていた庄屋や地役人の名称。
¶江表（今林五郎右衛門の娘（福岡県））

今林准后＊　いまばやしじゅごう
建久7（1196）年〜乾元1（1302）年　[別]藤原貞子（ふじわらていし，ふじわらのていし）　鎌倉時代の女性。太政大臣西園寺実氏の妻。
¶中世

今福五郎兵衛　いまふくごろうひょうえ
戦国時代の人。伊勢神宮の幸福平次郎大夫の檀那場について裁許を下した。
¶武田（生没年不詳）

い

今福長閑斎　いまふくちょうかんさい
安土桃山時代の武田信玄・勝頼の重臣。
¶武田（[生]？　[没]天正9（1581）年5月15日）

今福虎孝＊　いまふくとらたか
？～天正10（1582）年2月　戦国時代～安土桃山時代の甲斐武田晴信・勝頼の家臣。
¶武田（[没]天正10（1582）年3月）

今福昌和＊　いまふくまさかず
？～天正10（1582）年　安土桃山時代の武将。武田氏家臣。
¶全戦, 武田（[没]天正10（1582）年3月？）

今福昌常＊　いまふくまさつね
生没年不詳　戦国時代～安土桃山時代の武将。武田氏家臣。
¶武田

今藤惟宏　いまふじこれひろ
⇒今藤新左衛門（いまふじしんざえもん）

今藤新左衛門＊　いまふじしんざえもん
天保6（1835）年～？　[別]今藤惟宏（いまふじこれひろ）　江戸時代末期～明治時代の薩摩藩校造士館助教。
¶幕末（[没]明治11（1878）年）

今堀千五百蔵＊　いまほりちおらい
[別]今堀千五百蔵（いまほりちょうぞう）　江戸時代後期の幕臣。
¶幕末（[生]文化3（1806）年　[没]？）

今堀千五百蔵　いまほりちょうぞう
⇒今堀千五百蔵（いまほりちおらい）

今堀登代太郎＊　いまぼりとよたろう, いまほりとよたろう
江戸時代末期～明治時代の幕臣。
¶幕末（[生]天保1（1830）年？　[没]？）

今堀直方　いまほりなおかた
江戸時代後期の和算家。
¶数学

今参　いままいり
⇒今参局（いままいりのつぼね）

今参局＊（今参の局）　いままいりのつぼね
？～長禄3（1459）年　[別]今参（いままいり）　室町時代の女性。足利義政の側室。
¶女史, 中世, 内乱, 室町

今奉部与曽布＊　いままつりべのよそふ
奈良時代の下野国の防人。
¶古人（生没年不詳）

今道万年＊　いまみちまんねん
天明1（1781）年～安政3（1856）年　江戸時代後期の医師。
¶幕末（[没]安政3（1856）年5月25日）

今道隆庵　いまみちりゅうあん
江戸時代末期の眼科医。
¶眼医（[生]？　[没]安政6（1859）年）

今宮惣左衛門　いまみやそうざえもん
安土桃山時代～江戸時代前期の代官。
¶徳代（生没年不詳）

今村市兵衛　いまむらいちべえ
⇒今村英生（いまむらえいせい）

今村英生＊　いまむらえいせい
寛文11（1671）年11月5日～元文1（1736）年8月18日　[別]今村市兵衛（いまむらいちべえ）　江戸時代中期のオランダ通詞。
¶コン, 対外

今村嘉伝次＊　いまむらかでんじ
寛政10（1798）年～明治1（1868）年　江戸時代末期の豪農。
¶幕末（[没]慶応4（1868）年7月27日）

今村謙吉　いまむらけんきち
江戸時代後期～明治時代の福音社社主。
¶出版（[生]天保13（1842）年7月7日　[没]明治31（1898）年8月20日）

今村三之丞＊　いまむらさんのじょう
慶長15（1610）年～元禄9（1696）年　江戸時代前期の陶工。
¶コン, 美工

今村松倫　いまむらしょうりん
江戸時代後期～末期の眼科医。
¶眼医（[生]文政7（1824）年　[没]慶応3（1867）年）

今村信敬＊　いまむらしんけい
文政13（1830）年2月12日～明治39（1906）年9月12日　[別]今村信敬（いまむらのぶたか）, 今村真幸（いまむらまさき）, 徳叟（とくそう）　江戸時代末期～明治時代の国学者。古道国学を学び平田門人となる。
¶幕末（[生]天保1（1830）年）

今村楽　いまむらたぬし
⇒今村虎成（いまむらとらなり）

今村楽　いまむらたのし
⇒今村虎成（いまむらとらなり）

今村知商　いまむらちしょう
⇒今村知商（いまむらともあき）

今村知商＊　いまむらともあき
生没年不詳　[別]今村知商（いまむらちしょう）　江戸時代前期の和算家。
¶江人（いまむらちしょう）, 科学, コン, 数学（[没]寛文8（1668）年）

今村豊次＊　いまむらとよじ
天保11（1840）年～昭和5（1930）年　江戸時代末期～大正時代の平戸藩絵師。藩窯の御用絵師として陶画を描写。
¶幕末（[没]昭和5（1930）年4月14日）

今村虎成＊　いまむらとらなり
明和2（1765）年～文化7（1810）年　[別]今村楽（いまむらたぬし, いまむらたのし）　江戸時代後期の国学者、歌人。
¶コン

今村長信＊　いまむらながのぶ
生没年不詳　安土桃山時代の織田信長の家臣。
¶織田

今村信敬　いまむらのぶたか
⇒今村信敬（いまむらしんけい）

今村百八郎＊　いまむらひゃくはちろう
天保13（1842）年～明治9（1876）年　江戸時代末期

〜明治時代の秋月藩藩士。士族反乱の指導者。益田静方らと挙兵、政府軍に敗れ処刑。
¶コン, 幕末(❷明治9(1876)年12月3日)

今村礼成* いまむらひろなり
生没年不詳 江戸時代後期の和算家。
¶数学

今村文吾* いまむらぶんご
文化5(1808)年〜元治1(1864)年 江戸時代末期の医師。
¶コン, 幕末(❶文化5(1808)年2月5日 ❷文久4(1864)年1月4日)

今村真幸 いまむらまさき
⇒今村信敬(いまむらしんけい)

今村正長* いまむらまさなが
*〜承応2(1653)年 江戸時代前期の下田奉行。
¶徳人(❶1588年), 徳代(❶天正16(1588)年 ❷承応2(1653)年2月25日)

今村正信 いまむらまさのぶ
江戸時代前期の幕臣。
¶徳人(❷?❷1645年)

今村弥次兵衛〔3代〕* いまむらやじべえ
*〜享保2(1717)年 江戸時代前期〜中期の肥前平戸藩士、陶工。
¶美工(代数なし ❶正保2(1645)年)

今村了庵* いまむらりょうあん
文化11(1814)年〜明治23(1890)年1月13日 江戸時代末期〜明治時代の医師。漢方医学、外科医術を修め、江戸で開業。著書に「医事啓源」など。
¶科学, 幕末

今村蓮焼* いまむられんば
天明1(1781)年〜安政6(1859)年 江戸時代後期の備後福山藩士。
¶幕末(❷安政6(1859)年10月6日)

伊美賀古王 いみがこのみこ
⇒石上部皇子(いそのかみべのおうじ)

射水好任 いみずよしとう
平安時代後期の官人。
¶古人(生没年不詳)

伊牟田尚平* いむたしょうへい
天保3(1832)年〜明治1(1868)年 江戸時代末期の尊攘派の志士、薩摩藩士。
¶コン, 幕末(❶天保3(1832)年5月25日 ❷明治2(1869)年7月19日)

斎部路通 いむべのろつう
⇒路通(ろつう)

伊村鷗沙* いむらおうしゃ
享保9(1724)年〜寛政8(1796)年 ❸鷗沙(おうさ, おうしゃ) 江戸時代中期の俳人、書家。
¶俳文(鷗沙 おうさ ❷寛政8(1796)年8月16日)

井村簡二* いむらかんじ
天保11(1840)年〜文久2(1862)年 江戸時代末期の志士。
¶コン(❷文久2(1862)年6月18日)

芋川親正* いもかわちかまさ, いもがわちかまさ
天文8(1539)年〜慶長13(1608)年 戦国時代〜江戸時代前期の信濃国衆。
¶武田(いもがわちかまさ ❶? ❷慶長6(1601)年頃)

芋川彦大夫 いもがわひこだいふ
安土桃山時代の武田氏の家臣。
¶武田(❶? ❷天正3(1575)年5月21日)

妹子内親王 いもこないしんのう
⇒高松院(たかまついん)

芋代官 いもだいかん
⇒井戸平左衛門(いどへいざえもん)

芋掘り藤五郎* いもほりとうごろう
石川県の長者伝説の主人公。
¶コン

礼子内親王 いやこないしんのう
⇒礼子内親王(れいしないしんのう)

弥仁親王 いやひとしんのう
⇒後光厳天皇(ごこうごんてんのう)

いよ(1)
江戸時代の女性。散文。秋田藩御用達津村淙庵編「片玉集」前集巻六六下に載る。
¶江表(いよ(東京都))

いよ(2)
江戸時代中期の女性。俳諧。伊与とも書く。明和2年刊、建部綾足編『かすみをとこ』に載る。
¶江表(いよ(東京都))

いよ(3)
江戸時代中期の女性。俳諧。加賀の人。安永6年刊、堀麦水編『新虚栗』に載る。
¶江表(いよ(石川県))

いよ(4)
江戸時代中期の女性。俳諧。越前敦賀の人。明和7年刊、錦渓舎琴路編、手打庵蕉雨の追悼集『風露郎』に載る。
¶江表(いよ(福井県))

いよ(5)
江戸時代中期の女性。和歌。山尾氏。安永3年に米子組筆頭役で歌人鷲見慶明家で開かれた歌会の短冊帖に載る。
¶江表(いよ(鳥取県))

いよ(6)
江戸時代中期の女性。俳諧。豊後の人。享保11年序、長野馬貞編『柴石集』に載る。
¶江表(いよ(大分県))

いよ(7)
江戸時代後期の女性。宗教。富士講の伊藤参行と先妻の娘。
¶江表(いよ(東京都) ❶享和1(1801)年)

いよ(8)
江戸時代後期の女性。俳諧。美濃の人か。文化4年刊、周和編『落葉集』に載る。
¶江表(いよ(岐阜県))

いよ(9)
江戸時代後期の女性。書。周防台道村の大庄屋格上田光美の娘。
¶江表(いよ(山口県) ❶文政11(1828)年)

いよ(10)
江戸時代末期〜大正時代の女性。和歌。小山田氏。
¶江表(いよ(秋田県) ❷大正15(1926)年)

い

いよ(11)
江戸時代末期の女性。俳諧。大坂の人。安政6年刊、井上留木編『あさゆふべ』に載る。
¶江表(いよ(大阪府))

以代　いよ★
江戸時代中期の女性。俳諧。越前福井の人。安永5年の以乙斎可推坊編「各年賀探題」に載る。
¶江表(以代(福井県))

以余　いよ★
江戸時代後期の女性。俳諧。石見大森の思明堂里方の妻。
¶江表(以余(島根県)　[没]文政5(1822)年)

伊予(1)　いよ★
江戸時代中期の女性。和歌。旗本稲生正盛の娘。元禄16年刊、植山検校江民軒梅之・梅柳軒水之編『歌林尾花末』に載る。
¶江表(伊予(東京都))

伊予(2)　いよ★
江戸時代中期の女性。俳諧。松代藩で代々家老を務める大熊靫負の娘。宝暦4年柳洲が編んだ「俳諧初老集」に載る。
¶江表(伊予(長野県))

伊予(3)　いよ★
江戸時代中期の女性。和歌。島原藩主松平主殿頭の家臣河野久左衛門の娘。宝暦4年に有栖川宮職仁親王門に入り、和歌を学んだ。
¶江表(伊予(長崎県))

伊予(4)　いよ★
江戸時代中期～後期の女性。和歌。与板藩主井伊直存の娘。
¶江表(伊予(滋賀県)　[生]元文4(1739)年　[没]寛政5(1793)年)

伊予(5)　いよ★
江戸時代末期の女性。和歌。葛野郡大内山福王寺の堀尾新七郎の母。文久2年刊、西田惟恒編『文久二年八百首』に載る。
¶江表(伊予(京都府))

伊予(6)　いよ
⇒見性院(けんしょういん)

伊予・いよ
江戸時代後期の女性。書簡。松代藩藩士祢津左盛の娘。
¶江表(伊予・いよ(長野県)　[生]文化2(1805)年　[没]弘化4(1847)年)

伊与(1)　いよ★
江戸時代中期の女性。和歌。島原藩主松平主殿頭の家臣星野善左衛門の妻。有栖川宮職仁親王門に入り、和歌を学ぶ。
¶江表(伊与(長崎県))

伊与(2)　いよ★
江戸時代中期～後期の女性。教育。佐賀藩士光増邦高の娘。
¶江表(伊与(佐賀県)　[生]宝暦4(1754)年　[没]文化1(1804)年)

伊与(3)　いよ
⇒片山伊与(かたやまいよ)

壱与　いよ
⇒台与(とよ)

伊予阿闍梨　いよあじゃり
⇒日頂(にっちょう)

いよ・いよ子　いよ・いよこ★
江戸時代後期の女性。和歌。松代藩藩士小山田大内蔵の妻。寛政10年跋、藩主真田幸弘の六〇賀集「千とせの寿詞」に載る。
¶江表(いよ・いよ子(長野県))

いよこ
江戸時代後期の女性。歌人。
¶江表(いよこ(北海道))

い代子　いよこ★
江戸時代後期～末期の女性。和歌。阿波徳島藩主蜂須賀治昭の養女(前藩主重喜の娘)。
¶江表(い代子(山形県)　[生]寛政3(1791)年　[没]安政1(1854)年)

伊予子(1)　いよこ★
江戸時代末期の女性。和歌。磐栄稲荷祠官渋谷宮馬允の妻。嘉永7年刊、長沢伴雄編『類題鴨川五郎集』に載る。
¶江表(伊予子(新潟県))

伊予子(2)　いよこ★
江戸時代末期～明治時代の女性。和歌。宇和島藩藩士鈴木重麿の妹。
¶江表(伊予子(愛媛県)　[没]明治15(1882)年)

伊与子(1)　いよこ★
江戸時代後期の女性。和歌。幕臣、先手組設楽甚三郎貞長の妻。文政4年の「詩仙堂募集和歌」に載る。
¶江表(伊与子(東京都))

伊与子(2)　いよこ★
江戸時代後期の女性。和歌。坂田郡宮川村生まれ。
¶江表(伊与子(滋賀県)　[生]寛政1(1789)年)

伊与子(3)　いよこ★
江戸時代後期の女性。剣術家。森氏。弘化年間に活動。
¶江表(伊与子(福岡県))

いよ女(1)　いよじょ★
江戸時代中期の女性。俳諧。越後五泉の人。元文2年刊、仙石廬元坊編、各務支考七回忌追善集『渭江話』に載る。
¶江表(いよ女(新潟県))

いよ女(2)　いよじょ★
江戸時代後期の女性。和歌。幕臣、勘定組頭村田幾三郎矩勝の娘。文化11年刊、中山忠雄・河田正致編『柿本社奉納和歌集』に載る。
¶江表(いよ女(東京都))

いよ女(3)　いよじょ★
江戸時代後期の女性。俳諧。小山の人。嘉永4年6月、「祇園社仮殿奉灯四季混題句合」に載る。
¶江表(いよ女(栃木県))

伊代女　いよじょ★
江戸時代後期の女性。俳諧。関氏。嘉永4年刊、秋葉雪窓著、六〇賀集『三幅対集』に載る。
¶江表(伊代女(茨城県))

伊予女　いよじょ★
江戸時代末期の女性。和歌。伊勢桑名の歌人富樫広蔭の妻。安政4年刊、富樫広蔭編『千百人一首』下に載る。
¶江表(伊予女(三重県))

伊予親王*　いよしんのう
？～大同2（807）年　[別]伊予親王（いよのしんのう）　平安時代前期の桓武天皇の皇子。
¶古人, 古代, コン, 天皇（いよのしんのう　[没]大同2（807）年11月11日）

伊予田与八郎*　いよだよはちろう
文政5（1822）年～明治28（1895）年　江戸時代末期～明治時代の明治用水開削者、碧海郡副郡長。排水計画の実現に努め、岡本兵松の用水計画と合体、明治用水として完成。
¶幕末（[生]文政5（1822）年4月8日　[没]明治28（1895）年2月27日）

イヨノ
江戸時代後期～大正時代の女性。奥女中・教育。田雑氏。
¶江表（イヨノ（佐賀県）　[生]文政8（1825）年　[没]大正2（1913）年）

伊与来目部小楯　いよのくめべおたて
⇒伊与来目部小楯（いよのくめべのおたて）

伊与来目部小楯*（伊予来目部小楯）　**いよのくめべのおたて，いよのくめべのおだて**
[別]伊与来目部小楯（いよのくめべおたて），来目部小楯（くめべのおたて），山部小楯（やまべのおたて）　上代の豪族。山部連の祖。
¶古人（生没年不詳）, 古代, 古物（山部小楯　やまべのおたて）, コン（いよのくめべおたて）

伊予親王　いよのしんのう
⇒伊予親王（いよしんのう）

伊予局*（1）　いよのつぼね
生没年不詳　[別]持明院基親女（じみょういんもとちかのむすめ）　室町時代の女性。称光天皇の宮人。
¶天皇（持明院基親女　じみょういんもとちかのむすめ）

伊予局（2）　いよのつぼね
⇒三位局（さんみのつぼね）

伊予安高　いよのやすたか
平安時代中期の官人。
¶古人（生没年不詳）

伊余部馬養*（伊予部馬養，伊余部馬飼，伊与部馬養）　**いよべのうまかい**
？～大宝2（702）年　[別]伊余部連馬養（いよべのむらじうまかい）　飛鳥時代の学者。大宝律令の編纂に参加。
¶古人, 古代（伊余部連馬養　いよべのむらじうまかい）, コン（伊余部馬飼）

伊余部連家守*　いよべのむらじいえもり
？～延暦19（800）年　[別]伊与部家守（いよべのやかもり）　平安時代前期の学者。
¶古人（伊与部家守　いよべのやかもり）, 古代

伊余部連馬養　いよべのむらじうまかい
⇒伊余部馬養（いよべのうまかい）

伊予部連年嗣*　いよべのむらじとしつぐ
平安時代前期の官人。
¶古人（伊予部年嗣　いよべのとしつぐ　生没年不詳）, 古代

伊与部家守　いよべのやかもり
⇒伊余部連家守（いよべのむらじいえもり）

伊良子光顕　いらここうけん
⇒伊良子光顕（いらこみつあき）

伊良子山寿　いらこさんじゅ
江戸時代末期～明治時代の眼科医。
¶眼医（[生]？　[没]明治3（1870）年）

伊良子道牛*　いらこどうぎゅう
寛文11（1671）年～享保19（1734）年1月12日　江戸時代中期の蘭方医。
¶科学

伊良子光顕*　いらこみつあき
元文2（1737）年6月2日～寛政11（1799）年　[別]伊良子光顕（いらここうけん）　江戸時代中期の外科医。
¶科学, コン（いらここうけん）

伊里江　いりえ★
江戸時代後期の女性。俳諧。三河の人。文化6年序、五十嵐梅夫編『草神楽』に載る。
¶江表（伊里江（愛知県））

入江兼通　いりえかねみち
⇒入江若水（いりえじゃくすい）

入江九一　いりえきゅういち
⇒入江九一（いりえくいち）

入江九一*　いりえくいち
天保8（1837）年～元治1（1864）年　[別]入江九一（いりえきゅういち），入江杉蔵（いりえすぎぞう），入江弘毅（いりえひろき）　江戸時代末期の志士、長州（萩）藩士。奇兵隊設立に加わる。
¶コン（いりえきゅういち　[生]天保9（1838）年）, 全幕, 幕末（[生]天保8（1837）年4月5日　[没]元治1（1864）年7月19日）

入江若水*　いりえじゃくすい
寛文11（1671）年～享保14（1729）年　[別]入江兼通（いりえかねみち）　江戸時代中期の漢詩人。
¶コン（入江兼通　いりえかねみち）

入江修敬*（入江脩敬）　**いりえしゅうけい**
元禄12（1699）年～安永2（1773）年　[別]入江東阿（いりえとうあ），入江修敬（いりえのぶたか），入江平馬（いりえへいま）　江戸時代中期の算学者。
¶数学（いりえのぶたか　[没]安永2（1773）年6月14日）

入江次郎吉　いりえじろうきち
⇒入江次郎吉（いりえじろきち）

入江次郎吉*　いりえじろきち
嘉永3（1850）年～慶応2（1866）年　[別]入江次郎吉（いりえじろうきち）　江戸時代末期の御楯隊半隊司令。
¶幕末（[没]慶応2（1866）年7月29日）

入江新右衛門直忠　いりえしんえもんなおただ
江戸時代前期の生駒正俊の家臣。
¶大坂（[没]寛永5年10月1日）

入江杉蔵　いりえすぎぞう
⇒入江九一（いりえくいち）

入江助右衛門春澄　いりえすけえもんはるすみ
戦国時代～江戸時代前期の豊臣秀吉・豊臣秀頼の御鷹師。
¶大坂（[生]天文20年　[没]慶長20年5月7日）

入江相尚*　いりえすけなお
明暦1（1655）年3月24日～享保1（1716）年閏2月29日　江戸時代前期～中期の公家（非参議）。入江家の祖。権中納言藤谷為条の次男。
¶公卿, 公家（相尚〔入江家〕　すけひさ　[没]享保1

いりえす　　　　　　252

（1716）年閏2月28日）

入江相永*　いりえすけなが
享保14（1729）年9月29日〜寛政2（1790）年4月15日
江戸時代中期の公家（非参議）。従二位竹内惟永の
末子。
¶公卿, 公家（相永〔入江家〕　すけなが）

入江為善*　いりえためよし
天明8（1788）年6月21日〜弘化1（1844）年11月18日
江戸時代後期の公家（非参議）。大膳大夫入江為良
の子。
¶公卿, 公家（為善〔入江家〕　ためたる）

入江為良*　いりえためよし
明和2（1765）年12月19日〜文化4（1807）年10月27
日　江戸時代中期〜後期の公家（非参議）。非参議
入江相永の孫。
¶公卿, 公家（為良〔入江家〕　ためよし）

入江長八*　いりえちょうはち
文化12（1815）年〜明治22（1889）年10月8日　别伊
豆の長八，伊豆長八（いずのちょうはち）　江戸時
代末期〜明治時代の左官。漆喰鏝絵の創始者。作
品に竜禅寺の不動三尊像など。
¶コン（伊豆長八　いずのちょうはち），コン，幕末（伊豆
の長八　いずのちょうはち）　生文化12（1815）年8月5
日），美画（生文化12（1815）年8月5日），美工（生文化12
（1815）年8月5日）

入江東阿　いりえとうあ
⇒入江修敬（いりえしゅうけい）

入江南溟*　いりえなんめい
天和2（1682）年〜明和6（1769）年　江戸時代中期
の漢学者。荻生徂徠の弟子。
¶コン

入江修敬　いりえのぶたか
⇒入江修敬（いりえしゅうけい）

入江信順　いりえのぶのり
江戸時代後期〜明治時代の和算家。大倉亀洞に学
び、和算を教授。
¶数学（生明治12（1879）年3月22日）

入江則韶　いりえのりあき
江戸時代中期〜後期の公家。入江則明の子。
¶公家（則韶〔一条家諸大夫 入江家・藤原氏）〕　のりあ
き（生1738年　文化3（1806）年6月11日）

入江則賢*　いりえのりかた
文政2（1819）年〜明治23（1890）年　江戸時代末期
〜明治時代の雅楽頭。安政の大獄に座し中追放の
処分。
¶幕末（生文政2（1820）年12月18日　文明治23（1890）年
8月23日）

入江則精*　いりえのりきよ
文政10（1827）年〜？　江戸時代末期の三条家諸
大夫。
¶幕末（生文政10（1828）年12月21日）

入江春景*　いりえはるかげ
？〜永禄12（1569）年　戦国時代の武将。
¶織田（生永禄12（1569）年4月15日），全戦

入江弘毅　いりえひろき
⇒入江九一（いりえくいち）

入江文郎　いりえぶんろう
江戸時代末期〜明治時代のフランス語学者。

¶コン（生天保5（1834）年　文明治11（1878）年）

入江平馬　いりえへいま
⇒入江修敬（いりえしゅうけい）

入江応忠*　いりえまさただ
生没年不詳　江戸時代中期の和算家。
¶数学

入江昌喜*（入江昌熹）　いりえまさよし
享保7（1722）年〜寛政12（1800）年　江戸時代中期
〜後期の国学者。
¶コン

入江弥源太*　いりえやげんた
文政8（1825）年〜明治29（1896）年　江戸時代末期
〜明治時代の武道家。徳山藩に属し諸隊脱藩騒動
では鎮撫に尽力。
¶幕末（生文政8（1825）年6月24日　文明治29（1896）年1
月28日）

入江頼明*　いりえよりあき
生没年不詳　別入江頼明（いりえらいめい）　安土
桃山時代の鍼術家。入江流鍼術の祖。
¶コン（いりえらいめい）

入江頼明　いりえらいめい
⇒入江頼明（いりえよりあき）

入江和作*　いりえわさく
天保4（1833）年〜明治38（1905）年　江戸時代末期
〜明治時代の商人。志士たちを支援。
¶幕末（文明治38（1905）年12月18日）

入来院重聡*　いりきいんしげさと
别入来院重聡（いりきいんしげふさ）　戦国時代の
武士。
¶全戦（生没年不詳）

入来院重聡　いりきいんしげふさ
⇒入来院重聡（いりきいんしげさと）

入来院重頼　いりきいんしげより
南北朝時代〜室町時代の武将。
¶室町（生没年不詳）

入来院定心*　いりきいんじょうしん
生没年不詳　鎌倉時代前期の御家人。
¶コン

入沢恭平*　いりさわきょうへい，いりざわきょうへい
天保2（1831）年〜明治7（1874）年　江戸時代末期
〜明治時代の洋方医教育者、陸軍軍医、陸軍一等軍
医副。洋方医を志し、戸塚静海やポンペらに学び、
今町で開業の傍ら門下生に西洋医学を教える。
¶科学（生天保2（1831）年6月7日　文明治7（1874）年1月
10日），幕末（生天保2（1831）年6月10日　文明治7
（1874）年1月10日）

入沢治部少輔　いりさわじぶのしょう
安土桃山時代の上野群馬郡入沢郷の土豪。
¶武田（生没年不詳）

入沢博篤　いりさわひろあつ
江戸時代後期の和算家。内田恭に関流の算学を
学ぶ。
¶数学（文天保6（1835）年）

入沢広重*　いりさわひろしげ
天保11（1840）年〜明治32（1899）年　江戸時代末
期〜明治時代の居之隊士。民政を担当。
¶幕末（文明治32（1899）年2月24日）

入沢行篤 いりさわゆきあつ
江戸時代後期の和算家。
¶数学

伊利須使主* いりすのおみ
飛鳥時代の高句麗の人。
¶古代

入谷昌長* いりたにまさなが
天保1(1830)年～？　江戸時代末期の実相院門跡諸大夫。
¶幕末

入地軍大夫 いりちぐんだゆう
江戸時代前期の武士。大坂の陣で籠城。
¶大坂

入谷乾山 いりやけんざん
⇒尾形乾山(おがたけんざん)

入庸昌* いりようしょう
元禄6(1693)年～宝暦2(1752)年　江戸時代中期の数学者、信濃松代藩士。
¶数学([没]宝暦2(1752)年12月29日)

入間宿禰広成 いるまのすくねひろなり
⇒入間広成(いるまのひろなり)

入間広成* いるまのひろなり
生没年不詳　[別]入間宿禰広成(いるまのすくねひろなり)　奈良時代の武人。
¶古人,古代(入間宿禰広成　いるまのすくねひろなり)

いろ(1)
江戸時代中期の女性。俳諧。越前府中の人。元禄12年刊、応々翁方山編『俳諧北の箱』に載る。
¶江表(いろ(福井県))

いろ(2)
江戸時代中期の女性。俳諧。遠江水窪の人。元禄15年刊、太田白雪編『三河小町』下に載る。
¶江表(いろ(静岡県))

色川三郎兵衛* いろかわさぶろべい
天保12(1841)年～明治38(1905)年　[別]色川三郎兵衛(いろかわさぶろべえ)　江戸時代末期～明治時代の実業家、政治家、衆議院議員。土浦の町を水害からまもるための社会事業に尽力。
¶幕末(いろかわさぶろべえ　[没]明治38(1905)年2月21日)

色川三郎兵衛 いろかわさぶろべえ
⇒色川三郎兵衛(いろかわさぶろべい)

色川忠三郎* いろかわちゅうざぶろう
文化12(1815)年～明治6(1873)年　江戸時代末期～明治時代の商人。著書に「通貨新論」「富国新論」「貨幣要義」、水害防止策「防逆水私議」など。
¶幕末([没]明治6(1873)年1月13日)

色川三中* いろかわみなか
享和1(1801)年～安政2(1855)年　江戸時代末期の国学者、薬商。
¶コン([生]享和2(1802)年),思想,幕末([生]享和1(1801)年6月24日　[没]安政2(1855)年6月23日),山小([生]1801年6月24日　[没]1855年6月23日)

イロハ
江戸時代後期の女性。俳諧。半田の人。天保14年成立『雲雀集』の右京の句に付句する。
¶江表(イロハ(徳島県))

五郎八姫* いろはひめ
文禄3(1594)年～寛文1(1661)年　[別]伊達五郎八(だていろは),天麟院(てんりんいん)　江戸時代前期の女性。陸奥仙台藩主伊達政宗と正室愛姫の長女。
¶江表(天麟院(宮城県)),コン,全戦

色部 いろべ
⇒目子媛(めのこひめ)

色部顕長* いろべあきなが
？～天正15(1587)年　安土桃山時代の国人。
¶全戦

色部勝長* いろべかつなが
？～永禄11(1568)年　戦国時代の武将。
¶全戦,戦武([生]明応2(1493)年？)

色部宮内助 いろべくないのすけ
戦国時代～安土桃山時代の武田氏の家臣。小県浦野氏の被官。
¶武田(生没年不詳)

色部長実*(色部長真)　いろべながざね,いろべながさね
？～文禄1(1592)年9月10日　安土桃山時代の国人。上杉氏家臣。
¶全戦(色部長真),内乱(色部長真)

色部長門* いろべながと
文政8(1825)年～明治1(1868)年　[別]色部久長(いろべひさなが)　江戸時代末期の出羽米沢藩家老格。
¶全幕([没]慶応4(1868)年),幕末([生]文政8(1825)年12月14日　[没]慶応4(1868)年7月29日)

色部久長 いろべひさなが
⇒色部長門(いろべながと)

いは(1)
江戸時代中期の女性。和歌。初瀬の山添善五郎秀氏の妻。宝永6年奉納、平間長雅編「住吉社奉納千首和歌」に載る。
¶江表(いは(奈良県))

いは(2)
江戸時代中期の女性。和歌。徳島藩士内藤忠左衛門の娘。元禄9年刊、平間長雅編『奉納千首和歌』に載る。
¶江表(いは(徳島県))

いは(3)
江戸時代中期の女性。俳諧。観音寺の塩飽屋浮田彦十郎勝房の妻。
¶江表(いは(香川県)　[没]宝暦1(1751)年)

いは(4)
江戸時代後期の女性。和歌。天保11年刊、『瓊浦集』に載る。
¶江表(いは(長崎県))

以和(1)　いわ★
江戸時代中期の女性。和歌。近江摂津兵庫津の人。鷹見成親の六〇賀の和歌勧進に詠んだ。
¶江表(以和(兵庫県))

以和(2)　いわ★
江戸時代後期の女性。俳諧。越前府中の人。弘化4年刊、山室梅濤編、芭蕉塚建立記念集『月塚集』に載る。
¶江表(以和(福井県))

い

伊和　いわ★
江戸時代中期の女性。和歌。岡田氏。元文5年刊、泉福山照岩禅寺住職竺岩周仙主催『続泉山景境詩歌集』に載る。
¶江表（伊和（埼玉県））

岩*(1)　いわ
？～天正10（1582）年6月2日　戦国時代～安土桃山時代の織田信長の家臣。
¶織田

岩(2)　いわ★
江戸時代後期の女性。俳諧。八戸藩主一族の人。嘉永4年刊、寿川亭常丸著『俳諧風雅帖』に載る。
¶江表（岩（青森県））

岩(3)　いわ★
江戸時代後期の女性。旅日記。御坊の大庄屋、酒造業の瀬戸家の主婦。嘉永1年伊勢詣でに出かけた記録を残す。
¶江表（岩（和歌山県））

磐　いわ
江戸時代中期の女性。和歌。徳島藩士前田新吾長宅の娘。享保9年、徳島藩主蜂須賀綱矩の嗣子吉武の阿波滞在記「有賀以敬斎長伯阿波日記」に載る。
¶江表（磐（徳島県））

岩井　いわい★
江戸時代後期の女性。和歌。石見津和野藩の奥女中。文化11年刊、中山忠雄・河田正致編『柿本社奉納和歌集』に載る。
¶江表（岩井（島根県））

磐井　いわい
⇒筑紫磐井（つくしのいわい）

祝緒　いわいお
平安時代後期の女房。
¶女史（生没年不詳）

石井収　いわいおさむ
⇒石井三朶花（いしいさんだか）

岩井亀松〔1代〕　いわいかめまつ
⇒岩井半四郎〔2代〕（いわいはんしろう）

岩井かるも　いわいかるも
⇒市川八百蔵〔4代〕（いちかわやおぞう）

岩井喜代三　いわいきよぞう
⇒嵐三右衛門〔10代〕（あらしさんえもん）

岩井喜世太郎〔2代〕　いわいきよたろう
⇒市川八百蔵〔4代〕（いちかわやおぞう）

岩井粂三郎〔1代〕　いわいくめさぶろう
⇒岩井半四郎〔5代〕（いわいはんしろう）

岩井粂三郎〔2代〕　いわいくめさぶろう
⇒岩井半四郎〔6代〕（いわいはんしろう）

岩井粂三郎〔3代〕　いわいくめさぶろう
⇒岩井半四郎〔8代〕（いわいはんしろう）

岩井小紫〔1代〕　いわいこむらさき
⇒岩井半四郎〔7代〕（いわいはんしろう）

石井三朶花　いわいさんだか
⇒石井三朶花（いしいさんだか）

岩井重賢*　いわいしげかた
文政11（1828）年～元治2（1865）年3月22日　江戸時代後期～末期の和算家。
¶数学

岩井重遠*　いわいしげとお
文化1（1804）年～明治11（1878）年　江戸時代末期～明治時代の和算家。
¶数学（㊝文化1（1804）年9月25日　㊀明治11（1878）年6月22日）

岩井紫若〔1代〕　いわいしじゃく
⇒岩井半四郎〔7代〕（いわいはんしろう）

岩井紫若〔2代〕　いわいしじゃく
⇒岩井半四郎〔8代〕（いわいはんしろう）

岩泉正意*　いわいずみまさのり
天保12（1841）年～明治42（1909）年　江戸時代末期～明治時代の洋学者、政治家、県議会議員。和算最後の伝承者、維新後、夜学開文舎を設立。政治教育の分野で活躍。
¶幕末（生没年不詳）

岩井竹松　いわいたけまつ
⇒岩井半四郎〔3代〕（いわいはんしろう）

岩井田竹崖*　いわいだちくがい
天保11（1840）年～明治12（1879）年　江戸時代末期～明治時代の奥州二本松藩士。儒者として子弟を育成。
¶幕末（㊀明治12（1879）年4月8日）

祝丹波守重正　いわいたんばのかみしげまさ
戦国時代～江戸時代前期の織田信長・豊臣秀吉・秀頼の家臣。
¶大坂

岩井杜若　いわいとじゃく
⇒岩井半四郎〔5代〕（いわいはんしろう）

岩井長松　いわいながまつ
⇒岩井半四郎〔5代〕（いわいはんしろう）

岩井信卿　いわいのぶあき
江戸時代末期の和算家。
¶数学

岩井宣賢　いわいのぶかた
江戸時代後期の和算家。
¶数学

岩井信能*　いわいのぶよし
*～元和6（1620）年10月14日　安土桃山時代～江戸時代前期の武将。上杉氏家臣。
¶全戦（㊝永禄2（1559）年）

岩井半四郎　いわいはんしろう
世襲名　江戸時代の歌舞伎役者。江戸時代に活躍したのは、初世から8世まで。
¶江人

岩井半四郎〔1代〕*　いわいはんしろう
承応1（1652）年～元禄12（1699）年　㊞岩井半太夫（いわいはんだゆう）　江戸時代中期の歌舞伎役者、歌舞伎座本。貞享2年～元禄12年頃に活躍。
¶歌大（㊀元禄12（1699）年4月3日），コン（㊝？）

岩井半四郎〔2代〕*　いわいはんしろう
生没年不詳　㊞岩井亀松〔1代〕（いわいかめまつ）　江戸時代中期の歌舞伎役者、歌舞伎座本。元禄9年～宝永7年頃に活躍。
¶歌大（㊝？　㊀宝永7（1710）年）

岩井半四郎〔3代〕*　いわいはんしろう
元禄11（1698）年～宝暦9（1759）年　[別]岩井竹松（いわいたけまつ），九花（きゅうか），梅我（ばいか）　江戸時代中期の歌舞伎役者、歌舞伎座本。元禄13年～宝暦4年頃に活躍。
¶歌大（[没]宝暦9（1759）年11月26日）

岩井半四郎〔4代〕*　いわいはんしろう
延享4（1747）年～寛政12（1800）年　[別]お多福半四郎（おたふくはんしろう），杜若（とじゃく），松本七蔵〔2代〕（まつもとしちぞう），松本長松（まつもとながまつ）　江戸時代中期～後期の歌舞伎役者。宝暦4年～寛政12年頃に活躍。
¶浮絵，歌大（[没]寛政12（1800）年3月28日），コン，新歌（――〔4世〕）

岩井半四郎〔5代〕*　いわいはんしろう
安永5（1776）年～弘化4（1847）年　[別]岩井粂三郎〔1代〕（いわいくめさぶろう），岩井杜若（いわいとじゃく），岩井長松（いわいながまつ），松下庵永久（しょうかあんえいきゅう），杜若（とじゃく），杜若半四郎大太夫（とじゃくはんしろうだゆう），梅我（ばいが），柳島庵（りゅうとうあん）　江戸時代後期の歌舞伎役者。天明7年～弘化3年頃に活躍。
¶浮絵（岩井粂三郎〔1代〕　いわいくめさぶろう），浮絵，歌大（[没]弘化4（1847）年4月6日），コン，新歌（――〔5世〕）

岩井半四郎〔6代〕*　いわいはんしろう
寛政11（1799）年～天保7（1836）年　[別]岩井粂三郎〔2代〕（いわいくめさぶろう），岩井久次郎（いわいひさじろう），袖歌（しゅうか），梅我（ばいが）　江戸時代後期の歌舞伎役者。文化1年～天保7年頃に活躍。
¶浮絵（岩井粂三郎〔2代〕　いわいくめさぶろう），歌大（[生]寛政8（1796）年　[没]天保7（1836）年4月8日），新歌（――〔6世〕）

岩井半四郎〔7代〕*　いわいはんしろう
文化1（1804）年～弘化2（1845）年　[別]岩井小紫〔1代〕（いわいこむらさき），岩井紫若〔1代〕（いわいしじゃく），岩井松之助〔1代〕（いわいまつのすけ），紫若（しじゃく），紫若半四郎（しじゃくはんしろう），扇朝（せんちょう）　江戸時代後期の歌舞伎役者。文化3年～弘化2年頃に活躍。
¶歌大（[没]弘化2（1845）年4月1日），新歌（――〔7世〕）

岩井半四郎〔8代〕*　いわいはんしろう
文政12（1829）年～明治15（1882）年　[別]岩井粂三郎〔3代〕（いわいくめさぶろう），岩井紫若〔2代〕（いわいしじゃく）　江戸時代末期～明治時代の歌舞伎役者。東都の立女方として活躍、四代小団次の相手役を勤めた名女方。
¶浮絵，浮絵（岩井粂三郎〔3代〕　いわいくめさぶろう），歌大（[生]文政12（1830）年10月2日　[没]明治15（1882）年2月19日），コン（岩井紫若〔2代〕　いわいしじゃく），コン，新歌（――〔8世〕），幕末（[生]文政12（1829）年10月2日　[没]明治15（1882）年2月19日）

岩井半太夫　いわいはんだゆう
⇒岩井半四郎〔1代〕（いわいはんしろう）

岩井久次郎　いわいひさじろう
⇒岩井半四郎〔6代〕（いわいはんしろう）

岩井文助*　いわいぶんすけ
天保13（1842）年～大正3（1914）年　江戸時代末期～明治時代の商人。店を舶来物問屋岩井文助商店に発展。
¶幕末（[生]天保13（1842）年3月3日　[没]大正3（1914）年8月）

岩井平之丞*　いわいへいのじょう
江戸時代後期の鍛冶職人・狂歌作者。
¶幕末（[生]安永7（1778）年　[没]安政6（1860）年12月15日），美工（[生]安永7（1778）年　[没]万延1（1860）年1月7日）

岩井雅重*　いわいまさしげ
嘉永4（1851）年3月5日～明治19（1886）年8月5日　江戸時代後期～明治時代の和算家。
¶数学

祝正猛　いわいまさたけ
江戸時代後期の和算家、麻田藩士。
¶数学

岩井昌能*　いわいまさよし
？～天正12（1584）年8月14日　戦国時代～安土桃山時代の信濃国衆。
¶武田

岩井松之助〔1代〕　いわいまつのすけ
⇒岩井半四郎〔7代〕（いわいはんしろう）

祝弥三郎　いわいやさぶろう
江戸時代前期の武士。大坂の陣で籠城。
¶大坂

岩井やまと　いわいやまと
⇒嵐三右衛門〔10代〕（あらしさんえもん）

石井行忠*　いわいゆきただ
享保1（1716）年9月27日～安永6（1777）年　江戸時代中期の公家（権中納言）。権中納言石井行康の子。
¶公卿（[没]安永6（1777）年11月30日），公家（行忠〔石井家〕　ゆきただ　[没]安永6（1777）年11月29日）

石井行光*（岩井行光）　いわいゆきてる
文化12（1815）年～明治12（1879）年　江戸時代末期～明治時代の公家（非参議）。宮内卿石井行遠の子。
¶公卿（[生]文化12（1815）年5月4日　[没]明治12（1879）年4月），公家（行光〔石井家〕　ゆきてる　[生]文化12（1815）年5月4日　[没]明治12（1879）年4月20日），幕末（[生]文化12（1815）年5月4日　[没]明治12（1879）年4月20日）

石井行遠　いわいゆきとお
⇒石井行遠（いわいゆくとお）

石井行豊*　いわいゆきとよ
承応2（1653）年5月22日～正徳3（1713）年2月12日　[別]石井行豊（いしいゆきとよ）　江戸時代前期～中期の公家（権中納言）。石井家の祖。権中納言平松時量の次男。
¶公卿，公家（行豊〔石井家〕　ゆきとよ）

石井行宣*　いわいゆきのぶ
宝暦12（1762）年4月14日～天保9（1838）年8月7日　江戸時代中期～後期の公家（権中納言）。権大納言樋口基康の末子。
¶公卿，公家（行宣〔石井家〕　ゆきのぶ）

石井行弘*　いわいゆきひろ
天明5（1785）年～安政6（1859）年7月19日　江戸時代後期の公家（権中納言）。権中納言石井行宣の子。
¶公卿（[生]天明5（1785）年7月6日），公家（行弘〔石井家〕　ゆきひろ　[生]天明5（1785）年7月6日）

石井行康*　いわいゆきやす
延宝1（1673）年7月2日～享保14（1729）年3月8日　江戸時代中期の公家（権中納言）。権中納言石井行豊の子。

い

¶公卿, 公家（行康〔石井家〕　ゆきやす　㊐寛文13（1673）年7月2日）

石井行遠*　いわいゆくとお
享和1(1801)年2月19日〜安政5(1858)年9月5日　㊞石井行遠(いわいゆくとお)　江戸時代末期の公家(非参議)。権中納言石井行弘の子。
¶公卿, 公家（行遠〔石井家〕　ゆきとお）

岩井義質　いわいよしかた
江戸時代の和算家。
¶数学

いはほ
江戸時代後期の女性。俳諧。京都の人。文政11年刊、徐風庵編『東山十百韻』に載る。
¶江表（いはほ（京都府））

岩岡儀左衛門　いわおかぎざえもん
天保7(1836)年〜明治17(1884)年　江戸時代末期〜明治時代の農民。植林事業、寺子屋式教育に尽力。
¶幕末（㊏明治17(1884)年1月8日）

いはほ子　いわおこ*
江戸時代末期の女性。和歌。三室村の氷川女体神社神主笠大学幸美の母。慶応3年刊、猿渡容盛編『類題新竹集』に載る。
¶江表（いはほ子（埼玉県））

磐排別之子*　いわおしわくがこ
上代の吉野の国樔の祖。
¶古代

岩尾信景　いわおのぶかげ
安土桃山時代の武田氏の家臣。
¶武田（生没年不詳）

岩尾行頼　いわおゆきより
戦国時代〜安土桃山時代の武将。信濃佐久郡岩尾の国衆岩尾大井氏の当主。行真の子。
¶武田（㊍永正6(1509)年　㊏元亀3(1572)年7月7日）

巌垣月洲*（岩垣月洲）　いわがきげっしゅう
文化5(1808)年〜明治6(1873)年　㊞巌垣六蔵(いわがきろくぞう)　江戸時代末期〜明治時代の儒学者。
¶コン（岩垣月洲）, 幕末（㊍文化5(1808)年12月13日㊏明治6(1873)年9月8日）

巌垣六蔵　いわがきろくぞう
⇒巌垣月洲（いわがきげっしゅう）

岩神圭一郎　いわがみけいいちろう
⇒井原昂（いはらのぼる）

岩上朝堅*　いわがみともかた, いわかみともかた
生没年不詳　㊞三浦義堅(みうらよしかた)　戦国時代〜安土桃山時代の武将。結城氏家臣。
¶全戦

岩上とは*　いわがみとわ
安永9(1780)年〜文久2(1862)年　㊞岩上登波子(いわがみとわこ)　江戸時代後期の女性。歌人。
¶江表（登波子（愛知県））, コン

岩上登波子　いわがみとわこ
⇒岩上とは（いわがみとわ）

磐鹿六鴈　いわかむつかり
⇒磐鹿六鴈命（いわかむつかりのみこと）

磐鹿六鴈命*（磐鹿六雁命）　いわかむつかりのみこと
㊞磐鹿六鴈(いわかむつかり)　上代の孝元天皇子大彦命の孫。膳氏の祖。
¶古代

石寸厚時　いわきあつとき
平安時代中期の官人。
¶古人（生没年不詳）

石城一作　いわきいっさく
⇒石城一作（いしきいっさく）

磐城皇子　いわきおうじ
⇒磐城皇子（いわきのみこ）

岩城魁　いわきかい
⇒岩城魁太郎（いわきかいたろう）

岩城魁太郎*　いわきかいたろう
天保3(1832)年〜明治38(1905)年　㊞岩城魁(いわきかい)　江戸時代末期〜明治時代の儒学者。
¶幕末（岩城魁　いわきかい）

岩城貞隆*　いわきさだたか
天正11(1583)年〜元和6(1620)年　安土桃山時代〜江戸時代前期の大名。陸奥磐城平藩主、信濃川中島藩主。
¶コン（㊍天正9(1581)年）, 戦武

岩城重隆*　いわきしげたか
？〜永禄12(1569)年　戦国時代の武将。
¶全戦

岩城庄之丞　いわきしょうのじょう
江戸時代後期〜昭和時代の建築家、宮大工。
¶美建（㊍天保14(1843)年　㊏昭和3(1928)年）

岩城蟾居*　いわきせんきょ
寛政1(1789)年〜文久4(1864)年　㊞蟾居(せんきょ)　江戸時代後期の町年寄、俳人。
¶俳文（蟾居　せんきょ　㊏元治1(1864)年1月24日）, 幕末（㊏文久4(1864)年1月24日）

岩城隆邦*　いわきたかくに
弘化1(1844)年〜明治44(1911)年　江戸時代末期〜明治時代の亀田藩主、亀田藩知事、子爵。
¶全幕（㊍天保15(1844)年）, 幕末（天保15(1844)年4月13日　㊏明治44(1911)年2月18日）

岩城親隆*　いわきちかたか
？〜文禄3(1594)年　安土桃山時代の武将。豊臣氏家臣。
¶全戦

岩城常隆*　いわきつねたか
永禄10(1567)年〜天正18(1590)年　安土桃山時代の武将。
¶全戦, 室町（生没年不詳）

石城直美夜部*　いわきのあたいみやべ
飛鳥時代の地方豪族。
¶古代

磐城王(1)**　いわきのおう**
上代の允恭天皇の皇孫。丘稚子王の父。
¶古人（生没年不詳）

磐城王(2)**　いわきのおう**
奈良時代の官人。
¶古人（生没年不詳）

いわこ

磐城皇子 いわきのおうじ
⇒磐城皇子(いわきのみこ)

岩城延子* いわきのぶこ
生没年不詳　江戸時代の女性。出羽亀田藩主岩城隆喜の娘。
¶江表(延子(福島県))　㉓明治36(1903)年

石城文信 いわきのふみのぶ
生没年不詳　平安時代中期の下級官人。
¶古人

磐城皇子* いわきのみこ
㊿磐城皇子(いわきおうじ，いわきのおうじ)　上代の雄略天皇の皇子。
¶古人(いわきおうじ)，古代，天皇(生没年不詳)

岩城喜次郎 いわきのきじろう
天保14(1843)年〜明治10(1877)年　江戸時代末期〜明治時代の鹿児島県士族。西南戦争では三番大隊七番小隊長。
¶幕末，㉓明治10(1877)年9月24日

盤具母礼* いわぐのもれ
生没年不詳　平安時代前期の陸奥国胆沢の蝦夷首長。
¶古人(㊺?　㉓802年?)

磐隈皇女 いわくまのおうじょ
⇒磐隈皇女(いわくまのこうじょ)

磐隈皇女* いわくまのこうじょ
生没年不詳　㊿磐隈皇女(いわくまのおうじょ，いわくまのひめみこ)，夢皇女(ゆめのこうじょ)　飛鳥時代の女性。欽明天皇の皇女。
¶古人，女史(いわくまのひめみこ)

磐隈皇女 いわくまのひめみこ
⇒磐隈皇女(いわくまのこうじょ)

岩雲花香* いわくもはなか
寛政4(1792)年3月11日〜明治2(1869)年4月25日　江戸時代末期の尊王家。
¶幕末

岩倉恒具 いわくらつねとも
元禄14(1701)年7月24日〜宝暦10(1760)年7月29日　江戸時代中期の公家(権中納言)。権大納言岩倉乗具の子。
¶公卿，公家(恒具〔岩倉家〕　つねとも)，コン

岩倉具起 いわくらともおき
慶長6(1601)年〜万治3(1660)年2月6日　江戸時代前期の公家(権中納言)。木工頭岩倉具堯の子。
¶公卿，公家(具起〔岩倉家〕　ともおき)

岩倉具起女 いわくらともおきのむすめ
江戸時代前期の女性。永悟法親王の母。
¶天皇(生没年不詳)

岩倉具選 いわくらともかず
⇒岩倉具選(いわくらとものぶ)

岩倉具詮* いわくらともせん
寛永7(1630)年10月27日〜延宝8(1680)年4月16日　江戸時代前期の公家(参議)。権中納言岩倉具起の子。
¶公卿，公家(具詮〔岩倉家〕　ともあき)

岩倉具集 いわくらともちか
安永7(1778)年9月7日〜嘉永6(1853)年5月16日　江戸時代後期の公家(権大納言)。右権中将岩倉具選の子。
¶公卿，公家(具集〔岩倉家〕　ともあい)

岩倉具綱 いわくらともつな
江戸時代末期の政治家。
¶コン　㊺天保12(1841)年　㉓大正12(1923)年

岩倉具選 いわくらとものぶ
宝暦7(1757)年〜文政7(1824)年　㊿岩倉具選(いわくらともかず)　江戸時代中期〜後期の公家(非参議)。権大納言柳原光綱の末子。
¶公卿(㊺宝暦7(1757)年1月4日　㉓文政7(1824)年7月7日)，公家(具選〔岩倉家〕　とものぶ㊺宝暦7(1757)年1月4日　㉓文政7(1824)年7月7日)

岩倉具視* いわくらともみ
文政8(1825)年9月15日〜明治16(1883)年7月20日　江戸時代末期〜明治時代の政治家、右大臣。討幕運動の指導者、王政復古を実現。特命全権大使として条約改正交渉と欧米視察。
¶江人，公卿(㉓明治16(1883)年6月20日)，公家(具視〔岩倉家〕　ともみ)，コン，全幕，徳将，幕末，山小(㊺1825年9月15日　㉓1883年7月20日)

岩倉具慶* いわくらともやす
文化4(1807)年〜明治6(1873)年　江戸時代末期〜明治時代の公家(非参議)。権大納言岩倉具集の子。
¶公卿(㊺文化4(1807)年2月4日　㉓?)，公家(具慶〔岩倉家〕　ともやす　㊺文化4(1807)年2月4日　㉓明治6(1873)年2月13日)，幕末(㊺文化4(1807)年2月4日　㉓明治6(1873)年2月13日)

岩倉乗具* いわくらのりとも
寛文6(1666)年8月29日〜享保15(1730)年8月23日　江戸時代中期の公家(権大納言)。権大納言千種有維の子。
¶公卿，公家(乗具〔岩倉家〕　のりとも)

岩倉尚具* いわくらひさとも
元文2(1737)年〜寛政11(1799)年　江戸時代中期の公家。宝暦事件に連座。
¶コン

岩倉槇子*(岩倉槙子)　いわくらまきこ
文政10(1827)年〜明治36(1903)年2月23日　江戸時代末期〜明治時代の女性。岩倉具視の後妻。
¶幕末

いわ子 いわこ*
江戸時代末期の女性。和歌。筑後柳川藩立花家の奥女中。安政4年刊、井上文雄編『摘英集』に載る。
¶江表(いわ子(福岡県))

伊和子 いわこ*
江戸時代後期の女性。和歌。常陸麻生藩主新庄直侯の娘。寛政10年跋、信濃松代藩主真田幸弘の六〇賀集「千とせの寿詞」に載る。
¶江表(伊和子(東京都))

岩子(1)　いわこ*
江戸時代中期〜後期の女性。和歌。豊後岡藩主中川久貞の娘。
¶江表(岩子(三重県))　㊺延享3(1746)年　㉓文化5(1808)年?

岩子(2)　いわこ*
江戸時代中期〜後期の女性。堤修築。薩摩藩主島津吉貴の娘。
¶江表(岩子(鹿児島県))　㊺宝永7(1710)年　㉓寛政2(1790)年

岩子(3)　**いわこ**★
江戸時代後期～明治時代の女性。和歌。前小屋氏。
¶江表(岩子(秋田県)　[生]文化9(1812)年　[没]明治17(1884)年)

岩子(4)　**いわこ**★
江戸時代後期の女性。書簡。兼常久斎の養女。
¶江表(岩子(山口県)　[没]天保5(1834)年)

岩子(5)　**いわこ**★
江戸時代後期の女性。和歌。筑前穂波郡幸袋村の河野六右衛門信久の娘。嘉永6年の「重浪集」に入集。
¶江表(岩子(福岡県))

岩子(6)　**いわこ**★
江戸時代末期の女性。和歌。石見津和野の根岸古式の娘。慶応2年序、村上忠順編『元治元年千首』に載る。
¶江表(岩子(島根県))

岩越　**いわこし**★
江戸時代中期の女性。狂歌。新吉原の岡本屋の遊女。天明7年刊、宿屋飯盛編『古今狂歌袋』に載る。
¶江表(岩越(東京都))

岩越吉久＊　**いわこしよしひさ**
生没年不詳　安土桃山時代の織田信長の家臣。
¶織田

岩佐巌　**いわさいわお**
江戸時代後期～明治時代の鉱山学者、技師。
¶科学([生]嘉永5(1852)年　[没]明治32(1899)年6月22日)

岩佐勝重＊　**いわさかつしげ**
？～延宝1(1673)年　[別]勝重(かつしげ)　江戸時代前期の画家。越前福井藩のお抱え絵師格。
¶浮絵,コン,美画([没]延宝1(1673)年2月20日)

岩佐勝以　**いわさかつもち**
⇒岩佐又兵衛(いわさまたべえ)

石坂比売命＊　**いわさかひめのみこと**
上代の女性。播磨国造。
¶古代

岩崎一郎＊　**いわさきいちろう**
天保15(1844)年～明治4(1871)年1月8日　江戸時代後期～明治時代の新撰組隊士。
¶新隊

岩崎馬之助＊　**いわさきうまのすけ**
天保5(1834)年～明治20(1887)年　[別]岩崎秋溟(いわさきしゅうめい)　江戸時代末期～明治時代の志士。土佐勤王党に参加。
¶全幕,幕末([生]天保5(1834)年11月29日　[没]明治20(1887)年12月22日)

岩崎覚左衛門＊　**いわさきかくざえもん**
文政7(1824)年～明治28(1895)年　[別]岩崎博秋(いわさきはくしゅう,いわさきひろあき)　江戸時代末期～明治時代の信濃高遠藩代官。
¶数学(岩崎博秋　いわさきひろあき　[没]明治28(1895)年8月)

岩崎勝二郎＊　**いわさきかつじろう**
嘉永2(1849)年～？　江戸時代後期～末期の新撰組隊士。
¶新隊

岩崎環＊　**いわさきかん**
＊～明治9(1876)年　江戸時代末期～明治時代の周防徳山藩士。
¶幕末([生]文政12(1830)年12月20日　[没]明治9(1876)年9月16日)

岩崎灌園＊　**いわさきかんえん**
天明6(1786)年～天保13(1842)年1月29日　江戸時代後期の本草学者、博物学者、幕府御家人。
¶江人,科学([生]天明6(1786)年6月26日),コン,植物([生]天明6(1786)年6月26日),徳人

岩崎喜勢　**いわさききせ**
⇒岩崎喜勢子(いわさききせこ)

岩崎喜勢子＊　**いわさききせこ**
弘化2(1845)年～大正12(1923)年4月8日　[別]岩崎喜勢(いわさききせ)　江戸時代末期～大正時代の女性。実業家岩崎弥太郎の妻。私塾雛鳳館を邸内に設けて子女の教育を行う。
¶幕末(岩崎喜勢　いわさききせ　[生]弘化2(1845)年2月10日)

岩崎硯山＊　**いわさきけんざん**
寛政12(1800)年～安政4(1857)年　江戸時代末期の浪人。
¶幕末([生]天明5(1785)年　[没]安政4(1857)年閏5月20日)

岩崎源次郎＊　**いわさきげんじろう**
嘉永1(1848)年～慶応2(1866)年　江戸時代末期の長州(萩)藩士。
¶幕末([没]慶応2(1866)年6月20日)

岩崎梧泉＊　**いわさきごせん**
？～文化14(1817)年　[別]梧泉(ごせん)　江戸時代後期の俳人(蓼太門)。
¶俳文(梧泉　ごせん　[生]延享4(1747)年　[没]文化14(1817)年10月17日)

岩崎作兵衛　**いわさきさくびょうえ**
江戸時代前期の豊臣秀頼・藤堂高虎の家臣。
¶大坂

岩崎秋溟　**いわさきしゅうめい**
⇒岩崎馬之助(いわさきうまのすけ)

岩崎修理＊　**いわさきしゅり**
生没年不詳　江戸時代末期の出雲広瀬藩家老。
¶幕末

岩崎清蔵　**いわさきせいぞう**
江戸時代後期～明治時代の和算家。
¶数学([没]明治15(1882)年9月18日)

岩崎宗山＊　**いわさきそうざん**
天保12(1841)年～明治40(1907)年　江戸時代末期～明治時代の国学者。著書に「百人一首講義」など。
¶幕末([没]明治40(1907)年10月14日)

岩崎忠雄＊　**いわさきただお**
文化3(1806)年～明治43(1910)年　江戸時代末期～明治時代の神官、医師。父の私塾東雲舎を継ぎ多くの人に教授。
¶幕末([生]？　[没]明治43(1910)年8月10日)

岩崎竹巌＊　**いわさきちくがん**
弘化3(1846)年～？　江戸時代末期の志士。
¶幕末

岩崎対馬守　**いわさきつしまのかみ**
安土桃山時代の武蔵国松山城主上田長則・憲定の家臣。与三郎。松山城下の町人衆の頭。

¶後北(対馬守〔岩崎〕　つしまのかみ)

岩崎鉄次郎　いわさきてつじろう
　江戸時代末期〜明治時代の大学館創業者。
　¶出版(生没年不詳)

岩崎博秋　いわさきはくしゅう
　⇒岩崎覚左衛門(いわさきかくざえもん)

岩崎博秋　いわさきひろあき
　⇒岩崎覚左衛門(いわさきかくざえもん)

岩崎弥太郎*　いわさきやたろう
　天保5(1834)年〜明治18(1885)年2月7日　江戸時
　代末期〜明治時代の土佐藩出身の実業家。
　¶コン,全集,徳将,幕末(㋐天保5(1835)年12月11日),
　山小(㋑1834年12月11日　㋒1885年2月7日)

岩崎美隆*　いわさきよしたか
　文化1(1804)年〜弘化4(1847)年　江戸時代後期
　の歌人。
　¶コン

岩佐茂高　いわさしげたか
　寛延3(1750)年〜*　江戸時代中期〜後期の幕臣、
　代官。
　¶徳人(㋘?),徳代(㋘文化4(1807)年5月7日)

岩佐茂矩　いわさしげのり
　江戸時代中期の代官、奉行。
　¶徳代(㋑宝永2(1705)年　㋒明和2(1765)年3月7日)

岩佐純*　いわさじゅん
　天保7(1836)年〜明治45(1912)年　江戸時代末期
　〜明治時代の越前福井藩士、医師。
　¶科学(㋐天保7(1836)年5月1日　㋒明治45(1912)年1
　月5日),全幕,幕末(㋐天保7(1836)年5月1日　㋒明治
　45(1912)年1月6日)

岩佐又兵衛　いわさまたべい
　⇒岩佐又兵衛(いわさまたべえ)

岩佐又兵衛*　いわさまたべえ
　天正6(1578)年〜慶安3(1650)年　㋰岩佐勝以(い
　わさかつもち),岩佐又兵衛(いわさまたべい),浮
　世又兵衛(うきよまたべえ)　江戸時代前期の画家。
　¶浮絵,江人,コン(岩佐勝以　いわさかつもち),美画(㋒
　慶安3(1650)年6月22日),山小(㋒1650年6月22日)

巌佐由子*(岩佐由子)　いわさよしこ
　文化11(1814)年12月8日〜明治27(1894)年10月6
　日　江戸時代末期〜明治時代の歌人。諸国を遊歴
　し名所旧跡に足を運び歌を詠む。著書に「西国巡拝
　之記」「信濃詣の記」など。
　¶江表(由府(滋賀県)　よしえ),女史(岩佐由子)

岩沢幸年*　いわさわこうねん
　安永1(1772)年〜嘉永1(1848)年12月17日　江戸
　時代中期〜後期の歌人。
　¶美連

岩沢太治兵衛*　いわさわたじべえ,いわさわたじへえ
　文政3(1820)年〜*　江戸時代末期〜明治時代の篤
　農家。感恩講創立に尽力。
　¶幕末(㋒明治31(1898)年8月6日)

岩沢太郎兵衛　いわさわたろ(う)びょうえ
　江戸時代前期の武士。大坂の陣で籠城。
　¶大坂(㋒慶長20年)

岩下　いわした
　戦国時代〜安土桃山時代の信濃国筑摩郡会田の国

衆。虚空蔵山城(会田城)主。
　¶武田(生没年不詳)

岩下愛親*　いわしたあいしん
　㋰岩下愛親(いわしたよしちか)　江戸時代末期の
　算家。
　¶数学(いわしたよしちか)

岩下磯の子*　いわしたいそのこ
　生没年不詳　江戸時代後期〜末期の歌人、画家。
　¶江表(磯子(東京都)　いそのこ)

岩下越前守　いわしたえちぜんのかみ
　戦国時代の岩下村の地頭。武田信縄の妻室で、武田
　信虎の生母岩下氏の兄。
　¶武田

岩下桜園　いわしたおうえん
　⇒岩下貞融(いわしたさだあき)

岩下源田　いわしたげんた
　安土桃山時代の信濃国筑摩郡会田の国衆。
　¶武田(生没年不詳)

岩下監物　いわしたけんもつ
　安土桃山時代の信濃国筑摩郡会田の国衆。
　¶武田(生没年不詳)

岩下貞融*　いわしたさだあき
　享和1(1801)年〜慶応3(1867)年　㋰岩下桜園(い
　わしたおうえん),岩下貞融(いわしたさだみち)
　江戸時代末期の国学者。
　¶コン,幕末(岩下桜園　いわしたおうえん　㋒慶応3
　(1867)年9月10日)

岩下貞融　いわしたさだみち
　⇒岩下貞融(いわしたさだあき)

岩下志摩　いわしたしま
　安土桃山時代の信濃国筑摩郡会田の国衆。
　¶武田(生没年不詳)

岩下総六郎　いわしたそうろくろう
　安土桃山時代の武士。
　¶武田(㋑?　㋒天正10(1582)年3月11日)

岩下丹波守　いわしたたんばのかみ
　安土桃山時代の信濃国筑摩郡会田の国衆。
　¶武田(生没年不詳)

岩下筑前守　いわしたちくぜんのかみ
　安土桃山時代の信濃国筑摩郡会田の国衆。
　¶武田(生没年不詳)

岩下長十郎*　いわしたちょうじゅうろう
　嘉永6(1853)年〜*　江戸時代末期〜明治時代の陸
　軍軍人。フランスに留学。
　¶幕末(㋒明治13(1880)年8月10日)

岩下藤三郎　いわしたとうさぶろう
　戦国時代の信濃国筑摩郡会田の国衆?
　¶武田(生没年不詳)

岩下長高　いわしたながたか
　戦国時代の信濃国筑摩郡会田の国衆。
　¶武田(生没年不詳)

岩下彦右衛門尉　いわしたひこうえもんのじょう
　安土桃山時代の信濃国筑摩郡会田の国衆。
　¶武田(生没年不詳)

いわした

岩下備前守　いわしたびぜんのかみ
安土桃山時代の信濃国筑摩郡会田の国衆。
¶武田（生没年不詳）

岩下方平　いわしたほうへい
⇒岩下方平（いわしたまさひら）

岩下方平*　いわしたまさひら
文政10（1827）年3月15日〜明治33（1900）年8月15日　㊞岩下方平（いわしたほうへい、いわしたみちひら）　江戸時代末期〜明治時代の鹿児島藩藩士、政治家、子爵、貴族院議員。生麦事件、パリ万博で気骨ある外交手腕を発揮、維新後は京都府権知事、元老院議官歴任。
¶コン, 全幕（いわしたみちひら）、幕末（いわしたみちひら）

岩下方平　いわしたみちひら
⇒岩下方平（いわしたまさひら）

岩下幸実　いわしたゆきざね
戦国時代の信濃国筑摩郡会田の国衆。
¶武田（生没年不詳）

岩下幸広　いわしたゆきひろ
戦国時代の信濃国筑摩郡会田の国衆。
¶武田（生没年不詳）

岩下愛親　いわしたよしちか
⇒岩下愛親（いわしたあいしん）

いは女　いわじょ*
江戸時代中期の俳諧。園部の人。元禄15年序、酒堂・正秀共撰『白馬』に載る。
¶江表（いは女（佐賀県））

いわ女　いわじょ*
江戸時代後期の女性。狂歌。下毛の人。文化9年刊、便々館湖鯉鮒編『狂歌浜荻集』に載る。
¶江表（いわ女（栃木県））

岩女(1)　いわじょ*
江戸時代後期の女性。和歌。周布の人。享和3年序、佐伯貞中八〇賀集「周桑歌人集」に載る。
¶江表（岩女（愛媛県））

岩女(2)　いわじょ*
江戸時代末期の女性。和歌。三河西尾藩藩士柳瀬又右衛門の妹。慶応2年刊、竹尾正久編『類題三河歌集』に載る。
¶江表（岩女（愛知県））

磐代　いわしろ
江戸時代中期〜後期の女性。書簡。鳥取藩伯耆倉吉組士岩室常右衛門の娘。
¶江表（磐代（鳥取県）　㊕延享1（1744）年　㊞文化9（1812）年）

岩瀬氏紀　いわせうじのり
江戸時代中期〜後期の幕臣。
¶徳人（㊕1755年　㊞1829年）

岩瀬大江進*　いわせおおえのしん
文政1（1818）年〜明治1（1868）年　江戸時代末期の相模小田原藩家老。
¶幕末（㊕文政1（1818）年9月15日　㊞慶応4（1868）年6月10日）

岩関喜三郎*　いわぜききさぶろう, いわせききさぶろう
江戸時代末期の新撰組隊士。
¶新隊（いわせききさぶろう　生没年不詳）

岩瀬京山　いわせきょうざん
⇒山東京山（さんとうきょうざん）

磐瀬重喬*　いわせしげたか
天保6（1835）年〜大正4（1915）年　江戸時代末期〜大正時代の神官。皇学を修め石背国造戸上大神宮の大宮司。
¶幕末（㊞大正4（1915）年6月28日）

岩瀬忠震*　いわせただなり
文政1（1818）年〜文久1（1861）年　江戸時代末期の幕府官僚、外国奉行。
¶江人, コン, 全幕, 徳将, 徳人, 幕末（㊞文久1（1861）年7月11日）, 山小（㊞1861年7月11日）

岩瀬広隆*　いわせひろたか
文化5（1808）年〜明治10（1877）年　江戸時代末期〜明治時代の画家。『紀伊名所図会』の挿絵を担当。
¶幕末（㊞明治10（1877）年8月5日）

岩瀬百樹　いわせももき
⇒山東京山（さんとうきょうざん）

岩瀬与一太郎*　いわせよいちたろう
生没年不詳　平安時代後期〜鎌倉時代前期の武士。
¶古人

岩田伊左衛門*　いわたいざえもん
天保2（1831）年〜明治35（1902）年　江戸時代末期〜明治時代の大庄屋。私財を投じて道路開通、由良川堤防構築などを推進。
¶幕末（㊕天保2（1831）年10月2日　㊞明治35（1902）年9月27日）

岩田河内守　いわたかわちのかみ
安土桃山時代の武蔵国鉢形城主北条氏邦の家臣。
¶後北（河内守〔岩田(2)〕　かわちのかみ）

岩田清庸　いわたせよのぶ
⇒岩田清庸（いわたせいよう）

岩田金蔵　いわたきんぞう
生没年不詳　江戸時代末期の商人、場所請負人。
¶幕末

岩田玄蕃頭　いわたげんばのかみ
安土桃山時代の武蔵国鉢形城主北条氏邦の家臣諏訪部遠江守の同心。
¶後北（玄蕃頭〔岩田(1)〕　げんばのかみ）

岩田好算　いわたこうさん, いわたこうざん
文化9（1812）年〜明治11（1878）年7月　江戸時代末期〜明治時代の和算家。和算家では最後の世代。
¶科学, 数学

岩田広成*　いわたこうせい
生没年不詳　㊞岩田広成（いわたひろなり）　江戸時代末期の算学家。
¶数学（いわたひろなり）

岩田七左衛門　いわたしちざえもん
江戸時代前期の武士。大坂の陣で籠城。
¶大坂（㊞慶長20年5月7日）

岩田信忍　いわたしんにん
生没年不詳　江戸時代後期の幕臣。
¶徳人, 徳代

岩田清庸*　いわたせいよう
生没年不詳　㊞岩田清庸（いわたきよのぶ）　江戸時代後期の和算家。

¶数学（いわたきよのぶ　㊃文化7（1810）年　㊥明治3（1870）年5月18日）

岩田紐* 　いわたちゅう
*〜安政4（1857）年　江戸時代末期の加賀藩士。
¶幕末（㊃文化14（1817）年　㊥安政4（1857）年7月9日）

石竜比売命* 　いわたつひめのみこと
女神。「播磨風土記」揖保郡の条に登場。
¶女史

岩谷九十老 　いわたにくじゅうろう
⇒岩谷九十老（いわやくじゅうろう）

岩谷省達 　いわたにしょうたつ
⇒岩谷省達（いわやせいたつ）

石田王 　いわたのおう
⇒石田王（いわたのおおきみ）

石田王* 　いわたのおおきみ
㊞石田王（いわたのおう）　飛鳥時代の丹生王・山前王の歌に詠まれた人。
¶古人（いわたのおう　生没年不詳）

石田女王* 　いわたのじょおう
生没年不詳　奈良時代の女王。
¶古人、古代

岩田広成 　いわたひろなり
⇒岩田広成（いわたこうせい）

岩田広彦* 　いわたひろひこ
生没年不詳　江戸時代後期の医者。
¶眼医（岩田一二三　いわたひふみ）

岩田正吉* 　いわたまさよし
安土桃山時代の織田信長の家臣。中島郡一宮の人。
¶織田（生没年不詳）

岩田通徳 　いわたみちのり
文政9（1826）年〜明治40（1907）年　㊞岩田織部正（いわたおりべのしょう）　江戸時代末期の旗本。
¶全幕、幕末（岩田織部正　いわたおりべのしょう　生没年不詳）、幕末（㊥明治40（1907）年12月1日）

岩田幸通* 　いわたゆきみち
生没年不詳　江戸時代末期〜明治時代の和算家。
¶数学

岩田恵則* 　いわたよしのり
文政1（1818）年〜明治28（1895）年　江戸時代末期〜明治時代の津軽弘前藩士。西洋砲術を学び藩兵制を洋式に改革。
¶幕末（㊥明治28（1895）年4月4日）

岩田涼菟（岩田涼莵）　いわたりょうと
⇒涼莵（りょうと）

岩月捨吉* 　いわつきすてきち
江戸時代後期〜大正時代の陶画工。
¶美工（㊃弘化2（1845）年　㊥大正7（1918）年8月21日）

磐衝別命* 　いわつくわけのみこと
上代の垂仁の皇子。
¶古代、天皇（生没年不詳）

岩手右衛門尉 　いわでえもんのじょう
安土桃山時代の武田氏の家臣。
¶武田（㊃？　㊥天正10（1582）年3月）

岩手左馬頭 　いわでさまのかみ
安土桃山時代の武田氏の家臣。

い

¶武田（㊃？　㊥天正3（1575）年5月21日）

岩手縄美* 　いわでつなよし
？〜永正5（1508）年10月4日　戦国時代の甲斐守護武田信昌の四男。
¶武田

岩手信景 　いわでのぶかげ
安土桃山時代の武田氏の家臣。
¶武田（㊃？　㊥天正10（1582）年3月）

岩手信真 　いわでのぶざね
安土桃山時代の武田氏の家臣。
¶武田（生没年不詳）

岩手信猶 　いわでのぶなお、いわでのぶなお
*〜享保17（1732）年　江戸時代中期の幕臣、関東代官。
¶徳人（いわでのぶなお　㊃？）、徳代（㊃元禄4（1691）年　㊥享保17（1732）年閏5月2日）

岩手信正 　いわでのぶまさ
戦国時代の武田氏の家臣。
¶武田（生没年不詳）

岩出信守 　いわでのぶもり
江戸時代前期〜中期の蔵奉行、代官。
¶徳代（㊃承応1（1652）年　㊥享保9（1724）年4月20日）

岩手信盛 　いわでのぶもり
戦国時代の武田氏の家臣。岩手氏の家督継承者。
¶武田（生没年不詳）

岩出信之 　いわでのぶゆき
江戸時代中期の代官。
¶徳代（㊃正徳1（1711）年　㊥安永7（1780）年9月17日）

岩手信吉 　いわでのぶよし
江戸時代前期〜中期の代官。
¶徳代（㊃寛永3（1626）年　㊥元禄16（1703）年6月12日）

岩戸屋喜三郎 　いわとやきさぶろう
江戸時代後期の版元。
¶浮絵

岩戸屋源八 　いわとやげんぱち
江戸時代中期の絵草子の版元。宝暦年間頃から天明年間半ば。
¶浮絵

岩永三五郎* 　いわながさんごろう
*〜嘉永4（1851）年　江戸時代後期の石工。
¶コン（㊃寛政5（1793）年）、幕末（㊃寛政4（1792）年　㊥嘉永4（1851）年10月5日）

岩永養庵 　いわながようあん
江戸時代後期〜明治時代の眼科医。
¶眼医（㊃文化8（1811）年　㊥明治6（1873）年）

岩波午心 　いわなみごしん
⇒午心（ごしん）

岩波曽良 　いわなみそら
⇒河合曽良（かわいそら）

岩波鳩江 　いわなみにおえ
江戸時代後期〜明治時代の信州高島藩士。
¶幕末（㊃弘化4（1847）年　㊥明治2（1869）年11月29日）

岩波道秀 　いわなみみちひで
江戸時代前期〜中期の幕臣、代官。
¶徳代（生没年不詳）

岩波道能　いわなみみちよし
安土桃山時代の代官。
¶徳代（生没年不詳）

岩成友通*（石成友通）　いわなりともみち
？～天正1（1573）年　戦国時代の武将、三好三人衆の一人。
¶織田（石成友通　[没]天正1（1573）年8月2日），コン，全戦（石成友通），戦武

伊和大神*　いわのおおかみ，いわのおおがみ
上代の「播磨国風土記」にみえる神。
¶コン

岩之女　いわのじょ★
江戸時代中期の女性。和歌。坂静山の娘。元文5年刊、父静山の序文がある竺巌編『続泉山景境詩歌集』に載る。
¶江表（岩之女（東京都））

磐之媛*　いわのひめ
？～仁徳35（347）年　[別]磐姫皇后（いわのひめのおおきさき，いわのひめのきさき，いわのひめのこうごう），磐之姫命，磐之媛命（いわのひめのみこと），葛城磐之媛（かずらきのいわのひめ，かつらぎのいわのひめ）　上代の女性。仁徳天皇の皇后。履中・反正・允恭天皇の母。
¶古人（生没年不詳），古代（磐之媛命　いわのひめのみこと），コン，詩作（磐姫皇后　いわのひめのおおきさき，いわひめこうごう　生没年不詳），女史，女文（磐姫皇后　いわのひめのおおきさき　生没年不詳），天皇（磐之姫命　いわのひめのみこと　[没]仁徳35（347）年6月），日文（磐姫皇后　いわのひめのおおきさき　生没年不詳）

磐姫皇后　いわのひめのおおきさき
⇒磐之媛（いわのひめ）

磐姫皇后　いわのひめのきさき
⇒磐之媛（いわのひめ）

磐姫皇后　いわのひめのこうごう
⇒磐之媛（いわのひめ）

石姫皇女　いわのひめのこうじょ
⇒石姫皇女（いしひめのひめみこ）

磐之姫命（磐之媛命）　いわのひめのみこと
⇒磐之媛（いわのひめ）

石野基顕*　いわのもとあき
寛文10（1670）年11月24日～寛保1（1741）年1月23日　江戸時代中期の公家（権中納言）。石野家の祖。権大納言持明院基時の次男。
¶公卿，公家（基顕〔石野家〕　もとあき　[没]元文6（1741）年1月26日）

石野基標*　いわのもとすえ
寛政1（1789）年8月15日～嘉永2（1849）年9月24日　江戸時代後期の公家（参議）。常陸権介石野基憲の子。
¶公卿，公家（基標〔石野家〕　もとえた）

石野基佑*　いわのもとすけ
天保6（1835）年～明治27（1894）年　江戸時代末期～明治時代の公家。幕府委任反対の八十八卿列参に参加。
¶幕末（[生]天保6（1835）年10月25日　[没]明治27（1894）年4月22日）

石野基幸*　いわのもとたか
元禄12（1699）年9月9日～元文4（1739）年6月2日　江戸時代中期の公家（非参議）。権中納言石野基顕の子。
¶公卿，公家（基幸〔石野家〕　もとたか）

石野基綱*　いわのもとつな
宝暦1（1751）年5月21日～文化12（1815）年9月5日　江戸時代中期～後期の公家（権中納言）。権中納言石野基棟の子。
¶公卿，公家（基綱〔石野家〕　もとつな　[生]寛延4（1751）年5月21日）

石野基棟*　いわのもとむね
享保5（1720）年10月24日～寛政5（1793）年9月21日　江戸時代中期の公家（権中納言）。左中将石野基幸の子。
¶公卿，公家（基棟〔石野家〕　もとむね）

石野基安*　いわのもとやす
文政1（1818）年7月25日～明治18（1885）年8月　江戸時代末期～明治時代の公家（非参議）。参議石野基標の子。
¶公卿，公家（基安〔石野家〕　もとやす　[没]明治18（1885）年8月25日）

岩橋善兵衛*　いわはしぜんべえ
宝暦6（1756）年～文化8（1811）年　江戸時代中期～後期の望遠鏡製作者。
¶江人，科学（[没]文化8（1811）年5月25日），コン

岩橋轍輔*　いわはしてつすけ
天保6（1835）年～明治15（1882）年10月28日　江戸時代末期～明治時代の普請奉行。伊呂波丸事件の賠償金減額交渉に成功。
¶幕末

岩橋教章　いわはしのりあき
天保6（1835）年～明治16（1883）年2月4日　江戸時代末期～明治時代の洋画家、石版・銅版技術者。
¶浮絵，幕末（[生]天保6（1835）年？　2月5日），美画（[生]天保6（1835）年2月5日）

岩橋半三郎*　いわはしはんざぶろう
？～慶応2（1866）年　[別]岡田栄吉（おかだえいきち），里見二郎（さとみじろう）　江戸時代末期の志士。
¶コン，幕末（[没]慶応3（1867）年3月25日）

岩橋長子*　いわはしまさこ
生没年不詳　江戸時代後期の女性。歌人。
¶江表（長子（和歌山県）　まさこ）

岩橋万蔵*　いわはしまんぞう
？～明治16（1883）年　江戸時代末期～明治時代の材木商。日本郵便汽船会社を設立し頭取。
¶幕末（[没]明治16（1883）年9月）

磐姫　いわひめ
江戸時代後期の女性。和歌。近江彦根藩主井伊直幸の娘。
¶江表（磐姫（兵庫県）　[没]寛政8（1796）年）

岩藤*　いわふじ
[別]岩藤・尾上（いわふじ・おのえ）　伝説の女性。浄瑠璃や歌舞伎の鏡山物に登場する局。
¶コン

岩藤・尾上　いわふじ・おのえ
⇒岩藤（いわふじ）

石淵王　いわふちおう
奈良時代の官人。
¶古人（生没年不詳）

岩淵重質* いわぶちしげただ
文化7(1810)年～明治14(1881)年 江戸時代末期～明治時代の白河製糸会社創業者。白河の製糸業発展の基礎を構築。
¶幕末([没]明治14(1881)年3月2日)

石淵僧正 いわぶちのそうじょう
⇒勤操(ごんぞう)

岩堀某 いわぼりなにがし
戦国時代の北条氏綱の家臣。
¶後北(某〔岩堀(1)〕 なにがし)

岩堀常陸介* いわぼりひたちのすけ
生没年不詳 戦国時代の古河公方の家臣。
¶後北(常陸介〔岩堀(2)〕 ひたちのすけ)

岩間右衛門 いわまえもん
安土桃山時代～江戸時代前期の武田氏甲府城下の畳刺し職人頭。
¶武田(生没年不詳)

岩間乙二 いわまおつに
⇒乙二(おつに)

岩間久次郎* いわまきゅうじろう
弘化4(1847)年～慶応1(1865)年 江戸時代末期の志士。
¶幕末([没]元治2(1865)年2月16日)

岩間金平* いわまきんぺい
天保9(1838)年～明治29(1896)年 江戸時代末期～明治時代の武士。
¶幕末([没]明治29(1896)年3月25日)

岩松明純* いわまつあきずみ
生没年不詳 戦国時代の上野国衆。
¶内乱

岩松助左衛門* いわまつすけざえもん
文化1(1804)年～明治5(1872)年 江戸時代末期～明治時代の漁民、庄屋。小倉沖の白洲に灯明台を建設する計画を実行。
¶幕末([没]明治5(1872)年4月25日)

岩松純睦 いわまつすみたけ
江戸時代中期の代官。
¶徳代([生]宝永7(1710)年 [没]天明3(1783)年2月16日)

岩松純春 いわまつすみはる
江戸時代中期～後期の代官。
¶徳代([生]寛延1(1748)年 [没]天明8(1788)年1月22日)

岩松直国 いわまつただくに
南北朝時代の武士。
¶内乱(生没年不詳)

岩松経家* いわまつつねいえ
?～建武2(1335)年 鎌倉時代後期～南北朝時代の武士。新田義貞の鎌倉攻撃に参戦。
¶コン,室町

岩松尚純 いわまつなおずみ
⇒岩松尚純(いわまつひさずみ)

岩松尚純* いわまつひさずみ
生没年不詳 [別]岩松尚純(いわまつなおずみ),尚純(ひさずみ) 戦国時代の武将。
¶コン,俳文(尚純 ひさずみ [生]寛正2(1461)年 [没]永正8(1511)年?)

岩松秀純 いわまつひでずみ
江戸時代前期の幕臣。
¶徳人([生]1620年 [没]1676年)

岩松満純* いわまつみつずみ
?～応永24(1417)年 室町時代の武将。上杉禅秀の乱に参加。
¶コン,内乱,室町

岩間八左衛門* いわまはちざえもん
生没年不詳 安土桃山時代の織田信長の家臣。
¶織田

岩間与左衛門尉 いわまよさえもんのじょう
戦国時代の番匠頭。
¶武田(生没年不詳)

岩見重太郎*(1) いわみじゅうたろう
?～元和1(1615)年 安土桃山時代～江戸時代前期の剣術家。
¶コン

岩見重太郎(2) いわみじゅうたろう
⇒薄田兼相(すすきだかねすけ)

石見女 いわみじょ★
江戸時代末期の女性。和歌。伊勢津藩士深井氏の娘。文久2年序、西田惟恒編『文久二年八百首』に載る。
¶江表(石見女(三重県))

岩見雅助* いわみまさすけ
生没年不詳 室町時代の武将。
¶室町

岩室小十蔵* いわむらこじゅうぞう
生没年不詳 安土桃山時代の織田信長の家臣。
¶織田

岩村式部の娘 いわむらしきぶのむすめ★
江戸時代中期の女性。和歌。元禄16年刊、柳陰堂了寿編『新歌さゝれ石』に載る。
¶江表(岩村式部の娘(東京都))

岩村高俊* いわむらたかとし
弘化2(1845)年～明治39(1906)年 江戸時代末期～明治時代の土佐藩士、官僚、男爵、貴族院議員。佐賀県権令となり佐賀の乱を鎮圧、その後福岡、広島の県令や知事を歴任。
¶コン,全幕([生]弘化2(1846)年),幕末([生]弘化2(1845)年11月10日 [没]明治39(1906)年1月2日)

岩村虎雄 いわむらとらお
江戸時代後期～大正時代の日向高鍋藩士。
¶幕末([生]天保14(1843)年11月24日 [没]大正8(1919)年11月27日)

石村石楯* いわむらのいわたて
生没年不詳 [別]石村石楯(いわれのいわたて),石村村主石楯(いわれのすぐりいわたて) 奈良時代の武士官僚。
¶古人,古代(石村村主石楯 いわれのすぐりいわたて),コン

石村宿奈麻呂 いわむらのすくなまろ
奈良時代の官人。
¶古人(生没年不詳)

岩村英俊* いわむらひでとし
享和3(1803)年～明治15(1882)年 江戸時代末期～明治時代の槍の名手、財産家。幕末に宿毛の平静

化を指導。
¶幕末([生]文化1(1804)年　[没]明治15(1882)年8月5日)

岩村通俊*　いわむらみちとし
天保11(1840)年～大正4(1915)年2月20日　江戸時代末期～明治時代の高知藩士、官僚、男爵、農商務相。函館府権判事、開拓判官を経て開拓大判官就任、北海道開拓に尽力、初代北海道庁長官。
¶コン，全幕，幕末([生]天保11(1840)年6月10日)

岩室磐代　いわむろいわしろ
⇒大江磐代(おおえいわしろ)

岩室長門守*　いわむろながとのかみ
戦国時代の武士。織田氏家臣。
¶織田([生]？　[没]永禄4(1561)年6月？)

岩室坊*　いわむろぼう
生没年不詳　安土桃山時代の織田信長の家臣。
¶織田

岩室正方　いわむろまさかた
江戸時代前期～中期の代官。
¶徳代([生]貞享2(1685)年　[没]享保18(1733)年2月19日)

岩室正次　いわむろまさつぐ
江戸時代前期～中期の代官。
¶徳代([生]慶安4(1651)年　[没]享保13(1728)年12月27日)

岩女　いわめ★
江戸時代後期の女性。狂歌。文化9年刊、時雨庵萱根編『狂歌若緑岩代松』に載る。
¶江表(岩女(東京都))

岩本和泉守　いわもといずみのかみ
戦国時代の上田朝直・北条為昌・北条氏康の家臣。
¶後北(和泉守〔岩本(1)〕　いずみのかみ)

岩本勝次郎*　いわもとかつじろう
弘化3(1846)年～元治1(1864)年　[別]岩本忠吉(いわもとちゅうきち)　江戸時代末期の義勇隊兵。
¶幕末([没]元治1(1864)年7月19日)

岩本乾什*　いわもとかんじゅう
*～宝暦9(1759)年2月17日　[別]岩本乾什，岩本乾什〔1代〕(いわもとけんじゅう)，乾什(けんじゅう)　江戸時代中期の女性。俳人。江戸の人。
¶俳文(乾什　けんじゅう　[生]延宝8(1680)年)

岩本乾什(――〔1代〕)　いわもとけんじゅう
⇒岩本乾什(いわもとかんじゅう)

岩本五一*　いわもとごいち
文化14(1817)年～明治1(1868)年　江戸時代末期の出版人、達摩屋待賈堂主人。
¶出版([生]文化14(1817)年10月12日　[没]慶応4(1868)年7月18日)，幕末([没]慶応4(1868)年7月18日)

岩本梧友*　いわもとごゆう
元文3(1738)年～享和1(1801)年　江戸時代中期～後期の和算家。
¶数学([没]享和1(1801)年8月18日)

岩本昆寛*(――〔6代〕)　いわもとこんかん
延享1(1744)年～享和1(1801)年　江戸時代中期～後期の装剣金工家。
¶コン，美工(――〔6代〕)

岩本定次*　いわもとさだつぐ
生没年不詳　戦国時代の武士。後北条氏家臣。
¶後北(定次〔岩本(2)〕　さだつぐ)

岩本子英　いわもとしえい
⇒子英(しえい)

岩本清左衛門*　いわもとせいざえもん
享和2(1802)年～慶応3(1867)年　江戸時代末期の刀工。
¶幕末([没]慶応3(1867)年5月25日)，美工

岩本清次郎　いわもとせいじろう
江戸時代後期～末期の二本松少年隊士。
¶全幕([生]嘉永5(1852)年？　[没]慶応4(1868)年)

岩本忠吉　いわもとちゅうきち
⇒岩本勝次郎(いわもとかつじろう)

岩本晴之*　いわもとはるゆき
天保4(1833)年～大正2(1913)年11月21日　江戸時代末期～明治時代の政治家。
¶幕末

岩元平八郎*　いわもとへいはちろう
弘化4(1847)年～明治10(1877)年　江戸時代末期～明治時代の鹿児島県士族。西南戦争では一番砲隊長。
¶幕末([没]明治10(1877)年9月24日)

岩本正利　いわもとまさとし
江戸時代中期～後期の幕臣。
¶徳人([生]1724年　[没]1806年)

岩本廉蔵*　いわもとれんぞう
天保2(1831)年～大正5(1916)年　江戸時代末期～大正時代の大庄屋。牧場をつくり牛の品種改良に尽力。
¶幕末

巖谷一六*　いわやいちろく
天保5(1834)年～明治38(1905)年　江戸時代末期～明治時代の書家。
¶詩作([生]天保5(1834)年2月8日　[没]明治38(1905)年7月12日)，幕末([没]明治38(1905)年7月15日)

岩谷九十老*　いわやくじゅうろう
文化5(1808)年～明治28(1895)年　[別]岩谷九十老(いわたにくじゅうろう)　江戸時代末期～明治時代の農政家、石見安濃郡川合村総年寄。私財を投じて三瓶川の灌漑工事を行い、養蚕を推進し藩財政の再建に助力。
¶幕末(いわたにくじゅうろう　[生]文化5(1808)年6月28日　[没]明治28(1895)年3月12日)

岩谷敬一郎*　いわやけいいちろう
天保3(1832)年～明治25(1892)年　江戸時代末期～明治時代の水戸藩郷士。筑波山に挙兵する天狗党に参加。
¶幕末([没]明治25(1892)年11月24日)

岩谷省達*　いわやせいたつ
文政3(1820)年～明治19(1886)年　[別]岩谷省達(いわたにしょうたつ)　江戸時代末期～明治時代の医師、外科医、秋田藩侍医長。秋田藩外科医として秋田に発生した疫病の治療に貢献。著書に「胡地養生考」。
¶幕末([没]明治19(1886)年7月21日)

岩屋虎之助　いわやとらのすけ
⇒東郷愛之進(とうごうあいのしん)

岩山敬義　いわやまけいぎ
⇒岩山敬義(いわやまたかよし)

岩山敬義* いわやまたかよし
天保10(1839)年～明治25(1892)年1月13日 [別]岩山敬義(いわやまけいぎ) 江戸時代末期～明治時代の鹿児島県士族。農業調査員として渡米。
¶幕末(いわやまけいぎ)

岩谷光凞*(岩谷光熙) いわやみつひろ
文化11(1814)年～明治3(1870)年 江戸時代末期の数学家、讃岐丸亀藩士。
¶数学(岩谷光熙 [没]明治3(1870)年8月)

岩吉勝 いわよしかつ
安土桃山時代の織田信長の家臣。信長の奉行衆。
¶織田

石村石楯 いわれのいわたて
⇒石村石楯(いわむらのいわたて)

石村村主石楯 いわれのすぐりいわたて
⇒石村石楯(いわむらのいわたて)

いん
江戸時代中期の女性。俳諧。俳人雅林の妻。享保9年刊、坂本朱拙・菊田有隣編『はせをたらひ』に句が載る。
¶江表(いん(福岡県))

隠 いん★
江戸時代後期の女性。俳諧。尾張名古屋の人。天保3年序、守村鶯卿女編『女百人一句』に載る。
¶江表(隠(愛知県))

院恵* いんえ
生没年不詳 [別]院恵(いんけい) 鎌倉時代後期の仏師。
¶美建(いんけい),美建(いんけい)

胤栄 いんえい
⇒宝蔵院胤栄(ほうぞういんいんえい)

院円* いんえん
生没年不詳 平安時代後期～鎌倉時代前期の仏師。
¶古人,美建

院海* いんかい
生没年不詳 平安時代後期～鎌倉時代前期の仏師。
¶古人,美建

院覚* いんかく
生没年不詳 平安時代後期の院派系仏師。
¶古人,美建

印官 いんかん
⇒范道生(はんどうせい)

院寛* いんかん
生没年不詳 鎌倉時代前期の仏師。
¶古人

胤及 いんきゅう, いんぎゅう
⇒岡本胤及(おかもといんきゅう)

允恭天皇* いんぎょうてんのう
[別]雄朝津間稚子宿禰尊(おあさつまわくごのすくねのみこと) 上代の第19代の天皇。
¶古人(生没年不詳),古代,古物([生]? [没]允恭天皇42(453)年1月14日),コン,天皇([生]? [没]允恭42(453)年2月8日),山小

胤矩 いんく
江戸時代中期の俳諧師。本名、児島胤矩一川。
¶俳文(生没年不詳)

院救* いんぐ
永祚1(989)年～長久2(1041)年 平安時代中期の石清水八幡宮の別当。
¶古人

印具馬作 いんぐうまさく
⇒印具馬作(いんぐまさく)

印具馬作* いんぐまさく
天保14(1843)年5月22日～明治33(1900)年5月27日 [別]印具馬作(いんぐうまさく) 江戸時代後期～明治時代の新撰組隊士。
¶新隊(いんぐうまさく)

院恵 いんけい
⇒院恵(いんえ)

院慶* いんけい
?～治承3(1179)年 平安時代後期の仏師。
¶古人(生没年不詳),美建

隠渓智脱* いんけいちだつ
生没年不詳 江戸時代前期の臨済宗の僧。
¶思想

院賢* いんけん
生没年不詳 鎌倉時代前期の仏師。
¶古人,美建

印元 いんげん
⇒古先印元(こせんいんげん)

院源* いんげん
*～長元1(1028)年 平安時代中期の天台宗の僧(天台座主26世)。
¶古人([生]971年),コン([生]天暦8(954)年)

隠元* いんげん
明・万暦20(1592)年～延宝1(1673)年 [別]隠元隆琦(いんげんりゅうき),大光普照国師(だいこうふしょうこくし),普照国師(ふしょうこくし),隆琦,隆倚(りゅうき) 江戸時代前期の来日明僧、日本黄檗宗の開祖。
¶江人,コン(隠元隆琦 いんげんりゅうき [生]文禄1(1592)年),思想(隠元隆琦 いんげんりゅうき),植物([生]文禄1(1592)年11月4日 [没]延宝1(1673)年4月3日),対外(隠元隆琦 いんげんりゅうき),徳将,山小(隠元隆琦 いんげんりゅうき [生]1592年11月4日 [没]1673年4月3日)

隠元隆琦 いんげんりゅうき
⇒隠元(いんげん)

殷元良* いんげんりょう
尚敬6(1718)年～尚穆16(1767)年 [別]座間味庸昌(ざまみようしょう) 江戸時代中期の琉球の画家。
¶美画([生]享保3(1718)年 [没]明和4(1767)年)

印孝* いんこう
生没年不詳 室町時代～戦国時代の日蓮宗の僧・連歌作者。
¶俳文

飲光 いんこう
⇒慈雲(じうん)

胤康* いんこう
文政4(1821)年～慶応2(1866)年 [別]慈眼寺胤康(じげんじいんこう) 江戸時代末期の僧、志士。
¶全幕,幕末([没]慶応2(1866)年5月18日)

院興* いんこう
生没年不詳　鎌倉時代後期の仏師。
¶美建

院康* いんこう
生没年不詳　平安時代後期～鎌倉時代前期の院派仏師。
¶古人，美建

院豪(1) いんごう
鎌倉時代後期の仏師。
¶美建(生没年不詳)

院豪(2) いんごう
⇒一翁院豪(いちおういんごう)

院厳 いんごん
平安時代後期の僧。醍醐寺釈迦堂阿闍梨。
¶密教(㊦1080年　㊥1154年以後)

印西* いんさい
生没年不詳　㊙印西(いんせい，いんぜい)　鎌倉時代前期の浄土宗の僧。
¶古人(いんぜい)，内乱(いんせい)

院実* いんじつ
生没年不詳　鎌倉時代前期の仏師、法印。
¶古人，美建

因寿の娘 いんじゅのむすめ*
江戸時代後期の女性。俳諧。天保期頃成立、星喜庵北因編『俳諧百人一首集』に「麻布住 喜心斎因寿女子」とある。
¶江表(因寿の娘(東京都))

院俊* いんしゅん
生没年不詳　鎌倉時代前期の仏師。
¶古人(㊦1179年？　㊥？)，美建

尹順之 いんじゅんし
文禄1(1592)年～寛文6(1666)年　江戸時代前期の李氏朝鮮の日本通信使。
¶コン

院助* いんじょ
？～天仁1(1108)年　平安時代後期の院派系仏師。七条大宮仏所を興す。
¶古人，コン，美建(㊥天仁1(1108)年12月12日)

隠女 いんじょ*
江戸時代末期の女性。俳諧。大田原の人。文久1年の奉納額に句が載る。
¶江表(隠女(栃木県))

印勝* いんしょう
生没年不詳　鎌倉時代前期の仏師。
¶美建

印性* (院性)　いんしょう
長承1(1132)年～建永2(1207)年7月3日　平安時代後期の真言宗の僧。東寺長者51世。
¶古人(院性)

院勝 いんしょう
平安時代後期の仏師。元暦2年奈良春日大社の舞楽面を作る。
¶古人(生没年不詳)

院尚* いんしょう，いんじょう
生没年不詳　平安時代後期～鎌倉時代前期の院派系仏師。法印。
¶古人，美建

院承* いんしょう
生没年不詳　鎌倉時代前期の仏師。
¶美建

院定* いんじょう
生没年不詳　平安時代後期～鎌倉時代前期の仏師。
¶古人，美建

因斯羅我 いんしらが
⇒因斯羅我(いしらが)

院尋* いんじん
生没年不詳　室町時代の仏師。
¶美建

印西 いんせい，いんぜい
⇒印西(いんさい)

引拙* いんせつ
生没年不詳　㊙鳥居引拙(とりいいんせつ)　室町時代の茶人。村田珠光の高弟。
¶コン

院尊(1) いんそん
平安時代後期の比叡山の僧。
¶古人(生没年不詳)

院尊(2) いんそん
保安1(1120)年～建久9(1198)年　平安時代後期～鎌倉時代前期の院派系仏師。
¶古人，建久9(1198)年10月29日)

院智* いんち
生没年不詳　鎌倉時代前期の仏師。
¶美建

引蝶 いんちょう
江戸時代中期～後期の俳諧師。
¶俳文(㊦享保8(1723)年　㊥寛政11(1799)年4月12日)

院朝* いんちょう
生没年不詳　平安時代後期の院派系仏師。六条万里小路仏所の祖。
¶古人，コン，美建

犬童治成 いんどうはるなり
⇒犬童治成(いぬどうはるなり)

引頭兵吉* いんどうへいきち
弘化1(1844)年～慶応2(1866)年　江戸時代末期の第2奇兵隊第1銃隊司令。
¶幕末(㊦天保15(1844)年　㊥慶応2(1866)年4月26日)

犬童頼兄* いんどうよりもり
永禄11(1568)年～明暦1(1655)年　㊙相良兵部(さがらひょうぶ)，相良頼兄(さがらよりもり)　安土桃山時代～江戸時代前期の武士。
¶全戦

犬童頼安* いんどうよりやす
*～慶長11(1606)年　㊙犬童頼安(けんどうよりやす)　戦国時代～安土桃山時代の武士。
¶全戦(㊦大永1(1521)年)，戦武(㊦大永1(1521)年)

印融 いんにゅう
⇒印融(いんゆう)

院応 いんのう
南北朝時代の仏師。
¶美建(生没年不詳)

院承* いんしょう ¶古人，美建

院能* いんのう
生没年不詳 平安時代後期～鎌倉時代前期の仏師。
¶古人, 美建

院範* いんぱん, いんばん
生没年不詳 鎌倉時代前期の仏師。法印。
¶古人, コン, 美建

殷富門院* いんぷもんいん, いんぶもんいん
久安3(1147)年～建保4(1216)年 [別]亮子内親王(すけこないしんのう, りょうしないしんのう), 藤原亮子(ふじわらりょうし) 平安時代後期～鎌倉時代前期の女性。後白河天皇の第1皇女。安徳天皇の准母。
¶古人(亮子内親王 すけこないしんのう), コン, 女史, 天皇

殷富門院大輔 いんぷもんいんおおすけ
⇒殷富門院大輔(いんぷもんいんのたいふ)

殷富門院大輔 いんぷもんいんのおおすけ
⇒殷富門院大輔(いんぷもんいんのたいふ)

殷富門院尾張* いんぷもんいんのおわり
生没年不詳 [別]尾張(おわり) 平安時代後期の女房・歌人。
¶古人(尾張 おわり)

殷富門院大輔* いんぷもんいんのたいふ
*～正治2(1200)年 [別]殷富門院大輔(いんぷもんいんおおすけ, いんぷもんいんのおおすけ, いんぷもんいんのたゆう, いんぷもんいんのだゆう), 大輔(たいふ) 平安時代後期～鎌倉時代前期の女性。歌人。藤原信成の娘。
¶古人(大輔 たいふ 生没年不詳), 女史(いんぷもんいんのおおすけ 生没年不詳), 女文([没]正治2(1200)年頃), 日文(生没年不詳)

殷富門院大輔 いんぷもんいんのたゆう, いんぷもんいんのだゆう
⇒殷富門院大輔(いんぷもんいんのたいふ)

忌部色弗 いんべしこぶち
⇒忌部色弗(いんべのしこぶち)

忌部明兼 いんべのあきかね
平安時代後期の官人。
¶古人(生没年不詳)

忌部呰麻呂* いんべのあざまろ
生没年不詳 [別]忌部宿禰呰麻呂(いんべのすくねあざまろ) 奈良時代の官吏。
¶古人, 古代(忌部宿禰呰麻呂 いんべのすくねあざまろ)

忌部今武 いんべのいまたけ
平安時代中期の官人。
¶古人(生没年不詳)

忌部氏正 いんべのうじまさ
平安時代中期の官人。
¶古人(生没年不詳)

斎部首作賀斯* いんべのおびとさかし
飛鳥時代の官人。
¶古代

忌部久世人 いんべのくにひこ
平安時代前期の官人。
¶古人(生没年不詳)

忌部黒麻呂*(忌部黒麿) いんべのくろまろ
生没年不詳 奈良時代の中級官僚、万葉歌人。
¶古人, コン

斎部木上* いんべのこのかみ
生没年不詳 平安時代前期の下級官人。
¶古人

忌部子首*(忌部子人) いんべのこびと
?～養老3(719)年 [別]忌部宿禰子首(いんべのすくねこびと) 飛鳥時代～奈良時代の中級官僚。壬申の乱では大海人皇子方に属した。
¶古人, 古代(忌部宿禰子首 いんべのすくねこびと), 古物(忌部子人), コン

忌部色布知 いんべのしこうち
⇒忌部色弗(いんべのしこぶち)

忌部色弗* いんべのしこぶち
?～大宝1(701)年 [別]忌部色弗(いんべしこぶち), 忌部色布知(いんべのしこうち), 忌部宿禰色弗(いんべのすくねしこぶち) 飛鳥時代の中級官僚。
¶古人, 古代(忌部宿禰色弗 いんべのすくねしこぶち), 古物, コン

忌部宿禰呰麻呂 いんべのすくねあざまろ
⇒忌部呰麻呂(いんべのあざまろ)

忌部宿禰子首 いんべのすくねこびと
⇒忌部子首(いんべのこびと)

忌部宿禰色弗 いんべのすくねしこぶち
⇒忌部色弗(いんべのしこぶち)

忌部宿禰鳥麻呂 いんべのすくねとりまろ
⇒忌部鳥麻呂(いんべのとりまろ)

斎部宿禰浜成 いんべのすくねはまなり
⇒斎部浜成(いんべのはまなり)

斎部宿禰広成 いんべのすくねひろなり
⇒斎部広成(いんべのひろなり)

斎部宿禰文山* いんべのすくねふみやま
弘仁13(822)年～貞観9(867)年 [別]斎部文山(いんべのふみやま) 平安時代前期の官人、工芸家。
¶古人(斎部文山 いんべのふみやま), 古代

忌部宿禰虫名 いんべのすくねむしな
⇒忌部虫名(いんべのむしな)

斎部孝重 いんべのたかしげ
平安時代後期の官人。
¶古人(生没年不詳)

斎部孝隣 いんべのたかちか
平安時代後期の官人。
¶古人(生没年不詳)

忌(斎)部高善 いんべのたかよし
平安時代前期の官人。
¶古人(生没年不詳)

忌部鳥麻呂* いんべのとりまろ
生没年不詳 [別]忌部宿禰鳥麻呂(いんべのすくねとりまろ) 奈良時代の中級官僚。
¶古人, 古代(忌部宿禰鳥麻呂 いんべのすくねとりまろ), コン

忌部儀時 いんべののりとき
平安時代後期の神祇官人。
¶古人(生没年不詳)

斎部佐(百)江 いんべのはくえ
平安時代前期の官人。姓は宿禰。

¶古人（生没年不詳）

斎部浜成*　いんべのはまなり
生没年不詳　[別]斎部宿禰浜成（いんべのすくねはまなり），斎部浜成（いんべはまなり）　平安時代前期の官人、遣新羅使。
¶古人，古代（斎部宿禰浜成　いんべのすくねはまなり）

斎部広成*　いんべのひろなり
生没年不詳　[別]斎部宿禰広成（いんべのすくねひろなり），斎部広成（いんべひろなり），物部広成（もののべのひろなり）　平安時代前期の官人。「古語拾遺」の選者。
¶古人，古代（斎部宿禰広成　いんべのすくねひろなり），コン，日文

忌部濬継*　いんべのふかつぐ
生没年不詳　平安時代前期の明法博士。
¶古人

斎部文山　いんべのふみやま
⇒斎部宿禰文山（いんべのすくねふみやま）

忌部真貞子　いんべのまさだこ
平安時代前期の女性。阿波国名方郷の人。
¶古人（生没年不詳）

忌部正通*（忌部正道）　いんべのまさみち
生没年不詳　[別]忌部正通（いんべまさみち）　南北朝時代の神道学者。「日本書紀神代巻口訣」の著者。
¶コン（忌部正道），思想

忌部岑吉　いんべのみねよし
平安時代前期の官人。
¶古人（生没年不詳）

忌部虫名*　いんべのむしな
生没年不詳　[別]忌部宿禰虫名（いんべのすくねむしな）　奈良時代の官吏。
¶古人，古代（忌部宿禰虫名　いんべのすくねむしな）

斎部守親　いんべのもりちか
平安時代中期の神祇大史。安茂の子。
¶古人（生没年不詳）

斎部路通　いんべのろつう
⇒路通（ろつう）

斎部浜成　いんべはまなり
⇒斎部浜成（いんべのはまなり）

忌部正弘*　いんべまさひろ
文政13（1830）年～明治37（1904）年　江戸時代末期～明治時代の宮司。文武館設置の歎願運動を展開。
¶幕末（[没]明治37（1904）年11月3日）

忌部正通　いんべまさみち
⇒忌部正通（いんべのまさみち）

斎部道足*　いんべみちたり
宝暦8（1758）年～文化13（1816）年　江戸時代後期の歌人。
¶コン

斎部路通　いんべろつう
⇒路通（ろつう）

印融*　いんゆう
永享7（1435）年～永正16（1519）年8月15日　[別]印融（いんにゅう）　室町時代～戦国時代の真言宗の僧。関東東密の大家。
¶思想

【う】

ウィリアム・アダムス（ウィリアム・アダムズ）
⇒三浦按針（みうらあんじん）

外郎*　ういろう
元亨2（1322）年～応永2（1395）年　[別]陳外郎（ちんういろう），陳宗敬（ちんそうけい）　南北朝時代の医師。明から日本に帰化。
¶コン，対外（陳外郎　ちんういろう）

ヴィンセンテ
⇒ビセンテ

上柿芳竜*（上柿芳龍）　うえがきほうりゅう
生没年不詳　江戸時代中期の絵師。
¶浮絵（上柿芳龍）

上垣守国*　うえがきもりくに
*～文化5（1808）年　[別]上垣守国（かみがきもりくに）　江戸時代中期～後期の蚕種商人。
¶コン（[生]宝暦3（1753）年？）

上河淇水*　うえかわきすい
寛延1（1748）年11月9日～文化14（1817）年10月4日　江戸時代中期～後期の心学者。明倫舎第3世舎主。
¶コン，思想

植木挙因*　うえききょいん
*～安永3（1774）年　[別]植木悝斎（うえきせいさい）　江戸時代中期の儒学者。
¶コン（[生]貞享3（1686）年），地理（[生]1698年）

植木玉厓*　うえきぎょくがい
天明1（1781）年～天保10（1839）年11月4日　江戸時代後期の漢詩人、狂詩作者。
¶コン，徳人

植木貞子*　うえきさだこ
寛政9（1797）年～明治15（1882）年9月24日　江戸時代後期～明治時代の女性。歌人。
¶江表（貞子（栃木県））

植木悝斎　うえきせいさい
⇒植木挙因（うえききょいん）

植木屋松五郎　うえきやまつごろう
⇒尾上菊五郎〔3代〕（おのえきくごろう）

植木六右衛門　うえきろくえもん
江戸時代前期の武士。大坂の陣で籠城。
¶大坂

植草長家*　うえくさながいえ
生没年不詳　戦国時代の武士。北条氏家臣。
¶後北（長家〔植草〕　ながいえ）

植子　うえこ*
江戸時代後期の女性。和歌。吉田藩の奥女中か。
¶江表（植子（愛媛県））

上坂景重*　うえさかかげしげ
寛正5（1464）年～永正13（1516）年　[別]上坂景重（こうさかかげしげ）　戦国時代の武将。
¶コン

上坂為昌 うえさかためまさ
安土桃山時代の信濃国伊那郡の武士。
¶武田(生没年不詳)

上坂政形 うえさかまさかた
*～宝暦9(1759)年 江戸時代中期の幕臣。
¶徳人([生]1696年),徳代([生]元禄8(1695)年 [没]宝暦9(1759)年4月5日)

植崎九八郎* うえざきくはちろう,うえさきくはちろう
?～文化4(1807)年 江戸時代中期～後期の下級幕臣。
¶コン,思想([生]宝暦6(1756)年)

上島鬼貫 うえしまおにつら,うえじまおにつら
⇒鬼貫(おにつら)

上島三十 うえしまさんじゅう
江戸時代前期の武士。大坂の陣で籠城。
¶大坂

上杉顕定* うえすぎあきさだ
享徳3(1454)年～永正7(1510)年 戦国時代の武将、関東管領、山内上杉氏の当主。
¶コン,全戦,中世,室町

上杉顕実* うえすぎあきざね
?～永正12(1515)年 戦国時代の武士。上杉氏家臣。
¶全戦

上杉顕房* うえすぎあきふさ
永享7(1435)年～康正1(1455)年 室町時代の武将。
¶コン,中世,室町

上杉顕能* うえすぎあきよし
生没年不詳 南北朝時代の武将。
¶コン,室町

上杉氏定* うえすぎうじさだ
文中3/応安7(1374)年～応永23(1416)年 南北朝時代～室町時代の武将。
¶内乱([生]応安7(1374)年)

上杉氏憲*(1) うえすぎうじのり
?～応永24(1417)年1月10日 [別]上杉禅秀(うえすぎぜんしゅう) 室町時代の武将、関東管領、朝宗の子。
¶コン,内乱([没]応永24(1418)年),室町(上杉禅秀 うえすぎぜんしゅう),山小([没]1417年1月10日)

上杉氏憲(2) うえすぎうじのり
安土桃山時代の武蔵国深谷城主。三郎。憲盛の嫡男。北条氏政・氏直、鉢形城主の北条氏邦に属す。
¶後北(氏憲〔上杉〕 うじのり)

上杉景勝* うえすぎかげかつ
弘治1(1555)年～元和9(1623)年 [別]会津中納言(あいづちゅうなごん),長尾顕景(ながおあきかげ),米沢中納言(よねざわちゅうなごん) 安土桃山時代～江戸時代前期の大名。上杉謙信の養子。出羽米沢藩主。
¶江人,公卿([没]元和9(1623)年3月2日),公家(景勝〔上杉家〕 かげかつ [没]元和9(1623)年3月20日),コン,全戦,戦武,中世,内乱,山小([生]1555年11月27日 [没]1623年3月20日)

上杉景勝室 うえすぎかげかつしつ
⇒大儀院(だいぎいん)

上杉景虎*(1) うえすぎかげとら
*～天正7(1579)年 [別]武田三郎(たけださぶろう),北条氏秀(ほうじょううじひで) 戦国時代～安土桃山時代の武将。上杉謙信の養子。謙信の死後景勝と後継を争い、御館の乱で敗死。
¶後北(三郎〔北条〕 さぶろう [没]天正7年3月24日),コン([生]天文22(1553)年),全戦([生]天文23(1554)年),戦武([生]天文23(1554)年)

上杉景虎(2) うえすぎかげとら
⇒上杉謙信(うえすぎけんしん)

上杉景虎室* うえすぎかげとらしつ
弘治2(1556)年～天正7(1579)年3月24日 戦国時代～安土桃山時代の女性。長尾政景の娘、上杉謙信の姪。
¶後北(三郎後室〔北条〕 さぶろうこうしつ [没]天正7年3月17日)

上杉景信* うえすぎかげのぶ
?～天正6(1578)年 戦国時代～安土桃山時代の武士。
¶戦武([生]大永7(1527)年)

上杉清方* うえすぎきよかた
?～文安3(1446)年 室町時代の武将、関東管領執事。
¶コン(生没年不詳)

上杉清子* うえすぎきよこ
?～興国3/康永1(1342)年 [別]上杉清子(うえすぎせいし) 鎌倉時代後期～南北朝時代の女性。足利尊氏・直義兄弟の母。
¶コン,内乱(うえすぎせいし [没]康永1(1342)年),室町(うえすぎせいし)

上杉源匠斎* うえすぎげんしょうさい
江戸時代末期の木彫師。
¶美建(生没年不詳)

上杉謙信* うえすぎけんしん
享禄3(1530)年～天正6(1578)年 [別]上杉景虎(うえすぎかげとら),上杉弾正少弼(うえすぎだんじょうしょうひつ),上杉輝虎(うえすぎてるとら),長尾景虎(ながおかげとら),長尾政虎(ながおまさとら) 戦国時代～安土桃山時代の武将、関東管領。兄晴景に代わり春日山城に入り、越後を統一。信濃国に侵攻してきた甲斐の武田信玄と川中島で対陣。また上杉憲政から関東管領職をゆずられ改名、以後関東の経営にも腐心する。のち織田信長の軍とも加賀で対峙。
¶コン,詩作([生]享禄3(1530)年1月21日 [没]天正6(1578)年3月13日),全戦(上杉輝虎 うえすぎてるとら),戦武,中世,室町,山小([生]1530年1月21日 [没]1578年3月13日)

上杉定実* うえすぎさだざね
?～天文19(1550)年 戦国時代の武将。最後の越後守護。
¶コン,全戦([生]文明10(1478)年?),室町

上杉定正* うえすぎさだまさ
嘉吉3(1443)年～明応3(1494)年10月5日 室町時代～戦国時代の武将。扇谷上杉氏の当主。
¶コン,全戦([生]文安3(1446)年),中世,内乱,室町([生]?)

上杉定頼 うえすぎさだより
室町時代の武士。
¶内乱(生没年不詳)

う

上杉重方　うえすぎしげかた
室町時代の武士。
¶内乱（生没年不詳）

上杉重勝*　うえすぎしげかつ
文政7（1824）年～明治9（1876）年　江戸時代末期～明治時代の土佐藩士。三条実美の衛士。
¶幕末（㊥文政6（1823）年8月　㊦明治9（1876）年10月28日）

上杉重定*　うえすぎしげさだ
享保5（1720）年～寛政10（1798）年　江戸時代中期の大名。出羽米沢藩主。
¶コン

上杉重房*　うえすぎしげふさ
生没年不詳　鎌倉時代の武士。
¶コン，中世，山小

上杉重能*　うえすぎしげよし
？～正平4/貞和5（1349）年　南北朝時代の武将。足利直義の近臣。
¶コン，内乱（㊦貞和5（1349）年），室町（㊦正平5/観応1（1350）年）

上杉清子　うえすぎせいし
⇒上杉清子（うえすぎきよこ）

上杉禅秀　うえすぎぜんしゅう
⇒上杉氏憲（うえすぎうじのり）

上杉宗次郎　うえすぎそうじろう
⇒近藤長次郎（こんどうちょうじろう）

上杉弾正少弼　うえすぎだんじょうしょうひつ
⇒上杉謙信（うえすぎけんしん）

上杉輝虎　うえすぎてるとら
⇒上杉謙信（うえすぎけんしん）

上杉朝興*　うえすぎともおき
長享2（1488）年～天文6（1537）年　㊕扇谷上杉朝興（おうぎがやつうえすぎともおき）　戦国時代の武将。扇谷上杉氏の当主。
¶コン，全戦，戦武（扇谷上杉朝興　おうぎがやつうえすぎともおき）

上杉朝定*(1)　うえすぎともさだ
元亨1（1321）年～正平7/文和1（1352）年3月9日　南北朝時代の武将。
¶室町

上杉朝定*(2)　うえすぎともさだ
大永5（1525）年～天文15（1546）年　㊕扇谷上杉朝定（おうぎがやつうえすぎともさだ）　戦国時代の武将。
¶コン，全戦（㊥大永5（1525）年？），戦武（扇谷上杉朝定　おうぎがやつうえすぎともさだ），室町（㊥？）

上杉朝房*　うえすぎともふさ
？～元中8/明徳2（1391）年　南北朝時代の武将。関東管領。
¶コン（㊦建徳2/応安4（1371）年），室町（生没年不詳）

上杉朝宗*　うえすぎともむね
*～応永21（1414）年　南北朝時代～室町時代の武将、関東管領。
¶コン（㊥延元4/暦応2（1339）年），室町（㊥？）

上杉朝良*　うえすぎともよし
？～永正15（1518）年　戦国時代の武将。
¶コン，全戦，室町

上杉長貞　うえすぎながさだ
江戸時代前期の幕臣。
¶徳人（㊥1623年　㊦1662年）

上杉斉定*　うえすぎなりさだ
天明8（1788）年～天保10（1839）年　江戸時代後期の大名。出羽米沢藩主。
¶コン

上杉斉憲*　うえすぎなりのり
文政3（1820）年～明治22（1889）年5月20日　江戸時代後期～明治時代の大名、華族。
¶コン，全幕，幕末（㊥文政3（1820）年5月10日）

上杉憲顕*　うえすぎのりあき
徳治1（1306）年～正平23/応安1（1368）年　鎌倉時代後期～南北朝時代の武将、関東管領、関東上杉氏の祖。
¶コン（㊦応安1/正平23（1368）年），中世，内乱（㊦応安1（1368）年），室町

上杉憲秋*　うえすぎのりあき
？～康正1（1455）年　室町時代の武将。
¶内乱（㊦享徳4（1455）年）

上杉憲家　うえすぎのりいえ
室町時代の武士。
¶内乱（㊥？　㊦永享12（1440）年）

上杉憲方*　うえすぎのりかた
建武2（1335）年～応永1（1394）年　南北朝時代の武将、関東管領、憲顕の子。
¶コン，内乱

上杉憲定*　うえすぎのりさだ
天授1/永和1（1375）年～応永19（1412）年12月18日　室町時代の武将、関東管領、憲方の子。
¶コン（㊥永和1/天授1（1375）年），内乱（㊥永和1（1375）年），室町

上杉憲実*　うえすぎのりざね
応永17（1410）年～文正1（1466）年　室町時代の武将、関東管領。幕府からの独立をめざす鎌倉公方足利持氏を諫め幕府との調停役をつとめたが、かえって疎まれやがて幕府の命で持氏を討つ（永享の乱）。
¶コン（㊥応永18（1411）年），思想，中世，中世（㊥1411年），内乱，室町，山小（㊦1466年閏2月）

上杉憲忠*　うえすぎのりただ
永享5（1433）年～享徳3（1454）年　室町時代の武将、関東管領。
¶コン，中世，内乱，室町，山小（㊦1454年12月27日）

上杉教朝*　うえすぎのりとも
応永15（1408）年～寛正2（1461）年　室町時代の武将。
¶コン（生没年不詳）

上杉憲直　うえすぎのりなお
室町時代の武士。
¶内乱（㊥？　㊦永享12（1440）年）

上杉憲春*　うえすぎのりはる
？～天授5/康暦1（1379）年　南北朝時代の武将、関東管領。
¶コン，内乱（㊦永和5（1379）年），室町

上杉憲寛*　うえすぎのりひろ
？～天文20（1551）年　戦国時代の武士。山内上杉

家当主。
¶全戦(生没年不詳)

上杉憲房＊(1)　うえすぎのりふさ
？〜建武3/延元1(1336)年　鎌倉時代後期〜南北朝時代の武将。足利尊氏の伯父。
¶コン(㉝建武3/延元1(1336)年)、中世、内乱(㉜建武3(1336)年)、室町

上杉憲房＊(2)　うえすぎのりふさ
応仁1(1467)年〜大永5(1525)年　戦国時代の武将。
¶全戦、室町

上杉憲政＊　うえすぎのりまさ
？〜天正7(1579)年　㊿山内上杉憲政(やまのうちうえすぎのりまさ)　戦国時代〜安土桃山時代の武将、関東管領。
¶コン(㊿山内上杉憲政やまのうちうえすぎのりまさ ㉝大永3(1523)年)、室町(㉝大永3(1523)年)、山小(㉜1579年3月17日)

上杉憲基＊　うえすぎのりもと
元中9/明徳3(1392)年〜応永25(1418)年1月4日　室町時代の武将、関東管領。
¶コン、内乱(㉝明徳3(1392)年)、室町(㉜明徳3/元中9(1392)年)

上杉憲盛　うえすぎのりもり
？〜天正3(1575)年3月28日　戦国時代の武将。
¶全戦

上杉治憲　うえすぎはるのり
宝暦1(1751)年〜文政5(1822)年　㊿上杉鷹山(うえすぎようざん)　江戸時代中期〜後期の大名。出羽米沢藩主。
¶江人(上杉鷹山　うえすぎようざん)、コン(上杉鷹山　うえすぎようざん)、徳将、山小(㉝1751年7月20日 ㉜1822年3月12日)

上杉深雄＊　うえすぎふかお
嘉永2(1849)年〜大正6(1917)年　江戸時代末期〜大正時代の剣士。薩摩屋敷浪人組に参加し、のちに演武場教授。
¶幕末(㉝嘉永2(1849)年4月16日 ㉜大正6(1917)年10月15日)

上杉房顕＊　うえすぎふさあき
＊〜文正1(1466)年　室町時代の武将、関東管領。
¶コン(㉝永享6(1434)年)、室町(㉜永享7(1435)年)

上杉房定＊　うえすぎふささだ
？〜明応3(1494)年　室町時代〜戦国時代の武将。越後守護上杉氏。
¶コン、内乱、室町(㉜永享3(1431)年)

上杉房能＊　うえすぎふさよし
？〜永正4(1507)年　戦国時代の武将。越後国守護。
¶コン、室町

上杉持朝＊　うえすぎもちとも
応永25(1418)年〜応仁1(1467)年　室町時代の武将。
¶コン(㉝応永23(1416)年)、内乱、室町(㉜応永23(1416)年)

上杉持憲　うえすぎもちのり
⇒上杉持房(うえすぎもちふさ)

上杉茂憲＊　うえすぎもちのり
弘化1(1844)年〜大正8(1919)年4月18日　江戸時代末期〜明治時代の大名、官吏。出羽米沢藩主。
¶コン、全幕(㉝天保15(1844)年)、幕末(㉝天保15(1844)年2月28日)

上杉持房＊　うえすぎもちふさ
？〜延徳2(1490)年　㊿上杉持憲(うえすぎもちのり)　室町時代〜戦国時代の武将。永享の乱の幕府軍の大将。
¶コン(生没年不詳)

上杉鷹山　うえすぎようざん
⇒上杉治憲(うえすぎはるのり)

上杉能憲＊　うえすぎよしのり
元弘3/正慶2(1333)年〜天授4/永和4(1378)年　南北朝時代の武将、関東管領。
¶コン、内乱(㉝正慶2/元弘3(1333)年 ㉜永和4/天授4(1378)年)、室町(㉝正慶2(1333)年)

上杉義春　うえすぎよしはる
⇒畠山義春(はたけやまよしはる)

上田秋成＊　うえだあきなり
享保19(1734)年〜文化6(1809)年　㊿秋成(あきなり)、鶉居(うずらや)、無腸(むちょう)　江戸時代中期〜後期の歌人、国学者、読本作者。作品に「雨月物語」など。
¶江人、コン、詩作(㉝享保19(1734)年6月25日 ㉜文化6(1809)年6月27日)、思想、徳将、日文、俳文(㉝文化6(1809)年6月27日)、山小(㉝1734年6月25日 ㉜1809年6月27日)

上田安達之助＊(上田安達之介)　うえだあだちのすけ
嘉永6(1853)年〜？　江戸時代後期〜末期の新撰組隊士。
¶新隊(上田安達之介)

上田有沢　うえだありさわ
江戸時代後期〜大正時代の徳島藩士。
¶全幕(㉝嘉永3(1850)年 ㉜大正10(1921)年)

上田右近允　うえだうこんのじょう
安土桃山時代〜江戸時代前期の甲斐国巨摩郡河内西島の土豪。
¶武田(生没年不詳)

上田馬之助＊(上田馬之允)　うえだうまのすけ
江戸時代末期の剣術家。
¶全幕(㉝天保2(1831)年？ ㉜明治23(1890)年)、幕末(上田馬之助(右馬之允) ㉝天保2(1831)年 ㉜明治23(1890)年)

上田馬之丞　うえだうまのすけ
江戸時代末期の新撰組隊士。
¶新隊(生没年不詳)

植田うめ　うえだうめ
⇒松村うめ女(まつむらうめじょ)

植田乙次郎　うえだおつじろう
⇒植田乙次郎(うえだおとじろう)

植田乙次郎＊　うえだおとじろう
文政8(1825)年〜明治26(1893)年　㊿植田乙次郎(うえだおつじろう)　江戸時代後期〜明治時代の武士。
¶コン、全幕(うえだおつじろう)、幕末(㉝文政8(1825)年2月 ㉜明治26(1893)年5月26日)

うえたか

上田甲斐子* うえだかいこ
文化6(1809)年〜天保14(1843)年9月2日 江戸時代後期の女性。歌人。
¶江表(甲斐子(愛知県)) ㉔文化9(1812)年),女史

上田亀之進 うえだかめのしん
⇒上田亀之助(うえだかめのすけ)

上田亀之助* うえだかめのすけ
天保10(1839)年〜元治1(1864)年 ㊟上田亀之進(うえだかめのしん) 江戸時代末期の長州(萩)藩士。
¶幕末(上田亀之進 うえだかめのしん ㊹天保11(1840)年9月10日 ㉔元治1(1864)年7月29日)

上田淇亭* うえだきてい
文化11(1814)年〜明治9(1876)年 江戸時代末期〜明治時代の儒者。
¶幕末(㉔明治9(1876)年12月6日)

上田及淵 うえだきゅうえん
⇒上田及淵(うえだしきぶち)

上田金吾* うえだきんご
江戸時代末期の新撰組隊士。
¶新隊(生没年不詳)

上田琴風* うえだきんぶう
天明8(1788)年6月5日〜天保14(1843)年9月8日 江戸時代後期の女性。画家。
¶江表(琴風(山口県)),女史

上田楠次* うえだくすじ,うえたくすじ
天保8(1837)年〜明治1(1868)年 ㊟江口大蔵(えぐちだいそう,えぐちだいぞう) 江戸時代末期の志士。
¶幕末(うえたくすじ ㊹天保8(1837)年12月 ㉔慶応4(1868)年4月18日)

上田絅二* うえだけいじ
弘化1(1844)年〜明治21(1888)年9月10日 ㊟乙骨亘(おっこつわたる) 江戸時代末期〜明治時代の官吏。理髪師として遣仏使節に同行。その後、開拓使、土木局に出仕。
¶幕末

上田耕 うえだこう
⇒上田作之丞(うえださくのじょう)

上田耕沖* (上田耕冲) うえだこうちゅう
文政2(1819)年〜明治44(1911)年 江戸時代末期〜明治時代の画家。
¶美画(上田耕冲 ㉔明治44(1911)年1月21日)

上田公長* うえだこうちょう
天明8(1788)年〜嘉永3(1850)年 江戸時代末期の画家。
¶美画(㉔嘉永3(1850)年7月21日)

上田公鼎* うえだこうてい
享和2(1802)年〜天保12(1841)年 江戸時代後期の蘭方医。
¶科学(㉔天保12(1841)年6月5日),眼医

上田瑚璉* うえだこれん
元文5(1740)年〜＊ ㊟瑚璉尼(これんに) 江戸時代中期〜後期の女性。上田秋成の妻。
¶江表(瑚璉尼(大阪府) これいに ㉔寛政9(1797)年),女史(㉔1797年)

上田作之丞* うえださくのじょう
天明7(1787)年〜元治1(1864)年 ㊟上田耕(うえだこう),上田竜郷(うえだりゅうごう) 江戸時代末期の儒学者、経世思想家。
¶コン,思想,幕末(上田耕 うえだこう ㉔元治1(1864)年4月11日)

上田及淵 うえだしきのぶ
⇒上田及淵(うえだしきぶち)

上田及淵* うえだしきぶち
文政2(1819)年〜明治12(1879)年 ㊟上田及淵(うえだきゅうえん,うえだしきのぶ) 江戸時代末期〜明治時代の国学者。平田門国学を学び、岡山藩儒員、維新後神祇官を務め、著書に「大道安神妙説約」。
¶眼医(うえだきゅうえん),コン(うえだしきのぶ),幕末(㉔明治12(1879)年6月12日)

上田重秀* うえだしげひで
生没年不詳 安土桃山時代〜江戸時代前期の馬術家。上田流馬術の祖。
¶コン

植田十兵衛* うえだじゅうべい
生没年不詳 江戸時代末期の越後長岡藩参政。
¶幕末

上田樹徳 うえだじゅとく
⇒上田晴治(うえたはるじ)

上田修理 うえだしゅり
江戸時代後期〜明治時代の討幕派志士。
¶幕末(㊹文政10(1827)年 ㉔明治2(1869)年7月19日)

上田春荘* うえだしゅんそう
天明4(1784)年〜明治6(1873)年 江戸時代末期〜明治時代の殖産興業家。恵まれない土地の開発をめざした。櫨樹碑をたて、その功績をたたえられた。
¶コン

上田末次* うえだすえじ
弘化3(1846)年〜? ㊟上田末次(うえだまつじ) 江戸時代後期〜末期の新撰組隊士。
¶新隊(うえだまつじ)

上田周防守 うえだすおうのかみ
戦国時代〜安土桃山時代の松山城主上田長則の家臣。長則の一族か。
¶後北(周防守〔上田〕 すおうのかみ)

上田清蔵* うえだせいぞう
天保10(1839)年〜明治3(1870)年頃 江戸時代後期〜明治時代の新撰組隊士。
¶新隊

上田宗児* うえたそうじ,うえだそうじ
天保13(1842)年〜明治1(1868)年 ㊟後藤深造(ごとうしんぞう),後藤深蔵(ごとうふかぞう) 江戸時代末期の茶道職、志士。
¶幕末(㊹弘化2(1845)年 ㉔慶応4(1868)年1月3日)

上田宗品* うえだそうほん
?〜明和6(1769)年 江戸時代中期の奈良の風炉師。
¶美工(㉔安永7(1778)年)

上田紀勝 うえだただかつ
⇒上田紀勝(うえだのりかつ)

うえたよ

上田帯刀* うえだたてわき
文化6(1809)年〜文久3(1863)年 ㋾上田仲敏(うえだちゅうびん，うえだなかとし) 江戸時代末期の洋式兵学者、国学者、尾張藩士。
¶科学(㋕文久3(1863)年5月2日)，コン，幕末(上田仲敏 うえだなかとし ㋕文久3(1863)年5月4日)

上田仲敏 うえだちゅうびん
⇒上田帯刀(うえだたてわき)

上田續明 うえだつぐあき
⇒上田茂右衛門(うえだもえもん)

上田常善 うえだつねよし
戦国時代の武士。佐久郡北方衆。
¶武田(生没年不詳)

上田悌子 うえだていこ
江戸時代末期〜明治時代の女性。日本初の米国女子留学生の1人。
¶全幕(㋕安政2(1855)年 ㋕?)

上田鉄耕 うえだてっこう
江戸時代後期〜大正時代の日本画家。
¶美画(㋕嘉永2(1849)年 ㋕大正3(1914)年)

上田朝直* うえだともなお
明応3(1494)年〜天正10(1582)年 戦国時代〜安土桃山時代の武将。上杉氏家臣、後北条氏家臣。
¶後北(朝直〔上田〕 ともなお ㋕天正10年10月3日)，全戦(㋕永正13(1516)年)，戦武(㋕永正13(1516)年?)

上田友泰 うえだともやす，うえだとももやす
文政12(1829)年〜明治32(1899)年 江戸時代末期〜明治時代の阿波徳島藩士。
¶幕末

上田寅吉* うえだとらきち
文化6(1823)年〜明治23(1890)年9月12日 江戸時代末期〜明治時代の造船技術者、横須賀造船所大工長。洋式帆船ヘダ号建設の棟梁を務め、オランダ留学で造船技術を学ぶ。
¶科学(㋕文政6(1823)年3月10日)，コン，幕末

上田仲敏 うえだなかとし
⇒上田帯刀(うえだたてわき)

上田長則* うえだながのり
天文3(1534)年〜天正11(1583)年 安土桃山時代の武将。後北条氏家臣。
¶後北(長則〔上田〕 ながのり ㋕天正11年3月5日)

上田農夫 うえだのうふ
嘉永1(1848)年〜明治28(1895)年 江戸時代末期〜明治時代の政治家、馬産家、岩手県議会初代議長、衆議院議員。フランス語塾を開設し西洋教育に尽力。
¶幕末(㋕明治28(1895)年8月29日)

上田紀勝 うえだのりかつ
?〜元亀1(1570)年 ㋾上田紀勝(うえだただかつ) 戦国時代の武士。
¶全戦(うえだただかつ)

上田憲定* うえだのりさだ
天文15(1546)年?〜慶長2(1597)年9月6日 安土桃山時代の武将。後北条氏家臣。
¶後北(憲定〔上田〕 のりさだ，全戦(㋕天文15(1546)年)，戦武(㋕天文15(1546)年)

上田晴治* うえだはるじ
弘化4(1847)年〜大正11(1922)年 ㋾上田樹徳(うえだじゅとく) 江戸時代末期〜大正時代の書家。全国の神社仏閣などに多くの墨跡をのこす。
¶幕末(上田樹徳 うえだじゅとく ㋕大正11(1922)年9月6日)

上田一二三 うえだひふみ
天保4(1833)年〜明治31(1898) 江戸時代末期〜明治時代の足軽。主君の仇捜索のため上京。
¶幕末(㋕明治31(1898)年7月)

上田鳳陽 うえだほうよう
⇒上田茂右衛門(うえだもえもん)

上田牧泉斎 うえだぼくせんさい
安土桃山時代〜江戸時代前期の甲斐国巨摩郡河内三沢の人。穴山家臣か。
¶武田(生没年不詳)

上田正忠* うえだまさただ
?〜永正17(1520)年5月13日 戦国時代の扇谷上杉氏の家臣。相模守護代。
¶全戦

上田政盛* うえだまさもり
生没年不詳 戦国時代の扇谷上杉朝良の家臣。
¶後北(政盛〔上田〕 まさもり)，全戦

植田又兵衛 うえだまたべえ
江戸時代後期〜大正時代の和算家。湯屋を営む。明治中頃私塾を開き教授。
¶数学(㋕弘化3(1846)年12月20日 ㋕大正3(1914)年4月9日)

上田末次 うえだまつじ
⇒上田末次(うえだすえじ)

上田茂右衛門 うえだもうえもん
⇒上田茂右衛門(うえだもえもん)

上田茂右衛門* うえだもえもん
明和6(1769)年〜嘉永6(1853)年12月8日 ㋾上田續明(うえだつぐあき)，上田鳳陽(うえだほうよう)，上田茂右衛門(うえだもうえもん) 江戸時代中期〜後期の長州(萩)藩士。
¶コン，幕末(㋕明和7(1770)年 ㋕安政1(1855)年12月8日)

上田百樹* うえだももき
江戸時代後期の国学者。本居宣長の弟子。
¶コン(生没年不詳)

上田休* うえだやすみ
天保1(1830)年〜明治10(1877)年 江戸時代末期〜明治時代の熊本藩士。西南戦争に際し、鎮撫隊を組織したが、疑われ内乱罪で斬首。
¶幕末(㋕文政13(1830)年2月18日 ㋕明治10(1877)年9月30日)

上田友助* うえだゆうすけ
文化14(1817)年?〜? 江戸時代後期の幕臣。
¶幕末(上田友助(東作))

上田良貞* うえだよしさだ
弘化3(1846)年〜明治16(1883)年 江戸時代末期〜明治時代の鹿児島県士族。禁門の変では長州兵を撃破。
¶幕末(㋕明治16(1883)年10月27日)

う

上田立夫*　うえだりっぷ
？～明治3（1870）年　江戸時代末期～明治時代の岩見国郷士。
¶幕末（[没]明治3（1870）年10月10日）

上田竜郊　うえだりゅうこう
⇒上田作之丞（うえださくのじょう）

植月重佐*　うえつきしげすけ
？～元弘3/正慶2（1333）年　鎌倉時代後期の土豪。
¶コン

上野采女　うえのうねめ
江戸時代前期の長宗我部盛親の小姓組頭。
¶大坂

上野国治　うえのくにはる
江戸時代後期～明治時代の和算家。
¶数学（[生]弘化2（1845）年　[没]明治35（1902）年）

上野堅吾*　うえのけんご
*～明治9（1876）年　江戸時代末期～明治時代の熊本藩士。神風連の乱では元老となり砲兵営を破る。
¶幕末（[生]文化8（1811）年　[没]明治9（1876）年10月25日）

上野左近右衛門　うえのさこんえもん
江戸時代前期の長宗我部盛親の家臣。
¶大坂

上野左近丞　うえのさこんのじょう
安土桃山時代の甲斐国山梨郡岩手郷の土豪。
¶武田（[生]？　[没]文禄3（1594）年12月22日）

上野貞国　うえのさだくに
安土桃山時代の里美義頼の家臣。筑後守。
¶後北（貞国〔上野（1）〕　さだくに）

上野左内　うえのさない
江戸時代前期の長宗我部盛親の小姓。上野采女の子か弟と思われる。
¶大坂

上野三郎五郎　うえのさぶろうごろう
戦国時代の甲斐国二宮神社神主。
¶武田（生没年不詳）

上野俊之丞　うえのしゅんのじょう
⇒上野俊之丞（うえのとしのじょう）

上野四郎兵衛　うえのしろ（う）びょうえ
安土桃山時代～江戸時代前期の豊臣秀頼の家臣。元和3年藤堂高虎に仕えた。
¶大坂

上野資善　うえのすけたか
江戸時代中期～後期の幕臣、信濃国中野代官。
¶徳人（生没年不詳），徳代（[生]延享1（1744）年　[没]？）

上野青岐　うえのせいき
⇒藜庵青岐（あかざあんせいぎ）

上野節*　うえのせつ
延宝8（1680）年～元文5（1740）年9月19日　江戸時代中期の女性。陸奥仙台藩士斎藤武永の娘。
¶江表（節（宮城県））

植野善左衛門*　うえのぜんざえもん
弘化3（1846）年～大正8（1919）年　[別]植野正定（うえのまささだ）　江戸時代末期～大正時代の和算家。最上流数理学を習得し免許皆伝。
¶数学（植野正定　うえのまささだ　[没]大正8（1919）年8月19日），幕末（[没]大正8（1919）年8月19日）

上野忠恕　うえのただくみ
江戸時代中期の幕臣。
¶徳人（[生]1782年　[没]？）

上野張著　うえのちょうちょ
江戸時代中期の和算家。
¶数学

上野常足　うえのつねたり
⇒上野俊之丞（うえのとしのじょう）

上野俊之丞*　うえのとしのじょう
寛政2（1790）年～嘉永4（1851）年　[別]上野俊之丞（うえのしゅんのじょう），上野常足（うえのつねたり）　江戸時代末期の蘭学者、技術者。日本写真術の祖。
¶科学（[生]寛政2（1790）年3月3日　[没]嘉永4（1851）年8月17日），コン（[生]寛政3（1791）年　[没]嘉永5（1852）年），対外

上野清永　うえののきよなが
生没年不詳　[別]上野清永（かみつけぬのきよなが）　平安時代後期の官人。
¶古人，古人（かみつけぬのきよなが）

上野則元　うえののりもと
平安時代後期の官人。
¶古人（生没年不詳）

上野梅塢*　うえのばいおう
天保3（1832）年～明治42（1909）年　江戸時代末期～明治時代の漢学者、書家。学制発布ののちに二、三の学校教官。
¶幕末（[没]明治42（1909）年9月3日）

上野彦馬*　うえのひこま
天保9（1838）年～明治37（1904）年5月22日　江戸時代末期～明治時代の写真家。写真黎明期に、金星観測の天体写真撮影、西南戦争の戦場写真の撮影などで活躍。
¶コン，全幕，幕末（[生]天保9（1838）年8月27日）

上野豪為*　うえのひでため
生没年不詳　安土桃山時代の織田信長の家臣。
¶織田

於人主　うえのひとぬし
奈良時代の官人。
¶古人（生没年不詳）

上野平大夫　うえのへいだゆう
江戸時代前期の長宗我部家・立花宗茂・忠茂の家臣。
¶大坂

上野孫左衛門*　うえのまござえもん
生没年不詳　戦国時代の武士。石巻家貞の被官、伊豆檪山村の在地支配者。
¶後北（孫左衛門〔上野（2）〕　まござえもん）

植野正定　うえのまささだ
⇒植野善左衛門（うえのぜんざえもん）

上野正路　うえのまさみち
江戸時代の和算家。
¶数学

上野山丈二の娘　うえのやまじょうじのむすめ★
江戸時代末期の女性。教育。安政5年～文久1年まで青蓮院宮の末弟湲泉堂土肥丈谷に従学。
¶江表（上野山丈二の娘（東京都）　[生]天保12（1841）年

頃)

上野頼兼* うえのよりかね
？～正平6/観応2(1351)年　南北朝時代の武将。
¶室町

上羽勝衛* うえばかつえい
天保13(1842)年～大正5(1916)年　江戸時代末期～明治時代の宇土支藩士。教科書「童蒙読本」などを出版。
¶幕末([没]大正5(1916)年10月30日)

上原淡路守 うえはらあわじのかみ
戦国時代の武田氏家臣。上野における御料所の管理者。
¶武田(生没年不詳)

植原伊平治*(植原伊平次) うえはらいへいじ
文政1(1818)年～元治1(1864)年　江戸時代末期の水戸藩士。
¶幕末([没]元治1(1864)年9月6日)

上原右衛門少輔 うえはらうえもんのしょう
安土桃山時代の織田信長の家臣。丹波の国人。
¶織田(生没年不詳)

上原栄作* うえはらえいさく
？～慶応4(1868)年3月6日　江戸時代後期～末期の新撰組隊士。
¶新隊([没]明治1(1868)年3月6日)

植原亀五郎* うえはらかめごろう
弘化4(1847)年～元治1(1864)年　江戸時代末期の水戸藩士。
¶幕末([没]元治1(1864)年9月6日)

上原熊次郎* うえはらくまじろう
生没年不詳　江戸時代後期の蝦夷松前藩士、アイヌ語通辞。アイヌ語学の祖。
¶コン

上原さん* うえはらさん
宝永2(1705)年～宝暦8(1758)年5月7日　江戸時代中期の歌人。
¶江表(さん(長野県)　[生]貞享1(1684)年)

上原七次* うえはらしちじ
*～明治11(1878)年　江戸時代末期～明治時代の長崎町史。
¶幕末([生]文化10(1813)年)

上原しん* うえはらしん
文政10(1827)年～安政2(1855)年　[別]梅田しん(うめだしん)　江戸時代末期の女流歌人。梅田雲浜の妻。
¶江表(信子(滋賀県)　しんこ),コン

上原甚十郎 うえはらじんじゅうろう
安土桃山時代の武田氏の家臣。
¶武田(生没年不詳)

上原甚二郎* うえはらじんじろう
生没年不詳　戦国時代の北条氏の家臣。
¶後北(甚二郎〔上原〕　じんじろう)

上原仙之助 うえはらせんのすけ
江戸時代後期～明治時代の彰義隊士。
¶幕末([生]天保14(1843)年　[没]明治44(1911)年6月6日)

上原太内* うえはらたうち
文政5(1822)年～慶応3(1867)年　[別]上原太内(うえはらたない)　江戸時代末期の筑前福岡藩士。
¶幕末([没]慶応3(1867)年10月30日)

上原太内 うえはらたない
⇒上原太内(うえはらたうち)

上原筑前守 うえはらちくぜんのかみ
戦国時代～安土桃山時代の佐久郡の土豪。
¶武田(生没年不詳)

上原照恵* うえはらてるえ
正保3(1646)年～享保16(1731)年2月27日　江戸時代前期～中期の国学者。山本七郎左衛門の女。薩摩の人。
¶江表(照恵(鹿児島県)　[生]＼正保2(1646)年)

上原出羽守*(1) うえはらでわのかみ
生没年不詳　戦国時代の武士。後北条氏家臣。
¶後北(出羽守〔上原〕　でわのかみ)

上原出羽守(2) うえはらでわのかみ
安土桃山時代の北条氏政・氏直の家臣で江戸城代遠山氏の同心。前出羽守の嫡男。
¶後北(出羽守〔上原〕　でわのかみ)

上原信友 うえはらのぶとも
江戸時代後期の和算家。
¶数学

植原正方 うえはらまさかた
⇒植原六郎左衛門(うえはらろくろうざえもん)

上原道英 うえはらみちひで
江戸時代後期～末期の和算家。
¶数学([生]寛政12(1800)年　[没]慶応3(1867)年)

上原元常 うえはらもとつね
江戸時代中期の幕臣。
¶徳人([生]1705年　[没]1751年)

上原元秀* うえはらもとひで
？～明応2(1493)年　[別]物部元秀(もののべもとひで)　室町時代～戦国時代の武将、室町幕府管領細川政元の内衆。
¶コン,全戦

上原易貞 うえはらやすさだ
江戸時代後期の和算家。
¶数学([没]弘化3(1846)年)

上原与三左衛門尉 うえはらよそうざえもんのじょう
戦国時代の武田氏の家臣。
¶武田(生没年不詳)

植原六郎左衛門* うえはらろくろうざえもん
文化13(1816)年～明治1(1868)年　[別]植原正方(うえはらまさかた),植原六郎左衛門(うえはらろくろざえもん)　江戸時代末期の美作津山藩士、勤王家、砲術家。
¶幕末([没]明治1(1868)年11月14日)

植原六郎左衛門 うえはらろくろざえもん
⇒植原六郎左衛門(うえはらろくろうざえもん)

上平主税* うえひらちから
文政7(1824)年～明治24(1891)年　江戸時代末期～明治時代の十津川郷士。天誅組の郷内退去を周旋。
¶幕末([生]文政7(1824)年9月14日　[没]明治24(1891)年3月20日)

う

植松有信*　うえまつありのぶ
宝暦8(1758)年12月4日～文化10(1813)年　江戸時代後期の尾張藩士、国学者、板木師。本居宣長の門下。
¶コン([生]宝暦4(1754)年),思想,出版([没]文化10(1813)年6月20日)

植松右京亮*　うえまつうきょうのすけ
戦国時代～安土桃山時代の武将。後北条氏家臣。
¶後北(右京亮〔植松〕　うきょうのすけ)

植松玄慶　うえまつげんけい
江戸時代後期の仏師。
¶美建(生没年不詳)

植松是勝　うえまつこれかつ
⇒植松是勝(うえまつぜしょう)

植松茂岳*　うえまつしげおか
寛政6(1794)年12月10日～明治9(1876)年　江戸時代末期～明治時代の国学者。本居宣長の門下、国学、詠歌に優れ、著書に「山室日記」「土佐日記冠註」。
¶コン([生]寛政5(1793)年),思想,幕末([生]寛政6(1795)年12月10日　[没]明治9(1876)年12月10日)

植松自謙*　うえまつじけん
寛延3(1750)年～文化7(1810)年　[別]出雲屋和助(いずもやわすけ, いづもやわすけ)　江戸時代後期の心学者。和助菩薩。
¶コン,思想

植松是勝*　うえまつぜしょう
寛政2(1790)年～文久2(1862)年　[別]植松是勝(うえまつこれかつ), 中村勝蔵(なかむらかつぞう)　江戸時代末期の数学者。
¶数学(うえまつこれかつ　[没]文久2(1862)年4月13日)

植松賞雅　うえまつたかまさ
⇒植松賞雅(うえまつよしまさ)

植松文雅*　うえまつふみまさ
明和8(1771)年6月8日～文化12(1815)年8月12日　江戸時代後期の公家(非参議)。権大納言千種有政の次男。
¶公卿,公家(文雅〔植松家〕　あやまさ)

植松抱民*　うえまつほうみん
弘化2(1845)年～明治32(1899)年　江戸時代末期～明治時代の蒔絵師。藤屋と称す。門下に名手を輩出。
¶美工([生]弘化2(1845)年12月24日　[没]明治32(1899)年6月15日)

植松雅言*　うえまつまさこと
文政9(1826)年～明治9(1876)年6月30日　江戸時代末期～明治時代の公家。幕府委任反対の八十八卿列参に参加。
¶幕末([生]文政9(1826)年12月28日)

植松雅孝*　うえまつまさたか
貞享4(1687)年8月26日～享保15(1730)年9月24日　江戸時代中期の公家(非参議)。参議植松雅永の子。
¶公卿,公家(雅孝〔植松家〕　まさたか)

植松雅陳*　うえまつまさつら
寛延3(1750)年2月16日～天明6(1786)年4月20日　江戸時代中期の公家(非参議)。左権中将植松幸雅の子。
¶公卿,公家(雅陳〔植松家〕　まさつら)

植松雅永*　うえまつまさなが
承応3(1654)年10月23日～宝永4(1707)年12月16日　江戸時代前期～中期の公家(参議)。植松家の祖。権大納言千種有能の末男。
¶公卿,公家(雅永〔植松家〕　まさなが)

植松雅久*　うえまつまさひさ
享保6(1721)年11月11日～安永6(1777)年9月5日　[別]植松幸雅(うえまつゆきまさ)　江戸時代中期の公家(非参議)。宮内卿植松雅孝の次男。
¶公卿(植松幸雅　うえまつゆきまさ),公家(幸雅〔植松家〕　ゆきまさ),コン([生]享保7(1722)年)

植松幸雅　うえまつゆきまさ
⇒植松雅久(うえまつまさひさ)

植松賞雅*　うえまつよしまさ
宝永2(1705)年～天明5(1785)年　[別]植松賞雅(うえまつたかまさ)　江戸時代中期の公家(権中納言)。権大納言岩倉乗具の三男。松月堂古流牧水派第20世の華道師範。
¶公卿([生]宝永2(1705)年7月24日　[没]天明5(1785)年10月26日),公家(賞雅〔植松家〕　よしまさ　[生]宝永2(1705)年7月24日　[没]天明5(1785)年10月26日)

植村家存*　うえむらいえさだ
天文10(1541)年～天正5(1577)年　[別]植村家政(うえむらいえまさ)　安土桃山時代の武士。徳川氏家臣。
¶全戦(植村家政　うえむらいえまさ)

植村家政*(1)　うえむらいえまさ
天正17(1589)年～慶安3(1650)年　江戸時代前期の大名。大和高取藩主。
¶徳人

植村家政(2)　うえむらいえまさ
⇒植村家存(うえむらいえさだ)

上村栄伯　うえむらえいはく
江戸時代後期の眼科医。
¶眼医(生没年不詳)

植村角左衛門*(植村覚左衛門)　うえむらかくざえもん
元文4(1739)年～文政5(1822)年　江戸時代中期～後期の越後長岡藩栃堀村の割元、縞紬の興産家。
¶コン

上村吉弥〔1代〕*　うえむらきちや
生没年不詳　[別]上村吉弥〔1代〕(かみむらきちや), 上文字也吉左衛門(じょうもんじやきちざえもん)　江戸時代前期の歌舞伎役者。延宝5～8年頃に活躍。
¶歌大(かみむらきちや)

上村吉弥〔2代〕*　うえむらきちや
生没年不詳　[別]上村吉弥〔2代〕(かみむらきちや)　江戸時代中期の歌舞伎役者。天和1年～元禄6年頃に活躍。
¶歌大(かみむらきちや)

上村吉弥〔3代〕*　うえむらきちや
?～享保9(1724)年6月14日　[別]上村吉弥〔3代〕(かみむらきちや)　江戸時代中期の歌舞伎役者。元禄15年～享保9年頃に活躍。
¶歌大(かみむらきちや)

上村吉弥〔4代〕*　うえむらきちや
生没年不詳　[別]上村吉弥〔4代〕(かみむらきちや)　江戸時代中期の歌舞伎役者。享保17～18年頃に活躍。
¶歌大(かみむらきちや)

うおすみ

上村源之丞＊（――〔1代〕）　うえむらげんのじょう
生没年不詳　江戸時代前期の人形遣い。
¶コン

植村重遠＊　うえむらしげとお
寛政7(1795)年〜明治3(1870)年　江戸時代後期〜明治時代の和算家。
¶数学（㊷明治3(1870)年8月29日）

上村修蔵＊　うえむらしゅうぞう
文政10(1827)年〜明治5(1872)年　江戸時代末期〜明治時代の教育者。宿毛日新館教授、本藩致道館教授などを歴任。
¶幕末（㊷文政10(1827)年8月19日　㊷明治4(1872)年12月25日）

植村信安＊　うえむらしんあん
寛文4(1664)年〜享保16(1731)年　㊞信安（しんあん）　江戸時代前期〜中期の俳人。
¶俳文（信安　しんあん　㊷享保10(1725)年8月17日）

上村信吉＊　うえむらしんきち
文化11(1814)年〜文久2(1862)年　㊞上村信吉（かみむらしんきち）　江戸時代末期の尾張常滑の陶工。
¶美工

植村長兵衛　うえむらちょうべえ
⇒横田長兵衛（よこたちょうべえ）

上村長種＊　うえむらながたね
＊〜天文4(1535)年　戦国時代の武士。
¶全戦（㊷永正2(1505)年）

上村白鷗＊　うえむらはくおう
＊〜天保3(1832)年　㊞上村白鷗（かみむらはくおう）　江戸時代後期の陶工。
¶美工（㊷宝暦4(1754)年）

植村文楽軒　うえむらぶんらくけん
世襲名　江戸時代後期〜明治時代の人形浄瑠璃劇場文楽座の経営者。6世を数える。
¶江人,山小

植村文楽軒〔1代〕＊　うえむらぶんらくけん
宝暦1(1751)年〜文化7(1810)年　江戸時代中期〜後期の人形浄瑠璃文楽座の始祖。
¶コン

植村政勝　うえむらまさかつ
元禄8(1695)年〜安永6(1777)年1月8日　江戸時代中期の本草学者。
¶植物,徳人（㊷1690年）

植村泰勝＊　うえむらやすかつ
天正6(1578)年〜寛永12(1635)年　江戸時代前期の幕臣。
¶徳人（㊷1634年）

植村安順　うえむらやすよし
江戸時代の和算家。
¶数学

上村与兵衛　うえむらよへえ
江戸時代後期の版元。寛政から文政年間頃。
¶浮絵

上村頼興＊　うえむらよりおき
＊〜弘治3(1557)年　戦国時代の武士。
¶全戦（㊷延徳2(1490)年）,戦武（㊷延徳2(1490)年）

上村頼孝＊　うえむらよりよし
？〜永禄10(1567)年　戦国時代の武士。
¶全戦（㊷大永3(1523)年）

上村六左衛門　うえむらろくざえもん
？〜天正11(1583)年4月24日　戦国時代〜安土桃山時代の織田信長の家臣。
¶織田

右衛門＊　うえもん
生没年不詳　平安時代中期の女房・歌人。
¶古人

右衛門督＊　うえもんのかみ
生没年不詳　㊞丹波局（たんばのつぼね）　平安時代後期の女性。後鳥羽天皇の宮人。
¶古人（石　いし）,古人

右衛門尉国久＊　うえもんのじょうくにひさ
室町時代の御大工。小川殿、東山殿の造営に関与。
¶美建（生没年不詳）

右衛門佐＊⑴　うえもんのすけ
生没年不詳　平安時代後期の歌人。
¶古人

右衛門佐＊⑵　うえもんのすけ
長治2(1105)年〜？　平安時代後期の女性。待賢門院、のち後白河天皇の女房。
¶古人,平家（生没年不詳）

右衛門佐＊⑶　うえもんのすけ
生没年不詳　平安時代後期の女流歌人。
¶古人

右衛門佐局＊⑴　うえもんのすけのつぼね
生没年不詳　㊞右衛門佐局（えもんのすけのつぼね）　南北朝時代の女性。後光厳院の側室。
¶天皇（えもんのすけのつぼね　㊷？　㊷応安2(1369)年2月）

右衛門佐局＊⑵　うえもんのすけのつぼね
？〜宝永3(1706)年　㊞右衛門佐局（えもんのすけのつぼね）　江戸時代前期〜中期の女性。大奥女中、5代将軍徳川綱吉の侍女。
¶女史（えもんのすけのつぼね　㊷1648年？）

植山検校の妻　うえやまけんぎょうのつま＊
江戸時代中期の女性。和歌。元禄16年梅柳軒水之と共に『歌林尾花末』を刊行。
¶江表（植山検校の妻（東京都））

上山十兵衛　うえやまじゅうびょうえ
江戸時代前期の武士。長宗我部盛親の家臣。落城後は山内忠義に仕えた。
¶大坂

魚住格　うおずみいたる
江戸時代後期〜明治時代の眼科医。
¶眼医（㊷天保2(1831)年　㊷明治27(1894)年）

魚住景固＊　うおずみかげかた
？〜天正2(1574)年　㊞魚住景固（うおずみかげたか）　戦国時代〜安土桃山時代の武士。
¶織田（㊷天正2(1574)年1月24日, 全戦,戦武（うおずみかげたか　㊷享禄1(1528)年）

魚住景固　うおずみかげたか
⇒魚住景固（うおずみかげかた）

う

魚住源次兵衛*　うおずみげんじべえ
文化14(1817)年～明治13(1880)年　江戸時代後期～明治時代の武士。
¶コン,幕末([没]明治13(1880)年9月16日)

魚住こま*　うおずみこま
天保5(1834)年～明治38(1905)年10月　江戸時代末期～明治時代の歌人。福岡藩士魚住明誠の二女。
¶江表(こま子(福岡県))

魚住勝七*　うおずみしょうしち
?～天正10(1582)年6月2日　戦国時代～安土桃山時代の織田信長の家臣。
¶織田

魚住隼人正*　うおずみはやとのかみ
生没年不詳　[別]魚住隼人正(うおずみはやとのしょう)　安土桃山時代の織田信長の家臣。
¶織田,全戦

魚住隼人正　うおずみはやとのしょう
⇒魚住隼人正(うおずみはやとのかみ)

宇保良信　うおのよしのぶ
平安時代中期の美濃国紙屋の長上。
¶古人(生没年不詳)

鵜飼某*　うがい
生没年不詳　安土桃山時代の織田信長の家臣。
¶織田

鵜飼吉左衛門*　うがいきちざえもん
寛政10(1798)年～安政6(1859)年　[別]鵜飼拙斎(うかいせっさい)　江戸時代末期の水戸藩京都留守居役。
¶コン,幕末([没]安政6(1859)年8月27日),山小([没]1859年8月27日)

鵜飼玉川*　うがいぎょくせん,うかいぎょくせん
文化4(1807)年～明治20(1887)年　江戸時代末期～明治時代の写真家。江戸薬研堀に写真影真堂を開き、江戸随一と評判になる。
¶コン,幕末([没]明治20(1887)年5月12日)

鵜飼金平　うかいきんぺい,うがいきんぺい
⇒鵜飼錬斎(うかいれんさい)

鵜飼邦弘の娘　うかいくにひろのむすめ★
江戸時代末期の女性。和歌。常陸水戸藩士で京都留守居役鵜飼吉左衛門邦弘の娘。明治1年序、城兼文編『殉難続草』に載る。
¶江表(鵜飼邦弘の娘(茨城県))

鵜飼幸吉*　うがいこうきち
文政11(1828)年～安政6(1859)年　[別]小瀬伝左衛門(こせでんざえもん)　江戸時代末期の水戸藩士。吉左衛門の子。
¶コン,幕末([没]安政6(1859)年8月27日)

鵜飼実道　うかいさねみち
正徳1(1711)年～安永4(1775)年　江戸時代中期の幕臣。
¶徳人,徳代([没]安永4(1775)年4月13日)

鵜飼石斎*　うかいせきさい,うがいせきさい
慶長20(1615)年1月15日～寛文4(1664)年7月21日　江戸時代前期の儒学者。
¶コン(うがいせきさい　[生]元和1(1615)年),思想([生]元和1(1615)年)

鵜飼拙斎　うかいせっさい
⇒鵜飼吉左衛門(うがいきちざえもん)

鵜飼徹定　うがいてつじょう
江戸時代末期～明治時代の浄土宗の僧。
¶コン([生]文化11(1814)年　[没]明治24(1891)年)

鵜飼錬斎*　うかいれんさい,うがいれんさい
慶安1(1648)年～元禄6(1693)年　[別]鵜飼金平(うかいきんぺい,うがいきんぺい)　江戸時代前期の儒学者、水戸藩士。「大日本史」を編纂。
¶コン(うがいれんさい),思想

宇賀喜久馬*　うがきくま
天保14(1843)年～文久1(1861)年　江戸時代末期の土佐藩の人。土佐勤王党結成のきっかけとなる事件の関係者。
¶幕末([没]文久1(1861)年3月3日)

宇賀古秋野*　うかこのあきの
生没年不詳　平安時代前期の俘囚の長。
¶古人

鸕濡渟*　うかづくぬ
上代の出雲振根の甥。
¶古代

宇漢迷宇屈波宇*　うかめのうくはう
生没年不詳　[別]宇漢迷公宇屈波宇(うかめのきみうくはう)　奈良時代の蝦夷の有力族長。
¶古人,古代(宇漢迷公宇屈波宇　うかめのきみうくはう)

宇漢迷公宇屈波宇　うかめのきみうくはう
⇒宇漢迷宇屈波宇(うかめのうくはう)

鸕鷀草葺不合尊*(鵜葺草葺不合命)　うがやふきあえずのみこと
[別]彦波瀲武鸕鷀草葺不合尊(ひこなぎさたけうがやふきあえずのみこと)　神名。天皇家の祖先神。
¶コン(鵜葺草葺不合命),天皇(彦波瀲武鸕鷀草葺不合尊　ひこなぎさたけうがやふきあえずのみこと　生没年不詳)

鵜川佐大夫　うかわさだゆう
江戸時代前期の武士。大坂の陣で籠城。
¶大坂

雨菊　うきく★
江戸時代後期の女性。俳諧。寛政5年刊、梅園平野平角撰『無功徳』に載る。
¶江表(雨菊(岩手県))

浮州七郎*　うきすしちろう
天保10(1839)年～明治1(1868)年　江戸時代末期の陸奥会津藩士。
¶幕末([没]慶応4(1868)年4月21日)

宇喜多詮家*　うきたあきいえ
[別]宇喜多忠家(うきたただいえ)　安土桃山時代の武将。宇喜多氏家臣。
¶全戦(宇喜多忠家　うきたただいえ　[生]天文2(1533)年　[没]慶長14(1609)年),戦武(宇喜多忠家　うきたただいえ　[生]天文2(1533)年　[没]慶長14(1609)年?)

浮田家久　うきたいえひさ
戦国時代～安土桃山時代の宇喜多直家の家臣。
¶全戦(生没年不詳)

浮田一蕙*(宇喜多一蕙,宇喜田一蕙)　うきたいっけい
寛政7(1795)年～安政6(1859)年　江戸時代末期の復古大和絵派の画家、志士。

¶江人, コン, 幕末（宇喜多一蕙　[没]安政6（1859）年11月14日）, 美画（[没]安政6（1859）年11月14日）

宇喜多興家*　うきたおきいえ
戦国時代の武士。
¶全戦（[生]？　[没]天文5（1536）年）

宇喜多左京亮　うきたさきょうのすけ
⇒坂崎直盛（さかざきなおもり）

宇喜多松庵*　うきたしょうあん
？～明治26（1893）年　江戸時代末期～明治時代の画家。江戸湾沿岸の防備絵図を作成。
¶幕末（[没]明治26（1893）年5月1日）, 美画（[没]明治26（1893）年5月1日）

宇喜多忠家*(1)　うきたただいえ
？～慶長14（1609）年　安土桃山時代～江戸時代前期の武士。
¶織田（[没]慶長14（1609）年2月15日）

宇喜多忠家(2)　うきたただいえ
⇒宇喜多詮家（うきたあきいえ）

宇喜多直家*　うきたなおいえ
享禄2（1529）年～天正9（1581）年2月14日　戦国時代～安土桃山時代の大名。備前岡山藩主。
¶織田（[生]？　[没]天正10（1582）年1月？）, コン, 全戦, 戦武

宇喜多秀家*（浮田秀家）　うきたひでいえ
元亀3（1572）年～明暦1（1655）年　[別]休復（きゅうふく）, 成元（せいげん）, 羽柴八郎（はしばはちろう）　安土桃山時代の大名、五大老。関ヶ原で敗れ、八丈島流罪。
¶公卿（[生]天正1（1573）年　[没]明暦1（1655）年11月14日）, 公家（秀家〔宇喜多家〕　ひでいえ　[没]明暦1（1655）年11月20日）, コン（[生]天正1（1573）年）, 全戦, 戦武, 対外, 中世, 内乱, 山小（[没]1655年11月20日）

宇喜多秀家室　うきたひでいえしつ
⇒豪姫（ごうひめ）

宇喜多基家*　うきたもといえ
？～天正9（1581）年　安土桃山時代の武士。
¶織田（[生]永禄5（1562）年？　[没]天正9（1581）年2月21日）

宇喜多能家*（宇喜田能家）　うきたよしいえ
？～天文3（1534）年　戦国時代の武将。備前守護代浦上宗助・村宗父子の重臣。
¶コン, 全戦, 室町

浮橋*　うきはし
江戸時代中期の女性。長崎辺の遊女。
¶江表（浮橋（長崎県））

浮舟*　うきふね
「源氏物語」宇治十帖の登場人物。
¶コン

右京　うきょう★
江戸時代中期の女性。俳諧。福寿堂鼠友という俳号をもつ大久保岩吉の母。
¶江表（右京（徳島県）　[生]天明6（1786）年）

羽橋(1)　うきょう★
江戸時代中期の女性。俳諧。明和5年序、松露庵三世烏明編の烏酔社中月次集『はいかゐ雲と鳥』に載る。
¶江表（羽橋（東京都））

羽橋(2)　うきょう★
江戸時代中期の女性。俳諧。遠江舞阪の人。寛政2年刊、太田巴静追善集『笠の恩』に載る。
¶江表（羽橋（静岡県））

雨杏　うきょう★
江戸時代中期の女性。俳諧。松井田の人。宝暦13年刊、建部綾足編『古今俳諧明題集』に載る。
¶江表（雨杏（群馬県））

雨橋(1)　うきょう★
江戸時代中期の女性。俳諧。相模湘東の人。明和5年刊、白井鳥酔編『湘海四時』に載る。
¶江表（雨橋（神奈川県））

雨橋(2)　うきょう★
江戸時代中期の女性。俳諧。加賀の人。安永6年刊、堀麦水編『新虚栗』に載る。
¶江表（雨橋（石川県））

雨橋(3)　うきょう★
江戸時代後期の女性。俳諧。周防岩国の人。文政3年序、山本友左坊撰『おゐのたひ』に載る。
¶江表（雨橋（山口県））

雨橋(4)　うきょう
⇒雨橋女（うきょうじょ）

有慶　うきょう
⇒有慶（ゆうきょう）

雨橋女*　うきょうじょ
生没年不詳　[別]雨橋（うきょう）　江戸時代後期の女性。俳人。
¶江表（雨橋（滋賀県））

右京大夫局(1)　うきょうだいぶのつぼね
江戸時代前期の女性。豊臣秀頼の乳母。
¶大坂（[没]慶長20年5月8日）

右京大夫局(2)　うきょうだいぶのつぼね
⇒右京大夫局（うきょうのだいぶのつぼね）

浮世歌好　うきようたよし
江戸時代後期の大坂の絵師。
¶浮絵（生没年不詳）

右京大夫*(1)　うきょうのだいぶ
応永29（1422）年～永正6（1509）年　室町時代～戦国時代の三条西家の家女房。
¶女史

右京大夫(2)　うきょうのだいぶ
⇒建礼門院右京大夫（けんれいもんいんのうきょうのだいぶ）

右京大夫局*　うきょうのだいぶのつぼね
生没年不詳　[別]右京大夫局（うきょうだいぶのつぼね）　鎌倉時代後期の女性。後伏見天皇の宮人。
¶天皇（うきょうだいぶのつぼね）

浮世又兵衛　うきよまたべえ
⇒岩佐又兵衛（いわさまたべえ）

宇琴(1)　うきん★
江戸時代中期の女性。俳諧。京都の人。明和1年刊、夫浮風の一周忌を追善して編んだ『その行脚集』に載る。
¶江表（宇琴（京都府））

宇琴(2)　うきん★
江戸時代後期の女性。俳諧。孫左ェ門の妻。寛政

10年跋、洗潮編『松の花』に載る。
¶江表(宇琴(山形県))

雨琴(1)　うきん★
江戸時代中期の女性。俳諧。佐渡相川の人。宝暦2年序、五竹房編『入梅の後』に載る。
¶江表(雨琴(新潟県))

雨琴(2)　うきん
江戸時代中期の女性。俳諧。天明7年刊、『笠の晴』に載る。
¶江表(雨琴(佐賀県))

雨琴(3)　うきん★
江戸時代後期の女性。俳諧。享和1年跋、宮本虎杖編『つきよほとけ』に載る。
¶江表(雨琴(長野県))

雨琴(4)　うきん★
江戸時代後期の女性。俳諧。越前滝谷の人。寛政8年刊、荒木為卜仙編『卯花筐』下に載る。
¶江表(雨琴(福井県))

雨吟　うぎん★
江戸時代後期の女性。俳諧。小諸の人。寛政年間成就寺に芭蕉句碑を建てた一人。
¶江表(雨吟(長野県))

鶯谷庄米*(鶯谷庄平)　うぐいすだにしょうべい
天保1(1830)年～大正1(1912)年　江戸時代後期～明治時代の陶工。
¶美工([没]明治45(1912)年3月18日)

宇久純玄　うくすみはる
⇒五島純玄(ごとうすみはる)

雨月　うげつ★
江戸時代後期の女性。俳諧。八戸藩主南部信房の側室か。
¶江表(雨月(青森県))

右紅　うこう★
江戸時代中期の女性。俳諧。三河刈谷の阮酔(万年堂)の娘。享保13年刊、太田巴静編『歳旦』に載る。
¶江表(右紅(愛知県))

宇考　うこう
⇒佐々木宇考(ささきうこう)

烏光　うこう
江戸時代中期の俳諧師。
¶俳文([生]?　[没]安永3(1774)年9月19日)

烏紅*　うこう
江戸時代中期～後期の女性。俳人。但馬国生野の人。
¶江表(烏紅(兵庫県))

羽紅*(1)　うこう
貞享4(1687)年～寛保3(1743)年　[別]竹田羽紅(たけだうこう)　江戸時代前期～中期の俳人。
¶俳文([没]寛保3(1743)年閏4月3日)

羽紅*(2)　うこう
生没年不詳　[別]羽紅尼(うこうに)　江戸時代中期の女性。俳人。芭蕉門下野沢凡兆の妻。
¶江表(羽紅(京都府)),コン,女文(羽紅尼　うこうに),俳文

雨紅　うこう★
江戸時代中期の女性。俳諧。名、秀子。
¶江表(雨紅(長野県)　[生]明和4(1767)年)

雨篁　うこう★
江戸時代末期～明治時代の女性。俳諧。尾張藩藩士松井氏の娘。
¶江表(雨篁(長野県)　[没]明治19(1886)年)

宇郷玄蕃　うごうげんば
⇒宇郷重国(うごうしげくに)

宇郷重国*　うごうしげくに
文政6(1823)年～文久2(1862)年　[別]宇郷玄蕃(うごうげんば),宇郷玄蕃頭(うごうげんばのかみ)　江戸時代末期の九条家諸大夫。
¶全幕(宇郷玄蕃頭　うごうげんばのかみ),幕末(宇郷玄蕃　うごうげんば　[生]文政6(1824)年12月16日　[没]文久2(1862)年閏8月22日)

羽光女　うこうじょ★
江戸時代後期の女性。俳諧。能代の人。天保13年刊、井坂由之・井田其桃編『鶴雛集』に載る。
¶江表(羽光女(秋田県))

烏孝慎　うこうしん
平安時代前期の渤海国使。
¶古人(生没年不詳)

羽紅尼　うこうに
⇒羽紅(うこう)

右近*(1)　うこん
生没年不詳　平安時代中期の女性。歌人。醍醐天皇の皇后穏子に仕える。
¶古人,詩作

右近*(2)　うこん
生没年不詳　平安時代中期の内侍・歌人。陸奥守橘則光室の母。
¶古人

右近(3)　うこん
安土桃山時代の信濃国筑摩郡刈谷原の土豪。会田岩下氏の被官とみられる。
¶武田(生没年不詳)

右厳　うごん
平安時代後期～鎌倉時代後期の律僧。
¶古人([生]1186年　[没]1275年)

有厳*　うごん
文治2(1186)年～建治1(1275)年　[別]長忍有厳(ちょうにんうごん),有厳(ゆうごん)　鎌倉時代前期の律宗の僧。斎戒衆の祖。
¶古人(長忍有厳　ちょうにんうごん　[没]1276年)

右近源左衛門*　うこんげんざえもん
生没年不詳　[別]村山右近〔1代〕(むらやまうこん)　江戸時代前期の歌舞伎役者。元和8年～延宝4年頃に活躍。
¶歌大([生]元和8(1622)年　[没]?),コン,新歌

右近権左衛門*　うこんごんざえもん
文化13(1816)年～明治21(1888)年　江戸時代後期～明治時代の北前船主9代。
¶コン

右近内侍*　うこんのないし
生没年不詳　平安時代中期の女性。花山天皇の乳母。
¶古人

兎皇子* (菟皇子)　**うさぎのおうじ**
生没年不詳　上代の「日本書紀」にみえる継体天皇の皇子。
¶古人(菟皇子)

宇佐公通　うさきみみち
⇒宇佐公通(うさのきんみち)

宇佐公悦*　うさきんえつ
宝暦3(1753)年～文政4(1821)年9月21日　江戸時代中期～後期の公家(非参議)。文化10年従三位に叙される。
¶公卿,公家(公悦〔宇佐八幡宮大宮司 到津家〕　きんえつ)

宇佐公古　うさきんこ
⇒到津公古(いとうづきみふる)

宇佐公通　うさきんみち
⇒宇佐公通(うさのきんみち)

宇佐輔景*　うさすけかげ
？～建武3/延元1(1336)年　南北朝時代の武将。南朝方。
¶コン([没]延元1/建武3(1336)年)

菟狭津彦*　うさつひこ
上代の宇佐国造の祖。
¶古代

宇佐池守*　うさのいけもり
生没年不詳　[別]宇佐公池守(うさのきみいけもり)　奈良時代の宇佐八幡宮大宮司。
¶古人,古代(宇佐公池守　うさのきみいけもり)

宇佐公池守　うさのきみいけもり
⇒宇佐池守(うさのいけもり)

宇佐公則　うさのきみのり
平安時代後期の宇佐前大宮司。
¶古人(生没年不詳)

宇佐公通　うさのきみみち
⇒宇佐公通(うさのきんみち)

宇佐公通*　うさのきんみち
生没年不詳　[別]宇佐公通(うさきみみち，うさきんみち，うさのきみみち)　平安時代後期～鎌倉時代前期の八幡宇佐宮大宮司。
¶古人(うさのきみみち),平家(うさきんみち)

宇佐相規　うさのすけのり
平安時代中期の宇佐八幡大宮司。
¶古人(生没年不詳)

宇佐昌言　うさのまさとき
平安時代後期の官人。
¶古人(生没年不詳)

宇佐宗(致)海　うさのむねうみ
平安時代中期の官人。
¶古人(生没年不詳)

宇佐美灊水　うさみうんすい
⇒宇佐美灊水(うさみしんすい)

宇佐美定満*　うさみさだみつ
？～永禄7(1564)年　[別]宇佐美良勝(うさみよしかつ)　戦国時代の武将。上杉氏家臣。
¶コン,全戦,戦武([生]延徳1(1489)年？)

宇佐美実政*　うさみさねまさ
？～建久1(1190)年　[別]大見実政(おおみさねまさ)，平実政(たいらのさねまさ)　平安時代後期の武士。
¶古人(平実政　たいらのさねまさ)

宇佐美灊水*　うさみしんすい
宝永7(1710)年1月23日～安永5(1776)年8月9日　[別]宇佐美灊水(うさみうんすい)　江戸時代中期の儒者。荻生徂徠の弟子。
¶コン,思想

宇佐見専八郎　うさみせんぱちろう
江戸時代前期の伊豆の人。大坂の陣で籠城。
¶大坂

宇佐美良勝　うさみよしかつ
⇒宇佐美定満(うさみさだみつ)

氏家明慶　うじいえあきよし
江戸時代中期の和算家。
¶数学

氏家喜四郎*　うじいえきしろう
天保8(1837)年～大正7(1918)年　江戸時代末期～大正時代の自治功労者。学知寮を設け教育の普及発展に尽力。
¶幕末([没]大正7(1918)年6月16日)

氏家粂八*　うじいえくめはち
？～明治5(1872)年　江戸時代末期～明治時代の農民一揆指導者、名主。新田開発・養蚕に活躍。新政府反対一揆を指導し逮捕され獄死。
¶幕末([没]明治4(1872)年12月14日)

氏家定直*　うじいえさだなお
戦国時代の武士。最上氏家臣。
¶全戦(生没年不詳),戦武([生]永正1(1504)年？　[没]元亀1(1570)年？)

氏家重国　うじいえしげくに
南北朝時代の武士。
¶内乱(生没年不詳)

氏家重定　うじいえしげさだ
南北朝時代の武士。
¶内乱(生没年不詳)

氏家任正　うじいえただまさ
江戸時代の和算家。
¶数学

氏家直元　うじいえただもと
⇒氏家卜全(うじいえぼくぜん)

氏家丹宮*　うじいえたんぐう
？～明治1(1868)年　江戸時代末期の蝦夷松前藩士。
¶幕末([没]明治1(1868)年12月27日)

氏家継俊　うじいえつぐとし
江戸時代後期の和算家。
¶数学

氏家直通*　うじいえなおみち
生没年不詳　安土桃山時代の織田信長の家臣。
¶織田

氏家直元　うじいえなおもと
⇒氏家卜全(うじいえぼくぜん)

う

氏家卜全* うじいえぼくぜん
？～元亀2（1571）年 [別]氏家直元（うじいえただもと，うじいえなおもと） 戦国時代の武将、西美濃三人衆の一人。
¶織田（氏家直元 うじいえなおもと [没]元亀2（1571）年5月16日），コン，全戦（氏家直元 うじいえなおもと），戦武（氏家直元 うじいえなおもと）

氏家光氏* うじいえみつうじ
安土桃山時代～江戸時代前期の武将。最上氏家臣。
¶戦武（うじいえみつうじ（あきうじ） [生]永禄8（1565）年 [没]？）

氏家守棟* うじいえもりむね
安土桃山時代の武将。最上氏家臣。
¶全戦（生没年不詳），戦武（[生]天文3（1534）年 [没]天正19（1591）年）

氏家行継* うじいえゆきつぐ
天文18（1549）年？～慶長5（1600）年11月？ 戦国時代の武士。
¶織田

氏家行広* うじいえゆきひろ
天文15（1546）年～元和1（1615）年 [別]荻野道喜（おぎのどうき） 安土桃山時代～江戸時代前期の武将、大名。豊臣秀頼に殉じて切腹。
¶大坂（荻野道喜 おぎのどうき [没]慶長20年5月8日），織田（[生]天文15（1546）年？ [没]元和1（1615）年5月8日），コン

氏家吉継* うじいえよしつぐ
？～天正19（1591）年 [別]氏家弾正吉継（うじえだんじょうよしつぐ） 安土桃山時代の武将。大崎氏家臣。
¶戦武

雲林院出羽守* うじいでわのかみ
生没年不詳 安土桃山時代の織田信長の家臣。
¶織田

雲林院文蔵 うじいぶんぞう
⇒宝山文蔵〔1代〕（ほうざんぶんぞう）

雲林院文造(1) うじいんぶんぞう
⇒宝山文蔵〔1代〕（ほうざんぶんぞう）

雲林院文造(2) うじいんぶんぞう
⇒雲林院文造〔11代〕（うんりんいんぶんぞう）

氏家弾正吉継 うじえだんじょうよしつぐ
⇒氏家吉継（うじいえよしつぐ）

宇治王*(1) うじおう
奈良時代の官人。
¶古人（生没年不詳），古代

宇治王(2) うじおう
奈良時代の皇族。氷上川継事件に坐して捕らえられた。
¶古人（生没年不詳）

宇遅王 うじおう
飛鳥時代の敏達天皇の皇子。
¶古人（生没年不詳）

潮神主 うしおかんぬし
安土桃山時代の信濃国筑摩郡明科の潮神明宮の神主。
¶武田（生没年不詳）

牛尾久左衛門 うしおきゅうざえもん
江戸時代前期の後藤又兵衛の配下。
¶大坂

牛奥兵部左衛門尉 うしおくひょうぶさえもんのじょう
安土桃山時代の武田氏の家臣、石森の地頭。
¶武田（[生]？ [没]天正3（1575）年5月21日）

牛奥与三左衛門尉 うしおくよそうさえもんのじょう
安土桃山時代の武田氏の家臣。
¶武田（生没年不詳）

潮田資勝 うしおだすけかつ
安土桃山時代の北条氏政・氏房の家臣。資忠の嫡男。
¶後北（資勝〔潮田〕 すけかつ [没]天正18年）

潮田資忠* うしおだすけただ
？～天正18（1590）年 安土桃山時代の武将。
¶後北（資忠〔潮田〕 すけただ [没]天正18年4月18日）

牛尾久信* うしおひさのぶ
？～天正14（1586）年？ 安土桃山時代の武士。
¶全戦（[没]天正14（1586）年）

牛尾幸清* うしおゆききよ
戦国時代の武士。
¶全戦（生没年不詳）

宇治加賀掾 うじかがのじょう
⇒宇治嘉太夫（うじかだゆう）

宇治嘉太夫* うじかだゆう
寛永12（1635）年～正徳1（1711）年 [別]宇治加賀掾（うじかがのじょう） 江戸時代の京都の浄瑠璃操名代。
¶江人（宇治加賀掾 うじかがのじょう），歌大（宇治加賀掾 うじかがのじょう [没]宝永8（1711）年），コン（宇治加賀掾 うじかがのじょう）

宇自可秋田 うじかのあきた
平安時代前期の官人。右京の人。元慶1年姓笠朝臣を賜わる。
¶古人（生没年不詳）

牛鹿足嶋 うしかのたるしま
奈良時代の画工司。天平宝字2年造東大寺司に派遣。
¶古人（生没年不詳）

宇自賀山道 うじかのやまみち
奈良時代の官人。
¶古人（生没年不詳）

宇自可吉忠 うじかのよしただ
平安時代中期の官人。頗る射芸に秀でる。
¶古人（[生]？ [没]1028年？）

牛御 うしご
戦国時代の女性。日向是吉の母。
¶武田（生没年不詳）

牛越佐市* うしごえさいち
文政9（1826）年～明治32（1899）年 江戸時代末期～明治時代の公共事業家。犀川の舟便の設置を幕府に請願。
¶幕末（[生]文政9（1826）年12月15日 [没]明治32（1899）年8月17日）

氏子内親王* うじこないしんのう
？～仁和1（885）年 平安時代前期の女性。淳和天皇の第1皇女。
¶古人，天皇（[没]仁和1（885）年4月2日）

牛込勝重* うしごめかつしげ
天文19(1550)年〜元和1(1615)年7月21日　戦国時代〜江戸時代前期の北条氏の家臣。
¶後北(勝重〔牛込〕　かつしげ　[没]元和3年7月21日)

牛込勝登 うしごめかつなり
⇒牛込忠左衛門(うしごめちゅうざえもん)

牛込勝行* うしごめかつゆき
*〜天正15(1587)年　[別]大胡勝行(おおこかつゆき)　戦国時代〜安土桃山時代の武士。後北条氏家臣。
¶後北(勝行〔牛込〕　かつゆき　[没]天正15年7月29日)

牛込重忝 うしごめしげのり
⇒牛込忠左衛門(うしごめちゅうざえもん)

牛込忠左衛門* うしごめちゅうざえもん
元和8(1622)年〜貞享4(1687)年12月9日　[別]牛込勝登(うしごめかつなり), 牛込重忝(うしごめしげのり)　江戸時代前期の長崎奉行。貨物市法を制定。
¶コン, 徳人(牛込勝登　うしごめかつなり)

宇治惟時 うじこれとき
⇒阿蘇惟時(あそこれとき)

宇治紫文〔1代〕* うじしぶん
寛政3(1791)年〜安政5(1858)年　[別]宇治紫文斎, 宇治紫文斎〔1代〕(うじしぶんさい), 千種庵〔2代〕(ちくさあん), 千種庵(勝田)(ちぐさあん), 千種庵諸持(ちぐさあんもろもち)　江戸時代末期の一中節宇治派の創始者。
¶幕末(宇治紫文斎　うじしぶんさい　[没]安政5(1858)年2月23日)

宇治紫文斎 うじしぶんさい
⇒宇治紫文〔1代〕(うじしぶん)

牛島五一郎* うしじまごいちろう
*〜明治31(1898)年12月8日　江戸時代末期〜明治時代の肥後熊本藩士、教学師範。
¶幕末([生]文政3(1820)年)

牛島盛庸 うしじませいよう
⇒牛島盛庸(うしじまもりつね)

牛島能志*(牛島ノシ, 牛島能之)　うしじまのし
文化9(1812)年〜明治20(1887)年　江戸時代末期〜明治時代の女性。絣織法の考案者。
¶幕末(牛島ノシ　[没]明治20(1887)年10月23日), 美工(牛島ノシ　[生]文化9(1812)年3月10日　[没]明治20(1887)年10月23日)

牛島盛庸* うしじまもりつね
宝暦6(1756)年〜天保11(1840)年　[別]牛島盛庸(うしじませいよう)　江戸時代中期〜後期の数学者。
¶数学([没]天保11(1840)年8月23日)

牛島頼忠 うしじまよりただ
江戸時代後期〜明治時代の和算家、熊本藩士。
¶数学([生]文政4(1821)年　[没]明治31(1898)年12月8日)

宇治僧正 うじそうじょう
⇒覚円(かくえん)

牛田某* うしだ
生没年不詳　安土桃山時代の織田信長の家臣。
¶織田

宇治大納言 うじだいなごん
⇒源隆国(みなもとのたかくに)

牛田九郎* うしだくろう
弘化1(1844)年〜明治3(1870)年5月14日　江戸時代末期〜明治時代の阿波徳島藩士。
¶幕末

牛田真綱 うしださねつな
戦国時代の武田氏の家臣、郡内小山田氏の被官。
¶武田(生没年不詳)

宇治忠信女* うじただざねのむすめ
生没年不詳　[別]宇治忠信女(うじのただのぶのむすめ)　平安時代中期の歌人。
¶古人(うじのただのぶのむすめ)

牛田頼安 うしだよりやす
江戸時代前期〜中期の幕臣。
¶徳人([生]1688年　[没]1757年)

牛田若狭守 うしだわかさのかみ
戦国時代の武田氏の家臣、小山田氏の被官。
¶武田(生没年不詳)

卯七 うしち
⇒蓑田卯七(みのだうしち)

氏親 うじちか
⇒今川氏親(いまがわうじちか)

宇治殿 うじどの
⇒藤原頼通(ふじわらのよりみち)

宇治有吉 うじのありよし
平安時代後期の官人。
¶古人(生没年不詳)

菟道磯津貝皇女 うじのいそつがいのこうじょ
⇒菟道磯津貝皇女(うじのしつかいのこうじょ)

牛尾胤仲* うしのおたねなか
生没年不詳　戦国時代の多古城主。
¶後北(胤仲〔牛尾〕　たねなか　[没]慶長17年3月)

菟道貝鮹皇女 うじのかいだこのおうじょ
⇒菟道貝鮹皇女(うじのかいたこのこうじょ)

菟道貝鮹皇女* うじのかいたこのこうじょ, うじのかいだこのこうじょ
生没年不詳　[別]菟道貝鮹皇女(うじのかいだこのおうじょ, うじのかいだこのひめみこ)　飛鳥時代の女性。敏達天皇、推古天皇の娘。
¶古人(うじのかいだこのこうじょ), 古代(うじのかいだこのひめみこ)

菟道貝鮹皇女 うじのかいだこのひめみこ
⇒菟道貝鮹皇女(うじのかいたこのこうじょ)

宇治関白 うじのかんぱく
⇒藤原頼通(ふじわらのよりみち)

宇治惟利 うじのこれとし
平安時代後期の相撲人。天永2年頃の記録に名が見える。
¶古人(生没年不詳)

宇治惟宣 うじのこれのぶ
平安時代後期の阿蘇大宮司。
¶古人(生没年不詳)

宇治惟泰 うじのこれやす
平安時代後期の阿蘇・健軍両社の大宮司。
¶古人(生没年不詳)

う

宇治左大臣　うじのさだいじん
⇒藤原頼長（ふじわらのよりなが）

菟道磯津貝皇女*　うじのしつかいのこうじょ
生没年不詳　[別]菟道磯津貝皇女（うじのいそつがいのこうじょ）　飛鳥時代の女性。敏達天皇の皇女。
¶古人（うじのいそつがいのこうじょ），天皇

宇治僧正　うじのそうじょう
⇒覚円（かくえん）

宇治忠信　うじのただのぶ
平安時代中期の官人。
¶古人（生没年不詳）

宇治忠信女　うじのただのぶのむすめ
⇒宇治忠信女（うじただざねのむすめ）

宇治都恵　うじのつえ
奈良時代の山背国宇治郡少領。
¶古人（生没年不詳）

宇治奉政　うじのともまさ
平安時代中期の官人。
¶古人（生没年不詳）

宇治知麻呂　うじのともまろ
奈良時代の道守荘の水守。越前国足羽郡草原郷の人。
¶古人（生没年不詳）

宇治連智麻呂*　うじのむらじちまろ
奈良時代の越前国の有力農民。
¶古代

宇治守信　うじのもりのぶ
平安時代中期の官人。
¶古人（生没年不詳）

宇治良明　うじのよしあき
平安時代中期の官人。
¶古人（生没年不詳）

菟道稚郎子*　うじのわきいらつこ
[別]菟道稚郎子皇子（うじのわきいらつこのおうじ，うじのわきいらつこのみこ），菟道稚郎子（うじのわきのいらつこ）　上代の応神天皇の皇子。
¶古人（生没年不詳），古代，古物（菟道稚郎子皇子　うぢのわきいらつこのみこ），コン，天皇（菟道稚郎子皇子　うじのわきいらつこのみこ）

菟道稚郎子皇子　うじのわきいらつこのおうじ
⇒菟道稚郎子（うじのわきいらつこ）

菟道稚郎子皇子　うじのわきいらつこのみこ
⇒菟道稚郎子（うじのわきいらつこ）

菟道稚郎姫*　うじのわきいらつひめ
[別]菟道稚郎姫皇女（うじのわきいらつめのひめみこ）　上代の女性。応神天応の皇女。仁徳天皇の後宮。
¶天皇（菟道稚郎姫皇女　うじのわきいらつめのひめみこ　生没年不詳），天皇（生没年不詳）

菟道稚郎子　うじのわきのいらつこ
⇒菟道稚郎子（うじのわきいらつこ）

菟道彦*　うじひこ
上代の紀直氏の祖。
¶古代

氏姫　うじひめ
⇒足利氏姫（あしかがのうじひめ）

宇治部荒山　うじべのあらやま
奈良時代の官人。
¶古人（生没年不詳）

うしほ女　うしほじょ★
江戸時代後期の女性。俳諧。天保3年刊、前幻住庵三志編『発句今様五子稿』の追加「海内大家一題一句」に載る。
¶江表（うしほ女（徳島県））

牛牧甚三郎　うしまきじんざぶろう
安土桃山時代の伊那郡牛牧の武士。
¶武田（[生]？　[没]天正3（1575）年10月23日）

牛丸豊前守*　うしまるぶぜんのかみ
生没年不詳　安土桃山時代の織田信長の家臣。
¶織田

牛村助十郎　うしむらすけじゅうろう
安土桃山時代の武蔵国岩付城主太田氏資の家臣恒岡資宗の同心。のち北条氏の名主を務める。
¶後北（助十郎〔牛村〕　すけじゅうろう）

雨雀　うじゃく
江戸時代後期～明治時代の俳諧師。
¶俳文（[生]文政8（1825）年　[没]明治20（1887）年10月18日）

牛山五郎次郎　うしやまごろうじろう
戦国時代～安土桃山時代の甲斐国巨摩郡武川村の在郷細工職人頭。
¶武田（生没年不詳）

牛山次郎左衛門　うしやまじろうざえもん
戦国時代～安土桃山時代の信濃国諏訪郡栗原の在郷細工職人頭。
¶武田（生没年不詳）

羽洲*（羽州）　うしゅう
文政10（1827）年～大正3（1914）年12月23日　江戸時代後期～明治時代の俳人。
¶俳文（羽州　[生]文政9（1826）年）

羽秋　うしゅう★
江戸時代中期の女性。俳諧。安永9年刊、加舎白雄編『春秋稿』初に載る。
¶江表（羽秋（東京都））

羽舟　うしゅう★
江戸時代中期の女性。俳諧。戸倉の人。天明7年宮本虎杖編「虎杖菴草稿」弐に載る。
¶江表（羽舟（長野県））

雨什*　うじゅう
元文5（1740）年～文化10（1813）年12月　江戸時代中期～後期の俳人・狂歌作者。
¶俳文

宇宿彦右衛門　うしゅくひこうえもん
⇒宇宿彦右衛門（うじゅくひこえもん）

宇宿彦右衛門*　うじゅくひこえもん，うしゅくひこえもん
文政3（1820）年～文久3（1863）年　[別]宇宿彦右衛門（うしゅくひこうえもん，うすきひこえもん）　江戸時代末期の薩摩藩士。洋式工業の指導者。
¶江人（うすきひこえもん），科学（[生]文政3（1820）年10月18日　[没]文久3（1863）年12月24日），コン，全幕（うすきひこえもん），幕末（うしゅくひこえもん　[生]文政3（1820）年10月18日　[没]文久3（1864）年12月24日）

雨順斎全長 うじゅんさいぜんちょう
⇒本庄繁長（ほんじょうしげなが）

雨笑 うしょう★
江戸時代中期の女性。俳諧。加賀鶴来の人。明和2年刊、河合見風編『霞かた』に載る。
¶江表（雨笑（石川県））

氏頼 うじより
⇒佐々木氏頼（ささきうじより）

後屋対馬守 うしろやつしまのかみ
戦国時代の武士。
¶武田（[生]？ [没]明応3（1494）年3月26日）

牛若丸 うしわかまる
⇒源義経（みなもとのよしつね）

雨翠 うすい★
江戸時代中期の女性。俳諧。舟山惣治の母。
¶江表（雨翠（山形県） [没]安永6（1777）年）

碓井因幡守* うすいいなばのかみ
生没年不詳 安土桃山時代の織田信長の家臣。
¶織田

臼井興胤* うすいおきたね
？～正平19/貞治3（1364）年 南北朝時代の武将。
¶室町（[生]正和1（1312）年？ [没]貞治3/正平19（1364）年）

臼井玄順 うすいげんじゅん
江戸時代後期の眼科医。
¶眼医（生没年不詳）

碓氷昇之助* うすいしょうのすけ
？～明治1（1868）年11月5日 江戸時代後期～末期の新撰組隊士。
¶新隊

碓井治郎左衛門*（碓井次郎左衛門） うすいじろうざえもん
寛政12（1800）年～明治1（1868）年 [別]碓井次郎左衛門（うすいじろざえもん） 江戸時代末期の富豪、勤王家。
¶コン（碓井次郎左衛門），幕末（碓井次郎左衛門 うすいじろざえもん [没]明治1（1868）年12月15日）

碓井次郎左衛門 うすいじろざえもん
⇒碓井治郎左衛門（うすいじろうざえもん）

臼井甚左衛門 うすいじんざえもん
江戸時代前期の武士。大坂の陣で籠城。
¶大坂

臼井清左衛門* うすいせいざえもん
弘化1（1844）年～明治1（1868）年 江戸時代末期の断金隊士。
¶幕末（[没]慶応4（1868）年4月29日）

薄井竜之*（薄井龍之） うすいたつゆき
＊～大正5（1916）年 江戸時代末期～明治時代の志士、秋田地方裁判所所長。水戸天狗党に加わった勤王家で、岩倉具視と知遇、維新後は各地の司法官を歴任。
¶コン（[生]天保3（1832）年），幕末（[生]文政12（1829）年 [没]大正5（1916）年11月29日）

うすい対馬 うすいつしま
安土桃山時代の信濃国筑摩郡麻績北条の土豪。
¶武田（生没年不詳）

臼井常安 うすいつねやす
⇒千葉常安（ちばつねやす）

臼井禎庵* うすいていあん
文化5（1808）年～万延1（1860）年 江戸時代末期の医師。
¶幕末（[没]万延1（1860）年閏3月23日）

臼井富之祐* うすいとみのすけ
天保11（1840）年～元治1（1864）年 [別]白井富之祐（しらいとみのすけ） 江戸時代末期の長州（萩）藩士。
¶幕末（[没]元治1（1864）年7月19日）

薄井友衛門* うすいともえもん
？～明治7（1874）年 江戸時代末期～明治時代の水戸藩郷士、農民。
¶幕末

薄以量* うすいのりかず
永享8（1436）年～明応5（1496）年5月5日 [別]橘以量（たちばなもちかず） 室町時代～戦国時代の公卿（非参議）。宮内卿薄以盛の子。
¶公卿，公家（以量〔橘・薄家（絶家）〕 もちかず）

薄以緒 うすいのりつぐ
⇒薄以緒（すすきもちお）

薄以盛* うすいのりもり
生没年不詳 室町時代の公卿（非参議）。従三位薄以基の養子。
¶公卿，公家（以盛〔橘・薄家（絶家）〕 もちもり）

臼井正継* うすいまさつぐ
生没年不詳 戦国時代の伊豆下田の大工。
¶後北（正継〔臼井〕 まさつぐ）

臼井護都 うすいもりくに
江戸時代中期の代官。
¶徳代（[生]享保2（1717）年 [没]天明4（1784）年3月4日）

臼井盛次 うすいもりつぐ
安土桃山時代～江戸時代前期の伊豆国の大工職棟梁。北条氏に属した。
¶後北（盛次〔臼井〕 もりつぐ）

臼井弥三郎* うすいやさぶろう
元和7（1621）年～元禄3（1690）年 江戸時代前期の土木家。
¶コン

うすい与五衛門 うすいよごえもん
安土桃山時代の信濃国筑摩郡麻績北条の土豪。
¶武田（生没年不詳）

臼杵鑑続* うすきあきつぐ
？～永禄4（1561）年 戦国時代の武士。
¶全戦，戦武

臼杵鑑速* うすきあきはや
安土桃山時代の武士。
¶全戦（[生]？ [没]天正3（1575）年），戦武（[生]永正17（1520）年？ [没]天正3（1575）年？）

臼杵横波 うすきおうは
⇒臼木駿平（うすきしゅんぺい）

臼杵惟隆*（臼杵惟高） うすきこれたか
生没年不詳 平安時代後期の豊後国の武士。
¶コン，内乱，平家（臼杵惟高）

うすきし　286

う

臼杵鎮績 * うすきしげつぐ
? ～天正6 (1578) 年　戦国時代～安土桃山時代の武士。
¶戦武

臼木駿平 * (臼杵駿平)　うすきしゅんぺい
文化3 (1806) 年～元治1 (1864) 年　別臼杵横波 (うすきおうは)　江戸時代末期の敬業館教授。
¶幕末 (生文化9 (1812) 年 丞元治1 (1864) 年6月21日)

鵜月女　うづきじょ *
江戸時代後期の女性。俳諧。常陸瑞祥院に嘉永5年建立の蔵器園長人句碑があり、裏面に句が刻まれる。
¶江表 (鵜月女 (茨城県))

臼杵哲平　うすきてっぺい
⇒鳥山重信 (とりやましげのぶ)

宇宿彦右衛門　うすきひこえもん
⇒宇宿彦右衛門 (うじゅくひこえもん)

薄雲 [1代] *　うすぐも
生没年不詳　別薄雲太夫 (うすぐもたゆう)　江戸時代前期の女性。江戸吉原信濃屋の遊女。
¶江表 (薄雲 (東京都)), コン (薄雲太夫　うすぐもたゆう)

薄雲 [4代 (3代)] *　うすぐも
生没年不詳　江戸時代中期の女性。江戸新吉原三浦屋の遊女。本名てる。
¶江表 (薄雲 (東京都))

薄雲太夫　うすぐもたゆう
⇒薄雲 [1代] (うすぐも)

臼田勝興　うすだかつおき
安土桃山時代の武田氏の家臣。主水丞。永禄7年木曽郡定勝寺に寺領1000文を寄進。
¶武田 (生没年不詳)

臼田満安　うすだみつやす
戦国時代の武田氏の家臣、伴野信是の被官。
¶武田 (生没年不詳)

臼田梁子 *　うすだやなこ
文化7 (1810) 年～明治12 (1879) 年12月6日　江戸時代末期～明治時代の歌人。但馬国出石藩士臼田秋良の妻。
¶江表 (梁子 (兵庫県))

臼田吉晟　うすだよしあきら
戦国時代の武士。佐渡守。佐久郡北方衆。
¶武田 (生没年不詳)

珍彦　うずひこ
⇒椎根津彦 (しいねつひこ)

薄雪姫 *　うすゆきひめ
仮名草子「薄雪物語」の主人公。
¶コン

鶉居　うずらや
⇒上田秋成 (うえだあきなり)

烏雪女 *　うせつじょ *
江戸時代中期の女性。俳諧。八丁目の人。明和7年序、渡辺亀六編の遠藤自川追善集『小島菊』に載る。
¶江表 (烏雪女 (福島県))

宇泉　うせん *
江戸時代中期の女性。俳諧。熊本連の俳人。明和2年刊、佐方乙語編『肥後不知火移文』に載る。

¶江表 (宇泉 (熊本県))

雨泉　うせん *
江戸時代後期の女性。俳諧。八戸藩主南部信房の側室か。
¶江表 (雨泉 (青森県))

雨洗尼　うせんに *
江戸時代中期の女性。俳諧。能登古君の人。明和2年刊、河合見風編『霞かた』に載る。
¶江表 (雨洗尼 (石川県))

雨邨の妻　うそんのつま *
江戸時代後期の女性。画。加賀金沢の町人で館屋平七の妻。
¶江表 (雨邨の妻 (石川県))

うた (1)
江戸時代中期の女性。散文。旗本大久保忠肥の娘。
¶江表 (うた (東京都))

うた (2)
江戸時代後期の女性。教育。田中平右衛門の妻。
¶江表 (うた (東京都))　生文化3 (1806) 年頃

うた (3)
江戸時代後期の女性。教育。上田氏。
¶江表 (うた (東京都))　生天保7 (1836) 年頃

うた (4)
江戸時代後期の女性。和歌。大村藩の奥女中。文化11年刊、中山忠雄・河田正致編『柿本社奉納和歌集』に載る。
¶江表 (うた (長崎県))

宇多 (1)　うた *
江戸時代後期の女性。教育。森市左衛門の妹。
¶江表 (宇多 (東京都))　生天保12 (1841) 年頃

宇多 (2)　うた *
江戸時代後期の女性。俳諧。越前福井の人。享和2年のラ山下東水坊編「各年賀探題」に載る。
¶江表 (宇多 (福井県))

歌 (1)　うた *
江戸時代中期の女性。和歌。備中撫川領戸川家臣宮田重光の娘。
¶江表 (歌 (岡山県))　⊗天明2 (1782) 年

歌 (2)　うた *
江戸時代中期～後期の女性。和歌。出雲松江藩六代藩主松平宗衍の側室。
¶江表 (歌 (島根県))　生享保17 (1732) 年　⊗文化7 (1810) 年

歌 (3)　うた *
江戸時代後期の女性。俳諧。鶴田の俳人渡辺東旧の娘。文政期頃刊、月院社何丸編『俳諧男草紙』に載る。
¶江表 (歌 (福島県))

歌 (4)　うた *
江戸時代後期の女性。教育。和田惣右衛門の長女。
¶江表 (歌 (東京都))　生文化13 (1816) 年頃

歌 (5)　うた *
江戸時代後期の女性。和歌。忍藩藩士川澄五郎太夫の妻。文化11年刊、中山忠雄・河田正致編『柿本社奉納和歌集』に載る。
¶江表 (歌 (埼玉県))

歌(6)　**うた**⋆
江戸時代後期の女性。俳諧。播磨の人。寛政8年序、並井むら編『大練諱』に載る。
¶江表(歌(兵庫県))

歌(7)　**うた**⋆
江戸時代後期～明治時代の女性。俳諧。備後庄原の俳人伊藤啓八郎寛儔の娘。
¶江表(歌(広島県)　[生]文政8(1825)年　[没]明治3(1870)年)

歌(8)　**うた**⋆
江戸時代末期の女性。和歌。徳島藩士阿部令尹の妻。文久2年序、西田惟恒編『文久二年八百首』に載る。
¶江表(歌(徳島県))

哥　**うた**⋆
江戸時代後期の女性。和歌。松山の吉田氏。弘化4年成立、田内幸子著の夫董史の追悼歌日記「蟠のすさひ」に載る。
¶江表(哥(愛媛県))

宇多　**うだ**⋆
江戸時代末期の女性。俳諧。湊の遊女か。安政3年、浮木寺に奉納の「華蔵乙因居士円満忌追善献額」に載る。
¶江表(宇多(青森県))

右大将道綱母　**うだいしょうみちつなのはは**
⇒藤原道綱母(ふじわらのみちつなのはは)

うた岡　**うたおか**⋆
江戸時代後期の女性。和歌。松代藩主真田幸弘の娘貴子の老女。天明9年頃、幸弘編の五〇賀集「わかみとり」上に載る。
¶江表(うた岡(長野県))

宇高直次＊　**うだかなおじ**
文政8(1825)年～明治29(1896)年　江戸時代末期～明治時代の武芸者。難波一甫流の拳法を極め大勢の門弟に教授。
¶幕末([生]文政8(1825)年12月20日　[没]明治29(1896)年5月11日)

宇田川勝定　**うだがわかつさだ**
安土桃山時代の町名主。出雲守。勝種の嫡男。滝山城の城主北条氏照配下。
¶後北(勝定〔宇田川〕　かつさだ)

宇田川勝種　**うだがわかつたね**
安土桃山時代の町名主。石見守。武蔵国滝山城主北条氏照配下。
¶後北(勝種〔宇田川〕　かつたね　[没]天正18年10月5日)

歌川国明〔1代〕　**うたがわくにあき**
江戸時代後期～末期の画家。
¶浮絵(代数なし　生没年不詳)

歌川国明〔2代〕＊　**うたがわくにあき**
天保6(1835)年～明治21(1888)年　江戸時代末期～明治時代の浮世絵師。
¶浮絵

歌川国員＊　**うたがわくにかず**
生没年不詳　江戸時代末期の絵師。
¶浮絵

歌川国花女＊　**うたがわくにかめ**
文化7(1810)年～明治4(1871)年2月18日　江戸時代末期～明治時代の浮世絵師。浮世絵師初代歌川豊国の娘。父の指導を受け、一鳥斎国花女と称する。
¶江表(国花女(東京都)),美画

歌川国清＊(――〔1代〕)　**うたがわくにきよ**
生没年不詳　江戸時代後期の絵師。
¶浮絵(――〔1代〕)

歌川国清〔2代〕　**うたがわくにきよ**
江戸時代後期～明治時代の画家。
¶浮絵

歌川国貞＊(――〔1代〕)　**うたがわくにさだ**
天明6(1786)年～元治1(1864)年　江戸時代後期の浮世絵師。
¶浮絵(――〔1代〕),江人,歌大([生]天明4(1784)年5月19日　[没]元治1(1864)年12月15日),コン,新歌,美画(――〔1代〕　[没]元治1(1864)年12月15日)

歌川国貞〔2代〕　**うたがわくにさだ**
⇒歌川豊国〔4代〕(うたがわとよくに)

歌川国貞〔4代〕＊　**うたがわくにさだ**
文政6(1823)年～明治13(1880)年　江戸時代末期～明治時代の浮世絵師。開化絵、美人画などを描く。
¶幕末([没]明治13(1880)年7月20日)

歌川国郷＊　**うたがわくにさと**
？～安政5(1858)年　江戸時代後期～末期の浮世絵師。
¶浮絵

歌川国重〔1代〕＊　**うたがわくにしげ**
安永6(1777)年～天保6(1835)年11月1日　江戸時代中期～後期の絵師。
¶浮絵(生没年不詳)

歌川国重〔2代〕　**うたがわくにしげ**
江戸時代後期の絵師。2代豊国門人。
¶浮絵

歌川国重〔3代〕＊　**うたがわくにしげ**
生没年不詳　江戸時代末期～明治時代の絵師。
¶浮絵

歌川国次＊　**うたがわくにつぐ**
寛政12(1800)年～文久1(1861)年　江戸時代末期の浮世絵師。
¶浮絵,美画

歌川国鶴＊(――〔1代〕)　**うたがわくにつる**
文化4(1807)年～明治11(1878)年3月19日　江戸時代後期～明治時代の絵師。
¶浮絵(――〔1代〕)

歌川国鶴〔2代〕　**うたがわくにつる**
江戸時代末期～大正時代の画家。
¶浮絵([生]嘉永5(1852)年　[没]大正8(1919)年)

歌川国照＊　**うたがわくにてる**
文化5(1808)年～明治9(1876)年　江戸時代後期～明治時代の浮世絵師。
¶美画([没]明治9(1876)年1月23日)

歌川国輝〔1代〕＊　**うたがわくにてる**
生没年不詳　江戸時代末期の浮世絵師。
¶浮絵,美画

歌川国輝〔2代〕＊　**うたがわくにてる**
天保1(1830)年～明治7(1874)年　江戸時代末期～明治時代の浮世絵師。武者絵、風景画などを描く。
¶浮絵,幕末([没]明治7(1874)年12月15日),美画([没]明治

7（1874）年12月15日）

歌川国利　うたがわくにとし
江戸時代末期～明治時代の画家。
¶浮絵（[生]弘化4（1847）年　[没]明治32（1899）年）

歌川国富〔1代〕*　うたがわくにとみ
生没年不詳　江戸時代後期の絵師。
¶浮絵

歌川国富〔2代〕*　うたがわくにとみ
生没年不詳　江戸時代後期の絵師。
¶浮絵

歌川国虎*（──〔1代〕）　うたがわくにとら
生没年不詳　江戸時代末期の浮世絵師。初代歌川豊国の門人。
¶浮絵（──〔1代〕），美画

歌川国直*（──〔1代〕）　うたがわくになお
寛政5（1793）年～安政1（1854）年　江戸時代末期の浮世絵師。初代歌川豊国の門人。
¶浮絵（──〔1代〕　[生]寛政7（1795）年），コン，美画（[没]安政1（1854）年6月28日）

歌川国長*　うたがわくになが
？～文政10（1827）年　江戸時代後期の浮世絵師。
¶浮絵（[没]文政12（1829）年），美画（[没]文政10（1827）年7月18日）

歌川国春（──〔1代〕）　うたがわくにはる
享和3（1803）年～天保10（1839）年　江戸時代後期の歌舞伎役者、浮世絵師。
¶浮絵（──〔1代〕　[生]享保3（1803）年），歌大（[没]天保10（1839）年1月26日）

歌川国久〔1代〕*　うたがわくにひさ
生没年不詳　江戸時代後期の浮世絵師。初代歌川豊国の門人。
¶浮絵，コン，美画

歌川国久〔2代〕*　うたがわくにひさ
天保3（1832）年～明治24（1891）年2月5日　江戸時代末期～明治時代の浮世絵師。三代豊国の門人、役者絵、横浜絵などを得意とした。
¶浮絵，コン，美画

歌川国房*（──〔1代〕）　うたがわくにふさ
生没年不詳　江戸時代後期の絵師。
¶浮絵（──〔1代〕）

歌川国房〔2代〕　うたがわくにふさ
江戸時代末期～明治時代の画家。
¶浮絵（[生]天保5（1834）年　[没]明治16（1883）年以後）

歌川国政*（──〔1代〕）　うたがわくにまさ
安永2（1773）年～文化7（1810）年　江戸時代中期～後期の会津出身の浮世絵師。
¶浮絵（──〔1代〕），歌大（[没]文化7（1810）年11月30日），コン（──〔1代〕），美画（──〔1代〕）

歌川国政〔2代〕　うたがわくにまさ
⇒歌川国宗（うたがわくにむね）

歌川国益　うたがわくにます
江戸時代後期の画家。
¶浮絵（生没年不詳）

歌川国松　うたがわくにまつ
安政2（1855）年～昭和19（1944）年　江戸時代末期～明治時代の画家。
¶浮絵，美画

歌川国丸*　うたがわくにまる
*～文政12（1829）年　江戸時代後期の浮世絵師。
¶浮絵（[生]寛政5（1793）年　[没]文政12（1825）年），美画（[生]寛政5（1793）年　[没]文政12（1829）年11月23日）

歌川国麿*（──〔1代〕）　うたがわくにまろ
生没年不詳　江戸時代末期の絵師。
¶浮絵（──〔1代〕）

歌川国満*（──〔1代〕）　うたがわくにみつ
生没年不詳　江戸時代末期の浮世絵師。
¶浮絵（──〔1代〕），美画

歌川国満〔2代〕　うたがわくにみつ
江戸時代末期の画家。
¶浮絵

歌川国宗*（──〔2代〕）　うたがわくにむね
寛政4（1792）年～安政4（1857）年　[別]歌川国政〔2代〕（うたがわくにまさ）　江戸時代末期の浮世絵師。
¶浮絵（歌川国政〔2代〕　うたがわくにまさ），美画（──〔2代〕　[没]安政4（1857）年6月5日）

歌川国盛〔1代〕　うたがわくにもり
江戸時代後期の画家。
¶浮絵（生没年不詳）

歌川国盛〔2代〕*　うたがわくにもり
生没年不詳　江戸時代末期の絵師。
¶浮絵

歌川国安*（──〔1代〕）　うたがわくにやす
寛政6（1794）年～天保3（1832）年　江戸時代後期の浮世絵師。初代歌川豊国の門人。
¶浮絵（──〔1代〕），歌大（[没]天保3（1832）年7月6日），美画（[没]天保3（1832）年7月6日）

歌川国安〔2代〕*　うたがわくにやす
生没年不詳　江戸時代後期の絵師。
¶浮絵

歌川国芳*　うたがわくによし
寛政9（1797）年～文久1（1861）年　[別]井草孫三郎（いくさまごさぶろう），国芳（くによし）　江戸時代末期の浮世絵師。歌人派三巨匠の一人。
¶浮絵（[没]文久1（1862）年），江人（[生]1796年），歌大（[生]寛政9（1797）年11月15日　[没]文久1（1861）年3月5日），コン，新歌，幕末（[生]寛政9（1797）年11月15日　[没]文久1（1861）年3月4日），美画（[生]寛政9（1797）年11月15日　[没]文久1（1861）年3月5日）

宇田川玄真*（宇多川玄真）　うだがわげんしん
明和6（1769）年～天保5（1834）年12月4日　[別]宇田川榛斎（うだがわしんさい），安岡玄真（やすおかげんしん）　江戸時代中期～後期の蘭方医。
¶江人（宇田川榛斎　うだがわしんさい），科学（[生]明和6（1769）年12月28日），コン（宇田川榛斎　うだがわしんさい），植物（[生]明和6（1770）年12月28日　[没]天保5（1835）年12月4日），全幕，対外

宇田川玄随*　うだがわげんずい，うだがわげんすい
宝暦5（1755）年～寛政9（1797）年12月18日　江戸時代中期の蘭方医。宇多川家蘭学の祖。
¶江人，科学（[生]宝暦5（1755）年12月27日），コン，思想，植物（[生]宝暦5（1755）年12月27日　[没]寛政9（1798）年12月18日），対外，山小（[生]1755年12月27日　[没]1797年12月18日）

宇田川興斎*　うだがわこうさい，うだかわこうさい
文政4（1821）年8月15日～明治20（1887）年5月3日

江戸時代末期〜明治時代の医師、津山藩藩医。著書に「万宝新書」「和蘭律書」など。
¶科学, 幕末 (うだかわこうさい)

歌川貞景〔1代〕* うたがわさだかげ
生没年不詳 江戸時代後期の浮世絵師。
¶浮絵

歌川貞景〔2代〕 うたがわさだかげ
江戸時代末期〜明治時代の絵師。初代と同じく初代国貞(3代豊国)門人。
¶浮絵

歌川貞虎* うたがわさだとら
生没年不詳 江戸時代後期の浮世絵師。
¶浮絵

歌川貞秀* うたがわさだひで
文化4(1807)年〜* 五雲亭貞秀(ごうんていさだひで) 江戸時代末期〜明治時代の浮世絵師。作品に「御開港横浜大絵図」など。
¶浮絵(㋶明治11・12(1878・79)年頃), 全幕(五雲亭貞秀 ごうんていさだひで ㋶明治6(1873)年), 幕末(㋶明治6(1873)年3月), 美画(五雲亭貞秀 ごうんていさだひで ㋶明治11(1878)年?)

歌川貞広*——〔1代〕 うたがわさだひろ
生没年不詳 江戸時代末期の絵師。
¶浮絵(——〔1代〕)

歌川貞広〔2代〕 うたがわさだひろ
江戸時代末期〜明治時代の画家。
¶浮絵(㋶天保9(1838)年 ㋶明治41(1908)年)

歌川貞房* うたがわさだふさ
生没年不詳 江戸時代後期の絵師。
¶浮絵

歌川貞升*——〔1代〕 うたがわさだます
生没年不詳 江戸時代末期の絵師。
¶浮絵(——〔1代〕)

歌川貞升〔2代〕 うたがわさだます
江戸時代後期の画家。
¶浮絵(生没年不詳)

歌川貞丸 うたがわさだまる
江戸時代後期の画家。
¶浮絵(生没年不詳)

宇田川定円 うだがわさだみつ
江戸時代中期の佐渡奉行。
¶徳代(㋶正徳4(1714)年 ㋶天明1(1781)年8月4日)

歌川貞芳* うたがわさだよし
生没年不詳 江戸時代末期の絵師。
¶浮絵

歌川重清 うたがわしげきよ
江戸時代末期〜明治時代の画家。
¶浮絵(生没年不詳)

歌川重丸 うたがわしげまる
江戸時代後期の画家。
¶浮絵(生没年不詳)

歌川四郎五郎 うたがわしろうごろう
⇒沢村宗十郎〔2代〕(さわむらそうじゅうろう)

宇田川榛斎 うだがわしんさい
⇒宇田川玄真(うだがわげんしん)

歌川豊清* うたがわとよきよ
寛政11(1799)年〜文政3(1820)年 江戸時代後期の絵師。
¶浮絵

歌川豊国〔1代〕* うたがわとよくに
明和6(1769)年〜文政8(1825)年 江戸時代後期の浮世絵師。
¶浮絵(代数なし), 江人(代数なし), 歌大(代数なし) ㋶文政8(1825)年1月7日), コン(代数なし), 新歌, 美画(——〔1代〕 ㋶文政8(1825)年1月7日)

歌川豊国〔2代〕* うたがわとよくに
㋶歌川豊重(うたがわとよしげ), 豊国〔2代〕(とよくに) 江戸時代後期の浮世絵師。
¶新歌(——〔2世〕 ㋶1802年 ㋶1835年?), 幕末(㋶享和2(1802)年? ㋶天保6(1835)年?), 美画(㋶享和2(1802)年 ㋶天保6(1835)年)

歌川豊国〔4代〕* うたがわとよくに
文政6(1823)年〜明治13(1880)年 ㋶歌川国貞〔2代〕(うたがわくにさだ) 江戸時代末期〜明治時代の浮世絵師。二代歌川国貞の前名で、末期的嬌艶美人画、役者絵、開化絵を得意とする。
¶浮絵(歌川国貞〔2世〕 うたがわくにさだ), 新歌(——〔4世〕), 美画(㋶明治13(1880)年7月20日)

歌川豊重 うたがわとよしげ
⇒歌川豊国〔2代〕(うたがわとよくに)

歌川豊年 うたがわとよとし
江戸時代後期の画家。
¶浮絵(生没年不詳)

歌川豊信 うたがわとよのぶ
江戸時代中期の画家。
¶浮絵(生没年不詳)

歌川豊宣 うたがわとよのぶ
江戸時代末期〜明治時代の画家。
¶浮絵(㋶安政6(1859)年 ㋶明治19(1886)年)

歌川豊春* うたがわとよはる
享保20(1735)年〜文化11(1814)年 江戸時代中期〜後期の浮世絵師。歌川派の祖。
¶浮絵, コン, 美画(㋶文化11(1814)年1月12日)

歌川豊久〔1代〕* うたがわとよひさ
生没年不詳 江戸時代後期の浮世絵師。
¶浮絵

歌川豊久〔2代〕 うたがわとよひさ
江戸時代後期の画家。
¶浮絵

歌川豊広* うたがわとよひろ
江戸時代後期の浮世絵師。歌川豊春の門人。
¶浮絵(㋶文政12(1829)年12月21日), コン(㋶安永2(1773)年 ㋶文政11(1828)年), 美画(㋶安永2(1773)年 ㋶文政12(1829)年12月21日)

歌川鳥女 うたがわとりじょ
江戸時代後期〜末期の画家。
¶浮絵(生没年不詳)

歌川直広 うたがわなおひろ
江戸時代後期の画家。
¶浮絵(生没年不詳)

歌川直政 うたがわなおまさ
江戸時代後期〜末期の画家。

¶浮絵（生没年不詳）

歌川広景 うたがわひろかげ
江戸時代末期の画家。
¶浮絵（生没年不詳）

う

歌川広重〔1代〕* うたがわひろしげ
寛政9（1797）年～安政5（1858）年 [別]安藤広重〔1代〕（あんどうひろしげ），一立斎広重（いちりゅうさいひろしげ），広重〔1代〕（ひろしげ） 江戸時代末期の浮世絵師。歌川豊広の門人。「東海道五十三次」「名所江戸百景」で不動の名声を得た。
¶浮絵，江人（代数なし [生]1796年），コン（代数なし），徳人（代数なし），幕末（[没]安政5（1858）年9月6日），美画（[没]安政5（1858）年9月6日），山小（代数なし [没]1858年9月6日）

歌川広重〔2代〕* うたがわひろしげ
文政9（1826）年～明治2（1869）年 江戸時代後期～明治時代の浮世絵師。
¶浮絵，幕末，美画（[没]明治2（1869）年9月17日）

歌川広重〔3代〕* うたがわひろしげ
天保13（1842）年～明治27（1894）年3月28日 江戸時代末期～明治時代の浮世絵師。初代の門人で、横浜絵、文明開化絵が多い。
¶浮絵，幕末，美画

歌川広重〔4代〕 うたがわひろしげ
＊～大正14（1925）年 江戸時代末期～大正時代の画家。
¶浮絵（[生]嘉永1（1848）年），美画（[生]嘉永2（1849）年 [没]大正14（1925）年2月4日）

歌川広近〔1代〕* うたがわひろちか
[別]広近〔1代〕（ひろちか） 江戸時代末期の浮世絵師。
¶浮絵（生没年不詳），美画（代数なし 生没年不詳）

歌川広近〔2代〕* うたがわひろちか
天保6（1835）年～？ [別]安藤広近〔2代〕（あんどうひろちか），広近〔2代〕（ひろちか） 江戸時代末期～明治時代の浮世絵師。
¶浮絵，美画（安藤広近〔2代〕 あんどうひろちか [生]天保6（1835）年7月16日）

歌川広恒 うたがわひろつね
江戸時代後期の画家。
¶浮絵（生没年不詳）

歌川房種* うたがわふさたね
生没年不詳 江戸時代末期の絵師。
¶浮絵

宇田川平七 うだがわへいしち
江戸時代後期～末期の幕臣。
¶徳人（生没年不詳）

宇田川榕庵*（宇田川榕菴） うだがわようあん，うたがわようあん
寛政10（1798）年～弘化3（1846）年6月22日 江戸時代後期の蘭学医。
¶江人（宇田川榕菴），科学（[生]寛政10（1798）年3月9日），コン，思想（宇田川榕菴），植物（[生]寛政10（1798）年3月9日 [没]弘化3（1846）年6月22日），対外，徳人，山小（うたがわようあん [生]1798年3月9日・16日 [没]1846年6月22日）

歌川芳幾 うたがわよしいく
⇒落合芳幾（おちあいよしいく）

歌川芳梅* うたがわよしうめ
文政2（1819）年～明治12（1879）年 [別]一鶯斎芳梅（いちおうさいよしうめ） 江戸時代末期～明治時代の浮世絵師。
¶浮絵（一鶯斎芳梅 いちおうさいよしうめ），美画

歌川芳員* うたがわよしかず
江戸時代末期～明治時代の浮世絵師。
¶浮絵（生没年不詳），幕末（生没年不詳），美画（生没年不詳）

歌川芳形 うたがわよしかた
江戸時代後期の画家。
¶浮絵（[生]天保12（1841）年 [没]元治1（1864）年）

歌川芳勝* うたがわよしかつ
生没年不詳 江戸時代後期の絵師。
¶浮絵

歌川芳女* うたがわよしじょ
生没年不詳 江戸時代末期の女性。浮世絵師。歌川国芳の娘。
¶浮絵，江表（芳女（東京都）），女史

歌川芳玉* うたがわよしたま
天保7（1836）年～明治3（1870）年 江戸時代末期～明治時代の浮世絵師。美人画、扇面画の板下などを描く。主な作品に「見立松竹梅の図」など。
¶浮絵，江表（芳玉（東京都）），女史，美画

歌川芳綱* うたがわよしつな
生没年不詳 江戸時代末期の浮世絵師。
¶浮絵，美画

歌川芳艶〔1代〕* うたがわよしつや
文政5（1822）年～慶応2（1866）年 江戸時代末期の浮世絵師。
¶浮絵（代数なし），美画（[生]文政5（1822）年閏1月1日 [没]慶応2（1866）年6月22日）

歌川芳鶴*（――〔1代〕） うたがわよしつる
生没年不詳 江戸時代後期の絵師。
¶浮絵（――〔1代〕）

歌川芳輝 うたがわよしてる
⇒一椿斎芳輝（いっちんさいよしてる）

歌川芳豊〔1代〕* うたがわよしとよ
天保1（1830）年～慶応2（1866）年 江戸時代末期の浮世絵師。
¶浮絵（代数なし），美画（[没]慶応2（1866）年4月24日）

歌川芳虎* うたがわよしとら
生没年不詳 江戸時代末期～明治時代の浮世絵師。歌川国芳の門人。
¶浮絵（[生]文政11（1828）年頃 [没]明治20（1887）年頃），美画

歌川芳鳥 うたがわよしとり
⇒歌川芳鳥女（うたがわよしとりじょ）

歌川芳鳥女* うたがわよしとりじょ
生没年不詳 [別]歌川芳鳥（うたがわよしとり） 江戸時代末期の絵師。
¶江表（芳鳥（東京都）），女史（歌川芳鳥 うたがわよしとり）

歌川芳延 うたがわよしのぶ
⇒松本芳延（まつもとよしのぶ）

歌川芳春*　うたがわよしはる
　文政11(1828)年～明治21(1888)年2月5日　江戸時代後期～明治時代の浮世絵師。
　¶浮絵, 美画

歌川芳秀*　うたがわよしひで
　天保3(1832)年～明治35(1902)年　江戸時代末期～明治時代の浮世絵師, 幕臣。
　¶浮絵

歌川芳広*　うたがわよしひろ
　天保9(1838)年～明治17(1884)年　江戸時代末期～明治時代の浮世絵師。歌川国芳の門人。
　¶美画(⊕天保9(1838)年5月4日　⊗明治17(1884)年4月18日)

歌川芳房*　うたがわよしふさ
　天保8(1837)年～万延1(1860)年　江戸時代末期の浮世絵師。
　¶浮絵, 美画(⊗万延1(1860)年6月10日)

歌川芳藤*　うたがわよしふじ
　文政11(1828)年～明治20(1887)年　江戸時代末期～明治時代の浮世絵師。
　¶浮絵, 美画

歌川芳丸*（――〔2代〕）　うたがわよしまる
　弘化1(1844)年～明治40(1907)年　江戸時代末期～明治時代の浮世絵師。歌川国芳の門人。
　¶美画(――〔2代〕　⊕天保15(1844)年1月5日　⊗明治40(1907)年5月19日)

歌川芳満　うたがわよしみつ
　江戸時代後期～明治時代の浮世絵師。
　¶美画(⊕天保8(1837)年4月20日　⊗明治43(1910)年2月18日)

歌川芳宗*（――〔1代〕）　うたがわよしむね
　文化14(1817)年～明治13(1880)年　江戸時代末期～明治時代の浮世絵師。
　¶浮絵(――〔1代〕), 美画(――〔1代〕　⊗明治13(1880)年4月17日)

歌川芳盛*（――〔1代〕）　うたがわよしもり
　天保1(1830)年～＊　江戸時代末期～明治時代の浮世絵師。武者絵、時局絵、花鳥画などを描き、南画も手がける。一時内務省にも勤務。
　¶浮絵(⊗明治18(1885)年), コン(⊗明治17(1884)年, 幕末(⊗明治17(1884)年10月10日), 美画(⊗明治17(1884)年)

歌川芳雪　うたがわよしゆき
　天保6(1835)年～明治12(1879)年　江戸時代末期～明治時代の浮世絵師。歌川国芳の門人。
　¶浮絵

宇田健斎　うだけんさい
　⇒宇田栗園(うだりつえん)

宇多玄微*　うだげんび, うたげんび
　江戸時代末期の蘭方医。
　¶眼医(うたげんび　生没年不詳), 幕末(⊕寛政12(1800)年　⊗万延1(1861)年12月20日)

うた子(1)　うたこ*
　江戸時代後期の女性。和歌。播磨林田藩主建部政賢の奥女中。文化5年頃, 真田幸弘編「御ことほきの記」に載る。
　¶江表(うた子(兵庫県))

うた子(2)　うたこ*
　江戸時代後期～末期の女性。和歌。安芸広島藩主浅野斉賢の娘。
　¶江表(うた子(東京都))　⊕文化2(1805)年　⊗万延1(1860)年

宇多子(1)　うたこ*
　江戸時代後期～明治時代の女性。教育。島原町の医師高田淑文の妻。
　¶江表(宇多子(長崎県))　⊕寛政9(1797)年　⊗明治17(1884)年

宇多子(2)　うたこ*
　江戸時代末期の女性。和歌。相模三浦郡浦賀の菅井与兵衛清之の妻。慶応3年刊『類題新竹集』に載る。
　¶江表(宇多子(神奈川県))

歌子(1)　うたこ*
　江戸時代の女性。和歌。深川仲町住の岡本氏。明治8年刊, 橘東世子編「明治歌集」に載る。
　¶江表(歌子(東京都))

歌子(2)　うたこ*
　江戸時代後期の女性。和歌。播磨赤穂藩士北川省三の妻。嘉永5年刊, 長沢伴雄編『類題鴨川四郎集』に載る。
　¶江表(歌子(兵庫県))

歌子(3)　うたこ*
　江戸時代後期の女性。和歌。筑前吉田村の大庄屋一田与市真彦の娘。天保7年の「岡県集」に載る。
　¶江表(歌子(福岡県))

歌子(4)　うたこ*
　江戸時代末期の女性。和歌。宇和島藩の奥女中。元治1年頃に詠まれた「宇和島御奥女中大小吟」に載る。
　¶江表(歌子(愛媛県))

雅楽子　うたこ
　江戸時代後期の女性。和歌。守脇氏。嘉永3年刊, 藤井尚澄編『類題吉備国歌集』に載る。
　¶江表(雅楽子(岡山県))

歌沢笹丸*（哥沢笹丸）　うたざわささまる
　寛政9(1797)年～安政4(1857)年　⊕歌沢寅右衛門〔1代〕(うたざわとらえもん), 笹本金平(ささもときんぺい), 笹本彦太郎(ささもとひこたろう), 篠本彦太郎(しのもとひこたろう)　江戸時代末期の歌沢初代家元。
　¶コン(⊕寛政10(1798)年　⊗万延1(1860)年), 幕末(⊕寛政10(1797)年　⊗安政7(1860)年2月7日)

哥沢芝金〔1代〕*　うたざわしばきん
　文政11(1828)年～明治7(1874)年　江戸時代末期～明治時代の邦楽家, うた沢芝派家元。うた沢寅派から離脱, うた沢芝派を襲名, 自流の組織整備に尽力, 劇場出演などに務める。
　¶コン, 幕末(代数なし　⊗明治7(1874)年8月27日)

哥沢芝金〔2代〕*　うたざわしばきん
　嘉永1(1848)年～明治20(1887)年　江戸時代末期～明治時代の邦楽家, うた沢芝派家元。内気な性格から芸界を退いて転職した。
　¶コン(生没年不詳)

哥沢芝金〔3代〕*　うたざわしばきん
　江戸時代後期～明治時代の俗曲家元。
　¶コン(⊕天保11(1840)年　⊗明治43(1910)年)

歌沢寅右衛門〔1代〕*(1)（歌沢寅右衛門）　うたざわと

らえもん
文化10(1813)年～明治8(1875)年　江戸時代後期～明治時代の邦楽家。
¶コン([生]?), 幕末(代数なし　[生]?　[没]明治8(1875)年10月12日)

う

歌沢寅右衛門〔1代〕(2)　うたざわとらえもん
⇒歌沢笹丸(うたざわささまる)

哥治　うたじ★
江戸時代後期の女性。和歌。下総佐倉藩堀田家の奥女中。寛政8年、15日間の日記「いせ路の記」に載る。
¶江表(哥治(千葉県))

うた女(1)　うたじょ★
江戸時代の女性。和算。駿河静岡の辻氏。明治5年刊、師道生の息子福秀序『社友列名』に載る。
¶江表(うた女(静岡県))

うた女(2)　うたじょ★
江戸時代後期の女性。和歌。与力斎藤庄兵衛師英の娘。文化11年刊、中山忠雄・河田正致編『柿本社奉納和歌集』に載る。
¶江表(うた女(東京都))

うた女(3)　うたじょ★
江戸時代後期の女性。和歌。石見津和野藩の奥女中。文化11年刊、中山忠雄・河田正致編『柿本社奉納和歌集』に載る。
¶江表(うた女(島根県))

宇多女　うたじょ★
江戸時代後期の女性。和歌。薩摩藩の奥女中。天保11年序、武蔵忍藩藩士加藤古風編の歌集「京極黄門定家卿六百回忌追福」に載る。
¶江表(宇多女(鹿児島県))

歌女(1)　うたじょ★
江戸時代後期の女性。和歌。幕臣成島司直の娘。天保11年序、忍藩藩士加藤古風編の歌集「京極黄門定家卿六百回忌追福」に載る。
¶江表(歌女(東京都))

歌女(2)　うたじょ★
江戸時代後期の女性。川柳。文化4年刊『誹風 柳多留』三七篇の小石川諏訪台明神額奉納句に、文日堂撰で載る。
¶江表(歌女(東京都))

歌女(3)　うたじょ★
江戸時代後期の女性。狂歌。下総関宿の人。天保年間刊、千種庵諸持編『三才拾遺紅葉五十題』に載る。
¶江表(歌女(千葉県))

歌女(4)　うたじょ★
江戸時代後期の女性。和歌。人吉藩主相良頼之の室清子付老女。天保7年の「東都四方流同人歌集」に載る。
¶江表(歌女(熊本県))

哥女　うたじょ★
江戸時代後期の女性。俳諧。相模石倉の人。文政4年刊、遠藤雉啄編『葛三居士大禅忌追善集』に載る。
¶江表(哥女(神奈川県))

打它宗貞*　うだそうてい, うたそうてい
永禄2(1559)年～寛永20(1643)年　[別]打它宗貞(うちだむねさだ)　安土桃山時代～江戸時代前期の若狭小浜藩代官。
¶コン

歌その　うたその★
江戸時代後期の女性。和歌。外山氏。寛政10年跋、真田幸弘の六〇賀集「千とせの寿詞」に載る。
¶江表(歌その(愛知県))

宇多太左衛門*　うだたざえもん
文政3(1820)年～明治1(1868)年　[別]大村兵之丞(おおむらへいのじょう)　江戸時代末期の肥前大村藩家老。
¶コン

宇陀太郎*　うだたろう
天保9(1838)年～明治23(1890)年　江戸時代末期～明治時代の太政官。岩倉具視支配の神衛隊士を訓練。
¶幕末([没]明治23(1890)年11月8日)

宇多天皇*　うだてんのう
貞観9(867)年～承平1(931)年7月19日　[別]宇多法皇(うだほうおう), 寛平法皇(かんぴょうほうおう, かんぴょうほうおう), 亭子院帝(ていじいんのみかど)　平安時代前期の第59代の天皇(在位887～897)。
¶古人, 古代, コン, 思想, 天皇([生]貞観9(867)年5月5日), 日文, 山小([生]867年5月5日　[没]931年7月19日)

宇多友信*　うだとものぶ
天保4(1833)年～明治37(1904)年　江戸時代末期～明治時代の蘭医。二本松医学校教授、須賀川医学校医官などを歴任。
¶幕末([没]明治37(1904)年4月2日)

歌野　うたの★
江戸時代後期の女性。和歌。徳川(田安)家の奥女中。文化11年刊、中山忠雄・河田正致編『柿本社奉納和歌集』に載る。
¶江表(歌野(東京都))

歌之助　うたのすけ★
江戸時代後期の女性。狂歌。新吉原の大黒屋甲子楼の遊女。天保年間刊、『秋葉山奉灯狂歌合』に載る。
¶江表(歌之助(東京都))

菟田朴室古　うだのほうのむろこ
飛鳥時代の武将。中大兄皇子に従った。
¶古人(生没年不詳)

歌橋*　うたはし
生没年不詳　江戸時代末期の女性。13代将軍徳川家定の乳母。
¶コン

歌姫　うたひめ★
江戸時代中期の女性。狂歌・散文。新吉原江戸町の松葉屋の遊女。天明6年刊、宿屋飯盛撰、北尾政演画『吾妻曲狂歌文庫』に載る。
¶江表(歌姫(東京都))

宇田兵衛　うだひょうえ
⇒伊東甲子太郎(いとうかしたろう)

宇多法皇　うだほうおう
⇒宇多天皇(うだてんのう)

歌麿　うたまろ
⇒喜多川歌麿(きたがわうたまろ)

打它光軌*　うだみつのり
延宝2(1674)年～享保16(1731)年　[別]打它光軌(うちだこうき, うちだみつのり, うつだみつのり)　江戸時代中期の歌人。

¶コン（うちだこうき　生没年不詳）

歌女　うため*
江戸時代中期の女性。俳諧。久保田の人。享保21年、歳旦帖「丙辰の歳旦」に載る。
¶江表（歌女（秋田県））

歌山　うたやま*
江戸時代後期の女性。和歌。伊勢桑名藩の奥女中。寛政11年刊、石野広通編「霞関集」に載る。
¶江表（歌山（三重県））

宇田栗園　うだりつえん
文政10（1827）年～明治34（1901）年4月17日　㉟宇田健斎（うだけんさい）　江戸時代末期～明治時代の医師。
¶幕末

雨譚　うたん
江戸時代の雑俳作者。本名、小山玄良。
¶俳文（生没年不詳）

内池永年　うちいけながとし
宝暦13（1763）年～嘉永1（1848）年　江戸時代中期～後期の国学者、歌人。
¶幕末　㉑嘉永1（1849）年12月26日

内海次郎　うちうみじろう
天保7（1836）年～？　㉟内海次郎（うつみじろう）江戸時代後期～末期の新撰組隊士。
¶新隊（うつみじろう）　㊤天保6（1835）年？）

内垣末吉　うちがきすえきち
江戸時代末期～大正時代の棋客。
¶コン（㊤弘化4（1847）年　㉑大正7（1918）年）

内方恒忠（内方恒常）　うちかたつねただ
*～文化13（1816）年　江戸時代中期～後期の幕臣、代官。
¶徳人（内方恒常　㊤？）、徳代（㊤延享2（1745）年　㉑文化13（1816）年3月29日）

内方当高　うちかたまさたか
江戸時代中期の代官。
¶徳代（㊤正徳6（1716）年　㉑明和2（1765）年11月28日）

雨竹　うちく*
江戸時代中期の女性。俳諧。石見益田の澄川春八郎の妻。安永2年刊、蛸阿坊梨艘編、兎角追善集『梅捻香』に載る。
¶江表（雨竹（島根県））

内子　うちこ*
生没年不詳　江戸時代中期の女性。俳人。大島蓼水の妹。
¶江表（内子（岐阜県））

有智子内親王　うちこないしんのう*
大同2（807）年～承和14（847）年　平安時代前期の女性。嵯峨天皇の第8皇女。初代斎院。
¶古人、古代、古代、女史、女文（㊤承和14（847）年10月26日）、天皇（㉑承和14（847）年10月26日）、日文

打猨　うちさる
上代の首長。
¶古代

内田五観　うちだいつみ*
文化2（1805）年3月～明治15（1882）年3月29日　㉟内田弥太郎（うちだやたろう）　江戸時代末期～明治時代の天文・暦算家。天文局で太陽暦採用事業に従事、著書に「古今算鑑」など。
¶科学、コン（内田弥太郎　うちだやたろう），数学,幕末

内田加賀守　うちだかがのかみ
戦国時代の甲斐国八代郡下岩崎郷の土豪。
¶武田（生没年不詳）

内田河内守　うちだかわちのかみ
江戸時代前期の大坂城士。
¶大坂

内田乾隈　うちだかんわい
江戸時代後期～明治時代の眼科医。
¶眼医（㊤？）　㉑明治32（1899）年

内田久命　うちだきゅうめい*
？～慶応4（1868）年　㉟内田久命（うちだひさなか、うちだひさなが）　江戸時代末期の数学者。
¶数学（うちだひさなか）　㉑慶応4（1868）年5月21日

内田九一　うちだくいち*
弘化1（1844）年～明治8（1875）年　江戸時代末期～明治時代の写真家。東京浅草に写真館を開き活躍、明治天皇の御真影を撮影。
¶コン、幕末（㉑明治8（1875）年2月17日）

内田監物　うちだけんもつ
戦国時代の武田氏の家臣。第二次川中島合戦で軍功を挙げる。海津城の守備にあたった。
¶武田（生没年不詳）

打它光軌　うちだこうき
⇒打它光軌（うだみつのり）

内田佐七　うちださしち*
寛政2（1790）年～明治1（1868）年7月25日　江戸時代後期～末期の尾州廻船・内海船の船主。
¶コン

内田秀富　うちだしゅうふう
生没年不詳　㉟内田秀富（うちだひでとみ）　江戸時代中期の数学者。
¶数学（うちだひでとみ）

内田庄司　うちだしょうじ
江戸時代後期～末期の武士、衝鋒隊隊長。幕臣の内田録之助と同一人物とみられる。
¶全幕（生没年不詳）

内田正徳　うちだしょうとく
⇒内田正徳（うちだまさのり）

内田住延　うちだすみのぶ
江戸時代後期～明治時代の和算家。
¶数学

内田清三　うちだせいぞう
戦国時代の武田氏の家臣。
¶武田（生没年不詳）

内田沾山　うちだせんざん*
？～宝暦8（1758）年　㉟沾山，沾山〔1代〕（せんざん）　江戸時代中期の俳人（沾徳門）。
¶俳文（沾山〔1世〕　せんざん　㉑宝暦8（1758）年2月15日）

内田恒次郎　うちだつねじろう
⇒内田正雄（うちだまさお）

内田桃仙　うちだとうせん*
天和1（1681）年～享保5（1720）年　江戸時代前期～中期の漢詩人。

う

293　うちたと

うちたと　　　　　294

¶江表（桃仙（東京都））

内田知明　うちだともあき
江戸時代末期〜明治時代の和算家。足利鵺木の人。
¶数学（㊥明治3（1870）年10月20日）

内田虎太郎　うちだとらたろう
江戸時代末期の新撰組隊士。
¶新隊（生没年不詳）

内田饒穂*　うちだにぎほ
天保7（1836）年〜明治36（1903）年4月20日　江戸
時代末期〜明治時代の勤王家。討幕運動に参加。
¶幕末

内田久命　うちだひさなか，うちだひさなが
⇒内田久命（うちだきゅうめい）

内田秀富　うちだひでとみ
⇒内田秀富（うちだしゅうふう）

内田兵部丞　うちだひょうぶのじょう
戦国時代〜安土桃山時代の北条氏政・氏房の家臣。
兵部少輔。孫四郎の嫡男，もしくは同一人物か。
¶後北（兵部丞〔内田〕　ひょうぶのじょう）

内田文吉*　うちだぶんきち
天保5（1834）年〜慶応2（1866）年　江戸時代末期
の百姓，奇兵隊士。
¶幕末（㊥慶応2（1866）年9月9日）

内田文皐　うちだぶんこう
江戸時代後期〜明治時代の日本画家。
¶美画（㊟天保13（1842）年8月　㊥明治43（1910）年12
月）

内田平四郎*　うちだへいしろう
天保10（1839）年〜明治43（1910）年　江戸時代末
期〜明治時代の開拓者。三椏を原料とする手漉き
和紙を事業化し鈎玄社を興す。
¶植物，幕末

内田孫四郎　うちだまごしろう
安土桃山時代の太田資正・太田源五郎の家臣。兵部
丞の嫡男。
¶後北（孫四郎〔内田〕　まごしろう）

内田正雄*　うちだまさお
*〜明治9（1876）年　㊙内田恒次郎（うちだつねじ
ろう）　江戸時代末期〜明治時代の幕臣，教育者。
1862年オランダに留学。
¶コン（㊟天保9（1838）年），地理（㊟1838年），徳人（内田
恒次郎　うちだつねじろう　㊟1838年），幕末（㊟天保9
（1838）年1月20日　㊥明治9（1876）年2月1日）

内田政風*　うちだまさかぜ
文化12（1815）年〜明治26（1893）年　江戸時代末
期〜明治時代の鹿児島藩士，島津家家老，石川県
令。糧秣の調達と運搬に才能を発揮，禁門の変や戊
辰戦争でも軍需品の供給にあたる。
¶コン，全幕，幕末（㊟文化12（1815）年12月2日　㊥明治
26（1893）年10月18日）

内田正信*　うちだまさのぶ
慶長18（1613）年〜慶安4（1651）年　江戸時代前期
の大名。下野鹿沼藩主。
¶徳人

内田正徳*　うちだまさのり
天保1（1830）年〜文久3（1863）年　㊙内田正徳（う
ちだしょうとく）　江戸時代末期の大名。下総小見
川藩主。

内田万之介　うちだまんのすけ
⇒川辺左次衛門（かわべさじえもん）

打它光軌　うちだみつのり
⇒打它光軌（うだみつのり）

打它宗貞　うちだむねさだ
⇒打它宗貞（うだそうてい）

内田弥三郎*　うちだやさぶろう
天保12（1841）年〜元治1（1864）年　江戸時代末期
の志士。
¶幕末（㊥元治1（1864）年7月19日）

内田安嗣　うちだやすつぐ
江戸時代後期〜明治時代の和算家。
¶数学（㊟天保3（1832）年2月15日　㊥明治40（1907）年8
月2日）

内田弥太郎　うちだやたろう
⇒内田五観（うちだいつみ）

内田野帆*　うちだやはん
天明1（1781）年〜安政2（1855）年　江戸時代後期
の俳人。
¶幕末（㊥安政2（1855）年3月22日）

内魚麻呂　うちのうおまろ
奈良時代の官人。
¶古人（生没年不詳）

内他田　うちのおさだ
平安時代前期の官人。
¶古人（生没年不詳）

内臣（欠名）*　うちのおみ
飛鳥時代の武将。
¶古人（内臣　うちつおみ　生没年不詳），古代

内神屋九節　うちのかみやきゅうせつ
？〜宝永1（1704）年　㊙九節（きゅうせつ）　江戸
時代前期〜中期の俳人。
¶俳文（九節　きゅうせつ　㊥宝永1（1704）年5月11日）

内野東庵　うちのとうあん
江戸時代後期〜大正時代の医師。
¶植物（㊟天保12（1841）年9月24日　㊥大正15（1926）年
8月29日）

内村神三郎*　うちむらしんざぶろう，うちむらじんざ
ぶろう
生没年不詳　戦国時代の武士。後北条氏家臣。
¶後北（神三郎〔内村〕　じんざぶろう）

内村直義*　うちむらなおよし
天保12（1841）年〜明治10（1877）年　江戸時代末
期〜明治時代の会津藩士。西南戦争では警視第一
番隊長。
¶幕末（㊥明治10（1877）年3月15日）

内村良蔵　うちむらりょうぞう
江戸時代後期〜明治時代の米沢藩士。
¶幕末（㊥嘉永2（1849）年　㊥明治43（1910）年9月19日）

内村鱸香*　うちむらろこう
文政4（1821）年〜明治34（1901）年　江戸時代末期
〜明治時代の儒学者，松江藩士。儒官として藩政に
参与，維新の際，藩論を勤王に決定するするために
尽力。
¶幕末（㊟文政4（1821）年4月5日　㊥明治34（1901）年5

月22日)

内山伊右衛門* うちやまいえもん
天保6(1835)年〜明治1(1868)年　江戸時代末期の薩摩藩士。
¶幕末([没]慶応4(1868)年閏4月22日)

内山栄八* うちやまえいはち
江戸時代末期の新撰組隊士。
¶新隊(生没年不詳)

内山七郎右衛門* うちやましちろうえもん
文化4(1807)年〜明治14(1881)年　江戸時代末期〜明治時代の越前大野藩士。藩政改革を主導、理財の仕法に長じ、各地に藩店大野屋を開設、維新後は士族授産に尽力。
¶コン, 幕末([没]明治14(1881)年8月18日)

内山隆佐* うちやまたかすけ
文化9(1812)年〜元治1(1864)年　[別]内山良隆(うちやまよしたか), 内山隆佐(うちやまりゅうすけ)　江戸時代末期の蝦夷地開拓者。
¶コン, 全幕(うちやまりゅうすけ　[生]文化10(1813)年), 幕末(うちやまりゅうすけ　[没]元治1(1864)年6月23日)

内山高永 うちやまたかなが
江戸時代前期〜中期の代官。
¶徳代([生]寛文6(1666)年　[没]享保19(1734)年12月2日)

内山太郎右衛門 うちやまたろううえもん
⇒内山太郎右衛門(うちやまたろうえもん)

内山太郎右衛門* うちやまたろうえもん
*〜元治1(1864)年　[別]内山太郎右衛門(うちやまたろううえもん)　江戸時代末期の長州(萩)藩士。
¶コン([生]天保14(1843)年), 幕末(うちやまたろううえもん　[生]天保12(1841)年　[没]元治1(1864)年7月20日)

内山椿軒* うちやまちんけん
享保8(1723)年〜天明8(1788)年11月9日　江戸時代中期の歌人、儒学者。天明狂歌の祖。
¶徳人

内山永明 うちやまながあき
江戸時代後期〜明治時代の算学者。信州永熊の人。
¶数学([生]文化1(1804)年7月24日　[没]明治8(1875)年11月16日)

内山永清 うちやまながきよ
江戸時代中期の徳川家治の近習。
¶徳将([生]1722年　[没]?)

内山永貞 うちやまながさだ
江戸時代中期の代官。
¶徳代([生]?　[没]宝永5(1708)年7月25日)

内山永恭 うちやまながのり
江戸時代中期〜後期の幕臣。
¶徳人([生]1749年　[没]1823年)

内山彦次郎* うちやまひこじろう
?〜元治1(1864)年5月20日　江戸時代末期の大坂西町奉行与力。
¶コン, 幕末

内山真竜* うちやままたつ
元文5(1740)年〜文政4(1821)年　江戸時代中期〜後期の国学者。
¶コン, 思想

内山真弓* うちやままゆみ
天明6(1786)年〜嘉永5(1852)年　江戸時代後期の歌人。桂園派。
¶コン

内山元次郎* うちやまもとじろう
江戸時代末期の新撰組隊士。
¶新隊(生没年不詳)

内山弥右衛門尉* うちやまやえもんのじょう
戦国時代〜安土桃山時代の武将。後北条氏家臣。
¶後北(弥右衛門尉〔内山〕　やえもんのじょう)

内山之昌 うちやまゆきまさ
江戸時代後期〜末期の幕臣。
¶徳人([生]1797年　[没]1864年)

内山良隆 うちやまよしたか
⇒内山隆佐(うちやまたかすけ)

内山隆佐 うちやまりゅうすけ
⇒内山隆佐(うちやまたかすけ)

宇中*(芋中) うちゅう
?〜享保10(1725)年頃　江戸時代中期の俳人。
¶俳文(生没年不詳)

烏頂* うちょう
生没年不詳　江戸時代後期の俳人。
¶俳文

雨調 うちょう★
江戸時代中期の女性。俳諧。加賀の人。安永6年刊、堀麦水編『新虚栗』に載る。
¶江表(雨調(石川県))

団扇屋 うちわや
戦国時代の吉田の富士山御師。
¶武田(生没年不詳)

羽通 うつう★
江戸時代後期の女性。俳諧。越前敦賀の人。天保13年雪窓下素由編「聖節」に載る。
¶江表(羽通(福井県))

雨月 うつき★
江戸時代中期の女性。俳諧。越前福井の人。延享1年刊、蘭蘭舎一色坊撰『いつか月』に載る。
¶江表(雨月(福井県))

宇津木氏久 うつぎうじひさ
戦国時代〜安土桃山時代の武田勝頼・北条高広・北条氏政・氏直の家臣。
¶後北(氏久〔宇津木〕　うじひさ)

宇津木景福 うつぎかげよし
⇒宇津木六之丞(うつきろくのじょう)

宇都木謹吾* うつききんご
生没年不詳　江戸時代末期の播磨姫路藩士。
¶幕末

宇津木昆台* うつきこんだい, うつぎこんだい
安永8(1779)年〜嘉永1(1848)年　江戸時代後期の医師。
¶科学([没]嘉永1(1848)年5月7日), コン

宇津木下総守* うつぎしもうさのかみ
生没年不詳　戦国時代の上野国衆。
¶武田

う

う

宇津木静区* うつぎせいく
文化6(1809)年〜天保8(1837)年2月18日　[別]宇津木静斎(うつぎせいさい)　江戸時代後期の儒学者。
¶コン

宇津木静斎 うつぎせいさい
⇒宇津木静区(うつぎせいく)

宇津木泰朝 うつぎやすとも
安土桃山時代の北条氏直の家臣。兵庫助。氏久の嫡男。小田原開城後父と共に井伊直政に仕えた。
¶後北(泰朝〔宇津木〕　やすとも)

宇津木六之丞*(宇都木六之丞)　うつきろくのじょう，うつぎろくのじょう
文化6(1809)年〜文久2(1862)年　[別]宇津木景福(うつぎかげよし)　江戸時代末期の近江彦根藩士。井伊直弼を補佐。
¶江人，コン，全幕(うつぎろくのじょう)，徳将(宇津木景福　うつぎかげよし)，幕末(うつぎろくのじょう　[没]文久2(1862)年10月27日)

寵*(寵)　うつく
生没年不詳　平安時代前期の歌人。
¶古人(寵)

宇都健* うつけん
文政5(1822)年〜明治32(1899)年　江戸時代末期〜明治時代の日出藩士。
¶幕末([没]明治32(1899)年7月11日)

鬱色雄命* うつしこおのみこと
上代の孝元天皇の皇后鬱色謎命の兄。
¶古代

鬱色謎命* うつしこめのみこと
上代の女性。孝元天皇の皇后。
¶古代，天皇(生没年不詳)

打它光軌 うつだみつのり
⇒打它光軌(うだみつのり)

宇都宮氏綱* うつのみやうじつな
嘉暦1(1326)年〜建徳1/応安3(1370)年　南北朝時代の武将。
¶コン，内乱([没]応安3(1370)年)，室町

宇都宮興綱* うつのみやおきつな
文明7(1475)年〜天文5(1536)年　[別]芳賀興綱(はがおきつな)　戦国時代の武士。
¶全戦

宇都宮角治* うつのみやかくじ
寛政11(1799)年〜明治11(1878)年　江戸時代末期〜明治時代の高山石灰業の祖。高山浦小僧都で石灰製造を始める。
¶幕末([没]明治11(1878)年1月)

宇都宮景綱* うつのみやかげつな
嘉禎1(1235)年〜永仁6(1298)年　鎌倉時代後期の武将。将軍宗尊親王の評定衆。
¶コン

宇都宮公綱 うつのみやきみつな
⇒宇都宮公綱(うつのみやきんつな)

宇都宮堯民*(宇都宮堯珉)　うつのみやぎょうみん
文政3(1820)年〜慶応2(1866)年　江戸時代末期の修験僧。
¶コン(宇都宮堯珉)，幕末(宇都宮堯珉　[没]慶応2(1866)年8月1日)

宇都宮公綱* うつのみやきんつな
乾元1(1302)年〜正平11/延文1(1356)年　[別]宇都宮公綱(うつのみやきみつな)　鎌倉時代後期〜南北朝時代の武将。南朝方。
¶コン(うつのみやきみつな　[生]正安3(1301)年)，内乱([没]延文1(1356)年)，室町

宇都宮国綱* うつのみやくにつな
永禄11(1568)年〜慶長12(1607)年　安土桃山時代〜江戸時代前期の武将。
¶コン，全戦，戦武，内乱([生]永禄11(1567)年)

宇都宮三郎* うつのみやさぶろう
天保5(1834)年10月15日〜明治35(1902)年7月23日　江戸時代末期〜明治時代の蘭学者、化学技術者。
¶江人，科学，コン，幕末

宇都宮成綱* うつのみやしげつな
応仁2(1468)年〜永正13(1516)年12月8日　戦国時代の武士。
¶室町

宇都宮慎吾* うつのみやしんご
生没年不詳　江戸時代末期の薩摩藩士、医師。
¶幕末

宇都宮隆房* うつのみやたかふさ
元徳1(1329)年〜正平14/延文4(1359)年　南北朝時代の武将。
¶コン

宇都宮忠綱* うつのみやただつな
明応5(1496)年〜大永7(1527)年　戦国時代の武将。
¶コン

宇都宮朝綱* うつのみやともつな
保安3(1122)年〜元久1(1204)年　平安時代後期〜鎌倉時代前期の武将。
¶内乱(生没年不詳)，平家(生没年不詳)

宇都宮等綱* うつのみやともつな
応永27(1420)年〜寛正1(1460)年　[別]宇都宮等綱(うつのみやひとつな)　室町時代の武将。
¶室町(うつのみやひとつな　[没]長禄4(1460)年)

宇都宮朝業* うつのみやともなり
?〜宝治2(1248)年　[別]塩谷朝業(しおやともなり)，信正(しんしょう)，藤原朝業(ふじわらともなり，ふじわらのあさなり，ふじわらのともなり)　鎌倉時代前期の歌人。宇都宮歌壇の基礎を作った。
¶古人(藤原朝業　ふじわらのともなり　生没年不詳)

宇都宮豊綱* うつのみやとよつな
?〜天正13(1585)年　安土桃山時代の武将、伊予大洲城主。
¶全戦

宇都宮遯庵* うつのみやとんあん
寛永10(1633)年〜宝永4(1707)年10月10日　[別]遯庵(とんあん)　江戸時代前期〜中期の儒学者。
¶コン([生]寛永10(1633年/1634)年　[没]宝永6(1709年/1710)年)，思想，俳文(遯庵　とんあん　[生]寛永10(1633)年2月晦日)

宇都宮長房* うつのみやながふさ
永正3(1506)年〜天正16(1588)年　[別]城井長房(きいながふさ)　戦国時代〜安土桃山時代の武士。
¶戦武(城井長房　きいながふさ)

宇都宮信房* うつのみやのぶふさ
保元1(1156)年～文暦1(1234)年 ㊞中原信房(なかはらののぶふさ,なかはらのぶふさ) 平安時代後期～鎌倉時代前期の武将。源頼朝の御家人。
¶古人,古人(中原信房 なかはらののぶふさ 生没年不詳),コン

宇都宮尚綱 うつのみやひさつな
永正9(1512)年～天文18(1549)年 戦国時代の武士。
¶全戦,戦武(㊞永正10(1513)年),室町(㊞永正10(1513)年)

宇都宮等綱 うつのみやひとつな
⇒宇都宮等綱(うつのみやともつな)

宇都宮広綱* うつのみやひろつな
天文14(1545)年～天正8(1580)年8月7日 ㊞加賀寿丸(かがじゅまる) 安土桃山時代の武将。
¶全戦,戦武(㊞天文12(1543)年)

宇都宮正頤* うつのみやまさあき
文化12(1815)年～明治18(1885)年 江戸時代後期～明治時代の尊攘運動家。
¶コン,幕末(㊤明治18(1885)年3月)

宇都宮夢大 うつのみやむだい
江戸時代後期～明治時代の俳人。
¶俳文(㊞文政5(1822)年6月25日 ㊤明治42(1909)年8月24日)

宇都宮黙霖* うつのみやもくりん
文政7(1824)年～明治30(1897)年9月15日 江戸時代末期～明治時代の勤王僧。勤王の志士と交わり安政の大獄に連座,僧籍のため釈放さる。維新後は湊川神社・男山八幡宮の神官。
¶コン,思想,幕末(㊞文政7(1824)年9月)

宇都宮持綱 うつのみやもちつな
応永2(1395)年～応永30(1423)年 室町時代の武将。京都御扶持衆。
¶内乱(㊞応永3(1396)年)

宇都宮基綱 うつのみやもとつな
正平5/観応1(1350)年～天授6/康暦2(1380)年 南北朝時代の武将。
¶中世,内乱(㊞観応1(1350)年 ㊤康暦2(1380)年),室町

宇都宮頼綱* うつのみやよりつな
承安2(1172)年～正元1(1259)年11月12日 ㊞蓮生(れんしょう) 鎌倉時代前期の武将,歌人。
¶古人,コン,中世,内乱

宇都宮竜山* (宇都宮龍山) うつのみやりゅうざん
享和3(1803)年～明治19(1886)年 江戸時代末期～明治時代の儒学者,山林奉行,新谷藩校教授,私塾朝陽館教師。備後の三原・尾道で儒学を講じ,三原藩の儒官となり藩政に参与。
¶コン

宇都宮良左衛門* うつのみやりょうざえもん
天保8(1837)年～明治10(1877)年 江戸時代末期～明治時代の鹿児島県士族。西郷隆盛の挙兵に従い六番大隊七番小隊士。
¶幕末(㊤明治10(1877)年2月22日)

うつは
江戸時代後期の女性。俳諧。河内の人。寛政3年刊,素丸編,起早庵稲後1周忌追善集『こぞのなつ』に載る。

¶江表(うつは(山梨県))

内海石太郎* うつみいしたろう
?～文久3(1863)年 江戸時代末期の長門長府藩士。
¶幕末(㊤文久3(1863)年10月25日)

内海吉造* (──〔4代〕) うつみきちぞう
天保2(1831)年～明治18(1885)年 ㊞内海吉造(うつみよしぞう) 江戸時代末期～明治時代の陶画工。錦窯の改良,赤色顔料の新たな使用法に尽力。
¶幕末(うつみよしぞう ㊤明治18(1885)年11月),美工(〔4代〕)

内海吉堂 うつみきちどう
江戸時代後期～大正時代の日本画家。
¶美画(㊞嘉永2(1849)年12月3日 ㊤大正14(1925)年10月9日)

内海五左衛門* うつみござえもん
文化2(1805)年～明治23(1890)年 江戸時代末期～明治時代の長州藩主膳部選米役。稲種の改良試作に尽力。
¶幕末(㊞文化2(1805)年1月10日 ㊤明治23(1890)年11月27日)

内海作兵衛* うつみさくべえ
寛永1(1624)年～宝永3(1706)年 江戸時代前期～中期の豊前中津藩大工頭。
¶コン(生没年不詳)

内海次郎 うつみじろう
⇒内海次郎(うちうみじろう)

内海忠勝 うつみただかつ
江戸時代末期～明治時代の政治家。
¶コン(㊞天保14(1843)年 ㊤明治38(1905)年)

内海継之* うつみつぐゆき
宝暦7(1757)年～文化11(1814)年 江戸時代後期の大庄屋。
¶コン

内海兵吉* うつみひょうきち
文政10(1827)年～明治40(1907)年 江戸時代末期～明治時代のパン屋。横浜のパン屋の元祖。
¶幕末

内海吉造 うつみよしぞう
⇒内海吉造(うつみきちぞう)

内海利貞 うつみりてい
㊞内海利貞(うつみとしさだ) 江戸時代後期～明治時代の幕臣,開拓使職員。
¶徳人(うつみとしさだ 生没年不詳),徳代(㊞天保1(1830)年 ㊤?)

海住山清房* うつやまきよふさ
?～文安5(1448)年6月18日 室町時代の公卿(権大納言)。中納言九条氏房の子。
¶公卿,公家(清房〔海住山家(絶家)〕 きよふさ)

海住山高清 うつやまたかきよ
永享7(1435)年～長享2(1488)年 ㊞海住山高清(かいじゅせんたかきよ) 室町時代～戦国時代の公卿(権大納言)。権大納言海住山清房の子。
¶公卿,公家(高清〔海住山家(絶家)〕 たかきよ)

宇津頼重* うつよりしげ
生没年不詳 安土桃山時代の織田信長の家臣。
¶織田

右貞　うてい★
江戸時代中期の女性。俳諧。京都の人。元禄4年刊、林鴻著『俳諧京羽二重』に載る。
¶江表（右貞（京都府））

烏亭焉馬〔1代〕*　うていえんば
寛保3（1743）年〜文政5（1822）年6月2日　[別]和泉屋和助（いずみやわすけ），柿八斎，柿発斎（かきはっさい），立川焉馬，立川焉馬〔1代〕（たてかわえんば），談州楼（だんしゅうろう），桃栗山人（とうりさんじん），中村利貞（なかむらとしさだ），野見釿言墨金（のみちょうなこんすかね）　江戸時代中期〜後期の戯作者。安永9年〜文化12年頃に活躍。
¶浮絵（代数なし），江人（代数なし），歌大（立川焉馬　たてかわえんば），コン（代数なし），日文（代数なし）

烏亭焉馬〔2代〕*　うていえんば
寛政4（1792）年〜文久2（1862）年7月23日　[別]松寿庵永年（しょうじゅあんえいねん），立川焉馬〔2代〕（たてかわえんば），近松門左衛門〔2代〕（ちかまつもんざえもん），七国楼（ななこくろう），蓬莱山人〔2代〕（ほうらいさんじん），山崎助右衛門（やまざきすけえもん）　江戸時代末期の歌舞伎作者。文政11年〜弘化3年頃に活躍。
¶コン（代数なし）

台直須弥*　うてなのあたいすみ
飛鳥時代の臨時地方官。
¶古代

台宿奈麻呂　うてなのすくなまろ
飛鳥時代の官人。少麻呂とも書く。
¶古人（生没年不詳）

台八嶋　うてなのやしま
飛鳥時代の官人。
¶古人（生没年不詳）

雨塘（——〔2代〕）　うとう
⇒小河原雨塘（おがわらうとう）

于当*　うとう
？〜文政11（1828）年　江戸時代後期の俳人。
¶俳文（[生]宝暦13（1763）年　[没]文政11（1828）年12月12日）

善知鳥安方*　うとうやすかた
浄瑠璃「奥州安達原」（宝暦12）、読本「善知鳥安方忠義伝」（文化3）などの登場人物。
¶コン

宇都純随*　うとじゅんずい
弘化4（1847）年〜明治18（1885）年　江戸時代末期〜明治時代の鹿児島県士族。陸軍中尉兼権大警部として西郷軍と参戦。
¶幕末（[没]明治18（1885）年5月1日）

宇土為光*　うとためみつ
？〜文亀3（1503）年？　戦国時代の武将。
¶室町（[没]文亀3（1503）年）

鵜殿氏長*　うどのうじなが
天文18（1549）年〜寛永1（1624）年　安土桃山時代〜江戸時代前期の武士。今川氏家臣、徳川氏家臣。
¶徳人

鵜殿鳩翁　うどのきゅうおう
⇒鵜殿長鋭（うどのながとし）

鵜殿士寧*　うどのしねい
宝永7（1710）年〜安永3（1774）年　江戸時代中期の儒者、漢詞者。古文辞の大家。
¶コン，徳人

鵜殿団次郎*　うどのだんじろう
天保2（1831）年〜明治1（1868）年　江戸時代末期〜明治時代の蘭学者、蕃書調所教授。越前大野藩の藩船大野丸で樺太調査を実施。後に幕府に招かれ軍艦役。
¶科学（[没]明治1（1868）年12月9日），コン，数学（[生]天保2（1831）年1月），全幕，徳人，幕末（[没]明治1（1869）年12月9日）

鵜殿藤助　うどのとうすけ
江戸時代前期の武士。堀内氏善の旗下。
¶大坂

鵜殿長居　うどのながおき
江戸時代中期の幕臣。
¶徳人（[生]1763年　[没]？）

鵜殿長照*　うどのながてる
？〜永禄5（1562）年　戦国時代の武将。今川氏家臣。
¶戦武

鵜殿長鋭*　うどのながとし
文化5（1808）年〜明治2（1869）年　[別]鵜殿鳩翁（うどのきゅうおう）　江戸時代末期の幕臣、駿府町奉行。
¶徳人，幕末（鵜殿鳩翁　うどのきゅうおう　[没]明治2（1869）年6月6日）

鵜殿長直　うどのながなお
江戸時代前期の幕臣。
¶徳人（[生]？　[没]1633年）

鵜殿長寛　うどのながひろ
江戸時代前期の幕臣。
¶徳人（[生]？　[没]1664年）

鵜殿長逵　うどのながみち
江戸時代中期の幕臣。
¶徳人（[生]1709年　[没]1771年）

鵜殿長持*　うどのながもち
？〜弘治3（1557）年　戦国時代の武将。今川氏家臣。
¶戦武（[没]弘治3（1557）年？）

鵜殿平七*　うどのへいしち
安永3（1774）年〜安政1（1854）年　江戸時代後期の水戸藩士。
¶幕末（[没]嘉永7（1854）年2月22日）

鵜殿余野子*　うどのよのこ
享保14（1729）年〜天明8（1788）年　江戸時代中期の女性。歌人。
¶江表（余野子（和歌山県）），コン，詩作（[生]？），女文（[没]天明8（1788）年11月20日）

有度部黒背　うとべのくろせ
奈良時代の官人。
¶古人（生没年不詳）

菟原壮士　うないおとこ
⇒菟原壮士（うなひおとこ）

菟原処女*　うないおとめ
[別]菟原処女（うなひおとめ）　摂津国菟原郡葦屋郷の伝説の女性。
¶古代（うなひおとめ），コン，女史

海上随鷗　うなかみずいおう，うながみずいおう
⇒稲村三伯（いなむらさんぱく）

海上胤保*　うなかみたねやす
生没年不詳　戦国時代の千葉邦胤の家臣。
¶後北（胤保〔海上〕　たねやす）

海上安是之嬢子*　うなかみのあぜのいらつめ
伝説の女性。童子女松原の主人公。
¶古代，女史

海上五十狭茅*　うなかみのいさち
上代の祭官。
¶古代

菟上王*　うなかみのおう
上代の開化天皇の孫。
¶古代

海上女王（海上女皇）　うなかみのおおきみ
⇒海上女王（うながみのじょおう）

海上女王*　うながみのじょおう，うなかみのじょおう
生没年不詳　[別]海上女王（うなかみのおおきみ），海上女皇（うなかみのおおぎみ）　奈良時代の女性。志貴王（春日宮天皇）の娘。
¶古人（うなかみのじょおう）

海上三狩*　うなかみのみかり
[別]三狩王（みかりのおう）　奈良時代～平安時代前期の遣唐判官。
¶古人（三狩王　みかりのおう　生没年不詳）

海上良胤　うなかみよしたね
江戸時代中期の代官。
¶徳代（[生]元禄2（1689）年　[没]寛延3（1750）年10月25日）

宇奈古*　うなこ
奈良時代の俘囚の族長。
¶古人（生没年不詳），古代

菟名古夫人　うなこのぶにん
飛鳥時代の女性。敏達天皇夫人。
¶古人（生没年不詳）

菟名手*　うなて
上代の国前臣・豊国直の祖。
¶古代

海原典利　うなはらののりとし
平安時代後期の官人。
¶古人（生没年不詳）

海原典宗　うなはらののりむね
平安時代中期の典薬寮医師。
¶古人（生没年不詳）

菟原壮士*　うなひおとこ
[別]菟原壮士（うないおとこ）　上代の万葉歌中の伝説の男。
¶古代

菟原処女　うなひおとめ
⇒菟原処女（うないおとめ）

宇奈比売*　うなひめ
上代の女性。執政大臣服部弥蘇連の娘。
¶古代

宇奴男人*　うぬのおひと
[別]宇努首黒人，宇奴首男人（うののおびとおひと）　奈良時代の官人。
¶古人（宇努男人　生没年不詳），古代（宇奴首男人　うののおびとおひと）

鵜沼国蒙*　うぬまこくもう
天保3（1832）年～明治43（1910）年　江戸時代末期～明治時代の政治家，教育者。初代亀田町長，草創期の町政発展に尽力。
¶幕末（[没]明治43（1910）年12月1日）

うね
江戸時代中期の女性。俳諧。元禄13年序，琴平の木村寸木編『金毘羅会』に載る。
¶江表（うね（香川県））

うね女　うねじょ*
江戸時代後期の女性。俳諧。郡山の人。文政2年刊，安藤子容編『浅香風』に載る。
¶江表（うね女（福島県））

采澄胤　うねのすみたね
平安時代中期の官人。
¶古人（生没年不詳）

雲飛浄水　うねびのきよみず
奈良時代の官人。
¶古人（生没年不詳）

畝火豊足　うねびのとよたり
奈良時代の官人。
¶古人（生没年不詳）

采女*　うねめ
生没年不詳　江戸時代前期の女性。江戸新吉原雁金屋の遊女。
¶江表（采女（東京都））

采女王　うねめのおう
奈良時代の和気王の子。和気王の謀反事件に坐し属籍を削られる。
¶古人（生没年不詳）

采女臣竹羅　うねめのおみちくら
⇒采女竹羅（うねめのちくら）

采女臣摩礼志*　うねめのおみまれし
飛鳥時代の大夫。
¶古代

采女浄庭　うねめのきよにわ
奈良時代の官人。
¶古人（生没年不詳）

采女為方　うねめのためかた
平安時代中期の官人。
¶古人（生没年不詳）

采女竹羅*　うねめのちくら
生没年不詳　[別]采女臣竹羅（うねめのおみちくら）　奈良時代の官人，遣新羅大使。
¶古人，古代（采女臣竹羅　うねめのおみちくら），コン

采女人　うねめのひと
奈良時代の官人。
¶古人（生没年不詳）

采女枚夫*　うねめのひらぶ，うねめのひらふ
生没年不詳　[別]采女朝臣枚夫（うねめのあそんひらぶ）　飛鳥時代～奈良時代の官吏。
¶古人（うねめのひらふ），古代（采女朝臣枚夫　うねめのあそんひらぶ）

う

采女益継* (采女益継)　**うねめのますつぐ**
生没年不詳　平安時代前期の左近衛府の近衛。
¶古人(采女益継)

采女宅守　**うねめのやかもり**
奈良時代の官人。
¶古人(生没年不詳)

うね世・畝世　**うねよ***
江戸時代後期の女性。俳諧。黒沢の渡辺家9代六郎兵衛の娘。文政5年刊、佐々木宇喬編、宇喬の父佐々木宇考追善集『ひとつ松』に載る。
¶江表(うね世・畝世(山形県))

うの(1)
江戸時代中期の女性。俳諧。豊前小倉の人。宝永3年序、乏志堂貞義編『心ひとつ』に載る。
¶江表(うの(福岡県))

うの(2)
⇒谷梅処(たにばいしょ)

うの・宇野
江戸時代後期の女性。俳諧。府中連第7代鶯亭浅井甫翠の娘。天保9年刊、玉澗居松軒編、追善集『鳥のかたみ』に載る。
¶江表(うの・宇野(福井県))

宇野家治*　**うのいえはる**
?～永禄10(1567)年10月20日　戦国時代～安土桃山時代の北条氏の家臣。
¶後北(家治〔宇野(1)〕　いえはる)

宇野右衛門介　**うのえもんのすけ**
江戸時代前期の武士。大坂の陣で籠城。
¶大坂([没]万治2年)

宇野喜大夫治昌　**うのきだゆうはるまさ**
江戸時代前期の紀伊国伊都郡四村荘星山村の人。
¶大坂

宇野喜兵衛　**うのきへい**
江戸時代中期の眼科医。
¶眼医(生没年不詳)

鵜木孫兵衛*　**うのきまごべえ**
江戸時代末期の薩摩藩士。
¶幕末(生没年不詳)

宇野金太郎*　**うのきんたろう**
文政11(1828)年～文久2(1862)年　江戸時代末期の剣術師範。
¶幕末([没]文久2(1862)年8月19日)

宇野君道　**うのくんどう**
江戸時代後期の眼科医。
¶眼医(生没年不詳)

宇野之堅*　**うのこれかた**
天保5(1834)年～明治31(1898)年　江戸時代末期～明治時代の教育者。藩校の舎長に任命される。
¶幕末

宇野定治*　**うのさだはる**
?～弘治2(1556)年11月24日　戦国時代の武士。北条氏の家臣。
¶後北(定治〔宇野(1)〕　さだはる)

宇野士新　**うのししん**
⇒宇野明霞(うのめいか)

宇野十兵衛　**うのじゅうびょうえ**
江戸時代前期の武士。大坂の陣で籠城。
¶大坂([没]慶長20年5月6日)

宇野次郎兵衛　**うのじろ(う)びょうえ**
江戸時代前期の豊臣秀頼の旗本。
¶大坂

宇野貴信　**うのたかのぶ**
江戸時代中期の和算家。
¶数学

鵜野筑後入道　**うのちくごにゅうどう**
戦国時代の北条氏綱・為昌の家臣。
¶後北(筑後入道〔鵜野〕　ちくごにゅうどう)

宇野長斎　**うのちょうさい**
⇒六郷新三郎〔1代〕(ろくごうしんざぶろう)

宇野長七　**うのちょうしち**
⇒六郷新三郎〔1代〕(ろくごうしんざぶろう)

宇努首黒人 (宇奴首男人)　**うののおびとおひと**
⇒宇奴男人(うぬのおひと)

鸕野讃良皇女　**うののさららのおうじょ**
⇒持統天皇(じとうてんのう)

うのめ
江戸時代後期の女性。俳諧。若松の薄治右衛門の母。嘉永5年序、喜多方の宗匠伊藤杂年編『会津俳諧百家集』に載る。
¶江表(うのめ(福島県))

宇の女　**うのめ***
江戸時代後期の女性。俳諧。須賀川の俳人村越雲重の妻。
¶江表(宇の女(福島県)　[没]天保3(1832)年)

宇野明霞*　**うのめいか**
元禄11(1698)年～延享2(1745)年　[別]宇野士新(うのししん)　江戸時代中期の儒者。
¶コン

鸕鷀守皇女　**うのもりのこうじょ**
⇒鸕鷀守皇女(うもりのこうじょ)

宇野主水*(1)　**うのもんど**
生没年不詳　安土桃山時代の本願寺門主顕如の右筆。
¶コン

宇野主水(2)　**うのもんど**
安土桃山時代の北条氏政・氏直家臣佐野新八郎の同心。
¶後北(主水〔宇野(2)〕　もんど)

宇野吉治*　**うのよしはる**
?～慶長18(1613)年11月20日　安土桃山時代～江戸時代前期の武士。北条氏家臣。
¶後北(吉治〔宇野(1)〕　よしはる)

宇野与左衛門親基　**うのよそうざえもんちかもと**
江戸時代前期の武士。大坂の陣で籠城。
¶大坂

雨柏　**うはく***
江戸時代中期の女性。俳諧。宇都宮の人。安永6年俳人万歳堂宝馬が下野を旅し『誹諧下毛のはな』を著した。その中の諸家俳句に収載される。
¶江表(雨柏(栃木県))

宇白の母　うはくのはは★
江戸時代中期の女性。俳諧。安芸広島の人。宝暦8年刊、魯坰と山崎杏雨序、多賀庵風律跋、宇白編『柴のほまれ』上に載る。
¶江表（宇白の母（広島県））

姥尉輔〔1代〕　うばじょうすけ
⇒鶴屋南北〔4代〕（つるやなんぼく）

姥尉輔〔2代〕　うばじょうすけ
⇒鶴屋南北〔5代〕（つるやなんぼく）

右兵衛局*　うひょうえのつぼね
？～宝暦13（1763）年　[別]藤原氏（入江相尚女）（ふじわらし）　江戸時代前期の女性。霊元天皇の宮人。
¶天皇（藤原氏（入江相尚女）　ふじわらし　[没]宝暦13（1763）年8月16日）

承察度　うふさと
⇒承察度（しょうさっと）

馬　うま★
江戸時代末期の女性。和歌。長田作兵衛の母。安政5年刊、能代繁里編『類題和歌清渚集』に載る。
¶江表（馬（大阪府））

馬飼首歌依*　うまかいのおびとうたより
飛鳥時代の罪人。
¶古代

馬養人上*　うまかいのひとがみ
生没年不詳　[別]馬養造人上（うまかいのみやつこひとがみ）　奈良時代の地方豪族。
¶古代（馬養造人上　うまかいのみやつこひとがみ）

馬養造人上　うまかいのみやつこひとがみ
⇒馬養人上（うまかいのひとがみ）

味酒浄成*　うまざけのきよなり
生没年不詳　平安時代前期の大学寮の直講。
¶古人

味酒文雄　うまさけのふみお
平安時代前期の官人。左京の人。
¶古人（生没年不詳）

甘美内宿禰*　うましうちのすくね
上代の建内宿禰の異母弟、山代内臣の祖。
¶古代

馬路五郎右衛門*　うまじごろうえもん
生没年不詳　安土桃山時代の織田信長の家臣。
¶織田

甘美媛*　うましひめ
生没年不詳　飛鳥時代の女性。河辺臣瓊缶の妻。
¶古人, 古代

可美真手命*　うましまでのみこと
上代の物部氏らの伝説上の先祖。
¶古代

馬詰栄馬*　うまづめえいま
天保12（1841）年～明治20（1887）年　江戸時代末期～明治時代の武芸家。両刀使いの達人。
¶幕末（[没]明治20（1887）年5月7日）

馬内侍*　うまのないし
生没年不詳　[別]馬内侍（くらのないし）　平安時代中期の女性。歌人。梨壺の五歌仙の一人。
¶古人, 古人, コン, 詩作, 女史, 女文, 日文

馬毘登国人*　うまのひとくにひと
[別]馬国人（うまのくにひと）　奈良時代の下級官人。
¶古人（馬国人　うまのくにひと　生没年不詳）, 古代

馬夷麻呂*（馬比奈麻呂）　うまのひなまろ
生没年不詳　奈良時代の官僚。渡来系氏族。
¶古人（馬比奈麻呂）, コン

馬益万呂　うまのますまろ
奈良時代の官人。
¶古人（生没年不詳）

厩戸皇子　うまやどのおうじ
⇒聖徳太子（しょうとくたいし）

厩戸皇子　うまやどのみこ
⇒聖徳太子（しょうとくたいし）

馬屋原彰*　うまやばらあきら
弘化1（1844）年～大正8（1919）年　江戸時代末期～明治時代の長州（萩）藩士。
¶幕末（[生]天保15（1844）年2月13日　[没]大正8（1919）年1月8日）

茨田王　うまらだのおおきみ
⇒茨田王（まんだのおおきみ）

海内果*　うみうちはたす
嘉永3（1850）年～明治14（1881）年　江戸時代末期～明治時代の自由民権運動家。地租改正などに対して論陣を張る。
¶幕末（[没]明治14（1881）年8月）

思加那　うみかな
江戸時代中期の女性。元祖・大宗。仲浜家、仲尾次家の女性の元祖。
¶江表（思加那（沖縄県））

海幸彦　うみさちひこ
⇒火照命（ほでりのみこと）

海幸彦・山幸彦(1)　うみさちひこ・やまさちひこ
⇒彦火火出見尊（ひこほほでみのみこと）

海幸彦・山幸彦(2)　うみさちひこ・やまさちひこ
⇒火照命（ほでりのみこと）

海幸・山幸(1)　うみさち・やまさち
⇒彦火火出見尊（ひこほほでみのみこと）

海幸・山幸(2)　うみさち・やまさち
⇒火照命（ほでりのみこと）

海田相保*　うみたすけやす
[別]海田相保（かいだすけやす, かいだそうほ）　室町時代の画家。
¶美画（かいだすけやす　生没年不詳）

海野慎八　うみのしんぱち
⇒佐野竹之介（さのたけのすけ）

うめ(1)
江戸時代の女性。俳諧。赤津の三室氏。明治27年刊、土屋麓編『下毛友かき』に載る。
¶江表（うめ（栃木県））

うめ(2)
江戸時代後期の女性。俳諧。富山の人。寛政13年刊、成田蒼虬編『花供養』に載る。
¶江表（うめ（富山県））

う

うめ(3)
江戸時代後期の女性。和歌。能美氏。天保11年刊、上田堂山編『延齢松詩歌前集』に載る。
¶江表(うめ(山口県))

うめ(4)
江戸時代末期の女性。俳諧。安政年間刊、広舌庵太年編『牛のあゆみ』に載る。
¶江表(うめ(宮城県))

うめ(5)
江戸時代末期の女性。俳諧。越後新津の人。安政2年序、僧大英撰「北越三雅集」に載る。
¶江表(うめ(新潟県))

宇梅　うめ★
江戸時代中期の女性。俳諧。明和5年序、松露庵三世烏明編、鳥酔社中月次集『はいかゐ雲と鳥』に載る。
¶江表(宇梅(東京都))

梅(1)　**うめ**★
江戸時代中期の女性。俳諧。元禄4年頃刊、水間沾徳編『文蓬萊』に載る。
¶江表(梅(東京都))

梅(2)　**うめ**★
江戸時代中期の女性。宗教。富士講中興の祖、食行身禄こと伊藤伊兵衛と吟の長女。
¶江表(梅(東京都)　[生]正徳4(1714)年　[没]明和6(1769)年)

梅(3)　**うめ**★
江戸時代中期の女性。俳諧。大津太間町の俳人窪田松琵の娘。享保9年刊、松琵編、正秀一周忌追善集『水の友』に載る。
¶江表(梅(滋賀県))

梅(4)　**うめ**★
江戸時代中期～後期の女性。旅日記・和歌。遠江浜松の山田伊左衛門の娘。
¶江表(梅(静岡県)　[生]天明2(1782)年　[没]天保14(1843)年)

梅(5)　**うめ**★
江戸時代後期の女性。教育。幕臣、小普請組石山喜三郎の妻。
¶江表(梅(東京都)　[生]天保13(1842)年頃)

梅(6)　**うめ**★
江戸時代後期の女性。和歌。相模小田原藩の奥女中。文化11年刊、中山忠雄・河田正致編『柿本社奉納和歌集』に載る。
¶江表(梅(神奈川県))

梅(7)　**うめ**★
江戸時代後期～明治時代の女性。和歌。和歌山の国学者安田長左衛門穂並の妻。
¶江表(梅(和歌山県)　[生]文政13(1830)年　[没]明治12(1879)年)

梅(8)　**うめ**★
江戸時代末期の女性。俳諧。杋の五味氏の娘。
¶江表(梅(長野県)　[没]慶応2(1866)年)

烏明　うめい
⇒松露庵烏明(しょうろあんうめい)

梅市　うめいち★
江戸時代後期の女性。俳諧。駿河蓼原村の林文蔵良季の娘。
¶江表(梅市(静岡県)　[没]文政12(1829)年)

うめ尾　うめお★
江戸時代後期の女性。和歌。大村藩の奥女中。文化11年刊、中山忠雄・河田正致編『柿本社奉納和歌集』に載る。
¶江表(うめ尾(長崎県))

梅が枝＊　**うめがえ**
「ひらかな盛衰記」の登場人物。
¶コン

梅枝＊　**うめがえ**
？～永正2(1505)年11月7日　戦国時代の三条西実隆の任女。
¶女史

梅小路定矩＊　**うめがこうじさだかど**
元和5(1619)年11月6日～元禄8(1695)年11月28日　江戸時代前期の公家(権大納言)。梅小路家の祖。権大納言勧修寺共房の三男。
¶公卿,公家(定矩〔梅小路家〕　さだかね)

梅小路定喬＊　**うめがこうじさだたか**
元禄3(1690)年9月2日～享保12(1727)年7月15日　江戸時代中期の公家(非参議)。権大納言梅小路共方の次男。
¶公卿,公家(定喬〔梅小路家〕　さだたか)

梅小路定福　うめがこうじさだとみ
⇒梅小路定福(うめがこうじさだふく)

梅小路定福＊　**うめがこうじさだふく**
寛保3(1743)年1月16日～文化10(1813)年2月14日　[別]梅小路定福(うめがこうじさだとみ)　江戸時代中期～後期の公家(権大納言)。権大納言清閑寺秀定の次男。
¶公卿,公家(定福〔梅小路家〕　さだふく)

梅小路定肖＊　**うめがこうじさだゆき**
安永6(1777)年7月19日～天保8(1837)年6月18日　江戸時代後期の公家(参議)。権大納言清閑寺益房の次男。
¶公卿,公家(定肖〔梅小路家〕　さだゆき)

梅小路共方＊　**うめがこうじともかた**
承応2(1653)年12月14日～享保12(1727)年7月3日　江戸時代前期～中期の公家(権大納言)。権大納言梅小路定矩の子。
¶公卿,公家(共方〔梅小路家〕　ともかた)

梅川(1)　**うめがわ**
江戸時代中期の女性。大坂新町槌屋の抱え遊女。
¶女史(生没年不詳)

梅川(2)　**うめがわ**
⇒梅川・忠兵衛(うめがわ・ちゅうべえ)

梅川夏北＊　**うめかわかほく,うめかわかほく**
寛政11(1799)年～弘化4(1847)年2月6日　江戸時代後期の銅版師。
¶眼医(梅川夏北(重高)　うめかわかほく　生没年不詳)

梅川・忠兵衛＊　**うめがわ・ちゅうべえ**
[別]梅川(うめがわ)　江戸時代の情話主人公。
¶コン

梅喜　うめき★
江戸時代後期の女性。俳諧。天保期頃成立、星喜庵北因編『俳諧百人一首集』に載る。
¶江表(梅喜(東京都))

梅城　うめき
江戸時代末期の女性。和歌。玉造の富商で国学者で歌人佐々木春夫の息子の妻。慶応2年刊、村上忠順編『元治元年千首』に載る。
¶江表(梅城(大阪府))

梅木源平*　うめきげんぺい
天保6(1835)年～明治21(1888)年　江戸時代末期～明治時代の庄屋、政治家。幕末松山藩のため硝石を製造。
¶幕末([没]明治21(1888)年12月10日)

梅北国兼*　うめきたくにかね
？～文禄1(1592)年　[別]梅北国兼(ばいほくくにかね)　安土桃山時代の武将、島津氏の有力家臣。
¶コン,全戦,戦武,中世,内乱

梅子(1)　うめこ*
江戸時代の女性。和歌。川井氏。明治8年刊、橘東世子編「明治歌集」に載る。
¶江表(梅子(東京都))

梅子(2)　うめこ*
江戸時代の女性。和歌。大石氏。明治13年刊、藤岡恵美編『猴冠集』二に載る。
¶江表(梅子(高知県))

梅子(3)　うめこ*
江戸時代中期の女性。俳諧。会津の人。元禄15年～宝永成立、江戸の立羽不角編『瀬どり船』に載る。
¶江表(梅子(福島県))

梅子(4)　うめこ*
江戸時代中期の女性。俳諧。安芸佐伯郡廿日市の人。安永3年刊、多賀庵風律編『歳旦広島』に載る。
¶江表(梅子(広島県))

梅子(5)　うめこ*
江戸時代中期の女性。俳諧。大村の人。明和3年、熊本の俳人風斜が編んだ奉納句「蛍塚集」に載る。
¶江表(梅子(長崎県))

梅子(6)　うめこ*
江戸時代中期～後期の女性。紀行文・和歌。鑪事業を営む石見益田の藤井家六代目百三郎貞耀の娘。
¶江表(梅子(島根県)　[生]安永1(1772)年　[没]弘化3(1846)年)

梅子(7)　うめこ*
江戸時代後期の女性。和歌・紀行文。桃生郡和淵の庄屋武田恒之助の妻。
¶江表(梅子(宮城県)　[没]天保9(1838)年)

梅子(8)　うめこ*
江戸時代後期の女性。和歌・画。戯作者二世立川焉馬の妻。天保3年刊『諸家人名録書画帖』に載る。
¶江表(梅子(東京都))

梅子(9)　うめこ*
江戸時代後期の女性。画。天保6年頃より安政年間の書画会に名が載る。
¶江表(梅子(東京都))

梅子(10)　うめこ*
江戸時代後期の女性。和歌。膳所藩藩士小栗氏。天保14年跋、木内御年編『友のつとひ』に載る。
¶江表(梅子(滋賀県))

梅子(11)　うめこ*
江戸時代後期の女性。和歌。儒家で勤皇家山口俊樹の妻。嘉永1年刊、長沢伴雄編『類題和歌鴨川集』に載る。
¶江表(梅子(大阪府))

梅子(12)　うめこ*
江戸時代後期の女性。和歌。播磨姫路藩藩士本庄輔二の姉。天保7年刊、加納諸平編『類題鰒玉集』三に載る。
¶江表(梅子(兵庫県))

梅子(13)　うめこ*
江戸時代後期～明治時代の女性。和歌。幕臣萩原主水雅良の娘。
¶江表(梅子(徳島県)　[生]天保2(1831)年　[没]明治19(1886)年)

梅子(14)　うめこ*
江戸時代後期の女性。俳諧。積翠亭可十の妻。天保7年、奥田楓斎序、土佐城東赤岡の宇田松蔭社中の可橘編、『友千鳥』に載る。
¶江表(梅子(高知県))

梅子(15)　うめこ*
江戸時代後期～大正時代の女性。和歌・漢詩。笠間藩の侍医棚谷元善の娘。
¶江表(梅子(長崎県)　[生]弘化1(1844)年　[没]大正10(1921)年)

梅子(16)　うめこ*
江戸時代後期～末期の女性。和歌。備中長尾村の儒者で歌人小野泉蔵の娘。
¶江表(梅子(岡山県)　[生]享和2(1802)年　[没]安政3(1856)年)

梅子(17)　うめこ*
江戸時代末期の女性。俳諧。但馬浜坂の市原氏。安政6年刊、大方斎無外編『湧湯集』に載る。
¶江表(梅子(兵庫県))

梅子(18)　うめこ*
江戸時代末期の女性。和歌。丸亀の笠島屋の娘。嘉永7年刊、梶原藍水著『讃岐国名勝図会』に載る。
¶江表(梅子(香川県))

梅子(19)　うめこ*
江戸時代末期の女性。和歌。種崎の彼末氏。明治1年序、堀内清孝編「千松集」に載る。
¶江表(梅子(高知県))

梅子(20)　うめこ*
江戸時代末期～明治時代の女性。和歌。深川住の平野清兵衛の娘。慶応2年序、村上忠順編『元治元年千首』に載る。
¶江表(梅子(東京都))

梅子(21)　うめこ*
江戸時代末期～明治時代の女性。和歌・俳諧。高橋氏。
¶江表(梅子(京都府)　[没]明治13(1880)年)

梅子(22)　うめこ*
江戸時代末期～明治時代の女性。書簡。長門長州藩藩士進藤常右衛門俊昌の娘。
¶江表(梅子(山口県)　[没]明治8(1875)年)

梅子(23)　うめこ*
江戸時代末期～明治時代の女性。和歌。松沢氏。柳川藩士杉森小七郎憲正の妹。
¶江表(梅子(福岡県))

楳子　うめこ*
江戸時代末期の女性。和歌。徳島藩の奥女中。安

う

政3年序、江戸の国学者で歌人井上文雄編『摘英集』に載る。
¶江表(楳子(徳島県))

梅御　うめご
江戸時代後期の女性。俳諧。備後小泉の人。文化15年刊、多賀庵四世筵史編『夢のあした』に載る。
¶江表(梅御(広島県))

梅咲香　うめさきかおる
⇒小川香魚(おがわこうぎょ)

梅沢鉄次郎*　うめざわてつじろう
天保9(1838)年〜元治1(1864)年　江戸時代末期の水戸藩士。
¶幕末([没]元治1(1864)年8月12日)

梅沢敏　うめざわびん
江戸時代後期〜明治時代の幕臣。
¶幕末([生]弘化4(1847)年10月7日　[没]明治32(1899)年12月26日)

梅沢孫太郎*　うめざわまごたろう
文化14(1817)年〜明治14(1881)年　[別]梅沢守義(うめざわもりよし)　江戸時代後期〜明治時代の武士。
¶コン,徳人(梅沢守義　うめざわもりよし),幕末([没]明治14(1881)年5月20日)

梅沢道治　うめざわみちはる
*〜大正13(1924)年　江戸時代後期〜大正時代の仙台藩士。
¶全幕([生]嘉永5(1852)年),幕末([生]嘉永6(1853)年10月4日　[没]大正13(1924)年1月11日)

梅沢守義　うめざわもりよし
⇒梅沢孫太郎(うめざわまごたろう)

うめ女(1)　うめじょ★
江戸時代後期の女性。俳諧。中野の人。天保14年成立、味噌・醬油醸造家山岸梅塵編『あられ空』に載る。
¶江表(うめ女(長野県))

うめ女(2)　うめじょ★
江戸時代後期の女性。俳諧。上田の人。弘化3年刊、小蓑庵鹿鳴編『追善紅葉集』に載る。
¶江表(うめ女(長野県))

う免女　うめじょ★
江戸時代後期の女性。俳諧。谷戸の人。文政2年成立、鷹園蟹守序、野辺地馬城追善集『かれあやめ』に載る。
¶江表(う免女(山梨県))

梅女(1)　うめじょ★
江戸時代前期の女性。俳諧。宇和島の稲井為役の妻。寛文12年序、宇和島藩家老桑折宗臣編『大海集』に載る。
¶江表(梅女(愛媛県))

梅女*(2)　うめじょ
江戸時代中期の女性。俳人。
¶江表(梅(大分県))

梅女(3)　うめじょ★
江戸時代中期の女性。画。角館の蘭画家小野田直武の孫。
¶江表(梅女(秋田県))

梅女(4)　うめじょ★
江戸時代中期の女性。和歌。幕臣、数寄屋坊主竹内長林の母。明和5年刊、石野広通編「霞関集」に載る。
¶江表(梅女(東京都))

梅女(5)　うめじょ★
江戸時代中期の女性。俳諧。伊豆熱海の風志の娘。元禄13年序、大江三千風編『倭漢田鳥集』中に載る。
¶江表(梅女(静岡県))

梅女(6)　うめじょ★
江戸時代後期の女性。俳諧。能代の人。寛政9年成立、吉川五明序「早苗うた」に載る。
¶江表(梅女(秋田県))

梅女(7)　うめじょ★
江戸時代後期の女性。俳諧・和歌。佐藤太郎兵衛の妻。弘化1年、山口稲丸序、記念句集「米の春」に載る。
¶江表(梅女(山形県))

梅女(8)　うめじょ★
江戸時代後期の女性。俳諧。小浜町成田の人か。天保15年の春秋鳥穆主催「参宮記念摺」に載る。
¶江表(梅女(福島県))

梅女(9)　うめじょ★
江戸時代後期の女性。狂歌。下総水海道の狂歌師千代徳若とせき女の三女。文化14年刊、長姉辰女の夫徳人輯、徳若1周忌追悼集『花の雲』に載る。
¶江表(梅女(茨城県))

梅女(10)　うめじょ★
江戸時代後期の女性。和歌。尾張木田の豪農大館信勝と富枝の娘。
¶江表(梅女(愛知県)　[没]寛政4(1792)年)

梅女(11)　うめじょ★
江戸時代後期の女性。狂歌。尾張名古屋の有松の染物商近江屋伝兵衛と角内子の娘。文化14年刊、橘庵芦辺田鶴丸撰『狂歌弄花集』に載る。
¶江表(梅女(愛知県))

梅女(12)　うめじょ★
江戸時代後期の女性。和歌。網代氏。天保12年刊、加納諸平編『類題鰒玉集』四に載る。
¶江表(梅女(鳥取県))

梅女(13)　うめじょ★
江戸時代後期の女性。和歌。石見津和野藩藩士新井七兵衛の妻。文化11年刊、中山忠雄・河田正致編『柿本社奉納和歌集』に載る。
¶江表(梅女(島根県))

梅女(14)　うめじょ★
江戸時代末期の女性。和歌・謡曲。麻岡検校続一の娘。安政7年刊、蜂屋光世編『大江戸倭歌集』に載る。
¶江表(梅女(東京都))

梅女(15)　うめじょ★
江戸時代末期の女性。俳諧。倉科の人。安政5年刊、神都度会舎蓄編『今世俳諧百人集』に載る。
¶江表(梅女(山梨県))

梅女(16)　うめじょ
⇒松村うめ女(まつむらうめじょ)

梅津其雫　うめずきだ
⇒梅津其雫(うめづきだ)

梅津政景の妻 うめずせいけいのつま★
江戸時代前期の女性。俳諧。山方対馬久定の娘。
¶江表(梅津政景の妻(秋田県) [没]承応3(1654)年)

梅園 うめぞの★
江戸時代後期の女性。和歌。歌人屋代師道の娘。寛政11年刊、幕臣石野広通編『霞関集』に載る。
¶江表(梅園(山口県))

梅園梅彦 うめぞのうめひこ
⇒文亭梅彦(ぶんていうめひこ)

梅園介庵* うめぞのかいあん
文化13(1816)年～明治21(1888)年 江戸時代末期～明治時代の安芸広島藩校教官。
¶幕末

梅園実兄* うめぞのさねあに
明和2(1765)年9月11日～天保7(1836)年9月21日 江戸時代中期～後期の公家(権中納言)。左中将梅園成季の子。
¶公卿,公家(実兄〔梅園家〕 さねあに)

梅園実清* うめぞのさねきよ
慶長14(1609)年～寛文2(1662)年 江戸時代前期の公家(非参議)。左中将橋本実勝の次男。
¶公卿([生]慶長14(1609)年9月16日 [没]寛文2(1662)年6月25日),公家(実清〔梅園家〕 さねきよ [生]慶長14(1609)年9月16日 [没]寛文2(1662)年6月25日)

梅園実邦* うめぞのさねくに
寛文10(1670)年6月22日～延享2(1745)年12月18日 江戸時代中期の公家(権中納言)。参議梅園季保の子。
¶公卿,公家(実邦〔梅園家〕 さねくに)

梅園実紀* うめぞのさねこと
文政10(1827)年～明治40(1907)年 江戸時代末期～明治時代の公家。横浜鎖港の三十八卿上書に参加。
¶公卿([生]文政10(1827)年2月9日 [没]明治40(1907)年1月),公家(実紀〔梅園家〕 さねこと [生]文政10(1827)年2月9日 [没]明治40(1907)年1月27日),幕末([生]文政10(1827)年11月9日 [没]明治40(1907)年1月27日)

梅園実縄 うめぞのさねつな
⇒梅園実縄(うめぞのさねなわ)

梅園実縄* うめぞのさねなわ
享保12(1727)年3月5日～寛政6(1794)年3月18日 [別]梅園実縄(うめぞのさねつな) 江戸時代中期の公家(権中納言)。参議梅園久季の子。
¶公卿,公家(実縄〔梅園家〕 さねなわ)

梅園実好* うめぞのさねよし
寛政10(1798)年6月26日～明治4(1871)年1月 江戸時代末期～明治時代の公家(非参議)。美濃権介梅園実矩の子。
¶公卿,公家(実好〔梅園家〕 さねすみ [没]明治4(1871)年1月11日)

梅園季保* うめぞのすえやす
正保3(1646)年6月15日～元禄4(1691)年閏8月19日 江戸時代前期の公家(参議)。右兵衛督梅園実清の次男。
¶公卿,公家(季保〔梅園家〕 すえやす)

梅園直雨 うめぞのちょくう
⇒梅園敏行(うめぞのびんこう)

梅園敏行 うめぞのとしゆき
⇒梅園敏行(うめぞのびんこう)

梅園久季* うめぞのひさすえ
元禄2(1689)年7月6日～寛延2(1749)年3月10日 江戸時代中期の公家(参議)。権大納言池尻勝房の次男。
¶公卿,公家(久季〔梅園家〕 ひさすえ)

梅園敏行* うめぞのびんこう
?～嘉永1(1848)年 [別]梅園直雨(うめぞのちょくう),梅園敏行(うめぞのとしゆき) 江戸時代後期の数学者。
¶数学(うめぞのとしゆき [没]嘉永1(1848)年8月24日)

梅田市蔵* うめだいちぞう
?～元治1(1864)年 江戸時代末期の薩摩藩士。
¶幕末([没]文久3(1863)年12月24日)

梅田雲浜* うめだうんぴん,うめだうんびん
文化12(1815)年～安政6(1859)年 江戸時代末期の尊攘派志士。
¶江人,コン,詩作([生]文化12(1815)年6月7日 [没]安政6(1859)年9月14日),思想(うめだうんびん),全幕,幕末([生]文化12(1815)年6月7日 [没]安政6(1859)年9月14日)

梅田五月* うめださつき
天保6(1835)年～大正1(1912)年 江戸時代末期～明治時代の実業家、政治家、衆議院議員。廃藩後は殖産興業を志し、政治、経済、教育に尽くした。
¶幕末([没]大正1(1912)年5月23日)

梅田しん うめだしん
⇒上原しん(うえはらしん)

埋忠明寿* うめただみょうじゅ
永禄1(1558)年～寛永8(1631)年 [別]埋忠明寿(うめただめいじゅ),明寿(みょうじゅ) 安土桃山時代～江戸時代前期の装剣金工、刀工。新刀鍛冶の祖。
¶コン,美工([没]寛永8(1631)年5月18日)

埋忠明寿 うめただめいじゅ
⇒埋忠明寿(うめただみょうじゅ)

梅田千代 うめだちよ
江戸時代末期～明治前の女性。
¶女史([生]1824年 [没]1889年)

梅渓 うめたに
江戸時代中期の女性。散文・和歌・漢詩。権大納言櫛笥隆望の娘。11代将軍徳川家斉の御代所広大院寔子付の大奥御年寄。
¶江表(梅渓(東京都))

梅渓季通* うめたにすえみち
元和1(1615)年～万治1(1658)年 江戸時代前期の公家(参議)。梅渓家の祖。左中将久我通世の次男。
¶公卿([生]元和1(1615)年3月29日 [没]万治1(1658)年2月2日),公家(季通〔梅渓家〕 すえみち [生]慶長20(1615)年3月29日 [没]万治1(1658)年2月2日)

梅渓英通* うめたにひでみち
慶安3(1650)年4月5日～享保3(1718)年7月22日 江戸時代前期～中期の公家(権中納言)。参議梅渓季通の子。
¶公卿,公家(英通〔梅渓家〕 ひでみち)

梅渓通賢* うめたにみちかた
享保20(1735)年3月5日～明和2(1765)年5月23日

江戸時代中期の公家(非参議)。左中将梅渓通仲の子。
¶公卿, 公家(通賢〔梅渓家〕　みちかた)

梅渓通善* うめたにみちたる
文政4(1821)年〜明治32(1899)年　江戸時代末期〜明治時代の公家。幕府委任反対の八十八卿列参に参加。
¶公卿([生]文政4(1821)年7月19日　[没]明治32(1899)年11月), 公家(通善〔梅渓家〕　みちたる　[生]文政4(1821)年7月19日　[没]明治32(1899)年10月12日), 幕末([生]文政4(1821)年7月19日　[没]明治32(1899)年10月13日)

梅渓通治* うめたにみちとう
天保2(1831)年〜大正5(1916)年　[別]梅渓通治(うめたにみちとお)　江戸時代末期〜明治時代の公家。幕府委任反対の八十八卿列参に参加。
¶幕末(うめたにみちとお　[生]天保2(1831)年5月4日　[没]大正5(1916)年3月4日)

梅渓通治 うめたにみちとお
⇒梅渓通治(うめたにみちとう)

梅渓通仲* うめたにみちなか
元禄11(1698)年11月11日〜元文2(1737)年6月17日　江戸時代中期の公家(非参議)。権中納言梅渓通条の子。
¶公卿, 公家(通仲〔梅渓家〕　みちなか)

梅渓通条* うめたにみちなが
寛文12(1672)年12月11日〜元文5(1740)年2月17日　江戸時代中期の公家(権中納言)。権中納言梅渓英通の子。
¶公卿, 公家(通条〔梅渓家〕　みちえだ　[没]元文5(1740)年3月17日)

梅渓行通* うめたにゆきみち
天明1(1781)年10月10日〜文政7(1824)年6月6日　江戸時代後期の公家(参議)。左権少将梅渓通同の子。
¶公卿, 公家(行通〔梅渓家〕　ゆきみち)

梅田政祐 うめだまさすけ
江戸時代後期の和算家、名古屋藩士。
¶数学

梅田杢之丞* うめだもくのじょう
寛永3(1626)年〜元禄7(1694)年　江戸時代前期の槍術家。本心鏡智流の祖。
¶江人

梅津 うめづ
承応3(1654)年〜享保7(1722)年　江戸時代前期〜中期の大奥女中。松尾因幡介相氏の娘。
¶江表(梅津(東京都)), 女史

梅津其雫 うめづきか
⇒梅津其雫(うめづきだ)

梅津其雫* うめづきだ
寛文12(1672)年〜享保5(1720)年　[別]梅津其雫(うめずきだ, うめづきか), 其雫(きか, きだ)　江戸時代中期の俳人(其角門)。
¶俳文(其雫　きか　[生]寛文12(1672)年4月20日　[没]享保5(1720)年2月25日)

梅津只円* うめづしえん
*〜明治43(1910)年　江戸時代末期〜明治時代の能楽師、喜多流シテ方。
¶新能([生]文化14(1817)年4月17日　[没]明治43(1910)年7月3日)

梅辻春樵* うめつじしゅんしょう
安永5(1776)年〜安政4(1857)年　江戸時代後期の漢詩人。
¶コン

梅辻規清* うめつじのりきよ
寛政10(1798)年〜文久1(1861)年　[別]加茂規清(かもののりきよ), 賀茂規清(かもののりきよ, かものりきよ)　江戸時代後期の神学者。烏伝神道の創始者。
¶コン([生]寛政11(1799)年), 思想(賀茂規清　かもののりきよ)

梅津政景* うめづまさかげ
天正9(1581)年〜寛永10(1633)年3月10日　江戸時代前期の武将、出羽久保田藩家老。
¶コン, 全戦, 戦武

梅戸勝之進* うめどかつのしん
江戸時代末期の新撰組隊士。
¶新隊(生没年不詳)

梅刀自 うめとじ★
江戸時代後期の女性。狂歌。上野一ノ宮の人。弘化3年刊、一文舎微笑序、至清堂捨魚ほか編『狂歌作者評判記吉事始』に載る。
¶江表(梅刀自(群馬県))

梅成 うめなり★
江戸時代後期の女性。俳諧。相模小田原の人。文化3年の歳旦帖『春帖』に載る。
¶江表(梅成(神奈川県))

梅野(1) うめの★
江戸時代後期の女性。俳諧。越前三国の遊女。寛政10年成立、巳千斎紫山編「元旦」に載る。
¶江表(梅野(福井県))

梅野(2) うめの★
江戸時代後期の女性。俳諧。尾張一宮の鶴嘴の娘。嘉永6年刊、鶯谿舎吾声編『画像百人集』に載る。
¶江表(梅野(愛知県))

梅の坊 うめのぼう
江戸時代前期の紀伊国牟婁郡熊野本宮大社の神官。
¶大坂

梅宮皇女 うめのみやこうじょ
⇒文智女王(ぶんちじょおう)

梅廼家鶴寿* うめのやかくじゅ
享和1(1801)年〜慶応1(1865)年　[別]梅屋鶴寿(うめやかくじゅ)　江戸時代末期の狂歌師。
¶幕末([没]元治2(1865)年1月12日)

梅の由兵衛*(梅由兵衛) うめのよしべえ
歌舞伎に登場する侠客。
¶コン(梅由兵衛)

梅原寛重 うめばらかんじゅう
江戸時代後期〜明治時代の農業研究家。
¶植物([生]天保14(1843)年　[没]明治44(1911)年)

梅原修平* うめはらしゅうへい
天保8(1837)年〜明治43(1910)年　江戸時代末期〜明治時代の名主、貴族院議員。神奈川県二二大区副戸長、区長などを歴任。
¶幕末([没]明治43(1910)年1月28日)

梅原新固* うめはらしんご
天保9(1838)年～明治15(1882)年 江戸時代末期～明治時代の奥州二本松藩士、日本蚕種会会長。戊辰戦争では西軍への帰順を主張。
¶幕末([没]明治15(1882)年9月12日)

梅原宣貞* うめはらのぶさだ
生没年不詳 戦国時代の伊豆の大見郷の在地領主。後北条氏家臣。
¶後北(宣貞〔梅原〕)

梅原半助* うめはらはんすけ
寛文4(1664)年～享保12(1727)年 江戸時代中期の越中富山藩蒔絵塗師。
¶美工

梅暮里谷峨〔1代〕* うめぼりこくが
寛延3(1750)年～文政4(1821)年 江戸時代中期～後期の戯作者。
¶コン(代数なし),日文(代数なし)

梅暮里谷峨〔2代〕 うめぼりこくが
⇒萩原乙彦(はぎわらおとひこ)

梅丸 うめまる
⇒日藻(にっそう)

梅村甘節* うめむらかんせつ
生没年不詳 江戸時代中期の医師、物理学者。
¶科学,コン

梅村玄甫* うめむらげんぽ,うめむらげんほ
?～明治1(1868)年 江戸時代末期の数学者。
¶数学(うめむらげんほ)

梅村重操* うめむらしげもち
文政1(1818)年～明治29(1896)年 江戸時代末期～明治時代の教育者。蔵奉行を勤め子弟の教育に尽力。
¶数学([生]文政1(1818)年11月10日 [没]明治29(1896)年12月21日),幕末([生]文政3(1820)年 [没]明治29(1896)年12月31日)

梅村重得* うめむらしげよし
文化1(1804)年～明治17(1884)年2月10日 江戸時代末期～明治時代の和算家。各地代官を歴任し物頭。算法に「側円真理」など。
¶科学([生]文化1(1804)年6月3日),数学([生]文化1(1804)年6月3日),幕末

梅村真一郎* うめむらしんいちろう
天保11(1840)年～元治1(1864)年 [別]梅村真守(うめむらまもり) 江戸時代末期の肥前島原藩士。
¶コン,幕末([没]元治1(1864)年10月10日)

梅村速水* うめむらはやみ
天保13(1842)年～明治3(1870)年 江戸時代末期～明治時代の志士、政治家。
¶コン,幕末([没]明治3(1871)年11月19日)

梅村彦左衛門 うめむらひこざえもん
江戸時代前期の大工。
¶美建(生没年不詳)

梅村真守 うめむらまもり
⇒梅村真一郎(うめむらしんいちろう)

梅本敏鎌* うめもととがま,うめもととかま
天保10(1839)年～明治10(1877)年 江戸時代末期～明治時代の歌人。吹笛にもすぐれていた。
¶コン(うめもととかま)

梅哉 うめや★
江戸時代後期の女性。俳諧。筑前福岡の久野花朗尼関係の俳人と思われる。文化2年刊、花朗尼の追善句集『ふくるま』に載る。
¶江表(梅哉(福岡県))

梅屋鶴寿 うめやかくじゅ
⇒梅廼家鶴寿(うめのやかくじゅ)

梅若 うめわか
⇒梅若丸(うめわかまる)

梅若丸* うめわかまる
[別]梅若(うめわか) 梅若伝説の登場人物。
¶コン

梅若実〔1代〕* うめわかみのる
文政11(1828)年～明治42(1909)年1月19日 [別]梅若六郎〔52代〕(うめわかろくろう) 江戸時代末期～明治時代の能楽師。梅若六郎家52世。
¶新能(代数なし [生]文政11(1828)年4月13日),幕末(梅若六郎 うめわかろくろう [生]文政11(1827)年4月13日)

梅若六郎〔52代〕 うめわかろくろう
⇒梅若実〔1代〕(うめわかみのる)

鸕鷀守皇女* うもりのこうじょ
生没年不詳 [別]鸕鷀守皇女(うのもりのこうじょ),軽守皇女(かるもりのこうじょ) 飛鳥時代の女性。敏達天皇の皇女。
¶古人(うのもりのこうじょ),天皇(軽守皇女 かるもりのこうじょ)

礼仁親王* うやひとしんのう
寛政2(1790)年～寛政3(1791)年 [別]哲宮(あきのみや) 江戸時代後期の光格天皇の第1皇子。
¶天皇([生]寛政2(1790)年6月2日 [没]寛政3(1791)年6月2日)

宇山卯作* うやまうさく
天保14(1843)年～慶応2(1866)年 江戸時代末期の遊撃隊士。
¶幕末([没]慶応2(1866)年6月19日)

宇山久兼* うやまひさかね
?～永禄9(1566)年 戦国時代の武士。
¶全戦([生]永正8(1511)年),戦武([生]永正8(1511)年)

鵜山主水* うやまもんど
生没年不詳 戦国時代の北条氏忠の家臣・御蔵奉行。
¶後北(主水〔鵜山〕 もんど)

うら
江戸時代後期の女性。俳諧。駿河の堀尾茂三郎の妻。
¶江表(うら(静岡県))

浦井右伝治* うらいうでんじ
?～文久2(1862)年 江戸時代末期の商人。
¶幕末([没]文久2(1862)年11月7日)

有来新兵衛* うらいしんべい
生没年不詳 [別]有来新兵衛(うらいしんべえ) 江戸時代前期の京都の豪商、後窯茶入作者。
¶美工(うらいしんべえ)

有来新兵衛 うらいしんべえ
⇒有来新兵衛(うらいしんべい)

浦井尚庸　うらいなおのぶ
江戸時代の和算家。
¶数学

浦江の局*　うらえのつぼね
文化10(1813)年～明治35(1902)年7月13日　江戸時代末期～明治時代の女性。仙台藩奥老女。のちに宮城県神職界の重鎮となった神官一知を養子とした。
¶江表(浦江の局(宮城県))

うら尾　うらお⋆
江戸時代後期の女性。和歌。丹波亀山の人。寛政11年刊、石野広通編『霞関集』五に載る。
¶江表(うら尾(京都府))

浦岡　うらおか⋆
江戸時代後期の女性。老女・女中名跡。佐川氏。
¶江表(浦岡(長野県)　[没]天保2(1831)年)

浦風林右衛門　うらかぜりんえもん
⇒白真弓肥太右衛門(しらまゆみひだえもん)

浦上玉堂*　うらがみぎょくどう，うらかみぎょくどう
延享2(1745)年～文政3(1820)年　[別]玉堂(ぎょくどう)　江戸時代後期の南画家。
¶江人(うらかみぎょくどう),コン,詩作([没]文政3(1820)年3月4日),美画([没]文政3(1820)年9月4日),山小(うらかみぎょくどう　[没]1820年9月4日)

浦上小次郎*　うらがみこじろう
生没年不詳　安土桃山時代の織田信長の家臣。
¶織田

浦上春琴*　うらがみしゅんきん，うらかみしゅんきん
安永8(1779)年～弘化3(1846)年　江戸時代後期の南画家。浦上玉堂の長子。
¶コン,美画([生]安永8(1779)年5月　[没]弘化3(1846)年5月2日)

浦上鷹四郎*　うらがみたかしろう
天保13(1842)年～慶応2(1866)年　江戸時代末期の長州(萩)藩寄組士。
¶幕末([没]慶応2(1866)年9月2日)

浦上直方　うらがみなおかた
⇒浦上弥五衛門(うらがみやごえもん)

浦上則宗*　うらがみのりむね
永享1(1429)年～文亀2(1502)年　室町時代～戦国時代の武将、赤松政則の家臣。
¶コン,室町

浦上政宗*　うらがみまさむね
戦国時代の武将。
¶全戦([生]?　[没]永禄7(1564)年),戦武([生]?　[没]永禄7(1564)年),室町([生]?　[没]永禄7(1564)年)

浦上宗景*　うらがみむねかげ
生没年不詳　戦国時代の武将。
¶織田,コン,全戦,戦武,室町

浦上宗辰　うらがみむねとき
戦国時代～安土桃山時代の武将。
¶全戦([生]天文18(1549)年　[没]天正5(1577)年)

浦上村宗*　うらがみむらむね，うらかみむらむね
?～享禄4(1531)年　戦国時代の武将、播磨国守護代。
¶コン,全戦,戦武,室町

浦上盛栄*　うらがみもりひで
明和4(1767)年～文政3(1820)年　江戸時代後期の公益家。
¶コン

浦上弥五衛門*　うらがみやごえもん
元禄11(1698)年～宝暦7(1757)年　[別]浦上弥五左衛門(うらかみやござえもん，うらがみやござえもん)，浦上直方(うらがみなおかた)　江戸時代中期の小納戸方役人。伝統染色の復興保存に尽力。
¶徳人(浦上直方　うらがみなおかた)

浦上弥五左衛門　うらかみやござえもん，うらがみやござえもん
⇒浦上弥五衛門(うらがみやごえもん)

浦川一斎　うらかわいっさい
江戸時代末期～明治時代の陶工。
¶美工([生]安政3(1856)年5月　[没]明治42(1909)年4月)

有楽斎長秀　うらくさいながひで
江戸時代後期の画家。
¶浮絵(生没年不詳)

うら子　うらこ⋆
江戸時代中期～末期の女性。祈禱文・手記。淡路津名郡遠田村の岡本氏。国学者鈴木重胤の母。
¶江表(うら子(兵庫県)　[生]安永2(1773)年　[没]万延2(1861)年)

宇良子　うらこ⋆
江戸時代後期～明治時代の女性。教育。常陸海老沢村の宇野利重の5女。加倉井砂山の妻。
¶江表(宇良子(茨城県)　[生]文化4(1807)年　[没]明治6(1873)年)

浦子(1)　うらこ⋆
江戸時代後期の女性。和歌。神田白銀町の名主明田成美の妻。天保9年序、橘守部編『下蔭集』に載る。
¶江表(浦子(東京都))

浦子(2)　うらこ⋆
江戸時代後期の女性。和歌。歌人真佐木広蔭の妻。嘉永3年刊、長沢伴雄編『類題鴨川次郎集』に載る。
¶江表(浦子(大阪府))

浦子(3)　うらこ⋆
江戸時代後期の女性。和歌。人吉藩主相良頼徳主宰の、月例歌会「織月」に参加した数少ない女性。この歌会は天保頃に催された。
¶江表(浦子(熊本県))

浦子(4)　うらこ⋆
江戸時代末期の女性。和歌。今治藩領宇摩郡妻鳥村の今村権右衛門休義の妻。安政5年序、半井梧庵編『鄙のてぶり』二に載る。
¶江表(浦子(愛媛県))

浦子(5)　うらこ⋆
江戸時代末期～明治時代の女性。和歌。松浦郡平戸村の玉置直雄の妹。明治15年新刻、橘東世子編、『明治歌集』五編上に載る。
¶江表(浦子(長崎県))

浦さと　うらさと
⇒浦里・時次郎(うらざと・ときじろう)

浦里・時次郎*　うらざと・ときじろう，うらさと・ときじろう
[別]浦さと(うらさと)　「明烏」の主人公の男女。
¶コン

浦滋之助* うらしげのすけ
文政2(1819)年～明治13(1880)年 [別]浦島彦(うらしまひこ) 江戸時代末期～明治時代の長州(萩)藩寄組士。
¶幕末([生]文政2(1819)年2月1日 [没]明治13(1880)年11月26日)

浦島 うらしま
⇒水江浦島子(みずのえのうらしまのこ)

浦島子 うらしまのこ
⇒水江浦島子(みずのえのうらしまのこ)

浦島彦 うらしまひこ
⇒浦滋之助(うらしげのすけ)

うら女 うらじょ*
江戸時代後期の女性。俳諧。常陸沖宿の人。天保15年刊、太白堂江口孤月編『桃家春帖』に載る。
¶江表(うら女(茨城県))

宇羅女 うらじょ*
江戸時代末期の女性。和歌。三河八名郡大野の大橋徳右衛門の妻。
¶江表(宇羅女(愛知県) [没]慶応2(1866)年)

浦女 うらじょ*
江戸時代後期の女性。俳諧。高木竹妓の妻。
¶江表(浦女(東京都))

卜女 うらじょ
江戸時代後期の女性。狂俳。尾張名古屋の人。天保12年序、千里亭芝石撰『続太箸集』に載る。
¶江表(卜女(愛知県))

裏住 うらずみ
⇒大屋裏住(おおやのうらずみ)

浦田闇儺 うらたのこんな
⇒浦田史闇儺(うらたのしこんな)

浦田史闇儺* うらたのしこんな
生没年不詳 [別]浦田闇儺(うらたのこんな) 平安時代前期の俘囚。
¶古人(浦田闇儺 うらたのこんな)

浦田蘆本 うらだろほん
⇒芦本(ろぼん)

裏辻公理* うらつじきみただ
宝暦6(1756)年5月19日～文化2(1805)年1月13日 江戸時代中期～後期の公家(参議)。権大納言正親町実連の次男。
¶公卿,公家(公理〔裏辻家〕 きんあや)

裏辻公仲* うらつじきんなか
正平13/延文3(1358)年～応永10(1403)年6月7日 南北朝時代～室町時代の公卿(権大納言)。権大納言橋本実文の子。
¶公卿([生]延文3/正平13(1358)年),公家(公仲〔正親町家〕 きんなか)

裏辻公愛* うらつじきんよし
文政4(1821)年～明治15(1882)年 江戸時代末期～明治時代の公家。幕府委任反対の八十八卿列参に参加。
¶幕末([生]文政4(1821)年9月22日 [没]明治15(1882)年10月13日)

裏辻実景* うらつじさねかげ
寛永14(1637)年9月22日～寛文8(1668)年5月21日 江戸時代前期の公家(非参議)。頭右大弁万里小路綱房の次男。
¶公卿,公家(実景〔裏辻家〕 さねかげ [生]寛永14(1637)年9月24日 [没]寛文9(1669)年5月21日)

裏辻実秀* うらつじさねひで
生没年不詳 室町時代の公卿(権大納言)。権大納言裏辻公仲の子。
¶公卿

裏辻実本* うらつじさねもと
享保15(1730)年5月11日～明和2(1765)年7月21日 江戸時代中期の公家(参議)。右権中将正親町公通の末子。
¶公卿,公家(実本〔裏辻家〕 さねもと [生]享保15(1730)年10月1日)

裏辻季福* うらつじすえとみ
慶長10(1605)年～正保1(1644)年 江戸時代前期の公家(参議)。裏辻家の祖。権少将正親町季康の子。
¶公卿([没]正保1(1644)年9月2日),公家(季福〔裏辻家〕 すえとみ [没]寛永21(1644)年9月2日)

裏辻恭光 うらつじゆきみつ
⇒裏松恭光(うらまつゆきみつ)

浦野 うらの*
江戸時代中期の女性。和歌。三河刈谷藩主土井利信の室久米子の侍女。宝暦9年序、村上影面編『采藻編』に載る。
¶江表(浦野(愛知県))

浦野義見斎 うらのぎけんさい
戦国時代～安土桃山時代の上野国吾妻郡日影の土豪。
¶武田(生没年不詳)

浦野源一郎 うらのげんいちろう
安土桃山時代の信濃小県郡の国衆。浦野氏当主か。
¶武田([生]? [没]天正10(1582)年3月5日)

浦野源八* うらのげんぱち
?～元亀1(1570)年11月26日 戦国時代～安土桃山時代の織田信長の家臣。
¶織田

浦野乾哉 うらのけんや
江戸時代後期～大正時代の陶工。
¶美工([生]嘉永4(1851)年 [没]大正12(1923)年)

浦野貞次 うらのさだつぐ
戦国時代の信濃小県郡の国衆浦野氏一門。
¶武田(生没年不詳)

浦野新右衛門 うらのしんえもん
戦国時代の武士。小県郡の国衆浦野氏の一門新左衛門尉貞次と同一人物か。
¶武田(生没年不詳)

浦野信慶* うらのしんけい
生没年不詳 戦国時代の信濃国衆。
¶武田

浦野(大戸)新四郎 うらのしんしろう
戦国時代の上野国衆大戸浦野氏の一族。
¶武田(生没年不詳)

浦野真楽斎* うらのしんらくさい
生没年不詳 戦国時代の上野国衆。
¶武田(浦野(大戸)真楽斎)

う

浦野（大戸）丹後 うらのたんご
安土桃山時代の高天神籠城衆。
¶武田（[生]？ [没]天正9（1581）年3月22日）

浦野弾正忠* うらのだんじょうのじょう
生没年不詳 戦国時代の上野国衆。
¶武田（浦野（大戸）弾正忠 [生]？ [没]天正9（1581）年3月22日？）

浦野友久 うらのともひさ
安土桃山時代の小県郡の国衆浦野氏の一門。
¶武田（[生]？ [没]永禄11（1568）年6月8日）

浦野長種 うらのながたね
戦国時代の信濃小県郡の国衆浦野氏の一門。
¶武田（生没年不詳）

浦野信政 うらののぶまさ
戦国時代の武田氏の家臣。
¶武田（生没年不詳）

浦野政吉 うらのまさよし
戦国時代の信濃小県郡の国衆浦野氏の一門。
¶武田（生没年不詳）

浦野三河守* うらのみかわのかみ
生没年不詳 戦国時代の上野国衆。
¶武田（浦野（大戸）三河守）

浦野民部右衛門尉* うらのみんぶえもんのじょう
？～永禄12（1569）年10月 戦国時代～安土桃山時代の上野国衆。
¶武田（浦野（大戸）民部右衛門尉〔1代〕 [没]永禄12（1569）年10月6日）

浦野（大戸）民部右衛門尉〔2代〕 うらのみんぶえもんのじょう
戦国時代～安土桃山時代の上野国衆大戸浦野氏の一族。民部右衛門尉（初代）の子。
¶武田（生没年不詳）

浦野もと子 うらのもとこ
⇒野村望東（のむらぼうとう）

浦野幸次* うらのゆきつぐ
生没年不詳 戦国時代の武士。武田氏家臣。
¶武田

浦野幸盈* うらのゆきみつ
生没年不詳 江戸時代後期の和算家・狂歌作者。
¶数学

浦野幸守 うらのゆきもり
安土桃山時代の信濃小県郡の国衆浦野氏の一門。
¶武田（[生]？ [没]天正9（1581）年3月22日）

浦野吉忠 うらのよしただ
室町時代～戦国時代の信濃小県郡の国衆浦野氏の一門。
¶武田（生没年不詳）

浦橋(1) うらはし★
江戸時代後期の女性。和歌。常陸水戸藩の奥女中か。文政10年の歌会記録「和歌御会始の記」に載る。
¶江表（浦橋（茨城県））

浦橋(2) うらはし★
江戸時代後期の女性。和歌。相模小田原藩の奥女中。文化11年刊、中山忠雄・河田正致編『柿本社奉納和歌集』に載る。
¶江表（浦橋（神奈川県））

卜部伊伎挙政 うらべいきのたかまさ
平安時代中期～後期の月読官長官。父は挙元。
¶古人（[生]1001年 [没]1079年）

卜部伊伎春元 うらべいきのはるもと
平安時代中期の官人。峰守の子。宮主・式部少輔となり、従五位上。
¶古人（[生]974年 [没]1034年）

卜部伊伎守風 うらべいきのもりかぜ
平安時代中期の月読禰宜。
¶古人（生没年不詳）

卜部兼昭* うらべかねあき
生没年不詳 室町時代の公卿（非参議）。吉田兼倶の子か。
¶公卿, 公家（兼昭（兼照）〔吉田家〕 かねあき）

卜部兼方* うらべかねかた
生没年不詳 [別]卜部兼方（うらべのかねかた），吉田兼方（よしだかねかた） 鎌倉時代中期～後期の官人、中世古典研究学者。神祠官に仕えた。
¶コン, 思想, 中世, 山小（うらべのかねかた）

卜部兼貞* うらべかねさだ
生没年不詳 [別]卜部兼貞（うらべのかねさだ） 平安時代後期～鎌倉時代前期の神祇官人。
¶古人（うらべのかねさだ）

卜部兼忠* うらべかねただ
生没年不詳 [別]卜部兼忠（うらべのかねただ） 平安時代中期の神祇官人。
¶古人（うらべのかねただ）

卜部兼親* うらべかねちか
生没年不詳 [別]卜部兼親（うらべのかねちか） 平安時代中期～後期の神祇官人。
¶古人（うらべのかねちか）

卜部兼任* うらべかねとう
生没年不詳 室町時代の公卿（非参議）。長禄3年従三位に叙される。
¶公卿, 公家（兼任〔吉田家〕 かねとう）

卜部兼俊* うらべかねとし
[別]卜部兼俊（うらべのかねとし） 平安時代後期の神職。
¶古人（うらべのかねとし 生没年不詳）

卜部兼倶 うらべかねとも
⇒吉田兼倶（よしだかねとも）

卜部兼友* うらべかねとも
生没年不詳 [別]卜部兼友（うらべのかねとも） 鎌倉時代前期の神職。
¶古人（うらべのかねとも）

卜部兼名 うらべかねな
⇒吉田兼名（よしだかねな）

卜部兼直* うらべかねなお
生没年不詳 [別]卜部兼直（うらべのかねなお） 鎌倉時代前期の古学者、神道家、歌人。
¶思想

卜部兼永* うらべかねなが
応仁1（1467）年～天文5（1536）年7月27日 [別]卜部兼永（うらべのかねなが），吉田兼永（よしだかねなが） 戦国時代の公卿（非参議）。従二位吉田兼倶の子。
¶公卿, 公家（兼永〔藤井家〕 かねなが），思想

うらへの

卜部兼延　うらべかねのぶ
　⇒吉田兼延(よしだかねのぶ)

卜部兼文*　うらべかねふみ，うらべかねぶみ
　生没年不詳　㊞卜部兼文(うらべのかねふみ)　鎌倉時代前期の神道家。
　¶コン,思想

卜部兼政*　うらべかねまさ
　？～天承1(1131)年　㊞卜部兼政(うらべのかねまさ)　平安時代後期の神祇官人。
　¶古人(うらべのかねまさ　生没年不詳)

卜部兼右　うらべかねみぎ
　⇒吉田兼右(よしだかねすけ)

卜部兼満　うらべかねみつ
　⇒吉田兼満(よしだかねみつ)

卜部兼好　うらべかねよし
　⇒吉田兼好(よしだけんこう)

卜部兼従　うらべかねより
　⇒萩原兼従(はぎわらかねより)

卜部兼好　うらべけんこう
　⇒吉田兼好(よしだけんこう)

卜部良連　うらべながつら
　⇒吉田良連(よしだよしつれ)

卜部乙屎麻呂*　うらべのおとくそまろ
　平安時代前期の対馬国の人。
　¶古人(生没年不詳),古代

卜部兼継　うらべのかなつぐ
　平安時代後期の神祇官人。
　¶古人(生没年不詳)

卜部兼方　うらべのかねかた
　⇒卜部兼方(うらべかねかた)

卜部兼国　うらべのかねくに
　平安時代後期の官人。兼忠の子。
　¶古人(生没年不詳)

卜部兼貞　うらべのかねさだ
　⇒卜部兼貞(うらべかねさだ)

卜部兼定　うらべのかねさだ
　平安時代後期の官人。
　¶古人(生没年不詳)

卜部兼忠　うらべのかねただ
　⇒卜部兼忠(うらべかねただ)

卜部兼親　うらべのかねちか
　⇒卜部兼親(うらべかねちか)

卜部兼俊　うらべのかねとし
　⇒卜部兼俊(うらべかねとし)

卜部兼倶　うらべのかねとも
　⇒吉田兼倶(よしだかねとも)

卜部兼友　うらべのかねとも
　⇒卜部兼友(うらべかねとも)

卜部兼直　うらべのかねなお
　⇒卜部兼直(うらべかねなお)

卜部兼仲　うらべのかねなか
　平安時代後期の官人。
　¶古人(生没年不詳)

卜部兼永　うらべのかねなが
　⇒卜部兼永(うらべかねなが)

卜部兼長　うらべのかねなが
　平安時代後期の人。亀卜得業生。兼俊の子。
　¶古人(生没年不詳)

卜部兼済　うらべのかねなり
　平安時代後期の中宮宮主。兼友の子。
　¶古人(生没年不詳)

卜部兼延　うらべのかねのぶ
　⇒吉田兼延(よしだかねのぶ)

卜部兼弘　うらべのかねひろ
　平安時代後期の官人。
　¶古人(生没年不詳)

卜部兼衡　うらべのかねひろ
　平安時代後期の当今の宮主。
　¶古人(生没年不詳)

卜部兼文　うらべのかねふみ
　⇒卜部兼文(うらべかねふみ)

卜部兼政　うらべのかねまさ
　⇒卜部兼政(うらべかねまさ)

卜部兼宗　うらべのかねむね
　平安時代後期の宮主。園韓社の僧理を要請。
　¶古人(生没年不詳)

卜部兼基　うらべのかねもと
　平安時代後期の官人。神祇大副兼政の玄孫。
　¶古人(生没年不詳)

卜部兼職　うらべのかねもと
　平安時代後期の官人。
　¶古人(生没年不詳)

卜部兼行　うらべのかねゆき
　平安時代後期の延春門院宮主。
　¶古人(生没年不詳)

卜部兼好　うらべのかねよし
　⇒吉田兼好(よしだけんこう)

卜部兼良　うらべのかねよし
　平安時代後期の宮主。父は兼元。
　¶古人(生没年不詳)

卜部川知麻呂*　うらべのかわちまろ
　生没年不詳　平安時代前期の郡司。
　¶古人

卜部貞景(1)　うらべのさだかげ
　平安時代後期の神祇大史。父は儀時。
　¶古人(生没年不詳)

卜部貞景(2)　うらべのさだかげ
　平安時代後期の神祇官人。
　¶古人(生没年不詳)

卜部真雄　うらべのさねお
　平安時代前期の官人。
　¶古人(生没年不詳)

卜部宿禰平麻呂　うらべのすくねひらまろ
　⇒卜部平麻呂(うらべのひらまろ)

占部田主　うらべのたあるじ
　平安時代前期の人。因幡国巨濃郡。大宅鷹取を傷

つけ、鷹取の女子を殺した罪により貞観8年遠流。
　　¶古人(生没年不詳)

卜部雄貞*　うらべのたかさだ
　弘仁2(811)年～天安2(858)年　平安時代前期の占
　者、宮主。
　　¶古人

卜部為親　うらべのためちか
　平安時代中期の官人。
　　¶古人(生没年不詳)

卜部月雄　うらべのつきお
　平安時代前期の官人。
　　¶古人(生没年不詳)

卜部遠継*　うらべのとおつぐ
　生没年不詳　平安時代前期の下級官人。
　　¶古人

卜部仲遠　うらべのなかとお
　平安時代後期の官人。
　　¶古人(生没年不詳)

占部業基*　うらべのなりもと
　生没年不詳　平安時代前期の神官。
　　¶古人

卜部儀時　うらべののりとき
　平安時代後期の官人。
　　¶古人(生没年不詳)

卜部平麻呂*(占部平麻呂)　うらべのひらまろ
　大同2(807)年～元慶5(881)年　卿卜部宿禰平麻呂
　(うらべのすくねひらまろ)，卜部平麻呂，卜部平
　麿(うらべひらまろ)　平安時代前期の亀卜家。
　　¶古人,古代(卜部宿禰平麻呂　うらべのすくねひらま
　　ろ),コン

卜部政長　うらべのまさなが
　平安時代後期の神祇官人。兼政の子。
　　¶古人(生没年不詳)

卜部正麿　うらべのまさまろ
　平安時代前期の神祇大史兼宮主。
　　¶古人(生没年不詳)

卜部正光　うらべのまさみつ
　平安時代後期の太神宮司。
　　¶古人(生没年不詳)

卜部正元　うらべのまさもと
　平安時代後期の太神宮司。
　　¶古人(生没年不詳)

卜部平麻呂(卜部平麿)　うらべひらまろ
　⇒卜部平麻呂(うらべのひらまろ)

卜部房澄　うらべふさすみ
　江戸時代末期の和算家。
　　¶数学

卜部良長　うらべよしおさ
　⇒吉田良長(よしだよしなが)

裏松明光*　うらまつあけみつ
　明和8(1771)年8月7日～文政8(1825)年4月20日
　江戸時代後期の公家(参議)。権中納言裏松謙光
　の子。
　　¶公卿,公家(明光〔裏松家〕　ひろみつ)

裏松謙光　うらまつかたみつ
　⇒裏松謙光(うらまつけんみつ)

裏松謙光*　うらまつけんみつ
　寛保1(1741)年7月29日～文化9(1812)年4月20日
　卿裏松謙光(うらまつかたみつ)　江戸時代中期～
　後期の公卿(権中納言)。従三位四辻実長の次男。
　　¶公卿,公家(謙光〔裏松家〕　かねみつ　㊷元文6
　　(1741)年7月29日)

裏松固禅　うらまつこぜん
　⇒裏松光世(うらまつみつよ)

裏松重子　うらまつしげこ
　⇒日野重子(ひのしげこ)

裏松重光　うらまつしげみつ
　⇒日野重光(ひのしげみつ)

裏松資康　うらまつすけやす
　⇒裏松資康(うらまつもとやす)

裏松意光　うらまつのりみつ
　⇒裏松意光(うらまつよしみつ)

裏松益光*　うらまつますみつ
　貞享2(1685)年3月8日～宝暦8(1758)年12月9日
　江戸時代中期の公家(権中納言)。権中納言裏松意
　光の子。
　　¶公卿,公家(益光〔裏松家〕　ますみつ)

裏松光世*　うらまつみつよ
　元文1(1736)年～文化1(1804)年　卿裏松固禅(う
　らまつこぜん)，固禅(こぜん)　江戸時代中期～
　後期の有職故実家。
　　¶コン

裏松資清*　うらまつもときよ
　寛永3(1626)年10月17日～寛文7(1667)年8月13日
　江戸時代前期の公家(参議)。裏松家の祖。権中納
　言烏丸光資の次男。
　　¶公卿,公家(資清〔裏松家〕　すけきよ)

裏松資康*　うらまつもとやす
　正平3/貞和4(1348)年～元中7/明徳1(1390)年8月
　10日　卿裏松資康(うらまつすけやす)　南北朝時
　代の公卿(権大納言)。権大納言日野時光の次男。
　　¶公卿(㊷貞和4/正平3(1348)年　㊷明徳1/元中7
　　(1390)年8月10日),公家(資康〔日野家〕　すけやす
　　㊷明徳1(1390)年8月10日)

裏松恭光*　うらまつゆきみつ
　寛政12(1800)年～明治5(1872)年　卿裏辻恭光
　(うらつじゆきみつ)　江戸時代末期～明治時代の
　公家(権大納言)。参議裏松明光の子。
　　¶公卿(㊷寛政12(1800)年6月16日　㊷明治5(1872)年2
　　月),公家(恭光〔裏松家〕　㊷寛政12
　　(1800)年6月16日　㊷明治5(1872)年2月9日),幕末
　　(裏辻恭光　うらつじゆきみつ　㊷享和1(1801)年6月
　　16日　㊷明治5(1872)年2月9日)

裏松意光*　うらまつよしみつ
　承応1(1652)年2月26日～宝永4(1707)年7月17日
　卿裏松意光(うらまつのりみつ)　江戸時代前期～
　中期の公家(権中納言)。参議裏松資清の次男。
　　¶公卿,公家(意光〔裏松家〕　よしみつ　㊷慶安5
　　(1652)年2月26日)

裏松義資*　うらまつよしもと
　応永1(1394)年～永享6(1434)年6月9日　室町時
　代の公卿(権中納言)。大納言裏松重光の子。
　　¶公卿,公家(義資〔日野家〕　よしすけ　㊷1397年)

浦見女 うらみじょ*
江戸時代後期の女性。狂歌。和歌山の人。文化13年頃、六樹園飯盛編『吉原十二時』に載る。
¶江表（浦見女（和歌山県））

浦夕 うらゆう*
江戸時代中期の女性。俳諧。宝暦5年刊、雪炊庵二狂編『葛の別』に載る。
¶江表（浦夕（東京都））

浦靱負＊（裏靱負，浦靱負） うらゆきえ
寛政7（1795）年〜明治3（1870）年　江戸時代後期〜明治時代の武士。
¶コン，幕末（浦靱負）　⊕寛政7（1795）年1月11日　⊗明治3（1870）年6月1日

浦連也 うられんや・
⇒柳生連也（やぎゅうれんや）

浦和盛三郎＊ うらわせいざぶろう
天保14（1843）年〜明治25（1892）年10月6日　⊛浦和盛三郎（うらわもりさぶろう）　江戸時代末期〜明治時代の金輪網の発明者、大網元。
¶幕末（うらわもりさぶろう）

浦輪内侍＊ うらわのないし
生没年不詳　江戸時代前期の女性。東福門院の侍女。
¶江表（浦輪内侍（京都府））

浦和盛三郎 うらわもりさぶろう
⇒浦和盛三郎（うらわせいざぶろう）

瓜生保 うりうたもつ
⇒瓜生保（うりゅうたもつ）

瓜子姫＊ うりこひめ
昔話の主人公。
¶コン

烏栗 うりつ
江戸時代中期の俳諧作者。来川氏。
¶俳文（生没年不詳）

羽笠＊ うりつ
？〜享保11（1726）年　⊛羽笠（うりゅう），高橋羽笠〔2代〕（たかはしうりつ）　江戸時代中期の俳人（蕉門）。
¶俳文（⊗享保11（1726）年9月17日）

瓜坊 うりぼう
江戸時代後期の俳諧作者。寛政〜文化ごろ。杜多氏。
¶俳文（生没年不詳）

烏柳 うりゅう*
江戸時代後期の女性。俳諧。新田の人。六斎一輔編『玉藻のはな』に載る。
¶江表（烏柳（群馬県））

羽笠 うりゅう
⇒羽笠（うりつ）

雨柳⑴ うりゅう*
江戸時代中期の女性。俳諧。能登真脇の人。明和2年刊、河合見風編『霞かた』に載る。
¶江表（雨柳（石川県））

雨柳⑵ うりゅう*
江戸時代後期の女性。俳諧。冠稲荷神社に寛政13年の「冠稲荷神社奉納俳句額」がある。
¶江表（雨柳（群馬県））

雨柳⑶ うりゅう*
江戸時代後期の女性。俳諧。海野の太物商斎藤曽右衛門の妻。寛政11年刊『いははな集』に載る。
¶江表（雨柳（長野県））

雨柳⑷ うりゅう*
江戸時代後期の女性。俳諧。尾張犬山藩主で尾張藩付家老成瀬正寿の室。文政7年頃、藩主池田定常の娘露姫を追悼する書画を浅草寺に奉納した。
¶江表（雨柳（愛知県））

雨柳⑸ うりゅう*
江戸時代後期の女性。俳諧。石見十王堂の人。寛政4年刊、桃源庵化白斎、化白耳順還暦祝吟集『わか姿集』に載る。
¶江表（雨柳（島根県））

有柳 うりゅう
江戸時代後期〜明治時代の俳諧師。
¶俳文（⊕文化6（1809）年　⊗明治26（1893）年7月7日）

瓜生岩＊（瓜生イワ） うりゅういわ
文政12（1829）年2月15日〜明治30（1897）年4月19日　⊛瓜生岩子（うりゅういわこ）　江戸時代末期〜明治時代の社会事業家。福島教育所設置、済生病院創立等孤児、棄児、老病者、窮民の救護や免囚保護事業に尽力。
¶江表（岩（福島県）），コン，女史，全幕（瓜生岩子　うりゅういわこ），幕末

瓜生岩子 うりゅういわこ
⇒瓜生岩（うりゅういわ）

瓜生宮内助 うりゅうくないのすけ
安土桃山時代の武田氏の家臣。
¶武田（生没年不詳）

雨柳女 うりゅうじょ*
江戸時代後期の女性。俳諧。文政11年刊、常陸行方郡帆津倉の洞海舎涼谷編『俳諧発句吾都麻布里集』に載る。
¶江表（雨柳女（東京都））

瓜生保＊ うりゅうたもつ
？〜延元2／建武4（1337）年　⊛瓜生保（うりうたもつ）　南北朝時代の越前の武将。
¶コン，室町

瓜生寅 うりゅうとら
⇒瓜生寅（うりゅうはじむ）

瓜生野 うりゅうの*
江戸時代中期の女性。俳諧。島原の遊女。明和6年刊、三宅嘯山ほか著『平安二十歌仙』に載る。
¶江表（瓜生野（京都府））

瓜生寅＊ うりゅうはじむ
天保13（1842）年〜大正2（1913）年2月23日　⊛瓜生寅（うりゅうとら，うりゅうはじめ）　江戸時代末期〜明治時代の洋学者、越前福井藩士。
¶幕末（うりゅうとら）

瓜生寅 うりゅうはじめ
⇒瓜生寅（うりゅうはじむ）

漆戸虎秀 うるしどとらひで
安土桃山時代の武田勝頼の家臣。
¶武田（生没年不詳）

漆戸虎光　うるしどとらみつ
安土桃山時代の武田氏の家臣。主水佑、左京進。
¶武田（生没年不詳）

漆戸光範　うるしどみつのり
戦国時代の武士。河内守。勝沼の人。
¶武田（[生]？　[没]天文14（1545）年10月18日）

漆安光　うるしのやすみつ
平安時代後期の官人。
¶古人（生没年不詳）

漆畠加賀守　うるしばたけかがのかみ
安土桃山時代の武士。駿河衆。
¶武田（[生]？　[没]天正12（1584）年6月24日？）

ウルスラ
江戸時代前期の女性。通詞。幕府のキリスト教禁教令によってマカオに追放された日本イエズス会のイルマン古河の東京への往復の紀行文の中にウルスラとして登場する日本人婦人。
¶江表（ウルスラ（長崎県）　[没]正保1（1644）年/承応2（1653）年）

漆間時国＊　うるまのときくに
？～永治1（1141）年　平安時代後期の法然房源空の父。
¶古人

うれしき＊
生没年不詳　平安時代後期の女性。院の女房。
¶古人

宇礼志野越後守直通　うれしのえちごのかみなおみち
⇒宇礼志野直通（うれしのなおみち）

嬉野次郎左衛門＊　うれしのじろうさえもん，うれしのじろうざえもん
？～享保10（1725）年　[別]嬉野次郎左衛門（うれしのじろざえもん）　江戸時代中期の貿易商。
¶コン（うれしのじろうざえもん）

嬉野次郎左衛門　うれしのじろざえもん
⇒嬉野次郎左衛門（うれしのじろうさえもん）

宇礼志野直通＊　うれしのなおみち
[別]宇礼志野越後守直通（うれしのえちごのかみなおみち）　戦国時代～安土桃山時代の武士。
¶全戦（生没年不詳）

宇鹿＊　うろく
寛文9（1669）年～享保17（1732）年　江戸時代前期～中期の俳人。
¶俳文（[没]享保17（1732）年9月晦日）

雨和庵　うわあん
⇒河原崎権之助〔6代〕（かわらさきごんのすけ）

上井覚兼＊　うわいかくけん
天文14（1545）年～天正17（1589）年　[別]上井覚兼（うわいかっけん，うわいさとかね），覚兼（かくけん）　安土桃山時代の武将、島津氏家臣。
¶コン，全戦（うわいさとかね），戦武，中世，俳文（覚兼　かくけん　[生]天文14（1545）年2月11日　[没]天正17（1589）年6月12日）

上井覚兼　うわいかっけん
⇒上井覚兼（うわいかくけん）

上井覚兼　うわいさとかね
⇒上井覚兼（うわいかくけん）

上木甚兵衛＊　うわきじんべえ
正徳4（1714）年？～寛政10（1798）年　江戸時代中期の義民。大原騒動で遠島。
¶コン

上坂左近＊　うわさかさこん
天正10（1582）年～寛文1（1661）年　[別]上坂左近（うえさかさこん）　江戸時代前期の備前岡山藩士。
¶大坂（うえさかさこん　[没]寛文1年8月19日）

上穂源三郎　うわぶげんざぶろう
安土桃山時代の信濃国伊那郡の国衆。
¶武田（生没年不詳）

上穂貞親　うわぶさだちか
戦国時代の信濃国伊那郡の国衆。
¶武田（生没年不詳）

上穂為光　うわぶためみつ
戦国時代の信濃国伊那郡の国衆。
¶武田（生没年不詳）

上部貞永＊　うわべさだなが
享禄1（1528）年～天正19（1591）年　[別]上部貞永（かみべさだなが）　戦国時代～安土桃山時代の武将。秀吉馬廻。
¶織田（[生]享禄2（1529）年　[没]天正19（1591）年5月5日），全戦（[生]享禄2（1529）年）

上部茁斎　うわべせっさい
⇒上部茁斎（かみべせっさい）

上矢敲氷　うわやこうひょう
⇒上矢敲氷（かみやこうひょう）

雲英　うんえい★
江戸時代後期の女性。画。書家菖谷の妻。文化11年刊『名家画譜』二に画を描く。
¶江表（雲英（東京都））

運賀＊　うんが
生没年不詳　鎌倉時代前期の仏師。運慶の子。
¶古人，美建

運覚＊(1)　うんかく
？～康治2（1143）年2月　平安時代後期～鎌倉時代前期の仏師。
¶古人，美建（生没年不詳）

運覚(2)　うんかく
鎌倉時代前期の仏師。定覚の子。興福寺北円堂法法苑林像を造る。
¶古人（生没年不詳）

雲幹　うんかん
江戸時代後期～明治時代の女性。画。常陸潮来の亀坂京助の長女。
¶江表（雲幹（茨城県）　[生]文化1（1804）年　[没]明治22（1889）年）

雲華＊　うんげ
安永2（1773）年～嘉永3（1850）年　[別]末広雲華（すえひろうんげ），大含（たいがん，だいがん）　江戸時代後期の真宗の僧。
¶コン（[生]天明3（1783）年），植物（[生]安永2（1773）年4月1日　[没]嘉永3（1850）年10月9日），美画（[生]安永2（1773）年4月1日　[没]嘉永3（1850）年10月9日）

運慶＊　うんけい
？～貞応2（1223）年　平安時代後期～鎌倉時代前期の仏師。鎌倉時代彫刻様式の祖。代表作に快慶と

の合作の「東大寺金剛力士像」や興福寺北円堂の諸像などがある。

¶古人([没]1233年), コン, 思想, 中世, 美建([没]貞応2(1223)年12月11日), 山小([没]1223年12月11日)

雲慶 うんけい

平安時代後期の仏師。

¶美建(生没年不詳)

雲渓支山* うんけいしざん

元徳2(1330)年～元中8/明徳2(1391)年 [別]支山(しざん) 南北朝時代の臨済宗の僧。相国寺の第5世。

¶コン([生]元徳1(1329)年)

雲鼓* うんこ

寛文5(1665)年～享保13(1728)年 [別]堀内雲鼓(ほりうちうんこ) 江戸時代中期の俳人。笠付を確立。

¶俳文([生]? [没]享保13(1728)年5月2日)

雲居 うんご

⇒雲居希膺(うんごきよう)

雲光院 うんこういん

⇒阿茶局(あちゃのつぼね)

雲居希膺* うんごきよう

天正10(1582)年～万治2(1659)年 [別]雲居(うんご), 希膺(きよう, けよう), 大悲円満国師(だいひえんまんこくし) 江戸時代前期の臨済宗の僧。

¶コン, 思想

雲谷等益* うんこくとうえき

天正19(1591)年～寛永21(1644)年 江戸時代前期の雲谷派の画家。雲谷宗家の惣領。

¶コン([没]正保1(1644)年), 美画([没]正保1(1644)年2月14日)

雲谷等顔* うんこくとうがん

天文16(1547)年～元和4(1618)年 安土桃山時代～江戸時代前期の画家。雲谷派の祖。

¶浮絵, コン, 中世, 美画([没]元和4(1618)年5月3日), 山小([没]1618年5月3日)

雲谷等的* うんこくとうてき

慶長11(1606)年～寛文4(1664)年 江戸時代前期の雲谷派の画家。

¶美画([没]寛文4(1664)年1月22日)

雲谷等哲* うんこくとうてつ

寛永8(1631)年～天和3(1683)年 江戸時代前期の雲谷派の画家。

¶美画([没]天和3(1683)年6月9日)

雲谷等璠* うんこくとうばん, うんこくとうはん

寛永12(1635)年～享保9(1724)年 江戸時代前期～中期の雲谷派の画家。雲谷宗家。

¶美画([没]享保9(1724)年2月6日)

雲谷等与* うんこくとうよ

慶長17(1612)年～寛文8(1668)年 江戸時代前期の雲谷派の画家。雲谷家宗主。

¶美画([没]寛文8(1668)年1月17日)

雲左* うんさ

明和4(1767)年～天保11(1840)年10月5日 江戸時代中期～後期の俳人。日蓮宗の僧。

¶俳文

雲史 うんし

江戸時代後期の俳諧作者。

¶俳文([生]? [没]寛政6(1794)年7月23日)

雲室* うんしつ

宝暦3(1753)年～文政10(1827)年 [別]雲室上人(うんしつしょうにん) 江戸時代中期～後期の南画僧。

¶コン, 美画([生]宝暦3(1753)年3月5日 [没]文政10(1827)年5月9日)

雲室上人 うんしつしょうにん

⇒雲室(うんしつ)

雲岫宗竜 うんしゅうしゅうりゅう

⇒雲岫宗竜(うんしゅうそうりゅう)

雲岫宗竜* うんしゅうそうりゅう

応永1(1394)年～文明10(1478)年12月9日 [別]雲岫宗竜(うんしゅうしゅうりゅう, うんちゅうそうりゅう) 室町時代の曹洞宗の僧。

¶武田(うんちゅうそうりゅう 生没年不詳)

運助* うんじょ

生没年不詳 鎌倉時代前期の仏師。運慶の子。

¶古人, 美建

運昭* うんしょう

仁和1(885)年～? 平安時代前期～中期の天台僧。

¶古人

運敞*(雲敞) うんしょう, うんじょう

慶長19(1614)年～元禄6(1693)年 江戸時代前期の真言宗の僧。

¶江人, コン

雲照 うんしょう

⇒釈雲照(しゃくうんしょう)

雲裳 うんしょう★

江戸時代後期の女性。俳諧。天保期中頃に小布施に定住。

¶江表(雲裳(長野県))

雲章一慶 うんしょういっきょう

⇒雲章一慶(うんしょういっけい)

雲章一慶* うんしょういっけい

元中3/至徳3(1386)年～寛正4(1463)年1月23日 [別]一慶(いちきょう, いっけい), 雲章一慶(うんしょういっきょう) 室町時代の臨済宗の僧。

¶コン, 思想([生]至徳3/元中3(1386)年)

雲松院 うんしょういん

享保2(1717)年～延享2(1745)年 江戸時代中期の女性。徳川吉宗の養女。

¶江表(温子(宮城県) はるこ), 徳将

運真* うんしん

?～延長3(925)年 平安時代前期～中期の僧。

¶古人

雲泉太極 うんぜんたいきょく

⇒太極(たいきょく)

雲帯 うんたい

⇒成沢雲帯(なるさわうんたい)

雲岫宗竜 うんちゅうそうりゅう

⇒雲岫宗竜(うんしゅうそうりゅう)

運朝 うんちょう
南北朝時代の仏師。
¶美建（生没年不詳）

運長 うんちょう
江戸時代中期の仏師。
¶美建（生没年不詳）

云奴 うんぬ
⇒京極高住（きょうごくたかすみ）

海野蠖斎* うんのかくさい
寛延1（1748）年～天保4（1833）年　江戸時代中期
～後期の書画家。
¶美画（没天保4（1833）年5月17日）

雲野義左衛門* うんのぎざえもん
文化11（1814）年～明治1（1868）年　江戸時代末期
の大番士。
¶幕末（没慶応4（1868）年8月11日）

海野元重 うんのげんじゅう
江戸時代前期の代官。
¶徳代（生？　没寛文5（1665）年）

海野薩摩守 うんのさつまのかみ
戦国時代の武田氏の家臣。
¶武田（生？　没永禄2（1559）年4月20日）

海野下野守 うんのしもつけのかみ
戦国時代の信濃国筑摩郡虚空蔵山城主。
¶武田（生没年不詳）

海野勝珉 うんのしょうみん
江戸時代後期～大正時代の彫金家。
¶美工（生弘化1（1844）年5月15日　没大正4（1915）年10
月6日）

海野中務大輔 うんのなかつかさのだいふ
戦国時代～安土桃山時代の上野吾妻郡の国衆。
¶武田（生天文13（1544）年　没天正9（1581）年11月21
日）

海野長門守 うんのながとのかみ
戦国時代～安土桃山時代の上野吾妻郡の国衆。
¶武田（生永正4（1507）年　没天正9（1581）年11月21日）

海野能登守 うんののとのかみ
戦国時代～安土桃山時代の上野吾妻郡の国衆。
¶武田（生永正7（1510）年　没天正9（1581）年11月）

海野信盛* うんののぶもり
生没年不詳　戦国時代の信濃国衆。
¶武田

海野梅岳* うんのばいがく
文政4（1821）年～明治10（1877）年　江戸時代末期
～明治時代の絵師。画風は写実を旨とする。
¶幕末（没明治10（1877）年6月15日），美画（没明治10
（1877）年6月15日）

雲野八郎左衛門 うんのはちろうざえもん
戦国時代～安土桃山時代の大工職の棟梁。北条氏
に仕えた。
¶後北（八郎左衛門〔雲野〕　はちろうざえもん）

海野本定 うんのほんてい
江戸時代前期の旧武田家臣、代官。
¶徳代（生？　没元和3（1617）年6月）

海野三河守幸貞 うんのみかわのかみゆきさだ
⇒海野幸貞（うんのゆきさだ）

海野弼幸 うんのみちゆき
江戸時代前期～中期の幕臣。
¶徳人（生1679年　没1740年）

海野棟綱* うんのむねつな
生没年不詳　戦国時代の信濃国衆。
¶全戦

海野盛寿 うんのもりとし
江戸時代後期～明治時代の彫金家。
¶美工（生天保5（1834）年　没明治29（1896）年10月1日）

海野屋作兵衛* うんのやさくべえ
?～天和2（1682）年　江戸時代前期の手賀沼新田開
発請負人、鮮魚商。
¶コン

海野遊翁 うんのゆうおう
⇒海野幸典（うんのゆきのり）

海野幸氏* うんのゆきうじ
生没年不詳　鎌倉時代前期の武士。弓の名手。
¶古人

海野幸貞 うんのゆきさだ
?～天正11（1583）年　別海野三河守幸貞（うんの
みかわのかみゆきさだ）　安土桃山時代の武将。小
笠原氏家臣。
¶武田（没天正11年2月13日）

海野幸忠* うんのゆきただ
生没年不詳　戦国時代の信濃国衆。
¶武田

海野幸典* うんのゆきのり
寛政1（1789）年～嘉永1（1848）年　別海野遊翁（う
んのゆうおう）　江戸時代後期の歌人。
¶コン

海野幸広*（海野行広） うんのゆきひろ
?～寿永2（1183）年　平安時代後期の武将。
¶古人（海野行（幸）広），平家（海野行広）

海野幸房 うんのゆきふさ
戦国時代の信濃小県郡の国衆。海野氏の一門か。
¶武田（生没年不詳）

海野幸光* うんのゆきみつ
生没年不詳　戦国時代の信濃国衆。
¶武田

海野幸義 うんのゆきよし
安土桃山時代～江戸時代前期の真田氏の家臣。
¶全戦（生？　没寛永1（1624）年）

海野六郎* うんのろくろう
安土桃山時代～江戸時代前期の武将。立川文庫「真
田幸村」の登場人物。真田十勇士の一人。
¶全戦、戦武（生元亀2（1571）年？　没慶長20（1615）
年？）

雲峰 うんぽう
⇒居初雲峰（いそめうんぽう）

雲峰等悦* うんぽうとうえつ
生没年不詳　別等悦（とうえつ）　室町時代の画僧。
¶対外，美術

雲楽山人* うんらくさんじん
宝暦11（1761）年～?　江戸時代中期～後期の武
士、戯作者、狂歌師。

えいいん

¶徳人

雲裡坊 うんりぼう
⇒渡辺雲裡坊(わたなべうんりぼう)

雲竜久吉 うんりゅうきゅうきち
⇒雲龍久吉(うんりゅうひさきち)

雲龍久吉* うんりゅうひさきち
文政6(1823)年～明治24(1891)年 ㊿雲竜久吉(うんりゅうきゅうきち) 江戸時代末期～明治時代の力士。
¶コン(うんりゅうきゅうきち)、幕末 ㊗文政5(1822)年 ㊈明治23(1890)年6月15日

雲林院文造〔1代〕 うんりんいんぶんぞう
⇒宝山文蔵〔1代〕(ほうざんぶんぞう)

雲林院文造〔11代〕* うんりんいんぶんぞう
？～明和6(1769)年 ㊿雲林院文造(うじいんぶんぞう) 江戸時代中期の京都粟田焼の陶工。
¶美工

雲林院文蔵〔16代〕 うんりんいんぶんぞう
⇒宝山文蔵〔16代〕(ほうざんぶんぞう)

雲鈴(1) うんれい
⇒吉井雲鈴(よしいうんれい)

雲鈴(2) うんれい
⇒吉井雲鈴(よしいうんれい)

雲鹿* うんろく
生没年不詳　江戸時代中期の俳人。
¶俳文

【え】

慧安 えあん
⇒東巖慧安(とうがんえあん)

えい
江戸時代後期の女性。和歌。庄内藩酒井家の奥女中。嘉永4年序、鈴木直麿編『八十番歌合』に載る。
¶江表(えい(山形県))

ゑい
江戸時代後期の女性。教育。松崎利兵衛の母。
¶江表(ゑい(東京都))　㊄享和3(1803)年頃

エイ(1)
江戸時代前期の女性。陶工。朝鮮からの渡来人で三川内焼の祖。
¶江表(エイ(長崎県))　㊈寛文12(1672)年

エイ(2)
江戸時代後期の女性。教育。町役人中村氏。文政8年、麹町山元町に寺子屋大雅堂を開業。
¶江表(エイ(東京都))

エイ(3)
江戸時代後期の女性。教育。訪部氏の長女。天保8年、深川常盤町に寺子屋文英堂を開業。
¶江表(エイ(東京都))

栄(1)　えい*
江戸時代中期の女性。和歌。工藤七郎左衛門の妻。天明2年宮内清秀序『伴菊延齢詩歌集』に載る。
¶江表(栄(大阪府))

栄(2)　えい*
江戸時代後期の女性。俳諧・書簡。馬場氏。文化8年頃、馬場家を訪れ、同9年刊、菊舎編『手折菊』四にある。
¶江表(栄(大阪府))

栄(3)　えい*
江戸時代末期の女性。和歌。飛騨高山陣屋役人富田道彦の妻。慶応2年序、村上忠順編『元治元年千首』に載る。
¶江表(栄(岐阜県))

栄(4)　えい*
江戸時代末期の女性。和歌。大坂北新地の綿屋内の芸妓。安政4年刊、黒沢翁満撰『類題採風集』二一上に載る。
¶江表(栄(大阪府))

栄(5)　えい*
江戸時代末期の女性。俳諧。摂津伊丹の人。安政6年岡田糠人が発刊した『かさりたる』に載る。
¶江表(栄(兵庫県))

永　えい*
江戸時代後期の女性。和歌。上野高崎藩主松平輝高の娘。
¶江表(永(奈良県))　㊗文政2(1819)年

英(1)　えい*
江戸時代中期の女性。書・漢詩。寛延期の湯津上出身で播磨姫路藩の藩儒諸葛琴台の娘。
¶江表(英(栃木県))

英(2)　えい*
江戸時代後期の女性。俳諧。大坂の人。寛政12年刊、三宅嘯山編『俳諧独喰』に載る。
¶江表(英(大阪府))

英(3)　えい*
江戸時代後期の女性。狂歌。大坂の人。文化5年序、片岡雪亭編『狂歌智音百人一首』に載る。
¶江表(英(大阪府))

英(4)　えい*
江戸時代後期～明治時代の女性。和歌。南高来郡串山村の隅部八郎維政の娘。
¶江表(英(長崎県))　㊃嘉永4(1851)年　㊈明治23(1890)年

恵ひ*
江戸時代後期の女性。教育。平松真次郎の母。
¶江表(恵ひ(東京都))　㊄文化5(1808)年頃

纓　えい
江戸時代後期の女性。和歌。仙台藩士今野弁之進惟安の妻。文化11年刊、中山忠雄・河田正致編『柿本社奉納和歌集』に載る。
¶江表(纓(宮城県))

永安門院* えいあんもんいん
建保4(1216)年～弘安2(1279)年　㊿禖子内親王(じょうしないしんのう)　鎌倉時代前期の女性。順徳天皇の第2皇女。
¶コン、天皇 ㊈弘安2(1279)年11月21日

永胤* えいいん
生没年不詳　㊿永胤(よういん)　平安時代中期の天台宗の僧・歌人。
¶古人(ようい ん)

え

永運*　えいうん
生没年不詳　南北朝時代の僧、連歌師。
¶俳文

栄叡*　えいえい
？～天平勝宝1(749)年　[別]栄叡(ようえい)　奈良時代の法相宗の僧。鑑真に日本への渡航を懇請。
¶古人,古代,対外(生没年不詳)

永円*　えいえん
天元3(980)年～寛徳1(1044)年　[別]永円(ようえん)　平安時代中期の天台宗の僧。
¶古人(ようえん)

永縁　えいえん
⇒永縁(ようえん)

永応女王*　えいおうじょおう
元禄15(1702)年～宝暦4(1754)年　[別]永応女王(えいおうにょおう),文応女王(ぶんのうじょおう)　江戸時代中期の女性。霊元天皇の第10皇女。
¶江表(永応(奈良県)),天皇([生]元禄15(1702)年11月20日/26日　[没]宝暦4(1754)年5月22日/24日)

永応女王　えいおうにょおう
⇒永応女王(えいおうじょおう)

睿荷*　えいか
生没年不詳　平安時代中期の僧侶。叡山西塔の武芸僧。
¶古人

栄賀　えいが
⇒宅磨栄賀(たくまえいが)

栄雅　えいが
⇒宝田寿助(たからだじゅすけ)

英賀　えいが★
江戸時代末期の女性。書。江川氏。安政6年刊、畑銀鶏編『書画薈粋』二に載る。
¶江表(英賀(東京都))

栄快*　えいかい
生没年不詳　鎌倉時代前期の仏師。快慶の弟子。
¶美建

叡覚*　えいかく
万寿2(1025)年？～？　[別]藤原信綱(ふじわらののぶつな)　平安時代中期～後期の僧侶・歌人。
¶古人(生没年不詳),古人(藤原信綱　ふじわらののぶつな　[生]1025年)

永覚*(1)　えいかく
生没年不詳　[別]永覚(ようかく)　平安時代中期～後期の天台宗の僧。
¶古人(ようかく)

永覚(2)　えいかく★
江戸時代前期の女性。俳諧。河内三宅村の人。貞享1年刊、井原西鶴編『今古俳諧女歌仙』に載る。
¶江表(永覚(大阪府))

英岳*　えいがく
寛永16(1639)年～正徳2(1712)年11月1日　江戸時代前期～中期の真言宗の僧。
¶コン

栄嘉尼　えいかに★
江戸時代中期の女性。和歌。江戸城本丸の比丘尼衆。明和5年刊、石野広通編「霞関集」に載る。
¶江表(栄嘉尼(東京都))

永嘉門院*　えいかもんいん
文永9(1272)年～元徳1(1329)年　[別]瑞子女王(ずいしじょおう),瑞子内親王(ずいしないしんのう)　鎌倉時代後期の女性。後宇多天皇の宮人。
¶コン,天皇(瑞子女王　ずいしじょおう　[没]元徳1(1329)年8月29日)

叡桓*　えいかん
生没年不詳　平安時代の天台宗の僧。
¶古人

栄感　えいかん★
江戸時代前期の女性。和歌。俳人井上千山の伯母。貞享3年に不徹庵の尼となる。
¶江表(栄感(兵庫県))

永観　えいかん
⇒永観(ようかん)

永閑(1)　えいかん
⇒虎屋永閑(とらやえいかん)

永閑(2)　えいかん
⇒能登永閑(のとえいかん)

恵関　えいかん★
江戸時代前期の女性。俳諧。越前福井の人。延宝5年刊、松風軒卜琴撰『玉江草』五に載る。
¶江表(恵関(福井県))

永機*　えいき
文政6(1823)年～明治37(1904)年　[別]其角堂永機(きかくどうえいき),穂積永機(ほづみえいき)　江戸時代末期～明治時代の俳人。
¶俳文(穂積永機　ほづみえいき　[生]文政6(1823)年10月10日　[没]明治37(1904)年1月10日)

永宜尼　えいぎに★
江戸時代後期の女性。和歌。東本願寺末泉徳寺正聴の母。
¶江表(永宜尼(京都府)　[没]文政6(1823)年)

永慶*　えいきょう
長徳2(996)年～治暦2(1066)年12月21日　[別]永慶(えいけい,ようけい)　平安時代中期～後期の天台宗の僧。
¶古人(ようけい)

穎教　えいきょう
奈良時代の僧、薬師寺寺主。
¶古人(生没年不詳)

叡空*　えいくう
？～治承3(1179)年　平安時代後期の天台宗の学僧。法然の師。
¶古人,コン

永慶　えいけい
⇒永慶(えいきょう)

映月　えいげつ★
江戸時代後期の女性。俳諧。安芸広島地方の尼。文政7年刊、多賀庵四世筵史編『やまかつら』に載る。
¶江表(映月(広島県))

永源*　えいげん
生没年不詳　[別]永源(ようげん)　平安時代中期～後期の三論宗の僧・歌人。
¶古人(ようげん)

穎玄 えいげん
⇒法界坊（ほうかいぼう）

影幻院 えいげんいん
江戸時代後期の徳川家斉の十七男。
¶徳将（[生]1817年 [没]1817年）

瀅子 えいこ
江戸時代後期の女性。和歌。幕府の儒官林権助檉宇の妻。
¶江表（瀅子（東京都））

盈子 えいこ
江戸時代後期の女性。和歌。深川の西念寺式部卿宮本氏の母。文政8年刊、南都薬師寺沙門行遍編『仏足結縁歌文集』に載る。
¶江表（盈子（東京都））

鍈子 えいこ★
江戸時代末期～明治時代の女性。和歌。上総大多喜藩主松平正和の娘。
¶江表（鍈子（静岡県） [生]安政4（1857）年 [没]明治38（1905）年）

えい子 えいこ★
江戸時代の女性。和歌。篠崎氏。明治14年刊、岡田良策編『近世名婦百人撰』に載る。
¶江表（えい子（東京都））

ゑい子(1) えいこ★
江戸時代中期の女性。俳諧。本陣松木五左衛門常芳の妻。
¶江表（ゑい子（長野県） [没]明和7（1770）年）

ゑい子(2) えいこ★
江戸時代後期～明治時代の女性。和歌。駿河大運寺（富士市）の墓碑に辞世が刻まれる。
¶江表（ゑい子（静岡県） [没]明治39（1906）年）

栄子(1) えいこ★
江戸時代の女性。漢詩。加賀大聖寺藩藩士で実業家飛鳥井清の娘。明治13年刊、水上珍亮編『日本閨媛吟藻』下に載る。
¶江表（栄子（石川県））

栄子(2) えいこ★
江戸時代の女性。和歌。吉田氏。明治13年刊、藤岡恵美編『猴冠集』二に載る。
¶江表（栄子（高知県））

栄子(3) えいこ★
江戸時代前期の女性。俳諧。宇和島の矢野氏の娘。寛文12年序、宇和島藩家老桑折宗臣編『大海集』に載る。
¶江表（栄子（愛媛県））

栄子(4) えいこ★
江戸時代中期の女性。和歌。井尻卜枕軒の娘。明和3年成立、難波玄生・清水貞固ほか撰「稲葉和歌集」に載る。
¶江表（栄子（鳥取県））

栄子(5) えいこ★
江戸時代中期～後期の女性。和歌。備中浅口郡安倉の高淵氏の娘。
¶江表（栄子（岡山県） [生]明和8（1771）年 [没]文化2（1805）年）

栄子(6) えいこ★
江戸時代後期の女性。和歌。盛岡藩士三戸南部主計信丞の妹。
¶江表（栄子（岩手県））

栄子(7) えいこ★
江戸時代後期の女性。狂歌。権律師了明（福成寺主）の妻。天保6年序、『紅叢紫籙』に載る。
¶江表（栄子（東京都））

栄子(8) えいこ★
江戸時代後期の女性。和歌。鈴木氏。天保12年成立、徳川斉昭撰「弘道館梅花詩歌」に載る。
¶江表（栄子（茨城県））

栄子(9) えいこ★
江戸時代後期の女性。和歌・書。神崎郡北町屋村の歌人市田義輔の妹。
¶江表（栄子（滋賀県） [生]文化6（1809）年）

栄子(10) えいこ★
江戸時代後期の女性。和歌。和泉岸和田藩主岡部長慎の娘。国学者斎藤彦麿に『源氏物語』の講義を受け、天保11年にその講義が終わる。
¶江表（栄子（鳥取県））

栄子(11) えいこ★
江戸時代後期の女性。和歌。出雲杵築出雲国造北島家の連枝北島孝証の妻。弘化2年刊、加納諸平編『類題鰒玉集』五に載る。
¶江表（栄子（島根県））

栄子(12) えいこ★
江戸時代後期の女性。和歌。備中倉敷の豪商植田方隣の娘。
¶江表（栄子（岡山県） [没]弘化4（1847）年）

栄子(13) えいこ★
江戸時代末期の女性。和歌。仙台藩医涌谷恭繁の娘。
¶江表（栄子（宮城県） [没]安政6（1859）年）

栄子(14) えいこ★
江戸時代末期の女性。和歌。渡辺恒左衛門の妻。安政4年序、物集高世編『類題春草集』初に載る。
¶江表（栄子（京都府））

栄子(15) えいこ★
江戸時代末期の女性。和歌。出雲国造で出雲大社の宮司千家尊孫の二男俊栄の妻。安政4年刊、千家尊澄撰『花のしつ枝』に載る。
¶江表（栄子（島根県））

栄子(16) えいこ★
江戸時代末期～明治時代の女性。和歌。木本氏。歌人で書家、近世の畸人といわれた清水蓮成の門人。
¶江表（栄子（東京都））

栄子(17) えいこ★
江戸時代末期～明治時代の女性。俳諧・画。三河岡崎藩主本多忠考の娘。
¶江表（栄子（千葉県） [没]明治28（1895）年）

英子(1) えいこ★
江戸時代の女性。和歌。伊勢亀山の石川氏。明治24年刊、佐々木信綱編『婦女詞藻』に載る。
¶江表（英子（三重県））

英子(2) えいこ★
江戸時代中期の女性。和歌。三河吉田藩藩士今村五兵衛の妻。宝暦12年刊、村上影面編『続采藻編』に載る。
¶江表（英子（愛知県））

英子(3) えいこ★
江戸時代中期～後期の女性。和歌。豊後杵築の商人で金屋2代目物集善蔵高行の娘。
¶江表(英子(大分県)) ㋐天明3(1783)年 ㋺天保3(1832)年

英子(4) えいこ★
江戸時代後期の女性。俳諧。越前三国の人。寛政4年刊、涼池園二専著『芦間鶴』に載る。
¶江表(英子(福井県))

英子(5) えいこ★
江戸時代後期の女性。和歌。土佐種崎浦の藩御船倉御用商人川島猪三郎春満の母。天保12年刊、加納諸平編『類題鰒玉集』四に載る。
¶江表(英子(高知県))

英子(6) えいこ★
江戸時代末期の女性。俳諧。安政6年刊、井上留木編『あさゆふへ』に載る。
¶江表(英子(東京都))

英子(7) えいこ★
江戸時代末期の女性。画。菊川を名乗る。浮世絵師・菊川英山の弟子。
¶江表(英子(東京都))

英子(8) えいこ★
江戸時代末期の女性。和歌。筑前京都郡津積村の大嶋神社神官で国学者定村豊前守直孝の妻。万延1年序、物集高世編『類題春草集』二に載る。
¶江表(英子(福岡県))

英怙 えいこ
安土桃山時代の連歌師。石井氏。
¶俳文(生没年不詳)

叡効★ えいこう
康保2(965)年～治安1(1021)年 平安時代の天台宗の僧。
¶古人

栄弘★ えいこう
応永27(1420)年～文明19(1487)年4月 室町時代～戦国時代の真言宗・律宗兼学の僧。
¶対外

永興★ えいこう
生没年不詳 ㋙永興(ようこう) 奈良時代の僧。
¶古人(ようこう),古代

永晃 えいこう
⇒永皎女王(えいこうじょおう)

栄綱院 えいこういん★
江戸時代後期の女性。和歌。讃岐丸亀藩主京極高中の養女。文政8年～10年成立「詠草」に載る。
¶江表(栄綱院(岐阜県))

永光院 えいこういん
⇒お万の方(おまんのかた)

瑩光院 えいこういん
江戸時代後期の女性。徳川家斉の七女。
¶徳将 ㋐1799年 ㋺1800年)

永皎女王★ えいこうじょおう
享保17(1732)年11月22日～文化5(1808)年 ㋙永晃(えいこう),永皎女王(えいこうにょおう) 江戸時代中期～後期の女性。中御門天皇の第7皇女。
¶江表(永皎(京都府)),天皇(永晃 えいこう ㋺文化5

(1808)年7月4日)

栄光尼 えいこうに★
江戸時代中期の女性。俳諧。堀越氏。
¶江表(栄光尼(東京都)) ㋺寛延3(1750)年)

永皎女王 えいこうにょおう
⇒永皎女王(えいこうじょおう)

叡子内親王 えいこないしんのう
⇒叡子内親王(えいしないしんのう)

栄子内親王 えいこないしんのう
⇒栄子内親王(まさこないしんのう)

英子内親王 えいこないしんのう
⇒英子内親王(えいしないしんのう)

永悟入道親王 えいごにゅうどうしんのう
⇒永悟法親王(えいごほうしんのう)

永悟法親王★ えいごほうしんのう
万治2(1659)年～延宝4(1676)年 ㋙永悟入道親王(えいごにゅうどうしんのう),貴平親王(たかひらしんのう) 江戸時代前期の僧。後西天皇第3皇子。
¶天皇㋐万治2(1659)年9月 ㋺延宝4(1676)年11月1日)

永厳(1) えいごん
⇒永厳(ようげん)

永厳(2) えいごん
⇒永厳(ようごん)

栄西★ えいさい
永治1(1141)年～建保3(1215)年 ㋙千光国師(せんこうこくし),千光祖師(せんこうそし),千光法師(せんこうほうし),明菴栄西(みょうあんえいさい),明庵栄西(みょうあんえいさい,みょうあんようさい,みんなんえいさい),葉上房(ようじょうぼう) 平安時代後期～鎌倉時代前期の臨済宗の僧(開祖)。2度入宋して臨済宗を伝え、建仁寺を開く。また茶を初めて日本にもたらした。著作に「興禅護国論」。
¶古人(ようさい),コン(明庵栄西 みょうあんようさい),思想,植物㋐永治1(1141)年4月20日 ㋺建保3(1215)年7月5日),対外(明庵栄西 みょうあんえいさい),中世,山小㋐1141年4月20日 ㋺1215年6月/7月5日)

栄山 えいざん
⇒志道軒〔1代〕(しどうけん)

瑩山 えいざん
⇒瑩山紹瑾(けいざんじょうきん)

瑩山紹瑾 えいざんしょうきん,えいざんじょうきん
⇒瑩山紹瑾(けいざんじょうきん)

叡山大師 えいざんだいし
⇒最澄(さいちょう)

永参尼 えいさんに★
江戸時代中期の女性。俳諧。尾張鳴海の西尾四郎右衛門の娘。
¶江表(永参尼(愛知県)) ㋺宝永2(1705)年)

栄思 えいし
⇒三升屋二三治(みますやにそうじ)

栄糸 えいし★
江戸時代後期の女性。俳諧。越前天王の人。文化15年不断斎令羽編「祝晨」に載る。
¶江表(栄糸(福井県))

栄之 えいし
⇒細田栄之(ほそだえいし)

永紫 えいし★
江戸時代後期の女性。画・俳諧。富岡氏。
¶江表(永紫(東京都) [生]天保3(1832)年頃)

英子(1) えいし
江戸時代中期の女性。和歌・教育。福原氏。
¶江表(英子(広島県) [没]安永1(1772)年)

英子(2) えいし
⇒小川吉太郎〔1代〕(おがわきちたろう)

英子(3) えいし
⇒小川吉太郎〔2代〕(おがわきちたろう)

英子(4) えいし
⇒小川吉太郎〔3代〕(おがわきちたろう)

英子(5) えいし
⇒津打治兵衛〔2代〕(つうちじへえ)

英子(6) えいし
⇒津打治兵衛〔3代〕(つうちじへえ)

英枝 えいし★
江戸時代後期の女性。俳諧。相模大磯の人。享和1年刊『風やらい』に載る。
¶江表(英枝(神奈川県))

英之(1) えいし★
江戸時代中期～後期の女性。画。画家佐脇嵩之(英一蝶の門人)の娘。
¶江表(英之(東京都) [生]延享2(1745)年 [没]寛政3(1791)年)

英之(2) えいし★
江戸時代後期の女性。俳諧。文化11年刊、多賀庵三世玄蛙編『やまかつら』に載る。
¶江表(英之(広島県))

英之女 えいしじょ★
江戸時代中期の女性。俳諧。岩城の人。天明期刊『露の秋』に載る。
¶江表(英之女(福島県))

叡実* えいじつ
生没年不詳 平安時代中期の法華持経者。
¶古人

永実*(1) えいじつ
生没年不詳 [別]永実(ようじつ) 平安時代後期の社僧。
¶古人(よう(えい)じつ)

永実*(2) えいじつ
*～大治1(1126)年 [別]永実(ようじつ) 平安時代後期の天台宗の僧。
¶古人(よう(えい)じつ [生]1066年)

媖子内親王 えいしないしんのう
⇒陽徳門院(ようとくもんいん)

叡子内親王* えいしないしんのう
保延1(1135)年～久安4(1148)年 [別]叡子内親王(えいこないしんのう, としこないしんのう) 平安時代後期の女性。鳥羽天皇の第4皇女。
¶古人(としこないしんのう),天皇(えいしないしんのう・としこ [生]保延1(1135)年12月4日 [没]久安4(1148)年12月8日)

英子内親王* えいしないしんのう
延喜21(921)年～天慶9(946)年 [別]英子内親王(えいこないしんのう, ひでこないしんのう) 平安時代中期の女性。醍醐天皇の皇女。
¶古人(ひでこないしんのう)

永種 えいしゅ
⇒松永永種(まつながながたね)

英種 えいしゅ
⇒万安英種(ばんなんえいしゅ)

永寿(1) えいじゅ★
江戸時代中期の女性。医者。筑前小伏村の医者井上恬山の妻。
¶江表(永寿(福岡県))

永寿(2) えいじゅ★
江戸時代末期の女性。和歌。太田忠次郎の母。安政4年刊、富樫広蔭編『千百人一首』上に載る。
¶江表(永寿(愛知県))

栄寿院(1) えいじゅいん★
江戸時代後期の女性。和歌・書簡。仙台藩士伊達安房村実の娘。
¶江表(栄寿院(岩手県) [没]享和3(1803)年)

栄寿院(2) えいじゅいん★
江戸時代後期の女性。和歌。佐賀藩士多久茂鄰の娘。
¶江表(栄寿院(佐賀県) [生]文化2(1806)年)

栄寿院(3) えいじゅいん
⇒国姫(くにひめ)

永寿院(1) えいじゅいん★
江戸時代前期の女性。和歌。松平信吉の娘。陸奥三春藩主秋田盛季の母。
¶江表(永寿院(福島県))

永寿院(2) えいじゅいん★
江戸時代後期の女性。和歌。佐竹七家の1つ壱岐家中務義恭の娘。
¶江表(永寿院(秋田県) [生]寛政12(1800)年 [没]嘉永3(1850)年)

永秀女王* えいしゅうじょおう
延宝5(1677)年～享保10(1725)年 [別]永秀女王(えいしゅうにょおう) 江戸時代中期の女性。霊元天皇の第5皇女。
¶天皇([生]延宝5(1677)年閏12月5日 [没]享保10(1725)年7月5日)

永秀女王 えいしゅうにょおう
⇒永秀女王(えいしゅうじょおう)

永寿王丸 えいじゅおうまる
⇒足利成氏(あしかがしげうじ)

永寿皇女 えいじゅこうじょ
⇒永寿女王(えいじゅじょおう)

永寿女 えいじゅじょ★
江戸時代末期の女性。俳諧。越後山谷村の酒井氏の妻。安政5年刊、松岡茶山編『北越俳諧人銘録』坤に載る。
¶江表(永寿女(新潟県))

永寿女王* えいじゅじょおう
永正16(1519)年～天文4(1535)年 [別]永寿皇女(えいじゅこうじょ), 永寿女王(えいじゅにょおう) 戦国時代の女性。後奈良天皇の第2皇女。

え

¶天皇（永寿皇女　えいじゅこうじょ　㊤永正16（1519）年12月18日　㊥天文4（1535）年12月25日）

永寿女王　えいじゅにょおう
⇒永寿女王（えいじゅじょおう）

叡俊　えいしゅん
平安時代後期の比叡山の僧。系譜未詳。
¶平家（生没年不詳）

栄春*(1)　えいしゅん
？〜元文2（1737）年　江戸時代中期の女性。俳人。貞門六歌仙の一人。
¶江表（栄春（大阪府））

栄春(2)　えいしゅん*
江戸時代中期の女性。俳諧。二本松の人。元禄8年序、百花堂文車編『花蒋』に載る。
¶江表（栄春（福島県））

永順　えいじゅん
戦国時代の武田家の右筆。内藤昌秀の従兄弟。
¶武田（生没年不詳）

栄春院　えいしゅんいん*
江戸時代中期の女性。和歌・随筆。吉田兼連の母。
¶江表（栄春院（京都府）㊥元禄9（1696）年）

永春院*　えいしゅんいん
？〜貞亨3（1686）年8月5日　江戸時代前期の女性。肥前島原藩主松平忠房の妻。
¶江表（永春院（長崎県））

永潤女王　えいじゅんじょおう
⇒永潤女王（えいじゅんにょおう）

永潤女王*　えいじゅんにょおう
文政3（1820）年〜天保1（1830）年　㊙永潤女王（えいじゅんじょおう）　江戸時代後期の女性。光格天皇第7皇女。
¶江表（永潤（京都府）㊥文政13（1830）年）

ゑい女(1)　えいじょ*
江戸時代後期の女性。俳諧。寒河江の人。天保15年、寒河江八幡宮に奉納された俳額に載る。
¶江表（ゑい女（山形県））

ゑい女(2)　えいじょ*
江戸時代後期の女性。俳諧。寛政10年序、文雅堂武陵編『さぬ幾婦利』に載る。
¶江表（ゑい女（香川県））

栄女(1)　えいじょ*
江戸時代後期の女性。和歌。仙台藩士但木養助行広の妻。文化11年刊、中山忠雄・河田正致編『柿本社奉納和歌集』に載る。
¶江表（栄女（宮城県））

栄女(2)　えいじょ*
江戸時代後期の女性。俳諧。相模川入村の俳人五雲井槐堂の妻。
¶江表（栄女（神奈川県））

永助*(1)　えいじょ
生没年不詳　㊙永助（ようじょ）　平安時代の僧。
¶古人（ようじょ）

永助(2)　えいじょ
⇒熙永親王（よしながしんのう）

英女(1)　えいじょ*
江戸時代後期の女性。和歌。伊賀上野の深井広信の

妻。弘化4年刊、清堂観尊編『たち花の香』に載る。
¶江表（英女（三重県））

英女(2)　えいじょ*
江戸時代後期の女性。和歌。紀州藩藩士小田兵庫の伯母。嘉永5年刊、本居内遠編『五十鈴川』に載る。
¶江表（英女（和歌山県））

英女(3)　えいじょ*
江戸時代後期の女性。和歌。石見津和野藩藩士澄川陸太の妻。文化11年刊、中山忠雄・河田正致編『柿本社奉納和歌集』に載る。
¶江表（英女（島根県））

恵い女　えいじょ*
江戸時代後期の女性。俳諧。江平の人か。文政3年序、太田竹之編の父芳竹一周忌追善集『けしのなこり』に載る。
¶江表（恵い女（宮崎県））

栄昌　えいしょう
⇒三升屋二三治（みますやにそうじ）

栄松　えいしょう*
江戸時代後期の女性。和歌。幕臣、西の丸書院番山中平吉の伯母。
¶江表（栄松（東京都））

栄照　えいしょう*
江戸時代中期の女性。俳諧。上田に住む仙台藩藩医依田貞庵正重の娘。
¶江表（栄照（長野県）㊥享保14（1729）年）

永昭*　えいしょう
*〜長元3（1030）年3月21日　㊙永昭（ようしょう）平安時代中期の法相宗の僧。
¶古人（ようしょう　㊤989年）

永乗　えいじょう
⇒月渚永乗（げっしょえいじょう）

永成*　えいじょう
生没年不詳　㊙永成（ようじょう）　平安時代中期の僧侶・歌人。
¶古人（ようじょう）

栄昌院　えいしょういん
⇒松平松千代（まつだいらまつちよ）

栄松院　えいしょういん*
江戸時代中期〜後期の女性。書簡。土佐藩藩士浜口与次右衛門の娘。
¶江表（栄松院（高知県）㊤享保20（1735）年　㊥文化2（1805）年）

永昌院　えいしょういん*
江戸時代中期の女性。画・和歌。紀州藩主徳川宗直の娘。薫姫。松平頼真の室。
¶江表（永昌院（香川県）㊤延享1（1744）年　㊥天明5（1785）年）

永祥院　えいしょういん*
江戸時代後期の女性。和歌。美濃久々利領主千村頼久の側室。
¶江表（永祥院（岐阜県）㊥文政3（1820）年）

瑛昌院*　えいしょういん
天保12（1841）年3月28日〜大正13（1924）年12月14日　江戸時代末期〜大正時代の華族。高知藩山内豊熈の二女。鶴岡藩酒井忠恕の妻。
¶江表（瑛昌院（山形県））

英勝院* えいしょういん
　天正6(1578)年〜寛永19(1642)年　㊚於梶の方(おかじのかた)，お勝の方(おかつのかた)，お万の方(おまんのかた)　安土桃山時代〜江戸時代前期の女性。徳川家康の側室。
　¶女史,徳将

栄昌院つる えいしょういんつる*
　江戸時代中期の女性。政治。播磨明石藩主松平忠国の娘。
　¶江表(栄昌院つる(長野県)　㉝宝永6(1709)年)

英照皇太后* えいしょうこうたいごう
　＊〜明治30(1897)年1月11日　㊚九条夙子(くじょうあさこ)，藤原夙子(ふじわらのあさこ)　江戸時代末期〜明治時代の女性。孝明天皇の皇后。明治天皇の母。
　¶江表(英照皇太后(京都府)　㊀天保5(1834)年)，コン(㊀天保4(1833)年)，天皇(九条夙子　くじょうあさこ　㊀天保4(1833)年11月13日)，幕末(㊀天保4(1833)年12月13日)

栄松斎長喜* えいしょうさいちょうき
　生没年不詳　㊚百川子興(ももかわしこう)　江戸時代末期の浮世絵師。
　¶浮絵,コン,美画

栄正尼 えいしょうに*
　江戸時代中期の女性。俳諧。京都の人。宝永6年序，夏涼亭百合編『伝舞可久』に載る。
　¶江表(栄正尼(京都府))

永正尼 えいしょうに*
　江戸時代中期の女性。和歌。元禄16年刊，植山検校江民軒梅之・梅柳軒水之編『歌林尾花末』に載る。
　¶江表(永正尼(東京都))

永助親王 えいじょしんのう
　⇒熙永親王(よしながしんのう)

永助入道親王 えいじょにゅうどうしんのう
　⇒熙永親王(よしながしんのう)

永助法親王 えいじょほうしんのう
　⇒熙永親王(よしながしんのう)

永助法親王 えいじょほっしんのう
　⇒熙永親王(よしながしんのう)

叡信 えいしん
　平安時代後期の勧修寺の僧。
　¶密教(㊀1144年以前　㉝1191年以後)

永尋* えいじん
　長暦3(1039)年〜大治4(1129)年1月30日　㊚永尋(ようじん)　平安時代中期〜後期の天台宗の僧。
　¶古人(ようじん)

栄水* えいすい
　㊚一楽亭栄水(いちらくていえいすい)　江戸時代後期の画家。
　¶浮絵(一楽亭栄水　いちらくていえいすい　生没年不詳)，美画(一楽亭栄水　いちらくていえいすい　生没年不詳)

映雪 えいせつ*
　江戸時代後期の女性。和歌。安芸広島の山中氏。
　¶江表(映雪(広島県))

永遷 えいせん
　？〜天仁1(1108)年10月8日　㊚永遷(ようせん)　平安時代後期の新義真言宗の僧。
　¶古人(ようせん)

穎川 えいせん
　⇒奥田穎川(おくだえいせん)

英千 えいせん*
　江戸時代末期の女性。書。増田氏。安政7年刊『安政文雅人名録』に載る。
　¶江表(英千(東京都))

英川 えいせん*
　江戸時代後期の女性。画。嘉永3年起筆、朝岡興禎編『古画備考』に馬喰町に住む女絵師として載る。
　¶江表(英川(東京都))

英泉 えいせん
　⇒渓斎英泉(けいさいえいせん)

栄川院 えいせんいん
　⇒狩野栄川院(かのうえいせんいん)

英祖* えいそ
　琉球・舜天43(1229)年〜琉球・英祖40(1299)年　㊚英祖王(えいそおう)　鎌倉時代後期の琉球国黎明期の王。
　¶コン(㊀寛喜1(1229)年　㉝正安1(1299)年)

英操尼 えいそうに*
　江戸時代末期の女性。和歌。新見氏。安政7年跋、蜂屋光世編『大江戸倭歌集』に載る。
　¶江表(英操尼(東京都))

英祖王 えいそおう
　⇒英祖(えいそ)

叡尊 えいそん，えいぞん
　建仁1(1201)年〜正応3(1290)年　㊚叡尊思円(えいそんしえん)，興正菩薩(こうしょうぼさつ)，思円(しえん)　鎌倉時代後期の律宗の僧。西大寺の中興開山。
　¶コン(えいぞん)，思想(えいぞん)，中世，山小(えいぞん　㊀1201年5月　㉝1290年8月25日)

栄尊 えいそん
　⇒神子栄尊(しんしえいそん)

叡尊思円 えいそんしえん
　⇒叡尊(えいそん)

栄琢(永琢) えいたく
　⇒盤珪永琢(ばんけいようたく)

栄知尼 えいちに*
　江戸時代中期の女性。和歌。京都の人。享保4年刊、森川右兵編『新玉津嶋社奉納和歌』に載る。
　¶江表(栄知尼(京都府))

永忠* えいちゅう
　天平15(743)年〜弘仁7(816)年　㊚永忠(ようちゅう)　奈良時代〜平安時代前期の三論集の入唐僧。
　¶古人,古人(ようちゅう)，古代，コン，対外

栄朝 えいちょう
　永万1(1165)年〜宝治1(1247)年　㊚釈円栄朝(しゃくえんえいちょう)，釈円房(しゃくえんぼう)　平安時代後期〜鎌倉時代前期の臨済宗の僧。栄西門下。
　¶古人，コン(㊀永万1(1165)年？)

永超* えいちょう
　長和3(1014)年〜嘉保2(1095)年　㊚永超(ようちょう)　平安時代中期〜後期の学僧。

¶古人, 古人(ようちょう)

永長堂　えいちょうどう

⇒奈河亀輔〔1代〕(ながわかめすけ)

え

永貞院*　えいていいん

元和3(1617)年～元禄12(1699)年　江戸時代前期の豊前小倉藩主の側室。

¶江表(永貞院(福岡県))

永徳　えいとく

⇒狩野永徳(かのうえいとく)

栄仁*　えいにん

生没年不詳　[別]栄仁(ようにん)　平安時代前期の法相宗の僧。

¶古人(ようにん)

叡仁入道親王*　えいにんにゅうどうしんのう

享保15(1730)年～宝暦3(1753)年　[別]叡仁法親王(えいにんほうしんのう)　江戸時代中期の僧。梶井門主。

¶天皇(叡仁法親王　えいにんほうしんのう　[生]享保15(1730)年11月21日　[没]宝暦3(1753)年7月22日)

叡仁法親王　えいにんほうしんのう

⇒叡仁入道親王(えいにんにゅうどうしんのう)

盈仁法親王*　えいにんほうしんのう

安永1(1772)年～天保1(1830)年　[別]盈仁法親王(えいひとほうしんのう)，嘉種親王(よしたねしんのう)　江戸時代後期の閑院宮典仁親王の第7王子。

¶天皇(えいひとほうしんのう　[生]明和8(1771)年10月8日　[没]文政13(1829)年11月23日)

穎娃久虎*　えいひさとら

永禄1(1558)年～天正15(1587)年　安土桃山時代の武士。

¶全戦, 戦武

盈仁法親王　えいひとほうしんのう

⇒盈仁法親王(えいにんほうしんのう)

栄姫*(1)　えいひめ

？～寛永12(1635)年　[別]大涼院(だいりょういん)，ねね姫(ねねひめ)　江戸時代前期の女性。黒田長政の継室。

¶江表(大涼院(福岡県)　[生]天正13(1585)年)

栄姫(2)　えいひめ★

江戸時代中期～後期の女性。和歌。讃岐高松藩主松平頼恭の娘。

¶江表(栄姫(群馬県)　[生]宝暦3(1753)年　[没]文化2(1805)年)

穎姫　えいひめ★

江戸時代中期～後期の女性。和歌。父は加賀藩主前田重教。

¶江表(穎姫(福島県)　[生]明和3(1766)年　[没]享和3(1803)年)

永福門院*　えいふくもんいん

文永8(1271)年～興国3/康永1(1342)年　[別]西園寺鏱子(さいおんじしょうし)，藤原鏱子(ふじわらしょうし，ふじわらのしょうし)，永福門院(ようふくもんいん)　鎌倉時代後期～南北朝時代の女性。歌人。伏見天皇の中宮。

¶コン, 詩作([没]康永1(1342)年5月7日), 女史, 女文([没]康永1(1342)年5月7日), 天皇(西園寺鏱子　さいおんじしょうし　[没]康永1(1342)年5月7日), 日文(えいふくもんいん・ようふくもんいん　[没]康永1(1342)年)

永福門院内侍*　えいふくもんいんのないし

生没年不詳　鎌倉時代後期～南北朝時代の女性。歌人。

¶詩作

永平道元　えいへいどうげん

⇒道元(どうげん)

栄弁*　えいべん

？～天平勝宝2(750)年　奈良時代の僧。

¶古人

英甫永雄*　えいほえいゆう

*～慶長7(1602)年9月16日　[別]英甫永雄(えいほようゆう)，永雄(えいゆう)，雄長老(ゆうちょうろう)　安土桃山時代の臨済宗無窓派の僧。近世狂歌の祖。

¶コン([生]天文16(1547)年), 思想(えいほようゆう　[生]天文16(1547)年), 俳文(えいほようゆう　[生]天文16(1547)年)

英甫永雄　えいほようゆう

⇒英甫永雄(えいほえいゆう)

永雄　えいゆう

⇒英甫永雄(えいほえいゆう)

永璵　えいよ

⇒東陵永璵(とうりょうえいよ)

栄耀尼　えいように

鎌倉時代の傀儡。駿河国宇都谷郷今宿(静岡市)。

¶女史(生没年不詳)

永陽門院*　えいようもんいん

文永9(1272)年～正平1/貞和2(1346)年　[別]久子内親王(きゅうしないしんのう，ひさこないしんのう)　鎌倉時代後期～南北朝時代の女性。後深草親王の第2皇女。

¶コン([生]文永10(1273)年), 天皇([没]貞和2(1346)年4月25日)

永楽回全　えいらくかいぜん

⇒西村宗三郎(にしむらそうざぶろう)

永楽善五郎〔2代〕*　えいらくぜんごろう

？～文禄3(1594)年　[別]西村善五郎〔2代〕(にしむらぜんごろう)，西村宗善(にしむらそうぜん)　安土桃山時代の京都の陶工。

¶美工(西村宗善　にしむらそうぜん)

永楽善五郎〔4代〕*　えいらくぜんごろう

？～承応2(1653)年　[別]西村善五郎〔4代〕(にしむらぜんごろう)，西村宗雲(にしむらそううん)　江戸時代前期の京都の陶工。

¶美工(西村宗雲　にしむらそううん)

永楽善五郎〔5代〕*　えいらくぜんごろう

？～元禄10(1697)年　[別]西村善五郎〔5代〕(にしむらぜんごろう)，西村宗筌(にしむらそうぜん)　江戸時代前期の京都の陶工。

¶美工(西村宗筌　にしむらそうぜん)

永楽得全　えいらくとくぜん

江戸時代後期～明治時代の土風炉師、焼物師。

¶美工([生]嘉永6(1853)年　[没]明治42(1909)年)

永楽保全*　えいらくほぜん

寛政7(1795)年～安政1(1854)年　[別]西村善五郎，西村善五郎〔11代〕(にしむらぜんごろう)，保全(ほぜん)　江戸時代末期の京焼の名工。西村善五郎11代。

¶江人, コン, 美工 (㉜安政1 (1854) 年9月18日)

永楽屋東四郎 えいらくやとうしろう
江戸時代中期の名古屋の書林。
¶浮絵

永楽了全 えいらくりょうぜん
⇒西村善五郎〔10代〕(にしむらぜんごろう)

永楽和全* ――〔12代〕 えいらくわぜん
文政6 (1823) 年～明治29 (1896) 年 江戸時代末期～明治時代の陶工。金襴手・祥端写・赤絵を得意とする。御室窯を再興、加賀大聖寺窯に九谷焼を指導。
¶コン, 美工 (㉜明治29 (1896) 年5月6日)

永隆院 えいりゅういん*
江戸時代中期の女性。宗教。伊予津根八日市の浪人服部幸右衛門一則の娘。
¶江表 (永隆院) (和歌山県) ㊌元禄15 (1702) 年 ㉜天明1 (1781) 年

兄猾* えうかし
上代の首長。
¶古代

恵運* えうん
延暦17 (798) 年～貞観11 (869) 年 ㊿安祥寺僧都 (あんじょうじそうず) 平安時代前期の真言宗の僧。入唐八家の一人。
¶古人 (㉜871年), 古代, コン, 対外

恵雲* えうん
生没年不詳 平安時代前期の唐僧。
¶古人

慧雲(1) えうん
享保15 (1730) 年～天明2 (1782) 年12月22日 江戸時代中期の浄土真宗の学僧。
¶コン

慧雲(2) えうん
⇒山叟慧雲 (さんそうえうん)

恵雲院殿 えうんいんどの
⇒近衛稙家 (このえたねいえ)

恵雲尼 えうんに*
江戸時代後期の女性。和歌。紫野に住んだ。文化11年刊、中山忠雄・河田正致編『柿本社奉納和歌集』に載る。
¶江表 (恵雲尼) (京都府)

懐円 ええん
⇒懐円 (かいえん)

恵隠* えおん
生没年不詳 飛鳥時代の入唐学問僧。
¶古人, 古代, 古物, コン, 対外

慧海*(1) (恵海) えかい
宝永4 (1707) 年～明和8 (1771) 年 江戸時代中期の浄土真宗の僧。
¶コン

慧海*(2) えかい
寛政10 (1798) 年～安政1 (1854) 年 江戸時代末期の僧。
¶幕末

笑顔* えがお
生没年不詳 江戸時代末期の女性。俳人。
¶江表 (笑顔) (宮城県)

慧鶴 えかく
⇒白隠慧鶴 (はくいんえかく)

恵萼 (恵愕, 慧萼, 慧愕) えがく
生没年不詳 平安時代前期の僧、唐の補陀落山の開山。
¶古人 (恵萼), 古代, コン (慧萼), 対外 (恵萼)

江頭種八* えがしらたねはち
天保11 (1840) 年～元治1 (1864) 年 江戸時代末期の筑後久留米藩士。
¶コン, 幕末 (㉜文久4 (1864) 年2月16日)

江頭隼之助* えがしらはやとのすけ
生没年不詳 江戸時代末期の肥前大村藩家老。
¶幕末

慧巌 えかつ
⇒鄂隠慧巌 (がくいんえかつ)

江上 えがみ
戦国時代の甲斐国下山の人。穴山家臣か。
¶武田 (生没年不詳)

江上家種* えがみいえたね
？～文禄2 (1593) 年 ㊿江上武蔵守家種 (えがみむさしのかみいえたね) 安土桃山時代の武士。
¶全戦

江上伊豆守武種 えがみいずのかみたけね
⇒江上武種 (えがみたけね)

江上栄之進* えがみえいのしん
天保5 (1834) 年～慶応1 (1865) 年 江戸時代末期の筑前福岡藩士。
¶幕末 (㊌天保5 (1834) 年5月1日 ㉜慶応1 (1865) 年10月)

江上武種* えがみたけね
㊿江上伊豆守武種 (えがみいずのかみたけね) 戦国時代の武士。
¶全戦 (㊌大永5 (1525) 年 ㉜？), 戦武 (㊌大永5 (1525) 年 ㉜天正7 (1579) 年)

江上津直* えがみつなお
文政10 (1827) 年～明治38 (1905) 年 江戸時代末期～明治時代の山鹿温泉功労者、実学者。製茶の改良、絹織物工場を創設。山鹿温泉改築に従事。
¶幕末 (㉜明治38 (1905) 年3月)

江上武蔵守家種 えがみむさしのかみいえたね
⇒江上家種 (えがみいえたね)

江川(1) えがわ*
江戸時代中期の女性。俳諧。新吉原の万字屋又右衛門抱えの遊女。享保19年刊、吉田魚川編『桜か〻み』に載る。
¶江表 (江川) (東京都)

江川(2) えがわ*
江戸時代後期の女性。俳諧。遊女。文化2年序、田喜庵護物編『俳諧捜玉集』に載る。
¶江表 (江川) (大阪府)

江川永悌 えがわえいしゅう
江戸時代後期～明治時代の幕臣。
¶幕末 (㊌文政9 (1826) 年6月8日 ㉜明治34 (1901) 年9

月27日)

江川英龍　えがわえいりゅう

⇒江川太郎左衛門〔36代〕(えがわたろうざえもん)

恵川景雄*　えがわかげお

生没年不詳　江戸時代後期～末期の和算家。

¶数学

恵川景之*　えがわかげゆき

生没年不詳　江戸時代後期～末期の和算家。

¶科学, 数学

江川七郎*　えがわしちろう

江戸時代末期の新撰組隊士。

¶新隊(生没年不詳)

江川太郎左衛門〔36代〕*　えがわたろうざえもん

享和1(1801)年～安政2(1855)年　[別]江川英龍(えがわえいりゅう, えがわひでたつ), 江川坦庵(えがわたんあん)　江戸時代末期の代官、洋式砲術家。

¶江人(江川英龍　えがわひでたつ), コン(代数なし), 思想(江川坦庵　えがわたんあん), 全幕(江川坦庵　えがわたんあん), 徳将(江川英龍　えがわひでたつ), 徳人(江川英龍　えがわひでたつ), 徳代(江川英龍　えがわひでたつ　[没]安政2(1855)年1月16日), 幕末(江川坦庵　えがわたんあん　[生]享和1(1801)年5月13日　[没]安政2(1855)年1月16日), 山小(代数なし　[生]1801年5月13日　[没]1855年1月16日)

江川坦庵　えがわたんあん

⇒江川太郎左衛門〔36代〕(えがわたろうざえもん)

江川留吉*　えがわとめきち

生没年不詳　江戸時代後期の彫工。

¶浮絵

潁川入徳　えがわにっとく

⇒潁川入徳(えがわにゅうとく)

潁川入徳*　えがわにゅうとく

明・万暦24(1596)年～延宝2(1674)年　[別]潁川入徳(えがわにっとく), 陳明徳(ちんめいとく)　江戸時代前期の明国出身の医師。

¶対外

江川英彰　えがわひであきら

江戸時代中期の伊豆韮山代官。

¶徳代([生]正徳3(1713)年　[没]宝暦8(1758)年7月25日)

江川英勝　えがわひでかつ

江戸時代前期～中期の伊豆韮山代官。

¶徳代([生]元禄1(1688)年　[没]享保16(1731)年8月24日)

江川英毅*　えがわひでたけ

*～天保5(1834)年　江戸時代後期の伊豆韮山代官。

¶徳代([生]明和7(1770)年　[没]天保5(1834)年1月20日)

江川英武　えがわひでたけ

嘉永6(1853)年～昭和8(1933)年　江戸時代後期～昭和時代の幕臣。

¶徳人, 徳代([没]昭和8(1933)年10月2日)

江川英龍　えがわひでたつ

⇒江川太郎左衛門〔36代〕(えがわたろうざえもん)

江川英暉　えがわひでてる

江戸時代前期～中期の伊豆韮山代官。

¶徳代([生]慶安5(1652)年　[没]宝永1(1704)年6月25日)

江川英敏*　えがわひでとし

天保10(1839)年～*　江戸時代末期の幕臣。

¶コン([没]文久2(1862)年), 全幕([没]文久3(1863)年), 徳人([生]1843年　[没]1862年), 徳代([生]天保14(1843)年　[没]文久2(1862)年8月15日), 幕末([没]文久2(1863)年12月16日)

江川英利　えがわひでとし

江戸時代前期の代官。

¶徳代([生]寛永2(1625)年　[没]寛文6(1666)年8月21日)

江川英長　えがわひでなが

安土桃山時代の代官。

¶後北(英長〔江川〕　ひでなが), 徳代([生]永禄4(1561)年　[没]寛永9(1632)年6月27日)

江川英政　えがわひでまさ

安土桃山時代～江戸時代前期の代官。

¶徳代([生]文禄4(1595)年　[没]寛永10(1633)年)

江川英元　えがわひでもと

戦国時代の北条氏康の家臣。太郎右衛門尉。

¶後北(英元〔江川〕　ひでもと　[没]永禄4年)

江川英征*　えがわひでゆき

元文4(1739)年～寛政3(1791)年　江戸時代中期～後期の武士。

¶徳代([生]元文3(1738)年　[没]寛政4(1792)年閏2月23日)

恵観　えかん

⇒一条昭良(いちじょうあきよし)

恵灌*(慧灌)　えかん

生没年不詳　飛鳥時代の高句麗の僧。三論宗を伝えた。

¶古人, 古代, コン, 思想, 対外

えき

江戸時代後期～明治時代の女性。宗教。人吉藩藩士田代氏の娘。

¶江表(えき(熊本県)　[生]文政5(1822)年　[没]明治24(1891)年)

易　えき⋆

江戸時代中期の女性。俳諧。享保4年刊、櫟夫梨里編『寒菊随筆』に長崎辺りの人として、10歳の時の句が載る。

¶江表(易(長崎県))

江木鰐水*　えぎがくすい

文化7(1810)年～明治14(1881)年10月8日　江戸時代末期～明治時代の儒学者。備後福山藩主に抜擢され活躍、著「江木鰐水日記」は幕末の世相をつたえて貴重である。

¶コン, 思想, 幕末([生]文化7(1811)年12月22日)

恵喜子(1)　えきこ⋆

江戸時代後期の女性。和歌。福島氏。

¶江表(恵喜子(福井県)　[没]嘉永2(1849)年)

恵喜子(2)　えきこ⋆

江戸時代末期の女性。和歌。安政年間に豊後佐伯城下の多数の文人が、蒲江浦の大庄屋御手洗家に招かれた時に詠んだ歌が残る。

¶江表(恵喜子(大分県))

重喜子　えきこ⋆

江戸時代後期の女性。和歌。佐賀藩主鍋島重茂の後室円諦院付侍女。文化5年頃、真田幸弘編「御ことほきの記」に載る。

¶江表(重喜子(佐賀県))

益子内親王　えきしないしんのう

⇒益子内親王(ますこないしんのう)

懌子内親王 えきしないしんのう
⇒五条院(ごじょういん)

江木俊敬 えぎしゅんけい
⇒江木仙右衛門(えぎせんうえもん)

えき女 えきじょ*
江戸時代後期の女性。俳諧。飯山の人。天保14年成立、山岸梅塵編『あられ空』に載る。
¶江表(えき女(長野県))

易女 えきじょ
江戸時代後期の女性。俳諧。船越の人。天保13年刊、九挙庵編『花月集初編』に載る。
¶江表(易女(秋田県))

江木仙右衛門* えぎせんうえもん
文政7(1824)年～慶応1(1865)年 ㊋江木俊敬(えぎしゅんけい) 江戸時代末期の武士。周防国吉川家臣。
¶幕末(えぎせんえもん ㊔文政7(1824)年3月 ㊧元治2(1865)年1月13日)

江木仙右衛門 えぎせんえもん
⇒江木仙右衛門(えぎせんうえもん)

披邪狗* えきやく
上代の邪馬台国の大夫。
¶古代

益友* えきゆう
江戸時代前期～中期の俳人。
¶俳文(生没年不詳)

恵暁 えぎょう
応徳2(1085)年～? 平安時代後期の興福寺僧。
¶古人

恵慶* えぎょう
生没年不詳 ㊋恵慶法師(えぎょうほうし)、恵慶(えけい) 平安時代中期の僧、歌人。「拾遺集」などに入集。
¶古人, コン(えけい), 詩作(恵慶法師 えぎょうほうし), 日文(恵慶法師 えぎょうほうし)

恵行* えぎょう
奈良時代の越中国分寺の学僧。
¶古人(生没年不詳)

慧暁 えぎょう
⇒白雲慧暁(はくうんえぎょう)

恵慶法師 えぎょうほうし
⇒恵慶(えぎょう)

役藍泉 えきらんせん
⇒役藍泉(えんのらんせん)

絵金* えきん
文化9(1812)年～明治9(1876)年3月8日 ㊋弘瀬洞意(ひろせどうい) 江戸時代末期～明治時代の浮世絵師。町絵師として台提灯絵、絵馬、凧絵を描き、豪放奔雑な画風で、風俗の絵芝居に特色あり。
¶浮絵, 歌大, コン, 新歌, 幕末(弘瀬洞意 ひろせどうい), 美画(㊔文化9(1812)年10月11日)

懐空 えくう
長保2(1000)年～寛治5(1091)年 平安時代中期～後期の天台宗延暦寺僧。
¶古人

恵空 えくう
⇒邦高親王(くにたかしんのう)

江口光清 えぐちあききよ
安土桃山時代の畑谷城主。
¶全戦(㊔? ㊧慶長5(1600)年)

江口孤月* えぐちこげつ
寛政1(1789)年～明治5(1872)年 ㊋孤月(こげつ) 江戸時代～明治時代の俳人。
¶俳文(孤月 こげつ ㊔天明8(1788)年 ㊧明治4(1871)年7月19日)

江口省庵* えぐちしょうあん
天保10(1839)年～大正1(1912)年 江戸時代末期～明治時代の医師。疫痢大流行の際、不眠不休で防疫に努力。
¶幕末(㊧明治45(1912)年2月10日)

江口大蔵 えぐちだいそう、えぐちだいぞう
⇒上田楠次(うえだくすじ)

江口親雄 えぐちちかお
江戸時代後期の日本画家。
¶美画(㊔天保10(1839)年10月 ㊧?)

江口正吉* えぐちまさよし
?～慶長8(1603)年 安土桃山時代の武士。丹羽氏家臣。
¶織田

兄国直親 えくにのなおちか
平安時代中期の官人。
¶古人(生没年不詳)

殖栗皇子 えぐりのおうじ
飛鳥時代の皇族。父は用明天皇、母は皇后穴穂部間人皇女。兄は聖徳太子。
¶古人(生没年不詳)

殖栗宗継 えぐりのむねつぐ
平安時代前期の官人。
¶古人(生没年不詳)

慧薫 えくん
⇒風外慧薫(ふうがいえくん)

恵慶 えけい
⇒恵慶(えぎょう)

恵瓊 えけい
⇒安国寺恵瓊(あんこくじえけい)

慧恵 えけい
平安時代後期の僧。
¶平家(生没年不詳)

慧玄 えげん
⇒関山慧玄(かんざんえげん)

恵興 えこう
奈良時代の弘福寺の僧。
¶古人(生没年不詳)

慧広 えこう
⇒天岸慧広(てんがんえこう)

慧光大円禅師 えこうだいえんぜんじ
⇒抜隊得勝(ばっすいとくしょう)

恵光尼* えこうに
江戸時代後期の女性。和歌・書簡。天台宗僧で歌人慈延の内妻。

¶江表(恵光尼(京都府)　[没]文化6(1809)年)

え

慧光尼　えこうに
江戸時代後期の女性。宗教。善光寺町の町医者塚田旭嶺と母千賀子の5男。文化2年に死去した慈延のため供養塔を造立。
¶江表(慧光尼(長野県))

恵光房律師　えこうぼうりっし
平安時代後期の僧。
¶平家(生没年不詳)

江越礼太*　えごしれいた
文政10(1827)年～明治25(1892)年　江戸時代末期～明治時代の教育者。伊万里の楠久炭鉱を開坑。陶芸教育に努めた。
¶幕末([没]明治25(1892)年1月31日)

江坂栄次郎*　えさかえいじろう
天保14(1843)年～元治1(1864)年　江戸時代末期の播磨姫路藩士。
¶幕末([没]元治1(1865)年12月26日)

江坂元之助*　えさかもとのすけ
天保9(1838)年～元治1(1864)年　江戸時代末期の播磨姫路藩士。
¶幕末([没]元治1(1865)年12月26日)

江坂与兵衛　えさかよへい
⇒江坂与兵衛(えさかよへえ)

江坂与兵衛*　えさかよへえ
*～明治2(1869)年　[別]江坂与兵衛(えさかよへい)　江戸時代末期の越後村上藩士。
¶幕末([生]天保14(1843)年　[没]明治2(1869)年6月24日)

江崎幸和*　えざきこうわ
？～寛永21(1644)年　[別]江崎幸和(えざきよしかず)，幸和(こうわ，よしかず)　江戸時代前期の俳人(貞徳系)。
¶俳文(幸和　よしかず)

江崎善右衛門　えざきぜんえもん
⇒江崎善左衛門(えざきぜんざえもん)

江崎善左衛門*　えざきぜんざえもん
*～延宝3(1675)年　[別]江崎善右衛門(えざきぜんえもん)　江戸時代前期の尾張入鹿新田の開発者。
¶江人([生]1593年)，コン([生]？)

江崎幸和　えざきよしかず
⇒江崎幸和(えざきこうわ)

江刺恒久*　えさしつねひさ
文政9(1826)年～明治33(1900)年　江戸時代末期～明治時代の国学者。目付、藩学作人館教授などを歴任。
¶幕末([没]明治33(1900)年1月3日)

江沢述明*　えざわのぶあき
文化13(1816)年11月2日～明治27(1894)年9月30日　江戸時代後期～明治時代の和算家。
¶数学

恵施　えし
⇒恵施(えせ)

恵資*　えし
生没年不詳　飛鳥時代の僧。
¶古人，古代

恵慈*(慧慈)　えじ
？～推古31(623)年　飛鳥時代の高句麗の僧。聖徳太子の師、「三宝の棟梁」。
¶古人(慧慈　[没]620年)，古代，古物(慧慈　[没]623年？)，コン(慧慈)，思想(慧慈)，対外(生没年不詳)，山小([没]623年2月22日)

兄磯城*　えしき
上代の豪族。
¶古代

絵式部*　えしきぶ
生没年不詳　[別]絵式部(えのしきぶ)　平安時代中期の女性。歌人、画家。中宮賢子の女房。
¶古人

江志知辰*　えしちしん
慶安2(1649)年～正徳4(1714)年　[別]江志知辰(えしともとき)　江戸時代中期の数学者。
¶数学(えしともとき)

江志知辰　えしともとき
⇒江志知辰(えしちしん)

絵島*　えしま，えじま
文化6(1809)年～明治20(1887)年2月22日　江戸時代末期～明治時代の女官。和宮の乳人。和宮降嫁を孝明天皇に進言し、宮とともに江戸に下向。
¶幕末([生]文化6(1809)年4月)

絵島*(江嶋)　えじま，えしま
天和1(1681)年～寛保1(1741)年　[別]江島・生島(えしま・いくしま)　江戸時代中期の女性。7代将軍徳川家継の大奥女中。
¶江表(絵島・江島(東京都))，コン，女史

江島・生島(1)　えしま・いくしま
⇒生島新五郎(いくしましんごろう)

江島・生島(2)　えしま・いくしま
⇒絵島(えじま)

江島其碩*(江嶋其碩，江島基碩)　えじまきせき
寛文6(1666)年～享保20(1735)年　[別]江島屋其碩(えじまやきせき)　江戸時代中期の浮世草子作者。
¶江人([生]1666・67年　[没]1735・36年)，コン(江島屋其碩　えじまやきせき　[没]元文1(1736)年)，日文

江島為信*　えしまためのぶ，えじまためのぶ
寛永12(1635)年～元禄8(1695)年　[別]為信(ためのぶ)　江戸時代前期の伊予今治藩家老。
¶俳文(為信　ためのぶ　[没]元禄8(1695)年10月8日)

江島屋其碩　えじまやきせき
⇒江島其碩(えじまきせき)

懐寿　えじゅ
⇒懐寿(かいじゅ)

恵什*　えじゅう
生没年不詳　平安時代後期の真言宗の僧。
¶古人

恵俊*　えしゅん
生没年不詳　室町時代の僧、連歌師。
¶俳文

恵春　えしゅん
⇒安禅寺宮(あんぜんじのみや)

慧春　えしゅん
⇒慧春尼(えしゅんに)

恵純* えじゅん
文政10(1827)年～明治33(1900)年　江戸時代末期～明治時代の僧侶。萩の徳隣寺に入り修行のため諸国を遊歴。
¶幕末([没]明治33(1900)年9月24日)

慧春尼* えしゅんに
？～応永15(1408)年　[別]慧春(えしゅん)　南北朝時代～室町時代の女性。曹洞宗の尼僧。
¶コン(慧春　えしゅん　[没]応永18(1411)年),室町

恵勝*(1)　えしょう
生没年不詳　奈良時代の大安寺の僧。延興寺に住した恵勝と同一人物か。
¶古人,古人,古代

恵勝(2)　えしょう
奈良時代の薬師寺の僧。
¶古人(生没年不詳)

恵章* えしょう
生没年不詳　平安時代後期の僧侶・歌人。
¶古人

恵清* えしょう
生没年不詳　[別]恵清(えせい)　平安時代中期の医僧。
¶眼医(えせい)

懐奘(懐弉)　えじょう
⇒孤雲懐奘(こうんえじょう)

恵照院 えしょういん★
江戸時代前期～中期の女性。書簡。薩摩藩主島津光久の世嗣綱久の娘。
¶江表(恵照院(滋賀県)　[生]寛文8(1668)年　[没]宝永5(1708)年)

慧成大師 えじょうだいし
⇒法然(ほうねん)

江尻喜多右衛門 えじりきたうえもん
⇒江尻喜多右衛門(えじりきたえもん)

江尻喜多右衛門* えじりきたえもん
？～元文4(1739)年　[別]江尻喜多右衛門(えじりきたうえもん)　江戸時代中期の公益家。
¶コン

江尻成章* えじりなりあきら
寛政7(1795)年～慶応1(1865)年　江戸時代末期の学者。
¶幕末([没]慶応1(1865)年10月5日)

懐真* えしん
寛弘4(1007)年～嘉保1(1094)年　平安時代中期～後期の興福寺僧。
¶古人

恵信* えしん
永久2(1114)年～承安1(1171)年　平安時代後期の興福寺僧。
¶古人

恵心 えしん
⇒源信(げんしん)

恵新 えしん
奈良時代の東大寺の僧。
¶古人(生没年不詳)

恵眕* えしん
*～昌泰3(900)年2月26日　平安時代前期の華厳宗の僧。
¶古人([生]830年)

懐尋 えじん
⇒懐尋(かいじん)

恵心院 えしんいん
江戸時代中期の女性。和歌。仙台藩士高橋兵三郎治昌の娘。
¶江表(恵心院(宮城県)　[没]天明4(1784)年)

恵心僧都 えしんそうず
⇒源信(げんしん)

恵信尼*(1)(恵心尼，慧信尼)　えしんに
寿永1(1182)年～？　鎌倉時代前期の女性。親鸞の妻。
¶古人,コン([没]文永5(1268年/1263)年？),思想,女史,中世

恵信尼(2)　えしんに★
江戸時代中期～後期の女性。和歌。井上氏。
¶江表(恵信尼(京都府)　[生]延享1(1744)年　[没]文化5(1808)年)

栄瀬 えせ
江戸時代中期～後期の女性。和歌。諏訪神社の神官青木永章の妻。
¶江表(栄瀬(長崎県)　[生]明和4(1767)年　[没]天保8(1837)年)

恵施* えせ
？～大宝1(701)年　[別]恵施(えし)　飛鳥時代の入唐僧。
¶古人(えし),古代(えし)

恵清 えせい
⇒恵清(えしょう)

恵仙 えせん
⇒恵仙女王(えせんじょおう)

恵仙女王* えせんじょおう
文禄4(1595)年～寛永21(1644)年8月19日　[別]恵仙(えせん)，慧仙尼(えせんに)　江戸時代前期の女性。後陽成天皇の第4皇女。
¶江表(文高(京都府)　[没]正保1(1644)年),天皇(恵仙　えせん)

慧仙尼 えせんに
⇒恵仙女王(えせんじょおう)

恵善尼* えぜんに
生没年不詳　[別]恵善尼(えぜんのあま)　飛鳥時代の女性。尼僧。漢人錦織壺の娘。
¶古人,古代(えぜんのあま),コン

恵善尼 えぜんのあま
⇒恵善尼(えぜんに)

慧聡*(恵聡，恵総)　えそう
生没年不詳　飛鳥時代の百済の渡来僧。三宝の棟梁。
¶古人,古代,古代(恵総),古物,コン,対外(恵聡)

恵増* えぞう
生没年不詳　平安時代中期の真言宗の僧。
¶古人

え

え

夷千島王*　えぞがちしまおう
[別]夷千島王（えぞちしまおう）　戦国時代の朝鮮使節。
¶対外（えぞちしまおう）

会俗*　えぞく
？～延長7（929）年　平安時代前期～中期の石清水別当。
¶古人

夷千島王　えぞちしまおう
⇒夷千島王（えぞがちしまおう）

江田霞村　えだかそん
⇒江田重威（えだじゅうい）

江田かつ*　えだかつ
生没年不詳　江戸時代中期の女性。備中国都羅島西浦の三宅由将の妻。貞節の人。
¶女史

兄太加奈志*　えたかなし
上代の宇治連の遠祖。
¶古代

江田国通　えだくにみち
江戸時代末期の軍人。
¶コン（[生]嘉永1（1848）年　[没]明治10（1877）年）

江田源三　えだげんぞう
平安時代後期の武士。源義経の郎等。
¶平家（生没年不詳）

江田重威*　えだじゅうい
文化12（1815）年～明治17（1884）年　[別]江田霞村（えだかそん）　江戸時代末期～明治時代の教育者。
¶幕末（[没]明治17（1884）年3月21日）

枝栖　えだすみ
江戸時代中期の漢詩作者・俳諧作者。本名、内山藤三之明。
¶俳文（[生]元文4（1739）年頃　[没]？）

恵達*　えたつ
生没年不詳　平安時代前期の薬師寺僧。
¶古人

江田弥市*（枝弥市）　えだやいち
生没年不詳　[別]富有（ふゆう）　江戸時代中期の歌舞伎作者。享保16年～元文2年頃に活躍。
¶歌大

江田行義*　えだゆきよし
生没年不詳　南北朝時代の武将。
¶室町

枝吉神陽　えだよししんよう
⇒枝吉経種（えだよしつねたね）

枝吉経種*　えだよしつねたね
文政5（1822）年～文久2（1862）年　[別]枝吉神陽（えだよししんよう）　江戸時代末期の志士、肥前佐賀藩校弘道館教諭。
¶コン，思想，全幕（枝吉神陽　えだよししんよう　[没]文久3（1863）年），幕末（枝吉神陽　えだよししんよう　[生]文政5（1822）年5月24日　[没]文久2（1862）年8月15日）

慧端　えたん
⇒道鏡慧端（どうきょうえたん）

恵智　えち★
江戸時代後期の女性。俳諧。小豆島坂手村の年寄壺井氏の分家喜太郎の娘。文化1年刊、小豆島連の名で出された句集『一つ葉集』に載る。
¶江表（恵智（香川県））

依智王　えちおう
奈良時代の官人。
¶古人（生没年不詳）

越後*(1)　えちご
生没年不詳　平安時代後期の輔仁親王に仕えた女房。「千載集」に収録。
¶古人

越後*(2)　えちご
生没年不詳　平安時代後期の女流歌人。藤原季綱の娘。
¶古人

越後*(3)　えちご
生没年不詳　平安時代後期の女流歌人。堀河院中宮篤子内親王に仕えた女房か。
¶古人

越後三郎*　えちごさぶろう
江戸時代末期の新撰組隊士。
¶新隊（生没年不詳）

越後中太　えちごちゅうた
⇒越後中太（えちごのちゅうた）

越後中太*　えちごのちゅうた
？～元暦1（1184）年　[別]越後中太（えちごちゅうた），越後中太家光（えちごのちゅうだいえみつ）　平安時代後期の武士。
¶古人（えちごちゅうた），平家（越後中太家光　えちごのちゅうだいえみつ　[没]寿永3（1184）年）

越前*(1)　えちぜん
生没年不詳　平安時代後期の女房。越前守源経宗の娘。
¶古人

越前*(2)　えちぜん
生没年不詳　鎌倉時代前期の女流歌人。大中臣公親の娘。
¶古人

越前守助広　えちぜんのかみすけひろ
⇒助広〔2代〕（すけひろ）

越前康継　えちぜんやすつぐ
⇒康継（やすつぐ）

朴市田来津　えちのたくつ
⇒朴市秦田来津（えちのはたのたくつ）

依知秦秋男*　えちのはたのあきお
生没年不詳　[別]依知秦公秋男（えちのはたのきみあきお），依知秦秋男（えちはたのあきお）　平安時代前期の農民。
¶古人（えちはたのあきお），古代（依知秦公秋男　えちのはたのきみあきお）

依知秦公秋男　えちのはたのきみあきお
⇒依知秦秋男（えちのはたのあきお）

依知秦公浄男　えちのはたのきみきよお
⇒依知秦浄男（えちのはたのきよお）

依知秦公貞宗　えちのはたのきみさだむね
⇒依知秦貞宗（えちのはたのさだむね）

依知秦公千門　えちのはたのきみちかど
⇒依知秦千門（えちのはたのちかど）

依知秦公永吉　えちのはたのきみながよし
⇒依知秦永吉（えちのはたのながよし）

依知秦公長吉　えちのはたのきみながよし
⇒依知秦長吉（えちのはたのながよし）

依知秦公福行　えちのはたのきみふくつら
⇒依知秦福行（えちのはたのふくつら）

依知秦公福万　えちのはたのきみふくまん
⇒依知秦福万（えちのはたのふくまん）

依知秦公安雄　えちのはたのきみやすお
⇒依知秦安雄（えちのはたのやすお）

依知秦公安麻呂　えちのはたのきみやすまろ
⇒依知秦安麻呂（えちのはたのやすまろ）

依知秦公吉直　えちのはたのきみよしなお
⇒依知秦吉直（えちのはたのよしなお）

依知秦浄男*　えちのはたのきよお
生没年不詳　[別]依知秦公浄男（えちのはたのきみきよお），依知秦浄男（えちはたのきよお）　平安時代前期の農民。
¶古人（えちはたのきよお），古代（依知秦公浄男　えちのはたのきみきよお）

依知秦貞宗*　えちのはたのさだむね
生没年不詳　[別]依知秦公貞宗（えちのはたのきみさだむね），依知秦貞宗（えちはたのさだむね）　平安時代前期の農民。
¶古人（えちはたのさだむね），古代（依知秦公貞宗　えちのはたのきみさだむね）

朴市秦田来津　えちのはたのたきつ
⇒朴市秦田来津（えちのはたのたくつ）

朴市秦田来津*　えちのはたのたくつ，えちのはだのたくつ
？～天智天皇2（663）年　[別]朴市田来津（えちのたくつ），朴市秦田来津（えちのはたのたきつ，えちはたのたくつ），朴市秦造田来津（えちのはたのみやつこたくつ）　飛鳥時代の武将。白村江の戦で戦死。
¶古人（えちのはたのたきつ），古代（朴市秦造田来津　えちのはたのみやつこたくつ），古物（えちのはだのたくつ），コン（[没]天智2（663）年），対外（朴市田来津　えちのたくつ）

依知秦千門*　えちのはたのちかど
生没年不詳　[別]依知秦公千門（えちのはたのきみちかど），依知秦千門（えちはたのちかど）　平安時代前期の農民。
¶古人（えちはたのちかど），古代（依知秦公千門　えちのはたのきみちかど）

依知秦永吉*　えちのはたのながよし
生没年不詳　[別]依知秦公永吉（えちのはたのきみながよし），依知秦永吉（えちはたのながよし）　平安時代前期の農民。
¶古人（えちはたのながよし），古代（依知秦公永吉　えちのはたのきみながよし）

依知秦長吉*　えちのはたのながよし
生没年不詳　[別]依知秦公長吉（えちのはたのきみながよし）　平安時代前期の農民。
¶古代（依知秦公長吉　えちのはたのきみながよし）

依知秦福行*　えちのはたのふくつら
生没年不詳　[別]依知秦公福行（えちのはたのきみふくつら），依知秦福行（えちはたのさきゆき）　平安時代前期の農民。
¶古人（えちはたのさきゆき），古代（依知秦公福行　えちのはたのきみふくつら）

依知秦福万*　えちのはたのふくまん
生没年不詳　[別]依知秦公福万（えちのはたのきみふくまん），依知秦福万（えちはたのさきまろ）　平安時代前期の農民。
¶古人（えちはたのさきまろ），古代（依知秦公福万　えちのはたのきみふくまん）

朴市秦造田来津　えちのはたのみやつこたくつ
⇒朴市秦田来津（えちのはたのたくつ）

依知秦安雄*　えちのはたのやすお
生没年不詳　[別]依知秦公安雄（えちのはたのきみやすお），依知秦安雄（えちはたのやすお）　平安時代前期の豪族。
¶古人（えちはたのやすお），古代（依知秦公安雄　えちのはたのきみやすお）

依知秦安麻呂*　えちのはたのやすまろ
生没年不詳　[別]依知秦公安麻呂（えちのはたのきみやすまろ），依知秦安麻呂（えちはたのやすまろ）　平安時代前期の農民。
¶古人（えちはたのやすまろ），古代（依知秦公安麻呂　えちのはたのきみやすまろ）

依知秦吉直*　えちのはたのよしなお
生没年不詳　[別]依知秦公吉直（えちのはたのきみよしなお），依知秦吉直（えちはたのよしなお）　平安時代前期の農民。
¶古人（えちはたのよしなお），古代（依知秦公吉直　えちのはたのきみよしなお）

依知秦秋男　えちはたのあきお
⇒依知秦秋男（えちのはたのあきお）

依知秦兼倫　えちはたのかねみち
平安時代中期の官人。
¶古人（生没年不詳）

依知秦浄男　えちはたのきよお
⇒依知秦浄男（えちのはたのきよお）

依知秦福万　えちはたのさきまろ
⇒依知秦福万（えちのはたのふくまん）

依知秦福行　えちはたのさきゆき
⇒依知秦福行（えちのはたのふくつら）

依知秦貞宗　えちはたのさだむね
⇒依知秦貞宗（えちのはたのさだむね）

朴市秦田来津　えちはたのたくつ
⇒朴市秦田来津（えちのはたのたくつ）

依知秦千門　えちはたのちかど
⇒依知秦千門（えちのはたのちかど）

依智秦時吉*　えちはたのときよし
生没年不詳　平安時代前期の地方豪族。
¶古人

依智秦友垣　えちはたのともかき
平安時代後期の官人。
¶古人（生没年不詳）

依知秦永吉　えちはたのながよし
⇒依知秦永吉（えちのはたのながよし）

え

依知秦広助 えちはたのひろすけ
平安時代中期の渤海客使。
¶古人(生没年不詳)

依智秦正頼 えちはたのまさより
平安時代中期の官人。
¶古人(生没年不詳)

依知秦岑範 えちはたのみねのり
平安時代中期の官人。
¶古人(生没年不詳)

依知秦安雄 えちはたのやすお
⇒依知秦安雄(えちのはたのやすお)

依知秦安麻呂 えちはたのやすまろ
⇒依知秦安麻呂(えちのはたのやすまろ)

依知秦吉直 えちはたのよしなお
⇒依知秦吉直(えちのはたのよしなお)

恵中* えちゅう
寛永5(1628)年～元禄16(1703)年 [別]草庵恵中(そうあんえちゅう) 江戸時代前期～中期の僧、仮名草子作者。
¶思想(草庵恵中 そうあんえちゅう)

恵忠* えちゅう
生没年不詳 奈良時代の僧。
¶古代

恵珍* えちん
元永1(1118)年～嘉応1(1169)年10月15日 平安時代後期の三論宗の僧。大安寺51世。
¶古人

恵鎮(慧鎮) えちん
⇒円観(えんかん)

ゑつ(1)
江戸時代後期の女性。俳諧。寛政5年刊、梅園平野平角撰『無功徳』に載る。
¶江表(ゑつ(岩手県))

ゑつ(2)
江戸時代後期の女性。俳諧。文政2年刊、田喜庵護物編『俳諧捜玉集』に載る。
¶江表(ゑつ(東京都))

ゑつ(3)
江戸時代後期の女性。俳諧。甲斐の人。文化1年刊、若室草丸編、鬼伯追善句集『南無秋の夜』に載る。
¶江表(ゑつ(山梨県))

ゑつ(4)
江戸時代後期の女性。俳諧。天保12年刊、万頃園麦太編『仰魂集』に載る。
¶江表(ゑつ(佐賀県))

ゑつ(5)
江戸時代後期の女性。和歌。大村藩の奥女中。文化11年刊、中山忠雄・河田正致編『柿本社奉納和歌集』に載る。
¶江表(ゑつ(長崎県))

悦 えつ★
江戸時代中期の女性。和歌。薩摩藩藩士で大隅種子島を領する一所持の種子島家当主久芳の娘。
¶江表(悦(鹿児島県) [生]享保5(1720)年 [没]天明4(1784)年)

恵津(1) えつ★
江戸時代中期の女性。和歌。江戸芝の池内作左衛門教証の娘。
¶江表(恵津(神奈川県) [生]享保12(1727)年 [没]宝暦13(1763)年)

恵津(2) えつ★
江戸時代中期の女性。和歌。但馬豊岡藩京極家の奥女中。安永3年田村村隆編「田村村隆母公六十賀祝賀歌集」に載る。
¶江表(恵津(兵庫県))

恵津(3) えつ★
江戸時代後期の女性。和歌。対馬の俳人曙堂の妻。
¶江表(恵津(長崎県))

越渓* えつけい
文化3(1806)年～明治17(1884)年 江戸時代末期～明治時代の禅僧。
¶幕末([没]明治17(1884)年10月13日)

越渓周文 えっけいしゅうぶん
⇒周文(しゅうぶん)

ゑつ子 えつこ★
江戸時代後期の女性。和歌。松代藩藩士大草玄常の娘。文化6年木島菅麿編「松廼百枝」に載る。
¶江表(ゑつ子(長野県))

悦子(1) えつこ★
江戸時代中期の女性。和歌。上野沼田藩主本多正武の娘。
¶江表(悦子(長崎県) [没]天明6(1786)年)

悦子(2) えつこ★
江戸時代後期の女性。和歌。幕臣、使番赤松左衛門範徳の妻。文政6年、一条忠良著「雅楽頭豊原統秋三百年遠忌和歌扣」に載る。
¶江表(悦子(東京都))

悦子(3) えつこ★
江戸時代末期～明治時代の女性。和歌。旗本高橋高明の娘。
¶江表(悦子(茨城県) [没]明治29(1896)年)

恵津子 えつこ★
江戸時代末期の女性。和歌。平戸藩の奥女中。文久3年刊、関橋守編『耳順賀集』に載る。
¶江表(恵津子(長崎県))

悦子内親王 えつこないしんのう
⇒延政門院(えんせいもんいん)

悦子女王* えっしじょおう
天慶5(942)年～? [別]旅子女王(たびこじょおう, たびこにょおう), 悦子女王(よしこじょおう) 平安時代中期の女性。醍醐天皇の皇孫、式部卿重明親王の王女。
¶古人(よしこじょおう)

悦子内親王 えつしないしんのう
⇒延政門院(えんせいもんいん)

悦春 えつしゅん
江戸時代前期の俳諧作者。延宝ごろ。
¶俳文(生没年不詳)

えつ女 えつじょ★
江戸時代後期の女性。俳諧。寛政10年序、文雅堂武陵編『さぬ幾婦利』に載る。
¶江表(えつ女(香川県))

ゑつ女(1)　えつじょ★
江戸時代後期の女性。和歌。遠江見附の人。粟田土満が判者の歌合「土満大人判 四捨五番歌合」に載る。
¶江表(ゑつ女(静岡県))

ゑつ女(2)　えつじょ★
江戸時代後期の女性。和歌。周布の人。文化10年刊、『年賀集』に載る。
¶江表(ゑつ女(愛媛県))

ゑつ女(3)　えつじょ★
江戸時代後期の女性。俳諧。上分の人。文化14年、花屋奇淵撰の句額に句がある。
¶江表(ゑつ女(愛媛県))

悦女(1)　えつじょ★
江戸時代中期の女性。和歌。三島氏の娘。元禄7年刊、戸田茂睡編『不求橋梨本隠家勧進百首』に載る。
¶江表(悦女(東京都))

悦女(2)　えつじょ★
江戸時代中期の女性。和歌。天明6年、土佐藩藩士谷真潮60歳の「賀歌集」に載る。
¶江表(悦女(高知県))

悦女(3)　えつじょ★
江戸時代後期の女性。俳諧。大槻の人。天保12年の菊雄主催「新年摺」に載る。
¶江表(悦女(福島県))

越人＊　えつじん
明暦2(1656)年～？　[別]越智越人(おちえつじん)　江戸時代前期～中期の俳人。蕉門十哲。
¶江人([生]1655・56年),コン(越智越人　おちえつじん　[没]享保15(1730)年？),詩作(越智越人　おちえつじん),俳文

悦窓院　えつそういん★
戦国時代～安土桃山時代の女性。書簡。戦国大名島津歳久の家臣児嶋備中守の娘。
¶江表(悦窓院(鹿児島県)　[生]大永4(1524)年　[没]慶長7(1602)年)

越中＊　えっちゅう
生没年不詳　平安時代後期の歌人。
¶古人

江釣子源吉　えづりこげんきち
江戸時代後期～大正時代の南部盛岡藩士。
¶幕末([生]弘化4(1847)年　[没]大正2(1913)年6月19日)

江連堯則＊(江連尭則)　**えづれたかのり**
江戸時代末期の幕臣。
¶徳人(江連尭則　生没年不詳),幕末(生没年不詳)

恵徹　えてつ
奈良時代の僧。
¶古人(生没年不詳)

慧灯＊　えとう
生没年不詳　飛鳥時代の仏師。
¶古代,美建

衛藤紫潭＊　えとうしたん
？～文化2(1805)年　江戸時代中期～後期の知行奉行役、彫刻家。
¶美建([没]文化2(1805)年8月27日)

江藤新平＊　えとうしんぺい
天保5(1834)年2月9日～明治7(1874)年4月13日
江戸時代末期～明治時代の佐賀藩士、政治家、司法卿。民法典編纂、司法権独立に尽力、征韓論が入れられず佐賀で挙兵、政府軍に敗れ処刑。
¶コン,詩作,全幕,幕末,山小([生]1834年2月9日　[没]1874年4月13日)

慧灯大師　えとうだいし
⇒蓮如(れんにょ)

江藤千代＊　えとうちよ
天保4(1833)年～大正6(1917)年　江戸時代末期～大正時代の女性。江藤新平の妻。
¶江表(千代(佐賀県))

江藤長俊＊　えとうちょうしゅん
文化11(1814)年～明治3(1870)年　江戸時代後期～明治時代の医師。
¶幕末([没]明治3(1870)年4月29日)

江藤佳木＊　えとうよしき
寛政4(1792)年～慶応3(1867)年　江戸時代末期の駿河国岡宮村名主。
¶幕末

江戸重長＊　えどしげなが
生没年不詳　[別]江戸重久(えどしげひさ)　平安時代後期の武将。
¶中世,内乱,平家

江戸重久(1)　えどしげひさ
戦国時代の世田谷城・蒔田城主吉良頼康の家臣。周防守。門重の嫡男、常光の兄。
¶後北(重久〔江戸〕　しげひさ)

江戸重久(2)　えどしげひさ
⇒江戸重長(えどしげなが)

江戸重通＊　えどしげみち
＊～慶長3(1598)年　安土桃山時代の武将、常陸国水戸城主。
¶全戦([生]弘治2(1556)年),戦武([生]弘治2(1556)年)

江戸下野守　えどしもつけのかみ
南北朝時代の武将。
¶室町(生没年不詳)

江戸浄仙＊　えどじょうせん
生没年不詳　戦国時代の武蔵吉良氏の家臣。
¶後北(浄仙〔江戸〕　じょうせん)

江戸忠通＊　えどただみち
永正4(1507)年～永禄7(1564)年6月5日　戦国時代の武士。佐竹氏家臣。
¶全戦([生]永正5(1508)年),室町

江戸太夫河東　えどだゆうかとう
⇒十寸見河東〔1代〕(ますみかとう)

江戸主悦助　えどちからのすけ
安土桃山時代の高天神籠城衆。
¶武田([生]？　[没]天正9(1581)年3月22日)

江戸道景＊　えどどうけい
？～康正1(1455)年5月14日　[別]江戸道景(えどみちかげ)　室町時代の武蔵蒲田郷の領主。
¶内乱(えどみちかげ　[没]享徳4(1455)年)

江戸朝忠　えどともただ
安土桃山時代の世田谷城主吉良氏朝・氏広の家臣。摂津守。頼忠の嫡男。小田原開城後は徳川家康に仕えた。

え

¶後北（朝忠〔江戸〕　ともただ）

江戸半太夫〔1代〕*　えどはんだゆう
？～寛保3（1743）年　[別]坂本梁雲〔1代〕（さかもとりょううん）　江戸時代中期の半太夫節の太夫。
¶コン（代数なし　生没年不詳）

江戸肥前掾*　えどひぜんのじょう
生没年不詳　江戸時代前期～中期の肥前節の太夫。
¶コン

江戸広重　えどひろしげ
戦国時代の北条氏綱・氏康家臣島津弥七郎の同心。信重の嫡男。
¶後北（広重〔江戸〕　ひろしげ　[没]天文24年）

江戸道景　えどみちかげ
⇒江戸道景（えどどうけい）

江戸通房*　えどみちふさ
応永17（1410）年～寛正6（1465）年　室町時代の武将。
¶室町（[生]？）

江戸通雅*　えどみちまさ
戦国時代の武将。
¶室町（[生]寛正3（1462）年　[没]永正7（1511）年）

江戸通政*　えどみちまさ
天文7（1538）年～永禄10（1567）年　戦国時代の武将。
¶全戦

江戸通泰*　えどみちやす
？～天文4（1535）年7月12日　戦国時代の武士。
¶室町（[生]文明16（1484）年）

江戸与十郎　えどよじゅうろう
戦国時代～安土桃山時代の世田谷城主吉良頼康の家臣。頼忠の嫡男か。
¶後北（与十郎〔江戸〕　よじゅうろう）

江戸頼忠*　えどよりただ
生没年不詳　戦国時代の武蔵吉良氏の家臣。
¶後北（頼忠〔江戸〕　よりただ）

江戸頼年*　えどよりとし
生没年不詳　戦国時代の武蔵吉良氏朝の家臣。
¶後北（頼年〔江戸〕　よりとし）

榎並舎羅　えなみしゃら
⇒舎羅（しゃら）

榎並貞因　えなみていいん
⇒貞因（ていいん）

榎並貞富*　えなみていふ
？～正徳2（1712）年　[別]貞富（ていふ，ていふう）　江戸時代前期～中期の俳人。
¶俳文（貞富　ていふ　[生]寛永18（1641）年　[没]正徳2（1712）年5月6日）

榎並和澄　えなみともすみ
⇒榎並和澄（えなみわちょう）

榎並屋勘左衛門*　えなみやかんざえもん
？～寛永20（1643）年　江戸時代前期の堺の鉄砲鍛冶。
¶コン

榎並和澄*　えなみわちょう
生没年不詳　[別]榎並和澄（えなみともすみ）　江戸時代前期の数学者。
¶数学（えなみともすみ）

江成筑後　えなりちくご
世襲名　戦国時代～安土桃山時代の田名村名主、代官・小代官。北条氏に属した。初代・2代共に筑後を称した。
¶後北（筑後〔江成〕　ちくご）

えに子　えにこ★
江戸時代末期の女性。和歌。佐賀藩の奥女中。安政4年刊、井上文雄編『摘英集』に載る。
¶江表（えに子（佐賀県））

恵日　えにち
⇒薬師恵日（くすしのえにち）

慧日　えにち
⇒東明慧日（とうみょうえにち）

慧日光明国師　えにちこうみょうこくし
⇒慈雲妙意（じうんみょうい）

恵日聖光国師　えにちしょうこうこくし
⇒慈雲妙意（じうんみょうい）

恵日尼　えにちに★
江戸時代後期の女性。宗教・日記。河内森河内村の神光院第2世。
¶江表（恵日尼（大阪府）　[没]文化3（1806）年）

恵日房　えにちぼう
⇒成忍（じょうにん）

恵日房成忍　えにちぼうじょうにん
⇒成忍（じょうにん）

叡努内親王　えぬないしんのう
⇒叡努内親王（えぬのないしんのう）

江渟臣裙代*　えぬのおみもしろ
飛鳥時代の豪族。
¶古代

叡努内親王*　えぬのないしんのう
？～承和2（835）年　[別]叡努内親王（えぬないしんのう）　平安時代前期の女性。平城天皇の第2皇女。
¶古人（えぬないしんのう）

江沼美都良麿　えぬのみずらまろ
⇒江沼美都良麿（えぬのみづらまろ）

江沼美都良麿*　えぬのみづらまろ
[別]江沼美都良麿（えぬのみずらまろ，えぬまのみつらまろ）　平安時代前期の浮浪人。
¶古人（えぬまのみつらまろ　生没年不詳），古代

江沼小並　えぬまのこなみ
平安時代前期の官人。
¶古人（生没年不詳）

江沼成安　えぬまのじょうあん
平安時代後期の加賀国雑掌。
¶古人（生没年不詳）

江沼富基　えぬまのとみもと
平安時代中期の官人。
¶古人（生没年不詳）

江沼延親　えぬまののぶちか
平安時代後期の官人。
¶古人（生没年不詳）

え

江沼美都良麿　えぬまのみつらまろ
⇒江沼美都良麿（えぬのみづらまろ）

江沼安氏　えぬまのやすうじ
平安時代中期の官人。
¶古人（生没年不詳）

ゑの
江戸時代後期の女性。俳諧。木の葉の人。寛政3年刊『しくれ会』に載る。
¶江表（ゑの（熊本県））

榎井王　えのいおう
⇒榎井親王（えのいしんのう）

榎井親王*　えのいしんのう
[別]榎井王（えのいおう，えのいのおおきみ），榎井親王（えのいのしんのう）　奈良時代の天智天皇の孫。
¶古人（榎井王　えのいおう　生没年不詳），古代

榎井朝臣広国*　えのいのあそんひろくに
[別]榎井広国（えのいのひろくに）　奈良時代の官人。
¶古人（榎井広国　えのいのひろくに　生没年不詳），古代

榎井王　えのいのおおきみ
⇒榎井親王（えのいしんのう）

朴井雄君　えのいのおきみ
⇒物部雄君（もののべのおきみ）

榎井祖足　えのいのおやたり
奈良時代の官人。
¶古人（生没年不詳）

榎井清郷*　えのいのきよさと
生没年不詳　平安時代前期の蹴鞠の名手。
¶古人

榎井小祖　えのいのこおや
奈良時代の官人。
¶古人（生没年不詳）

榎井嶋公　えのいのしまきみ
平安時代前期の官人。
¶古人（生没年不詳）

榎井嶋長　えのいのしまなが
平安時代前期の官人。
¶古人（生没年不詳）

榎井親王　えのいのしんのう
⇒榎井親王（えのいしんのう）

榎井広国　えのいのひろくに
⇒榎井朝臣広国（えのいのあそんひろくに）

朴井連（欠名）*　えのいのむらじ
生没年不詳　飛鳥時代の官吏。
¶古代

朴井連雄君　えのいのむらじおきみ
⇒物部雄君（もののべのおきみ）

榎井倭麻呂　えのいのやまとまろ
飛鳥時代の官人。
¶古人（生没年不詳）

榎慶治　えのきけいじ
江戸時代後期～明治時代の大工。
¶美建（[生]天保14（1843）年　[没]明治36（1903）年）

榎下八郎左衛門尉　えのきしたはちろうさえもんのじょう
安土桃山時代の武士。元は山内上杉氏の家臣で上野に在所。実名は憲康と伝えられる。
¶武田（[生]？　[没]天正3（1575）年5月21日？）

榎下彦八郎　えのきしたひこはちろう
安土桃山時代～江戸時代前期の武田氏の家臣。
¶武田（[生]永禄4（1561）年　[没]寛永10（1633）年12月22日）

榎浄寿*　えのきじょうじゅ
生没年不詳　江戸時代後期の和算家。
¶数学

榎浄門*　えのきじょうもん
生没年不詳　江戸時代後期の和算家。
¶数学

衣君県*　えのきみのあがた
飛鳥時代の隼人の首長。
¶古代

恵能子　えのこ★
江戸時代中期～後期の女性。和歌。薩摩藩藩士で一所持の日置島津家当主久甫の娘。
¶江表（恵能子（鹿児島県）　[生]元文1（1736）年　[没]文政7（1824）年）

絵式部　えのしきぶ
⇒絵式部（えしきぶ）

江辺雅国*　えのべまさくに
？～明応9（1500）年1月23日　戦国時代の公卿（非参議）。本姓は藤原。文明12年従三位に叙される。
¶公卿，公家（雅国〔室町家（絶家）〕　まさくに）

榎本其角　えのもときかく
⇒其角（きかく）

榎本其角の妹　えのもときかくのいもうと★
江戸時代中期の女性。俳諧。元禄11年刊、越中井波の瑞泉寺住職浪化撰『続有磯海』上に載る。
¶江表（榎本其角の妹（東京都））

榎本亨造　えのもとこうぞう
江戸時代後期～明治時代の幕臣。
¶幕末（[生]天保4（1833）年12月1日　[没]明治15（1882）年7月21日）

榎本星布　えのもとせいふ
⇒星布尼（せいふに）

榎本星布尼　えのもとせいふに
⇒星布尼（せいふに）

榎本宗五*　えのもとそうご
生没年不詳　江戸時代前期～中期の塗師。
¶美工

榎本武揚*　えのもとたけあき
天保7（1836）年8月25日～明治41（1908）年10月26日　江戸時代末期～明治時代の政治家、子爵、外相。樺太・千島交換条約締結、天津条約締結に尽力し、第一次伊藤内閣逓信相、文相を歴任。
¶江人，コン，全幕，徳将，徳人，幕末，山小（[生]1836年8月25日　[没]1908年10月26日）

榎本多津*　えのもとたつ
嘉永5（1852）年～明治26（1893）年8月　江戸時代末期～明治時代の女性。榎本武揚の妻。絵草紙「明治烈婦伝」にあげられている。
¶江表（多津（東京都））

榎本対馬　えのもとつしま
[別]榎本道章(えのもとどうしょう)　江戸時代後期～明治時代の旗本、開拓使官吏。
¶全幕([生]天保4(1833)年　[没]?),徳人(榎本道章　えのもとどうしょう　[生]1830年　[没]?)

榎本東順　えのもととうじゅん
⇒竹下東順(たけしたとうじゅん)

榎本長裕　えのもとながみち
[別]榎本長裕(えのもとながひろ)　江戸時代後期～大正時代の幕臣、数学者。旧幕臣。開成所数学教授手伝並出役。
¶数学(えのもとながひろ　[生]弘化2(1845)年),幕末([生]嘉永2(1849)年6月7日　[没]大正3(1914)年10月22日)

榎本音足　えのもとのおとたり
奈良時代の官人。
¶古人(生没年不詳)

榎本季理　えのもとのすえまさ
平安時代中期の官人。
¶古人(生没年不詳)

榎本信房　えのもとのぶふさ
江戸時代後期の和算家、新発田藩士。
¶数学

榎本馬州*　えのもとばしゅう
元禄14(1701)年～宝暦13(1763)年　[別]馬州(ばしゅう)　江戸時代中期の尾張犬山藩士。
¶俳文(馬州　ばしゅう　[生]元禄15(1702)年　[没]宝暦13(1763)年12月6日)

榎本元吉　えのもともとよし
戦国時代～江戸時代前期の毛利輝元の家臣。
¶全戦([生]天文23(1554)年　[没]寛永6(1629)年)

榎本弥左衛門*　えのもとやざえもん
寛永2(1625)年～貞享3(1686)年　江戸時代前期の武蔵国川越の豪商。塩売買。
¶江人,コン,徳将

江帾五郎　えばしごろう
⇒那珂梧楼(なかごろう)

江畑小太郎　えばたこたろう
江戸時代末期の新撰組隊士。
¶新隊(生没年不詳)

江帾五郎　えはたごろう，えばたごろう
⇒那珂梧楼(なかごろう)

江幡雄四郎*　えばたゆうしろう
弘化3(1846)年～元治1(1864)年　江戸時代末期の尊攘派。
¶幕末([没]元治1(1864)年9月30日)

江幡祐蔵*　えばたゆうぞう
?～明治1(1868)年　江戸時代末期の旗本。小栗家に寄寓。
¶幕末([没]慶応4(1868)年閏4月6日)

江原石見守　えはらいわみのかみ
江戸時代前期の大坂城士。
¶大坂

江原吾岸　えばらごがん
江戸時代の和算家。
¶数学

穎原季善*　えはらすえよし
天保8(1837)年～明治17(1884)年　江戸時代末期～明治時代の医師、教育家。私学校の博依学者(凱風学舎)を設け、子弟の教育にあたる。
¶幕末([没]明治17(1884)年7月)

江原素六　えばらそろく，えはらそろく
天保13(1842)年～*　江戸時代後期～大正時代の幕臣。
¶全幕(えはらそろく　[没]大正11(1922)年),徳人([没]1921年)

穎原雍伯*　えはらようはく
文政11(1828)年～明治44(1911)年　江戸時代末期～明治時代の医師。
¶幕末([没]明治44(1911)年11月10日)

江原与右衛門金全　えはらよえもんかねたけ
江戸時代前期の徳川家康の家臣。
¶大坂([没]元和3年/元和4年6月22日)

恵範*(1)　えはん
生没年不詳　[別]恵範(えはん)　平安時代後期の僧。法隆寺別当。
¶古人

恵範(2)　えはん
⇒恵範(えはん)

ゑひ
江戸時代後期の女性。教育。高木善兵衛の妻。
¶江表(ゑひ(東京都)　[生]文化10(1813)年頃)

蛯子末次郎*　えびこすえじろう
*～大正1(1912)年　江戸時代末期～明治時代の航海者。亀田丸で出帆して沿海州を測量。
¶幕末([生]天保13(1843)年12月27日　[没]大正1(1912)年8月29日)

鰕沢耕山*　えびさわこうざん
文化5(1808)年～明治11(1878)年　江戸時代末期～明治時代の画家。絵画・四書五経をよくし、積翠楼を開く。
¶幕末([没]明治11(1878)年11月28日)

海老沢立的　えびさわりゅうてき
江戸時代中期～後期の眼科医。
¶眼医([生]宝暦10(1760)年　[没]文政9(1826)年)

衣斐茂記(衣非茂記)　えびしげき
⇒衣非茂記(いびしげき)

戎屋吉郎兵衛*　えびすやきちろべえ
生没年不詳　江戸時代前期の歌舞伎役者。
¶コン

恵比寿屋庄七　えびすやしょうしち
江戸時代後期の版元。
¶浮絵

海老名郡次(海老名郡治)　えびなぐんじ
⇒海老名季昌(えびなとしまさ)

海老名徳太郎*　えびなとくたろう
弘化1(1844)年～明治31(1898)年　江戸時代末期～明治時代の豪農、初代富本村村長。院内溜池を完成。
¶幕末([生]天保15(1844)年11月14日　[没]明治31(1898)年9月22日)

海老名季昌*　えびなとしまさ
天保14(1843)年～大正3(1914)年8月23日　[別]海

老名郡次，海老名郡治（えびなぐんじ）　江戸時代末期～明治時代の陸奥会津藩士。
¶全幕（海老名郡治　えびなぐんじ），幕末（海老名郡治　えびなぐんじ）

蛯原久五郎* えびはらきゅうごろう
弘化1(1844)年～明治27(1894)年　江戸時代末期～明治時代の漁民。内湾の海苔養殖を体験。
¶幕末（㉓明治27(1894)年9月）

海老原清煕（海老原清熙）　えびはらきよひろ
享和3(1803)年～？　江戸時代末期～明治時代の薩摩藩士。
¶幕末（㉓享和3(1803)年10月20日）

海老原修平* えびはらしゅうへい
文化5(1808)年～明治3(1870)年　江戸時代末期～明治時代の美作津山藩士、志士。土佐勤王党に参加。
¶幕末（㉓明治3(1870)年5月11日）

海老原新甫* えびはらしんぽ
？～元治1(1864)年　㊾新甫（しんぽ）　江戸時代後期～末期の俳人。
¶俳文（新甫　しんぽ　㉓元治1(1864)年11月17日）

海老原穆* えびはらぼく
天保1(1830)年～明治34(1901)年6月　江戸時代末期～明治時代の薩摩藩士、記者。
¶コン，幕末（㊗文政13(1830)年1月3日）

兄媛* (1) えひめ
上代の女性。応神天皇の妃。
¶古代，天皇（生没年不詳）

兄媛* (2) えひめ
上代の女性。呉の織工女。
¶古代，女工（兄媛・弟媛・呉織・穴織　えひめ・おとひめ・くれはとり・あやはとり）

箙 えびら
江戸時代後期の女性。狂歌・俳諧。新吉原の海老屋の遊女。文化8年刊、六樹園撰『狂歌画像作者部類』に載る。
¶江表（箙（東京都））

恵便* (慧便) えびん
生没年不詳　㊾恵便（えべん）　飛鳥時代の高句麗僧。
¶古代（えべん），コン

恵便 えべん
⇒恵便（えびん）

慧鳳 えほう
⇒朝之慧鳳（こうしえほう）

江間右馬丞* (江馬右馬允)　えまうまのじょう
安土桃山時代の武士。武田氏家臣。
¶武田（江間右馬允　㊙？　㊗天正9(1581)年3月22日）

江馬活堂* えまかつどう
文化3(1806)年～明治24(1891)年　㊾江馬元益（えまげんえき），江馬春齢〔4代〕（えまじゅんれい），江馬藤渠（えまとうきょ）　江戸時代末期～明治時代の蘭方医、本草学者。
¶科学（江馬元益　えまげんえき　㊗文化3(1806)年3月24日　㊗明治24(1891)年1月24日），植物（江馬活堂　えまかつどう　㊗文化3(1806)年3月24日　㊗明治24(1891)年1月24日）

江馬元益 えまげんえき
⇒江馬活堂（えまかつどう）

江馬元恭 えまげんきょう
⇒江馬蘭斎（えまらんさい）

江間小四郎 えまこしろう
⇒北条義時（ほうじょうよしとき）

江馬細香*（江間細香）　えまさいこう
天明7(1787)年～文久1(1861)年　㊾細香女史（さいこうじょし）　江戸時代末期の女性。漢詩人、南画家。
¶江人，江表（細香（岐阜県）），コン（㊗文久1(1861年/1863)年），詩作（㊗天明7(1787)年4月4日　㊗文久1(1861)年9月4日），女史，女文（㊗文久1(1861)年9月4日），幕末（㊗文久1(1861)年9月4日），美画（㊗天明7(1787)年4月4日　㊗文久1(1861)年9月4日）

江馬春齢──〔2代〕えましゅんれい
⇒江馬蘭斎（えまらんさい）

江馬春齢 〔4代〕えましゅんれい
⇒江馬活堂（えまかつどう）

江馬聖欽* えませいきん
文政8(1825)年～明治34(1901)年　㊾江間天江，江馬天江（えまてんこう）　江戸時代末期～明治時代の儒学者。
¶眼医（江馬聖欽（天江）　えませいきん（てんこう）　㊗明治35(1902)年），詩作（江馬天江　えまてんこう　㊗文政8(1825)年11月3日　㊗明治34(1901)年3月8日），幕末（㊗文政8(1825)年11月3日　㊗明治34(1901)年3月8日）

江馬輝盛* (江間輝盛)　えまてるもり
？～天正10(1582)年　安土桃山時代の武将。上杉謙信の臣。
¶織田（㊗天正10(1582)年10月27日），全戦，武田（㊗天正10(1582)年10月27日）

江間天江（江馬天江）　えまてんこう
⇒江馬聖欽（えませいきん）

江馬藤渠 えまとうきょ
⇒江馬活堂（えまかつどう）

江間藤左衛門* えまとうざえもん
生没年不詳　戦国時代の鍛冶職人。
¶後北（藤左衛門〔江間〕　とうざえもん）

江間時章 えまときあき
⇒北条時章（ほうじょうときあきら）

江馬時盛* えまときもり
？～天正1(1573)年8月15日？　戦国時代～安土桃山時代の飛騨国衆。
¶全戦（㊗天正6(1578)年？），武田

江馬久重 えまひさしげ
生没年不詳　江戸時代中期の和算家。
¶数学

江馬光時 えまみつとき
⇒名越光時（なごえみつとき）

江馬蘭斎* えまらんさい
延享4(1747)年～天保9(1838)年　㊾江馬元恭（えまげんきょう），江馬春齢，江馬春齢〔2代〕（えましゅんれい）　江戸時代中期～後期の蘭方医。
¶科学（㊗延享4(1747)年9月27日　㊗天保9(1838)年7月8日），眼医（㊗延享3(1746)年？），コン（㊗延享3(1746)年）

エミ
江戸時代末期の女性。教育。武宮氏。文久年間に宮村城間郷正蓮寺の境内に寺子屋を開く。
¶江表(エミ(長崎県))

恵美　えみ★
江戸時代末期の女性。和歌・俳諧。阿波脇町の俳人上田美寿の姪。安政2年、娘に先立たれた美寿に和歌を贈る。
¶江表(恵美(香川県))

恵弥＊　えみ
生没年不詳　飛鳥時代の百済僧。
¶古代

江見鋭馬＊　えみえいま
天保5(1834)年～明治4(1871)年　江戸時代末期～明治時代の岡山藩士、藩政府顧問兼外交方取締役、岡山藩権大参事。
¶コン,全幕,幕末([没]明治4(1871)年8月15日)

恵美押勝　えみおしかつ
⇒藤原仲麻呂(ふじわらのなかまろ)

江見九郎次郎　えみくろうじろう
⇒江見為久(えみためひさ)

恵美子　えみこ★
江戸時代後期の女性。篆刻。岡氏の娘。香南町の篆刻家阿部良山の妻。
¶江表(恵美子(香川県))

江見為久＊　えみためひさ
生没年不詳　[別]江見九郎次郎(えみくろうじろう)　安土桃山時代の織田信長の家臣。
¶織田(江見九郎次郎　えみくろうじろう)

恵美朝狩　えみのあさかり
⇒藤原朝獦(ふじわらのあさかり)

恵美押勝　えみのおしかつ
⇒藤原仲麻呂(ふじわらのなかまろ)

江見盛方＊　えみもりかた
生没年不詳　[別]江見盛方(えものもりかた)　平安時代後期の平家の侍大将。
¶古人(えものもりかた),平家

江見屋吉右衛門＊　えみやきちえもん
江戸時代中期の刷師。
¶浮絵

恵妙＊　えみょう
?～天武9(680)年　飛鳥時代の僧。
¶古代

慧猛＊　えみょう
慶長18(1613)年～延宝3(1675)年3月21日　[別]慈忍(じにん)　江戸時代前期の律僧。
¶思想([生]慶長19(1614)年)

衣武　えむ
江戸時代中期の女性。俳諧。福栄村の渡瀬正峰の娘。
¶江表(衣武(香川県)　[没]安永7(1778)年)

恵舞　えむ
江戸時代中期の女性。俳諧。加賀の人。安永6年刊、堀麦水編『新虚栗』に載る。
¶江表(恵舞(石川県))

えむ子　えむこ★
江戸時代後期の女性。和歌。幕臣、目付桜井庄兵衛の娘。嘉永4年に出された『波布里集』に載る。
¶江表(えむ子(東京都))

江村厚　えむらあつし
⇒江村彦之進(えむらひこのしん)

江村専斎＊　えむらせんさい
永禄8(1565)年～寛文4(1664)年　安土桃山時代～江戸時代前期の医師。
¶コン

江村親家＊　えむらちかいえ
安土桃山時代の武士。
¶全戦(生没年不詳),戦武(生没年不詳)

江村親俊＊　えむらちかとし
安土桃山時代の武士。
¶全戦(生没年不詳)

江村彦之進＊　えむらひこのしん
天保3(1832)年～元治1(1864)年　[別]江村厚(えむらあつし)　江戸時代末期の周防徳山藩士。
¶幕末([生]天保3(1832)年2月4日　[没]元治1(1864)年8月12日)

江村北海　えむらほくかい
⇒江村北海(えむらほっかい)

江村北海＊　えむらほっかい
正徳3(1713)年～天明8(1788)年　[別]江村北海(えむらほくかい)　江戸時代中期の漢詩人。
¶コン

江村又左衛門　えむらまたざえもん
江戸時代前期の大坂城士。
¶大坂

槐本之道　えもとしどう
⇒之道(しどう)

江本豊太郎＊　えもととよたろう
弘化3(1846)年～慶応2(1866)年　江戸時代末期の長門長府藩士。
¶幕末([没]慶応2(1866)年10月10日)

江見盛方　えものもりかた
⇒江見盛方(えみもりかた)

江森月居　えもりげっきょ
⇒月居(げっきょ)

ゑもり七郎衛門　えもりしちろうえもん
安土桃山時代の信濃国筑摩郡中芝の土豪。
¶武田(生没年不詳)

江守城陽　えもりじょうよう
⇒江守長順(えもりながより)

江守長順＊　えもりながより
寛政2(1790)年～＊　[別]江守城陽(えもりじょうよう)　江戸時代後期の加賀大聖寺藩士。
¶幕末([没]弘化1(1844)年12月)

江守正虎　えもりまさとら
江戸時代前期～中期の代官。
¶徳代([生]寛文10(1670)年　[没]寛保1(1741)年7月5日)

ゑもん
江戸時代中期の女性。俳諧。新吉原三浦屋の遊女。元禄14年刊、太田白雪編『きれぎれ』に載る。

¶江表(ゑもん(東京都))

右衛門佐　えもんのすけ
江戸時代前期～中期の女性。和歌・書簡。公家水無瀬氏信の娘。
¶江表(右衛門佐(東京都)　[生]慶安3(1650)年　[没]宝永3(1706)年)

右衛門佐局(1)　えもんのすけのつぼね
⇒右衛門佐局(うえもんのすけのつぼね)

右衛門佐局(2)　えもんのすけのつぼね
⇒右衛門佐局(うえもんのすけのつぼね)

右衛門佐局(3)　えもんのすけのつぼね
⇒松室敦子(まつむろあつこ)

衛門内侍　えもんのないし
⇒堀河紀子(ほりかわもとこ)

恵瑶　えよう
奈良時代の東大寺の僧。天平宝字8年少都維那。
¶古人(生没年不詳)

江良和祐*　えらかずすけ
嘉永1(1848)年～明治44(1911)年　江戸時代末期～明治時代の長門長府藩士。
¶幕末([没]明治44(1911)年11月25日)

恵良惟澄　えらこれずみ
⇒阿蘇惟澄(あそこれずみ)

江良房栄　えらふさひで
戦国時代の武将。
¶戦武([生]永正12(1515)年　[没]天文23(1554)年)

会理*　えり
仁寿2(852)年～承平5(935)年　平安時代前期～中期の真言宗の僧。絵画彫刻に長じる。
¶古人,コン

江利門五左衛門　えりかどござえもん
⇒江利角五左衛門(えりずみござえもん)

江里口藤七兵衛信常　えりぐちとうしちべえのぶつね
⇒江里口信常(えりぐちのぶつね)

江里口信常*　えりぐちのぶつね
?～天正12(1584)年　[別]江里口藤七兵衛信常(えりぐちとうしちべえのぶつね)　安土桃山時代の武士。
¶全戦([生]天文17(1548)年?),戦武([生]天文17(1548)年?)

江利角五左衛門*　えりずみござえもん
?～文化10(1813)年　[別]江利門五左衛門(えりかどござえもん)　江戸時代後期の豊前中津藩庄屋。
¶コン

恵亮*(慧亮)　えりょう
延暦21(802)年～貞観2(860)年5月26日　平安時代前期の天台宗の僧。西塔宝幢院の検校。
¶古人([没]860年?),古代,平家

慧隣*(恵隣)　えりん
飛鳥時代の僧。
¶古代(恵隣)

恵林院殿　えりんいんどの
⇒足利義稙(あしかがよしたね)

慧琳尼*　えりんに
享保3(1718)年～寛政1(1789)年　江戸時代中期の真言宗の尼僧。
¶江表(慧林尼(京都府))

ゑん(1)
江戸時代中期の女性。俳諧。甲斐の人。安永10年刊、壺中軒調唯編、壺嘗軒調唯50回忌追善集『続やどり木』に載る。
¶江表(ゑん(山梨県))

ゑん(2)
江戸時代後期の女性。教育。芝崎氏。
¶江表(ゑん(東京都)　[生]文政3(1820)年頃)

ゑん(3)
江戸時代末期～明治時代の女性。和歌。会津藩藩士で歌人西郷近登之の長女。
¶江表(ゑん(福島県)　[没]明治22(1889)年)

円(1)　えん★
江戸時代前期～中期の女性。和歌。丸亀藩藩士で儒者井上本固の娘。
¶江表(円(香川県)　[生]寛文3(1663)年　[没]宝永4(1707)年)

円(2)　えん★
江戸時代中期の女性。俳諧。京都の人。元禄4年刊、児玉好春編『新花鳥』に載る。
¶江表(円(京都府))

恵ん　えん★
江戸時代後期の女性。和歌。上総久留里藩藩士原益繁の妻。文化11年刊、中山忠雄・河田正致編『柿本社奉納和歌集』に載る。
¶江表(恵ん(千葉県))

婉　えん
江戸時代末期～明治時代の女性。和歌・書。仙台藩士増田学之進の娘。
¶江表(婉(宮城県)　[没]明治22(1889)年)

円阿弥*(1)　えんあみ
生没年不詳　戦国時代の岩付城主北条氏房の家臣。
¶後北

円阿弥(2)　えんあみ
安土桃山時代の武田氏の家臣、菊姫の付家臣。
¶武田(生没年不詳)

円阿弥武宗*　えんあみたけむね
生没年不詳　江戸時代前期の蒔絵師。
¶美工

円伊*　えんい
生没年不詳　鎌倉時代後期の画家。
¶コン,美画,山小

延惟*　えんい
承和8(841)年～?　[別]延惟(えんゆい)　平安時代前期の法相宗の僧。東大寺37世。
¶古人

延殷*　えんいん
安和1(968)年～永承5(1050)年　平安時代中期の天台宗の僧。
¶古人,コン([生]?)

円雲*　えんうん
?～寿永1(1182)年　平安時代後期の天台僧。
¶古人

円恵　えんえ
⇒円恵法親王(えんえほっしんのう)

え

円恵法親王　えんえほうしんのう
⇒円恵法親王（えんえほっしんのう）

円恵法親王＊　えんえほっしんのう
仁平2（1152）年～寿永2（1183）年　[別]円恵（えんえ，えんけい），円恵法親王（えんえほうしんのう，えんけいほうしんのう，えんけいほっしんのう）
平安時代後期の僧。後白河天皇の皇子。
¶古人（えんけいほっしんのう　[生]？），天皇（えんえほうしんのう　[生]仁平3（1153）年），内乱（円恵　えんけい　[生]仁平3（1153）年），平家（えんけいほっしんのう　[生]仁平3（1153）年？）

円縁＊　えんえん
正暦1（990）年～康平3（1060）年　平安時代中期の法相宗の僧。西大寺28世、興福寺25世。
¶古人

延円＊　えんえん
？～長久1（1040）年　平安時代中期の絵師、石立僧。
¶古人，コン，美画

園花　えんか★
江戸時代末期の女性。和歌。播磨家島の三木氏。安政6年刊、秋元安民編『類題青藍集』に載る。
¶江表（園花（兵庫県））

円賀＊　えんが
延喜6（906）年～＊　平安時代中期の天台宗の僧。
¶古人（[没]989年）

円快＊　えんかい
生没年不詳　平安時代の仏師。
¶古人，美建

円戒国師　えんかいこくし
⇒真盛（しんせい）

円覚＊　えんかく
生没年不詳　平安時代前期の僧。
¶古人，対外

延覚＊　えんかく
承保3（1076）年～？　平安時代後期の興福寺僧。
¶古人

円月　えんがつ
⇒中巌円月（ちゅうがんえんげつ）

円観＊（1）　えんかん
？～康平5（1062）年　平安時代中期～後期の念仏往生者。
¶古人

円観＊（2）　えんかん
弘安4（1281）年～正平11/延文1（1356）年3月1日
[別]恵鎮，慧鎮（えちん），慈威和尚（じいおしょう）
鎌倉時代後期～南北朝時代の天台宗の僧。
¶コン，内乱（[没]延文1（1356）年），室町

延鑑＊（延鑒）　えんかん
寛平3（891）年～康保2（965）年　平安時代中期の浄土真宗の僧。
¶古人（延鑒）

円鑑国師　えんかんこくし
⇒授翁宗弼（じゅおうそうひつ）

円鑑禅師　えんかんぜんじ
⇒授翁宗弼（じゅおうそうひつ）

園橘　えんきつ★
江戸時代後期の女性。俳諧。寛政6年刊、蓬莢軒園女撰『俳諧百千鳥』に「氷解て水にも梅の匂ひかな」など4句が載る。
¶江表（園橘（群馬県））

円玖＊　えんきゅう
天文15（1546）年～寛永2（1625）年8月1日　戦国時代～江戸時代前期の僧侶・連歌作者。
¶俳文

円慶＊　えんきょう
生没年不詳　[別]円慶（えんけい）　平安時代中期の天台宗の僧。
¶古人（えんけい）

延慶　えんきょう
⇒延慶（えんけい）

艶鏡　えんきょう
⇒中村重助〔2代〕（なかむらじゅうすけ）

円暁＊　えんぎょう
久安1（1145）年～正治2（1200）年10月26日　平安時代後期～鎌倉時代前期の鶴岡八幡宮の初代別当。
¶古人

円行＊（1）　えんぎょう
延暦18（799）年～仁寿2（852）年3月6日　平安時代前期の真言宗の僧。入唐八家の一人。
¶古人，古代，コン，対外

円行＊（2）　えんぎょう
生没年不詳　平安時代後期の僧。白河天皇の皇子。
¶古人，天皇（[生]？　[没]康治2（1143）年）

円恭院　えんきょういん★
江戸時代中期～後期の女性。和歌。西条藩主松平頼謙の娘。
¶江表（円恭院（愛媛県）　[生]安永6（1777）年　[没]嘉永4（1851）年）

延均師＊　えんきんし
生没年不詳　奈良時代の伎楽面作者。
¶美工

円久＊　えんく
生没年不詳　平安時代中期の天台宗の僧。
¶古人

延救＊　えんく，えんぐ
長徳4（998）年～治暦3（1067）年1月14日　平安時代中期の真言宗の僧。
¶古人（生没年不詳）

円空＊　えんくう
寛永9（1632）年～元禄8（1695）年　江戸時代前期の僧。遊行して数多くの木彫仏を残す。
¶江人，コン（[生]寛永9（1632）年？），思想，美建（[没]元禄8（1695）年7月15日），山小（[没]1695年7月15日）

延空＊　えんくう
寛平2（890）年～康保4（967）年　平安時代前期～中期の興福寺法相宗の学僧。
¶古人（[生]890年？）

円恵　えんけい
⇒円恵法親王（えんえほっしんのう）

円慶＊（1）　えんけい
生没年不詳　戦国時代の仏師。

¶美建

円慶(2)　えんけい
⇒円慶(えんきょう)

延慶*　えんけい
生没年不詳　[別]延慶(えんきょう)　奈良時代の入唐僧。鑑真の通訳。
¶古人(えんきょう), 古代

淵渓・淵浜　えんけい・えんひん★
江戸時代後期の女性。画。画家樋口守保の妻。
¶江表(淵渓・淵浜(東京都)　[生]文政10(1827)年)

円恵法親王　えんけいほうしんのう
⇒円恵法親王(えんえほっしんのう)

円恵法親王　えんけいほっしんのう
⇒円恵法親王(えんえほっしんのう)

円月　えんげつ
⇒中巌円月(ちゅうがんえんげつ)

園月尼　えんげつに★
江戸時代末期の女性。和歌。丹後岩滝に住んだ。安政6年刊、秋元安民編『類題青藍集』に載る。
¶江表(園月尼(京都府))

延憲　えんけん
平安時代前期～中期の僧、貞観寺座主、祇園検校。
¶古人(生没年不詳)

円玄*(1)　えんげん
生没年不詳　平安時代後期の僧侶・歌人。
¶古人

円玄*(2)　えんげん
安元1(1175)年～？　鎌倉時代前期の法相宗の僧。興福寺57世。
¶古人

延源*　えんげん
？～永長1(1096)年　平安時代中期～後期の絵仏師。
¶古人

弇子　えんこ
江戸時代後期の女性。和歌。上諏訪角間町の酒造業藤森忠兵衛政興の母。
¶江表(弇子(長野県))

えん子　えんこ★
江戸時代後期の女性。和歌。幕臣、小普請組大野孫左衛門の娘。文化11年刊、中山忠雄・河田正致編『柿本社奉納和歌集』に載る。
¶江表(えん子(東京都))

円子(1)　えんこ★
江戸時代末期の女性。和歌。上野前橋藩主酒井雅楽頭忠清の娘。安政1年刊、堀尾光久編『近世名所歌集』二に載る。
¶江表(円子(群馬県))

円子(2)　えんこ★
江戸時代末期の女性。和歌。市川行直の母。文久2年刊、飯塚久敏撰『玉籠集』に載る。
¶江表(円子(山梨県))

円興*　えんこう
生没年不詳　[別]円興禅師(えんこうぜんじ)　奈良時代の僧。
¶公卿(円興禅師　えんこうぜんじ), 古人, 古代

延幸*　えんこう
寛和1(985)年～治暦2(1066)年　平安時代中期の華厳宗の僧。東大寺68世。
¶古人

延杲*　えんごう, えんこう
保安4(1123)年～元久3(1206)年3月12日　平安時代後期～鎌倉時代前期の真言宗の僧。東寺長者50世、東大寺90世。
¶古人(えんこう)

円光院　えんこういん
⇒園文英(そのぶんえい)

円光院殿*　えんこういんでん
大永1(1521)年～元亀1(1570)年7月28日　[別]武田晴信室(たけだはるのぶしつ)　戦国時代～安土桃山時代の女性。武田晴信の二番目の正室。
¶武田(武田晴信室　たけだはるのぶしつ)

円興禅師　えんこうぜんじ
⇒円興(えんこう)

円光大師　えんこうだいし
⇒法然(ほうねん)

猿左*　えんさ
？～享和1(1801)年　江戸時代中期～後期の俳人(談林派)。
¶俳文([生]享保9(1724)年)

円載*　えんさい
？～元慶1(877)年　平安時代前期の天台宗の僧。最澄の弟子。
¶古人, 古代, コン, 対外

円西　えんさい
鎌倉時代後期の仏師。
¶美建(生没年不詳)

延最*　えんさい
生没年不詳　平安時代前期の僧。
¶古人, 古代

猿山*　えんざん
？～享保17(1732)年　江戸時代中期の俳人(談林派)。
¶俳文([生]貞享1(1684)年　[没]享保17(1732)年11月23日)

円山女　えんさんじょ★
江戸時代後期～明治時代の女性。俳諧。三谷五来の妻。
¶江表(円山女(香川県)　[生]弘化4(1847)年　[没]明治13(1880)年)

円旨　えんし
⇒別源円旨(べつげんえんし)

園枝　えんし
江戸時代後期の女性。俳諧。寛政9年9月から翌年春まで、長門長府の女性俳人田上菊舎が長崎再遊の帰途佐賀に留まり、著した『聞集草』に句が載る。
¶江表(園枝(佐賀県))

燕士　えんし
江戸時代中期～後期の俳諧師。石井氏。
¶俳文([生]享保6(1721)年　[没]寛政8(1796)年6月19日)

燕志*　えんし
生没年不詳　江戸時代中期の女性。俳人。

え

¶江表（燕志（和歌山県））

燕枝　えんし★

江戸時代後期の女性。俳諧。越前福井の人。天明8年刊、白鶴楼紅楓編『そのかげ集』に載る。

¶江表（燕枝（福井県））

艶士　えんし

⇒横田艶士（よこたえんし）

艶糸　えんし★

江戸時代中期の女性。俳諧。元禄11年成立『元禄戊寅歳旦牒』に載る。

¶江表（艶糸（東京都））

艶之　えんし★

江戸時代中期の女性。散文・和歌。陸奥弘前藩主津軽信興の娘。

¶江表（艶之（群馬県）　[没]天明6（1786）年）

筵史＊　えんし

安永2（1773）年～弘化3（1846）年4月27日　江戸時代中期～後期の俳人。

¶俳文（[生]？　[没]弘化3（1846）年4月28日）

燕紫女　えんしじょ★

江戸時代中期～後期の女性。俳諧。上総武射郡屋形の海保兵右衛門豊昌の四女。

¶江表（燕紫女（千葉県）　[生]安永3（1774）年　[没]文化8（1811）年）

婉子女王＊　えんしじょおう

天禄3（972）年～長徳4（998）年　[別]婉子女王（えんしにょおう，つやこじょおう）　平安時代中期の女性。花山天皇の女御。

¶古人（つやこじょおう），天皇（[没]長徳4（998）年7月13日）

円実＊　えんじつ

生没年不詳　平安時代後期の僧。平清盛の側近。

¶古人，平家（[生]保延4（1138）年　[没]？）

延子内親王　えんしないしんのう

⇒延明門院（えんめいもんいん）

婉子内親王＊　えんしないしんのう

延喜4（904）年～安和2（969）年　[別]婉子内親王（つやこないしんのう）　平安時代中期の女性。醍醐天皇の第3皇女。

¶古人（つやこないしんのう），天皇（えんしないしんのう・つやこないしんのう　[没]安和2（969）年9月11日？）

婉子女王　えんしにょおう

⇒婉子女王（えんしじょおう）

猿芝の妻　えんしのつま★

江戸時代中期の女性。俳諧。筑後吉井の人で、志太野坡門。元禄15年刊、田河吾仲編『柿表紙』に載る。

¶江表（猿芝の妻（福岡県））

延若（1）　えんじゃく

⇒実川額十郎〔1代〕（じつかわがくじゅうろう）

延若（2）　えんじゃく

⇒実川額十郎〔2代〕（じつかわがくじゅうろう）

猿雀　えんじゃく

江戸時代末期の絵師。大坂で役者絵を手がけた。

¶浮絵（生没年不詳）

延寿＊（1）　えんじゅ

弘仁9（818）年～仁和1（885）年　平安時代前期の僧。

¶古代

延寿＊（2）　えんじゅ

生没年不詳　平安時代後期の女性。遊女。美濃国青墓宿の長者大炊の娘。

¶古人

延寿（3）　えんじゅ★

江戸時代前期の女性。俳諧。三机浦の盲女。寛文12年序、宇和島藩家老桑折宗臣編『大海集』に載る。

¶江表（延寿（愛媛県））

円珠庵契沖　えんじゅあんけいちゅう

⇒契沖（けいちゅう）

円珠庵羅城＊　えんしゅあんらじょう

享保19（1734）年～文化4（1807）年　[別]羅城（らじょう）　江戸時代中期～後期の俳人。

¶俳文（羅城　らじょう　[没]文化4（1807）年11月8日）

延寿院　えんじゅいん★

江戸時代中期の女性。和歌。小松藩主一柳頼邦の生母。

¶江表（延寿院（愛媛県））

円修院殿　えんじゅいんどの

⇒足利義嗣（あしかがよしつぐ）

円宗＊　えんしゅう

？～元慶7（883）年12月22日　平安時代前期の僧。

¶古人，古代

円修＊　えんしゅう

平安時代前期の天台宗の僧。

¶古人（生没年不詳），古代

遠州　えんしゅう

⇒小堀遠州（こぼりえんしゅう）

遠舟＊　えんしゅう

承応2（1653）年～？　[別]和気遠舟（わけえんしゅう）　江戸時代前期～中期の俳人。

¶俳文

円宗院　えんしゅういん★

江戸時代中期の女性。和歌・教訓。筑前直方藩主黒田長清の娘。

¶江表（円宗院（秋田県）　[生]元禄15（1702）年　[没]延享2（1745）年）

遠州屋又兵衛　えんしゅうやまたべえ

江戸時代後期の版元。

¶浮絵

円首座　えんしゅそ

安土桃山時代の武田氏の家臣。大竜寺麟岳の弟子。

¶武田（[生]？　[没]天正10（1582）年3月11日）

延寿太夫（1）　えんじゅだゆう

⇒清元延寿太夫〔1代〕（きよもとえんじゅだゆう）

延寿太夫（2）　えんじゅだゆう

⇒清元延寿太夫〔2代〕（きよもとえんじゅだゆう）

延寿太夫（3）　えんじゅだゆう

⇒清元延寿太夫〔3代〕（きよもとえんじゅだゆう）

円珠尼＊　えんじゅに

生没年不詳　戦国時代～安土桃山時代の女性。尼僧。

¶江表（円珠尼（群馬県））

延寿尼　えんじゅに*
　江戸時代中期の女性。国学・和歌。伊賀屋源右衛門の母。元禄16年刊、『歌林尾花末』に載る。
　¶江表〔延寿尼（奈良県）〕

円春*　えんしゅん
　生没年不詳　平安時代後期の仏師。
　¶古人、コン、美建

円助　えんじょ
　⇒円助法親王（えんじょほっしんのう）

燕如　えんじょ*
　江戸時代中期の女性。俳諧。常陸笠間の俳人嵐筍の妻。中川宗瑞の紀行句集『旅の日数』に載る。
　¶江表〔燕如（茨城県）〕

円勝　えんしょう
　南北朝時代の仏師。
　¶美建（生没年不詳）

円昭*　えんしょう
　生没年不詳　平安時代中期の僧。
　¶古人

円照(1)　えんしょう
　平安時代中期の僧。醍醐寺の入道法師。
　¶密教（㊦1000年　㊤1047年9月3日）

円照*(2)　えんしょう
　保延5（1139）年〜治承1（1177）年　㋝藤原是憲（ふじわらのこれのり）　平安時代後期の遁世僧。藤原信西の子。
　¶古人

円照*(3)　えんしょう
　承久3（1221）年〜建治3（1277）年　㋝実相房（じっそうぼう）　鎌倉時代前期の律宗の僧。東大寺戒壇院中興開山。
　¶コン

円正　えんしょう
　⇒市川段四郎〔1代〕（いちかわだんしろう）

円生　えんしょう
　⇒三遊亭円生〔1代〕（さんゆうていえんしょう）

延昌*　えんしょう
　元慶4（880）年〜康保1（964）年　㋝慈念僧正（じねんそうじょう）　平安時代中期の天台宗の僧。天台座主。
　¶古人、コン

延祥*　えんしょう
　神護景雲3（769）年〜仁寿3（853）年　奈良時代〜平安時代前期の法相宗の僧。
　¶古人、コン（㊦天平神護2（766）年）

延賞　えんしょう
　⇒実川額十郎〔2代〕（じつかわがくじゅうろう）

延性*　えんしょう
　貞観1（859）年〜延長7（929）年　平安時代前期〜中期の真言宗の僧。
　¶古人、コン

円浄*　えんじょう
　文治5（1189）年〜康元1（1256）年　鎌倉時代前期の僧。
　¶古人

円静　えんじょう
　⇒藤原脩範（ふじわらのながのり）

延敞*　えんじょう
　㋝延敞（えんちん）　平安時代前期〜中期の真言宗の僧。東寺長者10世、醍醐寺2世。
　¶古人（えんちん）　㋛？　㊤928年）

延晟*　えんじょう
　？〜承平3（933）年　平安時代前期〜中期の石清水別当。
　¶古人

円常院　えんじょういん
　江戸時代後期の徳川家慶の三男。
　¶徳将（㋛1822年　㊤1822年）

円性教雅　えんしょうきょうが
　戦国時代の甲斐・法善寺住職。
　¶武田（生没年不詳）

円城寺信胤*　えんじょうじのぶたね
　？〜天正12（1584）年　㋝円城寺美濃守信胤（えんじょうじみののかみのぶたね）　安土桃山時代の武士。
　¶全戦、戦武

円城寺美濃守信胤　えんじょうじみののかみのぶたね
　⇒円城寺信胤（えんじょうじのぶたね）

円城寺頼長*　えんじょうじよりなが
　生没年不詳　戦国時代の武将吉良氏の家臣。
　¶後北（頼長〔円城寺〕　よりなが）

円照大師　えんしょうだいし
　⇒一遍（いっぺん）

円照本光国師　えんしょうほんこうこくし
　⇒以心崇伝（いしんすうでん）

円助法親王　えんじょほうしんのう
　⇒円助法親王（えんじょほっしんのう）

円助法親王*　えんじょほっしんのう
　嘉禎2（1236）年〜弘安5（1282）年　㋝円助（えんじょ）、円助法親王（えんじょほうしんのう）　鎌倉時代後期の僧。後嵯峨天皇の第1皇子。
　¶天皇（えんじょほうしんのう）　㊦嘉禎1（1236）年）

艶二郎*　えんじろう
　山東京伝作「江戸生艶気樺焼」の主人公。
　¶コン

円信*(1)　えんしん
　寛弘1（1004）年〜天喜1（1053）年　平安時代中期〜後期の天台宗延暦寺僧。
　¶古人

円信*(2)　えんしん
　生没年不詳　平安時代後期の絵仏師。
　¶古人、美建

円心*　えんしん、えんじん
　生没年不詳　平安時代後期の円派系の仏師。
　¶古人

円深*　えんしん
　生没年不詳　平安時代中期の画僧。
　¶古人

延深*　えんしん
　生没年不詳　平安時代後期の絵仏師。

¶古人

淵信* えんしん
生没年不詳 [別]和泉法眼(いずみほうがん), 和泉法眼淵信(いずみほうがんえんしん, いずみほうげんえんしん) 鎌倉時代の庄官。尾道を拠点に富を蓄えた。
¶コン(和泉法眼淵信 いずみほうがんえんしん)

延尋* えんじん
正暦3(992)年～* 平安時代中期の真言宗の僧。
¶古人([没]1048年), コン([没]?)

袁晋卿*(遠晋卿) えんしんけい
生没年不詳 [別]清村晋卿(きよむらしんけい) 奈良時代の官僚。唐からの帰化人。
¶古人, 古代, コン(清村晋卿 きよむらしんけい), 対外

円心尼 えんしんに★
江戸時代中期の女性。俳諧。三河の人。元禄12年刊、太田白雪編『俳諧曽我』弟巻に載る。
¶江表(円心尼(愛知県)), 江表(円心尼(京都府))

円水* えんすい
生没年不詳 江戸時代中期の雑俳点者。
¶俳文

円翠 えんすい★
江戸時代後期の女性。俳諧。宮城の人。文化15年序、大屋士由編『美佐古鮓』に載る。
¶江表(円翠(宮城県))

猿雖 えんすい
⇒窪田猿雖(くぼたえんすい)

円勢* えんせい
?～長承3(1134)年 平安時代後期の円派系の仏師、法印。
¶古人, コン, 美建([没]長承3(1134)年閏12月21日)

延政門院* えんせいもんいん
正元1(1259)年～元弘2/正慶1(1332)年 [別]悦子内親王(えつこないしんのう, えつしないしんのう) 鎌倉時代後期の女性。後嵯峨天皇の第2皇女。
¶天皇([没]元弘2(1332)年)

燕石* えんせき
寛永2(1625)年～万治3(1660)年 [別]富永燕石(とみながえんせき) 江戸時代前期の俳人。
¶俳文([没]万治3(1660)年1月25日)

燕説 えんせつ
⇒無外坊燕説(むがいぼうえんせつ)

延祚* えんそ
平安時代中期の彫刻家。
¶美建(生没年不詳)

円琮院 えんそういん
江戸時代後期の女性。徳川家斉十四女。
¶徳将([生]1806年 [没]1806年)

円諦院 えんたいいん★
江戸時代中期～後期の女性。和歌。徳川御三卿の徳川宗武の娘。
¶江表(円諦院(佐賀県) [生]延享1(1744)年 [没]文化12(1815)年)

奄智王 えんちおう
⇒奄智王(あんちおう)

円澄* えんちょう
宝亀2(771)年～承和4(837)年 [別]寂光大師(じゃくこうだいし, じゃっこうだいし) 平安時代前期の天台宗の僧。
¶古人([没]836年), 古代([生]772年), コン

円朝 えんちょう
⇒三遊亭円朝〔1代〕(さんゆうていえんちょう)

円超* えんちょう
貞観3(861)年～延長3(925)年 平安時代中期の華厳宗の僧。
¶古人

円珍* えんちん
弘仁5(814)年～寛平3(891)年 [別]智証大師(ちしょうだいし) 平安時代前期の天台宗の僧(天台座主、寺門派の祖)。
¶古人, 古代, コン, 思想, 対外, 山小([生]814年2月/3月15日 [没]891年10月29日)

延㣫 えんちん
⇒延㣫(えんじょう)

延珍* えんちん
寛平2(890)年～応和1(961)年 平安時代前期～中期の興福寺僧。
¶古人

延鎮* えんちん
生没年不詳 平安時代前期の法相宗の僧。京都清水寺の開祖。
¶古人([生]? [没]821年), 古代, コン

円通* えんつう
宝暦4(1754)年～天保5(1834)年 江戸時代後期の天台宗の学僧。
¶コン, 思想

円通大応国師 えんつうたいおうこくし
⇒南浦紹明(なんぽしょうみょう)

円通大師(1) えんつうだいし
⇒寂照(じゃくしょう)

円通大師(2) えんつうだいし
⇒鉄舟徳済(てっしゅうとくさい)

延庭* えんてい
生没年不詳 平安時代前期の十禅師。
¶古代

遠藤英泉* えんどうえいせん
?～安政6(1859)年 江戸時代末期の俳人。
¶幕末([没]安政6(1859)年10月26日)

遠藤ゑつ* えんどうえつ
文化11(1814)年～文久2(1862)年 江戸時代末期の「換子教育」の実践者。
¶コン

遠藤大隅 えんどうおおすみ
江戸時代前期の武士。大坂の陣で籠城。
¶大坂

遠藤温* えんどうおん
文政6(1823)年～明治29(1896)年 江戸時代末期～明治時代の酒造業者。藩に献金し士籍に列し昌平黌に学ぶ。
¶幕末([没]明治29(1896)年6月4日)

遠藤海蔵* えんどうかいぞう
？～明治1(1868)年　江戸時代末期の越後村上藩士。
¶幕末

遠藤菓翁 えんどうかおう
江戸時代後期～大正時代の俳人。
¶俳文([生]天保1(1830)年　[没]大正3(1914)年12月14日)

遠藤加賀守 えんどうかがのかみ
戦国時代の美濃郡上郡の国衆遠藤胤繁の一門。
¶武田(生没年不詳)

遠藤鶴洲 えんどうかくしゅう
⇒遠藤勝助(えんどうしょうすけ)

遠藤勝助 えんどうかつすけ
⇒遠藤勝助(えんどうしょうすけ)

遠藤吉郎左衛門* えんどうきちろうざえもん，えんどうきちろうさえもん
＊～明治2(1869)年　江戸時代末期の大番士。
¶幕末([生]文政12(1829)年　[没]明治2(1869)年4月19日)

遠藤久五郎* えんどうきゅうごろう
天保1(1830)年～大正3(1914)年　江戸時代末期～大正時代の俳人。郡内各所で馬鈴薯栽培を普及。
¶幕末([没]大正3(1914)年12月14日)

遠藤致* えんどうきわむ
天保5(1834)年～明治34(1901)年　江戸時代末期～明治時代の医師、初代福島県会議長。藩主安藤信正の典医。興風社を結成し県会議員になる。
¶幕末([没]明治34(1901)年7月10日)

遠藤謹助* えんどうきんすけ
天保7(1836)年～明治26(1893)年　江戸時代末期～明治時代の長州藩士、大蔵省官吏、造幣局長。貨幣制度の整備に功労。
¶全幕，幕末([没]明治26(1893)年9月13日)

遠藤元理* えんどうげんり
生没年不詳　江戸時代前期の本草家。
¶科学

遠藤高璟 えんどうこうけい
⇒遠藤高璟(えんどうたかのり)

遠藤香村* えんどうこうそん
天明7(1787)年～元治1(1864)年　[別]香村(こうそん)　江戸時代後期の画家。
¶幕末([没]文久4(1864)年2月7日)，美画([没]元治1(1864)年3月15日)

遠藤允信* えんどうさねのぶ
天保7(1836)年～明治32(1899)年　[別]遠藤允信(えんどうたかのぶ)，遠藤文七郎(えんどうぶんしちろう)　江戸時代末期～明治時代の仙台藩士、宮司、仙台藩大参事、塩釜神社宮司。幕政弾劾、尊皇攘夷を主張、幕内勤王派のために尽力。上洛して版籍奉還に参画。
¶コン(えんどうたかのぶ　[生]天保6(1835)年)，全幕，幕末(遠藤文七郎　えんどうぶんしちろう　[没]明治32(1899)年4月)

遠藤繁子* えんどうしげこ
安永2(1773)年～？　[別]堀繁子(ほりしげこ)　江戸時代後期の女性。近江三上藩主遠藤胤富の妻。飯田藩主堀親長の娘。
¶江表(繁子(滋賀県))

遠藤七左衛門 えんどうしちざえもん
江戸時代前期～中期の関東代官。
¶徳代(生没年不詳)

遠藤七郎* えんどうしちろう
天保10(1839)年～明治25(1892)年　江戸時代後期～明治時代の尊攘運動家。
¶コン，幕末([没]明治25(1892)年1月6日)

遠藤順佐久* えんどうじゅんさく
天保4(1833)年12月21日～明治15(1882)年6月21日　江戸時代末期～明治時代の勤王家。津山藩の外事探索掛。
¶幕末

遠藤俊平* えんどうしゅんぺい
寛政6(1794)年～嘉永6(1853)年　江戸時代末期の教育者。
¶幕末([没]嘉永6(1853)年5月19日)

遠藤丈庵* えんどうじょうあん
天保10(1839)年～？　江戸時代後期～末期の新撰組隊士。
¶新隊

遠藤勝助* えんどうしょうすけ
寛政1(1789)年～嘉永4(1851)年　[別]遠藤鶴洲(えんどうかくしゅう)，遠藤勝助(えんどうかつすけ)　江戸時代後期の儒学者。
¶コン

遠藤蒼山* えんどうそうざん
＊～明治2(1869)年　[別]蒼山(そうざん)，長嶋蒼山(ながしまそうざん)　江戸時代末期の俳人。
¶俳文(蒼山　そうざん　[生]文政2(1819)年　[没]明治2(1869)年1月20日)

遠藤允信 えんどうたかのぶ
⇒遠藤允信(えんどうさねのぶ)

遠藤高璟* えんどうたかのり
天明4(1784)年～元治1(1864)年　[別]遠藤高璟(えんどうこうけい)　江戸時代後期の天文暦算家。
¶科学([生]天明4(1784)年2月15日　[没]元治1(1864)年11月12日)，コン(えんどうこうけい)，幕末([生]天明4(1784)年2月15日　[没]元治1(1864)年11月12日)

遠藤胤緒 えんどうたねを
⇒遠藤胤統(えんどうたねのり)

遠藤胤城* えんどうたねき
天保9(1838)年6月5日～明治42(1909)年11月9日　江戸時代末期～明治時代の三上藩主、三上藩知事。
¶徳人，幕末

遠藤胤繁 えんどうたねしげ
⇒遠藤胤基(えんどうたねもと)

遠藤胤俊* えんどうたねとし
天文15(1546)年～元亀1(1570)年11月26日　戦国時代～安土桃山時代の織田信長の家臣。
¶織田

遠藤胤統* えんどうたねのり
寛政5(1793)年～明治3(1870)年　[別]遠藤胤緒(えんどうたねを)　江戸時代後期～明治時代の大名、華族。
¶幕末(遠藤胤緒　えんどうたねを　[生]寛政5(1793)年11月22日　[没]明治3(1870)年9月25日)

え

遠藤胤基*　えんどうたねもと
天文17(1548)年～文禄2(1593)年　[別]遠藤胤繁(えんどうたねしげ)　安土桃山時代の国人。
¶織田([没]文禄2(1593)年11月23日),武田(遠藤胤繁　えんどうたねしげ　[没]文禄2(1593)年11月23日)

遠藤雉啄*　えんどうちたく
*～天保15(1844)年　[別]雉啄(ちたく)　江戸時代後期の俳人。
¶俳文(雉啄　ちたく　[生]宝暦11(1761)年　[没]天保15(1844)年6月24日)

遠藤貫周*　えんどうつらちか
天保1(1830)年～?　江戸時代後期～末期の日本画家。
¶美画([生]文政12(1829)年12月8日)

遠藤貞一郎*　えんどうていいちろう
天保11(1840)年～明治21(1888)年6月15日　江戸時代末期～明治時代の内務省官吏、大津郡長。世子平六郎の供をしてイギリスに渡航。
¶幕末([生]天保12(1841)年6月2日　[没]明治21(1888)年6月16日)

遠藤藤五郎*　えんどうとうごろう
[別]藤五郎(とうごろう)　江戸時代末期の駿河国有渡郡三保村の農民。藤五郎稲荷。
¶コン([生]?　[没]慶応3(1867)年?),幕末(藤五郎　とうごろう　[生]?　[没]慶応3(1867)年)

遠藤利貞　えんどうとしさだ
天保14(1843)年1月15日～大正4(1915)年4月20日　江戸時代後期～大正時代の数学史家。
¶科学,数学

遠藤鎮盈　えんどうとしみつ
江戸時代中期の関東代官。
¶徳代([生]元禄10(1697)年　[没]明和6(1769)年9月27日)

遠藤豊九郎　えんどうとよくろう
江戸時代前期の代官。
¶徳代(生没年不詳)

遠藤直継　えんどうなおつぐ
⇒遠藤直経(えんどうなおつね)

遠藤直経*　えんどうなおつね
?～元亀1(1570)年　[別]遠藤直継(えんどうなおつぐ)　戦国時代の武士。
¶全戦,戦武([生]享禄4(1531)年)

遠藤信澄　えんどうのぶずみ
江戸時代中期の代官、奉行。
¶徳代([生]?　[没]宝永5(1708)年12月27日)

遠藤八右衛門　えんどうはちえもん
江戸時代前期の武士。大坂の陣で籠城。
¶大坂

遠藤兵内　えんどうひょうない
⇒関村兵内(せきむらへいない)

遠藤文七郎　えんどうぶんしちろう
⇒遠藤允信(えんどうさねのぶ)

遠藤将勝　えんどうまさかつ
*～寛延1(1748)年　江戸時代前期～中期の幕臣。
¶徳人([生]1683年),徳代([生]延宝8(1680)年　[没]寛延1(1748)年4月9日)

遠藤又左衛門*　えんどうまたざえもん
文化10(1813)年～明治1(1868)年　江戸時代末期の蝦夷松前藩士。
¶幕末

遠藤松五郎　えんどうまつごろう
江戸時代中期の画家。
¶浮絵

遠藤致明　えんどうむねあき
江戸時代末期の和算家。
¶数学

遠藤宗信*　えんどうむねのぶ
元亀3(1572)年～文禄2(1593)年　安土桃山時代の武士。伊達氏家臣。
¶全戦

遠藤基信*　えんどうもとのぶ
天文1(1532)年～天正13(1585)年　戦国時代～安土桃山時代の武士。伊達氏家臣。
¶全戦,戦武

遠藤盛枝　えんどうもりえだ
⇒遠藤慶隆(えんどうよしたか)

遠藤盛遠　えんどうもりとお
⇒文覚(もんがく)

遠藤易続　えんどうやすつぐ
江戸時代前期～中期の勘定奉行。
¶徳代([生]延宝8(1680)年　[没]宝暦1(1751)年12月10日)

遠藤泰道*　えんどうやすみち
天保7(1836)年～明治10(1877)年　江戸時代末期～明治時代の儒者。銃法を学んで銃隊訓練に尽力。
¶幕末([没]明治10(1877)年1月11日)

遠藤易全　えんどうやすよし
江戸時代中期～後期の幕臣。
¶徳人([生]1756年　[没]1805年)

遠藤慶隆*　えんどうよしたか
天文19(1550)年～嘉永9(1632)年　[別]遠藤盛枝(えんどうもりえだ)　安土桃山時代～江戸時代前期の武将、大名。美濃郡上藩主。
¶織田(遠藤盛枝　えんどうもりえだ　[没]嘉永9(1632)年3月21日),全戦([没]寛永9(1632)年),武田([没]寛永9(1632)年3月21日)

遠藤良致　えんどうよしむね
江戸時代中期～後期の代官。
¶徳代([生]享保4(1719)年　[没]天明8(1788)年10月3日)

遠藤良安　えんどうよしやす
江戸時代中期の関東代官。
¶徳代([生]元禄15(1702)年　[没]宝暦5(1755)年6月30日)

遠藤良恭　えんどうよしやす
江戸時代中期～後期の代官。
¶徳代([生]寛保3(1743)年　[没]寛政3(1791)年12月3日)

遠藤頼賢　えんどうよりかた
平安時代後期の武士。渡辺党と呼ばれる武士団を形成。
¶平家(生没年不詳)

円爾*　えんに
建仁2(1202)年～弘安3(1280)年　[別]円爾弁円(えんにべんえん,えんにべんねん),聖一国師(しょういちこくし,しょういつこくし),弁円(べんえん,べんねん),弁円円爾(べんえんえんに,べんねんえんに)　鎌倉時代前期の臨済宗の僧。

¶コン（円爾弁円　えんにべんえん），思想，対外，中世

円耳真流　えんにしんりゅう
⇒真流（しんりゅう）

円爾弁円　えんにべんえん
⇒円爾（えんに）

円爾弁円　えんにべんねん
⇒円爾（えんに）

円入＊　えんにゅう
生没年不詳　江戸時代中期の俳人。
¶俳文

円如＊　えんにょ
生没年不詳　平安時代前期の僧。
¶古人

円仁＊　えんにん
延暦13（794）年～貞観6（864）年　[別]慈覚大師（じかくたいし，じかくだいし）　平安時代前期の天台宗の僧。山門派の祖。「入唐求法巡礼行記」の著者。
¶古人，古代，コン，思想，対外，山小（[没]864年1月14日）

燄慧禅師　えんねぜんじ
⇒明極楚俊（みんきそしゅん）

延年＊　えんねん
延享3（1746）年～文政2（1819）年　[別]墨山（ぼくざん），余延年（よえんねん）　江戸時代中期～後期の篆刻家。
¶俳文（墨山　ぼくざん　[没]文政2（1819）年4月19日）

円応禅師　えんのうぜんじ
⇒寂室元光（じゃくしつげんこう）

役小角　えんのおずぬ
⇒役小角（えんのおづぬ）

役小角　えんのおずの
⇒役小角（えんのおづぬ）

役小角＊　えんのおづぬ，えんのおずぬ
生没年不詳　[別]役小角（えんのおずぬ，えんのおずの，えんのおづの），役君小角（えんのきみおづの），役行者（えんのぎょうじゃ）　飛鳥時代の宗教家。修験道の開祖。
¶古人（[生]？　[没]701年），古代（役君小角　えんのきみおづの），コン（えんのおずぬ），思想（役行者　えんのぎょうじゃ），平家，山小（えんのおづの）

役小角　えんのおづの
⇒役小角（えんのおづぬ）

役君小角　えんのきみおづの
⇒役小角（えんのおづぬ）

役行者　えんのぎょうじゃ
⇒役小角（えんのおづぬ）

役藍泉＊　えんのらんせん
宝暦1（1751）年～文化6（1809）年　[別]役藍泉（えきらんせん）　江戸時代中期～後期の修験者。徂徠学派の儒者。
¶コン

延保＊　えんほ
[別]延保（えんぽう）　平安時代前期の僧。
¶古人（えんぽう　生没年不詳），古代（えんぽう）

延宝　えんほう
奈良時代の僧、山階寺寺主。
¶古人（生没年不詳）

延保　えんぽう
⇒延保（えんほ）

円満常照国師　えんまんじょうしょうこくし
⇒無学祖元（むがくそげん）

円満本光国師　えんまんほんこうこくし
⇒大休宗休（だいきゅうそうきゅう）

円明＊　えんみょう
？～仁寿1（851）年　平安時代前期の真言宗の僧。空海十大弟子の1人。
¶古人，古代

円明海＊　えんみょうかい
＊～文政5（1822）年　江戸時代後期の出羽湯殿山の即神仏。
¶コン（[生]明和5（1768）年？）

円明寺殿　えんみょうじどの
⇒一条実経（いちじょうさねつね）

円明大師　えんみょうだいし
⇒無文元選（むもんげんせん）

ゑんめ
江戸時代中期の女性。俳諧。谷村の人。安永7年、如雪庵尺五編、桂川辺分庵の賀集『東西二庵』に載る。
¶江表（ゑんめ（山梨県））

円明院　えんめいいん
⇒お満流の方（おまるのかた）

延明門院＊　えんめいもんいん
正応4（1291）年～？　[別]延子内親王（えんしないしんのう，のぶこないしんのう）　鎌倉時代後期の女性。伏見天皇の皇女。
¶天皇

塩冶高貞＊（塩谷高貞）　えんやたかさだ
？～興国2/暦応4（1341）年　[別]佐々木高貞（ささきたかさだ）　鎌倉時代後期～南北朝時代の武将。足利尊氏の下で活躍。
¶コン（塩谷高貞），内乱（[没]暦応4（1341）年），室町（[没]暦応4/興国2（1341）年）

延惟　えんゆい
⇒延惟（えんい）

円融天皇＊　えんゆうてんのう
天徳3（959）年3月2日～正暦2（991）年　平安時代中期の第64代の天皇（在位969～984）。
¶古人，コン，天皇，山小（[生]959年3月2日　[没]991年2月12日）

園李　えんり★
江戸時代中期の女性。俳諧。吉井の人。安永6年刊、無著庵眠郎編『雪の薄』地に載る。
¶江表（園李（群馬県））

円良＊　えんりょう
生没年不詳　平安時代後期～鎌倉時代前期の天台僧。
¶古人，平家

延朗＊　えんろう
大治5（1130）年～承元2（1208）年　平安時代後期～鎌倉時代前期の天台宗の僧。
¶古人

【お】

お

お愛の御方　おあいのおかた
江戸時代前期の豊臣秀頼の妾とあるが実否不明。
¶大坂（[没]慶長20年5月8日）

お愛の方*(1)　おあいのかた
？～享和2（1802）年6月15日　江戸時代中期～後期の女性。陸奥仙台藩主伊達重村の側室。
¶女史

お愛の方(2)（於愛の方，於相の方）　おあいのかた
⇒西郷局（さいごうのつぼね）

緒明菊三郎*　おあけきくさぶろう
弘化2（1845）年～明治42（1909）年　江戸時代末期～明治時代の船大工。隅田川に蒸気船を運航した。一銭蒸気の元祖。
¶科学（[没]明治42（1909）年1月6日），幕末

雄朝津間稚子宿禰尊　おあさつまわくごのすくねのみこと
⇒允恭天皇（いんぎょうてんのう）

小姉君　おあねぎみ
⇒蘇我小姉君（そがのおあねぎみ）

小姉の君（小姉君）　おあねのきみ
⇒蘇我小姉君（そがのおあねぎみ）

おあん*（おあむ）
生没年不詳　江戸時代前期の女性。「おあむ物語」の口述者。
¶江表（おあん（高知県）　[生]天正10（1582）年頃　[没]寛文4（1664）年頃）

及川惣太郎　おいかわそうたろう
江戸時代中期～後期の宮大工。
¶美建（[生]天明2（1782）年　[没]天保6（1835）年）

及川英春*　おいかわひではる
文政8（1825）年～明治32（1899）年　江戸時代末期～明治時代の和算家。
¶数学（[没]明治32（1899）年10月）

及川秀之　おいかわひでゆき
江戸時代後期の和算家。
¶数学

尾池享平　おいけきょうへい
⇒尾池松湾（おいけしょうわん）

尾池松湾*　おいけしょうわん
寛政2（1790）年～慶応3（1867）年　[別]尾池享平（おいけきょうへい）　江戸時代末期の歌人、書家。
¶幕末（[没]慶応3（1867）年9月2日）

尾池春水*　おいけはるみ
？～文化10（1813）年　江戸時代後期の土佐藩士。
¶コン

尾池松子*　おいけまつこ
？～文化4（1807）年　江戸時代中期～後期の女性。歌人。
¶江表（松子（岡山県）　[没]文化6（1809）年）

負古郎女*　おいこのいらつめ
生没年不詳　[別]蘇我刀自古郎女（そがのとじこのいらつめ）　飛鳥時代の女性。聖徳太子の妃。蘇我馬子の娘。
¶古人（蘇我刀自古郎女　そがのとじこのいらつめ），古物（蘇我刀自古郎女　そがのとじこのいらつめ）

生石村主真人　おいしのすぐりまひと
⇒生石真人（おおしのまひと）

生石真人　おいしのまひと
⇒生石真人（おおしのまひと）

小石姫　おいしひめ
⇒小石姫皇女（こいしひめのこうじょ）

小石姫皇女　おいしひめのおうじょ
⇒小石姫皇女（こいしひめのこうじょ）

小石姫皇女　おいしひめのこうじょ
⇒小石姫皇女（こいしひめのこうじょ）

小石姫皇女　おいしひめのみこ
⇒小石姫皇女（こいしひめのこうじょ）

種田亀*　おいだかめ
？～天正10（1582）年6月2日　戦国時代～安土桃山時代の織田信長の家臣。
¶織田

種田正隣*　おいだまさちか
？～天正13（1585）年3月？　戦国時代～安土桃山時代の織田信長の家臣。
¶織田

種田正元*　おいだまさもと
？～元亀2（1571）年5月16日　戦国時代～安土桃山時代の織田信長の家臣。
¶織田

種田正安*　おいだまさやす
？～元亀2（1571）年5月16日　戦国時代～安土桃山時代の織田信長の家臣。
¶織田

お市　おいち
⇒小谷の方（おだにのかた）

お市の方　おいちのかた
⇒小谷の方（おだにのかた）

追手風喜太郎*　おいてかぜきたろう
*～慶応1（1865）年　[別]追手風喜太郎（おってかぜきたろう），黒柳松治郎（くろやなぎまつじろう）　江戸時代末期の力士。
¶幕末（[生]寛政11（1799）年）

お以登*　おいと
？～嘉永3（1850）年　[別]お以登の方（おいとのかた），本輪院（ほんりんいん），本輪院お以登（ほんりんいんおいと）　江戸時代後期の女性。11代将軍徳川家斉の側室。
¶徳将（本輪院　ほんりんいん），幕末（本輪院お以登　ほんりんいんおいと　[没]嘉永3（1850）年3月13日）

おいとのかた
⇒清原マリア（きよはらのまりあ）

お以登の方　おいとのかた
⇒お以登（おいと）

お伊万の方*　おいまのかた
天正7（1579）年～文禄4（1595）年　安土桃山時代の女性。豊臣秀次の側室。最上義光の三女。
¶女史（[生]？）

お岩* おいわ
　江戸時代中期の女性。「東海道四谷怪談」の主人公。
　¶コン

鷗菴玄雅 おうあんげんが
　⇒六角義治(ろっかくよしはる)

応々* おうおう
　？～天保13(1842)年3月27日　江戸時代後期の女性。俳人。
　¶江表(応々尼(神奈川県))

鶯々 おうおう
　江戸時代後期の女性。俳諧。相模の人。文化15年序、大屋士由編『美佐古鮓』に載る。
　¶江表(鶯々(神奈川県))

応々女 おうおうじょ*
　江戸時代後期の女性。俳諧。高岡の人。天保5年刊、高岡の真葛坊編『己之中集』に載る。
　¶江表(応々女(富山県))

応花 おうか*
　江戸時代後期の女性。俳諧。浅井の人。天保5年刊、高岡の真葛坊編『己之中集』に載る。
　¶江表(応花(富山県))

応覚* おうかく
　永承5(1050)年～大治3(1128)年　平安時代中期～後期の僧。
　¶古人

扇谷上杉朝興 おうぎがやつうえすぎともおき
　⇒上杉朝興(うえすぎともおき)

扇谷上杉朝定 おうぎがやつうえすぎともさだ
　⇒上杉朝定(うえすぎともさだ)

奥武喜教の母 おうききょうのはは*
　江戸時代の女性。琉歌。奥武喜教については『氏集首里・那覇』七番に載る。
　¶江表(奥武喜教の母(沖縄県))

扇女* おうぎじょ
　別扇女(せんじょ)　江戸時代中期の俳人。
　¶俳女(せんじょ　生没年不詳)

扇の哥名女 おうぎのかなめ*
　江戸時代後期の女性。狂歌。石見津和野藩亀井家の老女。文政6年成立、中村安由編「柿葉集」に載る。
　¶江表(扇の哥名女(島根県))

扇歌名女 おうぎのかなめ
　江戸時代後期の女性。狂歌。相模藤沢の人。享和1年刊、花江戸住編『江戸の花』に載る。
　¶江表(扇歌名女(神奈川県))

相木又兵衛* おうぎまたべえ
　天保13(1842)年～大正7(1918)年　江戸時代末期～明治時代の萩藩士。第二奇兵隊士。
　¶幕末(㉓大正7(1918)年12月1日)

正親町三条実雅 おうぎまちさんじょうさねまさ
　⇒正親町三条実雅(おおぎまちさんじょうさねまさ)

正親町守子 おうぎまちしゅし
　⇒藤原守子(ふじわらのもりこ)

正親町天皇 おうぎまちてんのう
　⇒正親町天皇(おおぎまちてんのう)

応挙 おうきょ
　⇒円山応挙(まるやまおうきょ)

鶯居 おうきょ
　⇒奥平鶯居(おくだいらおうきょ)

王欽古 おうきんこ
　江戸時代後期～明治時代の日本画家。
　¶美画(㊷天保1(1830)年　㉓明治38(1905)年)

鶯卿*(鶯渓) おうけい
　生没年不詳　別鶯卿女(おうけいじょ)　江戸時代後期の女性。俳人。
　¶江表(鶯卿(東京都))

鶯卿女 おうけいじょ
　⇒鶯卿(おうけい)

応源* おうげん
　生没年不詳　平安時代後期の絵仏師。
　¶古人

鷗子 おうこ*
　江戸時代中期の女性。俳諧。越前三国の永正寺住職巴浪の娘。元禄6年刊、藤井巴水編『鶯獅子集』に載る。
　¶江表(鷗子(福井県))

応其 おうご
　天文5(1536)年～慶長13(1608)年10月1日　別応其(おうそ)、興山上人(こうざんしょうにん)、木喰応其、木食応其(もくじきおうご)、木喰上人、木食上人(もくじきしょうにん)　安土桃山時代～江戸時代前期の木食僧、連歌師。
　¶コン(木食応其　もくじきおうご)、全戦(㊷天文6(1537)年)、日文、俳文(㊷天文6(1537)年)、山小(木食応其　もくじきおうご　㉓1608年10月1日)

鷗沙 おうさ
　⇒伊村鷗沙(いむらおうしゃ)

逢坂 おうさか*
　江戸時代中期の女性。俳諧。遊女。元禄15年刊、渡辺吾仲撰『柿表紙』にある。
　¶江表(逢坂(京都府))

横川景三 おうせんけいさん
　⇒横川景三(おうせんけいさん)

桜山楼人女 おうざんろうじんじょ*
　江戸時代後期の女性。狂歌。文化7年刊、千首楼堅丸編『千もとの華』に載る。
　¶江表(桜山楼人女(東京都))

鴨糸 おうし*
　江戸時代後期の女性。俳諧。遊女。天保10年、橘田五株編『多飛弥都巨』に載る。
　¶江表(鴨糸(山梨県))

皇子 おうじ
　鎌倉時代前期の後嵯峨天皇の皇子。母は源通方の女。
　¶天皇

璜子内親王 おうしないしんのう
　⇒章徳門院(しょうとくもんいん)

鷗沙 おうしゃ
　⇒伊村鷗沙(いむらおうしゃ)

黄雀(1) おうじゃく
　⇒関三十郎[3代](せきさんじゅうろう)

お

黄雀(2)　**おうじゃく**
⇒関三十郎〔4代〕(せきさんじゅうろう)

奥州*(1)　**おうしゅう**
生没年不詳　江戸時代の女性。吉原茗荷屋の遊女。
¶江表(奥州(東京都))

奥州*(2)　**おうしゅう**
生没年不詳　江戸時代中期の女性。吉原三浦屋の遊女。
¶江表(奥州(東京都))

王昇基　**おうしょうき**
平安時代前期の渤海使の判官。
¶古人([生]?　[没]815年)

王子路考　**おうじろこう**
⇒瀬川菊之丞〔2代〕(せがわきくのじょう)

応真斎守美(1)　**おうしんさいもりよし**
江戸時代後期〜明治時代の画家。
¶浮絵([生]文政7(1824)年　[没]明治19(1886)年)

応真斎守美(2)　**おうしんさいもりよし**
⇒松浦応真斎(まつうらおうしんさい)

王辰爾　**おうしんじ**
⇒王辰爾(おうしんに)

応神天皇*　**おうじんてんのう**
[別]胎中天皇(たいちゅうてんのう), 誉田別尊(ほむたわけのみこと, ほんだわけのみこと)　上代の第15代の天皇。
¶古人, 古代, 古物([生]仲哀天皇9(200)年12月14日　[没]応神天皇41(310)年2月15日), コン, 思想, 対外, 天皇([生]仲哀天皇9(200)年12月14日　[没]応神天皇41(310)年2月15日), 山小

王辰爾*　**おうしんに, おうじんに**
生没年不詳　[別]王辰爾(おうしんじ)　飛鳥時代の百済からの渡来人。
¶古人, 古代, 古物, コン, 対外

小碓皇子　**おうすのみこ**
⇒日本武尊(やまとたけるのみこと)

小碓尊(小碓命)　**おうすのみこと**
⇒日本武尊(やまとたけるのみこと)

横川景三*　**おうせんけいさん, おうせんけいざん**
永享1(1429)年〜明応2(1493)年11月17日　[別]横川景三(おうさんけいさん, わんせんけいさん), 景三(けいさん, けいざん)　室町時代〜戦国時代の臨済宗の僧、五山文学僧。
¶コン, 思想, 俳文(おうさんけいさん)

応其　**おうそ**
⇒応其(おうご)

お宇多の方*　**おうたのかた**
?〜嘉永4(1851)年　[別]宝池院(ほうちいん), 宝池院お宇多(ほうちいんおうた)　江戸時代後期の女性。11代将軍徳川家斉の側室。
¶徳将(宝池院　ほうちいん), 幕末(宝池院お宇多　ほうちいんおうた　[没]嘉永4(1851)年8月7日)

桜痴　**おうち**
⇒福地源一郎(ふくちげんいちろう)

樗子　**おうち**
江戸時代中期の女性。和歌。三島景雄の妻。安永8年、三島景雄主催「墨田川扇合」に載る。
¶江表(樗子(東京都))

黄中　**おうちゅう★**
江戸時代後期の女性。漢詩。常陸水戸藩主の侍医三好氏の娘。弘化4年序、友野霞船編・著『熙朝詩薈』に載る。
¶江表(黄中(茨城県))

王仲文*　**おうちゅうぶん**
生没年不詳　飛鳥時代の高句麗人、陰陽家。
¶古人, 古代

王直*(汪直)　**おうちょく**
?〜明・嘉靖38(1559)年12月　[別]浄海王(じょうかいおう)　戦国時代の後期倭寇最大の頭目、安徽省の人。
¶コン([没]弘治3(1557)年), 対外, 中世, 山小([没]1559年12月)

王藤内*　**おうとうない**
?〜建久4(1193)年　平安時代後期〜鎌倉時代前期の備前吉備津宮の神職。
¶古人

王女御の母*　**おうにょうごのはは**
?〜天慶8(945)年　[別]藤原仁善子(ふじわらのにぜこ, ふじわらのよしこ)　平安時代中期の女性。醍醐天皇の皇子保明親王の妃。
¶古人(藤原仁善子　ふじわらのよしこ)

おうの*
*〜明治42(1909)年　江戸時代末期〜明治時代の女性。高杉晋作の側室。
¶全幕([生]天保14(1843)年?)

淤宇宿禰*　**おうのすくね**
上代の豪族。
¶古代

阿武松緑之助　**おうのまつみどりのすけ**
⇒阿武松緑之助(おおのまつみどりのすけ)

阿武松緑之助　**おうのまつろくのすけ**
⇒阿武松緑之助(おおのまつみどりのすけ)

黄梅院(1)　**おうばいいん★**
江戸時代前期の女性。書簡。播磨明石藩主松平忠国の娘。
¶江表(黄梅院(福島県)　[没]万治2(1659)年)

黄梅院(2)　**おうばいいん**
⇒黄梅院(こうばいいん)

黄梅院殿　**おうばいいんでん**
⇒黄梅院(こうばいいん)

鶯浦　**おうほ**
⇒酒井鶯浦(さかいろほ)

お馬　**おうま**
⇒純信・お馬(じゅんしん・おうま)

王丸彦四郎*　**おうまるひこしろう**
寛文8(1668)年〜宝暦6(1756)年　江戸時代中期の篤農家。害虫注油駆除法の発明者。
¶コン

近江　**おうみ★**
江戸時代前期の女性。書簡。千姫の侍女。寛文6年蔭涼院宛の通知と返書が残る。
¶江表(近江(兵庫県))

淡海槐堂* おうみかいどう
　文政5(1822)年〜明治12(1879)年　㊙板倉槐堂(いたくらかいどう)，板倉重涂(いたくらしげみち)　江戸時代末期〜明治時代の尊攘派志士。
　¶幕末(㊷明治12(1879)年6月19日)

淡海公　おうみこう
　⇒藤原不比等(ふじわらのふひと)

近江聖人　おうみせいじん
　⇒中江藤樹(なかえとうじゅ)

近江中納言　おうみちゅうなごん
　⇒豊臣秀次(とよとみひでつぐ)

淡海海子*　おうみのあまこ
　生没年不詳　平安時代前期の人。
　¶古人

淡海有成　おうみのありなり
　平安時代前期の官人。
　¶古人(生没年不詳)

淡海有守　おうみのありもり
　平安時代前期の官人。
　¶古人(生没年不詳)

近江飯蓋　おうみのいいふた
　飛鳥時代の新羅副将軍。
　¶古人(生没年不詳)

近江お金*(近江のお金，近江のお兼)　おうみのおかね
　鎌倉時代の女性。近江国海津の遊女。
　¶コン

近江臣毛野　おうみのおみけの
　⇒近江毛野(おうみのけの)

近江毛野　おうみのけな
　⇒近江毛野(おうみのけの)

近江毛野　おうみのけぬ
　⇒近江毛野(おうみのけの)

近江毛野*　おうみのけの
　?〜継体24(530)年　㊙近江臣毛野(おうみのおみけの)，近江毛野(おうみのけな，おうみのけぬ)　上代の近江の豪族。新羅遠征軍の将軍。
　¶古人，古代(近江臣毛野　おうみのおみけの)，古物，コン(おうみのけな)，対外

淡海貞直　おうみのさだなお
　平安時代前期の官人。
　¶古人(生没年不詳)

淡海貞主　おうみのさだぬし
　平安時代前期の官人。
　¶古人(生没年不詳)

近江近正　おうみのちかまさ
　平安時代中期の検非違使。
　¶古人(生没年不詳)

淡海豊庭　おうみのとよにわ
　平安時代前期の官人。
　¶古人(生没年不詳)

淡海弘岑　おうみのひろみね
　平安時代前期の官人。
　¶古人(生没年不詳)

淡海福良麻呂　おうみのふくらまろ
　平安時代前期の官人。
　¶古人(生没年不詳)

淡海真浄　おうみのまきよ
　平安時代前期の官人。
　¶古人(生没年不詳)

淡海真伴　おうみのまとも
　平安時代前期の官人。
　¶古人(生没年不詳)

淡海真直　おうみのまなお
　平安時代前期の官人。
　¶古人(生没年不詳)

淡海真人三船　おうみのまひとみふね
　⇒淡海三船(おうみのみふね)

淡海三船　おうみのみふね
　養老6(722)年〜延暦4(785)年7月17日　㊙淡海真人三船(おうみのまひとみふね)，淡海三船(おうみみふね)　奈良時代の貴族，文人。「唐大和上東征伝」の著者。
　¶古人，古代(淡海真人三船　おうみのまひとみふね)，コン(㊷養老5(721)年)，思想，日文，山小(㊷785年7月17日)

淡海安延　おうみのやすのぶ
　平安時代中期の官人、厨家案主。
　¶古人(生没年不詳)

淡海三船　おうみみふね
　⇒淡海三船(おうみのみふね)

近江屋五兵衛　おうみやごへえ
　⇒深尾式部(ふかおしきぶ)

近江屋権九郎　おうみやごんくろう
　江戸時代中期〜後期の版元。
　¶浮絵

近江屋左平次*(近江屋佐平次)　おうみやさへいじ
　生没年不詳　江戸時代中期の浅草蔵前の札差。明和・安永年間の十八大通の一人。
　¶コン

近江屋長兵衛〔1代〕*　おうみやちょうべえ
　寛延3(1750)年〜文政4(1821)年　㊙武田長兵衛(たけだちょうべえ)　江戸時代中期〜後期の薬種商人。武田薬品工業の創始者。
　¶コン(代数なし)

お梅*　おうめ
　㊙お梅の方(おうめのかた)，真性院(しんしょういん)　江戸時代中期〜後期の女性。11代将軍徳川家斉の側室。
　¶徳将(真性院　しんしょういん　㊃?　㊷1794年)

お梅の方*(1)　おうめのかた
　㊙蓮華院(れんげいん)　江戸時代前期の女性。徳川家康の側室。
　¶江表(梅香尼(三重県))　㊃天正14(1586)年　㊷正保4(1647)年，徳将(蓮華院　れんげいん)

お梅の方*(2)　おうめのかた
　元禄2(1689)年〜享保6(1721)年　㊙深心院(じんしんいん)　江戸時代中期の女性。徳川吉宗の側室。
　¶徳将(深心院　じんしんいん　㊷1700年)

お

お梅の方(3)　**おうめのかた**
⇒お梅(おうめ)

阿保良姫　**おうらひめ**
⇒仙桃院(せんとういん)

鷗里*　**おうり**
?～嘉永6(1853)年12月21日　江戸時代後期の俳人。
¶俳文

鶯笠　**おうりつ**
⇒塩坪鶯笠(しおつぼおうりつ)

鶯笠　**おうりゅう**
⇒塩坪鶯笠(しおつぼおうりつ)

王柳貴*　**おうりゅうき**
生没年不詳　飛鳥時代の五経博士。百済渡来人。
¶古物

桜嶺　**おうれい***
江戸時代後期の女性。画。泉氏。婦手女とも。天保13年刊『江戸現在広益諸家人名録』二に載る。
¶江表(桜嶺(東京都))

お栄　**おえい**
⇒葛飾応為(かつしかおうい)

お江与の方　**おえよのかた**
⇒崇源院(すうげんいん)

大饗五郎左衛門　**おおあえごろうざえもん**
⇒大饗五郎左衛門(おおばごろうざえもん)

大饗長左衛門　**おおあえちょうざえもん**
⇒楠正虎(くすのきまさとら)

大饗正虎　**おおあえまさとら**
⇒楠正虎(くすのきまさとら)

大県安永　**おおあがたのやすなが**
平安時代後期の官人。
¶古人(生没年不詳)

大芦雅楽助　**おおあしうたのすけ**
安土桃山時代の下野国唐沢山城主北条氏忠の家臣。
¶後北(雅楽助〔大芦〕　うたのすけ)

大あし左京之助　**おおあしさきょうのすけ**
安土桃山時代の信濃国筑摩郡会田の土豪。会田岩下氏の被官とみられる。
¶武田(生没年不詳)

大海　**おおあま**
⇒吉備上道大海(きびのかみつみちのおおあま)

大海人皇子　**おおあまのおうじ**
⇒天武天皇(てんむてんのう)

大海人皇子　**おおあまのみこ**
⇒天武天皇(てんむてんのう)

大海保平　**おおあまのやすひら**
平安時代中期の官人。
¶古人(生没年不詳)

大網公人主　**おおあみのきみひとぬし**
⇒大網人主(おおあみのひとぬし)

大網人主*　**おおあみのひとぬし**
生没年不詳　[別]大網公人主(おおあみのきみひとぬし)　奈良時代の官吏。
¶コン

大網広道　**おおあみのひろみち**
奈良時代の官人。
¶古人(生没年不詳)

大家百次郎　**おおいえひゃくじろう**
江戸時代後期～大正時代の園芸家。
¶植物([生]嘉永5(1852)年3月5日　[没]大正4(1915)年10月27日)

大井王(1)　**おおいおう**
奈良時代の官人。
¶古人(生没年不詳)

大井王(2)　**おおいおう**
奈良時代の官人。
¶古人(生没年不詳)

大炊王　**おおいおう**
⇒淳仁天皇(じゅんにんてんのう)

大井何右衛門　**おおいかえもん**
江戸時代前期の武士。大坂の陣で籠城。
¶大坂([没]慶長19年11月26日)

大井源三郎　**おおいげんざぶろう**
安土桃山時代の武田氏の家臣。
¶武田([生]?　[没]永禄10(1567)年9月25日)

大井才太郎　**おおいさいたろう**
江戸時代末期～大正時代の通信技術者。
¶科学([生]安政3(1856)年11月17日　[没]大正13(1924)年12月1日)

大井貞清*　**おおいさだきよ**
?～天正3(1575)年5月21日?　戦国時代～安土桃山時代の信濃国衆。
¶武田([没]天正3(1575)年5月21日)

大井貞重　**おおいさだしげ**
安土桃山時代の武田氏の家臣。
¶武田([生]?　[没]天正3(1575)年5月21日)

大井貞隆*　**おおいさだたか**
生没年不詳　戦国時代の武将。
¶武田,室町

大井三郎助　**おおいさぶろうすけ**
江戸時代後期～明治時代の幕臣。
¶徳人([生]1818年　[没]1902年)

大石顕重*　**おおいしあきしげ**
?～永正11(1514)年4月3日　戦国時代の関東管領山内上杉氏の家臣。
¶全戦

大石王　**おおいしおう**
飛鳥時代の皇族。
¶古人(生没年不詳)

大石喜三郎*　**おおいしきさぶろう**
天保13(1842)年～明治17(1884)年　江戸時代末期～明治時代の庄屋。水戸天狗党の乱の鎮圧に参加。
¶幕末

大石久敬　**おおいしきゅうけい**
⇒大石久敬(おおいしひさたか)

大石内蔵助　**おおいしくらのすけ**
⇒大石良雄(おおいしよしお)

お

大石鍬次郎* おおいしくわじろう
天保9(1838)年～明治3(1870)年 江戸時代末期～明治時代の新撰組隊士。
¶新隊([没]明治3(1870)年10月10日),全幕,幕末([没]明治3(1870)年10月10日)

大石貞和 おおいしさだかず
⇒大石貞和(おおいしていわ)

大石定重* おおいしさだしげ
応仁1(1467)年6月1日～大永7(1527)年10月10日 戦国時代の武将。上杉氏家臣。
¶全戦,室町(生没年不詳)

大石定基 おおいしさだもと
戦国時代の北条氏康の家臣。大石道俊の弟か。
¶後北(定基〔大石(1)〕 さだもと)

大石左馬助 おおいしさまのすけ
安土桃山時代の滝山城主北条氏照の家臣。松田憲秀本人の可能性もある。
¶後北(左馬助〔大石(1)〕 さまのすけ)

大石真虎 おおいししんこ
⇒大石真虎(おおいしまとら)

大石進* おおいしすすむ
寛政9(1797)年～文久3(1863)年 [別]大石武楽(おおいしぶらく) 江戸時代後期の剣術家。
¶江人,全幕,幕末(大石武楽 おおいしぶらく [没]文久3(1863)年11月19日)

大石種昌* おおいしたねまさ
文政7(1824)年～明治11(1878)年 江戸時代末期～明治時代の筑後柳河藩士、剣豪。
¶幕末([没]明治11(1878)年12月26日)

大石団蔵* おおいしだんぞう
天保4(1833)年～明治29(1896)年2月28日 江戸時代末期～明治時代の郷士、教育者。土佐勤王党に参加。
¶幕末([生]天保2(1831)年1月)

大石主税* おおいしちから
元禄1(1688)年～元禄16(1703)年 [別]大石良金(おおいしよしかね) 江戸時代前期の播磨赤穂藩士。赤穂義士の一人。
¶コン(大石良金 おおいしよしかね)

大石筑前守 おおいしちくぜんのかみ
安土桃山時代の滝山城主北条氏照の家臣。もしくは松田筑前守と同一人物か。
¶後北(筑前守〔大石(1)〕 ちくぜんのかみ)

大石千引* おおいしちびき,おおいしちひき
明和7(1770)年3月12日～天保5(1834)年9月13日 江戸時代後期の国学者。「栄花物語」「大鏡」研究者。
¶コン

大石綱周* おおいしつなちか
生没年不詳 戦国時代の武士。山内上杉氏家臣、のち北条氏家臣。
¶後北(綱周〔大石(1)〕 つなちか)

大石貞和* おおいしていわ
文化9(1812)年～明治11(1878)年 [別]大石貞和(おおいしさだかず) 江戸時代末期～明治時代の数学者。
¶数学(おおいしさだかず [没]明治11(1878)年11月21日)

大石照基* おおいしてるもと
生没年不詳 戦国時代の北条氏の家臣。
¶後北(照基〔大石(1)〕 てるもと [没]天正18年6月23日?)

大石道俊* おおいしどうしゅん
生没年不詳 戦国時代の武士。山内上杉氏家臣、のちに北条氏家臣。
¶後北(道俊〔大石(1)〕 どうしゅん),全戦

大石富門* おおいしとみかど
[別]大石富門(おおいしのとみかど) 平安時代中期の楽師、篳篥の名手。
¶古人(おおいしのとみかど 生没年不詳)

大石直久 おおいしなおひさ
安土桃山時代の北条氏直の家臣。
¶後北(直久〔大石(2)〕 なおひさ)

大石福麻呂 おおいしのさきまろ
平安時代前期の官人。
¶古人(生没年不詳)

大石季行 おおいしのすえゆき
平安時代後期の官人。
¶古人(生没年不詳)

大石富門 おおいしのとみかど
⇒大石富門(おおいしとみかど)

大石富真 おおいしのとみさね
平安時代中期の楽人。藤原朝成の笛の師。
¶古人(生没年不詳)

大石真人 おおいしのまひと
⇒生石真人(おおしのまひと)

大石峯吉(大石峯良) おおいしのみねよし
⇒大石峯良(おおいしみねよし)

大石林継也 おおいしはやしのつぐなり
平安時代前期の官人。元慶4年淡路国の塩の代米50石を掠め取った事件に坐して下獄。
¶古人(生没年不詳)

大石久敬* おおいしひさたか
享保10(1725)年～寛政6(1794)年 [別]大石久敬(おおいしきゅうけい) 江戸時代中期の農政学者。
¶江人,コン([生]享保6(1721年/1725)年)

大石秀信* おおいしひでのぶ
生没年不詳 戦国時代の北条氏の家臣。
¶後北(秀信〔大石(1)〕 ひでのぶ)

大石武楽 おおいしぶらく
⇒大石進(おおいしすすむ)

大石円* おおいしまどか
文政12(1829)年～大正5(1916)年 [別]大石弥太郎(おおいしやたろう) 江戸時代末期～明治時代の志士。
¶全幕(大石弥太郎 おおいしやたろう),幕末(大石弥太郎 おおいしやたろう [生]文政12(1829)年10月 [没]大正5(1916)年10月30日)

大石真虎* おおいしまとら
寛政4(1792)年～天保4(1833)年 [別]大石真虎(おおいししんこ) 江戸時代後期の復古大和絵派の画家。
¶コン,美画([没]天保4(1833)年4月14日)

大石造酒蔵* おおいしみきぞう
？～慶応2(1866)年　江戸時代末期の武士。一橋氏家臣。
¶新隊([没]慶応2年2月5日),幕末([没]慶応2(1866)年2月5日)

大石峯良* おおいしみねよし
生没年不詳　[別]大石峯吉，大石峯良(おおいしのみねよし)　平安時代中期の雅楽師。
¶古人(大石峯吉　おおいしのみねよし)

大石安金 おおいしやすかね
江戸時代後期～明治時代の和算家。
¶数学([生]文政5(1822)年　[没]明治16(1883)年)

大石康正 おおいしやすまさ
江戸時代前期の代官。
¶徳代([生]？　[没]元和5(1619)年6月16日)

大石弥太郎 おおいしやたろう
⇒大石円(おおいしまどか)

大炊女 おおいじょ★
江戸時代後期～明治時代の女性。和歌。三河吉田の浄円寺了遊の妻。
¶江表(大炊女(愛知県)　[生]文政8(1825)年　[没]明治8(1875)年)

大井正一郎* おおいしょういちろう
文化12(1815)年～天保8(1837)年　江戸時代後期の大塩平八郎の乱の参加者。
¶徳人

大井将監 おおいしょうげん
戦国時代の武士。武田親類衆と思われる。
¶武田(生没年不詳)

大石良雄* おおいしよしお
万治2(1659)年～元禄16(1703)年2月4日　[別]大石内蔵助(おおいしくらのすけ)，大石良雄(おおいしよしたか)，可笑(かしょう)　江戸時代前期～中期の播磨赤穂藩家老。赤穂事件の指導者、通称は大石内蔵助。
¶江人,コン,山小([没]1703年2月4日)

大石良金 おおいしよしかね
⇒大石主税(おおいしちから)

大石良雄 おおいしよしたか
⇒大石良雄(おおいしよしお)

大石りく* おおいしりく
寛文9(1669)年～享保21(1736)年　江戸時代中期の女性。大石内蔵助良雄の妻。
¶江表(りく(兵庫県)　[没]元文1(1736)年),女史

大井四郎* おおいしろう
生没年不詳　安土桃山時代の織田信長の家臣。
¶織田

大泉雅邦* おおいずみまさくに
文化7(1810)年～？　江戸時代後期の藩士、歌人、和算家。
¶数学

大磯作也 おおいそさくや
江戸時代中期～後期の仏師。
¶美建([生]享保12(1727)年　[没]寛政3(1791)年)

大磯の虎 おおいそのとら
⇒虎御前(とらごぜん)

大井田氏経* おおいだうじつね
生没年不詳　南北朝時代の武将。
¶室町

大井高政* おおいたかまさ
生没年不詳　戦国時代の信濃国衆。
¶武田

大井高幸 おおいたかゆき
戦国時代の武士。佐久郡北方衆。
¶武田(生没年不詳)

大井田正水* おおいだまさみ
弘化2(1845)年～明治39(1906)年　江戸時代末期～明治時代の医師。幡多古勤王党の有力者。
¶幕末([生]弘化2(1845)年9月26日　[没]明治39(1906)年12月20日)

大市王 おおいちおう
⇒文室大市(ふんやのおおち)

大出常吉 おおいでつねきち
江戸時代後期～昭和時代の彫物師。
¶美工([生]嘉永2(1849)年　[没]昭和16(1941)年)

大出東皐 おおいでとうこう
江戸時代後期～明治時代の日本画家。
¶美画([生]天保12(1841)年4月4日　[没]明治38(1905)年3月14日)

大井虎昌 おおいとらまさ
戦国時代～安土桃山時代の武士。信達の子。
¶武田([生]明応8(1499)年　[没]天正7(1579)年12月14日)

大井内親王 おおいないしんのう
⇒大井内親王(おおいのないしんのう)

大井永昌 おおいながまさ
江戸時代中期の幕臣、飛騨郡代。
¶徳人(生没年不詳),徳代([生]安永1(1772)年　[没]？)

大炊助 おおいのすけ
戦国時代の甲斐都留郡西原の国衆一宮武田氏の被官。
¶武田

大井内親王* おおいのないしんのう
？～貞観7(865)年　[別]大井内親王(おおいないしんのう)　平安時代前期の女性。桓武天皇の皇女。
¶古人(おおいないしんのう)

大井信舜* おおいのぶきよ
生没年不詳　戦国時代の甲斐武田晴信の家臣。
¶武田

大井信達* おおいのぶさと
生没年不詳　戦国時代の武将。
¶全戦,武田([生]？　[没]？　年7月9日)

大井信為* おおいのぶため
？～天文18(1549)年　戦国時代の甲斐武田晴信の家臣。
¶武田([生]永正17(1520)年)

大井信常* おおいのぶつね
？～天文20(1551)年7月14日　戦国時代の甲斐武田晴信の家臣。
¶武田([没]天文20(1551)年7月14日？)

大井信業* おおいのぶなり
？～享禄4(1531)年2月2日　戦国時代の甲斐武田

信虎の家臣。
¶武田

大井信通　おおいのぶみち
戦国時代の武田氏の家臣。
¶武田(生没年不詳)

大井信道　おおいのぶみち
江戸時代後期～末期の幕臣。
¶徳人(生没年不詳)

大炊御門家信　おおいのみかどいえこと
⇒大炊御門家信(おおいみかどいえこと)

大炊御門家孝*　おおいのみかどいえたか
延享4(1747)年～寛政11(1799)年　[別]大炊御門家孝(おおいみかどいえたか)　江戸時代中期の公家(右大臣)。内大臣大炊御門経秀の子。
¶公卿([生]延享4(1747)年1月25日　[没]寛政11(1798)年5月13日),公家(家孝〔大炊御門家〕　いえたか　[生]延享4(1747)年1月25日　[没]寛政11(1799)年5月13日)

大炊御門家嗣　おおいのみかどいえつぐ
⇒大炊御門家嗣(おおいみかどいえつぐ)

大炊御門家信*(1)　おおいのみかどいえのぶ
正和5(1316)年～？　[別]大炊御門家信(おおいみかどいえのぶ)　南北朝時代の公卿(権大納言)。内大臣大炊御門冬氏の三男。
¶公卿(生没年不詳),公家(家信〔大炊御門家(絶家)〕　いえのぶ)

大炊御門家信(2)　おおいのみかどいえのぶ
⇒大炊御門家信(おおいみかどいえこと)

大炊御門氏忠*　おおいのみかどうじただ
乾元1(1302)年～？　[別]大炊御門氏忠(おおいみかどうじただ)　鎌倉時代後期～南北朝時代の公卿(権大納言)。内大臣大炊御門冬氏の長男。
¶公卿(生没年不詳),公家(氏忠〔大炊御門家〕　うじただ)

大炊御門嗣雄*　おおいのみかどつぐお
？～正中2(1325)年10月23日　鎌倉時代後期の公卿(非参議)。太政大臣大炊御門信嗣の次男。
¶公卿,公家(嗣雄〔大炊御門家〕　つぐお)

大炊御門経音*　おおいのみかどつねおと
天和2(1682)年12月7日～正徳4(1714)年4月23日　[別]大炊御門経音(おおいみかどつねなり)　江戸時代中期の公家(権大納言)。左大臣大炊御門経光の子。
¶公卿,公家(経音〔大炊御門家〕　つねおと)

大炊御門経孝*　おおいのみかどつねたか
*～天和2(1682)年　[別]大炊御門経孝(おおいみかどつねたか)　江戸時代前期の公家(左大臣)。権大納言大炊御門経頼の次男。
¶公卿([生]慶長18(1613)年12月14日　[没]天和2(1682)年6月26日),公家(経孝〔大炊御門家〕　つねたか　[生]慶長18(1613)年12月14日　[没]天和2(1682)年6月26日)

大炊御門経名　おおいのみかどつねな
⇒大炊御門経名(おおいみかどつねな)

大炊御門経尚*　おおいのみかどつねなお
文化2(1805)年3月21日～文政5(1822)年4月7日　江戸時代後期の公家(非参議)。右大臣大炊御門経久の長男。
¶公卿,公家(経尚〔大炊御門家〕　つねなお)

大炊御門経久*　おおいのみかどつねひさ
天明1(1781)年9月16日～安政6(1859)年7月10日　江戸時代後期の公家(右大臣)。右大臣大炊御門家孝の子。
¶公卿,公家(経久〔大炊御門家〕　つねひさ)

大炊御門経秀*　おおいのみかどつねひで
正徳1(1711)年3月1日～宝暦2(1752)年11月15日　江戸時代中期の公家(内大臣)。権大納言大炊御門経音の子。
¶公卿,公家(経秀〔大炊御門家〕　つねひで)

大炊御門経光*　おおいのみかどつねみつ
寛永15(1638)年～宝永1(1704)年　[別]大炊御門経光(おおいみかどつねみつ)　江戸時代前期～中期の公家(左大臣)。左大臣大炊御門経孝の子。
¶公卿([生]寛永15(1638)年8月8日　[没]宝永1(1704)年9月6日),公家(経光〔大炊御門家〕　つねみつ　[生]寛永15(1638)年8月8日　[没]宝永1(1704)年9月6日)

大炊御門経頼　おおいのみかどつねより
⇒大炊御門経頼(おおいみかどつねより)

大炊御門信量*　おおいのみかどのぶかず
嘉吉2(1442)年～長享1(1487)年　[別]大炊御門信量(おおいみかどのぶかず)　室町時代～戦国時代の公卿(右大臣)。右大臣三条実量の子。
¶公卿([没]長享1(1487)年8月4日),公家(信量〔大炊御門家〕　のぶかず　[没]長享1(1487)年8月4日)

大炊御門信嗣　おおいのみかどのぶつぐ
⇒大炊御門信嗣(おおいみかどのぶつぐ)

大炊御門信経*　おおいのみかどのぶつね
正平10/文和4(1355)年～？　南北朝時代～室町時代の公卿(権大納言)。内大臣大炊御門冬信の次男。
¶公卿([生]文和4/正平10(1355)年),公家(信経〔大炊御門家(絶家)〕　のぶつね)

大炊御門信宗*　おおいのみかどのぶむね
元中8/明徳2(1391)年～？　室町時代の公卿(内大臣)。内大臣大炊御門宗氏の子。
¶公卿([生]明徳2/元中8(1391)年),公家(信宗〔大炊御門家〕　のぶむね)

大炊御門冬氏　おおいのみかどふゆうじ
⇒大炊御門冬氏(おおいみかどふゆうじ)

大炊御門冬輔*　おおいのみかどふゆすけ
生没年不詳　鎌倉時代前期の公卿(権中納言)。内大臣大炊御門冬忠の次男。
¶公卿,公家(冬輔〔大炊御門家〕　ふゆすけ)

大炊御門冬忠*　おおいのみかどふゆただ
建保6(1218)年～文永5(1268)年　[別]大炊御門冬忠(おおいみかどふゆただ)　鎌倉時代前期の公卿(内大臣)。内大臣大炊御門家嗣の子。
¶公卿([没]文永5(1268)年9月9日),公家(冬忠〔大炊御門家〕　ふゆただ　[没]文永5(1268)年9月9日)

大炊御門冬信*　おおいのみかどふゆのぶ
延慶2(1309)年～正平5/観応1(1350)年　[別]大炊御門冬信(おおいみかどふゆのぶ)　鎌倉時代後期～南北朝時代の公卿(内大臣)。内大臣大炊御門冬氏の次男。
¶公卿([没]観応1/正平5(1350)年6月28日),公家(冬信〔大炊御門家〕　ふゆのぶ　[没]観応1(1350)年6月28日)

大炊御門冬宗*　おおいのみかどふゆむね
延文2/正平23(1357)年～応永12(1405)年5月5日　南北朝時代～室町時代の公卿(権大納言)。内大臣

大炊御門冬信の三男。
¶公卿, 公家（冬宗〔大炊御門家〕　ふゆむね）

大炊御門宗氏* 　おおいのみかどむねうじ
天授1/永和1（1375）年～応永28（1421）年　[別]大炊御門宗氏（おおいみかどむねうじ）　南北朝時代～室町時代の公卿（内大臣）。権大納言大炊御門冬宗の子。
¶公卿（[生]永和1/天授1（1375）年　[没]応永28（1421）年4月6日），公家（宗氏〔大炊御門家〕　むねうじ　[没]応永28（1421）年4月6日）

大炊御門宗実* 　おおいのみかどむねざね
興国4/康永2（1343）年～応永12（1405）年5月5日　[別]大炊御門宗実（おおいみかどむねざね）　南北朝時代～室町時代の公卿（権大納言）。内大臣大炊御門冬信の長男。
¶公卿（[生]康永2/興国4（1343）年），公家（宗実〔大炊御門家〕　むねざね）

大炊御門師経　おおいのみかどもろつね
⇒大炊御門師経（おおいみかどもろつね）

大炊御門良宗* 　おおいのみかどよしむね
文応1（1260）年～徳治2（1307）年8月23日　[別]大炊御門良宗（おおいみかどよしむね）　鎌倉時代後期の公卿（大納言）。太政大臣大炊御門信嗣の長男。
¶公卿, 公家（良宗〔大炊御門家〕　よしむね）

大炊御門頼国　おおいのみかどよりくに
⇒大炊御門頼国（おおいみかどよりくに）

大炊御門頼実　おおいのみかどよりざね
⇒大炊御門頼実（おおいみかどよりざね）

大井光遠* 　おおいのみつとお
生没年不詳　平安時代中期の相撲の名手。
¶古人

大井良親　おおいのよしちか
平安時代後期の官人。
¶古人（生没年不詳）

大井媛　おおいひめ
⇒世襲足姫（よそたらしひめ）

大井夫人　おおいふじん
⇒瑞雲院殿（ずいうんいんでん）

大井豊前守　おおいぶぜんのかみ
安土桃山時代の北条氏直家臣清水太郎左衛門の同心。
¶後北（豊前守〔大井(2)〕　ぶぜんのかみ）

大井政景　おおいまさかげ
安土桃山時代～江戸時代前期の幕臣。
¶徳人（[生]1583年　[没]1652年）

大井昌富　おおいまさとみ
江戸時代中期の幕臣。
¶徳人（[生]1758年　[没]？）

大井昌業　おおいまさなり
戦国時代の武田氏の家臣。
¶武田（生没年不詳）

大炊御門家信* 　おおいみかどいえこと
文政1（1818）年～明治18（1885）年　[別]大炊御門家信（おおいのみかどいえこと，おおいのみかどいえのぶ）　江戸時代末期～明治時代の公家、右大臣、国事御用掛。太政官の再興を建議するが実現せず、のち右大臣に転じる。王政復古の政変で参朝停止。
¶公卿（おおいのみかどいえのぶ　[生]文政1（1818）年6月8日　[没]明治18（1885）年8月），公家（家信〔大炊御門家〕　いえこと　[生]文政1（1818）年6月8日　[没]明治18（1885）年8月30日），幕末（おおいのみかどいえこと　[生]文政1（1818）年6月8日　[没]明治18（1885）年8月30日）

大炊御門家孝　おおいみかどいえたか
⇒大炊御門家孝（おおいのみかどいえたか）

大炊御門家嗣* 　おおいみかどいえつぐ
建久8（1197）年～文永8（1271）年　[別]大炊御門家嗣（おおいのみかどいえつぐ）　鎌倉時代前期の公卿（内大臣）。右大臣大炊御門師経の子。
¶公卿（おおいのみかどいえつぐ　[生]建久7（1197）年　[没]文永8（1271）年7月8日），公家（家嗣〔大炊御門家〕　いえつぐ　[没]文永8（1271）年7月8日）

大炊御門家信　おおいみかどいえのぶ
⇒大炊御門家信（おおいのみかどいえのぶ）

大炊御門氏忠　おおいみかどうじただ
⇒大炊御門氏忠（おおいのみかどうじただ）

大炊御門経孝　おおいみかどつねたか
⇒大炊御門経孝（おおいのみかどつねたか）

大炊御門経名* 　おおいみかどつねな
文明12（1480）年～天文22（1553）年　[別]大炊御門経名（おおいのみかどつねな）　戦国時代の公卿（右大臣）。内大臣大炊御門信量の子。
¶公卿（おおいのみかどつねな　[没]天文22（1553）年3月24日），公家（経名〔大炊御門家〕　つねな　[没]天文22（1553）年3月24日）

大炊御門経音　おおいみかどつねなり
⇒大炊御門経音（おおいのみかどつねおと）

大炊御門経光　おおいみかどつねみつ
⇒大炊御門経光（おおいのみかどつねみつ）

大炊御門経宗　おおいみかどつねむね
⇒藤原経宗（ふじわらのつねむね）

大炊御門経頼* 　おおいみかどつねより
弘治1（1555）年～元和3（1617）年7月18日　[別]大炊御門経頼（おおいのみかどつねより）　安土桃山時代～江戸時代前期の公家（権大納言）。権大納言中山孝親の次男。
¶公卿（おおいのみかどつねより），公家（経頼〔大炊御門家〕　つねより）

大炊御門経宗　おおいみかどのつねむね
⇒藤原経宗（ふじわらのつねむね）

大炊御門信量　おおいみかどのぶかず
⇒大炊御門信量（おおいのみかどのぶかず）

大炊御門信嗣* 　おおいみかどのぶつぐ
嘉禎2（1236）年～延慶4（1311）年　[別]大炊御門信嗣（おおいのみかどのぶつぐ）　鎌倉時代後期の公卿（太政大臣）。内大臣大炊御門冬忠の長男。
¶公卿（おおいのみかどのぶつぐ　[没]応長1（1311）年3月20日），公家（信嗣〔大炊御門家〕　のぶつぐ　[没]延慶4（1311）年3月20日）

大炊御門宮　おおいみかどのみや
⇒惟明親王（これあきらしんのう）

大炊御門師経　おおいみかどのもろつね
⇒大炊御門師経（おおいみかどもろつね）

大炊御門頼実　おおいみかどのよりざね
⇒大炊御門頼実（おおいみかどよりざね）

大炊御門冬氏* おおいみかどふゆうじ
弘安5(1282)年～元亨4(1324)年 ㊞大炊御門冬氏(おおいのみかどふゆうじ) 鎌倉時代後期の公卿(内大臣)。大納言大炊御門良宗の子。
¶公卿(おおいのみかどふゆうじ ㊞正中1(1324)年8月16日),公家(冬氏〔大炊御門家〕 ふゆうじ ㊞元亨4(1324)年8月17日)

大炊御門冬忠 おおいみかどふゆただ
⇒大炊御門冬忠(おおいのみかどふゆただ)

大炊御門冬信 おおいみかどふゆのぶ
⇒大炊御門冬信(おおいのみかどふゆのぶ)

大炊御門宗氏 おおいみかどむねうじ
⇒大炊御門宗氏(おおいのみかどむねうじ)

大炊御門宗実 おおいみかどむねざね
⇒大炊御門宗実(おおいのみかどむねざね)

大炊御門師経* おおいみかどもろつね
安元1(1175)年～正元1(1259)年 ㊞大炊御門師経(おおいのみかどもろつね, おおいみかどのもろつね), 藤原師経(ふじわらのもろつね) 鎌倉時代前期の公卿(右大臣)。左大臣藤原経宗の次男。
¶公卿(おおいのみかどもろつね ㊞正元1(1259)年8月15日),公家(師経〔大炊御門家〕 もろつね ㊞正元1(1259)年8月15日),古人(おおいみかどのもろつね)

大炊御門良宗 おおいみかどよしむね
⇒大炊御門良宗(おおいのみかどよしむね)

大炊御門頼国* おおいみかどよりくに
天正5(1577)年～慶長18(1613)年 ㊞大炊御門頼国(おおいのみかどよりくに) 安土桃山時代～江戸時代前期の公家(非参議)。権大納言大炊御門経頼の長男。
¶公卿(おおいのみかどよりくに ㊞慶長18(1613)年5月),公家(頼国〔大炊御門家〕 よりくに ㊞慶長18(1613)年5月)

大炊御門頼実* おおいみかどよりざね
久寿2(1155)年～嘉禄1(1225)年 ㊞大炊御門頼実(おおいのみかどよりざね, おおいみかどのよりざね), 藤原頼実(ふじわらのよりざね) 平安時代後期～鎌倉時代前期の歌人、公卿(太政大臣)。大炊御門家の祖。左大臣藤原経宗の長男。
¶公卿(おおいのみかどよりざね ㊞嘉禄1(1225)年7月5日),公家(頼実〔大炊御門家〕 よりざね ㊞嘉禄1(1225)年7月5日),古人(おおいみかどのよりざね),古人(藤原頼実 ふじわらのよりざね),コン(藤原頼実 ふじわらのよりざね)

大井三河守 おおいみかわのかみ
戦国時代の武士。武田親類衆大井氏の一門か。
¶武田(生没年不詳)

大井満英 おおいみつひで
江戸時代中期の幕臣。
¶徳人(㊤1692年 ㊞1769年)

大井満安* おおいみつやす
天文11(1542)年～寛永4(1627)年6月4日 戦国時代～江戸時代前期の信濃国衆。
¶後北(満安〔大井(1)〕 みつやす),武田

大井民部助 おおいみんぶのすけ
戦国時代～安土桃山時代の信濃佐久郡の国衆。耳取大井氏の当主。
¶武田(㊤天文18(1549)年 ㊞慶長8(1603)年9月16日)

大井持光 おおいもちみつ
室町時代の武士。
¶内乱(生没年不詳)

大井弥次郎 おおいやじろう
戦国時代の武田氏家臣。武田庶流大井氏の一門。
¶武田(生没年不詳)

大郎皇子 おおいらつこのおうじ
⇒大郎子皇子(おおいらつこのみこ)

大娘子皇女 おおいらつこのこうじょ
上代の継体天皇の子。
¶古人(生没年不詳)

大郎子皇子* おおいらつこのみこ
㊞大郎皇子(おおいらつこのおうじ) 上代の継体天皇の皇子。
¶古代,天皇(生没年不詳)

大岩重秀* おおいわしげひで
天文19(1550)年～慶長17(1612)年9月18日 戦国時代～江戸時代前期の織田信長の家臣。
¶織田

大岩重政* おおいわしげまさ
?～元亀3(1572)年12月26日 戦国時代～安土桃山時代の織田信長の家臣。
¶織田

大岩主一* おおいわしゅいち
文化7(1810)年～文久2(1862)年 江戸時代末期の医師。
¶幕末(㊞文久2(1862)年8月8日)

大岩嘉蔵* おおいわよしぞう
寛政2(1790)年頃～元治1(1864)年 江戸時代末期の陸奥会津藩士。
¶幕末(㊤寛政2(1790)年頃 ㊞元治1(1864)年2月26日)

大魚* おおうお
上代の歌謡物語中の女性。
¶古代

大碓皇子 おおうすのおうじ
⇒大碓皇子(おおうすのみこ)

大碓皇子* おおうすのみこ
㊞大碓皇子(おおうすのおうじ), 大碓命(おおうすのみこと) 上代の景行天皇の皇子。
¶古人(おおうすのおうじ 生没年不詳),古代,コン,天皇

大碓命 おおうすのみこと
⇒大碓皇子(おおうすのみこ)

大内海山* おおうちかいざん
?～明治10(1877)年 江戸時代末期～明治時代の僧。
¶幕末(㊞明治10(1877)年9月21日)

大内吉五郎* おおうちきちごろう
天保10(1839)年～慶応2(1866)年 江戸時代末期の水戸藩郷士。
¶幕末(㊞慶応2(1866)年9月14日)

大内玉江 おおうちぎょくこう
⇒大内正敬(おおうちせいけい)

大内惟信* おおうちこれのぶ
生没年不詳 鎌倉時代前期の御家人。承久の乱で上皇方についた。

¶古人, 内乱

大内惟義*（大内維義） **おおうちこれよし**
生没年不詳 [別]平賀惟義（ひらがこれよし） 鎌倉時代前期の武将、伊賀国守護。
¶コン（平賀惟義 ひらがこれよし）, 内乱, 平家（大内維義）

大内定綱* **おおうちさだつな**
天文15（1546）年～慶長15（1610）年 安土桃山時代～江戸時代前期の武将。伊達氏家臣。
¶戦武（[生]天文14（1545）年）

大内重忠 **おおうちしげただ**
江戸時代後期～明治時代の和算家。
¶数学

大内承裕 **おおうちしょうゆう**
⇒大内熊耳（おおうちゆうじ）

大内清衛門* **おおうちせいえもん**
天明8（1788）年～慶応3（1867）年 江戸時代後期の水戸藩郷士。
¶幕末

大内正敬* **おおうちせいけい**
天明4（1784）年～安政1（1854）年 [別]大内玉江（おおうちぎょくこう） 江戸時代後期の水戸藩士。
¶幕末（[没]嘉永7（1854）年7月19日）

大内輝弘* **おおうちてるひろ**
？～永禄12（1569）年 [別]尊光（そんこう）, 氷上太郎高弘（ひがみたろうたかひろ） 戦国時代の武将。
¶コン, 戦武（[生]永正17（1520）年？）

大内長弘 **おおうちながひろ**
南北朝時代の足利尊氏の家臣。弘家の子。鷲頭長弘。
¶室町（[生]？ [没]正平6/観応2（1351）年）

大内教弘* **おおうちのりひろ**
応永27（1420）年～寛正6（1465）年9月3日 室町時代の武将、周防・長門・豊前の守護。
¶対外, 内乱, 室町

大内教幸 **おおうちのりゆき**
室町時代～戦国時代の武将。
¶室町（[生]永享2（1430）年 [没]文明3（1471）年）

大内晴泰* **おおうちはるやす**
生没年不詳 戦国時代の武蔵国太田荘の鷲宮神社神主。
¶後北（晴泰〔大内〕 はるやす）

大内弘茂* **おおうちひろしげ**
？～応永8（1402）年 南北朝時代～室町時代の武将、周防・長門の守護。
¶内乱（[没]応永8（1401）年）, 室町

大内弘世* **おおうちひろよ**
？～天授6/康暦2（1380）年 南北朝時代の武将、周防・長門・石見の守護。
¶コン, 対外, 内乱（[生]正中2（1325）年 [没]康暦2（1380）年）, 室町

大内平次衛門* **おおうちへいじえもん**
文化1（1804）年～元治1（1864）年 江戸時代末期の水戸藩郷士。
¶幕末（[没]元治1（1864）年11月25日）

大内政弘*（大内政広） **おおうちまさひろ**
文安3（1446）年～明応4（1495）年 [別]政弘, 正弘（まさひろ） 室町時代～戦国時代の武将。周防・長門・筑前などの守護。
¶コン, 中世, 内乱, 俳文（政弘 まさひろ [没]明応4（1495）年9月18日）, 室町, 山小（大内政広 [没]1495年9月18日）

大内満弘 **おおうちみつひろ**
室町時代の武士。
¶内乱（[生]？ [没]応永4（1397）年）

大内持世* **おおうちもちよ**
応永1（1394）年～嘉吉1（1441）年7月28日 室町時代の武将、周防・長門・豊前の守護。
¶コン（[生]？）, 対外, 内乱, 室町（[生]明徳5（1394）年）

大内盛見 **おおうちもりはる**
⇒大内盛見（おおうちもりみ）

大内盛見* **おおうちもりみ**
天授3/永和3（1377）年～永享3（1431）年6月28日 [別]大内盛見（おおうちもりはる） 室町時代の武将、周防・長門・豊前の守護。
¶コン, 対外, 内乱（おおうちもりみ（もりはる） [生]永和3（1377）年）, 室町

大内泰秀* **おおうちやすひで**
天文21（1552）年～慶長7（1602）年6月21日 戦国時代～安土桃山時代の鷲宮神社神主。
¶後北（泰秀〔大内〕 やすひで）

大内鎗之介*（大内鎗之助） **おおうちやりのすけ**
江戸時代末期の新撰組隊士。
¶新隊（大内鎗之助 生没年不詳）

大内熊耳* **おおうちゆうじ**
元禄10（1697）年～安永5（1776）年 [別]大内承裕（おおうちしょうゆう）, 余承祐（よしょうゆう）, 余熊耳（よゆうじ） 江戸時代中期の漢学者、陸奥唐津藩儒。
¶コン（余熊耳 よゆうじ [生]貞享4（1687）年）

大内余庵* **おおうちよあん**
生没年不詳 江戸時代末期の医師。
¶幕末

大内義興* **おおうちよしおき**
文明9（1477）年～享禄1（1528）年12月20日 戦国時代の武将、管領代。
¶公卿（[生]文明8（1476）年）, 公家（義興〔大内家〕 よしおき）, コン, 全戦, 室町, 山小（[没]1528年12月20日）

大内義隆* **おおうちよしたか**
永正4（1507）年～天文20（1551）年9月1日 [別]大内義隆（おおちよしたか）, 義隆（よしたか） 戦国時代の武将。
¶公卿（[没]天文20（1551）年9月2日）, 公家（義隆〔大内家〕 よしたか [没]天文20（1551）年9月2日）, コン, 全戦, 戦武, 対外, 中世, 俳文（義隆 よしたか）, 室町, 山小（[没]1551年9月1日）

大内義長* **おおうちよしなが**
？～弘治3（1557）年 [別]大友晴英（おおともはるひで） 戦国時代の武将。陶晴賢にかつがれ家督を嗣ぐ。
¶コン, 全戦, 戦武（[生]天文1（1532）年）

大内義信 **おおうちよしのぶ**
⇒平賀義信（ひらがよしのぶ）

お

大内義弘*　おおうちよしひろ
正平11/延文1(1356)年～応永6(1399)年12月21日　[別]大内義弘(おおちよしひろ)　南北朝時代～室町時代の武将。周防ほか6国の守護。応永の乱で敗死。
¶コン,対外,中世,内乱([生]延文1(1356)年),室町,山小([没]1399年12月21日)

大内利吉*　おおうちりきち
嘉永2(1849)年～大正1(1912)年　江戸時代末期～明治時代の自治功労者。本宮町長となり本宮町の発展に尽力。
¶幕末([生]嘉永2(1849)年1月6日　[没]明治45(1912)年6月19日)

大宇羽西員成　おおうはにしかずしげ
平安時代後期の人。天喜4年伊佐奈岐宮物忌で、昇殿供奉のついでに御衾を盗み逮捕された。
¶古人(生没年不詳)

大浦教之助　おおうらきょうのすけ
⇒大浦教之助(おおうらのりのすけ)

大浦慶*　おおうらけい
文政11(1828)年～明治17(1884)年　江戸時代末期～明治時代の貿易商。製茶輸出のパイオニア。政府より茶業振興功労褒賞を受賞。
¶江表(慶(長崎県)),コン,全幕,幕末([没]明治17(1884)年4月13日)

大浦作兵衛*　おおうらさくべえ
文政6(1823)年～元治1(1864)年　江戸時代末期の対馬藩士。
¶コン

大浦為則　おおうらためのり
戦国時代～安土桃山時代の武将。
¶戦武([生]永正17(1520)年　[没]永禄10(1567)年)

大浦遠*　おおうらとおし
文化10(1813)年～*　[別]大浦遠(おおうらとおる)　江戸時代末期の対馬藩士。
¶全幕(おおうらとおる　[没]元治1(1864)年),幕末([生]文化10(1813)年1月　[没]元治1(1864)年12月25日)

大浦遠　おおうらとおる
⇒大浦遠(おおうらとおし)

大浦教之助*　おおうらのりのすけ
寛政5(1793)年～元治1(1864)年　[別]大浦教之助(おおうらきょうのすけ)　江戸時代末期の対馬藩家老。対馬藩尊王攘夷派を主導。
¶コン,全幕,幕末([没]元治1(1864)年10月25日)

大江朝綱　おおえあさつな
⇒大江朝綱(おおえのあさつな)

大江磐代*　おおえいわしろ
延享1(1744)年～文化9(1812)年　[別]岩室磐代(いわむろいわしろ)　江戸時代中期～後期の女性。光格天皇の生母。
¶コン,天皇(岩室磐代　いわむろいわしろ　[没]文化9(1812)年12月9日)

大江宇兵衛*(大江卯兵衛)　おおえうへえ
生没年不詳　江戸時代後期の人形細工師。
¶美工

大江雲沢　おおえうんたく
江戸時代後期～明治時代の中津藩医。
¶幕末([生]文政5(1822)年　[没]明治32(1899)年)

大江興俊*　おおえおきとし
生没年不詳　[別]大江興俊(おおえのおきとし)　平安時代前期の歌人。
¶古人(おおえのおきとし)

大江音人　おおえおとひと
⇒大江音人(おおえのおとんど)

大江音人　おおえおとんど
⇒大江音人(おおえのおとんど)

大江珏蔵　おおえかくぞう
⇒嵐璃珏〔4代〕(あらしりかく)

大江公朝　おおえきみとも
⇒大江公朝(おおえのきんとも)

大江公久　おおえきみひさ
平安時代後期の官人。
¶古人(生没年不詳)

大江清定*　おおえきよさだ
生没年不詳　[別]大江清定(おおえのきよさだ)　鎌倉時代後期の悪党張本。
¶コン

大江公景*　おおえきんかげ
生没年不詳　[別]大江公景(おおえのきんかげ)　平安時代後期～鎌倉時代前期の歌人。
¶古人(おおえのきんかげ　[生]?　[没]1204年?)

大江公朝　おおえきんとも
⇒大江公朝(おおえのきんとも)

大江公資　おおえきんより
⇒大江公資(おおえのきんより)

大江敬香　おおえけいこう
江戸時代末期～大正時代の実業家。
¶詩作([生]安政4(1857)年6月1日　[没]大正5(1916)年10月26日)

大江維時　おおえこれとき
⇒大江維時(おおえのこれとき)

大江維順女*　おおえこれよりのむすめ
生没年不詳　[別]大江維順女(おおえのこれのぶのむすめ)　平安時代後期の歌人。
¶古人(おおえのこれのぶのむすめ)

大江定橘*　おおえさだきち
生没年不詳　江戸時代末期～明治時代の人形細工師。
¶美工

大江重房*　おおえしげふさ
?～正応5(1292)年3月12日　鎌倉時代後期の公卿(非参議)。文章博士大江信房の子。
¶公卿,公家(重房〔北小路家〕　しげふさ)

大江佐国　おおえすけくに
⇒大江佐国(おおえのすけくに)

大江佐経*　おおえすけつね
生没年不詳　[別]大江佐経(おおえのすけつね)　平安時代中期の歌人。
¶古人(おおえのすけつね)

大江澄明　おおえすみあきら
⇒大江澄明(おおえのすみあきら)

大江宣秀　おおえせんしゅう
⇒大江宣秀(おおえのぶひで)

おおえた

360

大江隆兼　おおえたかかね
　　⇒大江隆兼（おおえのたかかね）

大江挙周　おおえたかちか
　　⇒大江挙周（おおえのたかちか）

大枝鉄次郎*　おおえだてつじろう
　　弘化4（1847）年〜明治1（1868）年　江戸時代末期
　　の長州（萩）藩中間。
　　¶幕末（卒慶応4（1868）年7月11日）

大枝八郎*　おおえだはちろう
　　天保12（1841）年〜慶応2（1866）年　江戸時代末期
　　の奇兵隊士。
　　¶幕末（卒慶応2（1866）年8月11日）

大条孫三郎　おおえだまごさぶろう
　　江戸時代末期の仙台藩奉行。
　　¶幕末（生没年不詳）

大江為基*　おおえためもと
　　生没年不詳　別大江為基（おおえのためもと）　平
　　安時代中期の歌人。
　　¶古人（おおえのためもと）

大枝流芳*　おおえだりゅうほう
　　生没年不詳　江戸時代中期の茶人。香道大枝流
　　の祖。
　　¶コン

大江親広　おおえちかひろ
　　⇒大江親広（おおえのちかひろ）

大江親通　おおえちかみち
　　⇒大江親通（おおえのちかみち）

大江千里　おおえちさと
　　⇒大江千里（おおえのちさと）

大江千古　おおえちふる
　　⇒大江千古（おおえのちふる）

大江忠兵衛*　おおえちゅうべえ
　　生没年不詳　江戸時代末期の人形細工師。
　　¶美工

大江庭鐘　おおえていしょう
　　⇒都賀庭鐘（つがていしょう）

大江遠成　おおえとおなり
　　平安時代後期の検非違使。
　　¶平家（御？　卒治承3（1179）年）

大江時棟　おおえときむね
　　⇒大江時棟（おおえのときむね）

大江俊常*　おおえとしつね
　　天明1（1781）年12月26日〜嘉永6（1853）年12月29
　　日　別北小路俊常（きたのこうじとしつね）　江戸
　　時代後期の公家（非参議）。実は左馬頭大江俊幹
　　の子。
　　¶公卿, 公家（俊常〔北小路家〕　としつね）

大江俊芳*　おおえとしよし
　　元禄12（1699）年〜明和8（1771）年9月6日　江戸時
　　代中期の公家（非参議）。二条家の出。明和4年従三
　　位に叙される。
　　¶公卿, 公家（俊芳〔二条家諸大夫 北小路家（大江氏）〕
　　としよし）

大江成種*　おおえなりかず
　　生没年不詳　別成種（しげかず）　南北朝時代の連

歌作者。
　　¶俳文（成種　しげかず）

大江斉光*　おおえなりみつ
　　承平4（934）年〜永延1（987）年　別大江斉光（おお
　　えのただみつ）　平安時代中期の公卿（参議）。参
　　議大江音人の曽孫。
　　¶公卿（卒永延1（987）年11月6日）, 古人（おおえのただ
　　みつ）

大江章成　おおえのあきなり
　　平安時代後期の官人。
　　¶古人（生没年不詳）

大江朝綱　おおえのあさつな
　　仁和2（886）年〜天徳1（957）年12月28日　別朝綱
　　（あさつな）, 大江朝綱（おおえあさつな）, 後江相
　　公（のちのごうしょうこう）　平安時代中期の書家、
　　公卿（正四位下・参議）。参議大江音人の孫。
　　¶公卿（おおえあさつな）, 古人, コン, 詩作（卒天徳1
　　（958）年12月28日）, 思想, 日文

大江朝臣音人　おおえのあそんおとひと
　　⇒大江音人（おおえのおとんど）

大江朝臣千里　おおえのあそんちさと
　　⇒大江千里（おおえのちさと）

大江敦国　おおえのあつくに
　　平安時代後期の官人。
　　¶古人（生没年不詳）

大江有景　おおえのありかげ
　　平安時代後期の官人。
　　¶古人（生没年不詳）

大江有実　おおえのありざね
　　平安時代後期の官人。
　　¶古人（生没年不詳）

大江有経　おおえのありつね
　　平安時代後期の散位。大江仲子と領有をめぐって
　　争う。
　　¶古人（生没年不詳）

大江有時　おおえのありとき
　　平安時代後期の官人。
　　¶古人（生没年不詳）

大江有仲　おおえのありなか
　　平安時代後期の官人。
　　¶古人（生没年不詳）

大江有道　おおえのありみち
　　平安時代中期の官人。
　　¶古人（生没年不詳）

大江有光　おおえのありみつ
　　平安時代後期の官人。
　　¶古人（生没年不詳）

大江有元　おおえのありもと
　　⇒源有元（みなもとのありもと）

大江家国　おおえのいえくに
　　平安時代後期の官人。
　　¶古人（生没年不詳）

大江家資　おおえのいえすけ
　　平安時代後期の官人。
　　¶古人（生没年不詳）

大江家仲* おおえのいえなか
？〜平治1(1159)年　平安時代後期の官吏。左兵衛尉。
¶古人

大兄去来穂別尊 おおえのいざほわけのみこと
⇒履中天皇(りちゅうてんのう)

大枝弥成 おおえのいやなり
平安時代前期の官人。
¶古人(生没年不詳)

大枝氏雄 おおえのうじお
平安時代前期の官人。
¶古人(生没年不詳)

大枝氏麻呂 おおえのうじまろ
平安時代前期の官人。
¶古人(生没年不詳)

大江皇女 おおえのおうじょ
⇒大江皇女(おおえのひめみこ)

大江大舫 おおえのおおふね
平安時代前期の官人。
¶古人(生没年不詳)

大江興俊 おおえのおきとし
⇒大江興俊(おおえおきとし)

大枝乙枝* (大江乙枝)　おおえのおとえ
生没年不詳　平安時代前期の女性。藤原良相の妻。
¶古人(大江乙枝)

大江音人 おおえのおとんど
弘仁2(811)年〜元慶1(877)年11月3日　㊥大江音人(おおえおとひと，おおえおとんど)，大江朝臣音人(おおえのあそんおとひと)　平安時代前期の公卿(参議)。大江家の祖。平城天皇の曽孫。
¶公卿(おおえおとひと)，古人，古代(大江朝臣音人　おおえのあそんおとひと)，コン

大江景兼 おおえのかげかね
平安時代後期の官人。
¶古人(生没年不詳)

大江景国* おおえのかげくに
生没年不詳　平安時代後期の武士。
¶古人

大江景佐 おおえのかげすけ
平安時代後期の官人。
¶古人(生没年不詳)

大江景資 おおえのかげすけ
鎌倉時代前期の官人。
¶古人(生没年不詳)

大江景理* おおえのかげまさ
生没年不詳　平安時代中期の衛門府官人。
¶古人(㊤963年　㊦1028年)

大江兼則 おおえのかねのり
平安時代後期の官人。
¶古人(生没年不詳)

大江公幹 おおえのきみもと
平安時代前期の官人。
¶古人(生没年不詳)

大江清章 おおえのきよあき
平安時代後期の官人。
¶古人(生没年不詳)

大江清定(1)　おおえのきよさだ
平安時代中期の官人。定経の子。
¶古人(生没年不詳)

大江清定(2)　おおえのきよさだ
⇒大江清定(おおえきよさだ)

大江清佐 おおえのきよすけ
平安時代前期の官人。
¶古人(生没年不詳)

大江清忠 おおえのきよただ
平安時代後期の官人。
¶古人(生没年不詳)

大江清言 おおえのきよとき
平安時代中期の官人。仲宣の子。
¶古人(生没年不詳)

大江清通* おおえのきよみち
生没年不詳　平安時代中期の官人。藤原道長の家司的存在。
¶古人

大江公景 おおえのきんかげ
⇒大江公景(おおえきんかげ)

大江公資 おおえのきんすけ
⇒大江公資(おおえのきんより)

大江公朝* おおえのきんとも
生没年不詳　㊥大江公朝(おおえきみとも，おおえきんとも)　平安時代後期〜鎌倉時代前期の検非違使。後白河院の北面の臣。
¶古人，平家(おおえきんとも　㊤？　㊦正治1(1199)年)

大江公仲* おおえのきんなか
生没年不詳　平安時代後期の官人。
¶古人

大江公資* おおえのきんより
？〜長久1(1040)年　㊥大江公資(おおえきんより，おおえのきんすけ)　平安時代中期の官吏、歌人。
¶古人(おおえのきんすけ)

大江国兼 おおえのくにかね
平安時代後期の人。永久3年下総権守某から左京七条一坊の家地一戸主を買得。
¶古人(生没年不詳)

大江国辰 おおえのくにとき
平安時代中期の官人。
¶古人(生没年不詳)

大江国房 おおえのくにふさ
平安時代後期の官人。
¶古人(生没年不詳)

大江国通 おおえのくにみち
平安時代後期の官人。
¶古人(㊤？　㊦1130年)

大江邦通 おおえのくにみち
平安時代後期の官人。
¶古人(生没年不詳)

大江皇女 おおえのこうじょ
⇒大江皇女(おおえのひめみこ)

おおえの　　　　　　　　　　　362

大江是貞　おおえのこれさだ
　平安時代後期の人。安元2年藤原氏女から左京八条
一坊の一戸主の地を買得。

大江維時*　おおえのこれとき
　仁和4(888)年～応和3(963)年6月7日　㋬大江維時
(おおえこれとき)，江納言(ごうなごん)　平安時
代中期の学者、公卿(中納言)。参議大江音人の孫。
　¶公卿(おおえこれとき)，古人，コン，思想，日文

大江維順　おおえのこれのぶ
　生没年不詳　平安時代後期の肥後国司。
　¶古人

大江維順女　おおえのこれのぶのむすめ
　⇒大江維順女(おおえこれよりのむすめ)

大江維光*　おおえのこれみつ
　生没年不詳　平安時代後期の官吏、学者。
　¶古人

大江定兼　おおえのさだかね
　平安時代後期の官人。
　¶古人(生没年不詳)

大江貞成*　おおえのさだしげ
　生没年不詳　平安時代後期の黒田荘下司職。
　¶古人

大江貞末　おおえのさだすえ
　平安時代後期の官人。
　¶古人(生没年不詳)

大江貞孝　おおえのさだたか
　平安時代後期の官人。
　¶古人(生没年不詳)

大江定経*　おおえのさだつね
　生没年不詳　平安時代中期の官人。
　¶古人

大江貞雅　おおえのさだまさ
　平安時代中期の官人。
　¶古人(生没年不詳)

大江定基　おおえのさだもと
　⇒寂照(じゃくしょう)

大枝真臣　おおえのさねおみ
　⇒大枝真臣(おおえまおみ)

大枝真仁　おおえのさねひと
　平安時代前期の官人。
　¶古人(生没年不詳)

大江真康　おおえのさねやす
　平安時代後期の官人。
　¶古人(生没年不詳)

大江成兼　おおえのしげかね
　平安時代後期の官人。
　¶古人(生没年不詳)

大江重忠(1)　おおえのしげただ
　平安時代後期の官人。
　¶古人(生没年不詳)

大江重忠(2)　おおえのしげただ
　平安時代後期の官人。
　¶古人(生没年不詳)

大江重俊　おおえのしげとし
　平安時代後期の官人。
　¶古人(生没年不詳)

大江成衡　おおえのしげひら
　生没年不詳　㋬大江成衡(おおえのなりひら)　平
安時代後期の官人。挙周の子。従四位上、大学頭・
信濃守に至る。
　¶古人，古人(おおえのなりひら)

大江重光*　おおえのしげみつ
　?～寛弘7(1010)年　平安時代中期の官吏。
　¶古人

大江成棟　おおえのしげむね
　平安時代後期の官人。
　¶古人(生没年不詳)

大江成基　おおえのしげもと
　平安時代中期の官人。斉光の子。非蔵人から近江
掾に任じる。
　¶古人(㋩934年　㋦987年)

大江季賢　おおえのすえかた
　平安時代後期の摂津国掠橋西荘の案主。
　¶古人(生没年不詳)

大江季重　おおえのすえしげ
　平安時代後期の官人。藤原宗忠の下家司行重の子。
　¶古人(生没年不詳)

大江季言　おおえのすえとき
　平安時代後期の官人。
　¶古人(生没年不詳)

大江季信　おおえのすえのぶ
　平安時代後期の官人。
　¶古人(生没年不詳)

大江季通　おおえのすえみち
　平安時代後期の官人。
　¶古人(生没年不詳)

大枝須賀麻呂　おおえのすがまろ
　平安時代前期の官人。
　¶古人(生没年不詳)

大枝菅麻呂　おおえのすがまろ
　平安時代前期の官人。
　¶古人(生没年不詳)

大江資家　おおえのすけいえ
　平安時代後期の官人。
　¶古人(生没年不詳)

大江佐景　おおえのすけかげ
　平安時代後期の官人。
　¶古人(生没年不詳)

大江相兼　おおえのすけかね
　平安時代中期の官人。斉光の子か。
　¶古人(生没年不詳)

大江佐国*　おおえのすけくに
　生没年不詳　㋬大江佐国(おおえすけくに)　平安
時代後期の漢詩人。
　¶古人

大江相忠　おおえのすけただ
　平安時代後期の官人。
　¶古人(生没年不詳)

大江佐経 おおえのすけつね
⇒大江佐経(おおえすけつね)

大江資成 おおえのすけなり
平安時代後期の官人。
¶古人(生没年不詳)

大江佐理 おおえのすけまさ
平安時代中期の人。官符に「下野国前々司」と見える。
¶古人(生没年不詳)

大江資良 おおえのすけよし
平安時代後期の官人。
¶古人(生没年不詳)

大江澄明* おおえのすみあきら
?～天暦4(950)年 㑅大江澄明(おおえすみあきら) 平安時代中期の詩人。
¶古人

大江澄明女 おおえのすみあきらのむすめ
平安時代中期の女性。大江澄明の女。橘為義の妻。
¶古人(生没年不詳)

大江澄景 おおえのすみかげ
平安時代中期の官人。朝綱の子。
¶古人(生没年不詳)

大江隆兼* おおえのたかかね
?～康和4(1102)年 㑅大江隆兼(おおえたかかね) 平安時代後期の学者。
¶古人

大江高扶 おおえのたかすけ
平安時代中期の官人。
¶古人(生没年不詳)

大江挙周* (大江拳周) おおえのたかちか
?～永承1(1046)年6月 㑅大江挙周(おおえたかちか) 平安時代中期の学者、漢詩人。
¶古人, コン

大江孝信 おおえのたかのぶ
平安時代中期の官人。
¶古人(生没年不詳)

大江尊基 おおえのたかもと
平安時代中期の官人。斉光の子。
¶古人(生没年不詳)

大枝直臣 おおえのただおみ
平安時代前期の官人。
¶古人(生没年不詳)

大江忠孝 おおえのただたか
平安時代中期の官人。
¶古人(生没年不詳)

大江忠時 おおえのただとき
平安時代後期の官人。
¶古人(生没年不詳)

大江忠度 おおえのただのり
平安時代の官人。父は如鏡。
¶古人(生没年不詳)

大江忠房 おおえのただふさ
平安時代後期の官人。
¶古人(生没年不詳)

大江斉光 おおえのただみつ
⇒大江斉光(おおえなりみつ)

大江玉淵* おおえのたまふち, おおえのたまぶち
生没年不詳 平安時代前期の官人。平城天皇4世の後胤。
¶古人(おおえのたまぶち)

大江為清 おおえのためきよ
平安時代中期の官人。澄江の子、朝綱の孫。
¶古人(生没年不詳)

大江為実 おおえのためざね
平安時代後期の官人。
¶古人(生没年不詳)

大江為基 おおえのためもと
⇒大江為基(おおえためもと)

大江為基妻 おおえのためもとのつま
平安時代中期の女性。高階成忠の女。
¶古人(生没年不詳)

大江為良 おおえのためよし
平安時代後期の官人。
¶古人(生没年不詳)

大江親広* おおえのちかひろ
?～仁治2(1241)年12月15日 㑅大江親広(おおえちかひろ), 源親広(みなもとちかひろ, みなもとのちかひろ) 鎌倉時代前期の武将、京都守護。
¶古人(生没年不詳), コン(生没年不詳)

大江親通* おおえのちかみち
?～仁平1(1151)年 㑅大江親通(おおえちかみち) 平安時代後期の貴族。「七大寺巡礼私記」著者。
¶古人, 思想

大江千里* おおえのちさと
生没年不詳 㑅大江千里(おおえちさと), 大江朝臣千里(おおえのあそんちさと) 平安時代前期～中期の歌人、学者。
¶古人, 古代(大江朝臣千里 おおえのあそんちさと), コン, 詩作, 日文

大江千古* おおえのちふる
貞観8(866)年～延長2(924)年 㑅大江千古(おおえちふる) 平安時代中期の伊予国司。
¶古人

大江告子 おおえのつぐこ
平安時代前期の官人。
¶古人(生没年不詳)

大江継吉* おおえのつぐよし
生没年不詳 平安時代前期の下級官人。
¶古人

大江経定 おおえのつねさだ
平安時代後期の人。加賀国額田荘の案主と見える。
¶古人(生没年不詳)

大江常定 おおえのつねさだ
平安時代後期の人。養和2年平姉子田直米請取状に「請使」として署判している。
¶古人(生没年不詳)

大江経光 おおえのつねみつ
平安時代後期の官人。
¶古人(生没年不詳)

大江遠兼 おおえのとおかね
平安時代中期の官人。
¶古人 (生没年不詳)

大江遠業* おおえのとおなり
？〜治承3 (1179) 年　平安時代後期の後白河院の北面。
¶古人

大江時永 おおえのときなが
平安時代後期の官人。
¶古人 (生没年不詳)

大江時棟* おおえのときむね
生没年不詳　働大江時棟 (おおえときむね)　平安時代中期の学者、漢詩人。
¶古人, コン

大江俊実 おおえのとしざね
平安時代後期の官人。
¶古人 (生没年不詳)

大江俊時 おおえのとしとき
平安時代後期の官人。
¶古人 (生没年不詳)

大江友定 (貞) おおえのともさだ
平安時代後期の官人。
¶古人 (生没年不詳)

大江朝通 おおえのともみち
平安時代中期の文章生。通直の子。
¶古人 (生没年不詳)

大江朝望 おおえのとももち
平安時代中期の官人。
¶古人 (生没年不詳)

大江友安 おおえのともやす
平安時代後期の官人。
¶古人 (生没年不詳)

大江仲子* おおえのなかこ
生没年不詳　平安時代後期の女性。従四位下公仲の娘。
¶古人

大江仲俊 おおえのなかとし
平安時代後期の官人。
¶古人 (生没年不詳)

大江仲弘 おおえのなかひろ
平安時代後期の官人。
¶古人 (生没年不詳)

大江仲宗 おおえのなかむね
平安時代後期の流人。
¶古人 (生没年不詳)

大江長保 おおえのながやす
平安時代中期の官人。
¶古人 (生没年不詳)

大枝永山 おおえのながやま
平安時代前期の官人。
¶古人 (生没年不詳)

大江成重 おおえのなりしげ
平安時代後期の官人。
¶古人 (生没年不詳)

大江業隆 おおえのなりたか
平安時代中期の勘解由使。前駿河守藤原忠任を殺害した。
¶古人 (生没年不詳)

大江斉任 おおえのなりとう
平安時代中期の官人。
¶古人 (生没年不詳)

大江新兼 おおえののぶかね
平安時代後期の官人。
¶古人 (生没年不詳)

大江信忠 おおえののぶただ
平安時代後期の官人。
¶古人 (生没年不詳)

大江信忠女 おおえののぶただのむすめ
平安時代後期の女性。後白河天皇の寵愛を受けた。
¶天皇 (生没年不詳)

大江信遠 おおえののぶとお
平安時代後期の官人。
¶古人 (生没年不詳)

大江信弘 おおえののぶひろ
平安時代後期の官人。
¶古人 (生没年不詳)

大江信元 おおえののぶもと
平安時代後期の官人。
¶古人 (生没年不詳)

大江範兼 おおえののりかね
平安時代後期の官人。
¶古人 (生没年不詳)

大江則国 おおえののりくに
平安時代後期の検非違使。
¶古人 (生没年不詳)

大江則俊 おおえののりとし
平安時代後期の官人。
¶古人 (生没年不詳)

大江則基 おおえののりもと
平安時代後期の官人。
¶古人 (生没年不詳)

大江春潭 おおえのはるふち
平安時代前期の官人。音人の子。
¶古人 (生没年不詳)

大江久時 おおえのひさとき
平安時代後期の官人。
¶古人 (生没年不詳)

大江久辰 おおえのひさとき
平安時代後期の官人。
¶古人 (生没年不詳)

大江久利 おおえのひさとし
平安時代中期の藤原実資の家人。
¶古人 (生没年不詳)

大枝秀益 おおえのひでます
平安時代前期の官人。
¶古人 (生没年不詳)

大江皇女* おおえのひめみこ
？〜文武天皇3 (699) 年　働大江皇女 (おおえのお

うじょ，おおえのこうじょ） 飛鳥時代の女性。天武天皇の妃。天智天皇の皇女。
¶古人（おおえのこうじょ），古代，コン（[没]文武3（699）年），天皇（[没]文武3（699）年）

大江広国 おおえのひろくに
平安時代中期の官人。仲宣の子。従四位上、伊勢守となる。
¶古人（生没年不詳）

大江広相 おおえのひろすけ
平安時代中期の官人。
¶古人（生没年不詳）

大江広経 おおえのひろつね
⇒大江広経（おおえひろつね）

大江広仲 おおえのひろなか
平安時代後期の藤原宗忠の家令。
¶古人（生没年不詳）

大江広元* おおえのひろもと
久安4（1148）年～嘉禄1（1225）年 [別]大江広元（おおえひろもと），中原広元（なかはらひろもと） 平安時代後期～鎌倉時代前期の御家人、公文所別当、政所別当。
¶古人（おおえひろもと），コン，中世，内乱（おおえひろもと），平家（おおえひろもと），山小（[没]1225年6月10日）

大江福智丸 おおえのふくちまろ
平安時代後期の人。長治1年父から近江国愛智郡御香荘を譲与された。
¶古人（生没年不詳）

大枝総成 おおえのふさなり
平安時代前期の官人。
¶古人（生没年不詳）

大江宣秀* おおえのぶひで
生没年不詳 [別]大江宣秀（おおえせんしゅう） 戦国時代の釜師。
¶美工

大江文利 おおえのふみとし
平安時代中期の藤原実資の家司。
¶古人（生没年不詳）

大枝真妹* おおえのまいも
生没年不詳 奈良時代の女性。光仁天皇夫人高野新笠の母、桓武天皇の外祖父和乙継の妻。
¶古人

大江正影 おおえのまさかげ
平安時代後期の人。嘉応2年先祖相伝の大和国平群郡坂門郷の地と、秦仲子相伝所領伊賀垣内を交換した。
¶古人（生没年不詳）

大江政国 おおえのまさくに
平安時代後期の官人。
¶古人（生没年不詳）

大江正輔 おおえのまさすけ
平安時代後期の官人。
¶古人（生没年不詳）

大江匡周 おおえのまさちか
平安時代後期の官人。
¶古人（生没年不詳）

大江政遠 おおえのまさとお
平安時代後期の官人。
¶古人（生没年不詳）

大江匡時 おおえのまさとき
平安時代後期の儒者。
¶古人（生没年不詳）

大江正言 おおえのまさとき
⇒大江正言（おおえまさとき）

大江匡範* おおえのまさのり
保延6（1140）年～建仁3（1203）年 [別]大江匡範（おおえまさのり） 平安時代後期～鎌倉時代前期の官吏。
¶古人

大江匡衡* おおえのまさひら
天暦6（952）年～長和1（1012）年 [別]大江匡衡（おおえまさひら） 平安時代中期の学者、官人。一条天皇の持読。
¶古人，コン，詩作（[没]寛弘9（1012）年），思想，日文（[没]寛弘9（1012）年）

大江匡衡女 おおえのまさひらのむすめ
平安時代中期の歌人。
¶古人（[生]981年？ [没]？）

大江匡房* おおえのまさふさ
長久2（1041）年～天永2（1111）年 [別]大江匡房（おおえまさふさ），江帥（ごうそつ） 平安時代中期～後期の学者、歌人、公卿（権中納言）。参議大江音人の裔。
¶公卿（おおえまさふさ [没]天永2（1111）年11月5日），古人，コン，詩作（[没]天永2（1111）年11月5日），思想，日文，平家（おおえまさふさ），山小（[没]1111年11月5日）

大江雅致* おおえのまさむね
生没年不詳 平安時代中期の官人。
¶古人

大江雅致女 おおえのまさむねのむすめ
平安時代中期の女性。源為理の妻。
¶古人（生没年不詳）

大江通景 おおえのみちかげ
平安時代後期の官人。父は佐国。
¶古人（生没年不詳）

大江通員 おおえのみちかず
平安時代後期の官人。
¶古人（生没年不詳）

大江通清 おおえのみちきよ
平安時代後期の官人。
¶古人（生没年不詳）

大江通国* おおえのみちくに
永承4（1049）年～天永3（1112）年 平安時代中期～後期の官人。
¶古人

大江通嗣 おおえのみちつぐ
平安時代後期の官人。院主典代。不正あり、仁平1年放逐された。
¶古人（生没年不詳）

大江通光 おおえのみちてる
平安時代後期の人。天永3年父から近江国御香園を譲られる。
¶古人（生没年不詳）

お

大江通直* おおえのみちなお
生没年不詳　平安時代中期の官人。
¶古人([生]?　[没]1029年)

大江通理* おおえのみちまさ
生没年不詳　平安時代中期の官人。
¶古人

大江通盛 おおえのみちもり
平安時代後期の官人。
¶古人(生没年不詳)

大江満子 おおえのみつこ
平安時代中期の女官、掌侍。
¶古人(生没年不詳)

大江満長 おおえのみつなが
平安時代中期の千葉国造。正暦5年以後、尾張掾と見える。
¶古人(生没年不詳)

大江宮友 おおえのみやとも
平安時代後期の官人。
¶古人(生没年不詳)

大江宗景 おおえのむねかげ
平安時代後期の官人。
¶古人(生没年不詳)

大江宗貞 おおえのむねさだ
平安時代後期の官人。
¶古人(生没年不詳)

大江至孝 おおえのむねたか
平安時代中期の人。長和5年威儀師観峯の女の宅に押し入り追補。
¶古人(生没年不詳)

大江宗隆 おおえのむねたか
平安時代後期の官人。
¶古人(生没年不詳)

大江宗親 おおえのむねちか
平安時代後期の官人。
¶古人(生没年不詳)

大江致延 おおえのむねのぶ
平安時代中期の官人。
¶古人(生没年不詳)

大江宗理 おおえのむねまさ
平安時代中期の官人。通理の子。正四位下・摂津守に至る。
¶古人(生没年不詳)

大江宗吉 おおえのむねよし
平安時代中期の修理職小工。
¶古人(生没年不詳)

大江以言* おおえのもちとき
天暦9(955)年～寛弘7(1010)年　[別]大江以言(おおえのゆきとき, おおえゆきとき)　平安時代中期の学者。
¶古人, コン, 日文

大江以平 おおえのもちひら
平安時代後期の官人。
¶古人(生没年不詳)

大江基景 おおえのもとかげ
平安時代後期の官人。
¶古人(生没年不詳)

大江基兼 おおえのもとかね
平安時代後期の官人。蔵人所非雑色。
¶古人(生没年不詳)

大江元重 おおえのもとしげ
平安時代後期の官人。
¶古人(生没年不詳)

大江本主 おおえのもとぬし
平安時代前期の官人。音人の父。
¶古人(生没年不詳)

大江盛家(1) おおえのもりいえ
平安時代後期の官人。
¶古人(生没年不詳)

大江盛家(2) おおえのもりいえ
平安時代後期の官人。
¶古人(生没年不詳)

大江盛賢 おおえのもりかた
平安時代後期の官人。
¶古人(生没年不詳)

大江盛国 おおえのもりくに
平安時代後期の伊賀国の在庁官人。
¶古人(生没年不詳)

大江盛定 おおえのもりさだ
平安時代後期の官人。
¶古人(生没年不詳)

大江盛基 おおえのもりもと
鎌倉時代前期の官人。
¶古人(生没年不詳)

大江盛元 おおえのもりもと
平安時代後期の官人。
¶古人(生没年不詳)

大江師成 おおえのもろしげ
平安時代後期の官人。
¶古人(生没年不詳)

大江師季 おおえのもろすえ
平安時代の官人。忠度の子。
¶古人(生没年不詳)

大江安清 おおえのやすきよ
平安時代後期の官人。
¶古人(生没年不詳)

大江康子 おおえのやすこ
平安時代中期の女官。
¶古人(生没年不詳)

大江康貞 おおえのやすさだ
平安時代後期の官人。
¶古人(生没年不詳)

大江泰辰 おおえのやすとき
平安時代後期の官人。
¶古人(生没年不詳)

大江康成(業) おおえのやすなり
鎌倉時代前期の官人。
¶古人(生没年不詳)

大江泰基 おおえのやすもと
平安時代後期の官人。

¶古人(生没年不詳)

大江通貞 おおえのゆきさだ
平安時代後期の官人。
¶古人(生没年不詳)

大江行重 おおえのゆきしげ
⇒大江行重(おおえゆきしげ)

大江行季 おおえのゆきすえ
平安時代後期の官人。
¶古人(生没年不詳)

大江以言 おおえのゆきとき
⇒大江以言(おおえのもちとき)

大江行俊 おおえのゆきとし
平安時代後期の官人。
¶古人(生没年不詳)

大江行職 おおえのゆきもと
平安時代後期の官人。
¶古人(生没年不詳)

大江行義 おおえのゆきよし
平安時代後期の官人。
¶古人(生没年不詳)

大江能公 おおえのよしきみ
平安時代中期の官人。匡衡の子。
¶古人(生没年不詳)

大江慶子 おおえのよしこ
平安時代中期の官人。
¶古人(生没年不詳)

大江良貞 おおえのよしさだ
平安時代後期の官人。
¶古人(生没年不詳)

大江能高 おおえのよしたか
平安時代中期の官人。
¶古人(生没年不詳)

大江嘉言* おおえのよしとき
[別]大江嘉言(おおえよしとき) 平安時代中期の歌人。
¶古人(生没年不詳),詩作(生没年不詳),日文([生]? [没]寛弘7(1010)年)

大江淑光 おおえのよしみつ
平安時代中期の大学寮の直講。
¶古人(生没年不詳)

大江良宗 おおえのよしむね
平安時代後期の東市佐。
¶古人(生没年不詳)

大江頼重 おおえのよりしげ
平安時代後期の官人。
¶古人(生没年不詳)

大江頼長 おおえのよりなが
平安時代後期の官人。
¶古人(生没年不詳)

大江頼盛 おおえのよりもり
平安時代後期の散位。平治1年大悲山寺別社白山妙理権現に湯釜を施入。
¶古人(生没年不詳)

大江広経* おおえひろつね
生没年不詳 [別]大江広経(おおえのひろつね) 平安時代中期～後期の歌人。
¶古人(おおえのひろつね)

大江広元 おおえひろもと
⇒大江広元(おおえのひろもと)

大江文坡* おおえぶんぱ
?～寛政2(1790)年 江戸時代中期～後期の戯作者、神道家。
¶思想

大枝真臣* おおえまおみ
生没年不詳 [別]大枝真臣(おおえのさねおみ) 平安時代前期の漢詩人。
¶古人(おおえのさねおみ)

大江正言* おおえまさとき
生没年不詳 [別]大江正言(おおえのまさとき) 平安時代中期の歌人。
¶古人(おおえのまさとき)

大江匡範 おおえまさのり
⇒大江匡範(おおえのまさのり)

大江匡衡 おおえまさひら
⇒大江匡衡(おおえのまさひら)

大江匡房 おおえまさふさ
⇒大江匡房(おおえのまさふさ)

大江丸* おおえまる
享保7(1722)年～文化2(1805)年 [別]大伴大江丸(おおともおおえまる,おおとものおおえまる),安井大江丸(やすいおおえまる) 江戸時代中期～後期の俳人、飛脚問屋。
¶詩作(大伴大江丸 おおともおおえまる [没]文化2(1805)年3月18日),俳文([没]文化2(1805)年3月18日)

大江通亮 おおえみちあきら
⇒永井彦太郎(ながいひこたろう)

大江以康 おおえもちやす
鎌倉時代前期の問注所奉行。
¶中世(生没年不詳)

大江行重* おおえゆきしげ
生没年不詳 [別]大江行重(おおえのゆきしげ) 平安時代後期の歌人。
¶古人(おおえのゆきしげ)

大江以言 おおえゆきとき
⇒大江以言(おおえのもちとき)

大江嘉言 おおえよしとき
⇒大江嘉言(おおえのよしとき)

大岡 おおおか
安土桃山時代の信濃国筑摩郡井堀・高の土豪。
¶武田(生没年不詳)

大岡雲峰*(大岡雲峯) おおおかうんぽう
明和2(1765)年～嘉永1(1848)年 江戸時代後期の画家。
¶コン([生]明和2(1765年/1766)年),植物,美画

大岡越前守 おおおかえちぜんのかみ
⇒大岡忠相(おおおかただすけ)

大岡清謙* おおおかきよかた
文化10(1813)年～文久3(1863)年8月21日 [別]大

岡清謙（おおおかせいけん）　江戸時代後期～末期の幕臣。
¶徳人（おおおかせいけん　生没年不詳）

お

大岡清重　おおおかきよしげ
江戸時代前期～中期の幕臣。
¶徳人（㊐1631年　㊀1690年）

大岡清相*　おおおかきよすけ
延宝7（1679）年～享保2（1717）年　江戸時代中期の長崎奉行。「崎陽群談」の著者。
¶コン，対外，徳人

大岡熊治郎*　おおおかくまじろう
天保13（1842）年～大正9（1920）年　江戸時代末期～大正時代の地方功労者。美作地方の紛争などに調停役として尽力。
¶幕末（㊀大正9（1920）年6月1日）

大岡幸次郎　おおおかこうじろう
江戸時代後期～末期の幕臣。
¶幕末（㊐天保14（1843）年　㊀慶応4（1868）年11月5日）

大岡定栄　おおおかさだてる
江戸時代の和算家。
¶数学

大岡成寛　おおおかしげひろ
⇒大岡成寛（おおおかせいかん）

大岡重三郎　おおおかじゅうざぶろう
江戸時代中期の代官。
¶徳代（㊐？　㊀明和5（1768）年12月11日）

大岡十太夫　おおおかじゅうだゆう
江戸時代前期の代官。
¶徳代（㊐？　㊀慶長12（1607）年4月23日）

大岡春川*　おおおかしゅんせん
享保4（1719）年～安永2（1773）年　江戸時代中期の画家。
¶美画（㊐享保4（1719）年9月　㊀安永2（1773）年9月27日）

大岡春卜*（大岡春朴）　おおおかしゅんぼく
延宝8（1680）年～宝暦13（1763）年　江戸時代中期の画家、画本作者。
¶コン（大岡春朴），美画（㊀宝暦13（1763）年6月19日）

大岡助右衛門*　おおおかすけえもん
天保7（1836）年～明治35（1902）年　江戸時代末期～明治時代の建築業者。
¶美建（㊐天保7（1836）年5月　㊀明治35（1902）年5月21日）

大岡成寛*　おおおかせいかん
㊎大岡成寛（おおおかしげひろ）　江戸時代中期の幕臣、画家。
¶徳人（おおおかしげひろ　㊐1765年　㊀1848年）

大岡清謙　おおおかせいけん
⇒大岡清謙（おおおかきよかた）

大岡孟清　おおおかたけきよ
寛延2（1749）年～文政4（1821）年　江戸時代中期～後期の幕臣。
¶徳人，徳代（㊀文政4（1821）年2月）

大岡忠相*　おおおかただすけ
延宝5（1677）年～宝暦1（1751）年　㊎大岡越前守（おおおかえちぜんのかみ）　江戸時代中期の大名、町奉行、幕臣。三河西大平藩主。8代将軍吉宗に登用された。
¶江人，コン，徳将，徳人，山小（㊀1751年12月19日）

大岡忠敬*　おおおかただたか
？～明治20（1887）年　江戸時代末期～明治時代の西大平藩主、西大平藩知事。
¶幕末（㊐文政11（1829）年11月27日　㊀明治20（1887）年6月11日）

大岡忠種　おおおかただたね
江戸時代前期の幕臣。
¶徳人（㊐1611年　㊀1684年）

大岡忠辰　おおおかただとき
宝暦10（1760）年～？　江戸時代中期の幕臣。
¶徳人，徳代

大岡忠通　おおおかただみち
江戸時代前期～中期の代官。
¶徳代（㊐慶安4（1651）年　㊀宝永6（1709）年1月5日）

大岡忠光*　おおおかただみつ
宝永6（1709）年～宝暦10（1760）年　江戸時代中期の大名、側用人、若年寄。上総勝浦藩主、徳川家重の側近。
¶江人，コン，徳将，徳人

大岡忠移　おおおかただより
江戸時代中期の幕臣。
¶徳人（㊐1720年　㊀1764年）

大岡丹下　おおおかたんげ
⇒斎藤三平（さいとうさんぺい）

大岡貞直　おおおかていちょく
江戸時代後期の代官。
¶徳代（㊐？　㊀嘉永2（1849）年2月）

大岡哲*　おおおかてつ
弘化3（1846）年～大正10（1921）年　江戸時代末期～明治時代の儒学者。
¶幕末（㊀大正10（1921）年2月3日）

大岡豊継　おおおかのとよつぐ
平安時代前期の官人。
¶古人（生没年不詳）

大久保鷲山　おおおくぼしゅうざん
⇒大久保鷲山（おおくぼしゅうざん）

大桶勝十郎　おおおけかつじゅうろう
江戸時代後期～末期の二本松少年隊士。
¶全幕（㊐嘉永5（1852）年　㊀慶応4（1868）年）

大音青山*　おおおとせいざん
文化14（1817）年～明治19（1886）年　江戸時代末期～明治時代の福岡藩士、藩老中。大宰府移居、薩長連合結成に尽力。
¶コン，幕末（㊀明治19（1886）年4月19日）

大御室　おおおむろ
⇒性信（しょうしん）

大神壱岐*　おおがいき
天保5（1834）年～慶応1（1865）年　㊎大神茂興（おおがしげおき），三輪松之助（みわまつのすけ）　江戸時代末期の祠官。
¶幕末（㊀慶応1（1865）年10月23日）

大貝平五　おおがいへいご
⇒大貝平五（おがいへいご）

大顔* おおかお
　生没年不詳　平安時代中期の女性。村上天皇皇子具平親王が寵愛した自家の雑仕女。
　¶古人

大垣少将 おおがきしょうしょう
　⇒小早川秀秋（こばやかわひであき）

大柿兵部永光 おおがきひょうぶながみつ
　江戸時代前期の豊臣秀頼・浅野長晟の家臣。
　¶大坂

大賀九郎左衛門* おおがくろうざえもん
　？〜寛永18（1641）年　江戸時代前期の朱印船貿易家。
　¶コン, 全戦, 対外

大神惟季* おおがこれすえ
　万寿3（1026）年〜寛治8（1094）年　別大神惟季（おおがのこれすえ）　平安時代中期〜後期の雅楽家。
　¶古人（おおがのこれすえ）, コン（㊥長元2（1029）年　㊣嘉保1（1094）年）

大神惟遠* おおがこれとお
　別大神惟遠（おおがのこれとお，おおみわのこれとお）　平安時代中期の舞師。
　¶古人（おおがのこれとお　生没年不詳）, 古人（おおみわのこれとお　生没年不詳）

大神茂興 おおがしげおき
　⇒大神壱岐（おおがいき）

大梶七兵衛〔1代〕* おおかじしちべえ
　元和7（1621）年〜元禄2（1689）年　江戸時代前期の植林, 水利, 新田開発の功労者。
　¶コン（代数なし）

大鹿嶋 おおかしま
　⇒大鹿島命（おおかしまのみこと）

大鹿島命* おおかしまのみこと
　別大鹿嶋（おおかしま）　上代の中臣氏の伝説上の先祖。
　¶古代（大鹿嶋　おおかしま）, コン

大膳武忠* おおかしわのたけただ
　生没年不詳　平安時代中期の筑前国香椎宮の神官。
　¶古人

大春日朝臣雄継* おおかすがのあそんおつぐ
　延暦9（790）年〜貞観10（868）年　別大春日雄継（おおかすがのおつぐ）　平安時代前期の明経博士。
　¶古人（大春日雄継　おおかすがのおつぐ）, 古代

大春日朝臣真野麻呂 おおかすがのあそんまのまろ
　⇒大春日真野麻呂（おおかすがのまのまろ）

大春日魚成 おおかすがのいおなり
　平安時代前期の官人。
　¶古人（生没年不詳）

大春日氏主 おおかすがのうじぬし
　平安時代前期の暦博士。元慶6年従五位下。
　¶古人（生没年不詳）

大春日雄継 おおかすがのおつぐ
　⇒大春日朝臣雄継（おおかすがのあそんおつぐ）

大春日兼平* おおかすがのかねひら
　天暦1（947）年〜？　平安時代中期の強盗。
　¶古人

大春日公守 おおかすがのきみもり
　平安時代前期の官人。
　¶古人（生没年不詳）

大春日浄足* おおかすがのきよたり
　生没年不詳　奈良時代〜平安時代前期の官人。
　¶古人

大春日真親 おおかすがのさねちか
　平安時代後期の官人。
　¶古人（生没年不詳）

大春日沢主 おおかすがのさわぬし
　平安時代前期の官人。
　¶古人（生没年不詳）

大春日助安 おおかすがのすけやす
　平安時代中期の官人。
　¶古人（生没年不詳）

大春日高庭 おおかすがのたかにわ
　平安時代前期の官人。
　¶古人（生没年不詳）

大春日為賢 おおかすがのためかた
　平安時代中期の官人。
　¶古人（生没年不詳）

大春日為親 おおかすがのためちか
　平安時代後期の官人。
　¶古人（生没年不詳）

大春日遠明 おおかすがのとおあき
　平安時代中期の官人。
　¶古人（生没年不詳）

大春日遠晴 おおかすがのとおはる
　平安時代中期の官人。
　¶古人（生没年不詳）

大春日仲明 おおかすがのなかあきら
　平安時代中期の官人。
　¶古人（生没年不詳）

大春日春里 おおかすがのはるさと
　平安時代中期の官人。
　¶古人（生没年不詳）

大春日栄種* おおかすがのひでたね
　生没年不詳　平安時代中期の暦博士。
　¶古人

大春日弘範 おおかすがのひろのり
　平安時代中期の暦博士。
　¶古人（生没年不詳）

大春日益満 おおかすがのますみつ
　平安時代中期の官人。
　¶古人（生没年不詳）

大春日真野麻呂* おおかすがのまのまろ
　生没年不詳　別大春日朝臣真野麻呂（おおかすがのあそんまのまろ）　平安時代前期の暦学者。
　¶古人, 古代（大春日朝臣真野麻呂　おおかすがのあそんまのまろ）, コン

大春日師範 おおかすがのもろのり
　⇒大春日師範（おおかすがもろのり）

大春日安名 おおかすがのやすな
　平安時代前期の官人。

¶古人(生没年不詳)

大春日安永　おおかすがのやすなが
平安時代前期の官人。
¶古人(生没年不詳)

大春日安守　おおかすがのやすもり
平安時代前期の官人。
¶古人(生没年不詳)

大春日吉野　おおかすがのよしの
平安時代前期の官人。
¶古人(生没年不詳)

大春日善道　おおかすがのよしみち
平安時代前期の官人。
¶古人(生没年不詳)

大春日淑光　おおかすがのよしみつ
平安時代中期の官人。
¶古人(生没年不詳)

大春日良棟　おおかすがのよしむね
平安時代前期の暦博士。
¶古人(生没年不詳)

大春日師範*　おおかすがのもろのり
生没年不詳　㋲大春日師範(おおかすがのもろの
り)　平安時代中期の歌人。
¶古人(おおかすがのもろのり)

大鐘義鳴*　おおかねぎめい
文化4(1807)年〜文久2(1862)年11月19日　㋲大
鐘義鳴(おおかねよしなる,おおがねよしなり)
江戸時代末期の陸奥二本松藩士,儒学者。
¶幕末(㋐文化3(1806)年　㋑文久2(1863)年11月19日)

大鐘義鳴　おおがねよしなり
⇒大鐘義鳴(おおかねぎめい)

大鐘義鳴　おおかねよしなる
⇒大鐘義鳴(おおかねぎめい)

大神朝臣田麻呂　おおがのあそんたまろ
⇒大神田麻呂(おおがのたまろ)

大神朝臣比義*　おおがのあそんひぎ
飛鳥時代の巫覡。
¶古代

大神朝臣杜女　おおがのあそんもりめ
⇒大神杜女(おおみわのもりめ)

大神家基*　おおがのいえもと
生没年不詳　平安時代後期の武士。
¶古人

大神国貞　おおがのくにさだ
平安時代後期の八幡宇佐宮装束所検校大神貞安
の子。
¶古人(生没年不詳)

大賀国親　おおがのくにちか
平安時代後期の官人。
¶古人(生没年不詳)

大神邦利　おおがのくにとし
平安時代中期の官人。
¶古人(生没年不詳)

大神惟季　おおがのこれすえ
⇒大神惟季(おおがこれすえ)

大神惟隆*　おおがのこれたか
生没年不詳　平安時代後期の豊後国の大豪族緒方
家の一族。
¶古人

大神惟遠　おおがのこれとお
⇒大神惟遠(おおがこれとお)

大神惟栄　おおがのこれひで
⇒大神惟栄(おおがのこれよし)

大神維村*(大神惟村)　おおがのこれむら
生没年不詳　平安時代後期の武士。
¶古人(大神惟村)

大神惟栄*　おおがのこれよし
生没年不詳　㋲大神惟栄(おおがのこれひで)　平
安時代後期の豊後国の大豪族緒方家の一族。
¶古人(おおがのこれひで)

大神貞安　おおがのさだやす
平安時代後期の八幡宇佐宮御装束検校。末貞の子。
¶古人(生没年不詳)

大神末貞　おおがのすえさだ
平安時代後期の豊前国八幡宇佐宮御装束検校大神
貞安の父。
¶古人(生没年不詳)

大神忠行　おおがのただゆき
平安時代後期の八幡宇佐宮権少宮司。
¶古人(生没年不詳)

大神田麻呂*　おおがのたまろ
生没年不詳　㋲大神朝臣田麻呂(おおがのあそんた
まろ),大神田麻呂(おおみわのたまろ)　奈良時
代の宇佐八幡宮の神官。
¶古人,古代(大神朝臣田麻呂　おおがのあそんたまろ),
コン

大神為興　おおがのためおき
平安時代中期の官人。
¶古人(生没年不詳)

大神長則　おおがのながのり
平安時代後期の官人。
¶古人(生没年不詳)

大神延可　おおがののぶよし
平安時代後期の八幡宇佐宮権擬小宮司。
¶古人(生没年不詳)

大神福童丸　おおがのふくどうまろ
生没年不詳　㋲大神福童丸(おおみわのふくどうま
ろ)　平安時代中期の官人。
¶古人,古代(おおみわのふくどうまろ)

大神宮保　おおがのみややす
平安時代後期の八幡宇佐宮の祝。
¶古人(生没年不詳)

大神基政　おおがのもとまさ
⇒大神基政(おおがもとまさ)

大神守宮　おおがのもりみや
平安時代中期の武士。
¶古人(生没年不詳)

大神杜女　おおがのもりめ
⇒大神杜女(おおみわのもりめ)

大神安子　おおがのやすこ
　平安時代後期の八幡宇佐宮女禰宜。
　¶古人（生没年不詳）

大神良臣　おおがのよしおみ
　⇒大神良臣（おおみわのよしおみ）

大賀則俊　おおがのりとし
　平安時代後期の官人。
　¶古人（生没年不詳）

大神基政*　おおがもとまさ
　承暦3（1079）年～保延4（1138）年　㊞大神基政（お
　おがのもとまさ）　平安時代後期の雅楽演奏者。横
　笛の名手。
　¶古人（おおがのもとまさ），コン

大河兼任*　おおかわかねとう
　？～建久1（1190）年　平安時代後期の武将。平泉藤
　原泰衡の郎従。
　¶古人，中世

大川貞信　おおかわさだのぶ
　江戸時代後期～末期の和算家。
　¶数学（㊞寛政4（1791）年　㊦安政6（1859）年）

大川三朝　おおかわさんちょう
　⇒尾上松助〔3代〕（おのえまつすけ）

大川錠吉　おおかわじょうきち
　江戸時代後期～大正時代の大川屋書店創業者。
　¶出版（㊞弘化2（1845）年6月9日　㊦大正15（1926）年3
　月6日）

大川正次郎　おおかわしょうじろう
　江戸時代後期～明治時代の幕臣。大鳥圭介の旧幕
　府脱走軍に加わり、転戦。
　¶全幕（生没年不詳），幕末（㊞弘化1（1844）年1月　㊦明
　治12（1879）年4月12日）

大川四郎左衛門*　おおかわしろうざえもん
　享保9（1724）年～文化10（1813）年　江戸時代中期
　～後期の伊豆国の網元、名主。
　¶コン

大川神左衛門尉*　おおかわじんざえもんのじょう
　生没年不詳　戦国時代の伊豆の狩野山の山奉行。
　¶後北（神左衛門尉〔大川（2）〕　じんざえもんのじょう）

大川助作　おおかわすけさく
　江戸時代の和算家。
　¶数学

大川忠直　おおかわただなお
　安土桃山時代の伊豆国西浦の百姓。四郎左衛門・兵
　庫助。守吉の嫡男。
　¶後北（忠直〔大川（1）〕　ただなお　㊦慶長7年8月14
　日）

大河内貞綱　おおかわちさだつな
　⇒大河内貞綱（おおこうちさだつな）

大河内保閏　おおかわちほたつ
　南北朝時代の武士。
　¶内乱（生没年不詳）

大川藤蔵　おおかわとうぞう
　⇒小河吉三郎（おがわきちさぶろう）

大河戸秀行　おおかわどのひでゆき
　平安時代後期の武蔵国大河戸御厨の武士。重行
　の子。

　¶古人（生没年不詳）

大河戸行平　おおかわどのゆきひら
　平安時代後期の武蔵国大河戸御厨の武士。重行
　の子。
　¶古人（生没年不詳）

大河戸行充　おおかわどのゆきみつ
　平安時代後期の武蔵国大河土御厨の武士。重行
　の子。
　¶古人（生没年不詳）

大川直敏　おおかわなおとし
　江戸時代後期の和算家。
　¶数学

大川橋蔵〔1代〕　おおかわはしぞう
　⇒尾上菊五郎〔3代〕（おのえきくごろう）

大川八蔵　おおかわはちぞう
　⇒尾上多見蔵〔2代〕（おのえたみぞう）

大川英賢　おおかわひでかた
　江戸時代後期～明治時代の和算家。
　¶数学（㊞天保6（1835）年　㊦明治18（1885）年）

大川平兵衛*　おおかわへいべえ
　享和2（1802）年～明治4（1871）年　江戸時代末期
　～明治時代の剣術家。
　¶幕末（㊦明治4（1871）年9月11日）

大川通久　おおかわみちひさ
　江戸時代後期～明治時代の幕臣。
　¶徳人（㊞1847年　㊦1897年）

大川守吉　おおかわもりよし
　戦国時代の北条氏の家臣。四郎左衛門・若狭守。
　伊勢宗瑞（北条早雲）・北条氏綱・氏康に仕えた在
　郷被官。
　¶後北（守吉〔大川（1）〕　もりよし）

大河原新十郎　おおがわらしんじゅうろう
　安土桃山時代の上野国那波城主那波顕次の家臣。
　¶後北（新十郎〔大河原〕　しんじゅうろう）

大川良平　おおかわりょうへい
　⇒赤松滄洲（あかまつそうしゅう）

大木右京　おおきうきょう
　江戸時代前期の仏師。
　¶美建（生没年不詳）

大私部善人　おおきさいべのよしひと
　平安時代前期の千葉国造。大同1年上総大掾。
　¶古人（生没年不詳）

大岸　おおきし*
　江戸時代中期の女性。俳諧。島原の遊女。明和7年
　刊、炭太祇編『不夜庵春帖』に載る。
　¶江表（大岸（京都府））

大木四郎*　おおきしろう
　嘉永2（1849）年～明治1（1868）年　江戸時代末期
　の志士。赤報隊結成に参加。
　¶幕末（㊦慶応4（1868）年3月3日）

大分恵尺　おおきだえさか
　⇒大分恵尺（おおきだのえさか）

大木喬任*　おおきたかとう
　天保3（1832）年～明治32（1899）年　江戸時代末期
　～明治時代の肥前佐賀藩士、政治家。

¶コン, 全幕, 幕末（[生]天保3（1832）年3月　[没]明治32（1899）年9月26日）, 山小（[生]1832年3月23日　[没]1899年9月26日）

大喜多亀介* 　**おおきたかめすけ**
？～天正3（1575）年7月26日　戦国時代～安土桃山時代の織田信長の家臣。
¶織田

意富芸多志比売* 　**おおぎたしひめ**
上代の女性。用明天皇妃。
¶古代

大分恵尺* 　**おおきだのえさか**
？～天武天皇4（675）年6月　[別]大分恵尺（おおきだえさか），大分君恵尺（おおきだのきみえさか）　飛鳥時代の武将。壬申の乱で活躍。
¶古人, 古代（大分君恵尺　おおきだのきみえさか）, 古物, コン（[没]天武4（675）年）

大分君恵尺　**おおきだのきみえさか**
⇒大分恵尺（おおきだのえさか）

大分君稚臣　**おおきだのきみわかみ**
⇒大分稚見（おおきだのわかみ）

大分稚見* 　**おおきだのわかみ**
？～天武8（679）年　[別]大分君稚臣（おおきだのきみわかみ），大分稚見（おおきだわかみ）　飛鳥時代の武将。壬申の乱で活躍。
¶古人（生没年不詳）, 古代（大分君稚臣　おおきだのきみわかみ）, 古物, コン

大喜多兵庫助* 　**おおきたひょうごのすけ**
？～天正3（1575）年7月26日　戦国時代～安土桃山時代の織田信長の家臣。
¶織田

大分稚見　**おおきだわかみ**
⇒大分稚見（おおきだのわかみ）

大木藤十郎* 　**おおきとうじゅうろう**
天明5（1785）年～明治6（1873）年　江戸時代後期の砲術家。
¶幕末（[没]明治6（1873）年11月22日）

大城戸長兵衛* 　**おおきどちょうべえ**
文化7（1810）年～明治6（1873）年　江戸時代末期～明治時代の国学者。
¶コン（[生]文化10（1813）年）, 幕末（[没]明治6（1873）年12月4日）

大喜豊助*(1)　**おおきとよすけ**
安永8（1779）年～元治1（1864）年　江戸時代後期の陶工。
¶美工

大喜豊助*(2)（大木豊助）　**おおきとよすけ**
*～安政5（1858）年　江戸時代末期の文人、陶工。豊楽焼。
¶コン（[生]？）, 美工（[生]文化9（1812）年　[没]安政5（1858）年11月）

大吉備津日子命（大吉備津彦命）　**おおきびつひこのみこと**
⇒吉備津彦命（きびつひこのみこと）

正親町　**おおぎまち**
江戸時代後期の女性。和歌・散文。尾張藩主徳川斉朝の室淑姫付の上﨟年寄。「尾州下屋舗筑地の記」に、文化12年下屋敷の「築地御屋敷」に載る。
¶江表（正親町（愛知県））

正親町院* 　**おおぎまちいん**
建保1（1213）年～弘安8（1285）年　[別]覚子内親王（かくこないしんのう，かくしないしんのう）　鎌倉時代前期の女性。土御門天皇の第1皇女。
¶天皇（[没]弘安8（1285）年8月23日）

正親町公蔭　**おおぎまちきみかげ**
⇒正親町公蔭（おおぎまちきんかげ）

正親町公兼　**おおぎまちきみかね**
⇒正親町公兼（おおぎまちきんかね）

正親町公叙　**おおぎまちきみのぶ**
⇒正親町公叙（おおぎまちきんのぶ）

正親町公明* 　**おおぎまちきんあき**
延享1（1744）年3月25日～文化10（1813）年10月13日　江戸時代中期～後期の公家（権大納言）。権大納言正親町実連の子、母は内大臣広幡豊忠の娘。
¶公卿, 公家（公明〔正親町家〕　きんあきら）, コン

正親町公蔭* 　**おおぎまちきんかげ**
[別]正親町公蔭（おおぎまちきみかげ）　鎌倉時代後期～南北朝時代の公卿（権大納言）。権大納言正親町実明の子。
¶公卿（おおぎまちきみかげ　[生]永仁5（1297）年　[没]延文5/正平15（1360）年10月19日）, 公家（公蔭〔正親町家〕　きんかげ　[没]延文5（1360）年10月19日）

正親町公蔭女　**おおぎまちきんかげのむすめ**
⇒徽安門院一条（きあんもんいんのいちじょう）

正親町公兼* 　**おおぎまちきんかね**
享徳2（1453）年～大永5（1525）年8月13日　[別]正親町公兼（おおぎまちきみかね）　戦国時代の公卿（権大納言）。権大納言正親町持季の子。
¶公卿, 公家（公兼〔正親町家〕　きんかね）

正親町公澄* 　**おおぎまちきんずみ**
永享2（1430）年～文明2（1470）年11月4日　室町時代の公卿（権大納言）。権大納言裏辻実秀の末男。
¶公卿, 公家（公澄〔正親町家〕　きんずみ）

正親町公董* 　**おおぎまちきんただ**
天保10（1839）年～明治12（1879）年　江戸時代末期～明治時代の公家、陸軍軍人、奥羽追討総督府参謀。少尉、従三位。
¶コン, 幕末（[生]天保10（1839）年1月24日　[没]明治12（1879）年12月27日）

正親町公叙* 　**おおぎまちきんのぶ**
永正11（1514）年8月16日～天文18（1549）年8月7日　[別]正親町公叙（おおぎまちきみのぶ）　戦国時代の公卿（権大納言）。権大納言正親町実胤の子、母は内大臣三条西実隆の娘。
¶公卿, 公家（公叙〔正親町家〕　きんのぶ）

正親町公通* 　**おおぎまちきんみち**
承応2（1653）年閏6月26日～享保18（1733）年　江戸時代前期～中期の神道家、公家（権大納言）。権大納言正親町実豊の子、母は権中納言藤谷為賢の娘。
¶江人, 公卿（[没]享保18（1733）年7月12日）, 公家（公通〔正親町家〕　きんみち　[没]享保18（1733）年7月12日）, コン, 思想

正親町実明* 　**おおぎまちさねあき**
*～正平6/観応2（1351）年1月17日　鎌倉時代後期～南北朝時代の公卿（権大納言）。正親町家の祖。太政大臣洞院公守の次男。
¶公卿（[生]文永7（1270）年　[没]観応2/正平6（1351）年1月17日）, 公家（実明〔正親町家〕　さねあき　[生]1274年

[没]観応2（1351）年1月17日）

正親町実明女(1)　おおぎまちさねあきのむすめ
南北朝時代の女性。光厳天皇の後宮。
¶天皇（生没年不詳）

正親町実明女(2)　おおぎまちさねあきのむすめ
⇒一条局（いちじょうのつぼね）

正親町実明女　おおぎまちさねあきらじょ
⇒対御方（たいのおんかた）

正親町実徳*　おおぎまちさねあつ
文化11（1814）年～明治29（1896）年　江戸時代末期～明治時代の公家（権大納言）。権大納言正親町実光の三男。
¶公卿（[生]文化11（1814）年9月29日　[没]明治29（1896）年10月），公家（実徳〔正親町家〕　さねあつ　[生]文化11（1814）年9月29日　[没]明治29（1896）年10月31日），幕末（[生]文化11（1814）年9月29日　[没]明治29（1896）年10月31日）

正親町実胤*　おおぎまちさねたね
延徳2（1490）年～永禄9（1566）年9月16日　戦国時代の公卿（権大納言）。権大納言正親町公兼の長男。
¶公卿，公家（実胤〔正親町家〕　さねたね）

正親町実綱*　おおぎまちさねつな
興国4/康永2（1343）年～建徳1/応安3（1370）年1月23日　南北朝時代の公卿（権中納言）。権大納言正親町忠季の子。
¶公卿（[生]康永2（1343）年　[没]応安3（1370）年1月23日），公家（実綱〔正親町家〕　さねつな　[没]応安3（1370）年1月23日）

正親町実連*　おおぎまちさねつら
享保5（1720）年7月23日～享和2（1802）年9月29日　江戸時代中期～後期の公家（権大納言）。権大納言正親町公通の末子。
¶公卿，公家（実連〔正親町家〕　さねつら）

正親町実豊*　おおぎまちさねとよ
元和5（1619）年12月8日～元禄16（1703）年2月3日　江戸時代前期～中期の公家（権大納言）。参議正親町季俊の子、母は従五位下越前守源勝盛の娘。
¶公卿，公家（実豊〔正親町家〕　さねとよ）

正親町実秀*　おおぎまちさねひで
元中5/嘉慶2（1388）年～永享4（1432）年　室町時代の公卿。
¶公家（実秀〔正親町家〕　さねひで）

正親町実文*　おおぎまちさねふみ
生没年不詳　南北朝時代の公卿（非参議）。権大納言正親町公蔭の次男。
¶公卿，公家（実文〔正親町家〕　さねふみ）

正親町実光*　おおぎまちさねみつ
安永6（1777）年3月1日～文化14（1817）年11月22日　江戸時代後期の公家（権大納言）。権大納言正親町公明の子、母は侍従治茂の養女。
¶公卿，公家（実光〔正親町家〕　さねみつ）

正親町三条公兄　おおぎまちさんじょうきみえ
⇒正親町三条公兄（おおぎまちさんじょうきんえ）

正親町三条公仲*　おおぎまちさんじょうきみなか
弘治3（1557）年4月20日～文禄3（1594）年6月26日　[別]正親町三条公仲（おおぎまちさんじょうきんなか）　安土桃山時代の公卿（権中納言）。権中納言正親町三条実福の子。
¶公卿（おおぎまちさんじょうきんなか），公家（公仲〔正親町三条家〕　きんなか）

正親町三条公明　おおぎまちさんじょうきんあき
⇒三条公明（さんじょうきんあき）

正親町三条公氏*　おおぎまちさんじょうきんうじ
寿永1（1182）年～嘉禎3（1237）年　[別]三条公氏（さんじょうきんうじ）　鎌倉時代前期の公卿（権大納言）。左大臣三条実房の三男。
¶公卿（[没]嘉禎3（1237）年9月15日），公家（公氏〔正親町三条家〕　きんうじ　[没]嘉禎3（1237）年9月15日）

正親町三条公兄*　おおぎまちさんじょうきんえ
明応3（1494）年～天正6（1578）年　[別]正親町三条公兄（おおぎまちさんじょうきみえ）　戦国時代～安土桃山時代の公卿（内大臣）。内大臣正親町三条実望の長男。
¶公卿（[没]天正6（1578）年1月20日），公家（公兄〔正親町三条家〕　きんけい　[没]天正6（1578）年1月20日）

正親町三条公統*　おおぎまちさんじょうきんおさ
寛文8（1668）年2月18日～享保4（1719）年8月16日　江戸時代中期の公家（権大納言）。参議正親町三条実昭の三男。
¶公卿，公家（公統〔正親町三条家〕　きんおさ）

正親町三条公高*　おおぎまちさんじょうきんたか
元和5（1619）年8月27日～慶安1（1648）年9月28日　江戸時代前期の公家（参議）。権大納言正親町三条実有の長男。
¶公卿，公家（公高〔正親町三条家〕　きんたか）

正親町三条公綱*(1)　おおぎまちさんじょうきんつな
生没年不詳　鎌倉時代後期～南北朝時代の公卿（従三位、非参議）。中納言正親町三条実任の子。
¶公卿，公家（公綱〔三条家（絶家）2〕　きんつな）

正親町三条公綱*(2)　おおぎまちさんじょうきんつな
*～文明3（1471）年閏8月10日　室町時代の公卿（権大納言）。内大臣正親町三条実雅の子。
¶公卿（[生]？），公家（公綱〔正親町三条家〕　きんつな　[生]？）

正親町三条公積*（正親町三条公績）　おおぎまちさんじょうきんつむ
享保6（1721）年～安永6（1777）年　江戸時代中期の公家（権大納言）。左近衛権中将正親町三条実彦の子。
¶公卿（[生]享保6（1721）年9月3日　[没]安永6（1777）年6月2日），公家（公積〔正親町三条家〕　きんつむ　[生]享保6（1721）年9月3日　[没]安永6（1777）年6月2日），コン

正親町三条公豊*　おおぎまちさんじょうきんとよ
元弘3/正慶2（1333）年～応永13（1406）年6月24日　[別]三条公豊（さんじょうきんとよ）　南北朝時代～室町時代の公卿（内大臣）。内大臣正親町三条実継の長男、母は権大納言正親町三条公明の娘。
¶公卿（[生]正慶2/元弘3（1333）年），公家（公豊〔正親町三条家〕　きんとよ）

正親町三条公仲　おおぎまちさんじょうきんなか
⇒正親町三条公仲（おおぎまちさんじょうきみなか）

正親町三条公貫*　おおぎまちさんじょうきんぬき
暦仁1（1238）年～正和4（1315）年2月29日　[別]三条公貫（さんじょうきんつら）　鎌倉時代後期の公卿（権大納言）。参議正親町三条実蔭の子。
¶公卿，公家（公貫〔正親町三条家〕　きんつら）

正親町三条公則*　おおぎまちさんじょうきんのり
安永3（1774）年6月16日～寛政12（1800）年9月1日

江戸時代中期～後期の公家（権中納言）。参議正親町三条実同の子。
¶公卿, 公家（公則〔正親町三条家〕　きんのり）

正親町三条公治* おおぎまちさんじょうきんはる
嘉吉1（1441）年～明応4（1495）年3月12日　室町時代～戦国時代の公卿（権大納言）。内大臣正親町三条実雅の次男。
¶公卿, 公家（公治〔正親町三条家〕　きんはる）

正親町三条公秀* おおぎまちさんじょうきんひで
弘安8（1285）年～正平18/貞治2（1363）年　[別]三条公秀（さんじょうきんひで）　鎌倉時代後期～南北朝時代の公卿（内大臣）。崇光院と後光厳院の祖。権大納言正親町三条実躬の子。
¶公卿（[没]貞治3/正平19（1364）年8月2日）, 公家（公秀〔正親町三条家〕　きんひで　[没]貞治2（1363）年8月2日？）

正親町三条公雅* おおぎまちさんじょうきんまさ
元中1/至徳1（1384）年～応永34（1427）年8月12日　室町時代の公卿（権大納言）。権大納言正親町三条実豊の子。
¶公卿（[生]至徳1/元中1（1384）年）, 公家（公雅〔正親町三条家〕　きんまさ）

正親町三条公躬* おおぎまちさんじょうきんみ
正応3（1290）年～興国3/康永1（1342）年4月11日　鎌倉時代後期～南北朝時代の公卿（従二位、非参議）。従二位・民部卿正親町三条実仲の次男。
¶公卿（[没]康永1/興国3（1342）年4月11日）, 公家（公躬〔正親町三条家〕　きんみ　[没]暦応5（1342）年4月11日）

正親町三条公廉* おおぎまちさんじょうきんよし
慶安2（1649）年3月17日～寛文11（1671）年8月28日　江戸時代前期の公家（参議）。参議正親町三条実昭の長男、母は左中将為景の娘。
¶公卿, 公家（公廉〔正親町三条家〕　きんかど）

正親町三条公頼* おおぎまちさんじょうきんより
生没年不詳　室町時代の公卿（参議）。准大臣正親町三条実音の次男。
¶公卿, 公家（公頼〔三条家（絶家）3〕　きんより）

正親町三条実昭* おおぎまちさんじょうさねあき
寛永1（1624）年11月24日～寛文8（1668）年5月7日　江戸時代前期の公家（参議）。権大納言正親町三条実有の次男。
¶公卿, 公家（実昭〔正親町三条家〕　さねあき）

正親町三条実有* おおぎまちさんじょうさねあり
天正16（1588）年～寛永10（1633）年7月13日　江戸時代前期の公家（権大納言）。権中納言正親町三条公仲の子、母は権大納言勧修寺晴右の娘。
¶公卿, 公家（実有〔正親町三条家〕　さねあり　[生]1587年）

正親町三条実興* おおぎまちさんじょうさねおき
長禄1（1457）年～文明13（1481）年1月3日　室町時代～戦国時代の公卿（参議）。権大納言正親町三条公躬（のち公治）の子。
¶公卿, 公家（実興〔正親町三条家〕　さねおき）

正親町三条実音* おおぎまちさんじょうさねおと
南北朝時代の公卿（准大臣）。内大臣正親町三条公秀の次男、母は従三位・非参議藤原家相の娘。
¶公卿（[生]元亨1（1321）年　[没]至徳3/元中3（1386）年2月16日）

正親町三条実蔭* おおぎまちさんじょうさねかげ
建仁1（1201）年～仁治2（1241）年5月5日　鎌倉時代前期の公卿（参議）。権大納言正親町三条公氏の子、母は権大納言藤原泰通の娘。
¶公卿, 公家（実蔭〔正親町三条家〕　さねかげ　[生]？）

正親町三条実継 おおぎまちさんじょうさねつぐ
⇒三条実継（さんじょうさねつぐ）

正親町三条実任* おおぎまちさんじょうさねとう
文永1（1264）年～延元3/暦応1（1338）年12月3日　[別]三条実任（さんじょうさねとう）　鎌倉時代後期～南北朝時代の公卿（中納言）。参議正親町三条実蔭の孫。
¶公卿（[没]暦応1/延元3（1338）年12月3日）, 公家（実任〔三条家（絶家）2〕　さねとう　[没]暦応1（1338）年12月3日）

正親町三条実同* おおぎまちさんじょうさねどう
寛延1（1748）年9月3日～天明5（1785）年1月15日　江戸時代中期の公家（参議）。権大納言正親町三条公積の長男、母は権大納言三条西公福の娘。
¶公卿, 公家（実同〔正親町三条家〕　さねとも）

正親町三条実福* おおぎまちさんじょうさねとみ
天文5（1536）年～永禄11（1568）年1月25日　戦国時代の公卿（権中納言）。内大臣正親町三条公兄の次男。
¶公卿, 公家（実福〔正親町三条家〕　さねとみ）

正親町三条実豊* おおぎまちさんじょうさねとよ
？～応永11（1404）年4月10日　[別]三条実豊（さんじょうさねとよ）　南北朝時代～室町時代の公卿（権大納言）。権大納言正親町三条公豊の子。
¶公卿, 公家（実豊〔正親町三条家〕　さねとよ）

正親町三条実仲 おおぎまちさんじょうさねなか
⇒藤原実仲（ふじわらさねなか）

正親町三条実愛* おおぎまちさんじょうさねなる
文政3（1820）年12月5日～明治42（1909）年10月20日　[別]嵯峨実愛（さがさねなる）　江戸時代末期～明治時代の公家、議定・内国事務総監。大納言。
¶公卿, 公家（実愛〔正親町三条家〕　さねなる）, コン, 全幕, 幕末（嵯峨実愛　さがさねなる　[生]文政3（1821）年12月5日）

正親町三条実治* おおぎまちさんじょうさねはる
正応4（1291）年～正平8/文和2（1353）年5月17日　鎌倉時代後期～南北朝時代の公卿（権中納言）。従二位・民部卿正親町三条実仲の三男。
¶公卿（[没]文和2/正平8（1353）年5月17日）, 公家（実治〔九条家（絶家）〕　さねはる　[生]1292年　[没]文和2（1353）年5月19日）

正親町三条実久* おおぎまちさんじょうさねひさ
明暦2（1656）年6月21日～元禄8（1695）年11月11日　江戸時代前期～中期の公家（権中納言）。参議正親町三条実昭の次男。
¶公卿, 公家（実久〔正親町三条家〕　さねひさ）

正親町三条実雅* おおぎまちさんじょうさねまさ
応永16（1409）年～応仁1（1467）年　[別]正親町三条実雅（おうぎまちさんじょうさねまさ）, 三条実雅（さんじょうさねまさ）　室町時代の公卿（内大臣）。権大納言正親町三条公雅の子。
¶公卿（[没]応仁1（1467）年9月3日）, 公家（実雅〔正親町三条家〕　さねまさ　[没]応仁1（1467）年9月3日）

正親町三条実躬 おおぎまちさんじょうさねみ
⇒三条実躬（さんじょうさねみ）

正親町三条実望* おおぎまちさんじょうさねもち
寛正4(1463)年～享禄3(1530)年　戦国時代の公卿(内大臣)。内大臣正親町公治の次男。
¶公卿([没]享禄3(1530)年3月5日),公家(実望〔正親町三条家〕　さねもち　[没]享禄3(1530)年3月)

正親町三条実義* おおぎまちさんじょうさねよし
寛政10(1798)年11月2日～文政3(1820)年6月4日　江戸時代後期の公家(参議)。権中納言正親町三条公則の長男、母は権大納言勧修寺経逸の娘。
¶公卿,公家(実義〔正親町三条家〕　さねよし)

正親町実子 おおぎまちじつこ
⇒宣光門院(せんこうもんいん)

正親町季俊* おおぎまちすえとし
天正14(1586)年9月18日～寛永2(1625)年11月29日　江戸時代前期の公家(参議)。権大納言正親町季秀の次男、母は権大納言烏丸光康の娘。
¶公卿,公家(季俊〔正親町家〕　すえとし)

正親町季秀* おおぎまちすえひで
天文17(1548)年～慶長17(1612)年　安土桃山時代～江戸時代前期の公家(権大納言)。権大納言庭田重保の次男、母は権大納言庭田重具の娘。
¶公卿([没]慶長17(1612)年7月1日),公家(季秀〔正親町家〕　すえひで　[没]慶長17(1612)年7月1日)

正親町忠季* おおぎまちただすえ
元亨2(1322)年～正平21/貞治5(1366)年2月22日　南北朝時代の公卿(権大納言)。権大納言正親町公蔭の長男。
¶公卿([没]貞治5(1366)年2月22日),公家(忠季〔正親町家〕　ただすえ　[没]貞治5(1366)年2月22日)

正親町天皇* おおぎまちてんのう
永正14(1517)年～文禄2(1593)年　[別]正親町天皇(おうぎまちてんのう)　戦国時代～安土桃山時代の第106代の天皇(在位1557～1586)。
¶コン,全戦,天皇([生]永正14(1517)年5月29日　[没]文禄2(1593)年1月5日),中世,室町,山小([生]1517年5月29日　[没]1593年1月5日)

正親町雅子 おおぎまちなおこ
⇒新待賢門院(しんたいけんもんいん)

正親町町子* おおぎまちまちこ
？～享保9(1724)年3月11日　[別]おさめの方(おさめのかた)　江戸時代中期の女性。文学者。大納言正親町実豊の娘。
¶江表(町子(東京都)　[没]享和9(1724)年),コン,女史([生]1679年？),女文([没]享保9(1724)年3月11日/享保8年12月),徳将

正親町宮 おおぎまちみや
⇒義仁法親王(ぎにんほっしんのう)

正親町持季* おおぎまちもちすえ
応永22(1415)年～？　室町時代の公卿(従一位・権大納言)。権仲納言正親町実綱の曽孫。
¶公卿,公家(持季〔正親町家〕　もちすえ　[没]文明4(1472)年7月15日)

正親町守子 おおぎまちもりこ
⇒藤原守子(ふじわらのもりこ)

大来皇女 おおくおうじょ
⇒大伯皇女(おおくのひめみこ)

大草香皇子 おおくさかおうじ
⇒大草香皇子(おおくさかのみこ)

大草加賀守* おおぐさかがのかみ,おおくさかがのかみ
生没年不詳　戦国時代の武士。後北条氏家臣。
¶後北(加賀守〔大草〕　かがのかみ)

大草香皇子 おおくさかのおうじ
⇒大草香皇子(おおくさかのみこ)

大草香皇子* おおくさかのみこ
[別]大草香皇子(おおくさかおうじ,おおくさかのおうじ)　上代の仁徳天皇の皇子。
¶古代,古物,コン,天皇([生]？　[没]安康1(454)年2月)

大草公弼 おおくさきみすけ
⇒大草公弼(おおくさこうひつ)

大草公政 おおくさきんまさ
江戸時代前期の幕臣。
¶徳人([生]？　[没]1624年)

大草馨堂* おおくさけいどう
天保2(1831)年～明治23(1890)年　江戸時代末期～明治時代の周防岩国藩士。
¶幕末

大草公弼* おおくさこうひつ
安永4(1775)年～文化14(1817)年　[別]大草公弼(おおくさきみすけ)　江戸時代後期の国学者。
¶コン,徳人(おおくさきみすけ)

大草水雲* おおくさすいうん
文化14(1817)年～明治7(1874)年　江戸時代末期～明治時代の僧侶。南画と詩文を愛し蘭竹画を学ぶ。
¶幕末,美画

大草政修 おおぐさせいしゅう,おおくさせいしゅう
生没年不詳　江戸時代後期の幕臣。
¶徳人,徳代(おおくさせいしゅう)

大草高正 おおくさたかまさ
安土桃山時代～江戸時代前期の幕臣。
¶徳人([生]1587年　[没]1624年)

大草高盛 おおくさたかもり
江戸時代前期の幕臣。
¶徳人([生]1624年　[没]1687年)

大草高好 おおくさたかよし
江戸時代後期の幕臣。
¶徳人([生]？　[没]1837年)

大草但馬* おおくさたじま
生没年不詳　戦国時代の北条氏の家臣。
¶後北(大草但馬守〔大草〕　たじまのかみ)

大草丹後守* おおくさたんごのかみ
生没年不詳　戦国時代の北条氏の家臣。
¶後北(丹後守〔大草〕　たんごのかみ)

大草中務丞 おおぐさなかつかさのじょう
戦国時代の相模国玉縄城主北条為昌の家臣。
¶後北(中務丞〔大草〕　なかつかさのじょう)

大草政明 おおくさまさあきら
江戸時代中期の代官。
¶徳代([生]正徳4(1714)年　[没]宝暦7(1757)年4月10日)

大草政家 おおくさまさいえ
江戸時代前期の代官。
¶徳代([生]？　[没]元和5(1619)年7月12日)

大草政清　**おおくさまさきよ**
江戸時代前期～中期の代官。
¶徳代（[生]寛文2（1662）年　[没]享保12（1727）年10月19日）

大草政郷　**おおぐさまささと，おおくさまささと**
安永7（1778）年～文政11（1828）年　江戸時代中期～後期の幕臣。
¶徳人，徳代（おおくさまささと　[没]文政11（1828）年7月29日）

大草政董　**おおくさまさただ**
江戸時代中期～後期の代官。
¶徳代（[生]寛保3（1743）年　[没]文政2（1819）年6月11日）

大草政次　**おおくさまさつぐ**
江戸時代前期の代官。
¶徳代（[生]？　[没]寛永2（1625）年3月24日）

大草政永　**おおくさまさなが**
江戸時代中期の代官。
¶徳代（[生]正徳5（1715）年　[没]寛延1（1748）年9月16日）

大草政信　**おおくさまさのぶ**
江戸時代前期～中期の代官。
¶徳代（[生]慶長12（1607）年　[没]元禄3（1690）年12月1日）

大草政英　**おおくさまさふさ**
江戸時代中期の代官。
¶徳代（[生]元禄6（1693）年　[没]享保14（1729）年閏9月21日）

大草政美　**おおくさまさみ**
江戸時代中期の代官。
¶徳代（[生]享保6（1721）年　[没]宝暦4（1754）年6月26日）

大草康盛*　**おおぐさやすもり，おおくさやすもり**
生没年不詳　戦国時代の武士。後北条氏家臣。
¶後北（康盛〔大草〕　やすもり）

大串重親　**おおぐししげちか**
平安時代後期の横山党の武士。
¶平家（生没年不詳）

大串龍太郎　**おおぐしりゅうたろう**
江戸時代末期～明治時代の藍商。
¶コン（[生]弘化2（1845）年　[没]大正14（1925）年）

大口右馬介　**おおぐちうまのすけ**
戦国時代の武士。信濃国筑摩郡会田岩下下野守の被官・岩下衆の一員。
¶武田（生没年不詳）

大口正義*　**おおぐちせいぎ**
天保10（1839）年～大正2（1913）年　江戸時代末期～明治時代の岡山藩士。戊辰戦争では農兵隊参謀として奥州各地で転戦。
¶幕末（[没]大正2（1913）年12月17日）

大口端山*　**おおぐちたんざん**
文化9（1812）年～明治18（1885）年1月2日　江戸時代末期～明治時代の文人。
¶幕末

大口屋暁雨　**おおぐちやぎょうう**
⇒大口屋治兵衛（おおぐちやじへえ）

大口屋治兵衛*　**おおぐちやじへえ**
生没年不詳　[別]大口屋暁雨（おおぐちやぎょうう），暁雨（ぎょうう）　江戸時代中期の浅草蔵前の札差。江戸十八代通の代表。
¶コン，俳文（暁雨　ぎょうう　[生]元禄7（1694）年　[没]明和3（1766）年5月15日）

大国実頼*　**おおくにさねより**
生没年不詳　安土桃山時代～江戸時代前期の武士。上杉氏家臣。
¶全戦（[生]永禄5（1562）年　[没]元和8（1622）年）

大国隆正*　**おおくにたかまさ**
寛政4（1792）年～明治4（1871）年　江戸時代末期～明治時代の国学者、内国事務局権刑事。帰正館を設立。著書に「学統弁論」「本学挙要」など。
¶コン，思想，幕末（[生]寛政4（1793）年11月29日　[没]明治4（1871）年8月17日）

大国主神（オオクニヌシノカミ）　**おおくにぬしのかみ**
⇒大国主命（おおくにぬしのみこと）

大国主命*（大国主神）　**おおくにぬしのみこと**
[別]葦原醜男（あしはらのしこお），オオクニヌシノカミ，大国主神（おおくにぬしのかみ），大汝（おおなむち），大穴牟遅神，大己貴神（おおなむちのかみ），大物主神（おおものぬしのかみ），八千矛神，八千桙之神（やちほこのかみ）　神名。出雲系神話の主神。
¶コン，思想（オオクニヌシノカミ），山小（大国主神　おおくにぬしのかみ）

大国福雄　**おおくにのさきお**
平安時代前期の官人。
¶古人（生没年不詳）

大国柏斎　**おおくにはくさい**
江戸時代末期～昭和時代の釜師。
¶美工（[生]安政3（1856）年2月　[没]昭和9（1934）年3月14日）

大伯皇女　**おおくのおうじょ**
⇒大伯皇女（おおくのひめみこ）

大伯皇女　**おおくのこうじょ**
⇒大伯皇女（おおくのひめみこ）

大伯皇女*（大来皇女）　**おおくのひめみこ**
斉明天皇7（661）年～大宝1（701）年　[別]大来皇女（おおくおうじょ），大伯皇女（おおくのおうじょ，おおくのこうじょ，おおくのみこ）　飛鳥時代の女性。天武天皇の皇女。大津皇子の同母姉。
¶古人（おおくのこうじょ　[生]？），古代，古物，コン（[生]斉明2（656）年），詩作（[没]大宝1（702）年），女史，女文（[生]斉明7（661）年1月8日　[没]大宝1（701）年12月27日），天皇（[生]斉明7（661）年），日文（[生]斉明天皇7（661）年正月甲辰　[没]大宝1（701）年12月）

大伯皇女　**おおくのみこ**
⇒大伯皇女（おおくのひめみこ）

大久保忠正　**おおくぼただまさ**
安土桃山時代の徳川氏の家臣。
¶全戦（生没年不詳）

大久保一翁*　**おおくぼいちおう**
文化14（1817）年11月29日～明治21（1888）年7月31日　[別]大久保忠寛（おおくぼただひろ）　江戸時代末期～明治時代の政治家、京都町奉行、東京府知事、子爵。松平慶永を通じて大政奉還を建言。
¶江人（大久保忠寛　おおくぼただひろ），コン，全幕，徳将（大久保忠寛　おおくぼただひろ），徳人（大久保忠寛　おおくぼただひろ），幕末

大久保一丘*　**おおくぼいっきゅう**
？～安政6（1859）年　江戸時代末期の絵師。

¶幕末

大久保今助* おおくぼいますけ
宝暦7（1757）年～天保5（1834）年　江戸時代後期の水戸藩士、歌舞伎中村座の金主。
¶歌大（[没]天保5（1834）年2月），コン

大久保石見守 おおくぼいわみのかみ
⇒大久保長安（おおくぼながやす）

大久保鼎* おおくぼかなえ
文政7（1824）年～元治1（1864）年　江戸時代末期の上野館林藩士。
¶幕末（[没]元治1（1864）年4月16日）

大久保要* おおくぼかなめ
寛政10（1798）年～安政6（1859）年　江戸時代末期の尊王派志士。
¶江人，コン，幕末（[没]安政6（1860）年12月13日）

大久保賀平次 おおくぼかへいじ
安土桃山時代の武田信廉の被官。
¶武田（[生]？　[没]天正10（1582）年3月24日）

大久保紀伊守* おおくぼきいのかみ
？～明治1（1868）年　江戸時代末期の幕臣、彰義隊の隊長。
¶コン

大久保巨川 おおくぼきょせん
⇒巨川（きょせん）

大久保邦之助* おおくぼくにのすけ
天保7（1836）年～大正5（1916）年　江戸時代末期～明治時代の常陸土浦藩士。
¶幕末（[没]大正5（1916）年11月28日）

大久保小膳* おおくぼこぜん
文政4（1821）年～明治36（1903）年　江戸時代末期～明治時代の彦根藩士。桜田門の変では彦根への急使。
¶幕末（[生]文政4（1821）年1月　[没]明治36（1903）年1月13日）

大久保左兵衛 おおくぼさひょうえ
江戸時代前期の武士。大坂の陣で籠城。
¶大坂

大久保次右衛門* おおくぼじえもん
寛政6（1794）年～文久3（1863）年　江戸時代末期の薩摩藩士。
¶幕末（[没]文久3（1863）年5月19日）

大久保七郎右衛門*（大久保七郎左衛門）　おおくぼしちろうえもん
享和1（1801）年～元治1（1864）年　[別]大久保七郎左衛門（おおくぼしちろうざえもん）　江戸時代末期の名主。
¶幕末（大久保七郎左衛門　[没]元治1（1864）年9月6日）

大久保七郎左衛門 おおくぼしちろうざえもん
⇒大久保七郎右衛門（おおくぼしちろうえもん）

大窪詩仏* おおくぼしぶつ
明和4（1767）年～天保8（1837）年2月11日　江戸時代中期～後期の漢詩人。
¶コン，詩作

大久保鷲山* おおくぼしゅうざん
寛政9（1797）年～嘉永5（1852）年　[別]大久保鷲山（おおおくぼしゅうざん）　江戸時代後期の儒学者。
¶コン

大窪匠作* おおくぼしょうさく
寛政4（1792）年～安政2（1855）年　江戸時代末期の医師。
¶幕末（[没]嘉永7（1854）年11月16日）

大久保二郎左衛門 おおくぼじろうざえもん
安土桃山時代の信濃国筑摩郡大久保の土豪。
¶武田（生没年不詳）

大久保甚五左衛門* おおくぼじんござえもん
享和2（1802）年～元治1（1864）年　江戸時代末期の水戸藩士。
¶コン（[生]享和3（1803）年），幕末（[没]元治1（1864）年10月16日）

大久保諶之亟*（大久保諶之丞）　おおくぼじんのじょう
嘉永2（1849）年～明治24（1891）年12月14日　江戸時代末期～明治時代の豪農、公共事業家。
¶幕末（大久保諶之丞）

大久保信之介*（大久保信之助）　おおくぼしんのすけ
天保10（1839）年～慶応1（1865）年　江戸時代末期の水戸藩吏。
¶幕末（[没]元治2（1865）年2月16日）

大久保忠香 おおくぼただか
江戸時代前期～中期の幕臣。
¶徳人（[生]1660年　[没]1727年）

大久保忠員* おおくぼただかず
*～天正10（1582）年　戦国時代～安土桃山時代の武士。徳川氏家臣。
¶コン（[生]永正8（1511）年）

大久保忠真* おおくぼただざね
天明1（1781）年～天保8（1837）年　江戸時代後期の大名。相模小田原藩主。
¶コン

大久保忠佐* おおくぼただすけ
天文6（1537）年～慶長18（1613）年　安土桃山時代～江戸時代前期の大名。駿河沼津藩主。
¶全戦，戦武

大久保忠位 おおくぼただたか
江戸時代前期～中期の幕臣。
¶徳人（[生]1661年　[没]1742年）

大久保忠教 おおくぼただたか
⇒大久保彦左衛門（おおくぼひこざえもん）

大久保忠隆 おおくぼただたか
江戸時代中期の代官。
¶徳代（[生]元禄5（1692）年　[没]宝暦11（1761）年10月11日）

大久保忠辰* おおくぼただたつ
慶長19（1614）年～延宝6（1678）年　[別]大久保忠辰（おおくぼただとき）　江戸時代前期の上野館林藩城代。
¶徳人（おおくぼただとき　[生]1616年　[没]1680年）

大久保忠隣* おおくぼただちか
天文22（1553）年～寛永5（1628）年　安土桃山時代～江戸時代前期の大名、老中。相模小田原藩主。
¶江人，コン，戦武，徳将

大久保忠恒（1）　おおくぼただつね
江戸時代中期～末期の幕臣。
¶徳人（[生]1783年　[没]1855年）

おおくぼ

大久保忠恒＊(2)　おおくぼただつね
文政5(1822)年～明治16(1883)年　江戸時代末期
～明治時代の幕臣。火付盗賊改、神奈川奉行などを
歴任。
¶幕末（❷明治16(1883)年12月21日）

大久保忠董＊　おおくぼただとう
？～明治20(1887)年　江戸時代末期～明治時代の
火付盗賊改。
¶徳人,幕末（❷明治20(1887)年7月24日）

大久保忠辰　おおくぼただとき
⇒大久保忠辰（おおくぼただたつ）

大久保忠知＊　おおくぼただとも
文禄2(1593)年～正保1(1644)年　江戸時代前期
の武将。
¶徳人

大久保忠与　おおくぼただとも
江戸時代中期の幕臣。
¶徳人（❶1712年　❷1778年）

大久保忠倫　おおくぼただとも
江戸時代前期～中期の幕臣。
¶徳人（❶1640年　❷1718年）

大久保忠尚　おおくぼただなお
安土桃山時代～江戸時代前期の幕臣。
¶徳人（❶1578年　❷1630年）

大久保忠愨＊　おおくぼただなお
文政12(1829)年～安政6(1859)年　江戸時代末期
の大名。相模小田原藩主。
¶幕末（❶文政12(1829)年4月18日　❷安政6(1859)年9
月27日）

大久保忠成＊　おおくぼただなり
？～寛文12(1672)年　江戸時代前期の武士。徳川
氏家臣、駿府奉行。
¶徳人（❶1578年）

大久保忠得　おおくぼただのり
江戸時代中期～後期の幕臣。
¶徳人（❶1725年　❷1803年）

大久保忠礼＊　おおくぼただのり
＊～明治30(1897)年　江戸時代末期～明治時代の
大名。相模小田原藩主。
¶全幕（❶天保12(1841)年），幕末（❶天保12(1842)年
12月2日　❷明治30(1897)年8月10日）

大久保忠尚＊　おおくぼただひさ
文政8(1825)年～明治13(1880)年　江戸時代末期
～明治時代の祠官、海軍軍人、淡海国玉社、海軍主
計大監。報国隊を結成。
¶コン

大久保忠久の母　おおくぼただひさのはは＊
江戸時代中期の女性。和歌。旗本稲垣平右衛門長
茂の娘。元禄年間中頃の成立、羽山蘭子編「細江
草」に載る。
¶江表（大久保忠久の母（東京都））

大久保忠寛　おおくぼただひろ
⇒大久保一翁（おおくぼいちおう）

大久保忠恕　おおくぼただひろ
❸大久保忠恕（おおくぼただささと）　江戸時代後期
の幕臣。
¶全幕（おおくぼただささと　❶天保1(1830)年　❷？），

徳人（❶1828年.　❷？）

大久保忠政　おおくぼただまさ
安土桃山時代～江戸時代前期の幕臣。
¶徳人（❶1583年　❷1638年）

大久保忠行(1)　おおくぼただゆき
江戸時代後期～末期の幕臣。
¶徳人（生没年不詳）

大久保忠行(2)　おおくぼただゆき
⇒大久保藤五郎（おおくぼとうごろう）

大久保忠世＊　おおくぼただよ
天禄1(1532)年～文禄3(1594)年　戦国時代～安
土桃山時代の大名。相模小田原城主。
¶全戦、戦武

大久保忠良＊　おおくぼただよし
安政4(1857)年～明治10(1877)年　江戸時代末期
～明治時代の小田原藩主、軍人。
¶幕末（❶安政4(1857)年5月5日　❷明治10(1877)年3
月29日）

大久保忠実　おおくぼちゅうじつ
江戸時代後期の幕臣。
¶徳人（生没年不詳）

大久保長安　おおくぼちょうあん
⇒大久保長安（おおくぼながやす）

大久保樫軒　おおくぼていけん
江戸時代末期～明治時代の幕臣。
¶幕末（❶？　❷明治3(1870)年8月17日）

大久保藤五郎＊　おおくぼとうごろう
？～元和3(1617)年　❸大久保忠行（おおくぼただ
ゆき），大久保主水（おおくぼもんど）　安土桃山
時代～江戸時代前期の江戸の上水開削者。小石川
上水を開削。
¶コン

大久保利通＊　おおくぼとしみち
文政13(1830)年8月10日～明治11(1878)年5月14
日　❸大久保甲東（おおくぼとしみつ）　江戸時代
末期～明治時代の政治家、大蔵卿、内務卿。鹿児島
藩士。東京奠都、版籍奉還、廃藩置県などを行う。
¶江人、コン（❶天保1(1830)年），詩作,思想（❶天保1
(1830)年），全幕,戦将,幕末（❶天保1(1830)年8月10
日），山小（❶1830年8月10日　❷1878年5月14日）

大久保利通　おおくぼとしみつ
⇒大久保利通（おおくぼとしみち）

大久保長安＊　おおくぼながやす
天文14(1545)年～慶長18(1613)年　❸大久保石
見守（おおくぼいわみのかみ），大久保長安（おおく
ぼちょうあん）　安土桃山時代～江戸時代前期の奉
行、代官頭。
¶江人,コン,戦武,戦将（おおくぼちょうあん）,徳人,徳
代（❶天文13(1544)年　❷慶長18(1613)年4月25日），
山小（❷1613年4月25日）

大窪五百足　おおくぼのいおたり
奈良時代の唱歌師。正七位下。学業にすぐれた。
¶古人（生没年不詳）

大窪則善　おおくぼのりよし
⇒大窪則善（おおくぼよし）

大久保教隆　おおくぼのりたか
安土桃山時代～江戸時代前期の幕臣。

¶徳人（㋐1586年　㋒1643年）

大久保教義*　おおくぼのりよし
文政8（1825）年～明治18（1885）年　江戸時代末期
～明治時代の荻野山中藩主、荻野山中藩知事。
¶幕末（㋑明治18（1885）年5月26日）

大窪則善*　おおくぼのりよし
生没年不詳　㋒大窪則善（おおくぼののりよし）
平安時代中期の歌人。
¶古人（おおくぼののりよし）

大久保春野　おおくぼはるの
弘化3（1846）年～大正4（1915）年　江戸時代末期
～明治時代の志士、陸軍軍人（大将）。
¶コン、全幕（㋐天保15（1844）年）、幕末（㋐弘化3
（1846）年8月18日　㋒大正4（1915）年1月28日）

大久保彦左衛門*　おおくぼひこざえもん
永禄3（1560）年～寛永16（1639）年　㋕大久保忠教
（おおくぼただたか）　安土桃山時代～江戸時代前
期の旗本、旗奉行。
¶江人（大久保忠教　おおくぼただたか）、コン、戦武（大
久保忠教　おおくぼただたか）、山小（大久保忠教　お
おくぼただたか　㋒1639年2月1日）

大久保久之丞*　おおくぼひさのすけ
江戸時代末期の新撰組隊士。
¶新隊（生没年不詳）

大久保福子*　おおくぼふくこ
生没年不詳　江戸時代後期～末期の女性。大久保
利通の母。
¶幕末

大久保平兵衛　おおくぼへいべえ
江戸時代前期の関東代官。
¶徳代（生没年不詳）

大久保弁太郎*　おおくぼべんたろう
嘉永2（1849）年～大正8（1919）年　江戸時代末期
～大正時代の民権家。
¶幕末（㋒大正8（1919）年4月5日）

大窪昌章*　おおくぼまさあき
享和2（1802）年～天保12（1841）年10月8日　江戸
時代末期～明治時代の本草学者、尾張藩士。
¶植物

大久保正栄　おおくぼまさよし
安土桃山時代～江戸時代前期の幕臣。
¶徳人（㋐1590年　㋒1645年）

大久保満寿*　おおくぼますず
？～明治11（1878）年12月　江戸時代末期～明治時
代の女性。大久保利通の妻。
¶幕末

大久保主水　おおくぼもんど
⇒大久保藤五郎（おおくぼとうごろう）

大久保往忠　おおくぼゆきだた
江戸時代中期の幕臣。
¶徳人（㋐1700年　㋒1763年）

大久保幸信　おおくぼゆきのぶ
安土桃山時代～江戸時代前期の幕臣。
¶徳人（㋕1587年　㋒1642年）

大久保漣々*　おおくぼれんれん
寛政10（1798）年～安政5（1858）年　㋕漣々、漣々
〔1代〕（れんれん）　江戸時代末期の俳人。

¶俳文（漣々　れんれん　㋒安政5（1858）年7月）

大熊伊賀守　おおくまいがのかみ
戦国時代の箕輪領富岡村の領主。上野国衆。
¶武田（生没年不詳）

大隈言道*　おおくまことみち
寛政10（1798）年～明治1（1868）年　江戸時代末期
の歌人。
¶コン、詩作（㋒慶応4（1868）年7月29日）、思想、日文（㋒
慶応4（1868）年7月29日）、幕末（㋒慶応4（1868）年7月29日）

大熊五郎左衛門　おおくまごろうざえもん
安土桃山時代の真田氏の家臣。
¶全戦（生没年不詳）

大隈重信*　おおくましげのぶ
天保9（1838）年2月16日～大正11（1922）年1月10日
江戸時代末期～明治時代の肥前佐賀藩士、政治家。
¶コン、思想、植物、全幕、幕末、山小（㋐1838年2月16日
㋒1922年1月10日）

大熊徳太郎　おおくまとくたろう
江戸時代後期～大正時代の篤農家。
¶植物（㋐嘉永2（1849）年7月　㋒大正10（1921）年）

大熊朝秀*　おおくまともひで
戦国時代の武将。上杉氏家臣。
¶全戦（生没年不詳）、戦武（㋐永正14（1517）年　㋒天正
10（1582）年）、武田（㋐？　㋒天正10（1582）年3月19
日？）

大熊長秀　おおくまながひで
？～天正10（1582）年　安土桃山時代の武将。武田
氏家臣。
¶全戦、武田（㋒天正10（1582）年3月）

大熊徳意　おおくまのりおき
江戸時代後期の和算家。
¶数学

大熊弁玉*　おおくまべんぎょく
文政1（1818）年～明治13（1880）年　㋕弁玉（べん
ぎょく）　江戸時代末期～明治時代の歌人。旧派歌
人として長歌にすぐれる。門人編集の歌集に「由良
牟呂集」など。
¶幕末（弁玉　べんぎょく　㋐？　㋒明治13（1880）年4
月25日）

大熊伯耆守　おおくまほうきのかみ
戦国時代～安土桃山時代の真田氏の家臣。
¶武田（生没年不詳）

大熊政秀　おおくままさひで
生没年不詳　戦国時代の越後守護上杉氏の家臣。
¶室町

大隈三井子*　おおくまみいこ
文化3（1806）年3月6日～明治28（1895）年1月1日
江戸時代末期～明治時代の女性。大隈重信の母。
¶江表（三井子（佐賀県））

大熊靫負尉　おおくまゆきえのじょう
安土桃山時代の真田氏の家臣。
¶武田（生没年不詳）

大熊喜住　おおくまよしずみ
？～嘉永6（1853）年　㋕大熊喜住（おおくまきじゅ
う）　江戸時代後期の幕臣。
¶徳人、徳代（おおくまきじゅう　㋒嘉永6（1853）年3月
20日）

おおくめ　　　　　　　　　　　380

大久米命*　おおくめのみこと
上代の久米氏の伝統上の先祖。
　¶古代

大倉　おおくら*
江戸時代中期の女性。俳諧。新吉原の山口屋嘉七
抱えの遊女。享保19年刊、吉田魚川編『桜かゝみ』
に載る。
　¶江表（大倉（東京都））

大蔵院日珠　おおくらいんにちじゅ
戦国時代〜安土桃山時代の武田氏の使僧。
　¶武田（生没年不詳）

大倉嘉十郎*　おおくらかじゅうろう
天明3（1783）年〜文久3（1863）年　旧大倉種周（お
おくらたねちか），大倉嘉十郎（おおくらかじゅうろ
う）　江戸時代後期の秋月藩士。
　¶コン，幕末（生天明3（1783）年9月　没文久3（1863）年1
月17日）

大蔵卿局*　おおくらきょうのつぼね
？〜元和1（1615）年　安土桃山時代〜江戸時代前期
の女性。淀君の乳母。
　¶大坂（没慶長20年5月8日），コン，女史，徳将

大蔵五郎右衛門　おおくらごろ（う）えもん
安土桃山時代〜江戸時代前期の豊臣秀吉・秀頼の
家臣。
　¶大坂

大蔵式部太夫　おおくらしきぶたゆう
戦国時代の武田氏の猿楽師。
　¶武田（生没年不詳）

大倉新左衛門　おおくらしんざえもん
安土桃山時代〜江戸時代前期の長宗我部盛親の
家臣。
　¶大坂

大倉数蹇　おおくらすうけん
江戸時代後期〜明治時代の和算家。
　¶数学（生寛政7（1795）年　没明治2（1869）年12月19日）

大蔵清七　おおくらせいしち
江戸時代後期〜大正時代の陶工。
　¶美工（生天保6（1835）年　没大正7（1918）年）

大倉種材　おおくらたねき
⇒大蔵種材（おおくらのたねき）

大倉種周　おおくらたねちか
⇒大倉嘉十郎（おおくらかじゅうろう）

大蔵長盛*　おおくらちょうせい
生没年不詳　戦国時代の鎌倉の仏師。
　¶美建

大蔵虎明　おおくらとらあき
⇒大蔵虎明（おおくらとらあきら）

大蔵虎明*　おおくらとらあきら
慶長2（1597）年〜寛文2（1662）年1月13日　旧大蔵
虎明（おおくらとらあき），大蔵弥右衛門（おおくら
やえもん），大蔵弥右衛門虎明（おおくらやえもん
とらあきら），大蔵弥太郎〔13代〕（おおくらやたろ
う）　江戸時代前期の狂言師。大蔵流宗家13代。
　¶コン（おおくらとらあき），新能

大蔵永常*　おおくらながつね
明和5（1768）年〜？　江戸時代中期〜後期の農

学者。
　¶江人（生1857年？），コン，思想（生万延1（1860）年？），
植物（生万延1（1860）年12月），地理（生1860年？），幕
末（生天保1（1860）年），山小（生1860年？）

大蔵礼数*　おおくらのあきかず
？〜天暦8（954）年　平安時代中期の算博士。
　¶古人

大蔵忌寸麻呂*　おおくらのいみきまろ
奈良時代の官人。
　¶古代

大蔵伊美吉善行　おおくらのいみきよしゆき
⇒大蔵善行（おおくらのよしゆき）

大蔵石村　おおくらのいわむら
奈良時代の官人。
　¶古人（生没年不詳）

大蔵公時　おおくらのきんとき
平安時代中期の官人。
　¶古人（生没年不詳）

大蔵末利　おおくらのすえとし
平安時代後期の官人。
　¶古人（生没年不詳）

大蔵弼邦*　おおくらのすけくに
？〜天元3（980）年　平安時代中期の外記局官人。
　¶古人

大蔵孝言　おおくらのたかとき
平安時代後期の官人。
　¶古人（生没年不詳）

大蔵高元　おおくらのたかもと
平安時代中期の官人。
　¶古人（生没年不詳）

大蔵高行　おおくらのたかゆき
平安時代中期の官人。
　¶古人（生没年不詳）

大蔵忠臣　おおくらのただおみ
平安時代中期の官人。
　¶古人（生没年不詳）

大蔵忠親　おおくらのただちか
平安時代中期の武士。
　¶古人（生？　没1017年）

大蔵横佩　おおくらのたち
平安時代前期の官人。左京の人。天長10年紀伊介
外従五位下，姓宿禰を賜う。
　¶古人（生没年不詳）

大蔵種材*（大倉種材）　おおくらのたねき
生没年不詳　旧大蔵種材（おおくらたねき）　平安
時代中期の地方官人、武士。刀伊の入寇で活躍。
　¶古人，コン

大蔵種資　おおくらのたねすけ
平安時代中期の官人。種材の子。長門権守。
　¶古人（生没年不詳）

大蔵種高　おおくらのたねたか
平安時代後期の官人。
　¶古人（生没年不詳）

大蔵種直*　おおくらのたねなお
？〜元暦1（1184）年　平安時代後期の武将。

¶古人

大蔵種弘　おおくらのたねひろ
平安時代後期の官人。光弘の子。建久3年大宰大監。
¶古人(生没年不詳)

大蔵為基　おおくらのためもと
平安時代中期の官人。
¶古人(生没年不詳)

大蔵親任*　おおくらのちかとう
？～承暦4(1080)年　平安時代中期～後期の讃岐国の人。
¶古人

大蔵永季　おおくらのながすえ
平安時代後期の相撲人。寛治5年～康和4年頃活躍。
¶古人(生没年不詳)

大蔵春実*　おおくらのはるざね
生没年不詳　平安時代中期の官人、武士。藤原純友の乱で活躍。
¶古人

大蔵広勝　おおくらのひろかつ
平安時代前期の藤原氏宗の家令。
¶古人(生没年不詳)

大蔵麿*(大蔵麻呂)　おおくらのまろ
奈良時代の遣外官。
¶古人(大蔵麻呂　生没年不詳)

大蔵満高*　おおくらのみつたか
生没年不詳　平安時代中期の官人。
¶古人

大蔵光順　おおくらのみつより
平安時代中期の官人。
¶古人(生没年不詳)

大蔵家主　おおくらのやかぬし
奈良時代の官人。
¶古人(生没年不詳)

大蔵良実　おおくらのよしざね
平安時代中期の官人。
¶古人(生没年不詳)

大蔵良生　おおくらのよしなり
平安時代中期の官人。
¶古人(生没年不詳)

大蔵善行*　おおくらのよしゆき
天長9(832)年～？　[別]大蔵伊美吉善行(おおくらのいみきよしゆき)，大蔵善行(おおくらよしゆき)　平安時代前期～中期の学儒。
¶古人([生]831年)，古代(大蔵伊美吉善行　おおくらのいみきよしゆき　[没]921年？)，対外

大倉孫兵衛　おおくらまごべえ
江戸時代後期～大正時代の実業家、大倉書店創業者、日本陶器設立者。
¶出版([生]天保14(1843)年4月8日　[没]大正10(1921)年12月17日)

大蔵弥右衛門　おおくらやえもん
⇒大蔵虎明(おおくらとらあきら)

大蔵弥右衛門虎明　おおくらやえもんとらあきら
⇒大蔵虎明(おおくらとらあきら)

大蔵弥太郎〔13代〕　おおくらやたろう
⇒大蔵虎明(おおくらとらあきら)

大蔵善行　おおくらよしゆき
⇒大蔵善行(おおくらのよしゆき)

大倉笠山*　おおくらりつざん
天明5(1785)年～嘉永3(1850)年　[別]大倉笠山(おおくらりゅうざん)　江戸時代後期の画家。
¶コン，美画([没]嘉永3(1850)年4月2日)

大倉笠山　おおくらりゅうざん
⇒大倉笠山(おおくらりつざん)

大倉鷲夫*　おおくらわしお
安永9(1780)年～嘉永3(1850)年12月4日　江戸時代後期の土佐藩士。
¶幕末([生]安永9(1780)年8月9日　[没]嘉永3(1851)年12月4日)

大栗峯右衛門*　おおぐりみねえもん
？～明治1(1868)年　江戸時代末期の越後村上藩足軽。
¶幕末([没]慶応4(1868)年7月29日)

大黒泰然*　おおぐろたいぜん
安永5(1776)年～明治2(1869)年　江戸時代後期の医師。
¶幕末([没]明治2(1869)年8月12日)

大黒田竜*　おおぐろでんりゅう
天保7(1836)年～明治35(1902)年　江戸時代末期～明治時代の医師。戊辰戦争で戦功があり、刀料を下賜。
¶幕末([没]明治35(1902)年1月2日)

大桑平右衛門勝忠　おおくわへいえもんかつただ
江戸時代前期の豊臣秀頼の家臣。浅野長政家臣・大桑助太夫勝家の兄。
¶大坂

大宜都比売　おおげつひめ
⇒大宜都比売神(おおげつひめのかみ)

大宜都比売神*(大気津比売神，大気都比売神，大宜津比売神)　おおげつひめのかみ
[別]大宜都比売(おおげつひめ)　記紀神話の穀物神。
¶女史(大宜都比売　おおげつひめ)

大郷学橋　おおごうがくきょう
⇒大郷学橋(おおごうがっきょう)

大郷学橋*　おおごうがっきょう
天保1(1830)年～明治14(1881)年　[別]大郷学橋(おおごうがくきょう)　江戸時代末期～明治時代の儒者。
¶幕末(おおごうがくきょう　[生]文政12(1829)年　[没]明治14(1881)年11月6日)

大河内顕雅*　おおこうちあきまさ
生没年不詳　室町時代の公卿(非参議)。嘉吉元年従三位に叙される。
¶公卿

大河内金兵衛秀綱　おおこうちきんべえひでつな
⇒大河内秀綱(おおこうちひでつな)

大河内貞綱*　おおこうちさだつな
？～永正13(1516)年　[別]大河内貞綱(おおかわちさだつな)　戦国時代の武将。
¶室町(おおかわちさだつな　[没]永正14(1517)年)

大河内存真* おおこうちそんしん，おおこうちぞんしん
寛政8（1796）年～明治16（1883）年5月23日　江戸時代後期～明治時代の医師、本草家。
¶科学（おおこうちぞんしん　[生]寛政8（1796）年8月12日），植物（おおこうちぞんしん　[生]寛政8（1796）年8月12日），幕末

大河内輝徳* おおこうちてるあきら
文政3（1820）年～天保11（1840）年　[別]松平輝徳（まつだいらてるあきら）　江戸時代後期の大名。上野高崎藩主。
¶徳松（松平輝徳　まつだいらてるあきら）

大河内輝貞 おおこうちてるさだ
⇒松平輝貞（まつだいらてるさだ）

大河内輝高* おおこうちてるたか
享保10（1725）年～天明1（1781）年　[別]松平輝高（まつだいらてるたか）　江戸時代中期の大名、老中。上野高崎藩主。
¶コン（松平輝高　まつだいらてるたか），徳松（松平輝高　まつだいらてるたか）

大河内輝聴* おおこうちてるとし
文政10（1827）年～万延1（1860）年　[別]松平輝聴（まつだいらてるとし）　江戸時代末期の大名。上野高崎藩主。
¶徳松（松平輝聴　まつだいらてるとし）

大河内輝声* おおこうちてるな
嘉永1（1848）年10月15日～明治15（1882）年　江戸時代末期～明治時代の高崎藩主、高崎藩知事。
¶徳松（松平輝声　まつだいらてるな（あき））

大河内輝充* おおこうちてるみち
文政5（1822）年～文久2（1862）年　[別]松平輝充（まつだいらてるみち）　江戸時代末期の大名。上野高崎藩主。
¶徳松（松平輝充　まつだいらてるみち）

大河内輝承* おおこうちてるよし
文化14（1817）年～天保10（1839）年　[別]松平輝承（まつだいらてるよし）　江戸時代後期の大名。上野高崎藩主。
¶徳松（松平輝承　まつだいらてるよし）

大河内具良* おおこうちともよし
？～天正4（1576）年11月25日　[別]大河内具良（おかわちともよし）　戦国時代～安土桃山時代の織田信長の家臣。
¶織田（おかわちともよし）

大河内信興 おおこうちのぶおき
⇒松平信興（まつだいらのぶおき）

大河内稚子媛 おおこうちのわかこひめ
⇒大河内稚子媛（おおこうちのわくごひめ）

大河内稚子媛* おおこうちのわくごひめ
[別]大河内稚子媛（おおこうちのわかこひめ，おおしかわちのわくごひめ）　上代の女性。宣化天皇の妃。
¶天皇（おおしかわちのわくごひめ　生没年不詳）

大河内久綱 おおこうちひさつな
元亀1（1570）年～正保3（1646）年　安土桃山時代～江戸時代前期の幕臣。
¶徳人，徳代（[没]正保3（1646）年4月3日）

大河内秀綱* おおこうちひでつな
？～元和4（1618）年9月13日　[別]大河内金兵衛秀綱（おおこうちきんべえひでつな）　江戸時代前期の遠州稗原城主。
¶徳代（[生]天文15（1546）年）

大河内正敬 おおこうちまさかた
⇒松平正敬（まつだいらまさかた）

大河内正勝 おおこうちまさかつ
安土桃山時代～江戸時代前期の幕臣。
¶徳人（[生]1579年　[没]1640年）

大河内政寿 おおこうちまさこと
江戸時代中期～後期の幕臣。
¶徳人（[生]1758年　[没]1804年）

大河内正貞 おおこうちまささだ
⇒松平正貞（まつだいらまささだ）

大河内正質* おおこうちまさただ，おおこうちまさだた
弘化1（1844）年～明治34（1901）年　[別]松平正質（まつだいらまさただ）　江戸時代末期～明治時代の藩主、政治家、老中、貴族院議員。大多喜藩知事、軍職を経て、宮内省御用係、子爵。
¶徳松（松平正質　まつだいらまさただ），幕末（[生]天保15（1844）年4月10日　[没]明治34（1901）年6月2日）

大河内正綱 おおこうちまさつな
⇒松平正綱（まつだいらまさつな）

大河内正和 おおこうちまさとも
⇒松平正和（まつだいらまさとも）

大河内正信 おおこうちまさのぶ
⇒松平正信（まつだいらまさのぶ）

大河内正路 おおこうちまさみち
⇒松平正路（まつだいらまさみち）

大河内正義 おおこうちまさよし
⇒松平正義（まつだいらまさよし）

大河内頼房* おおこうちよりふさ
永正7（1510）年～弘治3（1557）年　戦国時代の公卿（権中納言）。前名は秀長。天文12年従三位に叙される。
¶公卿（[没]弘治3（1557）年11月），公家（頼房〔北畠・木造・大河内家（絶家）〕　よりふさ　[没]弘治3（1557）年11月）

大越甚六* おおこえじんろく
文政8（1825）年～明治11（1878）年　江戸時代末期～明治時代の名主。石炭採掘を経営。
¶幕末（[生]文政8（1825）年5月13日　[没]明治11（1878）年11月12日）

大胡勝行 おおこかつゆき
⇒牛込勝行（うしごめかつゆき）

大胡高繁* おおごたかしげ
生没年不詳　戦国時代の上野国衆。
¶後北（高繁〔大胡（1）〕　たかしげ）

大胡隆義 おおごたかよし
鎌倉時代前期の鎌倉幕府の御家人。
¶中世（生没年不詳）

大胡修茂* おおごのりしげ
生没年不詳　[別]修茂（のりしげ）　室町時代～戦国時代の連歌作者。
¶俳文（修茂　のりしげ）

大斎院 おおさいいん
⇒選子内親王（せんしないしんのう）

大宰相 おおさいしよう
平安時代中期の女性。三条天皇中宮藤原妍子の女房。
¶古人(生没年不詳)

大坂王 おおさかおう
奈良時代の皇族。
¶古人(生没年不詳)

大坂小上臈の御方 おおざかこじょうろうのおかた
江戸時代前期の大坂城の女房衆。正親町季秀の姪。
¶大坂

大坂庄司之助 おおざかしょうじのすけ
安土桃山時代～江戸時代前期の豊臣秀吉・秀頼の御小人頭。
¶大坂

大坂大上臈の御方 おおざかだいじょうろうのおかた
江戸時代前期の大坂城の女房衆。正親町季秀の姪。
¶大坂

大坂屋伊兵衛 おおさかやいへい
⇒大坂屋伊兵衛(おおさかやいへえ)

大坂屋伊兵衛* おおさかやいへえ
?～享保3(1718)年 ㊞大坂屋伊兵衛(おおさかやいへい) 江戸時代中期の問屋商人。十組問屋仲間創設に尽力。
¶コン

大坂屋長右衛門* おおさかやちょうえもん
?～延宝7(1679)年 江戸時代前期の商人。
¶コン

大坂屋豊女* おおさかやとよじょ
享和3(1803)年～明治10(1877)年 ㊞青山豊女(あおやまとよじょ) 江戸時代後期～明治時代の女性。出羽国大坂屋の当主青山治右衛門の妻。
¶江表(豊(山形県))

大坂屋豊次郎 おおさかやとよじろう
⇒橋本若狭(はしもとわかさ)

大坂屋茂兵衛 おおさかやもへえ
⇒杉本茂十郎(すぎもともじゅうろう)

大崎 おおさき
生没年不詳 江戸時代後期の大奥女中。
¶女史,徳将

大崎詮持* おおさきあきもち
?～応永7(1400)年 南北朝時代～室町時代の武将。
¶室町

大崎家兼 おおさきいえかね
⇒斯波家兼(しばいえかね)

大崎左衛門督 おおさきさえもんのかみ
⇒伊達政宗(だてまさむね)

大崎重樹* おおさきしげき
文化10(1813)年～明治10(1877)年 江戸時代末期～明治時代の土佐藩士。御火消方御用、免奉行などを歴任。
¶幕末(㊤文化10(1813)年8月17日 ㊦明治10(1877)年12月10日)

大崎少将 おおさきしょうしょう
⇒伊達政宗(だてまさむね)

大崎常誠 おおさきつねのぶ
江戸時代後期の和算家。宅間流和算を学び、岡田社中の人。
¶数学

大前通助 おおさきのみちすけ
平安時代後期の官人。薩摩在国司。
¶古人(生没年不詳)

大崎教兼* おおさきのりかね
生没年不詳 室町時代の武将。
¶室町

大崎正教 おおさきまさのり
江戸時代の和算家。関流九伝を称す。
¶数学

大崎義隆* おおさきよしたか
生没年不詳 安土桃山時代の武将。大崎家最後の領主。
¶全戦,戦武(㊤天文17(1548)年 ㊦慶長8(1603)年),内乱

大崎義直* おおさきよしなお
?～天正5(1577)年 戦国時代～安土桃山時代の奥州の武将。
¶コン(生没年不詳),戦武(㊤永正11(1514)年?),室町

大崎義宣* おおさきよしのぶ
大永6(1526)年～天文19(1550)年 戦国時代の武士。大崎氏家臣。
¶戦武

大迫貞清* おおさこさだきよ
文政8(1825)年～明治29(1896)年4月27日 江戸時代末期～明治時代の薩摩藩士、官僚。
¶コン,幕末(㊤文政8(1825)年5月7日)

大迫尚克* おおさこなおかつ
?～明治10(1877)年 江戸時代末期～明治時代の鹿児島県士族。
¶幕末(㊦明治10(1877)年3月4日)

大迫尚敏* おおさこなおとし
弘化1(1844)年～昭和2(1927)年 ㊞大迫尚敏(おおさこなおはる) 江戸時代末期～明治時代の薩摩藩士、陸軍軍人。
¶幕末(おおさこなおはる ㊦昭和2(1927)年9月20日)

大迫尚敏 おおさこなおはる
⇒大迫尚敏(おおさこなおとし)

大鷦鷯尊(大鷦鷯命) おおさざぎのみこと
⇒仁徳天皇(にんとくてんのう)

大薩摩主膳太夫〔1代〕* おおざつましゅぜんだゆう
元禄8(1695)年～宝暦9(1759)年 江戸時代中期の大薩摩節の家元。大薩摩節の流祖。
¶歌大(――〔1代〕),コン(代数なし ㊤元禄7(1694)年?),新歌

大薩摩主膳太夫〔2代〕* おおざつましゅぜんだゆう
享保14(1729)年～安永6(1777)年 江戸時代中期の大薩摩節の太夫。
¶新歌(――〔2世〕)

大薩摩主膳太夫〔3代〕* おおざつましゅぜんだゆう
?～寛政12(1800)年 ㊞大薩摩文太夫〔1代〕(おおざつまぶんだゆう) 江戸時代中期～後期の大薩摩節の太夫。
¶新歌(――〔3世〕)

お

大薩摩文太夫〔1代〕 おおざつまぶんだゆう
⇒大薩摩主膳太夫〔3代〕(おおざつましゅぜんだゆう)

大里忠一郎 おおさとただいちろう
江戸時代後期〜明治時代の実業家。
¶コン([生]天保6(1835)年 [没]明治31(1898)年)

大利鼎吉 おおざとていきち
⇒大利鼎吉(おおりていきち)

大里八郎* おおさとはちろう
天保7(1836)年〜明治10(1877)年 江戸時代末期〜明治時代の熊本藩士。西南戦争では熊本隊を結成して参謀役。
¶幕末([没]明治10(1877)年10月26日)

大仏貞直 おおさらぎさだなお
⇒大仏貞直(おさらぎさだなお)

大沢清臣* おおさわきよおみ
*〜明治25(1892)年 江戸時代末期〜明治時代の山陵研究家。勅命で山陵調査を実施。著書に「皇朝紀事」など。
¶幕末([生]天保3(1832)年 [没]明治25(1892)年9月15日)

大沢順軒* おおさわじゅんけん
文政6(1823)年〜明治7(1874)年 江戸時代末期〜明治時代の学者、文人。
¶幕末([没]明治7(1874)年1月25日)

大沢四郎右衛門* おおさわしろうえもん
?〜寛永16(1639)年 江戸時代前期の海外貿易商人。
¶コン

大沢次郎左衛門* おおさわじろうざえもん
生没年不詳 戦国時代の武将。
¶織田

大沢精一* おおさわせいいち
文化8(1811)年〜明治22(1889)年 江戸時代末期〜明治時代の二宮尊徳の門下生。克譲社を組織し片岡村の復興に尽力。
¶幕末

大沢尚親 おおさわなおちか
江戸時代前期の幕臣。
¶徳人([生]1624年 [没]1681年)

大沢仁右衛門 おおさわにえもん
江戸時代前期の根来の法師。
¶大坂

大沢乗哲*(大沢秉哲) おおさわのりあき
生没年不詳 江戸時代末期の幕臣。
¶徳人(大沢秉哲),幕末

大沢正秀* おおさわまさひで
安土桃山時代の武士。
¶全戦(生没年不詳)

大沢基明 おおさわもとあきら
江戸時代前期〜中期の幕臣。
¶徳人([生]1648年 [没]1691年)

大沢基宿 おおさわもといえ
安土桃山時代〜江戸時代前期の幕臣。
¶徳人([生]1565年 [没]1640年)

大沢基寿* おおさわもととし
生没年不詳 [別]大沢基寿(おおさわもとひさ) 江戸時代末期の大名。遠江堀江藩主。
¶幕末(おおさわもとひさ [生]? [没]明治44(1911)年)

大沢基哲 おおさわもとのり
江戸時代前期の幕臣。
¶徳人([生]1623年 [没]1687年)

大沢基寿 おおさわもとひさ
⇒大沢基寿(おおさわもととし)

大沢基躬 おおさわもとみ
江戸時代前期〜中期の幕臣。
¶徳人([生]1659年 [没]1728年)

大沢竜太郎* おおさわりゅうたろう
天保1(1830)年〜明治41(1908)年 江戸時代末期〜明治時代の漢学者。家塾を開いて門弟らを指導。
¶幕末([生]文政13(1830)年)

大海人皇子 おおしあまのおうじ
⇒天武天皇(てんむてんのう)

大海宿禰蓑蒲* おおしあまのすくねあらかま
飛鳥時代の壬生の人。
¶古代(大海宿禰蓑蒲)

大塩中斎 おおしおちゅうさい
⇒大塩平八郎(おおしおへいはちろう)

大塩平八郎* おおしおへいはちろう
寛政5(1793)年〜天保8(1837)年 [別]大塩中斎(おおしおちゅうさい) 江戸時代後期の儒学者、大坂東町奉行所与力。窮民救済に挙兵したが失敗。
¶江人,コン,詩作([生]寛政5(1793)年1月22日 [没]天保8(1837)年3月27日),思想,徳人,山小([生]1793年1月22日 [没]1837年3月27日)

大塩ゆう* おおしおゆう
寛政11(1799)年〜天保8(1837)年 江戸時代後期の女性。大塩平八郎の妻。
¶江表(ゆう(大阪府))

大鹿国康 おおしかのくにかど
平安時代中期の官人。
¶古人(生没年不詳)

大鹿友忠 おおしかのともただ
官人。
¶古人(生没年不詳)

大鹿徳益 おおしかののります
平安時代中期の官人。
¶古人(生没年不詳)

大鹿文時 おおしかのふみとき
平安時代中期の相撲人。正暦4年、長保2年の召合に出場。
¶古人(生没年不詳)

大鹿衆忠 おおしかのもろただ
平安時代中期の官人。
¶古人(生没年不詳)

大河内味張 おおしかわちのあじはり
⇒大河内直味張(おおしかわちのあたいあじはり)

大河内直味張* おおしかわちのあたいあじはり
[別]大河内味張(おおしかわちのあじはり) 飛鳥時代の地方豪族。
¶古代

大河内稚子媛　おおしかわちのわくごひめ
　⇒大河内稚子媛（おおこうちのわくごひめ）
凡河内有宗　おおしこうちのありむね
　平安時代中期の官人。
　¶古人(生没年不詳)
凡河内員正　おおしこうちのかずまさ
　平安時代中期の官人。
　¶古人(生没年不詳)
凡河内実平　おおしこうちのさねひら
　平安時代中期の官人。
　¶古人(生没年不詳)
凡河内成(滋)光　おおしこうちのしげみつ
　平安時代中期の官人。姓は宿禰。
　¶古人(生没年不詳)
凡河内助則　おおしこうちのすけのり
　平安時代中期の人。
　¶古人(生没年不詳)
凡河内俊(利)致　おおしこうちのとしむね
　平安時代中期の検非違使。
　¶古人(生没年不詳)
凡河内直興　おおしこうちのなおおき
　平安時代中期の人。天慶7年の競馬で勝つ。
　¶古人(生没年不詳)
凡河内躬恒*　おおしこうちのみつね
　生没年不詳　㊙凡河内躬恒（おおしこうちみつね）平安時代前期～中期の歌人。三十六歌仙の一人。
　¶古人, コン, 詩作, 日文, 山小
凡河内保年　おおしこうちのやすとし
　平安時代中期の官人。
　¶古人(生没年不詳)
凡河内安永　おおしこうちのやすなが
　平安時代後期の官人。
　¶古人(生没年不詳)
凡河内保規　おおしこうちのやすのり
　平安時代中期の官人。
　¶古人(生没年不詳)
凡河内安吉　おおしこうちのやすよし
　平安時代中期の官人。
　¶古人(生没年不詳)
凡河内良尚　おおしこうちのよしひさ
　平安時代中期の官人。
　¶古人(生没年不詳)
凡河内躬恒　おおしこうちみつね
　⇒凡河内躬恒（おおしこうちのみつね）
路豊永*　おおじとよなが
　㊙路豊永（みちのとよなが）, 路真人豊永（みちのまひとととよなが）　奈良時代の官人、道鏡の師。
　¶古人（みちのとよなが　生没年不詳）, 古代（路真人豊永　みちのまひとととよなが）
凡直貞刀自　おおしのあたいさだとじ
　⇒凡貞刀自（おおしのさだとじ）
凡海興海　おおしのあまのおきうみ
　平安時代中期の官人。
　¶古人(生没年不詳)

凡海興美　おおしのあまのおきよし
　平安時代中期の官人。
　¶古人(生没年不詳)
凡家綱　おおしのいえつな
　平安時代後期の安芸国山方郡志道領の地主。
　¶古人(生没年不詳)
凡伊賀麻呂　おおしのいかまろ
　奈良時代の官人。
　¶古人(生没年不詳)
凡兼秀　おおしのかねひで
　平安時代中期の官人。東宮帯刀舎人の長。11世紀初め頃の人。
　¶古人(生没年不詳)
凡惟時　おおしのこれとき
　平安時代中期の官人。
　¶古人(生没年不詳)
凡貞刀自*　おおしのさだとじ
　生没年不詳　㊙凡直貞刀自（おおしのあたいさだとじ）　平安時代前期の女性。采女。中務少丞笠朝臣豊主の娘。
　¶古人, 古代（凡直貞刀自　おおしのあたいさだとじ）, 女史
凡真義　おおしのさねよし
　平安時代後期の官人。
　¶古人(生没年不詳)
凡継人　おおしのつぐひと
　奈良時代の官人。伊予国宇摩郡の人。
　¶古人(生没年不詳)
凡時正　おおしのときまさ
　平安時代中期の相撲人。長徳3年、長和2年の召合に出場。
　¶古人(生没年不詳)
凡得平　おおしのとくひら
　平安時代中期の官人。
　¶古人(生没年不詳)
凡知定　おおしのともさだ
　平安時代中期の官人。
　¶古人(生没年不詳)
凡春宗*　おおしのはるむね
　生没年不詳　㊙凡春宗（おおしはるむね）　平安時代前期の明法家。
　¶古人
凡判麻呂*　おおしのはんまろ
　生没年不詳　奈良時代の下級官人。造東大寺司。
　¶古人, コン
生石人*　おおしのまひと
　㊙生石村主真人（おいしのすぐりまひと）, 生石真人（おいしのまひと）, 大石真人（おおいしのまひと）　奈良時代の人。
　¶古人（大石真人　おおいしのまひと　生没年不詳）
凡康躬　おおしのやすつね
　平安時代前期の官人。勘解由主典従七位下。元慶8年石見国における国司襲撃事件を調査。
　¶古人(生没年不詳)
凡吉友　おおしのよしとも
　平安時代後期の官人。

おおしの

¶古人 (生没年不詳)

凡吉光 おおしのよしみつ
平安時代中期の藤原道長家の出納。
¶古人 (生没年不詳)

凡頼助 おおしのよりすけ
平安時代後期の官人。
¶古人 (生没年不詳)

凡頼利 おおしのよりとし
平安時代後期の官人。
¶古人 (生没年不詳)

大柴四郎 おおしばしろう
江戸時代末期〜昭和時代の朝香屋創業者。
¶出版 (�生安政3 (1856) 年3月3日 ㊥昭和4 (1929) 年10月17日)

大柴祐栄 おおしばすけよし
江戸時代前期〜中期の金奉行、奈良代官。
¶徳代 (�生寛永17 (1640) 年 ㊥正徳1 (1711) 年5月28日)

大芝宗十郎* おおしばそうじゅうろう
江戸時代末期の倒幕運動家。
¶幕末 (�生弘化3 (1846) 年 ㊥慶応3 (1867) 年12月18日)

大柴直増 おおしばなおます
江戸時代前期〜中期の代官。
¶徳代 (㊺寛永5 (1628) 年 ㊥元禄12 (1699) 年3月18日)

大柴直能 おおしばなおよし
安土桃山時代〜江戸時代前期の幕臣。
¶徳人 (㊺1599年 ㊥1654年)

大柴昌能 おおしばまさよし
江戸時代前期の代官。
¶徳代 (生没年不詳)

凡春宗 おおしはるむね
⇒凡春宗 (おおしのはるむね)

凡部正勝 おおしべのまさかつ
平安時代中期の相撲人。長徳3年、長保2年の召合に出場。
¶古人 (生没年不詳)

大島馬之助* おおしまうまのすけ
弘化3 (1846) 年〜* 江戸時代末期の出流山挙兵参加者。
¶幕末 (㊥慶応3 (1867) 年12月18日)

大島有隣* おおしまうりん
宝暦5 (1755) 年〜天保7 (1836) 年 江戸時代中期〜後期の心学者。
¶コン, 思想

大島大炊助 おおしまおおいのすけ
戦国時代〜安土桃山時代の武蔵国岩付城主太田氏の家臣。
¶後北 (大炊助〔大島 (2)〕 おおいのすけ)

大嶋勝吉* おおしまかつよし
生没年不詳 戦国時代の下総結城氏の家臣。
¶全戦

大島完来 おおしまかんらい
⇒完来 (かんらい)

大島喜侍* おおしまきじ
?〜享保18 (1733) 年 ㊼大島芝蘭 (おおしましらん) 江戸時代中期の大島流の和算家。

¶科学, コン, 数学 (㊥享保18 (1733) 年4月13日)

大島蔵人 おおしまくろうど
安土桃山時代の信濃国の武士。
¶武田 (生没年不詳)

大島黄谷* おおしまこうこく
文政4 (1821) 年〜明治37 (1904) 年 江戸時代末期〜明治時代の陶工、赤穂焼の開祖。
¶美工

大島以興 おおしまこれおき
江戸時代前期〜中期の幕臣。
¶徳人 (㊺1684年 ㊥1746年)

大島周意* おおしましゅうい
享和2 (1802) 年〜文久1 (1861) 年 江戸時代末期の蘭方医。
¶幕末 (㊥文久1 (1861) 年2月29日)

大島芝蘭 おおしましらん
⇒大島喜侍 (おおしまきじ)

大島次郎左衛門 おおしまじろうさえもん
戦国時代の会津高橋郷の商人。甲府へ往来した。
¶武田 (生没年不詳)

大島甚七郎 おおしまじんしちろう
安土桃山時代の信濃国伊那郡の国衆大島氏の一族か。
¶武田 (生没年不詳)

大島新八郎* おおしましんぱちろう
生没年不詳 安土桃山時代の織田信長の家臣。
¶織田

大島介之丞 おおしますけのじょう
安土桃山時代の信濃国伊那郡の国衆大島氏の一族。大島辰千代の近親。
¶武田 (生没年不詳)

大島成渡* おおしませいと
天保4 (1833) 年〜明治30 (1897) 年 江戸時代末期〜明治時代の奥州二本松藩士、横浜七十七銀行支配人。七十七銀行がはじめて紙幣を発行した時の署名人。
¶幕末 (㊺天保4 (1833) 年11月12日 ㊥明治30 (1897) 年7月7日)

大島善* おおしまぜん
*〜明治13 (1880) 年 江戸時代末期〜明治時代の加賀藩儒者。藩主前田斉泰・慶寧の侍読。
¶幕末 (㊺文政10 (1827) 年 ㊥明治13 (1880) 年2月8日)

大島対山* おおしまたいざん
天明7 (1787) 年〜天保14 (1843) 年 ㊼対山 (たいざん) 江戸時代中期〜後期の俳人。
¶俳文 (対山 たいざん ㊥天保14 (1843) 年2月11日)

大島高任 おおしまたかとう
文政9 (1826) 年〜明治34 (1901) 年 江戸時代末期〜明治時代の鉱山学者。
¶江人, 科学 (㊺文政9 (1826) 年5月11日 ㊥明治34 (1901) 年3月29日), コン, 全幕

大島辰千代 おおしまたつちよ
安土桃山時代の信濃国伊那郡の国衆。
¶武田 (生没年不詳)

大島忠斎 おおしまちゅうさい
江戸時代後期の眼科医。

¶眼医（[生]？　[没]文化3（1806）年）

大島対馬守* おおしまつしまのかみ
生没年不詳　安土桃山時代の織田信長の家臣。
¶織田

大島桃年* おおしまとうねん
寛政6（1794）年～嘉永6（1853）年　[別]大島藍涯（おおしまらんがい）　江戸時代末期の儒学者。
¶幕末（[没]嘉永6（1853）年8月16日）

大島友之允* おおしまとものじょう
文政9（1826）年～明治15（1882）年8月9日　江戸時代末期～明治時代の対馬藩士。朝鮮への使節派遣計画、朝鮮への王政復古通告に関与、日朝関係の転回に影響を与える。
¶コン，幕末（[生]文政9（1826）年6月23日）

大島寅雄* おおしまとらお
天保13（1842）年5月15日～大正5（1916）年11月7日　江戸時代後期～明治時代の新撰組隊士。
¶新隊，幕末

大島長利 おおしまながとし
安土桃山時代の信濃国伊那郡の国衆。
¶武田（[生]？　[没]天正3（1575）年11月26日）

大島某 おおしまなにがし
安土桃山時代の北条氏邦家臣持田四郎左衛門の同心。
¶後北（某〔大島（1）〕　なにがし）

大島久直*（大嶋久直）　おおしまひさなお
嘉永1（1848）年～昭和3（1928）年9月27日　江戸時代末期～明治時代の出羽秋田藩士、陸軍軍人。
¶全幕，幕末（大嶋久直　[生]嘉永2（1849）年9月5日）

大島保命* おおしまほうめい
[別]阿部保訓，安倍保命（あべやすのり）　江戸時代末期の算者。
¶数学（阿部保訓　あべやすのり）

大島正博* おおしままさひろ
文政7（1824）年～大正6（1917）年　江戸時代末期～大正時代の名主。治水事業に尽力。戸長として教育振興に努めた。
¶幕末

大島光成* おおしまみつなり
永禄2（1559）年～慶長13（1608）年　安土桃山時代～江戸時代前期の武将。秀吉馬廻。
¶織田（[没]慶長13（1608）年11月16日）

大島光政* おおしまみつまさ
永禄8（1565）年～元和8（1622）年　安土桃山時代～江戸時代前期の武将。秀吉馬廻。
¶織田（[生]永禄6（1563）年　[没]元和8（1622）年8月12日）

大島盈株* おおしまみつもと
天保13（1842）年～大正14（1925）年　江戸時代末期～大正時代の建築家。
¶美建（[没]大正14（1925）年2月13日）

大島光義* おおしまみつよし
永正5（1508）年～慶長9（1604）年　戦国時代～安土桃山時代の大名。美濃関城主。
¶織田（[没]慶長9（1604）年8月23日）

大嶋義也 おおしまよしなり
江戸時代前期～中期の幕臣。
¶徳人（[生]1660年　[没]1723年）

大島吉叙 おおしまよしのぶ
江戸時代末期の和算家、谷田部藩士。
¶数学

大島義昌 おおしまよしまさ
江戸時代後期～大正時代の長州藩士。
¶全幕（[生]嘉永3（1850）年　[没]大正15（1926）年）

大島義政* おおしまよしまさ
徳治1（1306）年～興国5/康永3（1344）年　鎌倉時代後期～南北朝時代の武将。
¶室町（[生]嘉元4（1306）年　[没]康永3/興国5（1344）年）

大島来禽* おおしまらいきん
生没年不詳　江戸時代中期の女性。画家。
¶美画

大島藍涯 おおしまらんがい
⇒大島桃年（おおしまとうねん）

大島蓼太* おおしまりょうた
享保3（1718）年～天明7（1787）年9月7日　[別]蓼太（りょうた）　江戸時代中期の俳人。
¶江人（蓼太　りょうた），コン，詩作，日文，俳文（蓼太　りょうた）

大須賀筠軒* おおすがいんけん
天保12（1841）年～大正1（1912）年8月28日　江戸時代末期～明治時代の地方史研究家。
¶詩作，幕末（[生]天保12（1841）年12月）

大須賀観濤* おおすがかんとう
天保3（1832）年～明治36（1903）年　江戸時代末期～明治時代の漁業功労者。初めて漁業組合を作り一府六県水産組合の成立に奔走。
¶幕末（[没]明治36（1903）年12月15日）

大須賀久兵衛尉 おおすがきゅうべえのじょう
安土桃山時代の信濃国更級郡村上庄の土豪。佐渡守。
¶武田（[生]？　[没]天正3（1575）年5月21日）

大須賀皎斎 おおすがこうさい
⇒大須賀清光（おおすがせいこう）

大須賀小次郎 おおすがこじろう
江戸時代前期の武田氏の家臣。
¶武田（[生]？　[没]元和9（1623）年）

大須賀清光* おおすがせいこう
文化5（1808）年～明治8（1875）年6月17日　[別]大須賀皎斎（おおすがこうさい）　江戸時代末期～明治時代の画家。
¶幕末

大須賀胤信* おおすがたねのぶ
？～建保3（1215）年　[別]平胤信（たいらのたねのぶ）　鎌倉時代前期の武将。
¶古人（平胤信　たいらのたねのぶ）

大須賀常安* おおすかつねやす
？～天正18（1590）年12月3日　戦国時代～安土桃山時代の松子城主。
¶後北（常安〔大須賀〕　つねやす）

大須賀孫二郎 おおすがまごじろう
安土桃山時代の下総国松子城主。北条氏直の家臣千葉邦胤の同心。
¶後北（孫二郎〔大須賀〕　まごじろう）

お

大須賀康高* おおすかやすたか，おおすがやすたか
＊～天正17（1589）年 戦国時代～安土桃山時代の武士。徳川氏家臣。
¶全戦（[生]享禄1（1528）年），徳松（おおすがやすたか [生]1528年）

大輔命婦 おおすけのみょうぶ
⇒大輔命婦（たいふのみょうぶ）

大輔乳母 おおすけのめのと
⇒大輔乳母（たいふのめのと）

大洲鉄然* おおずてつねん
天保5（1834）年11月5日～明治35（1902）年4月25日 江戸時代末期～明治時代の浄土真宗本願寺派僧侶、本山執行長。本山改革に尽力。朝鮮布教にも尽力。
¶コン，幕末（[没]明治35（1902）年4月24日）

大住三行 おおすみのみゆき
奈良時代の大隅国の隼人。
¶古人（生没年不詳）

大隅応勝 おおすみまさかつ
⇒平内応勝（へいのうちまさかつ）

大角与左衛門 おおすみよざえもん
戦国時代～江戸時代前期の豊臣秀吉・秀頼の家臣。台所頭。
¶大坂

大関市兵衛 おおぜきいちべえ
⇒中村歌右衛門〔3代〕（なかむらうたえもん）

大関栄蔵 おおぜきえいぞう
⇒中村歌右衛門〔1代〕（なかむらうたえもん）

大関和 おおぜきちか
江戸時代末期～昭和時代の女性。近代的な看護教育を受けた日本における初期の看護婦。
¶女史（[生]1858年 [没]1932年）

大関親憲 おおぜきちかのり
⇒水原親憲（すいはらちかのり）

大関増業* おおぜきますなり
天明2（1782）年9月～弘化2（1845）年3月19日 江戸時代後期の大名。下野黒羽藩主。
¶コン

大関増裕* おおぜきますひろ
天保8（1837）年～慶応3（1867）年 江戸時代末期の大名。下野黒羽藩主。
¶コン（[没]慶応2（1866）年），幕末（[生]天保8（1838）年12月9日 [没]慶応3（1868）年12月9日）

大瀬休左衛門*（大瀬久左衛門） おおせきゅうざえもん
元和7（1621）年～元禄13（1700）年 江戸時代前期の甘藷栽培功労者。
¶植物（[没]元禄13（1700）年4月13日）

大関和七郎* おおぜきわしちろう
天保7（1836）年～文久1（1861）年 [別]酒泉好吉（しゅせんこうきち） 江戸時代末期の志士。水戸藩士。
¶コン，全幕，幕末（[没]文久1（1861）年7月26日）

大曽根飛騨守* おおそねひだのかみ
安土桃山時代の武将。後北条氏家臣。
¶後北（飛騨守〔大曽根〕 ひだのかみ）

大園梅屋* おおぞのばいおく
寛政10（1798）年～慶応1（1865）年 江戸時代末期の肥前佐賀藩士。
¶幕末

太田意斎 おおたいさい
江戸時代前期の武士。大坂の陣で籠城。
¶大坂

太田稲香 おおたいなか
⇒大田稲香（おおたとうこう）

太田稲主* おおたいなぬし
天保11（1840）年～大正13（1924）年7月7日 江戸時代末期～大正時代の神官。戊辰戦争では新田官軍に属し会津藩と参戦。
¶幕末（[生]天保11（1840）年12月）

太田牛一 おおたうしかず
⇒太田牛一（おおたぎゅういち）

太田氏資* おおたうじすけ
天文12（1543）年～永禄10（1567）年 戦国時代の武将。
¶後北（氏資〔太田（1）〕 うじすけ [生]天文11年 [没]永禄10年8月23日），全戦（[生]天文11（1542）年）

太田氏資娘 おおたうじすけむすめ
安土桃山時代の女性。小少将。母は北条氏康の娘長林院。北条氏政の三男太田源五郎の妻。
¶後北（氏資娘〔太田（1）〕 うじすけむすめ）

太田氏房 おおたうじふさ
⇒北条氏房（ほうじょううじふさ）

太田越前守* おおたえちぜんのかみ
生没年不詳 戦国時代の北条氏の家臣。
¶後北（越前守〔太田（2）〕 えちぜんのかみ）

太田右衛門佐（1） おおたえもんのすけ
安土桃山時代の北条氏政の家臣。
¶後北（右衛門佐〔太田（8）〕 えもんのすけ）

太田右衛門佐（2） おおたえもんのすけ
江戸時代前期の豊臣秀頼の家臣。
¶大坂

太田垣輝信*（太田垣輝延） おおたがきてるのぶ
生没年不詳 戦国時代の国人。
¶織田（太田垣輝延），全戦

大田垣蓮月*（大田垣蓮月） おおたがきれんげつ
寛政3（1791）年1月8日～明治8（1875）年12月10日 [別]太田垣蓮月尼，大田垣蓮月尼（おおたがきれんげつに），蓮月（れんげつ），蓮月尼（れんげつに） 江戸時代後期～明治時代の歌人、陶芸家、浄土宗僧。
¶江表（蓮月（京都府）），コン，詩作（太田垣蓮月尼 おおたがきれんげつに），女史（大田垣蓮月），女文（大田垣蓮月尼 おおたがきれんげつに），全幕，日文，幕末

太田垣蓮月尼（大田垣蓮月尼） おおたがきれんげつに
⇒大田垣蓮月（おおたがきれんげつ）

太田景資* おおたかげすけ
生没年不詳 安土桃山時代～江戸時代前期の武士。
¶後北（景資〔太田（4）〕 かげすけ [没]永禄6年2月）

大高源吾*（大高源五） おおたかげんご
寛文12（1672）年～元禄16（1703）年 [別]大高忠雄（おおたかただお） 江戸時代中期の播磨赤穂藩士。赤穂義士の一人。
¶コン（大高源五）

大高坂維佐子　おおだかさいさこ
⇒大高坂維佐子（おおたかさかいさこ）

大高坂維佐子*　おおたかさかいさこ，おおたかざかいさこ
万治3（1660）年～元禄12（1699）年　[別]大高坂維佐子（おおだかさいさこ），成瀬維佐子（なるせいさこ）　江戸時代前期～中期の女性。文筆家。儒学者大高坂芝山の妻。成瀬忠重の娘。
¶江表（維佐（愛媛県）　いさ），コン，女史（成瀬維佐子　なるせいさこ）

大高坂芝山*　おおたかさかしざん
正保4（1647）年～正徳3（1713）年　[別]大高坂芝山（おおだかさしざん）　江戸時代前期～中期の伊予松山藩士、土佐藩士、南学派の儒者。
¶江人（[生]1649年），コン，思想

大高坂芝山　おおだかさしざん
⇒大高坂芝山（おおたかさかしざん）

大高重秋　おおたかしげあき
⇒大高又次郎（おおたかまたじろう）

大高重成*　おおたかしげなり
？～正平17/貞治1（1362）年　[別]重成（しげなり），大高重成（だいこうしげなり）　南北朝時代の武将、幕府引付頭人。
¶コン（[没]貞治1/正平17（1362）年），俳文（重成　しげなり　[没]貞治1（1362）年4月20日），室町（生没年不詳）

大高忠雄　おおたかただお
⇒大高源吾（おおたかげんご）

大高忠兵衛　おおたかちゅうべい，おおだかちゅうべい
⇒大高忠兵衛（おおたかちゅうべえ）

大高忠兵衛*　おおたかちゅうべえ，おおだかちゅうべえ
文政6（1823）年～元治1（1864）年　[別]大高忠兵衛（おおたかちゅうべい，おおだかちゅうべい）　江戸時代末期の甲冑商。
¶コン（おおだかちゅうべえ），幕末（[没]元治1（1864）年7月4日）

太田勝輝　おおたかつてる
江戸時代中期の代官。
¶徳代（[生]？　[没]元禄13（1700）年6月6日）

大田兼定*　おおたかねさだ
生没年不詳　[別]大田兼定（おおたのかねさだ）　平安時代後期の武士。
¶古人（おおたのかねさだ）

大高又次郎*　おおたかまたじろう，おおだかまたじろう
文政4（1821）年～元治1（1864）年　[別]大高重秋（おおたかしげあき）　江戸時代末期の志士。播磨林田藩士。池田屋事件で殺された。
¶コン（おおだかまたじろう），幕末（[生]文政4（1821）年12月　[没]元治1（1864）年6月5日）

大高由昌*　おおたかよしまさ
生没年不詳　江戸時代中期の和算家。
¶数学

大滝光憲　おおたきこうけん
⇒大滝光憲（おおたきみつあきら）

大滝信忠　おおたきのぶただ
安土桃山時代の信濃高井郡東大滝の国衆。宮内左衛門尉、土佐守。
¶武田（[生]？　[没]慶長4（1599）年3月15日）

大滝信安　おおたきのぶやす
安土桃山時代の信濃高井郡西大滝の国衆。新兵衛尉・甚兵衛尉・和泉守。
¶武田（[生]？　[没]天正9（1581）年10月19日）

大滝光憲*　おおたきみつあきら
寛政11（1799）年～文久2（1862）年　[別]大滝光憲（おおたきこうけん，おおたきみつのり）　江戸時代末期の酒造業、農民、国学者。
¶数学（おおたきみつのり）

大滝光賢*　おおたきみつかた
文化7（1810）年～明治8（1875）年11月13日　江戸時代末期～明治時代の国学者、酒造家。「日本書紀伝」等を校正書写して朝廷に献上。
¶幕末

大滝光憲　おおたきみつのり
⇒大滝光憲（おおたきみつあきら）

大滝光恭　おおたきみつよし
江戸時代後期の和算家。鶴岡の名主。
¶数学

太田牛一*　おおたぎゅういち
大永7（1527）年～？　[別]太田牛一（おおたうしかず）　戦国時代～安土桃山時代の武士、軍記作者。「信長公記」の著者。
¶織田（おおたうしかず　[没]慶長18（1613）年3月），コン，思想，全戦（おおたうしかず　[没]慶長15（1610）年以後）

太田金右衛門　おおたきんえもん
江戸時代後期の和泉屋玉巌堂主人。
¶出版（生没年不詳）

大田錦城*（太田錦城）　おおたきんじょう
明和2（1765）年～文政8（1825）年　江戸時代中期～後期の加賀大聖寺藩士、三河吉田藩士、学者、詩人。
¶江人（太田錦城），コン（太田錦城），詩作（[没]文政8（1825）年4月23日），思想

大田黒亥和太　おおたぐろいわた
⇒大田黒惟信（おおたぐろこれのぶ）

大田黒惟信*（太田黒惟信）　おおたぐろこれのぶ
文政10（1827）年～明治34（1901）年4月22日　[別]大田黒亥和太（おおたぐろいわた）　江戸時代末期～明治時代の熊本藩士。五稜郭の戦いでは政府軍参謀として参戦。
¶幕末（大田黒亥和太　おおたぐろいわた　[生]文政10（1827）年6月）

太田黒伴雄*（大田黒伴雄）　おおたぐろともお
天保6（1835）年～明治9（1876）年　江戸時代末期～明治時代の志士、復古的尊攘主義者。敬神党を組織した。
¶コン（大田黒伴雄），全幕（[生]天保5（1834）年），幕末（大田黒伴雄　[生]天保5（1834）年　[没]明治9（1876）年10月25日）

大竹勘次郎*　おおたけかんじろう
文政7（1824）年～慶応1（1865）年　江戸時代末期の水戸藩士。
¶幕末（[没]慶応1（1865）年10月25日）

大竹清良　おおたけきよよし
江戸時代中期の幕臣。
¶徳人（[生]1759年　[没]？），徳代（[生]宝暦11（1761）年　[没]？）

大竹勝昌　おおたけしょうしょう
江戸時代後期～末期の代官。
¶徳代（生没年不詳）

大竹宗孝　おおたけそうこう
江戸時代後期～明治時代の幕臣。
¶徳人（生没年不詳），徳代（[生]天保8（1837）年　[没]明治22（1889）年7月3日）

大竹丹後*　おおたけたんご
生没年不詳　安土桃山時代の武士。後北条氏家臣。
¶後北（丹後守〔大竹（2）〕　たんごのかみ）

大竹徳治*　おおたけとくじ
文政10（1827）年～明治6（1873）年　江戸時代末期～明治時代の人。松居栄蔵家に奉公。
¶幕末（[没]明治6（1873）年7月15日）

大竹信政　おおたけのぶまさ
江戸時代前期～中期の幕臣。
¶徳人（[生]1664年　[没]1737年）

大竹文礼　おおたけふみのり
⇒大竹文礼（おおたけぶんれい）

大竹文礼*　おおたけぶんれい
寛政1（1789）年～嘉永5（1852）年　[別]大竹文礼（おおたけふみのり）　江戸時代後期の和算家。
¶数学（おおたけふみのり）

大竹屋　おおたけや
戦国時代の上吉田宿の御師。本姓は渡辺氏。富士北口浅間神社所属。
¶武田（生没年不詳）

大竹与三右衛門　おおたけよさえもん
安土桃山時代の真田昌幸・北条氏直の家臣。
¶後北（与三右衛門〔大竹（1）〕　よさえもん）

太田研斎*　おおたけんさい
弘化3（1846）年～明治2（1869）年　[別]太田芳政（おおたよしまさ）　江戸時代末期の算学者。
¶数学（太田芳政　おおたよしまさ　[没]明治2（1869）年11月1日），幕末（[没]明治2（1869）年11月1日）

太田源左衛門*　おおたげんざえもん
？～慶応2（1866）年　江戸時代末期の名主。
¶幕末

太田源三郎*　おおたげんざぶろう
天保6（1835）年～明治28（1895）年　[別]太田資政（おおたすけまさ）　江戸時代末期～明治時代の幕府遣欧使節通詞。
¶幕末（太田資政　おおたすけまさ　[生]天保6（1835）年4月18日　[没]明治28（1895）年4月11日）

太田源三大夫*　おおたげんぞうだゆう
生没年不詳　[別]松田定久（まつださだひさ）　安土桃山時代の織田信長の家臣。
¶織田（松田定久　まつださだひさ）

太田玄道　おおたげんどう
江戸時代後期の眼科医。
¶眼医（生没年不詳）

太田監物　おおたけんもつ
安土桃山時代の織田信長の家臣。神戸480人衆の大将の一人。
¶織田（生没年不詳）

太田悟一郎*　おおたごいちろう
生没年不詳　江戸時代末期の旅宿矢名瀬屋、町頭役。
¶幕末

太田光太郎*　おおたこうたろう
嘉永1（1848）年～明治3（1870）年　江戸時代末期～明治時代の毛利筑前臣。
¶幕末（[没]明治2（1870）年12月29日）

太田小十郎　おおたこじゅうろう
江戸時代後期～明治時代の和算家。
¶数学（[生]文政7（1810）年　[没]明治6（1873）年）

太田権右衛門*　おおたごんえもん
天保6（1835）年～慶応2（1866）年　江戸時代末期の志士。因幡鳥取藩士。
¶コン（[生]天保5（1834）年），全幕

太田左近*（大田左近）　おおたさこん
生没年不詳　室町時代の鋳物師。
¶美工

太田左馬助*　おおたさまのすけ
生没年不詳　安土桃山時代の織田信長の家臣。
¶織田

太田重長　おおたしげなが
江戸時代中期の代官。
¶徳代（[生]？　[没]元禄10（1697）年12月10日）

太田七左衛門　おおたしちざえもん
江戸時代前期の武士。大坂の陣で籠城。
¶大坂（[没]慶長20年5月7日）

太田十郎　おおたじゅうろう
安土桃山時代の北条氏直の家臣。太田豊後守泰昌の子か。
¶後北（十郎〔太田（5）〕　じゅうろう）

太田章三郎*　おおたしょうさぶろう，おおたしょうざぶろう
明和7（1770）年～天保11（1840）年　江戸時代後期の文人、藩政家。
¶コン

太田二郎　おおたじろう
⇒西村哲二郎（にしむらてつじろう）

太田四郎兵衛*　おおたしろうびょうえ
生没年不詳　[別]太田四郎兵衛（おおたしろべえ）　安土桃山時代の武士。後北条氏家臣。
¶後北（四郎兵衛〔太田（7）〕　しろべえ）

太田代恒徳　おおたしろつねのり
⇒太田代東谷（おおたしろとうこく）

太田代東谷*　おおたしろとうこく
天保5（1834）年～明治34（1901）年　[別]太田代恒徳（おおたしろつねのり）　江戸時代末期～明治時代の儒者。
¶幕末（太田代恒徳　おおたしろつねのり　[生]天保6（1835）年　[没]明治34（1901）年3月24日）

太田四郎兵衛　おおたしろべえ
⇒太田四郎兵衛（おおたしろうびょうえ）

太田甚右衛門*　おおたじんえもん
生没年不詳　安土桃山時代の織田信長の家臣。
¶織田

大田親王*　おおたしんのう
延暦12（793）年～大同3（808）年　[別]大田親王（お

おたのしんのう）　奈良時代～平安時代前期の桓武天皇の皇子。
¶古人（おおたのしんのう）

太田新六郎* おおたしんろくろう
天保2（1831）年～明治1（1868）年　江戸時代末期の邑主。
¶幕末（[没]慶応4（1868）年7月26日）

太田資清* おおたすけきよ
応永18（1411）年～延徳4（1492）年2月2日　[別]太田道真（おおたどうしん），道真（どうしん）　室町時代～戦国時代の武将、歌人。
¶内乱（[生]？　[没]長享2（1488）年），俳文（道真　どうしん　[没]明応1（1492）年2月2日），室町（[没]長享2（1488）年）

太田資貞* おおたすけさだ
生没年不詳　戦国時代の江戸太田氏の一族。
¶後北（資貞〔太田（4）〕　すけさだ）

太田資高* おおたすけたか
？～天文16（1547）年　戦国時代の武将。
¶全戦

太田資忠* おおたすけただ
？～文明11（1479）年　室町時代の武将。
¶全戦

太田資時* おおたすけとき
？～天文15（1546）年10月9日　[別]太田全鑑（おおたぜんかん）　戦国時代の武将。
¶全戦（太田全鑑　おおたぜんかん）

太田資長　おおたすけなが
⇒太田道灌（おおたどうかん）

太田資始　おおたすけはる
⇒太田資始（おおたすけもと）

太田資春* おおたすけはる
生没年不詳　江戸時代末期の水戸藩士。
¶幕末

太田資晴* おおたすけはる
元禄8（1695）年～元文5（1740）年　江戸時代中期の大名。駿河田中藩主、陸奥棚倉藩主、上野館林藩主。
¶コン

太田資政　おおたすけまさ
⇒太田源三郎（おおたげんざぶろう）

太田資正* おおたすけまさ
大永2（1522）年～天正19（1591）年　戦国時代～安土桃山時代の武将。扇谷上杉氏の遺臣。
¶コン（[生]大永1（1521）年），全戦，戦武

太田資宗* おおたすけむね
慶長5（1600）年～延宝8（1680）年1月22日　江戸時代前期の大名。三河西尾藩主、遠江浜松藩主。
¶コン，徳人

太田資始* おおたすけもと
寛政11（1799）年～慶応3（1867）年5月18日　[別]太田資始（おおたすけはる）　江戸時代末期の大名、老中。遠江掛川藩主。
¶幕末

太田資康* おおたすけやす
文明3（1471）年～永正10（1513）年　戦国時代の武将。
¶全戦（[生]文明8（1476）年　[没]明応7（1498）年？）

太田資行* おおたすけゆき
？～永禄5（1562）年11月2日　戦国時代～安土桃山時代の江戸太田氏の一族。
¶後北（資行〔太田（4）〕　すけゆき　[没]永禄5年10月）

太田資頼* おおたすけより
戦国時代の武将。上杉氏家臣。
¶全戦（生没年不詳），戦武（[生]明応4（1495）年　[没]天文10（1541）年）

太田正儀* おおたせいぎ
生没年不詳　[別]太田正儀（おおたまさよし）　江戸時代中期の数学者、越後長岡藩士。
¶数学（おおたまさよし）

太田誠左衛門* おおたせいざえもん
文政1（1818）年～明治2（1869）年　江戸時代末期の水戸藩士。
¶幕末（[没]明治2（1869）年6月14日）

太田全鑑　おおたぜんかん
⇒太田資時（おおたすけとき）

太田全斎* おおたぜんさい，おおたぜんざい
宝暦9（1759）年～文政12（1829）年　江戸時代後期の漢学者、備後福山藩士。
¶コン，思想

太田宗真* おおたそうしん
生没年不詳　戦国時代の北条氏の家臣。
¶後北（宗真〔太田（2）〕　そうしん）

太田大膳亮* おおただいぜんのすけ
生没年不詳　戦国時代の武士。後北条氏家臣。
¶後北（大膳亮〔太田（2）〕　だいぜんのすけ）

太田多七　おおたたしち
江戸時代末期の彫師。
¶浮絵

太田田根子*（意富多多泥古）　おおたたねこ
三輪山の神である大物主神の子、大物主神の祭主。
¶古代，コン

太田丹後守* おおたたんごのかみ
生没年不詳　安土桃山時代の織田信長の家臣。
¶織田

大館氏明* おおだちうじあき
？～興国3/康永1（1342）年　[別]大館氏明（おおだてうじあき）　南北朝時代の武将。南朝方につく。
¶室町（おおだてうじあき）

大館氏清* おおだちうじきよ
延元2/建武4（1337）年～応永19（1412）年　[別]大館氏清（おおだてうじきよ）　南北朝時代～室町時代の武将。
¶室町（[生]建武2（1335）年）

大館謙三郎* おおだちけんざぶろう
文政7（1824）年～明治8（1875）年　[別]大館謙三郎（おおだてけんざぶろう）　江戸時代末期～明治時代の詩家、志士。新田勤王党を結成したが発覚。
¶幕末（おおだてけんざぶろう　[生]文政7（1824）年9月10日　[没]明治8（1875）年5月26日）

大館常興　おおだちじょうこう
⇒大館尚氏（おおだちひさうじ）

大館晴光* おおだちはるみつ
生没年不詳　戦国時代の室町幕府の幕臣。

¶後北（晴光〔大館〕　はるみつ　[没]永禄8年4月28日）

大館尚氏* おおだちひさうじ
生没年不詳　[別]大館常興（おおだちじょうこう），大館尚氏（おおだてなおうじ，おおだてひさうじ）　戦国時代の武将、室町幕府甲次、内談衆。
¶コン，中世（大館尚氏（常興）　おおだちひさうじ（じょうこう）　[生]1450年　[没]？），室町（おおだてなおうじ　[生]享徳3（1454）年　[没]？）

お

太田忠左衛門尉　おおたちゅうざえもんのじょう
安土桃山時代の駿河国三宮の御穂神社の神主。
¶武田（生没年不詳）

太田澄玄*（太田澄元）　おおたちょうげん
享保6（1721）年～寛政7（1795）年　江戸時代中期の本草学者、医師。
¶科学（[没]寛政7（1795）年10月12日），コン

大館氏明　おおだてうじあき
⇒大館氏明（おおだちうじあき）

大館氏清　おおだてうじきよ
⇒大館氏清（おおだちうじきよ）

大館謙三郎　おおだてけんざぶろう
⇒大館謙三郎（おおだちけんざぶろう）

大館四郎*　おおだてしろう
文政7（1824）年～明治4（1871）年　江戸時代後期～明治時代の武士。
¶幕末（[生]文政7（1824）年3月　[没]明治4（1871）年7月6日）

大館尚氏　おおだてなおうじ
⇒大館尚氏（おおだちひさうじ）

大館尚氏　おおだてひさうじ
⇒大館尚氏（おおだちひさうじ）

大館芳律　おおだてほうりつ
江戸時代後期～明治時代の俳諧作者。
¶俳文（[生]嘉永2（1849）年　[没]明治36（1903）年11月19日）

太田輝資*　おおたてるすけ
？～慶長8（1603）年　[別]太田備中守（おおたびっちゅうのかみ）　安土桃山時代の武将。
¶後北（輝資〔太田（8）〕　てるすけ）

太田道灌*　おおたどうかん
永享4（1432）年～文明18（1486）年　[別]太田資長（おおたすけなが），太田持資（おおたもちすけ），道灌（どうかん）　室町時代～戦国時代の武将。扇谷上杉氏の家宰。江戸城を築城。
¶コン，詩作（[没]文明18（1486）年7月26日），思想，全戦（太田資長　おおたすけなが），中世，内乱，日文，俳文（道灌　どうかん　[没]文明18（1486）年7月26日），室町，山小（[没]1486年7月26日）

太田稲香*　おおたとうこう
文化7（1810）年～慶応2（1866）年　[別]太田稲香（おおたいなか）　江戸時代末期の出流山挙兵参加者。
¶幕末（[没]慶応2（1866）年8月6日）

太田道真　おおたどうしん
⇒太田資清（おおたすけきよ）

太田時連*　おおたときつら
生没年不詳　[別]三善時連（みよしときつら，みよしのときつら）　鎌倉時代後期～南北朝時代の鎌倉幕府評定衆、室町幕府問注所執事。
¶コン，中世（[生]1269年　[没]1345年）

太田友次　おおたともつぐ
江戸時代中期の代官。
¶徳代（[生]？　[没]元禄4（1691）年3月13日）

太田友俊　おおたともとし
江戸時代前期の代官。
¶徳代（[生]？　[没]寛文5（1665）年3月1日）

太田南畝*　おおたなんぽ，おおたなんぼ
寛延2（1749）年～文政6（1823）年　[別]四方赤良（しかたあから，よものあから），蜀山人，蜀山人〔1代〕（しょくさんじん），南畝（なんぽ）　江戸時代中期～後期の戯作者、狂歌師。狂歌三大家の一人。
¶江人（蜀山人　しょくさんじん），コン，詩作（[生]寛延2（1749）年3月3日　[没]文政6（1823）年4月6日），思想，徳将，徳人，日文，日文（四方赤良　よものあから），山小（[生]1749年3月3日　[没]1823年4月6日）

大谷勇雄*　おおたにいさお
天保4（1833）年～慶応4（1868）年　江戸時代後期～末期の新撰組隊士。
¶新隊（[没]明治1（1868）年6月20日）

大谷永助　おおたにえいすけ
⇒中村仲蔵〔2代〕（なかむらなかぞう）

太田仁右衛門*　おおたにえもん
文化7（1810）年～明治20（1887）年　江戸時代末期～明治時代の兵糧方。生野代官所に出入し農兵組立に尽力。
¶幕末（[没]明治20（1887）年7月25日）

大谷鬼次〔1代〕　おおたにおにじ
⇒大谷広次〔2代〕（おおたにひろじ）

大谷鬼次〔2代〕　おおたにおにじ
⇒大谷広次〔3代〕（おおたにひろじ）

大谷鬼次〔3代〕　おおたにおにじ
⇒中村仲蔵〔2代〕（なかむらなかぞう）

大谷鬼次〔4代〕　おおたにおにじ
⇒大谷広次〔4代〕（おおたにひろじ）

大谷旧旅*　おおたにきゅうりょ
慶安2（1649）年～元禄13（1700）年　[別]旧旅（きゅうりょ）　江戸時代中期の貞徳系の俳人、僧。東本願寺第16世法主。
¶俳文（旧旅　きゅうりょ　[没]元禄13（1700）年4月12日）

大谷刑部　おおたにぎょうぶ
⇒大谷吉継（おおたによしつぐ）

大谷刑部少輔　おおたにぎょうぶしょうゆう
⇒大谷吉継（おおたによしつぐ）

大谷光威*　おおたにこうい
文政9（1826）年～明治1（1868）年　江戸時代末期の西本願寺法嗣。
¶幕末（[没]慶応4（1868）年4月14日）

大谷光勝*　おおたにこうしょう
文化14（1817）年～明治27（1894）年1月15日　江戸時代末期～明治時代の真宗大谷派僧侶。東本願寺円状に際し復興に尽力。海外布教にも着手。伯爵。
¶コン，幕末（[生]文化14（1817）年3月7日）

大谷光尊　おおたにこうそん
江戸時代末期～明治時代の西本願寺宗主。
¶コン（[生]嘉永3（1850）年　[没]明治36（1903）年）

大谷光沢* おおたにこうたく
寛政10（1798）年～明治4（1871）年8月19日　[別]光沢（こうたく），広如（こうにょ）　江戸時代末期の浄土真宗の僧。西本願寺第20世。
¶コン，幕末（[生]寛政10（1798）年6月1日）

大谷五郎右衛門* おおたにごろうえもん
？～寛文10（1670）年　江戸時代前期の製塩技術者。
¶コン

大谷定次 おおたにさだつぐ
安土桃山時代～江戸時代前期の代官。
¶徳代（[生]永禄6（1563）年　[没]寛永2（1625）年7月14日）

大谷定利 おおたにさだとし
江戸時代前期の代官、銅奉行。
¶徳代（[生]？　[没]万治1（1658）年5月3日）

大谷実徳 おおたにさねのり
⇒大谷樸助（おおたにぼくすけ）

大谷暫酔* おおたにざんすい
寛永3（1626）年～天和1（1681）年　[別]暫酔（ざんすい）　江戸時代前期の貞徳系の俳人、僧。大通寺1世。
¶俳文（暫酔　ざんすい　[生]寛永4（1627）年　[没]延宝8（1680）年）

大谷式部 おおたにしきぶ
江戸時代前期の武士。大坂の陣で籠城。
¶大坂（[没]慶長19年11月26日）

大谷七郎右衛門実元 おおたにしちろ（う）えもんさねもと
江戸時代前期の武士。大坂の陣で籠城。
¶大坂（[没]慶長20年）

大谷志摩* おおたにしま
天保11（1840）年～明治1（1868）年　[別]大谷志摩（おおやしま）　江戸時代末期の陸奥二本松藩士。
¶全幕（おおやしま　[没]慶応4（1868）年），幕末（[没]慶応4（1868）年7月29日）

大谷大学助吉治 おおたにだいがくのすけよしはる
江戸時代前期の武将。大谷刑部少輔吉継の養子。
¶大坂（[没]慶長20年5月7日）

大谷大作 おおたにだいさく
⇒大谷広右衛門〔5代〕（おおたにひろえもん）

大谷帯刀左衛門 おおたにたちはきざえもん
⇒大谷帯刀（おおたにたてわき）

大谷帯刀* おおたにたてわき
？～天正18（1590）年　[別]大谷帯刀左衛門（おおたにたちはきざえもん）　安土桃山時代の武士。後北条氏家臣。
¶後北（公嘉〔大谷〕　きみよし）

大谷友右衛門 おおたにともえもん
世襲名　江戸時代の歌舞伎役者。江戸時代に活躍したのは、初世から5世まで。
¶江人

大谷友右衛門〔1代〕* おおたにともえもん
延享1（1744）年～天明1（1781）年　[別]大谷友三郎〔旧代〕（おおたにともさぶろう），此勇，此友（しゆう），竹田友三郎（たけだともさぶろう）　江戸時代中期の歌舞伎役者。宝暦11年～天明1年頃に活躍。
¶歌大（[没]天明1（1781）年8月16日）

大谷友右衛門〔4代〕*（――〔3代〕）　おおたにともえもん
寛政3（1791）年～文久1（1861）年　[別]大谷福蔵（おおたにふくぞう），大谷万作〔1代〕（おおたにまんさく），大谷楽猿（おおたにらくえん），此友（しゆう），楽猿（らくえん）　江戸時代末期の歌舞伎役者。天保1年～安政6年以降に活躍。
¶歌大（[生]寛政4（1792）年　[没]万延2（1861）年1月6日），コン（――〔4世〕），新歌（――〔4世〕）

大谷友右衛門〔5代〕 おおたにともえもん
⇒大谷広次〔5代〕（おおたにひろじ）

大谷友三郎〔旧代〕 おおたにともさぶろう
⇒大谷友右衛門〔1代〕（おおたにともえもん）

大谷友次〔1代〕 おおたにともじ
⇒浅尾工左衛門〔2代〕（あさおくざえもん）

大谷鳴海* おおたになるみ
？～明治8（1875）年　江戸時代末期～明治時代の陸奥二本松藩士。
¶幕末（[没]明治8（1875）年7月5日）

大谷白話* おおたにはくわ
寛永2（1625）年～寛文11（1671）年　[別]白話（はくわ）　江戸時代前期の貞徳系の俳人、僧。東本願寺14世。
¶俳文（白話　はくわ　[没]寛文11（1671）年4月14日）

大谷春次〔1代〕 おおたにはるじ
⇒大谷広次〔3代〕（おおたにひろじ）

大谷春次〔2代〕 おおたにはるじ
⇒中村仲蔵〔2代〕（なかむらなかぞう）

大谷彦次郎* おおたにひこじろう
生没年不詳　戦国時代の武士。後北条氏家臣。
¶後北（彦次郎〔大谷〕　ひこじろう）

大谷広右衛門〔1代〕* おおたにひろえもん
寛文6（1666）年～享保6（1721）年　[別]大谷広吉（おおたにひろきち），幡風（ばんふう）　江戸時代中期の歌舞伎役者。元禄7年以前～享保6年頃に活躍。
¶歌大（[没]享保6（1721）年2月19日）

大谷広右衛門〔4代〕 おおたにひろえもん
⇒坂田半五郎〔4代〕（さかたはんごろう）

大谷広右衛門〔5代〕* おおたにひろえもん
文化1（1804）年～安政2（1855）年　[別]大谷大作（おおたにだいさく），大谷万作〔2代〕（おおたにまんさく），大谷万六（おおたにまんろく），馬丈（ばじょう），晩風（ばんふう），此子（ひし）　江戸時代末期の歌舞伎役者。天保7年～嘉永1年頃に活躍。
¶歌大（[没]安政2（1855）年9月13日）

大谷広吉 おおたにひろきち
⇒大谷広右衛門〔1代〕（おおたにひろえもん）

大谷広五郎 おおたにひろごろう
⇒大谷広次〔4代〕（おおたにひろじ）

大谷広次〔1代〕* おおたにひろじ
元禄9（1696）年～延享4（1747）年　[別]大谷広次〔1代〕（おおたにひろつぐ），十町（じゅうちょう），大十町（だいじゅうちょう）　江戸時代中期の歌舞伎役者。元禄15年～延享1年頃に活躍。
¶浮絵（[生]元禄9（1696）年/元禄12（1699）年），歌大（[生]元禄12（1699）年　[没]延享4（1747）年5月25日），コン（おおたにひろつぐ　[生]元禄12（1699）年），新歌（大谷広次（治）〔1世〕）

おおたに

大谷広次〔2代〕* おおたにひろじ
享保2（1717）年〜宝暦7（1757）年 ㊚大谷鬼次〔1代〕（おおたにおにじ），大谷広次〔2代〕（おおたにひろつぐ），大谷文蔵（おおたにぶんぞう），大谷平蔵（おおたにへいぞう），十町（じっちょう），辰松文七（たつまつぶんしち），東州（とうしゅう），坂東又太郎〔3代〕（ばんどうまたたろう） 江戸時代中期の歌舞伎役者。享保20年〜宝暦7年頃に活躍。
¶浮絵，歌大（㊷宝暦7（1757）年6月2日），コン（おおたにひろつぐ），新歌（大谷広次（治）〔2世〕

大谷広次〔3代〕* おおたにひろじ
延享3（1746）年〜享和2（1802）年 ㊚大谷鬼次〔2代〕（おおたにおにじ），大谷春次〔1代〕（おおたにはるじ），大谷広次〔3代〕（おおたにひろつぐ），十丁，十町（じっちょう），本州（ほんしゅう），米山徳五郎（よねやまとくごろう） 江戸時代中期〜後期の歌舞伎役者。宝暦5年〜寛政10年頃に活躍。
¶浮絵，歌大（㊷享和2（1802）年5月11日），コン（おおたにひろつぐ），新歌（大谷広次（治）〔3世〕 ㊶1740年（1746年？））

大谷広次〔4代〕* おおたにひろじ
生没年不詳 ㊚大谷鬼次〔4代〕（おおたにおにじ），大谷広五郎（おおたにひろごろう），十町（じっちょう） 江戸時代後期の歌舞伎役者。寛政12年〜文化5年以降に活躍。
¶浮絵，新歌（大谷広次（治）〔4世〕

大谷広次〔5代〕* おおたにひろじ
天保4（1833）年〜明治6（1873）年 ㊚大谷友右衛門〔5代〕（おおたにともえもん） 江戸時代末期〜明治時代の歌舞伎役者。
¶浮絵

大谷広次〔1代〕 おおたにひろつぐ
⇒大谷広次〔1代〕（おおたにひろじ）

大谷広次〔2代〕 おおたにひろつぐ
⇒大谷広次〔2代〕（おおたにひろじ）

大谷広次〔3代〕 おおたにひろつぐ
⇒大谷広次〔3代〕（おおたにひろじ）

大谷福蔵 おおたにふくぞう
⇒大谷友右衛門〔4代〕（おおたにともえもん）

大谷文蔵 おおたにぶんぞう
⇒大谷広次〔2代〕（おおたにひろじ）

大谷平蔵 おおたにへいぞう
⇒大谷広次〔2代〕（おおたにひろじ）

大谷樸助* おおたにぼくすけ
天保9（1838）年〜慶応1（1865）年 ㊚大谷実徳（おおたにさねのり） 江戸時代末期の長州（萩）藩士。
¶幕末（㊶天保9（1838）年1月18日 ㊷元治2（1865）年3月1日）

大谷万作〔1代〕 おおたにまんさく
⇒大谷友右衛門〔4代〕（おおたにともえもん）

大谷万作〔2代〕 おおたにまんさく
⇒大谷広右衛門〔5代〕（おおたにひろえもん）

大谷万六 おおたにまんろく
⇒大谷広右衛門〔5代〕（おおたにひろえもん）

大谷吉継*（大谷吉嗣） おおたによしつぐ
永禄2（1559）年〜慶長5（1600）年 ㊚大谷刑部（おおたにぎょうぶ），大谷刑部少輔（おおたにぎょうぶしょうゆう） 安土桃山時代の武士。武将，豊臣秀吉の臣。
¶コン，全戦，戦武（㊶永禄2（1559）年？），対外（大谷吉嗣），内乱，山小（㊷1600年9月15日）

大谷嘉信* おおたによしのぶ
戦国時代の武将。後北条氏家臣。
¶後北（嘉信〔大谷〕よしのぶ）

大谷楽猿 おおたにらくえん
⇒大谷友右衛門〔4代〕（おおたにともえもん）

大谷六右枳* おおたにりっき
*〜延享2（1745）年 ㊚大谷六右枳（おおたにろくし），六枳（ろくき，ろくし） 江戸時代中期の俳人，僧越前福井本瑞寺5世。
¶俳文（六枳 ろくし ㊶元禄1（1688）年 ㊷延享2（1745）年3月23日）

大谷良輔* おおたにりょうすけ
天保7（1836）年〜元治2（1865）年3月4日 江戸時代後期〜末期の新撰組隊士。
¶新隊（㊷慶応1（1865）年3月4日）

大谷六枳 おおたにろくし
⇒大谷六右枳（おおたにりっき）

大谷六蔵 おおたにろくぞう
⇒津打門三郎〔1代〕（つうちもんざぶろう）

大田皇女 おおたのおうじょ
⇒大田皇女（おおたのひめみこ）

大田兼定 おおたのかねさだ
⇒大田兼定（おおたかねさだ）

太田皇女（大田皇女） おおたのこうじょ
⇒大田皇女（おおたのひめみこ）

大田親王 おおたのしんのう
⇒大田親王（おおたしんのう）

太田吞竜 おおたのどんりゅう
⇒吞竜（どんりゅう）

大田皇女* おおたのひめみこ
生没年不詳 ㊚大田皇女（おおたのおうじょ，おおたのこうじょ），太田皇女（おおたのこうじょ） 飛鳥時代の女性。天智天皇の皇女。
¶古人（おおたのこうじょ），古代，古物，コン（㊶？ ㊷天智6（667）年），女史，天皇（おおたのおうじょ ㊶皇極2（643）年？ ㊷？）

大田広人 おおたのひろひと
奈良時代の官人。
¶古人（生没年不詳）

太田信義〔1代〕 おおたのぶよし
江戸時代後期〜明治時代の太田胃散創業者。
¶出版（㊶天保8（1837）年2月5日 ㊷明治30（1897）年12月3日）

太田光家 おおたのみついえ
⇒太田光家（おおたみついえ）

大田白雪*（太田白雪） おおたはくせつ
寛文1（1661）年〜享保20（1735）年 ㊚白雪（はくせつ） 江戸時代中期の俳人（蕉門）。
¶俳文（白雪 はくせつ ㊷享保20（1735）年6月7日）

太田巴静* おおたはじょう
天和1（1681）年〜寛保4（1744）年 ㊚巴静（はじょう） 江戸時代中期の俳人（支考門）。
¶俳文（巴静 はじょう ㊶延宝6（1678）年 ㊷延享1

太田八左衛門 おおたはちざえもん
　江戸時代前期の武士。大坂の陣で籠城。
　¶大坂（慶長20年5月7日）

太田備中守 おおたびっちゅうのかみ
　⇒太田輝資（おおたてるすけ）

太田兵庫助 おおたひょうごのすけ
　戦国時代～安土桃山時代の武士。又八。正勝の嫡男。
　¶後北（兵庫助〔太田（9）〕　ひょうごのすけ）

太田開 おおたひらく
　⇒太田包宗（おおたほうそう）

太田広城* おおたひろき
　天保9（1838）年～明治44（1911）年　江戸時代末期～明治時代の八戸藩大参事、奥尻島戸長。青森県誕生に奔走、北東北開発に尽力。
　¶幕末

太田広信 おおたひろのぶ
　江戸時代後期～明治時代の和算家。
　¶数学（嘉永3（1850）年　明治15（1882）年）

太田無左衛門 おおたぶざえもん
　江戸時代前期の高橋鑑種の家臣。
　¶大坂（慶長20年5月7日）

大田部兼守 おおたべのかねもり
　平安時代中期の官人。
　¶古人（生没年不詳）

大田部志真刀自女 おおたべのしまとじめ
　平安時代前期の佐渡国の人。
　¶古人（生没年不詳）

大田部酉子 おおたべのとりこ
　奈良時代の女性。石見介忍海山下氏則の妻の侍女。
　¶古人（生没年不詳）

大田報助* おおたほうすけ
　天保6（1835）年～大正9（1920）年　江戸時代末期～明治時代の歴史家。
　¶幕末（大正9（1920）年5月27日）

太田包宗* おおたほうそう
　文政6（1823）年～明治8（1875）年　別太田開（おおたひらく）　江戸時代末期～明治時代の神官。
　¶幕末

太田保明* おおたほうめい
　天明4（1784）年～安政1（1854）年　別太田保明（おおたやすあき）　江戸時代後期の算者。
　¶数学（おおたやすあき7（1854）年）

太田孫左衛門* おおたまござえもん
　生没年不詳　安土桃山時代の織田信長の家臣。
　¶織田

太田正勝 おおたまさかつ
　生没年不詳　戦国時代の武士。後北条氏家臣。
　¶後北（正勝〔太田（9）〕　まさかつ）

太田栄輝 おおたまさてる
　江戸時代中期～後期の代官。
　¶徳代（寛保2（1742）年　寛政4（1792）年12月11日）

大田正房 おおたまさふさ
　江戸時代中期の幕臣。

　¶徳人（1714年　1778年）

太田正儀 おおたまさよし
　⇒太田正儀（おおたせいぎ）

太田又七郎牛次 おおたまたしちろううしつぐ
　安土桃山時代～江戸時代前期の豊臣秀吉・秀頼の家臣。
　¶大坂（永禄7年　寛永17年／慶安5年）

太田又兵衛正次 おおたまたびょうえまさつぐ
　江戸時代前期の武士。大坂の陣で籠城。
　¶大坂（寛文7年10月10日）

太田光家* （大田光家）　おおたみついえ
　生没年不詳　別太田光家（おおたのみついえ）　鎌倉時代前期の武将。
　¶古人（おおたみついえ）

太田美農里* おおたみのり
　天保2（1831）年～明治42（1909）年　江戸時代末期～明治時代の加賀藩医。緒方洪庵の適塾に入門、のちに塾頭。
　¶幕末（天保12（1841）年　明治42（1909）年10月）

太田民吉 おおたみんきち
　⇒広田精一（ひろたせいいち）

太田木甫 おおたもくほ
　江戸時代後期～明治時代の俳人。
　¶俳文（文政1（1818）年1月10日　明治33（1900）年3月14日）

太田持資 おおたもちすけ
　⇒太田道灌（おおたどうかん）

大多毛比* おおたもひ
　上代の豪族。
　¶古代

太田盛家 おおたもりいえ
　安土桃山時代の駿府の豪商。
　¶武田（生没年不詳）

太田守重 おおたもりしげ
　安土桃山時代の武田氏の家臣。
　¶武田（生没年不詳）

太田紋助 おおたもんすけ
　江戸時代後期～明治時代のアイヌ民族指導者、農業改良家。
　¶植物（弘化3（1846）年1月16日　明治25（1892）年4月3日）

太田保明 おおたやすあき
　⇒太田保明（おおたほうめい）

太田康有* おおたやすあり
　安貞2（1228）年～正応3（1290）年　別三善康有（みよしのやすあり，みよしやすあり）　鎌倉時代後期の幕府官吏、問注所執事、評定衆。
　¶コン（三善康有　みよしやすあり），中世（1229年）

太田康資* おおたやすすけ
　享禄4（1531）年～天正9（1581）年　戦国時代の武将。
　¶後北（康資〔太田（4）〕　やすすけ（天正9年10月？），全戦、戦武（天正9（1581）年？）

太田康連 おおたやすつら
　⇒三善康連（みよしやすつら）

太田安正　おおたやすまさ
安土桃山時代～江戸時代前期の代官。
¶徳代（[生]天正7（1579）年　[没]寛永18（1641）年）

太田泰昌　おおたやすまさ
戦国時代の北条氏綱・為昌・氏康の家臣。又三郎・豊後守。
¶後北（泰昌〔太田（10）〕　やすまさ）

太田康宗　おおたやすむね
戦国時代～安土桃山時代の太田資正・太田康資・北条氏秀・北条氏康・氏政の家臣。次郎左衛門尉・下野守。
¶後北（康宗〔太田（6）〕　やすむね）

太田雄蔵*　おおたゆうぞう
文化4（1807）年～安政3（1856）年　江戸時代末期の囲碁棋士、七段。
¶コン（生没年不詳）

太田好重　おおたよししげ
江戸時代前期の代官。
¶徳代（[生]？　[没]元禄1（1688）年10月24日）

太田好敬　おおたよしひろ
江戸時代前期～中期の幕臣。
¶徳人（[生]1650年　[没]1727年）

太田吉政*（大田吉正）　おおたよしまさ
永禄6（1563）年～寛永15（1638）年　安土桃山時代～江戸時代前期の武将。通称は甚四郎、善大夫。
¶徳人（大田吉正）

太田芳政　おおたよしまさ
⇒太田研斎（おおたけんさい）

太田頼基　おおたよりもと
⇒源頼基（みなもとのよりもと）

大足彦忍代別尊　おおたらしひこおしろわけのみこと
⇒景行天皇（けいこうてんのう）

大田蘭香*　おおたらんこう
寛政10（1798）年5月23日～安政3（1856）年4月5日　江戸時代後期の女性。詩人。加賀国大聖寺の人。
¶江表（蘭香（石川県））, 女史

太田六右衛門*　おおたろくえもん
文政6（1823）年～慶応1（1865）年　江戸時代末期の庄屋。
¶コン, 全幕, 幕末（[生]文政6（1823）年3月4日　[没]慶応1（1865）年4月24日）

大多和左馬亮正久　おおたわさまのすけまさひさ
江戸時代前期の豊臣秀頼の家臣。
¶大坂

大田原資清*　おおたわらすけきよ
文明18（1486）年～永禄3（1560）年1月17日　戦国時代の武将。
¶室町

大田原晴清*　おおたわらはるきよ
永禄10（1567）年～寛永8（1631）年　安土桃山時代～江戸時代前期の武将、大名。下野大田原藩主。
¶全戦

大田原政継　おおたわらまさつぐ
江戸時代前期の幕臣。
¶徳人（[生]1605年　[没]1675年）

奄智王　おおちのおう
⇒奄智王（あんちおう）

大内義隆　おおちよしたか
⇒大内義隆（おおうちよしたか）

大内義弘　おおちよしひろ
⇒大内義弘（おおうちよしひろ）

大津皇子　おおつおうじ
⇒大津皇子（おおつのみこ）

大塚右京　おおつかうきょう
江戸時代後期の仏師。
¶美建（生没年不詳）

大塚霍之丞　おおつかかくのじょう
天保14（1843）年～明治38（1905）年　江戸時代後期～明治時代の彰義隊士。幕臣岡田与一郎の三男。
¶全幕, 幕末（[生]天保14（1843）年4月　[没]明治38（1905）年1月27日）

大塚荷渓*　おおつかかけい
安永7（1778）年～弘化1（1844）年　江戸時代後期の画家。
¶美画（[没]天保15（1844）年2月17日）

大塚勘右衛門　おおつかかんえもん
江戸時代前期の武士。大坂の陣で籠城。木村重成組に所属。
¶大坂（[没]慶長20年5月6日）

大塚敬業*　おおつかけいぎょう
文政4（1821）年～明治7（1874）年　江戸時代末期～明治時代の富山藩儒者。著書に「登立山記」など。
¶幕末（[没]明治7（1874）年9月25日）

大塚啓三郎*　おおつかけいさぶろう，おおつかけいざぶろう
文政11（1828）年～明治9（1876）年　江戸時代末期～明治時代の陶芸家。益子焼を創始し益子焼の発展に尽力。
¶幕末（おおつかけいざぶろう　[生]文政11（1828）年6月15日　[没]明治9（1876）年5月6日）, 美工（おおつかけいざぶろう　[生]文政11（1828）年6月15日　[没]明治9（1876）年5月6日）

大塚慊三郎*　おおつかけんさぶろう，おおつかけんざぶろう
嘉永2（1849）年～*　江戸時代末期～大正時代の岩国藩士。必死組に入隊し国事に奔走。
¶幕末（おおつかけんざぶろう　[没]大正12（1923）年4月16日）

大塚新八郎*　おおつかしんぱちろう
生没年不詳　安土桃山時代の織田信長の家臣。
¶織田

大塚蒼梧*（大塚蒼悟）　おおつかそうご
享保16（1731）年～享和3（1803）年6月29日　[別]大塚嘉樹（おおつかよしき）　江戸時代中期～後期の有職故実家。
¶コン

大塚大助の妻　おおつかだいすけのつま★
江戸時代中期の女性。和歌。大塚大助は儒学者で、徳川（田安）家家臣大塚孝綽が通称。明和2年の「県居門人録」に載る。
¶江表（大塚大助の妻（東京都））

大塚退野*　おおつかたいや
延宝5（1677）年～寛延3（1750）年　江戸時代中期

の肥後熊本藩士。
¶思想

大塚竹塢* おおつかちくう
文化2(1805)年～文久1(1861)年　江戸時代末期の武士。周防国吉川家臣。
¶幕末([没]万延2(1861)年2月13日)

大塚時睦 おおつかときちか
江戸時代中期の代官。
¶徳代([生]元禄8(1695)年　[没]安永9(1780)年1月8日)

大塚波次郎(大塚浪次郎) おおつかなみじろう
?～明治2(1869)年　江戸時代後期～明治時代の幕臣。大塚霍之丞の義弟。回天の一等測量士官として箱館戦争に参加。
¶全幕, 幕末(大塚浪次郎　[没]明治2(1869)年3月25日)

大塚梅里* おおつかばいり
享和3(1803)年～明治8(1875)年　[別]大塚八郎左衛門(おおつかはちろうざえもん)　江戸時代末期～明治時代の郡奉行、勘定奉行。
¶幕末([没]明治8(1875)年9月13日)

大塚八郎左衛門 おおつかはちろうざえもん
⇒大塚梅里(おおつかばいり)

大塚孫三* おおつかまごぞう
?～天正10(1582)年6月2日　戦国時代～安土桃山時代の織田信長の家臣。
¶織田

大塚正方 おおつかまさかた
江戸時代中期の和算家。
¶数学

大塚又一郎* おおつかまたいちろう
?～天正10(1582)年6月2日　戦国時代～安土桃山時代の織田信長の家臣。
¶織田

大塚磨* おおつかみがく
天保3(1832)年～明治38(1905)年4月11日　江戸時代末期～明治時代の熊本藩郷士。杖立川通舟に尽力。
¶幕末

大塚師政* おおつかもろまさ
?～寛保2(1742)年　江戸時代中期の漢学者、数学者。
¶数学([没]寛保2(1742)年10月18日)

大塚八木右衛門 おおつかやぎえもん
安土桃山時代の一条氏の家臣。
¶全戦(生没年不詳)

大塚保教 おおつかやすのり
江戸時代後期の和算家。最上流の和算家。
¶数学

大塚嘉樹 おおつかよしき
⇒大塚蒼梧(おおつかそうご)

大塚義高 おおつかよしたか
江戸時代後期～明治時代の和算家。
¶数学([生]天保4(1833)年　[没]明治42(1909)年3月14日)

大槻銀蔵* おおつきぎんぞう
江戸時代末期の新撰組隊士。
¶新隊(生没年不詳)

大月源* おおつきげん
享保18(1733)年～文化5(1808)年　江戸時代中期～後期のわが国ただ1人の女性刀工。
¶江表(源(岡山県)), 女史

大槻玄幹* おおつきげんかん
天明5(1785)年～天保8(1837)年12月13日　[別]大槻磐里(おおつきばんり)　江戸時代後期の蘭方医、陸奥仙台藩医。
¶科学([生]天明5(1785)年9月9日), コン

大槻玄沢* おおつきげんたく
宝暦7(1757)年～文政10(1827)年　[別]大槻磐水(おおつきばんすい), 磐水(ばんすい)　江戸時代後期の陸奥一関藩士、陸奥仙台藩士、蘭学者。
¶江人, 科学([生]宝暦7(1757)年9月28日　[没]文政10(1827)年3月30日), コン, 思想, 対外, 地理, 徳将, 徳人, 山小([生]1757年9月28日　[没]1827年3月30日)

大槻重助* おおつきじゅうすけ
天保9(1838)年～明治26(1893)年　江戸時代末期～明治時代の僧月照の僕。安政の大獄が起こると月照に従い薩摩入り。
¶幕末([生]天保9(1838)年11月17日　[没]明治26(1893)年4月6日)

大槻俊斎* おおつきしゅんさい
文化3(1806)年～文久2(1862)年4月9日　江戸時代末期の蘭方医、西洋医学所頭取。
¶江人, 科学, コン, 徳人([生]1804年), 幕末

大槻瑞卿 おおつきずいきょう
⇒大槻西磐(おおつきせいばん)

大槻清準* おおつきせいじゅん
安永1(1772)年～嘉永3(1850)年1月17日　江戸時代後期の陸奥仙台藩儒。
¶コン

大槻西磐* おおつきせいばん
文政1(1818)年～安政4(1857)年　[別]大槻瑞卿(おおつきずいきょう), 大槻恒輔(おおつきつねすけ)　江戸時代末期の儒学者。
¶コン

大築拙蔵 おおつきせつぞう
江戸時代後期～明治時代の洋学者。
¶幕末([生]天保13(1842)年12月8日　[没]明治19(1886)年7月15日)

大築尚正 おおつきたかまさ
江戸時代後期～明治時代の官吏。
¶幕末([生]嘉永3(1850)年12月5日　[没]明治17(1884)年8月26日)

大築尚志 おおつきたかゆき
天保6(1835)年～明治33(1900)年　江戸時代後期～明治時代の幕臣。
¶徳人, 幕末([生]天保6(1835)年11月5日　[没]明治33(1900)年6月12日)

大槻多保子 おおつきたほこ
⇒吉田多保子(よしだたほこ)

大槻恒輔 おおつきつねすけ
⇒大槻西磐(おおつきせいばん)

大槻伝蔵* おおつきでんぞう
元禄16(1703)年～寛延1(1748)年9月12日　[別]大槻朝元(おおつきともとと)　江戸時代中期の加賀藩士。加賀騒動で失脚。

お

¶コン

大月藤三* おおつきとうぞう
江戸時代末期の新撰組隊士。
¶新隊(生没年不詳)

大槻朝元 おおつきとももと
⇒大槻伝蔵(おおつきでんぞう)

大槻磐渓* おおつきばんけい
享和1(1801)年～明治11(1878)年6月13日　江戸時代末期～明治時代の儒者、砲術家。開国論を主張した。著書に「献芹微衷」「近古史談」など。
¶江人, コン, 詩作([生]享和1(1801)年5月15日), 思想, 全幕, 幕末

大槻磐水 おおつきばんすい
⇒大槻玄沢(おおつきげんたく)

大槻磐里 おおつきばんり
⇒大槻玄幹(おおつきげんかん)

大月光興* おおつきみつおき
明和3(1766)年～天保5(1834)年　江戸時代中期～後期の装剣金工家。京都金工の三名工の一人。
¶美工([没]天保5(1834)年8月15日)

大槻安広* おおつきやすひろ
天保7(1836)年～明治35(1902)年　江戸時代末期～明治時代の仙台藩士。戊辰戦争では会津討伐先鋒。
¶幕末([生]天保7(1836)年5月23日　[没]明治35(1902)年1月18日)

大槻吉直* おおつきよしなお
天保11(1840)年～大正14(1925)年　江戸時代末期～大正時代の中村藩士。北海道庁理事官、福島県農工銀行取締役などを歴任。
¶幕末([生]天保11(1840)年9月　[没]大正14(1925)年5月3日)

大津宰相 おおつさいしょう
⇒京極高次(きょうごくたかつぐ)

大津唯雪* おおつただゆき
文政8(1825)年～明治20(1887)年　江戸時代後期～明治時代の武士。
¶幕末([生]文政8(1825)年7月9日　[没]明治20(1887)年4月3日)

大津長昌* おおつながまさ
？～天正7(1579)年3月13日　戦国時代～安土桃山時代の織田信長の家臣。
¶織田, 全戦

大津皇子 おおつのおうじ
⇒大津皇子(おおつのみこ)

大津大浦* おおつのおおうら
？～宝亀6(775)年　[別]大津連大浦(おおつのむらじおおうら)　奈良時代の陰陽家。
¶古人, 古代(大津連大浦　おおつのむらじおおうら), コン

大津首* おおつのおびと
生没年不詳　[別]大津連首(おおつのむらじおびと)　奈良時代の陰陽家。
¶古人, 古代(大津連首　おおつのむらじおびと), 対外

大津船人 おおつのふなひと
奈良時代の官人。
¶古人(生没年不詳)

大津皇子* おおつのみこ
天智天皇2(663)年～朱鳥1(686)年　[別]大津皇子(おおつおうじ, おおつのおうじ)　飛鳥時代の天武天皇の第3皇子。
¶古人(おおつのおうじ), 古代, 古物, コン([生]天智2(663)年), 詩作, 天皇([生]天智2(663)年　[没]天武15(686)年), 日文, 山小([没]686年10月3日)

大津連大浦 おおつのむらじおおうら
⇒大津大浦(おおつのおおうら)

大津連首 おおつのむらじおびと
⇒大津首(おおつのおびと)

大津彦五郎* おおつひこごろう
天保9(1838)年～文久1(1861)年　江戸時代末期の水戸藩士。
¶幕末([没]文久1(1861)年10月3日)

大津彦之允* おおつひこのじょう
天保6(1835)年～元治1(1864)年　江戸時代末期の水戸藩士。
¶幕末([没]元治1(1864)年9月9日)

おほつぶね*
生没年不詳　平安時代前期の女房・歌人。
¶古人

大坪二市* おおつぼにいち
文政10(1827)年～明治40(1907)年7月20日　江戸時代末期～明治時代の篤農家、文人。耕地の区画整理をはじめ、農事改良、普及に尽力。典型的な飛騨豪農。著述に「農具揃」。
¶コン, 植物([生]文政10(1827)年9月9日)

大津光太郎* おおつみつたろう
*～明治27(1894)年　江戸時代末期～明治時代の大四大隊半隊司令。
¶幕末([生]嘉永2(1850)年12月5日　[没]明治27(1894)年2月1日)

大津好郷* おおつよしさと
？～明治5(1872)年　江戸時代末期～明治時代の阿波徳島藩士。
¶幕末

大典侍* おおてんじ
？～寛保1(1741)年10月10日　[別]寿光院(じゅこういん), 大典侍(だいすけ)　江戸時代中期の女性。5代将軍徳川綱吉の側室。
¶徳将(寿光院　じゅこういん)

大渡靄村* おおとあいそん
文化13(1816)年～安政6(1859)年　江戸時代末期の儒学者。
¶幕末

大塔宮 おおとうのみや
⇒護良親王(もりよししんのう)

大戸真楽斎 おおどしんらくさい
戦国時代～安土桃山時代の武田信玄・勝頼・北条氏直の家臣。中務少輔・宮内左衛門尉。
¶後北(真楽斎〔大戸〕　しんらくさい)

大舎人部禰麿 おおとねりべのねまろ
⇒選子内親王(せんしないしんのう)

男大迹王 おおどのおう
⇒継体天皇(けいたいてんのう)

大戸清上* おおとのきよかみ, おおとのきよがみ
？～承和6(839)年 [別]大戸清上(おおへのきよかみ, おおべのきよかみ, おびとのきよかみ), 大戸首清上(おおべのおびときよかみ) 平安時代前期の雅楽演奏者。
¶古人, 古人(おおへのきよかみ 生没年不詳), 古代(大戸首清上 おおべのおびときよかみ), コン(生没年不詳), 対外(おおべのきよかみ)

大戸民部右衛門尉 おおどみんぶえもんのじょう
安土桃山時代の北条氏直の家臣。上野国松井田城主大道寺正繁に属した。
¶後北(民部右衛門尉〔大戸〕 みんぶえもんのじょう)

大伴池主 おおともいけぬし
⇒大伴池主(おおとものいけぬし)

大伴郎女 おおともいらつめ
⇒大伴郎女(おおとものいらつめ)

大友氏時* おおともうじとき
？～正平23/応安1(1368)年 南北朝時代の武将、豊後守護。
¶室町([没]応安1/正平23(1368)年)

大友氏宗 おおともうじむね
南北朝時代の武士。
¶内乱(生没年不詳)

大友皇子 おおともおうじ
⇒弘文天皇(こうぶんてんのう)

大伴大江丸 おおともおおえまる
⇒大江丸(おおえまる)

大伴像見 おおともかたみ
⇒大伴像見(おおとものかたみ)

大友亀太郎* おおともかめたろう
天保5(1834)年～明治30(1897)年 江戸時代末期～明治時代の北海道開拓者、政治家、神奈川県県議会議員。
¶幕末([没]明治30(1897)年12月14日)

大伴公時* おおともきんとき
生没年不詳 戦国時代の鶴岡八幡宮の神主。
¶後北(公時〔大伴〕 きみとき [生]永正10年6月21日 [没]天文16年9月晦日)

大伴国道 おおともくにみち
⇒大伴国道(おおとものくにみち)

大伴黒主 おおともくろぬし
⇒大友黒主(おおとものくろぬし)

大伴坂上郎女 おおともさかのうえのいらつめ
⇒大伴坂上郎女(おおとものさかのうえのいらつめ)

大伴坂上大嬢 おおともさかのうえのおおいらつめ
⇒大伴坂上大嬢(おおとものさかのうえのおおいらつめ)

大友貞載 おおともさだとし
⇒大友貞載(おおともさだのり)

大友貞載*(大友貞戴) おおともさだのり
？～建武3/延元1(1336)年 [別]大友貞載(おおともさだとし) 鎌倉時代後期～南北朝時代の武将。豊後国・肥前国守護。
¶コン(おおともさだとし [没]延元1/建武3(1336)年), 室町(おおともさだとし)

大友貞宗* おおともさだむね
？～元弘3/正慶2(1333)年12月3日 鎌倉時代後期の武将、豊後守護。
¶コン([没]延元1/建武3(1336)年), 中世, 室町([没]正慶2/元弘3(1334)年)

大伴駿河丸 おおともするがまろ
⇒大伴駿河麻呂(おおとものするがまろ)

大友宗麟* おおともそうりん
享禄3(1530)年～天正15(1587)年 [別]大友義鎮(おおともよししげ), フランシスコ 戦国時代～安土桃山時代のキリシタン、大名。豊後守護、九州探題。
¶コン, 思想, 全戦(大友義鎮 おおともよししげ), 戦武(大友義鎮 おおともよししげ), 対外, 中世(大友義鎮(宗麟) おおともよししげ(そうりん) [没]1589年), 室町(大友義鎮 おおともよししげ), 山小([生]1530年1月3日/5月4日 [没]1587年5月23日)

大伴旅人 おおともたびと
⇒大伴旅人(おおとものたびと)

大友親家* おおともちかいえ
永禄4(1561)年～寛永18(1641)年 [別]田原親家(たわらちかいえ) 安土桃山時代～江戸時代前期の武士。
¶全戦, 戦武

大友親貞 おおともちかさだ
安土桃山時代の武将。
¶全戦([生]？ [没]元亀1(1570)年)

大友親繁* おおともちかしげ
応永18(1411)年～明応2(1493)年 室町時代～戦国時代の武将。
¶内乱([没]文明14(1482)年), 室町

大友親治* おおともちかはる
寛正2(1461)年～大永4(1524)年 戦国時代の武将。
¶室町

大友親盛* おおともちかもり
永禄10(1567)年～寛永20(1643)年 [別]田原親盛(たわらちかもり) 安土桃山時代～江戸時代前期の武士。
¶全戦, 戦武

大友親世* おおともちかよ
？～応永25(1418)年 室町時代の武将、豊後守護。
¶コン, 室町

大友天皇 おおともてんのう
⇒弘文天皇(こうぶんてんのう)

大伴時孝* おおともときたか
？～慶長17(1612)年 安土桃山時代～江戸時代前期の神職。鶴岡八幡宮神主職。
¶後北(時孝〔大伴〕 ときたか [没]慶長17年3月8日)

大伴時信* おおともときのぶ
？～天文9(1540)年7月17日 戦国時代の鶴岡八幡宮の神主。
¶後北(時信〔大伴〕 ときのぶ [生]長禄3年3月16日 [没]天文5年7月17日)

大友主命* おおともぬしのみこと
三輪君の祖。
¶古代

お

大伴赤麻呂* (大伴赤麿)　**おおとものあかまろ**
奈良時代の大領。
¶古人(大伴赤麿 [生]? [没]749年), 古代([生]? [没]749年)

大伴東人*　**おおとものあずまひと**
生没年不詳 [別]大伴宿禰東人(おおとものすくねあずまひと)　奈良時代の官人。
¶古人, コン

大伴兄麻呂*　**おおとものあにまろ**
生没年不詳 [別]大伴兄麻呂(おおとものしげまろ)　奈良時代の官人(参議)。右大臣大伴長徳の裔。
¶公卿, 古人(おおとものしげまろ)

大伴池主*　**おおとものいけぬし**
生没年不詳 [別]大伴池主(おおともいけぬし), 大伴宿禰池主(おおとものすくねいけぬし)　奈良時代の官人。「万葉集」に多く歌を残す。
¶古人, 古代(大伴宿禰池主 おおとものすくねいけぬし), コン, 日文

大伴稲公* (大伴稲君)　**おおとものいなきみ, おおとものいなぎみ**
生没年不詳 [別]大伴宿禰稲君(おおとものすくねいなきみ)　奈良時代の官人。
¶古人(大伴稲君), コン(おおとものいなぎみ)

大伴犬養　**おおとものいぬかい**
奈良時代の官人。
¶古人([生]? [没]762年)

大伴今人*　**おおとものいまひと**
生没年不詳 [別]大伴宿禰今人(おおとものすくねいまひと)　奈良時代～平安時代前期の官吏、武将。
¶古人, 古代(大伴宿禰今人 おおとものすくねいまひと)

大伴弥継　**おおとものいやつぐ**
平安時代前期の官人。
¶古人(生没年不詳)

大伴女郎 (1)　**おおとものいらつめ**
⇒大伴坂上郎女(おおとものさかのうえのいらつめ)

大伴女郎 (2)　**おおとものいらつめ**
⇒大伴家持妹(おおとものやかもちのいろと)

大伴郎女*　**おおとものいらつめ**
?～神亀5(728)年 [別]大伴郎女(おおともいらつめ)　飛鳥時代～奈良時代の女性。万葉歌人。大伴旅人の妻。
¶古人, コン

大伴磐*　**おおとものいわ**
生没年不詳 [別]大伴磐(おおとものいわお), 大伴連磐(おおとものむらじいわ)　飛鳥時代の武将。
¶古人(おおとものいわお), 古代(大伴連磐 おおとものむらじいわ), コン, 対外

大伴磐　**おおとものいわお**
⇒大伴磐(おおとものいわ)

大伴牛養*　**おおとものうしかい**
?～天平感宝1(749)年 [別]大伴宿禰牛養(おおとものすくねうしかい)　奈良時代の官人(中納言)。大徳大伴咋子の孫。
¶公卿([没]天平21(749)年閏5月29日), 古人(生没年不詳), 古代(大伴宿禰牛養 おおとものすくねうしかい), コン

大伴馬飼　**おおとものうまかい**
⇒大伴長徳(おおとものながとこ)

大伴王 (1)　**おおとものおう**
飛鳥時代の官人。
¶古人(生没年不詳)

大伴王 (2)　**おおとものおう**
奈良時代の官人。和気王の子。
¶古人(生没年不詳)

大友皇子　**おおとものおうじ**
⇒弘文天皇(こうぶんてんのう)

大伴大嬢　**おおとものおおいらつめ**
⇒大伴坂上大嬢(おおとものさかのうえのおおいらつめ)

大伴大江丸　**おおとものおおえまる**
⇒大江丸(おおえまる)

大伴祖父麻呂　**おおとものおおじまろ**
奈良時代の官人。
¶古人(生没年不詳)

大伴大関　**おおとものおおせき**
平安時代前期の官人。
¶古人(生没年不詳)

大伴大沼田　**おおとものおおぬまた**
飛鳥時代の官人。
¶古人(生没年不詳)

大伴大連金村　**おおとものおおむらじかなむら**
⇒大伴金村(おおとものかなむら)

大伴忍勝　**おおとものおしかつ**
⇒大伴連忍勝(おおとものむらじおしかつ)

大伴伯麻呂*　**おおとものおじまろ**
養老2(718)年～延暦1(782)年 [別]大伴宿禰伯麻呂(おおとものすくねおじまろ)　奈良時代の官人(参議)。大徳大伴咋子の曽孫。
¶公卿([没]延暦1(782)年2月18日), 古人, 古代(大伴宿禰伯麻呂 おおとものすくねおじまろ)

大伴乎智人*　**おおとものおちひと**
[別]大伴乎智人(おおとものこちひと)　平安時代前期の医師。
¶古人(おおとものこちひと 生没年不詳)

大伴小手子*　**おおとものおでこ, おおとものおてこ**
生没年不詳 [別]大伴小手子姫(おおとものこてこひめ), 大伴連小手子(おおとものむらじおてこ)　飛鳥時代の女性。崇峻天皇の妃。
¶古代(大伴連小手子 おおとものむらじおてこ), 女史(おおとものおてこ), 天皇(大伴小手子姫 おおとものこてこひめ)

大伴弟麻呂* (大伴乙麻呂)　**おおとものおとまろ**
天平3(731)年～大同4(809)年 [別]大伴宿禰弟麻呂(おおとものすくねおとまろ)　奈良時代～平安時代前期の公卿(非参議)。大錦中位大伴吹負の曽孫。
¶公卿(大伴乙麻呂 [没]大同4(809)年5月), 古人(大伴弟(乙)麻呂), 古代(大伴宿禰弟麻呂 おおとものすくねおとまろ), コン

大伴男人　**おおとものおひと**
飛鳥時代の官人。
¶古人(生没年不詳)

大伴首名 おおとものおびとな
奈良時代の遣唐判官。
¶古人(生没年不詳)

大伴小室 おおとものおむろ
奈良時代の官人。
¶古人(生没年不詳)

大伴員季* おおとものかずすえ
生没年不詳　平安時代中期の武士。
¶古人

大伴像見*(大伴形見)　おおとものかたみ
[別]大伴像見(おおともかたみ), 大伴宿禰像見(おおとものすくねかたみ)　奈良時代の官吏。
¶古人(大伴形見　生没年不詳)

大伴談 おおとものかたり
⇒大伴連談(おおとものむらじかたり)

大伴金村* おおとものかなむら
生没年不詳　[別]大伴大連金村(おおとものおおむらじかなむら)　上代の武将、豪族(大連)。大連大伴室屋の孫。
¶公卿, 古人, 古代(大伴大連金村　おおとものおおむらじかなむら), 古物, コン, 対外, 山小

大伴上足 おおとものかみたり
奈良時代の官人。
¶古人(生没年不詳)

大伴潔足* おおとものきよたり
霊亀2(716)年～延暦11(792)年　[別]大伴宿禰潔足(おおとものすくねきよたり)　奈良時代の官人(参議)。右大臣大伴長徳系。
¶公卿([没]延暦11(792)年10月29日), 古人([生]717年 [没]793年), 古代(大伴宿禰潔足　おおとものすくねきよたり)

大伴浄麻呂 おおとものきよまろ
奈良時代の官人。
¶古人(生没年不詳)

大伴咋*(大伴囓)　おおとものくい
生没年不詳　[別]大伴連囓(おおとものむらじくい)　飛鳥時代の武将。
¶古人(大伴囓), 古代(大伴連囓　おおとものむらじくい), 古物, コン, 対外

大伴国人 おおとものくにひと
奈良時代の官人。
¶古人(生没年不詳)

大伴国麻呂(1)　おおとものくにまろ
飛鳥時代の遣新羅使。
¶古人(生没年不詳)

大伴国麻呂(2)　おおとものくにまろ
奈良時代の官人。
¶古人(生没年不詳)

大伴国道*(大伴国通)　おおとものくにみち
神護景雲2(768)年～天長5(828)年11月12日　[別]大伴国道(おおともくにみち), 大伴宿禰国道(おおとものすくねくにみち), 伴国道(とものくにみち)　奈良時代～平安時代前期の公卿(参議)。中納言大伴家持の曽孫。
¶公卿, 古人(伴国道　とものくにみち), 古代(大伴宿禰国道　おおとものすくねくにみち)

大伴久米主* おおとものくめぬし
天平勝宝2(750)年～弘仁1(810)年　奈良時代～平安時代前期の官人。主税頭、民部少輔を歴任。
¶古人

大伴黒成 おおとものくろなり
平安時代前期の官人。
¶古人(生没年不詳)

大友黒主*(大伴黒主)　おおとものくろぬし
生没年不詳　[別]大伴黒主(おおともくろぬし)　平安時代前期の歌人。六歌仙の一人。
¶古人(大伴黒主), 古代, コン, 日文, 山小

大伴健持* おおとものけんもつ
生没年不詳　上代の豪族(大連)。大伴家の祖天忍日命の後裔。
¶公卿

大伴小薩 おおとものこさつ
奈良時代の官人。
¶古人([生]?　[没]764年)

大伴古慈斐* おおとものこしび, おおとものこじひ
持統9(695)年～宝亀8(777)年　[別]大伴宿禰古慈斐(おおとものすくねこしび), 大伴宿禰古慈悲(おおとものすくねこじひ)　奈良時代の官人(従三位、非参議)。大徳大伴咋子の曽孫。
¶公卿([生]大宝1(701)年　[没]宝亀8(777)年8月4日), 古人(おおとものこじひ), 古代(大伴宿禰古慈斐　おおとものすくねこしび), コン

大伴乎智人 おおとものこちひと
⇒大伴乎智人(おおとものおちひと)

大伴小手子姫 おおとものこてこひめ
⇒大伴小手子(おおとものおでこ)

大伴子松 おおとものこまつ
奈良時代の画師。東大寺大仏殿の彩色に従事。
¶古人(生没年不詳)

大伴古麻呂* おおとものこまろ
?～天平宝字1(757)年　[別]大伴宿禰古麻呂, 大伴宿禰胡麻呂(おおとものすくねこまろ)　奈良時代の官人。遣唐副使。
¶古人, 古代(大伴宿禰古麻呂　おおとものすくねこまろ), コン, 対外

大伴子虫 おおとものこむし
⇒大伴宿禰子虫(おおとものすくねこむし)

大伴是成* おおとものこれなり
生没年不詳　平安時代前期の官人。
¶古人

大伴坂上郎女* おおとものさかのうえのいらつめ
生没年不詳　[別]大伴坂上郎女(おおともさかのうえのいらつめ, おおとものさかのえのいらつめ), 大伴女郎(おおとものいらつめ), 坂上郎女(さかのうえのいらつめ)　奈良時代の女性。万葉歌人。大伴旅人の異母妹。
¶古人(大伴女郎　おおとものいらつめ), 古人, 古代, 古物, コン, 詩作, 女史, 女文, 日文, 山小

大伴坂上大嬢* おおとものさかのうえのおおいらつめ
生没年不詳　[別]大伴坂上大嬢(おおともさかのうえのおおいらつめ, おおとものさかのえのおおいらつめ), 大伴大嬢(おおとものおおいらつめ), 坂上大嬢(さかのうえのおおいらつめ)　奈良時代の女性。万葉歌人。大伴家持の妻。

おおとも　　　　　　　402

¶古人, 古代, コン, 女史, 日文

大伴坂上郎女　おおとものさかのえのいらつめ
　⇒大伴坂上郎女（おおとものさかのうえのいらつめ）

大伴坂上大嬢　おおとものさかのえのおおいらつめ
　⇒大伴坂上大嬢（おおとものさかのうえのおおいらつめ）

大伴狭手彦*　おおとものさでひこ, おおとものさてひこ
　生没年不詳　㋑大伴佐堤比古郎子（おおとものさでひこのいらつこ）, 大伴連狭手彦（おおとものむらじさてひこ）　飛鳥時代の武将。
　¶古代（大伴連狭手彦　おおとものむらじさてひこ）, 古物, コン, 対外（おおとものさてひこ）

大伴佐堤比古郎子　おおとものさでひこのいらつこ
　⇒大伴狭手彦（おおとものさでひこ）

大伴真麻呂　おおとものさねまろ
　奈良時代〜平安時代前期の官人。延暦4年藤原種継暗殺事件に坐して配流。
　¶古人（生没年不詳）

大伴兄麻呂　おおとものしげまろ
　⇒大伴兄麻呂（おおとものあにまろ）

大伴季弘　おおとものすえひろ
　平安時代後期の官人。
　¶古人（生没年不詳）

大伴宿奈麻呂*（大伴宿奈麿）　おおとものすくなまろ
　生没年不詳　㋑大伴宿禰宿奈麻呂（おおとものすくねすくなまろ）　奈良時代の官人、右大弁。
　¶古人, 古代（大伴宿禰宿奈麻呂　おおとものすくねすくなまろ）, コン, 日文

大伴宿禰東人　おおとものすくねあずまひと
　⇒大伴東人（おおとものあずまひと）

大伴宿禰池主　おおとものすくねいけぬし
　⇒大伴池主（おおとものいけぬし）

大伴宿禰稲君*(1)　おおとものすくねいなきみ
　奈良時代の官人、歌人。
　¶古代

大伴宿禰稲君(2)　おおとものすくねいなきみ
　⇒大伴稲公（おおとものいなきみ）

大伴宿禰牛養　おおとものすくねうしかい
　⇒大伴牛養（おおとものうしかい）

大伴宿禰伯麻呂　おおとものすくねおじまろ
　⇒大伴伯麻呂（おおとものおじまろ）

大伴宿禰弟麻呂　おおとものすくねおとまろ
　⇒大伴弟麻呂（おおとものおとまろ）

大伴宿禰像見　おおとものすくねかたみ
　⇒大伴像見（おおとものかたみ）

大伴宿禰潔足　おおとものすくねきよたり
　⇒大伴潔足（おおとものきよたり）

大伴宿禰国道　おおとものすくねくにみち
　⇒大伴国道（おおとものくにみち）

大伴宿禰古慈斐（大伴宿禰古慈悲）　おおとものすくねこしび
　⇒大伴古慈斐（おおとものこしび）

大伴宿禰古麻呂（大伴宿禰胡麻呂）　おおとものすくね

こまろ
　⇒大伴古麻呂（おおとものこまろ）

大伴宿禰子虫*　おおとものすくねこむし
　㋑大伴子虫（おおとものこむし）　奈良時代の官人。
　¶古代

大伴宿禰宿奈麻呂　おおとものすくねすくなまろ
　⇒大伴宿奈麻呂（おおとものすくなまろ）

大伴宿禰駿河麻呂　おおとものすくねするがまろ
　⇒大伴駿河麻呂（おおとものするがまろ）

大伴宿禰田主　おおとものすくねたぬし
　⇒大伴田主（おおとものたぬし）

大伴宿禰旅人　おおとものすくねたびと
　⇒大伴旅人（おおとものたびと）

大伴宿禰千室　おおとものすくねちむろ
　⇒大伴千室（おおとものちむろ）

大伴宿禰継人　おおとものすくねつぐひと
　⇒大伴継人（おおとものつぐひと）

大伴宿禰書持　おおとものすくねふみもち
　⇒大伴書持（おおとものふみもち）

大伴宿禰益立　おおとものすくねますたち
　⇒大伴益立（おおとものますたて）

大伴宿禰道足　おおとものすくねみちたり
　⇒大伴道足（おおとものみちたり）

大伴宿禰三中　おおとものすくねみなか
　⇒大伴三中（おおとものみなか）

大伴宿禰御行　おおとものすくねみゆき
　⇒大伴御行（おおとものみゆき）

大伴宿禰三依　おおとものすくねみより
　⇒大伴三依（おおとものみより）

大伴宿禰村上　おおとものすくねむらかみ
　⇒大伴村上（おおとものむらかみ）

大伴宿禰百代　おおとものすくねももよ
　⇒大伴百代（おおとものももよ）

大伴宿禰家持　おおとものすくねやかもち
　⇒大伴家持（おおとものやかもち）

大伴宿禰家持妹　おおとものすくねやかもちのいろと
　⇒大伴家持妹（おおとものやかもちのいろと）

大伴宿禰安麻呂　おおとものすくねやすまろ
　⇒大伴安麻呂（おおとものやすまろ）

大伴駿河麻呂*　おおとものするがまろ
　？〜宝亀7(776)年7月7日　㋑大伴駿河丸（おおともするがまろ）, 大伴宿禰駿河麻呂（おおとものすくねするがまろ）　奈良時代の官人（参議）。右大臣大伴長徳の曽孫。
　¶公卿, 古人, 古代（大伴宿禰駿河麻呂　おおとものすくねするがまろ）, コン（㋿宝亀7(776)年？）

大伴田主　おおとものたあるじ
　⇒大伴田主（おおとものたぬし）

大伴武日*　おおとものたけひ
　㋑大伴連武日（おおとものむらじたけひ）　大伴氏の祖とされる伝説上の人物。
　¶古代（大伴連武日　おおとものむらじたけひ）, コン

大友忠節　おおとものただとき
平安時代中期の官人。
¶古人（生没年不詳）

大友忠信　おおとものただのぶ
平安時代中期の官人。
¶古人（生没年不詳）

大伴田主*　おおとものたぬし
生没年不詳　[別]大伴宿禰田主（おおとものすくねたぬし），大伴田主（おおとものたあるじ）　奈良時代の歌人、旅人の弟。
¶古人（おおとものたあるじ），古代（大伴宿禰田主　おおとものすくねたぬし），コン

大伴旅人*　おおとものたびと
天智4（665）年〜天平3（731）年　[別]大伴旅人（おおともたびと），大伴宿禰旅人（おおとものすくねたびと）　飛鳥時代〜奈良時代の歌人、公卿（大納言）。右大臣大伴長徳の孫。万葉集に七十以上の歌を残す。
¶公卿（[生]天智天皇4（665）年　[没]天平3（731）年7月25日），古人，古代（大伴宿禰旅人　おおとものすくねたびと），コン（[生]？），詩作（[生]天智天皇4（665）年　[没]天平3（731）年7月25日），思想，日文，山小（[没]731年7月25日）

大伴田麻呂　おおとものたまろ
奈良時代の官人。
¶古人（生没年不詳）

大伴田村大嬢*（大伴田村大娘）　おおとものたむらのおおいらつめ
生没年不詳　[別]田村大嬢（たむらのおおいらつめ）　奈良時代の女性。万葉歌人。大伴宿奈麻呂の娘。
¶古人（大伴田村大娘），コン，女史

大伴千室*　おおとものちむろ
[別]大伴宿禰千室（おおとものすくねちむろ）　奈良時代の官吏。
¶古人（生没年不詳）

大伴継人　おおとものつぎひと
⇒大伴継人（おおとものつぐひと）

大友槻本真吉　おおとものつきもとのさねよし
平安時代前期の官人。
¶古人（生没年不詳）

大伴継人*　おおとものつぐひと
？〜延暦4（785）年　[別]大伴宿禰継人（おおとものすくねつぐひと），大伴継人（おおとものつぎひと）　奈良時代の官人、左少弁。
¶古人，古代（大伴宿禰継人　おおとものすくねつぐひと），コン（おおとものつぎひと），対外

大伴津麻呂*　おおとものつまろ
上代の兵士。
¶古代

大伴積興*　おおとものつみおき
延享4（1747）年〜文政10（1827）年閏6月7日　[別]尾崎積興（おざきかずおき）　江戸時代中期〜後期の公家（非参議）。
¶公卿，公家（積興〔桂宮家諸大夫 尾崎家（大伴氏）〕　つみおき）

大伴手拍　おおとものてかしわ
奈良時代の官人。
¶古人（[生]？　[没]713年）

大伴名負　おおとものなおい
奈良時代の官人。
¶古人（生没年不詳）

大伴長徳*　おおとものながとこ
？〜白雉2（651）年7月　[別]大伴馬飼（おおとものうまかい），大伴連長徳（おおとものむらじながとこ）　飛鳥時代の公卿（右大臣）。大伴金村の曽孫。
¶公卿，古人，古代（大伴連長徳　おおとものむらじながとこ），古物，コン

大伴中主　おおとものなかぬし
奈良時代の官人。
¶古人（生没年不詳）

大伴永主　おおとものながぬし
奈良時代の官人。延暦4年藤原種継暗殺事件で配流。
¶古人（生没年不詳）

大伴長村　おおとものながむら
平安時代前期の官人。
¶古人（生没年不詳）

大伴糠手子　おおとものぬかてこ
⇒大伴連糠手子（おおとものむらじぬかてこ）

大伴人益　おおとものひとます
平安時代前期の官人。
¶古人（生没年不詳）

大伴吹負*　おおとものふけい
？〜天武天皇12（683）年　[別]大伴吹負（おおとものふけひ），大伴連吹負（おおとものむらじふけい）　飛鳥時代の武将。壬申の乱で活躍。
¶古人，古代（大伴連吹負　おおとものむらじふけい），古物，コン（[没]天武12（683）年）

大伴吹負　おおとものふけひ
⇒大伴吹負（おおとものふけい）

大伴書持*　おおとものふみもち
？〜天平18（746）年　[別]大伴宿禰書持（おおとものすくねふみもち）　奈良時代の官人。
¶古人，古代（大伴宿禰書持　おおとものすくねふみもち），コン，日文（[没]天平18（746）年頃）

大伴不破麻呂　おおとものふわまろ
奈良時代の官人。
¶古人（生没年不詳）

大伴真城麻呂　おおとものまきまろ
平安時代前期の官人。
¶古人（生没年不詳）

大伴馬来田*　おおとものまくだ，おおとものまくた，おおとものまぐた
？〜天武天皇12（683）年6月3日　[別]大伴連馬来田（おおとものむらじまくだ），大伴望陀（おおとものもちだ）　飛鳥時代の廷臣（大納言）。壬申の乱の功臣。
¶公卿（大伴望陀　おおとものもちだ），古人，古代（大伴連馬来田　おおとものむらじまくだ），古物（おおとものまぐた），コン（[没]天武12（683）年）

大伴益立　おおとものましたち
⇒大伴益立（おおとものますたて）

大伴益立　おおとものましたて
⇒大伴益立（おおとものますたて）

大伴益立　おおとものますたち
⇒大伴益立（おおとものますたて）

大伴益立*　おおとものますたて
生没年不詳　[別]大伴宿禰益立(おおとものすくねますたち), 大伴益立(おおとものましたち, おおとものましたて, おおとものますたち)　奈良時代の武官、陸奥守。
¶古人(おおとものましたて), 古代(大伴宿禰益立　おおとものすくねますたち), コン

大伴真綱　おおとものまつな
奈良時代の官人。
¶古人(生没年不詳)

大伴麻呂　おおとものまろ
奈良時代の官人。
¶古人([生]?　[没]759年)

大伴御笠　おおとものみかさ
奈良時代の遣唐判官。天平勝宝2年に遣唐判官となり同4年入唐、6年に帰朝。
¶古人(生没年不詳)

大友皇子　おおとものみこ
⇒弘文天皇(こうぶんてんのう)

大伴御助　おおとものみたすけ
奈良時代の官人。
¶古人(生没年不詳)

大伴道足*　おおとものみちたり
?～天平13(741)年　[別]大伴宿禰道足(おおとものすくねみちたり), 大伴道足(おおとものみちたる)　奈良時代の官人(参議)。大徳大伴咋子の孫。
¶公卿([没]天平13(741)年7月1日), 古人(おおとものみちたる　生没年不詳), 古代(大伴宿禰道足　おおとものすくねみちたり　[没]741年?), コン(生没年不詳)

大伴道足　おおとものみちたる
⇒大伴道足(おおとものみちたり)

大伴三中*　おおとものみなか
生没年不詳　[別]大伴宿禰三中(おおとものすくねみなか)　奈良時代の官人、万葉歌人。
¶古人, コン

大伴南淵麻呂　おおとものみなふちまろ
奈良時代の官人。
¶古人(生没年不詳)

大伴峰麻呂　おおとものみねまろ
平安時代前期の官人。
¶古人(生没年不詳)

大伴御行*　おおとものみゆき
?～大宝1(701)年1月15日　[別]大伴宿禰御行(おおとものすくねみゆき)　飛鳥時代の廷臣(大納言)。右大臣大伴長徳の五男。
¶公卿([生]大化2(646)年), 古人, 古代(大伴宿禰御行　おおとものすくねみゆき), 古物, コン, 山小([没]701年1月15日/16日)

大伴三依*(大伴御依)　おおとものみより
?～宝亀5(774)年　[別]大伴宿禰三依(おおとものすくねみより)　奈良時代の歌人。
¶古人(大伴御依　[没]775年)

大伴村上*　おおとものむらかみ
[別]大伴宿禰村上(おおとものすくねむらかみ)　奈良時代の歌人。
¶古人(生没年不詳)

大伴連磐　おおとものむらじいわ
⇒大伴磐(おおとものいわ)

大伴連忍勝*　おおとものむらじおしかつ
[別]大伴忍勝(おおとものおしかつ)　奈良時代の地方豪族。
¶古代

大伴連小手子　おおとものむらじおてこ
⇒大伴小手子(おおとものおでこ)

大伴連談*　おおとものむらじかたり
生没年不詳　[別]大伴談(おおとものかたり)　上代の新羅派遣軍の大将。
¶古代

大伴連囓　おおとものむらじくい
⇒大伴咋(おおとものくい)

大伴連狭手彦　おおとものむらじさてひこ
⇒大伴狭手彦(おおとものさでひこ)

大伴連武日　おおとものむらじたけひ
⇒大伴武日(おおとものたけひ)

大伴連長徳　おおとものむらじながとこ
⇒大伴長徳(おおとものながとこ)

大伴連糠手子*　おおとものむらじぬかてこ
生没年不詳　[別]大伴糠手子(おおとものぬかてこ)　飛鳥時代の豪族。
¶古代

大伴連吹負　おおとものむらじふけい
⇒大伴吹負(おおとものふけい)

大伴連馬来田　おおとものむらじまくだ
⇒大伴馬来田(おおとものまくだ)

大伴連室屋　おおとものむらじむろや
⇒大伴室屋(おおとものむろや)

大伴室屋*　おおとものむろや
生没年不詳　[別]大伴連室屋(おおとものむらじむろや)　上代の豪族(大連)。武日命の孫。
¶公卿, 古人, 古代(大伴連室屋　おおとものむらじむろや), コン

大伴望陀　おおとものもちだ
⇒大伴馬来田(おおとものまくだ)

大伴百代*(大伴百世)　おおとものももよ
[別]大伴宿禰百代(おおとものすくねももよ), 大伴百世(おおともももよ)　奈良時代の歌人。
¶古人(大伴百世　生没年不詳)

大伴家持*　おおとものやかもち
*～延暦4(785)年　[別]大伴宿禰家持(おおとものすくねやかもち), 大伴家持(おおともやかもち), 家持(やかもち)　奈良時代の歌人、官人(中納言)。右大臣大伴長徳の曽孫。万葉集の編者。
¶公卿([生]天平1(729)年　[没]延暦4(785)年8月), 古人([生]718年?), 古代(大伴宿禰家持　おおとものすくねやかもち　[生]?), コン([生]?), 詩作([生]養老2(718)年頃　[没]延暦4(785)年8月28日), 思想([生]養老2(718)年?), 日文([生]養老2(718)年?), 山小([生]716年/717年/718年　[没]785年8月28日)

大伴家持妹*　おおとものやかもちのいろと
[別]大伴女郎(おおとものいらつめ), 大伴宿禰家持妹(おおとものすくねやかもちのいろと)　奈良時代の女性。
¶古人(大伴女郎　おおとものいらつめ　生没年不詳)

大部屋栖古　おおとものやすこ
⇒大部屋栖古連（おおとものやすこのむらじ）

大部屋栖古連*　おおとものやすこのむらじ
[別]大部屋栖古（おおとものやすこ，おおぶのやすこ）　飛鳥時代の大伴連の先祖。
¶古人（大部屋栖古　おおぶのやすこ　生没年不詳），古代

大伴安麻呂*（大伴安麿）　おおとものやすまろ
？～和銅7（714）年5月1日　[別]大伴宿禰安麻呂（おおとものすくねやすまろ），大伴安麿（おおともやすまろ）　飛鳥時代の歌人、廷臣（大納言）。右大臣大伴長徳の六男。
¶公卿（[没]和銅7（714）年5月14日），古人，古代（大伴宿禰安麻呂　おおとものすくねやすまろ），コン，日文

大伴山守*　おおとものやまもり
奈良時代の遣唐大使。
¶古人（生没年不詳）

大伴四縄*（大伴四綱）　おおとものよつな
[別]大伴四綱（おおともよつな）　奈良時代の官吏。
¶古人（大伴四綱　生没年不詳）

大伴和武多麻呂　おおとものわむたまろ
平安時代前期の官人。
¶古人（生没年不詳）

大友晴英　おおともはるひで
⇒大内義長（おおうちよしなが）

大伴部赤男　おおともべのあかお
⇒大伴部直赤男（おおともべのあたいあかお）

大伴部直赤男*　おおともべのあたいあかお
[別]大伴部赤男（おおともべのあかお）　奈良時代の豪族。
¶古人（大伴部赤男　おおともべのあかお　生没年不詳），古代

大伴部博麻*　おおともべのはかま
生没年不詳　上代の筑紫国の軍丁。百済救護軍に従軍、唐軍の捕虜となる。
¶古人，古代，コン

大伴百世　おおとももももよ
⇒大伴百代（おおとのももよ）

大伴家持　おおともやかもち
⇒大伴家持（おおとものやかもち）

大伴安麿　おおともやすまろ
⇒大伴安麻呂（おおとものやすまろ）

大友義鑑*　おおともよしあき
文亀2（1502）年～天文19（1550）年　戦国時代の武将、豊後守護。
¶コン，全戦，戦武，山小（[没]1550年2月12日/13日）

大友義鎮　おおともよししげ
⇒大友宗麟（おおともそうりん）

大友義右*　おおともよしすけ
文明16（1484）年～明応5（1496）年　戦国時代の武将。
¶室町（[生]長禄3（1459）年）

大友義孝*　おおともよしたか
寛永18（1641）年～正徳1（1711）年　江戸時代前期～中期の武士。
¶徳人

大友能直*　おおともよしなお
承安2（1172）年～貞応2（1223）年　[別]藤原能直（ふじわらのよしなお）　鎌倉時代前期の武士。豊後大友氏の祖。
¶古人（藤原能直　ふじわらのよしなお　[没]1222年），コン（生没年不詳）

大友義長*　おおともよしなが
？～永正15（1518）年　戦国時代の武将。
¶全戦（[生]文明10（1478）年），室町（[生]文明10（1478）年）

大友義統*（大友吉統）　おおともよしむね
永禄1（1558）年～慶長10（1605）年　[別]コンスタンチノ，コンスタンチン　安土桃山時代の武将。
¶コン（大友吉統），コン，全戦，戦武，対外

大伴四綱　おおともよつな
⇒大伴四縄（おおとものよつな）

大友頼泰*　おおともよりやす
貞応1（1222）年～正安2（1300）年　鎌倉時代後期の武士。文永・弘安の役で活躍。
¶内乱

大鳥居菅吉*　おおとりいかんきち
弘化4（1847）年～明治7（1874）年　江戸時代末期～明治時代の武士。
¶幕末（[没]明治7（1874）年7月13日）

大鳥居照三郎*（大鳥居昭三郎）　おおとりいしょうざぶろう
天保8（1837）年～明治6（1873）年8月12日　江戸時代末期～明治時代の祠官。
¶幕末

大鳥居理兵衛*（大鳥居利兵衛）　おおとりいりへえ
文化14（1817）年～文久2（1862）年　江戸時代末期の志士。
¶コン，幕末（[生]文政1（1818）年　[没]文久3（1863）年3月19日）

大鳥圭介*　おおとりけいすけ
天保4（1833）年2月25日～明治44（1911）年6月15日　江戸時代末期～明治時代の幕臣、外交官。
¶江人，コン，全幕，徳人（[生]1832年），幕末，山小（[生]1833年2月25日　[没]1911年6月15日）

鴻雪爪*　おおとりせっそう
文化11（1814）年～明治37（1904）年6月18日　江戸時代末期～明治時代の宗教家、神道家、教部省御用掛。東京金刀比羅神社祠官、大教正。御嶽教二代官長。
¶コン，幕末（[生]文化11（1814）年1月1日）

大音竜太郎*　おおどりゅうたろう
天保11（1840）年～大正1（1912）年　江戸時代末期～明治時代の郷士、官吏、岩鼻知県事。大蔵省、蕃地事務局に勤めた。
¶幕末（[生]天保11（1840）年2月19日　[没]大正1（1912）年11月23日）

大中姫*　おおなかつひめ
上代の女性。仲哀天皇の妃。
¶天皇（生没年不詳）

大中臣明親*　おおなかとみあきちか
生没年不詳　[別]大中臣明親（おおなかとみのあきちか）　平安時代後期～鎌倉時代前期の歌人。
¶古人（おおなかとみのあきちか）

お

大中臣家賢* おおなかとみいえかた
文明16(1484)年～天文22(1553)年1月11日 [別]大中臣家賢(おおなかとみのいえかた) 戦国時代の神官(春日社神主)。
¶公卿(おおなかとみのいえかた),公家(家賢〔春日神社神主 大中臣諸家〕 いえかた)

大中臣清文* おおなかとみきよふみ
生没年不詳 [別]大中臣清文(おおなかとみのきよぶみ) 平安時代後期の歌人。
¶古人(おおなかとみのきよぶみ)

大中臣公長 おおなかとみきんなが
⇒大中臣公長(おおなかとみのきみなが)

大中臣定隆 おおなかとみさだたか
[別]大中臣定隆(おおなかとみのさだたか) 平安時代後期の神官。
¶古人(おおなかとみのさだたか 生没年不詳),平家([生]永治1(1141)年 [没]養和1(1181)年)

大中臣定忠 おおなかとみさだただ
⇒大中臣定忠(おおなかとみのさだただ)

大中臣定長* おおなかとみさだなが
?～康治1(1142)年12月9日 [別]大中臣定長(おおなかとみのさだなが) 平安時代後期の神職・歌人。
¶古人(おおなかとみのさだなが)

大中臣定雅* おおなかとみさだまさ
保安4(1123)年～文治5(1189)年五月 [別]大中臣定雅(おおなかとみのさだまさ) 平安時代後期の歌人。
¶古人(おおなかとみのさだまさ)

大中臣輔親 おおなかとみすけちか
⇒大中臣輔親(おおなかとみのすけちか)

大中臣輔弘* おおなかとみすけひろ
長元1(1028)年～? [別]大中臣輔弘(おおなかとみのすけひろ) 平安時代中期～後期の神職・歌人。
¶古人(おおなかとみのすけひろ 生没年不詳)

大中臣輔弘女* おおなかとみすけひろのむすめ
生没年不詳 [別]大中臣輔弘女(おおなかとみのすけひろのむすめ) 平安時代後期の歌人。
¶古人(おおなかとみのすけひろのむすめ)

大中臣隆実 おおなかとみたかざね
⇒大中臣隆実(おおなかとみのたかざね)

大中臣隆通* おおなかとみたかみち
承元2(1208)年～建長1(1249)年 [別]大中臣隆通(おおなかとみのたかみち) 鎌倉時代前期の神官(祭主・神祇権大副)。
¶公卿(おおなかとみのたかみち [没]建長1(1249)年8月30日),公家(隆通〔藤波家〕 たかみち [没]建長1(1249)年8月30日)

大中臣為定* おおなかとみためさだ
久安5(1149)年～建暦2(1212)年5月17日 [別]大中臣為定(おおなかとみのためさだ) 平安時代後期～鎌倉時代前期の神職・歌人。
¶古人(おおなかとみのためさだ 生没年不詳)

大中臣親隆 おおなかとみちかたか
⇒大中臣親隆(おおなかとみのちかたか)

大中臣親俊 おおなかとみちかとし
⇒大中臣親俊(おおなかとみのちかとし)

大中臣経憲 おおなかとみつねのり
⇒大中臣経憲(おおなかとみのつねのり)

大中臣経栄* おおなかとみつねひで
文亀3(1503)年～天正9(1581)年10月 [別]大中臣経栄(おおなかとみのつねしげ) 戦国時代～安土桃山時代の神官(春日社神主)。
¶公卿(おおなかとみのつねしげ),公家(経栄〔春日神社神主 大中臣諸家〕 つねひで)

大中臣時具* おおなかとみときとも
延徳2(1490)年～永禄2(1559)年3月5日 [別]大中臣時具(おおなかとみのときとも) 戦国時代の神官(春日社権神主)。
¶公卿(おおなかとみのときとも),公家(時具〔春日神社神主 大中臣諸家〕 ときとも)

大中臣時宣* おおなかとみときのぶ
永正1(1504)年～? [別]大中臣時宣(おおなかとみのときのぶ) 戦国時代の神官(春日社神主)。
¶公卿(おおなかとみのときのぶ),公家(時宣〔春日神社神主 大中臣諸家〕 ときのぶ)

大中臣時広女 おおなかとみときひろのむすめ
⇒土佐局(とさのつぼね)

大中臣明輔 おおなかとみのあきすけ
平安時代中期～後期の官人。宣茂の子。
¶古人([生]999年 [没]1060年)

大中臣明親 おおなかとみのあきちか
⇒大中臣明親(おおなかとみあきちか)

大中臣朝臣有本* おおなかとみのあそんありもと
?～寛平6(894)年 [別]大中臣有本(おおなかとみのありもと) 平安時代前期の神祇官人。
¶古人(大中臣有本 おおなかとみのありもと),古代

大中臣朝臣伊度人* おおなかとみのあそんいとひと
[別]大中臣伊度人(おおなかとみのいとひと) 平安時代前期の官人。
¶古人(大中臣伊度人 おおなかとみのいとひと 生没年不詳),古代

大中臣朝臣清麻呂 おおなかとみのあそんきよまろ
⇒大中臣清麻呂(おおなかとみのきよまろ)

大中臣朝臣国雄 おおなかとみのあそんくにお
⇒大中臣国雄(おおなかとみのくにお)

大中臣朝臣子老 おおなかとみのあそんこおゆ
⇒大中臣子老(おおなかとみのこおゆ)

大中臣朝臣常道* おおなかとみのあそんつねみち
[別]大中臣常道(おおなかとみのつねみち) 平安時代前期の神祇官人。
¶古人(大中臣常道 おおなかとみのつねみち 生没年不詳),古代

大中臣朝臣豊雄* おおなかとみのあそんとよお
?～貞観12(870)年 [別]大中臣豊雄(おおなかとみのとよお) 平安時代前期の神祇官人。
¶古人(大中臣豊雄 おおなかとみのとよお [没]870年?),古代([没]870年?)

大中臣朝臣淵魚 おおなかとみのあそんふちうお
⇒大中臣淵魚(おおなかとみのふちな)

大中臣朝臣諸魚 おおなかとみのあそんもろうお
⇒大中臣諸魚(おおなかとみのもろな)

おおなか

大中臣敦清　おおなかとみのあつきよ
平安時代後期の造宮使親長の子。
¶古人(㊄？　㊥1118年)

大中臣安遊麻呂　おおなかとみのあゆまろ
奈良時代の官人。
¶古人(生没年不詳)

大中臣有助　おおなかとみのありすけ
平安時代後期の高陽院庁主典代。
¶古人(生没年不詳)

大中臣有長* 　おおなかとみのありなが
永久4(1116)年～寿永1(1182)年　平安時代後期の六条・高倉朝の伊勢大神宮司。
¶古人

大中臣有本　おおなかとみのありもと
⇒大中臣朝臣有本(おおなかとみのあそんありもと)

大中臣家賢　おおなかとみのいえかた
⇒中臣家賢(なかとみのいえかた)

大中臣家統* 　おおなかとみのいえつね
康正2(1456)年～天文12(1543)年1月19日　戦国時代の神官(春日社神主)。
¶公卿, 公家(家統〔春日神社神主　大中臣諸家〕　いえもち)

大中臣家知* 　おおなかとみのいえとも
寛永3(1626)年～元禄8(1695)年1月5日　江戸時代前期の神官(春日社権神主)。
¶公卿, 公家(家知〔春日神社神主　大中臣諸家〕　いえとも)　㊥元禄8(1695)年1月5日？)

大中臣家成　おおなかとみのいえなり
平安時代後期の官人。
¶古人(生没年不詳)

大中臣魚取* 　おおなかとみのいおとり
平安時代前期の官人。
¶古人(生没年不詳)

大中臣逸志　おおなかとみのいつし
⇒中臣朝臣逸志(なかとみのあそんいちし)

大中臣伊度人　おおなかとみのいとひと
⇒大中臣朝臣伊度人(おおなかとみのあそんいとひと)

大中臣今麻呂　おおなかとみのいままろ
奈良時代の官人。
¶古人(生没年不詳)

大中臣氏房　おおなかとみのうじふさ
平安時代中期の官人。
¶古人(生没年不詳)

大中臣岡良　おおなかとみのおかよし
平安時代前期の官人。
¶古人(生没年不詳)

大中臣奥生* 　おおなかとみのおくお
貞観14(872)年～天慶2(939)年　㊥大中臣奥生(おおなかとみのおくなり)　平安時代前期～中期の祭主。父は二門の利常。
¶古人(おおなかとみのおくなり)　㊄？)

大中臣奥生　おおなかとみのおくなり
⇒大中臣奥生(おおなかとみのおくお)

大中臣推理　おおなかとみのおしまさ
平安時代中期の官人。
¶古人(生没年不詳)

大中臣弟枚　おおなかとみのおとひら
平安時代前期の官人。
¶古人(生没年不詳)

大中臣弟守　おおなかとみのおともり
平安時代前期の官人。
¶古人(生没年不詳)

大中臣景忠　おおなかとみのかげただ
⇒藤波景忠(ふじなみかげただ)

大中臣蔭直* 　おおなかとみのかげなお
*～延元2/建武4(1337)年　鎌倉時代後期～南北朝時代の神官(祭主・神祇大副)。
¶公卿(㊄)　㊥建武4/延元2(1337)年12月), 公家(蔭直〔大中臣家(絶家)4〕　かげなお　㊄？　㊥建武4(1337)年12月)

大中臣兼興　おおなかとみのかねおき
⇒大中臣兼興(おおなかとみのかねき)

大中臣兼興* 　おおなかとみのかねき
天禄3(972)年～永承2(1047)年　㊥大中臣兼興(おおなかとみのかねおき)　平安時代中期の祭主(32代)。父は一門の春日宮神主理平。
¶古人(おおなかとみのかねおき)

大中臣包次　おおなかとみのかねつぐ
平安時代後期の官人。
¶古人(生没年不詳)

大中臣兼任(遠)　おおなかとみのかねとう
平安時代中期の大宮司。兼興の子。
¶古人(生没年不詳)

大中臣公枝　おおなかとみのきみえだ
平安時代中期の伊勢大宮司。父は千枝。寛弘4年第66代伊勢大宮司。
¶古人(㊄991年　㊥1026年)

大中臣公清　おおなかとみのきみきよ
平安時代後期の伊勢大宮司。
¶古人(生没年不詳)

大中臣公輔　おおなかとみのきみすけ
平安時代中期～後期の官人。
¶古人(㊄1010年　㊥1079年)

大中臣公長* 　おおなかとみのきみなが
延久3(1071)年～保延4(1138)年9月14日　㊥大中臣公長(おおなかとみのきんなが)　平安時代後期の神官(祭主・神祇大副)。右大臣大中臣清麻呂の十一世の孫。
¶公卿, 古人(おおなかとみのきんなが)

大中臣公衡　おおなかとみのきみひら
生没年不詳　㊥大中臣公衡(おおなかとみのきんひら)　平安時代後期の大宮司。天永3年第83代大宮司。
¶古人, 古人(おおなかとみのきんひら)

大中臣公房　おおなかとみのきみふさ
平安時代中期～後期の大宮司。寛治6年第79代大宮司。
¶古人(㊄1034年　㊥1111年)

大中臣公節*　おおなかとみのきみふし
寛平6(894)年～？　[別]大中臣公節(おおなかとみのきんとき)　平安時代前期～中期の祭主(26代)。大中臣二門出身。
¶古人(おおなかとみのきんとき　生没年不詳)

大中臣公義　おおなかとみのきみよし
平安時代中期～後期の大宮司。治暦4年第76代大宮司。
¶古人([生]1040年　[没]1094年)

大中臣清国*　おおなかとみのきよくに
生没年不詳　室町時代の神官(神祇権大副・外造宮使)。
¶公卿, 公家(清国〔藤波家〕　きよくに)

大中臣清忠*　おおなかとみのきよただ
？～応仁3(1469)年　[別]藤波清忠(ふじなみきよただ)　室町時代～戦国時代の神宮祭主。
¶公卿(藤波清忠　ふじなみきよただ　生没年不詳), 公家(清忠〔藤波家〕　きよただ　[没]文明1(1469)年)

大中臣清親*　おおなかとみのきよちか
*～保元2(1157)年8月7日　平安時代後期の神官(祭主神祇大副)。神祇大副大中臣輔清の子。
¶公卿([生]寛治1(1087)年), 公家(清親〔大中臣家(絶家)1〕　きよちか　[生]？), 古人([生]？)

大中臣清倫　おおなかとみのきよとも
平安時代後期の官人。
¶古人(生没年不詳)

大中臣清宣　おおなかとみのきよのぶ
平安時代後期の官人。
¶古人(生没年不詳)

大中臣清則　おおなかとみのきよのり
平安時代後期の東大寺領美濃国大井荘の荘官。
¶古人(生没年不詳)

大中臣清文　おおなかとみのきよぶみ
⇒大中臣清文(おおなかとみきよふみ)

大中臣清麻呂*(大中臣清万呂)　おおなかとみのきよまろ
大宝2(702)年～延暦7(788)年　[別]大中臣朝臣清麻呂(おおなかとみのあそんきよまろ), 中臣朝臣清麻呂(なかとみのあそみきよまろ), 中臣清麻呂, 中臣清麿(なかとみのきよまろ)　奈良時代の官人(大納言)。大弁中臣呵多能古連の玄孫。
¶公卿([没]延暦7(788)年7月28日), 古人, 古人(中臣清麻呂　なかとみのきよまろ　[生]692年), 古代(大中臣朝臣清麻呂　おおなかとみのあそんきよまろ), コン

大中臣清光　おおなかとみのきよみつ
平安時代中期の官人。
¶古人([生]？　[没]969年)

大中臣清持*　おおなかとみのきよもち
生没年不詳　平安時代前期の伊勢大神宮司。
¶古人

大中臣清基　おおなかとみのきよもと
平安時代後期の官人。
¶古人(生没年不詳)

大中臣清元(光)　おおなかとみのきよもと(みつ)
平安時代中期の官人。
¶古人(生没年不詳)

大中臣清世　おおなかとみのきよよ
平安時代前期の官人。
¶古人(生没年不詳)

大中臣公賢*　おおなかとみのきんかた
生没年不詳　平安時代後期の伊勢大神宮司。
¶古人

大中臣公兼　おおなかとみのきんかね
平安時代中期の官人。
¶古人(生没年不詳)

大中臣公輔　おおなかとみのきんすけ
平安時代後期の神祇官人。
¶古人([生]？　[没]1163年)

大中臣公隆*　おおなかとみのきんたか
応徳2(1085)年～久安6(1150)年　平安時代後期の神職。従五位下伊勢大神宮司公義の二男。
¶古人

大中臣公忠　おおなかとみのきんただ
平安時代中期の大宮司。
¶古人(生没年不詳)

大中臣公節　おおなかとみのきんとき
⇒大中臣公節(おおなかとみのきみふし)

大中臣公俊*　おおなかとみのきんとし
？～治承4(1180)年　平安時代後期の高倉朝の伊勢大神宮司。
¶古人

大中臣公利　おおなかとみのきんとし
平安時代中期の鹿島神宮司。
¶古人(生没年不詳)

大中臣公長　おおなかとみのきんなが
⇒大中臣公長(おおなかとみのきみなが)

大中臣公宗*　おおなかとみのきんむね
？～治承2(1178)年　平安時代後期の公盛の二男。
¶古人

大中臣公盛　おおなかとみのきんもり
平安時代後期の伊勢大宮司。
¶古人([生]？　[没]1127年)

大中臣久世主　おおなかとみのくぜぬし
平安時代前期の官人。
¶古人(生没年不詳)

大中臣国雄*　おおなかとみのくにお
生没年不詳　[別]大中臣朝臣国雄(おおなかとみのあそんくにお)　平安時代前期の神祇官人。
¶古人, 古代(大中臣朝臣国雄　おおなかとみのあそんくにお)

大中臣国俊　おおなかとみのくにとし
平安時代後期の官人。
¶古人(生没年不詳)

大中臣国房　おおなかとみのくにふさ
平安時代後期の大宮司。広徳3年第78代大宮司。
¶古人(生没年不詳)

大中臣国正　おおなかとみのくにまさ
平安時代後期の官人。
¶古人(生没年不詳)

大中臣子老*　おおなかとみのこおゆ
？～延暦8(789)年　[別]大中臣朝臣子老(おおなか

とみのあそんこおゆ)　奈良時代の官人(神祇伯・参議)。大納言大中臣清麻呂の子か。
¶公卿([没]延暦8(789)年1月26日),古人,古代(大中臣朝臣子老　おおなかとみのあそんこおゆ)

大中臣伊忠*　おおなかとみのこれただ
長禄2(1458)年～大永2(1522)年　[別]藤波伊忠(ふじなみよしただ)　室町時代～戦国時代の神宮祭主。
¶公卿(藤波伊忠　ふじなみよしただ　[生]応仁2(1468)年　[没]大永2(1522)年9月10日),公家(伊忠〔藤波家〕　これただ　[没]大永2(1522)年9月10日)

大中臣惟経　おおなかとみのこれつね
平安時代後期の神祇官人、伊勢例幣使。
¶古人(生没年不詳)

大中臣惟友　おおなかとみのこれとも
平安時代後期の官人。
¶古人(生没年不詳)

大中臣是直　おおなかとみのこれなお
平安時代前期の官人。
¶古人(生没年不詳)

大中臣惟理　おおなかとみのこれまさ
平安時代中期の官人。
¶古人(生没年不詳)

大中臣惟盛　おおなかとみのこれもり
平安時代中期の官人。
¶古人(生没年不詳)

大中臣坂田麿　おおなかとみのさかたまろ
平安時代前期の官人。
¶古人(生没年不詳)

大中臣定祐*　おおなかとみのさだすけ
生没年不詳　平安時代後期の伊勢大神宮司。
¶古人

大中臣定忠*　おおなかとみのさだただ
文永9(1272)年～正和5(1316)年1月24日　[別]大中臣定忠(おおなかとみさだただ)　鎌倉時代後期の神官(祭主神祇大副)。祭主神祇大副非参議大中臣定世の子。
¶公卿([生]?),公家(定忠〔藤波家〕　さだただ　[生]?)

大中臣定長　おおなかとみのさだなが
⇒大中臣定長(おおなかとみさだなが)

大中臣定雅　おおなかとみのさだまさ
⇒大中臣定雅(おおなかとみさだまさ)

大中臣貞康　おおなかとみのさだやす
平安時代後期の官人。
¶古人(生没年不詳)

大中臣定行　おおなかとみのさだゆき
平安時代中期の官人。
¶古人(生没年不詳)

大中臣貞世　おおなかとみのさだよ
平安時代前期の神官。太神宮司。
¶古人(生没年不詳)

大中臣定世*　おおなかとみのさだよ
*～永仁5(1297)年　鎌倉時代後期の神官(祭主神祇大副)。祭主神祇権大副非参議大中臣隆世の子。
¶公卿([生]?　[没]永仁5(1297)年12月13日),公家(定世〔藤波家〕　さだよ　[生]?　[没]永仁5(1297)年12月13日)

大中臣貞吉　おおなかとみのさだよし
平安時代中期の官人。
¶古人(生没年不詳)

大中臣定頼　おおなかとみのさだより
平安時代後期の官人。
¶古人(生没年不詳)

大中臣真国　おおなかとみのさねくに
平安時代後期の人。父は奉恒。
¶古人(生没年不詳)

大中臣真継　おおなかとみのさねつぐ
⇒大中臣真継(おおなかとみまつぎ)

大中臣実経　おおなかとみのさねつね
平安時代後期の官人。承徳～永久頃、外従五位下、春日社預。
¶古人(生没年不詳)

大中臣真主　おおなかとみのさねぬし
平安時代前期の官人。
¶古人(生没年不詳)

大中臣実久　おおなかとみのさねひさ
平安時代後期の賀茂上社預。
¶古人(生没年不詳)

大中臣真平　おおなかとみのさねひら
平安時代後期の香取社大禰宜。助員の子。
¶古人(生没年不詳)

大中臣真広　おおなかとみのさねひろ
平安時代前期の官人。
¶古人(生没年不詳)

大中臣真房　おおなかとみのさねふさ
平安時代後期の神官。大禰宜。
¶古人(生没年不詳)

大中臣実光　おおなかとみのさねみつ
平安時代中期の陰陽師。
¶古人([生]?　[没]1035年)

大中臣真頼　おおなかとみのさねより
平安時代中期の僧忠耀の子。
¶古人(生没年不詳)

大中臣鹿主　おおなかとみのしかぬし
平安時代前期の官人。
¶古人(生没年不詳)

大中臣式子　おおなかとみのしきし
平安時代前期の女性。光孝天皇の宮人。
¶天皇(生没年不詳)

大中臣茂生　おおなかとみのしげお
平安時代中期の官人。
¶古人([生]903年　[没]976年)

大中臣重親　おおなかとみのしげちか
平安時代後期の官人。
¶古人(生没年不詳)

大中臣成房　おおなかとみのしげふさ
平安時代後期の官人。
¶古人(生没年不詳)

大中臣季清　おおなかとみのすえきよ
平安時代後期の漏刻博士。
¶古人(生没年不詳)

お

大中臣清世* おおなかとみのすがよ
興国6/貞和1(1345)年～応永16(1409)年 [別]藤波清世(ふじなみきよよ) 南北朝時代～室町時代の祭主(77代)。
¶公卿(藤波清世 ふじなみきよよ [生]暦応4/興国2(1341)年 [没]応永16(1409)年11月5日),公家(清世〔藤波家〕 きよよ [生]? [没]応永16(1409)年11月)

大中臣榲雄 おおなかとみのすぎお
平安時代前期の官人。
¶古人(生没年不詳)

大中臣宿奈麻呂 おおなかとみのすくなまろ
奈良時代の官人。
¶古人(生没年不詳)

大中臣助景 おおなかとみのすけかげ
平安時代後期の官人。
¶古人(生没年不詳)

大中臣資清 おおなかとみのすけきよ
平安時代後期の官人。
¶古人(生没年不詳)

大中臣輔清 おおなかとみのすけきよ
平安時代後期の神祇権少副。
¶古人([生]? [没]1121年)

大中臣佐国* おおなかとみのすけくに
康保2(965)年～? 平安時代中期の祭主(31代)。
¶古人(生没年不詳)

大中臣祐成* おおなかとみのすけしげ
生没年不詳 平安時代後期の伊勢大神宮司。
¶古人

大中臣輔隆 おおなかとみのすけたか
平安時代中期の官人。輔親の子。
¶古人(生没年不詳)

大中臣輔親* おおなかとみのすけちか
天暦8(954)年～長暦2(1038)年 [別]大中臣輔親(おおなかとみすけちか) 平安時代中期の歌人、神官(祭主・神祇伯)。参議大中臣諸魚の弟今麿の裔。
¶公卿([没]長暦2(1038)年6月),古人,コン,詩作([没]長暦2(1038)年6月2日)

大中臣輔経* おおなかとみのすけつね
寛弘6(1009)年～永保1(1081)年 平安時代中期～後期の伊勢大神宮祭主。散位従五位下輔隆男。
¶古人

大中臣佐俊 おおなかとみのすけとし
平安時代中期の神祇権少副。公高の子。
¶古人([生]? [没]1018年)

大中臣輔長 おおなかとみのすけなが
平安時代後期の神祇官人。
¶古人([生]? [没]1088年)

大中臣輔宣 おおなかとみのすけのぶ
平安時代中期の官人。宣理の子。
¶古人([生]985年 [没]1047年)

大中臣助則 おおなかとみのすけのり
平安時代後期の官人。
¶古人(生没年不詳)

大中臣輔弘 おおなかとみのすけひろ
⇒大中臣輔弘(おおなかとみすけひろ)

大中臣輔弘女 おおなかとみのすけひろのむすめ
⇒大中臣輔弘女(おおなかとみすけひろのむすめ)

大中臣輔元 おおなかとみのすけもと
平安時代中期の官人。公範の子。
¶古人(生没年不詳)

大中臣鯛取 おおなかとみのたいとり
平安時代前期の官人。
¶古人(生没年不詳)

大中臣隆蔭* おおなかとみのたかかげ
*～弘安2(1279)年 鎌倉時代前期の神官(祭主神祇大副)。祭主神祇権大副非参議大中臣隆通の次男。
¶公卿([生]? [没]弘安2(1279)年12月21日),公家(隆蔭〔大中臣家(絶家)4〕 たかかげ [生]? [没]弘安2(1279)年12月21日)

大中臣隆実* おおなかとみのたかざね
文永9(1272)年～建武2(1335)年1月23日 [別]大中臣隆実(おおなかとみたかざね) 鎌倉時代後期～南北朝時代の神官(祭主・神祇権大副)。祭主神祇大副非参議大中臣隆蔭の子。
¶公卿([生]文永8(1271)年),公家(隆実〔大中臣家(絶家)4〕 たかざね [生]?)

大中臣隆直* おおなかとみのたかなお
*～永仁6(1298)年 鎌倉時代後期の神官(祭主・神祇権大副)。祭主神祇大副非参議大中臣隆蔭の子、母は神祇権少副正四位下卜部兼頼宿禰の娘。
¶公卿([生]? [没]永仁6(1298)年12月25日),公家(隆直〔大中臣家(絶家)4〕 たかなお [生]? [没]永仁6(1298)年12月25日)

大中臣鷹主 おおなかとみのたかぬし
⇒中臣鷹主(なかとみのたかぬし)

大中臣隆通 おおなかとみのたかみち
⇒大中臣隆通(おおなかとみたかみち)

大中臣隆職 おおなかとみのたかもと
平安時代中期の鹿嶋社宮司。
¶古人(生没年不詳)

大中臣隆世* おおなかとみのたかよ
元仁1(1224)年～正元1(1259)年 鎌倉時代前期の神官(祭主・神祇権大副)。祭主神祇権大副非参議大中臣隆通の長男。
¶公卿([没]正元1(1259)年8月27日),公家(隆世〔藤波家〕 たかよ [没]正嘉3(1259)年8月27日)

大中臣武定 おおなかとみのたけさだ
平安時代後期の官人。
¶古人(生没年不詳)

大中臣忠扶 おおなかとみのただすけ
平安時代中期の官人。
¶古人(生没年不詳)

大中臣忠直* おおなかとみのただなお
興国1/暦応3(1340)年～天授3/永和3(1377)年 南北朝時代の神官(神祇権大副)。祭主神祇大副非参議大中臣親忠の子か。
¶公卿([生]暦応3/興国1(1340)年 [没]永和3/天授3(1377)年8月2日),公家(忠直〔大中臣家(絶家)4〕 ただなお [没]永和3(1377)年8月2日)

大中臣忠正 おおなかとみのただまさ
平安時代中期の大和国添上郡菟足社神主。
¶古人(生没年不詳)

大中臣忠行 おおなかとみのただゆき
平安時代中期の随身。大和掾多治秋友の随身。
¶古人(生没年不詳)

大中臣種敷* おおなかとみのたねのぶ
宝暦3(1753)年～文化12(1815)年1月2日 江戸時代中期～後期の神官(春日社神主)。
¶公卿,公家(種敷〔春日神社神主 大中臣諸家〕 たねのぶ)

大中臣為景 おおなかとみのためかげ
平安時代の陰陽師。正六位上。
¶古人(生没年不詳)

大中臣為公 おおなかとみのためきみ
平安時代中期の造外宮使。
¶古人(生没年不詳)

大中臣為清 おおなかとみのためきよ
平安時代中期の大宮司。
¶古人(生没年不詳)

大中臣為定 おおなかとみのためさだ
⇒大中臣為定(おおなかとみためさだ)

大中臣為輔 おおなかとみのためすけ
平安時代中期の官人。父は清光。
¶古人(生没年不詳)

大中臣為継* おおなかとみのためつぐ
承久3(1221)年～徳治3(1308)年 鎌倉時代後期の神官(祭主・神祇大副)。祭主神祇権少副大中臣為仲の曽孫。
¶公卿([没]徳治3(1308)年5月22日),公家(為継〔大中臣家(絶家)2〕 ためつぐ [生]1221年? [没]徳治3(1308)年6月)

大中臣為綱 おおなかとみのためつな
平安時代後期の官人。親隆の子。
¶古人([生]? [没]1175年)

大中臣為俊 おおなかとみのためとし
平安時代後期の官人。
¶古人(生没年不詳)

大中臣為仲* おおなかとみのためなか
康和4(1102)年～治承4(1180)年 平安時代後期の祭主(41代)。
¶古人([生]?)

大中臣為信 おおなかとみのためのぶ
平安時代中期～後期の内宮遷宮、造宮使。
¶古人([生]982年 [没]1055年)

大中臣為元 おおなかとみのためもと
平安時代中期の春日社常住神主。僧基応の子。
¶古人(生没年不詳)

大中臣千枝 おおなかとみのちえだ
平安時代中期の官人。
¶古人([生]? [没]1013年)

大中臣親章* おおなかとみのちかあき
康和5(1103)年～応保1(1161)年 平安時代後期の神官(祭主・神祇大副)。祭主神祇伯非参議大中臣親定の孫。
¶公卿([生]? [没]応保1(1161)年1月),公家(親章〔藤波家〕 ちかあき [生]? [没]永暦2(1161)年1月),古人

大中臣親兼 おおなかとみのちかかね
平安時代後期の官人。漏刻博士親康の子。
¶古人(生没年不詳)

大中臣親定* おおなかとみのちかさだ
長久4(1043)年～保安3(1122)年 平安時代後期の神官(祭主・神祇伯)。大中臣輔親の孫。
¶公卿([生]? [没]保安3(1122)年2月28日),古人

大中臣親重 おおなかとみのちかしげ
平安時代後期の官人。
¶古人(生没年不詳)

大中臣親隆* おおなかとみのちかたか
長治2(1105)年～文治3(1187)年 [別]大中臣親隆(おおなかとみちかたか),中臣親隆(なかとみちかたか) 平安時代後期の神官(祭主・神祇大副)。祭主神祇伯非参議大中臣親定の孫。
¶公卿([生]長治1(1104)年 [没]?),公家(親隆〔藤波家〕 ちかたか [没]文治3(1187)年9月28日),古人

大中臣親忠* おおなかとみのちかただ
永仁3(1295)年～* 鎌倉時代後期～南北朝時代の神官(祭主・神祇大副)。祭主神祇大副非参議大中臣定忠の子。
¶公卿([没]観応2/正平6(1351)年),公家(親忠〔藤波家〕 むつただ [没]観応3(1352)年7月29日)

大中臣親経 おおなかとみのちかつね
平安時代後期の官人。
¶古人([生]? [没]1178年)

大中臣近時 おおなかとみのちかとき
平安時代後期の随身。寛治4年院随身番長で鳥羽殿の競馬に出場。
¶古人(生没年不詳)

大中臣親俊* おおなかとみのちかとし
天永2(1111)年～文治1(1185)年 [別]大中臣親俊(おおなかとみちかとし) 平安時代後期の神官(祭主神祇権大副)。祭主神祇伯非参議大中臣親定の孫。
¶公卿([生]? [没]文治1(1185)年11月),公家(親俊〔大中臣家(絶家)3〕 ちかとし [生]? [没]文治1(1185)年11月),古人,平家(おおなかとみちかとし [生]天永1(1110)年)

大中臣親仲* おおなかとみのちかなか
延久5(1073)年～保延6(1140)年 平安時代後期の神祇官人。
¶古人

大中臣親長 おおなかとみのちかなが
平安時代中期～後期の祭主。父は為信。
¶古人([生]1017年 [没]1100年)

大中臣親成 おおなかとみのちかなり
平安時代後期の神祇官人。長承1年賀茂祭に奉仕。
¶古人([生]? [没]1154年)

大中臣親宣* おおなかとみのちかのぶ
承暦2(1078)年～永暦1(1160)年 平安時代後期の神職。伊勢大神宮祭主親定の二男。
¶古人

大中臣親宗* おおなかとみのちかむね
生没年不詳 平安時代後期の歌人。
¶古人

大中臣親康 おおなかとみのちかやす
平安時代後期の官人。
¶古人(生没年不詳)

大中臣親世* おおなかとみのちかよ
南北朝時代の神官(神祇権大副)。祭主神祇大副非

参議大中臣親忠の子か。
¶公卿(生? 没永徳3/弘和3(1383)年),公家(親世〔藤波家〕 むつよ 生? 没永徳3(1383)年)

お

大中臣親能 おおなかとみのちかよし
平安時代後期の造宮使。
¶古人(生没年不詳)

大中臣親頼 おおなかとみのちかより
平安時代中期の医師。永承2年正六位上で右兵衛医師。
¶古人(生没年不詳)

大中臣智治麻呂 おおなかとみのちじまろ
平安時代前期の官人。
¶古人(生没年不詳)

大中臣継麻呂 おおなかとみのつぎまろ
奈良時代〜平安時代前期の官人。
¶古人(生? 没850年)

大中臣経賢* おおなかとみのつねかた
寛永18(1641)年〜享保10(1725)年7月17日 江戸時代前期〜中期の神官(春日社神主)。
¶公卿,公家(経賢〔春日神社神主 大中臣諸家〕 つねかた)

大中臣経栄 おおなかとみのつねしげ
⇒大中臣経栄(おおなかとみつねひで)

大中臣経就* おおなかとみのつねなり
慶長10(1605)年〜貞享1(1684)年11月6日 江戸時代前期の神官(春日社神主)。
¶公卿,公家(経就〔春日神社神主 大中臣諸家〕 つねなり 生1604年)

大中臣経憲* おおなかとみのつねのり
慶安1(1648)年〜享保14(1729)年 [別]大中臣経憲(おおなかとみつねのり) 江戸時代前期〜中期の神官(春日社神主)。
¶公卿(没享保14(1729)年9月23日),公家(経憲〔春日神社神主 大中臣諸家〕 つねのり 没享保14(1729)年9月24日)

大中臣経房 おおなかとみのつねふさ
平安時代後期の春日社神官。
¶古人(生没年不詳)

大中臣常麻呂 おおなかとみのつねまろ
平安時代前期の官人。
¶古人(生没年不詳)

大中臣常道 おおなかとみのつねみち
⇒大中臣朝臣常道(おおなかとみのあそんつねみち)

大中臣経芳* おおなかとみのつねよし
宝永6(1709)年〜明和3(1766)年3月24日 江戸時代中期の神官(春日社権神主)。
¶公卿,公家(経芳〔春日神社神主 大中臣諸家〕 つねよし)

大中臣都盛* おおなかとみのつもり
寛政5(1793)年〜嘉永2(1849)年9月14日 [別]河辺都盛(かわべくにもり) 江戸時代後期の神官(神祇権大副・伊勢大宮司)。
¶公卿,公家(都盛〔伊勢内宮大宮司 大中臣氏〕 つもり)

大中臣時方* おおなかとみのときかた
貞享2(1685)年〜宝暦10(1760)年4月17日 江戸時代中期の神官(春日社神主)。
¶公卿,公家(時方〔春日神社神主 大中臣諸家〕 ときかた)

大中臣時貞* おおなかとみのときさだ
宝永5(1708)年〜明和5(1768)年3月14日 江戸時代中期の神官(春日社神主)。
¶公卿,公家(時貞〔春日神社神主 大中臣諸家〕 ときさだ)

大中臣時真*(1) おおなかとみのときざね
寛永20(1643)年〜享保4(1719)年6月4日 江戸時代前期〜中期の神官(春日社権神主)。
¶公卿,公家(時真〔春日神社神主 大中臣諸家〕 ときざね)

大中臣時真*(2) おおなかとみのときざね
享和3(1803)年〜? 江戸時代後期の神官(春日社神主)。
¶公卿,公家(時真〔春日神社神主 大中臣諸家〕 ときざね 生1802年)

大中臣時副* おおなかとみのときすけ
文政6(1823)年〜? 江戸時代末期の神官(春日社権神主)。
¶公卿,公家(時副〔春日神社神主 大中臣諸家〕 ときそえ)

大中臣時啻* おおなかとみのときただ
元文1(1736)年〜寛政4(1792)年6月8日 江戸時代中期の神官(春日社神主)。
¶公卿,公家(時啻〔春日神社神主 大中臣諸家〕 ときただ)

大中臣時経 おおなかとみのときつね
平安時代後期の春日神主。
¶古人(生? 没1104年)

大中臣時具 おおなかとみのときとも
⇒大中臣時具(おおなかとみときとも)

大中臣時成* おおなかとみのときなり
元禄12(1699)年〜宝暦9(1759)年12月13日 江戸時代中期の神官(春日社神主)。
¶公卿,公家(時成〔春日神社神主 大中臣諸家〕 ときなり)

大中臣時宣 おおなかとみのときのぶ
⇒大中臣時宣(おおなかとみときのぶ)

大中臣時徳* おおなかとみのときのり
?〜応永7(1400)年 南北朝時代〜室町時代の神官(春日社神主)。
¶公卿,公家(時徳〔春日神社神主 大中臣諸家〕 ときのり)

大中臣時雅* おおなかとみのときまさ
寛永11(1634)年〜宝永2(1705)年11月6日 江戸時代前期〜中期の神官(春日社神主)。
¶公卿,公家(時雅〔春日神社神主 大中臣諸家〕 ときまさ)

大中臣時資* おおなかとみのときもと
寛文11(1671)年〜享保20(1735)年11月4日 江戸時代中期の神官(春日社神主)。
¶公卿,公家(時資〔春日神社神主 大中臣諸家〕 ときとも)

大中臣時盛 おおなかとみのときもり
平安時代後期の春日社司。
¶古人(生没年不詳)

大中臣時康* おおなかとみのときやす
慶長16(1611)年〜貞享2(1685)年10月8日 江戸

時代前期の神官（春日社神主）。
¶公卿, 公家（時康〔春日神社神主 大中臣諸家〕 ときやす）

大中臣時廉* おおなかとみのときやす
享保3（1718）年〜天明3（1783）年7月6日 江戸時代中期の神官（春日社神主）。
¶公卿, 公家（時康〔春日神社神主 大中臣諸家〕 ときかど ㉟1728年）

大中臣時芳* おおなかとみのときよし
寛政12（1800）年〜嘉永6（1853）年12月29日 江戸時代末期の神官（春日社権神主）。
¶公卿, 公家（時芳〔春日神社神主 大中臣諸家〕 ときよし）

大中臣時令* おおなかとみのときりょう
寛文12（1672）年〜宝暦2（1752）年2月29日 江戸時代中期の神官（春日社神主）。
¶公卿, 公家（時令〔春日神社神主 大中臣諸家〕 ときのり）

大中臣利明 おおなかとみのとしあきら
平安時代中期の神祇官人。
¶古人（生没年不詳）

大中臣俊輔 おおなかとみのとしすけ
平安時代後期の官人。父は輔隆。
¶古人（㉟？ ㉟1088年）

大中臣敏忠* おおなかとみのとしただ
生没年不詳 戦国時代の神官（神祇権大副）。
¶公卿, 公家（敏忠〔藤波家〕 としただ）

大中臣朝明 おおなかとみのともあきら
平安時代中期の官人。
¶古人（生没年不詳）

大中臣朝方 おおなかとみのともかた
平安時代後期の官人。宣茂の子。
¶古人（生没年不詳）

大中臣奉清 おおなかとみのともきよ
平安時代後期の漏刻博士。
¶古人（生没年不詳）

大中臣朝忠 おおなかとみのともただ
⇒藤波朝忠（ふじなみともただ）

大中臣奉親 おおなかとみのともちか
平安時代中期の官人。
¶古人（生没年不詳）

大中臣知俊 おおなかとみのともとし
平安時代後期の陰陽師。
¶古人（生没年不詳）

大中臣知成 おおなかとみのともなり
平安時代後期の官人。
¶古人（生没年不詳）

大中臣知房 おおなかとみのともふさ
平安時代後期の神官。神崎社宮司。
¶古人（生没年不詳）

大中臣知政 おおなかとみのともまさ
平安時代後期の官人。
¶古人（生没年不詳）

大中臣豊明 おおなかとみのとよあきら
平安時代中期の官人。
¶古人（生没年不詳）

大中臣豊雄 おおなかとみのとよお
⇒大中臣朝臣豊雄（おおなかとみのあそんとよお）

大中臣長量* おおなかとみのながかず
天保8（1837）年〜明治1（1868）年8月21日 江戸時代末期の神官（伊勢大宮司）。
¶公卿（㋑享和3（1803）年）, 公家（長量〔伊勢内宮大宮司 大中臣氏〕 ながかず ㉟慶応3（1867）年8月21日）

大中臣永清 おおなかとみのながきよ
平安時代後期の祭使。父は永輔。
¶古人（生没年不詳）

大中臣長里 おおなかとみのながさと
平安時代後期の官人。
¶古人（生没年不詳）

大中臣永輔* おおなかとみのながすけ
*〜延久3（1071）年 平安時代中期〜後期の祭主（33代）。
¶古人（㋑999年）

大中臣長堯* （大中臣長尭） おおなかとみのながたか
寛文12（1672）年〜文化3（1806）年8月19日 江戸時代中期の神官（皇太神宮司・神祇少副）。
¶公卿（大中臣長堯）

大中臣長都* おおなかとみのながと
明和3（1766）年〜文化4（1807）年9月21日 ㋺河辺長都（かわべながくに） 江戸時代中期〜後期の神官（伊勢大宮司・神祇少副）。
¶公卿, 公家（長都〔伊勢内宮大宮司 大中臣氏〕 ながと）

大中臣長矩* おおなかとみのながのり
享保4（1719）年〜安永5（1776）年11月5日 江戸時代中期の神官（伊勢大宮司・神祇少副）。
¶公卿, 公家（長矩〔伊勢内宮大宮司 大中臣氏〕 ながのり）

大中臣仲房* おおなかとみのなかふさ
生没年不詳 平安時代後期の伊勢大神宮司。
¶古人

大中臣仲（中）理 おおなかとみのなかまさ
平安時代中期の人。神田を伊勢神宮に寄進。
¶古人（生没年不詳）

大中臣永政* おおなかとみのながまさ
永観1（983）年〜康平1（1058）年 平安時代中期〜後期の後一条朝の伊勢大神宮司。
¶古人

大中臣永正 おおなかとみのながまさ
平安時代中期の官人。
¶古人（生没年不詳）

大中臣長祥* おおなかとみのながよし
寛政3（1791）年〜天保4（1833）年2月28日 江戸時代後期の神官（神祇少副・伊勢大宮司）。
¶公卿, 公家（長祥〔伊勢内宮大宮司 大中臣氏〕 ながよし）

大中臣永頼*（1） おおなかとみのながより
？〜長保2（1000）年 平安時代中期の祭主（29代）。大中臣二門出身。
¶古人

大中臣永頼（2） おおなかとみのながより
平安時代後期の神祇官人。
¶古人（生没年不詳）

お

大中臣成卿* おおなかとみのなりきみ
宝暦10(1760)年～文政10(1827)年6月21日　江戸時代中期～後期の神官(春日社神主)。
¶公卿, 公家(成卿〔春日神社神主 大中臣諸家〕　なりさと)

大中臣成職* おおなかとみのなりしき
明和4(1767)年～文政5(1822)年9月19日　江戸時代中期～後期の神官(春日社権神主)。
¶公卿, 公家(成職〔春日神社神主 大中臣諸家〕　なりもと)

大中臣成隆* おおなかとみのなりたか
元文2(1737)年～文化7(1810)年8月5日　江戸時代中期～後期の神官(春日社神主)。
¶公卿, 公家(成隆〔春日神社神主 大中臣諸家〕　なりたか)

大中臣成紀* おおなかとみのなりのり
享保8(1723)年～安永8(1779)年5月13日　江戸時代中期の神官(春日社権神主)。
¶公卿, 公家(成紀〔春日神社神主 大中臣諸家〕　なりのり)

大中臣宣茂 おおなかとみののぶしげ
平安時代中期の官人。永頼の子。
¶古人([生]959年　[没]1029年)

大中臣宣輔 おおなかとみののぶすけ
平安時代中期の官人。永頼の子。
¶古人(生没年不詳)

大中臣宣孝 おおなかとみののぶたか
平安時代後期の第80代神宮司。
¶古人(生没年不詳)

大中臣宣綱 おおなかとみののぶつな
平安時代後期の人。寛治7年伊賀国名張郡周知郷の地一処を金峯山に寄進。
¶古人(生没年不詳)

大中臣宣成 おおなかとみののぶなり
平安時代中期の検非違使。
¶古人(生没年不詳)

大中臣宣範 おおなかとみののぶのり
平安時代中期の官人。
¶古人(生没年不詳)

大中臣宣衡 おおなかとみののぶひら
平安時代後期の伊勢大宮司。治暦4年第75代伊勢大宮司。
¶古人([生]?　[没]1090年)

大中臣宣政 おおなかとみののぶまさ
平安時代中期の検非違使。
¶古人(生没年不詳)

大中臣宣頼 おおなかとみののぶより
平安時代中期の神官。二宮禰宜。
¶古人(生没年不詳)

大中臣範家 おおなかとみののりいえ
平安時代中期の官人。守孝の子。
¶古人(生没年不詳)

大中臣範賢 おおなかとみののりかた
平安時代後期の官人。
¶古人(生没年不詳)

大中臣範祐 おおなかとみののりすけ
平安時代後期の神官。
¶古人(生没年不詳)

大中臣義任* おおなかとみののりとう
生没年不詳　平安時代中期の伊勢大神宮司。
¶古人

大中臣範任 おおなかとみののりとう
平安時代後期の官人。
¶古人([生]?　[没]1074年)

大中臣範政 おおなかとみののりまさ
平安時代中期の官人。
¶古人(生没年不詳)

大中臣逸志 おおなかとみのはやし
⇒中臣朝臣逸志(なかとみのあそんいちし)

大中臣東子 おおなかとみのはるこ
平安時代前期の人。山城国宇治郡の白田一町五段を賜わる。
¶古人(生没年不詳)

大中臣稗守* おおなかとみのひえもり
?～貞観3(861)年　平安時代前期の祭主(19代)。父は三門の散位正七位上清山。
¶古人(生没年不詳)

大中臣久富* おおなかとみのひさとみ
元和9(1623)年～宝永5(1708)年2月9日　江戸時代前期～中期の神官(平野社禰宜)。
¶公卿, 公家(久富〔平野神社禰宜 中西家〕　ひさとみ)

大中臣秀忠* おおなかとみのひでただ
?～延徳3(1491)年　[別]藤波秀忠(ふじなみひでただ)　室町時代～戦国時代の神宮祭主。
¶公卿(藤波秀忠　ふじなみひでただ), 公家(秀忠〔藤波家〕　ひでただ)

大中臣栄親 おおなかとみのひでちか
平安時代中期の官人。
¶古人(生没年不詳)

大中臣淵魚 おおなかとみのふちうお
⇒大中臣淵魚(おおなかとみのふちな)

大中臣淵魚* おおなかとみのふちな
宝亀5(774)年～嘉祥3(850)年　[別]大中臣朝臣淵魚(おおなかとみのあそんふちうお), 大中臣淵魚(おおなかとみのふちうお)　平安時代前期の神祇官人。
¶古人(おおなかとみのふちうお), 古代(大中臣朝臣淵魚　おおなかとみのあそんふちうお), コン

大中臣冬名 おおなかとみのふゆな
平安時代前期の官人。
¶古人(生没年不詳)

大中臣理明 おおなかとみのまさあきら
平安時代中期の官人。時用の子。
¶古人(生没年不詳)

大中臣正廉 おおなかとみのまさかど
平安時代中期の神祇官人。
¶古人(生没年不詳)

大中臣正忠 おおなかとみのまさただ
平安時代中期の官人。
¶古人(生没年不詳)

大中臣正直　おおなかとみのまさなお
平安時代中期の神祇官人。
¶古人(生没年不詳)

大中臣理信　おおなかとみのまさのぶ
平安時代中期の大宮司。時用の子。
¶古人(生没年不詳)

大中臣理平　おおなかとみのまさひら
平安時代中期の春日正神主。時用の子。
¶古人(生没年不詳)

大中臣理望　おおなかとみのまさもち
平安時代中期の神祇権少副。
¶古人(生没年不詳)

大中臣益足　おおなかとみのますたり
平安時代中期の伊勢神宮大司。
¶古人(生没年不詳)

大中臣益人　おおなかとみのますひと
平安時代後期の神宮祭主。
¶古人(生没年不詳)

大中臣全成　おおなかとみのまたなり
平安時代前期の官人。
¶古人(生没年不詳)

大中臣通時　おおなかとみのみちとき
平安時代中期の神官。神宮少司。
¶古人(生没年不詳)

大中臣通直*　おおなかとみのみちなお
*～正長1(1428)年　室町時代の神官(神祇大副)。
¶公卿([生]?　[没]正長1(1428)年4月20日),公家(通直〔大中臣家(絶家)4〕　みちなお　[生]?　[没]応永35(1428)年4月20日)

大中臣通能　おおなかとみのみちよし
平安時代後期の神官。神宮少司。
¶古人(生没年不詳)

大中臣光俊　おおなかとみのみつとし
平安時代後期の陰陽師。
¶古人(生没年不詳)

大中臣岑雄　おおなかとみのみねお
平安時代前期の官人。
¶古人(生没年不詳)

大中臣宗直*　おおなかとみのむねなお
?～宝徳2(1450)年1月　室町時代の神官(神祇権大副・祭主・造内宮使)。
¶公卿,公家(宗直〔大中臣家(絶家)4〕　むねなお)

大中臣宗長　おおなかとみのむねなが
平安時代後期の官人。
¶古人(生没年不詳)

大中臣宗幹　おおなかとみのむねもと
平安時代中期の春日神主。
¶古人(生没年不詳)

大中臣宗行　おおなかとみのむねゆき
平安時代中期の神祇官人。
¶古人(生没年不詳)

大中臣元鑒　おおなかとみのもとあき
平安時代中期の鹿島宮司。
¶古人(生没年不詳)

大中臣基直*　おおなかとみのもとなお
*～明徳4(1393)年　南北朝時代の神官(神祇大副)。
¶公卿([生]?　[没]明徳4(1393)年12月23日),公家(基直〔大中臣家(絶家)4〕　ともなお　[生]?　[没]明徳4(1393)年12月23日)

大中臣元範*　おおなかとみのもとのり
長徳1(995)年～延久3(1071)年　平安時代中期～後期の祭主(34代)。
¶古人

大中臣基行　おおなかとみのもとゆき
平安時代後期の神祇官人。
¶古人(生没年不詳)

大中臣盛家*　おおなかとみのもりいえ
長承3(1134)年～?　平安時代後期の第92代伊勢大神宮司。
¶古人

大中臣盛輔　おおなかとみのもりすけ
平安時代後期の官人。
¶古人(生没年不詳)

大中臣守孝　おおなかとみのもりたか
平安時代中期の神祇官人。
¶古人([生]971年　[没]1031年)

大中臣盛広　おおなかとみのもりひろ
平安時代後期の官人。
¶古人(生没年不詳)

大中臣諸魚　おおなかとみのもろいお
⇒大中臣諸魚(おおなかとみのもろな)

大中臣諸魚　おおなかとみのもろうお
⇒大中臣諸魚(おおなかとみのもろな)

大中臣師興*　おおなかとみのもろおき
寛文4(1664)年～延享1(1744)年12月5日　江戸時代中期の神官(春日社権神主)。
¶公卿,公家(師興〔春日神社神主 大中臣諸家〕　もろおき　[生]1681年)

大中臣師応*　おおなかとみのもろかず
享和3(1803)年～元治1(1864)年2月27日　江戸時代末期の神官(春日社権神主)。
¶公卿,公家(師応〔春日神社神主 大中臣諸家〕　もろまさ　[生]1812年)

大中臣師重　おおなかとみのもろしげ
⇒大中臣師重(おおなかとみもろしげ)

大中臣師証*　おおなかとみのもろたか
寛政12(1800)年～天保9(1838)年4月13日　江戸時代後期の神官(春日社権神主)。
¶公卿,公家(師証〔春日神社神主 大中臣諸家〕　もろあき)

大中臣師親*　おおなかとみのもろちか
康和3(1101)年～?　平安時代後期の祭主(42代)。
¶古人(生没年不詳)

大中臣師寿*　おおなかとみのもろとし
安永2(1773)年～弘化1(1844)年　[別]大中臣師寿(おおなかとみもろとし)　江戸時代後期の神官(春日社神主)。
¶公卿([没]弘化1(1844)年8月28日),公家(師寿〔春日神社神主 大中臣諸家〕　もろとし　[没]弘化1(1844)年8月28日)

大中臣諸魚* おおなかとみのもろな
天平15(743)年～延暦16(797)年　[別]大中臣朝臣諸魚(おおなかとみのあそんもろうお)，大中臣諸魚(おおなかとみのもろいお，おおなかとみのもろうお)　奈良時代～平安時代前期の公卿(神祇伯・参議)。大納言大中臣清麻呂の四男、母は多治比某の娘。
¶公卿(おおなかとみのもろうお　[没]延暦16(797)年2月21日)，古人(おおなかとみのもろいお)，古代(大中臣朝臣諸魚　おおなかとみのあそんもろうお)，コン

大中臣師直* おおなかとみのもろなお
元和2(1616)年～元禄10(1697)年3月5日　江戸時代前期の神官(春日社神主)。
¶公卿，公家(師直〔春日神社神主 大中臣諸家〕　もろなお)

大中臣師典* おおなかとみのもろのり
正徳2(1712)年～明和7(1770)年9月7日　江戸時代中期の神官(春日社権神主)。
¶公卿，公家(師典〔春日神社神主 大中臣諸家〕　もろのり)

大中臣諸人 おおなかとみのもろひと
平安時代前期の官人。
¶古人(生没年不詳)

大中臣師尋* おおなかとみのもろひろ
寛永12(1635)年～宝永7(1710)年3月11日　江戸時代前期～中期の神官(春日社神主)。
¶公卿，公家(師尋〔春日神社神主 大中臣諸家〕　もろひろ)

大中臣師孟* おおなかとみのもろもう
元文3(1738)年～文化4(1807)年9月19日　江戸時代中期～後期の神官(春日社権神主)。
¶公卿，公家(師孟〔春日神社神主 大中臣諸家〕　もろたけ　[没]文化4(1807)年9月25日)

大中臣師盛* おおなかとみのもろもり
*～応永31(1424)年6月14日　[別]大中臣師盛(おおなかとみもろもり)　室町時代の神官(春日社権神主・刑部卿)。
¶公卿([生]？)，公家(師盛〔春日神社神主 大中臣諸家〕　もろもり　[生]？)

大中臣泰時 おおなかとみのやすとき
平安時代後期の春日権神主。
¶古人(生没年不詳)

大中臣安長* おおなかとみのやすなが
生没年不詳　平安時代後期の尾張国で書写された七寺一切経の願主。
¶古人

大中臣安延 おおなかとみのやすのぶ
平安時代後期の東寺領伊勢国大国荘の領預。
¶古人(生没年不詳)

大中臣安則 おおなかとみのやすのり
⇒大中臣安則(おおなかとみやすのり)

大中臣泰房 おおなかとみのやすふさ
平安時代後期の官人。
¶古人(生没年不詳)

大中臣安元 おおなかとみのやすもと
平安時代後期の東寺領伊勢国大国荘の荘官。
¶古人(生没年不詳)

大中臣行季 おおなかとみのゆきすえ
平安時代後期の官人。
¶古人(生没年不詳)

大中臣行本 おおなかとみのゆきもと
平安時代後期の官人。
¶古人(生没年不詳)

大中臣行良 おおなかとみのゆきよし
平安時代後期の官人。
¶古人(生没年不詳)

大中臣好香 おおなかとみのよしか
平安時代中期の官人。
¶古人(生没年不詳)

大中臣良廉 おおなかとみのよしかど
平安時代中期の官人。
¶古人(生没年不詳)

大中臣良兼(1)　おおなかとみのよしかね
平安時代中期の官人。
¶古人(生没年不詳)

大中臣良兼(2)　おおなかとみのよしかね
平安時代後期の官人。
¶古人(生没年不詳)

大中臣良兼(3)　おおなかとみのよしかね
平安時代後期の神祇官人。長承1年奉幣使として春日社に赴く。
¶古人(生没年不詳)

大中臣良実 おおなかとみのよしざね
平安時代中期の大和国菟足社の神主。
¶古人(生没年不詳)

大中臣吉重 おおなかとみのよししげ
平安時代中期の官人。
¶古人(生没年不詳)

大中臣良扶 おおなかとみのよしすけ
平安時代中期の大宮司。
¶古人(生没年不詳)

大中臣能隆* おおなかとみのよしたか
久安2(1146)年～天福2(1234)年　[別]大中臣能隆(おおなかとみよしたか)，中臣能隆(なかとみよしたか)　平安時代後期～鎌倉時代前期の神官(祭主・神祇大副)。祭主神祇権大副非参議大中臣親俊の次男、母は正四位上神祇大副卜部兼支宿禰の娘。
¶公卿([生]久安1(1145)年　[没]？)，公家(能隆〔藤波家〕　よしたか　[没]天福2(1234)年4月)，古人

大中臣能宣* おおなかとみのよしのぶ
延喜21(921)年～正暦2(991)年8月　[別]大中臣能宣(おおなかとみよしのぶ)　平安時代中期の神祇官人、歌人。三十六歌仙の一人。
¶古人，コン，詩作，日文

大中臣良人 おおなかとみのよしひと
平安時代前期の官人。
¶古人(生没年不詳)

大中臣義昌 おおなかとみのよしまさ
平安時代中期の暦博士。
¶古人(生没年不詳)

大中臣吉見 おおなかとみのよしみ
平安時代中期の大和国添上郡の菟足社神主。
¶古人([生]？　[没]992年？)

大中臣善道 おおなかとみのよしみち
平安時代中期の造伊勢神宮使。
¶古人(生没年不詳)

大中臣義光 おおなかとみのよしみつ
平安時代中期の陰陽権助。
¶古人(生没年不詳)

大中臣頼賢 おおなかとみのよりかた
平安時代後期の官人。
¶古人(生没年不詳)

大中臣頼孝 おおなかとみのよりたか
平安時代中期〜後期の官人。宣茂の子。
¶古人(生没年不詳)

大中臣頼高 おおなかとみのよりたか
平安時代中期の官人。
¶古人(生没年不詳)

大中臣頼隆* おおなかとみのよりたか
生没年不詳 平安時代後期の神官。石橋山合戦にも従軍。
¶古人

大中臣頼経(1) おおなかとみのよりつね
平安時代中期の守孝の子。
¶古人([生]1000年? [没]?)

大中臣頼経(2) おおなかとみのよりつね
平安時代後期の紀伝道学生。
¶古人(生没年不詳)

大中臣頼仲 おおなかとみのよりなか
平安時代後期の官人。
¶古人(生没年不詳)

大中臣頼長 おおなかとみのよりなが
平安時代後期の官人。
¶古人(生没年不詳)

大中臣頼宣(1) おおなかとみのよりのぶ
平安時代中期の官人。宣理の子。
¶古人(生没年不詳)

大中臣頼宣*(2) おおなかとみのよりのぶ
長徳3(997)年〜寛治5(1091)年 平安時代中期〜後期の祭主(36代)。
¶古人

大中臣頼宣(3) おおなかとみのよりのぶ
平安時代後期の官人。
¶古人(生没年不詳)

大中臣頼基* おおなかとみのよりもと
?〜天徳2(958)年 [別]大中臣頼基(おおなかとみよりもと) 平安時代中期の神祇官人、歌人。三十六歌仙の一人。
¶古人([生]886年),コン(生没年不詳),詩作([生]仁和2(886)年頃)

大中臣頼行* おおなかとみのよりゆき
生没年不詳 平安時代中期の伊勢大神宮司。
¶古人

大中臣真継* おおなかとみまつぎ
?〜大同2(807)年 [別]大中臣真継(おおなかとみのさねつぐ) 奈良時代〜平安時代前期の神職。
¶古人(おおなかとみのさねつぐ)

大中臣師重* おおなかとみもろしげ
*〜永禄9(1566)年9月 [別]大中臣師重(おおなかとみのもろしげ) 戦国時代の神官(春日社神主)。春日社正遷宮賞の大中臣師和の子。
¶公卿(おおなかとみのもろしげ [生]明応1(1492)年),公家(師重〔春日神社神主 大中臣諸家〕 もろしげ [生]1492年)

大中臣師寿 おおなかとみもろとし
⇒大中臣師寿(おおなかとみのもろとし)

大中臣師盛 おおなかとみもろもり
⇒大中臣師盛(おおなかとみのもろもり)

大中臣安則* おおなかとみやすのり
?〜延長6(928)年 [別]大中臣安則(おおなかとみのやすのり) 平安時代前期〜中期の神職。
¶古人(おおなかとみのやすのり)

大中臣能隆 おおなかとみよしたか
⇒大中臣能隆(おおなかとみのよしたか)

大中臣能宣 おおなかとみよしのぶ
⇒大中臣能宣(おおなかとみのよしのぶ)

大中臣頼基 おおなかとみよりもと
⇒大中臣頼基(おおなかとみのよりもと)

大名麻呂* おおなまろ
生没年不詳 奈良時代の奴。
¶コン

大濤緩 おおなみかん
⇒有馬幸次(ありまゆきじ)

大汝 おおなむじ
『馬医草紙』に描かれる日本人女性医師。
¶女史(生没年不詳)

大汝 おおなむち
⇒大国主命(おおくにぬしのみこと)

大穴牟遅神(大己貴神) おおなむちのかみ
⇒大国主命(おおくにぬしのみこと)

大縄織衛*(太縄織衛) おおなわおりえ
文化9(1812)年〜明治15(1882)年1月31日 江戸時代末期〜明治時代の実業家、教育家。秋田県における石油開発の先駆者。著書に「念斎詩集」。
¶幕末(太縄織衛)

大西某* おおにし
生没年不詳 安土桃山時代の織田信長の家臣。
¶織田

大西閑雪* おおにしかんせつ
天保11(1840)年12月12日〜大正5(1916)年12月14日 江戸時代末期〜明治時代の能楽師、観世流シテ方。
¶新能,幕末

大西権兵衛* おおにしごんべえ
?〜寛延3(1750)年 江戸時代中期の義民。讃岐最大の一揆を主導。
¶コン

大西浄久* おおにしじょうきゅう
江戸時代前期の釜師。
¶美工([生]? [没]貞享3(1686)年)

大西浄玄〔大西家3代〕* おおにしじょうげん
寛永7(1630)年〜貞享1(1684)年 江戸時代前期

の釜師。
¶美工(代数なし)

大西浄元〔大西家6代〕* おおにしじょうげん
元禄2(1689)年～宝暦12(1762)年　江戸時代中期の釜師。
¶コン(代数なし),美工(代数なし)

大西浄玄〔大西家7代〕* おおにしじょうげん
享保5(1720)年～天明3(1783)年　江戸時代中期の釜師。
¶美工(代数なし)

大西浄元〔大西家9代〕* おおにしじょうげん
寛延2(1749)年～文化8(1811)年　江戸時代後期の釜師。
¶美工(代数なし)

大西浄寿〔大西家11代〕* おおにしじょうじゅ
文化5(1808)年～明治8(1875)年　江戸時代末期の釜師。
¶美工(代数なし)

大西浄清〔大西家2代〕* おおにしじょうせい
文禄3(1594)年～天和2(1682)年　江戸時代前期の釜師。
¶江人(代数なし),コン(代数なし　[生]慶長8(1603)年),美工(代数なし　[没]天和2(1682)年9月6日)

大西浄雪〔大西家10代〕* おおにしじょうせつ
安永6(1777)年～嘉永5(1852)年　江戸時代後期の釜師。
¶美工(代数なし)

大西庄三　おおにししょうぞう
⇒並木正三〔1代〕(なみきしょうぞう)

大西浄頓〔大西家4代〕* おおにしじょうとん
正保2(1645)年～元禄13(1700)年　江戸時代前期～中期の釜師。
¶美工(代数なし)

大西浄入〔大西家5代〕* おおにしじょうにゅう
正保4(1647)年～享保1(1716)年　江戸時代前期～中期の釜師。
¶美工(代数なし)

大西浄本〔大西家8代〕* おおにしじょうほん
延享4(1747)年～天明5(1785)年　江戸時代中期の釜師。
¶美工(代数なし)

大西定林* おおにしじょうりん
?～享保12(1727)年　[別]大西定林(おおにしていりん),定林(じょうりん)　江戸時代中期の釜師。江戸大西家の祖。
¶美工

大西浄林〔大西家1代〕* おおにしじょうりん
天正18(1590)年～寛文3(1663)年　江戸時代前期の釜師。
¶コン(代数なし),美工(代数なし)

大西酔月* おおにしすいげつ
生没年不詳　江戸時代中期の京都の画家。
¶美画

大西雪渓* おおにしせっけい
文化10(1813)年～明治23(1890)年　江戸時代末期～明治時代の山水画家。二度にわたり作品を献上。
¶幕末([没]明治23(1890)年8月15日),美画([没]明治23(1890)年8月15日)

大西親臣　おおにしちかおみ
⇒秦親臣(はたちかおみ)

大西親業　おおにしちかなり
⇒秦親業(はたちかかず)

大西親盛　おおにしちかもり
⇒秦親盛(はたちかもり)

大西椿年* おおにしちんねん
寛政4(1792)年～嘉永4(1851)年　江戸時代末期の画家。江戸の円山派。
¶コン,美画([生]寛政4(1792)年?　[没]嘉永4(1851)年11月6日)

大西定林　おおにしていりん
⇒大西定林(おおにしじょうりん)

大西豊五郎* おおにしとよごろう
生没年不詳　[別]神下村豊五郎(かみしもむらとよごろう)　江戸時代末期の備前国渋染一揆の指導者。
¶江人,コン

大二条関白　おおにじょうかんぱく
⇒藤原教通(ふじわらののりみち)

大西頼武　おおにしよりたけ
安土桃山時代の武将。
¶戦武(生没年不詳)

大貫光証　おおぬきこうしょう
江戸時代後期の代官。
¶徳代([生]寛政5(1793)年　[没]弘化1(1844)年12月10日)

大貫多介* おおぬきたすけ
天保6(1835)年～万延1(1860)年　江戸時代末期の志士。
¶幕末([没]万延1(1860)年7月29日)

大貫光豊　おおぬきみつとよ
宝暦6(1756)年～?　江戸時代中期の幕臣。
¶徳人,徳代

大主耕雨* おおぬしこうう
天保6(1835)年～大正4(1915)年　江戸時代末期～明治時代の神職、俳人。
¶俳文

大蕤娘　おおぬのいらつめ
⇒石川大蕤娘(いしかわのおおぬのいらつめ)

大沼竹渓* おおぬまちくけい
宝暦12(1762)年～文政10(1827)年12月24日　江戸時代中期～後期の漢詩人・漢学者。
¶コン

大沼枕山* おおぬまちんざん
文政1(1818)年～明治24(1891)年　江戸時代末期～明治時代の漢詩人。独自の詩風を樹立。「房山集」「枕山詩鈔」など。
¶コン,詩作([生]文政1(1818)年3月19日　[没]明治24(1891)年11月1日),幕末([生]文政15(1818)年3月19日　[没]明治24(1891)年10月1日)

大沼蓮斎* おおぬまれんさい
天保10(1839)年～明治31(1898)年　江戸時代末期～明治時代の書家、官吏。著書に「真書千字文」など。
¶幕末([没]明治31(1898)年10月11日)

大野東人 おおのあずまひと
⇒大野東人（おおののあずまひと）

太朝臣徳太理 おおのあそみとこたり
⇒太徳太理（おおのとこたり）

多朝臣入鹿 おおのあそんいるか
⇒多入鹿（おおのいるか）

多朝臣人長* おおのあそんひとなが
生没年不詳 [別]多人長（おおのひとなが） 奈良時代～平安時代前期の官人、学者。
¶古人（多人長 おおのひとなが），古代

太朝臣安麻呂 おおのあそんやすまろ
⇒太安麻呂（おおのやすまろ）

多犬養 おおのいぬかい
奈良時代の官人。
¶古人（生没年不詳）

多入鹿* おおのいるか
[別]多朝臣入鹿（おおのあそんいるか） 奈良時代～平安時代前期の公卿（参議）。太安万侶の一族。
¶公卿（[生]天平宝字1（757）年 [没]？），古人（[生]759年 [没]816年），古代（多朝臣入鹿 おおのあそんいるか [生]759年 [没]816年）

大氏山 おおのうじやま
奈良時代の官人。伊予国の人。
¶古人（生没年不詳）

大野右仲* おおのうちゅう
天保7（1836）年～？ [別]大野右仲（おおのすけなか） 江戸時代末期の志士、肥前唐津藩士。
¶新隊（[生]天保7（1836）年12月8日 [没]明治44（1911）年6月11日），全幕（[没]明治44（1911）年），幕末（おおのすけなか [生]天保10（1840）年12月8日 [没]明治44（1911）年6月11日）

大野王 おおのおう
奈良時代の皇族。
¶古人（[生]？ [没]737年）

太遠建治* おおのおけじ
生没年不詳 奈良時代の下級官人。
¶コン

多臣自然麻呂 おおのおみじねんまろ
⇒多自然麻呂（おおのじねんまろ）

多臣品治 おおのおみほんち
⇒多品治（おおのほんじ）

大野介堂* おおのかいどう
文化5（1808）年～文久1（1861）年 江戸時代末期の儒学者。
¶幕末（[没]文久1（1861）年3月）

大野木源蔵* おおのぎげんぞう
文政10（1827）年～明治13（1880）年 江戸時代末期～明治時代の加賀藩士。政変以後藩の聞番として京に滞在。
¶幕末（[没]明治13（1880）年3月1日）

大野木仲三郎* おおのぎちゅうざぶろう
天保14（1843）年～元治1（1864）年 江戸時代末期の加賀藩士。
¶全幕，幕末（[生]天保14（1843）年4月23日 [没]元治1（1864）年10月19日）

於保公親 おおのきみちか
平安時代中期の官人。
¶古人（生没年不詳）

多清継 おおのきよつぐ
平安時代前期の官人。
¶古人（生没年不詳）

多公重 おおのきんしげ
平安時代中期の藤原頼通随身。
¶古人（生没年不詳）

多公高 おおのきんたか
平安時代中期の官人。脩正の子。
¶古人（生没年不詳）

多公用* おおのきんもち
？～寛和2（986）年 平安時代中期の雅楽家。
¶古人（生没年不詳）

大野内蔵之介* おおのくらのすけ
江戸時代末期の新撰組隊士。
¶新隊（生没年不詳）

大野九郎兵衛* おおのくろべえ
生没年不詳 江戸時代中期の播磨赤穂藩士。四十七士。
¶コン

大野元継 おおのげんけい
安土桃山時代～江戸時代前期の代官。
¶徳代（生没年不詳）

大野倹三郎* おおのけんざぶろう
？～明治1（1868）年 江戸時代末期の出羽米沢藩士。
¶幕末

多蔣敷 おおのこもしき
飛鳥時代の人。壬申の乱（672年）の功臣品治の父。
¶古人（生没年不詳）

大野之正の妻 おおのこれまさのつま★
江戸時代前期の女性。俳諧。摂津兵庫の人。寛文7年刊、安原貞室編『玉海集追加』に載る。
¶江表（大野之正の妻（兵庫県））

大貞長 おおのさだなが
平安時代前期の官人。
¶古人（生没年不詳）

大野定子* おおのさだむこ
天保2（1831）年～明治26（1893）年7月18日 江戸時代末期～明治時代の歌人。女性教師の草分け。著書に「千題千首明治歌集」。
¶江表（定子（東京都））

大野定* おおのさだめ
天保1（1830）年～明治17（1884）年 江戸時代末期～明治時代の地方功労者。初代の愛知県会議員に当選。
¶幕末（[生]文政13（1830）年1月22日 [没]明治17（1884）年8月）

多重孝（多重隆，多重高） おおのしげたか
平安時代中期の藤原実資随身。
¶古人（[生]？ [没]1025年？）

多自然麻呂（多自然麿） おおのしぜまろ，おおのじぜまろ
⇒多自然麻呂（おおのじねんまろ）

大野信濃守頼直 **おおのしなののかみよりなお**
江戸時代前期の武士。大野治長の長男。
¶大坂([没]慶長20年5月8日)

多自然麻呂 **おおのじねまろ**
⇒多自然麻呂(おおのじねんまろ)

多自然麻呂* (多自然麿) **おおのじねんまろ**
?～仁和2(886)年 [別]多臣自然麻呂(おおのおみじねんまろ), 多自然麿(おおのしぜまろ, おおのじぜまろ), 多自然麻呂(おおのしぜまろ, おおのじぜまろ, おおのじねまろ) 平安時代前期の雅楽家。右舞と神楽の祖とされる。
¶古人(おおのじぜまろ), 古代(多臣自然麻呂 おおのおみじねんまろ), コン(おおのしぜまろ)

大野秀和* **おおのしゅうわ**
慶安4(1651)年～正徳4(1714)年 [別]秀和(しゅうわ) 江戸時代前期～中期の俳人。
¶俳文(秀和 しゅうわ [没]正徳4(1714)年8月12日)

大野修理亮 **おおのしゅりのすけ**
⇒大野治長(おおのはるなが)

大野親王 **おおのしんのう**
⇒大徳親王(だいとこしんのう)

大野仁平 **おおのじんぺい**
江戸時代後期～大正時代の俠客。
¶全幕([生]嘉永1(1850)年 [没]大正7(1918)年)

多佐忠 **おおのすけただ**
平安時代後期の楽人。
¶古人(生没年不詳)

多資忠* **おおのすけただ**
永承1(1046)年～康和2(1100)年 平安時代中期～後期の雅楽家。一者。
¶古人, コン

大野右仲 **おおのすけなか**
⇒大野右仲(おおのうちゅう)

多佐良 **おおのすけよし**
平安時代後期の官人。
¶古人([生]? [没]1097年)

大野清吉 **おおのせいきち**
⇒沢村国太郎〔3代〕(さわむらくにたろう)

大野尊吉 **おおのそんきち**
安土桃山時代～江戸時代前期の代官手代。上野国桐生領の支配を担った。
¶徳代(生没年不詳)

大野鷹子* **おおのたかこ**
生没年不詳 [別]大野鷹子(おおののたかこ) 平安時代前期の女性。淳和天皇の宮人。
¶天皇(おおののたかこ)

多武仁 **おおのたけひと**
平安時代中期の官人。
¶古人(生没年不詳)

多武文 **おおのたけふみ**
平安時代中期の藤原頼忠の随身。
¶古人([生]942年 [没]1020年)

多武吉 **おおのたけよし**
平安時代中期の官人。
¶古人(生没年不詳)

多忠方* **おおのただかた**
応徳2(1085)年～保延1(1135)年 平安時代後期の雅楽家。一者。
¶古人, コン

多忠時 **おおのただとき**
平安時代後期の官人。
¶古人(生没年不詳)

多忠節* (多忠筋) **おおのただとき**
天永1(1110)年～建久4(1193)年 平安時代後期の宮廷楽人。
¶古人, コン

多為重 **おおのためしげ**
平安時代中期の人。藤原道長の随身か。
¶古人([生]? [没]1013年?)

多為孝 **おおのためたか**
平安時代中期の藤原実資家の案主。
¶古人(生没年不詳)

多為奉 **おおのためとも**
平安時代中期の官人。
¶古人(生没年不詳)

大足山 **おおのたりやま**
奈良時代の伊予国の人。私稲などを国分寺に献じた。
¶古人(生没年不詳)

多近方* **おおのちかかた**
*～仁平2(1152)年 平安時代後期の宮廷楽人。
¶古人([生]1088年), コン([生]寛治4(1090)年 [没]久寿1(1154)年)

多近久* **おおのちかひさ**
?～建暦1(1211)年 平安時代後期～鎌倉時代前期の楽人。
¶古人

大野耻堂* (大野恥堂) **おおのちどう**
文化4(1807)年～明治17(1884)年 江戸時代末期～明治時代の儒学者。
¶幕末([没]明治17(1884)年3月14日)

大野出目 **おおのでめ**
⇒是閑吉満(ぜかんよしみつ)

大野輝範 **おおのてるのり**
江戸時代の和算家。
¶数学

大野道犬* **おおのどうけん**
?～元和1(1615)年6月27日 安土桃山時代の武将。
¶大坂([没]慶長20年6月27日)

多時資* (多節資) **おおのときすけ**
長和3(1014)年～応徳1(1084)年 平安時代中期～後期の京都方楽人。
¶古人(多節資 [生]?), コン

多節(時)方 **おおのときまさ**
平安時代後期の楽人。右近衛府生。
¶古人([生]? [没]1100年)

太徳太理* (太徳足) **おおのとこたり**
[別]太朝臣徳太理(おおのあそみとこたり) 奈良時代の官吏。
¶古人(太徳足 生没年不詳)

大野直昌　おおのなおしげ
安土桃山時代の武将。
¶戦武（生没年不詳）

大野仲子　おおのなかこ
奈良時代の女性。光仁天皇の宮人。
¶天皇（[生]？　[没]天応1（781）年12月）

多脩忠　おおのながただ
平安時代中期の官人。近衛府掌で藤原師輔の随身。
¶古人（生没年不詳）

多修正*（多脩正）　おおのながまさ
？～康保3（966）年　平安時代中期の官人。
¶古人（多脩正）

大野某　おおのなにがし
安土桃山時代の北条氏直の家臣。伊豆国の山奉行。
¶後北（某〔大野（1）〕　なにがし）

大野縫殿助*　おおのぬいどののすけ
生没年不詳　戦国時代の岩付城主北条氏房の家臣。
¶後北（縫殿助〔大野（2）〕　ぬいのすけ）

大野東人*　おおののあずまひと
？～天平14（742）年　[別]大野東人（おおのあずまひと，おおののあずまんど），大野朝臣東人（おおののあそんあずまひと）　奈良時代の武将、官人（参議）。糺職大夫直広肆果安の子。
¶公卿（おおのあずまひと　[没]天平14（743）年11月11日），古人（おおのあずまひと），古代（大野朝臣東人　おおののあそんあずまひと），コン（おおののあずまんど）

大野東人　おおののあずまんど
⇒大野東人（おおののあずまひと）

大野朝臣東人　おおののあそんあずまひと
⇒大野東人（おおののあずまひと）

大野朝臣仲仟　おおののあそんなかち
⇒大野仲仟（おおののなかち）

大野朝臣真鷹*　おおののあそんまたか
延暦1（782）年～承和10（843）年　[別]大野真鷹（おおののまたか）　平安時代前期の官人。
¶古人（大野真鷹　おおののまたか），古代（[生]773年）

大野朝臣安雄*　おおののあそんやすお
[別]大野安雄（おおののやすお）　平安時代前期の石見国司。
¶古人（大野安雄　おおののやすお　生没年不詳），古代

大野犬養　おおののいぬかい
平安時代前期の山城国の人。延暦15年（796）右京に貫付。
¶古人（生没年不詳）

大野石主　おおののいわぬし
奈良時代の官人。
¶古人（生没年不詳）

大野君果安　おおののきみはたやす
⇒大野果安（おおののはたやす）

大野親王　おおののしんのう
⇒大徳親王（だいとこしんのう）

大野鷹子　おおののたかこ
⇒大野鷹子（おおのたかこ）

大野鷹取　おおののたかとり
平安時代前期の官人。
¶古人（生没年不詳）

大野鷹取女*　おおののたかとりのむすめ
生没年不詳　平安時代前期の女官。
¶天皇

大野直雄*　おおののただお
天平勝宝6（754）年～弘仁9（818）年　奈良時代～平安時代前期の武官。
¶古人（[生]745年）

大野横刀　おおののたち
奈良時代の官人。
¶古人（生没年不詳）

大野仲仟*　おおののなかち
？～天応1（781）年　[別]大野朝臣仲仟（おおののあそんなかち）　奈良時代の女性。内侍司・蔵司の長官。征夷大将軍大野東人の娘。
¶古人，古代（大野朝臣仲仟　おおののあそんなかち），女史

大野夏貞*　おおののなつさだ
生没年不詳　平安時代前期の官人。
¶古人

大野果安*　おおののはたやす
生没年不詳　[別]大野君果安（おおののきみはたやす），大野果安（おおのはたやす）　飛鳥時代の武将。
¶古人，古代（大野君果安　おおののきみはたやす），コン

大野広立　おおののひろたて
奈良時代の官人。
¶古人（生没年不詳）

大野真菅　おおののますげ
平安時代前期の官人。
¶古人（生没年不詳）

大野真鷹　おおののまたか
⇒大野朝臣真鷹（おおののあそんまたか）

大野真本　おおののまもと
奈良時代の武官。
¶古人（生没年不詳）

大野規周*　おおののりちか
文政3（1820）年1月28日～明治19（1886）年10月6日　[別]大野弥三郎（おおのやさぶろう）　江戸時代末期～明治時代の精密機械技師。時計製作のパイオニア。
¶科学，幕末（大野弥三郎　おおのやさぶろう　[没]明治19（1886）年9月20日）

大野果安　おおのはたやす
⇒大野果安（おおののはたやす）

大野治長*　おおのはるなが
？～元和1（1615）年　[別]大野修理亮（おおのしゅりのすけ），大野修理大夫治長（おおのしゅりのだいぶはるなが）　安土桃山時代～江戸時代前期の武将。豊臣家の臣。
¶大坂（大野修理大夫治長　おおのしゅりのだいぶはるなが　[没]慶長20年5月8日），コン，全戦（[没]慶長20（1615）年），戦武（[没]慶長20（1615）年）

多春野　おおのはるの
平安時代前期の官人。
¶古人（生没年不詳）

お

おおのは　422

大野春彦* おおのはるひこ
文政6（1823）年〜明治30（1897）年　江戸時代末期〜明治時代の酒造家。郡上藩庁で財政を担当。
¶幕末（没明治30（1897）年12月4日）

大野治房 おおのはるふさ
？〜元和1（1615）年　別大野主馬首治房（おおのしゅめのかみはるふさ）　安土桃山時代〜江戸時代前期の武将。豊臣家の臣。大野治長の弟。
¶大坂（おおのしゅめのかみはるふさ）（生天正4年？／天正5年？），コン

大野半次元介 おおのはんじもとすけ
江戸時代前期の武士。大坂の陣で籠城。
¶大坂

太秀明 おおのひであき
平安時代中期の官人。
¶古人（生没年不詳）

大野英馬* おおのひでま
文政9（1826）年〜明治1（1868）年　江戸時代末期の陸奥会津藩士。
¶幕末（没慶応4（1868）年8月23日）

多人長 おおのひとなが
⇒多朝臣人長（おおのあそんひとなが）

大野広城* おおのひろき
天明8（1788）年〜天保12（1841）年　江戸時代後期の武士、国学者。幕府小十人組の士。
¶コン，徳人

大野祐之* おおのひろゆき
生没年不詳　江戸時代後期の和算家。
¶数学（生天明2（1782）年11月　没天保15（1844）年3月17日）

大野文朗の母 おおのふみあきのはは*
江戸時代の女性。和歌。丹波柏原の人。明治21年刊『柏原叢志』に載る。
¶江表（大野文朗の母（兵庫県））

大野平一* おおのへいいち
寛政9（1797）年〜明治7（1874）年　江戸時代末期〜明治時代の肥前蓮池藩士。蓮池藩校成章館教授と世子の教育係となる。
¶幕末

大野弁吉* おおのべんきち
享和1（1801）年〜明治3（1870）年5月19日　江戸時代末期〜明治時代の科学技術者。金石の豪商銭屋五兵衛の技術顧問として才能を発揮する。写真機、望遠鏡など遺品が現存。
¶科学

多品治 おおのほむじ
⇒多品治（おおのほんじ）

多品治 おおのほむち，おおのほむぢ
⇒多品治（おおのほんじ）

多品治* おおのほんじ
生没年不詳　別多臣品治（おおのおみほんぢ），多品治（おおのほむじ，おおのほむち，おおのほむぢ）　上代の武将。壬申の乱で活躍。
¶古人（おおのほむち），古代（多臣品治　おおのおみほんぢ），古物（コン（おおのほむじ）

大野誠* おおのまこと
*〜明治17（1884）年　江戸時代末期〜明治時代の

剣術者。江戸で春風館を開いて東西の志士と交流。
¶幕末（生天保5（1834）年　没明治17（1884）年10月27日）

多政方* おおのまさかた
？〜寛徳2（1045）年　平安時代中期の雅楽演奏者。
¶古人，コン

多正清 おおのまさきよ
平安時代後期の楽人。
¶古人（生没年不詳）

大野昌三郎* おおのまさざぶろう
？〜明治13（1880）年　江戸時代末期〜明治時代の伊予宇和島藩士。
¶幕末（没明治13（1880）年5月14日）

多政資* おおのまさすけ
寛弘1（1004）年〜承暦1（1077）年　平安時代中期の京都方楽人。
¶古人，コン

多政連 おおのまさつら
平安時代後期の人。舞人多資忠父子を殺害した。
¶古人（生没年不詳）

多正信 おおのまさのぶ
平安時代後期の楽人。嘉保2年中宮乞巧奠に奉仕。
¶古人（生没年不詳）

大野栄信 おおのまさのぶ
江戸時代の和算家。
¶数学

大野正識 おおのまさのり
江戸時代中期の代官。
¶徳代（生元禄10（1697）年　没明和6（1769）年12月18日）

大野正通 おおのまさみち
戦国時代の津久井城主内藤朝行の家臣。三郎左衛門。
¶後北（正通〔大野（3）〕　まさみち）

多政行 おおのまさゆき
平安時代中期の三鼓師。
¶古人（生没年不詳）

阿武松緑之助* おおのまつみどりのすけ
寛政3（1791）年〜嘉永4（1851）年　別阿武松緑之助（あぶのまつみどりのすけ，おうのまつみどりのすけ，おおのまつろうのすけ），小柳長吉（こやなぎちょうきち）　江戸時代末期の力士。
¶幕末（生寛政4（1791）年　没嘉永4（1852）年12月29日）

大野鳴石 おおのめいせき
江戸時代後期〜明治時代の幕臣。
¶幕末（生文化7（1810）年　没明治30（1897）年2月28日）

大野元貞 おおのもとさだ
江戸時代前期の代官。
¶徳代（生？　没元和7（1621）年11月1日）

大野弥五郎* おおのやごろう
？〜天正19（1591）年　安土桃山時代の地方豪族・土豪。
¶織田（生没年不詳）

大野弥三郎 おおのやさぶろう
⇒大野規周（おおののりちか）

大野弥十郎 おおのやじゅうろう
江戸時代前期の大野治長の次男。
¶大坂（[没]慶長20年8月25日/12月27日）

大野保造 おおのやすぞう
江戸時代後期～明治時代の和算家。信州信夫村の人。
¶数学（[生]文政5（1822）年 [没]明治18（1885）年）

太安麻呂*（太安麻侶，太安万侶，太安万呂） おおのやすまろ
？～養老7（723）年 [別]太朝臣安麻呂（おおのあそんやすまろ） 飛鳥時代～奈良時代の官人。「古事記」の編纂者。
¶古人，古代（太朝臣安麻呂 おおのあそんやすまろ），コン（太安万侶），思想（太安万侶），日文，山小（[没]723年7月6日）

多安邑 おおのやすむら
平安時代中期の楽人。大歌所の琴歌を伝習。
¶古人（生没年不詳）

大野屋惣八* おおのやそうはち
享保18（1733）年～文化8（1811）年 江戸時代中期～後期の名古屋の貸本屋。
¶コン，出版（[生]享保13（1728）年 [没]文化8（1811）年11月4日）

多好方* おおのよしかた
大治5（1130）年～建暦1（1211）年 [別]多好方（おおよしかた） 平安時代後期～鎌倉時代前期の楽人。
¶古人，平家（おおよしかた）

多好実 おおのよしざね
平安時代中期の官人。
¶古人（[生]？ [没]1045年）

多吉茂 おおのよししげ
⇒多吉茂（おおのよしもち）

多吉忠 おおのよしただ
平安時代中期の官人。
¶古人（生没年不詳）

多好貫 おおのよしつら
平安時代中期の高麗舞師。
¶古人（生没年不詳）

多吉茂* おおのよしもち
承平4（934）年～長和4（1015）年 [別]多吉茂（おおのよししげ） 平安時代中期の衛府の官人。
¶古人（おおのよししげ 生没年不詳），古人

大庭市兵衛直貞 おおばいちびょうえなおさだ
江戸時代前期の医師。初め毛利家に仕え後に大坂で中島式部少輔に随身。落城後、慶間と改称し、外科医となる。
¶大坂

大場一真斎* おおばいっしんさい
享和3（1803）年～明治4（1871）年 [別]大場景淑（おおばかげよし） 江戸時代末期～明治時代の水戸藩士。
¶コン（大場景淑 おおばかげよし），全幕，幕末（[没]明治4（1871）年1月15日）

大場雄淵* おおばおぶち
宝暦8（1758）年～文政12（1829）年 [別]人場雄淵（おおばゆうえん），雄淵（おぶち，ゆうえん） 江戸時代中期～後期の神道家。
¶俳文（雄淵 おぶち [没]文政12（1829）年8月29日）

大庭学僊* おおばがくせん
文政3（1820）年～明治32（1899）年 江戸時代末期～明治時代の日本画家。作品に「海鶏蟠桃図」「文昌帝」「松鷹」など。
¶幕末（[没]明治32（1899）年8月11日），美画（[生]文政3（1820）年6月21日 [没]明治32（1899）年8月21日）

大場景明* おおばかげあき
享保4（1719）年～天明5（1785）年 [別]大場南湖（おおばなんこ） 江戸時代中期の水戸藩士。
¶コン，数学（[生]享保4（1719）年11月26日 [没]天明5（1785）年5月22日）

大庭景親* おおばかげちか
？～治承4（1180）年 [別]大庭景親（おおばのかげちか），平景親（たいらのかげちか） 平安時代後期の武将。石橋山の戦いの大将。
¶古人（平景親 たいらのかげちか），コン（おおばのかげちか），中世，内乱（[生]嘉承1（1106）年），平家，山小（[没]1180年10月26日）

大場景淑 おおばかげよし
⇒大場一真斎（おおばいっしんさい）

大庭景義*（大庭景能） おおばかげよし
？～承元4（1210）年 [別]大庭景能（おおばのかげよし），平景義（たいらのかげよし） 鎌倉時代前期の武将。
¶古人（平景義 たいらのかげよし），コン（大庭景能 おおばのかげよし），内乱（大庭景能），平家（大庭景能）

大庭久輔* おおばきゅうすけ
弘化2（1845）年～明治2（1869）年4月20日 江戸時代後期～明治時代の新撰組隊士。
¶新隊

大庭恭平* おおばきょうへい
天保1（1830）年～明治35（1902）年 江戸時代後期～明治時代の武士。
¶コン，幕末（[没]明治35（1902）年1月5日）

大庭源之丞* おおばげんのじょう
？～元禄15（1702）年 江戸時代前期～中期の箱根用水開削の発起人。
¶江人（生没年不詳），コン

大葉子* おおばこ
生没年不詳 飛鳥時代の女性。新羅の捕虜となった調吉士伊企儺の妻。
¶古代，コン，対外

大饗五郎左衛門* おおばごろうざえもん
生没年不詳 [別]大饗五郎左衛門（おおあえごろうざえもん） 安土桃山時代の備前伊部焼の陶工。
¶美工（おおあえごろうざえもん）

大橋* おおはし
生没年不詳 江戸時代中期の女性。京都島原の遊女。
¶江表（大橋（京都府）），コン

大橋宅清 おおはしいえきよ
⇒大橋宅清（おおはしたくせい）

大橋印寿 おおはしいんじゅ
⇒大橋宗桂（おおはしそうけい）

大橋角之丞貞信 おおはしかくのじょうさだのぶ
⇒大橋貞信（おおはしさだのぶ）

お

大橋源七郎　おおはしげんしちろう
安土桃山時代の織田信長の家臣。滝川一益より鉄砲を集めるよう命じられている。
¶織田（生没年不詳）

大橋貞信*　おおはしさだのぶ
？～元和1（1615）年？　[別]大橋角之丞貞信（おおはしかくのじょうさだのぶ）　安土桃山時代～江戸時代前期の武将。
¶大坂（大橋角之丞貞信　おおはしかくのじょうさだのぶ　[没]承応2年）

大橋佐平　おおはしさへい
江戸時代後期～明治時代の出版人、博文館創業者。
¶出版（[生]天保6（1835）年12月22日　[没]明治34（1901）年11月3日）

大橋山三郎*　おおはしさんざぶろう
天保3（1832）年～？　[別]大橋山三郎（おおはしやまさぶろう）　江戸時代後期～末期の新撰組隊士。
¶新隊（おおはしやまさぶろう）

大橋重豊　おおはししげとよ
江戸時代前期～中期の幕臣。
¶徳人（[生]1668年　[没]1725年）

大橋重長*　おおはししげなが
？～永禄8（1565）年6月26日　戦国時代～安土桃山時代の武将。
¶織田（生没年不詳）

大橋重政*　おおはししげまさ
元和4（1618）年～寛文12（1672）年　江戸時代前期の書家。大橋流。
¶徳人

大橋重保*　おおはししげやす
天正10（1582）年～正保2（1645）年　[別]大橋竜慶，大橋竜渓（おおはしりゅうけい），式部卿法印（しきぶきょうほういん）　江戸時代前期の武士。豊臣氏家臣。
¶徳人

大橋治部左衛門*　おおはしじぶざえもん
生没年不詳　戦国時代の舞々。
¶後北（政義〔大橋（1）〕　まさよし）

大橋秋二*　おおはししゅうじ
寛政7（1795）年～安政4（1857）年　江戸時代末期の陶工。
¶幕末（[没]安政4（1857）年10月20日），美工

大橋順蔵　おおはしじゅんぞう
⇒大橋訥庵（おおはしとつあん）

大橋庄兵衛*　おおはししょうべえ
江戸時代後期の漆工（中村宗哲4代深斎門）。
¶美工（[生]天保13（1842）年　[没]明治38（1905）年）

大橋慎*　おおはししん
天保6（1835）年～明治5（1872）年　[別]大橋慎三（おおはししんぞう）　江戸時代末期～明治時代の高知藩士。開拓使判官、太政官大議生などを歴任。
¶コン，全幕（大橋慎三　おおはししんぞう　[生]天保9（1836）年），幕末（大橋慎三　おおはししんぞう　[没]明治5（1872）年6月2日）

大橋慎三　おおはししんぞう
⇒大橋慎（おおはししん）

大橋済　おおはしせい
⇒大橋済（おおはしわたり）

大橋宗桂*（1）（──〔1代〕）　おおはしそうけい
弘治1（1555）年～寛永11（1634）年　安土桃山時代～江戸時代前期の将棋棋士1世名人。
¶江人，コン，徳人，中世，山小（[没]1634年3月9日）

大橋宗桂*（2）（──〔9代〕）　おおはしそうけい
延享1（1744）年～寛政11（1799）年　[別]大橋印寿（おおはしいんじゅ）　江戸時代中期～後期の将棋棋士。
¶徳将（大橋印寿　おおはしいんじゅ）

大橋宅清*　おおはしたくせい
生没年不詳　[別]大橋宅清（おおはしいえきよ）　江戸時代前期の和算家。
¶数学（おおはしいえきよ）

大橋淡雅*　おおはしたんが
寛政1（1789）年～嘉永6（1853）年　江戸時代後期の呉服商。
¶幕末（[生]寛政1（1789）年7月28日　[没]嘉永6（1853）年5月17日）

大橋親勝　おおはしちかかつ
安土桃山時代～江戸時代前期の幕臣。
¶徳人（[生]1566年　[没]1631年）

大橋親重　おおはしちかしげ
江戸時代前期の代官。
¶徳代（[生]？　[没]寛文6（1666）年5月7日）

大橋親義　おおはしちかよし
江戸時代中期の幕臣。
¶徳人（[生]1706年　[没]1762年）

大橋筑後*　おおはしちくご
天保7（1836）年～大正6（1917）年　江戸時代末期～明治時代の呉服商。
¶幕末（[没]大正6（1917）年8月14日）

大橋知伸*　おおはしちしん
天保7（1836）年～明治39（1906）年8月14日　[別]大橋知伸（おおはしとものぶ）　江戸時代末期～明治時代の仏師。
¶幕末，美建（[生]天保7（1836）年2月13日）

大橋忠右衛門*　おおはしちゅうえもん
生没年不詳　江戸時代末期の紀伊和歌山藩士。
¶幕末

大橋長兵衛*　おおはしちょうべえ
生没年不詳　安土桃山時代の織田信長の家臣。
¶織田

大橋訥庵　おおはしとしあん
⇒大橋訥庵（おおはしとつあん）

大橋訥庵*（大橋訥菴）　おおはしとつあん
文化13（1816）年～文久2（1862）年　[別]大橋順蔵（おおはしじゅんぞう），大橋訥庵（おおはしとしあん）　江戸時代末期の尊攘派志士、儒者。
¶江人，コン，詩作（[没]文久2（1862）年7月12日），思想，全幕，幕末（[没]文久2（1862）年7月12日）

大橋知伸　おおはしとものぶ
⇒大橋知伸（おおはしちしん）

大橋成之*　おおはしなりゆき
寛政6（1794）年～万延1（1860）年　江戸時代末期

の加賀藩士。

¶幕末([没]安政6(1860)年12月)

大橋播磨守* おおはしはりまのかみ

生没年不詳 戦国時代の小山秀綱の家臣。

¶後北(播磨守〔大橋(2)〕 はりまのかみ)

大橋半三郎* おおはしはんざぶろう

江戸時代末期の新撰組隊士。

¶新隊(生没年不詳)

大橋巻子* おおはしまきこ

文政7(1824)年～明治14(1881)年12月23日 江戸時代末期～明治時代の勤王家、歌人。

¶江表(巻子(栃木県)), 女史, 幕末([生]文政7(1824)年10月29日)

大橋又右衛門尉 おおはしまたえもんのじょう

安土桃山時代～江戸時代前期の甲斐国岩間庄瀬戸の人。穴山家臣か。

¶武田(生没年不詳)

大橋山三郎 おおはしやまさぶろう

⇒大橋山三郎(おおはしさんざぶろう)

大橋有* おおはしゆう

天保3(1832)年～? 江戸時代末期～明治時代の伊予大洲藩士。岡山県最初の器械製糸を始業。

¶幕末

大庭淳能 おおばじゅんのう

戦国時代の鶴岡八幡宮の小別当職。良能の嫡男か。

¶後北(淳能〔大庭〕 じゅんのう)

大橋与右衛門友次 おおはしよえもんともつぐ

江戸時代前期の豊臣秀頼の小姓。

¶大坂([没]寛文11年4月29日)

大橋竜慶(大橋竜渓) おおはしりゅうけい

⇒大橋重保(おおはししげやす)

大橋済* おおはしわたり

天保12(1841)年～明治44(1911)年 [別]大橋済(おおはしせい) 江戸時代末期～明治時代の蚕糸業功労者。「全芽飼育法」を著し選繭法を創案。

¶幕末(おおはしせい [没]明治44(1911)年12月6日)

大庭雪斎* おおばせっさい

文化2(1805)年～明治6(1873)年 江戸時代末期～明治時代の蘭学者、佐賀藩士。佐賀藩蘭学寮初代教導。著書に「訳和蘭文語」など。

¶科学([没]明治6(1873)年3月28日), コン, 全幕([生]文化3(1806)年), 対外, 幕末

大畑才蔵* おおはたさいぞう

寛永19(1642)年～享保5(1720)年 江戸時代前期～中期の土木技術者。

¶科学, コン

大畠友之助* おおはたとものすけ

江戸時代末期の新撰組隊士。

¶新隊(生没年不詳)

大秦有福 おおはたのありよし

平安時代中期の官人。

¶古人(生没年不詳)

大秦石常 おおはたのいわつね

平安時代後期の官人。

¶古人(生没年不詳)

大秦公信 おおはたのきみのぶ

平安時代中期の官人。

¶古人(生没年不詳)

大秦是(此)雄 おおはたのこれお

平安時代前期の官人。

¶古人(生没年不詳)

大秦貞則 おおはたのさだのり

平安時代後期の官人。

¶古人(生没年不詳)

大秦成生 おおはたのしげお

平安時代中期の官人。

¶古人(生没年不詳)

大秦連雅 おおはたのつらまさ

⇒秦連雅(はたのつらまさ)

大秦久利 おおはたのひさとし

平安時代後期の官人。

¶古人(生没年不詳)

大秦宗吉 おおはたのむねよし

平安時代前期の人。筑後守都御酉の館を囲み射殺した事件に加わり近流に処された。

¶古人(生没年不詳)

大秦元光 おおはたのもとみつ

平安時代後期の薩摩国牛屎郡の相撲人。

¶古人(生没年不詳)

大秦宅守 おおはたのやかもり

平安時代前期の官人。

¶古人(生没年不詳)

大秦行康 おおはたのゆきやす

平安時代中期の右京三条四坊戸主前豊後大目従六位上大秦公宿禰相益の戸口。

¶古人(生没年不詳)

大秦良(善)信 おおはたのよしのぶ

平安時代中期の官人。

¶古人(生没年不詳)

大秦吉理 おおはたのよしまさ

平安時代中期の官人。

¶古人(生没年不詳)

大畠文治右衛門〔1代〕* おおはたぶんじえもん

生没年不詳 江戸時代中期の長崎版画の板元。豊嶋屋の初代。

¶コン(代数なし)

大秦善政 おおはたよしまさ

平安時代後期の官人。

¶古人(生没年不詳)

大饗長左衛門 おおばちょうざえもん

⇒楠正虎(くすのきまさとら)

大泊瀬幼武尊 おおはつせのわかたけのみこと

⇒雄略天皇(ゆうりゃくてんのう)

大庭伝七* おおばでんしち

天保3(1832)年～明治18(1885)年 江戸時代末期～明治時代の大年寄。勤王志士と交わり国事に奔走。

¶幕末([生]天保3(1832)年3月13日 [没]明治18(1885)年9月13日)

大庭土佐守兼貞　おおばとさのかみかねさだ
江戸時代前期の徳川家康・三好秀次・石田三成・山内忠義の家臣。
¶大坂（[没]寛永4年1月5日）

大場南湖　おおばなんこ
⇒大場景明（おおばかげあき）

大庭景親　おおばのかげちか
⇒大庭景親（おおばかげちか）

大庭景能　おおばのかげよし
⇒大庭景義（おおばかげよし）

大浜伊予守　おおはまいよのかみ
安土桃山時代の武蔵国鉢形城主北条氏邦の家臣秩父孫二郎の同心。
¶後北（伊予守〔大浜〕　いよのかみ）

大浜宿禰*　おおはまのすくね
上代の阿曇連氏の祖。
¶古代

大浜弥八郎　おおはまやはちろう
安土桃山時代の鉢形城主北条氏邦の家臣。
¶後北（弥八郎〔大浜〕　やはちろう）

大場美佐*　おおばみさ
天保4（1833）年～明治38（1905）年　江戸時代末期～明治時代の女性。代官の妻。
¶江表（美佐（東京都））, 女史

大林親用　おおばやしちかもち
享保20（1735）年～寛政9（1797）年　江戸時代中期～後期の幕臣。
¶徳人, 徳代（[没]寛政9（1797）年9月10日）

大場弥十郎*　おおばやじゅうろう
宝暦10（1760）年～天保7（1836）年　江戸時代中期～後期の近江彦根藩世田谷領20カ村の代官。
¶コン

大場雄淵　おおばゆうえん
⇒大場雄淵（おおばおぶち）

大原加左衛門　おおはらかざえもん
安土桃山時代～江戸時代前期の筒井順慶の家臣。
¶大坂

大原観山*　おおはらかんざん
文政1（1818）年1月12日～明治8（1875）年4月11日　江戸時代末期～明治時代の松山藩士。
¶幕末

大原其戎*　おおはらきじゅう
*～明治22（1889）年　江戸時代末期～明治時代の俳人。
¶俳文（[生]文化9（1812）年5月18日　[没]明治22（1889）年3月31日）

大原左金吾*　おおはらさきんご
？～文化7（1810）年　[別]大原呑響（おおはらどんきょう）　江戸時代中期～後期の経世家、画家。松前上知の原因となった。
¶コン, 美画（[生]宝暦11（1761）年？）

大原左近　おおはらさこん
江戸時代後期～末期の代官、弓矢鑓奉行。
¶徳代（生没年不詳）

大原貞四郎*　おおはらさだしろう
享和1（1801）年～慶応1（1865）年　江戸時代末期の医師。
¶幕末（[没]慶応1（1865）年10月26日）

大原重実　おおはらしげざね
⇒大原重実（おおはらしげみ）

大原重尹*　おおはらしげただ
宝暦7（1757）年12月5日～文化2（1805）年5月29日　江戸時代中期～後期の公家（権中納言）。権中納言大原重度の子。
¶公卿, 公家（重尹〔大原家〕　しげのぶ）

大原重度*　おおはらしげたび
享保10（1725）年1月26日～寛政5（1793）年6月8日　江戸時代中期の公家（権中納言）。正三位大原栄敦の子。
¶公卿, 公家（重度〔大原家〕　しげよし）

大原重徳*　おおはらしげとみ
享和1（1801）年～明治12（1879）年4月1日　江戸時代末期～明治時代の公家、従三位右近権中納言、刑法官知事。新政実現の根回しをし、王政復古を実現。
¶江人, 公卿（[生]享和1（1801）年10月16日）, 公家（重徳〔大原家〕　しげとみ　[生]享和1（1801）年10月16日）, コン, 全幕, 徳将, 幕末（[生]享和1（1801）年10月16日）, 山小（[生]1801年10月16日　[没]1879年4月1日）

大原重朝*　おおはらしげとも
嘉永1（1848）年～大正7（1918）年　江戸時代末期～大正時代の公家。参与、弁事などを歴任。
¶幕末（[生]嘉永1（1848）年5月21日　[没]大正7（1918）年12月14日）

大原重成*　おおはらしげなり
天明3（1783）年6月9日～天保9（1838）年8月28日　江戸時代後期の公家（右権中将非参議）。権中納言大原重尹の子、母は権大納言唐橋在家の娘。
¶公卿, 公家（重成〔大原家〕　しげなり）

大原重実*　おおはらしげみ
天保4（1833）年～明治10（1877）年9月6日　[別]綾小路俊実（あやのこうじとしざね），大原重実（おおはらしげざね）　江戸時代末期～明治時代の公家。
¶全幕（おおはらしげざね）, 幕末（綾小路俊実　あやのこうじとしざね　[生]天保4（1833）年9月12日）

大原浄子*　おおはらじょうし
？～承和8（841）年　[別]大原浄子（おおはらのきよいこ，おおはらのきよこ，おおはらのじょうし）　平安時代前期の女性。嵯峨天皇の女御。
¶古人（おおはらのきよこ）, 天皇（おおはらのじょうし・きよいこ　[没]承和8（841）年3月25日）

大原新五郎*　おおはらしんごろう
嘉永2（1849）年～慶応3（1867）年　江戸時代末期の長府報国隊士。
¶幕末（[没]慶応2（1867）年12月23日）

大原資良*　おおはらすけよし
生没年不詳　戦国時代の武士。今川氏家臣。
¶全戦

大原全子*　おおはらぜんし
生没年不詳　[別]大原全子（おおはらのぜんし）　平安時代前期の女性。嵯峨天皇の宮人。源融・源勤・源盈姫の母。
¶天皇（おおはらのぜんし）

大原荘平* (大原壮平)　**おおはらそうへい**
享和3(1803)年～明治15(1882)年　江戸時代末期～明治時代の商人。
¶幕末(大原壮平　[没]明治15(1882)年12月3日)

大原紹正　**おおはらつぐまさ**
享保5(1720)年～天明1(1781)年　江戸時代中期の幕臣。
¶徳人,徳代([没]天明1(1781)年2月28日)

大原栄敦*　**おおはらてるあつ**
宝永1(1704)年7月25日～宝暦8(1758)年12月2日　江戸時代中期の公家(非参議)。大原栄顕の養子。
¶公卿,公家(栄敦〔大原家〕　ひであつ　[生]元禄17(1704)年7月25日)

大原利明　**おおはらとしあき**
⇒大原利明(おおはらりめい)

大原呑響　**おおはらどんきょう**
⇒大原左金吾(おおはらさきんご)

大原呑舟*　**おおはらどんしゅう**
江戸時代末期の画家。
¶美画([没]安政4(1857)年12月29日)

大原内親王　**おおはらないしんのう**
⇒大原内親王(おおはらのないしんのう)

大原有義　**おおはらのありよし**
平安時代中期の官人。
¶古人(生没年不詳)

大原家主　**おおはらのいえぬし**
生没年不詳　[別]大原家主(おおはらのやかぬし)　奈良時代の官人。
¶古人,古人(おおはらのやかぬし)

大原魚福　**おおはらのいおさき**
平安時代前期の官人。
¶古人(生没年不詳)

大原今城*　**おおはらのいまき**
生没年不詳　[別]大原真人今城(おおはらのまひといまき)　奈良時代の官僚、歌人。「万葉集」に歌18首。
¶日文

大原石長　**おおはらのいわなが**
平安時代中期の官人。京の采女町の刀禰。
¶古人(生没年不詳)

大原雄広麿　**おおはらのおひろまろ**
平安時代前期の右衛門火長。
¶古人([生]?　[没]875年)

大原河麻呂　**おおはらのかわまろ**
平安時代前期の官人。
¶古人(生没年不詳)

大原浄子　**おおはらのきよいこ**
⇒大原浄子(おおはらじょうし)

大原清国　**おおはらのきよくに**
平安時代後期の官人。
¶古人(生没年不詳)

大原浄子　**おおはらのきよこ**
⇒大原浄子(おおはらじょうし)

大原国廉　**おおはらのくにかど**
平安時代中期の官人。
¶古人(生没年不詳)

大原是時　**おおはらのこれとき**
平安時代後期の伊賀国黒田杣の専当。
¶古人(生没年不詳)

大原桜井*　**おおはらのさくらい**
生没年不詳　[別]大原真人桜井(おおはらのまひとさくらい)　奈良時代の皇親官僚、歌人。「万葉集」に歌2首。
¶コン

大原真福　**おおはらのさねよし**
生没年不詳　[別]大原真福(おおはらのまさき)　平安時代前期の官人。
¶古人,古人(おおはらのまさき)

大原浄子　**おおはらのじょうし**
⇒大原浄子(おおはらじょうし)

大原季方　**おおはらのすえかた**
平安時代後期の大和国平田荘の荘官。
¶古人(生没年不詳)

大原宿奈麻呂　**おおはらのすくなまろ**
奈良時代の官人。
¶古人(生没年不詳)

大原助正　**おおはらのすけまさ**
平安時代後期の官人。
¶古人(生没年不詳)

大原全子　**おおはらのぜんし**
⇒大原全子(おおはらぜんし)

大原高平　**おおはらのたかひら**
平安時代中期の官人。
¶古人(生没年不詳)

大原高安　**おおはらのたかやす**
⇒高安王(たかやすのおおきみ)

大原武国　**おおはらのたけくに**
平安時代後期の官人。
¶古人(生没年不詳)

大原忠宗　**おおはらのただむね**
平安時代中期の官人。
¶古人(生没年不詳)

大原為方　**おおはらのためかた**
平安時代中期の人。殺害された由が伊勢国司から報告された。
¶古人([生]?　[没]1031年?)

大原継麻呂　**おおはらのつぎまろ**
奈良時代の官人。
¶古人(生没年不詳)

大原継吉　**おおはらのつぐよし**
平安時代前期の五百井女王家家令。
¶古人(生没年不詳)

大原経佐*　**おおはらのつねすけ**
平安時代前期の信濃国の人。
¶古代

大原常行　**おおはらのつねゆき**
平安時代後期の官人。
¶古人(生没年不詳)

おおはら

大原辰信(延) おおはらのときのぶ
平安時代中期の官人。
¶古人(生没年不詳)

大原時正 おおはらのときまさ
平安時代中期の官人。
¶古人(生没年不詳)

大原友長 おおはらのともなが
平安時代後期の官人。
¶古人(生没年不詳)

大原都良麻呂 おおはらのとらまろ
奈良時代の官人。
¶古人(生没年不詳)

大原内親王* おおはらのないしんのう
？～貞観5(863)年 ㋺大原内親王(おおはらない
しんのう) 平安時代前期の女性。平城天皇の皇
女。伊勢斎宮。
¶古人

大原並高 おおはらのなみたか
平安時代中期の武士。宇多院御厩の侍。
¶古人(生没年不詳)

大原延国 おおはらののぶくに
平安時代後期の官人。
¶古人(生没年不詳)

大原則方 おおはらののりかた
平安時代中期の盗人。大和国城上郡の藤原為茂の
私宅を襲った。
¶古人(生没年不詳)

大原徳吉 おおはらののりよし
平安時代後期の官人。
¶古人(生没年不詳)

大原久安 おおはらのひさやす
平安時代中期の官人。
¶古人(生没年不詳)

大原弘胤 おおはらのひろたね
平安時代中期の官人。
¶古人(生没年不詳)

大原広永 おおはらのひろなが
平安時代前期の官人。
¶古人(生没年不詳)

大原弘春 おおはらのひろはる
平安時代中期の京から尾張に下った従類・不善の輩。
¶古人(生没年不詳)

大原弘原 おおはらのひろもと
平安時代前期の官人。
¶古人(生没年不詳)

大原信茂* おおはらのぶしげ
㋺大原飛驒守信茂(おおはらひだのかみのぶしげ)
安土桃山時代の武将。葛西氏家臣。
¶全戦(㋖？) ㋘天正11(1583)年)

大原信好 おおはらのぶよし
江戸時代中期の幕臣。
¶徳人(㋖1747年 ㋘？)、徳代(㋖宝暦1(1751)年
㋘？)

大原正清 おおはらのまさきよ
平安時代中期の相撲人。寛仁3年の召合に出場。

¶古人(生没年不詳)

大原正則 おおはらのまさのり
平安時代後期の官人。
¶古人(生没年不詳)

大原全子 おおはらのまたこ
平安時代前期の官人。
¶古人(生没年不詳)

大原真人今城 おおはらのまひといまき
⇒大原今城(おおはらのいまき)

大原真人桜井 おおはらのまひとさくらい
⇒大原桜井(おおはらのさくらい)

大原真人高安 おおはらのまひとたかやす
⇒高安王(たかやすのおおきみ)

大原真宗 おおはらのまむね
平安時代前期の官人。
¶古人(生没年不詳)

大原真室 おおはらのまむろ
平安時代前期の官人。
¶古人(生没年不詳)

大原麻呂 おおはらのまろ
奈良時代の官人。
¶古人(生没年不詳)

大原美気 おおはらのみけ
奈良時代の官人。
¶古人(生没年不詳)

大原宗公 おおはらのむねきみ
平安時代前期の官人。
¶古人(生没年不詳)

大原宗吉 おおはらのむねよし
平安時代前期の官人。
¶古人(生没年不詳)

大原安雄 おおはらのやすお
平安時代前期の官人。
¶古人(生没年不詳)

大原安綱 おおはらのやすつな
⇒安綱(やすつな)

大原吉忠 おおはらのよしただ
平安時代中期の随身。寛仁1年藤原実資の権随身。
¶古人(生没年不詳)

大原吉松 おおはらのよしまつ
平安時代中期の官人。
¶古人(生没年不詳)

大原飛驒守信茂 おおはらひだのかみのぶしげ
⇒大原信茂(おおはらのぶしげ)

大原広明* おおはらひろあき
文政5(1822)年～明治29(1896)年 江戸時代末期
～明治時代の漢学者。石岡藩の教授。
¶幕末(㋘明治29(1896)年12月6日)

大原文林* おおはらぶんりん
享和1(1801)年～明治25(1892)年 江戸時代末期
～明治時代の奥州二本松藩士。砲術と絵画を学ぶ。
維新後は画筆に専念し、富士越の雲龍を得意とした。
¶幕末(㋘明治25(1892)年1月5日)、美画(㋘明治25
(1892)年1月5日)

大原正純　おおはらまさずみ
明和1(1764)年～文政6(1823)年　江戸時代中期～後期の幕臣。
¶徳人, 徳代

大原幽学*　おおはらゆうがく
寛政9(1797)年～安政5(1858)年　江戸時代末期の思想家。農民の教化活動および村落改革の指導者。
¶江人, コン, 思想, 女史, 徳将, 幕末([生]寛政9(1797)年(3月17日？)　[没]安政5(1858)年3月8日), 山小([没]1858年3月7日)

大原利明*　おおはらりめい
？～文政8(1825)年　[別]大原利明(おおはらとしあき)　江戸時代後期の数学者。
¶数学(おおはらとしあき　[没]文政8(1825)年5月4日)

大針房之助*　おおはりふさのすけ
？～大正10(1921)年　江戸時代末期～明治時代の禁裏畳師。孝明、明治天皇の御用畳を奉仕。
¶幕末([没]大正10(1921)年11月13日)

大庭良能*　おおばりょうのう
？～天文9(1540)年10月11日　戦国時代の鶴岡八幡宮の小別当。
¶後北(良能〔大庭〕　りょうのう)

大場寥和*　おおばりょうわ
延宝5(1677)年～宝暦9(1759)年　[別]寥和, 寥和〔1代〕(りょうわ)　江戸時代中期の俳人(嵐雪門)。
¶俳文(寥和　りょうわ　[没]宝暦9(1759)年10月29日)

大春縵麿　おおはるのかずらまろ
平安時代前期の紀伊国那賀郡の保証刀禰。
¶古人(生没年不詳)

大東義徹*　おおひがしぎてつ
天保13(1842)年7月～明治38(1905)年4月8日　[別]大東義徹(おおひがしよしあきら, おおひがしよしてつ)　江戸時代末期～明治時代の近江彦根藩士、政治家。
¶コン, 幕末

大東義徹　おおひがしよしあきら
⇒大東義徹(おおひがしぎてつ)

大東義徹　おおひがしよしてつ
⇒大東義徹(おおひがしぎてつ)

大樋勘兵衛〔4代〕*(――〔2代〕)　おおひかんべえ
宝暦1(1751)年～天保10(1839)年　江戸時代後期の楽焼の陶工。
¶美工([生]宝暦7(1757)年)

大樋勘兵衛〔5代〕*(――〔3代〕)　おおひかんべえ
江戸時代末期の楽焼の陶工。
¶美工([生]天明1(1781)年　[没]安政3(1856)年)

大彦命*(大毘古命)　おおひこのみこと, おおびこのみこと
上代の孝元天皇の第1皇子。四道将軍の一人。
¶古代(おおびこのみこと), 天皇(生没年不詳), 山小

大樋長左衛門*(――〔1代〕)　おおひちょうざえもん
寛永7(1630)年～正徳2(1712)年　江戸時代前期の陶工、大樋焼の初代。
¶美工(――〔1代〕)

大人弥五郎*　おおひとやごろう
九州南部の巨人伝説の主人公。
¶コン

大姫*(1)　おおひめ
*～建久8(1197)年7月14日　平安時代後期～鎌倉時代前期の女性。源頼朝・政子の長女。
¶古人([生]？), コン([生]治承3(1179)年？), 女史([生]1178年？), 中世([生]1178年), 内乱([生]治承2(1178)年？)

大姫*(2)　おおひめ
寛永4(1627)年5月23日～明暦2(1656)年9月23日　[別]清泰院(せいたいいん), 鶴姫(つるひめ)　江戸時代前期の女性。加賀藩主前田光高の妻。
¶江表(大姫(石川県)), 徳将(清泰院　せいたいいん)

大平右衛門尉*　おおひらえもんのじょう
生没年不詳　戦国時代の武士。武蔵吉良氏、のち北条氏政家臣。
¶後北(右衛門尉〔大平〕　えもんのじょう)

大平可楽*　おおひらからく
嘉永2(1849)年～昭和8(1933)年　江戸時代末期～明治時代の牙彫師。菓子器など精緻な彫技が得意。
¶幕末([生]嘉永2(1849)年11月4日　[没]昭和8(1933)年1月3日), 美工([生]嘉永2(1849)年12月18日　[没]昭和8(1933)年1月3日)

大平清九郎　おおひらせいくろう
安土桃山時代の武蔵国奥沢城主。武蔵国世田谷城主吉良頼康、のち北条氏政の家臣。
¶後北(清九郎〔大平〕　せいくろう)

大平八郎*　おおひらはちろう
？～明治3(1870)年　江戸時代末期～明治時代の奥州白坂村取締役。
¶幕末([没]明治3(1870)年8月11日)

大平元国　おおひらもとくに
戦国時代の武将。土佐七雄の1人。
¶全戦(生没年不詳)

大日孁貴　おおひるめのむち
⇒天照大神(あまてらすおおみかみ)

大藤新兵衛*　おおふじしんべえ
生没年不詳　[別]大藤新兵衛(だいとうしんべえ)　戦国時代の武士。後北条氏家臣。
¶後北(新兵衛〔大藤〕　しんべえ)

大藤政信*　おおふじまさのぶ
生没年不詳　戦国時代の武士。後北条氏家臣。
¶後北(政信〔大藤〕　まさのぶ)

大淵渉　おおぶちわたる
江戸時代末期～明治時代の駸々堂創業者。
¶出版([生]安政2(1855)年7月23日　[没]明治40(1907)年5月12日)

大部憲真　おおぶののりざね
平安時代中期の官人。
¶古人(生没年不詳)

大部正時　おおぶのまさとき
平安時代中期の相撲人。寛仁3年の相撲召合に出場。
¶古人(生没年不詳)

大部衆延　おおぶのもろのぶ
平安時代中期の官人。
¶古人(生没年不詳)

大部屋栖古　おおぶのやすこ
⇒大部屋栖古連(おおとものやすこのむらじ)

お

大生部多* おおふべのおお
生没年不詳 [別]大生部多（おおふべのおおし） 飛鳥時代の宗教家。常世の神を祭る宗教運動を起こした。
¶古人（おおふべのおおし），古代，コン

大生部多 おおふべのおおし
⇒大生部多（おおふべのおお）

大日置栄光 おおへきのひでみつ
平安時代中期の官人。
¶古人（生没年不詳）

大戸朝生 おおへのあさおい
平安時代前期の雅楽師。雅楽笙師正六位上。承和1年姓良枝宿禰を賜る。
¶古人（生没年不詳）

大戸首清上 おおべのおびときよかみ
⇒大戸清上（おおとのきよかみ）

大戸清上 おおへのきよかみ，おおべのきよかみ
⇒大戸清上（おおとのきよかみ）

大秦相益 おおほたのすけます
平安時代中期の右京三条四坊の戸主。承平2年前豊後大目従六位上。
¶古人（生没年不詳）

意富富杼王 おおほどのおう
⇒意富々杼王（おおほどのおおきみ）

意富々杼王* おおほどのおおきみ
[別]意富富杼王（おおほどのおう） 上代の応神天皇の孫。
¶古代

大穂能一* おおほのういち
文政2（1819）年～明治4（1871）年 [別]大穂能一（おおほよしかず） 江戸時代末期～明治時代の算学家、小学校教員。福岡藩の鉄砲製造・台場築造などに参与。
¶コン，数学（おおほよしかず [生]文政2（1819）年12月25日 [没]明治4（1871）年9月21日），幕末

大穂能一 おおほよしかず
⇒大穂能一（おおほのういち）

大堀常仙 おおほりつねひさ
江戸時代後期の和算家。
¶数学

大前田英五郎*（大前田栄五郎） おおまえだえいごろう
寛政5（1793）年～明治7（1874）年 江戸時代末期～明治時代の博徒。賭博の罪で佐渡に送られたが島抜けし、名古屋を中心に勢力。
¶コン，全幕（大前田栄五郎），幕末（大前田栄五郎 [没]明治7（1874）年2月）

大派皇子* おおまたのおうじ
[別]大派皇子（おおまたのみこ） 飛鳥時代の敏達天皇の皇子。
¶古代（おおまたのみこ），古物（おおまたのみこ）

大俣福山 おおまたのふくやま
平安時代前期の官人。
¶古人（生没年不詳）

大派皇子 おおまたのみこ
⇒大派皇子（おおまたのおうじ）

大町景康 おおまちかげやす
戦国時代の足羽南郡大町村の国人。
¶全戦（生没年不詳）

大町通南太郎* おおまちつなたろう
江戸時代末期の新撰組隊士。
¶新隊（生没年不詳）

大松沢掃部之輔* おおまつざわかもんのすけ
天保4（1833）年～大正6（1917）年 江戸時代末期～大正時代の仙台藩一族。戊辰戦争会津追討では一番隊長。
¶幕末（[没]大正6（1917）年9月5日）

大松惟季 おおまつのこれすえ
平安時代後期の官人。
¶古人（生没年不詳）

大間宗是 おおまむねこれ
戦国時代の人。天文13年大蔵経寺堂宇を檀那として建立。同地の地頭か。鎮目氏の代官か。
¶武田（生没年不詳）

大政所 おおまんどころ
⇒天瑞院（てんずいいん）

大右久遠 おおみぎのひさとお
平安時代中期の官人。
¶古人（生没年不詳）

大見実政 おおみさねまさ
⇒宇佐美実政（うさみさねまさ）

大見衆三人* おおみしゅうさんにん
戦国時代の北条氏の家臣。
¶後北（大見三人衆 おおみさんにんしゅう）

大溝侍従 おおみぞじじゅう
⇒京極高次（きょうごくたかつぐ）

大水口宿禰* おおみなくちのすくね
上代の穂積氏の祖。
¶古代

大嶺庄左衛門* おおみねしょうざえもん
？～安政4（1857）年 江戸時代末期の水戸藩士。
¶幕末

淡海兼正 おおみのかねまさ
平安時代中期の盗人。長保1年大和国添下郡司常世澄明宅に押入った強盗の一人。
¶古人（生没年不詳）

大見又太郎* おおみまたたろう
天保14（1843）年～明治3（1870）年 江戸時代後期～明治時代の武士。
¶幕末（[没]明治3（1870）年2月9日）

巨海道綱 おおみみちつな
戦国時代の三河国の国衆。越中守。新左衛門尉か。伊勢宗瑞に味方した。
¶後北（道綱〔巨海〕 みちつな [没]永正14年8月）

大宮昌季* おおみやあきすえ
正徳4（1714）年9月27日～宝暦10（1760）年9月24日 江戸時代中期の公家（非参議）。左中将大宮公央の子。
¶公卿，公家（昌季〔大宮家〕 まさすえ）

大宮院* おおみやいん
嘉禄1（1225）年～正応5（1292）年9月9日 [別]藤原

姞子（ふじわらきっし，ふじわらのきっし）　鎌倉時代前期の女性。後嵯峨天皇の皇后。
¶コン，女史，天皇（西園寺姞子・大宮院　さいおんじきっし・おおみやいん）

大宮氏衡*　おおみやうじひら
嘉元3（1305）年〜？　鎌倉時代後期〜南北朝時代の公卿（右中将・非参議）。右大臣大宮季衡の長男。
¶公卿，公家（氏衡〔大宮家（絶家）〕　うじひら）

大宮含忍斎*　おおみやがんにんさい
生没年不詳　安土桃山時代の織田信長の家臣。
¶織田

大宮公名*　おおみやきんめい
文保2（1318）年〜？　鎌倉時代後期の公卿（大納言）。右大臣大宮季衡の次男。
¶公卿，公家（公名〔大宮家（絶家）〕　きんな　[没]観応3（1352）年9月13日）

大宮伊治　おおみやこれはる
⇒小槻伊治（おつきこれはる）

大宮貞季*　おおみやさだすえ
寛保3（1743）年6月4日〜文化1（1804）年1月17日　江戸時代中期〜後期の公家（参議）。左大臣西園寺致季の末子。
¶公卿，公家（貞季〔大宮家〕　さだすえ　[没]享和4（1804）年1月17日）

大宮実尚*　おおみやさねなお
興国5/康永3（1344）年〜応永6（1399）年　南北朝時代〜室町時代の公卿（権大納言）。大納言大宮公名の子。
¶公卿（[生]康永3/興国5（1344）年），公家（実尚〔大宮家（絶家）〕　さねひさ）

大宮季衡*　おおみやすえひら
正応2（1289）年〜？　鎌倉時代後期の公卿（右大臣）。左大臣西園寺公衡の次男，母は号侍局。
¶公卿

大宮政季*　おおみやただすえ
文化3（1806）年10月18日〜文久2（1862）年閏8月1日　江戸時代末期の公家（非参議）。正三位大宮良季の子，母は権中納言外山光実の娘。
¶公卿，公家（政季〔大宮家〕　まさすえ）

大宮局*　おおみやのつぼね
生没年不詳　[別]藤原定能女（ふじわらのさだよしのむすめ）　平安時代後期〜鎌倉時代前期の女性。後鳥羽天皇の宮人。尊円法親王・行超の母。
¶女史，天皇（藤原定能女　ふじわらのさだよしのむすめ）

大宮盛季*　おおみやもりすえ
明和5（1768）年12月3日〜天保6（1835）年7月21日　江戸時代中期〜後期の公家（権中納言）。参議大宮貞季の子。
¶公卿，公家（盛季〔大宮家〕　もりすえ）

大宮友賢*　おおみやゆうけん
江戸時代末期の新撰組隊士。
¶新隊（生没年不詳）

大宮良季*　おおみやよしすえ
天明2（1782）年4月11日〜天保1（1830）年8月7日　江戸時代後期の公家（非参議）。権大納言日野資矩の次男。
¶公卿，公家（良季〔大宮家〕　よしすえ　[没]文政13（1830）年8月7日）

大三輪長兵衛*　おおみわちょうべえ
天保6（1835）年〜明治41（1908）年1月29日　江戸時代末期〜明治時代の実業家，北海道商社社長心得。各種問屋業を営み巨額を得る。わが国最初の手形交換所を設立。
¶コン，幕末（[生]天保6（1835）年6月）

大神朝臣高市麻呂　おおみわのあそんたけちまろ
⇒大神高市麻呂（おおみわのたけちまろ）

大神朝臣虎主　おおみわのあそんとらぬし
⇒大神虎主（おおみわのとらぬし）

大神一斉　おおみわのいっさい
平安時代中期の宇佐八幡宮大宮司。長保5年「雑事九か条」を申請。
¶古人（生没年不詳）

大神興志　おおみわのおこし
奈良時代の官人。
¶古人（生没年不詳）

大三輪神　おおみわのかみ
⇒大物主神（おおものぬしのかみ）

大神国末　おおみわのくにすえ
平安時代後期の円成院領河内国星田荘の住人。
¶古人（生没年不詳）

大神狛麻呂　おおみわのこままろ
飛鳥時代の官人。
¶古人（生没年不詳）

大神惟遠　おおみわのこれとお
⇒大神惟遠（おおがこれとお）

大神是信　おおみわのこれのぶ
平安時代中期の湖江殿司。
¶古人（生没年不詳）

大神貞宗　おおみわのさだむね
平安時代後期の円成院領河内国星田荘の荘官。
¶古人（生没年不詳）

大神真元　おおみわのさねもと
平安時代後期の神官。豊受太神宮内人。
¶古人（生没年不詳）

大神茂幹　おおみわのしげもと
平安時代前期の官人。
¶古人（生没年不詳）

大神末足　おおみわのすえたり
奈良時代の官人。遣唐副使。
¶古人（生没年不詳）

大神宿禰巳井*　おおみわのすくねみい
[別]大神己井，大神巳井（おおみわのみい）　平安時代前期の官人。
¶古人（大神己井　おおみわのみい　生没年不詳），古代，対外（大神巳井　おおみわのみい　生没年不詳）

大神高市麻呂*（大三輪高市麻呂）　おおみわのたけちまろ
斉明3（657）年〜慶雲3（706）年　[別]大神朝臣高市麻呂（おおみわのあそんたけちまろ），三輪朝臣高市麻呂（みわのあそみたけちまろ），三輪高市麻呂（みわのたけちまろ）　飛鳥時代の廷臣（中納言）。大神利金の次男。
¶公卿（[生]白雉2（651）年　[没]慶雲3（706）年2月），古人（[生]？），古代（大神朝臣高市麻呂　おおみわのあそんたけちまろ），古物（三輪高市麻呂　みわのたけちまろ

おおみわ　　　　　　　　432

大神武次　おおみわのたけつぐ
平安時代後期の豊受大神宮権内人。
¶古人（生没年不詳）

大神田麻呂　おおみわのたまろ
⇒大神田麻呂（おおがのたまろ）

大神為遠　おおみわのためとお
平安時代中期の舞師、笛師。
¶古人（生没年不詳）

大神虎主*　おおみわのとらぬし
延暦17（798）年〜貞観2（860）年　劉大神朝臣虎主
（おおみわのあそんとらぬし）　平安時代前期の
医師。
¶古人、古代（大神朝臣虎主　おおみわのあそんとらぬし
⊕800年）、コン

大神仲江麻呂*　おおみわのなかえまろ
生没年不詳　奈良時代〜平安時代前期の官人。
¶古人

大神長光　おおみわのながみつ
平安時代中期の官人。
¶古人（生没年不詳）

大神延末　おおみわののぶすえ
平安時代後期の大和国高殿荘職事。
¶古人（生没年不詳）

大神晴任　おおみわのはるとお
平安時代の官人。
¶古人（生没年不詳）

大神広野　おおみわのひろの
平安時代前期の官人。
¶古人（生没年不詳）

大神全雄　おおみわのまたお
平安時代前期の官人。
¶古人（生没年不詳）

大神己井（大神巳井）　おおみわのみい
⇒大神宿禰巳井（おおみわのすくねみい）

大神宗雄*　おおみわのむねお
生没年不詳　平安時代前期の官人。
¶古人

大神杜女*（大神社女）　おおみわのもりめ
生没年不詳　劉大神朝臣杜女（おおがのあそんもり
め）、大神社女（おおがのもりめ、おおみわもりめ）
奈良時代の女性。宇佐八幡の禰宜尼僧。
¶古代（大神朝臣杜女　おおがのあそんもりめ）、コン（お
おがのもりめ）、女史

大神安信　おおみわのやすのぶ
平安時代中期の官人。
¶古人（生没年不詳）

大神安麻呂　おおみわのやすまろ
奈良時代の官人。高市麻呂の弟。
¶古人（⊕？　⊗714年）

大神良臣*　おおみわのよしおみ
生没年不詳　劉大神良臣（おおがのよしおみ）、大
神朝臣良臣（おおみわのあそんよしおみ）　平安時
代前期の官吏。
¶古人（おおがのよしおみ）、古代（大神朝臣良臣　おおみ
わのあそんよしおみ）

大神依久　おおみわのよりひさ
平安時代後期の円成寺領河内国星田荘の荘官。
¶古人（生没年不詳）

大神杜女　おおみわもりめ
⇒大神杜女（おおみわのもりめ）

大村斐夫*　おおむらあやお
文政1（1818）年〜明治29（1896）年　劉大村桐陽
（おおむらとうよう）　江戸時代末期〜明治時代の
儒学者。
¶幕末（⊗明治29（1896）年4月24日）

大村右近　おおむらうこん
安土桃山時代の武蔵国小机城代笠原氏の家臣。彦
左衛門尉の一族。
¶後北（右近〔大村（1）〕　うこん）

大村一秀*　おおむらかずひで
文政7（1824）年〜明治24（1891）年1月20日　江戸
時代末期〜明治時代の数学者。維新後は東京数学
会社設立に貢献。著書に「垂糸起源」など。
¶科学、数学

大村刑部大夫(1)　おおむらぎょうぶのだいぶ
戦国時代〜安土桃山時代の三島大社の社家頭。北
条氏に属した。
¶後北（刑部大夫〔大村（2）〕　ぎょうぶのだいぶ）

大村刑部大夫(2)　おおむらぎょうぶのだいぶ
安土桃山時代の三島大社の社家頭。北条氏に属し
た。父刑部大夫の嫡男か。
¶後北（刑部大夫〔大村（2）〕　ぎょうぶのだいぶ）

大村玉山*　おおむらぎょくざん
生没年不詳　江戸時代中期の蒔絵師。
¶美工

大村邦三郎*　おおむらくにさぶろう
？〜慶応3（1867）年　江戸時代末期の肥前大村藩
家老。
¶幕末（⊗慶応3（1867）年2月）

大村純顕*　おおむらすみあき
文政5（1822）年〜明治15（1882）年　江戸時代後期
〜明治時代の大名、華族。
¶幕末（⊕文政5（1822）年11月5日　⊗明治15（1882）年4
月2日）

大村純前　おおむらすみあき
戦国時代の武将。肥前国大村家17代。
¶全戦（⊕？　⊗天文20（1551）年）

大村純忠*　おおむらすみただ
天文2（1533）年〜天正15（1587）年　劉大村民部大
輔純忠入道理専斎（おおむらみんぶのたゆうすみ
ただにゅうどうりせんさい）、バルトロムウ、バルト
ロメオ　戦国時代〜安土桃山時代の武将、キリシ
タン。
¶コン、全戦、戦武、対外、中世、山小（⊗1587年4月18日/5
月18日）

大村純煕*（大村純熙，大村純凞）　おおむらすみひろ
文政8（1825）年〜明治15（1882）年　江戸時代末期
〜明治時代の大名、伯爵。肥前大村藩主。
¶コン、全戦（大村純熙　⊕文政13（1830）年）、幕末（⊕文
政8（1825）年11月21日　⊗明治15（1882）年1月13日）

大村多左衛門*　おおむらたざえもん
文政3（1820）年〜明治1（1868）年　江戸時代末期
の肥前大村藩士。

¶幕末（[没]慶応4（1868）年7月20日）

大村桐陽　おおむらとうよう
⇒大村斐夫（おおむらあやお）

大村舎人*　おおむらとねり
生没年不詳　江戸時代末期の肥前大村藩家老。
¶幕末

大村直福吉　おおむらのあたえふくきつ
⇒大村福吉（おおむらのふくよし）

大村福吉　おおむらのさきよし
⇒大村福吉（おおむらのふくよし）

大村継麿　おおむらのつぎまろ
平安時代前期の官人。
¶古人（生没年不詳）

大村福吉*　おおむらのふくよし
生没年不詳　[別]大村直福吉（おおむらのあたえふくきつ），大村福吉（おおむらのさきよし，おおむらふくよし），紀福吉（きのさきよし），紀宿禰福吉（きのすくねふくよし）　平安時代前期の医師。瘡の治療術に精通。
¶古人（おおむらのさきよし），古人（紀福吉　きのさきよし），古代（紀宿禰福吉　きのすくねふくよし）

大村彦左衛門尉*　おおむらひこざえもんのじょう
生没年不詳　戦国時代の北条氏の家臣。
¶後北（彦左衛門尉〔大村（1）〕　ひこざえもんのじょう）

大村彦太郎〔1代〕*　おおむらひこたろう
寛永13（1636）年～元禄2（1689）年　江戸時代前期の商人。白木屋呉服店の創始者。
¶コン（代数なし）

大村彦六郎　おおむらひころくろう
戦国時代の駿河国安部郡湯島の土豪。
¶武田（生没年不詳）

大村福吉　おおむらふくよし
⇒大村福吉（おおむらのふくよし）

大村兵之丞　おおむらへいのじょう
⇒宇多太左衛門（うだたざえもん）

大村益次郎*　おおむらますじろう
文政7（1824）年～明治2（1869）年　江戸時代末期～明治時代の兵学者、長州藩士、軍制改革のリーダー。戊辰戦争で天才的な軍事的手腕を発揮した。靖国神社を創建。
¶江人（[生]1825年），コン，全幕，幕末（[生]文政7（1824）年5月3日　[没]明治2（1869）年11月5日），山小（[生]1824年5月3日　[没]1869年11月5日）

大村民部大輔純忠入道理専斎　おおむらみんぶのたゆうすみただにゅうどうりせんさい
⇒大村純忠（おおむらすみただ）

大村致知*　おおむらむねとも
寛政5（1793）年～慶応3（1867）年　江戸時代末期の加賀藩士。
¶幕末（[没]慶応3（1867）年5月4日）

大村メンシア　おおむらめんしあ
⇒松浦マンシャ（まつらまんしゃ）

大村メンシヤ　おおむらめんしや
⇒松浦マンシャ（まつらまんしゃ）

大村弥十郎*　おおむらやじゅうろう
生没年不詳　戦国時代の遠江の国衆。
¶武田

大村安宅　おおむらやすいえ
⇒大村安宅（おおむらやすおり）

大村安宅*　おおむらやすおり
天保12（1841）年～元治1（1864）年12月20日　[別]大村安宅（おおむらやすいえ）　江戸時代後期～末期の新撰組隊士。
¶新隊（おおむらやすいえ　[没]元治1（1864）年12月20日？）

大村由己*　おおむらゆうこ
？～慶長1（1596）年　[別]梅庵（ばいあん），由己（ゆうこ）　安土桃山時代の文化人。豊臣秀吉の御伽衆。
¶コン（[生]天文5（1536）年？），思想，俳文（由己　ゆうこ　[生]天文5（1536）年　[没]文禄5（1596）年5月7日）

大村喜前*　おおむらよしあき
永禄12（1569）年～元和2（1616）年　[別]大村喜前（おおむらよしさき），サンチョ　安土桃山時代～江戸時代前期の武将、大名。肥前大村藩主。
¶全戦（生没年不詳），戦武

大村喜前　おおむらよしさき
⇒大村喜前（おおむらよしあき）

大村和吉郎*　おおむらわきちろう
文化8（1811）年～明治21（1888）年　江戸時代末期～明治時代の実業家、大場銀行創立者。大場村の教育・自治に協力。
¶幕末

大室松岳*　おおむろしょうがく
文化10（1813）年～明治20（1887）年　江戸時代末期～明治時代の呉服商、画家。五月幟を描く。作品に「衝立孔雀図」。
¶幕末（[没]明治20（1887）年9月16日）

大目秋色　おおめしゅうしき
⇒秋色（しゅうしき）

大物主櫛甕玉命　おおものぬしくしみかたまのみこと
⇒大物主神（おおものぬしのかみ）

大物主神*(1)　おおものぬしのかみ
[別]大三輪神（おおみわのかみ），大物主櫛甕玉命（おおものぬしくしみかたまのみこと）　奈良県大神神社の祭神。
¶思想（オオモノヌシノカミ），山小

大物主神(2)　おおものぬしのかみ
⇒大国主命（おおくにぬしのみこと）

大森氏頼*　おおもりうじより
応永25（1418）年～明応3（1494）年8月26日　室町時代～戦国時代の武将。小田原城主。
¶コン（[生]？），内乱（[生]？），室町（[生]？）

大森英秀*　おおもりえいしゅう
享保15（1730）年～寛政10（1798）年　[別]大森重光〔3代〕（おおもりしげみつ），大森英秀（おおもりてるひで）　江戸時代中期の装剣金工家。大森浪を考案。
¶美工

大森黄谷*　おおもりこうこく
天明6（1786）年～嘉永5（1852）年　江戸時代後期の画家。
¶美画（[没]嘉永5（1852）年2月）

お

大森定久* おおもりさだひさ
文化3(1806)年～明治19(1886)年1月5日 江戸時代末期～明治時代の神官。神仏分離に尽力。
¶幕末([生]文化3(1806)年10月)

大森重光〔3代〕 おおもりしげみつ
⇒大森英秀(おおもりえいしゅう)

大森寿安(右武) おおもりじゅあん(ともたけ)
江戸時代後期の眼科医。
¶眼医([生]? [没]文化4(1807)年)

大森寿庵(右直)〔2代〕 おおもりじゅあん(ともなお)
江戸時代中期～末期の眼科医。
¶眼医([生]安永9(1780)年 [没]安政5(1858)年)

大森寿庵(右長)〔3代〕 おおもりじゅあん(ともなが)
江戸時代後期～末期の眼科医。
¶眼医([生]文化4(1807)年 [没]慶応3(1867)年)

大森寿敬(右忠) おおもりじゅけい(ともただ)
江戸時代後期の眼科医。
¶眼医([生]天保10(1839)年 [没]?)

大森庄兵衛* おおもりしょうべえ
生没年不詳 安土桃山時代の笛の名手。大森流祖。
¶コン

大森操兵衛 おおもりそうべい
⇒大森操兵衛(おおもりそうべえ)

大森操兵衛* おおもりそうべえ
文政7(1824)年～* [別]大森操兵衛(おおもりそうべい) 江戸時代末期～明治時代の備後福山藩士。
¶幕末(おおもりそうべい [没]明治8(1875)年9月6日)

大森岱順(右景) おおもりたいじゅん(ともかげ)
江戸時代末期～明治時代の眼科医。
¶眼医(生没年不詳)

大森玉吉* おおもりたまきち
嘉永5(1852)年～* 江戸時代末期の出流山挙兵参加者。
¶幕末([没]慶応3(1867)年12月18日)

大森常助* おおもりつねすけ
弘化1(1844)年～昭和2(1927)年 江戸時代末期～大正時代の米穀商。陣屋御倉米を管理、地方の飢饉を救った。
¶幕末([生]天保15(1844)年7月1日 [没]昭和2(1927)年11月27日)

大森照子* おおもりてるこ
文化5(1808)年～明治10(1877)年 江戸時代後期～明治時代の画家。
¶江表(照子(京都府) [生]享和1(1801)年)

大森英秀 おおもりてるひで
⇒大森英秀(おおもりえいしゅう)

大森時長* おおもりときなが
元禄3(1690)年～宝暦11(1761)年 江戸時代中期の長崎奉行。
¶徳人

大森某 おおもりなにがし
戦国時代～安土桃山時代の北条氏康・氏政の家臣。
¶後北(某〔大森〕 なにがし)

大森彦重* おおもりひこしげ
文化11(1814)年～明治1(1868)年 江戸時代末期の水戸藩郷士。
¶幕末([生]文化11(1814)年9月9日 [没]慶応4(1868)年1月9日)

大森彦七* おおもりひこしち
生没年不詳 [別]大森盛長(おおもりもりなが) 南北朝時代の武将。
¶内乱

大森藤頼* おおもりふじより
?～明応7(1498)年 室町時代～戦国時代の武将。大森氏最後の小田原城主。
¶コン

大森平左衛門尉 おおもりへいざえもんのじょう
戦国時代の織田信長の家臣。尾張知多郡の郡代。あるいは熱田の豪商。
¶織田(生没年不詳)

大森盛長 おおもりもりなが
⇒大森彦七(おおもりひこしち)

大森善清* おおもりよしきよ
生没年不詳 江戸時代前期の浮世絵師。
¶浮絵

大屋斧次郎* おおやおのじろう
天保5(1834)年～明治12(1879)年 江戸時代末期～明治時代の武士、官吏。
¶幕末([没]明治12(1879)年12月17日)

大屋愷敆 おおやがいこう
⇒大屋愷敆(おおやよしあつ)

大谷木藤左衛門 おおやぎとうざえもん
江戸時代末期の幕臣。
¶徳人([生]? [没]1856年)

大谷木一 おおやぎはじめ
江戸時代後期～明治時代の園芸家。
¶植物([生]天保1(1830)年? [没]明治35(1902)年3月)

大宅内親王 おおやけないしんのう
⇒大宅内親王(おおやけのないしんのう)

大宅朝臣賀是麻呂 おおやけのあそんかぜまろ
⇒大宅賀是麻呂(おおやけのかぜまろ)

大宅軍 おおやけのいくさ
飛鳥時代の武将。推古天皇31年副将軍として新羅に遠征。
¶古人(生没年不詳)

大宅稲長 おおやけのいねなが
平安時代前期の丹波国桑田郡の擬主政。
¶古人(生没年不詳)

大宅王 おおやけのおう
奈良時代の人。藤原仲麻呂追討の功により従五位下に叙された。
¶古人(生没年不詳)

大宅大国 おおやけのおおくに
奈良時代の官人。
¶古人([生]? [没]737年)

大宅賀是麻呂* おおやけのかぜまろ
生没年不詳 [別]大宅朝臣賀是麻呂(おおやけのあそんかぜまろ) 奈良時代の大和国の戸主。多数の奴婢の所有者。
¶古人,古代(大宅朝臣賀是麻呂 おおやけのあそんかぜまろ),コン

大宅金弓　おおやけのかなゆみ
飛鳥時代の官人。
¶古人(生没年不詳)

大宅金方　おおやけのかねかた
平安時代中期の大和国添上郡の郡老。
¶古人(生没年不詳)

大宅鎌柄　おおやけのかまから
飛鳥時代の征新羅後将軍。
¶古人(生没年不詳)

大宅君子　おおやけのきみこ
奈良時代の官人。
¶古人(生没年不詳)

大宅浄成　おおやけのきよなり
平安時代前期の官人。
¶古人(生没年不詳)

大宅清則　おおやけのきよのり
平安時代中期の官人。
¶古人(生没年不詳)

大宅浄統　おおやけのきよむね
平安時代前期の官人。
¶古人(生没年不詳)

大宅福主　おおやけのさきぬし
平安時代前期の官人。
¶古人(生没年不詳)

大宅真演　おおやけのさねのぶ
平安時代中期の地方官。
¶古人(生没年不詳)

大宅茂永　おおやけのしげなが
平安時代中期の官人。
¶古人(生没年不詳)

大宅助澄　おおやけのすけずみ
平安時代後期の神職。出雲国揖夜社別火職。
¶古人(生没年不詳)

大宅助宗　おおやけのすけむね
平安時代後期の神職。出雲国揖夜社別火職。
¶古人(生没年不詳)

大宅園継　おおやけのそのつぐ
平安時代前期の官人。
¶古人(生没年不詳)

大宅鷹取*　おおやけのたかとり
生没年不詳　[別]大宅首鷹取(おおやけのおびとたかとり)　平安時代前期の官吏。
¶古人,古代(大宅首鷹取　おおやけのおびとたかとり)

大宅高平　おおやけのたかひら
平安時代中期の官人。藤原道長の高野詣に随従。
¶古人(生没年不詳)

大宅近直　おおやけのちかなお
平安時代前期の左京の人。仁和1年筑後守都御酉襲撃事件に関わる。
¶古人(生没年不詳)

大宅継成　おおやけのつぎなり
平安時代前期の官人。
¶古人(生没年不詳)

大宅恒則　おおやけのつねのり
平安時代中期の官人。
¶古人(生没年不詳)

大宅恒行　おおやけのつねゆき
平安時代後期の人。浄妙寺所領を押し取ったと訴えられる。
¶古人(生没年不詳)

大宅常良　おおやけのつねよし
平安時代前期の官人。
¶古人(生没年不詳)

大宅年雄*　おおやけのとしお
生没年不詳　平安時代前期の官人。
¶古人

大宅年麻呂　おおやけのとしまろ
平安時代前期の官人。
¶古人(生没年不詳)

大宅豊宗　おおやけのとよむね
平安時代中期の後山階山陵の陵戸主。
¶古人(生没年不詳)

大宅内親王*　おおやけのないしんのう
?～嘉祥2(849)年　[別]大宅内親王(おおやけないしんのう)　平安時代前期の女性。平城天皇の妃。
¶古人

大宅仲岑　おおやけのなかみね
平安時代中期の大和国葛下郡の保証刀禰。
¶古人(生没年不詳)

大宅人成　おおやけのひとなり
奈良時代の官人。
¶古人(生没年不詳)

大宅広門　おおやけのひろかど
平安時代中期の山城国後山階陵の陵戸主。
¶古人(生没年不詳)

大宅広足　おおやけのひろたり
奈良時代の画師。東大寺大仏殿の彩色に従う。
¶古人(生没年不詳)

大宅真木　おおやけのまき
奈良時代の官人。
¶古人(生没年不詳)

大宅正忠　おおやけのまさただ
平安時代中期の相撲人。正暦4年の召合・抜出に出場。
¶古人(生没年不詳)

大宅正時　おおやけのまさとき
平安時代後期の官人。
¶古人(生没年不詳)

大宅正吉　おおやけのまさよし
平安時代後期の官人。
¶古人(生没年不詳)

大宅麻呂　おおやけのまろ
飛鳥時代の官人。
¶古人(生没年不詳)

大宅光忠　おおやけのみつただ
平安時代中期の官人。
¶古人(生没年不詳)

お

大宅光綱　おおやけのみつつな
平安時代後期の官人。永長元年の相撲に脇として出場。
¶古人（生没年不詳）

大宅光任*　おおやけのみつとう
生没年不詳　平安時代後期の武士で源頼義の郎等。
¶古人

大宅光房　おおやけのみつふさ
平安時代後期の相撲人。嘉保2年～康和4年の頃活躍が見られる。
¶古人（生没年不詳）

大宅宮盧麻呂　おおやけのみやいおまろ
平安時代前期の官人。
¶古人（生没年不詳）

大宅宗永　おおやけのむねなが
平安時代前期の左京の人。仁和1年筑後守都御酉襲撃事件に関わる。
¶古人（㊀816年　㊁？）

大宅水取継主*　おおやけのもいとりのつぐぬし
？～承和10（843）年　平安時代前期の官女。
¶古人

大宅守友　おおやけのもりとも
平安時代後期の官人。
¶古人（生没年不詳）

大宅諸姉*　おおやけのもろあね
？～天平17（745）年7月23日　奈良時代の女官。典侍。
¶古人

大宅安直　おおやけのやすなお
平安時代中期の官人。
¶古人（生没年不詳）

大宅義資　おおやけのよしすけ
平安時代後期の官人。
¶古人（生没年不詳）

大宅吉成　おおやけのよしなり
奈良時代の官人。
¶古人（生没年不詳）

大宅義範　おおやけのよしのり
平安時代後期の官人。
¶古人（生没年不詳）

大谷志摩　おおやしま
⇒大谷志摩（おおたにしま）

大屋善左衛門尉*　おおやぜんざえもんのじょう
生没年不詳　戦国時代の北条氏の家臣。
¶後北（善左衛門尉〔大屋〕　ぜんざえもんのじょう）

大谷武*　おおやたけし
天保13（1842）年～明治8（1875）年　江戸時代末期～明治時代の奥州二本松藩士。藩主丹羽長国の近習。
¶幕末（㊁明治8（1875）年9月20日）

大矢東吉*　おおやとうきち
？～明治25（1892）年　江戸時代末期～明治時代の棋士。
¶幕末（㊁明治25（1892）年9月30日）

大屋裏住*　おおやのうらずみ
享保19（1734）年～文化7（1810）年　㊞裏住（うらずみ）　江戸時代中期～後期の狂歌師。江戸狂歌壇の長老の一人。
¶コン

大屋信行　おおやのぶゆき
江戸時代前期～中期の代官。
¶徳代（㊀貞享1（1684）年　㊁宝暦13（1763）年9月14日）

大藪茂利*　おおやぶしげとし
生没年不詳　江戸時代後期の和算家。
¶数学

大山巌*　おおやまいわお
天保13（1842）年10月10日～大正5（1916）年12月10日　江戸時代末期～明治時代の薩摩藩士、陸軍軍人。
¶コン，全幕，幕末，山小（㊀1842年10月10日　㊁1916年12月10日）

大屋昌任　おおやまさとう
江戸時代前期～中期の幕臣。
¶徳人（㊀1674年　㊁1746年）

大屋正巳　おおやまさみ
延享2（1745）年～？　江戸時代中期の幕臣。
¶徳人，徳代

大山庄大夫*（大山庄太夫）　おおやましょうだゆう
文化5（1808）年～慶応2（1866）年　江戸時代末期の出羽庄内藩士。公武合体論を主張。
¶全幕（大山庄太夫）

大山祇神　おおやまずみのかみ
⇒大山祇神（おおやまつみのかみ）

大山為起*　おおやまためおき
慶安4（1651）年～正徳3（1713）年　江戸時代前期～中期の垂加派の神道家。
¶コン，思想

大山綱良*　おおやまつなよし
文政8（1825）年～明治10（1877）年9月30日　江戸時代末期～明治時代の政治家、鹿児島県令。西南戦争時には公金を西郷軍に拠出したため官位を奪われた。
¶江人，コン，全幕，幕末

大山祇神*（大山祗神）　おおやまつみのかみ，おおやまづみのかみ
㊞大山祇神（おおやまずみのかみ），山津見神（やまつみのかみ）　山の神。
¶コン（大山祗神　おおやまづみのかみ）

大日本根子彦国牽尊　おおやまとねこひこくにくるのみこと
⇒孝元天皇（こうげんてんのう）

大日本根子彦太瓊尊　おおやまとねこひこふとにのみこと
⇒孝霊天皇（こうれいてんのう）

大和明賢　おおやまとのあきかた
平安時代中期の官人。
¶古人（生没年不詳）

大和真吉　おおやまとのさねよし
平安時代後期の内人。
¶古人（生没年不詳）

大和志貴麻呂　おおやまとのしきまろ
平安時代前期の官人。大和国添下郡大領。

¶古人(生没年不詳)

大和重綱　おおやまとのしげつな
平安時代後期の官人。
¶古人(生没年不詳)

大和武次　おおやまとのたけつぐ
平安時代後期の豊受大神宮権内人。
¶古人(生没年不詳)

大和時用　おおやまとのときもち
平安時代中期の官人。
¶古人(生没年不詳)

大和冬雄　おおやまとのふゆお
平安時代前期の官人。
¶古人(生没年不詳)

大和宗時　おおやまとのむねとき
平安時代後期の大和国大宅荘の荘官。
¶古人(生没年不詳)

大和安正　おおやまとのやすまさ
平安時代後期の官人。
¶古人(生没年不詳)

大日本彦耜友尊　おおやまとひこすきとものみこと
⇒懿徳天皇(いとくてんのう)

大山彦八*　おおやまひこはち
天保6(1835)年〜明治9(1876)年　江戸時代末期〜明治時代の薩摩藩士。鳥羽・伏見の戦いでは後方勤務。
¶幕末　㋐天保5(1834)年　㋑明治9(1876)年2月）

大山守皇子　おおやまもりのおうじ
⇒大山守皇子(おおやまもりのみこ)

大山守皇子*　おおやまもりのみこ
㋚大山守皇子(おおやまもりのおうじ)　上代の応神天皇の皇子。
¶古代, コン, 天皇　㋐？　㋑応神41(310)年）

大屋明薫　おおやみつしげ
江戸時代中期〜後期の幕臣。
¶徳人　㋐1713年　㋑1793年)

大屋明啓　おおやみつよし
？〜嘉永3(1850)年　㋚大屋明啓(おおやめいけい)　江戸時代後期の幕臣。
¶徳人, 徳代(おおやめいけい)　㋑嘉永3(1850)年5月25日)

大屋愷敞*　おおやよしあつ
天保10(1839)年〜明治34(1901)年　㋚大屋愷敞(おおやがいこう)　江戸時代末期〜明治時代の教育者。地方における初等教育の普及に尽力。著書に「萬国名数記」など。
¶幕末(おおやがいこう)　㋐天保10(1839)年8月　㋑明治34(1901)年6月)

大湯坐王　おおゆえのおう
奈良時代の官人。父は猪名部王。
¶古人(生没年不詳)

多好方　おおよしかた
⇒多好方(おおのよしかた)

大淀三千風　おおよどみちかぜ
⇒三千風(みちかぜ)

大利鼎吉*　おおりていきち
天保13(1842)年〜慶応1(1865)年　㋚大利鼎吉(おおざとていきち, たりていきち)，大利正樹(おおりまさき)　江戸時代末期の志士。
¶コン(おおざとていきち)，幕末(㋑元治2(1865)年1月8日)

大利正樹　おおりまさき
⇒大利鼎吉(おおりていきち)

大若子神　おおわかごのかみ
⇒大若子命(おおわくごのみこと)

大脇喜八*　おおわききはち
？〜天正10(1582)年6月2日　戦国時代〜安土桃山時代の織田信長の家臣。
¶織田

大脇七兵衛*　おおわきしちべえ
生没年不詳　安土桃山時代の織田信長の家臣。
¶織田

大脇伝内　おおわきでんない
生没年不詳　安土桃山時代の織田信長の家臣。
¶織田

大脇順若　おおわきまさより
文政8(1825)年〜明治38(1905)年　江戸時代末期〜明治時代の高知藩士，実業家。国立第七銀行の創立。経営手腕を発揮した。高知県財界の重鎮。
¶コン, 幕末(㋐文政8(1825)年12月　㋑明治38(1905)年2月20日)

大若子命*　おおわくごのみこと
㋚大若子神(おおわかごのかみ)　説話上の伊勢神宮の初代大神主。
¶コン

大和田外記　おおわだげき
天保11(1840)年〜慶応1(1865)年　江戸時代末期の医師。
¶幕末(㋑元治2(1865)年2月16日)

大和田建樹　おおわだたけき
江戸時代末期〜明治時代の国文学者、能楽研究家。
¶新能(㋐安政4(1857)年4月29日　㋑明治43(1910)年10月1日)

大童信太夫*　おおわらしんだゆう
天保3(1832)年〜明治33(1900)年　江戸時代末期〜明治時代の大番士。はやくから海外に目を向け子弟に洋учを教育。
¶幕末(㋐天保3(1832)年11月29日　㋑明治33(1900)年10月2日)

をか
江戸時代後期の女性。和歌。長門長州藩の奥女中。文化11年刊、中山忠雄・河田正致編『柿本社奉納和歌集』に載る。
¶江表(をか(山口県))

恩荷*　おか, おが
生没年不詳　㋚恩荷(おんか)　飛鳥時代の蝦夷の首長。
¶古人(おんか)

岡家利　おかいえとし
⇒岡利勝(おかとし, かつ)

大貝平五*　おがいへいご
生没年不詳　㋚大貝平五(おおがいへいご)　戦国

時代の武士。後北条氏家臣。
¶後北（平五〔大貝〕　へいご）

岡上景能　おかがみかげよし
⇒岡上景能（おかのぼりかげよし）

岡吉右衛門　おかきちえもん
江戸時代前期の武士。大坂の陣で籠城。
¶大坂

岡国高*　おかくにたか
？～天正5（1577）年　戦国時代～安土桃山時代の地方豪族・土豪。
¶織田（生没年不詳）

大加久の方*（お加久の方）　おかくのかた
享和3（1803）年～文政9（1826）年　[別]妙華院（みょうげいん）　江戸時代後期の女性。12代将軍徳川家慶の側室。
¶徳将（妙華院　みょうげいん）

岡熊臣*　おかくまおみ
天明3（1783）年3月9日～嘉永4（1851）年　江戸時代後期の神官、国学者。石見津和野藩改革運動の指導者。
¶コン，思想

岡倉覚右衛門*　おかくらかくえもん
文政3（1820）年～明治29（1896）年　江戸時代末期～明治時代の貿易商。福井藩の殖産興業に貢献。
¶幕末（[没]明治29（1896）年7月9日）

岡九郎三郎　おかくろ（う）さぶろう
江戸時代前期の伊東長次の家来。
¶大坂（[没]慶長20年5月7日）

岡研介*　おかけんかい
寛政11（1799）年～天保10（1839）年　[別]岡研介（おかけんすけ）　江戸時代後期の蘭方医。鳴滝塾長。
¶江人（おかけんすけ），科学（[没]天保10（1839）年11月3日），コン，植物（[没]天保10（1839）年11月3日），対外

岡玄卿　おかげんきょう
江戸時代後期～大正時代の医師、男爵。
¶科学（[生]嘉永5（1852）年7月18日　[没]大正14（1925）年3月25日）

岡源左衛門　おかげんざえもん
安土桃山時代～江戸時代前期の武士。
¶大坂（[生]天正3年）

岡研介　おかけんすけ
⇒岡研介（おかけんかい）

岡江雪　おかこうせつ
⇒板部岡江雪（いたべおかこうせつ）

岡五雲*　おかごうん
享保5（1720）年～？　[別]五雲（ごうん）　江戸時代中期の俳人（太祇門）。
¶俳文（五雲　ごうん）

岡之只　おかこれただ
⇒岡之只（おかゆきただ）

岡崎猪十郎*　おかざきいじゅうろう
文化10（1813）年～明治29（1896）年　江戸時代末期～明治時代の郷士。家塾で子弟を教育。
¶幕末（[生]？　[没]明治29（1896）年11月5日）

岡崎国栄*　おかざきくにしげ
享保11（1726）年10月28日～天明3（1783）年2月27日　江戸時代中期の公家（参議）。大蔵卿従三位岡崎国広の子。
¶公卿，公家（国栄〔岡崎家〕　くにひで）

岡崎国成*　おかざきくになり
明和1（1764）年11月9日～文政10（1827）年11月7日　江戸時代中期～後期の公家（参議）。参議岡崎国栄の子、母は正二位伏原宣通の娘。
¶公卿，公家（国成〔岡崎家〕　くになり）

岡崎国久*　おかざきくにひさ
万治2（1659）年10月21日～宝暦2（1752）年6月21日　江戸時代前期～中期の公家（権大納言）。権大納言中御門資熈の次男。
¶公卿，公家（国久〔岡崎家〕　くにひさ）

岡崎国広*　おかざきくにひろ
元禄3（1690）年11月24日～元文3（1738）年4月6日　江戸時代中期の公家（大蔵卿・非参議）。権大納言岡崎国久の子。
¶公卿，公家（国広〔岡崎家〕　くにひろ　[生]元禄3（1690）年11月24日？）

岡崎国房*　おかざきくにふさ
文政2（1819）年6月28日～文久1（1861）年8月22日　江戸時代末期の公家（非参議）。大膳権大夫岡崎国均の子、母は権大納言池尻暉房の娘。
¶公卿，公家（国房〔岡崎家〕　くにふさ）

岡崎熊吉*　おかざきくまきち
天保3（1832）年～元治1（1864）年　江戸時代末期の長州（萩）藩士。
¶幕末（[没]元治1（1864）年7月19日）

岡崎江山*　おかざきこうざん
？～明治14（1881）年　江戸時代末期～明治時代の絵師。作品に、江戸崎町瑞祥院本堂の欄間など。
¶幕末（[没]明治14（1881）年5月26日），美画（[没]明治14（1881）年5月26日）

岡崎三郎　おかざきさぶろう
⇒松平信康（まつだいらのぶやす）

岡崎三郎大夫*　おかざきさぶろうだゆう
生没年不詳　安土桃山時代の織田信長の家臣。
¶織田

岡崎春秋　おかざきしゅんじゅう
？～嘉永6（1853）年　江戸時代後期の幕臣。
¶徳人，徳代（[没]嘉永6（1853）年2月29日）

岡崎高槌*　おかざきたかつち
天保10（1839）年～明治1（1868）年　江戸時代末期の百姓。
¶幕末（[没]慶応4（1868）年3月8日）

岡崎周茂　おかざきちかしげ
室町時代の公家。岡崎範輔の子。
¶公家（周茂〔岡崎家（絶家）〕　ちかしげ　[生]1409年　[没]寛正2（1461）年4月30日）

岡崎藤佐衛門*（岡崎藤左衛門）　おかざきとうざえもん
生没年不詳　江戸時代末期の幕臣・外国奉行支配調役並。1862年遣欧使節に随行しフランスに渡る。
¶徳人（岡崎藤左衛門）

岡崎徳本*　おかざきとくほん
江戸時代末期の算者、因幡鳥取藩士。
¶数学（[生]文政9（1826）年　[没]明治2（1869）年12月11日）

岡崎殿 おかざきどの
⇒徳姫(とくひめ)

岡崎宣持* おかざきのぶもち
元和6(1620)年～寛文12(1672)年12月24日　江戸時代前期の公家(非参議)。岡崎家の祖。権大納言中御門尚良の次男。
¶公卿,公家(宣持〔岡崎家〕　のぶもち)

岡崎信康 おかざきのぶやす
⇒松平信康(まつだいらのぶやす)

岡崎信好 おかざきのぶよし
⇒岡崎廬門(おかざきろもん)

岡崎矩逸 おかざきのりいつ
江戸時代後期の和算家。
¶数学

岡崎範国* おかざきのりくに
？～正平18/貞治2(1363)年　南北朝時代の公卿(非参議)。従二位岡崎範嗣の子。
¶公卿([没]貞治2/正平18(1363)年),公家(範国〔岡崎家(絶家)〕　のりくに　[没]貞治2(1363)年)

岡崎範嗣* おかざきのりつぐ
弘安6(1283)年～正平6/観応2(1351)年3月3日　鎌倉時代後期～南北朝時代の公卿(非参議)。非参議藤原範雄の子。
¶公卿([没]観応2/正平6(1351)年3月3日),公家(範嗣〔岡崎家(絶家)〕　のりつぐ　[没]観応2(1351)年3月3日)

岡崎八郎兵衛 おかざきはちろ(う)びょうえ
江戸時代前期の伊東長次の家来。
¶大坂

岡崎撫松 おかざきぶしょう
江戸時代後期～明治時代の幕臣。
¶幕末([生]天保8(1837)年1月13日　[没]明治31(1898)年11月20日)

岡崎正宗 おかざきまさむね
⇒正宗(まさむね)

岡崎元祐* おかざきもとすけ
天保11(1840)年～大正7(1918)年　江戸時代末期～大正時代の武道家、博学者。戊辰戦争では高松討伐に参加。
¶幕末([生]天保10(1839)年　[没]大正7(1918)年5月23日)

岡崎屋勘亭* おかざきやかんてい
延享3(1746)年～文化2(1805)年　[別]勘六(かんろく)　江戸時代中期～後期の江戸の書家。歌舞伎の勘亭流の祖。
¶コン

岡崎安之 おかざきやすゆき
江戸時代中期の和算家。中西流逸見満清に、のち中村政栄に算学を学び免許。
¶数学

岡崎義章 おかざきよしあき
江戸時代後期の和算家、水戸藩士。
¶数学

岡崎義実* おかざきよしざね
天永3(1112)年～正治2(1200)年　[別]平義実(たいらのよしざね)　平安時代後期～鎌倉時代前期の武将。源頼朝の宿老。
¶古人(平義実　たいらのよしざね),コン,内乱,平家

岡崎廬門*(岡崎盧門)　おかざきろもん
享保19(1734)年～天明7(1787)年　[別]岡崎信好(おかざきのぶよし)　江戸時代中期の漢学者。
¶コン(岡崎信好　おかざきのぶよし)

小笠原武英 おがさはらたけふさ
⇒小笠原武英(おがさわらたけふさ)

岡沢八郎右衛門 おかざわはちろ(う)えもん
江戸時代前期の武士。大坂の陣で籠城。後、黒田忠之に仕えた。
¶大坂

小笠原いせ子* おがさわらいせこ
延享2(1745)年～？　江戸時代中期の女性。豊前小倉藩士の妻、「幾佐良喜乃日記」を執筆。
¶江表(いせ子(福岡県))

小笠原一庵* おがさわらいちあん
生没年不詳　江戸時代前期の旗本、長崎奉行。
¶徳人

小笠原一斎* おがさわらいっさい
江戸時代中期～後期の彫刻家。
¶美建(生没年不詳)

小笠原氏長* おがさわらうじなが
戦国時代の武将。足利氏家臣。
¶後北(氏長〔小笠原(1)〕　うじなが)

小笠原長幸 おがさわらおさゆき
江戸時代中期～後期の幕臣。
¶徳人([生]1746年　[没]1812年)

小笠原男也* おがさわらおなり
？～明治9(1876)年　江戸時代末期～明治時代の長州(萩)藩士。
¶幕末

小笠原和平* おがさわらかずへい
天保13(1842)年～明治16(1883)年　江戸時代末期～明治時代の志士。土佐勤王党に参加。
¶幕末([没]明治16(1883)年3月27日)

小笠原刑部 おがさわらぎょうぶ
江戸時代後期の幕臣。
¶幕末([生]天保10(1839)年　[没]？)

小笠原義利 おがさわらぎり
江戸時代後期～明治時代の代官、葛飾県知事。
¶徳代([生]文政3(1820)年　[没]明治18(1885)年11月)

小笠原慶庵 おがさわらけいあん
戦国時代の武士。信玄旗本の陣立書に、長坂光堅とならんで名が記される。
¶武田(生没年不詳)

小笠原敬斎 おがさわらけいさい
⇒小笠原敬次郎(おがさわらけいじろう)

小笠原敬次郎* おがさわらけいじろう
文政11(1828)年～文久3(1863)年9月14日　[別]小笠原敬斎(おがさわらけいさい)　江戸時代末期の播磨安志藩士。
¶幕末([没]文久3(1863)年8月2日)

小笠原賢蔵(小笠原賢三)　おがさわらけんぞう
？～明治18(1885)年　江戸時代末期～明治時代の新規旗本。
¶全幕(小笠原賢三),幕末([没]明治18(1885)年3月11日)

小笠原午橋* おがさわらごきょう
文政5(1822)年～明治14(1881)年　江戸時代末期～明治時代の儒者。
¶幕末([没]明治14(1881)年8月14日)

小笠原権之丞* おがさわらごんのじょう
?～元和1(1615)年　安土桃山時代～江戸時代前期の武士。徳川氏家臣。
¶大坂([生]天正17年　[没]慶長20年5月7日),徳人

小笠原権之丞生母 おがさわらごんのじょうせいぼ
江戸時代前期の女性。徳川家康の側室。
¶徳将(生没年不詳)

小笠原貞嘉 おがさわらさだひろ
⇒小笠原忠嘉(おがさわらただひろ)

小笠原貞正* おがさわらさだまさ
天保11(1840)年～明治39(1906)年　江戸時代末期～明治時代の千束藩主、千束藩知事。
¶幕末([生]天保11(1840)年10月27日　[没]明治39(1906)年3月21日)

小笠原貞宗* おがさわらさだむね
正応5(1292)年～正平2/貞和3(1347)年　鎌倉時代後期～南北朝時代の武将、信濃守護、小笠原流礼法の祖。
¶コン([生]永仁2(1294)年　[没]正平5/観応1(1350)年),中世([生]1292年?),室町

小笠原左大夫 おがさわらさだゆう
安土桃山時代～江戸時代前期の豊臣秀頼の家臣。
¶大坂

小笠原貞幹 おがさわらさだよし
⇒小笠原忠幹(おがさわらただよし)

小笠原貞慶* おがさわらさだよし
天文15(1546)年～文禄4(1595)年　安土桃山時代の武将。
¶織田([没]文禄4(1595)年5月10日),コン,全戦,戦武

小笠原貞頼* おがさわらさだより
生没年不詳　安土桃山時代の武将。小笠原諸島の発見者。
¶コン

小笠原真温 おがさわらしんおん
江戸時代末期の代官。
¶徳代([生]?　[没]安政1(1854)年8月)

小笠原甫三郎 おがさわらすけさぶろう
江戸時代後期～明治時代の幕臣。
¶徳人([生]1806年　[没]1885年)

小笠原政民 おがさわらせいみん
江戸時代後期～末期の幕臣。
¶徳人(生没年不詳)

小笠原武英 おがさわらたけひで
⇒小笠原武英(おがさわらたけふさ)

小笠原武英* おがさわらたけふさ
*～明治44(1911)年　[別]小笠原武英(おがさはらたけふさ,おがさわらたけひで)　江戸時代末期～明治時代の長門清末藩士。
¶幕末([生]弘化2(1845)年　[没]明治44(1911)年8月14日)

小笠原忠徴* おがさわらただあきら
文化5(1808)年～安政3(1856)年　江戸時代末期の大名。豊前小倉藩主。
¶幕末([没]安政3(1856)年5月12日)

小笠原忠真* おがさわらただざね
慶長1(1596)年～寛文7(1667)年10月18日　江戸時代前期の大名。信濃松本藩主、播磨明石藩主、豊前小倉藩主。
¶コン

小笠原忠長 おがさわらただなが
戦国時代の信濃国伊那郡の武士。
¶武田(生没年不詳)

小笠原只八*(小笠原唯八)　おがさわらただはち
文政12(1829)年～明治1(1868)年　[別]牧野群馬(まきのぐんま),牧野茂敬(まきのしげゆき)　江戸時代末期の志士。
¶コン,幕末(小笠原唯八　[没]慶応4(1868)年8月25日)

小笠原忠嘉* おがさわらただひろ
天保10(1839)年～万延1(1860)年　[別]小笠原貞嘉(おがさわらさだひろ)　江戸時代末期の大名。豊前小倉藩主。
¶幕末([生]天保10(1839)年2月29日　[没]万延1(1860)年6月25日)

小笠原忠幹* おがさわらただよし
文政10(1827)年～慶応1(1865)年　[別]小笠原貞幹(おがさわらさだよし)　江戸時代末期の大名。播磨安志藩主、豊前小倉藩主。
¶幕末([生]文政10(1827)年9月14日　[没]慶応1(1865)年9月6日)

小笠原胤次 おがさわらたねつぐ
江戸時代前期～中期の幕臣。
¶徳人([生]1657年　[没]1718年)

小笠原為経 おがさわらためつね
南北朝時代の武士。
¶内乱(生没年不詳)

小笠原為宗 おがさわらためむね
江戸時代前期の長崎奉行。
¶徳代(生没年不詳)

小笠原照羽 おがさわらてるのぶ
江戸時代中期の代官。
¶徳代([生]正徳5(1715)年　[没]天明6(1786)年12月7日)

小笠原長雄 おがさわらながお
⇒小笠原長雄(おがさわらながたか)

小笠原長和 おがさわらながかず
戦国時代の信濃国伊那郡の武士。
¶武田(生没年不詳)

小笠原長雄 おがさわらながかつ
⇒小笠原長雄(おがさわらながたか)

小笠原長清* おがさわらながきよ
応保2(1162)年～仁治3(1242)年　[別]加賀美長清(かがみながきよ),源長清(みなもとのながきよ)　平安時代後期～鎌倉時代前期の武将。小笠原氏の祖。
¶古人(源長清　みなもとのながきよ),中世(加賀美長清　かがみながきよ　[生]?),中世,平家

小笠原長国* おがさわらながくに
*～明治10(1877)年　江戸時代末期～明治時代の大名。肥前唐津藩主。
¶全幕([生]文化9(1812)年),幕末([生]文化9(1812)年　[没]明治10(1877)年4月23日)

小笠原長住　おがさわらながずみ
江戸時代前期～中期の幕臣。
¶徳人（[生]1629年　[没]1708年）

小笠原長雄*　おがさわらながたか
[別]小笠原長雄（おがさわらながお，おがさわらながかつ）　戦国時代の武士。
¶全戦（生没年不詳），戦武（[生]？　[没]永禄12（1569）年）

小笠原長常*　おがさわらながつね
生没年不詳　江戸時代末期の幕臣。
¶徳人

小笠原長遠　おがさわらながとお
江戸時代後期～末期の旗本、新遊撃隊頭。
¶全幕（生没年不詳）

小笠原長時*　おがさわらながとき
永正11（1514）年～天正11（1583）年2月25日　戦国時代～安土桃山時代の武将、信濃守。武田信玄の侵略を受け本拠林城を失う。
¶コン，全戦，戦武

小笠原長記　おがさわらながのり
戦国時代の信濃国伊那郡の武士。
¶武田（生没年不詳）

小笠原長秀*　おがさわらながひで
正平21/貞治5（1366）年～応永31（1424）年　室町時代の武将。
¶室町（[生]？）

小笠原長房　おがさわらながふさ
江戸時代前期の幕臣。
¶徳人（[生]？　[没]1655年）

小笠原長穂　おがさわらながほ
戦国時代の信濃国伊那郡の武士。
¶武田（生没年不詳）

小笠原長昌*　おがさわらながまさ
寛政8（1796）年11月3日～文政6（1823）年　江戸時代後期の大名。陸奥棚倉藩主、肥前唐津藩主。
¶コン（[生]？）

小笠原長行*　おがさわらながみち
文政5（1822）年5月11日～明治24（1891）年　江戸時代後期～明治時代の老中。
¶コン，全幕，徳将，幕末（[没]明治24（1891）年1月25日）

小笠原長棟*　おがさわらながむね
明応1（1492）年～天文18（1549）年　戦国時代の武士。
¶全戦，室町（[没]天文11（1542）年）

小笠原長守*　おがさわらながもり
天保5（1834）年～明治24（1891）年　江戸時代末期～明治時代の勝山藩主、勝山藩知事。
¶幕末（[没]明治24（1891）年7月24日）

小笠原長泰　おがさわらながやす
江戸時代中期の幕臣。
¶徳人（[生]？　[没]1724年）

小笠原信興*　おがさわらのぶおき
生没年不詳　戦国時代の今川氏・武田氏の家臣。
¶武田（[生]？　[没]天正18（1590）年7月？）

小笠原信清*（小笠原信浄）　おがさわらのぶきよ
生没年不詳　戦国時代～安土桃山時代の武士。
¶全戦（小笠原信浄）

小笠原信定*　おがさわらのぶさだ
*～永禄12（1569）年　戦国時代～安土桃山時代の武将・故実家。
¶全戦（[生]大永1（1521）年）

小笠原信貴*　おがさわらのぶたか
？～天正7（1579）年5月　戦国時代の武将。武田氏家臣。
¶全戦，武田（[没]天正7（1579）年5月24日）

小笠原信嶺*　おがさわらのぶみね
天文16（1547）年～慶長3（1598）年　安土桃山時代の武将、大名。武蔵本庄城主。
¶織田（[没]慶長3（1598）年2月19日），武田（[没]慶長3（1598）年2月19日）

小笠原信喜　おがさわらのぶよし
享保3（1718）年～寛政3（1791）年　江戸時代中期～後期の御側御用取次。徳川家重・家治期に活躍。
¶徳将，徳人

小笠原則普　おがさわらのりひろ
江戸時代中期の幕臣、代官。
¶徳人（生没年不詳），徳代（[生]寛保3（1743）年　[没]？）

小笠原彦三郎　おがさわらひこさぶろう
安土桃山時代の信濃国伊那郡の武士。
¶武田（[生]？　[没]天正10（1582）年2月29日）

小笠原秀政*　おがさわらひでまさ
永禄12（1569）年～元和1（1615）年　安土桃山時代～江戸時代前期の大名。下総古河藩主、信濃飯田藩主、信濃松本藩主。
¶全戦

小笠原日向守　おがさわらひゅうがのかみ
戦国時代の信濃国伊那郡の武士。
¶武田（生没年不詳）

小笠原広業*　おがさわらひろなり
江戸時代末期の幕臣。
¶徳人（生没年不詳），幕末（生没年不詳）

小笠原政愛　おがさわらまさちか
江戸時代後期の幕臣。
¶徳人（[生]1816年　[没]？）

小笠原政長*　おがさわらまさなが
元応1（1319）年～正平20/貞治4（1365）年　南北朝時代の武将。
¶室町（生没年不詳）

小笠原政登*　おがさわらまさなり
貞享2（1685）年～明和6（1769）年9月6日　江戸時代前期～中期の幕臣。
¶徳人

小笠原政秀*　おがさわらまさひで
？～明応2（1493）年1月4日　室町時代～戦国時代の信濃国鈴岡小笠原氏の当主。
¶室町

小笠原政康*　おがさわらまさやす
天授2/永和2（1376）年～嘉吉2（1442）年　南北朝時代～室町時代の武将。
¶内乱（[生]永和2（1376）年），室町（[生]永和2/天授2（1376）年）

小笠原持長*　おがさわらもちなが
応永3（1396）年～寛正3（1462）年　室町時代の武将、信濃守護。

¶コン, 室町

小笠原持易*　おがさわらもちやす
元文5(1740)年～安永5(1776)年5月15日　江戸時代中期の幕臣・故実家。
¶徳人

お

小笠原元続*　おがさわらもとつぐ
戦国時代の武将。後北条氏家臣。
¶後北(元続〔小笠原(2)〕　もとつぐ　[没]元亀4年5月17日)

小笠原康広*　おがさわらやすひろ
*～慶長2(1597)年　戦国時代～安土桃山時代の武士。後北条氏家臣。
¶後北(康広〔小笠原(2)〕　やすひろ　[生]享禄4年　[没]慶長2年12月8日)

小笠原弥八郎　おがさわらやはちろう
江戸時代後期～明治時代の幕臣。
¶幕末([生]天保4(1833)年　[没]明治7(1874)年9月30日)

小笠原頼清　おがさわらよりきよ
南北朝時代の武将。
¶室町(生没年不詳)

於梶の方　おかじのかた
⇒英勝院(えいしょういん)

岡氏の妻　おかしのつま*
江戸時代中期の女性。和歌。美作久世の人。正徳1年跋、勝部芳房編『佐陀大社奉納神始言吹草』に載る。
¶江表(岡氏の妻(岡山県))

岡島冠山*　おかじまかんざん
延宝2(1674)年～享保13(1728)年　[別]岡嶋明敬(おかじまめいけい)　江戸時代中期の漢学者。
¶コン, 思想

小鹿島公業*　おがしまきみなり
生没年不詳　[別]橘公業(たちばなきみなり, たちばなのきんなり)　鎌倉時代前期の武士。
¶古人, 古人(橘公業　たちばなのきんなり)

岡島品三郎*　おかじましなさぶろう
江戸時代末期の新撰組隊士。
¶新隊

岡島真七　おかじましんしち
江戸時代後期～明治時代の岡島宝玉堂(河真)創業者。
¶出版([生]天保11(1840)年　[没]明治27(1894)年7月10日)

岡嶋友清*　おかじまともきよ
生没年不詳　江戸時代前期の和算家。
¶数学

岡島二蔵　おかじまにぞう
安土桃山時代の織田信長の家臣。
¶織田([生]?　[没]天正10(1582)年6月2日)

岡島亦発の妻　おかじままたはつのつま*
江戸時代中期の女性。和歌。夫藤左衛門亦発は常陸水戸藩士。伴香竹の享保6年序「青木翁八十賀和訶并序」に載る。
¶江表(岡島亦発の妻(茨城県))

岡嶋明敬　おかじまめいけい
⇒岡島冠山(おかじまかんざん)

岡松節　おかしょうせつ
江戸時代後期～明治時代の眼科医。
¶眼医([生]天保2(1831)年　[没]明治29(1896)年)

岡井眉*　おかせいび
宝暦10(1760)年～天保8(1837)年　[別]井眉(せいび)　江戸時代後期の俳人。
¶俳文(井眉　せいび　[没]天保8(1837)年7月29日)

雄風王*　おかぜおう
弘仁5(814)年～斉衡2(855)年　平安時代前期の万多親王の第4子。
¶古人

岡千仞(岡千仭)　おかせんじん
⇒岡鹿門(おかろくもん)

岡田明義*　おかだあきよし
文政7(1824)年7月～明治7(1874)年1月13日　[別]岡田藤九郎(おかだとうくろう)　江戸時代末期～明治時代の農政家、庶務取調方。馬鈴薯栽培のさきがけ。貧民浮浪者対策にもあたる。農書「無水岡田開闢法」を著す。
¶コン, 幕末(岡田藤九郎　おかだとうくろう　[没]明治8(1875)年1月13日)

岡泰安*　おかたいあん
寛政8(1796)年～安政5(1858)年　江戸時代末期の蘭方医、周防岩国藩主侍医。
¶眼医

緒方郁蔵*　おがたいくぞう
文化11(1814)年～明治4(1871)年　江戸時代末期～明治時代の蘭方医。独笑軒塾を開設。ボードウィンの講義原稿を訳して「日講記聞」を出版。
¶江人, 科学([没]明治4(1871)年7月9日)

岡泰純　おかたいじゅん
江戸時代中期～後期の眼科医。
¶眼医([生]延享3(1746)年　[没]文化4(1807)年)

岡田以蔵*　おかだいぞう
天保9(1838)年～慶応1(1865)年　[別]岡田宜振(おかだよしふる), 鉄蔵(てつぞう)　江戸時代末期の尊攘派志士。人斬り以蔵。
¶江人, 全幕, 幕末([没]慶応1(1865)年閏5月10日)

岡田右近*　おかだうこん
生没年不詳　安土桃山時代の織田信長の家臣。
¶織田

岡田栄吉　おかだえいきち
⇒岩橋半三郎(いわはしはんざぶろう)

岡田鴨里*　おかだおうり
文化3(1806)年～明治13(1880)年9月5日　[別]岡田鴨里(おかだおおり)　江戸時代末期～明治時代の徳島藩士。淡路の洲本学問所教授。
¶幕末(おかだおおり　[生]文化3(1806)年8月10日)

岡田鴨里　おかだおおり
⇒岡田鴨里(おかだおうり)

岡田斧吉　おかだおのきち
江戸時代末期～明治時代の武士、遊撃隊士。
¶全幕([生]?　[没]明治2(1869)年)

岡田確堂　おかだかくどう
⇒岡田寧安(おかださだやす)

岡田克巳* おかだかつみ
江戸時代末期の新撰組隊士。
¶新隊(生没年不詳)

岡田寒泉* おかだかんせん
元文5(1740)年11月4日～文化13(1816)年8月9日 [別]岡田恕(おかだはるか) 江戸時代中期～後期の儒学者、幕府代官。
¶コン,思想,徳将,徳人,徳代(岡田恕 おかだはるか),山小([生]1740年11月4日 [没]1816年8月9日)

岡田久吾右衛門 おかだきゅうごうえもん
江戸時代中期～後期の宮大工。
¶美建([生]天明5(1785)年 [没]弘化4(1847)年)

岡田久太* おかだきゅうた
?～天保3(1832)年 江戸時代中期の陶工。
¶美工

岡田玉山* おかだぎょくざん
江戸時代中期～後期の画家。
¶浮絵([生]? [没]文化5(1808)年頃),美画([生]元文1(1736)年 [没]文化9(1812)年)

岡田啓* おかだけい
安永9(1780)年～万延1(1860)年 江戸時代後期の国学者。
¶幕末

尾形月耕 おがたげっこう
安政6(1859)年～大正9(1920)年 江戸時代末期～明治時代の画家。
¶浮絵,美画([生]安政6(1859)年9月15日 [没]大正9(1920)年10月1日)

小方謙九郎* おがたけんくろう
天保6(1835)年～大正2(1913)年 江戸時代末期～明治時代の兵士。第二奇兵隊を編成。後に室津の公益に尽力。
¶幕末([生]天保6(1835)年7月27日 [没]大正2(1913)年9月12日)

尾形乾山* おがたけんざん
寛文3(1663)年～寛保3(1743)年 [別]入谷乾山(いりやけんざん),尾形深省(おがたしんしょう),乾山(けんざん) 江戸時代中期の京焼の名工、画家。
¶江人,コン,美画([没]寛保3(1743)年6月2日),美工([没]寛保3(1743)年6月2日),山小([没]1743年6月2日)

岡田健長* おかだけんちょう
弘化4(1847)年～明治24(1891)年 江戸時代末期～明治時代の自由民権運動家。民権結社北辰社に属し自由党創立準備大会にも参加。
¶幕末([没]明治24(1891)年10月25日)

岡田堅桃斎 おかだけんとうさい
戦国時代の武田信玄近習御伽衆。信玄が甲府に招いた花道の宗匠。
¶武田(生没年不詳)

緒方洪庵* おがたこうあん
文化7(1810)年～文久3(1863)年 江戸時代末期の医師、蘭学者。蘭学塾適々斎塾を開設。
¶江人,科学([生]文化7(1810)年7月14日 [没]文久3(1863)年6月10日),コン,思想,全幕,対外,徳人,幕末([生]文化7(1810)年7月14日 [没]文久3(1863)年6月10日),山小([生]1810年7月14日 [没]1863年6月10日)

岡田郷右衛門 おかだごうえもん
江戸時代前期の代官。
¶徳代(生没年不詳)

尾形光琳*(小形光琳) おがたこうりん
万治1(1658)年～享保1(1716)年 [別]光琳(こうりん) 江戸時代前期～中期の画家、工芸家。
¶江人,コン,植物([没]享保1(1716)年6月2日),美画([没]享保1(1716)年6月2日),美工([没]享保1(1716)年6月2日),山小([没]1716年6月2日)

岡田呉陽* おかだごよう
文政8(1825)年～明治18(1885)年 [別]岡田信之(おかだのぶゆき) 江戸時代末期～明治時代の教育家。養父、岡田栗園の開いた「学聚舎」で教えた。
¶幕末(岡田信之 おかだのぶゆき [没]明治18(1885)年6月29日)

緒方惟貞* おがたこれさだ
文政5(1822)年～明治16(1883)年 江戸時代末期～明治時代の医者。大阪仮病院の創設に尽力。
¶幕末([没]明治16(1883)年3月20日)

緒方惟栄 おがたこれしげ
⇒緒方惟義(おがたこれよし)

緒方惟義*(緒方惟栄, 緒方維義) おがたこれよし
生没年不詳 [別]緒方惟栄(おがたこれしげ),緒方三郎(おがたのさぶろう) 平安時代後期の武士。
¶古人(緒方三郎 おがたのさぶろう),コン(緒方惟栄),中世(緒方惟栄),内乱,平家

緒方惟準* おがたこれよし
天保14(1843)年～明治42(1909)年 江戸時代末期～明治時代の医師、陸軍軍医。緒方洪庵の子。
¶科学([生]天保14(1843)年8月1日 [没]明治42(1909)年7月20日),眼医,幕末([生]天保14(1843)年8月1日 [没]明治42(1909)年7月20日)

尾形惟善 おがたこれよし
江戸時代後期～大正時代の海軍軍人。
¶幕末([生]嘉永3(1850)年7月7日 [没]大正3(1914)年11月13日)

岡田五郎* おかだごろう
江戸時代末期の新撰組隊士。
¶新隊(生没年不詳)

岡田五郎助 おかだごろうすけ
安土桃山時代～江戸時代前期の代官。
¶徳代(生没年不詳)

岡田左一郎 おかださいちろう
江戸時代後期～末期の幕臣。
¶徳人(生没年不詳)

岡田寧静* おかださだしず
文化6(1809)年～明治17(1884)年 江戸時代末期～明治時代の安芸広島藩士。
¶幕末([没]明治17(1884)年3月14日)

岡田寧安* おかださだやす
天保5(1834)年～明治9(1876)年5月3日 [別]岡田確堂(おかだかくどう) 江戸時代末期～明治時代の安芸広島藩士。
¶幕末

緒方三郎* おがたさぶろう
平安時代後期の伝説的な武士。
¶コン

岡田佐平治* おかださへいじ
文化9(1812)年～明治11(1878)年 [別]岡田左馬助(おかださまのすけ) 江戸時代末期～明治時代の農政家。牛岡組報徳社を作った。遠江報徳本社を

設立。

¶織田（岡田左馬助　おかださまのすけ　生没年不詳），コン，幕末（[生]文化9（1812）年7月　[没]明治11（1878）年3月3日）

岡田左馬助　おかださまのすけ
⇒岡田佐平治（おかださへいじ）

岡田自敬　おかだじけい
江戸時代後期の和算家。
¶数学

岡田重孝*　おかだしげたか
？～天正12（1584）年　[別]岡田秀重（おかだひでしげ）　安土桃山時代の武将。
¶織田（岡田秀重　おかだひでしげ　[没]天正12（1584）年3月3日）

岡田重善*　おかだしげよし
大永7（1527）年～天正11（1583）年　戦国時代～安土桃山時代の武将。織田氏家臣。
¶織田（[生]大永7（1527）年？　[没]天正11（1583）年3月26日？）

岡田治助*　おかだじすけ
江戸時代末期の幕府勘定方御用達。
¶幕末（生没年不詳）

岡田集介*　おかだしゅうすけ
？～明治5（1872）年　江戸時代末期～明治時代の豪商。
¶幕末（[没]明治5（1872）年10月16日）

岡田十内*　おかだじゅうない
寛政6（1794）年～＊　江戸時代末期～明治時代の剣術家。
¶幕末（[没]明治4（1872）年12月28日）

尾形周平*（――〔1代〕）　おがたしゅうへい
天明8（1788）年～天保10（1839）年　江戸時代後期の京焼の陶工。
¶コン（[生]天明8（1788年/1800）年　[没]天保1（1830年/1829）年），美工

岡田十松*　おかだじゅうまつ
明和2（1765）年～文政3（1820）年　江戸時代後期の剣術家、神道無念流・撃剣館主。
¶江人

緒方春朔*　おがたしゅんさく
寛延1（1748）年～文化7（1810）年　江戸時代中期～後期の医学者。人痘接種に成功。
¶科学，コン

尾形俊太郎*　おがたしゅんたろう
江戸時代末期の新撰組隊士。
¶新隊（生没年不詳），全幕（生没年不詳），徳人（生没年不詳），幕末（生没年不詳）

岡田春灯斎*　おかだしゅんとうさい
生没年不詳　江戸時代後期の銅版画家。
¶美画

岡田真吾*　おかだしんご
＊～明治5（1872）年　江戸時代末期～明治時代の儒学者。宇都宮藩の江戸英国行使館を警備。
¶幕末（[生]文政5（1822）年1月　[没]明治5（1872）年10月24日）

岡田新五太郎　おかだしんごたろう
文化3（1806）年～文久2（1862）年　江戸時代後期～末期の幕臣。
¶徳人，幕末（[没]文久2（1862）年11月16日）

岡田真治*　おかだしんじ
文政9（1826）年～明治24（1891）年　江戸時代末期～明治時代の讃岐多度津藩校自明館助教。
¶幕末（[没]明治24（1891）年11月22日）

尾形深省　おがたしんしょう
⇒尾形乾山（おがたけんざん）

岡田新太郎*　おかだしんたろう
天保11（1840）年～慶応1（1865）年　江戸時代末期の水戸藩士。
¶幕末（[没]慶応1（1865）年10月25日）

岡田井蔵*　おかだせいぞう
生没年不詳　江戸時代末期の教授方手伝。1860年咸臨丸の教授方手伝としてアメリカに渡る。
¶全幕（[生]天保8（1837）年　[没]明治37（1904）年），幕末（[生]天保8（1837）年1月20日　[没]明治37（1904）年7月28日）

岡田雪峨　おかだせつが
江戸時代末期の彫金家。
¶美工（[生]安政1（1854）年9月　[没]？）

緒方拙斎*　おがたせっさい，おがたせつさい
天保5（1834）年～明治44（1911）年　江戸時代末期～明治時代の医師。
¶幕末（おがたせつさい　[生]天保5（1834）年2月16日　[没]明治44（1911）年12月15日）

尾形宗謙*　おがたそうけん
元和7（1621）年～貞享4（1687）年　江戸時代前期の呉服商（雁金屋5代）、書画家。
¶美画（[没]貞享4（1687）年6月）

緒方宗哲*　おがたそうてつ
正保2（1645）年～享保7（1722）年　[別]緒方黙堂（おがたもくどう）　江戸時代前期～中期の儒学者。
¶コン

岡田高穎*　おかだたかひで
文化11（1814）年～明治32（1899）年3月18日　江戸時代末期～明治時代の国学者。藩主嘉勝の六国史校合事業に参加。
¶幕末（[生]文化10（1813）年）

岡田忠明　おかだただあき
江戸時代の和算家。
¶数学

岡田忠貴*　おかだただたか
生没年不詳　江戸時代後期の和算家。
¶数学

岡田忠政　おかだただまさ
江戸時代中期の幕臣。
¶徳人（[生]1725年　[没]？）

岡田忠養*　おかだただやす
生没年不詳　[別]岡田忠養（おかだちゅうよう）　江戸時代末期の幕臣。
¶全幕，徳人（おかだちゅうよう），徳代（おかだちゅうよう　[生]文化2（1805）年　[没]？），幕末

岡田為恭*　おかだためちか
文政6（1823）年～元治1（1864）年　[別]冷泉為恭（れいぜいためたか，れいぜいためちか）　江戸時代末期の復古大和絵派の画家。
¶江人，コン，全幕（冷泉為恭　れいぜいためちか），幕末（冷泉為恭　れいぜいためちか　[生]文政6（1823）年9月

おかたへ

岡田保* おかだたもつ
天保4(1833)年〜明治16(1883)年 江戸時代末期〜明治時代の兵士、事業家。長州再征に従軍しその後守界隊を組織。
¶幕末(歿明治16(1883)年6月17日)

尾形太郎左衛門〔1代〕 おがたたろうざえもん
江戸時代前期の大工。
¶美建(生没年不詳)

岡田丹後 おかだたんご
安土桃山時代〜江戸時代前期の豊臣秀頼の舟大将。
¶大坂

岡田忠養 おかだちゅうよう
⇒岡田忠養(おかだただやす)

岡田常治 おかだつねはる
江戸時代後期の和算家。
¶数学

岡田照芳 おかだてるよし
江戸時代末期の和算家。上州青柳村の人。
¶数学

岡田藤九郎 おかだとうくろう
⇒岡田明義(おかだあきよし)

岡田時太郎 おかだときたろう
江戸時代末期〜大正時代の建築家。
¶美建(生安政6(1859)年8月17日 歿大正15(1926)年6月5日)

岡田俊惟 おかだとしただ
*〜宝暦6(1756)年 江戸時代中期の幕臣。
¶徳人(生元禄10(1697)年11月)

岡田俊陳 おかだとしのぶ
江戸時代前期〜中期の代官。
¶徳代(生慶安4(1651)年 歿享保11(1726)年10月18日)

岡田利治 おかだとしはる
戦国時代〜江戸時代前期の幕臣。
¶徳人(生1542年 歿1617年)

岡田俊博 おかだとしひろ
江戸時代中期の代官。
¶徳代(生宝永7(1710)年 歿宝暦8(1758)年6月29日)

岡田俊易 おかだとしやす
*〜享保10(1725)年 江戸時代前期〜中期の幕臣。
¶徳人(生1646年),徳代(生慶安1(1648)年 歿享保10(1725)年5月18日)

岡田成憲* おかだなりのり
天明5(1785)年〜元治1(1864)年 江戸時代後期の加賀藩士。
¶幕末(歿元治1(1864)年4月1日)

岡田入道* おかだにゅうどう
生没年不詳 戦国時代の北条氏の家臣。
¶後北(宗通〔岡田〕 そうとん)

岡田縫殿助 おかだぬいのすけ
安土桃山時代〜江戸時代前期の丹羽長重・山内忠義の家臣。
¶大坂

岡田牛養* おかだのうしかい
¶卿岡田牛養(おかだのおみうしかい) 平安時代前期の明経博士。
¶古代(岡田臣牛養 おかだのおみうしかい)

岡田姑女 おかだのおばめ
奈良時代の伝説の女性。紀伊国名草郡三上の人。
¶コン,女史

岡田臣牛養 おかだのおみうしかい
⇒岡田牛養(おかだのうしかい)

緒方三郎 おがたのさぶろう
⇒緒方惟義(おがたこれよし)

岡田信遠 おかだののぶとお
平安時代中期の随身。
¶古人(生没年不詳)

岡田藤延 おかだのふじのぶ
平安時代中期の官人。
¶古人(生没年不詳)

岡田信之 おかだのぶゆき
⇒岡田呉陽(おかだごよう)

岡田吉用 おかだのよしもち
平安時代後期の官人。
¶古人(生没年不詳)

岡田徳至* おかだのりよし
享和2(1802)年〜元治1(1864)年 江戸時代末期の水戸藩士。
¶幕末(歿元治1(1864)年10月6日)

岡田梅間* おかだばいかん
安永2(1773)年〜嘉永2(1849)年 卿梅間(ばいかん) 江戸時代後期の俳人、尾張藩士。
¶俳文(梅間 ばいかん 歿嘉永2(1849)年12月11日)

岡田恕 おかだはるか
⇒岡田寒泉(おかだかんせん)

岡田玄崇 おかだはるもと
江戸時代前期〜中期の武士、勘定。
¶徳代(生明暦3(1657)年 歿享保13(1728)年10月7日)

岡田半江* おかだはんこう
天明2(1782)年〜弘化3(1846)年 江戸時代後期の南画家。
¶コン,美画(歿弘化3(1846)年2月8日)

岡田盤斎 (岡田磐斎) おかだばんさい
⇒岡田正利(おかだまさとし)

岡田半造 おかだはんぞう
⇒周田半蔵(すだはんぞう)

岡田秀重 おかだひでしげ
⇒岡田重孝(おかだしげたか)

尾形英悦 おがたひでよし
江戸時代末期の和算家。
¶数学

岡田氷壺* おかだひょうこ
?〜明治2(1869)年 卿氷壺(ひょうこ) 江戸時代末期の俳人。
¶俳文(氷壺 ひょうこ 歿明治2(1869)年10月8日)

岡田米山人* おかだべいさんじん
延享1(1744)年〜文政3(1820)年 卿米山人(べい

さんじん） 江戸時代中期～後期の南画家。
¶江人, コン, 美画（[没]文政3（1820）年8月9日）

岡田米仲* おかだべいちゅう
宝永4（1707）年10月5日～明和3（1766）年 [別]米仲（べいちゅう） 江戸時代中期の俳人。
¶俳文（米仲 べいちゅう [没]明和3（1766）年6月15日）

岡田平兵衛 おかだへいびょうえ
江戸時代前期の武士。大坂の陣で籠城。
¶大坂（[没]慶長19年11月26日）

岡田正堅 おかだまさかた
江戸時代後期～大正時代の本草学者。
¶科学（[生]文政13（1830）年 [没]大正4（1915）年6月16日）

岡田正利* おかだまさとし
寛文1（1661）年～延享1（1744）年 [別]岡田盤斎, 岡田磐斎（おかだばんさい） 江戸時代中期の神道家。垂加神道を関東に広めた。
¶コン

緒方黙堂 おがたもくどう
⇒緒方宗哲（おがたそうてつ）

岡田元恭 おかだもとやす
江戸時代の和算家。
¶数学

尾形守義* おがたもりよし
寛永20（1643）年～天和2（1682）年 江戸時代前期の画家。探幽門下では四天王の一人。
¶美画（[没]天和2（1682）年2月19日）

緒方八重* おがたやえ, おかたやえ
文政5（1822）年～明治19（1886）年2月7日 江戸時代末期～明治時代の女性。緒方洪庵の妻。摂津有馬郡の医師億川百記の娘。
¶江表（八重（大阪府））

岡田八十次〔1代〕* おかだやそじ
永禄11（1568）年～慶安3（1650）年 安土桃山時代～江戸時代前期の近江商人。蝦夷松前藩の御用商人。
¶コン（代数なし）

岡田之式* おかだゆきのり
文化3（1806）年～明治4（1871）年 江戸時代末期～明治時代の加賀藩士。
¶幕末（[没]明治4（1871）年2月）

岡田吉顕* おかだよしあき
天保13（1842）年～昭和3（1928）年 江戸時代末期～大正時代の福山藩大参事。
¶幕末（[没]昭和3（1928）年2月25日）

岡田善同*（岡田義同） おかだよしあつ
永禄1（1558）年～寛永8（1631）年 安土桃山時代～江戸時代前期の武士（山田奉行、美濃国奉行）。
¶コン, 徳人（岡田義同）, 徳代（岡田義同 [没]寛永8（1631）年5月29日）

岡田宜振 おかだよしふる
⇒岡田以蔵（おかだいぞう）

岡田義政* おかだよしまさ
慶長10（1605）年～延宝5（1677）年 江戸時代前期の造神宮奉行。
¶徳人, 徳代（[没]延宝5（1677）年6月2日）

岡田米太郎* おかだよねたろう
江戸時代末期の新撰組隊士。
¶新隊（生没年不詳）

尾方力之進* おがたりきのしん
天保4（1833）年～昭和1（1926）年 江戸時代末期～大正時代の尊王家、高知県会議員。尊攘派志士と交流。戊辰戦争に活躍。
¶幕末

岡田利左衛門 おかだりざえもん
江戸時代中期の小石川御薬園奉行。
¶植物（生没年不詳）

岡田栗園* おかだりつえん
天明6（1786）年～元治1（1864）年 江戸時代後期の儒学者。
¶幕末（[没]元治1（1864）年7月17日）

岡田柳処* おかだりゅうしょ
文化4（1807）年～明治11（1878）年3月23日 江戸時代末期～明治時代の国学者、歌人。藩務に従事し藩の国学振興に尽力。
¶幕末

岡田良一郎* おかだりょういちろう
天保10（1839）年10月21日～大正4（1915）年1月1日 江戸時代末期～明治時代の農政家、政治家。報徳仕法の普及に尽力。
¶コン, 幕末（[生]天保10（1839）年3月）

岡澹斎 おかたんさい
⇒岡魯庵（おかろあん）

岡地貞政 おかちさだまさ
⇒暹羅屋勘兵衛（しゃむろやかんべえ）

お勝の方 おかつのかた
⇒英勝院（えいしょういん）

岡徳左衛門* おかとくざえもん
文化9（1812）年～安政5（1858）年 江戸時代末期の豪商。
¶幕末（[没]安政5（1858）年8月10日）

岡利勝* おかとしかつ
？～文禄1（1592）年 [別]岡家利（おかいえとし） 安土桃山時代の武士。
¶全戦（岡家利 おかいえとし）, 全戦（生没年不詳）, 戦武

多門重共 おかどしげとも
江戸時代前期～中期の幕臣。
¶徳人（[生]1659年 [没]1723年）

岡戸万次郎* おかどまんじろう, おかとまんじろう
弘化3（1846）年～？ 江戸時代後期～末期の新撰組隊士。
¶新隊（おかとまんじろう）

岡鉾之進* おかとものしん
天保5（1834）年～元治1（1864）年 江戸時代末期の津和野藩士。
¶幕末（[没]元治1（1864）年4月9日）

岡渚* おかなぎさ
天保7（1836）年～元治1（1864）年 江戸時代末期の谷田部藩士。
¶幕末（[没]元治1（1864）年11月4日）

岡西惟中* おかにしいちゅう
寛永16（1639）年～正徳1（1711）年 [別]惟中（い

ちゅう） 江戸時代前期〜中期の俳人。談林派。
¶江人（惟中 いちゅう），コン，俳文（惟中 いちゅう [没]正徳1（1711）年10月26日）

岡根子 おかねこ★
江戸時代末期の女性。和歌。筑後袋小路の柳川藩士で歌人西原晁樹の妻。文久2年刊、安武厳丸編『柳河百家集』に載る。
¶江表（岡根子（福岡県））

お金の方* おかねのかた
文政2（1819）年〜天保14（1843）年 [別]お金の方（おきんのかた），見光院（けんこういん） 江戸時代後期の女性。12代将軍徳川家慶の側室。
¶徳将（見光院 けんこういん [生]？）

岡野 おかの★
江戸時代後期の女性。旅日記。瀬戸氏。嘉永1年伊勢詣でに出かけた記録簿を残す。
¶江表（岡野（和歌山県））

岡野井玄貞* おかのいげんてい
生没年不詳 江戸時代前期の医師、暦算家。
¶科学，コン

岡上樹庵 おかのうえじゅあん
江戸時代後期〜明治時代の医師。
¶全幕（[生]文政11（1828）年 [没]明治4（1871）年）

崗君宜 おかのきみよし
飛鳥時代の遣唐使判官。
¶古人（生没年不詳）

岡野湖中* おかのこちゅう
？〜天保2（1831）年 [別]湖中（こちゅう） 江戸時代後期の俳人、水戸藩の御十人目附組頭。
¶俳文（湖中 こちゅう [生]安永5（1776）年 [没]天保2（1831）年2月26日）

岡野貞明 おかのさだあきら
江戸時代前期〜中期の幕臣。
¶徳人（[生]1622年 [没]1690年）

岡野司馬* おかのしば
文化1（1804）年〜明治5（1872）年 江戸時代末期〜明治時代の古賀藩目付、船奉行。
¶幕末

牡鹿嶋足 おがのしまたり
⇒道嶋嶋足（みちしまのしまたり）

岡野四郎* おかのしろう
江戸時代末期〜明治時代の加賀藩士。
¶幕末（[生]弘化3（1846）年 [没]明治11（1878）年6月28日）

岡野新助* おかのしんすけ
江戸時代末期の薩摩藩足軽。架空の人物。生麦事件の犯人とされた。
¶幕末

岡野石圃* おかのせきほ
江戸時代中期の画家。
¶美画（生没年不詳）

岡野嗣成 おかのつぐなり
⇒板部岡江雪（いたべおかこうせつ）

岡野洞淵* おかのとうえん
？〜宝暦9（1759）年 江戸時代中期の石見津和野藩士、絵師。
¶美画（[没]宝暦9（1759）年5月23日）

岡野融明 おかのとおあきら
江戸時代後期の幕臣。
¶徳人（生没年不詳）

岡野知鄰 おかのともちか
江戸時代中期〜後期の幕臣。
¶徳人（[生]1762年 [没]1817年）

岡野知英 おかのともふさ
江戸時代後期の幕臣。
¶徳人（[生]？ [没]1847年）

岡野知道 おかのともみち
江戸時代後期〜末期の幕臣。
¶徳人（生没年不詳）

岡野判兵衛* おかのはんべえ
文化13（1816）年〜明治10（1877）年 江戸時代末期〜明治時代の加賀藩士。藩論を佐幕から尊攘への転換に尽力。
¶幕末（[没]明治10（1877）年11月1日）

岡上景親（1） おかのぼりかげちか
江戸時代前期の幕臣、代官。
¶徳人（生没年不詳），徳代（[生]？ [没]寛永10（1633）年？）

岡上景親（2） おかのぼりかげちか
江戸時代前期の幕臣、代官。
¶徳代（[生]？ [没]寛文1（1661）年？）

岡上景能* おかのぼりかげよし
？〜貞享4（1687）年 [別]岡上景能（おかがみかげよし） 江戸時代前期の民武家、江戸幕府代官。
¶コン，徳人，徳代（[没]貞享4（1687）年12月3日）

岡野松三郎* おかのまつさぶろう
天保4（1833）年〜明治29（1896）年 江戸時代末期〜明治時代の岡山藩士、蘭学者。藩命で蘭学修業探索方。
¶科学（[没]明治29（1896）年4月5日），幕末（[没]明治29（1896）年4月5日）

岡宮天皇 おかのみやてんのう
⇒草壁皇子（くさかべのおうじ）

岡宮天皇 おかのみやのてんのう
⇒草壁皇子（くさかべのおうじ）

岡屋関白 おかのやかんぱく
⇒近衛兼経（このえかねつね）

岡谷瑳磨介* おかのやさまのすけ
文化4（1807）年〜慶応1（1865）年 [別]岡谷瑳磨介（おかやさまのすけ） 江戸時代末期の家老。
¶幕末（[生]文化4（1807）年7月29日 [没]元治2（1865）年4月5日）

岡谷繁実* おかのやしげざね
天保6（1835）年〜＊ [別]岡谷繁実（おかやしげざね） 江戸時代末期〜明治時代の志士、館林藩士。著書に「名将言行録」「館林藩史料」。
¶コン（おかやしげざね [没]大正8（1919）年），幕末（[生]天保6（1835）年3月12日 [没]大正9（1920）年12月9日）

岡屋為俊（利） おかのやのためとし
平安時代中期の官人。
¶古人（生没年不詳）

岡屋能任 おかのやのよしとう
平安時代後期の官人。
¶古人（生没年不詳）

お

お

岡白駒　おかはっく
⇒岡竜洲（おかりゅうしゅう）

岡部和泉守*　おかべいずみのかみ
戦国時代の武将。今川氏家臣、のち後北条氏家臣。
¶後北（和泉守〔岡部（1）〕　いずみのかみ）

岡平内利晴　おかへいないとしはる
江戸時代前期の明石掃部頭の婿。
¶大坂（[没]慶長20年7月29日）

岡部雅楽助　おかべうたのすけ
戦国時代の駿河衆。今川家臣、のち武田氏へ属した。
¶武田（生没年不詳）

岡部加右衛門　おかべかえもん
江戸時代前期の毛利吉政の家来。
¶大坂

岡部一徳　おかべかずのり
江戸時代中期～後期の幕臣。
¶徳人（[生]1715年　[没]1791年）

岡部勝重　おかべかつしげ
⇒伊丹勝重（いたみかつしげ）

岡部九郎次郎　おかべくろうじろう
安土桃山時代の武田氏の家臣。
¶武田（[生]？　[没]天正2（1574）年5月21日）

岡部小五郎　おかべこごろう
安土桃山時代の武田氏の家臣。
¶武田（[生]？　[没]天正3（1575）年5月21日）

岡部真堯　おかべさねたか
安土桃山時代の武士。駿河先方衆岡部元信の嫡子。
¶武田（[生]？　[没]天正12（1584）年4月9日）

岡部三十郎*　おかべさんじゅうろう
文政1（1818）年～文久1（1861）年　江戸時代末期の水戸藩士。
¶全幕，幕末（[没]文久1（1861）年7月26日）

岡部繁之助*　おかべしげのすけ
天保13（1842）年～大正8（1919）年　江戸時代後期～大正時代の武士。
¶幕末

岡部氏の娘　おかべしのむすめ★
江戸時代中期の女性。和歌。観月院に仕えた奥女中か。安永9年、観月院が亡くなり、送葬するときに詠んだ和歌が明治に入って旧土佐藩士松野尾章行が編集した「皆山集」に載る。
¶江表（岡部氏の娘（高知県））

岡部治部左衛門　おかべじぶざえもん
安土桃山時代の武田氏の家臣。同心の筆頭として活動。
¶武田（[生]？　[没]天正9（1581）年3月22日？）

岡部次郎兵衛尉　おかべじろうひょうえのじょう
戦国時代の駿河衆。今川家臣、のち武田氏へ属した。
¶武田（生没年不詳）

岡部大学　おかべだいがく
安土桃山時代～江戸時代前期の武将。
¶大坂

岡部忠澄*　おかべただずみ
？～建久8（1197）年　[別]岡部忠澄（おかべのただすみ），小野忠澄（おののただずみ）　平安時代後期～鎌倉時代前期の武士。
¶古人（おかべのただすみ），内乱（生没年不詳），平家（生没年不詳）

岡部忠吉　おかべただよし
戦国時代～安土桃山時代の松山本郷代官。北条氏康・氏政の家臣松田憲秀の同心。
¶後北（忠吉〔岡部（2）〕　ただよし　[没]元和3年1月）

岡部帯刀　おかべたてわき
安土桃山時代の高天神籠城衆。
¶武田（[生]？　[没]天正9（1581）年3月22日）

岡部親綱*　おかべちかつな
戦国時代の武将。今川氏家臣。
¶全戦（生没年不詳）

岡部忠右衛門*　おかべちゅうえもん
生没年不詳　安土桃山時代の織田信長の家臣。
¶織田

岡部忠蔵*　おかべちゅうぞう
文政5（1822）年～慶応1（1865）年　[別]岡部以忠（おかべゆきただ）　江戸時代末期の水戸藩士。
¶幕末（[没]元治2（1865）年1月26日）

岡部忠平*　おかべちゅうへい
寛政8（1796）年～安政1（1854）年　江戸時代末期の水戸藩士。
¶幕末

岡部長左衛門*　おかべちょうざえもん
生没年不詳　安土桃山時代の織田信長の家臣。
¶織田

岡部稠朶*　おかべちょうだ
延宝7（1679）年～明和6（1769）年　[別]岡部盛賢（おかべもりかた）　江戸時代中期の算者。
¶数学（岡部盛賢　おかべもりかた　[生]延宝7（1679）年7月24日　[没]明和6（1769）年8月4日）

岡部貞次郎*　おかべていじろう
天保2（1831）年～元治1（1864）年　江戸時代末期の農民。
¶幕末（[没]元治1（1864）年10月27日）

岡部藤介*　おかべとうすけ
天保9（1838）年～慶応1（1865）年　江戸時代末期の水戸藩士。
¶幕末（[没]元治2（1865）年4月5日）

岡部俊具*　おかべとしとも
生没年不詳　戦国時代の徳川氏の家臣。
¶武田（[生]？　[没]天正13（1585）年9月4日？）

岡部富太郎*　おかべとみたろう
天保11（1840）年～明治28（1895）年　江戸時代後期～明治時代の武士。
¶幕末（[生]天保11（1840）年7月　[没]明治28（1895）年10月28日）

岡部豊常*　おかべとよつね
？～慶応1（1865）年　[別]岡部豊常（おかべほうじょう）　江戸時代末期の幕臣、主税。
¶徳人（おかべほうじょう），幕末（[没]慶応1（1865）年9月10日）

岡部直造*　おかべなおぞう
文政7（1824）年～明治19（1886）年　江戸時代末期～明治時代の加賀藩十村役。地租法の完備に尽力。
¶幕末（[没]明治19（1886）年9月14日）

岡部永綱 おかべながつな
安土桃山時代～江戸時代前期の幕臣。
¶徳人（[生]1596年 [没]1622年）

岡部長常* おかべながつね
文政8（1825）年～慶応2（1866）年 江戸時代末期の幕臣、長崎奉行。
¶全幕, 徳人, 幕末（[没]慶応2（1867）年12月1日）

岡部長教* おかべながのり
？～天正9（1581）年 [別]岡部元綱（おかべもとつな），岡部元信（おかべもとのぶ） 安土桃山時代の武将。今川氏家臣。
¶後北（長教〔岡部（1）〕 ながのり [没]天正9年3月22日），全戦（岡部元綱 おかべもとつな），戦武（岡部元信 おかべもとのぶ），武田（岡部元信 おかべもとのぶ [没]天正9（1581）年3月22日）

岡部長寛* おかべながひろ
文化6（1809）年～明治20（1887）年 江戸時代後期～明治時代の大名。
¶幕末（[生]文化6（1809）年3月13日 [没]明治20（1887）年2月13日）

岡部忠澄 おかべのただすみ
⇒岡部忠澄（おかべただずみ）

岡部泰綱 おかべのやすつな
生没年不詳 [別]岡部泰綱（おかべやすつな） 平安時代後期の駿河国志太郡岡部郷の武士。源頼朝の家人。
¶古人, 平家（おかべやすつな）

岡部久綱* おかべひさつな
？～天文17（1548）年 戦国時代の今川氏の重臣。
¶全戦

岡部豊後* おかべぶんご
文化11（1814）年～明治19（1886）年 江戸時代後期～明治時代の武士。
¶幕末（[没]明治19（1886）年9月8日）

岡部豊常 おかべほうじょう
⇒岡部豊常（おかべとよつね）

岡部正綱* おかべまさつな
天文11（1542）年～* 安土桃山時代の武士。今川氏家臣。
¶全戦（[生]天文12（1543）年 [没]天正11（1583）年），戦武（[生]天文12（1543）年 [没]天正11（1583）年），武田（[没]天正11（1583）年11月8日）

岡部又右衛門* おかべまたえもん
？～天正10（1582）年6月2日 [別]岡部以言（おかべもちとき） 安土桃山時代の大工。織田信長の熱田神宮造営参加。
¶織田（岡部以言 おかべもちとき 生没年不詳），コン，美建

岡部真淵 おかべまぶち
⇒賀茂真淵（かものまぶち）

岡部以言 おかべもちとき
⇒岡部又右衛門（おかべまたえもん）

岡部元綱 おかべもとつな
⇒岡部長教（おかべながのり）

岡部元信 おかべもとのぶ
⇒岡部長教（おかべながのり）

岡部元良 おかべもとよし
江戸時代中期の幕臣。
¶徳人（[生]1709年 [没]1762年）

岡部盛賢 おかべもりかた
⇒岡部稠朶（おかべちょうだ）

岡部以忠 おかべゆきただ
⇒岡部忠蔵（おかべちゅうぞう）

岡甫庵 おかほあん
江戸時代前期～中期の幕臣。
¶徳人（[生]1654年 [没]1737年）

岡甫助* おかほすけ
文化13（1816）年～明治12（1879）年 [別]武知忠助（たけちただすけ） 江戸時代末期～明治時代の志士。土佐勤王党に参加。
¶幕末（[没]明治12（1879）年8月26日）

岡松甕谷* おかまつおうこく
文政3（1820）年～明治28（1895）年2月18日 江戸時代末期～明治時代の儒学者、東京帝国大学教授。東京で私塾紹成書院を開く。著書に「甕谷遺稿」がある。
¶コン，幕末（[生]文政3（1820）年1月14日）

岡松久徴 おかまつきゅうちょう
江戸時代後期の佐渡奉行、作事奉行。
¶徳代（生没年不詳）

岡松恵之助* おかまつけいのすけ
天保6（1835）年～元治1（1864）年 江戸時代末期の志士。
¶幕末（[生]天保6（1835）年3月3日 [没]元治1（1864）年9月5日）

岡松久稠 おかまつひさしげ
江戸時代中期～後期の佐渡奉行。
¶徳代（[生]宝暦5（1755）年 [没]文化10（1813）年2月7日）

岡見京子 おかみけいこ
江戸時代末期～昭和時代の医師。
¶女史（[生]1859年 [没]1941年）

岡見甚内 おかみじんない
安土桃山時代の国衆。北条氏照に属した。
¶後北（甚内〔岡見〕 じんない）

岡見千吉郎 おかみせんきちろう
江戸時代末期～昭和時代の洋画家。
¶美画（[生]安政5（1858）年2月 [没]昭和11（1936）年）

岡通賀 おかみちよし
江戸時代後期の和算家。
¶数学

岡見照親* おかみてるちか
生没年不詳 戦国時代の北条氏の家臣。
¶後北（照親〔岡見〕 てるちか）

岡見徳三* おかみとくぞう
弘化3（1846）年～元治1（1864）年 江戸時代末期の志士。
¶幕末（[没]元治1（1864）年9月6日）

岡見留次郎* おかみとめじろう
天保13（1842）年～元治1（1864）年 [別]尾上菊次郎（おのえきくじろう） 江戸時代末期の志士。
¶幕末（[没]文久4（1864）年2月16日）

岡見治胤 おかみはるたね
安土桃山時代の武士。北条氏照に属した他国衆。
五郎左衛門・五郎兵衛。治広の弟。
¶後北 (治胤〔岡見〕 はるたね)

岡見治広* おかみはるひろ
永禄2 (1559) 年〜元和3 (1617) 年4月18日 戦国時
代〜江戸時代前期の北条氏の家臣。
¶後北 (治広〔岡見〕 はるひろ)

岡見宗治* おかみむねはる
安土桃山時代の武将。
¶後北 (宗治〔岡見〕 むねはる)

夫神村浅之丞 おがみむらあさのじょう
⇒中沢浅之丞 (なかざわあさのじょう)

夫神村半平* おがみむらはんべい
享保10 (1725) 年?〜宝暦13 (1763) 年 江戸時代
中期の義民。上田藩一揆宝暦騒動の指導者。
¶コン

岡宗純吉* おかむねじゅんきち
寛政3 (1791) 年〜明治2 (1869) 年 江戸時代末期
の医師。
¶幕末 (�生) ㊥明治2 (1870) 年11月16日)

岡村亀太郎* おかむらかめたろう
江戸時代末期の新撰組隊士。
¶新隊 (�生嘉永4 (1851) 年8月11日 ㊦?)

岡村閑翁 おかむらかんおう
⇒岡村鼎三 (おかむらていぞう)

岡村箕斎* おかむらきさい
文化12 (1815) 年〜明治6 (1873) 年 江戸時代末期
〜明治時代の儒学者、明倫館教授、山口文学寮教
授。郷土の教育に尽力。
¶幕末 (㊦明治6 (1873) 年9月29日)

岡村喜左衛門 おかむらきざえもん
江戸時代前期の武士。大坂の陣で籠城。
¶大坂

岡村九郎右衛門 おかむらくろ (う) えもん
江戸時代前期の豊臣秀頼の家臣。
¶大坂

岡村景楼* おかむらけいろう
天保6 (1835) 年〜明治23 (1890) 年 江戸時代後期
〜明治時代の医師。コレラ治療に専念。
¶幕末 (㊦明治23 (1890) 年2月7日)

岡村源兵衛* おかむらげんべえ
?〜天和3 (1683) 年6月2日 江戸時代前期の播磨
国三木町平田町大庄屋。
¶コン

岡村定之丞* おかむらさだのじょう
文政7 (1824) 年〜慶応3 (1867) 年 江戸時代末期
の岡村藩士。
¶幕末 (㊦慶応3 (1867) 年5月19日)

岡村十兵衛 おかむらじゅうべい
⇒岡村十兵衛 (おかむらじゅうべえ)

岡村十兵衛* おかむらじゅうべえ
寛永5 (1628) 年〜貞享1 (1684) 年 �别岡村十兵衛
(おかむらじゅうべい) 江戸時代前期の義民。
¶コン

岡村尚謙* おかむらしょうけん
?〜天保8 (1837) 年 江戸時代後期の医師、本草家。
¶科学 (㊦天保8 (1837) 年1月26日)、コン (生没年不詳)

岡村正次郎* おかむらしょうじろう
嘉永4 (1851) 年〜明治1 (1868) 年 江戸時代末期
の長州 (萩) 藩士。
¶幕末 (㊦慶応4 (1868) 年8月21日)

岡村惣左衛門 おかむらそうざえもん
江戸時代前期の土佐国安芸郡和食村の人。大坂の
陣で籠城。
¶大坂 (㊦慶長20年5月6日)

岡村鼎三* おかむらていぞう
文政10 (1827) 年〜大正8 (1919) 年 ㊦岡村閑翁
(おかむらかんおう) 江戸時代末期〜明治時代の
柳生藩士。
¶幕末 (㊦大正8 (1919) 年12月14日)

岡村百々介 おかむらどどのすけ
江戸時代前期の豊臣秀頼の家臣。
¶大坂 (㊦慶長19年11月26日)

岡村直賢 おかむらなおかた
江戸時代中期〜後期の幕臣。
¶徳人 (㊤1751年) ㊦1818年)

岡村不卜 おかむらふぼく
寛永9 (1632) 年〜元禄4 (1691) 年 ㊦不卜 (ふぼ
く) 江戸時代前期の俳人。
¶俳文 (不卜 ふぼく ㊤?) ㊦元禄4 (1691) 年4月9日)

岡村政子 おかむらまさこ
江戸時代末期〜昭和時代の版画家。
¶美画 (㊤安政5 (1858) 年 ㊦昭和11 (1936) 年12月30
日)

岡村義理* おかむらよしさと
享和2 (1802) 年〜明治6 (1873) 年 江戸時代末期
〜明治時代の浜松藩主井上正直の側用人。
¶幕末

岡村良通 おかむらよしみち
江戸時代中期の幕臣。
¶徳人 (㊤1700年) ㊦1767年)

岡村与助 おかむらよすけ
江戸時代前期の丹波国桑田郡奥条村の郷士。
¶大坂

岡室正定 おかむろまささだ
江戸時代中期〜後期の代官。
¶徳代 (㊤享保8 (1723) 年 ㊦寛政4 (1792) 年12月21日)

お亀の方* おかめのかた
天正1 (1573) 年〜寛永19 (1642) 年 ㊦亀方 (かめ
のかた)、相応院 (そうおういん) 安土桃山時代
〜江戸時代前期の女性。徳川家康の側室、京都石清
水八幡の修験者志水宗清の娘。
¶江表 (相応院 (東京都) ㊤永禄12 (1569) 年)、徳将 (相
応院 そうおういん)

岡本一抱 おかもといっぽう
貞享3 (1686) 年〜宝暦4 (1754) 年 江戸時代中期
の医師。「諺解書」の著者。
¶科学, コン (生没年不詳)

岡本一方* おかもといっぽう
文化7 (1810) 年〜明治9 (1876) 年3月4日 江戸時
代末期〜明治時代の漢学者。

¶幕末

岡本胤及* おかもといんきゅう
？～延宝4（1676）年 ㊊胤及（いんきゅう，いんぎゅう） 江戸時代前期の俳人（貞門）。
¶俳文（胤及 いんきゅう ㊌元和1（1615）年）

岡元雄* おかもとお
天保2（1831）年～明治18（1885）年 江戸時代末期～明治時代の医師、教育者。海防の大義名分を唱え藩士を鼓舞。
¶幕末（㊌天保2（1831）年7月16日 ㊍明治18（1885）年5月31日）

岡本花亭* おかもとかてい
明和4（1767）年10月3日～嘉永3（1850）年 ㊊岡本豊洲（おかもとほうしゅう） 江戸時代中期～後期の幕臣、漢詩人、勘定奉行。
¶コン（㊌明和5（1768）年），徳人

岡本監輔* おかもとかんすけ
天保10（1839）年～明治37（1904）年11月9日 ㊊岡本監輔（おかもとけんすけ） 江戸時代末期～明治時代の樺太探検家、開拓使判官。樺太探検4回。著書に「北蝦夷新志」。
¶コン，幕末（おかもとけんすけ ㊌天保10（1839）年10月17日）

岡本吉之進* おかもときちのしん
文化14（1817）年～慶応1（1865）年 江戸時代末期の長州（萩）藩士、俗論党。
¶幕末（㊍慶応1（1865）年閏5月29日）

岡本顕逸* おかもとけんいつ
生没年不詳 ㊊好雪斎顕逸（こうせつさいけんいつ） 安土桃山時代の武士。佐竹氏家臣。
¶全戦，戦武（㊌永禄2（1559）年 ㊍天正19（1591）年）

岡本健三郎 おかもとけんざぶろう
江戸時代後期～明治時代の土佐藩下士。
¶全幕（㊌天保13（1842）年 ㊍明治18（1885）年）

岡本監輔 おかもとけんすけ
⇒岡本監輔（おかもとかんすけ）

岡本玄冶*（岡本元冶） おかもとげんや
天正15（1587）年～正保2（1645）年4月20日 江戸時代前期の医師。徳川秀忠の侍医。
¶コン，徳人（岡本元冶）

岡本黄石* おかもとこうせき
文化8（1811）年～明治31（1898）年4月12日 ㊊岡本半介（おかもとはんすけ） 江戸時代末期～明治時代の近江彦根藩士。藩の勤王転向を宣伝。麴坊吟社を創生。
¶江人，コン，詩作，全幕（岡本半介 おかもとはんすけ），幕末（岡本半介 おかもとはんすけ）

岡本孝方* おかもとこうほう
？～安政3（1856）年 ㊊岡本孝方（おかもとたかかた） 江戸時代末期の算者、因幡鳥取藩士。
¶数学（おかもとたかかた ㊍安政3（1856）年11月11日）

岡本五休* おかもとごきゅう
文政6（1823）年～明治24（1891）年 ㊊五休（ごきゅう） 江戸時代後期～明治時代の俳人。
¶俳文（五休 ごきゅう ㊌文化10（1813）年 ㊍明治14（1881）年8月24日）

岡本三右衛門* おかもとさんうえもん
文化6（1809）年～明治10（1877）年 ㊊岡本三右衛門（おかもとさんえもん） 江戸時代末期～明治時代の宮市大年寄。
¶幕末（おかもとさんえもん ㊌文化6（1809）年11月23日 ㊍明治10（1877）年12月15日）

岡本三右衛門（1） おかもとさんえもん
⇒岡本三右衛門（おかもとさんうえもん）

岡本三右衛門（2） おかもとさんえもん
⇒キアラ

岡本重政 おかもとしげまさ
⇒岡本良勝（おかもとよしかつ）

岡本秋暉* おかもとしゅうき
文化4（1807）年～文久2（1862）年 江戸時代末期の画家。
¶コン（㊌天明5（1785年/1807）年），幕末（㊌文化7（1810）年 ㊍文久2（1862）年9月24日），美画（㊍文久2（1862）年9月24日）

岡本松魚 おかもとしょうぎょ
江戸時代中期の画家。
¶浮絵

岡本次郎* おかもとじろう
天保2（1831）年～慶応1（1865）年 江戸時代末期の土佐勤王党。
¶コン，幕末（㊌天保2（1831）年5月 ㊍慶応1（1865）年閏5月10日）

岡本甚左衛門* おかもとじんざえもん
安永3（1774）年～天保13（1842）年 江戸時代後期の石見国の新田開発の功労者。
¶コン

岡本清一郎* おかもとせいいちろう
？～明治9（1876）年？ 江戸時代末期～明治時代の谷田部藩士。
¶幕末（生没年不詳）

岡本栖雲* おかもとせいうん
文化12（1815）年～明治2（1869）年 江戸時代末期の長州（萩）藩士。
¶幕末（㊍明治2（1869）年4月20日）

岡本善悦* おかもとぜんえつ
元禄2（1689）年～明和4（1767）年9月24日 江戸時代中期の絵師。
¶徳人（生没年不詳）

岡本善左衛門尉* おかもとぜんざえもんのじょう
生没年不詳 戦国時代の北条氏の家臣。
¶後北（善左衛門尉〔岡本（2）〕 ぜんざえもんのじょう）

岡本禅哲* おかもとぜんてつ
？～天正11（1583）年11月11日 ㊊梅江斎禅哲（ばいこうさいぜんてつ） 安土桃山時代の武士。佐竹氏家臣。
¶全戦，戦武（㊌享禄1（1528）年）

岡本苔蘇* おかもとたいそ
？～宝永6（1709）年 ㊊苔蘇（たいそ） 江戸時代中期の俳人（蕉門）。
¶俳文（苔蘇 たいそ ㊍宝永6（1709）年3月3日）

岡本大八* おかもとだいはち
？～慶長17（1612）年 ㊊パウロ 江戸時代前期のキリシタン、武士。
¶江人，コン，対外

お

岡本孝方　おかもとたかかた
⇒岡本孝方（おかもとこうほう）

岡本隆徳*　おかもとたかのり
天保7（1836）年～大正11（1922）年　江戸時代末期～明治時代の勤王家、書道家。東京宮城前に建立された楠木正成の銅像の文を書いたことで有名。
¶幕末（[生]天保7（1836）年3月3日　[没]大正11（1922）年12月10日）

岡本武雄*　おかもとたけお
弘化4（1847）年～明治26（1893）年　江戸時代末期～明治時代の新聞記者。東京通信社を創設。
¶幕末（[没]明治26（1893）年12月20日）

岡本但馬守*　おかもとたじまのかみ
生没年不詳　安土桃山時代の織田信長の家臣。
¶織田

岡元太郎*　おかもとたろう
天保7（1836）年～慶応1（1865）年　江戸時代末期の備前岡山藩陪臣、勤王家。
¶幕末（[没]元治2（1865）年2月22日），幕末（[没]慶応1（1865）年3月19日）

岡本太郎左衛門　おかもとたろうざえもん
⇒岡本太郎左衛門尉（おかもとたろうざえもんのじょう）

岡本太郎左衛門尉*　おかもとたろうざえもんのじょう
[別]岡本太郎左衛門（おかもとたろうざえもん）　戦国時代の武将。後北条氏家臣。
¶後北（太郎左衛門〔岡本（1）〕　たろうざえもん）

岡本長右衛門　おかもとちょうえもん
江戸時代前期の塙団右衛門の家来。
¶大坂

岡本程平*　おかもとていへい
天保4（1833）年～明治11（1878）年　[別]岡本程平（おかもとほどへい）　江戸時代末期～明治時代の数学者、因幡鳥取藩士。
¶数学（おかもとほどへい　[没]明治11（1878）年11月8日）

岡本桃里*　おかもととうり
文化3（1806）年～明治18（1885）年12月21日　江戸時代末期～明治時代の画家。橿原神宮創建に尽力。
¶幕末，美画

岡本豊彦*　おかもととよひこ
安永2（1773）年～弘化2（1845）年　江戸時代後期の四条派の画家。
¶コン，美画（[生]安永2（1773）年7月8日　[没]弘化2（1845）年7月11日）

岡本長秀*　おかもとながひで
生没年不詳　戦国時代の北条氏の家臣。
¶後北（長秀〔岡本（1）〕　ながひで）

岡本寧甫*（岡本寧浦）　おかもとねいほ
寛政1（1789）年～嘉永1（1848）年　江戸時代後期の乗光寺僧。
¶コン，幕末（岡本寧浦　[生]寛政6（1794）年10月4日　[没]嘉永6（1853）年10月4日）

岡本宣就　おかもとのぶなり
⇒岡本半介（おかもとはんすけ）

岡本憲尚　おかもとのりひさ
江戸時代後期の和算家。
¶数学

岡本則録　おかもとのりぶみ
弘化4（1847）年～昭和6（1931）年2月17日　江戸時代後期～昭和時代の数学者。
¶科学，数学（[生]弘化4（1847）年10月30日）

岡本梅英*　おかもとばいえい
文化6（1809）年～明治23（1890）年　江戸時代末期～明治時代の尾張藩士、日本画家。尾張藩から献上する岐阜提灯の絵を作成。
¶幕末（[没]明治23（1890）年6月10日），美画（[没]明治23（1890）年6月10日）

岡本半介*（1）（岡本半助）　おかもとはんすけ
天正3（1575）年～明暦3（1657）年　[別]岡本宣就（おかもとのぶなり）　安土桃山時代～江戸時代前期の近江彦根藩家老。
¶江人

岡本半介（2）　おかもとはんすけ
⇒岡本黄石（おかもとこうせき）

岡本兵四郎*　おかもとひょうしろう
弘化3（1846）年～明治31（1898）年　[別]岡本兵四郎（おかもとへいしろう）　江戸時代末期～明治時代の紀州藩士。ドイツ式兵制の導入に尽力。
¶幕末（おかもとへいしろう　[没]明治31（1898）年6月28日）

岡本兵松*　おかもとひょうまつ
文政4（1821）年～明治31（1898）年　江戸時代末期～明治時代の商人、治水家。明治用水を開削。
¶幕末（[生]文政4（1821）年8月5日　[没]明治30（1897）年10月6日）

岡本撫山*　おかもとぶざん
天保11（1840）年～明治37（1904）年　江戸時代末期～明治時代の漢学者。造幣寮史、大蔵省書記官などを歴任。
¶幕末（[没]明治37（1904）年12月6日）

岡本文弥〔1代〕*　おかもとぶんや
寛永10（1633）年～元禄7（1694）年　江戸時代前期の古浄瑠璃の太夫。文弥節の流祖。
¶コン（代数なし）

岡本兵四郎　おかもとへいしろう
⇒岡本兵四郎（おかもとひょうしろう）

岡本豊洲　おかもとほうしゅう
⇒岡本花亭（おかもとかてい）

岡本程平　おかもとほどへい
⇒岡本程平（おかもとていへい）

岡本正成　おかもとまさなり
江戸時代中期～後期の勘定奉行、鑓奉行。
¶徳代（[生]明和4（1767）年　[没]嘉永3（1850）年9月23日/11月1日）

岡本政秀*　おかもとまさひで
生没年不詳　戦国時代の北条氏の家臣。
¶後北（政秀〔岡本（1）〕　まさひで）

岡本真古*　おかもとまふる
安永9（1780）年～安政3（1856）年　江戸時代後期の能吏。
¶コン，幕末（[没]安政3（1856）年3月6日）

岡本紋右衛門*　おかもともんえもん
生没年不詳　江戸時代末期の下総結城藩士。
¶幕末

おかわい

岡本弥次郎左衛門 おかもとやじろ(う)ざえもん
江戸時代前期の武将。大坂の陣で籠城。
¶大坂（歿寛永9年12月20日）

岡本保江 おかもとやすえ
江戸時代前期～中期の幕臣。
¶徳人（生1675年 歿1736年）

岡本保純* おかもとやすずみ
文化9（1812）年～？ 江戸時代後期の地下・典薬寮医師。
¶幕末（歿文化9（1812）年4月15日）

岡本保孝* おかもとやすたか
寛政9（1797）年～明治11（1878）年 江戸時代末期～明治時代の国学者。「語彙」編集に従事。著書に「況斎雑話」「難波江」他多数。
¶思想、幕末（歿明治11（1878）年4月5日）

岡本良勝* おかもとよしかつ
天文11（1542）年？～慶長5（1600）年 鰯岡本重政（おかもとしげまさ） 安土桃山時代の武士。織田氏家臣、豊臣氏家臣。
¶織田（生天文12（1543）年 歿慶長5（1600）年9月16日）

小鴨基康* おがものもとやす
生没年不詳 平安時代後期の豪族。
¶古人

小鴨元清 おがももときよ
⇒南条元清（なんじょうもときよ）

岡谷清英* おかやきよひで
？～天正12（1584）年11月18日 戦国時代～安土桃山時代の武蔵深谷上杉氏の重臣。
¶後北（清秀〔岡谷(1)〕 きよひで）

岡谷瑳磨介 おかやさまのすけ
⇒岡谷瑳磨介（おかのやさまのすけ）

岡谷繁実 おかやしげざね
⇒岡谷繁実（おかのやしげざね）

岡谷隼人佐* おかやはやとのすけ
生没年不詳 戦国時代の武蔵鉢形城主北条氏邦の家臣。
¶後北（隼人佐〔岡谷(2)〕 はやとのすけ）

岡谷白蓮院* おかやびゃくれんいん
安永5（1776）年～安政4（1857）年 江戸時代後期～末期の女性。山県藩士の妻。
¶江表（白蓮院（山形県））

岡山篤次郎 おかやまとくじろう
江戸時代末期の二本松少年隊士。
¶全幕（生安政3（1856）年 歿慶応4（1868）年）

岡山幸吉* おかやまのこうきち
？～嘉永4（1851）年 鰯表具師幸吉（ひょうぐしこうきち） 江戸時代末期の発明家、表具師。
¶科学（表具師幸吉 ひょうぐしこうきち），コン

岡谷吉作 おかやよしさく
江戸時代後期の和算家。
¶数学

岡之只* おかゆきただ
寛政3（1791）年～？ 鰯岡之只（おかこれただ） 江戸時代後期の和算家。
¶数学（おかこれただ）

御粥安本 おかゆやすもと
⇒御粥安本（ごかゆやすもと）

岡吉胤* おかよしたね
天保2（1831）年～明治40（1907）年 江戸時代末期～明治時代の神官、国学者。九州総督で皇道祭典教授力。
¶幕末（歿明治44（1911）年）

小川愛道* おがよしみち
生没年不詳 鰯小川愛道（おがわよしみち） 江戸時代中期の和算家。
¶数学（おがわよしみち）（生宝永4（1707）年 歿明和3（1766）年）

岡竜洲* おかりゅうしゅう
元禄5（1692）年～明和4（1767）年 鰯岡白駒（おかはっく） 江戸時代中期の儒者。
¶思想（岡白駒 おかはっく）

岡良允 おかりょういん
江戸時代後期～明治時代の幕臣。
¶徳人（生1815年 歿1893年）

岡良博 おかりょうはく
江戸時代の眼科医。
¶眼医（生没年不詳）

お軽・勘平* おかる・かんぺい
鰯早野勘平（はやのかんぺい）「仮名手本忠臣蔵」の登場人物。
¶コン

お軽同行 おかるどうぎょう*
江戸時代後期～末期の女性。道歌。長門六連島の岩松の娘。
¶江表（お軽同行（山口県）（生享和1（1801）年 歿安政3（1856）年）

岡魯庵* おかろあん
元文2（1737）年～天明6（1786）年 鰯岡澹斎（おかたんさい） 江戸時代中期の儒学者、漢詩人、儒医。
¶コン

岡鹿門* おかろくもん
天保4（1833）年～大正3（1914）年 鰯岡千仞、岡千仞（おかせんじん） 江戸時代末期～明治時代の漢学者、東京府学教授。著書に「尊攘紀事」「観光紀游」など。
¶コン（歿大正2（1913）年）、幕末（岡千仞 おかせんじん 歿大正3（1914）年2月18日）

小河愛平 おがあいへい
安土桃山時代の織田信長の家臣。
¶織田（生？ 歿天正10（1582）年6月2日）

尾小猪三郎* おかわいさぶろう，おがわいさぶろう
弘化4（1847）年～明治1（1868）年 江戸時代末期の長州（萩）藩寄組浦靱負臣。
¶幕末（おがわいさぶろう 歿慶応4（1868）年1月4日）

小川一作* おがわいっさく
天保14（1843）年～？ 江戸時代後期～末期の新撰組隊士。
¶新隊

小川逸堂* おがわいつどう
弘化4（1847）年～昭和11（1936）年 江戸時代末期～昭和時代の徳山藩士。大阪、山口、京都藩邸勤番。
¶幕末（歿昭和11（1936）年4月19日）

小川氏綱　おがわうじつな
江戸時代前期の代官。
¶徳代(生没年不詳)

小川氏行　おがわうじゆき
？～慶安2(1649)年　江戸時代前期の幕臣。
¶徳人,徳代

小川卯平*　おがわうへい
享和1(1801)年～文久1(1861)年　江戸時代末期のガラス職人。
¶幕末([没]文久1(1861)年9月16日),美工([没]文久1(1861)年10月19日)

小川可進*　おがわかしん
天明6(1786)年～安政2(1855)年　江戸時代後期の茶人、医師、煎茶小川流の祖。
¶コン

小河一敏*　おがわかずとし
文化10(1813)年～明治19(1886)年1月31日　[別]小河一敏(おごうかずとし)　江戸時代末期～明治時代の豊後岡藩士、堺県知事。宮内大丞、宮内省御用掛等を歴任。
¶コン,全幕(おごうかずとし),幕末(おごうかずとし　[生]文化10(1813)年1月21日)

小河一順　おがわかずのぶ
⇒小河一順(おごうかずのぶ)

小川可遊斎*　おがわかゆうさい
生没年不詳　戦国時代～安土桃山時代の武将。上野国衆。
¶武田

小川官次*　おがわかんじ
弘化1(1844)年～元治1(1864)年　江戸時代末期の民兵調練小隊長。
¶コン,幕末([生]天保15(1844)年9月2日　[没]元治1(1864)年9月5日)

小川含章*　おがわがんしょう
文化9(1812)年～明治27(1894)年　江戸時代末期～明治時代の儒学者。生野銀山の塾生。
¶幕末

小河吉三郎*　おがわきちさぶろう
天保8(1837)年～文久3(1863)年　[別]大川藤蔵(おおかわとうぞう)　江戸時代末期の水戸藩士。
¶幕末([没]文久3(1863)年10月14日)

小川吉太郎〔1代〕*　おがわきちたろう
元文2(1737)年～天明1(1781)年　[別]英子(えいし)　江戸時代中期の歌舞伎役者、歌舞伎座本。寛延1年～安永10年頃に活躍。
¶歌大([没]安永10(1781)年2月19日)

小川吉太郎〔2代〕*　おがわきちたろう
宝暦10(1760)年～寛政6(1794)年　[別]英子(えいし),小川仙太郎(おがわせんたろう)　江戸時代中期の歌舞伎役者。天明8年～寛政6年頃に活躍。
¶歌大([没]寛政6(1794)年6月15日)

小川吉太郎〔3代〕*　おがわきちたろう
天明5(1785)年～嘉永4(1851)年9月18日　[別]英子(えいし),中村元三郎(なかむらもとさぶろう),梅山(ばいざん),も吉(もきち)　江戸時代後期の歌舞伎役者。文化2年～嘉永1年頃に活躍。
¶歌大

小川庫太*　おがわくらた
文政3(1820)年～慶応3(1867)年　江戸時代末期の医師。
¶幕末

小川九郎兵衛*　おがわくろべえ
元和8(1622)年～寛文9(1670)年　江戸時代前期の土豪。武蔵野の新田開発を推進した。
¶コン([没]寛文10(1670)年)

小川賢秋*　おがわけんしゅう
文化2(1805)年～安政3(1856)年　江戸時代末期の牛久藩士。
¶幕末([没]安政3(1856)年1月)

小川賢勝*　おがわけんしょう
*～明治37(1904)年　江戸時代末期～明治時代の牛久藩士。
¶幕末([生]天保13(1842)年　[没]明治37(1904)年7月2日)

小河源四郎*　おがわげんしろう
？～天正10(1582)年6月2日　戦国時代～安土桃山時代の織田信長の家臣。
¶織田

小川光義*　おがわこうぎ
嘉永6(1853)年～*　江戸時代末期～明治時代の僧。
¶幕末([没]昭和3(1928)年12月14日)

小川香魚*　おがわこうぎょ
弘化3(1846)年～*　[別]梅咲香(うめさきかおる)　江戸時代末期の江戸薩邸浪士隊観察。
¶幕末([生]弘化3(1846)年10月26日　[没]慶応3(1868)年12月26日)

小川幸三*　おがわこうぞう
天保7(1836)年～元治1(1864)年　[別]小川忠篤(おがわただあつ)　江戸時代末期の加賀藩士。
¶幕末([生]天保7(1836)年1月13日　[没]元治1(1864)年10月26日)

小川佐吉　おがわさきち
⇒宮田半四郎(みやたはんしろう)

小川定澄*　おがわさだすみ,おがわさだずみ
生没年不詳　江戸時代後期の和算家。
¶数学(おがわさだずみ)

小川佐太郎　おがわさたろう
⇒小川信太郎(おがわしんたろう)

小川茂周*　おがわしげかね
天保6(1835)年～明治35(1902)年　[別]小川茂周(おがわしげちか)　江戸時代末期～明治時代の大津村名主。三浦郡教育会を創設。
¶幕末(おがわしげちか)

小河重清　おがわしげきよ
平安時代後期の武士。父は小河重房。
¶古人([生]?　[没]1181年)

小川茂周　おがわしげちか
⇒小川茂周(おがわしげかね)

小川しち*　おがわしち
元禄5(1692)年～安永7(1778)年9月4日　江戸時代中期の女性。沼沢氏の娘、小川甚左右衛門盛則の妻。
¶江表(七(宮城県))

小川七郎右衛門　おがわしちろ（う）えもん
　江戸時代前期の人。大坂で牢人に配布する竹流しを鋳造。
　¶大坂

小川正意　おがわしょうい
　⇒小川正意（おがわまさおき）

小川笙船*　おがわしょうせん
　寛文12（1672）年〜宝暦10（1760）年　江戸時代中期の医師。小石川養生所設立を建白。
　¶科学（㉞宝暦10（1760）年6月14日）、コン、徳将

小川松民*　おがわしょうみん
　弘化4（1847）年〜明治24（1891）年　江戸時代末期〜明治時代の蒔絵師。
　¶幕末（㉞明治24（1891）年5月25日）、美工（㊗弘化4（1847）年4月25日　㉞明治24（1891）年5月29日）

小川次郎兵衛　おがわじろ（う）びょうえ
　江戸時代前期の生駒一正・正俊・藤堂高虎の家臣。
　¶大坂（㉞慶安4年2月17日）

小川尋香*　おがわじんこう
　文政2（1819）年〜明治34（1901）年12月25日　㊙尋香（じんこう）　江戸時代末期〜明治時代の俳人。
　¶俳文（尋香　じんこう）

小川甚左衛門正行　おがわじんざえもんまさゆき
　江戸時代前期の武士。大坂の陣で籠城。後、脇坂安元に仕える。
　¶大坂

小川信太郎*　おがわしんたろう
　弘化2（1845）年〜慶応2（1866）年2月18日　㊙小川佐太郎（おがわさたろう）　江戸時代後期〜末期の新撰組隊士。
　¶新隊（小川佐太郎　おがわさたろう）

小川穐*　おがわすい
　弘化1（1844）年〜明治41（1908）年　江戸時代末期〜明治時代の医者。著書に「兼六公園誌」など。
　¶幕末（㉞明治41（1908）年5月8日）

小河清流*　おがわすがる
　文政3（1820）年〜明治25（1892）年　江戸時代末期〜明治時代の神官、歌人。
　¶幕末（㉞明治25（1892）年9月21日）

小川椙太*　おがわすぎた
　天保8（1837）年〜明治28（1895）年　江戸時代後期〜明治時代の武士。彰義隊に参加。
　¶全集（㊗天保14（1843）年）、幕末（㊗天保14（1843）年）（㉞明治28（1895）年9月19日）

小川祐忠*　おがわすけただ
　？〜慶長6（1601）年　安土桃山時代の武将、大名。伊予国府城主。
　¶織田（生没年不詳）

小川鈴之*　おがわすずゆき
　文政5（1822）年〜明治26（1893）年　江戸時代末期〜明治時代の下総結城藩士。結城城の奪回をはかる。
　¶幕末（㊗文政5（1822）年8月3日　㉞明治26（1893）年1月18日）

小川澄門*　おがわすみかど
　天保5（1834）年〜大正7（1918）年　江戸時代末期〜大正時代の郷士。土佐勤王党に加盟し、五十人組にも参加。

¶幕末（㉞大正7（1918）年3月20日）

小川清斎*　おがわせいさい
　天保8（1837）年〜＊　江戸時代末期〜明治時代の医師（静岡藩医）。
　¶眼医（㉞明治33（1900）年）

小川清介*　おがわせいすけ
　天保9（1838）年〜明治37（1904）年　江戸時代末期〜明治時代の医師。著書に「老いのくり言」。
　¶幕末（㉞明治37（1904）年8月4日）

小川仙太郎　おがわせんたろう
　⇒小川吉太郎〔2代〕（おがわきちたろう）

小川大作*　おがわだいさく
　天保3（1832）年〜明治11（1878）年　江戸時代末期〜明治時代の郷士。藩命で京都に赴き皇居を守備する。
　¶幕末

小川多左衛門　おがわたざえもん
　世襲名　江戸時代中期の小河屋柳枝軒主人。
　¶出版

小川多左衛門〔2代〕*　おがわたざえもん
　生没年不詳　江戸時代中期の京都の書肆。貝原益軒の著作を多数出版。
　¶コン（代数なし）

小川忠篤　おがわただあつ
　⇒小川幸三（おがわこうぞう）

小川達太郎　おがわたつたろう
　江戸時代前期の代官。
　¶徳代（生没年不詳）

小川丹下*　おがわたんげ
　天明3（1783）年〜明治6（1873）年7月　江戸時代後期の対馬藩家老。
　¶幕末

小河筑後守信安　おがわちくごのかみのぶやす
　⇒小河信安（おがわのぶやす）

大河内具良　おおかわちともよし
　⇒大河内具良（おおこうちともよし）

小川常詮　おがわつねあき
　江戸時代後期の和算家。
　¶数学

小川常有*　おがわつねあり
　文化3（1806）年〜明治13（1880）年　江戸時代末期〜明治時代の会津藩士。藩の弓術師範。日置流を単称。
　¶幕末（㉞明治13（1880）年10月）

小川トク*（小川とく）　おがわとく
　天保10（1839）年〜大正2（1913）年12月24日　江戸時代末期〜明治時代の機織技術者。久留米縞織の創始者。
　¶幕末（小川とく　㊗天保11（1840）年12月1日）

小河土佐守　おがわとさのかみ
　安土桃山時代の北条氏直家臣小野藤八郎の同心。
　¶後北（土佐守〔小河〕　とさのかみ）

小川直子　おがわなおこ
　天保11（1840）年〜大正8（1919）年　江戸時代末期〜明治時代の歌人、教育者。加賀藩藩士河島良三左衛門の娘。

おかわな　456

¶江表（直子（石川県）），女史

小川直八*　おがわなおはち
嘉永1（1848）年～慶応2（1866）年　江戸時代末期の奇兵隊士。
¶幕末（㊣慶応2（1866）年9月29日）

小川長秋*　おがわながとき
天保12（1841）年～明治17（1884）年　江戸時代末期～明治時代の志士。蛤御門の戦いに奮戦。
¶幕末（㊧天保11（1841）年8月15日　㊣明治17（1884）年4月3日）

小川長正*　おがわながまさ
弘治1（1555）年～天正10（1582）年2月28日　戦国時代～安土桃山時代の織田信長の家臣。
¶織田

小川長保*　おがわながやす
弘治3（1557）年～寛永20（1643）年　安土桃山時代～江戸時代前期の武士。織田氏家臣、豊臣氏家臣、徳川氏家臣。
¶織田（㊣寛永20（1643）年7月17日）

小川夏子*　おがわなつこ
天保14（1843）年～大正14（1925）年4月25日　江戸時代末期～明治時代の歌人。佐原藩藩士小川琴城の妻。村上繁枝、沢田重穎に師事。
¶江表（夏子（千葉県））

小川信賢*　おがわのぶかた
文政8（1825）年～明治29（1896）年　江戸時代末期～明治時代の蚕糸業の先覚者、宇和島藩士。撚糸、染色などの発展に尽力。
¶幕末（㊣明治29（1896）年6月5日）

小河信安*　おがわのぶやす
㊟小河筑後守信安（おがわちくごのかみのぶやす）安土桃山時代の武士。
¶全戦（㊧？　㊣弘治3（1557）年）

小川法印　おがわのほういん
⇒忠快（ちゅうかい）

小川宮*　おがわのみや
応永11（1404）年～応永32（1425）年　室町時代の後小松天皇の皇子。
¶天皇（㊧応永12（1404）年）

小川破笠*　おがわはりつ
寛文3（1663）年～延享4（1747）年　㊟小川破笠（おがわはりゅう）、破笠（はりつ）　江戸時代中期の漆芸家。芭蕉門下の俳人。
¶江人、コン、俳文（破笠　はりつ　㊣延享4（1747）年6月3日），美画（㊣延享4（1747）年6月3日），美工（㊣延享4（1747）年6月3日）

小川破笠　おがわはりゅう
⇒小川破笠（おがわはりつ）

小川半吾*　おがわはんご
文政10（1827）年～明治25（1892）年　江戸時代末期～明治時代の筑後三池藩士。
¶幕末（㊣明治25（1892）年10月30日）

小川弘*　おがわひろし
文化13（1816）年～明治3（1870）年　江戸時代後期～明治時代の儒者。
¶幕末（㊧文化13（1817）年　㊣明治3（1870）年7月14日）

小川広慶　おがわひろよし
江戸時代中期の和算家。紀州の人。小川流を称す。

¶数学

小川亮*　おがわまこと
嘉永5（1852）年～明治34（1901）年　江戸時代末期～明治時代の会津藩士。戊辰戦争で白虎奇合一番隊に入隊。
¶幕末（㊣明治34（1901）年3月14日）

小川正意*　おがわまさおき
生没年不詳　㊟小川正意（おがわしょうい）　江戸時代前期の暦学者。授時暦書刊行の先駆者。
¶科学（おがわしょうい）

小川正方*　おがわまさかた
？～弘化3（1846）年　江戸時代後期の医者・歌人。
¶眼医（小川正方（真斎）　おがわせいほう　㊧文化4（1807）年　㊣嘉永3（1850）年）

小川正長　おがわまさなが
？～明暦1（1655）年　江戸時代前期の幕臣。
¶徳人、徳代

小川正信　おがわまさのぶ
江戸時代前期の代官。
¶徳代（生没年不詳）

小川正久　おがわまさひさ
江戸時代中期の代官。
¶徳代（㊧？　㊣元禄14（1701）年）

小河真文*　おがわまさぶみ
弘化4（1847）年～＊　㊟小河吉右衛門（おごうきちえもん），小河真文（おごうまさぶみ）　江戸時代末期～明治時代の久留米藩士、常備隊4番大隊参謀。大楽源太郎事件に連座して逮捕され斬罪。
¶幕末（おごうまさぶみ　㊣明治4（1872）年12月3日）

小川正吉*　おがわまさよし
大永4（1524）年～慶長12（1607）年4月9日　戦国時代～江戸時代前期の織田信長の家臣。
¶織田

小川又次*　おがわまたじ
嘉永1（1848）年～明治42（1909）年10月20日　㊟小川又次（おがわまたつぐ）　江戸時代末期～明治時代の豊前小倉藩士、陸軍軍人。
¶全幕（おがわまたつぐ）

小川又次　おがわまたつぐ
⇒小川又次（おがわまたじ）

小川盈長　おがわみつなが
貞享3（1686）年～明和4（1767）年　江戸時代前期～中期の幕臣。
¶徳人、徳代（㊣明和4（1767）年10月21日）

尾川光久*　おがわみつひさ
文化2（1805）年～万延1（1860）年　江戸時代末期の剣術・拳法家。
¶幕末（㊣万延1（1860）年8月17日）

小川師房　おがわもろふさ
江戸時代後期～末期の和算家、桑名藩士。内田五観に関流の算学を学ぶ。
¶数学

小川八十槌*　おがわやそつち
？～慶応1（1865）年　江戸時代末期の長州（萩）藩士、選鋒隊士。
¶幕末（㊣慶応1（1865）年6月18日）

小川有香の妻　おがわゆうこうのつま*
江戸時代中期の女性。和歌。関東郡代伊奈半左衛門の家臣小川有香の妻。
¶江表(小川有香の妻(東京都)　[没]元文5(1740)年)

小川行広　おがわゆきひろ
江戸時代前期の豊後国日田・高松代官。
¶徳代(生没年不詳)

小川愛道　おがわよしみち
⇒小川愛道(おがよしみち)

小川好安　おがわよしやす
安土桃山時代～江戸時代前期の真田氏の家臣。
¶全戦([生]?　[没]寛永16(1639)年)

小川頼勝　おがわよりかつ
安土桃山時代～江戸時代前期の幕臣。
¶徳人([生]1595年　[没]1656年)

小河原雨塘*　おがわらうとう
宝暦8(1758)年～天保3(1832)年　[別]雨塘，雨塘〔2代〕(うとう)　江戸時代中期～後期の俳人。
¶俳文(雨塘〔2世〕　うとう　[没]天保3(1832)年11月18日)

小河原大蔵右衛門尉　おがわらおおくらえもんのじょう
戦国時代の川口の富士山御師。
¶武田(生没年不詳)

小河原左宮*　おがわらさみや
*～明治1(1868)年　[別]小河原左宮(こがわらさみや)　江戸時代末期の前橋藩執政。
¶幕末([生]文政1(1818)年　[没]慶応4(1868)年閏4月3日)

小河原重清　おがわらしげきよ
戦国時代の上野国衆小幡縫殿助の家臣?
¶武田(生没年不詳)

小河原土佐守〔1代〕　おがわらとさのかみ
戦国時代の川口の富士山御師。
¶武田(生没年不詳)

小河原土佐守〔2代〕　おがわらとさのかみ
戦国時代の川口の富士山御師。
¶武田(生没年不詳)

小河原秀之丞*　おがわらひでのじょう
天保2(1831)年～万延1(1860)年　江戸時代末期の近江彦根藩士。
¶幕末([没]安政7(1860)年3月3日)

沖一峨*　おきいちが
*～安政2(1855)年　江戸時代末期の画家。
¶美画([生]寛政8(1796)年12月25日　[没]安政2(1855)年8月13日)

沖一平*　おきいっぺい
生没年不詳　江戸時代末期の薩摩藩士。
¶幕末

荻生徂徠　おぎうそらい
⇒荻生徂徠(おぎゅうそらい)

荻江　おぎえ*
江戸時代後期～明治時代の女性。教育・漢詩・和歌。秩父郡大宮郷の漢学者で医者松本万年の娘。
¶江表(荻江(埼玉県)　[生]嘉永4(1851)年　[没]明治32(1899)年)

荻江里八　おぎえりはち
⇒清元斎兵衛〔3代〕(きよもとさいべえ)

荻江露友　おぎえろゆう
世襲名　江戸時代の長唄荻江節の家元。江戸時代に活躍したのは、初世から3世まで。
¶江人

荻江露友〔1代〕*　おぎえろゆう
?～天明7(1787)年　江戸時代中期の長唄立唄。荻江節の開祖。
¶歌大, コン

荻江露友〔2代〕*　おぎえろゆう
?～寛政7(1795)年　江戸時代中期の荻江節家元。
¶コン([没]寛政10(1798)年)

荻江露友〔4代〕*　おぎえろゆう
天保7(1836)年～明治17(1884)年　江戸時代末期～明治時代の商人、荻江節家元。荻江節中興の租。
¶コン

沖垣斎宮*　おきがきいつき
天保13(1842)年～明治5(1872)年　江戸時代末期～明治時代の志士、海軍兵学寮取締役。
¶幕末([没]明治5(1872)年10月24日)

沖鴨女・沖かも女　おきかもじょ*
江戸時代後期の女性。狂歌。文化1年刊、四方真顔ほか編『狂歌武射志風流』に載る。
¶江表(沖鴨女・沖かも女(東京都))

お菊*(1)
慶長1(1596)年～延宝7(1679)年　安土桃山時代～江戸時代前期の女性。豊臣秀吉の側室淀君の侍女。
¶大坂(お菊　おきく　[没]延宝6年)

お菊*(2)　おきく
江戸時代の女性。皿屋敷怪談の主人公。
¶コン

おき子　おきこ*
江戸時代後期の女性。和歌。庄内藩主酒井家の娘。嘉永4年序、鈴木直磨編『八十番歌合』に載る。
¶江表(おき子(山形県))

起子　おきこ*
江戸時代後期の女性。和歌。公卿唐橋在久の妻。嘉永4年刊、木曽義昌二五〇回忌追善『波布里集』に載る。
¶江表(起子(京都府))

興子　おきこ*
江戸時代後期の女性。日記。薩摩藩主島津斉宣の娘。
¶江表(興子(京都府)　[生]文化4(1807)年　[没]嘉永3(1850)年)

荻子　おぎこ*
江戸時代中期の女性。俳諧。長門長府の人。安永7年、菊舎26歳の時の最初の句文集「改称賀章集」に載る。
¶江表(荻子(山口県))

尾木子　おぎこ*
江戸時代後期の女性。和歌。大坂中船場の石田氏の後妻。嘉永3年刊、顕井広出著『庵のうめ集』に載る。
¶江表(尾木子(大阪府))

沖剛介*　おきごうすけ
天保14(1843)年～元治1(1864)年　[別]沖天外(おきてんがい)　江戸時代末期の因幡鳥取藩士。

お

¶全幕

隠岐重忠　おきしげただ
江戸時代中期の幕臣。
¶徳人([生]?　[没]1703年)

於岐女　おきじょ★
江戸時代末期の女性。和歌。岡部東平の娘。慶応2年序、村上忠順編『元治元年千首』に載る。
¶江表(於岐女(東京都))

沖女　おきじょ★
江戸時代中期の女性。俳諧。伊勢山田の人。元禄14年刊、太田白雪編『きれぎれ』に載る。
¶江表(沖女(三重県))

尾木女　おぎじょ★
江戸時代中期の女性。狂歌。天明7年刊、宿屋飯盛編『古今狂歌袋』に、琴を前に座る姿絵と歌が載る。
¶江表(尾木女(東京都))

沖次郎右衛門　おきじろ(う)えもん
江戸時代前期の武士。大坂の陣で籠城。
¶大坂

沖治郎右衛門　おきじろ(う)えもん
江戸時代前期の隠岐の住人。大坂の陣で籠城。
¶大坂

沖杉知重　おきすぎともしげ
江戸時代後期の和算家。
¶数学

小木曽猪兵衛*　おぎそいへえ
文化12(1815)年～明治22(1889)年　江戸時代末期～明治時代の義民、神官。過去の一揆を研究し、南山一揆を指導し成功させる。大平のお師匠様とよばれる。
¶江人, コン

小木曽三禎*　おぎそさんてい
文政4(1821)年～文久2(1862)年　江戸時代末期の医師。
¶幕末

お喜曽の方　おきそのかた
⇒お屋知の方(おやちのかた)

息石耳命　おきそみみのみこと
⇒息石耳命(いきしみみのみこと)

置始稲足　おきそめのいなたり
奈良時代の官人。
¶古人(生没年不詳)

置始菟*　おきそめのうさぎ
生没年不詳　[別]置始連菟(おきそめのむらじうさぎ)　飛鳥時代の武将。壬申の乱で活躍。
¶古人, 古代(置始連菟　おきそめのむらじうさぎ), コン

置始大伯　おきそめのおおく
飛鳥時代の遣唐使判官。白雉5年遣唐使判官となり入唐、翌年帰朝。
¶古人(生没年不詳)

置始実奉　おきそめのさねとも
平安時代中期の官人。
¶古人(生没年不詳)

置始縄継　おきそめのただつぐ
平安時代前期の官人。
¶古人(生没年不詳)

置始久行　おきそめのひさゆき
平安時代後期の大和国平田荘専当。
¶古人(生没年不詳)

置始房平　おきそめのふさひら
平安時代中期の官人。
¶古人(生没年不詳)

置始連菟　おきそめのむらじうさぎ
⇒置始菟(おきそめのうさぎ)

置始行吉　おきそめのゆきよし
平安時代後期の人。大和国平田荘の荘官か。
¶古人(生没年不詳)

荻田安静*　おぎたあんせい
?～寛文9(1669)年　[別]安静(あんせい，やすきよ)　江戸時代前期の俳人(貞門)。
¶俳文(安静　あんせい　[没]寛文9(1669)年10月9日)

沖田承之進*　おきたしょうのしん
弘化4(1847)年～?　江戸時代後期～末期の新撰組隊士。
¶新隊

沖田総司*　おきたそうじ
弘化1(1844)年～明治1(1868)年　江戸時代末期の剣士。新撰組の一番隊隊長。
¶江人([生]1842・44年), コン([生]天保13(1842)年), 新隊([生]天保13(1842)年　[没]明治1(1868)年5月30日), 全幕([生]天保13(1842)年　[没]慶応4(1868)年), 徳人, 幕末([生]天保15(1844)年　[没]慶応4(1868)年5月30日)

荻田藤五郎　おぎたとうごろう
江戸時代前期の越後の人。大坂籠城。
¶大坂

荻田王　おぎたのおう
奈良時代の官人。
¶古人(生没年不詳)

沖田ミツ*　おきたみつ
天保4(1833)年～明治40(1907)年　江戸時代末期～明治時代の女性。沖田総司の長姉、新徴組沖田林太郎の妻。
¶幕末([生]天保4(1833)年4月8日　[没]明治40(1907)年11月2日)

沖田芳次郎*　おきたよしじろう
嘉永6(1853)年～明治28(1895)年　江戸時代末期～明治時代の新徴組隊士。庄内新徴組三番隊に属し戊辰庄内戦争に参加。
¶幕末([生]嘉永6(1853)年1月26日　[没]明治28(1895)年1月26日)

沖田林太郎*　おきたりんたろう
文政9(1826)年～明治16(1883)年　江戸時代末期～明治時代の白河藩士。林茂助の一番隊伍長。
¶全幕, 幕末([生]文政9(1826)年2月22日　[没]明治16(1883)年2月13日)

沖探三の母　おきたんぞうのはは★
江戸時代末期の女性。書簡。沖一峨の妻、探三の母。
¶江表(沖探三の母(鳥取県))

お吉　おきち
⇒唐人お吉(とうじんおきち)

興津　おきつ★
江戸時代中期の女性。俳諧。魚津の人。享保13年刊、各務支考序、半三・仙石廬元坊共編『桃の首途』に載る。

¶江表（興津〔富山県〕）

興津右近*(1)　おきつうこん

[別]興津右近丞（おきつうこんのじょう）　戦国時代～安土桃山時代の武将。後北条氏家臣。太田資行の同心。

¶後北（右近丞〔興津（1）〕　うこんのじょう）

興津右近(2)　おきつうこん

安土桃山時代の武蔵国小机城主北条氏光の家臣。

¶後北（右近〔興津（1）〕　うこん）

興津右近丞　おきつうこんのじょう

⇒興津右近（おきつうこん）

興津興忠*　おきつおきただ

戦国時代の武将。今川氏家臣。

¶武田（生没年不詳）

興津加賀守*(1)　おきつかがのかみ

生没年不詳　戦国時代の武士。今川氏家臣、後北条氏家臣。

¶後北（加賀守〔興津（2）〕　かがのかみ）

興津加賀守(2)　おきつかがのかみ

安土桃山時代の北条氏政・氏直の家臣。初代加賀守の嫡男か。

¶後北（加賀守〔興津（2）〕　かがのかみ）

荻津勝章*　おぎつかつあき

文政4（1821）年1月29日～大正4（1915）年1月3日　江戸時代末期～大正時代の画家。代表作「夜叉の図」（八橋菅原神社）。

¶美画

荻津勝孝*　おぎつかつたか

延享3（1746）年～文化6（1809）年　江戸時代後期の洋画家。

¶美画（[没]文化6（1809）年8月19日）

興津蔵人*　おきつくらんど

文化11（1814）年～明治19（1886）年　江戸時代末期～明治時代の水戸藩士。

¶幕末（[没]明治19（1886）年1月20日）

興津左近助　おきつさこんすけ

戦国時代の駿河国衆興津氏の一族。穴山家臣。

¶武田（生没年不詳）

興津左近助*　おきつさこんのすけ

生没年不詳　戦国時代の北条氏の家臣。

¶後北（左近助〔興津（3）〕　さこんのすけ）

興津十郎兵衛　おきつじゅうろうひょうえ

安土桃山時代の武田氏の家臣。

¶武田（[生]？　[没]天正3（1575）年5月21日）

沖津醇*　おきつじゅん

天保2（1831）年～明治44（1911）年　江戸時代末期～明治時代の会津藩士、教育者。天覧授業を実施。

¶幕末

興津庄蔵　おきつしょうぞう

江戸時代前期の代官。

¶徳代（生没年不詳）

興津所左衛門*　おきつしょざえもん

天保10（1839）年～明治1（1868）年　江戸時代末期の水戸藩士。

¶幕末（[没]明治1（1868）年10月10日）

興津甚兵衛尉*　おきつじんべえのじょう

生没年不詳　戦国時代の北条氏の家臣。

¶後北（甚兵衛尉〔興津（2）〕　じんべえのじょう）

興津摂津守　おきつせっつのかみ

戦国時代～安土桃山時代の北条氏康・氏政の家臣。はじめ今川氏真に仕えた。

¶後北（摂津守〔興津（3）〕　せっつのかみ）

興津忠通　おきつただみち

江戸時代中期～後期の幕臣。

¶徳人（[生]1716年　[没]1794年）

興津筑後*　おきつちくご

戦国時代の武将。後北条氏家臣。

¶後北（筑後〔興津（4）〕　ちくご）

興津藤左衛門尉　おきつとうざえもんのじょう

安土桃山時代の駿河国駿東郡青野郷にある愛鷹明神社の神主。

¶武田（[生]？　[没]天正4（1576）年）

興津藤六　おきつとうろく

江戸時代前期の武田氏の家臣。

¶武田（[生]？　[没]元和4（1618）年）

興津実*　おきつみのる

弘化2（1845）年～明治16（1883）年6月9日　江戸時代末期～明治時代の浜田藩士。

¶幕末

興津弥四郎*　おきつやしろう

戦国時代の武将。今川氏家臣。

¶後北（弥四郎〔興津（3）〕　やしろう），武田（生没年不詳）

興津良重　おきつよししげ

江戸時代前期～中期の代官。

¶徳代（[生]寛永10（1633）年　[没]元禄10（1697）年2月20日）

興津良次　おきつよしつぐ

安土桃山時代～江戸時代前期の代官。

¶徳代（生没年不詳）

興津良信　おきつよしのぶ

戦国時代～江戸時代前期の代官。

¶徳代（[生]天文11（1542）年　[没]寛永1（1624）年1月27日）

興津良政　おきつよしまさ

江戸時代前期～中期の武士、勘定。

¶徳代（[生]寛文12（1672）年　[没]寛保3（1743）年10月8日）

沖天外　おきてんがい

⇒沖剛介（おきごうすけ）

隠岐土佐守　おきとさのかみ

安土桃山時代の織田信長の家臣。荒木村重に仕えた。

¶織田（生没年不詳）

隠岐虎清　おきとらきよ

戦国時代の信濃佐久郡の国衆。

¶武田（[生]？　[没]天文8（1539）年10月13日）

雄城直記*　おぎなおき

？～慶応3（1867）年　江戸時代末期の肥前大村藩士。

¶幕末（[没]慶応3（1867）年4月）

お

興良親王* おきながしんのう
生没年不詳 [別]赤松宮(あかまつのみや), 興良親王(おきよししんのう), 大塔若宮(たいとうわかみや), 陸良親王(みちながしんのう) 南北朝時代の護良親王の子、南朝の征夷大将軍。
¶コン,室町(おきよししんのう)

息長足日広額尊 おきながたらしひひろぬかのみこと
⇒舒明天皇(じょめいてんのう)

気長足姫尊(息長足日女命, 息長帯比売命) おきなかたらしひめのみこと, おきながたらしひめのみこと
⇒神功皇后(じんぐうこうごう)

息長田別命 おきながたわけのみこ
上代の成務天皇の甥、日本武尊の妃、近淡海の子。
¶天皇

息長家成 おきながのいえなり
平安時代前期の官人。
¶古人(生没年不詳)

息長大国 おきながのおおくに
奈良時代の官人。
¶古人(生没年不詳)

息長臣足 おきながのおみたり
奈良時代の官人。
¶古人(生没年不詳)

息長老 おきながのおゆ
飛鳥時代～奈良時代の遣新羅使。
¶古人([生]? [没]712年)

息長浄継 おきながのきよつぐ
奈良時代の官人。
¶古人(生没年不詳)

息長国島* おきながのくにしま
奈良時代の常陸国の防人部領使。
¶古人(生没年不詳)

息長国経 おきながのくにつね
平安時代後期の官人。
¶古人(生没年不詳)

息長国倫 おきながのくにみち
平安時代後期の官人。
¶古人(生没年不詳)

息長福麿 おきながのさきまろ
平安時代前期の人。近江国坂田郡の副擬大領。
¶古人(生没年不詳)

息長常貞 おきながのつねさだ
平安時代後期の紀伊国木本御厨検校職。
¶古人(生没年不詳)

息永氷河 おきながのながかわ
平安時代前期の官人。
¶古人(生没年不詳)

息長名代 おきながのなしろ
奈良時代の官人。
¶古人(生没年不詳)

息長信忠 おきながののぶただ
平安時代中期の山城追補使。
¶古人(生没年不詳)

息長信成 おきながののぶなり
平安時代後期の官人。
¶古人(生没年不詳)

息長則政 おきながののりまさ
平安時代中期の官人。
¶古人(生没年不詳)

息長広長 おきながのひろなが
奈良時代の画師。東大寺大仏殿の彩色に従う。
¶古人(生没年不詳)

息長広姫 おきながのひろひめ
⇒広姫(ひろひめ)

息長文継* おきながのふみつぐ
生没年不詳 平安時代前期の官人で嵯峨天皇の側近。
¶古人

息長正則 おきながのまさのり
平安時代中期の官人。
¶古人(生没年不詳)

息長真手王 おきながのまてのおおきみ
上代の皇族。敏達天皇皇后広姫の父。
¶古物

息長道足 おきながのみちたり
奈良時代の官人。
¶古人(生没年不詳)

息長光保 おきながのみつやす
平安時代中期の近江国筑摩御厨長。
¶古人(生没年不詳)

息長吉定 おきながのよしさだ
平安時代後期の官人。
¶古人(生没年不詳)

荻野(1) おぎの★
江戸時代中期の女性。和歌。仙台藩主伊達宗村の室温子の侍女。元文4年成立、畔充英写「宗村朝臣亭後宴和歌」に載る。
¶江表(荻野(宮城県))

荻野(2) おぎの★
江戸時代後期の女性。俳諧。翠瀾亭風静の娘。幼い時から俳諧に親しむ。
¶江表(荻野(山口県))

荻野伊三郎〔1代〕* おぎのいさぶろう
元禄16(1703)年～寛延1(1748)年 [別]初朝(しょちょう), 萩野伊三郎(はぎのいさぶろう) 江戸時代中期の歌舞伎役者。享保6年～延享4年頃に活躍。
¶浮絵

荻野伊三郎〔2代〕 おぎのいさぶろう
⇒坂東三津五郎〔2代〕(ばんどうみつごろう)

荻野伊三郎〔3代〕* おぎのいさぶろう
天明6(1786)年～文政11(1828)年12月9日 [別]荻野仙花(おぎのせんか), 尾上紋三郎〔2代〕(おのえもんさぶろう), 仙花(せんか) 江戸時代後期の歌舞伎役者。寛政3年～文政11年頃に活躍。
¶浮絵

荻野伊三郎〔4代〕 おぎのいさぶろう
江戸時代後期～明治時代の歌舞伎俳優。
¶浮絵([生]文政11(1828)年 [没]明治6(1873)年)

隠岐院 おきのいん
⇒後鳥羽天皇(ごとばてんのう)

荻野亀吉　おぎのかめきち
⇒沢村国太郎〔2代〕(さわむらくにたろう)

荻野吉三郎　おぎのきちさぶろう
⇒関三十郎〔1代〕(せきさんじゅうろう)

荻野恭杏　おぎのきょうあん
江戸時代の眼科医。
¶眼科(㊁? ㊁明治7(1874)年)

荻野錦子〔1代〕(荻野錦紫)　おぎのきんし
⇒沢村国太郎〔2代〕(さわむらくにたろう)

荻野元凱*　おぎのげんがい
元文2(1737)年～文化3(1806)年　江戸時代中期
～後期の医師。西洋の刺絡法を導入した御典医。
¶科学(㊁文化3(1806)年4月20日),眼医,コン

荻野権之丞朝光　おぎのごんのじょうともみつ
江戸時代前期の豊臣秀頼の家臣。
¶大坂(㊁寛永10年10月15日)

荻野左馬之丞〔1代〕　おぎのさまのじょう
⇒荻野沢之丞(おぎのさわのじょう)

荻野沢之丞*　おぎのさわのじょう
明暦2(1656)年～宝永1(1704)年8月19日　㊞井上
半左衛門(いのうえはんざえもん),荻野左馬之丞
〔1代〕(おぎのさまのじょう),佐七(さしち),袖
香(しゅうか),藤十郎(とうじゅうろう),萩野沢
之丞(はぎのさわのじょう)　江戸時代中期の歌舞
伎役者。貞享年間～元禄17年頃に活躍。
¶歌大,コン,新歌(㊁1675年)

荻野鹿之介　おぎのしかのすけ
江戸時代前期の石田三成の家臣。藤堂高虎に仕え
た。慶長20年藤堂家を退去、大坂籠城。
¶大坂

小城二郎　おぎのじろう
平安時代後期の人。筑前国観世音寺領大石山北封・
把岐荘に乱入し在家を焼払うなどの乱暴を働いた
として告発された。
¶古人(生没年不詳)

興野助九郎　おぎのすけくろう
⇒興野介九郎(きゅうのすけくろう)

荻野仙花　おぎのせんか
⇒荻野伊三郎〔3代〕(おぎのいさぶろう)

荻野扇女*　おぎのせんじょ
?～明治5(1872)年　㊞金屋橋の太夫(かなやばし
のたゆう),花又(はなまた),扇女(せんじょ),藤
川勝三郎〔1代〕(ふじかわかつさぶろう),藤川花
友〔3代〕(ふじかわかゆう),藤川友吉〔3代〕(ふじ
かわともきち)　江戸時代末期～明治時代の歌舞伎
役者。弘化2年～明治4年頃に活躍。
¶歌大(藤川友吉〔3代〕　ふじかわともきち　㊁文化12
(1815)年　㊁明治4(1871)年8月11日)

荻野惣吉　おぎのそうきち
⇒荻野八重桐〔2代〕(おぎのやえぎり)

沖野忠雄　おきのただお
江戸時代末期～大正時代の土木技術者。
¶科学(㊁嘉永7(1854)年1月21日㊁大正10(1921)年3
月26日)

荻野道喜　おぎのどうき
⇒氏家行広(うじいえゆきひろ)

荻野独園*　おぎのどくおん
文政2(1819)年～明治28(1895)年8月10日　江戸
時代末期～明治時代の臨済宗僧侶、相国寺住職。大
教院設置。院長兼禅門三宗総管長となり神仏両宗
意交説を主張。
¶コン,幕末(㊁文政2(1819)年6月　㊁明治28(1895)年
7月10日)

荻野俊重*　おぎのとししげ
?～治承4(1180)年　平安時代後期の相模国愛甲郡
荻野郷の武士。
¶古人

荻野朝忠*　おぎのともただ
生没年不詳　南北朝時代の武将、丹波国人。
¶室町

荻野直正　おぎのなおまさ
⇒赤井直正(あかいなおまさ)

荻野隼太　おぎのはやた
⇒佐々木貞介(ささきていすけ)

荻野八重桐〔2代〕*　おぎのやえぎり
享保11(1726)年～宝暦13(1763)年　㊞荻野惣吉
(おぎのそうきち),桐巴,藤巴(とうは),萩野八
重桐〔2代〕(はぎのやえぎり)　江戸時代中期の歌
舞伎役者。宝暦1～13年頃に活躍。
¶新歌(萩野八重桐〔2世〕　はぎのやえぎり)

荻野八重桐〔3代〕　おぎのやえぎり
⇒沢村国太郎〔2代〕(さわむらくにたろう)

荻野良蔵*　おぎのりょうぞう
文政9(1826)年～明治40(1907)年　江戸時代末期
～明治時代の庄屋。「勧農忠孝誌」などを刊行。
¶幕末(㊁文政9(1826)年8月14日　㊁明治40(1907)年2
月18日)

荻原重秀　おぎはらしげひで
⇒荻原重秀(おぎわらしげひで)

興原敏久　おきはらとしひさ
⇒興原敏久(おきはらのみにく)

興原宿禰敏久　おきはらのすくねみにく
⇒興原敏久(おきはらのみにく)

興原敏久　おきはらのとしひさ
⇒興原敏久(おきはらのみにく)

興原敏久*　おきはらのみにく
生没年不詳　㊞興原敏久(おきはらとしひさ,おき
はらのとしひさ,おきわらのとしひさ),興原宿禰
敏久(おきはらのすくねみにく),物部敏久(ものの
べのみにく)　平安時代前期の明法家。
¶古人(おきはらのとしひさ),古人(物部敏久　もののべ
のみにく),古代(興原宿禰敏久　おきはらのすくねみ
にく),コン(おきわらのとしひさ)

荻原昌勝*　おぎはらまさかつ
?～天文4(1535)年9月13日　㊞荻原常陸介(おぎ
わらひたちのすけ)　戦国時代の武田氏の重臣。
¶武田(荻原常陸介　おぎわらひたちのすけ　㊁寛正1
(1460)年? ㊁天文4(1535)年9月13日?)

隠岐正甫の妻　おきまさとしのつま*
江戸時代後期の女性。和歌。寛政2年序、隠岐正
甫・清水貞固撰「続稲葉和歌集」に載る。
¶江表(隠岐正甫の妻(鳥取県))

おきみち　　　462

興道傅済　おきみちのすけなり
平安時代中期の官人。
¶古人（生没年不詳）

興道名継*　おきみちのなつぐ
？〜貞観18（876）年　平安時代前期の医師。
¶古人、コン

興道春宗　おきみちのはるむね
平安時代前期の官人。
¶古人（生没年不詳）

隠岐宗清　おきむねきよ
戦国時代の尼子氏家臣。
¶室町（㊀？　㊁天文13（1544）年）

置目*　おきめ
生没年不詳（置目老媼（おきめのおみな）　上代
の女性。顕宗天皇に仕えた老婆。
¶古代（置目老媼　おきめのおみな），コン

置目老媼　おきめのおみな
⇒置目（おきめ）

沖本道愛*　おきもとどうあい
天保12（1841）年〜明治23（1890）年　江戸時代末期
〜明治時代の庄屋代。戊辰戦争では迅衛隊半隊長。
¶幕末（㊁明治23（1890）年12月9日）

沖守固　おきもりかた
江戸時代後期〜明治時代の鳥取藩士。
¶幕末（㊀天保12（1841）年6月13日　㊁大正1（1912）年
10月7日）

荻生児川*　おぎゅうじせん
文政1（1818）年〜明治18（1885）年　江戸時代末期
〜明治時代の治隆寺修験、俳人。近在の青少年に和
漢の教授。著書に「児川句集」。
¶幕末（㊁明治18（1885）年12月12日）

荻生徂徠*　おぎゅうそらい
寛文6（1666）年〜享保13（1728）年　物茂卿（ぶつもけい）　江戸時代
中期の儒者。古文辞学を大成。
¶江人、コン、詩作（㊀寛文6（1666）年2月16日　㊁享保13
（1728）年1月19日），思想、徳将、徳人、日文、山小
（㊀1666年2月16日　㊁1728年1月19日）

荻勇太郎*　おぎゅうたろう
天保3（1832）年〜明治1（1868）年　江戸時代末期
の諸生派。
¶幕末（㊁明治1（1868）年10月3日）

大給近説　おぎゅうちかよし
⇒松平近説（まつだいらちかよし）

荻生北渓　おぎゅうほくけい
⇒荻生北渓（おぎゅうほっけい）

荻生北渓*　おぎゅうほっけい
延宝1（1673）年〜宝暦4（1754）年1月20日　荻生
北渓（おぎゅうほくけい）　江戸時代中期の幕臣、
儒者。徳川綱吉・吉宗に重用された。
¶コン

大給恒*　おぎゅうゆずる
天保10（1839）年〜明治43（1910）年1月6日　松
平乗謨（まつだいらのりかた）　江戸時代末期〜明
治時代の竜岡藩知事、伯爵。元老院議官、賞勲局総
裁などを歴任。
¶コン、徳松（松平乗謨（大給恒）　まつだいらのりかた），

幕末（㊀天保10（1839）年11月13日）

荻生録造　おぎゅうろくぞう
江戸時代末期〜大正時代の医学者、眼科医。
¶科学（㊀安政6（1859）年7月23日　㊁大正3（1914）年12
月10日）

興世王*　おきよおう
？〜天慶3（940）年　平安時代中期の官人、武蔵権
守。平将門の副将的存在。
¶古人

興良親王　おきよししんのう
⇒興良親王（おきながしんのう）

沖良道*　おきよしみち
天保4（1833）年〜明治2（1869）年　江戸時代末期
の土佐郷士。
¶幕末（㊁明治2（1869）年9月10日）

興世朝臣書主　おきよのあそんふみぬし
⇒興世書主（おきよのふみぬし）

興世有年　おきよのありとし
平安時代前期の人。藤原元利万侶が新羅国王に通
謀した事件に関わる。
¶古人（生没年不詳）

興世有法　おきよのありのり
平安時代前期の官人。
¶古人（生没年不詳）

興世貞町　おきよのさだまち
平安時代前期の官人。
¶古人（生没年不詳）

興世高世　おきよのたかよ
平安時代前期の官人。承和6年越中介外従五位下
で、慶雲の出現を報ずる。
¶古人（生没年不詳）

興世書主*　おきよのふみぬし
宝亀9（778）年〜嘉祥3（850）年　興世朝臣書主
（おきよのあそんふみぬし）、吉田書主（きちたのふ
みぬし）、きったのふみぬし、きのたのふみぬし）
平安時代前期の官人。和琴の名手。
¶古人、古代（興世朝臣書主　おきよのあそんふみぬし），
コン

沖良賢*　おきりょうけん
嘉永2（1849）年〜大正9（1920）年　江戸時代末期〜
大正時代の土佐藩士。戊辰戦争後、徒士役に昇進。
¶幕末（㊀嘉永2（1849）年4月29日　㊁大正9（1920）年2
月13日）

荻原右馬丞　おぎわらうまのじょう
戦国時代の武士。信玄旗本の陣立書に、その名がみ
える。
¶武田（生没年不詳）

荻原源八郎　おぎわらげんぱちろう
戦国時代〜安土桃山時代の武田氏・徳川氏の家臣。
¶武田（㊁天文2（1533）年5月10日）

荻原定久　おぎわらさだひさ
戦国時代の武士。民部。上野の武士と思われるが、
詳細不明。
¶武田（生没年不詳）

荻原重秀*　おぎわらしげひで
万治1（1658）年〜正徳3（1713）年　荻原重秀（お
ぎはらしげひで）　江戸時代前期〜中期の幕臣、勘

定頭。
¶江人([生]?), コン, 徳将, 徳人, 徳代([生]明暦3(1657)年 [没]正徳3(1713)年9月26日), 山小([没]1713年9月26日)

荻原重吉　おぎわらしげよし
戦国時代の武士。玄蕃允。上野の武士と思われるが、詳細は不明。
¶武田(生没年不詳)

荻原春山　おぎわらしゅんざん
江戸時代後期～明治時代の日本画家。
¶美画([生]文政4(1821)年8月　[没]明治36(1903)年6月)

荻原時章　おぎわらときあき
江戸時代中期の和算家。
¶数学

荻原友標　おぎわらともすえ
*～文化10(1813)年　江戸時代中期～後期の幕臣、代官。
¶徳人([生]?), 徳代([生]寛保1(1741)年　[没]文化10(1813)年5月25日)

荻原長久　おぎわらながひさ
戦国時代の武士。図書助。上野の武士と思われるが、詳細は不明。
¶武田(生没年不詳)

興原敏久　おきわらのとしひさ
⇒興原敏久(おきはらのみにく)

荻原乗秀　おぎわらのりひで
*～享保20(1735)年　江戸時代中期の幕臣、代官、佐渡奉行。
¶徳人([生]?), 徳代([生]元禄8(1695)年　[没]享保20(1735)年4月26日)

荻原備中守　おぎわらびっちゅうのかみ
戦国時代の武田氏の家臣。
¶武田([生]?　[没]享禄1(1528)年9月30日)

荻原豊前守　おぎわらぶぜんのかみ
戦国時代～安土桃山時代の武田氏の家臣。
¶武田([生]永正6(1509)年　[没]天正9(1581)年10月8日)

荻原昌重　おぎわらまさしげ
安土桃山時代～江戸時代前期の幕臣。
¶徳人([生]1563年　[没]1641年)

お金の方　おきんのかた
⇒お金の方(おかねのかた)

奥　おく★
江戸時代中期の女性。俳諧。加賀の遊女。享保11年序、兎路編、女性句集『姫の式』に載る。
¶江表(奥(石川県))

奥秋大蔵　おくあきおおくら
戦国時代の武田氏家臣。小山田氏の被官。
¶武田(生没年不詳)

奥秋長吉　おくあきながよし
戦国時代の武田氏家臣。小山田氏の被官。
¶武田(生没年不詳)

奥秋房吉　おくあきふさよし
戦国時代の武田氏の家臣、郡内小山田氏の被官。
¶武田(生没年不詳)

奥采女*　おくうねめ
生没年不詳　戦国時代の武蔵鉢形城主北条氏邦の奉行人。
¶後北(采女〔奥〕　うねめ)

奥采女正　おくうねめのかみ
安土桃山時代の武蔵国鉢形城主北条氏邦の家臣三山綱定の同心。源右衛門。
¶後北(采女正〔奥〕　うねめのかみ　[没]天正10年6月19日)

億川一郎　おくかわいちろう, おくがわいちろう
⇒岸本一郎(きしもといちろう)

奥邦雅*　おくくにまさ
文化10(1813)年～慶応2(1866)年　江戸時代末期の砲術家、安芸広島藩士。
¶幕末([没]慶応2(1866)年5月21日)

奥倉魚仙*　おくぐらぎょせん
?～安政6(1859)年　[別]奥倉辰行(おくくらたつゆき)　江戸時代末期の画家。
¶コン(生没年不詳), 美画([没]安政6(1859)年8月12日)

奥倉辰行　おくくらたつゆき
⇒奥倉魚仙(おくぐらぎょせん)

奥源太郎重俊　おくげんたろうしげとし
江戸時代前期の紀伊国那賀郡安楽川荘の人。大坂城落城後、郷里に退去。
¶大坂

奥子(1)　おくこ★
江戸時代後期の女性。和歌。和歌山の高垣八郎右衛門是正の妻。天保4年刊、加納諸平編『類題鰒玉集』二に載る。
¶江表(奥子(和歌山県))

奥子(2)　おくこ★
江戸時代末期の女性。和歌。因幡鳥取藩の奥女中。安政3年序、井上文雄編『摘英集』に載る。
¶江表(奥子(鳥取県))

小草野隆吉　おぐさのたかよし
戦国時代の信濃小県郡の国衆。海野氏の被官。
¶武田(生没年不詳)

小草野孫左衛門尉　おぐさのまござえもんのじょう
戦国時代の信濃小県郡の国衆。海野氏の被官とみられる。
¶武田(生没年不詳)

奥沢栄助*　おくざわえいすけ
?～元治1(1864)年　江戸時代末期の新撰組。
¶新隊([没]元治1(1864)年6月5日), 全幕, 幕末([没]元治1(1864)年6月5日)

奥沢次郎*　おくざわじろう
江戸時代末期の新撰組隊士。
¶新隊(生没年不詳)

小串邦太*　おぐしくにた
天保9(1838)年～文久3(1863)年　江戸時代末期の杵築藩士。
¶幕末([没]文久3(1863)年6月18日)

奥底内子　おくそこないし★
江戸時代中期の女性。狂歌。天明7年、四方山人序『狂歌千里同風』に載る。
¶江表(奥底内子(東京都))

奥平鶯居*　おくだいらおうきょ
文化6(1809)年～*　[別]鶯居(おうきょ)　江戸時代後期～明治時代の俳人、武士。
¶俳文([生]文化6(1809)年3月17日　[没]明治23(1890)年8

月25日）

奥平久賀斎　おくだいらきゅうがさい
⇒奥山休賀斎（おくやまきゅうがさい）

奥平謙輔*　おくだいらけんすけ
天保12（1841）年～明治9（1876）年　江戸時代末期～明治時代の萩藩士。著書に「弘毅斎遺稿」。
¶コン，全幕（[生]天保11（1840）年），幕末（[生]天保12（1841）年1月21日　[没]明治9（1876）年12月3日）

奥平小太郎*　おくだいらこたろう
天保5（1834）年～万延1（1860）年　[別]奥平穆（おくだいらぼく）　江戸時代末期の亀山藩士。
¶幕末（[生]天保5（1834）年8月15日　[没]万延1（1860）年閏3月20日）

奥平左織*　おくだいらさおり
嘉永5（1852）年～明治11（1878）年　江戸時代末期～明治時代の萩藩士。前原一誠の乱に与し大区扱所を襲撃。
¶幕末

奥平貞勝*（奥平定勝）　おくだいらさだかつ
永正9（1512）年～文禄4（1595）年　戦国時代～安土桃山時代の武士。徳川氏、武田氏の臣。
¶武田（奥平定勝　[没]文禄4（1595）年10月9日）

奥平貞幹*　おくだいらさだもと
文化14（1817）年～明治15（1882）年4月9日　江戸時代後期～明治時代の武士。
¶幕末

奥平貞能*（奥平定能）　おくだいらさだよし
天文6（1537）年～*　安土桃山時代の武士。徳川氏家臣。
¶織田（[没]慶長3（1598）年12月11日），戦武（[没]慶長3（1598）年），武田（奥平定能　[没]慶長3（1598）年12月11日）

奥平忠明　おくだいらただあき
⇒松平忠明（まつだいらただあきら）

奥平忠弘　おくだいらただひろ
⇒松平忠弘（まつだいらただひろ）

奥平忠昌　おくだいらただまさ
⇒菅沼忠政（すがぬまただまさ）

奥平信昌*　おくだいらのぶまさ
*～元和1（1615）年　[別]奥平信昌（おくひらのぶまさ）　安土桃山時代～江戸時代前期の大名。上野小幡藩主、美濃加納藩主。
¶コン（[生]弘治2（1556）年），全戦（[生]弘治1（1555）年），戦武（[生]弘治1（1555）年　[没]慶長20（1615）年），武田（[生]弘治1（1555）年　[没]元和1（1615）年3月14日），徳将（[生]1555年），徳松（[生]1555年）

奥平信昌室　おくだいらのぶまさしつ
⇒加納御前（かのうごぜん）

奥平信光*　おくだいらのぶみつ
生没年不詳　戦国時代の武士。名倉奥平氏。
¶武田（[生]？　[没]寛永7（1630）年3月15日）

奥平穆　おくだいらぼく
⇒奥平小太郎（おくだいらこたろう）

奥平昌鹿*　おくだいらまさか
延享1（1744）年7月15日～安永9（1780）年7月24日　[別]奥平昌鹿（おくだいらまさしか）　江戸時代中期の大名。豊前中津藩主。
¶コン（おくだいらまさしか）

奥平昌鹿　おくだいらまさしか
⇒奥平昌鹿（おくだいらまさか）

奥平昌高*　おくだいらまさたか
天明1（1781）年～安政2（1855）年　江戸時代後期の大名。豊前中津藩主。
¶コン，幕末（[没]安政2（1855）年6月10日）

奥平了保*　おくだいらりょうほ
江戸時代後期の釜師。
¶美工（[生]？　[没]嘉永5（1852）年）

奥田午之助　おくだうまのすけ
江戸時代末期の二本松少年隊士。
¶全幕（[生]安政1（1854）年　[没]慶応4（1868）年）

奥田穎川*　おくだえいせん
宝暦3（1753）年～文化8（1811）年　[別]穎川（えいせん），奥田庸徳（おくだつねのり）　江戸時代中期～後期の陶工。京焼の磁祖。
¶江人，コン，美工（[没]文化8（1811）年4月27日）

奥田揆一*　おくだきいち
文政6（1823）年～明治19（1886）年　江戸時代末期～明治時代の数学者。
¶数学（[没]明治19（1886）年1月23日）

奥田久治郎　おくだきゅうじろう
江戸時代中期の幕臣。
¶徳人（生没年不詳）

奥田三角*　おくださんかく
元禄16（1703）年～天明3（1783）年　[別]奥田士亨（おくだしきょう），奥田士亨（おくだしこう）　江戸時代中期の儒学者、伊勢津藩儒。
¶コン（奥田士亨　おくだしきょう）

奥田士亨　おくだしきょう
⇒奥田三角（おくださんかく）

奥田士亨　おくだしこう
⇒奥田三角（おくださんかく）

奥田忠高*　おくだただたか
大永2（1522）年～慶長6（1601）年4月15日　安土桃山時代の地方豪族・土豪。
¶織田

奥田庸徳　おくだつねのり
⇒奥田穎川（おくだえいせん）

奥田直行　おくだなおゆき
江戸時代後期の眼科医。『済明図鑑幷附録』を著す。
¶眼医（生没年不詳）

奥田木白*　おくだもくはく
*～明治4（1871）年　江戸時代末期～明治時代の陶工。各地の焼物を研究し、多彩な陶技で赤膚焼の興隆に貢献。著書に「浮世のゆめ」など。
¶幕末（[生]寛政12（1800）年　[没]明治4（1871）年2月13日），美工（[生]寛政12（1800）年　[没]明治4（1871）年4月2日）

奥田大和*　おくだやまと
天保7（1836）年～大正9（1920）年　江戸時代末期～明治時代の歌人。国風会、二葉会などの結社を設立。
¶幕末（[没]大正9（1920）年3月8日）

奥田有益*　おくだゆうえき
生没年不詳　江戸時代前期の奈良の医師、和算家。

¶数学

奥田裕子* おくだゆうこ
?〜明治15(1882)年　江戸時代末期〜明治時代の女性。越後村松藩主堀直休の室。
¶江表(仙寿院(新潟県))　㊅天保5(1834)年），幕末(㊂明治15(1882)年2月4日)

奥田頼杖* おくだらいじょう
?〜嘉永2(1849)年　江戸時代後期の心学者。
¶コン

小口加賀守 おぐちかがのかみ
戦国時代の信濃国諏訪郡小口の土豪。
¶武田(生没年不詳)

小口新左衛門尉 おぐちしんざえもんのじょう
戦国時代の信濃国諏訪郡小口の土豪？
¶武田(生没年不詳)

小口忠清 おぐちただきよ
戦国時代の武田氏の家臣、信濃国筑摩郡会田の岩下海野下野守の被官。
¶武田(生没年不詳)

小口民部少輔 おぐちみんぶのしょう
戦国時代の信濃国諏訪郡小口の土豪。
¶武田(生没年不詳)

小口民部丞 おぐちみんぶのじょう
安土桃山時代の信濃国諏訪郡小口の土豪？
¶武田(生没年不詳)

奥寺八左衛門* おくでらはちざえもん
寛永3(1626)年8月〜貞享3(1686)年　江戸時代前期の陸奥盛岡藩の治水家。
¶コン

奥寺満貞 おくでらみつさだ
江戸時代中期の和算家。
¶数学

奥並継* おくなみつぐ
文政6(1823)年〜明治27(1894)年　江戸時代末期〜明治時代の祠官。御許山挙兵に参加。
¶幕末

阿国 おくに
⇒出雲阿国(いずものおくに)

小国重年* おぐにしげとし，おくにしげとし
明和3(1766)年〜文政2(1819)年　江戸時代後期の遠江の国学者。
¶コン

小国重友* おぐにしげとも
文政8(1825)年〜明治22(1889)年　江戸時代末期〜明治時代の小国神社の社家。神仏分離の事務などに従事。
¶幕末

小国嵩陽 おぐにすうよう
⇒小国融蔵(おぐにゆうぞう)

小国融蔵* おぐにゆうぞう
文政7(1824)年〜慶応1(1865)年　㊅小国嵩陽(おぐにすうよう)　江戸時代末期の郷校育英館学頭。
¶幕末(㊂慶応1(1865)年閏5月2日)

奥野源左衛門* おくのげんざえもん
?〜明治2(1869)年　江戸時代末期の長浜新湊功労者。

¶幕末

奥野小山* おくのしょうざん
寛政12(1800)年〜安政5(1858)年　江戸時代後期の儒学者。
¶コン

奥野俊勝 おくのとしかつ
寛文5(1665)年〜元文2(1737)年　江戸時代前期〜中期の幕臣。
¶徳人，徳代(㊂元文2(1737)年1月23日)

奥野昌綱* おくのまさつな
文政6(1823)年〜明治43(1910)年　江戸時代末期〜明治時代の幕臣、牧師。
¶コン，幕末(㊅文政6(1823)年4月4日 ㊂明治43(1910)年12月12日)

奥宮暁峰* おくのみやぎょうほう
文政2(1819)年〜明治26(1893)年12月17日　㊅奥宮暁峰(おくみやぎょうほう)　江戸時代末期〜明治時代の致道館教授。
¶幕末(㊅文政2(1819)年11月19日)

奥宮慥斎* おくのみやぞうさい
文化8(1811)年〜明治10(1877)年　江戸時代末期〜明治時代の儒学者。土佐に初めて陽明学を伝えた。教部省に出仕し大録、大教院、大講義など歴任。
¶コン，思想，全幕，幕末(㊅文化1(1818)年7月4日　㊂明治10(1878)年5月30日)

奥宮太郎左衛門定盛 おくのみやたろ(う)ざえもんさだもり
江戸時代前期の長宗我部盛親の家臣。
¶大坂(㊂慶安3年4月16日)

奥宮正明* おくのみやまさあき
慶安1(1648)年〜享保11(1726)年　㊅奥宮正明(おくみやまさあき)　江戸時代前期〜中期の土佐藩士、歴史家。
¶コン(生没年不詳)

奥原晴湖* おくはらせいこ
天保8(1837)年8月15日〜大正2(1913)年7月28日　江戸時代末期〜明治時代の女流画家。
¶江表(晴湖(茨城県))，女史，幕末，美画

奥原晴翠 おくはらせいすい
江戸時代末期〜大正時代の日本画家。
¶美画(㊅安政1(1854)年4月　㊂大正10(1921)年9月1日)

奥平信昌 おくひらのぶまさ
⇒奥平信昌(おくだいらのぶまさ)

奥文鳴 おくぶんめい
?〜文化10(1813)年　江戸時代後期の四条派の画家。応挙十哲の一人。
¶コン，美画(㊂文化10(1813)年10月23日)

小熊左近将監* おぐまさこんしょうげん
生没年不詳　戦国時代の北条氏の家臣。
¶後北(左近将監〔小熊〕　さこんしょうげん)

小熊孫七郎 おぐままごしちろう
安土桃山時代の北条氏政の家臣。武蔵国岩付城の侍。
¶後北(孫七郎〔小熊〕　まごしちろう)

億麿 おくまろ
江戸時代前期〜中期の俳諧作者。元禄末〜享保ごろ。森本氏。

おくみや

¶俳文(生没年不詳)

奥宮暁峰　おくみやぎょうほう
⇒奥宮暁峰(おくのみやぎょうほう)

奥宮正明　おくみやまさあき
⇒奥宮正明(おくのみやまさあき)

奥村五百子　おくむらいおこ
弘化2(1845)年～明治40(1907)年　江戸時代後期
～明治時代の愛国婦人会の創立者。
¶江表(五百子(佐賀県)),コン,女史,女文(⑮弘化2
(1845)年5月3日　⑯明治40(1907)年2月7日),全幕

奥村兼義　おくむらかねよし
江戸時代末期～昭和時代の和算家。中井純之に関
流の算学を学ぶ。
¶数学(⑮安政3(1856)年　⑯昭和4(1929)年)

奥村喜三郎*　おくむらきさぶろう
生没年不詳　江戸時代末期の増上寺御霊屋付代官,
西洋流測量家。
¶科学,コン,女史

奥村吉右衛門　おくむらきちえもん
⇒奥村吉兵衛〔奥村家1代〕(おくむらきちべえ)

奥村吉五郎〔奥村家4代〕*　おくむらきちごろう
元文2(1737)年～天明1(1781)年　江戸時代中期
の表具師。
¶美工(代数なし)

奥村吉次郎〔奥村家7代〕*　おくむらきちじろう
寛政7(1795)年～天保8(1837)年　江戸時代後期
の表具師。
¶美工(代数なし)

奥村吉兵衛　おくむらきちべえ
江戸時代後期～明治時代の表具師。
¶美工(⑮天保12(1841)年　⑯明治41(1908)年)

奥村吉兵衛〔奥村家1代〕*　おくむらきちべえ
元和4(1618)年～元禄13(1700)年　⑯奥村吉右衛
門(おくむらきちえもん)　江戸時代前期～中期の
表具師。
¶美工(奥村吉右衛門　おくむらきちえもん)

奥村吉兵衛〔奥村家2代〕*　おくむらきちべえ
寛永20(1643)年～享保4(1719)年　江戸時代中期
の表具師。
¶美工(代数なし)　⑯正保1(1644)年)

奥村吉兵衛〔奥村家3代〕*　おくむらきちべえ
寛文8(1668)年～寛保3(1743)年　江戸時代中期
の表具師。
¶美工(代数なし)

奥村吉兵衛〔奥村家5代〕*　おくむらきちべえ
宝暦5(1755)年～文政8(1825)年　江戸時代後期
の表具師。
¶美工(代数なし)

奥村吉兵衛〔奥村家6代〕*　おくむらきちべえ
安永9(1780)年～嘉永1(1848)年　江戸時代後期
の表具師。
¶美工(代数なし)

奥村吉兵衛〔奥村家8代〕*　おくむらきちべえ
文化1(1804)年～慶応3(1867)年　江戸時代末期
の表具師。
¶美工(代数なし)

奥村清和　おくむらきよかず
江戸時代後期の和算家。
¶数学

奥村邦具*　おくむらくにとも
生没年不詳　江戸時代中期の数学者。
¶数学

奥村謙蔵　おくむらけんぞう
嘉永2(1849)年～明治35(1902)年　江戸時代末期
～明治時代のつくだ煮の創始者。霞ヶ浦の小魚を
つくだ煮として商品化。
¶幕末

奥村源六　おくむらげんろく
江戸時代後期の浮世絵師・版元。
¶浮絵(生没年不詳)

奥村左近太*　おくむらさこんた,おくむらさこんだ
天保13(1842)年～明治36(1903)年1月11日　江戸
時代末期～明治時代の備前岡山藩士・剣術家。
¶幕末

奥村嘯月尼*　おくむらしょうげつに
生没年不詳　江戸時代後期の歌人。
¶江表(嘯月尼(京都府)　しょうげつに)

奥村松山　おくむらしょうざん
江戸時代後期～明治時代の陶工。
¶美工(⑮天保13(1842)年　⑯明治38(1905)年1月10
日)

奥村雪野　おくむらせつや
*～大正9(1920)年9月4日　江戸時代末期～大正時
代の藍商人。藩から藍寝床改役に任命。
¶幕末(⑮嘉永1(1848)年)

奥村増馳　おくむらぞうや
⇒奥村増馳(おくむらますのぶ)

奥村つね*　おくむらつね
生没年不詳　安土桃山時代の女性。前田利家の家
臣奥村助右衛門永福の妻。
¶女史

奥村栄通　おくむらてるみち
文化9(1812)年7月20日～明治10(1877)年3月30日
江戸時代後期～明治時代の弓道家。
¶幕末

奥村利信*　おくむらとしのぶ
生没年不詳　江戸時代中期の浮世絵師。
¶浮絵,江人,美画

奥村直俊　おくむらなおとし
⇒奥村秀正(おくむらひでまさ)

奥村直温*　おくむらなおはる
天保2(1831)年～元治1(1864)年　江戸時代末期
の加賀藩老奥村支家十三代。
¶幕末(⑮天保2(1831)年10月5日　⑯元治1(1864)年5
月7日)

奥村直祇　おくむらなおます
江戸時代後期の和算家。
¶数学

奥村信房　おくむらのぶふさ
江戸時代中期の画家。
¶浮絵(生没年不詳)

奥村秀正* おくむらひでまさ
生没年不詳 [別]奥村直俊(おくむらなおとし) 安土桃山時代の織田信長の家臣。
¶織田(奥村直俊 おくむらなおとし)

奥村秀倡 おくむらひでまさ
安土桃山時代の織田信長の家臣。
¶織田(生没年不詳)

奥村政信* おくむらまさのぶ
貞享3(1686)年～明和1(1764)年 江戸時代中期の浮世絵師。奥村派の始祖。
¶浮絵, 江人, 歌大([没]宝暦14(1764)年2月11日), コン, 美画([没]明和1(1764)年2月11日)

奥村政房* おくむらまさふさ
生没年不詳 江戸時代中期の浮世絵師。
¶浮絵

奥村増貤* おくむらますのぶ
生没年不詳 [別]奥村増貤(おくむらぞうや) 江戸時代後期の算学者、測量家。
¶科学, 数学

奥村吉栄 おくむらよしひろ
江戸時代後期の和算家。
¶数学

奥村吉当 おくむらよしまさ
江戸時代後期～末期の和算家、徳島藩士。
¶数学([生]文化11(1814)年 [没]安政5(1858)年8月10日)

奥村良竹*(奥村良筑) おくむらりょうちく
貞享3(1686)年～宝暦10(1760)年 江戸時代中期の医師。
¶コン([生]延宝4(1676)年)

お久免の方* おくめのかた
*～安永6(1777)年 [別]覚樹院(かくじゅいん), 久免方(くめのかた) 江戸時代中期の女性。8代将軍徳川吉宗の側室。稲葉定清の娘。
¶江表(教樹院(和歌山県)), 徳将(覚樹院 かくじゅいん [生]1697年)

奥杢之助政友 おくもくのすけまさとも
江戸時代前期の紀伊国那賀郡安楽川荘の住人。
¶大坂([没]慶長20年5月)

奥保鞏 おくやすかた
江戸時代後期～昭和時代の小倉藩士。
¶全幕([生]弘化3(1847)年 [没]昭和5(1930)年)

奥屋助左衛門 おくやすけざえもん
⇒納屋助左衛門(なやすけざえもん)

奥谷直救 おくやなおひら
元禄6(1693)年～宝暦4(1754)年 江戸時代中期の幕臣。
¶徳人, 徳代([没]宝暦4(1754)年8月26日)

奥山(1) おくやま
⇒浅尾為十郎〔1代〕(あさおためじゅうろう)

奥山(2) おくやま
⇒浅尾為十郎〔2代〕(あさおためじゅうろう)

奥山(3) おくやま
⇒浅尾為十郎〔3代〕(あさおためじゅうろう)

奥山休賀斎* おくやまきゅうがさい
*～慶長7(1602)年 [別]奥平久賀斎(おくだいらきゅうがさい) 戦国時代～安土桃山時代の武芸者、神影流の創始者。
¶全戦(奥平久賀斎 おくだいらきゅうがさい [生]? [没]慶長7(1602)年?)

奥山源蔵* おくやまげんぞう
生没年不詳 江戸時代中期～後期の和算家。
¶数学

奥山定友* おくやまさだとも
戦国時代の武将。今川氏家臣。
¶武田(生没年不詳)

奥山左馬允 おくやまさまのじょう
安土桃山時代の遠江国奥山郷国衆奥山氏の一族。
¶武田(生没年不詳)

奥山重定* おくやましげさだ
?～文禄3(1594)年? 安土桃山時代の武士。丹羽氏家臣、豊臣氏家臣。
¶織田(生没年不詳)

奥山静叔* おくやませいしく
文化14(1817)年～明治27(1894)年 江戸時代末期～明治時代の熊本藩医師。西洋医学振興の基礎を構築。
¶幕末([没]明治27(1894)年3月10日)

奥山忠久 おくやまただひさ
江戸時代前期の代官。
¶徳代([生]? [没]慶長13(1608)年)

奥山忠頼 おくやまただより
江戸時代前期の八丈島・新島代官。
¶徳代(生没年不詳)

奥山富五郎 おくやまとみごろう
江戸時代後期～明治時代の宮大工。
¶美建([生]天保3(1832)年4月10日 [没]明治23(1890)年1月1日)

奥山友久 おくやまともひさ
戦国時代の遠江国奥山郷国衆奥山氏の一族。
¶武田(生没年不詳)

奥山八十八郎 おくやまやそはちろう
江戸時代後期～明治時代の幕臣。
¶幕末([生]天保10(1839)年 [没]明治2(1869)年5月11日)

奥山吉兼* おくやまよしかね
戦国時代の武将。今川氏家臣。
¶武田(生没年不詳)

奥山李卿* おくやまりけい
享和1(1801)年～文久2(1862)年1月5日 江戸時代後期～末期の女性。俳人。
¶江表(李郷(茨城県))

小ぐら おぐら★
江戸時代中期の女性。俳諧。安芸宮島の遊女。元禄6年刊、北条団水編『くやみ草』に載る。
¶江表(小ぐら(広島県))

憶礼福留* おくらいふくる
飛鳥時代の百済の遺臣。
¶古代, 古物

小倉王* おぐらおう
生没年不詳 奈良時代の天武天皇の曽孫。
¶古人, 古代

おくらか 468

大倉嘉十郎 おおくらかじゅうろう
⇒大倉嘉十郎（おおくらかじゅうろう）

小倉勝久 おぐらかつひさ
安土桃山時代の今川氏真の家臣。内蔵助。資久の嫡男。
¶後北（勝久〔小倉〕 かつひさ）

小倉要盛 おぐらかなもり
江戸時代前期の浅井家・豊臣秀頼の家臣。
¶大坂

小倉喜藤兵衛 ＊ おぐらきどひょうえ
？〜万延1（1860）年 江戸時代末期の鯖江藩士。
¶幕末（⊗万延1（1860）年7月11日）

小倉公雄女 おぐらきみおのむすめ
⇒小倉公雄女（おぐらきんおのむすめ）

小倉公種 ＊ おぐらきみたね
？〜文安1（1444）年閏6月10日 室町時代の公卿（権大納言）。権大納言小倉実名の子。
¶公卿（生没年不詳），公家（公種〔小倉家〕 きんたね）⊕1384年）

小倉公連 ＊ おぐらきみつら
正保4（1647）年9月27日〜貞享1（1684）年9月22日 江戸時代前期の公家（参議）。権大納言小倉実起の長男、母は参議小倉公根の娘。
¶公卿，公家（公連〔小倉家〕 きんつら）

小倉公根 ＊ おぐらきみね
天正12（1584）年〜正保1（1644）年3月1日 江戸時代前期の公家（参議）。左中将三条西実枝の子。
¶公卿，公家（公根〔小倉家〕 きんね ⊗寛永21（1644）年3月1日）

小倉公雄 ＊ おぐらきんお
生没年不詳 鎌倉時代後期の歌人、公卿（権中納言）。小倉家の祖。太政大臣西園寺公経の孫。
¶公卿，公家（公雄〔小倉家〕 きんお）

小倉公雄女 ＊ おぐらきんおのむすめ
生没年不詳 ⊗小倉公雄女（おぐらきみおのむすめ） 鎌倉時代後期の女房・歌人。
¶天皇（おぐらきみおのむすめ）

小倉公種 おぐらきんたね
⇒小倉公種（おぐらきみたね）

小倉公脩 おぐらきんなが
⇒富小路公脩（とみのこうじきんなが）

小倉源五右衛門 ＊ おぐらげんごえもん
文化13（1816）年〜慶応1（1865）年 江戸時代末期の長州（萩）藩俗論党士。
¶幕末（⊗慶応1（1865）年閏5月29日）

小倉健作 おぐらけんさく
⇒松田謙三（まつだけんぞう）

小倉監物 おぐらけんもつ
江戸時代前期の武士。大坂の陣で籠城。
¶大坂（⊗慶長19年11月26日）

小倉作左衛門 おぐらさくざえもん
江戸時代前期の武将。蒲生氏郷の甥。
¶大坂

小倉実起 ＊ おぐらさねおき
元和8（1622）年〜貞享1（1684）年 江戸時代前期

の公家（権大納言）。権大納言藪嗣良の次男。
¶公卿（⊗元和8（1622）年2月8日 ⊗貞享1（1684）年3月18日），公家（実起〔小倉家〕 さねおき ⊕元和8（1622）年2月8日 ⊗貞享1（1684）年3月18日）

小倉実右 ＊ おぐらさねすけ
応永25（1418）年〜文明2（1470）年6月9日 室町時代の公卿（権中納言）。権大納言裏辻実秀の子。
¶公卿，公家（実右〔小倉家〕 さねすけ）

小倉実遠 ＊ おぐらさねとお
元亨1（1321）年〜元中1/至徳1（1384）年5月 南北朝時代の公卿（権中納言）。権中納言小倉季雄の子。
¶公卿（⊗至徳1（1384）年5月），公家（実遠〔小倉家〕絶家） さねとお ⊗至徳1（1384）年5月）

小倉実名 おぐらさねめい
⇒小倉実名（おぐらさねな）

小倉実教 ＊ おぐらさねのり
文永1（1264）年〜正平4/貞和5（1349）年9月7日 ⊗小倉実教（おぐらさねゆき） 鎌倉時代後期〜南北朝時代の公卿（権大納言）。権中納言小倉公雄の長男。
¶公卿（おぐらさねゆき ⊕文永2（1265）年 ⊗貞和5（1349）年9月7日），公家（実教〔小倉家〕 さねのり ⊕1265年 ⊗貞和5（1349）年9月7日）

小倉実名 ＊ おぐらさねめい
正和4（1315）年〜応永11（1404）年 ⊗小倉実名（おぐらさねな） 南北朝時代〜室町時代の公卿（権大納言）。権中納言小倉公雄の曽孫。
¶公卿，公家（実名〔小倉家〕 さねな）

小倉実教 おぐらさねゆき
⇒小倉実教（おぐらさねのり）

小倉三省 ＊ おぐらさんせい
慶長9（1604）年〜承応3（1654）年7月15日 江戸時代前期の儒学者。土佐南学派の祖。
¶コン

小倉勝介 ＊ おぐらしょうすけ
天正10（1582）年〜承応3（1654）年 江戸時代前期の高知藩士。高知藩林政の中核。
¶コン

小倉処平 ＊ おぐらしょへい
弘化3（1846）年〜明治10（1877）年 江戸時代末期〜明治時代の武士、官僚。
¶幕末（⊗明治10（1877）年8月18日）

小倉信一 ＊ おぐらしんいち
天保10（1839）年〜明治9（1876）年 江戸時代末期〜明治時代の長州藩士。干城隊使役。前原一誠の乱で斬首。
¶幕末（⊗明治9（1876）年12月3日）

小倉親王 おぐらしんのう
⇒兼明親王（かねあきらしんのう）

小倉季雄 ＊ おぐらすえお
正応2（1289）年〜延元1/建武3（1336）年9月9日 鎌倉時代後期〜南北朝時代の公卿（権中納言）。権大納言小倉実教の子。
¶公卿（⊗延元1（1336）年9月9日），公家（季雄〔小倉家〕絶家） すえお ⊗建武3（1336）年9月9日）

小倉季種 おぐらすえたね
⇒小倉季煕（おぐらすえひろ）

小倉季長* おぐらすえなが
正安2(1300)年～？　鎌倉時代後期～南北朝時代の公卿(非参議)。権大納言小倉実教の子。
¶公卿,公家(季長〔小倉家〕　すえなが)

小倉季煕* おぐらすえひろ
康正2(1456)年～享禄2(1529)年4月17日　[別]小倉季種(おぐらすえたね)　戦国時代の公卿(権大納言)。権大納言正親町持季の次男。
¶公卿(小倉季種　おぐらすえたね),公家(季種〔小倉家〕　すえたね)

小倉輔季* おぐらすけすえ
文政7(1824)年～明治24(1891)年　江戸時代末期～明治時代の公家。条約幕府委任反対の八十八卿列参に参加。
¶幕末([生]文政7(1824)年8月6日　[没]明治24(1891)年1月18日)

小倉資久 おぐらすけひさ
戦国時代～安土桃山時代の北条氏政の家臣。内蔵助。はじめ今川義元・氏真に仕えた。
¶後北(資久〔小倉〕　すけひさ)

小倉壮九郎* おぐらそうくろう
弘化1(1844)年～明治10(1877)年　江戸時代末期～明治時代の鹿児島県士族。西南戦争では三番大隊九番小隊長。
¶幕末([没]明治10(1877)年9月24日)

小倉惣次郎(1) おぐらそうじろう
生没年不詳　[別]小倉惣次郎(こごえそうじろう)　戦国時代～安土桃山時代の甲府城下の檜物職人。甲州枡の製造元。
¶武田,武田(こごえそうじろう)

小倉惣次郎(2) おぐらそうじろう
江戸時代後期～大正時代の彫刻家。
¶美建([生]弘化2(1845)年3月10日　[没]大正2(1913)年5月24日)

小倉遜斎* おぐらそんさい
文化2(1805)年～明治11(1878)年　江戸時代後期～明治時代の儒者。
¶幕末([生]文化2(1805)年8月7日　[没]明治11(1878)年5月17日)

小倉豊季* おぐらとよすえ
天明1(1781)年4月23日～天保1(1830)年6月28日　江戸時代後期の公家(権中納言)。左権中将小倉見季の子。
¶公卿,公家(豊季〔小倉家〕　とよすえ　[没]文政13(1830)年6月28日)

小倉宮* おぐらのみや
？～嘉吉3(1443)年　[別]小倉宮聖承(おぐらのみやせいしょう),樋口宮(ひぐちのみや)　室町時代の恒敦親王の子。
¶コン,中世,内乱,室町(小倉宮聖承　おぐらのみやせいしょう　生没年不詳)

小倉半左衛門* おぐらはんざえもん
？～慶応1(1865)年　江戸時代末期の長州(萩)藩士。
¶幕末([没]慶応1(1865)年6月18日)

小倉煕季*(小倉熈季) おぐらひろすえ
慶安4(1651)年7月7日～享保5(1720)年10月25日　江戸時代前期～中期の公家(権中納言)。権大納言小倉実起の次男、母は参議小倉公根の娘。
¶公卿,公家(煕季〔小倉家〕　ひろすえ)

小倉正義* おぐらまさよし
江戸時代末期の幕臣。
¶幕末(生没年不詳)

小倉松寿* おぐらまつじゅ
？～天正10(1582)年6月2日　戦国時代～安土桃山時代の織田信長の家臣。
¶織田

小倉貢季* おぐらみつすえ
享保19(1734)年11月13日～宝暦13(1763)年4月7日　江戸時代中期の公家(参議)。権大納言小倉宜季の子、母は内大臣広幡豊忠の娘。
¶公卿,公家(貢季〔小倉家〕　みつすえ)

小倉民部丞 おぐらみんぶのじょう
安土桃山時代の甲斐国八代郡石和郷の土豪。八田村の商人末木氏の関係者。
¶武田(生没年不詳)

小倉山千太郎 おぐらやませんたろう
⇒中村十蔵〔2代〕(なかむらじゅうぞう)

小倉吉貞* おぐらよしさだ
生没年不詳　江戸時代後期の和算家。
¶数学

小倉宜季* おぐらよしすえ
宝永7(1710)年9月1日～明和3(1766)年3月29日　江戸時代中期の公家(権大納言)。左大臣西園寺致季の末子。
¶公卿,公家(宜季〔小倉家〕　よしすえ)

小栗 おぐり
江戸時代の説経節などの『小栗判官』の主人公。
¶女史

小栗上野介 おぐりこうづけのすけ
⇒小栗忠順(おぐりただまさ)

小栗三郎* おぐりさぶろう
天保6(1835)年～明治43(1910)年　江戸時代末期～明治時代の実業家、肥料商。肥料営業規模は全国十指に入る。知多商業会議所発起人の一人で地元産業の発展に尽力。
¶コン

小栗旨原* おぐりしげん
享保10(1725)年～安永7(1778)年　[別]旨原(しげん)　江戸時代中期の俳人。
¶俳文(旨原　しげん　[没]安永7(1778)年6月16日)

小栗松靄* おぐりしょうあい
文化11(1814)年～明治27(1894)年　江戸時代末期～明治時代の勘定方。詩文、書、絵に一家をなす。詩集に「松靄邨舍雑詠」。
¶幕末

小栗政寧 おぐりせいねい
[別]小栗政寧(おぐりまさやす)　江戸時代後期～明治時代の幕臣。
¶徳人([生]1816年　[没]？),徳代([生]文化14(1817)年　[没]明治32(1899)年8月17日),幕末(おぐりまさやす　[生]文政13(1830)年　[没]？)

小栗宗継* おぐりそうけい
生没年不詳　[別]宗継(そうけい)　室町時代の画家。小栗宗湛の子。
¶美画

小栗宗湛＊(小栗宗丹)　**おぐりそうたん**
応永20(1413)年～文明13(1481)年　[別]宗湛(そうたん)　室町時代～戦国時代の小栗派の画家。
¶コン, 美画

小栗忠順＊　**おぐりただまさ**
文政10(1827)年～明治1(1868)年　[別]小栗上野介(おぐりこうづけのすけ)　江戸時代末期の幕臣。1860年遣米使節随員としてアメリカに渡る。
¶江人, コン, 全幕([没]慶応4(1868)年), 徳将, 徳人, 幕末([没]慶応4(1868)年閏4月6日)

小栗仁右衛門　**おぐりにえもん**
⇒小栗正信(おぐりまさのぶ)

小栗判官＊　**おぐりはんがん**
語り物文芸の伝説上の人物。
¶コン

小栗久次　**おぐりひさつぐ**
戦国時代～江戸時代前期の幕臣。
¶徳人([生]1549年　[没]1627年)

小栗久玄　**おぐりひさはる**
江戸時代前期の幕臣。
¶徳人([生]？　[没]1657年)

小栗正勝　**おぐりまさかつ**
戦国時代～江戸時代前期の武蔵国忍領代官。
¶徳代([生]天文23(1554)年　[没]寛永3(1626)年3月20日)

小栗正信＊　**おぐりまさのぶ**
天正17(1589)年～寛文1(1661)年　[別]小栗仁右衛門(おぐりにえもん)　江戸時代前期の幕臣。小栗流和術の創始者。
¶徳人

小栗満重＊　**おぐりみつしげ**
生没年不詳　室町時代の武将、常陸介。
¶コン, 内乱([生]？　[没]応永30(1423)年), 室町

小栗美作＊　**おぐりみまさか**
寛永3(1626)年～延宝9(1681)年6月22日　江戸時代前期の越後高田藩家老。越後騒動で切腹。
¶コン([没]天和1(1681)年)

小栗紋平　**おぐりもんぺい**
⇒畑弥平(はたやへい)

小栗山喜四郎＊　**おぐりやまきしろう**
延宝4(1676)年～享保7(1722)年　[別]小栗山喜四郎(こくりやまきしろう, こぐりやまきしろう)　江戸時代中期の奥州南山御蔵人騒動の義民。
¶江人, コン

小栗吉明　**おぐりよしあき**
江戸時代前期の代官。
¶徳代(生没年不詳)

小栗令裕　**おぐりれいゆう**
江戸時代末期～明治時代の彫刻家。
¶美建(生没年不詳)

奥劣斎＊　**おくれっさい, おくれつさい**
安永9(1780)年～天保6(1835)年9月4日　江戸時代後期の産科医。漢蘭折衷派。
¶科学, コン

億計王　**おけおう**
⇒仁賢天皇(にんけんてんのう)

弘計王　**おけおう**
⇒顕宗天皇(けんそうてんのう)

姥津媛　**おけつひめ**
⇒姥津媛(ははつひめ)

億計王　**おけのおう**
⇒仁賢天皇(にんけんてんのう)

弘計王　**おけのおう**
⇒顕宗天皇(けんそうてんのう)

億計天皇・弘計天皇(1)　**おけのすめらみこと・おけのすめらみこと**
⇒顕宗天皇(けんそうてんのう)

億計天皇・弘計天皇(2)　**おけのすめらみこと・おけのすめらみこと**
⇒仁賢天皇(にんけんてんのう)

於語　**おご**
⇒豪姫(ごうひめ)

阿幸　**おこう**
江戸時代前期～中期の女性。書簡・和歌。徳島藩士牛田養元の娘。
¶江表(阿幸(徳島県)　[生]天和3(1683)年　[没]宝暦5(1755)年)

小河一敏　**おごうかずとし**
⇒小河一敏(おがわかずとし)

小河一順＊　**おごうかずのぶ**
天保7(1836)年～明治5(1872)年　[別]小河一順(おがわかずのぶ)　江戸時代末期～明治時代の志士、岡藩小参事。藩論の統一を図った。
¶コン(おがわかずのぶ)

小河吉右衛門　**おごうきちえもん**
⇒小河真文(おがわまさぶみ)

小河九郎右衛門　**おごうくろ(う)えもん**
江戸時代前期の武士。大坂の陣で籠城。
¶大坂

小郷女　**おごうじょ**★
江戸時代中期の女性。俳諧。石沢作兵衛頼屋の妻。明和3年刊、酒田の久松淇水編『袖の浦』に載る。
¶江表(小郷女(山形県))

小河四郎右衛門保正　**おごうしろ(う)えもんやすまさ**
安土桃山時代～江戸時代前期の武士。大坂の陣で籠城。
¶大坂([生]天正13年　[没]寛文5年10月18日)

お幸の方＊　**おこうのかた**
？～延享5(1748)年　江戸時代中期の女性。9代将軍徳川家重の側室。
¶徳将(至心院　ししんいん)

小督局　**おごうのつぼね**
⇒お万の方(おまんのかた)

小河信章　**おごうのぶあき**
戦国時代～安土桃山時代の武将。
¶全戦([生]天文23(1554)年　[没]文禄2(1593)年)

小河久成　**おごうひさなり**
江戸時代後期～末期の讃岐国高松藩家老(年寄)。
¶全幕([生]天保13(1842)年　[没]慶応4(1868)年)

淡河正範＊　**おごうまさのり**
寛政9(1797)年～元治1(1864)年　江戸時代末期

の砲術家。
¶幕末（㉓元治1（1864）年2月20日）

小河真文　おごうまさぶみ
⇒小河真文（おがわまさぶみ）

小琴　おこと
江戸時代末期の女性。和歌。淡路洲本の村岡立吉の姉。文久2年武田信起が編集した『類題真清水和歌集』に載る。
¶江表（小琴（兵庫県））

お琴の方*(1)　おことのかた
慶長19（1614）年～元禄4（1691）年　㊹芳心院（ほうしんいん）　江戸時代前期～中期の女性。3代将軍徳川家光の側室。
¶徳将（芳心院　ほうしんいん）

お琴の方*(2)　おことのかた
？～安政2（1855）年　㊹妙音院（みょうおんいん）　江戸時代後期～末期の女性。徳川家慶の側室。
¶徳将（妙音院　みょうおんいん　㉓1860年）

小此木間雅*　おこのきかんが、おこのきかんが
文化14（1817）年～明治5（1872）年　江戸時代末期～明治時代の医師。
¶幕末（㉓明治5（1872）年3月12日）

お小姫*　おこひめ
天正13（1585）年～？　㊹春昌院（しゅんしょういん）　安土桃山時代の女性。豊臣秀吉の養女。織田信長の2男信雄の娘。
¶徳将（春昌院　しゅんしょういん　㉓1591年）

大河平武輔*　おこびらたけすけ
弘化1（1844）年～明治10（1877）年　江戸時代末期～明治時代の鹿児島県士族。西南戦争では一番大隊七番小隊半隊長。
¶幕末

お駒・才三　おこま・さいざ
⇒お駒・才三郎（おこま・さいざぶろう）

お駒・才三郎*　おこま・さいざぶろう
＊～享保12（1727）年　㊹お駒・才三（おこま・さいざ）、髪結新三（かみゆいしんざ）、白子屋お熊（しらこやおくま、しろこやおくま）　江戸時代中期の白子屋事件をもとにした浄瑠璃の主人公。実在の江戸日本橋新材木町の材木商白子屋の娘と手代。
¶コン（お駒・才三　おこま・さいざ）、コン（髪結新三　かみゆいしんざ）

おこよ
⇒おこよ・源三郎（おこよ・げんざぶろう）

おこよ・源三郎*　おこよ・げんざぶろう
？～安永9（1780）年11月21日　㊹おこよ　歌舞伎「夢結蝶鳥追」の登場人物。
¶コン

おこんの方*　おこんのかた
天和2（1682）年～明和3（1766）年　㊹法心院（ほうしんいん）　江戸時代前期～中期の女性。徳川家宣の側室。
¶徳将（法心院　ほうしんいん）

お古牟の方*　おこんのかた
元禄9（1696）年～享保8（1723）年　㊹本徳院（ほんとくいん）　江戸時代中期の女性。徳川吉宗の側室。
¶徳将（本徳院　ほんとくいん）

小坂石見守　おさかいわみのかみ
戦国時代の信濃国諏訪郡小坂郷の土豪。
¶武田（生没年不詳）

忍坂王*　おさかおう
㊹忍坂王（おさかのおおきみ、おしさかおう）　奈良時代の官史。
¶古人（おしさかおう　生没年不詳）

小坂雄忠　おさかおただ
江戸時代前期の幕臣。
¶徳人（㊺？　㉓1680年）

小坂二郎　おさかじろう
戦国時代の信濃国諏訪郡小坂郷の土豪？
¶武田（生没年不詳）

小坂新兵衛尉　おさかしんひょうえのじょう
戦国時代の信濃国諏訪郡小坂郷の土豪？
¶武田（生没年不詳）

小坂親知　おさかちかとも
戦国時代の信濃国諏訪郡小坂郷の土豪。
¶武田（生没年不詳）

忍坂王　おさかのおおきみ
⇒忍坂王（おさかおう）

忍坂大中姫　おさかのおおなかつひめ
⇒忍坂大中姫（おしさかのおおなかつひめ）

小坂重安　おさかのしげやす
平安時代中期～後期の官人。
¶古人（生没年不詳）

忍坂女王*　おさかのじょおう
生没年不詳　㊹忍坂女王（おしさかのじょおう）　奈良時代の女性。不破内親王の厭魅不敬事件に関係したとされる。
¶古人（おしさかのじょおう）

刑坂本継　おさかのもとつぐ
平安時代前期の官人。陸奥国名取団大毅外正六位上。
¶古人（生没年不詳）

刑部新七郎　おさかべしんしちろう
戦国時代の富士北口浅間神社所属の上吉田宿の御師。
¶武田（生没年不詳）

刑部親王*（忍壁親王）　おさかべしんのう
？～慶雲2（705）年5月7日　㊹忍壁皇子（おさかべのおうじ、おさかべのみこ）、刑部親王（けいぶしんのう）　飛鳥時代の公卿（知太政官事）。天武天皇の第9皇子。
¶公卿（けいぶしんのう）、古人、古代、古物（忍壁皇子　おさかべのみこ）、コン（忍壁親王　おさかべのみこ）、天皇（忍壁親王　㊺白雉5（659）年？）、山小（㉓705年5月7日）

刑部太郎　おさかべたろう
⇒刑部太郎（ぎょうぶたろう）

刑部刀自咩　おさかべとじめ
⇒刑部真刀自咩（おさかべのまとじめ）

刑部直真刀自咩　おさかべのあたいまとじめ
⇒刑部真刀自咩（おさかべのまとじめ）

刑部有時　おさかべのありとき
平安時代中期の官人。

おさかへ　　　　472

¶古人(生没年不詳)

刑部有正　おさかべのありまさ
平安時代中期の鎰取。
¶古人(生没年不詳)

刑部海弘　おさかべのうみひろ
平安時代前期の大和国添下郡矢田郷の保証刀禰。
¶古人(生没年不詳)

忍壁皇子　おさかべのおうじ
⇒刑部親王(おさかべしんのう)

刑部国主売*　おさかべのくすめ，おさかべのくずめ
生没年不詳　平安時代前期の女性。陸奥国柴田郡の人。貞節の人。
¶古人(おさかべのくずめ)

刑部国堅　おさかべのくにかた
平安時代前期の官人。
¶古人(生没年不詳)

刑部貞雄　おさかべのさだお
平安時代前期の木工寮の仕丁。
¶古人(�生? ㊥886年)

刑部重友　おさかべのしげとも
平安時代後期の丹波国庵我荘の強盗人某末利の従者。
¶古人(生没年不詳)

刑部重安　おさかべのしげやす
平安時代後期の官人。
¶古人(生没年不詳)

刑部助国　おさかべのすけくに
平安時代中期の官人。
¶古人(生没年不詳)

刑部助高　おさかべのすけたか
平安時代中期の官人。
¶古人(生没年不詳)

刑部助平　おさかべのすけひら
平安時代後期の官人。
¶古人(生没年不詳)

刑部武並*　おさかべのたけなみ
生没年不詳　平安時代中期の医師。
¶古人

刑部時久　おさかべのときひさ
平安時代中期の官人。
¶古人(生没年不詳)

刑部刀自咩　おさかべのとじめ
⇒刑部真刀自咩(おさかべのまとじめ)

刑部永淵　おさかべのながふち
平安時代前期の人。私鋳銭の咎により処罰された。
¶古人(生没年不詳)

刑部夏継　おさかべのなつつぐ
平安時代前期の丹波国河鹿郡の人。従七位下。貞観6年姓豊階朝臣を賜う。
¶古人(生没年不詳)

刑部粳虫　おさかべのぬかむし
平安時代前期の尾張国海部郡の主政。
¶古人(生没年不詳)

刑部延忠　おさかべののぶただ
平安時代中期の官人。
¶古人(生没年不詳)

刑部宣憲　おさかべののぶのり
平安時代中期の官人。
¶古人(生没年不詳)

刑部信正　おさかべののぶまさ
平安時代中期の官人。
¶古人(生没年不詳)

刑部春雄　おさかべのはるお
平安時代前期の人。仁和1年父のため犯罪を訴えられる。
¶古人(生没年不詳)

刑部久遠　おさかべのひさとお
平安時代中期の官人。
¶古人(生没年不詳)

刑部広主　おさかべのひろぬし
平安時代前期の武蔵国多磨郡狛江郷の人。
¶古人(生没年不詳)

刑部真浄麻呂　おさかべのまきよまろ
平安時代前期の近江国大原郷の郷長。
¶古人(生没年不詳)

刑部真鯨　おさかべのまくじら
⇒刑部造真鯨(おさかべのみやつこまくじら)

刑部雅明　おさかべのまさあきら
平安時代中期の官人。
¶古人(生没年不詳)

刑部正萬　おさかべのまさかず
平安時代中期の因幡国高草郡検校。
¶古人(生没年不詳)

刑部真刀自咩*　おさかべのまとじめ
㊞刑部刀自咩(おさかべとじめ，おさかべのとじめ)，刑部直真刀自咩(おさかべのあたいまとじめ)平安時代前期の女性。武蔵国多磨郡狛江郷の人。貞節の人。
¶古人(生没年不詳)，古代(刑部直真刀自咩　おさかべのあたいまとじめ)

忍壁皇子　おさかべのみこ
⇒刑部親王(おさかべしんのう)

刑部峯松　おさかべのみねまつ
平安時代後期の官人。
¶古人(生没年不詳)

刑部造真鯨*　おさかべのみやつこまくじら
㊞刑部真鯨(おさかべのまくじら)　平安時代前期の官人。
¶古人(刑部真鯨　おさかべのまくじら　生没年不詳)，古代

刑部宗親　おさかべのむねちか
平安時代中期の相撲人。寛仁3年の召合に出場。
¶古人(生没年不詳)

刑部致親　おさかべのむねちか
平安時代後期の官人。
¶古人(生没年不詳)

刑部諸延　おさかべのもろのぶ
平安時代中期の官人。

¶古人（生没年不詳）

刑部靫部阿利斯登* おさかべのゆげいありしと
上代の豪族。
¶古代

刑部頼孝 おさかべのよりたか
平安時代中期の官人。
¶古人（生没年不詳）

刑部隼人佐 おさかべはやとのすけ
戦国時代の吉田の富士山御師。
¶武田（生没年不詳）

刑部姫* おさかべひめ
姫路城の守護神。
¶コン

小佐川七蔵(1) おさがわしちぞう
⇒小佐川常世〔2代〕（おさがわつねよ）

小佐川七蔵(2) おさがわしちぞう
⇒小佐川常世〔3代〕（おさがわつねよ）

小佐川竹次郎 おさがわたけじろう
⇒小佐川常世〔3代〕（おさがわつねよ）

小佐川常世〔1代〕* おさがわつねよ
享保9（1724）年～明和3（1766）年 [別]巨撰（きょせん），染松常世（そめまつつねよ），大和川常世（やまとがわつねよ） 江戸時代中期の歌舞伎役者。延享3年～明和3年頃に活躍。
¶歌大（[没]明和3（1766）年5月12日）

小佐川常世〔2代〕* おさがわつねよ
宝暦3（1753）年～文化5（1808）年8月16日 [別]小佐川七蔵（おさがわしちぞう），巨撰（こせん） 江戸時代中期～後期の歌舞伎役者。明和5年以前～文化5年頃に活躍。
¶歌大

小佐川常世〔3代〕* おさがわつねよ
生没年不詳 [別]小佐川七蔵（おさがわしちぞう），小佐川竹次郎（おさがわたけじろう），巨撰（きょせん），撰子（せんし） 江戸時代後期の歌舞伎役者。寛政4年～文化8年頃に活躍。
¶歌大

尾崎 おざき*
江戸時代後期の女性。和歌。三河吉田藩主松平信明家の奥女中。寛政10年跋、真田幸弘の六〇賀集「千とせの寿詞」に載る。
¶江表（尾崎（愛知県））

尾崎氏俊 おざきうじとし
戦国時代の上野国衆国峰小幡氏の家臣。
¶武田（生没年不詳）

尾崎積興 おざきかずおき
⇒大伴積興（おおとものつみおき）

尾崎員昌* おざきかずまさ
生没年不詳 江戸時代末期の和算家。
¶数学

雄崎勝助 おざきかつすけ
⇒司馬芝叟（しばしそう）

尾崎（小崎）掃部助 おざきかもんのすけ
戦国時代の相模国津久井城主内藤康行の家臣。
¶後北（掃部助〔尾崎・小崎〕 かもんのすけ）

尾崎喜蔵 おさききぞう
⇒尾崎喜蔵（おざきよしぞう）

尾崎琴洞*（尾崎琴堂） おざききんどう
天保8（1837）年～明治38（1905）年 江戸時代末期～明治時代の公益家。戸長・県会議員等を務め、地域開発のために尽力した。
¶幕末（尾崎琴堂 [生]天保8（1837）年1月20日 [没]明治38（1905）年12月22日）

尾崎康工 おざきこうこう
⇒尾崎康工（おざきやすよし）

尾崎幸之進* おざきこうのしん
天保11（1840）年～元治1（1864）年 [別]尾崎幸之助（おざきこうのすけ），尾崎直吉（おざきなおよし） 江戸時代末期の志士。
¶コン（尾崎直吉 おざきなおよし），コン，全幕，幕末（[生]天保11（1840）年6月18日 [没]元治1（1864）年7月19日）

尾崎幸之助 おざきこうのすけ
⇒尾崎幸之進（おざきこうのしん）

尾崎五菖* おざきごしょう
天保5（1834）年～明治37（1904）年 江戸時代末期～明治時代の小姓、浪人、俳人。奥の細道の旅の追体験を実行。
¶幕末（[没]明治37（1904）年9月29日）

尾崎重信 おざきしげのぶ
戦国時代の信濃国水内郡尾崎郷の国衆。
¶武田（生没年不詳）

尾崎重元* おざきしげもと
？～文禄3（1594）年5月17日 戦国時代～安土桃山時代の上杉氏の家臣。
¶武田

尾崎氏の妻 おざきしのつま*
江戸時代中期の女性。和歌。大平村の人。正徳5年、同村の庄屋で歌人仙波盛全が伊予稲荷神社に奉納した「奉納和歌五十首」に載る。
¶江表（尾崎氏の妻（愛媛県））

尾崎十右衛門 おざきじゅうえもん
安土桃山時代の信濃国水内郡尾崎郷の国衆尾崎氏の一族？
¶武田（生没年不詳）

尾崎治良右衛門（尾崎治郎右衛門） おざきじろうえもん
⇒尾崎治郎右衛門（おざきじろえもん）

尾崎治郎右衛門*（尾崎次郎右衛門） おざきじろえもん
[別]尾崎治良右衛門，尾崎治郎右衛門（おざきじろうえもん） 江戸時代末期の陶工、因幡因久山焼の祖。
¶美工（尾崎治良右衛門 おざきじろうえもん 生没年不詳）

尾崎惣左衛門*（尾崎総左衛門） おざきそうざえもん
文化9（1812）年～慶応1（1865）年 江戸時代末期の筑前福岡藩士。
¶コン，幕末（[没]慶応1（1865）年12月23日）

尾崎忠征* おざきただゆき
文化7（1810）年～明治23（1890）年 江戸時代後期～明治時代の武士。
¶幕末（[生]文化7（1810）年6月18日 [没]明治23（1890）年3月9日）

尾崎鋳五郎 おざきちゅうごろう
⇒尾崎靖（おざきやすし）

お

お

尾崎冨五郎 おざきとみごろう
江戸時代後期～明治時代の佐野屋錦誠堂主人。
¶出版(生文政5(1822)年 没明治26(1883)年12月)

尾崎直政* おざきなおまさ
享保17(1732)年～天明2(1782)年 江戸時代中期の装剣金工。
¶コン,美工

尾崎直吉 おざきなおよし
⇒尾崎幸之進(おざきこうのしん)

尾崎局 おざきのつぼね
⇒小侍従局(こじじゅうのつぼね)

尾崎豊後* おざきぶんご
生没年不詳 江戸時代末期の水戸藩士。
¶幕末

尾崎文五郎* おさきぶんごろう
文政8(1825)年～明治31(1898)年 江戸時代末期～明治時代の大庄屋。「奨恵社」を創設。
¶幕末

尾崎正勝* おざきまさかつ
嘉永3(1850)年～明治1(1868)年 江戸時代末期の志士。
¶幕末(生嘉永3(1850)年1月7日 没慶応4(1868)年8月23日)

尾崎雅嘉* おざきまさよし
宝暦5(1755)年～文政10(1827)年 江戸時代中期～後期の国学者。「群書一覧」の著者。
¶コン

尾崎靖* おざきやすし
天保13(1842)年～元治1(1864)年 別尾崎鋳五郎(おざきちゅうごろう) 江戸時代末期の肥前島原藩士。
¶幕末(没元治1(1864)年7月21日)

尾崎康工* おざきやすよし
元禄14(1701)年～安永8(1779)年 別尾崎康工(おざきこうこう),康工(こうこう,やすよし) 江戸時代中期の俳人(麦林門)。
¶俳文(康工 こうこう 没安永8(1779)年3月6日)

尾埼山人* おざきやまんど
文政9(1826)年～明治36(1903)年 江戸時代末期～明治時代の教育者。私塾三余学舎を興し、子弟の教育に生涯を捧げる。
¶幕末(没明治36(1903)年9月11日)

尾崎喜蔵* おざきよしぞう
?～慶長5(1600)年 別尾崎喜蔵(おさききぞう) 安土桃山時代の武将。
¶全戦(おさききぞう)

尾崎良知* おざきよしとも
天保11(1840)年～明治34(1901)年 江戸時代末期～明治時代の武士。
¶幕末(生天保11(1840)年6月24日 没明治34(1901)年9月7日)

尾砂子 おさこ
江戸時代中期の女性。政治。備中井原知行所を領する旗本池田家初代池田長信の乳母。
¶江表(尾砂子(岡山県) 没元禄15(1702)年)

男狭磯* おさし
上代の海人。伝説。
¶古代

長田右近丞 おさだうこんのじょう
安土桃山時代の武蔵国鉢形城主北条氏邦の家臣。石見守か。
¶後北(右近丞〔長田(2)〕 うこんのじょう)

他田王 おさだおう
奈良時代の官人。
¶古人(生没年不詳)

長田実経* おさださねつね
生没年不詳 別長田実経(おさだのさねつね) 平安時代後期の兵衛尉。
¶古人(おさだのさねつね)

長田重政 おさだしげまさ
安土桃山時代～江戸時代前期の幕臣。
¶徳人(生1585年 没1667年)

長田但馬守 おさだたじまのかみ
戦国時代～安土桃山時代の北条氏康・氏政の家臣。
¶後北(但馬守〔長田(1)〕 たじまのかみ)

長田忠致* おさだただむね
生没年不詳 別長田忠致(おさだのただむね) 平安時代後期の武将。源義朝を殺害。
¶コン(おさだのただむね),内乱(生? 没元暦2(1185)年?),平家(生? 没元暦2(1185)年?)

お定の方* おさだのかた
?～弘化4(1847)年 別清涼院(せいりょういん),清涼院お定(せいりょういんおさだ) 江戸時代後期の女性。12代将軍徳川家慶の側室。
¶徳将(清涼院 せいりょういん),幕末(清涼院お定 せいりょういんおさだ 没弘化4(1847)年1月25日)

他田真忠 おさだのさねただ
平安時代中期の官人。
¶古人(生没年不詳)

長田実経 おさだのさねつね
⇒長田実経(おさださねつね)

他田重晴 おさだのしげはる
平安時代後期の官人。
¶古人(生没年不詳)

長田忠致 おさだのただむね
⇒長田忠致(おさだただむね)

他田継道 おさだのつぐみち
平安時代前期の肥後国葦北郡の人。私物をもって飢民を救済。
¶古人(生没年不詳)

長田利世 おさだのとしよ
平安時代前期の官人。
¶古人(生没年不詳)

他田舎人藤雄 おさだのとねりふじお
平安時代前期の信濃国小県郡権少領。
¶古人(生没年不詳)

他田日奉春岳 おさだのひまつりのはるたけ
平安時代前期の下総国海上郡大領。
¶古人(生没年不詳)

他田日奉部直神護 おさだのひまつりべのあたいじんご
⇒他田日奉部神護(おさだのひまつりべのじんご)

他田日奉部神護＊　おさだのひまつりべのじんご
　生没年不詳　㊗他田日奉部直神護（おさだのひまつりべのあたいじんご）　奈良時代の下級官人。
　¶古人,古代（他田日奉部直神護　おさだのひまつりべのあたいじんご）

長田信庸の娘　おさだのぶつねのむすめ＊
　江戸時代中期の女性。和歌。甲府藩家臣・長田三右衛門信庸の娘。元禄15年刊、戸田茂睡編『鳥之迹』に載る。
　¶江表（長田信庸の娘（東京都））

他田水主＊　おさだのみぬし
　生没年不詳　奈良時代の下級官人。
　¶古人

長田元隣　おさだもとちか
　江戸時代前期～中期の幕臣。
　¶徳人（㊗1678年）㊗1732年）

長田吉正　おさだよしまさ
　戦国時代～江戸時代前期の伏見町奉行、代官。
　¶徳代（㊗天文23（1554）年）㊗元和1（1615）年閏6月24日）

小佐手信房　おさでのぶふさ
　安土桃山時代～江戸時代前期の武田氏の家臣。
　¶武田（㊗永禄8（1565）年）㊗寛永5（1628）年1月23日）

お里・沢市＊　おさと・さわいち
　浄瑠璃・歌舞伎の「壺坂霊験記」の登場人物。
　¶コン

小山内建麿＊　おさないたけまろ
　天保2（1831）年～明治35（1902）年　江戸時代末期～明治時代の津軽弘前藩士。藩論統一の時奥羽列藩同盟脱退を進言。
　¶幕末（㊗明治35（1902）年12月14日）

長名是真　おさなのこれざね
　平安時代中期の官人。
　¶古人（生没年不詳）

日佐勝継　おさのかつつぐ
　平安時代前期の官人。
　¶古人（生没年不詳）

長貞尚　おさのさだひさ
　平安時代中期の官人。
　¶古人（生没年不詳）

長忠延（長忠信）　おさのただのぶ
　生没年不詳　平安時代後期の紀伊国隈田荘の荘官。
　¶古人（長忠信）,古人

長豊明　おさのとよあきら
　平安時代中期の官人。
　¶古人（生没年不詳）

日佐真（政）文　おさのまさふみ
　平安時代中期の官人。
　¶古人（生没年不詳）

長致忠　おさのむねただ
　平安時代中期の官人。
　¶古人（生没年不詳）

長行任　おさのゆきとう
　平安時代中期の人。紀伊国宮省符荘の住人。僧範勝の父。
　¶古人（生没年不詳）

長義信　おさのよしのぶ
　平安時代中期の医師。長徳1年正六位上で典薬寮の侍医。
　¶古人（生没年不詳）

小佐野能秀　おさのよしひで
　戦国時代の冨士御室浅間社の神主。
　¶武田（生没年不詳）

長仁親王＊　おさひとしんのう
　明暦1（1655）年～延宝3（1675）年　江戸時代前期の皇族。八条宮第4代、後西天皇第1皇子。
　¶天皇（㊗明暦1（1655）年5月14日）㊗延宝3（1675）年6月25日）

長船兼光　おさふねかねみつ
　⇒兼光（かねみつ）

長船貞親＊　おさふねさだちか
　？～天正16（1588）年　安土桃山時代の武士。
　¶全戦（㊗天正19（1591）年）,戦武（㊗天正19（1591）年）

長船綱直＊　おさふねつななお
　慶長3（1598）年　安土桃山時代の武士。
　¶全戦（㊗慶長4（1599）年）,戦武

長船長光〔1代〕＊　おさふねながみつ
　生没年不詳　㊗長光（ながみつ）　鎌倉時代後期の刀工。長船派の正系の2代。
　¶コン（代数なし）,中世（代数なし）,美l,山小（長光ながみつ）

長船光忠　おさふねみつただ
　⇒光忠（みつただ）

他戸親王＊　おさべしんのう
　天平宝字5（761）年～宝亀6（775）年　奈良時代の光仁天皇と井上内親王の子。
　¶古人（㊗？）,古代,コン（㊗？）,天皇（㊗宝亀6（775）年4月27日）

他戸千与本　おさべのちよもと
　平安時代前期の官人。
　¶古人（生没年不詳）

他戸久清　おさべのひさきよ
　平安時代中期の相撲人。寛仁3年の召合に出場。
　¶古人（生没年不詳）

他戸秀孝（高）　おさべのひでたか
　平安時代中期の伊予国の相撲人。
　¶古人（㊗？　㊗1031年）

納淡路守長正　おさめあわじのかみながまさ
　江戸時代前期の武士。大坂の陣で籠城。
　¶大坂

おさめの方　おさめのかた
　⇒正親町町子（おおぎまちまちこ）

大仏維У＊　おさらぎこれさだ
　＊～嘉暦2（1327）年　㊗常盤維貞（ときわこれさだ）,北条維貞（ほうじょうこれさだ）,北条貞宗（ほうじょうさだむね）　鎌倉時代後期の幕府連署。勅撰集に11首が入集。
　¶コン（㊗弘安8（1285/1286）年）

大仏貞直＊　おさらぎさだなお
　？～元弘3/正慶2（1333）年　㊗大仏貞直（おおさらぎさだなお）,北条貞直（ほうじょうさだなお）　鎌倉時代後期の武将。元弘の変で後醍醐天皇を捕

らえた。

¶コン, 内乱（[没]正慶2/元弘3（1333）年）, 室町（[没]元弘3（1333）年）

大仏貞将 おさらぎさだまさ

⇒金沢貞将（かねざわさだまさ）

大仏朝直* おさらぎともなお

建永1（1206）年～文永1（1264）年 [別]北条朝直（ほうじょうともなお） 鎌倉時代前期の武士、引付衆の頭人。

¶コン

大仏宣時* おさらぎのぶとき

暦仁1（1238）年～元亨3（1323）年6月30日 [別]北条時忠（ほうじょうときただ）, 北条宣時（ほうじょうのぶとき） 鎌倉時代後期の武士、連署。

¶コン, 中世（北条宣時 ほうじょうのぶとき）, 山小（[没]1323年6月30日）

大仏宗宣* おさらぎむねのぶ

正元1（1259）年～正和1（1312）年6月12日 [別]北条宗宣（ほうじょうむねのぶ） 鎌倉時代後期の鎌倉幕府第11代の執権（在職1311～1312）。宣時の子。

¶コン, 中世（北条宗宣 ほうじょうむねのぶ）

長利仲聴* おさりなかあきら

*～明治36（1903）年 江戸時代末期～明治時代の神職、国学者、歌人。稽古館皇学学士取扱、助教皇学掛などを歴任。

¶幕末（[生]文政6（1823）年 [没]明治36（1903）年4月22日）

小沢 おざわ

安土桃山時代の信濃国筑摩郡会田の番匠。

¶武田（生没年不詳）

小沢幾弥 おざわいくや

江戸時代後期～末期の二本松少年隊士。

¶全幕（[生]嘉永5（1852）年 [没]慶応4（1868）年）

小沢一仙* おざわいっせん

天保1（1830）年～明治1（1868）年 [別]小沢雅楽之助（おざわうたのすけ） 江戸時代末期の志士。

¶全幕（[没]慶応4（1868）年）, 幕末（小沢雅楽之助 おざわうたのすけ [没]慶応4（1868）年3月14日）

小沢雅楽之助 おざわうたのすけ

⇒小沢一仙（おざわいっせん）

小沢右衛門丞 おざわえもんのじょう

安土桃山時代の信濃国筑摩郡会田の番匠。

¶武田（生没年不詳）

小沢圭次郎 おざわけいじろう

江戸時代後期～昭和時代の造園家。

¶植物（[生]天保13（1842）年4月2日 [没]昭和7（1932）年1月12日）

小沢左馬允* おざわさまのじょう

？～寛永17（1640）年8月12日？ 安土桃山時代～江戸時代前期の流通商人。常総地域が拠点。

¶後北（左馬允〔小沢（1）〕 さまのじょう）

小沢二郎左衛門尉* おざわじろうざえもんのじょう

生没年不詳 戦国時代の北条氏家臣松田憲秀の被官。

¶後北（二郎左衛門尉〔小沢（2）〕 じろうざえもんのじょう）

小沢仁庵* おざわじんあん

？～慶応1（1865）年 江戸時代末期の医師。

¶幕末

小沢宗司* おざわそうじ

江戸時代末期の新撰組隊士。

¶新隊（[生]天保4（1833）年 [没]？）

小沢忠重* おざわただしげ

永禄8（1565）年～寛永8（1631）年 安土桃山時代～江戸時代前期の武士。徳川氏の臣。

¶徳人

小沢種春 おざわたねはる

⇒柳園種春（りゅうえんたねはる）

小沢何丸* おざわなにまる

*～天保8（1837）年 [別]何丸（なにまる） 江戸時代後期の俳人。

¶俳文（何丸 なにまる [生]宝暦11（1761）年）

小沢平太 おざわへいた

安土桃山時代の武田氏の家臣、禰津月直の被官。

¶武田（[生]？ [没]天正3（1575）年5月21日）

小沢坊 おざわぼう

戦国時代の吉田の富士山御師。近世には小沢丹波を称した。

¶武田（生没年不詳）

小沢卜尺* おざわぼくせき

[別]卜尺（ぼくせき） 江戸時代中期の俳人（蕉門）。

¶俳文（卜尺 ぼくせき [生]？ [没]元禄8（1695）年11月20日）

小沢孫右衛門 おざわまごえもん

安土桃山時代の武田氏の家臣、禰津月直の被官。

¶武田（[生]？ [没]天正3（1575）年5月21日）

小沢孫七郎 おざわまごしちろう

安土桃山時代の北条氏家臣松田憲秀の同心。相模国西郡浜居場城の番衆の松田氏の代官を務める。

¶後北（孫七郎〔小沢（3）〕 まごしちろう）

小沢政敏* おざわまさとし

宝暦5（1755）年～天明7（1787）年 [別]小沢蘭江（おざわらんこう）, 小沢政敏（こざわまさとし） 江戸時代中期の暦算家、水戸彰考館史生。

¶数学（こざわまさとし [没]天明7（1787）年8月13日）

小沢正容* おざわまさやす

明和4（1767）年～文化3（1806）年 [別]小沢正容（こざわまざやす） 江戸時代中期～後期の和算家。

¶数学（こざわまざやす [没]文化3（1806）年4月15日）

小沢杢丞 おざわもくのじょう

安土桃山時代の信濃国筑摩郡会田郷の番匠頭。

¶武田（生没年不詳）

小沢行重 おざわゆきしげ

戦国時代の上野国衆国峰小幡氏の家臣。甘楽郡南牧谷の地縁集団南牧衆のひとり。

¶武田（生没年不詳）

小沢吉次* おざわよしつぐ

生没年不詳 [別]小沢吉次（こざわよしつぐ） 安土桃山時代の織田信長の家臣。

¶織田（こざわよしつぐ）

小沢蘭江 おざわらんこう

⇒小沢政敏（おざわまさとし）

小沢蘆庵*（小沢芦庵） おざわろあん

享保8（1723）年～享和1（1801）年 江戸時代中期～後期の歌人。「ただこと歌」の説を唱えた。

¶江人, コン, 詩作（[没]享和1（1801）年7月11日）, 思想, 日文

小沢六郎三郎* おざわろくろさぶろう
？〜天正10（1582）年6月2日 戦国時代〜安土桃山時代の織田信長の家臣。
¶織田

おさん
⇒おさん・茂兵衛（おさん・もへえ）

おさん・茂兵衛* おさん・もへえ
？〜天和3（1683）年9月22日 [別]おさん 江戸時代中期の京都で起きた姦通事件の男女。
¶コン

押上美香* おしあげよしか
天保6（1835）年〜明治10（1877）年 江戸時代末期〜明治時代の地役人。郡代新見膳正逃亡の混乱を防ぐ。
¶幕末（[生]天保6（1835）年5月1日 [没]明治10（1877）年8月4日）

押上美喬* おしあげよしたか
文化13（1816）年〜明治2（1869）年 江戸時代末期の郡中会所書役。
¶幕末（[生]文化13（1816）年4月18日 [没]明治2（1869）年6月5日）

忍海原魚養 おしうみはらのうおかい
奈良時代の官人。
¶古人（生没年不詳）

小塩五郎* おしおごろう
天保2（1831）年〜明治27（1894）年 江戸時代末期〜明治時代の本草家。動植物の研究、写生に熱中。
¶幕末

お志賀の方* おしがのかた
？〜文化10（1813）年 [別]慧明院（けいみょういん） 江戸時代後期の女性。11代将軍徳川家斉の側室。
¶徳将（慧明院 けいみょういん）

牡鹿嶋足 おしかのしまたり
⇒道嶋嶋足（みちしまのしまたり）

小鹿範満* おしかのりみつ
？〜長享1（1487）年11月9日 室町時代〜戦国時代の武将。今川氏家臣。
¶室町

忍熊王 おしくまおう
⇒忍熊皇子（おしくまのみこ）

忍熊皇子 おしくまのおうじ
⇒忍熊皇子（おしくまのみこ）

忍熊皇子* おしくまのみこ
[別]忍熊王（おしくまおう），忍熊皇子（おしくまのおうじ） 上代の仲哀天皇の皇子。
¶古代（おしくまのおうじ）, 古物, コン（生没年不詳）, 天皇（[生]？ [没]神功皇后摂政1（201）年3月）

押小路公音* おしこうじきんおと
慶安3（1650）年〜享保1（1716）年 江戸時代前期〜中期の公家（権大納言）。押小路家の祖。右大臣三条実条の孫。
¶公卿（[生]慶安3（1650）年1月19日 [没]享保1（1716）年7月13日）, 公家（公音〔押小路家〕 きんおと [生]慶安3（1650）年1月19日 [没]享保1（1716）年7月13日）

押小路斎院 おしこうじさいいん
⇒正子内親王（まさこないしんのう）

押小路実岑 おしこうじさねたか
⇒押小路実岑（おしこうじさねみね）

押小路実富* おしこうじさねとみ
寛延2（1749）年10月27日〜文政9（1826）年12月7日 江戸時代中期〜後期の公家（権大納言）。右衛門佐押小路従季の子、母は正三位五辻盛仲の娘。
¶公卿, 公家（実富〔押小路家〕 さねとみ）

押小路実岑* おしこうじさねみね
延宝7（1679）年4月25日〜寛延3（1750）年2月11日 [別]押小路実岑（おしこうじさねたか） 江戸時代中期の公家（権大納言）。権大納言押小路公音の子、母は権大納言河鰭実陳の娘。
¶公卿, 公家（実岑〔押小路家〕 さねみね）

押小路甫子* おしこうじなみこ
文化5（1808）年10月7日〜明治17（1884）年9月2日 江戸時代後期〜明治時代の女官。
¶女史

押小路師資 おしこうじもろすけ
⇒中原師資（なかはらもろすけ）

押小路師徳 おしこうじもろのり
⇒中原師徳（なかはらもろのり）

忍坂王 おしさかおう
⇒忍坂王（おさかおう）

忍坂大中姫 おしさかおおなかつひめ
⇒忍坂大中姫（おしさかのおおなかつひめ）

忍坂大中姫* おしさかのおおなかつひめ
[別]忍坂大中姫（おさかのおおなかつひめ，おしさかおおなかつひめ），忍坂大中姫命（おしさかのおおなかつひめのみこと） 上代の女性。允恭天皇の皇后。
¶古代, 古物（忍坂大中姫命 おしさかのおおなかつひめのみこと 生没年不詳）, コン（おさかのおおなかつひめ）, 女史, 天皇（忍坂大中姫命 おしさかのおおなかつひめのみこと 生没年不詳）

忍坂大中姫命 おしさかのおおなかつひめのみこと
⇒忍坂大中姫（おしさかのおおなかつひめ）

忍坂大摩侶 おしさかのおおまろ
飛鳥時代の人。壬申の乱の近江方の将軍。
¶古人（生没年不詳）

忍坂女王 おしさかのじょおう
⇒忍坂女王（おさかのじょおう）

押坂彦人大兄皇子 おしさかのひこひとおおえのみこ
⇒押坂彦人大兄皇子（おしさかのひこひとのおおえのみこ）

押坂彦人大兄 おしさかのひこひとのおおえ
⇒押坂彦人大兄皇子（おしさかのひこひとのおおえのみこ）

押坂彦人大兄皇子 おしさかのひこひとのおおえのおうじ
⇒押坂彦人大兄皇子（おしさかのひこひとのおおえのみこ）

押坂彦人大兄皇子* おしさかのひこひとのおおえのみこ
生没年不詳 [別]押坂彦人大兄皇子（おしさかのひこひとおおえのみこ，おしさかのひこひとのおおえの

おうじ，おしさかひこひとおおえのみこ，おしさかひこひとのおおえのおうじ，おしさかひこひとのおおえのみこ，おしさかひこひをのおおえおうじ)，押坂彦人大兄(おしさかのひこひとのおおえ)，彦人皇子(ひこひとのおうじ)，彦人大兄皇子(ひこひとのおおえのおうじ)　飛鳥時代の敏達天皇の子。
¶古人(おしさかひこひをのおおえおうじ)，古代，古物(おしさかのひこひとおおえのみこ)，コン，天皇(おしさかのひこひとのおおえのおうじ)，天皇，山小(おしさかひこひとのおおえのみこ)

押坂彦人大兄皇子　おしさかひこひをのおおえおうじ
⇒押坂彦人大兄皇子(おしさかのひこひとのおおえのみこ)

お静の方　おしずのかた
⇒浄光院(じょうこういん)

鴛田青娥*(鴛田青峨)　おしだせいが
？～享保15(1730)年　[別]青峨〔1代〕(せいが)　江戸時代中期の俳人。
¶俳文(青峨〔1世〕　せいが　[没]享保15(1730)年11月30日)

押田政久の妻　おしだまさひさのつま★
江戸時代中期の女性。和歌。元禄7年刊、戸田茂睡編『不求橋梨本隠家勧進百首』に載る。
¶江表(押田政久の妻(東京都))

押田与一郎*　おしだよいちろう
生没年不詳　戦国時代の千葉氏に属する国人領主。
¶後北(胤定〔押田〕　たねさだ)

お品の方*　おしなのかた
？～安永7(1778)年　[別]養蓮院(ようれんいん)　江戸時代中期の女性。10代将軍徳川家治の側室。
¶徳将(養蓮院　ようれんいん)

忍海色夫古娘*　おしぬみのしこぶこのいらつめ
生没年不詳　飛鳥時代の女性。天智天皇の宮女。
¶コン，天皇

忍海原連魚養　おしぬみのはらむらじうおかい
⇒朝野魚養(あさののなかい)

忍海山下氏則　おしぬみのやましたのうじのり
⇒忍海山下連氏則(おしぬみのやましたのむらじうじのり)

忍海山下連氏則*　おしぬみのやましたのむらじうじのり
生没年不詳　[別]忍海山下氏則(おしぬみのやましたのうじのり，おしのうみのやましたのうじのり)　奈良時代の官人。
¶古人(忍海山下氏則　おしのうみのやましたのうじのり)，古代

忍海部造細目*　おしぬみべのみやつこほそめ
上代の豪族。
¶古代

忍海伊太須　おしのうみのいたす
奈良時代の女孺。天平勝宝3年の節会に踏歌々頭をつとめた。
¶古人(生没年不詳)

忍海氏吉　おしのうみのうじよし
平安時代中期の丹波国大山荘の荘官。
¶古人(生没年不詳)

忍海興美　おしのうみのおきよし
平安時代中期の官人。
¶古人(生没年不詳)

忍海浄水　おしのうみのきよみず
平安時代前期の官人。斉衡2年姓朝野宿禰を賜る。
¶古人(生没年不詳)

凡海貞通　おしのうみのさだみち
平安時代後期の官人。
¶古人(生没年不詳)

忍海鷹取　おしのうみのたかとり
平安時代前期の官人。鹿取の父。
¶古人(生没年不詳)

忍海高晴　おしのうみのたかはる
平安時代中期の官人。
¶古人(生没年不詳)

忍海為秀　おしのうみのためひで
平安時代前期の官人。
¶古人(生没年不詳)

忍海為正　おしのうみのためまさ
平安時代中期の相撲人。寛仁3年の召合、抜出に出場した。
¶古人(生没年不詳)

押海人成　おしのうみのひとなり
飛鳥時代の官人。忍海とも。
¶古人(生没年不詳)

忍海広次　おしのうみのひろつぐ
奈良時代の写経所経師。
¶古人(生没年不詳)

忍海山下氏則　おしのうみのやましたのうじのり
⇒忍海山下連氏則(おしぬみのやましたのむらじうじのり)

忍海令名　おしのうみのよしな
平安時代前期の官人。
¶古人(生没年不詳)

忍海部国富　おしのうみべのくにとみ
平安時代前期の官人。
¶古人(生没年不詳)

押小路斎院　おしのこうじのさいいん
⇒正子内親王(まさこないしんのう)

押媛*　おしひめ
[別]押媛命(おしひめのみこと)　上代の女性。孝安天皇の皇后。
¶天皇

押媛命　おしひめのみこと
⇒押媛(おしひめ)

雄島　おしま★
江戸時代後期の女性。俳諧。米沢の俳人嵐田半兵衛の妻。
¶江表(雄島(山形県)　[没]天保5(1834)年)

尾嶋三右衛門　おじまさんえもん
江戸時代前期の井伊直勝の家臣。牢人となり大坂籠城。
¶大坂

おしま志摩　おしましま
安土桃山時代の信濃国筑摩郡青柳の土豪。
¶武田(生没年不詳)

押松 おしまつ
鎌倉時代前期の従者。
¶内乱（生没年不詳）

尾島信賢 おじまのぶかた
江戸時代中期～後期の幕臣。
¶徳人（㊌1745年～㊄1831年）

小島彦左衛門 おじまひこざえもん
戦国時代～安土桃山時代の下野佐野領天命の鋳物師商人。
¶武田（生没年不詳）

小島民部少輔 おじまみんぶのしょう
江戸時代前期の織田信長の家臣。
¶織田（㊌？　㊄慶長15(1610)年？）

御下 おしも*
安土桃山時代～江戸時代前期の女性。書簡。戦国大名島津義弘の二女。
¶江表（御下（鹿児島県））㊌天正12(1584)年　㊄慶安2(1649)年）

お俊 おしゅん
⇒お俊・伝兵衛（おしゅん・でんべえ）

お俊・伝兵衛* おしゅん・でんべえ
？～元文3(1738)年11月16日　㊞お俊（おしゅん）
江戸時代の心中物戯曲の主人公。
¶コン

お須摩の方 おすまのかた
⇒須磨の方（すまのかた）

お須免の方* おすめのかた
？～明和9(1772)年　㊞須免方（すめのかた），蓮浄院（れんじょういん）　江戸時代中期の女性。6代将軍徳川家宣の側室。
¶徳将（蓮浄院　れんじょういん）

尾関勝平 おぜきかつひら
安土桃山時代～江戸時代前期の織田信長の家臣。本能寺の変後は，信雄に仕える。
¶織田（生没年不詳）

尾関喜介* (尾関喜助)　おぜききすけ
安土桃山時代の武将。秀吉馬廻。
¶大坂（尾関喜助）

小関三英 おぜきさんえい
⇒小関三英（こせきさんえい）

尾関成章* おぜきしげあき
天保1(1830)年～明治5(1872)年　江戸時代末期～明治時代の徳島藩士。版籍奉還により徳島藩権大参事に就任。
¶幕末（㊄明治5(1872)年4月10日）

尾関滝右衛門 おぜきたきえもん
江戸時代後期～明治時代の宮大工。
¶美建（㊌文化2(1805)年　㊄明治7(1874)年2月25日）

小塞弓張 おせきのゆみはり
奈良時代の官人。
¶古人（生没年不詳）

尾関雅次郎* おぜきまさじろう
天保15(1844)年～明治25(1892)年2月28日　江戸時代末期の新撰組隊士。
¶新隊，幕末（㊌弘化1(1844)年）

小関弥五郎 おぜきやごろう
安土桃山時代の出羽国米沢城主伊達輝宗の家臣。
¶後北（弥五郎〔小関〕　やごろう）

尾関弥四郎* おぜきやしろう
天保2(1831)年～慶応1(1865)年11月7日　江戸時代末期の新撰組隊士。
¶新隊，幕末

小瀬清長* おぜきよなが
？～天正2(1574)年　戦国時代～安土桃山時代の武将，尾張小幡郷主。
¶織田（㊄天正2(1574)年9月29日）

小瀬三右衛門* おぜさんえもん
生没年不詳　安土桃山時代の織田信長の家臣。
¶織田

小瀬甫庵*（小瀬甫奄）　おぜほあん，おせほあん
永禄7(1564)年～寛永17(1640)年　㊞道喜（どうき），甫庵（ほあん）　安土桃山時代～江戸時代前期の儒学者。「太閤記」の著者。
¶江人，コン，思想，山小

小瀬茂兵衛 おぜもひょうえ
⇒小瀬茂兵衛（おせもへえ）

小瀬茂兵衛* おせもへえ
？～元和1(1615)年　㊞小瀬茂兵衛（おぜもひょうえ）　安土桃山時代～江戸時代前期の武将。秀吉馬廻。
¶大坂（おぜもひょうえ）

お仙の方* おせんのかた
？～元和5(1619)年　㊞泰栄院（たいえいいん）　安土桃山時代～江戸時代前期の女性。徳川家康の側室。
¶徳将（泰栄院　たいえいいん）

於曽 おそ
戦国時代の武田信虎の家臣。
¶武田（㊌？　㊄天文6(1537)年）

尾添丹治 おぞえたんじ
江戸時代中期～末期の木彫家。
¶美建（㊌天明1(1781)年　㊄安政7(1860)年）

遅川兵庫助* おそかわひょうごのすけ
生没年不詳　戦国時代の鋳物師。
¶後北（兵庫助〔遅川〕　ひょうごのすけ）

於曽源八郎 おぞげんはちろう
戦国時代の武田氏の家臣。
¶武田（㊌？　㊄天文22(1553)年4月23日）

緒組子 おそこ*
江戸時代末期の女性。和歌。筑後袋小路の柳川藩士で歌人西原晃樹の娘。文久2年刊，安武厳丸編『柳河百家集』に載る。
¶江表（緒組子（福岡県））

お袖の方 おそでのかた
＊～文政13(1830)年閏3月8日　㊞本性院（ほんしょういん）　江戸時代後期の女性。11代将軍徳川家斉の側室。
¶江表（袖の方（東京都）），徳将（本性院　ほんしょういん　㊌？）

小曽戸摂津守* おそどせっつのかみ
生没年不詳　安土桃山時代の武士。後北条氏家臣。
¶後北（摂津守〔小曽戸〕　せっつのかみ）

小曽戸丹後守* おそどたんごのかみ
安土桃山時代の武将。後北条氏家臣。
¶後北（丹後守〔小曽戸〕　たんごのかみ）

お園 おその
⇒お園・六三郎（おその・ろくさぶろう）

お園・六三郎* おその・ろくさぶろう
[別]お園（おその）　江戸時代中期の大坂で身投げ心中した男女。
¶コン

お染 おそめ
⇒お染・久松（おそめ・ひさまつ）

お染・久松* おそめ・ひさまつ
？～宝永7（1710）年1月3日　[別]お染（おそめ），久松（ひさまつ）　江戸時代前期の大坂で心中した男女。
¶コン

オタ
江戸時代の女性。訴訟。東風平間切富盛村の志喜屋親雲上の下女。
¶江表（オタ（沖縄県））

小田彰信* おだあきのぶ
生没年不詳　江戸時代後期の幕臣。
¶徳人

おたあジュリア*（おたあ・ジュリア）
生没年不詳　[別]おたあジュリア，おたユリア，ジュリアおたあ，ユリア　安土桃山時代～江戸時代前期の女性。キリシタン。朝鮮貴族の娘。
¶江人（おたあ・ジュリア），江表（ジュリアおたあ（東京都）），コン，女史

於大 おだい
江戸時代末期の女性。教育。嘉永7年「孝行和讃」を書いて教材にする。
¶江表（於大（神奈川県））

小田宅子* おだいえこ
寛政1（1789）年～明治3（1870）年　江戸時代末期～明治時代の歌人。阿部峯子の「伊勢詣日記」に刺激され、「東路日記」を著す。
¶江表（宅子（福岡県）），女史，女文（[没]明治3（1870）年2月29日）

小田郁子* おだいくこ
生没年不詳　江戸時代後期の歌人。
¶江表（郁子（和歌山県））

小田幾五郎* おだいくごろう
生没年不詳　江戸時代中期～後期の対馬藩の朝鮮語通詞。
¶対外

小田磯之助* おだいそのすけ
文政3（1820）年～明治37（1904）年　江戸時代末期～明治時代の武道家。太子流師範、士徒に抜擢され戊辰戦争に参加。
¶幕末（[没]明治37（1904）年5月28日）

織田市蔵 おだいちぞう
江戸時代後期の旗本。
¶全幕（生没年不詳），幕末（[生]天保3（1832）年　[没]？）

お大の方（於大の方）　おだいのかた
⇒伝通院（でんづういん）

尾台榕堂* おだいようどう
寛政11（1799）年～＊　江戸時代末期～明治時代の漢方医。江戸で浅田宗伯と名声を二分。
¶科学（[没]明治3（1871）年11月29日）

小田氏治* おだうじはる
天文3（1534）年～＊　戦国時代～安土桃山時代の武将、常陸小田城主。
¶コン（[没]天正3（1575）年），全戦（[生]享禄4（1531）年　[没]慶長6（1601）年），戦武（[没]慶長6（1601）年）

織田右馬頭* おだうまのかみ
生没年不詳　安土桃山時代の織田信長の家臣。
¶織田

織田有楽 おだうらく
⇒織田有楽斎（おだうらくさい）

織田有楽斎* おだうらくさい
天文16（1547）年～元和7（1621）年　[別]織田有楽（おだうらく），織田長益（おだながます），織田有楽斎（おだゆうらくさい），源五侍従（げんごじじゅう）　安土桃山時代～江戸時代前期の大名、茶人。茶道有楽流の祖。織田信長の弟。関ヶ原の戦いでは徳川方につき、大坂の陣では東西両軍の斡旋役として調停につとめた。
¶江人（織田有楽　おだうらく），大坂（織田有楽　おだうらく　[没]元和7年12月13日），織田（織田長益　おだながます　[没]元和7（1621）年12月13日），コン（[生]天文11（1542）年），全戦，戦武（織田長益　おだながます），中世，山小（織田長益　おだながます　[没]1621年12月13日）

織田越前守* おだえちぜんのかみ
生没年不詳　戦国時代の武士。織田氏家臣。
¶織田

小田王 おだおう
⇒小田王（おだのおおきみ）

お高* おたか
享保14（1729）年～寛政4（1792）年2月5日　江戸時代中期～後期の雑俳点者・商家。
¶俳文

小田海僊* おだかいせん
天明5（1785）年～文久2（1862）年　[別]海僊（かいせん）　江戸時代後期の南画家。
¶コン，幕末（[没]文久2（1862）年閏8月24日），美画（[没]文久2（1862）年閏8月24日）

織田甲斐守* おだかいのかみ
？～元亀1（1570）年11月26日　戦国時代～安土桃山時代の織田信長の家臣。
¶織田

小高大炊助 おだかおおいのすけ
安土桃山時代の北条氏政の家臣。もと岩付城主太田氏家臣。
¶後北（大炊助〔小高〕　おおいのすけ　[没]元和4年）

小田数馬* おだかずま
？～慶応4（1868）年1月11日　江戸時代後期～末期の新撰組隊士。
¶新隊

尾高長七郎* おだかちょうしちろう
江戸時代末期の名主。
¶幕末（[生]天保9（1838）年　[没]明治1（1869）年11月18日）

織田勝長*　おだかつなが
？～天正10（1582）年　[別]織田信房（おだのぶひさ，おだのぶふさ），津田源三郎（つだげんざぶろう）　安土桃山時代の武将。織田信長の子。
¶織田（織田信房　おだのぶふさ　[没]天正10（1582）年6月2日），全戦（織田信房　おだのぶひさ），武田（織田信房　おだのぶふさ　[没]天正10（1582）年6月2日）

小田掃部助　おだかもんのすけ
安土桃山時代の北条氏政の家臣。能登守か。もと武蔵国岩付城主太田資正家臣。
¶後北（掃部助〔小田〕　かもんのすけ）

織田勘七郎*　おだかんしちろう
？～天正10（1582）年6月2日　戦国時代～安土桃山時代の織田信長の家臣。
¶織田

愛宕忠具*　おたぎただとも
生没年不詳　室町時代の公卿（非参議）。長禄2年従三位に叙される。
¶公卿，公家（忠具〔愛宕家（絶家）〕　ただとも）

愛宕福子　おたぎふくこ・とみこ
江戸時代前期の女性。霊元天皇の掌侍。
¶天皇（[生]明暦2（1656）年　[没]天和1（1681）年10月13日）

愛宕通致*　おたぎみちずみ
文政11（1828）年～明治19（1886）年11月　[別]愛宕通致（おたぎみちむね）　江戸時代末期～明治時代の公家。王政復古実現に功があった。桂宮家伺候などを就任。
¶公卿（おたぎみちむね　[生]文政11（1828）年2月27日），公家（通致〔愛宕家〕　みちずみ　[生]文政11（1828）年2月27日　[没]明治19（1886）年11月10日），幕末（おたぎみちむね　[生]文政11（1828）年2月27日）

愛宕通貫*　おたぎみちつら
元禄10（1697）年6月13日～明和1（1764）年閏12月19日　江戸時代中期の公家（権大納言）。英彦山権現座相有の子。
¶公卿，公家（通貫〔愛宕家〕　みちつら）

愛宕通旭*　おたぎみちてる
弘化3（1846）年～明治4（1871）年12月3日　江戸時代末期～明治時代の公家。天皇の京都還幸と譲位実現をめざしたが，露見。
¶コン，幕末（[生]弘化3（1846）年10月9日　[没]明治4（1872）年12月3日）

愛宕通直*　おたぎみちなお
延享4（1747）年11月28日～文化14（1817）年7月19日　江戸時代中期～後期の公家（権大納言）。権中納言愛宕通敬の子。
¶公卿，公家（通直〔愛宕家〕　みちなお）

愛宕通敬*　おたぎみちのり
享保9（1724）年5月23日～天明7（1787）年9月1日　江戸時代中期の公家（権中納言）。権大納言清閑寺治房の末子，母は右大臣中院通躬の娘。
¶公卿，公家（通敬〔愛宕家〕　みちたか）

愛宕通典*　おたぎみちのり
安永4（1775）年10月23日～天保10（1839）年11月2日　江戸時代後期の公家（権中納言）。権大納言愛宕通直の子，母は出羽守植村家道の娘。
¶公卿，公家（通典〔愛宕家〕　みちのり）

愛宕通晴*　おたぎみちはれ
延宝1（1673）年8月2日～元文3（1738）年10月2日　江戸時代中期の公家（権中納言）。権大納言愛宕通福の子，母は権大納言千種有能の娘。
¶公卿，公家（通晴〔愛宕家〕　みちはれ）

愛宕通福*　おたぎみちふく
寛永11（1634）年11月14日～元禄12（1699）年9月8日　江戸時代前期の公家（権大納言）。愛宕家の祖。英彦山権現座有清（木工頭岩倉具堯の子）の三男。
¶公卿，公家（通福〔愛宕家〕　みちとみ）

愛宕通祐*　おたぎみちます
寛政11（1799）年～明治8（1875）年　江戸時代末期～明治時代の公家。条約幕府委任反対の八十八卿列参に参加。
¶公卿（[生]寛政11（1799）年1月17日　[没]？），公家（通祐〔愛宕家〕　みちやす　[生]寛政11（1799）年1月17日　[没]明治8（1875）年12月2日），幕末（[生]寛政11（1799）年1月17日　[没]明治8（1875）年12月2日）

愛宕通致　おたぎみちむね
⇒愛宕通致（おたぎみちずみ）

織田久三郎*　おだきゅうさぶろう
？～天正2（1574）年9月29日　戦国時代～安土桃山時代の織田信長の家臣。
¶織田

織田刑部大輔*　おだぎょうぶのだいふ
生没年不詳　安土桃山時代の織田信長の家臣。
¶織田

小田切秋連　おだぎりあきつら
戦国時代の武田氏の家臣。
¶武田（生没年不詳）

小田切茂富　おだぎりしげとみ
戦国時代～江戸時代前期の武田信玄近習衆。大隅守。武田氏滅亡後，徳川家康に仕える。
¶武田（[生]享禄4（1531）年　[没]慶長16（1611）年）

小田切七衛門　おだぎりしちひょうえ
安土桃山時代の武士。弟弥惣とともに，長篠合戦で討死。
¶武田（[生]？　[没]天正3（1575）年5月21日）

小田切下野守　おだぎりしもつけのかみ
戦国時代の武田氏の家臣。馬場信春室の父という。
¶武田（生没年不詳）

小田切春江*　おだぎりしゅんこう
文化7（1810）年～明治21（1888）年　江戸時代末期～明治時代の画家，名古屋藩士。画集「名区小景」「尾張志」の編集に関係。
¶幕末（[没]明治21（1888）年10月19日），美画（[没]明治21（1888）年10月19日）

小田切外三郎*　おだぎりとさぶろう
文政2（1819）年～明治1（1868）年　江戸時代末期の陸奥会津藩士。
¶幕末（[没]慶応4（1868）年8月23日）

小田切直煕　おだぎりなおあきら
江戸時代後期の幕臣。
¶徳人（[生]？　[没]1848年）

小田切直孝　おだぎりなおたか
江戸時代後期の和算家。
¶数学

小田切直年*　おだぎりなおとし
寛保3（1743）年～文化8（1811）年3月12日　江戸時

代中期〜後期の幕臣。
¶徳人

小田切直利　おだぎりなおとし
江戸時代前期〜中期の幕臣。
¶徳人([生]1650年　[没]1706年)

小田切直道　おだぎりなおみち
天保9(1838)年〜？　[別]小田切直道(おだぎりちょくどう)　江戸時代後期の幕臣。
¶徳人,徳代(おだぎりちょくどう)

小田切昌松　おだぎりまさしげ
安土桃山時代の武田氏の家臣。馬場信春の子。
¶武田([生]？　[没]天正18(1590)年5月20日)

小田切正芳　おだぎりまさふさ
江戸時代前期〜中期の幕臣。
¶徳人([生]1673年　[没]1740年)

小田切光禄　おだぎりみつよし
江戸時代中期の代官。
¶徳代([生]元禄9(1696)年　[没]安永3(1774)年2月7日)

小田切弥惣　おだぎりやそう
安土桃山時代の武田氏の家臣。
¶武田([生]？　[没]天正3(1575)年5月21日)

小田熊太郎*　おだくまたろう
天保14(1843)年〜元治1(1864)年　江戸時代末期の遊軍隊長。
¶幕末([生]天保14(1843)年3月15日　[没]元治1(1864)年10月9日)

小武太郎三郎　おたけたろさぶろう
安土桃山時代の織田信長の家臣。足羽三ケ庄の有力商人。
¶織田(生没年不詳)

お竹の方*(おたけのかた)　おたけのかた,おたけのかた
？〜寛永14(1637)年　[別]良雲院(りょううんいん)　江戸時代前期の女性。徳川家康の側室。
¶徳将(良雲院　りょううんいん)

小武彦三郎　おたけひこさぶろう
安土桃山時代の織田信長の家臣。足羽三ケ庄の有力商人。
¶織田(生没年不詳)

小田玄蛙*　おだげんあ
宝暦12(1762)年〜天保6(1835)年　[別]玄蛙(げんあ,げんな)　江戸時代中期〜後期の俳人。
¶俳文(玄蛙　げんな)

織田源二郎*　おだげんじろう
安土桃山時代の織田信長の家臣。
¶織田

織田玄蕃頭　おだげんばのかみ
安土桃山時代の織田信長の家臣。信雄の臣。
¶織田(生没年不詳)

小田穀山*　おだこくざん
元文5(1740)年1月15日〜文化1(1804)年　江戸時代後期の儒学者。
¶コン

織田小藤次*　おだことうじ
？〜天正10(1582)年6月2日　戦国時代〜安土桃山時代の織田信長の家臣。
¶織田

織田左衛門尉　おださえもんのじょう
江戸時代前期の武士。大坂の陣で籠城。
¶大坂

織田造酒佐　おださけのすけ
⇒織田信房(おだのぶふさ)

織田左近将監*　おださこんのしょうげん
生没年不詳　安土桃山時代の織田信長の家臣。
¶織田([生]？　[没]天正10(1582)年？)

織田貞置*　おださだおき,おださだおぎ
元和3(1617)年〜宝永2(1705)年　江戸時代前期〜中期の武士、茶人。有楽流の一派、貞置流を開いた。
¶コン,徳人

織田郷広　おださとひろ
室町時代の武将。
¶室町([生]？　[没]宝徳3(1451)年)

織田左馬允*　おださまのじょう
？〜文禄2(1593)年　[別]外峯四郎左衛門(そとみねしろうざえもん),津田盛月(つだせいげつ,つだもりつき),津田隼人正(つだはやとのしょう)　安土桃山時代の武士。織田氏家臣。
¶織田(津田盛月　つだもりつき　[生]天文3(1534)年)

織田左門頼長　おださもんよりなが
⇒織田頼長(おだよりなが)

織田三法師　おださんぼうし
⇒織田秀信(おだひでのぶ)

小田成治*　おだしげはる
宝徳1(1449)年〜永正11(1514)年4月21日　室町時代〜戦国時代の地方豪族・土豪。
¶室町([生]文安6(1449)年)

織田瑟々(織田瑟瑟)　おだしつしつ
⇒織田瑟々(おだひつひつ)

小田氏尼　おだしに★
江戸時代後期の女性。俳諧。延岡の人。天保9年序、島津五木編『はしり穂集』に載る。
¶江表(小田氏尼(宮崎県))

小田島由義*　おだしまゆうぎ
弘化2(1845)年〜大正9(1920)年　江戸時代末期〜大正時代の郷士開発者。秋田戦争に花輪救人隊取締役として出陣。
¶幕末([没]大正9(1920)年7月29日)

織田勝左衛門*　おだしょうざえもん
生没年不詳　安土桃山時代の織田信長の家臣。
¶織田

織田常真　おだじょうしん
⇒織田信雄(おだのぶかつ)

織田信愛　おだしんあい
⇒織田信愛(おだのぶよし)

織田周防*　おだすおう
生没年不詳　安土桃山時代の織田信長の家臣。
¶織田

織田駿河守　おだするがのかみ
⇒中川重政(なかがわしげまさ)

小田駿河守政光　おだするがのかみまさみつ
⇒小田政光(おだまさみつ)

おたのね

織田仙* おだせん
?〜天正2(1574)年9月29日　戦国時代〜安土桃山時代の織田信長の家臣。
¶織田

織田善右衛門* おだぜんえもん
?〜元亀1(1570)年4月　戦国時代〜安土桃山時代の織田信長の家臣。
¶織田

於姑 おただ
江戸時代後期〜末期の女性。和歌。徳島藩主蜂須賀治昭の娘。
¶江表(於姑(兵庫県)　㊤文化3(1806)年　㊦万延1(1860)年

小田孝朝* おだたかとも
延元2/建武4(1337)年〜応永21(1414)年　南北朝時代〜室町時代の武将、常陸国小田の領主。
¶コン(㊤?)、室町

小□助 お□ただすけ
戦国時代の武士。信濃国筑摩郡の会田岩下下野守の被官・岩下衆の一人。
¶武田(生没年不詳)

織田忠長 おだただなが
江戸時代末期の和算家。
¶数学

小田為綱* おだためつな
天保10(1839)年〜明治34(1901)年　江戸時代末期〜明治時代の思想家、教育者、政治家、衆議院議員。
¶幕末(㊦明治34(1901)年4月5日)

織田弾正忠 おだだんじょうのちゅう
⇒織田信秀(おだのぶひで)

織田道八 おだどうはち
⇒織田頼長(おだよりなが)

織田寛広 おだとおひろ
戦国時代の織田伊勢守家当主。
¶室町(生没年不詳)

織田敏定 おだとしさだ
戦国時代の武将。
¶室町(㊤?、㊦明応4(1495)年)

織田敏広 おだとしひろ
戦国時代の尾張守護代。郷広の子。
¶室町(㊤?、㊦文明13(1481)年)

小田朝久* おだともひさ
応永24(1417)年〜康正1(1455)年　室町時代の武将、常陸小田主。
¶コン(㊦享徳4(1455)年)、室町

小田中直久 おだなかなおひさ
戦国時代の武田氏の家臣、禰津常安の被官。
¶武田(生没年不詳)

織田長益 おだながます
⇒織田有楽斎(おだうらくさい)

織田長利* おだながとし
?〜天正10(1582)年　㊥津田長利(つだながとし)　安土桃山時代の武士。織田氏一族。
¶織田(㊦天正10(1582)年6月2日)

阿谷 おたに
江戸時代後期の女性。俳諧。安芸郡割元庄屋の沢原・熊崎屋の一族で、沢屋七郎左衛門の母。
¶江表(阿谷(広島県))

小谷耕蔵 おだにこうぞう
江戸時代末期の海援隊士。
¶全幕(生没年不詳)

小谷三志 おたにさんし、おだにさんし
⇒小谷三志(こだにさんし)

男谷下総守 おだにしもうさのかみ
⇒男谷精一郎(おだにせいいちろう)

小谷庄兵衛 おたにしょうべえ
⇒小谷庄兵衛(こだにしょうべえ)

男谷精一郎* おだにせいいちろう、おたにせいいちろう
寛政10(1798)年〜元治1(1864)年　㊥男谷下総守(おたにしもうさのかみ)　江戸時代末期の幕臣、剣術家、講武所奉行並。
¶江人、コン(おたにせいいちろう)、全幕(おたにせいいちろう)、徳人、人名(㊤寛政10(1798)年1月1日　㊦元治1(1864)年7月16日)

小谷の方* (小谷方)　おだにのかた、おたにのかた
天文16(1547)年〜天正11(1583)年　㊥浅井長政室(あさいながまさしつ)、市(いち)、お市(おいち)、お市の方(おいちのかた)、柴田勝家室(しばたかついえしつ)　戦国時代〜安土桃山時代の女性。織田信長の妹、柴田勝家の妻。
¶コン(小谷方)、女史(お市の方　おいちのかた)、全戦(市　いち)、中世(小谷の方(お市の方)　おたにのかた(おいちのかた))、山小(㊤1547年?　㊦1583年4月24日)

男谷彦四郎 おたにひこしろう
江戸時代中期〜後期の幕臣。
¶徳人(㊤1777年　㊦1840年)

男谷思孝 おたにひろたか
江戸時代中期〜後期の代官、能筆家。
¶徳代(㊤安永6(1777)年　㊦天保11(1840)年6月28日)

小田王* おだのおおきみ
㊥小田王(おだおう)　奈良時代の官人。
¶古人(おだおう　生没年不詳)

小田野源太郎 おだのげんたろう
戦国時代の北条氏康・氏照の家臣。新右衛門尉の嫡男か。
¶後北(源太郎〔小田野〕　げんたろう)

小田野新右衛門尉 おだのしんえもんのじょう
戦国時代の武蔵国多摩郡滝山城主大石道俊の家臣。北条氏に属した。
¶後北(新右衛門尉〔小田野〕　しんえもんのじょう)

小田野周定* おだのちかさだ
生没年不詳　戦国時代の北条氏照の家臣。
¶後北(周定〔小田野〕　ちかさだ)

小田野直武* おだのなおたけ
寛延2(1749)年〜安永9(1780)年　江戸時代中期の洋風画家。秋田蘭画の創始者。
¶江人、コン、対外、美画(㊤寛延2(1749)年12月10日　㊦安永9(1780)年5月17日)、山小(㊤1749年12月11日　㊦1780年5月17日)

小田根成 おだのねなり
奈良時代の官人。

¶古人（生没年不詳）

小田延武　おだののぶたけ
平安時代後期の官人。
¶古人（生没年不詳）

お

小田野肥後守*　おだのひごのかみ
戦国時代の武将。後北条氏家臣。
¶後北（周重〔小田野〕　ちかしげ）

小田枚床　おだのひらとこ
奈良時代の官人。
¶古人（生没年不詳）

織田信明　おだのぶあきら
江戸時代前期〜中期の幕臣。
¶徳人（㊌1662年　㊎1736年）

織田信家*　おだのぶいえ
？〜天正10（1582）年3月2日　戦国時代〜安土桃山時代の織田信長の家臣。
¶織田

織田信氏*　おだのぶうじ
？〜天正12（1584）年6月2日？　戦国時代〜安土桃山時代の織田信長の家臣。
¶織田

織田信雄　おだのぶお
⇒織田信雄（おだのぶかつ）

織田信興*　おだのぶおき
？〜元亀1（1570）年　戦国時代の武将。
¶織田（㊎元亀1（1570）年11月21日）

織田信勝　おだのぶかつ
⇒織田信行（おだのぶゆき）

織田信雄*　おだのぶかつ
永禄1（1558）年〜寛永7（1630）年　㊕織田常真（おだじょうしん），織田信雄（おだのぶお），尾張内大臣（おわりないだいじん），北畠信雄（きたばたけのぶお，きたばたけのぶかつ）　安土桃山時代〜江戸時代前期の大名、織田信長の次男。
¶織田（㊎寛永7（1630）年4月30日），公卿（おだのぶお　㊌弘治4（1558）年　㊎寛永7（1630）年4月30日），公家（信雄〔織田家〕　のぶお　㊎寛永7（1630）年4月30日），コン（おだのぶお），全戦，戦武，中世，山小（おだのぶお　㊎1630年4月30日）

織田信門*　おだのぶかど
寛文2（1662）年〜享保1（1716）年　江戸時代中期の武家。
¶徳人

織田信包*（織田信兼）　おだのぶかね
天文12（1543）年〜慶長19（1614）年　㊕安濃津侍従（あのつじじゅう），安濃津中将（あのつちゅうじょう），織田老犬斎（おだろうけんさい）　安土桃山時代〜江戸時代前期の大名、織田信長の弟。
¶織田（㊌天文12（1543）年？　㊎慶長19（1614）年7月17日），公卿（織田信兼　㊎慶長19（1614）年7月17日），公家（信包〔織田家〕　のぶかね　㊌？　㊎慶長19（1614）年7月17日），コン，全戦，戦武

織田信清*　おだのぶきよ
生没年不詳　戦国時代の武将。織田氏家臣。
¶織田

織田信邦*　おだのぶくに
延享2（1745）年〜天明3（1783）年　江戸時代中期の大名。上野小幡藩主。
¶コン（㊌延享2（1745年/1742）年）

織田信定*(1)　おだのぶさだ
戦国時代の武将。
¶室町（㊌？　㊎天文7（1538）年）

織田信定(2)　おだのぶさだ
戦国時代〜安土桃山時代の織田信長の家臣。
¶織田

織田信実　おだのぶざね
戦国時代の織田信長の家臣。信秀の弟。信長の叔父の一人。
¶織田（生没年不詳）

織田信重　おだのぶしげ
江戸時代後期の幕臣。
¶徳人（㊌1832年　㊎？）

織田信成*　おだのぶしげ
天保14（1843）年〜明治31（1898）年　江戸時代後期〜明治時代の大名。
¶幕末（㊌天保14（1843）年7月14日　㊎明治31（1898）年2月27日）

織田信澄　おだのぶずみ
⇒津田信澄（つだのぶずみ）

織田信孝*　おだのぶたか
永禄1（1558）年〜天正11（1583）年　㊕神戸信孝（かんべのぶたか）　安土桃山時代の武将。織田信長の3男。
¶織田（㊎天正11（1583）年5月2日），コン，全戦，戦武，中世，山小（㊎1583年4月29日/5月2日）

織田信忠*　おだのぶただ
弘治3（1557）年〜天正10（1582）年　安土桃山時代の武将。織田信長の長子。
¶織田（㊎天正10（1582）年6月2日），公卿（㊌弘治1（1555）年　㊎天正10（1582）年6月2日），公家（信忠〔織田家〕　のぶただ　㊎天正10（1582）年6月2日），コン，全戦，戦武，山小（㊎1582年6月2日）

織田信次*　おだのぶつぐ
？〜天正2（1574）年　㊕津田信次（つだのぶつぐ）　戦国時代〜安土桃山時代の武将。
¶織田（㊎天正2（1574）年9月29日），全戦

織田信時*　おだのぶとき
？〜弘治2（1556）年　㊕織田秀俊（おだひでとし）　戦国時代の武将。織田氏家臣。信長の兄弟。
¶織田（織田秀俊　おだひでとし　㊎弘治2（1556）年6月），織田（織田秀俊　おだひでとし　㊎弘治2（1556）年6月）

織田信敏*　おだのぶとし
嘉永6（1853）年〜明治34（1901）年　江戸時代末期〜明治時代の天童藩主、天童藩知事。
¶全幕

織田信友　おだのぶとも
戦国時代の織田大和守家当主。
¶室町（㊌？　㊎天文24（1555）年）

織田信直*　おだのぶなお
天文15（1546）年？〜天正2（1574）年9月29日　戦国時代〜安土桃山時代の織田信長の家臣。
¶織田

織田信長*　おだのぶなが
天文3（1534）年〜天正10（1582）年　㊕総見院殿（そうけんいんどの）　安土桃山時代の武将、右大

臣。尾張の織田信秀の子。家督を継いで尾張を統一。桶狭間の戦いで今川義元を討ち、美濃を攻略して足利義昭を擁して上洛。のち義昭を追放して室町幕府を滅ぼし、関東から中国にいたる勢力圏を確立し天下統一をめざしたが、明智光秀に叛かれて本能寺に自刃。
¶公卿（㊕天正10（1582）年6月2日）、公家（信長〔織田家〕　のぶなが（㊁天正10（1582）年6月2日〕、コン、全戦、戦武、対外、中世、室町、山小（㊕1534年5月12日/28日　㊁1582年6月2日）

織田信長室　おだのぶながしつ
　⇒濃姫（のうひめ）

織田信長の叔母　おだのぶながのおば
　⇒遠山景任の妻（とおやまかげとうのつま）

織田信長の母*　おだのぶながのはは
　？〜文禄3（1594）年1月7日　㊕土田御前（どたごぜん）　戦国時代〜安土桃山時代の女性。織田弾正信秀の正室。
¶女史（土田御前　どたごぜん）

織田信成*　おだのぶなり
　？〜天正2（1574）年　戦国時代〜安土桃山時代の武将。
¶織田（㊁天正2（1574）年9月29日）

織田信治*　おだのぶはる
　天文14（1545）年〜元亀1（1570）年　戦国時代の武将。織田氏家臣。
¶織田（㊁元亀1（1570）年9月20日）

織田信張*　おだのぶはる
　大永7（1527）年〜文禄3（1594）年9月22日　戦国時代〜安土桃山時代の織田信長の家臣。
¶織田、全戦（㊁文禄3（1594）年）

織田信房　おだのぶひさ
　⇒織田勝長（おだかつなが）

織田信秀*　おだのぶひで
　＊〜天文20（1551）年　㊕織田弾正忠（おだだんじょうのちゅう）　戦国時代の武将。信長の父。
¶コン（㊕永正5（1508）年、全戦（㊕永正8（1511）年　㊁天文21（1552）年）、戦武（㊕天文7（1510）年）、中世（㊕1511年　㊁1552年）、室町（㊕？）、山小（㊕1511年　㊁1552年3月3日？）

織田信広　おだのぶひろ
　⇒津田信広（つだのぶひろ）

織田信房*（1）　おだのぶふさ
　生没年不詳　㊕織田造酒佐（おださけのすけ）　戦国時代の地方豪族・土豪。
¶織田（織田造酒佐　おださけのすけ　㊕？　㊁永禄3（1560）年？）、全戦（織田造酒佐　おださけのすけ　㊕？　㊁永禄3（1560）年？）

織田信房（2）　おだのぶふさ
　⇒織田勝長（おだかつなが）

織田信昌*　おだのぶまさ
　生没年不詳　安土桃山時代の織田信長の家臣。
¶織田（㊕？　㊁天正2（1574）年8月2日？）

織田信学*　おだのぶみち
　文政2（1819）年〜明治24（1891）年　江戸時代後期〜明治時代の大名、華族。
¶全幕

織田信光*　おだのぶみつ
　？〜弘治1（1555）年　㊕津田信光（つだのぶみつ）　戦国時代の武将。織田氏家臣。
¶織田（㊕永正12（1515）年？　㊁天文23（1554）年11月26日）、室町（㊕永正13（1516）年　㊁弘治1（1556）年）

織田頼元*（織田順元）　おだのぶもと
　生没年不詳　安土桃山時代の織田信長の家臣。
¶織田（織田順元）

織田信盛　おだのぶもり
　安土桃山時代の織田信長の家臣。佐久間信盛の家臣か与力。
¶織田（生没年不詳）

織田信行*　おだのぶゆき
　？〜弘治3（1557）年　㊕織田信勝（おだのぶかつ）　戦国時代の武将。織田氏家臣。
¶織田（織田信勝　おだのぶかつ　㊁永禄1（1558）年11月2日？）、全戦（織田信勝　おだのぶかつ　㊁永禄1（1558）年）、戦武（織田信勝　おだのぶかつ）

織田信愛*　おだのぶよし
　文化11（1814）年〜明治24（1891）年　㊕織田信愛（おだしんあい）　江戸時代末期〜明治時代の幕臣。陸軍奉行並、北海道開拓使などを歴任。
¶徳人（おだしんあい　生没年不詳）、幕末（㊕文化13（1814）年　㊁明治24（1891）年10月14日）

小田治朝*　おだはるとも
　正平18/貞治2（1363）年〜応永10（1403）年　南北朝時代〜室町時代の武将。
¶内乱（㊕貞治2（1363）年/永和4（1378）年　㊁応永10（1403）年/応永25（1418）年）

小田治久*　おだはるひさ
　弘安6（1283）年〜正平7/文和1（1352）年　鎌倉時代後期〜南北朝時代の武将。常陸国小田の領主。
¶コン、中世、室町

小田彦三郎*　おだひこさぶろう
　天保4（1833）年〜文久2（1862）年　㊕朝田儀助、朝田義助（あさだぎすけ）、小田彦二郎（おだひこじろう）　江戸時代末期の水戸藩士。
¶幕末（㊁文久2（1862）年1月15日）

小田彦二郎　おだひこじろう
　⇒小田彦三郎（おだひこさぶろう）

織田瑟々*　おだひつひつ
　安永8（1779）年〜天保3（1832）年　㊕織田瑟々、織田瑟瑟（おだしつしつ）　江戸時代後期の女性。画家。
¶江表（瑟瑟（滋賀県）　しつしつ）、コン（織田瑟瑟　おだしつしつ）、女史、美画（おだしつしつ）

織田秀孝*　おだひでたか
　？〜弘治1（1555）年6月26日　戦国時代の織田信長の家臣。
¶織田（㊁天文9（1540）年頃）

織田秀俊　おだひでとし
　⇒織田信時（おだのぶとき）

織田秀敏*　おだひでとし
　？〜永禄3（1560）年5月19日？　戦国時代〜安土桃山時代の織田信長の家臣。
¶織田、全戦

織田秀成*　おだひでなり
　？〜天正2（1574）年　㊕津田秀成（つだひでなり）

戦国時代～安土桃山時代の武士。織田氏家臣。
¶織田（[没]天正2（1574）年9月29日）

織田秀信* おだひでのぶ
天正8（1580）年～慶長10（1605）年　[別]織田三法師（おださんぼうし），岐阜中納言（ぎふちゅうなごん），三法師（さんぼうし），秀信〔織田家〕（ひでのぶ）　安土桃山時代の大名。織田信忠の長男。美濃岐阜城主。
¶公卿（[生]天正10（1582）年　[没]慶長7（1602）年9月8日），公家（秀信〔織田家〕　ひでのぶ　[生]1584年　[没]慶長10（1605）年5月8日），コン，全戦，戦武

織田広良* おだひろよし
？～永禄4（1561）年5月　戦国時代～安土桃山時代の織田信長の家臣。
¶織田（[没]永禄4（1561）年5月23日？）

お多福半四郎 おたふくはんしろう
⇒岩井半四郎〔4代〕（いわいはんしろう）

おたま
⇒おたよ

をたまきのしつ子 おたまきのしつこ★
江戸時代中期の女性。狂歌。天明7年刊、四方赤良編『狂歌才蔵集』に載る。
¶江表（をたまきのしつ子（東京都））

織田孫十郎* おだまごじゅうろう
生没年不詳　安土桃山時代の織田信長の家臣。
¶織田

小田正厚 おだまさあつ
江戸時代後期の和算家。
¶数学

織田正信* おだまさのぶ
永禄11（1568）年～慶長18（1613）年5月20日？　安土桃山時代～江戸時代前期の織田信長の家臣。
¶織田（[没]慶長18（1613）年5月20日）

小田政治* おだまさはる
明応1（1492）年～天文17（1548）年2月22日　戦国時代の武士。
¶全戦，戦武，室町

小田政光* おだまさみつ
[別]小田駿河守政光（おだするがのかみまさみつ）　戦国時代の武士。
¶戦武（[生]永正6（1509）年？　[没]永禄1（1558）年）

小田又七郎 おだまたしちろう
江戸時代後期～末期の代官。
¶徳代（生没年不詳）

小田又蔵* おだまたぞう
文化1（1804）年～明治3（1870）年　江戸時代末期～明治時代の電信技術研究者。電信機の研究と組み立てをすすめた。老中阿部正弘より受賞。
¶科学（[生]文化1（1804）年10月4日　[没]明治3（1870）年1月14日），コン，徳人

お玉の方 おたまのかた
⇒桂昌院（けいしょういん）

小田村信之進* おだむらしんのしん
天保9（1838）年～文久3（1863）年　江戸時代末期の奇兵隊士。
¶幕末（[没]文久3（1863）年10月14日）

小田持家* おだもちいえ
応永9（1402）年～＊　室町時代～戦国時代の武将。
¶室町（[没]文明13（1481）年）

小田友伯 おだゆうはく
江戸時代前期～中期の眼科医。
¶眼医（生没年不詳）

織田有楽斎 おだゆうらくさい
⇒織田有楽斎（おだうらくさい）

おたユリア
⇒おたあジュリア

おたよ*
生没年不詳　[別]おたま　江戸時代中期の女性。大福餅を考案した。
¶江表（たよ（東京都））

織田吉清* おだよしきよ
生没年不詳　安土桃山時代の織田信長の家臣。
¶織田

織田与助* おだよすけ
？～天正7（1579）年7月16日　戦国時代～安土桃山時代の織田信長の家臣。
¶織田

織田頼長* おだよりなが
天正10（1582）年～元和6（1620）年　[別]織田左門頼長（おださもんよりなが），織田道八（おだどうはち）　江戸時代前期の武士、茶人。
¶大坂（織田左門頼長　おださもんよりなが　[没]元和6年9月20日）

小足媛 おたらしひめ
⇒阿倍小足媛（あべのおたらしひめ）

織田老犬斎 おだろうけんさい
⇒織田信包（おだのぶかね）

小田原瑞哿* おだわらずいか
？～明治21（1888）年　江戸時代末期～明治時代の薩摩藩士。
¶幕末

落合市丞 おちあいいちのじょう
戦国時代の武士。信玄旗本の陣立書に、鉄砲衆として名がみえる。
¶武田（生没年不詳）

落合兼行 おちあいかねゆき
⇒中原兼行（なかはらのかねゆき）

落合小八郎* おちあいこはちろう
？～天正10（1582）年6月2日　戦国時代～安土桃山時代の織田信長の家臣。
¶織田

落合三郎左衛門尉 おちあいさぶろうざえもんのじょう
戦国時代の信濃葛山城主落合二郎左衛門尉の一族。
¶武田（生没年不詳）

落合四郎左衛門* おちあいしろうざえもん
弘治1（1555）年～天正19（1591）年　戦国時代の北条氏照に仕えた番匠。
¶後北（四郎左衛門〔落合（1）〕　しろうざえもん）

落合図書助 おちあいずしょのすけ
安土桃山時代の北条氏忠の家臣。元下野国佐野唐沢山城主佐野昌綱・宗綱家臣。
¶後北（図書助〔落合（2）〕　ずしょのすけ）

落合済三* おちあいせいぞう
*～明治22（1889）年　江戸時代末期～明治時代の萩藩儒。東京に出仕し、元老院議官補。
¶幕末（㊥天保13（1842）年　㊧明治22（1889）年1月11日

落合双石* おちあいそうせき
天明5（1785）年～明治1（1868）年　江戸時代後期の日向飫肥藩儒用人。
¶幕末（㊥天明6（1786）年　㊧慶応4（1868）年7月17日）

落合親豊 おちあいちかとよ
⇒落合長貞（おちあいながさだ）

落合直亮* おちあいなおあき
文政10（1827）年～明治27（1894）年12月11日　江戸時代末期～明治時代の勤王家、刑法官監察司。尊皇攘夷のために奔走。陸前志波彦神社、塩釜神社などの宮司、教導職就任。
¶コン、幕末（㊥文政10（1827）年8月26日）

落合直澄* おちあいなおずみ
天保11（1840）年～明治24（1891）年1月6日　江戸時代末期～明治時代の国学者、皇典講究所講師。
¶コン

落合長貞* おちあいながさだ
生没年不詳　㊙落合親豊（おちあいちかとよ）　安土桃山時代の織田信長の家臣。
¶織田（落合親豊　おちあいちかとよ）

落合常陸守(1) おちあいひたちのかみ
戦国時代の信濃葛山城主落合二郎左衛門尉の一族。
¶武田（生没年不詳）

落合常陸守(2) おちあいひたちのかみ
安土桃山時代の武士。勝頼にしたがって討死。
¶武田（㊥　㊧天正10（1582）年3月11日）

落合孫右衛門* おちあいまごえもん
江戸時代中期の武士（薩摩藩士）。甘藷栽培を進言。
¶植物（生没年不詳）

落合三河守* おちあいみかわのかみ
生没年不詳　戦国時代の相模の土豪。
¶後北（三河守〔落合(3)〕　みかわのかみ）

落合道次 おちあいみちつぐ
江戸時代前期の代官。
¶徳代（㊧承応1（1652）年8月9日）

落合芳幾* おちあいよしいく
天保4（1833）年～明治37（1904）年2月6日　㊙歌川芳幾（うたがわよしいく）　江戸時代末期～明治時代の画家、浮世絵師。浮世絵・挿絵界を主導。「東京日日新聞」などの錦絵新聞の作画は注目。
¶浮絵（歌川芳幾　うたがわよしいく）、歌大（歌川芳幾　うたがわよしいく）、コン、幕末（㊥天保4（1833）年4月）、美画

越智家高* おちいえたか
天文13（1544）年～元亀2（1571）年9月24日　㊙越知民部少輔家高（おちみんぶしょうゆういえたか）戦国時代の大和国衆。
¶織田

越智家栄* おちいえひで
*～明応9（1500）年　㊙越智弾正忠家栄（おちだんじょうちゅういえひで）　室町時代～戦国時代の武将。大和国の有力国人。
¶コン（㊥応永33（1426）年）、中世（㊥？）、室町（生没年不詳）

越智家秀 おちいえひで
⇒越智玄蕃頭家秀（おちげんばのかみいえひで）

越智家栄の妻 おちいえひでのつま
室町時代～戦国時代の越智家栄の妻。
¶女史（㊥？　㊧1498年）

越智家増* おちいえます
？～天正5（1577）年　㊙越智伊予守家増（おちいよのかみいえます）、楢原伊予守（ならはらいよのかみ）　戦国時代～安土桃山時代の大和国衆。
¶織田（㊥天正5（1577）年8月24日）

越智出雲守 おちいずものかみ
戦国時代の北条氏康の家臣。弾正忠。初代弾正忠の嫡男か。
¶後北（出雲守〔越智〕　いずものかみ）

越智伊予守家増 おちいよのかみいえます
⇒越智家増（おちいえます）

越智越人 おちえつじん
⇒越人（えつじん）

お知保の方* おちおのかた
元文2（1737）年11月15日～寛政3（1791）年3月8日　㊙お智保の方（おちほのかた）、蓮光院（れんこういん）、蓮光院お知保（れんこういんおちほ）　江戸時代中期の女性。10代将軍徳川家治の側室。
¶徳将（蓮光院　れんこういん）

越智清武 おちきよたけ
⇒松平清武（まつだいらきよたけ）

越智源恵 おちげんえ
安土桃山時代の北条氏政・氏直の家臣。出雲守。2代目出雲守の嫡男か。
¶後北（源恵〔越智〕　げんえ）

越智顕三 おちけんぞう
⇒河野顕三（こうのけんぞう）

越智玄蕃頭家秀* おちげんばのかみいえひで
？～天正11（1583）年　㊙越智家秀（おちいえひで）安土桃山時代の武将、大和高取城主。
¶織田（越智家秀　おちいえひで　㊧天正11（1583）年8月26日）

越智高崧 おちこうすう
⇒越智崧（おちしゅう）

越智小十郎* おちこじゅうろう
？～天正10（1582）年6月2日　戦国時代～安土桃山時代の織田信長の家臣。
¶織田

越智維通*（越智維道）　おちこれみち
？～永享11（1439）年　室町時代の武将。大和永享の乱を起こす。
¶コン、室町（越智維道）

越智崧* おちしゅう
文化5（1808）年～明治13（1880）年10月　㊙越智高崧（おちこうすう，おちたかし）　江戸時代末期～明治時代の医師（眼科）。
¶眼医（越智高崧　おちたかし）

越智高崧 おちたかし
⇒越智崧（おちしゅう）

越智弾正忠家栄　おちだんじょうちゅういえひで
⇒越智家栄（おちいえひで）

越智弾正忠*　おちだんじょうのちゅう
生没年不詳　戦国時代の武士。後北条氏家臣。
¶後北（弾正忠〔越智〕　だんじょうのじょう）

越智藤八郎　おちとうはちろう
戦国時代の北条氏康の家臣。
¶後北（藤八郎〔越智〕　とうはちろう）

越智飛鳥麻呂　おちのあすかまろ
奈良時代の伊予国越智郡の大領。神護景雲1年外従五位下に叙された。
¶古人（生没年不詳）

越智直（欠名）*　おちのあたい
飛鳥時代の豪族。
¶古代

越智直広江　おちのあたいひろえ
⇒越智広江（おちのひろえ）

越智家光　おちのいえみつ
平安時代後期の官人。
¶古人（生没年不詳）

遠智娘　おちのいらつめ
⇒蘇我遠智娘（そがのおちのいらつめ）

越智祖継　おちのおやつぐ
平安時代前期の伊予国の人。延暦18年（799）本貫を左京に移す。
¶古人（生没年不詳）

越智国秀　おちのくにひで
平安時代中期の官人。
¶古人（生没年不詳）

越智惟国　おちのこれくに
平安時代中期の官人。
¶古人（生没年不詳）

越智貞厚　おちのさだあつ
⇒越智宿禰貞厚（おちのすくねさだあつ）

越智貞吉　おちのさだよし
平安時代後期の官人。
¶古人（生没年不詳）

越智宿禰貞厚*　おちのすくねさだあつ
[別]越智貞厚（おちのさだあつ）　平安時代前期の官人。
¶古人（越智貞厚　おちのさだあつ　生没年不詳），古代

越智助時　おちのすけとき
平安時代中期の官人。
¶古人（生没年不詳）

越智助友　おちのすけとも
平安時代後期の官人。
¶古人（生没年不詳）

越智隆盛　おちのたかもり
平安時代中期の官人。
¶古人（生没年不詳）

越智為保　おちのためやす
平安時代中期の伊予追捕使。
¶古人（生没年不詳）

越智経則　おちのつねのり
平安時代後期の官人。
¶古人（生没年不詳）

越智常世*　おちのつねよ
応和1（961）年～？　平安時代中期の相撲の名手。
¶古人

越智利光　おちのとしみつ
平安時代中期の官人。
¶古人（生没年不詳）

越智富永（長）　おちのとみなが
平安時代中期の伊予国の相撲人。寛仁2年の召合に出場。
¶古人（生没年不詳）

越智友近　おちのともちか
平安時代中期の官人。
¶古人（生没年不詳）

遠智媛　おちのひめ
⇒蘇我遠智娘（そがのおちのいらつめ）

越智広江*　おちのひろえ
生没年不詳　[別]越智直広江（おちのあたいひろえ），越智広江（おちひろえ）　奈良時代の学者、文人。
¶古人，古代（越智直広江　おちのあたいひろえ），コン

越智広成　おちのひろなり
奈良時代の伊予国越智郡の人。正六位上。
¶古人（[生]781年　[没]？）

越智弘光　おちのひろみつ
平安時代後期の肥前国の相撲人。嘉保2年頃活躍。
¶古人（生没年不詳）

越智広峯　おちのひろみね
平安時代前期の伊予国越智郡の人。貞観13年（871）本居を左京に移した。
¶古人（生没年不詳）

越知正道　おちのまさみち
平安時代後期の筑前国観世音寺領山口村の住人。
¶古人（生没年不詳）

越智益躬　おちのますみ
飛鳥時代の越智郡の大領。
¶古人（生没年不詳）

越智通経　おちのみちつね
⇒河野通経（こうのみちつね）

越智通信　おちのみちのぶ
⇒河野通信（こうのみちのぶ）

越智宗光　おちのむねみつ
平安時代後期の官人。
¶古人（生没年不詳）

越智安兼　おちのやすかね
平安時代中期の第9代大祝職。安遠の子。
¶古人（生没年不詳）

越知若光　おちのわかみつ
平安時代中期の大神宮使使部。
¶古人（生没年不詳）

越智彦四郎*　おちひこしろう
嘉永2（1849）年～明治10（1877）年　江戸時代末期～明治時代の福岡藩士。戊辰戦争では藩軍に属し軍功をあげた。強忍社を組織。

¶コン

越智広江　おちひろえ
⇒越智広江（おちのひろえ）

お智保の方　おちほのかた
⇒お知保の方（おちおのかた）

越知民部少輔家高　おちみんぶしょうゆういえたか
⇒越智家高（おちいえたか）

御ちやあ　おちゃあ
江戸時代前期の大坂城の女房衆。
¶大坂（[没]慶長20年5月7日）

お茶々　おちゃちゃ
⇒淀殿（よどどの）

お蝶の方*　おちょうのかた
？～嘉永5（1852）年　[別]速成院（そくせいいん），速成院お蝶（そくせいいんおちょう）　江戸時代後期の女性。11代将軍徳川家斉の側室。
¶徳将（速成院　そくせいいん），幕末（速成院お蝶　そくせいいんおちょう　[没]嘉永5（1852）年6月7日）

お千代・半兵衛*　おちよ・はんべえ
江戸時代の情話の主人公。
¶コン

乙明の妻　おつあきのつま⋆
江戸時代中期の女性。俳諧。乙明は正教寺七代住職で、美濃派の各務支考門。享保20年序・跋、伊藤吾鼠編『筑紫野集』に載る。
¶江表（乙明の妻（熊本県））

小槻糸平　おづきいとへい
⇒小槻糸平（おつきのいとひら）

小槻今雄　おづきいまお
⇒小槻今雄（おつきのいまお）

小槻公尚　おづききみひさ
鎌倉時代前期の官人。算博士、主計頭。
¶数学（[没]貞応1（1222）年12月27日）

小槻清澄　おづききよすみ
鎌倉時代後期の官人。小槻伊継の子。算博士、主計頭、左大史、正五位上。
¶数学

小槻伊治*　おつきこれはる，おづきこれはる
*～天文20（1551）年　[別]大宮伊治（おおみやこれはる），小槻伊治（おづきただはる）　戦国時代の公家。
¶数学（おづきただはる　[生]明応5（1496）年　[没]天文20（1551）年8月28日）

小槻氏　おづきし
⇒小槻師経（おつきのもろつね）

小槻茂隆　おづきしげたか
平安時代中期の官人。主計助、算博士、従五位下。
¶数学（[没]寛和2（986）年11月）

小槻以寧　おづきしげやす
⇒小槻以寧（おづきのりやす）

小槻季継　おづきすえつぐ
⇒小槻季継（おづきのすえつぐ）

小槻季連*　おづきすえつら
明暦1（1655）年8月26日～宝永6（1709）年2月12日　江戸時代前期～中期の公家。
¶数学

小槻祐俊　おづきすけとし
⇒小槻祐俊（おつきのすけとし）

小槻孝亮*　おづきたかすけ
天正3（1575）年12月2日～承応1（1652）年10月8日　安土桃山時代～江戸時代前期の公家。
¶数学

小槻孝信　おづきたかのぶ
⇒小槻孝信（おつきのたかのぶ）

小槻隆職　おづきたかもと
⇒小槻隆職（おづきのたかもと）

小槻忠臣　おづきただおみ
⇒小槻忠臣（おつきのただおみ）

小槻伊継　おづきただつぐ
鎌倉時代後期の官人。小槻益材の子で伊綱とも。左大史、正五位上、算博士。
¶数学（[没]正和5（1316）年2月14日）

小槻忠利*　おづきただとし
慶長5（1600）年12月17日～寛文3（1663）年7月21日　安土桃山時代～江戸時代前期の公家。
¶数学

小槻忠信　おづきただのぶ
平安時代中期の官人。算博士。従五位下。
¶数学（[没]長徳1（995）年4月）

小槻伊治　おづきただはる
⇒小槻伊治（おつきこれはる）

小槻種右　おづきたねあき
南北朝時代の官人。小槻文明の子。算博士、刑部大輔、従五位下。
¶数学

小槻為緒*　おづきためお
生没年不詳　室町時代の公家。算博士。
¶数学

小槻為景　おづきためかげ
鎌倉時代前期の官人。小槻季継の子で左大史、正五位下、算博士。
¶数学（[没]建長1（1249）年）

小槻言春　おづきときはる
鎌倉時代後期の官人。小槻順任の子で算博士、主税頭、左少史、正五位上。
¶数学

小槻時元*　おづきときもと
文明3（1471）年～永正17（1520）年4月11日　戦国時代の公家。
¶数学

小槻知音　おづきともおと
⇒小槻知音（おづきともね）

小槻奉親　おづきともちか
⇒小槻奉親（おづきのともちか）

小槻知音*　おづきともね
享保14（1729）年～安永5（1776）年11月11日　[別]小槻知音（おづきともおと）　江戸時代中期の公家（左大史、非参議）。安永5年従二位に叙される。
¶公卿，公家（知音〔壬生家〕　ともね）

お

小槻朝治　おづきともはる
鎌倉時代前期～後期の官人。算博士。
¶数学（[生]承久2（1220）年　[没]正応4（1291）年7月20日）

小槻豊藤　おづきとよふじ
鎌倉時代後期の官人。小槻朝治の子。修理左宮城使判官、筑前守、算博士、修理亮、左大史、正五位下。
¶数学（[没]正応3（1290）年7月13日）

小槻永業　おづきながなり
[別]小槻永業（おつきのながなり）　平安時代後期の官人。小槻政重の子。記録所勾当、正五位下、大炊頭、左大史、摂津守、算博士。
¶古人（おつきのながなり　生没年不詳），数学（[没]長寛2（1164）年12月8日）

小槻顕親　おつきのあきちか
平安時代中期の官人。忠臣の子。対馬守・従五位下。
¶古人（生没年不詳）

小槻あきみち　おつきのあきみち
平安時代中期の官人。小槻顕親のことか。
¶古人（生没年不詳）

小槻有緒　おつきのありお
平安時代前期の近江国栗太郡の人。
¶古人（生没年不詳）

小槻糸平*　おつきのいとひら
仁和2（886）年～天禄1（970）年　[別]小槻糸平（おづきいとへい）　平安時代前期～中期の官人。
¶古人，数学（おづきいとへい　[没]天禄1（970）年11月）

小槻今雄*　おつきのいまお，おづきのいまお
生没年不詳　[別]阿保今雄（あぼのいまお），小槻山今雄（おつきやまのいまお），小槻今雄（おづきいまお），小槻山公今雄（おづきのやまのきみいまお）　平安時代前期の官人。小槻氏の祖。
¶古人（阿保今雄　あぼのいまお），古人（小槻山今雄　おつきやまのいまお），古代（小槻山公今雄　おづきのやまのきみいまお），数学（おづきいまお　[没]元慶8（884）年7月）

小槻貞材　おつきのさだき
平安時代中期の官人。
¶古人（生没年不詳）

小槻貞親　おつきのさだちか
平安時代中期の官人。忠臣の子。
¶古人（生没年不詳）

小槻貞行　おつきのさだゆき
平安時代中期の官人。奉親の子。
¶古人（生没年不詳）

小槻貞行母　おつきのさだゆきのはは
平安時代中期の女性。小槻奉親の妻。
¶古人（生没年不詳）

小槻滋兼　おつきのしげかね
平安時代中期の官人。
¶古人（生没年不詳）

小槻重兼　おつきのしげかね
平安時代後期の人。若狭国東大寺御封代の絹を進上。
¶古人（生没年不詳）

小槻重任　おつきのしげとう
平安時代後期の官人。
¶古人（生没年不詳）

小槻季継*　おづきのすえつぐ
建久3（1192）年～寛元2（1244）年9月27日　[別]小槻季継（おづきすえつぐ）　鎌倉時代前期の官人。大宮流の官務。
¶数学（おづきすえつぐ）

小槻祐俊*　おつきのすけとし
？～永久2（1114）年　[別]小槻祐俊（おづきすけとし）　平安時代後期の官人。
¶古人（[生]1034年？），数学（おづきすけとし　[没]永久2（1114）年2月10日）

小槻孝信*　おつきのたかのぶ
寛仁1（1017）年～応徳3（1086）年　[別]小槻孝信（おづきたかのぶ）　平安時代中期～後期の官人。
¶古人，数学（おづきたかのぶ　[没]応徳3（1086）年9月15日）

小槻隆職*　おづきのたかもと，おつきのたかもと
保延1（1135）年～建久9（1198）年　[別]小槻隆職（おづきたかもと）　平安時代後期～鎌倉時代前期の官人、官務、小槻氏壬生流の祖。
¶古人（おつきのたかもと），数学（おづきたかもと　[没]建久9（1198）年10月29日）

小槻忠臣*　おつきのただおみ
承平3（933）年～寛弘6（1009）年　[別]小槻忠臣（おづきただおみ）　平安時代中期の下級官人。
¶古人，数学（おづきただおみ　[没]寛弘6（1009）年4月9日）

小槻忠臣女　おつきのただおみのむすめ
平安時代中期の女性。橘為愷の妻。
¶古人（生没年不詳）

小槻忠経　おつきのただつね
平安時代後期の官人。
¶古人（生没年不詳）

小槻為信　おつきのためのぶ
平安時代中期の官人。
¶古人（生没年不詳）

小槻奉親*　おづきのともちか，おつきのともちか
応和3（963）年～万寿1（1024）年　[別]小槻奉親（おづきともちか）　平安時代中期の官人。
¶古人（おつきのともちか），数学（おづきともちか　[没]寛仁4（1020）年6月）

小槻長貫　おつきのながつら
平安時代中期の官人。
¶古人（生没年不詳）

小槻仲節　おつきのなかとき
平安時代中期の官人。実は茂隆の子。算准得業生から正六位上主税少属。
¶古人（生没年不詳）

小槻則季　おつきののりすえ
平安時代後期の官人。
¶古人（生没年不詳）

小槻広房*　おづきのひろふさ，おつきのひろふさ
？～建仁2（1202）年　[別]小槻広房（おづきひろふさ）　平安時代後期～鎌倉時代前期の官人、官務、小槻氏大宮流の祖。
¶古人，数学（おづきひろふさ　[没]建仁2（1202）年6月15日）

小槻陳群 おづきのぶもと
平安時代中期の官人。算博士。
¶数学（[生]延喜19（919）年 [没]康保5（968）年4月2日）

小槻政重* おつきのまさしげ
寛治7（1093）年～天養1（1144）年 [別]小槻政重（おづきまさしげ） 平安時代後期の官人。
¶古人，数学（おづきまさしげ [生]嘉保1（1094）年 [没]天養1（1144）年3月17日）

小槻政綱 おつきのまさつな
平安時代後期の官人。
¶古人（生没年不詳）

小槻雅久女 おづきのまさひさのむすめ
⇒三位局（さんみのつぼね）

小槻盛仲* おつきのもりなか
？～保安3（1122）年 [別]小槻盛仲（おづきもりなか） 平安時代後期の官人。
¶古人，数学（おづきもりなか [没]保安3（1122）年4月5日）

小槻師経* おつきのもろつね
？～保元2（1157）年 [別]小槻氏（おづきし），小槻師経（おづきもろつね） 平安時代後期の常陸吉田社の社務。
¶古人，数学（おづきもろつね）

小槻山公今雄 おづきのやまのきみいまお
⇒小槻今雄（おつきのいまお）

小槻山君広虫 おつきのやまのきみひろむし
⇒小槻山広虫（おつきやまのひろむし）

小槻良材 おつきのよしき
平安時代中期の肥後守為愷の郎等。
¶古人（[生]976年？ [没]1005年）

小槻良真 おつきのよしざね
平安時代前期の官人。前伊豆権目正六位上。貞観17年姓阿保朝臣を賜わる。
¶古人（生没年不詳）

小槻良俊 おつきのよしとし
平安時代後期の官人。
¶古人（生没年不詳）

小槻以寧* おづきのりやす
寛政5（1793）年～弘化4（1847）年4月6日 [別]小槻以寧（おづきしげやす） 江戸時代後期の公家（左大史、非参議）。弘化4年従三位に叙され、弾正大弼に任ぜられる。
¶公卿，公家（以寧〔壬生家〕 しげやす），数学（おづきしげやす [生]寛政5（1793）年7月17日）

小槻秀氏* おづきひでうじ
？～正応5（1292）年1月26日 鎌倉時代後期の公家。
¶数学

小槻光夏 おづきひろなつ
鎌倉時代後期の官人。小槻清澄の子。大宮氏を称す。左大史、正四位下、算博士。
¶数学

小槻広房 おづきひろふさ
⇒小槻広房（おづきのひろふさ）

小槻文明 おづきふみあき
南北朝時代の官人。小槻言明の子。修理権亮、算博士、正五位下。
¶数学

小槻政重 おづきまさしげ
⇒小槻政重（おつきのまさしげ）

小槻益材 おづきますえだ
鎌倉時代後期の官人。小槻秀氏の子。内匠頭、右少史、正五位下、父より先んじて没す。
¶数学

小槻盈春* おづきみつはる
宝永7（1710）年～宝暦9（1759）年9月14日 江戸時代中期の公家（左大史、非参議）。宝暦9年従三位に叙される。
¶公卿，公家（盈春〔壬生家〕 みつはる），数学（[生]宝永7（1710）年10月21日）

小槻茂助 おづきもすけ
平安時代中期の官人。阿保当平の子。修理属に任ぜられ、左少史、算博士。
¶数学（[没]天徳2（958）年7月）

小槻盛仲 おづきもりなか
⇒小槻盛仲（おつきのもりなか）

小槻師経 おづきもろつね
⇒小槻師経（おつきのもろつね）

小槻山家嶋 おつきやまのいえしま
平安時代前期の官人。
¶古人（生没年不詳）

小槻山今雄 おつきやまのいまお
⇒小槻今雄（おつきのいまお）

小槻山広虫* おつきやまのひろむし
生没年不詳 [別]小槻山君広虫（おつきのやまのきみひろむし） 奈良時代の女性。采女。
¶女史（小槻山君広虫 おつきのやまのきみひろむし）

小槻山広宅 おつきやまのひろやか
平安時代前期の官人。
¶古人（生没年不詳）

小槻敬義* おづきゆきよし
宝暦7（1757）年9月1日～享和1（1801）年8月13日 [別]壬生敬義（みぶゆきよし） 江戸時代中期～後期の公家。
¶数学

小槻順任 おづきよしとう
鎌倉時代後期の官人。小槻為景の子で須佐とも。左大史、正五位下、算博士。
¶数学

小槻頼清 おづきよりきよ
鎌倉時代後期の官人。小槻秀氏の子。正五位下、算博士。
¶数学

緒継女王* おつぐじょおう
延暦6（787）年～承和14（847）年 [別]緒継女王（おつぐにょおう） 平安時代前期の女性。淳和天皇の後宮。
¶古人，天皇（[没]承和14（847）年11月7日）

緒継女王 おつぐにょおう
⇒緒継女王（おつぐじょおう）

オツケニ*
生没年不詳 江戸時代中期～後期の女性。アイヌ。
¶女史（オッケニ）

お

乙語　おつご
⇒佐方乙語（さかたおつご）

乙骨耐軒*　おっこつたいけん，おつこつたいけん
文化3（1806）年～安政6（1859）年　江戸時代末期の儒学者。
¶徳人（おつこつたいけん），幕末（[没]安政6（1859）年7月）

乙骨太郎乙*　おつこつたろうおつ
天保13（1842）年～大正10（1921）年　[別]乙骨太郎乙（おつこつたろういつ）　江戸時代末期～明治時代の英学者、翻訳家、沼津兵学校教授、海軍省御用掛。
¶コン（おつこつたろういつ），徳人（[没]1922年），幕末（おっこつたろういつ　[没]大正10（1921）年7月19日）

乙骨亘　おっこつわたる
⇒上田絅二（うえだけいじ）

乙伍の妻　おつごのつま★
江戸時代中期の女性。俳諧。美濃大垣の俳人乙伍の妻。寛保2年刊、中川杜菱序『麦浪集』に載る。
¶江表（乙伍の妻（岐阜県））

乙児　おつじ
⇒松木乙児（まつきおつじ）

乙二　おつじ
⇒乙二（おつに）

追手風喜太郎　おってかぜきたろう
⇒追手風喜太郎（おいてかぜきたろう）

乙堂喚丑*　おつどうかんちゅう
？～宝暦10（1760）年　[別]乙堂喚丑（いつどうかんちゅう）　江戸時代中期の曹洞宗の僧。
¶思想

乙奈尼　おつなに★
江戸時代末期の女性。俳諧。美濃太田の人。安政5年刊、鶯谿舎吾声編『鶯谿百人集』に載る。
¶江表（乙奈尼（岐阜県））

乙二*　おつに
宝暦6（1756）年～文政6（1823）年　[別]岩間乙二（いわまおつに），乙二（おつじ），亘理乙二（わたりおつに）　江戸時代中期～後期の俳人、千手院第10代住職、権大僧都。
¶日文（[生]宝暦5（1755）年），俳文（[生]宝暦5（1755）年　[没]文政6（1823）年7月9日）

乙幡重行　おつはたしげゆき
江戸時代前期の代官。
¶徳代（生没年不詳）

小夫助右衛門　おづますけえもん
江戸時代前期の武士。大坂の陣で籠城。
¶大坂

お妻・八郎兵衛*　おつま・はちろべえ
浄瑠璃・歌舞伎「桜鍔恨鮫鞘」の主人公。
¶コン

小夫兵庫　おづまひょうご
⇒小夫正容（おぶまさしず）

小津美濃　おづみの
⇒本居美濃（もとおりみの）

お露*　おつゆ
三遊亭円朝作の「怪談牡丹灯籠」の登場人物。
¶コン

乙由*　おつゆう
延宝3（1675）年～元文4（1739）年　[別]中川乙由（なかがわおつゆう）　江戸時代中期の俳人。伊勢俳壇の中心人物、麦林派提唱者。
¶コン（中川乙由　なかがわおつゆう），詩作（中川乙由　なかがわおつゆう　[没]元文4（1739）年8月18日），俳文（[没]元文4（1739）年8月18日）

おつゆの方*　おつゆのかた
？～明治21（1888）年5月5日　[別]秋月院（しゅうげついん），秋月院お露（しゅうげついんおつゆ）　江戸時代末期～明治時代の女性。12代将軍徳川家慶の側室。
¶徳将（秋月院　しゅうげついん），幕末（秋月院お露　しゅうげついんおつゆ）

乙良　おつら
江戸時代後期～末期の俳諧作者。
¶俳文（[生]寛政3（1791）年　[没]元治1（1864）年5月12日）

小寺玉晁　おでらぎょくちょう
⇒小寺玉晁（こでらぎょくちょう）

尾寺新之丞*　おでらしんのじょう
文政10（1827）年～明治34（1901）年　[別]尾寺信（おてらまこと）　江戸時代末期～明治時代の長州（萩）藩士。
¶全幕，幕末（[没]明治34（1901）年9月21日）

小寺信正　おでらのぶまさ
⇒小寺信正（こでらのぶまさ）

尾寺信　おてらまこと
⇒尾寺新之丞（おでらしんのじょう）

お伝の方*　おでんのかた
明暦4（1658）年～元文3（1738）年　[別]瑞春院（ずいしゅんいん），伝方（でんのかた）　江戸時代前期～中期の女性。5代将軍徳川綱吉の側室。
¶江表（瑞春院（東京都）　[生]万治1（1658）年），女史，徳将（瑞春院　ずいしゅんいん）

弟猾*　おとうかし
上代の豪族。
¶古代

音江　おとえ★
江戸時代中期の女性。和歌。一関藩主田村村隆家の奥女中。安永3年成立「田村村隆母公六十賀祝賀歌集」に載る。
¶江表（音江（岩手県））

音吉*　おときち
？～慶応2（1867）年12月14日　江戸時代末期の漂流民。1832年宝順丸が漂流しアメリカに渡る。
¶コン（[没]慶応3（1867）年），幕末（[没]慶応3（1867）年）

乙州（乙洲）　おとくに
⇒河合乙州（かわいおとくに）

乙訓王　おとくにおう
奈良時代の皇族。
¶古人（生没年不詳）

乙訓益福　おとくにのますよし
平安時代中期の東寺領丹波国大山荘の荘官。
¶古人（生没年不詳）

弟国部高継　おとくにべのたかつぐ
平安時代前期の官人。
¶古人（生没年不詳）

乙子 おとこ★
江戸時代の女性。和歌。吉弘氏。明治4年刊、『不知火歌集』に載る。
¶江表(乙子(熊本県))

弟磯城* おとしき
上代の豪族。
¶古代

お登勢の方* おとせのかた
?～天保3(1832)年 [別]妙操院(みょうそういん) 江戸時代後期の女性。11代将軍徳川家斉の側室。
¶徳将(妙操院 みょうそういん)

乙孝* おとたか
生没年不詳 [別]乙孝(いつこう) 江戸時代前期～中期の俳人。
¶俳文(いつこう)

弟財郎女* おとたからのいらつめ
上代の女性。成務天皇の妃。
¶天皇

弟橘媛* おとたちばなひめ
[別]弟橘比売命(おとたちばなひめのみこと) 上代の女性。日本武尊の妃。
¶古代,コン,詩作(弟橘比売命 おとたちばなひめのみこと 生没年不詳),女史

弟橘比売命 おとたちばなひめのみこと
⇒弟橘媛(おとたちばなひめ)

乙千世丸 おとちよまる
安土桃山時代の信濃国筑摩郡会田の土豪。会田岩下氏の被官とみられる。
¶武田(生没年不詳)

乙鶴* おとづる,おとずる
生没年不詳 南北朝時代の女性。賀歌女系の一人。観阿弥に曲舞を教えた。
¶新能

弟野王* おとのおう
宝亀3(772)年～天長10(833)年 奈良時代～平安時代前期の官人。
¶古人

乙幡重親 おとはたしげちか
江戸時代前期の関東代官。
¶徳代(生没年不詳)

乙幡重義 おとはたしげよし
江戸時代前期の関東代官。
¶徳代(生没年不詳)

乙彦 おとひこ
⇒萩原乙彦(はぎわらおとひこ)

乙姫* おとひめ
竜宮城に住む海神の娘。
¶コン

弟姫* おとひめ
[別]弟姫命(おとひめのみこと) 上代の女性。応神天皇の妃。
¶天皇(弟姫命 おとひめのみこと 生没年不詳)

弟媛*(1) おとひめ
上代の女性。仲哀天皇の妃。
¶天皇(生没年不詳)

弟媛*(2) おとひめ
上代の女性。反正天皇の妃。
¶天皇(生没年不詳)

弟媛*(3) おとひめ
上代の渡来織工。呉から渡来してきたとされる織物工女。
¶女史(兄媛・弟媛・呉織・穴織 えひめ・おとひめ・くれはとり・あやはとり)

弟姫命 おとひめのみこと
⇒弟姫(おとひめ)

乙姫宮 おとひめのみや
⇒高松院(たかまついん)

乙瓢 おとひょう
⇒新井乙瓢(あらいいっぴょう)

乙部剛之進* おとべごうのしん
?～明治2(1869)年5月11日 江戸時代後期～明治時代の新撰組隊士。
¶新隊

乙前* おとまえ
[別]五条乙前(ごじょうのおとまえ) 平安時代後期の女性。今様の名手。
¶古人([生]1086年 [没]1169年),女史(生没年不詳)

お富の方 おとみのかた
⇒華陽院(けよういん)

お富・与三郎* おとみ・よさぶろう
歌舞伎などの登場人物。
¶コン

乙女(1) おとめ★
江戸時代中期の女性。俳諧。能登皆月の人。正徳3年跋、爪木晩山編『橋立案内志追加』に載る。
¶江表(乙女(石川県))

乙女(2) おとめ★
江戸時代中期の女性。俳諧。遠江相良の人。寛政2年刊、太田巴静追善集『笠の恩』に載る。
¶江表(乙女(静岡県))

乙女(3) おとめ★
江戸時代後期の女性。狂俳。尾張大久手の人。弘化3年夏刊、三河蜀園撰『狂俳鉄くまで』に載る。
¶江表(乙女(愛知県))

乙女(4) おとめ★
江戸時代末期の女性。狂俳。三河知立の人。安政4年頃刊、千秀亭柏光撰『狂俳多満かしは』五に載る。
¶江表(乙女(愛知県))

於留の方 おとめのかた
⇒華陽院(けよういん)

乙也 おとや
江戸時代後期～明治時代の俳諧師。
¶俳文([生]文化6(1809)年 [没]明治5(1872)年10月29日)

お虎の方* おとらのかた
文禄1(1592)年～寛文6(1666)年1月4日 [別]蜂須賀万(はちすかまん) 江戸時代前期の女性。阿波徳島藩主蜂須賀至鎮の妻。
¶江表(敬台院(徳島県))

音羽女 おとわじょ★
江戸時代前期～中期の女性。和歌。新吉原江戸町の山口屋七郎右衛門抱えの遊女。元禄頃の人。文

政8年刊、西村藐庵著『花街漫録』に載る。
¶江表(音羽女(東京都))

音羽次郎三郎〔1代〕 おとわじろうさぶろう
⇒音羽次郎三郎〔1代〕(おとわじろさぶろう)

音羽次郎三郎〔1代〕* おとわじろさぶろう
？～享保17(1732)年 [別]音羽次郎三郎〔1代〕(おとわじろうさぶろう), 音羽峰之助(おとわみねのすけ) 江戸時代中期の歌舞伎役者、歌舞伎作者。延宝5年～享保13年頃に活躍。
¶歌大(代数なし)

音羽峰之助 おとわみねのすけ
⇒音羽次郎三郎〔1代〕(おとわじろさぶろう)

お夏 おなつ
⇒お夏・清十郎(おなつ・せいじゅうろう)

お夏・清十郎* おなつ・せいじゅうろう
[別]お夏(おなつ), 清十郎(せいじゅうろう) 江戸時代前期の悲恋物語「お夏清十郎」物の主人公。
¶コン

お夏の方* おなつのかた
*～天和3(1683)年 [別]順性院(じゅんしょういん) 江戸時代前期の女性。3代将軍徳川家光の側室。
¶徳将(順性院 じゅんしょういん [生]?)

お奈津の方 おなつのかた
⇒清雲院(せいうんいん)

小甂媛* おなべひめ
[別]小甂(をなべ) 上代の女性。応神天皇の妃。
¶天皇(小甂 をなべ 生没年不詳)

男也 おなり
江戸時代後期～明治時代の女性。宗教。上総久留里藩藩士安西正久の娘。
¶江表(男也(東京都) [生]享和2(1802)年 [没]明治11(1878)年)

鬼王・団三郎 におおう・だんさぶろう, におおう・だんざぶろう
⇒鬼王・団三郎(におおう・どうざぶろう)

鬼王・団三郎* におおう・どうざぶろう, におおう・どうさぶろう
[別]鬼王・団三郎(におおう・だんさぶろう, におおう・だんざぶろう) 能・歌舞伎の曽我物の登場人物。
¶コン(におおう・だんさぶろう)

鬼沢大海 おにざわおおうみ
⇒鬼沢大海(おにざわおおみ)

鬼沢大海* おにざわおおみ, おにさわおおみ
寛政5(1793)年～明治8(1875)年 [別]鬼沢大海(おにざわおおうみ) 江戸時代末期～明治時代の国学者。笠間藩、志筑藩に招かれて国学と和歌を教授。
¶幕末(おにざわおおうみ [没]明治8(1875)年11月19日)

鬼沢小蘭* おにざわしょうらん
天保9(1838)年～明治40(1907)年 江戸時代末期～明治時代の南画家。絵画を指導。
¶幕末([没]明治40(1907)年10月12日), 美画([没]明治40(1907)年10月12日)

鬼貫* おにつら, おにづら
寛文1(1661)年～元文3(1738)年 [別]上島鬼貫(うえしまおにつら, うえじまおにつら, かみしまおにつら, かみじまおにつら) 江戸時代中期の俳人。
¶江人, コン(上島鬼貫 うえしまおにつら), 詩作(上島鬼貫 うえじまおにつら [生]万治4(1661)年4月4日 [没]元文3(1738)年8月2日), 日文(上島鬼貫 うえじまおにつら・かみしまおにつら [生]万治4(寛文1年)(1661)年), 俳文([生]万治4(1661)年4月4日 [没]元文3(1738)年8月2日)

鬼七ツ女 おにななつじょ*
江戸時代後期の女性。狂歌。享和2年刊、千秋庵三陀羅法師編『五十鈴川狂歌車』に姿絵と歌が載る。
¶江表(鬼七ツ女(東京都))

鬼庭綱元* おににわつなもと
天文18(1549)年～寛永17(1640)年 [別]鬼庭綱元(おにわつなもと), 茂庭綱元(もにわつなもと) 安土桃山時代～江戸時代前期の武士。伊達氏家臣。
¶戦武(おにわつなもと)

鬼庭良直* おににわよしなお
永正10(1513)年～天正13(1585)年 [別]鬼庭良直(おにわよしなお), 茂庭周防(もにわすおう), 茂庭良直(もにわよしなお) 戦国時代～安土桃山時代の武士。伊達氏家臣。
¶全戦(おにわよしなお), 戦武(おにわよしなお)

オニビシ*
？～寛文8(1668)年4月 江戸時代前期のシュムクルの首長。
¶コン

鬼庭綱元 おにわつなもと
⇒鬼庭綱元(おににわつなもと)

鬼庭良直 おにわよしなお
⇒鬼庭良直(おににわよしなお)

小貫春陽〔1代〕 おぬきしゅんよう
江戸時代中期～後期の歌舞伎の背景画家。
¶歌大(生没年不詳)

小貫春陽〔2代〕 おぬきしゅんよう
江戸時代後期の歌舞伎の背景画家。
¶歌大(生没年不詳)

小貫春陽〔3代〕 おぬきしゅんよう
江戸時代後期～大正時代の歌舞伎の背景画家。
¶歌大([生]嘉永6(1853)年 [没]大正7(1918)年3月27日)

小貫頼久* おぬきよりひさ
？～慶長8(1603)年 安土桃山時代の武将。佐竹氏家臣。
¶全戦

小野田守 おぬのたもり
⇒小野田守(おののたもり)

小野綱手* おぬのつなで
[別]小野綱手(おののつなて, おののつなで) 奈良時代の官吏。
¶古人(おののつなて 生没年不詳)

尾沼雅楽助 おぬまうたのすけ
戦国時代の駿河国庵原郡の土豪。
¶武田(生没年不詳)

おね(お禰)
⇒高台院(こうだいいん)

小野愛子* おのあいこ
文化1(1804)年～慶応1(1865)年8月12日 江戸時代後期～末期の歌人。備中長尾村小野務の妻。
¶江表(愛子(岡山県))

尾池加左衛門　おのいけかざえもん
江戸時代前期の武士。大坂の陣で籠城。
¶大坂（[没]慶長20年）

小野伊豆守　おのいずのかみ
安土桃山時代の駿河国柳沢の土豪。
¶武田（生没年不詳）

小野以正*　おのいせい
天明5（1785）年～安政5（1858）年　[別]小野光右衛門（おのみつえもん），小野以正（おのもちまさ）　江戸時代後期の数学者。
¶数学（おのもちまさ　[生]天明5（1785）年1月24日　[没]安政5（1858）年10月17日）

小野妹子　おのいもこ
⇒小野妹子（おののいもこ）

尾上十郎　おのうえじゅうろう
戦国時代の遠江国周智郡熊切郷長蔵寺の土豪。遠江先方衆天野藤秀の同心衆。
¶武田（生没年不詳）

おのえ
江戸時代末期の女性。絵馬奉納。寒河江洲崎の菅井弥兵衛の妻。文久1年に羽生の地蔵に絵馬を奉納。
¶江表（おのえ（山形県））

尾上(1)　おのえ⋆
江戸時代中期の女性。和歌。仙台藩主伊達吉村の室貞子の侍女か。元文4年成立、畔充英写「宗村朝臣亭後宴和歌」に載る。
¶江表（尾上（宮城県））

尾上(2)　おのえ⋆
江戸時代中期の女性。俳諧。越前福井の人。天明7年刊、時雨庵祐阿編『飛梅集』上に載る。
¶江表（尾上（福井県））

尾上(3)　おのえ⋆
江戸時代中期の女性。俳諧。安芸宮島の遊女。元禄6年刊、北条団水編『くやみ草』に載る。
¶江表（尾上（広島県））

尾上(4)　おのえ⋆
江戸時代後期の女性。狂歌。八木氏。寛政2年刊、玉雲斎貞右著『狂歌玉雲集』に載る。
¶江表（尾上（大阪府））

尾上(5)　おのえ⋆
江戸時代後期の女性。俳諧。城ケ崎の人。文化12年没した城ケ崎の商人太田可苗の三回忌追善集、太田足馬編『花の下蔭』に載る。
¶江表（尾上（宮崎県））

尾上朝太郎　おのえあさたろう
⇒尾上松助〔3代〕（おのえまつすけ）

小野栄重*　おのえいじゅう
宝暦13（1763）年～天保2（1831）年　[別]小野栄重（おのよししげ），小野良佐（おのりょうさ）　江戸時代後期の数学者。
¶科学，コン（生没年不詳），数学（おのよししげ　[没]天保2（1831）年1月26日）

尾上・伊太八*　おのえ・いだはち
[別]伊太八（いだはち）　新内節「帰咲名残の命毛」の主人公。
¶コン

尾上丑之助〔1代〕　おのえうしのすけ
⇒尾上菊五郎〔2代〕（おのえきくごろう）

尾上栄三郎〔1代〕　おのええいざぶろう
⇒尾上菊五郎〔3代〕（おのえきくごろう）

尾上栄三郎〔2代〕　おのええいさぶろう，おのええいざぶろう
⇒尾上松助〔3代〕（おのえまつすけ）

尾上栄三郎〔3代〕　おのええいさぶろう，おのええいざぶろう
⇒尾上菊五郎〔4代〕（おのえきくごろう）

尾上栄三郎〔4代〕*　おのええいざぶろう
生没年不詳　[別]尾上菊之助〔1代〕（おのえきくのすけ），尾上辰之助〔1代〕（おのえたつのすけ）　江戸時代後期の歌舞伎役者。弘化2年～文久3年以降に活躍。
¶歌大（尾上菊之助〔1代〕　おのえきくのすけ　[生]？　[没]安政5（1858）年4月）

尾上菊五郎　おのえきくごろう
世襲名　江戸時代の歌舞伎役者の世襲名。江戸中期から7世を数える。
¶江人，山小

尾上菊五郎〔1代〕*　おのえきくごろう
享保2（1717）年～天明3（1783）年　[別]尾上竹太郎（おのえたけたろう），尾上梅幸〔1代〕（おのえばいこう），菊五郎〔1代〕（きくごろう），梅幸（ばいこう）　江戸時代中期の歌舞伎役者。享保15年～天明3年頃に活躍。
¶浮絵，歌大（[没]天明3（1783）年12月29日），コン，新歌（――〔1世〕）

尾上菊五郎〔2代〕*　おのえきくごろう
明和6（1769）年～天明7（1787）年　[別]尾上丑之助〔1代〕（おのえうしのすけ），尾上梅幸〔2代〕（おのえばいこう），菊五郎〔2代〕（きくごろう），小梅幸（こばいこう），梅幸（ばいこう）　江戸時代中期の歌舞伎役者、歌舞伎座本。安永5年～天明7年頃に活躍。
¶歌大，新歌（――〔2世〕）

尾上菊五郎〔3代〕*　おのえきくごろう
天明4（1784）年～嘉永2（1849）年　[別]植木屋松五郎（うえきやまつごろう），大川橋蔵〔1代〕（おおかわはしぞう），尾上栄三郎〔1代〕（おのええいざぶろう），尾上新三郎（おのえしんさぶろう），尾上辰五郎（おのえたつごろう），尾上梅幸〔3代〕（おのえばいこう），尾上松助〔2代〕（おのえまつすけ），賀朝（がちょう），菊五郎〔3代〕（きくごろう），菊屋万平（きくやまんぺい），三朝（さんちょう），扇舎（せんしゃ），梅幸（ばいこう），梅寿（ばいじゅ）　江戸時代後期の歌舞伎役者。天明8年～嘉永2年頃に活躍。
¶浮絵，浮絵（尾上松助〔2代〕　おのえまつすけ），歌大（[没]嘉永2（1849）年4月24日），コン，新歌（――〔3世〕）

尾上菊五郎〔4代〕*　おのえきくごろう
文化5（1808）年～万延1（1860）年　[別]尾上栄三郎〔3代〕（おのええいさぶろう，おのええいざぶろう），尾上菊枝（おのえきくし），尾上梅幸〔4代〕（おのえばいこう），菊五郎〔4代〕（きくごろう），菊枝（きくし），中村歌蝶（なかむらかちょう），中村辰蔵（なかむらたつぞう），梅幸（ばいこう），梅婦（ばいふ）　江戸時代末期の歌舞伎役者。天保2年～万延1年頃に活躍。
¶歌大（[没]万延1（1860）年6月28日），新歌（――〔4世〕）

お

尾上菊五郎〔5代〕*　おのえきくごろう
弘化1(1844)年～明治36(1903)年　[別]市村羽左衛門〔13代・名義8代〕，市村羽左衛門〔13代〕，市村羽左衛門〔座元13代・名義8代〕(いちむらうざえもん)，市村家橘〔4代〕(いちむらかきつ)，市村九郎右衛門〔2代〕(いちむらくろうえもん)，尾上梅幸〔5代〕(おのえばいこう)，菊五郎〔5代〕(きくごろう)，寺島清(てらしまきよし)，梅幸(ばいこう)　江戸時代末期～明治時代の歌舞伎役者、座本。嘉永1年～明治35年頃に活躍。
¶浮絵(市村羽左衛門〔13代〕　いちむらうざえもん)，浮絵,歌大(市村羽左衛門〔13代〕　いちむらうざえもん　[生]天保15(1844)年6月4日　[没]明治36(1903)年2月18日)，歌大([生]天保15(1844)年6月4日　[没]明治36(1903)年2月18日)，コン,新歌(市村羽左衛門〔13世・名義8世〕　いちむらうざえもん)，新歌(――〔5世〕)，幕末([生]弘化1(1844)年6月4日　[没]明治36(1903)年2月18日)

尾上菊枝　おのえきくし
⇒尾上菊五郎〔4代〕(おのえきくごろう)

尾上菊次郎　おのえきくじろう
⇒岡見留次郎(おかみとめじろう)

尾上菊次郎〔1代〕*　おのえきくじろう
？～天保5(1834)年？　[別]市川滝三郎〔1代〕(いちかわたきさぶろう)，市川照之助(いちかわてるのすけ)，扇朝(せんちょう)，中村富滝(なかむらとみたき)　江戸時代後期の歌舞伎役者。文化6年～天保3年頃に活躍。
¶歌大([没]天保5(1834)年)

尾上菊次郎〔2代〕*　おのえきくじろう
文化11(1814)年～明治8(1875)年　江戸時代末期～明治時代の歌舞伎役者。名人4世市川小団次の女房役者として特に世話物の女役をよくした。
¶歌大([没]明治8(1875)年6月14日)，新歌(――〔2世〕)

尾上菊之助〔1代〕　おのえきくのすけ
⇒尾上栄三郎〔4代〕(おのええいざぶろう)

尾上健蔵　おのえけんぞう
⇒尾上多見蔵〔1代〕(おのえたみぞう)

尾上鯉三郎〔1代〕　おのえこいさぶろう
⇒尾上新七〔1代〕(おのえしんしち)

尾上佐野助　おのえさのすけ
⇒尾上新七〔1代〕(おのえしんしち)

尾上七三郎　おのえしちさぶろう
⇒尾上新七〔1代〕(おのえしんしち)

斧柄女　おのえじょ★
江戸時代末期の女性。和歌。尾張名古屋の浄念寺の内方。安政4年刊、富樫広蔭編『千百人一首』に載る。
¶江表(斧柄女(愛知県))

尾上松緑〔1代〕　おのえしょうろく
⇒尾上松助〔1代〕(おのえまつすけ)

尾上新三郎　おのえしんさぶろう
⇒尾上菊五郎〔3代〕(おのえきくごろう)

尾上新七〔1代〕*　おのえしんしち
延享2(1745)年～文化6(1809)年　[別]尾上鯉三郎〔1代〕(おのえこいさぶろう)，尾上佐野助(おのえさのすけ)，尾上七三郎(おのえしちさぶろう)，尾上春五郎(おのえはるごろう)，尾上芙雀〔1代〕(おのえふじゃく)，青峨堂(せいがどう)，南部屋孫兵衛(なんぶやまごべえ)，芙雀(ふじゃく)　江戸時代中期～後期の歌舞伎役者。宝暦5年～文化4年頃に活躍。
¶歌大([没]文化6(1809)年3月4日)

小野江善六*　おのえぜんろく
文政9(1826)年～明治39(1906)年　江戸時代末期～明治時代の奉公人。王政復古の主旨を町民に説教。
¶幕末

尾上竹太郎　おのえたけたろう
⇒尾上菊五郎〔1代〕(おのえきくごろう)

尾上辰五郎　おのえたつごろう
⇒尾上菊五郎〔3代〕(おのえきくごろう)

尾上辰之助〔1代〕　おのえたつのすけ
⇒尾上栄三郎〔4代〕(おのええいざぶろう)

尾上多見蔵〔1代〕*(尾上民蔵)　おのえたみぞう
宝暦4(1754)年～？　[別]尾上健蔵(おのえけんぞう)，幸朝(こうちょう)，花染民蔵(はなぞめたみぞう)　江戸時代中期の歌舞伎役者。宝暦13年～天明7年頃に活躍。
¶歌大

尾上多見蔵〔2代〕*　おのえたみぞう
*～明治19(1886)年3月2日　[別]大川八蔵(おおかわはちぞう)，春風舎(しゅんふうしゃ)，松朝(しょうちょう)，瀬川和市(せがわわいち)，中村和市(なかむらわいち)，二朝(にちょう)　江戸時代末期～明治時代の歌舞伎役者。文化中頃～明治18年頃に活躍。
¶歌大([生]寛政12(1800)年)

尾上藤蔵　おのえとうぞう
⇒坂東三津五郎〔2代〕(ばんどうみつごろう)

尾上徳蔵　おのえとくぞう
⇒尾上松助〔1代〕(おのえまつすけ)

尾上梅鶴　おのえばいかく
⇒嵐璃珏〔4代〕(あらしりかく)

尾上梅幸〔1代〕　おのえばいこう
⇒尾上菊五郎〔1代〕(おのえきくごろう)

尾上梅幸〔2代〕　おのえばいこう
⇒尾上菊五郎〔2代〕(おのえきくごろう)

尾上梅幸〔3代〕　おのえばいこう
⇒尾上菊五郎〔3代〕(おのえきくごろう)

尾上梅幸〔4代〕　おのえばいこう
⇒尾上菊五郎〔4代〕(おのえきくごろう)

尾上梅幸〔5代〕　おのえばいこう
⇒尾上菊五郎〔5代〕(おのえきくごろう)

尾上春五郎　おのえはるごろう
⇒尾上新七〔1代〕(おのえしんしち)

尾上芙雀〔1代〕　おのえふじゃく
⇒尾上新七〔1代〕(おのえしんしち)

尾上松助　おのえまつすけ
世襲名　江戸時代の歌舞伎役者。江戸時代に活躍したのは、初世から3世まで。
¶江人

尾上松助〔1代〕*　おのえまつすけ
延享1(1744)年～文化12(1815)年　[別]尾上松緑〔1

代〕(おのえしょうろく)，尾上徳蔵(おのえとくぞう)，三朝(さんちょう)，松緑(しょうろく)，重扇(じゅうせん)　江戸時代中期〜後期の歌舞伎役者。宝暦5年〜文化11年頃に活躍。

¶浮絵, 江人(尾上松緑〔1世〕　おのえしょうろく), 歌大(尾上松緑〔1代〕　おのえしょうろく　[没]文化12(1815)年10月12日), 新歌(尾上松緑〔1世〕　おのえしょうろく)

尾上松助〔2代〕　おのえまつすけ

⇒尾上菊五郎〔3代〕(おのえきくごろう)

尾上松助〔3代〕*　おのえまつすけ

文化2(1805)年〜嘉永4(1851)年　[別]大川三朝(おおかわさんちょう)，尾上朝太郎(おのえあさたろう)，尾上栄三郎〔2代〕(おのええいさぶろう，おのええいざぶろう)，三朝(さんちょう)　江戸時代末期の歌舞伎役者。文化9年〜嘉永4年頃に活躍。

¶歌大([生]文化4(1807)年　[没]嘉永4(1851)年7月2日), 新歌(——〔3世〕)

尾上松助〔4代〕*　おのえまつすけ

天保14(1843)年〜昭和3(1928)年　江戸時代末期〜明治時代の歌舞伎役者。

¶浮絵, 歌大([生]天保14(1843)年2月29日　[没]昭和3(1928)年9月5日), 新歌(——〔4世〕)

尾上紋三郎〔1代〕　おのえもんざぶろう

⇒坂東三津五郎〔2代〕(ばんどうみつごろう)

尾上紋三郎〔2代〕　おのえもんさぶろう

⇒荻野伊三郎〔3代〕(おぎのいさぶろう)

尾上和三郎〔1代〕　おのえわさぶろう

⇒嵐璃寛〔3代〕(あらしりかん)

小野岡儀礼　おのおかぎれい

⇒小野岡義礼(おのおかよしひろ)

小野岡義礼*　おのおかよしひろ

天保8(1837)年〜大正2(1913)年　[別]小野岡儀礼(おのおかぎれい)　江戸時代末期〜明治時代の出羽秋田藩士。

¶幕末([生]天保8(1837)年7月12日　[没]大正2(1913)年8月7日)

小野お通　おのおつう，おのおづう

⇒小野お通(おののおつう)

小野賀柔　おのがじゅう

⇒小野昇造(おのしょうぞう)

小野化石の妻　おのかせきのつま★

江戸時代後期の女性。俳諧・狂歌。鰺ヶ沢の人。

¶江表(小野化石の妻(青森県))

小野川宇源次*　おのがわうげんじ

寛文5(1665)年〜？　[別]山田藤四郎(やまだとうしろう)　江戸時代中期の歌舞伎役者。元禄4年〜享保13年頃に活躍。

¶歌大(生没年不詳)

小野川喜三郎*　おのがわきさぶろう

宝暦8(1758)年〜文化3(1806)年　[別]小野川才助(おのがわさいすけ)　江戸時代中期〜後期の力士。5代横綱。

¶江人, コン

小野川才助　おのがわさいすけ

⇒小野川喜三郎(おのがわきさぶろう)

小野川秀五郎　おのがわひでごろう

江戸時代末期の相撲力士。

¶全幕([生]？　[没]慶応3(1867)年)

小野勘之助　おのかんのすけ

⇒小野成命(おのしげのり)

小野閑哉*　おのかんや

文化12(1815)年〜明治26(1893)年　江戸時代末期〜明治時代の狩野派画人。絵を佐藤丹治に師事。

¶幕末

小野木重勝*　おのぎしげかつ

？〜慶長5(1600)年　安土桃山時代の武将、大名。丹波福知山城主。

¶戦武

小野公恭　おのきみやす

江戸時代末期の和算家。

¶数学

小野清照　おのきよてる

江戸時代後期〜大正時代のフランス語教師。

¶幕末([生]嘉永4(1851)年1月5日　[没]大正13(1924)年12月23日)

小野金吾*　おのきんご

天保8(1837)年〜慶応2(1866)年　江戸時代末期の志士。

¶幕末([没]慶応2(1866)年8月2日)

小野一吉*　おのくによし

元禄13(1700)年〜天明3(1783)年　江戸時代中期の武士、勘定奉行、大目付。

¶コン, 徳将, 徳人, 徳代([没]天明3(1783)年2月3日)

小野馨之允　おのけいのすけ

⇒小山馨三郎(おやまけいざぶろう)

小野蕙畝　おのけいび

⇒小野職孝(おのもとたか)

小野蕙畝　おのけいほ

⇒小野職孝(おのもとたか)

小野見伯の母　おのけんはくのはは★

江戸時代後期の女性。俳諧。河内の人。天保3年序、守村鶩卿編『女百人一句』に載る。

¶江表(小野見伯の母(大阪府))

小野元立　おのげんりゅう

⇒小野元立坊(おのげんりゅうぼう)

小野元立坊*　おのげんりゅうぼう

寛永8(1631)年〜*　[別]小野元立(おのげんりゅう)，元立坊(げんりゅうぼう)　江戸時代前期の陶工、大隅元立院焼の創始者。

¶美工(小野元立　おのげんりゅう　[没]元禄12(1699)年)

小野広胖*　おのこうはん

文化14(1817)年10月23日〜明治31(1898)年10月29日　[別]小野友五郎(おのともごろう)，小野広胖(おのひろなお)　江戸時代末期〜明治時代の数学者、実業家、軍艦操練所教授方。新橋・横浜鉄道建設のため測量。のち製塩業に従事。

¶江人(小野友五郎　おのともごろう　[生]1831年), 科学(小野友五郎　おのともごろう), コン, 数学(おのひろなお), 全幕(小野友五郎　おのともごろう), 徳人(おのこうはん(ひろとき)), 幕末(小野友五郎　おのともごろう)

小野湖山*　おのこざん

文化11(1814)年〜明治43(1910)年　江戸時代末期〜明治時代の志士、漢詩人。玉池吟社を師から譲

お

られた。著書に「湖山楼詩鈔」「湖山楼十種」。

¶コン,詩作([生]文化11(1814)年1月12日 [没]明治43(1910)年4月10日),幕末([生]文化11(1814)年1月12日 [没]明治43(1910)年4月19日)

小野小町 おのこまち

⇒小野小町(おののこまち)

小野権右衛門* おのごんえもん

*〜享保17(1732)年 江戸時代前期〜中期の豪商。

¶コン([生]寛文2(1662)年)

小野権之丞* おのごんのじょう

文化15(1818)年〜明治22(1889)年 江戸時代末期〜明治時代の会津藩士。五稜郭に入り、傷病兵の看護に尽力。「小野権之丞日記」がある。

¶全幕,幕末([生]文化15(1818)年4月7日 [没]明治22(1889)年4月2日)

小野崎通亮* おのざきみちすけ

天保4(1833)年〜明治36(1903)年 江戸時代末期〜明治時代の祠官。秋田県神道界に長老として君臨、著書に「大日本史列女伝蒙求」「古四王神社考」など。

¶幕末([生]天保4(1833)年2月29日 [没]明治36(1903)年7月21日)

小野崎義政* おのざきよしまさ

天文12(1543)年〜天正13(1586)年11月14日 戦国時代〜安土桃山時代の佐竹氏の家臣。

¶全戦([生]永禄2(1559)年 [没]天正13(1585)年)

小野貞樹* おのさだき

生没年不詳 [別]小野貞樹(おののさだき) 平安時代前期の公家・歌人。

¶古人(おののさだき)

斧定九郎* おのさだくろう

浄瑠璃・歌舞伎「仮名手本忠臣蔵」に登場する人物。

¶コン

小野貞則 おのさだのり

天正2(1574)年〜寛永17(1640)年 安土桃山時代〜江戸時代前期の幕臣。

¶徳人,徳代([没]寛永17(1640)年8月26日)

小野貞久 おのさだひさ

江戸時代前期の代官。

¶徳代([生]元和5(1619)年 [没]元禄1(1688)年5月28日)

小野貞正 おのさだまさ

江戸時代前期の代官。

¶徳代([生]? [没]寛文11(1671)年12月25日)

小野沢漣光 おのざわやすみつ

江戸時代後期の和算家。

¶数学

小野滋蔭* おのしげかげ

?〜寛平8(896)年 [別]小野滋蔭(おののしげかげ) 平安時代前期の公家・歌人。

¶古人(おののしげかげ)

小野成命* おのしげのり

文化13(1816)年〜明治6(1873)年 [別]小野勘之助(おのかんのすけ),小野成命(おのせいめい) 江戸時代末期〜明治時代の田中藩士。

¶幕末(おのせいめい)

小の島* おのしま

江戸時代末期の江戸薩摩藩邸奥老女。

¶江表(小の嶋(鹿児島県) [生]享和3(1803)年),幕末(生没年不詳)

小野島観順* おのじまかんじゅん

文政3(1820)年〜明治11(1878)年 江戸時代末期〜明治時代の住職。田布施円立寺に僧練隊を創設。

¶幕末([没]明治11(1878)年9月3日)

小野島行薫* おのじまぎょうくん

弘化4(1847)年〜昭和2(1927)年 江戸時代末期〜大正時代の僧侶。第二奇兵隊に属し隊士に句読を教授。

¶幕末([生]弘化4(1847)年2月7日 [没]昭和2(1927)年12月23日)

小野述信* おのじゅっしん, おのじゅつしん

文政7(1824)年〜明治43(1910)年 江戸時代末期〜明治時代の明倫館小学師匠、神祇官。皇道宣教に尽力。

¶幕末(おのじゅつしん)

小野荘五郎*(小野庄五郎) おのしょうごろう

天保12(1841)年〜明治40(1907)年 江戸時代末期〜明治時代の宗教家、ハリストス正教司祭。同志らと勇義隊を組織し隊長。

¶幕末([没]明治40(1907)年8月2日)

小野昇造* おのしょうぞう

文政3(1820)年〜明治1(1868)年 [別]小野賀柔(おのがじゅう) 江戸時代末期の近江膳所藩士。

¶幕末

小野紹廉* おのしょうれん

延宝4(1676)年〜宝暦11(1761)年 [別]紹廉(しょうれん) 江戸時代前期〜中期の俳人。

¶俳文(紹廉 しょうれん [没]宝暦11(1761)年10月14日)

小野次郎右衛門 おのじろうえもん

⇒小野忠明(おのただあき)

小野信古 おのしんこ

江戸時代後期の幕臣。

¶徳人(生没年不詳)

小野末嗣* おのすえつぐ

生没年不詳 平安時代前期の漢詩人。

¶古人(小野末嗣(継) おののすえつぐ)

小野成命 おのせいめい

⇒小野成命(おのしげのり)

小野善右衛門* おのぜんえもん

文政9(1826)年〜明治33(1900)年 江戸時代末期〜明治時代の商人。維新期新政府の資金調達に奔走。

¶コン

小野善助*(──〔8代〕) おのぜんすけ

?〜明治21(1888)年 江戸時代末期〜明治時代の実業家、新政府の為替方。生糸販売と両替商。

¶コン,幕末([生]天保2(1831)年 [没]明治20(1887)年1月23日)

小野善兵衛 おのぜんべい

⇒小野善兵衛(おのぜんべえ)

小野善兵衛* おのぜんべえ

天明2(1782)年〜文久1(1861)年 [別]小野善兵衛(おのぜんべい) 江戸時代後期の沼田藩の豪農商、慈善家。

¶江人,コン,幕末(おのぜんべい [生]天明2(1782)年1月

[没]文久1(1862)年12月10日)

小野素郷 おのそきょう
⇒小野素郷(おのそごう)

小野素郷* おのそごう
寛延2(1749)年～文政3(1820)年 [別]小野素郷(おのそきょう),素郷(そきょう,そごう) 江戸時代後期の俳人。
¶俳文(素郷 そきょう [没]文政3(1820)年4月29日)

小野素水* おのそすい
文化11(1814)年～明治30(1897)年 [別]素水(そすい) 江戸時代末期～明治時代の俳人。
¶俳文(素水 そすい)

小野高潔* おのたかきよ
延享4(1747)年～文政12(1829)年 江戸時代中期～後期の国学者。神道関係の著述が多い。
¶コン

小野高福 おのたかとみ
*～嘉永5(1852)年 江戸時代中期～後期の幕臣、飛騨郡代。
¶徳人([生]?),徳代([生]安永3(1774)年 [没]嘉永5(1852)年6月5日)

小野高尚* おのたかひさ
享保5(1720)年～寛政11(1799)年 江戸時代中期の国学者。幕府の大御番。
¶コン

小野篁 おのたかむら
⇒小野篁(おののたかむら)

小野高保 おのたかやす
江戸時代前期～中期の代官。
¶徳代([生]正保1(1644)年 [没]宝永6(1709)年4月21日)

小野内匠助* おのたくみのすけ
生没年不詳 戦国時代の北条氏の家臣。
¶後北(内匠助〔小野(2)〕 たくみのすけ)

小野忠明* おのただあき
?～寛永5(1628)年 [別]神子上忠明(みこがみただあき),御子神典膳(みこがみてんぜん) 安土桃山時代～江戸時代前期の剣術家。将軍徳川秀忠の剣術師範。
¶江人([生]1565年),全戦,徳人

小野忠政 おのただまさ
江戸時代中期の幕臣。
¶徳人([生]1735年 [没]?)

小野忠義 おのただよし
江戸時代後期～末期の和算家、松代藩士。
¶数学([生]寛政4(1792)年 [没]明治1(1868)年)

小野田東市* おのだとういち
生没年不詳 江戸時代末期の幕臣。
¶幕末([生]文政10(1827)年 [没]?)

小野種孝 おのたねたか
安土桃山時代の織田信長の家臣。伝介種正の子。
¶織田(生没年不詳)

小野田信利 おのだのぶとし
江戸時代中期～後期の幕臣、代官。
¶徳人(生没年不詳),徳代([生]宝暦3(1753)年 [没]?)

小野田又蔵 おのだまたぞう
江戸時代末期～昭和時代の宮大工。
¶美建([生]安政2(1855)年2月8日 [没]昭和14(1939)年6月13日)

小野為八* おのためはち
文政12(1829)年～明治40(1907)年 江戸時代末期～明治時代の萩藩士。鴻城隊、整式隊砲術隊司令として国事に奔走。
¶幕末([生]文政12(1829)年1月8日 [没]明治40(1907)年8月20日)

小野丹後守 おのたんごのかみ
安土桃山時代の北条氏家臣江戸城代遠山直景の同心。兵庫助。先代兵庫助の嫡男か。普請奉行。
¶後北(丹後守〔小野(1)〕 たんごのかみ)

小野近義 おのちかのり
江戸時代中期～後期の幕臣。
¶徳人([生]1745年 [没]1816年)

小野千古母* おのちふるのはは
生没年不詳 [別]小野千古母(おののちふるのはは) 平安時代前期の歌人。
¶古人(おののちふるのはは)

小野通〔1代〕 おのつう
⇒小野お通(おののおつう)

小野通〔2代〕 おのつう
⇒小野宗鑑尼(おののそうかんに)

小野通仙 おのつうせん
江戸時代後期～明治時代の眼科医。
¶眼医(生没年不詳)

小野経兼 おのつねかね
平安時代中期の武蔵国横山党の武士。奥州合戦に功あり。
¶古人(生没年不詳)

小野寺景道* おのでらかげみち
?～慶長2(1597)年 室町時代～戦国時代の武将。
¶戦武([生]天文3(1534)年)

小野寺源太夫 おのでらげんだゆう
江戸時代中期～後期の宮大工。
¶美建([生]明和6(1769)年 [没]天保2(1831)年)

小野寺十内 おのでらじゅうない
⇒小野寺秀和(おのでらひでかず)

小野寺胤員 おのでらたねかず
江戸時代後期～末期の和算家。
¶数学

小野寺丹元* おのでらたんげん
寛政12(1800)年～明治9(1876)年1月9日 江戸時代末期～明治時代の蘭方医、仙台藩医。養賢堂蘭学局総裁、蕃書調所教授手伝を歴任。訳書にペスト論「済世一方」。
¶科学

小野寺道綱 おのでらのみちつな
⇒小野寺通綱(おのでらみちつな)

小野寺秀一 おのでらひでかず
江戸時代後期～末期の和算家。千葉胤雪に算学を学び、関流九伝を称す。
¶数学

小野寺秀和* おのでらひでかず
寛永20(1643)年～元禄16(1703)年 [別]小野寺十内(おのでらじゅうない),十内(じゅうない) 江

お

戸時代中期の播磨赤穂藩士。赤穂義士の一人。
¶コン（小野寺十内　おのでらじゅうない）

小野寺通綱*（小野寺道綱）　おのでらみちつな
仁平3（1153）年～承久3（1221）年　[別]小野寺道綱（おのでらのみちつな）　平安時代後期～鎌倉時代前期の武将。
¶古人（小野寺道綱　おのでらのみちつな　生没年不詳），平家（小野寺道綱　生没年不詳）

小野寺泰道*　おのでらやすみち
応永10（1403）年～＊　室町時代の武将。
¶室町（[没]文明9（1477）年）

小野寺勇之助*　おのでらゆうのすけ
江戸時代末期の新撰組隊士。
¶新隊（生没年不詳）

小野寺義道*　おのでらよしみち
永禄9（1566）年～＊　安土桃山時代～江戸時代前期の出羽国の武将。
¶全戦（[没]正保2（1645）年），戦武（[没]正保2（1645）年），内乱（[没]正保2（1645）年）

小野藤五郎*　おのとうごろう
弘化4（1847）年～慶応1（1865）年　江戸時代末期の水戸藩士。
¶幕末（[没]元治2（1865）年2月16日）

小野藤八郎*　おのとうはちろう
生没年不詳　戦国時代の北条氏の家臣。
¶後北（藤八郎〔小野（2）〕　とうはちろう）

小野遠興女*　おのとおきのむすめ
生没年不詳　[別]小野遠興女（おののとおきのむすめ）　平安時代前期の歌人。
¶古人（おののとおきのむすめ）

小野知勝　おのともかつ
江戸時代後期の和算家。
¶数学

小野友五郎　おのともごろう
⇒小野広胖（おのこうはん）

小野とよ*　おのとよ
寛政2（1790）年～慶応1（1865）年　江戸時代後期～末期の女性。歌人。
¶江表（とよ（宮城県））

小野虎之丞*　おのとらのじょう
弘化3（1846）年～慶応2（1866）年　江戸時代末期の志士。
¶幕末（[没]慶応2（1866）年8月7日）

小野直方　おのなおかた
江戸時代中期の幕臣。
¶徳人（[生]1701年　[没]？）

小野永見　おのながみ
⇒小野朝臣永見（おののあそんながみ）

小野成綱*　おのなりつな
生没年不詳　平安時代後期～鎌倉時代前期の武士。武蔵七党のうちの横山党に属す。
¶古人，平家

小野明通　おののあきみち
平安時代中期の官人。
¶古人（生没年不詳）

小野東人　おののあずまひと
⇒小野東人（おののあずまんど）

小野東人*　おののあずまんど
？～天平勝宝9（757）年　[別]小野東人（おののあずまひと，おののあづまひと），小野朝臣東人（おののあそんあずまひと）　奈良時代の官人。橘奈良麻呂の乱に参加し死亡。
¶古人（おののあづまひと），古代（小野朝臣東人　おののあそんあずまひと），コン（[没]天平宝字1（757）年）

小野朝臣老　おののあそみおゆ
⇒小野老（おののおゆ）

小野朝臣東人　おののあそんあずまひと
⇒小野東人（おののあずまんど）

小野朝臣石根　おののあそんいわね
⇒小野石根（おののいわね）

小野朝臣馬養*　おののあそんうまかい
[別]小野馬養（おののうまかい）　飛鳥時代～奈良時代の官人。
¶古人（小野馬養　おののうまかい　生没年不詳），古代

小野朝臣毛人　おののあそんえみし
⇒小野毛人（おののえみし）

小野朝臣老　おののあそんおゆ
⇒小野老（おののおゆ）

小野朝臣毛野　おののあそんけの
⇒小野毛野（おののけぬ）

小野朝臣滋野　おののあそんしげの
⇒小野滋野（おののしげの）

小野朝臣篁　おののあそんたかむら
⇒小野篁（おののたかむら）

小野朝臣田守　おののあそんたもり
⇒小野田守（おののたもり）

小野朝臣恒柯　おののあそんつねえだ
⇒小野恒柯（おののつねえだ）

小野朝臣永見*　おののあそんながみ
生没年不詳　[別]小野永見（おのながみ，おののながみ）　奈良時代の官人。
¶古人（小野永見　おののながみ），古代

小野朝臣春泉*　おののあそんはるいずみ
[別]小野春泉（おののはるいずみ，おののはるもと）　平安時代前期の官人、武将。
¶古人（小野春泉　おののはるもと　生没年不詳），古代

小野朝臣春風　おののあそんはるかぜ
⇒小野春風（おののはるかぜ）

小野朝臣当岑*　おののあそんまさみね
[別]小野当岑（おののまさみね）　平安時代前期の学者、官人。
¶古人（小野当岑　おののまさみね　生没年不詳），古代

小野朝臣岑守　おののあそんみねもり
⇒小野岑守（おののみねもり）

小野朝臣美材　おののあそんよしき
⇒小野美材（おののよしき）

小野東人　おののあづまひと
⇒小野東人（おののあずまんど）

小野有隆 おののありたか
平安時代後期の官人。
¶古人(生没年不詳)

小野有隣* おののありちか
?〜久安5(1149)年　平安時代後期の明法博士。
¶古人

小野有連 おののありつら
平安時代中期の官人。
¶古人(生没年不詳)

小野生子 おののいくこ
平安時代中期の官人。
¶古人(生没年不詳)

小野五倫* おののいつとも
生没年不詳　平安時代中期の官人。
¶古人

小野今常 おののいまつね
平安時代前期の官人。
¶古人(生没年不詳)

小野妹子* おののいもこ
生没年不詳　[別]小野妹子(おのいもこ),小野臣妹子(おののおみいもこ),蘇因高(そいんこう)　飛鳥時代の遣隋使。有名な「日出づる処の天子」なる国書を隋の煬帝に上表。翌年再度隋にわたる。
¶古人,古代(小野臣妹子　おののおみいもこ),古物,コン,思想,対外,山小

小野石雄* おののいわお
生没年不詳　平安時代前期の武人、官人。
¶古人

小野石子 おののいわこ
平安時代前期の官人。
¶古人(生没年不詳)

小野石根* おののいわね
?〜宝亀9(778)年11月　[別]小野朝臣石根(おののあそんいわね)　奈良時代の官人、遣唐副使。
¶古人,古代(小野朝臣石根　おののあそんいわね),コン

小野牛養 おののうしかい
奈良時代の官人。
¶古人([生]?　[没]739年)

小野馬養 おののうまかい
⇒小野朝臣馬養(おののあそんうまかい)

小野毛人* おののえみし
?〜天武6(677)年　[別]小野朝臣毛人(おののあそんえみし)　飛鳥時代の官人。天武天皇に仕えた。
¶古人,古代(小野朝臣毛人　おののあそんえみし),古物,コン

小野興道 おののおきみち
平安時代前期の官人。
¶古人(生没年不詳)

小野お通*(小野阿通)　おののおつう
[別]小野お通(おのおつう,おのおづう),小野通〔1代〕(おのつう)　安土桃山時代〜江戸時代前期の女性。「浄瑠璃御前物語」の作者に擬せられた。
¶江表(通(長野県)　つう　[没]寛永8(1631)年),コン(生没年不詳),女史(小野通〔1代〕　おのつう　[生]1567年　[没]1631年)

小野小贄 おののおにえ
奈良時代の官人。
¶古人(生没年不詳)

小野臣妹子 おののおみいもこ
⇒小野妹子(おののいもこ)

小野老* おののおゆ
?〜天平9(737)年　[別]小野朝臣老(おののあそみおゆ,おののあそんおゆ)　飛鳥時代〜奈良時代の官人、万葉歌人。
¶古人,古代(小野朝臣老　おののあそんおゆ),コン,詩作([没]天平9(737)年6月11日),日文

小野景興 おののかげおき
平安時代中期の官人。
¶古人(生没年不詳)

小野俊賢子 おののかたこ
平安時代前期の官人。
¶古人(生没年不詳)

小野后 おののきさき
⇒藤原歓子(ふじわらのかんし)

小野吉子 おののきつし
⇒小野吉子(おののよしこ)

小野公子 おののきみこ
平安時代中期の官人。
¶古人(生没年不詳)

小野行相房 おののぎょうそうぼう
平安時代後期の東大寺の僧。
¶古人(生没年不詳)

小野清如 おののきよゆき
平安時代前期の官人。
¶古人(生没年不詳)

小野公望 おののきんもち
平安時代中期の官人。
¶古人(生没年不詳)

小野国興 おののくにおき
平安時代中期の官人。
¶古人(生没年不詳)

小野国永 おののくになが
平安時代後期の官人。
¶古人(生没年不詳)

小野国梁 おののくにやな
平安時代前期の官人。
¶古人(生没年不詳)

小野毛野* おののけぬ
?〜和銅7(714)年　[別]小野朝臣毛野(おののあそんけの),小野毛野(おののけの)　飛鳥時代の廷臣(中納言)。小治田朝大徳冠小野妹子の孫。
¶公卿(おののけの　[没]和銅7(714)年4月1日),古人,古代(小野朝臣毛野　おののあそんけの),コン

小野毛野 おののけの
⇒小野毛野(おののけぬ)

小野皇后 おののこうごう
⇒藤原歓子(ふじわらのかんし)

小野皇太后 おののこうたいごう
⇒藤原歓子(ふじわらのかんし)

小野木村　おののこのむら
平安時代前期の官人。
¶古人(生没年不詳)

小野小町*　おののこまち
生没年不詳　[別]小野小町(おのこまち)　平安時代前期の女性。歌人。
¶古人, 古代, コン, 詩作, 女史, 女文, 日文, 山小

小野貞樹　おののさだき
⇒小野貞樹(おのさだき)

小野滋蔭　おののしげかげ
⇒小野滋蔭(おのしげかげ)

小野重親*　おののしげちか
生没年不詳　平安時代後期の武蔵国の武士。
¶古人

小野滋野*　おののしげの
生没年不詳　[別]小野朝臣滋野(おののあそんしげの)　奈良時代の官人、第14次遣唐判官。
¶古人, 古代(小野朝臣滋野　おののあそんしげの), コン

小野成行　おののしげゆき
平安時代後期の官人。
¶古人(生没年不詳)

小野篠女　おののしのじょ★
江戸時代後期の女性。狂歌。奥白河の人。寛政8年後巴人亭光序『百さへづり』に載る。
¶江表(小野篠女(福島県))

小野淑奈麻呂　おののすくなまろ
奈良時代の官人。
¶古人(生没年不詳)

小野資孝　おののすけたか
平安時代中期の源頼義の家人か。義孝の子。
¶古人(生没年不詳)

小野傅正　おののすけまさ
平安時代中期の官人。
¶古人(生没年不詳)

小野宗鑑尼*　おののそうかんに
[別]小野通〔2代〕(おのつう)　江戸時代前期の女性。「浄瑠璃物語」の作者小野お通の一人娘。
¶江表(通(長野県)　[没]延宝7(1679)年), 女史(小野通〔2代〕　おのつう　生没年不詳)

小野僧正　おののそうじょう
⇒仁海(にんがい)

小野高枝　おののたかえだ
平安時代中期の官人。
¶古人(生没年不詳)

小野喬木　おののたかき
平安時代前期の官人。
¶古人(生没年不詳)

小野篁*　おののたかむら
延暦21(802)年〜仁寿2(852)年　[別]小野篁(おのたかむら), 小野朝臣篁(おののあそんたかむら), 野相公(やしょうこう)　平安時代前期の漢学者、歌人、公卿(参議)。征夷副将軍・陸奥介小野永見の孫。
¶公卿([生]延暦20(801)年　[没]仁寿2(851)年12月22日), 古人, 古代(小野朝臣篁　おののあそんたかむら), コン, 詩作([没]仁寿2(853)年12月22日), 思想, 対外, 日文, 山小([没]852年12月22日)

小野卓茂　おののたかもち
平安時代中期の武士、官人。
¶古人(生没年不詳)

小野孝(隆)泰　おののたかやす
平安時代中期の官人。時季の子。武蔵守・従四位下。
¶古人(生没年不詳)

小野尊安*　おののたかやす
文化10(1813)年〜？　江戸時代後期の神官(出雲国御碕社検校)。
¶公卿, 公家(尊安〔日御碕社検校 小野家〕　たかやす　[没]明治13(1880)年12月7日)

小野滝雄*　おののたきお
生没年不詳　平安時代前期の官人。
¶古人

小野忠澄　おののただすみ
⇒岡部忠澄(おかべただずみ)

小野為明　おののためあきら
平安時代中期の官人。
¶古人(生没年不詳)

小野為貞　おののためさだ
平安時代後期の官人。
¶古人(生没年不詳)

小野為遠　おののためとお
平安時代後期の近江国檜物荘の寄人。
¶古人(生没年不詳)

小野為雅　おののためまさ
平安時代中期の官人。
¶古人(生没年不詳)

小野田守*　おののたもり
生没年不詳　[別]小野田守(おぬのたもり), 小野朝臣田守(おののあそんたもり)　奈良時代の官人、大宰大弐。安禄山の反乱を日本に報告した。
¶古人, 古代(小野朝臣田守　おののあそんたもり), コン, 対外

小野千株　おののちかぶ
平安時代前期の官人。
¶古人(生没年不詳)

小野千邦　おののちくに
平安時代前期の官人。
¶古人(生没年不詳)

小野千里　おののちさと
平安時代前期の官人。
¶古人(生没年不詳)

小野千古　おののちふる
平安時代中期の官人。
¶古人(生没年不詳)

小野千古母　おののちふるのはは
⇒小野千古母(おのちふるのはは)

小野竹良　おののつくら
奈良時代の官人。
¶古人([生]？　[没]769年)

小野綱手　おののつなて, おののつなで
⇒小野綱手(おぬのつなで)

小野恒柯 おののつねえ
⇒小野恒柯（おののつねえだ）

小野恒柯* おののつねえだ
大同3（808）年～貞観2（860）年 [別]小野朝臣恒柯（おののあそんつねえだ），小野恒柯（おののつねえ） 平安時代前期の官人、書家。
¶古人，古代（小野朝臣恒柯 おののあそんつねえだ），コン（[生]延暦21（802）年），対外

小野常実 おののつねざね
平安時代中期の官人。
¶古人（生没年不詳）

小野常高 おののつねたか
平安時代中期の人。博戯の罪を問われたが決罪を免ぜられた。
¶古人（生没年不詳）

小野連峯 おののつらみね
平安時代前期の官人。
¶古人（生没年不詳）

小野道風* おののとうふう
寛平6（894）年～康保3（966）年 [別]小野道風（おののみちかぜ，おのみちかぜ） 平安時代中期の能書家、公卿。和様の開祖。
¶古人（おののみちかぜ），コン（おののみちかぜ），山小（おののみちかぜ [没]966年12月27日）

小野問道 おののとうみち
平安時代前期の官人。
¶古人（生没年不詳）

小野遠興女 おののとおきのむすめ
⇒小野遠興女（おのとおきのむすめ）

小野俊生* おののとしなり
生没年不詳 平安時代前期の官吏。
¶古人

小野友高 おののともたか
平安時代後期の相撲人。承暦4年～寛治6年頃活躍。
¶古人（生没年不詳）

小野奉忠 おののともただ
平安時代中期の官人。道風の子。
¶古人（生没年不詳）

小野奉時 おののともとき
平安時代中期の官人。道風の子。
¶古人（生没年不詳）

小野奉政 おののともまさ
平安時代中期の官人。
¶古人（生没年不詳）

小野奉持 おののとももち
平安時代中期の官人。
¶古人（生没年不詳）

小野永見 おののながみ
⇒小野朝臣永見（おののあそんながみ）

小野永道 おののながみち
平安時代前期の官人。
¶古人（生没年不詳）

小野野主 おのののぬし
平安時代前期の官人。
¶古人（[生]？ [没]837年）

小野則貞 おのののりさだ
平安時代後期の官人。
¶古人（生没年不詳）

小野春泉 おののはるいずみ
⇒小野朝臣春泉（おののあそんはるいずみ）

小野春枝* おののはるえだ
生没年不詳 平安時代前期の官人。
¶古人

小野春風* おののはるかぜ
生没年不詳 [別]小野朝臣春風（おののあそんはるかぜ），小野春風（おのはるかぜ） 平安時代前期の武官、鎮守将軍。
¶古人，古代（小野朝臣春風 おののあそんはるかぜ），コン

小野春泉 おののはるもと
⇒小野朝臣春泉（おののあそんはるいずみ）

小野宏材 おののひろき
平安時代前期の官人。
¶古人（生没年不詳）

小野広人 おののひろひと
飛鳥時代の官人。
¶古人（生没年不詳）

小野葛絃 おののふじつる
平安時代前期の官人。篁の子。
¶古人（生没年不詳）

小野葛根 おののふじね
平安時代前期の官人。
¶古人（生没年不詳）

小野文道 おののふみみち
平安時代後期の明法博士。父は文義。治暦4年明法博士で従五位下に叙された。
¶古人（生没年不詳）

小野文義* おののふみよし
生没年不詳 平安時代中期の外記局の官人。
¶古人

小野政孝 おののまさたか
平安時代後期の官人。
¶古人（生没年不詳）

小野雅忠 おののまさただ
平安時代中期の官人。
¶古人（生没年不詳）

小野雅胤* おののまさたね
延享4（1747）年～文政12（1829）年7月19日 江戸時代中期～後期の公家（非参議）。文政10年従三位に叙される。
¶公卿，公家（雅胤〔伏見宮家諸大夫 田中家（小野氏）〕 まさたね）

小野正理 おののまさのり
平安時代中期の官人。
¶古人（生没年不詳）

小野当岑 おののまさみね
⇒小野朝臣当岑（おののあそんまさみね）

小野真野 おののまの
平安時代前期の官人。
¶古人（生没年不詳）

お

小野真人　おののまひと
平安時代前期の官人。
¶古人(生没年不詳)

小野道風　おののみちかぜ
⇒小野道風(おののとうふう)

小野岑守*(小野峯守)　おののみねもり
宝亀9(778)年～天長7(830)年　[別]小野朝臣岑守(おののあそんみねもり), 小野岑守(おのみねもり)　平安時代前期の文学者、公卿(参議)。征夷副将軍・陸奥介小野永見の三男。
¶公卿(小野峯守　[没]天長7(830)年4月19日), 古人, 古代(小野朝臣岑守　おののあそんみねもり), コン, 山小([没]830年4月19日)

小野宮　おののみや
⇒惟喬親王(これたかしんのう)

小野宮実資　おののみやさねすけ
⇒藤原実資(ふじわらのさねすけ)

小野宮実頼　おののみやさねより
⇒藤原実頼(ふじわらのさねより)

小野宮尼公*　おののみやのにこう
長元9(1036)年～長承3(1134)年　平安時代中期～後期の女性。名邸小野宮を伝領した。
¶古人

小野宗成　おののむねなり
平安時代前期の官人。
¶古人(生没年不詳)

小野樫生　おののむろお
平安時代前期の官人。
¶古人(生没年不詳)

尾野盛実　おののもりざね
平安時代後期の検非違使。
¶古人(生没年不詳)

小野守高　おののもりたか
平安時代中期の官人。
¶古人(生没年不詳)

小野守経*　おののもりつね
生没年不詳　平安時代中期の伊賀守。
¶古人

小野盛成　おののもりなり
平安時代後期の官人。
¶古人(生没年不詳)

小野諸野　おののもろの
平安時代前期の官人。
¶古人(生没年不詳)

小野安影　おののやすかげ
平安時代前期の官人。
¶古人(生没年不詳)

小野保倫　おののやすとも
平安時代中期の官人。
¶古人(生没年不詳)

小野安野　おののやすの
平安時代前期の官人。
¶古人(生没年不詳)

小野幸任　おののゆきとう
平安時代後期の武士。源斉頼の郎従。
¶古人(生没年不詳)

小野行長　おののゆきなが
平安時代後期の官人。
¶古人(生没年不詳)

小野行康*　おののゆきやす
?～元暦1(1184)年　平安時代後期の武士。猪俣党に属する。
¶古人

小野美材*　おののよしき
?～延喜2(902)年　[別]小野朝臣美材(おののあそんよしき), 小野美材(おのよしき)　平安時代前期～中期の文人、能書。「古今和歌集」に2首。
¶古人, 古代(小野朝臣美材　おののあそんよしき), コン

小野吉子*　おののよしこ
生没年不詳　[別]小野吉子(おののきつし)　平安時代前期の女性。仁明天皇の更衣。
¶古人(おののきつし(よしこ)), 天皇(おののきっし・よしこ)

小野義定　おののよしさだ
平安時代後期の官人。
¶古人(生没年不詳)

小野義成*　おののよししげ
生没年不詳　[別]小野義成(おのよしなり)　平安時代後期～鎌倉時代前期の武士。横山党の庶流。成田太郎成綱の子。
¶古人, 古人(おのよしなり　[生]?　[没]1207年)

小野義孝(隆)　おののよしたか
平安時代の武士。孝泰の子。武蔵権介となり横山大夫と称した。従五位下。
¶古人(生没年不詳)

小野吉成　おののよしなり
平安時代中期の官人。
¶古人(生没年不詳)

小野好古*　おののよしふる
元慶8(884)年～安和1(968)年　[別]小野好古(おのよしふる)　平安時代中期の武将、公卿(参議)。参議小野篁の孫。藤原純友の乱では追捕。
¶公卿([没]康保5(968)年2月14日), 古人, コン, 山小([没]968年2月14日)

小野好古女　おののよしふるのむすめ
⇒小野好古女(おのよしふるのむすめ)

小野善倫　おののよしみち
平安時代中期の官人。
¶古人(生没年不詳)

小野頼任　おののよりとう
平安時代後期の伊賀国簗瀬村の刀禰。
¶古人(生没年不詳)

小野則正　おののりただ
江戸時代前期～中期の代官。
¶徳代([生]貞享3(1686)年　[没]享保12(1727)年8月9日)

小野原琴水　おのはらきんすい, おのばらきんすい
⇒小野原善言(おのはらぜんげん)

小野原善言*　おのはらぜんげん, おのばらぜんげん
文化7(1810)年～明治6(1873)年　[別]小野原琴水(おのはらきんすい, おのばらきんすい)　江戸時代末期～明治時代の千束藩士、儒学者。
¶幕末([生]文化7(1810)年11月3日　[没]明治6(1873)年5

月13日）

小野春風　おのはるかぜ
⇒小野春風（おののはるかぜ）

小野春信*　おのはるのぶ
天和3（1683）年～宝暦4（1754）年　江戸時代中期の筑後柳河藩家老。
¶コン（生没年不詳）

小野兵庫助*　おのひょうごのすけ
生没年不詳　安土桃山時代の武士。後北条氏家臣。
¶後北（兵庫助〔小野（1）〕　ひょうごのすけ）

小野広胖　おのひろとき
⇒小野広胖（おのこうはん）

小野広胖　おのひろなお
⇒小野広胖（おのこうはん）

阿信　おのぶ
江戸時代後期の女性。漢詩。豊後の広円寺の住持七世円什の妻。
¶江表（阿信（大分県））

小野正武　おのまさたけ
江戸時代中期の代官。
¶徳代（㊀宝永1（1704）年　㊁天明5（1785）年3月5日）

小野正好　おのまさよし
江戸時代中期の代官。
¶徳代（㊀元？　㊁元禄2（1689）年閏1月5日）

斧麿　おのまろ
江戸時代中期の雑俳点者。山本氏。
¶俳文（生没年不詳）

小野道風　おのみちかぜ
⇒小野道風（おののとうふう）

小野光右衛門　おのみつえもん
⇒小野以正（おのいせい）

小野岑守　おのみねもり
⇒小野岑守（おののみねもり）

小野□民斎　おの□□みんさい
戦国時代の北条氏康の家臣。
¶後北（□民斎〔小野（2）〕　みんさい）

小野宗清　おのむねきよ
正保1（1644）年～元禄12（1699）年　江戸時代前期～中期の幕臣。
¶徳人、徳代（㊁元禄12（1699）年7月9日）

小野以正　おのもちまさ
⇒小野以正（おのいせい）

小野職孝*　おのもとたか
？～嘉永5（1852）年10月3日　㊙小野蕙畝（おのけいひ，おのけいほ）　江戸時代後期の本草学者。
¶植物（㊀安永3（1774）年）

小野元佳*　おのもとよし
天保7（1836）年～明治37（1904）年　江戸時代末期～明治時代の教育者。
¶幕末（㊀天保7（1837）年11月30日　㊁明治37（1904）年1月26日）

小野職愨*（小野職愨）　おのもとよし
天保9（1838）年4月1日～明治23（1890）年10月27日　江戸時代末期～明治時代の植物学者。近代植物学の教育と啓蒙・普及に尽力。「植学浅解初編」「毒品

便覧」など多くの業績を残す。
¶科学，植物，幕末（小野職愨）

小野守穏*　おのもりやす
嘉永1（1848）年～明治28（1895）年　江戸時代末期～明治時代の自由民権運動家。福島事件で官吏侮辱罪で逮捕。県会議員。
¶幕末（㊁明治28（1895）年11月30日）

小野美材　おのよしき
⇒小野美材（おののよしき）

小野栄重　おのよししげ
⇒小野栄重（おのえいじゅう）

小野義成　おのよしなり
⇒小野義成（おののよししげ）

小野好古　おのよしふる
⇒小野好古（おののよしふる）

小野好古女*　おのよしふるのむすめ
生没年不詳　㊙小野好古女（おののよしふるのむすめ）　平安時代中期の女房・歌人。
¶古人（おののよしふるのむすめ）

小野蘭山*　おのらんざん
享保14（1729）年～文化7（1810）年1月27日　江戸時代中期～後期の本草博物学者。「本草綱目啓蒙」の著者。
¶江人，科学（㊀享保14（1729）年8月21日），コン，思想，植物（㊀享保14（1729）年8月21日），山小（㊀1729年8月21日　㊁1810年1月27日）

小野良佐　おのりょうさ
⇒小野栄重（おのえいじゅう）

雄橋石正　おはしのいわまさ
奈良時代の官人。造東大寺司。
¶古人（生没年不詳）

小長谷福成　おはせのさきなり
平安時代前期の近江国駅家戸主秦仲磨の戸口。
¶古人（生没年不詳）

小長谷女王*　おはせのじょおう
？～天平神護3（767）年　㊙小長谷女王（おはつせのじょおう）　奈良時代の女官。
¶古人（おはつせのじょおう）

小長谷真大刀自女　おはせのまおおとじめ
平安時代前期の女性。近江国の人。姓は造。
¶古人（生没年不詳）

小幡某*　おばた
生没年不詳　安土桃山時代の織田信長の家臣。
¶織田

小幡顕高　おばたあきたか
戦国時代の上野国甘楽郡国峰城主。播磨守・宗賢。
¶後北（顕高〔小幡（1）〕　あきたか）

小畑美稲*　おばたうましね
文政12（1829）年～大正1（1912）年　㊙小畑孫次郎（おばたまごじろう）　江戸時代末期～明治時代の政治家、司法官僚、男爵、貴族院議員。西南戦争後の断獄に手腕を発揮、京都裁判所長、名古屋控訴委員長を歴任。
¶幕末（小畑孫次郎　おばたまごじろう　㊀文政12（1829）年9月25日　㊁大正1（1912）年11月12日）

小幡英之助* おばたえいのすけ
嘉永3(1850)年～明治42(1909)年　江戸時代末期～明治時代の医師。西洋歯科医のさきがけ。
¶幕末([没]明治42(1909)年4月26日)

小幡景利 おばたかげとし
江戸時代中期の幕臣。
¶徳人([生]1710年　[没]1768年)

小幡景憲* おばたかげのり
元亀3(1572)年～寛文3(1663)年2月25日　[別]小幡勘兵衛(おばたかんべえ)　江戸時代前期の兵学者。甲州流兵学の祖。
¶江人,コン,全戦,徳人

小幡勘兵衛 おばたかんべえ
⇒小幡景憲(おばたかげのり)

小畑源右衛門 おばたげんえもん
江戸時代前期の大野治房の家来。
¶大坂

小幡源五郎* おばたげんごろう
生没年不詳　戦国時代の上野国衆。信真の一族。
¶武田

小幡源次郎* おばたげんじろう
生没年不詳　戦国時代の武士。後北条氏家臣。
¶後北(源次郎〔小幡(3)〕　げんじろう)

小畠左馬助* おばたさまのすけ
生没年不詳　安土桃山時代の織田信長の家臣。
¶織田

小幡進一* おばたしんいち
*～明治26(1893)年　江戸時代末期～明治時代の庄屋、実業家。戸長、勧業世話係りなどを歴任。
¶幕末([生]天保8(1837)年)

小畠助大夫* おばたすけだゆう
生没年不詳　安土桃山時代の織田信長の家臣。
¶織田

小幡高貞 おばたたかさだ
戦国時代の上野国衆小幡氏の一族。
¶武田(生没年不詳)

小幡高政*(1) おばたたかまさ
生没年不詳　戦国時代の上野国衆。信真の一族。
¶武田

小幡高政*(2) おばたたかまさ
文化14(1817)年～明治39(1906)年7月27日　江戸時代末期～明治時代の長州藩士。士族授産に尽力。百十銀行頭取。
¶植物([生]文化14(1817)年11月19日),幕末([生]文化14(1817)年11月19日)

小幡太郎左衛門尉* おばたたろうざえもんのじょう
生没年不詳　戦国時代の北条氏の家臣。
¶後北(泰清〔小幡・小畑(2)〕　やすきよ　[没]天正5年1月26日)

小幡道佐* おばたどうさ
生没年不詳　戦国時代の上野国衆。小幡信真の一族。
¶武田

小幡篤次郎* おばたとくじろう
天保13(1842)年～明治38(1905)年4月16日　江戸時代末期～明治時代の豊前中津藩士、教育者。
¶幕末

小幡主殿助 おばたとのものすけ
安土桃山時代の武蔵国滝山城主北条氏照の家臣。もと大石氏家臣。
¶後北(主殿助〔小幡(4)〕　とのものすけ)

小幡友七郎* おばたともしちろう
文政12(1829)年～元治1(1864)年　江戸時代末期の宍戸藩士。
¶幕末([没]元治1(1864)年9月28日)

小幡具隆* おばたともたか
生没年不詳　戦国時代の上野国衆。
¶武田

小幡虎盛*(小畠虎盛) おばたとらもり
?～永禄4(1561)年　戦国時代の武士。武田氏家臣。
¶戦武([生]延徳3(1491)年/永正2(1505)年?),武田(小畠虎盛　[生]延徳3(1491)年　[没]永禄4(1561)年6月2日)

小幡直之 おばたなおゆき
安土桃山時代～江戸時代前期の幕臣。
¶徳人([生]1577年　[没]1648年)

小幡日浄*(小畠日浄) おばたにちじょう
文明11(1479)年～天文9(1540)年　戦国時代の武士。武田氏の臣。
¶武田(小畠日浄　[生]?　[没]永正11(1514)年2月10日)

小畠日浄娘 おばたにちじょうむすめ
安土桃山時代の女性。小畠日浄の娘で、虎盛の妹。
¶武田([生]?　[没]天正2(1574)年閏11月29日)

小幡縫殿助* おばたぬいどののすけ
生没年不詳　[別]小幡縫殿助(おばたぬいのすけ)　戦国時代の上野国衆。
¶武田(おばたぬいのすけ)

小幡縫殿助 おばたぬいのすけ
⇒小幡縫殿助(おばたぬいどののすけ)

小幡信貞* おばたのぶさだ
?～文禄1(1592)年　安土桃山時代の武将。武田氏家臣。
¶戦武([生]天文10(1541)年?　[没]文禄1(1592)年?)

小幡信定* おばたのぶさだ
永禄9(1566)年～?　安土桃山時代～江戸時代前期の上野国衆。信真の養子。
¶後北(信定〔小幡(1)〕　のぶさだ),武田([没]慶長11(1605)年)

小幡信真* おばたのぶざね
天文9(1540)年～文禄1(1592)年11月21日　戦国時代～安土桃山時代の上野国衆。
¶織田(生没年不詳),後北(信真〔小幡(1)〕　のぶざね),武田([生]天文10(1541)年)

小幡信高* おばたのぶたか
天文12(1543)年～永禄12(1569)年11月　戦国時代～安土桃山時代の上野国衆。
¶武田([没]永禄12(1569)年12月6日)

小幡信尚* おばたのぶなお
生没年不詳　戦国時代の上野国衆。
¶後北(信尚〔小幡(1)〕　のぶなお),武田([生]?　[没]天正10(1582)年10月?)

小幡信直* おばたのぶなお
生没年不詳　戦国時代の上野国衆。
¶武田

小幡憲重* おばたのりしげ
？～天正3(1575)年　戦国時代～安土桃山時代の武士。上杉氏家臣、武田氏家臣。上野国衆。
¶後北(憲重〔小幡(1)〕　のりしげ),全戦(生没年不詳),武田([没]天正11(1583)年8月15日？)

小幡憲行* おばたのりゆき
生没年不詳　戦国時代の上野国衆。
¶武田

小畑孫三郎* おばたまごさぶろう
*～慶応2(1866)年　江戸時代末期の志士。
¶幕末([生]天保6(1835)年9月　[没]慶応2(1866)年9月21日)

小畑孫次郎 おばたまごじろう
⇒小畑美稲(おばたうましね)

小幡正陽 おばたまさあきら
江戸時代中期の関東代官、大番。
¶徳代([生]元禄13(1700)年　[没]明和5(1768)年8月13日)

小幡政勝* おばたまさかつ
戦国時代の武士。後北条氏家臣。
¶後北(政勝〔小幡(3)〕　まさかつ)

小幡昌定* おばたまささだ
？～元亀3(1573)年12月22日　戦国時代～安土桃山時代の上野国衆。
¶武田([没]元亀3(1572)年12月22日)

小幡昌高* おばたまさたか
生没年不詳　戦国時代の上野国衆。
¶武田

小幡昌盛* おばたまさもり
天文3(1534)年～天正10(1582)年　安土桃山時代の武将。武田氏家臣。
¶全戦,武田([没]天正10(1582)年3月6日)

小幡三河守* おばたみかわのかみ
生没年不詳　戦国時代の山内上杉氏の家臣。信尚の先祖。
¶武田

小畑光通 おばたみつとお
安土桃山時代の織田信長の家臣。摂津尼崎の人。織田方水軍として戦う。
¶織田([生]？　[没]天正4(1576)年7月13日)

小幡光盛* おばたみつもり
生没年不詳　戦国時代～安土桃山時代の武将。武田氏家臣。
¶武田([生]？　[没]慶長1(1596)年2月？)

小幡行実* おばたゆきざね
生没年不詳　戦国時代の上野国衆。信真の一族。
¶武田

小幡篤邦 おばたよしくに
江戸時代後期の和算家、伊勢志摩藩士。
¶数学

お初(1) おはつ
⇒お初・徳兵衛(おはつ・とくべえ)

お初(2) おはつ
⇒常高院(じょうこういん)

小長谷女王 おはつせのじょおう
⇒小長谷女王(おはせのじょおう)

小長谷常人 おはつせのつねひと
奈良時代の防人部領使大宰史生。
¶古人([生]？　[没]740年)

小泊瀬稚鷦鷯尊 おはつせのわかさざきのみこと
⇒武烈天皇(ぶれつてんのう)

お初・徳兵衛* おはつ・とくべえ
？～元禄16(1703)年　[別]お初(おはつ),天満屋お初(てんまやおはつ)　江戸時代中期の大坂曽根崎心中の男女。
¶コン

お花 おはな
⇒お花・半七(おはな・はんしち)

小花作助* おばなさくすけ
文政12(1829)年～明治34(1901)年1月17日　江戸時代末期～明治時代の官吏、内務省権少丞。小笠原諸島の開発に従事、尽力。
¶徳人,幕末([生]文政12(1829)年2月24日)

お波奈の方* おはなのかた
生没年不詳　[別]波奈(はな)　江戸時代後期の女性。12代将軍徳川家慶の側室。
¶徳将(波奈　はな)

お花・半七* おはな・はんしち
？～元禄11(1698)年12月21日　[別]お花(おはな)　浄瑠璃「長町女腹切」の登場人物。
¶コン

小花万次 おばなまんじ
江戸時代後期～大正時代の海軍教官。
¶幕末([生]嘉永5(1852)年7月11日　[没]大正9(1920)年3月10日)

小花和重太郎* おばなわじゅうたろう
天保11(1840)年～明治1(1868)年　江戸時代末期の日光奉行。
¶幕末([没]慶応4(1868)年4月24日)

小花和成之 おばなわなりゆき
江戸時代前期～中期の幕臣。
¶徳人([生]1672年　[没]1716年)

小花和度正* おばなわのりまさ
文化10(1813)年～明治10(1877)年　江戸時代末期～明治時代の旧幕臣。徒頭から日光奉行に進み従五位下内膳正を叙任。
¶幕末([没]明治10(1877)年12月4日)

小浜景隆* おばまかげたか,おはまかげたか
天文9(1540)年～慶長2(1597)年　安土桃山時代の武将。武田氏家臣。
¶全戦([生]？),戦武(おはま(おばま)かげたか),武田([没]慶長2(1597)年9月7日)

小浜隆品 おばまたかしな
江戸時代前期～中期の幕臣。
¶徳人([生]1688年　[没]1764年)

小浜久隆 おはまひさたか,おばまひさたか
寛文12(1672)年～享保12(1727)年　江戸時代前期～中期の幕臣。

お

¶徳人, 徳代（おばまひさたか　[没]享保12（1727）年9月8日）

お

小浜光隆　おはまみつたか
安土桃山時代～江戸時代前期の幕臣。
¶徳人（[生]1580年　[没]1642年）

小林歌城　おばやしうたき, おばやしうたぎ
⇒小林歌城（こばやしうたぎ）

小原鑑元*　おばらあきもと
？～弘治2（1556）年　戦国時代の武士。
¶全戦

小原宮内丞　おはらくないのじょう
戦国時代～安土桃山時代の武士。武田氏へ属した。駿河先方衆。
¶武田（生没年不詳）

小原慶山*　おはらけいざん
？～享保18（1733）年　江戸時代中期の画家。
¶美画（[没]享保18（1733）年7月29日）

小原源太左衛門　おばらげんたざえもん
安土桃山時代の武士。勝頼に従って討死したという。
¶武田（[生]？　[没]天正10（1582）年3月11日）

小原険太郎　おはらけんたろう
江戸時代後期の新撰組隊士。
¶新隊（[生]天保10（1839）年　[没]？）

小原孔三*　おはらこうぞう
天保10（1839）年～？　江戸時代後期～末期の新撰組隊士。
¶新隊（生没年不詳）

小原実雄*　おはらさねお
天保14（1843）年～明治5（1872）年　江戸時代末期～明治時代の僧。
¶幕末（[没]明治5（1872）年10月30日）

小原重哉　おはらしげや
⇒小原重哉（おはらじゅうさい）

小原治八*　おばらじはち
天保6（1835）年～＊　江戸時代末期の陸奥会津藩士。
¶幕末（[没]文久3（1863）年8月4日）

小原下総守*　おばらしもうさのかみ
？～天正10（1582）年3月11日　戦国時代～安土桃山時代の武田氏の家臣。
¶武田

小原下野守　おばらしもつけのかみ
安土桃山時代の武田氏の家臣。
¶武田（[生]？　[没]天正10（1582）年3月11日）

小原重哉*　おはらじゅうさい
天保7（1836）年～明治35（1902）年　[別]小原重哉（おはらしげや）　江戸時代末期～明治時代の備前岡山藩士、勤王家。
¶幕末（おはらしげや　[没]明治35（1902）年5月28日）

小原春造*（――〔1代〕）　おはらしゅんぞう
宝暦12（1762）年～文政5（1822）年　[別]小原峒山（おはらとうざん）　江戸時代中期～後期の本草家。
¶コン, 植物（――〔1代〕）

小原庄助*　おはらしょうすけ
江戸時代末期の人。民謡「会津磐梯山」に歌われる。
¶コン（生没年不詳）

小原信之助　おはらしんのすけ
江戸時代末期の敢死隊長。
¶全幕（[生]？　[没]慶応4（1868）年）

小原清二郎　おばらせいじろう
安土桃山時代の武士。勝頼に従って討死したという。
¶武田（[生]？　[没]天正10（1582）年3月11日）

小原惣左衛門　おはらそうざえもん
江戸時代中期の幕臣。
¶徳人（生没年不詳）

尾原惣八　おはらそうはち
江戸時代末期～明治時代の和算家、旧松本藩士。
¶数学（[没]明治26（1893）年12月）

小原継忠*　おばらつぐただ
？～天正10（1582）年3月11日　戦国時代～安土桃山時代の武田氏の家臣。
¶全戦, 武田

小原鉄心*　おはらてっしん
文化14（1817）年～明治5（1872）年　江戸時代末期～明治時代の美濃大垣藩士、大垣藩大参事。著書に「鍊卒訓語」など。
¶コン, 全幕, 幕末（[生]文化14（1817）年11月3日　[没]明治5（1872）年4月15日）

小原峒山　おはらとうざん
⇒小原春造（おはらしゅんぞう）

小原桃洞*(1)　おはらとうどう
延享3（1746）年～文政8（1825）年7月11日　江戸時代中期～後期の本草学者、紀伊和歌山藩医、本草方。
¶科学, コン

小原桃洞(2)　おはらとうどう
⇒小原良直（おはらよしなお）

小原正朝*　おはらまさとも
弘化1（1844）年～明治22（1889）年　江戸時代末期～明治時代の岡藩士。勤王派同志と長州に赴き倒幕運動に参加。
¶幕末（[没]明治22（1889）年12月19日）

小原良直*　おはらよしなお
寛政9（1797）年～嘉永7（1854）年　[別]小原桃洞（おはらとうどう），小原蘭峡（おはららんきょう）　江戸時代末期の紀伊和歌山藩士。
¶幕末（小原蘭峡　おはららんきょう　[没]嘉永7（1854）年7月19日）

小原蘭峡　おはららんきょう
⇒小原良直（おはらよしなお）

小治田朝臣安麻呂*　おはりだのあそんやすまろ
？～天平1（729）年　[別]小治田安麻呂，小治田安万侶（おはりだのやすまろ）　飛鳥時代～奈良時代の官人。
¶古人（小治田安麻呂　おはりだのやすまろ）, 古代

小治田有秋　おはりだのありあき
⇒小治田有秋（おわりだのありあき）

小墾田采女*　おはりだのうねめ
上代の女性。采女。
¶古代

小治田兄人　おはりだのえひと
奈良時代の官人。

¶古人(生没年不詳)

小墾田皇女 おはりだのこうじょ
⇒小墾田皇女(おわりだのひめみこ)

小治田福雄 おはりだのさきお
平安時代前期の官人。
¶古人(生没年不詳)

小治田助忠 おはりだのすけただ
平安時代中期の官人。
¶古人(生没年不詳)

小治田年足 おはりだのとしたり
奈良時代の官人。
¶古人(生没年不詳)

小治田春雄 おはりだのはるお
平安時代前期の官人。左近衛府生。
¶古人(生没年不詳)

小墾田皇女 おはりだのひめみこ
⇒小墾田皇女(おわりだのひめみこ)

小治田広千 おはりだのひろち
奈良時代の官人。
¶古人(生没年不詳)

小治田広延 おはりだのひろのぶ
平安時代中期の官人。
¶古人(生没年不詳)

小治田諸人* おはりだのもろひと
㊞小治田朝臣諸人(おわりだのあそみもろひと)
奈良時代の官吏。
¶古人(生没年不詳)

小治田安麻呂(小治田安万侶) おはりだのやすまろ
⇒小治田朝臣安麻呂(おはりだのあそんやすまろ)

お半 おはん
⇒お半・長右衛門(おはん・ちょうえもん)

お半・長右衛門* おはん・ちょうえもん
？～宝暦11(1761)年　㊞お半(おはん)　江戸時代の情話の主人公。
¶コン

御東様 おひがしさま
⇒保春院(ほしゅんいん)

帯金君松* おびがねきみとし
生没年不詳　㊞帯金君松(おびがねただとし)　戦国時代の武士。甲斐武田一族穴山信君・勝千代・武田万千代の家臣。
¶武田(おびがねただとし)　㊞？　㊁寛永15(1638)年11月)

帯金君松 おびがねただとし
⇒帯金君松(おびがねきみとし)

帯金虎達 おびがねとらたつ
安土桃山時代の甲斐国八代郡帯金の国衆。
¶武田(㊤?)　㊁永禄4(1561)年9月10日?)

帯金美作守* おびがねみまさかのかみ
生没年不詳　戦国時代の甲斐武田一族穴山信君・勝千代の家臣。
¶武田(㊤?)　㊁天正10(1582)年6月2日)

帯金与右衛門 おびがねよごえもん
戦国時代の甲斐国八代郡帯金の国衆？
¶武田(生没年不詳)

帯久計女 おびくけめ*
江戸時代中期の女性。狂歌。天明6年刊、四方赤良編『新玉狂歌集』に載る。
¶江表(帯久計女(東京都))

小尾宮内少輔 おびくないのしょう
安土桃山時代の武田氏の家臣。保科氏出身。小尾能登守の女婿。
¶武田(㊤?)　㊁天正3(1575)年5月21日)

小尾周閻 おびしゅうぎん
戦国時代の甲斐国巨摩郡江草郷在郷の大工職人頭。
¶武田(生没年不詳)

小尾祐久 おびすけひさ
戦国時代の甲斐国巨摩郡小尾郷の土豪。兵部尉。
¶武田(生没年不詳)

小尾祐光 おびすけみつ
戦国時代～江戸時代前期の武士。監物。津金美濃守意久の次男。小尾周防の婿養子。
¶武田(㊤天文11(1542)年　㊁慶長12(1607)年)

首皇子 おびとのおうじ
⇒聖武天皇(しょうむてんのう)

大戸清上 おびとのきよかみ
⇒大戸清上(おおとのきよかみ)

首皇子 おびとのみこ
⇒聖武天皇(しょうむてんのう)

大日方佐渡守 おびなたさどのかみ
戦国時代の信濃国水内郡大日方の一族。大日方美作守の三男。
¶武田(生没年不詳)

大日方讃岐入道 おびなたさぬきにゅうどう
戦国時代の信濃国水内郡古山城主。
¶武田(生没年不詳)

大日方直武* おびなたなおたけ
生没年不詳　戦国時代の信濃国衆。
¶武田

大日方兵庫亮 おびなたひょうごのすけ
安土桃山時代の武田氏の家臣。
¶武田(㊤?)　㊁天正3(1575)年5月21日)

大日方美作守 おびなたみまさかのかみ
戦国時代の信濃国水内郡古山城主、安曇郡千見城主。大日方氏の惣領。
¶武田(生没年不詳)

大日方山城守 おびなたやましろのかみ
戦国時代の信濃国水内郡大日方の一族。大日方長政の三男。大日方讃岐入道の弟。
¶武田(生没年不詳)

帯広巾 おびひろはば*
江戸時代中期の女性。狂歌。天明7年、四方山人序『狂歌千里同風』に載る。
¶江表(帯広巾(東京都))

帯屋治平* おびやじへい
文政6(1823)年～明治33(1900)年　江戸時代末期～明治時代の博多商人。福岡藩勤王派藩士と交わり資金調達などに尽力。
¶幕末(㊤文政6(1823)年8月15日)

お

飯富稲蔵　おぶいなぞう
戦国時代の武士。虎昌の子息ではないかと考えられている。
¶武田（生没年不詳）

飯富源四郎　おぶげんしろう
⇒山県昌景（やまがたまさかげ）

雄淵　おぶち
⇒大場雄淵（おおばおぶち）

お筆の方*　おふでのかた
？～天保15（1844）年　[別]殊妙院（じゅみょういん）　江戸時代後期の女性。12代将軍徳川家慶の側室。
¶徳将（殊妙院　じゅみょういん）

飯富道悦　おぶどうえつ
戦国時代の武田信虎の家臣。
¶武田（[生]？　[没]永正12（1515）年10月17日）

飯富虎昌*　おぶとらまさ，おふとらまさ
？～永禄8（1565）年　[別]飯富兵部少輔（おぶひょうぶしょうゆう）　戦国時代の武将。武田氏家臣。
¶全戦（[生]永正11（1514）年），戦武（[生]永正1（1504）年？），武田（[没]永禄8（1565）年10月15日）

小夫兵庫　おぶひょうご
⇒小夫正容（おぶまさしず）

飯富兵部少輔　おぶひょうぶしょうゆう
⇒飯富虎昌（おぶとらまさ）

小夫正容*　おぶまさしず
文政9（1826）年～明治1（1868）年　[別]小夫兵庫（おづまひょうご，おぶひょうご），小夫正容（おぶまさしづ）　江戸時代末期の讃岐高松藩士。
¶全幕（おぶまさしづ　[没]慶応4（1868）年），幕末（[没]慶応4（1868）年1月18日）

小夫正容　おぶまさしづ
⇒小夫正容（おぶまさしず）

お振の方*（1）　おふりのかた
？～寛永17（1640）年　[別]自証院（じしょういん）　江戸時代前期の女性。3代将軍徳川家光の側室。
¶徳将（自証院　じしょういん）

お振の方*（2）　おふりのかた
慶安2（1649）年～寛文7（1667）年　[別]振（ふり）　江戸時代前期の女性。4代将軍徳川家綱の側室。
¶徳将（振　ふり）

小甫方備前守*　おぼかたびぜんのかみ
生没年不詳　戦国時代の北条氏照の家臣。
¶後北（備前守〔小甫方〕　びぜんのかみ）

小保内定身　おぼないさだみ
⇒小保内定身（こほないていしん）

大原皇女　おほはらのひめみこ
上代の女性。誉田（応神）天皇皇女。『古事記』には大原郎女。
¶天皇（生没年不詳）

お保良の方*　おほらのかた
寛永14（1637）年～寛文4（1664）年　[別]長昌院（ちょうしょういん）　江戸時代前期の女性。6代将軍徳川家宣の生母。
¶徳将（長昌院　ちょうしょういん　[生]？）

小曲美濃　おまがりみの
戦国時代の武田氏の家臣。
¶武田（[生]？　[没]文亀1（1501）年2月27日）

小俣勇　おまたいさむ
江戸時代後期～大正時代の和算家。
¶数学（[生]天保11（1840）年10月4日　[没]大正3（1914）年5月12日）

小俣景徳　おまたかげのり
江戸時代後期～明治時代の幕臣。
¶徳人（[生]1814年　[没]1895年）

小俣飛驒　おまたひだ
戦国時代の甲斐都留郡の小国衆。
¶武田（生没年不詳）

お満流の方*　おまるのかた
万治3（1660）年～*　[別]円明院（えんめいいん）　江戸時代前期～中期の女性。4代将軍徳川家綱の側室。
¶徳将（円明院　えんめいいん　[生]？　[没]1689年）

乎麻呂古王*　おまろこのみこ
飛鳥時代の用命天皇の皇子。
¶古代

お万　おまん
⇒お万・源五兵衛（おまん・げんごべえ）

お万・源五兵衛*（小万・源五兵衛）　おまん・げんごべえ
[別]お万（おまん）　江戸時代前期の薩摩で心中したといわれる男女。
¶コン

お万の方*（1）（お万方）　おまんのかた
天文17（1548）年～元和5（1619）年　[別]小督局（おごうのつぼね，こごうのつぼね），長勝院（ちょうしょういん）　安土桃山時代～江戸時代前期の女性。徳川家康の側室（小督局）、結城秀康の生母。
¶コン（お万方），徳将（長勝院　ちょうしょういん）

お万の方*（2）（お万方）　おまんのかた
天正8（1580）年～承応2（1653）年　[別]蔭山殿（かげやまどの），万（まん），養珠院（ようしゅいん，ようじゅいん）　江戸時代前期の女性。徳川家康の側室（蔭山殿）。
¶江表（養珠院（東京都）），コン（お万方），徳将（養珠院　ようじゅいん　[生]？）

お万の方*（3）（お万方）　おまんのかた
寛永1（1624）年～正徳1（1711）年　[別]永光院（えいこういん），慶光院（けいこういん）　江戸時代前期～中期の女性。3代将軍徳川家光の側室。
¶コン（お万方），徳将（永光院　えいこういん）

お万の方（4）　おまんのかた
⇒英勝院（えいしょういん）

お満武の方*（お満の方）　おまんのかた
？～天保6（1835）年　[別]契真院（けいしんいん）　江戸時代後期の女性。11代将軍徳川家斉の側室。
¶徳将（契真院　けいしんいん）

麻績王*（麻続王）　おみおう
生没年不詳　[別]麻績王，麻続王（おみのおおきみ，おみのおおぎみ）　奈良時代の王族。
¶古人（麻続王），古代（おみのおおきみ），コン（麻続王　おみのおおきみ）

お美尾の方*　おみおのかた
？～文化5（1808）年　[別]芳心院（ほうしんいん）　江戸時代後期の女性。11代将軍徳川家斉の側室。
¶徳将（芳心院　ほうしんいん）

麻績清長* おみきよなが
？～永禄12(1569)年？　戦国時代～安土桃山時代の信濃国衆。
¶武田(生没年不詳)

小見九郎右兵衛尉 おみくろうひょうえのじょう
戦国時代～安土桃山時代の大宮浅間神社の社人。代々小見職を世襲。
¶武田(生没年不詳)

おみさ*
文政4(1821)年～明治37(1904)年　[別]実成院(じつじょういん)　江戸時代末期～明治時代の女性。14代将軍徳川家茂の母。派手好きで有名。
¶江表(実成院(東京都)　[没]明治36(1903)年),徳将(実成院　じつじょういん)

麻績新左衛門尉 おみしんざえもんのじょう
戦国時代の人。信濃国筑摩郡青柳の国衆である青柳城主麻績(青柳)清長の一族か。
¶武田(生没年不詳)

お美津の方* おみつのかた
文化4(1807)年～明治18(1885)年2月3日　[別]本寿院(ほんじゅいん)，本寿院美津(ほんじゅいんみつ)　江戸時代後期～明治時代の女性、徳川家慶の側室、家定の生母。
¶江表(本寿院(東京都)),コン(本寿院　ほんじゅいん),徳将(本寿院　ほんじゅいん),幕末(本寿院美津　ほんじゅいんみつ)

童女君 おみなぎみ
⇒童女君(おんなぎみ)

美女媛 おみなひめ
⇒美女媛(おんなひめ)

麻績娘子 おみのいらつこ
⇒麻績娘子(おみのいらつめ)

麻績娘子* おみのいらつめ
[別]麻績娘子(おみのいらつこ)　飛鳥時代の女性。継体天皇の妃。
¶天皇(生没年不詳)

麻績王(麻続王) おみのおおきみ，おみのおおぎみ
⇒麻績王(おみおう)

麻続豊世 おみのとよよ
平安時代前期の官人。
¶古人(生没年不詳)

麻続永世 おみのながよ
平安時代中期の相撲人。寛仁3年の召合に出場。
¶古人(生没年不詳)

麻続光頼 おみのみつより
平安時代中期の官人。
¶古人(生没年不詳)

麻続部清道 おみべのきよみち
平安時代前期の官人。左馬少属従六位上。
¶古人(生没年不詳)

麻績光貞 おみみつさだ
戦国時代の信濃国筑摩郡青柳の土豪。
¶武田(生没年不詳)

尾見雄三* おみゆうぞう
文政8(1825)年～＊　江戸時代末期～明治時代の蝦夷松前藩士。
¶幕末([没]明治30(1897)年頃)

お美代の方* おみよのかた
？～明治5(1872)年　[別]専行院(せんこういん)，専行院お美代(せんこういんおみよ)　江戸時代後期～明治時代の女性。11代将軍徳川家斉の側室。
¶江表(美代(東京都)),江表(お美代の方(千葉県)),コン,女史,徳将(専行院　せんこういん),幕末(専行院お美代　せんこういんおみよ　[没]明治5(1872)年6月11日)

麻績頼長* おみよりなが
？～天正15(1587)年　戦国時代～安土桃山時代の信濃国衆。
¶武田([没]天正15(1587)年9月28日)

お三輪* おみわ
浄瑠璃「妹背山婦女庭訓」の登場人物。
¶コン

お牟須の方* おむすのかた
？～文禄1(1592)年　[別]正栄院(しょうえいいん，せいえいいん)　安土桃山時代の女性。徳川家康の側室。
¶徳将(正栄院　しょうえいいん)

御室為親 おむろのためちか
平安時代中期の官人。
¶古人(生没年不詳)

男女川 おめかわ
⇒松本幸四郎〔1代〕(まつもとこうしろう)

男女川 おめがわ
⇒市川団十郎〔5代〕(いちかわだんじゅうろう)

男女川京十郎 おめがわきょうじゅうろう
⇒松本幸四郎〔4代〕(まつもとこうしろう)

重栖恕平* おもすじょへい
文政11(1828)年～明治19(1886)年　江戸時代末期～明治時代の庄屋。道後に自治制を敷いたときの総会所頭取。
¶幕末([没]明治19(1886)年11月6日)

おもすみ
江戸時代後期の女性。俳諧。享和1年跋の宮本虎杖編『つきよほとけ』に載る。
¶江表(おもすみ(長野県))

尾本公同 おもとこうどう
江戸時代後期の大村藩医。
¶幕末([生]文政3(1820)年　[没]？)

尾基季宗 おもとすえむね
平安時代後期の官人。
¶古人(生没年不詳)

小本の弥五兵衛 おもとのやごべえ
⇒佐々木弥五兵衛(ささきやごべえ)

小本村斎太 おもとむらさいた
⇒小本村斎太(こもとむらさいた)

小本村司* おもとむらじ
文化14(1817)年～明治37(1904)年　江戸時代末期～明治時代の狂歌作者。銅山奉行、勘定奉行などを歴任。
¶幕末([没]明治37(1904)年4月15日)

小本村弥五兵衛 おもとむらやごへえ
⇒佐々木弥五兵衛(ささきやごべえ)

小村田之助* おもれたのすけ
寛永1(1624)年～正保1(1644)年　[別]小村田之助(こもれたのすけ)　江戸時代前期の義民。讃岐高松藩の庄屋。
¶コン

小柳津要人 おやいずかなめ
天保15(1844)年～大正11(1922)年6月21日　[別]小柳津要人(おやいづかなめ)　江戸時代後期～大正時代の遊撃隊士、丸善社長。
¶出版([生]天保15(1844)年2月15日), 全幕(おやいづかなめ　[没]大正12(1923)年), 幕末(おやいづかなめ　[生]弘化1(1844)年2月15日)

お八重の方* おやえのかた
？～天保14(1843)年　[別]皆善院(かいぜんいん)　江戸時代後期の女性。11代将軍徳川家斉の側室。
¶徳将(皆善院　かいぜんいん)

お八百の方* おやおのかた
[別]智照院(ちしょういん)　江戸時代後期の女性。11代将軍徳川家斉の側室。
¶徳将(智照院　ちしょういん　[生]？　[没]1813年)

オヤケ・アカハチ
⇒遠弥計赤蜂(おやけあかはち)

遠弥計赤蜂* おやけあかはち
？～尚真24(1500)年　[別]赤蜂(あかはち), オヤケ・アカハチ　戦国時代の琉球八重山地方の豪族。
¶コン([没]明応9(1500)年)

小宅文藻* おやけあやも
寛政5(1793)年～慶応1(1865)年　江戸時代末期の木綿買継問屋。
¶幕末([生]寛政5(1793)年5月28日　[没]慶応1(1865)年4月18日)

御屋地 おやち⋆
戦国時代～江戸時代前期の女性。書簡。戦国大名島津義弘の長女。
¶江表(御屋地(鹿児島県)　[生]天文23(1554)年　[没]寛永13(1636)年)

お屋知の方* おやちのかた
？～文化7(1810)年3月6日　[別]お喜曽の方(おきそのかた), 清昇院(せいしょういん)　江戸時代後期の女性。11代将軍徳川家斉の側室。
¶徳将(清昇院　せいしょういん)

小柳春堤* おやなぎしゅんてい
？～明治13(1880)年　江戸時代末期～明治時代の豪商。戊辰戦争の際、官軍参謀に謁し北越鎮定の策を提案。
¶幕末([没]明治13(1880)年6月12日)

小山氏政* おやまうじまさ
元徳1(1329)年～正平10/文和4(1355)年　南北朝時代の勤王家。
¶室町

小山馨三郎* おやまけいざぶろう, おやまけいさぶろう
弘化4(1847)年～慶応1(1865)年　[別]小野馨之允(おのけいのすけ)　江戸時代末期の志士。
¶幕末(おやまけいさぶろう　[没]元治2(1865)年2月16日)

小山剛介* おやまごうすけ
？～元治1(1864)年　江戸時代末期の藩校助教。
¶幕末([没]元治1(1864)年10月)

小山成長* おやましげなが
生没年不詳　戦国時代の武将。
¶室町

小山春山 おやましゅんざん
⇒小山鼎吉(おやまていきち)

小山田有重* おやまだありしげ
生没年不詳　[別]小山田有重(おやまだのありしげ)　鎌倉時代前期の武士。
¶古人(おやまだのありしげ), 内乱, 平家

小山田有誠 おやまだありまさ
⇒小山田有誠(おやまだありよし)

小山田有誠* おやまだありよし
[別]小山田有誠(おやまだありまさ)　戦国時代の武士。武田氏家臣。
¶武田(おやまだありまさ　生没年不詳)

小山高朝* おやまたかとも
*～天正1(1574)年　戦国時代～安土桃山時代の武将。
¶後北(高朝〔小山〕　たかとも　[生]永正4年　[没]天正1年12月30日), 全戦([生]永正4(1507)年　[没]天正2(1574)年), 戦武([生]永正5(1508)年　[没]天正2(1574)年), 室町([生]永正5(1508)年　[没]天正2(1574)年)

小山田掃部助* おやまだかもんのすけ
？～天正10(1582)年3月11日　戦国時代～安土桃山時代の武田氏の家臣。
¶武田

小山田郡平* おやまだぐんぺい
寛政12(1800)年～明治9(1876)年　江戸時代末期～明治時代の水戸藩士。弘道館造営掛、新番頭などを歴任。
¶幕末([没]明治9(1876)年8月12日)

小山田五郎兵衛 おやまだごろうひょうえ
安土桃山時代の武士。長篠の戦いで討死したという。
¶武田([生]？　[没]天正3(1575)年5月21日)

小山田式部丞 おやまだしきぶのじょう
安土桃山時代の武士。勝頼に従って討死。
¶武田([生]？　[没]天正10(1582)年3月11日)

小山田重誠 おやまだしげのぶ
江戸時代前期の武田氏・真田昌幸の家臣。壱岐守。
¶全戦([生]？　[没]寛永14(1637)年)

小山田茂誠 おやまだしげまさ
安土桃山時代～江戸時代前期の武田氏の家臣。
¶武田([生]永禄4(1561)年/永禄5(1562)年　[没]寛永14(1637)年8月3日)

小山田十郎兵衛 おやまだじゅうろうひょうえ
安土桃山時代の武田氏の家臣。
¶武田([生]？　[没]天正3(1575)年5月21日)

小山田将監 おやまだしょうげん
戦国時代～安土桃山時代の武田勝頼の近侍。小宮山内膳とともに勝頼に近侍し、「両天」と謳われた人物。
¶武田([生]永禄1(1558)年　[没]慶長5(1600)年11月13日)

小山田大学助 おやまだだいがくのすけ
安土桃山時代の武田氏の家臣。
¶武田([生]？　[没]天正10(1582)年3月2日)

小山田高家* おやまだたかいえ
？〜建武3/延元1（1336）年　南北朝時代の武士。
¶コン（[没]延元1/建武3（1336）年），室町（[没]建武3（1336）年）

小山田弾正 おやまだだんじょう
戦国時代の武田氏の家臣。郡内小山田氏の一門、境弾正家の当主。
¶武田（[生]？　[没]天文4（1535）年8月22日）

小山田藤四郎* おやまだとうしろう
生没年不詳　戦国時代の甲斐武田勝頼の家臣。
¶武田

小山田与清* おやまだともきよ
天明3（1783）年〜弘化4（1847）年　[別]高田与清（たかだともきよ）　江戸時代後期の国学者、文人。江戸国学の指導者。
¶江人，コン，思想

小山田虎満 おやまだとらみつ
？〜天正7（1579）年　安土桃山時代の武田氏の家臣。信濃内山城の城代を務めた。
¶全戦，武田（[没]天正7（1579）年10月12日）

小山田有重 おやまだのありしげ
⇒小山田有重（おやまだありしげ）

小山田重朝 おやまだのしげとも
鎌倉時代前期の武士。源頼朝の武蔵入部以来臣従。
¶古人（[生]？　[没]1205年）

小山田信有*（1） おやまだのぶあり
？〜天文21（1552）年　戦国時代の武士。武田氏家臣。
¶全戦，戦武（[生]永正16（1519）年），武田（小山田信有（契山）　おやまだのぶあり（けいざん）　[没]天文21（1552）年1月23日）

小山田信有*（2） おやまだのぶあり
？〜天文10（1541）年2月12日　戦国時代の甲斐武田信虎の家臣。
¶全戦，武田（小山田信有（涼苑）　おやまだのぶあり（りょうえん））

小山田信有*（3） おやまだのぶあり
天文9（1540）年〜永禄8（1565）年8月20日　戦国時代〜安土桃山時代の甲斐武田晴信の家臣。
¶全戦，武田（小山田信有（桃隠）　おやまだのぶあり（とういん）　[没]永禄8（1565）年8月20日？）

小山田信茂* おやまだのぶしげ
天文8（1539）年〜天正10（1582）年　安土桃山時代の武将。武田氏家臣。
¶全戦，戦武，武田（[生]天文9（1540）年　[没]天正10（1582）年3月24日）

小山田信長 おやまだのぶなが
室町時代〜戦国時代の甲斐郡内の国衆。
¶武田（生没年不詳）

小山田八左衛門尉 おやまだはちざえもんのじょう
安土桃山時代の武田氏の家臣。
¶武田（[生]？　[没]天正10（1582）年3月）

小山田彦三郎* おやまだひこさぶろう
生没年不詳　戦国時代の武田氏の家臣。
¶武田

小山田備中守* おやまだびっちゅうのかみ
？〜天文21（1552）年　[別]小山田昌辰（おやまださとき）　戦国時代の武将。武田信玄の臣。
¶戦武（小山田昌辰　おやまだまさとき　生没年不詳）

小山田平左衛門尉* おやまだへいざえもんのじょう
？〜天正10（1582）年3月11日　戦国時代〜安土桃山時代の武田氏の家臣。
¶武田

小山田昌辰 おやまだまさとき
⇒小山田備中守（おやまだびっちゅうのかみ）

小山田昌成* おやまだまさなり
？〜天正10（1582）年3月3日　戦国時代〜安土桃山時代の甲斐武田晴信・勝頼の家臣。
¶全戦，武田（[没]天正10（1582）年3月2日）

小山田昌盛* おやまだまさもり
生没年不詳　戦国時代の甲斐武田勝頼の家臣。
¶武田

小山田弥五郎 おやまだやごろう
戦国時代〜安土桃山時代の武士。近習衆。
¶武田（生没年不詳）

小山田弥七郎 おやまだやしちろう
戦国時代の武田氏の家臣。
¶武田（生没年不詳）

小山田弥太郎*（1） おやまだやたろう
？〜永正5（1508）年11月　戦国時代の地方豪族・土豪。
¶武田（[没]永正5（1508）年12月5日），室町

小山田弥太郎*（2） おやまだやたろう
？〜天正10（1582）年6月2日　戦国時代〜安土桃山時代の織田信長の家臣。
¶織田

小山田弥太郎室 おやまだやたろうしつ
⇒中津森御大方（なかつもりごたいほう）

小山田大和守 おやまだやまとのかみ
戦国時代の武田信虎の家臣。
¶武田（[生]？　[没]永正12（1515）年10月17日）

小山田吉泰* おやまだよしやす
生没年不詳　江戸時代中期〜後期の和算家。
¶数学

小山鼎吉* おやまていきち
文政10（1827）年〜明治24（1891）年　[別]小山春山（おやましゅんざん）　江戸時代末期〜明治時代の医師。
¶幕末（[生]文政10（1827）年3月10日　[没]明治24（1891）年1月1日）

小山朝氏 おやまともうじ
南北朝時代の武士。
¶内乱（[生]？　[没]貞和2（1346）年）

小山朝政* おやまともまさ
＊〜嘉禎4（1238）年3月30日　[別]藤原朝政（ふじわらのともまさ）　平安時代後期〜鎌倉時代前期の武将。
¶古人（藤原朝政　ふじわらのともまさ　[生]1158年），コン（[生]久寿2（1155年/1158）年　[没]暦仁1（1238）年），中世（[生]？），内乱（[生]久寿2（1155）年？/保元3（1158）年？　[没]暦仁1（1238）年），平家（[生]保元3（1158）年　[没]暦仁1（1238）年），山小（[生]1155年/1158年　[没]1238年3月30日）

小山朝光 おやまともみつ
⇒結城朝光（ゆうきともみつ）

お

小山秀綱* おやまひでつな
？～慶長7（1602）年　安土桃山時代の下野の武将。
¶後北（秀綱〔小山〕　ひでつな　[没]慶長7年頃），全戦（生没年不詳），戦武（[生]享禄2（1529）年　[没]慶長8（1603）年）

小山秀朝* おやまひでとも
？～建武2（1335）年　鎌倉時代後期の勤王武将。下野国守護。
¶コン，中世，室町

小山政長* おやままさなが
戦国時代の地方豪族・土豪。
¶室町（生没年不詳）

小山政光* おやままさみつ
生没年不詳　平安時代後期～鎌倉時代前期の武将。下野小山氏の祖。
¶古人（藤原正光　ふじわらのまさみつ），コン，中世

小山持政* おやまもちまさ
生没年不詳　室町時代の武将。下野守護。
¶内乱，室町

尾山守重 おやまもりしげ
戦国時代の信濃小県郡の国衆。海野氏の被官。
¶武田（生没年不詳）

小山義政* おやまよしまさ
？～弘和2/永徳2（1382）年　南北朝時代の武将、下野守護。
¶コン，中世，内乱（[没]永徳2（1382）年），室町

小山六郎 おやまろくろう
⇒小山六郎（こやまろくろう）

小山若犬丸* おやまわかいぬまる
？～応永4（1397）年　南北朝時代～室町時代の下野の武将。
¶コン，内乱，室町（[没]応永4（1397）年？）

小弓御所 おゆみごしょ
⇒足利義明（あしかがよしあき）

お由良 おゆら
⇒お由羅の方（おゆらのかた）

お由羅の方* おゆらのかた
？～慶応2（1866）年　[別]お由良（おゆら）　江戸時代後期～末期の女性。薩摩藩主島津斉興の側室。
¶コン（お由良　おゆら）

お芳 およし
江戸時代末期の女性。徳川慶喜の愛妾。
¶全幕（生没年不詳）

御与津御寮人* およつごりょうにん
？～寛永15（1639）年　[別]四辻公遠女（よつつじきんとうのむすめ）　江戸時代前期の典侍。後水尾天皇に仕え子を儲ける。
¶天皇（四辻公遠女　よつつじきんとうのむすめ　生没年不詳）

お頼* おらい
江戸時代中期の女性。日本橋油問屋の娘。
¶コン

お楽の方* おらくのかた
元和7（1621）年～承応2（1653）年　[別]宝樹院（ほうじゅいん）　江戸時代前期の女性。3代将軍徳川家光の側室。
¶徳将（宝樹院　ほうじゅいん　[没]1652年）

お羅久の方*（お楽の方）　おらくのかた
？～文化7（1810）年　[別]香琳院（こうりんいん）　江戸時代後期の女性。11代将軍徳川家斉の側室。
¶徳将（香琳院　こうりんいん）

小里 おり
戦国時代の美濃遠山氏に属した国衆。小里城を拠点とした。
¶武田（生没年不詳）

折井市左衛門尉 おりいいちざえもんのじょう
戦国時代～安土桃山時代の武士。武河衆。
¶武田（[生]天文2（1533）年　[没]天正18（1590）年8月4日）

織栄 おりえ★
江戸時代末期～昭和時代の女性。書・茶道・華道。甲賀郡石部の正念寺住職実成の娘。
¶江表（織栄（滋賀県）　[生]安政2（1855）年　[没]昭和6（1931）年）

織恵 おりえ★
江戸時代末期～明治時代の女性。和歌。備中下道郡尾崎村の田上太郎助の娘。
¶江表（織恵（岡山県）　[没]明治34（1901）年）

織江（1）　おりえ★
江戸時代中期の女性。和歌。摂津脇浜村の堀玄仙孝栄の妻。鷹見保具の六〇賀の和歌勧進に詠む。
¶江表（織江（兵庫県））

織江（2）　おりえ★
江戸時代後期の女性。和歌・紀行・見聞録。三河吉田の林善左衛門景政の妻。
¶江表（織江（愛知県）　[没]文政1（1818）年）

織尾 おりお★
江戸時代後期の女性。国学。蒲生郡の西村氏の娘。
¶江表（織尾（滋賀県）　[生]嘉永4（1851）年）

お利尾の方* おりおのかた
？～寛政12（1800）年　[別]超操院（ちょうそういん）　江戸時代後期の女性。11代将軍徳川家斉の側室。
¶徳将（超操院　ちょうそういん）

お里佐* おりさ
？～延宝2（1674）年　[別]お里佐の方（おりさのかた），定光院（ていこういん）　江戸時代前期の女性。3代将軍徳川家光の側室。
¶徳将（定光院　ていこういん）

お里佐の方 おりさのかた
⇒お里佐（おりさ）

折下外記吉長 おりしもげきよしなが
江戸時代前期の上杉景勝・土井利勝の家臣。
¶大坂

織世女 おりせじょ★
江戸時代後期の女性。和歌。萩生村の庄屋飯尾葛蔭の妻。天保6年刊、飯尾葛蔭編、母の八〇賀集『水石寿言』に載る。
¶江表（織世女（愛媛県））

折田年秀 おりたとしひで
⇒折田要蔵（おりたようぞう）

折田豊後守 おりたぶんごのかみ
戦国時代の上野国吾妻郡折田の土豪。元上野国衆斎藤氏の家臣。
¶武田（生没年不詳）

折田平内* おりたへいない
*～明治38(1905)年 江戸時代末期～明治時代の鹿児島県士族。
¶幕末([生]弘化3(1846)年 [没]明治38(1905)年5月7日)

折田平八* おりたへいはち
江戸時代末期の薩摩藩士。
¶幕末(生没年不詳)

折田要蔵* おりたようぞう
*～明治30(1897)年 [別]折田年秀(おりたとしひで) 江戸時代後期～明治時代の武士。
¶幕末([生]文政8(1825)年)

折野真実 おりのまさざね
戦国時代の信濃国伊那郡の武士。
¶武田(生没年不詳)

小里光明* おりみつあき
天文5(1536)年～慶長6(1601)年9月12日 戦国時代～安土桃山時代の織田信長の家臣。
¶織田

小里光次* おりみつつぐ
？～元亀3(1572)年 戦国時代～安土桃山時代の織田信長の家臣。
¶織田([生]天文3(1534)年)

小里光久* おりみつひさ
？～天正10(1582)年6月2日 戦国時代～安土桃山時代の織田信長の家臣。
¶織田([生]永禄4(1561)年)

折茂長五郎 おりもちょうごろう
江戸時代後期の彫物師。
¶美建(生没年不詳)

織本花嬌* おりもとかきょう
？～文化7(1810)年4月3日 [別]花嬌(かきょう) 江戸時代後期の女性。俳人。
¶江表(花嬌(千葉県) かきょう),俳文(花嬌 かきょう)

織本東岳* おりもととうがく
天保4(1833)年～明治25(1892)年 江戸時代末期～明治時代の前橋藩明新館の教授。
¶幕末([没]明治25(1892)年5月25日)

折本良平* おりもとりょうへい
天保5(1834)年～大正1(1912)年 江戸時代末期～明治時代の帆引舟の発明者。帆引舟を漁民に広め漁獲高に貢献。
¶幕末([没]明治45(1912)年5月4日)

小里頼章* おりよりあき
宝永4(1707)年～安永5(1776)年 江戸時代中期の兵学家、信濃松本藩士。
¶数学

お累 おるい
⇒累(かさね)

お瑠璃の方* おるりのかた
生没年不詳 [別]青蓮院(しょうれんいん) 江戸時代後期の女性。11代将軍徳川家斉の側室。
¶徳将(青蓮院 しょうれんいん [生]？ [没]1844年)

お六の方* おろくのかた
慶長2(1597)年～寛永2(1625)年 [別]養儼院(ようげんいん) 江戸時代前期の女性。徳川家康の側室。
¶徳将(養儼院 ようげんいん)

小禄良忠* おろくりょうちゅう
文政2(1819)年～？ 江戸時代後期の三司官。
¶幕末([生]文政2(1819)年4月13日)

下石頼重* おろしよりしげ
？～天正10(1582)年6月2日 戦国時代～安土桃山時代の織田信長の家臣。
¶織田,全戦

大和勝親 おわかつちか
戦国時代の信濃国諏訪郡大和郷の土豪。
¶武田(生没年不詳)

大和喜三 おわきぞう
安土桃山時代の信濃国諏訪郡大和郷の土豪。
¶武田(生没年不詳)

乎獲居* おわけ
生没年不詳 [別]乎獲居臣(おわけのおみ) 上代の豪族。雄略天皇に仕えた。
¶古代(乎獲居臣 おわけのおみ)

大和外記助 おわげきのすけ
戦国時代の信濃国諏訪郡大和郷の土豪。
¶武田(生没年不詳)

乎獲居臣 おわけのおみ
⇒乎獲居(おわけ)

大和監物 おわけんもつ
安土桃山時代の信濃国諏訪郡大和郷の土豪。
¶武田(生没年不詳)

大和作右衛門尉 おわさくえもんのじょう
安土桃山時代の信濃国諏訪郡大和郷の土豪。
¶武田(生没年不詳)

大和左近右衛門尉 おわさこんえもんのじょう
安土桃山時代の信濃国諏訪郡大和郷の土豪。
¶武田(生没年不詳)

大和新右衛門尉 おわしんえもんのじょう
戦国時代の信濃国諏訪郡大和郷の土豪。
¶武田(生没年不詳)

大和新介 おわしんすけ
戦国時代の信濃国諏訪郡大和郷の土豪。
¶武田(生没年不詳)

大和甚六 おわじんろく
安土桃山時代の信濃国諏訪郡大和郷の土豪。
¶武田(生没年不詳)

大和清次郎 おわせいじろう
戦国時代の信濃国諏訪郡大和郷の土豪。
¶武田(生没年不詳)

尾和宗臨* おわそうりん
？～文亀1(1501)年 戦国時代の堺の豪商。大徳寺再興の功労者。
¶コン

大和縫殿丞 おわぬいのじょう
戦国時代の信濃国諏訪郡大和郷の土豪。
¶武田(生没年不詳)

大和備中 おわびっちゅう
戦国時代の信濃国諏訪郡人和郷の土豪。
¶武田(生没年不詳)

お

大和又右衛門尉　おわまたえもんのじょう
安土桃山時代の信濃国諏訪郡大和郷の土豪。
¶武田（生没年不詳）

大和与三右衛門尉　おわよさえもんのじょう
戦国時代の信濃国諏訪郡大和郷の土豪。
¶武田（生没年不詳）

大和善親　おわよしちか
安土桃山時代の信濃国諏訪郡大和郷の土豪。
¶武田（生没年不詳）

尾張*(1)　おわり
生没年不詳　平安時代後期の女房。尾張守高階為遠の娘。
¶古人

尾張*(2)　おわり
生没年不詳　平安時代後期の女房。刑部少輔藤原家基の娘。
¶古人

尾張(3)　おわり
⇒尾張局（おわりのつぼね）

尾張(4)　おわり
⇒殷富門院尾張（いんぷもんいんのおわり）

尾張(5)　おわり
⇒前斎院尾張（さきのさいいんのおわり）

尾張王(1)　おわりおう
奈良時代の官人。
¶古人（生没年不詳）

尾張王(2)　おわりおう
奈良時代の官人。
¶古人（生没年不詳）

尾張女王　おわりじょおう
⇒尾張女王（おわりのじょおう）

小治田朝臣諸人　おわりだのあそみもろひと
⇒小治田諸人（おはりだのもろひと）

小治田有秋*　おわりだのありあき
？～天禄1（970）年　[別]小治田有秋（おはりだのありあき）　平安時代中期の官人、楽人。
¶古人（おはりだのありあき）

小墾田皇女　おわりだのおうじょ
⇒小墾田皇女（おわりだのひめみこ）

小墾田皇女*　おわりだのひめみこ
生没年不詳　[別]小墾田皇女（おはりだのこうじょ，おはりだのひめみこ，おわりだのおうじょ）　飛鳥時代の女性。敏達天皇の皇女。
¶コン（小懇田皇女），天皇（おはりだのこうじょ）

尾張内大臣　おわりないだいじん
⇒織田信雄（おだのぶかつ）

尾張女王　おわりにょおう
⇒尾張女王（おわりのじょおう）

尾張吾襲　おわりのあそ
⇒尾張連吾襲（おわりのむらじあそ）

尾張粟人　おわりのあわひと
平安時代前期の官人。
¶古人（生没年不詳）

尾張淡海　おわりのおうみ
奈良時代の官人。
¶古人（生没年不詳）

尾張大海媛　おわりのおおあまひめ
⇒尾張大海媛（おわりのおおしあまひめ）

尾張大海媛*　おわりのおおしあまひめ
[別]尾張大海媛（おわりのおおあまひめ），葛城高名姫（かつらぎのたかなひめ）　上代の女性。崇神天皇の妃。
¶天皇（おわりのおおあまひめ　生没年不詳）

尾張大隅　おわりのおおすみ
⇒尾張宿禰大隅（おわりのすくねおおすみ）

尾張少咋*　おわりのおくい
奈良時代の官吏。
¶古人（生没年不詳）

尾張小倉　おわりのおぐら
奈良時代の女官。
¶古人（[生]？　[没]749年）

尾張乎己志　おわりのおこし
飛鳥時代の官人。
¶古人（生没年不詳）

尾張弟広　おわりのおとひろ
⇒尾張宿禰弟広（おわりのすくねおとひろ）

尾張員信　おわりのかずのぶ
平安時代後期の官人。
¶古人（生没年不詳）

尾張兼国　おわりのかねくに
平安時代中期の官人。
¶古人（生没年不詳）

尾張兼時*　おわりのかねとき
生没年不詳　平安時代中期の官人。
¶古人

尾張公吉　おわりのきみよし
平安時代後期の官人。
¶古人（生没年不詳）

尾張公時　おわりのきんとき
平安時代中期の山陽道相撲使。
¶古人（生没年不詳）

尾張貞恒　おわりのさだつね
平安時代後期の東大寺領伊賀国黒田荘の刀禰。
¶古人（生没年不詳）

尾張実鑒　おわりのさねあき
平安時代中期の官人。
¶古人（生没年不詳）

尾張女王*　おわりのじょおう
生没年不詳　[別]尾張女王（おわりじょおう，おわりにょおう）　奈良時代の女性。光仁天皇の皇子湯原親王の王女。
¶古人（おわりじょおう），天皇（おわりにょおう）

尾張宿禰大隅*　おわりのすくねおおすみ
生没年不詳　[別]尾張大隅（おわりのおおすみ）　飛鳥時代の壬申の乱の功臣。
¶古人（尾張大隅　おわりのおおすみ），古代

尾張宿禰弟広*　おわりのすくねおとひろ
[別]尾張弟広（おわりのおとひろ）　平安時代前期の

郡司。
¶古代

尾張種武 おわりのたねたけ
平安時代の人。高陽院の競馬に出場。
¶古人（生没年不詳）

尾張継野 おわりのつぐの
平安時代前期の官人。
¶古人（生没年不詳）

尾張恒興 おわりのつねおき
平安時代中期の官人。
¶古人（生没年不詳）

尾張局＊ おわりのつぼね
？〜元久1（1204）年　㊿尾張（おわり），法眼顕清女（ほうげんけんせいのむすめ）　平安時代後期〜鎌倉時代前期の女性。後鳥羽天皇の宮人。
¶古人（尾張　おわり），天皇（法眼顕清女　ほうげんけんせいのむすめ）　㊷元久1（1204）年10月）

尾張遠望 おわりのとおもち
平安時代中期の官人。
¶古人（生没年不詳）

尾張時兼＊ おわりのときかね
承保2（1075）年〜長承3（1134）年9月20日　平安時代後期の雅楽家。
¶古人（生没年不詳）

尾張時頼 おわりのときより
平安時代中期の官人。
¶古人（㊗？　㊷1031年）

尾張奉綱 おわりのともつな
平安時代後期の官人。
¶古人（生没年不詳）

尾張豊人 おわりのとよひと
奈良時代の官人。
¶古人（生没年不詳）

尾張内侍＊ おわりのないし
生没年不詳　平安時代後期〜鎌倉時代前期の琵琶の名手。
¶古人

尾張浜主＊ おわりのはまぬし
天平5（733）年〜？　㊿尾張連浜主（おわりのむらじはまぬし）　奈良時代〜平安時代前期の雅楽演奏者。舞の名人。
¶古人，古代（尾張連浜主　おわりのむらじはまぬし），コン，対外

尾張久末 おわりのひさすえ
平安時代後期の伊勢正神主。
¶古人（生没年不詳）

尾張秀任 おわりのひでとう
平安時代後期の官人。
¶古人（生没年不詳）

尾張雅茂 おわりのまさもち
平安時代中期の官人。
¶古人（生没年不詳）

尾張正茂 おわりのまさもち
平安時代中期の官人。
¶古人（生没年不詳）

尾張宮守 おわりのみやもり
平安時代前期の官人。
¶古人（生没年不詳）

尾張連吾襲＊ おわりのむらじあそ
㊿尾張吾襲（おわりのあそ）　上代の官人。
¶古代

尾張連浜主 おわりのむらじはまぬし
⇒尾張浜主（おわりのはまぬし）

尾張目子姫 おわりのめのこひめ
⇒目子媛（めのこひめ）

尾張安居 おわりのやすすえ
平安時代中期の官人。
¶古人（生没年不詳）

尾張安行 おわりのやすゆき
平安時代中期の官人、楽人。左近衛将監尾張兼時の孫。
¶古人（生没年不詳）

尾張行親 おわりのゆきちか
平安時代中期の官人。
¶古人（生没年不詳）

尾張如時 おわりのゆきとき
平安時代中期の官人。
¶古人（生没年不詳）

尾張如春 おわりのゆきはる
平安時代中期の官人。
¶古人（生没年不詳）

尾張弓張 おわりのゆみはり
平安時代前期の官人。
¶古人（生没年不詳）

尾張義資 おわりのよしすけ
平安時代後期の官人。
¶古人（生没年不詳）

尾張彦理 おわりのよしまさ
平安時代中期の官人。
¶古人（生没年不詳）

音阿弥 おんあみ
応永5（1398）年〜文正2（1467）年1月2日　㊿音阿弥（おんなみ），観世元重（かんぜもとしげ），世阿弥元重（ぜあみもとしげ）　室町時代の能役者。3代観世大夫。
¶コン（おんなみ　㊷応仁1（1467）年），新能（㊷応仁1（1467）年1月2日），室町

恩荷 おんか
⇒恩荷（おか）

恩覚＊ おんかく
生没年不詳　平安時代後期の法相宗の僧。
¶古人

恩河朝恒＊ おんがちょうこう
？〜尚泰13（1860）年　江戸時代末期の琉球国の首里士族。
¶コン（㊷万延1（1860）年），幕末（㊷安政7（1860）年3月12日）

温恭院殿 おんきょういんどの
⇒徳川家定（とくがわいえさだ）

飲光　おんこう
⇒慈雲（じうん）

音察　おんさつ⋆
江戸時代後期の女性。教育。高野直清の母。
¶江表（音察（東京都）　[生]文政1（1818）年頃）

恩正*　おんしょう
平安時代前期の僧。
¶古代

園城謙道*（遠城謙道）　おんじょうけんどう
文政6（1823）年～明治34（1901）年　江戸時代末期～明治時代の彦根藩足軽、僧侶。幕府の彦根藩追罰に抗議。
¶幕末（遠城謙道　[生]文政6（1823）年12月12日　[没]明治34（1901）年5月12日）

恩田佐吉*　おんださきち
正保1（1644）年～享保4（1719）年　江戸時代前期～中期の義人。上野国邑楽郡中谷村名主。
¶コン

恩田淳三郎*　おんだじゅんざぶろう
文化6（1809）年～明治20（1887）年10月7日　[別]恩田柳礀（おんだりゅうかん）　江戸時代末期～明治時代の武士。土佐国深尾氏家臣。
¶幕末

恩田木工　おんだたくみ
⇒恩田木工（おんだもく）

恩田忠礎　おんだただすえ
宝暦5（1755）年～？　江戸時代中期の幕臣。
¶徳人，徳代

恩田木工*（恩田杢）　おんだもく
享保2（1717）年～宝暦12（1762）年　[別]恩田木工（おんだたくみ）　江戸時代中期の武士。信州松代藩の家老。
¶江人，コン，山小（恩田杢　[没]1762年1月6日）

恩田師重　おんだもろしげ
平安時代後期の武蔵国の武士。系譜未詳。
¶平家（[生]？　[没]寿永3（1184）年）

恩田柳礀　おんだりゅうかん
⇒恩田淳三郎（おんだじゅんざぶろう）

恩地富美*（恩地トミ）　おんちとみ
*～明治36（1903）年　江戸時代末期～明治時代の女性。天誅組首領中山忠光の侍女。
¶コン（[生]弘化1（1844）年？），女史（恩地トミ　[生]？）

恩智是本　おんちのこれもと
平安時代中期の官人。
¶古人（生没年不詳）

恩智貞吉　おんちのさだよし
平安時代前期の騎士。罪を犯したが不問となった。
¶古人（生没年不詳）

童女君*　おんなぎみ
[別]童女君（おみなぎみ），春日童女君（かすがのわらわぎみ）　上代の女性。雄略天皇の妃。
¶古代（おみなぎみ），天皇（春日童女君　かすがのわらわぎみ　生没年不詳）

恩納なべ*　おんななべ
生没年不詳　江戸時代中期の女性。琉歌の歌人。沖縄島北部山原の人。
¶コン，女史

美女媛*　おんなひめ
生没年不詳　[別]美女媛（おみなひめ）　飛鳥時代の女性。高麗討伐の際の新羅人捕虜。
¶女史（おみなひめ）

音阿弥　おんなみ
⇒音阿弥（おんあみ）

陰明門院*　おんめいもんいん
文治1（1185）年～寛元1（1243）年　[別]藤原麗子（ふじわらのれいこ，ふじわらのれいし，ふじわられいし）　鎌倉時代前期の女性。土御門天皇の中宮。
¶古人，コン，天皇（藤原麗子　ふじわらのれいし）

【か】

莪　が⋆
江戸時代中期の女性。俳諧。大坂の人。元禄11年刊、槐本諷竹編『砂川』に載る。
¶江表（莪（大阪府））

甲斐(1)　かい
平安時代後期の大皇太后藤原寛子に仕えた女官。『詞花和歌集』に載る。
¶古人（生没年不詳）

甲斐(2)　かい⋆
江戸時代中期の女性。俳諧。大坂の人。享保13年刊、朝月舎程十撰『門司硯』に載る。
¶江表（甲斐（大阪府））

海印　かいいん
⇒中村粂太郎〔1代〕（なかむらくめたろう）

芥隠*　かいいん
？～尚真19（1495）年　[別]芥隠承琥（かいいんしょうこ），承琥（しょうこ）　室町時代～戦国時代の臨済宗の僧。琉球の人。
¶コン（[没]明応4（1495）年）

芥隠承琥　かいいんしょうこ
⇒芥隠（かいいん）

甲斐右膳*　かいうぜん
文化14（1817）年～元治1（1864）年　江戸時代末期の志士。
¶幕末（[没]元治1（1864）年6月9日）

海雲尼　かいうんに⋆
江戸時代後期の女性。和歌。幕臣、小普請支配長田元鋪の娘。文化5年頃、真田幸弘編「御ことほきの記」に載る。
¶江表（海雲尼（東京都））

海恵*　かいえ
承安2（1172）年～建永2（1207）年　平安時代後期～鎌倉時代前期の僧。
¶古人

海江田信義　かいえだのぶよし
⇒海江田信義（かえだのぶよし）

快円*　かいえん
生没年不詳　戦国時代～安土桃山時代の仏師。
¶美建

懐円* かいえん
 生没年不詳 ㊙懐円(ええん) 平安時代中期の天台宗の僧・歌人。
 ¶古人(ええん)

海猿 かいえん
 ⇒市川雷蔵〔4代〕(いちかわらいぞう)

塊翁 かいおう
 ⇒竹内塊翁(たけうちかいおう)

海雄 かいおう
 ⇒海雄(かいゆう)

甲斐大蔵* かいおおくら
 天保9(1838)年～元治1(1864)年 ㊙甲斐大蔵(かいたいぞう) 江戸時代末期の志士。
 ¶幕末(㊥天保9(1838)年5月24日 ㊦元治1(1864)年8月24日)

海屋 かいおく
 ⇒貫名海屋(ぬきなかいおく)

快温 かいおん
 江戸時代中期の俳諧作者。
 ¶俳文(㊥? ㊦元禄8(1695)年4月29日)

海音 かいおん
 ⇒紀海音(きのかいおん)

海音尼 かいおんに*
 江戸時代後期の女性。和歌・書簡。伊勢の生まれか。
 ¶江表(海音尼(京都府))

介我(――〔1代〕) かいが
 ⇒佐保介我(さほかいが)

外海尼 がいかいに
 江戸時代後期の女性。俳諧。斎藤氏。文化6年序、五十嵐梅夫編『草神楽』に載る。
 ¶江表(外海尼(大阪府))

貝賀金蔵* かいがきんぞう
 生没年不詳 江戸時代末期～明治時代の人形細工師。
 ¶美工

快覚 かいかく
 生没年不詳 平安時代中期～後期の天台宗の僧・歌人。
 ¶古人

戒覚 かいかく
 生没年不詳 平安時代中期～後期の天台宗の僧。
 ¶古人, 対外

海覚 かいかく
 鎌倉時代の仏師。
 ¶美建(生没年不詳)

海賀宮門 かいがくもん
 ⇒海賀宮門(かいがみやと)

開化天皇 かいかてんのう
 ㊙稚日本根子彦大日日尊(わかやまねこひこおおひひのみこと) 上代の第9代の天皇。
 ¶古人, 古代, 古物(㊤孝元天皇7(前208)年 ㊦開化天皇60(前98)年4月9日), コン, 天皇(㊤孝元天皇7年 ㊦開化天皇60年4月9日)

海賀宮門* かいがみやと
 天保5(1834)年～文久2(1862)年 ㊙海賀宮門(かいがくもん) 江戸時代末期の秋月藩士。
 ¶コン, 幕末(㊦文久2(1862)年5月7日)

晦巌 かいがん
 ⇒晦巌(まいがん)

海丸 かいがん
 ⇒市川団十郎〔4代〕(いちかわだんじゅうろう)

海岸希清 かいがんきせい
 ⇒河野通直(こうのみちなお)

晦巌道廓 かいがんどうかく
 ⇒晦巌(まいがん)

皆虚* かいきょ
 元和2(1616)年～延宝6(1678)年 江戸時代前期の俳人(貞徳系)。
 ¶俳文(㊦延宝6(1678)年1月8日)

介行まん* かいぎょうまん
 享保2(1717)年～文化4(1807)年 江戸時代後期の女性。富士講行者。
 ¶江表(介行まん(東京都))

懐玉斎正次 かいぎょくさいまさつぐ
 ⇒安永正次(やすながまさつぐ)

快慶* かいけい
 生没年不詳 ㊙安阿弥(あんあみ) 鎌倉時代前期の慶派の仏師。康慶の弟子。運慶とともに鎌倉彫刻の代表的仏師。運慶との合作になる「東大寺金剛力士像」が有名。
 ¶古人, コン, 中世, 美建, 山小

懐月堂安度* かいげつどうあんど
 生没年不詳 江戸時代中期の浮世絵師。
 ¶浮絵(江人, 美画(㊥? ㊦寛保3(1743)年)

懐月堂度種 かいげつどうどしゅ
 江戸時代中期の浮世絵師。
 ¶浮絵(生没年不詳), 美画(生没年不詳)

懐月堂度秀* かいげつどうどしゅう
 江戸時代中期の浮世絵師。
 ¶浮絵(生没年不詳), 美画(生没年不詳)

懐月堂度辰* かいげつどうどしん
 江戸時代中期の浮世絵師。
 ¶浮絵(生没年不詳), 美画(生没年不詳)

懐月堂度繁* かいげつどうどはん
 江戸時代中期の浮世絵師。
 ¶浮絵(生没年不詳), 美画(生没年不詳)

快賢* かいけん
 ?～保延1(1135)年11月9日 平安時代後期の仏師。
 ¶古人(生没年不詳), 美建(生没年不詳)

快元*(1) かいげん
 ?～文明1(1469)年 室町時代の学僧。足利学校の初代庠主。
 ¶コン, 中世, 山小(㊦1469年4月21日)

快元*(2) かいげん
 長享1(1487)年～? 戦国時代の鶴岡八幡宮供僧。
 ¶巻北(㊤永享3年)

貝子 かいこ
⇒荷田貝子（かだのかいこ）

甲斐広永* かいこうえい
*～文久1（1861）年 [別]甲斐広永（かいひろなが） 江戸時代末期の算家。
¶数学（かいひろなが [生]文化7（1810）年 [没]文久1（1861）年3月17日）

魁香舎 かいこうしゃ
⇒中村歌右衛門〔4代〕（なかむらうたえもん）

海後磋磯之介* かいごさきのすけ
文政11（1828）年～明治36（1903）年 江戸時代末期～明治時代の神官。井伊直弼襲撃に参加。
¶全幕，幕末（[生]文政11（1828）年5月7日 [没]明治36（1903）年5月19日）

甲斐御前 かいごぜん
⇒大儀院（だいぎいん）

甲斐駒蔵* かいこまぞう
文化7（1810）年～文久1（1861）年 江戸時代末期の常陸笠間藩士、和算家。
¶幕末（[没]文久1（1861）年3月17日）

槐市* かいし
？～享保16（1731）年 江戸時代中期の俳人（蕉門）。
¶俳文（[生]寛文9（1669）年 [没]享保16（1731）年6月11日）

誨子内親王* かいしないしんのう
？～天暦6（952）年 [別]誨子内親王（のりこないしんのう） 平安時代中期の女性。宇多天皇の第7皇女。
¶古人（のりこないしんのう）

愷子内親王* がいしないしんのう
建長1（1249）年～弘安7（1284）年 鎌倉時代後期の女性。後嵯峨天皇の第2皇女。
¶女史，天皇

懐寿* かいじゅ
天禄1（970）年～万寿3（1026）年4月28日 [別]懐寿（えじゅ） 平安時代中期の天台宗の僧・歌人。
¶古人（えじゅ（かいじゅ））

海寿 かいじゅ
⇒椿庭海寿（ちんていかいじゅ）

快修* かいしゅう
康和2（1100）年～承安2（1172）年6月12日 平安時代後期の天台宗の僧。天台座主52・54世。
¶古人

戒秀* かいしゅう
？～長和4（1015）年閏6月12日頃 平安時代中期の天台宗の僧・歌人。
¶古人

戒重某* かいじゅう
？～天正8（1580）年10月28日 戦国時代～安土桃山時代の織田信長の家臣。
¶織田

海住山高清 かいじゅせんたかきよ
⇒海住山高清（うつやまたかきよ）

海寿椿庭 かいじゅちんてい
⇒椿庭海寿（ちんていかいじゅ）

快俊* かいしゅん
生没年不詳 平安時代後期の仏師。
¶古人，美建

懐俊 かいしゅん
平安時代後期の僧。上醍醐松本房の阿闍梨。
¶密教（[生]1071年以前 [没]1124年以後）

海縄* かいじょう
生没年不詳 平安時代後期～鎌倉時代前期の仏師。
¶古人，美建

開成* かいじょう
神亀1（724）年～天応1（781）年 [別]開成王（かいじょうおう） 奈良時代の山林修行僧。摂津国勝尾寺の初代座主。
¶古人，古代，コン，天皇（開成王 かいじょうおう）

開成王 かいじょうおう
⇒開成（かいじょう）

甲斐常治 かいじょうじ
⇒甲斐常治（かいつねはる）

甲斐常治 かいじょうち
⇒甲斐常治（かいつねはる）

海乗坊英安（寿愛） かいじょうぼうえいあん
江戸時代中期～後期の眼科医。
¶眼医（[生]延享4（1747）年 [没]享和3（1803）年）

海乗坊寿山 かいじょうぼうじゅさん
江戸時代後期の眼科医。
¶眼医（[生]？ [没]享和3（1803）年）

戒信* かいしん
寛仁4（1020）年～寛治1（1087）年 平安時代中期～後期の石清水別当。
¶古人

懐深 かいじん
平安時代後期の僧。上醍醐別当（准胝堂別当）。
¶密教（[生]1059年以前 [没]1098年7月7日）

懐尋* かいじん
康平2（1059）年～？ [別]懐尋（えじん） 平安時代後期の法相宗の僧・歌人。
¶古人（えじん）

甲斐慎軒* かいしんけん
*～明治31（1898）年 [別]甲斐隆義（かいたかよし，かいりゅうぎ） 江戸時代末期～明治時代の肥後熊本藩士。
¶数学（甲斐隆義 かいたかよし [生]文化12（1815）年12月8日 [没]明治31（1898）年9月14日），幕末（[生]文化11（1814）年 [没]明治31（1898）年9月14日）

介石 かいせき
⇒野呂介石（のろかいせき）

快川 かいせん
⇒快川紹喜（かいせんじょうき）

戒仙* かいせん
生没年不詳 平安時代中期の天台宗の僧・歌人。
¶古人

戒撰* かいせん
承和8（841）年～* 平安時代前期～中期の法相宗の僧。東大寺36世。
¶古人（[没]908年）

海僊 かいせん
⇒小田海僊（おだかいせん）

皆善院　かいぜんいん
　⇒お八重の方（おやえのかた）

開善寺球山　かいぜんじきゅうざん
　安土桃山時代の開善寺の住持。甲斐永岳寺の開山と伝わる。
　¶武田（㊅?　㊂?年8月12日）

快川紹喜＊　かいせんじょうき，かいせんしょうき
　?～天正10（1582）年4月3日　㊙快川（かいせん），紹喜（しょうき，じょうき），大通智勝国師（だいつうちしょうこくし）　戦国時代～安土桃山時代の臨済宗の僧。恵林寺の住持。
　¶コン，思想，全戦，武田（かいせんしょうき　㊌文亀2（1502）年）

海蔵和尚　かいぞうおしょう
　⇒虎関師錬（こかんしれん）

快尊＊　かいそん
　生没年不詳　平安時代後期～鎌倉時代前期の仏師。
　¶古人，美建

甲斐大蔵　かいたいぞう
　⇒甲斐大蔵（かいおおくら）

甲斐隆豊　かいたかとよ
　⇒甲斐隆豊（かいりゅうほう）

甲斐隆春　かいたかはる
　⇒甲斐隆春（かいりゅうしゅん）

甲斐隆義　かいたかよし
　⇒甲斐慎軒（かいしんけん）

海田相保　かいだすけやす
　⇒海田相保（うみたすけやす）

海田相保　かいだそうほ
　⇒海田相保（うみたすけやす）

珈一　かいち＊
　江戸時代後期の女性。俳諧。鹿島の人。文化8年刊，霞庵太呂編『醒斎稿』に載る。
　¶江表（珈一（福島県））

甲斐親直＊　かいちかなお
　㊙牧庵兼宗運（ぼくあんけんそううん）　戦国時代～安土桃山時代の武将。大友氏家臣。
　¶全戦（㊅永正2（1505）年　㊂天正11（1583）年），戦武（㊅永正12（1515）年　㊂天正13（1585）年）

甲斐親宣＊　かいちかのぶ
　生没年不詳　戦国時代の国人。
　¶全戦，戦武

甲斐親英＊　かいちかひで
　?～天正15（1587）年　安土桃山時代の国人。
　¶全戦（㊅天文9（1540）年?）

貝塚典直　かいづかてんちょく
　江戸時代後期～末期の幕臣。
　¶徳人（生没年不詳）

海津幸一＊　かいづこういち
　文化1（1804）年～慶応1（1865）年　江戸時代末期の武士。
　¶コン，幕末（㊂慶応1（1865）年10月23日）

甲斐常治＊　かいつねはる
　?～長禄3（1459）年　㊙甲斐常治（かいじょうじ，かいじょうち）　室町時代の武将。斯波氏の家臣。

　¶コン，室町

海津局　かいづのつぼね
　?～明暦1（1655）年　江戸時代前期の女性。田屋石見守政の長女で，饗場局の姉。田屋茂左衛門政高の妻。落城後，将軍秀忠の室崇源院に仕えた。
　¶江表（海津局（滋賀県）），大坂（㊂明暦1年12月20日）

介亭　かいてい
　江戸時代後期の俳諧作者。
　¶俳文（㊅?　㊂天保3（1832）年9月29日）

快道＊　かいどう
　宝暦1（1751）年～文化7（1810）年　江戸時代後期の新義真言宗の僧。
　¶コン

海沼義武＊　かいぬまよしたけ
　天明7（1787）年～天保4（1833）年　江戸時代後期の和算家，信濃松代藩士。
　¶数学（㊂天保4（1833）年3月26日）

戎野通運　かいのう？＊
　戦国時代の武将。
　¶全戦（生没年不詳）

甲斐庄正親＊　かいのしょうまさちか
　?～元禄4（1691）年　江戸時代前期～中期の武士。
　¶徳人（㊂1690年）

甲斐庄正述＊　かいのしょうまさのぶ
　?～万治3（1660）年　江戸時代前期の長崎奉行。
　¶徳人

甲斐庄正房＊　かいのしょうまさふさ
　永禄7（1564）年～寛永7（1630）年　安土桃山時代～江戸時代前期の代官。
　¶徳代（㊂寛永7（1630）年7月22日）

甲斐庄正之　かいのしょうまさゆき
　江戸時代中期の美濃郡代。
　¶徳代（㊅?　㊂元禄2（1689）年1月6日）

甲斐勇者　かいのゆうしゃ
　飛鳥時代の甲斐から徴発された東国軍の騎馬兵。
　¶古191

貝原益軒＊　かいばらえきけん
　寛永7（1630）年～正徳4（1714）年　㊙貝原益軒（かいばらえっけん）　江戸時代前期～中期の儒学者，博物学者。「養生訓」「女大学」「慎思録」「大和本草」などの著者。
　¶江人，科学（㊅寛永7（1630）年11月14日　㊂正徳4（1714）年8月27日），眼医（かいばらえっけん），コン，思想，植物（㊅寛永7（1630）年11月14日　㊂正徳4（1714）年8月27日），女史，地理，徳将，山小（㊅1630年11月14日　㊂1714年8月27日）

貝原益軒　かいばらえきけん
　⇒貝原益軒（かいばらえきけん）

柏原瓦全　かいばらがぜん
　⇒柏原瓦全（かしばらがぜん）

貝原東軒＊　かいばらとうけん
　承応1（1652）年～正徳3（1713）年　江戸時代中期の女性。学者。貝原益軒の妻。
　¶江表（初子（福岡県）），コン，女史

甲斐姫＊　かいひめ
　生没年不詳　安土桃山時代の女性。豊臣秀吉の側室。武蔵国忍城主成田氏長の妹。

¶女史

甲斐広永　かいひろなが
⇒甲斐広永（かいこうえい）

海部閑六*　かいふかんろく
天保4（1833）年～明治11（1878）年10月28日　江戸時代末期～明治時代の武芸家。岩倉具視の護衛を勤め諸大夫。
¶幕末

海部久兵衛正治　かいふきゅうびょうえまさはる
江戸時代前期の長宗我部盛親の家臣。
¶大坂（[没]慶長20年5月6日）

甲斐福一*　かいふくいち
元禄5（1692）年～明和4（1767）年　江戸時代中期の算家、肥後熊本藩士。
¶数学（[没]明和4（1767）年6月25日）

海福悠　かいふくゆう
江戸時代末期～明治時代の窯業技術者。
¶科学（[生]安政5（1858）年11月15日　[没]明治42（1909）年）

海部壮平*　かいふそうへい
弘化4（1847）年～明治28（1895）年　江戸時代末期～明治時代の愛知県養鶏業の先駆者。コーチン種改良に成功。
¶幕末

海部ハナ*（海部はな）　かいふはな
天保2（1831）年8月11日～大正8（1919）年6月30日　江戸時代末期～大正時代の阿波縮の創始者。阿波縮を発明し、阿波の特産品として販売。
¶美工

快弁法印　かいべんほういん
戦国時代の駿河国久能寺の住職。
¶武田（生没年不詳）

海北若冲*　かいほうじゃくちゅう
*～宝暦1（1751）年12月17日　[別]海北若沖，海北若冲（かいほくじゃくちゅう）　江戸時代中期の国学者。契沖の弟子、万葉集研究者。
¶コン（[生]？）

海北綱親*　かいほうつなちか
？～天正1（1573）年　戦国時代の武士。
¶全戦，戦武（[生]永正7（1510）年）

海北友松*　かいほうゆうしょう
天文2（1533）年～元和1（1615）年　[別]海北友松（かいほくゆうしょう），友松（ゆうしょう）　安土桃山時代～江戸時代前期の画家。
¶コン，全戦，中世，美画（[没]元和1（1615）年6月2日），山小（[没]1615年6月2日）

海北友雪*　かいほうゆうせつ
慶長3（1598）年～延宝5（1677）年　[別]海北友雪（かいほくゆうせつ）　江戸時代前期の画家。
¶浮絵，コン，美画（[没]延宝5（1677）年9月3日）

海北友竹*　かいほうゆうちく
*～享保13（1728）年　江戸時代中期の画家。
¶美画（[生]承応3（1654）年　[没]享保13（1728）年9月10日）

海北友徳*　かいほうゆうとく
宝暦13（1763）年～弘化4（1847）年　江戸時代後期の画家。
¶美画（[没]弘化4（1847）年3月8日）

海保漁村*　かいほぎょそん，かいぼぎょそん
寛政10（1798）年～慶応2（1866）年　江戸時代末期の儒学者、幕府医学館直舎儒学教授。
¶江人，コン，思想，幕末（[生]寛政10（1798）年11月22日　[没]慶応2（1866）年9月18日）

海北若沖（海北若冲）　かいほくじゃくちゅう
⇒海北若冲（かいほうじゃくちゅう）

海北友松　かいほくゆうしょう
⇒海北友松（かいほうゆうしょう）

海北友雪　かいほくゆうせつ
⇒海北友雪（かいほうゆうせつ）

海保定広*　かいほさだひろ
生没年不詳　戦国時代の北条氏の家臣。
¶後北（定広〔海保〕　さだひろ）

海保青陵*　かいほせいりょう，かいぼせいりょう
宝暦5（1755）年～文化14（1817）年　江戸時代中期～後期の経世思想家。
¶江人，コン，思想，地理（かいほ（かいぼ）せいりょう），山小（かいぼせいりょう　[没]1817年5月29日）

海保丹波守*　かいほたんばのかみ
生没年不詳　戦国時代の千葉邦胤の家臣。
¶後北（丹波守〔海保〕　たんばのかみ）

海保長玄*　かいほちょうげん
生没年不詳　戦国時代の北条氏の家臣。
¶後北（長玄〔海保〕　ちょうげん）

海保帆平*　かいほはんぺい，かいぼはんぺい
文政5（1822）年～文久3（1863）年　江戸時代末期の肥後熊本藩士。
¶全幕，幕末（[没]文久3（1863）年10月14日）

海間十郎*　かいまじゅうろう
文政1（1818）年～明治6（1873）年　江戸時代末期～明治時代の志士、岡山藩、尊嬢派。征長軍を備中で食い止めるために奔走。
¶幕末（[没]明治6（1873）年11月18日）

貝増卓袋*　かいますたくたい
万治2（1659）年～宝永3（1706）年　[別]卓袋（たくたい）　江戸時代中期の俳人（蕉門）。
¶俳文（卓袋　たくたい　[没]宝永3（1706）年8月14日）

戒明*（1）　かいみょう
生没年不詳　奈良時代の大安寺の僧。
¶古代，コン

戒明（2）　かいみょう
⇒戒明（かいめい）

開名重次　かいみょうじゅうじ
安土桃山時代～江戸時代前期の代官。
¶徳代（生没年不詳）

戒明*　かいめい
？～嘉祥3（850）年　[別]戒明（かいみょう）　平安時代前期の薬師寺の僧。
¶古人（かいみょう）

開明門院*　かいめいもんいん
享保2（1717）年～寛政1（1789）年　[別]姉小路定子（あねがこうじさだこ），藤原定子（ふじわらのさだこ）　江戸時代中期の女性。桜町天皇の宮人。
¶コン（[生]享保3（1718）年），天皇（姉小路定子　あねがこうじさだこ　[生]享保2（1717）年7月18日　[没]寛政1（1789）年9月22日）

貝谷采堂*　かいやさいどう
天明6(1786)年～天保8(1837)年　江戸時代後期の画家。
¶美画([生]天明6(1786)年4月　[没]天保8(1837)年5月5日)

甲斐山忠左衛門*　かいやまちゅうざえもん
天保6(1835)年～明治43(1910)年　江戸時代末期～明治時代の製糸業。物産方に任命され大槻原の開拓に出資。
¶幕末([生]天保6(1835)年7月1日　[没]明治43(1910)年9月23日)

快祐*　かいゆう
生没年不詳　平安時代後期～鎌倉時代前期の仏師。
¶古人,美建

海雄*　かいゆう
?～慶応3(1867)年　[別]海雄(かいおう)　江戸時代末期の僧。
¶全幕,幕末([没]慶応3(1867)年6月9日)

甲斐義蕃　かいよししげ
江戸時代後期の和算家、笠間藩士。
¶数学([没]文化10(1813)年9月18日)

甲斐隆義　かいりゅうぎ
⇒甲斐慎軒(かいしんけん)

甲斐隆春*　かいりゅうしゅん
[別]甲斐隆春(かいたかはる)　江戸時代後期の算家、肥州肥後熊本藩士。
¶数学(かいたかはる　[生]安永3(1774)年　[没]天保3(1832)年閏11月25日)

甲斐隆豊*　かいりゅうほう
享保18(1733)年～寛政2(1790)年　[別]甲斐隆豊(かいたかとよ)　江戸時代中期の算家、肥後熊本藩士。
¶数学(かいたかとよ　[没]寛政2(1790)年11月16日)

海量*　かいりょう
享保18(1733)年～文化14(1817)年11月21日　江戸時代中期～後期の漢学者。近江彦根藩学の興隆に貢献。
¶コン

海蓮*　かいれん
?～天徳1(957)年　平安時代中期の法華持経者。
¶古人

花因　かいん★
江戸時代後期の女性。俳諧。弘化3年跋、黒川惟草編『俳諧人名録』二に載る。
¶江表(花因(東京都))

かう(1)
江戸時代中期の女性。和歌。遠江掛川の渡辺三立といへの娘。宝暦4年成立「杉浦真崎女法諡蓮池院追悼歌集」に載る。
¶江表(かう(静岡県))

かう(2)
江戸時代後期の女性。和歌。京都の百足屋甚右衛門の妻。天保9年刊、海野遊翁編『現存歌選』二に載る。
¶江表(かう(京都府))

かう(3)
江戸時代後期の女性。和歌。山添氏。天保9年刊、海野遊翁編『現存歌選』二に載る。
¶江表(かう(京都府))

画雲　がうん
⇒岸良(きしよし)

臥雲山人　がうんさんじん
⇒瑞渓周鳳(ずいけいしゅうほう)

臥雲辰致　がうんたっち
天保13(1842)年～明治33(1900)年　[別]臥雲辰致(がうんときむね)　江戸時代後期～明治時代の臥雲紡績機の発明者。
¶科学(がうんときむね　[生]天保13(1842)年8月15日　[没]明治33(1900)年6月19日),コン,山小([生]1842年8月15日　[没]1900年6月29日)

嘉恵　かえ★
江戸時代後期の女性。書簡。旗本森山孝盛の娘。
¶江表(嘉恵(東京都)　[没]文化4(1807)年)

歌枝　かえ
江戸時代中期の女性。和歌。鳥取藩伯耆米子組筆頭役鷲見慶貞の後妻。明和～安永年間に米子で活動した「和歌褒貶会」のメンバー。
¶江表(歌枝(鳥取県))

賀重　かえ★
江戸時代後期の女性。俳諧。加重とも書く。文化8年序、一陽井素外編『玉池雑藻』に載る。
¶江表(賀重(東京都))

加栄　かえい★
江戸時代後期の女性。俳諧。常陸上岡八竜神社にある寛政2年奉納の俳額に名が載る。
¶江表(加栄(茨城県))

花映　かえい★
江戸時代後期の女性。俳諧。猪尻の人。文政10年刊、臥林庵蘭室編『千蛙集』に載る。
¶江表(花映(徳島県))

花栄　かえい★
江戸時代中期の女性。俳諧。細江の人か。安永3年刊、城ケ崎の二松亭五明編、父菊路一周忌追善集『星明り』に載る。
¶江表(花栄(宮崎県))

花英(1)　かえい★
江戸時代後期の女性。俳諧。猪尻の人。天保7年の春興帖『阿波』に載る。
¶江表(花英(徳島県))

花英(2)　かえい
江戸時代後期の女性。和歌。長崎のからかね屋の娘。弘化4年刊『烈女百人一首』に載る。
¶江表(花英(長崎県))

可英女　かえいじょ★
江戸時代後期の女性。俳諧。郡山の人。寛政9年刊、佐々木露秀編『蟬塚集』に載る。
¶江表(可英女(福島県))

加江蔵人助親直　かえくらんどのすけちかなお
江戸時代前期の長宗我部盛親の家臣。
¶大坂([没]慶長20年5月6日)

かえ子　かえこ★
江戸時代末期～明治時代の女性。和歌。上伊那郡上穂村の豪農福沢憲治の娘。
¶江表(かえ子(長野県)　[没]明治27(1894)年)

かえ女　かえじょ★
江戸時代の女性。散文・和歌。秋田藩御用達津村淙庵編「片玉集」前集巻六八に載る。
¶江表(かえ女(東京都))

加恵女　かえじょ★
江戸時代末期～明治時代の女性。俳諧。花月女の妹。
¶江表(加恵女(長野県)　[没]明治18(1885)年)

海江田信義*　かえだのぶよし
天保3(1832)年2月11日～明治39(1906)年10月27日　[別]海江田信義(かいえだのぶよし)　江戸時代末期～明治時代の子爵、貴族院議員、薩摩藩士、奈良県知事。元老院議官、枢密顧問官などを歴任。
¶コン,全幕(かいえだのぶよし),幕末(かいえだのぶよし)

嘉悦氏房*　かえつうじふさ
*～明治41(1908)年10月30日　江戸時代末期～明治時代の政治家、衆議院議員、憲政党東北支部長。
¶幕末([生]天保4(1833)年)

加悦俊興*　かえつしゅんこう
[別]加悦俊興(かえつとしおき)　江戸時代末期の算家。
¶数学(かえつとしおき)

加悦俊興　かえつとしおき
⇒加悦俊興(かえつしゅんこう)

鶏冠井孫六*　かえでいまごろく
生没年不詳　安土桃山時代の織田信長の家臣。
¶織田

鶏冠井令徳　かえでいりょうとく
⇒令徳(りょうとく)

楓子　かえでこ★
江戸時代末期の女性。和歌。徳島藩の奥女中。上野の国学者関橋守が還暦祝いに編集した文久3年刊『耳順賀集』に載る。
¶江表(楓子(徳島県))

哥筵　かえん★
江戸時代後期の女性。俳諧。甲斐都留郡の人。寛政3年刊、平橋庵敲氷編『亭主ぶり』に載る。
¶江表(哥筵(山梨県))

雅縁*　がえん
保延4(1138)年～貞応2(1223)年　平安時代後期～鎌倉時代前期の僧、興福寺別当。
¶古人,コン

佳尾　かお★
江戸時代後期の女性。教育・俳諧。赤岡の細木鶯仙とたのの娘。弘化4年～明治5年まで寺子屋を開く。
¶江表(佳尾(高知県))

可翁*　かおう
生没年不詳　[別]可翁仁賀(かおうにんが)　南北朝時代の画家。
¶コン(可翁仁賀　かおうにんが),中世,美画

臥央　がおう
⇒桜田臥央(さくらだがおう)

可翁宗然*　かおうそうねん
？～興国6/貞和1(1345)年4月25日　[別]宗然(そうねん)　鎌倉時代後期～南北朝時代の臨済宗の僧。南禅寺18世。
¶対外

可翁仁賀　かおうにんが
⇒可翁(かおう)

可翁良全　かおうりょうせん
⇒良全(りょうぜん)

かをり
江戸時代後期の女性。和歌。大村藩の奥女中。文化11年刊、中山忠雄・河田正致編『柿本社奉納和歌集』に載る。
¶江表(かをり(長崎県))

香織　かおり★
江戸時代後期の女性。俳諧。越前松岡の人。天保15年刊、南越松岡社中編、芭蕉塚建立の記念集『杖のゆかり』に載る。
¶江表(香織(福井県))

かをり子　かおりこ★
江戸時代末期の女性。和歌。宇和島藩の奥女中。元治1年頃に詠まれた「宇和島御奥女中大小吟」に載る。
¶江表(かをり子(愛媛県))

馨　かおる
江戸時代中期の女性。漢詩。筑後久留米の伴実宜の娘。安永8年刊、岡崎廬門編『麗沢詩集』に載る。
¶江表(馨(福岡県))

薫(1)　かおる★
江戸時代中期の女性。俳諧。大坂の遊女。享保11年序、俳人兎路撰『姫の式』に載る。
¶江表(薫(大阪府))

薫(2)　かおる★
江戸時代中期の女性。俳諧。安芸宮島の人。元禄6年刊、北条団水編『くやみ草』に載る。
¶江表(薫(広島県))

薫(3)　かおる★
江戸時代後期の女性。和歌。但馬出石藩主仙石久行家の奥女中。文化5年頃、真田幸弘編「御ことほきの記」に載る。
¶江表(薫(兵庫県))

薫(4)　かおる★
江戸時代後期の女性。俳諧。備後西城の人。文政3年刊『時雨会』に載る。
¶江表(薫(広島県))

薫(5)　かおる★
江戸時代後期～明治時代の女性。和歌・俳諧。飽託郡小島町正泉寺の住職佐田介石の妻。
¶江表(薫(熊本県)　[生]天保3(1832)年　[没]明治28(1895)年)

薫*(6)　かおる
「源氏物語」宇治十帖の登場人物。
¶コン

かをる子　かおるこ★
江戸時代後期～明治時代の女性。和歌。三室村の氷川女体神社神主武笠外記の娘。
¶江表(かをる子(埼玉県)　[生]文化4(1807)年　[没]明治13(1880)年)

薫子(1)　かおるこ★
江戸時代中期の女性。和歌。仙台藩の支城白石城主片倉村廉の娘。伊達村倫の妻。
¶江表(薫子(宮城県)　[生]宝暦2(1752)年　[没]安永6

(1777)年)

薫子(2) かおるこ
江戸時代後期の女性。和歌。備中浅口郡長尾の商家田辺治兵衛と幾子の娘。弘化2年刊、加納諸平編『類題鰒玉集』五に載る。
¶江表(薫子(岡山県))

薫子(3) かおるこ
江戸時代末期の女性。和歌。江戸城本丸御次詰番の奥女中。文久3年刊、関橋守編『耳順賀集』に載る。
¶江表(薫子(東京都))

薫子(4) かおるこ⋆
江戸時代末期の女性。書簡・和歌。冠纓神社神官で高松藩儒友安三冬著「栖之屋集」に三冬への「御かへり」の書簡が載る。
¶江表(薫子(香川県))

馨子内親王 かおるこないしんのう
⇒馨子内親王(けいしないしんのう)

薫女 かおるじょ⋆
江戸時代末期の女性。俳諧。安政3年序、相応軒編『四時行』に載る。
¶江表(薫女(愛媛県))

加賀*(1) かが
?~寛和1(985)年 平安時代中期の女性。円融天皇の乳母。
¶古人

加賀*(2) かが
天治1(1124)年~保元1(1156)年 平安時代後期の女房。
¶古人

加賀(3) かが
江戸時代前期の仏師。
¶美建(生没年不詳)

加賀(4) かが
江戸時代前期の仏師。
¶美建([生]寛永6(1629)年 [没]?)

加賀(5) かが
⇒待賢門院加賀(たいけんもんいんのかが)

加賀(6) かが
⇒美福門院加賀(びふくもんいんのかが)

雅海* がかい
保延4(1138)年~貞応1(1222)年8月11日 平安時代後期~鎌倉時代前期の真言宗の僧。
¶密教([生]1134年以前 [没]1186年以後)

過海大師 かかいだいし
⇒鑑真(がんじん)

蚕籠女 かかごじょ⋆
江戸時代後期の女性。狂歌。関口氏の妻。文化8年刊、六樹園撰『狂歌画像作者部類』に載る。
¶江表(蚕籠女(群馬県))

加賀寿丸 かがじゅまる
⇒宇都宮広綱(うつのみやひろつな)

加賀少納言* かがしょうなごん
生没年不詳 [別]加賀少納言(かがのしょうなごん) 平安時代中期の女房・歌人。
¶古人(かがのしょうなごん)

加賀新三郎* かがしんさぶろう
弘化2(1845)年~明治32(1899)年 江戸時代末期~明治時代の人吉藩士。慶応義塾大学で英学を学ぶ。
¶幕末

加賀大納言 かがだいなごん
⇒前田利家(まえだとしいえ)

加賀中納言 かがちゅうなごん
⇒前田利長(まえだとしなが)

加々爪勝太郎 かがづめかつたろう
江戸時代末期の新撰組隊士。
¶新隊([生]? [没]明治1(1868)年3月6日)

加々爪忠澄* かがづめただずみ,かがづめただすみ,かがつめただすみ
天正14(1586)年~寛永18(1641)年 江戸時代前期の旗本、大目付。
¶対外(かがづめただずみ),徳人(かがつめただすみ)

加々爪直澄*(加賀爪直澄) かがづめなおすみ,かがつめなおすみ,かがつめなおずみ,かがづめなおずみ
慶長15(1610)年~貞享2(1685)年 江戸時代前期の大名。遠江掛塚藩主。
¶コン(加賀爪直澄 かがつめなおずみ [生]慶長18(1613)年),徳人(かがつめなおすみ)

加賀左衛門 かがのさえも
⇒加賀佐衛門(かがのさえもん)

加賀佐衛門*(加賀左衛門) かがのさえもん
生没年不詳 [別]加賀左衛門(かがのさえも) 平安時代中期~後期の女性。歌人。
¶古人(加賀左衛門)

加賀少納言 かがのしょうなごん
⇒加賀少納言(かがしょうなごん)

加賀千代* かがのちよ
元禄16(1703)年~安永4(1775)年9月8日 [別]加賀の千代女,加賀千代女(かがのちよじょ),加賀千代尼(かがのちよに),千代(ちよ),千代女(ちよじょ),千代尼(ちよに) 江戸時代中期の女性。俳人。
¶江人(千代女 ちよじょ),江表(千代女(石川県)),コン,詩作(千代女 ちよじょ),女史,女文(千代尼 ちよに),俳文(千代 ちよ),山小(千代女 ちよじょ [没]1775年9月8日)

加賀の千代女(加賀千代女) かがのちよじょ
⇒加賀千代(かがのちよ)

加賀千代尼 かがのちよに
⇒加賀千代(かがのちよ)

各務明盛 かがみあきもり
平安時代後期の官人。
¶古人(生没年不詳)

鏡王 かがみおう
⇒鏡王(かがみのおう)

加賀美桜塢 かがみおうう
⇒加賀美光章(かがみみつあき)

鏡王女 かがみおうじょ
⇒鏡王女(かがみのおおきみ)

鏡光照* かがみこうしょう
*~大正4(1915)年 [別]鏡光照(かがみみつてる) 江戸時代末期~明治時代の数学者。佐倉藩堀田家

家臣を経て、維新後は海軍兵学校寮に勤務。
¶科学(かがみみつてる [生]天保8(1837)年8月8日 [没]大正4(1915)年12月20日),数学(かがみみつてる [生]天保8(1837)年8月8日 [没]大正4(1915)年12月20日)

各務氏　かがみし
江戸時代後期の女性。淀殿の侍女。後に京極高知の側妾。
¶大坂

か

各務支考*　かがみしこう
寛文5(1665)年～享保16(1731)年 [別]支考(しこう) 江戸時代中期の俳人。蕉門十哲の一人。美濃派の祖。
¶江人(支考 しこう),コン,詩作([没]享保16(1731)年2月7日),日文,俳文(支考 しこう [没]享保16(1731)年2月7日)

加賀美遠光*(加賀見遠光)　かがみとおみつ
康治2(1143)年～寛喜2(1230)年 [別]源遠光(みなもとのとおみつ) 平安時代後期～鎌倉時代前期の武将、信濃守。
¶古人(源遠光 みなもとのとおみつ),内乱,平家(加賀見遠光)

加賀美長清　かがみながきよ
⇒小笠原長清(おがさわらながきよ)

鏡王*　かがみのおう
生没年不詳 [別]鏡王(かがみおう, かがみのおおきみ) 飛鳥時代の額田王の父。
¶古人(かがみおう),古代

鏡王女　かがみのおうじょ
⇒鏡王女(かがみのおおきみ)

鏡王　かがみのおおきみ
⇒鏡王(かがみのおう)

鏡王女*(鏡女王, 鏡姫王, 鏡姫臣)　かがみのおおきみ
?～天武天皇12(683)年7月5日 [別]鏡王女(かがみおうじょ, かがみのおうじょ, かがみのおおきみ, かがみのみこ), 鏡女王(かがみのじょおう) 飛鳥時代の女性。万葉歌人。藤原鎌足の正室。
¶古人(鏡女王 かがみのじょおう),古代(鏡姫王),コン(鏡姫臣 [没]天武12(683)年),詩作(かがみのみこ, かがみのおおきみ),女史(かがみのおうじょ),女文([没]天武12(683)年7月)

鏡女王　かがみのじょおう
⇒鏡王女(かがみのおおきみ)

鏡王女　かがみのみこ
⇒鏡王女(かがみのおおきみ)

各務棟雄　かがみのむねお
平安時代中期の官人。
¶古人(生没年不詳)

各務吉雄*　かがみのよしお
生没年不詳 平安時代前期の大領。
¶古人,古代

各務良遠　かがみのよしとお
平安時代後期の官人。
¶古人(生没年不詳)

各務吉宗*　かがみのよしむね
平安時代前期の大領。
¶古人(生没年不詳),古代

各務半左衛門*　かがみはんざえもん
文化13(1816)年～明治18(1885)年 江戸時代末期～明治時代の讃岐丸亀藩士。
¶全幕,幕末([没]明治18(1885)年5月18日)

鏡渕意伯*　かがみぶちいはく, かがみふちいはく
文政10(1827)年～明治32(1899)年 江戸時代末期～明治時代の医師。医之隊に入り病院副役兼剣術師範。
¶幕末([没]明治32(1899)年12月28日)

各務文献*　かがみぶんけん
*～文政2(1819)年10月14日 江戸時代中期～後期の整骨医。近代的整形外科の先駆者。
¶科学([生]明和2(1765)年),コン([生]明和2(1765)年 [没]文政12(1829)年)

各務文献の妻　かがみぶんけんのつま★
江戸時代後期の女性。医術。黒井氏。
¶江表(各務文献の妻(大阪府) [没]弘化2(1845)年)

加賀美光章*(加賀見光章)　かがみみつあき
正徳1(1711)年～天明2(1782)年 [別]加賀美桜塢(かがみおうう) 江戸時代中期の神官、国学者。
¶コン(加賀見光章),思想(加賀美桜塢 かがみおうう)

加賀美光賢　かがみみつかた
江戸時代後期～明治時代の海軍軍医総監。
¶科学([生]弘化3(1846)年2月24日 [没]明治40(1907)年4月8日)

鏡光照　かがみみつてる
⇒鏡光照(かがみこうしょう)

加賀美山登*　かがみやまと
文政6(1823)年～明治20(1887)年 江戸時代末期～明治時代の和算家。
¶数学([没]明治20(1887)年6月17日)

各務愈女・愈女　かがみゆじょ★
江戸時代後期の女性。狂歌。享和3年刊、式亭三馬編『狂歌觿』初篇に載る。
¶江表(各務愈女・愈女(東京都))

加賀屋歌七〔1代〕　かがやかしち
⇒中村歌右衛門〔1代〕(なかむらうたえもん)

加賀屋吉兵衛・吉右衛門　かがやきちべえ・きちえもん
江戸時代後期の版元。
¶浮絵

加賀屋久兵衛*　かがやきゅうべえ
?～明治7(1874)年 江戸時代末期～明治時代のガラス職人。江戸ガラス・江戸切子を普及させた。
¶美工

加賀屋伝蔵*　かがやでんぞう
*～明治7(1874)年 江戸時代後期～明治時代の通詞。
¶植物([生]文化1(1804)年)

加賀屋梅玉　かがやばいぎょく
⇒中村歌右衛門〔3代〕(なかむらうたえもん)

加賀屋福之助〔1代〕　かがやふくのすけ
⇒中村歌右衛門〔3代〕(なかむらうたえもん)

加賀山金平*　かがやまきんぺい
天保2(1831)年～明治35(1902)年 江戸時代末期～明治時代の立間みかん中興の祖。兵庫から温州苗木を栽植。

¶幕末

加賀山潜竜　かがやませんりゅう
⇒加賀山翼（かがやまたすく）

加賀山翼*　かがやまたすく
文化8（1811）年～明治4（1871）年　[別]加賀山潜竜（かがやませんりゅう），加賀山翼（かがやまよく）　江戸時代末期～明治時代の医師。
¶幕末（[没]明治4（1871）年5月12日）

加賀山翼　かがやまよく
⇒加賀山翼（かがやまたすく）

香香有媛*　かがりひめ，かかりひめ
生没年不詳　上代の女性。安閑天皇の妃。
¶天皇（かかりひめ）

香河　かがわ★
江戸時代中期の女性。家祖。徳島藩士横山弁左衛門の妹。享保18年に御次女中として仕えた。
¶江表（香河（徳島県））

香川右衛門大夫*　かがわうえもんのたいふ
生没年不詳　安土桃山時代の織田信長の家臣。
¶織田

香川景樹*　かがわかげき
明和5（1768）年4月10日～天保14（1843）年3月27日　[別]景樹（かげき）　江戸時代後期の歌人。桂園派の祖。
¶江人，コン，詩作，思想，日文，山小（[生]1768年4月10日　[没]1843年3月27日）

香川景孝*　かがわかげたか
寛政3（1791）年～安政5（1858）年　江戸時代末期の周防国吉川家中老。
¶幕末（[没]安政5（1858）年9月27日）

香川勝広　かがわかつひろ
江戸時代後期～大正時代の彫金家。
¶美工（[生]嘉永6（1853）年10月　[没]大正6（1917）年1月15日）

鹿我別*　かがわけ
上代の武将。
¶古代

香川敬三*　かがわけいぞう
天保10（1839）年～大正4（1915）年　江戸時代末期～明治時代の勤王志士、宮内大官。皇太后宮大夫。伯爵。
¶コン，全幕（[生]天保12（1841）年），幕末（[生]天保10（1839）年11月　[没]大正4（1915）年3月18日）

賀川玄悦*　かがわげんえつ
元禄13（1700）年～安永6（1777）年　江戸時代中期の産科医。賀川流産科の祖。
¶江人，科学（[没]安永6（1777）年9月14日），眼医，コン

賀川玄迪*（賀川玄廸）　かがわげんてき
元文4（1739）年～安永8（1779）年　[別]賀川玄迪（かがわげんゆう）　江戸時代中期の産科医、阿波藩医。
¶科学（[没]安永8（1779）年10月8日），コン

賀川玄迪　かがわげんゆう
⇒賀川玄迪（かがわげんてき）

香川修庵　かがわしゅうあん
⇒香川修徳（かがわしゅうとく）

香川修徳*　かがわしゅうとく
天和3（1683）年～宝暦5（1755）年2月13日　[別]香川修庵（かがわしゅうあん），香川太冲（かがわたいちゅう）　江戸時代中期の医師。儒医一本論を唱えた。
¶科学（[生]天和3（1683）年7月1日），コン（[生]天和2（1682）年　[没]宝暦5（1754）年），思想（香川修庵　かがわしゅうあん）

香川将監*　かがわしょうげん
享保6（1721）年～寛政9（1797）年　江戸時代中期の神道家。
¶コン

香川松石*　かがわしょうせき
*～明治44（1911）年　江戸時代末期～明治時代の書家。
¶幕末（[生]弘化2（1845）年　[没]明治44（1911）年9月28日）

香川雪鴻*　かがわせっこう
文政2（1819）年～明治35（1902）年　江戸時代末期～明治時代の岩国藩士。蔵元仕置から養老館学監。
¶幕末（[没]明治35（1902）年10月9日）

香川宣阿*　かがわせんあ
正保3（1646）年～享保20（1735）年9月22日　江戸時代前期～中期の歌人。香川家（梅月堂）の祖。
¶コン

香川太冲　かがわたいちゅう
⇒香川修徳（かがわしゅうとく）

香川孝子*　かがわたかこ
生没年不詳　江戸時代後期の女性。歌人香川景樹の娘。
¶江表（孝子（京都府）　[生]文化1（1804）年）

香川親和*　かがわちかかず
？～天正15（1587）年　安土桃山時代の武士。
¶全戦，戦武（[生]永禄10（1567）年？）

香川南浜*　かがわなんぴん
享保19（1734）年～寛政4（1792）年　江戸時代中期～後期の儒学者。
¶コン

賀川南龍*　かがわなんりゅう
天明1（1781）年～天保9（1838）年　江戸時代後期の産科医。
¶科学，コン

香川信景*　かがわのぶかげ
[別]香川元景（かがわもとかげ）　戦国時代～安土桃山時代の武士。
¶全戦（生没年不詳），戦武（生没年不詳）

賀川肇*　かがわはじめ
？～文久3（1863）年　江戸時代末期の千種家雑掌。和宮降嫁に荷担。
¶全幕，幕末（[没]文久3（1863）年3月18日）

香川春継　かがわはるつぐ
戦国時代～江戸時代前期の吉川氏の家臣。
¶全戦（[生]天文14（1545）年　[没]元和5（1619）年）

香川半助*　かがわはんすけ
天保1（1830）年～慶応1（1865）年　江戸時代末期の長州（萩）藩士。
¶幕末（[生]文政13（1830）年　[没]元治2（1865）年2月11日）

か

香川氷仙 かがわひょうせん
⇒香川氷仙女(かがわひょうせんじょ)

香川氷仙女* かがわひょうせんじょ
生没年不詳 [別]香川氷仙(かがわひょうせん) 江戸時代の女性。画家。
¶江表(氷仙(大阪府)), 女史, 美画(香川氷仙 かがわひょうせん)

香川元景(1) かがわもとかげ
戦国時代の讃岐守護代。
¶室町(生没年不詳)

香川元景(2) かがわもとかげ
⇒香川信景(かがわのぶかげ)

香川麗橋* かがわれいきょう
文政10(1827)年～明治33(1900)年 江戸時代末期～明治時代の漢学者。東区第十一番小学校句読教師。
¶幕末([没]明治33(1900)年5月16日)

香川芦角* かがわろかく
享和3(1803)年～文久3(1863)年 江戸時代末期の修験者。
¶幕末

家寛 かかん
⇒家寛(けかん)

垣内雲嶙 かきうちうんりん
江戸時代後期～大正時代の日本画家。
¶美画([生]弘化3(1846)年 [没]大正8(1919)年7月19日)

柿内監物 かきうちけんもつ
江戸時代前期の長宗我部盛親の家臣。鉄砲大将。
¶大坂

柿右衛門 かきえもん
⇒酒井田柿右衛門(さかいだかきえもん)

柿右衛門〔1代〕 かきえもん
⇒酒井田柿右衛門〔1代〕(さかいだかきえもん)

垣河某* かきかわ
生没年不詳 安土桃山時代の織田信長の家臣。
¶織田

嘉菊 かきく
⇒三井嘉菊(みついかきく)

歌菊 かきく⋆
江戸時代中期の女性。俳諧。天明2年刊、加舎白雄編『春秋稿』二に載る。
¶江表(歌菊(東京都))

香菊 かぎく⋆
江戸時代中期の女性。俳諧。勝沼の人。享保19年成立、甲陽随者撰『鏡のうら』に載る。
¶江表(香菊(山梨県))

柿崎和泉守 かきざきいずみのかみ
⇒柿崎景家(かきざきかげいえ)

柿崎景家* かきざきかげいえ
[別]柿崎和泉守(かきざきいずみのかみ) 戦国時代～安土桃山時代の国人。
¶全戦([生]? [没]天正2(1574)年?), 戦武([生]永正10(1513)年? [没]天正3(1575)年)

蠣崎季繁* かきざきすえしげ
?～寛正3(1462)年 室町時代の武将。
¶内乱

蠣崎季広* かきざきすえひろ
永正4(1507)年～文禄4(1595)年 戦国時代～安土桃山時代の蝦夷島代官。「和人地」を創出。
¶コン, 全戦, 戦武

蠣崎信広 かきざきのぶひろ
⇒武田信広(たけだのぶひろ)

蠣崎波響* かきざきはきょう
明和1(1764)年～文政9(1826)年 [別]蠣崎広年(かきざきひろとし) 江戸時代中期～後期の画家、蝦夷松前藩家老。
¶江人, コン, 美画([生]明和1(1764)年5月26日 [没]文政9(1826)年6月22日)

柿崎晴家* かきざきはるいえ
?～天正6(1578)年 戦国時代～安土桃山時代の国人。
¶全戦

蠣崎広年 かきざきひろとし
⇒蠣崎波響(かきざきはきょう)

蠣崎広伴* かきざきひろとも
*～明治7(1874)年 江戸時代末期～明治時代の蝦夷松前藩家老。
¶幕末([生]寛政8(1796)年)

蠣崎光広* かきざきみつひろ
康正2(1456)年～永正15(1518)年 戦国時代の蝦夷島の武将。
¶コン

蠣崎義広(蠣崎慶広) かきざきよしひろ
⇒松前慶広(まつまえよしひろ)

柿沢庄助* かきざわしょうすけ
天保6(1835)年～慶応1(1865)年 [別]渡辺直次郎(わたなべなおじろう) 江戸時代末期の岡部藩士。
¶幕末([没]元治2(1865)年2月16日)

柿沢勇記* かきざわゆうき
天保5(1834)年～明治1(1868)年 江戸時代末期の陸奥会津藩士。
¶幕末

柿栖次郎衛門* かきすじろうえもん
天保14(1843)年～慶応1(1865)年 江戸時代末期の水戸藩士。
¶幕末([没]慶応1(1865)年10月25日)

鍵谷カナ かぎたにかな
⇒鍵谷カナ(かぎやかな)

鈎田政孝 かぎたまさたか
江戸時代後期の和算家。
¶数学

夏橘 かきつ⋆
江戸時代中期の女性。俳諧。胆沢郡前沢町の人。明和期頃の人。
¶江表(夏橘(岩手県))

家橘(1) かきつ
⇒市村羽左衛門〔9代〕(いちむらうざえもん)

家橘(2) かきつ
⇒市村羽左衛門〔11代〕(いちむらうざえもん)

家橘(3) かきつ
⇒市村羽左衛門〔12代〕(いちむらうざえもん)

かきね女　かきねじょ★
江戸時代後期の女性。俳諧。若狭西津の人。文政5年刊、双渓楼吐龍編『俳諧桜仏』に載る。
¶江表（かきね女（福井県））

垣内徳太郎*　かきのうちとくたろう
嘉永1（1848）年～明治38（1905）年　江戸時代末期～明治時代の土佐藩士。フランス兵殺傷事件で赦免組の一人。
¶幕末（[生]？　[没]明治38（1905）年4月12日）

柿本朝臣人麻呂　かきのもとのあそみひとまろ
⇒柿本人麻呂（かきのもとのひとまろ）

柿本朝臣人麻呂　かきのもとのあそんひとまろ
⇒柿本人麻呂（かきのもとのひとまろ）

柿本市守　かきのもとのいちもり
奈良時代の官人。
¶古人（生没年不詳）

柿本小玉*　かきのもとのおたま
奈良時代の大鋳師。
¶古代

柿本臣猨*　かきのもとのおみさる
？～和銅1（708）年　[別]柿本猨（かきのもとのさる）飛鳥時代の官人。
¶古代

柿本猨　かきのもとのさる
⇒柿本臣猨（かきのもとのおみさる）

柿本時行　かきのもとのときゆき
平安時代後期の官人。
¶古人（生没年不詳）

柿本人麻呂*（柿本人麿）　かきのもとのひとまろ
生没年不詳　[別]柿本朝臣人麻呂（かきのもとのあそみひとまろ，かきのもとのあそんひとまろ），柿本人麻呂（かきのもとひとまろ）　奈良時代の万葉歌人。平安期には歌聖と仰がれた。
¶古人，古代（柿本朝臣人麻呂　かきのもとのあそんひとまろ），古物，コン，詩作，思想，日文（かきのもとひとまろ），山小

柿本安永　かきのもとのやすなが
平安時代前期の人。「利口之人」と称された。
¶古人（生没年不詳）

柿本人麻呂　かきのもとひとまろ
⇒柿本人麻呂（かきのもとのひとまろ）

かきは子　かきはこ★
江戸時代の女性。和歌。筑後柳川藩の奥女中。幕末～明治初年刊行と思われる「鶯歌集」に載る。
¶江表（かきは子（福岡県））

柿八斎（柿発斎）　かきはっさい
⇒烏亭焉馬〔1代〕（うていえんば）

垣見家純　かきみいえすみ，かきみいえずみ
⇒垣見一直（かきみかずなお）

垣見一直*　かきみかずなお
？～慶長5（1600）年　[別]垣見家純（かきみいえすみ，かきみいえずみ）　安土桃山時代の武将。豊臣秀吉の臣。
¶対外

垣本雪臣*　かきもとゆきおみ
＊～天保10（1839）年　江戸時代後期の歌人、画家。
¶美画（[生]安永6（1777）年　[没]天保10（1839）年11月3日）

嘉喜門院*　かきもんいん
生没年不詳　[別]近衛勝子（このえかつこ），藤原勝子（ふじわらしょうし，ふじわらのしょうし）　南北朝時代の女性。後村上天皇の女御。
¶コン，天皇（近衛勝子　このえかつこ）

鍵屋　かぎや
⇒村井京助（むらいきょうすけ）

垣屋越前守続成　かきやえちぜんのかみつぐなり
⇒垣屋続成（かきやつぐなり）

鍵谷カナ*　かぎやかな
天明2（1782）年～元治1（1864）年　[別]鍵谷カナ（かぎたにかな）　江戸時代後期の女性。伊予絣の創始者。
¶江表（カナ（愛媛県）），コン，女史

鍵屋喜兵衛*　かぎやきへえ
生没年不詳　[別]錦光山喜兵衛（きんこうざんきへえ）　江戸時代の京都粟田焼の陶工。
¶コン，美工

鍵屋五兵衛*　かぎやごへえ
？～宝暦10（1760）年　江戸時代中期のかくし念仏の指導者。
¶コン

鍵谷清左衛門*（鍵屋清左衛門）　かぎやせいざえもん
生没年不詳　江戸時代前期の帳簿商人。
¶コン

垣屋続成*　かきやつぐなり
？～元亀1（1570）年　[別]垣屋越前守続成（かきやえちぜんのかみつぐなり）　戦国時代の武士。
¶全戦，戦武（[生]文明14（1482）年？）

垣屋恒総*　かきやつねふさ
？～慶長5（1600）年　安土桃山時代の武将、大名。因幡浦住領主。
¶戦武（[生]元亀3（1572）年）

垣屋豊続*　かきやとよつぐ
生没年不詳　安土桃山時代～江戸時代前期の武士。豊臣氏家臣。
¶織田

垣屋豊遠　かきやとよとお
戦国時代の山名政豊の家臣。
¶室町（[生]？　[没]文明17（1485）年）

垣屋平右衛門尉光成　かきやへいうえもんのじょうみつなり
⇒垣屋光成（かきやみつなり）

垣屋光成*(1)　かきやみつなり
？～天正10（1582）年2月23日？　戦国時代～安土桃山時代の織田信長の家臣。
¶織田

垣屋光成*(2)　かきやみつなり
？～文禄1（1592）年　[別]垣屋平右衛門尉光成（かきやへいうえもんのじょうみつなり）　安土桃山時代の武士。
¶戦武

可休*　かきゅう
生没年不詳　江戸時代前期～中期の俳人。
¶俳文

か

可玖* かきゅう
生没年不詳　江戸時代前期～中期の俳人。
¶俳文

歌郷 かきょう★
江戸時代中期の女性。俳諧。波止浜の俳人村山一志の妻。延享4年夫一志編『素羅宴』に多くの句が載る。
¶江表（歌郷（愛媛県））

花橋 かきょう★
江戸時代後期の女性。俳諧。甲府の人。寛政2年成立、如雪庵尺五編『恵方のめくみ』に載る。
¶江表（花橋（山梨県））

花鏡 かきょう★
江戸時代後期の女性。俳諧。駿河中里の名主山本八右衛門の妻。
¶江表（花鏡（静岡県）　[没]文政11（1828）年）

花嬌 かきょう
⇒織本花嬌（おりもとかきょう）

夏暁 かぎょう★
江戸時代中期の女性。俳諧。送月楼連の人で、宝暦5年刊、雪炊庵二狂編『葛の別』に載る。
¶江表（夏暁（東京都））

花暁（1） かぎょう★
江戸時代後期の女性。俳諧。美濃郡上八幡の人。山本友左坊序『月の俤集』に載る。
¶江表（花暁（岐阜県））

花暁（2） かぎょう★
江戸時代後期の女性。俳諧。周防岩国の人。文政3年序、山本友左坊撰『おゐのたひ』に載る。
¶江表（花暁（山口県））

花暁（3） かぎょう★
江戸時代末期の女性。俳諧。
¶江表（花暁（東京都）　[没]明治1（1868）年）

花暁（4） かぎょう
⇒中村喜代三郎〔1代〕（なかむらきよさぶろう）

雅慶 がきょう
⇒雅慶（がけい）

花橋春渓* かきょうしゅんけい
文政7（1824）年～明治16（1883）年　江戸時代末期～明治時代の教員。戸籍法発布に伴う丹羽・春日井の戸籍整理に尽力。
¶幕末

花鏡女 かきょうじょ★
江戸時代後期の女性。俳諧。榛名の人。文政13年刊、雲泉庵青峨編『あずまみやげ』に載る。
¶江表（花鏡女（群馬県））

加玉 かぎょく
⇒中村玉七〔1代〕（なかむらたましち）

花玉（1） かぎょく★
江戸時代後期の女性。俳諧。加賀の人。文政7年序、雪貢ほか編、千代女五〇回忌追善集『後長月集』に載る。
¶江表（花玉（石川県））

花玉（2） かぎょく★
江戸時代後期の女性。俳諧。越前福井の人。天保4年刊、向陽舎東和編『袖の氷集』に載る。
¶江表（花玉（福井県））

歌琴 かきん★
江戸時代中期～後期の女性。俳諧。清武の人。
¶江表（歌琴（宮崎県））

花錦 かきん★
江戸時代中期～後期の女性。俳諧。清武の人か。
¶江表（花錦（宮崎県））

可吟* かぎん
生没年不詳　江戸時代中期の俳人。
¶俳文

花琴女 かきんじょ★
江戸時代後期の女性。俳諧。延岡の人。文化2年の暁山追悼式に句を詠んだ。
¶江表（花琴女（宮崎県））

かく（1）
江戸時代中期の女性。和歌。美濃加納藩藩士林弥平次の妻。宝永6年奉納、平間長雅編「住吉社奉納千首和歌」に載る。
¶江表（かく（岐阜県））

かく（2）
江戸時代末期～明治時代の女性。教育。椎橋重助の妻。明治7年まで、大門字屋塾で読み書き、習字を教える。
¶江表（かく（千葉県））

加久 かく★
江戸時代前期の女性。教訓書。豊前宇佐神宮大宮司到津公兼の娘。
¶江表（加久（大分県）　[生]寛永15（1638）年）

覚阿*（1） かくあ
康治2（1143）年～？　平安時代後期の天台宗の僧。
¶古人，コン，対外

覚阿*（2） かくあ
生没年不詳　戦国時代の僧侶・連歌作者。
¶俳文

覚意* かくい
*～嘉承2（1107）年3月21日　平安時代後期の浄土宗の僧。
¶古人（[生]1051年）

角井壱岐 かくいいき
江戸時代中期の大工。
¶美建（生没年不詳）

覚一 かくいち
⇒明石覚一（あかしかくいち）

覚一検校 かくいちけんぎょう
⇒明石覚一（あかしかくいち）

顎隠慧奯 がくいんえかく
⇒鄂隠慧奯（がくいんえかつ）

鄂隠慧奯*（鄂隠恵奯） がくいんえかつ
正平21/貞治5（1366）年～応永32（1425）年2月18日　[別]慧奯（えかつ），顎隠慧奯（がくいんえかく），仏慧正続国師（ぶつえしょうぞくこくし）　南北朝時代～室町時代の臨済宗の僧、五山文学僧。
¶コン，対外（[生]1357年）

覚運* かくうん
天暦7（953）年～寛弘4（1007）年　[別]檀那僧正（だんなそうじょう），檀那僧都（だんなそうず）　平

安時代中期の天台宗の僧。檀那流の祖。
¶古人, コン(㋐?)

学運　がくうん
⇒無能(むのう)

角雲玄麟　かくうんげんりん
安土桃山時代の武田氏の家臣。穴山信友の弟。
¶武田(㋐?)　㋑元亀1(1570)年4月6日)

覚恵　かくえ
平安時代後期の僧。崇徳天皇の第2皇子。
¶古人(生没年不詳)

覚英*　かくえい
永久5(1117)年〜保元2(1157)年2月17日　平安時
代後期の法相宗の僧、歌人。
¶コン

覚叡法親王*　かくえいほうしんのう
*〜天授3/永和3(1377)年　㋕承胤法親王(しょう
いんほうしんのう)　南北朝時代の後光厳院の皇子。
¶天皇(承胤法親王　しょういんほうしんのう　㋐康安1
(1361)年　㋑?)、天皇(㋐延文5(1360)年　㋑永和3
(1377)年7月4日)

覚恵法親王　かくえほうしんのう
⇒覚恵法親王(かくえほっしんのう)

覚恵法親王*　かくえほっしんのう
建保5(1217)年〜?　㋕覚恵法親王(かくえほう
しんのう)　鎌倉時代前期の順徳天皇の皇子。
¶天皇(かくえほうしんのう)

覚円*(1)　かくえん
長元4(1031)年〜承徳2(1098)年　㋕宇治僧正(う
じそうじょう、うじのそうじょう)　平安時代中期
〜後期の僧。天台座主。
¶古人, コン

覚円*(2)　かくえん
生没年不詳　平安時代後期〜鎌倉時代前期の仏師。
¶古人

覚円(3)　かくえん
⇒鏡堂覚円(きょうどうかくえん)

覚延*　かくえん
生没年不詳　鎌倉時代前期の真言宗の僧・歌人。
¶古人

覚縁*(1)　かくえん
?〜長保4(1002)年　平安時代中期の真言宗の僧。
¶古人

覚縁*(2)　かくえん
生没年不詳　平安時代後期〜鎌倉時代前期の仏師。
¶古人, 美建

覚淵*　かくえん
生没年不詳　平安時代後期の走湯山(伊豆山権現)
の住侶。
¶古人

崔媛尼　かくえんに*
江戸時代後期の女性。俳諧。文化8年序、谷素外編
『玉池雑藻』に5句が載る。
¶江表(崔媛尼(東京都))

覚応　かくおう
平安時代後期の僧。
¶平家(生没年不詳)

覚王院義観　かくおういんぎかん
⇒義観(ぎかん)

岳翁蔵丘*　がくおうぞうきゅう
生没年不詳　㋕蔵丘(ぞうきゅう)　室町時代の禅
僧、画家。
¶コン, 美画

覚智*　かくち
生没年不詳　飛鳥時代の博士。聖徳太子が儒教の
典籍を学んだ。
¶古人, 古代, 対外

覚雅*　かくが
寛治4(1090)年〜久安2(1146)年8月17日　平安時
代後期の三論宗の僧・歌人。
¶古人, 密教(㋑1146・8月17日)

覚海(1)　かくかい
平安時代後期の醍醐寺の僧。
¶密教(㋐1107年　㋑1184年12月24日)

覚海*(2)　かくかい
康治1(1142)年〜貞応2(1223)年　平安時代後期〜
鎌倉時代前期の真言宗の僧。「而二不二」説唱導者。
¶古人, コン

覚快法親王　かくかいほうしんのう
⇒覚快法親王(かくかいほっしんのう)

覚快法親王*　かくかいほっしんのう
長承3(1134)年〜養和1(1181)年11月6日　㋕覚快
法親王(かくかいほうしんのう, かっかいほっしん
のう)、覚快(かっかい)　平安時代後期の天台宗
の僧(天台座主)。鳥羽上皇の第7皇子。
¶古人, コン(かくかいほうしんのう)、天皇(かくかいほ
うしんのう)、平家

覚観*(1)　かくかん
生没年不詳　平安時代後期の寺門派の僧。
¶古人

覚観(2)　かくかん
平安時代後期の僧。広隆寺の阿闍梨。
¶密教(㋐1128年以前　㋑?)

楽厳寺雅方　がくがんじまさかた
戦国時代の武田氏の家臣、望月氏の被官。
¶武田(生没年不詳)

覚基*(1)　かくき
治暦4(1068)年〜康治1(1142)年　平安時代後期
の園城寺僧。
¶古人

覚基*(2)　かくき
承保1(1074)年〜?　平安時代後期の延暦寺僧。
¶古人

覚基*(3)　かくき
長承2(1133)年〜建保5(1217)年7月25日　平安時
代後期〜鎌倉時代前期の真言宗の僧。
¶古人

賀来毅篤　かくとく
⇒賀来佐一郎(かくさいちろう)

覚教゛　かくきょう
仁安2(1167)年〜仁治3(1242)年　平安時代後期
〜鎌倉時代前期の僧。
¶古人

覚鏡*　かくきょう
永久1(1113)年～建久3(1192)年　平安時代後期の真言宗の僧。遮那院流の祖。
¶密教([没]1192年9月9日)

覚暁*　かくぎょう
永久3(1115)年～承安3(1173)年　平安時代後期の真言僧。
¶古人

覚慶　かくぎょう
⇒覚慶(かくけい)

覚行　かくぎょう
⇒覚行法親王(かくぎょうほっしんのう)

覚行親王　かくぎょうしんのう
⇒覚行法親王(かくぎょうほっしんのう)

覚行法親王　かくぎょうほうしんのう
⇒覚行法親王(かくぎょうほっしんのう)

覚行法親王*　かくぎょうほっしんのう
承保2(1075)年4月～長治2(1105)年11月18日　[別]覚行(かくぎょう)，覚行親王(かくぎょうしんのう)，覚行法親王(かくぎょうほうしんのう，かくこうほっしんのう)，中御室(なかのおむろ)　平安時代後期の白河天皇の第3皇子。法親王の初例。
¶古人,コン(かくぎょうほうしんのう),天皇(かくぎょうほうしんのう　[没]長治2(1105)年11月19日)

覚空*　かくくう
？～長元2(1029)年　平安時代中期の延暦寺僧。
¶古人

覚慶*(1)　かくけい
延長5(927)年～長和3(1014)年　[別]覚慶(かくぎょう)　平安時代中期の天台宗の僧。
¶古人(かくぎょう),コン

覚慶(2)　かくけい
⇒足利義昭(あしかがよしあき)

覚兼　かくけん
⇒上井覚兼(うわいかくけん)

覚憲*　かくけん
天承1(1131)年～建暦2(1212)年　[別]壺坂僧正(つぼさかのそうじょう)　平安時代後期～鎌倉時代前期の興福寺の学僧。
¶古人,コン

覚源*　かくげん
長保2(1000)年～治暦1(1065)年　平安時代中期の真言宗の僧。
¶古人,コン,天皇,密教([生]999年/1000年　[没]1065年8月18日/7月17日)

覚彦　かくげん
⇒浄厳(じょうごん)

霍子　かくこ★
江戸時代中期の女性。和歌。伯耆米子の永瀬氏の娘。正徳1年跋、勝部芳房編『佐陀大社奉納神始言吹草』に載る。
¶江表(霍子(鳥取県))

格子　かくこ★
江戸時代末期の女性。和歌。蓮池氏の娘。文久1年序、村上忠順編『類題和歌玉藻集』二に載る。
¶江表(格子(徳島県))

霍子　かくこ★
江戸時代の女性。和歌。田中氏。明治29年刊、今泉蟹守編「西肥女房百歌撰」に載る。
¶江表(霍子(佐賀県))

学子　がくこ★
江戸時代中期の女性。和歌。播磨姫路藩酒井家の奥女中。宝暦12年刊、村上影面編『続采藻編』に載る。
¶江表(学子(兵庫県))

覚綱*　かくこう
生没年不詳　平安時代後期～鎌倉時代前期の天台宗の僧・歌人。
¶古人

覚豪*　かくごう
？～久安4(1148)年？　平安時代後期の延暦寺僧。
¶古人,古人([没]1148年)

覚行法親王　かくこうほっしんのう
⇒覚行法親王(かくぎょうほっしんのう)

覚子内親王　かくこないしんのう
⇒正親町院(おおぎまちいん)

賀来惟熊*　かくこれくま
寛政8(1796)年～明治13(1880)年　[別]賀来惟熊(かくこれたけ)　江戸時代後期～明治時代の殖産家、鋳砲家。
¶コン,幕末([生]寛政8(1796)年9月18日　[没]明治13(1880)年2月25日)

賀来惟熊　かくこれたけ
⇒賀来惟熊(かくこれくま)

覚厳*　かくごん
生没年不詳　平安時代後期～鎌倉時代前期の仏師。
¶古人,美建

賀来佐一郎*　かくさいちろう
寛政11(1799)年～安政4(1857)年　[別]賀来毅篤(かくきとく)，賀来佐之(かくすけゆき)　江戸時代末期の医師。
¶コン(賀来毅篤　かくきとく),幕末

覚讃*　かくさん
*～治承4(1180)年9月5日　平安時代後期の天台宗の僧。園成寺37世。
¶古人([生]？)

廓山*　かくざん
元亀3(1572)年～寛永2(1625)年8月26日　[別]一実(いちじつ)　江戸時代前期の浄土宗鎮西義の学僧。
¶江人,コン,思想

鶴子　かくし
⇒中村重助〔2代〕(なかむらじゅうすけ)

鶴司　かくじ
江戸時代後期の女性。俳諧。郡山の俳人佐々木露秀(俳人塩田冥々の兄)が営む佐渡屋の遊女。麓山公園にある文政9年建立碑に刻まれている。
¶江表(鶴司(福島県))

霍二女　かくじじょ★
江戸時代中期の女性。俳諧。坂城中之条代官所詰の武士の妻か。明和7年序、南柳亭素山編『誹諧菊の露』に載る。
¶江表(霍二女(長野県))

覚実*(1)　かくじつ
　永承7(1052)年～寛治7(1093)年　平安時代後期
　の園城寺の僧。
　¶古人(㉕1092年)

覚実*(2)　かくじつ
　延久1(1069)年～?　平安時代後期の天台宗延暦
　寺僧。
　¶古人

覚子内親王　かくしないしんのう
　⇒正親町院(おおぎまちいん)

楽子内親王　がくしないしんのう
　⇒楽子内親王(らくしないしんのう)

覚樹　かくじゅ
　永保1(1081)年～保延5(1139)年2月14日　平安時
　代後期の三論宗の僧。
　¶古人(㉔1079年)

鶴樹　かくじゅ
　⇒奈河晴助〔1代〕(ながわはるすけ)

覚樹院　かくじゅいん
　⇒お久免の方(おくめのかた)

鶴州*　かくしゅう
　寛永18(1641)年～享保15(1730)年1月1日　㊞鶴
　洲元嚝(かくしゅうげんこう)　江戸時代前期～中
　期の黄檗宗の画僧。
　¶美画

鶴洲元嚝　かくしゅうげんこう
　⇒鶴州(かくしゅう)

鶴寿女　かくじゅじょ*
　江戸時代末期の女性。画。鶴子女ともいう。歌川
　国貞の弟子貞歌女のもとで学んだ。
　¶江表(鶴寿女(東京都))

覚寿尼*　かくじゅに
　生没年不詳　平安時代前期の尼。菅原道真の姨。
　¶古人

蕣寿の母　がくじゅのはは*
　江戸時代中期の女性。和歌。元禄7年刊、戸田茂睡
　編『不求橋梨本隠家勧進百首』に載る。
　¶江表(蕣寿の母(東京都))

覚俊*(1)　かくしゅん
　生没年不詳　平安時代中期～後期の真言宗の僧。
　¶密教(㉔1030年以前　㉕1080年以後)

覚俊*(2)　かくしゅん
　治暦3(1067)年～大治1(1126)年3月29日　平安時
　代後期の天台宗の僧。
　¶古人(㉔1069年)

覚俊*(3)　かくしゅん
　生没年不詳　平安時代後期の僧侶・歌人。藤原重
　房の子。
　¶古人(㉔1059年　㉕?)

覚俊*(4)　かくしゅん
　?～治承2(1178)年　平安時代後期の僧。
　¶古人

覚諄法親王　かくじゅんほうしんのう
　⇒守脩親王(もりおさしんのう)

覚助*(1)　かくじょ
　長和2(1013)年～康平6(1063)年　平安時代中期
　の天台宗の僧。
　¶古人

覚助*(2)　かくじょ
　?～承暦1(1077)年　平安時代中期の仏師。定朝の
　後継者で、七条仏所を開く。
　¶古人,コン(生没年不詳),美建(㉕承保4(1077)年10月)

覚助(3)　かくじょ
　⇒覚助法親王(かくじょほっしんのう)

覚恕　かくじょ
　大永1(1521)年～天正2(1574)年　㊞覚恕親王(か
　くじょしんのう)，覚恕法親王(かくじょほうしん
　のう)　戦国時代～安土桃山時代の天台宗の僧(天
　台座主)。後奈良天皇の子。
　¶武田(覚恕親王　かくじょしんのう　生没年不詳)，天
　皇(㉔大永1(1521)年12月18日　㉕天正2(1574)年1月
　3日/天正20年1月3日)

覚性　かくしょう
　⇒覚性法親王(かくしょうほうしんのう)

覚乗*　かくじょう
　久安6(1150)年～?　平安時代後期の興福寺僧。
　¶古人

覚成*　かくじょう
　大治1(1126)年～建久9(1198)年　㊞覚成(かくぜ
　い)　平安時代後期～鎌倉時代前期の僧(東寺長
　者)。
　¶古人,平家

覚晴*　かくじょう
　寛治4(1090)年～久安4(1148)年5月17日　㊞覚晴
　(かくせい)　平安時代後期の法相宗の僧。法隆寺
　34世、興福寺37世。
　¶古人(かくせい)

覚盛*(1)　かくじょう
　建久5(1194)年～建長1(1249)年5月19日　㊞大悲
　菩薩(だいひぼさつ)　鎌倉時代前期の律宗の僧。
　唐招提寺の中興開山。
　¶コン

覚盛*(2)　かくじょう，かくしょう
　生没年不詳　鎌倉時代前期の天台宗の僧・歌人。
　¶古人(かくしょう)

角上*　かくじょう
　*～延享4(1747)年　江戸時代中期の浄土真宗の
　僧、俳人。
　¶俳文(㉔延宝3(1675)年　㉕延享4(1747)年5月8日)

鶴松院*　かくしょういん
　生没年不詳　戦国時代の女性。吉良氏朝正室。
　¶後北(鶴松院殿〔吉良〕　かくしょういんでん)

覚性親王　かくしょうしんのう
　⇒覚性法親王(かくしょうほうしんのう)

覚性入道親王　かくしょうにゅうどうしんのう
　⇒覚性法親王(かくしょうほうしんのう)

覚性法親王*(1)　かくしょうほうしんのう
　大治4(1129)年－嘉応1(1169)年12月11日　㊞覚
　性(かくしょう)，覚性親王(かくしょうしんの
　う)，覚性入道親王(かくしょうにゅうどうしんの
　う)，覚性法親王(かくしょうほっしんのう)，本仁

かくしよ　534

親王（もとひとしんのう）　平安時代後期の真言宗の僧。初代総法務。鳥羽天皇の第5皇子。
　¶古人（かくしょうほっしんのう），コン，天皇（本仁親王　もとひとしんのう）　㋤大治4（1129）年7月20日，日文（かくしょうほっしんのう）

覚性法親王(2)　かくしょうほうしんのう
　⇒寛性入道親王（かんしょうにゅうどうしんのう）

覚性法親王　かくしょうほっしんのう
　⇒覚性法親王（かくしょうほうしんのう）

覚助親王　かくじょしんのう
　⇒覚助法親王（かくじょほっしんのう）

覚恕親王　かくじょしんのう
　⇒覚恕（かくじょ）

覚助法親王　かくじょほうしんのう
　⇒覚助法親王（かくじょほっしんのう）

覚恕法親王　かくじょほうしんのう
　⇒覚恕（かくじょ）

覚助法親王*　かくじょほっしんのう
　宝治1（1247）年～延元1/建武3（1336）年9月17日　㋤覚助（かくじょ），覚助親王（かくじょしんのう），覚助法親王（かくじょほっしんのう）　鎌倉時代後期～南北朝時代の真言宗の僧。後嵯峨天皇の第1皇子。
　¶天皇（かくじょほうしんのう）

覚信*　かくしん
　治暦1（1065）年～保安2（1121）年　平安時代後期の法相宗の僧。興福寺30世。
　¶古人

覚審*　かくしん
　生没年不詳　平安時代後期の天台宗の僧・歌人。
　¶古人

覚心*(1)　かくしん
　延久1（1069）年～永治1（1141）年　平安時代後期の園城寺僧。
　¶古人

覚心(2)　かくしん
　平安時代後期の醍醐・高野の住僧。
　¶密教（生没年不詳）

覚心*(3)　かくしん
　承元1（1207）年～永仁6（1298）年　㋤心地覚心（しんじかくしん），覚心かくしん，しんぢかくしん），法灯（ほうとう），法灯円明国師（ほうとうえんみょうこくし），法灯国師（ほっとうこくし），無本覚心（むほんかくしん）　鎌倉時代後期の臨済宗の僧。法灯派の祖。
　¶コン（心地覚心　しんちかくしん），対外（無本覚心　むほんかくしん）

覚真*(1)　かくしん
　？～延久3（1071）年　平安時代後期の浄土真宗の僧。
　¶古人

覚真(2)　かくしん
　⇒藤原長房（ふじわらのながふさ）

覚深　かくじん
　⇒覚深入道親王（かくじんにゅうどうしんのう）

覚尋*　かくじん
　長和1（1012）年～永保1（1081）年　平安時代中期

～後期の天台宗の僧。天台座主35世。
　¶古人

学心院　がくしんいん*
　江戸時代中期の女性。和歌。旗本難波田善左衛門の母。元禄16年刊、柳陰堂了寿編『新歌さ、石』に載る。
　¶江表（学心院（東京都））

覚深親王　かくじんしんのう
　⇒覚深入道親王（かくじんにゅうどうしんのう）

覚信尼*　かくしんに
　元仁1（1224）年～弘安6（1283）年　鎌倉時代後期の女性。浄土真宗の開祖親鸞の第7子。
　¶コン，女史

覚深入道親王*　かくじんにゅうどうしんのう
　天正16（1588）年～正保5（1648）年閏1月21日　㋤覚深法親王（かくしんほうしんのう），覚深（かくじん），覚深親王（かくしんしんのう），良仁親王（かたひとしんのう），良仁（りょうにん）　江戸時代前期の後陽成天皇の第1皇子。仁和寺第21代の門跡。
　¶コン（覚深法親王　かくしんほうしんのう）　㋛慶安1（1648）年），全戦（良仁親王　かたひとしんのう）　㋛慶安1（1648）年），天皇（覚深法親王　かくしんほうしんのう）　㋤天正16（1588）年5月5日）

覚深法親王　かくしんほうしんのう
　⇒覚深入道親王（かくじんにゅうどうしんのう）

賀来佐之　かくすけゆき
　⇒賀来佐一郎（かくさいちろう）

覚晴　かくせい
　⇒覚晴（かくじょう）

覚西*　かくせい
　鎌倉時代後期の仏師。
　¶美建（生没年不詳）

鶴声*(1)　かくせい
　生没年不詳　江戸時代中期の俳人。
　¶俳文

鶴声(2)　かくせい*
　江戸時代末期の女性。俳諧。越前小坂の人。文久2年刊、白梅園徐暁撰、山本里黄一周忌追悼集『月の面影』に載る。
　¶江表（鶴声（福井県））

覚成　かくぜい
　⇒覚成（かくじょう）

覚性院　かくせいいん
　江戸時代後期の徳川家慶の六男。
　¶徳将（㋑1826年　㋛1827年）

覚仙*　かくせん
　治暦4（1068）年～仁平1（1151）年　平安時代後期の園城寺僧。
　¶古人

覚暹*　かくせん
　万寿2（1025）年～保安4（1123）年　平安時代中期～後期の僧。
　¶古人

鶴仙　かくせん*
　江戸時代後期の女性。俳諧。所沢の人。文政2年刊、二世閑月庵竹妓編『縄結ひ集』に載る。
　¶江表（鶴仙（埼玉県））

鶴羨　かくせん
江戸時代後期～大正時代の俳諧作者。
¶俳文（[生]弘化1（1844）年　[没]大正9（1920）年1月19日）

覚善*　かくぜん
長承2（1133）年～建久7（1196）年　平安時代後期～鎌倉時代前期の真言宗の僧。
¶古人，コン（生没年不詳）

覚禅*(1)　かくぜん
康治2（1143）年～？　平安時代後期～鎌倉時代前期の密教白描図像研究家。
¶古人，密教（[没]1213年以後）

覚禅*(2)　かくぜん
生没年不詳　鎌倉時代前期の法相宗の僧・歌人。
¶古人

覚禅坊　かくぜんぼう
⇒宝蔵院胤栄（ほうぞういんいんえい）

覚宗*　かくそう
承暦2（1078）年～仁平2（1152）年　平安時代後期の天台宗の僧。園城寺33世。
¶古人

鶴叟*　かくそう
安永9（1780）年～慶応3（1867）年11月24日　江戸時代中期～末期の俳人。
¶俳文

覚増親王　かくぞうしんのう
⇒覚増法親王（かくぞうほっしんのう）

覚増法親王　かくぞうほうしんのう
⇒覚増法親王（かくぞうほっしんのう）

覚増法親王*　かくぞうほっしんのう
正平18/貞治2（1363）年～元中7/明徳1（1390）年　[別]覚増親王（かくぞうしんのう），覚増法親王（かくぞうほうしんのう）　南北朝時代の僧。後光厳院の皇子。
¶天皇（かくぞうほうしんのう　生没年不詳）

覚尊*(1)　かくそん
平治1（1159）年～正治1（1199）年　平安時代後期～鎌倉時代前期の園城寺僧。
¶古人

覚尊*(2)　かくそん
生没年不詳　鎌倉時代の仏師。
¶美建

角田桜岳*　かくだおうがく
文化12（1815）年～明治6（1873）年　江戸時代後期～明治時代の儒者。
¶幕末

角田邦実　かくたくにざね
江戸時代後期の和算家、下妻藩士。
¶数学

角田親信　かくたちかのぶ
江戸時代後期の和算家。
¶数学（[没]文政1（1818）年）

角田竹冷　かくたちくれい
江戸時代末期～大正時代の俳人。
¶俳文（[生]安政4（1857）年7月2日　[没]大正8（1919）年3月20日）

覚智*(1)　かくち
長治2（1105）年～元暦1（1184）年　平安時代後期の園城寺僧。
¶古人

覚智(2)　かくち
⇒安達景盛（あだちかげもり）

鑑智国師　かくちこくし
⇒証空（しょうくう）

覚忠*　かくちゅう
元永1（1118）年～治承1（1177）年　平安時代後期の天台宗の僧。天台座主50世、園城寺36世。
¶古人

覚朝*　かくちょう
永暦1（1160）年～寛喜3（1231）年11月1日　平安時代後期～鎌倉時代前期の仏師。
¶古人（生没年不詳），美建（生没年不詳）

覚超*　かくちょう
天徳4（960）年～長元7（1034）年　平安時代中期の天台宗の僧。
¶古人，コン（[生]？），思想

覚長*　かくちょう
天永1（1110）年～？　平安時代後期の興福寺僧。
¶古人

覚珍*　かくちん
康和1（1099）年～安元1（1175）年　平安時代後期の興福寺僧。
¶古人

鶴亭*(1)　かくてい
享保7（1722）年～天明5（1785）年　江戸時代中期の南蘋派の画僧。
¶コン（[没]？），美画

鶴亭*(2)　かくてい
文化1（1804）年？～嘉永6（1853）年？　江戸時代末期の京都楽焼の陶工。
¶コン，美工（[生]文化1（1804）年　[没]嘉永6（1853）年）

鶴汀　かくてい
江戸時代後期～末期の女性。画。熊本藩士安東永年の娘。
¶江表（鶴汀（熊本県）　[生]文政1（1818）年　[没]安政3（1856）年）

岳亭*　がくてい
生没年不詳　[別]岳亭丘山（がくていきゅうざん），岳亭春信（がくていはるのぶ）　江戸時代後期の浮世絵師。
¶浮絵（岳亭春信　がくていはるのぶ），コン，美画

岳亭丘山　がくていきゅうざん
⇒岳亭（がくてい）

岳亭春信　がくていはるのぶ
⇒岳亭（がくてい）

覚道*(1)　かくどう
明応9（1500）年～大永7（1527）年　[別]覚道親王（かくどうしんのう），覚道法親王（かくどうほうしんのう）　戦国時代の真言宗の僧。仁和寺19世。
¶天皇（覚道法親王　かくどうほうしんのう　生没年不詳）

覚道(2)　**かくどう**
江戸時代後期の和算家。
¶数学

覚道親王　**かくどうしんのう**
⇒覚道（かくどう）

覚道法親王　**かくどうほうしんのう**
⇒覚道（かくどう）

か

覚入*　**かくにゅう**
寛弘4（1007）年～寛治7（1093）年　平安時代中期～後期の往生人。
¶古人

覚如*　**かくにょ**
文永7（1270）年～正平6/観応2（1351）年　[別]宗昭（しゅうしょう，そうしょう）　鎌倉時代後期～南北朝時代の真宗の僧。本願寺第3世。
¶コン，思想（[没]観応2/正平6（1351）年），中世，山小（[生]1270年12月28日　[没]1351年1月19日）

覚仁*(1)　**かくにん**
生没年不詳　平安時代後期の僧。
¶古人，コン

覚仁(2)　**かくにん**
⇒覚仁法親王（かくにんほっしんのう）

覚任*　**かくにん**
寛治2（1088）年～仁平2（1152）年　平安時代後期の真言宗の僧。
¶古人

覚忍*　**かくにん**
延喜10（910）年～正暦2（991）年　平安時代中期の天台宗の僧。
¶古人

覚仁親王　**かくにんしんのう**
⇒覚仁法親王（かくにんほっしんのう）

覚仁入道親王*　**かくにんにゅうどうしんのう**
享保17（1732）年～宝暦4（1754）年　[別]覚仁法親王（かくにんほうしんのう），敬典親王（ゆきのりしんのう）　江戸時代中期の有栖川宮職仁親王の第3王子。
¶天皇（覚仁法親王　かくにんほうしんのう　[生]享保17（1732）年7月15日　[没]宝暦4（1754）年9月21日）

覚仁法親王(1)　**かくにんほうしんのう**
⇒覚仁入道親王（かくにんにゅうどうしんのう）

覚仁法親王(2)　**かくにんほうしんのう**
⇒覚仁法親王（かくにんほっしんのう）

覚仁法親王*　**かくにんほっしんのう**
建久9（1198）年～文永3（1266）年　[別]覚仁（かくにん），覚仁親王（かくにんしんのう），覚仁法親王（かくにんほうしんのう）　鎌倉時代前期の園城寺長吏。後鳥羽天皇の皇子。
¶天皇（かくにんほうしんのう　[没]文永3（1266）年4月12日）

覚念*　**かくねん**
生没年不詳　平安時代中期の天台宗の僧。
¶古人

学之玄孝*　**がくのげんこう**
享和1（1801）年～万延1（1860）年　江戸時代末期の医師。
¶幕末（[没]万延1（1860）年7月9日）

覚鑁*　**かくばん，かくはん**
嘉保2（1095）年～康治2（1143）年12月12日　[別]興教大師（こうきょうだいし，こうぎょうだいし），自性大師（じしょうだいし）　平安時代後期の真言宗の僧、新義真言宗の開祖。
¶古人，コン，思想，密教（[没]1143年12月12日）

賀来飛霞*（加来飛霞）　**かくひか**
文化13（1816）年～明治27（1894）年3月10日　江戸時代末期～明治時代の本草学者、医師、島原藩藩医。東京植物学会創立の基礎作りに尽力。著書に「小石川植物園草木図説」など。
¶科学（[生]文化13（1816）年1月30日），コン（加来飛霞），植物（[生]文化13（1816）年1月30日），幕末（[生]文化13（1816）年1月30日）

覚敏*　**かくびん**
生没年不詳　平安時代後期の東大寺僧。
¶古人

覚弁*(1)　**かくべん**
？～建久9（1198）年　平安時代後期～鎌倉時代前期の天台宗の僧。
¶古人

覚弁(2)　**かくべん**
平安時代後期～鎌倉時代前期の興福寺権別当。藤原俊成の子。
¶古人（[生]1132年　[没]1199年）

鶴歩　**かくほ**
江戸時代前期～中期の俳諧師。平野氏。
¶俳文（[生]貞享2（1685）年　[没]元文3（1738）年8月23日）

覚法　**かくほう**
⇒覚法法親王（かくほうほっしんのう）

覚法親王　**かくほうしんのう**
⇒覚法法親王（かくほうほっしんのう）

覚法法親王　**かくほうほうしんのう**
⇒覚法法親王（かくほうほっしんのう）

覚法法親王*　**かくほうほっしんのう**
寛治5（1091）年12月29日～仁平3（1153）年12月6日　[別]覚法（かくほう），覚法親王（かくほうしんのう），覚法法親王（かくほうほうしんのう），高野御室（こうやおむろ）　平安時代後期の真言宗の僧。白河天皇の第4子。仁和御流の祖。
¶古人，コン（かくほうほうしんのう），天皇（かくほうほうしんのう　[生]寛治5（1092）年12月29日）

岳間沢玄恭*　**がくまざわげんきょう**
天保9（1838）年～明治29（1896）年　江戸時代末期～明治時代の蘭学医、教育者。杉田玄端の門弟で斬学を学ぶ。
¶幕末（[没]明治29（1896）年10月）

加久見左衛門　**かくみさえもん**
安土桃山時代の土佐の土豪。
¶全戦（生没年不詳）

角見山誠平*　**かくみやませいへい**
天保13（1842）年～明治29（1896）年　江戸時代末期～明治時代の力士。郷土の田舎相撲の力士養成に貢献。
¶幕末

覚明(1)　**かくみょう**
⇒孤峰覚明（こほうかくみょう）

覚明(2)　かくみょう
⇒西仏(さいぶつ)

覚明院　かくみょういん★
江戸時代中期～後期の女性。写経。紀州藩7代藩主徳川宗将の息子千之丞頼興の娘(8代藩主重倫の養女)。
¶江表(覚明院(愛媛県)　[生]安永4(1775)年　[没]享和1(1801)年)

覚明房　かくみょうぼう
⇒長西(ちょうさい)

郭務悰*　かくむそう
生没年不詳　飛鳥時代の唐の官人。
¶古代,古物

覚明*(1)　かくめい
享保3(1718)年～天明6(1786)年　江戸時代中期の御岳行者。御岳講開祖。
¶コン

覚明(2)　かくめい
⇒西仏(さいぶつ)

かぐや姫*　かぐやひめ
「竹取物語」の主人公。
¶古人,コン

香山双松　かくやまのなみまつ
平安時代中期の宇佐八幡宮の上毛郡納所預。
¶古人(生没年不詳)

覚有*　かくゆう
生没年不詳　平安時代後期の大仏師。
¶古人,美建

覚猷*　かくゆう
天喜1(1053)年～保延6(1140)年　[別]鳥羽僧正(とばそうじょう),鳥羽僧正覚猷(とばそうじょうかくゆう)　平安時代後期の天台宗の僧(天台座主)。
¶古人,コン,思想,日文,美画(鳥羽僧正　とばそうじょう　[没]保延6(1140)年9月15日),山小([没]1140年9月15日)

覚祐　かくゆう
⇒中坊覚祐(なかのぼうかくゆう)

鶴遊　かくゆう★
江戸時代後期～明治時代の女性。画。綾歌郡川津村の宮崎巴陵の娘。
¶江表(鶴遊(香川県)　[生]文政9(1826)年　[没]明治18(1885)年)

覚誉*(1)　かくよ
治暦4(1068)年～*　平安時代後期の法相宗の僧・歌人。
¶古人([没]?)

覚誉*(2)　かくよ
鎌倉時代前期の後鳥羽天皇の皇子。
¶天皇(生没年不詳)

覚誉(3)　かくよ
⇒覚誉法親王(かくよほっしんのう)

覚誉親王　かくよしんのう
⇒覚誉法親王(かくよほっしんのう)

覚誉入道親王　かくよにゅうどうしんのう
⇒覚誉法親王(かくよほっしんのう)

覚誉法親王　かくよほうしんのう
⇒覚誉法親王(かくよほっしんのう)

覚誉法親王*　かくよほっしんのう
元応2(1320)年～弘和2/永徳2(1382)年　[別]覚誉(かくよ),覚誉親王(かくよしんのう),覚誉入道親王(かくよにゅうどうしんのう),覚誉法親王(かくよほうしんのう)　南北朝時代の僧。花園天皇の第1皇子。
¶天皇(かくよほうしんのう　[没]永徳2/南朝弘和2(1382)年5月28日)

加倉井砂山*　かくらいさざん
文化2(1805)年～安政2(1855)年　[別]加倉井久雍(かくらいひさやす)　江戸時代末期の水戸藩郷士、教育者。
¶幕末

加倉井久雍　かくらいひさやす
⇒加倉井砂山(かくらいさざん)

神楽岡文山*　かぐらおかぶんざん
生没年不詳　江戸時代の陶工。
¶美工

覚隆*(1)　かくりゅう
生没年不詳　平安時代後期の寺門派の僧。清成の子か弟。
¶古人

覚隆(2)　かくりゅう
平安時代後期～鎌倉時代前期の僧。円光院供僧か。権律師。資隆の子。
¶密教([生]1162年以前　[没]1193年以後)

覚連*(覚蓮)　かくれん
康治1(1142)年～?　平安時代後期の歌人。
¶古人

角呂　かくろ
江戸時代中期の俳諧師。
¶俳文(生没年不詳)

岳輅*　がくろ
?～文政4(1821)年　[別]缶輅(かんろ)　江戸時代中期～後期の俳人。浄土真宗の僧。
¶俳文([没]文政4(1821)年5月11日)

迦具漏比売*　かぐろひめ
上代の女性。応神天皇の妃。
¶天皇(生没年不詳)

花薫　かくん
⇒市川小団次〔1代〕(いちかわこだんじ)

可桂　かけい★
江戸時代中期の女性。俳諧。相模田村の人。明和5年刊、白井鳥酔編『湘海四時』に載る。
¶江表(可桂(神奈川県))

花兄　かけい★
江戸時代後期の女性。俳諧。越前福井の人。天明8年刊、白鶴楼紅楓編『そのかげ集』に載る。
¶江表(花兄(福井県))

花景　かけい★
江戸時代後期の女性。俳諧。越前福井の人。天明8年刊、白鶴楼紅楓編『そのかげ集』に載る。
¶江表(花景(福井県))

か

花桂 かけい★
江戸時代中期の女性。俳諧。越後新潟の人。享保12年刊、井鷗笑編『賀茂の矢立』に載る。
¶江表(花桂(新潟県))

荷兮* かけい
慶安1(1648)年～享保1(1716)年 [別]山本荷兮(やまもとかけい) 江戸時代前期～中期の俳人。芭蕉七部集「冬の日」「春の日」「阿羅野」の編者。
¶コン(山本荷兮 やまもとかけい),コン(山本荷兮 やまもとかけい),詩作(山本荷兮 やまもとかけい [生]慶応1(1648)年 [没]享保1(1716)年8月25日),俳文([没]享保1(1716)年8月25日)

哥桂 かけい
江戸時代中期の女性。俳諧。但馬関宮の人。安永2年刊、去来庵半化編『誹諧十百韵』に載る。
¶江表(哥桂(兵庫県))

雅慶* がけい
*～長和1(1012)年 [別]勧修寺雅慶(かじゅうじまさよし),雅慶(がきょう) 平安時代中期の真言宗の僧。
¶古人([生]926年?),コン(がきょう [生]延長4(926)年)

筧十蔵* かけいじゅうぞう
安土桃山時代～江戸時代前期の武将。立川文庫「真田幸村」の登場人物。真田十勇士の一人。
¶全戦,戦武([生]天正1(1573)年? [没]慶長20(1615)年?)

花桂宗誉禅定尼 かけいそうえいぜんじょうに
安土桃山時代の女性。初代政信の室、山角康定の娘。
¶後北(花桂宗誉禅定尼〔大藤〕)

筧正鋪 かけいまさはる
⇒筧正鋪(かけひまさはる)

筧至方 かけいゆきみち
江戸時代中期の陸奥国塙代官。
¶徳代([生]元禄14(1701)年 [没]寛延3(1750)年3月15日)

懸河直重 かけがわなおしげ
戦国時代の上野国衆国峰小幡氏の家臣。甘楽郡南牧谷の地縁集団南牧衆のひとり。
¶武田(生没年不詳)

景樹 かげき
⇒香川景樹(かがわかげき)

景清 かげきよ
⇒平景清(たいらのかげきよ)

加計女 かけじょ★
江戸時代後期の女性。俳諧。市川の人。文政2年成立、鷹園蟹守序、野辺地馬城追善集『かれあやめ』に載る。
¶江表(加計女(山梨県))

鹿毛甚右衛門* かげじんえもん
?～享保16(1731)年 江戸時代中期の新田開発者。
¶コン

影田泰蔵 かげたたいぞう
江戸時代後期の仙台藩士。
¶幕末([生]弘化1(1844)年 [没]?)

懸田俊宗* かけだとしむね
?～天文22(1553)年 戦国時代の武将。伊達氏家臣。
¶戦武

佳月 かげつ★
江戸時代中期の女性。俳諧。本庄の人。明和2年刊、『春興 かすみをとこ』に載る。
¶江表(佳月(埼玉県))

可月 かげつ★
江戸時代末期～明治時代の女性。画。儒学者で書家の龍峰の妻、繁女。
¶江表(可月(東京都))

家月 かげつ★
江戸時代後期の女性。俳諧。東磐井郡藤沢の俳人で書家高橋東皐門か。文化15年序、東皐門の大屋士由編『美佐古鮓』に載る。
¶江表(家月(岩手県))

歌月 かげつ★
江戸時代後期の女性。俳諧。寛政10年刊、今日庵元夢編『はせを会』に載る。
¶江表(歌月(栃木県))

禾月* かげつ
[別]禾月尼(かげつに) 江戸時代後期の女性。俳人。
¶江表(禾月尼(宮城県) かげつに [生]天明4(1784)年 [没]安政4(1857)年)

花月 かげつ★
江戸時代後期の女性。俳諧。本楯の人。弘化4年、本楯毘沙門堂に奉納の俳額に載る。
¶江表(花月(山形県))

荷月 かげつ★
江戸時代中期の女性。俳諧。大津の俳人川井乙州の妻。正徳5年序、吉井雲鈴編『笈の若葉』に載る。
¶江表(荷月(滋賀県))

香月啓益 かげつけいえき
⇒香月牛山(かつきぎゅうざん)

佳月女 かげつじょ★
江戸時代中期の女性。俳諧。二本松の人。宝暦13年刊、建部綾足編『古今俳諧明題集』に載る。
¶江表(佳月女(福島県))

花月女(1) かげつじょ★
江戸時代後期の女性。俳諧。上徳間の人。天保14年成立、山岸梅塵編『あられ空』に載る。
¶江表(花月女(長野県))

花月女(2) かげつじょ★
江戸時代後期の女性。俳諧。中野郡更科の人。天保14年成立、山岸梅塵編『あられ空』に載る。
¶江表(花月女(長野県))

花月女(3) かげつじょ★
江戸時代末期～明治時代の女性。俳諧。上諏訪の諏訪藩医永田雲底の母。
¶江表(花月女(長野県) [没]明治19(1886)年)

禾月尼 かげつに
⇒禾月(かげつ)

景長* かげなが
生没年不詳 鎌倉時代後期の刀工。
¶コン,美工

景式王* かげのりおう
生没年不詳 平安時代前期の歌人。
¶古人

掛橋和泉* かけはしいずみ
*〜文久3(1863)年 江戸時代末期の志士。
¶コン(生?),幕末(生天保6(1835)年3月 没文久2(1863)年6月2日)

筧正鋪* かけひまさはる
万治1(1658)年〜元文2(1737)年 [別]筧正鋪(かけいまさはる) 江戸時代中期の幕臣。勘定奉行。
¶徳人(かけいまさはる)

影媛*(1) かげひめ
上代の女性。武内宿禰の母。
¶古代

影媛(2) かげひめ
⇒物部影媛(もののべのかげひめ)

かけみ勘解由衛門 かけみかげゆえもん
安土桃山時代の信濃国筑摩郡小芹・大久保・花見の土豪。
¶武田(生没年不詳)

景光* かげみつ
生没年不詳 南北朝時代の加賀の刀工。
¶美工

蔭山家広* かげやまいえひろ
?〜永禄5(1562)年9月25日 戦国時代〜安土桃山時代の北条氏の家臣。
¶後北(家広〔蔭山〕 いえひろ)

蔭山氏広* かげやまうじひろ
生没年不詳 安土桃山時代の武将。後北条氏家臣。
¶後北(氏広〔蔭山〕 うじひろ)

蔭山包高 かげやまかねあき
江戸時代前期〜中期の出羽国尾花沢代官。
¶徳代(生天和2(1682)年 没宝暦1(1751)年閏6月23日)

影山寛故* かげやまかんこ
文化5(1808)年〜明治20(1887)年 江戸時代末期〜明治時代の郷士。村役人として「天保凶作記録」を作成。
¶数学,幕末(生文化5(1808)年10月20日 没明治20(1887)年9月24日)

蔭山休安* かげやまきゅうあん
生没年不詳 [別]休安(きゅうあん) 江戸時代前期の俳人。
¶俳文(休安 きゅうあん)

陰山元質*(蔭山元質) かげやまげんしつ
寛文9(1669)年〜享保17(1732)年 [別]蔭山東門,陰山東門(かげやまとうもん),陰山元質(かげやまもとかた) 江戸時代中期の紀伊和歌山藩儒、数学者。
¶コン,数学(かげやまもとかた 没享保17(1732)年閏5月12日)

蔭山忠広* かげやまただひろ
生没年不詳 戦国時代の武士。後北条氏家臣。
¶後北(忠広〔蔭山〕 ただひろ 没永禄7年1月8日)

蔭山東門(陰山東門) かげやまとうもん
⇒陰山元質(かげやまげんしつ)

蔭山殿 かげやまどの
⇒お万の方(おまんのかた)

蔭山広迢 かげやまひろとお
享保7(1722)年〜天明7(1787)年 江戸時代中期の幕臣。
¶徳人,徳代(没天明7(1787)年6月11日)

影山正博* かげやままさひろ
弘化3(1846)年〜昭和8(1933)年 江戸時代末期〜明治時代の三春藩郷士。三師社を創立し自由民権運動に挺身。
¶幕末

蔭山妙悟 かげやまみょうご
安土桃山時代の女性。蔭山家広の妻。
¶後北(妙悟〔蔭山〕 みょうご 没永禄9年9月16日)

陰山元質 かげやまもとかた
⇒陰山元質(かげやまげんしつ)

景山竜造*(影山竜造) かげやまりゅうぞう
文化14(1817)年〜明治5(1872)年 江戸時代末期〜明治時代の儒学者、鳥取藩の周旋方。隠岐騒動の事件処理に活躍。
¶コン(影山龍造),幕末(没明治5(1872)年8月18日)

勘解由小路韶光 かげゆこうじあきみつ
⇒勘解由小路韶光(かでのこうじあきみつ)

勘解由小路在貞* かげゆこうじありさだ
?〜文明5(1473)年11月12日 室町時代の公卿(非参議)。勘解由小路家の祖。非参議賀茂在方の次男。
¶公卿,公家(在貞〔勘解由小路家(絶家)〕 あきさだ 没文明5(1473)年10月12日)

勘解由小路在重 かげゆこうじありしげ
⇒勘解由小路在重(かでのこうじありしげ)

勘解由小路在富 かげゆこうじありとみ
⇒勘解由小路在富(かでのこうじありとみ)

勘解由小路在長* かげゆこうじありなが
生没年不詳 室町時代の公卿(非参議)。非参議賀茂在方の三男。
¶公卿,公家(在長〔勘解由小路家(絶家)〕 あきなが)

勘解由小路在通 かげゆこうじありみち
⇒勘解由小路在通(かでのこうじありみち)

勘解由小路在宗* かげゆこうじありむね
生没年不詳 室町時代の公卿(非参議)。従二位・非参議勘解由小路在貞の次男。
¶公卿,公家(在宗〔勘解由小路家(絶家)〕 あきむね)

勘解由小路在基 かげゆこうじありもと
⇒勘解由小路在基(かでのこうじありもと)

勘解由小路在盛* かげゆこうじありもり
?〜文明10(1478)年8月19日 室町時代の公卿(非参議)。非参議勘解由小路在貞の子。
¶公卿

勘解由小路在康 かげゆこうじありやす
⇒勘解由小路在康(かでのこうじありやす)

勘解由小路兼綱* かげゆこうじかねつな
正和5(1316)年〜弘和1/永徳1(1381)年9月26日 南北朝時代の公卿(准大臣)。権中納言勘解由小路光業の子。
¶公卿(没永徳1/弘和1(1381)年9月26日)

勘解由小路兼仲 かげゆこうじかねなか
⇒広橋兼仲(ひろはしかねなか)

勘解由小路資忠* かげゆこうじすけただ
寛永9(1632)年1月6日〜延宝7(1679)年1月12日

か

[別]勘解由小路資忠（かでのこうじすけただ）　江戸時代前期の公家（参議）。勘解由小路の祖。権大納言烏丸光広の次男。
¶公卿，公家（資忠〔勘解由小路家〕　すけただ）

勘解由小路資善　かげゆこうじすけよし
⇒勘解由小路資善（かでのこうじすけよし）

か

勘解由小路経光*　かげゆこうじつねみつ
建暦2（1212）年～文永11（1273）年4月15日　鎌倉時代前期の公卿（権中納言）。権中納言藤原頼資の子、母は従五位下源兼資の娘。
¶公卿

勘解由小路光業　かげゆこうじみつおき
⇒広橋光業（ひろはしみつなり）

勘解由小路光宙*　かげゆこうじみつおき
文化5（1808）年9月26日～文久2（1862）年6月28日　[別]勘解由小路光宙（かでのこうじみつおき）　江戸時代末期の公家（非参議）。権大納言広橋胤定の末子、母は非参議藤波寛忠の娘。
¶公卿，公家（光宙〔勘解由小路家〕　みつおき）

勘解由小路光潔*　かげゆこうじみつきよ
元禄11（1698）年2月21日～享保17（1732）年1月5日　[別]勘解由小路光潔（かでのこうじみつきよ）　江戸時代中期の公家（非参議）。権大納言勘解由小路韶光の長男。
¶公卿，公家（光潔〔勘解由小路家〕　みつきよ）

カ子　かこ*
江戸時代末期の女性。和歌。市川行光の妻。文久2年刊、飯塚久敏撰『玉籠集』に載る。
¶江表（カ子（山梨県））

佳子　かこ*
江戸時代の女性。和歌。吉弘氏。明治4年刊、『不知火歌集』に載る。
¶江表（佳子（熊本県））

何江　かこう
⇒市村羽左衛門〔8代〕（いちむらうざえもん）

佳香　かこう
⇒嵐璃珏〔2代〕（あらしりかく）

加江　かこう*
江戸時代中期の女性。俳諧。贄川の大和屋清兵衛の妻。明和9年刊、越後長岡の後日坊編『俄杖集』に載る。
¶江表（加江（長野県））

可紅　かこう*
江戸時代中期の女性。俳諧。松本の人。宝暦13年刊、国学者で俳人建部綾足が著した『片歌草のはり道』に載る。
¶江表（可紅（長野県））

花好（1）　かこう*
江戸時代中期の女性。俳諧。寛延2年に下総境河岸の俳人箱島浙江に後妻として嫁ぎ、娘りせを出産か。
¶江表（花好（茨城県））

花好*（2）　かこう
江戸時代中期～後期の女性。俳人。
¶江表（曽代（茨城県））

花紅（1）　かこう*
江戸時代後期の女性。俳諧。常陸の天鏡連に属する。寛政3年刊、多少庵二世秋瓜編『辛亥歳旦』に載る。
¶江表（花紅（茨城県））

花紅（2）　かこう*
江戸時代後期の女性。俳諧。越前大滝の人。天保14年刊、天井韋吹の一〇〇回忌集『炭瓢集』に載る。
¶江表（花紅（福井県））

花紅（3）（花考）　かこう
⇒芳沢崎之助〔4代〕（よしざわさきのすけ）

花香（1）　かこう*
江戸時代後期の女性。俳諧。長門長州藩藩士小倉源五右衛門実和の母。
¶江表（花香（山口県）　[没]文政5（1822）年）

花香（2）　かこう
江戸時代後期の女性。俳諧。長門長府の女性俳人田上菊舎稿『聞集草』に寛政10年正月の句が載る。
¶江表（花香（佐賀県））

臥高　がこう
江戸時代前期～中期の俳諧作者。元禄ごろ。
¶俳文（生没年不詳）

華光院　かこういん
江戸時代中期の女性。徳川家治長女。
¶徳将（[生]1756年　[没]1757年）

花光女　かこうじょ*
江戸時代後期の女性。俳諧。天保5年刊、小蓑庵碓嶺編の信州・奥羽紀行『男華笠集』に載る。
¶江表（花光女（東京都））

花香女　かこうじょ*
江戸時代後期の女性。俳諧。越後新潟の人。文化11年序、以興庵鳳味編、以一庵石川豊井七回忌追善集『華ばたけ』に載る。
¶江表（花香女（新潟県））

花虹女　かこうじょ*
江戸時代中期の女性。俳諧。延享2年刊、大場寥和編『誹諧職人尽』に載る。
¶江表（花虹女（東京都））

荷香尼　かこうに
江戸時代後期の女性。俳諧。多賀庵三世玄蛙の妻と思われる。文化10年刊、柿耶丸長斎編『万家人名録』上に載る。
¶江表（荷香尼（広島県））

加古川顧言　かこがわこげん
⇒加古川周蔵（かこがわしゅうぞう）

加古川周蔵*　かこがわしゅうぞう
延享3（1746）年～文化14（1817）年9月11日　[別]加古川顧言（かこがわこげん），加古川遜斎（かこがわそんさい）　江戸時代中期～後期の儒学者。
¶コン（[生]延享3（1746年/1747）年　[没]文化13（1816年/1817）年）

加古川善五郎*　かこがわぜんごろう
*～嘉永3（1850）年　江戸時代後期の播磨姫路藩庄屋。
¶コン（[生]？）

加古川遜斎　かこがわそんさい
⇒加古川周蔵（かこがわしゅうぞう）

我黒*　がこく
寛永17（1640）年～宝永7（1710）年　[別]中尾我黒（なかおがこく）　江戸時代前期～中期の俳人。

¶俳文（[没]宝永7（1710）年10月6日）

麛坂王（香坂王）　かごさかおう
⇒麛坂皇子（かごさかのみこ）

麛坂皇子　かごさかのおうじ
⇒麛坂皇子（かごさかのみこ）

麛坂皇子*　かごさかのみこ
[別]麛坂王，香坂王（かごさかおう），麛坂皇子（かごさかのおうじ）　上代の仲哀天皇の皇子。
¶古代（かごさかのおうじ），古物，コン

かこ女　かこじょ★
江戸時代後期の女性。狂歌。常陸水戸の人。四方歌垣真顔撰『俳諧歌次郎万首かへりあるじ』に載る。
¶江表（かこ女（茨城県））

賀古鶴所　かこつるど
江戸時代末期～昭和時代の医師。
¶科学（[生]安政2（1855）年1月2日　[没]昭和6（1931）年1月1日）

籠橋休兵衛　かごはしきゅうべえ
江戸時代後期～大正時代の実業家、陶業者。
¶美工（[生]天保12（1841）年3月4日　[没]大正10（1921）年10月13日）

かさい
江戸時代中期の女性。俳諧。越後の遊女。元禄17年刊、南会木編『藁人形』に載る。
¶江表（かさい（新潟県））

雅西*　がさい
？～建仁1（1201）年　鎌倉時代前期の真言宗の僧。金剛王院雅西方の祖。
¶密教（[生]1123年　[没]1201年1月4日）

笠井伊蔵*　かさいいぞう
文政10（1827）年～文久1（1861）年　江戸時代末期の志士。
¶幕末（[没]文久1（1861）年10月16日）

葛西一清*　かさいいっせい
生没年不詳　[別]佐藤一清（さとういっせい，さとうかずきよ）　江戸時代末期の算家。
¶数学（佐藤一清　さとうかずきよ）

葛西因是*　かさいいんぜ
明和1（1764）年～文政6（1823）年　江戸時代中期～後期の儒学者、詩文家。
¶コン，思想

笠井勘七郎重政　かさいかんしちろうしげまさ
江戸時代前期の武士。大坂の陣で籠城。
¶大坂

葛西清貞*　かさいきよさだ
？～正平5/観応1（1350）年　鎌倉時代後期～南北朝時代の南朝方の武将。
¶コン，室町（生没年不詳）

葛西清重*　かさいきよしげ
生没年不詳　平安時代後期～鎌倉時代前期の武将、奥州惣奉行。
¶コン，中世（[生]1162年　[没]1238年），内乱，平家（[生]応保2（1162）年　[没]暦仁1（1238）年）

河西清義　かさいきよよし
⇒河西清義（かさいせいぎ）

河西源左衛門尉　かさいげんざえもんのじょう
戦国時代の武田氏の家臣、信濃国諏訪大社の奉行人。
¶武田（生没年不詳）

笠井三郎左衛門尉　かさいさぶろうざえもんのじょう
安土桃山時代～江戸時代前期の甲斐国八代郡河内楠甫村の土豪。
¶武田（生没年不詳）

笠井順八*　かさいじゅんぱち
天保6（1835）年～大正8（1919）年12月31日　江戸時代末期～明治時代の長州（萩）藩士、実業家。
¶幕末（[生]天保6（1835）年5月5日）

香西資村　かさいすけむら
⇒香西資村（こうざいすけむら）

河西清義*　かさいせいぎ
[別]河西清義（かさいきよよし）　江戸時代後期の算家。
¶数学（かさいきよよし　[生]明和1（1764）年　[没]嘉永2（1849）年）

葛西胤重　かさいたねしげ
安土桃山時代の石巻日和山城主。晴重の子と見られる。
¶全戦（生没年不詳）

葛西親信*　かさいちかのぶ
天文16（1547）年～永禄10（1567）年　戦国時代の武士。
¶戦武（[生]永正10（1513）年　[没]永禄3（1560）年）

河西忠左衛門　かさいちゅうざえもん
⇒河西忠左衛門（かわにしちゅうざえもん）

河西伝右衛門　かさいでんえもん
戦国時代～安土桃山時代の在郷の紺屋職人頭。
¶武田（生没年不詳）

河西虎満　かさいとらみつ
戦国時代～安土桃山時代の信濃国諏訪大社奉行人。但馬守。武田氏が任じた。
¶武田（生没年不詳）

葛西晴重*　かさいはるしげ
文明1（1469）年～＊　戦国時代の武士。
¶全戦（[生]？　[没]享禄1（1528）年？）

葛西晴胤*　かさいはるたね
明応2（1493）年～天文20（1551）年　戦国時代の武士。葛西氏家臣。
¶全戦（[生]？　[没]天正5（1577）年），戦武（[生]明応6（1497）年　[没]弘治1（1555）年）

葛西晴信*　かさいはるのぶ
安土桃山時代の武将。葛西氏の第16代当主。
¶コン（生没年不詳），全戦（生没年不詳），戦武（[生]天文3（1534）年　[没]慶長2（1597）年？），内乱（生没年不詳）

河西肥後守　かさいひごのかみ
安土桃山時代の武田氏の家臣。
¶武田（[生]？　[没]天正3（1575）年5月21日）

葛西満重*　かさいみつしげ
？～文明15（1483）年　室町時代～戦国時代の武将。
¶全戦（生没年不詳）

葛西宗清*　かさいむねきよ
生没年不詳　戦国時代の武士。葛西氏家臣。
¶全戦，室町

か

香西元長　かさいもとなが
⇒香西元長（こうざいもとなが）

笠井与左衛門尉　かさいよざえもんのじょう
安土桃山時代～江戸時代前期の甲斐国巨摩郡河内西島村の土豪。
¶武田（生没年不詳）

葛西義重　かさいよししげ
安土桃山時代の武将。晴胤の長男。
¶全戦（生没年不詳）

笠井六郎右衛門尉　かさいろくろうえもんのじょう
安土桃山時代～江戸時代前期の甲斐国巨摩郡河内西島郷の土豪。
¶武田（生没年不詳）

笠王* 　かさおう
奈良時代の守部王の子。
¶古人（生没年不詳）

笠金村　かさかなむら
⇒笠金村（かさのかなむら）

歌崎　かさき⋆
江戸時代後期の女性。和歌。常陸水戸藩の奥女中。天保12年成立、徳川斉昭撰「弘道館梅花詩歌」に載る。
¶江表（歌崎（茨城県））

笠置上人　かさぎのしょうにん
⇒貞慶（じょうけい）

榊山重太郎　かさきやまじゅうたろう
⇒榊山小四郎〔3代〕（さかきやまこしろう）

風切忠之助　かざぎりただのすけ
⇒市山助五郎〔1代〕（いちやますけごろう）

風切辰之助　かざぎりたつのすけ
⇒市山助五郎〔1代〕（いちやますけごろう）

笠倉昌麿　かさくらまさまろ
⇒斎藤昌麿（さいとうまさまろ）

笠倉屋善兵衛　かさくらやぜんべえ
⇒桜田治助〔1代〕（さくらだじすけ）

笠倉屋平十郎* 　かさくらやへいじゅうろう
生没年不詳　江戸時代中期の浅草蔵前の札差。十八大通の一人。
¶コン

かさし
江戸時代後期の女性。和歌。但馬出石藩主仙石久行家の奥女中。文化5年頃、真田幸弘編「御ことほきの記」に載る。
¶江表（かさし（兵庫県））

笠縫専助〔1代〕* 　かさぬいせんすけ
生没年不詳　[別]笠縫米富（かさぬいべいふ），田社（でんしゃ），米夫，米富（べいふ），百千万兵衛（ももちまんべえ）　江戸時代中期の歌舞伎作者。安永1年～寛政12年頃に活躍。
¶歌大（代数なし），新歌（代数なし）

笠縫女王　かさぬいのおおきみ
⇒笠縫女王（かさぬいのじょおう）

笠縫女王* 　かさぬいのじょおう
生没年不詳　[別]笠縫女王（かさぬいのおおきみ）　奈良時代の女性。万葉歌人。
¶古人

笠縫米富　かさぬいべいふ
⇒笠縫専助〔1代〕（かさぬいせんすけ）

累* 　かさね
？～正保4（1647）年8月11日　[別]お累（おるい），累・与右衛門（かさね・よえもん）　江戸時代前期の女性。怪談「累ヶ淵」の主人公。
¶コン（累・与右衛門　かさね・よえもん）

累・与右衛門　かさね・よえもん
⇒累（かさね）

笠朝臣金村　かさのあそみかなむら
⇒笠金村（かさのかなむら）

笠朝臣金村　かさのあそんかなむら
⇒笠金村（かさのかなむら）

笠朝臣継子　かさのあそんつぐこ
⇒笠継子（かさのつぐこ）

笠朝臣名高* 　かさのあそんなたか
？～貞観13（871）年　[別]笠名高（かさのなたか）　平安時代前期の陰陽家。
¶古人（笠名高　かさのなたか），古代

笠朝臣弘興* 　かさのあそんひろおき
[別]笠弘興（かさのひろおき）　平安時代前期の官人。
¶古人（笠弘興　かさのひろおき　生没年不詳），古代

笠朝臣麻呂　かさのあそんまろ
⇒笠麻呂（かさのまろ）

笠朝臣宗雄* 　かさのあそんむねお
[別]笠宗雄（かさのむねお）　平安時代前期の肥前国司。
¶古人（笠宗雄　かさのむねお　生没年不詳），古代

笠女郎*（笠郎女）　かさのいらつめ
生没年不詳　奈良時代の女性。万葉歌人。
¶古人，古代，コン，詩作（笠郎女），女文（笠郎女），日文

笠臣志太留* 　かさのおみしだる
飛鳥時代の官人。
¶古代

笠臣祖県守* 　かさのおみのおやあがたもり
上代の豪族。
¶古代

笠雄宗　かさのおむね
奈良時代の官人。
¶古人（生没年不詳）

笠御室　かさのおむろ
⇒笠御室（かさのみむろ）

笠数道　かさのかずみち
平安時代前期の官人。
¶古人（生没年不詳）

笠金村* 　かさのかなむら
生没年不詳　[別]笠金村（かさかなむら），笠朝臣金村（かさのあそみかなむら，かさのあそんかなむら）　奈良時代の万葉歌人。
¶古人，古代（笠朝臣金村　かさのあそんかなむら），コン，日文

笠江人　かさのかわひと
奈良時代の官人。

¶古人(生没年不詳)

笠野熊吉* かさのくまきち
?～明治12(1879)年 江戸時代末期～明治時代の鹿児島県士族、実業家。貿易を志して上海に密航。
¶幕末

笠垂 かさのしだる
⇒吉備笠垂(きびのかさのしだる)

笠武重 かさのたけしげ
平安時代後期の官人。
¶古人(生没年不詳)

笠田作* かさのたづくり
生没年不詳 平安時代前期の官人。
¶古人

笠継子* かさのつぐこ
生没年不詳 [別]笠朝臣継子(かさのあそんつぐこ) 平安時代前期の女性。嵯峨天皇の宮人。
¶古人,古代(笠朝臣継子 かさのあそんつぐこ),コン

笠年継(嗣) かさのとしつぐ
平安時代前期の官人。
¶古人(生没年不詳)

笠朝望 かさのとももち
平安時代中期の官人。
¶古人(生没年不詳)

笠豊興 かさのとよおき
平安時代前期の官人。
¶古人(生没年不詳)

笠豊主 かさのとよぬし
平安時代前期の官人。中務少丞正六位上。笠宮子の父。妻は雄宗王の女浄村女王。
¶古人(生没年不詳)

笠名高 かさのなたか
⇒笠朝臣名高(かさのあそんなたか)

笠名麻呂 かさのなまろ
奈良時代の官人。皇后宮亮・右衛士督ほかを歴任し従四位下。
¶古人([生]? [没]787年)

笠庭麻呂 かさのにわまろ
平安時代前期の官人。
¶古人(生没年不詳)

笠教良 かさののりよし
平安時代後期の官人。
¶古人(生没年不詳)

笠弘興 かさのひろおき
⇒笠朝臣弘興(かさのあそんひろおき)

笠広庭 かさのひろには
平安時代前期の官人。従四位下、美濃守。
¶古人([生]? [没]841年)

笠不破麻呂 かさのふわまろ
奈良時代の官人。
¶古人(生没年不詳)

笠真足 かさのまたり
奈良時代の官人。
¶古人(生没年不詳)

笠麻呂* かさのまろ
生没年不詳 [別]笠朝臣麻呂(かさのあそんまろ),笠麻呂(かさまろ),沙弥満誓(さみまんせい,さみまんぜい,しゃみまんせい,しゃみまんぜい),満誓(まんせい,まんぜい) 奈良時代の官人、僧、万葉歌人。
¶古人,古代(笠朝臣麻呂 かさのあそんまろ),コン,思想(満誓 まんぜい),日文(満誓 まんせい)

笠道興 かさのみちおき
平安時代前期の官人。
¶古人(生没年不詳)

笠道引 かさのみちびき
奈良時代の官人。
¶古人(生没年不詳)

笠岑雄 かさのみねお
平安時代前期の官人。
¶古人(生没年不詳)

笠蓑麻呂 かさのみのまろ
奈良時代の官人。
¶古人(生没年不詳)

笠御室* かさのみむろ
[別]笠御室(かさのおむろ) 奈良時代の武将。
¶古人(かさのおむろ 生没年不詳)

笠宮子 かさのみやこ
平安時代前期の官人。貞観1年笠朝臣宮子の姓名を賜う。
¶古人(生没年不詳)

笠命婦* かさのみょうぶ
生没年不詳 奈良時代の女官。
¶女史

笠宗雄 かさのむねお
⇒笠朝臣宗雄(かさのあそんむねお)

笠梁麻呂 かさのやなまろ
奈良時代～平安時代前期の官人。
¶古人([生]778年 [没]842年)

笠義時 かさのよしとき
平安時代後期の官人。
¶古人(生没年不詳)

笠良信 かさのよしのぶ
平安時代中期の官人。
¶古人(生没年不詳)

笠吉人 かさのよしひと
平安時代前期の官人。
¶古人(生没年不詳)

笠吉仁 かさのよしひと
平安時代中期の官人。
¶古人(生没年不詳)

風早公雄* かざはやきみお
享保6(1721)年1月22日～天明7(1787)年 [別]風早公雄(かざはやきんお) 江戸時代中期の公家(権中納言)。参議風早実積の子。
¶公卿([没]天明7(1787)年8月14日),公家(公雄〔風早家〕 きんお [没]天明7(1787)年8月14日)

風早公長* かざはやきみなが
*～享保8(1723)年1月28日 [別]風早公長(かざはやきんなが) 江戸時代中期の公家(参議)。権中納

か

言風早実種の子。

¶公卿(生寛文5(1665)年8月9日),公家(公長〔風早家〕 きみなが 生寛文5(1665)年8月9日)

風早公元* かざはやきみもと

寛政3(1791)年3月11日〜嘉永6(1853)年8月10日 江戸時代末期の公家(非参議)。権中納言風早実秋の子、母は源信昌の娘。

¶公卿,公家(公元〔風早家〕 きんとも)

風早公雄 かざはやきんお

⇒風早公雄(かざはやきみお)

風早公紀* かざはやきんこと

天保12(1841)年〜明治38(1905)年 江戸時代末期〜明治時代の公家。禁門の変の直前、長州兵の嘆願を容れるよう建言。

¶幕末(生天保12(1841)年8月21日 没明治38(1905)年2月28日)

風早公長 かざはやきんなが

⇒風早公長(かざはやきみなが)

風早実秋* かざはやさねあき

宝暦10(1760)年〜文化13(1816)年 江戸時代中期〜後期の公家(権中納言)。権中納言風早公雄の次男、母は雅楽頭源親本の娘。

¶公卿(生宝暦9(1759)年12月8日 没文化13(1816)年7月1日),公家(実秋〔風早家〕 さねあき 生宝暦9(1759)年12月8日 没文化13(1816)年7月1日)

風早実種* かざはやさねたね

寛永9(1632)年〜宝永7(1710)年 江戸時代前期〜中期の茶道家、公家(権中納言)。風早家の祖。権大納言姉小路公景の次男、母は参議西洞院時慶の娘。

¶公卿(生寛永9(1632)年8月17日 没宝永7(1710)年12月24日),公家(実種〔風早家〕 さねたね 生寛永9(1632)年8月17日 没宝永7(1710)年12月24日)

風早実積* かざはやさねつみ

元禄4(1691)年閏8月29日〜宝暦3(1753)年7月19日 [別]風早実積(かざはやさねつむ) 江戸時代中期の公家(参議)。参議風早公長の子。

¶公卿,公家(実積〔風早家〕 さねつむ)

風早実積 かざはやさねつむ

⇒風早実積(かざはやさねつみ)

風早禅師* かざはやのぜんじ

生没年不詳 平安時代後期の僧。

¶古人

風早富麻呂* かざはやのとみまろ

平安時代前期の安芸国の人。

¶古人(生没年不詳),古代

笠原清繁* かさはらきよしげ

?〜天文16(1547)年8月11日 戦国時代の地方豪族・土豪。

¶室町

笠原佐渡* かさはらさど

戦国時代の武将。後北条氏家臣。

¶後北(佐渡守〔笠原(5)〕 さどのかみ)

笠原重次* かさはらしげつぐ

江戸時代前期の医師。

¶眼医(生没年不詳)

笠原七郎兵衛 かさはらしちろうべえ

江戸時代前期の幕臣、代官。

¶徳代(生寛永11(1634)年 没元禄1(1688)年)

笠原氏の娘 かさはらしのむすめ★

江戸時代中期の女性。和歌。梅芳軒永之こと笠原兵右衛門源為秋の娘か。元禄16年刊、植山検校江民軒梅之・梅柳軒水之編『歌林尾花末』に載る。

¶江表(笠原氏の娘(東京都))

笠原新五郎 かさはらしんごろう

戦国時代の北条為昌・北条氏康の家臣。

¶後北(新五郎〔笠原(4)〕 しんごろう 没天文12年7月)

笠原助八郎* かさはらすけはちろう

生没年不詳 戦国時代の武士・奏者衆。北条氏政次男の国増丸の近習。

¶後北(助八郎〔笠原(3)〕 すけはちろう)

笠原綱信* かさはらつなのぶ

生没年不詳 戦国時代の北条氏の家臣。

¶後北(綱信〔笠原(2)〕 つなのぶ)

笠原直小杵 かさはらのあたいおき

⇒笠原小杵(かさはらのおき)

笠原直使主* かさはらのあたいおみ

上代の豪族。

¶古代

笠原小杵* かさはらのおき

?〜535年 [別]笠原直小杵(かさはらのあたいおき) 上代の武蔵国の首長。国造の地位を争い誅殺された。

¶古代(笠原直小杵 かさはらのあたいおき)

笠原信為* かさはらのぶため

?〜弘治3(1557)年 戦国時代の武士。後北条氏家臣。

¶後北(信為〔笠原(1)〕 のぶため),全戦

笠原白翁* かさはらはくおう

文化6(1809)年〜明治13(1880)年8月23日 江戸時代末期〜明治時代の医者、福井藩医。牛痘手法を導入した。京都・大坂に除痘館開設の機会を与える。

¶江人,コン,幕末(生文化6(1809)年5月10日)

笠原文司 かさはらぶんじ

江戸時代後期の仙台藩士(亘理家中)。

¶幕末(生天保13(1842)年 没?)

笠原平左衛門尉* かさはらへいざえもんのじょう

生没年不詳 戦国時代の北条氏の家臣。

¶後北(平左衛門尉〔笠原(1)〕 へいざえもんのじょう 没天正9年12月19日)

笠原政堯* かさはらまさたか

?〜天正18(1590)年 [別]笠原政晴(かさはらまさはる) 安土桃山時代の武将。

¶後北(政晴〔笠原(2)〕 まさはる),後北(政堯〔松田〕 まつだまさたか),武田(笠原政晴 かさはらまさはる 没天正18(1590)年6月17日)

笠原政晴 かさはらまさはる

⇒笠原政堯(かさはらまさたか)

笠原康明* かさはらやすあき

生没年不詳 戦国時代〜安土桃山時代の武士。後北条氏家臣。

¶後北(康明〔笠原(3)〕 やすあき)

笠原養環 かさはらようかん

江戸時代の眼科医。

¶眼医(生没年不詳)

笠原養玄　かさはらようげん
江戸時代後期の眼科医。
¶眼医（生没年不詳）

笠原養仙　かさはらようせん
江戸時代前期〜中期の眼科医。
¶眼医（生没年不詳）

笠原養琢　かさはらようたく
江戸時代前期〜中期の眼科医。
¶眼医（生没年不詳）

笠原頼直　かさはらよりなお
平安時代後期の信濃国の武士。
¶平家（[生]大治4（1129）年　[没]？）

風間佐渡守　かざまさどのかみ
戦国時代の甲斐国山梨郡於曽郷の在郷商人。
¶武田（生没年不詳）

笠松謙吾*　かさまつけんご
天保9（1838）年〜明治5（1872）年　江戸時代末期〜明治時代の志士。川浦郷学を創設、教育に尽力。
¶コン，幕末（[没]明治5（1872）年2月18日）

風祭国辰　かざまつりくにとき
江戸時代中期の代官。
¶徳代（[生]宝永4（1707）年　[没]天明4（1784）年4月22日）

風祭才兵衛　かざまつりさいべえ
江戸時代前期の代官。
¶徳代（[生]？　[没]慶長18（1613）年4月）

風祭古明　かざまつりひさあきら
江戸時代中期の代官。
¶徳代（[生]寛延1（1748）年　[没]？）

笠麻呂　かさまろ
⇒笠麻呂（かさのまろ）

花讃女*　かさめ，かざめ
文化5（1808）年〜文政13（1830）年7月24日　江戸時代後期の女性。俳人。
¶江表（花讃女（東京都）），俳文

笠森お仙*　かさもりおせん
宝暦1（1751）年〜文政10（1827）年1月29日　江戸時代中期〜後期の女性。江戸谷中笠森稲荷門前の水茶屋の娘、美女として知られる。
¶コン（生没年不詳），女史

笠家逸志*　かさやいっし
延宝3（1675）年〜延享4（1747）年　[別]逸志（いっし，いつし）　江戸時代中期の俳人。
¶俳文（逸志　いっし　[没]延享4（1747）年5月27日）

笠家旧室*　かさやきゅうしつ
元禄6（1693）年〜明和1（1764）年　[別]旧室（きゅうしつ）　江戸時代中期の俳人。
¶俳文（旧室　きゅうしつ　[没]明和1（1764）年11月28日）

笠屋又五郎　かさやまたごろう
⇒山中平十郎〔3代〕（やまなかへいじゅうろう）

歌三　かさん
江戸時代後期の女性。俳諧。大坂の人。寛政8年序、並井なら編、至席七回忌追善句集『大練諱』に載る。
¶江表（歌三（大阪府））

歌山(1)　かざん
⇒関三十郎〔2代〕（せきさんじゅうろう）

歌山(2)　かざん
⇒関三十郎〔3代〕（せきさんじゅうろう）

歌山(3)　かざん
⇒関三十郎〔4代〕（せきさんじゅうろう）

華山　かざん
⇒横山華山（よこやまかざん）

崋山　かざん
⇒渡辺崋山（わたなべかざん）

花山院　かざんいん
⇒花山天皇（かざんてんのう）

花山院愛徳　かざんいんあいとく
⇒花山院愛徳（かざんいんよしのり）

花山院家厚*　かざんいんいえあつ，かさんいんいえあつ
寛政1（1789）年〜慶応2（1866）年　江戸時代後期の公家（右大臣）。右大臣花山院愛徳の子、養母は内匠頭重隆の娘。
¶公卿（[生]寛政1（1789）年3月28日　[没]慶応2（1866）年8月20日），公家（家厚〔花山院家〕　いえあつ　[生]寛政1（1789）年3月28日　[没]慶応2（1866）年8月20日），幕末（[生]寛政1（1789）年3月28日　[没]慶応2（1866）年8月13日）

花山院家理　かざんいんいえおさ
⇒花山院家理（かざんいんいえのり）

花山院家賢　かざんいんいえかた
⇒妙光寺家賢（みょうこうじいえかた）

花山院家定*　かざんいんいえさだ
弘安6（1283）年〜興国3/康永1（1342）年　鎌倉時代後期〜南北朝時代の公卿（右大臣）。権大納言花山院家教の子。
¶公卿（[没]康永1（1342）年4月28日），公家（家定〔花山院家〕　いえさだ　[没]康永1（1342）年4月28日）

花山院家輔*　かざんいんいえすけ
永正16（1519）年〜天正8（1580）年　戦国時代〜安土桃山時代の公卿（右大臣）。関白左大臣九条尚経の次男。
¶公卿（[没]天正8（1580）年10月27日），公家（家輔〔花山院家〕　いえすけ　[没]天正8（1580）年10月27日）

花山院家忠　かざんいんいえただ
⇒藤原家忠（ふじわらのいえただ）

花山院家経*　かざんいんいえつね
承安4（1174）年〜建保4（1216）年　[別]藤原家経（ふじわらのいえつね）　平安時代後期〜鎌倉時代前期の公卿。
¶公卿（藤原家経　ふじわらのいえつね　[没]？），公家（家経〔五辻家（絶家）〕　いえつね　[没]？）

花山院家長*　かざんいんいえなが
建長5（1253）年〜文永11（1274）年7月2日　鎌倉時代前期の公卿（権中納言）。太政大臣花山院通雅の長男、母は中納言藤原国通の娘。
¶公卿，公家（家長〔花山院家〕　いえなが）

花山院家教　かざんいんいえのり
⇒藤原家教（ふじわらいえのり）

花山院家理*　かざんいんいえのり，かさんいんいえのり
天保10（1839）年〜＊　[別]花山院家理（かさんのいんいえさと，かざんいんいえおさ）　江戸時代末期〜明治時代の公家（非参議）。右大臣花山院家厚の次男。
¶公卿（[生]天保10（1839）年9月7日　[没]明治13（1880）年7

月), 公家(家理〔花山院家〕　いえさと　[生]天保10(1839)年9月7日　[没]明治35(1902)年4月21日), 幕末(かさんのいんいえさと　[生]天保10(1839)年9月7日　[没]明治4(1902)年2月1日)

花山院家雅＊(1)　かざんいんいえまさ
建治3(1277)年～延慶1(1308)年8月14日　鎌倉時代後期の公卿(権大納言)。大納言花山院長雅の次男、母は権大納言藤原実持の娘。
¶公卿, 公家(家雅〔鷹司家(絶家)1〕　いえまさ　[没]徳治3(1308)年8月14日)

花山院家雅＊(2)　かざんいんいえまさ
永禄1(1558)年～寛永11(1634)年　[別]花山院定煕, 花山院定煕(かざんいんさだひろ)　安土桃山時代～江戸時代前期の公家(左大臣)。左大臣西園寺公朝の子。
¶公卿(花山院定煕　かざんいんさだひろ　[生]永禄1(1558)年11月12日　[没]寛永11(1634)年10月12日), 公家(定煕〔花山院家〕　さだひろ　[生]永禄1(1558)年11月12日　[没]寛永11(1634)年10月12日)

花山院兼雄　かざんいんかねお
⇒花山院兼雄(かざんいんかねたか)

花山院兼子＊　かざんいんかねこ
生没年不詳　[別]藤原兼子(ふじわらのけんし)　室町時代の女性。後土御門天皇の宮人。
¶天皇(藤原兼子　ふじわらのけんし・かねこ)

花山院兼定＊　かざんいんかねさだ
延元3/暦応1(1338)年～天授4/永和4(1378)年11月30日　南北朝時代の公卿(権大納言)。内大臣花山院長定の子。
¶公卿([生]暦応1/延元3(1338)年　[没]永和4/天授4(1378)年11月30日), 公家(兼定〔花山院家〕　かねさだ　[没]永和4(1378)年11月30日)

花山院兼雄＊　かざんいんかねたか
明応8(1499)年～永正16(1519)年11月　[別]花山院兼雄(かざんいんかねお)　戦国時代の公卿(権中納言)。権大納言花山院忠輔の子。
¶公卿(かざんいんかねお), 公家(兼雄〔花山院家〕　かねお)

花山院兼信＊　かざんいんかねのぶ
正応4(1291)年～?　鎌倉時代後期の公卿(権中納言)。内大臣花山院師信の長男、母は参議三条実盛の娘。
¶公卿, 公家(兼信〔堀河家(絶家)1〕　かねのぶ), 中世([生]1294年)

花山院兼雅＊　かざんいんかねまさ
＊～正治2(1200)年　[別]藤原兼雅(ふじわらかねまさ, ふじわらのかねまさ)　平安時代後期～鎌倉時代前期の公卿(左大臣)。太政大臣藤原忠雅の長男。
¶公卿(藤原兼雅　ふじわらのかねまさ　[生]久安4(1148)年　[没]正治2(1200)年7月18日), 公家(兼雅〔花山院家〕　かねまさ　[生]1149年　[没]正治2(1200)年7月18日), 古人(藤原兼雅　ふじわらのかねまさ　[生]1145年), 平家(藤原兼雅　ふじわらかねまさ　[生]久安4(1148)年)

花山院定嗣＊　かざんいんさだつぐ
戦国時代の公卿(権大納言)。内大臣花山院持忠の長男。
¶公卿([生]?　[没]享禄3(1530)年2月20日), 公家(定嗣〔花山院家〕　さだつぐ　[生]?　[没]享禄3(1530)年2月20日?)

花山院定逸　かざんいんさだとし
⇒野宮定逸(ののみやさだとし)

花山院定長＊　かざんいんさだなが
正元1(1259)年～弘安4(1281)年1月10日　鎌倉時代後期の公卿(参議)。大納言花山院長雅の長男、母は権大納言藤原実持の娘。
¶公卿, 公家(定長〔鷹司家(絶家)1〕　さだなが)

花山院定誠＊　かざんいんさだのぶ
寛永17(1640)年～宝永1(1704)年　江戸時代前期～中期の公家(内大臣)。左大臣花山院定好の次男、母は関白鷹司信尚の娘。
¶公卿([生]寛永17(1640)年2月26日　[没]宝永1(1704)年10月21日), 公家(定誠〔花山院家〕　さだのぶ　[生]寛永17(1640)年2月26日　[没]宝永1(1704)年10月21日)

花山院定教＊(1)　かざんいんさだのり
?～嘉暦1(1326)年　鎌倉時代後期の公卿(権大納言)。右大臣花山院定雅の三男。
¶公卿, 公家(定教〔花山院家〕　さだのり)

花山院定教＊(2)　かざんいんさだのり
寛永6(1629)年10月1日～承応2(1653)年12月12日　江戸時代前期の公家(非参議)。左大臣花山院定好の長男、母は関白鷹司信尚の娘。
¶公卿, 公家(定教〔花山院家〕　さだのり)

花山院定煕(花山院定熈)　かざんいんさだひろ
⇒花山院家雅(かざんいんいえまさ)

花山院定雅＊　かざんいんさだまさ
建保6(1218)年～永仁2(1294)年　鎌倉時代後期の公卿(右大臣)。右大臣花山院忠経の三男、母は権中納言葉室宗行の娘。
¶公卿([没]永仁2(1294)年2月30日), 公家(定雅〔花山院家〕　さだまさ　[没]永仁2(1294)年2月30日)

花山院定好＊　かざんいんさだよし
慶長4(1599)年～延宝1(1673)年　江戸時代前期の公家(左大臣)。左大臣花山院定煕の子。
¶公卿([没]延宝1(1673)年7月4日), 公家(定好〔花山院家〕　さだよし　[没]寛文13(1673)年7月4日)

花山院親子　かざんいんしんし
⇒藤原親子(ふじわらのちかこ)

花山院忠定＊　かざんいんたださだ
天授5/康暦1(1379)年～応永23(1416)年8月15日　室町時代の公卿(権大納言)。右大臣花山院通定の子。
¶公卿([生]康暦1/天授5(1379)年), 公家(忠定〔花山院家〕　たださだ)

花山院忠輔＊　かざんいんただすけ
文明15(1483)年～天文11(1542)年1月20日　戦国時代の公卿(権大納言)。太政大臣花山院政長の子。
¶公卿, 公家(忠輔〔花山院家〕　ただすけ)

花山院忠経＊　かざんいんただつね
承安3(1173)年～寛喜1(1229)年　鎌倉時代前期の公卿(右大臣)。花山院家の祖。左大臣藤原兼雅の子、母は太政大臣平清盛の娘。
¶公卿([没]寛喜1(1229)年8月5日), 公家(忠経〔花山院家〕　ただつね　[没]寛喜1(1229)年8月5日), 古人

花山院忠長＊　かざんいんただなが
＊～寛文2(1662)年　江戸時代前期の公家。
¶コン([生]天正16(1588)年)

花山院忠藤＊　かざんいんただふじ
?～元応1(1319)年11月　鎌倉時代後期の公卿(非参議)。権大納言花山院師藤の子、母は権中納言日野資宣の娘。

¶公卿, 公家（忠藤〔堀河家（絶家）1〕　ただふじ）

花山院忠雅*　かざんいんただまさ

天治1（1124）年～建久4（1193）年　[別]藤原忠雅（ふじわらただまさ，ふじわらのただまさ）　平安時代後期の公卿（太政大臣）。権中納言藤原忠宗の次男。

¶公卿（藤原忠雅　ふじわらのただまさ　[没]建久4（1193）年8月26日）, 公家（忠雅〔花山院家〕　ただまさ　[没]建久4（1193）年8月26日）, 古人（藤原忠雅　ふじわらのただまさ）, コン, 平家（藤原忠雅　ふじわらただまさ）

花山院忠頼*　かざんいんただより

正治1（1199）年～建暦2（1212）年12月19日　鎌倉時代前期の公卿（非参議）。右大臣花山院忠経の長男、母は権中納言藤原能保の娘。

¶公卿, 公家（忠頼〔花山院家〕　ただより）

花山院経定*　かざんいんつねさだ

正安2（1300）年～嘉暦1（1326）年1月29日　鎌倉時代後期の公卿（権中納言）。右大臣花山院家定の次男、母は内大臣六条有房の娘。

¶公卿, 公家（経定〔花山院家〕　つねさだ　[没]正中3（1326）年1月29日）

花山院常雅*　かざんいんつねまさ

元禄13（1700）年2月3日～明和8（1771）年　江戸時代中期の公家（右大臣）。権大納言花山院持実の子。

¶公卿（[没]明和8（1771）年2月11日）, 公家（常雅〔花山院家〕　つねまさ　[没]明和8（1771）年2月16日）

花山院長定*　かざんいんながさだ

文保1（1317）年～？　鎌倉時代後期～南北朝時代の公卿（内大臣）。右大臣花山院家定の三男、母は権大納言花山院長雅の娘。

¶公卿, 公家（長定〔花山院家〕　ながさだ　[生]1318年　[没]観応2（1351）年9月19日）

花山院長親*　かざんいんながちか

？～永享1（1429）年　[別]耕雲（こううん），藤原長親（ふじわらのながちか）　南北朝時代～室町時代の歌人、公卿（権大納言）。花山院家賢の子。

¶公卿（[没]永享1（1429）年7月10日）, コン（[生]正平1/貞和2（1346）年？）, 詩作（[没]正長2（1429）年7月10日）, 思想, 室町

花山院長煕*　かざんいんながひろ

元文1（1736）年1月21日～明和6（1769）年8月14日　江戸時代中期の公家（権大納言）。右大臣花山院常雅の子、母は摂政関白鷹司房輔の末子輔信の娘。

¶公卿, 公家（長煕〔花山院家〕　ながひろ）

花山院長雅*　かざんいんながまさ

嘉禎2（1236）年～弘安10（1287）年12月16日　鎌倉時代後期の公卿（大納言）。右大臣花山院定雅の次男、母は権中納言藤原定高の娘。

¶公卿, 公家（長雅〔鷹司家（絶家）1〕　ながまさ）

花山院宣経*　かざんいんのぶつね

建仁3（1203）年～？　鎌倉時代前期の公卿（参議）。右大臣花山院忠経の次男。

¶公卿, 公家（宣経〔五辻家（絶家）〕　のぶつね）

花山院冬雅*　かざんいんふゆまさ

？～正中2（1325）年6月7日　鎌倉時代後期の公卿（非参議）。権大納言花山院家雅の子、母は権大納言日野俊光の娘。

¶公卿, 公家（冬雅〔鷹司家（絶家）1〕　ふゆまさ）

花山院雅継*　かざんいんまさつぐ

建久9（1198）年～？　鎌倉時代前期の公卿（非参議）。右大臣花山院忠経の弟権中納言藤原家経の次男、母は権大納言藤原成親の娘。

¶公卿, 公家（雅継〔五辻家（絶家）〕　まさつぐ）

花山院政長*　かざんいんまさなが

宝徳3（1451）年～大永5（1525）年　戦国時代の公卿（太政大臣）。内大臣花山院持忠の次男。

¶公卿（[没]大永5（1525）年3月18日）, 公家（政長〔花山院家〕　まさなが　[没]大永5（1525）年3月18日）

花山院通定*　かざんいんみちさだ

？～応永7（1400）年　南北朝時代～室町時代の公卿（右大臣）。権大納言花山院兼定の子、母は権大納言九条光経の娘。

¶公卿（[没]応永7（1400）年4月14日）, 公家（通定〔花山院家〕　みちさだ　[没]応永7（1400）年4月14日）

花山院通雅*　かざんいんみちまさ

天福1（1233）年～建治2（1276）年　鎌倉時代前期の公卿（太政大臣）。右大臣花山院定雅の長男、母は権中納言藤原定高の娘。

¶公卿（[生]貞永1（1232）年　[没]建治2（1276）年5月4日）, 公家（通雅〔花山院家〕　みちまさ　[生]1232年　[没]建治2（1276）年5月5日）

花山院持実*　かざんいんもちざね

寛文10（1670）年10月17日～享保13（1728）年10月20日　江戸時代中期の公家（権大納言）。内大臣花山院定誠の子、母は左大臣大炊御門経孝の娘。

¶公卿, 公家（持実〔花山院家〕　もちざね）

花山院持忠*　かざんいんもちただ

応永12（1405）年～文正2（1467）年　室町時代の公卿（内大臣）。権大納言花山院忠定の子。

¶公卿（[没]文正2（1467）年1月7日）, 公家（持忠〔花山院家〕　もちただ　[没]文正2（1467）年1月7日）

花山院師賢*　かざんいんもろかた

正安3（1301）年～元弘2/正慶1（1332）年　鎌倉時代後期の公卿（大納言）。内大臣花山院師信の次男、母は参議藤原忠継の孫・僧恵一の娘。

¶公卿（[没]正慶1/元弘2（1332）年1月）, 公家（師賢〔堀河家（絶家）1〕　もろかた　[没]元弘2（1332）年10月）, コン, 詩作（[没]正慶1/元弘2（1332）年10月）, 中世, 内乱（[没]正慶1/元弘2（1332）年）, 室町（[没]元弘2（1332）年）

花山院師継*　かざんいんもろつぐ

貞応1（1222）年～弘安4（1281）年　[別]藤原師継（ふじわらのもろつぐ）　鎌倉時代後期の公卿（内大臣）。右大臣花山院忠経の四男、母は権中納言葉室宗行の娘。

¶公卿（[没]弘安4（1281）年4月9日）, 公家（師継〔堀河家（絶家）1〕　もろつぐ　[没]弘安4（1281）年4月9日）

花山院師信*　かざんいんもろのぶ

文永11（1274）年～元亨1（1321）年11月1日　鎌倉時代後期の公卿（内大臣）。内大臣花山院師継の次男。

¶公卿, 公家（師信〔堀河家（絶家）1〕　もろのぶ）, コン

花山院師藤*　かざんいんもろふじ

文永3（1266）年～？　鎌倉時代後期の公卿（権大納言）。参議花山院頼兼の子。

¶公卿, 公家（師藤〔堀河家（絶家）1〕　もろふじ）

花山院良定*　かざんいんよしさだ

？～正和1（1312）年7月13日　鎌倉時代後期の公卿（非参議）。右大臣花山院家定の長男、母は権中納言中御門為方の娘。

¶公卿, 公家（良定〔花山院家〕　よしさだ）

花山院愛徳*　かざんいんよしのり
宝暦5(1755)年〜文政12(1829)年　[別]花山院愛徳(かざんいんあいとく)　江戸時代中期〜後期の公家(右大臣)。権大納言中山栄親の次男。
¶公卿([生]宝暦5(1755)年3月3日　[没]文政12(1829)年3月16日),公家(愛徳〔花山院家〕　あいとく　[生]宝暦5(1755)年3月3日　[没]文政12(1829)年3月16日)

花山院頼兼*　かざんいんよりかね
生没年不詳　鎌倉時代前期の公卿(参議)。内大臣花山院師継の長男。
¶公卿,公家(頼兼〔堀河家(絶家)1〕　よりかね)

箇三寺　かさんじ
⇒石川数正(いしかわかずまさ)

禾山女*　かざんじょ
文化7(1810)年〜明治17(1884)年　江戸時代末期〜明治時代の俳人。仙台の足了庵横田禾月尼の門人。
¶江表(禾山(福島県)　かざん),幕末([没]明治17(1884)年4月22日)

峨山韶碩*(峩山韶碩,峨山紹碩)　**がさんじょうせき,かざんじょうせき,がざんしょうせき,がざんじょうせき**
建治1(1275)年〜正平21/貞治5(1366)年　[別]紹碩,韶碩(しょうせき,じょうせき)　鎌倉時代後期〜南北朝時代の曹洞宗の僧。総持寺2世。
¶コン(峩山韶碩　かざんじょうせき　[没]正平20/貞治4(1365)年),思想([生]建治2(1276年/1275)年　[没]貞治5/正平21(1366年/1365)年)

花山僧正　かざんそうじょう
⇒遍昭(へんじょう)

花山天皇*　かざんてんのう
安和1(968)年10月26日〜寛弘5(1008)年2月8日　[別]花山院(かざんいん,かざんのいん)　平安時代中期の第65代の天皇(在位984〜986)。
¶古人,コン,詩作(花山院　かざんいん,かざんのいん),天皇,日文,山小([生]968年10月26日　[没]1008年2月8日)

花山院　かざんのいん
⇒花山天皇(かざんてんのう)

花山院家理　かさんのいんいえさと
⇒花山院家理(かざんいんいえのり)

賀子　かし
⇒斎藤賀子(さいとうがし)

かじ
江戸時代後期の女性。俳諧。享和2年、菅原道真900年遠忌に奉納された俳諧絵馬に載る。
¶江表(かじ(山形県))

梶*(1)　かじ
生没年不詳　[別]梶子(かじこ)　江戸時代の歌人。京都祇園社の茶店の女主人。
¶江表(梶(京都府)),女文(梶子　かじこ)

梶(2)　かじ★
江戸時代中期の女性。和歌。旗本北条新左衛門氏如の娘。寛延1年刊、松風也軒編『渚の松』に載る。
¶江表(梶(東京都))

梶(3)　かじ★
江戸時代後期の女性。和歌・書・俳諧。甲斐府中の根津六郎右衛門政道の娘。天保14年刊、会香功勲編『下総諸家小伝』に載る。
¶江表(梶(千葉県))

梶(4)　かじ★
江戸時代後期の女性。和歌。岸本尚友の母。天保11年成立「鷲見家短冊帖」に載る。
¶江表(梶(鳥取県))

梶(5)　かじ★
江戸時代後期の女性。和歌。備中吉備津の吉備津神社祠官藤井高範の娘。
¶江表(梶(岡山県)　[没]文化2(1805)年)

梶(6)　かじ★
江戸時代末期の女性。日記・献立の書置。庄内藩藩士秋保親愛の先妻。
¶江表(梶(山形県)　[没]慶応3(1867)年)

かしうらこ
江戸時代後期〜末期の女性。和歌。備中松山藩主板倉勝職の娘。
¶江表(かしうらこ(岡山県)　[生]天保5(1834)年　[没]安政4(1857)年)

梶尾　かじお★
江戸時代後期の女性。和歌。会津藩の奥女中。嘉永4年序、鈴木直麿編『八十番歌合』に載る。
¶江表(梶尾(福島県))

柏尾一郎*　かしおいちろう
江戸時代末期の新撰組隊士。
¶新隊(生没年不詳)

柏尾馬之助　かしおうまのすけ
江戸時代後期の新徴組隊士。阿波藩士柏尾嘉蔵の子。
¶全幕([生]天保8(1837)年　[没]?)

梶川一秀*　かじかわかずひで
天文7(1538)年〜天正7(1579)年9月?　戦国時代〜安土桃山時代の織田信長の家臣。
¶織田([生]天文7(1538)年?　[没]天正6(1578)年12月8日?)

梶川吉蔵　かじかわきちぞう
安土桃山時代の織田信長の家臣。本能寺の変の後、信雄に仕える。
¶織田(生没年不詳)

梶川久次郎*　かじかわきゅうじろう
生没年不詳　江戸時代中期の蒔絵師。印籠蒔絵を得意とした。
¶コン,美工

梶川常寿　かじかわじょうじゅ
⇒梶川文竜斎(かじかわぶんりゅうさい)

梶川高秀*　かじかわたかひで
戦国時代の武士。織田氏家臣。
¶織田([生]?　[没]永禄11(1568)年10月2日?)

梶川高盛*　かじかわたかもり
?〜慶長1(1596)年3月26日?　戦国時代〜安土桃山時代の武士。織田氏家臣。
¶織田([没]文禄5(1596)年3月26日?),全戦

梶川忠久　かじかわただひさ
江戸時代前期の幕臣。
¶徳人([生]?　[没]1666年)

梶川彦兵衛*　かじかわひこべえ
生没年不詳　江戸時代前期の蒔絵師、梶川家の祖。
¶美工

梶川秀盛* かじかわひでもり
生没年不詳　安土桃山時代の織田信長の家臣。
¶織田

梶川文龍斎* かじかわぶんりゅうさい
生没年不詳　[別]梶川常寿(かじかわじょうじゅ)　江戸時代の官工。
¶美工

梶川正安* かじかわまさやす
文化12(1815)年～明治1(1868)年　江戸時代末期の桑名藩士。
¶幕末([没]慶応4(1868)年6月27日)

梶川頼照 かじかわよりてる
江戸時代前期～中期の幕臣。
¶徳人([生]1647年　[没]1723年)

梶曲阜* かじきょくふ
寛政10(1798)年～明治7(1874)年　[別]曲阜(きょくふ)　江戸時代末期～明治時代の俳人。
¶俳文(曲阜　きょくふ　[生]寛政11(1799)年　[没]明治7(1874)年11月14日)

梶子(1) かじこ★
江戸時代後期の女性。狂歌。春阿法師龍海(宗善寺主)の妻。天保4年序、黒川春村編『草庵五百人一首』に載る。
¶江表(梶子(東京都))

梶子(2) かじこ★
江戸時代後期の女性。和歌。越後水原の白勢氏。弘化2年刊、加納諸平編『類題鰒玉集』五に載る。
¶江表(梶子(新潟県))

梶子(3) かじこ★
江戸時代後期の女性。和歌。宮内少丞で歌人青木行敬の妻。文政8年刊、青木行敬ほか編『聖廟奉納歌百二十首』に載る。
¶江表(梶子(京都府))

梶子(4) かじこ
⇒梶(かじ)

楫子 かじこ★
江戸時代末期の女性。和歌。野田千幹の妻。慶応3年、吉田孝継編「採玉集」後に載る。
¶江表(楫子(高知県))

梶定良* かじさだよし
*～元禄11(1698)年　江戸時代前期の麾下士。
¶徳将([生]1612年)

梶佐太郎 かじさたろう
江戸時代末期～大正時代の七宝作家。
¶美工([生]安政6(1859)年　[没]大正12(1923)年)

梶女 かじじょ★
江戸時代末期の女性。俳諧。日向の人。慶応年中没。
¶江表(梶女(宮崎県))

嘉子女王* かしじょおう
生没年不詳　[別]嘉子女王(かしにょおう, よしこじょおう, よしこにょおう)　平安時代前期の女性。清和天皇の女御。
¶天皇(かしにょおう)

梶清三郎 かじせいざぶろう
江戸時代後期～末期の幕臣。
¶徳人(生没年不詳)

梶清次衛門*(梶清次右衛門) かじせいじえもん
文政4(1821)年～慶応1(1865)年　江戸時代末期の水戸藩士。
¶コン(梶清次右衛門), 幕末([没]元治2(1865)年4月5日)

梶谷麟之助* かじたにりんのすけ
天保12(1841)年～？　江戸時代後期～末期の新撰組隊士。
¶新隊

加治田隼人佐* かじたはやとのすけ
生没年不詳　安土桃山時代の織田信長の家臣。
¶織田

梶田兵部少輔 かじたひょうぶのしょう
江戸時代前期の武士。大坂の陣で籠城。後、浅野長晟に仕えた。
¶大坂

梶常吉* かじつねきち
享和3(1803)年～明治16(1883)年　江戸時代末期～明治時代の工芸家。七宝工芸の復活に尽力。名古屋藩主によって賞された。
¶コン, 幕末([生]享和3(1803)年5月　[没]明治16(1883)年9月2日), 美工([生]享和3(1803)年5月　[没]明治16(1883)年9月20日)

佳子内親王* かしないしんのう
天喜5(1057)年～大治5(1130)年　[別]佳子内親王(よしこないしんのう)　平安時代後期の女性。後三条天皇の第6皇女。
¶古人(よしこないしんのう), 天皇([没]大治5(1130)年7月25日)

嘉子内親王* かしないしんのう
生没年不詳　[別]嘉子内親王(よしこないしんのう)　平安時代中期の女性。三条天皇の皇子敦明親王の王女。
¶古人(よしこないしんのう)

賀子内親王* がしないしんのう
寛永9(1632)年～元禄9(1696)年　[別]賀子内親王(よしこないしんのう)　江戸時代前期の女性。後水尾天皇の第6皇女。
¶天皇(よしこないしんのう　[没]元禄9(1696)年8月2日)

雅子内親王* がしないしんのう
延喜10(910)年～天暦8(954)年　[別]雅子内親王(まさこないしんのう)　平安時代中期の女性。醍醐天皇の第10皇女。右大臣藤原師輔の妻。
¶古人(まさこないしんのう), コン, 天皇(がしないしんのう・まさこないしんのう　[生]延喜10(910)年？　[没]天暦8(954)年8月29日)

加治直胤 かじなおたね
江戸時代前期の代官。
¶徳代([生]？　[没]寛永18(1641)年10月5日)

嘉子女王 かしにょおう
⇒嘉子女王(かしじょおう)

かし野 かしの★
江戸時代中期の女性。俳諧。安芸宮島の遊女。元禄6年刊、北条団水編『くやみ草』に載る。
¶江表(かし野(広島県))

梶野恒三郎 かじのつねさぶろう
江戸時代後期～末期の幕臣。
¶徳人(生没年不詳)

梶野矩満　かじののりみつ
江戸時代中期～後期の幕臣。
¶徳人（[生]1748年　[没]1816年）

梶野満実　かじのみつざね
江戸時代中期の幕臣。
¶徳人（生没年不詳）

梶野良材*　かじのよしき
安永2（1773）年～嘉永6（1853）年　江戸時代後期の幕臣。勘定奉行として天保の改革に寄与。
¶徳人

梶葉　かじは★
江戸時代中期の女性。俳諧。足利の人。宝暦14年刊、建部綾足編『片歌あさふすま』に載る。
¶江表（梶葉（栃木県））

梶八次郎*　かじはちじろう
文政6（1823）年～安政5（1858）年　江戸時代末期の水戸藩士。
¶幕末（[没]安政5（1858）年9月8日）

柏原謙益　かしはらかねます
⇒柏原謙益（かしわばらけんえき）

柏原源左衛門　かしはらげんざえもん
江戸時代前期の石田三成の家臣柏原彦右衛門の子。
¶大坂（[没]慶長19年）

柏原権内　かしはらごんない
江戸時代前期の武将。大坂の陣で籠城。
¶大坂

加治秀正の妻　かじひでまさのつま★
江戸時代中期の女性。和歌。秀正は常陸水戸藩士。伴香竹の享保6年序「青木翁八十賀和詞并序」に載る。
¶江表（加治秀正の妻（茨城県））

鹿島一布　かしまいっぷ
江戸時代後期～明治時代の彫金家。
¶美工（[生]天保13（1842）年　[没]明治33（1900）年3月28日）

鹿島岩吉　かじまいわきち
江戸時代後期～明治時代の大工。
¶美建（[生]文化13（1816）年　[没]明治18（1885）年4月29日）

加治正胤　かじまさたね
江戸時代前期の代官。
¶徳代（[生]？　[没]慶長17（1612）年10月26日）

鹿島重好*　かしましげよし
天保1（1830）年～明治25（1892）年　江戸時代末期～明治時代の年寄。質屋、しょうゆなどを商い「岩鹿」と称される。
¶幕末

鹿島則文*　かしまのりぶみ，かしまのりふみ
天保10（1839）年～明治34（1901）年10月10日　江戸時代末期～明治時代の神職、勤王家、伊勢神宮大宮司。「古事記宛」などの編纂・刊行に尽力。
¶コン（かしまのりふみ），幕末（[生]天保10（1839）年1月13日）

鹿島白羽*　かじまはくう
元禄9（1696）年～宝暦5（1755）年　[別]白羽（はくう）　江戸時代中期の俳人。
¶俳文（白羽　はくう　[没]宝暦5（1755）年5月16日）

賀島兵介*（賀島兵助）　かしまひょうすけ，かじまひょうすけ
正保2（1645）年～元禄10（1697）年5月9日　[別]賀島兵助（かしまへいすけ）　江戸時代前期の対馬藩士。
¶コン（賀島兵助）

賀島兵助　かしまへいすけ
⇒賀島兵介（かしまひょうすけ）

賀島政綽*　かしままさひろ
文政1（1818）年～明治15（1882）年　江戸時代末期～明治時代の徳島藩家老。長州征伐には藩兵を率いて出帆。
¶幕末（[没]明治15（1882）年5月25日）

鹿島万平*　かしままんぺい
文政5（1822）年～明治24（1891）年12月29日　江戸時代末期～明治時代の商人。
¶コン，幕末（[生]文政5（1822）年10月6日）

鹿島幹重*　かしまもとしげ
生没年不詳　南北朝時代の武将、鹿島神宮大行事。
¶コン，室町

賀島弥右衛門　かしまやえもん
安土桃山時代の織田信長の家臣。はじめ今川義元に仕えた。
¶織田（[生]？　[没]天正16（1588）年7月24日）

加島弥左衛門　かしまやざえもん
江戸時代前期の駿河国富士郡加島村の人。
¶大坂

加島屋清兵衛*　かじまやせいべえ
生没年不詳　江戸時代中期の大坂の米商人。
¶コン

樫村清徳　かしむらきよのり
嘉永1（1848）年11月～明治35（1902）年　江戸時代後期～明治時代の医学者、医師。
¶科学（[没]明治35（1902）年7月11日），幕末（[没]明治35（1902）年7月6日）

樫村好察　かしむらこうさつ
江戸時代後期の和算家、湯長谷藩士。
¶数学

樫村平太郎*　かしむらへいたろう
弘化2（1845）年～慶応1（1865）年　江戸時代末期の水戸藩士。
¶幕末（[没]元治2（1865）年2月16日）

柏山明吉*　かしやまあきよし
[別]柏山伊勢守明吉（かしわやまいせのかみあきよし）　戦国時代～安土桃山時代の武将。
¶全戦（生没年不詳），戦武（生没年不詳）

梶山関山　かじやまかんざん
江戸時代後期～大正時代の陶芸家、公共事業家。
¶美工（[生]天保7（1836）年3月　[没]大正9（1920）年7月7日）

梶山九江*　かじやまきゅうこう
*～明治23（1890）年　江戸時代末期～明治時代の南画家。熊本南画家の中心で明治期は絵画共進会で活躍。
¶幕末（[生]天保11（1840）年　[没]明治23（1890）年8月30日），美画（[生]天保11（1840）年　[没]明治23（1890）年8月30日）

梶山次俊*　かじやまつぐとし
宝暦13(1763)年～文化1(1804)年　[別]梶山主水(かじやまもんど)　江戸時代中期～後期の和算家。
¶数学([生]宝暦13(1763)年9月25日　[没]文化1(1804)年8月9日)

梶山主水　かじやまもんど
⇒梶山次俊(かじやまつぐとし)

梶山与三右衛門尉　かじやまよさえもんのじょう
戦国時代の上野和田宿の商人。
¶武田(生没年不詳)

加治弥六郎　かじやろくろう
安土桃山時代の北条氏照家臣三田治部少輔の同心。
¶後北(弥六郎〔加治〕　やろくろう)

歌寿　かじゅ
⇒中村歌右衛門〔2代〕(なかむらうたえもん)

花寿　かじゅ★
江戸時代後期の女性。俳諧。京の人か。文政3年頃にできた徐風庵跋、竺貫三編『はせを塚集』に載る。
¶江表(花寿(高知県))

花秋　かしゅう★
江戸時代中期の女性。俳諧。上総武射郡小堤村の7代目神保宗載の娘。寛延1年に没した佐久間柳居門。
¶江表(花秋(千葉県))

花繡　かしゅう★
江戸時代中期の女性。俳諧。長沼の人。安永3年の栗庵似鳩編の最初の歳旦帖『麓の塵』に載る。
¶江表(花繡(群馬県))

花袖　かしゅう★
江戸時代後期の女性。俳諧。筑前福岡の人。文化13年刊、『時雨会』に載る。
¶江表(花袖(福岡県))

可什　かじゅう
⇒物外可什(もつがいかじゅう)

歌十　かじゅう
江戸時代前期～中期の俳諧作者。元禄～宝永ごろ。
¶俳文(生没年不詳)

歌重　かじゅう
⇒中村歌右衛門〔2代〕(なかむらうたえもん)

賀集三平　かしゅうさんぺい
江戸時代後期～明治時代の陶工。
¶美工([没]明治42(1909)年)

勧修寺顕彰　かしゅうじあきてる, かじゅうじあきてる
⇒勧修寺顕彰(かんしゅうじあきてる)

勧修寺顕道*　かじゅうじあきみち
享保2(1717)年9月13日～宝暦6(1756)年5月18日　江戸時代中期の公家(権大納言)。権大納言勧修寺高顕の長男、母は権大納言万里小路尚房の娘。
¶公卿, 公家(顕道〔勧修寺家〕　あきみち)

勧修寺高顕*　かじゅうじたかあき
元禄8(1695)年7月21日～元文2(1737)年8月18日　江戸時代中期の公家(権大納言)。権中納言勧修寺尹隆の長男、母は権大納言清閑寺熈房の娘。
¶公卿, 公家(高顕〔勧修寺家〕　たかあき)

勧修寺婧子　かじゅうじただこ
⇒東京極院(ひがしきょうごくいん)

勧修寺尹隆*　かじゅうじただたか
延宝4(1676)年～享保7(1722)年4月9日　江戸時代中期の公家(権中納言)。権大納言勧修寺経敬の長男、母は日向守源勝貞の娘。
¶公卿, 公家(尹隆〔勧修寺家〕　ただたか　[生]延宝4(1676)年8月10日)

勧修寺尹豊*　かじゅうじただとよ
文亀3(1503)年～文禄3(1594)年2月1日　戦国時代～安土桃山時代の公卿(内大臣)。権大納言勧修寺尚顕の子。
¶公卿, 公家(尹豊〔勧修寺家〕　ただとよ), 後北(尹豊〔勧修寺〕　ただとよ)

勧修寺経顕*　かじゅうじつねあき
永仁6(1298)年～文中2/応安6(1373)年1月5日　[別]藤原経顕(ふじわらのつねあき)　鎌倉時代後期～南北朝時代の公卿(内大臣)。勧修寺家の祖。権中納言坊城定資の次男、母は右少将隆氏の娘。
¶公卿([没]応安6/文中2(1373)年1月5日), 公家(経顕〔勧修寺家〕　つねあき　[没]応安6(1373)年1月5日)

勧修寺経逸*　かじゅうじつねいつ
寛延1(1748)年10月6日～文化2(1805)年9月16日　[別]勧修寺経逸(かじゅうじつねとし)　江戸時代中期～後期の公家(権大納言)。権大納言勧修寺顕道の次男、母は伊予守越智恒通の娘。
¶公卿, 公家(経逸〔勧修寺家〕　つねいつ　[生]延享5(1748)年10月6日)

勧修寺経理　かしゅうじつねおさ, かじゅうじつねおさ
⇒勧修寺経理(かんしゅうじつねおさ)

勧修寺経方*　かじゅうじつねかた
建武2(1335)年～?　南北朝時代の公卿(権中納言)。内大臣勧修寺経顕の長男。
¶公卿, 公家(経方〔勧修寺家〕　つねかた)

勧修寺経郷*　かじゅうじつねさと
永享4(1432)年～永正1(1504)年2月17日　室町時代～戦国時代の公卿(権中納言)。権中納言勧修寺経成の次男。
¶公卿, 公家(経郷〔勧修寺家〕　つねさと)

勧修寺経重*　かじゅうじつねしげ
正平10/文和4(1355)年～元中6/康応1(1389)年12月14日　南北朝時代の公卿(権大納言)。内大臣勧修寺経顕の次男(三男か)。
¶公卿([生]文和4/正平10(1355)年　[没]康応1/元中6(1389)年12月14日), 公家(経重〔勧修寺家〕　つねしげ　[没]康応1(1389)年12月14日)

勧修寺経茂*　かじゅうじつねしげ
永享2(1430)年～明応9(1500)年5月21日　室町時代～戦国時代の公卿(権中納言)。参議勧修寺経直の子。
¶公卿, 公家(経茂〔勧修寺家(絶家)〕　つねしげ)

勧修寺経則*　かじゅうじつねとき
天明7(1787)年11月10日～天保7(1836)年11月19日　江戸時代後期の公家(権中納言)。参議勧修寺良顕の子、母は権中納言今出川公言の娘。
¶公卿, 公家(経則〔勧修寺家〕　つねのり　[生]天明8(1788)年11月10日?)

勧修寺経逸　かじゅうじつねとし
⇒勧修寺経逸(かじゅうじつねいつ)

勧修寺経豊*　かじゅうじつねとよ
?～応永18(1411)年10月25日　室町時代の公卿(権大納言)。権大納言勧修寺経重の子。

¶公卿, 公家（経豊〔勧修寺家〕　つねとよ）

勧修寺経直*　かじゅうじつねなお
？～宝徳1（1449）年　室町時代の公卿（参議）。権大納言勧修寺経豊の次男。
¶公卿, 公家（経直〔勧修寺家（絶家）〕　つねなお）

勧修寺経成*　かじゅうじつねなり
応永3（1396）年～永享9（1437）年3月24日　室町時代の公卿（権中納言）。権大納言勧修寺経豊の長男、母は非参議藤原隆冬の娘。
¶公卿, 公家（経成〔勧修寺家〕　つねなり）

勧修寺経広*　かじゅうじつねひろ
慶長11（1606）年～貞享5（1688）年　江戸時代前期の公家（権大納言）。権大納言勧修寺光豊の子、母は参議坊城俊昌の娘。
¶公卿（[生]慶長11（1606）年11月27日　[没]？）, 公家（経広〔勧修寺家〕　つねひろ　[生]慶長11（1606）年11月27日　[没]貞享5（1688）年9月13日）

勧修寺経敬*（勧修寺経慶）　かじゅうじつねよし
*～宝永6（1709）年　江戸時代前期～中期の公家（権大納言）。権大納言勧修寺経広の子、母は徳永昌純の娘。
¶公卿（[生]正保1（1644）年12月18日　[没]宝永6（1709）年1月10日）, 公家（経敬〔勧修寺家〕　つねよし　[生]正保1（1644）年12月18日　[没]宝永6（1709）年1月10日）

勧修寺藤子　かじゅうじとうこ
⇒豊楽門院（ぶらくもんいん）

勧修寺尚顕　かじゅうじなおあき
⇒勧修寺尚顕（かじゅうじひさあき）

勧修寺徳子　かしゅうじなりこ
⇒勧修寺徳子（かんしゅうじなりこ）

勧修寺教秀*　かじゅうじのりひで
応永33（1426）年～明応5（1496）年　室町時代～戦国時代の公卿（准大臣）。権中納言勧修寺経成の長男。
¶公卿（[没]明応5（1496）年7月11日）, 公家（教秀〔勧修寺家〕　のりひで　[没]明応5（1496）年7月11日）

勧修寺晴右　かじゅうじはるすけ
⇒勧修寺晴秀（かじゅうじはるひで）

勧修寺晴豊*　かじゅうじはるとよ
天文13（1544）年～慶長7（1602）年　[別]勧修寺晴豊（かじゅうじはれとよ，かんじゅうじはれとよ）　安土桃山時代の公卿（准大臣）。権大納言勧修寺晴右の子。
¶公卿（かじゅうじはれとよ　[生]天文13（1544）年2月24日　[没]慶長7（1602）年12月8日）, 公家（晴豊〔勧修寺家〕　はれとよ　[生]天文13（1544）年2月24日　[没]慶長7（1602）年12月8日）, 全戦（かじゅうじはれとよ）

勧修寺晴秀*　かじゅうじはるひで
大永3（1523）年～天正5（1577）年　[別]勧修寺晴右（かじゅうじはるすけ，かじゅうじはれすけ，かじゅうじはれみぎ）　戦国時代～安土桃山時代の公卿（権大納言）。内大臣勧修寺尹豊の子、母は加賀守平貞遠の娘。
¶公卿（勧修寺晴右　かじゅうじはれすけ　[没]天正5（1577）年1月1日）, 公家（晴右〔勧修寺家〕　はれみぎ　[没]天正5（1577）年1月1日）

勧修寺晴右　かじゅうじはれすけ
⇒勧修寺晴秀（かじゅうじはるひで）

勧修寺晴豊　かじゅうじはれとよ
⇒勧修寺晴豊（かじゅうじはるとよ）

勧修寺晴右　かじゅうじはれみぎ
⇒勧修寺晴秀（かじゅうじはるひで）

勧修寺尚顕*　かじゅうじひさあき
文明10（1478）年～永禄2（1559）年8月28日　[別]勧修寺尚顕（かじゅうじなおあき）　戦国時代の公卿（権大納言）。権中納言勧修寺政顕の子。
¶公卿（かじゅうじなおあき）, 公家（尚顕〔勧修寺家〕　ひさあき）

勧修寺房子*　かじゅうじふさこ
生没年不詳　[別]勧修寺房子（かじゅうじぼうし）　戦国時代の女性。後土御門天皇の典侍。
¶天皇（かじゅうじぼうし・ふさこ　[生]応永33（1426）年　[没]明応5（1496）年7月11日）

勧修寺房子　かじゅうじぼうし
⇒勧修寺房子（かじゅうじふさこ）

勧修寺政顕*　かじゅうじまさあき
享徳3（1454）年～大永2（1522）年7月28日　戦国時代の公卿（権中納言）。准大臣勧修寺教秀の長男、母は権中納言飛鳥井雅永の娘。
¶公卿（[生]享徳1（1452）年）, 公家（政顕〔勧修寺家〕　まさあき）

勧修寺雅慶　かじゅうじまさよし
⇒雅慶（がけい）

勧修寺光豊*　かじゅうじみつとよ
天正3（1575）年12月7日～慶長17（1612）年10月27日　[別]勧修寺光豊（かんじゅうじみつとよ）　安土桃山時代～江戸時代前期の公家（権大納言）。准大臣勧修寺晴豊の子。
¶公卿, 公家（光豊〔勧修寺家〕　みつとよ　[没]慶長17（1612）年10月26日）, コン

勧修寺良顕*　かじゅうじよしあき
明和2（1765）年12月15日～寛政7（1795）年12月1日　江戸時代中期の公家（参議）。権大納言勧修寺経逸の長男、母は権大納言飛鳥井雅重の娘。
¶公卿, 公家（良顕〔勧修寺家〕　よしあき）

賀集珉平*（鴐集珉平）　かしゅうみんぺい，がしゅうみんぺい
寛政8（1796）年～明治4（1871）年　江戸時代後期～明治時代の陶工。
¶コン, 美工（[生]寛政8（1796）年1月15日　[没]明治4（1871）年7月12日）

花叔　かしゅく
⇒春日花叔（かすがかしゅく）

哥順　かじゅん★
江戸時代後期の女性。俳諧。歌田の人。文政1年成立、斎藤仙斧編、青羊追善集『陸硒葩』に載る。
¶江表（哥順（山梨県））

何処　かしょ
江戸時代中期の俳諧作者。
¶俳文（[生]？　[没]享保16（1731）年6月11日）

加女　かじょ★
江戸時代後期の女性。俳諧。鹿島の人。中村連による寛政11年刊『嫗さくら』に載る。
¶江表（加女（福島県））

賀女　がじょ★
江戸時代中期の女性。俳諧。元禄11年刊、榎本其

角著『宝晋斎引付』に載る。
¶江表(賀女(東京都))

可升 かしょう
⇒嵐雛助〔7代〕(あらしひなすけ)

可照 かしょう*
江戸時代中期の女性。俳諧。京都の人。明和3年刊、湖白庵諸九尼著『諸九尼歳旦帖』に載る。
¶江表(可照(京都府))

可笑 かしょう
⇒大石良雄(おおいしよしお)

歌松 かしょう*
江戸時代中期の女性。俳諧。京都の人。明和8年刊、佐々木泉明編『一人一首短冊篇』乾に載る。
¶江表(歌松(京都府))

花枡 かしょう
⇒沢村国太郎〔3代〕(さわむらくにたろう)

花丈 かじょう*
江戸時代中期の女性。俳諧。元文2年刊、仙石廬元坊編の各務支考七回忌追善集『渭江話』に載る。
¶江表(花丈(東京都))

花情 かじょう*
江戸時代中期の女性。俳諧。越前三国の人。明和8年刊、時雨庵声々著『旅ほうこ』下に載る。
¶江表(花情(福井県))

荷浄 かじょう*
江戸時代後期の女性。俳諧。甲府の人。寛政2年成立、如雪庵尺五編『恵方のめくみ』に載る。
¶江表(荷浄(山梨県))

我升(我丈) がしょう
⇒片岡市蔵〔1代〕(かたおかいちぞう)

賀尉(1) がじょう
⇒森田勘弥〔6代〕(もりたかんや)

賀尉(2) がじょう
⇒森田勘弥〔10代〕(もりたかんや)

賀尉(3) がじょう
⇒森田勘弥〔7代〕(もりたかんや)

賀静* がじょう
仁和3(887)年～康保4(967)年　平安時代前期～中期の天台宗の僧。
¶古人([没]969年)

雅静* がじょう
?～寛弘2(1005)年　平安時代中期の法相宗の僧。
¶古人

華成院 かじょういん
江戸時代後期の徳川家斉の二十四女。
¶徳将([生]1815年　[没]1817年)

可笑女 かしょうじょ*
江戸時代後期の女性。俳諧。二本松の人。享和1年刊、塩田冥々編『粟蒔集』に載る。
¶江表(可笑女(福島県))

柯上の母 かじょうのはは*
江戸時代中期の女性。俳諧。宝永1年跋、蕉門十哲の内藤丈草門堀部魯九編丈草追悼集『幻の庵』に載る。
¶江表(柯上の母(滋賀県))

佳色 かしょく*
江戸時代中期の女性。俳諧。松井田の人。安永4年刊、栗庵似鳩編『有無の日集』に載る。
¶江表(佳色(群馬県))

柏 かしわ*
江戸時代中期の女性。俳諧。鶴岡の人。享保11年序、加賀小松の兎路撰の女性句集『姫の式』に載る。
¶江表(柏(山形県))

柏木 かしわぎ*
江戸時代後期の女性。俳諧。泉楼の遊女。天保期頃成立、星喜庵北因編『俳諧百人一首集』に載る。
¶江表(柏木(東京都))

柏木小右衛門* かしわぎこえもん
慶長13(1608)年～貞享3(1686)年　江戸時代前期の信濃国の新田開発者。
¶コン(生没年不詳)

柏木志那子* かしわぎしなこ
文化5(1808)年5月15日～明治26(1893)年12月25日　江戸時代末期～明治時代の歌人。「明治歌集」に和歌を収める。柏木辰美の母。
¶江表(志那子(福島県))

柏木如亭* かしわぎじょてい
宝暦13(1763)年～文政2(1819)年　江戸時代後期の漢詩人。
¶コン,詩作([没]文政2(1819)年7月10日)

柏木素竜* かしわぎそりゅう
?～正徳6(1716)年　[別]柏木全故(かしわぎたけもと),素龍(そりょう)　江戸時代前期～中期の歌人、俳人。
¶俳文(素龍　そりょう　[没]正徳6(1716)年3月5日)

柏木全故 かしわぎたけもと
⇒柏木素竜(かしわぎそりゅう)

柏木兵衛* かしわぎひょうえ
文政6(1823)年～明治19(1886)年　江戸時代末期～明治時代の剣術家。江戸で砲術、火薬製造法を習得。
¶幕末([没]明治19(1886)年9月)

柏木民部* かしわぎみんぶ
*～明治4(1871)年　江戸時代末期～明治時代の志士、豊前英彦山修験奉公職。英彦山の復興に尽力。
¶コン([生]文政10(1827)年),幕末([生]文政11(1828)年　[没]明治4(1871)年6月2日)

柏木源藤 かしわぎもとひさ
安土桃山時代の島津義弘家臣川上忠兄の郎党。
¶全戦(生没年不詳)

柏木安則 かしわぎやすのり
江戸時代中期～後期の大工。
¶美建([生]宝暦10(1760)年　[没]天保5(1834)年)

柏木義兼 かしわぎよしかね
平安時代後期～鎌倉時代前期の武将。
¶中世(生没年不詳)

柏倉勘左衛門 かしわくらかんざえもん
江戸時代前期の武士。大坂の陣で籠城。後、池田輝澄に仕えた。
¶大坂

柏崎永以 かしわざきえいい
⇒柏崎具元(かしわざきともとと)

か

柏崎吾四郎(1)　**かしわざきごしろう**
⇒望月太左衛門〔1代〕(もちづきたざえもん)

柏崎吾四郎(2)　**かしわざきごしろう**
⇒望月太左衛門〔2代〕(もちづきたざえもん)

柏崎権兵衛〔1代〕*　**かしわざきごんべえ**
生没年不詳　江戸時代前期～中期の歌舞伎囃子方。
¶コン

柏崎権兵衛〔2代〕*　**かしわざきごんべえ**
生没年不詳　江戸時代中期の歌舞伎囃子方。
¶コン

柏崎才一　**かしわざきさいいち**
江戸時代末期の会津藩士・会津遊撃隊隊士。
¶幕末(生没年不詳)

柏崎具元*　**かしわざきともも と**
？～安永1(1772)年　[別]柏崎永以(かしわざきえいい)　江戸時代中期の国学者。
¶コン

柏崎林之助　**かしわざきりんのすけ**
⇒望月太左衛門〔4代〕(もちづきたざえもん)

柏女　**かしわじょ***
江戸時代中期の女性。和歌。天明6年、土佐藩藩士谷真潮60歳の「賀歌集」に載る。
¶江表(柏女(高知県))

膳王　**かしわでおう**
⇒膳王(かしわでのおおきみ)

膳余磯　**かしわでのあれし**
⇒膳臣余磯(かしわでのおみあれし)

膳王　**かしわでのおう**
⇒膳王(かしわでのおおきみ)

膳大丘*　**かしわでのおおおか**
生没年不詳　[別]膳臣大丘(かしわでのおみおおおか)　奈良時代の学者、大学博士。
¶古代(膳臣大丘　かしわでのおみおおおか),コン

膳王*　**かしわでのおおきみ**
？～天平1(729)年　[別]膳王(かしわでおう，かしわでのおう)　飛鳥時代～奈良時代の長屋王の子。
¶古人(かしわでおう),コン

膳大麻呂　**かしわでのおおまろ**
⇒膳臣大麻呂(かしわでのおみおおまろ)

膳臣余磯*　**かしわでのおみあれし**
[別]膳余磯(かしわでのあれし)　上代の豪族。
¶古代

膳臣大丘　**かしわでのおみおおおか**
⇒膳大丘(かしわでのおおおか)

膳臣大麻呂*　**かしわでのおみおおまろ**
[別]膳大麻呂(かしわでのおおまろ)　上代の廷臣。
¶古代

膳臣傾子　**かしわでのおみかたぶこ**
⇒膳傾子(かしわでのかたぶこ)

膳臣長野*　**かしわでのおみながの**
[別]膳長野(かしわでのながの)　上代の人。
¶古代

膳臣巴提便　**かしわでのおみはすび**
⇒膳巴提便(かしわでのはてび)

膳臣巴提便　**かしわでのおみはてび**
⇒膳巴提便(かしわでのはてび)

膳部臣菩岐々美郎女　**かしわでのおみほききみのいらつめ**
⇒膳部菩岐岐美郎女(かしわでのほききみのいらつめ)

膳臣摩漏　**かしわでのおみまろ**
⇒膳摩漏(かしわでのまろ)

膳傾子*　**かしわでのかたぶこ**
生没年不詳　[別]膳臣傾子(かしわでのおみかたぶこ)　上代の有力豪族。菩岐岐美郎女の父。
¶古代(膳臣傾子　かしわでのおみかたぶこ)

膳常道　**かしわでのつねみち**
平安時代前期の官人。
¶古人(生没年不詳)

膳長野　**かしわでのながの**
⇒膳臣長野(かしわでのおみながの)

膳巴提便　**かしわでのはすび**
⇒膳巴提便(かしわでのはてび)

膳巴提便*　**かしわでのはてび**
[別]膳臣巴提便(かしわでのおみはすび，かしわでのおみはてび)，膳巴提便(かしわでのはすび)　上代の豪族。
¶古代(膳臣巴提便　かしわでのおみはすび),対外(かしわでのはすび)

膳広国　**かしわでのひろくに**
飛鳥時代の官人。
¶古人([生]？　[没]705年)

膳弘任　**かしわでのひろとう**
平安時代後期の官人。
¶古人(生没年不詳)

膳部菩岐岐美郎女*(膳菩岐岐美郎女)　**かしわでのほききみのいらつめ**
？～推古天皇30(622)年　[別]膳部臣菩岐々美郎女(かしわでのおみほききみのいらつめ)　飛鳥時代の女性。聖徳太子の妃。
¶古代(膳部臣菩岐々美郎女　かしわでのおみほききみのいらつめ),古物([没]622年？)

膳摩漏*　**かしわでのまろ**
？～682年　[別]膳臣摩漏(かしわでのおみまろ)　飛鳥時代の壬申の乱の功臣。
¶古代(膳臣摩漏　かしわでのおみまろ)

柏原学而*　**かしわばらがくじ**
天保6(1835)年～明治43(1910)年　江戸時代末期～明治時代の蘭方医、徳川慶喜の侍医。訳書に「祇布斬繃帯書」「耳科提綱」など。
¶科学([生]天保6(1835)年4月9日　[没]明治43(1910)年11月5日),幕末([生]天保6(1835)年4月9日　[没]明治43(1910)年11月5日)

柏原瓦全*　**かしわばらがぜん**
延享1(1744)年～文政8(1825)年　[別]柏原瓦全(かいばらがぜん)，瓦全(がぜん)　江戸時代中期～後期の俳人。
¶コン,俳文(瓦全　がぜん　[没]文政8(1825)年11月27日)

柏原謙益*　**かしわばらけんえき**
文政10(1827)年～明治29(1896)年　[別]柏原謙益(かしはらかねます，かしわらかねます)　江戸時

代末期～明治時代の医師。讃岐地方で初の動物解剖を手がける。「明七義塾」設立し、医学生の育成に尽力。
¶幕末（かしわらかねます）　㉔明治29（1896）年5月23日）

柏原謙好*　かしわばらけんこう
文化5（1808）年～明治6（1873）年　江戸時代末期～明治時代の医師、高松病院種痘局長。讃岐ではじめて種痘を実施した。
¶コン

柏原小鍋　かしわばらこなべ
安土桃山時代の織田信長の家臣。信長の小姓。
¶織田（㊥）　㉔天正10（1582）年6月2日）

柏原省三*　かしわばらしょうぞう
天保6（1835）年～元治1（1864）年　㊥柏原信郷（かしわばらしんきょう，かしわばらのぶさと）　江戸時代末期の医師。
¶コン, 幕末（柏原信郷　かしわばらのぶさと　㊤天保6（1835）年3月5日　㉔元治1（1864）年9月5日）

柏原信郷　かしわばらしんきょう
⇒柏原省三（かしわばらしょうぞう）

柏原太郎左衛門*　かしわばらたろうざえもん
生没年不詳　江戸時代前期の貿易商人。
¶コン

柏原禎吉*　かしわばらていきち
天保9（1838）年～元治1（1864）年　江戸時代末期の志士。土佐勤王党に参加。
¶コン（㊤？）, 幕末（㊤天保9（1838）年6月10日　㉔元治1（1864）年9月5日）

柏原天皇　かしわばらてんのう
⇒桓武天皇（かんむてんのう）

柏原某　かしわばらなにがし
戦国時代～安土桃山時代の太田氏資・北条氏政・氏房の家臣。
¶後北（某〔柏原〕　なにがし）

柏原鍋丸*　かしわばらなべまる
？～天正10（1582）年6月2日　戦国時代～安土桃山時代の織田信長の家臣。
¶織田

柏原天皇　かしわばらのてんのう
⇒桓武天皇（かんむてんのう）

柏原信郷　かしわばらのぶさと
⇒柏原省三（かしわばらしょうぞう）

柏原孫左衛門〔4代〕*　かしわばらまござえもん
延宝6（1678）年～享保14（1729）年　江戸時代中期の木綿問屋。
¶コン（代数なし）

柏原りよ*　かしわばらりよ
元禄6（1693）年～宝暦12（1762）年　江戸時代中期の女性。京都の商家柏原家の4代光忠の妻。
¶江表（りよ（京都府））, 女史

柏村梅之丞*　かしむらうめのじょう
天保8（1837）年～慶応2（1866）年　江戸時代末期の長州（萩）藩寄組国司助庄。
¶幕末（㉔慶応2（1866）年7月27日）

柏村信*　かしむらまこと
文政6（1823）年～明治28（1895）年12月10日　江戸時代末期～明治時代の実業家、第十五国立銀行支配

人。電灯事業のパイオニア、東京電灯会社設立者。
¶幕末（㊤文政6（1823）年7月6日）

柏山伊勢守明吉　かしやまいせのかみあきよし
⇒柏山明吉（かしやまあきよし）

梶原景家　かじわらかげいえ
⇒梶原景茂（かじわらかげもち）

梶原景季*　かじわらかげすえ
応保2（1162）年～正治2（1200）年　㊥平景季（たいらのかげすえ）　平安時代後期～鎌倉時代前期の武将。源義仲追討や平家追討で戦功を重ねる。
¶古人（平景季　たいらのかげすえ）, コン, 中世, 内乱, 平家

梶原景高*　かじわらかげたか
永万1（1165）年～正治2（1200）年　平安時代後期の武将。
¶平家

梶原景継*　かじわらかげつぐ
？～承久3（1221）年　㊥平景継（たいらのかげつぐ）　鎌倉時代前期の武将。
¶古人（平景継　たいらのかげつぐ　生没年不詳）

梶原景時*　かじわらかげとき
？～正治2（1200）年　㊥平景時（たいらのかげとき）　平安時代後期～鎌倉時代前期の武将。源義経を讒言したと伝えられる。
¶古人（平景時　たいらのかげとき）, コン, 中世, 内乱, 平家, 山小（㉔1200年1月20日）

梶原景久*　かじわらかげひさ
生没年不詳　安土桃山時代の織田信長の家臣。
¶織田

梶原景宗　かじわらかげむね
戦国時代～安土桃山時代の武士。後北条氏家臣。
¶後北（景宗〔梶原（1）〕　かげむね）, 戦武（㊤天文2（1533）年　㉔？）

梶原景茂*　かじわらかげもち
仁安2（1167）年～正治2（1200）年　㊥梶原景家（かじわらかげいえ）、平景茂（たいらのかげもち）　鎌倉時代前期の武将。梶原景時の三男。
¶古人（平景茂　たいらのかげもち　生没年不詳）, 平家（梶原景家　かじわらかげいえ）

柏原謙益　かしわばらけんえき
⇒柏原謙益（かしわばらけんえき）

梶原菊三郎*　かじわらきくさぶろう
江戸時代後期～明治時代の陶工。
¶美工（㊤享和1（1801）年　㉔明治13（1880）年）

柏原左源太*　かしわらさげんた
嘉永5（1852）年～大正9（1920）年　江戸時代末期～大正時代の政治家。政友会福島支部の発起人。民権結社興風社に参加。
¶幕末（㊤嘉永5（1852）年9月　㉔大正9（1920）年12月1日）

梶次右衛門*　かじわらじえもん
生没年不詳　安土桃山時代の織田信長の家臣。
¶織田

梶原性全*（梶原性善）　かじわらしょうぜん
文永3（1266）年～延元2/建武4（1337）年1月22日　㊥梶原性全（かじわらせいぜん）、性全（しょうぜん）　鎌倉時代後期～南北朝時代の僧医。「万安方」の著者。

¶コン（梶原性善　[生]？　[没]延元2/建武4（1337）年？）

梶原勝兵衛*　かじわらしょうべえ
生没年不詳　安土桃山時代の織田信長の家臣。
¶織田

梶原助五郎*　かじわらすけごろう
戦国時代の武士。後北条氏家臣。
¶後北（朝景〔梶原（2）〕　ともかげ）

梶原性全　かじわらせいぜん
⇒梶原性全（かじわらしょうぜん）

梶原石上　かじわらせきじょう
⇒樹下石上（じゅかせきじょう）

梶原太郎兵衛正重　かじわらたろ（う）びょうえまさしげ
江戸時代前期の武士。大坂の陣で籠城。後、酒井忠勝に出仕。
¶大坂（[没]万治2年9月21日）

梶原友景*（梶原朝景）　かじわらともかげ
？～建保1（1213）年　[別]平朝景（たいらのともかげ）　鎌倉時代前期の武将。
¶古人（平朝景　たいらのともかげ）

梶原平右衛門*　かじわらへいえもん
生没年不詳　安土桃山時代の織田信長の家臣。
¶織田

梶原平三兵衛*　かじわらへいぞべえ
生没年不詳　安土桃山時代の織田信長の家臣。
¶織田

梶原平馬*　かじわらへいま
江戸時代末期～明治時代の陸奥会津藩家老。
¶全幕（[生]天保13（1842）年　[没]明治22（1889）年），幕末（[生]天保13（1842）年　[没]明治22（1889）年3月23日）

梶原政景*　かじわらまさかげ
天文17（1548）年～元和9（1623）年11月　戦国時代～江戸時代前期の従五位下。
¶全戦，戦武（[生]天文16（1547）年　[没]元和1（1615）年）

梶原又右衛門*　かじわらまたえもん
？～天正10（1582）年　安土桃山時代の武士。
¶織田（[没]天正10（1582）年6月2日）

梶原松千代*　かじわらまつちよ
元亀1（1570）年？～天正10（1582）年6月2日　安土桃山時代の織田信長の家臣。
¶織田（[没]？）

梶原雄之助　かじわらゆうのすけ
江戸時代後期の徳川亀之助家来火消同心。
¶幕末（[生]天保12（1841）年　[没]？）

梶原藍水*　かじわららんすい
文化4（1807）年～明治12（1879）年　江戸時代末期～明治時代の編集者。考信閣に出仕し「歴朝要紀」の校正を継承。
¶幕末

家人　かじん★
江戸時代中期の女性。俳諧。甲斐の人。宝暦12年刊、渡辺梅堂撰『はいかゐ甲斐冢集』に載る。
¶江表（家人（山梨県））

雅真*　がしん
？～長保1（999）年　平安時代中期の真言宗の僧、高野山初代検校。
¶古人，コン

花晨女　かしんじょ★
江戸時代後期の女性。俳諧。神田川の百月庵、事仙庵と号す俳人村林丁知の妻。天保7年跋、黒川惟草編『俳諧人名録』初に載る。
¶江表（花晨女（東京都））

かす
江戸時代後期の女性。国学。御殿女中。天保5年の「内遠翁門人録」に載る。
¶江表（かす（東京都））

かず（1）
江戸時代後期の女性。散文・和歌。備中松山藩主板倉勝武の娘。
¶江表（かず（高知県）　[没]享和3（1803）年）

かず（2）
江戸時代後期～末期の女性。書簡。熊本藩士永嶺仁右衛門の娘。横井小楠の母。
¶江表（かず（熊本県）　[生]天明8（1788）年　[没]安政6（1859）年）

家寿　かず
江戸時代後期～明治時代の女性。和歌・俳諧。山吹村の城子甚蔵の姉。
¶江表（家寿（長野県）　[生]文化9（1812）年　[没]明治34（1901）年）

佳翠　かすい★
江戸時代後期の女性。俳諧。越前野田の人。天保9年刊、移水園五圭編『不易集』に載る。
¶江表（佳翠（福井県））

可水　かすい★
江戸時代後期の女性。俳諧。遠江白須賀の人。寛政5年刊、五東斎木朶編の芭蕉一〇〇回忌追善集『松葉塚』に載る。
¶江表（可水（静岡県））

カスイ岐部*　かすいきべ
天正15（1587）年～寛永16（1639）年　[別]岐部カスイ＝ペドロ（きべかすいぺとろ），岐部ペテロ（きべぺてろ），岐部ペトロ（きべぺとろ），ペドロ・カスイ・岐部（ぺどろ・かすい・きべ）　江戸時代前期のイエズス会神父。日本人で初めてエルサレムに巡礼。
¶対外（ペドロ＝カスイ＝岐部　ぺどろ・かすい・きべ）

花睡女　かすいじょ★
江戸時代中期の女性。俳諧。越後長岡の人。寛延2年序、夏炉園桴仙編、仙石廬元坊三回忌追善集『国見酒』を刊行。
¶江表（花睡女（新潟県））

か寿ゑ　かずえ★
江戸時代後期の女性。教育。金井に住む父菊地弥曽吉と農業の傍ら、天保2年～明治5年まで家塾を開く。
¶江表（か寿ゑ（長野県））

一枝子　かずえこ★
江戸時代末期の女性。和歌。幕臣岡田真澄の娘。
¶江表（一枝子（東京都）　[没]安政5（1858）年）

糟尾寿信斎　かすおじゅしんさい
[別]糟尾法眼（かすおほうげん）　戦国時代～安土桃山時代の医師。もと武田勝頼の医者。天正8年ごろから北条氏邦の医者。
¶後北（寿信斎〔糟尾〕　じゅしんさい），武田（糟尾法眼

かすおほうげん　生没年不詳)

糟尾養信斎　かすおようしんさい
[別]糟尾左衛門尉(かすおさえもんのじょう)　安土桃山時代の医者。もと黒沢伊予守。武田勝頼、のち北条氏邦の家臣で。
¶後北(養信斎〔糟尾〕　ようしんさい),武田(糟尾左衛門尉　かすおさえもんのじょう　生没年不詳)

春日(1)　かすが
平安時代後期の女性。藤原敦良の女。藤原頼定の女按察典侍を生む。
¶古人(生没年不詳)

春日(2)　かすが
⇒春日局(かすがのつぼね)

春日顕功*　かすがあきかた
文政2(1819)年～明治12(1879)年　[別]春日顕功(かすがあきたか)　江戸時代末期～明治時代の牛久藩士。
¶幕末(かすがあきたか　[没]明治12(1879)年4月16日)

春日顕国*　かすがあきくに
?～興国5/康永3(1344)年　[別]源顕時(みなもとあきとき,みなもとのあきとき)　南北朝時代の東国の南党武将。
¶コン,中世,室町

春日顕功　かすがあきたか
⇒春日顕功(かすがあきかた)

春日家吉　かすがいえよし
安土桃山時代の北条氏政・氏直の家臣。左衛門尉。景定の嫡男。
¶後北(家吉〔春日〕　いえよし　[没]寛永16年4月)

春日意足　かすがいそく
戦国時代の水内郡篠平城を本拠とする国衆。
¶武田(生没年不詳)

春日永女　かすがえいじょ★
江戸時代後期の女性。狂歌。三芳野里の人。寛政6年、もとのもくあみ序『新古今狂歌集』に載る。
¶江表(春日永女(埼玉県))

春日越前守　かすがえちぜんのかみ
戦国時代の信濃水内郡の国衆。
¶武田(生没年不詳)

春日大隅　かすがおおすみ
室町時代～戦国時代の石和の大百姓。春日虎綱の父。
¶武田([生]?　[没]?年12月17日)

春日景定　かすがかげさだ
戦国時代～江戸時代前期の国衆。弥八郎・左衛門尉・兵庫助・下総守。北条氏康に属した。武蔵国岩付城主太田資正・氏資、のち北条氏政・氏直家臣。
¶後北(景定〔春日〕　かげさだ　[生]天文5年　[没]元和1年7月)

春日花叔*　かすがかしゅく
安永3(1774)年～文政7(1824)年　[別]花叔(かしゅく)　江戸時代中期～後期の俳人。
¶俳文(花叔　かしゅく　[没]文政7(1824)年4月13日)

春日狩野介　かすがかのうのすけ
安土桃山時代の信濃水内郡の国衆。
¶武田(生没年不詳)

春日河内守　かすがかわちのかみ
安土桃山時代の信濃国伊那郡の国衆。
¶武田([生]?　[没]天正10(1582)年3月2日)

春日岸子*　かすがきしこ
安永7(1778)年～万延1(1860)年　江戸時代末期の女性。勤王家春日潜庵の母。
¶江表(岸子(京都府)　[没]安政7(1860)年)

春日源八郎*　かすがげんぱちろう
?～天正10(1582)年6月2日　戦国時代～安土桃山時代の織田信長の家臣。
¶織田

春日左衛門*　かすがさえもん
弘化2(1845)年～明治2(1869)年　江戸時代末期の幕臣。
¶全幕([生]?),幕末([没]明治2(1869)年5月12日)

春日三丞　かすがさんのじょう
安土桃山時代の信濃水内郡の国衆。
¶武田(生没年不詳)

春日重武　かすがしげたけ
平安時代後期の官人。
¶古人(生没年不詳)

春日治部少輔　かすがじぶしょう
安土桃山時代の信濃国伊那郡の国衆。
¶武田(生没年不詳)

春日志摩守　かすがしまのかみ
安土桃山時代の信濃水内郡の国衆。
¶武田(生没年不詳)

春日新助　かすがしんすけ
戦国時代の信濃水内郡の国衆。
¶武田(生没年不詳)

春日摂津守　かすがせっつのかみ
戦国時代～安土桃山時代の武士。武蔵国岩付城主太田資正・氏資、のち北条氏舜・氏繁・氏政家臣。
¶後北(摂津守〔春日〕　せっつのかみ)

春日潜庵*　かすがせんあん
文化8(1811)年～明治11(1878)年3月23日　江戸時代末期～明治時代の儒学者、奈良県知事。著書に「潜庵遺稿」「陽明学神髄」など。
¶コン,思想,幕末([生]文化8(1811)年8月3日)

春日惣二郎　かすがそうじろう
安土桃山時代の武田氏の家臣。
¶武田(生没年不詳)

春日袖子*　かすがそでこ
文化1(1804)年～嘉永2(1849)年　江戸時代後期の女流歌人。
¶江表(袖子(京都府))

春日仲装*　かすがちゅうそう
嘉永1(1848)年～明治6(1873)年　江戸時代末期～明治時代の画家。
¶美画([生]弘化5(1848)年1月23日　[没]明治6(1873)年1月21日)

春日虎綱　かすがとらつな
⇒高坂虎綱(こうさかとらつな)

春日内親王　かすがないしんのう
⇒春日内親王(かすがのないしんのう)

春日中務少輔　かすがなかつかさのしょう
安土桃山時代の信濃水内郡の国衆。
¶武田（生没年不詳）

春日朝臣宅成　かすがのあそんやかなり
⇒春日宅成（かすがのやかなり）

春日五百世　かすがのいおよ
奈良時代の官人。
¶古人（生没年不詳）

春日皇子*　かすがのおうじ
生没年不詳　[別]春日皇子（かすがのみこ）　飛鳥時代の敏達天皇の皇子。
¶古物（かすがのみこ），天皇

春日大娘皇女　かすがのおおいらつめのおうじょ
⇒春日大娘皇女（かすがのおおいらつめのひめみこ）

春日大娘皇女　かすがのおおいらつめのこうじょ
⇒春日大娘皇女（かすがのおおいらつめのひめみこ）

春日大娘皇女*　かすがのおおいらつめのひめみこ
[別]春日大娘皇女（かすがのおおいらつめのおうじょ，かすがのおおいらつめのこうじょ）　上代の女性。仁賢天皇の皇后。
¶古代，コン（生没年不詳），天皇（生没年不詳）

春日小野大樹　かすがのおののおおき
⇒春日小野臣大樹（かすがのおののおみおおき）

春日小野臣大樹*　かすがのおののおみおおき
[別]春日小野大樹（かすがのおののおおき）　上代の武将。
¶古代

春日老名子*（春日老女子）　かすがのおみなこ
上代の女性。敏達天皇の妃。
¶天皇（春日老女子　生没年不詳）

春日老　かすがのおゆ
⇒春日倉老（かすがのくらのおゆ）

春日倉首老（春日蔵首老）　かすがのくらのおびとおゆ
⇒春日倉老（かすがのくらのおゆ）

春日倉老*　かすがのくらのおゆ
生没年不詳　[別]春日老（かすがのおゆ），春日倉首老，春日蔵首老（かすがのくらのおびとおゆ）　奈良時代の官人、僧、万葉歌人。
¶古人（春日老　かすがのおゆ），古代（春日倉首老　かすがのくらのおびとおゆ），コン

春日局*(1)　かすがのつぼね
生没年不詳　[別]春日（かすが），藤原実能女（ふじわらのさねよしのむすめ）　平安時代後期の女性。鳥羽天皇の宮人。左大臣藤原実能の娘。
¶古人（春日　かすが），天皇（藤原実能女　ふじわらのさねよしのむすめ）

春日局*(2)　かすがのつぼね
？～治承4（1180）年　[別]中原師元女（なかはらのもろもとのむすめ）　平安時代後期の女性。二条天皇の宮人。大外記中原師元の娘。
¶天皇（中原師元女　なかはらのもろもとのむすめ　生没年不詳）

春日局*(3)　かすがのつぼね
生没年不詳　[別]高倉茂通女（たかくらしげみちのむすめ）　鎌倉時代後期の女性。伏見天皇の宮人。参議藤原茂通の娘。
¶天皇（高倉茂通女　たかくらしげみちのむすめ）

春日局(4)　かすがのつぼね
鎌倉時代後期の伏見天皇側室。任快法印女。はじめ治部卿局、のち春日局と称した。
¶天皇（生没年不詳）

春日局*(5)　かすがのつぼね
天正7（1579）年～寛永20（1643）年　安土桃山時代～江戸時代前期の女性。3代将軍徳川家光の乳母。
¶江人，江表（春日局（東京都）），コン，女史，徳将，山小（[没]1643年9月14日）

春日能登守　かすがのとのかみ
安土桃山時代の信濃水内郡の国衆。
¶武田（生没年不詳）

春日内親王*　かすがのないしんのう
[別]春日内親王（かすがないしんのう）　平安時代前期の女性。桓武天皇の皇女。
¶古人（かすがないしんのう　生没年不詳）

春日糠子*　かすがのぬかこ
[別]糠子（あらこ，ぬかこ）　飛鳥時代の女性。欽明天皇の妃。
¶古人（糠子　あらこ　生没年不詳），古人（糠子　ぬかこ　生没年不詳），天皇（糠子　ぬかこ）

春日信達　かすがのぶたつ
⇒高坂信達（こうさかのぶたつ）

春日皇子　かすがのみこ
⇒春日皇子（かすがのおうじ）

春日宮天皇　かすがのみやてんのう
⇒志貴皇子（しきのみこ）

春日宮天皇　かすがのみやのすめらみこと
⇒志貴皇子（しきのみこ）

春日宮天皇　かすがのみやのてんのう
⇒志貴皇子（しきのみこ）

春日宅成*　かすがのやかなり
生没年不詳　[別]春日朝臣宅成（かすがのあそんやかなり）　平安時代前期の官人、渤海通事。
¶古人，古代（春日朝臣宅成　かすがのあそんやかなり）

春日山田皇女　かすがのやまだのおうじょ
⇒春日山田皇女（かすがのやまだのひめみこ）

春日山田皇女　かすがのやまだのこうじょ
⇒春日山田皇女（かすがのやまだのひめみこ）

春日山田皇女*　かすがのやまだのひめみこ
生没年不詳　[別]春日山田皇女（かすがのやまだのおうじょ，かすがのやまだのこうじょ）　上代の女性。安閑天皇の皇后。仁賢天皇の皇女。
¶古代，女史，天皇，天皇

春日童女君　かすがのわらわぎみ
⇒童女君（おんなぎみ）

春日白水*　かすがはくすい
天保14（1843）年～大正5（1916）年　江戸時代末期～明治時代の儒者、平野神社禰宜。京都府史編纂係、奈良師範学校教授など。著書に「竹林培養備考」。
¶コン

春日備前守　かすがびぜんのかみ
戦国時代の水内郡篠平城を本拠とする国衆。
¶武田（生没年不詳）

春日常陸介　かすがひたちのすけ
安土桃山時代の信濃水内郡の国衆。
¶武田（生没年不詳）

春日部恒則*　かすかべのつねのり
生没年不詳　平安時代中期の画家。
¶古人

春日戸人足　かすかべのひとたり
奈良時代の官人。因幡国博士。
¶古人（生没年不詳）

春日三河守　かすがみかわのかみ
安土桃山時代の信濃水内郡の国衆。
¶武田（生没年不詳）

春日行秀　かすがゆきひで
⇒藤原行秀（ふじわらのゆきひで）

春日与三右衛門尉　かすがよそうえもんのじょう
安土桃山時代の北信濃水内郡の国衆。春日与三兵衛尉と同一人物か。
¶武田（生没年不詳）

春日与三兵衛尉　かすがよそうひょうえのじょう
安土桃山時代の信濃水内郡の国衆。
¶武田（生没年不詳）

夏月女　かずきじょ★
江戸時代後期の女性。和歌。高松の画家鈴木青玉の姉といわれる。浮田勝延の妻とも。
¶江表（夏月女（香川県））

嘉介*　かすけ
生没年不詳　江戸時代中期の陶工。
¶美工

嘉助　かすけ
江戸時代後期の彫師。
¶浮絵（生没年不詳）

員子　かずこ★
江戸時代末期の女性。和歌。吉田氏。文久2年刊、安武厳丸編『柳河百家集』に載る。
¶江表（員子（福岡県））

加須子　かずこ★
江戸時代末期～明治時代の女性。和歌。松浦郡平戸村の藤田源七の娘。明治15年新刻、橘東世子編、『明治歌集』五編上に載る。
¶江表（加須子（長崎県））

歌寿子　かずこ★
江戸時代後期の女性。和歌。京都の歌人大橋広敦の妻。嘉永5年刊、長沢伴雄編『類題鴨川四郎集』に載る。
¶江表（歌寿子（京都府））

寿子　かずこ★
江戸時代後期の女性。和歌。藤堂良章の妻。嘉永1年刊、長沢伴雄編『類題和歌鴨川集』に載る。
¶江表（寿子（京都府））

数子(1)　かずこ★
江戸時代後期の女性。和歌。丹波佐治の中嶋新助の妻。文政8年刊、青木行敬ほか編『聖廟奉納歌百二十首』に載る。
¶江表（数子（兵庫県））

数子(2)　かずこ★
江戸時代末期の女性。和歌。大洲藩藩士大谷信弥の母。安政1年序、半井梧庵編『鄙のてぶり』初に載る。
¶江表（数子（愛媛県））

数子(3)　かずこ★
江戸時代末期の女性。和歌。大洲藩領の竹地房之進の母。安政1年序、半井梧庵編『鄙のてぶり』初に載る。
¶江表（数子（愛媛県））

数子(4)　かずこ★
江戸時代末期の女性。和歌。豊後日出の鈴木氏の娘。嘉永7年刊、長沢伴雄編『類題鴨川五郎集』に載る。
¶江表（数子（大分県））

和子(1)　かずこ★
江戸時代の女性。和歌。長岡氏。明治4年刊、『不知火歌集』に載る。
¶江表（和子（熊本県））

和子(2)　かずこ★
江戸時代後期の女性。画・和歌・書。常陸水戸藩士で画家立原杏所の二女。
¶江表（和子（茨城県））　[生]文化14（1817）年　[没]弘化4（1847）年）

上総五郎兵衛尉　かずさごろうびょうえのじょう
⇒藤原忠光（ふじわらのただみつ）

上総常秀　かずさつねひで
⇒千葉常秀（ちばつねひで）

上総入道　かずさにゅうどう
⇒北条綱成（ほうじょうつなしげ）

上総大輔*　かずさのおおすけ
生没年不詳　[別]上総大輔（かずさのたいふ）　平安時代中期の女性。菅原孝標の後妻。側室か。
¶古人（かずさのたいふ）

上総介広常　かずさのすけひろつね
⇒平広常（たいらのひろつね）

上総大輔　かずさのたいふ
⇒上総大輔（かずさのおおすけ）

上総乳母*　かずさのめのと
生没年不詳　平安時代中期の女房・歌人。
¶古人

上総秀胤*　かずさひでたね
？～宝治1（1247）年　[別]千葉秀胤（ちばひでたね）　鎌倉時代前期の武士、鎌倉幕府評定衆。
¶コン

上総広常　かずさひろつね
⇒平広常（たいらのひろつね）

上総屋留三郎*　かずさやとめさぶろう
文政4（1821）年～明治26（1893）年　江戸時代末期～明治時代のガラス職人。長崎にてガラス技術の修練を積んだ。江戸の最大手のガラス問屋。
¶美工（[没]明治26（1893）年3月15日）

上総屋利兵衛　かずさやりへえ
江戸時代中期～後期の版元。
¶浮絵

可須女　かすじょ★
江戸時代末期の女性。和歌。伊勢津の村瀬憲之進の妻。安政4年刊、富樫広蔭編『千百人一首』下に

かすしよ

載る。
¶江表(可須女(三重県))

加寿女 かずじょ*
江戸時代末期の女性。和歌。三河岡崎藩藩士都築
弥左衛門の母。慶応2年刊、竹尾正久編『類題三河
歌集』に載る。
¶江表(加寿女(愛知県))

一直の妻 かずなおのつま*
江戸時代前期の女性。俳人。貞享1年序、井原西鶴
編『俳諧女歌仙』に名が載る。
¶江表(一直の妻(熊本県))

加津野勝房 かずのかつふさ
戦国時代の武田氏の家臣。
¶武田(生没年不詳)

加津野次郎右衛門尉 かずのじろうえもんのじょう
安土桃山時代の武田氏の家臣。
¶武田(㋑? ㋒天正3(1575)年5月21日)

加津野出羽 かずのでわ
安土桃山時代の武田氏の家臣。
¶武田(生没年不詳)

加津野昌世 かずのまさただ
戦国時代の武田氏の家臣。
¶武田(生没年不詳)

加津野昌春 かずのまさはる
⇒加津野昌春(かづのまさはる)

和宮 かずのみや*
弘化3(1846)年閏5月10日〜明治10(1877)年9月2
日 ㋪静寛院(せいかんいん)，静寛院宮(せいか
んいんのみや)，親子内親王(ちかこないしんのう)
江戸時代末期〜明治時代の皇族。仁孝天皇の第8王
女。徳川家茂の妻。公武合体のため降嫁させられ
た。幕末滅亡の際慶喜の助命、徳川家存続などを
嘆願。
¶江人、江表(静寛院宮(東京都))，コン(静寛院宮 せい
かんいんのみや)，女史，全幕，徳将(静寛院 せいかん
いん)，幕末，山小(㋑1846年閏5月10日 ㋒1877年9月2
日)

量仁親王 かずひとしんのう
⇒光厳天皇(こうごんてんのう)

丞姫 かずひめ
江戸時代中期〜後期の女性。国学・儒学。紀州藩
主徳川重倫の娘。
¶江表(丞姫(鳥取県)) ㋑明和7(1770)年 ㋒文政9
(1826)年)

和姫 かずひめ*
文化10(1813)年〜文政13(1830)年 ㋪貞惇院(て
いとんいん) 江戸時代後期の女性。11代将軍徳川
家斉の20女。
¶徳将(貞惇院 ていとんいん)

かすへ
安土桃山時代の信濃国筑摩郡井堀・高の人。
¶武田(生没年不詳)

かすみ
江戸時代末期の女性。俳諧。越後野田の人。万延1
年刊、松岡茶山編『常磐集』一九に載る。
¶江表(かすみ(新潟県))

一美 かずみ*
江戸時代後期の女性。俳諧。文化9年刊、今日庵一

峨編『俳諧何袋』に載る。
¶江表(一美(宮城県))

数見敦義 かずみあつよし*
享和3(1803)年〜安政5(1858)年 江戸時代末期
の醬油醸造業者。
¶幕末(㋒安政5(1858)年5月18日)

霞女 かすみじょ*
江戸時代末期〜明治時代の女性。俳諧。庵治の人。
明治2年、俳人後藤田水著『白とり紀行』に紀行文
が載る。
¶江表(霞女(香川県))

霞千重女 かすみちえじょ*
江戸時代中期の女性。狂歌。天明7年刊、宿屋飯盛
編『古今狂歌袋』に、烏帽子をつけた姿絵と歌が
載る。
¶江表(霞千重女(東京都))

霞十重女 かすみとえじょ*
江戸時代後期の女性。狂歌。尾張大森の人。文化
14年刊、橘庵芦辺田鶴丸撰『狂歌弄花集』に載る。
¶江表(霞十重女(愛知県))

糟屋有久 かすやありひさ*
?〜承久3(1221)年 鎌倉時代前期の武将。承久の
乱で陣没。
¶コン

糟屋清承 かすやきよつぐ
文明15(1483)年〜天文23(1554)年9月 戦国時代
の北条氏の家臣。
¶後北(清承〔糟屋(1)〕 きよつぐ)

糟屋小次郎 (粕屋小次郎) かすやこじろう
嘉永3(1850)年〜? 江戸時代後期〜末期の新撰
組隊士。
¶新隊(粕屋小次郎)

加須屋真雄 *(糟屋真雄) かすやさねお
㋪加須屋真雄(かすやさねかつ)，糟屋真則，糟谷
武則(かすやたけのり) 安土桃山時代の武将。羽
柴氏家臣。賤ヶ岳七本槍の一人。
¶織田(かすやさねかつ 生没年不詳)

加須屋真雄 かすやさねかつ
⇒加須屋真雄(かすやさねお)

糟屋十郎 *(粕屋十郎) かすやじゅうろう
天保11(1840)年〜明治2(1869)年5月11日 江戸
時代後期〜明治時代の新撰組隊士。
¶新隊(粕屋十郎)

粕谷新五郎 * かすやしんごろう
文政3(1820)年8月16日〜元治1(1864)年6月6日
江戸時代後期〜末期の新撰組隊士。
¶新隊

糟屋武則 (糟谷武則) かすやたけのり
⇒加須屋真雄(かすやさねお)

加須屋貞蔵 * かすやていぞう
天保13(1842)年〜文久3(1863)年 江戸時代末期
の因幡鳥取藩士。
¶幕末(㋒文久3(1863)年8月25日)

加須屋直勝の妻 かすやなおかつのつま*
江戸時代中期の女性。和歌。伯耆米子の人。元禄15
年刊、竹内時安斎編『出雲大社奉納清地草』に載る。
¶江表(加須屋直勝の妻(鳥取県))

糟屋秀□　かすやひで□
　戦国時代～安土桃山時代の武士。豊後守、法名は閑春清印。北条氏康、のち滝山城主北条氏照の家臣。
　¶後北（秀□〔糟屋（2）〕　ひで□）

糟屋義明*　かすやよしあき
　江戸時代末期の幕臣。
　¶全幕（生没年不詳），幕末（生没年不詳）

葛城王　かずらきおう
　⇒橘諸兄（たちばなのもろえ）

葛城磐之媛　かずらきのいわのひめ
　⇒磐之媛（いわのひめ）

葛城皇子*　かずらきのおうじ
　生没年不詳　㊐葛城皇子（かつらぎおうじ）　上代の欽明天皇の皇子。
　¶古人（かつらぎおうじ）

葛城臣烏那羅*　かずらきのおみおなら
　飛鳥時代の廷臣。
　¶古代

葛城韓媛　かずらきのからひめ
　⇒葛城韓媛（かつらぎのからひめ）

葛城襲津彦　かずらきのそつひこ，かずらきのそつびこ
　⇒葛城襲津彦（かつらぎのそつひこ）

葛城玉田宿禰*　かずらきのたまたのすくね
　上代の大夫。
　¶古代

葛城円　かずらきのつぶら
　⇒葛城円（かつらぎのつぶら）

葛城円大臣*　かずらきのつぶらのおおおみ
　上代の豪族。
　¶古代

葛城一言主神　かずらきのひとことぬしのかみ
　⇒一言主神（ひとことぬしのかみ）

葛城広子*　かずらきのひろこ
　生没年不詳　㊐葛城広子（かづらきのこうし）　上代の女性。用明天皇の嬪。
　¶天皇（かづらきのこうし・ひろこ）

葛木戸主　かずらきのへぬし
　⇒葛木連戸主（かずらきのむらじへぬし）

葛木連戸主*　かずらきのむらじへぬし
　㊐葛木戸主（かずらきのへぬし）　奈良時代の官人。
　¶古人（葛木戸主　かつらきのへぬし　生没年不詳），古代

葛城山田直瑞子*　かずらきのやまだのあたいみずこ
　㊐葛城山田瑞子（かずらきのやまだのみずこ，かずらきのやまだのみつこ）　飛鳥時代の中央官人。
　¶古代，古物（葛城山田瑞子　かずらきのやまだのみつこ）

葛城山田瑞子　かずらきのやまだのみずこ
　⇒葛城山田直瑞子（かずらきのやまだのあたいみずこ）

葛城山田瑞子　かずらきのやまだのみつこ
　⇒葛城山田直瑞子（かずらきのやまだのあたいみずこ）

葛城稚犬養網田　かずらきのわかいぬかいのあみた
　⇒葛城稚犬養連網田（かつらぎのわかいぬかいのあみた）

葛城稚犬養連網田　かずらきのわかいぬかいのむらじあみた
　⇒葛城稚犬養網田（かつらぎのわかいぬかいのあみた）

縵家継　かずらのいえつぐ
　⇒縵家継（かつらのいえつぐ）

葛原親王　かずはらしんのう
　⇒葛原親王（かつらはらしんのう）

葛山　かずらやま
　安土桃山時代の人。武田氏滅亡後、信玄の娘信松尼を頼ってきた人物のひとり。
　¶武田（生没年不詳）

葛山右近　かずらやまうこん
　安土桃山時代の武田信豊の家臣。
　¶武田（㊧）　㊁天正10（1582）年3月）

葛山氏元　かずらやまうじもと
　⇒葛山氏元（かつらやまうじもと）

葛山三郎　かずらやままさぶろう
　⇒葛山三郎（かつらやままさぶろう）

葛山信貞*　かずらやまのぶさだ
　？～天正10（1582）年3月24日　㊐葛山信貞（かつらやまのぶさだ）　安土桃山時代の武士。武田家家臣。
　¶全戦，武田

葛原親王　かずらわらしんのう
　⇒葛原親王（かつらはらしんのう）

加世　かせ*
　江戸時代後期～明治時代の女性。教育・詩文・作詞。飯肥加茂の門川清蔵の娘。
　¶江表（加世（宮崎県）　㊁寛政10（1798）年　㊁明治15（1882）年）

可晴　かせい
　⇒嵐雛助〔2代〕（あらしひなすけ）

花勢　かせい*
　江戸時代中期の女性。俳諧。風早の河北連の人。宝暦13年刊、松山の臥牛洞狂平編の各務支考三三回忌追悼集『きさらぎ』に載る。
　¶江表（花勢（愛媛県））

花声　かせい
　江戸時代中期の女性。俳諧。甲斐の人。安永10年刊、壺中軒調唯編、壺嘗軒調唯50回忌追善集『続やどり木』に載る。
　¶江表（花声（山梨県））

歌夕（1）　かせき
　江戸時代中期の女性。俳諧。加賀大聖寺の人。安永6年刊、堀麦水編『新虚栗』に載る。
　¶江表（歌夕（石川県））

歌夕（2）　かせき
　江戸時代後期の女性。俳諧。越前滝谷の人。寛政9年刊、加藤甫文編『葉月のつゆ』に載る。
　¶江表（歌夕（福井県））

花石（1）　かせき*
　江戸時代中期の女性。俳諧。塩ノ山の人。天明3年刊、平橋庵蔵氷編『折鶴』に載る。
　¶江表（花石（山梨県））

花石（2）　かせき
　⇒坂東寿太郎〔1代〕（ばんどうじゅたろう）

花夕　かせき
江戸時代末期の女性。俳諧。越前鯖江の人。安政4年刊、皎月舎其睡編『花野塚』に載る。
¶江表（花夕（福井県））

華夕　かせき★
江戸時代中期の女性。俳諧。加賀金沢の人。明和8年刊、三浦樗良編『石をあるし』に載る。
¶江表（華夕（石川県））

かせ子　かせこ★
江戸時代末期の女性。和歌。江戸城本丸大奥の女中。文久3年刊、関橋守編『耳順賀集』に載る。
¶江表（かせ子（東京都））

加瀬沢助九郎　かせざわすけくろう
戦国時代の駿河国庵原郡加瀬沢の土豪。
¶武田（生没年不詳）

加世田景国　かせだかげくに
⇒加世田与八郎（かせだよはちろう）

加世田景一*　かせだけいいち
？～明治10（1877）年　江戸時代末期～明治時代の鹿児島県士族。
¶幕末（[没]明治10（1877）年3月21日）

加世田弥八郎　かせだやはちろう
⇒加世田与八郎（かせだよはちろう）

加世田与八郎*　かせだよはちろう
嘉永1（1848）年～明治10（1877）年　[別]加世田景国（かせだかげくに），加世田弥八郎（かせだやはちろう）　江戸時代末期～明治時代の西郷隆盛小隊半隊長。
¶幕末（加世田弥八郎　かせだやはちろう　[生]嘉永1（1849）年12月13日　[没]明治10（1877）年3月27日）

夏雪　かせつ★
江戸時代後期の女性。俳諧。寛政5年序、森々庵松後編『心つくし』に載る。
¶江表（夏雪（熊本県））

歌舌　かぜつ★
江戸時代後期の女性。俳諧。駿河島田の人。寛政3年刊、牡丹庵阿人・鳥過庵千布編『雪幸集』に載る。
¶江表（歌舌（静岡県））

風美　かぜみ★
江戸時代後期の女性。俳諧。備前下山田の人。天保9年刊、唐樹園亀嶺編『春興亀の尾山』後に載る。
¶江表（風美（岡山県））

夏扇　かせん★
江戸時代中期の女性。俳諧。波止浜の人。延享4年刊、同村の俳人村山一志編、『素羅宴』に入集。
¶江表（夏扇（愛媛県））

歌川*（1）（哥川）　かせん
*～安永6（1777）年　[別]泊瀬川歌川（はつせがわうたがわ）　江戸時代中期の女性。俳人。越前国三国の妓楼の抱え遊女。
¶江表（歌川（福井県）　[生]享保1（1716）年　[没]安永5（1776）年），俳文（哥川　[生]？　[没]安永5（1776）年7月26日）

歌川（2）　かせん★
江戸時代中期の女性。俳諧。諏訪の人。安永7年刊、角間の藤森文輔編『はるの吟』に載る。
¶江表（歌川（長野県））

歌川（3）　かせん★
江戸時代中期の女性。俳諧。伊勢の人。享保8年序、各務支考門の江山隣編『獅子物狂』に載る。
¶江表（歌川（三重県））

花仙　かせん★
江戸時代中期の女性。俳諧。鴻巣の人。元文5年刊、白井鳥酔編『冬野あそひ』に載る。
¶江表（花仙（埼玉県））

花千*　かせん
？～享保14（1729）年　江戸時代中期の女性。俳人。江戸の人。俳人初代湖十の妻。
¶江表（花千（東京都））

花扇　かせん★
江戸時代中期の女性。俳諧。津軽石の遊女。天明期頃の人。
¶江表（花扇（岩手県））

霞仙　かせん
⇒中村宗十郎〔1代〕（なかむらそうじゅうろう）

可全　かぜん
江戸時代前期～中期の俳諧作者。大村氏。
¶俳文（[生]寛永13（1636）年　[没]元禄2（1689）年1月20日）

花前　かぜん★
江戸時代中期の女性。俳諧。播磨室津の遊女。元禄9年刊、井上千山編『印南野』に載る。
¶江表（花前（兵庫県））

瓦全　がぜん
⇒柏原瓦全（かしわばらがぜん）

可苴　かそ
江戸時代中期の女性。俳諧。会津の人。天明5年成立、起早庵稲後編『乙巳の歳旦』に載る。
¶江表（可苴（福島県））

華叟宗曇*　かそうそうどん
正平7/文和1（1352）年～正長1（1428）年　[別]華叟宗曇（けそうそうどん）　南北朝時代～室町時代の臨済宗の僧。養叟宗頤、一休宗純の師。
¶コン

かそゑ
江戸時代後期の女性。俳諧。長門長府の人。文政7年、田上菊舎72歳の長府での俳諧記録「鳳尾蕉」に載る。
¶江表（かそゑ（山口県））

花袖　かそで★
江戸時代前期の女性。俳諧。加賀松任の人。天和1年刊、久津見一平撰『加賀染』に載る。
¶江表（花袖（石川県））

可尊*　かそん
寛政11（1799）年～明治19（1886）年9月12日　江戸時代後期～明治時代の俳諧師。
¶俳文

潟　かた
江戸時代の女性。和歌。新吉原の遊女。
¶江表（潟（東京都））

堅　かた
江戸時代中期～後期の女性。日記。筑後久留米藩8代藩主有馬頼貴の娘。
¶江表（堅（福岡県）　[生]天明5（1785）年　[没]文化10（1813）年）

荷田春満　かだあずままろ
⇒荷田春満（かだのあずままろ）

荷田在満　かだありまろ
⇒荷田在満（かだのありまろ）

哥待　かたい
江戸時代後期の女性。和歌。播磨林田藩主建部政賢家の老女。文化5年頃、真田幸弘編「御ことほきの記」に載る。
¶江表（哥待（兵庫県））

可大　かだい
⇒栗の本可大（くりのもとかだい）

片井京助*　かたいきょうすけ
天明5（1785）年～文久3（1863）年　江戸時代後期の造兵家、兵器発明家。直徹流砲術を創始。
¶科学（[没]文久3（1863）年4月10日）

片糸縫女　かたいとぬいめ★
江戸時代後期の女性。狂歌。狂歌師菱花堂鯛糸依の妻、屋代女。
¶江表（片糸縫女（東京都）　[没]文化4（1807）年）

片歌道守　かたうたのみちもり
⇒建部綾足（たけべあやたり）

片岡愛之助〔1代〕*　かたおかあいのすけ
寛政3（1791）年～文化5（1808）年6月6日　[別]片岡長多遊（かたおかちょうだゆう）　江戸時代後期の歌舞伎役者、歌舞伎座本。寛政12年～文化5年頃に活躍。
¶歌大

片岡愛之助〔2代〕　かたおかあいのすけ
⇒片岡長太夫〔3代〕（かたおかちょうだゆう）

片岡愛之助〔3代〕*　かたおかあいのすけ
江戸時代末期の歌舞伎役者。嘉永3年～文久1年頃に活躍。
¶歌大

片岡市蔵〔1代〕*　かたおかいちぞう
寛政4（1792）年～文久2（1862）年　[別]我升（がしょう），我丈（がじょう），竹川市蔵（たけかわいちぞう），藤川鐘三郎（ふじかわかねさぶろう），藤川鐘弥（ふじかわかねや）　江戸時代末期の歌舞伎役者。文化7年～文久2年頃に活躍。
¶歌大，コン

片岡鵜右衛門*　かたおかうえもん
生没年不詳　安土桃山時代の織田信長の家臣。
¶織田

片岡我当〔1代〕（片岡我童〔2代〕）　かたおかがとう
⇒片岡仁左衛門〔8代〕（かたおかにざえもん）

片岡我童〔1代〕　かたおかがどう
⇒片岡仁左衛門〔7代〕（かたおかにざえもん）

片岡我当〔2代〕　かたおかがとう
⇒片岡仁左衛門〔9代〕（かたおかにざえもん）

片岡健吉　かたおかけんきち
天保14（1843）年～明治36（1903）年　江戸時代末期～明治時代の土佐藩士、政治家。
¶コン，思想，全幕，山小（[生]1843年12月26日　[没]1903年10月31日）

片岡茶谷(1)　かたおかさこく
⇒片岡仁左衛門〔4代〕（かたおかにざえもん）

片岡茶谷(2)　かたおかさこく
⇒片岡仁左衛門〔5代〕（かたおかにざえもん）

片岡貞興*　かたおかさだおき
文化3（1806）年～明治2（1869）年　[別]片岡成斎（かたおかせいさい）　江戸時代末期の加納藩士。
¶幕末（片岡成斎　かたおかせいさい　[没]明治2（1869）年7月18日）

片岡佐太郎*　かたおかさたろう
嘉永1（1848）年～明治39（1906）年　江戸時代末期～明治時代の土佐藩士。五十人組に参加し江戸で山内容道を警備。
¶幕末（[生]天保15（1844）年4月20日　[没]明治39（1906）年11月8日）

片岡三平　かたおかさんぺい
⇒片岡仁左衛門〔2代〕（かたおかにざえもん）

片岡旨恕*　かたおかしじょ
生没年不詳　[別]旨恕（しじょ）　江戸時代中期の俳人（談林派）。
¶俳文（旨恕　しじょ）

片岡十右衛門　かたおかじゅうえもん
江戸時代前期の片岡長雲軒入道如相の子。
¶大坂（[没]慶長20年5月8日）

片岡如圭*　かたおかじょけい
生没年不詳　江戸時代中期の易学者。
¶コン

片岡清九郎経純　かたおかせいくろうつねずみ
江戸時代前期の武士。大坂の陣で籠城。
¶大坂

片岡成斎　かたおかせいさい
⇒片岡貞興（かたおかさだおき）

片岡長多遊　かたおかちょうだゆう
⇒片岡愛之助〔1代〕（かたおかあいのすけ）

片岡長太夫〔1代〕　かたおかちょうだゆう
⇒片岡仁左衛門〔2代〕（かたおかにざえもん）

片岡長太夫〔3代〕*　かたおかちょうだゆう
生没年不詳　[別]片岡愛之助〔2代〕（かたおかあいのすけ）　江戸時代後期の歌舞伎役者。文化13～14年以降に活躍。
¶歌大（片岡愛之助〔2代〕　かたおかあいのすけ）

片岡常春*（片岡経春）　かたおかつねはる
生没年不詳　鎌倉時代前期の武士。
¶平家（片岡経春）

片岡藤五郎*　かたおかとうごろう
生没年不詳　安土桃山時代の織田信長の家臣。
¶織田

片岡利和*　かたおかとしかず
天保7（1836）年～明治41（1908）年　江戸時代末期～明治時代の政治家、貴族院勅撰議員。維新後、新政府の諸官を歴任したのち侍従をつとめた。
¶幕末（[生]天保7（1836）年10月　[没]明治41（1908）年11月2日）

片岡豊忠*　かたおかとよただ
生没年不詳　江戸時代前期の和算家。
¶数学

片岡直次郎*　かたおかなおじろう
寛政5（1793）年～天保3（1832）年　[別]直侍（なおざ

かたおか

むらい） 江戸時代後期の小悪党。
¶コン

片岡直胤* かたおかなおたね
弘化3（1846）年～明治39（1906）年　江戸時代末期
～明治時代の土佐藩士。佐川の文武館に入り剣術
に精励。
¶幕末（没明治39（1906）年5月27日）

片岡長侯 かたおかながよし
江戸時代中期の和算家。
¶数学

片岡二光* かたおかにこう
文政4（1821）年～明治36（1903）年　江戸時代末期
～明治時代の尾張常滑の陶工。
¶美工（生文政4（1821）年9月24日　没明治36（1903）年8月8日）

片岡仁左衛門 かたおかにざえもん
世襲名　江戸時代の歌舞伎役者。江戸時代に活躍
したのは、初世から8世まで。
¶江人

片岡仁左衛門〔1代〕* かたおかにざえもん
明暦2（1656）年～正徳5（1715）年　江戸時代前期
の歌舞伎役者。
¶浮絵、歌大、コン、新歌（――〔1世〕

片岡仁左衛門〔2代〕* かたおかにざえもん
生没年不詳　㊙片岡三平（かたおかさんぺい）、片
岡長太夫〔1代〕（かたおかちょうだゆう）　江戸時
代中期の歌舞伎役者。宝永5年～享保2年頃に活躍。
¶歌大、新歌（――〔2世〕

片岡仁左衛門〔3代〕* かたおかにざえもん
生没年不詳　㊙藤川繁右衛門（ふじかわしげえも
ん）、藤川半三郎〔1代〕（ふじかわはんさぶろう）
江戸時代中期の歌舞伎役者。元禄2～13年以降に
活躍。
¶歌大

片岡仁左衛門〔4代〕* かたおかにざえもん
生没年不詳　㊙片岡茶谷（かたおかさこく）、茶谷
（さこく）、藤川茶谷（ふじかわさこく）、藤川庄松、
藤川正松（ふじかわしょうまつ）、藤川半三郎〔2
代〕（ふじかわはんさぶろう）　江戸時代中期の歌
舞伎役者、歌舞伎作者。正徳3年～宝暦7年頃に活躍。
¶歌大（㊥？　没宝暦8（1758）年）、コン、新歌（――〔4世〕

片岡仁左衛門〔5代〕* かたおかにざえもん
生没年不詳　㊙片岡茶谷（かたおかさこく）、茶谷
（さこく）、藤川半三郎〔3代〕（ふじかわはんさぶろ
う）、山本七三郎（やまもとしちさぶろう）、山本七
蔵（やまもとしちぞう）　江戸時代中期の歌舞伎役
者。宝暦1年～明和8年頃に活躍。
¶歌大、新歌（――〔5世〕）

片岡仁左衛門〔6代〕* かたおかにざえもん
享保16（1731）年～寛政1（1789）年　㊙紫浪（しろ
う）、素桐（そとう）、藤松三十郎、富士松三十郎
〔1代〕、富士松山十郎（ふじまつさんじゅうろう）、
三保木儀左衛門〔2代〕（みおきぎざえもん、みほき
ぎざえもん、みほぎざえもん）、三保木藤松、三
保木富士松（みほぎふじまつ）　江戸時代中期の歌
舞伎役者。宝暦7年～寛政1年頃に活躍。
¶歌大、コン（三保木儀左衛門〔2代〕　みほきぎざえも
ん）

片岡仁左衛門〔7代〕* かたおかにざえもん
宝暦5（1755）年～天保8（1837）年　㊙浅尾国五郎
〔2代〕（あさおくにごろう）、片岡我童〔1代〕（かた
おかがどう）、片岡万麿（かたおかまんまろ）、我童
（がどう）、中村松助（なかむらまつすけ）、南麗舎
（なんれいしゃ）、梅里（ばいり）、万麿（ばんま
ろ）、山沢国五郎（やまざわくにごろう）　江戸時
代中期～後期の歌舞伎役者。安永6年～天保7年頃
に活躍。
¶浮絵、歌大（没天保8（1837）年3月1日）、コン、新歌

片岡仁左衛門〔8代〕* かたおかにざえもん
文化7（1810）年～文久3（1863）年　㊙嵐橘次郎（あ
らしきつじろう）、市川新之助〔6代〕（いちかわし
んのすけ）、片岡我当〔1代〕（かたおかがとう）、片
岡我童〔2代〕（かたおかがどう）、片岡芦燕（かた
おかろえん）、我童（がどう）、三升
岩五郎（みますいわごろう）、李童（りどう）、芦燕
（ろえん）　江戸時代末期の歌舞伎役者。天保2年～
文久3年頃に活躍。
¶歌大（没文久3（1863）年2月16日）、コン（片岡我当〔1
代〕　かたおかがとう）、新歌（――〔8世〕）

片岡仁左衛門〔9代〕* かたおかにざえもん
天保10（1839）年～*　㊙片岡我当〔2代〕（かたおか
がとう）　江戸時代末期～明治時代の歌舞伎役者。
実悪役者で有名。
¶歌大（没明治4（1871）年11月22日）、コン（片岡我当〔2
代〕　かたおかがとう　没明治4（1871）年）

片岡仁左衛門〔10代〕* かたおかにざえもん
嘉永4（1851）年～明治28（1895）年　江戸時代末期
～明治時代の歌舞伎役者。立役、敵役を得意とした。
¶歌大（㊥嘉永4（1851）年3月13日　没明治28（1895）年4
月16日）、新歌（――〔10世〕）

片岡仁左衛門〔11代〕* かたおかにざえもん
安政4（1857）年～昭和9（1934）年　江戸時代末期
～昭和時代の大阪の歌舞伎役者。東京へ移り劇壇
の重鎮となった。
¶歌大（㊥安政4（1857）年12月4日　没昭和9（1934）年10
月16日）、新歌（――〔11世〕）

片岡信子* かたおかのぶこ
*～大正8（1919）年　江戸時代末期～明治時代の女
性。片岡直温の母。賢母として知られる。
¶幕末（㊥天保2（1831）年8月1日　没大正8（1919）年5月
25日）

片岡晴景 かたおかはるかげ
江戸時代末期の和算家。
¶数学

片岡彦四郎 かたおかひこしろう
⇒三保木儀左衛門〔1代〕（みほきぎざえもん）

片岡寛光* かたおかひろみつ
？～天保9（1838）年　江戸時代後期の国学者、歌人。
¶コン（㊥文政1（1818）年）

片岡平兵衛* かたおかへいべえ
生没年不詳　安土桃山時代の織田信長の家臣。
¶織田

片岡孫五郎* かたおかまごごろう
文化8（1811）年～慶応3（1867）年　江戸時代末期
の志士。土佐勤王党に参加。
¶コン、幕末（没慶応3（1867）年8月14日）

片岡万平* かたおかまんぺい
明和7(1770)年〜文化14(1817)年 江戸時代後期の常陸国の百姓一揆の指導者、義民。
¶コン

片岡万麿 かたおかまんまろ
⇒片岡仁左衛門〔7代〕(かたおかにざえもん)

片岡光綱* かたおかみつつな
?〜天正13(1585)年 安土桃山時代の武士。
¶全戦

片岡光政 かたおかみつまさ
安土桃山時代の武士。
¶全戦([生]? [没]天正14(1586)年)

片岡盛蔵* かたおかもりぞう
天保4(1833)年〜明治35(1902)年 江戸時代末期〜明治時代の土佐藩士。土佐勤王党に参加し海防子頭。
¶幕末([生]天保4(1833)年8月 [没]明治35(1902)年10月22日)

片岡弥太郎* かたおかやたろう
生没年不詳 安土桃山時代の織田信長の家臣。
¶織田

片岡弥太郎春之 かたおかやたろうはるゆき
江戸時代前期の人。下牧村片岡城主片岡新助春利の子。豊臣秀長に仕えた。
¶大坂

片岡雄馬* かたおかゆうま
天保7(1836)年〜明治3(1870)年 江戸時代末期〜明治時代の志士。
¶幕末([没]明治3(1870)年9月6日)

片岡芦燕〔1代〕(片岡蘆燕) かたおかろえん
⇒片岡仁左衛門〔8代〕(かたおかにざえもん)

片桐東市正 かたぎりいちのかみ
⇒片桐且元(かたぎりかつもと)

片桐嘉矜* かたぎりかぎん, かたぎりかきん
?〜文政3(1820)年 [別]片桐嘉矜(かたぎりよしえり) 江戸時代後期の暦算家、陸奥会津藩士。
¶科学, コン, 数学(かたぎりよしえり)

片切家正 かたぎりかせい
安土桃山時代〜江戸時代前期の代官。
¶徳代(生没年不詳)

片桐且元* かたぎりかつもと
弘治2(1556)年〜元和1(1615)年 [別]片桐東市正(かたぎりいちのかみ), 片桐直倫(かたぎりなおみち) 安土桃山時代〜江戸時代前期の大名。摂津茨木藩主、大和竜田藩主。
¶コン, 全戦, 戦武([没]慶長20(1615)年), 徳将, 山小([没]1615年5月28日)

片桐貞昌 かたぎりさだまさ
⇒片桐石州(かたぎりせきしゅう)

片切左馬丞 かたぎりさまのじょう
戦国時代〜安土桃山時代の信濃国伊那郡の国衆片切氏一族か。
¶武田(生没年不詳)

片桐省介 かたぎりしょうすけ
⇒片桐省介(かたぎりせいすけ)

片桐助作* かたぎりすけさく
嘉永3(1850)年〜大正7(1918)年 江戸時代末期〜明治時代の尾張藩士。
¶幕末([没]大正7(1918)年2月)

片切西謙 かたぎりせいけん
安土桃山時代の信濃国伊那郡の国衆片切氏一族か。
¶武田(生没年不詳)

片桐省介* かたぎりせいすけ
天保8(1837)年〜明治6(1873)年 [別]片桐省介(かたぎりしょうすけ) 江戸時代末期〜明治時代の志士、東京府権判事。官物濫用の罪に問われ三宅島に流謫。
¶コン, 幕末(かたぎりしょうすけ [没]明治6(1873)年2月19日)

片桐石州* かたぎりせきしゅう
慶長10(1605)年〜延宝1(1673)年11月20日 [別]片桐貞昌(かたぎりさだまさ) 江戸時代前期の大名、茶人。大和小泉藩主。茶道石州流の祖。
¶江人, コン

片切宗三郎 かたぎりそうざぶろう
安土桃山時代の信濃国伊那郡の国衆片切氏一族か。
¶武田(生没年不詳)

片切為茂 かたぎりためしげ
安土桃山時代の信濃国伊那郡の国衆片切氏一族か。
¶武田(生没年不詳)

片切為成 かたぎりためなり
戦国時代の信濃国伊那郡の国衆。
¶武田(生没年不詳)

片切為房 かたぎりためふさ
室町時代〜戦国時代の信濃国伊那郡の国衆片切氏の一族。
¶武田(生没年不詳)

片桐桐隠* かたぎりとういん, かたぎりどういん
宝暦9(1759)年〜文政2(1819)年 江戸時代後期の画家。
¶美画([没]文政2(1819)年7月26日)

片桐直倫 かたぎりなおみち
⇒片桐且元(かたぎりかつもと)

片切昌忠 かたぎりまさただ
安土桃山時代の信濃国伊那郡の国衆片切氏の一族か。片桐昌為の兄弟か。
¶武田(生没年不詳)

片切昌為 かたぎりまさため
戦国時代の信濃国伊那郡の国衆。
¶武田(生没年不詳)

片桐嘉矜 かたぎりよしえり
⇒片桐嘉矜(かたぎりかぎん)

片桐嘉保* かたぎりよしやす
享保2(1717)年〜寛政2(1790)年 江戸時代中期の暦算家、陸奥会津藩士。
¶数学([没]寛政2(1790)年10月6日)

片桐り乃* かたぎりりの
寛政9(1797)年〜嘉永3(1850)年11月13日 江戸時代末期の女性。歌人。信濃国飯島の人。
¶江表(りの(長野県))

か

片倉鶴陵*　かたくらかくりょう
宝暦1(1751)年～文政5(1822)年9月11日　㊀片倉元周(かたくらげんしゅう)　江戸時代後期の産科医。世界初の係蹄方による鼻茸離断法を実施。
¶江人(片倉元周　かたくらげんしゅう),科学(㊐宝暦1(1751)年1月17日),コン,対外

片倉景綱*　かたくらかげつな
弘治3(1557)年～元和1(1615)年　㊀片倉小十郎(かたくらこじゅうろう)　安土桃山時代～江戸時代前期の武将。伊達政宗の家臣。
¶コン,全戦,戦武,内乱

片倉元周　かたくらげんしゅう
⇒片倉鶴陵(かたくらかくりょう)

片倉小十郎　かたくらこじゅうろう
⇒片倉景綱(かたくらかげつな)

片倉重綱　かたくらしげつな
安土桃山時代～江戸時代前期の武将。伊達政宗の家臣。
¶全戦(㊐天正12(1584)年　㊀万治2(1659)年)

加田九郎太*　かだくろうた
天保1(1830)年～万延1(1860)年　江戸時代末期の近江彦根藩士。
¶幕末(㊀安政7(1860)年3月3日)

加多子　かたこ★
江戸時代後期の女性。和歌。豊後臼杵藩主稲葉雍通の娘。天保7年棚倉に転封となった松平康爵の室。
¶江表(加多子(福島県))

堅子　かたこ★
江戸時代末期の女性。和歌。常陸水戸藩中臈の伊藤千代。文久1年成立「烈公一回御忌和歌」に載る。
¶江表(堅子(茨城県))

方子　かたこ
江戸時代後期の女性。和歌。備中乙島村の商家守屋民右衛門方広の娘。
¶江表(方子(岡山県)　㊀文政11(1828)年)

片田　かただ★
江戸時代中期の女性。和歌。徳川(田安)家の若年寄。賀茂真淵の「県居門人録」の明和2年に載る。
¶江表(片田(東京都))

堅田喜惣治〔1代〕*　かただきそうじ，かたたきそうじ
生没年不詳　江戸時代中期～後期の長唄囃子方堅田家の家元。
¶コン(代数なし)

堅田源右衛門*　かただげんえもん
生没年不詳　㊀堅田源右衛門(かたたのげんえもん)　室町時代～戦国時代の蓮如の篤信の門徒と伝えられる伝説上の人物。
¶コン

堅田少輔　かただしょうすけ
⇒堅田大和(かただやまと)

堅田源右衛門　かたたのげんえもん
⇒堅田源右衛門(かただげんえもん)

荷田蒼生子　かだたみこ
⇒荷田蒼生子(かだのたみこ)

堅田元慶*　かただもとよし
*～元和8(1622)年　安土桃山時代～江戸時代前期の武士。
¶全戦(㊐永禄11(1568)年),戦武(㊐永禄11(1568)年)

堅田大和*　かただやまと
嘉永3(1850)年～大正8(1919)年11月29日　㊀堅田少輔(かただしょうすけ)　江戸時代末期～明治時代の長州(萩)藩家老、工部大学校教員。
¶幕末(㊐嘉永3(1850)年10月26日)

華達　かたつ
奈良時代の薬師寺の僧。天平宝字4年僧範曜を殺害。
¶古人(生没年不詳)

荷田直子　かだなおこ
⇒荷田直子(かだのなおこ)

荷田春満*　かだのあずままろ
寛文9(1669)年～元文1(1736)年　㊀荷田春満(かだあずままろ)，羽倉斎(はくらいつき)　江戸時代中期の国学者。復古神道を唱道。国学の四大人の一人。
¶江人(かだあずままろ),コン,詩作(㊐寛文9(1669)年1月3日　㊀元文1(1736)年7月2日),思想,徳将,日文,山小(㊀1736年7月2日)

荷田在満*　かだのありまろ
宝永3(1706)年～寛延4(1751)年8月4日　㊀荷田在満(かだありまろ)　江戸時代中期の国学者、有職故実家。「国歌八論」の著者。
¶江人(かだありまろ),コン(㊀宝暦1(1751)年),思想(㊀宝暦1(1751)年),徳将

荷田貝子*　かだのかいこ
正保4(1647)年～享保4(1719)年　㊀貝子(かいこ)，深尾貝子(ふかおかいこ)　江戸時代前期～中期の女性。歌人。国学者荷田春満の母。
¶江表(貝子(京都府))

交野惟粛*　かたのこれかた
宝永3(1706)年8月10日～元文4(1739)年2月17日　㊀交野惟粛(かたのこれずみ)　江戸時代中期の公家(非参議)。権中納言裏松意光の次男。
¶公卿,公家(惟粛〔交野家〕　これかた)

交野惟粛　かたのこれずみ
⇒交野惟粛(かたのこれかた)

片野十郎*　かたのじゅうろう
天保6(1835)年～明治6(1873)年　江戸時代末期～明治時代の奇兵隊士。
¶全幕,幕末(㊀明治6(1873)年11月14日)

片野善助　かたのぜんすけ
安土桃山時代の北条氏邦の家臣。
¶後北(善助〔片野〕　ぜんすけ)

荷田蒼生子*　かだのたみこ
享保7(1722)年～天明6(1786)年2月2日　㊀荷田蒼生子(かだたみこ)　江戸時代中期の女性。歌人、歌学者。国学者荷田春満の弟高惟の娘。
¶江表(蒼生子(東京都)),コン,詩作,女史,女文(かだたみこ)

片野東四郎　かたのとうしろう
世襲名　江戸時代中期～明治時代の永楽屋東壁堂主人。
¶出版

交野時晃*　かたのときあきら
文政1(1818)年～文久1(1861)年　江戸時代末期の公家(非参議)。非参議交野時雍の次男。

¶公卿（[生]文政1（1818）年2月12日　[没]文久1（1861）年8月10日），公家（時晃〔交野家〕　ときあきら　[生]文化15（1818）年2月12日　[没]文久1（1861）年8月10日），幕末（[生]文政15（1818）年2月22日　[没]文久1（1861）年8月10日）

交野時香* かたのときか
寛文4（1664）年12月7日～正徳1（1711）年2月2日　江戸時代中期の公家（非参議）。権中納言平松時量の末子。
¶公卿，公家（時香〔交野家〕　ときか）

交野時雍* かたのときちか
天明5（1785）年11月11日～天保6（1835）年閏7月12日　江戸時代後期の公家（非参議）。准大臣広橋伊光の末子、母は参議堀河康実の娘。
¶公卿，公家（時雍〔交野家〕　ときやす）

交野時万* かたのときつむ
天保3（1832）年～大正3（1914）年　江戸時代末期～大正時代の公家。条約幕府委任反対八十八卿列参に参加。
¶公卿（[生]天保3（1832）年5月19日），公家（時万〔交野家〕　ときつむ　[生]天保3（1832）年5月19日　[没]大正3（1914）年1月17日），幕末（[生]天保3（1832）年5月19日　[没]大正3（1914）年1月17日）

交野時利* かたのときとし
明和3（1766）年8月28日～天保1（1830）年1月4日　江戸時代中期～後期の公家（参議）。権中納言交野時永の子。
¶公卿，公家（時利〔交野家〕　ときとし　[没]文政13（1830）年1月4日）

交野時永* かたのときなが
享保16（1731）年6月29日～天明5（1785）年11月7日　江戸時代中期の公家（権中納言）。非参議長谷範昌の次男。
¶公卿，公家（時永〔交野家〕　ときなが）

荷田直子* かだのなおこ
？～明和1（1764）年　[別]荷田直子（かだなおこ），芝崎直子（しばさきなおこ，しばざきなおこ）　江戸時代中期の女性。歌人。荷田春満の娘。
¶江表（直子（東京都））

交野少将* かたののしょうしょう
平安時代中期の物語に登場する人物。
¶コン

交野女王* かたののじょおう
生没年不詳　[別]交野女王（かたののにょおう，かたののひめみこ）　奈良時代の女性。嵯峨天皇の宮人。
¶コン（かたののにょおう），女史，天皇（かたののひめみこ）

交野女王 かたののにょおう
⇒交野女王（かたののじょおう）

交野八郎* かたののはちろう
生没年不詳　[別]交野八郎（かたのはちろう）　鎌倉時代の盗賊。
¶中世（かたのはちろう）

交野女王 かたののひめみこ
⇒交野女王（かたののじょおう）

肩野道主 かたののみちぬし
平安時代前期の右京の人。元慶元年（877）姓良棟宿禰を賜わる。
¶古人（生没年不詳）

交野八郎 かたのはちろう
⇒交野八郎（かたののはちろう）

片野紅子* かたのもみこ
生没年不詳　[別]紅子（もみこ）　江戸時代中期の女性。歌人。賀茂真淵に師事した。
¶江表（紅子（和歌山県）　もみこ）

片原縫女 かたはらぬいめ★
江戸時代後期の女性。狂歌。後藤氏の母。文政2年刊、千柳亭唐丸編『狂歌陸奥百歌撰』に載る。
¶江表（片原縫女（福島県））

加田半六* かだはんろく
江戸時代中期の陶芸家、楽山窯2代目。
¶美工（生没年不詳）

良仁親王 かたひとしんのう
⇒覚深入道親王（かくじんにゅうどうしんのう）

片平信明 かたひらしんめい
⇒片平信明（かたひらのぶあき）

片平信明* かたひらのぶあき
天保1（1830）年～明治31（1898）年10月6日　[別]片平信明（かたひらしんめい）　江戸時代末期～明治時代の農政家。
¶コン（[生]文政12（1829）年），幕末（[生]天保13（1842）年）

片見小次郎* かたみこじろう
文政5（1822）年～明治20（1887）年　江戸時代末期～明治時代の清末藩士。内政を固め財政を補佐。
¶幕末（[没]明治20（1887）年6月）

加田屋助右衛門* かだやすけえもん
生没年不詳　江戸時代中期の江戸干鰯問屋。
¶コン

片山伊与* かたやまいよ
享保16（1731）年～？　[別]伊与（いよ）　江戸時代中期～後期の女性。篆刻家。
¶江表（伊与（京都府））

片山円然 かたやまえんぜん
⇒片山円然（かたやまえんねん）

片山円然* かたやまえんねん
明和5（1768）年～？　[別]片山円然（かたやまえんぜん），片山松斎（かたやましょうさい）　江戸時代後期の著述家。
¶思想

片山貫一郎* かたやまかんいちろう
天保1（1830）年～明治7（1874）年　江戸時代末期～明治時代の吉田駐屯奇兵隊教授。
¶幕末（[生]文政13（1830）年　[没]明治7（1874）年1月21日）

片山貫道* かたやまかんどう
生没年不詳　江戸時代末期～明治時代の日本画家。
¶美画

片山九市 かたやまきゅういち
⇒片山九市（かたやまくいち）

片山九畹* かたやまきゅうえん
安永8（1779）年～天保7（1836）年　江戸時代後期の女性。漢詩人。
¶江表（九畹（福井県）　きゅうえん）

片山金弥* かたやまきんや
天明8（1788）年～嘉永4（1851）年8月21日　[別]片山正重（かたやままさしげ）　江戸時代後期の暦学者、

か

備中岡田藩士。
¶コン,数学(片山正重 かたやままさしげ)

片山九市* かたやまくいち
文政11(1828)年〜元治1(1864)年 [別]片山九市(かたやまきゅういち),木村愛之助(きむらあいのすけ),千賀九左衛門(ちがくざえもん) 江戸時代末期の志士。
¶幕末([生]文政11(1828)年2月10日 [没]元治1(1864)年7月19日)

か

片山兼山* かたやまけんざん
享保15(1730)年〜天明2(1782)年 江戸時代中期の折衷学派の儒者。
¶コン,思想

片山淳吉* かたやまじゅんきち
天保8(1837)年3月3日〜明治20(1887)年6月29日 江戸時代末期〜明治時代の洋学者、教科書編纂者、慶応義塾大学助教授。日本最初の物理教科書の編者。
¶科学

片山尚景* かたやましょうけい
寛永5(1628)年〜享保2(1717)年 江戸時代前期〜中期の画家。
¶美画([没]享保2(1717)年9月)

片山松斎 かたやましょうさい
⇒片山円然(かたやまえんねん)

片山甚右衛門 かたやまじんえもん
江戸時代前期の人。本国は近江。大坂の陣で小岩井雅楽介に属して戦死。
¶大坂

かた山新左衛門 かたやましんざえもん
安土桃山時代の信濃国筑摩郡会田の土豪。会田岩下氏の被官とみられる。
¶武田(生没年不詳)

片山寸長* かたやますんちょう
正徳3(1713)年〜宝暦11(1761)年 [別]寸長(すんちょう) 江戸時代中期の俳人。
¶俳文(寸長 すんちょう [没]宝暦11(1761)年6月27日)

片山宗哲* かたやまそうてつ
安土桃山時代〜江戸時代前期の医師。
¶徳人([生]1573年 [没]1622年)

片山冲堂* かたやまちゅうどう
文化13(1816)年〜明治21(1888)年 江戸時代末期〜明治時代の儒学者。郷土史研究の重要な役割を果たす。著書「高松藩記」がある。
¶幕末([没]明治21(1888)年1月8日)

片山鼎洲* かたやまていしゅう
文政12(1829)年〜明治34(1901)年 江戸時代末期〜明治時代の漢詩人。質屋、酒造業を営み、風流韻事を好む。
¶幕末([没]明治34(1901)年9月)

片山長好* かたやまながよし
生没年不詳 江戸時代中期〜後期の和算家。
¶数学

片山半三郎 かたやまはんざぶろう
江戸時代後期の幕臣。
¶徳人(生没年不詳)

片山北海* かたやまほっかい
享保8(1723)年〜寛政2(1790)年9月22日 江戸時代中期の儒学者、漢詩人。混沌社の盟主。
¶コン,思想

片山正重 かたやままさしげ
⇒片山金弥(かたやまきんや)

片山門左衛門 かたやまもんざえもん
江戸時代後期の幕臣。
¶徳人(生没年不詳)

片山楊谷* かたやまようこく
宝暦10(1760)年〜享和1(1801)年 [別]洞楊谷(どうようこく) 江戸時代中期〜後期の因幡鳥取藩士、画家。
¶美画([没]享和1(1801)年8月24日)

片山良庵* かたやまりょうあん
慶長6(1601)年〜寛文8(1668)年 江戸時代前期の軍学者。
¶コン

片寄平蔵* かたよせへいぞう
文化10(1813)年〜万延1(1860)年 江戸時代末期の常陸笠間藩の御用商人。常磐炭鉱事業の開発者。
¶コン,幕末([生]文化10(1813)年2月15日 [没]万延1(1860)年8月3日)

カタリナ*
天正2(1574)年?〜慶安1(1648)年 安土桃山時代〜江戸時代前期の薩摩藩士、キリシタン。
¶江表(永俊尼(鹿児島県) [生]天正3(1575)年 [没]慶安2(1649)年)

語猪麻呂 かたりのいまろ
⇒語臣猪麻呂(かたりのおみいまろ)

語臣猪麻呂* かたりのおみいまろ
[別]語猪麻呂(かたりのいまろ) 飛鳥時代の出雲国の人。
¶古代

かち(1)
江戸時代中期の女性。和歌。和泉岸和田藩藩士安井直堅の妻。天明2年宮内清秀序『伴菊延齢詩歌集』に載る。
¶江表(かち(大阪府))

かち(2)
江戸時代後期の女性。俳諧。文政7年刊、十方庵画山編『笠の露』に載る。
¶江表(かち(佐賀県))

かち(3)
江戸時代後期の女性。和歌。三輪氏。天保11年刊『瓊浦集』に載る。
¶江表(かち(長崎県))

可知(1) かち★
江戸時代前期〜中期の女性。和歌。丸亀藩藩士塩津八郎衛直方の娘。
¶江表(可知(香川県) [生]寛文6(1666)年 [没]享保9(1724)年)

可知(2) かち
江戸時代後期の女性。和歌。備前岡山の酒折官祠官岡為直の娘。
¶江表(可知(岡山県) [没]文政2(1819)年)

嘉チ かち★
江戸時代後期の女性。和歌。大坂の人。嘉永4年刊、加納諸平編『類題鰒玉集』六に載る。
¶江表(嘉チ(大阪府))

可竹女 かちくじょ★
江戸時代後期の女性。俳諧。北目の人。文化2年に奉納の俳額に載る。
¶江表(可竹女(山形県))

かぢ子 かぢこ★
江戸時代後期の女性。和歌。尾張清洲の豪農早川清太夫文明の妻。文化14年刊、磯村道彦編『春風集』に載る。
¶江表(かぢ子(愛知県))

かち女 かちじょ★
江戸時代中期の女性。俳諧。彦根の俳人桃巣庵越闌の娘。享保6年跋、京都の何狂編『東海道』に載る。
¶江表(かち女(滋賀県))

梶の方・勝の方 かちのかた★
安土桃山時代〜江戸時代前期の女性。書簡。戦国武将で北条氏康の家臣太田康資の娘。
¶江表(梶の方・勝の方(東京都) [生]天正6(1578)年 [没]寛永19(1642)年)

勝広埼 かちのひろさき
奈良時代の写経所経師。
¶古人(生没年不詳)

可中(1) かちゅう★
江戸時代後期の女性。俳諧。徳川(田安)家の侍医で歌人井上文雄の妻。嘉永4年跋、黒川惟草編『俳諧人名録』三に載る。
¶江表(可中(東京都))

可中(2) かちゅう
⇒山本京四郎〔1代〕(やまもときょうしろう)

可中の母 かちゅうのはは★
江戸時代中期の女性。俳諧。尾張名古屋の人。享保7年刊、巻耳・燕説編『北国曲』一に載る。
¶江表(可中の母(愛知県))

可鳥 かちょう★
江戸時代後期の女性。俳諧。綿貫の人。文政年間刊、青木周渓編『俳家百人集』に載る。
¶江表(可鳥(群馬県))

嘉長* かちょう
生没年不詳 安土桃山時代の金具師。初期の七宝細工師。
¶コン,美工

夏朝 かちょう★
江戸時代後期の女性。俳諧。広浦の人。天明8年刊、古田此葉著『市女笠』に載る。
¶江表(夏朝(和歌山県))

歌蝶 かちょう
⇒水木辰之助〔1代〕(みずきたつのすけ)

花朝(1) かちょう★
江戸時代後期の女性。俳諧。天保5年刊、多賀庵四世筵史編『やまかつら』に載る。
¶江表(花朝(広島県))

花朝(2) かちょう★
江戸時代後期の女性。俳諧。周防山代本郷の人。文政3年序、山本友左坊撰『おゐのたひ』に載る。
¶江表(花朝(山口県))

花朝(3) かちょう★
江戸時代末期の女性。俳諧。文久2年刊、双雀庵岡田氷壺編『文久発句六百題』に載る。
¶江表(花朝(茨城県))

花蝶 かちょう★
江戸時代後期の女性。俳諧。備後西城の人。享和2年刊『時雨会』に載る。
¶江表(花蝶(広島県))

花鳥 かちょう★
江戸時代前期の女性。俳諧。長崎丸山の遊女。貞享1年序、井原西鶴編『俳諧女歌仙』に載る。
¶江表(花鳥(長崎県))

香蝶 かちょう★
江戸時代後期の女性。俳諧。播磨加東郡小田の依藤七兵衛の娘。
¶江表(香蝶(兵庫県) [没]文政3(1820)年)

賀朝*(1) がちょう
生没年不詳 平安時代前期の天台宗の僧・歌人。
¶古人

賀朝(2) がちょう
⇒尾上菊五郎〔3代〕(おのえきくごろう)

花長女 かちょうじょ★
江戸時代後期の女性。狂歌。下総野田の人。文政12年刊、四方歌垣真顔撰『狂歌福草集』に載る。
¶江表(花長女(千葉県))

花鳥女 かちょうじょ★
江戸時代後期の女性。俳諧。駿河岩本の人。文化12年刊、岩崎梧泉編『三節』に載る。
¶江表(花鳥女(静岡県))

珈蝶女 かちょうじょ★
江戸時代中期の女性。俳諧。白鳥の人。安永3年序、安芸文江編『玉淵集』に白鳥連の一人として載る。
¶江表(珈蝶女(香川県))

華頂宮博経親王 かちょうのみやひろつねしんのう
⇒博経親王(ひろつねしんのう)

可直斎長純 かちょくさいちょうじゅん
戦国時代の人。真言宗金剛王院の僧侶か。北条氏康家臣。
¶後北

月輪大師 がちりんだいし
⇒俊芿(しゅんじょう)

かつ(1)
江戸時代中期の女性。和歌。京都の矢倉九右衛門安信の母。宝永6年奉納、平間長雅編「住吉社奉納千首和歌」に載る。
¶江表(かつ(京都府))

かつ(2)
江戸時代中期の女性。俳諧。天明4年刊、柳下園其翠編『其翠春帖』に載る。
¶江表(かつ(佐賀県))

かつ(3)
江戸時代後期の女性。俳諧。大森の人。文化5年成立、大森連中編「鶯山亡師7回忌追福」に載る。
¶江表(かつ(秋田県))

かつ(4)

江戸時代後期の女性。教育。吉江重道の妻。
¶江表（かつ（東京都））　㊨享和1（1801）年頃

かつ(5)

江戸時代後期の女性。俳諧。文政2年刊、田喜庵護物編『俳諧捜玉集』に載る。
¶江表（かつ（東京都））

かつ(6)

江戸時代後期の女性。教育。筆学指南横山整治の妻。
¶江表（かつ（東京都））　㊨文化14（1817）年頃

かつ(7)

江戸時代後期の女性。俳諧。甲斐の人。文化1年刊、苔室草丸編、鬼伯追善句集『南無秋の夜』に載る。
¶江表（かつ（山梨県））

かつ(8)

江戸時代後期～明治時代の女性。和歌・茶道。旗本牛奥太夫の娘。紀州藩の老女田川。
¶江表（かつ（和歌山県））　㊨文化5（1808）年　㊦明治19（1886）年

か津(1)　かつ*

江戸時代中期の女性。和歌。一関藩主田村村隆家の奥女中。安永3年成立「田村村隆母公六十賀祝賀歌集」に載る。
¶江表（か津（岩手県））

か津(2)　かつ*

江戸時代後期の女性。教育。井上三四郎の妻。
¶江表（か津（東京都））　㊨文政7（1824）年頃

加津(1)　かつ*

江戸時代中期の女性。漢詩。小川氏。安永3年刊、江村北海編『日本詩選』巻一〇に載る。
¶江表（加津（徳島県））

加津(2)　かつ*

江戸時代後期の女性。俳諧。長門田耕村の人。文政7年、田上菊舎72歳の時、故郷田耕を訪れた折の俳諧紀行「山めぐり集」に載る。
¶江表（加津（山口県））

可津(1)　かつ*

江戸時代中期の女性。俳諧。天明4年刊、柳下園其翠編『其翠春帖』に載る。
¶江表（可津（佐賀県））

可津(2)　かつ*

江戸時代後期～明治時代の女性。奥女中。三河田原藩藩士定府（江戸詰）の渡辺崋山とたかの娘。
¶江表（可津（愛知県））　㊨文政9（1826）年　㊦明治16（1883）年

嘉津　かつ*

江戸時代後期の女性。教育。松本万平の妻。
¶江表（嘉津（東京都））　㊨文政2（1819）年

勝(1)　かつ*

江戸時代前期の女性。俳諧。駿河府中の人。貞享1年刊、井原西鶴編『俳諧女歌仙』に載る。
¶江表（勝（静岡県））

勝(2)　かつ*

江戸時代中期の女性。和歌。高橋氏。元禄14年刊、大淀三千風編『倭漢田鳥集』に載る。
¶江表（勝（山梨県））

勝(3)　かつ*

江戸時代後期の女性。和歌。志摩鳥羽藩藩士上村三郎右衛門義珍の妻。嘉永4年刊、堀尾光久編『近世名所歌集』初に載る。
¶江表（勝（三重県））

勝(4)　かつ*

江戸時代末期の女性。和歌。京都の歌人堀尾氏恒の娘。文久2年刊、西田惟恒編『文久二年八百首』に載る。
¶江表（勝（京都府））

勝(5)　かつ*

江戸時代末期の女性。和歌。長州藩藩士井上又右衛門の母。文久1年序、西田惟恒編『文久元年七百首』に載る。
¶江表（勝（山口県））

克明親王*　かつあきらしんのう

延喜3（903）年～延長5（927）年　㊨克明親王（よしあきらしんのう）　平安時代中期の醍醐天皇の第1皇子。
¶古人（よしあきらしんのう）、天皇（かつあきらしんのう・よしあきらしんのう（㊦延長5（927）年9月24日）

勝井源八*　かついげんぱち

安永7（1778）年～文政11（1828）年　㊨勝井源八郎（かついげんぱちろう）、勝浦周蔵（かつうらしゅうぞう）、勝秀蔵（かつひでぞう）、勝団蔵（かつだんぞう）　江戸時代後期の歌舞伎作者。文化7年～文政11年頃に活躍。
¶歌大（㊦文政11（1828）年8月21日／1月21日）

勝井源八郎　かついげんぱちろう

⇒勝井源八（かついげんぱち）

勝井五八郎*　かついごはちろう

文化12（1815）年～慶応1（1865）年　江戸時代末期の対馬藩士。
¶コン、全藩、幕末（㊨文化12（1815）年1月12日　㊦慶応1（1865）年5月2日）

勝浦周蔵　かつうらしゅうぞう

⇒勝井源八（かついげんぱち）

勝興の母　かつおきのはは*

江戸時代後期の女性。和歌。勝興は大村藩の家臣。文化11年刊、中山忠雄・河田正致編『柿本社奉納和歌集』に載る。
¶江表（勝興の母（長崎県））

覚快　かっかい

⇒覚快法親王（かくかいほっしんのう）

勝海舟*　かつかいしゅう

文政6（1823）年～明治32（1899）年　㊨勝安芳（かつやすよし）　江戸時代末期～明治時代の蘭学者、政治家。日本海軍創設者。咸臨丸艦長として初の太平洋横断に成功。枢密顧問官。
¶江人、コン、詩作（㊨文政6（1823）年1月30日　㊦明治32（1899）年1月19日）、思想、全幕、徳将、徳人、幕末（㊨文政6（1823）年1月30日　㊦明治32（1899）年1月19日）、山小（㊨1823年1月30日　㊦1899年1月19日）

覚快法親王　かっかいほっしんのう

⇒覚快法親王（かくかいほっしんのう）

勝川春英*　かつかわしゅんえい

宝暦12（1762）年～文政2（1819）年　江戸時代中期～後期の浮世絵師。役者絵の全盛時代を築いた。
¶浮絵（㊨宝暦12（1762）年）、歌大, コン、美画（㊦文政2

(1819)年10月26日)

勝川春艶 かつかわしゅんえん
江戸時代後期の画家。
¶浮絵(生没年不詳)

勝川春暁* かつかわしゅんぎょう
生没年不詳 江戸時代後期の絵師。
¶浮絵

勝川春旭* かつかわしゅんきょく
生没年不詳 江戸時代後期の絵師。
¶浮絵

勝川春好*(――〔1代〕) かつかわしゅんこう
寛保3(1743)年～文化9(1812)年 江戸時代中期～後期の浮世絵師。勝川春章門下の俊秀。
¶浮絵,歌大,コン,美画([没]文化9(1812)年10月28日)

勝川春紅 かつかわしゅんこう
江戸時代後期の画家。
¶浮絵(生没年不詳)

勝川春山〔1代〕* かつかわしゅんざん
生没年不詳 江戸時代末期の浮世絵師。
¶浮絵(代数なし),美画

勝川春章*(――〔1代〕) かつかわしゅんしょう
享保11(1726)年～寛政4(1792)年 江戸時代中期の浮世絵師。勝川流の祖。
¶浮絵,江人,歌大,コン,新歌,美画([没]寛政4(1792)年12月8日),山小([没]1792年12月8日)

勝川春常* かつかわしゅんじょう
?～天明7(1787)年 江戸時代中期の浮世絵師。
¶浮絵,美画([没]天明7(1787)年7月1日)

勝川春水 かつかわしゅんすい
⇒宮川春水(みやがわしゅんすい)

勝川春扇* かつかわしゅんせん
生没年不詳 江戸時代後期の浮世絵師。2代春好を襲名。
¶コン,美画

勝川春泉* かつかわしゅんせん
生没年不詳 江戸時代後期の浮世絵師。勝川春章の門人。
¶美画

勝川春潮* かつかわしゅんちょう
生没年不詳 江戸時代後期の浮世絵師。
¶浮絵,コン,美画

勝川春亭* かつかわしゅんてい
明和7(1770)年～文政3(1820)年 江戸時代後期の浮世絵師。
¶浮絵([没]文政7(1824)年),歌大([生]? [没]文政7(1824)年?),美画([没]文政3(1820)年8月3日)

勝川春洞* かつかわしゅんどう
江戸時代末期の浮世絵師。
¶美画(生没年不詳)

勝川春童* かつかわしゅんどう
生没年不詳 江戸時代末期の浮世絵師。
¶浮絵,コン,美画

勝川春林* かつかわしゅんりん
生没年不詳 江戸時代末期の浮世絵師。
¶美画

勝川春朗〔1代〕 かつかわしゅんろう
⇒葛飾北斎(かつしかほくさい)

勝川春朗〔2代〕* かつかわしゅんろう
?～文化14(1817)年 江戸時代後期の浮世絵師。
¶美画([没]文化14(1817)年4月25日)

勝川薪水* かつかわしんすい
江戸時代中期の浮世絵師。
¶美画(生没年不詳)

勝川輝重* かつかわてるしげ
江戸時代中期の浮世絵師。
¶美画(生没年不詳)

香月 かつき⋆
江戸時代末期の女性。辞書・和歌。将軍家の侍医で蘭学者桂川甫賢の娘。
¶江表(香月(東京都) [没]文久2(1862)年)

香月牛山* かつきぎゅうざん
明暦2(1656)年～元文5(1740)年3月16日 [別]香月啓益(かげつけいえき,かつきけいえき),香月牛山(かづきござん) 江戸時代中期の医師。後世派医家の代表と目された。
¶科学([生]明暦2(1656)年10月7日),コン(香月啓益 かげつけいえき),女史(香月啓益 かつきけいえき)

香月啓益 かつきけいえき
⇒香月牛山(かつきぎゅうざん)

香月牛山 かづきござん
⇒香月牛山(かつきぎゅうざん)

勝月枕山*(勝木枕山) かつきちんざん
宝永1(1704)年～天明4(1784)年 [別]枕山(ちんざん) 江戸時代中期の教育家。
¶俳文(枕山 ちんざん 生没年不詳)

勝木盛定*(――〔1代〕) かつきもりさだ
生没年不詳 江戸時代前期の象眼金工師。
¶美工

勝諺蔵〔1代〕* かつげんぞう
寛政8(1796)年～嘉永5(1852)年 江戸時代末期の歌舞伎狂言作者。
¶コン

勝諺蔵〔3代〕* かつげんぞう
弘化1(1844)年～明治35(1902)年10月27日 江戸時代末期～明治時代の歌舞伎作者、狂言作者。「二蓋笠柳生実記」など200余種の脚本を書く。
¶歌大,新歌(――〔3世〕)

かつ子(1) かつこ⋆
江戸時代後期の女性。和歌。橋本伊兵衛の妻。嘉永1年刊、長沢伴雄編『類題和歌鴨川集』に載る。
¶江表(かつ子(京都府))

かつ子(2) かつこ⋆
江戸時代後期の女性。和歌。土佐藩の奥女中。文政4年、高岡郡新居村の庄屋細木庵常の四○賀に短冊を寄せる。
¶江表(かつ子(高知県))

加津子(1) かつこ⋆
江戸時代末期の女性。国学・和歌。諸富氏。明治1年の『気吹舎国別門人姓名録』に載る。
¶江表(加津子(東京都))

か

か

加津子(2)　**かつこ★**
江戸時代末期の女性。和歌。出雲松江の今村氏。安政4年序、富永芳久編『丁巳出雲国五十歌撰』に載る。
¶江表(加津子(島根県))

葛古*　**かつこ**
*～明治13(1880)年7月15日　㊀葛古(くずふる)　江戸時代後期～明治時代の俳人。
¶俳文(くずふる　㊐寛政5(1793)年)

葛子　**かつこ★**
江戸時代の女性。和歌。藤村氏。明治10年刊、高橋富兄編『類題石川歌集』に載る。
¶江表(葛子(石川県))

且子　**かつこ**
江戸時代後期の女性。狂歌。摂津兵庫の人。享和3年刊、石中堂班象編『はなかたみ』に載る。
¶江表(且子(兵庫県))

勝子(1)　**かつこ★**
江戸時代前期の女性。俳諧。宇和島の矢野氏の娘。寛文12年序、宇和島藩家老桑折宗臣編『大海集』に載る。
¶江表(勝子(愛媛県))

勝子(2)　**かつこ★**
江戸時代後期～明治時代の女性。和歌。伊勢長島藩6代藩主増山正寧の娘。
¶江表(勝子(東京都)　㊐文政4(1821)年　㊍明治44(1911)年)

勝子(3)　**かつこ★**
江戸時代後期の女性。和歌。田中氏。弘化4年刊、清堂観尊編『たち花の香』に載る。
¶江表(勝子(東京都))

勝子(4)　**かつこ★**
江戸時代後期の女性。和歌。紀州藩藩士井上又右衛門の母。天保14年～弘化4年まで本居内遠門に在籍した。
¶江表(勝子(和歌山県))

勝子(5)　**かつこ★**
江戸時代末期の女性。和歌。伊勢山田の御師久保倉右近弘宣の妻。文久1年刊、宮川正光編『松杉和歌集』に載る。
¶江表(勝子(三重県))

勝子(6)　**かつこ★**
江戸時代末期～明治時代の女性。俳諧。今治藩主松平定休の娘。
¶江表(勝子(愛媛県)　㊍明治4(1871)年)

勝小吉*　**かつこきち**
享和2(1802)年～嘉永3(1850)年　㊀勝惟寅(かつこれとら)，勝夢酔(かつむすい)　江戸時代後期の旗本。勝海舟の父。
¶コン，徳人

勝子内親王*　**かつこないしんのう**
貞享3(1686)年～享保1(1716)年　㊀勝子内親王(しょうしないしんのう)　江戸時代中期の霊元天皇の第7皇女。
¶天皇(しょうしないしんのう　㊐貞享3(1686)年3月21日　㊍享保1(1716)年9月11日)

勝惟寅　**かつこれとら**
⇒勝小吉(かつこきち)

葛西松隠*　**かっさいしょういん**
文政12(1829)年～明治39(1906)年　江戸時代末期～明治時代の徳島藩士。黒船来航の時幕命をうけて大森を防備。
¶幕末(㊍明治39(1906)年4月9日)

葛三*　**かつさん**
宝暦12(1762)年～文政1(1818)年　㊀葛三(かつぞう)，倉田葛三(くらたかっさん，くらたかつさん)　江戸時代中期の俳人。
¶俳文(㊍文政1(1818)年6月12日)

月山貞一*(──〔1代〕)　**がっさんさだかず**
天保7(1836)年～大正7(1918)年　㊀貞一(さだかず)　江戸時代末期～明治時代の刀工。
¶美工(──〔1代〕　㊐天保7(1836)年2月11日　㊍大正7(1918)年7月11日)

葛飾為一　**かつしかいいつ**
⇒葛飾北斎(かつしかほくさい)

葛飾為斎*　**かつしかいさい**
文政4(1821)年～明治13(1880)年　江戸時代末期～明治時代の浮世絵師。
¶浮絵，美画(㊍明治13(1880)年6月)

葛飾栄　**かつしかえい**
⇒葛飾応為(かつしかおうい)

葛飾応為*　**かつしかおうい**
生没年不詳　㊀お栄(おえい)，葛飾栄(かつしかえい)　江戸時代末期の女性。浮世絵師。葛飾北斎の3女。
¶浮絵，江表(応為・阿栄・ヱイ(東京都))，コン，女史(お栄　おえい)，美画

葛飾戴斗*　**かつしかたいと**
生没年不詳　江戸時代末期の浮世絵師。
¶美画

葛飾北雲*　**かつしかほくうん**
生没年不詳　江戸時代末期の浮世絵師。
¶浮絵

葛飾北鵞*　**かつしかほくが**
生没年不詳　㊀卍楼北鵞(まんじろうほくが)　江戸時代末期の浮世絵師。
¶浮絵(卍楼北鵞　まんじろうほくが　㊐？　㊍安政3(1850)年)，美画

葛飾北牛　**かつしかほくぎゅう**
江戸時代後期の画家。
¶浮絵(生没年不詳)

葛飾北斎*(──〔1代〕)　**かつしかほくさい**
宝暦10(1760)年～嘉永2(1849)年　㊀勝川春朗〔1代〕(かつかわしゅんろう)，葛飾為一(かつしかいいつ)，北斎(ほくさい)　江戸時代後期の浮世絵師。葛飾流の始祖。代表作「富岳三十六景」など。
¶浮絵(──〔1代〕)，江人，歌大(勝川春朗　かつかわしゅんろう　㊐宝暦10(1760)年9月23日　㊍嘉永2(1849)年4月13日)，コン，美画(㊐宝暦10(1760)年9月23日　㊍嘉永2(1849)年4月18日)，山小(㊐1760年9月23日　㊍1849年4月18日)

葛飾北寿　**かつしかほくじゅ**
⇒昇亭北寿(しょうていほくじゅ)

葛飾北周*　**かつしかほくしゅう**
生没年不詳　江戸時代末期の浮世絵師。
¶美画

葛飾北秀* かつしかほくしゅう
生没年不詳　江戸時代末期の浮世絵師。
¶美画

葛飾北嵩* かつしかほくすう
生没年不詳　江戸時代末期の浮世絵師。
¶美画

葛飾北岱* かつしかほくたい
生没年不詳　江戸時代末期の浮世絵師。
¶浮絵, 美画

葛飾北馬 かつしかほくば
⇒蹄斎北馬（ていさいほくば）

葛飾北明* かつしかほくめい
生没年不詳　江戸時代後期の浮世絵師。
¶美画

葛飾北目* かつしかほくもく
江戸時代中期の浮世絵師。
¶美画（生没年不詳）

勝重 かつしげ
⇒岩佐勝重（いわさかつしげ）

恬子内親王 かっしないしんのう
⇒恬子内親王（てんしないしんのう）

勝秀蔵 かつしゅうぞう
⇒勝井源八（かついげんぱち）

かつ女(1)　かつじょ*
江戸時代中期の女性。俳諧。因幡鳥取の人。元文5年刊、西山宗因門の林樊川撰『桜道』に載る。
¶江表（かつ女（鳥取県））

かつ女(2)　かつじょ*
江戸時代後期の女性。「老の繰言」を著す。渡辺氏。
¶江表（かつ女（山形県））

かつ女(3)　かつじょ*
江戸時代後期の女性。俳諧。保科の人。寛政10年刊、嗽芳庵猿左編『誹諧発句帳』に載る。
¶江表（かつ女（長野県））

嘉津女 かつじょ*
江戸時代後期の女性。教育。内田東助の妻。
¶江表（嘉津女（東京都））　㋟文政9（1826）年頃）

勝女(1)　かつじょ*
江戸時代前期の女性。俳諧。西岡氏。延宝4年序、神田蝶々子編『誹諧当世男』に載る。
¶江表（勝女（東京都））

勝女(2)　かつじょ*
江戸時代中期の女性。俳諧。延岡の人。明和8年刊、大坂の商人で俳人の佐々木泉明撰『一人一首短冊篇』乾に載る。
¶江表（勝女（宮崎県））

勝女(3)　かつじょ*
江戸時代後期の女性。和歌。菅沼左京亮大蔵家の奥女中。文化11年刊、中山忠雄・河田正致編『柿本社奉納和歌集』に載る。
¶江表（勝女（東京都））

葛人 かつじん
⇒小島葛人（こじまかつじん）

葛三 かつぞう
⇒葛三（かつさん）

勝蔵 かつぞう
江戸時代末期の新撰組隊士。
¶新隊

花蔦 かつた*
江戸時代後期の女性。俳諧。石見益田の蛸阿坊梨般の孫娘。文化8年刊、自然房以松編『月のまこと』に載る。
¶江表（花蔦（島根県））

勝田啓庵 かつたけいあん
江戸時代後期の眼科医。
¶眼医（生没年不詳）

勝田三平* かつたさんべい
文政6（1823）年～明治27（1894）年　江戸時代末期～明治時代の名主。愛鷹山の官有地を須山村の共有林として払い下げに成功。
¶幕末

勝田充 かつたじゅう
⇒勝田充（かつたみつる）

勝田武窮 かつたたけつぐ
戦国時代～安土桃山時代の武士。佐渡守。武蔵国岩付城主太田氏資、のち北条氏繁・氏政・氏房家臣。
¶後北（武窮〔勝田(1)〕　たけつぐ）

勝田武政 かつたたけまさ
安土桃山時代の武士。大炊助。武滋の嫡男。武蔵国岩付城主北条氏政・氏房の家臣伊達房実の同心。
¶後北（武政〔勝田(1)〕　たけまさ）

勝田竹翁* かつたちくおう
生没年不詳　江戸時代前期の狩野派の画家。将軍徳川家光の御部屋絵師。
¶コン, 美画（㋟慶長11（1606）年　㋨貞享4（1687）年）

勝田八右衛門* かつたはちえもん
生没年不詳　戦国時代の武士。後北条氏家臣。
¶後北（八右衛門〔勝田(2)〕　はちえもん）

勝田八左衛門 かつたはちざえもん
戦国時代～江戸時代前期の松平正綱の家臣。初め北条氏康に仕えた。
¶大坂

勝田著邑 かつたはるさと
江戸時代前期～中期の幕臣。
¶徳人（㋟1648年　㋨1714年）

勝田半斎* かつたはんさい
安永9（1780）年～天保2（1831）年　江戸時代中期～後期の儒者。
¶徳人

勝たみ* かつたみ
文政4（1821）年2月～明治38（1905）年5月　㋞勝民子（かつたみこ）　江戸時代末期～明治時代の女性。勝海舟の妻。
¶幕末（勝民子　かつたみこ　㋨明治38（1905）年5月23日）

勝民子 かつたみこ
⇒勝たみ（かつたみ）

勝田充* かつたみつる
？～元治1（1864）年　㋞勝田充（かつたじゅう）
江戸時代末期の幕臣。
¶徳代（かつたじゅう）, 幕末（㋨元治1（1865）年12月7日）

か

勝田元寿 かつたもととし
江戸時代後期の幕臣。
¶徳人(生没年不詳)

勝団蔵 かつだんぞう
⇒勝井源八(かついげんぱち)

甲藤馬太郎* かっとううまたろう
天保9(1838)年～明治33(1900)年 江戸時代末期～明治時代の土佐藩士。水戸藩士と番所で坂本龍馬とともに会見。
¶幕末([生]天保9(1839)年12月15日 [没]明治33(1900)年8月19日)

勝沼信友* かつぬまのぶとも
？～天文4(1535)年8月22日 [別]武田信友(たけだのぶとも) 戦国時代の武士。武田氏家臣。
¶武田(武田(勝沼)信友 たけだのぶとも)

勝能進* かつのうしん
文政4(1821)年～明治19(1886)年10月26日 [別]河竹能進〔2代〕(かわたけのうしん) 江戸時代末期～明治時代の歌舞伎作者。市村座の立役者。京阪劇壇で活躍。
¶歌大([生]文政3(1820)年), コン, 新歌([生]1820年)

勝野台山 かつのたいざん
⇒勝野正道(かつのまさみち)

勝野豊作 かつのとよさく
⇒勝野正道(かつのまさみち)

加津野昌春* かづのまさはる
天文16(1547)年～寛永9(1632)年5月4日 [別]加津野昌春(かずのまさはる), 真田信昌(さなだのぶまさ) 戦国時代～江戸時代前期の武田氏・徳川氏・蒲生氏の家臣。
¶全戦(真田信昌 さなだのぶまさ), 武田(かずのまさはる), 徳人(真田信昌 さなだのぶまさ)

勝野正道* かつのまさみち
文化6(1809)年～安政6(1859)年10月19日 [別]勝野台山(かつのたいざん), 勝野豊作(かつのとよさく), 仁科多一郎(にしなたいちろう) 江戸時代末期の志士。
¶コン([生]文化5(1808)年 [没]安政5(1858)年), 幕末(勝野豊作 かつのとよさく)

甲把瑞繹*(甲把瑞益) かっぱずいえき, がっぱずいえき
*～享保3(1803)年 江戸時代中期～後期の蘭方医。
¶科学([生]元文2(1737)年 [没]享和3(1803)年), コン(がっぱずいえき [生]? [没]享和3(1803)年)

勝久 かつひさ⋆
江戸時代後期～大正時代の女性。長唄・琴・活花。津軽弘前藩の漢方医で考証学者渋江抽斎の四女。
¶江表(勝久(東京都) [生]弘化4(1847)年 [没]大正10(1921)年)

勝姫*(1) かつひめ
元和4(1618)年～延宝6(1678)年10月7日 [別]池田勝(いけだかつ), 池田光政妻(いけだみつまさのつま) 江戸時代前期の女性。播磨姫路藩主本多忠刻の娘。鳥取城主でのちに備前岡山藩主となる池田光政に嫁ぐ。
¶江表(勝姫(岡山県))

勝姫(2) かつひめ⋆
江戸時代後期～明治時代の女性。書簡。薩摩藩主島津斉宣の娘。
¶江表(勝姫(鹿児島県) [生]文化9(1812)年 [没]明治8(1875)年)

勝姫(3) かつひめ
⇒勝姫君(かつひめぎみ)

勝姫君* かつひめぎみ
慶長6(1601)年～寛文12(1672)年2月21日 [別]勝姫(かつひめ), 高田殿(たかだどの), 天崇院(てんすういん), 徳川勝子(とくがわかつこ) 江戸時代前期の女性。2代将軍徳川秀忠の娘。越前福井藩主松平忠直に嫁ぐ。
¶江表(勝姫(福井県)), 徳将(天崇院 てんすういん)

勝俵蔵〔1代〕 かつひょうぞう
⇒鶴屋南北〔4代〕(つるやなんぼく)

勝部其楽* かつべきらく
弘化3(1846)年6月3日～昭和8(1933)年7月18日 江戸時代末期～昭和時代の英語教育者。和漢塾砲蒙館を設立。
¶幕末

勝部青魚* かつべせいぎょ
正徳2(1712)年6月5日～天明8(1788)年 [別]青魚(せいぎょ) 江戸時代中期～後期の医者・漢学者・俳人。
¶俳文(青魚 せいぎょ [没]天明8(1788)年1月27日)

勝部政則 かつべまさのり
戦国時代～安土桃山時代の北条氏康・氏政の家臣。正則。小三郎・新六郎・主水。
¶後北(政則〔勝部〕 まさのり [没]文禄2年2月)

勝部吉成の妻 かつべよしなりのつま⋆
江戸時代中期の女性。和歌。出雲松江の佐太神社神官勝部吉成の妻。正徳1年跋、勝部芳房編『佐陀大社奉納神始言吹草』に載る。
¶江表(勝部吉成の妻(島根県))

勝陟の母 かつほのはは⋆
江戸時代後期の女性。和歌。勝陟は大村藩の家臣。文化11年刊、中山忠雄・河田正致編『柿本社奉納和歌集』に載る。
¶江表(勝陟の母(長崎県))

勝間桂三郎 かつまけいざぶろう
江戸時代末期の勤王家。
¶幕末(生没年不詳)

勝間田多三郎* かつまたたさぶろう
天保8(1837)年～元治1(1864)年 江戸時代末期の長州(萩)藩士。
¶幕末([没]元治1(1864)年7月19日)

勝俣主税助 かつまたちからのすけ
安土桃山時代の高天神籠城衆。
¶武田([生]? [没]天正9(1581)年3月22日)

勝間田稔* かつまたみのる
*～明治39(1906)年 江戸時代末期～明治時代の萩藩士。干城隊に属し戊辰戦争、会津戦争に参加。
¶幕末([生]天保13(1843)年12月 [没]明治39(1906)年1月30日)

かつみ(1)
江戸時代中期の女性。俳諧。享保20年刊、吉井町岩井の岡野桐里編『菊畑』に載る。
¶江表(かつみ(群馬県))

かつみ(2)
江戸時代後期の女性。俳諧。加賀の人。寛政9年

刊、暮柳舎車大編、希因五〇回忌追善『ゆめのあと』に載る。
¶江表（かつみ（石川県））

かつみ(3)
江戸時代後期の女性。俳諧。大坂の人。文政7年刊、田辺百堂編『みはしら』に載る。
¶江表（かつみ（大阪府））

且見　かつみ★
江戸時代中期の女性。俳諧。甲斐甘利の人。安永5年刊、堀内引蝶撰『其唐松』に載る。
¶江表（且見（山梨県））

かつみ女　かつみじょ★
江戸時代後期の女性。俳諧。文政7年序、大坂堂島の米穀商田辺百堂が諏訪大社の御柱拝礼に来て編んだ『みはしら』に載る。
¶江表（かつみ女（長野県））

勝見二柳＊　かつみじりゅう
享保8(1723)年～享和3(1803)年　[別]勝見二柳（かつみにりゅう），二柳（じりゅう）　江戸時代中期～後期の俳人。
¶コン，詩作，俳文（二柳　じりゅう　[没]享和3(1803)年3月28日）

勝見善太郎＊　かつみぜんたろう
嘉永3(1850)年～明治1(1868)年　江戸時代末期の長門長府藩士。
¶幕末（[没]慶応4(1868)年閏4月20日）

勝光＊　かつみつ
生没年不詳　室町時代の長船派の刀工。
¶美工

勝見二柳　かつみにりゅう
⇒勝見二柳（かつみじりゅう）

勝宮川春水　かつみやがわしゅんすい
⇒宮川春水（みやがわしゅんすい）

勝夢酔　かつむすい
⇒勝小吉（かつこきち）

勝村清兵衛　かつむらせいべい
安土桃山時代の甲府城下の桶屋大工職頭。
¶武田（生没年不詳）

勝村徳勝＊　かつむらのりかつ
文化6(1809)年～明治5(1872)年　江戸時代末期～明治時代の刀士。
¶幕末（[没]明治5(1872)年2月29日）

勝村正勝＊　かつむらまさかつ
天保8(1837)年～大正3(1914)年　江戸時代末期～大正時代の水戸藩刀工。作刀を靖国神社、愛宕神社等に奉納。
¶幕末（[没]大正3(1914)年6月4日）

勝元　かつもと
⇒細川勝元（ほそかわかつもと）

勝元源吾＊　かつもとげんご
文化7(1810)年～明治22(1889)年　[別]勝元鈍穴（かつもとどんけつ）　江戸時代末期～明治時代の造園築庭家。
¶幕末（[生]文化7(1810)年6月15日　[没]明治22(1889)年4月9日）

勝元鈍穴　かつもとどんけつ
⇒勝元源吾（かつもとげんご）

勝安芳　かつやすよし
⇒勝海舟（かつかいしゅう）

勝山＊(1)　**かつやま**
生没年不詳　[別]丹前勝山（たんぜんかつやま）　江戸時代前期の女性。吉原の名妓。勝山髷の創始者。
¶江表（勝山（東京都）），コン

勝山(2)　**かつやま★**
江戸時代前期の女性。宗教。最上坂田の浪人留田左兵衛の娘。盛岡藩主南部重直の側室。
¶江表（勝山（岩手県））

勝山宗三郎＊　かつやまそうざぶろう
天保2(1831)年～明治16(1883)年　江戸時代末期～明治時代の製糸業者。米国から多数の注文を受け優良品を製造。
¶幕末（[没]明治16(1883)年5月24日）

勝山琢眼＊　かつやまたくがん
延享4(1747)年～文政7(1824)年　[別]勝山琢眼（かつやまたくげん）　江戸時代中期～後期の画家。
¶美画（[没]文政7(1824)年9月17日）

勝山琢眼　かつやまたくげん
⇒勝山琢眼（かつやまたくがん）

勝山結女　かつやまゆいじょ★
江戸時代後期の女性。狂歌。三河の人か。文化2年刊、浅倉庵三笑撰『狂歌百人一首』に載る。
¶江表（勝山結女（愛知県））

葛葉山人　かつようさんじん
⇒並木五瓶〔2代〕（なみきごへい）

勝与八郎＊　かつよはちろう
生没年不詳　江戸時代末期の幕臣。
¶幕末

かつら
江戸時代後期の女性。俳諧。宮城郡原町の人。寛政12年刊、耽楽亭路玉編『橋柱集』に載る。
¶江表（かつら（宮城県））

嘉津羅　かつら
江戸時代中期の女性。俳諧。遠江西横地の人。寛延2年刊、太田巴静追善集『笠の恩』に載る。
¶江表（嘉津羅（静岡県））

桂　かつら★
江戸時代中期の女性。俳諧。筑後久留米の人。享保4年、久留米藩士加藤文内・章峯壺木子序、久留米連中編『天上守』に載る。
¶江表（桂（福岡県））

桂井隼太　かつらいはやた
⇒桂井隼人（かつらいはやと）

桂井隼人＊　かつらいはやと
天保14(1843)年～明治27(1894)年　[別]桂井隼太（かつらいはやた），門屋貫助（かどやかんすけ）　江戸時代末期～明治時代の土佐藩士。塩飽本島事件で活躍。
¶幕末（桂井隼太　かつらいはやた　[没]明治27(1894)年10月8日）

桂歌女　かつらうたじょ★
江戸時代後期の女性。狂歌。浄光寺の本堂に、文政5年に歌人桂叢館の妻が亡くなった時、歌仲間が手向けの歌を奉納した額がある。
¶江表（桂歌女（栃木県））

桂川国瑞　かつらがわくにあきら
⇒桂川甫周〔4代〕(かつらがわほしゅう)

桂川国興　かつらがわくにおき
⇒桂川甫周〔7代〕(かつらがわほしゅう)

桂川国訓　かつらがわくにのり
⇒桂川甫三(かつらがわほさん)

桂川国寧　かつらがわくにやす
⇒桂川甫賢(かつらがわほけん)

桂川忠良　かつらかわちゅうりょう
⇒桂川甫粲(かつらがわほさん)

桂川てや*　かつらがわてや
文政12(1829)年～天保15(1844)年　江戸時代後期の女性。大奥女中。将軍侍医桂川甫賢の娘。
¶江表(てや(東京都))

桂川甫賢*　かつらがわほけん
寛政9(1797)年～弘化1(1844)年12月6日　[別]桂川国寧(かつらがわくにやす)　江戸時代後期の蘭方医。江戸幕府将軍家侍医桂川家第6代。
¶科学, コン, 植物

桂川甫策*　かつらがわほさく
天保3(1832)年～明治22(1889)年10月19日　江戸時代末期～明治時代の化学者、大学南校化学教授。著書に「化学入門」「化学記事」「法朗西文典学類」。
¶科学, コン, 徳人, 幕末([生]天保4(1833)年)

桂川甫三*　かつらがわほさん
享保15(1730)年5月26日～天明3(1783)年　[別]桂川国訓(かつらがわくにのり), 桂川甫筑, 桂川甫筑〔3代〕(かつらがわほちく)　江戸時代中期の幕府医師。蘭方外科に通じた。
¶科学([生]享保13(1728)年　[没]天明3(1783)年8月2日), コン

桂川甫粲*　かつらがわほさん
宝暦4(1754)年～*　[別]桂川忠良(かつらかわちゅうりょう), 源平藤橘(げんぺいとうきつ), 森羅万象(しんらばんしょう), 森羅万象〔2代〕(しんらばんしょう, しんらまんぞう), 万象亭(まんぞうてい), 森島中良(もりしまちゅうりょう, もりしまなかよし, もりしまなから), 森島万蔵(もりしままんぞう)　江戸時代中期～後期の蘭学者、戯作者、蘭方医。「桂林漫録」などの著者。
¶江人(万象亭　まんぞうてい　[生]1756年　[没]1810年), 科学([没]文化5(1808)年), コン([没]文化7(1810)年), 思想(森島中良　もりしまちゅうりょう　[生]宝暦6(1756)年?　[没]文化7(1810)年), 対外(森島中良　もりしまちゅうりょう　[没]1808年), 地理(森島中良　もりしまちゅうりょう(なかよし)　[没]1810年)

桂川甫周　かつらがわほしゅう
世襲名　江戸時代の医家。桂川家4代、7代の通称。
¶江人

桂川甫周〔4代〕*　かつらがわほしゅう
寛延4(1751)年～文化6(1809)年　[別]桂川国瑞(かつらがわくにあきら)　江戸時代中期～後期の蘭方医、地理学者。官医桂川家の第4代。
¶科学([生]宝暦1(1751)年　[没]文化6(1809)年6月21日), コン(代数なし　[生]宝暦4(1754)年), 植物([生]宝暦1(1751)年　[没]文化6(1809)年6月21日), 対外(代数なし　[生]1754年), 地理(代数なし), 徳人(代数なし), 山小(代数なし　[没]1809年6月21日)

桂川甫周〔7代〕*(——〔2代〕)　かつらがわほしゅう
文政9(1826)年～明治14(1881)年9月25日　[別]桂川国興(かつらがわくにおき)　江戸時代末期～明治時代の蘭方医、江戸幕府将軍家侍医桂川家第7代。
¶科学, コン(代数なし)

桂川甫筑(1)　かつらがわほちく
世襲名　江戸時代の医家。桂川家初代～3代と5代の通称。
¶江人

桂川甫筑*(2)　かつらがわほちく
寛文1(1661)年～延享4(1747)年　江戸時代中期の医師。
¶科学([没]延享4(1747)年10月9日), コン, 対外, 徳人

桂川甫筑〔3代〕　かつらがわほちく
⇒桂川甫三(かつらがわほさん)

葛城王(1)　かつらぎおう
飛鳥時代の敏達天皇の皇子。
¶古人(生没年不詳)

葛城王(2)　かつらぎおう
飛鳥時代の人。母は佐富女王。
¶古人(生没年不詳)

葛城王(3)　かつらぎおう
⇒橘諸兄(たちばなのもろえ)

葛城皇子　かつらぎおうじ
⇒葛城皇子(かずらきのおうじ)

葛城磐之媛　かつらぎのいわのひめ
⇒磐之媛(いわのひめ)

葛城王　かつらぎのおう
⇒橘諸兄(たちばなのもろえ)

葛木王*　かつらぎのおう
?～天平1(729)年　[別]葛木王(かつらぎのおおきみ)　奈良時代の官人、長屋王の子。
¶コン

葛城王　かつらぎのおおきみ
⇒橘諸兄(たちばなのもろえ)

葛木王　かつらぎのおおきみ
⇒葛木王(かつらぎのおう)

葛城韓媛*(葛城韓姫)　かつらぎのからひめ, かづらきのからひめ
[別]葛城韓媛(かずらきのからひめ)　上代の女性。雄略天皇の妃。
¶コン, 天皇(葛城韓姫　かづらきのからひめ　生没年不詳)

葛城広子　かづらきのこうし
⇒葛城広子(かずらきのひろこ)

葛城襲津彦*(葛木之某津彦)　かつらぎのそつひこ, かつらきのそつひこ, かづらきのそつひこ
[別]葛城襲津彦(かずらきのそつひこ, かずらきのそつびこ), 葛城長江曽津毘古(かつらぎのながえのそつひこ)　上代の実在したと考えられる倭王権の権臣。
¶古代(かずらきのそつひこ), 古物(かずらきのそつびこ), コン, 対外(かずらきのそつひこ)

葛木高枝　かつらぎのたかえだ
平安時代後期の官人。
¶古人(生没年不詳)

葛木高季　かつらぎのたかすえ
平安時代後期の官人。

¶古人(生没年不詳)

葛城高名姫 かつらぎのたかなひめ
⇒尾張大海媛(おわりのおおしあまひめ)

葛木高宗 かつらぎのたかむね
平安時代前期の医師。元慶6年侍医兼針博士長門権介。
¶古人(生没年不詳)

葛城円* かつらぎのつぶら,かづらきのつぶら
[別]葛城円(かずらきのつぶら) 上代の豪族(大連・大臣)。大臣武内宿禰の曽孫。
¶公卿([生]? [没]安康天皇3(463)年8月),古物(かずらきのつぶら),コン

葛城長江曽津毘古 かつらぎのながえのそつひこ
⇒葛城襲津彦(かつらぎのそつひこ)

葛木永藤 かつらぎのながふじ
平安時代前期の官人。
¶古人(生没年不詳)

葛城之野伊呂売 かつらぎののいろめ
上代の女性。誉田(応神)天皇妃。
¶天皇(生没年不詳)

葛木宗公* かつらぎのむねきみ
生没年不詳 平安時代中期の暦博士。
¶古人

葛城稚犬養網田*(葛木稚犬養網田) かつらぎのわかいぬかいのあみた
生没年不詳 [別]葛城稚犬養網田(かずらきのわかいぬかいのあみた),葛城稚犬養連網田(かずらきのわかいぬかいのむらじあみた) 飛鳥時代の官人。大化改新で蘇我入鹿を斬った。
¶古代(葛城稚犬養連網田 かずらきのわかいぬかいのむらじあみた),古物(かずらきのわかいぬかいのあみた),コン(葛木稚犬養網田)

葛城彦一* かつらぎひこいち
文政1(1818)年～明治13(1880)年 江戸時代後期～明治時代の武士。
¶コン,幕末([生]文化14(1817)年 [没]明治13(1880)年1月24日)

葛子 かつらこ★
江戸時代後期の女性。和歌。斎藤氏。天保頃の人。
¶江表(葛子(香川県))

桂小五郎 かつらこごろう
⇒木戸孝允(きどたかよし)

桂舎 かつらしゃ★
江戸時代後期の女性。俳諧。寛政12年跋、一事園兎什撰『揺松集』に載る。
¶江表(桂舎(東京都))

かつら女(1) かつらじょ★
江戸時代後期の女性。俳諧。棚倉の人。寛政5年序、同9年跋、問津庵其流ほか編『茂々代草』に載る。
¶江表(かつら女(福島県))

かつら女(2) かつらじょ★
江戸時代末期の女性。俳諧。日本橋室町の豪商竹原卜早の祖母。
¶江表(かつら女(東京都) [没]文久2(1862)年)

桂誉重* かつらたかしげ
文化14(1817)年9月2日～明治4(1871)年9月15日 江戸時代末期～明治時代の国学者。国学を農業・民政で実践しようとした。著書に「済世要略」「世継草摘分」。
¶コン,思想

桂誉恕* かつらたかひろ
天保9(1838)年～明治14(1881)年 江戸時代末期～明治時代の志士、青海神社の祠官。官軍に従い居宅が征東総督宮の本営となる。
¶幕末([生]天保9(1838)年6月3日 [没]明治14(1881)年2月1日)

桂田長俊 かつらだながとし
⇒前波吉継(まえばよしつぐ)

桂昭房* かつらてるふさ
寛永15(1638)年～? 江戸時代前期の公家(参議)。非参議岡崎宣持の子、母は参議正親町季俊の娘。
¶公卿,公家(昭房〔岡崎家〕 あきふさ)

桂内子 かつらないし★
江戸時代後期の女性。狂歌。桂樹園家風の妻。文化14年刊、美都徳人輯、六樹園編、千代徳若1周忌追悼集『花の雲』に載る。
¶江表(桂内子(茨城県))

桂南光〔1代〕 かつらなんこう
⇒桂文左衛門(かつらぶんざえもん)

蘰家継*(縵家継) かつらのいえつぐ
[別]縵家継(かずらのいえつぐ) 平安時代前期の官吏。
¶古人(縵家継 かずらのいえつぐ 生没年不詳)

桂の吉 かつらのきち
⇒並木十輔(なみきじゅうすけ)

桂宮淑子内親王 かつらのみやすみこないしんのう
⇒淑子内親王(すみこないしんのう)

桂早之助 かつらはやのすけ
江戸時代後期～末期の武士、京都見廻組並。
¶全幕([生]天保12(1841)年 [没]慶応4(1868)年)

葛原親王* かつらはらしんのう,かつらばらしんのう
延暦5(786)年～仁寿3(853)年 [別]葛原親王(かずらはらしんのう,かずらわらしんのう,かつらばらのしんのう) 平安時代前期の皇族、官人。桓武天皇の第3皇子。
¶古人,古代(かずらはらしんのう),コン,天皇(かつらばらのしんのう [没]仁寿3(853)年6月)

葛原親王 かつらばらのしんのう
⇒葛原親王(かつらはらしんのう)

葛原秀藤* かつらはらひでふじ
明和5(1768)年～万延1(1860)年 [別]葛原秀藤(くずはらひでふじ) 江戸時代中期～後期の勤王家。
¶幕末([生]明和5(1768)年3月 [没]万延1(1860)年6月12日)

桂久武* かつらひさたけ
天保1(1830)年～明治10(1877)年9月24日 江戸時代末期～明治時代の鹿児島藩士、都城県参事。西南戦争では西郷軍に参加、後方任務で活躍。
¶コン,全幕,幕末([生]天保1(1830)年5月28日)

桂文三〔1代〕 かつらぶんざ
⇒桂文左衛門(かつらぶんざえもん)

桂文左衛門* かつらぶんざえもん
弘化1(1844)年～大正5(1916)年 [別]桂南光〔1代〕

（かつらなんこう），桂文三〔1代〕（かつらぶんざ），桂文枝〔2代〕（かつらぶんし），桂三木助〔1代〕（かつらみきすけ） 江戸時代末期～明治時代の落語家。
¶コン（桂三木助〔1代〕 かつらみきすけ 生没年不詳）

桂文治 かつらぶんじ
世襲名 江戸時代の落語家。初代～上方5代・江戸5代が江戸時代に活躍。
¶江人

桂文治〔1代〕* かつらぶんじ
安永2（1773）年～文化12（1815）年 江戸時代後期の上方落語家。桂派の祖。
¶コン

桂文枝〔2代〕 かつらぶんし
⇒桂文左衛門（かつらぶんざえもん）

桂文治〔6代〕* かつらぶんじ
*～明治44（1911）年 江戸時代末期～明治時代の落語家。幼少より活躍。芝居噺を得意とした。
¶コン（㊤弘化3（1846）年）

桂報三 かつらほうさん
江戸時代後期～明治時代の眼科医。
¶眼医（㊤天保13（1842）年 ㊦明治7（1874）年）

桂正直 かつらまさなお
⇒石黒圭三郎（いしぐろけいざぶろう）

桂三木女*（桂みき女） かつらみきじょ
生没年不詳 江戸時代後期の女性。画家。大坂の人。
¶江表（三木・美貴（大阪府））

桂三木助〔1代〕 かつらみきすけ
⇒桂文左衛門（かつらぶんざえもん）

桂路祐* かつらみちすけ
天保7（1836）年～明治24（1891）年 江戸時代末期～明治時代の長州藩士、洋学者。蘭学、航海術を修め、幕艦測量師として黒龍江調査。
¶幕末（㊤天保7（1836）年7月5日 ㊦明治24（1891）年1月5日）

桂村兵右衛門* かつらむらへいえもん
明和2（1765）年～文化2（1805）年 江戸時代後期の常陸国信太郡桂村の義民。
¶江人，コン

桂女(1) かつらめ
江戸時代前期の女性。士分。名、春。士分の待遇を受けた。
¶江表（桂女（福岡県））

桂女(2) かつらめ★
江戸時代中期の女性。俳諧。松山一笠庵連の一人。安永5年跋、松山の俳人蓬生庵青梔編『花入塚』に載る。
¶江表（桂女（愛媛県））

桂元澄* かつらもとずみ
？～永禄12（1569）年 戦国時代の武士。
¶全戦（㊤明応9（1500）年），戦武（㊤明応9（1500）年）

桂元忠* かつらもとただ
戦国時代の武士。
¶全戦（生没年不詳）

桂弥一* かつらやいち
嘉永2（1849）年～昭和14（1939）年 江戸時代末期～明治時代の長門長府藩士。
¶幕末（㊤嘉永2（1850）年12月10日 ㊦昭和14（1939）年6月19日）

葛山氏堯* かつらやまうじたか
戦国時代の地方豪族・土豪。
¶室町（生没年不詳）

葛山氏元* かつらやまうじもと
永正17（1520）年～天正1（1573）年 ㊇葛山氏元（かずらやまうじもと） 戦国時代の武将。今川氏家臣。
¶戦武（生没年不詳），武田（かずらやまうじもと ㊦天正1（1573）年2月）

桂山彩巌* かつらやまさいがん
延宝7（1679）年～寛延2（1749）年 江戸時代中期の儒学者、幕府儒官。
¶コン，詩作（㊦寛延2（1749）年3月23日），徳人

葛山三郎* かつらやまさぶろう
㊇葛山三郎（かずらやまさぶろう） 戦国時代の武将。今川氏家臣。
¶武田（かずらやまさぶろう 生没年不詳）

葛山武八郎* かつらやまたけはちろう
？～元治1（1864）年9月6日 江戸時代後期～末期の新撰組隊士。
¶新隊，全幕

葛山信貞 かつらやまのぶさだ
⇒葛山信貞（かずらやまのぶさだ）

桂与一右衛門* かつらよいちうえもん
文化9（1812）年～明治2（1869）年 ㊇桂与一右衛門（かつらよいちえもん） 江戸時代末期の長州（萩）藩士。
¶幕末（かつらよいちえもん ㊤文化9（1812）年9月23日 ㊦明治2（1869）年3月23日）

桂与一右衛門 かつらよいちえもん
⇒桂与一右衛門（かつらよいちうえもん）

可都里 かつり
⇒五味可都里（ごみかつり）

月林道皎 がつりんどうこう
⇒月林道皎（げつりんどうこう）

可貞 かてい★
江戸時代後期の女性。俳諧。陣場の人。天保10年刊、二代目冬翠館素雪編『追善 苔の花集』に載る。
¶江表（可貞（山形県））

花亭 かてい★
江戸時代後期の女性。画。画家酒巻立兆の娘。
¶江表（花亭（東京都））

花底 かてい★
江戸時代後期の女性。俳諧。甲斐の人。享和1年序、金丸潮平編、平橋庵敲氷追善集『暦の寸衛』に載る。
¶江表（花底（山梨県））

荷貞 かてい★
江戸時代中期の女性。俳諧。甲斐の人。天明3年刊、平橋庵敲氷編『折鶴』に載る。
¶江表（荷貞（山梨県））

霞亭 かてい★
江戸時代の女性。漢詩。高田氏。明治13年刊、水上珍亮編『日本閨媛吟藻』下に載る。
¶江表（霞亭（石川県））

霞汀　かてい★
江戸時代末期〜明治時代の女性。画。遠江長上郡安間村の実業家金原明善の妻。
¶江表(霞汀(静岡県)　[没]明治37(1904)年)

可笛*　かてき
宝暦2(1752)年〜文化12(1815)年11月8日　江戸時代中期〜後期の俳人。
¶俳文

勘解由小路在富　かでのこうじあきとみ
⇒勘解由小路在富(かでのこうじありとみ)

勘解由小路韶光*　かでのこうじあきみつ
寛文3(1663)年〜享保14(1729)年　[別]勘解由小路韶光(かげゆこうじあきみつ)　江戸時代中期の歌人、公家(権大納言)。権大納言烏丸光雄の子。
¶公卿(かげゆこうじあきみつ　[生]寛文3(1663)年2月8日　[没]享保14(1729)年5月11日),公家(韶光〔勘解由小路家〕　あきみつ　[生]寛文3(1663)年2月8日　[没]享保14(1729)年5月11日)

勘解由小路在重*　かでのこうじありしげ
長禄3(1459)年〜永正14(1517)年8月21日　[別]勘解由小路在重(かげゆこうじありしげ)　戦国時代の公卿(非参議)。非参議勘解由小路在宗の子。
¶公卿(かげゆこうじありしげ),公家(在重〔勘解由小路家(絶家)〕　あきしげ)

勘解由小路在富*　かでのこうじありとみ
延徳2(1490)年〜永禄8(1565)年　[別]勘解由小路在富(かげゆこうじありとみ，かでのこうじあきとみ)　戦国時代の公卿(非参議・宮内卿)。非参議勘解由小路在重の子、母は非参議町顕郷の娘。
¶公卿(かげゆこうじありとみ　[生]延徳2(1490)年2月5日　[没]永禄8(1565)年8月10日),公家(在富〔勘解由小路家(絶家)〕　あきとみ　[生]延徳2(1490)年2月5日　[没]永禄8(1565)年8月10日)

勘解由小路在通*　かでのこうじありみち
永享3(1431)年〜永正9(1512)年1月11日　[別]勘解由小路在通(かげゆこうじありみち)　室町時代〜戦国時代の公卿(非参議)。非参議勘解由小路在盛の長男。
¶公卿(かげゆこうじありみち),公家(在通〔勘解由小路家(絶家)〕　あきみち)

勘解由小路在基*　かでのこうじありもと
？〜享禄2(1529)年　[別]勘解由小路在基(かげゆこうじありもと)　戦国時代の公卿(非参議)。非参議勘解由小路在盛の次男。
¶公卿(かげゆこうじありもと),公家(在基〔勘解由小路家(絶家)〕　あきもと)

勘解由小路在康*　かでのこうじありやす
[別]勘解由小路在康(かげゆこうじありやす)　戦国時代の公卿(非参議)。非参議勘解由小路在重の次男。
¶公卿(かげゆこうじありやす　[生]明応1(1492)年　[没]?),公家(在康〔勘解由小路家(絶家)〕　あきやす　[生]1491年　[没]?)

勘解由小路兼仲　かでのこうじかねなか
⇒広橋兼仲(ひろはしかねなか)

勘解由小路順*　かでのこうじじゅん
文化7(1810)年〜明治27(1894)年　江戸時代末期〜明治時代の公家婦人。明治大皇の生誕にあたり生母の着帯の義で帯親を奉仕。
¶幕末([生]文化7(1811)年12月9日　[没]明治27(1894)年4月24日)

勘解由小路資忠　かでのこうじすけただ
⇒勘解由小路資忠(かげゆこうじすけただ)

勘解由小路資善　かでのこうじすけたる
⇒勘解由小路資善(かでのこうじすけよし)

勘解由小路資善*　かでのこうじすけよし
安永7(1778)年〜嘉永1(1848)年　[別]勘解由小路資善(かげゆこうじすけよし，かでのこうじすけたる)　江戸時代後期の公家(権大納言)。左京権大夫勘解由小路近光の子。
¶公卿(かげゆこうじすけよし　[生]安永7(1778)年5月28日　[没]嘉永1(1848)年11月25日),公家(資善〔勘解由小路家〕　すけよし　[生]安永7(1778)年5月28日　[没]嘉永1(1848)年11月25日),幕末([生]安永7(1778)年5月28日　[没]嘉永1(1848)年11月24日)

勘解由小路資生*　かでのこうじすけより
文政10(1827)年〜明治26(1893)年1月25日　江戸時代末期〜明治時代の公家。幕府に示す基本政策の建言に参加。
¶幕末([生]文政10(1827)年3月3日)

勘解由小路光宙　かでのこうじみつおき
⇒勘解由小路光宙(かげゆこうじみつおき)

勘解由小路光潔　かでのこうじみつきよ
⇒勘解由小路光潔(かげゆこうじみつきよ)

可転　かてん
⇒河野可転(こうのかてん)

花天　かてん
江戸時代中期の俳諧作者。森本氏。
¶俳文([生]元禄6(1693)年　[没]享保6(1721)年3月3日)

花田女　かでんじょ★
江戸時代後期の女性。俳諧。都島十兵衛の娘。嘉永4年刊、寿川亭常丸著『俳諧風雅帖』に載る。
¶江表(花田女(岩手県))

かと
江戸時代末期の女性。和歌。浜島氏。慶応2年序、村上忠順編『元治元年千首』に載る。
¶江表(かと(岐阜県))

葛井親王*　かどいしんのう
延暦19(800)年〜嘉祥3(850)年　[別]葛井親王(かどいのしんのう，ふじいしんのう)　平安時代前期の皇族、官人。桓武天皇の第12皇子。
¶古人(ふじいしんのう),古代(ふじいしんのう),コン,天皇(かどいのしんのう・ふじい　[没]嘉祥3(850)年4月2日)

葛井親王　かどいのしんのう
⇒葛井親王(かどいしんのう)

葛井諸会*　かどいのもろあい
[別]葛井連諸会(ふじいのむらじもろあい，ふじいのむらじもろえ)，葛井諸会(ふじいのもろあい，ふじいのもろえ，ふじいもろえ)　奈良時代の官人。
¶古代(葛井連諸会　ふじいのむらじもろえ),詩作(ふじいのもろあい　生没年不詳)

佳棠　かとう
江戸時代中期〜後期の俳諧作者。安永〜天明ごろ。
¶俳文(生没年不詳)

河東　かとう
⇒十寸見河東〔1代〕(ますみかとう)

我童(1)　がどう
⇒片岡仁左衛門〔7代〕(かたおかにざえもん)

我童(2)　がどう
⇒片岡仁左衛門〔8代〕(かたおかにざえもん)

加藤明実*　かとうあきざね
嘉永1(1848)年〜明治39(1906)年　江戸時代末期〜明治時代の水口藩主、水口藩知事、子爵。
¶全幕,幕末([生]嘉永1(1848)年3月1日　[没]明治39(1906)年11月29日)

加藤明成*　かとうあきなり
文禄1(1592)年〜寛文1(1661)年　江戸時代前期の大名。陸奥会津藩主。
¶コン

加藤明軌*　かとうあきのり
文政11(1828)年〜明治16(1883)年　江戸時代後期〜明治時代の大名、華族。
¶全幕,幕末([生]文政11(1828)年1月23日　[没]明治16(1883)年8月11日)

加藤明之　かとうあきゆき
江戸時代後期の和算家。
¶数学

加藤彰*　かとうあきら
天保5(1834)年〜明治43(1910)年　江戸時代末期〜明治時代の松山藩藩士。第五二国立銀行を開業し銀行業の基礎を構築。
¶幕末([没]明治43(1910)年11月14日)

加藤家勝*　かとういえかつ
？〜慶長19(1614)年9月19日　安土桃山時代〜江戸時代前期の武士・連歌作者。
¶織田([生]大永6(1526)年　[没]慶長7(1602)年9月19日)

加藤磯足*　かとういそたり
延享4(1747)年〜文化6(1809)年　江戸時代中期〜後期の国学者。尾張中島郡起村の村方取締役。
¶コン

加藤市左衛門　かとういちざえもん
安土桃山時代の織田信長の家臣。熱田西加藤家の景延の弟。馬廻か。
¶織田(生没年不詳)

加藤一作*　かとういっさく
生没年不詳　江戸時代末期の越後長岡藩士。
¶全幕,幕末

加藤逸人*　かとういつじん
安永3(1774)年〜文政12(1829)年　[別]逸人(いつじん)　江戸時代後期の俳人。
¶俳文(逸人　いつじん　[没]文政12(1829)年11月3日)

荷塘院　かとういん★
江戸時代中期〜末期の女性。和歌。長崎塚田義尚の娘。
¶江表(荷塘院(長崎県)　[生]安永6(1777)年　[没]嘉永7(1854)年)

加藤美樹*(加藤宇万伎)　かとううまき
享保6(1721)年〜安永6(1777)年6月10日　[別]河津宇万伎(かわづうまき)　江戸時代中期の国学者。賀茂真淵門で上田秋成の師。
¶江人(加藤宇万伎),コン,詩作(加藤宇万伎),思想(加藤宇万伎),徳人(加藤宇万伎)

加藤曳尾庵　かとうえいびあん
⇒加藤曳尾庵(かとうえびあん)

加藤枝直*　かとうえなお
元禄5(1692)年12月11日〜天明5(1785)年8月10日　[別]橘枝直(たちばなえなお)　江戸時代中期の歌人。大岡忠相支配下の組与力。
¶コン,思想,徳人

加藤曳尾庵*　かとうえびあん
宝暦13(1763)年〜？　[別]加藤曳尾庵(かとうえいびあん)　江戸時代中期の医師、俳諧宗匠。
¶コン

加藤遠塵斎*　かとうえんじんさい
享保19(1734)年〜文化7(1810)年　江戸時代中期〜後期の画家。
¶美画([没]文化7(1810)年9月19日)

加藤遠沢*　かとうえんたく
寛永20(1643)年〜享保15(1730)年　江戸時代前期〜中期の陸奥会津藩士、画家。
¶美画([没]享保15(1730)年11月5日)

加藤桜老*　かとうおうろう
文化8(1811)年〜明治17(1884)年　江戸時代末期〜明治時代の儒学者、藩校明倫館教授。藩政改革を図り閉門を命ぜられる。
¶コン,幕末([没]明治17(1884)年11月12日)

加藤於菟之介(加藤於菟之助)　かとうおとのすけ
⇒住谷寅之介(すみやとらのすけ)

加藤景員*　かとうかげかず
生没年不詳　平安時代後期の武将。源頼朝の挙兵に参加。
¶コン

加藤景廉*　かとうかげかど
？〜承久3(1221)年　平安時代後期〜鎌倉時代前期の武将。鎌倉幕府の宿老。
¶コン,内乱,平家([生]保元1(1156)年？)

賀藤景琴　かとうかげこと
⇒賀藤景琴(かとうけいきん)

加藤景貞*　かとうかげさだ
生没年不詳　江戸時代前期の陶工。
¶コン,美工

賀藤景林　かとうかげしげ
⇒賀藤清右衛門(かとうせいえもん)

加藤景隆　かとうかげたか
⇒加藤資景(かとうすけかげ)

加藤景忠*　かとうかげただ
天文11(1542)年〜天正10(1582)年　安土桃山時代の武将。武田氏家臣。
¶武田([生]？　[没]天正3(1575)年5月21日)

加藤景利*　かとうかげとし
生没年不詳　安土桃山時代の織田信長の家臣。
¶織田

加藤景延(1)　かとうかげのぶ
安土桃山時代の織田信長の家臣。熱田西加藤家の景隆(資景)の長男。
¶織田([生]？　[没]慶長4(1599)年7月5日)

加藤景延* (2)　かとうかげのぶ
？～寛永9（1632）年　江戸時代前期の美濃焼の陶工。
¶美工（[没]寛永9（1632）年2月2日）

加藤景久*　かとうかげひさ
文政3（1820）年～明治19（1886）年　江戸時代後期～明治時代の尾濃間の陶工。良工と称され、染付も手掛ける。
¶美工（[没]明治19（1886）年10月）

加藤景正*　かとうかげまさ
生没年不詳　[別]加藤春慶（かとうしゅんけい），加藤四郎左衛門（かとうしろうざえもん），加藤四郎左衛門景正（かとうしろうざえもんかげまさ），春慶（しゅんけい），初代藤四郎（しょだいとうしろう），藤四郎（とうしろう），藤四郎景正（とうしろうかげまさ）　鎌倉時代前期の陶工。瀬戸焼の祖とされる。
¶コン（藤四郎景正　とうしろうかげまさ），対外（加藤四郎左衛門景正　かとうしろうざえもんかげまさ），美工（[生]仁安3（1168）年　[没]建長1（1249）年），山小

加藤景茂*　かとうかげもち
生没年不詳　安土桃山時代の織田信長の家臣。
¶織田

加藤景元　かとうかげもと
⇒加藤弥三郎（かとうやさぶろう）

加藤景好　かとうかげよし
安土桃山時代の織田信長の家臣。熱田西加藤家の景隆（資景）の二男。
¶織田（生没年不詳）

加藤主計頭　かとうかずえのかみ
⇒加藤清正（かとうきよまさ）

加藤勝因　かとうかつより
江戸時代の和算家。
¶数学

加藤巻阿*　かとうかんあ
？～天明7（1787）年　[別]巻阿（かんあ）　江戸時代中期の俳人。
¶俳文（巻阿　かんあ　[没]天明7（1787）年1月13日）

加藤寛斎*　かとうかんさい
天明2（1782）年～慶応2（1866）年　江戸時代後期の水戸藩士、学者。
¶幕末

加藤勘六〔1代〕*　かとうかんろく
元文1（1736）年～嘉永1（1848）年　江戸時代中期～後期の尾張瀬戸の陶工。
¶コン，美工

加藤勘六〔2代〕* (加藤閑陸)　かとうかんろく
明和3（1766）年～嘉永1（1848）年　江戸時代中期～後期の尾張瀬戸の陶工。
¶コン，美工

加藤木畯叟　かとうぎしゅんそう
⇒加藤木賞三（かとうぎしょうぞう）

加藤木賞三*　かとうぎしょうぞう
文化12（1815）年～明治26（1893）年　[別]加藤木畯叟（かとうぎしゅんそう，かとぎしゅんそう），平野正太郎（ひらのしょうたろう）　江戸時代末期～明治時代の神官。
¶幕末（[没]明治26（1893）年4月18日）

加藤喜助*　かとうきすけ
生没年不詳　安土桃山時代の織田信長の家臣。
¶織田

加藤吉太夫*　かとうきちだいう
[別]加藤吉太夫（かとうきちだゆう）　江戸時代末期の近江彦根藩足軽。
¶幕末（かとうきちだゆう　生没年不詳）

加藤吉太夫　かとうきちだゆう
⇒加藤吉太夫（かとうきちだいう）

加藤暁台　かとうきょうたい，かとうぎょうだい
⇒暁台（きょうたい）

加藤清正*　かとうきよまさ
永禄5（1562）年～慶長16（1611）年　[別]加藤主計頭（かとうかずえのかみ），加藤虎之助（かとうとらのすけ），加藤肥後守（かとうひごのかみ）　安土桃山時代～江戸時代前期の武将、大名。肥後熊本藩主、朝鮮出兵で活躍。関ヶ原の戦いでは東軍につく。
¶コン，全戦，戦武，対外，中世，内乱，美建（[生]永禄5（1562）年6月24日　[没]慶長16（1611）年6月24日），山小（[生]1562年6月24日　[没]1611年6月24日）

加藤清満　かとうきよみつ
江戸時代末期の和算家。
¶数学

加藤均斎　かとうきんさい
⇒加藤誠之（かとうせいし）

加藤金平*　かとうきんぺい
寛政10（1798）年～元治1（1864）年　江戸時代末期の越後高田藩士。
¶コン

加藤九兵衛明友　かとうくひょうえあきとも
江戸時代前期の武士。大坂の陣で籠城。
¶大坂

加藤熊五郎*　かとうくまごろう
江戸時代末期の新撰組隊士。
¶新隊（生没年不詳）

賀藤景琴*　かとうけいきん
寛政4（1792）年～慶応3（1867）年　[別]賀藤景琴（かとうかげこと）　江戸時代末期の出羽秋田藩士。
¶幕末（かとうかげこと　[没]慶応3（1867）年10月8日），幕末（[没]慶応3（1867）年10月8日）

加藤敬三　かとうけいぞう
江戸時代の和算家。
¶数学

加藤源左衛門　かとうげんざえもん
江戸時代後期の数学者。
¶数学（[生]嘉永6（1853）年）

加藤源左衛門尉　かとうげんざえもんのじょう
安土桃山時代の太田氏資の家臣。
¶後北（源左衛門尉〔加藤（3）〕　げんざえもんのじょう　[没]永禄10年8月）

画登軒春芝　がとうけんしゅんし
江戸時代後期の画家。
¶浮絵（生没年不詳）

加藤原松　かとうげんしょう
⇒原松（げんしょう）

加藤謙二郎*（加藤謙次郎）　**かとうけんじろう**
天保2（1831）年～慶応3（1867）年　江戸時代末期の勤王家。
¶コン,幕末（[没]慶応3（1867）年3月9日）

加藤元白　**かとうげんぱく**
江戸時代後期～明治時代の日本画家。
¶美画（[生]文政8（1825）年6月22日　[没]明治43（1910）年6月15日）

加藤恒　**かとうこう**
⇒加藤恒（かとうひさし）

加東幸次郎　**かとうこうじろう**
江戸時代後期～明治時代の木彫師。
¶美建（[生]文政4（1821）年　[没]明治5（1872）年12月5日）

加藤五助〔1代〕*　**かとうごすけ**
生没年不詳　江戸時代後期の尾張瀬戸の陶工。
¶美工

加藤五助〔4代〕*　**かとうごすけ**
江戸時代末期～明治時代の陶工。
¶美工（[生]天保10（1839）年　[没]明治38（1905）年）

加藤作助〔1代〕*　**かとうさくすけ**
文化5（1808）年～明治26（1893）年　江戸時代後期～明治時代の陶工。
¶美工（[没]明治26（1893）年11月18日）

加藤作助〔2代〕　**かとうさくすけ**
江戸時代後期～大正時代の陶工。
¶美工（[生]天保15（1844）年8月　[没]大正12（1923）年）

加藤定吉*　**かとうさだきち**
？～慶応4（1868）年8月21日　江戸時代後期～末期の新撰組隊士。
¶新隊（[没]明治1（1868）年8月21日）

加藤定秀　**かとうさだひで**
戦国時代の北条氏康家臣清水安房の同心。又太郎。
¶後北（定秀〔加藤（2）〕　さだひで）

加藤貞泰*　**かとうさだやす**
天正8（1580）年～元和9（1623）年　[別]加藤光長（かとうみつなが）　江戸時代前期の大名。美濃黒野藩主、伯耆米子藩主、伊予大洲藩主。
¶コン

加藤里路*　**かとうさとみち**
天保11（1840）年～明治44（1911）年　江戸時代末期～明治時代の加賀藩士、国学者。著書に「椎の葉」など。
¶幕末（[生]天保11（1840）年10月　[没]明治44（1911）年2月）

加藤左馬助　**かとうさまのすけ**
⇒加藤嘉明（かとうよしあき）

加藤繁十〔2代〕　**かとうしげじゅう**
江戸時代後期～明治時代の陶工。
¶美工（[生]文政12（1829）年　[没]明治29（1896）年）

加藤重次　**かとうしげつぐ**
安土桃山時代の武士。清正十六将の一人。清正死後は五家老の一人。
¶全戦（[生]永禄3（1560）年　[没]慶長18（1613）年）

加藤重正*　**かとうしげまさ**
天正3（1575）年～正保2（1645）年　安土桃山時代～江戸時代前期の馬術家。
¶徳人

加藤自慊　**かとうじけん**
⇒加藤自慊（かとうじこう）

加藤自慊*　**かとうじこう**
天保8（1837）年～明治29（1896）年　[別]加藤自慊（かとうじけん）　江戸時代末期～明治時代の伊予宇和島藩士。
¶幕末（かとうじけん　[没]明治29（1896）年5月14日）

加藤司書　**かとうししょ**
⇒加藤徳成（かとうとくなり）

加藤七郎兵衛　**かとうしちろうべえ**
⇒加藤七郎兵衛（かとうしちろべえ）

加藤七郎兵衛*　**かとうしちろべえ**
文化7（1810）年～文久3（1863）年　[別]加藤七郎兵衛（かとうしちろうべえ）　江戸時代末期の儒学者。
¶幕末（かとうしちろうべえ　[没]文久3（1863）年8月5日）

加藤雀庵*（――〔3代〕）　**かとうじゃくあん**
寛政8（1796）年～明治8（1875）年　江戸時代末期～明治時代の俳人、雑学者。作品に「草籠」136巻などの写本。
¶幕末（――〔3代〕　[没]明治8（1875）年12月10日）

加藤重吉〔1代〕*　**かとうじゅうきち**
生没年不詳　江戸時代中期の尾張瀬戸の陶工。
¶コン,美工

加藤重吉〔2代〕*　**かとうじゅうきち**
生没年不詳　江戸時代中期の尾張瀬戸の陶工。
¶コン,美工

加藤重五*　**かとうじゅうご**
承応3（1654）年～享保2（1717）年　[別]重五（じゅうご）　江戸時代中期の俳人（蕉門）。
¶俳文（重五　じゅうご　[没]享保2（1717）年6月13日）

加藤周兵衛〔1代〕*　**かとうしゅうべえ**
文政2（1819）年～明治33（1900）年　江戸時代末期～明治時代の尾張瀬戸の陶工。
¶美工

加藤周兵衛〔2代〕　**かとうしゅうべえ**
江戸時代後期～明治時代の陶芸家。
¶美工（[生]嘉永1（1848）年　[没]明治36（1903）年）

加藤春宇*　**かとうしゅんう**
？～文政10（1827）年　江戸時代後期の尾張瀬戸の陶工。
¶美工

加藤春暁*　**かとうしゅんぎょう**
江戸時代後期の尾張瀬戸の陶工。
¶美工（[生]？　[没]文化5（1808）年）

加藤春慶　**かとうしゅんけい**
⇒加藤景正（かとうかげまさ）

加藤春岱*　**かとうしゅんたい**
享和2（1802）年～明治10（1877）年　江戸時代後期～明治時代の陶工。
¶コン（生没年不詳）,美工（[没]明治10（1877）年3月18日）

加藤春丹*　**かとうしゅんたん**
？～文化4（1807）年　江戸時代中期～後期の尾張瀬戸の陶工。
¶美工

加藤春珉*　かとうしゅんみん
？～文久1（1861）年　江戸時代末期の尾張瀬戸の陶工。
¶美工

家童女　かどうじょ★
江戸時代中期の女性。俳諧。高松の俳人楚畔の妻。安永3年跋、蕉門の勝見二柳編『氷餅集』に高松連の一人として載る。
¶江表（家童女（香川県））

加藤松斎*　かとうしょうさい
*～明治14（1881）年9月　江戸時代末期～明治時代の佐幕派支持者。
¶幕末（[生]寛政4（1792）年　[没]明治14（1881）年9月1日）

加藤照成*　かとうしょうせい
生没年不詳　[別]加藤照成（かとうてるしげ）　江戸時代中期の和算家。
¶数学（かとうてるしげ）

加藤庄兵衛正方　かとうしょうびょうえまさかた
安土桃山時代～江戸時代前期の武士。秀頼に仕えた。
¶大坂（[生]天正14年　[没]明暦2年閏4月23日）

加藤四郎左衛門　かとうしろうざえもん
⇒加藤景正（かとうかげまさ）

賀藤次郎左衛門*　かとうじろうざえもん
？～天正1（1573）年10月25日　戦国時代～安土桃山時代の織田信長の家臣。
¶織田

加藤四郎左衛門景正　かとうしろうざえもんかげまさ
⇒加藤景正（かとうかげまさ）

加藤甚吉*　かとうじんきち
文政6（1823）年～明治27（1894）年　江戸時代末期～明治時代の常陸土浦藩士。
¶幕末（[没]明治27（1894）年6月24日）

加藤甚五郎*　かとうじんごろう
生没年不詳　安土桃山時代の織田信長の家臣。
¶織田

加藤新七*　かとうしんしち
江戸時代後期の尾張瀬戸の陶工。
¶美工（生没年不詳）

加藤資景*　かとうすけかげ
生没年不詳　[別]加藤景隆（かとうかげたか）　安土桃山時代の織田信長の家臣。
¶織田（加藤景隆　かとうかげたか　[生]？　[没]天正7（1579）年10月3日）

加藤助三郎　かとうすけさぶろう
江戸時代末期～明治時代の陶業家。
¶美工（[生]安政3（1856）年　[没]明治41（1908）年3月13日）

賀藤助丞*　かとうすけのじょう
生没年不詳　安土桃山時代の織田信長の家臣。
¶織田

賀藤清右衛門*　かとうせいえもん
明和5（1768）年～天保5（1834）年　[別]賀藤景林（かとうかげしげ）　江戸時代後期の林政家。
¶コン

加藤清吾*　かとうせいご
天保6（1835）年～明治35（1902）年　江戸時代末期～明治時代の奥州二本松藩士。戊辰の戦乱に際し勤王論を提唱。
¶幕末（[没]明治35（1902）年9月29日）

加藤誠之*　かとうせいし
文化2（1805）年～文久2（1862）年　[別]加藤均斎（かとうきんさい），加藤誠之（かとうのぶゆき）　江戸時代末期の算家。
¶数学（かとうのぶゆき　[没]文久2（1862）年8月）

加藤善治〔1代〕*　かとうぜんじ
*～明治6（1873）年　江戸時代後期の尾張瀬戸の陶工、明治の善次郎の祖。
¶美工（[生]天明8（1788）年）

加藤善治〔2代〕*　かとうぜんじ
文政8（1825）年～明治34（1901）年　江戸時代末期～明治時代の陶工。
¶美工

加藤善治〔3代〕　かとうぜんじ
江戸時代後期～大正時代の陶芸家。
¶美工（[生]嘉永1（1848）年　[没]大正7（1918）年）

加藤専八郎*　かとうせんぱちろう
文化11（1814）年～明治42（1909）年　江戸時代末期～明治時代の仙台藩士。南部藩の参謀鮫島金兵衛を藩命で惨殺。
¶幕末（[没]明治42（1909）年10月30日）

加藤素毛*　かとうそもう
文政8（1825）年～明治12（1879）年　[別]素毛（そもう）　江戸時代末期～明治時代の俳人。外国方御用達伊勢屋平作の手代として遣米使節に随行。帰国後、各地で洋行談を試みる。
¶俳文（素毛　そもう　[没]明治12（1879）年5月），幕末（[生]文政8（1825）年10月17日　[没]明治12（1879）年5月12日）

加藤太　かとうた
⇒加藤光員（かとうみつかず）

加藤孝行　かとうたかゆき
江戸時代後期の和算家。
¶数学

加藤武元　かとうたけもと
江戸時代後期の和算家。
¶数学

加藤忠景*　かとうただかげ
？～天正12（1584）年5月7日　安土桃山時代の武将。
¶織田

加藤任重　かとうただしげ
⇒加藤常吉（かとうつねきち）

加藤忠広*　かとうただひろ
慶長6（1601）年～承応2（1653）年　江戸時代前期の大名。出羽丸岡藩主、肥後熊本藩主。
¶コン（[生]慶長6（1601年/1598）年）

加藤辰千代*　かとうたつちよ
永禄10（1567）年～天正10（1582）年6月2日　安土桃山時代の織田信長の家臣。
¶織田

河東田直正*　かとうだなおまさ
生没年不詳　[別]河東田直正（かわひがしだなおまさ）　江戸時代中期の仙台の天文家。
¶数学（かわひがしだなおまさ　[生]寛政3（1791）年　[没]

天保12(1841)年)

加藤種之助* かとうたねのすけ
弘化1(1844)年～明治24(1891)年 江戸時代末期～明治時代の陸軍海軍軍人。晩年海軍大尉となり正七位勲四等を授与される。
¶幕末([没]明治24(1891)年11月14日)

加藤田平八郎* かとうだへいはちろう
文化5(1808)年～明治8(1875)年 江戸時代後期～明治時代の武士。
¶幕末([没]明治8(1875)年1月15日)

加藤民吉* かとうたみきち
安永1(1772)年～文政7(1824)年 [別]民吉(たみきち) 江戸時代後期の瀬戸窯の磁祖とされる陶工。
¶コン,美工([没]文政7(1824)年7月4日)

加藤民弥* かとうたみや
文政2(1819)年～慶応4(1868)年9月5日 江戸時代後期～末期の新撰組隊士。
¶新隊([没]明治1(1868)年9月5日),全幕

加藤千蔭* かとうちかげ
享保20(1735)年～文化5(1808)年 [別]橘千蔭(たちばなちかげ, たちばなのちかげ) 江戸時代中期～後期の歌人、国学者。江戸派の中心人物。
¶江人,コン,詩作(橘千蔭 たちばなのちかげ [生]享保20(1735)年3月9日 [没]文化5(1808)年9月2日),思想,徳人,日文,山小([生]1735年3月9日 [没]1808年9月2日)

加藤竹斎 かとうちくさい
江戸時代後期の植物画家。
¶植物([生]文政1(1818)年 [没]?)

加藤竹窓* かとうちくそう
文政9(1826)年～嘉永5(1852)年 江戸時代末期の儒学者。
¶幕末([没]嘉永5(1852)年2月13日)

加藤張卿* かとうちょうきょう
文化10(1813)年～明治1(1868)年 江戸時代末期の三河西尾藩士、儒学者。
¶幕末([生]文化10(1813)年12月24日 [没]慶応4(1868)年7月17日)

加藤長寿* かとうちょうじゅ
天保13(1842)年～明治19(1886)年 [別]長寿(ちょうじゅ) 江戸時代末期の加賀金沢の楽焼工。
¶美工(長寿 ちょうじゅ)

加藤常吉* かとうつねきち
天保3(1832)年～元治1(1864)年 [別]加藤任重(かとうただしげ) 江戸時代末期の筑後久留米藩士。
¶幕末([没]元治1(1864)年7月21日)

加藤照成 かとうてるしげ
⇒加藤照成(かとうしょうせい)

加藤唐左衛門〔4代〕* かとうとうざえもん
安永1(1772)年～天保3(1832)年 江戸時代後期の尾張瀬戸の陶工。
¶コン,美工

加藤唐三郎* かとうとうざぶろう
生没年不詳 江戸時代前期の陶工。
¶コン,美工

加藤陶仙 かとうとうせん
江戸時代末期～昭和時代の陶工。
¶美工([生]安政4(1857)年 [没]昭和7(1932)年)

加藤時雍* かとうときやす
?～安政6(1859)年 江戸時代末期の加賀藩士。
¶幕末([没]安政6(1859)年8月)

加藤得貞 かとうとくさだ
江戸時代後期の和算家。
¶数学

加藤徳成* かとうとくなり
天保1(1830)年～慶応1(1865)年 [別]加藤司書(かとうししょ) 江戸時代末期の尊王攘夷派志士。
¶コン(加藤司書 かとうししょ),コン,全幕(加藤司書 かとうししょ),幕末(加藤司書 かとうししょ [生]文政13(1830)年3月5日 [没]慶応1(1865)年10月25日)

加藤友太郎 かとうともたろう
江戸時代後期～大正時代の陶業家。
¶美工([生]嘉永4(1851)年9月 [没]大正5(1916)年2月27日)

加藤豊八 かとうとよはち
江戸時代中期の宮大工。
¶美建([生]天明6(1786)年 [没]?)

加藤虎景* かとうとらかげ
生没年不詳 戦国時代の甲斐武田信虎・晴信の家臣。
¶武田

加藤虎之助 かとうとらのすけ
⇒加藤清正(かとうきよまさ)

加藤某 かとうなにがし
戦国時代の流通商人。北条氏康家臣。小田原城下の宮前下町奉行。小田原城下の商人頭。
¶後北(某〔加藤(1)〕 なにがし)

加藤信景* かとうのぶかげ
?～天正10(1582)年3月 戦国時代～安土桃山時代の甲斐武田晴信・勝頼の家臣。
¶武田([生]天文9(1540)年? [没]天正10(1582)年3月12日)

加藤延隆* かとうのぶたか
生没年不詳 [別]全朔(ぜんさく) 安土桃山時代の織田信長の家臣。
¶織田([生]? [没]元亀2(1571)年7月4日),俳文(全朔 ぜんさく [生]? [没]元亀2(1571)年7月4日)

加藤誠之 かとうのぶゆき
⇒加藤誠之(かとうせいし)

加藤教明* かとうのりあき
生没年不詳 [別]加藤教明(かとうのりあきら) 戦国時代～安土桃山時代の武士。徳川氏家臣、豊臣氏家臣。
¶織田(かとうのりあきら)

加藤則著* かとうのりあき
江戸時代末期の幕臣。
¶幕末(生没年不詳)

加藤教明 かとうのりあきら
⇒加藤教明(かとうのりあき)

加藤八大夫 かとうはちだゆう
安土桃山時代～江戸時代前期の長宗我部盛親の与力。
¶大坂

加藤八郎大夫*(加藤八郎太夫) かとうはちろうだゆう
天保3(1832)年～慶応3(1867)年 江戸時代末期

の水戸藩士。

¶幕末([没]慶応3(1867)年5月5日)

加藤半渓 かとうはんけい

江戸時代後期～明治時代の南画家。

¶美画([生]天保12(1841)年 [没]明治39(1906)年)

加藤盤斎*(加藤磐斎) かとうばんさい

元和7(1621)年～延宝2(1674)年 [別]盤斉, 磐斎(ばんさい) 江戸時代前期の和学者。

¶コン, 俳文(磐斎 ばんさい [生]? [没]延宝2(1674)年8月11日)

加藤羆* かとうひぐま

?～慶応3(1867)年6月23日 江戸時代後期～末期の新撰組隊士。

¶新隊

賀藤彦左衛門* かとうひこざえもん

生没年不詳 安土桃山時代の織田信長の家臣。

¶織田

加藤肥後守 かとうひごのかみ

⇒加藤清正(かとうきよまさ)

加藤恒* かとうひさし

天保14(1843)年～明治32(1899)年 [別]加藤恒(かとうこう) 江戸時代末期～明治時代の加賀藩士、学者。世子前田利嗣の傅。県会議員、金沢区長に就任。

¶幕末(かとうこう [没]明治32(1899)年3月6日)

加藤兵庫頭* かとうひょうごのかみ

生没年不詳 安土桃山時代の織田信長の家臣。

¶織田

加藤兵部少輔 かとうひょうぶのしょう

戦国時代の武田氏の家臣。

¶武田([生]? [没]明応3(1494)年3月26日)

加藤央周 かとうひろちか

江戸時代後期の和算家。

¶数学

加藤弘道 かとうひろみち

江戸時代後期の和算家。

¶数学

加藤弘之* かとうひろゆき

天保7(1836)年6月23日～大正5(1916)年2月9日 江戸時代末期～明治時代の但馬出石藩士、幕臣、思想家。「人権新説」を著し、民権論と対立した。貴族院議員、枢密顧問官、帝国学士院院長などを歴任。

¶コン, 思想, 徳人, 幕末, 山小([生]1836年6月23日 [没]1916年2月9日)

加藤福 かとうふく

安土桃山時代の女性。源左衛門尉の娘。

¶後北(福〔加藤(3)〕 ふく)

加藤文麗* かとうぶんれい

宝永3(1706)年～天明2(1782)年 江戸時代中期の幕臣、画家。谷文晁の最初の師。

¶コン, 徳人, 美画([没]天明2(1782)年3月5日)

加藤平九郎* かとうへいくろう

生没年不詳 江戸時代末期の幕臣。

¶幕末

加藤平内 かとうへいない

江戸時代末期～明治時代の旗本。

¶幕末([生]? [没]明治37(1904)年1月19日)

加藤平八* かとうへいはち

江戸時代末期～明治時代の会津本郷陶工。藩主の御用作師で多くの優れた焼き物を作成。

¶幕末([生]文政10(1827)年 [没]明治14(1881)年7月10日), 美工([生]文政10(1827)年 [没]明治14(1881)年7月10日)

加藤伯耆守 かとうほうきのかみ

安土桃山時代～江戸時代前期の武士。秀頼に仕え、落城後、酒井忠勝に仕えた。

¶大坂

加藤正方* かとうまさかた

天正8(1580)年～慶安1(1648)年 江戸時代前期の肥後熊本藩士、俳人。

¶コン, 全戦

加藤正重 かとうまさしげ

安土桃山時代～江戸時代前期の幕臣。

¶徳人([生]1583年 [没]1633年)

加藤正次*(1) かとうまさつぐ

天文18(1549)年～慶長18(1613)年 安土桃山時代～江戸時代前期の武士。

¶徳将, 徳代([生]天文17(1548)年 [没]慶長18(1613)年8月17日)

加藤正次(2) かとうまさつぐ

安土桃山時代～江戸時代前期の加藤清正の家臣。

¶全戦(生没年不詳)

加藤正行* かとうまさゆき

生没年不詳 江戸時代後期の幕臣。

¶徳人

加藤光員* かとうみつかず

生没年不詳 [別]加藤太(かとうた) 鎌倉時代前期の武将、幕府の有力御家人。

¶コン

加藤光直* かとうみつなお

1584年～1633年 安土桃山時代～江戸時代前期の武将。秀吉ののち、家康に仕える。光泰の三男。

¶徳人

加藤光長 かとうみつなが

⇒加藤貞泰(かとうさだやす)

加藤光泰* かとうみつやす

天文6(1537)年～文禄2(1593)年 安土桃山時代の武将、豊臣秀吉の臣。

¶コン

加藤杢左衛門〔2代〕* かとうもくざえもん

天保3(1832)年～明治33(1900)年 江戸時代後期～明治時代の陶工。

¶美工

加藤元隆* かとうもとたか

生没年不詳 安土桃山時代の織田信長の家臣。

¶織田

加藤紋右衛門〔5代〕 かとうもんえもん

江戸時代後期～明治時代の窯屋。

¶美工([生]文政8(1825)年 [没]明治2(1869)年)

加藤紋右衛門〔6代〕 かとうもんえもん

江戸時代後期～明治時代の窯屋。

¶美工([生]嘉永6(1853)年 [没]明治44(1911)年)

か

かとうや　　　　　　　　　　　　586

加藤弥三郎*　かとうやさぶろう
？～元亀3（1572）年　働加藤景元（かとうかげもと）　戦国時代の武士。織田氏家臣。
¶織田（働元亀3（1572）年12月22日）、全戦

加藤泰秋*　かとうやすあき
弘化3（1846）年～昭和1（1926）年　江戸時代末期～明治時代の大洲藩主、大洲藩知事。
¶全幕（働大正15（1926）年）、幕末（働弘化3（1846）年8月12日　働大正15（1926）年6月）

加藤泰堅　かとうやすかた
江戸時代前期の幕臣。
¶徳人（生没年不詳）

加藤泰祉*　かとうやすとみ
弘化1（1844）年～元治1（1864）年　江戸時代末期の大名。伊予大洲藩主。
¶幕末（働天保15（1844）年11月18日　働元治1（1864）年8月16日）

加藤泰令*　かとうやすのり
天保9（1838）年～大正2（1913）年　江戸時代末期～明治時代の新谷藩主、新谷藩知事、子爵。
¶幕末（働天保9（1838）年3月18日　働大正2（1913）年2月23日）

加藤安政　かとうやすまさ
安土桃山時代～江戸時代前期の武士。加藤清正十六将の1人。
¶全戦（働？　働寛永3（1626）年）

加藤弥平次　かとうやへいじ
安土桃山時代の郡内上野原の国衆加藤駿河守虎景の子。
¶武田（働？　働天正3（1575）年5月21日）

加藤弥平太尚長　かとうやへいだなおなが
江戸時代前期の織田信長・豊臣秀吉の家臣。
¶大坂（働慶長20年5月8日）

加藤雄馬　かとうゆうま
江戸時代末期の武士、雷神隊頭取。桑名藩士成瀬幾馬の子。
¶全幕（働？　働慶応4（1868）年？）

加藤雅軒　かとうようけん
江戸時代後期～明治時代の儒者。
¶詩作（働天保12（1841）年　働明治31（1898）年9月22日）

加藤嘉明*　かとうよしあき
永禄6（1563）年～寛永8（1631）年　働加藤左馬助（かとうさまのすけ），加藤嘉明（かとうよしあきら）　安土桃山時代～江戸時代前期の武将。
¶人（働1562年）、コン、全戦、戦武（かとうよしあきら）、対外、山小（働1631年9月12日）

加藤嘉明　かとうよしあきら
⇒加藤嘉明（かとうよしあき）

加藤良勝　かとうよしかつ
安土桃山時代～江戸時代前期の幕臣。
¶徳人（働1594年　働1640年）

加藤可重　かとうよししげ
安土桃山時代～江戸時代前期の武士。加藤清正十六将の1人。
¶全戦（働？　働慶長9（1604）年）

加藤吉忠　かとうよしただ
戦国時代～安土桃山時代の織田信長の家臣。順政の長男。
¶織田（働弘治1（1555）年　働慶長7（1602）年）

加藤良久*　かとうよしひさ
？～延宝3（1675）年　江戸時代前期の土佐藩作事奉行。
¶美建

加藤余十郎　かとうよじゅうろう
生没年不詳　江戸時代末期の幕臣、代官、勘定奉行。
¶徳人、徳代

加藤与十郎　かとうよじゅうろう
安土桃山時代の織田信長の家臣。信長より知行を与えられる。
¶織田（生没年不詳）

加藤順政*　かとうよりまさ
天文4（1535）年～慶長4（1599）年10月15日　戦国時代～安土桃山時代の織田信長の家臣。
¶織田

加藤順盛　かとうよりもり
永正11（1514）年～天正16（1588）年1月26日　戦国時代～安土桃山時代の織田信長の家臣。
¶織田、全戦

加藤木暖叟　かとぎしゅんそう
⇒加藤木賞三（かとうぎしょうぞう）

和徳門院*　かとくもんいん
文暦1（1234）年～正応2（1289）年　働義子内親王（ぎしないしんのう），和徳門院（わとくもんいん）　鎌倉時代後期の女性。仲恭天皇の皇女。
¶天皇（わとくもんいん）

門子　かどこ*
江戸時代中期の女性。和歌。楠宗成の娘。元禄15年刊、竹内時安斎編『出雲大社奉納清地草』に載る。
¶江表（門子（京都府））

かと女　かとじょ*
江戸時代末期の女性。和歌。越後弥彦社神職高橋舎人盛邦の妻。安政2年序、僧大英撰『北越三雅集』に載る。
¶江表（かと女（新潟県））

門田宇平*　かどたうへい
文化6（1809）年～文久3（1863）年9月29日　江戸時代末期の土佐国山北村郷士。
¶幕末

門田為之助*　かどたためのすけ
天保9（1838）年～慶応3（1867）年　江戸時代末期の志士。
¶幕末（働天保9（1838）年10月15日　働慶応3（1867）年11月6日）

門田久辰の妻　かどたひさときのつま*
江戸時代中期の女性。和歌。長門長州藩士門田太郎右衛門久辰の妻。宝永6年奉納、平間長雅編「住吉社奉納千首和歌」に載る。
¶江表（門田久辰の妻（山口県））

角内子　かどないし*
江戸時代後期の女性。狂歌。尾張名古屋の有松の染物商近江屋伝兵衛の後妻か。文化14年刊、『狂歌弄花集』は夫の橘庵芦辺田鶴丸撰。

¶江表（角内子（愛知県））

葛野王 かどのおう
⇒葛野王（かどののおう）

葛野皇子 かどのおうじ
⇒葛野王（かどののおう）

葛野王* かどののおう
天智天皇8（669）年～慶雲2（705）年 [別]葛野王（かどのおう，かどののおおきみ），葛野皇子（かどのおうじ） 飛鳥時代の皇族、文人。天智天皇の孫、大友皇子の長子。
¶古人（かどのおう [生]？），古代，古物（かどののおおきみ），コン（かどののおおきみ [生]天智8（669）年），天皇（かどのおう [生]天智8（669）年）

葛野王 かどののおおきみ
⇒葛野王（かどののおう）

門部王 かどべおう
⇒門部王（かどべのおう）

門部王*(1) かどべのおう
[別]門部王（かどべおう，かどべのおおきみ） 奈良時代の王族。
¶古人（かどべおう 生没年不詳），古代

門部王(2) かどべのおう
⇒門部王（かどべのおおきみ）

門部王*(1) かどべのおおきみ
？～天平17（745）年 [別]門部王（かどべのおう） 奈良時代の王族、歌人。
¶古代（かどべのおう）

門部王(2) かどべのおおきみ
⇒門部王（かどべのおう）

門屋貫助 かどやかんすけ
⇒桂井隼人（かつらいはやと）

角屋七郎次郎(1) かどやしちろうじろう
戦国時代～安土桃山時代の伊勢国大湊の回船問屋。北条氏との交易に従事。
¶後北（秀持〔角屋〕 ひでもち）

角屋七郎次郎*(2)（——〔2代〕） かどやしちろうじろう
？～慶長19（1614）年 [別]角屋七郎次郎（かどやしちろじろう） 安土桃山時代～江戸時代前期の伊勢大湊の海運業者、徳川氏の御用商人。
¶コン，全戦（生没年不詳）

角屋七郎兵衛* かどやしちろうべえ
慶長15（1610）年～寛文12（1672）年 [別]角屋七郎兵衛（かどやしちろべえ） 江戸時代前期の貿易家。安南国の日本町の指導者。
¶江人（かどやしちろべえ），コン（かどやしちろべえ）

角屋七郎次郎 かどやしちろじろう
⇒角屋七郎次郎（かどやしちろうじろう）

角屋七郎兵衛 かどやしちろべえ
⇒角屋七郎兵衛（かどやしちろうべえ）

角谷糺* かどやただす
弘化2（1845）年～？ 江戸時代後期～末期の新撰組隊士。
¶新隊

門屋養安* かどやようあん
寛政4（1792）年～明治6（1873）年 江戸時代後期～明治時代の医師。
¶コン

可都里 かとり
⇒五味可都里（ごみかつり）

鹿取三郎左衛門* かとりさぶろうざえもん
生没年不詳 安土桃山時代の織田信長の家臣。
¶織田

楫取魚彦* かとりなひこ，かとりなびこ，かどりなびこ
享保8（1723）年～天明2（1782）年3月23日 江戸時代中期の国学者。真淵学継承者。
¶江人（[没]1783年），コン，詩作（かとりなびこ [生]享保8（1723）年3月2日），思想（かとりなびこ），日文（かとりなびこ）

楫取美和* かとりみわ
天保14（1843）年～大正10（1921）年 [別]久坂文（くさかふみ） 江戸時代末期～大正時代の女性。吉田松陰の末妹。久坂玄端の妻。
¶幕末（[没]大正10（1921）年9月）

楫取素彦* かとりもとひこ
文政12（1829）年～大正1（1912）年8月14日 江戸時代末期～明治時代の長州藩志士、官吏。
¶コン，全幕，幕末（[生]文政12（1829）年3月15日 [没]明治45（1912）年8月14日）

門脇重綾* かどわきしげあや
文政9（1826）年～明治5（1872）年 江戸時代後期～明治時代の武士、国学者。
¶幕末（[没]明治5（1872）年8月3日）

かな
江戸時代中期の女性。俳諧。筑後の人で、享保10年序、棘亭路圭編『雪薺集』に載る。
¶江表（かな（福岡県））

加那 かな★
江戸時代後期の女性。和歌。播磨姫路の国学者で歌人吉田源子の娘。本居内遠に嘉永2年に入門。
¶江表（加那（兵庫県））

兼明親王 かなあきらしんのう
⇒兼明親王（かねあきらしんのう）

かない
江戸時代末期の女性。俳諧。越後柏崎の人。安政5年刊、松岡茶山編『常磐集』一七に載る。
¶江表（かない（新潟県））

金井烏洲*（金井烏州） かないうしゅう，かないうじゅう
寛政8（1796）年～安政4（1857）年 [別]金井彦兵衛（かないひこべえ） 江戸時代末期の画家、画論家、勤王家。
¶コン，幕末（かないうじゅう [没]安政4（1857）年1月14日），美画（[没]安政4（1857）年1月14日）

金井金八 かないきんぱち
⇒増山金八〔1代〕（ますやまきんぱち）

金井国之丞* かないくにのじょう
弘化4（1847）年～慶応1（1865）年 [別]石井政之丞（いしいまさのじょう） 江戸時代末期の水戸天狗党員。
¶幕末（[生]弘化4（1847）年3月11日 [没]元治2（1865）年2月16日）

金井三笑* かないさんしょう
享保16（1731）年～寛政9（1797）年6月16日 [別]金井三平〔1代〕（かないさんぺい），金井筒屋半九郎（かないずつやはんくろう，かないづつやはんくろ

か

かないさ 588

う），金井半九郎（かないはんくろう），与鳳亭（よほうてい）　江戸時代中期の歌舞伎作者。宝暦4年～寛政4年頃に活躍。
¶江人，歌大，コン，新歌

金井三平〔1代〕　かないさんぺい
⇒金井三笑（かないさんしょう）

金井新衛門*　かないしんえもん
生没年不詳　戦国時代の武士。北条氏忠家臣。
¶後北〔新衛門〔金井(1)〕　しんえもん〕

金井筒屋半九郎　かないづつやはんくろう
⇒金井三笑（かないさんしょう）

金井清吉　かないせいきち
江戸時代後期～明治時代の蒔絵師。
¶美工（㊀文政10（1827）年　㊁明治33（1900）年）

金井武男*　かないたけお
天保14（1843）年～明治35（1902）年　江戸時代末期～明治時代の兵士。戊辰戦争では方義隊に属し奔走。
¶幕末（㊁明治35（1902）年12月20日）

金井筒屋半九郎　かないづつやはんくろう
⇒金井三笑（かないさんしょう）

金井直澄　かないなおずみ
戦国時代の武田氏の家臣、禰津常安の被官。
¶武田（生没年不詳）

金井半九郎　かないはんくろう
⇒金井三笑（かないさんしょう）

金井彦兵衛　かないひこべえ
⇒金井烏洲（かないうしゅう）

金井秀景　かないひでかげ
⇒倉賀野秀景（くらがのひでかげ）

金井房次　かないふさつぐ
戦国時代の信濃小県郡の国衆。海野氏の被官。
¶武田（生没年不詳）

金井毛山*　かないもうざん
文化3（1806）年～明治12（1879）年　江戸時代末期～明治時代の画家。
¶美画（㊁明治12（1879）年1月19日）

金井之恭*　かないゆきやす
天保4（1833）年～明治40（1907）年　江戸時代末期～明治時代の志士。新田勤王党を支援。元老院議員、貴族院議員などを歴任明治三筆の一人。
¶コン，幕末（㊀天保4（1833）年9月18日　㊁明治40（1907）年5月13日）

鼎金城*　かなえきんじょう
文化8（1811）年～文久3（1863）年　江戸時代後期の画家。
¶コン，美画（㊁文久3（1863）年5月30日）

鼎春岳*　かなえしゅんがく
明和3（1766）年～文化8（1811）年　江戸時代後期の南画家。
¶美画（㊁文化8（1811）年8月13日）

可直　かなお
江戸時代中期の女性。俳諧。若松六日町の名主家城三郎右衛門の娘。延享4年に父の追悼句集『雲の峯』を編んだ。
¶江表（可直（福島県））

金王兵衛尉盛俊*　かなおうひょうえのじょうもりとし
生没年不詳　㊙金王盛俊（かなおうもりとし，こんのうもりとし），金王兵衛尉盛俊（こんのうひょうえのじょうもりとし）　鎌倉時代後期～南北朝時代の悪党張本。後醍醐天皇に通じ、南朝軍兵力としても活動。
¶コン

金王盛俊　かなおうもりとし
⇒金王兵衛尉盛俊（かなおうひょうえのじょうもりとし）

国字垣歌志久*　かながきかしく
？～安政6（1859）年8月10日　㊙手賀常幹（てがつねもと）　江戸時代末期の麻生藩士、連歌。
¶幕末（㊁安政6（1859）年7月12日）

仮名垣魯文*　かながきろぶん
文政12（1829）年～明治27（1894）年　江戸時代末期～明治時代の小説家、新聞記者。開化期の風俗を描き花形作家に。著書に「安愚楽鍋」など。
¶江人，歌大（㊀文政12（1829）年1月6日　㊁明治27（1894）年11月8日），コン，新歌（㊀文政12（1829）年1月6日　㊁明治27（1894）年11月8日），山小（㊀1829年1月6日　㊁1894年11月8日）

金上盛実*　かながみもりざね
安土桃山時代の武士。金上盛備の子。
¶全戦（生没年不詳）

金上盛備*　かながみもりはる
？～天正17（1589）年　安土桃山時代の武士。
¶全戦（㊀大永7（1527）年），戦武（㊀大永7（1527）年）

かな子　かなこ*
江戸時代中期～後期の女性。和歌。国学者で歌人の書家加藤千蔭の孫。
¶江表（かな子（東京都）　㊀天明7（1787）年　㊁弘化2（1845）年）

可直子　かなこ*
江戸時代後期の女性。教育。門井氏。
¶江表（可直子（東京都）　㊁嘉永3（1850）年）

嘉奈子　かなこ*
江戸時代後期の女性。和歌。中川氏の母。嘉永5年版『平安人物志』に名が載る。
¶江表（嘉奈子（京都府））

鹿子木寂心　かなこぎじゃくしん
⇒鹿子木寂心（かのこぎじゃくしん）

鹿子木親員　かなこぎちかかず
⇒鹿子木寂心（かのこぎじゃくしん）

金刺貞長*　かなさしのさだなが
生没年不詳　平安時代前期の官人、祠官。
¶古人

金刺舎人若島*（金刺舎人若嶋）　かなさしのとねりのわかしま
生没年不詳　㊙金刺舎人若嶋（かなさしのとねりわかしま）　奈良時代の女官。
¶古人（金刺舎人若嶋　かなさしのとねりわかしま）

金刺舎人八麻呂　かなさしのとねりはちまろ
奈良時代の官人。
¶古人（生没年不詳）

金刺舎人若嶋　かなさしのとねりわかしま
⇒金刺舎人若島（かなさしのとねりのわかしま）

金刺光盛　かなさしのみつもり
⇒手塚光盛（てづかみつもり）

金刺盛澄*　かなさしのもりずみ
生没年不詳　[別]金刺盛澄（かなさしのもろずみ，かなさしもりずみ）　平安時代後期の武士。
¶古人（かなさしのもろずみ），中世（かなさしもりずみ）

金刺盛澄　かなさしのもろずみ
⇒金刺盛澄（かなさしのもりずみ）

金刺盛澄　かなさしもりずみ
⇒金刺盛澄（かなさしのもりずみ）

金沢顕時　かなざわあきとき
⇒北条顕時（ほうじょうあきとき）

金沢歌国　かなざわうたくに
⇒浜松歌国（はままつうたくに）

金沢嘉兵衛*　かなざわかへえ
生没年不詳　江戸時代後期の海浜干拓技術者。
¶コン

金沢圭助*　かなざわけいすけ
江戸時代末期の新撰組隊士。
¶新隊

金沢貞顕　かなざわさだあき
⇒金沢貞顕（かねさわさだあき）

金沢貞将　かなざわさだまさ
⇒金沢貞将（かねざわさだまさ）

金沢実時　かなざわさねとき
⇒北条実時（ほうじょうさねとき）

金沢実政　かなざわさねまさ
⇒北条実政（ほうじょうさねまさ）

金沢弥右衛門*　かなざわやえもん
生没年不詳　江戸時代末期の紀伊和歌山藩士。
¶幕末

金沢龍玉〔1代〕　かなざわりゅうぎょく
⇒中村歌右衛門〔3代〕（なかむらうたえもん）

かな女　かなじょ⋆
江戸時代の女性。狂歌。大胡の人。年々斎撰『きさらぎの哥』（刊年不明）に載る。
¶江表（かな女（群馬県））

可南女*　かなじょ
[別]可南女（かなんじょ）　江戸時代中期の女性。俳人。もと京都五条の遊女。のち向井去来に嫁ぐ。
¶俳文（生没年不詳）

要女　かなじょ⋆
江戸時代後期の女性。和歌。市谷浄瑠璃坂の水野土佐守殿の屋敷に住む林諸平の妻。
¶江表（要女（東京都）　[生]寛政2（1790）年）

金杉清常*　かなすぎせいじょう
[別]金杉清常（かねすぎきよつね）　江戸時代中期の算家。
¶数学（かねすぎきよつね）

金丸小伝次信盛　かなまるこでんじのぶもり
江戸時代前期の武士。大坂の陣で籠城。
¶大坂

金丸重政　かなまるじゅうせい
江戸時代中期の代官。
¶徳代（[生]？　[没]宝永5（1708）年5月2日）

金丸忠経*　かなまるただつね
生没年不詳　[別]金丸忠経（かねまるただつね）　戦国時代の甲斐武田晴信の家臣。
¶武田（かねまるただつね）

金丸定曹　かなまるていそう
江戸時代前期～中期の代官。
¶徳代（[生]延宝1（1673）年　[没]享保2（1717）年7月21日）

神波即山　かなみそくざん
⇒神波即山（かんなみそくざん）

かなめ
江戸時代後期の女性。俳諧。備後瀬野の人。文化11年刊、多賀庵三世玄蛙編『やまかつら』に載る。
¶江表（かなめ（広島県））

加奈女　かなめ⋆
江戸時代後期の女性。狂歌。間々田の人。天保6年刊、芍薬亭長根編『狂歌三才恋百首』に載る。
¶江表（加奈女（栃木県））

要　かなめ⋆
江戸時代後期の女性。教育。勢多郡大胡の寺子屋師匠で、男20人、女15人の筆子がいた。
¶江表（要（群馬県））

要女　かなめじょ⋆
江戸時代末期の女性。狂俳。安政6年板、古巌斎余祥撰『狂俳くれたけ集』初に載る。
¶江表（要女（愛知県））

金本摩斎*　かなもとまさい
文政12（1829）年～明治4（1871）年　[別]金本摩斎（かねもとまさい）　江戸時代末期～明治時代の儒学者。尊皇譲位を唱えた。著書に「楽山堂詩鈔」「皇史摘詠」など。
¶コン，幕末（かねもとまさい　[生]文政12（1829）年10月28日　[没]明治4（1871）年4月2日）

金森可重　かなもりありしげ
⇒金森可重（かなもりよししげ）

金森一為　かなもりかずため
⇒金森甚七郎（かなもりじんしちろう）

金森掃部助一吉　かなもりかもんのすけかつよし
江戸時代前期の前田利長・豊臣秀吉・秀頼の家臣。
¶大坂（[没]承応3年）

金森義入*　かなもりぎにゅう
？～天正10（1582）年6月2日　戦国時代～安土桃山時代の織田信長の家臣。
¶織田

金森錦謙　かなもりきんけん
⇒金森建策（かなもりけんさく）

金森桂五　かなもりけいご
⇒桂五（けいご）

金森建策*　かなもりけんさく
？～文久2（1862）年　[別]金森錦謙（かなもりきんけん）　江戸時代末期の洋学者。
¶科学（[没]文久2（1862）年5月1日），コン，幕末（[没]文久2（1862）年4月3日）

金森左門一長　かなもりさもんかつなが
江戸時代前期の豊臣秀頼・徳川義宣の家臣。
¶大坂（[没]慶安4年1月9日）

金森重近　かなもりしげちか
⇒金森宗和（かなもりそうわ）

金森重直　かなもりしげなお
江戸時代前期の幕臣。
¶徳人（[生]1627年　[没]1655年）

金森重頼*　かなもりしげより
文禄3（1594）年～慶安3（1650）年　江戸時代前期の大名。飛驒高山藩主。金森宗和の弟。
¶コン

か

金森甚七郎*　かなもりじんしちろう
？～天正7（1579）年4月1日　[別]金森一為（かなもりかずため）　戦国時代～安土桃山時代の織田信長の家臣。
¶織田（金森一為　かなもりかずため　[生]永禄3（1560）年頃）

金森宗和*　かなもりそうわ
天正12（1584）年～明暦2（1656）年　[別]金森重近（かなもりしげちか）　江戸時代前期の武士、茶匠。茶道宗和流の祖。
¶江人, コン

金森得水*　かなもりとくすい
天明6（1786）年～元治2（1865）年　[別]金森長興（かなもりながおき）　江戸時代後期の紀伊和歌山藩家老。
¶幕末（[没]元治2（1865）年2月25日）

金森長興　かなもりながおき
⇒金森得水（かなもりとくすい）

金森長近*　かなもりながちか
大永4（1524）年～慶長13（1608）年　[別]兵部卿法印（ひょうぶきょうほういん）　戦国時代～安土桃山時代の大名。飛驒高山藩主、美濃上有知藩主。
¶織田（[生]大永5（1525）年？　[没]慶長13（1608）年8月12日？）, コン（[没]慶長12（1607）年）, 全戦（[生]大永5（1525）年）, 戦武（[生]大永4（1524）年？　[没]慶長13（1608）年？）

金森南塘　かなもりなんとう
江戸時代後期～明治時代の日本画家。
¶美画（[生]文政6（1823）年11月　[没]明治37（1904）年8月31日）

金森可重*　かなもりよししげ
永禄1（1558）年～元和1（1615）年　[別]金森可重（かなもりありしげ）　安土桃山時代～江戸時代前期の大名。飛驒高山藩主。
¶コン

金森頼錦*　かなもりよりかね
正徳3（1713）年～宝暦13（1763）年　江戸時代中期の大名。美濃郡上藩主。
¶コン

金家五郎三郎〔1代〕*　かなやごろうさぶろう
天正9（1581）年～寛文8（1668）年　[別]金家五郎三郎，金谷五郎三郎〔1代〕（かなやごろさぶろう）　江戸時代前期の鋳金工。五郎三色（鉄の着色法）の考案者。
¶コン（代数なし　[生]？）, 美工

金屋橋の太夫　かなやばしのたゆう
⇒荻野扇女（おぎのせんじょ）

金輪五郎*　かなわごろう
天保4（1833）年～明治3（1870）年　江戸時代末期～明治時代の陪臣。赤報隊に参加。
¶幕末（[生]天保12（1841）年　[没]明治2（1870）年12月29日）

可南　かなん★
江戸時代中期の女性。俳諧。蕉門十哲の一人向井去来の妻。元禄5年刊、松倉嵐蘭編『けし合』に載る。
¶江表（可南（京都府））

可南女　かなんじょ
⇒可南女（かなじょ）

蟹江大愚哉*　かにえだいぐさい
文政12（1829）年～明治19（1886）年　[別]蟹江基徳（かにえもとのり）　江戸時代末期～明治時代の富山藩士。読書堂を築造し経史を研鑽。
¶幕末（蟹江基徳　かにえもとのり　[没]明治19（1886）年10月12日）

蟹江基徳　かにえもとのり
⇒蟹江大愚哉（かにえだいぐさい）

可児勘兵衛知可　かにかんひょうえともよし
江戸時代前期の長岡是季・京極高知の家臣。
¶大坂

カニクシアイノ*
生没年不詳　江戸時代末期の蝦夷人。
¶コン

可児才蔵*　かにさいぞう
天文23（1554）年～慶長18（1613）年　安土桃山時代～江戸時代前期の武士。
¶全戦（[生]？）, 戦武

綺戸辺　かにはたとべ
⇒綺戸辺（かんはたとべ）

可児平左衛門*　かにへいざえもん
安永5（1776）年～天保7（1836）年　[別]可児正翰（かにまさふみ）　江戸時代後期の算家、美作津山藩士。
¶数学（可児正翰　かにまさふみ　[没]天保7（1836）年4月11日）

可児正翰　かにまさふみ
⇒可児平左衛門（かにへいざえもん）

蟹守*　かにもり
？～天保7（1836）年　江戸時代後期の俳人。
¶俳文（[生]宝暦12（1762）年　[没]天保6（1835）年11月19日）

掃部王　かにもりおう
⇒掃守王（かにもりのおおきみ）

掃守明　かにもりのあきらか
平安時代前期の遣唐使船。
¶古人（[生]？　[没]836年）

掃守王　かにもりのおう
⇒掃守王（かにもりのおおきみ）

掃守王*　かにもりのおおきみ
[別]掃部王（かにもりおう），掃守王（かにもりのおう）　奈良時代の官吏。典薬頭、大炊頭、宮内大輔、摂津大夫を歴任。
¶古人（掃部王　かにもりおう　生没年不詳）

掃部小麻呂*（掃守小麻呂）　かにもりのおまろ
？～白雉4（653）年　飛鳥時代の遣唐副使。
¶古人

掃守隆任 かにもりのたかとう
平安時代後期の官人。
¶古人(生没年不詳)

蟹養斎* かにようさい
宝永2(1705)年～安永7(1778)年 江戸時代中期の崎門派の儒者。
¶思想

鍛師大隅(鍛大角) かぬちのおおすみ
⇒守部大隅(もりべのおおすみ)

鍛冶造大角 かぬちのみやつこおおすみ
⇒守部大隅(もりべのおおすみ)

香沼姫 かぬまひめ
江戸時代前期の女性。堀越六郎の娘。
¶後北(香沼姫〔北条〕 [没]元和3年4月20日)

かね(1)
江戸時代前期～中期の女性。書簡。伊勢松坂の豪商中川清右衛門の娘。
¶江表(かね(三重県) [生]寛永12(1635)年 [没]元禄9(1696)年)

かね(2)
江戸時代中期の女性。俳諧。加賀宮腰の人。元禄7年刊、神戸友琴撰『卯花山集』に載る。
¶江表(かね(石川県))

かね(3)
江戸時代中期の女性。俳諧。美濃の人。元禄14年刊、芝莚閣寄せ木編『枕かけ』に載る。
¶江表(かね(岐阜県))

かね(4)
江戸時代中期の女性。俳諧。朝倉町石成の庄屋後藤遊五の妻か。享保14年序、藪家散人兎城撰『門鳴子』に載る。
¶江表(かね(福岡県))

かね(5)
江戸時代中期の女性。俳諧。豊後南大隅村の人。宝永3年刊、長野馬貞編『七異跡集』に載る。
¶江表(かね(大分県))

かね(6)
江戸時代後期～明治時代の女性。俳諧。相模鎌倉腰越の中村英庵の娘。
¶江表(かね(神奈川県) [生]文政8(1825)年 [没]明治40(1907)年)

かね(7)
江戸時代後期の女性。俳諧。富山の人。天保13年刊、芭蕉堂九起編『花供養』に載る。
¶江表(かね(富山県))

かね(8)
江戸時代後期の女性。俳諧。薩摩鹿児島の人。文化5年序、鹿児島の琴州編、相良窓巴追悼集『みのむし』に載る。
¶江表(かね(鹿児島県))

かね(9)
江戸時代末期の女性。俳諧。大河原の俳人村井江三の妻。文久年中没。
¶江表(かね(宮城県))

かね(10)
江戸時代末期の女性。談話。浅野平右衛門の妻。
¶江表(かね(山形県))

か祢 かね★
江戸時代後期の女性。和歌。弘前藩藩士石山雅朝の娘。
¶江表(か祢(青森県))

カネ
江戸時代後期の女性。教育。松前の藤田氏。
¶江表(カネ(北海道))

金 かね
江戸時代前期の女性。書簡。播磨龍野藩主小笠原長次の娘。
¶江表(金(徳島県) [生]寛永10(1633)年 [没]延宝4(1676)年)

兼明親王* かねあきらしんのう
延喜14(914)年～永延1(987)年 [別]小倉親王(おぐらしんのう),兼明親王(かなあきらしんのう),前中書王(さきのちゅうしょおう,ぜんちゅうしょおう),中書王(ちゅうしょおう),源兼明(みなもとのかねあき,みなもとのかねあきら) 平安時代中期の公卿(左大臣)。醍醐天皇の皇子、母は藤原菅根の娘更衣従四位上淑姫。
¶公卿(源兼明 みなもとのかねあき [没]永延1(987)年9月6日),古人,コン,詩作([没]永延1(987)年9月26日),天皇([没]永延1(987)年9月26日),平家

金家* かねいえ
生没年不詳 室町時代の刀装金工家。絵風鐔の開祖。
¶コン,美工

兼氏 かねうじ
⇒志津兼氏(しづかねうじ)

金売吉次*(金売り吉次) かねうりきちじ
義経伝説中の人物。
¶コン,中世(生没年不詳)

金ケ江三兵衛 かねがえさんべえ
⇒李参平(りさんぺい)

兼勝 かねかつ
⇒広橋兼勝(ひろはしかねかつ)

かね子 かねこ★
江戸時代末期の女性。和歌。会津藩の歌学御相手であった野矢常方の三男春隣の後妻。慶応期頃の人。
¶江表(かね子(福島県))

加年子 かねこ★
江戸時代末期の女性。和歌。宇和島藩の奥女中。元治1年頃に詠まれた「宇和島御奥女中大小吟」に載る。
¶江表(加年子(愛媛県))

嘉根子 かねこ★
江戸時代中期の女性。和歌。旗本、小姓組須田為春の「家女」。元禄16年刊、植山検校江民軒梅之・梅柳軒水之編『歌林尾花末』に載る。
¶江表(嘉根子(東京都))

銀子 かねこ★
江戸時代後期の女性。俳諧。今治藩主松平定休の娘。
¶江表(銀子(愛媛県) [没]文政12(1829)年)

兼子(1) かねこ★
江戸時代中期の女性。和歌。山本光定の妻。明和3年成立、難波玄生・清水貞固ほか撰「稲葉和歌集」に載る。

¶江表（兼子（鳥取県））

兼子(2)　**かねこ**★
江戸時代後期の女性。和歌。宇和島藩領の本居大平門の都築九右衛門行敏の母。嘉永4年刊、本居豊穎編『打聴鶯蛙集』に載る。
¶江表（兼子（愛媛県））

兼子(3)　**かねこ**★
江戸時代後期の女性。和歌。岡田良策編『近世名婦百人撰』によれば、玉名の里の農夫右衛門の娘で、元治2年豪農井手氏の養女となったという。
¶江表（兼子（熊本県）　[生]弘化4（1847）年）

鉄子(1)　**かねこ**
江戸時代の女性。和歌。摂津伊丹の長田氏。明治16年刊、中村良顕編『猪名野の摘草』に載る。
¶江表（鉄子（兵庫県））

鉄子(2)　**かねこ**
江戸時代中期～後期の女性。散文・和歌。讃岐丸亀藩主京極高矩の娘。陸奥福島藩主板倉勝承の室。
¶江表（鉄子（福島県）　[生]元文4（1739）年　[没]文化12（1815）年）

包子(1)　**かねこ**
江戸時代中期～後期の女性。和歌。鳥取藩藩士滝川氏の娘。
¶江表（包子（京都府）　[生]明和5（1768）年　[没]文政3（1820）年）

包子(2)　**かねこ**
江戸時代後期～明治時代の女性。和歌。幕府の大番岩間藤兵衛正吉の娘。
¶江表（包子（宮城県）　[生]天保4（1833）年　[没]明治24（1891）年）

鈿子　**かねこ**
江戸時代後期の女性。和歌。菅沼氏。文政4年の「詩仙堂募集和歌」に載る。
¶江表（鈿子（東京都））

金子厚載　**かねこあつのり**
⇒金子才吉（かねこさいきち）

金子家定　**かねこいえさだ**
安土桃山時代の武蔵国入間郡寺竹村の領主。北条氏照の家臣か。
¶後北（家定〔金子（1）〕　[没]天正15年8月22日）

金子家忠＊　**かねこいえただ**
保延4（1138）年～建保1（1213）年？　[別]平家忠（たいらのいえただ）　鎌倉時代前期の武士。
¶古人（平家忠　たいらのいえただ　[生]？　[没]1184年），内乱（[没]建保4（1216）年？），平家（生没年不詳）

金子家長　**かねこいえなが**
戦国時代の三田綱定・北条氏康の家臣。大蔵丞・大蔵少輔。
¶後北（家長〔金子（1）〕　いえなが）

金子一高　**かねこいっこう**
⇒金子吉左衛門（かねこきちざえもん）

金子紀伊守　**かねこきいのかみ**
戦国時代～安土桃山時代の人。新五郎。もと武蔵国松山城主上田氏、のち相模国津久井城主内藤氏配下。
¶後北（紀伊守〔金子（2）〕　きいのかみ）

金子吉左衛門＊　**かねこきちざえもん**
？～享保13（1728）年9月11日　[別]一高（いっこう），金子一高（かねこいっこう）　江戸時代中期の歌舞伎役者、歌舞伎作者。元禄8年～享保13年頃に活躍。
¶歌大，コン

金子清邦　**かねこきよくに**
⇒金子与三郎（かねこよさぶろう）

金子漁洲＊　**かねこぎょしゅう**
？～明治11（1878）年　江戸時代末期～明治時代の伊予宇和島藩士。
¶幕末（[没]明治11（1878）年7月7日）

金子金陵＊　**かねこきんりょう**
？～文化14（1817）年　江戸時代後期の画家。渡辺崋山や椿椿山の師。
¶コン，美画

金子元右衛門＊　**かねこげんえもん**
？～明治9（1876）年　江戸時代末期～明治時代の漁業。
¶幕末（[没]明治9（1876）年7月）

金子源左衛門　**かねこげんざえもん**
戦国時代の鎌倉の番匠棟梁。北条氏康に属した。
¶後北（源左衛門〔金子（6）〕　げんざえもん）

金子源二三郎　**かねこげんじざぶろう**
安土桃山時代の鎌倉の番匠棟梁。源左衛門の嫡男か。北条氏政に属した。
¶後北（源二三郎〔金子（6）〕　げんじざぶろう）

金子才吉＊　**かねこさいきち**
文政9（1826）年～慶応3（1867）年　[別]金子厚載（かねこあつのり）　江戸時代末期の筑前福岡藩士。
¶幕末（[没]慶応3（1867）年7月8日）

金子左京亮＊　**かねこさきょうのすけ**
生没年不詳　安土桃山時代の北条氏照の家臣。
¶後北（左京亮〔金子（3）〕　さきょうのすけ）

金子重之輔　**かねこしげのすけ**
⇒金子重輔（かねこじゅうすけ）

金子重右衛門＊　**かねこじゅうえもん**
寛延2（1749）年～寛政5（1793）年　江戸時代中期の甲斐国の義民。太升騒動の指導者。
¶コン

金子重輔＊　**かねこじゅうすけ**
天保2（1831）年～安政2（1855）年　[別]市木公太（いちきこうた），金子重之輔（かねこしげのすけ）　江戸時代末期の江戸藩邸小吏。
¶コン，全幕，幕末（金子重之輔　かねこしげのすけ　[生]天保2（1831）年2月13日　[没]安政2（1855）年1月11日）

金子十兵衛　**かねこじゅうべえ**
安土桃山時代の人。北条氏直家臣笠原康明の同心か。
¶後北（十兵衛〔金子（5）〕　じゅうべえ）

金子寿活＊　**かねこじゅかつ**
文政3（1820）年～安政2（1855）年　江戸時代末期の医師。
¶幕末（[没]安政2（1856）年12月6日）

金子寿仙＊　**かねこじゅせん**
享和3（1803）年～明治6（1873）年　江戸時代末期～明治時代の志筑藩医。晩産の法、種痘、痘疹の理などを習得。
¶幕末（[没]明治6（1873）年8月15日）

金子庄兵衛* かねこしょうべえ
天保3（1832）年～？　江戸時代後期～末期の新撰組隊士。
¶新隊

兼子女王* かねこじょおう
[別]兼子女王（けんしじょおう，けんしにょおう）　平安時代前期の女性。清和天皇の女御。
¶天皇（けんしにょおう　生没年不詳）

金子次郎作* かねこじろさく
江戸時代末期の新撰組隊士。
¶新隊（生没年不詳）

金子雪操* かねこせっそう
寛政6（1794）年～安政4（1857）年　江戸時代末期の画家。
¶美画（[没]安政4（1857）年8月5日）

金子楚常* かねこそじょう
寛文3（1663）年～貞享5（1688）年　[別]楚常（そじょう）　江戸時代前期の俳人（蕉門）。
¶俳文（楚常　そじょう　[没]貞享5（1688）年7月2日）

金子親範 かねこちかのり
⇒平親範（たいらのちかのり）

金子得処 かねことくしょ
⇒金子与三郎（かねこよさぶろう）

包子内親王* かねこないしんのう
？～寛平1（889）年　平安時代前期の女性。清和天皇皇女。
¶古人

金子教孝 かねこのりたか
⇒金子孫二郎（かねこまごじろう）

金子久之進* かねこひさのしん
天保7（1836）年～元治1（1864）年　江戸時代末期の百姓、八幡隊士。
¶幕末（[没]元治1（1864）年7月19日）

金子兵部少輔 かねこひょうぶのしょう
安土桃山時代の国衆。兵部丞。北条氏政に属した。下総国小金城主高城胤辰・胤則の家臣。
¶後北（兵部少輔〔金子（4）〕　ひょうぶのしょう）

金子孫二郎* かねこまごじろう
文化1（1804）年～文久1（1861）年　[別]金子教孝（かねこのりたか）　江戸時代末期の尊攘派水戸藩士。桜田門外の変の指導者。
¶コン，全幕，幕末（[没]文久1（1861）年7月26日）

金子昌寿 かねこまさとし
江戸時代後期～末期の和算家。
¶数学

金子昌良* かねこまさよし
生没年不詳　江戸時代末期の和算家。
¶数学

金子正賀 かねこまさよし
江戸時代中期の幕臣。
¶徳人（[生]1704年　[没]1763年）

金子充忠 かねこみつただ
戦国時代の三田綱定・北条氏康の家臣。新五郎。
¶後北（充忠〔金子（1）〕　みつただ）

兼子光忠 かねこみつただ
江戸時代末期の和算家。
¶数学

金子美濃守* かねこみののかみ
生没年不詳　戦国時代の上野国衆沼田氏の家臣。
¶武田

金子元宅 かねこもといえ
安土桃山時代の伊予国金子城主。
¶全戦（[生]？　[没]天正13（1585）年）

金子勇二郎* かねこゆうじろう
天保14（1843）年～慶応2（1866）年　[別]西村久介（にしむらきゅうすけ）　江戸時代末期の水戸藩士。
¶幕末（[没]慶応2（1866）年11月10日）

金子与三郎（1）　かねこよさぶろう
戦国時代の人。上野国衆国峰小幡氏の家臣とみられる。
¶武田（生没年不詳）

金子与三郎*（2）　かねこよさぶろう
文政6（1823）年～慶応3（1867）年　[別]金子清邦（かねこきよくに），金子得処（かねことくしょ）　江戸時代末期の上ノ山藩中老。
¶幕末（[没]慶応3（1867）年12月26日）

金子与次郎 かねこよじろう
安土桃山時代の下総国小金城主高城胤則の家臣。兵部少輔の嫡男。北条氏政に属した。
¶後北（与次郎〔金子（4）〕　よじろう）

兼坂止水* かねさかしすい
天保4（1833）年～明治34（1901）年11月17日　江戸時代末期～明治時代の熊本藩士。自習館句読師世話役、訓導助勤などを歴任。
¶幕末（[生]天保4（1833）年2月22日）

兼崎昌司* かねさきしょうじ
文政4（1821）年～文久2（1862）年　江戸時代末期の周防徳山藩士。
¶幕末（[生]文政4（1821）年5月24日　[没]文久2（1862）年閏8月29日）

兼定* かねさだ
生没年不詳　戦国時代の美濃国関の刀工。
¶美工

金沢顕時 かねさわあきとき，かねざわあきとき
⇒北条顕時（ほうじょうあきとき）

金沢貞顕* かねさわさだあき，かねざわさだあき
弘安1（1278）年～元弘3/正慶2（1333）年　[別]金沢貞顕（かなざわさだあき），北条貞顕（ほうじょうさだあき）　鎌倉時代後期の鎌倉幕府第15代の執権（在職1326）。顕時の子。金沢文庫の充実に貢献。
¶コン（かねざわさだあき），中世（北条貞顕　ほうじょうさだあき），内乱（かなざわ（かねさわ）さだあき　[没]正慶2/元弘3（1333）年），山小（かねざわさだあき　[没]1333年5月22日）

金沢貞将* かねざわさだまさ
？～元弘3/正慶2（1333）年　[別]大仏貞将（おさらぎさだまさ），金沢貞将（かなざわさだまさ，かねさわさだゆき，かねざわさだゆき），北条貞将（ほうじょうさだまさ，ほうじょうさだゆき）　鎌倉時代後期の武将、六波羅探題。
¶コン，室町（かねさわさだゆき　[生]正安4（1302）年　[没]元弘3（1333）年）

か

金沢貞将 かねさわさだゆき，かねざわさだゆき
⇒金沢貞将（かねざわさだまさ）

金沢実時 かねさわさねとき，かねざわさねとき
⇒北条実時（ほうじょうさねとき）

金沢実政 かねさわさねまさ，かねざわさねまさ
⇒北条実政（ほうじょうさねまさ）

金沢千秋 かねざわちあき
明和2（1765）年～文政5（1822）年　江戸時代中期～後期の幕臣。
¶徳人，徳代（[没]文政5（1822）年12月20日）

金沢時直 かねさわときなお，かねざわときなお
⇒北条時直（ほうじょうときなお）

金沢政顕 かねざわまさあき
⇒北条政顕（ほうじょうまさあき）

金重* かねしげ
貞永1（1232）年～元亨2（1322）年　[別]金重（きんじゅう）　鎌倉時代後期の美濃の刀工。正宗門下十哲の一人。
¶美工

兼重譲蔵* かねしげじょうぞう
文化14（1817）年～明治30（1897）年2月1日　江戸時代後期～明治時代の武士。
¶幕末（[生]文化14（1817）年6月4日）

金重宗四郎* かねしげそうしろう
生没年不詳　江戸時代前期の備前伊部焼の陶工。
¶美工

金嶋秀水 かねしましゅうすい
江戸時代後期の和算家。
¶数学

かね女（1） かねじょ★
江戸時代中期の女性。狂歌。星野氏。天明3年刊、四方赤良ほか編『万載狂歌集』に載る。
¶江表（かね女（東京都））

かね女（2） かねじょ★
江戸時代中期の女性。俳諧。花輪の人。安永6年刊、無著庵眠郎編『雪の薄』地に載る。
¶江表（かね女（群馬県））

かね女（3） かねじょ★
江戸時代後期の女性。和歌。遠江の人。粟田土満が判者の「土満大人判 四捨五番歌合」に載る。
¶江表（かね女（静岡県））

かね女（4） かねじょ★
江戸時代末期の女性。俳諧。元治1年刊、宮本真篶編『あふぎ集』に載る。
¶江表（かね女（長野県））

加弥女 かねじょ★
江戸時代末期の女性。和歌。伊勢桑名の伊藤忠左衛門の伯母。安政4年刊、富樫広蔭編『千百人一首』下に載る。
¶江表（加弥女（三重県））

金女（1） かねじょ★
江戸時代後期の女性。川柳。天保2年刊『誹風柳多留』一一二篇の「三十間堀稲荷奉納」に、川柳評で載る。
¶江表（金女（東京都））

金女（2） かねじょ★
江戸時代後期の女性。俳諧。上伊那郡箕輪町の木下半右衛門の妻。文政7年の同町木下の清水庵奉額に載る。
¶江表（金女（長野県））

かね女・加祢子 かねじょ・かねこ★
江戸時代末期の女性。和歌。村杉氏。慶応2年序、村上忠順編『元治元年千首』に載る。
¶江表（かね女・加祢子（東京都））

金杉清常 かねすぎきよつね
⇒金杉清常（かなすぎせいじょう）

金武良哲 かねたけりょうてつ
⇒山村良哲（やまむらりょうてつ）

金田兼次郎 かねだけんじろう
江戸時代後期の牙彫作家。
¶美工（[生]弘化4（1847）年　[没]？）

金田百太郎* かねだひゃくたろう
天保13（1842）年～明治36（1903）年　江戸時代末期～明治時代の会津藩士、太子流の剣客。別撰組に属し藩主に従い上洛。
¶幕末（[没]明治36（1903）年10月4日）

金田正勝* かねだまさかつ
元和9（1623）年～元禄11（1698）年　江戸時代前期の上野館林藩城代家老。
¶徳人

兼綱王* かねつなおう
元永1（1118）年～保延1（1135）年　平安時代後期の村上天皇の後裔。
¶古人

兼永 かねなが
⇒五条兼永（ごじょうかねなが）

包永*（――〔1代〕） かねなが
生没年不詳　[別]手掻包永（てがいかねなが）　鎌倉時代後期の刀工。手掻派の祖。
¶美工

金原忠蔵 かねはらちゅうぞう
江戸時代後期～末期の赤報隊監察。
¶幕末（[生]天保9（1838）年2月11日　[没]慶応4（1868）年2月18日）

金原寅作 かねはらとらさく
江戸時代後期～明治時代の金原医籍店創業者。
¶出版（[生]天保14（1843）年5月10日　[没]明治41（1908）年4月3日）

兼春 かねはる
平安時代後期の楽人集団の長。源頼朝に追われ逃走する源行家をかくまった。
¶平家（生没年不詳）

矩姫 かねひめ
江戸時代後期～明治時代の女性。和歌・画。陸奥二本松藩主丹羽長富の娘。
¶江表（矩姫（愛知県）　[生]天保2（1831）年　[没]明治35（1902）年）

包平* かねひら
生没年不詳　平安時代後期の備前の刀工。三平と呼ばれていた名工。
¶古人，美工

兼平亀綾* かねひらきりょう
？～明治11(1878)年　江戸時代末期～明治時代の画家。墨亀を得意とし亀綾と号する。女性の岩木山登山第1号としても知られる。
¶江表(亀陵(青森県)　きりょう　[生]文化11(1814)年)

兼平中書* かねひらちゅうしょ
？～寛永2(1625)年　[別]兼平綱則(かねひらつなのり)　江戸時代前期の陸奥弘前藩家老。
¶全戦(兼平綱則　かねひらつなのり)

兼平綱則 かねひらつなのり
⇒兼平中書(かねひらちゅうしょ)

金松牛之介* かねまつうしのすけ
生没年不詳　安土桃山時代の織田信長の家臣。
¶織田

金松久左衛門* かねまつきゅうざえもん
？～永禄12(1569)年9月8日　戦国時代～安土桃山時代の織田信長の家臣。
¶織田

兼松三郎* かねまつさぶろう
文化7(1810)年～明治10(1877)年　[別]兼松成言(かねまつせいげん)，兼松石居(かねまつせききょ，かねまつせっきょ)，兼松誠(かねまつまこと)　江戸時代末期～明治時代の陸奥弘前藩士。
¶幕末(兼松石居　かねまつせっきょ　[生]文化7(1810)年5月3日　[没]明治10(1877)年12月12日)

兼松成言 かねまつせいげん
⇒兼松三郎(かねまつさぶろう)

兼松石居 かねまつせききょ
⇒兼松三郎(かねまつさぶろう)

兼松石居 かねまつせっきょ
⇒兼松三郎(かねまつさぶろう)

兼松秀清 かねまつひできよ
安土桃山時代の織田信長の家臣。織田太郎左衛門に属した。
¶織田([生]？　[没]慶長2(1597)年5月)

兼松誠 かねまつまこと
⇒兼松三郎(かねまつさぶろう)

兼松正尾 かねまつまさお
江戸時代前期の幕臣。
¶徳人([生]1605年　[没]1674年)

兼松正直 かねまつまさなお
安土桃山時代～江戸時代前期の幕臣。
¶徳人([生]1589年　[没]1666年)

兼松正吉* かねまつまさよし
天文11(1542)年～寛永4(1627)年　安土桃山時代～江戸時代前期の武士。徳川氏家臣。
¶織田([没]寛永4(1627)年9月5日)，全戦

金丸助六郎 かねまるすけろくろう
安土桃山時代の武田氏の家臣。
¶武田([生]？　[没]天正10(1582)年3月11日)

金丸忠経 かねまるただつね
⇒金丸忠経(かなまるただつね)

金丸筑前守 かねまるちくぜんのかみ
安土桃山時代の武士。実名は虎義か。若狭守忠経の子とされるが活動時期が重なる。
¶武田([生]？　[没]元亀2(1571)年8月8日)

金丸平三郎 かねまるへいざぶろう
戦国時代の武田氏の家臣。
¶武田(生没年不詳)

金丸又四郎 かねまるまたしろう
安土桃山時代の武士。長篠合戦で討死。
¶武田([生]？　[没]天正3(1575)年5月21日)

兼覧王* かねみおう
？～承平2(932)年　平安時代中期の歌人。
¶古人([生]866年？)，古代，詩作([没]承平2年)

兼覧王母* かねみおうのはは
生没年不詳　平安時代前期の女流歌人。
¶古人

兼覧王女* かねみおうのむすめ
生没年不詳　平安時代前期の歌人。
¶古人

金道〔1代〕 かねみち
⇒金道(きんみち)

兼光* かねみつ
生没年不詳　[別]長船兼光(おさふねかねみつ)　南北朝時代の刀工。長船派の正系の4代。
¶美工，室町(長船兼光　おさふねかねみつ)

兼元* かねもと
生没年不詳　[別]関の孫六，関孫六(せきのまごろく)，孫六兼元(まごろくかねもと)　室町時代の美濃の刀工。
¶美工

兼本春篁 かねもとしゅんこう
江戸時代末期～大正時代の日本画家。
¶美画([生]安政3(1856)年7月18日　[没]大正15(1926)年)

金本摩斎 かねもとまさい
⇒金本摩斎(かなもとまさい)

金山侍従 かねやまじじゅう
⇒森忠政(もりただまさ)

兼良 かねよし
⇒一条兼良(いちじょうかねよし)

懐良親王* かねよししんのう
？～弘和3/永徳3(1383)年3月27日　[別]九州宮(きゅうしゅうのみや)，征西将軍宮(せいせいしょうぐんのみや)，鎮西宮(ちんぜいのみや)　南北朝時代の後醍醐天皇の皇子、征西将軍。
¶コン([生]元徳1(1329)年)，天皇([生]元徳1(1329～1331)年～元弘1年)，中世([生]1330年頃)，内乱，室町([没]永徳3/弘和3(1383)年)，山小([生]1330年？ [没]1383年3月27日)

兼良 かねら
⇒一条兼良(いちじょうかねよし)

かの(1)
江戸時代中期～後期の女性。俳諧。尾張大野の呉服商大黒屋利兵衛の娘。
¶江表(かの(愛知県)　[生]寛延3(1750)年　[没]文化3(1806)年)

かの(2)
江戸時代後期の女性。俳諧。但馬村岡の人。文政1年花月菴呉柳が編集した『根長草』に載る。
¶江表(かの(兵庫県))

か

賀納　かの
江戸時代中期の女性。書・和歌・漢詩。播磨姫路の円山氏。
¶江表（賀納（兵庫県）　[生]元禄15（1702）年　[没]宝暦10（1760）年）

狩野一菴　かのいちあん
⇒狩野一庵（かのういちあん）

狩野章信　かのうあきのぶ
⇒狩野素川（かのうそせん）

狩野晏川＊　かのうあんせん
＊～明治25（1892）年　江戸時代末期～明治時代の画家。
¶美画（[生]文政6（1823）年7月　[没]明治25（1892）年11月20日）

狩野伊川　かのういせん
⇒狩野栄信（かのうながのぶ）

狩野伊川院　かのういせんいん
⇒狩野栄信（かのうながのぶ）

狩野一庵＊　かのういちあん
？～天正18（1590）年　[別]狩野一菴（かのいちあん），狩野宗円（かのうそうえん）　安土桃山時代の武士。後北条氏家臣。
¶後北（一庵〔狩野（2）〕　いちあん　[没]天正18年6月23日）

狩野一翁　かのういちおう
⇒狩野内膳（かのうないぜん）

狩野一陽斎　かのういちようさい
⇒狩野永納（かのうえいのう）

狩野一渓＊　かのういっけい
慶長4（1599）年～寛文2（1662）年　[別]狩野重良（かのうしげよし）　江戸時代前期の画家、幕府御用絵師。
¶徳人（狩野重良　かのうしげよし），美画（[没]寛文2（1662）年1月20日）

狩野一信　かのういっしん
⇒狩野一信（かのうかずのぶ）

狩野雅楽介（狩野雅楽助）　かのううたのすけ
⇒狩野之信（かのうゆきのぶ）

叶梅太郎　かのううめたろう
⇒嵐小七〔3代〕（あらしこしち）

狩野永雲＊　かのうえいうん
？～元禄10（1697）年　江戸時代前期の出雲松江藩士、絵師。
¶美画（[没]元禄10（1697）年7月6日）

狩野永岳＊　かのうえいがく
寛政2（1790）年～慶応3（1867）年　江戸時代末期の京狩野派の画家（9代）。
¶美画（[没]慶応3（1867）年1月2日）

狩野永敬＊　かのうえいけい
寛文2（1662）年～元禄15（1702）年　江戸時代中期の京狩野派の画家（4代）。
¶美画（[没]元禄15（1702）年9月18日）

狩野永玄＊　かのうえいげん
？～享保9（1724）年　[別]三谷永玄（みたにえいげん）　江戸時代前期～中期の狩野派の画家。
¶美画（三谷永玄　みたにえいげん　[没]享保9（1724）年1月）

狩野永錫＊　かのうえいしゃく
？～文政5（1822）年　江戸時代後期の画家。
¶美画（[没]文政5（1822）年6月）

狩野永寿＊　かのうえいじゅ
万治2（1659）年～元文1（1736）年　江戸時代中期の狩野派の画家。
¶美画

狩野永俊＊　かのうえいしゅん
明和6（1769）年～文化13（1816）年　江戸時代後期の京狩野派の画家（8代）。
¶美画（[没]文化13（1816）年9月2日）

狩野永常＊　かのうえいじょう
享保16（1731）年～天明7（1787）年　江戸時代中期の京狩野派の画家（7代）。
¶美画（[没]天明7（1787）年2月10日）

狩野永真　かのうえいしん
⇒狩野安信（かのうやすのぶ）

狩野英信＊　かのうえいしん
享保2（1717）年～宝暦13（1763）年　[別]狩野英信（かのうてるのぶ，かのうひでのぶ）　江戸時代中期の徳川幕府の奥絵師。
¶徳人（かのうてるのぶ）

狩野永碩＊　かのうえいせき
元禄3（1690）年～宝暦9（1759）年　江戸時代中期の狩野派の画家。
¶美画（[没]宝暦9（1759）年2月23日）

狩野栄川＊(1)　かのうえいせん
元禄9（1696）年～享保16（1731）年　[別]狩野栄川院古信（かのうえいせんいんふるのぶ），狩野古信（かのうひさのぶ）　江戸時代中期の画家。
¶徳人（狩野古信　かのうひさのぶ），美画（[生]元禄9（1696）年8月16日　[没]享保16（1731）年1月9日）

狩野栄川(2)　かのうえいせん
⇒狩野栄川院（かのうえいせんいん）

狩野永仙　かのうえいせん
⇒狩野元信（かのうもとのぶ）

狩野栄川院＊　かのうえいせんいん
享保15（1730）年～寛政2（1790）年　[別]栄川院（えいせんいん），狩野栄川（かのうえいせん），狩野典信（かのうみちのぶ）　江戸時代中期の画家。
¶コン（栄川院　えいせんいん），徳将（狩野典信　かのうみちのぶ），徳人（狩野典信　かのうみちのぶ），美画

狩野栄川院古信　かのうえいせんいんふるのぶ
⇒狩野栄川（かのうえいせん）

狩野永朝　かのうえいちょう
江戸時代後期～明治時代の日本画家。
¶美画（[生]天保2（1831）年　[没]明治33（1900）年8月12日）

狩野永徳＊　かのうえいとく
天文12（1543）年～天正18（1590）年　[別]永徳（えいとく），狩野州信（かのうくにのぶ），狩野重信（かのうしげのぶ），古永徳（こえいとく）　安土桃山時代の画家。狩野派全盛の基礎を築いた。
¶コン，思想，全戦，中世，美画（[生]天文12（1543）年1月13日　[没]天正18（1590）年9月14日），山小（[生]1543年1月13日　[没]1590年9月14日）

狩野永悳＊　かのうえいとく
＊～明治24（1891）年　[別]狩野立信（かのうりゅうしん）　江戸時代後期～明治時代の画家。フェノロサ

に鑑定法を教授。全国宝物取調局臨時監査掛。帝室技芸院。
¶幕末（狩野立信　かのうりゅうしん　[生]文化11（1814）年　[没]明治24（1891）年1月29日），美画（[生]文化11（1814）年12月15日　[没]明治24（1891）年1月29日）

狩野永納*　かのうえいのう
寛永8（1631）年～元禄10（1697）年　[別]狩野一陽斎（かのういちようさい）　江戸時代前期の画家。京狩野3代。「本朝画史」を刊行。
¶浮絵，コン（[生]寛永8（1631年/1634）年　[没]元禄13（1697年/1700）年），美画（[没]元禄10（1697）年3月7日）

狩野永伯*　かのうえいはく
貞享4（1687）年～明和1（1764）年　江戸時代中期の京狩野派の画家（5代）。
¶美画（[没]明和1（1764）年7月13日）

狩野永良*　かのうえいりょう
江戸時代中期の京狩野派の画家（6代）。
¶美画（[生]元文4（1739）年　[没]明和6（1770）年12月18日）

狩野応信　かのうおうしん
江戸時代後期～明治時代の日本画家。
¶美画（[生]天保13（1842）年4月　[没]明治40（1907）年1月）

狩野長信　かのうおさのぶ
⇒狩野長信（かのうながのぶ）

狩野養信*　かのうおさのぶ
寛政8（1796）年～弘化3（1846）年　[別]狩野玉川（かのうぎょくせん），狩野晴川（かのうせいせん），狩野晴川院（かのうせいせんいん），狩野晴川院養信（かのうせいせんいんやすのぶ）　江戸時代後期の画家。木挽町狩野家9代。
¶コン，徳人，美画（[生]寛政8（1796）年7月26日　[没]弘化3（1846）年5月19日）

狩野覚柳斎　かのうかくりゅうさい
⇒狩野岑信（かのうみねのぶ）

狩野一信*　かのうかずのぶ
文化13（1816）年～文久3（1863）年　[別]狩野一信（かのういっしん）　江戸時代末期の画家。
¶幕末（[没]文久3（1863）年9月22日），美画（[没]文久3（1863）年9月）

加納数馬　かのうかずま
江戸時代中期の仏師。
¶美建（生没年不詳）

狩野閑川*　かのうかんせん
延享4（1747）年～寛政4（1792）年　江戸時代中期の浜町狩野家の画家（4代）。
¶美画（[没]寛政4（1792）年10月15日）

狩野休円*（——〔1代〕）　かのうきゅうえん
寛永18（1641）年～享保2（1717）年　江戸時代前期～中期の画家、麻布一本松狩野家の祖。
¶浮絵（——〔1代〕），美画（[没]享保2（1717）年11月9日）

狩野休円〔2代〕　かのうきゅうえん
江戸時代後期の画家。狩野派。
¶浮絵（[没]享和2（1802）年11月8日）

狩野休円〔3代〕　かのうきゅうえん
江戸時代後期の画家。狩野派。
¶浮絵（[没]大保6（1835）年3月）

狩野休伯*(1)（——〔2代〕）　かのうきゅうはく
元和7（1621）年～元禄1（1688）年　江戸時代前期の画家、休伯狩野家2代。
¶美画（[没]元禄1（1688）年10月15日）

狩野休伯(2)　かのうきゅうはく
⇒狩野長信（かのうながのぶ）

狩野休伯長信　かのうきゅうはくながのぶ
⇒狩野長信（かのうながのぶ）

狩野行蓮　かのうぎょうれん
⇒狩野正信（かのうまさのぶ）

狩野玉燕*　かのうぎょくえん
天和3（1683）年～寛保3（1743）年　江戸時代中期の画家、休狩野4代。
¶美画（[没]寛保3（1743）年8月21日）

狩野玉川　かのうぎょくせん
⇒狩野養信（かのうおさのぶ）

狩野玉楽*　かのうぎょくらく
生没年不詳　[別]玉楽（ぎょくらく）　戦国時代～安土桃山時代の画家。狩野派の様式を関東に伝えた。
¶美画

狩野州信　かのうくにのぶ
⇒狩野永徳（かのうえいとく）

狩野邦信*　かのうくにのぶ
天明7（1787）年～天保11（1840）年　[別]狩野祐清（かのうゆうせい）　江戸時代後期の画家、狩野宗家の第14世。
¶美画（[生]天明7（1788）年12月13日　[没]天保11（1840）年2月20日）

狩野元秀　かのうげんしゅう
⇒狩野宗秀（かのうそうしゅう）

狩野玄賞斎　かのうげんしょうさい
⇒狩野栄信（かのうながのぶ）

狩野源助ペドロ*　かのうげんすけぺどろ
生没年不詳　江戸時代前期のキリシタン、狩野派絵師。京都のフランシスコ会の財産管理人。
¶美画

狩野元仙*　かのうげんせん
貞享2（1685）年～宝暦1（1751）年　江戸時代中期の画家、駿河台狩野の第3世。
¶美画（[没]寛延4（1751）年5月6日）

狩野興以*　かのうこうい
？～寛永13（1636）年　江戸時代前期の画家。紀州徳川家の絵師。
¶江人，コン，美画（[没]寛永13（1636）年7月17日）

狩野耕寛斎　かのうこうかんさい
⇒狩野常信（かのうつねのぶ）

狩野古右京　かのうこうきょう
⇒狩野光信（かのうみつのぶ）

狩野興甫*　かのうこうほ
？～寛文11（1671）年　江戸時代前期の画家、紀州徳川家の御抱絵師。
¶美画（[没]寛文11（1671）年11月2日）

狩野興也*　かのうこうや
？～延宝1（1673）年　江戸時代前期の狩野派の画家。水戸徳川家の御抱絵師。
¶美画（[没]寛文13（1673）年4月3日）

加納御前*　かのうごぜん
永禄3（1560）年～寛永2（1625）年　[別]奥平信昌室

（おくだいらのぶまさしつ），亀姫（かめひめ），盛徳院（せいとくいん）　安土桃山時代～江戸時代前期の女性。徳川家康の長女。三河国新城主奥平信昌に嫁ぐ。
¶江表（亀姫（岐阜県）），女史（亀姫　かめひめ），徳将（盛徳院　せいとくいん）

か

狩野惟信　かのうこれのぶ
⇒狩野養川院惟信（かのうようせんいんこれのぶ）

狩野左衛門尉*　かのうさえもんのじょう
生没年不詳　戦国時代の北条氏の家臣。
¶後北（左衛門尉〔狩野（4）〕　さえもんのじょう）

加納作平*　かのうさくへい
天保1（1830）年～明治25（1892）年　江戸時代末期～明治時代の奥州湯長谷藩商人。石炭採掘を経営。
¶幕末（[生]文政13（1830）年8月27日　[没]明治25（1892）年9月14日）

狩野貞長*　かのうさだなが
生没年不詳　南北朝時代の武将。
¶室町

狩野貞信*　かのうさだのぶ
慶長2（1597）年～元和9（1623）年　江戸時代前期の狩野宗家の画家（7代）。
¶美画（[生]慶長2（1597）年4月7日　[没]元和9（1623）年9月20日）

叶三右衛門〔1代〕　かのうさんえもん
⇒嵐小六〔4代〕（あらしころく）

狩野山雪*　かのうさんせつ
天正17（1589）年～慶安4（1651）年　[別]山雪（さんせつ）　江戸時代前期の画家。京狩野の中心人物。
¶江人（[生]1589/90年），コン，美画（[没]慶安4（1651）年3月12日）

狩野山卜*　かのうさんぼく
生没年不詳　江戸時代前期の画家。
¶美画

狩野山楽*　かのうさんらく
永禄2（1559）年～寛永12（1635）年　[別]狩野光頼（かのうみつより），山楽（さんらく）　安土桃山時代～江戸時代前期の画家。京狩野の祖。
¶浮絵，江人，コン，中世，美画（[没]寛永12（1635）年8月19日），山小（[没]1635年8月4日/19日）

狩野重郷　かのうしげさと
⇒狩野内膳（かのうないぜん）

狩野重信　かのうしげのぶ
⇒狩野永徳（かのうえいとく）

狩野茂光　かのうしげみつ
⇒狩野茂光（かのしげみつ）

狩野重良　かのうしげよし
⇒狩野一渓（かのういっけい）

狩野自適斎　かのうじてきさい
⇒狩野尚信（かのうなおのぶ）

狩野自得　かのうじとく
⇒西川祐信（にしかわすけのぶ）

嘉納治兵衛　かのうじへい
⇒嘉納治兵衛〔5代〕（かのうじへえ）

嘉納治兵衛〔5代〕*　かのうじへえ
文政4（1821）年～明治2（1870）年　江戸時代末期～明治時代の酒造業者。兵庫商社世話役、通商司酒造取締などの要職につく。
¶コン（代数なし）

狩野秀水*　かのうしゅうすい
江戸時代中期の画家。
¶美画（生没年不詳）

狩野受川*　かのうじゅせん
正徳5（1715）年～享保16（1731）年　江戸時代中期の狩野派の画家。
¶美画（[没]享保16（1731）年10月14日）

狩野春賀*　かのうしゅんが
江戸時代中期の稲荷橋狩野派の画家（2代）。
¶美画（[没]寛延3（1751）年12月29日）

狩野春湖*　かのうしゅんこ
？～享保11（1726）年　江戸時代中期の画家、稲荷橋狩野家の祖。
¶美画（[没]享保11（1726）年3月20日）

狩野昌庵　かのうしょうあん
⇒狩野吉信（かのうよしのぶ）

狩野昌庵吉信　かのうしょうあんよしのぶ
⇒狩野吉信（かのうよしのぶ）

狩野松陰子　かのうしょういんし
⇒狩野洞雲（かのうとううん）

狩野昌運*　かのうしょううん
寛永14（1637）年～元禄15（1702）年　江戸時代前期の画家。
¶コン，美画

狩野松栄*　かのうしょうえい
永正16（1519）年～文禄1（1592）年　[別]狩野直信（かのうただのぶ，かのうなおのぶ）　戦国時代～安土桃山時代の画家。狩野宗家4代。
¶コン，美画（[没]文禄1（1592）年10月20日）

狩野勝川　かのうしょうせん
⇒狩野雅信（かのうただのぶ）

狩野松伯*　かのうしょうはく
江戸時代の狩野派の画家。
¶美画（生没年不詳）

狩野如川　かのうじょせん
⇒狩野周信（かのうちかのぶ）

狩野如林*（——〔2代〕）　かのうじょりん
享和2（1802）年～明治4（1871）年　江戸時代末期の画家。
¶美画（——〔2代〕　[没]明治4（1871）年12月22日）

加納次郎作　かのうじろうさく
⇒嘉納治郎作（かのうじろさく）

嘉納治郎作*（嘉納次郎作，加納治郎作，加納次郎作）　かのうじろさく
文化10（1813）年10月24日～明治18（1885）年9月15日　[別]加納次郎作（かのうじろうさく）　江戸時代末期～明治時代の廻船業者。江戸-神戸-大阪間の定期航路を開き、洋式船による定期航路の端緒となった。
¶コン（加納次郎作）

狩野甚之丞*　かのうじんのじょう
生没年不詳　安土桃山時代の狩野派の画家。
¶美画

狩野随川*(1)　かのうずいせん
元禄5(1692)年～延享2(1745)年　[別]狩野随川甫信(かのうずいせんよしのぶ)　江戸時代中期の画家。
¶美画([没]延享2(1745)年7月7日)

狩野随川(2)　かのうずいせん
⇒随川甫信(ずいせんほしん)

狩野随川峯信　かのうずいせんみねのぶ
⇒狩野岑信(かのうみねのぶ)

狩野随川甫信　かのうずいせんよしのぶ
⇒狩野随川(かのうずいせん)

狩野晴皐*　かのうせいこう
寛政9(1797)年～慶応3(1867)年　江戸時代末期の絵師。
¶幕末([没]慶応3(1867)年8月25日),美画

狩野晴川　かのうせいせん
⇒狩野養信(かのうおさのぶ)

狩野晴川院　かのうせいせんいん
⇒狩野養信(かのうおさのぶ)

狩野晴川院養信　かのうせいせんいんやすのぶ
⇒狩野養信(かのうおさのぶ)

狩野泉碩*　かのうせんせき
天和2(1682)年～*　江戸時代中期の越前福井藩の画家。
¶美画([没]寛保3(1744)年12月14日)

狩野祖酉　かのうそいう
⇒狩野祖酉(かのうそゆう)

狩野宗円　かのうそうえん
⇒狩野一庵(かのういちあん)

加納惣三郎*　かのうそうざぶろう
江戸時代末期の新撰組隊士。
¶全幕(生没年不詳)

加納宗七*　かのうそうしち
文政10(1827)年～明治20(1887)年　江戸時代末期～明治時代の勤王家。天満屋騒動に関与。
¶幕末

狩野宗秀*　かのうそうしゅう
天文20(1551)年～慶長6(1601)年　[別]狩野元秀(かのうげんしゅう)　安土桃山時代の画家。兄永徳の優れた協力者。
¶コン,美画

狩野宗心*　かのうそうしん
永禄11(1568)年～元和6(1620)年　安土桃山時代～江戸時代前期の画家。
¶美画([没]元和6(1620)年1月21日)

狩野即誉*　かのうそくよ
生没年不詳　江戸時代中期の画家。愛宕下狩野家の祖。
¶美画

狩野素川*(1)　かのうそせん
慶長12(1607)年～万治1(1658)年　[別]狩野信政(かのうのぶまさ)　江戸時代前期の画家。東福門院の御用絵師。
¶美画(狩野信政　かのうのぶまさ　[没]万治1(1658)年4月15日)

狩野素川*(2)　かのうそせん
明和2(1765)年～文政9(1826)年　[別]狩野章信(かのうあきのぶ)　江戸時代後期の浅草猿屋町代地狩野家6代の画家。
¶美画([没]文政9(1826)年10月2日)

狩野祖酉*　かのうそゆう
弘治2(1556)年～元和3(1617)年　[別]狩野祖酉(かのうそいう)　安土桃山時代～江戸時代前期の狩野派の画家。
¶美画([没]元和3(1618)年12月10日)

狩野大学助*　かのうだいがくのすけ
生没年不詳　戦国時代の北条氏邦の臣。
¶後北(大学助〔狩野(1)〕　だいがくのすけ)

狩野孝信*　かのうたかのぶ
元亀2(1571)年～元和4(1618)年　安土桃山時代～江戸時代前期の画家。木挽町狩野家の祖。
¶コン,美画([生]元亀2(1571)年11月25日　[没]元和4(1618)年8月30日)

狩野雅信*　かのうただのぶ
文政6(1823)年～明治13(1880)年8月9日　[別]狩野勝川(かのうしょうせん),狩野雅信(かのうまさのぶ)　江戸時代末期～明治時代の画家、帝国博物館に出仕。木挽町狩野家10代を襲名。
¶コン(狩野勝川　かのうしょうせん),徳人([没]1879年),幕末(かのうまさのぶ),美画

狩野直信　かのうただのぶ
⇒狩野松栄(かのうしょうえい)

狩野探淵*　かのうたんえん
文化2(1805)年～嘉永6(1853)年　江戸時代末期の奥絵師。
¶幕末([生]?　[没]嘉永6(1853)年9月4日),美画([没]嘉永6(1853)年9月23日)

狩野探岳　かのうたんがく
江戸時代末期～大正時代の日本画家。
¶美画([生]安政6(1859)年8月3日　[没]大正11(1922)年1月8日)

狩野探原*　かのうたんげん
文政12(1829)年～慶応2(1866)年　江戸時代末期の奥絵師。
¶幕末([没]慶応2(1866)年11月20日),美画([没]慶応2(1866)年11月20日)

狩野探信*　かのうたんしん
承応2(1653)年～享保3(1718)年　江戸時代前期～中期の画家。
¶美画([没]享保3(1718)年10月4日)

狩野探美*　かのうたんび
天保11(1840)年～明治26(1893)年　江戸時代末期～明治時代の日本画家。
¶幕末([没]明治26(1893)年6月19日),美画([生]天保11(1840)年2月　[没]明治26(1893)年6月19日)

狩野探幽*　かのうたんゆう
慶長7(1602)年～延宝2(1674)年　[別]狩野守信(かのうもりのぶ),探幽(たんゆう)　江戸時代前期の画家。狩野派中興の祖。
¶江人,コン,思想,植物([生]慶長7(1602)年1月14日　[没]延宝2(1674)年10月7日),徳将,徳人,美画([生]慶長7(1602)年1月14日　[没]延宝2(1674)年10月7日),山小([生]1602年1月14日　[没]1674年10月7日)

かのうち　　　　　　　　600

狩野周信* かのうちかのぶ
万治3（1660）年～享保13（1728）年　別狩野如川（かのうじょせん）　江戸時代中期の画家。木挽町狩野家3代。
¶コン、徳人、美画　生万治3（1660）年7月2日　没享保13（1728）年1月6日

狩野親光 かのうちかみつ
⇒工藤親光（くどうちかみつ）

狩野常信* かのうつねのぶ
寛永13（1636）年～正徳3（1713）年　別狩野耕寛斎（かのうこうかんさい）、狩野養朴（かのうようぼく）　江戸時代前期～中期の画家。木挽町狩野家2代。
¶コン、植物（生寛永13（1636）年3月13日　没正徳3（1713）年1月27日）、徳人、美画（生寛永13（1636）年3月13日　没正徳3（1713）年1月27日）

加納鉄哉 かのうてっさい
江戸時代後期～大正時代の彫刻家。
¶美建（生弘化2（1845）年2月15日　没大正14（1925）年10月28日）

狩野英信 かのうてるのぶ
⇒狩野英信（かのうえいしん）

狩野洞雲* かのうとううん、かのうどううん
寛永2（1625）年～元禄7（1694）年　別狩野松陰子（かのうしょういんし）、狩野益信（かのうますのぶ）　江戸時代前期の画家。表絵師の駿河台狩野の祖。
¶コン（かのうどううん）、徳人（狩野益信　かのうますのぶ）、美画（生元禄7（1694）年1月8日）

狩野洞春 かのうとうしゅん、かのうどうしゅん
延享4（1747）年～寛政9（1797）年　江戸時代中期の駿河台狩野家4代画家。
¶美画（かのうどうしゅん）　没寛政9（1797）年3月8日

加納徳印 かのうとくいん
安土桃山時代の御用経師。越後守・越後入道。法名は円覚。北条氏に仕えた。
¶後北（徳印〔加納〕　とくいん）　没慶長8年2月25日

狩野友信 かのうとものぶ
江戸時代後期～明治時代の日本画家。
¶美画（生天保14（1843）年3月25日　没明治45（1912）年7月15日）

狩野内膳* かのうないぜん
元亀1（1570）年～元和2（1616）年　別狩野一翁（かのういちおう）、狩野重郷（かのうしげさと）、狩野内膳重郷（かのうないぜんしげさと）　安土桃山時代～江戸時代前期の画家。根岸御行松狩野家の祖。
¶美画（生元和2（1616）年4月3日）

狩野内膳重郷 かのうないぜんしげさと
⇒狩野内膳（かのうないぜん）

狩野尚信* かのうなおのぶ
慶長12（1607）年～慶安3（1650）年　別狩野自適斎（かのうじてきさい）　江戸時代前期の画家。木挽町狩野家の祖。
¶コン、徳人、美画（生慶長12（1607）年10月6日　没慶安3（1650）年4月7日）

狩野直信 かのうなおのぶ
⇒狩野松栄（かのうしょうえい）

加納直盛* かのうなおもり
慶長17（1612）年～延宝1（1673）年　江戸時代前期

の治水開墾家、伊勢津藩加判奉行。
¶コン（慶長16（1611）年）

狩野栄信* かのうながのぶ
安永4（1775）年～文政11（1828）年　別狩野伊川（かのういせん）、狩野伊川院（かのういせんいん）、狩野玄賞斎（かのうげんしょうさい）　江戸時代後期の画家。木挽町狩野家の8代。
¶徳人、美画（生安永4（1775）年8月30日　没文政11（1828）年7月4日）

狩野長信* かのうながのぶ
天正5（1577）年～承応3（1654）年　別狩野長信（かのうおさのぶ）、狩野休伯（かのうきゅうはく）、狩野休伯長信（かのうきゅうはくながのぶ）　安土桃山時代～江戸時代前期の画家。幕府の表絵師のひとつ御徒町狩野家の祖。
¶コン、徳人、中世、美画（没承応3（1654）年11月18日）

加納夏雄* かのうなつお
文政11（1828）年～明治31（1898）年　江戸時代後期～明治時代の彫金家、東京美術学校教授。新幣貨の原型製作。帝室技芸員。作品に「月雁図鉄額」「鯉魚図鐔」など。
¶コン、幕末（生文政11（1828）年4月14日　没明治31（1898）年2月3日）、美1入（生文政11（1828）年4月14日　没明治31（1898）年2月3日）

狩野介(1) かのうのすけ
平安時代の伊豆国狩野荘の在地領主。藤原為憲の一流。
¶古人（生没年不詳）

狩野介*(2) かのうのすけ
？～永禄12（1570）年12月6日　戦国時代～安土桃山時代の北条氏の家臣。
¶後北（狩野介〔介(3)〕　没永禄12年12月6日）

狩野信政 かのうのぶまさ
⇒狩野素川（かのうそせん）

加納久徴* かのうひさあきら
*～元治1（1864）年　別加納久徴（かのうひさよし）　江戸時代後期～末期の大名。上総一宮藩主。
¶幕末（生文化8（1811）年　没元治1（1864）年3月22日）

加納久周 かのうひさちか
⇒加納久周（かのうひさのり）

狩野古信 かのうひさのぶ
⇒狩野栄川（かのうえいせん）

加納久周* かのうひさのり
宝暦3（1753）年～文化8（1811）年　別加納久周（かのうひさちか）　江戸時代中期～後期の大名、若年寄。伊勢東阿倉川藩主。
¶コン

加納久通* かのうひさみち
延宝1（1673）年～寛延1（1748）年8月17日　江戸時代中期の御側御用取次、大名。伊勢東阿倉川藩主。享保の改革に参画。
¶コン、徳将、徳人

加納久徴 かのうひさよし
⇒加納久徴（かのうひさあきら）

叶秀之助 かのうひでのすけ
⇒嵐雛助〔2代〕（あらしひなすけ）

狩野英信 かのうひでのぶ
⇒狩野英信（かのうえいしん）

狩野秀頼* かのうひでより
生没年不詳　戦国時代の狩野派の画家。
¶コン, 中世, 美画

叶雛助〔1代〕 かのうひなすけ
⇒嵐雛助〔1代〕(あらしひなすけ)

叶雛助〔2代〕 かのうひなすけ
⇒嵐小七〔3代〕(あらしこしち)

叶雛助〔3代〕(──〔4代〕) かのうひなすけ
⇒嵐雛助〔7代〕(あらしひなすけ)

狩野寛信 かのうひろのぶ
⇒狩野融川(かのうゆうせん)

狩野芳崖* かのうほうがい
文政11(1828)年～明治21(1888)年　江戸時代後期～明治時代の日本画家。内国絵画共進会で「桜下勇駒図」が褒状、フェノロサとの観画会では1等賞。
¶コン, 幕末([生]文政11(1828)年1月13日　[没]明治21(1888)年11月5日), 美画([生]文政11(1828)年1月13日　[没]明治21(1888)年11月5日), 山小([生]1828年1月13日　[没]1888年11月5日)

狩野雅信 かのうまさのぶ
⇒狩野雅信(かのうただのぶ)

狩野正信* かのうまさのぶ
永享6(1434)年～享禄3(1530)年　[別]狩野行蓮(かのうぎょうれん), 狩野祐勢(かのうゆうせい)　室町時代～戦国時代の画家。狩野派の始祖。
¶コン, 思想, 中世, 美画([没]享禄3(1530)年7月9日), 室町([生]?), 山小([生]1434年?　[没]1530年7月9日?)

狩野益信 かのうますのぶ
⇒狩野洞雲(かのうとううん)

狩野又九郎* かのうまたくろう
?～天正10(1582)年6月2日　戦国時代～安土桃山時代の織田信長の家臣。
¶織田

加納道之助* かのうみちのすけ
天保10(1839)年～明治35(1902)年10月27日　[別]加納鷲雄(かのうわしお)　江戸時代末期～明治時代の新撰組伍長職、孝明天皇御陵衛士。
¶新隊(加納鷲雄　かのうわしお　[生]天保10(1839)年11月9日), 全幕(加納鷲雄　かのうわしお), 幕末([生]天保10(1839)年11月9日)

狩野典信 かのうみちのぶ
⇒狩野栄川院(かのうえいせんいん)

狩野光信* かのうみつのぶ
*～慶長13(1608)年　[別]狩野古右京(かのうこうきょう), 古右京(こうきょう)　安土桃山時代～江戸時代前期の画家。狩野永徳の嫡男。
¶コン([生]永禄4(1561年/1565)年), 植物([生]永禄8(1565)年　[没]慶長13(1608)年6月4日), 美画([生]永禄8(1565)年　[没]慶長13(1608)年6月4日)

狩野光頼 かのうみつより
⇒狩野山楽(かのうさんらく)

狩野岑信* かのうみねのぶ
寛文2(1662)年～宝永5(1708)年　[別]狩野覚柳斎(かのうかくりゅうさい), 狩野随川峯信(かのうずいせんみねのぶ)　江戸時代中期の画家。浜町狩野家の祖。
¶徳人, 美画([生]寛文3(1663)年　[没]宝永5(1708)年12月3日)

叶珉子 かのうみんし
⇒嵐三右衛門〔9代〕(あらしさんえもん)

叶珉子〔1代〕 かのうみんし
⇒嵐小六〔4代〕(あらしころく)

叶珉子〔4代〕 かのうみんし
⇒嵐三右衛門〔10代〕(あらしさんえもん)

狩野宗茂 かのうむねしげ
⇒狩野宗茂(かのむねしげ)

狩野元信* かのうもとのぶ
文明8(1476)年～永禄2(1559)年　[別]狩野永仙(かのうえいせん), 古法眼(こほうげん)　戦国時代の画家。狩野派の大成者。
¶コン, 思想, 中世, 美画([生]文明8(1476)年8月9日　[没]永禄2(1559)年10月6日), 山小([生]1476年8月9日　[没]1559年10月6日)

狩野守信 かのうもりのぶ
⇒狩野探幽(かのうたんゆう)

加納諸平* かのうもろひら
文化3(1806)年～安政4(1857)年6月24日　江戸時代後期の国学者、歌人、紀伊和歌山藩国学所総裁。
¶江人, コン, 詩作, 思想

狩野安信* かのうやすのぶ
慶長18(1613)年12月1日～貞享2(1685)年　[別]狩野永真(かのうえいしん)　江戸時代前期の画家。狩野宗家。中橋狩野家を開いた。
¶コン, 徳人, 美画([没]貞享2(1685)年9月4日)

狩野泰光* かのうやすみつ
生没年不詳　戦国時代の武士。後北条氏家臣。
¶後北(泰光〔狩野(3)〕　やすみつ)

狩野祐勢 かのうゆうせい
⇒狩野正信(かのうまさのぶ)

狩野祐清 かのうゆうせい
⇒狩野邦信(かのうくにのぶ)

狩野祐雪* かのうゆうせつ
?～天文14(1545)年　戦国時代の画家。
¶美画([没]天文14(1545)年4月14日)

狩野融川* かのうゆうせん
安永7(1778)年～文化12(1815)年　[別]狩野寛信(かのうひろのぶ)　江戸時代後期の浜町狩野家5代の画家。
¶美画([没]文化12(1815)年3月19日)

狩野雪信 かのうゆきのぶ
⇒清原雪信(きよはらゆきのぶ)

狩野之信* かのうゆきのぶ
生没年不詳　[別]狩野雅楽介, 狩野雅楽助(かのううたのすけ)　戦国時代の画家。
¶コン([生]永正10(1513)年　[没]天正3(1575)年)

狩野雪信女 かのうゆきのぶじょ
⇒清原雪信(きよはらゆきのぶ)

狩野養川院惟信* かのうようせんいんこれのぶ
宝暦3(1753)年～文化5(1808)年　[別]狩野惟信(かのうこれのぶ)　江戸時代後期の奥絵師。
¶徳人(狩野惟信　かのうこれのぶ)

狩野養朴 かのうようぼく
⇒狩野常信(かのうつねのぶ)

狩野良知　かのうよしとも
⇒狩野良知（かのうりょうち）

狩野吉信*　かのうよしのぶ
天文21（1552）年～寛永17（1640）年　[別]狩野昌庵（かのうしょうあん），狩野昌庵吉信（かのうしょうあんよしのぶ）　安土桃山時代～江戸時代前期の画家。狩野安信を後見。
¶美画

狩野良信　かのうよしのぶ
江戸時代後期の日本画家。
¶美画（[生]嘉永1（1848）年5月17日　[没]？）

狩野立信　かのうりゅうしん
⇒狩野永悳（かのうえいとく）

狩野良知*　かのうりょうち
文政12（1829）年～明治39（1906）年　[別]狩野良知（かのうよしとも）　江戸時代末期～明治時代の旧藩主佐竹家家令。著書に「支那教学史略」「宇内平和策」など。
¶幕末（かのうよしとも　[生]文政12（1829）年1月　[没]明治39（1906）年12月14日）

狩野廉士郎　かのうれんしろう
江戸時代末期～明治時代の数学者。『算学新書』を著す。
¶数学

加納鷲雄　かのうわしお
⇒加納道之助（かのうみちのすけ）

加濃子　かのこ
江戸時代中期～後期の女性。和歌・俳諧。相模大住郡板戸村の越光氏の娘。
¶江表（加濃子（神奈川県）　[生]享保8（1723）年　[没]文化4（1807）年）

嘉能子　かのこ★
江戸時代末期の女性。教育・書簡。常陸水戸藩儒学者藤田幽谷と梅子の四女。
¶江表（嘉能子（茨城県））

鹿野子　かのこ★
江戸時代後期～明治時代の女性。和歌・俳諧・茶道。讃岐多度津藩藩士岡田林左衛門の娘。
¶江表（鹿野子（岡山県）　[生]寛政6（1794）年　[没]明治13（1880）年）

鹿子木寂心*　かのこぎじゃくしん
？～天文18（1549）年　[別]鹿子木寂心（かなこぎじゃくしん），鹿子木親員（かなこぎちかかず，かのこぎちかかず）　戦国時代の肥後の国人領主。
¶全戦（鹿子木親員　かのこぎちかかず），室町（鹿子木親員　かのこぎちかかず）

鹿子木親員　かのこぎちかかず
⇒鹿子木寂心（かのこぎじゃくしん）

鹿子木量平*　かのこぎりょうへい
宝暦3（1753）年～天保12（1841）年7月4日　江戸時代後期の干拓指導者。
¶コン

鹿野小四郎*　かのこしろう
明暦1（1655）年～宝永7（1710）年　江戸時代前期～中期の加賀国の篤農家、村役人。
¶コン

狩野左近　かのさこん
安土桃山時代の上野国勢多郡上南雲郷津久田村の土豪。
¶武田（生没年不詳）

狩野茂光*　かのしげみつ
？～治承4（1180）年　[別]狩野茂光（かのうしげみつ，かのもちみつ）　平安時代後期の武士。
¶内乱（かのうしげみつ），平家（かのもちみつ）

かの女(1)　かのじょ★
江戸時代中期の女性。和歌。旗本花村三郎兵衛正親の娘。元禄16年刊、植山検校江民軒梅之・梅柳軒水之編『歌林尾花松』に載る。
¶江表（かの女（東京都））

かの女(2)　かのじょ★
江戸時代後期の女性。和歌。江戸城西の丸小納戸菅沼大蔵定敬の奥女中。文化11年刊、中山忠雄・河田正致編『柿本社奉納和歌集』に載る。
¶江表（かの女（東京都））

禾乃女　かのじょ★
江戸時代末期の女性。俳諧。越後水原の人。万延1年刊、松岡茶山編『鄙さへつり』に載る。
¶江表（禾乃女（新潟県））

狩野親俊　かのちかとし
平安時代後期の武士。系譜未詳。
¶平家（生没年不詳）

狩野親光　かのちかみつ
⇒工藤親光（くどうちかみつ）

狩野宗茂*　かのむねしげ
[別]狩野宗茂（かのうむねしげ，かのむねもち）　鎌倉時代前期の武士。
¶平家（かのむねもち　生没年不詳）

狩野宗茂　かのむねもち
⇒狩野宗茂（かのむねしげ）

狩野茂光　かのもちみつ
⇒狩野茂光（かのしげみつ）

可梅　かばい★
江戸時代中期の女性。俳諧。清武の人か。安永3年刊、城ケ崎の二松亭五明編の父菊路一周忌追善集『星明り』に少女の作として載る。
¶江表（可梅（宮崎県））

佳梅尼　かばいに★
江戸時代の女性。俳諧。相模の人。明治2年刊、月の本為山編『葛三・雉啄・宇山追悼句集』に載る。
¶江表（佳梅尼（神奈川県））

蒲善恵*　かばぜんね
文化8（1811）年～明治14（1881）年　江戸時代末期～明治時代の僧侶。横須賀造船所のフランス人に日本語を教授。
¶幕末

蒲冠者　かばのかじゃ
⇒源範頼（みなもとののりより）

樺山休兵衛*　かばやまきゅうべえ
天保5（1834）年～？　江戸時代末期の鹿児島県士族。
¶幕末

樺山十兵衛*　かばやまじゅうべえ
弘化2（1845）年～明治1（1868）年　江戸時代末期の薩摩藩士。

¶コン, 幕末（[没]慶応4（1868）年8月24日）

樺山資雄* かばやますけお
享和1（1801）年～明治11（1878）年7月13日　江戸時代末期～明治時代の国学者、松原神社宮司。「薩隅日地理纂考」を編纂。著書に「山陵遺考」。
¶コン, 幕末（[生]？）

樺山資紀* かばやますけのり
天保8（1837）年～大正11（1922）年2月8日　江戸時代末期～明治時代の薩摩藩士、海軍軍人。
¶コン, 全幕, 幕末（[生]天保8（1837）年11月12日）, 山小（[生]1837年11月12日　[没]1922年2月8日）

樺山資之* かばやますけゆき
生没年不詳　[別]三円瀬吉郎（さんえんせきちろう）　江戸時代末期の薩摩藩士。
¶幕末

樺山舎人* かばやまとねり
天保2（1831）年～大正1（1912）年　[別]樺山久舒（かばやまひさのぶ）　江戸時代末期～明治時代の佐土原藩家老。
¶幕末（樺山久舒（通称舎人）　かばやまひさのぶ　[没]明治45（1912）年3月14日）

樺山友賢* かばやまともかた
？～明治10（1877）年　江戸時代末期～明治時代の鹿児島県士族。
¶幕末（[没]明治10（1877）年4月12日）

樺山久舒 かばやまひさのぶ
⇒樺山舎人（かばやまとねり）

樺山善久* かばやまよしひさ
戦国時代～安土桃山時代の武将。島津氏家臣。
¶全戦（[生]永正9（1512）年　[没]？）

かひ
江戸時代後期の女性。和歌。田川氏。本居宣長門の衣川長秋の妻。
¶江表（かひ（鳥取県））

香火姫皇女 かひひめのひめみこ
上代の女性。反正天皇皇女。
¶天皇（生没年不詳）

霞夫* かふ
？～天明4（1784）年　江戸時代中期の俳人。
¶俳文（[生]寛延2（1749）年）

可風*(1) かふう
？～明和4（1767）年　江戸時代中期の俳人。
¶俳文（[没]明和4（1767）年9月）

可風(2) かふう⋆
江戸時代中期の女性。俳諧。下総神田山の俳人可山の妻。延享4年刊、松吟編、塵人追悼集『摘菜集』に載る。
¶江表（可風（茨城県））

歌風 かふう⋆
江戸時代中期の女性。俳諧。加賀の人。安永6年刊、堀麦水編『新虚栗』に載る。
¶江表（歌風（石川県））

歌舞妓工 かぶきたくみ
⇒中村重助〔2代〕（なかむらじゅうすけ）

歌舞伎伝助 かぶきでんすけ
⇒日本伝助（にほんでんすけ）

歌舞伎堂艶鏡（歌舞妓堂艶鏡）　かぶきどうえんきょう
⇒中村重助〔2代〕（なかむらじゅうすけ）

下物 かぶつ
⇒山川下物（やまかわかぶつ）

鹿伏兎宮内少輔* かぶとくないのしょう
安土桃山時代の織田信長の家臣。
¶織田（生没年不詳）

鹿伏兎左京亮* かぶとさきょうのすけ
生没年不詳　安土桃山時代の織田信長の家臣。
¶織田

鏑木雲潭* かぶらぎうんたん
＊～嘉永5（1852）年　江戸時代後期の画家。
¶美画（[生]天明2（1782）年　[没]嘉永5（1853）年11月27日）

鏑木勝喜知* かぶらぎかつきち
天保12（1841）年～明治5（1872）年　江戸時代末期～明治時代の加賀藩老本多氏臣。
¶幕末（[没]明治5（1872）年11月4日）

鏑木信方 かぶらぎのぶかた
⇒信方（のぶかた）

鏑木梅渓* かぶらぎばいけい
寛延3（1750）年～享和3（1803）年　江戸時代中期の画家。
¶コン, 美画

かへ
江戸時代後期の女性。俳諧。越前福井の人。天保14年刊、天井韋静ほか編『炭瓢集』に載る。
¶江表（かへ（福井県））

可部安都志* かべあつし
文化3（1806）年～明治6（1873）年　江戸時代後期～明治時代の医師、国学者。
¶幕末（[没]明治6（1873）年5月8日）

可蓬 かほう⋆
江戸時代後期の女性。俳諧。田辺の俳人玉置香風の妻。天明8年刊、橋本燕志編『浜ゆふの記』に載る。
¶江表（可蓬（和歌山県））

花峰 かほう⋆
江戸時代中期～後期の女性。俳諧。播磨龍野上川原町の谷本甚兵衛の娘。
¶江表（花峰（兵庫県）　[生]享保18（1733）年　[没]寛政6（1794）年）

華峰(1) かほう⋆
江戸時代中期の女性。俳諧。城端の善徳寺住職含山の娘。安永9年姉と共編で父の句集『秋の暮』を発刊。
¶江表（華峰（富山県））

華峰(2) かほう⋆
江戸時代末期～明治時代の女性。漢詩。出雲の鵜飼藍洲の妹。江戸後期の詩人鱸松塘が明治3年浅草向柳原に開いた詩社の同人。
¶江表（華峰（島根県））

我峰 がほう
江戸時代中期の俳諧作者。
¶俳文（[生]？　[没]正徳5（1715）年3月20日）

臥鵬 がほう
江戸時代後期の俳諧師。晋氏。
¶俳文（[生]？　[没]文政10（1827）年5月17日）

か

か

雅宝* がほう
天承1(1131)年～建久1(1190)年 平安時代後期の真言宗の僧。東大寺85世。
¶古人(㊐1132年 ㊀1189年), 密教(㊀1189/1190年5月13日)

歌僕 かぼく★
江戸時代中期の女性。俳諧。大坂の人。安永3年跋、二柳編『氷餅集』に載る。
¶江表(歌僕(大阪府))

歌木 かぼく
江戸時代中期の雑俳点者。
¶俳文(生没年不詳)

かほる(1)
江戸時代中期の女性。俳諧。加賀の遊女。享保11年序、兎路編、女性句集『姫の式』に載る。
¶江表(かほる(石川県))

かほる(2)
江戸時代後期の女性。俳諧。弘化3年跋、黒川惟草編『俳諧人名録』二に載る。
¶江表(かほる(東京都))

鎌倉王* かまくらおう
生没年不詳 平安時代前期の皇孫。
¶古人

鎌倉景政*(鎌倉景正) かまくらかげまさ
生没年不詳 ㊒平景正(たいらのかげまさ) 平安時代後期の武士。大庭氏・梶原氏の祖。
¶古人(平景正 たいらのかげまさ ㊐1072年 ㊀?), コン, 平家(鎌倉景正)

鎌女 かまじょ★
江戸時代後期の女性。和歌。稲垣欽之丞の妻。天保11年序、忍藩藩士加藤古風編の歌集「京極黄門定家卿六百回忌追福」に載る。
¶江表(鎌女(東京都))

蝦蟇仙人* がませんにん
歌舞伎・浄瑠璃などの登場人物。
¶コン

鎌田出雲* かまたいずも, かまだいずも
文化13(1816)年～安政5(1858)年 ㊒鎌田正純(かまたまさずみ) 江戸時代末期の勤王家。薩摩藩士。
¶コン(かまだいずも), 全幕(鎌田正純 かまたまさずみ)

鎌田一窓* かまだいっそう, かまたいっそう
享保6(1721)年～文化1(1804)年 江戸時代中期～後期の心学者。
¶コン

鎌田景弼* かまたかげすけ
天保13(1842)年～明治21(1888)年 江戸時代末期～明治時代の熊本藩士、佐賀県知事。佐賀県の初代権令となり九州鉄道開通などに貢献。
¶幕末(㊀明治21(1888)年6月18日)

鎌田魚妙* かまだぎょみょう, かまたぎょみょう
㊒鎌田魚妙(かまたなたえ) 江戸時代中期の刀剣の研究家。「慶長以来新刀弁疑」の著者。
¶コン(生没年不詳)

鎌田厳松 かまたげんしょう
江戸時代後期～末期の画家。
¶美画(㊐寛政10(1798)年 ㊀安政6(1859)年)

鎌田五左衛門* かまたござえもん, かまだござえもん
?～慶長2(1597)年? 安土桃山時代の武士。織田氏家臣。
¶織田(生没年不詳)

鎌田呉陽* かまたごよう
享和2(1802)年～安政5(1858)年 江戸時代末期の画家。
¶幕末

鎌田才四郎* かまたさいしろう
天保1(1830)年～元治1(1864)年 江戸時代末期の志士。水戸天狗党挙兵に参加。
¶幕末(㊀元治1(1864)年6月17日)

鎌田新澄* かまだしんちょう
文政8(1825)年～明治30(1897)年 江戸時代末期～明治時代の伊予大洲藩医。長崎で蘭学などを学び外科の上手。
¶幕末

蒲田助五郎* かまたすけごろう
戦国時代の武士。後北条氏家臣。
¶後北(助五郎〔蒲田〕 すけごろう)

鎌田俊清* かまたとしきよ, かまだとしきよ
延宝6(1678)年～延享4(1747)年 江戸時代中期の和算家。宅間流の3代。
¶科学(㊀延享1(1744)年), コン(㊐延宝8(1678)年 ㊀延享1(1744)年), 数学(㊀延享4(1747)年7月)

鎌田俊長 かまたとしなが
⇒藤井俊長(ふじいとしなが)

鎌田長門守 かまたながとのかみ
戦国時代の武田氏の家臣。
¶武田(㊐? ㊀天文14(1545)年4月29日)

鎌田魚妙 かまたなたえ
⇒鎌田魚妙(かまだぎょみょう)

鎌田兵部政貞 かまだひょうぶまささだ
江戸時代前期の豊臣秀頼の家臣。
¶大坂(㊀寛永1年8月23日)

鎌田政家 かまたまさいえ
⇒鎌田正清(かまたまさきよ)

鎌田正清*(鎌田政清) かまたまさきよ, かまだまさきよ
保安4(1123)年～永暦1(1160)年 ㊒鎌田政家(かまたまさいえ), 藤原正清(ふじわらのまさきよ) 平安時代後期の武士。源義朝の家人で乳母子。
¶古人(藤原正清 ふじわらのまさきよ), コン(鎌田政家 かまたまさいえ), 内乱(㊐保安4(1123)年? ㊀平治1(1159)年), 平家(鎌田政清 かまだまさきよ ㊐?)

鎌田正清の母 かまたまさきよのはは
平安時代後期の女性。源義朝の乳母。
¶女史

鎌田正清の娘*(鎌田正清女) かまたまさきよのむすめ
生没年不詳 鎌倉時代前期の女性。尾張国志濃幾、丹波国田名部地頭職。
¶女史

鎌田正純*(1) かまたまさずみ
文化13(1816)年～安政6(1859)年 江戸時代末期の薩摩藩士。
¶幕末(㊀安政5(1859)年12月8日)

鎌田正純(2)　かまたまさずみ
⇒鎌田出雲(かまたいずも)

鎌田政年*　かまたまさとし
？～天正11(1583)年　安土桃山時代の武士。
¶全戦([生]永正11(1514)年)

鎌田又八*　かまだまたはち
江戸時代に登場した強力無双の架空の人物。
¶コン

鎌田光政*　かまたみつまさ
？～文治1(1185)年　平安時代後期の武士。
¶古人

鎌田盛政*　かまたもりまさ
？～元暦1(1184)年　平安時代後期の武士。
¶古人

鎌田雄一*　かまたゆういち
弘化2(1845)年～？　江戸時代末期の鹿児島県士族。
¶幕末

鎌田柳泓*　かまだりゅうおう，かまたりゅうおう
宝暦4(1754)年～文政4(1821)年3月11日　江戸時代後期の心学者。
¶江人，コン，思想(かまたりゅうおう)

鎌田梁洲*　かまたりょうしゅう
文化10(1813)年～明治8(1875)年　江戸時代末期～明治時代の津藩家老。訓蒙寮を開いて子弟を教育。
¶幕末([生]文化10(1813)年3月20日　[没]明治6(1873)年4月1日)

蒲池鑑広*　かまちあきひろ
戦国時代の武士。
¶戦武(生没年不詳)

蒲池鑑盛　かまちあきもり
＊～天正6(1578)年　戦国時代～安土桃山時代の武将。
¶全戦([生]永正17(1520)年)，戦武([生]？　[没]天正6(1578)年？)

蒲池式部大輔鎮並　かまちしきぶのたゆうしげなみ
⇒蒲池鎮並(かまちしげなみ)

蒲池鎮並*(蒲池鎮漣)　かまちしげなみ
[別]蒲池式部大輔鎮並(かまちしきぶのたゆうしげなみ)　戦国時代の武士。
¶戦武(蒲池鎮漣　[生]天文16(1547)年　[没]天正9(1581)年)

蒲戸　かまど
江戸時代中期の女性。政治。国頭地方の女性祭祀職最高神女である阿応理屋恵。明和6年、40年ほど途絶えていた阿応理屋恵の按司職に就任。
¶江表(蒲戸(沖縄県))

釜鳴屋平七*　かまなりやへいしち
＊～文久3(1863)年　江戸時代末期の義人。伊豆国熱海村の漁場騒動の指導者。
¶幕末([生]？)

鎌之桂女　かまのかつらじょ★
江戸時代後期の女性。狂歌。三河新堀の有力農民で沼津藩主水野家御用達の金融・木綿商人深見佐兵衛美保の娘。
¶江表(鎌之桂女(愛知県)　[没]文政1(1818)年)

鎌原桐山*　かまはらとうざん
安永3(1774)年～嘉永5(1852)年　[別]鎌原桐山(かんばらとうざん)　江戸時代後期の松代藩儒。
¶全幕

蒲生娘子　かまふのおとめ
⇒蒲生娘子(がもうのおとめ)

上泉伊勢守　かみいずみいせのかみ
⇒上泉伊勢守(こういずみいせのかみ)

上泉信綱　かみいずみのぶつな
⇒上泉伊勢守(こういずみいせのかみ)

上泉秀綱　かみいずみひでつな
⇒上泉伊勢守(こういずみいせのかみ)

神浦耕山　かみうらこうざん
江戸時代後期～明治時代の眼科医。
¶眼医([生]文政5(1822)年　[没]明治35(1902)年)

神浦貞見　かみうらていけん
江戸時代末期～明治時代の眼科医。
¶眼医([生]弘化2(1854)年　[没]明治15(1874)年)

神王　かみおう
⇒神王(みわおう)

上大路能順*　かみおおじのうじゅん
寛永5(1628)年～宝永3(1706)年　[別]能順(のうじゅん)　江戸時代前期～中期の連歌師、僧。
¶俳文(能順　のうじゅん　[没]宝永3(1706)年11月28日)

上岡胆治*　かみおかたんじ
＊～元治1(1864)年　江戸時代末期の医師。
¶コン([生]文政5(1822)年)，全幕([生]文政6(1823)年)，幕末([生]文政6(1823)年10月16日　[没]元治1(1864)年7月19日)

上岡薇峯*　かみおかびほう
文化3(1806)年～明治11(1878)年　江戸時代末期～明治時代の教育者。山内容道に認められ祐筆。
¶幕末([没]明治11(1878)年12月16日)

神尾五郎兵衛　かみおごろ(う)びょうえ
江戸時代前期の武士。大坂の陣で籠城。
¶大坂

神尾左兵衛　かみおさひょうえ
江戸時代前期の武士。大坂の陣で籠城。
¶大坂

神尾善四郎*　かみおぜんしろう
生没年不詳　[別]神尾善四郎(かんなぜんしろう)　戦国時代の武士。後北条氏家臣。
¶後北(善四郎〔神尾(2)〕　ぜんしろう)

神尾春央　かみおはるひで
⇒神尾春央(かんおはるひで)

神尾元勝*　かみおもとかつ
天正17(1589)年～寛文7(1667)年　[別]神尾元勝(かんおもとかつ)　江戸時代前期の旗本、茶人。町奉行。
¶徳人(かんおもとかつ　[生]1586年　[没]1664年)

神尾元珍*　かみおもとたか
元和2(1616)年～貞享4(1687)年　[別]神尾元珍(かみおもとはる，かんおもとはる)　江戸時代前期の旗本、茶人。
¶徳人(かんおもとはる)

か

か

神尾元珍 かみおもとはる
⇒神尾元珍(かみおもとたか)

上垣守国 かみがきもりくに
⇒上垣守国(うえがきもりくに)

神方古香* かみかたふるか
享和3(1803)年頃～明治8(1875)年頃 江戸時代末期～明治時代の歌人。江戸城大奥に仕え「伊勢物語」などを講じた才女。歌集に「秋園古香家集」。
¶江表(古香(長野県) ふるか ㊐文化7(1810)年頃 ㊞明治6(1873)年以後)

神櫛皇子* かみくしおうじ
㊿神櫛皇子(かみくしのみこ, かむくしのみこ) 上代の景行天皇の皇子。
¶天皇(かみくしのみこ)

神櫛皇子 かみくしのみこ
⇒神櫛皇子(かみくしおうじ)

上倉治部大輔 かみくらじぶだゆう
安土桃山時代の信濃国水内郡上倉郷の国衆。
¶武田(㊐? ㊞慶長4(1599)年)

上倉信門 かみくらのぶかど
江戸時代中期の代官。
¶徳代(㊐元禄14(1701)年 ㊞明和5(1768)年7月26日)

上倉三河守 かみくらみかわのかみ
安土桃山時代の信濃国水内郡上倉郷の国衆上倉氏の一族。
¶武田(生没年不詳)

上坂甲太郎* かみさかこうたろう
江戸時代末期の新撰組隊士。
¶新隊(生没年不詳)

上崎鉄蔵 かみざきてつぞう
江戸時代後期～末期の二本松少年隊士。
¶全幕(㊐嘉永6(1853)年 ㊞慶応4(1868)年)

上島松葊* かみしましょうあん
文政1(1818)年～明治12(1879)年 江戸時代末期～明治時代の会津藩士。藩校日新館の教授、藩候の侍講。
¶幕末(㊞明治12(1879)年9月4日)

神下村豊五郎 かみしもむらとよごろう
⇒大西豊五郎(おおにしとよごろう)

上条宜順斎 かみじょうぎじゅんさい
⇒畠山義春(はたけやまよしはる)

上条定憲 かみじょうさだのり
⇒上条定憲(じょうじょうさだのり)

上条高業 かみじょうたかなり
戦国時代の上野国衆国峰小幡氏の家臣。
¶武田(生没年不詳)

神代仁之助* かみしろじんのすけ
天保10(1839)年～? 江戸時代後期～末期の新撰組隊士。
¶新隊

上殖皇子 かみつうえのおうじ
上代の宣化天皇の皇子。
¶天皇(生没年不詳)

上海上国造* かみつうなかみのくにのみやつこ
上代の豪族。
¶古代

上司延興 かみつかさのぶおき
⇒紀延興(きのの ぶおき)

上毛野内親王* かみつけぬないしんのう
?～承和9(842)年 ㊿上毛野内親王(かみつけぬのないしんのう) 平安時代前期の女性。平城天皇皇女。
¶古人(かみつけぬのないしんのう)

上毛野稲人 かみつけぬのいなひと
平安時代前期の官人。
¶古人(生没年不詳)

上毛野牛甘*(上毛野牛養) かみつけぬのうしかい
㊿上毛野牛甘(かみつけのうしかい, かみつけののうしかい) 奈良時代の上野の防人。
¶古人(上毛野牛養 生没年不詳)

上毛野氏永 かみつけぬのうじなが
⇒上毛野氏永(かみつけののうじなが)

上毛野氏永 かみつけぬのうちなが
⇒上毛野氏永(かみつけののうじなが)

上毛野馬長 かみつけぬのうまなが
奈良時代の官人。
¶古人(生没年不詳)

上毛野大川* かみつけぬのおおかわ
生没年不詳 ㊿上毛野大川(かみつけののおおかわ) 奈良時代～平安時代前期の官人、遣唐録事。「続日本紀」を編纂。
¶古人, コン

上毛野小足 かみつけぬのおたり
飛鳥時代の官人。
¶古人(㊐? ㊞709年)

上毛野穎人* かみつけぬのかいひと
天平神護2(766)年～弘仁12(821)年 ㊿上毛野穎人(かみつけぬのさかひと, かみつけぬのさきひと, かみつけのえひと, かみつけののかいひと), 上毛野朝臣穎人(かみつけののあそんかいひと) 平安時代前期の官人、遣唐録事。
¶古人(㊐768年), 古代(上毛野朝臣穎人 かみつけののあそんかいひと), コン(生没年不詳)

上毛野形名* かみつけぬのかたな
生没年不詳 ㊿上毛野形名(かみつけののかたな), 上毛野君形名(かみつけののきみかたな) 上代の蝦夷征伐の将軍。
¶古代(上毛野君形名 かみつけののきみかたな), コン

上毛野形名妻 かみつけぬのかたなのつま
⇒上毛野形名の妻(かみつけののかたなのつま)

上毛野清湍 かみつけぬのきよせ
平安時代前期の官人。
¶古人(生没年不詳)

上野清近 かみつけぬのきよちか
平安時代後期の内匠。神宝を作る。
¶古人(生没年不詳)

上毛野国業 かみつけぬのくになり
平安時代後期の官人。
¶古人(生没年不詳)

上野佐位朝臣老刀自 かみつけぬのさいのあそんおい

とじ
奈良時代の女官。
¶女史

上毛野穎人 かみつけぬのさかひと
⇒上毛野穎人(かみつけぬのかいひと)

上毛野穎人 かみつけぬのさきひと
⇒上毛野穎人(かみつけぬのかいひと)

上毛野沢田 かみつけぬのさわだ
平安時代前期の官人。
¶古人(生没年不詳)

上毛野茂蔭 かみつけぬのしげかげ
平安時代前期の官人。
¶古人(生没年不詳)

上毛野滋子 かみつけぬのしげこ
⇒上毛野滋子(かみつけののしげこ)

上毛野重時 かみつけぬのしげとき
平安時代後期の官人。
¶古人(生没年不詳)

上毛野竹葉瀬 かみつけぬのたかはせ
⇒上毛野竹葉瀬(かみつけののたかはせ)

上毛野縄主 かみつけぬのただぬし
平安時代前期の官人。
¶古人(生没年不詳)

上毛野綱主 かみつけぬのつなぬし
平安時代前期の官人。
¶古人(生没年不詳)

上毛野内親王 かみつけぬのないしんのう
⇒上毛野内親王(かみつけぬないしんのう)

上毛野永世* かみつけぬのながよ
[別]上毛野朝臣永世(かみつけののあそんながよ), 上毛野永世(かみつけののながよ) 平安時代前期の官人。
¶古人(生没年不詳), 古代(上毛野朝臣永世 かみつけののあそんながよ)

上毛野広遠 かみつけぬのひろとお
平安時代中期の官人。
¶古人(生没年不詳)

上毛野広人 かみつけぬのひろひと
奈良時代の陸奥出羽按察使。
¶古人([生]? [没]720年)

上毛野藤野 かみつけぬのふじの
平安時代前期の官人。
¶古人(生没年不詳)

上毛野松真 かみつけぬのまつさね
平安時代後期の官人。
¶古人(生没年不詳)

上毛野三千* かみつけぬのみち
?～天武天皇10(681)年 [別]上毛野君三千(かみつけののきみみちじ), 上毛野三千(かみつけののみちぢ) 飛鳥時代の官人。「日本書紀」の編纂に従事。
¶古代(上毛野君三千 かみつけののきみみちじ [没]682年), コン([没]天武10(681)年)

上毛野岑雄* かみつけぬのみねお
生没年不詳 平安時代前期の歌人。
¶古人

上毛野基宗* かみつけぬのもとむね
生没年不詳 平安時代中期の信濃国の人。
¶古人

上毛野安麻呂 かみつけぬのやすまろ
奈良時代の官人。
¶古人(生没年不詳)

上毛野安守 かみつけぬのやすもり
平安時代前期の官人。
¶古人(生没年不詳)

上野義定 かみつけぬのよしさだ
平安時代後期の官人。
¶古人(生没年不詳)

上毛野牛甘 かみつけのうしかい
⇒上毛野牛甘(かみつけぬのうしかい)

上毛野穎人 かみつけのえひと
⇒上毛野穎人(かみつけぬのかいひと)

上毛野朝臣氏永 かみつけののあそんうじなが
⇒上毛野氏永(かみつけののうじなが)

上毛野朝臣穎人 かみつけののあそんかいひと
⇒上毛野穎人(かみつけぬのかいひと)

上毛野朝臣滋子 かみつけののあそんしげこ
⇒上毛野滋子(かみつけののしげこ)

上毛野朝臣永世 かみつけののあそんながよ
⇒上毛野永世(かみつけぬのながよ)

上毛野牛甘 かみつけののうしかい
⇒上毛野牛甘(かみつけぬのうしかい)

上毛野氏永* かみつけののうじなが
生没年不詳 [別]上毛野氏永(かみつけぬのうじなが, かみつけぬのうちなが), 上毛野朝臣氏永(かみつけののあそんうじなが) 平安時代前期の官吏。
¶古人(かみつけぬのうちなが), 古代(上毛野朝臣氏永 かみつけののあそんうじなが)

上毛野大川 かみつけののおおかわ
⇒上毛野大川(かみつけぬのおおかわ)

上毛野大椅の娘*(上毛野大椅女) かみつけののおおはしのむすめ
生没年不詳 [別]上毛野公大椅之女(かみつけののきみおおはしのむすめ) 奈良時代の女性。紀伊国伊刀郡桑原郷の文忌寸の娘。
¶古代(上毛野公大椅之女 かみつけののきみおおはしのむすめ)

上毛野小熊 かみつけののおくま
⇒上毛野君小熊(かみつけののきみおぐま)

上毛野穎人 かみつけののかいひと
⇒上毛野穎人(かみつけぬのかいひと)

上毛野形名 かみつけののかたな
⇒上毛野形名(かみつけぬのかたな)

上毛野形名の妻* かみつけののかたなのつま
[別]上毛野形名妻(かみつけぬのかたなのつま), 上毛野君形名の妻(かみつけののきみかたなのつま) 飛鳥時代の女性。舒名天皇9年将軍として蝦夷討伐に臨んだ夫に助力。
¶女史(上毛野君形名の妻 かみつけののきみかたなのつま 生没年不詳)

かみつけ　　　　　608

上毛野公大椅之女　かみつけののきみおおはしのむすめ
⇒上毛野大椅の娘 (かみつけののおおはしのむすめ)

上毛野君小熊＊　かみつけののきみおぐま
㉞上毛野小熊 (かみつけののおくま)　上代の土豪。
¶古代

上毛野君形名　かみつけののきみかたな
⇒上毛野形名 (かみつけぬのかたな)

上毛野君形名の妻　かみつけののきみかたなのつま
⇒上毛野形名の妻 (かみつけののかたなのつま)

上毛野君三千　かみつけののきみみちじ
⇒上毛野三千 (かみつけぬのみち)

上毛野君稚子＊　かみつけののきみわかこ
㉞上毛野稚子 (かみつけののわかこ, かみつけのわかこ)　飛鳥時代の将軍。
¶古代,古物 (上毛野稚子　かみつけのわかこ)

上毛野滋子＊　かみつけののしげこ
? ～寛平9 (897) 年11月　㉞上毛野滋子 (かみつけぬのしげこ, かみつけののじし), 上毛野朝臣滋子 (かみつけののあそんしげこ)　平安時代前期の女官。
¶古人 (かみつけぬのしげこ　�生768年　㊥821年), 古代 (上毛野朝臣滋子　かみつけののあそんしげこ)

上毛野滋子　かみつけののじし
⇒上毛野滋子 (かみつけののしげこ)

上毛野竹葉瀬＊　かみつけののたかはせ
㉞上毛野竹葉瀬 (かみつけぬのたかはせ), 竹葉瀬 (たかはせ)　上代の武将。仁徳天皇により新羅に派遣された。
¶古代 (竹葉瀬　たかはせ), 対外

上毛野田道＊　かみつけののたみち
㉞田道 (たじ, たみち)　上代の武将。新羅・蝦夷征伐に活躍。
¶古代 (田道　たみち), 対外

上毛野永世　かみつけののながよ
⇒上毛野永世 (かみつけぬのながよ)

上毛野三千　かみつけののみちぢ
⇒上毛野三千 (かみつけぬのみち)

上毛野稚子　かみつけののわかこ
⇒上毛野君稚子 (かみつけののきみわかこ)

上毛野稚子　かみつけのわかこ
⇒上毛野君稚子 (かみつけののきみわかこ)

上辻木海＊　かみつじぼっかい
寛政12 (1800) 年～明治8 (1875) 年　江戸時代末期～明治時代の町医者。柑橘類92種を精査し「柑橘図譜」を作成。
¶幕末

上道朝臣斐太都　かみつみちのあそんひたつ
⇒上道斐太都 (かみつみちのひたつ)

上道真高　かみつみちのさねたか
平安時代後期の官人。
¶古人 (生没年不詳)

上道忠親　かみつみちのただちか
平安時代後期の官人。
¶古人 (生没年不詳)

上道忠職　かみつみちのただもと
平安時代中期の官人。

¶古人 (生没年不詳)

上道斐太都＊　かみつみちのひたつ, かみつみちのひだつ
? ～神護景雲1 (767) 年　㉞上道朝臣斐太都 (かみつみちのあそんひたつ)　奈良時代の官人。淳仁天皇の側近。
¶古人 (かみつみちのひだつ　生没年不詳), 古代 (上道朝臣斐太都　かみつみちのあそんひたつ)

上道人足　かみつみちのひとたり
奈良時代の画師。東大寺大仏殿の彩色に従事。
¶古人 (生没年不詳)

上道之真　かみつみちのゆきざね
平安時代後期の官人。
¶古人 (生没年不詳)

神永喜八＊　かみながきはち
文政7 (1824) 年～明治43 (1910) 年　江戸時代末期～明治時代の炭田開発者、醸造業。常磐南部炭田を発掘。
¶幕末

髪長媛＊ (髪長姫)　かみながひめ
㉞日向髪長媛 (ひむかのかみながひめ, ひゅうがのかみながひめ)　上代の女性。仁徳天皇の妃。
¶古代, コン, 女史, 天皇 (髪長姫　生没年不詳)

神沼佐太郎　かみぬまさたろう
江戸時代後期～末期の幕臣。
¶徳人 (生没年不詳)

上馬養＊　かみのうまかい
養老2 (718) 年～?　㉞上村主馬養 (かみのすぐりうまかい)　奈良時代の下級官人。
¶古人 (㊥719年), 古代 (上村主馬養　かみのすぐりうまかい)

上百済　かみのくだら
飛鳥時代の官人。大学博士。
¶古人 (生没年不詳)

上村主馬養　かみのすぐりうまかい
⇒上馬養 (かみのうまかい)

上村主経遠　かみのすぐりつねとお
平安時代後期の官人。
¶古人 (生没年不詳)

督局＊　かみのつぼね
生没年不詳　㉞督局 (こうのつぼね)　鎌倉時代の女官。道性の母。
¶天皇 (こうのつぼね)

賀美能浜刀自女＊　かみののはまとじめ
生没年不詳　奈良時代～平安時代前期の女性。嵯峨天皇の乳母。
¶古人

上王　かみのみこ
⇒石上皇子 (いそのかみのおうじ)

上林休徳　かみばやしきゅうとく
⇒上林久茂 (かんばやしひさもち)

上林久茂　かみばやしひさもち
⇒上林久茂 (かんばやしひさもち)

上部貞永　かみべさだなが
⇒上部貞永 (うわべさだなが)

上部苗斎＊　かみべせっさい
天明1 (1781) 年～＊　㉞上部苗斎 (うわべせっさい)

江戸時代後期の画家。
¶美画（うわべせっさい　[没]文久2（1863）年11月17日）

上牧正徳＊（上牧政徳）　かみまきまさのり
天保9（1838）年～明治14（1881）年　江戸時代末期～明治時代の下館藩士。
¶幕末（上牧政徳　[没]明治14（1881）年7月26日）

上牧正栄＊　かみまきまさよし
＊～明治9（1876）年　江戸時代後期の下館藩士。
¶幕末（[生]寛政1（1789）年　[没]明治9（1876）年1月3日）

神宮武兵衛　かみみやぶへえ
安土桃山時代の上野国松井田城代大道寺政繁の同心。北条氏直の家臣。
¶後北（武兵衛〔神宮〕　ぶへえ）

神皇産霊神＊（神産巣日神）　かみむすびのかみ，かみむすひのかみ
[別]神皇産霊尊（かみむすひのみこと，かみむすびのみこと，かむむすひのみこと），神産巣日神（かむむすひのかみ）　記紀神話の女神。
¶コン（神産巣日神）

神皇産霊尊　かみむすひのみこと，かみむすびのみこと
⇒神皇産霊神（かみむすびのかみ）

上村吉弥〔1代〕　かみむらきちや
⇒上村吉弥〔1代〕（うえむらきちや）

上村吉弥〔2代〕　かみむらきちや
⇒上村吉弥〔2代〕（うえむらきちや）

上村吉弥〔3代〕　かみむらきちや
⇒上村吉弥〔3代〕（うえむらきちや）

上村吉弥〔4代〕　かみむらきちや
⇒上村吉弥〔4代〕（うえむらきちや）

上村貞保＊　かみむらさだやす
天保5（1834）年～明治25（1892）年　江戸時代末期～明治時代の土佐藩士。家老に尊王必要性を説き国事に尽くすように進言。
¶幕末（[没]明治25（1892）年4月16日）

上村信吉　かみむらしんきち
⇒上村信吉（うえむらしんきち）

上村仁右衛門＊　かみむらにえもん
？～文化4（1807）年　江戸時代後期の義民。越後国の農民。
¶コン

上村白鷗　かみむらはくおう
⇒上村白鷗（うえむらはくおう）

神八井耳命　かみやいみみのみこと
⇒神八井耳命（かんやいみみのみこと）

神谷主計＊（神屋主計）　かみやかずえ
生没年不詳　戦国時代の博多の貿易商。
¶対外

紙屋川顕氏　かみやがわあきうじ
⇒藤原顕氏（ふじわらのあきうじ）

紙屋川重氏　かみやがわしげうじ
⇒藤原重氏（ふじわらのしげうじ）

神谷清俊　かみやきよとし
江戸時代中期の幕臣。
¶徳人（[生]1723年　[没]1782年）

神谷玄武坊　かみやげんぶぼう
⇒玄武坊（げんぶぼう）

上矢敲氷＊　かみやこうひょう
享保17（1732）年～享和1（1801）年　[別]上矢敲氷（うわやこうひょう），敲氷（こうひょう）　江戸時代中期の俳人。
¶俳文（敲氷　こうひょう　[没]享和1（1801）年8月17日）

神谷定令　かみやさだはる
⇒神谷定令（かみやていれい）

神谷重勝＊　かみやしげかつ
生没年不詳　[別]神谷重勝（かみやじゅうしょう）　安土桃山時代の徳川家奉行人。
¶徳代（かみやじゅうしょう）

神谷重勝　かみやじゅうしょう
⇒神谷重勝（かみやしげかつ）

神谷寿禎＊（神屋寿禎，神谷寿貞）　かみやじゅてい
生没年不詳　戦国時代の筑前博多の町衆、貿易商兼鉱業家。
¶コン（神谷寿貞），対外，室町，山小

紙屋甚六＊　かみやじんろく
生没年不詳　戦国時代の奈良の紙商人。
¶後北（甚六〔紙屋〕　じんろく）

神谷宗湛＊（神屋宗湛）　かみやそうたん
天文22（1553）年～寛永12（1635）年　安土桃山時代～江戸時代前期の筑前博多の豪商、茶人。
¶江人，コン（[生]天文20（1551）年），全戦（神屋宗湛），対外（神屋宗湛），中世，山小（神屋宗湛　[生]1553年1月1日　[没]1635年10月28日）

神谷忠栄　かみやただよし
江戸時代前期の幕臣。
¶徳人（[生]？　[没]1656年）

神谷定令＊　かみやていれい
？～文化8（1811）年　[別]神谷定令（かみやさだはる），神谷藍水（かみやらんすい）　江戸時代後期の和算家、江戸幕府の普請役。
¶科学，数学（かみやさだはる　[没]文化8（1811）年1月12日）

神谷脩正　かみやのぶまさ
江戸時代中期～後期の幕臣。
¶徳人（[生]1727年　[没]1796年）

神矢教宝　かみやのりたか
江戸時代末期の和算家、豊岡藩士。
¶数学

神谷久敬　かみやひさよし
江戸時代前期～中期の幕臣。
¶徳人（[生]1682年　[没]1749年）

神山吉之助＊　かみやまきちのすけ
[別]神山吉之助（こうやまきちのすけ）　江戸時代末期の新撰組隊士。
¶新隊（こうやまきちのすけ　生没年不詳）

神山金次郎＊　かみやまきんじろう
嘉永5（1852）年～＊　[別]神山金之丞（かみやまきんのじょう）　江戸時代末期の人。出流山義挙に参加。
¶幕末（神山金之丞　かみやまきんのじょう　[没]慶応3（1867）年12月18日）

神山金之丞　かみやまきんのじょう
⇒神山金次郎（かみやまきんじろう）

神谷正位 かみやまさたか
江戸時代中期の幕臣。
¶徳人（[生]？ [没]1730年）

神谷正親 かみやまさちか
江戸時代前期～中期の幕臣。
¶徳人（[生]1675年 [没]1753年）

上山高元＊ かみやまたかもと
？～正平3/貞和4（1348）年 鎌倉時代後期～南北朝時代の武士。
¶室町

上山田村善兵衛 かみやまだむらぜんべえ
⇒佐渡山田村善兵衛（さどやまだむらぜんべえ）

神山魚貫＊ かみやまなつら
天明8（1788）年～明治15（1882）年 江戸時代後期の歌人。
¶幕末（[没]明治15（1882）年2月3日）

神山彦太郎＊ かみやまひこたろう
嘉永3（1850）年～＊ 江戸時代末期の人。出流山義挙に参加。
¶幕末（[没]慶応3（1867）年12月18日）

神山久品 かみやまひさかず
江戸時代後期の和算家。
¶数学

神山政五郎 かみやままさごろう
江戸時代後期～明治時代の彫物師。
¶美建（[生]文化5（1808）年 [没]明治25（1892）年）

神山由明 かみやまよしあき
江戸時代中期の代官。
¶徳代（[生]元禄9（1696）年 [没]宝暦1（1751）年1月26日）

神谷保貞＊（神谷保定） かみややすさだ
生没年不詳 江戸時代中期の和算家。
¶数学（神谷保定）

神谷与平治＊（神谷与兵治） かみやよへいじ
天保2（1831）年～明治38（1905）年 江戸時代末期～明治時代の報徳運動家、農業指導者。
¶コン（[生]天保2（1831）年？），幕末（[生]文化6（1809）年 [没]明治15（1882）年）

神谷藍水 かみやらんすい
⇒神谷定令（かみやていれい）

髪結新三 かみゆいしんざ
⇒お駒・才三郎（おこま・さいざぶろう）

神吉寿平〔1代〕＊ かみよしじゅへい
宝暦4（1754）年～文政3（1820）年 [別]甚左衛門（じんざえもん） 江戸時代後期の装剣金工家。
¶コン（代数なし [生]宝暦4（1754年/1766）年 [没]文政3（1820年/1823）年），美工（[生]明和3（1766）年）

上領九郎兵衛＊ かみりょうくろべえ
文政9（1826）年～明治28（1895）年10月21日 [別]上領頼軌（かみりょうよりのり） 江戸時代末期～明治時代の長州（萩）藩士。
¶幕末

上領頼軌 かみりょうよりのり
⇒上領九郎兵衛（かみりょうくろべえ）

花眠（1） かみん★
江戸時代中期の女性。俳諧。越前福井の人。明和9年刊、美濃派三代以乙斎可推坊撰『雪の筐』上に載る。
¶江表（花眠（福井県））

花眠（2） かみん★
江戸時代後期の女性。俳諧。長門長府の人か。文化8年春、田上菊舎が京都に上る際の餞別句が「鶯の舎」に載る。
¶江表（花眠（山口県））

神櫛皇子 かむくしのみこ
⇒神櫛皇子（かみくしおうじ）

神人部子忍男＊ かむとべのこおしお
[別]神人部子忍男（かんとべのこおしお，みわひとべのこおしお） 奈良時代の防人。
¶古代（みわひとべのこおしお）

神夏磯媛 かむなつそひめ
⇒神夏磯媛（かんなつそひめ）

神産巣日神 かむむすひのかみ
⇒神皇産霊神（かみむすびのかみ）

神皇産霊尊 かむむすひのみこと
⇒神皇産霊神（かみむすびのかみ）

神八井耳命 かむやいみみのみこと
⇒神八井耳命（かんやいみみのみこと）

神日本磐余彦尊 かむやまといわれひこのみこと
⇒神武天皇（じんむてんのう）

嘉村権太郎 かむらごんたろう
⇒吉村貫一郎（よしむらかんいちろう）

かめ（1）
江戸時代の女性。琉歌。山升木のかめと呼ばれた。
¶江表（かめ（沖縄県））

かめ（2）
江戸時代前期の女性。俳諧。越前越府の人。貞享4年刊、江左尚白編『孤松』に載る。
¶江表（かめ（福井県））

かめ（3）
江戸時代中期の女性。俳諧。三河新城の人。元禄15年刊、太田白雪編『三河小町』下に載る。
¶江表（かめ（愛知県））

かめ（4）
江戸時代中期の女性。俳諧。大高氏。
¶江表（かめ（愛知県） [没]明和4（1767）年）

かめ（5）
江戸時代中期の女性。和歌。道穂村の村井善四郎頼泰の妻。宝永6年奉納、平間長雅編「住吉社奉納千首和歌」に載る。
¶江表（かめ（奈良県））

かめ（6）
江戸時代中期の女性。和歌。西室村の吉村弥四郎正寛の妻。宝永6年奉納、平間長雅編「住吉社奉納千首和歌」に載る。
¶江表（かめ（奈良県））

かめ（7）
江戸時代中期の女性。俳諧。備後上下の人。天明2年刊『しぐれ会』に載る。
¶江表（かめ（広島県））

かめ（8）
江戸時代中期の女性。工芸。長崎桜馬場の鋳物師

赤星周鋭の娘。
¶江表(かめ(長崎県) [生]元禄8(1695)年頃)

かめ(9)
江戸時代後期の女性。俳諧。鹿島の人。文化8年刊、霰庵太呂編『醒斎稿』に載る。
¶江表(かめ(福島県))

かめ(10)
江戸時代後期の女性。俳諧。荻野の母。文化末頃、翠瀾亭風静撰『行小春集』に載る。
¶江表(かめ(山口県))

かめ(11)
江戸時代末期~明治時代の女性。俳諧。深川の小築庵春湖の妻。明治19年に春湖が没した時、追善句を詠んだ。
¶江表(かめ(東京都))

かめ・亀
江戸時代中期の女性。和歌。片桐村前沢の松村理兵衛の娘。
¶江表(かめ・亀(長野県) [生]正徳1(1711)年 [没]宝暦7(1757)年)

カメ
江戸時代後期の女性。教育。柳田氏。天保14年~明治5年まで読書の塾を開いた。
¶江表(カメ(滋賀県))

加免 かめ*
江戸時代末期の女性。教育。大沢敬之亟の長女。
¶江表(加免(東京都) [生]安政2(1855)年頃)

亀(1) かめ*
江戸時代中期の女性。俳諧。道水の妻。宝永3年刊、村田生水編『津の玉川』に載る。
¶江表(亀(大阪府))

亀(2) かめ*
江戸時代後期の女性。和歌。下室田の質屋で材木商の歌人関橋守の妻。嘉永2年に70余日の紀行文『草枕花下臥』に載る。
¶江表(亀(群馬県))

亀(3) かめ*
江戸時代末期の女性。俳諧。丹後久美浜の人。安政6年刊、大塩無外編『わきゆ』に載る。
¶江表(亀(京都府))

亀(4) かめ*
江戸時代末期の女性。和歌。医師華岡青洲の娘。安政1年刊、堀尾光久編『近世名所歌集』二に載る。
¶江表(亀(大阪府))

可明 かめい*
江戸時代中期の女性。俳諧。甲斐の人。安永7年、如雪庵尺五編、桂川辺分庵の賀集『東西二庵』に載る。
¶江表(可明(山梨県))

夏明 かめい*
江戸時代中期の女性。俳諧。田中村の人。安永10年刊、壺中軒調唯編、壺嘗軒調唯50回忌追善集『続やどり木』に載る。
¶江表(夏明(山梨県))

花明 かめい*
江戸時代後期の女性。俳諧。越前福井の人。天保9年刊、福井藩医移水園五圭編、記念集『不易集』に載る。
¶江表(花明(福井県))

亀井宇八* かめいうはち
天保14(1843)年~明治1(1868)年 江戸時代末期の水戸藩士。
¶幕末([没]明治1(1868)年10月1日)

亀井茲矩* かめいこれのり
弘治3(1557)年~慶長17(1612)年 [別]亀井真矩(かめいさねのり) 安土桃山時代~江戸時代前期の武将、大名。因幡鹿野藩主。
¶江人,織田(亀井真矩 かめいさねのり [没]慶長17(1612)年1月26日),コン,戦武,対外

亀井茲監* かめいこれみ
文政8(1825)年~明治18(1885)年3月23日 江戸時代末期~明治時代の伯爵、久留米藩主、津和野藩知事。人事改革を断行し、羊毛生産を試み、軍制を洋式に改革。
¶江人([生]1824年),コン([生]文政7(1824)年),思想,全幕,幕末([生]文政8(1825)年11月1日)

亀井真矩 かめいさねのり
⇒亀井茲矩(かめいこれのり)

亀井至一 かめいしいち
天保14(1843)年~明治38(1905)年 江戸時代末期~明治時代の洋画家、石版画家。
¶浮絵,美画

花明女(1) かめいじょ*
江戸時代後期の女性。俳諧。棚倉の人。寛政5年序、同9年跋、問津庵其流ほか編『茂々代草』に載る。
¶江表(花明女(福島県))

花明女(2) かめいじょ*
江戸時代末期~明治時代の女性。俳諧。仁尾の蔦東庵宗徳の娘。
¶江表(花明女(香川県) [没]明治6(1873)年)

亀井小琴*(亀井少琴,亀井少栞) かめいしょうきん
寛政10(1798)年~安政4(1857)年 江戸時代末期の女性。漢詩人。筑前福岡の人。
¶江表(少栞(福岡県) しょうきん),コン,女史(亀井少栞)

亀井昭陽* かめいしょうよう
安永2(1773)年8月11日~天保7(1836)年5月17日 江戸時代後期の古文辞系の儒者。
¶コン,思想

亀井竹二郎 かめいたけじろう
江戸時代末期~明治時代の洋画家。
¶美画([没]明治12(1879)年)

亀井忠一 かめいただかず
江戸時代末期~昭和時代の出版人、三省堂創業者。
¶出版([生]安政3(1856)年6月30日 [没]昭和11(1936)年1月30日)

亀井南冥*(亀井南溟) かめいなんめい
寛保3(1743)年~文化11(1814)年 江戸時代中期~後期の儒学者、漢詩人。
¶江人,コン([生]寛保1(1741)年),詩作([生]寛保3(1743)年8月25日 [没]文化11(1814)年3月2日),思想

亀井半二* かめいはんじ
享和1(1801)年~嘉永4(1851)年 江戸時代後期の尾張瀬戸の陶画工。
¶美工([生]?)

亀井秀綱* かめいひでつな
？〜永禄9(1566)年　戦国時代の武士。
¶全戦(㉕永禄9(1566)年？)

亀井万喜子 かめいまきこ
江戸時代末期〜昭和時代の三省堂創業者。
¶出版(㊶安政2(1855)年3月6日　㉔昭和2(1927)年3月24日)

亀井政矩* かめいまさのり
天正18(1590)年〜元和5(1619)年　江戸時代前期の大名。因幡鹿野藩主、石見津和野藩主。
¶コン

亀井造酒之助* かめいみきのすけ
江戸時代末期の新撰組隊士。
¶新隊(生没年不詳)

亀尾 かめお*
江戸時代中期の女性。和歌。宇和島藩主伊達村年の室玉台院付の侍女。元文4年成立、畔充英写「宗村朝臣亭後夏和歌」に載る。
¶江表(亀尾(愛媛県))

亀岡勝知* かめおかかつとも
文政6(1823)年〜明治23(1890)年　江戸時代末期〜明治時代の実業家、第百四十六国立銀行頭取。第百四十六国立銀行創立。広島綿糸紡績発起に参加、初代頭取。
¶コン、幕末(㊶文政6(1823)年5月29日　㉔明治23(1890)年8月14日)

亀岡規礼* かめおかきれい
明和7(1770)年〜天保6(1835)年　江戸時代後期の円山派の画家。
¶美画(㉔天保6(1835)年8月29日)

亀岡弥三郎 かめおかやさぶろう
江戸時代前期の高野山付近の寺領を支配する四所庄官。
¶大坂

亀川盛武 かめがわせいぶ
生没年不詳　江戸時代末期の三司官。
¶幕末

亀菊* かめぎく、かめきく
生没年不詳　㊶伊賀局(いがのつぼね)　鎌倉時代前期の女性。後鳥羽上皇の寵姫。元京都の白拍子。
¶古人、コン、女史、中世(伊賀局(亀菊)　いがのつぼね(かめぎく))、内乱、室町(伊賀局　いがのつぼね)、山小

かめ子(1) かめこ*
江戸時代後期の女性。和歌。幕臣、小普請今井帯刀好用の妻。文化11年刊、中山忠雄・河田正致編『柿本社奉納和歌集』に載る。
¶江表(かめ子(東京都))

かめ子(2) かめこ*
江戸時代後期の女性。和歌。伯耆米子の近藤周助の妻。弘化2年刊、加納諸平編『類題鰒玉集』五に載る。
¶江表(かめ子(鳥取県))

亀子(1) かめこ*
江戸時代後期の女性。和歌。岩井氏。楠瀬大枝判「頂本芹十四番歌合」に載る。
¶江表(亀子(高知県))

亀子(2) かめこ*
江戸時代末期の女性。歌・琴。歌人秋風斎の妹。

文久3年刊『文久文雅人名録』に載る。
¶江表(亀子(東京都))

亀子(3) かめこ*
江戸時代末期の女性。和歌。紀州藩侍医華岡随賢の娘。嘉永7年刊、堀尾光久編『近世名所歌集』二に載る。
¶江表(亀子(和歌山県))

亀子(4) かめこ*
江戸時代末期の女性。作歌。伯耆の田口氏。安政5年序、中山琴主著『八雲琴譜』に楽譜がある。
¶江表(亀子(鳥取県))

亀子(5) かめこ*
江戸時代末期の女性。和歌。石見矢上の諏訪神社社司諏訪信濃重壽の妻。慶応2年序、村上忠順編『類題嵯峨野歌集』に載る。
¶江表(亀子(島根県))

亀子(6) かめこ*
江戸時代末期の女性。和歌。大洲藩領の沢井忠輔の母。安政1年序、半井梧庵編『鄙のてぶり』初に載る。
¶江表(亀子(愛媛県))

亀子(7) かめこ*
江戸時代末期の女性。和歌。下島山村の西原重右衛門の妻。安政1年序、半井梧庵編『鄙のてぶり』初に載る。
¶江表(亀子(愛媛県))

亀子(8) かめこ*
江戸時代末期の女性。和歌。宇和島藩領岩木村の末光公信と友女の娘。安政1年序、半井梧庵編『鄙のてぶり』初に載る。
¶江表(亀子(愛媛県))

亀子(9) かめこ*
江戸時代末期〜明治時代の女性。和歌。備中川上郡成羽の渡辺磊三の妹。
¶江表(亀子(岡山県)　㉔明治42(1909)年)

亀寿* かめじゅ
元亀2(1571)年〜寛永7(1630)年　㊿島津亀寿(しまずかめじゅ、しまづかめじゅ)　安土桃山時代〜江戸時代前期の女性。島津義久の三女で島津家久の正室。
¶江表(亀寿(鹿児島県))

亀女(1) かめじょ*
江戸時代前期の女性。俳諧。越前府中の人。延宝5年刊、松風軒卜琴撰『玉江草』一に載る。
¶江表(亀女(福井県))

亀女(2)* かめじょ
生没年不詳　江戸時代中期の女性。鋳金家。長崎紺屋町金物細工屋の娘。
¶コン(㊶？　㉔安永1(1772)年？)、美工(㊶？　㉔安永1(1772)年)

亀田敦 かめだあつし
⇒亀田貞勝(かめださだかつ)

亀田鶯谷* かめだおうこく
文化4(1807)年〜明治14(1881)年　江戸時代末期〜明治時代の儒学者、下総国関宿藩の儒臣。国典も研究した。著書に「古事記序解」。
¶コン

亀田大隅 かめだおおすみ
⇒亀田高綱(かめだたかつな)

亀田貞勝* かめださだかつ
文政1(1818)年～明治16(1883)年4月28日 [別]亀田敦(かめだあつし) 江戸時代末期～明治時代の薬種商、町年寄。
¶幕末

亀田高綱* かめだたかつな
永禄1(1558)年～寛永10(1633)年 [別]亀田大隅(かめだおおすみ), 溝口半之丞(みぞぐちはんのじょう) 安土桃山時代～江戸時代前期の武将。浅野長政の臣。
¶コン

亀田大夫* かめだだゆう
生没年不詳 戦国時代の伊勢御師。
¶武田

亀田徳三郎* かめたとくさぶろう, かめだとくさぶろう
文政9(1826)年～* [別]園田七郎(そのだしちろう) 江戸時代末期の豪農。
¶幕末([没]元治1(1864)年12月)

亀谷繁集* かめたにしげとう
?～明治7(1874)年 江戸時代末期～明治時代の志士。
¶幕末([没]明治7(1874)年8月3日)

亀谷省軒* かめたにせいけん
天保9(1838)年～大正2(1913)年 [別]亀谷行(かめやぎょう) 江戸時代末期～明治時代の漢学者、漢詩人。
¶詩作([没]大正2(1913)年1月21日), 出版(亀谷行 かめやぎょう [生]天保9(1838)年11月 [没]大正2(1913)年1月21日), 幕末([没]大正2(1913)年1月21日)

亀田鵬斎* かめだほうさい, かめだぼうさい
宝暦2(1752)年～文政9(1826)年3月9日 江戸時代中期～後期の儒学者。折衷学派。
¶江人, コン, 詩作(かめだぼうさい [生]宝暦2(1752)年9月15日), 思想

亀田三清 かめだみつきよ
江戸時代中期の代官。
¶徳代([生]元禄10(1697)年 [没]明和7(1770)年4月15日)

亀田三脩 かめだみつなか
江戸時代前期～中期の代官。
¶徳代([生]承応3(1654)年 [没]享保13(1728)年9月10日)

亀太郎 かめたろう
江戸時代末期の新撰組隊士。
¶新隊

亀鶴姫* かめつるひめ
慶長19(1614)年～寛永7(1630)年8月4日 [別]洪妙院(こうみょういん) 江戸時代前期の女性。加賀藩主前田利常の娘。
¶徳将(洪妙院 こうみょういん)

亀方 かめのかた
⇒お亀の方(おかめのかた)

亀前* かめのまえ
生没年不詳 鎌倉時代前期の女性。源頼朝の側女。
¶古人, 女史, 中世

亀原嘉博 かめはらよしひろ
江戸時代後期～明治時代の大工。
¶美建([生]寛政11(1799)年 [没]明治3(1870)年)

亀姫*(1) かめひめ
天文3(1534)年～天文21(1552)年5月26日 [別]武田亀(たけだかめ) 戦国時代の女性。甲斐武田信虎の5女。
¶武田(武田亀 たけだかめ)

亀姫(2) かめひめ★
江戸時代前期～中期の女性。和歌。越前福井藩主松平光通の娘。
¶江表(亀姫(佐賀県) [生]明暦3(1657)年 [没]元禄12(1699)年)

亀姫(3) かめひめ
⇒加納御前(かのうごぜん)

亀淵伝蔵* かめぶちでんぞう, かめふちでんぞう
文政10(1827)年～明治9(1876)年 江戸時代末期～明治時代の和算家。
¶数学(かめふちでんぞう [没]明治9(1876)年10月)

亀簑子 かめみのこ
江戸時代後期の女性。狂歌。仙台の人。天保4年成立、昌平庵秋人ほか編『墨田川余波』に載る。
¶江表(亀簑子(宮城県))

亀屋栄任* かめやえいにん
?～元和2(1616)年 安土桃山時代～江戸時代前期の呉服商。
¶コン, 徳将

亀谷行 かめやぎょう
⇒亀谷省軒(かめたにせいけん)

亀屋五位女* かめやごいじょ
生没年不詳 [別]亀屋五位女(かめやごいめ) 戦国時代の京都の大商人。帯販売を独占。
¶女史(かめやごいめ)

亀屋五位女 かめやごいめ
⇒亀屋五位女(かめやごいじょ)

亀谷虎蔵 かめやとらぞう
⇒市川団蔵〔4代〕(いちかわだんぞう)

亀山広吉* かめやまこうきち
弘化2(1845)年～* 江戸時代末期の人。出流山義挙に参加。
¶幕末([没]慶応3(1867)年12月18日)

亀山常右衛門* かめやまつねえもん
文化10(1813)年～* 江戸時代末期の人。出流山義挙に参加。
¶幕末([没]慶応3(1867)年12月12日)

亀山天皇* かめやまてんのう
建長1(1249)年5月27日～嘉元3(1305)年9月15日 鎌倉時代後期の第90代の天皇(在位1259～1274)。
¶コン, 天皇, 中世, 内乱, 山小([生]1249年5月27日 [没]1305年9月15日)

亀山天皇皇女 かめやまてんのうこうじょ
鎌倉時代後期の女性。亀山天皇皇女。
¶天皇([生]? [没]元亨4(1324)年)

亀山勇右衛門* かめやまゆうえもん
天保11(1840)年～慶応1(1865)年 江戸時代末期の志士。
¶幕末([没]元治2(1865)年2月16日)

か

亀代　かめよ*
江戸時代後期の女性。和歌。筑前山鹿村の神官波多野駿河守春樹の娘。「岡県集」に載る。
¶江表（亀代（福岡県））

賀茂在方　かもあきかた
⇒賀茂在方（かものありかた）

賀茂在盛*　かもあきもり
応永19（1412）年〜文明11（1479）年8月19日　室町時代〜戦国時代の陰陽家・暦学者。
¶公家（在盛〔勘解由小路家（絶家）〕　あきもり　[生]？　[没]文明10（1478）年）

賀茂在弘*　かもありひろ
延元4/暦応2（1339）年〜応永26（1419）年　[別]賀茂在弘（かものありひろ）　南北朝時代〜室町時代の公卿（非参議）。応永19年刑部卿、26年正三位に叙される。
¶公卿（かものありひろ　[生]？　[没]応永26（1419）年5月1日），公家（在弘〔勘解由小路家（絶家）〕　あきひろ　[生]？　[没]応永26（1419）年5月1日）

賀茂家栄*　かもいえよし
治暦2（1066）年〜保延2（1136）年8月12日　[別]賀茂家栄（かものいえよし）　平安時代後期の陰陽家・暦学者。
¶古人（かものいえよし）

加茂石松*　かもいしまつ
天保13（1842）年〜大正6（1917）年　江戸時代末期〜大正時代の土方職。戊辰戦争の戦死者の死骸を埋葬。
¶幕末（[生]天保12（1842）年12月　[没]大正6（1917）年3月）

加茂出雲守　かもいずものかみ
戦国時代の鶴岡八幡宮の伶人家。賀茂太夫。
¶後北（出雲守〔加茂〕　いずものかみ）

蒲生　がもう*
江戸時代前期の女性。和歌。伏見浪人蒲生藤四郎義行の娘。延宝3年二の丸月見楼の歌会で詠む。
¶江表（蒲生（大分県））

蒲生氏郷*　がもううじさと
弘治2（1556）年〜文禄4（1595）年　[別]会津少将（あいづしょうしょう），蒲生賦秀（がもうますひで），松島侍従（まつがしまじじゅう），松坂少将（まつざかしょうしょう）　安土桃山時代の武将、若松若松城主。
¶織田（蒲生賦秀　がもうますひで　[没]文禄4（1595）年2月7日），コン，全戦，戦武，内乱，山小（[没]1595年2月7日）

蒲生永吉　がもうえいきち
江戸時代後期〜明治時代の眼科医。
¶眼医（[生]文化5（1808）年　[没]明治12（1879）年12月12日）

蒲生賢秀*　がもうかたひで
天文3（1534）年〜天正12（1584）年　安土桃山時代の武将。
¶織田（[没]天正12（1584）年4月17日），コン，全戦，戦武

蒲生君平*　がもうくんぺい
明和5（1768）年〜文化10（1813）年7月5日　江戸時代後期の学者、尊王家。「山陵志」の著者。
¶江人，コン，詩作，思想，山小（[没]1813年7月5日）

蒲生済助*　がもうさいすけ
文政9（1826）年〜明治16（1883）年　江戸時代末期〜明治時代の村松藩士。戊辰戦争では賊軍となった村松藩のために尽力。
¶幕末（[没]明治16（1883）年8月27日）

蒲生定秀*　がもうさだひで
永正5（1508）年〜天正7（1579）年　[別]蒲生下野守定秀（がもうしもつけのかみさだひで）　戦国時代〜安土桃山時代の武士。
¶全戦，戦武

蒲生下野守定秀　がもうしもつけのかみさだひで
⇒蒲生定秀（がもうさだひで）

蒲生誠一郎*　がもうせいいちろう
弘化1（1844）年〜明治12（1879）年11月8日　[別]山浦鉄四郎（やまうらてつしろう）　江戸時代末期〜明治時代の陸奥会津藩士。
¶新隊（山浦鉄四郎　やまうらてつしろう），幕末

蒲生娘子*　がもうのおとめ
[別]蒲生娘子（かまふのおとめ）　奈良時代の女性。遊行女婦（うかれめ）。
¶古代（かまふのおとめ），女史（生没年不詳）

蒲生範清　かもうのりきよ
戦国時代の武将。大隈国蒲生院領主蒲生氏の当主。
¶全戦（生没年不詳）

蒲生彦四郎*　がもうひこしろう，かもうひこしろう
嘉永3（1850）年〜明治10（1877）年　江戸時代末期〜明治時代の鹿児島県士族。戊辰戦争では奥羽方面に転戦。
¶幕末（かもうひこしろう　[生]嘉永3（1850）年10月23日　[没]明治10（1877）年9月24日）

蒲生秀紀　がもうひでのり
戦国時代の武将。
¶全戦（[生]？　[没]大永5（1525）年）

蒲生賦秀　がもうますひで
⇒蒲生氏郷（がもううじさと）

蒲生羅漢*　がもうらかん
天明4（1784）年〜慶応2（1866）年　江戸時代後期の画家。
¶幕末（[没]慶応2（1866）年1月5日）

鴨王　かもおう
奈良時代の官人。
¶古人（[生]？　[没]780年）

賀茂重延*　かもしげのぶ
生没年不詳　[別]賀茂重延（かものしげのぶ）　平安時代後期の神職・歌人。
¶古人（かものしげのぶ）

賀茂重政*　かもしげまさ
康治1（1142）年〜嘉禄1（1225）年　[別]賀茂重政（かものしげまさ）　鎌倉時代の歌人。
¶古人（かものしげまさ）

賀茂重保*　かもしげやす
元永2（1119）年〜建久2（1191）年　[別]賀茂重保（かものしげやす）　平安時代後期の歌人。歌林苑会衆。
¶古人（かものしげやす）

鴨下春良*　かもしたしゅんりょう
文化2（1805）年〜明治10（1877）年　[別]鴨下春良（かもしたはるよし）　江戸時代末期〜明治時代の和算家。
¶数学（かもしたはるよし　[生]文化2（1805）年8月15日　[没]明治10（1877）年8月7日）

鴨下春良 かもしたはるよし
　⇒鴨下春良(かもしたしゅんりょう)

歌茂女 かもじょ*
　江戸時代後期の女性。狂歌。下総古河の人。文政12年成立、森羅亭万象ほか編『四方歌垣翁追善集』に載る。
　¶江表(歌茂女(茨城県))

賀茂季鷹 かもすえたか
　⇒賀茂季鷹(かもすえたか)

賀茂季保* かもすえやす
　生没年不詳　(別)賀茂季保(かものすえやす)　鎌倉時代前期の神職・歌人。
　¶古人(かもすえやす)

鴨祐有女 かもすけありのむすめ
　⇒紀伊局(きいのつぼね)

鴨祐煕* かもすけひろ
　明和7(1770)年〜文政5(1822)年4月29日　江戸時代中期〜後期の神職・歌人。
　¶公家(祐煕〔鴨社社家　鴨県主泉亭・梨木家〕　すけひろ)

鴨祐之 かもすけゆき
　⇒鴨祐之(かものすけゆき)

賀茂建角身命 かもたけつぬみのみこと
　⇒賀茂建角身命(かもたけつのみのみこと)

賀茂建角身命* かもたけつのみのみこと
　(別)賀茂建角身命(かもたけつぬみのみこと)　賀茂御祖神社の祭神。賀茂氏族の祖神。
　¶古代

賀茂忠行 かもただゆき
　⇒賀茂忠行(かものただゆき)

賀茂忠頼* かもただより
　?〜寛弘7(1010)年　(別)賀茂忠頼(かものただより)　平安時代中期の神職・歌人。
　¶古人(かもただより)

鴨打胤忠* かもちたねただ
　(別)鴨打陸奥守胤忠(かもちむつのかみたねただ)　戦国時代の武士。
　¶全戦(生没年不詳)

鹿持雅澄* かもちまさずみ
　寛政3(1791)年〜安政5(1858)年　(別)飛鳥井雅澄(あすかいまさすみ)　江戸時代末期の国学者、歌人。「万葉集古義」の著者。
　¶江人,コン,思想,幕末((生)寛政3(1791)年4月27日　(没)安政5(1858)年9月27日),山小(1791年4月27日　(没)1858年8月19日)

鴨打陸奥守胤忠 かもむつのかみたねただ
　⇒鴨打胤忠(かもちたねただ)

鴨長明 かもちょうめい
　⇒鴨長明(かものちょうめい)

鴨俊永 かもとしなが
　⇒鴨俊永(かものとしなが)

鴨俊春 かもとしはる
　⇒鴨俊春(かものとしはる)

賀茂成助* かもなりすけ
　長元7(1034)年〜永保2(1082)年　(別)賀茂成助(かものしげすけ)　平安時代中期〜後期の神職・歌人。

　¶古人(かものしげすけ)

賀茂成保* かもなりやす
　生没年不詳　(別)賀茂成保(かものしげやす)　平安時代後期の神職・歌人。
　¶古人(かものしげやす)

賀茂県主惟季 かものあがたぬしこれすえ
　平安時代後期の官人。
　¶古人(生没年不詳)

賀茂県主親経 かものあがたぬしちかつね
　平安時代中期の神官。賀茂社禰宜。
　¶古人(生没年不詳)

鴨朝臣蝦夷 かものあそんえみし
　⇒鴨蝦夷(かものえみし)

賀茂朝臣田守* かものあそんたもり
　奈良時代の官人。
　¶古代

鴨朝臣角足* かものあそんつのたり
　?〜天平宝字1(757)年　(別)賀茂角足、鴨角足(かものつのたり)　奈良時代の官人。
　¶古人(鴨角足　かものつのたり),古代

賀茂朝臣比売 かものあそんひめ
　⇒賀茂比売(かものひめ)

賀茂在方* かものありかた
　?〜文安1(1444)年　(別)賀茂在方(かもあきかた)　室町時代の公卿(非参議)。非参議賀茂在弘の子。
　¶公卿,公家(在方〔勘解由小路家(絶家)〕　あきかた)

賀茂在忠 かものありただ
　平安時代後期の官人。
　¶古人(生没年不詳)

賀茂在憲* かものありのり
　康和4(1102)年〜寿永1(1182)年　平安時代後期の陰陽・暦家。
　¶古人((生)1103年)

賀茂順久* かものありひさ
　承応1(1652)年〜享保6(1721)年5月7日　江戸時代前期〜中期の神官(賀茂社神主)。
　¶公卿

賀茂在弘 かものありひろ
　⇒賀茂在弘(かもありひろ)

賀茂在通 かものありみち
　平安時代後期の官人。
　¶古人(生没年不詳)

賀茂在康* かものありやす
　生没年不詳　室町時代の公卿(非参議)。文安5年従三位に叙される。
　¶公卿,公家(在康〔勘解由小路家(絶家)〕　あきやす)

賀茂家栄 かものいえよし
　⇒賀茂家栄(かもいえよし)

賀茂伊勢麻呂 かものいせまろ
　平安時代前期の官人。
　¶古人(生没年不詳)

鴨石角 かものいわつの
　奈良時代の官人。
　¶古人(生没年不詳)

か

鴨蝦夷*（賀茂蝦夷）　かものえみし
？～持統9（695）年　[別]鴨朝臣蝦夷（かものあそんえみし）　飛鳥時代の武士。壬申の乱では大海人皇子方につく。
¶古代（鴨朝臣蝦夷　かものあそんえみし），コン

賀茂応平*　かものおうひら
元禄14（1701）年～明和4（1767）年9月22日　江戸時代中期の神官（別雷社神主）。
¶公卿，公家（応平〔賀茂社社家 賀茂県主〕　まさひら）

賀茂大川　かものおおかわ
奈良時代の官人。
¶古人（生没年不詳）

賀茂起久*　かものおきひさ
元和3（1617）年～元禄2（1689）年3月8日　江戸時代前期の神官（賀茂社神主）。
¶公卿，公家（起久〔賀茂社社家 賀茂県主〕　おきひさ）

賀茂弟岑　かものおとみね
平安時代前期の官人。
¶古人（生没年不詳）

賀茂業久*　かものかずひさ
元文5（1740）年～文化9（1812）年10月15日　江戸時代中期～後期の神官（別雷社神主）。
¶公卿，公家（業久〔賀茂社社家 賀茂県主〕　なりひさ）

鴨吉備麻呂*（賀茂吉備麻呂）　かものきびまろ
生没年不詳　奈良時代の官人、遣唐使。
¶古人（賀茂吉備麻呂），コン

鴨君粳売　かものきみぬかめ
飛鳥時代の女性。大倭国葛上郡の人。
¶女史（生没年不詳）

賀茂子虫*　かものこむし
生没年不詳　奈良時代の官人。
¶コン

鴨惟貞*　かものこれさだ
寛永13（1636）年～元禄6（1693）年6月12日　江戸時代前期の神官（鴨社祝）。
¶公卿，公家（惟貞〔鴨社社家 鴨県主鴨脚家3〕　これさだ　[生]1639年　[没]元禄9（1696）年6月12日）

賀茂惟季　かものこれすえ
平安時代後期の賀茂下社神主。嘉保2年従四位下。
¶古人（生没年不詳）

賀茂維久*　かものこれひさ
寛永9（1632）年～元禄3（1690）年6月29日　[別]森維久（もりこれひさ）　江戸時代前期の神官（賀茂社神主）。
¶公卿，公家（維久〔賀茂社社家 賀茂県主〕　これひさ）

賀茂定延*　かものさだのぶ
？～天文21（1552）年　戦国時代の公卿（非参議）。天文17年従三位に叙される。
¶公卿，公家（定延〔賀茂社社家 賀茂県主〕　さだとも）

賀茂定順　かものさだより
平安時代後期の官人。
¶古人（生没年不詳）

賀茂真末　かものさねすえ
平安時代後期の伊賀国玉滝杣物検校。
¶古人（生没年不詳）

賀茂職久*　かものしきひさ
寛永19（1642）年～元禄14（1701）年3月22日　江戸時代前期～中期の神官（賀茂社神主）。
¶公卿，公家（職久〔賀茂社社家 賀茂県主〕　もとひさ）

賀茂成国　かものしげくに
平安時代後期の東大寺の番匠。嘉保2年に大工。
¶古人（生没年不詳）

賀茂成助　かものしげすけ
⇒賀茂成助（かもなりすけ）

賀茂重統*　かものしげつな
寛文3（1663）年～享保15（1730）年11月27日　江戸時代中期の神官（賀茂社神主）。
¶公卿，公家（重統〔賀茂社社家 賀茂県主〕　しげむね）

賀茂重豊*　かものしげとよ
正保1（1644）年～享保1（1716）年9月11日　江戸時代前期～中期の神官（賀茂社正祝）。
¶公卿，公家（重豊〔賀茂社社家 賀茂県主〕　しげとよ）

賀茂重延　かものしげのぶ
⇒賀茂重延（かもしげのぶ）

賀茂重平　かものしげひら
平安時代後期の官人。
¶古人（生没年不詳）

賀茂成平　かものしげひら
⇒賀茂成平（かものなりひら）

賀茂重政　かものしげまさ
⇒賀茂重政（かもしげまさ）

賀茂重殖*　かものしげます
宝暦5（1753）年～文政10（1827）年閏6月23日　江戸時代中期～後期の神官（別雷社正祝）。
¶公卿（[生]宝暦3（1753）年），公家（重殖〔賀茂社社家 賀茂県主〕　しげたね）

賀茂重保　かものしげやす
⇒賀茂重保（かもしげやす）

賀茂成保　かものしげやす
⇒賀茂成保（かもなりやす）

賀茂季鷹*（加茂季鷹）　かものすえたか
*～天保12（1841）年　[別]賀茂季鷹（かもすえたか），季鷹（きおう）　江戸時代中期～後期の歌人、国学者。
¶コン（[生]宝暦1（1751）年）

鴨季治*　かものすえはる
元和7（1621）年～元禄1（1688）年1月16日　江戸時代前期の神官（鴨社祝）。
¶公卿

賀茂季保　かものすえやす
⇒賀茂季保（かもすえやす）

鴨祐有*　かものすけあり
生没年不詳　室町時代の神官。
¶公卿，公家（祐有〔鴨社社家 鴨県主泉亭・梨木家〕　すけあり）

鴨祐季*　かものすけすえ
生没年不詳　平安時代後期の賀茂御祖社（下鴨社）の禰宜。
¶古人

かものな

鴨祐之 かものすけのり
⇒鴨祐之（かものすけゆき）

鴨祐熙* かものすけひろ
明和6（1769）年〜文政5（1822）年4月29日　江戸時代中期〜後期の神官（鴨社権禰宜）。
¶公卿

鴨祐持* かものすけもち
安永6（1777）年〜安政4（1857）年9月10日　江戸時代後期の神官（御祖社正禰宜）。
¶公卿, 公家（祐持〔鴨社社家 鴨県主泉亭・梨木家〕　すけもち）

鴨祐保* かものすけやす
寛保1（1741）年〜文化8（1811）年5月18日　江戸時代中期〜後期の神官（御祖社正禰宜）。
¶公卿, 公家（祐保〔鴨社社家 鴨県主泉亭・梨木家〕　すけやす）

鴨祐之* かものすけゆき
万治2（1659）年〜享保8（1723）年　ⓐ鴨祐之（かものすけゆき, かものすけのり）, 梨木祐之（なしのきすけゆき）　江戸時代前期〜中期の国学者, 神官（鴨社禰宜）。
¶公卿（かものすけのり）ⓖ万治3（1660）年　ⓢ享保9（1724）年1月29日）, 公家（祐之〔鴨社社家 鴨県主泉亭・梨木家〕　すけゆき　ⓖ1660年　ⓢ享保9（1724）年1月29日）, コン, 思想

鴨祐喜* かものすけよし
享保18（1733）年〜？　江戸時代中期の神官（御祖社正禰宜）。
¶公卿, 公家（祐喜〔鴨社社家 鴨県主泉亭・梨木家〕　すけよし）

賀茂喬久* かものたかひさ
宝暦8（1758）年〜寛政12（1800）年8月17日　江戸時代中期〜後期の神官（別雷社禰宜）。
¶公卿, 公家（喬久〔賀茂社社家 賀茂県主〕　たかひさ）

賀茂孝久* かものたかひさ
寛政3（1791）年〜安政4（1857）年1月28日　江戸時代末期の神官（別雷社神主）。
¶公卿, 公家（孝久〔賀茂社社家 賀茂県主〕　たかひさ）

賀茂賞久* かものたかひさ
正徳5（1715）年〜天明1（1781）年3月12日　ⓐ賀茂賞久（かもよしひさ）　江戸時代中期の神官（別雷社正禰宜）。
¶公卿, 公家（賞久〔賀茂社社家 賀茂県主〕　よしひさ　ⓢ安永10（1781）年3月12日）

賀茂忠行* かものただゆき
生没年不詳　ⓐ賀茂忠行（かもただゆき）　平安時代中期の陰陽家。安倍晴明の師。
¶古人, コン, 思想

賀茂忠頼 かものただより
⇒賀茂忠頼（かもただより）

賀茂立長 かものたつなが
平安時代前期の官人。
¶古人（生没年不詳）

鴨長明 かものちょうめい
久寿2（1155）年？〜建保4（1216）年　ⓐ鴨長明（かもちょうめい, かものながあきら）, 蓮胤（れんいん）　平安時代後期〜鎌倉時代前期の歌人, 随筆家, 文学者。「方丈記」の著者。
¶古人（かものながあきら　ⓖ1155年）, コン, 詩作（ⓖ久

寿2（1155）年　ⓢ建保4（1216）年閏6月10日）, 思想（ⓖ久寿2（1155）年）, 中世, 内乱, 日文（ⓖ久寿2（1155）年）, 山小（ⓢ1216年閏6月）

鴨継貞 かものつぐさだ
平安時代後期の河合社禰宜。
¶古人（生没年不詳）

賀茂角足（鴨角足）　かものつのたり
⇒鴨朝臣角足（かものあそんつのたり）

賀茂督久* かものとくひさ
寛文12（1672）年〜元文5（1740）年5月25日　江戸時代中期の神官（賀茂社社主）。
¶公卿, 公家（督久〔賀茂社社家 賀茂県主〕　すけひさ）

鴨俊永* かものとしなが
＊〜天明5（1785）年2月18日　ⓐ鴨俊永（かもとしなが）　江戸時代中期の神官（御祖社正禰宜）。
¶公卿（ⓖ宝永6（1709）年）, 公家（俊永〔鴨社社家 鴨県主泉亭・梨木家〕　としなが　ⓖ1712年）

鴨俊春* かものとしはる
＊〜天明5（1785）年11月28日　ⓐ鴨俊春（かもとしはる）　江戸時代中期の神官（御祖社正禰宜）。
¶公卿（ⓖ享保18（1733）年）, 公家（俊春〔鴨社社家 鴨県主泉亭・梨木家〕　としはる　ⓖ1734年）

鴨俊彦* かものとしひこ
天保4（1833）年〜？　江戸時代末期の神官（御祖社権禰宜）。
¶公卿, 公家（俊彦〔鴨社社家 鴨県主泉亭・梨木家〕　としひこ）

鴨俊益* かものとします
寛政9（1797）年〜？　江戸時代後期の神官（御祖社正禰宜）。
¶公卿, 公家（俊益〔鴨社社家 鴨県主泉亭・梨木家〕　とします）

賀茂友兼* かものともかね
生没年不詳　室町時代の公卿（非参議）。前名は友幸。寛正4年正三位に叙される。
¶公卿, 公家（友兼〔幸徳井家（絶家）〕　ともかね）

賀茂直峯（岑）　かものなおみね
平安時代前期の官人。
¶古人（生没年不詳）

鴨長明 かものながあきら
⇒鴨長明（かものちょうめい）

鴨永祐* かものながすけ
生没年不詳　江戸時代前期の神官（鴨社禰宜）。
¶公卿, 公家（永祐〔鴨社社家 鴨県主泉亭・梨木家〕　ながすけ）

鴨長継 かものながつぐ
？〜承安2（1172）年　平安時代後期の長明の父。
¶古人（ⓢ1172年？）

賀茂成真 かものなりざね
平安時代中期の賀茂別雷社神主。
¶古人（ⓖ？　ⓢ1048年）

賀茂就久* かものなりひさ
寛永20（1643）年〜？　江戸時代前期の神官（賀茂社神主）。
¶公卿, 公家（就久〔賀茂社社家 賀茂県主〕　なりひさ）

賀茂成平* かものなりひら
？〜長治2（1105）年　ⓐ賀茂成平（かものしげひら）

平安時代後期の蹴鞠名家、山城賀茂神社の祠官。
¶古人（かものしげひら）

賀茂陳経　かものつぶつね
平安時代中期の暦博士。父は守道。
¶古人（生没年不詳）

賀茂宣憲*　かもののぶのり
生没年不詳　平安時代後期の暦博士。
¶古人

賀茂信平*　かもののぶひら
明和4（1767）年～天保9（1838）年9月18日　江戸時代中期～後期の神官（別雷社神主）。
¶公卿,公家（信平〔賀茂社家 賀茂県主〕　のぶひら ⊕1775年）

賀茂延安　かもののぶやす
平安時代後期の伊賀国玉滝杣別当。
¶古人（生没年不詳）

賀茂信行　かもののぶゆき
平安時代中期の官人。
¶古人（生没年不詳）

加茂規清（賀茂規清）　かものりきよ
⇒梅辻規清（うめつじのりきよ）

賀茂憲栄　かものりよし（ひで）
平安時代後期の官人。
¶古人（生没年不詳）

鴨春武*　かものはるたけ
明和7（1770）年～文政11（1828）年10月14日　江戸時代後期の神官（御祖社正補宜）。
¶公卿,公家（春武〔鴨社社家 鴨県主泉亭・梨木家〕　はるたけ）

鴨春光*　かものはるみつ
生没年不詳　江戸時代中期の神官（鴨社祝）。
¶公卿,公家（春光〔鴨社社家 鴨県主鴨脚家2〕　はるみつ）

鴨久祐*　かものひさすけ
明暦3（1657）年～享保1（1716）年7月20日　江戸時代前期～中期の神官（鴨社補宜）。
¶公卿,公家（久祐〔鴨社社家 鴨県主泉亭・梨木家〕　ひさすけ）

鴨秀静*　かものひでしず
文化4（1807）年～？　江戸時代後期の神官（御祖社正祝）。
¶公卿,公家（秀静〔鴨社社家 鴨県主鴨脚家1〕　ひでしず）

鴨秀隆*　かものひでたか
生没年不詳　江戸時代中期の神官（御祖社正祝）。
¶公卿（⊕？　⊗宝暦8（1758）年10月30日）,公家（秀隆〔鴨社社家 鴨県主鴨脚家1〕　ひでたか ⊕1679年 ⊗宝暦8（1758）年10月30日）

鴨秀豊*　かものひでとよ
⊗鴨秀豊（かもひでとよ）　江戸時代中期～後期の神官（御祖社正祝）。
¶公卿（⊕宝暦4（1754）年　⊗天保6（1835）年7月27日）,公家（秀豊〔鴨社社家 鴨県主鴨脚家1〕　ひでとよ ⊕1756年 ⊗天保8（1837）年7月27日）

鴨秀長*　かものひでなが
享保5（1720）年～文化4（1807）年2月4日　江戸時代中期～後期の神官（御祖社正祝）。
¶公卿,公家（秀長〔鴨社社家 鴨県主鴨脚家1〕　ひでな

が）

鴨秀久*　かものひでひさ
明暦2（1656）年～元文2（1737）年11月8日　江戸時代前期～中期の神官（鴨社祝）。
¶公卿,公家（秀久〔鴨社社家 鴨県主鴨家1〕　ひでひさ）

鴨秀文*　かものひでふみ
天保4（1833）年～？　⊗鴨秀文（かもひでぶみ）江戸時代末期の神官（鴨河合社祝）。
¶公卿,公家（秀文〔鴨社社家 鴨県主鴨家1〕　ひでふみ）

鴨秀政*　かものひでまさ
生没年不詳　江戸時代前期の神官（鴨社祝）。
¶公卿,公家（秀政〔鴨社社家 鴨県主鴨家1〕　ひでまさ）

賀茂人麻呂　かものひとまろ
奈良時代の官人。
¶古人（生没年不詳）

賀茂比売*　かものひめ
？～天平7（735）年　⊗賀茂朝臣比売（かものあそんひめ）　奈良時代の女性。藤原不比等の妻。
¶古代（賀茂朝臣比売　かものあそんひめ）

賀茂博久*　かものひろひさ
寛保1（1741）年～天明2（1782）年8月24日　江戸時代中期の神官（別雷社神主）。
¶公卿,公家（博久〔賀茂社家 賀茂県主〕　ひろひさ）

賀茂太久*　かものふとひさ
文政8（1825）年～？　江戸時代末期の神官（別雷社神主）。
¶公卿,公家（太久〔賀茂社家 賀茂県主〕　ふとひさ）

賀茂正富　かものまさとみ
平安時代中期の官人。
¶古人（生没年不詳）

賀茂正久*　かものまさひさ
正徳2（1712）年～安永7（1778）年2月9日　江戸時代中期の神官（別雷社神主）。
¶公卿,公家（正久〔賀茂社家 賀茂県主〕　まさひさ）

賀茂政平　かのまさひら
⇒賀茂政平（かもまさひら）

賀茂真淵*　かのまぶち
元禄10（1697）年～明和6（1769）年　⊗県居（あがたい），県居大人（あがたいのうし），県居翁（あがたいのおきな），岡部真淵（おかべまぶち），賀茂真淵（かもまぶち）　江戸時代中期の国学者、歌人。復古主義を唱道。著作に「国意考」「万葉考」など。
¶江人（かもまぶち），コン（かもまぶち），詩作（⊕元禄10（1697）年3月4日　⊗明和6（1769）年10月30日），思想,徳将,日文,山小（⊕1697年3月4日　⊗1769年10月30日）

賀茂真淵の妻*（賀茂真淵妻）　かのまぶちのつま
生没年不詳　江戸時代中期の女性。遠江国浜松駅の本陣梅谷甚三郎の娘。
¶女史

賀茂道清　かのみちきよ
平安時代後期の陰陽家。
¶古人（生没年不詳）

賀茂道言*　かのみちとき
生没年不詳　平安時代後期の陰陽・暦家。

¶古人

賀茂径久* かものみちひさ
文化12(1815)年〜? 江戸時代後期の神官(別雷社神主)。
¶公卿,公家(径久〔賀茂社社家 賀茂県主〕 みちひさ)

賀茂道栄 かものみちひで
平安時代後期の暦博士。父は陳経。
¶古人(生没年不詳)

賀茂道平* かものみちひら
生没年不詳 平安時代中期〜後期の陰陽・暦家。
¶古人

賀茂光国 かものみつくに
平安時代中期の天文博士。
¶古人(生没年不詳)

賀茂光輔 かものみつすけ
平安時代中期の官人。
¶古人(生没年不詳)

鴨光連* かものみつつら
明和2(1765)年〜天保13(1842)年7月10日 江戸時代中期〜後期の神官(御祖社権祝・従三位)。
¶公卿,公家(光連〔鴨社社家 鴨県主鴨脚家2〕 みつつら)

鴨光条* かものみつなが
享保12(1727)年〜天明8(1788)年9月24日 江戸時代中期の神官(御祖社権祝)。
¶公卿,公家(光条〔鴨社社家 鴨県主鴨脚家2〕 みつなが)

鴨光陳* かものみつのり
天明1(1781)年〜天保7(1836)年8月5日 江戸時代後期の神官(御祖社権祝)。
¶公卿,公家(光陳〔鴨社社家 鴨県主鴨脚家2〕 みつのぶ)

加茂光栄(賀茂光栄) かものみつひで
⇒賀茂光栄(かものみつよし)

賀茂光平* かものみつひら
延久3(1071)年〜天治2(1125)年 平安時代後期の陰陽・暦家。
¶古人

鴨光寛* かものみつひろ
文化11(1814)年〜元治1(1864)年2月15日 江戸時代末期の神官(御祖社権祝)。
¶公卿,公家(光寛〔鴨社社家 鴨県主鴨脚家2〕 みつひろ)

鴨光行* かものみつゆき
慶安4(1650)年〜元文1(1736)年8月5日 江戸時代前期〜中期の神官(鴨社祝・正三位)。
¶公卿,公家(光行〔鴨社社家 鴨県主鴨脚家2〕 みつゆき)

賀茂光栄 かものみつよし
天慶2(939)年〜長和4(1015)年 ㉑加茂光栄,賀茂光栄(かものみつひで) 平安時代中期の陰陽家。陰陽頭賀茂保憲の子。
¶古人,コン(かものみつひで ㋐?)

賀茂岑雄* かものみねお
生没年不詳 ㉑賀茂朝臣岑雄(かものあそんみねお) 平安時代前期の官史。
¶古人,古代(賀茂朝臣岑雄 かものあそんみねお)

賀茂岑雄女* かものみねおのむすめ
生没年不詳 平安時代前期の女性。清和天皇の後宮。
¶古人,天皇

賀茂宮直勝 かものみやなおかつ
⇒賀茂宮直勝(かもみやなおかつ)

賀茂宮某 かものみやなにがし
戦国時代の北条氏綱家臣狩野左衛門尉の同心。
¶後北(某〔賀茂宮〕 なにがし)

賀茂宗憲* かものむねのり
承暦4(1080)年〜保延4(1138)年 平安時代後期の陰陽・暦家。
¶古人

賀茂望久* かものもちひさ
安永9(1780)年〜天保8(1837)年8月9日 江戸時代後期の神官(別雷社神主)。
¶公卿,公家(望久〔賀茂社社家 賀茂県主〕 もちひさ)

賀茂本枝 かものもとえだ
平安時代前期の官人。
¶古人(生没年不詳)

賀茂基栄 かものもとひで
平安時代後期の陰陽師。
¶古人(生没年不詳)

賀茂守憲* か(«)ものもりのり
?〜久安4(1148)年 平安時代後期の陰陽家。
¶古人

賀茂守栄 かものもりひで
平安時代後期の陰陽師。
¶古人(生没年不詳)

賀茂守道* かものもりみち
寛和2(986)年〜長元3(1030)年 平安時代中期の暦博士。
¶古人

賀茂諸雄 かものもろお
奈良時代の官人。
¶古人(生没年不詳)

賀茂保昌* かものやすたか
享保15(1730)年〜享和2(1802)年3月8日 ㉑賀茂保昌(かもやすあきら) 江戸時代中期〜後期の神官。
¶公卿,公家(保昌〔幸徳井家(絶家)〕 やすたか)

賀茂保喬* かものやすたか
寛文9(1669)年〜享保4(1719)年11月25日 江戸時代中期の神官(賀茂社神主)。
¶公卿,公家(保喬〔賀茂社社家 賀茂県主〕 やすたか)

賀茂保韶* かものやすつぐ
享保16(1731)年〜文化4(1807)年11月9日 江戸時代中期〜後期の神官(別雷社神主)。
¶公卿,公家(保韶〔賀茂社社家 賀茂県主〕 やすあき)

賀茂保敬* かものやすのり
延享1(1744)年〜文政2(1819)年3月1日 ㉑賀茂保敬(かもやすゆき) 江戸時代中期〜後期の神官(陰陽寮)。
¶公卿,公家(保敬〔幸徳井家(絶家)〕 やすたか)

賀茂保憲* かものやすのり
延喜17(917)年〜貞元2(977)年2月22日 ㉑賀茂

かものや

保憲（かもやすのり）　平安時代中期の陰陽家。
¶古人, コン

賀茂保憲女＊（賀茂保憲の娘）　かものやすのりのむすめ
生没年不詳　㊿賀茂保憲女（かものやすのりのむす
め）　平安時代中期の女性。歌人。
¶コン, 女文, 日文

賀茂保平　かものやすひら
平安時代後期の官人。
¶古人（生没年不詳）

賀茂保通　かものやすみち
平安時代後期の官人。
¶古人（生没年不詳）

賀茂保盛＊　かものやすもり
文政8（1825）年～　？　江戸時代末期の神官（別雷
社神主）。
¶公卿, 公家（保盛〔賀茂社社家　賀茂県主〕　やすもり）

賀茂保麗＊　かものやすよし
宝暦2（1752）年～文政2（1819）年1月13日　江戸時
代中期～後期の神官（別雷社神主）。
¶公卿, 公家（保麗〔賀茂社社家　賀茂県主〕　やすよし）

賀茂行忠　かものゆきただ
平安時代後期の官人。
¶古人（生没年不詳）

賀茂幸平　かものゆきひら
⇒賀茂幸平（かもゆきひら）

賀茂能久＊　かものよしひさ
承安1（1171）年～貞応2（1223）年　㊿賀茂能久（か
もよしひさ）　鎌倉時代前期の神官。上賀茂社神
主、後鳥羽上皇の近臣。
¶古人

賀茂義行　かものよしゆき
平安時代中期の暦博士。光栄の子。
¶古人（生没年不詳）

賀茂規清　かものりきよ
⇒梅辻規清（うめつじのりきよ）

鴨秀豊　かもひでとよ
⇒鴨秀豊（かものひでとよ）

鴨秀文　かもひでぶみ
⇒鴨秀文（かものひでふみ）

鴨北元＊　かもほくげん
安永5（1776）年～天保9（1838）年　㊿北元（ほくげ
ん）　江戸時代後期の俳人。
¶俳文（北元　ほくげん　㊥天保9（1838）年2月15日）

賀茂政平＊　かもまさひら
？～安元2（1176）年6月　㊿賀茂政平（かものまさ
ひら）　平安時代後期の神職・歌人。
¶古人（かものまさひら）

賀茂真淵　かもまぶち
⇒賀茂真淵（かものまぶち）

賀茂水穂＊　かもみずほ
天保11（1840）年～明治42（1909）年　江戸時代末
期～明治時代の神主。戊辰戦争では遠州報国隊に
参加し官軍の東征に従軍。
¶幕末（㊎天保11（1840）年5月12日　㊥明治42（1909）年
3月1日）

賀茂宮直勝＊　かもみやなおかつ
生没年不詳　㊿賀茂宮直勝（かものみやなおかつ）
戦国時代の武士。後北条氏家臣。
¶後北（直勝〔賀茂宮〕　なおかつ）

可聞女　かもめ
江戸時代中期の女性。俳諧。志度の俳人渡辺桃源
の娘。湊の向山政水の妻。
¶江表（可聞女（香川県））

賀茂保喬　かもやすあきら
⇒賀茂保喬（かものやすたか）

賀茂保憲　かもやすのり
⇒賀茂保憲（かものやすのり）

賀茂保憲女　かもやすのりのむすめ
⇒賀茂保憲女（かものやすのりのむすめ）

賀茂保敬　かもやすゆき
⇒賀茂保敬（かものやすのり）

賀茂幸平＊　かもゆきひら
康治1（1142）年～建保2（1214）年9月2日　㊿賀茂
幸平（かものゆきひら）　平安時代後期～鎌倉時代
前期の神職・歌人。
¶古人（かものゆきひら）

加茂義明＊　かもよしあき
生没年不詳　江戸時代中期の和算家。
¶数学

賀茂賞久　かもよしひさ
⇒賀茂賞久（かものたかひさ）

賀茂能久　かもよしひさ
⇒賀茂能久（かものよしひさ）

かもり
江戸時代後期～末期の女性。書簡。山形藩主水野
忠精の奥女中。
¶江表（かもり（山形県））

鴨別＊　かもわけ
上代の豪族。
¶古代

加門隆徳＊　かもんたかのり
生没年不詳　㊿加門隆徳（かもんりゅうとく）　江
戸時代後期の医者。
¶眼医（かもんりゅうとく　㊁？　㊥安政2（1855）年）

加門隆徳　かもんりゅうとく
⇒加門隆徳（かもんたかのり）

かや(1)
江戸時代中期の女性。俳諧。明治38年刊、幸田露
伴序、秋田の安藤和風編『閨秀俳句選』に、元禄前
後～天明前後の人々として句が載る。
¶江表（かや（山形県））

かや(2)
江戸時代中期の女性。俳諧。若狭気山の人。明和8
年刊、三宅宗春編『孝婦記』に載る。
¶江表（かや（福井県））

かや(3)
江戸時代中期の女性。俳諧。三河新城の人。元禄
17年刊、太田白雪編『蛤与市』に載る。
¶江表（かや（愛知県））

かや(4)
江戸時代中期の女性。俳諧。尾張鳴海の酒造業下郷蝶羅ともと女の娘。安永6年刊、学海代撰『かやのうち』に載る。
¶江表(かや(愛知県))

かや(5)
江戸時代末期の女性。俳諧。筑前福岡の人。慶応2年刊、芭蕉堂公成編『花供養』に載る。
¶江表(かや(福岡県))

加屋 かや★
江戸時代中期の女性。俳諧。享保3年序、百花坊除風編『雪の光』に載る。
¶江表(加屋(香川県))

歌野 かや
江戸時代後期の女性。俳諧。美作勝山の俳人山本春亀の妻。
¶江表(歌野(鳥取県) [没]文政9(1826)年)

花屋庵鼎左 かやあんていさ
⇒藤井鼎左(ふじいていさ)

高陽院 かやいん
⇒高陽院(かやのいん)

賀屋玄中* かやげんちゅう
文化13(1816)年～明治2(1869)年 江戸時代末期の医師。
¶幕末([生]文化13(1816)年7月7日 [没]明治2(1869)年3月19日)

萱嶋東庵 かやしまとうあん
江戸時代後期の眼科医。
¶眼医(生没年不詳)

香屋女 かやじょ★
江戸時代前期の女性。俳諧。初めは西山宗因の談林風、のちに松尾芭蕉の蕉門となる。延宝4年序、神田蝶々子撰『誹諧当世男』に載る。
¶江表(香屋女(東京都))

加舎白雄* かやしらお
元文3(1738)年～寛政3(1791)年 [別]春秋庵白雄(しゅんじゅうあんしらお),白雄(しらお,はくゆう) 江戸時代中期の俳人、中興五傑の一人。
¶江人(白雄 しらお),コン,詩作([生]元文3(1738)年8月20日 [没]寛政3(1791)年9月13日),日文,俳文(白雄 しらお [生]元文3(1738)年8月20日 [没]寛政3(1791)年9月13日)

加屋四郎* かやしろう
弘化1(1844)年～元治1(1864)年 江戸時代末期の肥後熊本藩士。
¶幕末([没]元治1(1864)年7月21日)

賀陽親王* かやしんのう
延暦13(794)年～貞観13(871)年 [別]賀陽親王(かやのしんのう) 平安時代前期の桓武天皇の子。
¶古人,古代,コン,天皇(かやのしんのう [没]貞観13(871)年10月8日)

賀屋忠恕* かやちゅうじょ
天保9(1838)年～明治17(1884)年 江戸時代末期～明治時代の安芸広島藩士、心学者。
¶幕末

賀陽豊年 かやとよとし
⇒賀陽豊年(かやのとよとし)

萱沼大炊左衛門尉 かやぬまおおいざえもんのじょう
戦国時代の武士。武田氏家臣。
¶武田(生没年不詳)

かや野 かやの★
江戸時代中期の女性。俳諧。伊勢の人。元禄13年刊、路草亭乙孝編『一幅半』に載る。
¶江表(かや野(三重県))

蚊屋秋庭 かやのあきにわ
⇒山代真作(やましろのまつくり)

賀陽朝臣豊年 かやのあそんとよとし
⇒賀陽豊年(かやのとよとし)

賀屋石国 かやのいわくに
平安時代後期の官人。
¶古人(生没年不詳)

高陽院* かやのいん
嘉保2(1095)年～久寿2(1155)年12月16日 [別]高陽院(かやいん),藤原泰子(ふじわらのたいし,ふじわらのやすこ) 平安時代後期の女性。鳥羽天皇の皇后。
¶古人(藤原泰子 ふじわらのやすこ),コン,女史([没]1156年),天皇

蚊屋采女姉子 かやのうねめのあねこ
飛鳥時代の女性。舒明天皇の妃。
¶天皇(生没年不詳)

萱野右兵衛* かやのうひょうえ
天保11(1840)年～明治5(1872)年 江戸時代末期～明治時代の陸奥会津藩士。
¶幕末([没]明治5(1872)年5月19日)

蚊屋皇子* かやのおうじ
生没年不詳 [別]蚊屋皇子(かやのみこ) 飛鳥時代の舒明天皇の皇子。
¶天皇(かやのみこ)

萱野権兵衛* かやのごんべえ
天保1(1830)年～明治2(1869)年 江戸時代末期～明治時代の会津藩士。会津戦争で戸ノ口原と越後口を死守。
¶コン,全幕,幕末([没]明治2(1869)年5月18日)

賀陽貞政(1) かやのさだまさ
平安時代後期の官人。
¶古人(生没年不詳)

賀陽貞政(2) かやのさだまさ
平安時代後期の神官。備中国吉備津社神主代。
¶古人(生没年不詳)

萱野三平* かやのさんぺい
延宝3(1675)年～元禄15(1702)年1月14日 [別]萱野重実(かやのしげざね),涓泉(けんせん) 江戸時代前期の播磨赤穂藩士。赤穂四十七士の一人。
¶コン,俳文(涓泉 けんせん)

萱野重実 かやのしげざね
⇒萱野三平(かやのさんぺい)

賀陽親王 かやのしんのう
⇒賀陽親王(かやしんのう)

賀陽利実 かやのとしざね
平安時代後期の官人。
¶古人(生没年不詳)

か

か

賀陽豊年＊（加陽豊年）　かやのとよとし
天平勝宝3（751）年～弘仁6（815）年6月27日　[別]賀陽豊年（かやとよとし），賀陽朝臣豊年（かやのあそんとよとし）　奈良時代～平安時代前期の官人、文人。
¶古人，古代（賀陽朝臣豊年　かやのあそんとよとし），コン

賀陽豊仲＊　かやのとよなか
生没年不詳　平安時代前期の備中国賀夜郡の大領。
¶古人

萱坊　かやのぼう
江戸時代前期の高野法師。
¶大坂（[没]慶長20年）

萱野孫左衛門義澄　かやのまござえもんよしずみ
江戸時代前期の相賀荘清水村の大庄屋。大坂の陣で籠城。
¶大坂

蚊屋皇子　かやのみこ
⇒蚊屋皇子（かやのおうじ）

賀陽宗成　かやのむねなり
平安時代前期の官人。備中国賀夜郡の人。
¶古人（生没年不詳）

賀陽良藤　かやのよしふじ
平安時代の備中国賀夜郡富豪賀陽氏の一族。備前少目。
¶古人（生没年不詳）

加屋霽堅＊　かやはるかた
天保7（1836）年～明治9（1876）年10月24日　江戸時代末期～明治時代の志士、熊本藩士。
¶コン，幕末

香山栄左衛門＊　かやまえいざえもん
文政4（1821）年～明治10（1877）年　江戸時代末期の幕臣。
¶徳人

香山永隆　かやまながたか
江戸時代後期～明治時代の幕臣。
¶幕末（[生]天保11（1840）年　[没]明治13（1880）年2月29日）

加友＊(1)　かゆう
生没年不詳　江戸時代の俳人（貞門）。
¶俳文

加友(2)　かゆう
⇒荒木加友（あらきかゆう）

可祐　かゆう
⇒鶴屋南北〔5代〕（つるやなんぼく）

可遊　かゆう★
江戸時代後期の女性。俳諧。越前府中の人。天保13年雪窓下素由編「聖節」に載る。
¶江表（可遊（福井県））

嘉祐　かゆう
安土桃山時代の連歌作者。尾張国熱田社僧のうち、円定坊。
¶俳文（生没年不詳）

歌遊　かゆう★
江戸時代後期の女性。俳諧。越前白鬼の人。弘化4年刊、山室梅濤編『月塚集』に載る。
¶江表（歌遊（福井県））

花又　かゆう
⇒荻野扇女（おぎのせんじょ）

花勇（花友）　かゆう
⇒藤川友吉〔2代〕（ふじかわともきち）

花友(1)　かゆう
江戸時代後期の女性。俳諧。田代の人。天保12年刊、万頃園麦太編『仰魂集』に載る。
¶江表（花友（佐賀県））

花友(2)　かゆう
⇒藤川友吉〔1代〕（ふじかわともきち）

花由　かゆう★
江戸時代中期の女性。俳諧。松代伊勢町の松代藩御用商人八田家一族の八田窓湖の娘か。加舎白雄が明和6年に建てた芭蕉句碑面影塚の記念集『おもかげ集』に入集。
¶江表（花由（長野県））

花遊(1)　かゆう★
江戸時代中期の女性。俳諧。下総松山の人。安永6年刊、無著庵眠郎編『雪の薄』に載る。
¶江表（花遊（千葉県））

花遊(2)　かゆう★
江戸時代後期の女性。俳諧。越前福井の人。天明8年刊、白鶴楼紅楓編『そのかげ集』に載る。
¶江表（花遊（福井県））

花遊(3)　かゆう★
江戸時代後期の女性。俳諧。長門長府の人。文政6年、同所の田上菊舎71歳の長府一字庵における茶会記を中心に書画を配した「文政六年書画帳」に自筆の句が載る。
¶江表（花遊（山口県））

花遊(4)　かゆう
江戸時代末期の女性。和歌。西条藩藩士奥野庄左衛門の母。安政1年序、半井梧庵編『鄙のてぶり』初に載る。
¶江表（花遊（愛媛県））

花夕　かゆう★
江戸時代後期の女性。俳諧。熊本の人として、文政2年序、曙の梅調編『牛あらひ集』に載る。
¶江表（花夕（熊本県））

哥友　かゆう★
江戸時代中期の女性。俳諧。津田の人。安永8年序『俳諧幽間集』に載る。
¶江表（哥友（香川県））

哥遊　かゆう
江戸時代後期の女性。俳諧。長門厚狭郡舟木の人。寛政2年、長府の田上菊舎が38歳の時の俳諧記録「首途」に載る。
¶江表（哥遊（山口県））

哥夕　かゆう★
江戸時代後期の女性。俳諧。石見の嘉玄太の妻。文化11年序、可方の子思明堂里方編、可方七回忌追善句集『月の寝さめ』乾に載る。
¶江表（哥夕（島根県））

雅遊　がゆう★
江戸時代後期の女性。俳諧。新田郡木崎宿の人。嘉永6年刊、久米逸淵編『俳諧百人一種』に載る。

¶江表（雅遊（群馬県））

可遊女 かゆうじょ★

江戸時代後期の女性。俳諧。梁川の人。寛政6年序、一無庵丈左編『狭名辺墳集』に載る。

¶江表（可遊女（福島県））

歌遊女(1) かゆうじょ★

江戸時代後期の女性。俳諧。仁尾の蔦東庵宗徳門か。文化頃に活躍した大坂の俳人翁堂夜来編『俳諧絵入百人一集』の欄外に載る。

¶江表（歌遊女（香川県））

歌遊女(2) かゆうじょ★

江戸時代末期の女性。俳諧。大田原藩主大田原庸清の弟清定の娘。

¶江表（歌遊女（栃木県） [没]明治12（1879）年）

花友女(1) かゆうじょ★

江戸時代後期の女性。俳諧。桑折の人。嘉永2年自序、桑折の万正寺住職遜阿編『東桜集』に載る。

¶江表（花友女（福島県））

花友女(2) かゆうじょ★

江戸時代末期の女性。俳諧。徳間の人。元治1年刊、宮本真篤編『あふぎ集』に載る。

¶江表（花友女（長野県））

花遊女(1) かゆうじょ★

江戸時代後期の女性。俳諧。石川の人。文政11年刊、遠藤雉啄編『松風帖』に載る。

¶江表（花遊女（福島県））

花遊女(2) かゆうじょ★

江戸時代後期の女性。俳諧。二本松の人。天保3年刊、太白堂孤月編『桃家春帖』に載る。

¶江表（花遊女（福島県））

かよ(1)

江戸時代中期の女性。俳諧。明和2年刊、建部綾足門の桃林編『片歌東風俗』に載る。

¶江表（かよ（群馬県））

かよ(2)

江戸時代中期の女性。俳諧。越前福井の人。延享1年刊、蘭蘭舎一色坊撰『いつか月』に載る。

¶江表（かよ（福井県））

かよ(3)

江戸時代中期の女性。俳諧。京都の人。安永5年刊、三浦樗良編『月の夜』に載る。

¶江表（かよ（京都府））

かよ(4)

江戸時代後期の女性。俳諧。深浦の人。享和年間以前、深浦の俳人竹越里圭撰「句帖」添削集に載る。

¶江表（かよ（青森県））

かよ(5)

江戸時代後期の女性。和歌・書・教育。13歳で仙台藩主宗村の娘沛姫の奥女中となり、祐筆を務めた。

¶江表（かよ（宮城県） [没]文政3（1820）年）

かよ(6)

江戸時代後期の女性。書簡。播磨龍野日飼の大庄屋堀延祐の娘。

¶江表（かよ（兵庫県） [没]文政7（1824）年）

かよ(7)

江戸時代後期の女性。俳諧。備前下津井の小屋野新七郎と俳人弄花の娘。文政8年、『杖の祝ひ』の序文に「女かよ」が記されている。

¶江表（かよ（岡山県））

かよ(8)

江戸時代後期の女性。和歌。大村藩の奥女中。文化11年刊、中山忠雄・河田正致編『柿本社奉納和歌集』に載る。

¶江表（かよ（長崎県））

か代 かよ★

江戸時代中期～後期の女性。和歌。相模鶴巻の西光寺の関野元次郎家の墓地に句碑、並びに歌碑が建つ。

¶江表（か代（神奈川県） [生]安永5（1776）年 [没]文政2（1819）年）

佳代 かよ★

江戸時代後期の女性。俳諧。信濃の大室家の娘とされる。

¶江表（佳代（福島県） [没]弘化3（1846）年）

加世 かよ★

江戸時代中期の女性。書。寒川氏。正徳1年、大坂での筆談唱和『両東唱和録』に草書の古詩2首を献じたことが載る。

¶江表（加世（徳島県））

加代 かよ★

江戸時代中期の女性。和歌。但馬豊岡の人。保田佐世が編んだ「長閑集」の寛延2年に載る。

¶江表（加代（兵庫県））

可代(1) かよ★

江戸時代中期の女性。俳諧。延享2年刊、大場寥和編『誹諧職人尽』に載る。

¶江表（可代（東京都））

可代(2) かよ★

江戸時代後期の女性。俳諧。遠江相良の人。寛政3年刊、牡丹庵阿人・鳥過庵千布編『雪幸集』に載る。

¶江表（可代（静岡県））

嘉世 かよ★

江戸時代後期の女性。俳諧。文化1年序、伊那の医師中村伯先編、芭蕉塚建立記念集『香組草』に載る。

¶江表（嘉世（長野県））

嘉代(1) かよ★

江戸時代中期～後期の女性。和歌・書簡。高島藩家老千野兵庫貞亮の娘。

¶江表（嘉代（長野県） [生]明和2（1765）年 [没]天保5（1834）年）

嘉代(2) かよ★

江戸時代後期の女性。和歌。幕臣森川佐渡守義生の娘。天保7年刊、海野遊翁編『類題現存歌選』初に載る。

¶江表（嘉代（東京都））

嘉代(3) かよ★

江戸時代後期～明治時代の女性。日記・書簡。平村の名主平魯輔の娘。

¶江表（嘉代（東京都） [生]文化12（1815）年 [没]明治9（1876）年）

嘉代(4) かよ★

江戸時代後期の女性。俳諧。備後上下の人。寛政2年刊『しぐれ会』に載る。

¶江表（嘉代（広島県））

嘉代(5) かよ★

江戸時代後期の女性。俳諧。田上菊舎の弟椋梨策

治の娘。「文化十四年年書画帳」に載る。
¶江表（嘉代（山口県））

歌代(1)　かよ⋆
江戸時代中期の女性。俳諧。越前宿の人。明和9年刊、美濃派三代以乙斎可推坊撰『雪の筐』下に載る。
¶江表（歌代（福井県））

歌代(2)　かよ⋆
江戸時代中期の女性。俳諧。平戸の人。宝暦4年刊、太田宇麦編、芦屋の俳人吉永芦洲の追善集『波掛集』に載る。
¶江表（歌代（長崎県））

賀世　かよ⋆
江戸時代中期の女性。俳諧。大坂の人。天明3年刊、知秀什山編『続いま宮草』に載る。
¶江表（賀世（大阪府））

賀代　かよ⋆
江戸時代末期の女性。和歌。徳島藩主蜂須賀斉裕の娘。
¶江表（賀代（徳島県）　[没]慶応1（1865）年）

香代　かよ⋆
江戸時代末期の女性。俳諧。大河原の人。安政6年序、月影舎兎臼編「三月越集」に載る。
¶江表（香代（宮城県））

通路　かよいじ
江戸時代中期の女性。俳諧・狂歌。安芸宮島の遊女。宝永6年序、杉山輪雪編『星会集』に載る。
¶江表（通路（広島県））

下葉　かよう⋆
江戸時代中期の女性。俳諧。安永8年序、獅子眠鶏口編の養母谷口田女追善集『はつかのゆめ』に載る。
¶江表（下葉（東京都））

可葉　かよう⋆
江戸時代後期の女性。俳諧。中川伝兵衛善庸の娘。
¶江表（可葉（福井県）　[没]文政9（1826）年）

禾葉　かよう
江戸時代後期の俳諧師。石井氏。
¶俳文（[生]？　[没]弘化1（1844）年/弘化4（1847）年）

花葉　かよう⋆
江戸時代中期の女性。俳諧。明和6年刊、文月庵周東編『老の麓』に載る。
¶江表（花葉（東京都））

珈楊　かよう⋆
江戸時代中期の女性。俳諧。白鳥の人。安永3年序、愉閑斎社仙撰、中川麦浪七回忌追善句集『居待月』に載る。
¶江表（珈楊（香川県））

萱生郁蔵*　かよういくぞう
文政2（1819）年～明治1（1868）年　江戸時代末期の医師。
¶幕末

嘉陽門院*　かようもんいん
正治2（1200）年～文永10（1273）年　[別]礼子内親王（れいしないしんのう）　鎌倉時代前期の女性。後鳥羽天皇の第2皇女。
¶コン，天皇（[没]文永10（1273）年8月2日）

嘉代子(1)　かよこ⋆
江戸時代中期の女性。和歌。上総久留里藩主黒田直純の養女（実父は直基）。
¶江表（嘉代子（東京都）　[生]享保7（1722）年　[没]安永8（1779）年）

嘉代子(2)　かよこ⋆
江戸時代中期～後期の女性。和歌。薩摩藩藩士で喜入を領する一所持の肝付兼柏の娘。
¶江表（嘉代子（鹿児島県）　[生]延享3（1746）年　[没]文化15（1818）年）

かよ女(1)　かよじょ⋆
江戸時代中期の女性。俳諧。二本松の人。元禄8年序、百花堂文車編『花蔣』に載る。
¶江表（かよ女（福島県））

かよ女(2)　かよじょ⋆
江戸時代中期の女性。俳諧。桑折宿本陣の佐藤佐五左衛門宗明の娘。元文1年刊、榎本馬州による露川一門の句文集『滑稽銘録集』に載る。
¶江表（かよ女（福島県））

かよ女(3)　かよじょ⋆
江戸時代末期の女性。和歌。品川宿住。元治2年序、佐々木弘綱編『類題千船集』三に載る。
¶江表（かよ女（東京都））

歌代女　かよじょ⋆
江戸時代後期の女性。俳諧。上伊那郡箕輪町の中川元策の妻。文政7年の同町木下の清水庵奉額に載る。
¶江表（歌代女（長野県））

嘉代姫　かよひめ⋆
江戸時代中期～後期の女性。散文・和歌。讃岐高松藩主松平頼恭の娘。
¶江表（嘉代姫（兵庫県）　[生]宝暦4（1754）年　[没]文化1（1804）年）

可頼　からい
江戸時代前期の俳諧師。青地氏。
¶俳文（生没年不詳）

柄井川柳*　からいせんりゅう
享保3（1718）年～寛政2（1790）年　[別]柄井八右衛門（からいはちえもん），川柳〔1代〕（せんりゅう）　江戸時代中期の前句付点者。川柳風狂句の祖。
¶江人（川柳　せんりゅう），コン，徳将，日文，俳文（川柳〔1世〕　せんりゅう　[没]寛政2（1790）年9月23日），山小（[没]1790年9月23日）

から糸　からいと⋆
江戸時代中期の女性。俳諧。筑前博多の遊女。宝永3年序、美作の乏志堂貞義編『心ひとつ』に載る。
¶江表（から糸（福岡県））

辛犬甘秋子*　からいぬかいのあきこ
平安時代前期の信濃国の人。
¶古人（生没年不詳），古代

柄井八右衛門　からいはちえもん
⇒柄井川柳（からいせんりゅう）

可楽　からく
⇒三笑亭可楽〔1代〕（さんしょうていからく）

哥楽(1)　からく⋆
江戸時代中期の女性。俳諧。京都の人。明和8年刊、佐々木泉明編『一人一首短冊篇』乾に載る。
¶江表（哥楽（京都府））

哥楽(2)　からく⋆
江戸時代後期の女性。俳諧。武蔵羽田の人。文政2年刊、二世閑月庵竹妓編『縄結び集』に載る。

¶江表（哥楽（東京都））

雅楽　がらく
江戸時代後期の女性。俳諧。越前今立郡岩本の人。文化12年に没した誼斎の追善集『誼斎追善集』に載る。
¶江表（雅楽（福井県））

歌楽女　からくじょ★
江戸時代中期の女性。狂歌。天明2年刊、丹青洞恭円編『興歌めさし艸』に載る。
¶江表（歌楽女（東京都））

韓国大村　からくにのおおむら
奈良時代の官人。
¶古人（生没年不詳）

韓国広足＊　からくにのひろたり
生没年不詳　[別]韓国連広足（からくにのむらじひろたり）　奈良時代の宮廷の呪術師、典薬頭。
¶古代（韓国連広足　からくにのむらじひろたり）

辛国広山　からくにのひろやま
奈良時代の画師。右京八条四坊の戸主。
¶古人（[生]739年　[没]？）

韓国源　からくにのみなもと
⇒韓国連源（からくにのむらじみなもと）

韓国連広足　からくにのむらじひろたり
⇒韓国広足（からくにのひろたり）

韓国連源＊　からくにのむらじみなもと
[別]韓国源（からくにのみなもと）　奈良時代～平安時代前期の遣唐録事。
¶古人（韓国源　からくにのみなもと　生没年不詳），古代

嘉楽門院＊　からくもんいん
応永18（1411）年～長享2（1488）年　[別]藤原信子（ふじわらしんし，ふじわらのしんし，ふじわらののぶこ）　室町時代～戦国時代の女性。後花園天皇の宮人。
¶コン，天皇（藤原信子　ふじわらのしんし・のぶこ）

からくり儀右衛門　からくりぎえもん
⇒田中久重〔1代〕（たなかひさしげ）

唐暮女　からくれじょ★
江戸時代後期の女性。狂歌。三河の人。享和3年刊、宇都宮芙蓉連編『雁のふみ』に載る。
¶江表（唐暮女（愛知県））

唐衣橘洲＊（唐衣橘州）　からごろもきっしゅう，からころもきっしゅう
寛保3（1743）年12月4日～享和2（1802）年7月18日　[別]唐衣橘洲（からころもきっしょう）　江戸時代中期～後期の狂歌師。狂歌三大家の一人。
¶江人（からころもきっしゅう），コン（からころもきっしゅう），徳人（からころもきっしゅう），日文

唐衣橘洲　からころもきっしょう
⇒唐衣橘洲（からごろもきっしゅう）

唐崎彦明＊　からさきげんめい
正徳4（1714）年～宝暦8（1758）年　[別]唐崎広陵（からさきこうりょう）　江戸時代中期の儒学者。
¶コン

唐崎広陵　からさきこうりょう
⇒唐崎彦明（からさきげんめい）

唐崎士愛　からさきことちか
⇒唐崎常陸介（からさきひたちのすけ）

唐崎常陸介＊　からさきひたちのすけ
元文2（1737）年～寛政8（1796）年　[別]唐崎士愛（からさきことちか）　江戸時代中期の神官、国学者、勤皇志士。
¶コン

唐沢摩三吉＊　からさわまさよし
文政5（1822）年～明治1（1868）年　江戸時代末期の幕府御先手同心。
¶幕末（[没]慶応4（1868）年2月15日）

辛島庄司＊（辛島昇司）　からしましょうじ
天保5（1834）年～？　江戸時代後期～末期の新撰組隊士。
¶新隊（辛島昇司）

ガラシャ
⇒細川ガラシャ（ほそかわがらしゃ）

烏田圭三＊　からすだけいぞう
天保1（1830）年～明治16（1883）年　江戸時代末期～明治時代の医師。好生館教授、病院総督などを歴任。
¶幕末（[生]文政13（1830）年11月3日　[没]明治16（1883）年11月30日）

烏田作蔵通知　からすださくぞうみちとも
安土桃山時代～江戸時代前期の武士。毛利元就の家臣烏田肥後守武通の子。
¶大坂（[生]天正9年　[没]寛文2年4月11日）

烏田良岱＊　からすだりょうたい
文化1（1804）年～明治10（1877）年　江戸時代末期～明治時代の医師。西洋医学を学び帰郷して外科医。
¶幕末（[生]文化1（1804）年5月12日　[没]明治10（1877）年8月17日）

烏丸資任　からすますけとう
⇒烏丸資任（からすまるすけとう）

烏丸豊光　からすまとよみつ
⇒烏丸豊光（からすまるとよみつ）

烏丸光広　からすまみつひろ
⇒烏丸光広（からすまるみつひろ）

烏丸資董＊　からすまるすけきよ
安永1（1772）年9月15日～文化11（1814）年5月20日　[別]烏丸資董（からすまるすけただ）　江戸時代後期の公家（権大納言）。権大納言烏丸光祖の子。
¶公卿（烏丸資董　からすまるもとすみ），公家（資董〔烏丸家〕　すけきよ）

烏丸資董　からすまるすけただ
⇒烏丸資董（からすまるすけきよ）

烏丸資任＊　からすまるすけとう
応永24（1417）年～文明14（1482）年12月16日　[別]烏丸資任（からすますけとう），藤原資任（ふじわらすけとう，ふじわらのすけとう）　室町時代～戦国時代の公卿（准大臣）。権中納言烏丸豊光の子。
¶公卿（[没]文明14（1482）年12月15日），公家（資任〔烏丸家〕　すけとう　[没]文明14（1482）年12月15日），内乱（からすますけとう　[没]文明14（1483）年），室町（からすますけとう）

烏丸資慶＊　からすまるすけよし
元和8（1622）年5月11日～寛文9（1669）年　江戸時

か

代前期の歌人、公家（権大納言）。権中納言烏丸光賢の子、母は参議細川忠興の娘。
¶公卿（[没]寛文9（1669）年11月28日），公家（資慶〔烏丸家〕　すけよし　[没]寛文9（1669）年11月28日）

烏丸豊光* からすまるとよみつ
天授4/永和4（1378）年～正長2（1429）年2月18日　[別]烏丸豊光（からすまとよみつ），日野豊光（ひのとよみつ）　室町時代の公卿（権中納言）。烏丸家の祖。権大納言日野資康の次男。
¶公卿（[生]永和4/天授4（1378）年　[没]永享1（1429）年2月18日），公家（豊光〔烏丸家〕　とよみつ　[没]永享1（1429）年2月18日），コン（[生]永和4（1378）年）

烏丸冬光* からすまるふゆみつ
文明5（1473）年～永正13（1516）年5月5日　戦国時代の公卿（権中納言）。左大臣日野勝光の三男。
¶公卿，公家（冬光〔烏丸家〕　ふゆみつ）

烏丸益光* からすまるますみつ
永享12（1440）年～文明7（1475）年12月30日　室町時代の公卿（権中納言）。准大臣烏丸資任の子。
¶公卿，公家（益光〔烏丸家〕　ますみつ　[没]文明7（1475）年12月29日）

烏丸光徳* からすまるみつえ
天保3（1832）年～明治6（1873）年　[別]烏丸光徳（からすまるみつのり）　江戸時代末期～明治時代の公家（参議）。権大納言烏丸光政の子。
¶公卿（からすまるみつのり　[生]天保3（1832）年7月20日　[没]明治6（1873）年8月），公家（光徳〔烏丸家〕　みつえ　[生]天保3（1832）年7月20日　[没]明治6（1873）年8月15日），幕末（[生]天保3（1832）年7月20日　[没]明治6（1873）年8月15日）

烏丸光雄* からすまるみつお
正保4（1647）年～元禄3（1690）年　江戸時代前期の歌人、公家（権大納言）。権大納言烏丸資慶の子、母は内大臣清閑寺共房の娘。
¶公卿（[生]正保4（1647）年3月12日　[没]元禄3（1690）年10月17日），公家（光雄〔烏丸家〕　みつお　[生]正保4（1647）年3月12日　[没]元禄3（1690）年10月17日）

烏丸光賢* からすまるみつかた
慶長5（1600）年5月14日～寛永15（1638）年9月9日　江戸時代前期の公家（権中納言）。権大納言烏丸光広の子。
¶公卿，公家（光賢〔烏丸家〕　みつかた）

烏丸光胤* からすまるみつたね
享保8（1723）年～安永9（1780）年　江戸時代中期の公家（権大納言）。権大納言中御門宣誠の次男。
¶公卿（[生]享保6（1721）年6月1日　[没]安永9（1780）年9月18日），公家（光胤〔烏丸家〕　みつたね　[生]享保6（1721）年6月1日　[没]安永9（1780）年9月18日），コン

烏丸光宣* からすまるみつのぶ
天文18（1549）年～慶長16（1611）年　安土桃山時代～江戸時代前期の書家、公家（准大臣）。准大臣烏丸光康の子。
¶公卿（[没]慶長16（1611）年11月21日），公家（光宣〔烏丸家〕　みつのぶ　[没]慶長16（1611）年11月21日）

烏丸光祖* からすまるみつのり
延享3（1746）年7月22日～文化3（1806）年8月19日　[別]烏丸光祖（からすまるみつもと）　江戸時代中期～後期の公家（権大納言）。権大納言烏丸光胤の次男、母は内大臣烏丸光栄の娘。
¶公卿，公家（光祖〔烏丸家〕　みつのり）

烏丸光徳 からすまるみつのり
⇒烏丸光徳（からすまるみつえ）

烏丸光栄* からすまるみつひで
元禄2（1689）年8月3日～寛延1（1748）年3月14日　江戸時代中期の歌人、公家（内大臣）。権大納言烏丸光雄の孫、左中弁烏丸宣定の子。
¶公卿，公家（光栄〔烏丸家〕　みつひで），詩作（[没]延享5（1748）年3月14日）

烏丸光広* からすまるみつひろ
天正7（1579）年～寛永15（1638）年　[別]烏丸光広（からすまみつひろ）　安土桃山時代～江戸時代前期の歌人、公家（権大納言）。准大臣烏丸光宣の子。
¶浮絵，江人（からすまみつひろ），公卿（[没]寛永15（1638）年7月13日），公家（光広〔烏丸家〕　みつひろ　[没]寛永15（1638）年7月13日），コン，日文

烏丸光政* からすまるみつまさ
文化9（1812）年～文久3（1863）年　江戸時代末期の公家（権大納言）。権大納言勘解小路資善の子という。
¶公卿（[生]文化9（1812）年5月22日　[没]文久3（1863）年9月21日），公家（光政〔烏丸家〕　みつまさ　[生]文化9（1812）年5月22日　[没]文久3（1863）年9月21日），幕末（[生]文化9（1812）年5月22日　[没]文久3（1863）年9月21日）

烏丸光祖 からすまるみつもと
⇒烏丸光祖（からすまるみつのり）

烏丸光康* からすまるみつやす
永正10（1513）年～天正7（1579）年　戦国時代～安土桃山時代の公卿（准大臣）。権中納言烏丸冬光の次男、母は従三位鴨信祐の娘。
¶公卿（[生]永正10（1513）年10月13日　[没]天正7（1579）年4月27日），公家（光康〔烏丸家〕　みつやす　[生]永正10（1513）年10月13日　[没]天正7（1579）年4月27日）

唐人親広* からとちかひろ
生没年不詳　[別]唐人親広（かろうどちかひろ）　戦国時代の武将。
¶全戦（かろうどちかひろ）

賀楽内親王 からないしんのう
⇒賀楽内親王（からのないしんのう）

賀楽内親王* からのないしんのう
？～貞観16（874）年　[別]賀楽内親王（からないしんのう）　平安時代前期の女性。桓武天皇の皇女。
¶古人（からないしんのう），天皇（[没]貞観16（874）年2月3日）

唐橋在家* からはしありいえ
享保14（1729）年～寛政3（1791）年9月29日　江戸時代中期の公家（権大納言）。参議唐橋在廉の次男。
¶公卿，公家（在家〔唐橋家〕　ありいえ　[生]享保14（1729）年6月7日）

唐橋在廉 からはしありかど
⇒唐橋在廉（からはしありゆき）

唐橋在綱* からはしありつな
？～文明13（1481）年　室町時代～戦国時代の公卿（権中納言）。参議唐橋在直の子。
¶公卿，公家（在綱〔壬生坊城家（絶家）〕　ありつな　[没]文明13（1481）年3月28日）

唐橋在経* からはしありつね
天明2（1782）年8月20日～天保5（1834）年6月19日　江戸時代後期の公家（参議）。権大納言唐橋在熙の子、母は非参議吉田良延の娘。

¶公卿, 公家（在経〔唐橋家〕　ありつね）

唐橋在光*　からはしありてる
文政10（1827）年～明治7（1874）年　江戸時代末期～明治時代の公卿。
¶公卿（[生]文政10（1827）年9月9日　[没]明治7（1874）年6月）, 公家（在光〔唐橋家〕　ありてる　[生]文政10（1827）年9月9日　[没]明治7（1874）年6月9日）, 幕末（[生]文政10（1827）年9月9日　[没]明治7（1874）年6月9日）

唐橋在豊*　からはしありとよ
元中8/明徳2（1391）年～寛正5（1464）年7月　室町時代の公卿（権大納言）。文章得業生唐橋在遠（早世）の子。
¶公卿（[生]明徳2/元中8（1391）年）, 公家（在豊〔唐橋家〕　ありとよ）

唐橋在直*　からはしありなお
建徳2/応安4（1371）年～長禄1（1457）年10月11日　南北朝時代～室町時代の公卿（参議）。菅原在敏の子。
¶公卿（[生]応安4/建徳2（1371）年）, 公家（在直〔壬生坊城家（絶家）〕　ありなお）

唐橋在長*　からはしありなが
？～長享2（1488）年9月5日　室町時代～戦国時代の公卿（非参議）。権中納言唐橋在綱の子。
¶公卿, 公家（在永〔壬生坊城家（絶家）〕　ありなが）

唐橋在宣*　からはしありのぶ
？～応永27（1420）年6月15日　室町時代の公卿（参議）。式部少輔在員の子。
¶公卿, 公家（在宣〔菅原家（絶家）1〕　ありのぶ）

唐橋在治*　からはしありはる
応永21（1414）年～延徳1（1489）年9月1日　室町時代～戦国時代の公卿（権中納言）。権大納言唐橋在豊の子。
¶公卿, 公家（在治〔唐橋家〕　ありはる）

唐橋在久*　からはしありひさ
文化6（1809）年2月30日～嘉永3（1850）年2月20日　江戸時代末期の公家（非参議）。参議唐橋在経の子、母は甲斐守黒田長舒の娘。
¶公卿, 公家（在久〔唐橋家〕　ありひさ）

唐橋在熈*（唐橋在煕）　からはしありひろ
宝暦7（1757）年11月28日～文化9（1812）年2月30日　江戸時代中期～後期の公家（権大納言）。権大納言唐橋在家の子、母は甲斐守源長貞の娘。
¶公卿, 公家（在熈〔唐橋家〕　ありひろ）

唐橋在雅*　からはしありまさ
鎌倉時代後期～南北朝時代の公卿（非参議）。文章博士菅原定記の子菅原在良から八世菅原公氏の孫。
¶公卿（[生]建治1（1275）年　[没]延文2/正平12（1356）年7月24日）, 公家（在雅〔唐橋家〕　ありまさ　[生]1278年　[没]延文2（1357）年7月24日）

唐橋在村*　からはしありむら
天正20（1592）年11月12日～延宝3（1675）年7月21日　江戸時代前期の公家（参議）。従五位上・民部少輔唐橋在通の子。
¶公卿, 公家（在村〔唐橋家〕　ありむら）

唐橋在廉*　からはしありゆき
貞享4（1687）年5月22日～寛延3（1750）年8月21日　[別]唐橋在廉（からはしありかど）　江戸時代中期の公家（参議）。式部大輔唐橋在隆の子。
¶公卿, 公家（在廉〔唐橋家〕　ありかど）

唐橋公熈*　からはしきみひろ
？～弘和1/永徳1（1381）年　南北朝時代の公卿（非参議）。弾正大弼唐橋在親の子。
¶公卿（[没]永徳1/弘和1（1381）年）, 公家（公熈〔唐橋家〕　きんひら　[没]永徳1（1381）年）

唐端藤蔵*　からはたとうぞう，からばたとうぞう
？～嘉永4（1851）年　江戸時代後期の治水家。
¶コン

韓帒　からふくろ
⇒韓帒宿禰（からぶくろのすくね）

韓帒宿禰*　からぶくろのすくね
[別]韓帒（からふくろ）　上代の豪族。
¶古代

唐丸　からまる
⇒蔦屋重三郎（つたやじゅうざぶろう）

から丸の内侍　からまるのないし★
江戸時代中期の女性。狂歌。蔦屋重三郎の妻、あるいは娘か。天明4年刊、蔦唐丸編『いたみ諸白』に載る。
¶江表（から丸の内侍（東京都））

唐物久兵衛*　からものきゅうべえ
生没年不詳　[別]唐物屋久兵衛（からものやきゅうべえ）　江戸時代中期の鋳物師。
¶コン, 美工

唐物屋久兵衛　からものやきゅうべえ
⇒唐物久兵衛（からものきゅうべえ）

可理　かり
江戸時代前期～中期の俳諧作者。寛永～寛文ごろ。大橋氏。
¶俳文（生没年不詳）

鴈高松雄　かりたかのまつお
平安時代前期の官人。
¶古人（生没年不詳）

苅田種継　かりたたねつぐ
⇒苅田種継（かりたのたねつぐ）

刈谷三郎　かりたにさぶろう
⇒苅谷三郎（かりやさぶろう）

苅田首種継　かりたのおびとたねつぐ
⇒苅田種継（かりたのたねつぐ）

苅田種継*（刈田種継）　かりたのたねつぐ
生没年不詳　[別]苅田種継（かりたたねつぐ），苅田首種継（かりたのおびとたねつぐ）　平安時代前期の学者。
¶古人（刈田種継）, 古代（苅田首種継　かりたのおびとたねつぐ）, コン

苅田秀定　かりたのひでさだ
平安時代後期の讃岐国の相撲人。
¶古人（[生]？　[没]1102年）

刈田安雄*　かりたのやすお
弘仁10（819）年～仁和2（886）年　平安時代前期の直講。
¶古人（生没年不詳）

歌立　かりつ★
江戸時代中期の女性。俳諧。天明4年4月、田上菊舎が3年の江戸滞在を終えて帰国する時、餞別の句を贈る。

か

¶江表（歌立（東京都））

苅幡戸辺＊ かりばたとべ，かりはたとべ
上代の女性。垂仁天皇の妃。
¶天皇（かりはたとべ 生没年不詳）

苅部（軽部）主計助 かりべかずえのすけ
安土桃山時代の人。もと武蔵国蒔田城主吉良氏の家臣。
¶後北（主計助〔苅部・軽部（2）〕 かずえのすけ）

苅部備前守＊ かりべびぜんのかみ
生没年不詳 戦国時代の武士。北条氏光家臣。
¶後北（備前守〔苅部（1）〕 びぜんのかみ）

かりほ
江戸時代後期の女性。俳諧。箱館の人。文化8年刊、松窓乙二編『斧の柄』に載る。
¶江表（かりほ（北海道））

刈穂園寿々女 かりほえんすずめ★
江戸時代後期の女性。狂歌。文政4年刊、六樹園編、景山亭零余子追善集『草のはら』に載る。
¶江表（刈穂園寿々女（東京都））

借馬秋庭女＊ かりまのあきばめ
生没年不詳 奈良時代の女性。土器作者。
¶女史

狩谷棭斎＊ かりやえきさい
安永4（1775）年12月1日〜天保6（1835）年 [別]狩谷棭斎（かりやきさい） 江戸時代後期の国学者、書家。実証古代史学者。
¶江人，コン，思想，山小（かりやきさい [生]1775年12月1日 [没]1835年閏7月4日）

狩谷棭斎 かりやきさい
⇒狩谷棭斎（かりやえきさい）

苅谷三郎＊ かりやさぶろう
弘化1（1844）年〜明治43（1910）年 [別]刈谷三郎（かりたにさぶろう） 江戸時代末期〜明治時代の志士、漢学者。竜虎軍に属し活躍。大阪陽明学会で後進の指導。
¶コン（刈谷三郎 かりたにさぶろう），幕末（[没]明治43（1910）年3月5日）

狩谷俊＊ かりやしゅん
文化7（1810）年〜安政4（1857）年 [別]狩谷たか女（かりやたかじょ） 江戸時代末期の女性。歌人。考証学者狩谷棭斎の二女。
¶女史（狩谷たか女 かりやたかじょ）

狩谷たか女 かりやたかじょ
⇒狩谷俊（かりやしゅん）

狩谷竹鞆＊ かりやたかとも
＊〜明治11（1878）年6月30日 江戸時代末期〜明治時代の加賀藩儒者。藩校明倫堂皇学の訓導。
¶幕末（[生]文政5（1822）年）

狩谷芳斎＊ かりやほうさい
寛政12（1800）年〜明治8（1875）年 江戸時代末期〜明治時代の俗人。岡田樢斎に丹青の技法を師事。
¶幕末

可柳 かりゅう★
江戸時代後期の女性。俳諧。北信地方の人。文化4年刊、宮本虎杖編、加舎白雄一七回忌追善集『いぬ榧集』に載る。
¶江表（可柳（長野県））

歌柳 かりゅう★
江戸時代末期の女性。俳諧。越前福井の人。安政4年刊、皎月舎其睡編『花野塚』に載る。
¶江表（歌柳（福井県））

歌流 かりゅう★
江戸時代後期の女性。俳諧。越前三国の人。天保15年刊、皎月舎其睡撰『杖のゆかり』に載る。
¶江表（歌流（福井県））

珂柳 かりゅう★
江戸時代後期の女性。俳諧。杭瀬下の人。文政9年刊、蘭渓亭泉編、狂歌・俳人画像集『新撰水鴛集』に載る。
¶江表（珂柳（長野県））

花笠 かりゅう★
江戸時代後期の女性。俳諧。福井の人。天明8年刊、白鶴楼紅楓編『そのかげ集』に載る。
¶江表（花笠（福井県））

花柳 かりゅう★
江戸時代中期の女性。俳諧。寛保2年刊、曇華斎馬光編『藪うくひす』に載る。
¶江表（花柳（東京都））

霞柳（1） かりゅう
江戸時代中期の女性。俳諧。備後福山の人。明和3年の『歳旦帖』に載る。
¶江表（霞柳（広島県））

霞柳（2） かりゅう★
江戸時代後期の女性。俳諧。石見大谷村の庄屋大久保松寿仙の子蓬雨の妻か。嘉永1年、松寿仙の耳順賀の句が残る。
¶江表（霞柳（島根県））

霞流 かりゅう★
江戸時代中期の女性。俳諧。鈴木六太夫の妻。宝暦12年序、近江大津の水田正秀門の花実園野牛編『信府松本十景句集』に載る。
¶江表（霞流（長野県））

哥流 かりゅう★
江戸時代後期の女性。俳諧。大石和の人。寛政3年刊、平橋庵敲氷編『亭主ぶり』に載る。
¶江表（哥流（山梨県））

駕龍 がりゅう★
江戸時代後期の女性。書・画。大塚氏。天保13年刊『江戸現在広益諸家人名録』二に載る。
¶江表（駕龍（東京都））

歌柳子 かりゅうこ★
江戸時代後期の女性。俳諧。京都の人。寛政4年刊、木村騏道編『新華摘』に載る。
¶江表（歌柳子（京都府））

歌流佐和右衛門 かりゅうさわえもん
⇒袖崎歌流（そでさきかりゅう）

香流治右衛門 かりゅうじえもん
⇒袖崎歌流（そでさきかりゅう）

嘉両 かりょう★
江戸時代中期の女性。俳諧。筑前福岡の人。天明3年の句集『時雨会』に載る。
¶江表（嘉両（福岡県））

夏良 かりょう★
江戸時代中期の女性。俳諧。道元居信我の妻。田

上菊舎が3年の江戸滞在を終え、天明4年4月に帰国する時、句を詠んだ。
¶江表(夏良(東京都))

珈涼　かりょう
⇒飯島珈涼尼(いいじまかりょうに)

雅亮　がりょう
⇒近松徳三(ちかまつとくぞう)

河良〔1代〕　かりょう
⇒山彦河良〔1代〕(やまびこかりょう)

河良〔2代〕　かりょう
⇒山彦河良〔2代〕(やまびこかりょう)

河良〔3代〕　かりょう
⇒山彦河良〔3代〕(やまびこかりょう)

河良〔4代〕　かりょう
⇒山彦河良〔4代〕(やまびこかりょう)

河良〔5代〕　かりょう
⇒山彦河良〔5代〕(やまびこかりょう)

珈涼尼　かりょうに
⇒飯島珈涼尼(いいじまかりょうに)

花りん　かりん★
江戸時代後期の女性。俳諧。天保5年刊、菫斎撰『わらたはね』に載る。
¶江表(花りん(岩手県))

花鈴　かりん★
江戸時代中期の女性。俳諧。京都の人。元禄3年跋、北条団水編『秋津島』に載る。
¶江表(花鈴(京都府))

かる
江戸時代中期の女性。俳諧。魚津の人。享保14年刊、紀行文『伽陀箱』に載る。
¶江表(かる(富山県))

軽*　かる
?～元禄15(1702)年　江戸時代中期の女性。京都の妓。
¶コン

軽沢登安　かるいざわなりやす
戦国時代～安土桃山時代の武田氏家臣。佐久郡軽井沢の国衆か。
¶武田(生没年不詳)

苅萱*　かるかや
伝説上の僧(高野聖)。
¶コン

かる女(1)　かるじょ★
江戸時代後期～明治時代の女性。俳諧。秋田藩の直轄鉱山であった院内銀山に関わった人々の墓のあった西光寺跡地には幾つかの発句墓が残る。
¶江表(かる女(秋田県)　[没]明治11(1878)年)

かる女(2)　かるじょ★
江戸時代末期の女性。和歌。越後山口の師尾忠道の母。安政2年序、僧大英撰「北越三雅集」に載る。
¶江表(かる女(新潟県))

華留女　かるじょ★
江戸時代中期の女性。俳諧。宝永3年刊、斯波園女撰『菊の塵』に載る。
¶江表(華留女(東京都))

軽皇子(1)　かるのおうじ
⇒孝徳天皇(こうとくてんのう)

軽皇子(2)　かるのおうじ
⇒文武天皇(もんむてんのう)

軽大郎女　かるのおおいつらめ
⇒軽大娘皇女(かるのおおいらつめのひめみこ)

軽大娘皇女　かるのおおいらつめのこうじょ
⇒軽大娘皇女(かるのおおいらつめのひめみこ)

軽大娘皇女*　かるのおおいらつめのひめみこ
[別]軽大郎女(かるのおおいつらめ), 軽大娘皇女(かるのおおいらつめのこうじょ, かるのおおいらつめのみこ), 軽太子・軽大郎女(かるのたいし・かるのおおいらつめ, かるのみこ・かるのおおいらつめ), 衣通郎姫(そとおりのいらつめ), 衣通姫(そとおりひめ)　上代の女性。允恭天皇の皇女。
¶古物, コン, 女史(衣通郎姫　そとおりのいらつめ), 天皇(かるのおおいらつめのみこ　生没年不詳)

軽大娘皇女　かるのおおいらつめのみこ
⇒軽大娘皇女(かるのおおいらつめのひめみこ)

軽太子　かるのたいし
⇒木梨軽皇子(きなしのかるのみこ)

軽太子・軽大郎女(1)　かるのたいし・かるのおおいらつめ
⇒軽大娘皇女(かるのおおいらつめのひめみこ)

軽太子・軽大郎女(2)　かるのたいし・かるのおおいらつめ
⇒木梨軽皇子(きなしのかるのみこ)

軽皇子(1)　かるのみこ
⇒孝徳天皇(こうとくてんのう)

軽皇子(2)　かるのみこ
⇒文武天皇(もんむてんのう)

軽太子・軽大郎女　かるのみこ・かるのおおいらつめ
⇒軽大娘皇女(かるのおおいらつめのひめみこ)

軽太子・軽大郎女　かるのみこかるのおおいらつめ
⇒木梨軽皇子(きなしのかるのみこ)

苅部清兵衛*(軽部清兵衛)　かるべせいべえ
寛政5(1793)年～慶応1(1865)年　江戸時代末期の保土ヶ谷宿本陣、名主。
¶幕末([没]元治2(1865)年3月28日)

軽部公友　かるべのきんとも
平安時代中期の官人。
¶古人(生没年不詳)

軽部国友　かるべのくにとも
平安時代後期の官人。
¶古人(生没年不詳)

軽部季友　かるべのすえとも
平安時代後期の官人。
¶古人(生没年不詳)

軽間鳥麻呂　かるまのとりまろ
⇒軽間連鳥麻呂(かるまのむらじとりまろ)

軽間連鳥麻呂*　かるまのむらじとりまろ
[別]軽間鳥麻呂(かるまのとりまろ)　奈良時代の建築家。
¶美建(軽間鳥麻呂　かるまのとりまろ　生没年不詳)

か

かるも(1)
江戸時代中期の女性。俳諧。安芸宮島の遊女。元禄6年刊、北条団水編『くやみ草』に載る。
¶江表(かるも(広島県))

かるも(2)
江戸時代後期の女性。俳諧。備前穂崎の人。天保9年刊、唐樹園亀嶺編『春興亀の尾山』後に載る。
¶江表(かるも(岡山県))

苅藻　かるも⋆
江戸時代後期の女性。和歌。祇園の遊女。弘化4年刊、緑亭川柳編『烈女百人一首』に載る。
¶江表(苅藻(京都府))

軽守皇女　かるもりのこうじょ
⇒鸕鷀守皇女(うもりのこうじょ)

歌簾　かれん
江戸時代中期の女性。俳諧。天明7年刊、菊亮編『笠の晴』に載る。
¶江表(歌簾(佐賀県))

花朗*　**かろう**
享保18(1733)年～享和3(1803)年4月8日　江戸時代中期～後期の俳人。
¶江表(花朗尼(福岡県)　かろうに)

唐牛桃里　かろうじとうり
⇒唐牛撫四郎(かろうじなでしろう)

唐牛撫四郎*　**かろうじなでしろう**
天保9(1838)年～明治32(1899)年　[別]唐牛桃里(かろうじとうり)　江戸時代末期～明治時代の黒石藩士。
¶幕末(唐牛桃里　かろうじとうり)

唐人親広　かろうどちかひろ
⇒唐人親広(からとちかひろ)

川　かわ⋆
江戸時代中期の女性。俳諧。大坂の人。元禄11年刊、槐本諷竹編『俳諧淡路島』に載る。
¶江表(川(大阪府))

河合乙州*(川井乙州)　**かわいおとくに**
[別]乙州，乙洲(おとくに)　江戸時代中期の俳人。松尾芭蕉門下。
¶コン(川井乙州　[生]?　[没]宝永7(1710)年?)，俳文(乙州　おとくに　生没年不詳)

河合耆三郎*　**かわいきさぶろう**
天保9(1838)年～慶応2(1866)年　江戸時代末期の新撰組隊士。
¶新隊([没]慶応2(1866)年2月12日)，全幕，幕末([没]慶応2(1866)年2月12日)

河合見風　かわいけんぷう
⇒白達磨見風(はくだるまけんぷう)

川合小梅*　**かわいこうめ**
*～明治22(1889)年11月2日　江戸時代末期～明治時代の女性。一主婦の目で家事にいそしむかたわら膨大な日記を書き残す。「小梅日記」として発刊。
¶江表(小梅(和歌山県)　[生]文化1(1804)年)，コン([生]文化1(1804)年)，女史([生]1804年)，幕末([生]文化2(1805)年12月22日)

川井小六*　**かわいころく**
文化13(1816)年～明治17(1884)年　江戸時代末期～明治時代の武士。
¶幕末([生]文化13(1816)年3月8日　[没]明治17(1884)年7月19日)

河合良翰　かわいさとかた
⇒河合屛山(かわいへいざん)

河合隼之助　かわいじゅんのすけ
⇒河合寸翁(かわいすんおう)

河合次郎右衛門　かわいじろうえもん
江戸時代後期の幕臣。
¶徳人(生没年不詳)

河井すが　かわいすが
江戸時代後期～明治時代の女性。長岡藩執政河井継之助の妻。
¶全幕([生]天保6(1835)年?　[没]明治27(1894)年)

川井助左衛門　かわいすけざえもん
江戸時代前期の代官。
¶徳代([生]?　[没]正保4(1647)年12月)

河合祐之*　**かわいすけゆき**
文化10(1813)年～文久1(1861)年　江戸時代末期の加賀藩士。
¶幕末([没]文久1(1861)年8月2日)

河合寸翁*　**かわいすんおう**
明和4(1767)年～天保12(1841)年　[別]河合隼之助(かわいじゅんのすけ，かわいはやのすけ)，河合寸翁(かわいすんのう)，河合道臣(かわいひろおみ，かわいみちおみ)　江戸時代中期～後期の播磨姫路藩家老。藩政改革を遂行。
¶コン，全幕(河合道臣　かわいみちおみ)

河合寸翁　かわいすんのう
⇒河合寸翁(かわいすんおう)

河合盛温*　**かわいせいおん**
天保3(1832)年～明治19(1886)年　[別]河合盛温(かわいもりはる)　江戸時代末期～明治時代の和算家。
¶数学(かわいもりはる　[没]明治19(1886)年7月21日)

河井善順*　**かわいぜんじゅん**
天保7(1836)年～明治26(1893)年　江戸時代末期～明治時代の僧侶。真龍寺の第10世住職。
¶幕末([没]明治26(1893)年8月20日)

河合惣五郎　かわいそうごろう
⇒河合曽良(かわいそら)

河合総兵衛*(河井惣兵衛，河合惣兵衛)　**かわいそうべえ**
文化13(1816)年～元治1(1864)年　[別]河合宗元(かわいむねもと)　江戸時代末期の志士。播磨姫路藩士。
¶コン(河井惣兵衛)，全幕(河合宗元　かわいむねもと)，幕末([生]文化13(1816)年2月　[没]元治1(1865)年12月26日)

河合曽良*　**かわいそら**
慶安2(1649)年～宝永7(1710)年5月22日　[別]岩波曽良(いわなみそら)，河合惣五郎(かわいそうごろう)，曽良(そら)　江戸時代前期～中期の俳人。「おくのほそ道」へ随行。
¶江人(曽良　そら)，コン，詩作，日文(曽良　そら)，俳文(曽良　そら)

河合泰山*　**かわいたいざん**
文化4(1807)年～明治18(1885)年　江戸時代末期～明治時代の徳山藩士。著書に「藩史」21巻。
¶幕末([没]明治18(1885)年5月4日)

河合竹之助* かわいたけのすけ
　天保7（1836）年〜明治27（1894）年　江戸時代末期
〜明治時代の加賀藩同心、算学者。七尾詰測量方、
軍艦所警固などを歴任。
　¶幕末

川井忠次 かわいただつぐ
　江戸時代中期の代官。
　¶徳代（㋐? 　㋒元禄2（1689）年4月25日）

川井忠遠 かわいただとお
　安土桃山時代の佐竹氏の家臣。
　¶全戦（㋐? 　㋒慶長8（1603）年）

河合智月（川井智月）かわいちげつ
　⇒智月（ちげつ）

河井継之助 かわいつぎのすけ
　⇒河井継之助（かわいつぐのすけ）

河井継之助*（河合継之助）かわいつぐのすけ
　文政10（1827）年〜明治1（1868）年　㋒河井継之助
（かわいつぎのすけ）　江戸時代末期の越後長岡藩
家老。藩政改革に尽力。
　¶江人（かわいつぎのすけ）、コン、思想、全幕（かわいつぎ
のすけ　㋒慶応4（1868）年）、幕末（㋐文政10（1827）年
1月1日　㋒慶応4（1868）年8月16日）、山小（㋐1827年1
月1日　㋒1868年8月16日）

河合鉄五郎* かわいてつごろう
　弘化3（1846）年〜?　江戸時代後期〜末期の新撰
組隊士。
　¶新隊

河合伝十郎* かわいでんじゅうろう
　天保12（1841）年〜元治1（1864）年　江戸時代末期
の播磨姫路藩士。
　¶幕末（㋒元治1（1865）年12月26日）

河合長孝 かわいながたか
　江戸時代後期の和算家。
　¶数学

河合隼之助 かわいはやのすけ
　⇒河合寸翁（かわいすんおう）

川井久敬* かわいひさたか
　享保10（1725）年〜安永4（1775）年　江戸時代中期
の幕臣。勘定奉行として田沼時代の貨幣政策を
担当。
　¶コン、徳人

川井久徳* かわいひさのり
　明和3（1766）年〜天保6（1835）年　㋒川井久徳（か
わいひさよし）　江戸時代後期の和算家、幕臣。
　¶科学、数学（かわいひさよし　㋒天保6（1835）年3月7
日）

川井久徳 かわいひさよし
　⇒川井久徳（かわいひさのり）

河合道臣 かわいひろおみ
　⇒河合寸翁（かわいすんおう）

河合屏山* かわいへいざん
　享和3（1803）年〜明治9（1876）年　㋒河合良翰（か
わいさとかた）　江戸時代末期〜明治時代の播磨姫
路藩士、一時大参事。藩内勤王派の興隆に尽力。
　¶コン、全幕（河合良翰　かわいさとかた）、幕末（㋐享和3
（1803）年7月18日　㋒明治9（1876）年8月14日）

川井政忠 かわいまさただ
　安土桃山時代〜江戸時代前期の代官。
　¶徳代（生没年不詳）

河井松右衛門 かわいまつえもん
　江戸時代末期〜明治時代の大工。
　¶美建（生没年不詳）

河合道臣 かわいみちおみ
　⇒河合寸翁（かわいすんおう）

河合宗元 かわいむねもと
　⇒河合総兵衛（かわいそうべえ）

河合杢右衛門 かわいもくえもん
　江戸時代前期の武士。中村一氏の家臣河合宗善
の弟。
　¶大坂（㋒慶長20年）

河合茂山* かわいもざん
　文政4（1821）年〜明治10（1877）年　江戸時代末期
〜明治時代の福岡藩士。尊攘派志士と交流。郭西
の正義党と称す。
　¶幕末（㋒明治10（1877）年1月2日）

河合盛温 かわいもりはる
　⇒河合盛温（かわいせいおん）

河合弥三郎* かわいやさぶろう
　江戸時代末期の新撰組隊士。
　¶新隊（生没年不詳）

河合吉統 かわいよしつな
　⇒河合吉統（かわいよしむね）

河合吉統* かわいよしむね
　㋒河合吉統（かわいよしつな）　戦国時代〜安土桃
山時代の武士。
　¶全戦（㋐永正3（1506）年　㋒天正1（1573）年）、戦武（㋐
大永1（1521）年?　㋒天正1（1573）年?）

川合鱗三* かわいりんぞう
　天保9（1838）年〜明治33（1900）年　江戸時代末期
〜明治時代の広島藩士。内務省に奉職し、栃木県書
記官を歴任。
　¶幕末（㋐?　㋒明治33（1900）年5月14日）

河内荻子* かわうちおぎこ
　?〜明治19（1886）年9月10日　江戸時代末期〜明
治時代の女性。歌人。
　¶江表（荻子（岡山県）　おぎこ　㋐文政7（1824）年）

川勝寛治* かわかつかんじ
　文政12（1829）年〜元治1（1864）年　江戸時代末期
の三条家士。
　¶幕末（㋒元治1（1864）年7月20日）

川勝継氏* かわかつつぎうじ
　天文1（1532）年〜慶長7（1602）年　㋒川勝継氏（か
わかつつぐうじ）　戦国時代〜安土桃山時代の武
士。豊臣氏家臣。
　¶織田（かわかつつぐうじ　㋐享禄4（1531）年　㋒慶長7
（1602）年3月21日）

川勝継氏 かわかつつぐうじ
　⇒川勝継氏（かわかつつぎうじ）

川勝広運* かわかつひろかず
　江戸時代末期の幕臣。
　¶徳人（生没年不詳）、幕末（生没年不詳）

川勝広綱* かわかつひろつな
天正8(1580)年〜寛文1(1661)年 江戸時代前期の武将。秀吉馬廻。
¶徳人(㊤1579年)

川勝広道* かわかつひろみち
天保1(1830)年〜? 江戸時代末期〜明治時代の幕臣。
¶幕末(㊦明治21(1888)年9月4日)

川勝靭負 かわかつゆきえ
江戸時代前期の武士。大坂の陣で籠城。
¶大坂(㊦慶長20年5月6日)

川上猪太郎* かわかみいたろう
江戸時代末期の代官。
¶幕末(㊤文政10(1827)年 ㊦?)

川上右膳* かわかみうぜん
生没年不詳 江戸時代末期の薩英戦争の際新波戸砲台の物主。
¶幕末

川上貴行* かわかみきこう
安永6(1777)年〜文久1(1861)年 ㊊川上貴行(かわかみたかゆき) 江戸時代後期の算者。
¶数学(かわかみたかゆき ㊦文久1(1861)年10月)

川上恭蔵* かわかみきょうぞう
文政10(1827)年〜明治31(1898)年 江戸時代末期〜明治時代の教育者。藩学作人館の興隆に尽力。
¶幕末(㊦明治31(1898)年8月21日)

川上群介* かわかみぐんすけ
天保12(1841)年〜明治10(1877)年 江戸時代末期〜明治時代の鹿児島県士族。西南戦争では熊本城総攻撃に参加。
¶幕末(㊤天保12(1841)年7月13日 ㊦明治10(1877)年3月13日)

河上彦斎* かわかみげんさい
天保5(1834)年〜明治4(1871)年 江戸時代末期〜明治時代の熊本藩士。人斬り彦斎と異名をとる。政府転覆を計画したが失敗。
¶江人, コン, 全幕, 幕末(㊤天保5(1834)年11月25日 ㊦明治4(1872)年12月3日)

河上三蔵 かわかみさんぞう
安土桃山時代の高天神籠城衆。
¶武田(㊤? ㊦天正9(1581)年3月22日)

川上七郎* かわかみしちろう
生没年不詳 江戸時代末期の紀伊和歌山藩士、使番。
¶幕末

川上充輝 かわかみじゅうき
江戸時代末期の代官。
¶徳代(生没年不詳)

川上充成 かわかみじゅうせい
江戸時代末期の代官。
¶徳代(㊤? ㊦文久1(1861)年1月24日)

川上宗雪 かわかみそうせつ
⇒川上不白〔1代〕(かわかみふはく)

川上操六 かわかみそうろく
嘉永1(1848)年〜明治32(1899)年 江戸時代後期〜明治時代の薩摩藩士、陸軍軍人。
¶コン, 全幕

川上貴行 かわかみたかゆき
⇒川上貴行(かわかみきこう)

川上忠堅* かわかみただかた
?〜天正14(1586)年 安土桃山時代の武士。島津氏家臣。
¶全戦(㊤永禄1(1558)年)

川上忠智* かわかみただとも
安土桃山時代の武士。
¶全戦(㊤? ㊦慶長12(1607)年)

川上親章* かわかみちかあき
弘化4(1847)年〜明治10(1877)年 江戸時代末期〜明治時代の陸軍軍人、大尉。高瀬の戦いで西郷軍と参戦。
¶幕末(㊦明治10(1877)年3月3日)

河上竹軒* かわかみちくけん
天保3(1832)年〜明治34(1901)年 江戸時代末期〜明治時代の岩国藩士。日新隊隊長として四境の役に出戦。
¶幕末(㊦明治34(1901)年8月29日)

川上鎮石* かわかみちんせき
天保10(1839)年〜明治44(1911)年 江戸時代末期〜明治時代の志士、官吏。宮内省へ出仕、主馬亮を経て主殿寮主事を歴任。正五位勲四等に叙せられた。
¶幕末(㊤天保11(1840)年3月17日 ㊦明治44(1911)年8月10日)

川上冬崖* かわかみとうがい
文政10(1827)年〜明治14(1881)年 江戸時代末期〜明治時代の洋画家、内国勧業博美術部審査主任。洋画のパイオニア。著書に「西画指南」「写景法範」。
¶コン, 徳人, 幕末(㊤文政10(1827)年6月11日 ㊦明治14(1881)年5月3日), 美画(㊤文政10(1827)年6月11日 ㊦明治14(1881)年5月3日)

河上富信* かわかみとみのぶ
生没年不詳 安土桃山時代の武将。
¶全戦, 武田

川上直本* かわかみなおもと
天保2(1831)年〜明治22(1889)年 江戸時代末期〜明治時代の高田藩士。
¶幕末(㊤天保2(1832)年12月19日 ㊦明治22(1889)年7月19日)

河上娘 かわかみのいらつめ
⇒蘇我河上娘(そがのかわかみのいらつめ)

川上梟帥*(河上梟帥) かわかみのたける
㊊熊襲魁帥, 熊襲梟帥, 熊曽建(くまそたける) 上代の九州の土豪。
¶古代(熊曽建 くまそたける), コン

河上真奴* かわかみのまぬ
生没年不詳 ㊊河上好(かわかみのよし) 平安時代前期の女性。桓武天皇の宮人。
¶古人, 天皇

川上泊堂* かわかみはくどう
嘉永1(1848)年〜大正13(1924)年 江戸時代末期〜大正時代の書家。書道を広める。
¶幕末(㊦大正13(1924)年12月24日)

河上範三* かわかみはんぞう
天保12(1841)年〜慶応1(1865)年 江戸時代末期の長州(萩)藩士。

¶幕末（[没]元治2（1865）年3月1日）

川上久朗* かわかみひさあき
天文5（1536）年～＊ 戦国時代の武士。
¶全戦（[生]天文6（1537）年 [没]永禄11（1568）年），戦武（[没]永禄11（1568）年）

川上久重の娘 かわかみひさしげのむすめ★
江戸時代後期の女性。和歌。薩摩藩藩士で家老を務めた川上式部久重の娘。文政11年序、川畑篤実編「松操和歌集」に載る。
¶江表（川上久重の娘（鹿児島県））

川上久将の娘 かわかみひさまさのむすめ★
江戸時代後期の女性。和歌。薩摩藩藩士で大目付を務めた川上将監久将の娘。嘉永4年刊、堀尾光久編『近世名所歌集』初に載る。
¶江表（川上久将の娘（鹿児島県））

川上不白〔1代〕* かわかみふはく
享保4（1719）年～文化4（1807）年 [別]川上宗雪（かわかみそうせつ），不白（ふはく） 江戸時代中期～後期の茶匠。茶道江戸千家流の祖。
¶江人（代数なし [生]1716年），コン（代数なし [生]享保1（1716）年），俳文（不白 ふはく [生]享保3（1718）年 [没]文化4（1807）年10月4日）

河上弥市* かわかみやいち
天保14（1843）年～文久3（1863）年 江戸時代末期の志士、奇兵隊総督。
¶コン，全幕，幕末（[生]天保14（1843）年1月 [没]文久3（1863）年10月24日）

川上要一* かわかみよういち
弘化1（1844）年～明治10（1877）年 江戸時代末期～明治時代の鹿児島県士族。西南戦争では西郷軍1番大隊2番小隊長。
¶幕末

川上竜衛* かわかみりゅうえい
文化5（1808）年～？ 江戸時代後期の薩摩藩家老。
¶幕末

川枯勝成* かわがれかちなり
[別]川枯勝成（かわかれのかつなり，かわがれかつなり） 平安時代前期の学者、令義解撰者の一人。
¶古人（かわかれのかつなり 生没年不詳）

川枯勝成 かわがれかつなり
⇒川枯勝成（かわがれかちなり）

川枯勝成 かわかれのかつなり
⇒川枯勝成（かわがれかちなり）

川北温山* かわきたおんざん
寛政6（1794）年～嘉永6（1853）年 江戸時代末期の漢学者。
¶コン

河北義次郎* かわきたぎじろう
弘化1（1844）年～明治24（1891）年 江戸時代末期～明治時代の陸軍軍人、外交官、英国公使館御用掛、少佐。整武隊軍監として王事に尽力。
¶コン，幕末（[生]天保15（1844）年 [没]明治24（1891）年3月10日）

川北庄左衛門正勝 かわきたしょうざえもんまさかつ
江戸時代前期の武士。秀吉、秀頼に歴仕。大坂七組の真野頼包組に所属。
¶大坂（[没]万治1年）

川喜多真一郎 かわきたしんいちろう
江戸時代後期～末期の学者、赤報隊士。
¶幕末（[生]文政1（1818）年 [没]慶応4（1868）年1月27日）

川北朝鄰* かわきたちょうりん
天保11（1840）年5月16日～大正8（1919）年2月22日 [別]川北朝隣，川北朝鄰（かわきたともちか） 江戸時代末期～大正時代の数学教育家。洋算の教科書の編纂。数理書院を創設し、翻訳数学書を出版。
¶科学（かわきたともちか），数学（川北朝隣 かわきたともちか）

川北朝隣（川北朝鄰） かわきたともちか
⇒川北朝鄰（かわきたちょうりん）

川北長郷*（河北長郷） かわきたながさと
安土桃山時代の武将。
¶織田（河北長郷 生没年不詳）

河北一* かわきたはじめ
天保8（1837）年～明治44（1911）年 江戸時代末期～明治時代の萩藩士。著書に「万国海路船幟記」。
¶幕末（[没]明治44（1911）年12月22日）

河北藤元 かわきたふじもと
安土桃山時代の織田信長の家臣。伊勢長野氏の臣。
¶織田（生没年不詳）

河喜多真彦* かわきたまひこ
文政1（1818）年～明治1（1868）年 江戸時代末期～明治時代の国学者。
¶コン（[生]？ [没]慶応2（1866）年）

河北道介 かわきたみちすけ
江戸時代後期～明治時代の洋画家。
¶美画（[生]嘉永3（1850）年 [没]明治40（1907）年）

川口月村 かわぐちげっそん
江戸時代後期～明治時代の日本画家。
¶美画（[生]弘化2（1845）年3月 [没]明治37（1904）年10月17日）

川口月嶺* かわぐちげつれい
文化8（1811）年～明治4（1871）年 江戸時代末期～明治時代の絵師。御家御用として画業に専念。
¶幕末（[没]明治4（1871）年7月22日），美画（[没]明治4（1871）年9月6日）

川口四郎左衛門尉* かわぐちしろうざえもんのじょう
生没年不詳 戦国時代の伊豆丹那郷の名主。
¶後北（四郎左衛門尉〔川口（1）〕 しろうざえもんのじょう）

河口信順* かわぐちしんじゅん
寛政5（1793）年～明治2（1869）年 [別]河口信順（かわぐちのぶより） 江戸時代末期の医師。
¶幕末（かわぐちのぶより）

河口信任* かわぐちしんにん
元文1（1736）年5月9日～文化8（1811）年4月26日 [別]河口信任（かわぐちのぶただ） 江戸時代中期～後期の蘭方医。「解屍編」を刊行。
¶江人，科学

川口雪篷* かわぐちせっぽう
＊～明治23（1890）年 江戸時代末期～明治時代の薩摩藩士、書家。
¶幕末（[生]文政1（1818）年 [没]明治23（1890）年6月）

川口武定* かわぐちたけさだ
弘化3（1846）年～大正7（1918）年1月19日 江戸時

代末期～大正時代の紀州藩士、官吏、貴族院議員。神奈川県権大属、大蔵省租税監史総長などを歴任。
¶幕末（[生]弘化3（1846）年4月）

川口頼母* かわぐちたのも
元禄7（1694）年～明和8（1771）年 [別]川口信友（かわぐちのぶとも） 江戸時代中期の本草家、書物奉行。
¶徳人（川口信友 かわぐちのぶとも）

川口竹人* かわぐちちくじん
*～明和1（1764）年 [別]竹人（ちくじん） 江戸時代中期の俳人。
¶俳文（竹人 ちくじん [生]元禄6（1693）年 [没]明和1（1764）年11月18日）

河口信任 かわぐちのぶただ
⇒河口信任（かわぐちしんにん）

川口信友 かわぐちのぶとも
⇒川口頼母（かわぐちたのも）

河口信順 かわぐちのぶより
⇒河口信順（かわぐちしんじゅん）

川口半右衛門* かわぐちはんえもん
天保13（1842）年～明治27（1894）年 江戸時代末期～明治時代の富商。戦後郡山の復興に尽力、開成社社員。
¶幕末（[没]明治27（1894）年5月4日）

川口彦内 かわぐちひこない
安土桃山時代の相模国三崎城主・伊豆国韮山城城将北条氏規の家臣。
¶後北（彦内〔川口（2）〕 ひこない）

河口宗勝*（川口宗勝） かわぐちむねかつ
天文17（1548）年～慶長17（1612）年 安土桃山時代～江戸時代前期の武士。織田氏家臣、豊臣氏家臣、徳川氏家臣。
¶織田（川口宗勝 [生]天文15（1546）年 [没]慶長17（1612）年3月4日）

川口宗重 かわぐちむねしげ
安土桃山時代～江戸時代前期の幕臣。
¶徳人（[生]1587年 [没]1654年）

川口宗恒 かわぐちむねつね
江戸時代前期～中期の幕臣。
¶徳人（[生]1630年 [没]1704年）

川口宗吉* かわぐちむねよし
永正17（1520）年～天正10（1582）年3月 戦国時代～安土桃山時代の織田信長の家臣。
¶織田（[没]天正10（1582）年4月11日）

川口屋宇兵衛 かわぐちやうへえ
江戸時代末期の地本問屋。
¶浮絵

川口屋正蔵 かわぐちやしょうぞう
江戸時代末期の地本問屋。
¶浮絵

川口義訓 かわぐちよしのり
江戸時代後期～明治時代の和算家。
¶数学（[没]明治15（1882）年）

川久保十次* かわくぼじゅうじ
弘化4（1847）年～明治10（1877）年 江戸時代末期～明治時代の鹿児島県士族。西南戦争では南関攻撃に参加。
¶幕末（[没]明治10（1877）年8月17日）

川窪信近 かわくぼのぶちか
江戸時代中期の幕臣。
¶徳人（[生]1689年 [没]1725年）

河窪信俊* かわくぼのぶとし
永禄7（1564）年～寛永16（1639）年 [別]松尾信俊（まつおのぶとし） 安土桃山時代～江戸時代前期の武士。
¶武田（松尾信俊 まつおのぶとし [没]寛永16（1639）年2月14日）

川窪予章* かわくぼよしょう
天保5（1834）年～明治42（1909）年 江戸時代末期～明治時代の教育者。大阪、神戸などに淳古館という塾を開校。
¶幕末

河毛源三郎* かわげげんざぶろう
[別]河毛源三郎清之（かわけげんざぶろうきよゆき） 安土桃山時代の武将。秀吉馬廻。
¶大坂（河毛源三郎清之 かわけげんざぶろうきよゆき [没]寛永17年）

河毛源三郎清之 かわけげんざぶろうきよゆき
⇒河毛源三郎（かわげげんざぶろう）

河越重房* かわごえしげふさ
生没年不詳 鎌倉時代前期の御家人。
¶内乱, 平家

河越重頼* かわごえしげより
？～文治1（1185）年 [別]平重頼（たいらのしげより） 平安時代後期の武将。源頼朝の有力御家人。
¶古人（平重頼 たいらのしげより）, コン, 中世, 平家（生没年不詳）

川越縄* かわごえただす
天保9（1838）年～明治3（1870）年 江戸時代末期～明治時代の遊撃隊。
¶幕末（[没]明治3（1870）年5月2日）

河越直重* かわごえなおしげ
生没年不詳 南北朝時代の武将。
¶内乱, 室町

川崎和泉勝宣 かわさきいずみかつのぶ
江戸時代前期の武士。大坂の陣で籠城。
¶大坂（[没]慶長20年5月6日）

川崎加右衛門 かわさきかえもん
江戸時代前期の伊東長次の従弟。
¶大坂（[没]慶長20年5月6日）

川前兼清 かわさきかねきよ
平安時代後期の官人。
¶古人（生没年不詳）

川崎金右衛門 かわさききんえもん
⇒筑紫川崎（つくしかわさき）

川崎孝保 かわさきこうほ
江戸時代後期～末期の代官。
¶徳代（[生]寛政4（1792）年 [没]安政2（1855）年2月29日）

川崎定孝* かわさきさだたか
元禄7（1694）年3月15日～明和4（1767）年6月6日 [別]川崎平右衛門（かわさきへいえもん） 江戸時代中期の農政家。新田開発と治水に尽力した名代官。
¶コン（[生]元禄2（1689）年）, 徳将（川崎平右衛門 かわさきへいえもん）, 徳人, 徳代

かわしま

川崎定盈　かわさきさだみつ
江戸時代中期の石見国大森代官・銀山支配。
¶徳代（㊏享保14（1729）年　㊞安永7（1778）年4月18日）

川崎定安　かわさきさだやす
＊〜文化10（1813）年　江戸時代中期〜後期の幕臣、代官。
¶徳人（㊙？）、徳代（㊏宝暦8（1758）年　㊞文化10（1813）年3月4日）

川崎準三郎＊　かわさきじゅんざぶろう
江戸時代末期の新撰組隊士。
¶新隊（生没年不詳）

川崎順道＊　かわさきじゅんどう
江戸時代末期の新撰組隊士。
¶新隊（生没年不詳）

川崎正右衛門＊　かわさきしょうえもん
天保4（1833）年〜明治39（1906）年　㊞川崎祐名（かわさきすけな）　江戸時代末期〜明治時代の薩摩藩士。
¶幕末（㊏天保4（1833）年11月2日　㊞明治39（1906）年1月3日）

河崎将監＊　かわさきしょうげん
生没年不詳　安土桃山時代の織田信長の家臣。
¶織田

川崎新五郎＊　かわさきしんごろう
天保6（1835）年〜明治32（1899）年　江戸時代末期〜明治時代の飫肥藩士。藩政改革を推進。
¶幕末（㊞明治32（1899）年3月13日）

川崎祐名　かわさきすけな
⇒川崎正右衛門（かわさきしょうえもん）

川崎田豆雄＊　かわさきたずお
文政11（1828）年〜明治33（1900）年9月2日　江戸時代末期〜明治時代の神官、社軍隊幹部。勤王に奔走。
¶幕末

河崎董＊　かわさきただす
文政6（1823）年〜明治4（1871）年　江戸時代末期〜明治時代の砲術家。軍政改革に功労。第2次征長戦では軍監。
¶コン、幕末（㊏文政6（1823）年4月15日　㊞明治4（1871）年4月27日）

川崎千虎　かわさきちとら
江戸時代後期〜明治時代の日本画家。
¶美画（㊏天保6（1835）年　㊞明治35（1902）年11月27日）

河崎忠右衛門　かわさきちゅうえもん
江戸時代前期の伊東長次の家臣。
¶大坂（㊞慶長20年5月7日）

川崎長右衛門　かわさきちょうえもん
江戸時代前期の伊東長次の従弟。
¶大坂（㊞慶長20年5月7日）

川崎道民　かわさきどうみん
⇒川崎道民（かわさきみちたみ）

河崎外司馬の母　かわさきとしまのはは＊
江戸時代後期の女性。和歌。天保11年成立「鶯見家短冊帖」に載る。
¶江表（河崎外司馬の母（鳥取県））

川崎平右衛門　かわさきへいえもん
⇒川崎定孝（かわさきさだたか）

川崎孫四郎＊　かわさきまごしろう
＊〜万延1（1860）年　㊞篠崎源太郎（しのざきげんたろう）　江戸時代末期の水戸藩部吏。
¶幕末（㊏文政9（1826）年1月1日　㊞万延1（1860）年3月24日）

川崎道民＊　かわさきみちたみ
＊〜明治14（1881）年　㊞川崎道民（かわさきどうみん）　江戸時代末期〜明治時代の蘭学者。欧米・遣欧使節の随員としてアメリカ・フランスなどへ渡航。
¶幕末（㊙？）

川崎宗則＊　かわさきむねのり
嘉永2（1849）年〜昭和6（1931）年　江戸時代末期〜昭和時代の福山藩士。長州藩征討のため主君の前衛として浜田に出陣。
¶幕末（㊞昭和6（1931）年1月23日）

川崎主水　かわさきもんど
江戸時代前期の武士。大坂の陣で籠城。
¶大坂（㊞慶長20年5月6日）

川崎弥助＊　かわさきやすけ
？〜文久3（1863）年　江戸時代末期の豪商。
¶幕末（㊞文久3（1863）年5月15日）

川崎勇四郎＊　かわさきゆうしろう
弘化1（1844）年〜元治1（1864）年　江戸時代末期の志士。水戸天狗党挙兵に参加。
¶幕末（㊞元治1（1864）年7月9日）

河崎与助＊（河崎与介）　かわさきよすけ
？〜天正10（1582）年6月2日　戦国時代〜安土桃山時代の織田信長の家臣。
¶織田（河崎与介）

川路高子＊　かわじたかこ
＊〜明治17（1884）年10月12日　江戸時代末期〜明治時代の家老女。各地の奉行を歴任した聖謨に代わって家を守る留守日記の「高子日記」を記す。
¶コン（㊏文化1（1804）年）

川路太郎＊　かわじたろう
＊〜昭和2（1927）年2月5日　江戸時代末期〜明治時代の教育者、神戸松蔭女学校校長。岩倉使節団一行に通訳として随行。帰国後は実業界を経て教育界に転身。
¶全幕（㊏弘化1（1844）年）、幕末（㊏弘化1（1844）年）

川路聖謨　かわじとしあきら
享和1（1801）年〜明治1（1868）年　江戸時代末期の幕府官僚、勘定奉行。
¶江人、コン、思想、全幕（㊞慶応4（1868）年）、徳将、徳人、徳代（㊞明治1（1868）年3月15日）、幕末（㊏享和1（1801）年4月25日　㊞慶応4（1868）年3月15日）、山小（㊏1801年4月25日　㊞1868年3月15日）

川路利良＊　かわじとしよし
天保5（1834）年5月11日〜明治12（1879）年10月13日　江戸時代末期〜明治時代の内務省官吏、大警視。警察行政確立の功労者。
¶コン、全幕、幕末

川島皇子　かわしまおうじ
⇒川島皇子（かわしまのおうじ）

革島一宣＊　かわしまかずのぶ
永正6（1509）年？〜天正9（1581）年5月13日　戦国

時代～安土桃山時代の織田信長の家臣。
¶織田

川島勝司＊(河島勝司)　かわしまかつじ
？～慶応1(1865)年　江戸時代末期の新撰組隊士。
¶新隊(生没年不詳),全幕([没]慶応2(1866)年？),幕末([没]慶応1(1865)年頃)

川島佐次右衛門〔2代〕＊　かわしまさじえもん
江戸時代前期～中期の園芸家。多摩川ナシの始祖。
¶植物(生没年不詳)

川島至善＊　かわしましぜん
嘉永3(1850)年～大正6(1917)年　江戸時代末期～明治時代の奥州藩士。戊辰戦争に参加。
¶幕末([生]嘉永3(1850)年4月12日　[没]大正6(1917)年11月18日)

川島重一＊　かわしまじゅういち
文政11(1828)年～明治20(1887)年　江戸時代末期～明治時代の水戸藩士。
¶幕末([没]明治20(1887)年4月15日)

川島甚兵衛〔2代〕　かわしまじんべえ
江戸時代後期～明治時代の織物業者、染織家。
¶美工([生]嘉永6(1853)年5月22日　[没]明治43(1910)年5月5日)

川島総次＊　かわしまそうじ
文政8(1825)年～元治1(1864)年　江戸時代末期の野根山岩佐関の番卒。
¶幕末([没]元治1(1864)年9月5日)

革島忠宣＊　かわしまただのぶ
？～元和4(1618)年1月26日　安土桃山時代～江戸時代前期の織田信長の家臣。
¶織田

川島皇子＊　かわしまのおうじ
斉明3(657)年～持統5(691)年　[別]川島皇子(かわしまおうじ，かわしまのみこ)，河島皇子，河嶋皇子(かわしまのみこ)　飛鳥時代の天智天皇の第2皇子。
¶古人(かわしまおうじ　生没年不詳),古代,古物(かわしまのみこ),コン(かわしまのみこ),天皇(かわしまのみこ　[生]斉明天皇3(657)年？　[没]持統天皇5(691)年9月),日文(かわしまのみこ・かわしまのおうじ)

河島皇子(河嶋皇子，川島皇子)　かわしまのみこ
⇒川島皇子(かわしまのおうじ)

革島秀存＊　かわしまひであり
享禄1(1528)年？～天正10(1582)年8月29日　[別]革島秀存(かわしまひでまさ)　戦国時代～安土桃山時代の織田信長の家臣。
¶織田(かわしまひでまさ)

革島秀存　かわしまひでまさ
⇒革島秀存(かわしまひであり)

河尻春之＊(川尻春之)　かわじりはるの
宝暦6(1756)年～文化12(1815)年12月27日　江戸時代中期～後期の幕臣。
¶徳人(川尻春之),徳代

河尻秀隆＊(川尻秀隆)　かわじりひでたか
大永7(1527)年～天正10(1582)年　戦国時代～安土桃山時代の武将。織田信長に仕えた。
¶織田([没]天正10(1582)年6月18日),コン,全戦,戦武

川尻秀長＊(河尻秀長)　かわじりひでなが
？～慶長5(1600)年　安土桃山時代の武将。豊臣秀吉に仕えた。
¶コン

河津省庵　かわずせいあん
⇒河津省庵(かわづせいあん)

川砂　かわすな★
江戸時代中期の女性。俳諧。相模用田の人。明和5年刊、白井鳥酔編『湘海四時』に載る。
¶江表(川砂(神奈川県))

川住行教＊　かわすみゆきたか
文政8(1825)年～明治17(1884)年　[別]川住行教(かわずみゆきのり)　江戸時代末期～明治時代の地方功労者。西尾藩廃藩後、西尾生産取扱所設立の中心、西尾城跡の開墾など殖産興業に尽力。
¶幕末(かわずみゆきのり　[生]文政8(1825)年9月13日　[没]明治17(1884)年2月4日)

川住行教　かわずみゆきのり
⇒川住行教(かわすみゆきたか)

川瀬幸　かわせこう
⇒池田幸(いけだこう)

川瀬重豊　かわせしげとよ
江戸時代後期の和算家、長谷川数学道場助教授。
¶数学

河瀬勝大夫　かわせしょうだゆう
江戸時代前期の武士。大坂の陣で籠城。
¶大坂

河瀬菅雄＊　かわせすがお
正保4(1647)年～享保10(1725)年　江戸時代前期～中期の歌人。
¶コン

河瀬助十郎　かわせすけじゅうろう
江戸時代前期の伊東長昌の家臣。
¶大坂([没]慶長20年5月7日)

川瀬専蔵＊　かわせせんぞう
天保13(1842)年～慶応1(1865)年　江戸時代末期の水戸藩士。
¶幕末([没]元治2(1865)年2月4日)

川瀬太宰＊(河瀬太宰，川瀬大宰)　かわせだざい
文政2(1819)年～慶応2(1866)年　江戸時代末期の勤王志士、学者。
¶江人,コン(河瀬太宰),全幕,幕末(川瀬大宰　[没]慶応2(1866)年6月7日)

河瀬真孝＊　かわせまさたか
天保11(1840)年～大正8(1919)年　江戸時代末期～明治時代の長州(萩)藩士、外交官。
¶幕末([生]天保11(1840)年2月9日　[没]大正8(1919)年9月29日)

川瀬恭孝　かわせやすたか
江戸時代の和算家。
¶数学

川添誠之丞＊　かわぞえせいのすけ，かわそえせいのすけ
江戸時代末期の新撰組隊士。
¶新隊(かわそえせいのすけ　生没年不詳)

河副久盛＊(川副久盛)　かわぞえひさもり
？～永禄12(1569)年　戦国時代の武士。
¶全戦(川副久盛)

河副六兵衛重次　かわぞえろくびょうえしげつぐ
安土桃山時代～江戸時代前期の豊臣秀頼・徳川秀忠の家臣。
¶大坂（[生]天正12年　[没]寛永13年9月24日）

川田甕江*　かわだおうこう，かわたおうこう
天保1（1830）年～明治29（1896）年　[別]川田剛（かわだごう，かわだたけし）　江戸時代末期～明治時代の儒者、漢学者、東京帝国大学教授、宮中顧問官。貴族院議員。漢文壇での重鎮。著書に「殉難録稿」「楠氏考」など。
¶コン，詩作（かわたおうこう　[生]天保1（1830）年6月13日　[没]明治29（1895）年2月2日），幕末（かわたおうこう　[没]明治29（1896）年2月1日）

河田景与*　かわだかげとも，かわたかげとも
文政11（1828）年～明治30（1897）年　江戸時代末期～明治時代の鳥取藩士、官吏。
¶コン，全幕（かわたかげとも），幕末（かわたかげとも　[生]文政11（1828）年10月18日　[没]明治30（1897）年10月12日）

河田佳蔵*　かわたかぞう，かわだかぞう
天保13（1842）年～元治1（1864）年　江戸時代末期の周防徳山藩士。
¶幕末（[生]天保13（1842）年9月23日　[没]元治1（1864）年10月24日）

河田寄三*　かわだきさん，かわたきさん
文化4（1807）年～明治5（1872）年　[別]寄三（きさん，きぞう）　江戸時代末期の俳人。
¶俳文（寄三　きさん）

川田琴卿*　かわだきんけい
貞享1（1684）年～宝暦10（1760）年11月29日　[別]川田雄琴（かわだゆうきん）　江戸時代中期の漢学者。
¶コン

河田九郎左衛門*　かわだくろうざえもん
[別]川田九郎左衛門基親（かわだくろざえもんもとちか）　安土桃山時代の武将。秀吉馬廻。
¶大坂（川田九郎左衛門基親　かわだくろ（う）ざえもんもとちか）

川田九郎左衛門基親　かわだくろざえもんもとちか
⇒河田九郎左衛門（かわだくろうざえもん）

河竹新七〔1代〕*　かわたけしんしち
延享4（1747）年～寛政7（1795）年　[別]河竹能進〔1代〕（かわたけのうしん），進三（しんぞう），竹翁（ちくおう），能進（のうしん），能進斎（のうしんさい）　江戸時代中期の歌舞伎作者。明和1年～安永9年頃に活躍。
¶江人（――〔1世〕　[生]1746年），歌大（[生]延享3（1746）年），コン，新歌（――〔1世〕　[生]1746年）

河竹新七〔3代〕*　かわたけしんしち
天保13（1842）年～明治34（1901）年　江戸時代末期～明治時代の歌舞伎作者。代表作「籠釣瓶花街酔醒」「塩原太助一代記」など。
¶歌大（[没]明治34（1901）年1月10日），新歌（――〔3世〕）

河竹能進〔1代〕　かわたけのうしん
⇒河竹新七〔1代〕（かわたけしんしち）

河竹能進〔2代〕　かわたけのうしん
⇒勝能進（かつのうしん）

河竹文治（川竹文治）　かわたけぶんじ
⇒瀬川如皐〔2代〕（せがわじょこう）

河竹黙阿弥*　かわたけもくあみ
文化13（1816）年～明治26（1893）年1月22日　[別]古河黙阿弥〔2代〕（ふるかわもくあみ），黙阿弥（もくあみ）　江戸時代末期～明治時代の歌舞伎作者。講談種の白波物を書く。「島衛月白波」を一世一代として引退。
¶浮絵（[生]文化13（1816）年），江人，歌大（[生]文化13（1816）年2月3日），コン，思想，新歌，日文，幕末（古河黙阿弥〔2代〕　ふるかわもくあみ　[生]文化13（1816）年1月6日），山小（[生]1816年2月3日　[没]1893年1月22日）

川田剛　かわだごう
⇒川田甕江（かわだおうこう）

川田鴻斎*　かわだこうさい
文化7（1810）年～明治6（1873）年　江戸時代末期～明治時代の医師。遠州地方ではじめて牛痘苗による種痘を実行。
¶幕末

河田五郎左衛門　かわだごろうざえもん
安土桃山時代の北条氏邦家臣持田四郎左衛門の同心。隼人。
¶後北（五郎左衛門〔河田〕　ごろうざえもん）

川田貞英　かわださだひで
江戸時代中期の代官。
¶徳代（[生]元禄13（1700）年　[没]安永2（1773）年閏3月23日）

河田重親*　かわだしげちか
享禄4（1531）年～文禄2（1593）年　戦国時代の武士。上杉氏家臣。
¶武田

河田小竜*（河田小龍）　かわだしょうりょう
文政7（1824）年～明治31（1898）年12月19日　江戸時代末期～明治時代の画家。中浜万次郎を取調べ「漂巽紀略」を著す。開明派の知識人として活躍。
¶コン（河田小龍），全幕（河田小龍），幕末（河田小龍　[生]文政7（1824）年10月25日），美画（[生]文政7（1824）年10月25日）

河田羆　かわだたけし
江戸時代後期～大正時代の日本地誌編纂者。
¶地理（[生]1842年　[没]1920年）

川田剛　かわだたけし
⇒川田甕江（かわだおうこう）

川田太郎*　かわだたろう
天保14（1843）年～＊　江戸時代末期の人。出流山義挙に参加。
¶幕末（[没]慶応3（1867）年12月12日）

河田迪斎*（河田廸斎）　かわたてきさい，かわだてきさい
文化3（1806）年～安政6（1859）年　江戸時代末期の儒学者。
¶徳人（かわだてきさい），幕末（[生]文化3（1806）年1月15日　[没]安政6（1859）年1月17日）

川田田福*　かわだでんぷく
享保6（1721）年～寛政5（1793）年　[別]田福（でんぶく，でんぷく）　江戸時代中期の俳人（蕪村門）。
¶俳文（田福　でんぷく　[没]寛政5（1793）年5月6日）

河田長親*　かわだながちか
？～天正9（1581）年　安土桃山時代の武将。上杉氏家臣。
¶全戦，戦武（[生]天文14（1545）年）

川谷銀太郎* かわたにぎんたろう
天保13(1842)年～明治1(1868)年　江戸時代末期の人。戊辰戦争に参加。
¶幕末([生]天保14(1843)年　[没]慶応4(1868)年9月4日)

川谷薊山* かわたにけいざん
宝永3(1706)年～明和6(1769)年　[別]川谷致真(かわたにちしん，かわたにむねざね)，川谷貞六(かわたにていろく)　江戸時代中期の暦学者。
¶科学,コン,数学(川谷致真　かわたにむねざね　[没]明和6(1769)年10月7日)

川谷致真 かわたにちしん
⇒川谷薊山(かわたにけいざん)

川谷貞六 かわたにていろく
⇒川谷薊山(かわたにけいざん)

河谷知倚の妻 かわたにともよりのつま★
江戸時代中期の女性。和歌。出雲古浦の人。正徳1年跋、勝部芳房編『佐陀大社奉納神始言吹草』に載る。
¶江表(河谷知倚の妻(島根県))

川谷致真 かわたにむねざね
⇒川谷薊山(かわたにけいざん)

河田彦左衛門尉 かわだひこざえもんのじょう
戦国時代の大工職人。甲斐国八代郡一宮郷の甲斐一宮の浅間神社付属。
¶武田(生没年不詳)

河田熙*(河田熈) かわだひろむ
天保6(1835)年～明治33(1900)年3月11日　江戸時代末期～明治時代の幕臣、儒者。鎖港不可を建言。
¶コン,徳人(河田熈),幕末

川田保則* かわだほうそく
寛政8(1796)年～明治15(1882)年　[別]川田保則(かわだやすのり)　江戸時代末期～明治時代の和算家。
¶数学(かわだやすのり　[生]寛政8(1796)年7月13日　[没]明治15(1882)年11月1日)

河田安親の母 かわだやすちかのはは★
江戸時代後期の女性。和歌。須田氏の娘。
¶江表(河田安親の母(宮城県)　[没]文化1(1804)年)

川田保知 かわだやすとも
江戸時代後期の和算家。
¶数学

川田保則 かわだやすのり
⇒川田保則(かわだほうそく)

川田雄琴 かわだゆうきん
⇒川田琴卿(かわだきんけい)

河田雄禎* かわたゆうてい
文政5(1822)年～明治20(1887)年　江戸時代末期～明治時代の医師。
¶幕末([没]明治20(1887)年2月26日)

川田義朗* かわだよしあき
？～文禄4(1595)年　安土桃山時代の武士。
¶戦武(生没年不詳)

河内* かわち
生没年不詳　平安時代後期の歌人。
¶古人

河内王 かわちおう
⇒河内王(かわちのおおきみ)

川地柯亭* かわちかてい
安永9(1780)年～明治5(1872)年　江戸時代後期～明治時代の画家。
¶美画([没]明治5(1872)年10月17日)

河内貞衡* かわちさだひら
？～文久2(1862)年　江戸時代末期の測量家、信濃上田藩士。
¶数学([没]文久2(1862)年7月24日)

河内侍従 かわちじじゅう
⇒毛利秀頼(もうりひでより)

河内全節 かわちぜんせつ
江戸時代後期～明治時代の漢方医、医史学者、侍医。
¶科学([生]天保5(1834)年8月3日　[没]明治41(1908)年6月24日)

河内武信* かわちたけのぶ
？～文化4(1807)年　江戸時代中期～後期の測量家、信濃上田藩士。
¶数学([没]文化4(1807)年7月26日)

開中費直穢人* かわちのあたいえひと
上代の鏡の製作者。
¶古代

河内石嶋 かわちのいわしま
奈良時代の画師。東大寺大仏殿の彩色に従事。
¶古人(生没年不詳)

河内馬養荒籠 かわちのうまかいのあらこ
⇒河内馬養首荒籠(かわちのうまかいのおびとあらこ)

河内馬養首荒籠* かわちのうまかいのおびとあらこ
[別]河内馬養荒籠(かわちのうまかいのあらこ)　上代の豪族。
¶古代

河内馬飼首御狩* かわちのうまかいのおびとみかり
[別]河内馬飼御狩(かわちのうまかいのみかり)　上代の豪族。
¶古代

河内馬飼御狩 かわちのうまかいのみかり
⇒河内馬飼首御狩(かわちのうまかいのおびとみかり)

河内王 かわちのおう
⇒河内王(かわちのおおきみ)

河内王* かわちのおおきみ
？～持統8(694)年　[別]河内王(かわちおう，かわちのおう)　飛鳥時代の廷臣(非参議・筑紫大宰帥)。天武天皇の曽孫。
¶公卿(かわちのおう　生没年不詳),古人(かわちおう　生没年不詳),古物,コン

河内女王 かわちのおおきみ
⇒河内女王(かわちのじょおう)

河内祖足 かわちのおやたり
奈良時代の官人。
¶古人(生没年不詳)

河内古麻呂 かわちのこまろ
奈良時代の画師。天平宝字2年東大寺大仏殿の彩色に従う。

¶古人(生没年不詳)

河内惟清 かわちのこれきよ
平安時代後期の伊勢神戸預。
¶古人(生没年不詳)

河内女王* かわちのじょおう
[別]河内女王(かわちのおおきみ,こうちのおおきみ) 奈良時代の女性。高市皇子の娘。
¶古人([生]? [没]779年)

河内次麻呂 かわちのつぎまろ
飛鳥時代の画師司長上。河内国丹比郡土師里の戸主。
¶古人(生没年不詳)

河内広足 かわちのひろたり
奈良時代の官人。
¶古人(生没年不詳)

河内三立麻呂 かわちのみたちまろ
奈良時代の官人。
¶古人(生没年不詳)

西宗人 かわちのむねひと
平安時代前期の官人。
¶古人([生]800年 [没]863年)

川地白江守 かわちはくえのかみ
江戸時代中期～末期の宮大工。
¶美建([生]安永9(1780)年 [没]慶応3(1867)年)

河内屋可正* かわちやかしょう
寛永13(1636)年～正徳3(1713)年 江戸時代前期～中期の地主、商人。
¶江人

河津宇万伎 かわづうまき
⇒加藤美樹(かとううまき)

川津定明 かわつさだあき
江戸時代後期の和算家。
¶数学

河津省庵 かわづしょうあん
⇒河津省庵(かわづせいあん)

河津祐賢 かわづすけかた
江戸時代末期～明治時代の幕臣、陸軍軍人。幕臣河津祐邦の子。砲兵隊を率いて鳥羽・伏見の戦いに参戦。
¶徳人(生没年不詳),幕末([生]天保13(1842)年11月5日 [没]大正6(1917)年9月1日)

河津祐邦* かわづすけくに
?～明治1(1868)年3月 江戸時代末期～明治時代の蝦夷地探検開拓者、幕臣、外国事務総裁、若年寄。五稜郭建設、北蝦夷地開拓に尽力。外国奉行、長崎奉行を歴任。
¶徳人,徳代,幕末([没]明治6(1873)年3月27日)

河津祐泰 かわづすけやす
⇒伊東祐泰(いとうすけやす)

河津省庵* かわづせいあん,かわずせいあん
寛政12(1800)年～嘉永5(1852)年 [別]河津省庵(かわずせいあん,かわづしょうあん) 江戸時代後期の漢蘭折衷医。
¶科学(かわずせいあん),眼医(かわずせいあん),コン

河津祐茂 かわづのすけもち
⇒藤原祐茂(ふじわらのすけもち)

河津祐泰 かわづのすけやす
⇒伊東祐泰(いとうすけやす)

川津平三* かわづへいぞう,かわずへいぞう
天保8(1837)年～? 江戸時代後期～末期の新撰組隊士。
¶新隊

川連虎一郎* かわつらとらいちろう
天保13(1842)年～元治1(1864)年 江戸時代末期の大庄屋。
¶コン,幕末([没]元治1(1864)年8月3日)

川出柴太郎 かわでしばたろう
江戸時代末期の七宝作家。
¶美工([生]安政3(1856)年 [没]?)

川手惣大夫 かわてそうだゆう
安土桃山時代の甲斐国巨摩郡河内帯金庄大島の人。穴山家臣。
¶武田(生没年不詳)

川手文治郎* かわてぶんじろう
文化11(1814)年～明治16(1883)年10月10日 [別]赤沢文治(あかざわぶんじ),金光大陣(こんこうたいじん),金光大神(こんこうだいじん) 江戸時代後期～明治時代の宗教家、金光教教祖。祟り神とされていた金神を守り神とし、現実生活に即した教えを説く。
¶江人(金光大神 こんこうだいじん),コン,幕末(金光大神 こんこうだいじん [生]文化11(1814)年8月16日),山小([生]1814年8月16日 [没]1883年10月10日)

河東 かわとう
⇒十寸見河東〔1代〕(ますみかとう)

川戸祐太郎* かわとすけたろう
天保8(1837)年～明治1(1868)年 江戸時代末期の周防岩国藩士。
¶幕末([没]明治1(1868)年9月18日)

川中島侍従 かわなかじまじじゅう
⇒森忠政(もりただまさ)

川那辺願了* かわなべがんりょう
享和1(1801)年～明治7(1874)年 江戸時代後期～明治時代の僧侶。医術をまなび医師として活躍。
¶幕末([生]寛政13(1801)年1月)

河鍋暁斎* かわなべきょうさい,かわなべぎょうさい
天保2(1831)年4月7日～明治22(1889)年4月26日 [別]惺々暁斎(しょうじょうきょうさい) 江戸時代後期～明治時代の浮世絵師。狩野派を基礎とした浮世絵風の狂画、諷刺画を描く。作品に「暁斎画談」など。
¶浮絵,江人,歌大(惺々暁斎 しょうじょうきょうさい),コン([生]天保2(1831年/1828)年),新能,全幕,幕末,美画

川辺女王 かわなべのじょおう
⇒川辺女王(かわべのじょうおう)

河波有道* かわなみありみち
文政5(1822)年～明治23(1890)年9月14日 江戸時代後期～明治時代の加賀藩老本多氏家臣、藩校教師。
¶幕末([生]文政5(1822)年11月)

川西函洲 かわにしかんしゅう
⇒河西士竜(かわにししりゅう)

河西喜兵衛*　かわにしきへえ
生没年不詳　安土桃山時代の織田信長の家臣。
¶織田

河西好尚*　かわにしこうしょう
弘化3(1846)年～大正4(1915)年　江戸時代末期～大正時代の教育者。
¶幕末([没]大正4(1915)年2月24日)

河西士竜*　かわにししりゅう
享和1(1801)年～天保13(1842)年　[別]川西函洲(かわにしかんしゅう)，河西士竜(かわにししりょう)　江戸時代後期の儒者。
¶コン(川西函洲　かわにしかんしゅう　[生]享和2(1801)年)

河西士竜　かわにししりょう
⇒河西士竜(かわにししりゅう)

河西親秀　かわにしちかひで
江戸時代前期の代官。
¶徳代([生]？　[没]慶安2(1649)年)

河西忠左衛門*　かわにしちゅうざえもん
天保2(1831)年～万延1(1860)年　[別]河西忠左衛門(かさいちゅうざえもん)　江戸時代末期の近江彦根藩士。
¶幕末([没]安政7(1860)年3月3日)

河西慶秀　かわにしよしひで
安土桃山時代～江戸時代前期の代官。武田家旧臣。
¶徳代(生没年不詳)

川有富　かわのありとみ
平安時代中期の官人。
¶古人(生没年不詳)

河野主一郎　かわのしゅういちろう
⇒河野主一郎(こうのしゅいちろう)

河野小石*　かわのしょうせき
*～明治28(1895)年　[別]河野小石(こうのしょうせき)　江戸時代末期～明治時代の儒者。藩儒官、学問所教授などを歴任。
¶幕末([生]文政6(1823)年　[没]明治28(1895)年1月23日)

河野信之介*　かわのしんのすけ
天保5(1834)年～元治1(1864)年　江戸時代末期の水戸藩士。
¶幕末([没]元治1(1864)年10月23日)

河野禎造　かわのていぞう
⇒河野禎造(こうのていぞう)

川之辺一朝*　かわのべいっちょう
天保1(1830)年～明治43(1910)年9月5日　江戸時代末期～明治時代の蒔絵師。内国勧業博で花紋賞、妙技賞受賞。帝室技芸員。
¶美工([生]天保1(1831)年12月24日)

川橋氏の娘　かわはししのむすめ★
江戸時代前期の女性。俳諧。明暦2年刊、安原貞室編『玉海集』に京大仏「川橋氏息女」として載る。
¶江表(川橋氏の娘(京都府))

河鰭公陳*　かわばたきみのり
安永2(1773)年9月4日～文政2(1819)年8月22日　[別]河鰭公陳(かわばたきんつら)　江戸時代後期の公家(参議)。権大納言河鰭実祐の子。
¶公卿，公家(公陳〔河鰭家〕　きんつら)

河鰭公益*　かわばたきみます
永享7(1435)年～？　室町時代の公卿(参議)。非参議河鰭季村の曽孫。
¶公卿，公家(公益〔河鰭家〕　きんます)

川幡清貞*　かわはたきよさだ
天保7(1836)年～明治29(1896)年　江戸時代末期～明治時代の薩摩藩士。戊辰戦争、佐賀の乱などに従軍。
¶幕末([没]明治29(1896)年4月2日)

河鰭公述*　かわばたきんあきら
文政12(1829)年～元治1(1864)年　江戸時代末期の公家。
¶幕末([生]文政12(1829)年1月9日　[没]元治1(1864)年8月21日)

河鰭公陳　かわばたきんつら
⇒河鰭公陳(かわばたきみのり)

河鰭実祐*　かわばたさねすけ
宝暦8(1758)年4月29日～天保3(1832)年12月28日　江戸時代中期～後期の公家(権大納言)。右大臣阿野実顕の末子で、河鰭家を養子相続。
¶公卿，公家(実祐〔河鰭家〕　さねすけ)

河鰭実利*　かわばたさねとし
寛政12(1800)年9月4日～嘉永3(1850)年11月25日　江戸時代末期の公家(非参議)。右少将高丘基敦の子、母は参議今城定興の娘。
¶公卿，公家(実利〔河鰭家〕　さねとし)

河鰭実陳*　かわばたさねのり
寛永12(1635)年12月11日～宝永3(1706)年2月22日　江戸時代前期～中期の公家(権大納言)。非参議河鰭基秀の子、母は非参議土御門泰重の娘。
¶公卿，公家(実陳〔河鰭家〕　さねのぶ)

河鰭実治*　かわばたさねはる
文正1(1466)年～？　戦国時代の公卿(権中納言)。参議河鰭公益の子。
¶公卿，公家(実治〔河鰭家〕　さねはる)

河鰭省斎*　かわばたしょうさい
文政9(1826)年～明治22(1889)年　江戸時代末期～明治時代の儒学者。横井小楠に学び「丁未打聞」を著す。
¶コン，幕末([没]明治22(1889)年2月)

河鰭季村*　かわばたすえむら
？～元中7/明徳1(1390)年　南北朝時代の公卿(非参議)。河鰭家の祖。非参議藤原公頼の曽孫。
¶公卿([没]明徳1/元中7(1390)年)，公家(季村〔河鰭家〕　すえむら　[没]明徳1(1390)年)

河鰭輝季*　かわばたてるすえ
宝永1(1704)年3月15日～宝暦5(1755)年6月5日　江戸時代中期の公家(権中納言)。権大納言正親町公兼の子で、河鰭家を養子相続。
¶公卿，公家(輝季〔河鰭家〕　てるすえ　[生]元禄17(1704)年3月15日)

川端道喜*(1)(――〔1代〕)　かわばたどうき
？～文禄1(1592)年　[別]中村五郎左衛門(なかむらごろうざえもん)　安土桃山時代の京都の豪商、菓子司。
¶コン

川端道喜*(2)　かわばたどうき
天保6(1835)年～明治35(1902)年　江戸時代末期

～明治時代の菓子司。代々ちまき餅を御所に献上。
¶幕末（[没]明治35（1902）年10月31日）

河端道碩* かわばたどうせき
生没年不詳 江戸時代中期の和算家。
¶数学

川畑半平* かわばたはんぺい
文化5（1808）年～明治5（1872）年 江戸時代後期～明治時代の鹿児島県士族。士族平民合同の白山小学校を設立。
¶幕末（[没]明治5（1872）年4月10日）

川端半兵衛* かわばたはんべえ
＊～大正1（1912）年 江戸時代末期～明治時代の薩摩蔵屋敷の家守。大阪商人として文化究明の第一人者。
¶幕末（[生]？）

河鰭斉* かわばたひとし
天保13（1842）年～大正5（1916）年 江戸時代末期～明治時代の浜田藩士。
¶幕末（[没]大正5（1916）年9月29日）

川端文四郎* かわばたぶんしろう
文政11（1828）年～明治1（1868）年 江戸時代末期の紀伊和歌山藩士。
¶幕末（[没]慶応4（1868）年9月5日）

河鰭基秀* かわばたもとひで
慶長11（1606）年～寛文4（1664）年2月11日 江戸時代前期の公家（非参議）。持明院基久の子。
¶公卿，公家（基秀〔河鰭家〕 もとひで）

川幡泰吉 かわはたやすよし
江戸時代の和算家。関流の算学を学ぶ。
¶数学

河原吉兵衛* かわはらきちべえ
天保3（1832）年～明治44（1911）年 江戸時代末期～明治時代の笹川村名主。俳人として句集に「吐芳集」。
¶幕末（[生]天保3（1832）年9月 [没]明治44（1911）年1月13日）

河原宮内助 かわはらくないのすけ
安土桃山時代の武田氏の家臣。
¶武田（[生]？ [没]天正3（1575）年5月21日）

川原慶賀* かわはらけいが
天明6（1786）年～？ 江戸時代後期の洋風画家。
¶浮絵，江人，コン（生没年不詳），植物（[没]万延1（1860）年），対外，美画（[没]万延1（1860）年）

河原玄斎 かわはらげんさい
安土桃山時代の真田郷の住人。
¶武田（生没年不詳）

河原貞頼* かわはらさだより
江戸時代中期の測量術家、信濃松本藩士。
¶数学（[生]寛文5（1665）年 [没]寛保3（1743）年3月22日）

川原十左衛門 かわはらじゅうざえもん
⇒川原十左衛門（かわらじゅうざえもん）

河原士栗 かわはらしりつ
⇒河原駱之助（かわはららくのすけ）

河原新十郎 かわはらしんじゅうろう
安土桃山時代の武田氏の家臣。
¶武田（[生]？ [没]天正3（1575）年5月21日）

河原翠城 かわはらすいじょう
⇒河原駱之助（かわはららくのすけ）

河原善左衛門* かわはらぜんざえもん
文政10（1827）年～明治1（1868）年 江戸時代末期の陸奥会津藩士。
¶幕末（[没]慶応4（1868）年8月23日）

河原田包彦* かわはらだかねひこ
嘉永6（1853）年～明治2（1869）年 江戸時代末期の人。戊辰戦争で活躍。
¶幕末（[没]明治2（1869）年8月8日）

河原隆正 かわはらたかまさ
戦国時代の真田氏の家臣。
¶武田（生没年不詳）

河原忠蔵* かわはらちゅうぞう
天保14（1843）年～慶応1（1865）年 [別]河原忠蔵（かわらちゅうぞう） 江戸時代末期の筑後久留米藩家老有馬小膳の家臣。
¶幕末（[没]慶応1（1865）年10月23日）

河原広法 かわはらのひろのり
平安時代前期の官人。
¶古人（生没年不詳）

河原徳立 かわはらのりたつ
江戸時代後期～大正時代の東京絵付（陶画）の中心人物。
¶美工（[生]弘化1（1844）年12月3日 [没]大正3（1914）年8月28日）

河原均 かわはらひとし
⇒河原均（かわらひとし）

河原文水* かわはらぶんすい
文政10（1827）年～明治15（1882）年10月14日 江戸時代末期～明治時代の民権運動家。私塾を開いて子弟を教育。
¶幕末

川原芳工 かわはらほうこう
⇒川原十左衛門（かわらじゅうざえもん）

川原保吉* かわはらやすきち
生没年不詳 [別]川原保吉（かわはらやすよし） 江戸時代後期の和算家。
¶数学（かわはらやすよし）

河原やす子* かわはらやすこ
天保6（1835）年～明治7（1874）年 江戸時代末期～明治時代の会津藩士の妻。戊辰戦争で肉親を亡くす。
¶幕末（[没]明治7（1874）年4月2日）

川原保吉 かわはらやすよし
⇒川原保吉（かわはらやすきち）

河原駱之助* かわはららくのすけ
文政10（1827）年～文久2（1862）年 [別]河原士栗（かわはらしりつ，かわらしりつ），河原翠城（かわはらすいじょう） 江戸時代末期の藩校博文館教授。
¶幕末（河原士栗 かわはらしりつ [没]文久2（1862）年10月27日）

川原盧谷 かわはらろこく
江戸時代末期～明治時代の画家。
¶浮絵（[生]？ [没]明治5（1872）年）

河東田直正 かわひがしだなおまさ
⇒河東田直正（かとうだなおまさ）

かわひと　　　　　　　　　642

河人成高　かわひとのしげたか
平安時代後期の阿波一宮の祠官。
¶古人（生没年不詳）

河人成俊　かわひとのなりとし
平安時代後期の人。阿波国一宮の祠官成高の舎弟。
¶古人（生没年不詳）

川部伊織＊（川辺伊織）　かわべいおり
＊～明治7（1874）年　江戸時代末期～明治時代の出羽新庄藩家老。
¶幕末（㊲文化6（1809）年　㊙明治7（1874）年8月15日）

川辺音右衛門　かわべおとえもん
江戸時代中期の大工。
¶美建（㊥？　㊥享保6（1721）年10月21日）

河辺精長＊　かわべきよなが
慶長6（1601）年12月6日～元禄1（1688）年　江戸時代前期の伊勢大宮司。内外両宮の摂社の復興に尽力。
¶コン

河辺都盛　かわべくにもり
⇒大中臣都盛（おおなかとみのつもり）

川辺左次衛門＊（川辺佐次衛門）　かわべさじえもん
天保3（1832）年～文久2（1862）年　㊙内田万之介（うちだまんのすけ）　江戸時代末期の水戸藩士。
¶幕末（㊙文久2（1862）年1月15日）

川辺信一＊　かわべしんいち
生没年不詳　江戸時代中期の暦算家。
¶数学

川辺庸長　かわべつねなが
江戸時代後期の和算家。相州酒匂川の人。
¶数学

河辺長都　かわべながくに
⇒大中臣長都（おおなかとみのながと）

河辺長堯＊　かわべながたか
元文3（1740）年～文化3（1806）年8月19日　江戸時代中期～後期の神職。
¶公家（長堯〔伊勢内宮大宮司　大中臣氏〕　ながあき）

川辺王　かわべのおおきみ
⇒川辺女王（かわべのじょうおう）

河辺臣瓊缶　かわべのおみにえ
⇒河辺瓊缶（かわべのにえ）

川辺女王＊　かわべのじょうおう
？～弘仁1（810）年　㊙川辺女王（かわなべのじょおう，かわべのじょうおう），川辺王（かわべのおおきみ）　奈良時代～平安時代前期の女性。三島王の娘。
¶古人（かわべのじょうおう）

川辺女王　かわべのじょおう
⇒川辺女王（かわべのじょうおう）

川辺豊穂＊　かわべのとよほ
平安時代前期の肥前国の人。
¶古人（生没年不詳），古代

河辺瓊缶＊（川辺瓊缶）　かわべのにえ
生没年不詳　㊙河辺臣瓊缶（かわべのおみにえ），河辺瓊缶（かわべのにへ，かわべのにえ）　上代の武将。新羅征伐に派遣された。
¶古人，古代（河辺瓊缶　かわべのおみにえ），コン，対外（かわべのにへ）

河辺瓊缶　かわべのにび
⇒河辺瓊缶（かわべのにえ）

河辺瓊缶　かわべのにへ
⇒河辺瓊缶（かわべのにえ）

河辺襪受　かわべのねず
上代の武将。
¶古人（生没年不詳）

河辺百枝＊　かわべのももえ
生没年不詳　飛鳥時代の武士。百済救援軍の前軍の将。
¶古人，コン

川辺御楯＊　かわべみたて
天保9（1838）年10月～明治38（1905）年7月24日　江戸時代末期～明治時代の画家、太政官。大和絵の大家。内国絵画共進会で銀賞受賞、日本美術協会で受賞。
¶美画

河辺与一左衛門悦国　かわべよいちざえもんよしくに
江戸時代前期の人。大坂の陣で籠城。
¶大坂（㊙慶長20年5月7日）

河辺よし子　かわべよしこ＊
江戸時代後期の女性。狂歌。寛政11年～享和2年刊、酒月米人編『狂歌東来集』に載る。
¶江表（河辺よし子・よし子（東京都））

川前紫渓　かわまえしけい
文化14（1817）年～明治7（1874）年　江戸時代末期～明治時代の儒者。私塾をひらいて町民を訓育。
¶幕末（㊙明治7（1874）年3月26日）

川真田市兵衛＊　かわまたいちべえ
天保13（1842）年～大正8（1919）年　江戸時代末期～明治時代の実業家。
¶幕末（㊙大正8（1919）年5月30日）

川又才介＊　かわまたさいすけ
文化10（1813）年～明治11（1878）年　江戸時代末期～明治時代の武士。
¶幕末（㊙明治11（1878）年12月10日）

川又佐一郎＊（川又佐市郎，川又左一郎）　かわまたさいちろう
文化14（1817）年～文久3（1863）年　江戸時代末期の水戸藩吏。
¶コン（川又左一郎），幕末

川又常正＊　かわまたつねまさ
江戸時代中期の浮世絵師。
¶浮絵（生没年不詳）

川又常行＊　かわまたつねゆき
延宝5（1677）年～？　江戸時代中期の浮世絵師。
¶浮絵（㊙延宝5（1677）年？）

川村斎宮　かわむらいつき
江戸時代前期の加藤嘉明の家臣河村権七の弟。
¶大坂

川村今助＊　かわむらいますけ
天保8（1837）年～明治1（1868）年　江戸時代末期の火消し組頭。
¶幕末（㊙慶応4（1868）年7月28日）

川村烏黒（川村雨谷）　かわむらうこく
天保9（1838）年～明治39（1906）年　江戸時代後期

〜明治時代の日本画家、司法官、俳人。

¶俳文（[没]明治39（1906）年12月19日），美画（川村雨谷 [生]天保9（1838）年8月8日 [没]明治39（1906）年12月29日）

川村迂叟* かわむらうそう

？〜明治18（1885）年 [別]川村伝左衛門（かわむらでんざえもん） 江戸時代末期〜明治時代の商人。宇都宮藩財政を立て直す。洋式製糸工場の開業など産業の近代化に貢献。

¶コン，幕末（川村伝左衛門 かわむらでんざえもん [生]文政5（1822）年5月17日 [没]明治18（1885）年6月4日）

川村王 かわむらおう

奈良時代の官人。

¶古人（生没年不詳）

河村菊千代 かわむらきくちよ

戦国時代の北条氏康家臣遠山氏の同心。

¶後北（菊千代〔河村（1）〕 きくちよ）

河村久五郎* かわむらきゅうごろう

生没年不詳 [別]河村将昌（かわむらまさよし） 安土桃山時代の織田信長の家臣。

¶織田（河村将昌 かわむらまさよし [生]？ [没]天正9（1581）年）

河村彊斎* かわむらきょうさい

文化12（1815）年〜慶応1（1865）年 江戸時代末期の儒学者。

¶幕末（[没]慶応1（1865）年5月28日）

川村清雄 かわむらきよお

嘉永5（1852）年4月26日〜昭和9（1934）年5月16日 江戸時代後期〜昭和時代の洋画家。

¶幕末，美画

川村喜代作* かわむらきよさく

*〜文久2（1862）年6月16日 江戸時代末期の大庄屋。

¶幕末（[生]寛政8（1796）年11月1日 [没]文久2（1862）年5月19日）

河村清親の母 かわむらきよちかのはは★

江戸時代中期の女性。和歌。旗本河村又十郎昌勝の妻。元禄16年刊、植山検校江民軒梅之・梅柳軒水之編『歌林尾花末』に載る。

¶江表（河村清親の母（東京都））

川村金之助 かわむらきんのすけ

江戸時代後期の幕臣。

¶徳人（生没年不詳）

川村敬三 かわむらけいぞう

江戸時代末期〜明治時代の幕臣。

¶幕末（生没年不詳）

川村外記 かわむらげき

安土桃山時代の武士。大坂の陣で籠城。

¶大坂（[没]慶長3年）

河村公成* かわむらこうせい

文化5（1808）年〜慶応4（1868）年 [別]交成，公成（こうせい） 江戸時代末期の商人。

¶幕末（[没]慶応4（1868）年6月6日）

川村幸八* かわむらこうはち

天明8（1788）年〜明治2（1869）年 江戸時代後期〜明治時代の農事改良家。

¶植物（[没]明治2（1869）年1月18日）

河村再和坊 かわむらさいわぼう

⇒再和坊（さいわぼう）

河村左衛門尉 かわむらさえもんのじょう

戦国時代の武田氏の家臣、油川信恵の被官と思われる。

¶武田（[生]？ [没]永正5（1508）年10月4日）

河村定真 かわむらさだざね

⇒河村定真（かわむらじょうしん）

川村三郎* かわむらさぶろう

天保14（1843）年〜大正11（1922）年 江戸時代末期〜大正時代の新撰組隊士。会津母成峠の戦いで新撰組から離脱。

¶幕末（[没]大正11（1922）年7月5日）

川村三大夫 かわむらさんだゆう

江戸時代前期の稲葉正則の家臣。

¶大坂

河村重家 かわむらしげいえ

戦国時代の油川信恵の家臣。

¶武田（生没年不詳）

河村殷根* かわむらしげね

寛延2（1749）年〜明和5（1768）年 江戸時代中期の歌人。

¶コン

川村重吉 かわむらしげよし

⇒川村重吉（かわむらじゅうきち）

河村下総守 かわむらしもうさのかみ

安土桃山時代の武田の家臣。信勝幼少より仕えた。

¶武田（[生]？ [没]天正10（1582）年3月11日）

河村若元* かわむらじゃくげん

寛文8（1668）年〜延享1（1744）年 江戸時代中期の画家。

¶コン，美画

河村若芝* かわむらじゃくし

*〜宝永4（1707）年 江戸時代前期〜中期の画家、金工家。

¶コン（[生]寛永7（1630）年），美画（[生]寛永7（1630）年 [没]宝永4（1707）年10月1日），美工（[生]寛永7（1630）年 [没]宝永4（1707）年10月1日）

川村重吉* かわむらじゅうきち

天正3（1575）年〜慶安1（1648）年 [別]川村重吉（かわむらしげよし） 安土桃山時代〜江戸時代前期の土木治水の功労者。

¶コン（かわむらしげよし），戦武（かわむらしげよし）

川村順一郎* かわむらじゅんいちろう

文政9（1826）年〜明治37（1904）年 江戸時代末期〜明治時代の幕臣。目付け、講武所頭取などを歴任。

¶幕末（[没]明治37（1904）年7月3日）

河村定真* かわむらじょうしん

[別]河村定真（かわむらさだざね） 戦国時代の武将。足利氏家臣。

¶後北（定真〔河村（2）〕 さだざね）

川村正平* かわむらしょうへい

天保7（1836）年〜明治20（1887）年 江戸時代末期〜明治時代の官吏。大蔵省・内務省に出仕後、宮内省に出仕し内閣記録局に勤めた。退官後は東照宮禰宜を務めた。

¶幕末（[生]天保6（1835）年7月7日 [没]明治30（1897）年6

月13日）

川村甚八郎* かわむらじんぱちろう
文化9（1812）年〜明治13（1880）年 [別]川村隼太（かわむらはやた） 江戸時代末期〜明治時代の盛岡藩三戸給人。国事を論じた建言が藩庁に採用。
¶幕末

河村瑞賢* かわむらずいけん
元和4（1618）年〜元禄12（1699）年 江戸時代前期の商人。海運・治水の功労者。
¶江人, コン, 徳将, 徳人, 山小（[生]1618年2月 [没]1699年6月16日）

河村季興* かわむらすえおき
文政4（1821）年〜元治1（1864）年 江戸時代末期の三条西家諸大夫。
¶全幕, 幕末（[生]文政4（1821）年1月12日 [没]元治1（1864）年7月20日）

河村助右衛門* かわむらすけえもん
？〜弘治2（1556）年8月24日 戦国時代の織田信長の家臣。
¶織田

川村純義* かわむらすみよし
天保7（1836）年〜明治37（1904）年8月12日 江戸時代末期〜明治時代の薩摩藩士、海軍軍人。
¶コン, 全幕, 幕末（[生]天保7（1836）年11月11日）

川村清兵衛* かわむらせいべえ
寛政7（1795）年〜明治10（1877）年 江戸時代末期〜明治時代の大坂町奉行。新潟奉行、堺奉行などを歴任。
¶幕末（[没]明治11（1878）年）

川村碩布* かわむらせきふ
寛延3（1750）年〜天保14（1843）年 [別]碩布（せきふ） 江戸時代後期の俳人。
¶俳文（碩布 せきふ [没]天保14（1843）年11月9日）

川村親輝* かわむらちかてる
嘉永4（1851）年〜明治27（1894）年 江戸時代末期〜明治時代の土佐藩士。保守派の郡幹部として江藤新平らをかくまうことに参画。
¶幕末（[没]明治27（1894）年8月8日）

川村親義* かわむらちかよし
文政9（1826）年〜明治30（1897）年 江戸時代末期〜明治時代の土佐藩士。馬術が得意で海防小頭に勤務。
¶幕末（[没]明治30（1897）年9月5日）

河村竹渓* かわむらちくけい
天保1（1830）年〜大正3（1914）年11月26日 江戸時代末期〜明治時代の医師。
¶幕末（[生]文政13（1830）年）

河村縄興 かわむらつなおき
戦国時代の人。信虎の側近家臣であろう。
¶武田（生没年不詳）

川村伝左衛門 かわむらでんざえもん
⇒川村迂叟（かわむらうそう）

河村徳太郎* かわむらとくたろう
嘉永3（1850）年〜慶応2（1866）年 江戸時代末期の長州（萩）藩寄組粟屋帯刀臣。
¶幕末（[没]慶応2（1866）年10月12日）

川村利徳 かわむらとしのり
江戸時代中期の幕臣。
¶徳人（生没年不詳）

河村直重 かわむらなおしげ
安土桃山時代の武蔵国江戸城代遠山政景・犬千代の同心。弥二郎・兵部丞・兵部大輔。北条氏直家臣。
¶後北（直重〔河村（1）〕 なおしげ）

川村修就*（川村脩就） かわむらながたか, かわむらなかたか
寛政7（1795）年〜明治11（1878）年 江戸時代末期〜明治時代の幕臣。
¶植物, 徳人（川村脩就 かわむらなかたか）

川村脩常 かわむらなかつね
江戸時代前期〜中期の幕臣。
¶徳人（[生]1681年 [没]1758年）

川村脩富 かわむらなかとみ
江戸時代中期〜後期の幕臣。
¶徳人（[生]1761年 [没]1837年）

川村脩正 かわむらなかまさ
江戸時代後期の幕臣。
¶徳人（[生]1821年 [没]？）

河村信貞 かわむらのぶさだ
室町時代〜戦国時代の武田氏の家臣。
¶武田（生没年不詳）

川村隼太 かわむらはやた
⇒川村甚八郎（かわむらじんぱちろう）

川村半助 かわむらはんすけ
江戸時代前期の武士。長宗我部盛親に従い、大坂籠城。
¶大坂

川村彦右衛門* かわむらひこえもん
文化2（1805）年〜明治1（1868）年 江戸時代末期の陸奥会津藩銃卒。
¶幕末（[没]慶応4（1868）年7月28日）

河村秀穎* かわむらひでかい
享保3（1718）年〜天明3（1783）年 江戸時代中期の国学者。紀典学を家学とした。
¶コン

河村秀影 かわむらひでかげ
安土桃山時代の織田信長の家臣。津島社禰宜。
¶織田（[生]？ [没]永禄5（1562）年）

河村秀清* かわむらひできよ
鎌倉時代前期の武士。
¶古人（[生]1176年 [没]？）

河村秀綱 かわむらひでつな
安土桃山時代の織田信長の家臣。津島社禰宜。
¶織田（[生]？ [没]天正2（1574）年）

河村秀根*（河邨秀根） かわむらひでね
享保8（1723）年〜寛政4（1792）年 江戸時代中期の国学者。紀典学を主張。
¶コン, 思想

川村寛綽*（河村寛綽） かわむらひろのぶ
天明7（1787）年〜嘉永4（1851）年12月6日 江戸時代中期〜後期の和算家。
¶数学（河村寛綽）

河村房秀 かわむらふさひで
戦国時代の武田氏の家臣、郡内小山田氏の被官。
¶武田(生没年不詳)

河村文庵* かわむらぶんあん
寛政7(1795)年～慶応2(1866)年 江戸時代末期の医師。
¶幕末([没]慶応2(1866)年6月11日)

河村文鳳* かわむらぶんぽう，かわむらぶんほう
*～天保14(1843)年 江戸時代後期の岸派の画家。
¶コン([生]安永8(1779)年)，美画([生]安永8(1779)年)

川村甫介* かわむらほすけ
弘化2(1845)年～明治10(1877)年 江戸時代末期～明治時代の鹿児島県士族。戊辰戦争で奥羽方面に転戦。
¶幕末([生]寛永1(1848)年 [没]明治10(1877)年3月20日)

川村孫兵衛 かわむらまごべえ
⇒川村元吉(かわむらもとよし)

川村正寿* かわむらまさじゅ
文化3(1806)年～明治9(1876)年 江戸時代末期～明治時代の土佐藩士、医師。家薬と華岡青洲直伝の麻酔効用を適切に応用。
¶幕末([没]明治9(1876)年11月4日)

河村将昌 かわむらまさよし
⇒河村久五郎(かわむらきゅうごろう)

川村味左衛門政保 かわむらみざえもんまさやす
安土桃山時代～江戸時代前期の人。大坂の陣で籠城。川村伊右衛門房良の子。
¶大坂([生]慶長2年 [没]慶長20年5月7日)

河村通顕 かわむらみちあき
江戸時代前期～中期の小普請方、関東代官。河村瑞賢の子。
¶徳代([生]寛文5(1665)年 [没]享保6(1721)年8月22日)

河村道雅 かわむらみちまさ
安土桃山時代の武田氏の家臣、落合村の地頭。
¶武田([生]？ [没]天正10(1582)年3月11日)

川村条理 かわむらみちまさ
江戸時代中期の幕臣。
¶徳人([生]1754年 [没]？)

河村美津* かわむらみつ
生没年不詳 江戸時代末期の歌人、書家。
¶江表(光女(三重県))

川村元吉* かわむらもとよし
*～元禄5(1692)年 [別]川村孫兵衛(かわむらまごべえ) 江戸時代前期の土木治水の功労者。
¶コン([生]元和8(1622)年)

河村八十右衛門* かわむらやそえもん
文政11(1828)年～？ 江戸時代後期～末期の新撰組隊士。
¶新隊

河村吉久 かわむらよしひさ
安土桃山時代の佐渡国の金山経営者、代官。
¶徳代([生]？ [没]慶長8(1603)年)

河村吉盛* かわむらよしもり
生没年不詳 安土桃山時代の織田信長の家臣。
¶織田

川村林次郎* かわむらりんじろう
天保12(1841)年～？ 江戸時代後期～末期の新撰組隊士。
¶新隊

川村録四郎 かわむらろくしろう
江戸時代後期の幕臣。
¶幕末([生]天保6(1835)年6月16日 [没]？)

川室道一 かわむろどういつ
江戸時代後期～明治時代の眼科医。
¶眼医([生]天保13(1842)年 [没]大正1(1912)年)

河本公輔* かわもときんすけ
安永4(1775)年～天保3(1832)年6月18日 江戸時代後期の国学者、歌人。
¶コン

川本九左衛門* かわもとくざえもん
文化14(1817)年～明治11(1878)年 江戸時代末期～明治時代の対馬藩士。
¶幕末

川本幸民* かわもとこうみん
文化7(1810)年～明治4(1871)年6月1日 江戸時代後期～明治時代の蘭学者。
¶江人，科学，コン，思想，全幕，対外，徳人，幕末

川本治兵衛〔2代〕* かわもとじひょうえ
？～慶応2(1866)年 [別]川本治兵衛〔2代〕(かわもとじへえ) 江戸時代末期の瀬戸の陶工。
¶美工(かわもとじへえ [没]慶応2(1866)年5月)

川本治兵衛*(——〔1代〕) かわもとじへえ
生没年不詳 江戸時代中期～後期の瀬戸の陶工。
¶美工(——〔1代〕)

川本治兵衛〔2代〕 かわもとじへえ
⇒川本治兵衛〔2代〕(かわもとじひょうえ)

川本禎二* かわもとていじ
？～安政2(1855)年 江戸時代末期の尾張瀬戸の陶工。
¶美工

川本半助* かわもとはんすけ
世襲名 江戸時代の尾張瀬戸の陶工。
¶コン

川本半助〔4代〕* かわもとはんすけ
生没年不詳 江戸時代中期の尾張瀬戸の陶工。
¶美工

川本半助〔5代〕* かわもとはんすけ
生没年不詳 江戸時代後期の尾張瀬戸の陶工。
¶美工

川本半助〔6代〕 かわもとはんすけ
江戸時代後期～明治時代の陶芸家。
¶美工([生]天保15(1844)年 [没]明治38(1905)年)

河本正安 かわもとまさやす
⇒河本杜太郎(かわもともりたろう)

川本桝吉〔1代〕* かわもとますきち
江戸時代末期の尾張瀬戸の陶工。
¶美工([生]天保2(1831)年 [没]明治40(1907)年)

川本桝吉〔2代〕 かわもとますきち
江戸時代後期～大正時代の陶工。
¶美工([生]嘉永5(1852)年 [没]大正7(1918)年)

か

河本杜太郎* (川本杜太郎)　**かわもともりたろう**
*～文久2(1862)年　[別]河本正安(かわもとまさやす)，豊原邦之助(とよはらくにのすけ)　江戸時代末期の志士。
¶幕末(川本杜太郎　[生]天保11(1840)年　[没]文久2(1862)年1月15日)

川本利吉　**かわもとりきち**
江戸時代末期～明治時代の陶工。
¶美工(生没年不詳)

河原崎家吉*　**かわらざきいえよし**
生没年不詳　安土桃山時代の織田信長の家臣。
¶織田

河原崎国治〔2代〕　**かわらざきくにじ**
⇒河原崎権之助〔4代〕(かわらざきごんのすけ)

河原崎小左衛門　**かわらざきこざえもん**
⇒河原崎権之助〔1代〕(かわらさきごんのすけ)

河原崎権三郎　**かわらざきごんざぶろう**
⇒河原崎権之助〔6代〕(かわらさきごんのすけ)

河原崎権十郎〔1代〕 (――〔旧代〕)　**かわらざきごんじゅうろう**
⇒河原崎権之助〔4代〕(かわらざきごんのすけ)

河原崎権之助〔1代〕*　**かわらさきごんのすけ，かわらざきごんのすけ**
*～元禄3(1690)年　[別]河原崎小左衛門(かわらざきこざえもん)　江戸時代前期の歌舞伎座本、歌舞伎役者、歌舞伎作者。慶安1年～元禄3年頃に活躍。
¶浮絵([生]？)，歌大([生]？　[没]元禄3(1690)年7月22日？)

河原崎権之助〔2代〕*　**かわらさきごんのすけ，かわらざきごんのすけ**
？～元文3(1738)年　江戸時代中期の歌舞伎役者、歌舞伎座本。元禄4年前後に活躍。
¶浮絵

河原崎権之助〔3代〕*　**かわらざきごんのすけ，かわらさきごんのすけ**
？～安永4(1775)年1月24日　江戸時代中期の歌舞伎役者、歌舞伎作者、歌舞伎座本。享保20年～寛保3年頃に活躍。
¶浮絵(かわらさきごんのすけ　[没]宝永4(1707)年)

河原崎権之助〔4代〕*　**かわらざきごんのすけ，かわらさきごんのすけ**
享保20(1735)年1月7日～寛政8(1796)年1月4日　[別]河原崎国治〔2代〕(かわらざきくにじ)，河原崎権十郎〔1代〕，河原崎権十郎〔旧代〕(かわらざきごんじゅうろう)，河原崎長十郎〔1代〕(かわらざきちょうじゅうろう)，紫扇(しせん)　江戸時代中期の歌舞伎役者、歌舞伎座本。寛保2年～寛政7年頃に活躍。
¶浮絵(かわらさきごんのすけ)

河原崎権之助〔5代〕*　**かわらざきごんのすけ，かわらさきごんのすけ**
？～天保1(1830)年　[別]河原崎長十郎〔1代〕，河原崎長十郎〔2代〕(かわらざきちょうじゅうろう)　江戸時代後期の歌舞伎座本。寛政8年～天保1年頃に活躍。
¶浮絵(かわらさきごんのすけ)

河原崎権之助〔6代〕*　**かわらさきごんのすけ，かわらざきごんのすけ**
文化11(1814)年～明治1(1868)年9月23日　[別]雨和庵(うわあん)，河原崎権三郎(かわらざきごんざぶろう)，紫扇(しおう)　江戸時代末期の歌舞伎座本。天保1年～明治1年頃に活躍。
¶浮絵，歌大

河原崎権之助〔7代〕　**かわらさきごんのすけ**
⇒市川団十郎〔9代〕(いちかわだんじゅうろう)

河原崎長十郎〔1代〕 (1)　**かわらざきちょうじゅうろう**
⇒河原崎権之助〔4代〕(かわらざきごんのすけ)

河原崎長十郎〔1代〕 (2) (――〔2代〕)　**かわらざきちょうじゅうろう**
⇒河原崎権之助〔5代〕(かわらざきごんのすけ)

河原左大臣　**かわらさだいじん**
⇒源融(みなもとのとおる)

川原十左衛門*　**かわらじゅうざえもん**
享保12(1727)年～寛政10(1798)年　[別]川原十左衛門(かわはらじゅうざえもん)，川原芳工(かわはらほうこう)　江戸時代中期の大隅竜門司焼の陶工。
¶美工(川原芳工　かわはらほうこう)

河原士栗　**かわらしりつ**
⇒河原駱之助(かわはららくのすけ)

瓦石女　**かわらせきじょ***
江戸時代後期の女性。狂歌。菊地屋某の母。文政2年刊、千柳亭唐丸編『狂歌陸奥百歌撰』に載る。
¶江表(瓦石女(宮城県))

瓦園勘左衛門尉　**かわらぞのかんざえもんのじょう**
安土桃山時代の織田信長の家臣。旧六角氏の臣。
¶織田(生没年不詳)

河原高直*　**かわらたかなお**
？～元暦1(1184)年　[別]私市高直(きさいちのたかなお)　平安時代後期の武士。
¶古人(私市高直　きさいちのたかなお　[生]1154年)，平家(河原高直・河原盛直　かわらたかなお・かわらもりなお　[没]寿永3(1184)年)

河原田治部*　**かわらだじぶ**
文政11(1828)年～明治36(1903)年　江戸時代末期～明治時代の会津藩士。藩主松平容敬の小姓。
¶幕末([没]明治36(1903)年12月)

川原田忍国　**かわらたのおしくに**
奈良時代の官人。
¶古人(生没年不詳)

河原忠蔵　**かわらちゅうぞう**
⇒河原忠蔵(かわはらちゅうぞう)

河原綱家　**かわらつないえ**
？～寛永11(1634)年　[別]河原綱家(かわはらつないえ)　江戸時代前期の真田氏の家臣。
¶全戦，武田(かわはらつないえ　[没]寛永11(1634)年7月21日)

河原撫子　**かわらなでしこ***
江戸時代中期の女性。狂歌。天明5年跋、唐衣橘洲ほか編『狂歌評判俳優風』に載る。
¶江表(河原撫子(東京都))

河原石丸　**かわらのいわまろ**
平安時代中期の人。東大寺領因幡国高庭荘で、謀書を以て地子の領知を妨げた。
¶古人(生没年不詳)

河原左大臣　**かわらのさだいじん**
⇒源融(みなもとのとおる)

瓦林秀重　かわらばやしひでしげ
安土桃山時代の松永久秀・久通の奉行人。
¶全戦（生没年不詳）

河原均*　かわらひとし
文政5（1822）年～明治21（1888）年　[別]河原均（かわはらひとし）　江戸時代末期～明治時代の信濃松代藩士、総括隊長。松代藩権大参事。
¶幕末（かわはらひとし　[没]明治21（1888）年1月6日）

河原淵教忠　かわらぶちのりただ
安土桃山時代の西園寺氏の部将。
¶全戦（生没年不詳）

河原正真　かわらまさざね
江戸時代前期～中期の代官。
¶徳代（[生]万治3（1660）年　[没]享保11（1726）年6月12日）

河原村三郎次郎　かわらむらさぶろうじろう
⇒河原村三郎次郎（かわらむらさぶろじろう）

河原村三郎次郎*　かわらむらさぶろじろう
生没年不詳　[別]河原村三郎次郎（かわらむらさぶろうじろう）　安土桃山時代の織田信長の家臣。
¶織田（かわらむらさぶろうじろう）

河原盛直*　かわらもりなお
？～元暦1（1184）年　平安時代後期の武士。
¶平家（河原高直・河原盛直　かわらたかなお・かわらもりなお　[没]寿永3（1184）年）

河原安右衛門　かわらやすえもん
江戸時代前期～中期の武士、勘定。
¶徳代（[生]延宝1（1673）年　[没]享保9（1724）年閏4月11日）

河原よし子・よし子　かわらよしこ★
江戸時代後期の女性。狂歌。享和2年刊、尚左同俊満編『狂歌左鞆絵』、文化7年刊『狂歌言葉の滝水』などに載る。
¶江表（河原よし子・よし子（東京都））

かん（1）
江戸時代後期の女性。教育。伊具郡の医師大寺意安の娘。
¶江表（かん（宮城県）　[生]嘉永1（1848）年）

かん（2）
江戸時代後期の女性。俳諧。元城の人。文化6年の一枚物の歳旦帖「関山下 文化六己巳」に載る。
¶江表（かん（秋田県））

かん（3）
江戸時代後期の女性。俳諧。河内の人。天保3年刊、守村鶯卿編『女百人一句』に載る。
¶江表（かん（大阪府））

かん（4）
江戸時代後期の女性。俳諧。重清の人。嘉永1年刊行の一貫斎南香の追悼句集『菊の手向』に句が載る。
¶江表（かん（徳島県））

閑　かん★
江戸時代中期の女性。和歌。岸和田藩士宮内氏の妻。天明2年宮内清秀序『伴菊延齢詩歌集』に載る。
¶江表（閑（大阪府））

巻阿　かんあ
⇒加藤巻阿（かとうかんあ）

神吾田津姫　かんあたつひめ
⇒木花開耶姫（このはなさくやひめ）

観阿弥*　かんあみ
元弘3/正慶2（1333）年～元中1/至徳1（1384）年　[別]観阿弥清次（かんあみきよつぐ），観世清次（かんぜきよつぐ），観阿弥（かんなみ）　南北朝時代の能役者。観世流の祖。
¶コン（[生]元弘2/正慶1（1332年/1355）年　[没]元中1/至徳1（1384年/1406）年），新能（[生]元弘3（1333）年　[没]至徳1（1384）年5月19日），中世（観阿弥清次　かんあみきよつぐ），内乱（観阿弥清次　かんあみきよつぐ　[生]正慶2/元弘3（1333）年　[没]至徳1（1384）年），日文（かんあみ・かんなみ　[生]正慶2（1333）年　[没]至徳1（1384）年），室町（[生]元弘3（1333）年），山小（[没]1384年5月19日）

願阿弥*　がんあみ
生没年不詳　室町時代の時宗の僧。
¶内乱

観阿弥清次　かんあみきよつぐ
⇒観阿弥（かんあみ）

寛意*　かんい
天喜2（1054）年～康和3（1101）年　平安時代後期の真言宗の僧。観音院流の祖。
¶古人，コン（[生]天喜1（1053）年　[没]康和2（1100）年）

漢一郎*　かんいちろう
天保9（1838）年～慶応4（1868）年8月21日　[別]漢一郎（あやいちろう）　江戸時代後期～末期の新撰組隊士。
¶新隊（あやいちろう　[没]明治1（1868）年8月21日）

寛印*　かんいん
生没年不詳　平安時代中期の天台宗の僧。
¶古人，コン

寛胤　かんいん
⇒寛胤法親王（かんいんほっしんのう）

閑院*　かんいん
生没年不詳　平安時代前期の女房・歌人。
¶古人

閑院公季　かんいんきんすえ
⇒藤原公季（ふじわらのきんすえ）

寛胤親王　かんいんしんのう
⇒寛胤法親王（かんいんほっしんのう）

歓因知利　かんいんちり
⇒高貴（こうき）

閑院大君*　かんいんのおおいぎみ，かんいんのおおいきみ
生没年不詳　[別]閑院大君（かんいんのおおぎみ）　平安時代中期の女性。歌人。
¶古人（かんいんのおおぎみ）

閑院大君　かんいんのおおぎみ
⇒閑院大君（かんいんのおおいぎみ）

閑院宮典仁　かんいんのみやすけひと
⇒典仁親王（すけひとしんのう）

閑院宮典仁親王　かんいんのみやすけひとしんのう
⇒典仁親王（すけひとしんのう）

閑院宮直仁親王　かんいんのみやなおひとしんのう
⇒直仁親王（なおひとしんのう）

寛胤法親王 かんいんほうしんのう
⇒寛胤法親王（かんいんほっしんのう）

寛胤法親王* かんいんほっしんのう
延慶2（1309）年〜天授2/永和2（1376）年 別寛胤（かんいん）、寛胤親王（かんいんしんのう）、寛胤法親王（かんいんほうしんのう）、寛胤法親王（かんいんほっしんのう） 鎌倉時代後期〜南北朝時代の僧。伏見天皇皇子。
¶天皇（かんいんほうしんのう） 生延慶1（1308）年 没永和2（1376）年4月3日

甘雨の妻 かんうのつま
江戸時代中期の女性。俳諧。元禄7年刊、蕉門の和田泥足編『其便』に載る。
¶江表（甘雨の妻（長崎県））

寛運* かんうん
？〜保延5（1139）年4月 平安時代後期の真言宗の僧。
¶古人

寛恵* かんえ
康平7（1064）年〜永治1（1141）年 平安時代後期の仁和寺僧。
¶古人

菅詠 かんえい*
江戸時代中期の女性。俳諧。越後高田連。享保15年序、仙石蘆元坊編『三物拾遺』に載る。
¶江表（菅詠（新潟県））

菅右衛門 かんえもん
戦国時代の武田氏の家臣、諏方春芳軒の代官。
¶武田（生没年不詳）

堪円* かんえん
生没年不詳 別堪円（たんえん） 平安時代中期の天台宗の僧・歌人。
¶古人（たんえん）

寛円* かんえん
生没年不詳 平安時代後期〜鎌倉時代前期の仏師。
¶古人,美建

観円*(1) かんえん
生没年不詳 平安時代後期の天台宗の僧。
¶古人

観円(2) かんえん
平安時代後期の長谷寺の僧。
¶古人（生没年不詳）

元円* がんえん
生没年不詳 平安時代後期の仏師。
¶古人,美建

完鴎* かんおう
？〜明治14（1881）年8月30日 江戸時代後期〜明治時代の俳人。
¶俳文（生文政9（1826）年 没明治14（1881）年8月25日）

巌翁（岩翁） がんおう
⇒多賀谷巌翁（たがやがんおう）

神尾高久 かんおたかひさ
江戸時代前期の幕臣。
¶徳人（生1625年 没1685年）

神尾忠儀 かんおただのり
江戸時代前期の代官。
¶徳代（生寛永6（1629）年 没貞享2（1685）年11月20日）

神尾長定 かんおながさだ
江戸時代前期の代官。
¶徳代（生？ 没慶長18（1613）年2月24日）

神尾春央* かんおはるひで
貞享4（1687）年〜宝暦3（1753）年5月5日 別神尾春央（かみおはるひで） 江戸時代中期の幕臣、勘定奉行。
¶コン,徳将,徳人,山小（没1753年5月5日）

神尾元籌 かんおもとかず
江戸時代中期の幕臣。
¶徳人（生1707年 没1764年）

神尾元勝 かんおもとかつ
⇒神尾元勝（かみおもとかつ）

神尾元孝 かんおもとたか
江戸時代中期〜後期の幕臣。
¶徳人（生1775年 没1845年）

神尾元珍 かんおもとはる
⇒神尾元珍（かみおもとたか）

神尾守世 かんおもりよ
安土桃山時代〜江戸時代前期の幕臣。
¶徳人（生1574年 没1633年）

寒瓜* かんが, かんか
？〜明和2（1765）年 江戸時代中期の俳人。
¶俳文（生貞享4（1687）年11月22日 没明和2（1765）年7月17日）

寛雅* かんが
生没年不詳 平安時代後期〜鎌倉時代前期の真言宗の僧。
¶古人,平家（生康和4（1102）年 ？没？）

閑雅 かんが
⇒宝田寿来（たからだじゅらい）

菅雅 かんが
江戸時代中期〜後期の俳諧師。
¶俳文（生明和6（1769）年 没文政1（1818）年9月27日）

甘海 かんかい
江戸時代末期〜明治時代の俳諧作者。佐久間氏。
¶俳文（生？ 没明治13（1880）年7月6日）

元海 がんかい
⇒元海（げんかい）

願覚* がんかく
生没年不詳 平安時代の天台宗の僧。
¶古人

神夏磯媛 かんかしひめ
⇒神夏磯媛（かんなつそひめ）

幹々 かんかん
⇒谷幹々（たにかんかん）

寒巌 かんがん
⇒寒巌義尹（かんがんぎいん）

寒巌義尹* かんがんぎいん
建保5（1217）年〜正安2（1300）年 別寒巌（かんがん）、義尹（ぎいん） 鎌倉時代後期の曹洞宗の僧。後鳥羽天皇の皇子。
¶コン,対外

菅甘谷　かんかんこく
⇒菅甘谷（すがかんこく）

菅菅三*　かんかんぞう
文化7（1810）年～万延1（1860）年　江戸時代末期の儒学者。
¶幕末

観規*　かんき
？～延暦1（782）年　奈良時代の僧、仏師。
¶古人, 古代, 美建

神吉藤大夫*　かんきとうだゆう
生没年不詳　安土桃山時代の織田信長の家臣。
¶織田

観教*　かんきょう
承平4（934）年～寛弘9（1012）年11月26日　平安時代中期の天台宗の僧・歌人。
¶古人

寛暁*　かんぎょう
康和5（1103）年～保元4（1159）年　平安時代後期の真言宗の僧。東大寺79世。
¶コン（[没]平治1（1159）年）, 天皇（[没]保元4（1159）年1月8日）

元慶　がんきょう
平安時代中期～後期の僧。筑紫国大山寺の別当。父は藤原茂規。
¶古人（生没年不詳）

願暁*（1）　がんぎょう
？～貞観16（874）年　平安時代前期の元興寺三論宗の学僧。
¶古人, 古代, コン（生没年不詳）

願暁（2）　がんぎょう
平安時代後期の僧。大僧正。堀河天皇の皇子。寛暁とも。
¶古人（[生]1102年　[没]1159年）

願行　がんぎょう
⇒憲静（けんじょう）

元慶　がんぎょう
⇒松雲元慶（しょううんげんけい）

観行院*　かんぎょういん
文政9（1826）年～慶応1（1865）年　[別]橋本経子（はしもとつねこ）　江戸時代末期の女性。仁孝天皇の後宮、和宮の母。
¶江表（経子（京都府））, 天皇（橋本経子　はしもとつねこ　[生]文政9（1826）年11月26日　[没]慶応1（1865）年8月10日）, 幕末（橋本経子　はしもとつねこ　[生]文政9（1826）年11月26日　[没]慶応1（1865）年10月10日）

眼玉　がんぎょく
⇒市川鰕十郎〔4代〕（いちかわえびじゅうろう）

含玉・含玉女　がんぎょく・がんぎょくじょ⋆
江戸時代後期の女性。書。藤氏。文化7年刊、大原東野編『名数画譜』に題字を書く。
¶江表（含玉・含玉女（東京都））

岩亀楼喜遊*（岩亀楼亀遊）　がんきろうきゆう
弘化3（1846）年～文久2（1862）年　[別]喜遊（きゆう）　江戸時代末期の女性。横浜岩亀楼の遊女。
¶江表（喜遊（神奈川県））, コン（[没]万延1（1860年/1861年/1862）年）

寛救*（1）　かんく, かんぐ
仁和1（885）年～？　平安時代中期の真言宗の僧。東大寺42・44世。
¶古人

寛救（2）　かんく
平安時代後期の西大寺の別当。
¶古人（生没年不詳）

岸駒*　がんく
寛延2（1749）年～天保9（1838）年　[別]岸駒（きしこま）　江戸時代中期～後期の画家。岸派の祖。
¶江人（[生]1749年/1756年）, コン, 美画（[生]寛延2（1749）年3月15日　[没]天保9（1838）年12月5日）

寛空*　かんくう, かんぐう
元慶8（884）年～天禄3（972）年　[別]蓮台僧正（れんたいそうじょう）, 蓮台寺僧正（れんだいじのそうじょう）　平安時代中期の真言宗の僧。東寺の長者。
¶古人, コン（[生]元慶6（882）年　[没]天禄1（970）年）

寛慶*（1）　かんけい
*～保安3（1123）年11月3日　平安時代中期～後期の天台宗の僧。天台座主43世。
¶古人（[生]？）

寛慶*（2）　かんけい
生没年不詳　南北朝時代の仏師。
¶美建

関鶏尼　かんけいに⋆
江戸時代中期の女性。俳諧。榎本其角門。元禄11年刊、其角著『宝晋斎引付』に載る。
¶江表（関鶏尼（東京都））

観月院　かんげついん⋆
江戸時代中期の女性。和歌。長門萩藩主毛利重就の娘。山内豊雍の室。
¶江表（観月院（高知県）　[生]寛延2（1749）年　[没]安永9（1780）年）

関月尼*　かんげつに
文政6（1823）年～明治18（1885）年　江戸時代末期～明治時代の尼僧。延岡で生け花、和歌などを多くの女弟子に教え、有名になる。
¶江表（関月尼（宮崎県））

完憲　かんけん
平安時代後期の延暦寺の僧。保元2年石見国に流された。
¶古人（生没年不詳）

寛建*　かんけん
生没年不詳　平安時代中期の興福寺の学僧。
¶古人, コン

観賢*　かんげん, かんけん
*～延長3（925）年　[別]般若寺僧正（はんにゃじのそうじょう）　平安時代前期～中期の真言宗の僧、東寺長者。
¶古人（かんけん　[生]853年）, 古代（[生]854年）, コン（かんけん　[生]仁寿3（853）年）, 平家（[生]斉衡1（854）年）

紈子　かんこ⋆
江戸時代後期の女性。紀行文・和歌。くわん子とも。土佐藩藩士内田理俊とさきの娘。天保4年「内田氏女稲荷詣之記」を著す。
¶江表（紈子（高知県））

貫子　かんこ⋆
江戸時代中期の女性。俳諧。河内富田林の人。元

禄9年刊、珍著堂遊林子詠嘉編『反古集』に載る。
¶江表（貫子（大阪府））

閑子 かんこ
江戸時代中期の女性。散文・和歌・書。備後賀茂郡七条椛坂村の医師黒川玄甫の娘。
¶江表（閑子（広島県） [没]元文2（1737）年）

完伍 かんご
⇒伊藤完伍（いとうかんご）

菅江 かんこう
⇒朱楽菅江（あけらかんこう）

丸幸（1） がんこう
⇒中村友三〔2代〕（なかむらともぞう）

丸幸（2） がんこう
⇒中村友三〔3代〕（なかむらともぞう）

元杲 がんごう
⇒元杲（げんごう）

感光院 かんこういん
江戸時代後期の女性。徳川家斉の十女。
¶徳将（[生]1802年 [没]1803年）

寛佐* かんさ
天正12（1584）年～寛永19（1642）年 安土桃山時代～江戸時代前期の僧、連歌師。
¶俳文（[生]天正10（1582）年 [没]寛永19（1642）年9月27日）

閑斎*（閑斉） かんさい
？～天保8（1837）年 江戸時代中期の俳人。
¶俳文（[没]天保8（1837）年頃）

願西*（1） がんさい
天喜5（1057）年～天承1（1131）年 平安時代後期の念仏の行者。
¶古人

願西（2） がんさい
⇒安養尼（あんようにに）

閑斎軒入道 かんさいけんにゅうどう
戦国時代の木曽氏の家臣。
¶武田（生没年不詳）

願西尼*（1） がんさいに
生没年不詳 平安時代中期の尼僧。源信の姉。
¶コン

願西尼（2） がんさいに
⇒安養尼（あんようにに）

神前王 かんざきおう
奈良時代の官人。
¶古人（生没年不詳）

神前皇女 かんさきのおうじょ
⇒神前皇女（かんさきのひめみこ）

神前皇女 かんさきのこうじょ
⇒神前皇女（かんさきのひめみこ）

神前皇女* かんさきのひめみこ
生没年不詳 [別]神前皇女（かんさきのおうじょ，かんさきのこうじょ） 飛鳥時代の女性。継体天皇の皇女。
¶コン

神崎則休 かんざきのりやす
⇒神崎与五郎（かんざきよごろう）

神崎一二三* かんざきひふみ
文政6（1823）年～？ 江戸時代後期～末期の新撰組隊士。
¶新隊

神崎与五郎* かんざきよごろう
寛文6（1666）年～元禄16（1703）年 [別]神崎則休（かんざきのりやす），竹平（ちくへい） 江戸時代前期の播磨赤穂藩士。赤穂義士の一人。
¶コン，俳文（竹平 ちくへい [没]元禄16（1703）年2月4日）

菅茶山* かんさざん
寛延1（1748）年～文政10（1827）年 [別]菅茶山（かんちゃざん） 江戸時代中期～後期の漢詩人。
¶江人，コン（かんちゃざん），詩作（[生]延享5（1748）年2月2日 [没]文政10（1827）年8月13日），思想（かんちゃざん）

神沢杜口* かんざわとこう
宝永7（1710）年～寛政7（1795）年 [別]其蜩（きちょう），杜口（とこう） 江戸時代中期の国学者、俳人。
¶徳人，俳文（杜口 とこう [生]宝永5（1708）年 [没]寛政7（1795）年2月11日）

神沢理右衛門八勝 かんさわりえもんはちかつ
江戸時代前期の黒田長政方の浪客。大坂の陣で籠城。
¶大坂

桓算* かんさん
生没年不詳 平安時代中期の僧。
¶古人

観算* かんさん
平安時代前期の僧。
¶古人（生没年不詳），古代

関山 かんざん
⇒関山慧玄（かんざんえげん）

関山慧玄* かんざんえげん
建治3（1277）年～正平15/延文5（1360）年12月12日 [別]慧玄（えげん），関山（かんざん），仏光覚照国師（ぶっこうかくしょうこくし），本有円成国師（ほんゆうえんじょうこくし），無相大師（むそうだいし） 鎌倉時代後期～南北朝時代の臨済宗の僧。京都妙心寺開山。
¶コン，思想（[没]延文5/正平15（1360）年），中世

元三大師 がんさんたいし，がんさんだいし，がんざんだいし
⇒良源（りょうげん）

幹山伝七* かんざんでんしち
文政4（1821）年～明治23（1890）年 江戸時代末期～明治時代の陶芸家。洋食器製造の先駆者。京焼きの改革に寄与。
¶コン，美工（[没]明治23（1890）年2月28日）

菅三品 かんさんぽん，かんさんぼん
⇒菅原文時（すがわらのふみとき）

冠子（1） かんし
⇒嵐吉三郎〔3代〕（あらしきちさぶろう）

冠子（2） かんし
⇒中村勘三郎〔5代〕（なかむらかんざぶろう）

巻耳* かんじ
生没年不詳 江戸時代中期の俳人。森氏。
¶俳文

岸紫 がんし
江戸時代中期の俳諧・雑俳点者。長谷氏。
¶俳文(生没年不詳)

巌獅(岩子) がんし
⇒坂東寿太郎〔1代〕(ばんどうじゅたろう)

岩子(岩止) がんし
⇒坂東岩五郎(ばんどういわごろう)

閑室 かんしつ
⇒閑室元佶(かんしつげんきつ)

閑室元佶* かんしつげんきつ
天文17(1548)年～慶長17(1612)年5月20日 [別]閑室(かんしつ),佶長老(きっちょうろう),元佶(げんきつ),三要(さんよう),三要元佶(さんようげんきつ) 安土桃山時代～江戸時代前期の臨済宗の僧、足利学校庠主。
¶コン,思想,全戦

儇子内親王* かんしないしんのう
寛仁2(1018)年～承徳1(1097)年 [別]儇子内親王(けんしないしんのう,としこないしんのう) 平安時代中期～後期の女性。小一条院敦明親王の王女。
¶古人(としこないしんのう),天皇(けんしないしんのう・としこないしんのう [没]承徳1(1097)年12月28日)

勧子内親王* かんしないしんのう
昌泰2(899)年～? [別]勧子内親王(ゆきこないしんのう) 平安時代中期の醍醐天皇の第1皇女。
¶古人(ゆきこないしんのう 生没年不詳),天皇(かんしないしんのう・ゆきこないしんのう)

官子内親王 かんしないしんのう
⇒宮子内親王(きゅうしないしんのう)

簡子内親王* かんしないしんのう
?～延喜14(914)年 [別]簡子内親王(ふみこないしんのう) 平安時代前期～中期の女性。光孝天皇の第2皇女。
¶古人(ふみこないしんのう)

懽子内親王 かんしないしんのう
⇒宣政門院(せんせいもんいん)

眼舎(1) がんしゃ
⇒森田勘弥〔9代〕(もりたかんや)

眼舎(2) がんしゃ
⇒森田勘弥〔8代〕(もりたかんや)

翫雀 がんじゃく
⇒中村歌右衛門〔4代〕(なかむらうたえもん)

観修* かんしゅ
天慶8(945)年～寛弘5(1008)年 [別]勧修,観修(かんしゅう) 平安時代中期の天台宗の僧。
¶古人(かんしゅう),コン(勧修 かんしゅう)

勧修(観修) かんしゅう
⇒観修(かんしゅ)

竿秋 かんしゅう
⇒松木竿秋(まつきかんしゅう)

竿舟 かんしゅう
江戸時代後期の女性。俳諧。安芸県の人。文化13年刊、多賀庵四世筵史編『やまかつら』に載る。
¶江表(竿舟(広島県))

菅舟 かんしゅう*
江戸時代中期の女性。俳諧。榎本其角門。元禄11年刊、其角著『宝晋斎引付』に載る。
¶江表(菅舟(東京都))

菅周庵*(菅周安) かんしゅうあん
文化6(1809)年～明治26(1893)年8月26日 江戸時代末期～明治時代の医師。
¶幕末([生]文化6(1809)年6月6日)

勧修寺顕彰* かんしゅうじあきてる
文化11(1814)年～文久1(1861)年 [別]勧修寺顕彰(かしゅうじあきてる,かじゅうじあきてる) 江戸時代末期の公家。
¶幕末(かしゅうじあきてる [生]文化11(1815)年12月2日 [没]万延2(1861)年1月1日)

勧修寺経理* かんしゅうじつねおさ
文政11(1828)年～明治4(1871)年 [別]勧修寺経理(かしゅうじつねおさ,かじゅうじつねおさ) 江戸時代末期～明治時代の公家。
¶幕末(かしゅうじつねおさ [生]文政11(1828)年10月12日 [没]明治4(1871)年6月19日)

勧修寺徳子* かんしゅうじなりこ
天明8(1788)年～明治11(1878)年 [別]勧修寺徳子(かしゅうじなりこ) 江戸時代末期～明治時代の女官。仁孝、孝明天皇に奉仕。
¶幕末(かしゅうじなりこ [生]天明8(1788)年11月3日 [没]明治11(1878)年11月23日)

勧修寺晴豊 かんじゅうじはれとよ
⇒勧修寺晴豊(かじゅうじはるとよ)

勧修寺光豊 かんじゅうじみつとよ
⇒勧修寺光豊(かじゅうじみつとよ)

観宿* かんしゅく
承和11(844)年～延長6(928)年12月19日 平安時代前期～中期の真言宗の僧。東寺長者11世、高野山座主5世。
¶古人

閑樹尼 かんじゅに*
江戸時代後期の女性。俳諧。尾張名古屋の人か。文政4年序、大里桂丸編、素月三回忌追善集『蚤のあと』に載る。
¶江表(閑樹尼(愛知県))

桓舜* かんしゅん
天元1(978)年～天喜5(1057)年 平安時代中期の天台宗の僧。叡山の四傑の一人。
¶古人,コン

観俊 かんしゅん
鎌倉時代前期～後期の僧。理性院々主。
¶密教([生]1206年 [没]1270年1月16日)

かん女 かんじょ*
江戸時代後期の女性。俳諧。三河中根の人。天保1年頃刊、尾張の盛花らによる会所本『狂俳不知足』に載る。
¶江表(かん女(愛知県))

寛助* かんじょ
天喜5(1057)年～天治2(1125)年 平安時代後期の真言宗の僧。白河上皇の護持僧。
¶古人,コン

閑女(1)　かんじょ★
江戸時代中期の女性。俳諧。美濃兼山の人。元禄14年刊、太田白雪編『きれぎれ』に載る。
¶江表(閑女(岐阜県))

閑女(2)　かんじょ★
江戸時代中期の女性。和歌。砂川弥右衛門重敦の娘。元禄16年刊、植山検校江民軒梅之ほか編『歌林尾花末』に載る。
¶江表(閑女(静岡県))

閑女(3)　かんじょ★
江戸時代後期の女性。和歌。秋田藩士山方家の臣田口久方の娘。文化15年序、秋田藩士山方泰通編「月花集」に載る。
¶江表(閑女(秋田県))

観如院　かんじょいん★
江戸時代中期～後期の女性。書簡。上野館林藩主越智松平武元の娘。
¶江表(観如院(新潟県)　[生]宝暦9(1759)年　[没]天保7(1836)年)

寛昌*　かんしょう
生没年不詳　鎌倉時代前期の学僧。
¶古人

寛昭*　かんしょう
保延2(1136)年～?　平安時代後期の仁和寺僧。
¶古人

寛性　かんしょう
⇒寛性入道親王(かんしょうにゅうどうしんのう)

観性*　かんしょう
生没年不詳　平安時代後期の天台宗の僧。
¶古人

寛静*　かんじょう
延喜1(901)年～天元2(979)年　平安時代中期の真言宗の僧。
¶古人,コン

寛朝　かんじょう
⇒寛朝(かんちょう)

願照　がんしょう
奈良時代の僧、師寺寺主。
¶古人(生没年不詳)

元性*　がんしょう
仁平1(1151)年～元暦1(1184)年　[別]元性(げんしょう)　平安時代後期の僧。
¶古人,天皇(げんしょう　[生]仁平1(1151)年/仁平3年　[没]寿永3(1184)年10月17日),内乱(げんしょう　[生]仁平1(1151)年/仁平3年　[没]?)

丸舛　がんじょう
⇒中村友三〔3代〕(なかむらともぞう)

鑑松院*　かんしょういん
?～正徳3(1713)年1月4日　江戸時代中期の女性。歌人。
¶江表(鑑松院尼(宮城県))

環城丸女・丸女　かんじょうがんじょ・がんじょ★
江戸時代後期の女性。狂歌。寛政11年刊、千秋庵三陀羅法師編『狂歌東西集』に載る。
¶江表(環城丸女・丸女(東京都))

菅相公(1)　かんしょうこう
⇒菅原是善(すがわらのこれよし)

菅相公(2)　かんしょうこう
⇒菅原輔正(すがわらのすけまさ)

丸丈斎国広　がんじょうさいくにひろ
生没年不詳　江戸時代後期の浮世絵師。
¶浮絵,歌大

願成寺俊虎　がんじょうじしゅんこ
戦国時代の鳳凰山願成寺の住持。
¶武田(生没年不詳)

寛性親王　かんしょうしんのう
⇒寛性入道親王(かんしょうにゅうどうしんのう)

願証尼　がんしょうに
⇒安養尼(あんように)

寛性入道親王*　かんしょうにゅうどうしんのう
正応2(1289)年～正平1/貞和2(1346)年　[別]覚性法親王(かくしょうほうしんのう),寛性(かんしょう),寛性親王(かんしょうしんのう)　鎌倉時代後期～南北朝時代の仁和寺御室。伏見天皇の皇子。
¶天皇(覚性法親王　かくしょうほうしんのう　[没]貞和2(1346)年9月30日)

元性母*　がんしょうのはは
生没年不詳　[別]源師経女(みなもとのもろつねのむすめ)　平安時代後期の典侍。
¶古人,天皇(源師経女　みなもとのもろつねのむすめ)

甘藷先生　かんしょせんせい
⇒青木昆陽(あおきこんよう)

寛㑮*　かんしん
延喜6(906)年～天元4(981)年　平安時代中期の天台宗延暦寺僧。
¶古人

寛信*　かんしん,かんじん
応徳2(1085)年～仁平3(1153)年3月7日　平安時代後期の僧。真言宗勧修寺流の祖。
¶古人,コン

観真*　かんしん
天暦5(951)年～長元2(1029)年　平安時代中期の華厳宗の僧。東大寺61世。
¶古人

元真*　がんしん
?～寛弘5(1008)年　平安時代中期の真言僧。
¶古人

鑑真*　がんじん
唐・垂拱4(688)年～天平宝字7(763)年　[別]過海大師(かかいだいし)　飛鳥時代～奈良時代の唐の学僧、日本律宗の開祖。数度の失敗により盲目となったが、日本に戒律を伝え唐招提寺を開く。
¶古人,古代,コン([生]持統3(689)年),思想([生]唐垂拱4(688)年),対外,山小([生]688年?　[没]763年5月6日)

観心女王　かんしんじょおう
⇒安禅寺宮(あんぜんじのみや)

観心女王　かんしんにょおう
⇒安禅寺宮(あんぜんじのみや)

閑水　かんすい
江戸時代前期～中期の俳諧師。
¶俳文([生]天和2(1682)年　[没]延享1(1744)年6月3日)

かんそう

感世* かんせい
生没年不詳 平安時代中期の仏師。
¶古人、美建

観世清之* かんぜきよし
嘉永2（1849）年10月22日〜明治42（1909）年6月17日 江戸時代末期〜明治時代の能楽師。
¶新能

観世清孝* かんぜきよたか
天保8（1837）年〜明治21（1888）年 江戸時代末期〜明治時代の能楽師。
¶幕末（没明治21（1888）年2月16日）

観世清次 かんぜきよつぐ
⇒観阿弥（かんあみ）

観世黒雪* かんぜくせつ
永禄9（1566）年〜寛永3（1626）年12月9日 別観世左近〔9代〕（かんぜさこん），観世身愛（かんぜしんあい，かんぜただちか），観世忠親（かんぜただちか） 安土桃山時代〜江戸時代前期の能役者。9世観世大夫。
¶新能

観世小次郎 かんぜこじろう
⇒観世信光（かんぜのぶみつ）

観世小次郎信光 かんぜこじろうのぶみつ
⇒観世信光（かんぜのぶみつ）

観世左近〔7代〕 かんぜさこん
⇒観世宗節（かんぜそうせつ）

観世左近〔9代〕 かんぜさこん
⇒観世黒雪（かんぜくせつ）

観世左近〔15代〕 かんぜさこん
⇒観世元章（かんぜもとあきら）

観世左近元章 かんぜさこんもとあきら
⇒観世元章（かんぜもとあきら）

観世三郎元清 かんぜさぶろうもときよ
⇒世阿弥（ぜあみ）

観世十郎元雅 かんぜじゅうろうもとまさ
⇒観世元雅（かんぜもとまさ）

観世身愛 かんぜしんあい
⇒観世黒雪（かんぜくせつ）

観世宗節* かんぜそうせつ
永正6（1509）年〜天正11（1583）年12月5日 別観世左近〔7代〕（かんぜさこん），観世元忠（かんぜもとただ） 戦国時代〜安土桃山時代の能役者。7世観世大夫。
¶コン、新能

観世身愛（観世忠親） かんぜただちか
⇒観世黒雪（かんぜくせつ）

観世鋹之丞 かんぜてつのじょう
世襲名 江戸時代前期の能楽師。江戸時代に活躍したのは、初世から4世まで。
¶江人

観世長俊 かんぜながとし
長享2（1488）年〜天文10（1541）年 別観世弥次郎長俊（かんぜやじろうながとし） 戦国時代の能役者。観世大夫元広のワキを務める。
¶コン（生長享2（1488）年？），新能

観世信光* かんぜのぶみつ
永享7（1435）年〜永正13（1516）年 別観世小次郎（かんぜこじろう），観世小次郎信光（かんぜこじろうのぶみつ） 室町時代〜戦国時代の観世座の能役者。
¶コン（観世小次郎 かんぜこじろう），コン，新能（生宝徳2（1450）年 没永正13（1516）年7月7日）

観世元章 かんぜもとあき
⇒観世元章（かんぜもとあきら）

観世元章* かんぜもとあきら
享保7（1722）年〜安永3（1774）年 別観世左近〔15代〕（かんぜさこん），観世左近元章（かんぜさこんもとあきら），観世元章（かんぜもとあき），元章（げんしょう，もとあき） 江戸時代中期の能役者。15代観世大夫。
¶江人，コン（かんぜもとあき），新能（没安永3（1774）年1月18日）

観世元清 かんぜもとときよ
⇒世阿弥（ぜあみ）

観世元重 かんぜもとしげ
⇒音阿弥（おんあみ）

観世元忠 かんぜもとただ
⇒観世宗節（かんぜそうせつ）

観世元規* かんぜもとのり
弘化2（1845）年2月17日〜大正13（1924）年1月5日 江戸時代末期〜明治時代の能楽囃子方。
¶新能

観世元雅* かんぜもとまさ
？〜永享4（1432）年 別観世十郎元雅（かんぜじゅうろうもとまさ） 室町時代の能役者、能作者。世阿弥の子。
¶コン（生応永1（1394）年？），新能（没永享4（1432）年8月1日），山小（没1432年8月1日）

観世弥次郎長俊 かんぜやじろうながとし
⇒観世長俊（かんぜながとし）

観世与左衛門国広 かんぜよざえもんくにひろ
⇒似我与左衛門（じがよざえもん）

観暹* かんせん
生没年不詳 平安時代の僧侶・歌人。
¶古人

寛全親王* かんぜんしんのう
元文1（1736）年〜延享4（1747）年 別遵仁入道親王（じゅんにんにゅうどうしんのう），遵仁法親王（じゅんにんほうしんのう） 江戸時代中期の中御門天皇の第6皇子。
¶天皇（遵仁法親王 じゅんにんほうしんのう）（生享保21（1736）年1月12日 没延享4（1747）年5月1日）

官鼠 かんそ
⇒陶官鼠（すえかんそ）

寛宗* (1) かんそう
大治1（1126）年〜治承1（1177）年 平安時代後期の中御門右大臣藤原宗忠の息宗能の子。
¶古人

寛宗 (2) かんそう
平安時代後期の僧。法琳寺別当（太元阿闍梨）。
¶密教（生1108年 没1159年4月1日／21日／閏5月29日）

寛尊　かんそん
⇒寛尊法親王（かんそんほっしんのう）

寛尊親王　かんそんしんのう
⇒寛尊法親王（かんそんほっしんのう）

寛尊法親王　かんそんほうしんのう
⇒寛尊法親王（かんそんほっしんのう）

寛尊法親王*　かんそんほっしんのう
？～弘和2/永徳2（1382）年　[別]寛尊（かんそん），寛尊親王（かんそんしんのう），寛尊法親王（かんそんほうしんのう），寛融（かんゆう），大覚寺宮（だいがくじのみや）　鎌倉時代後期～南北朝時代の亀山天皇の皇子。
¶天皇（寛融　かんゆう　生没年不詳）

神田厚丸　かんだあつまる
⇒神田庵厚丸（かんだあんあつまる）

神田庵厚丸*　かんだあんあつまる
？～文政12（1829）年　[別]神田厚丸（かんだあつまる），小金厚丸（こがねあつまる）　江戸時代後期の洒落本作者。
¶コン

岸岱*　がんたい
天明2（1782）年～元治2（1865）年　江戸時代後期の画家。
¶コン（[没]慶応1（1865）年），美画（[没]慶応1（1865）年）

神田浦三　かんだうらぞう
⇒黒沢忠三郎（くろさわちゅうざぶろう）

神田玄泉*（神田玄仙）　かんだげんせん
生没年不詳　江戸時代中期の町医師。「日東魚譜」の著者。
¶眼医（神田玄仙）

神田神四郎　かんだじんしろう
安土桃山時代の鋳物師。武蔵国滝山城主北条氏照に属した。武蔵国入間郡の人。
¶後北（神四郎〔神田（2）〕　じんしろう）

神田宗兵衛*　かんだそうべえ
？～天保11（1840）年　江戸時代中期～後期の窯業経営家。
¶コン

神田孝平*　かんだたかひら
天保1（1830）年～明治31（1898）年7月5日　江戸時代末期～明治時代の啓蒙的官僚、学者、兵庫県令。西洋経済学を最初に移入・紹介した。貴族院議員。著書に「経世余論」。
¶科学（[生]文政13（1830）年9月15日），コン，思想，数学（[生]文政13（1830）年9月15日），幕末（[生]文政13（1830）年9月15日），山小（[生]1830年9月15日　[没]1898年7月5日）

神田貞宣*　かんだていせん
[別]蝶々子（ちょうちょうし），貞宣（ていせん）　江戸時代前期の俳人。別号に蝶々子、花楽軒、紅葉軒。
¶俳文（蝶々子　ちょうちょうし　生没年不詳）

神田直助　かんだなおすけ
⇒山本四郎（やまもとしろう）

神田伯山〔1代〕*　かんだはくざん
？～明治6（1873）年　江戸時代末期～明治時代の講談師。独特の読み口を工夫。「大岡政談」の「天一坊」を得意とした。
¶コン（[没]明治7（1874）年）

神田白竜子*　かんだはくりゅうし
延宝8（1680）年～宝暦10（1760）年7月22日　[別]神田白竜子（かんだはくりょうし）　江戸時代中期の講釈師。
¶思想（かんだはくりょうし）

神田白竜子　かんだはくりょうし
⇒神田白竜子（かんだはくりゅうし）

神田兵右衛門　かんだひょうえもん
⇒神田兵右衛門（こうだひょうえもん）

神田将高　かんだまさたか
安土桃山時代の三田綱定・北条氏照の家臣。正高。与兵衛・因幡守。
¶後北（将高〔神田（1）〕　まさたか　[没]元和5年）

神田正俊　かんだまさとし
戦国時代～江戸時代前期の幕臣。
¶徳人（[生]1555年　[没]1624年）

神足高雲*　かんたりこううん
生没年不詳　江戸時代前期の画家。
¶美画

寛湛　かんたん
平安時代前期～中期の僧。中納言橘公頼の子。権律師。
¶古人（[生]897年　[没]963年）

寛湛母*　かんたんのはは
生没年不詳　平安時代中期の歌人。
¶古人

寛智*　かんち
永承1（1046）年～天永2（1111）年12月18日　平安時代後期の真言宗の僧。
¶古人（[生]1045年）

観智*（1）　かんち
生没年不詳　飛鳥時代の留学僧。
¶古人

観智*（2）　かんち
生没年不詳　平安時代後期の天台寺門派の僧。
¶古人

韓智興*　かんちこう
生没年不詳　飛鳥時代の遣唐使人。
¶古代

鑑知国師　かんちこくし
⇒証空（しょうくう）

菅茶山　かんちゃざん
⇒菅茶山（かんさざん）

寛忠*　かんちゅう
延喜6（906）年～貞元2（977）年　平安時代中期の真言宗の僧。宇多法皇の孫、東寺三長者。
¶古人（[生]907年）

寛朝*　かんちょう，かんぢょう
延喜16（916）年～長徳4（998）年6月12日　[別]寛朝（かんじょう）　平安時代中期の真言宗の僧。広沢流の祖。宇多天皇の孫。
¶古人（[生]915年），コン

含粘　がんでん
江戸時代中期の俳諧作者。
¶俳文（生没年不詳）

寛通　かんどう
⇒聖守（しょうしゅ）

雁宕　がんとう
⇒砂岡雁宕（いさおかがんとう）

元灯*　がんとう
生没年不詳　平安時代中期の僧。寂照に随従して渡宋。
¶古人

関東小六*　かんとうころく
浄瑠璃・歌舞伎の主人公。
¶コン

貫洞瀬左衛門*　かんどうせざえもん
江戸時代末期の鉄山経営者。
¶幕末（[生]？　[没]慶応2（1866）年10月24日）

寛徳院　かんとくいん
⇒真宮理子（さなのみやさとこ）

神門氏成　かんとのうじなり
平安時代前期の武官。弓の名手。
¶古人（生没年不詳）

神門臣古禰*　かんどのおみふるね
[別]神門古禰（かんどのふるね）　上代の建部。
¶古代

神門古禰　かんどのふるね
⇒神門臣古禰（かんどのおみふるね）

神戸分左衛門*　かんどぶんざえもん
？～正徳2（1712）年　江戸時代中期の名古屋屈指の材木商、新田開発者。
¶コン

神人部子忍男　かんとべのこおしお
⇒神人部子忍男（かむとべのこおしお）

神戸弥左衛門*　かんどやざえもん
世襲名　江戸時代の木曽川犬山湊の海運業者。
¶コン

香取繁右衛門*　かんどりしげえもん
文政6（1823）年～明治22（1889）年7月22日　江戸時代末期～明治時代の祈禱師、香取金光教教祖。金神信仰の小野はると出会い入信、自身の病気を契機に金神の神がかり状態になる。
¶コン

閑那　かんな
江戸時代後期～明治時代の俳諧作者。本名、古宅健次郎。
¶俳文（[生]文化1（1804）年　[没]明治20（1887）年）

巫部石松　かんなぎべのいわまつ
平安時代後期の山城国石垣荘の住人。天喜4年（1056）不当を訴える。
¶古人（生没年不詳）

巫部公成　かんなぎべのきみなり
平安時代前期の官人。
¶古人（生没年不詳）

巫部諸成　かんなぎべのもろなり
平安時代前期の官人。大和国山辺郡の人。
¶古人（生没年不詳）

神尾治部入道　かんなじぶにゅうどう
戦国時代の北条為昌・綱成の家臣。
¶後北（治部入道〔神尾（1）〕　じぶにゅうどう）

神尾善四郎　かんなぜんしろう
⇒神尾善四郎（かみおぜんしろう）

神夏磯媛　かんなつしひめ
⇒神夏磯媛（かんなつそひめ）

神夏磯媛*　かんなつそひめ
[別]神夏磯媛（かむなつそひめ，かんかしひめ，かんなつしひめ）　上代の伝説上の女性。西国の首長。
¶古代，コン，女史（かむなつそひめ）

感和亭鬼武　かんなていおにたけ
⇒感和亭鬼武（かんわていおにたけ）

甘南備内親王　かんなびないしんのう
⇒甘南備内親王（かんなびのないしんのう）

甘南備伊勢子　かんなびのいせこ
平安時代前期の官人。
¶古人（[生]？　[没]883年）

甘南備清野　かんなびのきよの
奈良時代の官人。
¶古人（生没年不詳）

甘南備国成　かんなびのくになり
平安時代前期の官人。
¶古人（生没年不詳）

甘南備是門　かんなびのこれかど
平安時代前期の官人。
¶古人（生没年不詳）

甘南備高継　かんなびのたかつぐ
平安時代前期の官人。
¶古人（生没年不詳）

甘南備高直*　かんなびのたかなお
宝亀6（775）年～承和3（836）年　[別]甘南備真人高直（かんなびのまひとたかなお）　平安時代前期の遣唐判官。
¶古人，古代（甘南備真人高直　かんなびのまひとたかなお）

神奈備種松*（神南備種松）　かんなびのたねまつ
平安時代後期の「うつほ物語」中の紀伊国の長者、説話上の人物。
¶コン

甘南備豊次　かんなびのとよつぐ
奈良時代の官人。
¶古人（生没年不詳）

甘南備内親王*（甘南美内親王）　かんなびのないしんのう
延暦19（800）年～弘仁8（817）年　[別]甘南備内親王（かんなびないしんのう），甘南美内親王（かんなみのないしんのう）　平安時代前期の女性。桓武天皇の第12皇女。
¶古人（かんなびないしんのう），天皇（甘南美内親王　かんなみのないしんのう　[没]弘仁8（817）年2月21日）

甘南備永資　かんなびのながすけ
平安時代中期の官人。
¶古人（生没年不詳）

甘南備信影　かんなびののぶかげ
平安時代前期の官人。
¶古人（生没年不詳）

か

甘南備浜吉　かんなびのはまよし
平安時代前期の官人。
¶古人（生没年不詳）

甘南備春成（奉信）　かんなびのはるなり（とものぶ）
平安時代中期の官人。
¶古人（生没年不詳）

甘南備弘範　かんなびのひろのり
平安時代前期の官人。
¶古人（生没年不詳）

甘南備真数　かんなびのまかず
平安時代前期の仁明天皇の後宮。
¶古人（生没年不詳）

甘南備真野　かんなびのまの
平安時代前期の官人。
¶古人（生没年不詳）

甘南備真人高直　かんなびのまひとたかなお
⇒甘南備高直（かんなびのたかなお）

甘南備保資　かんなびのやすすけ
平安時代中期の官人。
¶古人（生没年不詳）

観阿弥　かんなみ
⇒観阿弥（かんあみ）

神波即山*（神波卽山）　かんなみそくざん
天保3（1832）年～明治24（1891）年　[別]神波即山（かなみそくざん）　江戸時代末期～明治時代の官吏、詩人。
¶詩作（神波卽山），幕末（かなみそくざん　[没]明治24（1891）年1月2日）

甘南美内親王　かんなみのないしんのう
⇒甘南備内親王（かんなびのないしんのう）

金成善左衛門*　かんなりぜんざえもん
文化14（1817）年～大正4（1915）年　江戸時代末期～大正時代の仙台藩大番士。回天隊を編成し隊長。
¶幕末（[没]大正4（1915）年1月7日）

神主磯守　かんぬしのいそもり
奈良時代の伊勢大神宮禰宜。
¶古人（生没年不詳）

神主首名　かんぬしのおびとな
奈良時代の伊勢大神宮禰宜。
¶古人（生没年不詳）

神主五月麻呂　かんぬしのさつきまろ
奈良時代の豊受大神宮禰宜。
¶古人（生没年不詳）

神渟名川耳尊　かんぬなかわみみのみこと
⇒綏靖天皇（すいぜいてんのう）

寛念*　かんねん
生没年不詳　平安時代後期の歌人。
¶古人

願念寺賢恵　かんねんじけんえい
江戸時代後期の和算家。浄土真宗の寺の7代目住職。
¶数学（[没]文化7（1810）年10月14日）

願念寺典隆　かんねんじてんりゅう
江戸時代中期～末期の和算家。浄土真宗の寺の住職。
¶数学（[生]安永8（1779）年　[没]安政4（1857）年5月1日）

翫之　かんの★
江戸時代後期の女性。俳諧。板戸の人。享和3年以降成立、嘯月庵秋天・月中庵秋英共編『下毛みやけ』に載る。
¶江表（翫之（栃木県））

神尾淡路守　かんのおあわじのかみ
戦国時代安土桃山時代の武士。遠江出身。海野衆の一員。
¶武田（生没年不詳）

神尾左近丞　かんのおさこんのじょう
戦国時代の武士。駿河衆。
¶武田（生没年不詳）

神尾但馬　かんのおたじま
安土桃山時代の高天神籠城衆。
¶武田（[生]？　[没]天正9（1581）年3月22日）

神尾成房　かんのおなりふさ
戦国時代～江戸時代前期の武田家の祐筆。
¶武田（[生]天文2（1533）年　[没]慶長13（1608）年12月29日）

神尾房友　かんのおふさとも
戦国時代の信濃小県郡の国衆。海野氏の被官。
¶武田（生没年不詳）

菅野元健*　かんのげんけん
生没年不詳　[別]菅野元健（すがのもとたけ）　江戸時代中期の数学者、幕臣。
¶数学（すがのもとたけ）

菅野治平*　かんのじへい
天保10（1839）年～明治34（1901）年　江戸時代末期～明治時代の蚕糸業功労者。秋蚕の原種を確保し養蚕業を転換。
¶幕末（[没]明治34（1901）年1月28日）

菅野晋斎*　かんのしんさい
文化5（1808）年～明治10（1877）年　江戸時代末期～明治時代の篆刻家。漢学、俳句にも精通。
¶幕末（[没]明治10（1877）年10月8日）

菅典侍*　かんのすけ
生没年不詳　平安時代中期の女官・典侍。
¶古人

神野忠知*　かんのただとも
寛永2（1625）年～延宝4（1676）年　[別]忠知（ただとも）　江戸時代前期の俳人（貞徳系）。
¶俳文（忠知　ただとも　[没]延宝4（1676）年11月27日）

菅内侍*　かんのないし，かんのないじ
生没年不詳　[別]高辻長量女（たかつじながかずのむすめ）　江戸時代中期の女性。東山天皇の内侍。
¶女史，天皇（高辻長量女　たかつじながかずのむすめ）

菅野梅元*　かんのばいげん
？～明治2（1869）年　江戸時代末期の画家。
¶幕末

菅野八郎*　かんのはちろう
文化7（1810）年8月5日～明治21（1888）年1月2日　江戸時代末期～明治時代の一揆指導者。農村振興のため誠信講を創設・運営。一揆を指導、世直し大明神と農民から尊信された。
¶江人，コン，思想，幕末（[生]文化10（1813）年8月5日）

菅野平右衛門*　かんのへいえもん
天保5（1834）年～明治44（1911）年　江戸時代末期

〜明治時代の蚕糸業功労者。国立蚕種製造所で全国優良種に選ばれた「大青」を育成。

¶幕末（[生]天保5（1834）年2月4日 [没]明治44（1911）年8月19日）

菅野安兵衛* かんのやすべえ

嘉永1（1848）年〜明治35（1902）年 江戸時代末期〜明治時代の新蚕種開発者。蚕種を風穴に貯蔵する法を考案。

¶幕末（[生]嘉永1（1848）年11月21日 [没]明治35（1902）年10月6日）

観音寺舜興 かんのんじしゅんこう

江戸時代前期の僧、代官、琵琶湖水船奉行。第11代芦浦観音寺住職。

¶徳代（[生]？ [没]寛文2（1662）年7月3日）

観音寺朝賢 かんのんじちょうけん

？〜寛永11（1634）年 江戸時代前期の幕臣。

¶徳人，徳代（[没]寛永11（1634）年4月4日）

観音寺朝舜 かんのんじちょうしゅん

江戸時代中期の僧、代官、琵琶湖水船奉行。第13代芦浦観音寺住職。

¶徳代（[生]？ [没]元禄3（1690）年8月10日）

観音寺豊舜 かんのんじほうしゅん

江戸時代前期の僧、代官、琵琶湖水船奉行。第12代芦浦観音寺住職。

¶徳代（[生]？ [没]寛文5（1665）年10月18日）

観音房 かんのんぼう

平安時代後期の興福寺の僧。系譜未詳。

¶平家（生没年不詳）

綺戸辺* かんはたとべ

[別]綺戸辺（かにはたとべ） 上代の女性。垂仁天皇の妃。

¶天皇（かにはたとべ 生没年不詳）

神服清継 かんはとりのきよつぐ

平安時代前期の官人。

¶古人（生没年不詳）

神服貞氏 かんはとりのさだうじ

平安時代前期の出羽国の軍師白丁。

¶古人（生没年不詳）

神服直雄 かんはとりのすぐお

平安時代前期の権弩師。

¶古人（[生]？ [没]878年）

神服時正 かんはとりのときまさ

平安時代中期の官人。

¶古人（生没年不詳）

神林 かんばやし

戦国時代の信濃国伊那郡の土豪。

¶武田（生没年不詳）

上林勝永 かんばやしかつなが

⇒上林勝永（かんばやししょうえい）

上林勝盛 かんばやしかつもり

安土桃山時代〜江戸時代前期の山城国宇治郷代官、製茶業。

¶徳代（[生]文禄3（1594）年 [没]明暦2（1656）年4月7日）

上林掃部丞 かんばやしかもんのじょう

⇒上林久茂（かんばやしひさもち）

神林喜三郎 かんばやしきさぶろう

戦国時代の信濃国伊那郡の土豪。

¶武田（生没年不詳）

上林久賢 かんばやしきゅうけん

江戸時代後期の山城国宇治郷代官、製茶業。

¶徳代（[生]？ [没]弘化3（1846）年）

神林刑部少輔 かんばやしぎょうぶのしょう

安土桃山時代の武士。勝頼に従って討死したという。

¶武田（[生]？ [没]天正10（1582）年3月11日）

上林定政 かんばやしさだまさ

江戸時代中期の山城国宇治郷代官、茶頭取。

¶徳代（[生]？ [没]元禄12（1699）年8月11日）

上林重胤* かんばやししげたね

寛永20（1643）年〜正徳3（1713）年4月25日 江戸時代前期〜中期の宇治郷代官。

¶徳代

上林勝永* かんばやししょうえい

[別]上林勝永（かんばやしかつなが） 安土桃山時代〜江戸時代前期の宇治茶師、上林家嫡流六郎家の祖。

¶徳代（かんばやしかつなが [生]天正1（1573）年 [没]元和2（1616）年3月4日）

神林惺斎* かんばやしせいさい

文化12（1815）年〜明治6（1873）年 江戸時代末期〜明治時代の儒者。藩校祐賢堂の大教授。

¶幕末（[没]明治6（1873）年11月）

神林清十郎 かんばやしせいじゅうろう

安土桃山時代の武士。神林道林の子か。武田勝頼とともに滅亡。

¶武田（[生]？ [没]天正10（1582）年3月11日）

上林清泉* かんばやしせいせん

享和1（1801）年〜＊ 江戸時代末期〜明治時代の彫刻師。

¶幕末（[没]明治3（1871）年11月18日）

神林道林 かんばやしどうりん

安土桃山時代の武士。武田勝頼とともに滅亡した。

¶武田（[生]？ [没]天正10（1582）年3月11日）

上林豊重 かんばやしとよしげ

江戸時代前期の山城国宇治郷代官、製茶業。

¶徳代（[生]慶長17（1612）年 [没]寛文5（1665）年2月7日）

上林久建 かんばやしひさたけ

江戸時代中期〜後期の山城国宇治郷代官、製茶業。

¶徳代（[生]天明3（1783）年 [没]天保2（1831）年1月20日）

上林久忠 かんばやしひさただ

江戸時代中期〜後期の山城国宇治郷代官、製茶業。

¶徳代（[生]宝暦6（1756）年 [没]文化13（1816）年7月17日）

上林久豊 かんばやしひさとよ

江戸時代前期〜中期の山城国宇治郷代官、製茶業。

¶徳代（[生]延宝3（1675）年 [没]延享1（1744）年7月24日）

上林久茂* かんばやしひさもち

天文11（1542）年〜慶長11（1606）年 [別]上林休徳（かみばやしきゅうとく），上林久茂（かみばやしひさもち），上林掃部丞（かんばやしかもんのじょう） 安土桃山時代〜江戸時代前期の宇治茶師。上林家の始祖久重の長男。

¶織田（[没]慶長11（1606）年6月7日），コン（[生]天文1（1532）年），徳代（[没]慶長11（1606）年6月7日）

か

神林復所* かんばやしふくしょ
寛政7(1795)年～明治13(1880)年　江戸時代末期～明治時代の奥州藩士。朱子学を信奉。
¶幕末([生]寛政7(1795)年5月8日　[没]明治13(1880)年1月26日)

上林政武 かんばやしまさたけ
延宝2(1674)年～宝暦3(1753)年　江戸時代前期～中期の幕臣。
¶徳人，徳代([没]宝暦3(1753)年8月10日)

上林政次 かんばやしまさつぐ
江戸時代前期の山城国宇治郷代官、茶頭取。
¶徳代([生]元和7(1621)年　[没]明暦2(1656)年7月28日)

上林政富 かんばやしまさとみ
江戸時代前期の山城国宇治郷代官、茶頭取。
¶徳代([生]正保4(1647)年　[没]寛文5(1665)年7月18日)

上林政信 かんばやしまさのぶ
江戸時代前期の代官。
¶徳代([生]？　[没]寛永19(1642)年7月22日)

上林政矩* かんばやしまさのり
慶安1(1648)年～寛文3(1663)年10月16日　江戸時代前期の茶人。
¶徳代([生]寛永18(1641)年)

鎌原筑前守* かんばらちくぜんのかみ
？～天正3(1575)年5月21日　戦国時代～安土桃山時代の上野国衆。
¶武田([生]大永7(1527)年)

鎌原桐山 かんばらとうざん
⇒鎌原桐山(かまはらとうざん)

鎌原幸定 かんばらゆきさだ
戦国時代の武士。真田幸隆の3番目の弟という。
¶全戦(生没年不詳)

寛平法皇 かんぴょうほうおう，かんぴょうほうおう
⇒宇多天皇(うだてんのう)

寛敏* かんびん
？～寿永1(1182)年　平安時代後期の僧、太秦広隆寺の別当。
¶古人，コン(生没年不詳)

神戸市介* かんべいちすけ
？～永禄12(1569)年9月8日　戦国時代～安土桃山時代の織田信長の家臣。
¶織田

神戸岩蔵* かんべいわぞう
弘化4(1847)年～慶応1(1865)年　江戸時代末期の陸奥会津藩士。
¶幕末

勘兵衛 かんべえ
安土桃山時代の信濃国筑摩郡会田の土豪。会田岩下氏の被官とみられる。
¶武田(生没年不詳)

神戸賀介* かんべがのすけ
生没年不詳　安土桃山時代の織田信長の家臣。
¶織田([生]？　[没]天正12(1584)年？)

神戸二郎作* かんべじろさく
？～天正10(1582)年6月2日　戦国時代～安土桃山時代の織田信長の家臣。
¶織田

神戸操平* かんべそうへい
享和3(1803)年～元治1(1864)年　江戸時代末期の常陸土浦藩士。
¶幕末([没]文久4(1864)年1月11日)

神戸大助* かんべだいすけ
文化11(1814)年～明治17(1884)年　江戸時代末期の剣兌山流師範家。
¶幕末([生]文化8(1811)年　[没]？)

神戸雅珍 かんべつねよし
江戸時代前期～中期の武士、勘定。
¶徳代([生]延宝6(1678)年　[没]寛保2(1742)年2月7日)

神戸利盛 かんべとしもり
安土桃山時代の武将。
¶全戦(生没年不詳)

神戸具盛* かんべとももり
？～慶長5(1600)年　戦国時代～安土桃山時代の武将。
¶織田([没]慶長5(1600)年10月26日)

神戸友盛* かんべとももり
？～慶長5(1600)年　安土桃山時代の武将。
¶全戦

神戸長盛 かんべながもり
戦国時代の武将。
¶全戦([生]？　[没]天文21(1552)年？)

神戸長吉* かんべのながきち
文化11(1814)年～明治13(1880)年　江戸時代末期～明治時代の侠客。荒神山の喧嘩は有名。伊勢一揆の際は暴徒が神戸に入るのを防ぐため村民を指揮した。
¶コン

神戸信孝 かんべのぶたか
⇒織田信孝(おだのぶたか)

神戸伯耆* かんべほうき
？～永禄12(1569)年9月8日　戦国時代～安土桃山時代の織田信長の家臣。
¶織田

神戸友琴* かんべゆうきん
寛永10(1633)年～宝永3(1706)年　[別]友琴(ゆうきん)　江戸時代前期～中期の俳人。
¶俳文(友琴　ゆうきん　[没]宝永3(1706)年10月13日)

神戸祐甫* かんべゆうほ
寛永9(1632)年～宝永7(1710)年　[別]祐甫(ゆうほ)　江戸時代前期～中期の俳人(蕉門)。
¶俳文(祐甫　ゆうほ　[没]宝永7(1710)年8月15日)

寛遍* かんぺん，かんべん
康和2(1100)年～永万2(1166)年6月30日　平安時代後期の真言宗の僧。広沢六流の一つ忍辱山流の祖。
¶古人(かんべん)，コン([没]仁安1(1166)年)

観峯* かんぽう
生没年不詳　平安時代中期の仁和寺の僧。
¶古人

元方 がんぽう
⇒元方(げんぽう)

乾峰士曇 かんぽうしどん
⇒乾峰士曇(けんぽうしどん)

観法尼　かんぼうに*
江戸時代末期の女性。和歌。越後蒲原郡高関村の人。嘉永7年刊、長沢伴雄編『類題鴨川五郎集』に載る。
¶江表（観法尼（新潟県））

菅正利　かんまさとし
安土桃山時代～江戸時代前期の黒田孝高の家臣。
¶全戦（㊡永禄10（1567）年　㊥寛永2（1625）年）

菅政友　かんまさとも
文政7（1824）年～明治30（1897）年　㊟菅政友（すがまさとも）　江戸時代末期～明治時代の歴史学者、大和石上神社大宮司。会沢正志斎の門下、彰考館館員となる。修史館、修史局などで修史事業に従事。
¶コン（すがまさとも）、幕末（㊥文政7（1824）年1月14日　㊡明治30（1897）年10月22日）

寛命　かんみょう*
生没年不詳　平安時代後期の真言宗の僧。
¶密教（㊤1156以前　㊦1161以後）

元命　がんみょう*
天禄2（971）年～永承6（1051）年　平安時代中期～後期の石清水八幡宮寺の祠官。
¶古人

桓武天皇　かんむてんのう*
天平9（737）年～大同1（806）年　㊟柏原天皇（かしわばらてんのう，かしわばらのてんのう）　平安時代前期の第50代の天皇（在位781～806）。平安遷都を行なった。
¶古人、古代、コン（㊡延暦25（806）年）、思想、天皇（㊡延暦25（806）年3月17日）、平家（㊡延暦25（806）年）、山小（㊡806年3月17日）

神八井耳命　かんやいみみのみこと*
㊟神八井耳命（かみやいみみのみこと，かむやいみみのみこと）　上代の神武天皇の皇子。
¶古代、天皇（かみやいみみのみこと　㊤？　㊦綏靖4年）

神日本磐余彦尊（神日本磐余彦命）　かんやまといわれひこのみこと
⇒神武天皇（じんむてんのう）

寛祐　かんゆう*
生没年不詳　平安時代中期の僧侶・歌人。
¶古人

寛融　かんゆう
⇒寛尊法親王（かんそんほっしんのう）

観祐　かんゆう*
天永1（1110）年～？　平安時代後期の絵仏師。
¶古人、密教（㊡1172以後）

感誉存貞　かんぞんてい
⇒存貞（ぞんてい）

完来　かんらい*
寛延1（1748）年～文化14（1817）年　㊟大島完来（おおしまかんらい）　江戸時代後期の俳人。
¶俳文（㊡文化14（1817）年4月18日）

冠里　かんり*
？～享保17（1732）年　江戸時代中期の備中松山藩主、俳人。
¶俳文（㊥寛文11（1671）年）

観理　かんり*
寛平6（894）年～天延2（974）年3月　平安時代中期の真言宗の僧。東大寺47世、醍醐寺9世。
¶古人（㊦895年）

菅裏　かんり*
？～文化14（1817）年　江戸時代中期～後期の川柳作者。
¶俳文（㊡文政9（1826）年5月5日）

寛隆　かんりゅう*
寛文12（1672）年～宝永4（1707）年　㊟寛隆入道親王（かんりゅうにゅうどうしんのう），寛隆法親王（かんりゅうほうしんのう）　江戸時代中期の真言宗の僧。仁和寺23世。
¶天皇（寛隆法親王　かんりゅうほうしんのう　㊤寛文12（1672）年9月12日　㊡宝永4（1707）年9月14日）

寛隆入道親王　かんりゅうにゅうどうしんのう
⇒寛隆（かんりゅう）

寛隆法親王　かんりゅうほうしんのう
⇒寛隆（かんりゅう）

寛亮　かんりょう*
生没年不詳　鎌倉時代後期の仏師。
¶美建

岸良　がんりょう
⇒岸良（きしよし）

寛令　かんれい*
？～明治1（1868）年　㊟善長寺寛令（ぜんちょうじかんれい）　江戸時代末期の僧。
¶幕末（㊡明治1（1868）年9月22日）

寛蓮　かんれん*
貞観16（874）年～？　平安時代前期の洛北弥勒寺の僧。
¶古人

岸連山　がんれんざん
⇒岸連山（きしれんざん）

缶轆　かんろ
⇒岳轆（がくろ）

勘六　かんろく
⇒岡崎屋勘亭（おかざきやかんてい）

観勒　かんろく*
生没年不詳　飛鳥時代の僧。わが国初の僧正。
¶古人、古代、古物、コン、思想、対外、山小

菅六左衛門　かんろくざえもん*
生没年不詳　安土桃山時代の織田信長の家臣。
¶織田

甘露寺篤長　かんろじあつなが*
寛延2（1749）年5月3日～文化9（1812）年2月29日　㊟甘露寺篤長（かんろじかずなが）　江戸時代中期～後期の公家（権大納言）。権大納言甘露寺規長の子、母は甲斐守源長定の娘。
¶公卿、公家（篤長〔甘露寺家〕　かずなが）

甘露寺篤長　かんろじかずなが
⇒甘露寺篤長（かんろじあつなが）

甘露寺方長　かんろじかたなが*
慶安1（1648）年12月3日～元禄7（1694）年2月20日　㊟甘露寺方長（かんろじまさなが）　江戸時代前期の公家（権大納言）。参議甘露寺嗣長の次男。
¶公卿、公家（方長〔甘露寺家〕　かたなが）

甘露寺勝長* かんろじかつなが
文政11(1828)年～明治3(1870)年 江戸時代後期～明治時代の公卿。
¶公卿([生]文政11(1828)年3月20日 [没]明治3(1870)年3月),公家(勝長〔甘露寺家〕 かつなが [生]文政11(1828)年3月20日 [没]明治3(1870)年3月2日),幕末([生]文政11(1828)年3月20日 [没]明治3(1870)年3月2日)

甘露寺兼長* かんろじかねなが
正平12/延文2(1357)年～応永29(1422)年2月8日 南北朝時代～室町時代の公卿(権大納言)。権中納言甘露寺藤長の子。
¶公卿([生]延文2/正平12(1357)年),公家(兼長〔甘露寺家〕 かねなが)

甘露寺妍子* かんろじきよこ
文化3(1806)年～嘉永4(1851)年 江戸時代後期の女性。仁孝天皇の宮人。
¶天皇([生]文化3(1806)年5月22日 [没]嘉永4(1851)年10月28日)

甘露寺清長* かんろじきよなが
弘和1/永徳1(1381)年～応永21(1414)年8月29日 室町時代の公卿(権中納言)。権大納言甘露寺兼長の子。
¶公卿([生]永徳1/弘和1(1381)年),公家(清長〔甘露寺家〕 きよなが)

甘露寺国長* かんろじくになが
明和8(1771)年9月10日～天保8(1837)年6月18日 江戸時代後期の公家(権大納言)。権大納言甘露寺篤長の子。
¶公卿,公家(国長〔甘露寺家〕 くになが)

甘露寺伊長* かんろじこれなが
文明16(1484)年～天文17(1548)年12月30日 [別]伊長(これなが) 戦国時代の公卿(権大納言)。権大納言甘露寺元長の子、母は権中納言高倉永継の娘。
¶公卿,公家(伊長〔甘露寺家〕 これなが),俳文(伊長 これなが)

甘露寺親長* かんろじちかなが
応永31(1424)年～明応9(1500)年 室町時代～戦国時代の公卿(権大納言)。蔵人頭・左大弁甘露寺房長の子。
¶公卿([生]応永32(1425)年 [没]明応9(1500)年8月17日),公家(親長〔甘露寺家〕 ちかなが [没]明応9(1500)年8月7日),コン,中世,室町([生]応永31(1425)年)

甘露寺嗣長* かんろじつぐなが
慶長16(1611)年8月2日～慶安3(1650)年2月9日 江戸時代前期の公家(参議)。権中納言正親町三条公仲の孫、正親町三条貞秀の子。
¶公卿,公家(嗣長〔甘露寺家〕 つぐなが)

甘露寺経元* かんろじつねもと
天文4(1535)年～天正13(1585)年5月8日 安土桃山時代の公卿(権大納言)。参議下冷泉為豊の次男。
¶公卿,公家(経元〔甘露寺家〕 つねもと)

甘露寺尚長* かんろじなおなが
貞享2(1685)年12月4日～享保3(1718)年5月2日 [別]甘露寺尚長(かんろじひさなが) 江戸時代中期の公家(権中納言)。権大納言甘露寺方長の三男。
¶公卿,公家(尚長〔甘露寺家〕 ひさなが)

甘露寺愛長* かんろじなるなが
文化4(1807)年～安政6(1859)年 江戸時代末期の公家(権中納言)。権大納言甘露寺国長の子、母は権大納言上冷泉為章の娘。
¶公卿([生]文化4(1807)年12月8日 [没]安政6(1859)年7月6日),公家(愛長〔甘露寺家〕 なるなが [生]文化4(1807)年12月8日 [没]安政6(1859)年7月6日),幕末([生]文化4(1807)年12月8日 [没]安政6(1859)年7月6日)

甘露寺規長* かんろじのりなが
正徳3(1713)年6月23日～天明3(1783)年12月22日 江戸時代中期の公家(権大納言)。権大納言万里小路尚房の次男、母は非参議吉田兼敬の娘。
¶公卿,公家(規長〔甘露寺家〕 のりなが)

甘露寺尚長 かんろじひさなが
⇒甘露寺尚長(かんろじなおなが)

甘露寺藤長* かんろじふじなが
元応1(1319)年～正平16/康安1(1361)年5月4日 南北朝時代の公卿(権中納言)。甘露寺家の祖。権大納言吉田隆長の子(三男か)。
¶公卿([没]康安1/正平16(1361)年5月4日),公家(藤長〔甘露寺家〕 ふじなが [没]康安1(1361)年5月4日)

甘露寺方長 かんろじまさなが
⇒甘露寺方長(かんろじかたなが)

甘露寺元長* かんろじもとなが
長禄1(1457)年～大永7(1527)年 戦国時代の歌人、公卿(権大納言)。権大納言甘露寺親長の長男。
¶公卿([没]大永7(1527)年8月17日),公家(元長〔甘露寺家〕 もとなが [生]1456年 [没]大永7(1527)年8月17日)

甘呂俊長 かんろとしなが
⇒俊長(としなが)

感和亭鬼武* かんわていおにたけ
宝暦10(1760)年～文政1(1818)年2月21日 [別]一渓庵市井(いっけいあんいっせい),感和亭鬼武(かんなていおにたけ),鬼武(きぶ),蔓亭(つるてい),前野蔓助(まえのつるすけ),前野羅一郎(まえのらいちろう) 江戸時代後期の戯作者。寛政3年～文化14年頃に活躍。
¶コン(かんなていおにたけ)

【き】

喜阿 きあ
⇒喜阿弥(きあみ)

紀秋岑 きあきみね
⇒紀秋峰(きのあきみね)

喜阿弥*(亀阿弥) きあみ
生没年不詳 [別]喜阿(きあ) 南北朝時代～室町時代の田楽新座の役者。
¶コン(亀阿弥),新能

キアラ*
慶長7(1602)年～貞享2(1685)年 [別]岡本三右衛門(おかもとさんえもん),キアーラ,ジュゼッペ,キアリ 江戸時代前期のイエズス会司祭。背教者。
¶コン(キアリ [生]慶長6(1601)年),対外

キアリ
⇒キアラ

紀有常* きありつね
弘仁6(815)年～貞観19(877)年1月23日 [別]紀有

常（きのありつね）　平安時代前期の歌人。
¶古人（きのありつね）

紀有常女* きありつねのむすめ
生没年不詳　[別]紀有常女（きのありつねのむすめ）平安時代前期の歌人。
¶古人（きのありつねのむすめ）

紀有朋 きありとも
⇒紀有友（きのありとも）

紀在昌 きありまさ
⇒紀在昌（きのありまさ）

喜安* きあん
永禄8（1566）年〜尚質6（1653）年　[別]蕃元（ばんげん）　安土桃山時代〜江戸時代前期の僧。琉球国尚寧王に仕えた。
¶コン（[生]？　[没]承応2（1653）年）

希庵玄密* きあんげんみつ
戦国時代の臨済宗の僧。妙心寺38世。
¶武田（生没年不詳）

規庵祖円*（規菴祖円）　きあんそえん
弘長1（1261）年〜正和2（1313）年4月2日　[別]祖円（そえん）　鎌倉時代後期の臨済宗仏光派の僧。南禅寺2世。
¶コン

徽安門院* きあんもんいん
文保2（1318）年〜正平13/延文3（1358）年　[別]寿子内親王（じゅしないしんのう）　鎌倉時代後期〜南北朝時代の女性。光厳天皇の妃。
¶天皇（寿子内親王　じゅしないしんのう　[没]延文3/正平13（1358）年）

徽安門院一条* きあんもんいんのいちじょう
生没年不詳　[別]一条（いちじょう），正親町公蔭女（おおぎまちきんかげのむすめ）　南北朝時代の女性。歌人。
¶天皇（正親町公蔭女　おおぎまちきんかげのむすめ）

きい（1）
江戸時代中期の女性。和歌。幕臣成島信遍の娘。
¶江表（きい（東京都）　[没]宝暦12（1762）年）

きい（2）
江戸時代中期の女性。俳諧。遠江水窪の人。元禄14年刊、太田白雪編『きれぎれ』に載る。
¶江表（きい（静岡県））

きい（3）
江戸時代中期の女性。俳諧。安芸大竹の人。宝暦8年刊、宇白編『柴のほまれ』上に載る。
¶江表（きい（広島県））

喜井 きい★
江戸時代中期の女性。俳諧。長手の人。安永7年序、舟山雨翠の三回忌追善集『松の蹟』に載る。
¶江表（喜井（山形県））

希以 きい★
江戸時代後期の女性。教育。忍田右兵衛の妻。
¶江表（希以（東京都）　[生]天保1（1830）年頃）

紀伊（1） きい★
江戸時代の女性。和歌。兼野氏。明治40年刊、弥富浜雄編『桂園遺稿』上に載る。
¶江表（紀伊（大阪府））

紀伊（2） きい
⇒祐子内親王家紀伊（ゆうしないしんのうけのきい）

其意・其意女 きい・きいじょ★
江戸時代末期の女性。書・画。海老原氏。文久3年刊『文久文雅人名録』に載る。
¶江表（其意・其意女（東京都））

喜伊子 きいこ★
江戸時代後期の女性。和歌。幕臣、小納戸頭土屋伊賀守正方の妻。文政4年、「詩仙堂募集和歌」に載る。
¶江表（喜伊子（東京都））

紀伊子 きいこ★
江戸時代後期の女性。和歌。文政8年、丹波多記郡大山の園田定和によって記された『聖廟奉納哥百二十首』に載る。
¶江表（紀伊子（長崎県））

城井鎮房 きいしげふさ
戦国時代〜安土桃山時代の国人。
¶戦武（[生]天文5（1536）年　[没]天正16（1588）年）

きい女 きいじょ★
江戸時代中期の女性。和歌。朝倉の庄屋武田七右衛門の娘。安永5年序「武田静山追善和歌」に載る。
¶江表（きい女（愛媛県））

喜以女 きいじょ★
江戸時代末期の女性。俳諧。越後小千谷の人。安政5年刊、松岡茶山編『北越俳諧人銘録』に載る。
¶江表（喜以女（新潟県））

其一 きいち
⇒鈴木其一（すずききいつ）

鬼一法眼* きいちほうげん
平安時代後期の陰陽師。義経伝説に登場。
¶コン

紀逸*（――〔1代〕）　きいつ
元禄8（1695）年〜宝暦12（1762）年　[別]慶紀逸（けいきいつ）　江戸時代中期の俳人。江戸座宗匠として点者活動を行う。
¶江人，俳文（[没]宝暦12（1762）年5月8日）

紀俊長 きいとしなが
⇒紀俊長（きのとしなが）

城井長房 きいながふさ
⇒宇都宮長房（うつのみやながふさ）

紀伊局*（1） きいのつぼね
生没年不詳　[別]鴨祐有女（かもすけありのむすめ）室町時代の女性。称光天皇の宮人。
¶天皇（鴨祐有女　かもすけありのむすめ）

紀伊局（2） きいのつぼね
⇒紀二位（きのにい）

紀伊二位 きいのにい
⇒紀二位（きのにい）

紀行文 きいゆきぶみ
⇒紀行文（きのゆきぶみ）

喜入摂津* きいれせっつ
文政2（1819）年〜明治26（1893）年　[別]喜入久高（きいれひさたか）　江戸時代末期〜明治時代の薩摩藩家老。
¶全幕（喜入久高　きいれひさたか），幕末

喜入久高　きいれひさたか
⇒喜入摂津（きいれせっつ）

希因*　きいん
元禄13（1700）年～寛延3（1750）年　[別]和田希因（わだきいん）　江戸時代中期の俳人。
¶俳文（[生]？　[没]寛延3（1750）年7月11日）

機因　きいん
江戸時代中期～後期の俳諧師。藤井氏。
¶俳文（[生]延享4（1747）年　[没]天明8（1788）年7月8日）

義淵　ぎいん
⇒義淵（ぎえん）

義尹　ぎいん
⇒寒巌義尹（かんがんぎいん）

木内喜八*　きうちきはち
文政10（1827）年～明治35（1902）年　江戸時代末期～明治時代の木工。指物象嵌を専業とする。内国勧業博で受賞。
¶コン，美工（[没]明治35（1902）年8月19日）

木内宮内少輔*　きうちくないしょうゆう
生没年不詳　[別]木内宮内少輔（きうちくないのしょう）　戦国時代の武士。後北条氏家臣。
¶後北（宮内少輔〔木内（2）〕　くないのしょう）

木内宮内少輔　きうちくないのしょう
⇒木内宮内少輔（きうちくないしょうゆう）

木内順二*　きうちじゅんじ
文化8（1811）年～慶応3（1867）年　[別]木内竜山（きうちりゅうざん），木内順二（きのうちじゅんじ）　江戸時代末期の勤王儒家。
¶コン（[生]文化7（1810）年）

木内石亭*　きうちせきてい
享保9（1724）年～文化5（1808）年　[別]木内石亭（きのうちせきてい）　江戸時代中期～後期の弄石家。わが国の鉱物学、考古学の先駆。
¶江人，コン

木内宗吾　きうちそうご
⇒佐倉惣五郎（さくらそうごろう）

木内宗五郎（木内惣五郎）　きうちそうごろう
⇒佐倉惣五郎（さくらそうごろう）

木内信安*　きうちのぶやす
生没年不詳　江戸時代後期の和算家。
¶数学

木内八右衛門尉　きうちはちえもんのじょう
安土桃山時代の武蔵国鉢形城主北条氏邦家臣猪俣邦憲の同心。左近衛。
¶後北（八右衛門尉〔木内（1）〕　はちえもんのじょう）

木内半古　きうちはんこ
江戸時代末期～昭和時代の木工芸家。
¶美工（[生]安政2（1855）年　[没]昭和8（1933）年8月4日）

木内峰太*（木内峯太）　きうちみねた
江戸時代末期の新撰組隊士。
¶新隊（木内峯太　生没年不詳）

木内竜山　きうちりゅうざん
⇒木内順二（きうちじゅんじ）

喜雲*　きうん
寛永13（1636）年～宝永2（1705）年　[別]中川喜雲（なかがわきうん）　江戸時代前期の俳人。
¶コン，コン（中川喜雲　なかがわきうん　生没年不詳），俳文（生没年不詳）

義雲*　ぎうん
建長5（1253）年12月～元弘3/正慶2（1333）年10月12日　鎌倉時代後期の曹洞宗の僧。永平寺第5世。
¶コン

帰雲軒宗存　きうんけんそうぞん
戦国時代の僧。武田信昌の子。
¶武田（生没年不詳）

きゑ*
生没年不詳　江戸時代末期の女性。俳人。
¶江表（きえ（宮城県））

喜恵　きえ*
江戸時代末期の女性。俳諧。常陸宗道河岸の丸屋の人。文久2年刊、草中庵希水編『俳諧画像集』に載る。
¶江表（喜恵（茨城県））

義叡*　ぎえい
弘仁4（813）年～寛平4（892）年　平安時代前期の僧。
¶古人（[生]814年），古代

基永師*　きえいし
生没年不詳　奈良時代の伎楽面作者。
¶美工

喜恵子　きえこ*
江戸時代末期の女性。和歌。出雲松江藩家老村松内膳の妻。慶応2年序、村上忠順編『元治元年千首』に載る。
¶江表（喜恵子（島根県））

奇淵　きえん
⇒菅沼奇淵（すがぬまきえん）

亀猿　きえん
⇒市川雷蔵〔4代〕（いちかわらいぞう）

淇園　きえん
⇒柳沢淇園（やなぎさわきえん）

義円*（1）　ぎえん
久寿2（1155）年～養和1（1181）年　[別]源義円（みなもとぎえん）　平安時代後期の僧、武将。源義朝の子。
¶古人，内乱（[没]治承5（1181）年），平家（[生]？　[没]治承5（1181）年）

義円（2）　ぎえん
⇒足利義教（あしかがよしのり）

義演*（1）　ぎえん
平安時代前期の僧。
¶古人（生没年不詳），古代

義演*（2）　ぎえん
永禄1（1558）年～寛永3（1626）年　安土桃山時代～江戸時代前期の真言宗の僧、醍醐寺座主。
¶コン，思想

義淵*　ぎえん
？～神亀5（728）年　[別]義淵（ぎいん）　飛鳥時代～奈良時代の法相宗の僧。
¶古人，古代（ぎいん），古物，コン

義園院・祇園院 ぎえんいん・ぎえんいん★
江戸時代後期の女性。書簡。11代将軍徳川家斉時代の老女園山。
¶江表（義園院・祇園院（東京都））

其園女 きえんじょ★
江戸時代中期の女性。俳諧。諏訪の人か。安永7年刊、藤森文輔編『はるの吟』に載る。
¶江表（其園女（長野県））

義延親王 ぎえんしんのう
⇒義延法親王（ぎえんほうしんのう）

義延入道親王 ぎえんにゅうどうしんのう
⇒義延法親王（ぎえんほうしんのう）

義延法親王* ぎえんほうしんのう
寛文2（1662）年～宝永3（1706）年 [別]義延親王（ぎえんしんのう），義延入道親王（ぎえんにゅうどうしんのう） 江戸時代中期の後西天皇の第4皇子。
¶天皇（[生]寛文2（1662）年6月29日 [没]宝永3（1706）年10月19日）

きを
江戸時代中期の女性。心学・和歌・書簡。安芸広島藩の下級藩士浅井喜太郎の妻。
¶江表（きを（広島県） [生]宝暦9（1759）年）

喜尾・きを
江戸時代後期の女性。書簡。松代藩藩士祢津左盛の妻。
¶江表（喜尾・きを（長野県） [没]天保14（1843）年）

季鷹 きおう
⇒賀茂季鷹（かものすえたか）

妓王*（祇王） ぎおう
生没年不詳 [別]妓王・妓女，祇王・祇女（ぎおう・ぎじょ，ぎおう・ぎにょ） 平安時代後期の白拍子。「平家物語」に登場。
¶古人（妓王・妓女 ぎおう・ぎじょ），コン，詩作（[生]？ [没]承安2（1172）年8月15日），女史（祇王・祇女 ぎおう・ぎじょ），内乱（祇王），平家（祇王）

妓王・妓女(1)（祇王・祇女） ぎおう・ぎじょ
⇒妓王（ぎおう）

妓王・妓女(2)（祇王・祇女） ぎおう・ぎじょ
⇒妓女（ぎじょ）

妓王・妓女(1)（祇王・祇女） ぎおう・ぎにょ
⇒妓王（ぎおう）

妓王・妓女(2)（祇王・祇女） ぎおう・ぎにょ
⇒妓女（ぎじょ）

木日佐継主 きおさのつぐぬし
平安時代前期の官人。
¶古人（生没年不詳）

木尾満次* きおみつじ
生没年不詳 江戸時代末期の鹿児島県士族。
¶幕末

幾音*（機音） きおん
江戸時代前期～中期の俳人。
¶俳文（生没年不詳）

亀音(1) きおん
⇒沢村宗十郎〔2代〕（さわむらそうじゅうろう）

亀音(2) きおん
⇒沢村長十郎〔1代〕（さわむらちょうじゅうろう）

亀音(3) きおん
⇒助高屋高助〔2代〕（すけたかやたかすけ）

其音* きおん
享保16（1731）年～？ 江戸時代中期の俳人。
¶俳文

祇園氏子 ぎおんうじこ★
江戸時代中期の女性。狂歌。天明6年刊、四方赤良編『新玉狂歌集』に載る。
¶江表（祇園氏子（東京都））

祇園井特* ぎおんせいとく
*～文政10（1827）年 江戸時代後期の画家。
¶浮絵（[生]宝暦5（1755）年？ [没]？）

祇園南海* ぎおんなんかい
延宝4（1676）年～寛延4（1751）年9月8日 [別]祇園余一（ぎおんよいち） 江戸時代中期の漢詩人、文人画家。江戸文人画の祖。
¶コン（[没]宝暦1（1751）年），詩作（[生]延宝4（1677）年），思想（[没]宝暦1（1751）年），美画（[没]宝暦1（1751）年9月8日）

祇園女御 ぎおんにょうご
⇒祇園女御（ぎおんのにょうご）

祇園女御* ぎおんのにょうご
生没年不詳 [別]祇園女御（ぎおんにょうご，ぎおんのにょご） 平安時代後期の女性。白河上皇の寵女。
¶古人（ぎおんにょうご），コン，女史，平家（ぎおんにょうご），山小

祇園女御 ぎおんのにょご
⇒祇園女御（ぎおんのにょうご）

祇園町子 ぎおんのまちこ
⇒池玉瀾（いけのぎょくらん）

祇園百合子 ぎおんのゆりこ
⇒百合（ゆり）

祇園余一 ぎおんよいち
⇒祇園南海（ぎおんなんかい）

其雫 きか
⇒梅津其雫（うめづきだ）

喜海* きかい
治承2（1178）年～建長2（1250）年12月20日 鎌倉時代前期の華厳宗の僧。明恵の高弟。
¶古人（[生]1174年），コン（[生]？）

義介（義价） ぎかい
⇒徹通義介（てっつうぎかい）

義海* ぎかい
貞観13（871）年～天慶9（946）年 平安時代前期～中期の天台宗の僧。天台座主14世。
¶古人

其角* きかく
寛文1（1661）年～宝永4（1707）年 [別]榎本其角（えのもときかく），宝井其角（たからいきかく） 江戸時代前期～中期の詩人。蕉門十哲の筆頭。
¶江人，コン（榎本其角 えのもときかく），詩作（宝井其角 たからいきかく [生]寛文1（1661）年7月17日 [没]宝永4（1707）年2月30日），日文（榎本其角 えのもときかく），俳文（[没]宝永4（1707）年2月29日）

きかく

義覚* ぎかく
飛鳥時代の百済僧。
¶古人(生没年不詳),古代

其角堂永機 きかくどうえいき
⇒永機(えいき)

帰花女 きかじょ*
江戸時代後期の女性。俳諧。三河中根の人。文化2
年水雲居祖風宅での句会で「春夜遊水雲居」に載る。
¶江表(帰花女(愛知県))

木勝宇治麻呂 きかつのうじまろ
平安時代前期の山城国紀伊郡深草郷長。
¶古人(生没年不詳)

木勝浄麻呂 きかつのきよまろ
平安時代前期の官人。
¶古人(生没年不詳)

戯画堂芦幸*(戯画堂蘆幸) ぎがどうあしゆき
江戸時代末期の浮世絵師。
¶浮絵(戯画堂芦ゆき 生没年不詳),歌大(戯画堂芦ゆき 生没年不詳)

気賀林* きがりん
文化7(1810)年〜明治16(1883)年 江戸時代末期
〜明治時代の豪商。特産の畳表を販売。
¶幕末

木川松蔵 きかわまつぞう
江戸時代後期〜大正時代の長岡藩士の従者。河合
継之助に近侍した。
¶全幕(㊤天保10(1839)年 ㊦大正8(1919)年)

鬼丸(1) きがん
⇒浅尾工左衛門〔1代〕(あさおくざえもん)

鬼丸(2) きがん
⇒浅尾工左衛門〔2代〕(あさおくざえもん)

義観* ぎかん
文政6(1823)年〜明治2(1869)年 ㊟覚王院義観
(かくおういんぎかん) 江戸時代後期〜明治時代
の僧侶。
¶コン,全幕(覚王院義観 かくおういんぎかん),幕末
(覚王院義観 かくおういんぎかん ㊤文政6(1823)
年10月29日 ㊦明治2(1869)年2月26日)

義観尼 ぎかんに*
江戸時代末期の女性。紀行文・和歌・書・画。中納
言平松時行の娘。
¶江表(義観尼(京都府) ㊦慶応1(1865)年)

喜々 きき*
江戸時代後期の女性。書状。棟方氏。黒石藩初代
藩主津軽親足の側室。三代藩主承保の生母。
¶江表(喜々(青森県))

喜々女 ききじょ*
江戸時代後期の女性。狂歌。享和4年刊、四方歌垣
編『狂歌茅花集』に載る。
¶江表(喜々女(東京都))

木々田半左衛門 きぎたはんざえもん
江戸時代前期の武士。大坂の陣で籠城。
¶大坂

喜慶* ききょう
寛平1(889)年〜康保3(966)年7月17日 ㊟喜慶
(きけい) 平安時代中期の天台宗の僧。天台座主

17世。
¶古人(きけい)

凡杏 ききょう
江戸時代後期の女性。俳諧。相模江の島の人。天
保2年刊、呉竹亭府尺編『月の呉竹集』に載る。
¶江表(凡杏(神奈川県))

凡橋 ききょう
江戸時代中期の女性。俳諧。相模岡田の人。明和5
年刊、白井鳥酔編『湘海四時』に載る。
¶江表(凡橋(神奈川県))

桔梗女 ききょうじょ*
江戸時代後期の女性。俳諧。川村山暁の娘とされ
る。天保12年、山暁序『俳諧職人百女』に載る。
¶江表(桔梗女(東京都))

寄曲 ききょく
⇒坂田半五郎〔3代〕(さかたはんごろう)

鬼玉 ききょく
⇒浅尾工左衛門〔1代〕(あさおくざえもん)

亀玉 ききょく
⇒村岡幸治〔1代〕(むらおかこうじ)

季吟 きぎん
⇒北村季吟(きたむらきぎん)

きく(1)
江戸時代中期の女性。俳諧。備前屋主人の姉。天
明3年の深浦町関八幡宮にある俳諧奉納額に載る。
¶江表(きく(青森県))

きく(2)
江戸時代中期の女性。俳諧。城端の人。宝暦10年
刊、無外庵既白編『破れ笠』に載る。
¶江表(きく(富山県))

きく(3)
江戸時代中期の女性。和歌。道穂村の吉村市郎右
衛門正致とくまの娘。宝永6年奉納、平間長雅編
「住吉社奉納千首和歌」に載る。
¶江表(きく(奈良県))

きく(4)
江戸時代後期の女性。俳諧。文政8年刊、野辺地馬
遊撰『そのみどり』に載る。
¶江表(きく(岩手県))

きく(5)
江戸時代後期の女性。和歌。根岸住の河辺清意の
妻。天保7年刊、『江戸現在広益諸家人名録』初に
載る。
¶江表(きく(東京都))

きく(6)
江戸時代後期の女性。俳諧。甲斐の人。文化1年刊、
苦室草丸編、鬼伯追善句集『南無秋の夜』に載る。
¶江表(きく(山梨県))

きく(7)
江戸時代後期の女性。教育。上栗原村の土屋縫之
助幸男の妻。天保4年自宅で寺子屋を開業、同13
年、夫の死去により継承し、読書、詩、和歌などを
指導した。
¶江表(きく(山梨県))

きく(8)
江戸時代後期の女性。和歌。伊豆三島の寺尾氏の
妻。天保12年刊、竹村茂雄編『門田の抜穂』に載る。

¶江表（きく（静岡県））

きく（9）

江戸時代後期の女性。和歌。土佐藩藩士巻野氏。文化11年刊、中山忠雄・河田正致編『柿本社奉納和歌集』に載る。

¶江表（きく（高知県））

きく（10）

江戸時代末期～明治時代の女性。和歌・書簡。十日町の紅花・呉服商を営む大屋佐藤家の分家3代佐藤利右衛門の娘。

¶江表（きく（山形県）　[没]明治43（1910）年）

喜久（1）　きく★

江戸時代中期の女性。和歌。遠江連尺町に生まれる。元文1年荷田春満一〇〇日祭追悼歌会「春満先生霊祠」に献詠。

¶江表（喜久（静岡県））

喜久（2）　きく★

江戸時代後期の女性。俳諧。天保期前後の作、松廼本路宣編『俳諧百人一首』に載る。

¶江表（喜久（東京都））

喜久（3）　きく★

江戸時代後期の女性。教育。篠原子之助の妻。

¶江表（喜久（東京都）　[生]文政11（1828）年頃）

喜久（4）　きく★

江戸時代末期の女性。教育。金沢氏。万延1年、千住南宿組に寺子屋墨池堂を開業。

¶江表（喜久（東京都））

亀久（1）　きく★

江戸時代中期の女性。絵画・書・和歌。尾張藩藩士林治左衛門の娘。

¶江表（亀久（愛知県）　[生]元禄16（1703）年　[没]安永2（1773）年）

亀久（2）　きく

江戸時代中期の女性。俳諧。長崎から屋町の俳人林田有栄の妻と思われる。田上菊舎が、天明7年美濃の俳人高木百茶坊と共に長崎へ来た際に世話をした。

¶江表（亀久（長崎県））

菊（1）　きく★

安土桃山時代の女性。談話。祖父山口茂祐は近江小谷城主の戦国武将浅井長政に仕えた。

¶江表（菊（岡山県）　[生]慶長1（1596）年）

菊（2）　きく★

安土桃山時代の女性。書簡・和歌。薩摩の武将小野摂津守の娘。文禄2年、征明の役に夫の瀬川采女が従軍した際、菊は夫を慕いその恋情を手書きして小箱に入れ船便に託した。

¶江表（菊（佐賀県））

菊（3）　きく★

江戸時代中期の女性。漢詩。儒者で漢詩人龍草廬の娘。

¶江表（菊（京都府）　[生]寛延2（1749）年）

菊（4）　きく★

江戸時代中期の女性。俳諧。筑前博多の人で、志太野坡門。享保2年刊、沢露川撰・無外坊燕説編『西国曲』に載る。

¶江表（菊（福岡県））

菊（5）　きく★

江戸時代中期の女性。俳諧。山鹿の人。明和3年の「蛍塚集」に載る。

¶江表（菊（熊本県））

菊（6）　きく★

江戸時代後期の女性。俳諧。磐清水の人。文化期頃の人。

¶江表（菊（岩手県））

菊（7）　きく★

江戸時代後期の女性。俳諧。戯作者滝沢馬琴の妹。寛政9年成立、東岡舎羅文輯、馬琴補正「夢見艸」に載る。

¶江表（菊（東京都））

菊（8）　きく★

江戸時代後期の女性。俳諧。相模藤沢の人。文化2年刊、花城編、咫尺斎寥和追善集『復古集』に載る。

¶江表（菊（神奈川県））

菊（9）　きく★

江戸時代末期の女性。料理屋女将。墨田区向島の料理屋「植半」の幕末頃の女将。

¶江表（菊（東京都））

菊明　きくあき★

江戸時代後期の女性。俳諧。常陸長竿の人。享和1年刊、桂文編『筑波庵評月次三題句合』に載る。

¶江表（菊明（茨城県））

菊阿弥*　きくあみ

戦国時代の武将。後北条氏家臣。

¶後北（菊阿ミ）

菊隠*　きくいん

？～尚寧32（1620）年　[別]菊隠国師（きくいんこくし）　江戸時代前期の臨済宗の僧。沖縄円覚寺の第18代住持。

¶コン（[没]元和6（1620）年）

菊隠国師　きくいんこくし

⇒菊隠（きくいん）

菊隠瑞潭*　きくいんずいたん

文安4（1447）年～大永4（1524）年12月8日　[別]瑞潭（ずいたん）　室町時代～戦国時代の曹洞宗の僧。

¶武田（[生]文安3（1446）年）

鞠塢　きくう

⇒北野鞠塢（きたのきくう）

祇空*　ぎくう

寛文3（1663）年～享保18（1733）年　[別]稲津祇空（いなつぎくう，いなづぎくう）　江戸時代中期の俳人。「法師風」と称された。

¶コン（稲津祇空　いなづぎくう），詩作（稲津祇空　いなづぎくう　[没]享保18（1733）年4月23日），俳文（[没]享保18（1733）年4月23日）

義空（1）　ぎくう

平安時代前期の僧。承和14年唐から来朝した禅僧。

¶古人（生没年不詳）

義空*（2）　ぎくう

承安1（1171）年～仁治2（1241）年　鎌倉時代前期の僧。

¶古人（[生]1172年）

菊江　きくえ★

江戸時代後期の女性。俳諧。大坂の人か。文政4年

刊、恒斎桂丸ほか編『蚕のあと』に載る。
¶江表（菊江(大阪府)）

菊枝(1)　きくえ*
江戸時代の女性。和歌。加賀藩藩士前田美作守の妻。明治10年刊、高橋富兄編『類題石川歌集』に載る。
¶江表（菊枝(石川県)）

菊枝(2)　きくえ*
江戸時代後期の女性。俳諧。長門長府の人。文政7年、田上菊舎72歳の長府での俳諧記録「鳳尾蕉」に載る。
¶江表（菊枝(山口県)）

菊枝(3)　きくえ*
江戸時代末期の女性。和歌。美濃中島の高橋政躬の妻。安政4年刊、富樫広蔭編『千百人一首』に載る。
¶江表（菊枝(岐阜県)）

菊枝(4)　きくえ*
江戸時代末期の女性。和歌。西田岱助の妻。文久2年序、西田惟恒編『文久二年八百首』に載る。
¶江表（菊枝(徳島県)）

きく江女　きくえじょ*
江戸時代後期の女性。俳諧。文政7年序、大坂堂島の米穀商田辺百堂編『みはしら』に載る。
¶江表（きく江女(長野県)）

菊男＊　きくお
宝暦7(1757)年〜文化12(1815)年7月16日　别菊男（きくだん）　江戸時代中期〜後期の俳人。
¶俳文（きくだん）㊞明和5(1768)年

菊雄(1)　きくお
文化14(1817)年〜明治17(1884)年2月10日　江戸時代後期〜明治時代の俳諧作者。
¶俳文

菊雄(2)　きくお*
江戸時代後期の女性。俳諧。文化13年序『秋のなかめ』に載る。
¶江表（菊雄(徳島県)）

菊王丸＊　きくおうまる
仁安3(1168)年〜文治1(1185)年　平安時代後期の武士。
¶平家（㊞? ㊟元暦2(1185)年）

菊岡検校＊　きくおかけんぎょう
寛政4(1792)年〜弘化4(1847)年　江戸時代後期の京都の地歌箏曲家。
¶コン（㊞? ㊟嘉永2(1849)年）

菊岡如幻　きくおかじょげん
⇒菊岡如幻（きくおかにょげん）

菊岡沾凉＊　きくおかせんりょう
延宝8(1680)年〜延享4(1747)年　别沾涼, 沾涼（せんりょう）　江戸時代中期の俳人。
¶俳文（沾涼 せんりょう）㊟延享4(1747)年10月24日

菊岡如幻＊　きくおかにょげん
寛永2(1625)年〜元禄12(1699)年　别菊岡如幻（きくおかじょげん）, 如幻（じょげん）　江戸時代前期の国学者。
¶コン

菊香　きくか*
江戸時代後期の女性。俳諧。山形の人。寛政3年

刊、雪柳庵文和編、山形の俳人小林風五の卒哭忌追善集『霜の朝』に載る。
¶江表（菊香(山形県)）

菊川英山＊　きくかわえいざん, きくがわえいざん
天明7(1787)年〜慶応3(1867)年　江戸時代後期の浮世絵師。菊川流の祖。
¶浮絵, コン, 美画（㊟慶応3(1867)年6月16日）

菊川英信　きくかわえいしん
江戸時代後期の画家。
¶浮絵（生没年不詳）

菊川英泉　きくかわえいせん
⇒渓斎英泉（けいさいえいせん）

菊川喜代太郎　きくかわきよたろう
⇒水木辰之助〔3代〕（みずきたつのすけ）

菊川常次郎　きくかわつねじろう
⇒水木辰之助〔3代〕（みずきたつのすけ）

菊川秀信＊　きくかわひでのぶ
生没年不詳　江戸時代中期の浮世絵師。
¶浮絵

きく子(1)　きくこ*
江戸時代後期の女性。和歌。愛宕下藪小路に住む城勤めの医者津軽意伯健寿の娘。寛政10年跋、信濃松代藩主真田幸弘の六〇賀集「千とせの寿詞」に載る。
¶江表（きく子(東京都)）

きく子(2)　きくこ*
江戸時代後期の女性。和歌。梅原氏。文政3年刊、天野政徳『草縁集』に載る。
¶江表（きく子(東京都)）

きく子(3)　きくこ*
江戸時代末期の女性。和歌。豊後立石領領主木下図書助俊国の妻。安政7年跋、蜂屋光世編『大江戸倭歌集』に載る。
¶江表（きく子(東京都)）

喜久子(1)　きくこ*
江戸時代末期の女性。和歌。小倉式部正房の娘。文久3年刊、関橋守編『耳順賀集』に載る。
¶江表（喜久子(東京都)）

喜久子(2)　きくこ*
江戸時代末期の女性。日記。相模小田原城下の質商関善左衛門の母。慶応4年〜明治6年まで「関氏老母日記」として日記が残る。
¶江表（喜久子(神奈川県)）

喜久子(3)　きくこ*
江戸時代末期の女性。和歌。紀州藩付家老水野忠央の家臣有田吉順の娘。安政7年刊、蜂屋光世編『大江戸倭歌集』に載る。
¶江表（喜久子(和歌山県)）

亀久子　きくこ*
江戸時代末期の女性。和歌。江戸城本丸大奥の中年寄。文久3年刊、関橋守編『耳順賀集』に載る。
¶江表（亀久子(東京都)）

菊子(1)　きくこ*
江戸時代の女性。和歌。棟居氏。明治11年刊、近藤芳樹編『薫風集』に載る。
¶江表（菊子(山口県)）

菊子(2) きくこ*
江戸時代中期の女性。和歌・俳諧。常陸笠間藩主牧野貞通の娘。
¶江表（菊子（大分県））

菊子(3) きくこ*
江戸時代後期〜明治時代の女性。和歌。幕臣山田氏の娘。
¶江表（菊子（東京都）） ㋐天保3（1832）年 ㋑明治28（1895）年）

菊子(4) きくこ*
江戸時代後期〜大正時代の女性。和歌・日記。飯田藩藩士烏地保権楽叟の娘。
¶江表（菊子（長野県）） ㋐文政10（1827）年 ㋑大正3（1914）年）

菊子(5) きくこ*
江戸時代後期の女性。画。井上氏の娘。弘化4年刊『皇都書画人名録』に載る。
¶江表（菊子（京都府））

菊子(6) きくこ*
江戸時代後期の女性。俳諧。吉村氏。文政6年の「文政六年書画帳」に載る。
¶江表（菊子（山口県））

菊子(7) きくこ*
江戸時代後期の女性。和歌・長歌。松山藩家老竹内信均の妻。弘化4年成立、田内幸子著の夫妻史の追悼歌日記「蜑のすさひ」に載る。
¶江表（菊子（愛媛県））

菊子(8) きくこ*
江戸時代後期の女性。和歌・書簡。吹井の郷士武市半八正久の娘。
¶江表（菊子（高知県）） ㋐寛政10（1798）年 ㋑天保7（1836）年）

菊子(9) きくこ*
江戸時代後期〜末期の女性。和歌。美濃中津川宿の、代々酒造業を営む、名字帯刀を許された間矩普の娘。
¶江表（菊子（岐阜県）） ㋐天保9（1838）年 ㋑慶応1（1865）年）

菊子(10) きくこ*
江戸時代末期の女性。和歌。小沢久右衛門英門の妻。文久2年刊、飯塚久敏撰『玉籠集』に載る。
¶江表（菊子（山梨県））

菊子(11) きくこ*
江戸時代末期の女性。和歌。播磨西野山の深沢三郎高之の妻。安政6年刊、秋元安民編『類題青藍集』に載る。
¶江表（菊子（兵庫県））

菊子(12) きくこ*
江戸時代末期の女性。和歌。豊後杵築の荒巻為右衛門の娘。万延1年序、物集高世編『類題春草集』二に載る。
¶江表（菊子（大分県））

菊子(13) きくこ*
江戸時代末期〜明治時代の女性。狂歌。九蔵町の商人矢島利兵衛の妻。
¶江表（菊子（群馬県）） ㋑明治7（1874）年）

菊五郎〔1代〕 きくごろう
⇒尾上菊五郎〔1代〕（おのえきくごろう）

菊五郎〔2代〕 きくごろう
⇒尾上菊五郎〔2代〕（おのえきくごろう）

菊五郎〔3代〕 きくごろう
⇒尾上菊五郎〔3代〕（おのえきくごろう）

菊五郎〔4代〕 きくごろう
⇒尾上菊五郎〔4代〕（おのえきくごろう）

菊五郎〔5代〕 きくごろう
⇒尾上菊五郎〔5代〕（おのえきくごろう）

菊始 きくし*
江戸時代後期の女性。俳諧。周防三田尻の塩田主の有時庵此由の妻。文化8年、長府の田上菊舎が上京の折、菊始のもとに3、4日滞在した。
¶江表（菊始（山口県））

菊子* きくし
生没年不詳 江戸時代中期の俳人。
¶俳文

菊枝 きくし
⇒尾上菊五郎〔4代〕（おのえきくごろう）

菊之(1) きくし*
江戸時代後期の女性。俳諧。越前福井の人。文政11年刊、春暁閣只静編、記念集『松の花』に載る。
¶江表（菊之（福井県））

菊之(2) きくし*
江戸時代後期の女性。俳諧。長門長府の人。天保14年の菊舎17回忌追善集、池田乙悟編『菊の露』に載る。
¶江表（菊之（山口県））

菊路(1) きくじ*
江戸時代中期の女性。俳諧。鳥野の人。明和9年刊、松井素輪編、素輪社中の春興帖『俳諧みどりの友』に載る。
¶江表（菊路（群馬県））

菊路(2) きくじ*
江戸時代中期の女性。俳諧。天明7年刊の『笠の晴』に載る。
¶江表（菊路（佐賀県））

菊路(3) きくじ*
江戸時代中期の女性。俳諧。長崎から屋町の俳人林田有栄の娘か。
¶江表（菊路（長崎県））

菊路(4) きくじ*
江戸時代後期の女性。俳諧。長門長府の人。文政3年序、山本友左坊撰『おゝのたひ』に載る。
¶江表（菊路（山口県））

菊児女 きくじじょ*
江戸時代後期の女性。俳諧。延岡の人。内藤暁山の追悼式と松尾芭蕉の句碑除幕式に参加し詠んだ。
¶江表（菊児女（宮崎県））

菊舎 きくしゃ
⇒田上菊舎尼（たがみきくしゃに）

菊舎尼 きくしゃに
⇒田上菊舎尼（たがみきくしゃに）

菊寿女 きくじゅじょ*
江戸時代末期の女性。俳諧。下多肥の人。安政5年刊、引田の先得亭野草編『玉藻日記』に載る。
¶江表（菊寿女（香川県））

き

きく女(1)　きくじょ★
江戸時代中期の女性。俳諧。伊勢一の瀬の人。享保2年刊、沢露川撰、無外坊燕説編『西国曲』に載る。
¶江表(きく女(三重県))

きく女(2)　きくじょ★
江戸時代後期の女性。俳諧。田林半九郎の妻。文政9年刊、鶴岡の松童窟文二の一周忌追善集『めくるあき』に載る。
¶江表(きく女(山形県))

きく女(3)　きくじょ★
江戸時代後期の女性。和歌。今井太十郎晃の妻と思われる。文化11年刊、中山忠雄・河田正致編『柿本社奉納和歌集』に載る。
¶江表(きく女(東京都))

きく女(4)　きくじょ★
江戸時代後期の女性。俳諧。下総葛飾郡馬橋村の油問屋で俳人大川斗囿の娘あるいは妻。文政3年刊、青野太筇編『俳諧発句題叢』に載る。
¶江表(きく女(千葉県))

きく女(5)　きくじょ★
江戸時代後期の女性。俳諧。柏原の人。文政7年序、太筇編『寂砂子集』に載る。
¶江表(きく女(長野県))

きく女(6)　きくじょ★
江戸時代末期の女性。俳諧。湯町の寒河江屋の抱え女。文久1年に奉納された俳額集「奉納四季混題発句集」に載る。
¶江表(きく女(山形県))

きく女(7)　きくじょ★
江戸時代末期の女性。俳諧。越後下新の人。万延1年刊、松岡茶山編『鄙さへつり』に載る。
¶江表(きく女(新潟県))

喜久女　きくじょ★
江戸時代末期の女性。俳諧。越後小千谷の人。安政5年刊、松岡茶山編『北越俳諧人銘録』に載る。
¶江表(喜久女(新潟県))

菊女(1)　きくじょ★
江戸時代後期の女性。和歌。萩庭吉郎の母。文化15年序、秋田藩士山方泰通編「月花集」に載る。
¶江表(菊女(秋田県))

菊女(2)　きくじょ★
江戸時代後期の女性。俳諧。桑折の俳人泰翁の娘。嘉永2年自序、万正寺住職遜阿編『東桜集』に載る。
¶江表(菊女(福島県))

菊女(3)　きくじょ★
江戸時代後期の女性。俳諧。白井鳥酔門の俳人無物庵存亜の娘。
¶江表(菊女(千葉県)　[没]文化2(1805)年)

菊女(4)　きくじょ★
江戸時代後期の女性。俳諧。尾張鍛冶ヶ一色の人。文政7年序、柴田竜渓編『佐久良だひ』二に載る。
¶江表(菊女(愛知県))

菊女(5)　きくじょ★
江戸時代後期の女性。福祉。鈴鹿川と安楽川の合流する辺りを汲川原といい、そこに「女人堤防碑」がある。
¶江表(菊女(三重県))

菊女(6)　きくじょ★
江戸時代末期の女性。和歌。三河八名郡大野の大橋徳左衛門の妻。慶応2年序、村上忠順編『元治元年千首』に載る。
¶江表(菊女(愛知県))

菊笑　きくしょう★
江戸時代末期～明治時代の女性。俳諧。上丸子の俳人如丸の娘。雪中庵六世山本推陰編『旦暮帖』に載る。
¶江表(菊笑(長野県))

掬水　きくすい★
江戸時代中期～後期の女性。和歌・書・画。土佐吾川郡西分村の庄屋辻喜五郎の娘。
¶江表(掬水(高知県)　[生]天明2(1782)年　[没]嘉永3(1850)年)

菊善　きくぜん
⇒中村翫雀〔2代〕(なかむらがんじゃく)

菊田伊洲*　きくたいしゅう，きくだいしゅう
寛政3(1791)年～嘉永5(1852)年　江戸時代末期の陸奥仙台藩士、画家。
¶美画([没]嘉永5(1852)年12月1日)

菊高検校*　きくたかけんぎょう
？～明治21(1888)年　江戸時代末期～明治時代の箏曲家。
¶コン

菊谷三惟の母　きくたにさんいのはは★
江戸時代中期の女性。俳諧。大坂の人。元禄15年刊、太田白雪編『三河小町』下に載る。
¶江表(菊谷三惟の母(大阪府))

菊田縫之丞*　きくたぬいのじょう
天保5(1834)年～大正5(1916)年　江戸時代末期～大正時代の教育者。漢学、国学を学び修験道寿宝院4代住職。
¶幕末([没]大正5(1916)年9月15日)

菊田和平*　きくたわへい
文政10(1827)年～明治36(1903)年　江戸時代末期～明治時代の歌人、神官。「陸奥保原薬師堂奉額会」に活躍。
¶幕末([生]文政10(1827)年閏6月23日　[没]明治36(1903)年3月1日)

菊男　きくだん
⇒菊男(きくお)

菊地愛山　きくちあいざん
江戸時代後期～明治時代の日本画家。
¶美画([生]文政2(1819)年　[没]明治39(1906)年)

菊地央　きくちおう
⇒菊池央(きくちてる)

菊池海荘*　きくちかいそう
寛政11(1799)年～明治14(1881)年1月16日　[別]菊池渓琴(きくちけいきん)　江戸時代末期～明治時代の志士。由良港の修築工事の失業者対策事業を行う。海防論を唱える。有田郡民政局副知事。
¶コン([生]寛政11(1799年/1798)年)，詩作(菊池渓琴　きくちけいきん　[生]寛政11(1799)年9月25日)，幕末([生]寛政11(1799)年9月25日)

菊地掃部丞*　きくちかもんのじょう
生没年不詳　戦国時代の武士。後北条氏家臣。
¶後北(掃部丞〔菊地〕　もんのじょう)

菊地菊城* きくちきくじょう
天明5(1785)年～元治1(1864)年 江戸時代後期の儒学者。
¶幕末([没]文久4(1864)年1月7日)

菊池教中* きくちきょうちゅう
文政11(1828)年～文久2(1862)年 [別]菊池澹如(きくちたんじょ), 菊池教中(きくちのりなか), 佐野屋孝兵衛, 佐野屋孝兵衛〔2代〕(さのやこうべえ) 江戸時代末期の豪商、志士。
¶江人, コン(菊池澹如 きくちたんじょ), 幕末(きくちのりなか [生]文政11(1828)年8月17日 [没]文久2(1862)年8月8日)

菊池喜代太郎 きくちきよたろう
⇒菊池九郎(きくちくろう)

菊池清彦* きくちきよひこ
文化9(1812)年～明治16(1883)年 江戸時代末期～明治時代の庄屋。勤王の志強く、志士らと交友。
¶幕末([没]明治16(1883)年10月12日)

菊池金吾* きくちきんご
文化9(1812)年～明治26(1893)年 江戸時代末期～明治時代の殖産家。留守居格勘定奉行頭取、用人などを歴任。
¶幕末([没]明治26(1893)年5月4日)

菊池金吾の母 きくちきんごのはは★
江戸時代の女性。和歌。金吾は一関藩藩士。明治20年成立「郷主先祖250年祭記念賀集」に載る。
¶江表(菊池金吾の母(岩手県))

菊池九郎* きくちくろう
弘化4(1847)年9月18日～大正15(1926)年1月1日 [別]菊池喜代太郎(きくちきよたろう) 江戸時代後期～大正時代の陸奥弘前藩士、政治家。東奥義塾を設立。青森県議会議員、弘前市長などを歴任。
¶幕末

菊池渓琴 きくちけいきん
⇒菊池海荘(きくちかいそう)

菊池耕斎* きくちこうさい
元和4(1618)年～天和2(1682)年 江戸時代前期の儒学者。
¶コン

菊池五山* きくちござん, きくちごさん
明和6(1769)年～嘉永2(1849)年 江戸時代後期の漢詩人。芸苑の三絶の一人。
¶コン([生]明和6(1769年/1772)年 [没]嘉永6(1853年/1855)年)

菊池三渓*(菊地三渓) きくちさんけい
文政2(1819)年～明治24(1891)年10月17日 江戸時代末期～明治時代の漢学者、文人。「日本野史」を校訂。著書に「訳準綺語」「晴雪楼詩鈔」など。
¶コン, 詩作, 徳人(菊地三渓), 幕末

菊池重朝*(菊地重朝) きくちしげとも
宝徳1(1449)年～明応2(1493)年 室町時代～戦国時代の肥後国の守護大名。
¶コン(菊地重朝), 室町

菊池惇信* きくちじゅんしん
天保6(1835)年～? 江戸時代末期の医師。
¶幕末

菊池序克 きくちじょかつ
⇒菊地序克(きくちじょこく)

菊地序克*(菊池序克) きくちじょこく
宝暦1(1751)年～? [別]菊池序克(きくちじょかつ, きくちつねかつ) 江戸時代後期の金工家。横谷派。
¶コン(菊池序克 きくちつねかつ [生]宝暦1(1751)年?), 美工

菊地清兵衛 きくちせいべえ
⇒大胡聿蔵(だいごいつぞう)

菊地素吟* きくちそぎん
文政1(1818)年～明治30(1897)年 江戸時代末期～明治時代の俳人、雑貨店店主。明治初期本宮地方の俳諧指導者。
¶幕末([生]文政14(1818)年12月1日 [没]明治30(1897)年8月10日)

菊池素香 きくちそこう
江戸時代後期～昭和時代の日本画家。
¶美画([生]嘉永5(1852)年 [没]昭和10(1935)年)

菊池袖子* きくちそでこ
天明5(1785)年12月26日～天保9(1838)年9月5日 江戸時代後期の女性。歌人。伊豆国熊坂村の人。
¶江表(袖子(静岡県)), コン, 女史

菊池大瓠* きくちたいこ, きくちだいこ
*～明治1(1868)年11月24日 江戸時代末期の儒学者。
¶幕末(きくちだいこ [生]文化7(1810)年 [没]明治1(1869)年12月24日)

菊池大麓* きくちだいろく, きくちたいろく
安政2(1855)年～大正6(1917)年8月19日 江戸時代末期～明治時代の数学者、教育者、政治家。東京帝国大学総長、桂内閣文相なども歴任。男爵。
¶科学([生]安政2(1855)年1月29日), コン, 数学(きくちたいろく [生]安政2(1855)年1月29日), 幕末([生]安政2(1855)年3月17日), 山小([生]1855年1月29日 [没]1917年8月19日)

菊池隆直*(菊池高直) きくちたかなお
生没年不詳 平安時代後期の肥後の武将。
¶中世(菊池高直 [生]? [没]1185年), 内乱([生]? [没]文治1(1185)年), 平家(菊池高直 [生]? [没]文治1(1185)年)

菊池隆吉 きくちたかよし
江戸時代後期～末期の幕臣。
¶徳人(生没年不詳)

菊池武勝 きくちたけかつ
⇒菊池義勝(きくちよしかつ)

菊池武包* きくちたけかね
?～天文1(1532)年 戦国時代の武将、肥後隈府城主。
¶全戦

菊池武重* きくちたけしげ
南北朝時代の南朝方の武将。
¶コン([生]? [没]延元3/暦応1(1338)年), 室町(生没年不詳)

菊池武澄* きくちたけずみ
?～正平11/延文1(1356)年 南北朝時代の武士。
¶室町

菊池武経 きくちたけつね
⇒阿蘇惟長(あそこれなが)

菊池武時 きくちたけとき
？〜元弘3/正慶2（1333）年　鎌倉時代後期の肥後国の武将。
¶コン, 中世, 内乱（㊤正慶2/元弘3（1333）年）, 室町（㊤正応5（1292）年　㊥正慶2/元弘3（1333）年）, 山小（㊤1272年/1281年/1292年　㊥1333年3月13日）

菊池武敏 きくちたけとし
生没年不詳　南北朝時代の肥後の南朝方の武将。
¶中世, 室町（㊤？　㊥興国2/暦応4（1341）年）

菊池武朝 きくちたけとも
正平18/貞治2（1363）年〜応永14（1407）年　南北朝時代〜室町時代の肥後国の武将, 守護大名。
¶コン, 内乱（㊤貞治2（1363）年）, 室町（㊤貞治2/正平18（1363）年）

菊池武房 きくちたけふさ
寛元3（1245）年〜弘安8（1285）年　鎌倉時代後期の肥後国の武士。元寇役の殊勲者。
¶内乱（㊤寛元1（1245）年）

菊池武光 きくちたけみつ
？〜文中2/応安6（1373）年　南北朝時代の南朝方の武将。
¶コン（㊤文中1/応安5（1372）年）, 中世, 内乱, 室町, 山小（㊥1373年11月16日）

菊池楯衛 きくちたてえ
江戸時代後期〜大正時代の弘前藩士, 果樹栽培功労者。
¶植物（㊤弘化3（1846）年2月2日　㊥大正7（1918）年4月8日）

菊地多兵衛（菊地太兵衛, 菊池多兵衛）　きくちたへえ
宝暦5（1755）年〜文政8（1825）年　江戸時代後期の陸奥仙台藩の義民。
¶コン（㊤文政11（1828）年）

菊地民子 きくちたみこ
寛政7（1795）年〜元治1（1864）年　江戸時代後期の女性。歌人。下野国河内郡宇都宮の人。
¶江表（民子（栃木県）　㊤寛政6（1794）年）, 女史, 幕末（㊥元治1（1864）年3月4日）

菊池為邦 きくちためくに
永享2（1430）年〜長享2（1488）年　室町時代の武将。肥後国守護。
¶室町

菊池淡雅 きくちたんが
天明8（1788）年〜嘉永6（1853）年　㊎佐野屋幸兵衛（さのやこうべえ）　江戸時代後期の商人。
¶コン

菊池澹如 きくちたんじょ
⇒菊池教中（きくちきょうちゅう）

菊池淡水 きくちたんすい
天保14（1843）年〜大正1（1912）年　江戸時代末期〜明治時代の人吉藩士。西南戦争では人吉隊に参加。
¶幕末（㊥明治45（1912）年6月11日）

菊池忠衛門 きくちちゅうえもん
寛政11（1799）年〜慶応1（1865）年　江戸時代末期の水戸藩郷士。
¶幕末（㊥慶応1（1865）年7月3日）

菊池長閑 きくちちょうかん
寛政12（1800）年〜明治16（1883）年　江戸時代末期〜明治時代の盛岡藩士。目付, 参政兼刑事督務などを歴任。
¶幕末（㊥明治16（1883）年2月17日）

菊池序克 きくちつねかつ
⇒菊地序克（きくちじょこく）

菊池鼎次郎 きくちていじろう
文政11（1828）年〜元治1（1864）年　江戸時代末期の水戸藩士。
¶幕末（㊥元治1（1864）年10月5日）

菊池央 きくちてる
弘化4（1847）年〜慶応4（1868）年閏4月25日　㊎菊地央（きくちおう）　江戸時代後期〜末期の新撰組隊士。
¶新隊（菊地央　きくちおう　㊥明治1（1868）年閏4月25日）

菊地藤五郎（菊池藤五郎）　きくちとうごろう
生没年不詳　江戸時代前期の用水堰開発者。
¶コン

菊池東水 きくちとうすい
生没年不詳　江戸時代後期の馬医（太子流）。
¶科学

菊池鋳太郎 きくちとうたろう
江戸時代末期〜昭和時代の彫刻家。
¶美建（㊤安政6（1859）年11月15日　㊥昭和20（1945）年11月21日）

菊池虎太郎（菊池虎太郎）　きくちとらたろう
天保8（1837）年〜明治33（1900）年　江戸時代末期〜明治時代の医師。
¶幕末（㊥明治33（1900）年2月5日）

菊地長良 きくちながよし
天明6（1786）年〜明治5（1872）年　江戸時代後期〜明治時代の和算家。
¶数学（㊤天明6（1786）年2月25日　㊥明治5（1872）年2月6日）

菊池某 きくちなにがし
安土桃山時代の武士。武蔵国小机城主・駿河国戸倉城主北条氏光家臣。
¶後北（某〔菊池（1）〕　なにがし）

木口訓重 きぐちのりしげ
？〜明治7（1874）年　江戸時代末期〜明治時代の国学者。
¶幕末（㊥明治7（1874）年12月17日）

菊池教中 きくちのりなか
⇒菊池教中（きくちきょうちゅう）

菊池隼人正 きくちはやとのしょう
安土桃山時代の伊豆国日守熊野三社大権現神主。
¶後北（隼人正〔菊池（2）〕　はやとのしょう）

菊池方秀 きくちほうしゅう
生没年不詳　江戸時代中期の和算家。
¶数学

菊池正古 きくちまさひさ
⇒菊池正古（きくちまさふる）

菊池正古 きくちまさふる
文化6（1809）年〜慶応3（1867）年　㊎菊池正古（きくちまさひさ）　江戸時代末期の陸奥盛岡藩学作人館助教。
¶幕末（㊥慶応3（1867）年2月12日）

菊地真澄*　きくちますみ
天保1(1830)年〜明治37(1904)年　江戸時代末期〜明治時代の奥州二本松藩士。書家として著名。
¶幕末([没]明治37(1904)年2月24日)

菊池容斎*　きくちようさい
天明8(1788)年〜明治11(1878)年6月16日　江戸時代末期〜明治時代の日本画家。「前賢故実」を著し、有職故実を研究。代表作に「堀河夜討図額」など。
¶浮絵, コン, 幕末, 美画([生]天明8(1788)年11月1日)

菊池能運*　きくちよしかず
文明14(1482)年〜永正1(1504)年　[別]菊池能運(きくちよしゆき)　戦国時代の武将。肥後国守護。
¶室町(きくちよしゆき)

菊池義勝*　きくちよしかつ
？〜慶長11(1606)年　[別]菊池武勝(きくちたけかつ)　安土桃山時代〜江戸時代前期の武将、越中阿尾城主。
¶織田(菊池武勝　きくちたけかつ　[没]慶長11(1606)年12月11日？)

菊池義武*　きくちよしたけ
？〜天文23(1554)年　戦国時代の肥後国主。
¶コン([生]永正2(1505)年), 全戦([生]永正2(1505)年)

菊池能運　きくちよしゆき
⇒菊池能運(きくちよしかず)

菊貫　きくつら
⇒真田幸隆(さなだゆきたか)

菊亭実順　きくていさねあや
⇒今出川実順(いまでがわさねあや)

菊亭晴季　きくていはるすえ
⇒今出川晴季(いまでがわはるすえ)

菊年*　きくねん
文化5(1808)年〜万延1(1860)年10月23日　江戸時代後期〜末期の俳人。
¶俳文

喜久宮*　きくのみや
天保13(1842)年〜嘉永4(1851)年　江戸時代末期の伏見宮邦家親王の第7王子。
¶天皇([生]天保11(1840)年5月22日　[没]？)

菊妃　きくひ
江戸時代後期の女性。俳諧。長門長府の女性俳人田上菊舎稿『聞集草』に寛政10年正月の句が載る。
¶江表(菊妃(佐賀県))

菊姫(1)　きくひめ★
江戸時代中期〜後期の女性。和歌。薩摩藩主島津継豊の娘。
¶江表(菊姫(福岡県)　[生]享保18(1733)年　[没]文化5(1808)年)

菊姫(2)　きくひめ
⇒大儀院(だいぎいん)

菊圃*　きくほ
生没年不詳　江戸時代後期の俳人。
¶江表(菊圃(愛媛県)　[生]天明8(1788)年　[没]文久3(1863)年)

菊甫　きくほ★
江戸時代末期の女性。俳諧。安政2年の一枚摺「田植唄句碑建立賀摺」に「山道へかゝる境の新樹哉」とある。
¶江表(菊甫(福島県))

菊母　きくぼ★
江戸時代後期の女性。俳諧。田中の俳人秋元廉雨の妻。天明8年俳人で国学者瀬下玉芝が編んだ『やいろぐさ』に載る。
¶江表(菊母(長野県))

菊母女　きくぼじょ★
江戸時代後期の女性。俳諧。屋島の人。文政7年跋、宮本八朗編『花野集』に載る。
¶江表(菊母女(長野県))

菊麿(1)　きくまろ★
江戸時代後期の女性。俳諧。天保15年刊、長野鷺州編『類題年毎集』に13歳の時の句が載る。
¶江表(菊麿(京都府))

菊麿(2)　きくまろ
⇒喜多川月麿(きたがわつきまろ)

菊屋坊　きくやぼう
戦国時代の富士北口浅間神社所属の上吉田宿富士山御師。
¶武田(生没年不詳)

菊屋万平　きくやまんぺい
⇒尾上菊五郎〔3代〕(おのえきくごろう)

菊屋安兵衛　きくややすべえ
江戸時代中期の京都の版元。
¶浮絵

菊屋八穂子*　きくややほこ
元文5(1740)年7月17日〜文政10(1827)年10月15日　江戸時代中期〜後期の歌人。
¶江表(八穂(三重県))

菊葉　きくよう★
江戸時代中期の女性。俳諧。筑前内野の人で、志太野坡門。享保13年序、朝日舎程十編『門司硯』に載る。
¶江表(菊葉(福岡県))

喜慶　きけい
⇒喜慶(ききょう)

基継*　きけい
嘉祥3(850)年〜延長9(931)年2月4日　平安時代前期〜中期の法相宗の僧。興福寺12世。
¶古人

貴慶*　きけい
康保4(967)年〜？　平安時代中期の天台宗の僧。
¶古人

亀渓　きけい★
江戸時代後期の女性。教育。徳川(田安)家家臣の娘。
¶江表(亀渓(東京都)　[生]文政11(1828)年)

其継　きけい
江戸時代前期〜中期の俳諧作者。竹部氏。
¶俳文([生]寛文9(1669)年　[没]寛保2(1742)年10月12日)

箕渓　きけい
江戸時代後期の女性。俳諧。人吉藩主相良長寛の時代の寛政10年、願主眠虎による俳諧発句扁額に句が載る。
¶江表(箕渓(熊本県))

几圭　きけい
⇒高井几圭（たかいきけい）

義慶*　ぎけい
？～承徳1（1097）年　平安時代後期の天台宗。
¶古人

蟻兄　ぎけい
江戸時代後期～明治時代の俳諧師。本名、高松重兵衛。
¶俳文（[生]寛政2（1790）年　[没]明治5（1872）年1月8日）

季瓊真蘂*　きけいしんずい
応永8（1401）年～文明1（1469）年8月11日　[別]季瓊真蘂（きにしんしゅう），真蘂（しんずい）　室町時代の臨済宗の僧。応仁の乱の一因。
¶コン，内乱

期月尼　きげつに*
江戸時代後期の女性。和歌・書。文政13年版、天保9年版『平安人物志』に載る。
¶江表（期月尼（京都府））

希玄　きげん
⇒道元（どうげん）

希言*　きげん
寛延1（1748）年～*　江戸時代中期～後期の俳人。
¶俳文（[没]文化7（1810）年）

其諺　きげん
⇒四時堂其諺（しじどうきげん）

希元道元（希玄道元）　きげんどうげん
⇒道元（どうげん）

記子　きこ*
江戸時代末期の女性。和歌。徳島藩の奥女中。安政3年序、江戸の国学者で歌人井上文雄編『摘英集』に載る。
¶江表（記子（徳島県））

葵向　きこう*
江戸時代中期の女性。俳諧。宝暦5年刊、雪炊庵二狂編『葛の別』に載る。
¶江表（葵向（東京都））

喜幸(1)　きこう
⇒森田勘弥〔9代〕（もりたかんや）

喜幸(2)　きこう
⇒森田勘弥〔8代〕（もりたかんや）

寄笻　きこう
江戸時代中期～後期の俳諧作者。本名、佐々木甚三郎有則。
¶俳文（[生]寛保2（1742）年　[没]文化8（1811）年）

季弘　きこう
⇒季弘大叔（きこうだいしゅく）

其香　きこう
⇒本多其香（ほんだきこう）

義亨　ぎこう
⇒徹翁義亨（てっとうぎこう）

義公　ぎこう
⇒徳川光圀（とくがわみつくに）

義香　ぎこう
江戸時代前期～中期の女性。和歌。丹波柏原の俳人田捨の兄季聴の娘。
¶江表（義香（兵庫県）　[生]寛文4（1664）年　[没]延享4（1747）年）

輝光院　きこういん
江戸時代後期の徳川家慶十三女。
¶徳将（[生]1848年　[没]1848年）

季好女　きこうじょ*
江戸時代後期の女性。俳諧。二本松の人。天保3年刊、太白堂孤月編『桃家春帖』に載る。
¶江表（季好女（福島県））

季弘大叔*（季弘大淑）　きこうだいしゅく
応永28（1421）年8月25日～長享1（1487）年8月7日　[別]季弘（きこう），大叔，大淑（だいしゅく）　室町時代の臨済宗の僧、東福寺の第174世。
¶コン（季弘大淑）

木子清敬　きこきよよし
江戸時代後期～明治時代の建築家。
¶美建（[生]弘化1（1844）年12月24日　[没]明治40（1907）年6月25日）

其国*　きこく
生没年不詳　江戸時代中期の俳人。
¶俳文

木越安綱　きごしやすつな
江戸時代末期～昭和時代の金沢藩士の子、陸軍軍人。
¶全幕（[生]嘉永7（1854）年　[没]昭和7（1932）年）

紀惟岳*　きこれおか
生没年不詳　[別]紀惟岳（きのこれおか）　平安時代前期の歌人。
¶古人（きのこれおか）

季厳　きごん
平安時代後期～鎌倉時代前期の僧。六条若宮（八幡宮）初代別当。
¶密教（[生]1185年以前　[没]1213年以後）

きさ(1)
江戸時代中期の女性。俳諧。松井氏。天明3年刊、小西来山著『続いま宮草』に載る。
¶江表（きさ（奈良県））

きさ(2)
江戸時代中期の女性。俳諧。筑前福岡の人。元禄10年刊、筑前箱崎の俳人松月庵哺扇編『染川集』に載る。
¶江表（きさ（福岡県））

きさ(3)
江戸時代後期の女性。和歌。歌人で国学者の花垣一衛の娘。弘化4年刊、清堂観尊編『たち花の香』に載る。
¶江表（きさ（大阪府））

きさ(4)
江戸時代後期の女性。俳諧。筑前福岡の俳人久野花朗尼に仕えた。文化2年刊、磯辺其朝編『ふくるま』に載る。
¶江表（きさ（福岡県））

きさ(5)
江戸時代末期の女性。俳諧。鮫浦の遊女か。安政3年、浮木寺に奉納の「華蔵乙因居士円満忌追善献額」に載る。
¶江表（きさ（青森県））

喜佐(1)　きさ★
江戸時代中期の女性。和歌。俳人高津芦帆の娘。
¶江表(喜佐(大阪府)　[生]正徳2(1712)年　[没]享保19(1734)年)

喜佐(2)　きさ★
江戸時代後期～末期の女性。文書。薩摩隈之城の郷士野村源蔵の娘。
¶江表(喜佐(鹿児島県)　[生]寛政6(1794)年　[没]安政3(1856)年)

象　きさ
江戸時代中期～後期の女性。俳諧。備後沼隈郡鞆の浦の俳人古壺の妻。
¶江表(象(広島県)　[生]享保20(1735)年　[没]文政2(1819)年)

喜挫　きざ★
江戸時代後期の女性。教育。加藤義促の妻。
¶江表(喜挫(東京都)　[生]天保8(1837)年頃)

既在*　きざい
生没年不詳　安土桃山時代～江戸時代前期の連歌作者。
¶俳文

義済*　ぎさい
承和10(843)年～＊　平安時代前期の僧。
¶古代([没]？)

私市高直　きさいちのたかなお
⇒河原高直(かわらたかなお)

私市直光*　きさいちのなおみつ
生没年不詳　平安時代後期～鎌倉時代前期の武士。
¶古人

私市宗平*　きさいちのむねひら
生没年不詳　平安時代中期の相撲人。
¶古人

私市盛直*　きさいちのもりなお
生没年不詳　平安時代後期～鎌倉時代前期の武士。
¶古人

私氏忠　きさいのうじただ
平安時代中期の官人。
¶古人(生没年不詳)

私真村　きさいのさねむら
平安時代中期の官人。
¶古人(生没年不詳)

私部石村　きさいべのいわむら
⇒私部首石村(きさいべのおびといわむら)

私部首石村*　きさいべのおびといわむら
[別]私部石村(きさいべのいわむら，きさにべのいわむら)　奈良時代の算術家。
¶古人(私部石村　きさにべのいわむら　生没年不詳)，古代

象かた　きさかた★
江戸時代中期の女性。狂歌。新吉原の大菱屋の遊女。天明4年、朱楽漢江序『狂言鶯蛙集』に載る。
¶江表(象かた(東京都))

喜佐子　きさこ★
江戸時代の女性。和歌。野洲郡の大道氏。明治13年刊、服部春樹編『筱並集』上に載る。
¶江表(喜佐子(滋賀県))

喜砂子　きさこ★
江戸時代後期の女性。狂歌。尾張高畑の人。文化12年刊、四方真顔撰『俳諧歌兄弟百首』に載る。
¶江表(喜砂子(愛知県))

象子(1)　きさこ
江戸時代後期の女性。俳諧・茶道。杉下氏。
¶江表(象子(岐阜県))

象子(2)　きさこ
江戸時代末期の女性。和歌。筑前福岡藩士法伝寺氏の妻。嘉永7年刊、長沢伴雄編『類題鴨川五郎集』に載る。
¶江表(象子(福岡県))

綺佐子　きさこ★
江戸時代後期の女性。和歌。薩摩藩藩士で御一門の越前島津家の当主忠救の娘。
¶江表(綺佐子(鹿児島県)　[生]寛政3(1791)年　[没]文化14(1817)年)

きさ女　きさじょ★
江戸時代中期の女性。俳諧。ふちなみの人。元禄15年刊、太田白雪編『三河小町』下に載る。
¶江表(きさ女(愛知県))

私部石村　きさにべのいわむら
⇒私部首石村(きさいべのおびといわむら)

喜佐姫*(1)　きさひめ
慶長2(1597)年～明暦1(1655)年6月25日　[別]土佐姫(とさひめ)，毛利秀就室(もうりひでなりしつ)，竜照院(りゅうしょういん)　江戸時代前期の女性。越前国北庄城主結城秀康の娘。
¶江表(龍昌院(山口県))

喜佐姫(2)　きさひめ★
江戸時代後期の女性。和歌・書・消息。武蔵川越藩主松平朝矩の娘。
¶江表(喜佐姫(青森県)　[没]天保8(1837)年)

きさらぎ
江戸時代中期の女性。俳諧。安芸宮島の遊女。元禄6年刊、北条団水編『くやみ草』に載る。
¶江表(きさらぎ(広島県))

木沢津多*　きざわつた
享和2(1802)年～天保7(1836)年5月4日　江戸時代後期の歌人。
¶江表(津多(長野県)　つた)

木沢長政*　きざわながまさ
？～天文11(1542)年3月17日　戦国時代の武将、河内守護畠山氏の守護代。
¶コン，全戦，室町

寄三　きさん
⇒河田寄三(かわだきさん)

箕山　きざん
⇒畠山箕山(はたけやまきざん)

喜三二　きさんじ
⇒朋誠堂喜三二(ほうせいどうきさんじ)

輝山宗珠　きざんしゅうじゅ
⇒輝山宗珠(きざんそうじゅ)

亀三女　きさんじょ★
江戸時代後期の女性。俳諧。文政4年青隠跋『七夕後集』に故人の句として載る。

¶江表(亀三女(東京都))

輝山宗珠　きざんしょうじゅ
⇒輝山宗珠(きざんそうじゅ)

輝山宗珠*　きざんそうじゅ
応永15(1408)年～享禄1(1528)年　[別]輝山宗珠(きざんしゅうじゅ，きざんしょうじゅ)　室町時代～戦国時代の曹洞宗の僧。
¶武田(きざんしょうじゅ　[生]?)

き

義山理忠　ぎざんりちゅう
⇒理忠女王(りちゅうじょおう)

きし(1)
江戸時代中期の女性。和歌。備中倉敷村向市場町の坂口屋岡道矩の娘。
¶江表(きし(岡山県)　[没]天明3(1783)年)

きし(2)
江戸時代中期の女性。俳諧。苗田の人。享保3年序、百花坊除風編『雪の光』に載る。
¶江表(きし(香川県))

きし(3)
江戸時代後期～末期の女性。教育。桐生本町の絹買商佐羽氏の妻。嘉永年間～明治4年まで子弟の教育をした。
¶江表(きし(群馬県))

岸(1)　きし★
江戸時代中期の女性。俳諧。大坂の人。安永頃の人か。
¶江表(岸(大阪府))

岸(2)　きし★
江戸時代末期の女性。俳諧。安芸仁方の人。安政5年、同6年刊、多賀庵菊年編『やまかつら』に入集。
¶江表(岸(広島県))

紀子*　きし
生没年不詳　江戸時代前期の俳人。
¶俳文

紀之　きし★
江戸時代中期の女性。俳諧。越前鯖江の人。明和9年刊、美濃派三代以乙斎可推坊撰『雪の筐』下に載る。
¶江表(紀之(福井県))

崖嘉一郎　きしかいちろう
⇒塩路嘉一郎(しおじかいちろう)

岸嘉右衛門*　きしかえもん
天保6(1835)年～明治3(1870)年　江戸時代末期～明治時代の忍藩用人。
¶幕末([没]明治3(1870)年7月18日)

岸勘解由　きしかげゆ
江戸時代前期の豊臣秀頼の家臣。
¶大坂

岸上弘*　きしがみひろし
天保8(1837)年～元治1(1864)年　江戸時代末期の志士。
¶幕末([生]天保8(1837)年7月　[没]元治1(1864)年7月21日)

喜志喜太夫*(貴志喜太夫)　きしきだゆう
生没年不詳　江戸時代前期の能役者。
¶コン

岸九兵衛*(岸九兵)　きしきゅうべえ
江戸時代末期の安芸広島藩士。
¶幕末(生没年不詳)

岸金五郎*　きしきんごろう
江戸時代末期の新撰組隊士。
¶新隊(生没年不詳)

きし子(1)　きしこ★
江戸時代の女性。和歌。奈良の小瀬氏。明治20年刊、弾舜平編『類題秋草集』初に載る。
¶江表(きし子(奈良県))

きし子(2)　きしこ★
江戸時代後期の女性。和歌。因幡鳥取藩士鳥養新八の妻。天保12年刊、『類題鰒玉集』四に載る。
¶江表(きし子(鳥取県))

岸子　きしこ★
江戸時代後期の女性。和歌。森田平介の母。文政12年桂園入門名簿に名が載る。
¶江表(岸子(広島県))

紀志子　きしこ★
江戸時代中期の女性。和歌。播磨姫路藩酒井家の奥女中。宝暦12年刊、村上影面編『続采藻編』に載る。
¶江表(紀志子(兵庫県))

岸光景　きしこうけい
江戸時代後期～大正時代の図案家。
¶美工([生]天保10(1839)年9月15日　[没]大正11(1922)年5月3日)

岸駒　きしこま
⇒岸駒(がんく)

岸沢古式部〔2代〕　きしざわこしきぶ
⇒岸沢式佐〔1代〕(きしざわしきさ)

岸沢古式部〔3代〕　きしざわこしきぶ
⇒岸沢式佐〔2代〕(きしざわしきさ)

岸沢古式部〔4代〕　きしざわこしきぶ
⇒岸沢式佐〔5代〕(きしざわしきさ)

岸沢式佐　きしざわしきさ
世襲名　江戸時代の常磐津浄瑠璃三味線方の家元。江戸時代に活躍したのは、初世から5世まで。
¶江人

岸沢式佐〔1代〕*　きしざわしきさ
享保15(1730)年～天明3(1783)年　[別]岸沢古式部〔2代〕(きしざわこしきぶ)　江戸時代中期の常磐津節の三味線弾き。
¶歌大([没]天明3(1783)年9月24日)，新歌(——〔1世〕)

岸沢式佐〔2代〕*　きしざわしきさ
宝暦7(1757)年～文政6(1823)年　[別]岸沢古式部〔3代〕(きしざわこしきぶ)　江戸時代中期～後期の常磐津節の三味線弾き。
¶歌大，新歌(——〔2世〕)

岸沢式佐〔3代〕*　きしざわしきさ
安永3(1774)年～文政12(1829)年　江戸時代後期の常磐津節の三味線弾き。
¶歌大([没]文政12(1829)年/文政6(1823)年)，新歌(——〔3世〕)

岸沢式佐〔4代〕*　きしざわしきさ
明和9(1772)年～文政5(1822)年　江戸時代後期の常磐津節の三味線弾き。

¶歌大（㊦安永1（1772）年），新歌（――〔4世〕）

岸沢式佐〔5代〕* きしざわしきさ
文化3（1806）年～慶応2（1866）年　㋠岸沢古式部〔4代〕（きしざわこしきぶ），岸沢竹遊斎〔1代〕（きしざわちくゆうさい）　江戸時代末期の常磐津節の三味線方。
　¶歌大，コン，新歌（――〔5世〕），幕末（岸沢古式部〔4代〕きしざわこしきぶ　㉕慶応2（1867）年12月19日）

岸沢式佐〔6代〕* きしざわしきさ
天保4（1833）年～明治31（1898）年　江戸時代末期～明治時代の三味線奏者。分裂していた常磐津派と和解。「松島」「紅葉狩」「釣女」などを作曲。
　¶歌大，新歌（――〔6世〕）

岸沢式佐〔7・8代〕 きしざわしきさ
安政6（1859）年～昭和19（1944）年　江戸時代末期～昭和時代の常磐津節三味線方岸沢派家元。
　¶歌大，新歌（――〔7・8世〕）

岸沢竹遊斎〔1代〕 きしざわちくゆうさい
⇒岸沢式佐〔5代〕（きしざわしきさ）

岸島芳太郎* きしじまよしたろう
江戸時代末期の新撰組隊士。
　¶新隊（生没年不詳）

岸紹易 きしじょうえき，きししょうえき
享保14（1729）年～寛政11（1799）年　江戸時代中期の茶人。
　¶コン（きししょうえき）

徽子女王 きしじょおう
⇒斎宮女御（さいぐうのにょうご）

煕子女王*（熈子女王） きしじょおう
？～天暦4（950）年　㋠煕子女王（きしにょおう），煕子女王（ひろこじょおう）　平安時代中期の女性。醍醐天皇の皇子保明親王の王女。
　¶古人（熈子女王　ひろこじょおう），天皇（きしじょおう・ひろこじょおう）　㉕天暦4（950）年5月5日）

宜子女王 ぎしじょおう
生没年不詳　㋠宜子女王（よしこじょおう）　平安時代前期の女性。桓武天皇の皇子仲野親王の王女。
　¶古人（よしこじょおう）

岸新右衛門 きししんえもん
江戸時代前期の武士。大坂の陣で籠城。
　¶大坂（㉕慶長19年11月26日）

岸新助秀道 きししんすけひでみち
江戸時代前期の美濃国武儀郡西神野の住人。
　¶大坂（㉕慶長19年）

岸新蔵 きししんぞう
⇒根本新平（ねもとしんぺい）

貴志沽洲 きしせんしゅう
⇒沽洲（せんしゅう）

貴子内親王 きし・たかこないしんのう
鎌倉時代後期の女性。後深草天皇皇女。
　¶天皇（㊦文永2（1265）年11月14日　㉕文永10（1273）年5月？）

岸田兼吉 きしだかねきち
江戸時代末期の新撰組隊士。
　¶新隊（生没年不詳）

岸田吟香* きしだぎんこう
天保4（1833）年～明治38（1905）年6月7日　江戸時代末期～明治時代の実業家，文化人。
　¶コン，出版（㊦天保4（1833）年4月8日），幕末（㊦天保4（1833）年4月8日）

岸田素屋* きしだそおく
文化10（1813）年～明治10（1877）年　㋠素屋（そおく）　江戸時代末期～明治時代の俳人。正風の俳諧を嗜む。
　¶俳文（素屋　そおく　㉕明治11（1878）年10月21日），幕末（㉕明治10（1877）年12月21日）

貴志忠孝 きしただたか
江戸時代末期～明治時代の幕臣。
　¶幕末（㊦？　㉕明治28（1895）年2月14日）

岸田忠左衛門 きしだちゅうざえもん
江戸時代前期の人。大坂の陣で籠城。
　¶大坂

岸田稲処 きしだとうしょ
文化12（1815）年～明治36（1903）年　㋠稲処（とうしょ）　江戸時代後期～明治時代の俳人。
　¶俳文（稲処　とうしょ　㉕明治36（1903）年7月16日）

岸田朝臣継手* きしだのあそんつぐて
㋠岸田継手（きしだのつぎて，きしだのつぐて）　奈良時代の官人（史生）。
　¶古人（岸田継手　きしだのつぎて　生没年不詳），古代

岸田継手 きしだのつぎて
⇒岸田朝臣継手（きしだのあそんつぐて）

岸田継手 きしだのつぐて
⇒岸田朝臣継手（きしだのあそんつぐて）

岸田全継 きしだのまたつぐ
平安時代前期の官人。摂津国の人。
　¶古人（生没年不詳）

岸竹堂* きしちくどう
文政9（1826）年～明治30（1897）年7月27日　江戸時代末期～明治時代の日本画家。
　¶コン，幕末（㊦文政9（1826）年4月22日），美画（㊦文政9（1826）年4月22日）

紀七左衛門* きしちざえもん，きしちさえもん
生没年不詳　平安時代後期の武士。
　¶古人（きしちさえもん）

鬼室集斯 きしつしゅうし
生没年不詳　飛鳥時代の百済滅亡後に日本に亡命した百済の貴族。
　¶古人，古代，古物，コン，対外

鬼室集信 きしつしゅうしん
生没年不詳　飛鳥時代の百済人。
　¶古代，対外

鬼室福信* きしつふくしん
？～天智天皇2（663）年　飛鳥時代の百済復興運動の武将。
　¶古物，コン（㉕天智2（663）年），対外

岸天岳* きしてんがく
文化11（1814）年～明治10（1877）年　江戸時代末期～明治時代の佐賀藩士，画家。ウィーン万博で入賞。花鳥や虎を描く。
　¶幕末，美画

き

岸俊雄* きしとしお
弘化1(1844)年～明治41(1908)年 江戸時代末期～明治時代の会津藩士。苟新塾を開き数学を教授。
¶数学([没]明治41(1908)年8月),幕末([没]明治41(1908)年8月)

暲子内親王 きしないしんのう
⇒八条院(はちじょういん)

喜子内親王* きしないしんのう
生没年不詳 [別]喜子内親王(よしこないしんのう) 平安時代後期の女性。堀河天皇の皇女。
¶古人(よしこないしんのう),天皇

規子内親王* きしないしんのう
天暦3(949)年～寛和2(986)年 [別]規子内親王(のりこないしんのう) 平安時代中期の女性。歌人。村上天皇の第4皇女、伊勢斎宮。
¶古人(のりこないしんのう),天皇(きしないしんのう・のりこないしんのう [没]寛和2(986)年5月15日)

暉子内親王 きしないしんのう
⇒室町院(むろまちいん)

煕子内親王*(熙子内親王) きしないしんのう
元久2(1205)年～? 鎌倉時代前期の女性。後鳥羽天皇の第4皇女。
¶天皇(煕子内親王 [生]元久2(1205)年2月16日)

禧子内親王* きしないしんのう
保安3(1122)年～長承2(1133)年 [別]禧子内親王(よしこないしんのう) 平安時代後期の女性。鳥羽天皇の第1皇女。
¶古人(よしこないしんのう),天皇(きしないしんのう・よしこ [生]保安3(1122)年6月27日 [没]長承2(1133)年10月10日)

儀子内親王* ぎしないしんのう
?～元慶3(879)年 [別]儀子内親王(のりこないしんのう) 平安時代前期の女性。文徳天皇の皇女、賀茂斎院。
¶古人(のりこないしんのう),古代(のりこないしんのう)

義子内親王 ぎしないしんのう
⇒和徳門院(かとくもんいん)

曦子内親王 ぎしないしんのう
⇒仙華門院(せんかもんいん)

岸浪道房 きしなみみちふさ
江戸時代後期の和算家。
¶数学

岸浪柳渓 きしなみりゅうけい
江戸時代末期～昭和時代の日本画家。
¶美画([生]安政2(1855)年11月3日 [没]昭和10(1935)年12月10日)

徽子女王 きしにょおう
⇒斎宮女御(さいぐうのにょうご)

煕子女王 きしにょおう
⇒煕子女王(きしじょおう)

吉士赤鳩* きしのあかはと
飛鳥時代の迎高麗使。
¶古代

吉士磐金* きしのいわかね
飛鳥時代の官人。
¶古代

来住野大炊助* きしのおおいのすけ
生没年不詳 戦国時代の北条氏照の家臣。
¶後北(大炊助〔来住野(2)〕 おおいのすけ)

吉志大麻呂* きしのおおまろ
奈良時代の防人。
¶古代

吉士雄成* きしのおなり
飛鳥時代の遣隋使。
¶古代

吉士老* きしのおゆ
上代の百済派遣勅使。
¶古代

吉士金* きしのかね
生没年不詳 飛鳥時代の新羅派遣の使者。
¶古代

吉士倉下* きしのくらじ
飛鳥時代の任那派遣の使者。
¶古代

吉士駒* きしのこま
飛鳥時代の遣唐副使。
¶古代

吉志成兼 きしのしげかね
平安時代中期の官人。
¶古人(生没年不詳)

来住野十郎兵衛 きしのじゅうろべえ
安土桃山時代の武蔵国滝山城主北条氏照の家臣。
¶後北(十郎兵衛〔来住野(1)〕 じゅうろべえ [没]慶長1年7月18日)

吉志末成 きしのすえなり
平安時代前期の官人。
¶古人(生没年不詳)

吉志助延 きしのすけのぶ
平安時代中期の官人。
¶古人(生没年不詳)

来住野善二郎 きしのぜんじろう
安土桃山時代の武蔵国滝山城主北条氏照の家臣。大炊助。先代大炊助の一族。
¶後北(善二郎〔来住野(2)〕 ぜんじろう)

吉士長丹* きしのながに
生没年不詳 飛鳥時代の遣唐大使。
¶古人,古代,古物

岸野彦助勝澄の妻 きしのひこすけかつすみのつま★
江戸時代中期の女性。和歌。宝永7年刊、坂静山編『和歌継塵集』に載る。
¶江表(岸野彦助勝澄の妻(東京都))

吉志安国 きしのやすくに
平安時代中期の人。天元2年左京の宅地を買得。
¶古人(生没年不詳)

岸彦大夫秀重 きしひこだゆうひでしげ
江戸時代前期の美濃国武儀郡西神野の地侍。
¶大坂

岸豊後守 きしぶんごのかみ
江戸時代中期の宮大工。
¶美建([生]享保20(1735)年 [没]天明3(1783)年)

岸平右衛門尉 きしへいえもんのじょう
戦国時代の遠江国城東郡中村の土豪。
¶武田（生没年不詳）

木島出雲守 きじまいずものかみ
戦国時代の信濃国高井郡木島の国衆。
¶武田（生没年不詳）

貴島清 きじまきよし
天保14（1843）年〜明治10（1877）年　㊟貴島国彦
（きじまくにひこ）　江戸時代末期〜明治時代の鹿
児島県士族。
¶幕末（㊟明治10（1877）年9月4日）

貴島国彦 きじまくにひこ
⇒貴島清（きじまきよし）

木嶋佐右衛門 きじまさえもん
江戸時代中期の大工。
¶美建（㊷？　㊟明和4（1767）年）

貴志正勝 きしまさかつ
江戸時代前期の幕臣。
¶徳人（㊷1604年　㊟1685年）

岸正知妻 きしまさとものつま
貞享4（1687）年〜享保4（1719）年4月28日　㊟藤木
いち（きじきいち）　江戸時代前期〜中期の歌人。
保科民部正興の娘。久留米藩家老岸正知の妻。
¶江表（いち（福岡県）），女史（藤木いち　ふじきいち
㊷1686年）

木島図書右衛門 きじまずしょえもん
江戸時代中期の和算家。
¶数学（㊟天明4（1784）年）

岸亦八 きしまたはち
江戸時代後期〜明治時代の彫刻家。
¶美建（㊷寛政9（1797）年　㊟明治10（1877）年）

木嶋長右衛門 きじまちょうえもん
江戸時代中期の大工。
¶美建（㊷？　㊟享保10（1725）年）

鬼島広蔭 きじまひろかげ
寛政5（1793）年〜明治6（1873）年8月24日　㊟富樫
広蔭（とがしひろかげ）　江戸時代末期〜明治時代
の国学者、三縄春日社社司。門人二千と称される。
著書に『古事記正伝』など。
¶コン，幕末

来島又兵衛 きじまままたべえ
文化13（1816）年〜元治1（1864）年　㊟森鬼太郎
（もりきたろう）　江戸時代末期の長州（萩）藩士。
尊攘過激派の一人。
¶コン，全幕，幕末（㊷文化14（1817）年1月8日　㊟元治1
（1864）年7月19日）

木嶋杢右衛門 きじまもくえもん
江戸時代前期の大工。
¶美建（㊷？　㊟貞享3（1686）年）

岸通昌 きしみちまさ
生没年不詳　江戸時代中期の和算家。
¶数学

岸充豊 きしみつとよ
江戸時代後期〜明治時代の和算家。
¶数学（㊷天保14（1843）年　㊟明治28（1895）年5月8日）

きしめ
江戸時代中期の女性。狂歌。美濃神戸の人。天明5
年刊、四方赤良編『徳和歌後万載集』に載る。
¶江表（きしめ（岐阜県））

岸本一郎 きしもといちろう
嘉永2（1849）年6月10日〜明治11（1878）年3月7日
㊟億川一郎（おくがわいちろう、おくがわいちろ
う）　江戸時代末期〜明治時代の大蔵省官吏、化学
者。幕府の最初の留学生としてイギリスに留学。
維新後は大蔵省印刷局で印肉製造に貢献。
¶科学，幕末（㊟億川一郎　おくがわいちろう）

岸本栄七 きしもとえいしち
江戸時代末期〜昭和時代の盛文館創業者。
¶出版（㊷安政2（1855）年5月12日　㊟昭和6（1931）年10
月17日）

岸本一成 きしもとかずしげ
享保15（1730）年〜？　江戸時代中期の幕臣。
¶徳人，徳代

岸本雪洞 きしもとせつどう
江戸時代中期の眼科医。
¶眼医（生没年不詳）

岸本荘美 きしもとそうび
安永2（1773）年〜天保10（1839）年　江戸時代中期
〜後期の幕臣。
¶徳人，徳代（㊟天保10（1839）年8月7日）

岸本調和 きしもとちょうわ
⇒調和（ちょうわ）

岸本就美 きしもとなりよし
⇒岸本武太夫（きしもとぶだゆう）

岸本八郎兵衛 きしもとはちろべえ
慶安2（1649）年〜享保4（1719）年　㊟公羽（こう
う）　江戸時代前期〜中期の出羽庄内藩士、俳人。
¶俳文（公羽　こうう　㊟享保4（1719）年9月19日）

岸本武太夫 きしもとぶだゆう
寛保2（1742）年7月7日〜文化7（1810）年　㊟岸本
就美（きしもとなりよし）　江戸時代後期の代官。
¶コン（㊟文化6（1809）年），徳人（岸本就美　きしもとな
りよし），徳代（㊟岸本就美　きしもとなりよし　㊟文化7
（1810）年11月7日）

岸本弥大夫 きしもとやだゆう
江戸時代後期の石見国大森代官。
¶徳代（生没年不詳）

岸本由豆流 きしもとゆずる
寛政1（1789）年〜弘化3（1846）年　㊟朝田大隅（あ
さだおおすみ）　江戸時代後期の国学者。
¶コン，思想（㊷天明8（1788）年）

岸本芳秀 きしもととよしひで
文政4（1821）年〜明治23（1890）年6月3日　江戸時
代末期〜明治時代の音楽家。管楽器本位の雅楽を
歌と箏本位に改めた吉備楽の創始者。
¶コン

岸本和英 きしもとわえい
＊〜享保2（1717）年　㊟和英（わえい）　江戸時代前
期〜中期の俳人。
¶俳文（和英　わえい　㊷？　㊟享保2（1717）年2月4日）

喜舎場朝賢 きしゃばちょうけん
尚育6（1840）年〜大正5（1916）年4月14日　江戸時

代末期～明治時代の役人、詩人、琉球王側仕。維新慶賀使。著書に「琉球見聞録」「東汀詩集」など。
¶コン（[生]天保11（1840）年），幕末（[生]天保11（1839）年）

幾寿　きじゅ★
江戸時代後期の女性。俳諧。棲堂宗人幾布の妻。天保期頃成立、星喜庵北因編『俳諧百人一首集』に載る。
¶江表（幾寿（東京都））

岐秀　きしゅう
⇒元伯（げんぱく）

几秋　きしゅう★
江戸時代中期の女性。俳諧。入間郡毛呂山の豪農で俳人河村碩布の妹。天明5年刊、加舎白雄編『春秋稿』五に載る。
¶江表（几秋女（東京都）），江表（几秋（埼玉県））

箕十*　きじゅう
生没年不詳　江戸時代中期の俳人。
¶俳文

岐秀元伯　ぎしゅうげんぱく
⇒元伯（げんぱく）

宜秋門院*　ぎしゅうもんいん
承安3（1173）年～暦仁1（1238）年12月28日　[別]藤原任子（ふじわらにんし，ふじわらのとうこ，ふじわらのにんし）　平安時代後期～鎌倉時代前期の女性。後鳥羽天皇の中宮。
¶古人（藤原任子　ふじわらのとうこ），コン，女史，天皇（藤原任子　ふじわらのにんし　[生]承安5（1173）年6月？）

宜秋門院丹後　ぎしゅうもんいんたんご
⇒宜秋門院丹後（ぎしゅうもんいんのたんご）

宜秋門院丹後*　ぎしゅうもんいんのたんご
生没年不詳　[別]宜秋門院丹後（ぎしゅうもんいんたんご），異浦丹後（ことうらのたんご），丹後（たんご）　平安時代後期～鎌倉時代前期の女性。歌人。
¶古人（丹後　たんご），女史

記主弾師　きしゅぜんじ
⇒良忠（りょうちゅう）

寄春　きしゅん★
江戸時代後期の女性。俳諧。文政3年成立、田川鶯笠著『於保呂物加堂梨』に載る。
¶江表（寄春（東京都））

義俊*　ぎしゅん
永正1（1504）年～永禄10（1567）年　戦国時代～安土桃山時代の僧、連歌師。
¶俳文

喜春女　きしゅんじょ★
江戸時代末期の女性。俳諧。下柚木の人。安政5年刊、神都度会舎部編『今世俳諧百人集』に載る。
¶江表（喜春女（山梨県））

寄春女　きしゅんじょ★
江戸時代後期の女性。俳諧。延岡の人か。天保9年序、島津五木編『はしり穂集』に載る。
¶江表（寄春女（宮崎県））

機春女　きしゅんじょ★
江戸時代後期の女性。俳諧。松代の人。文政2年刊、宮沢武日編、常世田長翠追善集『俳諧夜のはしら』に載る。
¶江表（機春女（長野県））

宜春女　ぎしゅんじょ★
江戸時代中期の女性。俳諧。岩城の人。元文4年刊、服部沾圃編の露沾7回忌『御追福誹諧集』に載る。
¶江表（宜春女（福島県））

妓女*　ぎじょ
生没年不詳　[別]妓王・妓女，祇王・祇女（ぎおう・ぎじょ，ぎおう・ぎにょ）　平安時代後期の白拍子。「平家物語」に登場。
¶古人（妓王・妓女　ぎおう・ぎじょ），コン，女史（祇王・祇女　ぎおう・ぎじょ）

其章　きしょう★
江戸時代後期の女性。俳諧。相模大磯の人。享和1年刊、倉田葛三編『風やらい』に載る。
¶江表（其章（神奈川県））

其笑　きしょう
⇒八文字屋其笑（はちもんじやきしょう）

几掌　きしょう
江戸時代中期の俳諧作者。
¶俳文（[生]正徳2（1712）年　[没]天明5（1785）年8月11日）

喜娘　きじょう
⇒喜娘（きろう）

希杖*　きじょう
？～天保6（1835）年　江戸時代後期の俳人。
¶俳文（[生]宝暦12（1762）年）

鬼丈　きじょう
⇒実川額十郎〔1代〕（じつかわがくじゅうろう）

其丈　きじょう★
江戸時代後期の女性。俳諧。白鳥の人。寛政12年刊、京都の俳人三宅嘯山編『俳諧独喰』に載る。
¶江表（其丈（香川県））

義昭(1)　ぎしょう
平安時代中期の東大寺の学僧。
¶古人（[生]920年　[没]969年）

義昭(2)　ぎしょう
⇒足利義昭（あしかがぎしょう）

義照*（義昭）　ぎしょう
延喜20（920）年～安和2（969）年　平安時代中期の三論宗の僧。
¶コン

義清　ぎしょう
⇒義清（ぎせい）

義静*　ぎじょう
生没年不詳　[別]義静（ぎせい）　奈良時代の唐僧。
¶古人，古代（ぎせい）

祇丞〔1代〕*　ぎじょう
？～宝暦13（1763）年　江戸時代中期の俳人。
¶俳文（——〔1世〕）

祇丞〔2代〕*　ぎじょう
生没年不詳　江戸時代中期の俳人。
¶俳文（——〔2世〕）

喜笑女　きしょうじょ★
江戸時代後期の女性。俳諧。薩摩鹿児島の人。天保11年の太白堂孤月撰『月次混題句合』に載る。
¶江表（喜笑女（鹿児島県））

岸良* きしよし
寛政10(1798)年〜嘉永5(1852)年 [別]画雲(がうん),岸良(がんりょう) 江戸時代後期〜末期の画家。
¶美画(がんりょう [没]嘉永5(1852)年3月19日)

岸良兼養* きしらかねやす
天保8(1837)年〜明治16(1883)年11月15日 [別]岸良兼養(きしらけんよう) 江戸時代末期〜明治時代の薩摩藩士、司法官。
¶幕末

岸良兼養 きしらけんよう
⇒岸良兼養(きしらかねやす)

岸連山* きしれんざん
文化1(1804)年〜安政6(1859)年 [別]岸連山(がんれんざん) 江戸時代末期の岸派の画家。
¶美画

貴志六大夫範一 きしろくだゆうのりかつ
安土桃山時代〜江戸時代前期の脇坂安治・豊臣秀頼の家臣。
¶大坂([生]天正4年 [没]正保3年3月21日)

木城花野* きしろはなの
文政5(1822)年12月8日〜明治12(1879)年11月1日 江戸時代末期〜明治時代の女性。歌人、教育者。
¶幕末([没]明治12(1879)年11月21日)

基真* きしん
生没年不詳 [別]基真禅師(きしんぜんじ) 奈良時代の僧。道鏡政権を支えた僧の一人。
¶公卿(基真禅師 きしんぜんじ),古人,古代

祈親* きしん
天徳2(958)年〜永承2(1047)年 [別]祈親上人(きしんしょうにん),定誉(じょうよ) 平安時代中期の僧。高野山復興につとめた3大勧進上人の随一。
¶古人(定誉 じょうよ),コン,平家([生]天徳2(958)年?)

義真* ぎしん
天応1(781)年〜天長10(833)年7月4日 [別]修禅大師(しゅぜんだいし) 平安時代前期の天台宗の僧。
¶古人,古代,コン,対外

義尋 ぎじん
⇒足利義視(あしかがよしみ)

祈親上人 きしんしょうにん
⇒祈親(きしん)

基真禅師 きしんぜんじ
⇒基真(きしん)

亀巣 きす
⇒銭屋五兵衛(ぜにやごへえ)

其水(1) きすい★
江戸時代中期の女性。俳諧。南牧の人。安永6年刊、無著庵眠郎編『雪の薄』地に載る。
¶江表(其水(群馬県))

其水(2) きすい★
江戸時代中期〜後期の女性。俳諧。入間郡毛呂山の豪農川村金左衛門の妻。
¶江表(其水(埼玉県) [生]元文2(1737)年 [没]寛政4(1792)年)

其水(3) きすい★
江戸時代後期の女性。俳諧。松露庵鳥酔門。文化期頃没。
¶江表(其水(東京都))

其翠(1) きすい★
江戸時代後期の女性。俳諧。上総の人。寛政5年刊、子日庵一草編『潮来集』に載る。
¶江表(其翠(千葉県))

其翠(2) きすい★
江戸時代後期の女性。俳諧。小諸の神津ぎん。天明8年俳人で国学者瀬下玉芝が編んだ『やいろぐさ』に載る。
¶江表(其翠(長野県))

淇水の母 きすいのはは★
江戸時代後期の女性。俳諧。但馬浜坂の人。天明8年剡渓、柳水、百歩らが編者の『老の柳』に載る。
¶江表(淇水の母(兵庫県))

木造俊茂 きずくりとししげ
⇒木造俊茂(こづくりとししげ)

木造俊康 きずくりとしやす
⇒木造俊康(こづくりとしやす)

木造教親 きずくりのりちか
⇒木造教親(きづくりのりちか)

木造政宗 きずくりまさむね
⇒木造政宗(こづくりまさむね)

木造持康 きずくりもちやす
⇒木造持康(きづくりもちやす)

亀祐 きすけ
⇒欽古堂亀祐(きんこどうきすけ)

紀輔時* きすけとき
生没年不詳 [別]紀輔時(きのすけとき) 平安時代中期の歌人。
¶古人(きのすけとき)

岐須美美命* きすみみのみこと
上代の「古事記」にみえる神武天皇の皇子。
¶天皇(生没年不詳)

きせ(1)
江戸時代後期の女性。和歌。松代藩主真田幸弘の室定子付の側女中。寛政5年幸弘の二条流歌道入門祝賀集「はしたて」に載る。
¶江表(きせ(長野県))

きせ(2)
江戸時代後期の女性。俳諧。大久保扇暑の妻。文化5年刊、青野太筇編『犬古今』に載る。
¶江表(きせ(大阪府))

きせ・喜世
江戸時代後期の女性。俳諧。越前府中の俳人鶯亭甫翠の娘。天保9年刊、玉淵居松軒編、『鳥のかたみ』に載る。
¶江表(きせ・喜世(福井県))

きせ・幾瀬
江戸時代後期の女性。俳諧。備後上下の人。五十嵐浜藻編『八重山吹』によると、文化4年6月17日、元輔亭で波間藻、はまと三吟歌仙を巻いている。
¶江表(きせ・幾瀬(広島県))

葵生 きせ
江戸時代後期の女性。俳諧。越前滝谷の人。寛政8年刊、荒木為卜仙編『卯花筐』下に載る。

¶江表（葵生（福井県））

喜せ　きせ★
江戸時代後期の女性。和歌。河内狭山藩主北条氏喬の奥女中。文化11年刊、中山忠雄・河田正致編『柿本社奉納和歌集』に載る。
¶江表（喜せ（大阪府））

希世　きせい
⇒希世霊彦（きせいれいげん）

義清*　ぎせい
生没年不詳　[別]義清（ぎしょう）　平安時代後期の比叡山無動寺の住僧。
¶古人

義静　ぎせい
⇒義静（ぎじょう）

希世霊彦*　きせいれいげん
応永10（1403）年～長享2（1488）年　[別]希世（きせい），村庵（そんあん，そんなん），村庵霊彦（そんあんれいげん），霊彦（れいげん）　室町時代～戦国時代の五山文学僧。
¶コン

磯石　きせき★
江戸時代中期の女性。俳諧。元禄14年～15年頃刊、水間沾徳編『文蓬萊』に載る。
¶江表（磯石（東京都））

綺石*　きせき
宝暦5（1755）年～文化2（1805）年6月15日　江戸時代中期～後期の俳人。
¶俳文

礒石　ぎせき★
江戸時代後期の女性。俳諧。大坂の俳人津田寿山の妻。嘉永6年刊、不二麿著『浪花三十六佳人』の中で賢婦といわれる。
¶江表（礒石（大阪府））

きせ子(1)　きせこ★
江戸時代中期の女性。和歌。幕臣、長崎奉行永井直廉の娘。明和5年刊、石野広通編『霞関集』に載る。
¶江表（きせ子（東京都））

きせ子(2)　きせこ★
江戸時代末期の女性。和歌。筑後柳川藩の奥女中。安政4年刊、井上文雄編『摘英集』に載る。
¶江表（きせ子（福岡県））

黄瀬子　きせこ★
江戸時代中期の女性。和歌。三河刈谷藩主土井利信の室久米子の侍女。宝暦12年刊、村上影面編『続采藻編』に載る。
¶江表（黄瀬子（愛知県））

喜勢子　きせこ★
江戸時代後期～明治時代の女性。和歌・書簡。上総夷隅郡部原村の国学者で歌人江沢講修の娘。
¶江表（喜勢子（東京都）　[生]文政11（1828）年　[没]明治34（1901）年）

きせ女*(1)　きせじょ
生没年不詳　江戸時代後期の女性。俳人。
¶江表（きせ女（千葉県））

きせ女(2)　きせじょ★
江戸時代後期の女性。和歌。下村氏。文化11年刊、中山忠雄・河田正致編『柿本社奉納和歌集』に載る。
¶江表（きせ女（福島県））

きせ女(3)　きせじょ★
江戸時代末期の女性。和歌。服部氏。安政7年跋、蜂屋光世編『大江戸倭歌集』に載る。
¶江表（きせ女（東京都））

其雪*　きせつ
天明8（1788）年～天保12（1841）年　江戸時代後期の俳人。
¶俳文（[没]天保13（1842）年）

黄瀬平治　きせへいじ
⇒黄瀬平治（きのせへいじ）

葵扇　きせん★
江戸時代中期の女性。俳諧。金毘羅に属す。安永3年序、愉閑斎社仙撰、中川麦浪七回忌追善句集『居待月』に載る。
¶江表（葵扇（香川県））

喜撰*　きせん
生没年不詳　[別]喜撰法師（きせんほうし）　平安時代前期の僧、歌人。六歌仙の一人。
¶古人，コン，日文（喜撰法師　きせんほうし），山小

亀泉　きせん
⇒亀泉集証（きせんしゅうしょう）

其川　きせん
江戸時代後期の女性。俳諧。備中笠岡の商家伏見屋次兵衛の妻。文化4年に五十嵐浜藻との両吟があった。
¶江表（其川（岡山県））

其扇　きせん
江戸時代中期の女性。狂歌。小川氏の娘。宝暦8年に行われた永田貞柳の追福狂歌の興行の碑文に載る。
¶江表（其扇（広島県））

亀全　きぜん
⇒市村羽左衛門〔10代〕（いちむらうざえもん）

祇川　ぎせん
江戸時代中期の俳諧師。
¶俳文（[生]？　[没]安永7（1778）年8月5日）

義暹*　ぎせん
承暦2（1078）年～？　平安時代後期の仏師。
¶古人，美建

亀泉集証*　きせんしゅうしょう
応永31（1424）年～明応2（1493）年9月27日　[別]亀泉（きせん），集証（しゅうしょう）　室町時代～戦国時代の臨済宗の僧、五山文学者。
¶コン

淇泉女　きせんじょ★
江戸時代後期の女性。画。川村氏。画家の秋田藩士那珂淇水の姪。
¶江表（淇泉女（秋田県））

宜僊女　ぎせんじょ★
江戸時代中期の女性。俳諧。越後加茂の人。享保14年刊、廻船業北村七里の三回忌追善集『其鑑』に載る。
¶江表（宜僊女（新潟県））

喜撰法師　きせんほうし
⇒喜撰（きせん）

きそ(1)
江戸時代中期の女性。俳諧。辻氏。明和6年刊、枀輝編『簑笠集』に載る。
¶江表(きそ(大阪府))

きそ(2)
江戸時代後期の女性。俳諧。白石の人。文化13年序、洞々編『的申集』に載る。
¶江表(きそ(宮城県))

きそ(3)
江戸時代後期の女性。和歌。松村氏。国学者平田篤胤門。
¶江表(きそ(長野県))

岐岨 きそ
江戸時代中期の女性。狂歌。中山氏。安永9年刊、浪花一本亭社中撰『狂歌両節東街道』に載る。
¶江表(岐岨(大阪府))

亀巣 きそう
⇒銭屋五兵衛(ぜにやごへえ)

基増 きぞう
平安時代中期の仁和寺の木(喜)寺の僧。
¶古人(生没年不詳)

基蔵* きぞう
?～貞観15(873)年 平安時代前期の僧。
¶古人(生没年不詳),古代

寄三 きぞう
⇒河田寄三(かわだきさん)

其三 きぞう
⇒津打治兵衛〔3代〕(つうちじへえ)

義蔵* ぎぞう
天暦4(950)年～? 平安時代中期の東大寺僧。
¶古人

喜早伊右衛門* きそういえもん
弘化4(1847)年～明治39(1906)年 江戸時代末期～明治時代の東沢溜池建築者。
¶幕末([生]弘化4(1847)年8月20日 [没]明治39(1906)年11月22日)

亀双女 きそうじょ★
江戸時代後期の女性。俳諧。越後脇野町の漱石舎廬泉の妻。享和2年刊、庄屋文華堂北志編、竜華堂北窓一三回忌追善集『西の空』に載る。
¶江表(亀双女(新潟県))

木曽源太郎* きそげんたろう
天保10(1839)年～大正7(1918)年 江戸時代末期～明治時代の志士、熊本藩士。尊王論を唱える。湊川神社などの宮司を歴任。
¶コン,幕末

きそ子 きそこ★
江戸時代後期の女性。和歌。旗本榊原三右衛門の妻。文化11年刊、中山忠雄・河田正致編『柿本社奉納和歌集』に載る。
¶江表(きそ子(東京都))

木曽左近義重 きそさこんよししげ
江戸時代前期の武士。大坂の陣で籠城。木曽伊予守義昌の甥。
¶大坂([没]慶長20年5月6日)

きそ女 きそじょ★
江戸時代後期の女性。俳諧。中村の人。弘化5年刊、遠藤夷則編『松吟集』に載る。
¶江表(きそ女(福島県))

木曽千太郎 きそせんたろう
安土桃山時代の人。木曽義昌の嫡男。
¶武田([生]元亀1(1570)年 [没]天正10(1582)年3月1日)

木曽長次郎義春 きそちょうじろうよしはる
安土桃山時代～江戸時代前期の武士。木曽伊予守義昌の次男。秀頼に出仕。
¶大坂

木曽長稠 きそながしげ
戦国時代の武田氏の家臣、木曽一門。
¶武田(生没年不詳)

木曽長政 きそながまさ
戦国時代の武田氏の家臣。
¶武田

木曽の中次 きそのちゅうじ
平安時代末期の武士。信濃国の武士。木曽の中原氏の一族か。系譜未詳。
¶平家(生没年不詳)

木曽宮 きそのみや
⇒北陸宮(ほくりくのみや)

木曽義在* きそよしあり
明応2(1493)年～永禄1(1558)年 戦国時代の地方豪族・土豪。
¶全戦([没]元禄1(1558)年),室町

木曽義高 きそよしたか
⇒清水義高(しみずよしたか)

木曽義仲 きそよしなか
⇒源義仲(みなもとのよしなか)

木曽義昌* きそよしまさ
*～文禄4(1595)年 安土桃山時代の大名。下総蘆戸藩主。
¶織田([生]天文9(1540)年 [没]文禄4(1595)年3月13日),コン([生]天文9(1540)年),全戦([生]天文9(1540)年),戦武([生]天文9(1540)年),武田([生]天文9(1540)年 [没]文禄4(1595)年3月17日)

木曽義昌室 きそよしまさしつ
⇒真竜院(しんりゅういん)

木曽義康* きそよしやす
永正11(1514)年～天正7(1579)年 戦国時代～安土桃山時代の地方豪族・土豪。
¶全戦([没]天正2(1574)年?),戦武,武田([生]永正11(1514)年? [没]天正7(1579)年1月7日),室町

きた(1)
江戸時代中期の女性。和歌。大坂の医師福島随庵の妹。宝永6年奉納、平間長雅編「住吉社奉納千首和歌」に載る。
¶江表(きた(大阪府))

きた(2)
江戸時代中期の女性。俳諧。安芸五日市の人。安永3年刊、多賀庵風律編『歳旦広島』に載る。
¶江表(きた(広島県))

きた(3)
江戸時代後期の女性。和歌。遠江の人。栗田土満が判者の「土満大人判 四捨五番歌合」に載る。

¶江表（きた（静岡県））

きた(4)
江戸時代後期の女性。俳諧。丹後峰山の人。寛政2年跋、可楽庵桃路編の芭蕉一〇〇回忌記念『華鳥風月集』に載る。
¶江表（きた（京都府））

きた(5)
江戸時代後期の女性。和歌。仙石久篤の妻。天保11年成立「鷲見家短冊帖」に載る。
¶江表（きた（鳥取県））

喜多(1)　**きた**★
江戸時代前期の女性。家祖。仙台藩祖伊達政宗の乳母。
¶江表（喜多（宮城県）　[没]慶長15（1610）年）

喜多(2)　**きた**★
江戸時代後期の女性。和歌・狂歌。芳賀郡の国学者河野守弘の母。嘉永3年に刊行した『下野国誌』に載る。
¶江表（喜多（栃木県））

其雫　きだ
⇒梅津其雫（うめづきだ）

亀台　きだい
⇒亀台尼（きだいに）

亀台尼＊　**きだいに**
元文1（1736）年～文化7（1810）年　[別]亀台（きだい）　江戸時代中期～後期の女性。俳人。武蔵川越古市場の豪農沢田安信の娘。
¶江表（亀台尼（東京都）），俳文（亀台　きだい　[生]元文1（1736）年8月2日　[没]文化7（1810）年5月31日）

北浦定政＊　**きたうらさだまさ**
文化14（1817）年～明治4（1871）年　江戸時代末期～明治時代の歴史家。大和国内の陵墓、条里、宮址を研究。
¶コン，幕末（[没]明治4（1871）年1月7日）

喜多岡勇平＊　**きたおかゆうへい**
文政4（1821）年～慶応1（1865）年　江戸時代末期の筑前福岡藩士。
¶幕末（[生]文政4（1821）年11月26日　[没]慶応1（1865）年6月24日）

北尾重政＊（――〔1代〕）　**きたおしげまさ**
元文4（1739）年～文政3（1820）年　江戸時代中期～後期の浮世絵師。北尾派の祖。
¶浮絵（――〔1代〕），江人，コン，美画（[没]文政3（1820）年1月24日）

北尾重政〔2代〕＊　**きたおしげまさ**
寛政4（1792）年～？　江戸時代後期の絵師。
¶浮絵（[生]寛政5（1793）年頃）

北尾次郎　きたおじろう
嘉永6（1853）年～明治40（1907）年　江戸時代後期～明治時代の物理学者、気象学者。松江藩医の北尾家の養子。理学博士。
¶科学（[生]嘉永6（1853）年7月4日　[没]明治40（1907）年9月7日），数学（[生]嘉永6（1853）年7月　[没]明治40（1907）年9月）

北尾辰宣＊　**きたおときのぶ**
生没年不詳　江戸時代末期の浮世絵師。
¶浮絵

北尾政演（北尾政寅，北尾政信）　**きたおまさのぶ**
⇒山東京伝（さんとうきょうでん）

北尾政美＊　**きたおまさよし**
明和1（1764）年～文政7（1824）年　[別]鍬形蕙斎（くわかたけいさい，くわがたけいさい）　江戸時代中期～後期の浮世絵師。
¶浮絵，江人，コン，美画（[没]文政7（1824）年3月22日）

北尾張守　きたおわりのかみ
⇒南部信愛（なんぶしんあい）

北垣国道＊　**きたがきくにみち**
天保7（1836）年～大正5（1916）年1月16日　[別]北垣晋太郎（きたがきしんたろう）　江戸時代末期～明治時代の志士、官僚。
¶コン，全幕（北垣晋太郎　きたがきしんたろう），幕末（北垣晋太郎　きたがきしんたろう　[生]天保6（1835）年8月）

北垣晋太郎　きたがきしんたろう
⇒北垣国道（きたがきくにみち）

北風正造＊　**きたかぜしょうぞう**
天保5（1834）年2月11日～明治28（1895）年12月5日　江戸時代末期～明治時代の商人。米商会社、第七十三国立銀行設立など実業界の発展に尽力。
¶コン

北風東雲　きたかぜとううん
江戸時代後期の彫工。
¶美建（生没年不詳）

北風彦太郎＊　**きたかぜひこたろう**
生没年不詳　江戸時代前期の海運業者。
¶コン

北風六右衛門＊　**きたかぜろくえもん**
？～寛政1（1789）年　江戸時代中期の豪商。
¶コン（生没年不詳）

北川亥之作＊　**きたがわいのさく**
天保10（1839）年～明治20（1887）年　江戸時代末期～明治時代の前田家家扶。華族銀行の創設に参画し、日本鉄道会社副社長となり鉄道事業の発展に貢献。
¶幕末（[生]天保10（1839）年10月23日　[没]明治20（1887）年7月4日）

北川伊兵衛＊　**きたがわいへえ**
？～正徳1（1711）年　[別]北川利兵衛（きたがわりへえ）　江戸時代中期の讃岐高松藩士、織物師。
¶美工

喜多川歌麿　きたがわうたまる
⇒喜多川歌麿（きたがわうたまろ）

喜多川歌麿＊（――〔1代〕）　**きたがわうたまろ**
宝暦3（1753）年～文化3（1806）年　[別]歌麿（うたまろ），喜多川歌麿（きたがわうたまる）　江戸時代中期～後期の浮世絵師。北斎と並ぶ浮世絵の二大巨頭。美人画で有名。
¶浮絵（きたがわうたまる　[生]？），江人（[生]1753年？），コン，美画（[没]文化3（1806）年9月20日），山小（[生]1753年/1754年　[没]1806年9月20日）

北川岸次　きたがわがんじ
江戸時代後期～明治時代の彫刻家。
¶美建（[生]天保7（1836）年　[没]明治15（1882）年8月）

北川熊太郎　きたがわくまたろう
江戸時代末期の新撰組隊士。

¶新隊（生没年不詳）

喜多川式麿 きたがわしきまる
⇒喜多川式麿（きたがわしきまろ）

喜多川式麿* きたがわしきまろ
生没年不詳 [別]喜多川式麿（きたがわしきまる） 江戸時代後期の絵師・狂歌作者。
¶浮絵（きたがわしきまる）

北川次郎兵衛一利 きたがわじろ（う）びょうえかつとし
安土桃山時代～江戸時代前期の伊達政宗・豊臣秀頼の家臣。
¶大坂（[生]天正10年 [没]明暦2年10月13日）

喜多川助之丞 きたがわすけのじょう
安土桃山時代～江戸時代前期の武士。長宗我部盛親家臣。落城後、堀田正盛に仕えた。
¶大坂

北川清助* きたがわせいすけ
文政9（1826）年～明治35（1902）年 江戸時代末期～明治時代の長州藩士。諸隊脱藩騒動で郷勇隊総督として鎮撫に当たる。
¶幕末（[生]文政9（1826）年4月11日 [没]明治35（1902）年4月3日）

喜多川相説* きたがわそうせつ
生没年不詳 [別]相説（そうせつ） 江戸時代前期の画家。
¶美画

喜田川宗典*（喜多川宗典） きたがわそうてん
生没年不詳 [別]喜多川秀典（きたがわひでつね） 江戸時代中期の装剣金工家。彦根彫りと呼ばれる一派を形成。
¶美工

喜多川孟敦* きたがわたけあつ
天保10（1839）年～明治28（1895）年12月 江戸時代末期～明治時代の和算家。
¶数学

喜田川千代女* きたがわちよじょ
生没年不詳 江戸時代後期の絵師。
¶江表（千代女（東京都））

喜多川月麿 きたがわつきまる
⇒喜多川月麿（きたがわつきまろ）

喜多川月麿* きたがわつきまろ
？～天保1（1830）年？ [別]菊麿（きくまろ），喜多川月麿（きたがわつきまる） 江戸時代後期の浮世絵師。
¶浮絵（きたがわつきまる 生没年不詳），美画（生没年不詳）

北川徳之丞*（北川徳之允） きたがわとくのじょう
？～明治11（1878）年 江戸時代末期～明治時代の近江彦根藩士。
¶幕末（[没]明治11（1878）年4月28日）

北川殿* きたかわどの，きたがわどの
？～享禄2（1529）年5月26日 戦国時代の女性。駿河国守護今川義忠の側室。
¶後北（北川殿〔北条〕 きたがわどの），女史（きたがわどの）

北川豊秀〔1代〕 きたがわとよひで
江戸時代後期の画家。
¶浮絵（生没年不詳）

北川信通* きたがわのぶみち
文政4（1821）年～明治17（1884）年 江戸時代末期～明治時代の居合術士。京都警備の土佐藩士に居合術の師範をする。
¶幕末（[生]文政4（1821）年9月20日 [没]明治17（1884）年2月2日）

北川春政* きたがわはるまさ
生没年不詳 [別]恋川春政（こいかわはるまさ） 江戸時代後期の浮世絵師。
¶浮絵（恋川春政 こいかわはるまさ）

北川秀勝 きたがわひでかつ
江戸時代後期の和算家。
¶数学

喜多川秀典 きたがわひでつね
⇒喜田川宗典（きたがわそうてん）

北川北仙* きたがわほくせん
弘化3（1846）年～大正11（1922）年 江戸時代末期～大正時代の彫金師。水戸金工派、高彫りに卓越。代表作に「兵庫鎖太刀拵」。
¶幕末（[没]大正10（1921）年12月31日），美工（[生]弘化3（1846）年9月15日 [没]大正11（1922）年1月7日）

喜多川猛虎*（北川孟虎） きたがわもうこ
宝暦12（1762）年～天保4（1833）年 江戸時代中期の算家、尾張藩士。
¶数学（北川孟虎 [没]天保4（1833）年9月11日）

喜多川雪麿 きたがわゆきまろ
⇒墨川亭雪麿（ぼくせんていゆきまろ）

北川善淵* きたがわよしふか
安永8（1779）年～安政4（1857）年 江戸時代後期の歌人。
¶幕末（[生]安永8（1779）年10月 [没]安政4（1857）年5月3日）

北川利兵衛 きたがわりへえ
⇒北川伊兵衛（きたがわいへえ）

喜田吉右衛門* きたきちえもん
？～寛文11（1671）年 江戸時代前期の尾張国の水利功労者。
¶コン

喜多元規* きたげんき
生没年不詳 [別]元規（げんき） 江戸時代前期の肖像画家。
¶コン，美画

喜多源兵衛忠政 きたげんひょうえただまさ
江戸時代前期の紀伊国那賀郡安楽川荘荒見の住人。
¶大坂

北監物大夫* きたけんもつのたいふ，きたけんもつのだいぶ
生没年不詳 安土桃山時代の織田信長の家臣。
¶織田（きたけんもつのだいぶ）

きた子(1) きたこ★
江戸時代後期の女性。和歌。松代藩藩士畑小藤太の妻。文化6年木島菅麿編「松廼百枝」に載る。
¶江表（きた子（長野県））

きた子(2) きたこ★
江戸時代後期の女性。和歌。松代藩藩士小幡長右衛門の母。文化6年木島菅麿編「松廼百枝」に載る。
¶江表（きた子（長野県））

き

き

きた子(3)　きたこ★
江戸時代後期の女性。和歌。越後の人。天保11年から同12年に成立、富取正誠編「雲居の杖」に載る。
¶江表(きた子(新潟県))

喜多子　きたこ★
江戸時代後期の女性。和歌。出雲松江藩士桜井門次の妻。天保13年刊、千家尊孫編『類題八雲集』に載る。
¶江表(喜多子(島根県))

北子　きたこ★
江戸時代末期の女性。和歌。川東三浦屋の妻。嘉永7年刊、長沢伴雄編『類題鴨川五郎集』に載る。
¶江表(北子(京都府))

北厚治*　きたこうじ
文化8(1811)年～明治19(1886)年　江戸時代末期～明治時代の旗本領代官。領内河川の管理や郷校の開設に尽力した。
¶幕末([没]明治19(1886)年2月20日)

北小路俊定*　きたこうじとしさだ
永正5(1508)年～？　[別]北小路俊定(きたのこうじとしさだ)　戦国時代の公卿(非参議)。権中納言大江匡房の孫非参議北小路俊泰の子大膳大夫大江俊永の子。
¶公卿(きたのこうじとしさだ),公家(俊定〔北小路家〕としさだ)

北小路俊直*　きたこうじとしなお
享禄3(1530)年～天正14(1586)年12月24日　[別]北小路俊直(きたのこうじとしなお)　戦国時代～安土桃山時代の公卿(非参議)。権中納言大江匡房の孫非参議北小路俊泰の子大膳大夫大江俊永の子。
¶公卿(きたのこうじとしなお),公家(俊直〔北小路家〕としなお)

北小路俊昌*　きたこうじとしまさ
天保7(1836)年～明治17(1884)年11月22日　[別]北小路俊昌(きたのこうじとしまさ)　江戸時代末期～明治時代の地下。
¶幕末([生]天保7(1836)年4月15日)

北小路俊泰*　きたこうじとしやす
寛正4(1463)年～？　[別]北小路俊泰(きたのこうじとしやす)　戦国時代の公卿(非参議)。大江系北小路家の祖。権中納言大江匡房の孫。
¶公卿(きたのこうじとしやす),公家(俊泰〔北小路家〕としやす)

北小路斎院　きたこうじのさいいん
⇒怡子内親王(いしないしんのう)

北小路随光*　きたこうじよりみつ
天保3(1832)年3月1日～大正5(1916)年11月22日　[別]北小路随光(きたのこうじよりみつ)　江戸時代末期～大正時代の公家。非参議。二十二卿列参に加わる。
¶公卿(きたのこうじよりみつ),公家(随光〔北小路家〕よりみつ),幕末

喜多古能　きたこのう
⇒喜多七太夫〔9代〕(きたしちだゆう)

北左京長能　きたさきょうおさよし
江戸時代前期の豊臣秀吉の近侍。能大夫の勘大夫の弟子となる。大坂籠城の時分は真田信繁に所属。
¶大坂([没]承応2年1月7日)

北郷資常　きたざとすけつね
⇒北郷資常(ほんごうすけつね)

北沢奉実　きたざわともざね
江戸時代中期～後期の和算家。
¶数学

北沢治正　きたざわはるまさ
江戸時代中期の和算家。
¶数学([生]延享4(1747)年　[没]天明6(1786)年)

北沢伴助*　きたざわばんすけ
寛政8(1796)年～明治17(1884)年　江戸時代末期～明治時代の義民。南山郷三六か村年貢減免要求の一揆の先頭で要求を実現。
¶江人,コン

喜多七太夫〔1代〕*(喜多七大夫)　きたしちだゆう，きたしちたゆう
天正14(1586)年～承応2(1653)年　[別]喜多七大夫長能(きたしちたゆうながよし)，北七大夫長能(きたしちだゆうおさよし)，喜多長能(きたちょうのう，きたながよし)　江戸時代前期の能役者。シテ方喜多流の祖。
¶江人(喜多七大夫　きたしちたゆう),コン(代数なし　[生]？),新能(喜多七大夫〔1世〕　[没]承応2(1653)年1月7日)

喜多七太夫〔3代〕*　きたしちだゆう
*～享保16(1731)年　[別]喜多七大夫宗能(きたしちたゆうむねよし，きたしちだゆうむねよし)　江戸時代前期～中期の能役者。
¶新能(喜多七大夫〔3世〕　[生]慶安4(1651)年　[没]享保16(1731)年7月6日)

喜多七太夫〔9代〕*　きたしちだゆう
寛保2(1742)年～文政12(1829)年　[別]喜多古能(きたこのう，きたひさよし，きたふるよし)，喜多七大夫古能(きたしちたゆうふるよし，きたしちだゆうひさよし)　江戸時代中期～後期の能役者。喜多流中興の祖。
¶新能(喜多七大夫〔9世〕　[没]文政12(1829)年6月25日)

北七大夫長能　きたしちだゆうおさよし
⇒喜多七太夫〔1代〕(きたしちだゆう)

喜多七大夫長能　きたしちたゆうながよし
⇒喜多七太夫〔1代〕(きたしちだゆう)

喜多七大夫古能　きたしちだゆうひさよし
⇒喜多七太夫〔9代〕(きたしちだゆう)

喜多七大夫古能　きたしちたゆうふるよし
⇒喜多七太夫〔9代〕(きたしちだゆう)

喜多七大夫宗能　きたしちたゆうむねよし，きたしちだゆうむねよし
⇒喜多七太夫〔3代〕(きたしちだゆう)

喜多治伯*　きたじはく
江戸時代中期の測量家、医師。
¶数学

堅塩媛*　きたしひめ
生没年不詳　[別]蘇我堅塩媛(そがのかたしひめ，そがのきたしひめ)　飛鳥時代の女性。欽明天皇の妃。
¶古人,古代,古物(蘇我堅塩媛　そがのきたしひめ),コン(蘇我堅塩媛　そがのきたしひめ),女史(蘇我堅塩媛　そがのきたしひめ),天皇(蘇我堅塩媛　そがのきたしひめ)

紀太紫峰　きたしほう
⇒紀太理兵衛〔1代〕(きたりへえ)

北島栄助*　きたじまえいすけ
？～昭和9(1934)年　江戸時代後期の有田焼の貿易商人。
¶美工([没]昭和9(1934)年11月24日)

北島見信*　きたじまけんしん
生没年不詳　江戸時代中期の儒者、天文学者。
¶科学,コン

北島雪山*　きたじませつざん，きたじませつさん
寛永13(1636)年～元禄10(1697)年　江戸時代前期の書家、儒学者。近世唐様の祖。
¶江人([生]1637年　[没]1698年),コン

北島全孝*　きたじまたけのり
享和3(1803)年～明治19(1886)年　江戸時代末期～明治時代の出雲国造。出雲大社敬講社を結成し、宗派神道の大社教に発展させる。
¶幕末([生]享和3(1803)年8月5日　[没]明治19(1886)年10月2日)

北島秀朝*　きたじまひでとも
天保13(1842)年～明治10(1877)年　江戸時代末期～明治時代の志士。
¶幕末([生]天保13(1842)年1月1日　[没]明治10(1877)年10月10日)

北重左衛門直吉　きたじゅうざえもんなおよし
安土桃山時代の南部利直の家臣。
¶大坂([生]天正3年)

喜多女(1)　きたじょ★
江戸時代後期の女性。俳諧。下総沼森の人。嘉永1年刊、中山堵作小祥忌1周忌追悼俳句集「梅の雫」に載る。
¶江表(喜多女(茨城県))

喜多女(2)　きたじょ★
江戸時代末期の女性。俳諧。旭の出連の俳人美のりの妻。安政4年日々庵半山選、上塩尻の「座摩神社奉額句合」に載る。
¶江表(喜多女(長野県))

北条景広*　きたじょうかげひろ
？～天正7(1579)年　戦国時代～安土桃山時代の国人。
¶全戦,戦武([生]天文17(1548)年)

北条勝広*　きたじょうかつひろ
生没年不詳　戦国時代の上野国衆。
¶武田

北条高広*　きたじょうたかひろ
生没年不詳　戦国時代の越後上杉氏の武将。
¶全戦,戦武([生]永正14(1517)年？　[没]天正15(1587)年？),武田

北条高政　きたじょうたかまさ
戦国時代～安土桃山時代の上野国衆厩橋北条氏の一族。北条高広の弟といい、同親富の養子と推定。
¶武田(生没年不詳)

北条親富　きたじょうちかとみ
戦国時代～安土桃山時代の上野国衆厩橋北条氏の一族。
¶武田(生没年不詳)

北白河院*　きたしらかわいん
承安3(1173)年～暦仁1(1238)年　[別]北白河院(きたしらかわのいん)，藤原陳子(ふじわらちんし，ふじわらのちんし)　鎌倉時代前期の女性。後高倉院の妃。
¶古人,コン,天皇(藤原陳子　ふじわらのちんし　[没]嘉禎4(1238)年),内乱([没]嘉禎4(1238)年)

北白河院　きたしらかわのいん
⇒北白河院(きたしらかわいん)

北白川宮能久親王*　きたしらかわのみやよしひさしんのう
弘化4(1847)年2月16日～明治28(1895)年10月28日　[別]公現法親王(こうげんほっしんのう)，能久親王(よしひさしんのう)　江戸時代末期～明治時代の皇族、陸軍軍人、中将。伏見宮邦家親王第9王子、北白川宮の第1代。近衛師団長として台湾征討軍を指揮。
¶全幕(公現法親王　こうげんほっしんのう)

北信愛　きたしんあい
⇒南部信愛(なんぶしんあい)

北須肥前　きたすひぜん
安土桃山時代の信濃国伊那郡の武士。伊那部衆。
¶武田(生没年不詳)

北角勝有　きたずみかつあり
江戸時代中期の幕臣。
¶徳人(生没年不詳)

喜多宗雲*　きたそううん
生没年不詳　江戸時代前期の長崎派の画家。
¶美画

北添佶摩*(北添佶磨)　きたぞえきつま
天保6(1835)年～元治1(1864)年　[別]北添正佶(きたぞえまさただ)　江戸時代末期の大庄屋、志士。
¶コン,全幕(北添佶磨),幕末([生]天保4(1833)年　[没]元治1(1864)年6月5日)

北添正佶　きたぞえまさただ
⇒北添佶摩(きたぞえきつま)

北代伊与　きただいいよ
江戸時代後期～末期の女性。坂本龍馬の継母。
¶全幕([生]文化1(1804)年？　[没]慶応1(1865)年)

北代健助*　きただいけんすけ
天保4(1833)年～明治1(1868)年　江戸時代末期の箕浦猪之吉六番隊所属。
¶幕末([没]慶応4(1868)年2月23日)

北代正臣*　きただいまさおみ
？～明治41(1908)年　江戸時代末期～明治時代の土佐勤王党員。維新後旧士族の説得工作が認められ青森県権令となる。
¶幕末([没]明治41(1908)年11月25日)

城多董*　きたただす
天保3(1832)年～＊　江戸時代末期～明治時代の志士、官吏、足柄県参事。元老院少書記官。三条実万、実美行状編集を嘱託される。
¶コン([没]明治20(1887)年),幕末([生]天保3(1832)年2月22日　[没]明治24(1891)年10月3日)

北田貞治*　きただていじ
天保5(1834)年～？　江戸時代末期～明治時代の志士。
¶幕末([生]天保5(1834)年3月5日)

北楯金之助　きたたてきんのすけ
江戸時代後期～末期の庄内藩士。
¶全幕（生没年不詳）

北館大学　きただてだいがく
⇒北楯利長（きただてとしなが）

北楯利長*（北館利長）　きただてとしなが
天文17（1548）年～寛永2（1625）年　[別]北館大学（きただてだいがく）　安土桃山時代～江戸時代前期の武将、用水開発者、出羽国山形城主最上義光の家臣。
¶コン（北館大学　きただてだいがく）

北楯利良の母　きただてとしながのはは*
江戸時代後期の女性。和歌。庄内藩家老で和歌や学問に造詣の深い杉山宜袁の娘。
¶江表（北楯利良の母（山形県））

紀斉名　きただな
⇒紀斉名（きのただな）

北谷玄安　きたたにげんあん
江戸時代後期の眼科医。
¶眼医（生没年不詳）

喜多長能　きたちょうのう
⇒喜多七太夫〔1代〕（きたしちだゆう）

北辻将蔵　きたつじしょうぞう
⇒秦将蔵（はたしょうぞう）

北爪将監*　きたづめしょうげん
生没年不詳　安土桃山時代の武士。後北条氏家臣。
¶後北（将監〔北爪〕　しょうげん）

北爪新八郎*　きたづめしんぱちろう
生没年不詳　戦国時代の武士。上野女淵五郷の地衆、のち北条氏家臣。
¶後北（新八郎〔北爪〕　しんぱちろう）

喜多長能　きたながよし
⇒喜多七太夫〔1代〕（きたしちだゆう）

木谷忠英*　きたにただひで
生没年不詳　江戸時代後期の和算家。
¶数学

北之川親安　きたのかわちかやす
安土桃山時代の武将。
¶戦武（[生]？　[没]天正11（1583）年）

北之川通安　きたのかわみちやす
安土桃山時代の西園寺氏の部将。
¶全戦（[生]？　[没]天正11（1583）年）

北野鞠塢*（北野菊塢）　きたのきくう
宝暦12（1762）年～天保2（1831）年　[別]鞠塢（きくう），佐原菊塢（さわらきくう）　江戸時代中期～後期の文人、本草家。向島百花園の創始者。
¶コン，俳文（鞠塢　きくう　[没]天保2（1831）年8月29日）

北小路説光*　きたのこうじことみつ
文化9（1812）年7月27日～安政3（1856）年7月8日　江戸時代末期の公家（非参議）。非参議北小路師光の子、母は准大臣日野資愛の娘。
¶公卿，公家（説光〔北小路家〕　ことみつ）

北小路徳光*　きたのこうじとくみつ
天和3（1683）年11月6日～享保11（1726）年4月18日　江戸時代中期の公家（非参議）。藤原系北小路家の祖。非参議三室戸誠光の次男、母は彦山の僧正亮の娘。
¶公卿，公家（徳光〔北小路家〕　のりみつ）

北小路俊定　きたのこうじとしさだ
⇒北小路俊定（きたこうじとしさだ）

北小路俊常　きたのこうじとしつね
⇒大江俊常（おおえとしつね）

北小路俊直　きたのこうじとしなお
⇒北小路俊直（きたこうじとしなお）

北小路俊昌　きたのこうじとしまさ
⇒北小路俊昌（きたこうじとしまさ）

北小路俊泰　きたのこうじとしやす
⇒北小路俊泰（きたこうじとしやす）

北小路雅子*　きたのこうじまさこ
生没年不詳　江戸時代中期の歌人。
¶江表（雅子（京都府））

北小路光香*　きたのこうじみつよし
享保5（1720）年6月18日～？　江戸時代中期の公家（非参議）。三室戸家の庶流権中納言外山光和の次男。
¶公卿，公家（光香〔北小路家〕　みつか）

北小路師光*　きたのこうじもろみつ
寛政4（1792）年5月4日～天保14（1843）年5月20日　江戸時代後期の公家（非参議）。参議北小路祥光の子、母は石清水八幡宮検校大僧正正清の娘。
¶公卿，公家（師光〔北小路家〕　もろみつ）

北小路祥光*　きたのこうじよしみつ
宝暦13（1763）年9月28日～文政2（1819）年7月7日　江戸時代中期～後期の公家（参議）。権大納言日野資枝の次男。
¶公卿，公家（祥光〔北小路家〕　さちみつ）

北小路随光　きたのこうじよりみつ
⇒北小路随光（きたこうじよりみつ）

木田重国　きだのしげくに
⇒源重国（みなもとのしげくに）

北庄侍従　きたのしょうじじゅう
⇒堀秀政（ほりひでまさ）

北庄中納言　きたのしょうちゅうなごん
⇒小早川秀秋（こばやかわひであき）

北野道春*　きたのどうしゅん
文政5（1822）年～明治38（1905）年　[別]北野道春（きたのみちはる）　江戸時代末期～明治時代の医師。
¶幕末（[生]文政5（1823）年11月27日　[没]明治38（1905）年8月3日）

北信愛　きたのぶちか
⇒南部信愛（なんぶしんあい）

記多真玉*　きたのまたま
生没年不詳　奈良時代の女性。唱歌師。
¶古人

北政所　きたのまんどころ
⇒高台院（こうだいいん）

北野道春　きたのみちはる
⇒北野道春（きたのどうしゅん）

北畠顕家* きたばたけあきいえ
文保2(1318)年～延元3/暦応1(1338)年5月22日 鎌倉時代後期～南北朝時代の武将。北畠親房の長子。奥州に派遣されていたが、宮方の危機にあたり二度に渡って中央に遠征。
¶公卿([没]暦応1/延元3(1338)年5月22日),公家(顕家〔北畠・木造・大河内家(絶家)〕 あきいえ [没]建武5(1338)年5月22日),コン,内乱([没]暦応1/延元3(1338)年),室町,山小([没]1338年5月22日)

北畠顕信* きたばたけあきのぶ
南北朝時代の武将。北畠親房の次子。
¶公卿(生没年不詳),コン([生]? [没]天授6/康暦2(1380)年?),室町(生没年不詳),山小([生]? [没]1380年11月)

北畠顕雅* きたばたけあきまさ
生没年不詳 室町時代の伊勢国の武将。
¶公家(顕雅〔北畠・木造・大河内家(絶家)〕 あきまさ),室町

北畠顕村 きたばたけあきむら
戦国時代～安土桃山時代の武将。
¶全戦([生]弘治1(1555)年 [没]天正6(1578)年)

北畠顕泰* きたばたけあきやす
生没年不詳 南北朝時代～室町時代の南朝方の武将。伊勢国司。
¶コン,室町

北畠顕能* きたばたけあきよし
?～弘和3/永徳3(1383)年7月 南北朝時代の武将。北畠親房の三男。
¶公卿([生]元亨1(1321)年),コン(生没年不詳),室町(生没年不詳)

北畠材親* きたばたけきちか
応仁2(1468)年～* [別]北畠具方(きたばたけともかた) 戦国時代の大納言、伊勢国司。
¶公卿([没]永正8(1511)年5月21日),公家(材親〔北畠・木造・大河内家(絶家)〕 きちか [没]永正14(1517)年12月13日),全戦(北畠具方 きたばたけともかた [没]永正14(1517)年),室町([没]永正14(1517)年)

北畠親子* きたばたけしんし
生没年不詳 鎌倉時代後期の女性。大塔宮護良親王の母。北畠師親の娘。
¶天皇

北畠親顕* きたばたけちかあき
慶長8(1603)年9月28日～寛永7(1630)年 江戸時代前期の公家(参議)。権中納言中院通勝の次男。
¶公卿([没]寛永7(1630)年8月3日),公家(親顕〔北畠・木造・大河内家(絶家)〕 ちかあき [没]寛永7(1630)年8月3日)

北畠親成 きたばたけちかなり
⇒長野親成(ながのちかしげ)

北畠親房* きたばたけちかふさ
永仁1(1293)年～正平9/文和3(1354)年 鎌倉時代後期～南北朝時代の公卿、武将(大納言・准大臣)。権大納言北畠師重の長男、母は左少将隆重の娘。南朝の重臣。「神皇正統記」を著す。
¶公卿([没]文和3/正平9(1354)年),公家(親房〔北畠・木造・大河内家(絶家)〕 ちかふさ [没]正平9(1354)年4月17日),コン,思想([没]文和3/正平9(1354)年),中世,内乱([没]文和3/正平9(1354)年),室町([生]正応6(1293)年),山小([生]1293年1月 [没]1354年4月17日)

北畠道龍* きたばたけどうりゅう
*～明治40(1907)年 [別]北畠道竜(きたばたどうりゅう),法福寺道龍(ほうふくじどうりゅう) 江戸時代末期～明治時代の僧侶。
¶コン([生]文政3(1820)年),幕末([生]文政11(1828)年9月26日 [没]明治40(1907)年10月15日)

北畠具方 きたばたけともかた
⇒北畠材親(きたばたけきちか)

北畠具祐* きたばたけともすけ
生没年不詳 室町時代の伊勢国司。
¶公卿,公家(具祐〔北畠・木造・大河内家(絶家)〕 ともすけ)

北畠具親* きたばたけともちか
?～天正14(1586)年 安土桃山時代の武士。
¶全戦(生没年不詳)

北畠具教* きたばたけとものり
享禄1(1528)年～天正4(1576)年 戦国時代～安土桃山時代の武将、伊勢国司。
¶織田([没]天正4(1576)年11月25日),公卿([没]天正4(1576)年11月26日),公家(具教〔北畠・木造・大河内家(絶家)〕 とものり [没]天正4(1576)年11月26日),コン,全戦,戦武

北畠具房* きたばたけともふさ
天文16(1547)年～天正8(1580)年 安土桃山時代の国司。
¶織田([生]? [没]天正8(1580)年?),全戦,戦武

北畠具行* きたばたけともゆき
正応3(1290)年～元弘2/正慶1(1332)年6月19日 [別]源具行(みなもとのともゆき) 鎌倉時代後期の公卿(権中納言)。非参議北畠師行の次男。
¶公卿([没]正慶1/元弘2(1332)年6月19日),公家(具行〔北畠・木造・大河内家(絶家)〕 ともゆき [没]正慶1(1332)年6月19日),コン,内乱([没]正慶1/元弘2(1332)年)

北畠信雄 きたばたけのぶお
⇒織田信雄(おだのぶかつ)

北畠信雄 きたばたけのぶかつ
⇒織田信雄(おだのぶかつ)

北畠教具* きたばたけのりとも
応永30(1423)年～文明3(1471)年 [別]教具(のりとも) 室町時代の公卿、武将、伊勢国司。
¶公卿([没]文明3(1471)年3月23日),公家(教具〔北畠・木造・大河内家(絶家)〕 のりとも [没]文明3(1471)年3月23日),内乱,俳文(教具 のりとも [没]文明3(1471)年3月23日),室町

北畠晴具* きたばたけはるとも
文亀3(1503)年～永禄6(1563)年 [別]北畠晴具(きたばたけはれとも) 戦国時代の武将、伊勢国司。
¶公卿(きたばたけはれとも [没]永禄6(1563)年9月),公家(晴具〔北畠・木造・大河内家(絶家)〕 はれとも [没]永禄6(1563)年9月17日),全戦,戦武,室町

北畠治房* きたばたけはるふさ
天保4(1833)年～大正10(1921)年 江戸時代末期～明治時代の志士、司法官。立憲改進党結成に参加。大阪控訴院院長。男爵。
¶コン,幕末([生]天保4(1833)年1月1日 [没]大正10(1921)年5月4日)

北畠晴具 きたばたけはれとも
⇒北畠晴具(きたばたけはるとも)

北畠雅家* きたばたけまさいえ
建保3(1215)年～文永12(1275)年 [別]源雅家(み

なもとまさいえ）　鎌倉時代前期の公卿（権大納言）。北畠家の祖。大納言中院通方の三男、母は権中納言源雅頼の娘。
¶公卿（[没]文永11（1274）年3月22日），公家（雅家〔北畠・木造・大河内家（絶家）〕　まさいえ　[没]文永11（1274）年3月22日）

き

北畠政勝　きたばたけまさかつ
⇒北畠政郷（きたばたけまささと）

北畠政郷*　きたばたけまささと
宝徳1（1449）年～永正5（1508）年　[別]北畠政勝（きたばたけまさかつ），北畠政具（きたばたけまさとも）　室町時代～戦国時代の国司。
¶全戦（北畠政勝　きたばたけまさかつ　生没年不詳），室町（北畠政勝　きたばたけまさかつ　[生]？）

北畠政具　きたばたけまさとも
⇒北畠政郷（きたばたけまささと）

北畠雅行*　きたばたけまさゆき
文永11（1274）年～？　[別]源雅行（みなもとまさゆき）　鎌倉時代後期の公卿（参議）。非参議北畠師行の長男。
¶公卿，公家（雅行〔北畠・木造・大河内家（絶家）〕　まさゆき　[生]1286年）

北畠慶好　きたばたけみちよし
安土桃山時代の武将。
¶戦武（生没年不詳）

北畠満雅*　きたばたけみつまさ
？～正長1（1428）年12月21日　室町時代の武将、伊勢国司。
¶コン，中世，内乱，室町

北畠持房*　きたばたけもちふさ
永仁4（1296）年～正平6/観応2（1351）年4月18日　鎌倉時代後期～南北朝時代の公家・歌人。
¶公家（持房〔北畠・木造・大河内家（絶家）〕　もちふさ　[没]？）

北畠持康　きたばたけもちやす
⇒木造持康（きづくりもちやす）

北畠師重*　きたばたけもろしげ
文永7（1270）年～元亨2（1322）年　鎌倉時代後期の公卿（権大納言）。権大納言北畠師親の子。
¶公卿（[没]元亨2（1321）年1月13日），公家（師重〔北畠・木造・大河内家（絶家）〕　もろしげ　[没]？）

北畠師重女（姉）　きたばたけもろしげのむすめ
南北朝時代の女性。後醍醐天皇の宮人。
¶天皇

北畠師重女（妹）　きたばたけもろしげのむすめ
南北朝時代の女性。後醍醐天皇の宮人。
¶天皇

北畠師親*　きたばたけもろちか
仁治2（1241）年～正和4（1315）年　鎌倉時代後期の公卿（権大納言）。権大納言北畠雅家の長男。
¶公卿（[生]寛元2（1244）年　[没]嘉元3（1305）年9月27日），公家（師親〔北畠・木造・大河内家（絶家）〕　もろちか）

北畠師親女　きたばたけもろちかのむすめ
鎌倉時代後期の女性。亀山天皇の宮人。
¶天皇（生没年不詳）

北畠師行*　きたばたけもろゆき
*～永仁4（1296）年4月3日　鎌倉時代後期の公卿（非参議）。権大納言北畠雅家の次男。
¶公卿（[生]文永2（1265）年），公家（師行〔北畠・木造・大河内家（絶家）〕　もろゆき　[生]？）

北畠道龍　きたばたどうりゅう
⇒北畠道龍（きたばたけどうりゅう）

北原稲雄*　きたはらいなお
文政8（1825）年～明治14（1881）年10月2日　江戸時代末期～明治時代の国学者、伊那県出仕。松本開産社初代社長。著書に「雪の信濃路」など。
¶コン，幕末（[生]文政8（1825）年1月3日）

北原七左衛門　きたばらしちざえもん
安土桃山時代の信濃国伊那郡の武士。
¶武田（生没年不詳）

北原雅長*　きたはらまさなが
天保13（1842）年～大正2（1913）年　江戸時代末期～明治時代の陸奥会津藩士。
¶幕末（[没]大正2（1913）年7月24日）

喜多古能　きたひさよし
⇒喜多七太夫〔9代〕（きたしちだゆう）

喜多武清*　きたぶせい
安永5（1776）年～*　江戸時代後期の画家。
¶浮絵（[没]安政3（1856）年），美画（[没]安政3（1856）年12月20日）

喜多古能　きたふるよし
⇒喜多七太夫〔9代〕（きたしちだゆう）

喜田松次郎*　きだまつじろう
？～慶応2（1866）年　江戸時代末期の志士。
¶幕末（[没]慶応2（1866）年1月24日）

喜多見勝忠　きたみかつただ
⇒喜多見五郎左衛門（きたみごろうざえもん）

喜多見五郎左衛門*　きたみごろうざえもん
*～寛永4（1627）年　[別]喜多見勝忠（きたみかつただ）　安土桃山時代～江戸時代前期の武将。徳川氏家臣。
¶徳人（喜多見勝忠　きたみかつただ　[生]1568年），徳代（喜多見勝忠　きたみかつただ　[生]永禄11（1568）年　[没]寛永4（1627）年12月26日）

喜多見重勝　きたみしげかつ
江戸時代前期の幕臣。
¶徳人（[生]1604年　[没]？）

喜多見重恒　きたみしげつね
江戸時代前期の幕臣。
¶徳人（[生]？　[没]1679年）

喜多見重政*　きたみしげまさ
？～元禄6（1693）年　江戸時代前期の大名。武蔵喜多見藩主。
¶徳将，徳人

北見衛　きたみまもる
江戸時代後期の和算家。
¶数学

北向道陳*　きたむきどうちん
永正1（1504）年～永禄5（1562）年　戦国時代の堺の茶人。千利休の師。
¶コン

貴田統治　きだむねはる
⇒毛谷村六助（けやむらろくすけ）

喜多村筠居　きたむらいんきょ
⇒喜多村信節（きたむらのぶよ）

喜多村筠庭　きたむらいんてい
⇒喜多村信節（きたむらのぶよ）

喜多村間雲　きたむらかんうん
⇒北村校尉（きたむらこうじょう）

喜多村寒葉斎　きたむらかんようさい
⇒建部綾足（たけべあやたり）

北村季吟*　きたむらきぎん
寛永1（1624）年12月11日～宝永2（1705）年　[別]季吟（きぎん）　江戸時代前期～中期の俳人、歌人、和学者、幕府歌学方。
¶江人, コン, 詩作（[没]宝永2（1705）年6月15日）, 女史, 徳将, 日文, 俳文（季吟　きぎん　[没]宝永2（1705）年6月15日）, 山小（[生]1624年12月11日　[没]1705年6月15日）

北村季重　きたむらきじゅう
⇒北村湖春（きたむらこしゅん）

北村季春*　きたむらきしゅん
寛保2（1742）年～享和3（1803）年　江戸時代中期～後期の国学者。
¶徳人

北村喜代松　きたむらきよまつ
江戸時代後期～明治時代の宮彫師、宮大工。
¶美建（[生]天保1（1830）年9月15日　[没]明治39（1906）年7月22日）

北村校尉*　きたむらこうじょう
天和2（1682）年～享保14（1729）年　[別]喜多村間雲（きたむらかんうん），喜多村政方（きたむらまさかた），津軽校尉（つがるこうい）　江戸時代中期の陸奥弘前藩家老。
¶コン

喜多村栲窓*　きたむらこうそう，きたむらごうそう
文化1（1804）年～明治9（1876）年　江戸時代末期～明治時代の医師。
¶徳人（きたむらごうそう）

北村湖春*　きたむらこしゅん
慶安1（1648）年～元禄10（1697）年　[別]北村季重（きたむらきじゅう），湖春（こしゅん）　江戸時代前期の俳人、歌学者。
¶俳文（湖春　こしゅん　[没]元禄10（1697）年1月15日）

北村五助*　きたむらごすけ
[別]北村五助正長（きたむらごすけまさなが）　安土桃山時代の武将。秀吉馬廻。
¶大坂（北村五助正長　きたむらごすけまさなが　[没]寛永13年4月30日）

北村五助正長　きたむらごすけまさなが
⇒北村五助（きたむらごすけ）

喜多村三右衛門政信　きたむらさんえもんまさのぶ
江戸時代前期の摂津国西成郡野里村の村長。
¶大坂（[没]寛永19年12月19日）

北村茂則*　きたむらしげのり
延宝8（1680）年～元文1（1736）年　江戸時代中期の和算家。
¶数学（[生]延宝8（1680）年3月　[没]元文1（1736）年8月17日）

北村重頼*　きたむらしげより
弘化2（1845）年～明治11（1878）年　江戸時代末期～明治時代の土佐藩士。鳥羽・伏見の戦いで土佐藩の命令を無視して参戦。
¶幕末（[没]明治11（1878）年3月2日）

北村正立*　きたむらせいりゅう
承応1（1652）年～元禄15（1702）年　[別]北村正立（きたむらまさたつ），正立（しょうりつ，しょうりゅう，まさはる）　江戸時代中期の国学者。
¶俳文（正立　しょうりゅう　[生]明暦2（1656）年　[没]元禄15（1702）年閏8月21日）

北村善吉　きたむらぜんきち
⇒北村義貞（きたむらよしさだ）

北村善大夫俊久　きたむらぜんだゆうとしひさ
江戸時代前期の大野治長の家老。
¶大坂

北村惣右衛門　きたむらそうえもん
戦国時代～江戸時代前期の豊臣秀吉・秀頼の家臣。
¶大坂（[生]天文17年　[没]慶長20年5月7日）

喜多村節信　きたむらときのぶ
⇒喜多村信節（きたむらのぶよ）

喜多村信節*　きたむらのぶよ
天明3（1783）年～安政3（1856）年　[別]喜多村筠居（きたむらいんきょ），喜多村筠庭（きたむらいんてい），喜多村節信（きたむらときのぶ）　江戸時代後期の国学者。
¶コン, 幕末（[生]天明4（1784）年　[没]安政3（1856）年6月23日）

北村八右衛門　きたむらはちえもん
江戸時代前期の大野治長・森長継の家臣。
¶大坂

北村平右衛門宗俊　きたむらへいえもんむねとし
安土桃山時代～江戸時代前期の長宗我部元親の家臣。
¶大坂（[生]永禄3年　[没]慶長20年5月6日）

喜多村政方　きたむらまさかた
⇒北村校尉（きたむらこうじょう）

北村正立　きたむらまさたつ
⇒北村正立（きたむらせいりゅう）

喜多村正秀　きたむらまさなか
江戸時代中期～後期の幕臣。
¶徳人（[生]1758年　[没]1820年）

喜多村弥兵衛*　きたむらやへえ
？～寛永15（1638）年　安土桃山時代～江戸時代前期の江戸町年寄の祖。
¶コン

北村与三右衛門*　きたむらよさえもん
生没年不詳　江戸時代末期～明治時代の加賀能美郡小野村の窯元。窯式を改良し、石膏型を応用、匣鉢の製を改良する。
¶美工

北村義貞*　きたむらよしさだ
天保10（1839）年～明治32（1899）年　[別]北村善吉（きたむらぜんきち）　江戸時代末期～明治時代の志士、姫路藩士。足利3代木像梟首事件、天誅組に参加。地方官を歴任。
¶コン, 幕末（北村善吉　きたむらぜんきち　[没]明治32（1899）年5月7日）

北村与六郎　きたむらよろくろう
江戸時代後期～末期の旗本竹中丹後守重固の家臣。
¶幕末（[生]天保8（1837）年　[没]慶応4（1868）年2月18日）

北村隆志*　きたむらりゅうし
元禄8（1695）年～明和1（1764）年　[別]隆志，隆志〔1代〕（りゅうし）　江戸時代中期の俳人。
¶俳文（隆志　りゅうし　[没]明和1（1764）年9月6日）

き

紀為教　きためのり
鎌倉時代前期の武士。源為長の子。
¶平家（[生]？　[没]建久7（1196）年）

北本栗*　きたもとりつ
天保3（1832）年～明治19（1886）年9月20日　江戸時代後期～明治時代の和算家。
¶数学

北山院*　きたやまいん
正平24/応安2（1369）年～応永26（1419）年　[別]日野康子（ひのやすこ），藤原康子（ふじわらこうし，ふじわらのこうし）　南北朝時代～室町時代の女性。将軍足利義満の後妻。
¶コン，女史（日野康子　ひのやすこ），中世（日野康子　ひのやすこ），内乱（日野康子　ひのやすこ　[生]応安2（1369）年），室町（日野康子　ひのやすこ）

喜多山永隆*　きたやまえいりゅう
文化6（1809）年～明治6（1873）年　江戸時代末期～明治時代の鯖江藩士。
¶幕末（[没]明治6（1873）年10月19日）

北山寒巌*　きたやまかんがん
明和4（1767）年～享和1（1801）年　江戸時代後期の画家。
¶美画（[生]明和4（1767）年10月26日　[没]寛政13（1801）年1月18日）

北山寿安*　きたやまじゅあん
？～元禄14（1701）年　[別]北山道長（きたやまどうちょう），北山友松（きたやまゆうしょう），北山友松子（きたやまゆうしょうし）　江戸時代前期～中期の医師。
¶科学（[生]寛永17（1640）年　[没]元禄14（1701）年3月15日），コン（北山友松　きたやまゆうしょう）

北山道長　きたやまどうちょう
⇒北山寿安（きたやまじゅあん）

北山刀自　きたやまとじ★
江戸時代末期～明治時代の女性。和歌・教育・書簡・画。幕末の思想家で兵学者佐久間象山の姉。
¶江表（北山刀自（長野県）　[没]明治4（1871）年）

北山殿　きたやまどの
⇒足利義満（あしかがよしみつ）

北山友松　きたやまゆうしょう
⇒北山寿安（きたやまじゅあん）

北山友松子　きたやまゆうしょうし
⇒北山寿安（きたやまじゅあん）

義太夫(1)　ぎだゆう
⇒竹本義太夫〔1代〕（たけもとぎだゆう）

義太夫(2)　ぎだゆう
⇒竹本播磨少掾（たけもとはりまのしょうじょう）

北吉女　きたよしじょ★
江戸時代後期の女性。俳諧。嘉永4年の一枚摺「雪のふる道」（寛兆主催）に「忠孝の重きに軽し笠の雪」とある。
¶江表（北吉女（福島県））

紀太理兵衛〔1代〕*　きたりへえ
？～延宝6（1678）年　[別]紀太紫峰（きたしほう）　江戸時代前期の陶工。
¶美工（[生]慶長8（1603）年　[没]延宝6（1678）年3月4日）

紀太理兵衛〔3代〕*　きたりへえ
？～元文3（1738）年　江戸時代中期の讃岐高松藩窯の陶工。
¶美工

紀太理兵衛〔4代〕*　きたりへえ
？～天明4（1784）年　江戸時代中期の讃岐高松藩窯の陶工。
¶美工（[没]寛政4（1792）年）

北若*　きたわか
生没年不詳　安土桃山時代の織田信長の家臣。
¶織田

きち(1)
江戸時代中期の女性。俳諧。高崎の人。宝暦11年刊、建部綾足編『俳諧はしのな』に載る。
¶江表（きち（群馬県））

きち(2)
江戸時代中期の女性。俳諧。伊久間の人。元禄15年刊、太田白雪編『三河小町』下に載る。
¶江表（きち（長野県））

きち(3)
江戸時代中期の女性。俳諧。越後新潟の人。明和8年序、高桑闌更編『落葉考』に載る。
¶江表（きち（新潟県））

きち(4)
江戸時代中期の女性。俳諧。三河牛久保の人。元禄16年刊、梅員編『岨の古畑』に載る。
¶江表（きち（愛知県））

きち(5)
江戸時代後期の女性。俳諧。常陸二重作の人。嘉永4年刊、秋葉雪窓著、六〇賀集『三幅対集』に載る。
¶江表（きち（茨城県））

きち(6)
江戸時代後期の女性。俳諧。越後の人。文化13年刊、松下堂李英編、松後園如共追善集『秋の末』に載る。
¶江表（きち（新潟県））

きち(7)
江戸時代末期の女性。俳諧。八戸の人。安政3年、浮木寺に奉納の「華蔵乙因居士円満忌追善献額」に載る。
¶江表（きち（青森県））

き知　きち★
江戸時代後期の女性。教育。渡辺氏。文化年間佐賀町に寺子屋梅園堂を開業。
¶江表（き知（東京都））

喜知(1)　きち★
江戸時代中期～後期の女性。和歌。小川豊秀の娘。
¶江表（喜知（山形県）　[生]宝暦11（1761）年　[没]文政4（1821）年）

喜知(2)　きち★
江戸時代後期～明治時代の女性。和歌。備中足守

藩藩士佐伯瀬左衛門惟因の娘。
¶江表(喜知(岡山県) [生]寛政7(1795)年 [没]明治7(1874)年)

喜地 きち*
江戸時代中期の女性。和歌。但馬豊岡藩京極家の奥女中。安永3年の「田村村隆母公六十賀祝賀歌集」に載る。
¶江表(喜地(兵庫県))

吉(1) きち*
江戸時代中期の女性。俳諧。美濃御嵩の人。元文2年刊、仙石廬元坊編、各務支考七回忌追善集『渭江話』に載る。
¶江表(吉(岐阜県))

吉(2) きち*
江戸時代中期の女性。女筆手本・書・教育。沢田氏。元禄4年に『女筆手本』を著わす。
¶江表(吉(京都府))

吉(3) きち*
江戸時代後期の女性。俳諧。秋田の安藤和風編『閨秀俳句選』に天明前後〜天保前後の出羽の人として句が載る。
¶江表(吉(山形県))

吉(4) きち*
江戸時代後期の女性。俳諧。大坂の人。天保3年刊、守村鶩卿編『女百人一句』に載る。
¶江表(吉(大阪府))

宜竹 ぎちく
⇒景徐周麟(けいじょしゅうりん)

きち子(1) きちこ*
江戸時代後期の女性。和歌。奥山氏。文化7年成立、弘中重義著「大淵寺の道の記」に載る。
¶江表(きち子(富山県))

きち子(2) きちこ*
江戸時代後期〜末期の女性。書簡・和歌。薩摩藩藩士伊東九左衛門祐柱の娘。
¶江表(きち子(鹿児島県) [生]寛政4(1792)年 [没]慶応1(1865)年)

幾知子 きちこ*
江戸時代中期の女性。和歌・散文。徳川(一橋)家の中老を務めた奥女中。宝暦7年、賀茂真淵編「さくらの文」に載る。
¶江表(幾知子(東京都))

機智子 きちこ*
江戸時代後期の女性。和歌。きち、機知子とも書く。天保4年成立「二拾八番歌合」に載る。
¶江表(機智子(茨城県))

吉山 きちざん
⇒明兆(みんちょう)

吉山明兆 きちさんみんちょう, きちざんみんちょう
⇒明兆(みんちょう)

吉子内親王 きちしないしんのう
⇒吉子内親王(よしこないしんのう)

きち女 きちじょ*
江戸時代前期の女性。俳諧。彦根の人か。貞享4年刊、江左尚白編『孤松』に載る。
¶江表(きち女(滋賀県))

吉女(1) きちじょ*
江戸時代中期の女性。和文・和歌。尾張犬山藩主で尾張藩付家老成瀬正親の娘。
¶江表(吉女(東京都) [没]享保10(1725)年)

吉女(2) きちじょ*
江戸時代中期の女性。俳諧。伊勢の人。元禄13年刊、路草亭乙孝編『一幅半』に載る。
¶江表(吉女(三重県))

吉少尚* きちしょうじょう
飛鳥時代の医師。
¶古代

吉瀬源兵衛 きちせげんべえ
⇒吉瀬源兵衛(よしせげんべえ)

吉大尚*(吉太尚) きちだいじょう
生没年不詳 飛鳥時代の百済系の渡来人。医術と文芸で朝廷に仕えた。
¶古人(吉太尚),古代

橘田春湖* きちだしゅんこ
*〜明治19(1886)年 [別]橘田春湖(きつだしゅんこ),春湖(しゅんこ) 江戸時代末期〜明治時代の俳人。
¶俳文(春湖 しゅんこ [生]文化12(1815)年 [没]明治19(1886)年2月11日)

吉田古麻呂 きちだのこまろ
⇒吉田古麻呂(きったのこまろ)

吉田斐太麻呂 きちだのひだまろ
⇒吉田斐太麻呂(きったのひだまろ)

吉田書主 きちたのふみぬし
⇒興世書主(おきよのふみぬし)

吉田宮麻呂 きちだのみやまろ
平安時代前期の官人。
¶古人(生没年不詳)

吉田連兄人* きちたのむらじえひと
奈良時代の医師。
¶古代

吉田連老* きちたのむらじおゆ
[別]吉田老(きったのおゆ),吉田連老(よしだのむらじおゆ) 奈良時代の人。歌に詠まれるほど痩せていた。
¶古代

吉田連古麻呂 きちたのむらじこまろ
⇒吉田古麻呂(きったのこまろ)

吉田連斐太麻呂 きちたのむらじひだまろ
⇒吉田斐太麻呂(きったのひだまろ)

吉田宜 きちたのよろし, きちだのよろし
⇒吉田宜(きったのよろし)

吉智首 きちのちしゅ
⇒吉智首(きちのちす)

吉智首* きちのちす
[別]吉智首(きちのちしゅ) 奈良時代の官人。
¶古代

吉宜 きちのよろし
⇒吉田宜(きったのよろし)

吉文字屋市兵衛 きちもんじやいちべえ
世襲名 江戸時代の大坂の出版書肆。

き

¶浮絵

嬉中　きちゅう★
江戸時代後期の女性。俳諧。岩手の人。寛政11年、千鳥庵東寿編の柳茂追善集「霜の花」に載る。
¶江表(嬉中(岩手県))

義冲　ぎちゅう
⇒大陽義冲(たいようぎちゅう)

き

喜虫庵　きちゅうあん
⇒沢村宗十郎〔3代〕(さわむらそうじゅうろう)

喜鳥　きちょう★
江戸時代の女性。俳諧。上橋氏。号・晴和堂。佐藤信鳥門。
¶江表(喜鳥(東京都))

幾重　きちょう★
江戸時代後期の女性。俳諧。相模小田原における雪門。文化3年の歳旦帖『春帖』に載る。
¶江表(幾重(神奈川県))

机鳥*　きちょう
生没年不詳　江戸時代中期の雑俳点者。
¶俳文

帰蝶　きちょう
⇒濃姫(のうひめ)

其唄　きちょう
⇒神沢杜口(かんざわとこう)

其蝶　きちょう★
江戸時代中期の女性。俳諧。蓁々翁の娘。天明3年刊、平橋庵敲氷編『折鶴』に載る。
¶江表(其蝶(山梨県))

几朝　きちょう★
江戸時代後期の女性。俳諧。越前府中の人。寛政11年刊、松山令羽編『三つの手向』に載る。
¶江表(几朝(福井県))

几蝶　きちょう★
江戸時代後期の女性。俳諧。長門長府の人。文政6年の「文政六年書画帳」に自筆の句が載る。
¶江表(几蝶(山口県))

几鳥　きちょう
⇒青木宗鳳〔1代〕(あおきそうほう)

祇蝶　ぎちょう★
江戸時代中期の女性。俳諧。明和6年刊、文月庵周東編『老の麓』に載る。
¶江表(祇蝶(東京都))

其蝶女　きちょうじょ★
江戸時代後期の女性。俳諧。広浦の人。天明8年刊、古田此葉著『市女笠』に載る。
¶江表(其蝶女(和歌山県))

吉六　きちろく
⇒井田吉六(いだきちろく)

きつ
江戸時代中期の女性。俳諧。村松の人。享保12年跋、露桂庵一字編『芋かしら』に載る。
¶江表(きつ(石川県))

佶　きつ
江戸時代末期の女性。俳諧。備後庄原の人。安政1年序、余楽庵黙翁編『黙々集』に載る。
¶江表(佶(広島県))

義通*　ぎつう
飛鳥時代の僧。
¶古代

吉川興経*　きっかわおきつね
永正5(1508)年～天文19(1550)年　戦国時代の武士。
¶室町(㊀?)

吉川吉左右*　きつかわきちぞう，きっかわきちぞう
天保6(1835)年～明治39(1906)年　江戸時代末期～明治時代の庄屋。
¶幕末(きっかわきちぞう　㊦明治39(1906)年10月21日)

吉川国経*　きっかわくにつね
嘉吉3(1443)年～享禄4(1531)年　室町時代～戦国時代の武士。
¶室町

吉川監物　きっかわけんもつ
⇒吉川経幹(きっかわつねまさ)

吉川五明　きっかわごめい
⇒五明(ごめい)

吉川惟足　きっかわこれたり
⇒吉川惟足(よしかわこれたり)

吉川惟足　きっかわこれたる
⇒吉川惟足(よしかわこれたり)

吉川忠安*　きっかわただやす
文政7(1824)年～明治17(1884)年　江戸時代後期～明治時代の武士。
¶幕末(㊀文政7(1824)年閏8月28日　㊦明治17(1884)年10月9日)

吉川忠行*　きっかわただゆき
寛政11(1799)年～元治1(1864)年　㊝吉川久治(きっかわひさはる)　江戸時代末期の出羽秋田藩士。
¶コン(吉川久治　きっかわひさはる),幕末(㊀寛政11(1799)年2月19日　㊦元治1(1864)年4月17日)

吉川経家*　きっかわつねいえ
天文16(1547)年～天正9(1581)年　安土桃山時代の毛利氏の武将。
¶コン,全戦,戦武

吉川経兼*　きっかわつねかね
生没年不詳　南北朝時代の武将。
¶室町

吉川経健*　きっかわつねたけ
安政2(1855)年～明治42(1909)年　江戸時代末期～明治時代の岩国藩主、岩国藩知事。
¶幕末(㊀安政2(1855)年9月3日　㊦明治42(1909)年6月6日)

吉川経信　きっかわつねのぶ
⇒吉川広家(きっかわひろいえ)

吉川経見　きっかわつねはる
⇒吉川経見(きっかわつねみ)

吉川経幹*　きっかわつねまさ，きつかわつねまさ
文政12(1829)年～慶応3(1867)年3月20日　㊝吉川監物(きっかわけんもつ)，吉川経幹(きっかわつねもと)　江戸時代末期の大名。周防岩国藩主。
¶コン(きっかわつねもと　㊦明治2(1869)年),全幕(㊀

文政11(1829)年 [没]明治2(1869)年),幕末([生]文政12(1829)年9月3日 [没]明治2(1869)年3月20日)

吉川経見* きっかわつねみ
？～永享7(1435)年 [別]吉川経見(きっかわつねはる) 室町時代の武将。
¶室町

吉川経幹 きっかわつねもと
⇒吉川経幹(きっかわつねまさ)

吉川経基* きっかわつねもと
正長1(1428)年～永正17(1520)年 室町時代～戦国時代の国衆。
¶室町

吉川経安* きっかわつねやす
？～天正2(1574)年 戦国時代～安土桃山時代の武士。
¶戦武(生没年不詳)

吉川久治 きっかわひさはる
⇒吉川忠行(きっかわただゆき)

吉川広家* きっかわひろいえ
永禄4(1561)年～寛永2(1625)年 [別]吉川経信(きっかわつねのぶ),新庄侍従(しんじょうじじゅう) 安土桃山時代～江戸時代前期の毛利氏の武将。
¶江人,コン,全戦,戦武

吉川広正 きっかわひろまさ
安土桃山時代～江戸時代前期の岩国領主。
¶全戦([生]慶長6(1601)年 [没]寛文6(1666)年)

吉川元長* きっかわもとなが
天文17(1548)年～天正15(1587)年 安土桃山時代の武将。吉川元春の長子。
¶全戦,戦武

吉川元春* きっかわもとはる
享禄3(1530)年～天正14(1586)年 [別]毛利元春(もうりもとはる) 戦国時代～安土桃山時代の武将、毛利元就の次男、毛利の両川の一人。
¶コン,全戦,戦武,山小([没]1586年11月15日)

吉川之経* きっかわゆきつね
*～文明9(1477)年 戦国時代の国衆。
¶室町([生]応永22(1415)年)

木付鎮秀* きつきしげひで
？～天正8(1580)年 安土桃山時代の武士。
¶戦武

木造教親* きづくりのりちか,きずくりのりちか
応永31(1424)年～応仁2(1468)年12月 [別]木造教親(きずくりのりちか) 室町時代の公卿(権中納言)。権大納言木造持康の子。
¶公卿(きずくりのりちか),公家(教親〔北畠・木造・大河内家(絶家)〕 のりちか [没]応仁2(1468)年12月2日)

木造持康* きづくりもちやす,きずくりもちやす
？～宝徳3(1451)年 [別]木造持康(きずくりもちやす),北畠持康(きたばたけもちやす) 室町時代の公卿(権大納言)。権大納言木造俊康の子。
¶公卿(きずくりもちやす),公家(持康〔北畠・木造・大河内家(絶家)〕 もちやす)

橘庫 きつこ★
江戸時代後期の女性。俳諧。尾張枇杷島の人。寛政4年序、かの編、巨扇一周忌追善集『夢の秋』に載る。
¶江表(橘庫(愛知県))

橘子(1) きつこ★
江戸時代後期の女性。和歌。佐賀藩士山領主馬の娘。
¶江表(橘子(佐賀県))

橘子(2) きつこ★
江戸時代末期の女性。和歌。香西氏。嘉永7年刊、梶原藍水著『讃岐国名勝図会』に載る。
¶江表(橘子(香川県))

吉向行阿* きっこうぎょうあ
天明4(1784)年～文久1(1861)年 [別]吉向治兵衛(きっこうじへえ) 江戸時代後期の陶工。
¶美工(吉向治兵衛 きっこうじへえ)

吉向治兵衛 きっこうじへえ
⇒吉向行阿(きっこうぎょうあ)

吉山明兆 きっさんみんちょう
⇒明兆(みんちょう)

橘二 きつじ★
江戸時代後期の女性。画。谷文晁の二女、橘、橘子。嘉永6年刊『古今南画要覧』に名が載る。
¶江表(橘二(東京都))

吉糸女 きっしじょ★
江戸時代後期の女性。俳諧。杉沢の人か。文政7年刊、宮本八朗・宮沢武曰判、月並句合高点集『雁の使』に載る。
¶江表(吉糸女(長野県))

きつ女 きつじょ★
江戸時代中期の女性。俳諧。越後村松の人。宝暦2年刊、嗽石・馬橋編『初神楽』に載る。
¶江表(きつ女(新潟県))

橘女 きつじょ★
江戸時代中期の女性。俳諧。魚津の人。享保15年刊、仙石廬元坊編『三物拾遺』に載る。
¶江表(橘女(富山県))

木津宗詮〔1代〕* きづそうせん,きずそうせん
江戸時代後期の茶匠。
¶コン(代数なし [生]安永4(1775)年 [没]安政2(1855)年)

橘田春湖 きつだしゅんこ
⇒橘田春湖(きちだしゅんこ)

吉田老 きったのおゆ
⇒吉田連老(きちたのむらじおゆ)

吉田古麻呂* きったのこまろ
生没年不詳 [別]吉田連古麻呂(きちたのむらじこまろ),吉田古麻呂(きちだのこまろ) 奈良時代の医師、官吏。
¶古人(きちだのこまろ),古代(吉田連古麻呂 きちたのむらじこまろ)

吉田斐太麻呂* きったのひだまろ
生没年不詳 [別]吉田連斐太麻呂(きちたのむらじひだまろ),吉田斐太麻呂(きちだのひだまろ) 奈良時代の医師、官吏。
¶古人(きちだのひだまろ),古代(吉田連斐太麻呂 きちたのむらじひだまろ)

吉田書主 きったのふみぬし
⇒興世書主(おきよのふみぬし)

き

き

吉田宜*　きったのよろし
生没年不詳　[別]吉田宜（きちたのよろし，きちだのよろし，きのたのよろし），吉宜（きちのよろし，きのよろし），吉田連宜（よしだのむらじよろし）　奈良時代の医師。百済系の帰化渡来人。
¶古人（きちだのよろし），古代（吉宜　きちのよろし），コン，対外

橘中庵　きっちゅうあん
⇒市村羽左衛門〔8代〕（いちむらうざえもん）

橘蝶　きっちょう
⇒嵐璃寛〔3代〕（あらしりかん）

佶長老　きっちょうろう
⇒閑室元佶（かんしつげんきつ）

吉四六*　きっちょむ
大分県の笑話の主人公。
¶コン

吉徳門院*　きっとくもんいん
？～大永2（1522）年　[別]藤原栄子（ふじわらのえいこ，ふじわらのえいし），万里小路賢房女（までのこうじかたふさのむすめ）　戦国時代の女性。後奈良天皇の宮人。
¶天皇（藤原栄子　ふじわらのえいこ　[生]明応3（1494）年/明応5年　[没]大永2（1522）年10月10日），天皇（万里小路賢房女　までのこうじかたふさのむすめ　[生]明応3（1494）年　[没]大永2（1522）年10月10日）

狐崎吉次　きつねざきよしつぐ
⇒狐島吉次（きつねじまよしつぐ）

狐島吉次*　きつねじまよしつぐ
生没年不詳　[別]狐崎吉次（きつねざきよしつぐ）　戦国時代～安土桃山時代の地侍。
¶織田（狐崎吉次　きつねざきよしつぐ）

木津春熊　きづはるくま
安土桃山時代の織田信長の家臣。
¶織田（生没年不詳）

橘豊　きっぽう
⇒嵐璃珏〔4代〕（あらしりかく）

橘豊舎　きっぽうしゃ
⇒嵐璃珏〔4代〕（あらしりかく）

橘由　きつゆう★
江戸時代中期の女性。俳諧。松代の人。安永2年序、秋毫亭其明編『俤表紙』に載る。
¶江表（橘由（長野県））

紀貫之　きつらゆき
⇒紀貫之（きのつらゆき）

喜連川尊信*　きつれがわたかのぶ
元和5（1619）年～承応2（1653）年　江戸時代前期の大名。下野喜連川藩主。
¶徳人

喜連川凞氏*（喜連川熙氏）　きつれがわひろうじ
文化9（1812）年～文久1（1861）年　[別]足利凞氏（あしかがひろうじ）　江戸時代末期の大名。下野喜連川藩主。
¶幕末（[生]文化9（1812）年1月19日　[没]文久1（1861）年10月22日）

喜連川頼純女　きつれがわよりずみじょ
⇒古河姫君（こがひめぎみ）

喜連川頼純女　きつれがわよりすみのじょ
⇒古河姫君（こがひめぎみ）

喜連川頼純の娘（喜連川頼純女）　きつれがわよりずみのむすめ
⇒古河姫君（こがひめぎみ）

葵亭　きてい
江戸時代中期～後期の俳諧作者。佐藤氏。
¶俳文（[生]明和6（1769）年　[没]文政8（1825）年3月4日）

義提尼*　ぎていに
宝暦11（1761）年～天保8（1837）年6月9日　江戸時代後期の曹洞宗の尼僧。
¶江表（義提尼（岡山県））

魏天*　ぎてん
生没年不詳　室町時代の南宋人の通詞。
¶対外

其答(1)　きとう
⇒沢村国太郎〔1代〕（さわむらくにたろう）

其答(2)　きとう
⇒沢村国太郎〔2代〕（さわむらくにたろう）

几董*　きとう
寛保1（1741）年～寛政1（1789）年　[別]高井几董（たかいきとう）　江戸時代中期の俳人。与謝蕪村門下。
¶江人，コン（高井几董　たかいきとう），詩作（高井几董　たかいきとう　[没]寛政1（1789）年10月23日），俳文（[没]寛政1（1789）年10月23日）

亀洞*　きどう
江戸時代の俳人（蕉門）。
¶俳文（[生]寛永19（1642）年　[没]？）

其堂*　きどう
生没年不詳　江戸時代後期の俳人。
¶俳文

騏道　きどう
⇒木村騏道（きむらきどう）

蟻洞　ぎとう，ぎどう
⇒矢島蟻洞（やじまぎどう）

木藤市助*　きとういちすけ
生没年不詳　江戸時代末期の薩摩藩士。
¶幕末

鬼頭景義*　きとうかげよし
？～延宝4（1676）年　江戸時代前期の尾張藩の新田開発の功労者。
¶コン

鬼頭熊次郎*　きとうくまじろう
文政10（1827）年～＊　江戸時代末期の越後長岡藩士。
¶幕末（[没]明治2（1869）年8月6日）

木藤源左衛門*　きとうげんざえもん
生没年不詳　江戸時代末期の薩摩藩士。
¶幕末

儀同三司の母（儀同三司母）　ぎどうさんしのはは
⇒高階貴子（たかしなのきし）

義堂周信*　ぎどうしゅうしん
正中2（1325）年～元中5/嘉慶2（1388）年4月4日　[別]空華（くうげ），空華道人（くうげどうにん），周信（しゅうしん）　南北朝時代の臨済宗の僧。五山

文学僧。
¶コン, 詩作([生]正中2(1325)年閏1月16日　[没]嘉慶2(1388)年4月4日), 思想([没]嘉慶2/元中5(1388)年), 中世, 内乱([没]嘉慶2(1388)年), 俳文([生]正中2(1325)年閏1月16日　[没]嘉慶2(1388)年4月4日), 室町, 山小([生]1325年閏1月16日　[没]1388年4月4日)

鬼頭少山*　きとうしょうざん
文政5(1822)年～明治29(1896)年　江戸時代後期～明治時代の武士。
¶幕末(生没年不詳)

鬼頭忠純*　きとうただすみ, きとうただずみ
文政4(1821)年～文久3(1863)年　[別]鬼頭忠次郎(きとうちゅうじろう)　江戸時代末期の尾張藩士。
¶幕末(鬼頭忠次郎　きとうちゅうじろう　[生]文政4(1821)年8月15日　[没]文久3(1863)年1月16日)

鬼頭忠次郎　きとうちゅうじろう
⇒鬼頭忠純(きとうただすみ)

鬼頭道恭　きとうどうきょう
江戸時代後期～明治時代の日本画家。
¶美画([生]天保11(1840)年　[没]明治37(1904)年4月15日)

鬼同丸*　きどうまる
生没年不詳　平安時代中期の伝説上の族徒。
¶古人

紀時文　きときふみ
⇒紀時文(きのときぶみ)

祇徳*　ぎとく
元禄15(1702)年～宝暦4(1754)年　[別]自在庵祇徳(じざいあんぎとく)　江戸時代中期の俳人。
¶俳文(――〔1世〕　[没]宝暦4(1754)年11月24日)

義徳*　ぎとく
飛鳥時代の僧。
¶古代

祇徳〔2代〕　ぎとく
⇒仲祇徳〔2代〕(なかぎとく)

きと子　きとこ★
江戸時代後期の女性。和歌。京都の歌人谷野藤太郎の妻。「桂園入門名簿」の天保7年に載る。
¶江表(きと子(京都府))

喜登子　きとこ★
江戸時代後期の女性。和歌。伊勢久居藩主藤堂高兌の娘。藩主稲葉正守の室。
¶江表(喜登子(京都府))

紀利貞*　きとしさだ
？～元慶5(881)年　[別]紀利貞(きのとしさだ)　平安時代前期の歌人。
¶古人(きのとしさだ)

紀俊長　きとしなが
⇒紀俊長(きのとしなが)

城戸十乗坊*　きどじゅうじょうぼう
安土桃山時代の武将。豊臣氏家臣。
¶織田(生没年不詳)

喜登女　きとじょ★
江戸時代後期の女性。狂歌。尾張の人。寛政8年序、窪俊満序『百さへづり』に載る。
¶江表(喜登女(愛知県))

木戸孝允*　きどたかよし
天保4(1833)年6月26日～明治10(1877)年5月26日　[別]桂小五郎(かつらこごろう)　江戸時代末期～昭和時代の長州藩士、地方長官会議議長。薩長連合の密約を西郷隆盛と結ぶ。廃藩置県、憲法制定を提唱。
¶江人, コン, 詩作, 全幕(桂小五郎　かつらこごろう), 徳将(桂小五郎　かつらこごろう), 幕末, 山小([生]1833年6月26日　[没]1877年5月26日)

城戸千楯*　きどちたて
安永7(1778)年～弘化2(1845)年　江戸時代後期の京都本屋、国学者。本居宣長門下。
¶コン, 思想

城戸徳蔵　きどとくぞう
江戸時代後期～明治時代の陶芸家。
¶美工([生]弘化3(1846)年5月5日　[没]明治33(1900)年3月8日)

木戸法季　きどのりすえ
生没年不詳　南北朝時代～室町時代の武士。
¶内乱, 室町

幾度八郎*　きどはちろう
文化8(1811)年～元治1(1864)年　[別]幾度八郎(いくたびはちろう)　江戸時代末期の対馬藩家老。
¶幕末([没]元治1(1864)年10月23日)

木戸松子*　きどまつこ
天保14(1843)年～明治19(1886)年　[別]幾松(いくまつ)　江戸時代末期～明治時代の女性。木戸孝允の夫人。
¶江表(松子(山口県)), コン, 女史, 全幕, 幕末([生]天保14(1843)年10月1日　[没]明治19(1886)年4月10日)

木戸満範*　きどみつのり
？～応永23(1416)年　室町時代の武将。鎌倉公方足利持氏の重臣。
¶内乱

木戸明*　きどめい
天保5(1834)年～大正5(1916)年　江戸時代末期～大正時代の勤王の志士。大砲など鋳造して藩に献上。維新後教育界で活躍。
¶幕末([没]大正5(1916)年9月13日)

紀友則　きとものり
⇒紀友則(きのとものり)

きな(1)
江戸時代中期～後期の女性。俳諧。備後世羅郡小国村の林武左衛門季亀の娘。
¶江表(きな(広島県)　[生]安永6(1777)年　[没]文化14(1817)年)

きな(2)
江戸時代後期の女性。俳諧。相模川入村の人。文化5年刊、俳人正二の追善摺物「蓮のうきは」に載る。
¶江表(きな(神奈川県))

紀長江*　きながえ
生没年不詳　[別]紀長江(きのながえ)　平安時代前期の官人、漢詩人。
¶古人(きのながえ)

木梨軽皇子　きなしかるのみこ
⇒木梨軽皇子(きなしのかるのみこ)

木梨精一郎*　きなしせいいちろう
弘化2(1845)年～明治43(1910)年4月26日　江戸時代末期～明治時代の長州藩八組士、軍人、長野県

きなしの　696

知事。元老院議員、貴族院議員などを歴任。
¶コン、幕末（⑭弘化2（1845）年9月9日）

木梨軽皇子　きなしのかるのおうじ
⇒木梨軽皇子（きなしのかるのみこ）

木梨軽太子　きなしのかるのたいし
⇒木梨軽皇子（きなしのかるのみこ）

木梨軽皇子*　きなしのかるのみこ
⑩軽太子（かるのたいし），軽太子・軽大郎女（かるのたいし・かるのおおいらつめ，かるのみこかるのおおいらつめ），木梨軽皇子（きなしかるのみこ，きなしのかるのおうじ），木梨軽太子（きなしのかるのたいし）　上代の允恭天皇の皇子。
¶古人（きなしのかるのおうじ　生没年不詳），古代，古物，コン，詩作（木梨軽太子　きなしのかるのたいし，きなしのかるのみこ　生没年不詳），天皇（生没年不詳）

鬼無半山*　きなしはんざん
天保5（1834）年～明治40（1907）年　江戸時代末期～明治時代の篤農家。米国から青林檎の苗木を移入、研究を重ね神戸の外国人に喜ばれる。
¶幕末（㉒明治40（1907）年1月11日）

木名瀬庄三郎*　きなせしょうざぶろう
文化7（1810）年～元治1（1864）年　江戸時代末期の水戸藩郷士。
¶幕末（㉒元治1（1864）年11月29日）

紀名虎　きなとら
⇒紀名虎（きのなとら）

木滑要人　きなめりかなめ
⇒木滑要人（きなめりようにん）

木滑要人*　きなめりようにん
⑩木滑要人（きなめりかなめ）　江戸時代末期の出羽米沢藩士。
¶幕末（きなめりかなめ　生没年不詳）

季瓊真蘂　きにしんしゅう
⇒季瓊真蘂（きけいしんずい）

義仁親王　ぎにんしんのう
⇒義仁法親王（ぎにんほっしんのう）

義仁法親王　ぎにんほうしんのう
⇒義仁法親王（ぎにんほっしんのう）

義仁法親王*　ぎにんほっしんのう
？～応永22（1415）年　⑩正親町宮（おおぎまちみや），義仁親王（ぎにんしんのう，よしひとしんのう），義仁法親王（ぎにんほうしんのう）　室町時代の光厳院の皇子。
¶天皇（正親町宮　おおぎまちみや　生没年不詳）

きぬ(1)
江戸時代中期の女性。俳諧。但馬岸田の人。天明6年『奉納巌山発句合選写巻』に載る。
¶江表（きぬ（兵庫県））

きぬ(2)
江戸時代後期の女性。書簡。四谷の茶店川村の娘。徳川（田安）家の江月院付の奥女中。
¶江表（きぬ（東京都））

きぬ(3)
江戸時代後期の女性。和歌。備後沼隈郡鞆の浦の上杉清憲の母。文政2年、有馬温泉から大坂まで遊んだ時、歌を木下幸文に贈る。
¶江表（きぬ（広島県））

きぬ(4)
江戸時代後期の女性。俳諧。周防地家室の人。文化末頃、翠瀾亭風静撰『行小春集』に載る。
¶江表（きぬ（山口県））

きぬ(5)
江戸時代後期の女性。和歌。土佐藩藩士西宮氏。文化11年刊、中山忠雄・河田正致編『柿本社奉納和歌集』に載る。
¶江表（きぬ（高知県））

きぬ(6)
江戸時代末期の女性。和歌。徳島藩藩士寺沢政俊の妹。文久1年序、西田惟恒編『文久元年七百首』に載る。
¶江表（きぬ（兵庫県））

衣笠家良　きぬがさいえよし
⇒藤原家良（ふじわらのいえよし）

衣笠一閑*　きぬがさいっかん
生没年不詳　江戸時代前期の郷土史家。
¶コン

衣笠景延　きぬがさかげのぶ
戦国時代～江戸時代前期の武将。
¶全戦（㋐天文16（1547）年　㉒寛永8（1631）年）

衣笠権二*　きぬがさけんじ
？～明治18（1885）年　江戸時代末期～明治時代の教育者。
¶幕末（㉒明治18（1885）年6月4日）

衣笠豪谷　きぬがさごうこく
江戸時代後期～明治時代の日本画家。
¶美画（㋐嘉永3（1850）年　㉒明治30（1897）年4月26日）

衣笠経平*　きぬがさつねひら
？～文永11（1274）年　鎌倉時代前期の公卿（権中納言）。大納言藤原忠良の孫。
¶公卿（㋐文永11（1274）年5月7日），公家（経平〔衣笠家（絶家）〕　つねひら　㉒文永11（1274）年5月7日）

衣笠登知女　きぬがさとちじょ*
江戸時代後期の女性。狂歌。寛政11年、准南堂行澄序、菅江追善集『古寿恵のゆき』に載る。
¶江表（衣笠登知女（東京都））

衣笠冬良*　きぬがさふゆよし
文永4（1267）年～徳治3（1308）年6月4日　鎌倉時代後期の公卿（中納言）。大納言藤原忠良の曾孫。
¶公卿，公家（冬良〔衣笠家（絶家）〕　ふゆよし　㋐？）

衣川作蔵*　きぬがわさくぞう
享和11（1801）年～明治14（1881）年　江戸時代末期～明治時代の儒教学者。誠之館発会式で「論語学而篇」を講じ、教授となる。
¶幕末（㉒明治14（1881）年10月6日）

絹川三九郎　きぬかわさんくろう
江戸時代前期の宮部善祥坊・青木重吉の家臣。
¶大坂

きぬ子(1)　きぬこ*
江戸時代末期の女性。和歌。平戸藩の奥女中。文久3年刊、関橋守編『耳順賀集』に載る。
¶江表（きぬ子（長崎県））

きぬ子(2)　きぬこ*
江戸時代末期～明治時代の女性。和歌。安堵村の儒医今村宗博の妻。

¶江表（きぬ子（奈良県）　[没]明治6（1873）年）

きぬ女(1)　**きぬじょ**★

江戸時代後期の女性。和歌。今治藩藩士滝山一甫の後妻。文政2年、高鴨神社改築落成の「高鴨神社落成社頭祝」に載る。

¶江表（きぬ女（愛媛県））

きぬ女(2)　**きぬじょ**★

江戸時代後期の女性。俳諧。城ケ崎の人。文化14年頃刊、太田足馬編『花の下蔭』に載る。

¶江表（きぬ女（宮崎県））

衣関敬仲　**きぬどめけいちゅう**

江戸時代中期の眼科医。

¶眼医（[生]享保5（1720）年　[没]？）

衣関子貫　**きぬどめしかん**

⇒衣関順庵（きぬとめじゅんあん）

衣関順庵＊　**きぬとめじゅんあん，きぬどめじゅんあん**

？～文化4（1807）年　[別]衣関順庵（いせきじゅんあん），衣関子貫（きぬどめしかん）　江戸時代中期～後期の眼科医。

¶眼医（衣関子貫（2代順庵）　きぬどめしかん　生没年不詳），コン

衣関甫軒＊　**きぬどめほけん**

寛延1（1748）年～文化4（1807）年　江戸時代中期～後期の医師（一関藩医）。

¶科学（[没]文化4（1807）年11月15日），眼医（衣関甫軒（1代順庵）　[生]？　[没]文化10（1813）年）

衣縫高真　**きぬぬいのたかざね**

平安時代中期の官人。

¶古人（生没年不詳）

衣縫正高　**きぬぬいのまさたか**

平安時代中期の官人。

¶古人（生没年不詳）

杵　**きね**

江戸時代後期の女性。旅日記。大山の名家田中家宗家徳右衛門正武の娘。

¶江表（杵（山形県）　[没]弘化4（1847）年）

杵淵重光＊　**きねぶちしげみつ**

？～養和1（1181）年　平安時代後期の武将。富部家俊の家臣。

¶平家（[没]治承5（1181）年）

杵屋勝五郎〔1代〕＊　**きねやかつごろう**

？～天保10（1839）年　江戸時代後期の長唄三味線方、唄方。

¶コン

杵屋勝五郎〔2代〕＊　**きねやかつごろう**

？～嘉永6（1853）年　江戸時代後期の長唄三味線方。

¶コン

杵屋勝三郎　**きねやかつさぶろう**

世襲名　江戸時代の長唄三味線方の家元。江戸時代に活躍したのは、初世から2世まで。

¶江人

杵屋勝三郎〔1代〕＊　**きねやかつさぶろう**

？～安政5（1858）年　江戸時代末期の長唄三味線方。

¶歌大

杵屋勝三郎〔2代〕＊　**きねやかつさぶろう**

文政3（1820）年～明治29（1896）年　江戸時代末期～明治時代の長唄三味線方。風貌から“馬場の鬼勝”と呼ばれる。謡曲ものに名作を生む。代表作に「鞍馬山」「菖蒲浴衣」など。

¶コン

杵屋勘五郎　**きねやかんごろう**

世襲名　江戸時代の長唄三味線方の家元。江戸時代に活躍したのは、初世から2世まで。

¶江人

杵屋勘五郎〔1代〕＊　**きねやかんごろう**

＊～寛永20（1643）年　[別]杵屋宗家〔1代〕（きねやそうけ），杵屋六左衛門〔1代〕（きねやろくざえもん）　江戸時代前期の長唄三味線・唄方の宗家である杵屋の始祖。

¶歌大（杵屋六左衛門〔1代〕　きねやろくざえもん　[生]？　[没]寛永20（1643）年9月1日？），コン（[生]天正2（1574）年）

杵屋勘五郎〔2代〕＊　**きねやかんごろう**

＊～元禄12（1699）年　[別]杵屋喜三郎〔1代〕（きねやきさぶろう），杵屋宗家〔3代〕（きねやそうけ），杵屋六左衛門〔3代〕（きねやろくざえもん）　江戸時代前期の長唄三味線方。

¶江人（代数なし　[生]1619年），歌大（杵屋六左衛門〔3代〕　きねやろくざえもん　[生]元和5（1619）年？　[没]元禄12（1699）年10月21日）

杵屋勘五郎〔3代〕　**きねやかんごろう**

⇒杵屋六左衛門〔11代〕（きねやろくざえもん）

杵屋勘五郎〔4代〕　**きねやかんごろう**

⇒稀音家浄観〔1代〕（きねやじょうかん）

杵屋喜三郎〔1代〕　**きねやきさぶろう**

⇒杵屋勘五郎〔2代〕（きねやかんごろう）

杵屋喜三郎〔2代〕　**きねやきさぶろう**

⇒杵屋六左衛門〔2代〕（きねやろくざえもん）

杵屋喜三郎〔3代〕＊　**きねやきさぶろう**

＊～正徳5（1715）年　[別]杵屋宗家〔5代〕（きねやそうけ），杵屋六左衛門〔5代〕（きねやろくざえもん）　江戸時代前期～中期の長唄三味線方。

¶歌大（杵屋六左衛門〔5代〕　きねやろくざえもん　[生]慶安2（1649）年？　[没]正徳5（1715）年5月12日？），コン（――〔5代〕　[生]慶安2（1649）年）

杵屋喜三郎〔4代〕（――〔6代〕）　**きねやきさぶろう**

⇒杵屋六左衛門〔3代〕（きねやろくざえもん）

杵屋喜三郎〔5代〕＊　**きねやきさぶろう**

[別]杵屋宗家〔7代〕（きねやそうけ），杵屋六左衛門〔4代〕，杵屋六左衛門〔7代〕（きねやろくざえもん）　江戸時代中期の三味線方。

¶歌大（杵屋六左衛門〔7代〕　きねやろくざえもん　[生]？　[没]宝暦2（1752）年2月25日？）

杵屋喜三郎〔6代〕＊　**きねやきさぶろう**

？～天明7（1787）年？　[別]杵屋三郎助〔1代〕（きねやさぶろすけ），杵屋宗家〔8代〕（きねやそうけ），杵屋六左衛門〔8代〕（きねやろくざえもん）　江戸時代中期の長唄三味線方。

¶歌大（杵屋六左衛門〔8代〕　きねやろくざえもん　[没]天明7（1787）年9月20日？）

杵屋佐吉　**きねやさきち**

世襲名　江戸時代の長唄三味線方。江戸時代に活躍したのは、初世から2世まで。

¶江人

き

杵屋佐吉〔1代〕*　きねやさきち
？～文化4(1807)年　江戸時代中期～後期の長唄三味線方。
¶歌大([没]文化4(1807)年11月4日),コン

杵屋佐吉〔2代〕*　きねやさきち
生没年不詳　江戸時代中期以来の長唄三味線方。
¶歌大,コン

杵屋佐吉〔3代〕*　きねやさきち
文政4(1821)年～明治14(1881)年　江戸時代末期～明治時代の長唄三味線方。2代の門弟、和市が阿左吉から左吉を襲名。
¶歌大([没]明治14(1881)年9月9日)

杵屋三郎助〔1代〕　きねやさぶろすけ
⇒杵屋喜三郎〔6代〕(きねやきさぶろう)

杵屋三郎助〔4代〕　きねやさぶろすけ
⇒杵屋六左衛門〔10代〕(きねやろくざえもん)

稀音家浄観〔1代〕*　きねやじょうかん
天保10(1839)年～大正6(1917)年　[別]杵屋勘五郎〔4代〕(きねやかんごろう)　江戸時代末期～明治時代の長唄三味線方。6代三郎助から4代勘五郎となる。稀音家浄観と改名。上調子の名手。
¶幕末(杵屋勘五郎〔4代〕　きねやかんごろう　[没]大正6(1917)年8月28日)

杵屋正次郎　きねやしょうじろう
世襲名　江戸時代の長唄三味線方の家元。江戸時代に活躍したのは、初世から3世まで。
¶江人

杵屋正次郎〔1代〕*　きねやしょうじろう
？～享和3(1803)年　江戸時代中期～後期の長唄の三味線方。
¶歌大(杵屋正次(治)郎〔1代〕　[没]享和3(1803)年11月3日)

杵屋正次郎〔2代〕*　きねやしょうじろう
？～文政3(1820)年　江戸時代後期の長唄三味線方。
¶歌大(杵屋正次(治)郎〔2代〕　[没]文政3(1820)年9月1日),コン([没]享和3(1803)年)

杵屋正次郎〔3代〕*　きねやしょうじろう
文政10(1827)年～明治29(1896)年　江戸時代末期～明治時代の長唄三味線方。作曲の名手。作品に「連獅子」「岸の柳」「元禄花見踊」など。
¶歌大(杵屋正次(治)郎〔3代〕　[没]明治28(1895)年10月31日)

きねや仙女・きねや仙子　きねやせんにょ・きねやせんし★
江戸時代中期の女性。狂歌。天明3年刊、四方赤良ほか編『万載狂歌集』に載る。
¶江表(きねや仙女・きねや仙子(東京都))

杵屋宗家〔1代〕　きねやそうけ
⇒杵屋勘五郎〔1代〕(きねやかんごろう)

杵屋宗家〔2代〕　きねやそうけ
⇒杵屋六左衛門〔1代〕(きねやろくざえもん)

杵屋宗家〔3代〕　きねやそうけ
⇒杵屋勘五郎〔2代〕(きねやかんごろう)

杵屋宗家〔4代〕　きねやそうけ
⇒杵屋六左衛門〔2代〕(きねやろくざえもん)

杵屋宗家〔5代〕　きねやそうけ
⇒杵屋喜三郎〔3代〕(きねやきさぶろう)

杵屋宗家〔6代〕　きねやそうけ
⇒杵屋六左衛門〔3代〕(きねやろくざえもん)

杵屋宗家〔7代〕　きねやそうけ
⇒杵屋喜三郎〔5代〕(きねやきさぶろう)

杵屋宗家〔8代〕　きねやそうけ
⇒杵屋喜三郎〔6代〕(きねやきさぶろう)

杵屋宗家〔別家10代〕　きねやそうけ
⇒杵屋六左衛門〔10代〕(きねやろくざえもん)

杵屋六翁〔1代〕　きねやろくおう
⇒杵屋六三郎〔4代〕(きねやろくさぶろう)

杵屋六左衛門　きねやろくざえもん
世襲名　江戸時代の長唄三味線方、唄方の家元。江戸時代に活躍したのは、初世から11世まで。
¶江人

杵屋六左衛門〔1代〕*(1)　きねやろくざえもん
慶長1(1596)年？～寛文7(1667)年　[別]杵屋宗家〔2代〕(きねやそうけ)　江戸時代前期の長唄三味線方・唄方。
¶歌大(――〔2代〕　[生]慶長1(1596)年　[没]寛文7(1667)年9月20日？),コン([生]慶長1(1596)年),新歌(――〔2代〕)

杵屋六左衛門〔1代〕(2)　きねやろくざえもん
⇒杵屋勘五郎〔1代〕(きねやかんごろう)

杵屋六左衛門〔2代〕*　きねやろくざえもん
？～正徳3(1713)年？　[別]杵屋喜三郎〔2代〕(きねやきさぶろう),杵屋宗家〔4代〕(きねやそうけ)　江戸時代中期の長唄三味線方。
¶歌大(――〔4代〕　[没]正徳3(1713)年4月7日？),新歌(――〔4代〕)

杵屋六左衛門〔3代〕*(1)(杵屋六左衛門〔6代〕)　きねやろくざえもん
？～享保15(1730)年　[別]杵屋喜三郎〔4代〕,杵屋喜三郎〔6代〕(きねやきさぶろう),杵屋宗家〔6代〕(きねやそうけ)　江戸時代中期の長唄三味線方。
¶歌大(――〔6代〕　[没]享保15(1730)年2月19日)

杵屋六左衛門〔3代〕(2)　きねやろくざえもん
⇒杵屋勘五郎〔2代〕(きねやかんごろう)

杵屋六左衛門〔4代〕(――〔7代〕)　きねやろくざえもん
⇒杵屋喜三郎〔5代〕(きねやきさぶろう)

杵屋六左衛門〔5代〕　きねやろくざえもん
⇒杵屋喜三郎〔3代〕(きねやきさぶろう)

杵屋六左衛門〔8代〕　きねやろくざえもん
⇒杵屋喜三郎〔6代〕(きねやきさぶろう)

杵屋六左衛門〔9代〕*(――〔別家9代〕)　きねやろくざえもん
？～文政2(1819)年　江戸時代後期の長唄三絃奏者、杵屋家元13代。杵屋喜三郎(10代)から9代杵屋六左衛門を襲名。
¶歌大(――〔別家9代〕　[没]文政2(1819)年9月11日),新歌

杵屋六左衛門〔10代〕*(――〔6代〕)　きねやろくざえもん
寛政12(1800)年～安政5(1858)年　[別]杵屋三郎助〔4代〕(きねやさぶろすけ),杵屋宗家〔別家10代〕

（きねやそうけ）　江戸時代末期の長唄三味線方。長唄中興の祖。

¶歌大（──〔別家10代〕　②安政5（1858）年8月16日），新歌

杵屋六右衛門〔11代〕*　きねやろくざえもん
文化12（1815）年～明治10（1877）年　劉杵屋勘五郎〔3代〕（きねやかんごろう）　江戸時代末期～明治時代の長唄三味線方。"根岸の勘五郎"と呼ばれる。音色の古事に通じた。名作品に「土蜘蛛」「橋弁慶」など。

¶新歌

杵屋六左衛門〔12代〕　きねやろくざえもん
天保10（1839）年～大正1（1912）年　江戸時代後期～明治時代の長唄三味線方・唄方。

¶歌大（②大正1（1912）年8月31日），新歌

杵屋六三郎　きねやろくさぶろう
世襲名　江戸時代の長唄三味線方。江戸時代に活躍したのは、初世から7世まで。

¶江人

杵屋六三郎〔1代〕*　きねやろくさぶろう
？～享保19（1734）年　江戸時代中期の長唄三味線方。

¶歌大（②享保19（1734）年3月19日）

杵屋六三郎〔2代〕*　きねやろくさぶろう
宝永7（1710）年～寛政3（1791）年　江戸時代中期の長唄三味線方。

¶歌大（②寛政3（1791）年3月28日），コン

杵屋六三郎〔4代〕*　きねやろくさぶろう
安永8（1779）年～安政2（1855）年　劉杵屋六翁〔1代〕（きねやろくおう）　江戸時代後期の長唄三味線方。7代市川団十郎のために数多く作曲。

¶歌大（劉安永9（1780）年1月10日　②安政2（1855）年11月30日）

杵屋六三郎〔5代〕*　きねやろくさぶろう
？～嘉永1（1848）年　江戸時代後期の長唄三味線方。

¶歌大

杵屋六三郎〔6代〕*　きねやろくさぶろう
？～安政6（1859）年　江戸時代末期の長唄三味線方。

¶歌大

杵屋六三郎〔7代〕*　きねやろくさぶろう
天保3（1832）年～明治12（1879）年　江戸時代末期～明治時代の長唄三味線方。4代の門弟である初代杵屋六四郎の門弟。

¶歌大

杵屋六三郎〔8代〕*　きねやろくさぶろう
天保12（1841）年～明治39（1906）年　江戸時代末期～明治時代の長唄三味線方。7代の門弟。のち3代六翁と改める。

¶歌大

杵屋六四郎〔1代〕*　きねやろくしろう
文化9（1812）年～明治4（1871）年　江戸時代末期～明治時代の長唄三味線方。4代杵屋六三郎の門弟。「草紙洗い」の作曲者。

¶江人（──〔1世〕）

杵屋和蔵　きねやわぞう
⇒松井幸三〔2代〕（まついこうぞう）

きの(1)
江戸時代中期の女性。俳諧。能登富来の人。安永8年刊、森岡珠卜序、寄阜追善集「風も秋」に載る。

¶江表（きの（石川県））

きの(2)
江戸時代後期の女性。俳諧。甲斐の人。文化10年刊、山下百二編、百童3回忌追善集『反故さがし』に載る。

¶江表（きの（山梨県））

きの(3)
⇒媚姪喜之（りゅうぜんきの）

紀阿閉麻呂　きのあえまろ
⇒紀阿閇麻呂（きのあへまろ）

紀秋近　きのあきちか
平安時代中期の官人。

¶古人（生没年不詳）

紀章任　きのあきとう
平安時代中期の官人。

¶古人（生没年不詳）

紀秋友　きのあきとも
平安時代中期の官人。

¶古人（生没年不詳）

紀秋峰*　きのあきみね
生没年不詳　劉紀秋岑（きあきみね）　平安時代前期の歌人。

¶古人

紀章基　きのあきもと
平安時代後期の算師。

¶古人（生没年不詳）

紀秋頼　きのあきより
平安時代後期の大和国添上郡の人。案主。

¶古人（生没年不詳）

紀東人　きのあずまひと
⇒紀東人（きのあずまひと）

紀東人*　きのあずまひと
生没年不詳　劉紀東人（きのあざまひと）　平安時代前期の官吏。

¶古人（きのあざまひと）

紀朝臣飯麻呂　きのあそみいいまろ
⇒紀飯麻呂（きのいいまろ）

紀朝臣鹿人　きのあそみかひと
⇒紀鹿人（きのかひと）

紀朝臣清人　きのあそみきよひと
⇒紀清人（きのきよひと）

紀朝臣飯麻呂　きのあそんいいまろ
⇒紀飯麻呂（きのいいまろ）

紀朝臣家守　きのあそんいえもり
⇒紀家守（きのいえもり）

紀朝臣池主*　きのあそんいけぬし
劉紀池主（きのいけぬし）　奈良時代の下級官人。

¶古人（紀池主　きのいけぬし　生没年不詳），古代

紀朝臣犬養*　きのあそんいぬかい
劉紀犬養（きのいぬかい）　奈良時代の官人。

¶古人（紀犬養　きのいぬかい　生没年不詳），古代

き

紀朝臣伊保　きのあそんいほ
⇒紀伊保（きのいほ）

紀朝臣牛養*　きのあそんうしかい
[別]紀牛養（きのうしかい）　奈良時代の官人。
¶古人（紀牛養　きのうしかい　生没年不詳），古代

紀朝臣馬主　きのあそんうまぬし
⇒紀馬主（きのうまぬし）

紀朝臣宇美*　きのあそんうみ
？～天平勝宝5（753）年　[別]紀宇美（きのうみ）　奈良時代の官人。
¶古人（紀宇美　きのうみ），古代

紀朝臣小楫*　きのあそんおかじ
[別]紀小楫（きのおかじ）　奈良時代の官人。
¶古人（紀小楫　きのおかじ　生没年不詳），古代

紀朝臣愛宕麻呂*　きのあそんおたぎまろ
生没年不詳　[別]紀愛宕麻呂（きのおたぎまろ）　平安時代前期の官人。
¶古人（紀愛宕麻呂　きのおたぎまろ），古代

紀朝臣男人　きのあそんおひと
⇒紀男人（きのおひと）

紀朝臣音那　きのあそんおんな
⇒紀音那（きのおんな）

紀朝臣勝雄*　きのあそんかつお
[別]紀勝雄（きのかつお）　奈良時代の官人。
¶古代

紀朝臣勝長　きのあそんかつなが
⇒紀勝長（きのかつなが）

紀朝臣竈門娘　きのあそんかまどのいらつめ
⇒紀竈門娘（きのかまどのいらつめ）

紀朝臣清人　きのあそんきよひと
⇒紀清人（きのきよひと）

紀朝臣咋麻呂*　きのあそんくいまろ
天平勝宝7（755）年～天長10（833）年　[別]紀咋麻呂（きのくいまろ）　奈良時代～平安時代前期の官人。
¶古人（紀咋麻呂　きのくいまろ），古代

紀朝臣国益*　きのあそんくにます
[別]紀国益（きのくにます）　奈良時代の官人。
¶古代

紀朝臣古佐美　きのあそんこさみ
⇒紀古佐美（きのこさみ）

紀朝臣木津魚*　きのあそんこつお
生没年不詳　[別]紀木津魚（きのきづいお，きのこつお）　奈良時代の武官。
¶古代

紀朝臣古麻呂　きのあそんこまろ
⇒紀古麻呂（きのこまろ）

紀朝臣雑物*　きのあそんさいもち
[別]紀雑物（きのさいもち，きのさいもの）　奈良時代の官人。
¶古人（紀雑物　きのさいもの　生没年不詳），古代

紀朝臣作良*　きのあそんさくら
？～延暦18（799）年　[別]紀作良（きのさくら，きのつくら，きのなりよし）　奈良時代～平安時代前期の官人。
¶古人（紀作良　きのつくら），古人（紀作良　きのなりよし），古代

紀朝臣鯖麻呂*　きのあそんさばまろ
[別]紀鯖麻呂（きのさばまろ）　奈良時代の官人。
¶古人（紀鯖麻呂　きのさばまろ　生没年不詳），古代

紀朝臣鹿人　きのあそんしかひと
⇒紀鹿人（きのかひと）

紀朝臣白麻呂*　きのあそんしろまろ
[別]紀白麻呂（きのしろまろ）　奈良時代～平安時代前期の官人。
¶古人（紀白麻呂　きのしろまろ　生没年不詳），古代

紀朝臣田上　きのあそんたうえ
⇒紀田上（きのたがみ）

紀朝臣橡姫　きのあそんとちひめ
⇒紀橡姫（きのとちひめ）

紀朝臣豊川*　きのあそんとよかわ
奈良時代の官人。
¶古代

紀朝臣夏井　きのあそんなつい
⇒紀夏井（きのなつい）

紀朝臣名虎　きのあそんなとら
⇒紀名虎（きのなとら）

紀朝臣難波麻呂*　きのあそんなにわまろ
[別]紀難波麻呂（きのなにわまろ）　奈良時代の官人。
¶古人（紀難波麻呂　きのなにわまろ　生没年不詳），古代

紀朝臣長谷雄　きのあそんはせお
⇒紀長谷雄（きのはせお）

紀朝臣必登*　きのあそんひと
[別]紀必登（きのひと）　奈良時代の官人。
¶古人（紀必登　きのひと　生没年不詳），古代

紀朝臣広純　きのあそんひろずみ
⇒紀広純（きのひろずみ）

紀朝臣広名*　きのあそんひろな
生没年不詳　[別]紀広名（きのひろな）　奈良時代の官人。
¶古人（紀広名　きのひろな），古代

紀朝臣広庭　きのあそんひろにわ
⇒紀広庭（きのひろにわ）

紀朝臣広浜　きのあそんひろはま
⇒紀広浜（きのひろはま）

紀朝臣深江　きのあそんふかえ
⇒紀深江（きのふかえ）

紀朝臣船守　きのあそんふなもり
⇒紀船守（きのふなもり）

紀朝臣真象*　きのあそんまかた
生没年不詳　[別]紀真象（きのまかた，きまかた）　奈良時代の下級官人。
¶古代

紀朝臣益麻呂　きのあそんますまろ
⇒紀益人（きのますひと）

紀朝臣益女　きのあそんますめ
⇒紀益女（きのますめ）

紀朝臣真人* (1)　きのあそんまひと
　㉝紀真人（きのまひと）　飛鳥時代の官人。
　¶古人（紀真人　きのまひと　生没年不詳），古代

紀朝臣真人* (2)　きのあそんまひと
　天平19（747）年〜延暦24（805）年　㉝紀真人（きの
　まひと）　奈良時代〜平安時代前期の官人。
　¶古人（紀真人　きのまひと），古代

紀朝臣麻呂　きのあそんまろ
　⇒紀麻呂（きのまろ）

紀朝臣麻路　きのあそんまろ
　⇒紀麻呂（きのまろ）

紀朝臣牟良自*　きのあそんむらじ
　㉝紀牟良自（きのむらじ）　奈良時代の武士。
　¶古代

紀朝臣百継　きのあそんももつぐ
　⇒紀百継（きのももつぐ）

紀朝臣諸人*　きのあそんもろひと
　生没年不詳　㉝紀諸人（きのもろひと）　奈良時代
　の官人。
　¶古人（紀諸人　きのもろひと），古代

紀朝臣安雄　きのあそんやすお
　⇒紀安雄（きのやすお）

紀朝臣弓張*　きのあそんゆみはり
　㉝紀弓張（きのゆみはり）　飛鳥時代の官人。
　¶古代

紀厚方　きのあつかた
　平安時代中期の石清水権俗別当。兼輔の子。
　¶古人（生没年不詳）

紀淳経　きのあつつね
　平安時代中期の官人。式部丞、肥前守、従五位下。
　¶古人（生没年不詳）

紀阿閇麻呂*（紀阿閉麻呂）　きのあへまろ，きのあべまろ
　?〜天武3（674）年　㉝紀阿閇麻呂（きのあえま
　ろ），紀臣阿閇麻呂（きのおみあえまろ）　飛鳥時
　代の官人。壬申の乱の大海人皇子方の東道将軍。
　¶古人，古代（紀臣阿閇麻呂　きのおみあえまろ），コン
　（紀阿閉麻呂　きのあべまろ）

紀綾真　きのあやざね
　平安時代中期の官人。
　¶古人（生没年不詳）

紀有貞 (1)　きのありさだ
　平安時代前期の官人。
　¶古人（生没年不詳）

紀有貞 (2)　きのありさだ
　平安時代後期の官人。
　¶古人（生没年不詳）

紀有貞 (3)　きのありさだ
　平安時代後期の官人。
　¶古人（生没年不詳）

紀有貞 (4)　きのありさだ
　平安時代後期の官人。
　¶古人（生没年不詳）

紀有季　きのありすえ
　平安時代後期の官人。
　¶古人（生没年不詳）

紀有武　きのありたけ
　平安時代中期の官人。
　¶古人（生没年不詳）

紀有隣　きのありちか
　平安時代中期の官人。
　¶古人（生没年不詳）

紀有常　⇒紀有常（きありつね）

紀有常女　きのありつねのむすめ
　⇒紀有常女（きありつねのむすめ）

紀有任　きのありとう
　平安時代後期の官人。
　¶古人（生没年不詳）

紀有友*　きのありとも
　?〜元慶4（880）年　㉝紀有朋（きありとも）　平安
　時代前期の従五位下宮内少輔。
　¶古人

紀有栄　きのありひで
　平安時代後期の官人。
　¶古人（生没年不詳）

紀有総　きのありふさ
　平安時代前期の官人。
　¶古人（生没年不詳）

紀在昌*　きのありまさ
　生没年不詳　㉝紀在昌（きありまさ）　平安時代中
　期の漢詩人。
　¶古人

紀在宗　きのありむね
　平安時代前期の官人。紀伊権掾。
　¶古人（生没年不詳）

紀有保　きのありやす
　平安時代後期の官人。
　¶古人（生没年不詳）

紀有世*　きのありよ
　生没年不詳　平安時代中期の官人。
　¶古人

紀有頼　きのありより
　平安時代後期の官人。
　¶古人（生没年不詳）

紀飯麻呂*　きのいいまろ
　?〜天平宝字6（762）年　㉝紀朝臣飯麻呂（きのあ
　そみいいまろ，きのあそんいいまろ）　奈良時代の
　官人（参議）。近江朝御史大夫贈三位紀大人の孫。
　¶公卿（㉜天平宝字6（762）年7月），古人，古代（紀朝臣飯
　麻呂　きのあそんいいまろ）

紀家雄　きのいえお
　平安時代前期の官人。左近衛府の近衛。元慶3年
　解任。
　¶古人（生没年不詳）

紀家子　きのいえこ
　⇒美濃局（みののつぼね）

紀家継　きのいえつぐ
　奈良時代の官人。
　¶古人（生没年不詳）

き

紀家俊　きのいえとし
平安時代中期の官人。父は忠道。
¶古人（生没年不詳）

紀家長　きのいえなが
平安時代前期の官人。
¶古人（生没年不詳）

紀家守*　きのいえもり
神亀2（725）年～延暦3（784）年　[別]紀朝臣家守（きのあそんいえもり），紀家守（きのやかもり）　奈良時代の官人（参議）。大納言紀麻呂の孫。
¶公卿（[没]延暦3（784）年4月19日），古人（きのやかもり　[生]727年？），古代（紀朝臣家守　きのあそんいえもり）

紀魚員*　きのいおかず
生没年不詳　平安時代前期の女性。平城天皇の宮人。
¶古人

紀魚名　きのいおな
平安時代前期の女性。桓武天皇女御。紀乙魚か。
¶天皇（生没年不詳）

紀池主　きのいけぬし
⇒紀朝臣池主（きのあそんいけぬし）

紀磯成　きのいそなり
平安時代後期の紀伊国の御館人。
¶古人（生没年不詳）

紀糸主　きのいとぬし
平安時代中期の官人。
¶古人（生没年不詳）

紀犬養　きのいぬかい
⇒紀朝臣犬養（きのあそんいぬかい）

紀伊保*　きのいほ
生没年不詳　[別]紀朝臣伊保（きのあそんいほ）　奈良時代の官人。
¶古人，古代（紀朝臣伊保　きのあそんいほ）

紀今影　きのいまかげ
平安時代前期の官人。
¶古人（生没年不詳）

紀今麿　きのいままろ
平安時代前期の紀伊国在田郡の刀禰。
¶古人（生没年不詳）

紀今守*　きのいまもり
？～貞観14（872）年　平安時代前期の中級貴族。良吏の代名詞。
¶古人

紀弥清　きのいやきよ
平安時代前期の官人。
¶古人（生没年不詳）

紀女郎（紀郎女）　きのいらつめ
⇒紀小鹿女郎（きのおしかのいらつめ）

喜能(1)　きのう★
江戸時代後期の女性。和歌。若山の細田源右衛門喜建の妻。嘉永4年刊、堀尾光久編『近世名所歌集』初に載る。
¶江表（喜能（和歌山県））

喜能(2)　きのう★
江戸時代後期～末期の女性。教育。梅田政起の祖母。文久4年四谷坂町に寺子屋を開業。
¶江表（喜能（東京都）　[生]享和3（1803）年頃）

義農作兵衛　ぎのうさくべえ
⇒筒井村作兵衛（つついむらさくべえ）

紀大人*　きのうし
生没年不詳　[別]紀大人臣（きのうしのおみ），紀大夫（きのたいふ）　飛鳥時代の廷臣（大納言）。武内宿禰の子孫。
¶公卿（紀大夫　きのたいふ　[生]？　[没]天武天皇12（683）年6月3日），古人，古代（紀大人臣　きのうしのおみ），古物（[生]？　[没]683年）

紀牛養　きのうしかい
⇒紀朝臣牛養（きのあそんうしかい）

紀氏永　きのうじなが
平安時代前期の右京三条四坊の戸主従八位下紀朝臣門成の戸口。蔭孫。
¶古人（生没年不詳）

紀大人臣　きのうしのおみ
⇒紀大人（きのうし）

紀氏世　きのうじよ
平安時代前期の大和国平群郡の刀禰。
¶古人（生没年不詳）

紀内子　きのうちこ
平安時代前期の官人。
¶古人（生没年不詳）

木内順二　きのうちじゅんじ
⇒木内順二（きうちじゅんじ）

木内石亭　きのうちせきてい
⇒木内石亭（きうちせきてい）

紀馬養　きのうまかい
⇒紀臣馬養（きのおみうまかい）

紀馬借　きのうまかり
奈良時代の官人。
¶古人（生没年不詳）

紀馬主*　きのうまぬし
生没年不詳　[別]紀朝臣馬主（きのあそんうまぬし）　奈良時代の官人、遣唐判官。
¶古人，古代（紀朝臣馬主　きのあそんうまぬし）

紀宇美　きのうみ
⇒紀朝臣宇美（きのあそんうみ）

紀枝重　きのえだしげ
平安時代後期の官人。
¶古人（生没年不詳）

紀枝久　きのえだひさ
平安時代後期の官人。
¶古人（生没年不詳）

紀枝光　きのえだみつ
平安時代後期の官人。
¶古人（生没年不詳）

紀柄成　きのえなり
平安時代前期の官人。
¶古人（生没年不詳）

紀生永　きのおいなが
平安時代前期の官人。
¶古人（生没年不詳）

紀大磐 きのおいわ
⇒紀大磐（きのおおいわ）

紀大磐宿禰 きのおいわのすくね
⇒紀大磐（きのおおいわ）

紀皇女 きのおうじょ
⇒紀皇女（きのこうじょ）

紀大磐* きのおおいわ
生没年不詳 [別]紀大磐（きのおいわ），紀大磐宿禰（きのおいわのすくね，きのおおいわのすくね） 上代の朝鮮で活躍した将軍。
¶古代（紀大磐宿禰 きのおいわのすくね），コン，対外

紀大磐宿禰 きのおおいわのすくね
⇒紀大磐（きのおおいわ）

紀大枝 きのおおえだ
平安時代前期の官人。
¶古人（生没年不詳）

紀大純 きのおおすみ
奈良時代の官人。
¶古人（生没年不詳）

紀大足 きのおおたり
平安時代前期の官人。
¶古人（生没年不詳）

城丘前来目（欠名）* きのおかさきのくめ
上代の豪族。
¶古代

紀岡前来目 きのおかざきのくめ
⇒紀崗前来目連（きのおかさきのくめのむらじ）

紀崗前来目連* きのおかさきのくめのむらじ
[別]紀岡前来目（きのおかざきのくめ） 上代の新羅戦の戦死者。
¶古代

紀岡継 きのおかつぐ
平安時代前期の官人。
¶古人（生没年不詳）

紀興道* きのおきみち
？～承和1（834）年 平安時代前期の射芸の名手。
¶古人

紀奥高 きのおくたか
平安時代前期の官人。
¶古人（生没年不詳）

紀奥手麻呂 きのおくてまろ
平安時代前期の官人。
¶古人（生没年不詳）

紀長田麻呂* きのおさだまろ
天平勝宝7（755）年～天長2（825）年 奈良時代～平安時代前期の官人。
¶古人

紀小鹿（紀少鹿） きのおしか
⇒紀小鹿女郎（きのおしかのいらつめ）

紀押勝 きのおしかつ
⇒紀国造押勝（きのくにのみやつこおしかつ）

紀小鹿女郎*（紀少鹿女郎） きのおしかのいらつめ
生没年不詳 [別]紀女郎，紀郎女（きのいらつめ），紀小鹿（きのおしか），紀少鹿（きのおじか） 奈良時代の女性。万葉歌人。紀朝臣鹿人の娘で安貴王の妻。
¶古代（紀少鹿女郎），女文（紀女郎 きのいらつめ）

紀忍人* きのおしひと
飛鳥時代の豪族。
¶古代

紀愛宕麻呂 きのおたぎまろ
⇒紀朝臣愛宕麻呂（きのあそんおたぎまろ）

紀乙魚(1) きのおといお
平安時代前期の紀伊国名草郡真川郷の刀禰。
¶古人（生没年不詳）

紀乙魚(2) きのおといお
⇒紀乙魚（きのおとな）

紀乙魚* きのおとな
？～承和7（840）年 [別]紀乙魚（きのおといお） 平安時代前期の女性。桓武天皇の宮人。
¶古人（きのおといお）

紀音那 きのおとな
⇒紀音那（きのおんな）

紀弟麻呂 きのおとまろ
奈良時代の官人。
¶古人（生没年不詳）

紀男人* きのおひと
天武天皇11（682）年～天平10（738）年 [別]紀朝臣男人（きのあそんおひと） 飛鳥時代～奈良時代の官人、太宰府大弐。
¶古人，古代（紀朝臣男人 きのあそんおひと）

紀男麻呂* きのおまろ
生没年不詳 [別]紀男麻呂宿禰（きのおまろのすくね） 飛鳥時代の武将。任那再興の大将軍。
¶古人，古代（紀男麻呂宿禰 きのおまろのすくね），コン，対外

紀男麻呂宿禰 きのおまろのすくね
⇒紀男麻呂（きのおまろ）

紀臣阿閉麻呂 きのおみあえまろ
⇒紀阿閉麻呂（きのあへまろ）

紀臣阿佐麻呂* きのおみあさまろ
飛鳥時代の人。
¶古代

紀臣馬養* きのおみうまかい
[別]紀馬養（きのうまかい） 奈良時代の猟師。
¶古代

紀臣堅麻呂 きのおみかたまろ
⇒紀堅麻呂（きのかたまろ）

紀臣塩手* きのおみしおて
[別]紀塩手（きのしおて） 飛鳥時代の官人。
¶古代

紀臣麻利耆拕（紀臣麻利耆拖） きのおみまりきた
⇒紀麻利耆拕（きのまりきた）

紀臣弥麻沙* きのおみみまさ
上代の日系韓人。
¶古代

紀小弓* きのおゆみ
[別]紀小弓宿禰（きのおゆみのすくね） 上代の武将。

き

新羅遠征軍の将軍。
¶古代（紀小弓宿禰　きのおゆみのすくね），コン，対外

紀小弓宿禰　きのおゆみのすくね
⇒紀小弓（きのおゆみ）

紀音那*　きのおんな
生没年不詳　[別]紀朝臣音那（きのあそんおんな），紀音那（きのおとな）　奈良時代の女性。贈右大臣大伴御行の妻。貞節の人。
¶古代（紀朝臣音那　きのあそんおんな），コン（きのおとな）

紀海音*　きのかいおん
寛文3（1663）年～寛保2（1742）年　[別]海音（かいおん）　江戸時代中期の浄瑠璃作者、俳人、狂歌師。豊竹座の座付作者。
¶江人，歌大，コン，新歌（[生]1663年/1665年），日文

紀景吉　きのかげよし
平安時代中期の勧堂院案主。
¶古人（生没年不詳）

紀梶継　きのかじつぐ
平安時代前期の官人。
¶古人（生没年不詳）

紀数遠　きのかずとお
平安時代中期の官人。
¶古人（生没年不詳）

紀千本　きのかずもと
平安時代前期の紀伊国の人。
¶古人（生没年不詳）

紀千世　きのかずよ
奈良時代の官人。
¶古人（生没年不詳）

紀堅麻呂*　きのかたまろ
？～679年　[別]紀臣堅麻呂（きのおみかたまろ）　飛鳥時代の壬申の乱の功臣。
¶古代（紀臣堅麻呂　きのおみかたまろ）

紀勝雄　きのかつお
⇒紀朝臣勝雄（きのあそんかつお）

紀勝長*　きのかつなが
天平勝宝6（754）年～大同1（806）年　[別]紀朝臣勝長（きのあそんかつなが）　奈良時代～平安時代前期の公卿（中納言）。大納言紀船守の長男。
¶公卿（[没]大同1（806）年10月3日），古人，古代（紀朝臣勝長　きのあそんかつなが），コン

紀門守　きのかどもり
奈良時代の官人。
¶古人（生没年不詳）

紀兼清　きのかねきよ
平安時代中期の石清水権別当。兼輔の子。
¶古人（生没年不詳）

紀兼重（1）　きのかねしげ
平安時代中期の官人。
¶古人（生没年不詳）

紀兼重（2）　きのかねしげ
平安時代後期の官人。
¶古人（生没年不詳）

紀兼季　きのかねすえ
平安時代後期の官人。
¶古人（生没年不詳）

紀兼輔（1）　きのかねすけ
平安時代中期の官人。安遠の子。従四位下。
¶古人（[生]？　[没]1029年）

紀兼輔（2）　きのかねすけ
平安時代中期の官人。在昌の子。一説に伊輔の子。長保8年大外記。
¶古人（生没年不詳）

紀兼輔（3）　きのかねすけ
平安時代中期の官人。
¶古人（生没年不詳）

紀兼孝　きのかねたか
平安時代後期の石清水八幡宮神主。康和5年従四位下。
¶古人（生没年不詳）

紀兼次　きのかねつぐ
平安時代後期の官人。
¶古人（生没年不詳）

紀兼任　きのかねとう
平安時代中期の官人。兼輔子。正五位下。
¶古人（生没年不詳）

紀兼遠　きのかねとお
鎌倉時代前期の官人。
¶古人（生没年不詳）

紀兼仲　きのかねなか
平安時代後期の石清水八幡宮俗別当・神主。正五位下。
¶古人（生没年不詳）

紀兼信　きのかねのぶ
平安時代後期の官人。
¶古人（生没年不詳）

紀兼頼　きのかねより
平安時代後期の官人。
¶古人（生没年不詳）

紀鹿人*　きのかひと
[別]紀朝臣鹿人（きのあそみかひと，きのあそんしかひと），紀鹿人（きのしかひと）　奈良時代の歌人。
¶古人（きのしかひと　生没年不詳），古代（紀朝臣鹿人　きのあそんしかひと）

紀竈門　きのかまど
⇒紀竈門娘（きのかまどのいらつめ）

紀竈門娘*　きのかまどのいらつめ
[別]紀朝臣竈門娘（きのあそんかまどのいらつめ），紀竈門（きのかまど）　奈良時代の女性。文武天皇の妃。
¶古代（紀朝臣竈門娘　きのあそんかまどのいらつめ），天皇（紀竈門　きのかまど　生没年不詳）

木上正行　きのかみのまさゆき
平安時代中期の大和国の人。野辺園の屋焼亡事件の犯人と疑われた。
¶古人（生没年不詳）

城上真立　きのかみのまたち
奈良時代の方士。
¶古人（生没年不詳）

紀河主　きのかわぬし
平安時代中期の官人。

¶古人（生没年不詳）

紀河望　きのかわもち
平安時代中期の官人。
¶古人（生没年不詳）

紀河守　きのかわもり
平安時代前期の官人。
¶古人（生没年不詳）

紀木津魚　きのきづいお
⇒紀朝臣木津魚（きのあそんこつお）

紀清臣　きのきよおみ
平安時代前期の官人。
¶古人（生没年不詳）

紀清子　きのきよこ
平安時代前期の官人。
¶古人（生没年不詳）

紀清澄　きのきよすみ
平安時代中期の大宰権帥源道方の傔仗。
¶古人（生没年不詳）

紀清忠　きのきよただ
平安時代中期の人。長徳2年強盗をし、右獄に囚監。
¶古人（生没年不詳）

紀清継　きのきよつぐ
平安時代前期の官人。紀伊国名草郡の人。
¶古人（生没年不詳）

紀清任(1)　きのきよとう
平安時代後期の笛師。
¶古人（生没年不詳）

紀清任(2)　きのきよとう
平安時代後期の坂上晴澄の家人。
¶古人（生没年不詳）

紀清成　きのきよなり
平安時代前期の官人。左近将監。
¶古人（生没年不詳）

紀清規*　きのきよのり
寛政6（1794）年～？　江戸時代後期の神官（石清水社俗別当）。
¶公卿，公家（清規〔石清水神社俗別当 紀氏〕　きよのり）

紀清人*　きのきよひと
？～天平勝宝5（753）年　[別]紀朝臣清人（きのあそみきよひと，きのあそんきよひと）　奈良時代の官人。万葉歌人。
¶古人（生没年不詳），古代（紀朝臣清人　きのあそんきよひと），コン

紀清守　きのきよもり
平安時代後期の官人。
¶古人（生没年不詳）

紀公則　きのきんのり
平安時代中期の大宰権帥源道方の傔仗。
¶古人（生没年不詳）

紀公頼　きのきんより
平安時代中期の官人。
¶古人（生没年不詳）

紀咋麻呂　きのくいまろ
⇒紀朝臣咋麻呂（きのあそんくいまろ）

紀国雄　きのくにお
平安時代前期の官人。
¶古人（生没年不詳）

紀国兼　きのくにかね
平安時代後期の紀伊国在庁官人。
¶古人（生没年不詳）

紀国実　きのくにざね
平安時代後期の官人。
¶古人（生没年不詳）

紀国沢　きのくにさわ
平安時代後期の官人。
¶古人（生没年不詳）

紀国仕　きのくにとう
平安時代後期の官人。
¶古人（生没年不詳）

紀国遠　きのくにとお
平安時代後期の官人。
¶古人（生没年不詳）

紀国俊　きのくにとし
平安時代後期の官人。
¶古人（生没年不詳）

紀国造押勝*　きのくにのみやつこおしかつ
[別]紀押勝（きのおしかつ）　飛鳥時代の豪族。
¶古代

紀国正　きのくにまさ
平安時代後期の官人。
¶古人（生没年不詳）

紀国益　きのくにます
⇒紀朝臣国益（きのあそんくにます）

紀国宗　きのくにむね
平安時代後期の官人。山城国玉井荘下司職。
¶古人（生没年不詳）

紀国基　きのくにもと
平安時代後期の算師。
¶古人（生没年不詳）

紀国元　きのくにもと
平安時代後期の書博士。
¶古人（生没年不詳）

紀邦基　きのくにもと
平安時代中期の官人。
¶古人（生没年不詳）

紀国守*　きのくにもり
生没年不詳　平安時代の医師。
¶古人

紀伊国屋源兵衛*　きのくにやげんべえ
生没年不詳　江戸時代中期の豪商、米取引業者。
¶コン

紀国保　きのくにやす
平安時代中期の官人。
¶古人（生没年不詳）

紀伊国屋文左衛門*（紀ノ国屋文左衛門，紀国屋文左衛門）　きのくにやぶんざえもん
＊～享保19（1734）年　[別]千山，千山（五十嵐）（せんざん）　江戸時代中期の江戸の豪商、材木問屋。

¶江人（生没年不詳），コン（生没年不詳），俳文（千山　せんざん　[生]寛文9（1669）年　[没]享保19（1734）年4月24日），山小（[生]1669年？　[没]1734年4月24日）

紀家子　きのけいし
⇒美濃局（みののつぼね）

紀小東人　きのこあずまひと
奈良時代の官人。
¶古人（生没年不詳）

紀皇女* 　きのこうじょ
生没年不詳　[別]紀皇女（きのおうじょ，きのひめみこ）　飛鳥時代の女性。天武天皇の皇女。
¶古代（きのひめみこ）

紀興我業（成）　きのこがなり
平安時代前期の官人。
¶古人（生没年不詳）

紀祜佐美　きのこさみ
平安時代前期の官人。
¶古人（生没年不詳）

紀古佐美* 　きのこさみ
天平5（733）年～延暦16（797）年　[別]紀朝臣古佐美（きのあそんこさみ）　奈良時代～平安時代前期の公卿（大納言）。大納言紀麻呂の孫。
¶公卿（[没]延暦16（797）年4月4日），古人，古代（紀朝臣古佐美　きのあそんこさみ），コン

紀越永　きのこしなが
平安時代前期の官人。
¶古人（生没年不詳）

紀木津魚　きのこつお
⇒紀朝臣木津魚（きのあそんこつお）

木子棟斎* 　きのことうさい
文政7（1824）年～明治26（1893）年　[別]柴田棟斎（しばたとうさい）　江戸時代後期～明治時代の工匠。
¶美建（柴田棟斎　しばたとうさい）

紀古麻呂* 　きのこまろ
生没年不詳　[別]紀朝臣古麻呂（きのあそんこまろ）　奈良時代の官人。
¶古人（[生]647年　[没]？），古代（紀朝臣古麻呂　きのあそんこまろ）

紀惟岳　きのこれおか
⇒紀惟岳（きこれおか）

紀是子　きのこれこ
平安時代前期の女性。東宮侍女。
¶古人（生没年不詳）

紀伊輔* 　きのこれすけ
生没年不詳　平安時代中期の官人。
¶古人

紀是信　きのこれのぶ
平安時代中期の官人。
¶古人（生没年不詳）

紀惟光　きのこれみつ
平安時代中期の官人。
¶古人（生没年不詳）

紀是光　きのこれみつ
平安時代中期の官人。
¶古人（生没年不詳）

紀雑物　きのさいもち
⇒紀朝臣雑物（きのあそんさいもち）

紀雑物　きのさいもの
⇒紀朝臣雑物（きのあそんさいもち）

紀逆光　きのさかみつ
平安時代中期の相撲人。長和2年ほかの召合に出場。
¶古人（生没年不詳）

紀福雄　きのさきお
平安時代前期の紀伊国造職。
¶古人（生没年不詳）

紀福吉　きのさきよし
⇒大村福吉（おおむらのふくよし）

紀福善　きのさきよし
平安時代前期の官人。
¶古人（生没年不詳）

紀作良　きのさくら
⇒紀朝臣作良（きのあそんさくら）

紀貞男　きのさだお
平安時代前期の人。紀伊国在田郡擬大領真貞の弟。
¶古人（生没年不詳）

紀定興　きのさだおき
平安時代中期の官人。
¶古人（生没年不詳）

紀貞城　きのさだき
平安時代前期の官人。
¶古人（生没年不詳）

紀貞清　きのさだきよ
平安時代後期の官人。
¶古人（生没年不詳）

紀貞末　きのさだすえ
平安時代後期の紀伊国隅田荘の刀禰。
¶古人（生没年不詳）

紀貞助　きのさだすけ
平安時代後期の石清水八幡宮俗別当。
¶古人（生没年不詳）

紀貞嗣　きのさだつぐ
平安時代前期の官人。
¶古人（生没年不詳）

紀定経　きのさだつね
平安時代後期の官人。
¶古人（生没年不詳）

紀定遠　きのさだとお
平安時代中期～後期の官人。
¶古人（[生]1031年　[没]？）

紀貞直　きのさだなお
平安時代前期の官人。
¶古人（生没年不詳）

紀貞成　きのさだなり
平安時代前期の官人。
¶古人（生没年不詳）

紀貞正　きのさだまさ
平安時代後期の紀伊国三上院の山の旧領主。
¶古人（生没年不詳）

紀貞光　きのさだみつ
　平安時代中期の官人、検非違使。
　¶古人（⑭? ㉒1023年?）

紀貞光妻　きのさだみつのつま
　平安時代後期の女性。左衛門府生・検非違使貞光の妻。
　¶古人（生没年不詳）

紀貞守　きのさだもり
　平安時代前期の官人。
　¶古人（生没年不詳）

紀貞安　きのさだやす
　平安時代後期の官人。
　¶古人（生没年不詳）

紀貞吉　きのさだよし
　平安時代前期の官人。
　¶古人（生没年不詳）

紀貞福　きのさだよし
　平安時代中期の官人。
　¶古人（生没年不詳）

紀里次　きのさとつぐ
　平安時代後期の鳥羽院庁召使。
　¶古人（生没年不詳）

紀真貞*　きのさねさだ
　生没年不詳　平安時代前期の在田郡司。
　¶古人

紀真高　きのさねたか
　平安時代前期の官人。
　¶古人（生没年不詳）

紀実俊(1)　きのさねとし
　平安時代後期の官人。
　¶古人（生没年不詳）

紀実俊(2)　きのさねとし
　平安時代後期の人。承安4年国裁を申請。
　¶古人（生没年不詳）

紀実友　きのさねとも
　平安時代後期の官人。
　¶古人（生没年不詳）

紀実春*　きのさねはる
　生没年不詳　平安時代後期の武士。
　¶古人

紀真房　きのさねふさ
　平安時代前期の官人。
　¶古人（生没年不詳）

紀真光　きのさねみつ
　平安時代中期の官人。
　¶古人（生没年不詳）

紀核吉　きのさねよし
　平安時代前期の大宰帥親王家の家令文学。
　¶古人（生没年不詳）

紀鯖麻呂　きのさばまろ
　⇒紀朝臣鯖麻呂（きのあそんさばまろ）

紀塩手　きのしおて
　⇒紀臣塩手（きのおみしおて）

紀鹿人　きのしかひと
　⇒紀鹿人（きのかひと）

紀式部*　きのしきぶ
　生没年不詳　平安時代中期の女房・歌人。
　¶古人

紀成家　きのしげいえ
　生没年不詳　㉚紀成家（きのなりいえ）　平安時代後期の官人。
　¶古人, 古人（きのなりいえ）

紀茂枝　きのしげえだ
　平安時代中期の衛門府鎰取。
　¶古人（生没年不詳）

紀重方　きのしげかた
　平安時代中期の藤原右近の随兵。
　¶古人（生没年不詳）

紀重清　きのしげきよ
　平安時代後期の紀伊国の坂上晴澄家の家人。
　¶古人（生没年不詳）

紀重武　きのしげたけ
　平安時代後期の官人。
　¶古人（生没年不詳）

紀重忠　きのしげただ
　平安時代後期の官人。
　¶古人（生没年不詳）

紀重常　きのしげつね
　平安時代中期の伊勢国丹生出山の住人。粥見御園司時季を殺害。
　¶古人（生没年不詳）

紀重任　きのしげとう
　平安時代後期の官人。
　¶古人（生没年不詳）

紀重俊　きのしげとし
　平安時代中期の官人。
　¶古人（生没年不詳）

紀重利　きのしげとし
　平安時代中期の学生。
　¶古人（生没年不詳）

紀重友　きのしげとも
　平安時代後期の官人。
　¶古人（生没年不詳）

紀重倫　きのしげとも
　平安時代後期の官人。
　¶古人（生没年不詳）

紀茂生　きのしげなり
　平安時代中期の官人。
　¶古人（生没年不詳）

紀重則　きのしげのり
　平安時代後期の官人。
　¶古人（生没年不詳）

紀重春　きのしげはる
　平安時代中期の強盗。
　¶古人（生没年不詳）

紀成人　きのしげひと
　平安時代前期の紀伊国在田郡の刀禰。

¶古人(生没年不詳)

紀成道 きのしげみち
平安時代後期の官人。
¶古人(生没年不詳)

紀重光 きのしげみつ
平安時代後期の平安京六条四坊の刀禰。
¶古人(生没年不詳)

紀成通 きのしげみつ
平安時代後期の官人。
¶古人(生没年不詳)

紀兄原 きのしげもと
平安時代前期の官人。
¶古人(生没年不詳)

紀重守 きのしげもり
平安時代中期の官人。
¶古人(生没年不詳)

紀滋行 きのしげゆき
平安時代中期の大和国添上郡の刀禰。
¶古人(生没年不詳)

紀重頼 きのしげより
平安時代後期の官人。
¶古人(生没年不詳)

紀静子* きのしずこ
?～貞観8(866)年 ㊀紀静子(きのせいし) 平安時代前期の女性。文徳天皇の更衣。
¶古人,天皇(きのせいし・しづこ ㊁貞観8(867)年2月)

木下家定* きのしたいえさだ
天文12(1543)年～慶長13(1608)年 安土桃山時代～江戸時代前期の武将、大名。播磨姫路藩主、備中足守藩主。
¶コン,全戦

木下家治 きのしたいえはる
江戸時代前期の仙石忠俊の傅役。
¶大坂

木下韓村* きのしたいそん
文化2(1805)年～慶応3(1867)年 ㊀木下犀潭(きのしたさいたん),木下業広(きのしたなりひろ) 江戸時代末期の肥後熊本藩士。
¶詩作(木下犀潭 きのしたさいたん ㊄文化2(1805)年8月5日 ㊁慶応3(1867)年5月6日),幕末(㊁慶応3(1867)年4月3日)

木下逸雲* きのしたいつうん
*～慶応2(1866)年 江戸時代後期の画家。長崎三大文人画家の一人。
¶コン(㊄寛政11(1799)年),幕末(㊄寛政11(1799)年 ㊁慶応2(1866)年8月4日),美画(㊄寛政12(1800)年 ㊁慶応2(1866)年8月)

木下巌* きのしたいわお
天保14(1843)年～慶応4(1868)年8月21日 江戸時代後期～末期の新撰組隊士。
¶新隊(㊄弘化3(1846)年? ㊁明治1(1868)年8月21日)

木下雅楽助 きのしたうたのすけ
⇒木下嘉俊(きのしたよしとし)

木下嘉久次 きのしたかくじ
⇒木下庫之助(きのしたくらのすけ)

木下勝蔵*(木下勝三) きのしたかつぞう
嘉永1(1848)年～? 江戸時代後期～末期の新撰組隊士。
¶新隊(木下勝三 生没年不詳)

木下勝俊 きのしたかつとし
⇒木下長嘯子(きのしたちょうしょうし)

木下庫之助* きのしたくらのすけ
弘化1(1844)年～元治1(1864)年 ㊀木下嘉久次(きのしたかくじ) 江戸時代末期の野根山岩佐番所番頭。
¶コン,幕末(㊁元治1(1864)年9月5日)

木下敬賢* きのしたけいけん
嘉永3(1850)年1月12日～大正5(1916)年8月24日 江戸時代末期～大正時代の能楽師、観世流シテ方。
¶新能

木下衡* きのしたこう
?～嘉永5(1852)年 江戸時代末期の儒学者。
¶幕末(㊁嘉永5(1852)年3月)

木下小平太 きのしたこへいた
⇒荒木重堅(あらきしげかた)

木下犀潭 きのしたさいたん
⇒木下韓村(きのしたいそん)

木下左京亮 きのしたさきょうのすけ
⇒木下秀規(きのしたひでのり)

木下幸文 きのしたさちふみ
⇒木下幸文(きのしたたかふみ)

木下式部大輔 きのしたしきぶたいふ
⇒木下長嘯子(きのしたちょうしょうし)

木下式部大輔 きのしたしきぶたゆう
⇒木下長嘯子(きのしたちょうしょうし)

木下順庵* きのしたじゅんあん
元和7(1621)年～元禄11(1698)年12月23日 江戸時代前期の儒学者。門下から木門十哲を輩出。
¶江人,コン,思想,徳将,徳人,山小(㊄1621年6月4日 ㊁1698年12月23日)

木下四郎兵衛昌直 きのしたしろうべえまさなお
⇒木下昌直(きのしたまさなお)

木下甚右衛門 きのしたじんえもん
江戸時代中期の江戸の版元。
¶浮絵

木下慎之助* きのしたしんのすけ
嘉永2(1849)年～元治1(1864)年 江戸時代末期の志士。
¶幕末(㊄嘉永2(1849)年9月 ㊁元治1(1864)年9月5日)

木下助右衛門* きのしたすけえもん
安土桃山時代の織田信長の家臣。
¶織田

木下祐久* きのしたすけひさ
?～天正12(1584)年 ㊀杉原定利(すぎはらさだとし) 安土桃山時代の武士。織田氏家臣、豊臣氏家臣。
¶織田(㊁天正12(1584)年4月9日),全戦

木下助之* きのしたすけゆき
文政8(1825)年～明治32(1899)年1月30日 江戸

時代末期〜明治時代の熊本藩惣庄屋, 政治家, 第1回衆議院議員。地域開発に尽くす。力食社を創設, 士族授産をはかる。
¶幕末

木下清左衛門 * きのしたせいざえもん
文化14 (1817) 年〜文久3 (1863) 年 江戸時代後期の篤農家。農業記録を作成。
¶コン

木下幸文 * きのしたたかふみ, きのしたたかぶみ
安永8 (1779) 年〜文政4 (1821) 年11月2日 ㊞木下幸文 (きのしたさちふみ) 江戸時代後期の歌人。香川景樹門。
¶江人, 詩作, 日文 (きのしたたかぶみ)

木下太郎 * きのしたたろう
生没年不詳 安土桃山時代の織田信長の家臣。
¶織田

木下長嘯子 * きのしたちょうしょうし
永禄12 (1569) 年〜慶安2 (1649) 年 ㊞木下勝俊 (きのしたかつとし), 木下式部大輔 (きのしたしきぶたいふ, きのしたしきぶたゆう), 竜野侍従 (たつのじじゅう), 長嘯 (ちょうしょう), 若狭宰相 (わかささいしょう), 若狭少将 (わかさしょうしょう) 安土桃山時代〜江戸時代前期の大名, 歌人。若狭小浜藩主, 備中足守藩主。
¶江人, コン, 詩作 (㊞慶安2 (1649) 年6月15日), 思想, 日文 (きのしたちょうしゅうじ)

木下道円 * きのしたどうえん
寛永10 (1633) 年〜享保2 (1717) 年 江戸時代前期〜中期の儒者, 医師。
¶植物 (㊞寛永11 (1634) 年 ㊞正徳6 (享保1 ?) (1716) 年)

木下藤吉 きのしたとうきち
江戸時代末期の新撰組隊士。
¶新隊 (生没年不詳)

木下藤吉郎 きのしたとうきちろう
⇒豊臣秀吉 (とよとみひでよし)

木下利次 きのしたとしつぐ
江戸時代前期〜中期の幕臣。
¶徳人 (㊞1607年 ㊞1689年)

木下俊長 * きのしたとしなが
慶安1 (1648) 年〜享保1 (1716) 年 江戸時代前期〜中期の大名。豊後日出藩主。
¶コン

木下俊程 * きのしたとしのり
天保4 (1833) 年〜慶応3 (1867) 年 江戸時代末期の大名。豊後日出藩主。
¶幕末 (㊞天保4 (1833) 年2月6日 ㊞慶応3 (1867) 年8月27日)

木下利恭 * きのしたとしもと
天保3 (1832) 年7月24日〜明治23 (1890) 年3月29日 ㊞木下利恭 (きのしたとしやす) 江戸時代末期〜明治時代の足守藩主, 足守藩知事。
¶全幕 (きのしたとしやす)

木下利恭 きのしたとしやす
⇒木下利恭 (きのしたとしもと)

木下利義 * きのしたとしよし
江戸時代末期の幕臣。
¶幕末 (生没年不詳)

木下業広 きのしたなりひろ
⇒木下韡村 (きのしたいそん)

木下延次 * きのしたのぶつぐ
江戸時代前期の幕臣。
¶徳人 (㊞1610年 ㊞1658年)

木下信名 * きのしたのぶな
江戸時代前期〜中期の幕臣。
¶徳人 (㊞1680年 ㊞1754年)

木下備中守 きのしたびっちゅうのかみ
⇒荒木重堅 (あらきしげかた)

木下秀規 * きのしたひでのり
㊞木下左京亮 (きのしたさきょうのすけ) 安土桃山時代の武将。秀吉馬廻。
¶大坂 (木下左京亮 きのしたさきょうのすけ)

木下昌直 * きのしたまさなお
？〜天正12 (1584) 年 ㊞木下四郎兵衛昌直 (きのしたしろうべえまさなお) 安土桃山時代の武士。
¶全戦 (㊞天文3 (1534) 年 ?) ㊞天正12 (1584) 年 ?), 戦武 (㊞天正12 (1584) 年 ?)

木下弥三郎 きのしたやさぶろう
江戸時代後期の新撰組隊士。
¶新隊 (㊞天保14 (1843) 年 ㊞?)

木下弥八郎 * きのしたやはちろう
生没年不詳 江戸時代末期の豊岡藩家老。
¶コン, 幕末

木下嘉俊 * きのしたよしとし
㊞木下雅楽助 (きのしたうたのすけ) 安土桃山時代の武士。豊臣氏家臣。
¶織田 (木下雅楽助 きのしたうたのすけ ㊞? ㊞天正12 (1584) 年4月9日 ?)

木下蘭皐 * きのしたらんこう
天和1 (1681) 年〜宝暦2 (1752) 年 江戸時代中期の漢学者, 尾張藩士。
¶コン

喜の字屋又左衛門 きのじやまたざえもん
⇒森田勘弥 〔5代〕 (もりたかんや)

紀種子 きのしゅし
⇒紀種子 (きのたねこ)

紀春生 * きのしゅんせい
㊞紀春生 (きのはるお) 平安時代前期の医師。
¶古人 (きのはるお 生没年不詳)

喜濃女 きのじょ *
江戸時代中期の女性。俳諧。鶴岡連の人。寛保3年刊, 仙石里紅編『花供養』八に載る。
¶江表 (喜濃女 (山形県))

紀成安 きのじょうあん
平安時代後期の官人。
¶古人 (生没年不詳)

紀納言 きのしょうげん
⇒紀長谷雄 (きのはせお)

紀上太郎 * きのじょうたろう
延享4 (1747) 年〜寛政11 (1799) 年4月23日 江戸時代中期の豪商, 浄瑠璃作者, 狂歌師。
¶コン

紀二郎丸　きのじろうまろ
平安時代後期の藤原実房の家人。
¶古人([生]1100年　[没]?)

紀白麻呂　きのしろまろ
⇒紀朝臣白麻呂(きのあそんしろまろ)

紀新大夫舎弟　きのしんのたいふしゃてい
平安時代後期の与力人大将軍。
¶古人(生没年不詳)

紀季明*　きのすえあきら
世襲名　平安時代の東豎子。
¶古人

紀末包　きのすえかね
平安時代後期の伊勢神宮権禰宜。
¶古人(生没年不詳)

紀末貞　きのすえさだ
平安時代後期の官人。
¶古人(生没年不詳)

紀季実　きのすえざね
平安時代後期の官人。
¶古人(生没年不詳)

紀季重　きのすえしげ
平安時代後期の官人。
¶古人(生没年不詳)

紀末高　きのすえたか
平安時代中期の官人。
¶古人(生没年不詳)

紀季経　きのすえつね
平安時代後期の官人。
¶古人(生没年不詳)

紀季奉　きのすえとも
平安時代後期の官人。
¶古人(生没年不詳)

紀季名　きのすえな
平安時代後期の官人。
¶古人(生没年不詳)

紀季成　きのすえなり
平安時代中期の官人。東豎子。
¶古人(生没年不詳)

紀末延　きのすえのぶ
平安時代後期の官人。
¶古人(生没年不詳)

紀季正　きのすえまさ
平安時代後期の官人。
¶古人(生没年不詳)

紀末光　きのすえみつ
平安時代後期の官人。
¶古人(生没年不詳)

紀季良　きのすえよし
平安時代後期の官人。
¶古人(生没年不詳)

紀末吉　きのすえよし
平安時代後期の在地の刀禰。
¶古人(生没年不詳)

紀宿禰福吉　きのすくねふくよし
⇒大村福吉(おおむらのふくよし)

紀資方　きのすけかた
平安時代後期の官人。
¶古人(生没年不詳)

紀助兼　きのすけかね
平安時代後期の官人。
¶古人(生没年不詳)

紀佐親　きのすけちか
平安時代後期の官人。
¶古人(生没年不詳)

紀輔任*　きのすけとう
生没年不詳　平安時代後期の石清水俗別当。
¶古人

紀輔時　きのすけとき
⇒紀輔時(きすけとき)

紀助成　きのすけなり
平安時代前期の官人。
¶古人(生没年不詳)

紀助信　きのすけのぶ
平安時代中期の官人。
¶古人(生没年不詳)

紀佐正　きのすけまさ
平安時代中期の官人。
¶古人(生没年不詳)

紀助正*　きのすけまさ
生没年不詳　平安時代中期の蒔絵師。
¶美工

紀静子　きのせいし
⇒紀静子(きのしずこ)

紀関雄　きのせきお
平安時代前期の官人。
¶古人(生没年不詳)

黄瀬平治*　きのせへいじ
寛政8(1796)年～天保14(1843)年　[別]黄瀬平治(きせへいじ)　江戸時代後期の近江国甲賀郡の義民。
¶コン

紀全子*　きのぜんし
生没年不詳　[別]紀全子(きのまたこ)　平安時代前期の女官。陽成天皇の乳母。
¶古人(きのまたこ)

紀僧正　きのそうじょう
⇒真済(しんぜい)

紀大夫　きのたいふ
⇒紀大人(きのうし)

紀平子　きのたいらこ
平安時代中期の官人。
¶古人(生没年不詳)

紀田上　きのたうえ
⇒紀田上(きのたがみ)

紀孝親　きのたかちか
平安時代中期の官人。
¶古人(生没年不詳)

紀高親　きのたかちか
平安時代後期の官人。
¶古人（生没年不詳）

紀高継　きのたかつぐ
平安時代前期の紀伊国造。
¶古人（生没年不詳）

紀高経　きのたかつね
平安時代後期の紀伊国造。
¶古人（生没年不詳）

紀高常　きのたかつね
平安時代前期の官人。
¶古人（生没年不詳）

紀最弟　きのたかと
平安時代前期の官人。木津魚の子。右兵衛佐、因幡権介、信濃介。
¶古人（[生]795年　[没]852年）

紀孝任　きのたかとう
平安時代中期の官人。
¶古人（生没年不詳）

紀高時　きのたかとき
平安時代後期の官人。
¶古人（生没年不詳）

紀孝長　きのたかなが
平安時代後期の紀伊国造。孝経の子。
¶古人（[生]？　[没]1096年）

紀高成　きのたかなり
平安時代後期の相模国在庁官人。
¶古人（生没年不詳）

紀鷹成　きのたかなり
平安時代前期の官人。
¶古人（生没年不詳）

紀高根(1)　きのたかね
平安時代中期の官人。
¶古人（生没年不詳）

紀高根(2)　きのたかね
平安時代中期の官人。
¶古人（生没年不詳）

紀高雅　きのたかまさ
平安時代中期の官人。
¶古人（生没年不詳）

紀田上*　きのたがみ
宝亀1（770）年～天長2（825）年　[別]紀朝臣田上（きのあそんたうえ），紀田上（きのたうえ）　平安時代前期の官人。
¶古人（[生]？），古代（紀朝臣田上　きのあそんたうえ）

紀鷹守　きのたかもり
平安時代前期の官人。
¶古人（生没年不詳）

紀武明　きのたけあき
平安時代後期の官人。
¶古人（生没年不詳）

紀武城　きのたけき
平安時代前期の人。貞観8年日向国に配流。
¶古人（生没年不詳）

紀武里　きのたけさと
平安時代後期の官人。
¶古人（生没年不詳）

紀武末　きのたけすえ
平安時代後期の官人。
¶古人（生没年不詳）

紀武忠　きのたけただ
平安時代中期の武士。寛弘1年滝口の武士。
¶古人（生没年不詳）

紀武常　きのたけつね
平安時代後期の官人。
¶古人（生没年不詳）

紀武時　きのたけとき
平安時代後期の官人。
¶古人（生没年不詳）

紀武友　きのたけとも
平安時代後期の官人。
¶古人（生没年不詳）

紀武頼　きのたけより
平安時代中期の相撲人。寛仁3年召合に出場。
¶古人（生没年不詳）

紀縄継　きのただつぐ
平安時代前期の紀伊国名草郡の大領。
¶古人（生没年不詳）

紀縄麻呂　きのただ（つな）まろ
平安時代前期の官人。
¶古人（生没年不詳）

紀忠任　きのただとう
平安時代後期の官人。
¶古人（生没年不詳）

紀忠遠　きのただとお
平安時代中期の官人。
¶古人（生没年不詳）

紀忠時　きのただとき
平安時代後期の官人。
¶古人（生没年不詳）

紀斉名*　きのただな
天徳1（957）年～長保1（999）年　[別]紀斉名（きただな，きのまさな）　平安時代中期の文人。名文家。
¶古人，コン，日文

紀忠長　きのただなが
平安時代後期の人。
¶古人（生没年不詳）

紀斉名妻　きのただなのつま
平安時代中期の女性。長保2年道長に『扶桑集』を献じた。
¶古人（生没年不詳）

紀忠則　きのただのり
平安時代中期の左京の保刀禰。
¶古人（生没年不詳）

紀忠道　きのただみち
平安時代中期の官人。
¶古人（[生]？　[没]1019年）

紀忠宗　きのたたむね
平安時代中期の官人。
¶古人（生没年不詳）

紀田鳥宿禰*　きのたとりのすくね
上代の豪族。
¶古代

紀種子*　きのたねこ
？～貞観11（869）年　[別]紀種子（きのしゅし）　平安時代前期の女性。仁明天皇の更衣。
¶古人，天皇（きのしゅし・たねこ　生没年不詳）

紀種継　きのたねつぐ
平安時代前期の官人。仁明朝に大学助教従五位下。
¶古人（生没年不詳）

紀胤連　きのたねつら
平安時代中期の大和国添上郡大岡中郷の人。
¶古人（生没年不詳）

吉田書主　きのたのふみぬし
⇒興世書主（おきよのふみぬし）

吉田宜　きのたのよろし
⇒吉田宜（きったのよろし）

紀田村子*　きのたむらこ
？～承和2（835）年　平安時代前期の女官。
¶古人

紀為賢　きのためかた
平安時代中期の官人。
¶古人（生没年不詳）

紀為兼　きのためかね
平安時代後期の官人。
¶古人（生没年不詳）

紀為真　きのためざね
平安時代後期の官人。
¶古人（生没年不詳）

紀為季(1)　きのためすえ
平安時代後期の官人。
¶古人（生没年不詳）

紀為季(2)　きのためすえ
平安時代後期の官人。
¶古人（生没年不詳）

紀為武　きのためたけ
平安時代中期の官人。
¶古人（生没年不詳）

紀為説　きのためとき
平安時代中期の官人。
¶古人（生没年不詳）

紀為俊　きのためとし
平安時代後期の官人。
¶古人（生没年不詳）

紀為利　きのためとし
平安時代後期の官人。
¶古人（生没年不詳）

紀為信　きのためのぶ
平安時代中期の官人。
¶古人（生没年不詳）

紀為房*　きのためふさ
生没年不詳　平安時代後期の賊。
¶古人

紀為宗　きのためむね
平安時代後期の官人。
¶古人（生没年不詳）

紀為基　きのためもと
平安時代中期の官人。
¶古人（生没年不詳）

紀為元　きのためもと
平安時代後期の官人。
¶古人（生没年不詳）

紀為行　きのためゆき
平安時代後期の官人。
¶古人（生没年不詳）

紀為頼(1)　きのためより
平安時代中期の漆工公忠の従者。
¶古人（生没年不詳）

紀為頼(2)　きのためより
平安時代中期の官人。
¶古人（生没年不詳）

紀為頼(3)　きのためより
平安時代後期の官人。
¶古人（生没年不詳）

紀千枝　きのちえだ
平安時代前期の官人。
¶古人（生没年不詳）

紀近武　きのちかたけ
平安時代後期の官人。
¶古人（生没年不詳）

紀近任　きのちかとう
平安時代後期の官人。
¶古人（生没年不詳）

紀近友　きのちかとも
平安時代中期の相撲人。長保2年の召合に出場。
¶古人（生没年不詳）

紀近成　きのちかなり
平安時代後期の官人。
¶古人（生没年不詳）

紀近則　きのちかのり
平安時代後期の武士。滝口の武士。
¶古人（生没年不詳）

紀親元　きのちかもと
平安時代後期の官人。
¶古人（生没年不詳）

紀親守　きのちかもり
平安時代後期の算師。
¶古人（生没年不詳）

紀親盛　きのちかもり
平安時代後期の文章生。
¶古人（生没年不詳）

紀近吉　きのちかよし
平安時代中期の源済政の所従。
¶古人（生没年不詳）

紀次雄　きのつぎお
平安時代前期の官人。
¶古人(生没年不詳)

紀継雄　きのつぐお
平安時代前期の官人。
¶古人(生没年不詳)

紀筑紫麻呂　きのつくしまろ
平安時代前期の官人。
¶古人(生没年不詳)

紀継足　きのつぐたり
平安時代前期の官人。
¶古人(生没年不詳)

紀継成　きのつぐなり
奈良時代の官人。
¶古人(生没年不詳)

紀継則　きのつぐのり
平安時代前期の官人。
¶古人(生没年不詳)

紀嗣宗　きのつぐむね
平安時代前期の紀伊国の人。
¶古人(生没年不詳)

紀作良　きのつくら
⇒紀朝臣作良(きのあそんさくら)

紀綱雄　きのつなお
平安時代前期の官人。
¶古人(生没年不詳)

紀綱麻呂　きのつなまろ
平安時代前期の官人。
¶古人(生没年不詳)

紀角宿禰　きのつぬのすくね
⇒紀角宿禰(きのつののすくね)

紀経方　きのつねかた
平安時代後期の官人。経行の子。
¶古人(生没年不詳)

紀恒貞　きのつねさだ
平安時代後期の相模国大庭御厨の神人。
¶古人(生没年不詳)

紀経助　きのつねすけ
平安時代後期の官人。
¶古人(生没年不詳)

紀常直　きのつねなお
平安時代前期の官人。
¶古人(生没年不詳)

紀経業　きのつねなり
平安時代前期の官人。
¶古人(生没年不詳)

紀経則　きのつねのり
平安時代後期の官人。
¶古人(生没年不詳)

紀常晴　きのつねはる
平安時代中期の伊勢国丹生出山の住人。
¶古人(生没年不詳)

紀恒平　きのつねひら
鎌倉時代前期の官人。
¶古人(生没年不詳)

紀恒身　きのつねみ
平安時代前期の官人。
¶古人(生没年不詳)

紀経光　きのつねみつ
平安時代後期の官人。
¶古人(生没年不詳)

紀常峯　きのつねみね
平安時代中期の鎮守府軍曹。
¶古人(生没年不詳)

紀経行(1)　きのつねゆき
平安時代後期の木工権大工。
¶古人(生没年不詳)

紀経行(2)　きのつねゆき
平安時代後期の官人。
¶古人(生没年不詳)

紀恒行　きのつねゆき
平安時代後期の番匠。康和4年木工寮大工・従五位上。
¶古人(生没年不詳)

紀角　きのつの
⇒紀角宿禰(きのつののすくね)

紀角宿禰*(木角宿禰)　きのつののすくね
[別]紀角宿禰(きのつぬのすくね)，紀角(きのつの)　上代の紀氏の祖といわれる人物。
¶古代, 古物, コン, 対外(紀角　きのつの)

紀椿守*　きのつばきもり
宝亀7(776)年～仁寿3(853)年　奈良時代～平安時代前期の春宮亮白満の子。
¶古人

紀貫之*　きのつらゆき
*～天慶8(945)年　[別]紀貫之(きつらゆき)，貫之(つらゆき)　平安時代前期～中期の歌人。三十六歌仙の一人で「古今和歌集」の撰者。また「土佐日記」の著者でもある。
¶浮絵([生]？), 古人([生]？), コン([生]貞観14(872年？/859年/883年/884)年), 詩作([生]貞観10(868)年　[没]天慶9(945)年5月18日), 思想([生]貞観14(872)年？　[没]天慶8(945)年？), 日文([生]？), 山小([生]？)

紀貫之女　きのつらゆきのむすめ
⇒紀内侍(きのないし)

紀時方　きのときかた
平安時代後期の人。寿永2年大和国添上郡の田二段を売却。
¶古人(生没年不詳)

紀時国　きのときくに
平安時代中期の官人。
¶古人(生没年不詳)

紀時高　きのときたか
平安時代中期の相撲人。
¶古人(生没年不詳)

紀時忠　きのときただ
平安時代中期の藤原実資家の雑色所の長。
¶古人(生没年不詳)

紀時継　きのときつぐ
平安時代中期の官人。時文(貫之の子)の子。

¶古人 (生没年不詳)

紀時任 きのときとう
平安時代中期の相撲人。長保2年の召合に出場。
¶古人 (㋐? ㋑1000年)

紀時成 きのときなり
平安時代中期の官人。
¶古人 (生没年不詳)

紀節延 きのときのぶ
平安時代中期の官人。
¶古人 (生没年不詳)

紀時文* きのときぶみ，きのときふみ
生没年不詳 ㋓紀時文 (きときふみ) 平安時代中期の歌人。貫之の子。梨壺の五人の一人。
¶古人 (きのときふみ)，コン，日文 (きのときふみ) ㋐? ㋑長徳2 (996) 年/3 (997) 年)

紀時基 きのときもと
平安時代後期の官人。
¶古人 (生没年不詳)

紀徳民 きのとくみん
⇒細井平洲 (ほそいへいしゅう)

紀利廉 きのとしかど
平安時代中期の官人。
¶古人 (生没年不詳)

紀利兼 きのとしかね
平安時代中期の官人。
¶古人 (生没年不詳)

紀利貞 きのとしさだ
⇒紀利貞 (きとしさだ)

紀利武 きのとしたけ
平安時代中期の官人。
¶古人 (生没年不詳)

紀俊忠 きのとしただ
平安時代中期の官人。
¶古人 (生没年不詳)

紀利連 きのとしつら
平安時代中期の大和国添上郡大岡中郷の刀禰。
¶古人 (生没年不詳)

紀利任 きのとしとう
平安時代後期の紀伊国弘田荘司。
¶古人 (生没年不詳)

紀俊長* きのとしなが
生没年不詳 ㋓紀俊長 (きいとしなが，きとしなが) 室町時代の歌人，公卿 (非参議)。応永4年従三位に叙される。
¶公卿，公家 (俊長〔日前国懸宮神主 紀家〕としなが)

紀利永 きのとしなが
平安時代前期の官人。紀伊掾。
¶古人 (生没年不詳)

紀閉丸 きのとじまろ
平安時代後期の人。
¶古人 (生没年不詳)

紀利元 きのとしもと
平安時代中期の官人。
¶古人 (生没年不詳)

紀橡姫* きのとちひめ
?～和銅2 (709) 年 ㋓紀朝臣橡姫 (きのあそんとちひめ) 奈良時代の女性。光仁天皇の生母。
¶古代 (紀朝臣橡姫 きのあそんとちひめ)，天皇 (生没年不詳)

紀殿子 きのとのこ
平安時代前期の官人。
¶古人 (生没年不詳)

紀友包 きのともかね
平安時代後期の伊勢神宮権別当。
¶古人 (生没年不詳)

紀知貞 きのともさだ
平安時代中期の藤原実資の家司。重親の子。
¶古人 (生没年不詳)

紀奉貞 きのともさだ
平安時代後期の官人。
¶古人 (生没年不詳)

紀友真 きのともざね
平安時代後期の伊勢神宮正検校。
¶古人 (生没年不詳)

紀友重 きのともしげ
平安時代中期の人。
¶古人 (生没年不詳)

紀奉親 きのともちか
平安時代後期の官人。
¶古人 (生没年不詳)

紀友次 きのともつぐ
平安時代後期の官人。
¶古人 (生没年不詳)

紀奉節 きのともとき
平安時代後期の官人。
¶古人 (生没年不詳)

紀奉永 きのともなが
⇒池田奉永 (いけだよしなが)

紀友則* きのとものり
生没年不詳 ㋓紀友則 (きとものり) 平安時代前期～中期の歌人。三十六歌仙の一人。
¶古人，コン ㋑延喜7 (907) 年)，詩作 (㋐承和12 (845) 年頃 ㋑延喜5～7 (907) 年)，日文，山小

紀友正 きのともまさ
鎌倉時代前期の官人。
¶古人 (生没年不詳)

紀奉光* きのともみつ
大治4 (1129) 年～養和1 (1181) 年 平安時代後期の武士。
¶古人

紀豊明 きのとよあきら
平安時代中期の官人。
¶古人 (生没年不詳)

紀豊城* きのとよき
生没年不詳 平安時代前期の応天門の変の罪人。
¶古人，古代

紀豊成 きのとよなり
平安時代前期の紀伊国造。
¶古人 (生没年不詳)

紀豊庭　きのとよにわ
奈良時代の官人。
¶古人（生没年不詳）

紀豊信（延）　きのとよのぶ
平安時代中期の相撲人。長保2年の召合に出場。
¶古人（生没年不詳）

紀寅雄　きのとらお
平安時代前期の官人。
¶古人（生没年不詳）

紀内侍*　きのないし，きのないじ
生没年不詳　[別]紀貫之女（きのつらゆきのむすめ）　平安時代の伝説の女性。紀貫之の娘に擬せられる歌人。
¶古人（紀貫之女　きのつらゆきのむすめ），コン

紀内親王*　きのないしんのう
延暦18（799）年～仁和2（886）年　平安時代前期の女性。桓武天皇の第15皇女。
¶古人

紀長江　きのながえ
⇒紀長江（きながえ）

紀仲清　きのなかきよ
平安時代後期の紀伊国の坂上氏の家人。
¶古人（生没年不詳）

紀永継　きのながつぐ
平安時代前期の官人。
¶古人（生没年不詳）

紀永直　きのながなお
平安時代前期の官人。
¶古人（生没年不詳）

紀永成　きのながなり
平安時代前期の官人。
¶古人（生没年不詳）

紀納言　きのなごん
⇒紀長谷雄（きのはせお）

紀夏井*　きのなつい
生没年不詳　[別]紀朝臣夏井（きのあそんなつい）　平安時代前期の官人、国司。
¶古人（[生]822年？　[没]？），古代（紀朝臣夏井　きのあそんなつい），コン，山小

紀名虎*　きのなとら
？～承和14（847）年　[別]紀名虎（きなとら），紀朝臣名虎（きのあそんなとら）　平安時代前期の貴族。
¶古人（[没]848年），古代（紀朝臣名虎　きのあそんなとら），コン，平家（きなとら）

紀難波麻呂　きのなにわまろ
⇒紀朝臣難波麻呂（きのあそんなにわまろ）

紀成国　きのなりくに
平安時代中期の官人。
¶古人（生没年不詳）

紀成重　きのなりしげ
平安時代中期の官人。
¶古人（生没年不詳）

紀成任　きのなりとう
平安時代後期の案主。
¶古人（生没年不詳）

紀成久　きのなりひさ
平安時代後期の官人。
¶古人（生没年不詳）

紀作良　きのなりよし
⇒紀朝臣作良（きのあそんさくら）

紀二位*　きのにい
？～仁安1（1166）年　[別]紀伊局（きいのつぼね），紀伊二位（きいのにい），藤原朝子（ふじわらちょうし，ふじわらのあさこ，ふじわらのちょうし）　平安時代後期の貴族。後白河天皇乳母。
¶古人（藤原朝子　ふじわらのあさこ），女史（紀伊局　きいのつぼね），内乱（生没年不詳），平家（紀伊二位　きいのにい　[没]永万2（1166）年）

紀糠売*　きのぬかめ
奈良時代の婢。
¶古代

紀野長　きののなが
平安時代前期の官人。
¶古人（生没年不詳）

紀宣明*　きののぶあき
？～長元5（1032）年　[別]紀宣明（きののぶあきら）　平安時代中期の衛門府官人。
¶古人（きののぶあきら）

紀宣明　きののぶあきら
⇒紀宣明（きののぶあき）

紀延有　きののぶあり
平安時代中期の官人。右近衛府の官人。
¶古人（生没年不詳）

紀信枝　きののぶえだ
平安時代後期の官人。
¶古人（生没年不詳）

紀延興*　きののぶおき
宝暦6（1756）年～文政11（1828）年　[別]上司延興（かみつかさのぶおき）　江戸時代中期～後期の神官（南都八幡宮神主）。
¶公卿（[没]文政11（1828）年7月），公家（延興〔南都八幡宮神主 上司家〕　のぶおき　[没]文政11（1828）年7月）

紀延方　きののぶかた
平安時代後期の番匠大工。従五位下。
¶古人（生没年不詳）

紀宣賢　きののぶかた
平安時代後期の官人。
¶古人（生没年不詳）

紀宣方　きののぶかた
平安時代後期の官人。
¶古人（生没年不詳）

紀信清　きののぶきよ
平安時代後期の官人。
¶古人（生没年不詳）

紀延滋　きののぶしげ
平安時代中期の随身。長保3年大宰帥平惟仲の随身。
¶古人（生没年不詳）

紀宣輔　きののぶすけ
平安時代後期の官人。
¶古人（生没年不詳）

紀信孝　きののぶたか
平安時代中期の明法学生。
¶古人(生没年不詳)

紀延武*　きののぶたけ
生没年不詳　平安時代後期の大工。
¶古人, 美建

紀信親　きののぶちか
平安時代中期の官人。
¶古人(生没年不詳)

紀延任　きののぶとう
平安時代後期の摂津国水成瀬荘の荘預。
¶古人(生没年不詳)

紀宣時　きののぶとき
平安時代中期の人。大原野神殿預を希望。
¶古人(生没年不詳)

紀延夏*　きののぶなつ
享保2(1717)年～享和1(1801)年1月5日　江戸時代中期～後期の神官(東大寺八幡宮神主)。
¶公卿, 公家(延夏〔南都八幡宮神主 上司家〕　のぶなつ)

紀延正　きののぶまさ
平安時代中期の官人。
¶古人(生没年不詳)

紀信安　きののぶやす
平安時代後期の官人。
¶古人(生没年不詳)

紀信頼　きののぶより
平安時代中期の官人。
¶古人(生没年不詳)

紀則沢　きののりさわ
平安時代後期の官人。
¶古人(生没年不詳)

紀則重　きののりしげ
平安時代後期の官人。
¶古人(生没年不詳)

紀則末　きののりすえ
平安時代後期の官人。
¶古人(生没年不詳)

紀教忠　きののりただ
平安時代中期の官人。忠道の子。
¶古人(生没年不詳)

紀則忠　きののりただ
平安時代後期の藤原師実家の知家事。のち正六位上主税少属。
¶古人(生没年不詳)

紀則親　きののりちか
平安時代後期の官人。
¶古人(生没年不詳)

紀範成　きののりなり
平安時代後期の紀伊国直川保の刀禰。
¶古人(生没年不詳)

紀教弘　きののりひろ
平安時代後期の紀伊国造。教経の子。
¶古人([生]?　[没]1063年)

紀則盛　きののりもり
平安時代後期の藤原忠通家の家司。
¶古人(生没年不詳)

紀乗吉　きののりよし
平安時代中期の官人。
¶古人(生没年不詳)

紀梅亭*　きのばいてい
享保19(1734)年～文化7(1810)年　[別]紀梅亭，紀楳亭(きばいてい)，梅亭(ばいてい)　江戸時代中期～後期の南画家、俳人。与謝蕪村門下で近江蕪村と称された。
¶俳文(梅亭　ばいてい　[没]文化7(1810)年7月7日), 美画([没]文化7(1810)年7月7日)

紀長谷雄*　きのはせお
承和12(845)年～延喜12(912)年　[別]紀朝臣長谷雄(きのあそんはせお)，紀納言(きのしょうげん，きのなごん)，紀長谷雄(きはせお)　平安時代前期～中期の学者、公卿(中納言)。参議紀飯麻呂の6代孫。
¶公卿([没]延喜12(912)年3月10日), 古人, 古代(紀朝臣長谷雄　きのあそんはせお), コン([生]仁寿1(851)年), 思想, 日文([生]貞和12(845)年), 山小([没]912年2月10日)

紀浜公　きのはまきみ
平安時代前期の官人。
¶古人(生没年不詳)

紀春枝　きのはるえだ
平安時代前期の官人。
¶古人(生没年不詳)

紀春生　きのはるお
⇒紀春生(きのしゅんせい)

紀春常　きのはるつね
平安時代前期の官人。
¶古人(生没年不詳)

紀春主*　きのはるぬし
生没年不詳　平安時代前期の遣唐使。
¶古人

紀春道　きのはるみち
平安時代前期の人。貞観8年上総国に配流。
¶古人(生没年不詳)

紀春世　きのはるよ
平安時代前期の右京四条二坊の戸主従七位上少判事。
¶古人(生没年不詳)

紀久実　きのひさざね
平安時代後期の官人。
¶古人(生没年不詳)

紀久重*　きのひさしげ
?～養和1(1181)年　平安時代後期の武士。
¶古人

紀久任　きのひさとう
平安時代後期の官人。
¶古人(生没年不詳)

紀久俊　きのひさとし
平安時代後期の武士。父は頼季。
¶古人(生没年不詳)

紀久長　きのひさなが
平安時代後期の官人。
¶古人(生没年不詳)

紀久範　きのひさのり
平安時代後期の官人。父は久任。
¶古人(生没年不詳)

紀久宗　きのひさむね
平安時代後期の官人。父は久任。
¶古人(生没年不詳)

紀久世　きのひさよ
平安時代中期の京都冷泉院東保の刀禰、木工長上。
¶古人(生没年不詳)

紀尚頼　きのひさより
平安時代中期の官人。
¶古人(生没年不詳)

紀秀包　きのひでかね
平安時代後期の官人。
¶古人(生没年不詳)

紀秀行　きのひでゆき
平安時代中期の官人。
¶古人(生没年不詳)

紀必登　きのひと
⇒紀朝臣必登(きのあそんひと)

紀皇女　きのひめみこ
⇒紀皇女(きのこうじょ)

紀枚成　きのひらなり
平安時代前期の人。紀伊国名草郡真川郷墾田売券に署判。
¶古人(生没年不詳)

紀広明　きのひろあきら
平安時代中期の人。
¶古人(生没年不詳)

紀広河　きのひろかわ
平安時代前期の官人。
¶古人(生没年不詳)

紀弘子　きのひろこ
平安時代中期の官人。
¶古人(生没年不詳)

紀広純*　きのひろずみ
？～宝亀11(780)年　[別]紀朝臣広純(きのあそんひろずみ)　奈良時代の官人、武将(参議)。大納言紀麻呂の孫。
¶公卿([没]宝亀11(780)年3月24日),古人,古代(紀朝臣広純　きのあそんひろずみ),コン,対外

紀弘任　きのひろとう
平安時代後期の人。日向国柏原牟田の開発を申請。
¶古人(生没年不詳)

紀広名　きのひろな
⇒紀朝臣広名(きのあそんひろな)

紀弘永　きのひろなが
平安時代中期の石清水八幡宮権俗別当。
¶古人(生没年不詳)

紀広成*　きのひろなり
安永6(1777)年～天保10(1839)年　[別]山脇東暉(やまわきとうき)　江戸時代後期の四条派の画家。
¶美画(山脇東暉　やまわきとうき　[没]天保10(1839)年8月23日)

紀広庭*　きのひろにわ
？～宝亀8(777)年　[別]紀朝臣広庭(きのあそんひろにわ)　奈良時代の官人(参議)。近江朝御史大夫贈三位紀大人の孫。
¶公卿([没]宝亀9(778)年6月12日),古人,古代(紀朝臣広庭　きのあそんひろにわ)

紀広浜*　きのひろはま
天平宝字3(759)年～弘仁10(819)年　[別]紀朝臣広浜(きのあそんひろはま)　奈良時代～平安時代前期の公卿(参議)。大納言紀古佐美の長男。
¶公卿([没]弘仁10(819)年7月),古人,古代(紀朝臣広浜　きのあそんひろはま),コン

紀弘岑　きのひろみね
平安時代前期の官人。
¶古人(生没年不詳)

紀広宗　きのひろむね
平安時代中期の官人。越中国史生。
¶古人(生没年不詳)

紀弘安　きのひろやす
平安時代中期の官人。
¶古人(生没年不詳)

紀深江*　きのふかえ
延暦9(790)年～承和7(840)年　[別]紀朝臣深江(きのあそんふかえ)　平安時代前期の官人。
¶古人,古代(紀朝臣深江　きのあそんふかえ),コン

紀房法　きのふさのり
平安時代中期の官人。
¶古人(生没年不詳)

紀船守*　きのふなもり
天平3(731)年～延暦11(792)年　[別]紀朝臣船守(きのあそんふなもり)　奈良時代の官人(大納言)。紀角宿禰10世の孫。
¶公卿([没]延暦11(792)年4月2日),古人,古代(紀朝臣船守　きのあそんふなもり)

紀文相　きのふみすけ
平安時代中期の官人。
¶古人(生没年不詳)

紀文忠　きのふみただ
平安時代中期の官人。
¶古人(生没年不詳)

紀文遠　きのふみとお
平安時代中期の官人。
¶古人(生没年不詳)

紀文正*　きのふみまさ
生没年不詳　平安時代中期の書家。
¶古人

紀文幹　きのふみもと
⇒紀文幹(きふみもと)

紀文行　きのふみゆき
平安時代中期の官人。
¶古人(生没年不詳)

紀冬雄　きのふゆお
平安時代前期の官人。
¶古人(生没年不詳)

紀不破麻呂　きのふわまろ
平安時代前期の官人。
¶古人（生没年不詳）

紀平洲　きのへいしゅう
⇒細井平洲（ほそいへいしゅう）

き

紀真丘*　きのまおか
生没年不詳　平安時代前期の官人。
¶古人

紀真乙　きのまおと
奈良時代の官人。
¶古人（生没年不詳）

紀真象　きのまかた
⇒紀朝臣真象（きのあそんまかた）

紀真賀茂　きのまかも
平安時代前期の官人。真鴨とも書く。
¶古人（生没年不詳）

紀巻雄　きのまきお
平安時代前期の官人。
¶古人（生没年不詳）

紀巻成　きのまきなり
平安時代前期の官人。
¶古人（生没年不詳）

紀真子　きのまこ
奈良時代の官人。
¶古人（生没年不詳）

紀正方　きのまさかた
平安時代中期の官人。
¶古人（生没年不詳）

紀正清　きのまさきよ
平安時代後期の散位。
¶古人（生没年不詳）

紀雅定　きのまささだ
平安時代後期の官人。
¶古人（生没年不詳）

紀正重　きのまさしげ
平安時代後期の官人。
¶古人（生没年不詳）

紀斉名　きのまさな
⇒紀斉名（きのただな）

紀正直　きのまさなお
平安時代前期の官人。
¶古人（生没年不詳）

紀当仁　きのまさひと
平安時代前期の医師。貞観10年侍医。
¶古人（生没年不詳）

紀正守　きのまさもり
平安時代前期の官人。
¶古人（生没年不詳）

紀正吉　きのまさよし
平安時代中期の官人。
¶古人（生没年不詳）

紀末志良比女　きのましらひめ
平安時代後期の山城国石垣荘の住人。盗みをはたらく。
¶古人（生没年不詳）

紀益雄　きのますお
平安時代前期の官人。
¶古人（生没年不詳）

紀益国　きのますくに
平安時代前期の官人。
¶古人（生没年不詳）

紀益継　きのますつぐ
平安時代前期の紀伊国名草郡真川郷の刀禰。
¶古人（生没年不詳）

紀益人*　きのますひと
生没年不詳　[別]紀朝臣益麻呂（きのあそんますまろ）　奈良時代の寺奴。紀朝臣の姓を賜り従五位下に昇る。
¶古人，古代（紀朝臣益麻呂　きのあそんますまろ），コン

紀益女*　きのますめ
？～天平神護1（765）年8月　[別]紀朝臣益女（きのあそんますめ）　奈良時代の女性。和気王謀反事件に連坐して処刑された。
¶古人，古代（紀朝臣益女　きのあそんますめ），コン

紀全子　きのまたこ
⇒紀全子（きのぜんし）

紀全法　きのまたのり
平安時代前期の官人。
¶古人（生没年不詳）

紀全吉　きのまたよし
平安時代前期の官人。
¶古人（生没年不詳）

紀松永　きのまつなが
平安時代前期の官人。
¶古人（生没年不詳）

紀松安　きのまつやす
平安時代後期の但馬国の雑掌。
¶古人（生没年不詳）

紀真人(1)　きのまひと
⇒紀朝臣真人（きのあそんまひと）

紀真人(2)　きのまひと
⇒紀朝臣真人（きのあそんまひと）

紀麻利耆拕*（紀麻利耆拖）　きのまりきた
生没年不詳　[別]紀臣麻利耆拕，紀臣麻利耆拖（きのおみまりきた）　飛鳥時代の廷臣、国司。
¶古代（紀臣麻利耆拕　きのおみまりきた），古物，コン（紀麻利耆拖）

紀麻呂*(1)　きのまろ
*～慶雲2（705）年　[別]紀朝臣麻呂（きのあそんまろ）　飛鳥時代の廷臣（大納言）。武内宿禰の子孫。
¶公卿（[生]？　[没]慶雲2（705）年7月19日），古人（[生]？），古代（紀朝臣麻呂　きのあそんまろ　[生]659年？）

紀麻呂*(2)（紀麻路）　きのまろ
生没年不詳　[別]紀朝臣麻路（きのあそんまろ）　奈良時代の官人（中納言）。武内宿禰の子孫。
¶公卿（紀麻路　[生]？　[没]天平宝字1（757）年），古人（紀麻路），古代（紀朝臣麻路　きのあそんまろ　[生]？　[没]757年？）

紀御国　きのみその
奈良時代～平安時代前期の官人。僧正真済の父。

巡察弾正正六位上。
¶古人(生没年不詳)

紀道茂 きのみちしげ
平安時代前期の官人。
¶古人(生没年不詳)

紀道成 きのみちなり
平安時代前期の官人。
¶古人(生没年不詳)

紀三津 きのみつ
平安時代前期の官人。
¶対外(生没年不詳)

紀光方 きのみつかた
平安時代中期の官人。
¶古人(生没年不詳)

紀光時 きのみつとき
平安時代中期の相撲人。寛仁3年の召合などに出場。
¶古人(生没年不詳)

紀光直 きのみつなお
平安時代後期の官人。
¶古人(生没年不詳)

紀光延 きのみつのぶ
平安時代中期の犯罪人。
¶古人(生没年不詳)

紀満信 きのみつのぶ
平安時代中期の官人。
¶古人(生没年不詳)

紀光安(1) きのみつやす
平安時代後期の官人。
¶古人(生没年不詳)

紀光安(2) きのみつやす
平安時代後期の東大寺領摂津国水成瀬荘散所雑色。
¶古人(生没年不詳)

紀御豊* きのみとよ
生没年不詳 平安時代前期の石清水八幡宮第一代神主。
¶古人

紀南麻呂 きのみなみまろ
平安時代前期の官人。
¶古人(生没年不詳)

紀岑生 きのみねお
平安時代前期の紀伊国名草郡の刀禰。
¶古人(生没年不詳)

紀岑子 きのみねこ
平安時代前期の女官。
¶古人(生没年不詳)

紀宮子* きのみやこ
生没年不詳 奈良時代の女性。光仁天皇の宮人。
¶天皇

紀宮人 きのみやひと
奈良時代の官人。
¶古人(生没年不詳)

紀宗家 きのむねいえ
平安時代後期の官人。
¶古人(生没年不詳)

紀宗兼 きのむねかね
⇒紀宗兼(きむねかぬ)

紀宗貞 きのむねさだ
平安時代後期の官人。父は宗成。
¶古人(生没年不詳)

紀致孝 きのむねたか
平安時代中期の官人。
¶古人(生没年不詳)

紀致親 きのむねちか
平安時代後期の伊勢国河俣山の強盗。
¶古人(生? ⊗1069年)

紀至任 きのむねとう
平安時代後期の官人。
¶古人(生没年不詳)

紀宗遠 きのむねとう
平安時代後期の紀伊国在庁官人。
¶古人(生没年不詳)

紀今名 きのむねな
平安時代前期の官人。
¶古人(生没年不詳)

紀致業 きのむねなり
平安時代後期の官人。
¶古人(生没年不詳)

紀宗則 きのむねのり
平安時代後期の官人。
¶古人(生没年不詳)

紀宗政 きのむねまさ
平安時代後期の官人。
¶古人(生? ⊗1107年)

紀宗守 きのむねもり
平安時代前期の官人。
¶古人(生没年不詳)

紀宗頼 きのむねより
平安時代後期の官人。
¶古人(生没年不詳)

紀致頼 きのむねより
平安時代中期の官人。文利の子。
¶古人(生没年不詳)

紀村景 きのむらかげ
平安時代中期の勧学院の案主。
¶古人(生没年不詳)

紀牟良自 きのむらじ
⇒紀朝臣牟良自(きのあそんむらじ)

紀村松 きのむらまつ
平安時代中期の右馬医師。
¶古人(生没年不詳)

紀茂行(1) きのもちゆき
平安時代中期の官人。
¶古人(生没年不詳)

紀茂行(2) きのもちゆき
⇒紀茂行(きもちゆき)

紀本 きのもと
奈良時代の官人。
¶古人(生没年不詳)

紀本男　きのもとお
平安時代前期の大和国某郡某郷の刀禰。
¶古人(生没年不詳)

紀職重　きのもとしげ
平安時代後期の官人。
¶古人(生没年不詳)

紀元(基)武　きのもとたけ
平安時代中期の官人。保方の子。
¶古人(生没年不詳)

紀基親　きのもとちか
平安時代中期の官人。守親の子。
¶古人(生没年不詳)

紀基直　きのもとなお
平安時代前期の真川郷の刀禰。
¶古人(生没年不詳)

紀元成　きのもとなり
平安時代中期の随身。治安3年随身近衛。
¶古人(生没年不詳)

紀基信　きのもとのぶ
平安時代後期の官人。
¶古人(生没年不詳)

紀本道　きのもとみち
平安時代前期の官人。
¶古人(生没年不詳)

紀百継*　きのももつぐ
天平宝字8(764)年～承和3(836)年　[別]紀朝臣百継(きのあそんももつぐ)　奈良時代～平安時代前期の公卿(参議)。従四位下紀木津魚の長男。
¶公卿([生]天平宝字7(763)年　[没]承和2(835)年9月19日), 古人, 古代(紀朝臣百継　きのあそんももつぐ)

紀盛兼　きのもりかね
平安時代後期の院使。
¶古人(生没年不詳)

紀守樹　きのもりき
平安時代中期の官人。
¶古人(生没年不詳)

紀盛沢　きのもりさわ
平安時代後期の官人。
¶古人(生没年不詳)

紀守輔　きのもりすけ
平安時代中期の官人。
¶古人(生没年不詳)

紀守親　きのもりちか
平安時代中期の官人。
¶古人(生没年不詳)

紀盛経　きのもりつね
平安時代中期の官人。
¶古人(生没年不詳)

紀守任　きのもりとう
平安時代中期の帯刀。
¶古人(生没年不詳)

紀守遠　きのもりとお
平安時代後期の官人。
¶古人(生没年不詳)

紀盛言　きのもりとき
平安時代後期の官人。
¶古人(生没年不詳)

紀守信　きのもりのぶ
平安時代中期の官人。
¶古人(生没年不詳)

紀守憲　きのもりのり
平安時代中期の官人。
¶古人(生没年不詳)

紀杜藤　きのもりふじ
平安時代前期の河内国河内郡の刀禰。
¶古人(生没年不詳)

紀盛麿　きのもりまろ
平安時代前期の官人。
¶古人(生没年不詳)

紀守光　きのもりみつ
平安時代中期の官人。
¶古人(生没年不詳)

紀盛宗　きのもりむね
平安時代後期の官人。
¶古人(生没年不詳)

紀諸綱　きのもろつな
平安時代前期の官人。
¶古人(生没年不詳)

紀諸人　きのもろひと
⇒紀朝臣諸人(きのあそんもろひと)

紀宅子　きのやかこ
平安時代前期の官人。
¶古人(生没年不詳)

紀家守　きのやかもり
⇒紀家守(きのいえもり)

紀安雄*　きのやすお
弘仁13(822)年～仁和2(886)年　[別]紀朝臣安雄(きのあそんやすお)　平安時代前期の官人、武蔵守。
¶古人, 古代(紀朝臣安雄　きのあそんやすお), コン

紀保方　きのやすかた
平安時代中期の随身。寛弘8年藤原実資の権随身。
¶古人(生没年不詳)

紀保子　きのやすこ
平安時代中期の官人。
¶古人(生没年不詳)

紀安定　きのやすさだ
平安時代後期の官人。
¶古人(生没年不詳)

紀保貞　きのやすさだ
平安時代後期の官人。
¶古人(生没年不詳)

紀安重　きのやすしげ
平安時代後期の官人。
¶古人(生没年不詳)

紀保遠　きのやすとう
平安時代後期の官人。
¶古人(生没年不詳)

紀安遠 きのやすとお
平安時代中期の官人。長徳1年正五位上。同4年病により出家。
¶古人(生没年不詳)

紀安富 きのやすとみ
平安時代中期の盗賊。
¶古人(生没年不詳)

紀保範 きのやすのり
平安時代中期の書生。大和国の人。
¶古人(生没年不詳)

紀康宗 きのやすむね
⇒紀康宗(きやすむね)

紀八原 きのやつはら
平安時代前期の官人。
¶古人(生没年不詳)

紀弥都麻呂 きのやつまろ
平安時代前期の官人。
¶古人(生没年不詳)

紀行武 きのゆきたけ
平安時代中期の官人。
¶古人(生没年不詳)

紀行近(1) きのゆきちか
平安時代後期の官人。
¶古人(生没年不詳)

紀行近(2) きのゆきちか
平安時代後期の官人、藤崎宮掌。
¶古人(生没年不詳)

紀行任 きのゆきとう
平安時代中期の官人。
¶古人(生没年不詳)

紀行俊 きのゆきとし
平安時代後期の官人。
¶古人(生没年不詳)

紀行朝 きのゆきとも
平安時代中期の官人。
¶古人(生没年不詳)

紀行信 きのゆきのぶ
平安時代中期の官人。
¶古人(生没年不詳)

紀行文* きのゆきぶみ
生没年不詳 [別]紀行文(きいゆきぶみ, きゆきふみ) 室町時代の歌人、公卿(非参議)。永享元年従三位に叙される。
¶公卿,公家(行文〔日前国懸宮神主 紀家〕 ゆくぶみ)

紀行吉 きのゆきよし
平安時代後期の官人。
¶古人(生没年不詳)

紀弓張 きのゆみはり
⇒紀朝臣弓張(きのあそんゆみはり)

紀好雄 きのよしお
平安時代前期の官人。
¶古人(生没年不詳)

紀令影 きのよしかげ
平安時代前期の官人。
¶古人(生没年不詳)

紀良門 きのよしかど
平安時代前期の官人。
¶古人(生没年不詳)

紀順兼 きのよしかね
平安時代後期の官人。
¶古人(生没年不詳)

紀良貞 きのよしさだ
平安時代後期の官人。
¶古人(生没年不詳)

紀淑真* きのよしざね
弘化4(1847)年4月10日〜大正2(1913)年9月2日 江戸時代末期〜明治時代の能楽師、喜多流シテ方。
¶新能

紀福真 きのよしざね
平安時代中期の人。囚監されていたが、長徳2年釈放。
¶古人([生]? [没]996年?)

紀良佐 きのよしすけ
平安時代後期の国造。高経の嫡子。
¶古人(生没年不詳)

紀義孝 きのよしたか
平安時代中期の紀伊国造。孝経の子。
¶古人(生没年不詳)

紀吉武 きのよしたけ
平安時代中期の官人。
¶古人(生没年不詳)

紀義忠 きのよしただ
平安時代中期の官人。
¶古人(生没年不詳)

紀良津 きのよしつ
平安時代前期の官人。
¶古人(生没年不詳)

紀吉継* きのよしつぐ
?〜延暦3(784)年 奈良時代の女官。
¶コン([没]延暦3(784)年?)

紀良経 きのよしつね
平安時代後期の官人。
¶古人(生没年不詳)

紀淑人* きのよしと
生没年不詳 [別]紀淑人(きのよしひと, きよしひと) 平安時代中期の官人。藤原純友の乱の追捕南海道使。
¶古人(きのよしひと [生]? [没]948年?),コン([生]? [没]天慶6(943)年)

紀吉任 きのよしとう
平安時代後期の官人。
¶古人(生没年不詳)

紀良朝 きのよしとも
平安時代中期の山城国紀伊郡中村の刀禰。
¶古人(生没年不詳)

紀福永 きのよしなが
平安時代後期の官人。
¶古人(生没年不詳)

紀吉成　きのよしなり
平安時代中期の官人。
¶古人(生没年不詳)

紀能成　きのよしなり
平安時代後期の官人。
¶古人(生没年不詳)

紀吉主　きのよしぬし
平安時代前期の紀伊国名草郡真川郷の郷長。
¶古人(生没年不詳)

紀吉延　きのよしのぶ
平安時代中期の官人。
¶古人(生没年不詳)

紀淑人　きのよしひと
⇒紀淑人(きのよしと)

紀良舟　きのよしふね
平安時代前期の官人。
¶古人(生没年不詳)

紀善理　きのよしまさ
平安時代中期の官人。
¶古人(生没年不詳)

紀淑光*　きのよしみつ
貞観11(869)年～天慶2(939)年9月11日　[別]紀淑光(きよしみつ)　平安時代前期～中期の公卿(参議)。中納言紀長谷雄の三男、母は文室氏。
¶公卿, 古人

紀善岑　きのよしみね
平安時代前期の官人。紀夏井の父。
¶古人([生]？　[没]837年)

紀福宗　きのよしむね
平安時代前期の紀伊国名草郡真川郷の刀禰。
¶古人(生没年不詳)

紀淑望*　きのよしもち
？～延喜19(919)年　[別]紀淑望(きよしもち)　平安時代前期～中期の漢学者、歌人。「古今和歌集」真名序の作者。
¶古人, コン, 日文

紀良茂　きのよしもち
平安時代中期の大和国平群郡の刀禰。
¶古人(生没年不詳)

紀吉元　きのよしもと
平安時代後期の官人。
¶古人(生没年不詳)

紀良守(盛)　きのよしもり
平安時代後期の紀伊国造、神官職。
¶古人(生没年不詳)

紀淑行　きのよしゆき
平安時代中期の官人。
¶古人(生没年不詳)

紀淑如　きのよしゆき
平安時代中期の藤原実資の家司。
¶古人(生没年不詳)

紀頼子*　きのよりこ
生没年不詳　平安時代後期の官女。
¶古人

紀頼重　きのよりしげ
平安時代後期の石清水権俗別当。康和5年従五位下。
¶古人(生没年不詳)

紀頼季　きのよりすえ
平安時代後期の官人。
¶古人(生没年不詳)

紀頼助　きのよりすけ
平安時代後期の安芸国の相撲人。寛治5年の召合に出場。
¶古人(生没年不詳)

紀頼孝　きのよりたか
平安時代後期の官人。
¶古人(生没年不詳)

紀依武　きのよりたけ
平安時代後期の官人。
¶古人(生没年不詳)

紀頼経　きのよりつね
平安時代後期の官人。
¶古人(生没年不詳)

紀頼遠　きのよりとう
平安時代後期の石清水権俗別当。
¶古人(生没年不詳)

紀頼任　きのよりとう
平安時代後期の官人。
¶古人(生没年不詳)

紀頼長　きのよりなが
平安時代後期の石清水八幡宮俗別当。
¶古人(生没年不詳)

紀頼基　きのよりもと
平安時代後期の官人。
¶古人(生没年不詳)

紀頼盛　きのよりもり
平安時代後期の官人。
¶古人(生没年不詳)

紀頼安　きのよりやす
平安時代中期の石清水八幡宮権俗別当。兼輔の子。従五位上。
¶古人(生没年不詳)

吉宜　きのよろし
⇒吉田宜(きったのよろし)

紀若子*　きのわかこ
生没年不詳　奈良時代～平安時代前期の女性。桓武天皇の宮人。
¶古人, 天皇

紀若女　きのわかめ
江戸時代後期の女性。狂歌。尾張名古屋の狂号楓呼継の妻。寛政8年序、正木桂長清編『狂歌晴天闘歌集』に載る。
¶江表(紀若女(愛知県))

紀和気麻呂　きのわけまろ
平安時代前期の官人。
¶古人(生没年不詳)

きは
江戸時代中期の女性。俳諧。伊勢古市の人。元禄14年刊、太田白雪編『きれぎれ』に載る。

¶江表（きは（三重県））

寄梅 きばい★
江戸時代後期の女性。俳諧。淡路榎列の真野玉梅の娘。嘉永1年刊、暁梅編『続淡路島』に載る。
¶江表（寄梅（兵庫県））

其梅 きばい
江戸時代中期の女性。俳諧。天明2年刊の『其翠春帖』に載る。
¶江表（其梅（佐賀県））

紀梅亭（紀楳亭） きばいてい
⇒紀梅亭（きのばいてい）

既白* きはく
江戸時代中期の俳人。
¶俳文（[生]？ [没]安永1（1772）年）

己百 きはく
江戸時代前期～中期の俳諧作者。
¶俳文（[生]寛永20（1643）年 [没]元禄11（1698）年11月1日）

規伯玄方* きはくげんぽう，きはくげんほう
天正16（1588）年～寛文1（1661）年10月23日 [別]玄方（げんぽう） 江戸時代前期の対馬以酊庵の朝鮮外交僧。
¶対外

亀白の妻 きはくのつま★
江戸時代中期の女性。俳諧。玖珠連。享保11年序、長野馬貞編『柴石集』に載る。
¶江表（亀白の妻（大分県））

きは子 きはこ★
江戸時代末期の女性。和歌。藤井氏。文久3年刊、関橋守編『耳順賀集』に載る。
¶江表（きは子（群馬県））

紀長谷雄 きはせお
⇒紀長谷雄（きのはせお）

木畑定直 きばたさだなお
⇒木畑定直（こばたさだなお）

木原源右衛門* きはらげんうえもん
寛政9（1797）年～明治12（1879）年 [別]木原源右衛門（きはらげんえもん） 江戸時代末期～明治時代の長州（萩）藩士。
¶幕末（きはらげんえもん [没]明治12（1879）年11月14日）

木原源右衛門 きはらげんえもん
⇒木原源右衛門（きはらげんうえもん）

木原貞勝* きはらさだかつ
寛政11（1799）年～明治12（1879）年 江戸時代末期～明治時代の和算家。
¶数学

木原重弘 きはらしげひろ
江戸時代中期の大工。
¶美建（[生]？ [没]享保9（1724）年5月27日）

木原桑宅* きはらそうたく
文化13（1816）年～明治14（1881）年 江戸時代後期～明治時代の儒者。
¶幕末（[生]文化13（1816）年2月30日 [没]明治14（1881）年8月22日）

木原隆忠* きはらたかただ
文政11（1828）年～明治12（1879）年 江戸時代末期～明治時代の佐賀藩士。弘道館で教育に当たる。戊辰戦争で参謀として活躍。
¶幕末

木原適処* きはらてきしょ
文政9（1826）年～明治34（1901）年 江戸時代末期～明治時代の志士。勝海舟に洋学を学ぶ。戊辰戦争で活躍する神機隊の設立に尽力。
¶幕末（[没]明治34（1901）年12月7日）

木原又兵衛* きはらまたべえ
江戸時代末期の新撰組隊士。
¶新隊（生没年不詳）

木原雄吉* きはらゆうきち
文政7（1824）年～明治16（1883）年 [別]木原老谷（きはらろうこく） 江戸時代末期～明治時代の常陸土浦藩士。
¶幕末（[没]明治16（1883）年5月27日）

木原老谷 きはらろうこく
⇒木原雄吉（きはらゆうきち）

気春佐女 きはるすけじょ★
江戸時代後期の女性。狂歌。文化7年刊、千秋庵三陀羅法師編『狂歌当載集』に載る。
¶江表（気春佐女（東京都））

季範* きはん
生没年不詳 江戸時代前期の俳人。
¶俳文

義範* ぎはん
治安3（1023）年～寛治2（1088）年閏10月5日 平安時代後期の真言宗の僧。白河天皇、掘河天皇の護持僧。
¶古人，密教（[没]1088年閏10月5日）

岐比佐都美* きひさつみ
上代の出雲国造の祖。
¶古代

吉備嶋皇祖母命 きびしまのすめみおやのみこと
⇒吉備姫王（きびつひめのおおきみ）

吉備津彦 きびつひこ
⇒吉備津彦命（きびつひこのみこと）

吉備津彦命* きびつひこのみこと
[別]大吉備津日子命，大吉備津彦命（おおきびつひこのみこと），吉備津彦（きびつひこ） 上代の孝霊天皇の皇子、四道将軍の一人。
¶コン（吉備津彦 きびつひこ）

吉備姫王* きびつひめのおおきみ
？～皇極2（643）年9月11日 [別]吉備嶋皇祖母命（きびしまのすめみおやのみこと，きびのしまのすめみおやのみこと），吉備姫王（きびつひめみこ），吉備島皇祖母命（きびのしまのすめみおやのみこと） 飛鳥時代の女性。皇極・孝徳両天皇の母。
¶古人（きびつひめのおお（きみ）），古代，古物，コン（吉備嶋皇祖母命 きびのしまのすめみおやのみこと），女史，天皇

吉備姫王 きびつひめみこ
⇒吉備姫王（きびつひめのおおきみ）

吉備内親王* きびないしんのう
？～天平1（729）年 [別]吉備内親王（きびのないし

きひのあ

んのう），吉備皇女（きびのひめみこ）　奈良時代
の女性。長屋王の妃。
　¶古人，古代（きびのないしんのう），コン，女史，山小
　（㊅729年2月12日）

吉備朝臣泉　きびのあそんいずみ
　⇒吉備泉（きびのいずみ）

吉備朝臣真備　きびのあそんまきび
　⇒吉備真備（きびのまきび）

吉備朝臣由利　きびのあそんゆり
　⇒吉備由利（きびのゆり）

吉備海部赤尾　きびのあまのあかお
　⇒吉備海部直赤尾（きびのあまのあたいあかお）

吉備海部直赤尾*　きびのあまのあたいあかお
　㊟吉備海部赤尾（きびのあまのあかお）　上代の新
　羅派遣将軍。
　¶古代

吉備海部直難波*　きびのあまのあたいなにわ
　㊟吉備海部難波（きびのあまのなにわ）　飛鳥時代
　の高句麗使の送使。
　¶古代

吉備海部直羽嶋*　きびのあまのあたいはしま
　㊟吉備海部羽嶋（きびのあまのはしま）　飛鳥時代
　の遣百済使。
　¶古代

吉備海部難波　きびのあまのなにわ
　⇒吉備海部直難波（きびのあまのあたいなにわ）

吉備海部羽嶋　きびのあまのはしま
　⇒吉備海部直羽嶋（きびのあまのあたいはしま）

吉備泉*　きびのいずみ
　天平15（743）年～弘仁5（814）年閏7月8日　㊟吉備
　朝臣泉（きびのあそんいずみ）　奈良時代～平安時
　代前期の公卿（参議）。右大臣吉備真備の子。
　¶公卿（㊅天平12（740）年），古人，古代（吉備朝臣泉　き
　びのあそんいずみ），コン

吉備尾代　きびのおしろ
　⇒吉備臣尾代（きびのおみおしろ）

吉備弟君　きびのおときみ
　⇒吉備上道弟君（きびのかみつみちのおときみ）

吉備小梨　きびのおなし
　⇒吉備臣小梨（きびのおみおなし）

吉備臣尾代*　きびのおみおしろ
　㊟吉備尾代（きびのおしろ）　上代の征新羅将軍。
　¶古人（吉備尾代　きびのおしろ　生没年不詳），古代

吉備臣小梨*　きびのおみおなし
　㊟吉備小梨（きびのおなし）　上代の任那日本府
　将軍。
　¶古人（吉備小梨　きびのおなし　生没年不詳），古代

吉備臣山*　きびのおみやま
　㊟吉備山（きびのやま）　上代の豪族。
　¶古代

吉備笠垂*　きびのかさのしだる
　生没年不詳　㊟笠垂（かさのしだる）　飛鳥時代の
　官人。古人大兄皇子の謀反の密告者。
　¶コン

吉備上道采女大海　きびのかみつみちのうねめおおあま
　⇒吉備上道大海（きびのかみつみちのおおあま）

吉備上道兄君　きびのかみつみちのえきみ
　⇒吉備上道臣兄君（きびのかみつみちのおみえきみ）

吉備上道大海*　きびのかみつみちのおおあま
　㊟大海（おおあま），吉備上道采女大海（きびのかみ
　つみちのうねめおおあま）　上代の女性。吉備上道
　朝臣から貢進された采女。
　¶古代（吉備上道采女大海　きびのかみつみちのうねめ
　おおあま）

吉備上道弟君*　きびのかみつみちのおときみ
　㊟吉備上道兄君（きびのかみつみちのえきみ），吉備
　上道臣弟君（きびのかみつみちのおみおときみ）　上
　代の征新羅将軍。
　¶古代（吉備上道臣弟君　きびのかみつみちのおみおと
　きみ），コン

吉備上道臣（欠名）*　きびのかみつみちのおみ
　上代の豪族。
　¶古代

吉備上道臣兄君*　きびのかみつみちのおみえきみ
　㊟吉備上道兄君（きびのかみつみちのえきみ）　上
　代の豪族。
　¶古代

吉備上道臣弟君　きびのかみつみちのおみおときみ
　⇒吉備上道弟君（きびのかみつみちのおときみ）

吉備上道臣田狭　きびのかみつみちのおみたさ
　⇒吉備田狭（きびのたさ）

吉備上道田狭　きびのかみつみちのたさ
　⇒吉備田狭（きびのたさ）

吉備島皇祖母命（吉備嶋皇祖母命）　きびのしまのすめ
みおやのみこと
　⇒吉備姫王（きびつひめのおおきみ）

吉備下道前津屋　きびのしもつみちさきつや
　⇒吉備下道臣前津屋（きびのしもつみちのおみさき
　つや）

吉備下道臣前津屋*　きびのしもつみちのおみさきつや
　㊟吉備下道前津屋（きびのしもつみちさきつや，き
　びのしもつみちのさきつや）　上代の地方豪族。
　¶古代，古物（吉備下道前津屋　きびのしもつみちさきつ
　や）

吉備下道前津屋　きびのしもつみちのさきつや
　⇒吉備下道臣前津屋（きびのしもつみちのおみさき
　つや）

吉備武彦*　きびのたけひこ
　上代の日本武尊の従者。
　¶古代，コン

吉備田狭*　きびのたさ
　㊟吉備上道臣田狭（きびのかみつみちのおみたさ），
　吉備上道田狭（きびのかみつみちのたさ）　上代の
　伝説中の人物，任那国司。
　¶古代（吉備上道臣田狭　きびのかみつみちのおみたさ），
　コン（吉備上道田狭　きびのかみつみちのたさ　生没
　年不詳），対外

吉備内親王　きびのないしんのう
　⇒吉備内親王（きびないしんのう）

吉備皇女　きびのひめみこ
　⇒吉備内親王（きびないしんのう）

吉備品遅部雄鯽*　きびのほんちべのおふな
上代の舎人。
¶古代

吉備真備*（吉備真吉備）　きびのまきび
持統9（695）年～宝亀6（775）年　[別]吉備朝臣真備（きびのあそんまきび），吉備真備（きびのまび，きびまきび），下道真備（しもつみちのまきび）　奈良時代の学者、官人（右大臣）。吉備彦命の裔。もと遣唐留学生で橘諸兄政権下で政治顧問として登用された。
¶公卿（吉備真吉備　[生]持統天皇8（694）年　[没]宝亀6（775）年10月2日），古人（下道真備　しもつみちのまきび　[生]695年？），古代（吉備朝臣真備　きびのあそんまきび），コン（[生]持統9（695）年），思想，対外，山小（[生]693年/695年　[没]775年10月2日）

吉備全継（嗣）　きびのまたつぐ
平安時代前期の官人。
¶古人（生没年不詳）

吉備真備　きびのまび
⇒吉備真備（きびのまきび）

吉備山　きびのやま
⇒吉備臣山（きびのおみやま）

吉備弓削部虚空*　きびのゆげべのおおぞら
上代の官者。
¶古代

吉備由利*　きびのゆり
？～宝亀5（774）年　[別]吉備朝臣由利（きびのあそんゆり）　奈良時代の女官。
¶古代（吉備朝臣由利　きびのあそんゆり），女史

吉備稚姫*（吉備稚媛）　きびのわかひめ
[別]稚媛（わかひめ）　上代の女性。雄略天皇の妃。
¶古代（稚媛　わかひめ），古物（吉備稚媛），コン（吉備稚媛），天皇（吉備稚媛　[生]？　[没]雄略天皇23（479）年8月）

吉備比古*　きびひこ
上代の土豪。
¶古代

吉備比売*　きびひめ
上代の女性。播磨の土豪。
¶古代

吉備真備　きびまきび
⇒吉備真備（きびのまきび）

木平譲　きひらゆずる
江戸時代末期～明治時代の幕臣。
¶幕末（[生]？　[没]明治26（1893）年6月15日）

鬼武　きぶ
⇒感和亭鬼武（かんわていおにたけ）

鬼諷　きふう
江戸時代中期の女性。俳諧・浄瑠璃語り。尾張名古屋の浄瑠璃語り宮古路求女。風流人近松彦之進茂矩が西小路に遊んだ折、鬼諷も呼ばれた。
¶江表（鬼諷（愛知県））

沂風*　きふう
宝暦2（1752）年～寛政12（1800）年　江戸時代後期の真宗高田派の僧、俳人。
¶俳文（[没]寛政12（1800）年4月30日）

喜福・喜ふく　きふく★
江戸時代後期の女性。和歌。庄内藩の奥女中。嘉永4年序、鈴木直麿編『八十番歌合』に載る。
¶江表（喜福・喜ふく（山形県））

岐阜侍従　ぎふじじゅう
⇒池田輝政（いけだてるまさ）

岐阜中納言　ぎふちゅうなごん
⇒織田秀信（おだひでのぶ）

黄文王*　きぶみおう
？～天平宝字1（757）年7月　[別]黄文王（きぶみのおう，きぶみのおおきみ）　奈良時代の長屋王の子。
¶古人，古代（きぶみのおおきみ），コン

黄文備　きぶみそなわる
⇒黄文備（きぶみのそなう）

黄文伊加万呂　きぶみのいかまろ
奈良時代の官人。
¶古人（生没年不詳）

黄文王　きぶみのおう
⇒黄文王（きぶみおう）

黄文王　きぶみのおおきみ
⇒黄文王（きぶみおう）

黄文大伴*　きぶみのおおとも，きふみのおおとも
？～和銅3（710）年　[別]黄文連大伴（きぶみのむらじおおとも）　飛鳥時代の壬申の乱の大海人皇子側の功臣。
¶古人，古代（黄文連大伴　きぶみのむらじおおとも），コン（きふみのおおとも）

黄文備*　きぶみのそなう，きふみのそなう
生没年不詳　[別]黄文備（きぶみそなわる），黄文連備（きぶみのむらじそなう）　飛鳥時代の官人。大宝律令の編纂に当たる。
¶古人，古代（黄文連備　きぶみのむらじそなう），コン（きふみのそなう）

黄文本実*（黄書本実）　きぶみのほんじつ
生没年不詳　[別]黄文連本実（きぶみのむらじほんじつ），黄文本実（きぶみのもとざね）　飛鳥時代の官人。持統天皇、文武天皇の殯宮の事に奉仕。
¶古人（きぶみのもとざね），古代（黄文連本実　きぶみのむらじほんじつ），対外

黄文水分　きぶみのみくまり
奈良時代の官人。
¶古人（生没年不詳）

黄文牟禰　きぶみのむね
奈良時代の官人。
¶古人（生没年不詳）

黄文連大伴　きぶみのむらじおおとも
⇒黄文大伴（きぶみのおおとも）

黄文連備　きぶみのむらじそなう
⇒黄文備（きぶみのそなう）

黄文連本実　きぶみのむらじほんじつ
⇒黄文本実（きぶみのほんじつ）

黄文本実　きぶみのもとざね
⇒黄文本実（きぶみのはんじつ）

紀文幹*　きふみもと
？～天慶7（944）年9月2日　[別]紀文幹（きのふみもと）　平安時代中期の歌人。

¶古人(きのふみもと)

亀文(1)　**きぶん★**

江戸時代中期の女性。俳諧。甲府の人。安永5年刊、堀内引蝶撰『其唐松』に載る。

¶江表(亀文(山梨県))

亀文(2)　**きぶん**

⇒松平忠告(まつだいらただつぐ)

亀文堂正平*　**きぶんどうしょうへい**

文化9(1812)年～明治25(1892)年　江戸時代末期～明治時代の鋳金工。

¶美工

きへ

江戸時代後期の女性。俳諧。長野の人。文化7年序・跋、小林一茶門で長沼の村松春甫編、菫庵開庵記念集『菫集』に載る。

¶江表(きへ(長野県))

木部因幡守　**きべいなばのかみ**

安土桃山時代の上野国木部城主。のち武蔵国鉢形城主北条氏邦の家臣。

¶後北(因幡守〔木部〕　いなばのかみ)

木辺越前守　**きべえちぜんのかみ**

戦国時代～安土桃山時代の上野国衆。箕輪領山名郷の領主。

¶武田(生没年不詳)

岐部カスイ＝ペドロ　**きべかすいぺとろ**

⇒カスイ岐部(かすいきべ)

木部貞朝　**きべさだとも**

安土桃山時代の上野国国衆。宮内助・宮内少輔。木部城の城主か。北条氏直に属した。

¶後北(貞朝〔木部〕　さだとも)

木部直方　**きべなおかた**

安土桃山時代～江戸時代前期の関東代官。

¶徳代([生]元亀2(1571)年　[没]寛永10(1633)年6月5日)

岐部ペテロ　**きべぺてろ**

⇒カスイ岐部(かすいきべ)

岐部ペトロ　**きべぺとろ**

⇒カスイ岐部(かすいきべ)

基遍*　**きへん**

貞観15(873)年～？　平安時代前期～中期の華厳宗の僧。東大寺41世。

¶古人

義法　**ぎほう**

飛鳥時代の僧。慶雲4年学問僧として新羅から帰国。

¶古人(生没年不詳)

奇峰学秀　**きほうがくしゅう**

江戸時代中期の僧、仏師。

¶美建([生]?　[没]元文4(1739)年)

義方尼　**ぎほうに★**

江戸時代の女性。教育・和歌。相模中荻野の戒善寺に筆塚が建つ。

¶江表(義方尼(神奈川県))

幾保子　**きほこ★**

江戸時代後期の女性。和歌。伊勢津藩士で医師楓井保定の妻。

¶江表(幾保子(三重県)　[没]弘化2(1845)年)

義梵　**ぎぼん**

⇒仙厓義梵(せんがいぎぼん)

紀真象　**きまかた**

⇒紀朝臣真象(きのあそんまかた)

喜満子　**きまこ★**

江戸時代後期の女性。和歌・国学。徳島藩士長江浦之助の妻。天保7年刊、加納諸平編『類題鰒玉集』三に載る。

¶江表(喜満子(徳島県))

儀間真常*　**ぎましんじょう**

尚元2(1557)年～尚賢4(1644)年　江戸時代前期の琉球の殖産興業家。

¶コン([生]弘治3(1557)年　[没]正保1(1644)年),対外

木俣清左衛門*　**きまたせいざえもん**

江戸時代末期の近江彦根藩家老。

¶コン(生没年不詳),幕末(生没年不詳)

木全六郎三郎　**きまたろくろうさぶろう**

⇒木全六郎三郎(きまたろくろさぶろう)

木全六郎三郎*　**きまたろくろさぶろう**

生没年不詳　[別]木全六郎三郎(きまたろくろうさぶろう)　安土桃山時代の織田信長の家臣。

¶織田(きまたろくろうさぶろう)

きみ*(1)

生没年不詳　江戸時代後期の女性。俳人。

¶江表(きみ(岩手県))

きみ(2)

江戸時代後期の女性。和歌。松山藩の奥女中(中老)。嘉永4年序、鈴木直麿編『八十番歌合』に載る。

¶江表(きみ(山形県))

喜み　**きみ★**

江戸時代後期の女性。俳諧。白石吉内の母。米沢の豪商渡辺伊右衛門が文化・文政頃、近郊の俳人たちの直筆短冊、色紙などを収集、製本した「色紙・短冊帖」に載る。

¶江表(喜み(山形県))

奇美　**きみ★**

江戸時代後期の女性。漢詩。備前岡山の中条氏の娘。文化12年、邑久郡の漢学者仁科白谷が編んだ『三備詩選』に載る。

¶江表(奇美(岡山県))

幾美　**きみ★**

江戸時代末期の女性。俳諧。盛の人。幕末期の人。

¶江表(幾美(岩手県))

樹ミ　**きみ★**

江戸時代後期の女性。教育。谷口定吉の妻。

¶江表(樹ミ(東京都)　[生]文政6(1823)年頃)

きみ子　**きみこ★**

江戸時代末期の女性。和歌。幕臣、代官荒井顕道の娘。安政7年跋、蜂屋光世編『大江戸倭歌集』に載る。

¶江表(きみ子(東京都))

喜ミ子　**きみこ★**

江戸時代末期の女性。和歌。川越藩の奥女中。安政3年序、井上文雄編『摘英集』に載る。

¶江表(喜ミ子(埼玉県))

喜美子(1)　きみこ★
江戸時代後期〜明治時代の女性。和歌。紀伊新宮藩主水野忠啓の娘。
¶江表(喜美子(三重県)　[生]天保15(1844)年　[没]明治37(1904)年)

喜美子(2)　きみこ★
江戸時代末期の女性。和歌。慶応4年8月、戊辰戦争で会津若松城に籠城した井深登世子の知人。西郷千恵子の辞世を偲んだ弔歌が井深家に伝わる。
¶江表(喜美子(福島県))

喜美子(3)　きみこ★
江戸時代末期の女性。和歌。越前鯖江藩主間部詮実の室。安政7年跋、蜂屋光世編『大江戸倭歌集』に載る。
¶江表(喜美子(福井県))

喜美子(4)　きみこ★
江戸時代末期の女性。和歌。宇和島藩の奥女中。元治1年頃に詠まれた「宇和島御奥女中大小吟」に載る。
¶江表(喜美子(愛媛県))

君子　きみこ★
江戸時代末期の女性。和歌。長門長州藩藩士冷泉豊古の娘。
¶江表(君子(山口県)　[没]元治1(1864)年)

官子内親王　きみこないしんのう
⇒宮子内親王(きゅうしないしんのう)

君子内親王＊　きみこないしんのう
？〜延喜2(902)年　平安時代前期〜中期の女性。宇多天皇の第3皇女。
¶古人

吉弥侯伊佐西古＊　きみこのいさせこ
平安時代前期の夷俘の首長。
¶古人(生没年不詳),古代

吉弥侯黄海　きみこのきうみ
平安時代前期の出雲国の俘囚。貞観1年従五位下。
¶古人(生没年不詳)

吉弥侯横刀＊　きみこのたち
奈良時代の官人。
¶古人(生没年不詳),古代

吉彦秀武＊(吉彦侯秀武)　きみこのひでたけ
生没年不詳　平安時代中期の出羽の在地豪族。
¶古人(吉彦侯秀武)

吉弥侯広野　きみこのひろの
平安時代前期の伴龍男の従者。
¶古人(生没年不詳)

吉弥侯部止波須可牟多知　きみこべのしわすかむたち
平安時代前期の蝦夷の族長。
¶古人(生没年不詳)

吉弥侯部都留岐＊　きみこべのつるき
生没年不詳　平安時代前期の豪族。
¶古人

吉弥侯部真麻呂＊　きみこべのままろ
？‐延暦14(795)年　奈良時代の俘囚。
¶古代

吉弥侯部留志女＊　きみこべのるしめ
生没年不詳　平安時代前期の女性。陸奥国の俘囚。
¶古人

きみ女　きみじょ★
江戸時代の女性。俳諧。上都賀郡南押原の人。明治27年刊、土屋麓編『下毛友かき』に載る。
¶江表(きみ女(栃木県))

喜美女　きみじょ★
江戸時代中期の女性。和歌。壬生川の矢野此右衛門政則の妻。明和7年の柿本明神への奉納詠と考えられる「詠百首和歌」に載る。
¶江表(喜美女(愛媛県))

公澄法親王　きみずみほうしんのう
⇒公澄(こうちょう)

木南弥市兵衛＊　きみなみやいちべえ
生没年不詳　江戸時代末期の但馬刻お銀飛脚井筒屋。
¶幕末

公成　きみなり
⇒公成(こうせい)

君仁親王＊　きみひとしんのう
天治2(1125)年〜康治2(1143)年　平安時代後期の鳥羽天皇の第3皇子。
¶古人,天皇([生]天治2(1125)年5月24日　[没]康治2(1143)年10月19日)

きむ
江戸時代後期の女性。和歌。旗本酒井与兵衛勝成の妻。天保7年刊、海野遊翁編『類題現存歌選』初に載る。
¶江表(きむ(東京都))

きむ子　きむこ★
江戸時代後期の女性。和歌。山王町住。文化5年頃、真田幸弘編「御ことほきの記」に載る。
¶江表(きむ子(東京都))

金忠善＊　きむちゅんそん
？〜寛永20(1643)年　[別]金忠善(きんちゅうぜん),沙也可(さやか)　安土桃山時代の文禄役の日本人武将。
¶対外(きんちゅうぜん)

紀宗兼＊　きむねかぬ
生没年不詳　[別]紀宗兼(きのむねかね)　平安時代後期の歌人。
¶古人(きのむねかね)

木村藹吉＊　きむらあいきち
天保11(1840)年〜明治12(1879)年　江戸時代後期〜明治時代の武士。
¶幕末([生]天保13(1842)年　[没]明治14(1881)年4月)

木村愛之助　きむらあいのすけ
⇒片山九市(かたやまくいち)

木村聿　きむらいつ
⇒木村権之衛門(きむらごんのえもん)

木村右京　きむらうきょう
江戸時代前期の武士。3史料に同名の人物がある。3人の関係は不明。
¶大坂

木村雲渓＊　きむらうんけい
文政12(1829)年〜明治13(1880)年　江戸時代末期〜明治時代の画家。
¶美画([没]明治13(1880)年3月30日)

き

木村園次〔2代〕　きむらえんじ
⇒桜田治助〔4代〕(さくらだじすけ)

木村芥舟*　きむらかいしゅう
文政13(1830)年2月5日～明治34(1901)年12月9日　[別]木村喜毅(きむらよしたけ)　江戸時代後期～明治時代の幕臣。咸臨丸提督として太平洋横断。幕府海軍創設の功労者。
¶江人(木村喜毅　きむらよしたけ),コン([生]天保1(1830)年),全幕,徳将(木村喜毅　きむらよしたけ),徳人(木村喜毅　きむらよしたけ),幕末

木村主計忠行　きむらかずえただゆき
江戸時代前期の前田利長の小姓。木村重成の伯父。
¶大坂([没]寛永14年2月)

木村勝清　きむらかつきよ
天正14(1586)年～万治1(1658)年　安土桃山時代～江戸時代前期の幕臣。
¶徳人,徳代([没]万治1(1658)年3月29日)

木村勝澄　きむらかつずみ
江戸時代中期の代官。
¶徳代([生]安永6(1777)年　[没]?)

木村勝時　きむらかつとき
江戸時代後期の代官。
¶徳代([生]文化13(1816)年　[没]?)

木村勝之助　きむらかつのすけ
⇒天海勝之助(あまみかつのすけ)

木村勝正*　きむらかつまさ
?～慶長13(1608)年12月29日　安土桃山時代～江戸時代前期の武士。
¶徳代([没]元和2(1616)年12月22日)

木村勝之　きむらかつゆき
江戸時代中期～後期の代官。
¶徳代([生]享保15(1730)年　[没]寛政11(1799)年10月24日)

木村嘉平〔3代〕*　きむらかへい
文政6(1823)年～明治19(1886)年　江戸時代末期～明治時代の木版印刷師。欧文活字を作製。
¶出版([没]明治19(1886)年3月25日),幕末([没]1886年3月24日)

木村貫治*　きむらかんじ
文政4(1821)年～明治23(1890)年　江戸時代末期～明治時代の砲術師範。戊辰戦争で大砲方を率い八幡山に陣取り、西軍を悩ます。
¶幕末([没]明治23(1890)年5月23日)

木村勘兵衛*　きむらかんべえ
文化11(1814)年～慶応1(1865)年　江戸時代末期の水戸藩郷士。
¶幕末([没]慶応1(1865)年8月)

木村毅斎　きむらきさい
⇒木村高敦(きむらたかあつ)

木村喜左衛門　きむらきざえもん
江戸時代前期の武士。大坂の陣で籠城。
¶大坂([没]慶長20年2月)

木村其樵　きむらきしょう
江戸時代後期～昭和時代の日本画家。
¶美画([生]嘉永3(1850)年11月11日　[没]昭和12(1937)年12月9日)

木村騏道*　きむらきどう
?～文化7(1810)年　[別]騏道(きどう)　江戸時代後期の俳人。
¶俳文(騏道　きどう　[没]文化7(1810)年1月1日)

木村求馬　きむらきゅうま
⇒木村求馬(きむらもとめ)

木村玉英*　きむらぎょくえい
生没年不詳　江戸時代後期の女性。画家。
¶江表(玉英(東京都))

木村清治　きむらきよはる
江戸時代前期の代官。
¶徳代([生]寛永7(1630)年　[没]天和1(1681)年3月5日)

木村清久　きむらきよひさ
⇒木村吉清(きむらよしきよ)

木村金秋*　きむらきんしゅう
天保4(1833)年～大正6(1917)年　江戸時代末期～大正時代の日本画家。小田切春江と「凶荒図録」を著す。
¶幕末([没]大正6(1917)年6月22日),美画([没]大正6(1917)年6月22日)

木村熊二　きむらくまじ
弘化2(1845)年～昭和2(1927)年　江戸時代末期～大正時代の牧師、教育者。
¶女史,徳人,幕末([生]弘化2(1845)年1月25日　[没]昭和2(1927)年2月28日)

木村熊治郎　きむらくまじろう
江戸時代後期～大正時代の工芸家。
¶美工([生]嘉永1(1848)年　[没]大正7(1918)年10月7日)

木村熊之進*　きむらくまのしん
文化14(1817)年～明治1(1868)年　江戸時代末期の陸奥会津藩士。
¶幕末([生]文政3(1820)年　[没]慶応4(1868)年5月1日)

木村軍太郎*　きむらぐんたろう
文政10(1827)年～文久2(1862)年　[別]木村重周(きむらしげちか)　江戸時代末期の佐倉藩士。
¶科学([生]文政10(1827)年1月17日　[没]文久2(1862)年8月15日),幕末([生]文政10(1827)年1月20日　[没]文久2(1862)年8月15日)

木村継次　きむらけいじ
⇒芹沢鴨(せりざわかも)

木村蒹葭堂*　きむらけんかどう
元文1(1736)年～享和2(1802)年　[別]木村孔恭(きむらこうきょう),木村巽斎(きむらそんさい),蒹葭堂(けんかどう)　江戸時代中期～後期の文人、商人、好事家。
¶江人,コン,思想,植物([生]元文1(1736)年11月28日　[没]享和2(1802)年1月25日)

木村源五*　きむらげんご
生没年不詳　安土桃山時代の織田信長の家臣。
¶織田

木村謙斎*　きむらけんさい
文化11(1814)年～明治16(1883)年　江戸時代末期～明治時代の医師。函館、大館の開業医。私立大館病院の設立に奔走。
¶幕末([没]明治16(1883)年2月21日)

木村謙次*　きむらけんじ
宝暦2(1752)年～文化8(1811)年　[別]木村礼斎(きむられいさい)　江戸時代後期の北方探検家。「北

行日録」の著者。
¶コン（㊐享保17（1732）年）,対外

木村五位女　きむらごいめ
戦国時代の女性。京中塩座六人百姓の6分の1の座
権利を持っていた。
¶女史（生没年不詳）

木村香雨*　きむらこうう
天保13（1843）年～大正1（1912）年11月3日　江戸
時代後期～明治時代の南宋画家。
¶美画（㊐天保13（1842）年12月9日）

木村孔恭　きむらこうきょう
⇒木村蒹葭堂（きむらけんかどう）

木村権之衛門*　きむらごんのえもん
文政7（1824）年～文久3（1863）年　㊐木村聿（きむ
らいつ）、里見孝助（さとみこうすけ）　江戸時代
末期の水戸藩士。
¶幕末（㊁文久3（1863）年3月26日）

木村貞正　きむらさだまさ
江戸時代後期の和算家。
¶数学

木村左兵衛　きむらさひょうえ
江戸時代前期の加藤清の小姓。木村重成の弟。
¶大坂

木村重周　きむらしげちか
⇒木村軍太郎（きむらぐんたろう）

木村林昱　きむらしげてる
⇒木村俊左衛門（きむらとしざえもん）

木村重任*　きむらしげとう
文化14（1817）年～明治17（1884）年　㊐木村重任
（きむらしげとし）　江戸時代末期～明治時代の久
留米藩少参事。久留米藩難の際、混乱を収拾し廃藩
置県の業務を遂行。
¶幕末（㊁明治17（1884）年11月11日）

木村重任　きむらしげとし
⇒木村重任（きむらしげとう）

木村重成*　きむらしげなり
？～元和1（1615）年　㊐木村長門守（きむらながとの
かみ）、木村長門守重成（きむらながとのかみし
げなり）　江戸時代前期の武将。豊臣秀頼に仕え、
大坂夏の陣で戦死。
¶大坂（木村長門守重成　きむらながとのかみしげなり
㊁慶長20年5月6日）、コン（㊐文禄2（1593）年）、全戦、
戦武（㊁慶長20（1615）年）、山小（㊁1615年5月6日）

木村紫貞　きむらしてい
⇒紫貞女（していじょ）

木村氏の娘　きむらしのむすめ*
江戸時代末期の女性。紀行文・和歌。松山出身で
京都に住んだ木村閑斎（通称・治兵衛）の娘と推定
される。
¶江表（木村氏の娘（京都府））

木村治平*　きむらじへい
生没年不詳　江戸時代末期の旅宿経営。
¶幕末

木村銃太郎*　きむらじゅうたろう
弘化4（1847）年～明治1（1868）年　江戸時代末期
の陸奥二本松藩士。
¶全幕（㊁慶応4（1868）年）、幕末（㊁慶応4（1868）年7月
29日）

木村十兵衛*　きむらじゅうべえ
生没年不詳　安土桃山時代の織田信長の家臣。
¶織田

木村勝教　きむらしょうきょう
生没年不詳　㊐木村勝教（きむらかつのり）　江戸
時代後期～末期の幕臣、関東郡代、勘定奉行。
¶徳人（きむらかつのり）、徳代

木村庄左衛門　きむらしょうざえもん
安土桃山時代～江戸時代前期の豊臣秀頼の家臣。
¶大坂（㊐天正14年　㊁寛文8年12月1日）

木村尚寿*　きむらしょうじゅ
生没年不詳　㊐木村尚寿（きむらなおとし）　江戸
時代中期の和算家。
¶数学（きむらなおとし）

木村丈太郎　きむらじょうたろう
江戸時代末期の二本松少年隊士。
¶全幕（㊐安政2（1855）年　㊁慶応4（1868）年）

木村庄之助*　きむらしょうのすけ
世襲名　江戸時代の立行司。
¶江人

木村庄之助〔1代〕*　きむらしょうのすけ
江戸時代前期の相撲の立行司。
¶コン（生没年不詳）

木村次郎左衛門*　きむらじろうざえもん
生没年不詳　㊐木村高重（きむらたかしげ）　安土
桃山時代の織田信長の家臣。
¶織田（木村高重　きむらたかしげ　㋐？　㊁天正10
（1582）年6月5日？）、全幕（木村高重　きむらたかしげ
㋐？　㊁天正10（1582）年？）

木村甚之丞　きむらじんのじょう
安土桃山時代の北条氏直の家臣。
¶後北（甚之丞〔木村（2）〕　じんのじょう）

木村助九郎*　きむらすけくろう
天正13（1585）年～承応3（1654）年　江戸時代前期
の剣術家。
¶コン

木村静隠の娘　きむらせいおんのむすめ*
江戸時代後期の女性。和歌。薩摩藩屈指の狩野派
の画家で法橋上人位の静隠時貞の娘。文政11年序、
川畑篤実編「松操和歌集」に載る。
¶江表（木村静隠の娘（鹿児島県））

木村セバスチャン*　きむらせばすちゃん
永禄9（1566）年～元和8（1622）年　安土桃山時代
～江戸時代前期の宣教師。
¶江人（㋐1565/66年）、コン

木村惣左衛門　きむらそうざえもん
江戸時代後期の代官。
¶徳代（生没年不詳）

木村園三郎*　きむらそのさぶろう
*～慶応1（1865）年　江戸時代末期の水戸藩属吏。
¶幕末（㊐嘉永2（1849）年　㊁元治2（1865）年2月16日）

木村巽斎　きむらそんさい
⇒木村蒹葭堂（きむらけんかどう）

木村高敦*　きむらたかあつ
延宝8（1680）年～寛保2（1742）年　㊐木村毅斎（き

むらきさい）　江戸時代中期の幕臣、歴史考証学者。
¶徳人

木村高重　きむらたかしげ
⇒木村次郎左衛門（きむらじろうざえもん）

木村高次　きむらたかつぐ
安土桃山時代の織田信長の家臣。もと六角氏の家臣。
¶織田（生没年不詳）

木村敬弘　きむらたかひろ
江戸時代後期～明治時代の幕臣。
¶幕末（[生]文政9（1826）年　[没]明治5（1872）年7月29日）

木村弾右衛門　きむらだんえもん
江戸時代前期の武士。木村重成組の組頭。
¶大坂

木村探元*　きむらたんげん
延宝7（1679）年～明和4（1767）年　江戸時代中期の狩野派の画家。
¶コン，美画

木村忠次郎*　きむらちゅうじろう
嘉永2（1849）年5月9日～？　江戸時代後期～末期の新撰組隊士。
¶新隊

木村長次郎　きむらちょうじろう
江戸時代前期の豊臣秀頼・井伊直孝の家臣。
¶大坂

木村継次　きむらつぐじ
⇒芹沢鴨（せりざわかも）

木村弦雄*　きむらつるお
天保9（1838）年～明治30（1897）年　江戸時代末期～明治時代の熊本藩士。大楽源太郎事件、広沢参議暗殺事件で投獄。後、学習院校長となる。
¶幕末（[没]明治30（1897）年9月19日）

木村定政　きむらていせい
生没年不詳　[別]木村定政（きむらさだまさ）　江戸時代後期～末期の幕臣、代官。
¶徳人（きむらさだまさ），徳代

木村鉄太*　きむらてつた
文政11（1828）年～文久2（1862）年　江戸時代末期～明治時代の教育者、熊本藩士、第五高等学校教授。遣米使節に小栗豊後守従として随行。
¶幕末（[没]文久2（1862）年1月7日）

木村鐙　きむらとう
江戸時代後期～明治時代の教育者。
¶女史（[生]1848年　[没]1886年）

木村藤兵衛*　きむらとうべえ
生没年不詳　安土桃山時代の織田信長の家臣。
¶織田

木村土佐守　きむらとさのかみ
安土桃山時代の真田氏の家臣。
¶全戦（生没年不詳）

木村俊左衛門*　きむらとしざえもん
寛政9（1797）年～安政5（1858）年　[別]木村林昱（きむらしげてる）　江戸時代末期の石見津和野藩士。
¶数学（木村林昱　きむらしげてる　[生]寛政9（1797）年7月26日　[没]安政5（1858）年3月6日）

木村友三　きむらともぞう
⇒木村友三（きむらゆうぞう）

木村寅治*　きむらとらじ
生没年不詳　江戸時代末期の播磨赤穂藩士。
¶幕末

木村直介*　きむらなおすけ
？～明治7（1874）年　江戸時代末期～明治時代の志士。
¶幕末（[没]明治7（1874）年3月）

木村尚寿　きむらなおとし
⇒木村尚寿（きむらしょうじゅ）

木村長賢　きむらながかた
江戸時代後期の和算家。
¶数学

木村長門守　きむらながとのかみ
⇒木村重成（きむらしげなり）

木村長門守重成　きむらながとのかみしげなり
⇒木村重成（きむらしげなり）

木村長羽　きむらながのぶ
*～宝暦1（1751）年　江戸時代前期～中期の幕臣。
¶徳人（[生]1686年），徳代（[生]貞享4（1687）年　[没]宝暦1（1751）年1月23日）

木村秀望*　きむらひでもち
？～元和1（1615）年　[別]木村弥一右衛門秀望（きむらやいちえもんひでもち）　安土桃山時代～江戸時代前期の武士。豊臣氏家臣。
¶大坂（木村弥一右衛門秀望　きむらやいちえもんひでもち　[没]慶長20年5月7日）

木村表斎*　きむらひょうさい
文政1（1818）年～明治18（1885）年　江戸時代末期～明治時代の漆工。真塗や洗朱の根来塗を得意とし、飲食器を多く制作。
¶美工

木村広太*　きむらひろた
弘化3（1846）年～？　江戸時代後期～末期の新撰組隊士。
¶新隊

木村舞雪*　きむらぶせつ
文化13（1816）年～慶応1（1865）年　江戸時代末期の画家。
¶幕末（[没]元治1（1865）年12月12日），美画（[没]元治1（1864）年12月）

木村豊前守重宗　きむらぶぜんのかみしげむね
江戸時代前期の武士。大坂の陣で籠城。
¶大坂（[没]寛永8年5月18日）

木村平八郎*　きむらへいはちろう
江戸時代後期の備前伊部焼の名工。
¶美工（[生]？　[没]安政5（1858）年）

木村正辞*　きむらまさこと
文政10（1827）年～大正2（1913）年　江戸時代末期～明治時代の国学者、帝国大学文科大学教授。「万葉集見夫君志」など万葉集研究の著書多数。
¶コン，幕末（[生]文政10（1827）年4月6日　[没]大正2（1913）年4月14日）

木村正直　きむらまさなお
戦国時代～安土桃山時代の後北条氏家臣。与次郎・紀伊守。北条氏綱のち相模国玉縄城主北条為昌・北

木村真紀*　きむらまさのり
天保8（1837）年〜明治32（1899）年　江戸時代末期〜明治時代の和算家。藩の算術世話役。維新後は学校教員となり、門人を集めて数学を教授。
¶数学

木村又蔵*　きむらまたぞう
生没年不詳　安土桃山時代の勇士。
¶全戦

木村松之允*　きむらまつのじょう
嘉永1（1848）年〜慶応1（1865）年　江戸時代末期の長州（萩）藩士。
¶幕末（誕天保15（1844）年　没慶応1（1865）年6月18日）

木村万蔵*　きむらまんぞう
嘉永3（1850）年〜明治2（1869）年　江戸時代末期の水戸藩士。
¶幕末（没明治2（1869）年6月23日）

木村光休　きむらみつやす
延享2（1745）年〜？　江戸時代中期の幕臣。
¶徳人、徳代

木村三穂介*　きむらみほのすけ
文化8（1811）年〜慶応1（1865）年　別木村善道（きむらよしみち）　江戸時代末期の水戸藩郷士。
¶幕末（没元治2（1865）年4月3日）

木村民部丞　きむらみんぶのじょう
戦国時代〜安土桃山時代の玉縄城主北条綱成の家臣。
¶後北（民部丞〔木村（1）〕　みんぶのじょう）

木村黙老*　きむらもくろう
安永3（1774）年〜安政3（1856）年　別木村亘（きむらわたる）　江戸時代後期の讃岐高松藩家老。
¶コン、幕末（没安政3（1857）年12月10日）

木村求馬*　きむらもとめ
別木村求馬（きむらきゅうま）　江戸時代末期の新撰組隊士。
¶新隊（きむらきゅうま　生没年不詳）

木村盛治　きむらもりじ
江戸時代中期の和算家。信州上田の人。
¶数学（没宝暦12（1762）年2月18日）

木村弥一右衛門秀望　きむらやいちえもんひでもち
⇒木村秀望（きむらひでもち）

木村弥左衛門*　きむらやざえもん
生没年不詳　安土桃山時代の織田信長の家臣。
¶織田

木村弥左衛門重正　きむらやざえもんしげまさ
江戸時代前期の豊臣秀頼の家臣。木村重成の従弟。
¶大坂（没慶安3年6月）

木村安兵衛　きむらやすべい
⇒木村安兵衛（きむらやすべえ）

木村安兵衛*　きむらやすべえ
文化14（1817）年〜明治22（1889）年7月26日　別木村安兵衛（きむらやすべい）　江戸時代末期〜明治時代の武士、パン職人。
¶幕末（きむらやすべい）

木村友三*　きむらゆうぞう
文政4（1821）年〜明治26（1893）年　別木村友三（きむらともぞう）　江戸時代末期〜明治時代の上総久留里藩士。
¶幕末（きむらともぞう　誕文政4（1821）年7月5日　没明治26（1893）年11月6日）

木村与三郎　きむらよさぶろう
戦国時代〜安土桃山時代の武田氏の家臣、菊姫の付家臣。
¶武田（生没年不詳）

木村吉清*　きむらよしきよ
？〜慶長3（1598）年　別木村清久（きむらきよひさ）　安土桃山時代の武将。豊臣秀吉の家臣。
¶内乱（木村清久　きむらきよひさ　没文禄4（1595）年？/慶長1（1596）年？）

木村喜毅　きむらよしたけ
⇒木村芥舟（きむらかいしゅう）

木村良之助*　きむらよしのすけ
？〜慶応2（1866）年3月　江戸時代後期〜末期の新撰組隊士。
¶新隊（生没年不詳）

木村吉久　きむらよしひさ
安土桃山時代の鋳物師の棟梁。内匠・河内守。北条氏直に属した。
¶後北（吉久〔木村（3）〕　よしひさ）

木村善道　きむらよしみち
⇒木村三穂介（きむらみほのすけ）

木村与三兵衛　きむらよそうひょうえ
戦国時代〜安土桃山時代の武田氏の家臣、菊姫の付家臣。
¶武田（生没年不詳）

木村立岳*　きむらりゅうがく
文政8（1825）年〜明治23（1890）年　江戸時代末期〜明治時代の画家。
¶美画（誕文政10（1827）年　没明治23（1890）年9月9日）

木村良伯　きむらりょうはく
江戸時代後期の眼科医。
¶眼医（生没年不詳）

木村礼斎　きむられいさい
⇒木村謙次（きむらけんじ）

木村亘　きむらわたる
⇒木村黙老（きむらもくろう）

木室卯雲*　きむろぼううん
正徳4（1714）年〜天明3（1783）年　別白鯉館卯雲（はくりかんぼううん）　江戸時代中期の狂歌・噺本作者。
¶江人、コン（白鯉館卯雲　はくりかんぼううん）、徳人

宜明　ぎめい
江戸時代中期〜後期の俳諧作者。
¶俳文（没元文2（1737）年　没文化12（1815）年1月9日）

祇明*（祇明）　ぎめい
元禄10（1697）年〜寛延1（1748）年10月4日　江戸時代中期の俳人。
¶俳文（祇明）（誕元禄9（1686）年）

亀毛　きもう
⇒梁田蛻巌（やなだぜいがん）

紀茂行*　きもちゆき
生没年不詳　[別]紀茂行（きのもちゆき）　平安時代前期の歌人。
¶古人（きのもちゆき）

肝付兼亮　きもつきかねあき
⇒肝付兼亮（きもつきかねすけ）

肝付兼重*　きもつきかねしげ
生没年不詳　南北朝時代の武将。大隅肝属郡の国人。
¶コン, 内乱, 室町

肝付兼亮*　きもつきかねすけ
永禄1（1558）年～寛永11（1634）年　[別]肝付兼亮（きもつきかねあき）　戦国時代の武士。
¶戦武（きもつきかねあき）

肝付兼続*　きもつきかねつぐ
永正8（1511）年～永禄9（1566）年　戦国時代の武士。
¶全戦, 戦武

肝付兼演*　きもつきかねひろ
？～天文21（1552）年　戦国時代の武士。
¶全戦（[生]明応7（1498）年）

肝付兼護*　きもつきかねもり
*～慶長5（1600）年　安土桃山時代の武士。
¶戦武（[生]永禄4（1561）年？）

肝付兼盛*　きもつきかねもり
天文2（1533）年～天正6（1578）年　戦国時代～安土桃山時代の武士。
¶全戦

肝衝難波*　きもつきのなにわ
飛鳥時代の隼人の酋長。
¶古代

肝付久兼の妻　きもつきひさかねのつま★
江戸時代中期の女性。和歌。島津久兼の娘。同藩士で一所持の家老肝付活堂久兼の妻。
¶江表（肝付久兼の妻（鹿児島県））

肝付良兼*　きもつきよしかね
天文4（1535）年～*　戦国時代の武士。
¶戦武（[没]元亀2（1571）年）

義門*　ぎもん
天明6（1786）年～天保14（1843）年　[別]東条義門（とうじょうぎもん），妙玄寺義門（みょうげんじぎもん），霊伝（れいでん）　江戸時代後期の真宗の僧。
¶コン（妙玄寺義門　みょうげんじぎもん），思想（東条義門　とうじょうぎもん）

きや女　きやじょ★
江戸時代中期の女性。俳諧。美濃の蕉門芦夕の妻。元禄14年刊、太田白雪編『きれぎれ』に載る。
¶江表（きや女（岐阜県））

喜屋女　きやじょ★
江戸時代後期の女性。俳諧。信夫の人。天保13年刊『道しるへ』に載る。
¶江表（喜屋女（福島県））

亀也女　きやじょ★
江戸時代後期の女性。俳諧。越後霜条の人。享和2年序、庄屋文華堂北志編、竜華堂北窓一三回忌追善集『西の空』に載る。
¶江表（亀也女（新潟県））

紀康宗*　きやすむね
生没年不詳　[別]紀康宗（きのやすむね）　平安時代後期の歌人。
¶古人（きのやすむね）

木屋虎治の母　きやとらやのはは★
江戸時代後期の女性。和歌。香川景樹の桂園派の歌人。文政12年の桂園入門名簿に名が載る。
¶江表（木屋虎治の母（広島県））

木山惟久*　きやまこれひさ
？～文禄2（1593）年　[別]木山紹宅（きやましょうたく），紹宅（じょうたく）　安土桃山時代の武士、連歌師。
¶俳文（紹宅　じょうたく　[没]慶長2（1597）年7月16日）

木山紹印*　きやましょういん
？～元和1（1615）年　[別]紹印（じょういん）　安土桃山時代～江戸時代前期の社僧・連歌作者。
¶俳文（紹印　じょういん　生没年不詳）

木山紹宅　きやましょうたく
⇒木山惟久（きやまこれひさ）

木屋弥三右衛門　きややざえもん
⇒木屋弥三右衛門（きややそうえもん）

木屋弥三右衛門*　きややそうえもん
生没年不詳　[別]木屋弥三右衛門（きややざえもん）　江戸時代前期の堺の朱印船貿易家。
¶コン, 対外

喜遊(1)　**きゆう★**
江戸時代後期の女性。俳諧。越前滝谷の人。寛政9年刊、加藤甫文編『葉月のつゆ』に載る。
¶江表（喜遊（福井県））

喜遊(2)　**きゆう**
⇒岩亀楼喜遊（がんきろうきゆう）

嬉遊　きゆう★
江戸時代後期の女性。俳諧。上総の人。寛政5年刊、子日庵一草編『潮来集』に載る。
¶江表（嬉遊（千葉県））

寄友　きゆう★
江戸時代後期の女性。俳諧。長門長府の人。文政3年序、山本友左坊撰『おゐのたひ』に載る。
¶江表（寄友（山口県））

机遊　きゆう★
江戸時代後期の女性。俳諧。榎本星布の俳友とされる。寛政11年刊、星布編『松の笠』に載る。
¶江表（机遊（東京都））

亀友　きゆう
江戸時代中期～後期の俳諧作者・狂歌師。本名、八田五郎右衛門。
¶俳文（生没年不詳）

亀遊*(1)　**きゆう**
生没年不詳　江戸時代中期の黄表紙作者。
¶江表（亀遊（東京都））

亀遊(2)　**きゆう★**
江戸時代後期の女性。俳諧。伊勢崎在住の俳人栗庵似鳩門。寛政4年刊、似鳩著『信濃紀行』に載る。
¶江表（亀遊（群馬県））

其友 きゆう*
江戸時代後期の女性。俳諧。寛政5年序、森々庵松後編『心つくし』に載る。
¶江表〔其友（熊本県）〕

其夕 きゆう
江戸時代後期の女性。俳諧。文化14年刊、多賀庵三世玄蛙編『やまかつら』に載る。
¶江表〔其夕（広島県）〕

休安 きゆうあん
⇒蔭山休安（かげやまきゅうあん）

久怡* きゆうい
生没年不詳　安土桃山時代の鋳物師。
¶美工

休意 きゆうい
⇒古満休意〔古満家1代〕（こまきゅうい）

救円* きゆうえん
生没年不詳　囲救円（ぐえん）　平安時代中期の絵仏師。
¶古人、古人（ぐえん）

九花 きゆうか
⇒岩井半四郎〔3代〕（いわいはんしろう）

九霞山樵 きゆうかさんしょう
⇒池大雅（いけのたいが）

久巌理昌 きゆうがんりしょう
⇒理昌女王（りしょうじょおう）

九起* きゆうき
生没年不詳　江戸時代後期の俳人。
¶俳文（囲文化1（1804）年　囲明治15（1882）年3月）

久吉 きゆうきち
江戸時代末期の新撰組隊士。詳細不詳。近藤勇の僕。
¶新隊（囲慶応3年12月18日）

休計* きゆうけい
？～宝永1（1704）年8月2日　江戸時代前期～中期の俳人。
¶俳文

及肩 きゆうけん
江戸時代中期の俳諧作者。元禄（1688～1704）ごろ。
¶俳文（生没年不詳）

九皐 きゆうこう
江戸時代後期の女性。儒者。文久3年版『文久文雅人名録』によると、浅草今戸銭座向住で、書物奉行石井内蔵允の娘。
¶江表〔九皐（東京都）　囲弘化2（1845）年〕

吸江英心 きゆうこうえいしん
戦国時代の曹洞宗雲岫派の僧。
¶武田（囲？　囲弘治1（1555）年）

九皐女 きゆうこうじょ*
江戸時代後期の女性。俳諧。延岡の人。文化2年に没した内藤暁山の追悼式と松尾芭蕉の句碑除幕式に参列し詠んだ。
¶江表〔九皐女（宮崎県）〕

旧室 きゆうしつ
⇒笠家旧室（かさやきゅうしつ）

久子内親王*(1)　きゆうしないしんのう
？～貞観18（876）年　囲久子内親王（ひさこないしんのう）　平安時代前期の女性。仁明天皇の皇女、斎宮。
¶古人（ひさこないしんのう）

久子内親王(2)　きゆうしないしんのう
⇒永陽門院（えいようもんいん）

休子内親王* きゆうしないしんのう
保元2（1157）年～嘉応3（1171）年　囲休子内親王（やすこないしんのう，よしこないしんのう）　平安時代後期の女性。後白河天皇の皇女。
¶古人（やすこないしんのう），天皇（よしこないしんのう）　囲承安1（1171）年）

宮子内親王* きゆうしないしんのう
寛治4（1090）年～？　囲官子内親王（かんしないしんのう，きみこないしんのう）　平安時代後期の女性。白河天皇の第5皇女。
¶古人（官子内親王　きみこないしんのう　生没年不詳），天皇

九州宮 きゆうしゅうのみや
⇒懐良親王（かねよししんのう）

亀遊女(1)　きゆうじょ*
江戸時代後期の女性。俳諧。二本松の人。天保3年刊、太白堂孤月編『桃家春帖』に載る。
¶江表〔亀遊女（福島県）〕

亀遊女(2)　きゆうじょ*
江戸時代後期の女性。俳諧。網掛の人。文化4年刊、宮本虎枕編、加舎白雄一七回忌追善集『いぬ榧集』に載る。
¶江表〔亀遊女（長野県）〕

久昌院* きゆうしょういん*
江戸時代前期の女性。和歌。近江篠原出身の谷左馬助重則の娘。
¶江表〔久昌院（茨城県）　囲慶長9（1604）年　囲寛文1（1661）年〕

久祥院* きゆうしょういん
生没年不詳　江戸時代の女性。陸奥弘前藩主津軽信義の側室。
¶江表〔久祥院（青森県）　囲元禄5（1692）年〕

久昌夫人* きゆうしょうふじん
享保3（1718）年～天明6（1786）年　江戸時代中期の女性。肥前平戸藩主松浦静山（「甲子夜話」の著者）の祖母。
¶江表〔久昌（長崎県）　きゅうしょう）

救済 きゆうせい，きゆうぜい
⇒救済（ぐさい）

休雪 きゆうせつ
⇒三輪休雪（みわきゅうせつ）

九節 きゆうせつ
⇒内神屋九節（うちのかみやきゅうせつ）

久三 きゆうぞう
安土桃山時代の信濃国筑摩郡青柳の土豪。麻績氏の被官とみられる。
¶武田（生没年不詳）

久徳左近兵衛* きゆうとくさこんひょうえ
生没年不詳　囲久徳左近兵衛尉（きゅうとくさこんびょうえのじょう）　安土桃山時代の織田信長の家臣。

¶織田（久徳左近兵衛尉　きゅうとくさこんびょうえのじょう）

久徳左近兵衛尉　きゅうとくさこんびょうえのじょう
⇒久徳左近兵衛（きゅうとくさこんひょうえ）

久徳伝兵衛*　きゅうとくでんべえ
文政10（1827）年〜明治11（1878）年　[別]久徳尚則（きゅうとくなおのり）　江戸時代末期〜明治時代の加賀藩士。禁門の変の後、士籍を剝奪された。
¶幕末（久徳尚則　きゅうとくなおのり　[没]明治11（1878）年5月20日）

久徳尚則　きゅうとくなおのり
⇒久徳伝兵衛（きゅうとくでんべえ）

休伯　きゅうはく
⇒古満休伯〔古満家2代〕（こまきゅうはく）

休復　きゅうふく
⇒宇喜多秀家（うきたひでいえ）

久武の母　きゅうぶのはは⋆
江戸時代中期の女性。俳諧。庄内の羽黒連の俳人久武の母。宝永7年刊、羽黒山経堂院の住持荒沢野衲東水撰の羽黒三山を中心とした地誌『三山雅集』に載る。
¶江表（久武の母（山形県））

久兵衛〔1代〕*　きゅうべえ
江戸時代中期の陶工。
¶美工（代数なし　生没年不詳）

休甫*　きゅうほ
文禄2（1593）年〜？　安土桃山時代〜江戸時代前期の俳人。
¶俳文（[生]文禄3（1594）年頃　[没]明暦2（1656）年頃）

久味*　きゅうみ
生没年不詳　江戸時代前期の細工師。
¶美工

玖也　きゅうや
⇒松山玖也（まつやまきゅうや）

久遊　きゅうゆう⋆
江戸時代中期の女性。俳諧。加賀の人。安永6年刊、堀麦水編『新虚栗』に載る。
¶江表（久遊（石川県））

久楽〔1代〕*　きゅうらく
寛延1（1748）年〜文政8（1825）年　江戸時代後期の楽焼の陶工。
¶美工

久楽〔2代〕*　きゅうらく
文政1（1818）年〜明治1（1868）年　江戸時代末期の楽焼の陶工。
¶美工

旧旅　きゅうりょ
⇒大谷旧旅（おおたにきゅうりょ）

紀行文　きゆきふみ
⇒紀行文（きのゆきぶみ）

きよ（1）
江戸時代中期の女性。俳諧。戸部一閑の妻。享保19年成立の『小野の里』に載る。
¶江表（きよ（秋田県））

きよ（2）
江戸時代中期の女性。和歌。小納屋喜置の妻。秋田藩士石井忠行編「伊頭園茶話」の宝暦5年の「歳旦引付之和歌」に載る。
¶江表（きよ（秋田県））

きよ（3）
江戸時代中期の女性。俳諧。能登富来の人。天明6年跋、森岡玦卜編「力すまふ」に載る。
¶江表（きよ（石川県））

きよ（4）
江戸時代中期の女性。和歌。住吉社社司岡松数馬津守治良の妻。宝永6年奉納、平間長雅編「住吉社奉納千首和歌」に載る。
¶江表（きよ（大阪府））

きよ（5）
江戸時代中期の女性。和歌。鳥取藩伯耆米子御銀奉行栢植忠太の母。天明年間、米子の歌会の常連であった。
¶江表（きよ（鳥取県））

きよ（6）
江戸時代中期の女性。和歌。伊藤元吉の妻。享保8年、柿本人麻呂1000年忌に地元高津の人丸社の僧快信を中心に奉納した「柿本大明神社奉納和歌」に載る。
¶江表（きよ（島根県））

きよ（7）
江戸時代中期の女性。和歌・俳諧。備前の近藤則秀の娘。元禄11年刊、露泉編『網代笠』に載る。
¶江表（きよ（岡山県））

きよ（8）
江戸時代後期の女性。納経帳。遠藤氏。高梨の高福寺の檀家。
¶江表（きよ（山形県））

きよ（9）
江戸時代後期の女性。教育。同心深作次十の妻。嘉永期頃、水戸藩邸内で寺子屋を開業。
¶江表（きよ（東京都））

きよ（10）
江戸時代後期〜明治時代の女性。教育。下総取手の寺田大作の娘。
¶江表（きよ（千葉県）　[生]寛政6（1794）年　[没]明治11（1878）年）

きよ（11）
江戸時代後期の女性。俳諧。甲斐の人。天保4年成立、流上斎山下百慈編、百慈の亡夫山下百二・叔父松保の追善集『二樒集』に載る。
¶江表（きよ（山梨県））

きよ（12）
江戸時代後期の女性。俳諧。周防平生の人。文政3年序、山本友左坊撰『おゐのたひ』に載る。
¶江表（きよ（山口県））

きよ（13）
江戸時代後期の女性。俳諧。延岡の人。天保9年序、島津五木編『はしり穂集』に載る。
¶江表（きよ（宮崎県））

きよ（14）
江戸時代末期〜明治時代の女性。書簡・教訓。松代藩藩士横田甚五左衛門俊忠の娘。
¶江表（きよ（長野県）　[没]明治43（1910）年）

キヨ
江戸時代末期の女性。教育。塩尻の上条氏。安政5年〜明治1年家塾を開いた。
¶江表（キヨ（長野県））

喜代(1)　きよ*
江戸時代中期の女性。俳諧。石見横田の人。安永2年刊、大山烏仙編『筆柿集』に載る。
¶江表（喜代（島根県））

喜代(2)　きよ*
江戸時代中期〜後期の女性。俳諧。本庄宿の豪商戸谷半兵衛修徳と常の娘で、俳人戸谷双烏の姉。
¶江表（喜代（埼玉県））　㋐安永1(1772)年　㋑寛政10(1798)年

喜代・きよ
江戸時代中期の女性。俳諧。能代の人。明和8年刊、願勝寺住職如是閣来翁編『辛卯歳旦帖』に載る。
¶江表（喜代・きよ（秋田県））

喜与　きよ
江戸時代中期の女性。和歌。幕府の小納戸兼書物奉行林源五兵衛の娘。
¶江表（喜与（宮城県）　㋑宝暦11(1761)年）

幾よ　きよ
江戸時代後期の女性。和歌。河内狭山藩主北条氏喬の奥女中。文化11年刊、中山忠雄・河田正致編『柿本社奉納和歌集』に載る。
¶江表（幾よ（大阪府））

幾世(1)　きよ
江戸時代中期〜後期の女性。和歌。安芸広島の河村氏の娘。
¶江表（幾世（広島県）　㋐明和1(1764)年　㋑天保14(1843)年）

幾世(2)　きよ*
江戸時代後期の女性。俳諧。常陸吉沼の人。寛政12年刊、筑波庵翠兄編『歳旦帖』に載る。
¶江表（幾世（茨城県））

起よ　きよ*
江戸時代後期の女性。俳諧。本庄の人。文化11年刊、日高習之編の父圃友三回忌追善集『雁のわかれ』に載る。
¶江表（起よ（宮崎県））

清(1)　きよ
江戸時代中期の女性。俳諧。加賀の人。享保12年跋、露桂庵一字編『芋かしら』に載る。
¶江表（清（石川県））

清(2)　きよ*
江戸時代中期の女性。俳諧。安芸広島の人。宝暦2年刊、志太野坡派の俳人後藤梅従編『十三題』に載る。
¶江表（清（広島県））

清(3)　きよ*
江戸時代中期〜後期の女性。和歌。飯島村の宮下七郎右衛門の娘。
¶江表（清（長野県）　㋐宝永7(1710)年　㋑天明8(1788)年）

清(4)　きよ*
江戸時代後期の女性。教育。寒川輝久の娘。
¶江表（清（東京都）　㋐嘉永4(1851)年頃）

清(5)　きよ*
江戸時代後期の女性。狂歌。備中板倉の巽氏。文政9年、編者不明の「ざれ歌」に肖像画と句が載る。
¶江表（清（岡山県））

清子　きよいこ
⇒清子（いさぎよきこ）

清野勇　きよのいさむ
江戸時代後期〜大正時代の眼科医。
¶眼医（㋐嘉永4(1851)年　㋑大正15(1926)年）

清野一学　きよのいちがく
江戸時代後期〜明治時代の眼科医。
¶眼医（㋐文政10(1827)年　㋑明治32(1899)年）

清井正武　きよいのまさたけ
平安時代中期の官人。右近衛府生。寛弘8年〜寛仁4年頃賀茂の競馬に奉仕。
¶古人（生没年不詳）

京(1)　きょう*
江戸時代中期の女性。俳諧。備後上下の人。天明2年刊『しぐれ会』に3句が載る。
¶江表（京（広島県））

京(2)　きょう*
江戸時代後期の女性。俳諧。紀三井寺の人。天明8年刊、古田此葉著『市女笠』に載る。
¶江表（京（和歌山県））

恭　きょう*
江戸時代後期の女性。教育。浅見氏。天保10年〜明治5年まで、塾を開き、読書、習字を教授。
¶江表（恭（滋賀県））

希膺　きょう
⇒雲居希膺（うんごきよう）

亀養　きょう*
江戸時代後期の女性。俳諧。越後浦村の人。寛政2年跋、根津桃路編、芭蕉翁一〇〇回忌追善集『華鳥風月集』に載る。
¶江表（亀養（新潟県））

其葉　きょう*
江戸時代後期の女性。俳諧。久保田の人か。文政12年頃成立の鈴木菊呂編『松葉籠』に載る。
¶江表（其葉（秋田県））

岐陽　ぎょう
⇒岐陽方秀（ぎようほうしゅう）

行阿*　ぎょうあ
生没年不詳　㋕源知行（みなもとともゆき，みなもとのともゆき）　南北朝時代の和学者。
¶コン

慶意　きょうい
⇒慶意（けいい）

行意*　ぎょうい
承安1(1171)年〜建保5(1217)年　平安時代後期〜鎌倉時代前期の僧、歌人。
¶古人（㋐1177年）

敬一*　きょういつ
貞観10(868)年〜天暦3(949)年　平安時代前期〜中期の天台僧。
¶古人

き

経因*　きょういん
生没年不詳　平安時代後期の僧侶・歌人。
¶古人

杏雨*　きょうう
貞享4(1687)年～明和1(1764)年閏12月13日　江戸時代前期～中期の俳人。
¶俳文

暁雨　ぎょうう
⇒大口屋治兵衛(おおぐちやじへえ)

慶雲　きょううん
⇒慶運(けいうん)

教懐　きょうえ
⇒教懐(きょうかい)

行恵*　ぎょうえ
*～仁平3(1153)年11月11日　平安時代後期の新義真言宗の僧。高野山検校20世、根来寺3世。
¶古人([生]1068年)

行叡*　ぎょうえい
奈良時代の僧。
¶古代

教円*(1)　きょうえん
天元2(979)年～永承2(1047)年6月10日　平安時代中期の僧。天台座主。
¶古人([生]978年)

教円*(2)　きょうえん
生没年不詳　平安時代後期の仏師。寿永1年常楽寺の十一面観音像を造る。
¶古人,美建

教縁*　きょうえん
康和1(1099)年～治承3(1179)年　平安時代後期の興福寺の僧。
¶古人

慶円(1)　きょうえん
⇒慶円(けいえん)

慶円(2)　きょうえん
⇒慶円(けいえん)

慶延　きょうえん
⇒慶延(けいえん)

経円*(1)　きょうえん
寛弘8(1011)年～応徳1(1084)年　平安時代中期～後期の園城寺僧。
¶古人

経円*(2)　きょうえん
生没年不詳　鎌倉時代前期の仏師。
¶古人,美建

行円*(1)　ぎょうえん
*～永承2(1047)年　平安時代中期の天台宗の僧。
¶古人([生]978年)

行円*(2)　ぎょうえん
生没年不詳　平安時代後期の僧。
¶古人,コン,思想

堯円*(尭円)　ぎょうえん
生没年不詳　平安時代後期～鎌倉時代前期の仏師。
¶古人,美建(尭円)

堯延*　ぎょうえん
延宝4(1676)年12月28日～享保3(1718)年　[別]堯延親王(ぎょうえんしんのう),堯延入道親王(ぎょうえんにゅうどうしんのう),堯延法親王(ぎょうえんほうしんのう),周慶親王(ちかよししんのう)　江戸時代中期の天台宗の僧。天台座主191・193・195世、妙法寺門跡。
¶天皇(堯延法親王　ぎょうえんほうしんのう　[没]享保3(1718)年11月29日)

堯延親王　ぎょうえんしんのう
⇒堯延(ぎょうえん)

堯延入道親王　ぎょうえんにゅうどうしんのう
⇒堯延(ぎょうえん)

行円法親王*　ぎょうえんほうしんのう
[別]行仁法親王(ぎょうにんほうしんのう)　鎌倉時代後期の亀山天皇の皇子。
¶天皇(行仁法親王　ぎょうにんほうしんのう　生没年不詳)

堯延法親王　ぎょうえんほうしんのう
⇒堯延(ぎょうえん)

教恩院　きょうおんいん
⇒実如(じつにょ)

鏡花(1)　きょうか★
江戸時代後期の女性。俳諧。高擶の人。寛政3年刊、名取の序風と山口の東川共編の見二坊吟里の23回忌集『参日能朧』に載る。
¶江表(鏡花(山形県))

鏡花(2)　きょうか★
江戸時代後期の女性。俳諧。越前大滝の人。文化10年刊、美濃派五代対鷗斎双巴坊編「歳旦」に載る。
¶江表(鏡花(福井県))

教雅*　きょうが
永正17(1520)年～？　[別]万福寺教雅(まんぷくじきょうが)　戦国時代～安土桃山時代の甲斐国の僧。
¶武田(万福寺教雅　まんぷくじきょうが　生没年不詳)

慶賀*　きょうが
生没年不詳　平安時代後期～鎌倉時代前期の仏師。
¶古人,美建

行賀*　ぎょうが
天平1(729)年～延暦22(803)年　奈良時代～平安時代前期の僧、興福寺別当。
¶古人,古代([生]728年),コン([生]神亀5(728)年　[没]延暦22(803)年？),対外

教懐*　きょうかい
長保3(1001)年～寛治7(1093)年5月28日　[別]教懐(きょうえ)　平安時代中期～後期の顕密の僧。高野聖の祖。
¶古人(きょうえ),コン

教海*　きょうかい
生没年不詳　平安時代後期の熊野の僧。
¶古人

景戒　きょうかい
⇒景戒(けいかい)

行快*　ぎょうかい
生没年不詳　鎌倉時代前期の仏師。快慶の弟子。
¶美建

行海*(1)　ぎょうかい
天仁2(1109)年～治承4(1180)年　平安時代後期の真言宗の僧。勧修寺流行海方の祖。
¶古人,密教([生]1108年　[没]1180年12月18日)

行海(2)　ぎょうかい
平安時代後期の醍醐寺釈迦堂阿闍梨・蓮花院院主・権律師。
¶密教([生]1100年　[没]1155年以後)

教覚*(1)　きょうかく
嘉承1(1106)年～？　平安時代後期の法相宗興福寺僧。
¶古人

教覚(2)　きょうかく
江戸時代後期～末期の連歌作者。
¶俳文(生没年不詳)

慶覚*　きょうかく
永承4(1049)年～保延4(1138)年　平安時代中期～後期の天台宗園城寺僧。
¶古人

経覚*(1)　きょうかく
生没年不詳　平安時代後期の興福寺の僧。
¶古人

経覚*(2)　きょうかく，きょうがく
応永2(1395)年～文明5(1473)年8月27日　[別]一乗院経覚(いちじょういんきょうかく)，経覚(けいかく)，大乗院経覚(だいじょういんきょうがく)　室町時代の法相宗の僧、興福寺別当。
¶コン(一乗院経覚　いちじょういんきょうかく),中世(大乗院経覚　だいじょういんきょうがく),内乱

行覚　ぎょうかく
⇒行覚法親王(ぎょうかくほっしんのう)

行覚法親王　ぎょうかくほうしんのう，ぎょうがくほうしんのう
⇒行覚法親王(ぎょうかくほっしんのう)

行覚法親王*　ぎょうかくほっしんのう
文永11(1274)年～永仁1(1293)年　[別]行覚(ぎょうかく)，行覚法親王(ぎょうかくほうしんのう，ぎょうがくほうしんのう)　鎌倉時代後期の後深草天皇の皇子。
¶天皇(ぎょうがくほうしんのう　[生]文永10(1273)年　[没]正応6(1293)年9月22日)

京月　きょうがつ
⇒京月(きょうげつ)

狂歌堂真顔　きょうかどうまがお
⇒鹿都部真顔(しかつべのまがお)

行観*　ぎょうかん
長和2(1013)年～延久5(1073)年　平安時代中期の天台宗の僧。
¶古人,コン(生没年不詳)

教義*　きょうぎ
生没年不詳　奈良時代の真言宗の僧。
¶古人

行基*　ぎょうき
天智天皇7(668)年～天平21(749)年2月2日　飛鳥時代～奈良時代の僧。東大寺大仏造立の勧進活動を行い、大僧正に任じられる。
¶古人,古代,コン([生]天智7(668)年　[没]天平勝宝1(749)年),詩作([生]？),思想([生]天智7(668)年　[没]天平勝宝1(749)年),山小([没]749年2月2日)

翹岐　ぎょうき
飛鳥時代の百済の王族。父は義慈王。皇極期に百済から亡命してきた百済王族。
¶古物

経救　きょうきゅう
⇒経救(きょうく)

行教*　ぎょうきょう
生没年不詳　平安時代前期の大安寺の僧。石清水八幡宮の創立者。
¶古人,古代,コン,思想

行暁*　ぎょうぎょう
永久2(1114)年～建仁2(1202)年　平安時代後期～鎌倉時代前期の園城寺僧。
¶古人

堯恭親王　ぎょうきょうしんのう
⇒堯恭法親王(ぎょうきょうほうしんのう)

堯恭入道親王　ぎょうきょうにゅうどうしんのう
⇒堯恭法親王(ぎょうきょうほうしんのう)

堯恭法親王*　ぎょうきょうほうしんのう
享保2(1717)年～明和1(1764)年　[別]幾宮(いくのみや)，堯恭親王(ぎょうきょうしんのう)，堯恭入道親王(ぎょうきょうにゅうどうしんのう)，久嘉親王(ひさよししんのう)　江戸時代中期の霊元天皇の第19皇子。
¶天皇([生]享保2(1717)年4月3日　[没]明和1(1764)年閏12月3日/4日)

経救*　きょうく，きょうぐ
天元1(978)年～寛徳1(1044)年　[別]経救(きょうきゅう)　平安時代中期の法相宗の僧。興福寺23世。
¶古人(きょうぐ)

鏡空上人　きょうくうしょうにん
⇒鏡空智冠(きょうくうちかん)

鏡空智冠*　きょうくうちかん
？～永禄10(1567)年4月15日　[別]鏡空上人(きょうくうしょうにん)　戦国時代～安土桃山時代の善光寺(甲府)開山。
¶武田(鏡空上人　きょうくうしょうにん　生没年不詳)

行慶*(1)　ぎょうけい
康和3(1101)年～永万1(1165)年　平安時代後期の天台宗の僧。園城寺34世、円満院門跡。
¶古人,コン([生]？),天皇([生]長治2(1105)年　[没]永万1(1165)年7月16日)

行慶(2)　ぎょうけい
平安時代後期の仁和寺の僧。系譜未詳。
¶平家(生没年不詳)

筇月　きょうげつ★
江戸時代後期の女性。和歌。愛宕郡上賀茂の人。文政8年刊、青木行敬ほか『聖廟奉納歌百二十首』に載る。
¶江表(筇月(京都府))

京月*　きょうげつ
生没年不詳　[別]京月(きょうがつ)　鎌倉時代前期の天台宗の僧・歌人・連歌作者。
¶俳文(きょうがつ)

鏡月　きょうげつ⋆
江戸時代中期の女性。和歌。堺の人。天明2年宮内清秀序『伴菊延齢詩歌集』に載る。
¶江表(鏡月(大阪府))

暁月　ぎょうげつ⋆
江戸時代後期～明治時代の女性。和歌。尾張藩藩士野呂瀬自堅の娘。
¶江表(暁月(愛知県)　[生]天保1(1830)年　[没]明治42(1909)年)

狂月舎　きょうげっしゃ
⇒文亭梅彦(ぶんていうめひこ)

慶玄*　きょうげん
？～延喜15(915)年　平安時代前期～中期の熊野別当。
¶古人

経源　きょうげん
⇒経暹(きょうせん)

行兼*　ぎょうけん
生没年不詳　平安時代後期の興福寺僧。
¶古人

行賢*　ぎょうけん
寛徳1(1044)年～永久3(1115)年　平安時代中期～後期の興福寺僧。
¶古人

行玄*　ぎょうげん
承徳1(1097)年～久寿2(1155)年　平安時代後期の天台宗の僧(天台座主)。
¶古人,コン

狂言綺語堂　きょうげんきごどう
⇒西沢一鳳(にしざわいっぽう)

狂言堂　きょうげんどう
⇒瀬川如皐〔2代〕(せがわじょこう)

狂言堂左交〔1代〕　きょうげんどうさこう
⇒桜田治助〔1代〕(さくらだじすけ)

狂言堂左交〔2代〕　きょうげんどうさこう
⇒桜田治助〔3代〕(さくらだじすけ)

鐈子　きょうこ⋆
江戸時代末期の女性。和歌。忍藩藩士石沢清速の娘。安政6年刊、黒沢翁満編『類題採風集』に載る。
¶江表(鐈子(埼玉県))

杏子　きょうこ⋆
江戸時代後期の女性。和歌・詩。備前岡山藩士水田恒の妻。
¶江表(杏子(岡山県)　[没]文政11(1828)年)

京子(1)　きょうこ⋆
江戸時代後期の女性。和歌。江戸八丁堀住。文政8年刊、南都薬師寺沙門遍行編『仏足結縁歌文集』に載る。
¶江表(京子(東京都))

京子(2)　きょうこ⋆
江戸時代後期の女性。和歌。荒川の上田氏の娘。嘉永5年刊、長沢伴雄編『類題鴨川四郎集』に載る。
¶江表(京子(和歌山県))

京子(3)　きょうこ⋆
江戸時代末期～明治時代の女性。和歌。服部氏。和歌を国学者斎藤勝明に学ぶ。
¶江表(京子(宮城県))

京子(4)　きょうこ⋆
江戸時代末期～明治時代の女性。和歌。幕臣萩原氏の娘。明治4年に徳島藩最後の藩主蜂須賀茂韶の子雅韶を徳島で産む。
¶江表(京子(徳島県))

匡子(1)　きょうこ
江戸時代中期の女性。著書。仙台方言集『浜荻』の著者。
¶江表(匡子(宮城県))

匡子(2)　きょうこ⋆
江戸時代後期の女性。和歌。徳島藩筆頭家老で淡路洲本城代稲田芸植の母。
¶江表(匡子(兵庫県))

喬子　きょうこ⋆
江戸時代末期～明治時代の女性。和歌。三河西尾藩主松平乗全の娘。本庄宗秀の室。
¶江表(喬子(京都府))

恭子　きょうこ⋆
江戸時代の女性。漢詩。堤氏。明治13年刊、水上珍亮編『日本閨媛吟藻』下に載る。
¶江表(恭子(岐阜県))

鏡子　きょうこ⋆
江戸時代後期の女性。和歌。尾張名古屋の医師小宮山宗法友房の妻。文化14年刊、磯村道彦編『春風集』に載る。
¶江表(鏡子(愛知県))

絞子　きょうこ
江戸時代末期の女性。和歌。三戸氏。安政5年成立、江刺恒久編「言玉集」三に載る。
¶江表(絞子(岩手県))

暁江　ぎょうこう
江戸時代後期の女性。狂歌。楠田氏。寛政2年刊、玉雲斎貞右著『狂歌玉雲集』に載る。
¶江表(暁江(大阪府))

僥倖軒宗慶*　ぎょうこうけんそうけい
生没年不詳　戦国時代の甲斐武田晴信・勝頼の家臣。
¶武田

慶光天皇　きょうこうてんのう
⇒典仁親王(すけひとしんのう)

京極*　きょうごく
？～治承5(1181)年閏2月24日　[別]後白河院京極(ごしらかわいんのきょうごく)　平安時代後期の女性。藤原俊成の女。
¶古人

京極朗徹*　きょうごくあきゆき
文政11(1828)年～明治15(1882)年　江戸時代末期～明治時代の丸亀藩主、丸亀藩(県)知事。
¶幕末([生]文政11(1828)年9月17日　[没]明治15(1882)年5月1日)

京極伊知子*　きょうごくいちこ
？～万治3(1660)年4月27日　江戸時代前期の女性。若狭小浜藩主京極忠高の娘。
¶江表(伊知子(香川県))

京極院*　きょうごくいん
寛元3(1245)年～文永9(1272)年　[別]洞院佶子(と

ういんきつし)，藤原佶子(ふじわらきっし，ふじわらのきっし) 鎌倉時代前期の女性。亀山天皇の皇后。
¶コン,天皇(洞院佶子 とういんきつし [没]文永9(1272)年8月9日)

京極氏詮 きょうごくうじあき
⇒佐々木氏詮(ささきうじあき)

京極定家 きょうごくさだいえ
⇒藤原定家(ふじわらのさだいえ)

京極太閤 きょうごくたいこう
⇒藤原師実(ふじわらのもろざね)

京極高朗* きょうごくたかあき
文政7(1824)年～元治1(1864)年 [別]京極高朗(きょうごくたかあきら) 江戸時代末期の幕臣。1862年遣欧使節随員としてフランスに渡る。
¶徳人([生]?)

京極高朗*(1) きょうごくたかあきら
寛政10(1798)年～明治7(1874)年 江戸時代後期～明治時代の大名、華族。
¶全幕,幕末([生]寛政10(1798)年4月24日 [没]明治7(1874)年2月14日)

京極高朗(2) きょうごくたかあきら
⇒京極高朗(きょうごくたかあき)

京極高亶* きょうごくたかあつ
享保4(1719)年～天明5(1785)年 江戸時代中期の大坂町奉行。
¶徳人

京極高氏 きょうごくたかうじ
⇒佐々木高氏(ささきたかうじ)

京極高数* きょうごくたかかず
?～嘉吉1(1441)年 南北朝時代～室町時代の守護大名。
¶コン,内乱([生]永和2(1376)年),室町

京極高清* きょうごくたかきよ
生没年不詳 室町時代～戦国時代の近江の武将。
¶コン([生]寛正1(1460)年? [没]天文7(1538)年?),中世,室町([生]寛正1(1460)年 [没]?)

京極高国* きょうごくたかくに
元和2(1616)年～延宝3(1675)年 江戸時代前期の大名。丹後宮津藩主。
¶コン

京極高住* きょうごくたかすみ
万治3(1660)年～享保15(1730)年 [別]云奴(うんぬ) 江戸時代中期の大名。但馬豊岡藩主。
¶俳文(云奴 うんぬ [没]享保15(1730)年8月13日)

京極高次* きょうごくたかつぐ
永禄6(1563)年～慶長14(1609)年 [別]大津宰相(おおつさいしょう)，大溝侍従(おおみぞじじゅう)，八幡山侍従(はちまんやまじじゅう) 安土桃山時代～江戸時代前期の大名。小浜藩主。
¶江人,織田([没]慶長14(1609)年5月3日),公卿([没]慶長14(1609)年5月3日),公家(高次〔京極家〕 たかつぐ [没]慶長14(1609)年5月3日),コン,全戦,戦武

京極高次室 きょうごくたかつぐしつ
⇒常高院(じょうこういん)

京極高富* きょうごくたかとみ
*～明治22(1889)年 江戸時代末期～明治時代の大名。丹後峰山藩主。
¶幕末([生]天保6(1835)年 [没]明治22(1889)年2月9日)

京極高知* きょうごくたかとも
元亀3(1572)年～元和8(1622)年 [別]伊奈侍従(いなじじゅう) 安土桃山時代～江戸時代前期の大名。信濃飯田藩主、丹後宮津藩主。
¶コン,全戦

京極高永の妻* きょうごくたかながのつま
?～寛政9(1797)年 [別]梅寿院(ばいじゅいん) 江戸時代中期～後期の女性。但馬豊岡藩主の妻、肥後熊本藩主細川貞順の娘。
¶江表(梅寿院(兵庫県) [生]享保3(1718)年),植物(梅寿院 ばいじゅいん [生]享保3(1718)年)

京極高規* きょうごくたかのり
寛永20(1643)年～宝永5(1708)年 江戸時代前期～中期の武士。
¶徳人

京極高詮* きょうごくたかのり
正平7/文和1(1352)年～応永8(1401)年 [別]佐々木高詮(ささきたかあき) 南北朝時代～室町時代の守護大名、評定衆、侍所頭人。
¶コン,内乱([生]文和1(1352)年),室町

京極高久 きょうごくたかひさ
江戸時代前期～中期の幕臣。
¶徳人([生]1664年 [没]1732年)

京極高秀 きょうごくたかひで
⇒佐々木高秀(ささきたかひで)

京極高広* きょうごくたかひろ
慶長4(1599)年～延宝5(1677)年 江戸時代前期の大名。丹後宮津藩主。
¶コン,全戦

京極高典* きょうごくたかまさ
天保7(1836)年～明治39(1906)年 江戸時代末期～明治時代の多度津藩主、多度津藩知事。
¶幕末([生]天保7(1836)年2月7日 [没]明治39(1906)年1月14日)

京極高光* きょうごくたかみつ
天授1/永和1(1375)年～応永20(1413)年 南北朝時代～室町時代の守護大名。
¶コン

京極高吉*(京極高佳) きょうごくたかよし
永正1(1504)年～天正9(1581)年 戦国時代～安土桃山時代の近江の武将。
¶全戦,戦武([生]永正5(1508)年)

京極高吉室 きょうごくたかよししつ
⇒京極マリア(きょうごくまりあ)

京極竜子 きょうごくたつこ
⇒松丸殿(まつのまるどの)

京極為兼* きょうごくためかね
建長6(1254)年～元弘2/正慶1(1332)年 [別]為兼(ためかね)，藤原為兼(ふじわらのためかね)，冷泉為兼(れいぜいためかね) 鎌倉時代後期の歌人、公卿(権大納言)。非参議京極為教の子。
¶公卿([没]元弘2(1332)年),公家(為兼〔京極家(絶家)〕 ためかね [没]元弘2(1332)年3月21日),コン,詩作([没]元徳4/元弘2(1332)年3月21日),中世

き

京極為教*　きょうごくためのり
安貞1(1227)年～弘安2(1279)年5月24日　[別]藤原為教(ふじわらためのり，ふじわらのためのり)　鎌倉時代前期の歌人、公卿(非参議)。権中納言京極定家(歌人)の孫。
¶公卿([生]延応1(1239)年)，公家(為教〔京極家(絶家)〕ためのり)

京極道誉　きょうごくどうよ
⇒佐々木高氏(ささきたかうじ)

京極殿　きょうごくどの
⇒松丸殿(まつのまるどの)

京極備前守　きょうごくびぜんのかみ
⇒京極備中(きょうごくびっちゅう)

京極備中*　きょうごくびっちゅう
[別]京極備前守(きょうごくびぜんのかみ)　安土桃山時代～江戸時代前期の武士。
¶大坂(京極備前守　きょうごくびぜんのかみ)

京極秀詮　きょうごくひであき
⇒佐々木秀詮(ささきひであき)

京極秀綱　きょうごくひでつな
⇒佐々木秀綱(ささきひでつな)

京極秀満　きょうごくひでみつ
室町時代の武士。
¶内乱(生没年不詳)

京極政経*　きょうごくまさつね
享徳2(1453)年～文亀2(1502)年　戦国時代の守護大名。
¶室町([没]永正5(1508)年)

京極マリア*　きょうごくまりあ
？～元和4(1618)年　[別]京極高吉室(きょうごくたかよししつ)　安土桃山時代～江戸時代前期の女性。キリシタン。京極高吉の妻。
¶コン([生]天文11(1542)年？)，全戦

京極持清*　きょうごくもちきよ
応永14(1407)年～文明2(1470)年　[別]佐々木持清(ささきもちきよ)　室町時代の武将、侍所頭人。
¶コン([生]応永16(1409)年　[没]文明4(1472)年)，中世([没]1480年)，内乱，室町

京極持光*　きょうごくもちみつ
？～永享11(1439)年　室町時代の武将。
¶室町

恭子内親王　きょうこないしんのう
⇒恭子内親王(きょうしないしんのう)

恭子女王　きょうこにょおう
⇒恭子女王(きょうしじょおう)

教厳　きょうごん
平安時代後期～鎌倉時代前期の六条若宮(八幡宮)別当。
¶密教([生]1188年以前　[没]1232年以後)

行厳*　ぎょうごん
生没年不詳　平安時代後期～鎌倉時代前期の真言宗の僧。
¶密教([生]1178年　[没]1236年頃)

慶算*　きょうさん
保延4(1138)年～？　平安時代後期の天台宗の僧・歌人。
¶古人

京山　きょうざん
⇒山東京山(さんとうきょうざん)

行算(1)　ぎょうさん
平安時代中期の仁和寺の僧。
¶古人(生没年不詳)

行算*(2)　ぎょうさん
生没年不詳　平安時代後期の大衆(僧兵)。
¶古人

教子　きょうし
⇒教子(のりこ)

行慈*　ぎょうじ
久安3(1147)年～嘉禄2(1226)年　平安時代後期～鎌倉時代前期の僧、歌人。
¶古人

行二　ぎょうじ
⇒二階堂政行(にかいどうまさゆき)

恭子女王*　きょうしじょおう
永観2(984)年～？　[別]恭子女王(きょうこにょおう，きょうしにょおう，たかこじょおう)　平安時代中期の女性。村上天皇の皇子為平親王の王女、伊勢斎宮。
¶古人(たかこじょおう　生没年不詳)

慶実*　きょうじつ
治暦1(1065)年～久安4(1148)年　平安時代後期の園城寺僧。
¶古人

行実*　ぎょうじつ
生没年不詳　平安時代後期の僧。
¶古人

恭子内親王*　きょうしないしんのう
延喜2(902)年～延喜15(915)年　[別]恭子内親王(きょうこないしんのう，たかこないしんのう)　平安時代中期の女性。醍醐天皇の第3皇女、賀茂斎院。
¶古人(たかこないしんのう　[生]？)

恭子女王　きょうしにょおう
⇒恭子女王(きょうしじょおう)

暁珠　ぎょうしゅ
江戸時代後期の女性。画。長崎の画家道幸丹林の妻。天保4年に竹田が著した「竹田荘師友画録」に暁珠のことを述べている。
¶江表(暁珠(長崎県))

慶秀*(1)　きょうしゅう
生没年不詳　平安時代中期の仏師。
¶古人，美建

慶秀*(2)　きょうしゅう
生没年不詳　[別]慶秀(けいしゅう)　平安時代後期の天台宗園城寺の僧。
¶古人，平家(けいしゅう)

慶俊*　きょうしゅん
生没年不詳　[別]慶俊(けいしゅん)　奈良時代～平安時代前期の僧、律師。
¶古人(けいしゅん)，古代，コン

教純　きょうじゅん★
江戸時代末期の女性。和歌。法華寺の尼。安政4年刊、富樫広蔭編『千百人一首』に載る。

¶江表（教純（奈良県））

行舜* ぎょうしゅん
平安時代後期〜鎌倉時代前期の天台宗の僧。
¶古人（㋑1160年　㋒？）

行巡* ぎょうじゅん
生没年不詳　平安時代前期の真言宗の僧。
¶古人，古代，コン

尭順坊 ぎょうじゅんぼう
安土桃山時代の高野山高室院の僧。
¶後北

杏所 きょうしょ
⇒立原杏所（たちはらきょうしょ）

慶助* きょうじょ
延喜22（922）年〜長徳1（995）年　平安時代中期の
真言宗の僧。醍醐寺10世。
¶古人

行助* ぎょうじょ
応永12（1405）年〜文明1（1469）年　室町時代の連
歌師。連歌七賢の一人。
¶俳文（㋒応仁3（1469）年3月24日）

尭恕 ぎょうじょ
⇒尭恕入道親王（ぎょうじょにゅうどうしんのう）

教勝* きょうしょう
生没年不詳　奈良時代の女性。長屋王の娘。
¶女史

教性* きょうしょう
鎌倉時代前期〜後期の釈迦堂供僧（定額僧）。
¶密教（㋑1222年以前　㋒1260年1月17日）

教静* きょうじょう
天慶7（944）年〜寛仁2（1018）年　平安時代中期の
天台僧。
¶古人

暁笑 ぎょうしょう*
江戸時代後期の女性。俳諧。延岡の人。天保9年
序，島津五木編『はしり穂集』に載る。
¶江表（暁笑（宮崎県））

幸清* ぎょうしょう
治承1（1177）年〜文暦2（1235）年7月11日　㋐幸清
（こうじょう）　平安時代後期〜鎌倉時代前期の社
僧・歌人。
¶古人（こうじょう）

行勝*⑴ ぎょうしょう
永承4（1049）年〜天治1（1124）年　平安時代後期
の僧（大僧都）。三条天皇の曽孫。
¶古人

行勝*⑵ ぎょうしょう
大治5（1130）年〜建保5（1217）年　平安時代後期〜
鎌倉時代前期の真言宗の僧。木食上人として有名。
¶古人，コン（㋑仁安2（1167）年　㋒建長6（1254）年）

行乗* ぎょうじょう
天治2（1125）年〜元暦1（1184）年　平安時代後期
の園城寺僧。
¶古人

尭性法親王* ぎょうしょうほうしんのう
建徳2/応安4（1371）年〜元中5/嘉慶2（1388）年
南北朝時代の後光厳院の皇子。

¶天皇（㋑応安4（1371）年　㋒嘉慶2（1388）年1月27日）

尭恕親王 ぎょうじょしんのう
⇒尭恕入道親王（ぎょうじょにゅうどうしんのう）

行助入道親王 ぎょうじょにゅうどうしんのう
⇒後高倉院（ごたかくらいん）

尭恕入道親王* ぎょうじょにゅうどうしんのう
寛永17（1640）年10月16日〜元禄8（1695）年　㋐逸
堂（いつどう），尭恕（ぎょうじょ），尭恕親王
（ぎょうじょしんのう），尭恕法親王（ぎょうじょほ
うしんのう，ぎょうじょほっしんのう），完敏親王
（さだとししんのう）　江戸時代前期の天台宗の僧
（天台座主）。後水尾上皇の第10皇子。
¶コン（尭恕　ぎょうじょ）㋒元禄7（1694）年）

尭恕法親王 ぎょうじょほうしんのう
⇒尭恕入道親王（ぎょうじょにゅうどうしんのう）

尭恕法親王 ぎょうじょほっしんのう
⇒尭恕入道親王（ぎょうじょにゅうどうしんのう）

教信* きょうしん
？〜貞観8（866）年　平安時代前期の念仏聖。
¶古人，古代，コン

教真* きょうしん
？〜天仁2（1109）年　平安時代後期の天台宗の僧。

慶信* きょうしん
長久2（1041）年〜嘉保2（1095）年5月9日　平安時
代中期〜後期の三論宗の僧。東大寺71世。
¶古人

慶深* きょうしん
治安1（1021）年〜承保1（1074）年　平安時代中期
〜後期の興福寺の僧。
¶古人

敬信* きょうしん
生没年不詳　平安時代前期の僧侶、歌人。
¶古人

敬心* きょうしん
生没年不詳　㋕敬心（けいしん）　鎌倉時代の僧、
連歌師。
¶俳文

教深 きょうじん
鎌倉時代前期の石山寺座主。
¶密教（㋑1215年以前　㋒1235年以後）

教尋* きょうじん
？〜保延7（1141）年　平安時代後期の真言宗の僧。
¶コン（㋒永治1（1141）年）

経尋*⑴ きょうじん
康平3（1060）年〜長承1（1132）年　平安時代後期
の興福寺僧。
¶古人

経尋⑵ きょうじん
⇒経尋（けいじん）

行信*⑴ ぎょうしん
生没年不詳　奈良時代の薬師寺の僧。
¶コン

行信*⑵ ぎょうしん
生没年不詳　奈良時代の僧。法隆寺、元興寺で

活躍。
¶古人([生]? [没]750年), 古代, コン([生]? [没]天平勝宝2(750)年), 思想

行心*　ぎょうしん
生没年不詳　飛鳥時代の新羅の沙門。
¶古人, 古代

行真*　ぎょうしん
生没年不詳　平安時代中期の天台宗の僧。藤原道長の第2子。
¶コン

匡清*　きょうせい
生没年不詳　平安時代後期の石清水八幡宮の検校・匡清法印。
¶古人

慶政　きょうせい
⇒慶政(けいせい)

慶清　きょうせい
⇒田中慶清(たなかけいせい)

行清　ぎょうせい
平安時代後期の僧。
¶平家(生没年不詳)

教清尼　きょうせいに★
江戸時代中期の女性。俳諧。元禄7年刊、榎本其角編『枯尾花』に載る。
¶江表(教清尼(東京都))

教暹*　きょうせん
生没年不詳　平安時代後期の絵仏師。
¶古人

経暹*(1)　きょうせん
長暦3(1039)年～保安4(1123)年12月10日　[別]経源(きょうげん)　平安時代中期～後期の法相宗・真言宗兼学の僧。
¶古人(経源　きょうげん)

経暹*(2)　きょうせん
?～長治1(1104)年　平安時代後期の天台僧。
¶古人

教禅*　きょうぜん
?～承保2(1075)年3月　平安時代中期の絵仏師。僧綱の位に叙任された最初の絵仏師。
¶古人, コン

慶禅(1)　きょうぜん
平安時代後期の園城寺の僧。
¶古人(生没年不詳)

慶禅(2)　きょうぜん
⇒慶禅(けいぜん)

経禅*　きょうぜん
生没年不詳　平安時代後期の仏師。
¶美建

慶暹*　ぎょうせん, きょうせん
正暦4(993)年～康平7(1064)年4月24日　[別]慶暹(けいせん)　平安時代中期の天台宗の僧。
¶古人(きょうせん), コン(生没年不詳)

行暹*　ぎょうせん
長元4(1031)年～天治1(1124)年12月21日　平安時代後期の真言宗の僧。
¶古人

行善*(1)　ぎょうぜん
生没年不詳　奈良時代の僧。
¶古人, 古代, コン

行善(2)　ぎょうぜん★
江戸時代末期の女性。書簡。平井村の八王子千人同心野口伊右衛門の姉。
¶江表(行善(東京都)　[没]安政5(1858)年)

行禅*(1)　ぎょうぜん
*～永保2(1082)年11月29日　平安時代中期の真言宗の僧。
¶古人([生]1027年)

行禅*(2)　ぎょうぜん
?～嘉応1(1169)年　平安時代後期の権律師。
¶古人

暁禅尼　ぎょうぜんに★
江戸時代後期の女性。和歌。天保8年成立、国学者で歌人大石千引とその門人天野政徳編『真蹟歌集』に社中として載る。
¶江表(暁禅尼(東京都))

慶祚　きょうそ
⇒慶祚(けいそ)

慶増　きょうぞう
⇒慶増(けいぞう)

慶尊*　きょうそん
生没年不詳　平安時代後期の仏師。
¶美建

行尊*　ぎょうそん
天喜3(1055)年～保延1(1135)年　平安時代後期の僧、歌人。鳥羽天皇の護持僧。
¶古人, コン([生]天喜5(1057)年), 詩作([没]長承4(1135)年2月5日)

教待*　きょうたい
平安時代前期の園城寺の僧。
¶古人(生没年不詳), 古代

暁台*　きょうたい, ぎょうだい, ぎょうたい
享保17(1732)年～寛政4(1792)年　[別]加藤暁台(かとうきょうたい, かとうぎょうだい), 久村暁台(ひさむらぎょうだい)　江戸時代中期の俳人。蕉風復興運動の中心人物。
¶江人, コン(加藤暁台　かとうきょうたい), 詩作(加藤暁台　かとうきょうたい　[生]享保17(1732)年9月1日　[没]寛政4(1792)年1月20日), 日文(加藤暁台　かとうぎょうだい), 俳文([没]寛政4(1792)年1月20日)

鏡台　きょうだい★
江戸時代後期の女性。俳諧。屋代出身。
¶江表(鏡台(東京都)　[没]文化5(1808)年)

行達　ぎょうたつ
奈良時代の薬師寺法相宗の僧。
¶古人([生]?　[没]754年)

慶智*　きょうち
大治4(1129)年～?　平安時代後期の天台宗園城寺僧。
¶古人

行智*　ぎょうち
安永7(1778)年～天保12(1841)年　江戸時代後期の山伏、修験道の教学者、悉曇学者。

¶思想

教知尼　きょうちに★
江戸時代末期の女性。和歌。下総の真浄寺の尼。慶応2年序、鈴木雅之編『類題清風集』上に載る。
¶江表(教知尼(千葉県))

清内雄行　きようちのおゆき
⇒清内宿禰雄行(きようちのすくねおゆき)

清内宿禰雄行*　きようちのすくねおゆき
弘仁2(811)年～元慶7(883)年　[別]清内雄行(きようちのおゆき)　平安時代前期の学者。
¶古人(清内雄行　きようちのおゆき),古代

清内園継　きようちのそのつぐ
平安時代前期の官人。
¶古人(生没年不詳)

清内親信　きようちのちかのぶ
平安時代中期の音博士。
¶古人(生没年不詳)

慶朝(慶明)　きょうちょう
⇒慶朝(けいちょう)

行朝*　ぎょうちょう
生没年不詳　平安時代後期の真言宗の僧。
¶密教([生]1115年以前　[没]1172年以後)

行超*　ぎょうちょう
鎌倉時代前期の後鳥羽天皇の皇子。
¶天皇(生没年不詳)

経珍*　きょうちん
平安時代前期の天台宗の僧。
¶古人(生没年不詳),古代

京伝　きょうでん
⇒山東京伝(さんとうきょうでん)

鏡堂　きょうどう
⇒鏡堂覚円(きょうどうかくえん)

鏡堂覚円*　きょうどうかくえん
寛元2(1244)年～徳治1(1306)年　[別]覚円(かくえん),鏡堂(きょうどう),大円禅師(だいえんぜんじ)　鎌倉時代後期の臨済宗の中国人僧。鏡堂派の祖。
¶対外

行徳玉江*　ぎょうとくぎょっこう
文政11(1828)年～明治34(1901)年6月22日　江戸時代末期～明治時代の画家。
¶眼医([生]文政10(1827)年),幕末,美画

行徳元格　ぎょうとくげんかく
江戸時代後期の眼科医。
¶眼医(生没年不詳)

行徳元穆*　ぎょうとくげんぼく
江戸時代後期の眼科医。
¶眼医(生没年不詳)

行徳周文*　ぎょうとくしゅうぶん
天明7(1787)年～文久1(1861)年　江戸時代中期～末期の医者。
¶眼医(生没年不詳)

行徳松育　ぎょうとくしょういく
江戸時代後期の眼科医。
¶眼医([生]?　[没]寛政6(1794)年)

行徳友山　ぎょうとくゆうざん
江戸時代後期の眼科医。
¶眼医(生没年不詳)

卿二位　きょうにい
⇒卿局(きょうのつぼね)

教如*　きょうにょ
永禄1(1558)年～慶長19(1614)年　[別]教如光寿(きょうにょこうじゅ),光寿(こうじゅ),本願寺教如(ほんがんじきょうにょ),本願寺光寿(ほんがんじこうじゅ)　安土桃山時代～江戸時代前期の真宗の僧。大谷派本願寺初代。
¶コン(教如光寿　きょうにょこうじゅ),全戦,戦武(本願寺教如　ほんがんじきょうにょ),中世,山小([生]1558年9月16日　[没]1614年10月5日)

教如光寿　きょうにょこうじゅ
⇒教如(きょうにょ)

教仁*　きょうにん
生没年不詳　平安時代後期の僧。
¶古人

鏡忍*　きょうにん
?～延暦3(784)年　奈良時代の華厳宗の僧。
¶古人(生没年不詳)

堯仁　ぎょうにん
⇒堯仁法親王(ぎょうにんほっしんのう)

教仁親王　きょうにんしんのう
⇒教仁法親王(きょうにんほうしんのう)

堯仁親王　ぎょうにんしんのう
⇒堯仁法親王(ぎょうにんほっしんのう)

教仁入道親王　きょうにんにゅうどうしんのう
⇒教仁法親王(きょうにんほうしんのう)

教仁法親王*　きょうにんほうしんのう
文政2(1819)年～嘉永4(1851)年　[別]教仁親王(きょうにんしんのう),教仁入道親王(きょうにんにゅうどうしんのう),弘保親王(ひろやすしんのう)　江戸時代末期の閑院宮孝仁親王の第2王子。
¶天皇([生]文政2(1819)年4月27日　[没]嘉永4(1851)年6月9日)

行仁法親王　ぎょうにんほうしんのう
⇒行円法親王(ぎょうえんほうしんのう)

堯仁法親王　ぎょうにんほうしんのう
⇒堯仁法親王(ぎょうにんほっしんのう)

堯仁法親王*　ぎょうにんほっしんのう
正平18/貞治2(1363)年～永享2(1430)年　[別]堯仁(ぎょうにん),堯仁親王(ぎょうにんしんのう),堯仁法親王(ぎょうにんほうしんのう)　南北朝時代～室町時代の後光厳院の皇子。
¶天皇(ぎょうにんほうしんのう　[生]貞治2(1363)年)

凝然*　ぎょうねん
仁治1(1240)年～元亨1(1321)年9月5日　鎌倉時代後期の律僧、東大寺戒壇院主。
¶コン,思想

堯然　ぎょうねん
⇒堯然入道親王(ぎょうねんにゅうどうしんのう)

堯然親王　ぎょうねんしんのう
⇒堯然入道親王(ぎょうねんにゅうどうしんのう)

堯然入道親王*　ぎょうねんにゅうどうしんのう
慶長7(1602)年10月3日～寛文1(1661)年　[別]堯然(ぎょうねん)，堯然親王(ぎょうねんしんのう)，堯然法親王(ぎょうねんほうしんのう)，常嘉親王(つねよししんのう)　江戸時代前期の僧(天台座主)。後陽成天皇の第6子。
¶コン(堯然親王　ぎょうねんしんのう)

堯然法親王　ぎょうねんほうしんのう
⇒堯然入道親王(ぎょうねんにゅうどうしんのう)

興野介九郎*(1)　きょうのすけくろう
*～慶応1(1865)年　[別]興野助九郎(おきのすけくろう，きょうのすけくろう)，興野介九郎(きょうのすけくろう)　江戸時代末期の水戸藩士。
¶幕末([生]文政1(1818)年)

興野介九郎(2)(興野助九郎)　きょうのすけくろう
⇒興野介九郎(きゅうのすけくろう)

卿局*　きょうのつぼね
久寿2(1155)年～寛喜1(1229)年　[別]卿二位(きょうにい，きょうのにい)，藤原兼子(ふじわらかねこ，ふじわらけんし，ふじわらのかねこ，ふじわらのけんし)　平安時代後期～鎌倉時代前期の女性。藤原範兼の娘。元後鳥羽上皇の乳母として院政に重きをなした。
¶古人(藤原兼子　ふじわらのかねこ)，コン，女史(卿二位　きょうのにい)，中世(藤原兼子(卿二位)　ふじわらのかねこ(きょうのにい))，内乱(卿二位　きょうのにい)，平家(藤原兼子　ふじわらけんし)，山小(藤原兼子　ふじわらのけんし　[没]1229年8月16日)

卿二位　きょうのにい
⇒卿局(きょうのつぼね)

暁梅　ぎょうばい★
江戸時代後期～末期の女性。国学・書・和歌・俳諧。真野氏。寛政～嘉永までの淡路俳書に頻出。安政末頃没。
¶江表(暁梅(兵庫県))

慶範*(1)　きょうはん
生没年不詳　平安時代後期の大仏師。
¶古人，美建

慶範(2)　きょうはん
⇒慶範(けいはん)

慶範(3)　きょうはん
⇒慶範(けいはん)

経範　きょうはん
⇒経範(けいはん)

鏡鑁　きょうばん
平安時代後期の園城寺の悪僧。
¶平家(生没年不詳)

杏凡山*　きょうはんざん
文政3(1820)年～明治18(1885)年　[別]杏凡山(きょうぼんざん)　江戸時代後期～明治時代の儒者。
¶幕末(きょうぼんざん　[没]明治18(1885)年5月19日)

杏扉　きょうひ
⇒山崎普山(やまざきふざん)

京姫*　きょうひめ
寛永3(1626)年6月16日～延宝2(1674)年8月23日　[別]糸姫(いとひめ)，寂淵(じゃくえん)　江戸時代前期の女性。初代尾張藩主徳川義直の娘。
¶江表(京(愛知県))，江表(京姫(京都府))

行表*　ぎょうひょう
神亀1(724)年～延暦16(797)年　奈良時代の僧。最澄の出家の師。
¶古人，古代

刑部卿局*(1)　ぎょうぶきょうのつぼね
生没年不詳　[別]藤原博子(ふじわらのひろこ)　鎌倉時代前期の女性。後嵯峨天皇の宮人。
¶天皇(藤原博子　ふじわらのひろこ・はくし)

刑部卿局*(2)　ぎょうぶきょうのつぼね
安土桃山時代～江戸時代前期の女性。千姫の侍女。
¶江表(刑部卿局(兵庫県)　[生]元亀1(1570)年　[没]万治4(1661)年)

刑部卿法印(1)　ぎょうぶきょうほういん
⇒青木重直(あおきしげなお)

刑部卿法印(2)　ぎょうぶきょうほういん
⇒有馬則頼(ありまのりより)

刑部卿法印(3)　ぎょうぶきょうほういん
⇒滝川雄利(たきがわかつとし)

刑部卿法印(4)　ぎょうぶきょうほういん
⇒長谷川宗仁(はせがわそうにん)

刑部卿法印(5)　ぎょうぶきょうほういん
⇒松浦鎮信(まつらしげのぶ)

刑部左衛門　ぎょうぶざえもん
安土桃山時代の信濃国筑摩郡塔原の塔原海野氏の一族？
¶武田(生没年不詳)

刑部左衛門国次　ぎょうぶざえもんくにつぐ
安土桃山時代の大工。
¶美建(生没年不詳)

刑部左衛門吉次　ぎょうぶざえもんよしつぐ
安土桃山時代の大工。
¶美建(生没年不詳)

刑部太郎*　ぎょうぶたろう
生没年不詳　[別]刑部太郎(おさかべたろう)　江戸時代中期の蒔絵師。
¶美工

行遍*(1)　ぎょうへん
生没年不詳　平安時代後期～鎌倉時代前期の熊野僧。
¶古人

行遍*(2)　ぎょうへん
養和1(1181)年～文永1(1264)年12月15日　鎌倉時代前期の真言宗の僧。東寺長者。
¶古人，コン，中世

岐陽方秀*　ぎようほうしゅう，きようほうしゅう，ぎようぼうしゅう
正平16/康安1(1361)年～応永31(1424)年2月3日　[別]岐陽(ぎよう)，不二道人(ふにどうにん)，方秀(ほうしゅう)　南北朝時代～室町時代の臨済宗の僧。東福寺の第80世。
¶コン(きようほうしゅう)

杏凡山　きょうぼんざん
⇒杏凡山(きょうはんざん)

京増濤子*　きょうますなみこ
天保4(1833)年～明治6(1873)年4月7日　江戸時

代末期～明治時代の歌人。神山魚貫に入門。「麻葉和歌集」に入集。
¶江表(濤子(千葉県)　なみこ)

境妙*　きょうみょう
？～大治1(1126)年　平安時代中期の天台宗の僧。
¶古人

教明　きょうみょう
奈良時代の僧。「七代記」をつくる。
¶古人(生没年不詳)

慶命　きょうみょう
⇒慶命(けいみょう)

行命*　ぎょうみょう
生没年不詳　平安時代後期の熊野別当。
¶古人

行明(1)　ぎょうみょう
平安時代中期の僧。
¶古人(生没年不詳)

行明*(2)　ぎょうみょう
生没年不詳　[別]行明(ぎょうめい)　平安時代後期の仏師。
¶古人，美建

行明　ぎょうめい
⇒行明(ぎょうみょう)

京屋七兵衛　きょうやしちべえ
⇒嵐三五郎〔2代〕(あらしさんごろう)

京屋忠兵衛　きょうやちゅうべえ
江戸時代後期～明治時代の船宿商。
¶全幕(生没年不詳)

京屋弥五四郎　きょうややごしろう
⇒福岡弥五四郎(ふくおかやごしろう)

行勇　ぎょうゆう
⇒退耕行勇(たいこうぎょうゆう)

行誉*　ぎょうよ
寛平5(893)年～天禄1(970)年　平安時代前期～中期の天台僧。
¶古人

慶耀*　きょうよう
生没年不詳　[別]慶耀(けいよう)　平安時代中期～後期の天台宗の僧。
¶古人([生]1028年　[没]？)，コン

行耀*　ぎょうよう
生没年不詳　平安時代後期の真言宗の僧。
¶密教([生]1125年以前　[没]1162年以後)

恭礼門院*　きょうらいもんいん
寛保3(1743)年～寛政7(1795)年11月30日　[別]一条富子(いちじょうとみこ)，恭礼門院(きょうれいもんいん)，藤原富子(ふじわらのとみこ)　江戸時代中期～後期の女性。桃園天皇の女御。
¶天皇(一条富子　いちじょうとみこ　[生]寛保3(1743)年3月4日)

経理*　きょうり
？～長元2(1029)年　平安時代中期の興福寺僧。
¶古人

恭礼門院　きょうれいもんいん
⇒恭礼門院(きょうらいもんいん)

清江貞直　きよえのさだなお
平安時代前期の官人。
¶古人(生没年不詳)

清岡静*　きよおかしず
天保14(1843)年～＊　江戸時代末期～大正時代の女性。高知藩尊皇攘夷派志士清岡道之助の妻。国事に奔走する夫を助けた。
¶幕末([生]天保14(1843)年3月15日　[没]大正12(1923)年11月21日)

清岡治之助*　きよおかじのすけ
文政9(1826)年～元治1(1864)年　[別]清岡治之助(きよおかはるのすけ)　江戸時代末期の勤王志士。
¶幕末([生]文政9(1826)年1月2日　[没]元治1(1864)年9月5日)

清岡丈五郎*　きよおかじょうごろう
寛政8(1796)年～明治5(1872)年　[別]清岡丈五郎(きよおかたけごろう)　江戸時代末期～明治時代の土佐安芸郡中山郷大庄屋。
¶幕末(きよおかたけごろう　[没]明治5(1872)年11月24日)

清岡公張　きよおかたかとも
⇒清岡公張(きよおかともはる)

清岡丈五郎　きよおかたけごろう
⇒清岡丈五郎(きよおかじょうごろう)

清岡長説　きよおかちょうせつ
⇒清岡長説(きよおかながつぐ)

清岡公張*　きよおかともはる
天保12(1841)年～明治34(1901)年　[別]清岡公張(きよおかたかとも)，清岡半四郎(きよおかはんしろう)　江戸時代末期～明治時代の官僚、子爵、枢密顧問官。藩命で公卿三条実美の衛士となる。元老院議官、宮内省図書頭を歴任。
¶全幕(清岡半四郎　きよおかはんしろう)，幕末(きよおかたかとも　[生]天保12(1841)年7月10日　[没]明治34(1901)年2月25日)

清岡長材*　きよおかながえだ
寛政9(1797)年12月2日～万延1(1860)年11月29日　江戸時代末期の公家(非参議)。非参議清岡長親の子。
¶公卿，公家(長材〔清岡家〕　ながき)

清岡長親*　きよおかながちか
安永1(1772)年4月8日～文政4(1821)年9月28日　江戸時代後期の公家(非参議)。右大弁五条為俊の次男。
¶公卿，公家(長親〔清岡家〕　ながちか)

清岡長説*　きよおかながつぐ，きよおかながつく
＊～明治36(1903)年　[別]清岡長説(きよおかちょうせつ)　江戸時代末期～明治時代の学者、公家(非参議)。非参議清岡長凞の子。
¶公卿([生]天保3(1832)年1月24日　[没]明治36(1903)年5月1日)，公家(長説〔清岡家〕　ながつぐ　[生]天保3(1832)年1月24日　[没]明治36(1903)年4月28日)

清岡長凞*(清岡長熈，清岡長煕)　きよおかながてる
文化11(1814)年～明治6(1873)年　江戸時代末期～明治時代の公家(非参議)。非参議清岡長材の子。
¶公卿(清岡長熈　[生]文化11(1814)年2月30日　[没]明治6(1873)年10月)，公家(長熈〔清岡家〕　ながてる　[生]文化11(1814)年2月30日　[没]明治6(1873)年10月1日)，幕末([生]文化11(1814)年2月30日　[没]明治6(1873)年10月1日)

き

き

清岡長時* きよおかながとき
明暦3(1657)年9月25日〜享保3(1718)年4月24日 江戸時代前期〜中期の公家(参議)。清岡家の祖。権大納言五条為庸の次男。
¶公卿,公家(長時〔清岡家〕 ながとき)

浄岡広嶋 きよおかのひろしま
⇒浄岡連広嶋(きよおかのむらじひろしま)

浄岡連広嶋* きよおかのむらじひろしま
[別]浄岡広嶋(きよおかのひろしま) 奈良時代の医師。
¶古人(浄岡広嶋 きよおかのひろしま 生没年不詳),古代

清岡治之助 きよおかはるのすけ
⇒清岡治之助(きよおかじのすけ)

清岡半四郎 きよおかはんしろう
⇒清岡公張(きよおかともはる)

清岡道之助* きよおかみちのすけ
天保4(1833)年〜元治1(1864)年 江戸時代末期の勤王志士。
¶コン,全幕,幕末([生]天保4(1833)年10月20日 [没]元治1(1864)年9月5日)

去何 きょか
⇒渡辺去何(わたなべきょか)

浄上王 きよがみおう
奈良時代の官人。
¶古人(生没年不詳)

清川玄道〔5代〕 きよかわげんどう
江戸時代後期〜明治時代の漢方医。
¶科学([生]天保9(1838)年5月19日 [没]明治19(1886)年10月4日)

清川瀬川* きよかわせがわ
生没年不詳 江戸時代の女性。俳人。
¶江表(瀬川(東京都))

清河八郎*(清川八郎) きよかわはちろう
天保1(1830)年〜文久3(1863)年4月13日 江戸時代末期の尊攘派志士。
¶江人,コン(清川八郎),全幕,幕末([生]天保1(1830)年10月10日)

清川守光 きよかわもりみつ
江戸時代後期の蒔絵師。
¶美工(生没年不詳)

清河蓮*(清川蓮) きよかわれん
天保11(1840)年〜文久2(1862)年8月7日 江戸時代末期の女性。志士清河八郎の妻。
¶江表(蓮(山形県))

巨関* きょかん
弘治2(1556)年〜寛永20(1643)年 安土桃山時代〜江戸時代前期の陶工。
¶コン,美工

魚貫* ぎょかん
宝永4(1707)年〜宝暦13(1763)年 [別]心祇(しんぎ) 江戸時代中期の俳人。
¶俳文(心祇 しんぎ [没]宝暦13(1763)年10月23日)

玉雲斎貞右 ぎょくうんさいていゆう
⇒混沌軒国丸(こんとんけんくにまる)

玉英 ぎょくえい★
江戸時代末期の女性。画。池田氏。安政5年刊『現故漢画名家集鑑』に載る。
¶江表(玉英(東京都))

玉映女 ぎょくえいじょ★
江戸時代後期の女性。俳諧。天保1年跋、事仙庵丁知撰「利根太郎」に載る。
¶江表(玉映女(東京都))

玉鴛 ぎょくえん
江戸時代後期〜末期の女性。和歌・漢詩・俳諧・書。松山藩士日下伯巌の娘。
¶江表(玉鴛(愛媛県) [生]文化3(1806)年 [没]慶応1(1865)年)

玉燕女 ぎょくえんじょ★
江戸時代後期の女性。狂俳。寛政11年秋頃成立、大写本、柳江庵鶯亭撰『俳諧梅催集』に載る。
¶江表(玉燕女(愛知県))

玉畹梵芳* ぎょくえんぼんぽう
正平3/貞和4(1348)年〜? [別]梵芳(ぼんぽう) 南北朝時代〜室町時代の臨済宗の僧、画家。南禅寺第81世。
¶コン(生没年不詳),美画([没]応永27(1420)年)

玉珂* ぎょくか
享保15(1730)年〜文政3(1820)年1月22日 [別]玉珂(ぎょっか) 江戸時代中期〜後期の俳人。
¶俳文(ぎょっか)

玉蛾* ぎょくが
生没年不詳 江戸時代後期の女性。俳人。
¶江表(玉娥(宮城県))

玉花 ぎよくか
⇒坂東三津五郎〔5代〕(ばんどうみつごろう)

玉海 ぎょくかい★
江戸時代末期の女性。画。森本氏。安政7年刊『安政文雅人名録』に載る。
¶江表(玉海(東京都))

玉花園 ぎょくかえん★
江戸時代末期の女性。書。佐野氏。安政7年刊『安政文雅人名録』に載る。
¶江表(玉花園(東京都))

眼玉 ぎょくがん
⇒中村芝翫〔3代〕(なかむらしかん)

玉澗元寔* ぎょくかんげんしょく
明和8(1771)年〜安政3(1856)年 [別]玉澗元寔(ぎょっかんげんしょく,ぎょっかんげんぜ) 江戸時代後期の臨済宗の僧。
¶幕末(玉澗元寔 ぎょっかんげんぜ [没]安政3(1856)年5月17日)

玉恵女 ぎょくけいじょ★
江戸時代末期の女性。俳諧。梁川の林氏。安政4年序、南鶴道人編『冥加集』に載る。
¶江表(玉恵女(福島県))

玉光 ぎょくこう★
江戸時代後期の女性。俳諧。文政3年頃成立、徐風庵跋、竺貫三編『はせを塚集』に載る。
¶江表(玉光(高知県))

曲斎 きょくさい
⇒原田曲斎(はらだきょくさい)

玉山 ぎょくざん
⇒嵐璃寛〔2代〕(あらしりかん)

旭山女 きょくざんじょ*
江戸時代中期の女性。俳諧。赤岩の茂木勝吉の妻か。明和8年序、高桑闌更編『落葉考』に載る。
¶江表(旭山女〔長野県〕)

曲山人* きょくさんじん
?～天保7(1836)年　江戸時代後期の人情本作者。「仮名文章娘節用」を刊行。
¶江人(㉓1836年?),コン

玉糸 ぎょくし*
江戸時代後期の女性。俳諧。京都の人。文化6年序、五十嵐梅夫編『草神楽』に載る。
¶江表(玉糸〔京都府〕)

玉芝 ぎょくし
⇒瀬下敬忠(せしもよしただ)

玉卮 ぎょくし
江戸時代中期の女性。俳諧。宝暦11年刊、文月庵周東編『譬喩蓮華』に載る。
¶江表(玉卮〔東京都〕)

玉觜 ぎょくし*
江戸時代中期の女性。俳諧。石見妹山下の人。安永2年刊、大山烏仙編『筆柿集』に載る。
¶江表(玉觜〔島根県〕)

玉子女 ぎょくしじょ*
江戸時代後期の女性。俳諧。二本松の人。天保15年刊、太白堂孤月編『桃家春帖』に載る。
¶江表(玉子女〔福島県〕)

玉室 ぎょくしつ*
江戸時代中期の女性。俳諧。宝暦5年に白井鳥酔が陀陀羅尼会を催した記念に諸国から桜花の句を募り編んだ「談笑花問録」に載る。
¶江表(玉室〔群馬県〕)

玉芝 (1)　ぎょくしば*
江戸時代中期の女性。俳諧。京都の人。安永3年跋、二柳編『氷餅集』に載る。
¶江表(玉芝〔京都府〕)

玉芝 (2)　ぎょくしば*
江戸時代中期の女性。俳諧。観音寺の人。安永4年刊、同郷の小西帯河ほか編『俳諧ふたつ笠』に観音寺連の一人として載る。
¶江表(玉芝〔香川県〕)

玉芝 (3)　ぎょくしば*
江戸時代末期～明治時代の女性。画。高松の細谷松坂の妻。
¶江表(玉芝〔香川県〕　㉓明治11(1878)年)

旭舎女 きょくしゃじょ*
江戸時代後期の女性。俳諧。仙台の人。文化1年序、松窓乙二撰『はたけせり』に載る。
¶江表(旭舎女〔宮城県〕)

玉寿 ぎょくじゅ*
江戸時代後期の女性。俳諧・書。松山藩藩士阿倍専右衛門正通の長女。
¶江表(玉寿〔山形県〕)

玉樹院 ぎょくじゅいん
江戸時代後期の徳川家慶の長男。
¶徳将(㊿1813年　㉓1814年?)

旭周 きょくしゅう
江戸時代中期～後期の俳諧作者。
¶俳文(㊽宝永7(1710)年　㉓寛政5(1793)年12月18日)

玉樹園 ぎょくじゅえん*
江戸時代末期～明治時代の女性。俳諧。長門小鯖村の鰐石十郎兵衛の娘。
¶江表(玉樹園〔山口県〕　㉓明治34(1901)年)

玉樹子 ぎょくじゅこ*
江戸時代後期の女性。和歌。紀州藩の奥女中。天保15年跋『慕香和歌集』に載る。
¶江表(玉樹子〔和歌山県〕)

玉春 ぎょくしゅん*
江戸時代後期の女性。書・画・和歌。永木氏の娘。寛政7年、藩主松平康定の側室隆子と共に本居宣長に入門。
¶江表(玉春〔島根県〕)

玉蕉 ぎょくしょう
⇒高橋玉蕉(たかはしぎょくしょう)

玉簪 ぎょくしん*
江戸時代後期の女性。俳諧。戸倉の人。寛政期に佐藤楚六が旅中諸家に揮毫してもらった書画帖に載る。
¶江表(玉簪〔長野県〕)

曲翠 きょくすい
⇒菅沼曲翠(すがぬまきょくすい)

玉水 ぎょくすい*
江戸時代中期の女性。俳諧。能登の人。安永8年刊、森岡玞ト序、寄皐追善集「風も秋」に載る。
¶江表(玉水〔石川県〕)

玉屑* ぎょくせつ
*～文政9(1826)年　㊿栗本玉屑(くりのもとぎょくせつ)　江戸時代後期の播磨米田村神宮寺の僧、俳人。
¶俳文(㊽宝暦2(1752)年　㉓文政9(1826)年8月14日)

曲川 きょくせん
⇒山内曲川(やまのうちきょくせん)

玉仙 ぎょくせん*
江戸時代後期の女性。画。岩井氏。文化7年刊、大原東野編『名数画譜』に画がある。
¶江表(玉仙〔大阪府〕)

玉川 (1)　ぎょくせん*
江戸時代後期の女性。俳諧。佐野の人。文政7年刊『阿波摸墨直会式集』に載る。
¶江表(玉川〔徳島県〕)

玉川 (2)　ぎょくせん
⇒瀬川菊之丞〔3代〕(せがわきくのじょう)

玉扇 ぎょくせん*
江戸時代後期の女性。俳諧。相模藤沢の人。文政4年刊、遠藤雉啄編『葛三居士大禅忌追善集』に載る。
¶江表(玉扇〔神奈川県〕)

玉泉 ぎょくせん*
江戸時代後期の女性。俳諧。相模の人。文化4年刊、倉田葛三編『くさかね集』に載る。
¶江表(玉泉〔神奈川県〕)

玉僊 ぎょくせん*
江戸時代後期の女性。漢詩。長氏。文政3年刊、柏

木如亭編『海内才子詩』に載る。
¶江表（玉僊（京都府））

玉川居祐翁　ぎょくせんきょゆうおう
⇒玉川居祐（たまがわきょゆう）

玉扇女　ぎょくせんじょ★
江戸時代末期の女性。俳諧。湯沢の人。文久3年刊、内藤風柯編『花がたみ集』に載る。
¶江表（玉扇女（秋田県））

玉窓尼　ぎょくそうに★
江戸時代中期の女性。和歌。幕臣、小納戸役高井鍋之助実政の母。明和5年刊、石野広通編『霞関集』に載る。
¶江表（玉窓尼（東京都））

玉袖　ぎょくそで★
江戸時代末期の女性。俳諧。越後の大海伝左衛門の妻。安政5年刊、松岡茶山編『北越俳諧人銘録』に載る。
¶江表（玉袖（新潟県））

玉潭女　ぎょくたんじょ★
江戸時代後期の女性。俳諧。丸亀藩藩士河口正客の娘。
¶江表（玉潭女（香川県）　[生]文化13（1816）年　[没]嘉永2（1849）年）

玉晁　ぎょくちょう
⇒小寺玉晁（こでらぎょくちょう）

曲亭馬琴　きょくていばきん
⇒滝沢馬琴（たきざわばきん）

玉堂(1)　ぎょくどう
⇒浦上玉堂（うらがみぎょくどう）

玉堂(2)　ぎょくどう
⇒玉堂宗条（ぎょくどうそうじょう）

玉堂宗条*　ぎょくどうそうじょう
文明12（1480）年～永禄4（1561）年　[別]玉堂（ぎょくどう），宗条（そうじょう）　戦国時代の臨済宗の僧。大徳寺の第92世。
¶コン（玉堂　ぎょくどう）

玉兎園照子　ぎょくとえんしょうこ★
江戸時代の女性。狂歌・書・画。木村氏。昭和10年刊『近世女流書道名家史伝』に載る。
¶江表（玉兎園照子（東京都））

玉斗女　ぎょくとじょ★
江戸時代後期の女性。俳諧。勿来の人。文政3年成立、敬五亭大友随和編『多賀の浦』に載る。
¶江表（玉斗女（福島県））

曲取主人　きょくとりしゅじん
⇒花笠文京〔1代〕（はながさぶんきょう）

玉梅(1)　ぎょくばい★
江戸時代後期の女性。画。岡本氏。文政2年頃に出版された『諸名家書画譜』に載る。
¶江表（玉梅（東京都））

玉梅(2)　ぎょくばい★
江戸時代後期の女性。俳諧・和歌・狂歌。淡路榎列の真野暁梅の娘。天保9年刊、緑樹園元有編『桜間狂歌集』に載る。
¶江表（玉梅（兵庫県））

曲阜　きょくふ
⇒梶曲阜（かじきょくふ）

玉斧　ぎょくふ
江戸時代中期～後期の俳諧作者。
¶俳文（[生]正徳2（1712）年　[没]寛政5（1793）年2月27日）

玉風　ぎょくふう★
江戸時代後期の女性。書。甲斐の人。天保2年刊、渡雀真垣編『風流人海』に載る。
¶江表（玉風（山梨県））

玉鳳　ぎょくほう
⇒倉淵玉鳳（くらふちぎょくほう）

玉宝貞金*　ぎょくほうじょうきん
生没年不詳　戦国時代の女性。垪和氏続の祖母。
¶後北（玉宝貞金〔垪和（1）〕　ぎょくほうていきん）

玉明　ぎょくめい★
江戸時代後期の女性。俳諧。四ツ谷の人。寛政3年加舎白雄が平林観音奉額を選句する時に詠んだ。
¶江表（玉明（長野県））

玉溟　ぎょくめい★
江戸時代後期の女性。画家。天保頃の人。
¶江表（玉溟（東京都））

玉蓉院　ぎょくよういん
江戸時代後期の女性。徳川家慶の十二女。
¶徳将（[生]1844年　[没]1845年）

玉楽　ぎょくらく
⇒狩野玉楽（かのうぎょくらく）

玉蘭*(1)　ぎょくらん
？～享保19（1734）年　江戸時代中期の俳人。
¶俳文

玉蘭(2)　ぎょくらん★
江戸時代中期の女性。書・画・和歌。名、町。
¶江表（玉蘭（京都府）　[生]享保12（1727）年　[没]天明4（1784）年）

玉瀾　ぎょくらん
⇒池玉瀾（いけのぎょくらん）

玉鸞(1)　ぎょくらん★
江戸時代後期の女性。俳諧。元は今町の芸妓。
¶江表（玉鸞（山形県）　[没]文政1（1818）年頃）

玉鸞(2)　ぎょくらん★
江戸時代末期～明治時代の女性。漢詩。中野氏。鱸松塘が明治3年に開いた詩社七曲吟社の同人。
¶江表（玉鸞（岐阜県））

玉立　ぎょくりつ★
江戸時代後期の女性。俳諧。常陸額田の人。寛政4年刊、長男岷水編、玉立女1周忌追善集『卯月の雪』巻頭に載る。
¶江表（玉立（茨城県））

旭柳の娘　きょくりゅうのむすめ★
江戸時代中期の女性。俳諧。旭柳は玉名岩村光行寺の住職。明和3年の「蛍塚集」に載る。
¶江表（旭柳の娘（熊本県））

玉滝坊乗与*　ぎょくりゅうぼうじょうよ
生没年不詳　戦国時代の僧。小田原城城下の松原明神社の別当。
¶後北（玉滝坊　ぎょくろぼう）

玉林* ぎょくりん
生没年不詳 戦国時代の日蓮宗の僧。
¶後北

玉鱗 ぎょくりん★
江戸時代後期の女性。画。青木氏。
¶江表（玉鱗（東京都） 没嘉永3（1850）年）

玉林聖賛 ぎょくりんせいいん
戦国時代～安土桃山時代の木曽定勝寺の3世住持。木曽義元の子で義在の弟。
¶武田（生延徳2（1490）年 没天正7（1579）年1月1日）

玉簾 ぎょくれん
江戸時代後期の女性。俳諧・画。鈴川氏。文化10年刊、柿耶丸長斎編『万家人名録』に載る。
¶江表（玉簾（兵庫県））

きよ子(1) きよこ★
江戸時代の女性。和歌。越後雲浦の人。明治10年成立「伊夜日子神社献灯和歌集」に載る。
¶江表（きよ子（新潟県））

きよ子(2) きよこ★
江戸時代後期の女性。和歌。表御番医師杉浦昌順の妻。文化5年頃、真田幸弘編「御ことほきの記」に載る。
¶江表（きよ子（東京都））

きよ子(3) きよこ★
江戸時代後期の女性。和歌。本所石原住。文化5年頃、真田幸弘編「御ことほきの記」に載る。
¶江表（きよ子（東京都））

喜世子(1) きよこ★
江戸時代後期の女性。和歌。幕臣河野善右衛門通泰の養女。寛政10年跋、信濃松代藩主真田幸弘の六〇賀集「千とせの寿詞」に載る。
¶江表（喜世子（東京都））

喜世子(2) きよこ★
江戸時代後期の女性。和歌。尾張藩藩士小笠原又八郎永好の母。弘化4年刊、清堂観尊編『たち花の香』に載る。
¶江表（喜世子（愛知県））

喜代子 きよこ★
江戸時代後期の女性。和歌。筑前福岡藩主黒田継高の娘。筑後柳川藩主立花鑑通の室。
¶江表（喜代子（福岡県））

清子(1) きよこ★
江戸時代中期の女性。俳諧。田中の人。天明3年、起早庵稲後編『癸卯歳旦』に載る。
¶江表（清子（山梨県））

清子(2) きよこ★
江戸時代中期の女性。和歌・書・詩歌。彦根藩藩士大塚文左衛門の娘。
¶江表（清子（滋賀県） 生宝暦6（1756）年 没明和9（1772）年）

清子(3) きよこ★
江戸時代中期の女性。和歌。岩崎宣義の妻。元禄15年刊、竹内時安斎編『出雲大社奉納清地草』に載る。
¶江表（清子（京都府））

清子(4) きよこ★
江戸時代後期～明治時代の女性。和歌。飯田藩藩士村瀬孫右衛門楽波の娘。
¶江表（清子（長野県） 生天保1（1830）年 没大正1（1912）年）

清子(5) きよこ
江戸時代後期の女性。和歌。筑前芦屋の酒造業丸尾屋の太田源次郎勝房の娘。天保9年の亀山八幡宮の法楽百八番歌合わせに献詠。
¶江表（清子（福岡県））

清子(6) きよこ★
江戸時代末期の女性。和歌。御鷹師水谷善四郎直方の娘。常陸水戸藩主徳川慶篤の側室。
¶江表（清子（茨城県））

清子(7) きよこ★
江戸時代末期の女性。和歌。常陸水戸藩祐筆頭。文久1年成立「烈公一回御忌和歌」に載る。
¶江表（清子（茨城県））

清子(8) きよこ★
江戸時代末期の女性。和歌。山本五郎衛門の妻。安政1年刊、堀尾光久編『近世名所歌集』二に載る。
¶江表（清子（大阪府））

清子(9) きよこ★
江戸時代末期の女性。和歌。今橋住の岡山藩医で儒者の春日寛平の妻。安政4年刊、黒沢翁満編『類題採風集』二―上に載る。
¶江表（清子（大阪府））

清子(10) きよこ★
江戸時代末期の女性。和歌。播磨網干余子浜の眼科医中川善継の妻。嘉永7年刊、長沢伴雄編『類題鴨川五郎集』に載る。
¶江表（清子（兵庫県））

清子(11) きよこ★
江戸時代末期の女性。和歌。因幡鳥取藩の奥女中。安政3年序、井上文雄編『摘英集』に載る。
¶江表（清子（鳥取県））

清子(12) きよこ★
江戸時代末期の女性。和歌。宇和島藩領の和田元愷の妻。安政5年序、半井梧庵編『鄙のてぶり』二に載る。
¶江表（清子（愛媛県））

清子(13) きよこ★
江戸時代末期の女性。和歌。種崎の堀内氏。明治1年序、堀内清孝編「千松集」に載る。
¶江表（清子（高知県））

斉子 きよこ
江戸時代後期の女性。和歌。阿蘇氏。阿蘇神社の大宮司惟馨の母。
¶江表（斉子（熊本県））

魚交 ぎょこう★
江戸時代末期の女性。俳諧。遠江板屋町の人。万延1年の雪中庵月並句会にある。
¶江表（魚交（静岡県））

魚光 ぎょこう
⇒中村助五郎〔3代〕（なかむらすけごろう）

魚江 ぎょこう
⇒田中魚江（たなかぎょこう）

潔子内親王 きよこないしんのう
⇒潔子内親王（けっしないしんのう）

清子内親王　きよこないしんのう
⇒清子内親王(せいしないしんのう)

妍子内親王　きよこないしんのう
⇒妍子内親王(けんしないしんのう)

魚日*　ぎょじつ
*～宝暦3(1753)年9月26日　江戸時代中期の俳人。
¶俳文(㊝？　㊥宝暦4(1754)年9月26日)

清科実康　きよしなのさねやす
平安時代後期の陰陽師。
¶古人(生没年不詳)

清科為業　きよしなのためなり
平安時代後期の官人。
¶古人(生没年不詳)

清科全棟　きよしなのまたむね
平安時代前期の官人。
¶古人(生没年不詳)

清科光成　きよしなのみつなり
平安時代後期の官人。
¶古人(生没年不詳)

清科盛季　きよしなのもりすえ
平安時代後期の陰陽師。
¶古人(生没年不詳)

清科保重　きよしなのやすしげ
平安時代中期の官人。
¶古人(生没年不詳)

清科行国　きよしなのゆきくに
平安時代中期の陰陽師。
¶古人(生没年不詳)

清科良行　きよしなのよしゆき
平安時代前期の官人。
¶古人(生没年不詳)

紀淑人　きよしひと
⇒紀淑人(きのよしと)

紀淑光　きよしみつ
⇒紀淑光(きのよしみつ)

紀淑望　きよしもち
⇒紀淑望(きのよしもち)

虚舟　きょしゅう
⇒黒瀬虚舟(くろせきょしゅう)

清十郎(安良)　きよじゅうろう(やすよし)
江戸時代前期の眼科医。
¶眼医(生没年不詳)

きよ女(1)　きよじょ★
江戸時代前期の女性。俳諧。山内氏。延宝5年刊、樋口兼頼序・編『熱田宮雀』に載る。
¶江表(きよ女(愛知県))

きよ女(2)　きよじょ★
江戸時代後期の女性。俳諧。文化1年序、松窓乙二撰『はたけせり』に載る。
¶江表(きよ女(宮城県))

きよ女(3)　きよじょ★
江戸時代後期の女性。俳諧。文化10年成立、巣北序、石原有斐編「星つくり」に載る。
¶江表(きよ女(宮城県))

きよ女(4)　きよじょ★
江戸時代後期の女性。俳諧。寒河江の人。天保15年、寒河江八幡宮に奉納された俳額に載る。
¶江表(きよ女(山形県))

きよ女(5)　きよじょ★
江戸時代末期の女性。俳諧。文久1年に奉納された俳額「奉納四季混題発句集」に載る。
¶江表(きよ女(山形県))

きよ女(6)　きよじょ★
江戸時代末期の女性。俳諧。高岡の人。安政4年刊、半盛斎玄茂編の雑俳撰集『狐の茶袋』三に載る。
¶江表(きよ女(富山県))

潔女　きよじょ★
江戸時代末期の女性。和歌。大久保氏。安政7年跋、蜂屋光世編『大江戸倭歌集』に載る。
¶江表(潔女(東京都))

清女(1)　きよじょ★
江戸時代中期の女性。俳諧。伊豆熱海の風志の娘。元禄13年序、大江三千風編『倭漢田鳥集』中に載る。
¶江表(清女(静岡県))

清女(2)　きよじょ★
江戸時代中期の女性。和歌。備中岡田藩藩士守沢氏の妻。宝暦11年刊、玉島の庄屋大森元堯編『帰厚集』に載る。
¶江表(清女(岡山県))

清女(3)　きよじょ★
江戸時代後期の女性。俳諧。文化15年序、大屋士由編『美佐古鮓』に載る。
¶江表(清女(岩手県))

清女(4)　きよじょ★
江戸時代後期の女性。教育。村井氏。嘉永3年から5年間、酒匂仙右衛門が清女が改業した寺子屋に従学。
¶江表(清女(東京都))

清女(5)　きよじょ★
江戸時代後期の女性。狂歌。常陸江戸崎の商人青木長人の妻。
¶江表(清女(茨城県)　㊥天保13(1842)年)

清女(6)　きよじょ★
江戸時代末期の女性。俳諧。二本松の人。慶応1年刊、皐月庵満止編『奥羽記行録』に載る。
¶江表(清女(福島県))

清洲侍従　きよすじじゅう
⇒福島正則(ふくしままさのり)

きよすみ
江戸時代中期の女性。俳諧。武蔵の人。元禄15年刊、太田白雪編『三河小町』下に載る。
¶江表(きよすみ(埼玉県))

清瀬　きよせ★
江戸時代中期の女性。和歌。仙台藩五代藩主伊達吉村の娘琨子の侍女。
¶江表(清瀬(京都府))

清瀬子　きよせこ★
江戸時代末期の女性。和歌。三河刈谷藩主土井利信の室久米子の年寄。安政6年序、村上忠順編『類題和歌玉藻集』初に載る。
¶江表(清瀬子(愛知県))

巨川* きょせん
享保7(1722)年～安永6(1777)年 [別]大久保巨川(おおくぼきょせん) 江戸時代中期の俳人。鈴木春信のパトロン。
¶徳人(大久保巨川 おおくぼきょせん)

巨撰(1) きょせん
⇒小佐川常世〔1代〕(おさがわつねよ)

巨撰(2) きょせん
⇒小佐川常世〔3代〕(おさがわつねよ)

魚川*(1)(魚川〔1代〕) ぎょせん
生没年不詳 江戸時代中期の彫工・俳人。
¶俳文(――〔1世〕 [生]? [没]宝暦11(1761)年)

魚川*(2) ぎょせん
生没年不詳 江戸時代中期の俳人。
¶俳文

魚潜 ぎょせん★
江戸時代後期の女性。和歌。松平左兵衛介の侍医大原松庵の姉。文化11年刊、中山忠雄・河田正致編『柿本社奉納和歌集』に載る。
¶江表(魚潜(東京都))

魚川〔2代〕 ぎょせん
⇒吉田魚川(よしだぎょせん)

許率母 きょそつも
⇒許率母(こそちも)

清田 きよた
江戸時代中期の女性。和歌。大村藩の奥女中。安永3年の「田村村隆母公六十賀祝賀歌集」に載る。
¶江表(清田(長崎県))

清滝糸女 きよたきいとじょ★
江戸時代後期の女性。狂歌。寛政11年序、便々館湖鯉鮒編『狂歌杓子栗』に載る。
¶江表(清滝糸女(東京都))

清滝河根 きよたきのかわね
平安時代前期の官人。
¶古人(生没年不詳)

清滝直道 きよたきのなおみち
平安時代前期の京戸。
¶古人(生没年不詳)

清滝藤根 きよたきのふじね
平安時代前期の官人。
¶古人(生没年不詳)

清滝岑成 きよたきのみねなり
平安時代前期の官人。
¶古人(生没年不詳)

清岳光明 きよたけのみつあき
平安時代中期の官人。
¶古人(生没年不詳)

清親の母 きよちかのはは★
江戸時代後期の女性。俳諧。尾張名古屋の山崎氏。天保3年序、守村鶯卿女編『女百人一句』に載る。
¶江表(清親の母(愛知県))

居中 きょちゅう
⇒崇山居中(すうざんきょちゅう)

玉珂 ぎょっか
⇒玉珂(ぎょくか)

玉澗元寔 ぎょっかんげんしょく
⇒玉澗元寔(ぎょくかんげんしょく)

玉澗元寔 ぎょっかんげんぜ
⇒玉澗元寔(ぎょくかんげんしょく)

きよ鶴 きよつる★
江戸時代後期の女性。狂歌。下総銚江の遊女。享和2年刊、十返舎一九編『南総記行旅眼石』に載る。
¶江表(きよ鶴(千葉県))

裾道 きょどう
江戸時代中期の俳諧作者。
¶俳文(生没年不詳)

清友魚引 きよとものうお(な)びき
平安時代前期の散位。左京の人。
¶古人(生没年不詳)

清友真岡 きよとものまおか
平安時代前期の官人。
¶古人(生没年不詳)

清長 きよなが
⇒鳥居清長(とりいきよなが)

浄庭女王* きよにわじょおう
生没年不詳 平安時代前期の伊勢斎王。
¶古人

清野(1) きよの★
江戸時代中期の女性。旅日記。下肴町の富商3代目三井弥惣右衛門の娘。
¶江表(清野(山形県) [生]天明7(1787)年)

清野(2) きよの
⇒鈴木清野(すずきすがの)

清野刑部左衛門尉 きよのぎょうぶざえもんのじょう
戦国時代の信濃国埴科郡清野の国衆清野氏の一族？
¶武田(生没年不詳)

清野貞平 きよのさだひら
江戸時代前期～中期の代官。
¶徳代([生]明暦2(1656)年 [没]享保8(1723)年11月22日)

清野如眠 きよのじょみん
江戸時代後期～昭和時代の蒔絵師。
¶美工([生]嘉永5(1852)年 [没]昭和4(1929)年9月18日)

清野信興* きよのしんこう
享保10(1725)年～？ [別]清野信興(きよののぶおき,せいののぶおき) 江戸時代中期の算家、播州播磨姫路藩士。
¶数学(せいののぶおき [生]享保10(1725)年5月1日 [没]寛政9(1797)年12月14日)

清野信興 きよののぶおき
⇒清野信興(きよのしんこう)

清野信秀 きよののぶひで
安土桃山時代の信濃国埴科郡清野の国衆。
¶武田([生]? [没]永禄8(1565)年1月12日)

浄野最弟 きよののまおと
平安時代前期の官人。
¶古人(生没年不詳)

浄野宮雄* きよののみやお
生没年不詳 [別]浄野朝臣宮雄(きよののあそんみやお) 平安時代前期の官吏。
¶古人,古代(浄野朝臣宮雄 きよののあそんみやお)

清野満秀*　きよのみつひで
生没年不詳　戦国時代の信濃国衆。
¶武田([生]?　[没]文禄1(1592)年5月28日)

清野養山*　きよのようざん
江戸時代中期の画家。
¶美画(生没年不詳)

挙白　きょはく
⇒草壁挙白(くさかべきょはく)

虚白*　きょはく
*〜弘化4(1847)年　江戸時代後期の俳人。
¶俳文([生]安永2(1773)年　[没]弘化4(1847)年10月晦日)

清原顕長　きよはらあきなが
⇒清原頼業(きよはらのよりなり)

清原英之助　きよはらえいのすけ
江戸時代後期〜大正時代の教育家、漆工家。
¶美工([生]嘉永5(1852)年4月8日　[没]大正5(1916)年)

清原枝賢　きよはらえだかた
⇒清原枝賢(きよはらのえだかた)

清原王*　きよはらおう
生没年不詳　奈良時代の官人。
¶古人, 古代, コン

清原清*　きよはらきよし
*〜慶応4(1868)年　江戸時代末期の志士。
¶新隊([生]天保3(1832)年　[没]明治1(1868)年閏4月25日), 幕末([生]天保8(1837)年　[没]慶応4(1868)年閏4月25日)

清原国賢　きよはらくにかた
⇒清原国賢(きよはらのくにかた)

清原国貞*　きよはらくにさだ
生没年不詳　[別]清原国貞(きよはらのくにさだ)　平安時代中期の建築工匠。白河法皇による造営の大半に従事。
¶古人(きよはらのくにさだ), 美建(きよはらのくにさだ)

清原枝賢　きよはらしげかた
⇒清原枝賢(きよはらのえだかた)

清原祐隆　きよはらすけたか
⇒清原資隆(きよはらのすけたか)

清原宣賢　きよはらせんけん
⇒清原宣賢(きよはらのぶかた)

清原胤子　きよはらたねこ
⇒古市胤子(ふるいちたねこ)

清原近業　きよはらちかなり
⇒清原親業(きよはらのちかなり)

清原夏野　きよはらなつの
⇒清原夏野(きよはらのなつの)

清原業賢　きよはらなりかた
⇒船橋良雄(ふなばしよしお)

清原業忠　きよはらなりただ
⇒清原業忠(きよはらのなりただ)

清原秋雄*　きよはらのあきお
弘仁3(812)年〜貞観16(874)年　平安時代前期の武将。
¶古人

清原厚高　きよはらのあつたか
平安時代中期の官人。
¶古人(生没年不詳)

清原有雄*　きよはらのありお
?〜天安1(857)年　平安時代前期の廷臣。
¶古人

清原家衡*　きよはらのいえひら
?〜寛治1(1087)年　平安時代後期の豪族。後三年の役で敗死。
¶古人, コン, 山小([没]1087年11月14日)

清原市清　きよはらのいちきよ
平安時代後期の官人。
¶古人(生没年不詳)

清原今成　きよはらのいまなり
平安時代後期の官人。
¶古人(生没年不詳)

清原石末　きよはらのいわすえ
平安時代後期の官人。
¶古人(生没年不詳)

清原石成　きよはらのいわなり
平安時代後期の官人。
¶古人(生没年不詳)

清原枝賢*　きよはらのえだかた
永正17(1520)年〜天正18(1590)年11月15日　[別]清原枝賢(きよはらえだかた, きよはらしげかた, きよはらのしげかた), 船橋枝賢(ふねばししげかた)　戦国時代〜安土桃山時代の公卿(非参議)。非参議船橋良雄の子。
¶公卿(船橋枝賢　ふねばししげかた), 公家(枝賢〔舟橋家〕　えだかた), 思想(きよはらのしげかた)

清原景兼*　きよはらのかげかね
生没年不詳　平安時代後期の官人。
¶古人

清原景里　きよはらのかげさと
平安時代後期の官人。丹波国惣判官代。
¶古人(生没年不詳)

清原景実　きよはらのかげざね
平安時代後期の官人。丹波国在庁惣大判官代。
¶古人(生没年不詳)

清原景親　きよはらのかげちか
平安時代後期の官人。
¶古人(生没年不詳)

清原景宗　きよはらのかげむね
平安時代後期の官人。
¶古人(生没年不詳)

清原景盛　きよはらのかげもり
平安時代後期の官人。
¶古人(生没年不詳)

清原金方　きよはらのかねかた
平安時代後期の官人。
¶古人(生没年不詳)

清原兼清　きよはらのかねきよ
平安時代後期の官人。
¶古人(生没年不詳)

清原兼時　きよはらのかねとき
平安時代中期の官人。
¶古人（生没年不詳）

清原兼平　きよはらのかねひら
平安時代後期の官人。肥前権介。承安3年畠地を所進。
¶古人（生没年不詳）

清原公光　きよはらのきみみつ
平安時代後期の官人。
¶古人（生没年不詳）

清原清海　きよはらのきようみ
平安時代前期の官人。
¶古人（生没年不詳）

清原清国　きよはらのきよくに
平安時代後期の官人。
¶古人（生没年不詳）

清原清季　きよはらのきよすえ
平安時代後期の官人。
¶古人（生没年不詳）

清原清孝　きよはらのきよたか
平安時代後期の官人。
¶古人（生没年不詳）

清原清武　きよはらのきよたけ
平安時代中期の官人。
¶古人（生没年不詳）

清原清衡　きよはらのきよひら
⇒藤原清衡（ふじわらのきよひら）

清原清松　きよはらのきよまつ
平安時代中期の官人。
¶古人（生没年不詳）

清原清宗　きよはらのきよむね
平安時代後期の周防国の住人。清末の父。
¶古人（生没年不詳）

清原国賢*　きよはらのくにかた
天文13（1544）年～慶長19（1614）年12月18日　[別]清原国賢（きよはらくにかた），船橋国賢（ふなばしくにかた）　安土桃山時代～江戸時代前期の公家（非参議）。非参議船橋枝賢の子。
¶公卿（船橋国賢　ふなばしくにかた　[没]慶長19（1614）年10月28日），公家（国賢〔舟橋家〕　くにかた），思想

清原国貞　きよはらのくにさだ
⇒清原国貞（きよはらくにさだ）

清原国末　きよはらのくにすえ
平安時代後期の官人。
¶古人（生没年不詳）

清原是国　きよはらのこれくに
平安時代後期の官人。
¶古人（生没年不詳）

清原惟岳　きよはらのこれたけ
平安時代前期の官人。
¶古人（生没年不詳）

清原是光　きよはらのこれみつ
平安時代後期の官人。
¶古人（生没年不詳）

清原定重　きよはらのさだしげ
平安時代後期の官人。
¶古人（生没年不詳）

清原定隆　きよはらのさだたか
平安時代中期～後期の官人。
¶古人（[生]1017年　[没]1072年）

清原貞任　きよはらのさだとう
平安時代後期の官人。
¶古人（生没年不詳）

清原定俊*　きよはらのさだとし
？～長治2（1105）年　平安時代後期の官人。
¶古人

清原貞衡*　きよはらのさだひら
生没年不詳　平安時代後期の豪族。
¶古人

清原定政　きよはらのさだまさ
平安時代後期の官人。父は定康。
¶古人（生没年不詳）

清原貞致　きよはらのさだむね
平安時代後期の官人。
¶古人（生没年不詳）

清原定安*　きよはらのさだやす
生没年不詳　平安時代後期の明経博士。
¶古人

清原定康*　きよはらのさだやす
長久3（1042）年～永久1（1113）年　平安時代中期～後期の儒臣。
¶古人（きよはらのさだやす（さだみち））

清原真貞　きよはらのさねさだ
平安時代前期の官人。
¶古人（生没年不詳）

清原真遠　きよはらのさねとお
平安時代後期の官人。
¶古人（生没年不詳）

清原実俊*　きよはらのさねとし
生没年不詳　平安時代後期～鎌倉時代前期の鎌倉幕府政所家司。
¶古人

清原信俊　きよはらのさねとし
⇒清原信俊（きよはらののぶとし）

清原実友　きよはらのさねとも
平安時代後期の紀伊国在庁官人。
¶古人（生没年不詳）

清原真衡*　きよはらのさねひら
？～永保3（1083）年　平安時代後期の豪族。清原氏の全盛期を築いた。
¶古人，コン，山小

清原枝賢　きよはらのしげかた
⇒清原枝賢（きよはらのえだかた）

清原重方　きよはらのしげかた
平安時代中期の官人。
¶古人（生没年不詳）

清原重倫　きよはらのしげとも
平安時代中期の官人。

¶古人 (生没年不詳)

清原成行 きよはらのしげゆき
平安時代後期の官人。
¶古人 (生没年不詳)

清原季兼 きよはらのすえかね
平安時代後期の官人。
¶古人 (生没年不詳)

清原季政 きよはらのすえまさ
平安時代後期の官人。
¶古人 (生没年不詳)

清原季吉 きよはらのすえよし
平安時代後期の官人。
¶古人 (生没年不詳)

清原助貞 きよはらのすけさだ
平安時代後期の官人。
¶古人 (生没年不詳)

清原資隆* きよはらのすけたか
承暦4 (1080) 年〜康治2 (1143) 年12月19日　㋕清原祐隆 (きよはらすけたか)　平安時代後期の儒者。
¶古人

清原助忠 きよはらのすけただ
平安時代後期の官人。
¶古人 (生没年不詳)

清原助種* (1)　きよはらのすけたね
生没年不詳　平安時代の笛師。
¶コン

清原助種 (2)　きよはらのすけたね
平安時代後期の官人。
¶古人 (生没年不詳)

清原資親 きよはらのすけちか
平安時代後期の官人。
¶古人 (生没年不詳)

清原助親 きよはらのすけちか
平安時代中期の官人。
¶古人 (生没年不詳)

清原助堪 きよはらのすけとう
平安時代後期の官人。美濃国惣大判官代。
¶古人 (生没年不詳)

清原資成 きよはらのすけなり
平安時代後期の官人。
¶古人 (生没年不詳)

清原祐安 きよはらのすけやす
平安時代後期の官人。
¶古人 (生没年不詳)

清原孝清 きよはらのたかきよ
平安時代後期の官人。丹波国惣判官代。
¶古人 (生没年不詳)

清原高平 きよはらのたかひら
平安時代中期の官人。
¶古人 (生没年不詳)

清原滝雄* きよはらのたきお
延暦18 (799) 年〜貞観5 (863) 年　平安時代前期の廷臣。
¶古人

清原武貞* きよはらのたけさだ
生没年不詳　平安時代中期の陸奥の豪族。
¶古人

清原武則* きよはらのたけのり
生没年不詳　平安時代中期の出羽国仙北の浮囚長、鎮守府将軍。
¶古人, コン, 山小

清原武衡* きよはらのたけひら
? 〜寛治1 (1087) 年　平安時代中期〜後期の豪族。後三年の役で敗死。
¶古人, コン, 山小 (㋕1087年11月14日)

清原忠重 きよはらのただしげ
平安時代中期の官人。検非違使府生、刑部大輔、左衛門府正六位上。
¶古人 (㋕1030年　㋕ ?)

清原為時* きよはらのためとき
平安時代中期の医師。
¶古人 (生没年不詳)

清原為成* きよはらのためなり
天慶9 (946) 年〜万寿2 (1025) 年　平安時代中期の官人。
¶古人 (㋕946年 ?)

清原為信* きよはらのためのぶ
天暦1 (947) 年〜長和4 (1015) 年　平安時代中期の官人。
¶古人

清原為房 きよはらのためふさ
平安時代後期の官人。
¶古人 (生没年不詳)

清原近澄 きよはらのちかずみ
平安時代中期の官人。吉河の子。
¶古人 (生没年不詳)

清原親業* (清原近業)　きよはらのちかなり
仁平2 (1152) 年〜寿永2 (1183) 年　㋕清原近業 (きよはらちかなり)　平安時代後期の儒学者大外記頼業の子。
¶古人 (清原近業　生没年不詳), 古人, 平家 (清原近業　きよはらちかなり)

清原恒久 きよはらのつねひさ
平安時代後期の香椎宮権大宮司。長治2年藤原頼貞により殺害された。
¶古人 (㋕ ?　㋕1105年)

清原常岑 きよはらのつねみね
平安時代前期の官人、領帰郷渤海客使。
¶古人 (生没年不詳)

清原常安 きよはらのつねやす
平安時代後期の官人。
¶古人 (生没年不詳)

清原連方 きよはらのつらまさ
平安時代中期の官人。
¶古人 (生没年不詳)

清原遠賀 きよはらのとおよし
平安時代前期の官人。
¶古人 (生没年不詳)

清原時武 (1)　きよはらのときたけ
平安時代中期の相撲人。

¶古人(生没年不詳)

清原時武(2) きよはらのときたけ
平安時代後期の官人。
¶古人(生没年不詳)

清原言弘 きよはらのときひろ
平安時代後期の官人。
¶古人(生没年不詳)

清原俊忠 きよはらのとしただ
平安時代後期の官人。
¶古人(生没年不詳)

清原俊安* きよはらのとしやす
生没年不詳 平安時代後期の官人。
¶古人

清原長谷 きよはらのながたに
⇒清原長谷(きよはらのはせ)

清原夏野* きよはらのなつの
延暦1(782)年～承和4(837)年 [別]清原夏野(きよはらなつの), 清原真人夏野(きよはらのまひとなつの) 平安時代前期の学者、公卿(右大臣)。天武天皇皇子の舎人親王の曽孫。
¶公卿([没]承和4(837)年6月7日), 古人, 古代(清原真人夏野 きよはらのまひとなつの), コン, 山小([没]837年10月7日)

清原業忠* きよはらのなりただ
応永16(1409)年～応仁1(1467)年4月28日 [別]清原業忠(きよはらなりただ), 船橋業忠(ふなばしなりただ) 室町時代の儒学者。清原家儒学中興の祖。
¶公卿(船橋業忠 ふなばしなりただ [生]応永22(1415)年 [没]?), 公家(業忠〔舟橋家〕 なりただ)

清原宣賢 きよはらののぶかた
⇒清原宣賢(きよはらのぶかた)

清原信俊*(1) きよはらののぶとし
承暦1(1077)年～久安1(1145)年 [別]清原信俊(きよはらのさねとし) 平安時代後期の儒者。
¶古人

清原信俊(2) きよはらののぶとし
平安時代後期の官人。
¶古人(生没年不詳)

清原信弘 きよはらののぶひろ
平安時代後期の明経の学生。安元2年正五位下直講。
¶古人(生没年不詳)

清原則武 きよはらののりたけ
平安時代後期の官人。
¶古人(生没年不詳)

清原長谷* きよはらのはせ
宝亀5(774)年～承和1(834)年 [別]清原長谷(きよはらのながたに), 清原真人長谷(きよはらのまひとはせ) 平安時代前期の公卿(参議)。一品舎人親王の曽孫。
¶公卿([没]承和1(834)年11月26日), 古人(きよはらのながたに), 古代(清原真人長谷 きよはらのまひとはせ)

清原春子* きよはらのはるこ
生没年不詳 平安時代前期の女性。淳和天皇の宮人。
¶古人, 天皇

清原春滝* きよはらのはるたき
平安時代前期の源信の家人。
¶古人(生没年不詳), 古代

清原久時 きよはらのひさとき
平安時代中期の官人。
¶古人(生没年不詳)

清原秀賢 きよはらのひでかた
⇒舟橋秀賢(ふなはしひでかた)

清原秀松 きよはらのひでまつ
平安時代中期の官人。
¶古人(生没年不詳)

清原広実 きよはらのひろざね
平安時代後期の官人。父は定俊。
¶古人(生没年不詳)

清原広澄* きよはらのひろずみ
承平4(934)年～寛弘6(1009)年 平安時代中期の明経博士。
¶古人

清原広俊 きよはらのひろとし
⇒中原広俊(なかはらのひろとし)

清原広康* きよはらのひろやす
生没年不詳 平安時代後期の下級官人。
¶古人

清原宣賢* きよはらのぶかた
文明7(1475)年～天文19(1550)年 [別]船橋宣賢(あなばしのぶかた, ふなばしのぶかた), 清原宣賢(きよはらせんけん, きよはらののぶかた, きよはらのぶたか), 舟橋宣賢(ふなばしのぶかた) 戦国時代の儒学者、公卿(非参議)。非参議船橋宗賢の養子。
¶公卿(船橋宣賢 あなばしのぶかた [没]天文19(1550)年7月12日), 公家(宣賢〔舟橋家〕 のぶかた [没]天文19(1550)年7月12日), コン, 思想(きよはらののぶかた), 全戦, 山小(きよはらののぶかた [没]1550年7月12日)

清原深養父* きよはらのふかやぶ
生没年不詳 [別]清原深養父(きよはらふかやぶ) 平安時代中期の歌人。中古三十六歌仙の一人、百人一首に入る。
¶古人, コン, 詩作

清原宣賢 きよはらのぶたか
⇒清原宣賢(きよはらのぶかた)

清原正兼 きよはらのまさかね
平安時代後期の官人。
¶古人(生没年不詳)

清原正末 きよはらのまさすえ
平安時代後期の官人。
¶古人(生没年不詳)

清原正澄 きよはらのまさずみ
平安時代中期の官人。淡路守、従五位下。兄弟に広澄・善澄がいる。
¶古人(生没年不詳)

清原正隆 きよはらのまさたか
平安時代後期の官人。
¶古人(生没年不詳)

清原真継 きよはらのまつぐ
平安時代後期の官人。
¶古人(生没年不詳)

き

清原真人夏野　きよはらのまひとなつの
⇒清原夏野（きよはらのなつの）

清原真人長谷　きよはらのまひとはせ
⇒清原長谷（きよはらのはせ）

清原真人岑成　きよはらのまひとみねなり
⇒清原峯成（きよはらのみねなり）

清原真人令望　きよはらのまひとよしもち
⇒清原令望（きよはらのよしもち）

清原マリア*　きよはらのまりあ
生没年不詳　[別]おいとのかた，清原マリア（きよはらまりあ），小侍従（こじじゅう）　安土桃山時代の女性。キリシタン。細川忠興の妻玉子（ガラシャ）の侍女。
¶思想，女史（きよはらまりあ）

清原光景　きよはらのみつかげ
平安時代中期の官人。
¶古人（生没年不詳）

清原光貞　きよはらのみつさだ
平安時代後期の官人。
¶古人（生没年不詳）

清原光俊　きよはらのみつとし
平安時代後期の官人。
¶古人（生没年不詳）

清原光頼*　きよはらのみつより
生没年不詳　平安時代中期の出羽国の豪族。
¶古人

清原峯成*（清原岑成）　きよはらのみねなり
延暦18（799）年～貞観3（861）年　[別]清原真人岑成（きよはらのまひとみねなり）　平安時代前期の公卿（参議）。一品舎人親王の玄孫。
¶公卿（[没]貞観3（861）年2月29日），古人（清原岑成），古代（清原真人岑成　きよはらのまひとみねなり）

清原致貞　きよはらのむねさだ
平安時代後期の官人。
¶古人（生没年不詳）

清原宗高　きよはらのむねたか
平安時代中期の官人。
¶古人（生没年不詳）

清原宗継　きよはらのむねつぐ
平安時代前期の浪人。貞観12年追禁された。
¶古人（生没年不詳）

清原致信*　きよはらのむねのぶ
？～寛仁1（1017）年　平安時代中期の官人。
¶古人

清原宗正　きよはらのむねまさ
平安時代中期の官人。
¶古人（生没年不詳）

清原宗元　きよはらのむねもと
平安時代後期の官人。
¶古人（生没年不詳）

清原元輔*　きよはらのもとすけ
延喜8（908）年～正暦1（990）年　[別]清原元輔（きよはらもとすけ）　平安時代中期の歌人。梨壺の五人の一人。
¶古人，コン，詩作（[没]永祚2（990）年6月），日文（[没]永祚2（990）年）

清原守沢　きよはらのもりさわ
平安時代後期の官人。
¶古人（生没年不詳）

清原守武*　きよはらのもりたけ
生没年不詳　平安時代中期の人。渡宋の罪科により配流された。
¶古人，対外

清原守近　きよはらのもりちか
平安時代後期の官人。
¶古人（生没年不詳）

清原盛時*　きよはらのもりとき
生没年不詳　平安時代後期の官人。
¶古人

清原守行　きよはらのもりゆき
平安時代後期の官人。
¶古人（生没年不詳）

清原諸明　きよはらのもろあきら
平安時代中期の官人。
¶古人（生没年不詳）

清原諸実　きよはらのもろざね
⇒清原諸実（きよはらもろみ）

清原師俊　きよはらのもろとし
平安時代後期の官人。顕俊の子。
¶古人（生没年不詳）

清原康家　きよはらのやすいえ
平安時代後期の官人。
¶古人（生没年不詳）

清原安定　きよはらのやすさだ
平安時代後期の官人。
¶古人（生没年不詳）

清原安光　きよはらのやすみつ
平安時代後期の官人。
¶古人（生没年不詳）

清原安行　きよはらのやすゆき
平安時代後期の源義朝の郎従。
¶古人（生没年不詳）

清原行頼　きよはらのゆきより
平安時代中期の武士、官人。
¶古人（生没年不詳）

清原善定　きよはらのよしさだ
平安時代後期の官人。
¶古人（生没年不詳）

清原吉助　きよはらのよしすけ
平安時代後期の官人。
¶古人（生没年不詳）

清原善澄　きよはらのよしずみ
平安時代中期の民法博士。
¶古人（[生]943年　[没]1010年）

清原吉武　きよはらのよしたけ
平安時代後期の官人。
¶古人（生没年不詳）

清原良業　きよはらのよしなり
⇒清原良業（きよはらよしなり）

清原吉正　きよはらのよしまさ
平安時代中期の官人。
¶古人(生没年不詳)

清原令望*　きよはらのよしもち
生没年不詳　[別]清原真人令望(きよはらのまひとよしもち)　平安時代前期の武官。清原氏の祖とする説がある。
¶古人,古代(清原真人令望　きよはらのまひとよしもち)

清原頼佐　きよはらのよりすけ
平安時代中期の官人。
¶古人(生没年不詳)

清原頼隆*　きよはらのよりたか
天元2(979)年～天喜1(1053)年　平安時代中期～後期の儒臣。
¶古人

清原順成　きよはらのよりなり
平安時代中期の帯刀。
¶古人(生没年不詳)

清原頼業*　きよはらのよりなり
保安3(1122)年～文治5(1189)年　[別]清原顕長(きよはらあきなが),清原頼業(きよはらのらいごう,きよはらよりなり,きよはららいごう)　平安時代後期の儒学者。明経道家の中興の祖。
¶古人,コン([生]保安3(1122)年?)

清原頼業　きよはらのらいごう
⇒清原頼業(きよはらのよりなり)

清原深養父　きよはらふかやぶ
⇒清原深養父(きよはらのふかやぶ)

清原マリア　きよはらまりあ
⇒清原マリア(きよはらのまりあ)

清原元輔　きよはらもとすけ
⇒清原元輔(きよはらのもとすけ)

清原諸実*　きよはらもろみ
生没年不詳　[別]清原諸実(きよはらのもろざね)　平安時代中期の歌人。
¶古人(きよはらのもろざね)

清原雪信*　きよはらゆきのぶ
寛永20(1643)年～天和2(1682)年　[別]狩野雪信(かのうゆきのぶ),狩野雪信女(かのうゆきのぶじょ),清水雪信(しみずせっしん)　江戸時代前期の女性。画家。
¶江表(雪信(京都府)),コン([生]?),女史,美画

清原良雄　きよはらよしお
⇒船橋良雄(ふなばしよしお)

清原良業*　きよはらよしなり
長寛2(1164)年～承元4(1210)年　[別]清原良業(きよはらのよしなり)　平安時代後期～鎌倉時代前期の儒者。
¶古人(きよはらのよしなり)

清原頼業　きよはらよりなり
⇒清原頼業(きよはらのよりなり)

清原頼業　きよはららいごう
⇒清原頼業(きよはらのよりなり)

清彦*　きよひこ
上代の天日槍の末裔。
¶古代

清彦三郎　きよひこさぶろう
安土桃山時代の代官。
¶徳代(生没年不詳)

清人　きよひと
江戸時代後期～明治時代の刀工。
¶美工([生]文政10(1827)年　[没]明治34(1901)年10月3日)

清仁親王*　きよひとしんのう
?～長元3(1030)年　[別]清仁親王(すみとしんのう)　平安時代中期の花山天皇の第1皇子。
¶古人,天皇

喜代姫*　きよひめ
文政1(1818)年7月8日～天保15(1844)年10月10日　[別]晴光院(せいこういん)　江戸時代後期の女性。11代将軍徳川家斉の娘。
¶江表(喜代姫(兵庫県)　[没]明治1(1868)年),徳将(晴光院　せいこういん　[没]1868年)

清姫　きよひめ
⇒安珍・清姫(あんちん・きよひめ)

御風　ぎょふう
⇒秋山御風(あきやまぎょふう)

清麿*　きよまろ
文化10(1813)年～安政1(1854)年　[別]源清麿(みなもときよまろ,みなもとのきよまろ),山浦清麿(やまうらきよまろ)　江戸時代末期の刀工。四谷正宗と称された。
¶コン([生]文化8(1811)年),美工(山浦清麿　やまうらきよまろ　[生]文化10(1813)年3月6日　[没]安政1(1854)年11月14日)

清水王　きよみおう
奈良時代の官人。
¶古人(生没年不詳)

清水七兵衛*　きよみずしちべえ
生没年不詳　江戸時代後期～明治時代の陶工。
¶美工

清水六兵衛〔1代〕*　きよみずろくべえ
元文3(1738)年～寛政11(1799)年　[別]愚斎(ぐさい),清水六兵衛〔1代〕(しみずろくべえ)　江戸時代中期～後期の清水焼の陶工。
¶コン,美工

清水六兵衛〔2代〕*　きよみずろくべえ
寛政2(1790)年～万延1(1860)年　[別]清水六兵衛〔2代〕(しみずろくべえ)　江戸時代後期の清水焼の陶工。
¶コン,美工

清水六兵衛〔3代〕*　きよみずろくべえ
文政5(1822)年～明治16(1883)年　江戸時代後期～明治時代の陶工。
¶コン,幕末(代数なし　[生]文政5(1822)年9月1日　[没]明治16(1883)年6月),美工([没]明治16(1883)年6月4日)

清水六兵衛〔4代〕　きよみずろくべえ
江戸時代後期～大正時代の陶芸家。
¶美工([生]嘉永1(1848)年　[没]大正9(1920)年)

清峯門継*　きよみねのかどつぐ
延暦1(782)年～斉衡2(855)年　奈良時代～平安時代前期の官吏。
¶古人

清宗・佐々連姫*　きよむね・さざなみひめ
山口県阿武山中平家落人伝説の主人公。
¶コン

清村晋卿　きよむらしんけい
⇒袁晋卿(えんしんけい)

きよめ
江戸時代後期の女性。俳諧。花立の人。嘉永4年頃刊、秋山御風門の石川二葉・会田素山・青木蕗城編『さし柳』に載る。
¶江表(きよめ(秋田県))

清元梅吉〔1代〕　きよもとうめきち
天保12(1841)年～明治40(1907)年　江戸時代後期～明治時代の清元節三味線方。
¶歌大([生]天保8(1841)年), コン, 新歌(——〔1世〕)

清元梅吉〔2代〕　きよもとうめきち
嘉永7(1854)年～明治44(1911)年　江戸時代末期～明治時代の清元三味線方。
¶歌大, 新歌(——〔2世〕)

清元栄寿太夫〔1代〕　きよもとえいじゅだゆう
⇒清元延寿太夫〔2代〕(きよもとえんじゅだゆう)

清元栄次郎〔1代〕*　きよもとえいじろう
生没年不詳　江戸時代後期の清元節の三味線方。
¶コン

清元延寿太夫　きよもとえんじゅだゆう
世襲名　江戸時代の清元節家元の太夫名。江戸時代に活躍したのは、初世から4世まで。
¶江人

清元延寿太夫〔1代〕*　きよもとえんじゅだゆう
安永6(1777)年～文政8(1825)年　[別]延寿太夫(えんじゅだゆう), 富本斎宮太夫〔2代〕(とみもといつきだゆう)　江戸時代後期の清元節の初代家元。
¶歌大([没]文政8(1825)年5月26日), コン, 新歌(——〔1世〕)

清元延寿太夫〔2代〕*　きよもとえんじゅだゆう
享和2(1802)年～安政2(1855)年　[別]延寿太夫(えんじゅだゆう), 清元栄寿太夫〔1代〕(きよもとえいじゅだゆう), 清元太兵衛〔1代〕(きよもとたへえ)　江戸時代後期の清元節の家元。
¶歌大([没]安政2(1855)年9月26日), コン, 新歌(——〔2世〕)

清元延寿太夫〔3代〕*　きよもとえんじゅだゆう
文政5(1822)年～安政5(1858)年　[別]延寿太夫(えんじゅだゆう)　江戸時代末期の清元節の家元。
¶歌大, 新歌(——〔3世〕)

清元延寿太夫〔4代〕*　きよもとえんじゅだゆう
天保3(1832)年～明治37(1904)年　江戸時代末期～明治時代の清元節太夫。
¶歌大([没]明治37(1904)年3月16日), コン, 新歌(——〔4世〕), 幕末([没]明治37(1904)年3月8日)

清元お悦*　きよもとおえつ
?～文政8(1825)年　江戸時代後期の清元節の名手。初代清元延寿太夫の後妻。
¶江表(悦(東京都))

清元お葉　きよもとおよう
江戸時代末期～明治時代の清元節の名手。
¶江表(葉(東京都)), コン([生]天保11(1840)年　[没]明治34(1901)年)

清元斎兵衛〔1代〕*　きよもとさいべえ
生没年不詳　江戸時代後期の清元節の三味線方。
¶歌大([生]?　[没]天保5(1834)年以降), コン

清元斎兵衛〔2代〕*　きよもとさいべえ
生没年不詳　江戸時代後期の清元節三味線方。
¶歌大

清元斎兵衛〔3代〕*　きよもとさいべえ
?～慶応3(1867)年　[別]荻江里八(おぎえりはち)　江戸時代末期の荻江節の三味線方。
¶歌大

清元斎兵衛〔4代〕　きよもとさいべえ
江戸時代後期～明治時代の清元節三味線方。
¶歌大([生]嘉永5(1852)年　[没]明治42(1909)年)

清元太兵衛〔1代〕　きよもとたへえ
⇒清元延寿太夫〔2代〕(きよもとえんじゅだゆう)

潔世王*　きよよおう
弘仁11(820)年～元慶6(882)年　平安時代前期の桓武天皇の孫。
¶古代

去来　きょらい
⇒向井去来(むかいきょらい)

魚楽(1)　ぎょらく
⇒中村助五郎〔1代〕(なかむらすけごろう)

魚楽(2)　ぎょらく
⇒中村助五郎〔2代〕(なかむらすけごろう)

許六*　きょりく
明暦2(1656)年～正徳5(1715)年　[別]許六(きょろく), 森川許六(もりかわきょりく, もりかわきょろく)　江戸時代前期～中期の俳人、近江彦根藩士、彦根俳壇の指導者。
¶江人, コン(森川許六　もりかわきょろく), 詩作(森川許六　もりかわきょろく, きょりく), 日文(森川許六　もりかわきょりく), 俳文([生]明暦2(1656)年8月14日　[没]正徳5(1715)年8月26日), 山小([生]1656年8月14日　[没]1715年8月26日)

森川許六　きょりく
⇒許六(きょりく)

去留　きょりゅう
江戸時代中期～後期の俳人。
¶俳文([生]宝暦12(1762)年　[没]文政10(1827)年10月6日)

許六　きょろく
⇒許六(きょりく)

吉良氏朝*　きらうじとも
天文12(1543)年～慶長8(1603)年　安土桃山時代の武士。
¶後北(氏朝〔吉良〕　うじとも　[生]天文11年　[没]慶長8年9月6日)

吉良氏広*　きらうじひろ
生没年不詳　戦国時代の武蔵世田谷城の城主。
¶後北(氏広〔吉良〕　うじひろ), 後北(頼久〔蒔田(2)〕　よりひさ　[没]慶長14年3月27日)

吉良右門佐　きらえもんのすけ
江戸時代前期の紀伊国名草郡岩橋村湯橋荘の人。大坂の陣で籠城。
¶大坂

吉良上野介 きらこうずけのすけ
⇒吉良義央(きらよしなか)

吉良貞家* きらさだいえ
生没年不詳　南北朝時代の武将、奥州管領。
¶内乱,室町

吉良成高* きらしげたか
生没年不詳　戦国時代の関東足利氏御一家。
¶室町

吉良親貞* きらちかさだ
天文10(1541)年～天正4(1576)年　安土桃山時代の武士。
¶全戦,戦武

吉良親実* きらちかざね
永禄6(1563)年～天正16(1588)年　[別]蓮池親実(はすいけちかざね)　安土桃山時代の武士。
¶全戦([生]?　[没]天正16(1588)年?),戦武([没]天正16(1588)年?)

吉良長氏* きらながうじ
建暦1(1211)年～正応3(1290)年　鎌倉時代後期の武将、三河西条城主。
¶コン

吉良仁吉* きらのにきち
天保10(1839)年～慶応2(1866)年　江戸時代末期の侠客。三河の寺律一家3代。
¶コン

吉良宣経* きらのぶつね
生没年不詳　戦国時代の土佐の武将。
¶全戦([生]永正11(1514)年　[没]天文20(1551)年)

吉良満家 きらみついえ
南北朝時代の武将。
¶室町(生没年不詳)

吉良満貞* きらみつさだ
?～元中1/至徳1(1384)年　南北朝時代の武将。観応の擾乱で直義党として活動。
¶室町([没]至徳1/元中1(1384)年)

吉良満義* きらみつよし
?～正平11/延文1(1356)年　南北朝時代の武将。観応の擾乱の直義党重鎮。
¶室町([没]延文1/正平11(1356)年)

吉良義周* きらよしちか
生没年不詳　江戸時代中期の吉良義央の子。
¶徳人([生]1686年　[没]1706年)

吉良義俊* きらよしとし
寛文10(1670)年～寛保2(1742)年　江戸時代前期～中期の武士。
¶徳人

吉良義央* きらよしなか
寛永18(1641)年～元禄15(1702)年　[別]吉良上野介(きらこうずけのすけ)　江戸時代前期～中期の高家。赤穂浪士に殺害された。
¶江人,コン,徳人,山小([生]1641年9月2日　[没]1702年12月15日)

吉良義冬* きらよしふゆ
慶長12(1607)年～寛文8(1668)年　江戸時代前期の幕府高家。
¶徳人

吉良義弥* きらよしみつ
天正14(1586)年～寛永20(1643)年10月24日　江戸時代前期の武士。高家。
¶徳人

吉良頼康* きらよりやす
生没年不詳　安土桃山時代の武将。
¶後北(頼康〔吉良〕　よりやす　[没]永禄4年12月15日),室町

き里 きり★
江戸時代中期の女性。和歌。一関藩主田村村隆家の奥女中。安永3年成立「田村村隆母公六十賀祝賀歌集」に載る。
¶江表(き里(岩手県))

切上り長兵衛* きりあがりちょうべえ
生没年不詳　江戸時代中期の堀子。別子銅山の発見者。
¶コン

霧隠才蔵* きりがくれさいぞう
安土桃山時代～江戸時代前期の武将。立川文庫「真田幸村」の登場人物。真田十勇士の一人。
¶全戦

桐栖 きりすみ
⇒桐栖(とうせい)

桐正女 きりせいじょ★
江戸時代後期の女性。狂歌。
¶江表(桐正女(東京都)　[没]文政5(1822)年)

桐竹門十郎*(——〔1代〕) きりたけもんじゅうろう
生没年不詳　江戸時代末期の人形浄瑠璃の人形遣い。
¶コン(——〔1代〕)

霧波千寿〔1代〕*(桐浪千手,桐浪千寿,霧浪千寿) きりなみせんじゅ
延宝7(1679)年～?　[別]光山(こうざん),桃助(とうすけ)　江戸時代中期の歌舞伎役者。元禄4年～宝永2年頃に活躍。
¶歌大(霧浪千寿　生没年不詳)

桐野利秋* きりのとしあき
天保9(1838)年12月～明治10(1877)年9月24日　江戸時代末期～明治時代の鹿児島藩士、陸軍軍人。剣道示現流の達人で人斬り半次郎の名で知られる。西南戦争で鹿児島軍の総指揮長。
¶コン,全幕,幕末

桐野利邦* きりのとしくに
弘化2(1845)年～明治21(1888)年　江戸時代末期～明治時代の鹿児島県士族、兵庫造船所所長。海軍少技監を勤め、英仏に出張し、帰途、香港で病死。
¶幕末([没]明治21(1888)年12月30日)

桐淵光斎 きりふちこうさい
江戸時代後期～明治時代の眼科医。
¶眼医([生]天保7(1836)年　[没]明治28(1895)年)

桐淵貞山 きりぶちていざん
⇒貞山(ていざん)

桐淵道斎 きりふちどうさい
江戸時代後期～大正時代の眼科医。
¶眼医([生]天保5(1834)年　[没]大正9(1920)年)

錐三津女 きりみつじょ★
江戸時代後期の女性。狂歌。深川住。文化8年刊、

き

六樹園撰『狂歌画像作者部類』に載る。
¶江表(錐三津女(東京都))

桐杢女　きりもくじょ★
江戸時代後期の女性。狂歌。高崎の人。文化12年刊、四方真顔撰『俳諧歌兄弟百首』に載る。
¶江表(桐杢女(群馬県))

き

桐山丹斎　きりやまあきとし
戦国時代～江戸時代前期の小寺職隆・黒田孝高の家臣。
¶全戦([生]天文23(1554)年　[没]寛永2(1625)年)

桐山金太郎　きりやまきんたろう
⇒荒角金太郎(あらかどきんたろう)

桐山純孝＊　きりやまじゅんこう
江戸時代末期～明治時代の美濃大垣藩士。
¶幕末([生]天保5(1834)年　[没]？)

桐山正哲＊　きりやましょうてつ
？～文化12(1815)年　[別]桐山正哲(きりやませいてつ)　江戸時代中期～後期の本草家、蘭方医。「解体新書」翻訳者の一人。
¶科学([生]宝暦4(1754)年　[没]文化12(1815)年7月10日)

桐山正哲　きりやませいてつ
⇒桐山正哲(きりやましょうてつ)

桐山銭三郎＊　きりやませんざぶろう, きりやませんさぶろう
江戸時代末期の新撰組隊士。
¶新隊(きりやませんさぶろう)

桐山政之助(霧山政之助)　**きりやままさのすけ**
⇒中村千弥〔1代〕(なかむらせんや)

奇柳　きりゅう★
江戸時代中期の女性。俳諧。甲斐の人。安永4年、如雪庵尺五編『月影冢の集』に載る。
¶江表(奇柳(山梨県))

桐生六郎＊　きりゅうろくろう, きりゆうろくろう
？～寿永2(1183)年　平安時代後期の武将の郎等。
¶古人(きりゆうろくろう)

其両＊　きりょう
享保9(1724)年～寛政5(1793)年6月20日　江戸時代中期～後期の俳人。
¶俳文

喜娘＊　きろう
生没年不詳　[別]喜娘(きじょう)　奈良時代の女性。藤原清河が唐でもうけた娘。
¶古代(きじょう)

木呂子新左衛門尉　きろこしんざえもんのじょう
安土桃山時代の武蔵国大塚城主。武蔵国松山城主上田長則・憲定の家臣。
¶後北(新左衛門尉〔木呂子〕　しんざえもんのじょう)

木呂子退蔵＊　きろこたいぞう
文政10(1827)年～明治34(1901)年　江戸時代末期～明治時代の武士、自由民権運動家。
¶幕末([生]文政10(1827)年11月3日　[没]明治34(1901)年5月11日)

木呂子元忠　きろこもとただ
安土桃山時代の武蔵国大塚城主。武蔵国松山城主上田朝直・憲定の家臣。
¶後北(元忠〔木呂子〕　もとただ)

きわ
江戸時代中期の女性。俳諧。筑前芦屋の人で、志太野坡門。宝暦2年序、芦屋の俳人吉永芦洲編の父素蝶の追善集『松の響集』に載る。
¶江表(きわ(福岡県))

木脇賀左衛門＊　きわきがざえもん
生没年不詳　江戸時代末期の薩摩藩士。
¶幕末

木脇祐秀　きわきすけひで
安土桃山時代～江戸時代前期の島津氏の家臣。
¶全戦([生]天正5(1577)年　[没]元和5(1619)年)

喜和子　きわこ★
江戸時代中期の女性。和歌。出雲松江の朝倉義風の妻。正徳1年跋、勝部芳房編『佐陀大社奉納神始言吹草』に載る。
¶江表(喜和子(島根県))

きわ女　きわじょ★
江戸時代末期の女性。俳諧。花巻の人。幕末頃の人。
¶江表(きわ女(岩手県))

宜湾朝保＊　ぎわんちょうほ
尚灝20(1823)年～尚泰29(1876)年　江戸時代末期～明治時代の琉球の政治家。三司官となり維新慶賀の副使。桂園派の歌人、歌集「松風集」。
¶コン([生]文政6(1823)年　[没]明治9(1876)年),幕末([生]文政6(1823)年3月5日　[没]明治9(1876)年8月6日)

きん(1)
江戸時代中期の女性。俳諧。若狭小浜の人。明和8年刊、三宅宗春編『孝婦記』に載る。
¶江表(きん(福井県))

きん(2)
江戸時代中期の女性。和歌。伊勢松坂の菅生氏。宝永6年奉納、平間長雅編「住吉社奉納千首和歌」に載る。
¶江表(きん(三重県))

きん(3)
江戸時代中期の女性。俳諧。京都の人。元禄4年刊、繁田常牧編『この花』に載る。
¶江表(きん(京都府))

きん(4)
江戸時代中期の女性。和歌。長井汝啓の娘。元禄9年奉納、平間長雅編「住吉社奉納千首和歌」に載る。
¶江表(きん(京都府))

きん(5)
江戸時代中期の女性。俳諧。宮原の人。享保2年刊、沢露川撰・無外坊燕説編『西国曲』に載る。
¶江表(きん(熊本県))

きん(6)
江戸時代後期の女性。教育。浪人荒川八十助の妻。
¶江表(きん(東京都)　[生]文政12(1829)年頃)

きん(7)
江戸時代後期の女性。教育。幕臣池谷宗七の妻。
¶江表(きん(東京都)　[生]天保3(1832)年頃)

きん(8)
江戸時代後期の女性。教育。富山氏。
¶江表(きん(東京都)　[生]天保4(1833)年頃)

きん(9)
江戸時代後期〜明治時代の女性。宗教。上穂村柏木の小町谷文八の娘。
¶江表(きん(長野県) [生]文化7(1810)年 [没]明治8(1875)年)

きん(10)
江戸時代後期の女性。俳諧。越前三国の人。天保12年美濃派11世遅楽庵梅二編『金玉遠忌』に載る。
¶江表(きん(福井県))

きん(11)
江戸時代末期の女性。狂歌。柳橋の芸妓か。文久2年刊、雪乃門春見ほか撰『狂歌三都集』に載る。
¶江表(きん(東京都))

琴 きん
江戸時代後期の女性。教育。寺田氏。
¶江表(琴(東京都) [生]天保5(1834)年頃)

金(1) きん★
江戸時代前期の女性。俳諧。大坂の人。貞享1年刊、井原西鶴編『今古俳諧女歌仙』に載る。
¶江表(金(大阪府))

金(2) きん★
江戸時代後期の女性。教育。水野寅蔵の長女。
¶江表(金(東京都) [生]嘉永4(1851)年頃)

金(3) きん★
江戸時代後期の女性。狂歌。安芸壬生連。寛政1年刊、柳縁斎貞国撰『歳旦両節唫』に載る。
¶江表(金(広島県))

ぎん
江戸時代中期の女性。俳諧。伊久間の人。元禄15年刊、太田白雪編『三河小町』下に載る。
¶江表(ぎん(長野県))

吟(1) ぎん★
江戸時代中期の女性。俳諧。越後黒川の人。享保17年馬頭観音堂に納められた掲額に載る。
¶江表(吟(新潟県))

吟(2) ぎん★
江戸時代中期の女性。俳諧。大坂の人。宝永3年刊、村田生水編『津の玉川』に載る。
¶江表(吟(大阪府))

吟(3) ぎん★
江戸時代中期の女性。俳諧。播磨的形の人。元禄15年同16年刊、広瀬惟然編『二葉集』に載る。
¶江表(吟(兵庫県))

銀(1) ぎん★
江戸時代中期の女性。散文・和歌。二本松藩3代藩主丹羽長之の娘。
¶江表(銀(福島県) [生]元禄13(1700)年 [没]明和2(1765)年)

銀(2) ぎん★
江戸時代中期〜後期の女性。和歌。浪合村の医師近藤玄隆の娘。
¶江表(銀(長野県) [生]明和8(1771)年 [没]弘化4(1847)年)

錦意 きんい★
江戸時代中期の女性。俳諧。前橋の人。明和2年刊、建部綾足編『春興 かすみをとこ』に載る。
¶江表(錦意(群馬県))

琴宇 きんう★
江戸時代中期の女性。俳諧。天明3年刊、加舎白雄編『春秋稿』三に載る。
¶江表(琴宇(東京都))

琴雨(1) きんう★
江戸時代後期〜明治時代の女性。和歌・漢詩・書。大庄屋で文人上田光逸と琴風の二女。
¶江表(琴雨(山口県) [生]文化12(1815)年 [没]明治15(1882)年)

琴雨(2) きんう★
江戸時代後期の女性。俳諧。寛政10年、願主眠虎による俳諧発句扁額に句が載る。
¶江表(琴雨(熊本県))

琴鳬 きんう
江戸時代後期の女性。俳諧。紀三井寺山下の俳人松亭左江の妻。天明8年刊、古田此葉著『市女笠』に載る。
¶江表(琴鳬(和歌山県))

菫雨女 きんうじょ★
江戸時代後期の女性。俳諧。福井の人。文政7年跋、宮本八朗編『花野集』に載る。
¶江表(菫雨女(長野県))

金英 きんえい★
江戸時代後期の女性。漢詩・書・画。卜部氏。美濃の儒者で、江戸に出て漢詩人山本北山の門人となった柴山老山の妻。文政1年刊、菊池五山著『五山堂詩話』に載る。
¶江表(金英(岐阜県))

公条 きんえだ
⇒三条西公条(さんじょうにしきんえだ)

金河 きんか★
江戸時代後期の女性。俳諧。松前の人。寛政12年刊、三宅嘯山編『俳諧独喰』に載る。
¶江表(金河(北海道))

琴峨 きんが
江戸時代後期の女性。俳諧。相模関本の人。文化3年の歳旦帖『春帖』に載る。
¶江表(琴峨(神奈川県))

金鵞 きんが
⇒梅亭金鵞(ばいていきんが)

銀花(1) ぎんか★
江戸時代中期の女性。俳諧。宝暦5年に白井鳥酔が花陀羅尼会を催した記念に諸国から桜花の句を募り編んだ「談笑花間録」に載る。
¶江表(銀花(群馬県))

銀花(2) ぎんか★
江戸時代末期〜明治時代の女性。俳諧・書・画。亀田藩主岩城隆喜の娘。
¶江表(銀花(秋田県) [没]明治38(1905)年)

吟賀 ぎんが★
江戸時代前期〜中期の女性。和歌。竹内所左衛門の娘。
¶江表(吟賀(青森県) [生]延宝6(1678)年 [没]明和7(1770)年)

金海* きんかい
元亀1(1570)年〜* 安土桃山時代〜江戸時代前期の薩摩藩士、陶工。
¶美工([没]元和7(1621)年)

き

銀鶴堂　ぎんかくどう
⇒奈河竹葉〔1代〕(ながわちくよう)

金幾　きんき★
江戸時代中期の女性。漢詩。美作津山藩の漢方医宇田川道紀の妻。天明4年刊『嚮風草』二に詩が見える。
¶江表(金幾(岡山県))

金亀堂　きんきどう
⇒奈河篤助〔1代〕(ながわとくすけ)

琴月　きんげつ★
江戸時代後期の女性。俳諧。摂津兵庫富屋町の干鰯商藤田積高の妻。
¶江表(琴月(兵庫県)　[没]文化2(1805)年)

琴月女　きんげつじょ★
江戸時代の女性。俳諧。備中笠岡の人。
¶江表(琴月女(岡山県))

金源珍*(金元珍)　きんげんちん
生没年不詳　室町時代の貿易商人。
¶対外(金元珍)

きん子　きんこ★
江戸時代後期の女性。和歌。両国東林住。文化5年頃、真田幸弘編「御ことほきの記」に載る。
¶江表(きん子(東京都))

錦子(1)　きんこ★
江戸時代後期の女性。和歌。伊藤内膳長祥の娘。文政4年の「詩仙堂募集和歌」に載る。
¶江表(錦子(東京都))

錦子(2)　きんこ★
江戸時代後期の女性。俳諧。芝山下屋敷麻布一本松の春秋楼千兮の家婦。天保7年跋、黒川惟草編『俳諧人名録』初に載る。
¶江表(錦子(東京都))

錦子(3)　きんこ
江戸時代末期の女性。俳諧。越前武生の人。万延1年刊、山本里蒖編『歳のすさび』に載る。
¶江表(錦子(福井県))

欽子(1)　きんこ★
江戸時代後期の女性。和歌。常陸水戸藩主徳川斉昭の娘。
¶江表(欽子(茨城県)　[生]文政10(1827)年　[没]嘉永6(1853)年)

欽子(2)　きんこ★
江戸時代末期の女性。和歌。今治藩藩士久松胖吾の妻。安政1年序、半井梧庵編『鄙のてぶり』初に載る。
¶江表(欽子(愛媛県))

琴子　きんこ★
江戸時代中期の女性。俳諧。越前金津の人。明和8年刊、時雨庵声々著『旅ほうこ』下に載る。
¶江表(琴子(福井県))

金子(1)　きんこ
江戸時代後期〜明治時代の女性。和歌。備前岡山藩8代藩主池田斉政の娘。
¶江表(金子(岡山県)　[生]文化14(1817)年　[没]明治15(1882)年)

金子(2)　きんこ
江戸時代後期〜末期の女性。和歌。伊勢桑名の山田彦四郎好常の娘。
¶江表(金子(三重県)　[生]文政8(1825)年　[没]慶応2(1866)年)

菫子　きんこ
江戸時代後期の女性。俳諧。天保5年刊、多賀庵四世筵史編『やまかつら』に載る。
¶江表(菫子(広島県))

吟子(1)　ぎんこ★
江戸時代中期の女性。和歌。幕臣、小姓組小浜吉之丞の母。明和5年刊、石野広通編『霞関集』に載る。
¶江表(吟子(東京都))

吟子(2)　ぎんこ★
江戸時代後期の女性。俳諧。小名木川雪堂連。寛政11年刊、加藤野逸編『其日庵歳旦』に載る。
¶江表(吟子(東京都))

銀子　ぎんこ★
江戸時代末期の女性。和歌。稲戸氏。安政5年序、中山琴主著『八雲琴譜』に載る。
¶江表(銀子(東京都))

錦工　きんこう★
江戸時代中期の女性。俳諧。遠江新貝の人。寛延2年刊、太田巴静追善集『笠の恩』に載る。
¶江表(錦工(静岡県))

錦江(1)　きんこう
⇒馬場錦江(ばばきんこう)

錦江(2)　きんこう
⇒松本幸四郎〔4代〕(まつもとこうしろう)

錦江(3)　きんこう
⇒松本幸四郎〔5代〕(まつもとこうしろう)

琴江　きんこう★
江戸時代後期の女性。書。文政8年刊『上野下野武蔵下総当時諸家人名録』に載る。
¶江表(琴江(埼玉県))

琴虹　きんこう
江戸時代後期の女性。教育・和歌・書。豊後豆田裏町の人。
¶江表(琴虹(大分県)　[没]嘉永3(1850)年)

錦光山〔2代〕*　きんこうざん
江戸時代中期の粟田焼の陶工。
¶美工([生]享保3(1718)年　[没]宝暦9(1759)年)

錦光山〔6代〕*　きんこうざん
*〜明治17(1884)年　江戸時代後期〜明治時代の陶工。
¶美工([生]文政5(1822)年)

錦光山喜兵衛　きんこうざんきへえ
⇒鍵屋喜兵衛(かぎやきへえ)

錦交女　きんこうじょ★
江戸時代後期の女性。俳諧。谷素外門。文化8年序、一陽井素外編『玉池雑藻』に載る。
¶江表(錦交女(東京都))

錦江女*　きんこうじょ
生没年不詳　江戸時代前期の女性。歌人。
¶江表(錦江(滋賀県)),俳文

謹考の妻　きんこうのつま★
江戸時代中期の女性。俳諧。美濃上有知の人。元禄9年刊、蕉門の可吟編『浮世の北』に載る。

¶江表(謹考の妻(岐阜県))

金吾中納言 きんごちゅうなごん
⇒小早川秀秋(こばやかわひであき)

欽古堂 きんこどう
⇒欽古堂亀祐(きんこどうきすけ)

欽古堂亀祐 きんこどうかめすけ
⇒欽古堂亀祐(きんこどうきすけ)

欽古堂亀祐* きんこどうきすけ
明和2(1765)年～天保8(1837)年 [別]亀祐(きすけ), 欽古堂(きんこどう), 欽古堂亀祐(きんこどうかめすけ) 江戸時代中期～後期の京焼の陶工。
¶美工

唫之 きんし
江戸時代後期の女性。俳諧。天保12年刊、万頃園麦太編『仰魂集』に載る。
¶江表(唫之(佐賀県))

錦子(1) きんし
⇒沢村国太郎〔2代〕(さわむらくにたろう)

錦子(2) きんし
⇒松本幸四郎〔6代〕(まつもとこうしろう)

錦糸 きんし★
江戸時代後期の女性。俳諧。越前大虫の人。寛政11年刊、松山令羽編『三つの手向』に載る。
¶江表(錦糸(福井県))

錦芝 きんし
江戸時代中期の女性。俳諧。大坂の人。安永3年跋、二柳編『氷餅集』に載る。
¶江表(錦芝(大阪府))

琴姿 きんし
江戸時代後期の女性。俳諧。備中白石島の小宮山六良左衛門の娘。
¶江表(琴姿(岡山県) [没]天保10(1839)年)

琴市 きんし★
江戸時代後期の女性。俳諧。長門長府藩藩士弓削田忠隣の娘。菊舎65歳の文化14年、「文化十四年書画帳」に連句がみえる。
¶江表(琴市(山口県))

琴志 きんし★
江戸時代後期の女性。俳諧。舞鶴城城下の人。寛政10年跋、洗潮編『松の花』に載る。
¶江表(琴志(山形県))

琴糸(1) きんし★
江戸時代中期の女性。俳諧。榎本其角門。享保20年刊、平野鶴歩編『鶴のあゆみ』に載る。
¶江表(琴糸(東京都))

琴糸(2) きんし★
江戸時代中期の女性。俳諧。上総武射郡白升の一丸の妻。明和4年刊、風陽・兎十編『先手後手』一に載る。
¶江表(琴糸(千葉県))

琴糸(3) きんし★
江戸時代中期の女性。俳諧。田中の人。癸卯・天明3年から戊申・同8年まで起早庵稲後が編んだ『歳旦集』に載る。
¶江表(琴糸(山梨県))

琴糸(4) きんし★
江戸時代中期の女性。俳諧。宮原の人。安永9年成立、涼雲斎門瑟編『庚子歳旦』に載る。
¶江表(琴糸(山梨県))

琴糸(5) きんし★
江戸時代後期の女性。川柳。文化4年刊『誹風柳多留』三七篇に、文日堂撰で載る。
¶江表(琴糸(東京都))

琴糸(6) きんし★
江戸時代後期の女性。俳諧。八幡に住む加舎白雄門の五泉の娘。寛政9年刊、好文軒耕淵編『宵の春』に載る。
¶江表(琴糸(長野県))

琴糸(7) きんし★
江戸時代後期の女性。俳諧。越前松岡の人。天保15年刊、皎月舎其睡撰『杖のゆかり』に載る。
¶江表(琴糸(福井県))

琴糸(8) きんし★
江戸時代後期の女性。俳諧。備前浦伊部の人。文人正宗雅敦が、天保7年～同9年にかけて刊行した『春興亀の尾山』前・中・後に入集。
¶江表(琴糸(岡山県))

琴糸(9) きんし★
江戸時代後期の女性。書・画・漢詩・和歌・箏曲。周防台道村の大庄屋格上田堂山の二女。
¶江表(琴糸(山口県) [生]寛政3(1791)年 [没]嘉永3(1850)年)

琴之(1) きんし★
江戸時代中期の女性。俳諧。享保21年刊、紫華坊竹郎編『茶和稿』に載る。
¶江表(琴之(東京都))

琴之(2) きんし
江戸時代中期の女性。俳諧。九十九庵二世額田文下の妻。安永4年に文下と死別。
¶江表(琴之(京都府))

金糸 きんし★
江戸時代中期～後期の女性。俳諧。高田今泉の人。天明期頃の人。
¶江表(金糸(岩手県))

金卮 きんし
江戸時代後期の女性。俳諧。寛政5年序、森々庵松後編『心つくし』に載る。
¶江表(金卮(熊本県))

錦耳 きんじ★
江戸時代中期の女性。俳諧。遠江浜松の人。寛延2年刊、太田巴静追善集『笠の恩』に載る。
¶江表(錦耳(静岡県))

吟市* ぎんし
?～天和2(1682)年 江戸時代前期の僧、俳人。
¶俳文

吟枝 ぎんし★
江戸時代中期の女性。俳諧。白翁の妻。享保15年刊、市川団十郎編『父の恩』に載る。
¶江表(吟枝(東京都))

吟糸 ぎんし★
江戸時代中期の女性。俳諧。宝暦9年刊、岡田米仲著『靫随筆』に載る。

¶江表(吟糸(東京都))

吟之　ぎんし★
江戸時代後期の女性。俳諧。越前福井の人。寛政8年刊、荒木為卜仙編『卯花筐』上に載る。
¶江表(吟之(福井県))

銀糸　ぎんし★
江戸時代後期の女性。俳諧。武蔵程谷の人。寛政4年序、多少庵秋瓜の句集『ももとせ集』に載る。
¶江表(銀糸(神奈川県))

錦糸女　きんしじょ★
江戸時代後期の女性。俳諧。桑折の人。嘉永2年自序、万正寺住職遜阿編『東桜集』に載る。
¶江表(錦糸女(福島県))

琴始女　きんしじょ★
江戸時代中期の女性。俳諧。撫養の人。享保11年刊、小西来山門の大坂の俳人鳥路叟文十編『鳴門記』に載る。
¶江表(琴始女(徳島県))

琴志女　きんしじょ★
江戸時代後期の女性。俳諧。谷素外門。文化8年序、一陽井素外編『玉池雑藻』に載る。
¶江表(琴志女(東京都))

吟枝女　ぎんしじょ★
江戸時代中期の女性。俳諧。石川の人。天明2年序、善昌寺住職素玉編『永慕集』に載る。
¶江表(吟枝女(福島県))

金瑟　きんしつ★
江戸時代中期の女性。俳諧。石見津和野の人。安永2年刊、大山烏仙編『筆柿集』に載る。
¶江表(金瑟(島根県))

勤子内親王*　きんしないしんのう
延喜4(904)年～天慶1(938)年　[別]勤子内親王(のりこないしんのう)　平安時代中期の女性。醍醐天皇の第4皇女。
¶古人(のりこないしんのう),天皇(きんしないしんのう・のりこないしんのう　[没]天慶1(938)年11月5日)

均子内親王*　きんしないしんのう
寛平2(890)年～延喜10(910)年　[別]均子内親王(ひとしきこないしんのう)　平安時代前期～中期の女性。宇多天皇の皇女。
¶古人(ひとしきこないしんのう)

欣子内親王　きんしないしんのう
⇒新清和院(しんせいわいん)

覲子内親王　きんしないしんのう
⇒宣陽門院(せんようもんいん)

金四の母　きんしのはは★
江戸時代中期の女性。俳諧。三河の人。元禄15年刊、太田白雪編『三河小町』下に載る。
¶江表(金四の母(愛知県))

錦車(1)　きんしゃ
⇒中山富三郎〔1代〕(なかやまとみさぶろう)

錦車(2)　きんしゃ
⇒中山富三郎〔2代〕(なかやまとみさぶろう)

琴舎　きんしゃ★
江戸時代後期の女性。画。松本氏。頼山陽の讃がある「竹図」は山陽が没した天保3年以前の作。
¶江表(琴舎(東京都))

芹舎　きんしゃ
⇒花の本芹舎(はなのもときんしゃ)

琴舟　きんしゅう★
江戸時代中期の女性。俳諧。寛延3年刊、松露庵鳥酔社中月次集『張笠』に載る。
¶江表(琴舟(東京都))

琴重　きんじゅう★
江戸時代中期の女性。俳諧。榎本其角門。享保20年刊、平野鶴歩編『鶴のあゆみ』に載る。
¶江表(琴重(東京都))

金重　きんじゅう
⇒金重(かねしげ)

錦繡女　きんしゅうじょ★
江戸時代中期の女性。俳諧。福島の人。延享2年自序、町田柳舟の古稀記念集『わか柳』に載る。
¶江表(錦繡女(福島県))

きん女(1)　きんじょ★
江戸時代後期の女性。狂歌。下総水海道の狂歌師千代徳若とせき女の二女。文化14年刊、姉辰女の夫徳人輯、徳若1周忌追悼集『花の雲』に載る。
¶江表(きん女(茨城県))

きん女(2)　きんじょ★
江戸時代後期の女性。俳諧。長瀬の人。寛政7年宮本虎杖編「虎杖庵艸稿」弐に載る。
¶江表(きん女(長野県))

きん女(3)　きんじょ★
江戸時代後期の女性。和歌。周布の人。享和3年序、佐伯貞中八〇賀集「周桑歌人集」に載る。
¶江表(きん女(愛媛県))

きん女(4)　きんじょ★
江戸時代末期の女性。俳諧。木曽福島の千村氏の妻。嘉永7年刊、麓庵呉江編『画像篶風集』後に載る。
¶江表(きん女(長野県))

吟女(1)　ぎんじょ★
江戸時代前期の女性。俳諧。桐生の人。延宝7年、桐生天満宮奉納句集「苧くそ頭巾」に載る。
¶江表(吟女(群馬県))

吟女(2)　ぎんじょ★
江戸時代中期の女性。俳諧。坂下の人。元禄8年序、百花堂文車編『花蔣』に載る。
¶江表(吟女(福島県))

吟女(3)　ぎんじょ★
江戸時代後期の女性。俳諧。能代の人。寛政9年成立、吉川五明序「早苗うた」に載る。
¶江表(吟女(秋田県))

吟女(4)　ぎんじょ★
江戸時代後期の女性。俳諧。城ケ崎の路笛の妻。文政1年の二松亭五明の古希祝に五明の長男路牛と二男明之が編んだ『松賀左根』に載る。
¶江表(吟女(宮崎県))

銀女　ぎんじょ★
江戸時代後期の女性。俳諧。松島の桔梗屋与蔵の妻。文政7年の上伊那郡箕輪町木下の清水庵奉額に載る。
¶江表(銀女(長野県))

栞松　きんしょう★
江戸時代中期の女性。俳諧。元文1年刊、仙石廬元坊編、各務支考七回忌追善集『渭江話』に三田品駅連中として載る。
¶江表（栞松（東京都））

錦升（1）（金升）　きんしょう
⇒松本幸四郎〔5代〕（まつもとこうしろう）

錦升（2）　きんしょう
⇒松本幸四郎〔6代〕（まつもとこうしろう）

琴松（1）　きんしょう★
江戸時代中期の女性。俳諧。田上菊舎が3年の江戸滞在を終え、天明4年4月に帰国する時、句を詠んだ。
¶江表（琴松（東京都））

琴松（2）　きんしょう★
江戸時代中期の女性。俳諧。天明7年刊、菊亮編『笠の晴』に載る。
¶江表（琴松（佐賀県））

菫牀　きんしょう★
江戸時代中期の女性。俳諧。元禄11年成立『元禄戊寅歳丹牒』に載る。
¶江表（菫牀（東京都））

琴上*　きんじょう
生没年不詳　江戸時代後期の女性。俳人。
¶江表（琴上（和歌山県））

金城一国斎〔1代〕*　きんじょういっこくさい
安永6（1777）年～嘉永4（1851）年　江戸時代後期の漆工。尾張徳川家小納戸御用塗師。
¶美工（[没]嘉永4（1851）年4月4日）

金城一国斎〔3代〕*　きんじょういっこくさい
文政12（1829）年～大正4（1915）年　江戸時代後期～明治時代の漆工。
¶美工（[没]大正4（1915）年6月2日）

錦屑女　きんしょうじょ
江戸時代中期の女性。俳諧。備中松山の人。元禄16年刊、轟々坊梅員編『岨の古畑』に載る。
¶江表（錦屑女（岡山県））

琴上の母　きんじょうのはは★
江戸時代中期の女性。俳諧。寒川氏。元禄5年刊、富松吟夕編『眉山』に載る。
¶江表（琴上の母（東京都））

錦水（1）　きんすい★
江戸時代中期の女性。俳諧。天明7年刊、菊亮編『笠の晴』に載る。
¶江表（錦水（佐賀県））

錦水（2）　きんすい★
江戸時代末期の女性。書・画。後藤金兵衛の娘、辰女。安政6年刊、畑銀鶏編『書画薈粋』二に載る。
¶江表（錦水（東京都））

琴吹　きんすい★
江戸時代後期の女性。俳諧。越前福井の人。天保14年刊、天井韋静ほか編『炭瓢集』に載る。
¶江表（琴吹（福井県））

琴水　きんすい★
江戸時代末期～明治時代の女性。漢詩。飛驒高山の白川慈摂の妹。
¶江表（琴水（岐阜県）　[生]安政3（1856）年　[没]明治23（1890）年）

近水　きんすい★
江戸時代中期の女性。俳諧。越前串野の人。明和9年刊、美濃派三代以乙斎可推坊撰『雪の筐』上に載る。
¶江表（近水（福井県））

金翠　きんすい
江戸時代中期の俳諧師。通称、大口屋八兵衛。
¶俳文（生没年不詳）

吟水　ぎんすい★
江戸時代後期の女性。俳諧。天王の人。寛政11年刊、松山令羽編『三つの手向』に載る。
¶江表（吟水（福井県））

錦水女　きんすいじょ★
江戸時代後期の女性。俳諧。新田郡の人。文政9年刊、小蓑庵碓嶺編『雨夜集』に載る。
¶江表（錦水女（群馬県））

公潔　きんずみ
⇒西園寺公潔（さいおんじきんけつ）

琴静女　きんせいじょ★
江戸時代後期の女性。俳諧。富高の人。天保8年刊、全国俳諧誌『春陽帳』に載る。
¶江表（琴静女（宮崎県））

金正南*　きんせいなん
生没年不詳　[別]金正南（こんせいなん）　平安時代前期の在日新羅人。
¶古人（こんせいなん）

錦川　きんせん★
江戸時代中期の女性。俳諧。鴻巣の人。元文5年刊、白井鳥酔編『冬野あそひ』に載る。
¶江表（錦川（埼玉県））

芹浅　きんせん
江戸時代後期の女性。俳諧。湯浅の人。寛政5年刊、橋本燕志著『笠の塵』に載る。
¶江表（芹浅（和歌山県））

琴素　きんそ★
江戸時代後期の女性。俳諧。宮原の人。天明9年、起早庵稲後編『己酉元除楽』に載る。
¶江表（琴素（山梨県））

琴窓　きんそう★
江戸時代後期の女性。俳諧・箏曲。蓁々翁の娘。
¶江表（琴窓（山梨県）　[没]天保2（1831）年）

勤操　きんぞう
⇒勤操（ごんぞう）

琴台　きんだい★
江戸時代後期の女性。俳諧。寛政12年刊、京都の俳人三宅嘯山編『俳諧独喰』に載る。
¶江表（琴台（香川県））

金田一勝定　きんだいちかつさだ
江戸時代後期～大正時代の和算家。岩手軽便鉄道社長。
¶数学（[生]弘化5（1848）年2月12日　[没]大正9（1920）年12月31日）

金太郎　きんたろう
⇒坂田公時（さかたのきんとき）

金忠善　きんちゅうぜん
⇒金忠善（きむちゅんそん）

き

錦鳥(1) **きんちょう**★
江戸時代中期の女性。俳諧・和歌。土居入野村の医師佐々木見昌の娘。
¶江表(錦鳥(愛媛県)　[生]正徳5(1715)年　[没]安永1(1772)年)

錦鳥(2) **きんちょう**★
江戸時代後期の女性。俳諧。加茂の人。寛政5年序、平橋庵敲氷編『とをかはず』に載る。
¶江表(錦鳥(山梨県))

誾千代姫　ぎんちよひめ
⇒立花誾千代(たちばなぎんちよ)

公維　きんつな
⇒徳大寺公維(とくだいじきんふさ)

公経　きんつね
⇒西園寺公経(さいおんじきんつね)

金鍔次兵衛　きんつばじひょうえ
⇒トマス・デ・サン・アウグスチノ

金鍔次兵衛　きんつばじへえ
⇒トマス・デ・サン・アウグスチノ

琴堂　きんどう
⇒宝田寿助(たからだじゅすけ)

欣堂閑人　きんどうかんじん
⇒宝田寿助(たからだじゅすけ)

琴波　きんは★
江戸時代後期～末期の女性。和歌・書・画。周防台道村の大庄屋で文人上田光逸の娘。
¶江表(琴波(山口県)　[生]文化3(1806)年　[没]慶応1(1865)年)

琴波堂浦女・浦女　きんはどうらじょ★
江戸時代後期の女性。狂歌。文化13年頃刊、石川雅望編『吉原十二時』に載る。
¶江表(琴波堂浦女・浦女(東京都))

銀林綱男＊ **ぎんばやしつなお**
弘化1(1844)年～明治38(1905)年　江戸時代末期～明治時代の志士。居之隊を組織し、羽越の間に転戦。大書記官、埼玉県知事。
¶幕末([生]天保15(1844)年3月19日　[没]明治38(1905)年9月20日)

金原周防　きんばらすおう
江戸時代前期の宮大工。
¶美建(生没年不詳)

金原明善　きんばらめいぜん
江戸時代後期～大正時代の実業家。
¶幕末([生]天保3(1832)年6月7日　[没]大正12(1923)年1月14日)

公仁親王妃寿子＊ **きんひとしんのうひじゅし**
寛保3(1743)年3月11日～寛政1(1789)年11月4日　江戸時代中期～後期の女性。権大納言徳川宗直の女。
¶江表(寿子妃(京都府))

琴風(1) **きんぷう**★
江戸時代後期の女性。俳諧。船町の船問屋で俳人の雪柳庵文和の妻。文化6年、長男文洲と編んだ文和7回忌追善集『入る月集』に載る。
¶江表(琴風(山形県))

琴風(2) **きんぷう**★
江戸時代後期の女性。俳諧。村上五明の人。享和1年跋、宮本虎杖編『つきよほとけ』に載る。
¶江表(琴風(長野県))

琴風(3) **きんぷう**
⇒生玉琴風(いくたまきんぷう)

唫風＊ **ぎんぷう**
天保5(1834)年3月11日～明治38(1905)年2月28日　[別]庄司唫風(しょうじぎんぷう)　江戸時代後期～明治時代の俳人。
¶俳文(庄司唫風　しょうじぎんぷう)

巾婦女　きんふじょ★
江戸時代後期の女性。俳諧。越前福井の人。文化8年刊、一瓢編『物見塚記』に載る。
¶江表(巾婦女(福井県))

勤文＊ **きんぶん**
？～享保12(1727)年　江戸時代前期～中期の俳人。
¶俳文([没]享保12(1727)年1月2日)

金甫宗屋　きんぽそうおく
⇒古田織部(ふるたおりべ)

吟松　ぎんまつ★
江戸時代中期の女性。俳諧。安永6年刊、万蔵堂宝馬著『俳諧下毛のはな』の「付録日光山夏季発句」に載る。
¶江表(吟松(栃木県))

金道＊ (──〔1代〕) **きんみち**
？～寛永6(1630)年　[別]金道〔1代〕(かねみち)　江戸時代前期の京の刀工。
¶美工([没]寛永6(1630)年12月11日)

琴眠　きんみん★
江戸時代中期の女性。俳諧。越前高須の人。明和9年刊、美濃派三代以乙斎可推坊撰『雪の筐』上に載る。
¶江表(琴眠(福井県))

欽明天皇＊ **きんめいてんのう**
？～欽明32(571)年　[別]天国排開広庭尊(あめくにおしはらきひろにわのみこと)　上代の第29代の天皇。仏教渡来を受け入れた。
¶古人,古代,古物([生]継体天皇3(509)年　[没]欽明天皇32(571)年4月15日),コン,思想([生]509年?),対外,天皇([生]継体3(509)年　[没]欽明32(571)年4月15日),山小

金哉・全哉　きんや・ぜんや★
江戸時代後期の女性。画。画家・鑑定家の洞斎の後妻、鉄子。天保13年刊『江戸現在広益諸家人名録』二に載る。
¶江表(金哉・全哉(東京都))

琴友(1) **きんゆう**★
江戸時代後期の女性。画。南画家渡辺玄対の長女。
¶江表(琴友(東京都))

琴友(2) **きんゆう**★
江戸時代末期の女性。和歌。江口寛蔵の娘。安政4年序、今泉蟹守編「樟葉百歌撰」に載る。
¶江表(琴友(佐賀県))

琴夕　きんゆう★
江戸時代末期の女性。俳諧。越後の人。安政2年序、僧大英撰「北越三雅集」に載る。
¶江表(琴夕(新潟県))

琴友女 きんゆうじょ*
江戸時代末期の女性。俳諧。安政期から文久期の露心主催「露心新居賀摺」に載る。
¶江表(琴友女(福島県))

琴葉 きんよう*
江戸時代後期の女性。俳諧。和歌山の人。寛政5年刊、橋本燕志著『笠の塵』に載る。
¶江表(琴葉(和歌山県))

金羅（――〔1代〕） きんら
⇒東金羅(あずまきんら)

金羅〔3代〕* きんら
*～慶応3(1867)年　江戸時代後期～末期の俳人。
¶俳文(――〔3世〕　㊥寛政11(1799)年　㊧慶応3(1867)年12月27日)

金羅〔4代〕 きんら
⇒近藤金羅(こんどうきんら)

錦里 きんり*
江戸時代後期の女性。俳諧・和歌。贄川宿の脇本陣贄川清兵衛重喬の妻。
¶江表(錦里(長野県))　㊧文政1(1818)年

錦露 きんろ*
江戸時代中期の女性。俳諧。相模鎌倉の人。安永8年、呆besteld玄明庵「桜覧記(仮題)」に載る。
¶江表(錦露(神奈川県))

琴路* きんろ
？～寛政2(1790)年　江戸時代中期の俳人。
¶俳文(㊥享保1(1716)年　㊧寛政2(1790)年7月6日)

琴露* きんろ
江戸時代中期の女性。俳諧。下総国の俳人箱島浙江の近親者か。宝暦10年、梅田徳雨編『千鳥墳』に載る。
¶江表(琴露(茨城県))

董路 きんろ*
江戸時代末期の女性。俳諧。文久3年刊『文久文雅人名録』に、麻布狸穴の牧乙菜の母、江戸座で露堂、清友庵とも号す。
¶江表(董路(東京都))

董露 きんろ*
江戸時代後期の女性。俳諧。長門長府藩家老桂縫殿敬武の妻。
¶江表(董露(山口県))　㊧文政6(1823)年

董浪 きんろう*
江戸時代中期の女性。俳諧。京都の人。元禄15年刊、渡辺吾伸撰『柿表紙』に載る。
¶江表(董浪(京都府))

錦老女 きんろうじょ*
江戸時代後期の女性。俳諧。桑原の柳沢氏。嘉永3年刊、遊歴俳人の雪邦居養一編『雪溶集』に載る。
¶江表(錦老女(長野県))

近路行者 きんろぎょうじゃ
⇒都賀庭鐘(つがていしょう)

琴和 きんわ*
江戸時代中期～後期の女性。漢詩。平島6代足利義辰の弟平島義人の娘。
¶江表(琴和(徳島県))　㊥元文2(1737)年頃　㊧寛政5(1793)年

【く】

久宇 くう*
江戸時代後期の女性。和歌。盛岡藩士中野半兵衛為勝の娘。文化～天保年間頃成立の市原篤焉著『篤焉家訓』所収の「御系譜」「外戚伝」に載る。
¶江表(久宇(岩手県))

空阿* くうあ
保元1(1155)年～安貞2(1228)年1月15日　鎌倉時代前期の浄土宗の僧。
¶古人, 中世(㊧1156年)

空海 くうかい
宝亀5(774)年～承和2(835)年　㊙弘法大師(こうぼうだいし), 高野大師(こうやだいし)　平安時代前期の真言宗の開祖。唐に留学、帰国後の816年高野山金剛峯寺を、823年平安京に教王護国寺を開き、真言密教を布教した。書道にも優れていた。
¶古人, 古代, コン, 詩作(㊥承和2(835)年3月21日), 思想, 対外, 日文, 平家(弘法大師　こうぼうだいし), 山小(㊧835年3月21日)

空願 くうがん
生没年不詳　戦国時代～安土桃山時代の塗師。
¶美工

空華 くうげ
⇒義堂周信(ぎどうしゅうしん)

空華道人 くうげどうにん
⇒義堂周信(ぎどうしゅうしん)

空光* くうこう
生没年不詳　平安時代前期の画工。
¶古人, 美画

空谷 くうごく
⇒空谷明応(くうこくみょうおう)

空谷明応* くうこくみょうおう
嘉暦3(1328)年～応永14(1407)年1月16日　㊙空谷(くうごく), 常光国師(じょうこうこくし), 仏日常光国師(ぶつにちじょうこうこくし), 明応(みょうおう)　南北朝時代～室町時代の臨済宗の僧。叢林の二甘露門と称された。
¶コン

空斎 くうさい
⇒長岡住右衛門〔2代〕(ながおかすみえもん)

空聖 くうしょう
平安時代後期の醍醐寺大智院・遍智院の院主。二条天皇の第3皇子。
¶密教(㊥1165年以前　㊧1186年9月2日以後)

空盛 くうじょう
⇒空盛(くうせい)

空翠* くうすい
？～宝暦13(1763)年6月6日　江戸時代中期の俳人。
¶俳文

空晴 くうせい
元慶2(878)年～天徳1(957)年　平安時代中期の学僧。興福寺別当。
¶古人

空盛*　くうせい
生没年不詳　[別]空盛（くうじょう）　江戸時代前期の社僧・連歌作者。
¶俳文（くうじょう）

空存　くうぞん
江戸時代前期の俳諧師。
¶俳文（生没年不詳）

空中(1)　くうちゅう
⇒高橋道八〔1代〕（たかはしどうはち）

空中(2)　くうちゅう
⇒本阿弥光甫（ほんあみこうほ）

空中斎　くうちゅうさい
⇒本阿弥光甫（ほんあみこうほ）

空如　くうにょ
⇒八条院高倉（はちじょういんのたかくら）

空仁*　くうにん
生没年不詳　平安時代後期の僧、歌人。
¶古人

空也*　くうや
延喜3（903）年～天禄3（972）年9月11日　[別]市上人（いちのしょうにん），市聖（いちのひじり，いちひじり），光勝（こうしょう），空也，弘也（こうや）　平安時代中期の浄土教の民間布教僧。踊念仏の祖。市聖、阿弥陀聖などと尊称され、浄土教信仰が広がる契機を作った。
¶古人（こう（くう）や），コン，思想，山小（[没]972年9月11日）

久円*　くえん
生没年不詳　平安時代中期の法隆寺別当、威儀師。
¶古人

救円　ぐえん
⇒救円（きゅうえん）

久貝正方　くがいまさかた
江戸時代前期～中期の幕臣。
¶徳人（[生]1648年　[没]1714年）

久貝正俊　くがいまさとし
安土桃山時代～江戸時代前期の幕臣。
¶徳人（[生]1573年　[没]1648年）

久貝正典*　くがいまさのり
*～慶応1（1865）年　江戸時代末期の幕臣。
¶コン（[生]文化3（1806）年），詩作（[生]文化3（1806）年　[没]慶応1（1865）年6月14日），徳人（[生]1806年），幕末（[生]文化3（1806）年　[没]慶応1（1865）年6月14日）

久貝蓼湾*　くがいりょうわん
文政2（1819）年～文久1（1861）年　江戸時代末期の幕臣、漢詩人。
¶幕末（[没]文久1（1861）年7月23日）

陸九皐*　くがきゅうこう
天保14（1843）年～大正5（1916）年8月17日　[別]陸義猶（くがよしなお）　江戸時代末期～明治時代の志士。西南戦争で投獄、特赦後、旧藩の事跡調査に従事。著書に「南越陣記」など。
¶幕末（陸義猶　くがよしなお　[生]天保14（1843）年1月7日）

久我建通　くがたけみち
⇒久我建通（こがたけみち）

陸原慎太郎*　くがはらしんたろう
生没年不詳　江戸時代末期の加賀藩士。
¶幕末

陸原大次郎*　くがはらだいじろう
生没年不詳　江戸時代末期の儒学者。
¶幕末

玖賀媛*　くがひめ
上代の女性。仁徳天皇の宮人。
¶女史

久我通能女　くがみちよしのむすめ
⇒権大納言局（ごんだいなごんのつぼね）

久我師信　くがもろのぶ
江戸時代後期の和算家。
¶数学

陸義猶　くがよしなお
⇒陸九皐（くがきゅうこう）

久樹　くき
江戸時代後期の女性。和歌。備前岡山藩士菅惣兵衛の母。弘化2年刊、加納諸平編『類題鰒玉集』五に載る。
¶江表（久樹（岡山県））

九鬼四郎兵衛*　くきしろべえ
天文20（1551）年～寛永18（1641）年　[別]九鬼広隆（くきひろたか）　安土桃山時代～江戸時代前期の紀伊和歌山藩士。
¶全戦（九鬼広隆　くきひろたか）

九鬼隆備*　くきたかとも
天保5（1834）年～明治30（1897）年　江戸時代末期～明治時代の大名、華族。
¶幕末（[没]明治30（1897）年7月13日）

九鬼隆都*　くきたかひろ
享和1（1801）年～明治15（1882）年　江戸時代後期～明治時代の大名、華族。
¶幕末（[没]明治15（1882）年1月25日）

九鬼隆義*　くきたかよし
天保8（1837）年～明治24（1891）年　江戸時代末期～明治時代の三田藩主、三田藩知事、子爵。
¶コン，全幕

九鬼広隆　くきひろたか
⇒九鬼四郎兵衛（くきしろべえ）

久木村治休*　くきむらじきゅう
天保14（1843）年～昭和12（1937）年　江戸時代末期～昭和時代の薩摩藩士。生麦村でイギリス人を殺傷。
¶幕末

九鬼守隆*　くきもりたか
天正1（1573）年～寛永9（1632）年　江戸時代前期の大名。志摩鳥羽藩主。
¶コン，戦武

釘哉　くぎや
江戸時代末期～明治時代の女性。俳諧。深谷神社の明治6年の俳句奉納額に載る。
¶江表（釘哉（神奈川県））

矩久*　くきゅう
生没年不詳　江戸時代前期の俳人。
¶俳文

公暁* くぎょう
正治2(1200)年〜建保7(1219)年1月27日　㊦善哉(ぜんや)　鎌倉時代前期の僧。2代将軍源頼家の子。
¶古人、コン(㊤承久1(1219)年)、中世、内乱、山小(㊦1219年1月27日)

九鬼嘉隆* くきよしたか
天文11(1542)年〜慶長5(1600)年　安土桃山時代の武将、大名。志摩鳥羽領主。九鬼水軍を率いた。
¶織田(㊦慶長5(1600)年10月12日)、コン、全戦、戦武、対外

句空* くくう
慶安1(1648)年頃〜？　江戸時代前期の俳人。松尾芭蕉門下。
¶俳文(㊦?㊦正徳2(1712)年)

久々宇因幡守 くぐういなばのかみ
安土桃山時代の上野国那波城主那波顕宗の家臣。
¶後北(因幡守〔久々宇〕　いなばのかみ)

久々利亀* くくりかめ
？〜天正10(1582)年6月2日　戦国時代〜安土桃山時代の織田信長の家臣。
¶織田

具慶 ぐけい
⇒住吉具慶(すみよしぐけい)

愚渓右慧 ぐけいうえ
⇒愚渓右慧(ぐけいゆうえ)

具慶尼 ぐけいに*
江戸時代中期の女性。和歌。壬生の常楽寺の尼。
¶江表(具慶尼〔栃木県〕)

愚渓右慧* ぐけいゆうえ
生没年不詳　㊦愚渓右慧(ぐけいうえ)　南北朝時代の禅僧、画家。初期水墨画人の一人。
¶美画

久下重秀 くげしげひで
江戸時代前期〜中期の代官。
¶徳代(㊤明暦3(1657)年　㊦正徳2(1712)年3月12日)

久下重光 くげしげみつ
平安時代後期〜鎌倉時代前期の武士。
¶内乱(生没年不詳)

玖月善女 くげつぜんにょ*
安土桃山時代の女性。信仰。盛誉上人の母。
¶江表(玖月善女〔熊本県〕　㊦天正10(1582)年)

久下時重 くげときしげ*
生没年不詳　㊦久下時重(くさかときしげ)　南北朝時代の武将。
¶室町(くさかときしげ)

久下直光* くげなおみつ
生没年不詳　平安時代後期〜鎌倉時代前期の武蔵国の武士。
¶古人、コン

久下式秀 くげのりひで
天和3(1683)年〜元文2(1737)年　江戸時代前期〜中期の幕臣。
¶徳代、徳代(㊦元文2(1737)年閏11月29日)

久下兵庫助* くげひょうごのすけ
生没年不詳　戦国時代の武士。三田氏、のち北条

氏照家臣。
¶後北(兵庫助〔久下〕　ひょうごのすけ)

救済* ぐさい
㊦救済(きゅうせい、きゅうぜい)　鎌倉時代後期〜南北朝時代の連歌師。連歌道の三賢の一人。
¶コン(㊤弘安4(1281)年？　㊦天授1/永和1(1375)年？)、思想(きゅうぜい　㊦弘安5(1282)年　㊦永和4/天授4(1378)年)、日文(ぐさい・きゅうせい・きゅうぜい　㊤弘安5(1282)年　㊦天授2/永和2(1376)年)、俳文(きゅうぜい　㊤弘安5(1282)年　㊦永和4(1378)年3月8日)

愚斎 ぐさい
⇒清水六兵衛〔1代〕(きよみずろくべえ)

久坂玄機* くさかげんき
文政3(1820)年〜安政1(1854)年　江戸時代末期の蘭学者。
¶コン、幕末(㊦嘉永7(1854)年2月27日)

久坂玄瑞* くさかげんずい、くさかげんすい
天保11(1840)年〜元治1(1864)年　江戸時代末期の尊攘派志士。
¶江人、コン、詩作(㊦元治1(1864)年7月19日)、思想、全幕、幕末(㊤天保11(1840)年5月　㊦元治1(1864)年7月19日)、山小(㊤1840年5月　㊦1864年7月19日)

草鹿玄竜* くさかげんりゅう
寛政3(1791)年〜明治2(1869)年　江戸時代末期の医師。
¶幕末(㊦明治2(1869)年9月16日)

草加次郎左衛門 くさかじろ(う)さえもん
安土桃山時代〜江戸時代前期の宍戸元次・豊臣秀頼の家臣。
¶大坂(㊤天正11年　㊦寛文6年5月20日)

日下誠 くさかせい
⇒日下誠(くさかまこと)

日下陶渓 くさかとうけい
⇒日下伯巌(くさかはくがん)

久下時重 くさかときしげ
⇒久下時重(くげときしげ)

草鹿砥宣隆* くさかどのぶたか
文政1(1818)年〜明治2(1869)年　江戸時代末期の神官。
¶幕末(㊤文化15(1818)年4月9日　㊦明治2(1869)年6月21日)

草香幡梭皇女 くさかのはたびひめのおうじょ
⇒草香幡梭姫皇女(くさかのはたびひめのひめみこ)

草香幡梭皇女 くさかのはたのこうじょ
⇒草香幡梭姫皇女(くさかのはたびひめのひめみこ)

草香幡梭皇女 くさかのはたひめみこ、くさかのはたびひめのひめみこ
⇒草香幡梭姫皇女(くさかのはたびひめのひめみこ)

草香幡梭姫 くさかのはたひめ
⇒草香幡梭姫女(くさかのはたひめ)

草香幡梭姫皇女 くさかのはたびひめのおうじょ
⇒草香幡梭姫皇女(くさかのはたびひめのひめみこ)

草香幡梭姫皇女* くさかのはたびひめのひめみこ、くさかのはたびひめのひめみこ
㊦草香幡梭皇女(くさかのはたのおうじょ、くさかのはたのこうじょ、くさかのはたひめみ

こ，くさかのはたびのひめみこ，くさかはたひのひめみこ)，草香幡梭姫(くさかのはたひひめ，くさかのはたびのひめみこ)，草香幡梭姫皇女(くさかのはたびひめのおうじょ)，幡梭皇女(はたひのおうじょ)　上代の女性。雄略天皇の皇后、仁徳天皇の皇女。

¶古代(草香幡梭皇女　くさかのはたびのひめみこ)，コン(草香幡梭皇女　くさかはたひのひめみこ)，天皇(草香幡梭皇女　くさかのはたびのひめみこ　生没年不詳)，天皇(草香幡梭姫　くさかのはたびのひめみこ　生没年不詳)

日下伯巌*　くさかはくがん

天明5(1785)年〜慶応2(1866)年　[別]日下陶渓(くさかとうけい)　江戸時代後期の松山藩士、藩校明教館教授。

¶幕末([没]慶応2(1866)年9月)

草香幡梭皇女　くさかはたひのひめみこ

⇒草香幡梭姫皇女(くさかのはたびひめのひめみこ)

日下部伊三次*(日下部伊三治，日下部伊三治)　くさかべいそうじ

文化11(1814)年〜安政5(1858)年　[別]深谷佐吉(ふかやさきち)，宮崎復太郎(みやざきふくたろう)　江戸時代末期の薩摩藩士、水戸藩士。

¶コン，幕末(日下部伊三治　[没]安政5(1859)年12月17日)

草壁皇子　くさかべおうじ

⇒草壁皇子(くさかべのおうじ)

草壁挙白*　くさかべきょはく

？〜元禄9(1696)年　[別]挙白(きょはく)　江戸時代中期の俳人(蕉門)。

¶俳文(挙白　きょはく)

日下部玄昌　くさかべげんしょう

江戸時代前期の代官。

¶徳代([生]？　[没]元和1(1615)年)

日下部定好*(日下部定吉)　くさかべさだよし

天文11(1542)年〜元和2(1616)年　安土桃山時代〜江戸時代前期の武士。織田氏家臣、徳川氏家臣。

¶織田([没]元和2(1616)年8月30日)，徳人，徳代([没]元和2(1616)年8月30日)

日下部四郎*　くさかべしろう

江戸時代末期の新撰組隊士。

¶新隊(生没年不詳)

日下部惣助　くさかべそうすけ

⇒福岡惣助(ふくおかそうすけ)

日下部忠説*　くさかべただとき

[別]忠説(ただとき)　室町時代の武将、連歌師。

¶俳文(忠説　ただとき　生没年不詳)

日下部太郎*　くさかべたろう

弘化2(1845)年〜明治3(1870)年　江戸時代後期〜明治時代の武士。

¶幕末([生]弘化2(1845)年6月6日　[没]明治3(1870)年4月13日)

日下部遠江*　くさかべとおとうみ

江戸時代末期の新撰組隊士。

¶新隊(生没年不詳)

日下部朝定*　くさかべともさだ

生没年不詳　[別]朝定(ともさだ)　戦国時代の武将、連歌師。

¶俳文(朝定　ともさだ)

日下部直益人*　くさかべのあたいますひと

奈良時代の豪族。

¶古代

日下部吾田彦*　くさかべのあたひこ

[別]吾田彦(あたひこ)，日下部連吾田彦(くさかべのむらじあたひこ)　上代の「日本書紀」にみえる人物。

¶古人(吾田彦　あたひこ　生没年不詳)，古代(日下部連吾田彦　くさかべのむらじあたひこ)

日下部安堤麻呂　くさかべのあてまろ

奈良時代の官人。

¶古人(生没年不詳)

日下部有信　くさかべのありのぶ

平安時代中期の官人。

¶古人(生没年不詳)

草壁皇子*　くさかべのおうじ

天智1(662)年〜持統天皇3(689)年　[別]岡宮天皇(おかのみやてんのう，おかのみやのてんのう)，草壁皇子(くさかべおうじ，くさかべのみこ)，日並皇子(ひなみしのみこ)，日並知皇子尊(ひなみしのみこのみこと)，日並知皇子(ひなめしのおうじ，ひなめしのみこ)　飛鳥時代の天武天皇の第1皇子。

¶古人(くさかべおうじ)，古代(くさかべのみこ)，古物(くさかべのみこ)，コン(くさかべのみこ　[没]持統3(689)年)，天皇(くさかべのみこ　[没]持統3(689)年)，天皇(くさかべおうじ　[没]持統3(689)年)，山小(くさかべのみこ　[没]689年4月13日)

日下部使主三中*　くさかべのおみみなか

奈良時代の防人。

¶古代

日下部老　くさかべのおゆ

⇒日下部宿禰老(くさかべのすくねおゆ)

日下部兼長　くさかべのかねなが

平安時代後期の官人。

¶古人(生没年不詳)

草香部吉士漢彦*　くさかべのきしあやひこ

上代の豪族。

¶古代

日下部清武　くさかべのきよたけ

平安時代中期の随身。

¶古人(生没年不詳)

日下部国成　くさかべのくになり

平安時代後期の強盗。

¶古人([生]1055年　[没]？)

日下部子麻呂*　くさかべのこまろ

？〜宝亀4(773)年　[別]日下部宿禰子麻呂(くさかべのすくねこまろ)　奈良時代の官人。藤原仲麻呂の乱を鎮定した将軍。

¶古人，古代(日下部宿禰子麻呂　くさかべのすくねこまろ)

日下部惟遠　くさかべのこれとお

平安時代中期の官人。

¶古人(生没年不詳)

草壁醜経　くさかべのしこぶ

⇒草壁連醜経(くさかべのむらじしこふ)

日下部末茂　くさかべのすえもち

平安時代中期の官人。

¶古人(生没年不詳)

日下部宿禰老＊　くさかべのすくねおゆ
？〜天平4(732)年　㊥日下部老(くさかべのおゆ)
奈良時代の官人。
¶古人(日下部老　くさかべのおゆ)，古代

日下部宿禰麻呂　くさかべのすくねこまろ
⇒日下部子麻呂(くさかべのこまろ)

日下部為行　くさかべのためゆき
平安時代中期の官人。
¶古人(生没年不詳)

日下部遠藤＊　くさかべのとおふじ
平安時代前期の官人。
¶古人(生没年不詳)，古代

日下部土方＊　くさかべのひじかた
生没年不詳　平安時代前期の工人。
¶古人，古代

草壁皇子　くさかべのみこ
⇒草壁皇子(くさかべのおうじ)

日下部連使主＊　くさかべのむらじおみ
上代の帳内。
¶古代

草壁連醜経　くさかべのむらじしこふ
㊥草壁醜経(くさかべのしこぶ)　飛鳥時代の国司。
¶古代

日下部保理　くさかべのやすまさ
平安時代中期の官人。
¶古人(生没年不詳)

日下部博貞　くさかべひろさだ
江戸時代前期〜中期の幕臣。
¶徳人(㊤1658年　㊦1734年)

日下部宗好　くさかべむねよし
安土桃山時代〜江戸時代前期の幕臣。
¶徳人(㊤1574年　㊦1633年)

日下部裕之進＊(日下部祐之進)　くさかべゆうのしん
天保7(1836)年〜万延1(1860)年　江戸時代末期の薩摩藩士。
¶幕末(㊦万延1(1860)年閏3月3日)

日下誠＊　くさかまこと
明和1(1764)年〜天保10(1839)年6月3日　㊥日下誠(くさかせい)，鈴木誠政(すずきせいせい)　江戸時代後期の和算家。
¶コン，数学

日下安左衛門＊　くさかやすざえもん
生没年不詳　江戸時代末期の豪農，年寄。
¶幕末

草苅太一左衛門＊(草刈太一左衛門)　くさかりたいちざえもん
文化12(1815)年〜明治17(1884)年　江戸時代末期〜明治時代の肥前平戸藩事業家。
¶幕末(㊦明治17(1884)年3月10日)

日柳燕石＊　くさなぎえんせき
文化14(1817)年〜明治1(1868)年　江戸時代末期の勤皇博徒。
¶江人，コン(㊦慶応4(1868)年)，詩作(㊦明治1(1868)年8月25日)，全幕(㊦慶応4(1868)年)，幕末(㊤文化14(1817)年3月14日　㊦明治1(1868)年10月10日)

日柳三舟　くさなぎさんしゅう
江戸時代後期〜明治時代の教育家，浪華文会創業者。
¶出版(㊤天保10(1839)年　㊦明治36(1903)年7月23日)

草野子　くさのこ
江戸時代末期の女性。和歌。幕臣，小普請組深見新八郎の娘。安政7年跋，蜂屋光世編『大江戸倭歌集』に載る。
¶江表(草野子(東京都))

草野定康＊　くさのさだやす
生没年不詳　㊥草野定康(くさののさだやす)　平安時代後期の武士。
¶古人(くさのさだやす)

草野錠之介＊　くさのじょうのすけ
生没年不詳　江戸時代末期の事業家。
¶幕末

草野直清　くさのなおきよ
戦国時代〜安土桃山時代の相馬顕胤の家臣。
¶全戦(㊤永正11(1514)年　㊦永禄6(1563)年)

草野永平＊　くさののながひら
生没年不詳　㊥草野永平(くさののながひら)　鎌倉時代前期の武将。
¶古人(くさののながひら)

草野定康　くさののさだやす
⇒草野定康(くさのさだやす)

草野永平　くさののながひら
⇒草野永平(くさのながひら)

草場船山＊　くさばせんざん
文政4(1821)年〜明治22(1889)年　江戸時代末期〜明治時代の東原庠舎教官。
¶詩作(㊤文政2(1819)年7月9日　㊦明治20(1887)年1月16日)，幕末(㊤文政2(1819)年　㊦明治20(1887)年)

草場佩川＊(草場珮川，草葉佩川)　くさばはいせん
天明7(1787)年〜慶応3(1867)年　江戸時代後期の漢詩人，肥前佐賀藩の儒官。
¶コン，詩作(㊤天明7(1787)年1月7日　㊦慶応3(1867)年10月29日)，対外，幕末(㊦慶応3(1867)年8月29日)

草深かつ＊　くさふかかつ
寛保1(1741)年〜文政4(1821)年　㊥本居かつ(もとおりかつ)　江戸時代中期〜後期の女性。本居宣長の母。
¶江表(勝(三重県))

草間伊三郎　くさまいさぶろう
⇒草間直方(くさまなおかた)

草間伊助　くさまいすけ
⇒草間直方(くさまなおかた)

草間直方＊　くさまなおかた
宝暦3(1753)年〜天保2(1831)年　㊥草間伊三郎(くさまいさぶろう)，草間伊助(くさまいすけ)　江戸時代後期の両替商，経済学者。「三貨図彙」の著者。
¶江人，コン，思想

草間昇＊　くさまのぼる
嘉永4(1851)年〜明治44(1911)年　江戸時代末期〜明治時代の自由民権活動家。
¶幕末

草丸　くさまる
⇒竹下草丸(たけのしたくさまる)

叢豊丸〔1代〕*　くさむらとよまる
?～文化14(1817)年4月25日?　江戸時代中期～後期の絵師。
¶浮絵(代数なし　[没]文化14(1817)年?)

草山貞胤*　くさやまさだたね
文政6(1823)年～明治38(1905)年　江戸時代末期～明治時代の神主。煙草を改良、煙草刻み機を考案、煙草の大量生産をする。
¶幕末

奇稲田姫*　くしいなだひめ
[別]奇稲田姫，櫛名田比売(くしなだひめ)，奇稲田姫命(くしなだひめのみこと)　上代の女神。須佐之男命の妃。
¶コン(櫛名田比売　くしなだひめ)，女史

具志頭親方文若　ぐしかみおやかたぶんじゃく
⇒蔡温(さいおん)

櫛木庄左衛門　くしきしょうざえもん
安土桃山時代の高天神籠城衆。
¶武田([生]?　[没]天正9(1581)年3月22日)

城間清豊　ぐしくませいほう
⇒城間清豊(ぐすくませいほう)

櫛笥掛子・かけ子　くしげかけこ⋆
江戸時代後期の女性。狂歌。文化1年刊、四方真顔ほか編『狂歌武射志風流』に載る。
¶江表(櫛笥掛子・かけ子(東京都))

櫛笥隆兼*　くしげたかかね
元禄9(1696)年6月3日～元文2(1737)年9月10日　江戸時代中期の公家(権中納言)。内大臣櫛笥隆賀の子。
¶公卿，公家(隆兼〔櫛笥家〕　たかかね)

櫛笥隆韶*　くしげたかつぐ
文政6(1823)年～明治7(1874)年　江戸時代末期～明治時代の公家、中将。条約幕府委任に反対、朝政改革を建議。
¶幕末([生]文政6(1823)年4月5日　[没]明治7(1874)年1月15日)

櫛笥隆朝*　くしげたかとも
慶長12(1607)年1月12日～慶安1(1648)年10月1日　江戸時代前期の公家(権中納言)。従五位上・左少将四条隆憲の孫。
¶公卿，公家(隆朝〔櫛笥家〕　たかとも)

櫛笥隆成*　くしげたかなり
延宝4(1676)年11月21日～延享1(1744)年9月7日　江戸時代中期の公家(権大納言)。権大納言鷲尾隆尹の次男。
¶公卿，公家(隆成〔櫛笥家〕　たかなり)

櫛笥隆賀*　くしげたかのり
承応1(1652)年10月14日～享保18(1733)年7月11日　[別]櫛笥隆賀(くしげたかよし)　江戸時代前期～中期の公家(内大臣)。権中納言園池宗朝の次男。
¶公卿，公家(隆賀〔櫛笥家〕　たかよし)

櫛笥隆望*　くしげたかもち
享保10(1725)年1月16日～寛政7(1795)年1月24日　江戸時代中期の公家(権大納言)。権中納言六条有藤の次男。
¶公卿，公家(隆望〔櫛笥家〕　たかもち)

櫛笥隆賀　くしげたかよし
⇒櫛笥隆賀(くしげたかのり)

櫛笥賀子　くしげよしこ
⇒新崇賢門院(しんすうけんもんいん)

櫛田源左衛門尉　くしだげんざえもんのじょう
安土桃山時代の祖父江秀重の家臣。
¶織田

櫛田忠兵衛*　くしだちゅうべえ
生没年不詳　安土桃山時代の織田信長の家臣。
¶織田

具志頭親方文若　ぐしちゃんおえかたぶんじゃく
⇒蔡温(さいおん)

具志頭親方文若　ぐしちゃんおやかたぶんじゃく
⇒蔡温(さいおん)

櫛角別王*　くしつのわけのおおきみ
[別]櫛角別王(くしつのわけのみこ)　上代の景行天皇の皇子。
¶古代，天皇(くしつのわけのみこ)

櫛角別王　くしつのわけのみこ
⇒櫛角別王(くしつのわけのおおきみ)

奇稲田姫(櫛名田比売)　くしなだひめ
⇒奇稲田姫(くしいなだひめ)

奇稲田姫命　くしなだひめのみこと
⇒奇稲田姫(くしいなだひめ)

愚侍の妻　ぐじのつま⋆
江戸時代前期の女性。俳諧。三河吉田の俳人で仮名草子作者小野愚侍の後妻。
¶江表(愚侍の妻(愛知県))

櫛橋伊織政重　くしはしいおりまさしげ
江戸時代前期の黒田長政の家臣。
¶大坂([没]慶安5年2月12日)

串原正峯*　くしはらせいほう
生没年不詳　江戸時代後期の和算家。
¶数学

櫛部坂太郎*　くしべさかたろう
天保13(1842)年～慶応3(1867)年　江戸時代末期の第2奇兵隊小隊司令。
¶幕末([没]慶応3(1867)年11月18日)

福島助春*　くしますけはる
生没年不詳　戦国時代の武将。今川氏家臣。
¶後北(助春〔福島〕　すけはる)，全戦

福島綱成　くしまつなしげ
⇒北条綱成(ほうじょうつなしげ)

福島出羽守*　くしまでわのかみ
生没年不詳　戦国時代の岩付太田氏の家臣。
¶後北(出羽守〔福島〕　でわのかみ)

福嶋肥後*　くしまひご
生没年不詳　戦国時代の北条氏の家臣。
¶後北(肥後守〔福島〕　ひごのかみ)

福島房重*　くしまふさしげ
生没年不詳　戦国時代の岩付城主北条氏房の家臣。
¶後北(房重〔福島〕　ふさしげ)

福島正成 くしままさしげ
⇒福島正成(くしままさなり)

福島正成* くしままさなり
生没年不詳 [別]福島正成(くしままさしげ) 戦国時代の武将。今川氏家臣。
¶全戦([生]? [没]大永1(1521)年),戦武,室町(くしままさしげ)

久次米兵次郎 くじめひょうじろう
⇒久次米兵次郎義周(くじめひょうじろうよしちか)

久次米兵次郎義周* くじめひょうじろうよしちか
文政12(1829)年～大正2(1913)年3月3日 [別]久次米兵次郎(くじめひょうじろう) 江戸時代末期～明治時代の商人、銀行家。
¶幕末(久次米兵次郎 くじめひょうじろう)

久志本常彰 くしもとつねあきら
⇒度会常彰(わたらいつねあきら)

久志本常諄 くしもとつねあつ
江戸時代前期の幕臣。
¶徳人(生没年不詳)

久志本常尹 くしもとつねただ
安土桃山時代～江戸時代前期の幕臣。
¶徳人([生]1585年 [没]1646年)

久志本常陳 くしもとつねのぶ
⇒度会常陳(わたらいつねのり)

矩州 くしゅう
江戸時代中期の俳諧師。那須氏、仁木氏、のち椎本氏。
¶俳文([生]宝永1(1704)年 [没]安永9(1780)年1月26日)

九条夙子 くじょうあさこ
⇒英照皇太后(えいしょうこうたいごう)

九条院* くじょういん
天承1(1131)年～安元2(1176)年9月19日 [別]九条院(くじょうのいん),藤原呈子(ふじわらていし,ふじわらのしめこ,ふじわらのていし) 平安時代後期の女性。近衛天皇の中宮。
¶古人(藤原呈子 ふじわらのしめこ),女史,天皇(藤原呈子 ふじわらのていし),内乱

九条氏房* くじょううじふさ
?～応永10(1403)年11月24日 南北朝時代～室町時代の公卿(権中納言)。権大納言九条光経の孫。
¶公卿,公家(氏房〔海住山家(絶家)〕 うじふさ)

九条兼実* くじょうかねざね
久安5(1149)年～建永2(1207)年4月5日 [別]後法性寺入道殿(ごほっしょうじにゅうどうどの,のちのほっしょうじにゅうどうどの),月輪関白(つきのわかんぱく),藤原兼実(ふじわらかねざね,ふじわらのかねざね) 平安時代後期～鎌倉時代前期の公卿(摂政・関白・太政大臣)。九条家の祖。太政大臣藤原忠通の三男。日記「玉葉」。
¶公卿(藤原兼実 ふじわらのかねざね [没]承元1(1207)年4月5日),公家(兼実〔九条家〕 かねざね [没]承元1(1207)年4月5日),古人,古人(藤原兼実 ふじわらのかねざね),コン([没]承元1(1207)年),思想([没]承元1(1207)年),中世,内乱([没]承元1(1207)年),平家(藤原兼実 ふじわらかねざね [没]承元1(1207)年),山小([没]1207年4月5日)

九条兼孝* くじょうかねたか
天文22(1553)年～寛永13(1636)年 安土桃山時代～江戸時代前期の公家(関白・左大臣)。関白・左大臣二条晴良の子。
¶公卿([生]天文22(1553)年11月20日 [没]寛永13(1636)年1月17日),公家(兼孝〔九条家〕 かねたか [生]天文22(1553)年11月20日 [没]寛永13(1636)年1月17日)

九条兼晴* くじょうかねはる
寛永18(1641)年～延宝5(1677)年 江戸時代前期の公家(左大臣)。左大臣鷹司教平の三男。
¶公卿([生]寛永18(1641)年2月6日 [没]延宝5(1677)年11月12日),公家(兼晴〔九条家〕 かねはる [生]寛永18(1641)年2月6日 [没]延宝5(1677)年11月12日)

九条兼良 くじょうかねよし
⇒藤原兼良(ふじわらのかねよし)

九条彦子 くじょうげんし
⇒宣仁門院(せんにんもんいん)

郡上侍従 ぐじょうじじゅう
⇒稲葉貞通(いなばさだみち)

九条輔家* くじょうすけいえ
明和6(1769)年9月12日～天明5(1785)年6月19日 江戸時代中期の公家(権大納言)。内大臣九条道前の子。
¶公卿,公家(輔家〔九条家〕 すけいえ)

九条輔実* くじょうすけざね
寛文9(1669)年～享保14(1729)年12月12日 江戸時代中期の公家(摂政・関白・左大臣)。左大臣九条兼晴の子。
¶公卿([生]寛文9(1669)年6月16日),公家(輔実〔九条家〕 すけざね [生]寛文9(1669)年6月16日)

九条輔嗣* くじょうすけつぐ
天明4(1784)年9月15日～文化4(1807)年1月29日 江戸時代後期の公家(権大納言)。右大臣一条治孝の次男。
¶公卿,公家(輔嗣〔九条家〕 すけつぐ)

久城台麓 くじょうだいろく
江戸時代後期～明治時代の眼科医。
¶眼医(生没年不詳)

九条隆朝* くじょうたかとも
正応3(1290)年～正平10/文和4(1355)年12月14日 鎌倉時代後期～南北朝時代の公卿(非参議)。非参議九条隆博の次男。
¶公卿([没]文和4/正平10(1355)年12月14日),公家(隆朝〔六条・春日・九条・紙屋河家(絶家)〕 たかとも [没]文和4(1355)年12月14日)

九条隆教* くじょうたかのり
*～正平3/貞和4(1348)年10月15日 鎌倉時代後期～南北朝時代の公卿(非参議)。非参議九条隆博の長男。
¶公卿([生]文永8(1271)年 [没]貞和4/正平3(1348)年10月15日),公家(隆教〔六条・春日・九条・紙屋河家(絶家)〕 たかのり [生]? [没]貞和4(1348)年10月15日)

九条隆博* くじょうたかひろ
?～永仁6(1298)年 [別]九条博家(くじょうひろいえ) 鎌倉時代後期の公卿(非参議)。非参議九条行家の子。
¶公卿,公家(隆博〔六条・春日・九条・紙屋河家(絶家)〕 たかひろ)

九条忠家* くじょうただいえ
寛喜1(1229)年～建治1(1275)年 [別]藤原忠家(ふじわらただいえ) 鎌倉時代前期の公卿(摂政・関白・右大臣)。摂政・関白・太政大臣九条教実の三男。

¶公卿([生]寛喜1(1229)年7月　[没]建治1(1275)年6月9日),公家(忠家〔九条家〕　ただいえ　[生]寛喜1(1229)年7月　[没]建治1(1275)年6月9日)

九条忠孝*　くじょうただたか
寛延1(1748)年～明和5(1768)年　江戸時代中期の公卿。
¶公家(忠孝〔松殿家(絶家)〕　ただたか　[生]延享5(1748)年1月2日　[没]明和5(1768)年9月14日)

九条忠高　くじょうただたか
⇒藤原忠高(ふじわらただたか)

九条忠嗣*　くじょうただつぐ
建長5(1253)年～？　鎌倉時代後期の公卿(非参議)。摂政・関白・右大臣九条忠家の次男。
¶公卿,公家(忠嗣〔九条家〕　ただつぐ)

九条忠教*　くじょうただのり
宝治2(1248)年～元弘2/正慶1(1332)年　鎌倉時代後期の公卿(関白・左大臣)。摂政・関白・右大臣九条忠家の長男。
¶公卿([没]正慶1/元弘2(1332)年5月6日),公家(忠教〔九条家〕　ただのり　[没]正慶1(1332)年5月6日)

九条忠栄　くじょうただひで
⇒九条幸家(くじょうゆきいえ)

九条忠基*　くじょうただもと
興国6/貞和1(1345)年～*　南北朝時代～室町時代の公卿(関白・左大臣)。関白・左大臣九条経教の長男。
¶公卿([生]貞和1(1345)年　[没]応永4(1397)年12月20日),公家(忠基〔九条家〕　ただもと　[生]貞和1(1345)年　[没]応永4(1397)年12月20日)

九条稙通*　くじょうたねみち
永正4(1507)年1月11日～文禄3(1594)年1月5日　[別]東光院殿(とうこういんどの)　戦国時代～安土桃山時代の公卿(関白・内大臣)。関白・左大臣九条尚経の子。
¶公卿,公家(稙通〔九条家〕　たねみち),全戦

九条稙基*　くじょうたねもと
享保10(1725)年～寛保3(1743)年　江戸時代中期の公家(内大臣)。内大臣九条幸教の子。
¶公卿([生]享保10(1725)年10月13日　[没]寛保3(1743)年2月22日),公家(稙基〔九条家〕　たねもと　[生]享保10(1725)年10月13日　[没]寛保3(1743)年2月22日)

九条経家　くじょうつねいえ
⇒藤原経家(ふじわらのつねいえ)

九条経教*　くじょうつねのり
元弘1/元徳3(1331)年～応永7(1400)年5月21日　[別]後報恩院殿(ごほういんどの,のちのほうおんいんどの)　南北朝時代～室町時代の公卿(関白・左大臣)。関白・左大臣九条道教の子。
¶公卿([生]元徳3/元弘1(1331)年),公家(経教〔九条家〕　つねのり),コン([生]元徳3/元弘1(1331)年),室町([生]元弘1(1331)年)

九条尚実*　くじょうなおざね
享保2(1717)年～天明7(1787)年　江戸時代中期の公家(摂政・関白・太政大臣・准三宮)。摂政・関白・左大臣九条輔実の三男。
¶公卿([生]享保2(1717)年6月21日　[没]天明7(1787)年9月22日),公家(尚実〔九条家〕　ひさざね　[生]享保2(1717)年6月21日　[没]天明7(1787)年9月22日)

九条尚経*　くじょうなおつね
*～享禄3(1530)年7月8日　[別]九条尚経(くじょうひさつね)　戦国時代の公卿(関白・左大臣)。関白・左大臣・准三宮九条政基の子。
¶公卿([生]応仁2(1468)年11月25日),公家(尚経〔九条家〕　なおつね　[生]応仁2(1468)年11月25日)

九条院　くじょうのいん
⇒九条院(くじょういん)

九条教実*　くじょうのりざね
承元4(1210)年～嘉禎1(1235)年　[別]洞院摂政(とういんせっしょう)　鎌倉時代前期の公卿(摂政・関白・太政大臣)。関白・摂政・太政大臣九条道家の長男。
¶公卿([没]文暦2(1234)年3月28日),公家(教実〔九条家〕　のりざね　[没]文暦2(1235)年3月28日),コン

九条教嗣*　くじょうのりつぐ
*～応永11(1404)年　南北朝時代～室町時代の公卿(右大臣)。関白・左大臣九条経教の三男。
¶公卿([生]延文3/正平13(1358)年　[没]応永11(1404)年8月15日),公家(教嗣〔九条家〕　のりつぐ　[生]1362年　[没]応永11(1404)年8月15日)

九条廃帝　くじょうはいてい
⇒仲恭天皇(ちゅうきょうてんのう)

九条尚忠*　くじょうひさただ
寛政10(1798)年7月25日～明治4(1871)年　江戸時代後期～明治時代の公卿。
¶公卿([生]寛政10(1798)年7月15日　[没]明治4(1871)年8月),公家(尚忠〔九条家〕　ひさただ　[生]寛政10(1798)年7月15日　[没]明治4(1871)年8月21日),コン,全幕,幕末([没]明治4(1871)年8月21日)

九条尚経　くじょうひさつね
⇒九条尚経(くじょうなおつね)

九条博家　くじょうひろいえ
⇒九条隆博(くじょうたかひろ)

九条房実*　くじょうふさざね
正応3(1290)年～嘉暦2(1327)年　鎌倉時代後期の公卿(関白・左大臣)。摂政・関白・右大臣九条忠家の次男。
¶公卿([没]嘉暦2(1327)年3月13日),公家(房実〔九条家〕　ふさざね　[没]嘉暦2(1327)年3月13日)

九条政忠*　くじょうまさただ
永享12(1440)年～長享2(1488)年　室町時代～戦国時代の公卿(関白・内大臣)。関白・左大臣九条満家の長男。
¶公卿([没]長享2(1488)年9月23日),公家(政忠〔九条家〕　まさただ　[没]長享2(1488)年9月23日),内乱

九条政基*　くじょうまさもと
文安2(1445)年～永正13(1516)年4月4日　[別]慈眼院関白(じげんいんかんぱく)　室町時代～戦国時代の公卿(関白・左大臣・准三宮)。関白・左大臣九条満家の子。
¶公卿,公家(政基〔九条家〕　まさもと),コン,思想,中世,内乱,室町

九条道家*　くじょうみちいえ
建久4(1193)年～建長4(1252)年　[別]光明峰寺入道殿(こうみょうぶじにゅうどうどの),藤原道家(ふじわらのみちいえ)　鎌倉時代前期の歌人、公卿(関白・摂政・太政大臣)。摂政・太政大臣九条良経の長男。
¶公卿([没]建長4(1252)年5月21日),公家(道家〔九条家〕　みちいえ　[没]建長4(1252)年5月21日),コン,思想,中世,内乱,山小([生]1193年6月28日　[没]1252年2月21日)

775　　　　　　　　　　　　　　　　　　　　　　　くしよう

九条道前＊　くじょうみちさき
延享3（1746）年6月13日～明和7（1770）年閏6月5日
江戸時代中期の公家（内大臣）。摂政・関白・太政
大臣・准三宮九条尚実の長男。
¶公卿，公家（道前〔九条家〕　みちさき）

九条道孝＊　くじょうみちたか
天保10（1839）年～明治39（1906）年1月4日　江戸
時代末期～明治時代の公卿。国事御用掛，左大臣。
娘・節子は大正天皇の皇后。
¶公卿（㋭天保11（1840）年5月1日），公家（道孝〔九条
家〕　みちたか　㋭天保11（1840）年5月1日），コン，幕
末（㋗天保10（1839）年5月1日）

九条道教＊　くじょうみちのり
正和4（1315）年～正平4/貞和5（1349）年7月6日
㊀已心院殿（いしんいんどの）　鎌倉時代後期～南
北朝時代の公卿（関白・左大臣）。摂政・関白九条
師教の三男，母は兵部卿守良親王の娘。
¶公卿（㋭貞和5（1349）年7月6日），公家（道教〔九条家〕
みちのり　㋗貞和5（1349）年7月6日）

九条道房＊　くじょうみちふさ
慶長14（1609）年～正保4（1647）年　江戸時代前期
の公家（摂政・左大臣）。関白・左大臣九条幸家の
次男。
¶公卿（㋭慶長14（1609）年8月13日　㋗正保4（1647）年1
月10日），公家（道房〔九条家〕　みちふさ　㋗慶長14
（1609）年8月13日　㋗正保4（1647）年1月10日）

九条満家＊　くじょうみついえ
応永1（1394）年～文安6（1449）年5月4日　㊀九条
満教（くじょうみつのり）　室町時代の公卿（関白・
左大臣）。関白・左大臣九条経教の三男。
¶公卿，公家（満家〔九条家〕　みついえ）

九条光経＊　くじょうみつつね
建治2（1276）年～?　㊀藤原光経（ふじわらのみ
つつね，ふじわらみつつね）　鎌倉時代後期の公卿
（権大納言）。中納言九条忠高の孫。
¶公卿（生没年不詳），公家（光経〔海住山家（絶家）〕
みつつね）

九条満教　くじょうみつのり
⇒九条満家（くじょうみついえ）

九条基家＊　くじょうもといえ
建仁3（1203）年～弘安3（1280）年7月11日　㊀鶴殿
（つるどの），藤原基家（ふじわらのもといえ，ふじ
わらもといえ）　鎌倉時代前期の公家，公卿（内大
臣）。摂政・太政大臣九条良経の三男。
¶公卿，公家（基家〔月輪家（絶家）〕　もといえ）

九条師輔　くじょうもろすけ
⇒藤原師輔（ふじわらのもろすけ）

九条師孝＊　くじょうもろたか
元禄1（1688）年10月4日～正徳3（1713）年6月25日
江戸時代中期の公家（権大納言）。摂政・関白・左
大臣九条輔実の長男。
¶公卿，公家（師孝〔九条家〕　もろたか）

九条師教＊　くじょうもろのり
文永10（1273）年5月27日～元応2（1320）年　鎌倉
時代後期の公卿（摂政・関白）。関白・左大臣九条
忠教の長男。
¶公卿（㋭元応2（1320）年7月7日），公家（師教〔九条家〕
もろのり　㋗元応2（1320）年6月7日）

九条幸家＊　くじょうゆきいえ
天正14（1586）年～寛文5（1665）年　㊀九条忠栄

（くじょうただひで）　江戸時代前期の公家（関白・
左大臣）。関白・左大臣九条兼孝の子。
¶公卿（㋭天正14（1586）年2月19日　㋗寛文5（1665）年8
月21日），公家（幸家〔九条家〕　ゆきいえ　㋗天正14
（1586）年2月19日　㋗寛文5（1665）年8月21日）

九条行家＊　くじょうゆきいえ
貞応2（1223）年～建治1（1275）年　㊀藤原行家（ふ
じわらのゆきいえ，ふじわらゆきいえ），行家（ゆ
きいえ）　鎌倉時代前期の歌人，公卿（非参議）。
非参議・藤原知家の子。
¶公卿（㋭建治1（1275）年1月11日），公家（行家〔六条・
春日・九条・紙屋河家（絶家）〕　ゆきいえ　㋗文永12
（1275）年1月11日），俳文（行家　ゆきいえ　㋗建治1
（1275）年1月11日）

九条幸経＊　くじょうゆきつね
文政6（1823）年～安政6（1859）年　江戸時代末期
の公家（権大納言）。関白・左大臣九条尚忠の子。
¶公卿（㋭文政6（1823）年4月20日　㋗安政6（1859）年8
月4日），公家（幸経〔九条家〕　ゆきつね　㋗文政6
（1823）年4月26日　㋗安政6（1859）年8月4日），幕末
（㋗文政6（1823）年4月26日　㋗安政6（1859）年8月4
日）

九条幸教＊　くじょうゆきのり
元禄13（1700）年5月16日～享保13（1728）年5月26
日　江戸時代中期の公家（内大臣）。摂政・関白・
左大臣九条輔実の次男。
¶公卿，公家（幸教〔九条家〕　ゆきのり）

九条良輔＊　くじょうよしすけ
文治1（1185）年～建保6（1218）年　㊀藤原良輔（ふ
じわらのよしすけ）　鎌倉時代前期の公卿（左大
臣）。関白藤原忠通の孫。
¶公卿（㋭建保6（1218）年11月11日），公家（良輔〔八条・
外山家（絶家）〕　よしすけ　㋗建保6（1218）年11月11
日），古人，コン

九条良経＊　くじょうよしつね
嘉応1（1169）年～建永1（1206）年　㊀後京極摂政
（ごきょうごくせっしょう，のちのきょうごくせっ
しょう），藤原良経（ふじわらのよしつね）　平安
時代後期～鎌倉時代前期の公卿（摂政・太政大臣）。
関白藤原忠通の孫。
¶公卿（㋭嘉応2（1170）年　㋗元久3（1206）年3月7日），
公家（良経〔九条家〕　よしつね　㋗元久3（1206）年3
月7日），古人，古人（藤原良経　ふじわらのよしつね），
コン，詩作（㋗元久3（1206）年3月7日），中世，日文（藤
原良経　ふじわらのよしつね・りょうけい　㋗元久3
（1206）年）

九条良平＊　くじょうよしひら
＊～仁治1（1240）年　㊀藤原良平（ふじわらのよし
ひら）　鎌倉時代前期の公卿（太政大臣）。関白藤
原忠通の孫。
¶公卿（㋭文治1（1185）年　㋗仁治1（1240）年3月17日），
公家（良平〔八条・外山家（絶家）〕　よしひら　㋗1184
年　㋗延応2（1240）年3月17日），古人（㋗1185年）

九条良通＊　くじょうよしみち
仁安2（1167）年～文治4（1188）年2月20日　㊀藤原
良通（ふじわらのよしみち，ふじわらよしみち）
平安時代後期の公卿（内大臣）。右大臣藤原兼実の
長男。
¶公卿（藤原良通　ふじわらのよしみち），公家（良通〔九
条家〕　よしみち），古人，古人（藤原良通　ふじわらの
よしみち），平家（藤原良通　ふじわらよしみち）

九条頼嗣　くじょうよりつぐ
⇒藤原頼嗣（ふじわらのよりつぐ）

く

九条頼経　くじょうよりつね
⇒藤原頼経（ふじわらのよりつね）

九条立子　くじょうりつし
⇒東一条院（ひがしいちじょういん）

釧雲泉＊　くしろうんせん，くしろうんぜん
宝暦9（1759）年～文化8（1811）年　[別]釧雲泉（たまきうんせん）　江戸時代後期の南画家。
¶コン，対外，美画（[没]文化8（1811）年11月16日）

釧諸人　くしろのもろひと
奈良時代の官人。
¶古人（生没年不詳）

愚心　ぐしん
⇒祐天（ゆうてん）

九頭井大夫　くずいだゆう
戦国時代の諏訪大社末の九頭井神社の神主。実姓未詳。
¶武田（生没年不詳）

葛岡八郎右衛門　くずおかはちろ（う）えもん
江戸時代前期の武士。大坂の陣で籠城。
¶大坂（[没]寛永20年3月3日）

楠音次郎　くすおんじろう
⇒楠音次郎（くすのきおとじろう）

城間清豊＊　ぐすくませいほう
尚寧26（1614）年～尚賢4（1644）年　[別]城間清豊（ぐしくませいほう）　江戸時代前期の琉球の絵師。
¶コン（ぐしくませいほう　[生]慶長19（1614）年　[没]正保1（1644）年）

楠子(1)　くすこ★
江戸時代の女性。和歌。国沢氏。明治14年刊、寺田成美編『猴冠集』三に載る。
¶江表（楠子（高知県））

楠子(2)　くすこ★
江戸時代後期～大正時代の女性。和歌・書・教育。材木町の島田貞吉の娘。
¶江表（楠子（高知県）　[生]天保2（1831）年　[没]大正8（1919）年）

薬子　くすこ
⇒藤原薬子（ふじわらのくすこ）

薬師恵日　くすしえにち
⇒薬師恵日（くすしのえにち）

薬師徳保＊　くすしとくほ
生没年不詳　[別]薬師徳保（くすしのとくほ）　飛鳥時代の仏師。
¶古代（くすしのとくほ），美建

薬師恵日＊　くすしのえにち
生没年不詳　[別]恵日（えにち），薬師恵日（くすしえにち）　奈良時代の渡来人、遣唐使。
¶古人（恵日　えにち），古人（くすのしえにち），古代，古物（くすしえにち），コン，対外，山小（くすしえにち）

薬師徳保(1)　くすしのとくほ
⇒漢山口直大口（あやのやまぐちのあたいおおぐち）

薬師徳保(2)　くすしのとくほ
⇒薬師徳保（くすしとくほ）

楠十郎　くすじゅうろう
⇒楠十郎（くすのきじゅうろう）

楠田英世　くすだえいせい
⇒楠田英世（くすだひでよ）

楠田英世＊　くすだひでよ
天保1（1830）年～明治39（1906）年　[別]楠田英世（くすだえいせい）　江戸時代末期～明治時代の肥前佐賀藩士。
¶幕末（[生]文政13（1830）年11月　[没]明治39（1906）年11月）

樟磐手＊　くすのいわて
[別]樟使主磐手（くすのおみいわて）　飛鳥時代の武将。
¶古人（生没年不詳），古代（樟使主磐手　くすのおみいわて）

樟使主磐手　くすのおみいわて
⇒樟磐手（くすのいわて）

楠英太郎　くすのきえいたろう
⇒下田佐太郎（しもださたろう）

楠音次郎＊　くすのきおとじろう
文政9（1826）年～元治1（1864）年　[別]楠音次郎（くすおんじろう）　江戸時代末期の尊攘派志士。真忠組首領。
¶コン，コン（くすおんじろう），幕末（[没]文久4（1864）年1月17日）

楠宮内　くすのきくない
江戸時代前期の武士。大坂の陣で籠城。
¶大坂

楠小十郎＊　くすのきこじゅうろろう
弘化4（1847）年？～文久3（1863）年10月　江戸時代後期～末期の新撰組隊士。
¶新隊（[没]文久3（1863）年9月26日），全幕

楠十郎＊　くすのきじゅうろう
？～天正12（1584）年5月6日　[別]楠十郎（くすじゅうろう）　戦国時代～安土桃山時代の織田信長の家臣。
¶織田（くすじゅうろう　[生]永禄12（1569）年？）

楠長諳　くすのきちょうあん
⇒楠正虎（くすのきまさとら）

楠木久子　くすのきひさこ
⇒楠木正成の妻（くすのきまさしげのつま）

楠木正家＊　くすのきまさいえ
？～正平3/貞和4（1348）年　南北朝時代の南朝方の武将。
¶コン，室町（[没]貞和4/正平3（1348）年）

楠正興＊　くすのきまさおき
文政12（1829）年～明治20（1887）年　江戸時代末期～明治時代の医師。漢方、蘭学、西洋式産科内科を学び城下で開業。
¶幕末（[生]文政12（1829）年9月23日　[没]明治20（1887）年5月17日）

楠木正勝＊　くすのきまさかつ
生没年不詳　室町時代の武将。
¶室町

楠木正成＊（楠正成）　くすのきまさしげ
？～建武3/延元1（1336）年　鎌倉時代後期～南北朝時代の武将。元弘の変で後醍醐天皇の求めに応じて赤坂城に挙兵。翌年、千早城に再挙し、幕府の大軍を引きつけ討幕を成功に導いた。建武新政では河内守となり、足利尊氏が叛くと、官軍の将とし

て湊川に迎え撃ち戦死した。

¶コン([生]永仁2(1294)年 [没]延元1/建武3(1336)年),中世,内乱([没]建武3(1336)年),室町([生]永仁2(1294)年?),山小([没]1336年5月25日)

楠木正成の妻*(楠木正成妻) くすのきまさしげのつま

生没年不詳 [別]楠木久子(くすのきひさこ) 鎌倉時代後期～南北朝時代の女性。夫の死後出家した。

¶室町(楠木久子 くすのきひさこ)

楠木正季* くすのきまさすえ

?～建武3/延元1(1336)年 鎌倉時代後期～南北朝時代の武将。楠木正成の弟。

¶コン([没]延元1/建武3(1336)年),室町([没]延元1/建武3(1336)年)

楠木正行*(楠正行) くすのきまさつら

?～正平3/貞和4(1348)年 [別]楠木正行(くすのきまさゆき) 南北朝時代の武将。楠木正成の長男。四条畷の戦いで戦死。

¶コン([生]嘉暦1(1326)年),詩作(くすのきまさつら,くすのきまさゆき [没]正平3/貞和4(1348)年1月5日),中世,内乱([没]貞和4/正平3(1348)年),室町([没]貞和4/正平3(1348)年),山小([没]1348年1月5日)

楠木正時* くすのきまさとき

?～正平3/貞和4(1348)年 南北朝時代の武将。楠木正成の次男。

¶コン,室町([没]貞和4/正平3(1348)年)

楠木正辰* くすのきまさとき

生没年不詳 安土桃山時代の織田信長の家臣。

¶織田

楠正虎*(楠木正虎) くすのきまさとら

永正17(1520)年～文禄5(1596)年1月11日 [別]大饗長左衛門(おおあえちょうざえもん,おおばちょうざえもん),大饗正虎(おおあえまさとら),楠長諳(くすのきちょうあん),式部卿法印(しきぶきょうほういん) 戦国時代～安土桃山時代の書家、豊臣秀吉の右筆。

¶織田(楠木正虎 [没]慶長1(1596)年1月11日),コン(楠長諳 くすのきちょうあん [没]慶長1(1596)年),コン(楠長諳 くすのきちょうあん [没]慶長1(1596)年),全戦(楠長諳 くすのきちょうあん [没]慶長1(1596)年)

楠木正儀*(楠正儀) くすのきまさのり

生没年不詳 南北朝時代の武将。楠木正成の3男。衰退期の南朝の中心的存在。

¶コン,中世,内乱([生]? [没]永徳2/弘和2(1382)年),室町

楠木正行 くすのきまさゆき

⇒楠木正行(くすのきまさつら)

楠瀬喜多 くすのせきた

天保7(1836)年～大正9(1920)年 江戸時代末期～明治時代の女権家。

¶江表(喜多(高知県)),女史

楠瀬清蔭* くすのせきよかげ

寛保3(1743)年～寛政2(1790)年 江戸時代中期の土佐藩士。

¶コン

楠瀬直樹* くすのせなおき

天保13(1842)年～慶応4(1868)年 江戸時代末期の志士。土佐勤王党に参加。

¶幕末([生]天保13(1842)年9月21日 [没]慶応4(1868)年6月15日)

楠瀬致和* くすのせむねちか

天保9(1838)年～明治28(1895)年 江戸時代末期～明治時代の医師。維新後、軍医の辞令をことわり郷里(土佐国安芸郡)を離れなかった。

¶幕末([没]明治28(1895)年4月15日)

葛の葉* くずのは

古浄瑠璃「信田妻」に登場する人物。

¶コン

葛葉山人 くずのはさんじん

⇒並木五瓶〔2代〕(なみきごへい)

楠葉西忍* くすばさいにん,くずはさいにん,くすはさいにん

応永2(1395)年～文明18(1486)年2月14日 [別]西忍(さいにん) 室町時代の商人。

¶コン,思想,対外,中世(くすはさいにん),内乱,室町(くずばさいにん),山小([没]1486年2月14日)

葛原勾当* くずはらこうとう

文化9(1812)年～明治15(1882)年9月8日 江戸時代末期～明治時代の箏曲家。竹製の二絃琴を発明したが、同種の八雲琴の存在を知り、その創始者に師事。

¶コン([生]文化10(1813)年),幕末

葛原忠国 くずはらのただくに

平安時代後期の官人。

¶古人(生没年不詳)

葛原師安 くずはらのもろやす

平安時代後期の官人。

¶古人(生没年不詳)

葛原秀藤 くずはらひでふじ

⇒葛原秀藤(かつらはらひでふじ)

葛古 くずふる

⇒葛古(かつこ)

楠浦虎常 くすほとらつね

戦国時代の武田氏の家臣。

¶武田(生没年不詳)

楠浦昌勝* くすほまさかつ

生没年不詳 戦国時代の武田氏の近臣。信昌・信縄・信虎に仕えた。

¶武田

久須美三郎* くすみさぶろう

文政5(1822)年～明治9(1876)年 江戸時代末期～明治時代の勤王家、実業家。戊辰戦争の際、官軍の嚮導役を務める。越後の石油事業の端を開く。

¶幕末([没]明治9(1876)年2月7日)

久須美祐明* くすみすけあきら

明和6(1769)年～嘉永5(1852)年11月5日 江戸時代中期～後期の幕臣。

¶徳人([生]1771年),徳代

久須美祐利 くすみすけとし

江戸時代後期の幕臣。

¶徳人([生]1843年 [没]?)

久須美祐雋 くすみすけとし

⇒久須美蘭林(くすみらんりん)

楠美太素* くすみたいそ

文化2(1805)年～明治15(1882)年 江戸時代末期～明治時代の津軽弘前藩士。弘前藩少参事。楠美

家に伝わる平家琵琶を子に伝える。
¶幕末

楠見信貴*　くすみのぶたか
天保7(1836)年～明治27(1894)年　江戸時代末期～明治時代の紀伊国名草郡楠美村村長。用水を開き貴志組五ヵ村を干害から救う。三重県に国立銀行を創立。
¶幕末([生]天保7(1836)年5月28日　[没]明治27(1894)年12月24日)

久隅守景*　くすみもりかげ，くずみもりかげ
生没年不詳　[別]守景(もりかげ)　江戸時代前期の画家。狩野探幽門下の四天王の一人。
¶浮絵，江人，コン，美画，山小

久須美蘭林*　くすみらんりん
寛政8(1796)年～元治1(1864)年　[別]久須美祐雋(くすみすけとし)　江戸時代末期の幕臣。
¶徳人(久須美祐雋　くすみすけとし)，幕末([生]寛政8(1796)年5月9日　[没]文久3(1864)年12月25日)

葛室　くずむろ★
江戸時代後期の女性。俳諧。秦々翁の娘。弘化1年、石川市左衛門一満に嫁ぐ。
¶江表(葛室(山梨県))

楠目清馬　くずめせいま
⇒楠目藤盛(くすめふじもり)

楠目藤盛*　くすめふじもり
天保13(1842)年～文久3(1863)年　[別]楠目清馬(くずめせいま)　江戸時代末期の人。天誅組挙兵に参加。
¶コン，幕末(楠目清馬　くずめせいま　[生]天保13(1842)年8月　[没]文久3(1863)年9月28日)

楠本いね*(楠本イネ)　くすもといね
文政10(1827)年～明治36(1903)年8月26日　江戸時代末期～明治時代の医師、産婦人科、宮内庁御用掛。シーボルトの娘。長崎で開業後、東京築地に移り、のち宮内庁御用掛となる。
¶江表(イネ(長崎県))，科学(楠本イネ　[生]文政10(1827)年5月6日)，女史(楠本イネ)，全幕，幕末(楠本稲　[生]文政10(1827)年5月6日)

楠本碩水*　くすもとせきすい
天保3(1832)年～大正5(1916)年　江戸時代末期～明治時代の儒学者、平戸藩維新館教授。貢士、大学少博士を歴任。私塾鳳鳴書院で教授。
¶コン，幕末([没]大正5(1916)年12月23日)

楠本雪渓　くすもとせっけい
⇒宋紫石(そうしせき)

楠本たき*　くすもとたき
?～明治2(1869)年4月12日　江戸時代末期～明治時代の遊女。シーボルトの愛人。シーボルトとの間に娘いねをもうける。
¶江表(たき(長崎県)　[生]文化4(1807)年)，女史([生]1807年)

楠本端山*　くすもとたんざん
文政11(1828)年～明治16(1883)年　江戸時代末期～明治時代の儒者。
¶コン，思想，幕末([生]文政11(1828)年1月15日　[没]明治16(1883)年3月18日)

楠本橙庵　くすもととうあん
⇒乾十郎(いぬいじゅうろう)

楠本正隆*　くすもとまさたか
天保9(1838)年～明治35(1902)年2月7日　江戸時代末期～明治時代の官僚、政治家、衆議院議員。外務大丞、新潟県令など地方行政に尽力。東京府知事、元老院議官など。
¶コン，幕末([生]天保9(1838)年3月20日)

葛谷実順　くずやさねより
⇒葛谷実順(くずやじつじゅん)

葛谷実順*　くずやじつじゅん
宝永5(1708)年～宝暦2(1752)年　[別]葛谷実順(くずやさねより)　江戸時代中期の算家。
¶数学(くずやさねより　[没]宝暦2(1752)年3月10日)

葛人　くずんど
⇒小島葛人(こじまかつじん)

救世*　くせ，ぐせ
寛平2(890)年～天延1(973)年　[別]救世(ぐせい)　平安時代中期の真言宗の僧。東寺長者16世、高野山座主10世。
¶古人(ぐせい)

救世　ぐせい
⇒救世(くせ)

久世氏美*　くぜうじよし
元禄16(1703)年～明和7(1770)年　江戸時代中期の民政家。
¶コン

久勢王　くぜおう
奈良時代の官人。
¶古人(生没年不詳)

久世広正　くぜこうせい
江戸時代後期の幕臣。
¶徳人(生没年不詳)

久世栄通*　くぜしげみち
享保5(1720)年1月10日～安永9(1780)年7月20日　江戸時代中期の公家(権大納言)。権大納言広橋兼廉の次男。
¶公卿，公家(栄通〔久世家〕　ひでみち)

久世重之*　くぜしげゆき
万治3(1660)年～享保5(1720)年　江戸時代中期の大名、老中。
¶コン

久世治作*　くぜじさく
文政8(1825)年～明治15(1882)年9月9日　江戸時代末期～明治時代の化学者、官吏。
¶科学([生]文政8(1825)年3月)，幕末([生]文政8(1825)年3月)

久世内子　くせないし★
江戸時代後期の女性。狂歌。尾張名古屋の墨香良の妻。文化14年刊、芦辺田鶴丸撰『狂歌弄花集』に載る。
¶江表(久世内子(愛知県))

久世央*　くぜなかば
文政5(1822)年～明治8(1875)年　[別]久世義胤(くぜよしたね)　江戸時代末期～明治時代の和算家。
¶数学(久世義胤　くぜよしたね　[没]明治8(1875)年7月12日)

久世夏子*　くぜなつこ
?～享保19(1734)年　江戸時代中期の女性。中御

門天皇の宮人。
¶天皇（生没年不詳）

久瀬某　くぜなにがし
戦国時代の相模国玉縄城主北条為昌・綱成の家臣。
¶後北（某〔久瀬〕　なにがし）

久世広民*　くぜひろたみ
享保17（1732）年～？　江戸時代中期の幕臣。勘定奉行。
¶コン，徳人，徳代

久世広周*　くぜひろちか
文政2（1819）年～元治1（1864）年6月25日　江戸時代末期の大名、老中。
¶コン，全幕，徳将，幕末，山小（[生]1819年4月　[没]1864年6月25日）

久世広宣*　くぜひろのぶ
永禄4（1561）年～寛永3（1626）年　安土桃山時代～江戸時代前期の武将、徳川家康の臣。
¶徳人

久世広文　くぜひろふみ，くぜひろぶみ
嘉永6（1853）年～明治32（1899）年　江戸時代後期～明治時代の下総関宿藩主。出雲守。第8代藩主。
¶全幕，幕末（くぜひろぶみ　[生]嘉永6（1853）年12月10日　[没]明治32（1899）年10月18日）

久世広当*　くぜひろまさ
慶長3（1598）年～万治3（1660）年　江戸時代前期の百人組頭。
¶徳人

久世広道　くぜひろみち
江戸時代後期～末期の幕臣。
¶徳人（生没年不詳）

久世広之*　くぜひろゆき
慶長14（1609）年～延宝7（1679）年　江戸時代前期の大名、老中。
¶コン，徳将，徳人

久世広之の姉　くぜひろゆきのあね★
江戸時代前期の女性。和歌。旗本久世広宣の娘。
¶江表（久世広之の姉（東京都）　[没]延宝5（1677）年？）

久世通理　くぜみちあや
⇒久世通理（くぜみちよし）

久世通音*　くぜみちおと
正保4（1647）年12月6日～元禄1（1688）年2月15日　江戸時代前期の公家（非参議）。権大納言久我敦通の曽孫。
¶公卿，公家（通音〔久世家〕　みちおと　[没]元禄1（1688）年2月16日）

久世通凞*（久世通熙，久世通煕）　くぜみちさと
文政1（1818）年～明治8（1875）年　江戸時代末期～明治時代の公家（参議）。権大納言久世通理の子。
¶公卿（久世通熙　[生]文政1（1818）年9月8日　[没]明治8（1875）年11月），公家（通煕〔久世家〕　みちさと　[生]文政1（1818）年9月8日　[没]明治8（1875）年11月6日），幕末（[生]文政1（1818）年9月8日　[没]明治8（1875）年11月6日）

久世通夏*　くぜみちなつ
寛文10（1670）年6月23日～延享4（1747）年9月23日　江戸時代中期の公家（権大納言）。権大納言中院通茂の三男。
¶公卿，公家（通夏〔久世家〕　みちなつ）

久世通根*　くぜみちね
延享2（1745）年7月9日～文化13（1816）年12月23日　江戸時代中期～後期の公家（権大納言）。権大納言久世栄通の子。
¶公卿，公家（通根〔久世家〕　みちね）

久世通理*　くぜみちよし
天明2（1782）年1月5日～嘉永3（1850）年1月5日　[別]久世通理（くぜみちあや）　江戸時代後期の公家（権大納言）。権大納言久世通根の子。
¶公卿，公家（通理〔久世家〕　みちあや）

久世民部信勝　くぜみんぶのぶかつ
江戸時代前期の武士。大坂の陣で籠城。後、伊達政宗に出仕。
¶大坂

久世義胤　くぜよしたね
⇒久世央（くぜなかば）

具足屋嘉兵衛　ぐそくやかへえ
江戸時代後期～明治時代の版元。
¶浮絵

九谷庄三*　くたにしょうざ
文化13（1816）年～明治16（1883）年　江戸時代末期～明治時代の陶工。能登、越中で開窯、内国勧業博で有功賞受賞。
¶幕末（[没]明治16（1883）年8月），美工

朽網鑑康*　くたみあきやす
？～天正14（1586）年　[別]朽網宗歴（くたみむねゆき）　安土桃山時代の武士。
¶全戦（[生]文亀1（1501）年）

朽網親満*　くたみちかみつ
生没年不詳　戦国時代の武士。
¶全戦（[生]？　[没]永正13（1516）年）

朽網宗歴　くたみむねゆき
⇒朽網鑑康（くたみあきやす）

百済王敬福　くだらおうきょうふく
⇒百済敬福（くだらのけいふく）

百済王善光　くだらおうぜんこう
⇒百済王善光（くだらのこにきしぜんこう）

百済河成　くだらかわなり
⇒百済河成（くだらのかわなり）

百済朝臣河成　くだらのあそんかわなり
⇒百済河成（くだらのかわなり）

百済朝臣足人　くだらのあそんたるひと
⇒百済足人（くだらのたるひと）

百済有雄　くだらのありお
⇒百済宿禰有雄（くだらのすくねありお）

百済永慶　くだらのえいきょう
⇒百済永慶（くだらのようきょう）

百済永継　くだらのえいけい
⇒百済永継（くだらのようけい）

百済遠宝　くだらのえんほう
⇒百済王遠宝（くだらのこにきしえんぽう）

白済王　くだらのおう
⇒百済王（くだらのおおきみ）

百済王敬福　くだらのおうけいふく
⇒百済敬福（くだらのけいふく）

百済王*　くだらのおおきみ
[別]百済王（くだらのおう）　飛鳥時代の敏達の孫。
¶古代

百済河成*　くだらのかわなり
延暦1（782）年～仁寿3（853）年　[別]百済河成（くだらかわなり），百済朝臣河成（くだらのあそんかわなり）　平安時代前期の画家。
¶古人，古代（百済朝臣河成　くだらのあそんかわなり），コン，美画（[没]仁寿3（853）年8月24日），山小（[没]853年8月24日）

百済公和麻呂　くだらのきみやまとまろ
⇒百済倭麻呂（くだらのやまとまろ）

百済貴命*　くだらのきみょう
？～仁寿1（851）年　[別]百済王貴命（くだらのこきしきみょう，くだらのこきしきみよう，くだらのこにきしきみょう）　平安時代前期の女性。嵯峨天皇の女御。
¶古人（百済王貴命　くだらのこにきしきみょう），古代（百済王貴命　くだらのこにきしきみょう），コン，天皇（百済王貴命　くだらのこきしきみよう　[没]仁寿1（851）年9月5日）

百済教仁*　くだらのきょうにん
生没年不詳　[別]百済王教仁（くだらのこにきしきょうにん）　平安時代前期の女性。桓武天皇の宮人。
¶天皇（百済王教仁　くだらのこにきしきょうにん）

百済敬福　くだらのきょうふく
⇒百済敬福（くだらのけいふく）

百済教法*　くだらのきょうほう
？～承和7（840）年　[別]百済王教法（くだらのこにきしきょうほう）　平安時代前期の女性。桓武天皇の宮人。
¶コン，天皇（百済王教法　くだらのこにきしきょうほう　[没]承和7（840）年11月29日）

百済慶命*　くだらのきょうみょう
？～嘉祥2（849）年　[別]百済慶命（くだらのけいみょう），百済王慶命（くだらのこきしきょうみょう，くだらのこにきしきょうみょう）　平安時代前期の女性。嵯峨天皇の女御。
¶古人（百済王慶命　くだらのこにきしきょうみょう），古代（百済王慶命　くだらのこにきしきょうみょう），コン（くだらのけいみょう），女史（百済王慶命　くだらのこにきしきょうみょう），天皇（百済王慶命　くだらのこきしきょうみょう　[没]嘉祥2（849）年1月22日）

百済敬福*　くだらのけいふく
文武天皇2（698）年～天平神護2（766）年　[別]百済王敬福（くだらおうきょうふく，くだらのおうけいふく，くだらのこきしきょうふく，くだらのこきしけいふく，くだらのこにきけいふく，くだらのこにきしきょうふく，くだらのこにきしきょうぶく，くだらのこにきしけいふく，くだらのこにきしのきょうふく），百済敬福（くだらのきょうふく）　奈良時代の百済の帰化人・官人（非参議）。南典の弟。
¶公卿（百済王敬福　くだらのこにきしのきょうふく　[没]天平神護2（766）年6月28日），古人（百済王敬福　くだらのこにきしきょうぶく），古代（百済王敬福　くだらのこにきしきょうふく），コン（[生]文武2（698）年），対外（百済王敬福　くだらのこきしきょうふく）

百済慶命　くだらのけいみょう
⇒百済慶命（くだらのきょうみょう）

百済王貴命　くだらのこきしきみょう，くだらのこきしきみよう
⇒百済貴命（くだらのきみょう）

百済王慶仲*　くだらのこきしきょうちゅう
？～承和8（841）年　[別]百済王慶仲（くだらのこにきしきょうちゅう）　平安時代前期の官人。
¶古人（くだらのこにきしきょうちゅう）

百済王敬福　くだらのこきしきょうふく
⇒百済敬福（くだらのけいふく）

百済王慶命　くだらのこきしきょうみょう
⇒百済慶命（くだらのきょうみょう）

百済王敬福　くだらのこきしけいふく
⇒百済敬福（くだらのけいふく）

百済王俊哲　くだらのこきししゅんてつ
⇒百済王俊哲（くだらのこにきししゅんてつ）

百済王勝義　くだらのこきししょうぎ
⇒百済王勝義（くだらのこにきしのしょうぎ）

百済王善光　くだらのこきしぜんこう
⇒百済王善光（くだらのこにきしぜんこう）

百済王明信　くだらのこきしみょうしん
⇒百済明信（くだらのみょうしん）

百済王敬福　くだらのこにきけいふく
⇒百済敬福（くだらのけいふく）

百済王永慶　くだらのこにきしえいきょう
⇒百済永慶（くだらのようきょう）

百済王英孫*　くだらのこにきしえいそん
奈良時代の官人。
¶古人（生没年不詳），古代

百済王遠宝*　くだらのこにきしえんぽう
？～天平6（734）年　[別]百済遠宝（くだらのえんほう），百済王遠宝（くだらのこにきしおんほう）　奈良時代の官人。
¶古人（くだらのこにきしおんほう），古代

百済王遠宝　くだらのこにきしおんほう
⇒百済王遠宝（くだらのこにきしえんぽう）

百済王貴命　くだらのこにきしきみょう
⇒百済貴命（くだらのきみょう）

百済王鏡仁*　くだらのこにきしきょうじん
奈良時代の官人。
¶古人（生没年不詳），古代

百済王慶仲　くだらのこにきしきょうちゅう
⇒百済王慶仲（くだらのこきしきょうちゅう）

百済王教徳*　くだらのこにきしきょうとく
奈良時代～平安時代前期の官人。
¶古人（生没年不詳），古代

百済王教仁　くだらのこにきしきょうにん
⇒百済教仁（くだらのきょうにん）

百済王教福*　くだらのこにきしきょうふく
大同2（807）年～斉衡1（854）年　平安時代前期の官人。
¶古代（[生]807年/817年）

百済王敬福　くだらのこにきしきょうふく，くだらのこ

にきしきょうぶく
⇒百済敬福(くだらのけいふく)

百済王教法 くだらのこにきしきょうほう
⇒百済教法(くだらのきょうほう)

百済王慶命 くだらのこにきしきょうみょう
⇒百済慶命(くだらのきょうみょう)

百済王敬福 くだらのこにきしけいふく
⇒百済敬福(くだらのけいふく)

百済王玄鏡* くだらのこにきしげんきょう
奈良時代の官人。
¶古人(生没年不詳),古代

百済王元忠* くだらのこにきしげんちゅう
?〜宝亀4(773)年 奈良時代の官人。
¶古人,古代

百済王玄風* くだらのこにきしげんぷう
奈良時代の官人。
¶古人(生没年不詳),古代

百済王孝忠* くだらのこにきしこうちゅう
奈良時代の官人。
¶古人(生没年不詳),古代

百済王三忠 くだらのこにきしさんちゅう
奈良時代の官人。
¶古人(生没年不詳)

百済王慈敬 くだらのこにきしじきょう
奈良時代の官人。
¶古人(生没年不詳)

百済王俊哲* くだらのこにきししゅんてつ
?〜延暦14(795)年 [別]百済王俊哲(くだらのこきししゅんてつ),百済俊哲(くだらのしゅんてつ) 奈良時代〜平安時代前期の武官、陸奥鎮守将軍。
¶古人,古代,コン(百済俊哲 くだらのしゅんてつ),対外(くだらのこきししゅんてつ)

百済王勝義 くだらのこにきししょうぎ
⇒百済王勝義(くだらのこにきしのしょうぎ)

百済王貞香 くだらのこにきしじょうきょう
⇒百済貞香(くだらのじょうきょう)

百済王仁貞* くだらのこにきしじんてい
?〜延暦10(791)年 [別]百済王仁貞(くだらのこにきしにんちょう),百済仁貞(くだらのにんじょう) 奈良時代〜平安時代前期の官人。
¶古人(くだらのこにきしにんちょう),古代

百済王善光* くだらのこにきしぜんこう
生没年不詳 [別]百済王善光(くだらおうぜんこう,くだらのこきしぜんこう),百済善光(くだらのぜんこう) 飛鳥時代の亡命百済王族。百済王氏の初代。
¶古代([生]? [没]693年?),コン(百済善光 くだらのぜんこう [生]? [没]持統7(693)年?),対外(くだらのこきしぜんこう)

百済王仙宗 くだらのこにきしせんそう
奈良時代の官人。
¶古人(生没年不詳)

百済王全福 くだらのこにきしぜんふく
奈良時代の貴族。天平12年難波宮で風俗楽を奏して従五位下。
¶古人(生没年不詳)

百済王南典 くだらのこにきしなんてん
⇒百済王南典(くだらのこにきしのなんてん)

百済王仁貞 くだらのこにきしにんちょう
⇒百済王仁貞(くだらのこにきしじんてい)

百済王敬福 くだらのこにきしのきょうふく
⇒百済敬福(くだらのけいふく)

百済王勝義* くだらのこにきしのしょうぎ
宝亀11(780)年〜斉衡2(855)年 [別]百済王勝義(くだらのこきししょうぎ,くだらのこにきししょうぎ),百済勝義(くだらのしょうぎ) 平安時代前期の公卿(非参議)。従四位下・但馬守元忠の孫。
¶公卿([生]宝亀10(779)年 [没]斉衡2(855)年7月),古人(くだらのこにきししょうぎ),古代(くだらのこにきししょうぎ)

百済王南典* くだらのこにきしのなんてん
天智天皇5(666)年〜天平宝字2(758)年? [別]百済王南典(くだらのこにきしなんてん),百済南典(くだらのなんてん) 飛鳥時代〜奈良時代の百済の帰化人・廷臣(非参議)。敬福の兄。
¶公卿([没]天平宝字2(758)年),古人(くだらのこにきしなんてん),古代(くだらのこにきしなんてん [生]667年)

百済王明信 くだらのこにきしみょうしん
⇒百済明信(くだらのみょうしん)

百済王武鏡 くだらのこにきしむきょう
奈良時代の官人。
¶古人(生没年不詳)

百済王明信 くだらのこにきしめいしん
⇒百済明信(くだらのみょうしん)

百済王利善 くだらのこにきしりぜん
奈良時代の官人。
¶古人([生]? [没]784年)

百済王理伯 くだらのこにきしりはく
奈良時代の官人。
¶古人([生]? [没]776年)

百済王良虞 くだらのこにきしりょうぐ
⇒百済王良虞(くだらのこにきしろうぐ)

百済王良虞* くだらのこにきしろうぐ
?〜天平9(737)年 [別]百済王良虞(くだらのこにきしりょうぐ),百済良虞(くだらのろうぐ) 飛鳥時代〜奈良時代の官人。
¶古人(くだらのこにきしりょうぐ),古代

百済惟助 くだらのこれすけ
平安時代後期の官人。
¶古人(生没年不詳)

百済酒君* くだらのさけきみ
[別]酒君(さけのきみ) 上代の百済の王族。
¶古代(酒君 さけのきみ)

百済俊哲 くだらのしゅんてつ
⇒百済王俊哲(くだらのこにきししゅんてつ)

百済勝義 くだらのしょうぎ
⇒百済王勝義(くだらのこにきしのしょうぎ)

百済貞香* くだらのじょうきょう
生没年不詳 [別]百済王貞香(くだらのこにきしじょうきょう) 平安時代前期の女性。桓武天皇の宮人。
¶天皇(百済王貞香 くだらのこにきしじょうきょう)

百済宿禰有雄*　くだらのすくねありお
[別]百済有雄(くだらのありお)　平安時代前期の官人。
¶古人(百済有雄　くだらのありお　生没年不詳),古代

百済善光　くだらのぜんこう
⇒百済王善光(くだらのこにきしぜんこう)

百済足人*　くだらのたるひと
?～宝亀1(770)年　[別]百済朝臣足人(くだらのあそんたるひと)　奈良時代の武官、鎮守副将軍。
¶古代(百済朝臣足人　くだらのあそんたるひと)

百済常良*　くだらのつねよし
平安時代前期の宮廷画家。
¶古人(生没年不詳)

百済永継　くだらのながつぐ
⇒百済永継(くだらのようけい)

百済南典　くだらのなんてん
⇒百済王南典(くだらのこにきしのなんてん)

百済仁貞　くだらのにんじょう
⇒百済王仁貞(くだらのこにきしじんてい)

百済人成　くだらのひとなり
奈良時代の官人。律令撰定の功により田四町を賜わる。
¶古人(生没年不詳)

百済宮成　くだらのみやなり
平安時代後期の官人。
¶古人(生没年不詳)

百済明信*　くだらのみょうしん
?～弘仁6(815)年　[別]百済王明信(くだらのこきしみょうしん,くだらのこにきしみょうしん,くだらのこにきしめいしん)　奈良時代～平安時代前期の女性。桓武天皇の女官。
¶古人(百済王明信　くだらのこにきしみょうしん　[生]737年),古代(百済王明信　くだらのこにきしみょうしん),コン,女史(百済王明信　くだらのこにきしみょうしん),天皇(百済王明信　くだらのこにきしみょうしん　[生]天平9(737)年　[没]弘仁6(815)年10月15日)

百済倭麻呂*(百済和麻呂)　くだらのやまとまろ
生没年不詳　[別]百済公和麻呂(くだらのきみやまとまろ),百済倭麻呂(くだらやまとまろ)　奈良時代の漢詩人。
¶古人(百済和麻呂),古代(百済公和麻呂　くだらのきみやまとまろ)

百済永慶*　くだらのようきょう
生没年不詳　[別]百済永慶(くだらのえいきょう),百済王永慶(くだらのこにきしえいきょう)　平安時代前期の女性。仁明天皇の宮人。
¶天皇(百済王永慶　くだらのこにきしえいきょう)

百済永継*　くだらのようけい
生没年不詳　[別]百済永継(くだらのえいけい,くだらのながつぐ)　奈良時代～平安時代前期の女性。桓武天皇の宮人。
¶古人(くだらのながつぐ),天皇

百済良虞　くだらのろうぐ
⇒百済王良虞(くだらのこにきしろうぐ)

百済倭麻呂　くだらやまとまろ
⇒百済倭麻呂(くだらのやまとまろ)

桑田立斎　くたわりゅうさい
⇒桑田立斎(くわたりゅうさい)

朽木貞高　くちきさだたか
⇒朽木貞高(くつきさだたか)

朽木稙綱*　くちきたねつな
慶長10(1605)年～万治3(1660)年　[別]朽木稙綱(くつきたねつな)　江戸時代前期の大名。下野鹿沼藩主、常陸土浦藩主。
¶徳将(くつきたねつな),徳人(くつきたねつな)

朽木経氏　くちきつねうじ
⇒朽木経氏(くつきつねうじ)

朽木尚綱*　くちきなおつな
寛文7(1667)年～宝暦5(1755)年　[別]朽木尚綱(くつきなおつな)　江戸時代中期の幕府大目付。
¶徳人(くつきなおつな)

朽木宣綱　くちきのぶつな
⇒朽木宣綱(くつきのぶつな)

朽木昌綱　くちきまさつな
⇒朽木昌綱(くつきまさつな)

朽木元綱　くちきもとつな
⇒朽木元綱(くつきもとつな)

朽木竜橋　くちきりゅうきょう
⇒朽木昌綱(くつきまさつな)

口羽徳祐*　くちばとくすけ
天保5(1834)年～安政6(1859)年　[別]口羽杷山(くちばはざん)　江戸時代末期の長州(萩)藩寄組。
¶幕末([没]安政6(1859)年8月11日)

口羽杷山　くちばはざん
⇒口羽徳祐(くちばとくすけ)

口羽通良*　くちばみちよし
?～天正10(1582)年　安土桃山時代の武士。
¶全戦([生]永正10(1513)年),戦武([生]永正10(1513)年)

口比売*　くちひめ
上代の女性。仁徳天皇の皇后石之比売に仕えた。
¶古代

口持　くちもち
⇒口持臣(くちもちのおみ)

口持臣*　くちもちのおみ
[別]口持(くちもち)　上代の人。仁徳天皇に仕えた。
¶古代

愚中周及*　ぐちゅうしゅうきゅう,ぐちゅうしゅうぎゅう
元亨3(1323)年～応永16(1409)年　[別]周及(しゅうきゅう),大通禅師(だいつうぜんじ),仏徳大通禅師(ぶっとくだいつうぜんじ)　南北朝時代～室町時代の臨済宗の僧。愚中派の祖。
¶コン,対外

沓掛仲子*(沓掛なか子)　くつかけなかこ
寛延2(1749)年～文政12(1829)年2月19日　江戸時代中期～後期の女性。歌人。
¶江表(仲子(長野県)),女史(沓掛なか子)

朽木貞高*　くつきさだたか
生没年不詳　[別]朽木貞高(くちきさだたか)　室町時代の武将。将軍足利義政に近侍。
¶コン,室町

くとうま

朽木稙綱 くつきたねつな
⇒朽木稙綱(くちきたねつな)

朽木綱張 くつきつなばり
⇒朽木綱張(くつきつなはる)

朽木綱張＊ くつきつなはる
文化13(1816)年～慶応3(1867)年 ㋾朽木綱張(くつきつなばり) 江戸時代末期の大名。丹波福知山藩主。
¶幕末(㋐文化13(1816)年8月6日 ㋛慶応3(1867)年2月13日)

朽木経氏＊ くつきつねうじ
生没年不詳 ㋾朽木経氏(くちきつねうじ) 南北朝時代の武将。
¶室町

朽木尚綱 くつきなおつな
⇒朽木尚綱(くちきなおつな)

朽木宣綱＊ くつきのぶつな
天正10(1582)年～寛文2(1662)年 ㋾朽木宣綱(くちきのぶつな) 江戸時代前期の武士。豊臣氏家臣、徳川氏家臣。
¶徳人

朽木昌綱＊ くつきまさつな
寛延3(1750)年～享和2(1802)年4月17日 ㋾朽木昌綱(くちきまさつな), 朽木竜橋(くちきりゅうきょう) 江戸時代中期～後期の大名、蘭学者。
¶江人, 科学(㋐寛延3(1750)年1月27日), コン, 思想, 対外, 地理

朽木元綱＊ くつきもとつな
天文18(1549)年～寛永9(1632)年 ㋾朽木元綱(くちきもとつな) 安土桃山時代～江戸時代前期の武将。
¶織田(㋛寛永9(1632)年8月29日), コン, 全戦

朽木為綱＊ くつきもりつな
弘化2(1845)年～明治16(1883)年 江戸時代末期～明治時代の福知山藩主、福知山藩知事。
¶幕末(㋐弘化2(1845)年11月5日 ㋛明治16(1883)年4月26日)

忽那重清 くつなしげきよ
生没年不詳 鎌倉時代後期～南北朝時代の北朝方の武将。
¶内乱, 室町

忽那義範＊ くつなよしのり, くづなよしのり
生没年不詳 鎌倉時代後期～南北朝時代の南朝方の武将。
¶コン, 室町

久津間清裕 くつまきよひろ
江戸時代中期の和算家、笠間藩士。
¶数学(㋛宝暦9(1759)年12月24日)

久手堅昌忠 くでけんしょうちゅう
江戸時代中期の彫工。
¶美建(生没年不詳)

工藤綾子 くどうあやこ
⇒只野真葛(ただのまくず)

工藤喜盛＊ くどうきせい
生没年不詳 戦国時代の武田氏・徳川氏の家臣。
¶武田

工藤球卿 くどうきゅうけい
⇒工藤平助(くどうへいすけ)

工藤源右衛門 くどうげんえもん
⇒内藤昌豊(ないとうまさとよ)

工藤剛太郎＊ くどうごうたろう
天保4(1833)年～明治1(1868)年 江戸時代末期の武将。阿波稲田氏家臣。
¶幕末(㋐天保4(1833)年5月24日 ㋛慶応4(1868)年5月14日)

工藤三助 くどうさんすけ
寛文1(1661)年～宝暦8(1758)年 江戸時代中期の水利功労者。肥後熊本藩の庄屋。
¶コン

九藤深宮＊ くとうしんきゅう
生没年不詳 安土桃山時代の織田信長の家臣。
¶織田

工藤新左衛門＊ くどうしんざえもん, くどうしんさえもん
生没年不詳 鎌倉時代後期の武将。
¶コン

工藤祐経＊ くどうすけつね
?～建久4(1193)年 ㋾伊東祐経(いとうすけつね), 藤原祐経(ふじわらのすけつね) 平安時代後期の武士。曽我兄弟に父の仇として討たれた。
¶古人(藤原祐経 ふじわらのすけつね), コン, 内乱, 平家

工藤祐久 くどうすけひさ
戦国時代の武田氏の家臣。
¶武田(生没年不詳)

工藤他山＊ くどうたざん
文政1(1818)年～明治22(1889)年 江戸時代末期～明治時代の儒学者。稽古館一等教授。私塾「思斉堂」を開く。
¶コン, 幕末(㋐文政1(1818)年10月10日 ㋛明治22(1889)年2月27日)

工藤親光 くどうちかみつ
?～文治5(1189)年 ㋾狩野親光(かのうちかみつ, かのちかみつ) 平安時代後期の武士。
¶古人(藤原親光 ふじわらのちかみつ)

愚堂東寔＊ ぐどうとうしょく, ぐどうとうしょく
天正5(1577)年4月8日～寛文1(1661)年10月1日 ㋾大円宝鑑禅師(だいえんほうかんぜんじ), 東寔(とうしょく), 東寔愚堂(とうしょくぐどう) 江戸時代前期の臨済宗の僧。
¶コン, 思想(㋐天正7(1579)年)

工藤長門守＊ くどうながとのかみ
生没年不詳 戦国時代の甲斐武田氏の家臣。
¶武田

工藤平助＊ くどうへいすけ
享保19(1734)年～寛政12(1800)年12月10日 ㋾工藤球卿(くどうきゅうけい) 江戸時代中期～後期の経世家、医師。「赤蝦夷風説考」の著者。
¶江人(㋐1732年?), コン, 思想, 対外, 地理, 徳将, 山小(㋛1800年12月10日)

工藤真葛 くどうまくず
→只野真葛(ただのまくず)

工藤昌祐＊ くどうまさすけ
生没年不詳 戦国時代の武田信縄の近臣。

くとうや　784

¶武田

工藤野松* くどうやしょう
宝暦2(1752)年～文政1(1818)年　㊾野松(やしょう)　江戸時代中期～後期の俳人。
¶俳文(野松　やしょう　㊨文政1(1818)年10月12日)

工藤行光* くどうゆきみつ
生没年不詳　鎌倉時代前期の武士。
¶古人(藤原行光　ふじわらのゆきみつ)

功徳院阿闍梨 くどくいんのあじゃり
⇒皇円(こうえん)

久富豊 くとみゆたか
⇒久富豊(ひさとみゆたか)

宮内衛門 くないえもん
安土桃山時代の信濃国筑摩郡会田の土豪。会田岩下氏の被官とみられる。
¶武田(生没年不詳)

宮内卿* くないきょう
生没年不詳　㊾宮内卿局(くないきょうのつぼね)，後鳥羽院宮内卿(ごとばいんのくないきょう，ごとばいんのぐうないきょう)　鎌倉時代前期の女性。歌人。
¶詩作,女史(後鳥羽院宮内卿　ごとばいんのくないきょう),女文,日文(㊲文治1(1185)年頃）㊱元久1(1204)年？/元久2(1205)年頃)

宮内卿局(1) くないきょうのつぼね
江戸時代前期の女性。木村重成の母。秀頼の乳母。
¶大坂(㊱慶長20年5月8日)

宮内卿局(2) くないきょうのつぼね
⇒宮内卿(くないきょう)

宮内卿法印(1) くないきょうほういん
⇒松井友閑(まついゆうかん)

宮内卿法印(2) くないきょうほういん
⇒山岡景友(やまおかかげとも)

宮内高吉 くないたかよし
⇒藤堂高吉(とうどうたかよし)

宮内助 くないのすけ
安土桃山時代の信濃国筑摩郡生野の土豪。塔原海野氏の被官とみられる。
¶武田(生没年不詳)

くに(1)
江戸時代の女性。和歌。勘定所に出仕し伺方掛神宝方などを務めた滝村左司馬の妻。明治8年刊，橘東世子編「明治歌集」に載る。
¶江表(くに(東京都))

くに(2)
江戸時代中期の女性。俳諧。俳人一介の娘で国とも書く。天明3年刊，『しくれ会』に載る。
¶江表(くに(福岡県))

くに(3)
江戸時代中期～後期の女性。和歌。大坂屋某の娘。
¶江表(くに(福島県)　㊶安永1(1772)年　㊱天保4(1833)年)

くに(4)
江戸時代後期の女性。教育。滋野氏。
¶江表(くに(東京都)　㊶天保6(1835)年頃)

久邇 くに
江戸時代末期の女性。画・俳諧。浜奉行木村又助の娘。
¶江表(久邇(東京都)　㊱安政2(1855)年)

国(1) くに*
江戸時代後期の女性。和歌。伊勢松坂の本居氏。嘉永5年刊，本居内遠編『五十鈴川』に載る。
¶江表(国(三重県))

国(2) くに
⇒出雲阿国(いずものおくに)

洲 くに
江戸時代後期～明治時代の女性。書。仙台の書道家の父石川基則に書法を学ぶ。
¶江表(洲(宮城県)　㊱明治10(1877)年)

邦家親王* くにいえしんのう
享和2(1802)年～明治5(1872)年　江戸時代末期～明治時代の皇族，伏見宮貞敬親王の第一王子。明治天皇の元服で加冠の役を務めた。
¶天皇(㊲享和2(1802)年10月24日　㊱明治5(1872)年8月5日),幕末(㊲享和2(1802)年10月24日　㊱明治5(1872)年8月5日)

国井応文* くにいおうぶん
江戸時代後期～明治時代の日本画家。
¶美画(㊲天保4(1833)年　㊱明治20(1887)年3月29日)

国井清廉* くにいきよかど
天保10(1839)年～大正8(1919)年　江戸時代末期～明治時代の加納藩士。
¶幕末(㊱大正8(1919)年8月)

国枝加賀守 くにえだかがのかみ
安土桃山時代の織田信長の家臣。西美濃の人。大和守正助の子という。
¶織田(生没年不詳)

国枝桂助* くにえだけいすけ
文政6(1823)年～明治34(1901)年　江戸時代末期～明治時代の彫刻家。
¶美建

国枝重元* くにえだしげもと
生没年不詳　安土桃山時代の織田信長の家臣。
¶織田(㊲?　㊱天正12(1584)年)

国枝重泰 くにえだしげやす
安土桃山時代の織田信長の家臣。
¶織田(生没年不詳)

国枝松宇 くにえだしょうう
⇒国枝老足(くにえだろうそく)

国枝古泰* くにえだふるやす
生没年不詳　安土桃山時代の織田信長の家臣。
¶織田

国枝老足* くにえだろうそく
寛政8(1796)年～明治13(1880)年　㊾国枝松宇(くにえだしょうう)　江戸時代末期～明治時代の漢学者。
¶幕末(㊱明治13(1880)年10月15日)

国一 くにかず*
江戸時代後期の女性。画。浮世絵師二代歌川豊国門で歌川を名乗る。文政から天保頃の人。
¶江表(国一(東京都))

国包〔1代〕* くにかね
文禄1(1592)年〜寛文4(1664)年 ㊳仙台国包, 仙台国包〔1代〕(せんだいくにかね), 本郷国包(ほんごうくにかね) 江戸時代前期の仙台の刀工。自称大和保昌の末流。
¶コン(仙台国包 せんだいくにかね ㊶?), 美工

国頭正秀 くにがみせいしゅう
⇒国頭正秀(くにがみまさひで)

国頭正弥 くにがみせいや
⇒国頭正弥(くにがみまさや)

国頭正秀* くにがみまさひで
?〜明治4(1871)年 ㊳国頭正秀(くにがみせいしゅう) 江戸時代末期〜明治時代の琉球按司、総理官。
¶コン

国頭正弥* くにがみまさや
天正19(1591)年〜? ㊳国頭正弥(くにがみせいや) 江戸時代前期の琉球の按司。
¶コン

欅田幸吉 くにきだこうきち
江戸時代後期〜明治時代の陶業家。
¶美工(㊗天保5(1834)年 ㊳明治38(1905)年4月4日)

欅田善九郎 くにきだぜんくろう
江戸時代後期〜大正時代の陶業家。
¶美工(㊗天保15(1844)年 ㊳大正11(1922)年1月16日)

くに子(1) くにこ*
江戸時代後期の女性。和歌。芝新堀中橋住。文化5年頃、真田幸弘編「御ことほきの記」に載る。
¶江表(くに子(東京都))

くに子(2) くにこ
江戸時代後期の女性。和歌。松代藩藩士高田文蔵の妻。文化5年跋、藩主真田幸弘の七〇賀集「千とせの寿辞」下に載る。
¶江表(くに子(長野県))

くに子(3) くにこ
江戸時代後期の女性。和歌。越後五泉の人。泉円主催の待月舎歌会で詠まれた歌が残る。
¶江表(くに子(新潟県))

くに子(4) くにこ*
江戸時代後期の女性。和歌。遠江掛川の眼科医4代目竹内玄岱の妻。天保4年歌人石川依平に入門。
¶江表(くに子(静岡県))

くに子(5) くにこ*
江戸時代後期の女性。和歌。尾張名古屋の医師小宮山宗法友房の妹。文化14年刊、磯村道彦編『春風集』に載る。
¶江表(くに子(愛知県))

くに子(6) くにこ
江戸時代後期の女性。和歌。延岡藩内藤家の奥女中。文化5年頃、真田幸弘編「御ことほきの記」に載る。
¶江表(くに子(宮崎県))

久に子 くにこ*
江戸時代後期の女性。和歌。幕臣、小普請組天野清兵衛正次の娘。文化11年刊、中山忠雄・河田正致編『柿本社奉納和歌集』に載る。
¶江表(久に子(東京都))

久邇子(1) くにこ*
江戸時代中期の女性。和歌。幕臣、広敷番頭渡辺源次郎の娘。明和5年刊、石野広通編『霞関集』に載る。
¶江表(久邇子(東京都))

久邇子(2) くにこ
江戸時代後期の女性。和歌。国学者森本宮敬の妻。嘉永1年刊、長沢伴雄編『類題和歌鴨川集』に載る。
¶江表(久邇子(大阪府))

国子(1) くにこ*
江戸時代後期の女性。和歌。仙台藩主伊達宗村の室温子の侍女。元文4年成立、畔充英写「宗村朝臣亭後宴和歌」に載る。
¶江表(国子(宮城県))

国子(2) くにこ*
江戸時代後期の女性。和歌。鳥越明神社神主鏑木権頭豊喬の娘。文政7年頃成立の「玉霞童女追悼集」に載る。
¶江表(国子(東京都))

国子(3) くにこ*
江戸時代後期の女性。和歌。芦原氏。嘉永2年の「内遠翁門人録」に載る。
¶江表(国子(東京都))

国子(4) くにこ*
江戸時代後期の女性。和歌。越後水原の大庄屋穴沢忠治の娘。文政11年序、姉たみ子の遺詠集『雪月集』に載る。
¶江表(国子(新潟県))

国子(5) くにこ*
江戸時代後期の女性。和歌。駿河島田の刀鍛冶師五条与惣左衛門義助の妻。
¶江表(国子(静岡県))

国子(6) くにこ
江戸時代後期の女性。和歌。小杉氏の娘。嘉永3年刊、長沢伴雄編『類題鴨川次郎集』に載る。
¶江表(国子(京都府))

国子(7) くにこ*
江戸時代後期の女性。和歌。筑前芦屋の酒造業丸尾屋の太田源次郎勝房の娘。
¶江表(国子(福岡県))

国子(8) くにこ*
江戸時代末期の女性。和歌。常陸水戸藩新御殿の老女。文久1年成立「烈公一回御忌和歌」に載る。
¶江表(国子(茨城県))

国子(9) くにこ*
江戸時代末期の女性。和歌。紀州藩藩士の医師西田惟知の妻。文久2年刊、物集高世編『類題春草集』二に載る。
¶江表(国子(和歌山県))

国子(10) くにこ*
江戸時代末期の女性。和歌。石見大森の城上社神主高橋伊予守の妻。万延1年序、物集高世編『類題春草集』二に載る。
¶江表(国子(島根県))

国子(11) くにこ*
江戸時代末期の女性。和歌。出雲松江藩士斎藤氏の娘。慶応2年序、村上忠順編『元治元年千首』に載る。

¶江表（国子（島根県））

邦子(1)　**くにこ***
江戸時代後期の女性。和歌。平岡氏。嘉永1年〜同7年、長沢伴雄によって編集・刊行された『類題和歌鴨川集』に載る。
¶江表（邦子（東京都））

邦子(2)　**くにこ***
江戸時代後期の女性。和歌。摂津尼崎の安田氏。享和3年刊、伴蒿蹊編『閑田文草』に載る。
¶江表（邦子（兵庫県））

邦子(3)　**くにこ***
江戸時代後期〜明治時代の女性。和歌・旅日記。松山藩12代藩主松平勝善の娘。
¶江表（邦子（愛媛県））　㋑天保14（1843）年　㋘明治37（1904）年

都子内親王　**くにこないしんのう**
⇒都子内親王（としないしんのう）

邦子内親王
⇒安嘉門院（あんかもんいん）

国貞〔1代〕*　**くにさだ**
天正18（1590）年〜承応1（1652）年　江戸時代前期の刀工。
¶コン（代数なし　生没年不詳），美工

国貞〔2代〕　**くにさだ**
⇒井上真改（いのうえしんかい）

国定忠治*（国定忠次）　**くにさだちゅうじ**
文化7（1810）年〜嘉永3（1850）年　江戸時代末期の侠客。
¶江人，コン，徳将（国定忠次），幕末（国定忠治　㋘嘉永3（1851）年12月21日，山小（国定忠次　㋘1850年12月

国貞直人　**くにさだなおと**
天保12（1841）年〜明治18（1885）年　㋕国貞廉平（くにさだれんぺい）　江戸時代末期〜明治時代の長州（萩）藩士。
¶幕末（㋑天保12（1841）年3月22日　㋘明治18（1885）年1月18日）

国貞廉平　**くにさだれんぺい**
⇒国貞直人（くにさだなおと）

国沢掃部　**くにさわかもん**
江戸時代前期の武士。大坂の陣で籠城。
¶大坂（㋘慶長20年5月6日）

国沢新九郎　**くにさわしんくろう**
江戸時代後期〜明治時代の洋画家。
¶美画（㋑弘化4（1847）年12月22日　㋘明治10（1877）年3月12日）

国沢好察*　**くにさわよしあきら**
寛政10（1798）年〜明治6（1873）年　江戸時代末期〜明治時代の土佐藩土佐藩郡小高坂村藩士。勘定奉行。歌人としても聞こえが高い。
¶幕末（㋘明治6（1873）年5月14日）

国重正文*　**くにしげまさぶみ**
天保11（1840）年〜明治34（1901）年　江戸時代末期〜明治時代の官吏、内務省神社局長、富山県令。東京国学院長、伏見稲荷神社宮司をつとめる。
¶幕末（㋘明治34（1901）年10月27日）

国司信濃*　**くにししなの**
天保13（1842）年〜元治1（1864）年　江戸時代末期の長州（萩）藩家老。
¶江人，コン，全幕，幕末（㋑天保13（1842）年6月15日　㋘元治1（1864）年11月11日），山小（㋑1842年6月15日　㋘1864年11月12日）

国司就信　**くにしなりのぶ**
安土桃山時代の毛利氏の家臣。
¶全戦（㋐？　㋘文禄1（1592）年）

国島勢以*　**くにしませい**
天保4（1833）年〜明治5（1872）年　江戸時代末期〜明治時代の歌人、教育者。森春濤の妻。別れて住む2人は頻繁に手紙をやり取りした。
¶江表（勢以（岐阜県））, 女史

国島道喜　**くにしまどうき**
江戸時代前期の豊臣秀長・松平忠明の家臣。
¶大坂

国元相*　**くにしもとすけ**
戦国時代の武士。
¶戦武（㋑明応1（1492）年㋘天正19（1591）年）

国女(1)　**くにじょ***
江戸時代の女性。俳諧。高山常照の母。
¶江表（国女（福岡県））

国女(2)　**くにじょ***
江戸時代末期の女性。俳諧。越前福井の人。安政4年刊、皎月舎共睡編『花野塚』に載る。
¶江表（国女（福井県））

国背別皇子*　**くにせわけのおうじ**
㋚国背別皇子（くにそわけのおうじ，くにそわけのみこ）　上代の景行天皇の皇子。
¶天皇（くにそわけのみこ）

国背別皇子　**くにそわけのおうじ**
⇒国背別皇子（くにせわけのおうじ）

国背別皇子　**くにそわけのみこ**
⇒国背別皇子（くにせわけのおうじ）

邦高親王*　**くにたかしんのう**
康正2（1456）年〜享禄5（1532）年　㋚恵空（えくう）　戦国時代の伏見宮貞常親王（後崇光太上天皇）の第1皇子。
¶俳文（㋘享禄5（1532）年3月19日）

国田敬武　**くにたけいぶ**
⇒国田敬武（くにたたかたけ）

国田敬武*　**くにたたかたけ**
文政10（1827）年〜明治6（1873）年　㋚国田敬武（くにたけいぶ），国田弥五郎（くにたやごろう）　江戸時代末期〜明治時代の国学者。米町川の改修、徳田・高浜間の道路開削等に尽力。
¶幕末（国田弥五郎　くにたやごろう）　㋘明治6（1873）年6月）

国田弥五郎　**くにたやごろう**
⇒国田敬武（くにたたかたけ）

国乳別皇子*　**くにちわけのおうじ**
㋚国乳別皇子（くにちわけのみこ）　上代の景行天皇の皇子。
¶天皇（くにちわけのみこ）

国乳別皇子　**くにちわけのみこ**
⇒国乳別皇子（くにちわけのおうじ）

国造豊足　くにつくりのみやつことよたり
⇒国造豊足(くにのみやつこのとよたり)

国綱　くにつな
⇒粟田口国綱(あわたぐちくにつな)

国経　くにつね
南北朝時代の仏師。
¶美建(生没年不詳)

国常立尊　くにとこたちのみこと
⇒国常立尊(くにのとこたちのみこと)

国俊(――〔2代〕)　くにとし
⇒来国俊(らいくにとし)

国俊〔1代〕*　くにとし
生没年不詳　鎌倉時代の京都の来派。二字国俊と呼ばれるの刀工。
¶美工(代数なし)

国富勝太郎　くにとみかつたろう
江戸時代後期～明治時代の大工。
¶美建([生]弘化3(1846)年　[没]明治22(1889)年9月)

国登女　くにとめ⋆
江戸時代後期の女性。画。浮世絵師初代歌川豊国門。
¶江表(国登女(東京都))

国友一貫斎　くにともいっかんさい
⇒国友藤兵衛(くにともとうべえ)

国友善庵　くにともぜんあん
⇒国友与五郎(くにともよごろう)

国友尚克　くにともたかかつ
⇒国友与五郎(くにともよごろう)

国友藤兵衛*　くにともとうべえ
安永7(1778)年～天保11(1840)年12月3日　[別]国友一貫斎(くにともいっかんさい)　江戸時代後期の鉄砲鍛冶、科学技術者。
¶江人,科学([生]安永7(1778)年10月3日),コン

国友与五郎*　くにともよごろう
享和1(1801)年～文久2(1862)年　[別]国友善庵(くにともぜんあん),国友尚克(くにともたかかつ)　江戸時代末期の水戸藩士。
¶幕末([生]享和1(1801)年8月23日　[没]文久2(1862)年2月29日)

国永　くになが
⇒五条国永(ごじょうくになが)

邦良親王*　くにながしんのう
正安2(1300)年～嘉暦1(1326)年　[別]邦良親王(くによししんのう)　鎌倉時代後期の後二条天皇の第1皇子。
¶コン,天皇(くによししんのう　[没]嘉暦1(1326)年3月20日)

国中公麻呂*　くになかのきみまろ
?～宝亀5(774)年　[別]国中連公麻呂(くになかのむらじきみまろ),国君麻呂(くにのきみまろ)　奈良時代の大仏師、造東大寺次官。
¶古人(国君麻呂　くにのきみまろ),古代(国君麻呂　くにのきみまろ),コン,美建([没]宝亀5(774)年10月3日),山小([没]774年10月3日)

国中連公麻呂　くになかのむらじきみまろ
⇒国中公麻呂(くになかのきみまろ)

国君麻呂　くにのきみまろ
⇒国中公麻呂(くになかのきみまろ)

国局　くにのつぼね
江戸時代前期の女性。大坂城の女房衆。
¶大坂([没]慶長20年5月8日)

国常立尊*　くにのとこたちのみこと
[別]国常立尊(くにとこたちのみこと)　上代の神名。天地創成時の神。
¶思想(クニノトコタチノミコト)

国利逑　くにのとしのぶ
平安時代中期の官人。
¶古人(生没年不詳)

国雅重　くにのまさしげ
平安時代中期の官人。
¶古人([生]?　[没]996年?)

国光季　くにのみつすえ
平安時代後期の修理大工。
¶古人(生没年不詳)

国造雄万*　くにのみやつこおま
持統10(696)年～?　[別]国造雄方(くにのみやつこおまろ),国造雄万(くにのみやつこのおま,くにのみやつこのおまろ)　奈良時代の美濃国の役人。
¶古人(国造雄方　くにのみやつこおまろ　生没年不詳),古代(くにのみやつこのおまろ)

国造雄方　くにのみやつこおまろ
⇒国造雄万(くにのみやつこおま)

国造塵隠*　くにのみやつこじんいん
寛文1(1661)年～正徳3(1713)年　江戸時代前期～中期の儒学者。
¶コン

国造雄万　くにのみやつこのおま
⇒国造雄万(くにのみやつこおま)

国造雄万　くにのみやつこのおまろ
⇒国造雄万(くにのみやつこおま)

国造豊足*　くにのみやつこのとよたり
[別]国造豊足(くにつくりのみやつことよたり)　奈良時代の地方豪族。
¶古人(くにつくりのみやつことよたり　生没年不詳),古代

国美茂　くにのよししげ
平安時代中期の官人。
¶古人(生没年不詳)

国春　くにはる⋆
江戸時代前期の女性。画。野々村氏。琳派の俵屋宗達の工房で活躍した。
¶江表(国春(京都府))

国久女　くにひさじょ⋆
江戸時代後期の女性。画家。浮世絵師二代歌川豊国門で歌川を名乗る。
¶江表(国久女(東京都))

国久丸　くにひさまる
平安時代後期の官人。
¶平家(生没年不詳)

邦仁親王　くにひとしんのう
⇒後嵯峨天皇(ごさがてんのう)

国姫＊(1)　くにひめ
文禄4(1595)年～慶安2(1649)年　[別]栄寿院(えいじゅいん)　安土桃山時代～江戸時代前期の女性。有馬直純の側室。
¶江表(国姫(宮崎県)　[没]慶安4(1651)年)

国姫(2)　くにひめ★
江戸時代前期の女性。和歌・書簡。越前福井藩ゆかりの越後高田藩主松平光長の娘。
¶江表(国姫(福井県)　[没]寛文11(1671)年)

国広＊　くにひろ
？～慶長19(1614)年　[別]藤原国広(ふじわらくにひろ)，堀川国広(ほりかわくにひろ，ほりかわのくにひろ)　安土桃山時代～江戸時代前期の刀工。堀川派を興した。新刀の祖。
¶コン，美工

国弘　くにひろ★
江戸時代後期の女性。画。浮世絵師二代歌川豊国門で歌川を名乗る。
¶江表(国弘(東京都))

国摩侶＊　くにまろ
上代の土蜘蛛。
¶古代

邦省親王＊　くにみしんのう
乾元1(1302)年～天授1/永和1(1375)年　鎌倉時代後期～南北朝時代の後二条天皇の第2皇子。
¶天皇([没]永和1/天授1(1375)年9月17日)

邦通(邦道)　くにみち
⇒藤原邦通(ふじわらのくにみち)

国光＊(1)　くにみつ
鎌倉時代後期の山城国粟田口派の刀工。
¶美工(生没年不詳)

国光＊(2)　くにみつ
建長2(1250)年～＊　[別]新藤五国光(しんとうごくにみつ)　鎌倉時代後期の鎌倉の刀工。短刀の名手。
¶コン([没]延慶3(1310)年？)，美工([没]延慶3(1310)年)

国見阿曇　くにみのあずみ
⇒国見真人阿曇(くにみのまひとあずみ)

国見今虫　くにみのいまむし
奈良時代の天文博士。
¶古人(生没年不詳)

国見真人阿曇＊　くにみのまひとあずみ
[別]国見阿曇(くにみのあずみ)　奈良時代の官人。
¶古人(国見阿曇　くにみのあずみ　生没年不詳)，古代

国宗〔1代〕＊　くにむね
生没年不詳　[別]備前国宗(びぜんくにむね)　鎌倉時代後期の備前の直宗派の刀工。
¶コン(代数なし)，美工

国村＊　くにむら
生没年不詳　江戸時代後期の俳人。加茂氏。文化頃。
¶俳文

国屋松軒＊　くにやしょうけん
文化14(1817)年～明治11(1878)年　江戸時代末期～明治時代の但馬国養父郡の医師。但馬農兵組立に参画、生野義挙に際し斡旋に努める。
¶幕末([没]明治11(1878)年6月8日)

国安　くにやす
戦国時代の伊豆国の鍛冶職人。北条氏綱の御用を務めた。
¶後北

国康親王＊　くにやすしんのう
？～昌泰1(898)年　平安時代前期の仁明天皇の皇子。
¶古人，古代

国行＊(1)　くにゆき
生没年不詳　[別]来国行(らいくにゆき)　平安時代～鎌倉時代の刀工。来派の祖。
¶美工

国行(2)　くにゆき
⇒当麻国行(たいまくにゆき)

国行雛次郎＊　くにゆきひなじろう
天保14(1843)年～慶応2(1866)年　江戸時代末期の長州(萩)藩寄組。
¶幕末([生]天保14(1843)年8月4日　[没]慶応2(1866)年6月16日)

国吉＊　くによし
生没年不詳　鎌倉時代の山城国粟田口派の刀工。
¶美工

国芳　くによし
⇒歌川国芳(うたがわくによし)

国吉五左衛門重好　くによしござえもんしげよし
安土桃山時代～江戸時代前期の長宗我部盛親・寺沢広高の家臣。
¶大坂([生]天正12年　[没]承応2(1653)年3月14日)

邦良親王　くによししんのう
⇒邦良親王(くにながしんのう)

邦世親王＊　くによしんのう
元亨2(1322)年～正平20/貞治4(1365)年　南北朝時代の後二条天皇の孫。
¶天皇(生没年不詳)

久野四兵衛＊　くのしへえ
？～文禄1(1592)年　[別]久野重勝(ひさのしげかつ)　安土桃山時代の武士。
¶全戦(久野重勝　ひさのしげかつ　[生]天文14(1545)年)

くの女　くのじょ★
江戸時代中期の女性。俳諧。山形の町連に属す。明和2年刊、安田以哉坊編『奥羽行』四に載る。
¶江表(くの女(山形県))

久野正伯＊　くのしょうはく
生没年不詳　江戸時代前期の陶工。土佐尾戸焼の祖。
¶美工

久野純固＊　くのすみかた
文化12(1815)年～明治6(1873)年　江戸時代末期～明治時代の紀伊和歌山藩家老。
¶幕末([生]文化12(1815)年11月8日　[没]明治6(1873)年7月25日)

九戸政実＊　くのへまさざね
？～天正19(1591)年　[別]九戸政実(ここのえまさざね)　安土桃山時代の陸奥国の武将。
¶コン，全戦，戦武([生]天文5(1536)年)，内乱

九里三郎左衛門*　くのりさぶろうざえもん
生没年不詳　安土桃山時代の織田信長の家臣。
¶織田

くは女　くはじょ★
江戸時代後期の女性。和歌。紀州藩の奥女中。文化11年刊、中山忠雄・河田正致編『柿本社奉納和歌集』に載る。
¶江表（くは女（和歌山県））

久保勝峯　くぼかつみね
江戸時代中期～後期の代官。
¶徳代（[生]享保11（1726）年　[没]天明8（1788）年5月26日）

窪川宮内丞　くぼかわくないのじょう
戦国時代の甲斐国山梨郡八幡郷の土豪。
¶武田（生没年不詳）

窪川俊光*　くぼかわとしみつ
？～天正7（1579）年　戦国時代～安土桃山時代の武士。長宗我部氏家臣。
¶戦武

久保五郎左衛門*　くぼごろうざえもん
文化1（1804）年～文久1（1861）年　江戸時代末期の長州（萩）藩士。
¶幕末（[没]万延2（1861）年2月7日）

久保侈堂*　くぼしどう
*～明治26（1893）年　江戸時代末期～明治時代の漢学者。佐倉藩校の教授。後、家塾設立。著に「文章規範訓点」。
¶幕末（[生]天保6（1835）年　[没]明治26（1893）年12月28日）

久保志摩　くぼしま
安土桃山時代の信濃国筑摩郡明科の土豪。
¶武田（生没年不詳）

窪島石見守　くぼしまいわみのかみ
戦国時代の武田氏の奉行。
¶武田（生没年不詳）

窪島加賀守　くぼしまかがのかみ
戦国時代の武士。信玄旗本の陣立書にその名がみえる。
¶武田（生没年不詳）

久保島昌忠　くぼじましょうちゅう
安土桃山時代の代官。
¶徳代（生没年不詳）

窪島長敬（窪嶋長敬）　くぼしまながのり
寛永16（1639）年～正徳2（1712）年　江戸時代前期～中期の幕臣、代官。
¶徳人（窪嶋長敬），徳代（[没]正徳2（1712）年4月5日）

窪島長敷　くぼしまひさあつ
江戸時代前期～中期の代官。
¶徳代（[生]寛文10（1670）年　[没]元文4（1739）年4月11日）

窪俊満*　くぼしゅんまん
宝暦7（1757）年～文政3（1820）年　[別]俊満（しゅんまん）　江戸時代後期の浮世絵師、狂歌師、戯作者。
¶浮絵，コン，美画（[没]文政3（1820）年9月20日）

窪甚介　くぼじんすけ
戦国時代の銅細工職人。信濃国安曇郡仁科郷の仁科神明宮の遷宮造営に関与。
¶武田（生没年不詳）

久保季茲　くぼすえじ
⇒久保季茲（くぼすえしげ）

久保季茲*（久保季玆）　くぼすえしげ
天保1（1830）年～明治19（1886）年3月5日　[別]久保季茲（くぼすえじ）　江戸時代末期～明治時代の国学者、大神神社大宮司、皇典講究所文学部教授。神祇官書記、宮内省御用掛などを歴任。
¶コン，幕末（くぼすえじ　[生]文政13（1830）年5月12日）

久保祖舜　くぼそしゅん
天保13（1842）年～大正10（1921）年4月27日　江戸時代末期～大正時代の陶業家。屋島焼の創始者。
¶コン，美工

窪田猿雖*　くぼたえんすい
寛永17（1640）年～宝永1（1704）年　[別]猿雖（えんすい）　江戸時代前期～中期の俳人（蕉門）。
¶俳文（猿雖　えんすい　[没]宝永1（1704）年11月10日）

窪田清音　くぼたきよね
⇒窪田清音（くぼたすがね）

窪田源太夫　くぼたげんだゆう
⇒窪田清音（くぼたすがね）

久保田佐次右衛門隆政の母　くぼたさじえもんたかまさのはは★
江戸時代中期の女性。和歌。旗本久保田佐次右衛門隆政の母。宝永7年刊、坂静山編『和歌継塵集』に載る。
¶江表（久保田佐次右衛門隆政の母（東京都））

久保田佐次右衛門隆政の娘　くぼたさじえもんたかまさのむすめ★
江戸時代中期の女性。和歌。旗本久保田佐次右衛門隆政の娘。宝永7年刊、坂静山編『和歌継塵集』に載る。
¶江表（久保田佐次右衛門隆政の娘（東京都））

窪田鎮章　くぼたしげあき
⇒窪田泉太郎（くぼたせんたろう）

窪田鎮勝　くぼたしげかつ
⇒窪田治部右衛門（くぼたじぶうえもん）

窪田鎮章　くぼたしずあき
⇒窪田泉太郎（くぼたせんたろう）

窪田治部右衛門*　くぼたじぶうえもん
文化5（1808）年～？　[別]窪田鎮勝（くぼたしげかつ，くぼたちんしょう），窪田治部右衛門（くぼたじぶえもん）　江戸時代後期の武士。
¶徳人（窪田鎮勝　くぼたしげかつ　[没]1878年），徳代（窪田鎮勝　くぼたちんしょう　[没]明治11（1878）年4月26日），幕末（くぼたじぶえもん　[生]？　[没]明治11（1878）年4月21日）

窪田治部右衛門　くぼたじぶえもん
⇒窪田治部右衛門（くぼたじぶうえもん）

窪田十郎左衛門*　くぼたじゅうろうざえもん
生没年不詳　安土桃山時代の駿河の泉郷内の百姓。
¶後北（十郎左衛門〔窪田（1）〕　じゅうろうざえもん）

窪田松琵*　くぼたしょうひ
寛文12（1672）年～寛延3（1750）年　[別]松琵（しょうひ，しょうび）　江戸時代中期の俳人（蕉門）。
¶俳文（松琵　しょうひ　[没]寛延3（1750）年8月15日）

窪田次郎*　くぼたじろう
天保6（1835）年4月24日～明治35（1902）年4月18日

く

江戸時代末期〜明治時代の医師、福山藩藩校誠之館医学所教授。医生研究所を設立して片山病の研究に専念。
¶幕末

窪田清音* くぼたすがね
寛政3(1791)年〜慶応2(1866)年12月25日 [別]窪田清音(くぼたきよね)，窪田源太夫(くぼたげんだゆう) 江戸時代末期の武道家。幕府講武所頭取。
¶江人，幕末(窪田源太夫 くぼたげんだゆう [生]天明8(1788)年 [没]慶応2(1867)年12月25日)

久保田善左衛門の妻 くぼたぜんざえもんのつま*
江戸時代中期の女性。和歌。楠氏。元禄16年刊、植山検校江民軒梅之・梅柳軒水之編『歌林尾花末』に載る。
¶江表(久保田善左衛門の妻(東京都))

窪田泉太郎* くぼたせんたろう
生没年不詳 [別]窪田鎮章(くぼたしげあき，くぼたしずあき) 江戸時代末期の幕臣。
¶全幕(窪田鎮章 くぼたしげあき [生]? [没]慶応4(1868)年)，徳人(窪田鎮章 くぼたしずあき [生]? [没]1868年)，幕末

久保田宗仙 くぼたそうせん
江戸時代後期〜明治時代の眼科医。
¶眼医([生]天保12(1841)年 [没]明治39(1906)年)

久保田宗民 くぼたそうみん
江戸時代後期の眼科医。
¶眼医(生没年不詳)

久保田隆政 くぼたたかまさ
江戸時代前期〜中期の代官。
¶徳代([生]万治2(1659)年 [没]寛保1(1741)年10月8日)

窪田忠任 くぼたただとう
延宝2(1674)年〜宝暦3(1753)年 江戸時代前期〜中期の幕臣。
¶徳人，徳代([没]宝暦3(1753)年8月10日)

窪田鎮勝 くぼたちんしょう
⇒窪田治部右衛門(くぼたじぶうえもん)

窪田等因 くぼたとういん
江戸時代前期の窪田主馬の長男。大坂の陣で籠城。
¶大坂([没]慶長20年)

久保田桃水 くぼたとうすい
江戸時代後期〜明治時代の日本画家。
¶美画([生]天保12(1841)年 [没]明治44(1911)年4月18日)

窪田統泰* くぼたとうたい
[別]窪田統泰(くぼたむねやす) 室町時代の絵師。やまと絵の一流派窪田家の3代目。
¶美画(くぼたむねやす 生没年不詳)

窪田知至 くぼたともちか
江戸時代中期〜後期の和算家、岡山藩士。
¶数学([生]安永2(1773)年 [没]天保9(1838)年7月27日)

窪田知道 くぼたともみち
⇒窪田善之(くぼたよしゆき)

久保田年采* くぼたねんさい
生没年不詳 江戸時代末期の和算家。
¶数学

久保田治臣* くぼたはるおみ
*〜元治1(1864)年 江戸時代末期の医師。
¶幕末([生]文政10(1827)年 [没]元治1(1864)年7月)

窪田伴治* くぼたばんじ
文政9(1826)年〜元治1(1864)年 江戸時代末期の陸奥会津藩士。
¶幕末([没]元治1(1864)年7月19日)

久保田彦作* くぼたひこさく
弘化3(1846)年〜明治31(1898)年 江戸時代末期〜明治時代の狂言作者、戯作者。
¶歌大([没]明治31(1898)年1月3日)

久保田久雄* くぼたひさかつ
生没年不詳 江戸時代末期の紀伊和歌山藩士。
¶幕末

久保田秀雄* くぼたひでお
天保3(1832)年〜明治23(1890)年 江戸時代末期〜明治時代の広島藩士。藩政改革で公議人となり、版籍奉還後広島藩少参事に任じられる。
¶全幕，幕末([没]明治23(1890)年12月20日)

窪田弘房 くぼたひろふさ
江戸時代前期〜中期の代官。
¶徳代([生]万治3(1660)年 [没]正徳2(1712)年1月29日)

窪田房充 くぼたふさみち
江戸時代中期の代官。
¶徳代([生]? [没]宝永6(1709)年5月6日)

窪田房安 くぼたふさやす
戦国時代の人。
¶武田(生没年不詳)

窪田豊前入道* くぼたぶぜんにゅうどう
生没年不詳 戦国時代の武士。北条為昌の家臣。
¶後北(豊前入道〔窪田(2)〕 ぶぜんにゅうどう)

窪田文左衛門尉 くぼたぶんざえもんのじょう
戦国時代の武士。信玄旗本の陣立書に、長柄鑓衆としてその名がみえる。
¶武田(生没年不詳)

久保田米僊 くぼたべいせん
江戸時代後期〜明治時代の日本画家。
¶美画([生]嘉永5(1852)年2月25日 [没]明治39(1906)年5月19日)

窪田平兵衛* くぼたへいべい
文化12(1815)年〜明治12(1879)年 江戸時代末期〜明治時代の新発田藩老臣。大政奉還の際、新政府軍太夫浜上陸後、北越の鎮定に努力。
¶幕末([没]明治12(1879)年12月6日)

久保田政邦 くぼたまさくに
享保4(1719)年〜* 江戸時代中期〜後期の幕臣、勘定奉行。
¶徳人([没]?)，徳代([没]寛政11(1799)年)

窪田正次 くぼたまさつぐ
江戸時代前期の代官。
¶徳代([生]? [没]承応2(1653)年6月5日)

窪田正成 くぼたまさなり
江戸時代前期の代官。
¶徳代([生]? [没]寛永6(1629)年3月10日)

窪田通正 くぼたみちまさ
江戸時代前期の幕臣。
¶徳人(生没年不詳)

窪田統泰　くぼたむねやす
⇒窪田統泰（くぼたとうたい）

窪大夫信満　くぼたゆうのぶみつ
江戸時代前期の大和国川辺郡白石窪庄の人。大坂籠城。
¶大坂（[没]慶長20年）

窪田善之*　くぼたよしゆき
文政7（1824）年3月～明治10（1877）年　[別]窪田知道（くぼたともみち）　江戸時代後期～明治時代の和算家、暦学者。
¶数学（窪田知道　くぼたともみち　[没]明治10（1877）年7月18日）

久保太郎右衛門*　くぼたろうえもん
延宝4（1676）年～正徳1（1711）年　江戸時代中期の水利開発者。讃岐高松藩の庄屋。
¶コン（[生]正保1（1644）年）

久保断三*　くぼだんぞう
天保3（1832）年～明治11（1878）年　江戸時代末期～明治時代の長州（萩）藩士。
¶幕末（[没]明治11（1878）年10月2日）

久保鉄次郎　くぼてつじろう
江戸時代末期の二本松少年隊士。
¶全幕（[生]安政1（1854）年　[没]明治1（1868）年）

窪寺大蔵丞*　くぼでらおおくらのじょう
生没年不詳　戦国時代の武士。後北条氏家臣。
¶後北（大蔵丞〔窪寺〕　おおくらのじょう）

久保寺正福*　くぼでらまさとみ
生没年不詳　江戸時代中期～後期の算者、幕臣。
¶数学

久保寺正久*　くぼでらまさひさ
寛政7（1795）年～？　江戸時代後期の和算家。
¶科学，コン，数学（[没]文久3（1863）年）

窪寺正光　くぼでらまさみつ
江戸時代中期の幕臣。
¶徳人（[生]？　[没]1707年）

久保豊三郎　くぼとよさぶろう
江戸時代末期の二本松少年隊士。
¶全幕（[生]安政4（1857）年　[没]明治1（1868）年）

久保長秋の娘　くぼながあきのむすめ⋆
江戸時代末期の女性。和歌。遠江浜松藩主井上正甫の藩医久保長秋の娘。嘉永7年刊、加納諸平編『類題鰒玉集』七に載る。
¶江表（久保長秋の娘（静岡県））

久保某　くぼなにがし
戦国時代～安土桃山時代の小田原城台所奉行。北条氏康・氏政の家臣。
¶後北（某〔久保（1）〕　なにがし）

久保無二三　くぼぶじぞう
⇒久保無二三（くぼぶにぞう）

久保無二三*　くぼぶにぞう
*～明治30（1897）年　[別]久保無二三（くぼぶじぞう）　江戸時代末期～明治時代の志士。攘夷派として長州藩に属し活動。後、熊谷・仙台・名古屋各裁判長を歴任。
¶幕末（[生]天保1（1831）年12月　[没]明治30（1897）年6月18日）

久保孫兵衛*　くぼまごべえ
生没年不詳　戦国時代の北条氏の家臣。
¶後北（孫兵衛〔久保（2）〕　まごべえ）

久保正貞*　くぼまささだ
？～延宝5（1677）年　江戸時代前期の幕臣。
¶徳人

久保正豊　くぼまさとよ
江戸時代中期の幕臣。
¶徳人（[生]1751年　[没]？）

久保正永*　くぼまさなが
元和8（1622）年～？　江戸時代前期の幕臣。
¶徳人

久保正元*　くぼまさもと
慶長7（1602）年～延宝6（1678）年6月23日　安土桃山時代～江戸時代前期の幕臣。
¶徳人（[生]1600年）

窪村宮内衛門　くぼむらくないえもん
安土桃山時代の信濃国筑摩郡麻績北条の土豪。
¶武田（生没年不詳）

窪村源右衛門　くぼむらげんうえもん
戦国時代～安土桃山時代の信濃国筑摩郡麻績北条の土豪。
¶武田（生没年不詳）

窪村源左衛門　くぼむらげんざえもん
戦国時代の武田氏の家臣。
¶武田（生没年不詳）

窪村善左衛門　くぼむらぜんざえもん
安土桃山時代の信濃国筑摩郡永井の土豪。
¶武田（生没年不詳）

くま（1）
江戸時代中期の女性。和歌。旗本松浦市左衛門信正の娘。寛延1年刊、松風也軒編『渚の松』に載る。
¶江表（くま（東京都））

くま（2）
江戸時代中期の女性。和歌。道穂村の吉村市郎右衛門正致の妻。宝永6年奉納、平間長雅編「住吉社奉納千首和歌」に載る。
¶江表（くま（奈良県））

くま（3）
江戸時代末期の女性。和歌。山田温の妻。安政4年刊、広蔭編『千百人一首』に載る。
¶江表（くま（埼玉県））

クマ
江戸時代後期～末期の女性。俳諧。備後上下の俳人風外の娘。
¶江表（クマ（広島県）　[生]文政5（1822）年　[没]文久1（1861）年）

玖摩　くま
江戸時代後期の女性。和歌。備中玉島の大森元武の娘。
¶江表（玖摩（岡山県）　[没]文化2（1805）年）

熊（1）　くま
安土桃山時代の織田信長の家臣。信長の中間衆。
¶織田（[生]？　[没]天正10（1582）年6月2日）

熊（2）　くま⋆
江戸時代中期の女性。和歌。歌人清水移石の妹。

安永4年刊、滝口美領編『蔵山集』に載る。
¶江表（熊（大阪府））

熊井忠基*　くまいただもと
[別]熊井太郎（くまいたろう）　鎌倉時代前期の武士、源家譜代の臣。
¶平家（熊井太郎　くまいたろう　生没年不詳）

熊井太郎　くまいたろう
⇒熊井忠基（くまいただもと）

く

熊井戸重満*（熊井土重満）　くまいどしげみつ
生没年不詳　戦国時代の上野国衆小幡氏の家臣。
¶武田（熊井土重満）

隈岡長道*　くまおかちょうどう
？～明治19（1886）年　江戸時代末期～明治時代の鹿児島県士族。
¶幕末（[没]明治19（1886）年6月1日）

熊谷斎*　くまがいいつき
文化14（1817）年～明治2（1869）年　江戸時代末期の陸奥仙台藩大番士。
¶幕末（[生]文化14（1817）年3月　[没]明治2（1869）年7月21日）

熊谷五右衛門　くまがいごえもん
⇒熊谷五右衛門〔4代〕（くまやごえもん）

熊谷子貞　くまがいしてい
⇒熊谷子貞（くまがえしてい）

熊谷治部丞*　くまがいじぶのじょう
生没年不詳　安土桃山時代の織田信長の家臣。
¶織田

熊谷助右衛門*　くまがいすけえもん
文政11（1828）年～慶応4（1868）年　[別]熊谷直興（くまがいなおおき）　江戸時代末期の南部藩士。
¶幕末（[没]慶応4（1868）年9月2日）

熊谷せき*　くまがいせき
？～天保8（1837）年　江戸時代後期の女性。歌人。
¶江表（せき（宮城県））

熊谷伝左衛門*　くまがいでんざえもん
生没年不詳　安土桃山時代の織田信長の家臣。
¶織田

熊谷直家*　くまがいなおいえ
嘉応1（1169）年～承久3（1221）年　[別]熊谷直家（くまがえなおいえ），平直家（たいらのなおいえ）　平安時代後期～鎌倉時代前期の武士。源頼朝の家臣。
¶古人（平直家　たいらのなおいえ），コン（生没年不詳），平家（くまがえなおいえ　[生]嘉応1（1169）年？　[没]？）

熊谷直興　くまがいなおおき
⇒熊谷助右衛門（くまがいすけえもん）

熊谷直実*　くまがいなおざね
永治1（1141）年～承元2（1208）年9月14日　[別]熊谷直実（くまがえなおざね），平直実（たいらのなおざね），蓮生（れんじょう，れんせい）　平安時代後期～鎌倉時代前期の武士。一の谷の戦で平敦盛を討つ。
¶古人（平直実　たいらのなおざね），コン，中世，内乱（[生]保延4（1138）年），平家（くまがえなおざね　[生]保延4（1138）年？　[没]建永2（1207）年？），山小（[没]1208年9月14日）

熊谷直輔*　くまがいなおすけ
寛政10（1798）年～明治9（1876）年　江戸時代末期～明治時代の周防国岩国吉川家臣。文武諸芸に秀でる。金策のことで町人守影屋八五郎を殺害。
¶幕末

熊谷直孝 (1)　くまがいなおたか
嘉永3（1850）年1月12日～昭和17（1942）年12月22日　江戸時代後期～昭和時代の幕臣、造船技術者。
¶科学，幕末

熊谷直孝* (2)　くまがいなおたか
文化14（1817）年～明治8（1875）年　江戸時代末期～明治時代の実業家。京都の香商鳩居堂の7代。大年寄に任命され天然痘予防、小学校野設立などに尽力。
¶コン，幕末（[生]文化14（1817）年6月18日　[没]明治8（1875）年2月3日）

熊谷直経*　くまがいなおつね
生没年不詳　南北朝時代の武将。
¶内乱，室町

熊谷直長　くまがいなおなが
戦国時代～江戸時代前期の葛西氏の家臣。
¶全戦（[生]永禄1（1558）年　[没]慶長14（1609）年）

熊谷直彦*　くまがいなおひこ
*～大正2（1913）年　江戸時代末期～明治時代の文人画家。高倉家について衣装束の故実を究める。山水画を得意とする。
¶幕末（[生]文政11（1829）年12月　[没]大正2（1913）年3月7日），美画（[生]文政11（1828）年12月24日　[没]大正2（1913）年3月8日）

熊谷直盛*　くまがいなおもり
？～慶長5（1600）年　[別]熊谷直盛（くまがやなおもり）　安土桃山時代の武将。豊臣秀吉に仕えた。
¶対外

熊谷直之*　くまがいなおゆき
？～文禄4（1595）年　[別]熊谷直之（くまがやなおゆき）　安土桃山時代の武将。武田氏家臣、織田氏家臣、豊臣氏家臣。
¶織田（[没]文禄4（1595）年7月14日）

熊谷直好*　くまがいなおよし
天明2（1782）年～文久2（1862）年　江戸時代後期の歌人。桂園十哲の一人。
¶江人，コン，詩作（[生]天明2（1782）年2月8日　[没]文久2（1862）年8月8日），日文，幕末（[生]天明2（1782）年2月8日　[没]文久2（1862）年8月8日）

熊谷信直*　くまがいのぶなお
永正4（1507）年～文禄2（1593）年　戦国時代～安土桃山時代の武士。
¶戦武

熊谷宗直　くまがいむねなお
南北朝時代の武士。
¶内乱（生没年不詳）

熊谷元直*　くまがいもとなお
弘治1（1555）年～慶長10（1605）年　[別]熊谷元直（くまがやもとなお），ベルシオル，メルキヨル，メルチョル　安土桃山時代～江戸時代前期のキリシタン、武将、長州（萩）藩士。
¶コン（[生]天文22（1553）年），思想，全戦

熊谷儀克*　くまがいよしかつ
生没年不詳　江戸時代中期の画家。
¶美画

くまさわ

熊谷蓮心* くまがいれんしん
天明3(1783)年〜安政6(1859)年　江戸時代後期
の商人、社会救済事業家。
¶江人, コン

熊谷権大夫直信 くまがえごんだゆうなおのぶ
安土桃山時代の武士。大坂の陣で籠城。後、細川忠
利に出仕。
¶大坂(㋷天正4年)

熊谷子貞* くまがえしてい
寛政12(1800)年〜文久3(1863)年　㋓熊谷子貞
（くまがいしてい）　江戸時代末期の修道館経営。
¶幕末（くまがいしてい　㋒文久3(1863)年9月）

熊谷忠大夫 くまがえちゅうだゆう
江戸時代前期の武士。大坂の陣で籠城。
¶大坂(㋒慶長20年4月29日)

熊谷直家 くまがえなおいえ
⇒熊谷直家（くまがいなおいえ）

熊谷直実 くまがえなおざね
⇒熊谷直実（くまがいなおざね）

熊谷直盛 くまがやなおもり
⇒熊谷直盛（くまがいなおもり）

熊谷直之 くまがやなおゆき
⇒熊谷直之（くまがいなおゆき）

熊谷元直 くまがやもとなお
⇒熊谷元直（くまがいもとなお）

熊川熊次郎 くまがわくまじろう
江戸時代末期の相撲力士。
¶全幕（㋷　㋒文久3(1863)年？）

隈川宗悦* くまがわそうえつ, くまかわそうえつ
天保9(1838)年〜明治35(1902)年10月30日　江戸
時代末期〜明治時代の医師、幕府海軍医官。維新
後、東京共立病院を創立し現在の東京慈恵会医科大
学へと発展。
¶科学（㋷天保9(1838)年11月）、幕末（くまかわそうえ
つ　㋒明治34(1902)年10月30日）

熊川兵庫* くまかわひょうご
文化10(1813)年〜明治1(1868)年　江戸時代末期
の相馬藩家老。
¶幕末（㋒慶応3(1867)年12月9日）

熊倉義峯 くまくらよしみね
江戸時代後期の和算家。栃木片柳村の人。
¶数学（㋒寛政3(1791)年）

くま子 くまこ*
江戸時代後期の女性。和歌。徳川（田安）家の奥女
中。文化11年刊、中山忠雄・河田正致編『柿本社奉
納和歌集』に載る。
¶江表（くま子（東京都））

久万子(1) くまこ*
江戸時代後期の女性。和歌。加藤千年（の孫）の妻。
¶江表（久万子（東京都））

久万子(2) くまこ*
江戸時代後期の女性。和歌。宮内少丞で歌人青木
行敬の娘。文政8年刊、青木行敬ほか編『聖廟奉納
歌百二十首』に載る。
¶江表（久万子（京都府））

熊子(1) くまこ*
江戸時代後期の女性。和歌。下総東漸寺の近くに
住む外口与右衛門亀遊の母。嘉永4年刊、木曽義昌
250回忌追善和歌集『波布里集』に載る。
¶江表（熊子（千葉県））

熊子(2) くまこ*
江戸時代後期の女性。和歌。長崎の松田雀翁の妻。
文政8年、丹波多記郡大山の園田定和によって記さ
れた『聖廟奉納哥百二十首』に載る。
¶江表（熊子（長崎県））

熊子(3) くまこ*
江戸時代後期の女性。和歌。延岡藩内藤家の奥女
中。肥前平戸藩主松浦清の随筆集「甲子夜話」所載
の文政4年の『詩仙堂募集和歌』に載る。
¶江表（熊子（宮崎県））

熊子(4) くまこ*
江戸時代末期の女性。和歌。出羽秋田新田藩主佐
竹義知の娘。安政7年跋、蜂屋光世編『大江戸倭歌
集』に載る。
¶江表（熊子（新潟県））

熊坂長範* くまさかちょうはん
生没年不詳　平安時代後期の盗賊。「義経記」に
登場。
¶コン

熊坂適山* くまさかてきざん
寛政8(1796)年〜元治1(1864)年　江戸時代末期
の画家。
¶幕末（㋷寛政8(1796)年6月11日　㋒元治1(1864)年9
月12日）、美術（㋷寛政8(1796)年7月15日　㋒元治1
(1864)年10月12日）

熊坂蘭斎* くまさからんさい
寛政11(1799)年〜明治8(1875)年　江戸時代後期
〜明治時代の蘭学者。
¶幕末（㋒慶応3(1867)年）

隈崎佐七郎* くまさきさしちろう
嘉永2(1849)年〜明治19(1886)年　江戸時代末期
〜明治時代の鹿児島県士族、海軍中佐。清輝・海
門・比叡艦長をつとめる。
¶幕末（㋒明治20(1887)年10月10日）

熊沢久左衛門正之 くまざわきゅうざえもんまさゆき
⇒熊谷大膳（くまざわだいぜん）

熊谷大膳 くまざわだいぜん
天正10(1582)年〜承応2(1653)年　㋓熊沢久左衛
門正之（くまざわきゅうざえもんまさゆき）　江戸
時代前期の肥前平戸藩家老。
¶大坂（熊沢久左衛門正之　くまざわきゅうざえもんま
さゆき　㋒承応2年4月4日）

熊沢忠勝 くまざわただかつ
戦国時代〜江戸時代前期の代官。
¶徳代（㋷天文10(1541)年　㋒正保1(1644)年）

熊沢忠徳 くまざわただのり
江戸時代前期の代官。
¶徳代（㋒慶長10(1605)年　㋒貞享4(1687)年6月16日）

熊沢蕃山* くまざわばんざん
元和5(1619)年〜元禄4(1691)年　江戸時代前期
の経世家。陽明学者中江藤樹の第一の門人。岡山
藩に出仕して藩政を導く。のち著作「大学或問」お
よび幕府への上申書を咎められ、古河に幽閉。
¶江人, コン, 思想, 地理, 徳将, 山小（㋒1691年8月17日）

熊沢元三* (熊沢元蔵)　くまざわもとぞう
江戸時代末期の新撰組隊士。
¶新隊(熊沢元蔵　生没年不詳)

熊沢良泰　くまざわよしやす
江戸時代前期の代官。
¶徳代(生没年不詳)

熊さん・八っつぁん*　くまさん・はっつぁん
江戸落語に登場する人物。
¶コン

くま女(1)　くまじょ★
江戸時代後期の女性。俳諧。吉田町の小櫃氏。嘉永4年跋、黒川惟草編『俳諧人名録』三に載る。
¶江表(くま女(東京都))

くま女(2)　くまじょ★
江戸時代後期の女性。俳諧。江平の人か。文政3年序、太田竹之編の父芳竹一周忌追善集『けしのなこり』に載る。
¶江表(くま女(宮崎県))

神代勝利　くましろかつとし
永正8(1511)年～永禄8(1565)年　戦国時代～安土桃山時代の武将。
¶全戦, 戦武

熊代繁里*　くましろしげさと
文政1(1818)年～明治9(1876)年　江戸時代末期～明治時代の学者、安藤家国学教授、皇学教授。熊野本宮権宮司・中講義となる。
¶幕末([生]文政1(1818)年6月　[没]明治9(1876)年6月5日)

熊代繍江　くましろしゅうこう
⇒熊代熊斐(くましろゆうひ)

神代直人　くましろなおと
⇒神代直人(こうじろなおと)

熊代熊斐* (神代熊斐)　くましろゆうひ
元禄6(1693)年～安永1(1772)年12月28日　[別]熊代繍江(くましろしゅうこう), 熊斐(ゆうひ)　江戸時代中期の南蘋派の画家。南蘋画を日本化。
¶コン([生]元禄6(1693年/1713)年), 美画

熊襲魁帥 (熊襲梟帥, 熊曽建)　くまそたける
⇒川上梟帥(かわかみのたける)

熊田恰*　くまだあたか, くまだあだか
文政8(1825)年～明治1(1868)年　[別]熊田恰(くまだつとむ)　江戸時代末期の松山藩士。
¶幕末([没]慶応4(1868)年1月22日)

熊田嘉膳　くまだかぜん
⇒熊田淑軒(くまだしゅくけん)

熊田淑軒*　くまだしゅくけん
文化14(1817)年～明治20(1887)年　[別]熊田嘉膳(くまだかぜん)　江戸時代末期～明治時代の医師、反射炉製造者。
¶幕末([生]?　[没]明治22(1889)年1月)

熊田恰　くまだつとむ
⇒熊田恰(くまだあたか)

熊田貞庵*　くまだていあん
天保5(1834)年～明治27(1894)年　江戸時代末期～明治時代の奥州郡山の医師。医業のかたわら寺子屋を開き子弟を教授。
¶幕末([没]明治27(1894)年11月14日)

熊田良得*　くまだりょうとく
文政12(1829)年～明治28(1895)年　江戸時代末期～明治時代の藩鍼医。幼時に痘瘡のため失明。二本松に救世軍支部をつくる。
¶幕末([没]明治28(1895)年10月13日)

熊野基三　くまのきぞう
⇒熊野基三(くまのもとぞう)

熊野九郎*　くまのくろう
天保14(1843)年～昭和2(1927)年　[別]井上弥吉(いのうえやきち)　江戸時代末期～大正時代の幕末の志士。戊辰戦争で活躍。大蔵書記官となる。
¶幕末([没]昭和2(1927)年8月19日)

熊之凝*　くまのこり
上代の武将。忍熊王の臣。
¶古代

熊野清右衛門*　くまのせいうえもん
天保6(1835)年～明治25(1892)年　[別]熊野清右衛門(くまのせいえもん)　江戸時代末期～明治時代の長門長府藩士。
¶幕末(くまのせいえもん　[生]天保6(1835)年7月6日　[没]明治25(1892)年6月6日)

熊野清右衛門　くまのせいえもん
⇒熊野清右衛門(くまのせいうえもん)

熊野直介*　くまのなおすけ
弘化4(1847)年～明治1(1868)年　江戸時代末期の長門長府藩士。
¶幕末([生]弘化4(1847)年2月18日　[没]慶応4(1868)年6月2日)

熊野基三*　くまのもとぞう
天保5(1834)年～慶応2(1866)年　[別]熊野基三(くまのきぞう)　江戸時代末期の長州(萩)藩士。
¶幕末([没]慶応2(1866)年8月26日)

熊野保政*　くまのやすまさ
天保13(1842)年～明治1(1868)年　江戸時代末期の長門長府藩士。
¶幕末([没]慶応3(1868)年12月)

久間修文*　くまひさぶみ, くまひさふみ
寛政9(1797)年～万延2(1861)年　江戸時代末期の算家、筑前福岡藩士。
¶数学(くまひさふみ　[生]寛政9(1797)年7月　[没]万延2(1861)年2月4日)

久万兵右衛門俊矩　くまひょうえもんとしのり
江戸時代前期の武士。長宗我部元親の家臣久万兵庫俊忠の長男。
¶大坂([没]慶長20年5月7日)

久万豊後俊朝　くまぶんごとしとも
江戸時代前期の藤堂高虎の家臣。
¶大坂([没]慶長20年)

隈部親永*　くまべちかなが
?～天正16(1588)年　安土桃山時代の肥後の国人領主。天正国人一揆の発端を作る。
¶全戦

熊谷五一*　くまやごいち
文政1(1818)年～明治15(1882)年　江戸時代末期～明治時代の実業家。長州藩の財政に貢献。奇兵隊軍用金として3千両を献納。
¶コン, 幕末([生]文政15(1818)年3月17日　[没]明治15

(1882)年11月21日)

熊谷五右衛門 くまやごうえもん

⇒熊谷五右衛門〔4代〕(くまやごえもん)

熊谷五右衛門* くまやごえもん

世襲名 江戸時代の長州(萩)藩御用商家。

¶対外

熊谷五右衛門〔1代〕* くまやごえもん

享保4(1719)年〜寛政3(1791)年 江戸時代中期の萩の豪商。

¶コン(代数なし)

熊谷五右衛門〔4代〕* くまやごえもん

寛政7(1795)年〜万延1(1860)年 [別]熊谷五右衛門(くまがいごえもん,くまやごうえもん) 江戸時代末期の豪商。長州(萩)藩御用達。

¶幕末(代数なし [生]寛政7(1795)年7月2日 [没]万延1(1860)年4月18日)

久万六兵衛 くまろくびょうえ

江戸時代前期の武士。大坂の陣で籠城。土佐国土佐郡久万村の領主久万俊宗の一族。

¶大坂

くみ

江戸時代後期の女性。和歌。讃岐金毘羅の菅佐平太政甫の娘。

¶江表(くみ(岡山県) [没]寛政4(1792)年)

久み くみ⋆

江戸時代後期の女性。和歌。会津藩の奥女中。嘉永4年序、鈴木直麿編『八十番歌合』に載る。

¶江表(久み(福島県))

久美 くみ⋆

江戸時代末期〜明治時代の女性。書簡。平戸藩の地方給人高橋忠次平の妻。

¶江表(久美(長崎県) [没]明治22(1889)年)

久美子 くみこ⋆

江戸時代後期の女性。和歌。高取藩主植村家長家の奥女中。文政7年頃、池田冠山が仕立てた巻物「玉露童女追悼集」に入集。

¶江表(久美子(奈良県))

公美子 くみこ

江戸時代後期の女性。和歌。備中松山藩藩士種村多仲久豊の娘。

¶江表(公美子(岡山県))

組子(1) くみこ⋆

江戸時代後期の女性。和歌。徳川(田安)家の奥女中。文化11年刊、中山忠雄・河田正致編『柿本社奉納和歌集』に載る。

¶江表(組子(東京都))

組子(2) くみこ⋆

江戸時代末期の女性。和歌。田代又右衛門の娘。安政4年刊、黒沢翁満編『類題採風集』二一上に載る。

¶江表(組子(大阪府))

組女 くみじょ⋆

江戸時代後期の女性。俳諧。川之江の人。享和2年序、桑村郡の俳人一得斎埋蛇編『俳諧友千鳥』に載る。

¶江表(組女(愛媛県))

組屋六郎左衛門* くみやろくろうざえもん

安土桃山時代〜江戸時代前期の若狭小浜の豪商。

¶コン

くめ(1)

江戸時代中期の女性。和歌。石川氏重の娘。宝永6年奉納、平間長雅編「住吉社奉納千首和歌」に載る。

¶江表(くめ(山口県))

くめ(2)

江戸時代中期の女性。俳諧。宝永3年成立、堀部魯九編『春の鹿』に載る。

¶江表(くめ(熊本県))

くめ(3)

江戸時代後期の女性。訴訟。文化3年に原之郷の寡婦くめが、亡夫の村医師丈右衛門家を家督相続無効で訴えた。

¶江表(くめ(群馬県))

くめ(4)

江戸時代後期の女性。俳諧。甲斐の人。文化10年刊、山下百二編、百童3回忌追善集『反故さがし』に載る。

¶江表(くめ(山梨県))

クメ

江戸時代中期の女性。教育。幕臣市川氏。天明5年、駿河台鈴木町に御家流筆道指南所を開く。

¶江表(クメ(東京都))

久米(1) くめ⋆

江戸時代前期の女性。俳諧。加賀金沢の神戸友琴の妻。延宝8年刊、神戸友琴撰『白根草』に載る。

¶江表(久米(石川県))

久米(2) くめ⋆

江戸時代中期の女性。俳諧。尾張熱田の俳人鷗白の妻。元禄6年刊、蕉門の沢露川編『流川集』に載る。

¶江表(久米(愛知県))

久米(3) くめ⋆

江戸時代中期の女性。和歌。伯耆米子の村河勝和の妻。正徳1年跋、勝部芳房編『佐陀大社奉納神始言吹草』に載る。

¶江表(久米(鳥取県))

久米(4) くめ⋆

江戸時代中期の女性。和歌。安芸広島藩士原九十郎の妻。宝暦4年6月、有栖川宮職仁親王の門下に入る。

¶江表(久米(広島県))

久米(5) くめ⋆

江戸時代後期の女性。俳諧。寛政12年刊、不舎観其水ほか編、神谷玄武坊の三周忌追悼集『梅香炉』に載る。

¶江表(久米(山形県))

久米(6) くめ⋆

江戸時代末期の女性。和歌。播磨姫路の関見理の妻。安政6年刊、秋元安民編『類題青藍集』に載る。

¶江表(久米(兵庫県))

久米(7) くめ⋆

江戸時代末期〜明治時代の女性。俳諧。深谷神社の明治6年の俳句奉納額に載る。

¶江表(久米(神奈川県))

久米栄左衛門(久米衛左衛門) くめえいざえもん

⇒久米通賢(くめみちかた)

久米尾　くめお＊
江戸時代後期の女性。和歌。会津藩の奥女中。嘉永4年序、鈴木直磨編『八十番歌合』に載る。
¶江表（久米尾（福島県））

来目皇子　くめおうじ
⇒来目皇子（くめのみこ）

粂樹　くめき
江戸時代末期の女性。和歌。西安堵村観音堂の尼。安政6年刊、伴林光平編『垣内摘草』に載る。
¶江表（粂樹（奈良県））

久米邦武　くめくにたけ
天保10（1839）年〜昭和6（1931）年　江戸時代末期〜大正時代の佐賀藩士、歴史学者。
¶思想、新能（㋐天保10（1839）年7月11日　㋚昭和6（1931）年2月24日）、全幕、地理、山小（㋐1839年7月11日　㋚1931年2月24日）

久米玄蕃助＊　くめげんばのすけ
生没年不詳　戦国時代の北条氏の家臣。
¶後北（玄蕃助〔久米（1）〕　げんばのすけ）

くめ子　くめこ＊
江戸時代後期の女性。和歌。佐賀藩主鍋島重茂の後室円諦院付の侍女。文化5年頃、真田幸弘編「御ことほきの記」に載る。
¶江表（くめ子（佐賀県））

久米子⑴　くめこ＊
江戸時代中期の女性。和歌。出雲安来の飛田幸伯の娘。正徳1年跋、勝部芳房編『佐陀大社奉納神始言吹草』に載る。
¶江表（久米子（島根県））

久米子⑵　くめこ＊
江戸時代中期の女性。和歌。天明6年、土佐藩藩士谷真潮60歳の「賀歌集」に載る。
¶江表（久米子（高知県））

久米子⑶　くめこ＊
江戸時代後期の女性。和歌。愛宕下藪小路住の奥医師津軽意伯健寿の妻。文化5年頃、真田幸弘編「御ことほきの記」に載る。
¶江表（久米子（東京都））

久米子⑷　くめこ＊
江戸時代後期の女性。和歌。筑前山鹿村の農業堀江庄作の娘。
¶江表（久米子（福岡県））

久米子⑸　くめこ＊
江戸時代末期の女性。和歌。旗本酒井忠譖（姫路藩主酒井忠実の五男）の側室。安政4年刊、仲田顕忠編『類題武蔵野集』二に載る。
¶江表（久米子（東京都））

粂子　くめこ＊
江戸時代末期の女性。和歌。入江氏。慶応2年、白石資風序、『さくら山の歌集』に載る。
¶江表（粂子（山口県））

くめ女⑴　くめじょ＊
江戸時代後期の女性。俳諧。能代の人。寛政9年成立、吉川五明序「早苗うた」に載る。
¶江表（くめ女（秋田県））

くめ女⑵　くめじょ＊
江戸時代後期の女性。俳諧。天保8年序、冬至庵庚年編「落穂集」（『俳諧七部』の内）に載る。

¶江表（くめ女（東京都））

久米女　くめじょ＊
江戸時代中期の女性。和歌。旗本伊奈忠往の娘。元禄16年刊、植山検校江民軒梅之・梅柳軒水之編『歌林尾花末』に載る。
¶江表（久米女（東京都））

粂女　くめじょ＊
江戸時代末期の女性。俳諧。安積郡富田村の人。文久3年の「多代女米寿祝摺」に載る。
¶江表（粂女（福島県））

久米大膳亮＊　くめだいぜんのすけ
生没年不詳　戦国時代の武士。武蔵児玉党。
¶後北（大膳亮〔久米（2）〕　だいぜんのすけ）

久米長量＊　くめながかず
寛政5（1793）年〜安政6（1859）年　江戸時代末期の水戸藩士。
¶幕末（㋚安政6（1859）年9月19日）

久米朝臣広縄　くめのあそみひろなわ
⇒久米広縄（くめのひろなわ）

久米朝臣広縄　くめのあそんひろただ
⇒久米広縄（くめのひろなわ）

来目皇子　くめのおうじ
⇒来目皇子（くめのみこ）

久米王　くめのおおきみ
⇒来目皇子（くめのみこ）

来目臣塩籠＊　くめのおみしおこ
？〜672年　㋛来目塩籠（くめのしおこ）　飛鳥時代の壬申の乱の際の河内守。
¶古代

久米尾張麻呂　くめのおわりまろ
飛鳥時代の官人。
¶古人（生没年不詳）

久免方　くめのかた
⇒お久免の方（おくめのかた）

久米若売　くめのかわめ
⇒久米若売（くめわかめ）

久米子虫　くめのこむし
奈良時代の官人。
¶古人（生没年不詳）

来目塩籠　くめのしおこ
⇒来目臣塩籠（くめのおみしおこ）

久米滋延　くめのしげのぶ
平安時代中期の官人。
¶古人（生没年不詳）

久米仙人＊（久米の仙人）　くめのせんにん
伝説上の仙人。
¶古人、古代、コン

久米舎人妹女　くめのとねりいもめ
奈良時代の女性。
¶女史（生没年不詳）

久米広縄　くめのひろただ
⇒久米広縄（くめのひろなわ）

久米広縄＊　くめのひろなわ
㋛久米朝臣広縄（くめのあそみひろなわ，くめのあ

そんひろただ），久米広縄（くめのひろただ，くめひろつな）　奈良時代の万葉歌人。
¶古人（くめのひろただ　生没年不詳），古代（久米朝臣広縄　くめのあそんひろただ）

久米平内* くめのへいない
？～天和3（1683）年　江戸時代前期の武士。
¶コン

久米真上 くめのまがみ
奈良時代の官人。
¶古人（生没年不詳）

久米麻呂 くめのまろ
奈良時代の官人。
¶古人（生没年不詳）

来目皇子* くめのみこ
？～推古11（603）年　[別]来目皇子（くめおうじ，くめのおうじ），久米王（くめのおおきみ）　飛鳥時代の用明天皇の皇子、撃新羅将軍。
¶古人（くめおうじ），古代，古物，コン，対外（くめのおうじ），天皇（[没]推古11（603）年2月4日），天皇（久米王　くめのおおきみ）

久米岑雄 くめのみねお
⇒久米連岑雄（くめのむらじみねお）

久米連岑雄* くめのむらじみねお
[別]久米岑雄（くめのみねお）　平安時代前期の郡司。
¶古人（久米岑雄　くめのみねお　生没年不詳），古代

久米連若女 くめのむらじわかめ
⇒久米若売（くめわかめ）

久米若女（久米若売）　くめのわかめ
⇒久米若売（くめわかめ）

久米広縄 くめひろつな
⇒久米広縄（くめのひろなわ）

久米部当人* くめべのあてひと
？～弘仁7（816）年？　[別]久米部当人（くめべのまさひと）　奈良時代～平安時代前期の上総国夷灊郡の税長。
¶古人（くめべのまさひと）

来目部小楯 くめべのおたて
⇒伊与来目部小楯（いよのくめべのおたて）

久米部当人 くめべのまさひと
⇒久米部当人（くめべのあてひと）

粂部正親*（久米部正親）　くめべまさちか
天保12（1841）年～明治43（1910）年9月25日　江戸時代末期～明治時代の新撰組隊士。
¶新隊（久米部正親　[生]天保12（1841）年4月17日），全幕，幕末（[生]天保12（1841）年4月17日）

久米通賢* くめみちかた
安永9（1780）年～天保12（1841）年5月7日　[別]久米栄左衛門，久米衛左衛門（くめえいざえもん）　江戸時代後期の科学者、造兵家。塩田の開発者。
¶江人（久米栄左衛門　くめえいざえもん），科学，コン（久米栄左衛門　くめえいざえもん），コン

久米幹文* くめもとぶみ
文政11（1828）年～明治27（1894）年11月10日　江戸時代末期～明治時代の歌人、国学者、東京大学講師、第一高等中学校教授。保守系の歌文学会（大八洲学会）の会主となり、古典派歌人として重きをなした。
¶幕末（[生]文政11（1828）年10月20日）

久米義広* くめよしひろ
？～天文23（1554）年　戦国時代の武将。
¶全戦（[没]天文22（1553）年）

久米若売* くめわかめ
？～宝亀11（780）年　[別]久米若売（くめのかわめ，くめのわかめ），久米連若女（くめのむらじわかめ），久米若女（くめのわかめ）　奈良時代の女性。正六位上久米連奈保麻呂の娘。
¶古人（久米若女　くめのわかめ），古代（久米連若女　くめのむらじわかめ），女史（くめのわかめ）

雲井*（1）　くもい
生没年不詳　江戸時代の女性。江戸吉原三浦屋の遊女。
¶江表（雲井（東京都））

雲井*（2）　くもい
生没年不詳　江戸時代後期の女性。江戸吉原金井三左衛門抱えの遊女。
¶江表（雲井（東京都））

雲井（3）　くもい★
江戸時代後期の女性。和歌。新吉原角町の中万字屋抱えの遊女。文政9年刊、中万字屋節度編の玉菊100回忌追善集『百羽かき』に載る。
¶江表（雲井（東京都））

雲井田新兵衛 くもいだしんべえ
⇒小島弥太郎（こじまやたろう）

雲井竜雄*（雲井龍雄）　くもいたつお
弘化1（1844）年～明治3（1870）年　江戸時代末期～明治時代の米沢藩士。戊辰戦争敗残者の収容を名目に政府転覆を企てたが発覚し、小塚原で斬罪。
¶江人，コン（雲井龍雄），詩作（雲井龍雄　[生]弘化1（1844）年3月25日　[没]明治3（1871）年2月28日），思想，日文（雲井龍雄），幕末（雲井龍雄　[生]弘化1（1844）年3月25日　[没]明治3（1871）年12月28日）

雲風亀吉 くもかぜのかめきち
⇒平井亀吉（ひらいかめきち）

雲津水国* くもつすいごく，くもつすいこく
天和2（1682）年～享保19（1734）年　[別]水国（すいこく）　江戸時代中期の俳人。
¶俳文（水国　すいこく　[没]享保19（1734）年5月8日）

公文重忠* くもんしげただ
生没年不詳　戦国時代の武将。
¶全戦

公文藤蔵* くもんとうぞう
？～明治2（1869）年　江戸時代末期の兵法家。
¶幕末

久代子・くよ子 くよこ★
江戸時代末期の女性。和歌。多賀谷氏。
¶江表（久代子・くよ子（秋田県）　[没]安政2（1855）年）

くら（1）
江戸時代中期の女性。和歌。播磨の人。宝暦7年天川友親編『播陽名処古昔集』に載る。
¶江表（くら（兵庫県））

くら（2）
江戸時代後期の女性。俳諧。美濃の人か。文化4年刊、周和編『落葉集』に載る。
¶江表（くら（岐阜県））

久羅　くら★
江戸時代中期の女性。俳諧。福井藩士川地権内の娘。享保20年刊、青了閣六枳ほか編『卯花笠集』に載る。
¶江表（久羅（福井県））

久良　くら★
江戸時代末期～明治時代の女性。画。川原町の関東屋の娘。明治39年に奉納された飯盛山栄螺堂本朝二十四孝図中の「擘額図」を描いた。
¶江表（久良（福島県））

倉石典太*　くらいしてんた
文化12（1815）年～明治9（1876）年　[別]倉石侗窩（くらいしとうか，くらいしどうか）　江戸時代末期～明治時代の儒学者。
¶幕末（倉石侗窩　くらいしどうか　[生]文化12（1815）年8月17日　[没]明治9（1876）年3月9日）

倉石侗窩　くらいしとうか，くらいしどうか
⇒倉石典太（くらいしてんた）

倉墻直麻呂*　くらかきのあたいまろ
[別]倉墻麻呂（くらかきのまろ，くらがきのまろ）　飛鳥時代の武将。
¶古人（倉墻麻呂　くらがきのまろ　生没年不詳），古代

蔵垣家麻呂　くらがきのいえまろ
奈良時代の官人。阿智使主の子孫。
¶古人（生没年不詳）

蔵垣長清　くらがきのながきよ
平安時代後期の官人。
¶古人（生没年不詳）

蔵垣宣雅　くらがきののぶまさ
平安時代中期の官人。
¶古人（生没年不詳）

倉墻麻呂　くらかきのまろ，くらがきのまろ
⇒倉墻直麻呂（くらかきのあたいまろ）

鞍懸寅二郎*（鞍懸寅次郎）　**くらかけとらじろう**
天保5（1834）年～明治4（1871）年8月13日　[別]鞍懸吉寅（くらかけよしとら）　江戸時代末期～明治時代の播磨赤穂藩足軽。
¶コン（鞍懸吉寅　くらかけよしとら），幕末（[生]天保5（1834）年4月2日）

鞍懸吉寅　くらかけよしとら
⇒鞍懸寅二郎（くらかけとらじろう）

倉賀野家吉　くらがのいえよし
⇒倉賀野秀景（くらがのひでかげ）

倉賀野秀景*　くらがのひでかげ
？～天正18（1590）年　[別]金井秀景（かないひでかげ），倉賀野家吉（くらがのいえよし）　安土桃山時代の武将。武田氏家臣、後北条氏家臣。
¶織田（倉賀野家吉　くらがのいえよし　[没]天正18（1590）年7月27日），後北（家吉〔倉賀野〕　いえよし）

工楽松右衛門*　くらくまつえもん
寛保3（1743）年～文化9（1812）年8月　[別]工楽松右衛門（こうらくまつえもん）　江戸時代後期の播磨姫路藩士、造船技師。松右衛門帆を考案。
¶科学，コン（こうらくまつえもん）

くら子（1）　**くらこ★**
江戸時代後期の女性。和歌。谷中の医師中山玄玄の妻。
¶江表（くら子（東京都））

くら子（2）　**くらこ★**
江戸時代後期の女性。和歌。広嶺神社神主谷主税政英の妻。天保9年に本居内遠に入門。
¶江表（くら子（兵庫県））

庫子　くらこ★
江戸時代末期の女性。旅日記。長門長州藩13代藩主毛利敬親の室都美付の老女。
¶江表（庫子（山口県））

倉子（1）　**くらこ★**
江戸時代の女性。和歌。山本氏。明治8年刊、橘東世子編『明治歌集』に載る。
¶江表（倉子（東京都））

倉子（2）　**くらこ★**
江戸時代中期の女性。和歌。駿河島田の桑原仁右衛門の娘。宝暦12年刊、村上影面編『続采藻編』に載る。
¶江表（倉子（静岡県））

蔵子　くらこ★
江戸時代末期～明治時代の女性。教育。馬場町の臼井蔵主の娘。
¶江表（蔵子（栃木県）　[没]明治37（1904）年）

倉崎権兵衛*　くらさきごんべえ
？～元禄7（1694）年　[別]権兵衛（ごんべえ）　江戸時代前期の陶工。出雲の楽山焼の開祖。
¶美工

倉沢義随*　くらさわぎずい
天保3（1832）年～大正10（1921）年7月22日　江戸時代末期～大正時代の庄屋、酒造屋・神官。小野村戸長、開産社社長、矢彦神社神官などの任につく。
¶幕末（[生]天保3（1832）年11月24日）

倉沢平治右衛門　くらさわへいじうえもん
⇒倉沢平次右衛門（くらさわへいじえもん）

倉沢平次右衛門*（倉沢平治右衛門）　**くらさわへいじえもん**
文政8（1825）年～明治33（1900）年　[別]倉沢平治右衛門（くらさわへいじうえもん）　江戸時代末期～明治時代の陸奥会津藩士。
¶幕末（倉沢平治右衛門　[没]明治33（1900）年12月10日）

倉沢与五右衛門　くらさわよごえもん
戦国時代の川口の番匠。
¶武田（生没年不詳）

鞍橋君*　くらじのきみ
飛鳥時代の筑紫の国造。
¶古代

くら女（1）　**くらじょ★**
江戸時代後期の女性。俳諧。遊女。文政4年、青隠跋『七夕後集』に載る。
¶江表（くら女（東京都））

くら女（2）　**くらじょ★**
江戸時代後期の女性。俳諧。若狭小浜の人。文政5年刊、双渓楼吐龍編『俳諧桜仏』に載る。
¶江表（くら女（福井県））

くら女（3）　**くらじょ★**
江戸時代後期の女性。俳諧。延岡の人。天保12年序、五木編『多計都恵集』に載る。
¶江表（くら女（宮崎県））

くら女(4)　くらじょ*
　江戸時代末期の女性。和歌。神田弥右衛門正清の娘か。安政7年跋、蜂屋光世編『大江戸倭歌集』に載る。
　¶江表(くら女(東京都))

く良女　くらじょ*
　江戸時代末期の女性。和歌。伊豆木の領主で旗本小笠原家の家臣上田正名善平の妻。夫妻で領主小笠原長裕に和歌を学ぶ。
　¶江表(く良女(長野県))

久良女　くらじょ*
　江戸時代末期の女性。和歌。出雲松江藩士今村氏の娘。文久2年序、西田惟恒編『文久二年八百首』に載る。
　¶江表(久良女(島根県))

庫女　くらじょ*
　江戸時代後期の女性。和歌。長門長州藩藩士竹中織部の娘。
　¶江表(庫女(山口県)　㋭嘉永3(1850)年)

倉女　くらじょ*
　江戸時代後期～明治時代の女性。和歌。尾張津島の津島神社神職堀田之介の妻。
　¶江表(倉女(愛知県)　㋭天明8(1788)年　㋰明治8(1875)年)

内蔵全成　くらぜんせい
　⇒内蔵全成(くらのまたなり)

蔵田幾之進*　くらたいくのしん
　天保1(1830)年～文久3(1863)年　江戸時代末期の長州(萩)藩士。
　¶幕末(㋕文政13(1830)年2月23日　㋰文久3(1863)年8月17日)

倉田績*　くらたいさお
　文政10(1827)年～大正8(1919)年4月2日　㋷倉田績(くらたつむぐ)　江戸時代末期～大正時代の陽明学者。陽明学の塾を開き多くの弟子を育てる。
　¶幕末(くらたつむぐ　㋕文政10(1827)年7月20日)

蔵田花女*　くらたかじょ
　明和2(1765)年～寛政12(1800)年　㋷蔵田花女(くらたはなこ)　江戸時代中期～後期の女性。歌人。
　¶江表(花子(京都府))

黒田一成　くらだかずしげ
　⇒黒田美作(くろだみまさか)

倉田葛三　くらたかっさん、くらたかつさん
　⇒葛三(かつさん)

蔵田五郎左衛門*　くらたごろうざえもん
　生没年不詳　戦国時代の武士。上杉氏家臣。
　¶コン

蔵田静男*(蔵田静雄)　くらたしずお
　天保6(1835)年～元治1(1864)年　江戸時代末期の長州(萩)藩寄組。
　¶幕末(㋰元治1(1864)年7月19日)

倉田績　くらたつむぐ
　⇒倉田績(くらたいさお)

鞍谷民部少輔*　くらたにみんぶのしょう
　生没年不詳　安土桃山時代の織田信長の家臣。
　¶織田

蔵田花子　くらたはなこ
　⇒蔵田花女(くらたかじょ)

蔵田屋清右衛門　くらたやせいえもん
　江戸時代後期～明治時代の土木業者。
　¶幕末(㋕天保5(1834)年10月　㋰明治16(1883)年7月)

倉地源左衛門尉*　くらちげんざえもんのじょう
　生没年不詳　戦国時代の北条氏の家臣。
　¶後北(源左衛門尉(倉地・蔵地)　げんざえもんのじょう)

倉地察通*　くらちさつ
　宝暦4(1754)年～文化8(1811)年　江戸時代中期～後期の女性。歌人。
　¶江表(察通女(岡山県)　さつじょ)

倉地忠見　くらちただみ
　江戸時代中期の幕臣。
　¶徳人(㋕1706年　㋰1765年)

倉地満済　くらちまずみ
　江戸時代中期の幕臣。
　¶徳人(㋕1741年　㋰?)

鞍作鳥　くらつくりとり
　⇒鞍作鳥(くらつくりのとり)

鞍部堅貴*　くらつくりのけんき
　上代の新漢。
　¶古代

鞍部司馬達等　くらつくりのしばたっと
　⇒司馬達等(しばたっと)

鞍作司馬達等　くらつくりのしばたっとな
　⇒司馬達等(しばたっと)

鞍部村主司馬達等　くらつくりのすぐりしばたっと
　⇒司馬達等(しばたっと)

桉作村主益人　くらつくりのすぐりますひと
　⇒桉作益人(くらつくりますひと)

鞍作多須奈*(鞍部多須奈)　くらつくりのたすな
　生没年不詳　㋷徳斎(とくさい)、徳斉(とくせい)　飛鳥時代の仏師、僧。
　¶古代(鞍部多須奈)、古物、コン、美建

鞍作得志*　くらつくりのとくし
　飛鳥時代の遣高句麗留学生。
　¶古代

鞍作徳積(鞍部徳積)　くらつくりのとくしゃく
　⇒徳積(とくしゃく)

鞍作鳥*(鞍作止利)　くらつくりのとり
　生没年不詳　㋷鞍作鳥(くらつくりとり)、止利(とり)、止利仏師(とりぶっし)　飛鳥時代の仏師。止利派の祖。
　¶古人、古代、古物、コン、対外、美建、山小

鞍作福利*　くらつくりのふくり
　生没年不詳　飛鳥時代の廷臣。遣隋使通事。
　¶古代、コン、対外

桉作益人(鞍造益人)　くらつくりのますひと
　⇒桉作益人(くらつくりますひと)

桉作益人*　くらつくりますひと
　㋷桉作村主益人(くらつくりのすぐりますひと)、桉作益人、鞍造益人(くらつくりのますひと)　奈良

時代の官人、歌人。
¶古人(鞍造益人　くらつくりのますひと　生没年不詳)，古代(桜作村主益人　くらつくりのすぐりますひと)

倉次亨＊　くらなみとおる
文政12(1829)年～明治38(1905)年　江戸時代末期～明治時代の公益家。士族救済のため同協社創設、茶畑をつくる。
¶幕末([没]明治38(1905)年1月18日)

内蔵朝臣有永＊　くらのあそんありなが
[別]内蔵有永(くらのありなが)　平安時代前期の官人。
¶古人(内蔵有永　くらのありなが　生没年不詳)，古代

内蔵有孝　くらのありたか
平安時代中期の官人。
¶古人(生没年不詳)

内蔵有永　くらのありなが
⇒内蔵朝臣有永(くらのあそんありなが)

椋家長＊　くらのいえぎみ
「日本霊異記」の作中人物。
¶コン

内蔵忌寸縄麻呂＊　くらのいみきただまろ
[別]内蔵忌寸縄麻呂(くらのいみきなわまろ)，内蔵縄麻呂(くらのなわまろ)　奈良時代の官人、歌人。
¶古人(内蔵縄麻呂　くらのなわまろ　生没年不詳)，古代

内蔵忌寸縄麻呂　くらのいみきなわまろ
⇒内蔵忌寸縄麻呂(くらのいみきただまろ)

内蔵忌寸全成　くらのいみきまたなり
⇒内蔵全成(くらのまたなり)

内蔵石女　くらのいわめ
生没年不詳　平安時代中期の筑前国志麻郡板持荘の住人。
¶古人，対外

蔵氏任　くらのうじとう
平安時代中期の官人。
¶古人(生没年不詳)

内蔵賀茂麻呂＊　くらのかもまろ
生没年不詳　平安時代前期の官人。
¶古人

内蔵国友　くらのくにとも
平安時代後期の官人。
¶古人(生没年不詳)

内蔵倉武　くらのくらたけ
平安時代後期の官人。
¶古人(生没年不詳)

内蔵黒人　くらのくろひと
奈良時代の官人。
¶古人(生没年不詳)

内蔵是隆　くらのこれたか
平安時代中期の官人。
¶古人(生没年不詳)

内蔵成友　くらのしげとも
平安時代後期の官人。
¶古人(生没年不詳)

内蔵全成　くらのぜんせい
⇒内蔵全成(くらのまたなり)

倉野たけ＊　くらのたけ
天正15(1587)年～寛永21(1644)年　江戸時代前期の女性。対馬藩主宗義智の継室。
¶江表(竹(長崎県)　[没]正保1(1644)年)

内蔵武末　くらのたけすえ
平安時代後期の官人。
¶古人(生没年不詳)

内蔵経則　くらのつねのり
平安時代中期～後期の検非違使。
¶古人([生]1035年？　[没]？)

蔵内侍＊　くらのないし
生没年不詳　平安時代前期の女房・歌人。
¶古人

馬内侍　くらのないし
⇒馬内侍(うまのないし)

内蔵永俊　くらのながとし
平安時代後期の官人。
¶古人(生没年不詳)

内蔵縄麻呂　くらのなわまろ
⇒内蔵忌寸縄麻呂(くらのいみきただまろ)

内蔵文利　くらのふみとし
平安時代中期の官人。有興の子。土佐権守藤原佐忠の男と詐って従五位下に叙された。
¶古人(生没年不詳)

内蔵全成＊　くらのまたなり
生没年不詳　[別]内蔵全成(くらぜんせい，くらのぜんせい)，内蔵忌寸全成(くらのいみきまたなり)　奈良時代の官人。伊治呰麻呂の乱の征東副使。
¶古人，古代(内蔵忌寸全成　くらのいみきまたなり)，コン(くらのぜんせい)

内蔵命婦＊　くらのみょうぶ
平安時代中期の女房。藤原道長男の教通の乳母。
¶古人(生没年不詳)

内蔵良道　くらのよしみち
平安時代後期の官人。
¶古人(生没年不詳)

倉稚綾姫皇女　くらのわかあやひめのみこ
⇒倉稚綾姫皇女(くらのわかやひめのこうじょ)

倉稚綾姫皇女　くらのわかあやひめみこ
⇒倉稚綾姫皇女(くらのわかやひめのこうじょ)

内蔵若人　くらのわかひと
奈良時代の官人。仲麻呂追討の功により外従五位下。
¶古人(生没年不詳)

倉稚綾姫皇女＊　くらのわかやひめのこうじょ
[別]倉稚綾姫皇女(くらのわかあやひめのみこ，くらのわかあやひめみこ，くらわかあやひめのこうじょ)　上代の女性。宣化天皇の皇女。
¶天皇(くらのわかあやひめみこ)

倉橋有儀＊　くらはしありよし
元文3(1738)年6月4日～天明4(1784)年7月24日　江戸時代中期の公家(非参議)。権大納言綾小路俊宗の次男。
¶公卿，公家(有儀〔倉橋家〕　ありよし)

椋橋部家長＊　くらはしべのいえなが
生没年不詳　平安時代前期の明法家。

¶コン

倉橋部女王　くらはしべのおおきみ
⇒倉橋部女王（くらはしべのじょおう）

倉橋部公兼　くらはしべのきみかね
平安時代中期の官人。
¶古人（生没年不詳）

倉橋部女王*　くらはしべのじょおう
[別]倉橋部女王（くらはしべのおおきみ，くらはしべのひめみこ）　奈良時代の女性。万葉歌人。
¶古代（くらはしべのおおきみ）

倉橋部女王　くらはしべのひめみこ
⇒倉橋部女王（くらはしべのじょおう）

倉橋部広人*　くらはしべのひろひと
奈良時代の力田者の一人。
¶古代

倉橋政勝　くらはしまさかつ
安土桃山時代～江戸時代前期の幕臣。
¶徳人（[生]1570年　[没]1615年）

倉橋政長　くらはしまさなが
安土桃山時代～江戸時代前期の代官。
¶徳代（[生]天正2（1574）年　[没]正保2（1645）年1月23日）

倉橋泰章*　くらはしやすあき
貞享4（1687）年3月21日～宝暦3（1753）年9月14日　江戸時代中期の公家（非参議）。非参議倉橋泰貞の子。
¶公卿，公家（泰章〔倉橋家〕　やすあき）

倉橋泰貞*　くらはしやすさだ
寛文8（1668）年1月16日～寛延1（1748）年10月25日　江戸時代中期の公家（非参議）。非参議倉橋泰吉の孫。
¶公卿，公家（泰貞〔倉橋家〕　やすさだ）

倉橋泰孝*　くらはしやすたか
正徳5（1715）年1月22日～寛延2（1749）年3月9日　江戸時代中期の公家（非参議）。非参議倉橋泰章の子。
¶公卿，公家（泰孝〔倉橋家〕　やすたか）

倉橋泰顕*　くらはしやすてる
天保6（1835）年～明治43（1910）年　江戸時代末期～明治時代の公家。非参議。条約幕府委任反対、横浜鎖港督促要請。
¶公卿（[生]天保6（1835）年7月29日　[没]明治43（1910）年8月），公家（泰顕〔倉橋家〕　やすてる　[生]天保6（1835）年7月29日　[没]明治43（1910）年8月19日），幕末（[生]天保6（1835）年7月29日　[没]明治43（1910）年8月19日）

倉橋泰聡*　くらはしやすとし
文化12（1815）年～明治14（1881）年　江戸時代末期～明治時代の公家（非参議）。非参議倉橋泰行の子。
¶公卿（[生]文化12（1815）年2月2日　[没]明治14（1881）年9月），公家（泰聡〔倉橋家〕　やすとし　[生]文化12（1815）年2月2日　[没]明治14（1881）年9月14日），幕末（[生]文化12（1815）年2月2日　[没]明治14（1881）年9月14日）

倉橋泰行*　くらはしやすゆき
安永8（1779）年6月17日～安政5（1858）年12月20日　江戸時代後期の公家（非参議）。非参議倉橋有儀の次男。
¶公卿，公家（泰行〔倉橋家〕　やすゆき）

倉橋泰吉*　くらはしやすよし
慶長4（1599）年2月26日～寛文10（1670）年9月17日　江戸時代前期の公家（非参議）。倉橋家の祖。土御門久脩の次男。
¶公卿，公家（泰吉〔倉橋家〕　やすよし）

倉林越後守　くらばやしえちごのかみ
安土桃山時代の上野国衆長井政実の家臣。
¶武田（生没年不詳）

倉林政重　くらばやしせいちょう
江戸時代前期の関東代官。
¶徳代（生没年不詳）

倉林則房　くらばやしのりふさ
戦国時代～江戸時代前期の関東代官。北条家旧臣。
¶徳代（[生]天文20（1551）年　[没]寛永3（1626）年8月）

倉林房転　くらばやしふさひろ
江戸時代中期～後期の幕臣。
¶徳人（[生]1754年　[没]1830年）

倉林政次　くらばやしまさつぐ
安土桃山時代の上野国衆長井政実の家臣。武蔵国児玉郡金谷の土豪で、細工大工棟梁。
¶後北（政次〔倉林〕　まさつぐ），武田（生没年不詳）

蔵原時延　くらはらのときのぶ
平安時代中期の肥後守高階成章の郎等。
¶古人（生没年不詳）

椋部秦久麻　くらひとべのはたのくま
⇒椋部秦久麻（くらべのはたのくま）

倉淵玉鳳*　くらふちぎょくほう
安永9（1780）年～文久3（1863）年　[別]玉鳳（ぎょくほう）　江戸時代後期の画家。
¶美画（[没]文久3（1863）年5月17日）

椋部秦久麻　くらべのはたくま
⇒椋部秦久麻（くらべのはたのくま）

椋部秦久麻*　くらべのはたのくま
生没年不詳　[別]椋部秦久麻（くらひとべのはたのくま，くらべのはたくま）　飛鳥時代の技官。
¶古人，古代，コン（くらべのはたくま）

久羅麻致支弥*　くらまちきみ
上代の百済への使者。
¶古代

倉光成澄　くらみつなりずみ
平安時代後期の加賀国の武士。
¶平家（[生]？　[没]寿永2（1183）年）

倉見別*　くらみわけ
上代の犬上君の祖。
¶古代

車持千年*　くらもちのちとせ
[別]車持朝臣千年（くるまもちのあそみちとせ，くるまもちのあそんちとせ），車持千年（くるまもちのちとせ）　奈良時代の万葉歌人。
¶古代（車持朝臣千年　くるまもちのあそんちとせ）

倉山田石川麻呂　くらやまだのいしかわまろ
⇒蘇我倉山田石川麻呂（そがのくらやまだいしかわまろ）

倉稚綾姫皇女　くらわかあやひめのこうじょ
⇒倉稚綾姫皇女（くらのわかやひめのこうじょ）

くり (1)
江戸時代中期の女性。俳諧。備中倉敷の商家宮崎屋井上次左衛門の娘。
¶江表（くり（岡山県）　[没]享保9（1724）年）

くり (2)
江戸時代後期の女性。俳諧。鴻巣の人。寛政2年跋、可楽庵桃路編『華鳥風月集』に載る。
¶江表（くり（埼玉県））

栗生顕友*　くりうあきとも
生没年不詳　[別]栗生顕友（くりゅうあきとも）　南北朝時代の武士。
¶室町（くりゅうあきとも）

栗隈王*　くりくまおう
？～天武5（676）年6月　[別]栗隈王（くりくまのおおきみ，くるくまおう，くるくまのおおきみ）　飛鳥時代の官吏。敏達天皇の皇孫。
¶古人，古代（くるくまのおおきみ），古物（くるくまのおおきみ），コン（くりくまのおおきみ）

栗隈王　くりくまのおおきみ
⇒栗隈王（くりくまおう）

庫子　くりこ
江戸時代後期の女性。書。京都の歌人香川景樹の姪。景樹が妻の死を悼んで書いた天保2年序の日記を清書した。
¶江表（庫子（京都府））

栗崎道有（――〔2代〕）**　くりさきどうう**
⇒栗崎道有（くりさきどうゆう）

栗崎道喜〔1代〕*　くりさきどうき
*～慶安4（1651）年　江戸時代前期の外科医。南蛮外科栗崎流の開祖。
¶江人（代数なし　[生]1582年），科学（[生]天正10（1582）年　[没]慶安4（1651）年12月30日），コン（代数なし　[生]永禄11（1568）年），対外（代数なし　生没年不詳）

栗崎道有*　くりさきどうゆう
万治3（1660）年～享保11（1726）年　[別]栗崎道有，栗崎道有〔2代〕（くりさきどうう）　江戸時代前期～中期の幕府の医官。
¶科学（――〔2代〕　くりさきどうう　[没]享保11（1726）年10月20日），コン（くりさきどうう　[生]寛文4（1664）年？），徳人

栗栖王　くりすおう
⇒栗栖王（くるすのおおきみ）

栗栖調平*　くりすちょうへい
天明2（1782）年～明治2（1869）年　江戸時代後期の人。籾殻の木炭代用方を考案。
¶幕末（[没]明治2（1869）年12月）

栗栖天山*　くりすてんざん
天保10（1839）年～慶応3（1867）年　[別]栗栖天山（くるすてんざん），栗栖平次郎，来栖平次郎（くるすへいじろう）　江戸時代末期の武士。周防国吉川家臣。
¶幕末（[生]天保10（1839）年8月10日　[没]慶応2（1867）年12月9日）

栗栖備後　くりすびんご
安土桃山時代の織田信長の家臣。
¶織田（[生]？　[没]天正10（1582）年6月2日）

栗田永寿*（――〔2代〕）**　くりたえいじゅ**
*～正保3（1646）年　安土桃山時代～江戸時代前期の信濃国衆。
¶武田（――〔2代〕　[生]天正2（1574）年　[没]正保3（1646）年2月3日）

栗田永寿〔1代〕　くりたえいじゅ
戦国時代の善光寺別当。
¶武田（生没年不詳）

栗田鶴寿*　くりたかくじゅ
天文20（1551）年？～天正9（1581）年3月22日　戦国時代～安土桃山時代の信濃国衆。
¶武田（[生]天文20（1551）年）

栗田久巴*　くりたきゅうは
生没年不詳　[別]栗田久巴（くりたひさとも）　江戸時代前期の和算家。
¶数学（くりたひさとも）

栗田国時　くりたくにとき
安土桃山時代の武田氏・上杉氏の家臣。
¶武田（[生]？　[没]慶長5（1600）年？）

栗田源左衛門*　くりたげんざえもん
文政11（1828）年～慶応1（1865）年　[別]原竜之介（はらりゅうのすけ）　江戸時代末期の水戸藩属吏。
¶コン，幕末（[没]元治2（1865）年2月15日）

栗田重造*　くりたじゅうぞう
江戸時代末期の新撰組隊士。
¶新隊（生没年不詳）

栗田樗堂　くりたちょどう
⇒樗堂（ちょどう）

栗田直政*　くりたなおまさ
文化4（1807）年～明治24（1891）年10月24日　江戸時代末期～明治時代の神官、国学者。
¶幕末

栗田宜貞*　くりたのぶさだ
生没年不詳　江戸時代後期の幕臣・和算家。
¶数学

栗田八郎兵衛*　くりたはちろうべえ
天保2（1831）年～慶応1（1865）年　[別]栗田八郎兵衛（くりたはちろべえ）　江戸時代末期の水戸藩士。
¶幕末（くりたはちろべえ　[没]元治2（1865）年4月5日）

栗田八郎兵衛　くりたはちろべえ
⇒栗田八郎兵衛（くりたはちろうべえ）

栗田彦兵衛　くりたひこひょうえ
安土桃山時代の高天神籠城衆。
¶武田（[生]？　[没]天正9（1581）年3月22日）

栗田久巴　くりたひさとも
⇒栗田久巴（くりたきゅうは）

栗田土満*　くりたひじまろ
元文2（1737）年～文化8（1811）年　江戸時代中期～後期の国学者、歌人。
¶コン，思想

栗田寛*　くりたひろし
天保6（1835）年9月14日～明治32（1899）年　江戸時代末期～明治時代の儒学者、歴史学者、帝国大学教授。彰考館で「大日本史」関係の編修にあたる。
¶コン，思想，幕末（[没]明治32（1899）年1月25日）

栗田安之*　くりたやすゆき
生没年不詳　江戸時代中期の和算家。
¶数学

栗田与三* くりたよぞう
天保1(1830)年～明治20(1887)年12月1日　江戸時代末期～明治時代の実業家。興産会社、藍の取引所など創設。三津・大阪間に汽船就航させる。
¶幕末

栗為持 くりのためもち
平安時代後期の官人。
¶古人(生没年不詳)

栗の本可大*(栗本可大)　くりのもとかだい
文化4(1807)年～文久2(1862)年　[別]可大(かだい)　江戸時代末期の俳人。
¶俳文(可大　かだい　[没]文久2(1862)年1月20日)

栗本玉屑 くりのもとぎょくせつ
⇒玉屑(ぎょくせつ)

栗林次兵衛* くりばやしじへえ
生没年不詳　江戸時代前期～中期の水利家。筑後久留米藩の庄屋。
¶コン

栗林庄蔵* くりばやししょうぞう
寛政7(1795)年～明治4(1871)年　江戸時代末期～明治時代の甘藷切り干し創作者。農業、馬力運送を営む。
¶幕末

栗原伊賀守 くりはらいがのかみ
安土桃山時代の北野天神社神主。もと大石道俊・太田資正、のち武蔵国滝山城主北条氏照に属した。
¶後北(伊賀守〔栗原(1)〕　いがのかみ)

栗原市郎左衛門 くりはらいちろうざえもん
江戸時代後期～大正時代の御蔵島役人。
¶幕末([生]天保3(1832)年　[没]大正5(1916)年10月)

栗原右馬助 くりはらうまのすけ
安土桃山時代の武蔵国滝山城主北条氏照家臣近藤綱秀の同心。もと武田家家臣。
¶後北(右馬助〔栗原(2)〕　うまのすけ)

栗原右衛門尉 くりはらえもんのじょう
安土桃山時代の武田氏の家臣。
¶武田(生没年不詳)

栗原治部大輔 くりはらじぶのだゆう
室町時代～戦国時代の武田氏の家臣。
¶武田(生没年不詳)

栗原十三郎 くりはらじゅうざぶろう
安土桃山時代の武田親類衆栗原氏の一門。
¶武田(生没年不詳)

栗原順平* くりはらじゅんぺい
文化14(1817)年～明治13(1880)年　江戸時代後期～明治時代の尊攘運動家。
¶幕末([生]文化14(1817)年4月29日　[没]明治13(1880)年1月23日)

栗原盛清 くりはらせいせい
江戸時代前期の代官。
¶徳代([生]?　[没]元和5(1619)年)

栗原仙之助* くりはらせんのすけ
弘化4(1847)年～明治2(1869)年5月11日　江戸時代後期～明治時代の新撰組隊士。
¶新隊

栗原道台 くりはらどうだい
戦国時代の甲斐東部の国衆栗原氏の一門。
¶武田(生没年不詳)

栗原如心* くりはらにょしん
寛政1(1789)年～万延2(1861)年　江戸時代後期の安芸広島藩士。
¶幕末([没]万延2(1861)年2月17日)

栗原勝子公* くりはらのすぐりこきみ,くりはらのすぐりこぎみ
奈良時代の官人。
¶古代

栗原信明 くりはらのぶあき
戦国時代の武田氏の家臣。
¶武田([生]?　[没]明応2(1493)年4月9日)

栗原信重 くりはらのぶしげ
戦国時代の武田氏の家臣。
¶武田(生没年不詳)

栗原信尊 くりはらのぶたか
戦国時代の甲斐東郡の国衆。
¶武田([生]?　[没]永正3(1506)年2月5日)

栗原信遠 くりはらのぶとお
戦国時代の甲斐東郡の国衆。武田庶流家。
¶武田([生]?　[没]文亀1(1501)年2月27日)

栗原信友 くりはらのぶとも
戦国時代の甲斐東郡の国衆。武田庶流家。
¶武田([生]?　[没]享禄2(1529)年11月5日)

栗原信豊 くりはらのぶとよ
戦国時代の武士。甲斐東郡の国衆栗原氏の一門とみられる。親類衆。
¶武田(生没年不詳)

栗原信充* くりはらのぶみつ
寛政6(1794)年～明治3(1870)年　江戸時代後期～明治時代の有職家。
¶コン,徳人

栗原信宗 くりはらのぶむね
戦国時代の武田氏の家臣。
¶武田([生]?　[没]永正6(1509)年4月26日?)

栗原信盛* くりはらのぶもり
?～寛永8(1632)年11月13日?　安土桃山時代～江戸時代前期の甲斐武田晴信・勝頼の家臣。
¶武田([没]寛永8(1631)年11月13日)

栗原信泰 くりはらのぶやす
戦国時代の甲斐東部の国衆。武田庶流家。
¶武田(生没年不詳)

栗原修之 くりはらのぶゆき
江戸時代後期の和算家。
¶数学

栗原信由 くりはらのぶよし
戦国時代の武田氏の家臣。
¶武田(生没年不詳)

栗原彦二郎 くりはらひこじろう
戦国時代の甲斐東部国衆栗原氏の一族。
¶武田([生]?　[没]文亀1(1501)年2月27日)

栗原彦兵衛 くりはらひこべえ
戦国時代の北条氏康の家臣。炭焼司と飛脚役を務

める。

¶後北（彦兵衛〔栗原(3)〕　ひこべえ）

栗原兵庫　くりはらひょうご

戦国時代の武士。河原辺での合戦で討死。

¶武田（[生]？　[没]享禄4（1531）年4月12日）

栗原昌種＊　くりはらまさたね

？～永正5（1508）年10月4日　戦国時代の甲斐国東部の有力国人。

¶武田

栗原百助＊　くりはらももすけ

天明8（1788）年～文政9（1826）年　江戸時代後期の義民、丹後宮津藩の武士。

¶コン

来原良蔵　くりはらりょうぞう

⇒来原良蔵（くるはらりょうぞう）

栗村三郎大夫＊　くりむらさぶろうだゆう

生没年不詳　安土桃山時代の織田信長の家臣。

¶織田

栗村常連＊　くりむらつねづら

天保11（1840）年～明治2（1869）年　江戸時代末期の陸奥仙台藩士。

¶幕末（[没]明治2（1869）年4月14日）

栗本幸阿弥＊　くりもとこうあみ

生没年不詳　安土桃山時代の蒔絵師。

¶美工

栗本鋤雲　くりもとじょううん

⇒栗本鋤雲（くりもとじょうん）

栗本鋤雲＊　くりもとじょうん

文政5（1822）年～明治30（1897）年3月6日　[別]栗本鋤雲（くりもとじょううん）　江戸時代末期～明治時代の幕臣、新聞人、外国奉行兼函館奉行。パリ万国博などで親善外交に努めた。

¶江人，コン，詩作（[生]文政5（1822）年3月10日），思想，植物（[生]文政5（1822）年3月10日），全幕，徳将，徳人（くりもとじょううん），幕末（[生]文政5（1822）年3月10日）

栗本瑞見＊　くりもとずいけん

宝暦6（1756）年～天保5（1834）年　[別]栗本瑞仙院（くりもとずいせんいん），栗本丹洲（くりもとたんしゅう）　江戸時代中期～後期の本草学者、医師。幕府医官栗本家第4代。

¶江人，科学（栗本丹洲　くりもとたんしゅう　[生]宝暦6（1756）年7月27日　[没]天保5（1834）年3月25日），コン（栗本瑞仙院　くりもとずいせんいん），植物（[生]宝暦6（1756）年7月27日　[没]天保5（1834）年3月25日），徳人（栗本瑞仙院　くりもとずいせんいん）

栗本瑞仙院　くりもとずいせんいん

⇒栗本瑞見（くりもとずいけん）

栗本宗清＊　くりもとそうせい

生没年不詳　室町時代の幸阿弥家の蒔絵師。

¶美工

栗本丹洲　くりもとたんしゅう

⇒栗本瑞見（くりもとずいけん）

栗下女王　くりもとのじょおう

飛鳥時代の推古天皇の近習者の長。

¶女史（生没年不詳）

栗本正明　くりもとまさあき

江戸時代後期～末期の和算家、津和野藩士。

¶数学（[生]天保1（1830）年　[没]文久3（1863）年）

栗山孝庵＊（栗山幸庵）　くりやまこうあん

享保13（1728）年～寛政3（1791）年11月15日　江戸時代中期の医師。長州（萩）藩主毛利重就・治親父子の侍医。

¶江人，科学，コン（栗山幸庵）

栗山新兵衛＊　くりやましんべえ

文政7（1824）年～明治33（1900）年　江戸時代末期～明治時代の南部藩士。戊辰戦争花輪隊総締め役。十和田八幡平国立公園開発の先駆者。

¶幕末（[没]明治33（1900）年1月16日）

栗山潜鋒＊（栗山潛峰）　くりやませんぽう，くりやませんぼう

寛文11（1671）年～宝永3（1706）年　江戸時代中期の儒学者。「大日本史」編纂に従事。

¶コン，思想，山小（[没]1706年4月7日）

栗山大膳＊　くりやまたいぜん，くりやまだいぜん

天正19（1591）年～慶安5（1652）年3月2日　江戸時代前期の武士、筑前福岡藩家老。

¶コン（[没]承応1（1652）年）

栗山悳一＊（栗山徳一）　くりやまとくいち

＊～安政3（1856）年　江戸時代末期の算家。

¶数学（栗山徳一　[生]寛政7（1795）年　[没]安政3（1856）年2月18日）

栗山利安＊　くりやまとしやす

＊～寛永8（1631）年　安土桃山時代～江戸時代前期の武士。

¶全戦（[生]天文20（1551）年）

栗山半左衛門＊　くりやまはんざえもん

文化9（1812）年～明治25（1892）年　江戸時代末期～明治時代の教師。寺子屋で子弟を指導、日新学舎の訓導。有志者に漢学を教える。

¶幕末

栗生顕友　くりゅうあきとも

⇒栗生顕友（くりうあきとも）

黒金座主　くるかにじゃーし

⇒黒金座主（くるかにじゃーしー）

黒金座主＊　くるかにじゃーしー

[別]黒金座主（くるかにじゃーし）　近世琉球の伝説上の悪僧。

¶コン（くるかにじゃーし）

栗隈王　くるくまおう

⇒栗隈王（くりくまおう）

栗隈王　くるくまのおおきみ

⇒栗隈王（くりくまおう）

栗隈黒媛娘　くるくまのくろめのいらつめ

⇒黒媛娘（くろひめのいらつめ）

久留島喜内　くるしまきない

⇒久留島義太（くるしまよしひろ）

来島正時　くるしままさとき

江戸時代末期～昭和時代の山海堂創業者。

¶出版（[生]安政6（1859）年9月15日　[没]昭和20（1945）年1月8日）

久留嶋通貞　くるしまみちさだ

江戸時代前期～中期の幕臣。

¶徳人（[生]1633年　[没]1718年）

久留島通祐*　くるしまみちすけ
元文3(1738)年～寛政3(1791)年　江戸時代中期の大名。豊後森藩主。
¶コン

来島通総*(久留島通総)　くるしまみちふさ
永禄4(1561)年～慶長2(1597)年　[別]村上出雲守(むらかみいずものかみ)　安土桃山時代の武将、大名。
¶全戦, 戦武, 対外

久留島通靖*　くるしまみちやす
嘉永4(1851)年～明治12(1879)年　江戸時代末期～明治時代の森藩主、森藩知事。
¶幕末([生]?　[没]明治12(1879)年2月25日)

来島通康*　くるしまみちやす
永正16(1519)年～永禄10(1567)年　[別]河野右衛門大夫(こうのうえもんのだいふ), 村上通昌(むらかみみちまさ), 村上通康(むらかみみちやす)　戦国時代の地方豪族・土豪。
¶全戦(村上通康　むらかみみちやす), 戦武

久留島義太*　くるしまよしひろ
?～宝暦7(1757)年11月29日　[別]久留島喜内(くるしまきない), 久留島義太(じゅるしまよしひろ)　江戸時代中期の和算家。
¶江人, 科学, コン, 数学

栗栖王　くるすおう
⇒栗栖王(くるすのおおきみ)

栗栖天山　くるすてんざん
⇒栗栖天山(くりすてんざん)

栗栖王*　くるすのおおきみ
天武天皇11(682)年～天平勝宝5(753)年　[別]栗栖王(くりすおう, くるすおう)　飛鳥時代～奈良時代の官人(非参議)。天武天皇の孫。
¶公卿([生]天武天皇10(681)年　[没]天平宝字2(758)年), 古人(くるすおう　[生]?), 古代

栗栖平次郎(来栖平次郎)　くるすへいじろう
⇒栗栖天山(くりすてんざん)

来原良蔵*　くるはらりょうぞう
文政12(1829)年～文久2(1862)年　[別]来原良蔵(くりはらりょうぞう)　江戸時代末期の志士、長州(萩)藩軍制家。
¶コン, 全幕, 幕末(くりはらりょうぞう　[生]文政12(1829)年12月2日　[没]文久2(1862)年8月29日)

車斯忠　くるまこれただ
⇒車斯忠(くるまつなただ)

車善七*　くるまぜんしち
世襲名　江戸時代の非人頭。
¶江人, コン

車丹波守　くるまたんばのかみ
安土桃山時代の武蔵国滝山城主北条氏照の家臣。
¶後北(丹波守〔車〕　たんばのかみ)

車斯忠*　くるまつなただ
?～慶長7(1602)年　[別]車斯忠(くるまこれただ)　安土桃山時代の武士。佐竹氏家臣。
¶全戦([没]慶長7(1602)年?), 戦武

車戸宗功*　くるまどむねいさ
天保6(1835)年～明治36(1903)年　[別]車戸宗功(くるまどむねたか)　江戸時代末期～明治時代の神職、高宮神社神職。長州藩の桂小五郎等を彦根藩に紹介、両藩の意志疎通をはかった。
¶幕末(くるまどむねたか　[生]天保6(1835)年2月10日　[没]明治36(1903)年1月8日)

車戸宗功　くるまどむねたか
⇒車戸宗功(くるまどむねいさ)

車持朝臣千年　くるまもちのあそみちとせ
⇒車持千年(くらもちのちとせ)

車持朝臣千年　くるまもちのあそんちとせ
⇒車持千年(くらもちのちとせ)

車持有福　くるまもちのありとみ
平安時代中期の官人。
¶古人(生没年不詳)

車持君(欠名)*　くるまもちのきみ
上代の豪族。
¶古代

車持国人　くるまもちのくにひと
奈良時代の官人。
¶古人(生没年不詳)

車持千年　くるまもちのちとせ
⇒車持千年(くらもちのちとせ)

車持仲智　くるまもちのなかとも
奈良時代の右京五条二坊の戸主若足の戸口。従五位下。天平宝字5年土地を売却。
¶古人(生没年不詳)

車持正有　くるまもちのまさあり
平安時代中期の官人。
¶古人(生没年不詳)

車持正茂　くるまもちのまさもち
平安時代中期の官人。
¶古人(生没年不詳)

車持益　くるまもちのます
奈良時代の官人。
¶古人(生没年不詳)

久留米侍従　くるめじじゅう
⇒毛利秀包(もうりひでかね)

呉黄石*　くれこうせき
文化8(1811)年～明治12(1879)年　江戸時代末期～明治時代の医師、外科。江戸で開業、山の手御三家と称される。医学の他、兵学にも通ずる。
¶幕末([没]明治12(1879)年11月27日)

呉竹寿々女・呉竹す>め　くれたけすずめ★
江戸時代後期の女性。狂歌。下野の人。文化4年刊、地形堂堅丸編・画『狂歌花の園』に載る。
¶江表(呉竹寿々女・呉竹すゝめ(栃木県))

呉長丹*　くれちょうたん
生没年不詳　飛鳥時代の儒臣、遣唐大使。
¶コン

久礼真蔵*　くれのさねくら
生没年不詳　[別]久礼真茂(くれのさねしげ)　平安時代前期の楽人。
¶古人(久礼真茂　くれのさねしげ)

久礼真茂　くれのさねしげ
⇒久礼真蔵(くれのさねくら)

く

呉織　くれはとり
⇒呉織・漢織（くれはとり・あやはとり）

呉羽鳥綾羽　くれはとりあやは*
江戸時代後期の女性。狂歌。天明8年刊、朱楽菅江編『八重垣縁結』に載る。
¶江表（呉羽鳥綾羽（東京都））

呉織・漢織*　くれはとり・あやはとり
[別]漢織・呉織（あやはとり・くれはとり），呉織（くれはとり）　上代の渡来織工。
¶女史（兄媛・弟媛・呉織・穴織　えひめ・おとひめ・くれはとり・あやはとり），女史（兄媛・弟媛・呉織・穴織　えひめ・おとひめ・くれはとり・あやはとり）

紅林八兵衛*　くればやしはちべえ
生没年不詳　戦国時代の浜松の武士。
¶後北（八兵衛尉〔紅林〕　はちべえのじょう）

紅林弥右衛門　くればやしやえもん
江戸時代前期の幕臣。
¶徳人（生没年不詳）

呉原飯成　くれはらのいいなり
奈良時代の東大寺領東市荘領。
¶古人（生没年不詳）

黒石可運　くろいしかうん
安土桃山時代～江戸時代前期の別所重棟の家臣。大坂の陣で籠城。
¶大坂（[没]寛永3年3月）

黒井繁乃*（黒井繁野）　**くろいしげの**
文化1（1804）年～嘉永6（1853）年　江戸時代後期の女性。出羽米沢藩士黒井四郎左衛門重慶の娘。
¶江表（繁乃（山形県））

黒井忠寄　くろいただより
⇒黒井半四郎（くろいはんしろう）

黒井半四郎*　くろいはんしろう
延享4（1747）年～寛政11（1799）年　[別]黒井忠寄（くろいただより）　江戸時代中期の水利事業家。
¶コン，数学（黒井忠寄　くろいただより　[没]寛政11（1799）年11月7日）

黒岩慈庵*　くろいわじあん
寛永4（1627）年～宝永2（1705）年　[別]黒岩東峯（くろいわとうほう）　江戸時代中期の南学者。
¶コン

黒岩撰之助　くろいわせんのすけ
⇒中居屋重兵衛（なかいやじゅうべえ）

黒岩種直*　くろいわたねなお
？～天正10（1582）年　安土桃山時代の武士。長宗我部氏家臣。
¶全戦

黒岩東峯　くろいわとうほう
⇒黒岩慈庵（くろいわじあん）

黒岩直方*　くろいわなおかた
天保8（1837）年～明治33（1900）年　江戸時代末期～明治時代の尊襄派の志士。七卿の都落ちに随行、長州へ行く。
¶幕末（[生]天保8（1837）年7月4日　[没]明治33（1900）年12月2日）

黒岩長門守　くろいわながとのかみ
戦国時代の上野国吾妻郡三原の土豪。
¶武田（生没年不詳）

黒岩永矩の娘　くろいわながのりのむすめ*
江戸時代中期の女性。和歌。和歌山の人。享保16年刊、芝田善淳編『玉匣』に載る。
¶江表（黒岩永矩の娘（和歌山県））

句楼内子　くろうないし*
江戸時代後期の女性。狂歌。通称、清子。文政10年刊、浅草庵守舎撰『狂歌人物誌』に載る。
¶江表（句楼内子（東京都））

九郎判官　くろうほうがん
⇒源義経（みなもとのよしつね）

黒神直民*　くろかみなおたみ
*～明治7（1874）年3月11日　江戸時代末期～明治時代の遠石八幡大宮司。
¶幕末（[生]寛政6（1795）年12月）

黒川安芸守晴氏　くろかわあきのかみはるうじ
⇒黒川晴氏（くろかわはるうじ）

黒川雅敬　くろかわがけい
⇒黒川嘉兵衛（くろかわかへえ）

黒川嘉兵衛　くろかわかひょうえ
⇒黒川嘉兵衛（くろかわかへえ）

黒川嘉兵衛　くろかわかへい
⇒黒川嘉兵衛（くろかわかへえ）

黒川嘉兵衛*　くろかわかへえ
生没年不詳　[別]黒川嘉兵衛（くろかわかひょうえ，くろかわかへい），黒川雅敬（くろかわがけい）　江戸時代末期の幕臣、浦賀奉行組頭。
¶コン（[生]？　[没]明治18（1885）年），徳将（[生]1815年　[没]？），徳人（くろかわかへい），徳代（黒川雅敬　くろかわがけい　[生]文化12（1815）年　[没]？）

黒川亀玉〔1代〕*　くろかわきぎょく
享保17（1732）年～宝暦6（1756）年　江戸時代中期の南蘋派の画家。
¶コン（代数なし　[生]享保17（1732年）年　[没]宝暦6（1757）年），美画（[生]享保17（1732）年10月28日　[没]宝暦6（1756）年6月25日）

黒川元興*　くろかわげんこう
？～嘉永4（1851）年　[別]黒川元興（くろかわもとおき）　江戸時代末期の算家。
¶数学（くろかわもとおき　[没]嘉永4（1851）年1月9日）

黒川佐吉*　くろかわさきち
江戸時代末期の新撰組隊士。
¶新隊（生没年不詳）

黒川茂実　くろかわしげざね
南北朝時代の武将。
¶室町（生没年不詳）

黒川寿庵*　くろかわじゅあん
？～元禄10（1697）年　江戸時代前期の伝道師。
¶コン

黒川盛泰　くろかわせいたい
⇒黒川盛泰（くろかわもりやす）

黒川但馬守　くろかわたじまのかみ
江戸時代前期の近江の人。大坂の陣で籠城。
¶大坂

黒川道祐*　くろかわどうゆう
？～元禄4（1691）年11月4日　江戸時代前期～中期の史家、安芸広島藩医。

¶江人, 科学（㊣元和9（1623）年）, コン, 思想

黒川晴氏* くろかわはるうじ
*～慶長4（1599）年　㊑黒川安芸守晴氏（くろかわあきのかみはるうじ）　戦国時代～安土桃山時代の武将。
¶全戦（生没年不詳）, 戦武（㊣大永3（1523）年）

黒川春村 くろかわはるむら
寛政11（1799）年～慶応2（1866）年　㊑春村（しゅんそん）, 浅草庵春村（せんそうあんはるむら）　江戸時代後期の国学者、狂歌師。
¶幕末（㊣寛政11（1798）年　㊧慶応2（1867）年12月26日）

黒川正直* くろかわまさなお
慶長7（1602）年～延宝8（1680）年　江戸時代前期の武士。
¶徳人, 徳代（㊧延宝8（1680）年5月2日）

黒川正秀 くろかわまさひで
戦国時代～江戸時代前期の武蔵国代官。北条家旧臣。
¶徳代（㊣天文16（1547）年　㊧慶長14（1609）年7月17日）

黒川良安 くろかわまさやす
⇒黒川良安（くろかわりょうあん）

黒川真頼 くろかわまより
文化12（1829）年～明治39（1906）年8月29日　江戸時代末期～明治時代の国学者、帝国大学教授。国史、国文、有職故実を講じた。「故事類苑」などの編纂に従事。
¶コン, 幕末（㊣文政12（1829）年11月12日）

黒川通軌 くろかわみちのり
天保14（1843）年～明治36（1903）年　江戸時代末期～明治時代の伊予小松藩士、華族、東宮武官長兼大夫。陸軍裁判所長となり陸軍刑法編纂に携わる。
¶幕末（㊣天保14（1843）年1月14日　㊧明治36（1903）年3月6日）

黒川元興 くろかわもとおき
⇒黒川元興（くろかわげんこう）

黒川元春 くろかわもとはる
戦国時代の武将。長宗我部国親の弟。
¶全戦（生没年不詳）

黒川盛治* くろかわもりはる
天文21（1552）年～元和3（1617）年11月17日　戦国時代～江戸時代前期の織田信長の家臣。
¶織田

黒川盛泰* くろかわもりやす
文化11（1814）年～明治4（1871）年　㊑黒川盛泰（くろかわせいたい）　江戸時代末期の幕臣。日付・外国掛となり神奈川開港準備に尽力。
¶徳人（くろかわせいたい　㊧?）, 幕末（㊧明治4（1871）年11月13日）

黒川盛至 くろかわもりよし
安土桃山時代～江戸時代前期の幕臣。
¶徳人（㊣1583年　㊧1657年）

黒川良安* くろかわりょうあん
文化14（1817）年～明治23（1890）年9月28日　㊑黒川良安（くろかわまさやす）　江戸時代末期～明治時代の蘭学者、医師。壮猶館翻訳方、蕃書調所教授手伝、金沢藩医学館総督医を歴任。

¶江人, 科学（㊣文化14（1817）年2月4日）, コン, 全幕（くろかわまさやす）, 対外, 幕末（㊣文化14（1817）年2月4日）

黒木可亭 くろきかてい
江戸時代中期～後期の眼科医。
¶眼医（㊣明和5（1768）年　㊧文政3（1820）年）

黒木小太郎 くろきこたろう
江戸時代末期の鳥取藩士、亀山社中同志。早川二郎と同一人物とみられる。
¶全幕（㊣?　㊧慶応2（1866）年）

黒木茂矩 くろきしげのり
天保3（1832）年～明治38（1905）年　江戸時代末期～明治時代の国学者、高松藩講道館皇学寮教授、金比羅宮禰宜。漢詩・和歌に長ず。
¶幕末（㊧明治38（1905）年9月26日）

黒木昇九郎* くろきしょうくろう
享和2（1802）年～明治5（1872）年　江戸時代末期～明治時代の土浦藩士。本所屋敷で自鏡流居合術世話を勤め、何度も賞される。
¶幕末（㊧明治5（1872）年4月30日）

黒木周記 くろきちかのり
江戸時代後期～末期の和算家、笠間藩士。
¶数学（㊣文化12（1815）年　㊧文久3（1863）年5月19日）

黒子 くろこ*
江戸時代後期の女性。俳諧。高岡の人。文政11年刊, 日下士明編の雑俳撰集『狐の茶袋』二に載る。
¶江表（黒子（富山県））

黒河内 くろごうち
戦国時代の信濃国伊那郡黒河内の土豪。艮城、神明城主。高遠家。
¶武田（生没年不詳）

黒河内兼規* くろこうちかねのり
享和3（1803）年～明治1（1868）年　㊑黒河内伝五郎（くろこうちでんごろう）　江戸時代末期の武芸者。
¶幕末（黒河内伝五郎　くろこうちでんごろう　㊧慶応4（1868）年8月23日）

黒河内式部* くろこうちしきぶ
文化14（1817）年～明治1（1868）年　江戸時代末期の陸奥会津藩士。
¶幕末（㊧慶応4（1868）年8月23日）

黒河内十太夫 くろこうちじゅうだゆう
⇒黒河内松斎（くろこうちしょうさい）

黒河内松斎* くろこうちしょうさい
寛政6（1794）年～安政5（1858）年　㊑黒河内十太夫（くろこうちじゅうだゆう）　江戸時代末期の陸奥会津藩士。
¶幕末（㊧安政5（1858）年5月13日）

黒河内神三 くろごうちじんぞう
戦国時代の信濃国伊那郡黒河内の土豪。艮城、神明城主。高遠家。
¶武田（生没年不詳）

黒河内伝五郎 くろこうちでんごろう
⇒黒河内兼規（くろこうちかねのり）

黒駒勝蔵* くろこまのかつぞう, くろまのかつぞう
天保3（1832）年～明治4（1871）年　江戸時代末期～明治時代の侠客。
¶江人（くろごまのかつぞう）, コン, 全幕, 幕末（㊧明治4（1871）年10月14日）

黒坂景久* くろさかかげひさ
戦国時代の武将。朝倉氏家臣。
¶全戦([生]? [没]元亀1(1570)年)

黒坂命* くろさかのみこと
上代の豪族。
¶古代

黒崎市兵衛 くろさきいちべえ
安土桃山時代の上野国和田城主和田信業の家臣。
¶後北(市兵衛〔黒崎〕 いちべえ)

黒崎綱豊* くろさきつなとよ
文政12(1829)年～明治2(1869)年 江戸時代後期～明治時代の和算家。
¶数学([没]明治2(1869)年1月3日)

黒崎祀則* くろさきとしのり
明和5(1768)年～天保10(1839)年 江戸時代中期～後期の和算家。
¶数学

黒沢篤之 くろさわあつゆき
⇒黒沢正助(くろさわしょうすけ)

黒沢出雲守 くろさわいずものかみ
戦国時代の上野国衆国峰小幡氏の家臣。もと武蔵国衆長井政実家臣。
¶武田(生没年不詳)

黒沢右馬助 くろさわうまのすけ
安土桃山時代の武蔵国鉢形城主北条氏邦の家臣。
¶後北(右馬助〔黒沢(2)〕 うまのすけ)

黒沢翁満* くろさわおきなまろ
寛政7(1795)年～安政6(1859)年 江戸時代後期の国学者、歌人。武蔵忍藩士、伊勢桑名藩士。
¶コン

黒沢覚介*(黒沢覚助) くろさわかくすけ
文化14(1817)年～慶応1(1865)年 江戸時代末期の志士。水戸藩士。
¶コン,幕末([生]文政2(1819)年 [没]元治2(1865)年4月3日)

黒沢琴古 くろさわきんこ
世襲名 江戸時代の尺八琴古流宗家の芸名。
¶江人

黒沢琴古〔1代〕* くろさわきんこ,くろざわきんこ
宝永7(1710)年～明和8(1771)年 江戸時代中期の尺八琴古流の流祖。
¶コン

黒沢琴古〔2代〕* くろさわきんこ
延享4(1747)年～文化8(1811)年 江戸時代中期～後期の琴古流尺八演奏者。
¶コン

黒沢琴古〔3代〕* くろさわきんこ
安永1(1772)年～文化13(1816)年 江戸時代後期の琴古流尺八演奏者。
¶コン

黒沢琴古〔4代〕* くろさわきんこ
?～万延1(1860)年 江戸時代末期の琴古流尺八演奏者。
¶コン

黒沢源三 くろさわげんぞう
戦国時代の武蔵国衆平沢政実の家臣。また上野国衆国峰小幡氏の家臣。
¶武田(生没年不詳)

黒沢五郎* くろさわごろう
天保4(1833)年～文久2(1862)年 [別]吉野政介(よしのせいすけ) 江戸時代末期の水戸藩吏。
¶幕末([没]文久2(1862)年1月15日)

黒沢篠蔵 くろさわささぞう
安土桃山時代の武蔵国鉢形城主北条氏邦の家臣。
¶後北(篠蔵〔黒沢(1)〕 ささぞう)

黒沢定吉 くろさわさだよし
戦国時代の上野国衆国峰小幡氏の家臣。甘楽郡南部山中の地縁集団山中衆のひとり。
¶武田(生没年不詳)

黒沢重家 くろさわしげいえ
戦国時代の上野国衆国峰小幡氏の家臣。甘楽郡南部山中の地縁集団山中衆のひとり。
¶武田(生没年不詳)

黒沢繁信* くろさわしげのぶ
生没年不詳 戦国時代の武蔵鉢形城主北条氏邦の奉行人。
¶後北(繁信〔黒沢(3)〕 しげのぶ)

黒沢重慶 くろさわしげよし
戦国時代の上野国衆国峰小幡氏の家臣。甘楽郡南部山中の地縁集団山中衆のひとり。
¶武田(生没年不詳)

黒沢正助* くろさわしょうすけ
享和3(1803)年～文久1(1861)年 [別]黒沢篤之(くろさわあつゆき) 江戸時代末期の幕臣。
¶幕末(黒沢篤之 くろさわあつゆき [没]文久1(1861)年5月1日),幕末([没]文久1(1861)年5月1日)

黒沢新八郎 くろさわしんぱちろう
安土桃山時代の上野国衆国峰小幡氏の家臣。甘楽郡南部山中の地縁集団山中衆のひとり。
¶武田(生没年不詳)

黒沢節窩 くろさわせっか
⇒黒沢節窩(くろさわせっこう)

黒沢節窩* くろさわせっこう
天和3(1683)年～寛延1(1748)年 [別]黒沢節窩(くろさわせっか) 江戸時代中期の儒者。
¶コン(くろさわせっか)

黒沢大学助 くろさわだいがくのすけ
安土桃山時代の上野国衆国峰小幡氏の家臣。甘楽郡南部山中の地縁集団山中衆のひとり。
¶武田(生没年不詳)

黒沢高室 くろさわたかむろ
江戸時代前期～中期の代官。
¶徳代([生]寛文11(1671)年 [没]延享1(1744)年5月26日)

黒沢雉岡* くろさわちこう
正徳3(1713)年～* 江戸時代中期の儒学者。田安家の侍読。
¶コン([没]寛政8(1796)年)

黒沢忠三郎* くろさわちゅうざぶろう,くろさわちゅうさぶろう
天保1(1830)年～万延1(1860)年 [別]神田浦三(かんだうらぞう) 江戸時代末期の水戸藩士。
¶詩作([没]文久1(1861)年7月11日),全幕(くろさわちゅうさぶろう),幕末([生]文政13(1830)年 [没]万延1

(1860)年7月11日)

黒沢登幾*　くろさわとき
文化3(1806)年12月21日～明治23(1890)年5月8日　江戸時代後期～明治時代の歌人。
¶江表(登幾(茨城県)),女史,幕末(生文化3(1807)年12月21日)

黒沢光吉　くろさわみつよし
戦国時代の上野国衆国峰小幡氏の家臣。甘楽郡南部山中の地縁集団山中衆のひとり。
¶武田(生没年不詳)

黒島良慶　くろしまりょうけい
江戸時代後期～明治時代の彫刻家。
¶美建(生文政11(1828)年　没明治39(1906)年)

黒須利庸*　くろすとしつね
生没年不詳　江戸時代後期の和算家。
¶数学

黒住宗篤*　くろずみむねあつ
嘉永1(1848)年～明治22(1889)年9月27日　江戸時代末期～明治時代の黒住教第3代教主。神道黒住派として別派独立し、初代管長。
¶幕末(生嘉永1(1848)年6月21日)

黒住宗忠*　くろずみむねただ
安永9(1780)年11月26日～嘉永3(1850)年2月25日　江戸時代後期の神道家、黒住教の教祖。
¶江人,コン,思想,幕末,山小(生1780年11月26日　没1850年2月25日)

黒瀬虚舟*　くろせきょしゅう
元禄3(1690)年～明和6(1769)年　[別]虚舟(きょしゅう)　江戸時代中期の俳人。
¶俳文(虚舟　きょしゅう　没明和6(1769)年6月16日)

黒瀬益弘　くろせますひろ
⇒度会益弘(わたらいますひろ)

黒田有良　くろだありよし
江戸時代末期の和算家。関流の算学を学ぶ。
¶数学

黒田一葦*　くろだいちい
文政1(1818)年～明治18(1885)年　江戸時代後期～明治時代の武士。
¶コン,幕末(生文政1(1818)年11月5日　没明治18(1885)年12月13日)

黒田一成　くろだかずなり
⇒黒田美作(くろだみまさか)

黒田頑一郎　くろだがんいちろう
⇒黒田孝富(くろだたかとみ)

黒田官兵衛　くろだかんべえ
⇒黒田孝高(くろだよしたか)

黒田麹廬*(黒田麴盧)　くろだきくろ
文政10(1827)年～明治25(1892)年12月14日　[別]黒田行元(くろだゆきもと)　江戸時代末期～明治時代の洋学者。「ロビンソン・クルーソー」蘭語全訳本によって本邦初訳「漂荒紀事」を完成。
¶コン(黒田麴盧),幕末(黒田行元　くろだゆきもと)

黒田清隆　くろだきよたか
天保11(1840)年～明治33(1900)年　江戸時代末期～明治時代の鹿児島藩士、政治家、歌人。薩摩藩士黒田清行の長男。
¶全幕,山小(生1840年10月16日　没1900年8月23日)

黒田清綱*　くろだきよつな
天保1(1830)年～大正6(1917)年　江戸時代後期～明治時代の薩摩藩士、官僚、歌人。貴族院議員、枢密顧問官などを歴任。歌集「滝園歌集」など。
¶コン,幕末(生天保1(1830)年3月21日　没大正6(1917)年3月25日)

黒田光良*　くろだこうりょう
生没年不詳　江戸時代後期～明治時代の京都の陶工。太田垣蓮月尼の助手をつとめ、のち開窯して2代蓮月と称した。
¶美工

黒田次右衛門*　くろだじえもん
生没年不詳　安土桃山時代の織田信長の家臣。
¶織田

黒田正玄*(――〔1代〕)　くろだしょうげん
天正6(1578)年～承応2(1653)年　安土桃山時代～江戸時代前期の茶人。
¶美工(――〔1代〕　没承応2(1653)年8月8日)

黒田如水　くろだじょすい
⇒黒田孝高(くろだよしたか)

畔田翠山*　くろだすいざん
寛政4(1792)年～安政6(1859)年　[別]畔田伴存(くろだともあり)　江戸時代末期の本草学者、紀伊和歌山藩医。
¶科学(生寛政4(1792)年3月　没安政6(1859)年6月18日),コン,植物(生寛政4(1792)年3月　没安政6(1859)年6月18日),幕末(没安政6(1859)年9月14日)

黒田図書*　くろだずしょ
寛政5(1793)年～万延1(1860)年　江戸時代末期の安芸広島藩士。
¶全幕,幕末(没万延1(1860)年8月5日)

黒田青菱　くろだせいりょう
江戸時代後期～明治時代の俳人。
¶俳文(生天保11(1840)年　没明治29(1896)年4月17日)

黒田孝富*　くろだたかとみ
天保5(1834)年～明治1(1868)年　[別]黒田頑一郎(くろだがんいちろう)　江戸時代末期の亀山藩士。
¶幕末(没明治1(1868)年10月28日)

黒田直良　くろだちょくりょう
江戸時代後期の幕臣。
¶徳人(生没年不詳)

黒田稲皐*　くろだとうこう,くろたとうこう
天明7(1787)年～弘化3(1846)年　江戸時代後期の武士、画家、因幡鳥取藩士。
¶美画(没弘化3(1846)年11月6日)

黒田桃民*　くろだとうみん
天保9(1838)年～明治28(1895)年　江戸時代末期～明治時代の医師、尊攘派志士。家業の医師を継ぐが、尊攘論者となり、新徴組に加わる。
¶幕末(生天保9(1838)年6月11日　没明治28(1895)年12月9日)

黒田土佐子*　くろだとさこ
天和2(1682)年～宝暦8(1758)年　江戸時代中期の日記作者。甲斐甲府藩主柳沢吉保の養女。
¶江表(土佐子(千葉県)),女史

黒田利高*　くろだとしたか
天文23(1554)年～*　安土桃山時代の武将。織田

氏家臣。
¶織田(生没年不詳), 全戦([没]慶長1(1596)年)

黒田利則* くろだとしのり
永禄4(1561)年～慶長17(1612)年　安土桃山時代～江戸時代前期の武将。
¶全戦

畔田伴存 くろだともあり
⇒畔田翠山(くろだすいざん)

黒田朝方 くろだともかた
江戸時代後期～末期の和算家。
¶数学

黒田直方(1) くろだなおかた
江戸時代中期の幕臣。
¶徳人([生]1703年　[没]1785年)

黒田直方(2) くろだなおかた
江戸時代末期～明治時代の陸奥国桑折代官。
¶徳代(生没年不詳)

黒田直邦* くろだなおくに
寛文6(1666)年～享保20(1735)年　江戸時代中期の大名。常陸下館藩主、上野沼田藩主。
¶徳人

黒田直之* くろだなおゆき
永禄7(1564)年～慶長14(1609)年　[別]ミゲル　安土桃山時代～江戸時代前期の武将。
¶全戦

黒田長知* くろだながとも
*～明治35(1902)年　江戸時代末期～明治時代の政治家、福岡藩知事。公武合体を周旋する。太政官札贋造事件発覚により、罷免、幽門。
¶コン([生]天保9(1838)年)

黒田長徳* くろだながのり
弘化4(1847)年～明治25(1892)年　江戸時代末期～明治時代の秋月藩主、秋月藩知事。廃藩置県後東京へ移住。
¶幕末([生]嘉永1(1848)年　[没]明治25(1892)年6月15日)

黒田長溥* くろだながひろ
文化8(1811)年3月1日～明治20(1887)年3月7日　江戸時代後期～明治時代の大名、華族。
¶江人, コン, 植物, 全幕, 幕末

黒田長政* くろだながまさ
永禄11(1568)年～元和9(1623)年　安土桃山時代～江戸時代前期の武将、大名。
¶コン, 全戦, 戦武, 対外, 徳将, 中世, 内乱, 山小([生]1568年12月3日　[没]1623年8月4日)

黒田長義* くろだながよし
弘化2(1845)年～文久2(1862)年　江戸時代末期の大名。筑前秋月藩主。
¶幕末([没]文久2(1862)年1月26日)

黒田斉清*(黒田斎清)　くろだなりきよ
寛政7(1795)年2月6日～嘉永4(1851)年1月26日　江戸時代末期の大名。筑前福岡藩主。
¶コン([没]嘉永2(1849)年), 対外

黒谷上人 くろだにしょうにん
⇒法然(ほうねん)

黒田則恭*(黒田則泰)　くろだのりやす
安永5(1776)年～慶応1(1865)年　江戸時代後期の陸奥二本松藩士。
¶幕末(黒田則泰　[生]安永4(1775)年　[没]慶応1(1865)年7月1日)

黒田半平* くろだはんぺい
生没年不詳　安土桃山時代の織田信長の家臣。
¶織田

黒田彦四郎* くろだひこしろう
天保7(1836)年～明治37(1904)年　江戸時代末期～明治時代の美作津山藩士、勤王家。
¶幕末([没]明治37(1904)年4月10日)

黒田久孝 くろだひさたか
弘化2(1845)年～明治33(1900)年　江戸時代後期～明治時代の幕臣、陸軍軍人。
¶徳人, 幕末([生]弘化2(1845)年12月1日　[没]明治33(1900)年12月4日)

黒田秀忠* くろだひでただ
？～天文15(1546)年　戦国時代の武士。上杉氏家臣。
¶全戦([没]天文17(1548)年？), 戦武([生]明応1(1492)年)

黒田益男* くろだますお
文政10(1827)年～明治20(1887)年　江戸時代末期～明治時代の広島藩政改革派、勘定奉行。奥州出兵の食糧兵具供給に尽力。
¶幕末([没]明治20(1887)年11月26日)

黒田美作* くろだみまさか
元亀2(1571)年～明暦2(1656)年11月13日　[別]黒田一成(くらだかずしげ, くろだかずなり)　安土桃山時代～江戸時代前期の筑前福岡藩士。
¶全戦(黒田一成　くらだかずしげ)

黒田用綱* くろだもちつな
元和2(1616)年～寛文12(1672)年　江戸時代前期の上野館林藩家老。
¶徳人

黒田職高*(黒田職隆)　くろだもとたか
大永4(1524)年～天正13(1585)年　[別]小寺職隆(こでらもとたか)　戦国時代～安土桃山時代の武士。
¶全戦(小寺職隆　こでらもとたか　[生]大永2(1522)年), 戦武(黒田職隆　[生]大永2(1522)年)

黒田行元 くろだゆきもと
⇒黒田麹廬(くろだきくろ)

黒田与一郎* くろだよいちろう
天保5(1834)年～慶応2(1866)年　[別]中島重清(なかじましげきよ)　江戸時代末期の志士。生野挙兵に参加。
¶幕末([生]天保5(1834)年11月20日　[没]慶応2(1866)年12月19日)

黒田孝高* くろだよしたか
天文15(1546)年～慶長9(1604)年　[別]黒田官兵衛(くろだかんべえ), 黒田如水(くろだじょすい), 小寺官兵衛(こでらかんべえ), シメオン, 如水(じょすい)　安土桃山時代の武将、大名。
¶織田([没]慶長9(1604)年3月20日), コン, 全戦, 戦武, 対外, 中世(黒田如水　くろだじょすい), 俳文(如水　じょすい　[生]天文15(1546)年11月29日　[没]慶長9(1604)年3月20日), 山小([生]1546年11月29日　[没]1604年3月20日)

黒田別* くろだわけ
上代の国造。

¶古代

黒刀自売 くろとじめ
奈良時代の婢。東大寺に貢進された。
¶古人(㊦715年 ㊥?)

黒鳶式部 くろとびしきぶ
⇒黒鳶式部(くろとびのしきぶ)

黒鳶式部* くろとびのしきぶ
安永1(1772)年～天明8(1788)年 ㊙黒鳶式部(くろとびしきぶ) 江戸時代中期～後期の女性。戯作者。
¶江表(黒鳶式部(東京都)),女史(くろとびしきぶ)

黒野田宿泰順* くろのたじゅくたいじゅん,くろのだじゅくたいじゅん
文化1(1804)年?～文久2(1862)年 江戸時代末期の甲州一揆の指導者。
¶江人

黒日売*(黒比売) くろひめ
上代の女性。吉備海部直の娘。
¶古代(黒比売),コン

黒媛 くろひめ
㊙黒媛命(くろひめのみこと) 上代の女性。履中天皇の妃。
¶天皇(㊦?) ㊥履中5(404)年9月19日)

黒媛娘* くろひめのいらつめ
生没年不詳。栗隈黒媛娘(くるくまのくろめのいらつめ) 飛鳥時代の女性。天智天皇の宮人。
¶天皇(栗隈黒媛娘 くるくまのくろめのいらつめ)

黒媛命 くろひめのみこと
⇒黒媛(くろひめ)

黒船忠右衛門* くろふねちゅうえもん
歌舞伎男伊達狂言の主人公。
¶コン

黒部権之助*(黒部権之介) くろべごんのすけ
?～文久3(1863)年 江戸時代末期の因幡鳥取藩士。
¶全幕(黒部権之助) ㊦文化2(1815)年)

黒部貞利 くろべさだとし
?～慶応1(1865)年 江戸時代末期の挙母藩法編纂者。
¶幕末

黒部忠量 くろべただかず
江戸時代前期～中期の武士,勘定。
¶徳代(㊦天和1(1681)年 ㊥寛延1(1748)年8月24日)

黒御子 くろみこ
南北朝時代の若狭国太良荘の百姓正阿の息女。
¶女史(生没年不詳)

黒水長慥* くろみずちょうぞう
文政11(1828)年～大正5(1916)年 江戸時代末期～大正時代の高鍋藩士。大参事,大分県権参事,宮崎県内区長等歴任。
¶幕末(㊦文政11(1828)年9月16日 ㊥大正5(1916)年9月26日)

黒柳維駒* くろやなぎこれこま
生没年不詳 ㊙維駒(これこま) 江戸時代中期の俳人。
¶俳文(維駒 これこま)

黒柳召波* くろやなぎしょうは
享保12(1727)年～明和8(1771)年12月7日 ㊙召波(しょうは) 江戸時代中期の俳人。蕪村門の俊秀。
¶コン,詩作(㊦享保12(1729)年),俳文(召波 しょうは)

畔柳盛政 くろやなぎせいせい
江戸時代前期の代官。
¶徳代(㊦?) ㊥寛永3(1626)年4月5日)

黒柳松治郎 くろやなぎまつじろう
⇒追手風喜太郎(おいてかぜきたろう)

黒百合姫 くろゆりひめ
語り物「黒百合姫祭文」に登場する女性。
¶コン

久和 くわ*
江戸時代後期の女性。教育。医師渋谷一良の姉。
¶江表(久和(東京都)) ㊥嘉永1(1848)年頃)

桑岡貞佐 くわおかていさ
*～享保19(1734)年 ㊙貞佐(ていさ) 江戸時代中期の俳人。
¶俳文(貞佐 ていさ) ㊦寛文12(1672)年 ㊥享保19(1734)年9月12日)

鍬形蕙斎 くわかたけいさい,くわがたけいさい
⇒北尾政美(きたおまさよし)

鍬形蕙林*(鍬形恵林) くわがたけいりん
*～明治42(1909)年 江戸時代末期～明治時代の画家。
¶浮絵(㊦文政10(1827)年),美画(鍬形恵林 ㊦文政10(1827)年 ㊥明治42(1909)年8月17日)

桑木格助の母 くわきかくすけのはは*
江戸時代後期の女性。教育。格助は熊本藩士で小姓,玉名郡代を務め「観公嘉likely録」を著した文人。今京町に文政年間,習字指導の寺子屋を開業。
¶江表(桑木格助の母(熊本県))

久波子 くわこ*
江戸時代末期の女性。和歌。小倉式部正房の妻。安政7年跋,蜂屋光世編『大江戸倭歌集』に載る。
¶江表(久波子(東京都))

桑子(1) くわこ*
江戸時代後期の女性。狂歌。鹿沼の国学者で歌人,狂歌人山口安良の妻。嘉永5年の「山水連稽古詠月次」に副評を担当した。
¶江表(桑子(栃木県))

桑子(2) くわこ*
江戸時代末期の女性。和歌。品川の松岡某の娘。万延1年序,佐々木弘綱編『類題千船集』初に載る。
¶江表(桑子(東京都))

細媛皇后 くわしひめのこうごう
⇒細媛命(くわしひめのみこと)

細媛命 くわしひめのみこと
㊙細媛皇后(くわしひめのこうごう) 上代の女性。孝霊天皇の皇后。
¶古代,天皇(生没年不詳)

桑嶋忠直 くわしまただなお
江戸時代前期～中期の幕臣。
¶徳人(㊦1617年 ㊥1700年)

桑島政醇　くわしままさあつ
江戸時代中期の佐渡奉行。
¶徳代（[生]享保6（1721）年　[没]宝暦12（1762）年2月25日）

桑女（1）　くわじょ★
江戸時代後期の女性。俳諧。箱館の人。文化8年刊、松窓乙二編『斧の柄』に載る。
¶江表（桑女（北海道））

桑女（2）　くわじょ★
江戸時代末期の女性。画。和田氏。安政6年刊、畑銀鶏編『書画薈粋』二に載る。
¶江表（桑女（東京都））

桑津一兵衛　くわずいちひょうえ
⇒山本三治（やまもとさんじ）

桑田永覚＊　くわたえいかく
天保2（1831）年～明治28（1895）年　江戸時代末期～明治時代の学者。眼病のため失明。最福寺内に学舎摂心斎を建設。
¶幕末（[没]明治28（1895）年4月6日）

桑田王（1）　くわたおう
飛鳥時代の押坂彦人大兄皇子の子。
¶古人（生没年不詳）

桑田王（2）　くわたおう
奈良時代の長屋王の子。
¶古人（生没年不詳）

桑田衡平＊　くわたこうへい
＊～明治38（1905）年　江戸時代末期～明治時代の医師。英米医学を研究。軍医、軍医正を歴任。著書に「内科摘要」。
¶科学（[生]天保7（1836）年6月　[没]明治38（1905）年10月24日）

桑田新助匡種　くわだしんすけまさたね
江戸時代前期の毛利輝元の家臣。大坂の陣で籠城。
¶大坂（[没]慶長20年）

桑田平左衛門景房　くわだへいざえもんかげふさ
江戸時代前期の毛利輝元の家臣。大坂の陣で籠城。
¶大坂（[没]寛永16年7月29日）

桑田弥兵衛元房　くわだやひょうえもとふさ
江戸時代前期の毛利秀元の家臣桑田平左衛門景房の子。
¶大坂（[没]寛文12年12月29日）

桑田立斎　くわたりっさい
⇒桑田立斎（くわたりゅうさい）

桑田立斎＊　くわたりゅうさい
文化8（1811）年～明治1（1868）年　[別]桑田立斎（くたわりゅうさい，くわたりっさい）　江戸時代末期の蘭方医。牛痘接種の普及に貢献。
¶江人，科学（[生]文化8（1811）年7月10日　[没]慶応4（1868）年），コン，幕末（[生]文化8（1811）年7月10日　[没]慶応4（1868）年7月27日）

桑名一孝＊　くわなかずたか
？～元和1（1615）年　安土桃山時代～江戸時代前期の勇将、長曽我部元親の家老。
¶全戦

桑名兼光　くわなかねみつ
平安時代後期の官人。
¶古人（生没年不詳）

桑名掃部　くわなかもん
江戸時代前期の長宗我部元親の家臣。盛親を後見して、大坂籠城。
¶大坂（[没]慶長20年5月6日）

桑名善兵衛　くわなぜんひょうえ
江戸時代前期の人。大坂の陣で籠城。長宗我部盛親の家臣桑名一孝の甥。
¶大坂

桑名茂三郎＊　くわなもさぶろう
天保9（1838）年～明治31（1898）年　江戸時代末期～明治時代の官吏、安積郡長、静岡大林区署長。漢籍・詩文・書画を学ぶ。内務属、農商務属、林務官を歴任。
¶幕末（[生]天保9（1838）年2月19日　[没]明治31（1898）年5月12日）

桑名屋長左衛門　くわなやちょうざえもん
⇒坂田藤十郎〔2代〕（さかたとうじゅうろう）

桑名吉成＊　くわなよしなり
？～元和1（1615）年　安土桃山時代～江戸時代前期の武士。長宗我部氏家臣。
¶戦武（[没]慶長20（1615）年）

桑原某＊　くわはら，くわばら
江戸時代末期の新撰組隊士。
¶新隊（くわばら　生没年不詳）

桑原順長＊　くわばらあやなが
享和3（1803）年9月15日～慶応1（1865）年8月27日　江戸時代末期の公家（正三位非参議）。権中納言桑原為顕の子。
¶公卿，公家（順長〔桑原家〕　あやなが）

桑原家次＊　くわばらいえつぐ
生没年不詳　安土桃山時代の織田信長の家臣。
¶織田

桑原幾太郎＊　くわばらいくたろう
寛政12（1800）年～文久1（1861）年　[別]桑原治兵衛（くわばらじへえ）　江戸時代末期の水戸藩士。
¶幕末（[没]文久1（1861）年10月10日）

桑原右京進　くわばらうきょうのじょう
⇒桑原右京進（くわばらうきょうのしん）

桑原右京進＊　くわばらうきょうのしん
生没年不詳　[別]桑原右京進（くわばらうきょうのじょう）　戦国時代の武士。後北条氏家臣。
¶後北（右京進〔桑原（4）〕　うきょうのじょう）

桑原王　くわばらおう
⇒桑原王（くわばらのおおきみ）

桑原戒平＊　くわばらかいへい
弘化1（1844）年～？　江戸時代末期～明治時代の志士。戊辰戦争、神風連の乱で功績。
¶幕末

桑原景迪＊　くわばらかげみち
文化4（1807）年～慶応3（1867）年　江戸時代末期の陸奥二本松藩弓術師範役。
¶幕末（[没]慶応3（1867）年3月4日）

桑原訶都＊　くわばらかつ
[別]桑原訶都（くわばらのかつ），桑原連訶都（くわばらのむらじかつ）　上代の医師。
¶古代（桑原連訶都　くわばらのむらじかつ）

桑原兼久 くわばらかねひさ
　戦国時代の木曽氏の家臣。
　¶武田（生没年不詳）

桑原儀之助＊（桑原義之助）　くわばらぎのすけ
　江戸時代末期の土佐藩郷士。
　¶幕末（㋓弘化1（1844）年10月　㋣慶応3（1867）年1月）

桑原九蔵＊　くわばらきゅうぞう
　？〜天正10（1582）年6月2日　戦国時代〜安土桃山時代の織田信長の家臣。
　¶織田

桑原源介＊　くわばらげんすけ
　生没年不詳　戦国時代の武将。信長馬廻。
　¶織田

桑原五郎左衛門＊　くわばらごろうざえもん
　戦国時代の武将。後北条氏家臣。
　¶後北（嘉高〔大橋(1)〕　よしたか）

桑原左大夫　くわばらさだゆう
　江戸時代前期の和泉の牢人。
　¶大坂

桑原左馬助　くわばらさまのすけ
　安土桃山時代の武蔵国鉢形城主北条氏邦の家臣。能登守。
　¶後北（左馬助〔桑原(2)〕　さまのすけ）

桑原治兵衛　くわばらじへえ
　⇒桑原幾太郎（くわばらいくたろう）

桑原修理亮＊　くわばらしゅりのすけ
　生没年不詳　戦国時代の武士。後北条氏家臣。
　¶後北（修理亮〔桑原(1)〕　しゅりのすけ）

桑原勝大夫　くわばらしょうだゆう
　江戸時代前期の豊臣秀次の奉行。
　¶大坂

桑原女媒＊　くわばらじょばい
　享保18（1733）年〜寛政1（1789）年　㋓女媒（じょばい）　江戸時代中期〜後期の俳人。
　¶俳文（女媒　じょばい　㋣寛政1（1789）年2月22日）

桑原甚助＊　くわばらじんすけ
　生没年不詳　安土桃山時代の織田信長の家臣。
　¶織田（㋓？　㋣永禄3年5月19日）

桑原忠長＊　くわばらただなが
　宝暦3（1753）年8月20日〜天保6（1835）年4月22日　江戸時代中期〜後期の公家（権中納言）。権大納言高辻家長の次男。
　¶公卿,公家（忠長〔桑原家〕　ただなが）

桑原為顕＊　くわばらためあき
　安永4（1775）年閏12月11日〜安政2（1855）年9月10日　江戸時代後期の公家（権中納言）。権中納言桑原忠長の子。
　¶公卿,公家（為顕〔桑原家〕　ためあき）

桑原為政＊　くわばらためまさ
　文化12（1815）年〜慶応1（1865）年　江戸時代末期の公家（非参議）。権中納言桑原為顕の子か。
　¶公卿（㋓文化12（1815）年6月14日　㋣慶応1（1865）年11月28日）,公家（為政〔桑原家〕　ためまさ　㋓文化12（1815）年6月14日　㋣慶応1（1865）年11月28日）,幕末（㋓文化12（1815）年6月14日　㋣慶応1（1866）年11月28日）

桑原長義＊　くわばらながよし
　寛文1（1661）年8月27日〜元文2（1737）年12月22日　㋓菅原長義（すがわらながよし）　江戸時代中期の歌人、公家（権中納言）。桑原家の祖。権大納言五条為庸の四男。
　¶公卿,公家（長義〔桑原家〕　ながよし）

桑原直年足　くわばらのあたいとしたり
　⇒桑原年足（くわばらのとしたり）

桑原直人勝　くわばらのあたいひとかつ
　⇒桑原人勝（くわばらのひとかつ）

桑原王　くわばらのおう
　⇒桑原王（くわばらのおおきみ）

桑原王＊　くわばらのおおきみ
　？〜宝亀5（774）年　㋓桑原王（くわばらおう，くわばらのおう）　奈良時代の官人。
　¶古人（くわばらおう）,古代

桑原訶都　くわばらのかつ
　⇒桑原訶都（くわばらかつ）

桑原重国　くわばらのしげくに
　平安時代中期の官人。
　¶古人（生没年不詳）

桑原重則　くわばらのしげのり
　平安時代中期の官人。
　¶古人（生没年不詳）

桑原村主足床　くわばらのすぐりたりとこ
　⇒桑原足床（くわばらのたりとこ）

桑原足床＊　くわばらのたりとこ
　生没年不詳　㋓桑原村主足床（くわばらのすぐりたりとこ）　奈良時代の官吏。
　¶古人,古代（桑原村主足床　くわばらのすぐりたりとこ）

桑原年足＊　くわばらのとしたり
　生没年不詳　㋓桑原直年足（くわばらのあたいとしたり）　奈良時代の官吏。
　¶古代（桑原直年足　くわばらのあたいとしたり）

桑原腹赤　くわばらのはらあか
　⇒桑原腹赤（くわばらのはらか）

桑原腹赤＊　くわばらのはらか，くわばらのはらあか
　延暦8（789）年〜天長2（825）年7月7日　㋓桑原腹赤（くわばらのはらあか），都宿禰腹赤（みやこのすくねはらか），都腹赤（みやこのはらあか，みやこのはらか）　平安時代前期の漢詩人。秋成の子。
　¶古人（都腹赤　みやこのはらあか）,古代（都宿禰腹赤　みやこのすくねはらか）

桑原人勝＊　くわばらのひとかつ
　生没年不詳　㋓桑原直人勝（くわばらのあたいひとかつ）　奈良時代の官吏。
　¶古代（桑原直人勝　くわばらのあたいひとかつ）

桑原信根　くわばらのぶもと
　平安時代中期の官人。
　¶古人（生没年不詳）

桑原連訶都　くわばらのむらじかつ
　⇒桑原訶都（くわばらかつ）

桑原安任　くわばらのやすとう
　平安時代後期の官人。
　¶古人（生没年不詳）

桑原腹赤　くわばらはらあか
⇒桑原腹赤（くわばらのはらか）

桑原久子*　くわばらひさこ
寛政3（1791）年～嘉永6（1853）年　江戸時代後期の女性。国学者。「二荒詣日記」を著す。
¶江表（久子（福岡県））, 女文（[没]嘉永6（1853）年6月30日）

桑原平八*　くわばらへいはち
天保14（1843）年～大正2（1913）年　江戸時代末期～明治時代の勤王の志士。勅使三条卿の東下を守護。新小姓組となる。
¶幕末（[生]天保14（1843）年5月5日　[没]大正2（1913）年3月14日）

桑原平兵衛*　くわばらへいべえ
？～元亀1（1570）年11月26日　戦国時代～安土桃山時代の織田信長の家臣。
¶織田

桑原政篤*　くわばらまさあつ
天保9（1838）年～大正12（1923）年　江戸時代末期～大正時代の剣客。京都守護。戊辰戦争で戦功あり、新留守居組に昇格。
¶幕末（[生]天保9（1838）年4月　[没]大正12（1923）年4月24日）

桑原又六　くわばらまたろく
戦国時代の北条氏康家臣庄康正の同心。
¶後北（又六〔桑原（4）〕　またろく）

桑原盛員　くわばらもりかず
江戸時代中期～後期の幕臣。
¶徳人（[生]1721年　[没]1800年）

桑原盛方　くわばらもりかた
江戸時代中期の幕臣。
¶徳人（[生]1755年　[没]？）

桑原盛倫　くわばらもりとも
江戸時代中期～後期の幕臣。
¶徳人（[生]1746年　[没]1811年）

桑原盛正*　くわばらもりまさ
生没年不詳　戦国時代の北条氏の家臣。
¶後北（盛正〔桑原（3）〕　もりまさ）

桑原弥七郎*　くわばらやしちろう
生没年不詳　戦国時代の武士。後北条氏家臣。
¶後北（弥七郎〔桑原（1）〕　やしちろう）

桑原康盛　くわばらやすもり
戦国時代の信濃国筑摩郡塔原城主塔原海野三河守幸貞の家臣。
¶武田（生没年不詳）

桑原やよ子*　くわばらやよこ
生没年不詳　江戸時代中期の女性。仙台藩医桑原如璋の妻。
¶江表（やよ（宮城県））

桑原譲*　くわばらゆずる
？～明治6（1873）年　江戸時代末期～明治時代の剣士。石山孫六の武者修行につき、各地訪問。
¶幕末

桑原吉蔵*　くわばらよしぞう
？～天正10（1582）年6月2日　戦国時代～安土桃山時代の織田信長の家臣。
¶織田

桑原嘉高　くわばらよしたか
戦国時代～安土桃山時代の北条氏の家臣。五郎左衛門。北条氏康・氏政、のち相模国玉縄城主北条綱成の家臣。
¶後北（嘉高〔桑原（1）〕　よしたか）

桑原礼治*　くわばられいじ
文化9（1812）年～明治5（1872）年　江戸時代末期～明治時代の武術家。弓、槍、砲、馬術に長ける。勤王運動に奔走。
¶幕末（[没]明治5（1872）年2月10日）

桑部某*　くわべ
生没年不詳　安土桃山時代の織田信長の家臣。
¶織田

桑本才次郎　くわもとさいじろう
⇒桑本正明（くわもとまさあき）

桑本正明*　くわもとまさあき
天保1（1830）年～文久3（1863）年　[別]桑本才次郎（くわもとさいじろう）　江戸時代末期の津和野藩士。
¶数学（[生]文政13（1830）年　[没]文久3（1863）年10月2日）, 幕末（桑本才次郎　くわもとさいじろう　[生]文政13（1830）年　[没]文久3（1863）年10月3日）

桑山市右衛門重正　くわやまいちえもんしげまさ
戦国時代～江戸時代前期の豊臣秀吉の馬廻。
¶大坂（[生]天文15年　[没]慶長20年5月7日）

桑山一慶　くわやまかずよし
江戸時代前期～中期の幕臣。
¶徳人（[生]1663年　[没]1730年）

桑山玉洲　くわやまぎょくしう
⇒桑山玉洲（くわやまぎょくしゅう）

桑山玉洲*　くわやまぎょくしゅう
延享3（1746）年～寛政11（1799）年　[別]桑山玉洲（くわやまぎょくしう）　江戸時代中期の南画家。紀州和歌浦の人。
¶コン, 美画（[没]寛政11（1799）年4月13日）

桑山圭介　くわやまけいすけ
江戸時代後期～明治時代の幕臣。
¶徳人（生没年不詳）

桑山貞利　くわやまさだとし
安土桃山時代～江戸時代前期の幕臣。
¶徳人（[生]1595年　[没]1636年）

桑山七郎右衛門　くわやましちろ（う）えもん
江戸時代前期の武士。大坂の陣で籠城。
¶大坂（[没]慶長19年12月16日）

桑山十兵衛重政　くわやまじゅうびょうえしげまさ
安土桃山時代～江戸時代前期の豊臣秀頼の家臣。
¶大坂（[生]天正12年　[没]明暦4年1月4日）

桑山甚右衛門重正　くわやまじんえもんしげまさ
江戸時代前期の武士、薬師。
¶大坂

桑山元武　くわやまもとたけ
江戸時代前期～中期の幕臣。
¶徳人（[生]1680年　[没]1754年）

桑屋元三郎*　くわやもとさぶろう
弘化3（1846）年～慶応1（1865）年　江戸時代末期の人。攘夷を唱えた挙兵参加者。

¶幕末（[没]元治2（1865）年2月15日）

くん
江戸時代中期の女性。和歌。北川角兵衛の妹。寛延3年成立、見坊景兼編「寛延和歌集」に載る。
¶江表（くん（岩手県））

くん・薫
江戸時代後期の女性。俳諧。長門長府の人。「文政六年書画帳」に載る。
¶江表（くん・薫（山口県））

薫　くん★
江戸時代の女性。俳諧。明治3年刊、行庵酒雄編の三浦浪兮女追善集『枯藻集』に載る。
¶江表（薫（埼玉県））

薫畹　くんえい
江戸時代末期の女性。画。石見中座の庄屋澄川紋平の娘。
¶江表（薫畹（島根県）　[没]文久2（1862）年）

君蕙　くんけい
江戸時代後期の女性。漢詩。小幡氏。弘化4年序、友野霞舟編・著『熙朝詩薈』に載る。
¶江表（君蕙（京都府））

軍光　ぐんこう★
江戸時代後期の女性。咄本作家。森田氏。天保期から嘉永期にかけて活躍。
¶江表（軍光（大阪府））

郡司周五郎＊　ぐんじしゅうごろう
文化12（1815）年～慶応2（1866）年　江戸時代末期の人。雪免運動に参加。
¶幕末（[没]慶応2（1866）年10月9日）

郡司千左衛門＊　ぐんじせんざえもん
文政12（1829）年～明治35（1902）年　江戸時代末期～明治時代の長州（萩）藩士。
¶全幕，幕末（[没]明治35（1902）年12月4日）

郡司武之助＊　ぐんじたけのすけ
文政9（1826）年～明治14（1881）年　江戸時代末期～明治時代の萩藩士、砲術家。西南の役で征討軍砲兵部雇として鋳砲を管した。
¶全幕，幕末（[没]明治14（1881）年12月24日）

訓女　くんじょ★
江戸時代中期の女性。俳諧。榎本其角門。元禄3年刊、其角編『華摘』に載る。
¶江表（訓女（東京都））

薫仙　くんせん
江戸時代後期の女性。画。田部善子。野出蕉雨に学ぶ。
¶江表（薫仙（福島県））

薫的＊　くんてき
寛永2（1625）年～寛文11（1671）年　江戸時代前期の曹洞宗の僧。瑞応寺の住職。
¶コン

薫明　くんめい★
江戸時代末期の女性。俳諧。白木湊の遊女か。万延2年丹生郡の青雲編「春興」に載る。
¶江表（薫明（福井県））

君蘭　くんらん★
江戸時代後期の女性。俳諧。豊前小倉の人。文化6年序、五十嵐梅夫編『草神楽』に載る。
¶江表（君蘭（福岡県））

【け】

下庵＊　げあん
生没年不詳　戦国時代の甲斐武田一族穴山信君の家臣。
¶武田

蕙　けい★
江戸時代中期の女性。俳諧。播磨の人。元禄16年序、桃源川編『花皿』に載る。
¶江表（蕙（兵庫県））

けい(1)
江戸時代後期の女性。教育。美濃加茂郡中川辺村の農業矢島氏。寺子屋は嘉永3年に開業、明治5年に閉業。
¶江表（けい（岐阜県））

けい(2)
江戸時代後期の女性。和歌。本居宣長編「歌合評十八」の「寛政11年の十四番花月歌合」十番に載る。
¶江表（けい（三重県））

けい(3)
江戸時代後期～末期の女性。書簡。桐生新町の名主長沢新助正緒の妹。
¶江表（けい（群馬県））

慶　けい★
江戸時代後期の女性。教育。薄井龍之助とふくの長女。
¶江表（慶（東京都）　[生]天保8（1837）年頃）

畦　けい★
江戸時代前期の女性。俳諧。京都の安原貞室門。明暦2年刊、安原貞室編『玉海集』に載る。
¶江表（畦（京都府））

慶阿　けいあ
南北朝時代の連歌作者。至徳4年までは生存。
¶俳文（生没年不詳）

芸阿　げいあ
⇒芸阿弥（げいあみ）

芸愛＊　げいあい
生没年不詳　室町時代の画家。代表作「山水図巻」。
¶美画

芸阿弥＊　げいあみ
永享3（1431）年～文明17（1485）年　[別]芸阿（げいあ），真芸（しんげい）　室町時代～戦国時代の足利将軍家の同朋。父能阿弥。子相阿弥。
¶コン，美画（[没]文明17（1485）年11月2日），山小（[没]1485年11月2日）

恵安　けいあん★
江戸時代後期の女性。俳諧。備中笠岡の商家夷屋儀兵衛の妻。文化9年刊、五升庵瓦全編『さくら会俳諧集』に載る。
¶江表（恵安（岡山県））

慶安　けいあん
⇒源慶安（みなもとよしやす）

桂庵 けいあん
⇒桂庵玄樹 (けいあんげんじゅ)

桂庵玄樹* けいあんげんじゅ
応永34 (1427) 年～永正5 (1508) 年6月15日　別伊地知左衛門尉重貞 (いぢちさえもんのじょうしげさだ)，伊地知佐衛門尉重貞 (いぢちさえもんのじょうしげさだ)，桂庵 (けいあん)，玄樹 (げんじゅ)，島隠 (とういん)　室町時代～戦国時代の臨済宗の僧。薩南学派の祖。
¶コン，思想，対外，中世，室町，山小 (②1508年6月15日)

慶意* けいい
寛弘3 (1006) 年～治暦3 (1067) 年　別慶意 (きょうい)　平安時代中期の天台宗の僧。
¶古人 (きょうい)

慶運 (慶雲) けいうん
生没年不詳　別慶雲 (きょううん)　南北朝時代の歌人。父は法印浄弁。
¶コン，詩作 (④? ②正平24/応安2 (1369) 年頃)，日文 (慶雲)

慶雲院 けいうんいん
⇒足利義勝 (あしかがよしかつ)

慶雲院殿 けいうんいんどの
⇒足利義勝 (あしかがよしかつ)

蕙畹 けいえん
江戸時代の女性。漢詩。安房三芳村の漢詩人鱸松塘の娘。明治10年刊，松塘編『七曲吟社閨媛絶句』に載る。
¶江表 (蕙畹 (千葉県))

蕙園 けいえん*
江戸時代後期の女性。画。西川氏。文政1年刊『江戸当時諸家人名録』に載る。
¶江表 (蕙園 (東京都))

慶円* (1) けいえん
天慶7 (944) 年～寛仁3 (1019) 年9月3日　別慶円 (きょうえん)　平安時代中期の天台宗の僧。天台座主24世。
¶古人 (きょうえん)

慶円* (2) けいえん
生没年不詳　別慶円 (きょうえん)　平安時代後期の仏師。
¶古人 (きょうえん)，美建 (きょうえん)

慶延* けいえん
生没年不詳　別慶延 (きょうえん)　平安時代後期の真言宗の僧。
¶古人 (きょうえん)，密教 (④1144年以前　②1186年4月8日以後)

璚華 けいか
江戸時代後期の女性。漢詩。松氏。安達清河の門人三縄惟直の妻。
¶江表 (璚華 (東京都))

佳香 けいか
⇒嵐璃珏〔4代〕(あらしりかく)

慶花 けいか*
江戸時代中期の女性。俳諧。安政9年刊，蝶々庵百花追善句集『花かたみ』に宇治社中慶花として載る。
¶江表 (慶花 (京都府))

桂花 けいか
⇒幸島桂花 (ゆきしまけいか)

景雅* けいが
康和5 (1103) 年～文治1 (1185) 年11月30日　平安時代後期の華厳宗の僧。
¶古人 (生没年不詳)

景戒* けいかい
生没年不詳　別景戒 (きょうかい)　平安時代前期の僧。日本最初の仏教説話集である『日本霊異記』の著者。
¶古人，古代，コン (きょうかい)，思想 (きょうかい)，日文，山小 (きょうかい)

経覚 けいかく
⇒経覚 (きょうかく)

桂花女 けいかじょ*
江戸時代後期の女性。俳諧。天保1年跋，事仙庵丁知撰『利根太郎』に載る。
¶江表 (桂花女 (東京都))

奚花坊* けいかぼう
安永1 (1772) 年～安政5 (1858) 年3月19日　江戸時代中期～末期の俳人。
¶俳文

瓊岸院 けいがんいん
江戸時代後期の女性。徳川家斉の次女。
¶徳将 (④1790年　②1790年)

鶏冠女 けいかんじょ*
江戸時代中期の女性。俳諧。浅岡氏。宝暦期頃没か。
¶江表 (鶏冠女 (東京都))

桂岩徳芳 けいがんとくほう
戦国時代の臨済宗円蔵院2世住職。
¶武田 (生没年不詳)

慶紀逸 けいきいつ
⇒紀逸 (きいつ)

瓊玉院 けいぎょくいん
江戸時代後期の女性。徳川家慶の十女。
¶徳将 (④1839年　②1840年)

慶誾尼* けいぎんに
永正5 (1508) 年～慶長5 (1600) 年　別竜造寺隆信母 (りゅうぞうじたかのぶはは)　戦国時代～安土桃山時代の女性。肥前国の武将竜造寺胤和の娘。
¶全戦 (④?)

慶源* けいげん
生没年不詳　戦国時代の仏師。
¶美建

蕙子 けいこ
江戸時代中期～後期の女性。和歌。備中山手村の守安堪蔵の娘。
¶江表 (蕙子 (岡山県))　④明和2 (1765) 年　②弘化2 (1845) 年)

鋑子 けいこ*
江戸時代末期の女性。和歌。豊後森藩主久留島通嘉の娘。安政7年跋，蜂屋光世編『大江戸倭歌集』に載る。
¶江表 (鋑子 (東京都))

けい子　けいこ★
江戸時代末期の女性。和歌。幕臣、勘定方石神彦五郎の娘。
¶江表（けい子（東京都）　[没]万延1（1860）年）

鏡子　けいこ
江戸時代後期～明治時代の女性。和歌。山城淀藩主稲葉正守の娘。
¶江表（鏡子（岐阜県）　[生]天保9（1838）年　[没]明治41（1908）年）

圭子　けいこ★
江戸時代中期～後期の女性。和歌。三河刈谷藩前藩主土井利信の弟で旗本松平忠宜の娘。
¶江表（圭子（愛知県）　[生]宝暦1（1751）年　[没]寛政6（1794）年）

恵子　けいこ★
江戸時代後期の女性。和歌。高松の豪商富山定静の妻。嘉永2年に56歳で没した定静は、三倉屋市太夫や友安三冬、木下幸文らと交流した。
¶江表（恵子（香川県））

慶子(1)　けいこ★
江戸時代の女性。和歌。佐賀藩士千住虎吉の妻。明治29年刊、今泉蟹守編「西肥女房百歌撰」に載る。
¶江表（慶子（佐賀県））

慶子(2)　けいこ★
江戸時代後期～明治時代の女性。和歌。下総香取郡吉田村南山崎の歌人林保綱の娘。
¶江表（慶子（千葉県）　[生]文政11（1828）年　[没]明治30（1897）年）

慶子(3)　けいこ★
江戸時代後期の女性。和歌。松代藩藩士金井左仲の娘。文化6年木島菅麿編「松廼百枝」に載る。
¶江表（慶子（長野県））

敬子(1)　けいこ★
江戸時代中期～後期の女性。和歌。備後神辺の漢詩人菅茶山の甥と結婚するが早く死別。
¶江表（敬子（広島県）　[生]天明3（1783）年　[没]嘉永2（1849）年）

敬子(2)　けいこ★
江戸時代後期の女性。和歌。実家の姓は須藤氏。
¶江表（敬子（愛媛県）　[没]天保8（1837）年）

景子(1)　けいこ★
江戸時代の女性。和歌。江戸城本丸の大奥女中。明治8年刊、橘東世子編『明治歌集』に載る。
¶江表（景子（東京都））

景子(2)　けいこ★
江戸時代末期の女性。和歌。但馬生野の大野友右衛門の母。万延1年刊、佐々木弘綱編『類題千船集』に載る。
¶江表（景子（兵庫県））

桂子(1)　けいこ★
江戸時代前期の女性。和歌・寺院建立。京都の公家大炊御門資賢の娘。
¶江表（桂子（北海道）　[没]寛永3（1626）年）

桂子(2)　けいこ★
江戸時代前期の女性。俳諧。宇和島の岡氏の娘。寛文12年序、宇和島藩家老桑折宗臣編『大海集』に載る。
¶江表（桂子（愛媛県））

桂子(3)　けいこ★
江戸時代中期の女性。和歌。伊勢菰野藩主土方雄年の室。安永3年恵心院の「田村村隆母公六十賀祝賀歌集」に載る。
¶江表（桂子（三重県））

桂子(4)　けいこ★
江戸時代後期の女性。和歌。『徳川実紀』の編纂に携わった儒官成島邦之助司直の娘。文化11年刊、中山忠雄・河田正致編『柿本社奉納和歌集』に載る。
¶江表（桂子（東京都））

桂子(5)　けいこ★
江戸時代後期の女性。狂歌。上総小糸の人。文化13年刊、四方真顔編『俳諧歌父母百首』に載る。
¶江表（桂子（千葉県））

桂子(6)　けいこ★
江戸時代後期の女性。俳諧。周防東荷の人。文政3年序、山本友左坊撰『おゐのたひ』に載る。
¶江表（桂子（山口県））

桂子(7)　けいこ★
江戸時代末期の女性。和歌。紀伊南部の酒井氏。安政4年刊、西田惟恒編『安政四年三百首』に載る。
¶江表（桂子（和歌山県））

桂子(8)　けいこ★
江戸時代末期の女性。和歌。筑後柳川藩の奥女中。文久3年刊、上野の国学者席橋守が還暦祝いに編集した『耳順賀集』に載る。
¶江表（桂子（福岡県））

蛍子　けいこ★
江戸時代後期の女性。和歌・俳諧。歌人川島秀盛の妻。文化10年刊、柿耶丸長斎編『万家人名録』に載る。
¶江表（蛍子（京都府））

桂五＊　けいご
＊～文化9（1812）年　[別]金森桂五（かなもりけいご）
江戸時代後期の俳人。
¶俳文（[生]延享3（1746）年　[没]文化9（1812）年1月24日）

桂悟　けいご
⇒了庵桂悟（りょうあんけいご）

雞口（鶏口）　けいこう
⇒谷口雞口（たにぐちけいこう）

敬公　けいこう
⇒徳川義直（とくがわよしなお）

荊口　けいこう
⇒宮崎荊口（みやざきけいこう）

慶光院　けいこういん
⇒お万の方（おまんのかた）

桂光院　けいこういん★
江戸時代前期～中期の女性。書簡。熊本藩の支城八代城代家老三代当主松井寄之の娘。
¶江表（桂光院（熊本県）　[生]正保1（1644）年　[没]享保8（1723）年）

慶光院周清　けいこういんしゅうせい
⇒慶光院周清（けいこういんしゅせい）

慶光院周養　けいこういんしゅうよう
⇒慶光院周養（けいこういんしゅよう）

慶光院周清*　けいこういんしゅせい
？～慶安1（1648）年　[別]慶光院周清（けいこういんしゅうせい），慶光院周清尼（けいこういんしゅせいに）　江戸時代前期の女性。臨済宗の尼僧、慶光院5世。
¶コン（けいこういんしゅうせい）

慶光院周清尼　けいこういんしゅせいに
⇒慶光院周清（けいこういんしゅせい）

慶光院周養*　けいこういんしゅよう
？～慶長16（1611）年　[別]慶光院周養（けいこういんしゅうよう），慶光院周養尼（けいこういんしゅようこ），周養（しゅうよう）　安土桃山時代～江戸時代前期の女性。臨済宗の尼僧、慶光院4世。
¶思想

慶光院周養尼　けいこういんしゅように
⇒慶光院周養（けいこういんしゅよう）

慶光院清順*　けいこういんせいじゅん
？～永禄9（1566）年4月3日　[別]伊勢上人（いせのしょうにん），慶光院清順尼（けいこういんせいじゅんに），清順尼（せいじゅんに）　戦国時代の女性。臨済宗の尼僧、慶光院3世。
¶コン

慶光院清順尼　けいこういんせいじゅんに
⇒慶光院清順（けいこういんせいじゅん）

慶光天皇　けいこうてんのう
⇒典仁親王（すけひとしんのう）

景行天皇*　けいこうてんのう
[別]大足彦忍代別尊（おおたらしひこおしろわけのみこと）　上代の第12代の天皇。垂仁天皇の子、子に成務天皇、日本武尊。
¶古人（生没年不詳），古代，古物（[生]垂仁天皇17（前3）年　[没]景行天皇60（130）年11月7日），コン，天皇，山小

敬斎　けいさい
⇒渡部敬斎（わたなべけいさい）

渓斎英泉*（渓斉英泉）　けいさいえいせん
寛政2（1790）年～嘉永1（1848）年　[別]池田英泉（いけだえいせん），一筆庵可候（いっぴつあんかこう），英泉（えいせん），菊川英泉（きくかわえいせん）　江戸時代後期の浮世絵師、戯作者。
¶浮絵（[生]寛政3（1791）年），江人，コン（池田英泉　いけだえいせん），美画（[没]嘉永1（1848）年7月22日）

景三　けいさん，けいざん
⇒横川景三（おうせんけいさん）

珪山*　けいざん
生没年不詳　江戸時代中期の俳人。
¶俳文（[生]？　[没]寛政6（1794）年頃）

渓山　けいざん
⇒理秀女王（りしゅうじょおう）

鶏山*（雞山）　けいざん
？～安永6（1777）年　江戸時代中期の俳人。
¶俳文（[生]宝永7（1710）年2月8日　[没]安永6（1777）年1月1日）

瑩山　けいざん
⇒瑩山紹瑾（けいざんじょうきん）

桂山女　けいさんじょ★
江戸時代後期の女性。俳諧。下総の人。文政4年序、今泉桂丸ほか編『蚤のあと』に載る。
¶江表（桂山女（千葉県））

瑩山紹瑾*　けいざんじょうきん，けいざんしょうきん
文永5（1268）年～正中2（1325）年　[別]瑩山（えいざん，けいざん），瑩山紹瑾（えいざんしょうきん，えいざんじょうきん），紹瑾（しょうきん，じょうきん），常済大師（じょうさいだいし）　鎌倉時代後期の曹洞宗の僧。
¶コン，思想（[生]文永1（1264）年），中世，山小（[生]1268年10月8日　[没]1325年8月15日）

景山零余子*　けいざんぬかご
寛政5（1793）年～文政3（1820）年8月　江戸時代後期の女性。狂歌師。
¶江表（景山亭零余子（東京都））

蕙之　けいし
江戸時代後期の女性。俳諧。日高郡衣奈の人。天明8年刊、古田此葉著『市女笠』に載る。
¶江表（蕙之（和歌山県））

契史*　けいし
生没年不詳　江戸時代末期の俳人。
¶俳文（[生]文政7（1824）年　[没]明治6（1873）年4月3日）

恵糸　けいし★
江戸時代後期の女性。俳諧。木曽郡の人。文化12年序、木曽福島の代官山村甚兵衛良喬編『山の錦』に載る。
¶江表（恵糸（長野県））

慶子(1)　けいし
⇒中村富十郎〔1代〕（なかむらとみじゅうろう）

慶子(2)　けいし
⇒中村富十郎〔2代〕（なかむらとみじゅうろう）

敬止　けいし★
江戸時代後期の女性。俳諧。長崎通詞で俳人平野柄梧の妻。寛政8年、長門長府の俳人田上菊舎が長崎に再遊した折、菊舎を別荘に招き交流をもった。
¶江表（敬止（長崎県））

景茝　けいし
⇒蘭坡景茝（らんぱけいし）

軽糸　けいし
江戸時代中期の女性。俳諧。武蔵神奈川宿の人。安永8年刊、万葉庵潮花楼社中撰、歳旦歳暮帖『金川文藻』に載る。
¶江表（軽糸（神奈川県））

恵糸女　けいしじょ★
江戸時代後期の女性。俳諧。文政4年の青隠跋『七夕後集』に、故人として載る。
¶江表（恵糸女（東京都））

恵子女王*　けいしじょおう
延長3（925）年～正暦3（992）年　[別]恵子女王（けいしにょおう，さとこじょおう）　平安時代中期の女性。歌人。
¶古人（さとこじょおう　[生]？）

敬子女王*　けいしじょおう
生没年不詳　[別]敬子女王（けいしにょおう，たかこじょおう）　平安時代中期の女性。三条天皇の皇子敦平親王の第1王女。
¶古人（たかこじょおう）

馨子内親王*　けいしないしんのう
長元2（1029）年～寛治7（1093）年　[別]馨子内親王（かおるこないしんのう）　平安時代中期～後期の

女性。後三条天皇の中宮、賀茂斎院。
¶古人（かおるこないしんのう）、天皇（⑭長元2（1029）年2月2日）⑳寛治7（1093）年9月4日）

慶子内親王＊　けいしないしんのう
延喜3（903）年〜延喜23（923）年　⑨慶子内親王（よしこないしんのう）　平安時代中期の女性。醍醐天皇の第4皇女。
¶古人（よしこないしんのう）

慧子内親王　けいしないしんのう
？〜元慶5（881）年　⑨慧子内親王（あきらけいこないしんのう）、恵子内親王（さとこないしんのう）　平安時代前期の女性。文徳天皇の皇女。
¶古人（あきらけいこないしんのう）、古代，天皇（けいしないしんのう・あきらけいこないしんのう　㉒元慶5（881）年1月6日）

掲子内親王＊　けいしないしんのう
？〜延喜14（914）年　⑨掲子内親王（ながこないしんのう）　平安時代前期〜中期の女性。文徳天皇の皇女、伊勢斎宮。
¶古人（ながこないしんのう）

繋子内親王⑴　けいしないしんのう
⇒繁子内親王（はんしないしんのう）

繋子内親王⑵　けいしないしんのう
⇒繁子内親王（はんしないしんのう）

瓊子内親王　けいしないしんのう
⇒瓊子内親王（たまこないしんのう）

恵子女王　けいしにょおう
⇒恵子女王（けいしじょおう）

敬子女王　けいしにょおう
⇒敬子女王（けいしじょおう）

慶雀　けいじゃく
⇒中村嘉七〔4代〕（なかむらかしち）

慶寿院＊⑴　けいじゅいん
永正11（1514）年〜永禄8（1565）年　戦国時代の女性。12代将軍足利義晴の正室。
¶女史

慶寿院⑵　けいじゅいん
安土桃山時代の女性。武田氏親族か。
¶武田（生没年不詳）

桂寿院　けいじゅいん＊
江戸時代中期〜後期の女性。和歌・書・書簡。江戸詰の秋田藩士三木宇平太勝旧の娘。
¶江表（桂寿院（秋田県）　⑭宝暦5（1755）年　㉒文政12（1829）年）

瓊樹院　けいじゅいん
江戸時代後期の女性。和歌。姫路新田藩主酒井忠交の室。
¶江表（瓊樹院（兵庫県）　㉒文政8（1825）年）

恵秀　けいしゅう＊
江戸時代前期の女性。和歌。播磨佐用郡中島の超玄の妻。
¶江表（恵秀（兵庫県））

慶秀＊⑴　けいしゅう
生没年不詳　南北朝時代〜室町時代の仏師。
¶美建

慶秀⑵　けいしゅう
⇒慶秀（きょうしゅう）

慧洲上人＊　けいしゅうしょうにん
文化3（1806）年〜明治3（1870）年　江戸時代末期〜明治時代の僧。
¶幕末（慧洲上人（神光寺法印））

稽主勲＊　けいしゅくん
生没年不詳　奈良時代の仏師。
¶古代，美建

慶樹尼　けいじゅに
⇒理慶尼（りけいに）

慶俊　けいしゅん
⇒慶俊（きょうしゅん）

慶浚＊　けいしゅん
？〜天文21（1552）年　⑨明叔慶浚（みょうしゅくけいしゅん、みんしゅくきょうしゅん、みんしゅくけいしゅん、めいしゅくけいしゅん）、明叔（めいしゅく）　戦国時代の臨済宗の僧。
¶武田（明叔慶浚　みんしゅくけいしゅん）

慶純＊　けいじゅん
生没年不詳　安土桃山時代〜江戸時代前期の連歌作者。
¶俳文

けい女⑴　けいじょ＊
江戸時代後期の女性。教育。熊谷五郎の娘。
¶江表（けい女（東京都）　⑭弘化1（1844）年頃）

けい女⑵　けいじょ＊
江戸時代末期の女性。俳諧。須賀川の俳人市原多代の高弟。慶応1年、山辺清民序『葛古発句集』に載る。
¶江表（けい女（東京都））

けい女⑶　けいじょ＊
江戸時代末期の女性。狂歌。小山の人。安政3年刊、通用亭徳成編『都賀のやままつ』に載る。
¶江表（けい女（栃木県））

慶女⑴　けいじょ＊
江戸時代中期〜後期の女性。狂歌。豊後日田の人。
¶江表（慶女（大分県））

慶女⑵　けいじょ＊
江戸時代後期の女性。和歌。吉田の人。享和3年序、佐伯貞中八〇賀集「周桑歌人集」に載る。
¶江表（慶女（愛媛県））

景静　けいじょう
奈良時代の僧。行基の弟子。
¶古人（生没年不詳）

迎祥＊　げいしょう
文化3（1806）年〜安政6（1859）年11月16日　江戸時代後期〜末期の俳人。
¶俳文

桂昌院＊　けいしょういん
寛永4（1627）年〜宝永2（1705）年　⑨秋野殿（あきのどの）、お玉の方（おたまのかた）、玉方（たまのかた）　江戸時代前期〜中期の女性。3代将軍徳川家光の側室、5代将軍綱吉の生母。
¶江人，江表（桂昌院（東京都））、コン（⑭寛永1（1624）年）、女史，徳将，山小（㉒1705年6月22日）

啓書記　けいしょき
⇒祥啓（しょうけい）

景徐周麟*　けいじょしゅうりん
永享12（1440）年～永正15（1518）年3月2日　[別]宜竹（ぎちく），周麟（しゅうりん，しゅりん）　室町時代～戦国時代の臨済宗の僧。五山官寺を司る僧録。
¶コン，思想，俳文

恵助法親王　けいじょほうしんのう
南北朝時代の伏見天皇の皇子。
¶天皇（生没年不詳）

敬心　けいしん
⇒敬心（きょうしん）

景深*　けいじん
平安時代前期の僧。
¶古人（生没年不詳），古代

経尋*　けいじん
生没年不詳　[別]経尋（きょうじん）　平安時代後期の僧、仏師。
¶古人（きょうじん），美建（きょうじん）

契真院　けいしんいん
⇒お満武の方（おまんのかた）

啓仁親王*　けいじんしんのう
建治2（1276）年～弘安1（1278）年　[別]啓仁親王（あきひとしんのう）　鎌倉時代後期の亀山天皇の第8皇子。
¶天皇（あきひとしんのう　[没]弘安1（1278）年12月9日）

景仁親王*　けいじんしんのう
正和4（1315）年～？　[別]景仁法親王（けいにんほうしんのう）　鎌倉時代後期の後伏見天皇の第5皇子。
¶天皇（景仁法親王　けいにんほうしんのう　[生]正和4（1315）年11月7日）

慶政*　けいせい
文治5（1189）年～文永5（1268）年10月6日　[別]慶政（きょうせい）　鎌倉時代前期の僧、説話集編者。九条良経の子で道家の兄。
¶古人（きょうせい），日文

迎接尼　げいせつに★
江戸時代末期の女性。和歌。安藤氏。安政7年跋、蜂屋光世編『大江戸倭歌集』に載る。
¶江表（迎接尼（東京都））

慶暹　けいせん
⇒慶暹（ぎょうせん）

桂扇*　けいせん
生没年不詳　江戸時代後期の女性。俳人。
¶江表（桂扇（宮城県））

桂泉　けいせん★
江戸時代の女性。俳諧。武蔵の人。明治3年刊、行庵酒雄編の三浦浪兮女追善集『枯藻集』に載る。
¶江表（桂泉（埼玉県））

慶禅(1)　けいぜん
鎌倉時代の仏師。
¶美建（生没年不詳）

慶禅*(2)　けいぜん
生没年不詳　[別]慶禅（きょうぜん）　江戸時代末期～明治時代の人。協坊妙高寺に入門。
¶幕末（[生]？　[没]明治14（1881）年2月1日）

桂扇女　けいせんじょ★
江戸時代後期の女性。俳諧。文化15年序、大屋士由編『美佐古鮓』に載る。
¶江表（桂扇女（東京都））

慶祚*　けいそ
天暦9（955）年～寛仁3（1019）年12月22日　[別]慶祚（きょうそ）　平安時代中期の天台宗の僧。余慶の四神足の一人。
¶古人（きょうそ），古人，コン（きょうそ）

慶増*　けいぞう
寛仁1（1017）年～嘉承2（1107）年　[別]慶増（きょうぞう）　平安時代中期～後期の天台宗の僧。
¶古人（きょうぞう）

慶尊　けいそん
南北朝時代の仏師。
¶美建（生没年不詳）

継体天皇*　けいたいてんのう
？～継体25（531）年　[別]男大迹王（おおどのおう）　上代の第26代の天皇。応神天皇の5世孫。
¶古人（[生]450年？），古代，古物（[生]允恭天皇39（450）年　[没]継体天皇25（531）年2月7日），コン（[没]531年/534年），対外（[生]450年），天皇（[生]449年/484年　[没]531年/527年），山小

契沖*　けいちゅう
寛永17（1640）年～元禄14（1701）年　[別]円珠庵契沖（えんじゅあんけいちゅう）　江戸時代前期～中期の和学者。「万葉代匠記」の著者。
¶江人，コン，詩作（[没]元禄14（1701）年1月25日），思想，徳将，日文，山小（[没]1701年2月25日）

佳朝　けいちょう
⇒坂東三津五郎〔4代〕（ばんどうみつごろう）

慶朝*　けいちょう
万寿4（1027）年～嘉承2（1107）年9月24日　[別]慶朝，慶明（きょうちょう）　平安時代中期～後期の天台宗の僧。天台座主38世。
¶古人（慶明　きょうちょう）

経定院　けいていいん★
江戸時代後期の女性。書簡。11代将軍徳川家斉に仕えた「御意入り」の御年寄藤沢。
¶江表（経定院（東京都））

景轍　けいてつ
⇒景轍玄蘇（けいてつげんそ）

景轍玄蘇*（景徹玄蘇）　けいてつげんそ
天文6（1537）年～慶長16（1611）年　[別]景轍（けいてつ），玄蘇（げんそ），中原玄蘇（なかはらげんそ）　安土桃山時代～江戸時代前期の外交僧。
¶コン，コン（中原玄蘇　なかはらげんそ），対外

璟鈿　けいでん
奈良時代の東大寺の僧。
¶古人（生没年不詳）

景徳院(1)　けいとくいん
江戸時代後期の徳川家慶の十四男。
¶徳将（[生]1852年　[没]1853年）

景徳院(2)　けいとくいん
⇒溶姫（ようひめ）

けいりん

慶徳麗子　けいとくれいこ
⇒荒木田麗（あらきだれい）

慶徳麗女　けいとくれいじょ
⇒荒木田麗（あらきだれい）

慶入　けいにゅう
⇒楽吉左衛門〔11代〕（らくきちざえもん）

慶忍*　けいにん
生没年不詳　鎌倉時代の絵仏師。長らく住吉慶恩と誤読されていた。
¶コン

景仁法親王　けいにんほうしんのう
⇒景仁親王（けいじんしんのう）

慶念　けいねん
室町時代〜江戸時代前期の浄土真宗の僧。
¶内乱（㋳天文5（1536）年　㋺慶長16（1611）年）

瓊葩　けいは
江戸時代後期の女性。漢詩。越後見附の人。文化11年撰、厳田州尾編『鷗盟集』に載る。
¶江表（瓊葩（新潟県））

慶範*⑴　けいはん
㋺慶範（きょうはん）　平安時代中期の天台宗の僧。中原致行の子。
¶古人（きょうはん　生没年不詳）

慶範*⑵　けいはん
長徳3（997）年〜康平4（1061）年　㋺慶範（きょうはん）　平安時代中期〜後期の僧。藤原安隆の子。
¶古人（きょうはん）

経範*　けいはん
長元4（1031）年〜長治1（1104）年3月17日　㋺経範（きょうはん）　平安時代中期〜後期の真言宗の僧。東大寺72世、東寺長者35世。
¶古人（きょうはん）

景風　けいふう*
江戸時代中期の女性。俳諧。沼田の人。天明7年の江戸の「松露庵社中句合帖」に載る。
¶江表（景風（群馬県））

桂夫人　けいふじん*
江戸時代末期の女性。俳諧。桶川の栗原氏。文久1年序、井上亀友編『つゝみの花』に載る。
¶江表（桂夫人（埼玉県））

刑部親王　けいぶしんのう
⇒刑部親王（おさかべしんのう）

景文　けいぶん
⇒松村景文（まつむらけいぶん）

稽文会*　けいぶんかい
㋺稽文会（けいもんえ）　奈良時代の仏師。
¶古代、美建（けいもんえ　生没年不詳）

敬甫　けいほ
⇒高田敬輔（たかだけいほ）

慶宝　けいほう
⇒慶宝尼（けいほうに）

桂峰　けいほう*
江戸時代末期の女性。画・俳諧。溝口氏。安政6年刊、畑銀鶏編『書画薈粋』二に載る。
¶江表（桂峰（東京都））

桂芳院　けいほういん*
江戸時代後期の女性。和歌。土佐藩主山内家の分家南邸山内家の豊著の三女。
¶江表（桂芳院（高知県））　㋥文政8（1825）年

慶宝尼*　けいほうに
生没年不詳　㋺慶宝（けいほう）　安土桃山時代の女性。尼僧。
¶女史

敬法門院*　けいほうもんいん
明暦3（1657）年12月30日〜享保17（1732）年　㋺藤原宗子（ふじわらのそうし，ふじわらのむねこ）　江戸時代前期〜中期の女性。霊元天皇の宮人。
¶江表（敬法門院（京都府））、天皇（藤原宗子　ふじわらのそうし・むねこ）　㋴享保17（1732）年8月30日）

慶命*　けいみょう
康保2（965）年〜長暦2（1038）年9月7日　㋺慶命（きょうみょう）　平安時代中期の天台宗の僧。天台座主27世。
¶古人（きょうみょう）

慧明院　けいみょういん
⇒お志賀の方（おしがのかた）

けいめ
江戸時代末期の女性。俳諧。伊那谷の宗匠と呼ばれた俳人馬場如苞の娘。安政4年序、兄弟の如竹編、父如苞道善集『このはつと』に載る。
¶江表（けいめ（長野県））

稽文会　けいもんえ
⇒稽文会（けいぶんかい）

慶耀　けいよう
⇒慶耀（きょうよう）

桂葉*　けいよう
寛永1（1624）年〜宝永3（1706）年　江戸時代前期〜中期の僧、歌人。
¶俳文（㋴宝永3（1706）年6月27日）

慶頼王*　けいらいおう
延喜21（921）年〜延長3（925）年　㋺慶頼王（よしよりおう）　平安時代中期の醍醐天皇皇子保明親王の第1王子。
¶古人（よしよりおう）

鶏卵　けいらん*
江戸時代後期の女性。画。戯作者畑吟鶏の娘。嘉永3年刊、銀鶏著『現存雷名江戸文人寿命附』に載る。
¶江表（鶏卵（東京都））

慶里*　けいり
生没年不詳　江戸時代後期の俳人。
¶俳文

気入彦命*　けいりひこのみこと
上代の景行天皇の皇子。
¶古代

恵了院*　けいりょういん
江戸時代後期の女性。和歌。駿河小島藩主松平信友の側室。文政4年詩歌が募集され、その中に載る。
¶江表（恵了院（静岡県））

珪琳　けいりん
⇒松木珪琳（まつきけいりん）

恵林院　けいりんいん
⇒足利義稙（あしかがよしたね）

桂林院　けいりんいん
⇒武田勝頼の妻（たけだかつよりのつま）

桂林院殿　けいりんいんでん
⇒武田勝頼の妻（たけだかつよりのつま）

慶林斎　けいりんさい
安土桃山時代の武田氏の家臣。
¶武田（生没年不詳）

桂輪尼　けいりんに★
江戸時代中期の女性。俳諧。豊後高田または中須賀の人ともいわれる。享保2年刊、沢露川撰・無外坊燕説編『西国曲』に載る。
¶江表（桂輪尼（大分県））

慶林夫人*　けいりんふじん
元和7（1621）年～貞享3（1686）年　江戸時代前期～中期の女性。陸奥弘前藩主津軽信義の正室。
¶江表（富宇（青森県）　ふう　[生]元和8（1622）年）

桂露　けいろ★
江戸時代後期の女性。俳諧。逍遥館荷風の妻。菊舎59歳の文化8年の俳諧記録「鶯の舎」に多くの句や連句が載る。
¶江表（桂露（山口県））

家寛*　けかん
生没年不詳　[別]家寛（かかん）　平安時代後期の天台宗大原流の声明家。
¶古人（かかん）

外記　げき
安土桃山時代の信濃国筑摩郡会田の土豪。会田岩下氏の被官とみられる。
¶武田（生没年不詳）

劇神仙〔1代〕　げきしんせん
⇒宝田寿来（たからだじゅらい）

けさ
江戸時代後期の女性。俳諧。佐賀藩士深江種徳の親族。天保13年刊、白梅蘆文翅編『うつせみ集』に載る。
¶江表（けさ（佐賀県））

袈裟*　けさ
[別]袈裟御前（けさごぜん）　平安時代後期の女性。源左衛門尉渡の妻。文覚の出家の原因になったといわれる人。
¶古人（生没年不詳），コン（袈裟御前　けさごぜん），平家（生没年不詳）

袈裟御前　けさごぜん
⇒袈裟（けさ）

下条桂谷　げじょうけいこく
江戸時代後期～大正時代の日本画家。
¶美画（[生]天保13（1842）年7月24日　[没]大正9（1920）年12月1日）

下条讃岐守　げじょうさぬきのかみ
戦国時代の武将。浅利虎在の次男。御聖道様衆のひとりとして、武田竜芳に仕えた。
¶武田（生没年不詳）

下条長勝　げじょうちょうしょう
戦国時代の武田氏家臣。武田信満の弟六郎信継の孫。実名は信元。
¶武田（生没年不詳）

下条信俊　げじょうのぶとし
安土桃山時代の武士。武田庶流家。
¶武田（生没年不詳）

下条兵部少輔　げじょうひょうぶのしょう
戦国時代の武田氏の家臣。武田庶流家。
¶武田（生没年不詳）

下条民部少輔　げじょうみんぶのしょう
戦国時代の武士。武田親類衆とみられる。
¶武田（生没年不詳）

月椎　げすい
⇒張月樵（ちょうげっしょう）

華蔵義曇*　けぞうきどん
？～応永19（1412）年　室町時代の臨済宗の僧。
¶コン

華蔵義曇*　けぞうぎどん，けぞうきどん
天授1/永和1（1375）年～康正1（1455）年　南北朝時代～室町時代の曹洞宗の僧。普済寺13門派を形成。
¶コン（けぞうきどん）

華叟宗曇　けそうそうどん
⇒華叟宗曇（かそうそうどん）

気多王　けたおう
奈良時代の官人。
¶古人（生没年不詳）

解脱　げだつ
⇒貞慶（じょうけい）

解脱上人　げだつしょうにん
⇒貞慶（じょうけい）

気太十千代　けたのとおちよ
⇒気太十千代（けたのとちよ）

気太十千代*　けたのとちよ
生没年不詳　[別]気太十千代（けたのとおちよ）　奈良時代の女官。
¶古代

下駄屋甚兵衛*　げたやじんべえ
生没年不詳　江戸時代中期の下駄屋。関東郡代伊奈忠尊に政治意見書を上書。
¶コン

月翁(1)　げつおう
⇒智鏡（ちきょう）

月翁(2)　げつおう
⇒細川興文（ほそかわおきのり）

月翁周鏡*　げつおうしゅうきょう
？～明応9（1500）年9月26日　[別]周鏡（しゅうきょう）　室町時代～戦国時代の臨済宗の禅僧、五山文学者。南禅寺住持。
¶コン（[生]応永25（1418）年？）

月翁智鏡　げつおうちきょう
⇒智鏡（ちきょう）

月化*　げっか
延享4（1747）年～文政5（1822）年1月30日　江戸時代中期～後期の俳人。
¶俳文（[没]文政5（1822）年1月晦日）

月海元昭　げっかいげんしょう
⇒売茶翁（ばいさおう）

月花永女　げっかえいじょ
⇒月花永女（つきはなのながめ）

月華門院*（月花門院）　げっかもんいん
宝治1（1247）年～文永6（1269）年　[別]綜子内親王（そうしないしんのう）　鎌倉時代前期の女性。後嵯峨天皇の第1皇女。
¶女史，天皇

月居*　げっきょ，げつきょ
宝暦6（1756）年～文政7（1824）年　[別]江森月居（えもりげっきょ）　江戸時代中期～後期の俳人。与謝蕪村門下。
¶俳文（[没]文政7（1824）年9月15日）

月暁*　げっきょう，げつぎょう
文化6（1809）年～文久2（1862）年　江戸時代末期の金剛福寺住職。
¶幕末（[没]文久2（1862）年10月6日）

月桂　げっけい★
江戸時代後期の女性。画。書家順卿の娘、柳子。文化12年刊『江戸当時諸家人名録』に載る。
¶江表（月桂（東京都））

月渓　げっけい
⇒呉春（ごしゅん）

月桂院　げっけいいん
⇒古河姫君（こがひめぎみ）

月光院*　げっこういん
貞享2（1685）年～宝暦2（1752）年　江戸時代中期の女性。6代将軍徳川家宣の側室。
¶江人，江表（月光院（東京都）），徳将

月航玄津*　げっこうげんしん
？～天正14（1586）年7月11日　戦国時代の臨済宗の僧。妙心寺44世。
¶武田（生没年不詳）

月光舎玉女　げっこうしゃぎょくじょ★
江戸時代後期の女性。狂歌。武蔵神奈川の人。嘉永5年刊、平野雅海編『はなしとり』に載る。
¶江表（月光舎玉女（神奈川県））

月江宗澄*　げっこうそうちょう
寛永16（1639）年～延宝6（1678）年　[別]宗澄尼（しゅうちょうに），宗澄女王（そうちょうじょおう，そうちょうにょおう）　江戸時代前期の女性。後水尾天皇第12皇女。
¶江表（宗澄（京都府））

月光亭松寿*　げっこうていしょうじゅ
生没年不詳　江戸時代後期の女性。草双紙作者。
¶コン

月光亭笑寿*　げっこうていしょうじゅ
生没年不詳　江戸時代後期の戯作者。
¶江表（月光亭笑寿（東京都））

月斎吟領　げっさいぎんりょう
安土桃山時代の武蔵国滝山城主北条氏照の家臣。
¶後北

月枝元皓　げっしげんこう
⇒大潮元皓（だいちょうげんこう）

潔子内親王*　けっしないしんのう，けつしないしんのう
治承3（1179）年～？　[別]潔子内親王（きよこないしんのう）　平安時代後期～鎌倉時代前期の女性。高倉天皇の第3皇女。
¶古人（きよこないしんのう），女史，天皇（けつしないしんのう　[生]治承3（1179）年4月18日）

月舟　げっしゅう
⇒月舟寿桂（げっしゅうじゅけい）

月舟宗胡　げっしゅうしゅうこ
⇒月舟宗胡（げっしゅうそうこ）

月舟寿桂*　げっしゅうじゅけい
*～天文2（1533）年12月8日　[別]月舟（げっしゅう），幻雲（げんうん），寿桂（じゅけい）　戦国時代の臨済宗の僧、五山文学僧。
¶コン（[生]寛正1（1460）年），思想（[生]？）

月舟宗胡*　げっしゅうそうこ
元和4（1618）年～元禄9（1696）年　[別]月舟宗胡（げっしゅうしゅうこ），宗胡（そうこ）　江戸時代前期の曹洞宗の僧。曹洞宗中興の祖。
¶コン

月樵　げっしょう
⇒張月樵（ちょうげっしょう）

月照*　げっしょう
文化10（1813）年～安政5（1858）年11月16日　[別]忍向（にんきょう，にんこう）　江戸時代末期の勤王僧。大坂。井伊幕政打倒工作に参画。
¶江人，コン，思想，全幕，幕末，山小（[没]1858年11月16日）

月性*　げっしょう
文化14（1817）年～安政5（1858）年5月11日　江戸時代末期の真宗の勤王僧。周防国大島郡遠崎村妙円寺住職。
¶江人，コン，詩作（[生]文化14（1817）年9月27日），思想，全幕，幕末（[生]文化14（1817）年9月27日　[没]安政5（1858）年5月10日）

月渚永乗*　げっしょえいじょう
寛正6（1465）年～天文10（1541）年　[別]永乗（えいじょう），月渚玄得（げっしょげんとく）　戦国時代の臨済宗の僧。蘭南学派を大成。
¶対外

月渚玄得　げっしょげんとく
⇒月渚永乗（げっしょえいじょう）

月尋　げつじん
⇒月尋堂（げつじんどう）

月尋堂*　げつじんどう
？～正徳5（1715）年　[別]月尋（げつじん），藤岡月尋（ふじおかげつじん）　江戸時代中期の浮世草子作者、俳人。
¶俳文（月尋　げつじん　[生]万治1（1658）年　[没]正徳5（1715）年2月21日）

月僊*（月僲）　げっせん
寛保1（1741）年～文化6（1809）年　江戸時代中期～後期の画僧。
¶江人（[生]1721年），コン（[生]享保5（1720）年），美画（[生]享保5（1720）年　[没]文化6（1809）年1月12日）

月巣　げっそう
⇒山村月巣（やまむらげっそう）

月潭　げったん
⇒松平斉恒（まつだいらなりつね）

け

月底　げってい
⇒三輪月底（みわげってい）

月峰*（月峯）　げっぽう
宝暦10（1760）年～天保10（1839）年　[別]辰亮（しんりょう）　江戸時代後期の画僧。
¶コン，美画（[没]天保10（1839）年11月9日）

月峯の妻　げっぽうのつま⋆
江戸時代中期の女性。俳諧。双林寺住職で画僧月峯の妻。安永3年刊、与謝蕪村編『たまも集』秋の部に載る。
¶江表（月峯の妻（京都府））

月輪院道久　げつりんいんどうきゅう
戦国時代～安土桃山時代の僧。古河公方足利義氏の護持僧。鎌倉12所の月輪院の僧侶。
¶後北（道久〔月輪院〕　どうきゅう）

月輪大師　げつりんたいし
⇒俊芿（しゅんじょう）

月林道皎　げつりんどうきょう
⇒月林道皎（げつりんどうこう）

月林道皎*　げつりんどうこう
永仁1（1293）年～正平6/観応2（1351）年2月25日　[別]月林道皎（がつりんどうこう，げつりんどうきょう），道皎（どうこう），普光大幢国師（ふこうたいとうこくし）　鎌倉時代後期～南北朝時代の五山禅僧。
¶対外

祁答院良重*　けどういんよししげ
？～永禄2（1559）年　戦国時代の武士。
¶全戦（[没]永禄9（1566）年）

毛野夏蔭　けぬのなつかげ
平安時代中期の官人。
¶古人（生没年不詳）

毛野久友　けぬのひさとも
平安時代後期の官人。
¶古人（生没年不詳）

毛野安国　けぬのやすくに
平安時代後期の官人。
¶古人（生没年不詳）

下馬将軍　げばしょうぐん
⇒酒井忠清（さかいただきよ）

気比氏治*　けひうじはる
？～延元2/建武4（1337）年　鎌倉時代後期～南北朝時代の越前敦賀気比神宮神官。
¶コン，室町

気比道弘　けひどうこう
平安時代後期の但馬国の武士。本姓は日下部氏。
¶平家（生没年不詳）

花見市衛門　けみいちえもん
安土桃山時代の信濃国筑摩郡花見の土豪。
¶武田（生没年不詳）

花見宮内助　けみくないのすけ
安土桃山時代の信濃国筑摩郡花見の土豪。
¶武田（生没年不詳）

けむ子　けむこ⋆
江戸時代後期の女性。和歌。和田蝙翁主の一族か。文政3年刊、天野政徳編『草縁集』に載る。
¶江表（けむ子（東京都））

毛屋猪介*　けやいのすけ
？～天正2（1574）年2月13日？　戦国時代～安土桃山時代の織田信長の家臣。
¶織田

毛屋武久　けやたけひさ
戦国時代～江戸時代前期の武将。黒田二十四騎の1人。
¶全戦（[生]天文23（1554）年　[没]寛永5（1628）年）

毛谷村六助*　けやむらろくすけ
[別]貴田統治（きだむねはる）　安土桃山時代の剣豪。
¶コン，全戦（貴田統治　きだむねはる　生没年不詳）

希膺　けよう
⇒雲居希膺（うんごきよう）

華陽院*　けよういん
[別]お富の方（おとみのかた），於留の方（おとめのかた），源応尼（げんのうに）　戦国時代の女性。徳川家康の祖母。
¶女史（[生]？　[没]1562年）

家里伊賀守　けりいがのかみ
江戸時代前期の眼科医。
¶眼医（生没年不詳）

化粧坂少将　けわいざかのしょうしょう
⇒少将（しょうしょう）

けん（1）
江戸時代中期の女性。俳諧。上市の人。明和6年ノ乀庵二世玉父撰『丑明月』に載る。
¶江表（けん（富山県））

けん（2）
江戸時代中期の女性。俳諧。加賀鶴来の人。元禄4年刊、立花北枝編『卯辰集』に載る。
¶江表（けん（石川県））

けん（3）
江戸時代中期の女性。俳諧。京都の人。元禄4年序、柳川琴風編『俳諧瓜作』に載る。
¶江表（けん（京都府））

けん（4）
江戸時代中期の女性。俳諧。豊後の人。享保14年序、藪家散人兎城撰『門鳴子』に載る。
¶江表（けん（大分県））

兼　けん⋆
江戸時代中期の女性。和歌。山吹村の代官で旗本座光寺勘左衛門為勝の娘。
¶江表（兼（長野県）　[生]享保5（1720）年　[没]明和2（1765）年）

賢　けん⋆
江戸時代後期の女性。俳諧。資産家で俳人萩原伴七の妻。
¶江表（賢（山梨県））

げん
江戸時代中期の女性。俳諧。筑後吉井の俳人言葎の娘。元禄10年刊、四方郎朱拙編『梅桜』に載る。
¶江表（げん（福岡県））

源（1）　げん⋆
江戸時代中期の女性。和歌。摂津二ッ茶屋の中村

太郎右衛門の娘。
¶江表(源(兵庫県)) ㉜享保6(1721)年)

源(2) げん＊
江戸時代中期の女性。上申書。麻植郡山崎の糸田
川宗兵衛の妻。
¶江表(源(徳島県)) ㉔元文5(1740)年)

源(3) げん＊
江戸時代中期の女性。俳諧。筑前栗田の人。享保3
年跋、鯰橋亭里仲編『なまずはし』に載る。
¶江表(源(福岡県))

源(4) げん＊
江戸時代後期の女性。和歌。備中賀陽郡三須村の
福武義比の妻。玉島の歌人福武真九十の『福武真九
十歌集』に載る。
¶江表(源(岡山県))

剣阿 けんあ
⇒剣阿(けんな)

元阿＊ げんあ
寛政11(1799)年～安政5(1858)年　江戸時代末期
の僧。
¶幕末(㉜安政5(1858)年8月29日)

玄阿 げんあ
南北朝時代～室町時代の連歌作者。
¶俳文(生没年不詳)

玄蛙 げんあ
⇒小田玄蛙(おだげんあ)

元安 げんあん＊
江戸時代中期の女性。俳諧。京都の人。元禄12年
序、滝方山編『北之筥』に載る。
¶江表(元安(京都府))

幻庵宗瑞 げんあんそうずい
⇒毛利輝元(もうりてるもと)

兼意＊ けんい
延久4(1072)年～？　平安時代後期の真言宗の僧。
¶古人

玄以 げんい
⇒前田玄以(まえだげんい)

賢一＊ けんいつ
平安時代前期の僧。
¶古人(生没年不詳),古代

彦胤親王 げんいんしんのう
⇒彦胤法親王(げんいんほうしんのう)

彦胤入道親王 げんいんにゅうどうしんのう
⇒彦胤法親王(げんいんほうしんのう)

彦胤法親王＊ げんいんほうしんのう
永正6(1509)年～天文9(1540)年　㊀彦胤親王(げ
んいんしんのう)，彦胤入道親王(げんいんにゅう
どうしんのう)，彦胤法親王(ひこたねほうしんの
う)，寛恒親王(ひろつねしんのう)　戦国時代の
後柏原天皇の第6皇子。
¶天皇(ひこたねほうしんのう　生没年不詳)

幻雲 げんうん
⇒月舟寿桂(げっしゅうじゅけい)

源連＊ げんうん
天永3(1112)年～治承4(1180)年8月18日　平安時

代後期の真言宗の僧。
¶密教(㉔1180年8月18日)

玄雲 げんうん
平安時代後期の鶴岡八幡宮の別当。
¶古人(生没年不詳)

顕恵 けんえ
⇒顕恵(けんね)

源恵＊ げんえ
応徳3(1086)年～康治1(1142)年　平安時代後期
の天台宗の僧。
¶古人

玄恵＊(玄慧) げんえ
？～正平5/観応1(1350)年　㊀玄恵法印(げんえほ
ういん)，玄恵，玄慧(げんね)　鎌倉時代後期～南
北朝時代の天台宗の僧。
¶コン,思想(㉜観応1/正平5(1350)年)，新能(㊀文永6
(1269)年？　㉜観応1(1350)年3月2日)，中世,中世,
内乱(㉜観応1(1350)年)，室町,山小(玄慧　㉔1350年
3月2日)

玄叡＊ げんえい
？～承和7(840)年　平安時代前期の西大寺三論宗
の学僧。
¶古人,古代,コン(生没年不詳)

謙映院＊ けんえいいん
文化2(1805)年6月13日～文久3(1863)年12月17日
江戸時代末期の女性。出雲松江藩7代藩主松平治郷
の四女。
¶江表(謙映院(千葉県))

玄悦 げんえつ
⇒船橋玄悦(ふなばしげんえつ)

玄恵法印 げんえほういん
⇒玄恵(げんえ)

源右衛門(1) げんえもん
戦国時代の甲斐国巨摩郡宇津谷郷在郷の番匠大
工頭。
¶武田(生没年不詳)

源右衛門(2) げんえもん
安土桃山時代の信濃国筑摩郡刈谷原の土豪。会田
岩下氏の被官とみられる。
¶武田(生没年不詳)

源右衛門(3) げんえもん
⇒粟生屋源右衛門(あおやげんえもん)

憲円＊ けんえん
生没年不詳　南北朝時代の仏師。
¶美建

賢円＊(1) けんえん
生没年不詳　平安時代後期の仏師。
¶古人,美建

賢円(2) けんえん
平安時代後期の僧。醍醐寺執行・修理別当。
¶密教(㊀1058年　㉜1127年7月2日)

源縁＊ げんえん
生没年不詳　平安時代中期～後期の僧侶・歌人。
¶古人

玄円＊ げんえん
？～正和3/貞和4(1348)年　㊀玄円法親王(げんえ

んほうしんのう）　鎌倉時代後期〜南北朝時代の僧。後醍醐天皇の皇子。
¶天皇（玄円法親王　げんえんほうしんのう）

玄縁*　**げんえん**
永久1（1113）年〜治承4（1180）年　平安時代後期の興福寺僧。
¶古人

顕円房　**けんえんぼう**
室町時代の眼科医。
¶眼医（生没年不詳）

玄円法親王　**げんえんほうしんのう**
⇒玄円（げんえん）

賢応*　**けんおう**
？〜貞観10（868）年　平安時代前期の元興寺の僧。
¶古代

兼葭*　**けんか**
享保1（1716）年〜安永7（1778）年　[別]慈恩尼，慈音尼（じおんに），慈音尼兼葭（じおんにけんか）　江戸時代中期の女性。心学者。近江国堅田の人。
¶江表（慈音尼兼葭（滋賀県）），女史（慈音尼兼葭　じおんにけんか）

兼海*　**けんかい**
嘉承2（1107）年〜久寿2（1155）年　平安時代後期の真言宗の僧。高野山光厳院2世。
¶古人（生没年不詳），密教（[没]1155年5月30日）

賢海*　**けんかい**
応保2（1162）年〜嘉禎3（1237）年10月23日　平安時代後期〜鎌倉時代前期の真言宗の僧。醍醐寺32世。
¶密教（[没]1237年10月23日）

見外　**けんがい**
⇒小林見外（こばやしけんがい）

元晦　**げんかい**
⇒無隠元晦（むいんげんかい）

元海*　**げんかい**
寛治7（1093）年〜保元1（1156）年8月18日　[別]元海（がんかい）　平安時代後期の真言宗の僧。醍醐寺第16世座主。
¶古人（がんかい　[没]1157年），古人（[没]1157年），密教（[生]1094年　[没]1156年8月18日）

厳海　**げんかい**
⇒厳海（ごんかい）

玄海*　**げんかい**
生没年不詳　鎌倉時代後期〜南北朝時代の真言宗の僧。
¶美建

玄愷*　**げんがい**
奈良時代の僧。
¶古人（生没年不詳），古代

兼覚　**けんかく**
平安時代後期の園城寺の僧。源季兼の子。
¶古人（生没年不詳）

憲覚*　**けんかく**
？〜治承2（1178）年　平安時代後期の天台宗園城寺僧。
¶古人

賢覚*　**げんかく，けんかく**
承暦4（1080）年〜久寿3（1156）年3月16日　平安時代後期の真言宗の僧。醍醐六流の一つ理性院流の祖。
¶古人（けんかく），密教（[没]1156年3月16日）

厳覚　**げんかく**
⇒厳覚（ごんかく）

源覚*（1）　**げんかく**
承暦3（1079）年〜保延2（1136）年4月7日　平安時代後期の真言宗の僧。
¶古人

源覚*（2）　**げんかく**
生没年不詳　平安時代後期の僧徒。
¶古人，平家

玄覚*　**げんかく**
康和1（1099）年〜保延4（1138）年9月21日　平安時代後期の法相宗の僧。興福寺34世。
¶古人

兼葭堂　**けんかどう**
⇒木村兼葭堂（きむらけんかどう）

玄鑒*（玄鑑）　**げんかん**
貞観3（861）年〜延長4（926）年　平安時代前期〜中期の天台宗の僧。天台座主12世。
¶古人

元規　**げんき**
⇒喜多元規（きたげんき）

源琦*　**げんき**
延享4（1747）年〜寛政9（1797）年　[別]駒井琦（こまいき），駒井源琦（こまいげんき）　江戸時代中期の円山派の画家。
¶美画（駒井源琦　こまいげんき　[没]寛政9（1797）年8月8日）

玄駁　**げんき**
江戸時代中期の俳諧作者。
¶俳文（[生]元禄16（1703）年1月7日　[没]明和3（1766）年8月16日）

元佶　**げんきつ**
⇒閑室元佶（かんしつげんきつ）

玄輝門院*　**げんきもんいん**
寛元4（1246）年〜元徳1（1329）年　[別]洞院愔子（とういんいんし），藤原愔子（ふじわらいんし，ふじわらのいんし）　鎌倉時代後期の女性。後深草天皇の宮人。
¶天皇（洞院愔子　とういんいんし・しづこ　[没]元徳1（1329）年8月30日）

玄虚*　**げんきょ**
平安時代前期の広隆寺の大別当。
¶古人（生没年不詳），古代

賢璟　**けんきょう**
⇒賢憬（けんけい）

幻吁　**げんく**
⇒大顚梵千（だいてんぼんせん）

源空　**げんくう**
⇒法然（ほうねん）

兼慶*　**けんけい**
生没年不詳　平安時代後期の中央正系の仏師。

¶古人, 美建

賢憬*(賢璟)　**けんけい**
和銅7(714)年～延暦12(793)年　[別]賢璟(けんきょう, けんよう)　奈良時代の法相宗の僧。
¶古人(賢璟　けんきょう), 古代(賢璟　けんきょう), コン([生]慶雲2(705)年), 思想(賢璟　けんきょう)

元慶　**げんけい**
⇒松雲元慶(しょううんげんけい)

源慶*　**げんけい**
生没年不詳　鎌倉時代の画僧。
¶古人, 美建

源賢*　**げんけん**
貞元2(977)年～寛仁4(1020)年6月18日　平安時代中期の天台宗の僧、歌人。
¶古人

玄玄一　**げんげんいち**
⇒竹内玄々一(たけのうちげんげんいち)

玄々堂(――〔1代〕)　**げんげんどう**
⇒松本玄々堂(まつもとげんげんどう)

玄々堂〔2代〕　**げんげんどう**
⇒松田敦朝(まつだあつとも)

玄々堂保居　**げんげんどうやすおき**
⇒松本玄々堂(まつもとげんげんどう)

縑子　**けんこ**★
江戸時代後期の女性。和歌。江戸後期の儒学者林大学頭述斎の娘。文政6年、一条忠良著「雅楽頭豊原統秋三百年遠忌和歌扣」に載る。
¶江表(縑子(東京都))

見子　**けんこ**★
江戸時代中期の女性。和歌。石見浜田藩の人。安永8年成立、三島景雄主催「墨田川扇合」に載る。
¶江表(見子(島根県))

賢子(1)　**けんこ**★
江戸時代末期の女性。和歌。国学者荒木吉次の妻。安政4年刊、西田惟恒編『安政四年三百首』に載る。
¶江表(賢子(大阪府))

賢子(2)　**けんこ**★
江戸時代末期の女性。和歌。野村氏。幕末期・長府の歌人平田秋足社中の一枚摺歌書に載る。
¶江表(賢子(山口県))

源子　**げんこ**★
江戸時代後期の女性。和歌。吉田神社祠官で国学者山田以文の妻。文政1年成立の家集「山田源子詠草」に入集。
¶江表(源子(京都府))

玄虎*　**げんこ**
*～享保13(1728)年8月24日　江戸時代前期～中期の武士・俳人。
¶俳文([生]?)

源五　**げんご**
戦国時代の美濃の商人。
¶武田(生没年不詳)

玄悟　**げんご**
⇒無関普門(むかんふもん)

兼好　**けんこう**
⇒吉田兼好(よしだけんこう)

兼豪*(兼毫)　**けんごう**
元永2(1119)年～文治5(1189)年1月22日　平安時代後期の真言宗の僧。
¶古人

顕杲　**けんごう**
平安時代後期の醍醐寺の学僧。
¶密教([生]1122年　[没]1177年)

元光　**げんこう**
⇒寂室元光(じゃくしつげんこう)

元皓　**げんこう**
⇒大潮元皓(だいちょうげんこう)

源光*(1)　**げんこう**
生没年不詳　平安時代後期の僧。
¶古人

源光(2)　**げんこう**
⇒源光(みなもとのひかる)

玄興*　**げんこう**
天文7(1538)年～慶長9(1604)年5月20日　[別]宗興(しゅうこう), 南化(なんか), 南化玄興(なんかげんこう, なんげげんこう)　安土桃山時代の臨済宗妙心寺派の僧。
¶思想(南化玄興　なんかげんこう), 武田(南化玄興　なんかげんこう)

玄光　**げんこう**
⇒独庵玄光(どくあんげんこう)

元杲*(玄杲)　**げんごう, げんこう**
延喜14(914)年～長徳1(995)年　[別]元杲(がんごう)　平安時代中期の真言宗の僧。号は延命院。
¶古人(がんごう), コン(玄杲)

見光院　**けんこういん**
⇒お金の方(おかねのかた)

顕光院　**けんこういん**★
江戸時代後期～明治時代の女性。和歌・書簡・工芸。安芸広島藩主浅野斉賢の娘。
¶江表(顕光院(熊本県)　[生]文化3(1806)年　[没]明治8(1875)年)

玄広恵探*　**げんこうえたん**
永正14(1517)年?～天文5(1536)年6月10日　戦国時代の華蔵山遍照光寺の僧。
¶全戦([生]永正14(1517)年), 室町([生]永正14(1517)年)

元興寺玄朝　**げんこうじげんちょう**
⇒玄朝(げんちょう)

賢江祥啓　**けんこうしょうけい**
⇒祥啓(しょうけい)

元香尼　**げんこうに**★
江戸時代中期の女性。宗教・和歌。信濃上田藩仙石家の家臣谷津助太夫の娘。享保1年頃没。
¶江表(元香尼(群馬県))

兼好法師　**けんこうほうし**
⇒吉田兼好(よしだけんこう)

源五侍従　**げんごじじゅう**
⇒織田有楽斎(おだうらくさい)

け

健御前　けんごぜん
⇒建春門院中納言（けんしゅんもんいんのちゅうなごん）

拳骨和尚　げんこつおしょう
⇒物外不遷（もつがいふせん）

玄佐　げんさ
戦国時代～安土桃山時代の連歌作者。樺山氏。
¶俳文（[生]永正10（1513）年　[没]文禄4（1595）年11月24日）

兼載　けんさい，けんざい
⇒猪苗代兼載（いなわしろけんさい）

玄哉*　げんさい
生没年不詳　戦国時代～安土桃山時代の連歌作者・茶人。
¶俳文

玄斎*　げんさい
生没年不詳　安土桃山時代の焼き物師。
¶美工

玄朔　げんさく
⇒曲直瀬玄朔（まなせげんさく）

源三左衛門　げんさざえもん
戦国時代の甲斐国巨摩郡下山村の番匠大工頭。
¶武田（生没年不詳）

玄札*　げんさつ
[別]高島玄札（たかしまげんさつ）　江戸時代前期の俳人。伊勢俳壇の古老高島利清の子。
¶俳文（[生]文禄3（1594）年　[没]延宝4（1676）年頃）

源三郎　げんざぶろう
⇒蒔絵師源三郎（まきえしげんざぶろう）

乾山　けんざん
⇒尾形乾山（おがたけんざん）

兼算　けんざん
平安時代後期の越後国頸城郡の東大寺領石井荘の荘司。
¶古人（生没年不詳）

源算*　げんさん
永観1（983）年～康和1（1099）年　平安時代中期～後期の天台宗の僧。
¶古人，コン（[没]康和1（1099年/1107）年）

県山道正　けんざんどうしょう
⇒道正隆英（どうしょうりゅうえい）

源三位　げんさんみ
⇒源頼政（みなもとのよりまさ）

源三位入道　げんざんみにゅうどう
⇒源頼政（みなもとのよりまさ）

源三位入道頼政　げんざんみにゅうどうよりまさ
⇒源頼政（みなもとのよりまさ）

源三位頼政　げんざんみよりまさ
⇒源頼政（みなもとのよりまさ）

巻耳　けんじ
江戸時代中期の女性。俳諧。松本の人。天明6年頃成立の伊那谷における蕉風最初の集冊『葛の葉表』に入集。
¶江表（巻耳（長野県））

兼志　けんじ★
江戸時代後期の女性。俳諧。歌田の人。文政1年成立、斎藤仙斧編、青羊追善集『陸廼葩』に載る。
¶江表（兼志（山梨県））

巌獅　げんし
⇒嵐璃寛〔3代〕（あらしりかん）

源氏　げんじ
鎌倉時代前期の女性。後嵯峨天皇後宮。勝助の母。
¶天皇

源次*　げんじ
生没年不詳　戦国時代～安土桃山時代の仏師。
¶美建

兼子女王　けんしじょおう
⇒兼子女王（かねこじょおう）

元子女王*　げんしじょおう
生没年不詳　[別]元子女王（げんしにょおう，もとこじょおう）　平安時代前期の女性。仁明天皇の皇子一品式部卿本康親王の二女、伊勢斎宮。
¶古人（もとこじょおう）

厳子女王*　げんしじょおう
？～長和3（1014）年　[別]厳子女王（げんしにょおう，たけこじょおう）　平安時代中期の女性。醍醐天皇の皇子代明親王の三女。
¶古人（たけこじょおう　生没年不詳）

源実*　げんじつ
保延3（1137）年～？　平安時代後期の天台山門派の僧。
¶古人

玄実*　げんじつ
生没年不詳　平安時代後期の興福寺僧。
¶古人

玄日*　げんじつ
*～延喜22（922）年　[別]玄日（げんにち）　平安時代前期～中期の僧。
¶古人（[生]850年），古代（[生]850年）

謙室大奕　けんしつだいえき
安土桃山時代の曹洞宗雲岫派の僧。甲斐・永昌院の六世住職。
¶武田（[生]？　[没]天正6（1578）年）

儇子内親王　けんしないしんのう
⇒儇子内親王（かんしないしんのう）

憲子内親王　けんしないしんのう
⇒憲子内親王（のりこないしんのう）

顕子内親王　けんしないしんのう
⇒昭子内親王（あきこないしんのう）

妍子内親王*（研子内親王）　けんしないしんのう
？～応保1（1161）年　[別]妍子内親王（きよこないしんのう）　平安時代後期の女性。鳥羽天皇の第3皇女。
¶古人（きよこないしんのう），天皇（けんしないしんのう・よしこ　[生]大治5（1130）年/大治6（1131）年　[没]応保1（1161）年10月3日）

娟子内親王*　けんしないしんのう
長元5（1032）年～康和5（1103）年　[別]娟子内親王（よしこないしんのう）　平安時代中期～後期の女性。後朱雀天皇の第2皇女。

¶古人(よしこないしんのう), 天皇(けんし・よしこない
しんのう) ㋴長元5(1032)年9月13日 ㋬康和5
(1103)年3月12日)

兼子女王 けんしにょおう
⇒兼子女王(かねこじょおう)

元子女王 げんしにょおう
⇒元子女王(げんしじょおう)

厳子女王 げんしにょおう
⇒厳子女王(げんしじょおう)

玄旨法印 げんしほういん
⇒細川幽斎(ほそかわゆうさい)

健守* けんしゅ
生没年不詳 平安時代中期の僧侶・歌人。
¶古人

兼寿⑴ けんじゅ
⇒猪苗代兼寿(いなわしろけんじゅ)

兼寿⑵ けんじゅ
⇒蓮如(れんにょ)

玄樹 げんじゅ
⇒桂庵玄樹(けいあんげんじゅ)

見樹院 けんじゅいん*
安土桃山時代～江戸時代前期の女性。書簡・宗教。
松代藩真田家初代藩主信之の娘。
¶江表(見樹院(長野県)) ㋴文禄4(1595)年 ㋬寛文13
(1673)年)

乾什 けんじゅう
⇒岩本乾什(いわもとかんじゅう)

源秀 げんしゅう
平安時代後期の武士。河内国の住人。
¶平家(㋴? ㋬寿永2(1183)年)

玄宗* げんしゅう
平安時代前期の僧。
¶古代

玄脩* げんしゅう
平安時代前期の僧。
¶古代

源秀院 げんしゅういん*
江戸時代前期の女性。散文。会津藩領主蒲生氏郷
の養女。南部利直の室。
¶江表(源秀院(岩手県)) ㋬寛文3(1663)年)

元秀女王* げんしゅうじょおう
元禄9(1696)年～宝暦2(1752)年 ㋵元秀女王(げ
んしゅうにょおう), 松嶺玄秀尼(しょうれいげん
しゅうに) 江戸時代中期の女性。霊元天皇の皇子
代明親王の三女。
¶江表(元秀(京都府)), 天皇(㋴元禄9(1696)年7月3日
㋬宝暦2(1752)年6月7日)

賢宗尼 けんしゅうに*
江戸時代後期の女性。和歌。道肝庵。天保9年刊,
海野遊翁編『類題現存歌選』二に載る。
¶江表(賢宗尼(東京都))

元秀女王 げんしゅうにょおう
⇒元秀女王(げんしゅうじょおう)

建春門院中納言 けんしゅうもんいんのちゅうなごん
⇒建春門院中納言(けんしゅんもんいんのちゅうな

ごん)

賢俊* けんしゅん
正安1(1299)年～正平12/延文2(1357)年 ㋵賢俊
良永(けんしゅんりょうえい), 三宝院賢俊(さんぼ
ういんけんしゅん), 日野賢俊(ひのけんしゅん)
鎌倉時代後期～南北朝時代の真言宗の僧, 歌人。武
家の護持僧。日野俊光の子。
¶コン(賢俊良永(けんしゅんりょうえい), 思想(㋬延文
2/正平12(1357)年), 中世(三宝院賢俊 さんぼういん
けんしゅん), 内乱(㋬延文2(1357)年), 俳文(㋴永仁7
(1299)年 ㋬延文2(1357)年), 室町(㋬延文2/正平12
(1357)年)

兼純 けんじゅん
⇒猪苗代兼純(いなわしろけんじゅん)

賢淳 けんじゅん
鎌倉時代前期の僧。悉地院々主。
¶密教(㋴1211年以前 ㋬1241年以後)

源順* げんじゅん
生没年不詳 平安時代後期の絵仏師。
¶古人

建春門院 けんしゅんもんいん
康治1(1142)年～安元2(1176)年 ㋵平滋子(たい
らしげこ, たいらのしげこ, たいらのじし) 平安
時代後期の女性。後白河天皇の女御。
¶古人(平滋子(たいらのしげこ), コン(平滋子 たいら
のしげこ), 女史, 天皇(平滋子(建春門院) たいらの
じし・しげこ), 中世, 内乱, 平家

建春門院中納言 けんしゅんもんいんちゅうなごん
⇒建春門院中納言(けんしゅんもんいんのちゅうな
ごん)

建春門院中納言* けんしゅんもんいんのちゅうなごん
保元2(1157)年～? ㋵健御前(けんごぜん, たけ
ごぜん), 建春門院中納言(けんしゅうもんいんの
ちゅうなごん, けんしゅんもんいんちゅうなごん)
平安時代後期～鎌倉時代前期の女性。日記作者。
¶古人(けんしゅんもんいんちゅうなごん), 女史(けん
しゅうもんいんのちゅうなごん), 女文(けんしゅんもん
いんちゅうなごん), 日文(㋴保元2(1159)年)

賢俊良永 けんしゅんりょうえい
⇒賢俊(けんしゅん)

樋女 けんじょ*
江戸時代後期の女性。俳諧。天保期頃成立, 星喜庵
北囚編『俳諧百人一首集』に載る。
¶江表(樋女(東京都))

けん女 けんじょ*
江戸時代中期の女性。俳諧。花輪の人。安永6年
刊, 無著庵眠郎編『雪の薄』地に載る。
¶江表(けん女(群馬県))

元女 げんじょ*
江戸時代後期の女性。和歌。土崎湊町の高林与一
郎の妻。文化15年序, 秋田藩士山方泰通編『月花
集』に載る。
¶江表(元女(秋田県))

源女 げんじょ*
江戸時代中期の女性。和歌。松下順杜の娘。元禄7
年刊, 戸田茂睡編『不求橋梨本隠家勧進百首』に
載る。
¶江表(源女(東京都))

け

兼松　けんしょう★
江戸時代後期の女性。俳諧。紀州郡伏見の人。天保3年刊、守村鶯卿編『女百人一句』に載る。
¶江表(兼松(京都府))

顕昭＊　**けんしょう**
大治5(1130)年?～＊　[別]藤原顕昭(ふじわらのけんしょう)　平安時代後期～鎌倉時代前期の僧歌人。藤原顕輔の養子。
¶古人([没]?),コン([没]承元4(1210)年以降),日文([生]大治5(1130)年頃)

憲静＊　**けんじょう**
?～永仁3(1295)年4月17日　[別]願行(がんぎょう),憲静(けんせい)　鎌倉時代後期の僧。京都泉涌寺第6世。
¶コン

顕常　けんじょう
⇒梅荘顕常(ばいそうけんじょう)

元尚　げんしょう
室町時代の連歌作者。室町幕府評定衆。応永～嘉吉ごろ。
¶俳文(生没年不詳)

元昭　げんしょう
⇒売茶翁(ばいさおう)

元章　げんしょう
⇒観世元章(かんぜもとあきら)

元性　げんしょう
⇒元性(がんしょう)

原松＊　**げんしょう**
貞享2(1685)年～寛保2(1742)年　[別]加藤原松(かとうげんしょう)　江戸時代前期～中期の俳人。
¶俳文

源性　げんしょう
⇒源性入道親王(げんしょうにゅうどうしんのう)

玄昌　げんしょう
⇒文之玄昌(ぶんしげんしょう)

玄昭＊(玄照)　**げんしょう**
＊～延喜17(917)年2月3日　平安時代前期～中期の天台宗の僧。
¶古人(玄照　[生]844年),古代([生]846年)

玄照＊　**げんしょう**
生没年不詳　奈良時代の僧。
¶コン

玄証＊　**げんしょう,げんじょう**
久安2(1146)年～＊　平安時代後期～鎌倉時代前期の真言宗の僧。密教の白描図像研究家。
¶古人([没]?),コン([没]元久1(1204)年?)

源盛　げんじょう
⇒源盛(げんせい)

玄仍　げんじょう
⇒里村玄仍(さとむらげんじょう)

見性院＊(1)(見松院)　**けんしょういん**
＊～元和8(1622)年　[別]穴山信君室(あなやまのぶただしつ),穴山梅雪室(あなやまばいせつしつ),見性院殿(けんしょういんでん)　戦国時代～江戸時代前期の女性。穴山梅雪の妻。
¶江表(見性院(東京都)),武田(穴山信君室　あなやまのぶただしつ　[生]?　[没]元和8(1622)年5月9日)

見性院＊(2)　**けんしょういん**
弘治3(1557)年～元和3(1617)年　[別]千代(ちよ),まつ,山内一豊の妻,山内一豊妻(やまうちかずとよのつま,やまのうちかずとよのつま),山内一豊室(やまのうちかずとよしつ)　安土桃山時代～江戸時代前期の女性。山内一豊の正室。浅井氏家臣若宮喜助友興の娘。
¶江表(見性院(高知県)),コン,全戦

見性院＊(3)　**けんしょういん**
元禄16(1703)年～明和7(1770)年　[別]伊予(いよ),小森頼季女(こもりよりすえのむすめ)　江戸時代中期の女性。中御門天皇の宮人。
¶天皇(小森頼季女　こもりよりすえのむすめ　[没]明和7(1770)年9月10日)

賢章院＊　**けんしょういん**
寛政3(1791)年12月28日～文政7(1824)年8月16日　[別]島津斉興室(しまづなりおきのしつ)　江戸時代後期の女性。薩摩藩主島津斉彬の母。
¶江表(賢章院(鹿児島県)),コン

賢正院　けんしょういん★
江戸時代後期の女性。和歌・書簡。高松藩8代藩主松平頼儀の娘。
¶江表(賢正院(香川県)　[生]享和1(1801)年　[没]文政12(1829)年)

顕性院＊　**けんしょういん**
?～寛永12(1635)年　江戸時代前期の女性。出羽亀田藩主岩城宣隆の正室。真田幸村(信繁)の娘といわれる。
¶江表(顕性院(秋田県)　[生]慶長5(1600)年前後)

見性院殿　けんしょういんでん
⇒見性院(けんしょういん)

元敞女王＊　**げんしょうじょおう**
寛延3(1750)年～寛政9(1797)年　[別]元敞女王(げんしょうにょおう),博山女王(はくさんじょおう),博山元敞(はくざんげんしょう)　江戸時代中期～後期の女性。閑院宮直仁親王の第7王女。
¶天皇(博山元敞　はくざんげんしょう　[生]寛延3(1750)年7月12日　[没]寛政9(1797)年12月15日)

元正天皇＊　**げんしょうてんのう**
天武9(680)年～天平20(748)年　[別]飯高皇女(いいたかのひめみこ)　奈良時代の第44代の天皇(女帝、在位715～724)。
¶古人,古代,コン,女史,女文,天皇([没]天平20(748)年4月21日),日文,山小([没]748年4月21日)

源性入道親王＊　**げんしょうにゅうどうしんのう**
嘉暦2(1327)年～正平8/文和2(1353)年　[別]源性(げんしょう),源性法親王(げんせいほうしんのう)　南北朝時代の花園天皇の皇子。
¶天皇(源性法親王　げんせいほうしんのう　[没]文和2/正平8(1353)年1月29日)

元敞女王　げんしょうにょおう
⇒元敞女王(げんしょうじょおう)

源四郎　げんしろう
安土桃山時代の信濃国筑摩郡刈谷原の土豪。会田岩下氏の被官とみられる。
¶武田(生没年不詳)

賢信＊　**けんしん,げんしん**
元永1(1118)年～文治3(1187)年　平安時代後期

の真言宗の僧。理性院流賢信方の祖。
¶密教（げんしん　[没]1187年1月8日/4月8日）

賢真*　けんしん
生没年不詳　平安時代前期の法相宗の僧。
¶古人

顕真*　けんしん
天承1（1131）年～建久3（1192）年11月14日　平安時代後期の天台宗の僧。天台座主。
¶古人，コン，平家

憲深*　けんじん
建久3（1192）年～弘長3（1263）年9月6日　鎌倉時代前期の真言僧。報恩院流の流祖。
¶コン，密教（[没]1263年9月6日）

賢尋*（1）　けんじん
*～天喜3（1055）年9月17日　平安時代中期の真言宗の僧。
¶古人（[生]992年）

賢尋（2）　けんじん
平安時代中期の僧。東寺定額僧。
¶古人（生没年不詳）

賢尋（3）　けんじん
平安時代中期の法成寺の僧。
¶古人（生没年不詳）

源信*（1）　げんしん
天慶5（942）年～寛仁1（1017）年　[別]恵心（えしん），恵心僧都（えしんそうず），横川僧都（よかわのそうず）　平安時代中期の天台宗の学僧、浄土教家。比叡山延暦寺で良源に天台教学を学ぶ。のち「往生要集」を書き、自身も念仏運動を指導し、浄土信仰が広まる礎となった。
¶古人，コン，思想，対外，日文，山小（[没]1017年6月10日）

源信*（2）　げんしん
生没年不詳　鎌倉時代前期の僧。
¶古人

源心*　げんしん
天禄2（971）年～天喜1（1053）年　平安時代中期の天台宗の僧。天台座主30世。
¶古人

玄信*　げんしん
？～文治3（1187）年　平安時代後期の金剛峯寺検校。
¶古人

玄津*　げんしん
大同2（807）年～仁和1（885）年　平安時代前期の僧。
¶古人，古代（[生]？）

見真大師　けんしんたいし，けんしんだいし
⇒親鸞（しんらん）

玄心堂*　げんしんどう
[別]玄心堂完永（げんしんどうかんえい）　江戸時代末期の銅版画家。
¶美画（玄心堂完永　げんしんどうかんえい　生没年不詳）

玄心堂完永　げんしんどうかんえい
⇒玄心堂（げんしんどう）

源信母*　げんしんのはは
生没年不詳　平安時代中期の女性。
¶古人

顕親門院*　けんしんもんいん
文永2（1265）年～延元1/建武3（1336）年　[別]洞院季子（とういんきし），藤原季子（ふじわらきし，ふじわらのすえこ）　鎌倉時代後期～南北朝時代の女性。伏見天皇の宮人。花園天皇の生母。
¶天皇（洞院季子　とういんきし　[没]建武3（1336）年2月12日）

言水　げんすい
⇒池西言水（いけにしごんすい）

源助　げんすけ
戦国時代の武田晴信の寵童。
¶武田（生没年不詳）

憲静　けんせい
⇒憲静（けんじょう）

厳成　げんせい
平安時代後期の仏師。
¶美建（生没年不詳）

元政*　げんせい
元和9（1623）年～寛文8（1668）年　[別]日政（にっせい），深草元政（ふかくさげんせい，ふかくさのげんせい）　江戸時代前期の日蓮宗の僧。
¶江人，コン，詩作，思想，日文

幻世　げんせい
⇒高山繁文（たかやましげぶみ）

源盛*　げんせい
嘉元1（1303）年～正平13/延文3（1358）年　[別]源盛（げんじょう）　鎌倉時代後期～南北朝時代の天台宗の僧。
¶コン（生没年不詳）

玄清（1）　げんせい
平安時代後期の法印。石清水別当任清の子。
¶古人（生没年不詳）

玄清*（2）　げんせい
嘉吉3（1443）年～大永1（1521）年11月13日　室町時代～戦国時代の僧、連歌師。
¶俳文

見星院　けんせいいん
⇒徳姫（とくひめ）

源性法親王　げんせいほうしんのう
⇒源性入道親王（げんしょうにゅうどうしんのう）

玄碩　げんせき
⇒里村玄碩（さとむらげんせき）

賢暹*（顕暹）　けんせん
長元2（1029）年～天永3（1112）年12月23日　平安時代中期～後期の天台宗の僧。天台座主41世。
¶古人（顕暹）

涓泉　けんせん
⇒萱野三平（かやのさんぺい）

元選　げんせん
⇒無文元選（むもんげんせん）

源泉*　げんせん
貞元2（977）年～天喜3（1055）年　平安時代中期の

けんせん

天台宗の僧。天台座主31世。
¶古人

玄宣 げんせん
戦国時代の連歌作者。土岐氏。
¶俳文（生没年不詳）

玄川* げんせん
元文2（1737）年〜文政1（1818）年7月22日　江戸時代中期〜後期の連歌作者。
¶俳文

元選王 げんせんおう
⇒無文元選（むもんげんせん）

玄蘇 げんそ
⇒景轍玄蘇（けいてつげんそ）

源三(1)　げんぞう
戦国時代の甲斐国巨摩郡下山郷の大工頭。穴山氏の御用大工。
¶武田（生没年不詳）

源三(2)　げんぞう
江戸時代中期の徳川吉宗の三男。
¶徳将（㋑1719年　㋺1719年）

源増* げんぞう
生没年不詳　平安時代後期の仏師。
¶古人, 美建

憲宗院 げんそういん
江戸時代後期の徳川家慶の十男。
¶徳将（㋑1838年　㋺1839年）

玄蔵主 げんぞうす
安土桃山時代の僧。北条氏政の家臣。
¶後北

顕宗天皇* けんそうてんのう, けんぞうてんのう
允恭39（450）年〜顕宗3（487）年4月25日　㋭弘計王（おけおう, おけのおう）, 億計天皇・弘計天皇（おけのすめらみこと・おけのすめらみこと）　上代の第23代の天皇。市辺押磐皇子の子, 億計王の弟。
¶古人, 古代（けんぞうてんのう）, 古物（㋑允恭天皇39（450）年　㋺顕宗天皇3（487）年4月25日）, コン, 天皇（けんぞうてんのう）㋑允恭天皇39（450）年　㋺顕宗天皇3（487）年4月25日）

元総尼* （元聡尼）　げんそうに
正保3（1646）年〜正徳1（1711）年9月18日　㋭了然（りょうねん）, 了然元総（りょうねんげんそう）, 了然元総尼, 了然元聡尼（りょうねんげんそうに）, 了然尼（りょうねんに）　江戸時代前期〜中期の女性。黄檗宗の尼僧。
¶江表（了然（東都）), コン（了然元総　りょうねんげんそう）, 女史（了然尼　りょうねんに）, 女文（了然尼　りょうねんに）

顕尊* けんそん
生没年不詳　平安時代後期の法印大僧都。
¶古人

源尊* げんそん
生没年不詳　平安時代後期の仏師。
¶古人, 美建

兼智 けんち
天仁2（1109）年〜文治5（1189）年　平安時代後期の園城寺僧。
¶古人

賢智* けんち
生没年不詳　平安時代の天台宗の僧・歌人。
¶古人

顕智* けんち
嘉禄2（1226）年〜延慶3（1310）年　鎌倉時代後期の真宗の僧。親鸞の弟子。
¶コン（㋺延慶3（1310年/1335）年）

元知* げんち
生没年不詳　江戸時代前期の俳人。
¶俳文

厳智* げんち
生没年不詳　㋭厳智（ごんち）　奈良時代の華厳宗の僧。
¶コン

源智* げんち
寿永2（1183）年〜暦仁1（1238）年12月12日　㋭勢観房（せいかんぼう）　鎌倉時代前期の浄土宗の僧。父は平師盛。「法然上人伝記」の著者。
¶古人

玄仲 げんちゅう
⇒里村玄仲（さとむらげんちゅう）

堅中圭密* けんちゅうけいみつ
生没年不詳　室町時代の禅僧・外交僧。
¶中世

源鳥 げんちょう*
江戸時代後期の女性。俳諧。加茂の人。寛政3年刊, 平橋庵皷氷編『亭主ぶり』に載る。
¶江表（源鳥（山梨県））

玄朝* げんちょう
生没年不詳　㋭元興寺玄朝（げんこうじげんちょう）　平安時代中期の奈良地方の絵仏師。
¶古人, コン

元澄尼 げんちょうに*
江戸時代中期の女性。和歌。郡山藩藩士津田平清の妹。宝永6年奉納, 平間長雅編「住吉社奉納千首和歌」に載る。
¶江表（元澄尼（奈良県））

玄陳 げんちん
⇒里村玄陳（さとむらげんちん）

玄的 げんてき
⇒里村玄的（さとむらげんてき）

賢桃* けんとう
明応3（1494）年〜？　戦国時代の武家・連歌作者。
¶俳文

謙道宗設 けんどうそうせつ
⇒宗設（そうせつ）

犬童頼安 けんどうよりやす
⇒犬童頼安（いんどうよりやす）

顕徳院 けんとくいん
⇒後鳥羽天皇（ごとばてんのう）

謙徳公 けんとくこう
⇒藤原伊尹（ふじわらのthese）

剣阿* けんな
弘長1（1261）年〜延元3/暦応1（1338）年11月16日　㋭剣阿（けんあ）　鎌倉時代後期の真言密教の学僧。

¶コン(けんあ [没]暦応1(1338)年), 思想([没]暦応1/延元3(1338)年)

玄蛙 げんな
⇒小田玄蛙(おだげんあ)

顕日 けんにち
⇒高峰顕日(こうほうけんにち)

玄日 げんにち
⇒玄日(げんじつ)

兼如 けんにょ
⇒猪苗代兼如(いなわしろけんにょ)

顕如* けんにょ
天文12(1543)年～文禄1(1592)年 [別]顕如光佐(けんにょこうさ), 光佐(こうさ), 本願寺顕如(ほんがんじけんにょ), 本願寺光佐(ほんがんじこうさ) 安土桃山時代の真宗の僧。石山合戦を主導。
¶コン(顕如光佐 けんにょこうさ), 思想([没]天正20(1592)年), 全戦, 戦武(本願寺顕如 ほんがんじけんにょ), 中世, 山小([生]1543年1月6日 [没]1592年11月24日)

顕如光佐 けんにょこうさ
⇒顕如(けんにょ)

元如尼* げんにょに
延宝8(1680)年6月7日～? 江戸時代中期の女性。尼僧。
¶江表(元如尼(京都府))

源仁* げんにん
弘仁9(818)年～仁和3(887)年 [別]池上僧都(いけがみのそうず) 平安時代前期の真言宗の僧。東寺二長者。
¶古人, 古代([生]817年), コン

玄任の妻 げんにんのつま
戦国時代の女性。
¶女史(生没年不詳)

堅恵* けんね
?～貞観4(862)年 平安時代前期の僧。南都で三論・法相を研鑽。
¶古人([没]862年/872年?)

顕恵* けんね
永久4(1116)年～承安5(1175)年2月23日 [別]顕恵(けんえ) 平安時代後期の三論宗の僧。東大寺81世。
¶古人(けんえ)

玄恵(玄慧) げんね
⇒玄恵(げんえ)

源応尼 げんのうに
⇒華陽院(けよういん)

玄梅 げんばい
⇒石岡玄梅(いしおかげんばい)

玄葉栄吉* げんはえいきち, げんばえいきち
天保7(1836)年～明治45(1912)年2月2日 江戸時代末期～明治時代の和算家、教育者。家塾で門弟を教授。村内耕地図などの測量で、村政に貢献。
¶数学, 幕末(げんばえいきち)

元伯* げんぱく
[別]岐秀(きしゅう), 岐秀元伯(ぎしゅうげんぱく) 江戸時代前期の臨済宗の僧。
¶武田(岐秀元伯 ぎしゅうげんぱく [生]? [没]永禄5(1562)年3月23日)

玄範* げんはん, げんばん
生没年不詳 平安時代後期の真言宗の僧・歌人。
¶古人(げんばん)

玄賓* げんぴん, げんびん
?～弘仁9(818)年6月17日 奈良時代～平安時代前期の法相宗の僧。河内国の人。
¶古人, 古代(げんびん), コン

原富 げんぶ
江戸時代中期の俳諧師・狂歌随筆作者。原氏。
¶俳文([生]? [没]安永5(1776)年)

見風 けんぷう
⇒白達磨見風(はくだるまけんぷう)

見仏* けんぶつ
生没年不詳 平安時代後期の僧。奥州松島で布教。
¶古人, コン

玄武坊* げんぶぼう
正徳3(1713)年～寛政10(1798)年 [別]神谷玄武坊(かみやげんぶぼう) 江戸時代中期の俳人。
¶俳文([生]正徳2(1712)年8月18日 [没]寛政10(1798)年1月19日)

幻文 げんぶん★
江戸時代中期～後期の女性。書・画。香川郡百合村の滝六左衛門の娘。
¶江表(幻文(香川県) [生]宝暦12(1762)年 [没]文化7(1810)年)

源平藤橘 げんぺいとうきつ
⇒桂川甫粲(かつらがわほさん)

兼圃 けんほ★
江戸時代末期の女性。俳諧。慶応2年刊、豆々花通志編『俳諧類題集』初—上に載る。
¶江表(兼圃(愛媛県))

乾峰 けんぽう
⇒居初乾峰〔1代〕(いそめけんぽう)

兼豊 けんぽう
江戸時代前期の俳諧作者。寛文～天和頃に活躍。
¶俳文(生没年不詳)

玄昉* げんぼう
?～天平18(746)年 奈良時代の僧。唐で学問を修め、帰朝後橘諸兄に登用された。
¶古人, 古代, コン, 思想, 対外, 平家, 山小([没]746年6月18日)

元方* げんぼう
生没年不詳 [別]元方(がんぽう) 平安時代中期の真言宗の僧。
¶古人(がんぽう)

玄方 げんぽう
⇒規伯玄方(きはくげんぽう)

乾峰士曇*(乾峯士曇) けんぽうしどん, けんぼうしどん
弘安8(1285)年～正平16/康安1(1361)年12月11日 [別]乾峰士曇(かんぽうしどん), 士曇(しどん) 鎌倉時代後期～南北朝時代の臨済宗の僧。筑前博多の人。
¶コン

玄明* げんみょう
生没年不詳 平安時代後期の南都興福寺の僧。

け

けんみよ 834

¶古人

元明天皇 げんみょうてんのう
⇒元明天皇 (げんめいてんのう)

元明天皇* げんめいてんのう
斉明天皇7 (661) 年〜養老5 (721) 年 **姓**阿閇皇女 (あへおうじょ)、元明天皇 (げんみょうてんのう) 飛鳥時代〜奈良時代の第43代の天皇 (女帝、在位707〜715)。
¶古人、古代、コン (⊕斉明7 (661) 年)、女史 (げんみょうてんのう)、女文 (⊕斉明7 (661) 年)、天皇 (阿閇皇女あへおうじょ ⊕斉明7 (661) 年)、天皇 (⊕斉明7 (661) 年 ⊗養老5 (721) 年12月7日)、日文 (⊕斉明7 (661) 年12月7日)、山小 (⊗721年12月7日)

剣持章行* けんもちあきゆき
寛政2 (1790) 年〜明治4 (1871) 年 **姓**剣持章行 (けんもちしょうこう) 江戸時代末期〜明治時代の和算家。総括術、不定方程式の研究に力を注ぎ、数学的直観性と計算力はきわめて優れていた。
¶科学 (けんもちしょうこう) ⊗明治4 (1871) 年6月10日)、コン (けんもちしょうこう)、数学 (⊕寛政2 (1790) 年11月3日 ⊗明治4 (1871) 年6月10日)

剣持嘉右衛門 けんもちかえもん
江戸時代後期〜明治時代の宮大工。
¶美建 (⊕文化7 (1810) 年4月8日 ⊗明治22 (1889) 年10月6日)

剣持章行 けんもちしょうこう
⇒剣持章行 (けんもちあきゆき)

剣持但馬守 けんもちたじまのかみ
安土桃山時代の桂林院殿の付家臣。
¶武田 (⊕? ⊗天正10 (1582) 年3月11日)

監物頼方* けんもつよりかた
?〜元暦1 (1184) 年 **姓**藤原頼方 (ふじわらのよりかた) 平安時代後期の武士。
¶古人 (藤原頼方 ふじわらのよりかた)、平家 (⊗寿永3 (1184) 年)

玄宥* げんゆう
享禄2 (1529) 年〜慶長10 (1605) 年 戦国時代〜安土桃山時代の新義真言宗の学僧。真言宗智山派の開祖。
¶コン

厳有院殿 げんゆういんどの
⇒徳川家綱 (とくがわいえつな)

玄献国師 げんゆうこくし
⇒夢窓疎石 (むそうそせき)

顕誉 けんよ
⇒祐天 (ゆうてん)

源誉 げんよ
⇒慈昌 (じしょう)

賢環 けんよう
⇒賢憬 (けんけい)

玄仍 げんよう
⇒里村玄仍 (さとむらげんじょう)

元瑶内親王 げんようないしんのう
⇒光子内親王 (みつこないしんのう)

元理* げんり
生没年不詳 戦国時代〜安土桃山時代の僧、連歌師。
¶俳文

玄理* げんり
元永2 (1119) 年〜? 平安時代後期の天台宗延暦寺僧。
¶古人

彦竜周興* げんりゅうしゅうこう
長禄2 (1458) 年〜延徳3 (1491) 年6月3日 **姓**彦竜周興 (げんりゅうしょうきょう、げんりょうしゅうきょう、げんりょうしゅうこう)、周興 (しゅうこう)、半陶子 (はんとうし) 室町時代〜戦国時代の臨済宗の僧。
¶思想

彦竜周興 げんりゅうしょうきょう
⇒彦竜周興 (げんりゅうしゅうこう)

元立坊 げんりゅうぼう
⇒小野元立坊 (おのげんりゅうぼう)

彦竜周興 げんりょうしゅうきょう
⇒彦竜周興 (げんりゅうしゅうこう)

彦竜周興 げんりょうしゅうこう
⇒彦竜周興 (げんりゅうしゅうこう)

顕了道快* けんりょうどうかい
天正2 (1574) 年〜寛永20 (1643) 年 **姓**武田道快 (たけだどうかい) 安土桃山時代〜江戸時代前期の僧。
¶武田 (⊕?)

玄了の妻 げんりょうのつま★
江戸時代後期の女性。俳諧。河内の人。天保3年刊、守村鶯卿編『女百人一句』に載る。
¶江表 (玄了の妻) (大阪府)

元隣 げんりん
⇒山岡元隣 (やまおかげんりん)

玄憐* げんりん
生没年不詳 奈良時代〜平安時代前期の僧。
¶古人

建礼門院 けんれいもんいん
久寿2 (1155) 年〜建保1 (1213) 年 **姓**平徳子 (たいらとくこ、たいらのとくこ、たいらのとくし、たいらののりこ) 平安時代後期〜鎌倉時代前期の女性。平清盛の第2女。高倉天皇の中宮、安徳天皇の生母。
¶古人 (平徳子 たいらののりこ ⊗?)、コン、女史、天皇 (平徳子 たいらのとくこ ⊗建保1 (1213) 年12月13日)、中世 (⊗?)、内乱 (⊕久寿2 (1155) 年? ⊗建保1 (1213) 年?)、平家 (⊕久寿2 (1155) 年? ⊗?)、山小 (⊗1213年12月13日)

建礼門院右京大夫 けんれいもんいんうきょうだいぶ
⇒建礼門院右京大夫 (けんれいもんいんのうきょうのだいぶ)

建礼門院右京太夫 けんれいもんいんうきょうだゆう
⇒建礼門院右京大夫 (けんれいもんいんのうきょうのだいぶ)

建礼門院右京大夫 けんれいもんいんうきょうのたいふ、けんれいもんいんうきょうのだいぶ
⇒建礼門院右京大夫 (けんれいもんいんのうきょうのだいぶ)

建礼門院右京太夫 けんれいもんいんうきょうのだゆう
⇒建礼門院右京大夫 (けんれいもんいんのうきょうのだいぶ)

建礼門院右京太夫　けんれいもんいんのうきょうたゆう
⇒建礼門院右京大夫（けんれいもんいんのうきょうのだいぶ）

建礼門院右京大夫＊（建礼門院右京太夫）　けんれいもんいんのうきょうのだいぶ
生没年不詳　囫右京大夫（うきょうのだいぶ），建礼門院右京大夫（けんれいもんいんのうきょうだいぶ，けんれいもんいんのうきょうのたいふ，けんれいもんいんのうきょうのだいぶ），建礼門院右京太夫（けんれいもんいんのうきょうだいぶ，けんれいもんいんのうきょうのだいぶ，けんれいもんいんのうきょうたゆう）　平安時代後期～鎌倉時代前期の女性。歌人。
¶古人（右京大夫　うきょうのだいぶ　⊕1155年？/1157年？　⊗？），コン（建礼門院右京太夫　けんれいもんいんのうきょうのだいぶ　⊕保元2（1157）年　⊗？），詩作（けんれいもんいんのうきょうのだいぶ），女史，女文，内乱（けんれいもんいんのうきょうのだいぶ　⊕仁平2（1152）年頃　⊗？），日文（けんれいもんいんのうきょうのだいぶ）

賢和＊　けんわ
生没年不詳　平安時代前期の法相宗の僧。神宮寺を建立。
¶古人，古代

【こ】

其阿　ごあ
連歌作者。時宗僧の法名。時代にわたって何人も見える。
¶俳文

小荒井小四郎＊　こあらいこしろう
＊～明治44（1911）年　江戸時代末期～明治時代の実業家。桑苗を植栽し，機械製糸工場を建てる。
¶幕末（⊕弘化4（1847）年　⊗明治44（1911）年7月13日）

小荒井四雲＊　こあらいしうん
文化13（1816）年～明治25（1892）年　江戸時代末期～明治時代の肝煎役。伊藤栄年の芭蕉句碑蛍塚の建立を助ける。
¶幕末（⊗明治25（1892）年10月14日）

小荒井輪鼎＊　こあらいりんてい
文政3（1820）年～明治31（1898）年　江戸時代末期～明治時代の商人。桶屋を業とするが，四条派の名手，俳諧の宗匠でもあった。
¶幕末（⊗明治31（1898）年1月8日），美画（⊗明治31（1898）年1月8日）

鯉江高司　こいえたかじ
江戸時代後期の陶芸家。
¶美工（⊕弘化3（1846）年11月15日　⊗？）

鯉江方寿＊　こいえほうじゅ
文政4（1821）年～明治34（1901）年　江戸時代末期～明治時代の常滑焼の祖，陶芸作家。連房式登窯を作り，土管量産に成功。
¶幕末，美工

好画堂多美国　こいがどうたみくに
江戸時代後期の画家。
¶浮絵（生没年不詳）

恋川好町　こいかわすきまち
⇒鹿都部真顔（しかつべのまがお）

恋川春政　こいかわはるまさ
⇒北川春政（きたがわはるまさ）

恋川春町＊　こいかわはるまち
延享1（1744）年～寛政1（1789）年　囫恋川春町（こいしかわはるまち），酒上不埒，酒上不埒（さけのうえのふらち），春町（しゅんちょう）　江戸時代中期の黄表紙・洒落本・狂歌師。松平家の家臣。
¶浮絵，江人，コン，徳将，日文，山小（⊗1789年7月7日）

恋川好町　こいかわよしまち
⇒鹿都部真顔（しかつべのまがお）

小井木親房　こいきちかふさ
安土桃山時代の信濃国伊那郡の武士。
¶武田（生没年不詳）

小池内広＊　こいけうちひろ
天保3（1832）年～明治10（1877）年　江戸時代末期～明治時代の商人，神職。新潟皇学校の設立者。弥彦神社権宮司，伊勢神宮禰宜などを務めた。
¶幕末（⊗明治10（1877）年1月13日）

小池曲江＊　こいけきょくこう
宝暦8（1758）年～弘化4（1847）年　囫小池曲江（こいけきょっこう）　江戸時代後期の画家。
¶美画（⊗弘化4（1847）年9月8日）

小池曲江　こいけきょっこう
⇒小池曲江（こいけきょくこう）

小池新大夫⑴　こいけしんだゆう
戦国時代の鎌倉鶴岡八幡宮の神人。
¶後北（新大夫〔小池（4）〕　しんだゆう）

小池新大夫⑵　こいけしんだゆう
安土桃山時代の鎌倉鶴岡八幡宮の神人。新大夫の嫡男か。
¶後北（新大夫〔小池（4）〕　しんだゆう）

小池仙李　こいけせんり
明和7（1770）年～安政4（1857）年4月8日　江戸時代後期の女性。
¶江表（仙李女（宮城県））

小池池旭＊　こいけちきょく
文政7（1824）年～明治11（1878）年　江戸時代末期～明治時代の画家。会津藩の娘子隊に参加し，薙刀を振るって戦った。
¶江表（池旭（石川県）　ちきょく），女史，幕末，美画

小池桃洞＊　こいけとうどう
天和3（1683）年～宝暦4（1754）年　囫小池友賢（こいけともかた，こいけゆうけん）　江戸時代中期の水戸藩士，学者。
¶数学（小池友賢　こいけともかた　⊗宝暦4（1754）年閏2月3日）

小池友賢　こいけともかた
⇒小池桃洞（こいけとうどう）

小池永貞　こいけながさだ
江戸時代前期～中期の幕臣。
¶徳人（⊕1674年　⊗1742年）

小池晴実　こいけはるざね
安土桃山時代の古河公方足利義氏の家臣。五郎右衛門尉・肥前守。
¶後北（晴実〔小池（2）〕　はるざね）

こ

小池春好　こいけはるよし
？～元禄6（1693）年　江戸時代中期の幕臣。
¶徳人，徳代

小池久宗　こいけひさむね
戦国時代の北条氏康の家臣。長門守。もと武蔵国岩付城主太田氏家臣。
¶後北（久宗〔小池（1）〕　ひさむね）

小池備後守*　こいけびんごのかみ
生没年不詳　安土桃山時代の織田信長の家臣。
¶織田

小池雅人*　こいけまさんど
文政11（1828）年～明治22（1889）年　江戸時代末期～明治時代の家老。征長、鳥羽・伏見の戦いに参加、犬山藩権大参事になる。
¶幕末（[生]文政11（1828）年5月7日　[没]明治22（1889）年2月22日）

小池村吉十郎　こいけむらきちじゅうろう
⇒小池村吉兵衛（こいけむらきちべえ）

小池村吉兵衛*　こいけむらきちべえ
明和4（1767）年～文化2（1805）年　[別]小池村吉十郎（こいけむらきちじゅうろう）　江戸時代後期の常陸国信太郡の義民。
¶コン

小池村勇七*　こいけむらゆうしち
宝暦13（1763）年～文化2（1805）年　江戸時代中期～後期の百姓一揆の指導者。牛久助郷騒動。
¶コン

小池友賢　こいけゆうけん
⇒小池桃洞（こいけとうどう）

小池透綱*　こいけゆきつな
生没年不詳　江戸時代後期の和算家。
¶数学

小池与左衛門　こいけよざえもん
戦国時代の商人。小田原城との通商に従事。北条氏と関係。
¶後北（与左衛門〔小池（3）〕　よざえもん）

恋川春町　こいしかわはるまち
⇒恋川春町（こいかわはるまち）

五井持軒*　ごいじけん
寛永18（1641）年～享保6（1721）年閏7月18日　[別]四書屋加助（ししょのやかすけ）　江戸時代前期～中期の儒学者。
¶コン

小石元俊*　こいしげんしゅん
寛保3（1743）年～文化5（1808）年12月25日　江戸時代中期～後期の医師、解剖家。関西への蘭学導入者。
¶江人，科学（[生]寛保3（1743）年9月16日），コン，思想

小石元瑞*　こいしげんずい
天明4（1784）年～嘉永2（1849）年　江戸時代後期の蘭方医。小石元俊の長男。
¶江人，科学（[生]天明4（1784）年11月20日　[没]嘉永2（1849）年2月16日），コン

小石中蔵*　こいしちゅうぞう
文化14（1817）年7月23日～明治27（1894）年12月26日　江戸時代末期～明治時代の蘭方医。鳩居堂の援助を得て種痘所有信堂（京都府立医大に発展）を興した。
¶科学

小石君　こいしのきみ
⇒浄光院（じょうこういん）

小石姫皇女　こいしひめこうじょ
⇒小石姫皇女（こいしひめのこうじょ）

小石姫皇女*　こいしひめのこうじょ
生没年不詳　[別]小石姫（おいしひめ），小石姫皇女（おいしひめのおうじょ，おいしひめのこうじょ，おいしひめのみこ，こいしひめこうじょ）　飛鳥時代の女性。欽明天皇の妃。
¶古人（おいしひめのこうじょ），古人（こいしひめこうじょ），古代（おいしひめのみこ），天皇（小石姫　おいしひめ）

小泉　こいずみ★
江戸時代中期の女性。俳諧。安芸宮島の遊女。延享頃没。
¶江表（小泉（広島県））

肥富　こいずみ
⇒肥富（こいつみ）

小泉益　こいずみえき
江戸時代中期の眼科医。
¶眼医（生没年不詳）

小泉勘解由左衛門尉　こいずみかげゆざえもんのじょう
戦国時代の駿河国安倍郡入島郷の土豪。金山衆の有力者。
¶武田（生没年不詳）

小泉兼五郎　こいずみかねごろう
江戸時代末期～明治時代の彫師。
¶浮絵

小泉源左衛門　こいずみげんざえもん
戦国時代の商人、町人頭。鎌倉山内庄の人。大道寺盛昌に仕える。
¶後北（源左衛門〔小泉〕　げんざえもん）

小泉小太郎*　こいずみこたろう
長野県上田・松本地方に伝わる民話の主人公。
¶コン

小泉三郎兵衛*　こいずみさぶろべえ
生没年不詳　安土桃山時代の織田信長の家臣。
¶織田

小泉次大夫　こいずみじだゆう
江戸時代中期の代官。
¶徳代（[生]？　[没]元禄2（1689）年7月8日）

小泉重永　こいずみじゅうえい
戦国時代の信濃小県郡の国衆。
¶武田（生没年不詳）

小泉四郎　こいずみしろう
⇒筒井定次（つついさだつぐ）

小泉長治*　こいずみながはる
？～天正2（1574）年　戦国時代～安土桃山時代の武将。朝倉氏家臣。
¶全戦

小泉則之*　こいずみのりゆき
生没年不詳　江戸時代後期の和算家。
¶数学

小泉平三郎 こいずみへいざぶろう
江戸時代前期の代官。
¶徳代（[生]？ [没]承応1（1652）年）

小泉昌宗 こいずみまさむね
戦国時代～安土桃山時代の信濃小県郡の国衆。
¶武田（生没年不詳）

小泉光保 こいずみみつやす
江戸時代前期の和算家。京都の人。著書に『頭書長暦』など。
¶数学

小泉巳之吉 こいずみみのきち
江戸時代末期～明治時代の彫師。
¶浮絵（[生]天保4（1833）年 [没]明治39（1906）年）

小泉宗貞 こいずみむねさだ
戦国時代の信濃小県郡の国衆。
¶武田（生没年不詳）

小泉吉明 こいずみよしあき
安土桃山時代～江戸時代前期の代官。
¶徳代（[生]天正7（1579）年 [没]慶長20（1615）年）

小泉吉勝 こいずみよしかつ
安土桃山時代～江戸時代前期の代官。
¶徳代（[生]慶長1（1596）年 [没]寛永6（1629）年8月6日）

小泉義真 こいずみよしざね
江戸時代前期～中期の代官。
¶徳代（[生]万治1（1658）年 [没]元文3（1738）年8月26日）

小泉吉次* こいずみよしつぐ
天文8（1539）年～元和9（1623）年 安土桃山時代～江戸時代前期の稲毛川崎の代官。
¶徳人，徳代（[没]元和9（1623）年12月8日）

小泉吉綱 こいずみよしつな
安土桃山時代～江戸時代前期の飛驒郡代。
¶徳代（[生]慶長6（1601）年 [没]慶安3（1650）年2月）

小泉理永* こいずみりえい
安永7（1778）年～弘化1（1844）年 江戸時代後期の算数家。
¶数学（[没]天保15（1844）年8月4日）

小伊勢 こいせ★
江戸時代中期の女性。和歌。兵庫氏。天明2年宮内清秀序『伴菊延齢詩歌集』に載る。
¶江表（小伊勢（大阪府））

故一〔1代〕 こいち
⇒中村重助〔1代〕（なかむらじゅうすけ）

故一〔2代〕 こいち
⇒中村重助〔2代〕（なかむらじゅうすけ）

故一〔3代〕 こいち
⇒中村重助〔3代〕（なかむらじゅうすけ）

故一〔4代〕 こいち
⇒中村重助〔4代〕（なかむらじゅうすけ）

小一条院 こいちじょういん
⇒敦明親王（あつあきらしんのう）

後一条天皇* ごいちじょうてんのう
寛弘5（1008）年～長元9（1036）年 平安時代中期の第68代の天皇（在位1016～1036）。一条天皇の第2皇子。母は藤原道長の娘中宮彰子。
¶古人，コン，天皇（[生]寛弘5（1008）年9月11日 [没]長元9（1036）年4月17日），山小（[生]1008年9月11日 [没]1036年4月17日）

小市若* こいちわか
生没年不詳 安土桃山時代の織田信長の家臣。
¶織田

小五勢 こいつせ★
江戸時代中期の女性。俳諧。京都の遊女か。安永3年跋、二柳編『氷餅集』に載る。
¶江表（小五勢（京都府））

小井筒 こいづつ★
江戸時代中期の女性。俳諧。丹後宮津辺りの遊女か。正徳3年序、爪木晩山編『橋立案内誌』追加に載る。
¶江表（小井筒（京都府））

肥富* こいつみ，こいづみ
生没年不詳 [別]肥富（こいずみ，こいとみ） 室町時代の博多商人。日明関係を開く契機になった人物。
¶コン（こいとみ），対外，中世（こいずみ），内乱，室町（こいずみ），山小

小出有常 こいでありつね
天保6（1835）年～？ [別]小出有常（こいでゆうじょう） 江戸時代後期の幕臣。
¶徳人，徳代（こいでゆうじょう）

小井弖伊賀守 こいでいがのかみ
戦国時代～安土桃山時代の信濃国伊那郡小出郷の土豪？
¶武田（生没年不詳）

湖出市十郎〔1代〕* こいでいちじゅうろう
？～寛政12（1800）年 [別]湖出金四郎〔2代〕（こいできんしろう） 江戸時代中期～後期の長唄唄方。
¶コン（代数なし）

小井弖大炊允 こいでおおいのじょう
戦国時代の信濃国伊那郡小出郷の土豪？
¶武田（生没年不詳）

小井弖大隅守 こいでおおすみのかみ
戦国時代～安土桃山時代の信濃国伊那郡小出郷の土豪？
¶武田（生没年不詳）

小井弖鶴寿 こいでかくじゅ
戦国時代の信濃国伊那郡小出郷の土豪。
¶武田（生没年不詳）

小出兼政* こいでかねまさ
寛政9（1797）年～慶応1（1865）年8月17日 [別]小出兼政（こいでけんせい），小出長十郎（こいでちょうじゅうろう） 江戸時代末期の暦学者、算学者、阿波徳島藩士。
¶科学（[生]寛政9（1797）年8月27日），コン，数学（[生]寛政9（1797）年8月27日），幕末（小出長十郎 こいでちょうじゅうろう [生]寛政9（1797）年8月）

湖出金四郎〔2代〕 こいできんしろう
⇒湖出市十郎〔1代〕（こいでいちじゅうろう）

小出君徳 こいでくんとく
⇒小出竜（こいでりゅう）

小井弖源二 こいでげんじ
戦国時代の信濃国伊那郡小出郷の土豪。
¶武田（生没年不詳）

こ

小出兼政　こいでけんせい
⇒小出兼政（こいでかねまさ）

小井弖五郎左衛門尉　こいでごろうざえもんのじょう
戦国時代の信濃国伊那郡小出郷の土豪。
¶武田（生没年不詳）

小井弖五郎兵衛　こいでごろひょうえ
戦国時代～安土桃山時代の信濃国伊那郡小出郷の土豪。
¶武田（生没年不詳）

小井弖三郎次郎　こいでさぶろうじろう
戦国時代の信濃国伊那郡小出郷の土豪。
¶武田（生没年不詳）

小出実　こいでじつ
江戸時代後期の幕臣。
¶徳人（㊀1831年　㊁？）

小井弖庄右衛門尉　こいでしょうえもんのじょう
戦国時代～安土桃山時代の信濃国伊那郡小出郷の土豪。
¶武田（生没年不詳）

小井弖善三郎　こいでぜんざぶろう
戦国時代の信濃国伊那郡小出郷の土豪。
¶武田（生没年不詳）

小出千之助＊　こいでせんのすけ
＊～明治1（1868）年　江戸時代末期の教授、通詞。
¶全幕（㊀天保3（1832）年），幕末（㊀天保3（1832）年　㊁慶応4（1868）年9月5日）

小出長十郎　こいでちょうじゅうろう
⇒小出兼政（こいでかねまさ）

小井弖綱清　こいでつなきよ
戦国時代～安土桃山時代の信濃国伊那郡小出郷の土豪。
¶武田（生没年不詳）

小出鉄之助＊　こいでてつのすけ
弘化2（1845）年～明治7（1874）年　㊙小出光照（こいでみつてる）　江戸時代末期～明治時代の陸奥会津藩士、官吏。
¶幕末（小出光照　こいでみつてる　㊁明治7（1874）年7月18日）

小出照方　こいでてるみち
？～文化2（1805）年　江戸時代後期の幕臣。
¶徳人，徳代（㊁文化2（1805）年4月29日）

小出東嶂＊　こいでとうしょう
文政6（1823）年～明治22（1889）年　江戸時代末期～明治時代の新聞人、画家。県下初の新聞人として「静岡新聞」を発行。共進会で受賞。
¶幕末，美画（㊁明治22（1889）年5月）

小井弖藤四郎　こいでとうしろう
戦国時代の信濃国伊那郡小出郷の土豪。
¶武田（生没年不詳）

小出直昌　こいでなおまさ
江戸時代前期～中期の武士、勘定組頭・関東筋新田場加役支配。
¶徳代（㊀寛文8（1668）年　㊁元文4（1739）年9月22日）

小出半太夫　こいではんだゆう
江戸時代前期～中期の幕臣。
¶徳人（㊀1656年　㊁1726年）

小井弖彦作　こいでひこさく
戦国時代の信濃国伊那郡小出郷の土豪。
¶武田（生没年不詳）

小出秀実　こいでひでざね
⇒小出秀実（こいでひでみ）

小出英直の妻　こいでひでなおのつま★
江戸時代中期の女性。和歌。旗本村上三右衛門正尚の娘、あるいは老女岡山の養女か。寛延1年刊、松風也軒編『渚の松』に載る。
¶江表（小出英直の妻（東京都））

小出秀政＊　こいでひでまさ
天文9（1540）年～慶長9（1604）年　安土桃山時代の武将、大名。
¶コン

小出秀実＊（小出秀美）　こいでひでみ
生没年不詳　㊙小出秀実（こいでひでざね）　江戸時代末期の幕臣、大和守、土岐月堂の子、日露国境画定交渉使節。
¶全幕，幕末

小出英道　こいでひでみち
江戸時代後期～末期の幕臣。
¶徳人（生没年不詳）

小井弖房綱　こいでふさつな
戦国時代～安土桃山時代の信濃国伊那郡小出郷の土豪。
¶武田（生没年不詳）

小出英尚＊　こいでふさなお
嘉永2（1849）年～明治38（1905）年　江戸時代末期～明治時代の園部藩主、園部藩知事。
¶幕末（㊀嘉永2（1849）年9月21日　㊁明治38（1905）年9月27日）

小井弖孫次　こいでまごじ
戦国時代の信濃国伊那郡小出郷の土豪。
¶武田（生没年不詳）

小出尹貞　こいでまささだ
慶長15（1610）年～寛文5（1665）年　江戸時代前期の幕臣。
¶徳人，徳代（㊁寛文5（1665）年6月25日）

小出光照　こいでみつてる
⇒小出鉄之助（こいでてつのすけ）

小出光教＊　こいでみつのり
文政3（1820）年～明治9（1876）年10月18日　㊙小出由岐太（こいでゆきた）　江戸時代末期～明治時代の算学者、暦学者、櫓奉行、讃岐師範学校一等助教授。砲台の築造、大砲の鋳造御用を勤め、一方では暦の推歩、略歴編纂を行う。
¶科学（㊀文政3（1820）年11月），数学（㊀文政3（1820）年11月），幕末（小出由岐太　こいでゆきた）

小出三尹の母　こいでみつまさのはは★
江戸時代中期の女性。和歌。三尹は和泉岸和田藩主小出秀政の四男で、陶器村に陣屋を置いた。元禄2年奥書、跡部良隆・源之補編「近代和歌一人一首」に載る。
¶江表（小出三尹の母（大阪府））

小井弖民部丞　こいでみんぶのじょう
戦国時代～安土桃山時代の信濃国伊那郡小出郷の土豪。
¶武田（生没年不詳）

小出元明* こいでもとあき
文化12(1815)年〜明治12(1879)年　江戸時代末期〜明治時代の紀州藩士。執政となり藩政改革、藩権大参事。
¶幕末([没]明治12(1879)年11月)

小出守里 こいでもりさと
江戸時代前期〜中期の幕臣。
¶徳人([生]1649年　[没]1699年)

小出由岐太 こいでゆきた
⇒小出光教(こいでみつのり)

小井弖与一 こいでよいち
戦国時代〜安土桃山時代の信濃国伊那郡小出郷の土豪。
¶武田(生没年不詳)

小出与右衛門国政 こいでよえもんくにまさ
江戸時代前期の森忠政の家臣。
¶大坂

小出竜* こいでりゅう
生没年不詳　[別]小出君徳(こいでくんとく)　江戸時代後期の医師、解剖学者。
¶科学(小出君徳　こいでくんとく),コン

小井弖良喜 こいでりょうき
戦国時代の信濃国伊那郡小出郷の土豪。小出城主。
¶武田(生没年不詳)

小糸・佐七* こいと・さしち
浄瑠璃「糸桜本町育」の登場人物。
¶コン

肥富 こいとみ
⇒肥富(こいつみ)

小いな・半兵衛*(小稲・半兵衛)　こいな・はんべえ
語り物・浄瑠璃・歌舞伎などの登場人物。
¶コン

鯉尾女 こいびじょ★
江戸時代後期の女性。俳諧。文政4年、青隠跋『七夕後集』に載る。
¶江表(鯉尾女(東京都))

鯉淵要人* こいぶちかなめ
文化7(1810)年〜万延1(1860)年　江戸時代末期の水戸藩の尊攘志士。桜田門外の変に参加。
¶コン,全幕([没]安政7(1860)年),幕末([生]文化7(1810)年1月7日　[没]安政7(1860)年3月3日)

恋山女 こいやまじょ★
江戸時代後期の女性。狂歌。越後三条の大橋氏。文化8年刊、六樹園撰『狂歌画像作者部類』に載る。
¶江表(恋山女(群馬県))

五井蘭洲* ごいらんしゅう
元禄10(1697)年〜宝暦12(1762)年3月17日　江戸時代中期の儒学者。
¶江人,コン,思想

小岩井雅楽介 こいわいうたのすけ
江戸時代前期の大坂城士。
¶大坂

小岩井蔵人 こいわいくらんど
江戸時代前期の武将。大坂の陣で籠城。
¶大坂

小岩井五左衛門 こいわいござえもん
江戸時代前期の豊臣秀頼の家臣。御馬屋別当を務めた。
¶大坂

小岩井新兵衛 こいわいしんひょうえ
安土桃山時代の信濃国筑摩郡会田の土豪。
¶武田(生没年不詳)

小岩角右衛門 こいわかくえもん
江戸時代前期の武士。大坂の陣で籠城。
¶大坂

こう(1)
江戸時代後期の女性。狂歌。下野足利藩主戸田家の家臣生沼喜内の娘。会津藩士中野平内の妻。
¶江表(こう(福島県))

こう(2)
江戸時代後期の女性。教育。池戸佐五右衛門の妻。
¶江表(こう(東京都)　[生]天保4(1833)年頃)

こう(3)
江戸時代後期の女性。教育。宮沢氏。
¶江表(こう(東京都)　[生]弘化1(1844)年頃)

こう(4)
江戸時代末期〜明治時代の女性。狂歌。駿河の前田録朗の妻。
¶江表(こう(静岡県)　[没]明治39(1906)年)

興 こう
⇒倭王興(わおうこう)

古宇 こう★
江戸時代前期〜中期の女性。和歌。細川家家臣長岡右馬助重政の娘。
¶江表(古宇(熊本県)　[生]寛永1(1624)年　[没]正徳1(1711)年)

功 こう★
江戸時代中期の女性。和歌。幕臣成島信遍の娘。
¶江表(功(神奈川県)　[生]元文2(1737)年　[没]宝暦6(1756)年)

孝(1)　こう★
江戸時代前期の女性。俳諧。俳人・歌人北村季吟の弟子河並安親の娘。寛文7年刊、季吟の子湖春編『続山井』に載る。
¶江表(孝(滋賀県))

孝(2)　こう★
江戸時代中期の女性。俳諧。俳人翠樹の妻。天明期に没した。
¶江表(孝(兵庫県))

孝(3)　こう★
江戸時代末期の女性。和歌。淡路の橋本氏。文久2年成立、武田信起編『類題真清水和歌集』に載る。
¶江表(孝(兵庫県))

孝(4)　こう
江戸時代末期〜明治時代の女性。教育。赤沼氏。
¶江表(孝(神奈川県)　[没]明治9(1876)年)

幸(1)　こう
江戸時代中期の女性。俳諧。伊勢の俳人卓池の娘。安永6年刊、三浦樗良編『花七日』に載る。
¶江表(幸(三重県))

こ

こ

幸(2)　**こう**★
江戸時代中期の女性。和歌。京都の儒学者並河天民の裔。
¶江表(幸(京都府))

幸(3)　**こう**
江戸時代中期の女性。俳諧。宮原の人。享保20年序と跋、伊藤吾鼠編『筑紫野集』に載る。
¶江表(幸(熊本県))

幸(4)　**こう**★
江戸時代後期の女性。書簡。多野郡緑野村の斎藤伝兵衛貞寿の後妻。天保14年の後嗣伝三郎宛の手紙が5通残る。
¶江表(幸(群馬県))

幸(5)　**こう**★
江戸時代後期の女性。俳諧。備前友延の人。天保9年刊、唐樹園亀嶺編『春興亀の尾山』後に載る。
¶江表(幸(岡山県))

香　**こう**
江戸時代の女性。漢詩・画。宮本氏。明治9年～同13年刊、佐田白茅編『明治詩文』23集に載る。
¶江表(香(千葉県))

匂　**こう**
江戸時代前期～中期の女性。和歌。上野氏。
¶江表(匂(鳥取県)　[生]万治2(1659)年　[没]享保7(1722)年)

江　**ごう**
⇒崇源院(すうげんいん)

毫　**ごう**★
江戸時代後期の女性。書・俳諧。書家で俳人黒川惟草の妻。
¶江表(毫(東京都))

幸阿弥〔1代〕*　**こうあみ**
応永17(1410)年～文明10(1478)年　[別]幸阿弥道長(こうあみどうちょう)　室町時代の蒔絵師。幸阿弥家の初代。
¶中世(代数なし),美工(幸阿弥道長　こうあみどうちょう　[没]文明10(1478)年10月13日)

幸阿弥〔2代〕*　**こうあみ**
永享5(1433)年～明応9(1500)年　[別]幸阿弥道清(こうあみどうせい)　室町時代～戦国時代の蒔絵師。
¶美工(幸阿弥道清　こうあみどうせい　[没]明応9(1500)年10月3日)

幸阿弥〔4代〕*　**こうあみ**
文明11(1479)年～天文23(1554)年　[別]幸阿弥宗正(こうあみそうせい)　戦国時代の蒔絵師。
¶美工(幸阿弥宗正　こうあみそうせい　[没]天文23(1554)年10月13日)

幸阿弥〔5代〕*　**こうあみ**
文明16(1484)年～弘治3(1557)年　[別]幸阿弥宗伯(こうあみそうはく)　戦国時代の蒔絵師。
¶美工(幸阿弥宗伯　こうあみそうはく　[没]弘治3(1557)年10月13日)

幸阿弥〔6代〕*　**こうあみ**
永正3(1506)年～慶長8(1603)年　[別]幸阿弥長清(こうあみちょうせい)　戦国時代～安土桃山時代の蒔絵師。
¶美工(幸阿弥長清　こうあみちょうせい　[生]享禄2(1529)年　[没]慶長8(1603)年4月26日)

幸阿弥〔7代〕*　**こうあみ**
永禄12(1569)年～慶長15(1610)年　[別]幸阿弥長晏(こうあみちょうあん),長晏(ちょうあん)　安土桃山時代～江戸時代前期の蒔絵師。
¶美工(幸阿弥長晏　こうあみちょうあん　[没]慶長15(1610)年10月25日)

幸阿弥〔8代〕*　**こうあみ**
天正17(1589)年～慶長18(1613)年　[別]幸阿弥長善(こうあみちょうぜん)　安土桃山時代～江戸時代前期の蒔絵師。
¶美工(幸阿弥長善　こうあみちょうぜん　[没]慶長18(1613)年10月4日)

幸阿弥〔9代〕*　**こうあみ**
?～元和4(1618)年　[別]幸阿弥長法(こうあみちょうほう)　安土桃山時代～江戸時代前期の蒔絵師。
¶美工(幸阿弥長法　こうあみちょうほう　[没]元和4(1618)年10月13日)

幸阿弥〔10代〕*　**こうあみ**
慶長4(1599)年～慶安4(1651)年　[別]幸阿弥長重(こうあみちょうじゅう,こうあみながしげ)　江戸時代前期の蒔絵師。幸阿弥家の7代長晏の3男。
¶美工(幸阿弥長重　こうあみちょうじゅう　[没]慶安4(1651)年2月21日)

幸阿弥〔11代〕*　**こうあみ**
寛永5(1628)年～天和2(1682)年　[別]幸阿弥長房(こうあみちょうぼう)　江戸時代前期の蒔絵師。
¶美工(幸阿弥長房　こうあみちょうぼう　[生]寛永5(1628)年3月10日　[没]天和2(1682)年11月24日)

幸阿弥〔12代〕*　**こうあみ**
寛文1(1661)年～享保8(1723)年　[別]幸阿弥長救(こうあみちょうきゅう)　江戸時代中期の蒔絵師。
¶美工(幸阿弥長救　こうあみちょうきゅう)

幸阿弥宗正　**こうあみそうせい**
⇒幸阿弥〔4代〕(こうあみ)

幸阿弥宗伯　**こうあみそうはく**
⇒幸阿弥〔5代〕(こうあみ)

幸阿弥長晏　**こうあみちょうあん**
⇒幸阿弥〔7代〕(こうあみ)

幸阿弥長救　**こうあみちょうきゅう**
⇒幸阿弥〔12代〕(こうあみ)

幸阿弥長玄*　**こうあみちょうげん**
元亀3(1572)年～慶長12(1607)年　安土桃山時代の蒔絵師。
¶美工([没]慶長12(1607)年10月24日)

幸阿弥長重　**こうあみちょうじゅう**
⇒幸阿弥〔10代〕(こうあみ)

幸阿弥長清　**こうあみちょうせい**
⇒幸阿弥〔6代〕(こうあみ)

幸阿弥長善　**こうあみちょうぜん**
⇒幸阿弥〔8代〕(こうあみ)

幸阿弥長法　**こうあみちょうほう**
⇒幸阿弥〔9代〕(こうあみ)

幸阿弥長房　**こうあみちょうぼう**
⇒幸阿弥〔11代〕(こうあみ)

幸阿弥道清　**こうあみどうせい**
⇒幸阿弥〔2代〕(こうあみ)

幸阿弥道長　こうあみどうちょう
⇒幸阿弥〔1代〕(こうあみ)

幸阿弥長重　こうあみながしげ
⇒幸阿弥〔10代〕(こうあみ)

幸阿弥良清　こうあみりょうせい
江戸時代前期の蒔絵師。
¶美工([生]?　[没]寛文1(1661)年)

興安院　こうあんいん
⇒初姫(はつひめ)

光安院　こうあんいん★
江戸時代中期〜後期の女性。旅日記・和歌・書簡。紀州藩主徳川宗将の娘。
¶江表(光安院(福井県)　[生]寛延3(1750)年　[没]寛政6(1794)年)

皐安院　こうあんいん★
江戸時代中期〜後期の女性。和歌・書簡。常陸水戸藩主徳川治保の娘。
¶江表(皐安院(香川県)　[生]明和5(1768)年　[没]天保11(1840)年)

広庵芸長　こうあんげいちょう
戦国時代の武蔵天寧寺の5世住持。天正寺開山。
¶武田(生没年不詳)

孝安天皇＊　こうあんてんのう
[別]日本足彦国押人尊(やまとたらしひこくにおしひとのみこと)　上代の第6代の天皇。日本足彦国押人天皇。
¶古人(生没年不詳),古代,古物([生]孝昭天皇49(前427)年　[没]孝安天皇102(前291)年1月9日),コン,天皇([生]孝昭39(前437)年　[没]孝安102(前291)年1月9日)

高安茂　こうあんも
飛鳥時代の五経博士。百済から派遣された。
¶古物

興意　こうい
⇒興意法親王(こういほっしんのう)

光意＊　こうい
天平9(737)年〜弘仁5(814)年　奈良時代〜平安時代前期の僧。
¶古人,古代,コン

公伊＊　こうい
永承7(1052)年〜長承3(1134)年　[別]公伊(こういん)　平安時代後期の天台宗園城寺の僧。藤原伊房の子。
¶古人([生]1051年),コン

香以　こうい
⇒細木香以(さいきこうい)

興意親王　こういしんのう
⇒興意法親王(こういほっしんのう)

上泉伊勢守＊　こういずみいせのかみ
?〜天正1(1573)年　[別]上泉伊勢守(かみいずみいせのかみ),上泉信綱(かみいずみのぶつな,こういずみのぶつな),上泉秀綱(かみいずみひでつな,こういずみひでつな)　戦国時代の兵法家。新陰流を創始。
¶コン(生没年不詳),全戦(上泉信綱　こういずみ(かみいずみ)のぶつな　生没年不詳),戦武(上泉信綱　かみいずみ(こういずみ)のぶつな　[生]永正5(1508)年?　[没]天正5(1577)年?),武田(上泉信綱　かみいずみのぶつな),室町(上泉信綱　かみいずみのぶつな　生没年不詳)

上泉信綱　こういずみのぶつな
⇒上泉伊勢守(こういずみいせのかみ)

上泉秀綱　こういずみひでつな
⇒上泉伊勢守(こういずみいせのかみ)

更衣某女　こういぼうじょ
平安時代中期の女性。円融天皇更衣。
¶天皇(生没年不詳)

興意法親王　こういほうしんのう
⇒興意法親王(こういほっしんのう)

興意法親王＊　こういほっしんのう
天正4(1576)年〜元和6(1620)年　[別]興意(こうい),興意親王(こういしんのう),興意法親王(こういほうしんのう)　安土桃山時代〜江戸時代前期の誠仁親王の第5王子。母は新上東門院晴子。
¶全戦

公伊　こういん
⇒公伊(こうい)

公胤＊　こういん
久安1(1145)年〜建保4(1216)年　平安時代後期〜鎌倉時代前期の天台宗の僧。僧行顕の子。
¶古人,コン([生]天養1(1144)年)

公羽　こうう
⇒岸本八郎兵衛(きしもとはちろべえ)

香雨(1)　こうう★
江戸時代後期の女性。画・俳諧・茶。門田村徳久の会津藩藩士福原氏の娘。天保7年生まれの大橋醒山に画を学ぶ。
¶江表(香雨(福島県))

香雨(2)　こうう★
江戸時代後期〜明治時代の女性。画。多野郡中里村の大惣代名主黒沢覚太夫の娘。
¶江表(香雨(群馬県)　[生]天保6(1835)年　[没]明治37(1904)年)

高氏鎮　こううじしげ
⇒三戸七郎(みとしちろう)

香雨女　こううじょ★
江戸時代後期の女性。画。天保年間刊、千種庵諸持編『狂歌三才拾遺紅葉五十題』に載る。
¶江表(香雨女(東京都))

興雲＊　こううん
生没年不詳　平安時代前期の華厳宗の僧。東大寺18世。
¶古人

康運＊　こううん
生没年不詳　鎌倉時代の仏師。運慶の次男。
¶古人,美建

江雲＊　こううん
安土桃山時代の武将。後北条氏家臣。
¶後北([没]文禄3年3月9日)

紅雲　こううん★
江戸時代末期の女性。俳諧。白木湊の遊女か。万延2年丹生郡の青雲編「春興」に載る。
¶江表(紅雲(福井県))

耕雲　こううん
⇒花山院長親（かざんいんながちか）

豪運　ごううん
平安時代後期の比叡山西塔の僧。
¶平家（生没年不詳）

香雲尼　こううんに
江戸時代末期の女性。和歌。伊達の人。安政7年刊、蜂屋光世編『大江戸倭歌集』に載る。
¶江表（香雲尼（宮城県））

恒雲法親王*　こううんほうしんのう
鎌倉時代後期の亀山天皇の皇子。
¶天皇（生没年不詳）

恒恵*　ごうえ，こうえ
平治1（1159）年～建永1（1206）年　平安時代後期～鎌倉時代前期の天台宗の僧。円満院門跡。
¶古人（こうえ），天皇（[生]永暦1（1160）年）

光映　こうえい
⇒竹林坊光映（ちくりんぼうこうえい）

高栄女王*　こうえいじょおう
寛文1（1661）年～享保7（1722）年　[別]高栄女王（こうえいにょおう），尊秀（そんしゅう）　江戸時代前期～中期の女性。後西天皇の第4皇女。
¶天皇（尊秀　そんしゅう　[生]寛文1（1661）年7月1日　[没]享保7（1722）年3月15日）

高栄女王　こうえいにょおう
⇒高栄女王（こうえいじょおう）

向栄楼　こうえいろう
⇒宝田寿助（たからだじゅすけ）

光悦　こうえつ
⇒本阿弥光悦（ほんあみこうえつ）

公円*(1)　こうえん
天喜1（1053）年～長治2（1105）年　平安時代後期の天台宗の僧・歌人。
¶古人

公円*(2)　こうえん
仁安3（1168）年～嘉禎1（1235）年　平安時代後期～鎌倉時代前期の僧。
¶古人

公延*　こうえん
宝暦12（1762）年～享和3（1803）年　[別]公延入道親王（こうえんにゅうどうしんのう），公延法親王（こうえんほうしんのう）　江戸時代後期の天台宗の僧。天台座主215世。
¶天皇（公延法親王　こうえんほうしんのう　[生]安永5（1776）年10月30日　[没]文政11（1828）年8月7日）

広円*　こうえん
天平勝宝7（755）年～*　奈良時代～平安時代前期の大安寺の僧。
¶古人（[没]808年？），古代（[没]808年？）

康円*　こうえん
承元1（1207）年～？　鎌倉時代前期の仏師。康運の子。運慶3代。
¶コン（[生]承元1（1207）年？），美建（[没]建治1（1275）年）

弘円*　こうえん
嘉吉2（1442）年～*　戦国時代の仏師。
¶美建（[没]享禄2（1529）年）

皇円*　こうえん
？～嘉応1（1169）年　[別]功徳院阿闍梨（くどくいんのあじゃり）　平安時代後期の天台宗の僧。豊前守重兼の子。
¶古人（[没]1169年？），コン（生没年不詳），思想（生没年不詳）

公延入道親王　こうえんにゅうどうしんのう
⇒公延（こうえん）

公円法師母*　こうえんほうしのはは
生没年不詳　平安時代中期の女性歌人。父は藤原教通。
¶古人

公延法親王　こうえんほうしんのう
⇒公延（こうえん）

幸花　こうか*
江戸時代中期の女性。俳諧。拓交の妻。宝永4年刊『宝永四年歳旦』に載る。
¶江表（幸花（京都府））

紅霞　こうか*
江戸時代後期の女性。俳諧。長門長府の人か。文化8年春、田上菊舎が京都に上るに際しての餞別句が「鶯の舎」に載る。
¶江表（紅霞（山口県））

高賀　こうか
⇒沢村宗十郎〔1代〕（さわむらそうじゅうろう）

公雅*　こうが
平安時代後期～鎌倉時代前期の天台宗の僧。
¶古人（[生]1155年　[没]？）

弘雅　こうが
⇒唯善（ゆいぜん）

高賀(1)　こうが
⇒沢村宗十郎〔5代〕（さわむらそうじゅうろう）

高賀(2)　こうが
⇒助高屋高助〔2代〕（すけたかやたかすけ）

黄華庵升六　こうかあんしょうろく
⇒升六（しょうろく）

公海*　こうかい
慶長12（1607）年12月12日～元禄8（1695）年10月16日　江戸時代前期の天台宗の僧。天海の高弟。
¶コン

康海　こうかい
⇒康勝（こうしょう）

江涯*　こうがい
生没年不詳　江戸時代中期の俳人。
¶俳文

杲海*　ごうかい，こうかい
生没年不詳　鎌倉時代前期の真言宗の僧。
¶古人，コン（こうかい），密教（[生]1122年　[没]1187年3月19日）

甲賀王　こうがおう
奈良時代の官人。
¶古人（生没年不詳）

光覚*　こうかく
康和1（1099）年～？　平安時代後期の法相宗興福寺僧。

¶古人

公覚＊　こうかく
長和1（1012）年〜承暦4（1080）年　平安時代中期
〜後期の天台宗園城寺の僧。
¶古人

弘覚　こうかく
⇒弘覚法親王（こうかくほうしんのう）

皇覚＊　こうかく
生没年不詳　平安時代後期の天台宗の僧。相生流
の祖。
¶古人

高岳院　こうがくいん＊
江戸時代前期の女性。書簡。佐賀藩士鍋島茂里の
娘。小城藩初代藩主鍋島元茂の室。
¶江表（高岳院（佐賀県））

高岳親王　こうがくしんのう
⇒真如（しんにょ）

宏覚禅師　こうかくぜんじ
⇒東巌慧安（とうがんえあん）

弘覚大師　こうかくだいし
⇒法然（ほうねん）

光格天皇＊　こうかくてんのう
明和8（1771）年〜天保11（1840）年　江戸時代後期
の第119代の天皇（在位1779〜1817）。閑院宮典仁
親王の第6皇子、祐宮。
¶江人、コン、全幕、天皇（㋐明和8（1771）年8月15日　㋨
天保11（1840）年11月19日）、山小（㋐1771年8月15日
㋨1840年11月19日）

弘覚法親王＊　こうかくほうしんのう
生没年不詳　㋐弘覚（こうかく）　鎌倉時代後期〜
南北朝時代の邦良親王の第5王子。
¶天皇（弘覚　こうかく）

甲賀源吾＊　こうがげんご
天保10（1839）年〜明治2（1869）年　江戸時代末期
〜明治時代の幕臣。軍艦繰練方手伝出役、軍艦組出
役、軍艦頭並役などを歴任。官軍の甲鉄艦奪取作戦を
展開。
¶コン、全幕、徳人（生没年不詳）、幕末（㋐天保10（1839）
年1月3日　㋨明治2（1869）年3月25日）

甲可是茂　こうがこれしげ
⇒甲可是茂（こうがのこれしげ）

甲賀権右衛門　こうかごんえもん
江戸時代前期の伊東長次の中小姓。
¶大坂（㋨慶長20年5月7日）

甲賀三郎＊　こうがさぶろう
伝説上の人物。諏訪明神として祭られた。
¶コン

江夏十郎＊　こうかじゅうろう
生没年不詳　江戸時代末期の薩摩藩士。
¶コン、幕末

香花女　こうかじょ＊
江戸時代末期の女性。俳諧。仙石の人。安政4年千
本柳の筆女が著した夫墨遊の追善集『花野原集』に
載る。
¶江表（香花女（長野県））

江夏仲左衛門＊　こうかちゅうざえもん
天保2（1831）年〜明治3（1870）年　江戸時代後期
〜明治時代の薩摩藩士。
¶幕末（㋨明治3（1870）年4月2日）

甲可是茂＊　こうがのこれしげ
生没年不詳　㋐甲可是茂（こうがこれしげ）　平安
時代前期の下級官人。
¶古人（こうがこれしげ）

甲可真束　こうがのまつか
奈良時代の人。天平20年大仏に銭一千貫文を進め
て外従五位下に叙された。
¶古人（生没年不詳）

皇嘉門院＊　こうかもんいん
保安2（1121）年〜養和1（1181）年　㋐藤原聖子（ふ
じわらせいし，ふじわらのきよこ，ふじわらのせい
し）　平安時代後期の女性。崇徳天皇の中宮。
¶古人（藤原聖子　ふじわらのきよこ　㋐1122年），コン
（藤原聖子　ふじわらのせいし），コン（藤原聖子　ふじ
わらのせいし），女史（㋐1122年），天皇（藤原聖子　ふ
じわらのせいし）㋐保安3（1122）年/保安2年　㋨養和
1（1181）年12月4日）

皇嘉門院出雲　こうかもんいんのいずも
⇒出雲（いずも）

皇嘉門院治部卿＊　こうかもんいんのじぶきょう
生没年不詳　㋐源盛子（みなもとのもりこ）　平安
時代後期の女房・歌人。
¶古人（源盛子　みなもとのもりこ）

皇嘉門院別当＊　こうかもんいんのべっとう
生没年不詳　平安時代後期の女性。歌人。
¶古人（別当　べっとう），コン、女史

公寛＊　こうかん
元禄10（1697）年〜元文3（1738）年　㋐公寛親王
（こうかんしんのう），公寛入道親王（こうかんにゅ
うどうしんのう），公寛法親王（こうかんほうしん
のう）　江戸時代中期の天台宗の僧。天台座主
198・201世。
¶天皇（公寛法親王　こうかんほうしんのう　㋐元禄10
（1697）年2月21日　㋨元文3（1738）年3月15日）

公観＊　こうかん
生没年不詳　平安時代後期の真言宗の僧。
¶密教（㋐1071年以前　㋨1132年以後）

公寛親王　こうかんしんのう
⇒公寛（こうかん）

公寛入道親王　こうかんにゅうどうしんのう
⇒公寛（こうかん）

公寛法親王　こうかんほうしんのう
⇒公寛（こうかん）

高貴＊　こうき
生没年不詳　㋐新漢陶部高貴（いまきのあやのすえ
つくりのこうき），歓因知利（かんいんちり），陶部
高貴（すえつくりのこうき，すえつくりべのこう
き）　上代の百済の才伎。
¶古代（新漢陶部高貴　いまきのあやのすえつくりのこう
き），古物（陶部高貴　すえつくりのこうき），コン、美工

虹器＊　こうき
宝暦3（1753）年〜文政8（1825）年　江戸時代中期
〜後期の商家・俳人。
¶俳文

興義*　こうぎ
生没年不詳　平安時代中期の画僧。
¶古人

晃輝院　こうきいん
江戸時代後期の女性。徳川家斉の十三女。
¶徳将（[生]1805年　[没]1807年）

康吉*　こうきつ
生没年不詳　室町時代の仏師、能面作者。康永の前代。
¶美建, 美工

纐纈ハル　こうきつはる
⇒纐纈ハル（こうけつはる）

広義門院*　こうぎもんいん
正応5（1292）年～延文3（1357）年閏7月22日　[別]西園寺寧子（さいおんじねいし，さいおんじやすこ），藤原寧子（ふじわらねいし，ふじわらのねいし）　鎌倉時代後期～南北朝時代の女性。後伏見上皇の女御。
¶コン（[没]正平12/延文2（1357）年）, 女史, 天皇（西園寺寧子　さいおんじやすこ　[没]延文2（1357）年閏7月22日）

古右京　こうきょう
⇒狩野光信（かのうみつのぶ）

光教　こうきょう
⇒証如（しょうにょ）

公慶　こうきょう
⇒公慶（こうけい）

公経*　こうきょう
康和4（1102）年～？　平安時代後期の園城寺僧。
¶古人

宏教*　こうぎょう
元暦1（1184）年～建長7（1255）年　鎌倉時代前期の真言僧。
¶古人

興教大師　こうきょうだいし，こうぎょうだいし
⇒覚鑁（かくばん）

皇極天皇*　こうぎょくてんのう
推古2（594）年～斉明天皇7（661）年　[別]天豊財重日足姫尊（あめとよたからいかしひたらしひめのみこと），斉明天皇（さいめいてんのう），宝皇女（たからのおうじょ，たからのこうじょ，たからのみこ）　飛鳥時代の第35代の天皇（女帝、在位642～645）。のち重祚して斉明天皇（37代。在位655～661）。
¶古人（[生]？）, 古代, 古物（皇極・斉明天皇　こうぎょく・さいめいてんのう　[生]推古天皇2（594）年　[没]斉明天皇7（661）年7月24日）, コン（[没]斉明7（661）年）, 女史, 女文（斉明天皇　さいめいてんのう　[没]斉明7（661）年7月24日）, 天皇（宝皇女　たからのみこ　[生]推古2（594）年8月7日　[没]斉明6（661）年7月24日）, 天皇（[生]推古天皇2（594）年8月7日　[没]斉明天皇6（661）年7月24日）, 天皇（斉明天皇　さいめいてんのう　[生]推古天皇2（594）年8月7日　[没]斉明天皇6（661）年7月24日）, 日文（斉明天皇　さいめいてんのう　[没]斉明7（661）年）, 山小（[没]661年7月24日）

甲許母*　こうきょも
[別]甲許母（こうのこも）　奈良時代の医師。
¶古人（こうのこも　生没年不詳）, 古代

高錦国　こうきんこく
江戸時代中期～末期の眼科医。
¶眼医（[生]安永2（1773）年　[没]安政6（1859）年）

高金蔵*　こうきんぞう
奈良時代の陰陽家。
¶古人（生没年不詳）, 古代

江薫亭梅子　こうくんていばいし⋆
江戸時代後期の女性。狂歌。嘉永4年刊、江境庵北雄編『連名披露狂歌合』に載る。
¶江表（江薫亭梅子（東京都））

光慶　こうけい
鎌倉時代後期の仏師。
¶美建（生没年不詳）

公啓*　こうけい
享保17（1732）年～明和9（1772）年　[別]公啓親王（こうけいしんのう），公啓入道親王（こうけいにゅうどうしんのう），公啓法親王（こうけいほうしんのう），寛義親王（ひろよししんのう）　江戸時代中期の天台宗の僧。天台座主210世。
¶天皇（公啓法親王　こうけいほうしんのう　[生]享保17（1732）年3月18日　[没]明和9（1772）年7月16日）

公慶*　こうけい
慶安1（1648）年11月15日～宝永2（1705）年7月12日　[別]公慶（こうきょう）　江戸時代前期～中期の東大寺三論宗の僧。東大寺大仏、大仏殿の復興に尽力。
¶江人, コン, 山小（[生]1648年11月15日　[没]1705年7月12日）

幸慶*　こうけい
生没年不詳　平安時代後期～鎌倉時代前期の慶派の仏師。
¶古人, 美建

康慶*　こうけい
生没年不詳　平安時代後期～鎌倉時代前期の奈良仏師。運慶の父、快慶の師。
¶古人, コン, 美建, 山小

皇慶*(1)　こうけい，こうげい
貞元2（977）年～永承4（1049）年7月26日　[別]池上阿闍梨（いけがみのあじゃり）　平安時代中期の天台宗の僧。
¶古人, コン

皇慶(2)　こうけい
平安時代中期の東大寺の僧。藤原頼光の子。
¶古人（生没年不詳）

皇慶(3)　こうけい
平安時代中期の杵原八幡宮宮師僧。
¶古人（生没年不詳）

公啓親王　こうけいしんのう
⇒公啓（こうけい）

公啓入道親王　こうけいにゅうどうしんのう
⇒公啓（こうけい）

公啓法親王　こうけいほうしんのう
⇒公啓（こうけい）

光月　こうげつ⋆
江戸時代後期の女性。俳諧。横田夏椎の母。天保2年刊、石田権左衛門春胤編『石見人名録』に載る。
¶江表（光月（島根県））

江月宗玩*　こうげつそうがん
天正2（1574）年11月21日～寛永20（1643）年10月1日　[別]宗玩（そうがん）　安土桃山時代～江戸時代前期の臨済宗の僧。堺の豪商・茶人津田宗及の子。

¶コン([生]正徳3(1574)年)

皓月尼* こうげつに

宝暦6(1756)年〜天保3(1832)年 江戸時代中期〜後期の真言宗の僧。

¶江表(皓月尼(京都府) [没]天保4(1833)年)

纐纈ハル* こうけつはる

天保5(1834)年〜? [別]纐纈ハル(こうきつはる) 江戸時代末期〜明治時代の女性。和算家。

¶数学

光兼 こうけん

⇒実如(じつにょ)

光謙 こうけん

⇒霊空(れいくう)

公顕* こうけん

天永1(1110)年〜建久4(1193)年9月17日 平安時代後期の僧。天台座主。

¶古人,平家

孝賢 こうけん

鎌倉時代前期の僧。醍醐寺観心院々主。

¶密教([生]1213年以前 [没]1235年以後)

光玄 こうげん

⇒存覚(ぞんかく)

光源院 こうげんいん

⇒足利義輝(あしかがよしてる)

光現院 こうげんいん

⇒松姫(まつひめ)

高厳院 こうげんいん

⇒顕子女王(あきこじょおう)

高源院* こうげんいん

天正16(1588)年〜寛文1(1661)年 [別]茶々(ちゃちゃ),鍋島勝茂室(なべしまかつしげしつ) 江戸時代前期の女性。肥前佐賀藩主鍋島勝茂の妻。

¶江表(高源院(佐賀県))

高原院殿* こうげんいんでん

?〜寛永5(1628)年6月14日 安土桃山時代〜江戸時代前期の女性。北条氏規の室。

¶後北(高源院殿〔北条〕)

光源院殿 こうげんいんどの

⇒足利義輝(あしかがよしてる)

高玄岱 こうげんたい

⇒深見玄岱(ふかみげんたい)

孝謙天皇* こうけんてんのう

養老2(718)年〜宝亀1(770)年 [別]称徳天皇(しょうとくてんのう),高野天皇(たかののてんのう) 奈良時代の第46代の天皇(女帝、在位749〜758)。のち重祚して称徳天皇(第48代。在位764〜770)。

¶古人,古代,コン,思想,女史,天皇([没]神護景雲4(770)年8月4日),天皇(称徳天皇 しょうとくてんのう [没]神護景雲4(770)年),山小([没]770年8月4日)

孝元天皇* こうげんてんのう

[別]大日本根子彦国牽尊(おおやまとねこひこくにくるのみこと) 上代の第8代の天皇。大日本根子彦国牽天皇。

¶古人(生没年不詳),古代,古物([生]孝霊天皇18(前273)年 [没]孝元天皇57(前158)年9月2日),コン,天皇([生]孝霊天皇18(前273)年 [没]孝元天皇57(前158)年9月2日)

高元度* こうげんど

生没年不詳 奈良時代の官人。

¶古人,古代,コン,対外

公現法親王 こうげんほっしんのう

⇒北白川宮能久親王(きたしらかわのみやよしひさしんのう)

孝子 こうこ

江戸時代後期〜大正時代の女性。和歌。勝海舟の娘。

¶江表(孝子(東京都) [生]嘉永2(1849)年 [没]大正11(1922)年)

幸子(1) こうこ

江戸時代中期の女性。和歌。越中富山藩主前田利隆の娘。伊勢久居藩主藤堂高雅の室。

¶江表(幸子(三重県))

幸子(2) こうこ

江戸時代中期〜後期の女性。和歌・散文。越前福井藩主松平重富の室光安院の侍女。

¶江表(幸子(福井県))

幸子(3) こうこ

江戸時代中期〜後期の女性。和歌。池田治兵衛の娘。

¶江表(幸子(三重県) [生]明和4(1767)年 [没]文化13(1816)年)

幸子(4) こうこ

江戸時代後期の女性。和歌。駿河江尻の土屋健介の妻。弘化2年の和歌募集は、花野井有年編「蔵山集」となった。

¶江表(幸子(静岡県))

幸子(5) こうこ

江戸時代後期の女性。和歌。西本願寺御用法衣店鍵屋片山長兵衛の母。

¶江表(幸子(京都府) [没]天保15(1844)年)

幸子(6) こうこ★

江戸時代後期の女性。和歌。西氏。天保14年跋、木内御年の歌集『友のつとひ』に載る。

¶江表(幸子(佐賀県))

幸子(7) こうこ

江戸時代末期の女性。和歌。林刑部の妻。文久1年刊、宮川正光編『松杉和歌集』に載る。

¶江表(幸子(三重県))

幸子(8) こうこ★

江戸時代末期の女性。和歌。宇和島藩領の大野屋某の娘。安政5年序、半井梧庵編『鄙のてぶり』二に載る。

¶江表(幸子(愛媛県))

弘湖 こうこ

⇒遠山弘湖(とおやまこうこ)

浩子 こうこ★

江戸時代後期〜明治時代の女性。和歌。平戸新田藩主松浦皓の娘。

¶江表(浩子(長崎県) [生]天保10(1839)年 [没]明治4(1871)年)

香子(1) こうこ★

江戸時代の女性。漢詩。高橋氏。明治10年刊、鱸松塘編『七曲吟社閨媛絶句』に載る。

¶江表(香子(東京都))

香子(2)　**こうこ**
江戸時代中期～後期の女性。和歌・書。安芸広島藩士天野伝兵衛可卿の娘。
¶江表(香子(広島県)　[生]安永2(1773)年　[没]嘉永6(1853)年)

鏗子　**こうこ**
江戸時代後期～明治時代の女性。和歌。出羽庄内藩主酒井忠発の娘。
¶江表(鏗子(京都府)　[生]天保13(1842)年　[没]明治32(1899)年)

康工　**こうこう**
⇒尾崎康工(おざきやすよし)

公豪*　**こうごう**
？～文治5(1189)年　平安時代後期の僧。
¶古人

皇后宮少将*　**こうごうぐうのしょうしょう**
生没年不詳　平安時代後期の女房・歌人。
¶古人(少将　しょうしょう)

光孝天皇*　**こうこうてんのう**
天長7(830)年～仁和3(887)年　[別]小松の帝，小松帝(こまつのみかど)　平安時代前期の第58代の天皇(在位884～887)。仁明天皇の子。
¶古人,古代,コン,天皇([没]仁和3(887)年8月26日),山小([没]887年8月26日)

光厳院(1)　**こうごんいん**
⇒顕子女王(あきこじょおう)

光厳院(2)　**こうごんいん**
⇒光厳天皇(こうごんてんのう)

光厳天皇*　**こうごんてんのう**
正和2(1313)年～正平19/貞治3(1364)年7月7日　[別]量仁親王(かずひとしんのう)，光厳院(こうごんいん)　南北朝時代の北朝初代の天皇(在位1331～1333)。後伏見天皇の第1皇子。
¶コン,詩作(光厳院　こうごんいん　[生]正和2(1313)年7月9日),天皇([生]正和2(1313)年7月9日　[没]貞治3/正平19(1364)年7月7日),中世,内乱([没]貞治3(1364)年),室町,山小([生]1313年7月9日　[没]1364年7月7日)

光佐　**こうさ**
⇒顕如(けんにょ)

幸佐　**こうさ**
⇒高田幸佐(たかだこうさ)

幸西*　**こうさい**
長寛1(1163)年～宝治1(1247)年4月14日　[別]成覚房(じょうかくぼう)　鎌倉時代前期の浄土教の僧。
¶古人,コン(生没年不詳)

康済*　**こうさい**
天長5(828)年～昌泰2(899)年　平安時代前期の天台宗の僧。天台座主8世、園城寺4世。
¶古人([生]817年)

迎西*　**ごうさい**
？～保延1(1135)年　平安時代後期の高野山僧。
¶古人

香西越後守*　**こうさいえちごのかみ**
？～天正3(1575)年4月19日　戦国時代～安土桃山時代の織田信長の家臣。
¶織田

香西資村*　**こうざいすけむら**
寿永2(1183)年～嘉禎1(1235)年　[別]香西資村(かさいすけむら)　鎌倉時代前期の武士。
¶古人,コン

高西夕雲　**こうさいせきうん**
江戸時代前期の幕府代官。
¶徳代(生没年不詳)

高斎単山*　**こうさいたんざん**
文政1(1818)年～明治23(1890)年　江戸時代末期～明治時代の書家、詩人。荒川区洋閑寺の萩原秋巌の墓碑、湯島天神社殿の額を書く。
¶幕末([没]明治23(1890)年6月13日)

香西元長*　**こうざいもとなが**
？～永正4(1507)年　[別]香西元長(かさいもとなが)　戦国時代の武士。山城国守護代。
¶コン,全戦,室町

香西元盛*　**こうざいもともり**
？～大永6(1526)年　戦国時代の武士。
¶全戦,室町

江西竜派　**こうさいりゅうは**
⇒江西竜派(こうぜいりゅうは)

上坂景重　**こうさかかげしげ**
⇒上坂景重(うえさかかげしげ)

香坂源五郎　**こうさかげんごろう**
安土桃山時代の武田氏の家臣。春日虎綱の子。
¶武田([生]？　[没]天正3(1575)年5月21日)

上坂助太夫*　**こうさかすけだゆう**
？～明治28(1895)年　江戸時代末期～明治時代の平藩安藤氏の家老。
¶幕末([没]明治28(1895)年8月2日)

香坂図書助　**こうさかずしょのすけ**
戦国時代の信濃水内郡の国衆香坂氏の一門。
¶武田

香坂高宗*(高坂隆宗)　**こうさかたかむね**
？～応永14(1407)年　南北朝時代の武将。
¶コン(高坂隆宗)

高坂弾正　**こうさかだんじょう**
⇒高坂虎綱(こうさかとらつな)

香坂筑前守　**こうさかちくぜんのかみ**
戦国時代の信濃水内郡の国衆。牧之島城主。
¶武田(生没年不詳)

高坂虎綱*　**こうさかとらつな**
大永7(1527)年～天正6(1578)年　[別]春日虎綱(かすがとらつな)，高坂弾正(こうさかだんじょう)，高坂昌信(こうさかまさのぶ，こうざかまさのぶ)　戦国時代の武将。甲斐武田氏の家臣。
¶全戦(春日虎綱　かすがとらつな),戦武(春日虎綱　かすがとらつな),武田(春日虎綱　かすがとらつな　[没]天正6(1578)年6月14日)

香坂入道　**こうさかにゅうどう**
戦国時代の信濃水内郡の国衆。牧之島城主。
¶武田(生没年不詳)

香坂能登守　**こうさかのとのかみ**
安土桃山時代の信濃水内郡の国衆。上杉年譜所収「御家中諸士略系譜」では香坂氏の惣領の扱いを受けている。

¶武田（生没年不詳）

高坂信達* こうさかのぶたつ
？～天正10（1582）年 [別]春日信達（かすがのぶたつ） 戦国時代～安土桃山時代の武将。
¶武田（春日信達 かすがのぶたつ [没]天正10（1582）年7月13日）

高坂昌信 こうさかまさのぶ，こうざかまさのぶ
⇒高坂虎綱（こうさかとらつな）

香坂又八郎 こうさかまたはちろう
安土桃山時代の武田氏の家臣。
¶武田（[生]？ [没]天正3（1575）年5月21日）

神崎中務丞* こうざきなかつかさのじょう
生没年不詳 安土桃山時代の織田信長の家臣。
¶織田

洪茶丘 こうさきゅう
⇒洪茶丘（こうちゃきゅう）

江左尚白* こうさしょうはく
慶安3（1650）年～享保7（1722）年 [別]尚白（しょうはく） 江戸時代中期の俳人（蕉門）。
¶俳文（尚白 しょうはく [没]享保7（1722）年7月19日）

江左尚白の妻 こうさしょうはくのつま★
江戸時代中期の女性。俳諧。江左尚白は旧姓塩川氏。
¶江表（江左尚白の妻（滋賀県） [没]元禄6（1693）年）

江左尚白の母 こうさしょうはくのはは★
江戸時代中期の女性。俳諧。大津柴屋町の医師江左尚白の母。
¶江表（江左尚白の母（滋賀県） [没]享保5（1720）年）

広算* こうさん
長和2（1013）年～承暦4（1080）年 平安時代中期～後期の天台宗の僧。
¶古人

江三* こうさん
寛政8（1796）年～明治3（1870）年4月 江戸時代後期～明治時代の俳人。
¶俳文（[生]寛政9（1797）年 [没]明治3（1870）年5月28日）

江桟* こうさん
？～明和4（1767）年4月13日 江戸時代中期の俳人・刀工。
¶俳文

黄山* こうざん
？～嘉永7（1854）年6月27日 江戸時代後期～末期の俳人。
¶俳文（[没]安政1（1854）年6月27日）

交山 こうざん
⇒松本交山（まつもとこうざん）

光山 こうざん
⇒霧波千寿〔1代〕（きりなみせんじゅ）

口山 こうざん
⇒浅尾為十郎〔3代〕（あさおためじゅうろう）

紅山 こうざん
⇒市川団蔵〔5代〕（いちかわだんぞう）

高山玄寿 こうざんげんじゅ
戦国時代の甲斐府中の長禅寺3世。
¶武田（生没年不詳）

興山上人 こうざんしょうにん
⇒応其（おうご）

紅糸 こうし★
江戸時代中期の女性。俳諧。安永3年刊、与謝蕪村編『俳諧玉藻集』に2句載る。
¶江表（紅糸（東京都））

コウジ
⇒ショヤ・コウジ

翱之慧鳳*（翱子慧鳳，翱之恵鳳） こうしえほう
応永21（1414）年～？ [別]慧鳳（えほう） 室町時代の臨済宗の僧。
¶対外

高重茂 こうしげもち
⇒高重茂（こうのしげもち）

璜子内親王 こうしないしんのう
⇒章徳門院（しょうとくもんいん）

光子内親王(1) こうしないしんのう
⇒光子内親王（みつこないしんのう）

光子内親王(2) こうしないしんのう
⇒光子内親王（みつこないしんのう）

功子内親王* こうしないしんのう
安元2（1176）年～？ [別]功子内親王（ことこないしんのう） 平安時代後期の女性。高倉天皇の第1皇女。
¶古人（ことこないしんのう），天皇（[生]安元1（1175）年3月30日）

好子内親王 こうしないしんのう
⇒好子内親王（よしこないしんのう）

孝子内親王 こうしないしんのう
⇒礼成門院（れいせいもんいん）

幸子内親王* こうしないしんのう
生没年不詳 南北朝時代の女性・皇女。後醍醐天皇の皇女か。
¶天皇（[生]建武2（1335）年 [没]？）

康子内親王 こうしないしんのう
⇒康子内親王（やすこないしんのう）

高志内親王 こうしないしんのう
⇒高志内親王（こしのないしんのう）

弘治の妻 こうじのつま★
江戸時代前期の女性。俳諧。松尾氏。寛文8年刊、住職春陽軒加友編『伊勢踊』に載る。
¶江表（弘治の妻（三重県））

小路平三郎* こうじへいざぶろう
江戸時代末期の新撰組隊士。
¶新隊（生没年不詳）

幸島桂花 こうしまけいか
⇒幸島桂花（ゆきしまけいか）

柑本祐之 こうじもとゆうし
江戸時代後期の代官、勘定吟味役。
¶徳代（[生]？ [没]天保6（1835）年10月）

恒寂 こうじゃく，ごうじゃく
⇒恒貞親王（つねさだしんのう）

糀屋三左衛門* こうじやさんざえもん
？～明治5（1872）年 江戸時代末期～明治時代の酒

こうしや 848

麹製造販売の豪商。会計基立金に拠出、産業振興に尽くす。
¶幕末

麹屋伝兵衛* こうじやでんべえ，こうじゃでんべえ
？〜天明5（1785）年　江戸時代中期の山城伏見町民一揆の指導者。
¶江人，コン

光寿 こうじゅ
⇒教如（きょうにょ）

光寿院 こうじゅいん
⇒細川マリア（ほそかわまりあ）

高寿院 こうじゅいん*
江戸時代中期の女性。和歌。常陸水戸藩付家老中山備前守信成の妻。宝永6年奉納、平間長雅編「住吉社奉納千首和歌」に載る。
¶江表（高寿院（茨城県））

功寿院尼 こうじゅいんに*
江戸時代後期の女性。和歌。幕臣、御側衆岡野出羽守知英の妻。嘉永4年刊『波布里集』に載る。
¶江表（功寿院尼（東京都））

康秀 こうしゅう
室町時代後期の仏師。
¶美建（生没年不詳）

光聚院 こうしゅういん*
江戸時代前期の女性。和歌・教訓。佐竹七家の1つ湯沢城代南家佐竹義章の娘。
¶江表（光聚院（秋田県））㋐元和6（1620）年　㋑貞享1（1684）年

甲州屋忠右衛門 こうしゅうやちゅうえもん
⇒篠原忠右衛門（しのはらちゅうえもん）

高寿覚* こうじゅかく
生没年不詳　江戸時代前期の薩摩流寓の唐人。
¶対外

功叔宗輔 こうしゅくしゅうほ
戦国時代の臨済宗妙心寺派の僧。
¶武田（生没年不詳）

公舜* こうしゅん
寛治5（1091）年〜承安3（1173）年　平安時代後期の天台寺門派の僧。
¶古人

好春 こうしゅん
⇒児玉好春（こだまこうしゅん）

康俊* こうしゅん
生没年不詳　鎌倉時代後期〜南北朝時代の運慶末流の仏師。南都大仏師、南都興福寺大仏師。
¶コン，美建

公遵* こうじゅん
享保7（1722）年〜天明8（1788）年　㊙公遵親王（こうじゅんしんのう），公遵入道親王（こうじゅんにゅうどうしんのう），公遵法親王（こうじゅんほうしんのう）　江戸時代中期〜後期の天台宗の僧。天台座主205・208世。
¶天皇（公遵法親王　こうじゅんほうしんのう）㋐享保7（1722）年1月3日　㋑天明8（1788）年3月25日）

孝順院 こうじゅんいん*
江戸時代後期の女性。和歌。長門萩藩主毛利斉元の娘。

¶江表（孝順院（愛媛県））㋐文政12（1829）年　㋑嘉永6（1853）年）

公遵親王 こうじゅんしんのう
⇒公遵（こうじゅん）

郷純造 ごうじゅんぞう
江戸時代後期〜明治時代の幕臣。
¶幕末（㋐文政8（1825）年4月26日　㋑明治43（1910）年12月2日）

公遵入道親王 こうじゅんにゅうどうしんのう
⇒公遵（こうじゅん）

公遵法親王 こうじゅんほうしんのう
⇒公遵（こうじゅん）

璜女 こうじょ*
江戸時代後期の女性。和歌。石見津和野藩藩士今井中の妻。文化11年刊、中山忠雄・河田正致編『柿本社奉納和歌集』に載る。
¶江表（璜女（島根県））

好女* こうじょ
生没年不詳　江戸時代前期〜中期の俳人。
¶江表（好女（東京都））

幸女⑴ こうじょ*
江戸時代後期〜明治時代の女性。十三絃・茶・和歌。相馬の石井信道の二女。
¶江表（幸女（福島県））㋐天保4（1833）年　㋑明治12（1879）年

幸女⑵ こうじょ*
江戸時代後期の女性。和歌。幕臣、数寄屋頭鈴木林碩恭重の妻。天保11年序、忍藩藩士加藤古風編の歌集『京極黄門定家卿六百回忌追福』に載る。
¶江表（幸女（東京都））

幸女⑶ こうじょ*
江戸時代後期の女性。画。浜町狩野家、狩野幸信の娘か。嘉永3年起筆、朝岡興禎編『古画備考』に絵があると記載される。
¶江表（幸女（東京都））

幸女⑷ こうじょ*
江戸時代後期の女性。俳諧。周防地家室の人。文化末頃、翠瀾亭風静撰『行小春集』に2句の連句が載る。
¶江表（幸女（山口県））

幸女⑸ こうじょ*
江戸時代末期の女性。俳諧。白河桜町の堺屋惣蔵の妻。安政4年刊、面川鏑桜編『鯉鱗筆鑑』に載る。
¶江表（幸女（福島県））

幸女⑹ こうじょ*
江戸時代末期の女性。和歌。品川宿住。万延1年刊、佐々木弘綱編『類題千船集』初に載る。
¶江表（幸女（東京都））

幸女⑺ こうじょ*
江戸時代末期の女性。俳諧。久米知原の人。嘉永7年刊、麓庵呉江編『画像篤風集』後に載る。
¶江表（幸女（長野県））

幸女⑻ こうじょ*
江戸時代後期の女性。和歌。伊勢桑名の歌人吉村宣鏡と蔭の娘。安政4年刊、富樫広蔭編『千百人一首』下に載る。
¶江表（幸女（三重県））

康助*　こうじょ
生没年不詳　平安時代後期の仏師、法眼。
¶古人, コン, 美建

紅女(1)　こうじょ★
江戸時代中期の女性。俳諧。遠江村松の人。宝暦8年刊、庄屋袴田喜長編『ゑほしやま』に載る。
¶江表(紅女(静岡県))

紅女(2)　こうじょ★
江戸時代中期の女性。俳諧。三津の人。寛保3年序、小倉志山編『俳諧霜夜塚』に載る。
¶江表(紅女(愛媛県))

皇女安禅寺　こうじょあんぜんじ
⇒安禅寺宮(あんぜんじのみや)

興昭*(興照)　こうしょう
？～元慶7(883)年　平安時代前期の僧。
¶古人(興照), 古代(興照)

光勝　こうしょう
⇒空也(くうや)

光昭　こうしょう
⇒准如(じゅんにょ)

光清*　こうしょう
応徳1(1084)年～保延3(1137)年　[別]光清(こうせい), 垂井光清(たるいこうせい)　平安時代後期の僧侶・歌人。
¶古人(こうせい　[生]1083年？)

公紹*　こうしょう
文化12(1815)年9月12日～弘化3(1846)年10月19日　[別]公紹法親王(こうしょうほうしんのう)　江戸時代後期の天台宗の僧。
¶天皇(公紹法親王　こうしょうほうしんのう　[没]弘化2(1845)年10月1日)

公璋*　こうしょう
宝暦10(1760)年～安永5(1776)年　[別]公璋入道親王(こうしょうにゅうどうしんのう), 公璋法親王(こうしょうほうしんのう)　江戸時代中期の天台宗の僧。
¶天皇(公璋法親王　こうしょうほうしんのう)

康勝*　こうしょう
生没年不詳　[別]康海(こうかい)　鎌倉時代前期の仏師。運慶の4男。法眼。
¶古人, コン, 美建([生]？　[没]嘉禎3(1237)年11月27日), 山小

康正*　こうしょう
天文3(1534)年～元和7(1621)年　安土桃山時代～江戸時代前期の仏師、定朝21代、康秀の子。
¶美建([没]元和7(1621)年1月10日)

光定*　こうじょう
宝亀10(779)年～天安2(858)年8月10日　[別]別当大師(べっとうだいし)　平安時代前期の天台宗の僧。最澄の弟子。
¶古人, 古代, コン, 思想

幸清　こうじょう
⇒幸清(ぎょうしょう)

康尚*　こうじょう, こうしょう
生没年不詳　平安時代の仏師。定朝の父、師。
¶古人(こうしょう), コン, 美建

興正院　こうしょういん★
江戸時代中期の女性。旅日記。薩摩藩藩士島津久茂の娘。
¶江表(興正院(宮崎県)　[没]宝永5(1708)年)

孝勝院　こうしょういん
⇒振姫(ふりひめ)

恒性皇子　こうしょうおうじ
⇒恒性皇子(つねなりおうじ)

孝昭天皇*　こうしょうてんのう
[別]観松彦香殖稲尊(みまつひこかえしねのみこと)　上代の第5代の天皇。懿徳天皇と天豊津媛命の子。
¶古人(生没年不詳), 古代, 古物([生]懿徳天皇5(前506)年　[没]孝昭天皇83(前393)年8月5日), コン, 天皇([生]懿徳5(前506)年　[没]孝昭83(前393)年8月5日)

公璋入道親王　こうしょうにゅうどうしんのう
⇒公璋(こうしょう)

光静房　こうじょうぼう
⇒良忍(りょうにん)

公紹法親王　こうしょうほうしんのう
⇒公紹(こうしょう)

公璋法親王　こうしょうほうしんのう
⇒公璋(こうしょう)

興正菩薩　こうしょうぼさつ
⇒叡尊(えいそん)

好色外史　こうしょくがいし
⇒花笠文京〔1代〕(はながさぶんきょう)

恒助親王　こうじょしんのう
⇒恒助法親王(こうじょほっしんのう)

弘助法親王*　こうじょほうしんのう
天授4/永和4(1378)年～？　室町時代の崇光院の皇子。
¶天皇([生]永和4/天授4(1378)年)

恒助法親王　こうじょほうしんのう
⇒恒助法親王(こうじょほっしんのう)

恒助法親王*　こうじょほっしんのう
正応4(1291)年～延慶3(1310)年　[別]恒助親王(こうじょしんのう), 恒助法親王(こうじょほうしんのう)　鎌倉時代後期の天台宗寺門派の僧。後深草法皇の皇子。
¶天皇(こうじょほうしんのう　[生]正応1(1288)年　[没]延慶3(1310)年7月24日)

幸四郎〔1代〕　こうしろう
⇒松本幸四郎〔1代〕(まつもとこうしろう)

幸四郎〔4代〕　こうしろう
⇒松本幸四郎〔4代〕(まつもとこうしろう)

幸四郎〔5代〕　こうしろう
⇒松本幸四郎〔5代〕(まつもとこうしろう)

幸四郎〔6代〕　こうしろう
⇒松本幸四郎〔6代〕(まつもとこうしろう)

江紫楼正女　こうしろうせいじょ★
江戸時代後期の女性。狂歌。嘉永4年刊、江境庵北雄編『連名披露狂歌合』に載る。
¶江表(江紫楼正女(東京都))

神代直人*　こうじろなおと
？～明治2(1869)年　[別]神代直人(くましろなお

と）　江戸時代末期の長州（萩）藩士、尊攘派志士。大村益次郎を襲撃。
¶幕末（くましろなおと　[没]明治2（1869）年10月20日）

弘真　**こうしん**
⇒文観（もんかん）

豪信*　**ごうしん**
生没年不詳　[別]藤原豪信（ふじわらごうしん，ふじわらのごうしん）　鎌倉時代後期～南北朝時代の天台宗の僧。似絵の事跡で知られる。
¶コン，美画

幸仁親王*　**こうじんしんのう**
文永6（1269）年～文永9（1272）年　[別]幸仁親王（ゆきひとしんのう）　鎌倉時代前期の後深天皇の第4皇子。
¶天皇（ゆきひとしんのう　[生]文永6（1269）年/弘長2（1262）年　[没]文永9（1272）年5月20日/5月10日/文永2（1265）年12月7日）

江水*　**こうすい**
生没年不詳　江戸時代中期の俳人。
¶俳文

高嵩谷*　**こうすうこく**
享保15（1730）年～文化1（1804）年　江戸時代中期～後期の画家。
¶コン，美画（[没]文化1（1804）年8月23日）

幸塚野鶴　**こうずかやかく**
⇒幸塚野鶴（こうづかやかく）

高津内親王　**こうずないしんのう**
⇒高津内親王（たかつないしんのう）

交成（公成）　**こうせい**
⇒河村公成（かわむらこうせい）

光清　**こうせい**
⇒光清（こうしょう）

公成*　**こうせい**
？～明治1（1868）年　[別]公成（きみなり）　江戸時代末期の俳人。
¶俳文（きみなり　[生]文化5（1808）年　[没]慶応4（1868）年6月6日）

康成*　**こうせい**
生没年不詳　鎌倉時代後期～南北朝時代の仏師。
¶美建

康清*　**こうせい**
生没年不詳　鎌倉時代の仏師。
¶美建

江西　**こうせい**
⇒江西竜派（こうぜいりゅうは）

孝盛院　**こうせいいん**
⇒鍋島直正室（なべしまなおまさのしつ）

幸清次郎*　**こうせいじろう**
弘化2（1845）年～大正6（1917）年9月5日　[別]幸清次郎能忠（こうせいじろうよしただ）　江戸時代後期～明治時代の能楽囃子方。
¶新能（[生]弘化2（1845）年4月4日）

幸清次郎能忠　**こうせいじろうよしただ**
⇒幸清次郎（こうせいじろう）

高清亭〔1代〕　**こうせいてい**
⇒坂東三津五郎〔3代〕（ばんどうみつごろう）

高清亭〔2代〕　**こうせいてい**
⇒坂東三津五郎〔5代〕（ばんどうみつごろう）

光性尼　**こうせいに★**
江戸時代後期の女性。俳諧。天保3年刊、守村鶯卿編『女百人一句』に載る。
¶江表（光性尼（奈良県））

光清の妻　**こうせいのつま★**
江戸時代後期の女性。俳諧。八木氏。天保3年刊、守村鶯卿女編『女百人一句』に載る。
¶江表（光清の妻（岐阜県））

江西竜派*　**こうぜいりゅうは，こうせいりゅうは**
天授1/永和1（1375）年～文安3（1446）年　[別]江西竜派（こうさいりゅうは），江西（こうせい），竜派（りゅうは）　南北朝時代～室町時代の臨済宗の僧、五山文学僧。
¶コン

幸夕の妻　**こうせきのつま★**
江戸時代中期の女性。俳諧。三河藤波の人。元禄15年刊、太田白雪編『三河小町』下に載る。
¶江表（幸夕の妻（愛知県））

江雪　**こうせつ**
⇒板部岡江雪（いたべおかこうせつ）

紅雪*　**こうせつ**
？～元禄6（1693）年3月23日　江戸時代前期～中期の俳人。
¶俳文

香雪(1)　**こうせつ**
江戸時代後期の女性。俳諧。相模小余綾の人。文政4年刊、遠藤雉啄編『葛三居士大禅忌追善集』に載る。
¶江表（香雪（神奈川県））

香雪(2)　**こうせつ★**
江戸時代後期の女性。俳諧。享和1年跋、宮本虎杖編『つきよほとけ』に載る。
¶江表（香雪（長野県））

香雪(3)　**こうせつ★**
江戸時代後期の女性。俳諧。加賀の少女。文政7年序、雪貢ほか編、千代女五〇回忌追善集『後長月集』に載る。
¶江表（香雪（石川県））

好雪斎顕逸　**こうせつさいけんいつ**
⇒岡本顕逸（おかもとけんいつ）

耕雪女　**こうせつじょ★**
江戸時代後期の女性。俳諧。白銀町1丁目河岸の中屋斎藤氏。天保7年跋、黒川惟草編『俳諧人名録』初に載る。
¶江表（耕雪女（東京都））

後川　**こうせん**
江戸時代後期の俳諧師。小寺氏。
¶俳文（[生]？　[没]寛政12（1800）年12月）

興然　**こうぜん**
⇒興然（こうねん）

興膳五六郎*　**こうぜんごろくろう**
文政12（1829）年～明治8（1875）年　江戸時代末期～明治時代の志士。兄を暗殺した一人、騎兵隊士河村源之助を仇討ちする。
¶幕末（[没]明治8（1875）年1月2日）

興膳昌蔵*　こうぜんしょうぞう
文政9(1826)年～文久3(1863)年　江戸時代末期の医師。
¶幕末([生]文政9(1826)年10月　[没]文久3(1863)年8月12日)

高泉性潡*　こうせんしょうとん
明・崇禎6(1633)年10月8日～元禄8(1695)年10月16日　[別]性潡(しょうとん)，大円広慧国師(だいえんこうえこくし)　江戸時代前期の渡来僧。黄檗中興の祖。
¶江人,コン([生]寛永10(1633)年),対外

高宗女王　こうそうじょおう
⇒高宗女王(たかむねじょおう)

孝蔵主*(幸蔵王)　こうぞうす，こうぞうず
？～寛永3(1626)年　安土桃山時代～江戸時代前期の女性。豊臣秀吉の奥女房。
¶江表(孝蔵主(大阪府)),女史(幸蔵王),全戦

香宗我部親秀　こうそかべちかひで
戦国時代の武将。
¶室町(生没年不詳)

香宗我部親泰*　こうそかべちかやす，こうそがべちかやす
*～文禄2(1593)年　安土桃山時代の武士。
¶全戦([生]天文12(1543)年),戦武([生]天文12(1543)年)

江帥　ごうそつ
⇒大江匡房(おおえのまさふさ)

香村　こうそん
⇒遠藤香村(えんどうこうそん)

光存*　こうぞん
生没年不詳　[別]中田川善兵衛(なかたがわぜんべえ)　戦国時代～安土桃山時代の作陶家。
¶美工

広大院　こうだいいん
⇒広大夫人(こうだいふじん)

高台院*　こうだいいん
*～寛永1(1624)年　[別]おね，お禰(おね)，北政所(きたのまんどころ)，豊臣秀吉室(とよとみひでよししつ)，豊臣秀吉室杉原氏(とよとみひでよししつすぎはらし)，ねね，禰(ねね)　戦国時代～江戸時代前期の女性。豊臣秀吉の正室。
¶コン([生]天文17(1548)年),女史([生]？),全戦(おね　[生]天文18(1549)年),中世(北政所(高台院)　きたのまんどころ(こうだいいん)　[生]1548年),山小([生]1549年　[没]1624年9月6日)

広大夫人*　こうだいふじん
安永2(1773)年～弘化1(1844)年　[別]広大院(こうだいいん)，茂姫(しげひめ)　江戸時代後期の女性。11代将軍徳川家斉の正室。
¶江表(広大院(東京都)　[没]天保15(1844)年),徳将(広大院　こうだいいん)

後宇多院　ごうだいん
⇒後宇多天皇(ごうだてんのう)

後宇多院権中納言局　ごうだいんごんちゅうなごんのつぼね
南北朝時代の女性。後醍醐天皇の宮人。
¶天皇

幸田右馬助*　こうだうまのすけ
生没年不詳　戦国時代の武士。後北条氏家臣。
¶後北(右馬助〔幸田(2)〕　うまのすけ)

合田求吾*　ごうだきゅうご
享保8(1723)年～安永2(1773)年　[別]会田求吾(あいだきゅうご)，合田強(ごうだつよし)　江戸時代中期の医学者。合田又玄、高橋柳哲の弟子。
¶科学([没]安永2(1773)年4月12日),コン(会田求吾　あいだきゅうご)

光沢　こうたく
⇒大谷光沢(おおたにこうたく)

幸田定治*　こうださだはる
生没年不詳　戦国時代の北条氏の家臣。
¶後北(定治〔幸田(1)〕　さだはる　[没]寛永15年5月)

幸田高成　こうだたかなり
元禄8(1695)年～寛延3(1750)年　江戸時代中期の幕臣。
¶徳人,徳代([没]寛延3(1750)年7月16日)

幸田親盈*　こうだちかみつ
元禄5(1692)年～*　江戸時代中期の暦数家。
¶数学([没]宝暦8(1758)年12月8日)

広達*　こうたつ，こうだつ
奈良時代の僧。
¶古人(こうだつ　生没年不詳),古代

合田強　ごうだつよし
⇒合田求吾(ごうだきゅうご)

後宇多天皇*　ごうだてんのう
文永4(1267)年12月1日～元亨4(1324)年6月25日　[別]後宇多院(ごうだいん)　鎌倉時代後期の第91代の天皇(在位1274～1287)。亀山天皇と皇后藤原佶子の子。
¶コン([没]正中1(1324)年),詩作(後宇多院　ごうだいん),天皇,中世,内乱([没]正中1(1324)年),俳文,山小([生]1267年12月1日　[没]1324年6月25日)

幸田豊平*　こうだとよへい
生没年不詳　江戸時代末期の播磨赤穂藩士。
¶幕末

甲谷兵庫*　こうたにひょうご
文政11(1828)年～明治38(1905)年　江戸時代末期～明治時代の長州(萩)藩士。
¶幕末([生]文政11(1828)年9月22日　[没]明治38(1905)年4月17日)

幸田彦右衛門　こうだひこえもん
⇒幸田彦右衛門尉(こうだひこえもんのじょう)

幸田彦右衛門尉　こうだひこえもんじょう
⇒幸田彦右衛門尉(こうだひこえもんのじょう)

幸田彦右衛門尉*　こうだひこえもんのじょう
？～天正11(1583)年　[別]幸田彦右衛門(こうだひこえもん)，幸田彦右衛門尉(こうだひこえもんじょう)　安土桃山時代の武士。織田氏家臣。
¶織田(幸田彦右衛門　こうだひこえもん　[没]天正11(1583)年4月18日？)

好田秀宗*　こうだひでむね
生没年不詳　戦国時代の大工。武蔵国南部で活動。
¶後北(秀宗〔好田〕　ひでむね)

神田兵右衛門*　こうだひょうえもん
天保12(1841)年～大正10(1921)年1月13日　[別]神田兵右衛門(かんだひょうえもん)　江戸時代末期～明治時代の実業家、社会事業家。

¶コン(かんだひょうえもん), 幕末([生]天保12(1841)年2月18日)

高多仏 こうたぶつ
平安時代前期の渤海使。日本に残留、高庭高雄の姓名を賜わる。
¶古人(生没年不詳)

幸田正金の娘 こうだまさかねのむすめ★
江戸時代後期の女性。俳諧。播磨姫路の人。天保3年刊、守村鶯卿編『女百人一句』に載る。
¶江表(幸田正金の娘(兵庫県))

幸田昌重 こうだまさしげ
安土桃山時代の北条氏政の家臣。右馬助の一族か。
¶後北(昌重〔幸田(2)〕 まさしげ)

甲田弥左衛門勝泰 こうだやざえもんかつやす
江戸時代前期の武士。青木一重の本参の組子。伊達政宗に召し出される。
¶大坂

光太夫(光大夫, 幸太夫) こうだゆう
⇒大黒屋光太夫(だいこくやこうだゆう)

幸田与三* こうだよぞう
戦国時代の武将。後北条氏家臣。
¶後北(与三〔幸田(3)〕 よぞう)

幸田利貞 こうだりてい
江戸時代末期〜明治時代の幕臣。
¶徳人([生]? [没]1871年)

光智*(光知) こうち
寛平6(894)年〜天元2(979)年3月10日 平安時代中期の華厳宗の僧。良緒に師事。
¶古人, コン

広智* こうち
生没年不詳 平安時代前期の天台宗の僧。広智菩薩。
¶古人, 古代

康知* こうち
元和3(1617)年〜寛文1(1661)年11月22日 江戸時代前期の仏師。
¶美建

河内朝之亮* こうちあさのすけ
嘉永2(1849)年〜明治36(1903)年 江戸時代末期〜明治時代の萩藩士。控訴院判事、山口高等学校長などを務める。
¶幕末([生]嘉永2(1849)年6月22日 [没]明治36(1903)年5月13日)

河内紀令* こうちきれい
?〜明治4(1871)年 江戸時代末期〜明治時代の長州(萩)藩寄組。
¶幕末([没]明治4(1871)年1月11日)

幸地賢忠* こうちけんちゅう
元和9(1623)年〜天和2(1682)年 [別]湛水賢忠(たんすいけんちゅう) 江戸時代前期の琉球三味線音楽の確立者、湛水流の祖。
¶コン, コン(湛水賢忠 たんすいけんちゅう)

幸地朝常* こうちちょうじょう
生没年不詳 江戸時代末期の脱清人の指導者の一人。
¶幕末

河内知親 こうちともちか
江戸時代前期の甲斐国代官。
¶徳代([生]? [没]元和4(1618)年8月20日)

河内女王 こうちのおおきみ
⇒河内女王(かわちのじょおう)

洪茶丘* こうちゃきゅう
寛元2(1244)年〜正応4(1291)年 [別]洪茶丘(こうさきゅう) 鎌倉時代後期の武将。
¶コン(こうさきゅう), 中世(こうさきゅう)

河内山宗春*(河内山宗俊) こうちやまそうしゅん
?〜文政6(1823)年 江戸時代後期の茶坊主。
¶コン

興儔 こうちゅう
⇒心越興儔(しんえつこうちゅう)

孝忠* こうちゅう
弘仁6(815)年〜元慶6(882)年5月20日 平安時代前期の法相宗の僧。興福寺8世。
¶古人

興儔心越 こうちゅうしんえつ
⇒心越興儔(しんえつこうちゅう)

公澄* こうちょう
安永5(1776)年〜文政11(1828)年 [別]公澄法親王(きみずみほうしんのう, こうちょうほうしんのう), 公澄入道親王(こうちょうにゅうどうしんのう), 弘道親王(ひろみちしんのう) 江戸時代後期の天台宗の僧。天台座主218世。
¶天皇(公澄法親王 きみずみほうしんのう)

幸朝 こうちょう
⇒尾上多見蔵〔1代〕(おのえたみぞう)

康朝* こうちょう
生没年不詳 平安時代後期の奈良仏師。康助の子、成朝の父。
¶古人, 美建

公澄入道親王 こうちょうにゅうどうしんのう
⇒公澄(こうちょう)

光朝母* こうちょうのはは
生没年不詳 [別]光朝法師母(こうちょうほうしのはは) 平安時代の歌人。橘行平の女。陸奥守橘則光の妻。
¶古人(光朝法師母 こうちょうほうしのはは)

光朝法師母 こうちょうほうしのはは
⇒光朝母(こうちょうのはは)

公澄法親王 こうちょうほうしんのう
⇒公澄(こうちょう)

幸塚野鶴* こうづかやかく
文政7(1824)年〜明治4(1871)年 [別]幸塚野鶴(こうずかやかく), 野鶴(やかく) 江戸時代末期の俳人。
¶俳文(野鶴 やかく [生]文政7(1824)年3月6日 [没]明治4(1871)年10月4日)

高妻騰雲* こうづまとううん
文化12(1815)年〜明治33(1900)年 江戸時代末期〜明治時代の儒者。私塾を開設し、郷党を教育。各地の志士と往来、国事を企画。
¶幕末([生]文化10(1813)年1月 [没]明治33(1900)年9月9日)

高妻秀遠*　こうづまひでとお
文政3(1820)年〜明治24(1891)年　江戸時代末期〜明治時代の儒者。家塾で子供を教育。小学の長、戸長等を歴任。
¶幕末([生]文政3(1820)年1月　[没]明治24(1891)年5月)

神津道太郎　こうづみちたろう
江戸時代後期〜明治時代の数学者。
¶数学([生]弘化3(1846)年　[没]明治23(1890)年9月18日)

康伝*　こうでん
明暦3(1657)年〜元禄13(1700)年2月25日　江戸時代前期〜中期の仏師。
¶美建

晃天園瑞*　こうてんえんずい
?〜安永4(1776)年12月11日　江戸時代中期の僧。野沢菜を育成。
¶植物([生]元禄15(1702)年)

甲天総寅　こうてんそういん
戦国時代の曹洞宗雲岫派の僧。
¶武田(生没年不詳)

光天の妻　こうてんのつま★
江戸時代前期の女性。俳諧。仙北の人。天和2年刊、大淀三千風撰『松島眺望集』に載る。
¶江表(光天の妻(山形県))

孝道*　こうどう
寛政9(1797)年〜明治9(1876)年　江戸時代末期〜明治時代の二本松藩善提寺大隣寺住職。戊辰戦争で藩主の帰順運動に奔走。「戦死郡霊塔」を建立。
¶幕末([没]明治9(1876)年3月23日)

広幢*　こうどう
生没年不詳　室町時代の僧、連歌師。
¶俳文

厚東武実*　こうとうたけざね
?〜正平3/貞和4(1348)年　[別]厚東武実(ことうたけざね)　鎌倉時代後期〜南北朝時代の武将。武仲の子。
¶コン(生没年不詳)

幸堂得知　こうどうとくち
江戸時代後期〜大正時代の作家、劇作家、劇評家。
¶歌大([生]天保14(1843)年　[没]大正2(1913)年3月22日)

勾当内侍*(1)　こうとうのないし，こうとうのないじ
生没年不詳　[別]平棟俊女(たいらのむねとしじょ)　鎌倉時代後期の女性。後二条天皇の宮人。
¶天皇(平棟俊女　たいらのむねとしじょ)

勾当内侍*(2)　こうとうのないし，こうとうのないじ
生没年不詳　[別]世尊寺経伊女(せそんじつねただのむすめ)　鎌倉時代後期〜南北朝時代の女性。後醍醐天皇の女官。新田義貞の妻。
¶コン,女史,天皇(世尊寺経伊女　せそんじつねただのむすめ),中世,内乱,室町

光徳院殿　こうとくいんどの
⇒足利義栄(あしかがよしひで)

恒徳公　こうとくこう
⇒藤原為光(ふじわらのためみつ)

孝徳天皇*　こうとくてんのう
*〜白雉5(654)年　[別]天万豊日尊(あめよろずとよひのみこと)，軽皇子(かるのおうじ，かるのみこ)　飛鳥時代の第36代の天皇(在位645〜654)。茅渟王と吉備姫王の子、皇極天皇の同母弟。
¶古人([生]596年?),古代([生]596年?),古物([生]推古天皇4(596)年　[没]白雉5(654)年10月10日),コン([生]?),天皇([生]推古天皇4(596)年　[没]白雉5(654)年10月10日),山小([生]596年?　[没]654年10月10日)

香渡晋*　こうどすすむ
天保1(1830)年〜明治35(1902)年4月30日　江戸時代末期〜明治時代の実業家。華族国立第十五銀行の創立、日本鉄道会社の創立など、岩倉具視の事業を補佐した。
¶幕末

江納言　ごうなごん
⇒大江維時(おおえのこれとき)

江南院龍霄　こうなんいんりゅうしょう
⇒万里小路春房(までのこうじはるふさ)

広如　こうにょ
⇒大谷光沢(おおたにこうたく)

光仁*　こうにん
生没年不詳　平安時代後期の仏師僧。
¶古人,美建

光仁天皇*　こうにんてんのう
和銅2(709)年〜天応1(781)年12月23日　[別]白壁王(しらかべおう，しろかべのおう)　奈良時代の第49代の天皇(在位770〜781)。天智天皇の皇孫。
¶公卿(白壁王　しろかべのおう　[没]天応1(781)年11月23日),古人,古代,コン([生]和銅1(708)年),天皇([生]和銅2(709)年10月13日),山小([生]709年10月13日　[没]781年12月23日)

興然*　こうねん
保安2(1121)年〜建仁3(1203)年11月30日　[別]興然(こうぜん)　平安時代後期〜鎌倉時代前期の真言宗の僧。勧修寺系の密教僧。
¶古人,コン,密教(こうぜん　[没]1203年11月20日/30日)

康年*　こうねん
?〜長保3(1001)年　平安時代中期の石清水別当。
¶古人

河野家昌　こうのいえまさ
安土桃山時代の武田勝頼の家臣。
¶武田(生没年不詳)

河野伊右衛門　こうのいえもん
⇒河野守弘(こうのもりひろ)

鴻池新右衛門(――〔1代〕)　こうのいけしんえもん
⇒山中新六(やまなかしんろく)

鴻池新六　こうのいけしんろく
⇒山中新六(やまなかしんろく)

鴻池翠屋*　こうのいけすいおく
天保1(1830)年〜明治26(1893)年　江戸時代末期〜明治時代の両替商。維新後両替商廃業、新田農耕の改良に尽くす。
¶幕末([没]明治26(1893)年4月5日)

鴻池善右衛門*　こうのいけぜんえもん
世襲名　江戸時代の大坂の大富豪。
¶江人

鴻池善右衛門〔1代〕*　こうのいけぜんえもん
慶長13(1608)年〜元禄6(1693)年　江戸時代前期の大坂の豪商の家祖。
¶コン(生没年不詳)

こ

鴻池善右衛門〔3代〕*　こうのいけぜんえもん
寛文7(1667)年～元文1(1736)年　江戸時代中期の大坂の豪商の3代。
¶コン

鴻池善右衛門〔10代〕*　こうのいけぜんえもん
天保12(1841)年～大正9(1920)年　江戸時代末期～明治時代の実業家。河内で新田開発を行い幕府御用役を務めて鴻池家を磐石にした。
¶コン，全幕(代数なし)，幕末(代数なし　[生]天保12(1841)年8月2日　[没]大正9(1920)年6月16日)

鴻池幸元　こうのいけゆきもと
⇒山中新六(やまなかしんろく)

河野右衛門大夫　こうのうえもんのだいふ
⇒来島通康(くるしまみちやす)

河野氏門*　こうのうじかど
永禄1(1558)年～天正10(1582)年6月2日　戦国時代～安土桃山時代の織田信長の家臣。
¶織田

高氏鎮　こうのうじしげ
⇒三戸七郎(みとしちろう)

河野氏吉*　こうのうじよし
大永7(1527)年～元和2(1616)年　戦国時代～安土桃山時代の武士。織田氏家臣、秀吉馬廻。
¶織田([没]元和2(1616)年8月17日)，全戦

高内弓　こうのうちゆみ
奈良時代の渤海留学生。
¶対外(生没年不詳)

河野覚太郎*　こうのかくたろう
弘化2(1845)年～元治1(1864)年　江戸時代末期の長州(萩)藩士。
¶幕末([没]元治1(1864)年7月19日)

河野可転*　こうのかてん
寛政9(1797)年～明治13(1880)年　[別]可転(かてん)　江戸時代後期～明治時代の俳人。
¶俳文(可転　かてん　[没]明治13(1880)年9月10日)

河野喜八郎*　こうのきはちろう
嘉永1(1848)年～明治10(1877)年　江戸時代末期～明治時代の鹿児島県士族。
¶幕末([生]嘉永1(1848)年10月18日　[没]明治10(1877)年3月15日)

郷野九郎左衛門　ごうのくろ(う)ざえもん
江戸時代前期の長宗我部盛親の家臣。
¶大坂([没]慶長20年5月6日)

河野啓助　こうのけいすけ
江戸時代後期の幕臣。
¶徳人(生没年不詳)

河野顕三*　こうのけんぞう
天保9(1838)年～文久2(1862)年　[別]越智顕三(おちけんぞう)，河野通桓(こうのみちたけ)，三島三郎(みしまさぶろう)　江戸時代末期の尊攘派の志士。坂下門事件に参加。
¶幕末([没]文久2(1862)年1月15日)

河野剛　こうのごう
⇒河野禎造(こうのていぞう)

河野荘洲*　こうのこうしゅう
文化4(1807)年～明治21(1888)年　江戸時代末期～明治時代の豪農。門弟の手で蔵書をもとに私立丹生郡書籍館が設立された。
¶幕末([没]明治21(1888)年2月1日)

甲許母　こうのこも
⇒甲許母(こうきょも)

河野三吉*　こうのさんきち
？～永禄12(1569)年9月8日　戦国時代～安土桃山時代の織田信長の家臣。
¶織田

高重茂*　こうのしげもち
生没年不詳　[別]高重茂(こうしげもち)，高師茂(こうのもろもち，こうもろもち)　南北朝時代の武将、師重の子、大和権守、駿河守。
¶室町

河野主一郎*　こうのしゅいちろう
*～大正11(1922)年　[別]河野主一郎(かわのしゅういちろう)　江戸時代末期～大正時代の鹿児島県士族。西南戦争で懲役10年。
¶幕末([生]弘化3(1846)年　[没]大正11(1922)年2月12日)

河野松安　こうのしょうあん
安土桃山時代～江戸時代前期の幕臣。
¶徳人([生]1582年　[没]1648年)

河野小石　こうのしょうせき
⇒河野小石(かわのしょうせき)

河野四郎*　こうのしろう
文政3(1820)年～文久3(1863)年　江戸時代末期の豊前小倉藩士。
¶幕末([生]文政3(1820)年5月10日　[没]文久3(1863)年7月27日)

河野次郎　こうのじろう
江戸時代末期～昭和時代の洋画家。
¶美画([生]安政3(1856)年　[没]昭和9(1934)年4月18日)

河野四郎左衛門*　こうのしろうざえもん
天保8(1837)年～明治10(1877)年　江戸時代末期～明治時代の鹿児島県士族。西南戦争で各地を転戦、西郷と城山で戦死。
¶幕末([没]明治10(1877)年9月24日)

高扶武　こうのすけたけ
平安時代中期の官人。藤原実資の随身で番長・右近衛府生。長和～長暦頃活躍。
¶古人(生没年不詳)

高扶宣　こうのすけのぶ
平安時代中期の官人。右近衛府生、将曹・将監。寛弘～長暦頃活躍。
¶古人(生没年不詳)

神瀬鹿三*　こうのせしかぞう
天保11(1840)年～明治10(1877)年　江戸時代末期～明治時代の肥後人吉藩士、志士。西南戦争で人吉隊の一番隊総長を務める。
¶幕末([没]明治10(1877)年3月21日)

河野多兵衛　こうのたひょうえ
戦国時代～安土桃山時代の真田氏の家臣。
¶武田([生]天文7(1538)年　[没]天正3(1575)年5月21日)

河野通英*　こうのつうえい
天保3(1832)年～明治34(1901)年　江戸時代末期～明治時代の鹿児島県士族、裁判所判事補。西郷暗殺の嫌疑で逮捕された中原尚雄らを尋問。
¶幕末

河野通義 こうのつうぎ
⇒河野通義（こうのみちよし）

河野通訓 こうのつうくん
⇒河野通訓（こうのみちくに）

河野通故* こうのつうこ
？～明治15（1882）年　江戸時代末期～明治時代の鹿児島県士族。
¶幕末（[没]明治15（1882）年8月19日）

河野通良* こうのつうりょう
？～明治10（1877）年　江戸時代末期～明治時代の鹿児島県士族。
¶幕末（[没]明治10（1877）年3月23日）

督局 こうのつぼね
⇒督局（かみのつぼね）

河野禎造*（河野禎蔵） こうのていぞう
文化14（1817）年～明治4（1871）年　[別]河野禎造（かわのていぞう），河野剛（こうのごう）　江戸時代末期～明治時代の蘭方医、化学・農学者。「農家備要」前編5巻を出版。
¶科学（[生]文化14（1817）年12月1日　[没]明治4（1871）年2月10日），眼医，コン，植物（[生]文化14（1818）年12月1日　[没]明治4（1871）年2月10日），幕末（[生]文化14（1817）年12月1日　[没]明治4（1871）年2月10日）

河野鉄兜 こうのてっと，こうのてつと
⇒河野鉄兜（こうのてっとう）

河野鉄兜* こうのてっとう，こうのてつとう
文政8（1825）年～慶応3（1867）年　[別]河野鉄兜（こうのてっと，こうのてつと）　江戸時代末期の漢詩人。号は鉄兜、秀野。
¶コン，詩作（[没]慶応3（1867）年2月6日），幕末（こうのてつと　[生]文政8（1826）年12月17日　[没]慶応3（1867）年2月6日）

河野敏鎌 こうのとがま
江戸時代後期～明治時代の土佐藩士。
¶全幕（[生]弘化1（1844）年　[没]明治28（1895）年）

高内侍 こうのないし，こうのないじ
⇒高階貴子（たかしなのきし）

河野教通* こうののりみち
？～明応9（1500）年　[別]河野通直（こうのみちなお）　戦国時代の武将。通久の子。刑部大輔。
¶室町

高麦太 こうのばくた
奈良時代の陰陽師。天平9年陰陽頭兼陰陽師。
¶古人（生没年不詳）

河野百寿* こうのひゃくす
文政5（1822）年～明治40（1907）年　江戸時代末期～明治時代の建築家。
¶美建

河野通礼* こうのみちあや
明和9（1772）年5月2日～文化7（1810）年10月3日　江戸時代中期～後期の暦算家。
¶数学

河野通有* こうのみちあり
？～応長1（1311）年　鎌倉時代後期の武士。通継の子。
¶コン（生没年不詳），対外，中世（生没年不詳），内乱

河野通和 こうのみちかず
江戸時代後期～末期の幕臣。
¶徳人（生没年不詳）

河野通清* こうのみちきよ
？～養和1（1181）年　平安時代後期の武士。親清の子。河野介と称する。
¶古人（越智通清　おちのみちきよ），中世，平家

河野通訓* こうのみちくに
生没年不詳　[別]河野通訓（こうのつうくん）　江戸時代後期～末期の幕臣。
¶徳人（こうのつうくん）

河野通定 こうのみちさだ
⇒河野通成（こうのみちなり）

河野通郷 こうのみちさと
戦国時代～安土桃山時代の武田氏の家臣。
¶武田（[生]弘治2（1556）年　[没]慶長3（1598）年5月15日）

河野通重（1） こうのみちしげ
戦国時代～安土桃山時代の甲斐国山梨郡和戸郷の土豪。
¶武田（[生]永正7（1510）年　[没]文禄4（1595）年10月18日）

河野通重*（2） こうのみちしげ
承応1（1652）年～＊　江戸時代中期の京都町奉行。
¶徳人（[没]1724年），徳代（[没]享保9（1724）年12月18日）

河野通重（3） こうのみちしげ
江戸時代後期の和算家。
¶数学

河野通喬* こうのみちたか
元禄6（1693）年～＊　江戸時代中期の武士。
¶徳人（[没]1756年）

河野通堯* こうのみちたか
？～天授5/康暦1（1379）年　[別]河野通直（こうのみちなお）　南北朝時代の武将。通朝の子。
¶内乱（河野通直　こうのみちなお　[没]康暦1（1379）年），室町

河野通桓 こうのみちたけ
⇒河野顕三（こうのけんぞう）

河野通忠* こうのみちただ
文永5（1268）年～？　鎌倉時代後期の武士。通有の子。
¶コン

河野通継* こうのみちつぐ
？～正応2（1289）年　鎌倉時代後期の武士。通久の子。
¶コン（[没]文永7（1270）年）

河野通経* こうのみちつね
生没年不詳　[別]越智通経（おちのみちつね）　鎌倉時代前期の武将。
¶古人（越智通経　おちのみちつね）

河野通貫 こうのみちつら
江戸時代前期～中期の幕臣、代官。
¶徳代（[生]寛文1（1661）年　[没]享保3（1718）年5月2日）

河野通時* こうのみちとき
？-弘安4（1281）年　鎌倉時代前期の武士。弓の名手。
¶コン

こうのみ   856

河野通朝* こうのみちとも
？～正平19/貞治3（1364）年　南北朝時代の武将。
通盛の子。遠江守。
¶コン, 室町

河野通直*(1)　こうのみちなお
？～元亀3（1572）年　別海岸希清（かいがんきせい）　戦国時代の武将。
¶全戦, 戦武（⊕明応9（1500）年？）

河野通直*(2)　こうのみちなお
永禄9（1566）年～天正15（1587）年　安土桃山時代の武士。
¶全戦（⊕？）

河野通直(3)　こうのみちなお
⇒河野教通（こうののりみち）

河野通直(4)　こうのみちなお
⇒河野通堯（こうのみちたか）

河野通成*　こうのみちなり
元和6（1620）年～*　別河野通定（こうのみちさだ）　江戸時代前期の長崎奉行。
¶徳人（河野通定　こうのみちさだ　⊗1691年）

河野通延　こうのみちのぶ
江戸時代中期の幕臣。
¶徳人（⊕1693年）　⊗1766年）

河野通信*　こうのみちのぶ
保元1（1156）年～貞応2（1223）年　別越智通信（おちのみちのぶ）　平安時代後期～鎌倉時代前期の武士。伊予国の在庁。通清の子。伊予守。
¶古人（越智通信　おちのみちのぶ）, コン, 中世, 内乱, 平家

河野通宣*(1)　こうのみちのぶ
？～永正16（1519）年　戦国時代の武将。
¶戦武（⊗永正16（1519）年？）

河野通宣*(2)　こうのみちのぶ
？～天正9（1581）年　安土桃山時代の武将。
¶全戦

河野通治　こうのみちはる
⇒河野通盛（こうのみちもり）

河野通春*　こうのみちはる
？～文明14（1482）年　室町時代～戦国時代の武将。通元の子。伊予守の官途。
¶内乱, 室町

河野通久*(1)　こうのみちひさ
生没年不詳　鎌倉時代前期の武将。
¶古人（越智通久　おちみちひさ）

河野通久*(2)　こうのみちひさ
？～永享7（1435）年　室町時代の武将、阿波富田城主。
¶コン

河野通秀*　こうのみちひで
生没年不詳　鎌倉時代の伊予の武将。
¶コン

河野通文*　こうのみちふみ
天保12（1841）年～明治30（1897）年　江戸時代末期～明治時代の神官。伊佐須美神社禰宜。神社炎上の時御神体を出そうと火に入り殉職。
¶幕末（⊗明治30（1897）年8月13日）

河野通政　こうのみちまさ
戦国時代の武将。
¶全戦（⊗？　⊗天正13（1544）年）

河野通盛*　こうのみちもり
？～正平19/貞治3（1364）年　別河野通治（こうのみちはる）　南北朝時代の武将。通有の子。対馬守。
¶コン, 室町

河野通之*　こうのみちゆき
生没年不詳　室町時代の武将。
¶室町

河野通義*　こうのみちよし
寛政3（1791）年～嘉永4（1851）年　別河野通義（こうのつうぎ）　江戸時代末期の加賀藩士。
¶数学（⊗嘉永4（1851）年6月28日）, 幕末（⊗嘉永4（1851）年6月28日）

河野通能*（河野通義）　こうのみちよし
建徳1/応安3（1370）年～応永1（1394）年　南北朝時代の武将、伊予守護。
¶室町（⊗応安3/建徳1（1370）年）

河野宗賢*　こうのむねかた
？～貞応1（1222）年　別宗賢（そうけん）　鎌倉時代前期の武将。
¶古人（越智宗賢　おちのむねかた）, 平家（宗賢　そうけん　生没年不詳）

河野守弘*　こうのもりひろ
寛政5（1793）年～文久3（1863）年　別河野伊右衛門（こうのいえもん）　江戸時代末期の国学者、歌人。
¶コン, 幕末（河野伊右衛門　こうのいえもん　⊕寛政5（1793）年6月16日　⊗文久3（1863）年4月9日）

高師秋*　こうのもろあき
生没年不詳　別高師顕、高師秋（こうもろあき）　南北朝時代の武将。
¶室町

高師詮　こうのもろあき
⇒高師詮（こうのもろあきら）

高師詮*　こうのもろあきら
？～正平8/文和2（1353）年　別高師詮（こうのもろあき，こうもろあきら）　南北朝時代の武将。師直の子。武蔵将監。
¶室町（生没年不詳）

高師直*　こうのもろなお
？～正平6/観応2（1351）年　別高師直（こうのもろなお）　南北朝時代の武将。師重の子。足利尊氏の執事。
¶コン, 中世, 内乱（⊗観応2（1351）年）, 室町（⊗観応2/正平6（1351）年）, 山小（⊗1351年2月26日）

高師英*　こうのもろひで
生没年不詳　別高師英（こうもろひで）　室町時代の武将。師有の子。土佐守。
¶コン, 室町

高師冬*　こうのもろふゆ
？～正平6/観応2（1351）年　別高師冬（こうもろふゆ）　南北朝時代の武将。師行の子。師直の従兄弟。三河守、播磨守。鎌倉府執事。
¶コン, 中世, 内乱（⊗観応1（1351）年）, 室町

高師茂　こうのもろもち
⇒高重茂（こうのしげもち）

高師泰* こうのもろやす
？～正平6/観応2（1351）年 [別]高師泰（こうもろやす） 南北朝時代の武将、師重の子、師直の兄弟、尾張守、越後守。
¶コン, 中世, 内乱（[没]観応2（1351）年）, 室町

河野弥吉* こうのやきち
文政2（1819）年～明治23（1890）年 江戸時代末期～明治時代の周防国都濃郡川曲村庄屋。徳山藩狙撃隊頭取となる。
¶幕末（[没]明治23（1890）年8月）

河野安信* こうのやすのぶ
文政3（1820）年～明治18（1885）年 江戸時代末期～明治時代の蔓細工家。あけび蔓細工の創案者。「にぎりかんな」を考案し、普及に尽力。
¶コン

郷義弘* ごうのよしひろ
正安1（1299）年～正中2（1325）年 [別]郷義弘（ごうよしひろ），義弘（よしひろ） 鎌倉時代後期の刀工。相州正宗の弟子。
¶コン, 中世（ごうよしひろ 生没年不詳）, 美工

河野李由* こうのりゆう
寛文2（1662）年～宝永2（1705）年 [別]李由（りゆう） 江戸時代中期の蕉門の俳人、僧。沢光明遍照寺14世。
¶俳文（李由 りゆう）

河野菱渚 こうのりょうしょ
江戸時代後期～明治時代の日本画家。
¶美画（[生]弘化1（1844）年 [没]明治33（1900）年）

紅葩* こうは
生没年不詳 江戸時代中期の歌人。
¶江表（紅葩・紅波（愛知県））

黄梅院* こうばいいん
天文12（1543）年～永禄12（1569）年 [別]黄梅院（おうばいいん），黄梅院殿（おうばいいんでん），武田晴信娘（たけだはるのぶむすめ），北条氏政室（ほうじょううじまさしつ），北条氏政妻（ほうじょううじまさのつま） 戦国時代の女性。武田信玄の長女。
¶後北（黄梅院殿〔北条〕 おうばいいんでん [没]永禄12年6月17日）, 武田（武田晴信娘 たけだはるのぶむすめ [没]永禄12（1569）年6月17日）

合原猪三郎* ごうはらいさぶろう
文政10（1827）年～明治34（1901）年 [別]合原義直（あいはらよしなお） 江戸時代末期～明治時代の幕臣。目付・勝手掛、持筒頭、長崎奉行並、歩兵頭等を務める。
¶コン, 徳人（合原義直 あいはらよしなお 生没年不詳）, 幕末（[没]明治34（1901）年4月1日）

公範* こうはん
寛弘6（1009）年～応徳3（1086）年10月19日 平安時代中期～後期の法相宗の僧。法隆寺26世。
¶古人

高範国 こうはんこく
江戸時代後期の眼科医。
¶眼医（生没年不詳）

豪姫* ごうひめ
天正2（1574）年～寛永11（1634）年5月23日 [別]宇喜多秀家室（うきたひでいえしつ），於語（おご），樹正院（じゅせいいん），備前御方（びぜんのおかた），南御方（みなみのおかた） 安土桃山時代～江戸時代前期の女性。前田利家の四女、宇喜多秀家の妻。
¶全戦

敲氷 こうひょう
⇒上矢敲氷（かみやこうひょう）

香浦 こうふ
⇒芳沢あやめ〔5代〕（よしざわあやめ）

行風 こうふう
江戸時代前期の狂歌師・俳諧師・歌学者。朝倉氏。
¶俳文（[生]元和5（1619）年 [没]貞享1（1684）年頃）

香風(1) こうふう★
江戸時代末期の女性。画。鵜野氏。安政7年刊『安政文雅人名録』に載る。
¶江表（香風（東京都））

香風(2) こうふう★
江戸時代末期の女性。俳諧。星野氏。慶応頃没。
¶江表（香風（山梨県））

紅風女 こうふうじょ★
江戸時代中期の女性。俳諧。越後糸魚川の人。享保17年刊、仙石廬元坊編『文星観』に載る。
¶江表（紅風女（新潟県））

高福 こうふく
⇒三井高福（みついたかよし）

高福院 こうふくいん
安土桃山時代の高野山高室院の僧侶。北条氏への使者を務める。
¶後北

幸福虎勝 こうふくとらかつ
室町時代～戦国時代の伊勢大神宮外宮御師。
¶武田（生没年不詳）

幸福平次郎 こうふくへいじろう
室町時代～戦国時代の武田氏の家臣。
¶武田

光福丸 こうふくまる
安土桃山時代の北条氏邦三男。大徳寺の僧侶になっていたが、明確ではない。
¶後北（光福丸〔北条〕）

幸福光広 こうふくみつひろ
戦国時代の武田氏の家臣。
¶武田

幸福大和守 こうふくやまとのかみ
戦国時代の武田氏の家臣。
¶武田

江冨亭厚女 こうふていこうじょ★
江戸時代後期の女性。狂歌。嘉永4年刊、江境庵北雄編『連名披露狂歌合』に載る。
¶江表（江冨亭厚女（東京都））

高芙蓉* こうふよう
享保7（1722）年～天明4（1784）年 [別]芙蓉（ふよう） 江戸時代中期の篆刻家。
¶江人, コン, 美画（[生]享保7（1722）年3月15日 [没]天明4（1784）年4月25日）

釭文 こうぶん
江戸時代前期～中期の俳諧作者。
¶俳文（[生]承応1（1652）年 [没]享保13（1728）年7月27日）

孝汶　こうぶん
戦国時代の連歌作者。永正中頃に『壁草』の注釈をまとめる。
¶俳文（生没年不詳）

弘文天皇*　こうぶんてんのう
大化4（648）年～天武天皇1（672）年　[別]伊賀皇子（いがのおうじ，いがのみこ），大友皇子（おおともおうじ，おおとものおうじ，おおとものみこ），大友天皇（おおともてんのう）　飛鳥時代の第39代の天皇（在位671～672）。天智天皇の皇子。
¶公卿（大友皇子　おおとものみこ　[生]？），古人（大友皇子　おおとものおうじ），古代（大友皇子　おおとものみこ），古物（大友皇子　おおとものみこ），古物（[没]天武天皇1（672）年7月23日），コン（大友皇子　おおとものみこ　[没]天武1/弘文1（672）年），詩作（大友皇子　おおとものみこ　[没]天武1（672）年7月），天皇（[没]天武1（672）年），山小（大友皇子　おおとものみこ　[没]672年7月23日）

公弁　こうべん
⇒公弁法親王（こうべんほっしんのう）

康弁*　こうべん
生没年不詳　鎌倉時代の仏師。運慶の3男。東寺の造像・修理に参加。
¶古人，コン，美建，山小

高弁　こうべん
⇒明恵（みょうえ）

公弁親王　こうべんしんのう
⇒公弁法親王（こうべんほっしんのう）

公弁入道親王　こうべんにゅうどうしんのう
⇒公弁法親王（こうべんほっしんのう）

公弁法親王　こうべんほうしんのう
⇒公弁法親王（こうべんほっしんのう）

公弁法親王*　こうべんほっしんのう
寛文9（1669）年8月21日～享保1（1716）年　[別]公弁（こうべん），公弁親王（こうべんしんのう），公弁入道親王（こうべんにゅうどうしんのう），公弁法親王（こうべんほうしんのう）　江戸時代中期の後西天皇の第6皇子。
¶天皇（こうべんほうしんのう　[没]正徳6（1716）年4月17日）

光甫　こうほ
⇒本阿弥光甫（ほんあみこうほ）

香圃　こうほ★
江戸時代後期の女性。画。片岡思温の娘。
¶江表（香圃（岐阜県）　[没]文化1（1804）年）

光宝*　こうほう，こうぼう
治承1（1177）年～延応1（1239）年　鎌倉時代前期の僧。
¶古人（[生]？），密教（こうぼう　[没]1238年4月17日）

光豊*　こうほう
生没年不詳　平安時代前期の僧。大宰府観世音寺講師。
¶古人

杲宝*　ごうほう，こうほう
徳治1（1306）年～正平17/貞治1（1362）年7月7日　鎌倉時代後期～南北朝時代の真言宗の学僧。東寺三宝と称された。
¶コン（こうほう），思想（[没]貞治1/正平17（1362）年）

後部王起　こうほうおうき
奈良時代の官人。
¶古人（生没年不詳）

高峰顕日*（高峯顕日）　こうほうけんにち
仁治2（1241）年～正和5（1316）年　[別]顕日（けんにち），仏国応供広済国師（ぶっこくおうぐこうさいこくし），仏国禅師（ぶっこくぜんじ）　鎌倉時代後期の臨済宗仏光派の僧。後嵯峨天皇の皇子。
¶コン，思想，天皇（顕日　けんにち）

弘法大師　こうぼうだいし
⇒空海（くうかい）

幸方の娘　こうほうのむすめ★
江戸時代前期の女性。俳諧。竹清軒幸方の娘。貞享3年刊、水田西吟編『誹諧庵桜』に載る。
¶江表（幸方の娘（京都府））

皇甫東朝*　こうほとうちょう
奈良時代の唐来人。
¶古人（生没年不詳），古代

小馬命婦(1)　こうまのみょうぶ
⇒小馬命婦（こまのみょうぶ）

小馬命婦(2)　こうまのみょうぶ
⇒小馬命婦（こまのみょうぶ）

功満王*　こうまんおう
上代の太秦民・秦氏などの祖。
¶古代

小海高富　こうみたかとみ
戦国時代の武士。佐久郡北方衆。
¶武田（生没年不詳）

光明院　こうみょういん
⇒光明天皇（こうみょうてんのう）

洪妙院　こうみょういん
⇒亀鶴姫（かめつるひめ）

光明皇后*　こうみょうこうごう
大宝1（701）年～天平宝字4（760）年　[別]安宿媛（あすかべひめ），藤原安宿媛（ふじわらのあすかべひめ，ふじわらのやすかべひめ），藤原光明子（ふじわらのこうみょうし）　奈良時代の女性。聖武天皇の皇后。施薬院、悲田院を設置、また国分寺、国分尼寺、東大寺の創建にも関わる。
¶古人，古代，コン，思想，女史，天皇（藤原安宿媛（光明皇后）　ふじわらのあすかべひめ・こうみょうこうごう　[没]天平宝字4（760）年6月7日），山小（[没]760年6月7日）

光明天皇*　こうみょうてんのう
元亨1（1321）年12月23日～天授6/康暦2（1380）年6月24日　[別]光明院（こうみょういん），豊仁親王（とよひとしんのう）　南北朝時代の北朝第2代の天皇（在位1336～1348）。父は後伏見天皇。
¶コン，天皇（[没]康暦2/天授6（1380）年6月24日），中世，内乱（[没]康暦2（1380）年），室町，山小（[生]1321年12月23日　[没]1380年6月24日）

光明峰寺入道殿　こうみょうぶじにゅうどうどの
⇒九条道家（くじょうみちいえ）

香夢*　こうむ
生没年不詳　[別]勾田香夢（まがたこうむ）　江戸時代の女性。画家。
¶江表（香夢（愛知県）），美画（勾田香夢　まがたこうむ）

高村広吉* こうむらひろきち
天保6(1835)年～明治1(1868)年　[別]高村広吉(たかむらひろきち)　江戸時代末期の播磨赤穂藩士。
¶幕末(たかむらひろきち　[没]慶応4(1868)年)

孝明天皇* こうめいてんのう
天保2(1831)年～慶応2(1866)年12月25日　江戸時代末期の第121代の天皇(在位1846～1866)。仁孝天皇の第4皇子。ペリー来航時の天皇で、条約勅許問題の際井伊直弼を批判した。公武合体に和し、皇妹和宮の降嫁を承認、急進派とは一線を画す。第二次長州征伐後急逝。
¶江人, コン, 全幕, 天皇([生]天保2(1831)年7月22日　[没]慶応2(1867)年12月25日), 徳将, 幕末([生]天保2(1831)年6月14日　[没]慶応2(1867)年12月25日), 山小([生]1831年6月14日　[没]1866年12月25日)

河本隆任* こうもとたかとう
戦国時代の武士。
¶全戦(生没年不詳)

高師顕(高師秋)　こうもろあき
⇒高師秋(こうのもろあき)

高師詮　こうもろあきら
⇒高師詮(こうのもろあきら)

高師直　こうもろなお
⇒高師直(こうのもろなお)

高師英　こうもろひで
⇒高師英(こうのもろひで)

高師冬　こうもろふゆ
⇒高師冬(こうのもろふゆ)

高師茂　こうもろもち
⇒高重茂(こうのしげもち)

高師泰　こうもろやす
⇒高師泰(こうのもろやす)

空也(弘也)　こうや
⇒空也(くうや)

高野御室　こうやおむろ
⇒覚法法親王(かくほうほっしんのう)

高野大師　こうやだいし
⇒空海(くうかい)

神山吉之助　こうやまきちのすけ
⇒神山吉之助(かみやまきちのすけ)

神山郡廉* こうやまくにきよ
文政12(1829)年～明治42(1909)年8月20日　[別]神山郡廉(こうやまくにひろ)　江戸時代末期～明治時代の高知藩士、官僚、貴族院議員。吉田東洋に起用され要職に着く。行政官弁事、議政官上局参与元老院議官などを歴任。
¶コン, 全幕, 幕末(こうやまくにひろ　[生]文政12(1829)年1月13日)

神山郡廉　こうやまくにひろ
⇒神山郡廉(こうやまくにきよ)

高谷盛直　こうやもりなお
？～享保12(1727)年　江戸時代中期の幕臣。
¶徳人, 徳代([没]享保12(1727)年11月20日)

公猷* こうゆう
生没年不詳　鎌倉時代前期の天台宗の僧・歌人。
¶古人

幸有* こうゆう
生没年不詳　鎌倉時代の仏師。
¶美建

康猶* こうゆう
？～寛永9(1632)年6月11日　安土桃山時代～江戸時代前期の仏師。
¶美建

康祐* こうゆう
寛永8(1631)年～元禄2(1689)年12月2日　江戸時代前期の仏師。
¶美建

高遊外　こうゆうがい
⇒売茶翁(ばいさおう)

公猷法親王　こうゆうほうしんのう
江戸時代後期の有栖川織仁親王の王子。
¶天皇([生]寛政1(1789)年2月1日　[没]天保14(1843)年9月11日)

光誉* こうよ
？～長徳1(995)年　平安時代中期の石清水別当、検校。
¶古人

康誉* こうよ
生没年不詳　鎌倉時代後期～南北朝時代の仏師。
¶美建

弘曜*(弘耀)　こうよう
生没年不詳　奈良時代の法相宗の僧。薬師寺1世。
¶古人(弘耀), 古代(弘耀)

紅葉斎　こうようさい
安土桃山時代の武田氏の家臣。
¶武田(生没年不詳)

香楊尼　こうように★
江戸時代中期の女性。和歌。旗本諏訪伊織頼安の娘。
¶江表(香楊尼(東京都)　[没]明和9(1772)年)

郷義弘　ごうよしひろ
⇒郷義弘(ごうのよしひろ)

晃誉貞吟　こうよていぎん
戦国時代の浄土宗寺の僧。
¶武田(生没年不詳)

高麗左衛門*(――〔1代〕)　こうらいざえもん
？～寛永20(1643)年　[別]坂高麗左衛門〔1代〕(さかこうらいざえもん), 坂高麗左衛門(さかこうらいざえもん, さかこうらざえもん), 坂助八(さかすけはち), 李敬(りけい)　安土桃山時代～江戸時代前期の萩焼の陶工。朝鮮王朝の陶工、萩焼の開祖李勺光の弟。
¶コン, 美工(坂高麗左衛門〔1代〕　さかこうらいざえもん　[生]永禄12(1569)年)

高麗左衛門〔8代〕* こうらいざえもん
寛政8(1796)年～明治10(1877)年　[別]坂新兵衛(さかしんべえ)　江戸時代後期～明治時代の陶工。
¶美工(坂新兵衛　さかしんべえ)

高麗媼* こうらいばば
永禄10(1567)年～寛文12(1672)年　[別]高麗媼(こまのおば)　安土桃山時代～江戸時代前期の女性。陶工、肥前三川内窯の祖。朝鮮よりの渡来人。
¶コン, 美工

康楽寺浄賀　こうらくじじょうが
⇒浄賀(じょうが)

工楽松右衛門　こうらくまつえもん
⇒工楽松右衛門(くらくまつえもん)

高良陶斎　こうらとうさい
⇒趙陶斎(ちょうとうさい)

甲良豊後　こうらぶんご
⇒甲良宗広(こうらむねひろ)

甲良宗員*　こうらむねかず
寛文1(1661)年〜享保18(1733)年　江戸時代中期の工匠。
¶美建([没]享保18(1733)年3月22日)

甲良宗次*　こうらむねつぐ
文禄4(1595)年〜寛永17(1640)年　江戸時代前期の工匠。
¶美建

甲良向念　こうらむねとし
江戸時代前期〜中期の大工。
¶美建([生]寛永16(1639)年9月22日　[没]享保2(1717)年8月22日)

甲良宗広*　こうらむねひろ
天正2(1574)年〜正保3(1646)年　[別]甲良豊後(こうらぶんご)　安土桃山時代〜江戸時代前期の大工。江戸幕府作事方大棟梁。
¶江人,美建([没]正保3(1646)年3月17日)

甲良宗賀*　こうらむねよし
元和7(1621)年〜享保2(1717)年　江戸時代前期〜中期の工匠。
¶美建

甲良若狭*　こうらわかさ
江戸時代末期の幕府作事方棟梁。
¶幕末(生没年不詳),美建(生没年不詳)

紅藍　こうらん★
江戸時代後期の女性。画。画家谷文晁、舜英の妹。
¶江表(紅藍(東京都)　[没]天保3(1832)年)

皐蘭　こうらん
江戸時代末期〜明治時代の女性。漢詩。服部氏。明治3年、鱸松塘が浅草向柳原に開いた詩社七曲吟社の同人。
¶江表(皐蘭(徳島県))

紅里(1)　こうり★
江戸時代中期の女性。俳諧。魚津の人。宝暦6年麦浪編「子のとし歳旦富山」に載る。
¶江表(紅里(富山県))

紅里(2)　こうり★
江戸時代中期の女性。俳諧・和歌。山屋弥兵衛の妻。
¶江表(紅里(香川県)　[没]天明2(1782)年)

高力猿猴庵*　こうりきえんこうあん
宝暦6(1756)年〜天保2(1831)年　[別]高力種信(こうりきたねのぶ)　江戸時代中期〜後期の尾張藩士。
¶美画

高力蕙圃*　こうりきけいほ
享和3(1803)年〜天保4(1833)年　江戸時代後期の書画家、肥前平戸藩士。
¶美画([没]天保4(1833)年7月)

高力忠房*　こうりきただふさ
天正12(1584)年〜明暦1(1655)年12月11日　江戸時代前期の大名。武蔵岩槻藩主、遠江浜松藩主、肥前島原藩主。
¶コン

高力種信　こうりきたねのぶ
⇒高力猿猴庵(こうりきえんこうあん)

高力直三郎　こうりきなおさぶろう
天保7(1836)年〜*　[別]高力忠長(こうりきただなが)　江戸時代後期〜明治時代の幕臣。
¶徳人(高力忠長　こうりきただなが　[没]?),幕末([没]明治19(1886)年6月2日)

好柳　こうりゅう
⇒壺井好柳(つぼいこうりゅう)

高隆古*　こうりゅうこ
*〜安政5(1858)年　[別]高久隄古(たかくていこ),高久隆古(たかくりゅうこ,たかひさりゅうこ)　江戸時代末期の画家。
¶幕末([生]文化7(1810)年　[没]安政5(1858)年8月26日),美画(高久隆古　たかくりゅうこ　[生]文化7(1810)年　[没]安政5(1858)年8月26日)

興良*　こうりょう
延喜12(912)年〜永延2(988)年　平安時代中期の天台宗延暦寺僧。
¶古人

高良斎*　こうりょうさい
寛政11(1799)年〜弘化3(1846)年9月13日　[別]高良斎(たかりょうさい)　江戸時代後期の播磨明石藩士。
¶江人,科学([生]寛政11(1799)年5月19日),眼医,コン,植物([生]寛政11(1799)年5月19日),対外

光琳　こうりん
⇒尾形光琳(おがたこうりん)

杲隣*　ごうりん,こうりん
神護景雲1(767)年〜?　奈良時代〜平安時代前期の真言宗の僧。空海の弟子、伊豆修善寺の開山。
¶古人,古代([没]837年?)

香琳院　こうりんいん
⇒お羅久の方(おらくのかた)

孝霊天皇*　こうれいてんのう
[別]大日本根子彦太瓊尊(おおやまとねこひこふとにのみこと)　上代の第7代の天皇。孝安天皇と押媛の子。
¶古人(生没年不詳),古代,古物([生]孝安天皇51(前342)年　[没]孝霊天皇76(前215)年2月8日),コン,天皇([生]孝安天皇51(前342)年　[没]孝霊76(前215)年2月?)

紅路　こうろ★
江戸時代中期の女性。俳諧。沼田の人。明和7年刊、虚実庵春路編『春の遊び』に載る。
¶江表(紅路(群馬県))

幸和　こうわ
⇒江崎幸和(えざきこうわ)

幸若丸　こうわかまる
⇒桃井直詮(もものいなおあき)

光和女　こうわじょ★
江戸時代中期の女性。俳諧。尾張名古屋の藤志の妻。延享2年刊、馬州編、露川追悼集『秋の水』に載る。

¶江表（光和女（愛知県））

湖雲　こうん⋆
江戸時代中期の女性。俳諧。久保田の人。享保10年序、秋田藩士根本老之助編と考えられる『太平山採花』上に載る。
¶江表（湖雲（秋田県））

五雲　ごうん
⇒岡五雲（おかごうん）

孤雲懐奘＊（孤雲懐弉）　**こうんえじょう**
建久9（1198）年～弘安3（1280）年　[別]懐奘，懐弉（えじょう）　鎌倉時代前期の曹洞宗の僧。永平寺道元の高弟。
¶コン，中世（懐奘　えじょう），山小（懐奘　えじょう　[没]1280年8月24日）

五雲亭貞秀　ごうんていさだひで
⇒歌川貞秀（うたがわさだひで）

孤影　こえい⋆
江戸時代末期～明治時代の女性。和歌。二宮彰徳の娘。
¶江表（孤影（山口県）　[没]明治35（1902）年）

五英　ごえい⋆
江戸時代中期の女性。川柳。安永8年刊『誹風柳多留』一四篇に杜若連五英の名で1句が載る。
¶江表（五英（東京都））

古永徳　こえいとく
⇒狩野永徳（かのうえいとく）

肥高某＊　**こえだか**
？～天正2（1574）年　戦国時代～安土桃山時代の織田信長の家臣。
¶織田

小枝祥之輔＊　**こえだしょうのすけ**
天保11（1840）年～慶応2（1866）年　江戸時代末期の長州（萩）藩寄組。
¶幕末（[没]慶応2（1866）年7月2日）

小悦　こえつ⋆
江戸時代の女性。和歌・書・諸芸。両国柳原同朋町の遊女。
¶江表（小悦（東京都））

コエルエル＊
生没年不詳　江戸時代末期の蝦夷人。
¶コン

古円　こえん⋆
江戸時代後期の女性。俳諧。別田の人。天明8年、起早庵稲後編『戊申歳旦』に載る。
¶江表（古円（山梨県））

古燕　こえん⋆
江戸時代中期の女性。俳諧。深浦の人。天明3年の深浦町関八幡宮にある俳諧奉納額に載る。
¶江表（古燕（青森県））

小猿　こえん
⇒姉川新四郎〔4代〕（あねがわしんしろう）

後円光院殿　ごえんこういんどの
⇒鷹司冬教（たかつかさふゆのり）

後円融天皇＊　**ごえんゆうてんのう**
正平13/延文3（1358）年～明徳4（1393）年　南北朝時代の北朝第5代の天皇（在位1371～1382）。後光厳天皇の第2皇子。
¶コン，天皇（[生]延文3（1358）年12月12日　[没]明徳4（1393）年4月26日），中世，室町，山小（[生]1358年12月12日　[没]1393年4月26日）

こお
江戸時代後期～末期の女性。俳諧。松代町東条に生まれ、篠ノ井の東福寺上庭の近藤家に嫁ぐ。
¶江表（こお（長野県）　[生]寛政8（1796）年　[没]明治1（1868）年）

小大君　こおおいぎみ
⇒小大君（こおおぎみ）

小大君　こおおいのきみ，こおおいのぎみ
⇒小大君（こおおぎみ）

小大君＊　**こおおぎみ**
生没年不詳　[別]小大君（こおおいぎみ，こおおいのきみ，こおおいのぎみ，こだいのきみ）　平安時代中期の女性。歌人、三十六歌仙の一。
¶古人，コン（こおおいのきみ），詩作（こおおきみ，こだいのきみ），女文（こだいのきみ）

孤屋＊　**こおく**
江戸時代の俳人（蕉門）。
¶俳文（生没年不詳）

桑折貞長＊　**こおりさだなが**
戦国時代の武士。伊達氏家臣。
¶戦武（[生]大永4（1524）年　[没]永禄6（1563）年）

郡主馬首宗保　こおりしゅめのかみむねやす
戦国時代～江戸時代前期の豊臣秀吉の家臣。
¶大坂（[生]天文14年　[没]慶長20年5月7日）

郡長正＊　**こおりながまさ**
安政3（1856）年～明治4（1871）年　江戸時代末期～明治時代の陸奥会津藩士。
¶幕末（[没]明治4（1871）年5月1日）

郡平次郎利宗　こおりへいじろうとしむね
安土桃山時代～江戸時代前期の豊臣秀頼の小姓。
¶大坂（[生]慶長6年　[没]明暦2年閏4月29日）

桑折宗臣＊　**こおりむねしげ**
寛永11（1634）年12月21日～貞享3（1686）年3月3日　[別]宗臣（むねしげ）　江戸時代前期の伊予宇和島藩家老。
¶俳文（宗臣　むねしげ）

古賀　こが⋆
江戸時代後期の女性。俳諧。本庄の人。文化11年刊、追善集『雁のわかれ』に載る。
¶江表（古賀（宮崎県））

久我敦通＊　**こがあつみち**
永禄8（1565）年～？　安土桃山時代～江戸時代前期の公家（権大納言）。権大納言久我通堅の長男。
¶公卿，公家（敦通〔久我家〕　あつみち）

湖海　こかい
⇒芳沢あやめ〔4代〕（よしざわあやめ）

瓠界＊　**こかい**
生没年不詳　江戸時代前期～中期の俳人。
¶俳文

五街遊人　ごかいゆうじん
⇒桜田治助〔2代〕（さくらだじすけ）

古賀寛二* こがかんじ
弘化2(1845)年～昭和5(1930)年　江戸時代末期～昭和時代の対馬藩の武士。禁門の変に参加、加賀の戦争で政府軍に協力。
¶幕末

久我清通* こがきよみち
明徳4(1393)年～享徳2(1453)年　室町時代の公卿(太政大臣)。権大納言久我通宣の子。
¶公卿([没]享徳2(1453)年9月5日),公家(清通〔久我家〕きよみち　[没]享徳2(1453)年9月5日)

古賀謹一郎* こがきんいちろう
文化13(1816)年～明治17(1884)年　[別]古賀茶渓(こがさけい)　江戸時代末期～明治時代の儒者。
¶江人,コン,思想,全幕,徳人,幕末(古賀茶渓　こがさけい　[没]明治17(1884)年10月31日)

古岳 こがく
⇒幽真(ゆうしん)

五鶴 ごかく★
江戸時代中期の女性。俳諧。松山藩主松平定国に伝える奥女中。天明1年5月、江戸を出発して松山に勤務し、江戸に戻る同2年4月までの奥女中の日記「伊予国松山在勤中并道中往返日記」に載る。
¶江表(五鶴(愛媛県))

箇学光真* こがくこうしん
明応5(1496)年～永禄1(1558)年　戦国時代の曹洞宗の僧。
¶武田([生]明応4(1495)年)

久我邦通* こがくにみち
永正4(1507)年～享禄4(1531)年6月8日　戦国時代の公卿(権大納言)。右大臣久我通言の長男。
¶公卿,公家(邦通〔久我家〕　くにみち)

古賀穀堂* こがこくどう
安永6(1777)年～天保7(1836)年　江戸時代後期の儒学者。肥前佐賀藩士。
¶コン

久我惟通* こがこれみち
貞享4(1687)年～寛延1(1748)年　江戸時代中期の公家(右大臣)。内大臣久我通誠の子。
¶公卿([生]貞享4(1687)年10月30日　[没]寛延1(1748)年9月29日),公家(惟通〔久我家〕　これみち　[生]貞享4(1687)年10月30日　[没]寛延1(1748)年9月29日)

古賀茶渓 こがさけい
⇒古賀謹一郎(こがきんいちろう)

古賀定雄* こがさだお
文政11(1828)年～明治10(1877)年　江戸時代末期～明治時代の佐賀藩士。佐賀藩大参事、伊万里県参事等を勤め、改革を急ぎ批判が出る。
¶幕末

久我定通 こがさだみち
⇒土御門定通(つちみかどさだみち)

古賀十郎* こがじゅうろう
江戸時代末期～明治時代の処士。
¶幕末([生]天保12(1841)年　[没]明治3(1871)年12月4日)

久我女臈 こがじょうろう
江戸時代前期の女性。大坂城の女房衆。
¶大坂([没]慶長20年5月8日)

後柏原天皇* ごかしわばらてんのう
寛正5(1464)年10月20日～大永6(1526)年4月7日　戦国時代の第104代の天皇(在位1500～1526)。後土御門天皇の第1皇子。
¶コン,天皇,中世,俳文,室町,山小([生]1464年10月20日　[没]1526年4月7日)

久我誓円* こがせいえん
文政11(1828)年～明治43(1910)年　[別]久我誓円尼(こがせいえんに)　江戸時代末期～明治時代の女性。尼僧。伏見宮邦家親王の第3王女。
¶江表(誓円尼(長野県))

久我誓円尼 こがせいえんに
⇒久我誓円(こがせいえん)

古賀精里* こがせいり
寛延3(1750)年～文化14(1817)年　江戸時代中期～後期の儒学者。「寛政三博士」の一人。
¶江人,コン,思想,対外,徳将,徳人,山小([生]1750年10月20日　[没]1817年5月3日)

古賀素堂* こがそどう
*～安政5(1858)年　江戸時代末期の儒学者。
¶幕末([生]文化10(1813)年)

久我建通* こがたけみち
文化12(1815)年～明治36(1903)年　[別]久我建通(くがたけみち)　江戸時代末期～明治時代の公家。朝幕間の調整に努めた。
¶公卿([生]文化12(1815)年2月1日　[没]明治36(1903)年9月28日),公家(建通〔久我家〕　たけみち　[生]文化12(1815)年2月1日　[没]明治36(1903)年9月28日),全幕(くがたけみち),幕末([生]文化12(1815)年2月1日　[没]明治36(1903)年9月26日)

古賀長庵 こがちょうあん
江戸時代末期の眼科医。
¶眼医(生没年不詳)

久我嗣通* こがつぐみち
？～文正1(1466)年7月19日　室町時代の公卿(権中納言)。太政大臣久我通博の長男。
¶公卿,公家(嗣通〔久我家〕　つぐみち)

古賀侗庵* こがどうあん,こがとうあん
天明8(1788)年1月23日～弘化4(1847)年1月30日　江戸時代後期の儒学者。精里の3男。
¶思想(こがとうあん),徳人(こがとうあん)

久我敏通* こがとしみち
享保20(1735)年～宝暦6(1756)年　江戸時代中期の公家(権大納言)。右大臣久我通兄の子。
¶公卿([生]享保20(1735)年1月27日　[没]宝暦6(1756)年2月25日),公家(敏通〔久我家〕　としみち　[生]享保20(1735)年1月27日　[没]宝暦6(1756)年2月25日)

久我具房* こがともふさ
暦仁1(1238)年～正応2(1290)年　鎌倉時代後期の公卿(権大納言)。大納言久我通忠の次男。
¶公卿([没]正応2(1289)年12月15日),公家(具房〔愛宕家(絶家)〕　ともふさ　[没]正応2(1289)年12月15日)

久我具通* こがともみち
興国3/康永1(1342)年～応永4(1397)年　南北朝時代～室町時代の公卿(太政大臣)。太政大臣久我通相の子。
¶公卿([生]康永1/興国3(1341)年　[没]応永4(1397)年3月16日),公家(具通〔久我家〕　ともみち　[没]応永4(1397)年3月16日)

久我豊通*　こがとよみち
長禄3（1459）年～天文5（1536）年　戦国時代の公卿（右大臣）。太政大臣久我通博の次男。
¶公卿（[没]天文5（1536）年6月3日），公家（豊通〔久我家〕　とよみち　[没]天文5（1536）年6月3日）

久我長通*　こがながみち
弘安3（1280）年～正平8/文和2（1353）年8月27日　鎌倉時代後期～南北朝時代の公卿（太政大臣）。太政大臣久我通雄の長男。
¶公卿（[没]文和2/正平8（1353）年8月27日），公家（長通〔久我家〕　ながみち　[没]文和2（1353）年8月27日）

小金厚丸*(1)　こがねあつまる
？～文政12（1829）年　江戸時代後期の狂歌師、戯作者。
¶浮絵

小金厚丸(2)　こがねあつまる
⇒神田庵厚丸（かんだあんあつまる）

小金井小次郎*　こがねいこじろう
文政1（1818）年～明治14（1881）年　江戸時代後期～明治時代の俠客。
¶コン，幕末（[没]明治14（1881）年6月10日）

小金井北梅　こがねいほくばい
⇒小金井蘆洲〔1代〕（こがねいろしゅう）

小金井蘆洲〔1代〕*（小金井芦洲〔1代〕）　こがねいろしゅう
寛政11（1799）年～文久3（1863）年　[別]小金井北梅（こがねいほくばい）　江戸時代末期の講釈師。
¶江人（小金井芦洲〔1代〕）

五賀野右衛門*　ごかのうえもん
[別]五賀野右衛門（ごがのえもん）　江戸時代中期の新潟の義民。
¶コン（[生]？　[没]安永2（1773）年頃）

五賀野右衛門　ごがのえもん
⇒五賀野右衛門（ごかのうえもん）

久我信通*　こがのぶみち
延享1（1744）年～寛政7（1795）年　江戸時代中期の公家（内大臣）。権大納言広幡長忠の次男。
¶公卿（[生]延享1（1744）年9月6日　[没]寛政7（1795）年9月13日），公家（信通〔久我家〕　のぶみち　[生]延享1（1744）年9月6日　[没]寛政7（1795）年9月13日）

久我晴通*　こがはるみち
永正16（1519）年～天正3（1575）年　[別]久我晴通（こがはれみち）　戦国時代～安土桃山時代の公卿（権大納言）。関白・太政大臣近衛尚通の次男。
¶公卿（こがはれみち），公家（晴通〔久我家〕　はれみち）

久我晴通　こがはれみち
⇒久我晴通（こがはるみち）

古河姫君*　こがひめぎみ
生没年不詳　[別]喜連川頼純女（きつれがわよりすみのじょ，きつれがわよりずみじょ，きつれがわよりずみのむすめ），喜連川頼純の娘（きつれがわよりずみのむすめ），月桂院（げっけいいん）　江戸時代前期の女性。豊臣秀吉の側室。
¶江表（島子（栃木県）　[生]永禄11（1568）年　[没]明暦1（1655）年）

久我広通*　こがひろみち
寛永3（1626）年4月5日～延宝2（1674）年　江戸時代前期の公家（内大臣）。権中納言久我通前の次男。
¶公卿（[没]延宝2（1674）年4月13日），公家（広通〔久我家〕　ひろみち　[没]延宝2（1674）年4月12日）

久我雅光*　こがまさみつ
嘉禄2（1226）年～文永4（1267）年6月17日　鎌倉時代前期の公卿（権中納言）。太政大臣久我通光の四男。
¶公卿，公家（雅光〔中院家（絶家）1〕　まさみつ）

久我通明*　こがみちあき
安永9（1780）年1月16日～安政2（1855）年12月2日　江戸時代後期の公家（内大臣）。中院通惟の子。
¶公卿，公家（通明〔久我家〕　みちあき）

久我通兄*　こがみちえ
宝永6（1709）年11月4日～宝暦11（1761）年5月19日　江戸時代中期の公家（右大臣）。右大臣久我惟通の子。
¶公卿，公家（通兄〔久我家〕　みちえ）

久我通材*　こがみちえだ
？～正和2（1313）年4月　鎌倉時代後期の公卿（非参議）。内大臣久我通基の三男。
¶公卿，公家（通材〔久我家〕　みちき）

久我通雄*　こがみちお
正嘉1（1257）年～元徳1（1329）年　鎌倉時代後期の公卿（太政大臣）。内大臣久我通基の長男。
¶公卿（[生]正嘉2（1258）年　[没]元徳1（1329）年12月11日），公家（通雄〔久我家〕　みちお　[没]元徳1（1329）年12月11日）

久我通興*　こがみちおき
天文10（1541）年～天正3（1575）年4月6日　[別]久我通堅（こがみちかた）　安土桃山時代の公卿（権大納言）。権大納言久我晴通の長男。
¶公卿（久我通堅　こがみちかた），公家（通堅〔久我家〕　みちかた）

久我通堅　こがみちかた
⇒久我通興（こがみちおき）

久我通定*　こがみちさだ
応長1（1311）年～？　鎌倉時代後期～南北朝時代の公卿（中納言）。太政大臣久我通雄の次男。
¶公卿，公家（通定〔久我家〕　みちさだ）

久我通相*　こがみちすけ
嘉暦1（1326）年～建徳2/応安4（1371）年7月14日　[別]久我通相（こがみちまさ）　南北朝時代の公卿（太政大臣）。太政大臣久我長通の子。
¶公卿（[没]応安4/建徳2（1371）年7月14日），公家（通相〔久我家〕　みちまさ　[没]応安4（1371）年7月14日）

久我通忠*　こがみちただ
建保4（1216）年～建長2（1250）年12月24日　鎌倉時代前期の公卿（大納言）。太政大臣久我通光の次男。
¶公卿，公家（通忠〔久我家〕　みちただ）

久我通親　こがみちちか
⇒土御門通親（つちみかどみちちか）

久我通嗣*　こがみちつぐ
建治2（1276）年～正平8/文和2（1353）年2月10日　鎌倉時代後期～南北朝時代の公卿（権中納言）。内大臣久我通基の次男。
¶公卿（[没]文和2/正平8（1353）年2月10日），公家（通嗣〔久我家〕　みちつぐ　[没]文和2（1353）年2月10日）

こかみち 864

久我通久* こがみちつね
天保12(1841)年〜大正14(1925)年1月10日 ㊕久我通久(こがみちひさ) 江戸時代末期〜明治時代の公家(権大納言)。内大臣久我建通の長男。
¶公卿(㊕天保12(1841)年11月28日),公家(通久〔久我家〕みちつね ㊤天保12(1841)年11月28日 ㊗大正14(1925)年1月12日),コン,幕末(㊕天保12(1842)年11月28日)

久我通言 こがみちとき
⇒久我通言(こがみちのぶ)

久我通具 こがみちとも
⇒土御門通具(つちみかどみちとも)

久我通誠* こがみちとも
万治3(1660)年〜享保4(1719)年 江戸時代中期の公家(内大臣)。内大臣久我広通の次男。
¶公卿(㊕万治3(1660)年1月27日 ㊤享保4(1719)年7月7日),公家(通誠〔久我家〕みちのぶ ㊕万治3(1660)年1月27日 ㊗享保4(1719)年7月7日)

久我通言* こがみちのぶ
長享1(1487)年〜天文12(1543)年 ㊕久我通言(こがみちとき) 戦国時代の公卿(右大臣)。右大臣久我豊通の子。
¶公卿(㊕天文12(1543)年2月),公家(通言〔久我家〕みちこと ㊗天文12(1543)年2月)

久我通宣* (1) こがみちのぶ
永仁4(1296)年〜正平7/文和1(1352)年2月26日 鎌倉時代後期〜南北朝時代の公卿(非参議)。内大臣久我通基の四男。
¶公卿(㊕文和1/正平7(1352)年2月26日),公家(通宣〔久我家〕みちのぶ ㊗観応3(1352)年2月26日)

久我通宣* (2) こがみちのぶ
文中2/応安6(1373)年〜永享5(1433)年8月15日 南北朝時代〜室町時代の公卿(権大納言)。太政大臣久我具通の子。
¶公卿(㊕応安6/文中2(1373)年),公家(通宣〔久我家〕みちのぶ)

久我通久 こがみちひさ
⇒久我通久(こがみちつね)

久我通平* こがみちひら
建仁3(1203)年〜嘉禄2(1226)年 鎌倉時代前期の公卿(非参議)。太政大臣久我通光の長男。
¶公卿,公家(通平〔久我家〕 みちひら)

久我通博* こがみちひろ
応永33(1426)年〜文明14(1482)年 ㊕久我通行(こがみちゆき) 室町時代〜戦国時代の公卿(太政大臣)。太政大臣久我清通の子。
¶公卿(㊕応永15(1408)年 ㊗文明14(1482)年10月7日),公家(通博〔久我家〕 みちひろ ㊗文明14(1482)年10月7日)

久我通前* こがみちまえ
天正19(1591)年10月14日〜寛永12(1635)年10月24日 江戸時代前期の公家(権中納言)。権大納言久我敦通の長男。
¶公卿,公家(通前〔久我家〕 みちさき ㊕天正19(1591)年10月4日)

久我通相 こがみちまさ
⇒久我通相(こがみちすけ)

久我通光* こがみちみつ
文治3(1187)年〜宝治2(1248)年1月18日 ㊕源通光(みなもとのみちてる、みなもとのみちみつ)

鎌倉時代前期の歌人・公卿(太政大臣)。久我家の祖。内大臣源通親の三男。
¶公卿,公家(通光〔久我家〕 みちみつ),古人,古人(源通光 みなもとのみちてる),詩作(源通光 みなもとのみちてる)

久我通名* こがみちめい
正保4(1647)年〜享保8(1723)年8月27日 江戸時代前期〜中期の公家(権中納言)。内大臣久我広通の長男。
¶公卿,公家(通名〔久我家〕 みちな)

久我通基* こがみちもと
仁治1(1240)年〜延慶1(1308)年11月29日 鎌倉時代後期の公卿(内大臣)。大納言久我通忠の長男。
¶公卿,公家(通基〔久我家〕 みちもと)

久我通行 こがみちゆき
⇒久我通博(こがみちひろ)

後亀山天皇* ごかめやまてんのう
?〜応永31(1424)年 室町時代の第99代(南朝第4代)の天皇(在位1383〜1392)。後村上天皇の皇子。南北朝統一を行なった。後村上天皇の第2皇子。
¶コン,天皇,中世,内乱,室町,山小(㊗1424年4月12日)

小鴨元清 こがもときよ
⇒南条元清(なんじょうもときよ)

御粥安本 ごかゆあんぽん
⇒御粥安本(ごかゆやすもと)

御粥安本* ごかゆやすもと
寛政6(1794)年〜文久2(1862)年 ㊕御粥安本(おかゆやすもと、ごかゆあんぽん、みごかゆやすもと) 江戸時代末期の和算家。日下誠の門下。
¶科学(㊗文久2(1862)年2月4日),コン(ごかゆあんぽん),数学(㊗文久2(1862)年2月4日)

久我美子 こがよしこ
天明7(1787)年2月25日〜弘化4(1847)年4月13日 江戸時代中期〜後期の歌人。久我通明の室。
¶江表(就姫(京都府) なるひめ)

小河原左宮 こがわらさみや
⇒小河原左宮(おがわらさみや)

古礀* こかん
承応2(1653)年〜享保2(1717)年 江戸時代中期の画僧。
¶コン,美画

虎関 こかん
⇒虎関師錬(こかんしれん)

後閑刑部少輔* ごかんぎょうぶのしょう
生没年不詳 戦国時代の上野国衆。
¶後北(刑部少輔〔後閑〕 ぎょうぶのしょう),武田

後閑宮内大輔* ごかんくないのたいふ
生没年不詳 戦国時代の上野国衆。
¶後北(宮内大輔〔後閑〕 くないのたいふ),武田(後閑(上条)宮内少輔(宮内大輔) ごかんくないのしょう)

後閑下野守* ごかんしもつけのかみ
安土桃山時代の武士。上野国惣社領の武士か。武田氏滅亡後、厩橋北条氏に仕えた。
¶武田(生没年不詳)

虎関師錬* こかんしれん
弘安1(1278)年〜正平1/貞和2(1346)年7月24日 ㊕海蔵和尚(かいぞうおしょう)、虎関(こかん)、

虎関師錬(こげんしれん), 師錬(しれん), 本覚国師(ほんかくこくし)　鎌倉時代後期～南北朝時代の臨済宗聖一派の僧。仏教史家。五山文学の先駆。
¶コン, 思想([没]貞和2/正平1(1346)年), 中世, 内乱([没]貞和2(1346)年), 山小([没]1346年7月24日)

後閑信純*　ごかんのぶずみ, ごかんのぶすみ
？～天正7(1579)年2月21日　戦国時代～安土桃山時代の上野国衆。
¶武田(ごかんのぶすみ　生没年不詳)

古器観　こきかん
⇒青木木米(あおきもくべい)

吾吉　ごきち
江戸時代中期～後期の宮大工。
¶美建([生]天明3(1783)年　[没]天保7(1836)年6月7日)

弘徽殿中宮　こきでんのちゅうぐう
⇒藤原嫄子(ふじわらのげんし)

弘徽殿女御(1)　こきでんのにょうご
⇒藤原忯子(ふじわらのしし)

弘徽殿女御(2)　こきでんのにょうご
⇒藤原述子(ふじわらのじゅつし)

弘徽殿女御(3)　こきでんのにょうご
⇒藤原生子(ふじわらのせいし)

古城管堂　こぎ(ふるしろ)かんどう
江戸時代末期～昭和時代の眼科医。
¶眼医([生]安政4(1857)年　[没]昭和9(1934)年)

五休　ごきゅう
⇒岡本五休(おかもとごきゅう)

五弓雪窓*　ごきゅうせっそう, ごきゅうせつそう
文政6(1823)年～明治19(1886)年　[別]五弓豊太郎(ごきゅうとよたろう), 五弓久文(ごきゅうひさふみ, ごきゅうひさぶみ)　江戸時代末期～明治時代の史学者。
¶コン(五弓久文　ごきゅうひさふみ), 幕末([生]文政6(1823)年1月24日　[没]明治19(1886)年1月17日)

五弓豊太郎　ごきゅうとよたろう
⇒五弓雪窓(ごきゅうせっそう)

五弓久文　ごきゅうひさふみ, ごきゅうひさぶみ
⇒五弓雪窓(ごきゅうせっそう)

古行　こぎょう
江戸時代後期の俳諧作者。赤沢氏。
¶俳文(生没年不詳)

五郷　ごきょう
江戸時代後期の浮世絵師。
¶浮絵(生没年不詳)

後京極院　ごきょうごくいん
⇒礼成門院(れいせいもんいん)

後京極摂政　ごきょうごくせっしょう
⇒九条良経(くじょうよしつね)

呉玉女　ごぎょくじょ★
江戸時代後期の女性。俳諧。谷素外門。文化8年序、谷素外編『玉池雑藻』に載る。
¶江表(呉玉女(東京都))

こきり
江戸時代末期の女性。書簡。武蔵横浜の港崎遊郭の1つ岩亀楼の遊女。
¶江表(こきり(神奈川県))

古今　こきん★
江戸時代前期の女性。漢詩。安房豊房村山萩の儒者石井三朶花の娘。
¶江表(古今(千葉県)　[生]延宝3(1675)年)

古久女　こくじょ★
江戸時代中期の女性。和歌。佐渡の人。明和5年小倉実起卿父子追善歌会の歌として収められた。
¶江表(古久女(新潟県))

谷水の妻　こくすいのつま★
江戸時代中期の女性。俳諧。三河岡崎の人。元禄6年序、山本荷兮編『曠野後集』六に載る。
¶江表(谷水の妻(愛知県))

小薬平次郎*　こぐすりへいじろう
天保10(1839)年～明治36(1903)年　江戸時代末期～明治時代の平藩主家臣。坂下門外変で藩主をかばい深傷を負い三両加増。
¶幕末([没]明治36(1903)年11月3日)

国姓爺　こくせんや
⇒鄭成功(ていせいこう)

黒蔵主　こくぞうす
⇒浪岡鯨児(なみおかげいじ)

谷那庚受*　こくなこうじゅ
奈良時代の陰陽家。
¶古代

谷那晋首*　こくなしんす
飛鳥時代の百済人。
¶古代, 古物

国府市左衛門*　こくふいちざえもん
？～天正10(1582)年6月？　[別]国府市左衛門尉(こくふいちざえもんのじょう)　戦国時代～安土桃山時代の織田信長の家臣。
¶織田(国府市左衛門尉　こくふいちざえもんのじょう)

国府市左衛門尉　こくふいちざえもんのじょう
⇒国府市左衛門(こくふいちざえもん)

国分勘兵衛〔4代〕*　こくぶかんべえ
？～元文4(1739)年10月17日　江戸時代中期の商人。屋号は大黒屋。伊勢商人。
¶コン(代数なし)

国分五郎　こくぶごろう
⇒那珂梧楼(なかごろう)

国府佐渡守*　こくふさどのかみ
？～天正10(1582)年頃　戦国時代～安土桃山時代の織田信長の家臣。
¶織田

国分寿助*　こくぶじゅすけ
弘化3(1846)年～明治10(1877)年　江戸時代末期～明治時代の鹿児島県士族。西南戦争で戦い、田原坂で西郷隆盛と共に城山に戦死。
¶幕末([没]明治10(1877)年9月24日)

国府四郎次郎　こくふしろうじろう
⇒国府四郎次郎(こくふしろじろう)

国府四郎次郎*　こくふしろじろう
生没年不詳　[別]国府四郎次郎(こくふしろうじろう)　安土桃山時代の織田信長の家臣。
¶織田(こくふしろうじろう)

こくふし　　　　　　　　　　866

国分新太郎* (1)　こくぶしんたろう
弘化2 (1845) 年～慶応1 (1865) 年　江戸時代末期
の水戸藩士。
¶幕末 (逝元治2 (1865) 年2月4日)

国分新太郎* (2)　こくぶしんたろう
天保8 (1837) 年～明治10 (1877) 年　江戸時代末期
～明治時代の鹿児島県士族。
¶幕末 (逝明治10 (1877) 年4月3日)

国分青厓　こくぶせいがい
江戸時代末期～昭和時代の教育者。
¶詩作 (生安政4 (1857) 年5月5日　逝昭和19 (1944) 年3
月5日)

国分高敬　こくぶたかのり
⇒国分高敬 (こくぶんたかのり)

国分高広*　こくぶたかひろ
文政11 (1828) 年～明治29 (1896) 年　江戸時代末
期～明治時代の和算家。
¶数学 (逝明治29 (1896) 年4月26日)

国分胤政*　こくぶたねまさ
? ～寛永12 (1635) 年　安土桃山時代～江戸時代前
期の北条氏滅亡時の大崎 (矢作) 城主。
¶後北 (胤政〔国分〕　たねまさ)

国分胤通* (1)　こくぶたねみち
生没年不詳　鎌倉時代前期の武士。
¶古人

国分胤通 (2)　こくぶたねみち
安土桃山時代の下総国の国衆。左衛門太郎。北条
氏に属した。
¶後北 (胤通〔国分〕　たねみち)

国分兵部大輔　こくぶひょうぶのたいふ
安土桃山時代の下総国矢作城主。北条氏に属した
千葉邦胤の家臣。
¶後北 (兵部大輔〔国分〕　ひょうぶのたいふ)

国分盛重　こくぶもりしげ
⇒伊達盛重 (だてもりしげ)

国分義胤*　こくぶよしたね
天保3 (1832) 年～明治41 (1908) 年　江戸時代末期
～明治時代の豪農、県議会議員、医師。藩農兵隊を
組織訓練。学塾を開く。
¶幕末 (生天保3 (1832) 年3月13日)

石文　こくぶん
戦国時代の連歌師。
¶俳文 (生?　逝永正9 (1512) 年)

国分高敬*　こくぶんたかのり
生没年不詳　別国分高敬 (こくぶたかのり)　江戸
時代末期～明治時代の和算家。
¶数学 (こくぶたかのり)

国分宗綱　こくぶんむねつな
戦国時代の宮城郡の国人。
¶室町 (生没年不詳)

国分宗政　こくぶんむねまさ
戦国時代の陸奥国千代城主。
¶全戦 (生明応1 (1492) 年　逝?)

国分盛重　こくぶんもりしげ
⇒伊達盛重 (だてもりしげ)

小久保清吉*　こくぼせいきち
弘化4 (1847) 年～明治1 (1868) 年10月24日　江戸
時代後期～末期の新撰組隊士。
¶新隊

小倉　こくら
江戸時代前期の女性。教育。河内の藤原誓宗の娘。
¶江表 (小倉 (佐賀県)　逝慶安2 (1649) 年)

極楽院　ごくらくいん
戦国時代の上野国群馬郡箕輪郷の本山派修験寺院
住職。
¶武田 (生没年不詳)

極楽寺重時　ごくらくじしげとき
⇒北条重時 (ほうじょうしげとき)

極楽寺時茂　ごくらくじときしげ
⇒北条時茂 (ほうじょうときしげ)

極楽寺長時　ごくらくじながとき
⇒北条長時 (ほうじょうながとき)

小栗山喜四郎　こくりやまきしろう, こぐりやまきし
ろう
⇒小栗山喜四郎 (おぐりやまきしろう)

国領重次　こくりょうしげつぐ
元和6 (1620) 年～元禄14 (1701) 年　江戸時代前期
～中期の幕臣。
¶徳人, 徳代 (逝元禄14 (1701) 年3月10日)

小榑謙　こぐれけん
江戸時代後期の和算家。
¶数学

木暮存心*　こぐれそんしん
生没年不詳　戦国時代の上野国衆白井長尾氏の
家臣。
¶後北 (存心〔小暮〕　そんしん)

木暮存真　こぐれぞんしん
戦国時代の上野国群馬郡伊香保の土豪。
¶武田 (生没年不詳)

木暮則道　こぐれのりみち
江戸時代末期の和算家。
¶数学

黒露　こくろ
⇒山口黒露 (やまぐちこくろ)

胡蘿　こけ*
江戸時代中期の女性。俳諧。城東の人。安永9年成
立、平橋庵蔵氷編『甲斐根百韻付録』に載る。
¶江表 (胡蘿 (山梨県))

古渓　こけい
⇒古渓宗陳 (こけいそうちん)

呉継志*　ごけいし
生没年不詳　江戸時代中期の医者。
¶植物

古渓宗陳　こけいしゅうちん
⇒古渓宗陳 (こけいそうちん)

古渓宗陳*　こけいそうちん
天文1 (1532) 年～慶長2 (1597) 年　別古渓 (こけ
い), 古渓宗陳 (こけいしゅうちん), 宗陳 (しゅう
ちん, そうちん), 蒲庵 (ほあん), 蒲庵古渓 (ほあ
んこけい), 蒲庵宗陳 (ほあんそうちん)　戦国時

代～安土桃山時代の臨済宗の僧。豊臣秀吉の帰依を受ける。
¶コン（蒲庵古渓　ほあんこけい），全戦（㊄天文1(1531)年）

古桂の妻　こけいのつま★
江戸時代中期の女性。俳諧。玖珠連。享保11年序、長野馬貞編『柴石集』に載る。
¶江表（古桂の妻(大分県)）

孤月　こげつ
⇒江口孤月（えぐちこげつ）

弧月　こげつ★
江戸時代後期の女性。俳諧。長門長府の人。寛政2年、田上菊舎の38歳の時、上洛の折の俳諧記録「首途」に載る。
¶江表（弧月(山口県)）

湖月＊(1)　こげつ
生没年不詳　江戸時代中期の雑俳点者。
¶俳文

湖月(2)　こげつ★
江戸時代中期の女性。俳諧。井波の人。安永5年太中庵献波編「仏の座」に載る。
¶江表（湖月(富山県)）

湖月(3)　こげつ★
江戸時代中期の女性。俳諧。京都の人。安永5年刊、三浦樗良撰『月の夜』に載る。
¶江表（湖月(京都府)）

湖月尼　こげつに★
江戸時代後期の女性。俳諧。淡路の人。嘉永1年刊、真野暁梅編『続淡路島』に載る。
¶江表（湖月尼(兵庫県)）

湖月楼文止女　こげつろうぶんしじょ★
江戸時代後期の女性。狂歌。文政6年刊、春道梅員編『狂歌十哲集』に載る。
¶江表（湖月楼文止女(東京都)）

古玩　こげん
⇒在原古玩（ありはらこがん）

顧言　こげん
⇒松本顧言（まつもとこげん）

小源女　こげんじょ★
江戸時代中期の女性。和歌。前川不識の妹。元禄14年刊、大淀三千風編『倭漢田鳥集』に載る。
¶江表（小源女(東京都)）

虎関師錬　こげんしれん
⇒虎関師錬（こかんしれん）

小源太　こげんた★
江戸時代後期の女性。俳諧。安芸宮島の遊女。元禄6年刊、北条団水編『くやみ草』に載る。
¶江表（小源太(広島県)）

湖五　こご
江戸時代中期の女性。俳諧。田代の俳人寺崎晩柳の妻。元禄14年、豊後日田の俳人坂本未拙の序を得て、『放鳥集』を夫と共に編集する。
¶江表（湖五(佐賀県)）

汧虹＊　ここう
元禄12(1699)年～安永3(1774)年2月22日　江戸時代中期の俳人。
¶俳文

古江＊　ここう
延享3(1746)年～文政2(1819)年9月20日　江戸時代中期～後期の俳人。
¶俳文

胡考　ここう★
江戸時代中期の女性。生花。鯰江氏。安永3年刊、是心庵一露ほか序『甲陽生花百瓶図』にのる。
¶江表（胡考(山梨県)）

壺公　ここう
江戸時代後期～明治時代の俳諧師。
¶俳文（㊄文化9(1812)年　㊄明治10(1877)年5月23日）

小督＊(1)　こごう
生没年不詳　平安時代後期の女性。高倉天皇の女房、範子内親王の母。
¶古人

小督(2)　こごう
⇒小督局（こごうのつぼね）

五紅　ごこう★
江戸時代後期の女性。俳諧。甲斐の人。文政1年成立、斎藤仙笑編、青羊追善集『陸硒范』に載る。
¶江表（五紅(山梨県)）

後光厳天皇＊　ごこうごんてんのう
延文3/暦応1(1338)年3月2日～文中3/応安7(1374)年　㊄弥仁親王（いやひとしんのう）　南北朝時代の北朝第4代の天皇（在位1352～1371）。光厳天皇の第2皇子、崇光天皇の弟。
¶コン、天皇（㊄文中3/応安7(1374)年1月29日）、中世、内乱（㊄建武5(1338)年　㊄応安7(1374)年）、俳文（㊄暦応1(1338)年3月2日　㊄応安7(1374)年1月29日）、室町（㊄延文3/建武5(1338)年）、山小（㊄1338年3月2日　㊄1374年1月29日）

小督局＊(1)　こごうのつぼね
保元2(1157)年～？　㊄小督（こごう）　平安時代後期の女性。高倉天皇の侍嬪。
¶コン（生没年不詳）、女史、天皇（生没年不詳）、内乱（小督　こごう）、平家（小督　こごう）

小督局(2)　こごうのつぼね
⇒お万の方（おまんのかた）

後光明照院殿　ごこうみょうしょういんどの
⇒二条道平（にじょうみちひら）

後光明天皇＊　ごこうみょうてんのう
寛永10(1633)年～承応3(1654)年　江戸時代前期の第110代の天皇（在位1643～1654）。後水尾天皇の第4皇子。
¶江人、コン、天皇（㊄寛永10(1633)年3月12日　㊄承応3(1654)年9月20日）、山小（㊄1633年3月12日　㊄1654年9月20日）

木事命＊　こごとのみこと
上代の豪族。
¶古代

九重(1)　ここのえ★
江戸時代中期の女性。俳諧。京都の遊女。安永3年刊、与謝蕪村編『たまも集』秋の部に載る。
¶江表（九重(京都府)）

九重(2)　ここのえ
江戸時代中期の女性。俳諧。遊女。元禄15年刊、太田白雪編『三河小町』下に載る。
¶江表（九重(大阪府)）

ここのえ

九重(3) ここのえ★
江戸時代後期の女性。和歌・俳諧。新吉原江戸町の西田屋又右衛門の抱え女。嘉永4年刊、堀尾光久編『近世名所歌集』初に載る。
¶江表(九重(東京都))

九戸政実 ここのえまさざね
⇒九戸政実(くのへまさざね)

後小松天皇★ ごこまつてんのう
天授3/永和3(1377)年〜永享5(1433)年　室町時代の第100代(北朝第6代)の天皇(在位1382〜1412)。後円融天皇の嫡子。
¶コン, 天皇(㊣永和3(1377)年6月27日　㊥永享5(1433)年10月20日), 中世, 内乱(㊣永和3(1377)年), 俳文(㊣永和3(1377)年6月27日　㊥永享5(1433)年10月20日), 室町, 山小(㊣1377年6月27日　㊥1433年10月20日)

小駒若★ ここまわか
？〜天正10(1582)年6月2日　戦国時代〜安土桃山時代の織田信長の家臣。
¶織田

古々路内子 こころないし★
江戸時代後期の女性。狂歌。文化13年刊、式亭三馬編『俳諧歌艦』二に、鄙振菴判の高点作で載る。
¶江表(古々路内子(東京都))

古今亭志ん生 ここんていしんしょう
世襲名　江戸時代の落語家。江戸時代に活躍したのは、初代から2代まで。
¶江人

コ斎 こさい
江戸時代前期の俳諧作者。小川氏。
¶俳文(㊣？　㊥元禄1(1688)年7月21日)

小宰相 こさいしょう, こさいしょう
⇒小宰相局(こさいしょうのつぼね)

小宰相局★ こさいしょうのつぼね, こさいしょうのつぼね
生没年不詳　㊙小宰相(こさいしょう, こさいしょう)　平安時代後期の女性。刑部卿藤原実賢の娘。
¶古人(小宰相(こさいしょう), 女史(小宰相　こさいしょう　㊣？　㊥1184年), 内乱(小宰相　こさいしょう　㊣？　㊥寿永3(1184)年), 平家(小宰相　こさいしょう　㊣？　㊥寿永3(1184)年)

湖祭亭八百女 こさいていはっぴゃくじょ★
江戸時代後期の女性。狂歌。身延の人。文政12年刊、催主は玉光舎占正、臥竜園ほか撰『狂歌甲斐家裳』に載る。
¶江表(湖祭亭八百女(山梨県))

後西天皇★ ごさいてんのう
寛永14(1637)年11月16日〜貞享2(1685)年2月22日　江戸時代前期の第111代の天皇(在位1654〜1663)。後水尾天皇の第8皇子。
¶江人, コン, 天皇, 俳文, 山小(㊣1637年11月16日　㊥1685年2月22日)

小左衛門★ こざえもん
？〜万寿2(1025)年　平安時代中期の女性。藤原嬉子(道長四女)の女房。
¶古人

五左衛門 ござえもん
⇒沼波弄山(ぬなみろうざん)

小棹 こざお
江戸時代末期の女性。和歌・書簡。筑後久留米の勤皇の士真木保臣の娘。文久2年正月に詠んだ和歌は、当時勤皇の士の間で盛んに吟詠されたという。
¶江表(小棹(福岡県))

小坂井某★ こさかい
生没年不詳　安土桃山時代の織田信長の家臣。
¶織田

小坂貞直★ こざかさだなお, こさかさだなお
生没年不詳　江戸時代前期の和算家。
¶数学(こさかさだなお)

小坂小左衛門 こさかしょうざえもん
戦国時代の駿河国富士郡国郷の土豪？
¶武田(生没年不詳)

小坂新兵衛 こさかしんべえ
戦国時代〜安土桃山時代の武蔵国滝山城主北条氏照の家臣。もと武田信玄・勝頼家臣。
¶後北(新兵衛〔小坂〕　しんべえ)

後嵯峨天皇★ ごさがてんのう, ごさがてんのう
承久2(1220)年2月26日〜文永9(1272)年2月17日　㊙邦仁親王(くにひとしんのう)　鎌倉時代前期の第88代の天皇(在位1242〜1246)。土御門天皇の子。
¶コン, 天皇, 中世, 内乱, 俳文(ごさがてんのう), 山小(㊣1220年2月26日　㊥1272年2月17日)

後嵯峨天皇皇女(1) ごさがてんのうこうじょ
㊙皇女(こうじょ)　鎌倉時代後期の女性。母は後堀河皇女神仙門院体子。
¶天皇(皇女　こうじょ　㊣？　㊥弘安4(1281)年)

後嵯峨天皇皇女(2) ごさがてんのうこうじょ
㊙皇女(こうじょ)　鎌倉時代後期の女性。母は大宮院。
¶天皇(皇女　こうじょ)

小崎 こざき★
江戸時代中期の女性。和歌。遠江浜松の蒲神明宮神主蒲清兼の娘。
¶江表(小崎(静岡県)㊥宝暦2(1752)年)

小崎義明★ こざきよしあき
弘化2(1845)年〜明治37(1904)年　江戸時代末期〜明治時代の肥後天草郡大庄屋、衆議院議員。管内の行政を司る。
¶幕末(㊥明治37(1904)年4月20日)

呉策 ごさく
⇒呉北渚(ごほくしょ)

小桜小太夫 こざくらこだゆう
⇒村山平右衛門〔3代〕(むらやまへいえもん)

小桜千之助〔2代〕 こざくらせんのすけ
⇒村山平右衛門〔3代〕(むらやまへいえもん)

後桜町天皇★ ごさくらまちてんのう
元文5(1740)年〜文化10(1813)年　江戸時代中期〜後期の第117代の天皇(女帝、在位1762〜1770)。
¶江人, 江表(後桜町天皇(京都府)), コン, 女史, 天皇(㊣元文5(1740)年8月3日　㊥文化10(1813)年11月2日), 山小(㊣1740年8月3日　㊥1813年閏11月2日)

小桜林左衛門 こざくらりんざえもん
⇒大和山甚左衛門〔1代〕(やまとやまじんざえもん)

小桜林之助　こざくらりんのすけ
⇒大和山甚左衛門〔1代〕(やまとやまじんざえもん)

小左近*　こさこん
生没年不詳　平安時代中期〜後期の女房・歌人。
¶古人

小里女　こざとじょ★
江戸時代中期の女性。俳諧。尾張の人だが、京都に移り住む。元禄11年序『元禄戊寅歳旦帖』に載る。
¶江表(小里女(愛知県))

護佐丸*　ごさまる
?〜尚泰久5(1458)年　[別]毛国鼎(もうこくてい)
室町時代の琉球の按司、中城城主。
¶コン([没]長禄2(1458)年), 室町([没]長禄2(1458)年)

小猿七之助*　こざるしちのすけ
講談、歌舞伎の登場人物。
¶コン

小沢政敏　こざわまさとし
⇒小沢政敏(おざわまさとし)

小沢正容　こざわまさやす
⇒小沢正容(おざわまさやす)

小沢吉次　こざわよしつぐ
⇒小沢吉次(おざわよしつぐ)

故沢里慶(故沢里桂)　こざわりけい
⇒鳥羽屋里長〔2代〕(とばやりちょう)

呉山(1)　ござん
⇒増山金八〔1代〕(ますやまきんぱち)

呉山(2)　ござん
⇒増山金八〔2代〕(ますやまきんぱち)

呉山(3)　ござん
⇒三浦呉山(みうらござん)

吾山　ござん
⇒会田吾山(あいだござん)

小さん・金五郎*　こさん・きんごろう
歌謡・浄瑠璃などの登場人物。
¶コン

後三条天皇*　ごさんじょうてんのう
長元7(1034)年7月18日〜延久5(1073)年5月7日
平安時代中期〜後期の第71代の天皇(在位1068〜1072)。天皇親政を強化した。三条天皇の皇女禎子内親王の子。
¶古人, コン, 思想, 天皇, 山小([生]1034年7月18日 [没]1073年5月7日)

虚枝　こし
⇒嵐雛助〔2代〕(あらしひなすけ)

五始*　ごし
宝永7(1710)年〜安永4(1775)年9月13日　江戸時代中期の俳人。
¶俳文

護持院大僧正　ごじいんだいそうじょう
⇒隆光(りゅうこう)

小汐　こしお★
江戸時代中期の女性。俳諧。播磨福崎の人。延享1年刊、井上寒瓜編『雪の棟』に載る。
¶江表(小汐(兵庫県))

越賀隆政　こしがたかまさ
安土桃山時代の志摩の国人九鬼氏有力家臣。
¶全戦(生没年不詳)

越谷吾山　こしがやござん
⇒会田吾山(あいだござん)

乞食井月　こじきせいげつ
⇒井上井月(いのうえせいげつ)

小式部*(1)　こしきぶ
生没年不詳　平安時代中期の女房・歌人・物語作者。
¶古人

小式部(2)　こしきぶ★
江戸時代後期の女性。狂歌。新吉原の玉楼の遊女。天保年間刊『秋葉山奉灯狂歌合』の花の部に載る。
¶江表(小式部(東京都))

小式部(3)　こしきぶ
⇒小式部内侍(こしきぶのないし)

小式部内侍*　こしきぶのないし, こしきぶのないじ
?〜万寿2(1025)年11月　[別]小式部(こしきぶ)
平安時代中期の女性。歌人。和泉式部の娘。
¶古人([生]997年?), コン(生没年不詳), 詩作(生没年不詳), 女史, 女文(小式部　こしきぶ　[生]長保1(999)年頃), 日文([生]長保1(999)年頃)

小敷谷弾正忠*　こしきやだんじょうのじょう
生没年不詳　戦国時代の武士。北条氏家臣。
¶後北(弾正忠〔小敷谷〕　だんじょうのじょう)

腰越次郎　こしごえじろう
江戸時代末期の海援隊士。
¶全幕(生没年不詳)

小侍従*(1)　こじじゅう
保安2(1121)年頃〜建仁2(1202)年頃　平安時代後期〜鎌倉時代前期の女性。歌人。
¶古人(生没年不詳), 女史(生没年不詳), 女文(生没年不詳), 平家(生没年不詳)

小侍従(2)　こじじゅう
⇒清原マリア(きよはらのまりあ)

小侍従局*　こじじゅうのつぼね
享禄2(1529)年〜元亀3(1572)年　[別]尾崎局(おざきのつぼね)　戦国時代〜安土桃山時代の女性。安芸の戦国大名毛利隆元の妻。
¶女史(尾崎局　おざきのつぼね　生没年不詳)

小侍従命婦*　こじじゅうのみょうぶ, こじしゅうのみょうぶ
生没年不詳　平安時代中期の女房・歌人。
¶古人(こじしゅうのみょうぶ)

高志季友　こしすえとも
平安時代後期の官人。
¶古人(生没年不詳)

越惣太郎*(越荘太郎)　こしそうたろう
*〜元治1(1864)年　[別]井坂行蔵(いさかこうぞう)
江戸時代末期の医師。
¶コン([生]文政7(1824)年), 幕末([生]文政4(1821)年 [没]元治1(1864)年9月20日)

小七　こしち
⇒嵐雛助〔1代〕(あらしひなすけ)

越塚重郷　こしつかしげさと
江戸時代中期〜後期の和算家。

こしとく　　　　　　　　*870*

¶数学（㊿安永8(1779)年　㊤嘉永3(1850)年）

古志得延　こしとくえん
平安時代後期の越後国石井荘の住人。
¶古人（生没年不詳）

高志内親王　こしないしんのう
⇒高志内親王（こしのないしんのう）

越之海＊(越ノ海)　こしのうみ
江戸時代末期の新撰組隊士。
¶新隊（越ノ海）

高志才智＊　こしのさいち
飛鳥時代の豪族。
¶古代

高志内親王＊　こしのないしんのう
延暦8(789)年～大同4(809)年　㊿高志内親王（こうしないしんのう，こしないしんのう）　平安時代前期の女性。桓武天皇の第2皇女。
¶古人（こしないしんのう），古代（こしないしんのう），コン，天皇（㊤大同4(809)年5月7日），天皇（こしないしんのう）年5月7日）

越道伊羅都売　こしのみちのきみいらつめ
⇒道君伊羅都売（みちのきみのいらつめ）

高志村君　こしのむらきみ
飛鳥時代の官人。
¶古人（生没年不詳）

高志和麻呂　こしのやまとまろ
奈良時代の官人。
¶古人（生没年不詳）

越野義恭　こしのよしやす
江戸時代後期の和算家。
¶数学

小柴三郎兵衛　こしばさぶろべえ
⇒小藤平蔵（こふじへいぞう）

越幡六郎　こしはた（おばた）ろくろう
室町時代の武士。
¶内乱（生没年不詳）

小芝長之助　こしばちょうのすけ
文政12(1829)年～大正5(1916)年　江戸時代後期～大正時代の将軍家御庭番。旧幕海軍と蝦夷地へ渡る。
¶全幕，幕末（㊤大正5(1916)年9月2日）

越部禅尼　こしべのぜんに
⇒藤原俊成女（ふじわらのとしなりのむすめ）

小嶋　こじま＊
江戸時代の女性。和歌。京都の芸妓。明治14年刊，岡田良策編『近世名婦百人撰』に載る。
¶江表（小嶋（京都府））

児島惟謙＊　こじまいけん
天保8(1837)年2月1日～明治41(1908)年7月1日　㊿児島惟謙（こじまこれかた）　江戸時代末期～明治時代の伊予宇和島藩士、司法官。名古屋裁判所長、大審院判事、大阪控訴院長などを歴任。大津事件で司法権の独立を守る。
¶幕末（こじまこれかた），山小（㊤1837年2月1日　㊤1908年7月1日）

児島葦原　こじまいげん
⇒児島強介（こじまきょうすけ）

小島梅之助　こじまうめのすけ
⇒浪江小勘〔1代〕（なみえこかん）

小島一忠　こじまかずただ
安土桃山時代の武士。
¶全戦（生没年不詳）

小島賢広　こじまかたひろ
安土桃山時代～江戸時代前期の幕臣。
¶徳人①1586年　㊤1667年

小島葛人＊　こじまかつじん
宝暦1(1751)年～天明7(1787)年　㊿葛人（かつじん，くずんど）　江戸時代中期の俳人。
¶俳文（葛人　くずんど　㊤天明7(1787)年9月23日）

児島閑窓＊　こじまかんそう
文化11(1828)年～明治41(1908)年　江戸時代末期～明治時代の三河吉田藩士。
¶幕末

小島居逸　こじまきょいつ
江戸時代後期の眼科医。
¶眼医（㊤嘉永4(1851)年　㊤？）

児島強介＊(児島強助)　こじまきょうすけ
天保8(1837)年～文久2(1862)年　㊿葦原処士（あしはらしょし），児島葦原（こじまいげん）　江戸時代末期の志士。
¶コン（㊤天保9(1838)年　㊤文久3(1863)年），詩作（児島葦原　こじまいげん　㊤文久2(1862)年6月25日），幕末（㊤文久2(1862)年6月25日）

小しま子　こしまこ＊
江戸時代中期の女性。和歌。賀茂真淵門。明和2年春，「うめあわせ」に載る。
¶江表（小しま子（東京都））

小島好謙　こじまこうけん
江戸時代中期～後期の和算家。中根流暦算を学び、土御門家の都講を務めた。
¶数学（㊤宝暦11(1761)年　㊤天保2(1831)年7月21日）

児島惟謙　こじまこれかた
⇒児島惟謙（こじまいけん）

小島左近＊　こじまさこん
＊～明治1(1868)年　江戸時代末期の陸奥弘前藩士。
¶幕末（㊤天保3(1832)年9月17日　㊤明治1(1868)年9月22日）

児島三郎＊　こじまさぶろう
文政10(1827)年～明治1(1868)年　㊿児島長年（こじまながとし），児島備後（こじまびんご）　江戸時代末期の奇兵隊士。
¶コン，全幕（児島備後　こじまびんご），幕末（児島備後　こじまびんご　㊤明治1(1868)年10月8日）

小嶋三助　こじまさんすけ
江戸時代前期の豊臣秀頼の家臣。
¶大坂

小島鹿之助　こじましかのすけ
天保1(1830)年～明治33(1900)年　江戸時代後期～明治時代の新撰組の後援者。武蔵国多摩郡小野路組合村の寄場名主。天然理心流門人。
¶全幕，幕末（㊤文政13(1830)年2月1日　㊤明治33(1900)年3月9日）

小島重俊　こじましげとし
江戸時代前期の幕臣。

¶徳人([生]1615年　[没]1685年)

小島修理亮　こじましゅりのすけ
戦国時代の信濃国高井郡須毛(菅)郷の国衆。
¶武田(生没年不詳)

小島省斎*　こじましょうさい
文化1(1804)年～明治17(1884)年6月6日　江戸時代後期～明治時代の儒者。
¶幕末([生]文化1(1804)年8月2日)

児島四郎　こじましろう
⇒相楽総三(さがらそうぞう)

小島成斎*　こじませいさい
寛政8(1796)年～文久2(1862)年　江戸時代末期の儒者、書家、備後福山藩士。
¶コン,幕末([没]文久2(1863)年12月9日)

小島荘三*　こじまそうぞう
天保10(1839)年～明治36(1903)年　江戸時代末期～明治時代の大磯宿北組年寄。足柄県会議員、大住・淘綾両郡書記などを歴任。「靖献の碑」を建立。
¶幕末([没]明治36(1903)年9月9日)

児島大圭*　こじまたいけい
元禄4(1691)年～享保19(1734)年　[別]大圭(たいけい)　江戸時代中期の俳人。
¶俳文(大圭　たいけい　[没]享保19(1734)年6月3日)

児島大梅*　こじまだいばい
安永1(1772)年～天保12(1841)年　[別]大梅(たいばい)　江戸時代後期の俳人。
¶俳文(大梅　たいばい　[没]天保12(1841)年5月29日)

児島高徳*　こじまたかのり
生没年不詳　南北朝時代の武将。備後守範長の子。
¶コン,中世,内乱,室町

小島貞斎*　こじまていさい
天保6(1835)年～？　江戸時代末期の医師。
¶幕末

小島刀自　こじまとじ★
江戸時代後期の女性。狂歌。駿河の人。豪商鉄屋の採撰亭直古編『俳諧歌後風月集』に載る。
¶江表(小島刀自(静岡県))

小島尚質　こじまなおかた
⇒小島宝素(こじまほうそ)

小島直次郎*　こじまなおじろう
*～慶応3(1867)年　[別]館川衡平(たちかわこうへい)　江戸時代末期の探偵方。
¶幕末(館川衡平　たちかわこうへい　[生]弘化4(1847)年8月22日　[没]慶応3(1867)年8月5日)

児島長年　こじまながとし
⇒児島三郎(こじまさぶろう)

子島先徳　こじまのせんとく
⇒真興(しんこう)

児島宮　こじまのみや
⇒頼仁親王(よりひとしんのう)

小島飛驒守　こじまひだのかみ
戦国時代の駿河駿東郡の惣大工職。
¶武田(生没年不詳)

小嶋兵吉　こじまひょうきち
江戸時代前期の紀伊国伊都郡上田の住人。
¶大坂

児島備後　こじまびんご
⇒児島三郎(こじまさぶろう)

小島楓処*　こじまふうしょ
文政11(1828)年～明治37(1904)年　[別]楓処(ふうしょ)　江戸時代末期～明治時代の俳人。桜田門外の変、天狗党の乱等に出動、関東奥羽征討。俳諧宗匠。
¶俳文(楓処　ふうしょ　[没]明治37(1904)年3月2日),幕末([没]明治37(1904)年3月2日)

小島文器*　こじまぶんき
文化14(1817)年～明治26(1893)年　[別]文器(ぶんき)　江戸時代後期～明治時代の俳人。
¶俳文(文器　ぶんき　[没]明治26(1893)年4月19日)

小島法師*　こじまほうし
？～文中3/応安7(1374)年　南北朝時代の人。「太平記」成立に関わったといわれる。
¶コン(生没年不詳),日文([没]応安7/文中3(1374)年)

小島宝素*　こじまほうそ
寛政9(1797)年～嘉永1(1849)年　[別]小島尚質(こじまなおかた)　江戸時代後期の幕府医師。
¶コン

小島正朗　こじままさあきら
江戸時代前期～中期の代官、大番。
¶徳代([生]元和5(1619)年　[没]宝永1(1704)年3月26日)

小島正重*　こじままさしげ
？～寛文8(1668)年　江戸時代前期の武士、治水家。関東郡代伊奈忠治の家臣。
¶徳代(生没年不詳)

小嶋正朝の姉　こじままさとものあね★
江戸時代中期の女性。和歌。旗本小嶋助左衛門正朝の姉。
¶江表(小嶋正朝の姉(東京都))

小嶋正苗の妻　こじままさなえのつま★
江戸時代後期の女性。旅日記。土居美明の娘。享和2年の旅日記「都のほり道の記」が残る。
¶江表(小嶋正苗の妻(東京都))

小島正吉　こじままさよし
安土桃山時代の北条氏政の家臣。左衛門太郎。
¶後北(正吉〔小島〕　まさよし　[没]永禄3年5月16日)

小島造酒之丞　こじまみきのじょう
⇒小島造酒之丞(こじまみきのすけ)

小島造酒之丞*　こじまみきのすけ
[別]小島造酒之丞(こじまみきのじょう)　江戸時代末期の新撰組隊士。
¶新隊(こじまみきのじょう　[生]天保7(1836)年　[没]？)

小島職鎮*　こじまもとしげ
生没年不詳　戦国時代～安土桃山時代の武士。上杉氏家臣。
¶全戦,戦武

児島基隆*　こじまもとたか
文政2(1819)年～明治20(1887)年　江戸時代末期～明治時代の画家、神職。
¶美画([没]明治20(1887)年7月28日)

小島弥太郎*　こじまやたろう
？～天正10(1582)年　[別]雲井田新兵衛(くもいだしんべえ)　安土桃山時代の武将。越後上杉氏の家臣。

¶コン, 戦武（[生]大永2（1522）年？　[没]天正10（1582）年？）

小島老鉄*　こじまろうてつ
寛政5（1793）年～嘉永5（1852）年　江戸時代末期の画家。
¶美画（[没]嘉永5（1852）年6月8日）

午寂*　ごじゃく
寛文1（1661）年～寛保1（1741）年12月21日　江戸時代前期～中期の幕臣・俳人。
¶俳文（[生]？　[没]寛保1（1741）年12月7日）

コシャマイン*
？～長禄1（1457）年　室町時代の蝦夷地東部の首長。
¶コン, 内乱, 室町, 山小

越山休蔵*　こしやまきゅうぞう
弘化3（1846）年～？　江戸時代末期の鹿児島県士族。
¶幕末

湖十〔1代〕　こじゅう
⇒森部湖十（もりべこじゅう）

湖十〔2代〕　こじゅう
⇒村瀬湖十（むらせこじゅう）

湖十〔3代〕*　こじゅう
？～安永9（1780）年7月15日　[別]深川湖十〔3代〕（ふかがわこじゅう）　江戸時代中期の俳人。
¶俳文（――〔3世〕）

湖十〔4代〕　こじゅう
⇒深川湖十〔4代〕（ふかがわこじゅう）

湖十〔5代〕　こじゅう
⇒深川湖十〔5代〕（ふかがわこじゅう）

湖十〔6代〕　こじゅう
⇒深川湖十〔6代〕（ふかがわこじゅう）

湖十〔7代〕*　こじゅう
生没年不詳　江戸時代後期の俳人。
¶俳文（――〔7世〕）

悟宗純嘉*　ごしゅうじゅんか
？～永禄3（1560）年9月20日　戦国時代の曹洞宗の僧。
¶武田

壺酒園布女　こしゅえんぬのめ
江戸時代後期の女性。狂歌。大間々町桐原の松原氏。天保4年序、黒川春村編『草庵五百人一首』に載る。
¶江表（壺酒園布女（群馬県））

呉粛胡明　ごしゅくこみょう
⇒呉粛胡明（ごしゅくこめい）

呉粛胡明*　ごしゅくこめい
[別]呉粛胡明（ごしゅくこみょう）　奈良時代の医師。
¶古人（ごしゅくこみょう　生没年不詳）, 古代

古春　こしゅん★
江戸時代末期の女性。漢詩。京都の僧で、のちに儒者に転向した安井真祐の妻。真祐は安政3年の仏教批判の書『非火葬論』の著者として知られる。
¶江表（古春（京都府））

湖春　こしゅん
⇒北村湖春（きたむらこしゅん）

呉春*　ごしゅん
宝暦2（1752）年～文化8（1811）年　[別]月渓（げっけい），松村月渓（まつむらげっけい），松村呉春（まつむらごしゅん）　江戸時代中期～後期の画家。
¶江人（松村月渓　まつむらげっけい）, コン（松村月渓　まつむらげっけい）, 俳文（月渓　げっけい　[没]文化8（1811）年7月17日）, 美画（松村呉春　まつむらごしゅん　[生]宝暦2（1752）年3月15日　[没]文化8（1811）年7月17日）, 山小（[生]1752年3月15日　[没]1811年7月17日）

呉筍　ごじゅん★
江戸時代末期～大正時代の女性。俳諧・書。松山藩藩士花山惣蔵の母。大正4年、古香洞柴雄輔写本の「松嶺俳諧人名録」に載る。
¶江表（呉筍（山形県））

呉浚明　ごしゅんめい
⇒五十嵐浚明（いがらししゅんめい）

湖照*　こしょう
生没年不詳　[別]湖照（におてる）　江戸時代中期の俳人。
¶俳文（におてる）

虎杖 (1)　こじょう
⇒中山来助〔4代〕（なかやまらいすけ）

虎杖 (2)　こじょう
⇒宮本虎杖（みやもとこじょう）

五升庵蝶夢　ごしょうあんちょうむ
⇒蝶夢（ちょうむ）

五条院*　ごじょういん
弘長2（1262）年～永仁2（1294）年　[別]懌子内親王（えきしないしんのう，よしこないしんのう）　鎌倉時代後期の女性。後嵯峨天皇の第3皇女。
¶天皇, 天皇（懌子内親王　えきしないしんのう　[生]文永1（1264）年　[没]永仁4（1296）年11月25日）

後成恩寺関白　ごじょうおんじかんぱく
⇒一条兼良（いちじょうかねよし）

五条兼永*　ごじょうかねなが
生没年不詳　[別]兼永（かねなが）　平安時代中期の刀工。三条宗近の子有国の子。
¶古人, コン, 美工

五条経子　ごじょうきょうこ
⇒五条経子（ごじょうつねこ）

五条国永*　ごじょうくになが
生没年不詳　[別]国永（くになが）　平安時代中期の刀工。三条宗近を祖とする三条派の刀工。兼永の子。
¶古人, コン, 美工

小少将* (1)　こしょうしょう
生没年不詳　平安時代中期の女房。後冷泉天皇皇后藤原寛子に仕える。
¶古人

小少将* (2)　こしょうしょう
生没年不詳　平安時代中期～後期の女房。一条天皇中宮彰子に仕える。
¶古人

小少将* (3)　こしょうしょう
生没年不詳　戦国時代～安土桃山時代の女性。朝

倉義景の側室。
¶女史

呉祥瑞　ごしょうずい
⇒祥瑞五郎太夫(しょんずいごろうだゆう)

五条季長*　ごじょうすえなが
文永2(1265)年～正和2(1313)年3月2日　鎌倉時代後期の公卿(非参議)。参議五条長経の長男。
¶公卿, 公家(季長〔五条家〕　すえなが)

小城宗一郎*　こじょうそういちろう
弘化4(1847)年～？　江戸時代末期の鹿児島県士族。
¶幕末

五条高長*　ごじょうたかなが
承元4(1210)年～弘安8(1285)年　鎌倉時代前期～後期の公卿。
¶公家(高長〔五条家〕　たかなが　[生]1208年　[没]弘安7(1284)年11月27日)

五条為適　ごじょうためあつ
⇒五条為適(ごじょうためゆく)

五条為徳　ごじょうためえ
⇒五条為徳(ごじょうためのり)

五条為賢*　ごじょうためかた
？～長禄2(1458)年8月15日　室町時代の公卿(参議)。参議五条為清の子。
¶公卿, 公家(為賢〔五条家〕　ためかた)

五条為清*　ごじょうためきよ
？～嘉吉2(1442)年10月29日　室町時代の公卿(参議)。非参議五条為視の曽孫。
¶公卿, 公家(為清〔五条家〕　ためきよ)

五条為定*　ごじょうためさだ
文化1(1804)年～文久2(1862)年　江戸時代末期の公家(権中納言)。権大納言五条為徳の孫。
¶公卿([生]文化1(1804)年6月6日　[没]文久2(1862)年2月4日), 公家(為定〔五条家〕　ためさだ　[生]文化1(1804)年6月6日　[没]文久2(1862)年2月4日), 幕末([生]文化1(1804)年6月6日　[没]文久2(1862)年2月3日)

五条為学　ごじょうためざね
⇒五条為学(ごじょうためたか)

五条為実*　ごじょうためざね
文永3(1266)年～元弘3/正慶2(1333)年　鎌倉時代後期の公卿(参議)。権大納言藤原為氏の四男。
¶公卿([没]？), 公家(為実〔御子左2・二条・五条家(絶家)〕　ためざね　[生]？　[没]正慶2(1333)年7月2日)

五条為栄*　ごじょうためしげ
天保13(1842)年～明治30(1897)年7月16日　江戸時代末期～明治時代の公家。禁門の変で長州軍のために画策、参朝停止になる。後、陸軍少将。
¶幕末([生]天保13(1842)年3月21日)

五条為学*　ごじょうためたか
文明4(1472)年～天文12(1543)年　[別]五条為学(ごじょうためざね, ごじょうためのり)　戦国時代の公卿(権大納言)。参議五条為賢の孫。
¶公卿([没]天文12(1543)年6月30日), 公家(為学〔五条家〕　ためざね　[没]天文12(1543)年6月30日)

五条為嗣*　ごじょうためつぐ
正応4(1291)年～正平10/文和4(1355)年3月　鎌倉時代後期～南北朝時代の公卿(参議)。権大納言藤原為氏の孫。
¶公卿([没]文和4/正平10(1355)年3月), 公家(為嗣〔御子左2・二条・五条家(絶家)〕　ためつぐ　[没]文和4(1355)年3月)

五条為経*　ごじょうためつね
天文21(1552)年～元和1(1615)年7月23日　安土桃山時代～江戸時代前期の公家(権中納言)。権中納言五条為康の子。
¶公卿, 公家(為経〔五条家〕　ためつね)

五条為俊*　ごじょうためとし
寛保1(1741)年3月30日～天明3(1783)年5月8日　江戸時代中期の公家(非参議)。権中納言五条為成の子。
¶公卿, 公家(為俊〔五条家〕　ためとし　[生]元文6(1741)年3月30日)

五条為成*　ごじょうためなり
享保1(1716)年8月1日～宝暦9(1759)年10月22日　江戸時代中期の公家(権中納言)。権大納言五条為範の長男。
¶公卿, 公家(為成〔五条家〕　ためなり)

五条為庸*　ごじょうためのぶ
元和5(1619)年6月23日～延宝5(1677)年　江戸時代前期の公家(権大納言)。権中納言五条為適の子。
¶公卿([没]延宝5(1677)年11月2日), 公家(為庸〔五条家〕　ためのぶ　[没]延宝5(1677)年11月2日)

五条為学　ごじょうためのり
⇒五条為学(ごじょうためたか)

五条為徳*　ごじょうためのり
宝暦13(1763)年11月18日～文政6(1823)年8月23日　[別]五条為徳(ごじょうためえ)　江戸時代中期～後期の公家(権大納言)。非参議五条為俊の子。
¶公卿, 公家(為徳〔五条家〕　ためのり)

五条為範*　ごじょうためのり
元禄1(1688)年8月29日～宝暦4(1754)年　江戸時代中期の公家(権大納言)。権大納言五条為庸の孫。
¶公卿([没]宝暦4(1754)年閏2月21日), 公家(為範〔五条家〕　ためのり　[没]宝暦4(1754)年閏2月21日)

五条為康*　ごじょうためやす
文亀1(1501)年～永禄6(1563)年　戦国時代の公卿(権中納言)。権大納言五条為学の子。
¶公卿([没]永禄6(1563)年10月22日), 公家(為康〔五条家〕　ためやす　[没]永禄6(1563)年10月22日)

五条為適*　ごじょうためゆく
慶長2(1597)年4月22日～承応1(1652)年2月24日　[別]五条為適(ごじょうためあつ)　江戸時代前期の公家(権中納言)。権中納言五条為経の子。
¶公卿, 公家(為適〔五条家〕　ためゆき　[没]慶安5(1652)年2月24日)

五条為視*　ごじょうためよし
正応4(1291)年～正平17/貞治1(1362)年7月29日　鎌倉時代後期～南北朝時代の公卿(非参議)。非参議五条季長の次男。
¶公卿([没]貞治1/正平17(1362)年7月29日), 公家(為視〔五条家〕　ためみ　[没]康安2(1362)年7月29日)

五条経子*　ごじょうつねこ
[別]五条経子(ごじょうきょうこ, ごじょうひさこ)　江戸時代中期の女性。霊元天皇の宮人。
¶天皇(ごじょうきょうこ・ひさこ　[生]延宝1(1673)年12月11日　[没]？)

壺裳亭織子　こしょうていおりこ
江戸時代後期の女性。狂歌。山田郡上久方の青木

氏。天保4年序、黒川春村編『草庵五百人一首』に載る。
¶江表(壺裳亭織子(群馬県))

古庄虎二* こしょうとらじ
天保9(1838)年～明治31(1898)年 [別]古庄虎二(ふるしょうとらじ) 江戸時代末期～明治時代の庄屋。
¶幕末(ふるしょうとらじ [没]明治31(1898)年5月15日)

五条長経* ごじょうながつね
仁治3(1242)年～正和4(1315)年2月28日 鎌倉時代後期の公卿(参議)。五条家の祖。式部大輔高辻高長の子。
¶公卿,公家(長経〔五条家〕 ながつね)

五条長敏* ごじょうながとし
正平1/貞和2(1346)年～応永31(1424)年12月11日 南北朝時代～室町時代の公卿(参議)。非参議五条康長の子。
¶公卿([生]貞和2/正平1(1346)年),公家(長敏〔坊城家(絶家)〕 ながとし)

五条長冬* ごじょうながふゆ
?～延元4/暦応2(1339)年12月23日 鎌倉時代後期～南北朝時代の公卿(非参議)。非参議五条季長の長男。
¶公卿([没]暦応2/延元4(1339)年12月23日),公家(長冬〔坊城家(絶家)〕 ながふゆ [没]暦応2(1339)年12月23日)

五条乙前 ごじょうのおとまえ
⇒乙前(おとまえ)

五条后 ごじょうのきさき
⇒藤原順子(ふじわらのじゅんし)

五条三位 ごじょうのさんみ
⇒藤原俊成(ふじわらのとしなり)

五条経子 ごじょうひさこ
⇒五条経子(ごじょうつねこ)

五条寛子* ごじょうひろこ
享保3(1718)年～? 江戸時代中期の女性。中御門天皇の宮人。
¶天皇([生]享保3(1718)年3月19日)

五条康長* ごじょうやすなが
?～正平21/貞治5(1366)年6月9日 南北朝時代の公卿(非参議)。非参議五条長冬の子。
¶公卿([没]貞治5/正平21(1366)年6月9日),公家(康長〔坊城家(絶家)〕 やすなが [没]貞治5(1366)年6月9日)

五条庸子* ごじょうようこ
万治3(1660)年～天和3(1683)年 江戸時代前期の女性。霊元天皇の宮人。
¶天皇([生]万治3(1660)年4月19日 [没]天和3(1683)年8月5日)

五条頼元* ごじょうよりもと
正応3(1290)年～正平22/貞治6(1367)年 鎌倉時代後期～南北朝時代の廷臣。後醍醐天皇の臣。
¶コン([生]正応4(1291)年),室町

コショロ
江戸時代前期の女性。ジャガタラ文。素性は不明で、コショロは洗礼名。
¶江表(コショロ(長崎県))

呉祥瑞 ごしょんずい
⇒祥瑞五郎太夫(しょんずいごろうだゆう)

後白河院 ごしらかわいん
⇒後白河天皇(ごしらかわてんのう)

後白河院京極 ごしらかわいんのきょうごく
⇒京極(きょうごく)

後白河天皇* ごしらかわてんのう
大治2(1127)年9月11日～建久3(1192)年3月13日 [別]後白河院(ごしらかわいん),後白河法皇(ごしらかわほうおう),雅仁親王(まさひとしんのう)
平安時代後期の第77代の天皇(在位1155～1158)。鳥羽天皇と待賢門院の第4皇子。保元の乱で崇徳上皇、藤原頼長を除き、院政を開始。平治の乱で台頭した平清盛と結んで政権の安定をはかった。のち平氏と対立し一時幽閉されたが、今度は源氏と接近し平氏を滅ぼし、院政を継続した。
¶古人,コン,詩作,思想,天皇,中世(後白河法皇 ごしらかわほうおう),内乱,日文,平家(後白河院 ごしらかわいん),山小([生]1127年9月11日 [没]1192年3月13日)

後白河法皇 ごしらかわほうおう
⇒後白河天皇(ごしらかわてんのう)

午心* ごしん
?～文化14(1817)年 [別]岩波午心(いわなみごしん) 江戸時代後期の俳人。
¶俳文([没]文化14(1817)年1月13日)

後深心院殿 ごしんいんどの
⇒近衛道嗣(このえみちつぐ)

鼓吹の娘 こすいのむすめ⋆
江戸時代中期の女性。俳諧。湯町の俳人鼓吹の娘。明和3年の「蛍塚集」に載る。
¶江表(鼓吹の娘(熊本県))

後崇光院 ごすうこういん
⇒貞成親王(さだふさしんのう)

木末 こずえ
江戸時代後期の女性。俳諧。備中笠岡の俳人桃二の妻。五十嵐浜藻編『八重山吹』によると、文化6年に浜藻が笠岡を訪ね、木末と両吟半歌仙を巻いている。
¶江表(木末(岡山県))

小椙一笑*(小杉一笑) こすぎいっしょう
承応2(1653)年～元禄1(1688)年 [別]一笑(いっしょう) 江戸時代前期の俳人(蕉門)。
¶俳文(一笑 いっしょう [没]元禄1(1688)年12月6日)

小杉玄適* こすぎげんてき
享保15(1730)年～寛政3(1791)年 江戸時代中期の漢方医。日本初の公許による解剖を実現。
¶江人,科学([没]寛政3(1791)年1月7日),コン([生]享保19(1734)年)

小杉監物* こすぎけんもつ
文化5(1808)年～明治2(1869)年 江戸時代末期の古河藩家老。
¶幕末

小杉榲邨* こすぎすぎむら
天保5(1834)年12月30日～明治43(1910)年3月29日 江戸時代末期～明治時代の国文学者、歌人、阿波徳島藩士。
¶コン,幕末([生]天保5(1835)年12月30日)

小杉雅之進* こすぎまさのしん
天保14（1843）年10月1日〜明治42（1909）年8月21日　江戸時代後期〜明治時代の船舶技術者。
¶全幕（生没年不詳），幕末

小助川直記光輝の母 こすけがわなおきみつてるのはは*
江戸時代後期〜末期の女性。書簡。矢島藩生駒家の家老小助川光輝の母。
¶江表（小助川直記光輝の母（秋田県））

小菅久兵衛 こすげきゅうひょうえ
安土桃山時代の甲斐都留郡小菅の地頭。遠江守の孫か。
¶武田（生没年不詳）

小菅刑部丞 こすげぎょうぶのじょう
安土桃山時代の上野国衆小川可遊斎の家臣。
¶武田（生没年不詳）

小菅堅物 こすげけんもつ
戦国時代の武田氏の家臣。
¶武田（生没年不詳）

小菅孝之助 こすげこうのすけ
江戸時代末期〜大正の大工。
¶美建（没大正7（1918）年1月24日）

小菅五郎兵衛 こすげごろうひょうえ
安土桃山時代の都留郡北部小菅の土豪小菅氏の一門。
¶武田（生？ 没天正10（1582）年3月）

小菅次郎三郎〔1代〕 こすげじろうさぶろう
安土桃山時代の甲斐都留郡小菅の土豪。宝生寺を菩提寺とする。
¶武田（生？ 没永禄3（1560）年7月7日？）

小菅次郎三郎〔2代〕 こすげじろうさぶろう
戦国時代の甲斐都留郡北部小菅の土豪。
¶武田（生没年不詳）

小菅摂津守* こすげせっつのかみ
生没年不詳　戦国時代の武士。後北条氏家臣。
¶後北（摂津守〔小菅〕　せっつのかみ），武田

小菅蒼狐* こすげそうこ
正徳2（1712）年〜明和3（1766）年　別蒼狐（そうこ）　江戸時代中期の俳人。
¶俳文（蒼狐　そうこ　没明和3（1766）年11月6日）

小菅知淵*（小菅智淵）こすげともひろ
生*〜明治21（1888）年　江戸時代後期〜明治時代の武士、軍人。
¶徳人（小菅智淵　生1832年），幕末（小菅智淵　生天保3（1832）年11月25日　没明治21（1888）年12月18日）

小菅信景 こすげのぶかげ
室町時代〜戦国時代の甲斐都留郡小菅の土豪。
¶武田（生没年不詳）

小菅信久 こすげのぶひさ
室町時代〜戦国時代の甲斐都留郡小菅の土豪。
¶武田（生没年不詳）

小菅正武* こすげまさたけ
慶長19（1614）年〜元禄1（1688）年　江戸時代前期の勘定奉行。
¶徳人（生1616年）

小菅正親* こすげまさちか
天和3（1683）年〜延享3（1746）年　江戸時代中期の旗本、作事奉行。
¶徳人

後崇光院 ごすこういん
⇒貞成親王（さだふさしんのう）

後崇光太上天皇 ごすこうだじょうてんのう
⇒貞成親王（さだふさしんのう）

後朱雀天皇* ごすざくてんのう
寛弘6（1009）年〜寛徳2（1045）年1月18日　平安時代中期の第69代の天皇（在位1036〜1045）。一条天皇の第3皇子。
¶古人、コン、天皇（寛弘6（1009）年11月25日）、山小（生1009年11月25日　没1045年1月18日）

小鈴 こすず*
江戸時代後期の女性。和歌。三河碧海郡提村の刈谷藩藩医で国学者、歌人村上思順の娘。
¶江表（小鈴（愛知県）　没天保9（1838）年）

牛頭天王*（牛頭天皇）ごずてんのう
別武塔天神（むとうてんじん）　祇園系神社で祭られる祭神。
¶思想、山小（牛頭天皇）

小津由 こずゆ*
江戸時代末期の女性。俳諧。盛岡付近で幕末に活躍した野辺地城の娘。慶応3年序、辻嵐外23回忌追善の於曽此一編「花のちり」に載る。
¶江表（小津由（岩手県））

小鶴 こずる*
江戸時代後期の女性。俳諧・書。長門長府藩藩士中川好一の娘か。
¶江表（小鶴（山口県）　生文化10（1813）年　没文政2（1819）年）

巨勢有家 こせありいえ
⇒巨勢有家（こせのありいえ）

古声* こせい
延享3（1746）年12月25日〜文政8（1825）年9月11日　江戸時代中期〜後期の俳人。
¶俳文

梧生 ごせい*
江戸時代後期の女性。俳諧。相模大磯の人。享和1年刊、倉田葛三編『風やらい』に載る。
¶江表（梧生（神奈川県））

吾税児* ごぜいじ
奈良時代の唐人。
¶古代

巨勢金岡 こせかなおか
⇒巨勢金岡（こせのかなおか）

小関三英* こせきさんえい、こぜきさんえい
天明7（1787）年〜天保10（1839）年　別小関三英（おぜきさんえい）　江戸時代後期の蘭学者。
¶江人、科学（生天明7（1787）年6月11日　没天保10（1839）年5月17日）、コン（おぜきさんえい）、思想、対外、徳人、山小（生1787年6月11日　没1839年5月17日）

巨勢惟久 こせこれひさ
⇒巨勢惟久（こせのこれひさ）

巨勢識人 こせしきひと
⇒巨勢識人（こせのしきひと）

巨勢親王　こせしんのう
⇒巨勢親王（こぜのしんのう）

五姓田芳柳〔1代〕　ごせだほうりゅう
文政10（1827）年～明治25（1892）年　江戸時代末期～明治時代の洋画家。
¶浮絵，コン（代数なし），美画（[生]文政10（1827）年2月1日　[没]明治25（1892）年2月1日）

巨勢為時*　こせためとき
生没年不詳　[別]巨勢為時（こせのためとき）　平安時代中期の漢詩人。
¶古人（こせのためとき）

五節*　ごせち
生没年不詳　平安時代中期の女房。三条天皇皇后藤原妍子に仕える。
¶古人

五節君*　ごせちのきみ
生没年不詳　平安時代中期の女房。
¶古人

小瀬伝左衛門　こせでんざえもん
⇒鵜飼幸吉（うがいこうきち）

巨勢利啓*　こせとしのり
？～明和2（1765）年7月4日　江戸時代中期の幕臣・歌人。
¶徳人

巨勢有久　こせともひさ
⇒巨勢有久（こせのありひさ）

巨勢有康*　こせともやす
[別]巨勢有康（こせのありやす，こせのともやす）　南北朝時代の画家。
¶美画（こせのともやす　生没年不詳）

巨勢相覧　こせのあいみ
⇒巨勢相覧（こせのおうみ）

巨勢朝臣宿奈麻呂　こせのあそみすくなまろ
⇒巨勢宿奈麻呂（こせのすくなまろ）

巨勢朝臣豊人　こせのあそみとよひと
⇒巨勢豊人（こせのとよひと）

巨勢朝臣奈氐麻呂　こせのあそみなでまろ
⇒巨勢奈弖麻呂（こせのなでまろ）

巨勢朝臣馬主*　こせのあそんうまぬし
[別]巨勢馬主（こせのうまぬし）　奈良時代の官人。
¶古人（巨勢馬主　こせのうまぬし　生没年不詳），古代

巨勢朝臣邑治　こせのあそんおおじ
⇒巨勢邑治（こせのおおじ）

巨勢朝臣金岡　こせのあそんかなおか
⇒巨勢金岡（こせのかなおか）

巨勢朝臣浄成　こせのあそんきよなり
⇒巨勢浄成（こせのきよなり）

巨勢朝臣子邑治*　こせのあそんこおおじ
生没年不詳　[別]巨勢子邑治（こせのこおおじ），巨勢子祖父（こせのこおじ）　奈良時代の官人。
¶古人（巨勢子祖父　こせのこおじ），古代

巨勢朝臣古麻呂*　こせのあそんこまろ
[別]巨勢古麻呂（こせのこまろ）　奈良時代の官人。
¶古人（巨勢古麻呂　こせのこまろ　生没年不詳），古代

巨勢朝臣紫檀　こせのあそんしたの
⇒巨勢紫檀（こせのしたの）

巨勢朝臣少麻呂　こせのあそんすくなまろ
⇒巨勢宿奈麻呂（こせのすくなまろ）

巨勢朝臣堺麻呂　こせのあそんせきまろ
⇒巨勢堺麻呂（こせのせきまろ）

巨勢朝臣多益須　こせのあそんたやす
⇒巨勢多益須（こせのたやす）

巨勢朝臣豊人　こせのあそんとよひと
⇒巨勢豊人（こせのとよひと）

巨勢朝臣奈氐麻呂　こせのあそんなてまろ
⇒巨勢奈弖麻呂（こせのなでまろ）

巨勢朝臣野足　こせのあそんのたり
⇒巨勢野足（こせののたり）

巨勢朝臣総成*　こせのあそんふさなり
[別]巨勢総成（こせのふさなり）　奈良時代の官人。
¶古人（巨勢総成　こせのふさなり　生没年不詳），古代

巨勢朝臣文雄　こせのあそんふみお
⇒巨勢文雄（こせのふみお）

巨勢朝臣真人*　こせのあそんまひと
[別]巨勢真人（こせのまひと）　奈良時代の官人。
¶古人（巨勢真人　こせのまひと　生没年不詳），古代

巨勢朝臣麻呂　こせのあそんまろ
⇒巨勢麻呂（こせのまろ）

巨勢有家*　こせのありいえ
生没年不詳　[別]巨勢有家（こせありいえ）　鎌倉時代の画家。
¶美画

巨勢有久*　こせのありひさ
生没年不詳　[別]巨勢有久（こせともひさ，こせのともひさ）　鎌倉時代後期の宮廷絵所絵師、巨勢派、壱岐守。
¶美画

巨勢有康　こせのありやす
⇒巨勢有康（こせともやす）

巨勢粟持　こせのあわもち
飛鳥時代の官人。
¶古人（生没年不詳）

巨勢池長　こせのいけなが
奈良時代の官人。
¶古人（生没年不詳）

許勢稲持　こせのいなもち
⇒許勢臣稲持（こせのおみいなもち）

巨勢馬主　こせのうまぬし
⇒巨勢朝臣馬主（こせのあそんうまぬし）

巨勢邑治　こせのおうじ
⇒巨勢邑治（こせのおおじ）

巨勢相覧*（巨勢相見）　こせのおうみ
生没年不詳　[別]巨勢相覧（こせのあいみ）　平安時代中期の宮廷絵師。巨勢金岡の子とされる。
¶古人，美画

巨勢大海*　こせのおおあま
生没年不詳　飛鳥時代の官人。

¶コン

巨勢邑治* こせのおおじ
?～神亀1(724)年 [別]巨勢朝臣邑治(こせのあそんおおじ),巨勢邑治(こせのおうじ),巨勢祖父(こせのおふじ) 飛鳥時代～奈良時代の官人(中納言・遣唐使)。左大臣巨勢徳太の孫。
¶公卿(巨勢祖父 こせのおふじ [没]神亀1(724)年6月5日),古人,古代(巨勢朝臣邑治 こせのあそんおおじ),コン,対外

許勢小柄宿禰* こせのおからのすくね
上代の武内宿禰の子。
¶古代

巨勢男人*(許勢男人) こせのおひと
?～継体23(529)年9月 上代の豪族(大臣)。武内宿禰の子雄(小)柄宿禰の四世の孫。
¶公卿([没]継体天皇23(529)年),古人(許勢男人),古代(許勢男人),古物(許勢男人),コン

巨勢祖父 こせのおふじ
⇒巨勢邑治(こせのおおじ)

許勢臣稲持* こせのおみいなもち
生没年不詳 [別]許勢稲持(こせのいなもち) 飛鳥時代の廷臣。
¶古代

巨勢臣薬* こせのおみくすり
[別]巨勢薬(こせのくすり) 飛鳥時代の遣唐学生。
¶古代

許勢臣猿 こせのおみさる
⇒巨勢猿(こせのさる)

巨勢臣徳太 こせのおみとこだ
⇒巨勢徳太古(こせのとこたこ)

巨勢臣人 こせのおみひと
⇒巨勢人(こせのひと)

巨勢金岡* こせのかなおか
生没年不詳 [別]巨勢金岡(こせかなおか),巨勢朝臣金岡(こせのあそんかなおか) 平安時代前期の絵師。巨勢派の祖。
¶古人,古代(巨勢朝臣金岡 こせのあそんかなおか),コン,美画,山小

許勢奇麻* こせのがま
上代の武士。百済聖明王の臣。
¶古代

巨勢君成 こせのきみなり
奈良時代の官人。
¶古人(生没年不詳)

巨勢浄成* こせのきよなり
生没年不詳 [別]巨勢朝臣浄成(こせのあそんきよなり) 奈良時代の官吏。
¶古人,古代(巨勢朝臣浄成 こせのあそんきよなり)

巨勢公忠* こせのきんただ
生没年不詳 平安時代中期の絵所絵師。
¶古人,コン,美画

巨勢公望* こせのきんもち
生没年不詳 平安時代中期の宮廷画家。
¶古人,美画

巨勢薬 こせのくすり
⇒巨勢臣薬(こせのおみくすり)

巨勢黒麻呂* こせのくろまろ
生没年不詳 飛鳥時代の廷臣(中納言)。左大臣巨勢徳太の子。
¶公卿

巨勢子邑治 こせのこおおじ
⇒巨勢朝臣子邑治(こせのあそんこおおじ)

巨勢子祖父 こせのこおじ
⇒巨勢朝臣子邑治(こせのあそんこおおじ)

巨勢古麻呂 こせのこまろ
⇒巨勢朝臣古麻呂(こせのあそんこまろ)

巨勢惟久* こせのこれひさ
生没年不詳 [別]巨勢惟久(こせこれひさ),惟久(これひさ) 鎌倉時代後期～南北朝時代の画家。
¶コン(惟久 これひさ),美画

巨勢界麻呂(巨勢境麻呂) こせのさかいまろ
⇒巨勢堺麻呂(こせのせきまろ)

巨勢猿*(許勢猿) こせのさる
[別]許勢臣猿(こせのおみさる) 上代の学者。
¶古人(許勢猿 生没年不詳),古代(許勢臣猿 こせのおみさる)

巨勢識人* こせのしきひと
延暦14(795)年?～? [別]巨勢識人(こせしきひと) 平安時代前期の詩人。
¶詩作

巨勢紫檀* こせのしたの
?～天武14(685)年 [別]巨勢朝臣紫檀(こせのあそんしたの) 飛鳥時代の官人。東国国司の次官。
¶古代(巨勢朝臣紫檀 こせのあそんしたの),コン

巨勢島人* こせのしまひと
生没年不詳 平安時代前期の官人。
¶古人

巨勢島村 こせのしまむら
⇒巨勢斐太島村(こせのひだのしまむら)

巨勢親王* こぜのしんのう
?～元慶6(882)年 [別]巨勢親王(こせしんのう) 平安時代前期の平城天皇の第4皇子。
¶古人(こせしんのう)

巨勢宿奈麻呂*(巨勢少麻呂) こせのすくなまろ
生没年不詳 [別]巨勢朝臣宿奈麻呂(こせのあそみすくなまろ),巨勢朝臣少麻呂(こせのあそんすくなまろ) 奈良時代の官人、少納言。
¶古人(巨勢少麻呂),古代(巨勢朝臣少麻呂 こせのあそんすくなまろ),コン

巨勢堺麻呂* こせのせきまろ
?～天平宝字5(761)年 [別]巨勢朝臣堺麻呂(こせのあそんせきまろ),巨勢界麻呂,巨勢境麻呂(こせのさかいまろ) 奈良時代の官人(参議)。左大臣巨勢徳太の曽孫。
¶公卿([没]天平宝字5(761)年4月1日),古人(巨勢境麻呂 こせのさかいまろ),古代(巨勢朝臣堺麻呂 こせのあそんせきまろ)

巨勢孝秀* こせのたかひで
生没年不詳 平安時代中期の陰陽寮の官人。
¶古人

巨勢孝行 こせのたかゆき
平安時代後期の官人。
¶古人(生没年不詳)

こせのた　　　　　　　878

巨勢為時　こせのためとき
　⇒巨勢為時（こせためとき）

巨勢多益須　こせのたやかす
　⇒巨勢多益須（こせのたやす）

巨勢多益須*　こせのたやす
　天智天皇2（663）年～和銅3（710）年　例巨勢朝臣多益須（こせのあそんたやす），巨勢多益須（こせのたやかす）　飛鳥時代の官人。わが国最初の判事。
　¶古人（生没年不詳），古代（巨勢朝臣多益須　こせのあそんたやす），コン（⊕天智2（663）年）

巨勢野足　こせのたり
　⇒巨勢野足（こせののたり）

巨勢足人　こせのたるひと
　奈良時代の官人。
　¶古人（生没年不詳）

巨勢徳太古（巨勢徳陀古）　こせのとくたこ，こせのとくだこ
　⇒巨勢徳太古（こせのとこたこ）

巨勢徳　こせのとこ
　⇒巨勢徳太古（こせのとこたこ）

巨勢徳太　こせのとこだ
　⇒巨勢徳太古（こせのとこたこ）

巨勢徳太古*（巨勢徳陀古）　こせのとこたこ，こせのとこだこ
　？～斉明天皇4（658）年　例巨勢臣徳太（こせのおみとこだ），巨勢徳太古，巨勢徳陀古（こせのとくたこ，こせのとくだこ），巨勢徳（こせのとこ），巨勢徳太（こせのとこだ）　飛鳥時代の廷臣（左大臣）。武内宿禰の子雄（小）柄宿禰の七世の孫。
　¶公卿（巨勢徳　こせのとこ　⊕斉明天皇4（658）年1月），古人（巨勢徳太　こせのとこだ　⊕600年），古代（巨勢臣徳太　こせのおみとこだ　⊕593年），古物（巨勢徳太　こせのとこだ）⊕斉明天皇4（658）年），コン（巨勢徳太　こせのとこだ　⊕斉明天皇4（658）年）

巨勢徳禰臣*　こせのとこねのおみ
　飛鳥時代の官人。
　¶古代

巨勢利明　こせのとしあき
　平安時代中期の官人。
　¶古人（生没年不詳）

巨勢友高　こせのともたか
　平安時代後期の唐通事。
　¶古人（生没年不詳）

巨勢有久　こせのともひさ
　⇒巨勢有久（こせのありひさ）

巨勢有康　こせのともやす
　⇒巨勢有康（こせともやす）

巨勢豊人*　こせのとよひと
　例巨勢朝臣豊人（こせのあそみとよひと，こせのあそんとよひと）　奈良時代の万葉歌人。
　¶古代（巨勢朝臣豊人　こせのあそんとよひと）

巨勢苗麻呂　こせのなえまろ
　奈良時代の官人。
　¶古人（⊕？　⊕787年）

巨勢夏井*　こせのなつい
　生没年不詳　平安時代前期の官人。
　¶古人

巨勢奈弓麻呂*（巨勢奈氏麻呂，巨勢奈底麻呂）　こせのなでまろ，こせのなてまろ
　？～天平勝宝5（753）年　例巨勢朝臣奈氏麻呂（こせのあそみなでまろ，こせのあそんなてまろ）　飛鳥時代～奈良時代の官人（大納言）。巨勢大海の孫。
　¶公卿（⊕天智天皇4（665）年　⊕天平勝宝5（753）年3月30日），古人（巨勢奈氏麻呂　こせのあそんなてまろ　⊕665年），古代（巨勢朝臣奈氏麻呂　こせのあそんなてまろ　⊕670年？），コン（こせのなてまろ）

巨勢野足　こせのぬたり
　⇒巨勢野足（こせののたり）

巨勢野足*　こせののたり
　天平勝宝1（749）年～弘仁7（816）年12月14日　例巨勢朝臣野足（こせのあそんのたり），巨勢野足（こせのたり，こせのぬたり）　奈良時代～平安時代前期の公卿（中納言）。参議巨勢堺麻呂の孫。
　¶公卿（⊕天平21（749）年），古人（こせののたり），古代（巨勢朝臣野足　こせのあそんのたり），コン（こせのぬたり）

巨勢信実　こせののぶざね
　平安時代中期の官人。
　¶古人（生没年不詳）

巨勢信茂*　こせののぶしげ
　平安時代の画家。
　¶古人（生没年不詳）

巨勢檍田荒人　こせのひだのあらひと
　⇒巨勢檍田臣荒人（こせのひだのおみあらひと）

巨勢檍田臣荒人*　こせのひだのおみあらひと
　生没年不詳　例巨勢檍田荒人（こせのひだのあらひと）　飛鳥時代の土木技術者。
　¶古代

巨勢斐太島村*　こせのひだのしまむら
　生没年不詳　例巨勢島村（こせのしまむら）　奈良時代の官吏。
　¶古人（巨勢島村　こせのしまむら）

巨勢人*（巨勢毘登）　こせのひと
　生没年不詳　例巨勢臣人（こせのおみひと），巨勢人卿（こせのひとのまへつきみ）　飛鳥時代の官人。
　¶公卿（巨勢毘登），古人（巨勢比等），古代（巨勢臣人　こせのおみひと），古物，コン

巨勢人卿　こせのひとのまへつきみ
　⇒巨勢人（こせのひと）

巨勢広貴　こせのひろき
　⇒巨勢弘高（こせのひろたか）

巨勢弘高*（巨勢広貴）　こせのひろたか
　生没年不詳　例巨勢広貴（こせのひろき）　平安時代の宮廷絵師，絵所。
　¶古人（巨勢広貴　こせのひろき），コン，美画

巨勢広足　こせのひろたり
　奈良時代の官人。
　¶古人（生没年不詳）

巨勢広山　こせのひろやま
　奈良時代の官人。
　¶古人（生没年不詳）

巨勢村信意　こせのぶおき
　戦国時代の武田氏の家臣。
　¶武田（⊕？　⊕明応3（1494）年3月26日）

巨勢総成 こせのふさなり
⇒巨勢朝臣総成（こせのあそんふさなり）

巨勢信乗 こせのぶのり
戦国時代の武田氏の家臣。
¶武田（生没年不詳）

巨勢文雄* こせのふみお
天長1（824）年～寛平4（892）年 [別]巨勢朝臣文雄（こせのあそんふみお） 平安時代前期の官人、文章博士、大学頭。
¶古人, 古代（巨勢朝臣文雄 こせのあそんふみお）, コン（生没年不詳）

巨勢文任 こせのふみとう
平安時代中期の官人。
¶古人（生没年不詳）

巨勢真人 こせのまひと
⇒巨勢朝臣真人（こせのあそんまひと）

巨勢麻呂* こせのまろ
？～養老1（717）年 [別]巨勢朝臣麻呂（こせのあそんまろ） 飛鳥時代～奈良時代の廷臣（中納言）。巨勢尾与の四世孫。
¶公卿（[没]養老1（717）年1月21日）, 古人, 古代（巨勢朝臣麻呂 こせのあそんまろ）, コン

巨勢宗茂* こせのむねしげ
生没年不詳 平安時代後期の画家。
¶古人, コン, 美画

巨勢行忠* こせのゆきただ
生没年不詳 [別]巨勢行忠（こせゆきただ） 室町時代の巨勢派の絵師。有久の子。
¶美画

小勢見太夫* こせみたいゆう
文政10（1827）年～明治11（1878）年 江戸時代末期～明治時代の浄瑠璃語り。土佐浄瑠璃界の第2期創始者の一人。
¶幕末（[没]明治11（1878）年1月30日）

巨勢村信賢 こせむらのぶかた
戦国時代の武田氏の家臣。武田信満の子。
¶武田（[生]？ [没]延徳1（1489）年7月12日）

巨勢行忠 こせゆきただ
⇒巨勢行忠（こせのゆきただ）

巨勢至信 こせゆきのぶ
江戸時代中期の幕臣。
¶徳人（[生]1696年 [没]1754年）

巨撰 こせん
⇒小佐川常世〔2代〕（おさがわつねよ）

小扇 こせん★
江戸時代後期の女性。俳諧。尾張大野の大黒屋利兵衛の妻。寛政4年序、娘かの編、夫の一周忌追善集『夢の秋』に載る。
¶江表（小扇（愛知県））

壺仙 こせん
江戸時代後期の俳諧作者。藤村氏。
¶俳文（生没年不詳）

固禅 こぜん
⇒裏松光世（うらまつみつよ）

呉仙 ごせん
江戸時代末期～明治時代の俳諧師。
¶俳文（[生]？ [没]明治24（1891）年10月26日）

梧泉 ごせん
⇒岩崎梧泉（いわさきごせん）

古先印元* こせんいんげん
永仁3（1295）年～文中3/応安7（1374）年1月24日 [別]印元（いんげん） 鎌倉時代後期～南北朝時代の臨済宗の僧。奥羽須賀川の普応寺を開いた。
¶コン（[没]応安7/文中3（1374）年）, 対外

吾鼠* ごそ
？～宝暦2（1752）年 江戸時代中期の俳人。
¶俳文（[生]元禄7（1694）年 [没]宝暦2（1752）年1月19日）

胡叟* こそう
生没年不詳 江戸時代中期の俳人。
¶俳文（[生]寛文5（1665）年 [没]享保20（1735）年2月5日）

胡宗憲* こそうけん
？～明・嘉靖41（1562）年 戦国時代の明の武将。績渓の人。
¶対外

五粽亭広貞* ごそうていひろさだ
生没年不詳 江戸時代後期の浮世絵師。
¶浮絵, 歌大

許率母* こそちも
生没年不詳 [別]許率母（きょそつも） 飛鳥時代の百済からの渡来人。
¶古代, 対外（きょそつも）

小曽根英四郎 こそねえいしろう
江戸時代後期～明治時代の海援隊士。
¶全幕（[生]天保11（1840）年 [没]明治23（1890）年）

小曽根乾堂* こぞねけんどう, こそねけんどう
文政11（1828）年～明治18（1885）年11月27日 江戸時代末期～明治時代の篆刻家。日本国璽、天皇御璽を石に刻した。著書に「乾堂印譜」。
¶幕末（こそねけんどう）

小曽根紅子* こそねもみこ
生没年不詳 江戸時代中期の歌人。
¶女文

小薗八郎左衛門 こそのはちろうさえもん
戦国時代の京都の商人。
¶武田（生没年不詳）

巨曽倍朝臣対馬 こそべのあそみつしま
⇒巨曽倍対馬（こそべのつしま）

巨曽倍朝臣津嶋 こそべのあそんつしま
⇒巨曽倍対馬（こそべのつしま）

社戸大口*（社部大口） こそべのおおぐち, こそべのおおくち
[別]社部臣大口（こそべのおみおおくち） 上代の武将。
¶古人（社部大口 こそべのおおくち 生没年不詳）, 古代（社部臣大口 こそべのおみおおくち）

社部臣大口 こそべのおみおおくち
⇒社戸大口（こそべのおおぐち）

社部臣訓麻呂* こそべのおみくにまろ
[別]社部訓麻呂（こそべのくにまろ） 奈良時代の地方豪族。
¶古代

社部訓麻呂　こそべのくにまろ
⇒社部臣訓麻呂（こそべのおみくにまろ）

巨曽倍対馬*（巨曽部津嶋）　こそべのつしま
[別]巨曽倍朝臣対馬（こそべのあそみつしま），巨曽倍朝臣津嶋（こそべのあそんつしま）　奈良時代の万葉歌人。
¶古人（巨曽部津嶋　生没年不詳），古代（巨曽倍朝臣津嶋　こそべのあそんつしま）

巨曽部難波麻呂　こそべのなにわまろ
奈良時代の官人。
¶古人（生没年不詳）

五大院刑部　ごだいいんぎょうぶ
江戸時代前期の高野山寺領の人。大坂の陣で籠城というが、実否不明。
¶大坂

五大院大徳　ごだいいんだいとく
⇒安然（あんねん）

後醍院真柱*　ごだいいんみはしら
文化2（1805）年12月2日～明治12（1879）年　江戸時代後期～明治時代の国学者。
¶幕末（[生]文化2（1806）年12月2日　[没]明治12（1879）年6月13日）

後醍醐天皇*　ごだいごてんのう
正応1（1288）年11月2日～延元4/暦応2（1339）年　[別]尊治親王（たかはるしんのう）　鎌倉時代後期～南北朝時代の第96代（南朝初代）の天皇（在位1318～1339）。後宇多天皇の第2皇子。院政を廃し、記録所を中心として天皇親政を目指す。のち鎌倉幕府の打倒を画策し、正中の変、元弘の変を起こし、自ら隠岐に配流されながらも、楠木正成、足利尊氏、新田義貞らにより倒幕を果たす。建武新政では天皇専制政治を標榜したが、足利尊氏を中心とした武家と対立して新政府は崩壊。吉野に逃れて尊氏の擁立した持明院統の天皇に対抗、南北朝時代を招いた。
¶コン，詩作（[没]延元4/暦応2（1339）年8月16日），思想（[没]暦応2/延元4（1339）年），天皇（[没]延元4/暦応1（1338）年），中世，内乱（[没]暦応2/延元4（1339）年），室町，山小（[生]1288年11月2日　[没]1339年8月16日）

後醍醐天皇皇女某　ごだいごてんのうこうじょぼう
[別]皇女某（こうじょぼう）　鎌倉時代後期～南北朝時代の女性。母は遊義門院左衛門督局で為忠の女。
¶天皇（皇女某　こうじょぼう）

後醍醐天皇第一皇女　ごだいごてんのうだいいちこうじょ
[別]第一皇女（だいいちこうじょ）　鎌倉時代後期の女性。母は後京極院（藤原禧子）。早世か。
¶天皇（第一皇女　だいいちこうじょ　[生]正和3（1314）年6月13日　[没]？）

後醍醐天皇第十五皇子　ごだいごてんのうだいじゅうごだいおうじ
南北朝時代の後醍醐天皇。第15皇子。
¶天皇

小大進*　こだいしん，こだいじん
生没年不詳　平安時代後期の女官、歌人。
¶古人，女史（こだいじん）

後大染金剛院殿　ごだいせんこんごういんどの
⇒二条尹房（にじょうただふさ）

五代友厚　ごだいともあつ
天保6（1835）年～明治18（1885）年　江戸時代後期～明治時代の鹿児島藩士、実業家。薩摩藩の学者五代秀堯の子。関西貿易、大阪製銅など多くの事業に関与。大阪商法会議所などの設立に尽力。大阪の恩人と呼ばれる。
¶コン，全幕，山小（[生]1835年12月26日　[没]1885年9月25日）

小大君　こだいのきみ
⇒小大君（こおおぎみ）

小平甚右衛門*　こだいらじんえもん
天保14（1843）年～明治4（1871）年5月26日　江戸時代末期～明治時代の義民。松代騒動の頭取として活躍。鳥打峠の処刑場で斬罪になる。
¶幕末（[没]明治4（1871）年7月13日）

小平季遠　こだいらすえとう
戦国時代～安土桃山時代の武将。
¶戦武（生没年不詳）

小高伊左衛門　こだかいざえもん
江戸時代後期の農家、園芸家。
¶植物（生没年不詳）

後高倉院*　ごたかくらいん
治承3（1179）年～貞応2（1223）年　[別]行助入道親王（ぎょうじょにゅうどうしんのう），後高倉上皇（ごたかくらじょうこう），後高倉法皇（ごたかくらほうおう），後高倉院（のちのたかくらいん），守貞親王（もりさだしんのう）　鎌倉時代前期の上皇。高倉天皇の第2皇子。
¶古人，コン（守貞親王　もりさだしんのう），天皇（のちのたかくらいん　[生]治承3（1179）年2月28日　[没]貞応2（1223）年5月14日），天皇（[生]治承3（1179）年2月28日　[没]貞応2（1223）年5月14日），中世，内乱（守貞親王　もりさだしんのう），平家（守貞親王　もりさだしんのう），山小（[生]1179年2月28日　[没]1223年5月14日）

後高倉上皇　ごたかくらじょうこう
⇒後高倉院（ごたかくらいん）

後高倉法皇　ごたかくらほうおう
⇒後高倉院（ごたかくらいん）

古高俊太郎*　こたかしゅんたろう，こだかしゅんたろう
文政12（1829）年～元治1（1864）年　[別]古高俊太郎（ふるたかしゅんたろう），枡屋湯浅喜右衛門（ますやゆあさきえもん）　江戸時代末期の尊攘派志士、武器商。
¶全幕（ふるたかしゅんたろう），幕末（ふるたかしゅんたろう　[生]文政12（1829）年4月6日　[没]元治1（1864）年7月20日）

小鷹狩正作*　こたかりしょうさく
文政1（1818）年～明治12（1879）年　江戸時代末期～明治時代の安芸広島藩士。
¶幕末（[生]文政1（1818）年5月12日　[没]明治12（1879）年5月23日）

小竹屋　こたけや
戦国時代の富士北口浅間神社所属の上吉田宿の御師。
¶武田（生没年不詳）

小谷伊兵衛の妻　こたにいへえのつま*
江戸時代後期の女性。和歌。天保11年成立「鷲見家短冊帖」に載る。
¶江表（小谷伊兵衛の妻（鳥取県））

小谷三志*　こだにさんし，こたにさんし
明和2（1765）年～天保12（1841）年　[別]小谷三志（おたにさんし，おだにさんし），禄行三志（ろく

ぎょうさんし）　江戸時代中期〜後期の不二道の開祖。女人富士登頂を強行。
¶コン（㊀明和1（1764）年），思想

小谷庄兵衛*　こだにしょうべえ，こたにしょうべえ
？〜慶応2（1866）年　㊺小谷庄兵衛（おたにしょうべえ）　江戸時代末期の指導的行者。
¶コン

小谷豊章の妻　こたにとよあきのつま*
江戸時代中期の女性。和歌。明和3年成立、難波玄生・清水貞固ほか撰「稲葉和歌集」に載る。
¶江表（小谷豊章の妻（鳥取県））

小田部幸吉*　こたべこうきち
文政3（1820）年〜慶応1（1865）年　江戸時代末期の水戸藩士。
¶幕末

児玉愛二郎*　こだまあいじろう
天保11（1840）年〜昭和5（1930）年　江戸時代末期〜昭和時代の長州藩士。俗論党同士と井上聞多（馨）を襲い重傷を負わせる。後宮内省図書頭。
¶幕末（㊇昭和5（1930）年2月13日）

児玉逸淵*　こだまいつえん
寛政2（1790）年〜文久1（1861）年　江戸時代末期の俳人。
¶俳文（逸淵　いつえん　㊇文久1（1861）年7月20日）

児玉円蔵*　こだまえんぞう
？〜慶応1（1865）年　江戸時代末期の僧。
¶幕末（㊇慶応1（1865）年9月6日）

児玉果亭　こだまかてい
江戸時代後期〜大正時代の日本画家。
¶美画（㊀天保12（1841）年1月30日　㊇大正2（1913）年1月9日）

児玉強之助*　こだまきょうのすけ
弘化3（1846）年〜明治10（1877）年　江戸時代末期〜明治時代の鹿児島県士族。西南戦争で7番隊長。城山陥落を聞き自刃。
¶幕末（㊇明治10（1877）年9月24日）

児玉軍治*　こだまぐんじ
天保8（1837）年〜？　江戸時代末期〜明治時代の武士。薩摩藩士。
¶幕末

児玉軍太*　こだまぐんた
嘉永4（1851）年〜昭和1（1926）年　江戸時代末期〜大正時代の萩藩士。諸隊脱藩騒動、西南の役で鎮圧に当たる。陸軍少将と成る。
¶幕末（㊀嘉永4（1851）年8月1日　㊇大正15（1926）年12月7日）

児玉源太郎　こだまげんたろう
江戸時代後期〜明治時代の徳山藩士。
¶全幕（㊀嘉永5（1852）年　㊇明治39（1906）年）

児玉源之丞*　こだまげんのじょう
？〜明治21（1888）年　㊺児玉天雨（こだまてんう）江戸時代末期〜明治時代の薩摩藩士。
¶幕末（㊀文政9（1826）年　㊇明治21（1888）年12月24日）

児玉好春*　こだまこうしゅん
慶安2（1649）年〜宝永4（1707）年　㊺好春（こうしゅん）　江戸時代前期〜中期の俳人。
¶俳文（好春　こうしゅん　㊇宝永4（1707）年7月11日）

児玉光之進*　こだまこうのしん
弘化3（1846）年〜慶応2（1866）年　㊺児玉光之進（こだまみつのしん）　江戸時代末期の長州（萩）藩士。
¶幕末（㊇慶応2（1866）年6月17日）

児玉小民部*　こだまこみんぶ
天保4（1833）年〜明治39（1906）年　江戸時代末期〜明治時代の萩藩大組頭。禁門の変で遊撃軍を率い、四境の役で私財を投じ戦う。
¶幕末（㊀天保4（1833）年9月21日　㊇明治39（1906）年3月8日）

児玉さだ*　こだまさだ
天保3（1832）年10月22日〜明治26（1893）年10月25日　江戸時代末期〜明治時代の教育者。
¶江表（さだ（秋田県））

児玉重辰　こだまじゅうしん
⇒重辰（じゅうしん）

児玉十郎*　こだまじゅうろう
嘉永3（1850）年〜明治10（1877）年　江戸時代末期〜明治時代の鹿児島県士族。西南戦争田原坂の戦いで戦死。
¶幕末（㊇明治10（1877）年3月5日）

児玉順蔵*　こだまじゅんぞう
文化2（1805）年〜文久1（1861）年　江戸時代末期の蘭方医。
¶幕末（㊀文化3（1806）年　㊇文久1（1861）年9月2日）

谺女　こだまじょ*
江戸時代中期の女性。俳諧。正徳3年の「歳旦帖」を初出とし、同6年刊『桃とせ抄』など多数に載る。
¶江表（谺女（東京都））

児玉少介*　こだましょうすけ
天保7（1836）年〜明治38（1905）年　江戸時代末期〜明治時代の長州藩士、貴族院議員。藩艦癸亥丸で馬関攘夷戦に参加。内閣書記官となる。
¶幕末（㊀天保7（1836）年10月　㊇明治38（1905）年11月14日）

児玉次郎彦*　こだまじろひこ
天保13（1842）年〜元治1（1864）年　江戸時代末期の周防徳山藩士。
¶幕末（㊀天保13（1842）年6月14日　㊇元治1（1864）年8月12日）

児玉惣兵衛*　こだまそうべえ
文化5（1808）年〜明治14（1881）年　江戸時代末期〜明治時代の萩藩士。記録書役を務める。蜜柑の苗木を萩で初めて栽培、果実を藩主に献上。
¶幕末（㊀文化5（1808）年10月18日　㊇明治14（1881）年6月16日）

小玉貞良*　こだまていりょう
生没年不詳　江戸時代の画家。
¶美画

児玉天雨　こだまてんう
⇒児玉源之丞（こだまげんのじょう）

児玉天南*　こだまてんなん
弘化3（1846）年9月27日〜大正6（1917）年2月1日　江戸時代末期〜明治時代の薩摩琵琶奏者。

児玉就方*　こだまなりかた
*〜天正14（1586）年　戦国時代〜安土桃山時代の

武士。
¶戦武（[生]永正10（1513）年）

児玉就忠* こだまなりただ
？～永禄5（1562）年　戦国時代の武士。
¶全戦（[生]永正4（1507）年），戦武（[生]永正4（1507）年）

児玉軌之 こだまのりゆき
江戸時代の和算家。
¶数学

児玉八之進* こだまはちのしん
天保14（1843）年～明治10（1877）年　江戸時代末期～明治時代の鹿児島県士族。西南戦争で熊本城を攻撃、政府軍を迎え撃ち戦死。
¶幕末（[没]明治10（1877）年3月26日）

児玉久吉郎* こだまひさきちろう
？～慶応1（1865）年　江戸時代末期の長州（萩）藩士、選鋒隊士。
¶幕末（[没]慶応1（1865）年6月18日）

児玉光之進 こだまみつのしん
⇒児玉光之進（こだまこうのしん）

児玉雄一郎* こだまゆういちろう
天保3（1832）年～慶応3（1867）年　江戸時代末期の薩摩藩士。
¶コン，幕末（[没]慶応3（1868）年12月25日）

児玉利路の姉 こだまりろのあね★
江戸時代後期の女性。和歌。利路は大村藩藩士児玉利道と思われる。文化11年刊、中山忠雄・河田正致編『柿本社奉納和歌集』に載る。
¶江表（児玉利路の姉（長崎県））

児玉利路の母 こだまりろのはは★
江戸時代後期の女性。和歌。利路は大村藩藩士児玉利道と思われる。文化11年刊、中山忠雄・河田正致編『柿本社奉納和歌集』に載る。
¶江表（児玉利路の母（長崎県））

五智院但馬* ごちいんのたじま
生没年不詳　平安時代後期の僧。
¶平家

五竹坊* ごちくぼう
元禄13（1700）年～安永9（1780）年　[別]田中五竹坊（たなかごちくぼう）　江戸時代中期の俳人。
¶俳文（[没]安永9（1780）年7月26日）

己智帯成* こちのおびなり
生没年不詳　奈良時代の仏工、画工。
¶美画，美建

巨知信実 こちののぶざね
平安時代中期の官人。
¶古人（生没年不詳）

居中 こちゅう
⇒崇山居中（すうざんきょちゅう）

湖中 こちゅう
⇒岡野湖中（おかのこちゅう）

壺中* こちゅう
？～享保10（1725）年頃　江戸時代前期～中期の俳人。
¶俳文（[生]承応1（1652）年　[没]享保10（1725）年頃）

吾仲 ごちゅう
⇒渡辺吾仲（わたなべごちゅう）

壺中の妻 こちゅうのつま★
江戸時代中期の女性。俳諧。俳人壺中の妻。元禄9年刊、伊藤風国撰『初蝉』に載る。
¶江表（壺中の妻（京都府））

小蝶(1) こちょう★
江戸時代中期の女性。和歌。兜山下の人。元禄14年刊、大淀三千風編『倭漢田鳥集』に載る。
¶江表（小蝶（山梨県））

小蝶(2) こちょう★
江戸時代中期の女性。俳諧。豊前小倉の人。少女時代の句が、享保13年序、朝月舎程十編『門司硯』に載る。
¶江表（小蝶（福岡県））

小蝶(3) こちょう★
江戸時代末期の女性。書・薙刀。会津藩藩士平田紋十郎の長女として江戸和田倉門外の会津藩邸で誕生。
¶江表（小蝶（福島県）　[没]慶応4（1868）年）

古帳女 こちょうじょ★
江戸時代後期の女性。俳諧。小網町の俳諧宗匠鈴木金兵衛の妻。天保12年の王子稲荷神社の建立句碑に夫との併刻がある。
¶江表（古帳女（東京都））

小蝶女 こちょうじょ★
江戸時代末期の女性。俳諧。上山の会津屋の抱え女。文久1年、最上三十三観音第十番札所の湯上観音堂内に奉納された俳額「奉納四季混題発句集」に載る。
¶江表（小蝶女（山形県））

箇枕 こちん
江戸時代中期の俳諧作者。原氏。
¶俳文（[生]享保5（1720）年　[没]天明1（1721）年）

兀菴普寧 こつあんふねい
⇒兀庵普寧（ごったんふねい）

小塚藤十郎* こづかとうじゅうろう
天明5（1785）年～安政6（1859）年12月　[別]小塚秀得（こづかひでのり）　江戸時代後期の加賀大聖寺藩士。地誌「江沼志稿」の著者。
¶コン

小塚直持* こづかなおもち
寛政8（1796）年～明治6（1873）年　江戸時代末期～明治時代の国学者、歌人。尾張藩校明倫堂で六国史校合事業にあたる。
¶幕末

小塚秀得 こづかひでのり
⇒小塚藤十郎（こづかとうじゅうろう）

木造大膳 こづくりだいぜん
⇒木造具康（こづくりともやす）

木造俊茂* こづくりとししげ
明応4（1495）年～？　[別]木造俊茂（きずくりとししげ）　戦国時代の公卿（参議）。参議木造政宗の子。
¶公卿（きずくりとししげ），公家（俊茂〔北畠・木造・大河内家（絶家）〕　とししげ）

木造俊康*（木造俊泰）　こづくりとしやす
？～文明1（1469）年　[別]木造俊康（きずくりとしやす）　室町時代の武将・公卿（権大納言）。木造家の祖。非参議中院俊通の子。
¶公卿（きずくりとしやす　生没年不詳），公家（俊泰〔北

畠・木造・大河内家〔絶家〕〕　としやす）

木造具政*　こづくりともまさ，こつくりともまさ
生没年不詳　戦国時代～安土桃山時代の武将。
¶織田（こつくりともまさ　㋓？　㋘天正4（1576）年5月
5日？），全戦，戦武

木造具康*　こづくりともやす
生没年不詳　㋞木造長正（こつくりながまさ），木
造大膳（こづくりだいぜん）　戦国時代の武士。織
田氏家臣，豊臣氏家臣。
¶織田（木造長正　こつくりながまさ），全戦，戦武

木造長正　こつくりながまさ
⇒木造具康（こづくりともやす）

木造政宗　こづくりまさむね
寛正4（1463）年～？　㋞木造政宗（きづくりまさ
むね）　戦国時代の公卿（参議）。権中納言木造教
親の子。
¶公卿（きづくりまさむね），公家（政宗〔北畠・木造・大
河内家（絶家）〕　まさむね），全戦

木造師茂　こづくりもろしげ
戦国時代の武将。北畠政勝の二男。
¶全戦（㋓？　㋘明応6（1497）年）

乞食井月　こつじきせいげつ
⇒井上井月（いのうえせいげつ）

五辻経子　ごつじけいし
⇒藤原経子（ふじわらのつねこ）

五辻宗子　ごつじむねこ
⇒藤原宗子（ふじわらのむねこ）

兀庵普寧　ごったんふねい
南宋・慶元3（1197）年～元・至元13（1276）年　㋞
兀菴普寧（こつあんふねい），宗覚禅師（そうかくぜ
んじ），普寧（ふねい）　鎌倉時代前期の宋の渡来
僧。臨済宗楊岐派。
¶コン（㋓建久8（1197）年　㋘建治2（1276）年），対外，
中世

後土御門天皇*　ごつちみかどてんのう
嘉吉2（1442）年5月25日～明応9（1500）年9月28日
室町時代～戦国時代の第103代の天皇（在位1464～
1500）。後花園天皇の第1皇子。
¶コン，天皇，中世，内乱，俳文，室町，山小（㋓1442年5月25
日　㋘1500年9月28日）

兀峰　こっぽう，こつぽう，ごっぽう
⇒桜井兀峰（さくらいこっぽう）

告森桑圃　こつもりそうほ
文政3（1820）年～明治26（1893）年　江戸時代末期
～明治時代の俳人。野村騒動では野村民政局長と
して出張。
¶幕末

籠手田安一　こてだやすかず
安土桃山時代の武将，キリシタン。
¶全戦（生没年不詳）

籠手田安定*　こてだやすさだ
天保11（1840）年～明治32（1899）年3月30日　江戸
時代末期～明治時代の肥前戸田藩士，官吏。殖産興
業を奨励し，教育事業に尽力。新潟・島根・滋賀県
知事などを歴任。
¶幕末（㋓天保11（1840）年3月21日　㋘明治32（1899）年
4月1日）

籠手田安経*　こてだやすつね
？～天正10（1582）年　戦国時代のキリシタン，武
将。平戸松浦氏。
¶全戦（生没年不詳），対外

籠手田安昌*　こてだやすまさ
戦国時代～安土桃山時代の武将。
¶全戦（生没年不詳）

虎徹*　こてつ
㋞長曽禰虎徹（ながそねこてつ）　江戸時代前期の
刀工。
¶江人（長曽禰虎徹　ながそねこてつ　㋓？　㋘1678
年），コン（㋓？　㋘延宝5（1677）年），美工（長曽禰虎
徹　ながそねこてつ　㋓慶長10（1605）年　㋘延宝5
（1677）年）

小寺右衛門佐　こでらえもんのすけ
江戸時代前期の武士。大坂の陣で籠城。
¶大坂

小寺官兵衛　こでらかんべえ
⇒黒田孝高（くろだよしたか）

小寺玉晁*　こでらぎょくちょう
寛政12（1800）年～明治11（1878）年9月26日　㋞小
寺玉晁（おでらぎょくちょう），玉晃（ぎょくちょう
う）　江戸時代末期～明治時代の文人。
¶浮絵，俳文（玉晁　ぎょくちょう）

小寺豊職　こでらとよもと
戦国時代の赤松家家臣。
¶室町（㋓？　㋘延徳3（1491）年）

小寺南屋　こでらなんおく
文政8（1825）年～明治25（1892）年　江戸時代末期
～明治時代の書家。戸長，学務委員などを努める。
書道の私塾を開き子弟を調育。
¶幕末（㋘明治25（1892）年4月10日）

小寺信正*　こでらのぶまさ，こてらのぶまさ
天和2（1682）年～宝暦4（1754）年1月7日　㋞小寺
信正（こでらのぶまさ）　江戸時代中期の出羽庄内
藩士，兵学者。
¶コン（㋓天和11（1681）年）

小寺政職*　こでらまさのり
？～天正10（1582）年？　㋞小寺政職（こでらまさ
もと）　戦国時代～安土桃山時代の織田信長の家臣。
¶戦人（こでらまさもと），全戦（こでらまさもと　㋓天正
10（1582）年），戦武（こでらまさもと　㋓永正14
（1517）年　㋘天正10（1582）年）

小寺政職　こでらまさもと
⇒小寺政職（こでらまさのり）

小寺職隆　こでらもとたか
⇒黒田職高（くろだもとたか）

小照　こてる*
江戸時代中期の女性。俳諧。元文2年序、河野自蹊
編『笠の影』に載る。
¶江表（小照（滋賀県））

呉天*(1)　ごてん
生没年不詳　江戸時代中期の俳人。上野氏。
¶俳文

呉天(2)　ごてん*
江戸時代中期の女性。俳諧。加賀の人。安永6年
刊、堀麦水編『新虚栗』に載る。

¶江表(呉天(石川県))

呉天(3)　ごてん
江戸時代中期～後期の俳諧作者。
¶俳文([生]享保4(1719)年　[没]寛政9(1797)年閏7月17日)

こと(1)
江戸時代中期の女性。和歌。仙台藩一門伊達村倫家の奥女中。安永3年成立「田村村隆母公六十賀祝賀歌集」に載る。
¶江表(こと(宮城県))

こと(2)
江戸時代中期の女性。和歌。但馬豊岡藩京極家の奥女中。安永3年の「田村村隆母公六十賀祝賀歌集」に載る。
¶江表(こと(兵庫県))

こと(3)
江戸時代中期～末期の女性。福祉・教育。伊勢山田の清水氏。
¶江表(こと(三重県)　[生]明和7(1770)年　[没]文久1(1861)年)

こと(4)
江戸時代後期の女性。書簡。丹後岩滝の廻船問屋千賀両助の妻。文政～天保期にかけての娘宛の手紙が伝わる。
¶江表(こと(京都府))

コト
江戸時代末期～明治時代の女性。教育。中川氏。明治8年まで読書、習字、算術の塾を開く。
¶江表(コト(滋賀県))

琴(1)　こと★
江戸時代中期の女性。和歌。山吹村の人。
¶江表(琴(長野県)　[生]宝暦6(1756)年)

琴(2)　こと★
江戸時代中期の女性。俳諧。玉名岩村の人。明和3年の「蛍塚集」に載る。
¶江表(琴(熊本県))

琴(3)　こと★
江戸時代中期～末期の女性。和歌・教育。栗野の旧家佐々木家に生まれる。
¶江表(琴(長野県)　[生]安永6(1777)年　[没]安政4(1857)年)

琴(4)　こと★
江戸時代後期の女性。漢詩・書。岩宮氏。天保3年刊、畑銀鶏編『書画薈粋』初に載る。
¶江表(琴(東京都))

琴(5)　こと★
江戸時代後期の女性。教育。高遠下小曽部の新倉氏。嘉永1年～慶応2年まで琴や生花を教えた。
¶江表(琴(長野県))

琴(6)　こと★
江戸時代後期の女性。俳諧。摂津池田の江森月居門の俳人で、酒造業を営む坂上呉老の妻。天保5年呉老没後、同7年に追善集『からがめ』を編む。
¶江表(琴(大阪府))

琴(7)　こと★
江戸時代後期の女性。俳諧。但馬美含郡の人。弘化1年刊、石燕編『紫藤養老集』に載る。
¶江表(琴(兵庫県))

琴(8)　こと★
江戸時代後期の女性。俳諧。淡路の人。嘉永1年刊、真野暁梅編『続淡路島』に載る。
¶江表(琴(兵庫県))

琴(9)　こと★
江戸時代後期の女性。和歌。備中帯江村の庄屋片山寛明と文子の娘。
¶江表(琴(岡山県)　[没]弘化3(1846)年)

琴(10)　こと★
江戸時代後期の女性。和歌。備後尾道の人。天保11年に周防大道の歌人上田堂山が集めた歌集『延齢松詩歌前集』に載る。
¶江表(琴(広島県))

琴(11)　こと★
江戸時代末期の女性。俳諧・和歌・三味線。彦根藩藩士野田三平の娘。
¶江表(琴(滋賀県)　[没]文久1(1861)年)

琴(12)　こと★
江戸時代末期の女性。和歌。播磨姫路の朝山菊太郎の母。安政6年刊、秋元安民編『類題青藍集』に載る。
¶江表(琴(兵庫県))

琴(13)　こと★
江戸時代末期～明治時代の女性。教育。仙台塩釜の太田氏の娘。画家・小池曲江の孫。寺子屋師匠の佐藤晴俊に嫁ぎ、裁縫・手芸・行儀作法を教えた。
¶江表(琴(宮城県))

琴(14)　こと★
江戸時代末期～明治時代の女性。和歌。山ノ目の名主大槻鼎の妹。
¶江表(琴(宮城県)　[没]明治24(1891)年)

古と　こと★
江戸時代末期の女性。俳諧。高岡の人。安政4年刊、半盛斎玄茂編の雑俳撰集『狐の茶袋』三に載る。
¶江表(古と(富山県))

箏　こと
江戸時代中期の女性。和歌。備中玉島の商家大森伝右衛門元堯の娘。
¶江表(箏(岡山県)　[没]天明6(1786)年)

五渡　ごと
江戸時代中期～後期の俳諧師。
¶俳文([生]宝暦3(1753)年　[没]文政3(1820)年8月21日)

古道　こどう
⇒村井古道(むらいこどう)

後藤家信*　ごとういえのぶ
安土桃山時代の武士。豊臣氏家臣。
¶全戦([生]永禄6(1563)年　[没]元和8(1622)年)

後藤一乗*　ごとういちじょう
寛政3(1791)年～明治9(1876)年　江戸時代後期～明治時代の装剣金工。
¶コン,美工([生]寛政3(1791)年3月3日)

後藤逸　ごとういつ
⇒後藤逸子(ごとういつこ)

後藤逸子*　ごとういつこ
文化11(1814)年～明治16(1883)年5月29日　[別]後藤逸(ごとういつ)　江戸時代後期～明治時代の女性。歌人、画家。

¶江表（逸女（秋田県））

後藤今四郎 ごとういましろう
⇒後藤碩田（ごとうせきでん）

後藤右近 ごとううこん
江戸時代前期の仏師。
¶美建（生没年不詳）

後藤賢豊* ごとうかたとよ
？～永禄6（1563）年 [別]後藤但馬守賢豊（ごとうたじまのかみかたとよ） 戦国時代の武士。
¶全戦，戦武

後藤勝基 ごとうかつもと
戦国時代～安土桃山時代の武将。
¶全戦（[生]天文7（1538）年 [没]天正7（1579）年）

後藤基一* ごとうきいち
生没年不詳 江戸時代中期の和算家。
¶数学

後藤今四郎 ごとうきんしろう
⇒後藤碩田（ごとうせきでん）

後藤熊四郎 ごとうくましろう
江戸時代後期～明治時代の宮大工。
¶美建（[生]文政10（1827）年 [没]明治41（1908）年）

後藤敬吉* ごとうけいきち
*～明治11（1878）年 江戸時代末期～明治時代の出羽秋田藩士。
¶幕末（[生]文政8（1825）年 [没]明治11（1878）年7月26日）

後藤顕乗* ごとうけんじょう
天正14（1586）年～寛文3（1663）年 江戸時代前期の金工。加賀金工隆盛の基礎を築いた。
¶コン，美工

後藤光乗* ごとうこうじょう
享禄2（1529）年～元和6（1620）年 戦国時代～安土桃山時代の彫金家。3代乗真の嫡男。
¶コン，美工

後藤功祐* ごとうこうゆう
生没年不詳 江戸時代末期～明治時代の彫刻家。
¶美建

後藤梧桐庵 ごとうごどうあん
⇒後藤梨春（ごとうりしゅん）

後藤艮山* ごとうこんざん，ごとうごんざん
万治2（1659）年7月23日～享保18（1733）年9月18日 江戸時代前期～中期の医師。一気留滞説を提唱。古方派の祖。
¶江人，科学，コン，思想

後藤斎宮 ごとうさいぐう
江戸時代後期の仏師。
¶美建（生没年不詳）

後藤才次郎* ごとうさいじろう
生没年不詳 江戸時代前期の陶工。
¶コン，美工

後藤左京亮* ごとうさきょうのすけ
生没年不詳 戦国時代の北条氏の家臣。
¶後北（左京亮〔後藤（1）〕 さきょうのすけ）

後藤貞行 ごとうさだゆき
江戸時代後期～明治時代の彫刻家。
¶美建（[生]嘉永2（1849）年12月23日 [没]明治36（1903）年8月30日）

後藤左太郎正方 ごとうさたろうまさかた
安土桃山時代～江戸時代前期の後藤又兵衛の惣領。
¶大坂（[生]慶長1年 [没]承応3年11月19日）

後藤実基* ごとうさねもと
生没年不詳 鎌倉時代の武将。藤原秀郷の子孫。
¶古人（藤原実基 ふじわらのさねもと），コン，内乱，平家

後藤三右衛門〔2代〕* ごとうさんえもん
*～弘化2（1845）年 江戸時代後期の金座御金改役。
¶コン（代数なし [生]寛政8（1796）年）

後藤三惣 ごとうさんぞう
江戸時代後期～末期の木彫師。
¶美建（[生]享和2（1802）年 [没]安政2（1855）年1月16日）

後藤三弥 ごとうさんや
安土桃山時代～江戸時代前期の武士。大坂の陣で籠城。
¶大坂（[生]1596年 [没]慶長20（1615）年5月6日）

小道二* こどうじ
生没年不詳 江戸時代前期の陶工。寛文年間以降、対馬藩の人。
¶美工

後藤重貞 ごとうしげさだ
江戸時代前期～中期の幕臣、代官。
¶徳代（[生]寛永10（1633）年 [没]元禄13（1700）年3月8日）

後藤重房 ごとうしげふさ
江戸時代前期の仏師。
¶美建（[生]承応3（1654）年 [没]？）

後藤繁能* ごとうしげよし
生没年不詳 戦国時代の北条氏の家臣。
¶後北（繁能〔後藤（1）〕 しげよし）

後藤芝山* ごとうしざん
享保6（1721）年～天明2（1782）年 江戸時代中期の漢学者。讃岐高松の人。
¶コン

後藤静夫* ごとうしずお
天保4（1833）年～明治35（1902）年 江戸時代末期～明治時代の医師。広島県病院、医学校の開設を主唱しするなど医育、医政、医術の振興に尽くす。
¶幕末（[没]明治35（1902）年12月22日）

後藤寿庵*（後藤寿安） ごとうじゅあん
生没年不詳 [別]五島ジョアン（ごとうのじょあん），ジョヴァンニ，ジョバンニ 安土桃山時代～江戸時代前期のキリシタン、武士。大崎・葛西一揆に加担。
¶コン（後藤寿安 [生]天正6（1578）年 [没]元和9（1623）年），対外

後藤乗真 ごとうじゅうしん
⇒後藤乗真（ごとうじょうしん）

虚堂女 こどうじょ★
江戸時代後期の女性。俳諧。越後の人。文化11年序、以興庵鳳味編、以一庵石川豊井七回忌追善集『華ばたけ』に載る。
¶江表（虚堂女（新潟県））

後藤松陰* ごとうしょういん
寛政9（1797）年～元治1（1864）年 江戸時代末期の儒学者。
¶コン，幕末（[没]元治1（1864）年10月9日）

こ

後藤松軒*　ごとうしょうけん
享和3(1803)年～元治1(1864)年　江戸時代末期の医師。
¶幕末([没]元治1(1864)年3月5日)

後藤少斎*　ごとうしょうさい
?～延宝8(1680)年　江戸時代前期の彫金師。
¶美工

後藤庄三郎*(1)　ごとうしょうざぶろう
世襲名　江戸時代の江戸幕府の御金改役。
¶山小

後藤庄三郎(2)(──〔1代〕)　ごとうしょうざぶろう
⇒後藤光次(ごとうみつつぐ)

後藤象二郎*　ごとうしょうじろう
天保9(1838)年3月19日～明治30(1897)年8月4日　江戸時代末期～明治時代の高知藩士、政治家。蘭学、英学を修め藩政の中心となる。維新後、新政府の参与、参議などを歴任。自由党を結成。
¶コン,思想,全幕,幕末,山小([生]1838年3月19日 [没]1897年8月4日)

後藤乗真*　ごとうじょうしん
永正9(1512)年～永禄5(1562)年　[別]後藤乗真(ごとうじゅうしん)　戦国時代の装剣金工家。2代宗乗の長男。
¶コン,美工

後藤庄助*　ごとうしょうすけ
天明7(1787)年～慶応2(1866)年1月20日　江戸時代後期の庄屋。
¶幕末([没]慶応1(1866)年12月4日)

後藤四郎兵衛〔5代〕　ごとうしろうべえ
⇒後藤徳乗(ごとうとくじょう)

後藤真慶　ごとうしんけい
江戸時代中期の仏師。
¶美建([生]安永1(1772)年 [没]?)

後藤真次郎　ごとうしんじろう
⇒市川荒五郎〔1代〕(いちかわあらごろう)

後藤深造　ごとうしんぞう
⇒上田宗児(うえたそうじ)

五島純玄*　ごとうすみはる
永禄5(1562)年～文禄3(1594)年　[別]宇久純玄(うくすみはる)　安土桃山時代の大名。肥前福江藩主。
¶戦武,対外

五藤洒蘿*　ごとうせいら
文化2(1805)年～明治6(1873)年　江戸時代末期～明治時代の俳人。美濃派の宗匠となり、人々に俳諧を指導。家で寺子屋も開く。
¶幕末([没]明治6(1873)年11月20日)

後藤碩田*　ごとうせきでん
文化2(1805)年～明治15(1882)年　[別]後藤今四郎(ごとういましろう,ごとうきんしろう),後藤真守(ごとうまもり)　江戸時代末期～明治時代の国学者。
¶コン(後藤今四郎　ごとういましろう),幕末([生]文化2(1805)年2月20日 [没]明治15(1882)年5月25日)

後藤宗印*　ごとうそういん
?～寛永4(1627)年　安土桃山時代～江戸時代前期の長崎町年寄、キリシタン。武雄の後藤貴明の一族。
¶コン,対外

後藤大助*　ごとうだいすけ
嘉永2(1849)年～?　江戸時代後期～末期の新撰組隊士。
¶新隊

後藤貴明*　ごとうたかあき
天文3(1534)年～天正11(1583)年　[別]後藤貴明(ごとうたかあきら),後藤伯耆守貴明(ごとうほうきのかみたかあき)　安土桃山時代の武士。
¶全戦(ごとうたかあきら)

後藤貴明　ごとうたかあきら
⇒後藤貴明(ごとうたかあき)

後藤高治*　ごとうたかはる
?～天正17(1589)年?　戦国時代～安土桃山時代の織田信長の家臣。
¶織田

厚東武実　ことうたけざね
⇒厚東武実(こうとうたけざね)

後藤但馬守賢豊　ごとうたじまのかみかたとよ
⇒後藤賢豊(ごとうかたとよ)

後藤忠成*　ごとうただしげ
生没年不詳　戦国時代の北条氏の家臣。
¶後北(忠成〔後藤(1)〕　ただしげ)

後藤太平　ごとうたへい
江戸時代後期～大正時代の漆芸家。
¶美工([生]嘉永2(1849)年 [没]大正12(1923)年6月25日)

後藤通乗*　ごとうつうじょう
寛文3(1663)年～享保6(1721)年　江戸時代中期の金工。
¶コン,美工

後藤月枝*　ごとうつきえ
生没年不詳　江戸時代後期の女性。書家。
¶江表(月枝(東京都))

後藤常　ごとうつね
⇒一条十次郎(いちじょうじゅうじろう)

後藤程乗*　ごとうていじょう
慶長8(1603)年～延宝1(1673)年　江戸時代前期の装剣金工家。後藤家7代顕乗の嫡男。
¶コン,美工

後藤哲之介*　ごとうてつのすけ
天保2(1831)年～文久2(1862)年　江戸時代末期の水戸藩郷士。
¶幕末([没]文久2(1862)年9月13日)

後藤徳乗*　ごとうとくじょう
天文19(1550)年～寛永8(1631)年　[別]後藤四郎兵衛〔5代〕(ごとうしろうべえ)　安土桃山時代～江戸時代前期の彫金工。4代光乗の嫡男。
¶コン([生]天文16(1547)年),中世,美工([没]寛永8(1631)年10月13日),山小([没]1631年10月13日)

後藤内定経　ごとうないさだつね
平安時代後期の武士。平家方。
¶平家(生没年不詳)

五島ジョアン　ごとうのじょあん
⇒後藤寿庵(ごとうじゅあん)

後藤信康*　ごとうのぶやす
弘治2(1556)年～慶長19(1614)年　[別]後藤孫兵衛(ごとうまごべえ)　安土桃山時代～江戸時代前期

の武将。伊達氏家臣。
¶全戦

後藤八郎常年 ごとうはちろうつねとし
江戸時代前期の武士。大坂の陣で籠城。
¶大坂

後藤彦三郎* ごとうひこさぶろう
戦国時代の武士。後北条氏家臣。
¶後北(彦三郎〔後藤(3)〕 ひこさぶろう)

後藤備前守* ごとうびぜんのかみ
生没年不詳 戦国時代の武士。後北条氏家臣。
¶後北(備前守〔後藤(1)〕 びぜんのかみ)

後藤深蔵 ごとうふかぞう
⇒上田宗児(うえたそうじ)

後藤平蔵常政 ごとうへいぞうつねまさ
江戸時代前期の武士。大坂の陣で籠城。
¶大坂([没]正保3年4月1日)

後藤伯耆守貴明 ごとうほうきのかみたかあき
⇒後藤貴明(ごとうたかあき)

後藤孫兵衛 ごとうまごべえ
⇒後藤信康(ごとうのぶやす)

後藤正備 ごとうまさなり
江戸時代前期～中期の代官、勘定吟味役。
¶徳代([生]貞享1(1684)年 [没]享保19(1734)年8月23日)

後藤政紀 ごとうまさのり
江戸時代後期～明治時代の和算家。農業に従事しながら算学を教授。
¶数学([生]文政13(1830)年 [没]明治24(1891)年5月13日)

後藤正秀 ごとうまさひで
江戸時代中期～後期の彫物師。
¶美建([生]安永1(1772)年 [没]天保13(1842)年)

後藤又兵衛 ごとうまたびょうえ
⇒後藤基次(ごとうもとつぐ)

後藤又兵衛 ごとうまたべえ
⇒後藤基次(ごとうもとつぐ)

後藤真守 ごとうまもり
⇒後藤碩田(ごとうせきでん)

後藤光次* ごとうみつつぐ
元亀2(1571)年～寛永2(1625)年 [別]後藤庄三郎,後藤庄三郎〔1代〕(ごとうしょうざぶろう) 安土桃山時代～江戸時代前期の金座主宰者。
¶江人,コン(後藤庄三郎 ごとうしょうざぶろう 生没年不詳),徳将(後藤庄三郎 ごとうしょうざぶろう)

後藤充豊* ごとうみつとよ
生没年不詳 江戸時代後期の和算家。
¶数学

後藤基清* ごとうもときよ
?～承久3(1221)年 [別]藤原基清(ふじわらのもときよ) 平安時代後期～鎌倉時代前期の武将。従五位上、検非違使・左衛門小尉。
¶古人(藤原基清 ふじわらのもときよ),コン,中世,内乱([生]久寿2(1155)年),平家([生]久寿2(1155)年)

後藤基次* ごとうもとつぐ
永禄3(1560)年～元和1(1615)年 [別]後藤又兵衛(ごとうまたびょうえ,ごとうまたべえ) 安土桃山時代～江戸時代前期の筑前福岡藩士、播磨姫路藩士。
¶大坂(後藤又兵衛 ごとうまたびょうえ [生]?),コン(後藤又兵衛 ごとうまたべえ),全戦,戦武([没]慶長20(1615)年)

後藤基綱* ごとうもとつな
養和1(1181)年～康元1(1256)年11月28日 鎌倉時代前期の4代将軍藤原頼経の側近、歌人。後藤基清の子。
¶古人,コン,中世,内乱,平家

後藤元政* ごとうもとまさ
?～天正7(1579)年5月 戦国時代～安土桃山時代の織田信長の家臣。
¶織田([没]天正7(1579)年5月?)

五島盛成* ごとうもりあきら
文化13(1816)年～* 江戸時代末期～明治時代の大名。肥前福江藩主。
¶幕末([没]明治23(1890)年4月16日)

五島盛清*(五嶋盛清) ごとうもりきよ
寛永5(1628)年～延宝7(1679)年 江戸時代前期の大名。肥前福江藩主。
¶徳人(五嶋盛清)

後藤盛長* ごとうもりなが
生没年不詳 平安時代後期の武士。
¶古人,平家

五島盛徳* ごとうもりのり
天保11(1840)年～明治8(1875)年 江戸時代末期～明治時代の五島福江藩主、五島福江藩知事。
¶幕末([生]天保11(1840)年6月17日 [没]明治8(1875)年11月11日)

後藤安次 ごとうやすつぐ
江戸時代後期～大正時代の和算家。遊暦算家となり諸所を周遊。
¶数学([生]天保7(1836)年 [没]大正6(1917)年5月12日)

後藤保信 ごとうやすのぶ
江戸時代末期の和算家。信州飯田の人。安政2年算額を奉納。
¶数学

後藤祐乗* ごとうゆうじょう
永享12(1440)年～永正9(1512)年 室町時代～戦国時代の刀装金工家。刀装金工の宗家、後藤家の始祖。
¶コン([生]永享12(1440)年? [没]永正9(1512)年?),中世,美工([没]永正9(1512)年5月7日),室町,山小

後藤行朋 ごとうゆきとも
江戸時代中期～後期の幕臣。
¶徳人([生]1769年 [没]1840年)

後藤義真 ごとうよしざね
安土桃山時代の仏師。北条氏に属した。斎宮。
¶後北(義真〔後藤(2)〕 よしざね)

後藤義貴 ごとうよしたか
江戸時代中期の仏師。
¶美建([生]元禄7(1694)年 [没]?)

厚東義武 ことうよしたけ
南北朝時代の長門守護。
¶室町(生没年不詳)

こ

ことうよ

後藤義光 ごとうよしみつ
　江戸時代後期～明治時代の彫刻家。
　¶美建（㊞文化12（1815）年　㊱明治35（1902）年）

後藤美之* ごとうよしゆき
　天明3（1783）年～文久3（1863）年　江戸時代後期
の数学家。
　¶数学

異浦丹後 ことうらのたんご
　⇒宜秋門院院丹後（ぎしゅうもんいんのたんご）

後藤梨春* ごとうりしゅん
　元禄9（1696）年～明和8（1771）年　㊟後藤梧桐庵
（ごとうごどうあん）　江戸時代中期の本草・博物
学者、蘭学者。
　¶科学（㊱明和8（1771）年4月8日）, コン, 植物（㊱明8
（1771）年4月8日）

古徳領左衛門* ことうりょうざえもん
　文政2（1819）年～元治1（1864）年　江戸時代末期
の志士。
　¶コン, 全幕, 幕末（㊱元治1（1864）年7月20日）

五島ルイス* ごとうるいす
　? ～天正7（1579）年8月26日　安土桃山時代～江戸
時代前期の肥前五島の領主。
　¶対外

琴陵宥常* ことおかひろつね
　*～明治25（1892）年　江戸時代末期～明治時代の
伊予宇和島藩士。
　¶幕末（㊦天保11（1840）年　㊱明治25（1892）年2月15
日）

こと風 ことかぜ*
　江戸時代中期の女性。俳諧。前橋の人。明和4年
刊、建部綾足編『片歌旧宜集』に載る。
　¶江表（こと風（群馬県））

こと木 ことき*
　江戸時代中期の女性。俳諧。東讃の花月連の人。
安永3年序、愉閑斎仙撰、中川麦浪七回忌追善句
集『居待月』に載る。
　¶江表（こと木（香川県））

古徳子 ことくこ*
　江戸時代末期の女性。和歌。出雲松江藩家老神谷
源五郎の娘。文久1年序、村上忠順編『類題和歌玉
藻集』二に載る。
　¶江表（古徳子（島根県））

後徳大寺実定 ごとくだいじさねさだ
　⇒徳大寺実定（とくだいじさねさだ）

後徳大寺実定 ごとくだいじのじってい
　⇒徳大寺実定（とくだいじさねさだ）

こと子 ことこ*
　江戸時代後期の女性。和歌。石見津和野藩藩士島
田氏の母。文政6年成立、中村安由編「柿葉集」に
載る。
　¶江表（こと子（島根県））

琴子(1)　ことこ*
　江戸時代中期の女性。和歌。会津藩の下級藩士池
上氏陽の妹。安永2年会津の諏訪神社の連歌所にお
いて歌合が行われ「久恋」の題で競った。
　¶江表（琴子（福島県））

琴子(2)　ことこ*
　江戸時代中期～明治時代の女性。俳諧。庄屋八尾
粂朗の妻。
　¶江表（琴子（徳島県））　㊦天明4（1784）年　㊱明治3
（1870）年）

琴子(3)　ことこ*
　江戸時代後期～明治時代の女性。和歌・書。山城
淀藩藩主的場勝美の娘。
　¶江表（琴子（京都府））　㊦文政6（1823）年　㊱明治21
（1888）年）

琴子(4)　ことこ*
　江戸時代後期の女性。和歌。備中長尾村の小野正
誠の妻。
　¶江表（琴子（岡山県））　㊦寛政1（1789）年　㊦文化7
（1810）年）

琴子(5)　ことこ*
　江戸時代末期の女性。和歌。佐藤氏。安政5年序、
中山琴主著『八雲琴譜』に載る。
　¶江表（琴子（東京都））

琴子(6)　ことこ*
　江戸時代末期の女性。和歌。因幡鳥取藩士多田林
蔵の妻。安政3年刊、中島宜門編『類題稲葉集』に
載る。
　¶江表（琴子（鳥取県））

琴子(7)　ことこ*
　江戸時代末期の女性。和歌。徳島藩士仁尾内膳の
母。安政6年序、西田惟恒編『安政六年五百首』に
載る。
　¶江表（琴子（徳島県））

琴子(8)　ことこ*
　江戸時代末期の女性。和歌。筑後柳川藩の奥女中。
安政4年刊、井上文雄編『摘英集』に載る。
　¶江表（琴子（福岡県））

琴子(9)　ことこ*
　江戸時代末期の女性。和歌。豊前宇佐郡盛山村の
教覚寺の妻。安政4年序、物集高世編『類題春草集』
初に載る。
　¶江表（琴子（大分県））

琴子(10)　ことこ*
　江戸時代末期～明治時代の女性。教育。下総野田
の松山塾主2代目松山永治の妻。明治6年、野田小
学校創立と同時に訓導に採用された。
　¶江表（琴子（千葉県））

絳子 ことこ*
　江戸時代後期の女性。和歌。江戸後期の儒官林大
学頭述斎の娘。文政6年、一条忠良著「雅楽頭豊原
統秋三百年遠忌和歌扣」に載る。
　¶江表（絳子（東京都））

こと・琴女 こと・ことじょ*
　江戸時代後期の女性。俳諧。備後上下の人。寛政1
年刊『しぐれ会』に載る。
　¶江表（こと・琴女（広島県））

功子内親王 ことこないしんのう
　⇒功子内親王（こうしないしんのう）

こと女 ことじょ*
　江戸時代後期の女性。俳諧。江平の人か。文政3年
序、太田竹之編の竹芝の父芳竹一周忌追善集『けし
のなこり』に載る。
　¶江表（こと女（宮崎県））

琴女(1)　ことじょ★
江戸時代中期の女性。国学・和歌。伊勢松坂の商人森伊右衛門光保の妻。元禄14年序、大淀三千風編『倭漢田鳥集』上に載る。
¶江表(琴女(三重県))

琴女(2)　ことじょ★
江戸時代中期～後期の女性。和歌・書。遠江大谷村の庄屋で国学者内山真龍とふさの娘。
¶江表(琴女(静岡県)　[生]安永9(1780)年　[没]文化14(1817)年)

琴女(3)　ことじょ★
江戸時代中期～後期の女性。国学・和歌。伊勢松坂の商人森伊右衛門光保の妻。天明4年本居宣長に入門。
¶江表(琴女(三重県))

琴女(4)　ことじょ★
江戸時代後期～明治時代の女性。歌人。
¶江表(琴女(岩手県)　[没]明治24(1891)年)

琴女(5)　ことじょ★
江戸時代後期の女性。俳諧。与良の小山栄助森胤の妻。天明8年玉芝が編んだ『やいろぐさ』に載る。
¶江表(琴女(長野県))

琴女(6)　ことじょ★
江戸時代後期の女性。狂俳。弘化2年刊、千里亭芝石撰『続太箸集』二に載る。
¶江表(琴女(愛知県))

琴女(7)　ことじょ★
江戸時代後期の女性。俳諧。城ケ崎の俳人二松亭五明の二男朋之の妻。天保14年刊、明之の子日高菊人・明丸編、明之追善集『さくりつけしう』に載る。
¶江表(琴女(宮崎県))

琴女(8)　ことじょ★
江戸時代末期の女性。俳諧。伊那郡の人。文久3年刊、井上井月編『越後獅子』に載る。
¶江表(琴女(長野県))

琴女(9)　ことじょ★
江戸時代末期の女性。俳諧。越後浦田口の人。安政4年刊、松岡茶山編『常磐集』一六に載る。
¶江表(琴女(新潟県))

琴女(10)　ことじょ★
江戸時代末期の女性。俳諧。越前福井の人。安政4年刊、皎月舎其睡編『花野塚』に載る。
¶江表(琴女(福井県))

事代主神*(言代主神)　ことしろぬしのかみ
[別]天事代主命(あめのことしろぬしのみこと)，天八重事代主神(あめのやえことしろぬしのかみ)，事代主命(ことしろぬしのみこと)　神名。大国主命の子。
¶コン(言代主神)

事代主命　ことしろぬしのみこと
⇒事代主神(ことしろぬしのかみ)

ことの
江戸時代中期の女性。俳諧。京の人。天明2年刊、与謝蕪村編『花鳥篇』に載る。
¶江表(ことの(京都府))

箏少将*　ことのしょうしょう
生没年不詳　平安時代中期の女房。箏の名手。
¶古人

琴のしらへ・琴しらへ　ことのしらべ・ことしらべ★
江戸時代中期の女性。狂歌。天明4年刊、普栗釣方ほか編『狂歌すまひ草』に載る。
¶江表(琴のしらへ・琴しらへ(東京都))

後鳥羽院　ごとばいん
⇒後鳥羽天皇(ごとばてんのう)

後鳥羽院宮内卿　ごとばいんのぐうないきょう
⇒宮内卿(くないきょう)

後鳥羽院宮内卿　ごとばいんのくないきょう
⇒宮内卿(くないきょう)

後鳥羽院下野*　ごとばいんのしもつけ
生没年不詳　鎌倉時代前期の女性。歌人。
¶古人(下野　しもつけ)

後鳥羽上皇　ごとばじょうこう
⇒後鳥羽天皇(ごとばてんのう)

後鳥羽天皇*　ごとばてんのう
治承4(1180)年～延応1(1239)年2月22日　[別]隠岐院(おきのいん)，顕徳院(けんとくいん)，後鳥羽院(ごとばいん)，後鳥羽上皇(ごとばじょうこう)　鎌倉時代前期の第82代の天皇(在位1183～1198)。高倉天皇の子。後白河法皇の死後、譲位して上皇となり院政を継承。のち鎌倉幕府と対立して北条義時追討の宣旨をだして挙兵したが敗れ、隠岐に流され生涯を終わった。歌人としてもすぐれ「新古今和歌集」を撰上させた。
¶古人,コン,詩作(後鳥羽院　ごとばいん　[生]治承4(1180)年7月14日),天皇([生]治承4(1180)年7月14日),中世(後鳥羽上皇　ごとばじょうこう),内乱,日文,俳文([生]治承4(1180)年7月14日),平家,山小([生]1180年7月14日　[没]1239年2月22日)

寿　ことぶき
⇒嵐三右衛門〔9代〕(あらしさんえもん)

寿亀子　ことぶきかめこ★
江戸時代後期の女性。狂歌。浅草蔵前住。文化8年刊、六樹園撰『狂歌画像作者部類』に載る。
¶江表(寿亀子(東京都))

寿波治女　ことぶきはじじょ★
江戸時代後期の女性。狂歌。熊谷の人。文化1年刊、四方歌垣編『狂歌茅花集』に載る。
¶江表(寿波治女(埼玉県))

寿元女　ことぶきもとじょ★
江戸時代後期の女性。狂歌。浅草蔵前住。文化8年刊、六樹園撰『狂歌画像作者部類』に載る。
¶江表(寿元女(東京都))

小虎若*　ことらわか
？～天正10(1582)年6月2日　戦国時代～安土桃山時代の織田信長の家臣。
¶織田

小永井五八郎　こながいごはちろう
⇒小永井小舟(こながいしょうしゅう)

小永井小舟*　こながいしょうしゅう
文政12(1829)年～明治21(1888)年　[別]小永井五八郎(こながいごはちろう)　江戸時代末期～明治時代の幕臣。遣米国史に従い渡米。維新後文部省に出仕。濠西塾を開く。
¶全幕,徳人,幕末([没]明治21(1888)年12月10日)

小長井宗兵衛尉　こながいそうべいのじょう
安土桃山時代の甲府城下の桶大工頭。

こなかひ　　　　　　　　　890

¶武田（生没年不詳）

小中彦兵衛尉　こなかひこひょうえのじょう
戦国時代～安土桃山時代の上野国衆。沼田衆。もと越後上杉氏家臣。
¶武田（生没年不詳）

小中村清矩*　こなかむらきよのり
文政4（1822）年12月30日～明治28（1895）年10月11日　江戸時代末期～明治時代の国学者、東京大学教授。古代の太政官制度の調査をすすめた。「古事類苑」の編集に従事。
¶コン（㊐文政4（1821）年）、幕末

小長谷晴次　こながやせいじ
安土桃山時代～江戸時代前期の代官。
¶徳代（生没年不詳）

小長谷正綱　こながやまさつな
江戸時代前期～中期の代官。
¶徳代（㊐正保4（1647）年　㊥享保3（1718）年10月6日）

小長谷政良　こながやまさなが
江戸時代中期～後期の幕臣。
¶徳人（㊐1765年　㊥1814年）

後奈良天皇*　ごならてんのう
明応5（1496）年12月23日～弘治3（1557）年9月5日　戦国時代の第105代の天皇（在位1526～1557）。後柏原天皇の第2皇子。
¶コン、全戦、天皇、中世、俳文、室町（㊐明応5（1497）年）、山小（㊐1496年12月23日　㊥1557年9月5日）

軍君*　こにきし
？～477年　㊛昆支王（こんぎおう）　上代の百済東城王の父。
¶古代

王則季　こにきしのりすえ
平安時代後期の官人。筑前国嘉麻郡図師判官代。
¶古人（生没年不詳）

小西篤好*　こにしあつよし
明和4（1767）年～天保8（1837）年　江戸時代中期～後期の篤農家。
¶コン

小西重之　こにししげゆき
江戸時代前期の和算家。
¶数学

小西似春*　こにしじしゅん
㊛似春（じしゅん）　江戸時代中期の俳人。
¶俳文（似春　じしゅん　生没年不詳）

小西如庵（小西如庵）　こにしじょあん
⇒内藤如安（ないとうじょあん）

小西常珍　こにしじょうちん
⇒小西隆佐（こにしりゅうさ）

小西如清*　こにしじょせい
生没年不詳　⇒小西如清（こにしにょせい）　安土桃山時代のキリシタン。小西行長の兄。
¶コン

小西新右衛門〔10代〕*　こにししんえもん
文政7（1824）年～明治12（1879）年　江戸時代末期～明治時代の実業家。「白雪」醸造元小西家10代。会計裁判所御用掛、通商為替会社総取締などの公職を歴任。
¶コン（代数なし）

小西新太郎*　こにししんたろう
天保12（1841）年～？　江戸時代末期の近江彦根藩士足軽。
¶幕末（㊐天保12（1842）年12月6日）

小西直記*　こにしなおき
？～文久2（1862）年　江戸時代末期の万里小路家家人。
¶幕末（㊥文久2（1862）年10月20日）

小西如清　こにしにょせい
⇒小西如清（こにしじょせい）

小西分史*　こにしぶんし
文化13（1816）年～明治14（1881）年　江戸時代末期～明治時代の俳人。「芳花園」という店を出し名花珍卉を観覧に供す。
¶幕末（㊥明治14（1881）年8月29日）

小西行長*　こにしゆきなが
？～慶長5（1600）年　㊛アウグスティヌス，アグスチン　安土桃山時代の大名。肥後宇土藩主。朝鮮出兵では加藤清正らとともに活躍したが、関ヶ原の戦いでは西軍に加担し、石田三成らとともに六条河原で刑死した。
¶コン、全戦（㊐弘治1（1555）年）、戦武（㊐明治1（1555）年？）、対外、中世、内乱、山小（㊐1558年　㊥1600年10月1日）

後二条天皇*　ごにじょうてんのう
弘安8（1285）年～延慶1（1308）年　鎌倉時代後期の第94代の天皇（在位1301～1308）。後宇多天皇の子。
¶コン、天皇（㊐弘安8（1285）年3月1日　㊥徳治3（1308）年8月25日）、中世、山小（㊐1285年2月2日　㊥1308年8月25日）

後二条殿　ごにじょうどの
⇒藤原師通（ふじわらのもろみち）

小西来山　こにしらいざん
承応3（1654）年～享保1（1716）年10月3日　㊛来山（だいざん，らいさん，らいざん）　江戸時代前期～中期の俳人。
¶コン、詩作、俳文（来山　らいざん）

小西隆佐*（小西立佐）　こにしりゅうさ
？～文禄1（1592）年　㊛小西常珍（こにしじょうちん），ジアチン　戦国時代～安土桃山時代の武士、キリシタン。堺の町衆で、商才を買われて秀吉に仕えた。一方キリシタンで信者の中心的人物でもあった。秀吉の武将小西行長は二男。
¶コン（㊐永正15（1520）年？　㊥文禄2（1593）年）、中世（㊐1533年）、山小（小西立佐　㊐1533年？　㊥1592年？）

護忍*　ごにん
生没年不詳　平安時代中期の真言宗の僧。具平親王の子。
¶密教

小貫邦義　こぬきくによし
江戸時代末期の眼科医。
¶眼医（㊐安政6（1859）年　㊥？）

小沼某　こぬまなにがし
戦国時代の北条氏綱・氏康家臣蕗山家広の同心。
¶後北（某〔小沼〕　なにがし）

こね
江戸時代中期の女性。和歌。幕臣で冷泉門の歌人

石野広通の妹。明和5年刊、石野広通編『霞関集』に載る。

¶江表（こね（東京都））

この (1)

江戸時代中期の女性。俳諧。駿河府中の人。明和8年刊、六花庵乙児編『伊豆十二歌仙附録』に載る。

¶江表（この（静岡県））

この (2)

江戸時代中期の女性。和歌。但馬豊岡藩京極家の奥女中。安永3年の「田村村隆母公六十賀祝賀歌集」に載る。

¶江表（この（兵庫県））

この (3)

江戸時代後期の女性。和歌。笠間藩藩士菅俊次の母、菅俊次の娘。天保12年刊、加納諸平編『類題鰒玉集』四に載る。

¶江表（この（茨城県））

この (4)

江戸時代後期の女性。俳諧。越後六日町の人。天明8年刊、上村山之編『雪之集』に載る。

¶江表（この（新潟県））

この (5)

江戸時代後期の女性。俳諧。美濃郡上八幡の人。文政7年序、斎庵里鳳編『恩の花』に載る。

¶江表（この（岐阜県））

古の　この*

江戸時代後期の女性。俳諧。遠江白須賀の人。寛政10年刊、五束斎木夅序の虚白追善集『しら梅』に載る。

¶江表（古の（静岡県））

古濃 (1)　この*

江戸時代中期の女性。書簡。常陸水戸藩士川瀬教雄の養女。

¶江表（古濃（茨城県）　㊋天明3（1783）年）

古濃 (2)　この

江戸時代後期の女性。俳諧。但馬豊岡の俳人福井髭風の姪。享和3年の俳諧記録「懐花庵享和三年癸亥歳句帖」に載る。

¶江表（古濃（兵庫県））

古野　この*

江戸時代後期の女性。和歌。周防徳山藩藩士衣笠氏の妻。嘉永4年刊、木曽義昌250回忌追善集『波布里集』に載る。

¶江表（古野（山口県））

近衛家久　このいえいひさ

⇒近衛家久（このいえいひさ）

此糸・蘭蝶*　このいと・らんちょう

新内・歌舞伎に登場する遊女とその情夫。

¶コン

古能尼　このうに*

江戸時代後期の女性。和歌。高山氏。文政4年の「詩仙堂募集和歌」に載る。

¶江表（古能尼（東京都））

近衛*　このえ

生没年不詳　㊞藤原公保女（ふじわらのきんやすのむすめ）　平安時代後期の女房。後白河法皇の後宮。

¶古人,天皇（藤原公保女　ふじわらのきんやすのむすめ）

近衛家実*　このえいえざね

治承3（1179）年〜仁治3（1242）年12月27日　㊞猪隈関白（いのくまかんぱく），藤原家実（ふじわらいえざね，ふじわらのいえざね）　鎌倉時代前期の公卿（摂政・関白・左大臣）。摂政・関白・左大臣近衛基通の長男。

¶公卿,公家（家実〔近衛家〕　いえざね），古人,古人（藤原家実　ふじわらのいえざね），中世

近衛家久*　このえいえひさ

貞享4（1687）年5月8日〜元文2（1737）年8月17日　㊞近衛家久（このいえいひさ）　江戸時代中期の公家（関白・太政大臣・准三宮）。摂政・関白・太政大臣近衛家熈の子。

¶公卿,公家（家久〔近衛家〕　いえひさ）

近衛家平*　このえいえひら

弘安5（1282）年〜正中1（1324）年　鎌倉時代後期の公卿（関白・左大臣）。関白・右大臣近衛家基の長男。

¶公卿（㊎正中1（1324）年5月14日），公家（家平〔近衛岡本家（絶家）〕　いえひら）

近衛家熈*（近衛家熈，近衛家熙）　このえいえひろ

寛文7（1667）年〜元文1（1736）年　㊞予楽院（よらくいん），予楽院殿（よらくいんどの）　江戸時代中期の公家（摂政・関白・太政大臣・准三宮）。関白・太政大臣近衛基熈の子。

¶公卿（近衛家熈　㊌寛文7（1667）年6月4日　㊎元文1（1736）年10月3日），公家（家熈〔近衛家〕　㊌寛文7（1667）年6月4日　㊎元文1（1736）年10月3日），コン,植物（㊌寛文7（1667）年6月4日　㊎元文1（1736）年10月3日），徳将

近衛家通*　このえいえみち

元久1（1204）年〜元仁1（1224）年　鎌倉時代前期の公卿（左大臣）。摂政・関白・太政大臣近衛家実の子。

¶公卿（㊎元仁1（1224）年8月11日），公家（家通〔近衛家〕　いえみち　㊎貞応3（1224）年8月11日）

近衛家基*　このえいえもと

弘長1（1261）年〜永仁4（1296）年　鎌倉時代後期の公卿（関白・右大臣）。摂政・関白近衛基平の長男。

¶公卿（㊎永仁4（1296）年6月19日），公家（家基〔近衛家〕　いえもと　㊎永仁4（1296）年6月19日）

近衛位子　このえいし

⇒新陽明門院（しんようめいもんいん）

近衛内前*　このえうちさき

享保13（1728）年〜天明5（1785）年　江戸時代中期の公家（摂政・関白・太政大臣・准三宮）。関白・太政大臣近衛家久の子。

¶公卿（㊌享保13（1728）年6月22日　㊎天明5（1785）年3月20日），公家（内前〔近衛家〕　うちさき　㊌享保13（1728）年6月22日　㊎天明5（1785）年3月20日）

近衛勝子　このえかつこ

⇒嘉喜門院（かききもんいん）

近衛兼嗣*　このえかねつぐ

正平15/延文5（1360）年〜元中5/嘉慶2（1388）年　南北朝時代の公卿（摂政・右大臣）。関白・左大臣近衛道嗣の子。

¶公卿（㊌延文5（1360）年　㊎嘉慶2（1388）年3月26日），公家（兼嗣〔近衛家〕　かねつぐ　㊌延文5（1360）年　㊎嘉慶2（1388）年3月26日）

近衛兼経*　このえかねつね

承元4（1210）年〜正元1（1259）年5月4日　㊞岡屋

このえか 892

関白（おかのやかんぱく） 鎌倉時代前期の公卿（摂政・関白・太政大臣）。摂政・関白近衛家実の三男。
¶公卿（㊱承元4（1210）年5月5日）, 公家（兼経〔近衛家〕 かねつね ㊱承元4（1210）年5月5日）, コン, 中世

近衛兼教* このえかねのり
文永4（1267）年〜建武3/延元1（1336）年9月2日 鎌倉時代後期〜南北朝時代の公卿（准大臣）。摂政・関白近衛基平の次男。
¶公卿（兼教〔近衛家〕 かねのり ㊷延元1（1336）年9月2日）

近衛公量* このえきみかず
？〜正平16/康安1（1361）年 南北朝時代の公卿（参議）。権中納言近衛実香の子。
¶公卿（㊱康安1/正平16（1361）年）, 公家（公量〔河原・大炊御門・近衛家（絶家）〕 きんかず ㊷康安1（1361）年）

近衛維子 このえこれこ
⇒盛化門院（せいかもんいん）

近衛前子 このえさきこ
⇒中和門院（ちゅうかもんいん）

近衛前久* このえさきひさ
天文5（1536）年〜慶長17（1612）年5月8日 ㊹前久（さきひさ） 安土桃山時代〜江戸時代前期の公家（関白・太政大臣）。関白・太政大臣近衛稙家の子。
¶公卿（前久〔近衛家〕 さきひさ）, コン, 全戦, 俳文（前久 さきひさ）

近衛実香 このえさねか
⇒近衛実香（このえさねよし）

近衛実香* このえさねよし
弘長1（1261）年〜正中2（1325）年4月19日 ㊹近衛実香（このえさねか） 鎌倉時代後期の公卿（権中納言）。参議藤原公敦の子。
¶公卿, 公家（実香〔河原・大炊御門・近衛家（絶家）〕 さねか）

近衛忠嗣* このえただつぐ
弘和3/永徳3（1383）年〜享徳3（1454）年 ㊹近衛良嗣（このえよしつぐ） 室町時代の公卿（関白・左大臣）。摂政・右大臣近衛兼嗣の子。
¶公卿（㊱永徳3/弘和3（1383）年〜享徳3（1454）年6月29日）, 公家（忠嗣〔近衛家〕 ただつぐ ㊷享徳3（1454）年6月29日）

近衛忠煕* (近衛忠熙） このえただひろ
文化5（1808）年7月14日〜明治31（1898）年3月18日 江戸時代末期〜明治時代の公家。従三位から左大臣。安政の大獄により落飾謹慎、翠山と号す。許され関白内覧。
¶公卿（近衛忠熙）, 公家（忠熙〔近衛家〕 ただひろ）, コ, 全幕, 徳将, 幕末（近衛忠熙）

近衛忠房* このえただふさ
天保9（1838）年〜明治6（1873）年7月16日 江戸時代末期〜明治時代の公家。島津久光の上洛を朝廷に斡旋。左大臣に昇進。維新後は刑法事務局督、神祇官知事などを歴任。
¶公卿（㊱天保9（1838）年8月6日 ㊷明治6（1873）年9月）, 公家（忠房〔近衛家〕 ただふさ ㊱天保9（1838）年8月6日）, コン, 全幕, 幕末（㊱天保9（1838）年8月6日）

近衛稙家* このえたねいえ
文亀3（1503）年〜永禄9（1566）年 ㊹恵雲院殿（えうんいんどの）, 稙家（たねいえ） 戦国時代の公卿（関白・太政大臣・准三宮）。関白・太政大臣近

衛尚通の長男。
¶公卿（㊱永禄9（1566）年7月10日）, 公家（稙家〔近衛家〕 たねいえ ㊷永禄9（1566）年7月10日）, 俳文（稙家 たねいえ ㊱文亀2（1503）年 ㊷永禄9（1566）年7月10日）

近衛経家* このえつねいえ
正慶3/元弘3（1333）年〜元中6/康応1（1389）年 南北朝時代の公卿（非参議）。関白・左大臣近衛経忠の長男。
¶公卿（㊱正慶2/元弘3（1333）年 ㊷康応1/元中6（1389）年）, 公家（経家〔近衛岡本家（絶家）〕 つねいえ ㊷康応1（1389）年）

近衛経忠* このえつねただ
乾元1（1302）年〜正平7/文和1（1352）年8月13日 ㊹堀川関白（ほりかわかんぱく） 鎌倉時代後期〜南北朝時代の公卿（関白・左大臣）。関白・左大臣近衛家平の子。
¶公卿（㊱文和1/正平7（1352）年8月13日）, 公家（経忠〔近衛岡本家（絶家）〕 つねただ ㊷文和1（1352）年8月13日）, コン

近衛経平* このえつねひら
弘安10（1287）年〜文保2（1318）年 鎌倉時代後期の公卿（左大臣）。関白・右大臣近衛家基の次男。
¶公卿（㊱文保2（1318）年6月24日）, 公家（経平〔近衛家〕 つねひら ㊷文保2（1318）年6月24日）

近衛経熙* (近衛経熈） このえつねひろ
宝暦11（1761）年2月22日〜寛政11（1799）年6月25日 江戸時代中期の公家（右大臣）。摂政・関白・太政大臣近衛内前の子。
¶公卿（近衛経熈）, 公家（経熈〔近衛家〕 つねひろ）

近衛天皇 このえてんのう
保延5（1139）年〜久寿2（1155）年 平安時代後期の第76代の天皇（在位1141〜1155）。鳥羽上皇の皇子。
¶古人, コン, 天皇, 天皇（㊱保延5（1139）年5月18日 ㊷久寿2（1155）年7月23日）, 内乱, 平家, 山小（㊱1139年5月18日 ㊷1155年7月23日）

近衛姫君* このえのひめぎみ
生没年不詳 平安時代中期の歌人。
¶古人

近衛董子 このえのぶこ
宝暦9（1759）年3月11日〜天保12（1841）年10月10日 江戸時代中期〜後期の女性。有栖川宮職仁親王の女。
¶江表（董子（京都府） のぶこ）

近衛信尹* このえのぶただ
永禄8（1565）年〜慶長19（1614）年11月25日 ㊹三藐院（さんみゃくいん）, 三藐院殿（さんみゃくいんどの）, 三藐院信尹（さんみゃくいんのぶただ）, 信伊（のぶただ） 安土桃山時代〜江戸時代前期の公家（関白・左大臣・准三宮）。関白・太政大臣近衛前久の子。
¶公卿, 公家（信尹〔近衛家〕 のぶただ）, コン, 全戦, 俳文（信伊 のぶただ）

近衛信尋* このえのぶひろ
慶長4（1599）年5月2日〜慶安2（1649）年10月11日 江戸時代前期の公家（関白・左大臣）。後陽成天皇の第4皇子。
¶公卿, 公家（信尋〔近衛家〕 のぶひろ）, コン, 徳将

近衛教基* このえのりもと
応永30（1423）年〜寛正3（1462）年 室町時代の公

卿（右大臣）。関白・太政大臣近衛房嗣の長男。

¶公卿（[没]寛正3（1462）年8月1日），公家（教基〔近衛家〕　のりもと　[没]寛正3（1462）年8月1日）

近衛尚子　このえひさこ

⇒新中和門院（しんちゅうかもんいん）

近衛尚嗣*　このえひさつぐ

元和8（1622）年～承応2（1653）年　江戸時代前期の公家（関白・左大臣）。関白・左大臣近衛信尋の子。

¶公卿（[生]元和8（1622）年3月10日　[没]承応2（1653）年7月19日），公家（尚嗣〔近衛家〕　ひさつぐ　[生]元和8（1622）年3月10日　[没]承応2（1653）年7月19日）

近衛尚通*　このえひさみち

文明4（1472）年～天文13（1544）年　[別]尚通（ひさみち）　戦国時代の公卿（関白・太政大臣・准三宮）。関白・太政大臣近衛政家の子。

¶公卿（[没]天文13（1544）年8月26日），公家（尚通〔近衛家〕　ひさみち　[没]天文13（1544）年8月26日），後北（尚通〔近衛〕　ひさみち　[没]天文13年8月26日），コン，俳文（尚通　ひさみち　[没]天文13（1544）年8月26日）

近衛尚通娘　このえひさみちむすめ

戦国時代の女性。北の藤。北条氏綱の後室。近衛尚通の娘。

¶後北（近衛尚通娘〔北条〕）

近衛熙子　このえひろこ

⇒天英院（てんえいいん）

近衛房嗣*　このえふさつぐ

応永9（1402）年～長享2（1488）年10月19日　室町時代～戦国時代の公卿（関白・太政大臣）。関白・左大臣近衛忠嗣の子。

¶公卿，公家（房嗣〔近衛家〕　ふさつぐ）

近衛冬実*　このえふゆざね

？～天授6/康暦2（1380）年　南北朝時代の公卿（非参議）。関白・左大臣近衛経忠の次男。

¶公卿（[没]康暦2/天授6（1380）年），公家（冬実〔近衛岡本家（絶家）〕　ふゆざね　[没]応安7（1374）年1月5日）

近衛政家*　このえまさいえ

文安1（1444）年～永正2（1505）年　[別]政家（まさいえ）　室町時代～戦国時代の公卿（関白・太政大臣・准三宮）。関白・太政大臣近衛房嗣の次男。

¶公卿（[没]永正2（1505）年6月19日），公家（政家〔近衛家〕　まさいえ　[没]永正2（1505）年6月19日），思想，中世，俳文（政家　まさいえ　[没]永正2（1505）年6月19日）

近衛道嗣*（1）　このえみちつぐ

建保5（1217）年～仁治3（1242）年　鎌倉時代前期の公卿。

¶公家（道嗣〔北小路・室町家（絶家）〕　みちつぐ　[生]？　[没]仁治3（1242）年7月13日）

近衛道嗣*（2）　このえみちつぐ

元弘2/正慶1（1332）年～元中4/嘉慶1（1387）年3月17日　[別]後深心院殿（ごしんいんどの，のちのしんしんいんどの）　南北朝時代の公卿（関白・左大臣）。関白・左大臣近衛基嗣の子。

¶公卿（[生]正慶2/元弘3（1333）年　[没]嘉慶1/元中4（1387）年3月17日），公家（道嗣〔近衛家〕　みちつぐ　[生]1333年　[没]至徳4（1387）年3月17日）

近衛道経*　このえみちつね

元暦1（1184）年～暦仁1（1238）年　[別]藤原道経（ふじわらみちつね）　鎌倉時代前期の公卿（右大臣）。摂政・関白・内大臣近衛基通の次男。

¶公卿（[没]暦仁1（1238）年7月29日），公家（道経〔北小路・室町家（絶家）〕　みちつね　[没]嘉禎4（1238）年7月29日），古人，古人（藤原道経　ふじわらみちつね）

近衛基前*　このえもとさき

天明3（1783）年～文政3（1820）年　江戸時代後期の公家（左大臣）。右大臣近衛経熙の子。

¶公卿（[生]天明3（1783）年8月11日　[没]文政3（1820）年4月19日），公家（基前〔近衛家〕　もとさき　[生]天明3（1783）年8月11日　[没]文政3（1820）年4月19日）

近衛基実*　このえもとざね

康治2（1143）年～仁安1（1166）年　[別]藤原基実（ふじわらのもとざね，ふじわらもとざね）　平安時代後期の公卿（摂政・関白・左大臣）。近衛家の祖。関白藤原忠通の長男。

¶公卿（[没]仁安1（1166）年7月26日），公家（基実〔近衛家〕　もとざね　[没]仁安1（1166）年7月26日），古人，古人（藤原基実　ふじわらのもとざね），コン，コン（藤原基実　ふじわらのもとざね），平家（藤原基実　ふじわらもとざね　[没]永万2（1166）年），山小（藤原基実　ふじわらのもとざね　[没]1166年7月26日）

近衛基輔　このえもとすけ

⇒藤原基輔（ふじわらもとすけ）

近衛基嗣*　このえもとつぐ

嘉元3（1305）年～正平9/文和3（1354）年　鎌倉時代後期～南北朝時代の公卿（関白・左大臣）。左大臣近衛経平の子。

¶公卿（[没]文和3/正平9（1354）年4月8日），公家（基嗣〔近衛家〕　もとつぐ　[没]文和3（1354）年4月8日）

近衛基平*　このえもとひら

寛元4（1246）年～文永5（1268）年11月19日　[別]深心院関白（しんしんいんかんぱく），藤原基平（ふじわらのもとひら）　鎌倉時代前期の歌人・公卿（摂政・関白・左大臣）。摂政・関白・太政大臣近衛兼経の子。

¶公卿，公家（基平〔近衛家〕　もとひら）

近衛基熙*（近衛基煕）　このえもとひろ

慶安1（1648）年3月6日～享保7（1722）年　[別]基熙（もとひろ）　江戸時代前期～中期の公家（関白・太政大臣）。関白・左大臣近衛尚嗣の長男。

¶公卿（近衛基煕　[没]享保7（1722）年9月14日），公家（基熙〔近衛家〕　もとひろ　[没]享保7（1722）年9月14日），コン，徳将，俳文（基熙　もとひろ　[没]享保7（1722）年9月4日）

近衛基通*　このえもとみち

永暦1（1160）年～天福1（1233）年5月29日　[別]藤原基通（ふじわらのもとみち，ふじわらもとみち）　平安時代後期～鎌倉時代前期の公卿（摂政・関白・内大臣）。摂政・関白近衛基実の長男。

¶公卿，公家（基通〔近衛家〕　もとみち），古人，古人（藤原基通　ふじわらのもとみち），コン，中世（藤原基通　ふじわらのもとみち），内乱，平家（藤原基通　ふじわらもとみち）

近衛良嗣　このえよしつぐ

⇒近衛忠嗣（このえただつぐ）

コノ子　このこ★

江戸時代末期の女性。和歌。高松藩士の娘。幕末頃の人か。

¶江表（コノ子（香川県））

此子（1）　このこ

江戸時代中期～後期の女性。和歌。備中浅口郡鴨方の高戸林之丞の娘。

¶江表（此子（広島県）　[生]安永4（1775）年　[没]弘化2（1845）年）

此子(2)　このこ★
江戸時代後期の女性。和歌。下総東漸寺の近くに住む宇治田隼人義治の妻。嘉永4年刊、木曽義昌250回忌追善和歌集『波布里集』に載る。
¶江表(此子(千葉県))

この女　このじょ★
江戸時代中期の女性。俳諧。遠江橋爪村の豪農橋爪六郎右衛門清倫の妻。
¶江表(この女(静岡県)　[没]天明3(1783)年)

此女(1)　このじょ★
江戸時代後期の女性。俳諧。津軽石の人。天明8年頃の夜食房夜来編『奥の紀行』に載る。
¶江表(此女(岩手県))

此女(2)　このじょ★
江戸時代後期の女性。川柳。文化9年刊『誹風柳多留』六二篇に、二世川柳の撰で載る。
¶江表(此女(東京都))

此女(3)　このじょ★
江戸時代末期の女性。俳諧・画。蓮井氏。嘉永7年刊、梶原藍水著『讃岐国名勝図会』に載る。
¶江表(此女(香川県))

此女・この女　このじょ★
江戸時代後期の女性。俳諧。城ケ崎の人。文化14年頃刊、太田足馬編、可苗三回忌追善集『花の下蔭』に載る。
¶江表(此女・この女(宮崎県))

木花開耶姫＊(木花咲耶姫)　このはなさくやひめ
[別]神吾田津姫(かんあたつひめ)，木花開耶姫，木花之佐久夜毘売(このはなのさくやひめ，このはなのさくやびめ)　記紀神話の女神。
¶コン(木花之佐久夜毘売　このはなのさくやひめ)，女史

木花開耶姫(木花之佐久夜毘売)　このはなのさくやひめ，このはなのさくやびめ
⇒木花開耶姫(このはなさくやひめ)

木の女＊　このめ
生没年不詳　江戸時代中期～後期の女性。俳人。
¶江表(木の女(千葉県)　[没]寛政3(1791)年)

古波　こは★
江戸時代中期の女性。和歌。盛岡藩士関弥五左衛門正元の娘。
¶江表(古波(岩手県)　[没]寛保1(1741)年)

小梅幸　こばいこう
⇒尾上菊五郎〔2代〕(おのえきくごろう)

木場清生　こばきよお
⇒木場伝内(こばでんない)

木場清生　こばきよふ
⇒木場伝内(こばでんない)

壺珀園伊都子　こはくえんいつこ★
江戸時代後期の女性。狂歌。大間々の長沢満雅の妻。天保4年序、黒川春村編『草庵五百人一首』に載る。
¶江表(壺珀園伊都子(群馬県))

古波蔵良州＊　こはくらりょうしゅう
生没年不詳　江戸時代後期の琉球の漆工家。
¶コン，美工

小場源介　こばげんすけ
⇒住谷寅之介(すみやとらのすけ)

小橋勢吾郎＊　こばしせいごろう
文政7(1824)年～明治22(1889)年　江戸時代末期～明治時代の郷士。戊辰戦争に長男と共に従軍、新留守居組に昇格。
¶幕末([生]文政10(1827)年　[没]明治22(1889)年1月)

小橋陶復＊　こばしとうふく
明和1(1764)年～文政3(1820)年　江戸時代後期の画家。
¶美画([没]文政3(1820)年11月26日)

小橋安蔵＊　こばしやすぞう，こはしやすぞう
文化5(1808)年～明治5(1872)年　江戸時代後期～明治時代の武士。
¶コン，幕末(こはしやすぞう　[生]文化5(1808)年11月1日　[没]明治5(1872)年6月)

小長永宗　こはせのながむね
平安時代後期の官人。
¶古人(生没年不詳)

木幡栄周＊　こばたえいしゅう，こはたえいしゅう
文政8(1825)年～明治13(1880)年　江戸時代末期～明治時代の学者。島津久光上京の折、京の消息を伝える。廃藩後、学事新興に尽力。
¶幕末(こはたえいしゅう　[生]文政8(1825)年9月12日　[没]明治13(1880)年4月8日)

木幡勝之進＊　こばたかつのしん
[別]木幡勝之進(こわたかつのしん)　江戸時代末期の新撰組隊士。
¶新隊(こわたかつのしん　生没年不詳)

木畑定直＊　こばたさだなお
？～正徳2(1712)年　[別]木畑定直(きばたさだなお)，定直(さだなお)　江戸時代中期の俳人(貞徳系)。
¶俳文(定直　さだなお)

小幡三郎＊　こばたさぶろう
？～慶応4(1868)年9月5日？　[別]小幡三郎(こわたさぶろう)　江戸時代後期～末期の新撰組隊士。
¶新隊(こわたさぶろう　[没]明治1(1868)年9月4日)

木幡雅秋＊　こばたまさあき
生没年不詳　室町時代の公卿(非参議)。藤原雅兼の子。
¶公卿，公家(雅秋〔室町家(絶家)〕　まさあき)

木幡雅遠＊　こばたまさとお
生没年不詳　室町時代～戦国時代の公卿(非参議)。非参議藤原雅豊の子。
¶公卿，公家(雅遠〔室町家(絶家)〕　まさとお)

木場伝内＊　こばでんない
文化14(1817)年～明治24(1891)年　[別]木場清生(こばきよお，こばきよふ)　江戸時代末期～明治時代の薩摩藩士。
¶幕末([没]明治24(1891)年1月30日)

小塙小五郎＊　こばなこごろう
生没年不詳　[別]小塙小五郎(こばなわこごろう)　戦国時代の武将。結城氏家臣。
¶全戦(こばなわこごろう)

後花園天皇＊　ごはなぞのてんのう
応永26(1419)年～文明2(1470)年　室町時代の第102代の天皇(在位1428～1464)。伏見宮貞成の

嫡子。

¶コン, 天皇（[生]応永26（1419）年6月18日　[没]文明2（1470）年12月27日）, 中世, 内乱, 俳文（[生]応永26（1419）年6月18日　[没]文明2（1470）年12月27日）, 室町, 山小（[生]1419年6月18日　[没]1470年12月27日）

小塙小五郎　こばなわこごろう
⇒小塙小五郎（こばなこごろう）

小場兵馬*　こばひょうま
文政1（1818）年～明治1（1868）年　[別]小場兵馬（こばへいま）　江戸時代末期の下総結城藩士。
¶幕末（[没]慶応4（1868）年4月14日）

小場兵馬　こばへいま
⇒小場兵馬（こばひょうま）

小浜工和利　こはまくーりー
江戸時代後期の大工。
¶美建（生没年不詳）

小早川興景　こばやかわおきかげ
戦国時代の武将。
¶室町（[生]永正16（1519）年　[没]天文12（1543）年）

小早川金吾　こばやかわきんご
⇒小早川秀秋（こばやかわひであき）

小早川貞平　こばやかわさだひら
南北朝時代の武将。
¶室町（生没年不詳）

小早川祐景　こばやかわすけかげ
南北朝時代の武将。
¶室町（[生]？　[没]延元3/暦応1（1338）年）

小早川隆景*　こばやかわたかかげ, こばやがわたかかげ
天文2（1533）年～慶長2（1597）年　[別]毛利隆景（もうりたかかげ）　戦国時代～安土桃山時代の武将。毛利元就の3男。次兄吉川元春とともに毛利本家を補佐した。豊臣秀吉に篤く信頼され五大老の一員となり、秀吉の甥秀俊（のちの秀秋）を養子に迎えた。
¶コン, 全戦, 戦武, 対外, 中世, 内乱, 山小（[没]1597年6月12日）

小早川遠平　こばやかわとおひら
⇒土肥遠平（どひとおひら）

小早川秀秋*　こばやかわひであき, こばやがわひであき
天正10（1582）年～慶長7（1602）年　[別]大垣少将（おおがきしょうしょう）, 北庄中納言（きたのしょうちゅうなごん）, 金吾中納言（きんごちゅうなごん）, 小早川金吾（こばやかわきんご）, 筑前中納言（ちくぜんちゅうなごん）, 豊臣秀俊（とよとみひでとし）, 羽柴左衛門侍従（はしばさえもんじじゅう）, 羽柴秀俊（はしばひでとし）　安土桃山時代の大名。
¶公卿（豊臣秀俊　とよとみひでとし　[生]？　[没]慶長8（1603）年）, 公家（秀俊〔豊臣家〕　ひでとし　[生]？　[没]慶長8（1603）年）, コン, 全戦, 戦武, 対外, 山小（[没]1602年10月18日）

小早川秀包　こばやかわひでかね, こばやがわひでかね
⇒毛利秀包（もうりひでかね）

小早川弘景　こばやかわひろかげ
室町時代～戦国時代の竹原小早川家当主。盛景の子。
¶室町（生没年不詳）

小早川熙平*（小早川凞平）　こばやかわひろひら
応永23（1416）年～*　室町時代の地方豪族・土豪。
¶室町（小早川熙平　[没]文明5（1473）年）

小早川盛景　こばやかわもりかげ
室町時代の武将。
¶室町（生没年不詳）

小林　こばやし
安土桃山時代の武田氏の家臣。
¶武田（生没年不詳）

小林愛竹*　こばやしあいちく
天保5（1834）年～明治30（1897）年　江戸時代末期～明治時代の篆刻家。禁門の変、戊辰戦争に参加。竹木金石に彫刻。
¶幕末（[没]明治30（1897）年10月4日）, 美工（[没]明治30（1897）年10月4日）

小林家鷹*　こばやしいえたか
天文1（1532）年～慶長17（1612）年　安土桃山時代～江戸時代前期の鷹匠。
¶織田（[生]享禄4（1531）年　[没]慶長17（1612）年8月14日）

小林惟孝*　こばやしいこう
文化1（1804）年～明治20（1887）年　[別]小林惟孝（こばやしこれたか）, 小林百哺（こばやしひゃっぽ）　江戸時代末期の和算家。
¶コン（小林百哺　こばやしひゃっぽ）, 数学（こばやしこれたか　[没]明治20（1887）年1月9日）

小林和泉守*　こばやしいずみのかみ
？～天文5（1536）年2月11日　戦国時代の甲斐都留郡小山田氏の家臣。
¶武田

小林一兵衛　こばやしいちひょうえ
戦国時代の甲斐郡内の土豪。
¶武田（生没年不詳）

小林一茶*　こばやしいっさ
宝暦13（1763）年～文政10（1827）年　[別]一茶（いっさ）　江戸時代中期～後期の俳人。主に葛飾派に学び、各地を放浪して句作した。のち故郷に帰り俳文集「おらが春」を編む。俳風はシニカル、かつ現実直視で、当時にあっては異彩を放った。
¶江人（一茶　いっさ）, コン, 詩作（[生]宝暦13（1763）年5月5日　[没]文政10（1827）年11月19日）, 思想（一茶　いっさ）, 日文（一茶　いっさ）, 俳文（一茶　いっさ　[生]宝暦13（1763）年5月5日　[没]文政10（1827）年11月19日）, 山小（一茶　いっさ　[生]1763年5月5日　[没]1827年11月19日）

小林右京介　こばやしうきょうのすけ
安土桃山時代の武田氏の家臣。
¶武田（生没年不詳）

小林歌城*　こばやしうたぎ, こばやしうたき
安永7（1778）年～文久2（1862）年　[別]小林歌城（おばやしうたき, おばやしうたぎ）　江戸時代後期の幕臣、国学者。
¶幕末（[生]安永7（1779）年12月13日　[没]文久2（1862）年2月8日）

小林永濯　こばやしえいたく
天保14（1843）年～明治23（1890）年　江戸時代末期～明治時代の画家。
¶浮絵, 美画（[生]天保14（1843）年3月23日　[没]明治23（1890）年5月27日）

小林尾張守*　こばやしおわりのかみ
生没年不詳　戦国時代の甲斐都留郡小山田氏の家臣。
¶武田（[生]？　[没]天正12（1584）年？）

小林和直　こばやしかずなお
江戸時代後期〜明治時代の和算家、米沢藩士。
¶数学（[生]文化2（1805）年　[没]明治14（1881）年）

小林儀左衛門*　こばやしぎざえもん
文政7（1824）年〜大正5（1916）年　江戸時代末期〜大正時代の政治家。茨城県最初の県会議員選挙に当選。
¶幕末（[没]大正5（1916）年1月25日）

小林義湜*（小林義淀）　こばやしぎしょく
天保4（1833）年〜明治8（1875）年　江戸時代後期〜明治時代の和算家。
¶数学（小林義淀）

小林玉潤*　こばやしぎょくじゅん
？〜明治13（1880）年　江戸時代末期〜明治時代の女性。画家。
¶江表（玉潤（茨城県）　[生]天保12（1841）年　[没]明治10（1877）年），美画（[没]明治15（1882）年）

小林清親　こばやしきよちか
弘化4（1847）年〜大正4（1915）年　江戸時代末期〜大正時代の画家。
¶浮絵，美画（[生]弘化4（1847）年8月1日　[没]大正4（1915）年11月28日）

小林吟右衛門〔2代〕*　こばやしぎんえもん
寛政12（1800）年〜明治6（1873）年5月5日　江戸時代末期〜明治時代の商略家、実業家。江戸呉服店を開店、井伊直弼の金庫番として裏面から支えた。丁吟と呼ばれる有数の豪商。
¶幕末（代数なし　[生]寛政10（1798）年）

小林国広*　こばやしくにひろ
生没年不詳　江戸時代前期の浅草海苔製造家、開墾家。
¶コン

小林桂之助*　こばやしけいのすけ
弘化4（1847）年〜慶応4（1868）年12月　江戸時代後期〜末期の新撰組隊士。
¶新隊（[没]慶応3（1867）年12月16日）

小林見外*　こばやしけんがい
*〜明治6（1873）年　[別]見外（けんがい）　江戸時代末期の俳人。
¶俳文（見外　けんがい　[生]？　[没]明治6（1873）年2月20日）

小林源左衛門尉　こばやしげんざえもんのじょう
安土桃山時代の武蔵国大井郷の名主。北条宗哲に属した。
¶後北（源左衛門尉〔小林（1）〕　げんざえもんのじょう）

小林源蔵　こばやしげんぞう
江戸時代後期〜末期の大工。
¶美建（[生]寛政7（1795）年　[没]安政5（1858）年）

小林幸次郎*　こばやしこうじろう
？〜明治2（1869）年6月　江戸時代後期〜明治時代の新撰組隊士。
¶新隊（[没]明治2（1869）年6月頃）

小林幸之助*　こばやしこうのすけ
？〜明治1（1868）年　江戸時代末期の新撰組隊士。
¶幕末（[没]慶応3（1868）年12月16日）

小林幸八*　こばやしこうはち
天保9（1838）年〜慶応1（1865）年　[別]小林忠雄（こばやしただお）　江戸時代末期の水戸藩吏。
¶幕末（[没]慶応1（1865）年8月14日）

小林惟孝　こばやしこれたか
⇒小林惟孝（こばやしいこう）

小林左京助　こばやしさきょうのすけ
戦国時代の武田氏の家臣。
¶武田（[生]？　[没]天文4（1535）年8月22日）

小林貞真　こばやしさだざね
江戸時代後期〜明治時代の和算家。山形白鷹村の人。元木貞之に中西流の算学を学ぶ。
¶数学（[生]文政3（1820）年　[没]明治13（1880）年）

小林三右衛門　こばやしさんえもん
江戸時代前期の小早川秀秋・池田忠雄の家臣。
¶大坂

小林重賢　こばやししげかた
江戸時代末期〜明治時代の陸軍軍医。
¶幕末（[生]？　[没]明治30（1897）年7月24日）

小林重勝(1)　こばやししげかつ
安土桃山時代〜江戸時代前期の幕臣。
¶徳人（[生]1584年　[没]1645年）

小林重勝(2)　こばやししげかつ
江戸時代前期の足利の郡代。
¶徳代（[生]？　[没]慶長14（1609）年1月10日）

小林重定　こばやししげさだ
江戸時代前期の代官。
¶徳代（[生]？　[没]万治1（1658）年10月2日）

小林志知　こばやししち
⇒綾部志知（あやべしち）

小林七郎右衛門　こばやししちろうえもん
戦国時代〜安土桃山時代の上吉田の富士山御師。
¶武田（生没年不詳）

小林七郎右衛門尉　こばやししちろうえもんのじょう
戦国時代の駿河国富士郡根原の土豪。駿河衆。
¶武田（生没年不詳）

小林柔吉*　こばやしじゅうきち
天保8（1837）年〜*　江戸時代末期の安芸広島藩士。
¶幕末（[没]明治1（1869）年12月17日）

小林正喜　こばやししょうき
室町時代〜戦国時代の大原の土豪。
¶武田（生没年不詳）

小林浄玖　こばやしじょうきゅう
戦国時代の武田氏の家臣。
¶武田（生没年不詳）

小林松林斎　こばやししょうりんさい
戦国時代〜安土桃山時代の上杉憲政・武田信玄・北条氏の家臣、西上野の領主。
¶後北（松林斎〔小林（2）〕　しょうりんさい），武田（生没年不詳）

小林如泥*　こばやしじょでい，こばやしじょてい
宝暦3（1753）年〜文化10（1813）年　[別]小林如泥（こばやしにょでい），如泥（じょでい）　江戸時代中期〜後期の木彫・木工家。小林安左衛門の子。
¶コン（[生]宝暦3（1753年/1759）年），美工（[没]文化10（1813）年10月27日）

小林助松*　こばやしすけまつ
文政4（1821）年〜明治4（1871）年　江戸時代末期

〜明治時代の浪士組員。水戸藩士宮本佐一郎の遺
児の仇討ちを助け河西裕之助を斬る。
¶幕末(没明治4(1871)年3月18日)

小林蔵六 ＊　こばやしぞうろく
天保8(1837)年〜明治11(1878)年　江戸時代末期
〜明治時代の画家。
¶美画(生天保8(1837)年9月　没明治11(1878)年2月1
日)

小林高辰　こばやしたかとき
江戸時代後期の和算家。信州赤沼河原田新田の人。
藤田貞資に算学を学び、関流五伝を称す。
¶数学(没文化8(1811)年)

小林忠雄　こばやしただお
⇒小林幸八(こばやしこうはち)

小林忠良　こばやしただよし
⇒小林忠良(こばやしちゅうりょう)

小林忠良 ＊　こばやしちゅうりょう
＊〜明治4(1871)年　別小林忠良(こばやしただよ
し)　江戸時代末期〜明治時代の和算家。勧戒之器
の3現象を数学的に処理した。
¶科学(生寛政7(1795)年)、コン(生寛政7(1795)年)、
数学(こばやしただよし)(生寛政8(1796)年　没明治4
(1871)年8月12日)

小林椿岳 ＊　こばやしちんがく
文政7(1824)年〜明治23(1890)年　江戸時代末期
〜明治時代の絵師、水戸藩士。大和絵をよくし、後
には滑稽な漫画を描く。
¶幕末(没明治23(1890)年9月22日)

小林鉄次郎　こばやしてつじろう
江戸時代後期〜明治時代の版元。嘉永年間から
明治。
¶浮絵

小林天淵 ＊　こばやしてんえん
安永7(1778)年〜＊　別天淵(てんしん)　江戸時代
中期の画家。
¶美画(没文久3(1863)年)

小林道光　こばやしどうこう
戦国時代の船津の土豪。甲斐郡内小山田氏の重臣。
¶武田(生?　没天文4(1535)年)

小林藤之助　こばやしとうのすけ
江戸時代中期の代官。
¶徳代(生天明5(1785)年　没?)

小林時喬　こばやしときたか
?〜明暦1(1655)年　江戸時代前期の幕臣。
¶徳人、徳代(没明暦1(1655)年1月20日)

小林虎三郎 ＊　こばやしとらさぶろう
文政11(1828)年〜明治10(1877)年8月24日　江戸
時代末期〜明治時代の越後長岡藩士、長岡藩大参
事。戊辰戦争で非戦論を唱える。長岡藩復興、教育
振興に尽力。「米百俵」で知られる。
¶コン(生文政10(1827)年)、全幕、幕末

小林直清　こばやしなおきよ
江戸時代中期〜末期の和算家、米沢藩士。
¶数学(生天明6(1786)年　没万延1(1860)年)

小林直政　こばやしなおまさ
江戸時代前期〜中期の幕臣。
¶徳人(生1637年　没1709年)

小林業吉　こばやしなりよし
戦国時代の武士。佐久郡北方衆。
¶武田(生没年不詳)

小林如泥　こばやしにょでい
⇒小林如泥(こばやしじょでい)

小林致格　こばやしのぶのり
江戸時代中期〜後期の和算家。山田勝吉に宮城流、
のち江戸の藤田貞資に関流の算学を学ぶ。
¶数学

小林紀茂 ＊　こばやしのりしげ
文政12(1829)年〜明治41(1908)年　江戸時代末
期〜明治時代の商人。初代小林商店に入店、家督を
継ぐ。宮内省、皇族を相手に取引。時計製造業の先
鞭をつけた。
¶コン

小林紀道　こばやしのりみち
江戸時代中期〜後期の和算家、米沢藩士。
¶数学(生明和6(1769)年　没文政6(1823)年)

小林幡繁　こばやしはたしげ
戦国時代の武田氏の家臣。
¶武田(生没年不詳)

小林春郷　こばやしはるさと
元禄10(1697)年〜明和3(1766)年　江戸時代中期
の幕臣。
¶徳人、徳代(没明和3(1766)年12月6日)

小林反古　こばやしはんこ
寛保2(1742)年〜文化14(1817)年　別反古(はん
こ)　江戸時代中期〜後期の俳人。
¶俳文(反古　はんこ)

小林久敬 ＊　こばやしひさやす
文政4(1821)年〜明治25(1892)年　江戸時代末期
〜明治時代の福島県安積疏水功労者。猪苗代湖か
ら用水を引くために測量。政府に建白書提出。
¶幕末(生文政4(1821)年5月7日　没明治25(1892)年5
月21日)

小林秀永　こばやしひでなが
戦国時代の武士。佐久郡北方衆。
¶武田(生没年不詳)

小林百哺　こばやしひゃっぽ
⇒小林惟孝(こばやしいこう)

小林房実　こばやしふさざね
安土桃山時代の船津の土豪。甲斐郡内小山田氏の
重臣。
¶武田(生?　没天正8(1580)年)

小林文母　こばやしぶんぼ
享保8(1723)年〜寛政10(1798)年　別文母(ぶん
ぼ)　江戸時代中期の俳人。
¶俳文(文母　ぶんぼ　没寛政10(1798)年11月15日)

小林平七郎　こばやしへいしちろう
⇒緑樹園元有(りょくじゅえんもとあり)

小林孫左衛門 ＊　こばやしまござえもん
享保8(1723)年〜宝暦6(1756)年　江戸時代中期
の信濃国南佐久郡の義民。
¶コン

小林正明　こばやしまさあきら
江戸時代中期の代官、大番。

¶徳代（㋐? ㋘元禄2（1689）年8月15日）

小林政司*　こばやしまさし
天保1（1830）年～明治26（1893）年　江戸時代末期～明治時代の豪農。越後農民を集め義勇隊を組織、新政府軍に従軍。
¶幕末（㋘明治26（1893）年10月14日）

小林正重　こばやしまさしげ
江戸時代前期の幕臣。
¶徳人（㋐? ㋘1639年）

小林政用　こばやしまさちか
江戸時代中期の代官。
¶徳代（㋐享保4（1719）年 ㋘天明1（1781）年閏5月24日）

小林政房　こばやしまさふさ
江戸時代前期～中期の代官。
¶徳代（㋐天和3（1683）年 ㋘元文5（1740）年7月）

小林正府　こばやしまさもと
江戸時代前期～中期の代官。
¶徳代（㋐明暦1（1655）年 ㋘元文4（1739）年1月7日）

小林峯三郎*　こばやしみねさぶろう
天保14（1843）年～慶応4（1868）年1月5日？ ㋛小林峰太郎（こばやしみねたろう）　江戸時代後期～末期の新撰組隊士。
¶新隊（小林峰太郎　こばやしみねたろう　㋘明治1（1868）年1月4日？）

小林峰太郎　こばやしみねたろう
⇒小林峯三郎（こばやしみねさぶろう）

小林美濃守　こばやしみののかみ
戦国時代の人。甲斐の武士か。永禄10年武田氏から屋敷の竹木について城用以外の伐採禁止を認められている。
¶武田（生没年不詳）

小林以一　こばやしもちかず
江戸時代中期の和算家。
¶数学

小林盛重　こばやしもりしげ
戦国時代の武士。佐久郡北方衆。
¶武田（生没年不詳）

小林安左衛門*　こばやしやすざえもん
文化11（1814）年～明治16（1883）年　江戸時代末期～明治時代の実業家、大年寄。小倉の酒造業「岩田屋」主人。医学校兼病院の建設に尽くす。
¶幕末（㋐文化11（1814）年9月3日 ㋘明治16（1883）年8月8日）

小林泰利*　こばやしやすとし
生没年不詳　江戸時代後期の和算家。
¶数学（㋐文化3（1806）年 ㋘安政6（1859）年）

小林与一助　こばやしよいちのすけ
戦国時代の信濃佐久郡の国衆。
¶武田（生没年不詳）

小林良典*　こばやしよしすけ
文化5（1808）年～安政6（1859）年　江戸時代末期の公家家臣。
¶幕末（㋐文化5（1808）年3月28日 ㋘安政6（1859）年11月19日）

小林良孝*　こばやしよしたか
天保11（1840）年～? 　江戸時代末期の鷹司家諸大夫。
¶幕末

小林義直　こばやしよしなお
江戸時代後期～明治時代の蘭学者。
¶科学（㋐天保15（1844）年8月8日 ㋘明治38（1905）年8月6日）

小林義信　こばやしよしのぶ
⇒樋口権右衛門（ひぐちごんうえもん）

小林義則　こばやしよしのり
江戸時代後期～大正時代の文学社創業者。
¶出版（㋐弘化4（1847）年11月17日 ㋘大正14（1925）年6月19日）

小林六衛門*　こばやしろくえもん
享和2（1802）年～慶応1（1865）年　江戸時代末期の水戸藩属吏。
¶幕末（㋘慶応1（1865）年10月25日）

古原三平　こはらさんぺい
安永6（1777）年～天保12（1841）年　㋛古原敏行（こはらとしゆき、こはらびんこう）　江戸時代後期の豊後杵築藩士。
¶数学（古原敏行　こはらとしゆき ㋘天保12（1841）年3月7日）

古原敏行　こはらとしゆき
⇒古原三平（こはらさんぺい）

古原敏行　こはらびんこう
⇒古原三平（こはらさんぺい）

小針小次郎　こばりこじろう
戦国時代～安土桃山時代の北条氏の家臣。北条氏康・氏政、のち武蔵国滝山城主北条氏照に仕えた。
¶後北（小次郎〔小針〕　こじろう）

小春(1)　こはる*
江戸時代中期～後期の女性。和歌。備前岡山の酒折宮祠官岡為直の娘。
¶江表（小春（岡山県）㋐享保16（1731）年 ㋘享和2（1802）年）

小春(2)　こはる*
江戸時代末期～明治時代の女性。俳諧。加賀の人。元禄9年刊、斎部路通撰『桃祗集』に載る。
¶江表（小春（石川県））

小春(3)　こはる
⇒小春・治兵衛（こはる・じへえ）

小春・治兵衛*　こはる・じへえ
㋛小春（こはる）　江戸時代の心中物戯曲の主人公。
¶コン

小比賀時胤*　こひがときたね
生没年不詳　江戸時代後期の本草家・和算家。
¶数学

古曳盤谷*　こびきばんこく
*～明治18（1885）年　江戸時代末期～明治時代の医師、書家、画家。
¶美画（㋐文化4（1807）年）

古筆了佐*　こひつりょうさ
元亀3（1572）年～寛文2（1662）年　安土桃山時代～江戸時代前期の古筆鑑定家、古筆家の始祖。
¶コン（㋐天正10（1582）年）

小日向弥三郎*　こひなたやさぶろう
戦国時代の武士。後北条氏家臣。
¶後北（弥三郎〔小日向〕　やさぶろう）

こふ
江戸時代後期の女性。詫び書。小兵衛の妻。詫びを含む縋り書を、天保7年組頭及び組合宛に提出。
¶江表（こふ（長野県））

古保　こふ
安土桃山時代～江戸時代前期の女性。書簡。熊本藩主細川忠興の娘。
¶江表（古保（熊本県）　[生]天正13（1585）年　[没]万治1（1658）年）

湖風　こふう⋆
江戸時代中期の女性。俳諧。金川原の人。宝暦12年刊、山口黒露編『秋七草集』に載る。
¶江表（湖風（山梨県））

虎風の母　こふうのはは⋆
江戸時代中期の女性。狂歌。狂歌師茂竹庵虎風の母。天明7年刊、四方赤良編『狂歌才蔵集』に載る。
¶江表（虎風の母（東京都））

後深草院少将内侍　ごふかくさいんしょうしょうのないし
鎌倉時代後期の和歌・連歌作者。文永2年ごろ没か。
¶俳文（生没年不詳）

後深草院二条　ごふかくさいんにじょう
⇒後深草院二条（ごふかくさいんのにじょう）

後深草院二条*　ごふかくさいんのにじょう
正嘉2（1258）年～？　[別]後深草院二条（ごふかくさいんにじょう），中院雅忠女（なかのいんまさただのむすめ），二条（にじょう）　鎌倉時代後期の女性。日記作者。中宮大納言源雅忠の娘。
¶コン，女史，女文（ごふかくさいん（の）にじょう），天皇（二条　にじょう），日文（ごふかくさいんにじょう　生没年不詳）

後深草院弁内侍　ごふかくさいんのべんのないし
⇒後深草院弁内侍（ごふかくさいんべんのないし）

後深草院弁内侍*　ごふかくさいんべんのないし
生没年不詳　[別]後深草院弁内侍（ごふかくさいんのべんのないし）　鎌倉時代前期の歌人。左京権大夫藤原信実の娘。
¶女史（ごふかくさいんのべんのないし），俳文

後深草天皇*　ごふかくさてんのう
寛元1（1243）年6月10日～嘉元2（1304）年7月16日　鎌倉時代後期の第89代の天皇（在位1246～1259）。後嵯峨天皇の第3皇子。
¶コン，天皇，中世，山小（[生]1243年6月10日　[没]1304年7月16日）

こふく
江戸時代後期の女性。俳諧。富山の人。天保5年刊、高岡の真葛坊編『己之中集』に載る。
¶江表（こふく（富山県））

子福長者　こふくちょうじゃ
⇒市川団十郎〔7代〕（いちかわだんじゅうろう）

後普光園院殿　ごふこうおんいんどの
⇒二条良基（にじょうよしもと）

小藤四郎*　こふじしろう
弘化1（1844）年～明治1（1868）年　[別]藤村六郎（ふじむらろくろう）　江戸時代末期の筑前福岡藩士。
¶幕末（[没]慶応4（1868）年1月20日）

小藤平蔵*　こふじへいぞう
天保10（1839）年～慶応2（1866）年　[別]小柴三郎兵衛（こしばさぶろべえ）　江戸時代末期の筑前福岡藩士。
¶幕末（[生]天保10（1839）年5月18日　[没]慶応2（1866）年5月17日）

後伏見天皇*　ごふしみてんのう
正応1（1288）年～建武3/延元1（1336）年　鎌倉時代後期の第93代の天皇（在位1298～1301）。伏見天皇の子。
¶コン（[没]延元1/建武3（1336）年），天皇（[生]正応1/弘安11（1288）年3月3日　[没]建武3/延元1（1336）年4月6日），中世，山小（[生]1288年3月3日　[没]1336年4月6日）

護物　ごぶつ
⇒谷川護物（たにかわごぶつ）

小船九右衛門　こぶねきゅうえもん
安土桃山時代の上野国那波城主那波顕宗の家臣。九内。北条氏に属した。
¶後北（九右衛門〔小船〕　きゅうえもん）

戸部清延*　こべきよのぶ
寛治7（1093）年～久安6（1150）年　[別]戸部清延（こべのきよのぶ）　平安時代後期の雅楽家。
¶古人（こべのきよのぶ）

戸部清延　こべのきよのぶ
⇒戸部清延（こべきよのぶ）

戸部正清　こべのまさきよ
⇒戸部正清（こべまさきよ）

戸部正近　こべのまさちか
⇒戸部正近（こべまさちか）

戸部正延　こべのまさのぶ
平安時代中期の笛師。
¶古人（生没年不詳）

子部吉景　こべのよしかげ
平安時代中期の官人。
¶古人（生没年不詳）

戸部正清*　こべまさきよ
永承3（1048）年～元永2（1119）年12月　[別]戸部正清（こべのまさきよ）　平安時代中期～後期の雅楽演奏者。宮廷勤仕の楽人。
¶古人（こべのまさきよ　[生]1049年）

戸部正近*　こべまさちか
生没年不詳　[別]戸部正近（こべのまさちか）　平安時代の雅楽家。
¶古人（こべのまさちか）

小弁*（1）　こべん
生没年不詳　[別]宮小弁（みやのこべん）　平安時代中期の女性。歌人。
¶古人，コン

小弁*（2）　こべん
？～建暦1（1211）年　平安時代後期～鎌倉時代前期の女房。建春門院平滋子・宜秋門院任子に仕える。
¶古人

小弁命婦*　こべんのみょうぶ
生没年不詳　平安時代後期の女房・歌人。
¶古人

五鳳　**ごほう**
江戸時代後期～明治時代の俳諧作者。
¶俳文（[生]文化12（1815）年　[没]明治23（1890）年3月20日）

後報恩院殿　**ごほういんどの**
⇒九条経教（くじょうつねのり）

孤峰覚明＊（孤峯覚明）　**こほうかくみょう**
文永8（1271）年～正平16/康安1（1361）年　[別]覚明（かくみょう）　鎌倉時代後期～南北朝時代の臨済宗法灯派の僧。会津の人。
¶コン（[生]？），対外（孤峯覚明）

古法眼　**こほうげん**
⇒狩野元信（かのうもとのぶ）

梧鳳女　**ごほうじょ**★
江戸時代後期～末期の女性。俳諧。半田の酒井弥蔵の姉。
¶江表（梧鳳女（徳島県）　[生]享和3（1803）年　[没]安政1（1854）年）

壺蜂楼浦子　**こほうろううらこ**★
江戸時代後期の女性。狂歌。宇都宮の人。文政3年または同4年序、万歳逢義編、浅草庵市人追悼集『あさくさぐさ』に載る。
¶江表（壺蜂楼浦子（栃木県））

五木＊　**ごぼく**
天明7（1787）年～弘化5（1848）年1月19日　江戸時代中期～後期の俳人。
¶俳文（[没]嘉永1（1848）年1月19日）

呉北渚＊　**ごほくしょ**
寛政10（1798）年～文久3（1863）年　[別]呉策（ごさく）　江戸時代末期の書家。
¶幕末（[生]寛政11（1799）年　[没]元治1（1864）年9月4日）

後法性寺入道殿　**ごほっしょうじにゅうどうどの**
⇒九条兼実（くじょうかねざね）

小保内定身＊　**こほないていしん**
天保5（1834）年～明治16（1883）年　[別]小保内定身（おぼないさだみ）　江戸時代後期～明治時代の尊攘運動家。
¶幕末（おぼないさだみ　[没]明治16（1883）年8月12日）

小堀遠州＊　**こぼりえんしゅう**
天正7（1579）年～正保4（1647）年　[別]遠州（えんしゅう），小堀政一，小堀正一（こぼりまさかず）　安土桃山時代～江戸時代前期の大名。近江小室藩主、備中松山藩主。
¶江人，コン（小堀政一　こぼりまさかず），思想，全戦，徳将（小堀政一　こぼりまさかず），徳代（小堀政一　こぼりまさかず　[没]正保4（1647）年2月6日），中世，山小（[没]1647年2月6日）

後堀河天皇＊　**ごほりかわてんのう**
建暦2（1212）年～文暦1（1234）年　鎌倉時代前期の第86代の天皇（在位1221～1232）。後高倉上皇の末子。
¶コン，天皇（[生]建暦2（1212）年2月18日/3月18日　[没]文暦1（1234）年8月6日），中世，内乱，山小（[生]1212年2月18日　[没]1234年8月6日）

小堀邦明　**こぼりくにあき**
江戸時代後期の代官。
¶徳代（[生]？　[没]文化1（1804）年8月2日）

小堀邦直　**こぼりくになおる**
江戸時代中期～後期の京都代官職、京都郡代。
¶徳代（[生]享保14（1729）年　[没]寛政1（1789）年3月25日）

小堀惟貞　**こぼりこれさだ**
江戸時代中期の京都代官。
¶徳代（[生]宝永6（1709）年　[没]元文3（1738）年9月13日）

小堀水翁＊　**こぼりすいおう**
享和3（1803）年～明治9（1876）年　江戸時代後期～明治時代の水泳師範。
¶幕末（[生]享和2（1802）年　[没]明治9（1876）年1月7日）

小堀誠一郎＊　**こぼりせいいちろう**
？～慶応4（1868）年8月21日　江戸時代後期～末期の新撰組隊士。
¶新隊（[没]明治1（1868）年8月21日）

小堀寅吉＊　**こぼりとらきち**
天保14（1843）年～文久1（1861）年　江戸時代末期の志士。
¶幕末（[没]文久1（1861）年5月28日）

小堀正明　**こぼりまさあき**
江戸時代後期～末期の京都代官。
¶徳代（生没年不詳）

小堀政一（小堀正一）　**こぼりまさかず**
⇒小堀遠州（こぼりえんしゅう）

小堀政方＊　**こぼりまさかた**
寛保2（1742）年～享和3（1803）年　[別]小堀政方（こぼりまさみち）　江戸時代中期～後期の大名。近江小室藩主。
¶コン

小堀政次＊（小堀正次）　**こぼりまさつぐ**
天文9（1540）年～慶長9（1604）年　安土桃山時代の武将、大名。備中松山城主。
¶全戦（小堀正次），徳代（小堀正次　[没]慶長9（1604）年2月29日）

小堀政良　**こぼりまさなが**
江戸時代前期～中期の京都代官。
¶徳代（[生]天和3（1683）年　[没]明和1（1764）年7月22日）

小堀正誠　**こぼりまさのぶ**
江戸時代中期の代官。
¶徳代（[生]正徳1（1711）年　[没]寛保1（1741）年10月21日）

小堀正憲　**こぼりまさのり**
寛永4（1627）年～元禄5（1692）年　江戸時代前期～中期の幕臣。
¶徳人，徳代（[没]元禄5（1692）年3月29日）

小堀正徳　**こぼりまさのり**
江戸時代後期の京都代官。
¶徳代（[生]？　[没]文政9（1826）年3月8日）

小堀正春　**こぼりまさはる**
安土桃山時代～江戸時代前期の代官。
¶徳代（[生]文禄4（1595）年　[没]寛文12（1672）年閏6月17日）

小堀政方　**こぼりまさみち**
⇒小堀政方（こぼりまさかた）

小堀正芳　**こぼりまさよし**
江戸時代後期の京都代官。
¶徳代（[生]？　[没]天保14（1843）年2月5日）

小堀克敬 こぼりもとかつ
　江戸時代前期～中期の京都代官。
　¶徳代（㋒延宝2（1674）年　㋘享保4（1719）年7月7日）

こま(1)
　江戸時代後期の女性。俳諧。但馬中辻の人。文化3
年刊、森田因山編『三日の月影』に載る。
　¶江表（こま（兵庫県））

こま(2)
　江戸時代末期の女性。和歌。鈴木氏。安政4年刊、
上田光美編『延齢松詩歌後集』に載る。
　¶江表（こま（京都府））

古満(1)　こま★
　江戸時代後期の女性。散文。池田氏の妻。寛政12
年筆写の「片玉集」前集巻65に載る。
　¶江表（古満（東京都））

古満(2)　こま★
　江戸時代後期の女性。和歌。島原の遊女。嘉永4年
刊、長沢伴雄編『類題鴨川三郎集』に載る。
　¶江表（古満（京都府））

駒井家友 こまいいえとも
　戦国時代の武田氏の家臣。孫次郎。
　¶武田（生没年不詳）

駒井猪介 こまいいのすけ
　安土桃山時代～江戸時代前期の代官。
　¶徳代（生没年不詳）

駒井琦 こまいき
　⇒源琦（げんき）

駒井源琦 こまいげんき
　⇒源琦（げんき）

駒井高白斎＊ こまいこうはくさい
　生没年不詳　戦国時代の武将。
　¶戦武,武田

駒井信久 こまいしんきゅう
　戦国時代の武田氏の家臣。
　¶武田（生没年不詳）

駒井周防 こまいすおう
　戦国時代の武田氏の家臣。
　¶武田（㋒？　㋘文亀1（1501）年2月27日）

駒井蹐庵＊ こまいせいあん
　文化7（1810）年～慶応2（1866）年　㋭柴田定勝（し
ばたさだかつ）、柴田蹐庵（しばたせいあん）　江
戸時代末期の医師。
　¶幕末（㋘慶応2（1866）年8月9日）

駒井朝温 こまいちょうおん
　⇒駒井朝温（こまいともあつ）

駒井朝温＊ こまいともあつ
　㋭駒井朝温（こまいちょうおん）　江戸時代末期の
幕臣。
　¶徳人（こまいちょうおん　生没年不詳）,幕末（生没年不
詳）

駒井信家 こまいのぶいえ
　戦国時代の武田氏の家臣。
　¶武田（生没年不詳）

駒井信興＊ こまいのぶおき
　江戸時代末期の幕臣。

　¶徳人（生没年不詳）,幕末（生没年不詳）

駒井信義＊ こまいのぶよし
　？～文久3（1863）年　江戸時代末期の弓火付盗
賊改。
　¶幕末（㋘文久3（1863）年1月13日）

駒井肥前守 こまいひぜんのかみ
　安土桃山時代の武田氏の家臣、積翠寺城の城代。
　¶武田（㋒？　㋘天正2（1574）年3月8日）

駒井英長 こまいひでなが
　戦国時代の武田氏の家臣。
　¶武田（生没年不詳）

駒井政五郎＊ こまいまさごろう
　天保12（1841）年～明治2（1869）年　江戸時代末期
の長州（萩）藩士。
　¶幕末（㋘明治2（1869）年4月23日）

駒井昌直＊ こまいまさなお
　＊～文禄4（1595）年　安土桃山時代の武士。武田氏
家臣。
　¶武田（㋒天文11（1542）年　㋘文禄4（1595）年6月8日）

駒井政春の家女 こまいまさはるのかじょ★
　江戸時代中期の女性。和歌。駒井政春は書院番な
どを務めた旗本。元禄16年刊、植山検校江民軒梅
之・梅柳軒水之編『歌林尾花末』に載る。
　¶江表（駒井政春の家女（東京都））

駒井昌保＊ こまいまさやす
　＊～寛永19（1642）年　江戸時代前期の御普請奉行。
　¶徳人（㋒1588年）

高麗王若光＊ こまおうじゃくこう
　？～天平20（748）年　㋭高麗若光（こまのじゃくこ
う）　奈良時代の高麗氏の始祖。
　¶古代

駒ケ岳峰五郎 こまがたけみねごろう
　⇒白真弓肥太右衛門（しらまゆみひだえもん）

古満寛哉〔1代〕＊ こまかんさい
　？～寛政4（1792）年　江戸時代中期～後期の蒔
絵師。
　¶美工（㋘寛政4（1792）年10月2日）

古満寛哉〔2代〕＊ こまかんさい
　明和4（1767）年～天保6（1835）年　㋭仁義堂道守
（じんぎどうみちもり）、真砂庵道守（まさごあんみ
ちもり）　江戸時代中期～後期の蒔絵師。古満巨柳
の門人。
　¶美工（㋘天保6（1835）年4月9日）

古槇源四良 こまきげんしろう
　戦国時代の武士。駿河衆。
　¶武田（生没年不詳）

小牧源太 こまきげんた
　戦国時代の斎藤道三（利政）・義龍の家臣。
　¶全戦（生没年不詳）

駒木根利政＊ こまきねとしまさ,こまぎねとしまさ
　天文23（1554）年～寛永12（1635）年　安土桃山時代
～江戸時代前期の武士。豊臣氏家臣、徳川氏家臣。
　¶徳代（㋘寛永12（1635）年7月22日）

駒木根政方 こまきねまさかた
　江戸時代前期～中期の幕臣。
　¶徳人（㋒1672年　㋘1747年）

駒木根政次　こまきねまさつぐ
安土桃山時代～江戸時代前期の幕臣。
¶徳人（[生]1590年　[没]1672年）

小牧米山*　こまきべいざん
寛政1（1789）年～元治1（1864）年　[別]小牧米山（こまきめいざん）　江戸時代後期の土佐藩家老五藤氏の家臣。
¶全幕（こまきめいざん　[生]天明8（1788）年），幕末（[没]元治1（1864）年4月4日）

小牧昌業*　こまきまさなり
天保14（1843）年～大正11（1922）年10月25日　[別]小牧昌業（こまきまさのり）　江戸時代末期～明治時代の薩摩藩士、官僚、漢学者。
¶幕末（[生]天保14（1843）年9月　[没]大正11（1923）年10月25日）

小牧昌業　こまきまさのり
⇒小牧昌業（こまきまさなり）

小牧米山　こまきめいざん
⇒小牧米山（こまきべいざん）

古満休意〔古満家1代〕*　こまきゅうい
？～寛文3（1663）年　[別]休意（きゅうい）　江戸時代前期の蒔絵師。古満派の初代。
¶コン（代数なし），美工（代数なし）

古満休伯〔古満家2代〕*　こまきゅうはく
？～正徳5（1715）年　[別]休伯（きゅうはく）　江戸時代中期の蒔絵師。古満家の2代。
¶コン（代数なし），美工（代数なし）

狛精房*　こまきよふさ
承応1（1652）年～享保12（1727）年5月22日　江戸時代前期～中期の神官（大原野社神主）。
¶公卿，公家（精房〔大原野神社神主　狛氏中沢家〕　きよふさ）

狛郡房*　こまくにふさ
享保12（1727）年～天明6（1786）年9月21日　江戸時代中期の神官（大原野社神主）。
¶公卿，公家（郡房〔大原野神社神主　狛氏中沢家〕　くにふさ）

駒子(1)　こまこ★
江戸時代前期の女性。和歌。久留米藩士で医者西以三の娘。延宝2年、感化を受けた仲庵は久留米藩を辞した。
¶江表（駒子（福岡県））

駒子(2)　こまこ★
江戸時代末期の女性。和歌。伊勢宇治の検非違使足代弘長の妻。文久1年序、佐々木弘綱編『類題千船集』二・上に載る。
¶江表（駒子（三重県））

駒子(3)　こまこ★
江戸時代末期の女性。和歌。信楽の多羅尾氏。文久1年序、佐々木弘綱編『類題千船集』二に載る。
¶江表（駒子（滋賀県））

古満子　こまこ★
江戸時代後期の女性。和歌。坂田郡池下村の木村摂津芳衡の母。天保12年に国学者長野義言の門に入った。
¶江表（古満子（滋賀県））

古満巨柳*　こまこりゅう
生没年不詳　江戸時代中期の蒔絵師。古満家の5代休伯に師事。
¶美工

駒沢新右衛門　こまざわしんえもん
戦国時代の信濃国諏訪郡駒沢の人。峰畑城主。
¶武田（生没年不詳）

駒沢宗源*　こまざわそうげん
生没年不詳　江戸時代の指物師。
¶美工

駒沢主税助　こまざわちからのすけ
安土桃山時代の信濃国水内郡駒沢郷の土豪。
¶武田（[生]？　[没]天正11（1583）年3月21日）

駒沢利斎〔1代〕*（――〔駒沢家4代〕）　こまざわりさい
延宝1（1673）年～延享3（1746）年　江戸時代中期の指物師。
¶美工（――〔駒沢家4代〕）

駒沢利斎〔4代〕*（――〔駒沢家7代〕）　こまざわりさい
明和7（1770）年～安政2（1855）年　江戸時代後期の指物師。
¶美工（――〔駒沢家7代〕）

こま女　こまじょ★
江戸時代後期の女性。俳諧。岩城の人。文政期頃刊、月院社何丸編『俳諧男草紙』に載る。
¶江表（こま女（福島県））

駒女　こまじょ★
江戸時代後期の女性。俳諧。常陸水戸大宮の人。天保14年成立、高橋一具序『たつき集』に載る。
¶江表（駒女（茨城県））

古麻女　こまじょ★
江戸時代末期の女性。和歌。三河吉田藩藩士山中熊之進の娘。慶応2年刊、竹尾正久編『類題三河歌集』に載る。
¶江表（古麻女（愛知県））

木全彦二郎　こまたひこじろう
⇒滝川忠征（たきがわただゆき）

小俣与吉*　こまたよきち
？～天正10（1582）年6月2日　戦国時代～安土桃山時代の織田信長の家臣。
¶織田

小町姉*　こまちがあね
生没年不詳　平安時代前期の歌人。
¶古人

狛近真*（狛近実）　こまちかざね
治承1（1177）年～仁治3（1242）年1月25日　[別]狛近真（こまのちかざね）　鎌倉時代前期の雅楽演奏者。「教訓抄」の著者。
¶古人（こまのちかざね），コン，日文（こまのちかざね）

小町孫*　こまちがむまご
生没年不詳　平安時代中期の女性。
¶古人

小松景和*　こまつかげかず
弘化4（1847）年～大正4（1915）年　江戸時代末期～明治時代の箏曲家。
¶幕末（[没]大正4（1915）年2月4日）

小松清廉　こまつきよかど
⇒小松帯刀（こまつたてわき）

小松小太郎* こまつこたろう
天保14(1843)年～文久3(1863)年 [別]小松楽成(こまつよしなり) 江戸時代末期の志士。
¶幕末([生]天保14(1844)年12月 [没]文久3(1863)年6月7日)

小松宰相 こまつさいしょう
⇒丹羽長重(にわながしげ)

小松助兵衛 こまつすけひょうえ
安土桃山時代の甲斐国巨摩郡河内三沢郷の土豪。
¶武田(生没年不詳)

小松隆真 こまつたかまさ
江戸時代後期の和算家。
¶数学

小松毅彦* こまつたけひこ
文政6(1823)年～元治1(1864)年 江戸時代末期の水戸藩士。
¶幕末([没]元治1(1864)年11月15日)

小松帯刀* こまつたてわき
天保6(1835)年10月14日～明治3(1870)年7月20日 [別]小松清廉(こまつきよかど) 江戸時代末期～明治時代の鹿児島藩士。禁門の変の処理にあたり、薩長連合に調印した。のち、総務局顧問、外国官副知事。
¶江人,コン,全幕,徳将(小松清廉 こまつきよかど),幕末,山小([生]1835年10月14日 [没]1870年7月20日)

小松中将 こまつちゅうじょう
⇒平維盛(たいらのこれもり)

小松鈍斎* こまつどんさい
寛政12(1800)年～慶応4(1868)年 江戸時代末期の和算家。
¶数学([生]寛政12(1800)年1月 [没]慶応4(1868)年7月20日)

小松某 こまつなにがし
安土桃山時代の鋳物師職人。北条氏に属した。
¶後北(某〔小松〕 なにがし)

狛綱吉* こまつなよし
生没年不詳 安土桃山時代の織田信長の家臣。
¶織田([生]? [没]慶長6(1601)年9月11日)

小松内大臣 こまつのないだいじん
⇒平重盛(たいらのしげもり)

小松の帝(小松帝) こまつのみかど
⇒光孝天皇(こうこうてんのう)

小松宮彰仁親王* こまつのみやあきひとしんのう
弘化3(1846)年1月16日～明治36(1903)年2月18日 [別]彰仁親王(あきひとしんのう),東伏見宮嘉彰親王(ひがしふしみのみやよしあきしんのう),嘉彰親王(よしあきしんのう) 江戸時代後期～明治時代の皇族、陸軍軍人。
¶全幕(嘉彰親王 よしあきしんのう)

小松姫* こまつひめ
天正1(1573)年～元和6(1620)年 [別]真田小松(さなだこまつ),真田信之室(さなだのぶゆきしつ),真田信之妻(さなだのぶゆきのつま),大倫院(だいりんいん) 安土桃山時代～江戸時代前期の女性。徳川四天王の一人本多平八郎忠勝の娘、信濃松代藩主真田信之の正室。
¶江表(大蓮院小松姫(長野県)),全戦

小松百亀 こまつひゃっき
⇒小松屋百亀(こまつやひゃっき)

小松屋百亀 こまつやひゃくき
⇒小松屋百亀(こまつやひゃっき)

小松屋百亀* こまつやひゃっき
享保5(1720)年～寛政5(1793)年12月9日 [別]小松百亀(こまつひゃっき),小松屋百亀(こまつやひゃくき) 江戸時代中期の浮世絵師。
¶浮絵,コン(生没年不詳),美画

小松楽成 こまつよしなり
⇒小松小太郎(こまつこたろう)

駒出久子 こまでひさこ*
江戸時代後期の女性。狂歌。寛政4年刊、桑楊庵光編『狂歌桑之弓』に載る。
¶江表(駒出久子(東京都))

高麗朝臣福信 こまのあそみふくしん
⇒高麗福信(こまのふくしん)

高麗朝臣石麻呂* こまのあそんいしまろ
[別]高麗石麻呂(こまのいしまろ,こまのいわまろ) 奈良時代の官人。
¶古人(高麗石麻呂 こまのいわまろ 生没年不詳),古代

高麗朝臣殿嗣* こまのあそんとのつぐ
[別]高麗殿嗣(こまのとのつぐ) 奈良時代の官人。
¶古人(高麗殿嗣 こまのとのつぐ 生没年不詳),古代

高麗朝臣広山* こまのあそんひろやま
[別]高麗広山(こまのひろやま) 奈良時代の官人。
¶古代

高麗朝臣福信 こまのあそんふくしん
⇒高麗福信(こまのふくしん)

高麗石麻呂 こまのいしまろ
⇒高麗朝臣石麻呂(こまのあそんいしまろ)

高麗石麻呂 こまのいわまろ
⇒高麗朝臣石麻呂(こまのあそんいしまろ)

高麗画師子麻呂* こまのえしこまろ
[別]狛堅部子麻呂(こまのたちべのこまろ),狛堅部子麻呂(こまのたてべのこまろ) 飛鳥時代の画家。
¶古代,美画(狛堅部子麻呂 こまのたてべのこまろ 生没年不詳)

高麗媼 こまのおば
⇒高麗媼(こうらいばば)

高麗若光 こまのじゃくこう
⇒高麗王若光(こまおうじゃくこう)

狛堅部子麻呂 こまのたちべのこまろ
⇒高麗画師子麻呂(こまのえしこまろ)

狛堅部子麻呂 こまのたてべのこまろ
⇒高麗画師子麻呂(こまのえしこまろ)

狛近真 こまのちかざね
⇒狛近真(こまちかざね)

高麗殿嗣 こまのとのつぐ
⇒高麗朝臣殿嗣(こまのあそんとのつぐ)

狛延重 こまののぶしげ
平安時代中期の人。永承1年強盗に財物や文書を奪われた。
¶古人(生没年不詳)

こ

狛則季* こまののりすえ
生没年不詳 平安時代後期の官人、楽人。
¶古人

狛則助* こまののりすけ
永久2(1114)年〜久寿2(1155)年 平安時代後期の左近衛府の官人、楽人。
¶古人

狛則高* こまののりたか
長保1(999)年〜承保3(1076)年 平安時代中期〜後期の雅楽家。
¶古人

狛則康* こまののりやす
保安3(1122)年〜? [別]狛則康(こまのりやす) 平安時代後期の南都楽人。
¶古人

高麗広山 こまのひろやま
⇒高麗朝臣広山(こまのあそんひろやま)

高麗福信* こまのふくしん
和銅2(709)年〜延暦8(789)年 [別]高麗朝臣福信(こまのあそみふくしん, こまのあそんふくしん), 背奈福信(せなのふくしん), 高倉福信(たかくらのふくしん, たかくらふくしん) 奈良時代の官人(非参議)。高麗福徳の孫で、帰化した一族。
¶公卿([没]延暦8(789)年10月8日), 古人, 古人(背奈福信 せなのふくしん), 古代(高麗朝臣福信 こまのあそんふくしん), コン(高倉福信 たかくらのふくしん), 対外

狛光季* こまのみつすえ
万寿2(1025)年〜天永3(1112)年 [別]狛光季(こまみつすえ) 平安時代中期〜後期の南都楽人。
¶古人([生]1027年), コン

狛光助* こまのみつすけ
保延5(1139)年〜? 平安時代後期の左近衛府の官人、楽人。
¶古人

狛光高 こまのみつたか
⇒狛光高(こまみつたか)

狛光忠 こまのみつただ
平安時代後期の楽人。応徳1年府生。
¶古人(生没年不詳)

狛光近 こまのみつちか
⇒狛光近(こまみつちか)

狛光時 こまのみつとき
⇒狛光時(こまみつとき)

小馬命婦*(1) こまのみょうぶ
生没年不詳 [別]小馬命婦(こうまのみょうぶ) 平安時代中期の女性。歌人。
¶古人([生]929年? [没]?)

小馬命婦*(2)(駒命婦) こまのみょうぶ
生没年不詳 [別]小馬命婦(こうまのみょうぶ) 平安時代中期の女性。清少納言の娘。
¶コン(こうまのみょうぶ)

狛行高* こまのゆきたか
康平5(1062)年〜保安1(1120)年7月19日 [別]狛行高(こまゆきたか), 辻行高(つじゆきたか) 平安時代後期の南都楽人。
¶古人, コン

狛行則* こまのゆきのり
康和4(1102)年〜長寛1(1163)年 平安時代後期の官人、舞人。
¶古人

狛則康 こまのりやす
⇒狛則康(こまののりやす)

狛光季 こまみつすえ
⇒狛光季(こまのみつすえ)

狛光高* こまみつたか
天徳3(959)年〜永承3(1048)年3月1日 [別]狛光高(こまのみつたか) 平安時代中期の南都楽人。
¶古人(こまのみつたか)

狛光近* こまみつちか
元永1(1118)年〜寿永1(1182)年 [別]狛光近(こまのみつちか) 平安時代後期の南都楽人。
¶古人(こまのみつちか)

狛光時* こまみつとき
*〜平治1(1159)年5月4日 [別]狛光時(こまのみつとき) 平安時代後期の雅楽家。
¶古人(こまのみつとき [生]1087年)

狛宗房* こまむねふさ
元禄9(1696)年〜明和1(1764)年5月9日 江戸時代中期の神官(大原野社神主)。
¶公卿, 公家(宗房〔大原野神社神主 狛氏中沢家〕 むねふさ)

駒屋 こまや
戦国時代の富士山河口浅間神社所属の御師。
¶武田(生没年不詳)

狛行高 こまゆきたか
⇒狛行高(こまのゆきたか)

小満 こまん★
江戸時代中期の女性。俳諧。美濃錦織の人。宝永1年刊『国の花』、豪農兼松嘯風編「藪の花」に載る。
¶江表(小満(岐阜県))

五味 ごみ
江戸時代前期の紀伊国牟婁郡長井村の人。
¶大坂

五味可都里* ごみかつり
寛保3(1743)年〜文化14(1817)年 [別]可都里(かつり, かとり) 江戸時代中期〜後期の俳人。
¶俳文(可都里 かつり [没]文化14(1817)年9月15日)

小見川 こみかわ
⇒松本幸四郎〔1代〕(まつもとこうしろう)

五味玄鶴 ごみげんかく
江戸時代末期の眼科医。
¶眼医(生没年不詳)

後水尾天皇* ごみずのおてんのう
文禄5(1596)年6月4日〜延宝8(1680)年8月19日 [別]後水尾法皇(ごみずのおほうおう) 江戸時代前期の第108代の天皇(在位1611〜1629)。後陽成天皇第3皇子、三宮。
¶江人, コン([生]慶長1(1596)年), 詩作([生]慶長1(1596)年6月4日), 全戦([生]慶長1(1596)年), 天皇([生]慶長1(1596)年), 徳将, 日文([生]慶長1(1596)年), 俳文, 山小([生]1596年6月4日 [没]1680年8月19日)

後水尾法皇 ごみずのおほうおう
⇒後水尾天皇(ごみずのおてんのう)

五味貞蔵*　ごみていぞう
享保3(1718)年～宝暦4(1754)年　[別]五味釜川(ごみふせん)　江戸時代中期の儒学者。
¶思想(五味釜川　ごみふせん)

五味豊直　ごみとよなお
天正11(1583)年～万治3(1660)年　安土桃山時代～江戸時代前期の幕臣。
¶徳人,徳代([没]万治3(1660)年8月9日)

五味豊法　ごみとよのり
江戸時代前期の代官。
¶徳代(生没年不詳)

五味豊旨　ごみとよむね
江戸時代前期の京都代官。
¶徳代([生]?　[没]延宝8(1680)年10月17日)

小南五郎　こみなみごろう
⇒小南五郎右衛門(こみなみごろうえもん)

小南五郎右衛門*　こみなみごろうえもん
文化9(1812)年～明治15(1882)年　[別]小南五郎(こみなみごろう)　江戸時代末期～明治時代の江ノ口村藩士。
¶コン,全幕,幕末([没]明治15(1882)年2月12日)

小南達考の妻　こみなみみちひさのつま★
江戸時代中期の女性。和歌。幕臣成島和鼎の娘。天明6年成立、「なけきの露」に載る。
¶江表(小南達考の妻(東京都))

小南義方*　こみなみよしかた
明和2(1765)年～文政10(1827)年　江戸時代後期の民政家。
¶コン

小峰満政　こみねみつまさ
生没年不詳　室町時代前期の武士。
¶内乱,室町

小峰門弥*　こみねもんや
文政6(1823)年～明治39(1906)年　江戸時代末期～明治時代の料理人。ペリーの接待料理人。高級割烹「枕流亭」開店。
¶幕末([没]明治39(1906)年4月30日)

五味彦次郎　ごみひこじろう
安土桃山時代の武士。遠江高天神城で討死。
¶武田([生]?　[没]天正9(1581)年3月1日)

五味釜川　ごみふせん
⇒五味貞蔵(ごみていぞう)

小宮四郎左衛門*　こみやしろうざえもん
文政6(1823)年～明治2(1869)年　[別]小宮民部(こみやみんぶ)　江戸時代末期の豊前小倉藩家老。
¶全幕,幕末([生]文政6(1823)年8月23日　[没]明治2(1869)年11月29日)

五味易達　ごみやすみち
江戸時代中期の幕臣。
¶徳人([生]?　[没]1702年)

五味安郎右衛門*　ごみやすろうえもん
寛政12(1800)年～明治23(1890)年　江戸時代末期～明治時代の豪農。新見正興の遣米使節96人の一人。
¶幕末

小宮山謙亭　こみやまけんてい
⇒小宮山昌世(こみやましょうせい)

小宮正知　こみやまさとも
戦国時代の仁科氏の家臣。信濃国安曇郡の人。
¶武田(生没年不詳)

小宮山昌世*　こみやましょうせい
?～安永2(1773)年　[別]小宮山謙亭(こみやまけんてい),小宮山昌世(こみやままさよ)　江戸時代中期の儒者、幕臣。
¶コン(生没年不詳),徳将(こみやままさよ),徳人(こみやままさよ),徳代(こみやままさよ　[生]元禄2(1689)年　[没]安永2(1773)年閏3月20日)

小宮山甚八郎　こみやまじんぱちろう
安土桃山時代の北条氏直家臣大道寺政繁の同心。もと武田勝頼家臣。
¶後北(甚八郎〔小宮山〕　じんぱちろう)

小宮山長右衛門　こみやまちょうえもん
江戸時代前期～中期の幕臣、代官。
¶徳代([生]承応3(1654)年　[没]享保6(1721)年1月27日)

小見山天老　こみやまてんろう
⇒天老(てんろう)

小宮山土佐守　こみやまとさのかみ
安土桃山時代の武田氏の家臣。
¶武田([生]?　[没]天正3(1575)年5月21日)

小宮山虎高　こみやまとらたか
戦国時代の武士。
¶武田(生没年不詳)

小宮山虎泰　こみやまとらやす
戦国時代の武田信虎の側近とみられる。
¶武田(生没年不詳)

小宮山内膳*　こみやまないぜん
?～天正10(1582)年　安土桃山時代の武将。武田勝頼の臣。
¶武田([没]天正10(1582)年3月11日)

小宮山南梁　こみやまなんりょう
⇒小宮山綏介(こみやまやすすけ)

小宮山宣重　こみやまのぶしげ
江戸時代前期の代官。
¶徳代([生]?　[没]寛永19(1642)年9月28日)

小宮山宣正　こみやまのぶまさ
江戸時代前期の代官。
¶徳代([生]?　[没]元和1(1615)年2月28日)

小宮山八左衛門　こみやまはちざえもん
戦国時代～安土桃山時代の武田氏の家臣。
¶武田(生没年不詳)

小宮山八兵衛　こみやまはちべい
江戸時代前期の代官。
¶徳代(生没年不詳)

小宮山楓軒　こみやまふうけん
⇒小宮山昌秀(こみやままさひで)

小宮山昌寿　こみやままさが
江戸時代後期～明治時代の陸軍軍人。
¶幕末([生]天保13(1842)年9月22日　[没]明治28(1895)年1月14日)

小宮山昌言　こみやままさとき
江戸時代前期～中期の幕臣。
¶徳人（[生]1668年　[没]1721年）

小宮山昌秀*　こみやままさひで
明和1（1764）年～天保11（1840）年3月2日　[別]小宮山楓軒（こみやまふうけん）　江戸時代中期～後期の水戸藩士。農政家。
¶コン，思想（小宮山楓軒　こみやまふうけん）

こ

小宮山昌世　こみやままさよ
⇒小宮山昌世（こみやましょうせい）

小宮山民部　こみやまみんぶ
安土桃山時代～江戸時代前期の代官。武田家旧臣。
¶徳代（生没年不詳）

小宮山綏介*　こみやまやすすけ
文政12（1829）年～明治29（1896）年12月24日　[別]小宮山南梁（こみやまなんりょう）　江戸時代末期～明治時代の漢学者、弘道館教授。「国史志表」の編修を命ぜられた。皇典講究所の「古事類苑」の編纂に従事。
¶幕末（小宮山南梁　こみやまなんりょう）

小宮山安次　こみやまやすつぐ
江戸時代前期の幕臣。
¶徳人（生没年不詳）

小宮山弥太郎*　こみやまやたろう
文政11（1828）年～大正9（1920）年5月8日　江戸時代末期～明治時代の大工。師範学校、山梨県庁舎など主要建築の棟梁を務めた。
¶美建（[生]文政11（1828）年10月20日）

小宮民部　こみやみんぶ
⇒小宮四郎左衛門（こみやしろうざえもん）

護命*　ごみょう
天平勝宝2（750）年～承和1（834）年9月11日　奈良時代～平安時代前期の僧。美濃国各務郡の生まれ。
¶古人，古代，コン

五味与三兵衛　ごみよそうびょうえ
安土桃山時代の武田氏の家臣。
¶武田（[生]？　[没]天正3（1575）年5月21日）

後村上天皇*　ごむらかみてんのう
嘉暦3（1328）年～正平23/応安1（1368）年　[別]義良親王（のりながしんのう，のりよししんのう）　南北朝時代の第97代（南朝第2代）の天皇（在位1339～1368）。後醍醐天皇の皇子。南朝第2代の天皇。幼少時から北畠顕家と奥州に下向。母阿野廉子の影響力で兄たちを越えて皇太子となり、即位。幕府に吉野を攻められてからは賀名生に行宮をおき、抗戦した。
¶コン，詩作（[没]正平23/応安1（1368）年3月11日），思想（[没]応安1/正平23（1363）年），天皇（義良親王（後村上天皇）　のりよししんのう），天皇（[生]嘉暦3（1328）年9月　[没]正平23/北朝応安1（1368）年3月11日），中世，内乱，室町，山小（[没]1368年3月11日）

小むらさき・小紫　こむらさき★
江戸時代後期の女性。俳諧。越前滝谷の遊女。寛政8年刊、荒木為卜仙編『卯花筐』下に載る。
¶江表（小むらさき・小紫（福井県））

小紫*（1）　こむらさき
生没年不詳　江戸時代前期の女性。江戸吉原三浦屋の遊女。
¶江表（小紫・濃紫〔2代〕（東京都））

小紫（2）　こむらさき★
江戸時代前期の女性。和歌・俳諧。明暦頃の島原の遊女。
¶江表（小紫（京都府））

濃紫　こむらさき★
江戸時代後期の女性。狂歌。新吉原江戸町の玉楼の遊女。天保年間刊『秋葉山奉灯狂歌合』に載る。
¶江表（濃紫（東京都））

小村松庵*　こむらしょうあん
生没年不詳　江戸時代中期の算家。
¶数学

小村西卜の妻　こむらせいぼくのつま★
江戸時代中期の女性。俳諧。飫肥の豪商小村三郎兵衛は俳号を西卜といい、俳系は以後、八代受け継がれた。元禄14年序、西卜が師事した大淀三千風編『倭漢田鳥集』に載る。
¶江表（小村西卜の妻（宮崎県））

小村雪翁*　こむらせつおう
寛政12（1800）年～明治11（1878）年　江戸時代末期～明治時代の画家、岩国吉川家臣。雪舟派の絵を学び、筆才は題材を選ばなかった。
¶幕末（[没]明治11（1878）年2月20日）

小室怡々斎*　こむろいいさい
天保8（1837）年～明治33（1900）年　江戸時代末期～明治時代の画家。「和田岬合戦」は東洋画共進会において銅賞を得た。
¶美画（[生]天保8（1837）年1月27日　[没]明治33（1900）年12月17日）

小室克三*　こむろかつぞう
嘉永3（1850）年～明治4（1871）年　江戸時代末期～明治時代の秋田藩士。藩政の不満から少参事志賀為吉を殺害、同家の書生らに斬殺される。
¶幕末（[没]明治4（1871）年3月25日）

小室左兵衛　こむろさひょうえ
江戸時代前期の武士。大坂の陣で籠城。後、加藤明成・青山幸利に仕えた。
¶大坂

小室左門*　こむろさもん
天保12（1841）年～明治1（1868）年　江戸時代末期の水戸藩郷士。
¶幕末（[没]慶応4（1868）年1月27日）

小室信夫*　こむろしのぶ
天保10（1839）年～明治31（1898）年6月5日　[別]小室信夫（こむろのぶお）　江戸時代末期～明治時代の志士、実業家。維新後、岩鼻県知県事、徳島藩大参事などを歴任。民選議院設立を建白。
¶コン，幕末（[生]天保10（1839）年9月），山小（[生]1839年9月30日　[没]1898年6月5日）

小室信夫　こむろのぶお
⇒小室信夫（こむろしのぶ）

後室町院女　ごむろまちいんのむすめ
鎌倉時代後期～南北朝時代の女性。後醍醐天皇の皇女。
¶天皇

小室茂兵衛　こむろもひょうえ
江戸時代前期の豊臣秀頼の家臣。
¶大坂（[没]慶長20年5月8日）

五明* (1)　ごめい
*～享和3（1803）年　[別]吉川五明（きっかわごめい）　江戸時代中期～後期の俳人。秋田蕉風の祖。
¶詩作（吉川五明　きっかわごめい　[生]享保16（1731）年　[没]享和3（1803）年10月26日），俳文（[生]享保16（1731）年　[没]享和3（1803）年10月26日）

五明* (2)　ごめい
寛延2（1749）年～文政3（1820）年9月23日　江戸時代中期～後期の俳人。
¶俳文

米糞聖人*　こめくそひじり
平安時代前期の聖人。
¶古人（生没年不詳）

米将軍　こめしょうぐん
⇒徳川吉宗（とくがわよしむね）

米田九左衛門　こめだくざえもん
江戸時代前期の地神経の座頭の子。
¶大坂

米田桂次郎　こめだけいじろう
⇒立石斧次郎（たていしおのじろう）

米田監物　こめだけんもつ
⇒長岡監物（ながおかけんもつ）

米田是容　こめだこれかた
⇒長岡監物（ながおかけんもつ）

米田虎雄*　こめだとらお
天保10（1839）年～大正4（1915）年11月27日　江戸時代末期～大正時代の宮内庁官僚、侍従、子爵。権大参事として藩政改革を行う。明治天皇の側近。宮中顧問官、主猟頭を歴任。
¶幕末（[生]天保10（1839）年6月）

古面翁*　こめんおう
寛政11（1799）年～明治14（1881）年　[別]古面翁（ふるめんのおきな）　江戸時代末期～明治時代の狂歌師。四面真顔に師事し、八雲連の棟梁となる。
¶幕末（ふるめんのおきな　[没]明治14（1881）年11月8日）

菰田武三*　こもたたけぞう
江戸時代末期の新撰組隊士。
¶新隊（生没年不詳）

薦田篤平*　こもだとくへい
文政6（1823）年～明治30（1897）年6月9日　江戸時代末期～明治時代の伊予宇摩郡の製糸業者。2枚漉を4枚漉に改良。紙問屋も経営。
¶幕末

菰田元治　こもたもとじ
江戸時代末期の新撰組隊士。
¶新隊（生没年不詳）

小本村斎太*　こもとむらさいた
生没年不詳　[別]小本村斎太（おもとむらさいた），斎太（さいた）　江戸時代後期の陸奥国下閉伊郡小本村の義民。
¶コン

小本村弥五兵衛　こもとむらやごべえ
⇒佐々木弥五兵衛（ささきやごべえ）

後桃園天皇*　ごももぞのてんのう
宝暦8（1758）年～安永8（1779）年　江戸時代中期の第118代の天皇（在位1770～1779）。桃園天皇第1皇子、若宮。
¶江人，コン，天皇（[生]宝暦8（1758）年7月2日　[没]安永8（1779）年10月29日），山小（[生]1758年7月2日　[没]1779年10月29日）

小森一貫斎*　こもりいっかんさい
文化12（1815）年～明治4（1871）年　江戸時代末期～明治時代の陸奥会津藩士。
¶幕末（[没]明治3（1871）年12月19日）

小森卓朗　こもりたくろう
⇒卓郎（たくろう）

小森桃塢*　こもりとうう
天明2（1782）年4月3日～天保14（1843）年3月23日　江戸時代後期の蘭方医。
¶科学，コン

小森義貞*　こもりよしさだ
？～明治42（1909）年　江戸時代末期～明治時代の和算家。
¶数学

小森頼季女　こもりよりすえのむすめ
⇒見性院（けんしょういん）

小村田之助　こもれたのすけ
⇒小村田之助（おもれたのすけ）

子安峻*　こやすたかし
天保7（1836）年～明治31（1898）年1月15日　江戸時代末期～明治時代の通訓、記者。活版印刷所・日就社を設立、「読売新聞」を創刊。貿易会社扶桑商会を設立。
¶コン，出版（[生]天保7（1836）年1月2日），幕末（[生]天保7（1836）年1月2日）

子安照隆　こやすてるたか
江戸時代後期～明治時代の和算家。
¶数学（[生]天保2（1831）年6月3日　[没]明治40（1907）年10月6日）

子安義一　こやすよしかず
江戸時代後期～大正時代の和算家。
¶数学

小梁川宗朝*　こやながわむねとも
文明1（1469）年～永禄8（1565）年　戦国時代の武士。伊達氏家臣。
¶戦武

小柳長吉　こやなぎちょうきち
⇒阿武松緑之助（おおのまつみどりのすけ）

小柳常吉*　こやなぎつねきち
文化14（1817）年～安政5（1858）年　江戸時代末期の力士。
¶全幕，幕末（[没]安政5（1858）年3月23日）

小屋某　こやなにがし
戦国時代～安土桃山時代の北条氏政家臣伊東氏の同心。もと北条氏康の家臣土屋氏同心。
¶後北（某〔小屋〕　なにがし）

小山　こやま★
江戸時代末期の女性。書簡。13代将軍家定、14代将軍家茂付表使。
¶江表（小山（東京都））

小山磯之丞*　こやまいそのじょう
明和1（1764）年？～天明7（1787）年　江戸時代中期の信濃国上田下室賀村の義民。
¶コン

こ

小山内元洋　こやまうちげんよう
江戸時代後期〜明治時代の眼科医。
¶眼医（[生]弘化3（1846）年　[没]明治18（1885）年）

小山玄敬　こやまげんけい
江戸時代中期〜末期の眼科医。
¶眼医（[生]安永9（1780）年　[没]安政4（1857）年）

小山佐次兵衛隆直　こやまさじびょうえたかなお
江戸時代前期の本多政武の家臣。大坂の陣で籠城。
¶大坂（[没]明暦2年8月7日）

小山正太郎　こやましょうたろう
安政4（1857）年〜大正5（1916）年　江戸時代末期〜大正時代の洋画家。
¶全幕，美画（[生]安政4（1857）年1月21日　[没]大正5（1916）年1月7日）

小山次郎左衛門氏清　こやまじろ（う）ざえもんうじきよ
江戸時代前期の武士。大坂の陣で籠城。
¶大坂

小山秀　こやまひいで
江戸時代後期〜明治時代の大工。
¶美建（[生]文政11（1828）年8月27日　[没]明治31（1898）年5月17日）

小山蓬州*　こやまほうしゅう
文化4（1807）年〜文久2（1862）年　江戸時代末期の医師。
¶幕末（[没]文久2（1862）年9月6日）

小山良運*　こやまりょううん
？〜明治2（1869）年　江戸時代末期の医師。
¶幕末

小山六郎*　こやまろくろう
天保6（1835）年〜明治4（1871）年　[別]小山六郎（おやまろくろう）　江戸時代末期〜明治時代の志士。
¶全幕（おやまろくろう），幕末（[没]明治4（1872）年12月24日）

古友　こゆう⋆
江戸時代中期の女性。俳諧。田中の人。癸卯・天明3年から戊申・同8年まで起早庵稲後が編んだ「歳旦集」のうち、同5年『乙巳の歳旦』に載る。
¶江表（古友（山梨県））

孤有　こゆう⋆
江戸時代中期の女性。俳諧。松代藩御用商人で俳人八田窓湖の娘か。白雄が明和6年に建てた芭蕉句碑面影塚の記念集『おもかげ集』に入集。
¶江表（孤有（長野県））

孤遊　こゆう
江戸時代後期の女性。俳諧。筑前の俳人有井諸九の養女。
¶江表（孤遊（福岡県）　[没]寛政4（1792）年）

虎宥　こゆう
⇒中村十蔵〔2代〕（なかむらじゅうぞう）

小遊　こゆう⋆
江戸時代後期の女性。俳諧。八戸の人。嘉永4年刊、寿川亭常丸著『俳諧風雅帖』に載る。
¶江表（小遊（青森県））

梧遊　ごゆう⋆
江戸時代中期の女性。俳諧。田中の人。天明5年成立、起早庵稲後編『乙巳の歳旦』に載る。
¶江表（梧遊（山梨県））

古友尼*　こゆうに
生没年不詳　江戸時代中期〜後期の女性。俳人。
¶江表（古友尼（東京都）），俳文

こよ（1）
江戸時代中期の女性。俳諧。石見十王堂の人。天明7年刊、時雨庵祐阿編『飛梅集』に載る。
¶江表（こよ（島根県））

こよ（2）
江戸時代後期の女性。和歌。在田郡箕島の箕島祇園神社の祠官栗山駿河守治保の妻。嘉永2年に本居内遠に入門。
¶江表（こよ（和歌山県））

五葉（1）　ごよう⋆
江戸時代中期の女性。俳諧。武蔵神奈川宿の俳人。宝暦8年序、多少庵秋瓜編『俳諧草むすひ』に載る。
¶江表（五葉（神奈川県））

五葉（2）　ごよう⋆
江戸時代中期の女性。俳諧。越前滝谷の人。明和9年刊、美濃派三代以乙斎可推坊撰『雪の筐』上に載る。
¶江表（五葉（福井県））

後陽成天皇*　ごようぜいてんのう
元亀2（1571）年〜元和3（1617）年　安土桃山時代〜江戸時代前期の第107代の天皇（在位1586〜1611）。誠仁親王の第1王子。
¶江人，コン，全戦，天皇（[生]元亀2（1571）年12月15日　[没]元和3（1617）年8月26日），中世，内乱，俳文（[没]元和3（1617）年8月26日），山小（[生]1571年12月15日　[没]1617年8月26日）

古代子　こよこ⋆
江戸時代後期の女性。和歌。佐賀藩主鍋島重茂の後室円諦院付の侍女。文化5年頃、真田幸弘編「御ことほきの記」に載る。
¶江表（古代子（佐賀県））

小葭　こよし
江戸時代後期の女性。和歌・俳諧。備前和気郡伊里村穂浪の正宗直胤の妻。
¶江表（小葭（岡山県）　[没]嘉永3（1850）年）

小余綾礒女*　こよろぎいそめ
？〜嘉永5（1852）年　江戸時代後期の女性。狂歌師。
¶江表（小余綾礒女（和歌山県）　こよろぎのいそめ）

五来*　ごらい
宝暦9（1759）年〜天保9（1838）年7月8日　江戸時代中期〜後期の俳人。
¶俳文

小蘭　こらん
江戸時代後期〜末期の女性。画。木下勝茂の娘。
¶江表（小蘭（長崎県）　[生]寛政9（1797）年　[没]明治1（1868）年）

孤立　こりつ
⇒大我（だいが）

五律　ごりつ
江戸時代後期〜明治時代の俳諧師。
¶俳文（[生]文政5（1822）年　[没]明治2（1869）年頃）

箇柳　こりゅう⋆
江戸時代後期の女性。俳諧。長門吉田の人。文化

12年刊、吉田連編、俳人紫石の一三回忌追善集『塚のおもかげ』に載る。
¶江表(箇柳(山口県))

古柳　こりゅう★
江戸時代中期の女性。俳諧。石和の人。安永10年刊、壺中軒調唯編、壺嘗軒調唯50回忌追善集『続やどり木』に載る。
¶江表(古柳(山梨県))

五粒　ごりゅう
⇒市川団十郎〔4代〕(いちかわだんじゅうろう)

御料＊　ごりょう
生没年不詳　平安時代後期の禖子内親王の斎院女房。
¶古人

呉陵軒可有　ごりょうけんあるべし
⇒呉陵軒可有(ごりょうけんかゆう)

呉陵軒可有＊　ごりょうけんかゆう
？～天明8(1788)年5月29日　[別]呉陵軒可有(ごりょうけんあるべし)，木綿(もめん)　江戸時代中期の川柳評前句付作者。
¶俳文(木綿　もめん)

湖隣　こりん★
江戸時代中期の女性。俳諧。武蔵の人。元禄5年刊、水間沾徳編『一字幽蘭集』に載る。
¶江表(湖隣(埼玉県))

虎林中虔＊　こりんちゅうけん
？～延宝6(1678)年9月27日　江戸時代前期の臨済宗の僧。
¶対外([生]1627年)

コルネリア
江戸時代前期の女性。ジャガタラ文。父はオランダ商館長ナイエンローデ。母スリシアは幕府の鎖国政策のため寛永16年に平戸から追放され、コルネリアを連れて、判田五右衛門と再婚する。
¶江表(コルネリア(長崎県))

惟明親王　これあきしんのう
⇒惟明親王(これあきらしんのう)

惟明親王＊　これあきらしんのう
治承3(1179)年～承久3(1221)年　[別]大炊御門宮(おおいみかどのみや)，惟明親王(これあきしんのう)　鎌倉時代前期の親王。高倉天皇の第3皇子。後鳥羽天皇の兄。
¶古人，天皇([没]承久3(1221)年5月3日)，平家

後冷泉天皇＊　ごれいぜいてんのう
万寿2(1025)年8月3日～治暦4(1068)年　[別]後冷泉天皇(ごれいぜんてんのう)　平安時代中期の第70代の天皇(在位1045～1068)。後朱雀天皇の第1皇子。
¶古人，コン，天皇([没]治暦4(1068)年4月19日)，山小([生]1025年8月3日　[没]1068年4月19日)

後冷泉天皇　ごれいぜんてんのう
⇒後冷泉天皇(ごれいぜいてんのう)

是枝貞至　これえださだのり
⇒是枝柳右衛門(これえだりゅうえもん)

惟条親王＊　これえだしんのう
承和13(846)年～貞観10(868)年　平安時代前期の文徳天皇の皇子。
¶古人，天皇([没]貞観10(868)年9月14日)

是枝万助＊　これえだばんすけ
江戸時代末期の薩摩藩士。
¶幕末(生没年不詳)

是枝柳右衛門　これえだりゅううえもん
⇒是枝柳右衛門(これえだりゅうえもん)

是枝柳右衛門＊　これえだりゅうえもん
文化14(1817)年～元治1(1864)年　[別]是枝貞至(これえださだのり)，是枝柳右衛門(これえだりゅううえもん)　江戸時代末期の歌人。
¶コン，幕末([生]文化14(1817)年3月15日　[没]元治1(1864)年10月13日)

是一〔8代〕　これかず
江戸時代後期～明治時代の刀匠。
¶美工([生]天保14(1843)年　[没]明治24(1891)年10月29日)

これ子　これこ★
江戸時代後期の女性。和歌。大村藩主大村上総介純昌の室。文化11年刊、中山忠雄・河田正致編『柿本社奉納和歌集』に載る。
¶江表(これ子(長崎県))

維駒　これこま
⇒黒柳維駒(くろやなぎこれこま)

是貞親王＊　これさだしんのう
？～延喜3(903)年　[別]源是貞(みなもとのこれさだ)　平安時代前期～中期の光孝天皇の皇子。
¶古人，古人(源是貞　みなもとのこれさだ)

惟喬親王＊　これたかしんのう
承和11(844)年～寛平9(897)年2月20日　[別]小野宮(おののみや)，素覚(そかく)　平安時代前期の文徳天皇の第1皇子。
¶古人，古代，コン，天皇([生]承和11(844)年3月25日)，平家

是忠親王＊　これただしんのう
天安1(857)年～延喜22(922)年　[別]源朝臣是忠(みなもとのあそんこれただ)，源是忠(みなもとのこれただ)　平安時代前期～中期の公卿(中納言)。光孝天皇の皇子、母は仲野親王の娘班子女王。
¶公卿(源是忠　みなもとのこれただ　[没]延喜22(922)年11月22日)，古人，古人(源是忠　みなもとのこれただ)，古代(源朝臣是忠　みなもとのあそんこれただ)，コン，天皇([生]？)

是忠親王女＊　これただしんのうのむすめ
生没年不詳　平安時代中期の女性歌人。
¶古人

是誰　これたれ
⇒池田是誰(いけだぜすい)

惟恒親王＊　これつねしんのう
？～延喜4(904)年　平安時代前期～中期の文徳天皇の皇子。
¶古人，古代，天皇([没]延喜4(904)年4月8日)

惟任日向守　これとうひゅうがのかみ
⇒明智光秀(あけちみつひで)

伊長　これなが
⇒甘露寺伊長(かんろじこれなが)

伊治呰麻呂　これはりのあざまろ
⇒伊治呰麻呂(いじのあざまろ)

伊治呰麻呂 これはるのあざまろ
⇒伊治呰麻呂(いじのあざまろ)

惟彦親王* これひこしんのう
嘉祥3(850)年～元慶7(883)年 [別]惟彦親王(これよししんのう) 平安時代前期の文徳天皇の皇子。
¶古人,古人(これよししんのう [生]851年),古代,天皇([生]仁寿1(851)年 [没]元慶7(883)年1月29日)

惟久 これひさ
⇒巨勢惟久(こせのこれひさ)

惟宗公方 これむねきみかた
⇒惟宗公方(これむねのきんかた)

惟宗公方 これむねきんかた
⇒惟宗公方(これむねのきんかた)

惟宗孝言 これむねたかとき
⇒惟宗孝言(これむねのたかこと)

惟宗隆頼* これむねたかより
生没年不詳 [別]惟宗隆頼(これむねのたかより) 平安時代後期の漢詩人・歌人。
¶古人(これむねのたかより)

惟宗允亮 これむねただすけ
⇒惟宗允亮(これむねのただすけ)

惟宗忠久 これむねただひさ
⇒島津忠久(しまづただひさ)

惟宗為経* これむねためつね
生没年不詳 [別]惟宗為経(これむねのためつね) 平安時代中期の官人、歌人。
¶古人(これむねのためつね)

惟宗直宗 これむねなおむね
⇒惟宗直宗(これむねのなおむね)

惟宗直本 これむねなおもと
⇒惟宗直本(これむねのなおもと)

惟宗朝臣直宗 これむねのあそんなおむね
⇒惟宗直宗(これむねのなおむね)

惟宗朝臣直本 これむねのあそんなおもと
⇒惟宗直本(これむねのなおもと)

惟宗兼任 これむねのかねとう
平安時代中期の官人。
¶古人(生没年不詳)

惟宗公方 これむねのきみかた
⇒惟宗公方(これむねのきんかた)

惟宗清真 これむねのきよざね
平安時代後期の官人。
¶古人(生没年不詳)

惟宗清則 これむねのきよのり
平安時代後期の医師。承徳3年典薬医師。
¶古人(生没年不詳)

惟宗清職 これむねのきよもと
平安時代後期の漏刻博士。
¶古人(生没年不詳)

惟宗公方* これむねのきんかた
生没年不詳 [別]惟宗公方(これむねきみかた,これむねきんかた,これむねのきみかた) 平安時代中期の明法家。明法博士。
¶古人,コン(これむねのきみかた)

惟宗公用 これむねのきんもち
平安時代中期の明法博士。
¶古人(生没年不詳)

惟宗国任* これむねのくにとう
生没年不詳 平安時代後期の明法学者。
¶古人

惟宗是邦* これむねのこれくに
生没年不詳 平安時代中期の天文権博士。
¶古人

惟宗定兼* これむねのさだかね
生没年不詳 平安時代後期の官人、拒捍使。
¶古人

惟宗貞成 これむねのさだしげ
平安時代後期の官人。
¶古人(生没年不詳)

惟宗実長 これむねのさねなが
平安時代後期の官人。
¶古人(生没年不詳)

惟宗真康 これむねのさねやす
平安時代後期の官人。
¶古人(生没年不詳)

惟宗成宗 これむねのしげむね
平安時代後期の官人。
¶古人(生没年不詳)

惟宗季忠 これむねのすえただ
平安時代後期の官人。
¶古人(生没年不詳)

惟宗季友 これむねのすえとも
平安時代後期の官人。
¶古人(生没年不詳)

惟宗季政 これむねのすえまさ
平安時代後期の医師。康和4年左兵衛医師。
¶古人(生没年不詳)

惟宗輔兼 これむねのすけかね
平安時代後期の官人。
¶古人(生没年不詳)

惟宗助言 これむねのすけとき
平安時代後期の官人。
¶古人(生没年不詳)

惟宗祐宗 これむねのすけむね
平安時代後期の陰陽師。
¶古人(生没年不詳)

惟宗資行 これむねのすけゆき
平安時代後期の官人。
¶古人(生没年不詳)

惟宗孝言* これむねのたかこと
長和4(1015)年～* [別]惟宗孝言(これむねたかとき,これむねのたかとき) 平安時代中期～後期の漢詩人。
¶古人(これむねのたかとき [没]?)

惟宗貴重 これむねのたかしげ
平安時代中期の官人。
¶古人(生没年不詳)

惟宗孝親　これむねのたかちか
平安時代中期の官人。
¶古人（生没年不詳）

惟宗孝言　これむねのたかとき
⇒惟宗孝言（これむねのたかこと）

惟宗隆頼　これむねのたかより
⇒惟宗隆頼（これむねたかより）

惟宗忠方　これむねのただかた
平安時代中期の官人、検非違使。
¶古人（生没年不詳）

惟宗允亮*　これむねのただすけ
生没年不詳　[別]惟宗允亮（これむねただすけ，これむねのまさすけ，これむねまさすけ），令宗允亮（よしむねのただすけ）　平安時代中期の明法家。公方の子と伝えられる。
¶古人，コン（これむねのまさすけ）

惟宗忠久　これむねのただひさ
⇒島津忠久（しまづただひさ）

惟宗允正*　これむねのただまさ
？～長和4（1015）年　[別]惟宗允正（これむねのまさただ，これむねまさただ）　平安時代中期の官人、明法家。
¶古人，コン（これむねのまさただ）

惟宗為孝　これむねのためたか
平安時代中期の官人。
¶古人（生没年不詳）

惟宗為忠*　これむねのためただ
生没年不詳　平安時代中期の明経博士。
¶古人（[生]？　[没]1013年？）

惟宗為経　これむねのためつね
⇒惟宗為経（これむねためつね）

惟宗親輔　これむねのちかすけ
平安時代後期の源俊房家の家令。
¶古人（生没年不詳）

惟宗親隆　これむねのちかたか
平安時代後期の源師房家の家司（令）。
¶古人（生没年不詳）

惟宗経義　これむねのつねよし
平安時代中期の官人。
¶古人（[生]？　[没]1024年）

惟宗時重　これむねのときしげ
平安時代後期の官人。
¶古人（生没年不詳）

惟宗俊国　これむねのとしくに
平安時代後期の官人。
¶古人（生没年不詳）

惟宗俊忠　これむねのとしただ
平安時代後期の女医博士。応徳4年従五位下。
¶古人（生没年不詳）

惟宗俊永　これむねのとしなが
平安時代後期の医師。延久1年典薬医師に任ず。
¶古人（生没年不詳）

惟宗俊則　これむねのとしのり
平安時代後期の官人。
¶古人（生没年不詳）

惟宗俊弘　これむねのとしひろ
平安時代後期の官人。
¶古人（生没年不詳）

惟宗倫俊　これむねのともとし
平安時代後期の官人。
¶古人（生没年不詳）

惟宗具範*　これむねのとものり
生没年不詳　平安時代前期の貴族。
¶古人

惟宗直宗*　これむねのなおむね
生没年不詳　[別]惟宗直宗（これむねなおむね），惟宗朝臣直宗（これむねのあそんなおむね）　平安時代前期の明法家、明法博士。
¶古人，古代（惟宗朝臣直宗　これむねのあそんなおむね），コン

惟宗直本*　これむねのなおもと
生没年不詳　[別]惟宗直本（これむねなおもと），惟宗朝臣直本（これむねのあそんなおもと）　平安時代前期の明法家、明法博士。
¶古人，古代（惟宗朝臣直本　これむねのあそんなおもと），コン，山小

惟宗仲信　これむねのなかのぶ
平安時代後期の官人。
¶古人（生没年不詳）

惟宗永保　これむねのながやす
平安時代中期の医師。永承2年左近衛医師。
¶古人（生没年不詳）

惟宗成季（1）　これむねのなりすえ
平安時代後期の官人。
¶古人（生没年不詳）

惟宗成季（2）　これむねのなりすえ
平安時代後期の官人、検非違使。
¶古人（生没年不詳）

惟宗成季（3）　これむねのなりすえ
平安時代後期の官人。
¶古人（生没年不詳）

惟宗成親　これむねのなりちか
平安時代中期の官人。
¶古人（生没年不詳）

惟宗信房*　これむねののぶふさ
生没年不詳　[別]惟宗信房（これむねのぶふさ）　平安時代後期の後白河法皇の近習。
¶古人，平家（これむねのぶふさ）

惟宗宣正　これむねののぶまさ
平安時代後期の官人。
¶古人（生没年不詳）

惟宗信元　これむねののぶもと
平安時代後期の官人。
¶古人（生没年不詳）

惟宗則定　これむねののりさだ
平安時代後期の官人。
¶古人（生没年不詳）

惟宗則重　これむねののりしげ
平安時代後期の官人。
¶古人（生没年不詳）

これむね

惟宗則助 これむねののりすけ
平安時代後期の陰陽師。
¶古人 (生没年不詳)

惟宗則友 これむねののりとも
平安時代後期の官人。
¶古人 (生没年不詳)

惟宗栄忠 これむねのひでただ
平安時代後期の官人。
¶古人 (生没年不詳)

惟宗博愛 これむねのひろちか
平安時代中期の官人、検非違使。
¶古人 (生没年不詳)

惟宗広言 これむねのひろとき (こと)
平安時代後期の歌人。基言の子。文治2年筑後守。
¶古人 (生没年不詳)

惟宗広俊 これむねのひろとし
平安時代後期の官人。
¶古人 (生没年不詳)

惟宗信房 これむねのぶふさ
⇒惟宗信房 (これむねののぶふさ)

惟宗文高＊ これむねのふみたか
平安時代中期の陰陽寮の官人。
¶古人 (生没年不詳)

惟宗正明 これむねのまさあき
平安時代中期の官人。
¶古人 (生没年不詳)

惟宗允亮 これむねのまさすけ
⇒惟宗允亮 (これむねのただすけ)

惟宗政孝 これむねのまさたか
平安時代後期の官人。
¶古人 (生没年不詳)

惟宗允正 これむねのまさただ
⇒惟宗允正 (これむねのただまさ)

惟宗正親 これむねのまさちか
平安時代中期の官人。
¶古人 (生没年不詳)

惟宗正義 これむねのまさよし
平安時代後期の藤原師実家の家令。
¶古人 (生没年不詳)

惟宗光貞 これむねのみつさだ
平安時代後期の官人。
¶古人 (生没年不詳)

惟宗光則 これむねのみつのり
平安時代後期の官人。
¶古人 (生没年不詳)

惟宗致貞 これむねのむねさだ
平安時代後期の官人。
¶古人 (生没年不詳)

惟宗致貴 これむねのむねたか
平安時代中期の官人。
¶古人 (生没年不詳)

惟宗基重 これむねのもとしげ
平安時代後期の官人。
¶古人 (生没年不詳)

惟宗基親 これむねのもとちか
平安時代後期の官人。
¶古人 (生没年不詳)

惟宗基言 これむねのもととき
平安時代後期の官人。
¶古人 (生没年不詳)

惟宗盛忠(1) これむねのもりただ
平安時代後期の官人。
¶古人 (生没年不詳)

惟宗盛忠(2) これむねのもりただ
平安時代後期の官人。
¶古人 (生没年不詳)

惟宗盛親 これむねのもりちか
平安時代後期の官人。
¶古人 (生没年不詳)

惟宗行真 これむねのゆきざね
平安時代後期の官人。
¶古人 (生没年不詳)

惟宗行利 これむねのゆきとし
平安時代中期の官人。
¶古人 (生没年不詳)

惟宗行通 これむねのゆきみち
平安時代後期の官人。
¶古人 (生没年不詳)

惟宗行光 これむねのゆきみつ
平安時代後期の官人。
¶古人 (生没年不詳)

惟宗義賢 これむねのよしかた
平安時代中期の官人。
¶古人 (生没年不詳)

惟宗善経＊ これむねのよしつね
生没年不詳 別惟宗善経 (これむねよしつね) 平安時代前期～中期の明法家。
¶古人, コン

惟宗嘉成 これむねのよしなり
平安時代後期の医師。天喜3年左兵衛医師。
¶古人 (生没年不詳)

惟宗義行 これむねのよしゆき
平安時代後期の官人。
¶古人 (生没年不詳)

惟宗頼助 これむねのよりすけ
平安時代中期の医師。永承2年侍医。康平4年因幡権介を兼任。
¶古人 (生没年不詳)

惟宗允亮 これむねまさすけ
⇒惟宗允亮 (これむねのただすけ)

惟宗允正 これむねまさただ
⇒惟宗允正 (これむねのただまさ)

惟宗善経 これむねよしつね
⇒惟宗善経 (これむねのよしつね)

惟康親王＊ これやすしんのう
文永1 (1264) 年～嘉暦1 (1326) 年 鎌倉時代後期の鎌倉幕府第7代の将軍 (在職1266～1289)。6代将軍宗尊親王の子。

¶公家（惟康〔後嵯峨源氏（絶家）〕　これやす　[没]？），コン，中世，内乱

惟彦親王　これよししんのう
⇒惟彦親王（これひこしんのう）

惟良宿禰高尚　これよしのすくねたかひさ
⇒惟良高尚（これよしのたかひさ）

惟良宿禰春道　これよしのすくねはるみち
⇒惟良春道（これよしのはるみち）

惟良高尚*　これよしのたかひさ
生没年不詳　[別]惟良宿禰高尚（これよしのすくねたかひさ）　平安時代前期の官吏。
¶古人，古代（惟良宿禰高尚　これよしのすくねたかひさ）

惟良春道*　これよしのはるみち
生没年不詳　[別]惟良宿禰春道（これよしのすくねはるみち），惟良春道（これよしはるみち）　平安時代前期の漢詩人。
¶古人，古代（惟良宿禰春道　これよしのすくねはるみち）

惟良春道　これよしはるみち
⇒惟良春道（これよしのはるみち）

後簾中任子*　ごれんちゅうにんこ
文政6（1823）年～嘉永1（1848）年6月10日　[別]任子（あつこ），天親院（てんしんいん）　江戸時代後期の女性。13代将軍徳川家定の正室。
¶徳将（天親院　てんしんいん　[生]1822年）

呉老　ごろう
江戸時代後期の俳諧作者。阪上氏。
¶俳文（[生]？　[没]天保5（1834）年11月12日）

五郎吉　ごろうきち
江戸時代中期～後期の大工。
¶美建（[生]宝暦3（1753）年　[没]天保13（1842）年）

五郎正宗　ごろうまさむね
⇒正宗（まさむね）

湖鹿　ころく
⇒嵐小六〔4代〕（あらしころく）

小六玉　ころくだま
⇒嵐雛助〔1代〕（あらしひなすけ）

五郎七　ごろしち
⇒高原五郎七（たかはらごろしち）

五郎介　ごろすけ
⇒浅見五郎介（あさみごろすけ）

五良大甫　ごろたゆう
⇒祥瑞五郎太夫（しょんずいごろうだゆう）

小若君*　こわかぎみ
生没年不詳　平安時代前期の女性。
¶古人

強瀬四郎三郎　こわぜしろうさぶろう
戦国時代の岩殿山南山麓の強瀬の土豪。小山田氏の被官か。
¶武田（生没年不詳）

強瀬六郎右衛門　こわぜろくろうえもん
室町時代～戦国時代の岩殿山南山麓の強瀬の土豪。小山田氏の被官か。
¶武田（生没年不詳）

木幡勝之進　こわたかつのしん
⇒木幡勝之進（こばたかつのしん）

小幡三郎　こわたさぶろう
⇒小幡三郎（こばたさぶろう）

古渡弥惣治*　こわたりやそうじ
天保13（1842）年～明治21（1888）年　江戸時代末期～明治時代の新徴組隊士。徳川家茂上洛に随行。維新後農地開墾、桑や茶を栽培。
¶幕末（[没]明治21（1888）年7月31日）

古和流水*　こわりゅうすい
文化14（1817）年～明治22（1889）年　江戸時代末期～明治時代の医師、漢学者。医業のかたわら経書を講じ、門人数100人。
¶幕末

こん（1）
江戸時代中期の女性。和歌。服部元昌の娘。元禄15年刊、戸田茂睡編『鳥之迹』に載る。
¶江表（こん（東京都））

こん（2）
江戸時代後期の女性。俳諧。中村の人。文化8年刊、霰庵太呂編『醒斎稿』に載る。
¶江表（こん（福島県））

こん（3）
江戸時代後期の女性。俳諧。本郷の人。文化2年刊、圃辛亭甘谷編『苗しろ』に載る。
¶江表（こん（富山県））

コン
江戸時代中期～後期の女性。新内家元。鶴賀若狭掾の娘。天明年間に2代目家元を継いだ。
¶江表（コン（東京都））

紺　こん★
江戸時代中期の女性。書簡。播磨赤穂高田の大庄屋福本五右衛門の娘。元文1年結婚するが、同2年に離縁。
¶江表（紺（兵庫県））

金易右衛門　こんいえもん
⇒金易右衛門（こんやすえもん）

紺羽女　こんうじょ★
江戸時代中期の女性。俳諧。元禄11年成立『元禄戊寅歳旦牒』に載る。
¶江表（紺羽女（東京都））

金王丸　こんおうまる
⇒土佐房昌俊（とさぼうしょうしゅん）

厳海*　ごんかい
承安3（1173）年～建長3（1251）年　[別]厳海（げんかい）　鎌倉時代前期の真言宗の僧。
¶古人

厳覚*　ごんかく
天喜4（1056）年～保安2（1121）年　[別]厳覚（げんかく）　平安時代後期の真言宗の僧。仁和寺の覚意、源基平の子。
¶古人，コン，密教（[没]1121年閏5月8日）

昆支王　こんぎおう
⇒軍君（こにきし）

金橘楼　こんきつろう
⇒嵐吉三郎〔2代〕（あらしきちさぶろう）

こんく 914

厳久＊(1) ごんく
天慶7（944）年〜寛弘5（1008）年　平安時代中期の
天台宗の僧。
¶古人

厳久＊(2) ごんく
生没年不詳　平安時代中期の仏師僧。
¶古人, 美建

こ

欣求寺良厳＊ ごんぐうじりょうげん
？〜文久3（1863）年　働欣求寺良厳（ごんぐじりょ
うけん）　江戸時代末期の勤王僧。
¶幕末

欣求寺良厳 ごんぐじりょうげん
⇒欣求寺良厳（ごんぐうじりょうげん）

昆解沙弥麻呂＊ こんけのさみまろ, こんげのさみまろ
生没年不詳　働昆解宿禰沙弥麻呂（こんけのすくね
さみまろ）　奈良時代の官吏。
¶古人（こんげのさみまろ）, 古代（昆解宿禰沙弥麻呂　こ
んけのすくねさみまろ）

昆解宿禰沙弥麻呂 こんけのすくねさみまろ
⇒昆解沙弥麻呂（こんけのさみまろ）

昆解宮成＊ こんけのみやなり, こんげのみやなり
奈良時代の官人。
¶古人（こんげのみやなり　生没年不詳）, 古代

こん子 こんこ＊
江戸時代後期の女性。和歌。下総東漸寺の近くに
住む外口与右衛門亀遊の妻。嘉永4年刊、木曽義昌
250回忌追善和歌集『波布里集』に載る。
¶江表（こん子（千葉県））

金剛謹之輔 こんごうきんのすけ
江戸時代末期〜大正時代のシテ方金剛流。
¶新能（働安政1（1854）年8月15日 ②大正12（1923）年8
月2日）

金剛重光 こんごうしげみつ
飛鳥時代の宮大工。
¶美建（生没年不詳）

金光大陣（金光大神） こんこうたいじん
⇒川手文治郎（かわてぶんじろう）

金光房＊ こんこうぼう
久寿2（1155）年〜建保5（1217）年　平安時代後期
〜鎌倉時代前期の浄土宗の僧。法然の弟子。奥州
に浄土教を広めた開教者。
¶古人（働1154年）

金剛唯一＊ こんごうゆいいち
＊〜明治17（1884）年1月2日　江戸時代末期〜明治
時代の能役者。
¶幕末（働文化13（1816）年）

滾之 こんし
江戸時代後期の女性。俳諧。天王の人。文化15年
不断斎令羽編『祝晨』に載る。
¶江表（滾之（福井県））

金鐘＊ こんしゅ
生没年不詳　働益田直金鐘（ますだのあたいこん
しょう）, 益田金鐘（ますだのこんしょう）　奈良
時代の僧。
¶古代（益田直金鐘　ますだのあたいこんしょう）, コン

金鷲優婆塞＊ こんじゅうばそく
働金鷲（こんす）　奈良時代の行者。
¶古代

こん女(1) こんじょ＊
江戸時代後期の女性。俳諧。常陸上合の人。天保3
年刊、河野涼谷編『俳諧もゝ鼓』八に載る。
¶江表（こん女（茨城県））

こん女(2) こんじょ＊
江戸時代後期の女性。俳諧。相川の人。弘化2年
序、涼々庵其樟編『梅風集』に載る。
¶江表（こん女（徳島県））

金昭＊ こんしょう
？〜寛仁2（1018）年　平安時代中期の僧。
¶古人（金昭（照））

厳勝＊ ごんしょう
寛治1（1044）年〜元永1（1118）年　平安時代中期
〜後期の僧。
¶古人

厳成 ごんじょう, ごんしょう
生没年不詳　平安時代後期の大仏師。
¶古人（ごんしょう）, 美建

金上元 こんじょうげん
飛鳥時代の官人。
¶古人（生没年不詳）

金鷲 こんす
⇒金鷲優婆塞（こんじゅうばそく）

言水 ごんすい
⇒池西言水（いけにしごんすい）

コンスタンチノ
⇒大友義統（おおともよしむね）

コンスタンチン
⇒大友義統（おおともよしむね）

厳清＊ ごんせい
応徳1（1084）年〜仁平2（1152）年　平安時代後期
の石清水第二十七代別当。
¶古人

金正南 こんせいなん
⇒金正南（きんせいなん）

言石＊ ごんせき
江戸時代中期の俳人。
¶俳文（生没年不詳）

勤操＊ ごんぞう, ごんそう
天平勝宝6（754）年〜天長4（827）年　働石淵僧正
（いわぶちのそうじょう）, 勤操（きんぞう）　奈良
時代〜平安時代前期の僧。石淵寺で法華八講を
創始。
¶古人, 古代, コン（働天平宝字2（758）年）

金蔵主＊ こんぞうす
？〜嘉吉3（1443）年　室町時代の南朝皇族の後裔。
後亀山天皇の皇子と伝えられている。
¶コン

金蔵坊＊ こんぞうぼう
生没年不詳　安土桃山時代の織田信長の家臣。
¶織田

権大僧都仁操女　ごんだいそうづにんそうのむすめ
⇒三条局（さんじょうのつぼね）

権大納言三位局*　ごんだいなごんのさんみのつぼね
生没年不詳　[別]御子左為道女（みこひだりためみちのむすめ）　鎌倉時代後期の女性。後醍醐天皇の宮人。
¶天皇（御子左為道女　みこひだりためみちのむすめ　[生]？　[没]正平6/観応2（1351）年）

権大納言局*（1）　ごんだいなごんのつぼね
生没年不詳　[別]久我通能女（くがみちよしのむすめ）　鎌倉時代後期の女性。亀山天皇の宮人。
¶天皇（久我通能女　くがみちよしのむすめ）

権大納言局*（2）　ごんだいなごんのつぼね
生没年不詳　[別]中院具氏女（なかのいんともうじのむすめ）　鎌倉時代後期の女性。伏見天皇の宮人。
¶天皇（中院具氏女　なかのいんともうじのむすめ）

権大納言局*（3）　ごんだいなごんのつぼね
生没年不詳　[別]三条公泰女（さんじょうきんやすじょ）　鎌倉時代後期の女性。後二条天皇の宮人。
¶天皇（三条公泰女　さんじょうきんやすじょ）

金大之進*　こんだいのしん
文化3（1806）年～明治4（1871）年　江戸時代末期～明治時代の出羽秋田藩士。
¶幕末（[生]文化1（1804）年　[没]明治4（1872）年12月19日）

権田小三郎*　ごんだこさぶろう，ごんだこざぶろう
安土桃山時代～江戸時代前期の武士。徳川氏家臣。
¶徳人（権太小三郎　ごんたこさぶろう　[生]？　[没]1614年）

権田直助*　ごんだなおすけ
文化6（1809）年1月13日～明治20（1887）年6月8日　江戸時代末期～明治時代の医師、国学者。眼科と産科で名声を得た。古医道のために尽力。53歳で廃業後、薩摩藩邸浪士隊の幹部など国事に奔走。
¶眼医（[生]？），コン，思想，幕末

金為時*　こんためとき
[別]金為時（こんのためとき）　平安時代後期の陸奥国気仙郡郡司。
¶古人（こんのためとき　生没年不詳）

権田泰長*（権太泰長）　ごんだやすなが，ごんたやすなが
大永2（1522）年～文禄4（1595）年　戦国時代～安土桃山時代の徳川氏の家臣。
¶徳代（権太泰長　ごんたやすなが　[生]大永1（1521）年）

権太之親　ごんたゆきちか
江戸時代前期の代官。
¶徳代（生没年不詳）

金男昌　こんだんしょう
平安時代前期の新羅人。弘仁8年大宰府に来着した一人。のち帰化した。
¶古人（生没年不詳）

厳智　ごんち
⇒厳智（げんち）

金地院崇伝　こんちいんすうでん
⇒以心崇伝（いしんすうでん）

権中納言局*　ごんちゅうなごんのつぼね
[別]洞院公泰女（とういんきんやすのむすめ）　鎌倉時代後期～南北朝時代の女性。後醍醐天皇の宮人。
¶天皇（洞院公泰女　とういんきんやすのむすめ）

近藤昶　こんどうあきら
⇒近藤長次郎（こんどうちょうじろう）

近藤勇*　こんどういさみ
天保5（1834）年～明治1（1868）年　江戸時代末期の京都守護職傘下の新撰組局長。
¶江人，コン，新隊（[没]明治1（1868）年4月25日），全幕（[没]慶応4（1868）年），徳人，幕末（[生]天保5（1834）年10月9日　[没]慶応4（1868）年4月25日），山小（[没]1868年4月25日）

近藤英山　こんどうえいざん
⇒近藤定常（こんどうさだつね）

近藤織部　こんどうおりべ
⇒近藤鐸山（こんどうたくざん）

近藤薫*　こんどうかおる
天保13（1842）年～？　江戸時代末期～明治時代の地方功労者。第三十八銀行を創立、兵庫県議会議員に当選し初代議長となる。
¶幕末

近藤和四郎　こんどうかずしろう
江戸時代後期の代官。
¶徳代（生没年不詳）

近藤勝信*　こんどうかつのぶ
生没年不詳　江戸時代中期の絵師。
¶浮絵

近藤勘太郎　こんどうかんたろう
江戸時代後期～大正時代の郡会議員。長岡郊外三島郡関原町の人。
¶幕末（[生]嘉永3（1850）年　[没]大正12（1923）年4月1日）

近藤喜左衛門　こんどうきざえもん
江戸時代前期の武士。長宗我部盛親に従い、大坂籠城。
¶大坂

近藤簣山*　こんどうきざん
文化9（1812）年～明治21（1888）年　江戸時代後期～明治時代の儒者。
¶幕末（[没]明治21（1888）年6月17日）

近藤喜八郎　こんどうきはちろう
江戸時代末期～明治時代の製鉄業家。
¶コン（[生]天保9（1838）年　[没]明治43（1910）年）

近藤清石*　こんどうきよし
天保4（1833）年4月17日～大正5（1916）年1月4日　江戸時代末期～明治時代の国学者。
¶幕末

近藤清信*　こんどうきよのぶ
江戸時代中期の浮世絵師。
¶浮絵（生没年不詳）

近藤清春*　こんどうきよはる
生没年不詳　江戸時代中期の浮世絵師。
¶浮絵，美画

近藤金羅*　こんどうきんら
天保1（1830）年～明治27（1894）年　[別]金羅〔4代〕（きんら）　江戸時代後期～明治時代の俳人。
¶俳文（金羅〔4世〕　きんら　[没]明治27（1894）年10月3日）

近藤国高　こんどうくにたか
平安時代後期の伊豆国の武士。島田景重の子。承安3年文覚の身柄を預かる。

こ

¶古人（生没年不詳）

近藤国平*　こんどうくにひら
生没年不詳　鎌倉時代前期の幕府御家人。源頼朝の臣。
¶古人, 平家

近藤源兵衛*　こんどうげんべえ
生没年不詳　安土桃山時代の織田信長の家臣。
¶織田

権藤幸助*　ごんどうこうすけ
天保3（1832）年～慶応2（1866）年　江戸時代末期の商人。
¶幕末（[生]天保3（1832）年8月　[没]慶応2（1866）年10月29日）

近藤幸殖　こんどうさきたね
⇒近藤鐸山（こんどうたくざん）

近藤定常*　こんどうさだつね
文政8（1825）年～明治16（1883）年　[別]近藤英山（こんどうえいざん）　江戸時代末期～明治時代の勤王家。
¶幕末（[生]文政8（1825）年8月6日　[没]明治16（1883）年8月20日）

近藤三休　こんどうさんきゅう
江戸時代前期の長宗我部盛親の家臣。牢人となっていたが、大坂に籠城。
¶大坂

近藤重興　こんどうしげおき
江戸時代前期～中期の幕臣。
¶徳人（[生]1643年　[没]1715年）

近藤七右衛門*　こんどうしちえもん
？～安政1（1854）年　江戸時代末期の下総結城藩士。
¶幕末（[没]嘉永7（1854）年8月4日）

近藤七郎左衛門*　こんどうしちろうざえもん
生没年不詳　江戸時代末期の薩摩藩士。
¶幕末

近藤実左衛門*　こんどうじつざえもん
*～明治36（1903）年　江戸時代末期～明治時代の侠客。念流の剣客で博徒北熊一家の親分。縄張り回復のため、瀬戸一家と壮絶な抗争を起こした。
¶幕末（[生]文政6（1823）年）

近藤周斎*　こんどうしゅうさい
？～慶応3（1867）年　[別]近藤周助（こんどうしゅうすけ）　江戸時代末期の天然理心流三代目。
¶全幕（近藤周助　こんどうしゅうすけ　[生]寛政4（1792）年）, 幕末（[没]慶応3（1867）年10月28日）

近藤周助　こんどうしゅうすけ
⇒近藤周斎（こんどうしゅうさい）

近藤重蔵*　こんどうじゅうぞう
明和8（1771）年～文政12（1829）年　[別]近藤正斎（こんどうせいさい）, 近藤守重（こんどうもりしげ）　江戸時代後期の北方探検家、幕臣。幕命により東蝦夷を探検し、国後・択捉に渡る。択捉島北端に「大日本恵登呂府」の標柱をたてた。
¶江人（近藤守重　こんどうもりしげ）, コン, 思想, 対外, 地理, 徳人, 山小（[没]1829年6月16日）

近藤周平　こんどうしゅうへい
⇒谷周平（たにしゅうへい）

近藤正慎*　こんどうしょうしん
文化13（1816）年～安政5（1858）年　[別]近藤正慎（こんどうせいしん）　江戸時代末期の志士。
¶幕末（[生]文化13（1816）年2月　[没]安政5（1858）年10月23日）

近藤如行*　こんどうじょこう
？～宝永5（1708）年　[別]如行（じょこう）　江戸時代前期～中期の美濃大垣藩士、俳人。
¶俳文（如行　じょこう　生没年不詳）

近藤次郎太郎　こんどうじろたろう
⇒近藤為美（こんどうためよし）

近藤祐申　こんどうすけのぶ
江戸時代中期の和算家、水戸藩士。
¶数学（[生]享保10（1725）年　[没]明和9（1772）年6月6日）

近藤捨子*　こんどうすてこ
文化13（1816）年～明治23（1890）年9月4日　江戸時代後期～明治時代の歌人。亀山藩家老近藤幸殖の妻。国学者富樫広蔭に師事。
¶江表（捨子（三重県））

近藤正斎　こんどうせいさい
⇒近藤重蔵（こんどうじゅうぞう）

近藤正慎　こんどうせいしん
⇒近藤正慎（こんどうしょうしん）

近藤宗悦*　こんどうそうえつ
*～慶応3（1867）年　江戸時代末期の尺八、関西宗悦流の流祖。
¶コン（生没年不詳）

近藤孟卿*　こんどうたかあきら
延享3（1746）年～文政1（1818）年9月　江戸時代中期～後期の幕臣・歌人。
¶徳人（[生]1750年）

近藤威興　こんどうたかおき
江戸時代前期～中期の代官。
¶徳代（[生]元禄1（1688）年　[没]寛延3（1750）年12月20日）

近藤鐸山*　こんどうたくざん
*～明治23（1890）年　[別]近藤織部（こんどうおりべ）, 近藤幸殖（こんどうさきたね, こんどうゆきたね）　江戸時代末期～明治時代の亀山藩家老。
¶幕末（[生]文化10（1813）年　[没]明治23（1890）年8月30日）

近藤為美*　こんどうためよし
天保11（1840）年～元治1（1864）年　[別]近藤次郎太郎（こんどうじろたろう）　江戸時代末期の志士。土佐勤王党に参加。
¶コン, 幕末（[生]天保11（1840）年6月　[没]元治1（1864）年9月5日）

近藤坦平*　こんどうたんぺい
弘化1（1844）年～昭和4（1929）年　江戸時代末期～昭和期の医師、政治家、愛知県県議会議員。私立医学校蜜峰義塾を創立。その後政界に転じ、県議会議員に当選。
¶幕末（[生]天保15（1844）年3月12日　[没]昭和4（1929）年1月29日）

近藤親家*　こんどうちかいえ
生没年不詳　平安時代後期の武士。
¶古人, 平家

近藤近昌　こんどうちかまさ
江戸時代中期の幕臣。
　¶徳人（㊐1733年　㊥？）

近藤長次郎*　こんどうちょうじろう
天保9（1838）年〜慶応2（1866）年　㊙上杉宗次郎（うえすぎそうじろう）、近藤昶（こんどうあきら）、永日次郎（ながひじろう）　江戸時代末期の商人大黒屋伝次の子、勝海舟の門弟。
　¶コン、全幕、幕末　㊐天保9（1838）年3月7日　㊥慶応2（1866）年1月14日

近藤長兵衛正次　こんどうちょうびょうえまさつぐ
安土桃山時代の長宗我部盛親・森忠政の家臣。
　¶大坂（㊐文禄2年）

近藤綱秀*　こんどうつなひで
？〜天正18（1590）年6月23日　戦国時代〜安土桃山時代の北条氏照重臣。下野国榎本城主。
　¶後北（綱秀〔近藤（1）〕　つなひで）

近藤ツネ*（近藤つね）　こんどうつね
天保8（1837）年9月10日〜明治25（1892）年7月20日　江戸時代末期〜明治時代の女性。新撰組隊長近藤勇の妻。
　¶江表（つね（東京都））、全幕（近藤つね）、幕末

近藤道恵　こんどうどうえ
⇒近藤道恵（こんどうどうけい）

近藤道恵*　こんどうどうけい
㊙近藤道恵（こんどうどうえ）　江戸時代の塗師。
　¶美工（こんどうどうえ　㊐？　㊥寛永19（1642）年）

近藤洞簫*（近藤洞蕭）　こんどうどうしょう
承応2（1653）年〜元禄6（1693）年　江戸時代前期〜中期の土佐藩士、画家。
　¶美画（㊥元禄6（1693）年12月16日）

近藤登正　こんどうとうせい
江戸時代前期の代官。
　¶徳代（㊐？　㊥承応2（1653）年閏6月29日）

近藤篤山*　こんどうとくざん
明和3（1766）年〜弘化3（1846）年　江戸時代後期の儒学者。
　¶コン、思想

近藤富蔵*　こんどうとみぞう
文化2（1805）年〜明治20（1887）年　江戸時代末期〜明治時代の地史家。7人斬殺し八丈島遠島。そこでの見聞、調査を「八丈実記」に執筆。
　¶コン、幕末（㊐文化2（1805）年5月3日　㊥明治20（1887）年6月1日）

近藤南海*　こんどうなんかい
文化4（1807）年〜文久2（1862）年8月10日　江戸時代末期の小松藩士。
　¶幕末（㊥文久2（1862）年7月15日）

近藤信澄の母　こんどうのぶすみのはは*
江戸時代中期の女性。和歌。隠岐別府の人。元禄15年刊、竹内safe安斎編『出雲大社奉納清地草』に載る。
　¶江表（近藤信澄の母（島根県））

近藤信成*　こんどうのぶなり
弘化2（1845）年〜慶応2（1866）年　江戸時代末期の加賀藩士。
　¶幕末（㊥慶応2（1866）年9月14日）

近藤信行*　こんどうのぶゆき
寛政12（1800）年〜明治6（1873）年11月11日　江戸時代末期〜明治時代の加賀藩士。明倫堂で師範。頭役・勝手方として藩の財政を補佐。
　¶数学、幕末

近藤隼雄*　こんどうはやお
生没年不詳　江戸時代末期の新撰組隊士。
　¶新隊

近藤隼人佑*　こんどうはやとのすけ
生没年不詳　戦国時代の武士。後北条氏家臣。
　¶後北（隼人佑〔近藤（2）〕　はやとのすけ）

近藤瓶城*　こんどうびんじょう
天保3（1832）年〜明治34（1901）年　㊙近藤瓶城（こんどうへいじょう）　江戸時代末期〜明治時代の修史家、岡崎藩儒。維新期に版籍奉還に尽力。
　¶出版（こんどうへいじょう　㊐天保3（1832）年2月19日　㊥明治34（1901）年7月19日）、幕末（こんどうへいじょう　㊥明治34（1901）年7月19日）

近藤芙山*　こんどうふざん
文化3（1806）年〜安政3（1856）年　江戸時代末期の画家。
　¶美画（㊥安政3（1856）年5月11日）

近藤文泰　こんどうぶんたい
世襲名　江戸時代〜大正時代の眼科医。
　¶眼医（生没年不詳）

近藤瓶城　こんどうへいじょう
⇒近藤瓶城（こんどうびんじょう）

近藤真琴　こんどうまこと
天保2（1831）年9月24日〜明治19（1886）年9月4日　江戸時代末期〜明治時代の教育家。鳥羽藩士。
　¶科学、コン、数学

近藤孫六*　こんどうまごろく
生没年不詳　戦国時代の北条氏の家臣。
　¶後北（孫六〔近藤（3）〕　まごろく）

近藤政明　こんどうまさあき
江戸時代中期の幕臣。
　¶徳人（㊐1743年　㊥？）

近藤政勝　こんどうまさかつ
？〜元禄8（1695）年　江戸時代中期の幕臣。
　¶徳人、徳代（㊥元禄8（1695）年8月12日）

近藤昌綱*　こんどうまさつな
？〜明治27（1894）年8月4日　㊙近藤鎮三（こんどうやすぞう）　江戸時代末期〜明治時代の幕臣、洋学者、文部中助教。
　¶幕末（近藤鎮三　こんどうやすぞう　㊐嘉永2（1849）年）

近藤万栄*　こんどうまんえい
生没年不詳　戦国時代の鉄砲玉薬の製造技術者。
　¶後北（万栄〔近藤（4）〕　まんえい）

近藤貢*　こんどうみつぎ
文政11（1828）年〜明治1（1868）年　㊙近藤貢（こんどうみつぐ）　江戸時代末期の越後村松藩家老。
　¶全幕（慶応4（1868）年）、幕末（こんどうみつぐ　㊐文政11（1828）年11月　㊥慶応4（1868）年5月21日）

近藤貢　こんどうみつぐ
⇒近藤貢（こんどうみつぎ）

近藤舜政　こんどうみつまさ
⇒近藤蘆隠(こんどうろいん)

近藤茂右衛門　こんどうもえもん
⇒近藤茂左衛門(こんどうもざえもん)

近藤茂左衛門*　こんどうもざえもん
寛政11(1799)年～明治12(1879)年　[別]近藤茂右衛門(こんどうもえもん)　江戸時代末期～昭和期の志士、醸造・薬舗業。贈正五位。
¶コン(近藤茂右衛門　こんどうもえもん),幕末([生]寛政11(1799)年12月5日　[没]明治12(1879)年6月6日)

近藤用高　こんどうもちたか
江戸時代前期～中期の幕臣。
¶徳人([生]1645年　[没]1705年)

近藤用治*　こんどうもちはる
江戸時代前期の武士。
¶徳人([生]1614年　[没]1678年)

近藤守重　こんどうもりしげ
⇒近藤重蔵(こんどうじゅうぞう)

近藤弥三郎　こんどうやさぶろう
戦国時代～安土桃山時代の相模国東郡玉縄城主北条為昌家臣北条綱成の同心?
¶後北(弥三郎〔近藤(5)〕　やさぶろう)

近藤鎮三　こんどうやすぞう
⇒近藤昌綱(こんどうまさつな)

近藤保好の母　こんどうやすよしのはは★
江戸時代中期の女性。和歌。旗本近藤保好の母。
¶江表(近藤保好の母(東京都))

近藤幸殖　こんどうゆきたね
⇒近藤鐸山(こんどうたくざん)

近藤芳樹*　こんどうよしき
享和1(1801)年～明治13(1880)年2月29日　江戸時代末期～明治時代の国学者。長州藩校明倫館の助教、維新後は宮内省文字御用掛。著書に歌学書「古風三体考」など。
¶コン,幕末([生]享和1(1801)年5月25日)

近藤芳介*　こんどうよしすけ
文政5(1822)年～明治31(1898)年　江戸時代末期～明治時代の官吏、京都伏見稲荷宮司、豊国神社宮司。明倫館助教。教部省出仕。
¶幕末([没]明治31(1898)年12月29日)

近藤芳助*　こんどうよしすけ
天保14(1843)年5月～大正11(1922)年7月5日　江戸時代後期～明治時代の新撰組隊士。
¶新隊

近藤吉宣*　こんどうよしのぶ
生没年不詳　江戸時代末期の志士。
¶幕末

近藤竜左衛門*(近藤隆左衛門)　こんどうりゅうざえもん
江戸時代末期の薩摩藩士。
¶幕末(近藤隆左衛門　[生]?　[没]嘉永2(1850)年12月3日)

近藤了介*　こんどうりょうすけ
文政7(1824)年～明治31(1898)年　江戸時代末期～明治時代の福井藩士。藩政改革で福井藩大属、廃藩後足羽県大属。
¶幕末([没]明治31(1898)年12月11日)

近藤蘆隠*(近藤蘆陰)　こんどうろいん
元禄1(1688)年～*　[別]近藤舜政(こんどうみつまさ)　江戸時代中期の儒者、幕臣。
¶徳人(近藤舜政　こんどうみつまさ　[没]1750年)

混沌軒国丸*(渾沌軒国丸)　こんとんけんくにまる
享保19(1734)年～寛政2(1790)年　[別]玉雲斎貞右(ぎょくうんさいていゆう),貞右(ていう)　江戸時代中期の狂歌師。
¶コン

金王兵衛尉盛俊　こんのうひょうえのじょうもりとし
⇒金王兵衛尉盛俊(かなおうひょうえのじょうもりとし)

金王盛俊　こんのうもりとし
⇒金王兵衛尉盛俊(かなおうひょうえのじょうもりとし)

権大納言局　ごんのだいなごんのつぼね★
江戸時代前期の女性。書簡。二代将軍徳川秀忠の娘東福門院和子の侍女。
¶江表(権大納言局(京都府))

権大夫*　ごんのだいぶ
生没年不詳　平安時代後期～鎌倉時代前期の歌人。七条院(後鳥羽院生母)の女房。
¶古人

金為時　こんのためとき
⇒金為時(こんためとき)

金信則　こんのぶのり
安土桃山時代～江戸時代前期の津軽建広の家臣。
¶全戦([生]?　[没]慶長14(1609)年)

今春氏信　こんぱるうじのぶ
⇒金春禅竹(こんぱるぜんちく)

金春四郎次郎*　こんぱるしろうじろう
生没年不詳　[別]金春四郎次郎(こんぱるしろじろう)　室町時代の狂言役者。
¶コン

金春四郎次郎　こんぱるしろじろう
⇒金春四郎次郎(こんぱるしろうじろう)

金春禅竹*　こんぱるぜんちく
応永12(1405)年～*　[別]今春氏信(こんぱるうじのぶ)　室町時代の能役者。金春流隆盛の基礎を固めた。
¶コン([没]文明2(1470)年?),思想([没]?),新能([没]文明2(1470)年?),中世([没]1470年?),日文([没]応仁2(1468)年),室町([没]?),山小([没]1470年?)

金春禅鳳*　こんぱるぜんぽう,こんぱるぜんぼう
享徳3(1454)年～*　[別]金春八郎元安(こんぱるはちろうもとやす),金春元安(こんぱるもとやす)　戦国時代の能役者、能作者。金春禅竹の孫。
¶コン([没]天文1(1532)年),新能([没]?)

金春八郎元安　こんぱるはちろうもとやす
⇒金春禅鳳(こんぱるぜんぽう)

金春広成*　こんぱるひろしげ
*～明治29(1896)年　江戸時代末期～明治時代の能役者。
¶幕末([生]文政13(1830)年1月25日　[没]明治29(1896)年4月1日)

金春元安　こんぱるもとやす
⇒金春禅鳳(こんぱるぜんぽう)

金毘羅次郎義方　こんぴらじろうよしかた
⇒金毘羅義方(こんぴらよしかた)

金毘羅義方*　こんぴらよしかた
生没年不詳　[別]金毘羅次郎義方(こんぴらじろうよしかた)　鎌倉時代後期の高野山領紀伊国名手荘の悪党。
¶コン(金毘羅次郎義方　こんぴらじろうよしかた)

権兵衛　ごんべえ
⇒倉崎権兵衛(くらさきごんべえ)

今木源右衛門一政　こんぼくげんえもんかつまさ
江戸時代前期の豊臣秀頼・前田光高の家臣。
¶大坂([没]正保2年4月25日)

金万定右衛門　こんまさだえもん
江戸時代前期の稲葉正勝の家臣。
¶大坂

金万平右衛門　こんまへいえもん
江戸時代前期の後藤又兵衛の配下。
¶大坂

金易右衛門*　こんやすえもん
安永5(1776)年～天保10(1839)年　[別]金易右衛門(こんいえもん)　江戸時代後期の殖産家。
¶江人, コン

崑陽子　こんようし★
江戸時代後期の女性。和歌。会津藩主松平容衆の老女。文化5年頃、真田幸弘編「御ことほきの記」に載る。
¶江表(崑陽子(福島県))

琴嶺舎　こんれいしゃ
⇒中村富十郎〔1代〕(なかむらとみじゅうろう)

【さ】

さい(1)
江戸時代前期の女性。和歌。旗本津田左衛門信益の娘。
¶江表(さい(愛知県)　[生]慶長13(1608)年　[没]貞享1(1684)年)

さい(2)
江戸時代中期の女性。俳諧。魚津の人。享保14年刊、紀行文『伽陀箱』に載る。
¶江表(さい(富山県))

さい(3)
江戸時代中期の女性。俳諧。筑前箱崎の人。宝永2年刊、一定編『夏の月』に載る。
¶江表(さい(福岡県))

さい(4)
江戸時代後期の女性。俳諧。寛政5年刊、梅園平野平角撰『無功徳』に載る。
¶江表(さい(岩手県))

さい(5)
江戸時代後期の女性。狂歌。野口氏。文政6年刊、如棗亭栗洞著『狂歌板橋集』に載る。
¶江表(さい(大阪府))

さい(6)
江戸時代後期の女性。俳諧。志度の人。寛政6年の同郷の渡辺桃源八〇賀の祝吟が伝わる。
¶江表(さい(香川県))

さゐ
江戸時代中期の女性。俳諧。志太野坡門の猪路の娘。享保14年序、藪家散人兎城撰『門鳴子』に載る。
¶江表(さゐ(福岡県))

佐井　さい★
江戸時代後期の女性。和歌。堀直好の妻。天保11年成立「鷲見家短冊帖」に載る。
¶江表(佐井(鳥取県))

才　さい★
江戸時代後期の女性。和歌。萩生村の庄屋飯尾葛蔭と御用達森川平九郎定見の母。天保6年に葛蔭が編んだ才の八〇賀集『水石寿言』に載る。
¶江表(才(愛媛県))

斉　さい★
江戸時代後期の女性。俳諧。但馬豊岡の人。享和3年成立、福井髭風編「懐花庵享和三年癸亥歳句帖」に載る。
¶江表(斉(兵庫県))

西因*　さいいん
？～保安2(1121)年6月1日　平安時代後期の天台宗の僧。
¶古人(生没年不詳)

西胤俊承　さいいんしゅんしょう
⇒西胤俊承(せいいんしゅんしょう)

彩雨女　さいうじょ★
江戸時代後期の女性。俳諧。北・東信の人。文化4年刊、宮本虎杖編、加舎白雄一七回忌追善集『いぬ榧集』に載る。
¶江表(彩雨女(長野県))

最雲　さいうん
⇒最雲法親王(さいうんほっしんのう)

最雲法親王　さいうんほうしんのう
⇒最雲法親王(さいうんほっしんのう)

最雲法親王*　さいうんほっしんのう
長治1(1104)年～応保2(1162)年　[別]最雲(さいうん), 最雲法親王(さいうんほうしんのう)　平安時代後期の堀河天皇の第3皇子。
¶古人, コン(さいうんほうしんのう), 天皇(さいうんほうしんのう　[没]応保2(1162)年2月16日)

最恵　さいえ
平安時代後期の僧。文治1年権大僧都。
¶古人(生没年不詳)

菜英　さいえい
⇒高柳信之(たかやなぎのぶゆき)

最円*(1)　さいえん
天長2(825)年～？　平安時代前期の天台宗の僧。
¶古人

最円*(2)　さいえん
永延2(988)年～永承5(1050)年　平安時代中期の僧。
¶古人

済延*　さいえん
長和1(1012)年～延久3(1071)年10月14日　平安時代中期の真言宗の僧。
¶古人([生]1013年)

佐為王*　さいおう
？～天平9(737)年　[別]佐為王(さいのおおきみ)，橘佐為(たちばなのさい)，橘宿禰佐為(たちばなのすくねさい)　奈良時代の官人。敏達天皇の5世孫か。
¶古人([没]716年)，古人(橘佐為　たちばなのさい)，古代(橘宿禰佐為　たちばなのすくねさい)，コン

柴屋軒　さいおくけん
⇒宗長(そうちょう)

柴屋軒宗長　さいおくけんそうちょう
⇒宗長(そうちょう)

蔡温*　さいおん
尚貞14(1682)年～清・乾隆26(1761)年12月29日　[別]具志頭親方文若(ぐしかみおやかたぶんじゃく，ぐしちゃんおえかたぶんじゃく，ぐしちゃんおやかたぶんじゃく)　江戸時代中期の琉球の政治家。具志頭親方を称した。
¶江人，コン([生]天和2(1682)年　[没]宝暦11(1761)年)，対外，山小([生]1682年9月25日　[没]1761年12月19日)

西園寺瑛子　さいおんじえいこ
⇒昭訓門院(しょうくんもんいん)

西園寺禧子　さいおんじきし
⇒礼成門院(れいせいもんいん)

西園寺公子　さいおんじきみこ
⇒東二条院(ひがしにじょういん)

西園寺公広*　さいおんじきみひろ
？～天正15(1587)年　[別]西園寺公広(さいおんじきんひろ)　安土桃山時代の武将。
¶全戦(さいおんじきんひろ　[生]天文6(1537)年)，戦武(さいおんじきんひろ　[生]天文6(1537)年？)

西園寺公顕*　さいおんじきんあき
文永11(1274)年～元亨1(1321)年　[別]今出川公顕(いまでがわきんあき)　鎌倉時代後期の公卿(右大臣)。太政大臣西園寺実兼の三男。
¶公卿([没]元亨1(1321)年2月8日)，公家(公顕〔今出河家(絶家)〕　きんあき　[没]元応3(1321)年2月8日)

西園寺公晃*(西園寺公晁)　さいおんじきんあきら
元禄15(1702)年～明和7(1770)年　江戸時代中期の公家(内大臣)。左大臣西園寺致季の子。
¶公卿([生]元禄15(1702)年7月11日　[没]明和7(1770)年8月21日)，公家(公晃〔西園寺家〕　きんあき　[生]元禄15(1702)年7月11日　[没]明和7(1770)年8月21日)

西園寺公兼*　さいおんじきんかね
？～応永24(1417)年6月　室町時代の公卿(権大納言)。右大臣西園寺実俊の次男。
¶公卿，公家(公兼〔西園寺家(絶家)〕　きんかね)

西園寺公潔*　さいおんじきんけつ
文政1(1818)年～天保7(1836)年　[別]公潔(きんずみ)，西園寺公潔(さいおんじきんずみ)　江戸時代後期の公家(非参議)。権中納言西園寺寛季の子。
¶公卿([生]文政1(1818)年2月1日　[没]天保7(1836)年5月30日)，公家(公潔〔西園寺家〕　きんずみ　[生]文化15(1818)年2月1日　[没]天保7(1836)年5月30日)

西園寺公重*　さいおんじきんしげ
文保1(1317)年～正平22/貞治6(1367)年　南北朝時代の公卿(右大臣)。内大臣西園寺実衡の次男。
¶公卿([没]貞治6/正平22(1367)年)，公家(公重〔竹林院家(絶家)〕　きんしげ　[没]貞治6(1367)年9月3日)

西園寺公成*　さいおんじきんしげ
生没年不詳　[別]松田雪江(まつだゆきえ)　江戸時代末期の伊予宇和島藩士。
¶幕末

西園寺公遂*　さいおんじきんすい
寛文3(1663)年2月23日～延宝6(1678)年6月10日　江戸時代前期の公家(非参議)。左大臣西園寺実晴の孫。
¶公卿，公家(公遂〔西園寺家〕　きんすい　[没]延宝6(1678)年8月10日)

西園寺公相*　さいおんじきんすけ
貞応2(1223)年～文永4(1267)年10月12日　鎌倉時代前期の公卿(太政大臣)。太政大臣西園寺実氏の次男。
¶公卿，公家(公相〔西園寺家〕　きんすけ)

西園寺公潔　さいおんじきんずみ
⇒西園寺公潔(さいおんじきんけつ)

西園寺公高　さいおんじきんたか
戦国時代の武将。
¶全戦([生]天文6(1537)年　[没]弘治2(1556)年)

西園寺公経*　さいおんじきんつね
承安1(1171)年～寛元2(1244)年8月29日　[別]公経(きんつね)，藤原公経(ふじわらきんつね，ふじわらのきんつね)　鎌倉時代前期の公卿(太政大臣・准三宮)。西園寺家の祖。権大納言藤原公実の四男権中納言藤原通季の曽孫。
¶公卿，公家(公経〔西園寺家〕　きんつね)，古人，コン，詩作，中世，内乱，俳文(公経　きんつね)，山小([没]1244年8月29日)

西園寺公朝*　さいおんじきんとも
永正12(1515)年～天正18(1590)年　戦国時代～安土桃山時代の公卿(左大臣)。左大臣西園寺実宣の子。
¶公卿([没]天正18(1590)年6月22日)，公家(公朝〔西園寺家〕　きんとも　[没]天正18(1590)年6月22日)，全戦

西園寺公名*　さいおんじきんな
応永17(1410)年～応仁2(1468)年　室町時代の公卿(太政大臣)。右大臣西園寺実永の子。
¶公卿([没]応仁2(1468)年5月22日)，公家(公名〔西園寺家〕　きんな　[没]応仁2(1468)年5月22日)

西園寺公永*　さいおんじきんなが
正平8/文和2(1353)年～元中7/明徳1(1390)年7月15日　南北朝時代の公卿(権大納言)。右大臣西園寺実俊の長男。
¶公卿([生]文和2/正平8(1353)年　[没]明徳1/元中7(1390)年7月15日)，公家(公永〔西園寺家〕　きんなが　[没]明徳1(1390)年7月15日)

西園寺公衡*　さいおんじきんひら
文永1(1264)年～正和4(1315)年9月25日　鎌倉時代後期の公卿(左大臣)。太政大臣西園寺実兼の長男。
¶公卿，公家(公衡〔西園寺家〕　きんひら)，コン，中世，中世

西園寺公広　さいおんじきんひろ
⇒西園寺公広(さいおんじきみひろ)

西園寺公藤*　さいおんじきんふじ
康正1(1455)年～永正9(1512)年　戦国時代の公卿(右大臣)。左大臣西園寺実遠の子。
¶公卿([没]永正9(1512)年6月19日)，公家(公藤〔西園寺家〕　きんふじ　[没]永正9(1512)年6月19日)

西園寺公益*　さいおんじきんます

天正10(1582)年～寛永17(1640)年　江戸時代前期の公家(内大臣)。右大臣西園寺実益の子。

¶公卿([生]天正10(1582)年4月20日　[没]寛永17(1640)年2月17日),公家(公益〔西園寺家〕　きんます　[生]天正10(1582)年4月20日　[没]寛永17(1640)年2月17日)

西園寺公通　さいおんじきんみち

⇒藤原公通(ふじわらのきんみち)

西園寺公満*　さいおんじきんみつ

元和8(1622)年～慶安4(1651)年7月20日　江戸時代前期の公家(権中納言)。左大臣西園寺実晴の子。

¶公卿,公家(公満〔西園寺家〕　きんみつ)

西園寺公宗*　さいおんじきんむね

延慶3(1310)年～建武2(1335)年8月2日　[別]藤原公宗(ふじわらのきんむね)　鎌倉時代後期～南北朝時代の公卿(権大納言)。内大臣西園寺実衡の長男。

¶公卿,公家(公宗〔西園寺家〕　きんむね　[生]1309年),コン,中世,内乱([生]延慶2(1309)年),室町

西園寺公望*　さいおんじきんもち

嘉永2(1849)年～昭和15(1940)年11月24日　江戸時代末期～明治時代の公家、政治家。立憲政友会創立委員、枢密院議長などを歴任し、政友会総裁。パリ講和会議の首席全権。

¶公卿([生]弘化4(1847)年10月22日),公家(公望〔西園寺家〕　きんもち　[生]弘化4(1847)年10月22日?),コン,思想,幕末([生]嘉永2(1849)年10月22日),山小([生]1849年10月23日　[没]1940年11月24日)

西園寺公基*　さいおんじきんもと

承久2(1220)年～*　鎌倉時代前期の公卿(右大臣)。太政大臣西園寺実氏の長男。

¶公卿([没]文永11(1274)年12月14日),公家(公基〔京極家(絶家)〕　きんもと　[没]文永11(1274)年12月14日)

西園寺公子　さいおんじこうし

⇒東二条院(ひがしにじょういん)

西園寺実顕*(1)　さいおんじさねあき

生没年不詳　鎌倉時代前期の公卿(参議)。太政大臣西園寺公相の三男。

¶公卿,公家(実顕〔西園寺家〕　さねあき)

西園寺実顕*(2)　さいおんじさねあき

?～元弘3/正慶2(1333)年9月15日　鎌倉時代後期の公卿(権中納言)。右大臣西園寺公顕の子。

¶公卿([没]正慶2/元弘3(1333)年9月15日),公家(実顕〔今出河家(絶家)〕　さねあき　[没]正慶2(1333)年9月15日)

西園寺実敦*　さいおんじさねあつ

?～応永8(1401)年　南北朝時代～室町時代の公卿(参議)。権大納言西園寺公兼の子。

¶公卿,公家(実敦〔西園寺家(絶家)〕　さねあつ)

西園寺実氏*　さいおんじさねうじ

建久5(1194)年～文永6(1269)年6月7日　[別]実氏(さねうじ)　鎌倉時代前期の公卿(太政大臣)。太政大臣西園寺公経の長男。

¶公卿,公家(実氏〔西園寺家〕　さねうじ),コン,内乱,俳文(実氏　さねうじ)

西園寺実材*　さいおんじさねえだ

寛喜1(1229)年～文永4(1267)年2月9日　鎌倉時代前期の公卿(中納言)。太政大臣西園寺公経の五男。

¶公卿,公家(実材〔西園寺家〕　さねき　[生]?)

西園寺実雄　さいおんじさねお

⇒洞院実雄(とういんさねお)

西園寺実兼*　さいおんじさねかね

建長1(1249)年～元亨2(1322)年9月10日　[別]藤原実兼(ふじわらのさねかね)　鎌倉時代後期の公卿(太政大臣)。太政大臣西園寺公相の次男。

¶公卿,公家(実兼〔西園寺家〕　さねかね),コン,中世([没]1332年),内乱

西園寺実韶*　さいおんじさねしょう

安永6(1777)年12月7日～天明6(1786)年11月23日　江戸時代中期の公家(非参議)。右大臣西園寺賞季の次男。

¶公卿,公家(実韶〔西園寺家〕　さねあき)

西園寺実輔*　さいおんじさねすけ

寛文1(1661)年～貞享2(1685)年1月5日　江戸時代前期の公家(権中納言)。摂政・関白・左大臣鷹司房輔の次男。

¶公卿,公家(実輔〔西園寺家〕　さねすけ)

西園寺実種*　さいおんじさねたね

?～文安5(1448)年11月　室町時代の公卿(権大納言)。参議西園寺実敦の子。

¶公卿,公家(実種〔西園寺家(絶家)〕　さねたね　[没]文安5(1448)年10月)

西園寺実遠*　さいおんじさねとお

永享6(1434)年～明応4(1495)年　室町時代～戦国時代の公卿(左大臣)。太政大臣西園寺公名の子。

¶公卿([没]明応4(1495)年11月25日),公家(実遠〔西園寺家〕　さねとお　[没]明応4(1495)年11月25日)

西園寺実俊*(1)　さいおんじさねとし

建武2(1335)年～元中6/康応1(1389)年7月6日　南北朝時代の公卿(右大臣)。権大納言西園寺公宗の子。

¶公卿([没]康応1(1389)年7月6日),公家(実俊〔西園寺家〕　さねとし　[没]康応1(1389)年7月6日)

西園寺実俊(2)　さいおんじさねとし

⇒藤原実俊(ふじわらのさねとし)

西園寺実永*　さいおんじさねなが

天授3/永和3(1377)年～永享3(1431)年　室町時代の公卿(右大臣)。権大納言西園寺公永の子。

¶公卿([生]永和3/天授3(1377)年　[没]永享3(1431)年10月9日),公家(実永〔西園寺家〕　さねなが　[没]永享3(1431)年10月9日)

西園寺実長*　さいおんじさねなが

建武1(1334)年～正平10/文和4(1355)年2月28日　南北朝時代の公卿(権中納言)。右大臣西園寺公重の子。

¶公卿([没]文和4/正平10(1355)年2月28日),公家(実長〔竹林院家(絶家)〕　さねなが　[生]?　[没]文和4(1355)年2月28日)

西園寺実宣　さいおんじさねのぶ

⇒西園寺実宣(さんおんじさねのぶ)

西園寺実宣　さいおんじさねのり

⇒西園寺実宣(さんおんじさねのぶ)

西園寺実晴*　さいおんじさねはる

慶長6(1601)年～延宝1(1673)年　[別]西園寺実晴(さいおんじさねはれ)　江戸時代前期の公家(左大臣)。内大臣西園寺公益の子。

¶公卿(さいおんじさねはれ　[没]延宝1(1673)年1月11日),公家(実晴〔西園寺家〕　さねはれ　[没]寛文13

さ

（1673）年1月11日）

西園寺実晴　さいおんじさねはれ
⇒西園寺実晴（さいおんじさねはる）

西園寺実衡*　さいおんじさねひら
正応3（1290）年～嘉暦1（1326）年11月18日　鎌倉時代後期の公卿（内大臣）。左大臣西園寺公衡の長男。
¶公卿，公家（実衡〔西園寺家〕　さねひら），コン

西園寺実平*　さいおんじさねひら
建長2（1250）年～？　鎌倉時代後期の公卿（権中納言）。右大臣西園寺公基の子。
¶公卿，公家（実平〔京極家（絶家）〕　さねひら　[生]1251年）

西園寺実衡女　さいおんじさねひらのむすめ
南北朝時代の北朝第1代光厳天皇の後宮。
¶天皇（生没年不詳）

西園寺実益*　さいおんじさねます
永禄3（1560）年～寛永9（1632）年　安土桃山時代～江戸時代前期の公家（右大臣）。左大臣西園寺公朝の子。
¶公卿（[没]寛永9（1632）年3月12日），公家（実益〔西園寺家〕　さねます　[没]寛永9（1632）年3月12日）

西園寺実充*　さいおんじさねみつ
生没年不詳　戦国時代の武将。
¶全戦，戦武（[生]永正7（1510）年？　[没]永禄8（1565）年？）

西園寺鐔子　さいおんじしょうし
⇒永福門院（えいふくもんいん）

西園寺季衡*　さいおんじすえひら
正応2（1289）年～正平1/貞和2（1346）年　鎌倉時代前期の公卿。
¶公家（季衡〔大宮家（絶家）〕　すえひら　[没]貞和2（1346）年5月25日）

西園寺成子　さいおんじせいし
⇒藤原成子（ふじわらのせいし）

西園寺相子　さいおんじそうし
⇒藤原相子（ふじわらのそうし）

西園寺寧子　さいおんじねいし
⇒広義門院（こうぎもんいん）

西園寺治季*　さいおんじはるすえ
文化6（1809）年6月14日～文政9（1826）年7月9日　江戸時代後期の公家（非参議）。権中納言西園寺寛季の長男。
¶公卿，公家（治季〔西園寺家〕　はるすえ）

西園寺寛季*　さいおんじひろすえ
天明6（1786）年12月5日～安政3（1856）年2月12日　江戸時代後期の公家（権中納言）。左大臣二条治孝の三男。
¶公卿，公家（寛季〔西園寺家〕　ひろすえ）

西園寺通季　さいおんじみちすえ
⇒藤原通季（ふじわらのみちすえ）

西園寺致季*　さいおんじむねすえ
天和3（1683）年～宝暦6（1756）年　江戸時代中期の公家（左大臣）。権中納言西園寺実輔の子。
¶公卿（[生]天和3（1683）年11月9日　[没]宝暦6（1756）年7月4日），公家（致季〔西園寺家〕　むねすえ　[生]天和3（1683）年11月9日　[没]宝暦6（1756）年7月4日）

西園寺師季*　さいおんじもろすえ
文政9（1826）年9月1日～嘉永4（1851）年7月19日　江戸時代末期の公家（非参議）。非参議西園寺治季の子。
¶公卿，公家（師季〔西園寺家〕　もろすえ）

西園寺寧子　さいおんじやすこ
⇒広義門院（こうぎもんいん）

西園寺禧子　さいおんじよしこ
⇒礼成門院（れいせいもんいん）

西園寺賞季*　さいおんじよしすえ
寛保3（1743）年8月12日～寛政11（1799）年12月22日　江戸時代中期の公家（右大臣）。内大臣西園寺公晃の長男。
¶公卿，公家（賞季〔西園寺家〕　よしすえ）

梅柯　さいか
⇒松本梅柯（まつもとさいか）

菜花　さいか★
江戸時代後期の女性。俳諧。長門吉田の人。文化12年刊、吉田連編『塚のおもかげ』に載る。
¶江表（菜花（山口県））

西鶴　さいかく
⇒井原西鶴（いはらさいかく）

斉覚*　さいかく
治安3（1023）年～承暦2（1078）年　平安時代中期～後期の天台僧。
¶古人

材岳宗佐*　ざいがくそうさ
？～天正14（1586）年8月14日　安土桃山時代の臨済宗の僧。妙心寺54世。
¶武田（生没年不詳）

雑賀重村*　さいがしげむら
天保7（1836）年～明治13（1880）年　江戸時代末期～明治時代の会津藩士。戊辰戦争に参加。北海道開拓使に出仕、室蘭港築港。
¶幕末（[没]明治13（1880）年9月10日）

採花女　さいかじょ
⇒佐藤採花女（さとうさいかじょ）

雑賀孫一*（1）（雑賀孫市）　さいかまごいち，さいがまごいち
生没年不詳　[別]鈴木重秀（すずきしげひで），鈴木孫一（すずきまごいち）　戦国時代の紀伊一向一揆雑賀衆の指導者。
¶織田（鈴木重秀　すずきしげひで），コン，全戦，戦武（鈴木重秀　すずきしげひで）

雑賀孫一（2）（雑賀孫市）　さいかまごいち
⇒鈴木重朝（すずきしげとも）

財川兵庫助*　さいかわひょうごのすけ
生没年不詳　戦国時代の北条氏の家臣。
¶後北（兵庫助〔財川〕　ひょうごのすけ）

西礀子曇（西澗子曇）　さいかんしどん
⇒西礀子曇（せいかんしどん）

西岸寺任口　さいがんじにんこう
⇒任口（にんこう）

西鬼*　さいき
生没年不詳　江戸時代前期の俳人。
¶俳文

斉祇*　さいぎ
永観1(983)年〜永承2(1047)年　平安時代中期の天台僧。
¶古人

在義　ざいぎ
⇒馬場存義(ばばそんぎ)

細木香以*　さいきこうい
文政5(1822)年〜明治3(1870)年　㋓香以(こうい)，細木香以(ほそきこうい)　江戸時代末期〜明治時代の俳人。其角堂永機の門人。永機編『香以居士発句』がある。
¶コン(ほそきこうい)，俳文(香以　こうい　㋐明治3(1870)年9月10日)，幕末(㋓明治3(1870)年9月10日)

佐伯惟定　さいきこれさだ
⇒佐伯惟定(さえきこれさだ)

佐伯惟教　さいきこれのり
⇒佐伯惟教(さえきこれのり)

佐伯惟治　さいきこれはる
⇒佐伯惟治(さえきこれはる)

斎木助三右衛門尉　さいきすけぞうえもん
戦国時代の甲斐府中鍛冶町の鍛冶職人頭。
¶武田(生没年不詳)

さいきち
江戸時代末期の女性。俳諧。白河の皆登楼の遊女。安政4年刊、面川鏡桜編『鯉鱗筆鑑』に載る。
¶江表(さいきち(福島県))

才牛　さいぎゅう
⇒市川団十郎〔1代〕(いちかわだんじゅうろう)

才牛斎　さいぎゅうさい
⇒市川団十郎〔2代〕(いちかわだんじゅうろう)

最教　さいきょう
?〜貞観14(872)年　平安時代前期の僧。
¶古人,古代,コン(生没年不詳)

済慶*　さいきょう
寛和1(985)年〜永承2(1047)年　㋓済慶,斉慶(さいけい)　平安時代中期の三論宗の僧。東大寺63世。
¶古人(斉慶　さいけい)

西行*　さいぎょう
元永1(1118)年〜文治6(1190)年2月16日　㋓佐藤義清，佐藤憲清，佐藤則清(さとうのりきよ)　平安時代後期の歌人、僧。藤原秀郷の末裔。各地を遍歴して歌を詠む。歌集に「山家集」。
¶古人,コン(㋐建久1(1190)年),詩作,思想(㋐建久1(1190)年),中世,内乱,日文,平家,山小(㋐1190年2月16日)

採菫　さいきん*
江戸時代前期の女性。俳諧。甲府の人。貞享2年序、一瀬調実編『俳諧白根嶽』に載る。
¶江表(採菫(山梨県))

西吟*(1)　さいぎん
慶長10(1605)年〜寛文3(1663)年8月15日　江戸時代前期の浄土真宗本願寺派の学僧。
¶コン,思想

西吟*(2)　さいぎん
?〜宝永6(1709)年　㋓水田西吟(みずたさいぎん)　江戸時代前期の俳人。
¶俳文(㋐宝永6(1709)年3月28日)

斎宮女御　さいぐうにょうご
⇒斎宮女御(さいぐうのにょうご)

斎宮内侍*(1)　さいぐうのないし
生没年不詳　平安時代中期の女房・歌人。
¶古人

斎宮内侍(2)　さいぐうのないし
平安時代中期の女性。『重之集』に名が見える。
¶古人(生没年不詳)

斎宮女御　さいぐうのにょうご
延長7(929)年〜寛和1(985)年　㋓斎宮の女御(いつきのみやのにょうご)，徽子女王(きしじょおう，きしにょおう，よしこじょおう)，斎宮女御(さいぐうにょうご)，承香殿女御(じょうきょうでんのにょうご)　平安時代中期の女性。歌人。村上天皇女御。
¶古人(徽子女王　よしこじょおう)，コン(徽子女王　きしじょおう)，詩作,女史,女文,天皇(徽子女王　きしじょおう・よしこじょおう)

三枝斐子*　さいぐさあやこ
宝暦9(1759)年〜?　㋓土屋斐子(つちやあやこ)　江戸時代中期〜後期の女性。文学者。土屋紀伊守の妻。
¶江表(斐子(東京都)　㋐宝暦9(1759)年頃　㋐天保7(1836)年頃),コン,女史,女史(土屋斐子　つちやあやこ　生没年不詳)

三枝(山県)源左衛門尉　さいぐさげんざえもんのじょう
戦国時代〜安土桃山時代の武田氏の家臣。
¶武田(㋐天文9(1540)年　㋐天正3(1575)年5月21日)

三枝蓊　さいぐさしげる
天保6(1835)年〜明治1(1868)年　㋓青木精一郎(あおきせいいちろう)，三枝蓊(さえぐさしげる)　江戸時代末期の勤王僧。
¶幕末(さえぐさしげる　㋐慶応4(1868)年3月4日)

三枝新十郎*　さいぐさしんじゅうろう
戦国時代の武田氏の家臣。
¶武田(生没年不詳)

三枝甫直　さいぐさすけなお
戦国時代の武田氏の家臣、今井信甫の被官。
¶武田(生没年不詳)

三枝虎吉　さいぐさとらよし
⇒三枝虎吉(さえぐさとらよし)

三枝備後守　さいぐさびんごのかみ
戦国時代の武田氏の家臣。
¶武田(生没年不詳)

三枝昌貞　さいぐさまささだ
⇒三枝守友(さえぐさもりとも)

三枝(山県)昌次　さいぐさまさつぐ
安土桃山時代の武田氏の家臣。
¶武田(㋐永禄3(1560)年　㋐天正3(1575)年5月21日)

三枝昌吉　さいぐさまさよし
⇒三枝昌吉(さえぐさまさよし)

三枝守全　さいぐさもりあきら
江戸時代前期の幕臣。
¶徳人(㋓1610年　㋐1680年)

三枝守相　さいぐさもりすけ
江戸時代前期〜中期の幕臣。

¶徳人([生]1656年　[没]1727年)

三枝守恭　さいぐさもりたか
江戸時代中期の幕臣。
¶徳人([生]1747年　[没]1787年)

三枝吉親　さいぐさよしちか
⇒三枝吉親(さえぐさよしちか)

済慶(斉慶)　さいけい
⇒済慶(さいきょう)

西景*　さいけい
生没年不詳　平安時代後期の後白河院の近臣。
¶古人,平家

最源*(1)　さいげん
永承1(1046)年～大治1(1126)年　平安時代中期～後期の仁和寺宝乗院の僧。
¶古人

最源*(2)　さいげん
長治2(1105)年～文治1(1185)年　平安時代後期の仁和寺僧。
¶古人

済源*　さいげん
*～天徳4(960)年　平安時代中期の三論宗の僧。薬師寺15世。
¶古人([生]882年　[没]964年)

最玄院　さいげんいん
江戸時代後期の女性。徳川家慶三女。
¶徳将([生]1816年　[没]1816年)

済子　さいこ★
江戸時代後期の女性。書。駿河島田の片川氏。享和3年刊、大須賀鬼卵著『東海道人物志』に載る。
¶江表(済子(静岡県))

済高*　さいこう
貞観12(870)年～天慶5(942)年　[別]済高(せいこう)　平安時代前期～中期の真言宗の僧。勧修寺第2世。
¶古人([生]852年),コン([生]仁寿1(851)年　[没]天慶4(941)年)

西光*　さいこう
?～治承1(1177)年　[別]藤原西光(ふじわらのさいこう),藤原師光(ふじわらのもろみつ,ふじわらもろみつ)　平安時代後期の廷臣、僧。
¶古人,コン(藤原師光　ふじわらのもろみつ),中世,内乱,平家([没]安元3(1177)年),山小(藤原師光　ふじわらのもろみつ)

西郷イト　さいごういと
⇒西郷糸子(さいごういとこ)

西郷糸子*　さいごういとこ
天保14(1843)年～大正11(1922)年6月11日　[別]西郷イト(さいごういと)　江戸時代末期～明治時代の女性。西郷隆盛の妻。
¶全幕,幕末(西郷イト　さいごういと)

彩恍院　さいこういん
江戸時代後期の徳川家慶の九男。
¶徳将([生]1832年　[没]1833年)

西光院　さいこういん
⇒築山殿(つきやまどの)

西郷右京亮　さいごううきょうのすけ
⇒西郷右京亮(さいごうきょうのすけ)

西郷勘兵衛　さいごうかんべえ
江戸時代前期の近江国の代官。
¶徳代(生没年不詳)

西郷吉二郎*　さいごうきちじろう
天保4(1833)年～明治1(1868)年　江戸時代末期の薩摩藩士。
¶幕末([没]慶応4(1868)年8月14日)

西郷右京亮*　さいごうきょうのすけ
生没年不詳　[別]西郷右京亮(さいごううきょうのすけ)　戦国時代の武士。後北条氏家臣。
¶後北(右京亮〔西郷〕　うきょうのすけ)

西郷小兵衛*　さいごうこへえ
弘化4(1847)年～明治10(1877)年2月27日　江戸時代末期～明治時代の軍人。西南戦争で薩軍の一番大隊一番小隊長として出軍。高瀬の戦で戦死。西郷隆盛の弟。
¶コン,幕末([生]弘化4(1847)年10月11日)

細香女史　さいこうじょし
⇒江馬細香(えまさいこう)

西郷隆盛*　さいごうたかもり
文政10(1827)年～明治10(1877)年9月24日　江戸時代末期～明治時代の鹿児島藩士、政治家、陸軍元帥。薩長同盟を締結。東征軍参謀となり、江戸無血開城を実現する。
¶江人,コン,詩作([生]文政10(1827)年12月7日),思想,全幕([生]文政10(1828)年),徳将,幕末([生]文政10(1827)年12月7日),山小([生]1827年12月7日　[没]1877年9月24日)

西郷頼母*　さいごうたのも
天保1(1830)年～*　江戸時代末期～明治時代の会津藩士、家老。戊辰戦争で出撃作戦を主張して籠城論に敗れ、軍将を辞職。
¶江人([没]1903年),コン([没]明治38(1905)年),全幕([生]文政12(1829)年　[没]明治36(1903)年),幕末([没]明治36(1903)年4月30日)

西郷千重子*　さいごうちえこ
天保6(1835)年～明治1(1868)年　江戸時代後期～末期の女性。
¶江表(千重子(福島県)　[没]慶応4(1868)年),全幕([没]慶応4(1868)年),幕末([生]文政8(1825)年　[没]慶応4(1868)年8月23日)

西郷近潔*　さいごうちかきよ
文化9(1812)年～明治29(1896)年　江戸時代末期～明治時代の歌人。著書に「夏草集」「比南物語」などがある。
¶幕末([没]明治29(1896)年2月25日)

西郷近思*　さいごうちかし
文化2(1805)年～万延1(1860)年　[別]西郷近思(さいごうちかもと)　江戸時代末期の陸奥会津藩家老。
¶幕末(さいごうちかもと　[没]安政7(1860)年3月10日)

西郷近思　さいごうちかもと
⇒西郷近思(さいごうちかし)

西郷従道*　さいごうつぐみち
天保14(1843)年5月4日～明治35(1902)年7月18日　江戸時代末期～明治時代の軍人、政治家、侯爵。文部卿、陸軍卿、農商務卿を経て海相、内相を歴任する。

¶コン, 全幕, 幕末, 山小 ([生]1843年5月4日　[没]1902年7月18日)

西光亭芝国　さいこうていしばくに
⇒西光亭芝国 (せいこうていしばくに)

西郷局*　さいごうのつぼね
*～天正17 (1589) 年　[別]愛方 (あいのかた), お愛の方, 於愛の方, 於相の方 (おあいのかた), 宝台院 (ほうだいいん), 竜泉院 (りゅうせんいん)　安土桃山時代の女性。徳川家康の側室。
¶徳将 (竜泉院　りゅうせんいん　[生]1562年)

西郷政佐　さいごうまさ
⇒西郷政子 (さいごうまさこ)

西郷政子*(西郷満左子)　さいごうまさこ
?～嘉永5 (1852) 年　[別]西郷政佐 (さいごうまさ)　江戸時代後期の女性。西郷隆盛の母。
¶幕末 (西郷政佐　さいごうまさ)

西郷吉義　さいごうよしみち
江戸時代末期～昭和期の陸軍軍医監、侍医頭。
¶科学 ([生]安政2 (1855) 年11月7日　[没]昭和2 (1927) 年9月3日)

細谷　さいこく
江戸時代末期の女性。画。墨竹画家節斎の娘、庫女。安政7年刊『安政文雅人名録』に載る。
¶江表 (細谷 (東京都))

西国　さいこく
⇒島屋西国 (しまやさいこく)

在五中将　ざいごちゅうじょう
⇒在原業平 (ありわらのなりひら)

最厳*　さいごん
生没年不詳　平安時代後期の天台宗の僧・歌人。
¶古人

佐井三右衛門*　さいさんえもん
享保16 (1731) 年～文化7 (1810) 年　江戸時代中期～後期の開拓者。
¶コン

西山居光子　さいざんきょこうし★
江戸時代末期の女性。狂歌。安政5年刊、安満廼門都竜ほか撰『錦花集』に載る。
¶江表 (西山居光子 (東京都))

才子(1)　さいし★
江戸時代後期の女性。和歌。幕臣、大番組頭佐々木三蔵の娘。文化11年刊、中山忠雄・河田正致編『柿本社奉納和歌集』に載る。
¶江表 (才子 (東京都))

才子(2)　さいし★
江戸時代後期の女性。狂歌。備前和気郡片上の蛭子屋中村氏。天保12年、江戸の狂歌師月下亭砧音高が片上に来遊した時、当地の二十余人が同師の指導を受けて詠んだ三百余首をまとめた「藻歌句聯の玉」に、才子の肖像画や数首が載る。
¶江表 (才子 (岡山県))

才子(3)　さいし★
江戸時代末期の女性。和歌。西条藩藩士豊田仲右衛門の妻。安政1年序、半井梧庵編『鄙のてぶり』初に載る。
¶江表 (才子 (愛媛県))

西治*　さいじ
生没年不詳　江戸時代前期の俳人。
¶俳文

在色　ざいしき
⇒野口在色 (のぐちざいしき)

彩色砂子・すな子　さいしきすなこ★
江戸時代後期の女性。狂歌。寛政11年～享和2年刊、酒月米人編『狂歌東来集』に載る。
¶江表 (彩色砂子・すな子 (東京都))

済子女王*　さいしじょおう
生没年不詳　[別]済子女王 (さいしにょおう, せいしじょおう, なりこじょおう)　平安時代中期の女性。醍醐天皇の孫。
¶古人 (なりこじょおう)

斎子女王*(斉子女王)　さいしじょおう
生没年不詳　[別]斉子女王 (さいしにょおう, ただこじょおう)　平安時代後期の女性。三条天皇皇子敦明親王の娘。
¶古人 (斉子女王　ただこじょおう)

済子女王　さいしにょおう
⇒済子女王 (さいしじょおう)

斉子女王　さいしにょおう
⇒斎子女王 (さいしじょおう)

西寂*　さいじゃく
?～養和1 (1181) 年　平安時代後期の備後国奴可郡の住人。
¶古人, 平家 ([没]治承5 (1181) 年?)

西住*　さいじゅう
生没年不詳　平安時代後期の真言宗の僧。
¶古人

済俊*　さいしゅん
永長1 (1096) 年～治承3 (1179) 年3月1日　平安時代後期の真言宗の僧。高野山検校27世。
¶古人

西順*　さいじゅん
元和2 (1616) 年～*　江戸時代前期～中期の連歌師。
¶俳文 ([没]?)

さい女(1)　さいじょ★
江戸時代後期の女性。画。柳亭。「太夫立姿図」(江戸後期) がある。
¶江表 (さい女 (東京都))

さい女(2)　さいじょ★
江戸時代後期の女性。俳諧。石見大田の美濃派俳人中島魚坊の娘。文政6年序、出雲古志の比布智神社神官春日花叔著「雲陽人物誌」に載る。
¶江表 (さい女 (島根県))

サイ女　さいじょ★
江戸時代後期の女性。俳諧。平泉寺大日堂に天保15年に掲げられた俳諧絵馬に奉納句が載る。
¶江表 (サイ女 (山形県))

最助　さいじょ
⇒最助法親王 (さいじょほっしんのう)

彩女　さいじょ★
江戸時代末期～明治時代の女性。画。会津の絵師大須賀清光の娘。
¶江表 (彩女 (福島県))

才女(1) さいじょ★
江戸時代中期の女性。俳諧。松山の俳人小倉志山の娘。寛保3年、志山が芭蕉五〇回忌に久万の大宝寺に建立した霜夜塚の記念俳諧集『俳諧霜夜塚』に入集。
¶江表(才女(愛媛県))

才女(2) さいじょ★
江戸時代末期の女性。和歌。三河渥美郡吉田の伊藤太次右衛門の娘。慶応2年序、村上忠順編『元治元年千首』に載る。
¶江表(才女(愛知県))

さ

西女 さいじょ★
江戸時代後期の女性。川柳。文政11年刊『誹風柳多留』九九篇に、山猿評で載る。
¶江表(西女(東京都))

税所敦子* さいしょあつこ
文政8(1825)年3月6日〜明治33(1900)年 江戸時代末期〜明治時代の歌人。宮内省に出仕、楓内侍と称して皇后・皇太后に仕え、女官に歌文を教えた。
¶江表(敦子(京都府)),コン,女史,女文([没]明治33(1900)年2月5日),全幕,幕末([没]明治33(1900)年2月4日)

税所篤* さいしょあつし
文政10(1827)年〜明治43(1910)年6月21日 江戸時代末期〜明治時代の鹿児島藩士、政治家、子爵。薩長連合締結の伏線を準備。維新後は境県・奈良県の知事、元老院議官など。
¶コン,全幕,幕末

宰相*(1) さいしょう
生没年不詳 平安時代中期の女性。中宮定子の女房。
¶古人

宰相*(2) さいしょう
生没年不詳 平安時代中期の女房。四条宮藤原寛子に仕える。
¶古人

宰相(3) さいしょう
平安時代中期の女性。淑景舎藤原原子の女房。菅原輔正の女。
¶古人(生没年不詳)

宰相*(4) さいしょう
生没年不詳 平安時代後期の女性。鳥羽天皇皇女八条院(暲子内親王)の乳母。
¶古人

宰相*(5) さいしょう
生没年不詳 平安時代後期〜鎌倉時代前期の女性。後高倉院の乳母。
¶古人

西笑 さいしょう
⇒西笑承兌(せいしょうじょうたい)

西笑承兌 さいしょうしょうだ
⇒西笑承兌(せいしょうじょうたい)

西笑承兌 さいしょうしょうたい,さいしょうじょうたい
⇒西笑承兌(せいしょうじょうたい)

西条二郎衛門 さいじょうじろうえもん
安土桃山時代の信濃国筑摩郡麻績北条の土豪。
¶武田(生没年不詳)

宰相局* さいしょうのつぼね
生没年不詳 [別]法印公雅女(ほういんきんまさのむすめ,ほういんこうがじょ) 鎌倉時代前期の女性。順徳天皇の妃。
¶天皇(法印公雅女 ほういんきんまさのむすめ),天皇(法印公雅女 ほういんこうがじょ)

最助法親王 さいじょほうしんのう
⇒最助法親王(さいじょほっしんのう)

最助法親王* さいじょほっしんのう
建長5(1253)年〜永仁1(1293)年 [別]最助(さいじょ),最助法親王(さいじょほうしんのう) 鎌倉時代後期の天台宗の僧。後嵯峨天皇の子。
¶天皇(さいじょほうしんのう [生]建長7(1256)年)

撮所元常*(榀所元常) さいしょもとつね
戦国時代〜安土桃山時代の武将。松田氏家臣。
¶全戦(榀所元常 [生]? [没]永禄4(1561)年)

済信* さいしん
天暦8(954)年〜長元3(1030)年 [別]済信(せいじん) 平安時代中期の真言宗の僧。左大臣源雅信の子。
¶古人,コン

済深 さいじん
⇒済深入道親王(さいじんにゅうどうしんのう)

済尋* さいじん
長元2(1029)年〜嘉保2(1095)年 平安時代中期〜後期の興福寺の法相宗僧。
¶古人

斉信院 さいしんいん
江戸時代後期の徳川家慶の十三男。
¶徳将([生]1849年 [没]1849年)

済深親王 さいじんしんのう
⇒済深入道親王(さいじんにゅうどうしんのう)

済深入道親王* さいじんにゅうどうしんのう
寛文11(1671)年8月16日〜元禄14(1701)年12月2日 [別]一宮(いちのみや),済深法親王(さいしんほうしんのう),済深(さいじん),済深親王(さいじんしんのう) 江戸時代中期の霊元天皇の第1皇子。東大寺別当。
¶天皇(済深法親王 さいしんほうしんのう [生]寛文11(1671)年8月17日/16日 [没]元禄14(1701)年11月29日/12月2日)

済深法親王 さいしんほうしんのう
⇒済深入道親王(さいじんにゅうどうしんのう)

最仙* さいせん
生没年不詳 奈良時代〜平安時代前期の天台宗の僧。
¶古人

済暹* さいせん
万寿2(1025)年〜永久3(1115)年 平安時代中期〜後期の真言宗の僧。朝臣文綱の子。
¶古人,コン

斉詮 さいせん
⇒斉詮(せいせん)

崔宗佐 さいそうさ
平安時代前期の遣唐使。貞観15年薩摩の甑島に漂着。
¶古人(生没年不詳)

最蔵坊* さいぞうぼう
？～慶安1（1648）年　江戸時代前期の僧。
¶コン

斉尊* さいそん
天喜1（1053）年～長治2（1105）年　平安時代後期の天台宗の僧。
¶古人，コン（生没年不詳）

斎太 さいた
⇒小本村斎太（こもとむらさいた）

宰陀* さいだ
生没年不詳　江戸時代中期の俳人。
¶俳文（㊐延宝3（1675）年　㊎元文3（1738）年9月7日）

斎田雲岱 さいたうんたい
江戸時代後期～末期の博物画家。
¶植物（㊐寛政13（享和1？）（1801）年　㊎安政5（1858）年）

蔡鐸* さいたく
尚賢4（1644）年12月8日～尚敬12（1724）年12月16日　江戸時代前期～中期の琉球の久米村役人、学者・文人。
¶コン（㊐正保1（1644）年　㊎享保9（1724）年），対外

斎田功太郎 さいだこうたろう
安政6（1859）年12月5日～大正13（1924）年1月22日　江戸時代末期～大正時代の植物学者。
¶科学，植物

斎田五蕉* さいだごしょう
寛政10（1798）年～明治6（1873）年　江戸時代末期～明治時代の南無庵四世。
¶幕末（㊎明治6（1873）年6月3日）

座田維貞* さいだこれさだ
寛政12（1800）年～安政6（1859）年　江戸時代末期の学習院雑掌。
¶幕末（㊐寛政5（1793）年　㊎安政4（1857）年8月22日）

才谷梅太郎 さいたにうめたろう
⇒坂本龍馬（さかもとりょうま）

斎田元勝 さいたもとかつ
江戸時代前期の幕臣。
¶徳人（㊐？　㊎1657年）

斎田要七* さいだようしち，さいたようしち
天保13（1842）年～慶応2（1866）年　江戸時代末期～明治時代の郷士。
¶コン，幕末（㊎慶応2（1866）年7月9日）

最中 さいちゅう
江戸時代後期の女性。和歌。高取藩主植村家長家の奥女中。文政7年頃、池田冠山が仕立てた巻物「玉露童女追悼集」に入集。
¶江表（最中（奈良県））

最忠* さいちゅう
？～嘉応2（1170）年　平安時代後期の延暦寺梶井門跡僧（園城寺僧とも）。
¶古人

最忠法親王* さいちゅうほうしんのう
生没年不詳　平安時代後期の鳥羽天皇の皇子。
¶古人

最澄* さいちょう
神護景雲1（767）年～弘仁13（822）年　㊋叡山大師（えいざんだいし），伝教大師（でんきょうだいし，でんぎょうだいし）　奈良時代～平安時代前期の僧。日本天台宗の祖。804年唐に渡り、密教を学ぶ。延暦寺は最澄が初めて草庵をむすんだもので、北嶺と称され天台宗の中心となった。
¶古人（㊐766年/767年），古代（㊐766年），コン（㊐天平神護2（766）年），詩作（伝教大師　でんきょうだいし　㊐天平神護2（766）年），思想，対外，平家（伝教大師　でんぎょうだいし），山小（㊎822年6月4日）

最鎮* さいちん
生没年不詳　平安時代中期の社僧。
¶古人

済棟* さいとう
＊～延喜5（905）年　平安時代前期～中期の法相宗の僧。東大寺34世。
¶古人（㊐825年？）

斎藤伊織* さいとういおり
生没年不詳　江戸時代末期の陸奥会津藩士、画家。
¶幕末（㊐天保11（1840）年　㊎明治22（1889）年3月6日），美画

斎藤一諾斎* さいとういちだくさい
文化10（1813）年～明治7（1874）年12月18日　㊋斎藤秀全（さいとうひでたけ）　江戸時代末期～明治時代の住職、新撰組隊士、教育者。
¶新隊（斎藤秀全　さいとうひでたけ），全幕，幕末

西洞院時子 さいとういんときこ
⇒西洞院時子（にしのとういんときこ）

斎藤宇兵衛 さいとううへえ
江戸時代後期～明治時代の染織家。
¶美工（㊐天保7（1836）年10月8日　㊎明治39（1906）年2月20日）

斎藤英督 さいとうえいとく
江戸時代後期～明治時代の代官、大蔵省職員。
¶徳代（㊐文化11（1814）年　㊎？）

斎藤越前守* さいとうえちぜんのかみ
生没年不詳　戦国時代の上野国衆。
¶武田

斎藤阜雄* さいとうおかお
安永8（1779）年～元治1（1864）年　江戸時代後期の俳人。
¶幕末（㊎元治1（1864）年9月19日）

斎藤加右衛門 さいとうかえもん
安土桃山時代～江戸時代前期の生駒一正・徳川頼宣・池田光政の家臣。
¶大坂（㊐天正16年/天正14年　㊎慶安4年）

斎藤賀子* さいとうがし
生没年不詳　㊋賀子（かし）　江戸時代前期の俳人。
¶俳文（賀子　かし）

斎藤和節* さいとうかずたか
江戸時代末期～明治時代の文人。約100巻の貴重資料「耳目集」を残す。「戊辰戦乱避難の記」を著す。
¶幕末（㊐天保2（1831）年　㊎明治9（1876）年）

斎藤三理 さいとうかずみち
江戸時代後期～末期の幕臣。
¶徳人（生没年不詳）

斎藤包径* さいとうかねみち
生没年不詳　江戸時代後期の和算家。

さ

¶数学

斎藤嘉兵衛（斉藤嘉兵衛）　さいとうかへえ
生没年不詳　江戸時代後期の幕臣、馬喰町御用屋敷詰代官。
¶徳人（斉藤嘉兵衛），徳代

斎藤亀蔵*　さいとうかめぞう
？～文久3（1863）年　江戸時代末期の商人。
¶幕末（[没]文久3（1863）年6月1日）

斎藤寛斎*　さいとうかんさい
文政4（1821）年～明治19（1886）年　江戸時代末期～明治時代の教育者。豪農、富農を説得し、太子堂村郷学所を設立、授業料を無料とし貧農の勉学を奨励した。
¶コン，幕末（[没]明治19（1886）年3月2日）

斎藤宜義*　さいとうぎぎ
文化13（1816）年～明治22（1889）年8月9日　[別]斎藤宜義（さいとうのぶよし）　江戸時代末期～明治時代の和算家。「算法円理起源表」などを発表、書中の斬新で高尚な問題は諸国の和算家の目をひいた。
¶科学，コン，数学（さいとうのぶよし），幕末（さいとうのぶよし）

斉藤吉　さいとうきち
⇒唐人お吉（とうじんおきち）

斎藤吉太郎*　さいとうきちたろう
文政10（1827）年～慶応1（1865）年　江戸時代末期の水戸藩士。
¶幕末（[没]慶応1（1865）年10月25日）

斎藤宜長*　さいとうぎちょう
天明4（1784）年～弘化1（1844）年　[別]斎藤宜長（さいとうのぶなが）　江戸時代後期の和算家。
¶科学（[没]弘化1（1844）年10月9日），コン，数学（さいとうのぶなが　[没]天保15（1844）年10月9日）

斎藤喜平次　さいとうきへいじ
戦国時代の斎藤道三（利政）三男。
¶全戦（[生]？　[没]弘治1（1555）年）

斎藤宜明*　さいとうぎめい
寛政6（1794）年～万延1（1860）年　[別]関根宜明（せきねぎめい，せきねのぶあき）　江戸時代末期の算家。
¶数学（関根宜明　せきねのぶあき　[没]万延1（1860）年8月1日）

斎藤求三郎*　さいとうきゅうざぶろう，さいとうきゅうさぶろう
文政2（1819）年～明治9（1876）年　江戸時代末期～明治時代の熊本藩士。国学を修める。神風連の乱で銃弾に倒れる。
¶幕末（さいとうきゅうさぶろう　[没]明治9（1876）年10月24日）

斎藤邦矩　さいとうくにのり
⇒斎藤邦矩（さいとうほうく）

斎藤熊吉　さいとうくまきち
⇒中村勘三郎〔10代〕（なかむらかんざぶろう）

斎藤内蔵助　さいとうくらのすけ
⇒斎藤利三（さいとうとしみつ）

斎藤九郎右衛門*　さいとうくろうえもん
生没年不詳　戦国時代の鋳物師。
¶後北（九郎右衛門〔斎藤（2）〕　くろうえもん）

斎藤月岑*（――〔9代〕）　さいとうげっしん
文化1（1804）年～明治11（1878）年3月6日　江戸時代末期～明治時代の文人。祖父幸雄、父と3代にわたる大著「江戸名所図絵」を完成。「東都歳時記」「声曲類纂」など刊行。
¶江人，コン，思想，幕末（――〔9代〕）

斎藤元章*　さいとうげんしょう
明和2（1765）年～文化9（1812）年　[別]斎藤元章（さいとうもとあき）　江戸時代後期の算家。
¶数学（さいとうもとあき　[没]文化9（1812）年1月18日）

斎藤謙蔵　さいとうけんぞう
江戸時代後期～明治時代の古本商、琳琅閣書店創業者。
¶出版（[生]嘉永3（1850）年　[没]明治40（1907）年）

斎藤源兵衛尉　さいとうげんひょうえのじょう
戦国時代の木曽氏の家臣。
¶武田（生没年不詳）

斎藤監物*　さいとうけんもつ
文政5（1822）年～万延1（1860）年　[別]佐々木馬之介（ささきうまのすけ）　江戸時代末期の水戸藩尊攘派。桜田門外の変で死亡した。
¶コン，詩作，全幕，幕末（[没]安政7（1860）年3月8日）

斎藤五*　さいとうご
永万1（1165）年～？　[別]斎藤五・斎藤六（さいとうご・さいとうろく）　平安時代後期～鎌倉時代前期の武士。
¶古人，平家（斎藤五・斎藤六　さいとうご・さいとうろく　生没年不詳）

斎藤香玉*　さいとうこうぎょく
文化11（1814）年～明治3（1870）年　江戸時代後期～明治時代の画家。
¶江表（香玉（群馬県）），コン，美画（[没]明治3（1870）年3月29日）

斎藤五・斎藤六（1）　さいとうご・さいとうろく
⇒斎藤五（さいとうご）

斎藤五・斎藤六（2）　さいとうご・さいとうろく
⇒斎藤六（さいとうろく）

斎藤小左衛門*　さいとうこざえもん
天正5（1577）年～寛永10（1633）年　[別]斎藤小左衛門パウロ（さいとうこざえもんぱうろ），パウロ　安土桃山時代～江戸時代前期のイエズス会司祭、殉教者。
¶コン，対外

斎藤小左衛門パウロ　さいとうこざえもんぱうろ
⇒斎藤小左衛門（さいとうこざえもん）

斎藤五八*　さいとうごはち
？～永禄12（1569）年9月8日　戦国時代～安土桃山時代の織田信長の家臣。
¶織田

斎藤五六郎*　さいとうごろくろう
文政12（1829）年～慶応1（1865）年　江戸時代末期の筑前福岡藩士。
¶幕末（[没]慶応1（1865）年10月25日）

斎藤左吉*　さいとうさきち
嘉永1（1848）年～元治1（1864）年　江戸時代末期の水戸藩士。
¶幕末（[没]元治1（1864）年9月8日）

斎藤策順　さいとうさくじゅん
江戸時代後期～末期の眼科医。
¶眼医（[生]文政4（1821）年　[没]安政4（1857）年）

斎藤作蔵　さいとうさくぞう
安土桃山時代の御鷹師。
¶武田（[生]？　[没]天正10（1582）年3月11日）

斎藤定盛*　さいとうさだもり
生没年不詳　安土桃山時代の武士。後北条氏家臣。
¶後北（定盛〔斎藤（4）〕　さだもり）

斎藤定易*　さいとうさだやす
明暦3（1657）年～延享1（1744）年　江戸時代中期の馬術家、大坪本流の祖。
¶江人

斎藤実盛*　さいとうさねもり
？～寿永2（1183）年　[別]長井斎藤実盛（ながいさいとうさねもり），長井実盛（ながいさねもり），藤原実盛（ふじわらのさねもり）　平安時代後期の武士。
¶古人（藤原実盛　ふじわらのさねもり），コン，中世，内乱，平家，山小（[没]1183年5月21日）

斎藤三平*　さいとうさんぺい
[別]大岡丹下（おおおかたんげ）　江戸時代末期の砂金経営。
¶幕末（生没年不詳）

斎藤紫英*　さいとうしえい
文政4（1821）年～明治19（1886）年　江戸時代末期～明治時代の医師。医師の傍ら俳諧・茶道をする。
¶幕末（[没]明治19（1886）年2月20日）

斎藤鎮実*　さいとうしげざね
？～天正6（1578）年　戦国時代～安土桃山時代の武士。
¶全戦

斎藤七右衛門実勝　さいとうしちえもんさねかつ
江戸時代前期の武士。大坂の陣で籠城。後、山内忠義の馬廻。
¶大坂（[没]正保3年8月23日）

斎藤七三郎*　さいとうしちさぶろう
文政12（1829）年～明治38（1905）年　江戸時代末期～明治時代の書家、厚木町長。厚木村郷学校成思館助教諭となる。
¶幕末

斎藤雀志　さいとうじゃくし
江戸時代後期～明治時代の俳人。
¶俳文（[生]嘉永4（1851）年8月8日　[没]明治41（1908）年12月23日）

斎藤重右衛門*　さいとうじゅうえもん
文政6（1823）年～明治28（1895）年4月3日　江戸時代末期～明治時代の金光教大教正。金光教布教。笠岡代官所に捕らえられる。後、金光大権現の神号を許される。
¶幕末

斎藤秋圃*（斎藤秋甫）　さいとうしゅうほ
明和6（1769）年～文久1（1861）年　江戸時代中期～後期の筑前秋月藩士、画家。
¶美画（[没]文久1（1861）年10月16日）

斎藤尚善*　さいとうしょうぜん
文政9（1826）年～文久2（1862）年　[別]斎藤尚善（さいとうひさよし）　江戸時代末期の数学者。
¶数学（さいとうひさよし　[生]文政9（1826）年1月1日　[没]文久2（1862）年1月16日）

斎藤尚中*（斎藤尚仲）　さいとうしょうちゅう
安永2（1773）年～天保15（1844）年　[別]斎藤尚仲（さいとうひさなか）　江戸時代後期の和算家。
¶数学（斎藤尚仲　さいとうひさなか　[没]天保15（1844）年6月16日）

斎藤如泉　さいとうじょせん
⇒如泉（にょせん）

斎藤新右衛門　さいとうしんえもん
安土桃山時代の北条氏直の家臣。
¶後北（新右衛門〔斎藤（1）〕　しんえもん）

斎藤新五郎*　さいとうしんごろう
？～天正10（1582）年6月2日　[別]斎藤利治（さいとうとしはる）　戦国時代～安土桃山時代の織田信長の家臣。
¶織田（斎藤利治　さいとうとしはる）

斎藤新太郎*　さいとうしんたろう
文政11（1828）年～明治21（1888）年　江戸時代末期～明治時代の剣術指南役。
¶幕末

斎藤資定*　さいとうすけさだ
？～文永11（1274）年　鎌倉時代前期の武士。
¶コン

斎藤清一郎*　さいとうせいいちろう
江戸時代末期の新撰組隊士。
¶新隊（生没年不詳）

斎藤拙堂*　さいとうせつどう
寛政9（1797）年～慶応1（1865）年　江戸時代末期の儒学者。
¶江人，コン，詩作（[没]慶応1（1865）年7月15日），思想，幕末（[没]慶応1（1865）年7月18日）

斎藤善次右衛門*　さいとうぜんじえもん
文政10（1827）年～明治1（1868）年　江戸時代末期の郷士。
¶幕末（[没]慶応4（1868）年5月2日）

斎藤宗円　さいとうそうえん
南北朝時代～室町時代の武将。
¶室町（[生]康応1（1389）年　[没]宝徳2（1450）年）

斎藤宗林*　さいとうそうりん
安土桃山時代の武士。今川氏家臣、徳川氏家臣。
¶武田（生没年不詳）

斎藤素軒*　さいとうそけん
天保1（1830）年～明治22（1889）年　江戸時代末期～明治時代の備後福山藩士。
¶幕末

斎藤その　さいとうその
⇒その女（そのじょ）

斎藤太*　さいとうた
生没年不詳　平安時代後期の武士。
¶古人

斎藤泰助　さいとうたいすけ
⇒斎藤泰蔵（さいとうたいぞう）

斎藤泰蔵*　さいとうたいぞう
天保11（1840）年～＊　[別]斎藤泰助（さいとうたいすけ）　江戸時代末期の人。出流山事件の端緒をつくる。

¶幕末（斎藤泰助　さいとうたいすけ　[没]慶応3（1867）年12月18日）

斎藤退蔵* さいとうたいぞう
生没年不詳　江戸時代末期の儒学者。
¶幕末

斎藤大之進* さいとうだいのしん
文政5（1822）年～明治4（1871）年　江戸時代末期～明治時代の旗本。竹内下野守の欧州調査に随行。帰国後神奈川奉行改役。
¶徳人, 幕末（[没]明治4（1871）年8月4日）

斎藤高行* さいとうたかゆき
文政2（1819）年～明治27（1894）年6月12日　江戸時代末期～明治時代の陸奥中村藩士、農政家。二宮尊徳に弟子入りし、その述作を助け、また真岡など荒村復興に尽くした。
¶コン, 幕末

斎藤丈蔵* さいとうたけぞう
文政6（1823）年～明治9（1876）年　江戸時代末期～明治時代の伊予宇和島藩士。
¶幕末（[没]明治9（1876）年2月）

斎藤多須久* さいとうたすく
天保6（1835）年～明治26（1893）年　江戸時代末期～明治時代の神道家。医学・国学を修め、神仏分離に努める。大成教創立。
¶幕末（[生]天保6（1835）年8月17日　[没]明治26（1893）年8月16日）

斎藤忠興* さいとうただおき
弘化2（1845）年～明治2（1869）年　江戸時代末期の豪農。
¶幕末（[没]明治2（1869）年2月10日）

斎藤竜興*（斎藤龍興）　さいとうたつおき
天文17（1548）年～天正1（1573）年　戦国時代の美濃国の大名。義竜の子。
¶コン, 全戦（斎藤龍興）, 戦武（斎藤龍興）, 中世（斉藤竜興）, 山小（[没]1573年8月14日）

斎藤竹堂* さいとうちくどう
文化12（1815）年～嘉永5（1852）年閏2月11日　江戸時代末期の儒学者。
¶コン, 詩作（[生]文化12（1815）年10月11日）, 思想

斉藤常吉　さいとうつねきち
江戸時代後期～明治時代の宮大工。
¶美建（[生]文化8（1811）年　[没]明治24（1891）年）

斎藤道三* さいとうどうさん
明応3（1494）年～弘治2（1556）年　[別]斎藤利政（さいとうとしまさ），長井新九郎（ながいしんくろう），西村勘九郎（にしむらかんくろう），法蓮房（ほうれんぼう），松波庄五郎（まつなみしょうごろう）　戦国時代の美濃国の大名。油売りから立身、美濃一国の戦国大名に。のち長男義竜と争い敗死。
¶コン, 全戦（斎藤利政　さいとうとしまさ　[生]？）, 戦武（[生]？）, 中世, 室町, 山小（[生]1494年/1504年　[没]1556年4月20日）

斎藤時頼* さいとうときより
生没年不詳　[別]滝口・横笛（たきぐち・よこぶえ），滝口入道（たきぐちにゅうどう），滝口入道時頼（たきぐちにゅうどうときより），藤原時頼（ふじわらのときより）　平安時代後期の武士、高野聖、平重盛の臣。
¶古人（藤原時頼　ふじわらのときより　[生]1164年）, コン, 内乱（[生]長寛2（1164）年　[没]？）, 平家（[生]長寛2（1164）年　[没]？）

斎藤徳元*（斉藤徳元）　さいとうとくげん
永禄2（1559）年～正保4（1647）年　[別]斎藤利起（さいとうとしおき），徳元（とくげん）　安土桃山時代～江戸時代前期の俳人、仮名草子作者。
¶俳文（徳元　とくげん　[没]正保4（1647）年8月28日）

斎藤歳詮　さいとうとしあき
江戸時代後期の和算家。山形の下金谷村の人。渡辺一に最上流の和算を学び免許。
¶数学

斎藤利起　さいとうとしおき
⇒斎藤徳元（さいとうとくげん）

斎藤利茂　さいとうとししげ
戦国時代の武士。墨俣城主利為の子。
¶全戦（生没年不詳）

斎藤利堯* さいとうとしたか
生没年不詳　安土桃山時代の織田信長の家臣。
¶織田, 全戦

斎藤利綱* さいとうとしつな
生没年不詳　室町時代の武将、歌人。美濃守護代利藤の子。
¶コン

斎藤利行　さいとうとしつら
⇒斎藤利行（さいとうとしゆき）

斎藤利治(1)　さいとうとしはる
安土桃山時代の織田信忠の家臣。斎藤道三（利政）の子。
¶全戦（[生]？　[没]天正10（1582）年）

斎藤利治(2)　さいとうとしはる
⇒斎藤新五郎（さいとうしんごろう）

斎藤利藤　さいとうとしふじ
戦国時代の武将。宋円の孫。
¶室町（[生]？　[没]明応7（1498）年）

斎藤利政(1)　さいとうとしまさ
安土桃山時代～江戸時代前期の幕臣。
¶徳人（[生]1588年　[没]1658年）

斎藤利政(2)　さいとうとしまさ
⇒斎藤道三（さいとうどうさん）

斎藤利道　さいとうとしみち
江戸時代中期～後期の幕臣。
¶徳人（[生]1773年　[没]1834年）

斎藤利光* さいとうとしみつ
永禄10（1567）年～正保4（1647）年　[別]斎藤利宗（さいとうとしむね）　江戸時代前期の武士、徳川家光の臣。
¶全戦（斎藤利宗　さいとうとしむね）

斎藤利三*（斎藤利光）　さいとうとしみつ
？～天正10（1582）年　[別]斎藤内蔵助（さいとうくらのすけ）　安土桃山時代の武将。明智光秀の家臣。利賢の子。
¶織田（[没]天正10（1582）年6月18日）, コン, 戦武（[生]天文3（1534）年？）

斎藤利宗　さいとうとしむね
⇒斎藤利光（さいとうとしみつ）

斎藤利安　さいとうとしやす
江戸時代前期の幕臣。
¶徳人（㊐1623年　㊝1672年）

斎藤利行*　さいとうとしゆき
文政5（1822）年～明治14（1881）年5月26日　㊎斎藤利行（さいとうとしつら）　江戸時代末期～明治時代の土佐藩士、官僚、元老院議官。新おこぜ組の有力者として活躍。薩長土勢力の均衡に果たした役割は大きい。
¶幕末（さいとうとしつら　㊐文政5（1822）年1月11日）

斎藤留次郎*　さいとうとめじろう
天保1（1830）年～万延1（1860）年　江戸時代末期の水戸藩士。
¶コン，幕末（㊐文政13（1830）年　㊝安政7（1860）年2月24日）

斎藤留蔵*　さいとうとめぞう
生没年不詳　㊎森田留蔵（もりたとめぞう）　江戸時代末期～明治時代の咸臨丸乗組員。
¶幕末（森田留蔵　もりたとめぞう　㊐天保15（1844）年2月10日　㊝大正6（1917）年1月8日）

斎藤友実*　さいとうともざね
？～文治1（1185）年　㊎藤原友実（ふじわらのともざね）　平安時代後期の武士。斎藤実信の子。越前斎藤一族。
¶古人（藤原友実　ふじわらのともざね）

斎藤朝信*　さいとうとものぶ
生没年不詳　戦国時代～安土桃山時代の国人。
¶全戦（㊐？　㊝天正19（1591）年），戦武（㊐大永7（1527）年？　㊝文禄1（1592）年？）

斎藤直房（斉藤直房）　さいとうなおふさ
寛文12（1672）年～宝暦4（1754）年　江戸時代前期～中期の幕臣、代官。
¶徳人（斉藤直房），徳代（㊝宝暦4（1754）年2月3日）

斎藤長定*　さいとうながさだ
建久8（1197）年～延応1（1239）年　鎌倉時代前期の幕府評定衆。藤原利仁の子孫。清定の子。
¶中世

斎藤永昌の母*　さいとうながまさのはは
寛文3（1663）年～元文2（1737）年9月9日　江戸時代中期の女性。歌人。
¶江表（斉藤永昌の母（宮城県））

斎藤某　さいとうなにがし
戦国時代～安土桃山時代の御用鋳物師。武蔵国岩付城主太田氏資、のち北条氏政・氏房の家臣。
¶後北（某〔斎藤（6）〕　なにがし）

斎藤南溟*　さいとうなんめい
*～安政2（1855）年12月26日　江戸時代末期の儒学者。
¶幕末（㊐？　㊝安政2（1856）年12月26日）

西東の妻　さいとうのつま*
江戸時代中期の女性。俳諧。美濃の西東の妻。宝永3年刊、孤耕庵魯九編『春鹿集』に載る。
¶江表（西東の妻（岐阜県））

斎藤叙定　さいとうのぶさだ
江戸時代中期～末期の公家。斎藤叙胤の子。
¶公家（叙定〔近衛家諸大夫 斎藤家（藤原氏）〕　のぶさだ　㊐1787年　㊝慶応1（1865）年11月30日）

斎藤叙胤　さいとうのぶたね
江戸時代中期～後期の公家。斎藤叙昌の子。
¶公家（叙胤〔近衛家諸大夫 斎藤家（藤原氏）〕　のぶたね　㊐1764年　㊝天保2（1831）年12月11日）

斎藤信利*　さいとうのぶとし
天文23（1554）年～慶長15（1610）年8月4日　戦国時代～江戸時代前期の織田信長の家臣。
¶織田

斎藤宜長　さいとうのぶなが
⇒斎藤宜長（さいとうぎちょう）

斎藤宜義　さいとうのぶよし
⇒斎藤宜義（さいとうぎぎ）

斎藤信芳　さいとうのぶよし
江戸時代中期～後期の和算家。船問屋を営み、算学を学び教えた。
¶数学（㊐寛保3（1743）年　㊝文化1（1804）年4月1日）

斎藤信拠　さいとうのぶより
江戸時代後期の和算家。
¶数学

斎藤典孝　さいとうのりたか
江戸時代後期～明治時代の大工。
¶美建（㊐文政9（1826）年　㊝明治27（1894）年）

斎藤一*　さいとうはじめ
天保15（1844）年～大正4（1915）年9月28日　江戸時代末期～明治時代の新撰組隊士。
¶新隊（㊐弘化1（1844）年1月1日），全幕（㊐弘化1（1844）年），幕末（㊐天保15（1844）年1月2日）

斎藤八右衛門*　さいとうはちえもん
戦国時代の武将。後北条氏家臣。
¶後北（氏次〔斎藤（5）〕　うじつぐ）

斎藤治忠*　さいとうはるただ
生没年不詳　江戸時代末期の素封家。
¶幕末（㊐？　㊝明治25（1892）年12月15日）

斎藤晩晴*　さいとうばんせい
文化5（1808）年～明治2（1869）年　江戸時代末期の水戸藩郷士、漢学者。
¶幕末（㊝明治1（1868）年11月）

斎藤彦次郎　さいとうひこじろう
戦国時代の畠山氏の臣。
¶全戦（生没年不詳）

斎藤彦麿*（斎藤彦麻呂）　さいとうひこまろ
明和5（1768）年～安政1（1854）年　江戸時代中期～後期の国学者、石見浜田藩士。
¶コン

斎藤尚仲　さいとうひさなか
⇒斎藤尚中（さいとうしょうちゅう）

斎藤尚善　さいとうひさよし
⇒斎藤尚善（さいとうしょうぜん）

斎藤飛騨守　さいとうひだのかみ
安土桃山時代の斎藤氏の家臣。
¶全戦（㊐？　㊝永禄7（1564）年）

斎藤秀全　さいとうひでたけ
⇒斎藤一諾斎（さいとういちだくさい）

斎藤弘徳　さいとうひろのり
江戸時代末期の和算家、白河藩士。

¶数学

斎藤豊左衛門*　さいとうぶざえもん
生没年不詳　安土桃山時代の織田信長の家臣。
¶織田

斎藤平吉　さいとうへいきち
江戸時代前期の豊臣秀頼の家臣。
¶大坂

斎藤邦矩*　さいとうほうく
？～嘉永6（1853）年　[別]斎藤邦矩（さいとうくにのり）　江戸時代末期の算家。
¶数学（さいとうくにのり　[没]嘉永6（1853）年1月4日）

斎藤孫四郎　さいとうまごしろう
戦国時代の斎藤道三（利政）の二男。
¶全戦（[生]？　[没]弘治1（1555）年）

斎藤政右衛門*　さいとうまさえもん
文政3（1820）年～明治31（1898）年　江戸時代末期～明治時代の紀州藩士。藩政改革の考えを出す。人材を見出すことも多かった。
¶幕末（[没]明治31（1898）年3月16日）

斎藤正成　さいとうまさなり
江戸時代中期の代官。
¶徳代（[生]宝永4（1707）年　[没]宝暦13（1763）年12月20日）

斎藤昌麿*　さいとうまさまろ
享和2（1802）年～慶応2（1866）年　[別]笠倉昌麿（かさくらまさまろ）　江戸時代末期の歌人。
¶幕末（[没]慶応2（1866）年3月）

斎藤方之*　さいとうまさゆき
生没年不詳　江戸時代後期の和算家。
¶数学

斎藤三存　さいとうみつなが
安土桃山時代～江戸時代前期の幕臣。
¶徳人（[生]1570年　[没]1625年）

斎藤光泰　さいとうみつやす
⇒飽間光泰（あくまみつやす）

斎藤妙純　さいとうみょうじゅん
戦国時代の武将。
¶室町（[生]？　[没]明応5（1497）年）

斎藤妙椿*　さいとうみょうちん
応永18（1411）年～文明12（1480）年　[別]妙椿（みょうちん）　室町時代～戦国時代の武将、美濃国守護土岐成頼の守護代。
¶コン（[生]応永17（1410）年），内乱，俳文（妙椿　みょうちん　[没]文明12（1480）年2月21日），室町

斎藤致明　さいとうむねあき
江戸時代末期の和算家。奥州小網木村の人。慶応2年算額を奉納。
¶数学

斎藤茂助*　さいとうもすけ
天保3（1832）年～明治32（1899）年　江戸時代末期～明治時代の豪農、村長。勤王を唱え国事に奔走。乾田馬耕技術の普及等に努めた。
¶幕末（[没]明治32（1899）年10月22日）

斎藤元章　さいとうもとあき
⇒斎藤元章（さいとうげんしょう）

斎藤基道*　さいとうもとみち
文政8（1825）年～明治42（1909）年　江戸時代末期～明治時代の医師。治療代が安く村民に慕われる。数学も研究。
¶幕末（[没]明治42（1909）年11月9日）

斎藤弥九郎*（斉藤弥九郎）　さいとうやくろう
寛政10（1798）年～明治4（1871）年　江戸時代末期の剣豪。神道無念流「練兵館」を開く。
¶江人，コン，全幕，幕末（[生]寛政10（1798）年1月　[没]明治4（1871）年10月2日）

斎藤弥三郎　さいとうやさぶろう
戦国時代の上野国衆。吾妻郡岩下城主か。
¶武田（生没年不詳）

斎藤安右衛門　さいとうやすえもん
⇒斎藤行一（さいとうゆきかず）

斎藤保定　さいとうやすさだ
江戸時代中期～末期の和算家。信州長野原の人。
¶数学（[生]安永5（1776）年　[没]安政4（1857）年）

斎藤行一*　さいとうゆきかず
天保10（1839）年～明治2（1869）年　[別]斎藤安右衛門（さいとうやすえもん）　江戸時代末期の志士。
¶幕末（斎藤安右衛門　さいとうやすえもん　[生]天保9（1838）年　[没]明治2（1869）年3月8日）

斎藤行定*　さいとうゆきさだ
生没年不詳　戦国時代の武士。藤田泰邦の家臣、のち北条氏邦の家臣。
¶後北（行定〔斎藤（3）〕　ゆきさだ）

斎藤幸規の妻　さいとうゆきみのつま★
江戸時代中期の女性。和歌。出雲松江藩藩士児嶋三郎右衛門の娘。元禄2年奥書、跡部良隆編・源信之補編「近代和歌一人一首」に載る。
¶江表（斎藤幸規の妻（東京都））

斎藤養元*　さいとうようげん
享和3（1803）年～明治20（1887）年　江戸時代末期～明治時代の医師、産子方。医業の傍ら自宅に漢学塾を開く。
¶幕末（[没]明治20（1887）年7月14日）

斎藤義竜*（斎藤義龍）　さいとうよしたつ
大永7（1527）年～永禄4（1561）年　戦国時代の美濃国の大名。道三の子。
¶コン，全戦（斎藤義龍），戦武（斎藤義龍），中世（斎藤義龍），室町（斎藤義龍）

斉藤芳太郎　さいとうよしたろう
江戸時代末期～大正時代の宮大工。
¶美建（[生]安政6（1859）年　[没]大正9（1920）年）

斎藤善満　さいとうよしみつ
江戸時代末期～明治時代の和算家。上総天羽郡上村の人。鈴木重昌に算学を学び、関流九伝を称す。
¶数学

斎藤六*　さいとうろく
仁安2（1167）年～？　[別]斎藤五・斎藤六（さいとうご・さいとうろく）　平安時代後期～鎌倉時代前期の武士。
¶古人，平家（斎藤五・斎藤六　さいとうご・さいとうろく　生没年不詳）

斎藤六大夫*　さいとうろくだゆう
生没年不詳　安土桃山時代の織田信長の家臣。
¶織田

道祖土満兼 さいどみつかね
安土桃山時代の太田源五郎・北条氏政・氏房の家臣。図書助。
¶後北（満兼〔道祖土〕 みつかね）

道祖土康兼 さいどやすかね
安土桃山時代の北条氏政・氏直の家臣。図書助。康成の嫡男。
¶後北（康兼〔道祖土〕 やすかね）

道祖土康成 さいどやすしげ
戦国時代～安土桃山時代の太田資正・氏資・北条氏康・氏政の家臣。図書助。
¶後北（康成〔道祖土〕 やすしげ [没]元亀1年7月7日）

道祖土康玄 さいどやすたか
安土桃山時代の北条氏政の家臣。土佐守。康兼の嫡男。
¶後北（康玄〔道祖土〕 やすたか）

佐井寅次郎* さいとらじろう
天保13（1842）年～明治4（1871）年 江戸時代末期～明治時代の土佐勤王の志士。山内容堂の側役となり倒幕の計画を練る。
¶幕末（[没]明治4（1871）年4月3日）

西日* さいにち
生没年不詳 平安時代後期の僧侶・歌人。
¶古人

斉入 さいにゅう
⇒市川斎入（いちかわさいにゅう）

最仁*(1) さいにん
大治2（1127）年～安元2（1176）年 平安時代後期の僧。
¶古人

最仁(2) さいにん
⇒最仁法親王（さいにんほっしんのう）

済仁* さいにん
寛政9（1797）年～弘化4（1847）年12月24日 [別]済仁入道親王（さいにんにゅうどうしんのう），済仁法親王（さいにんほうしんのう），済仁親王（せいにんしんのう），修道親王（ながみちしんのう） 江戸時代後期の真言宗の僧。仁和寺29世。
¶天皇（済仁法親王 さいにんほうしんのう [生]寛政9（1797）年3月7日 [没]弘化4（1847）年12月19日）

西忍 さいにん
⇒楠葉西忍（くすばさいにん）

済仁入道親王 さいにんにゅうどうしんのう
⇒済仁（さいにん）

最仁法親王 さいにんほうしんのう
⇒最仁法親王（さいにんほっしんのう）

済仁法親王 さいにんほうしんのう
⇒済仁（さいにん）

最仁法親王* さいにんほっしんのう
寛喜3（1231）年～永仁3（1295）年 [別]最仁（さいにん），最仁法親王（さいにんほうしんのう） 鎌倉時代後期の土御門天皇の皇子。
¶天皇（さいにんほうしんのう [生]嘉禄2（1226）年）

西念*(1) さいねん
生没年不詳 平安時代後期の僧侶。
¶古人

西念*(2) さいねん
生没年不詳 平安時代後期の僧。
¶古人

西念*(3) さいねん
寿永1（1182）年～* 鎌倉時代前期の浄土真宗の僧。
¶古人（[生]1185年 [没]1291年），コン（[没]正応2（1289）年）

狭井檳榔* さいのあじまさ
生没年不詳 [別]狭井連檳榔（さいのむらじあじまさ） 飛鳥時代の武人、官人。
¶古人，古代（狭井連檳榔 さいのむらじあじまさ）

佐為王 さいのおおきみ
⇒佐為王（さいおう）

狭井尺麻呂* さいのさかまろ
生没年不詳 [別]狭井宿禰尺麻呂（さいのすくねさかまろ） 飛鳥時代～奈良時代の官吏。
¶古人，古代（狭井宿禰尺麻呂 さいのすくねさかまろ）

狭井連佐夜* さいのむらじさよ
上代の人。
¶古代

塞馬 さいば
⇒板倉塞馬（いたくらさいば）

西馬 さいば
⇒志倉西馬（しくらさいば）

済範 さいはん
⇒晃親王（あきらしんのう）

采繁 さいはん★
江戸時代末期の女性。画。斎藤氏。安政5年刊『現故漢画名家集鑑』に載る。
¶江表（采繁（東京都））

斎必簡 さいひっかん
⇒斎静斎（いつきせいさい）

佐井弘資 さいひろすけ
平安時代後期の上野国の武士。
¶平家（[生]？ [没]治承5（1181）年）

財福師* ざいふくし
生没年不詳 奈良時代の伎楽面作者。
¶美工

西仏* さいぶつ
保元2（1157）年～仁治2（1241）年1月28日 [別]覚明（かくみょう，かくめい），信救（しんぎゅう，しんぐう） 平安時代後期～鎌倉時代前期の僧。仏事の導師や願文を起草。
¶古人（覚明 かくみょう 生没年不詳），古人，コン，内乱（覚明 かくめい 生没年不詳），平家（覚明 かくめい 生没年不詳）

済宝* さいほう
生没年不詳 鎌倉時代の律宗の僧。
¶コン

才間河内 さいまかわち
戦国時代の武田晴信の重臣。
¶武田（[生]？ [没]天文17（1548）年2月14日）

財満新三郎* ざいましんざぶろう
天保4（1833）年～慶応1（1865）年 江戸時代末期の長州（萩）藩士。
¶幕末（[没]元治2（1865）年1月7日）

さ

西丸帯刀* さいまるたてわき
*～大正2(1913)年 江戸時代末期～明治時代の水戸藩郷士。
¶幕末([生]文政4(1821)年3月15日 [没]大正2(1913)年12月31日)

才麿* さいまろ
明暦2(1656)年～元文3(1738)年1月2日 [別]椎本才麿(しいのもとさいまろ, しいもとさいまろ) 江戸時代前期～中期の俳人。
¶コン(椎本才麿 しいもとさいまろ), 詩作(椎本才麿 しいのもとさいまろ, しいがもとさいまろ, しいもとさいまろ), 俳文

最妙* さいみょう
平治1(1159)年～寿永2(1183)年 平安時代後期の尼。
¶古人

斎明* さいみょう
？～寿永2(1183)年 [別]斎命, 斎明, 斉命(さいめい) 平安時代後期の僧、平泉寺の長吏、威儀師。
¶古人(斉命 さいめい), 平家(さいめい)

最明寺殿 さいみょうじどの
⇒北条時頼(ほうじょうときより)

最明寺入道殿 さいみょうじにゅうどうどの
⇒北条時頼(ほうじょうときより)

西武* さいむ
慶長15(1610)年～* [別]山本西武(やまもとさいむ, やまもとにしたけ) 江戸時代前期の俳人。貞門七俳仙の一人。
¶俳文([没]天和2(1682)年3月12日)

斎村政広* さいむらまさひろ
永禄5(1562)年～慶長5(1600)年 [別]赤松弥三郎(あかまつやさぶろう) 安土桃山時代の武士。豊臣氏家臣。
¶戦武

斎命(斉命, 斎明) さいめい
⇒斎明(さいみょう)

斉明天皇 さいめいてんのう
⇒皇極天皇(こうぎょくてんのう)

菜陽 さいよう
⇒壕越二三治(ほりこしにそうじ)

彩鸞 さいらん★
江戸時代末期の女性。画。金子氏。文久3年刊『文久文雅人名録』に載る。
¶江表(彩鸞(東京都))

細瀾 さいらん★
江戸時代末期の女性。画。佐藤氏。安政7年刊『安政文雅人名録』に載る。
¶江表(細瀾(東京都))

西蘭 さいらん★
江戸時代後期～末期の女性。画・和歌・俳諧。名、里。
¶江表(西蘭(高知県) [生]天明8(1788)年 [没]安政2(1855)年)

柴籬 さいり
江戸時代中期～後期の俳諧作者。
¶俳文([生]天明5(1785)年 [没]天保11(1840)年8月17日)

西林軒 さいりんけん
⇒富永平兵衛(とみながへいべえ)

再和坊* さいわぼう
享保11(1726)年～天明6(1786)年 [別]河村再和坊(かわむらさいわぼう) 江戸時代中期の俳人。
¶俳文([没]天明6(1786)年1月7日)

さう子 さうこ★
江戸時代後期の女性。和歌。越後茨曽根の関根氏の娘。天保11年から同12年に成立、富取正誠編「雲居の杖」に載る。
¶江表(さう子(新潟県))

さえ(1)
江戸時代後期の女性。俳諧。仙台南町の俳匠五梅庵舎用邸内に住む。嘉永6年序、花屋庵鼎左・五梅庵舎用編『俳諧海内人名録』に載る。
¶江表(さえ(宮城県))

さえ(2)
江戸時代後期の女性。和歌。遠江菅ヶ谷の久野氏の妻。寛政12年成立、催主服部菅雄、本居宣長判「鈴屋大人判 二十四番歌合」に載る。
¶江表(さえ(静岡県))

佐伯有若* さえきありわか
生没年不詳 平安時代の僧。
¶コン

佐伯惟馨* さえきいきょう
弘化2(1845)年～大正10(1921)年 江戸時代末期～大正時代の岩国藩士、周防銀行頭取。福沢諭吉の門で経済、外語を修め、大蔵省出仕。
¶幕末([生]弘化2(1845)年6月2日)

佐伯稜威雄* さえきいずお
文政7(1824)年～慶応1(1865)年 [別]佐伯稜威雄(さえきいつお), 宮藤主水(みやふじもんど) 江戸時代末期の八幡隊士。
¶幕末(さえきいつお [生]文政7(1824)年9月19日 [没]慶応1(1865)年6月4日)

佐伯稜威雄 さえきいつお
⇒佐伯稜威雄(さえきいずお)

佐伯今毛人 さえきいまえみし
⇒佐伯今毛人(さえきのいまえみし)

佐伯景弘* さえきかげひろ
生没年不詳 [別]佐伯景弘(さえきのかげひろ) 平安時代後期～鎌倉時代前期の安芸国厳島神社の神主。古代の佐伯直の子孫。
¶古人, コン, 中世, 内乱, 平家

佐伯旭雅* さえききょくが
文政11(1828)年～明治24(1891)年1月31日 江戸時代末期～明治時代の真言宗学僧、随新院37世、泉涌寺143世。
¶幕末([生]文政12(1829)年)

佐伯清忠* さえききよただ
生没年不詳 [別]佐伯清忠(さえきのきよただ) 平安時代中期の歌人。
¶古人(さえきのきよただ)

佐伯国益* さえきくにます
？～宝亀10(779)年 [別]佐伯国益(さえきのくにます) 奈良時代の朝臣、河内守。
¶古人(生没年不詳)

佐伯慶助　さえきけいすけ
江戸時代後期～明治時代の彫刻師、宮大工。
¶美建(㊤天保1(1830)年　㊦明治31(1898)年)

佐伯惟定＊　さえきこれさだ
？～元和4(1618)年　㊊佐伯惟定(さいきこれさだ)　安土桃山時代～江戸時代前期の武士。
¶全戦(さいきこれさだ　㊤永禄12(1569)年),戦武(㊤永禄12(1569)年)

佐伯惟教＊　さえきこれのり
？～天正6(1578)年　㊊佐伯惟教(さいきこれのり)　戦国時代～安土桃山時代の武士。
¶全戦(さいきこれのり),戦武

佐伯惟治＊　さえきこれはる
？～大永7(1527)年　㊊佐伯惟治(さいきこれはる)　戦国時代の武士。
¶全戦(さいきこれはる)

佐伯次郎大夫　さえきじろ(う)だゆう
江戸時代前期の武将。大坂の陣で籠城。
¶大坂(㊦慶長20年5月6日)

佐伯長継　さえきながつぐ
⇒佐伯永継(さえきのながつぐ)

佐伯赤麻呂＊　さえきのあかまろ
㊊佐伯宿禰赤麻呂(さえきのすくねあかまろ)　奈良時代の万葉歌人。
¶古代(佐伯宿禰赤麻呂　さえきのすくねあかまろ)

佐伯東人＊　さえきのあずまひと
㊊佐伯宿禰東人(さえきのすくねあずまひと)　奈良時代の官人、万葉歌人。
¶古人(生没年不詳),古代(佐伯宿禰東人　さえきのすくねあずまひと)

佐伯直阿俄能胡＊　さえきのあたいあがのこ
上代の人。
¶古代

佐伯直子首＊　さえきのあたいこびと
奈良時代の官人、万葉歌人。
¶古代

佐伯直田公＊　さえきのあたいたきみ
奈良時代の空海の父。
¶古代

佐伯家継　さえきのいえつぐ
奈良時代の官人。
¶古人(生没年不詳)

佐伯伊多智＊　さえきのいたち
㊊佐伯宿禰伊多智(さえきのすくねいたち)　奈良時代の武将。
¶古人(生没年不詳),古代(佐伯宿禰伊多智　さえきのすくねいたち)

佐伯今毛人＊　さえきのいまえみし
養老3(719)年～延暦9(790)年　㊊佐伯今毛人(さえきいまえみし),佐伯宿禰今毛人(さえきのすくねいまえみし)　奈良時代の官人(参議)。従五位下・右衛士督佐伯人足の子。
¶公卿(㊤養老4(720)年　㊦延暦9(790)年10月),古人,古代(佐伯宿禰今毛人　さえきのすくねいまえみし),コン,対外

佐伯石湯＊　さえきのいわゆ
生没年不詳　㊊佐伯宿禰石湯(さえきのすくねいわゆ)　奈良時代の官人、征越後蝦夷将軍。
¶古人,古代(佐伯宿禰石湯　さえきのすくねいわゆ),コン

佐伯瓜作　さえきのうりつくり
奈良時代の官人。
¶古人(生没年不詳)

佐伯毛人　さえきのえみし
⇒佐伯宿禰毛人(さえきのすくねえみし)

佐伯大成　さえきのおおなり
⇒佐伯宿禰大成(さえきのすくねおおなり)

佐伯大目　さえきのおおめ
⇒佐伯連大目(さえきのむらじおおめ)

佐伯男　さえきのおのこ
⇒佐伯宿禰男(さえきのすくねおのこ)

佐伯老　さえきのおゆ
奈良時代の官人。
¶古人(生没年不詳)

佐伯海子　さえきのかいし
平安時代前期の女性。光孝天皇の宮人。
¶天皇(生没年不詳)

佐伯景弘　さえきのかげひろ
⇒佐伯景弘(さえきかげひろ)

佐伯金成＊　さえきのかねなり
？～承和5(838)年　平安時代前期の遣唐第一船の船師。
¶古人

佐伯公方　さえきのきみまさ
平安時代中期の官人。
¶古人(生没年不詳)

佐伯清忠　さえきのきよただ
⇒佐伯清忠(さえききよただ)

佐伯浄麻呂　さえきのきよまろ
⇒佐伯宿禰浄麻呂(さえきのすくねきよまろ)

佐伯清岑＊　さえきのきよみね
天平宝字7(763)年～天長4(827)年　奈良時代～平安時代前期の官人。
¶古人

佐伯公行＊　さえきのきんゆき
生没年不詳　平安時代中期の官人。
¶古人

佐伯国重＊　さえきのくにしげ
生没年不詳　平安時代後期の下級官人。
¶古人

佐伯国益　さえきのくにます
⇒佐伯国益(さえきくにます)

佐伯国守　さえきのくにもり
奈良時代の官人。
¶古人(生没年不詳)

佐伯久良麻呂　さえきのくらまろ
⇒佐伯宿禰久良麻呂(さえきのすくねくらまろ)

佐伯古比奈＊　さえきのこひな
奈良時代の橘奈良麻呂の乱の告白者。
¶古代

佐伯子房女　さえきのこふさのむすめ
平安時代前期の女性。清和天皇の更衣。
¶天皇(生没年不詳)

佐伯子麻呂*　さえきのこまろ
?～天智天皇5(666)年　[別]佐伯連子麻呂(さえきのむらじこまろ)　飛鳥時代の功臣。
¶古人(生没年不詳),古代(佐伯連子麻呂　さえきのむらじこまろ),古物,コン

佐伯児屋麻呂　さえきのこやまろ
⇒佐伯宿禰児屋麻呂(さえきのすくねこやまろ)

さ

佐伯伊益　さえきのこれます
奈良時代の官人。
¶古人(生没年不詳)

佐伯貞義　さえきのさだよし
平安時代後期の官人、関白家知家事。
¶古人(生没年不詳)

佐伯真重　さえきのさねしげ
平安時代中期の官人。
¶古人(生没年不詳)

佐伯真忠　さえきのさねただ
平安時代中期の官人。
¶古人(生没年不詳)

佐伯真任　さえきのさねとう
平安時代後期の官人。
¶古人(生没年不詳)

佐伯沙弥麻呂　さえきのさみまろ
奈良時代の官人。
¶古人(生没年不詳)

佐伯重忠　さえきのしげただ
平安時代後期の官人。
¶古人(生没年不詳)

佐伯宿禰赤麻呂　さえきのすくねあかまろ
⇒佐伯赤麻呂(さえきのあかまろ)

佐伯宿禰東人　さえきのすくねあずまひと
⇒佐伯東人(さえきのあずまひと)

佐伯宿禰伊多智　さえきのすくねいたち
⇒佐伯伊多智(さえきのいたち)

佐伯宿禰今毛人　さえきのすくねいまえみし
⇒佐伯今毛人(さえきのいまえみし)

佐伯宿禰石湯　さえきのすくねいわゆ
⇒佐伯石湯(さえきのいわゆ)

佐伯宿禰毛人*　さえきのすくねえみし
生没年不詳　[別]佐伯毛人(さえきのえみし)　奈良時代の官人。
¶古人(佐伯毛人　さえきのえみし),古代

佐伯宿禰大成*　さえきのすくねおおなり
[別]佐伯大成(さえきのおおなり)　奈良時代の官人。
¶古人(佐伯大成　さえきのおおなり　生没年不詳),古代

佐伯宿禰男*　さえきのすくねおのこ
[別]佐伯男(さえきのおのこ)　飛鳥時代の官人。
¶古人(佐伯男　さえきのおのこ　生没年不詳),古代

佐伯宿禰浄麻呂*　さえきのすくねきよまろ
?～天平勝宝2(750)年　[別]佐伯浄麻呂(さえきのきよまろ)　奈良時代の武将。
¶古人(佐伯浄麻呂　さえきのきよまろ),古代

佐伯宿禰久良麻呂*　さえきのすくねくらまろ
[別]佐伯久良麻呂(さえきのくらまろ)　奈良時代の官人。
¶古人(佐伯久良麻呂　さえきのくらまろ　生没年不詳),古代

佐伯宿禰児屋麻呂*　さえきのすくねこやまろ
?～神亀1(724)年　[別]佐伯児屋麻呂(さえきのこやまろ)　飛鳥時代～奈良時代の官人。
¶古代

佐伯宿禰助*　さえきのすくねたすく
?～宝亀9(778)年　[別]佐伯助(さえきのたさく,さえきのたすく)　奈良時代の官人。
¶古人(佐伯助　さえきのたさく),古代

佐伯宿禰常人*　さえきのすくねつねひと
[別]佐伯常人(さえきのつねひと)　奈良時代の官人。
¶古人(佐伯常人　さえきのつねひと　生没年不詳),古代

佐伯宿禰豊雄*　さえきのすくねとよお
[別]佐伯豊雄(さえきのとよお)　平安時代前期の書博士。
¶古代

佐伯宿禰永継　さえきのすくねながつぐ
⇒佐伯永継(さえきのながつぐ)

佐伯宿禰式麻呂*　さえきのすくねのりまろ
[別]佐伯式麻呂(さえきののりまろ)　奈良時代の武士。
¶古人(佐伯式麻呂　さえきののりまろ　生没年不詳),古代

佐伯宿禰人足*　さえきのすくねひとたり
[別]佐伯人足(さえきのひとたり,さえきのひとなり)　奈良時代の武将。
¶古人(佐伯人足　さえきのひとなり　生没年不詳),古代

佐伯宿禰広足*　さえきのすくねひろたり
[別]佐伯広足(さえきのひろたり)　奈良時代の中級官人。
¶古人(佐伯広足　さえきのひろたり　生没年不詳),古代

佐伯宿禰全成　さえきのすくねまたなり
⇒佐伯全成(さえきのまたなり)

佐伯宿禰真守*　さえきのすくねまもり
?～延暦10(791)年　[別]佐伯真守(さえきのまもり)　奈良時代の官人。
¶古人(佐伯真守　さえきのまもり),古代

佐伯宿禰三野　さえきのすくねみの
⇒佐伯三野(さえきのみの)

佐伯宿禰美濃麻呂*　さえきのすくねみのまろ
[別]佐伯美濃麻呂(さえきのみのまろ)　奈良時代の官人。
¶古人(佐伯美濃麻呂　さえきのみのまろ　生没年不詳),古代

佐伯宿禰百足*　さえきのすくねももたり
?～養老2(718)年　[別]佐伯百足(さえきのももたり)　飛鳥時代～奈良時代の中級官人。
¶古人(佐伯百足　さえきのももたり),古代

佐伯佐清*　さえきのすけきよ
生没年不詳　平安時代中期の貴族・歌人。
¶古人

さえきの

佐伯扶尚　さえきのすけひさ
　平安時代中期の官人。
　¶古人 (生没年不詳)

佐伯鷹守　さえきのたかもり
　奈良時代の官人。
　¶古人 (生没年不詳)

佐伯助　さえきのたさく
　⇒佐伯宿禰助 (さえきのすくねたさく)

佐伯助　さえきのたすく
　⇒佐伯宿禰助 (さえきのすくねたすく)

佐伯忠国　さえきのただくに
　平安時代後期の官人。
　¶古人 (生没年不詳)

佐伯忠行　さえきのただゆき
　平安時代後期の官人。
　¶古人 (生没年不詳)

佐伯太麻呂　さえきのたまろ
　彻佐伯太麻呂 (さえきのおおまろ)　飛鳥時代の
　官人。
　¶古人 (さえきのおおまろ　生没年不詳), 古人 (彻?
　㊀711年)

佐伯為貞 (1)　さえきのためさだ
　平安時代後期の官人。
　¶古人 (生没年不詳)

佐伯為貞 (2)　さえきのためさだ
　平安時代後期の官人。
　¶古人 (生没年不詳)

佐伯為直　さえきのためなお
　平安時代後期の官人。
　¶古人 (生没年不詳)

佐伯垂麻呂　さえきのたりまろ
　飛鳥時代の官人。
　¶古人 (生没年不詳)

佐伯親資　さえきのちかすけ
　平安時代後期の官人。
　¶古人 (生没年不詳)

佐伯常人　さえきのつねひと
　⇒佐伯宿禰常人 (さえきのすくねつねひと)

佐伯倫真　さえきのともざね
　平安時代後期の官人。
　¶古人 (生没年不詳)

佐伯豊雄　さえきのとよお
　⇒佐伯宿禰豊雄 (さえきのすくねとよお)

佐伯豊人　さえきのとよひと
　奈良時代の官人。
　¶古人 (生没年不詳)

佐伯永継*　さえきのながつぐ
　宝亀1 (770) 年〜天長5 (828) 年　彻佐伯長継 (さえ
　きながつぐ), 佐伯宿禰永継 (さえきのすくねなが
　つぐ)　平安時代前期の文人・公卿 (非参議)。従
　五位上・左衛門佐佐伯継成の子。
　¶公卿 (彻?　㊀天長5 (828) 年11月), 古人, 古代 (佐伯宿
　禰永継　さえきのすくねながつぐ)

佐伯信高　さえきののぶたか
　平安時代後期の官人。

佐伯式麻呂　さえきののりまろ
　⇒佐伯宿禰式麻呂 (さえきのすくねのりまろ)

佐伯晴明　さえきのはるあきら
　平安時代中期の官人。
　¶古人 (生没年不詳)

佐伯人足　さえきのひとたり
　⇒佐伯宿禰人足 (さえきのすくねひとたり)

佐伯人足　さえきのひとなり
　⇒佐伯宿禰人足 (さえきのすくねひとたり)

佐伯広足　さえきのひろたり
　⇒佐伯宿禰広足 (さえきのすくねひろたり)

佐伯弘延　さえきのひろのぶ
　平安時代中期の官人。
　¶古人 (生没年不詳)

佐伯福都理　さえきのふくとり
　奈良時代の官人。
　¶古人 (生没年不詳)

佐伯藤麻呂　さえきのふじまろ
　奈良時代の官人。
　¶古人 (生没年不詳)

佐伯昌助*　さえきのまさすけ
　生没年不詳　平安時代後期の筑前国住吉社の神官。
　¶古人

佐伯政輔　さえきのまさすけ
　平安時代後期の官人。
　¶古人 (生没年不詳)

佐伯昌長*　さえきのまさなが
　生没年不詳　平安時代後期の筑前国住吉社の神官。
　¶古人

佐伯全継*　さえきのまたつぐ
　?〜承和5 (838) 年　平安時代前期の遣唐使随員。
　¶古人

佐伯全成*　さえきのまたなり
　?〜天平宝字1 (757) 年　彻佐伯宿禰全成 (さえき
　のすくねまたなり)　奈良時代の官人。
　¶古人, 古代 (佐伯宿禰全成　さえきのすくねまたなり),
　コン

佐伯松与　さえきのまつとも
　平安時代後期の官人。
　¶古人 (生没年不詳)

佐伯真守　さえきのまもり
　⇒佐伯宿禰真守 (さえきのすくねまもり)

佐伯麻呂　さえきのまろ
　奈良時代の官人。
　¶古人 (彻?　㊀723年)

佐伯御形　さえきのみかた
　奈良時代の官人。
　¶古人 (生没年不詳)

佐伯三野*　さえきのみの
　?〜宝亀10 (779) 年　彻佐伯宿禰三野 (さえきのす
　くねみの)　奈良時代の官人。
　¶古人, 古代 (佐伯宿禰三野　さえきのすくねみの), コン

佐伯美濃麻呂　さえきのみのまろ
⇒佐伯宿禰美濃麻呂（さえきのすくねみのまろ）

佐伯造御室*　さえきのみやつこみむろ
飛鳥時代の豪族。
¶古代

佐伯連大目*　さえきのむらじおおめ
？〜691年　[別]佐伯大目（さえきのおおめ）　飛鳥時代の壬申の乱の功臣。
¶古人（佐伯大目　さえきのおおめ），古代

佐伯連子麻呂　さえきのむらじこまろ
⇒佐伯子麻呂（さえきのこまろ）

佐伯連丹経手*　さえきのむらじにふて
飛鳥時代の武将。
¶古代

佐伯百足　さえきのももたり
⇒佐伯宿禰百足（さえきのすくねももたり）

佐伯諸成*　さえきのもろなり
生没年不詳　[別]佐伯直諸成（さえきのあたいもろなり）　奈良時代〜平安時代前期の官吏。
¶古人，古代（佐伯直諸成　さえきのあたいもろなり）

佐伯義仲　さえきのよしなか
平安時代中期の官人。
¶古人（生没年不詳）

佐伯吉永　さえきのよしなが
平安時代中期の備前国鹿田荘の梶取。
¶古人（生没年不詳）

佐伯義保　さえきのよしやす
平安時代後期の官人。
¶古人（生没年不詳）

佐伯世古　さえきのよふる
平安時代中期の官人。
¶古人（生没年不詳）

佐伯頼職　さえきのよりもと
平安時代後期の官人。
¶古人（生没年不詳）

佐伯則宗　さえきのりむね
平安時代後期の官人。
¶古人（生没年不詳）

佐伯八兵衛の妻　さえきはちべえのつま⋆
江戸時代前期の女性。俳諧。摂津池田の人。明暦2年刊、安原貞室編『玉海集』に載る。
¶江表（佐伯八兵衛の妻（大阪府））

佐伯美敬*　さえきびけい
文政4（1821）年〜明治43（1910）年　江戸時代末期〜明治時代の周防国都濃郡富田八幡宮宮司。和歌に巧みで入門者多数。神殿を改築、敬神講を設けた。
¶幕末（[没]明治43（1910）年2月19日）

佐伯部売輪*　さえきべのうるわ
上代の帳内。
¶古代

佐伯部三国*　さえきべのみくに
奈良時代の官人。
¶古人（生没年不詳），古代

佐伯孫三郎*　さえきまごさぶろう
生没年不詳　江戸時代末期〜明治時代の陶工。
¶美工

佐伯正次の娘　さえきまさつぐのむすめ⋆
江戸時代前期の女性。俳諧。摂津池田の人。明暦2年刊、安原貞室編『玉海集』に載る。
¶江表（佐伯正次の娘（大阪府））

佐伯正弘の妻　さえきまさひろのつま⋆
江戸時代前期の女性。俳諧。摂津池田の人。明暦2年刊、安原貞室編『玉海集』に載る。
¶江表（佐伯正弘の妻（大阪府））

佐伯又三郎*　さえきまたさぶろう
*〜文久3（1863）年　江戸時代末期の壬生浪士隊士。
¶新隊（[生]？　[没]文久3（1863）年8月10日），幕末（[生]天保10（1839）年頃　[没]文久3（1863）年8月10日）

佐伯義門　さえきよしかど
江戸時代後期〜明治時代の和算家。備中郷黌興譲館で数学を教授。
¶数学（[生]天保12（1841）年3月15日　[没]明治40（1907）年9月9日）

佐伯隆基*　さえきりゅうき
天保2（1831）年〜明治30（1897）年　江戸時代末期〜明治時代の新義真言宗僧侶、大僧正、智積院44世。荒れ果てた智積院を再興。
¶幕末（[没]明治36（1903）年10月30日）

三枝雲岱　さえぐさうんたい
江戸時代後期〜明治時代の日本画家。
¶美画（[生]文化8（1811）年　[没]明治34（1901）年）

三枝成義　さえぐさしげよし
平安時代後期の官人。
¶古人（生没年不詳）

三枝蓊　さえぐさしげる
⇒三枝蓊（さいぐさしげる）

三枝虎吉*　さえぐさとらよし
永正9（1512）年〜天正12（1584）年　[別]三枝虎吉（さいぐさとらよし）　戦国時代〜安土桃山時代の武士。武田氏家臣。
¶武田（三枝（山県）虎吉　さいぐさとらよし　[生]永正8（1511）年？　[没]天正11（1583）年5月14日）

三枝部為頼　さえぐさべのためより
平安時代中期の官人。
¶古人（生没年不詳）

三枝昌吉*　さえぐさまさよし
*〜寛永1（1624）年　[別]三枝昌吉（さいぐさまさよし）　安土桃山時代〜江戸時代前期の武士。武田氏家臣。
¶武田（さいぐさまさよし　[生]天文19（1550）年　[没]寛永1（1624）年6月9日）

三枝守友*　さえぐさもりとも
天文6（1537）年〜天正3（1575）年　[別]三枝昌貞（さいぐさまささだ）　安土桃山時代の武将。武田氏家臣。
¶全戦（三枝昌貞　さいぐさまささだ），武田（三枝（山県）昌貞　さいぐさまささだ　[生]天文7（1538）年　[没]天正3（1575）年5月21日）

三枝守英　さえぐさもりひで
安土桃山時代〜江戸時代前期の代官。
¶徳代（[生]永禄8（1565）年　[没]寛永15（1638）年7月）

三枝吉親* さえぐさよしちか
㊀三枝吉親(さいぐさよしちか) 安土桃山時代の武将。武田氏家臣。
¶武田(さいぐさよしちか 生没年不詳)

さえ子(1) さえこ★
江戸時代後期の女性。和歌。麻布竜土住の幕臣、御先手鉄砲頭深尾八大夫元方の妻。文化5年頃、真田幸弘編「御ことほきの記」に載る。
¶江表(さえ子(東京都))

さえ子(2) さえこ★
江戸時代後期の女性。和歌。幕臣、勘定組頭村田幾三郎矩勝の妻。文化11年刊、中山忠雄・河田正致編『柿本社奉納和歌集』に載る。
¶江表(さえ子(東京都))

さえ子(3) さえこ★
江戸時代末期～明治時代の女性。和歌。松川氏。
¶江表(さえ子(千葉県))

砂子 さえこ
江戸時代後期～明治時代の女性。和歌。伊勢津藩10代藩主藤堂高兌の弟高允の娘。
¶江表(砂子(三重県) ㊐文化10(1813)年 ㊑明治6(1873)年)

小枝子(1) さえこ★
江戸時代後期の女性。和歌。天保12年刊、加納諸平編『類題鰒玉集』四に載る。
¶江表(小枝子(東京都))

小枝子(2) さえこ★
江戸時代末期の女性。和歌。宇和島藩の奥女中。元治1年頃に詠まれた「宇和島御奥女中大小吟」に載る。
¶江表(小枝子(愛媛県))

さゑ女 さえじょ★
江戸時代後期の女性。俳諧。天保12年序『楚南追善集(仮題)』に連句が載る。
¶江表(さゑ女(神奈川県))

佐枝治部 さえだじぶ
戦国時代～安土桃山時代の北条氏繁の家臣。北条氏の水軍。
¶後北(治部〔佐枝(1)〕 じぶ)

佐枝信宗* さえだのぶむね
生没年不詳 戦国時代～安土桃山時代の武士。
¶後北(信宗〔佐枝(2)〕 のぶむね)

佐枝与兵衛 さえだよへえ
安土桃山時代の玉縄城主北条氏勝の家臣。
¶後北(与兵衛〔佐枝(1)〕 よへえ)

さえめ
江戸時代中期の女性。和歌・散文。賀茂真淵門。宝暦7年、桜の文会の文芸資料「さくらの文」に載る。
¶江表(さえめ(東京都))

左衛門三郎 さえもんさぶろう
安土桃山時代の信濃国筑摩郡井堀・高の土豪。麻績氏の被官とみられる。
¶武田(生没年不詳)

左衛門四郎(1) さえもんしろう
安土桃山時代の塩竈職人。駿河国有渡郡三保郷の人。
¶武田(生没年不詳)

左衛門四郎(2) さえもんしろう
安土桃山時代の信濃国安曇郡青木花見の土豪。仁科氏の被官とみられる。
¶武田(生没年不詳)

左衛門督北方 さえもんのかみのきたのかた
平安時代後期の女性。源師忠の室か。橘俊綱の女か。
¶古人(生没年不詳)

左衛門督局*(1) さえもんのかみのつぼね
生没年不詳 ㊀藤原能保女(ふじわらよしやすのむすめ) 鎌倉時代前期の女性。後嵯峨天皇の宮人。権中納言藤原能保の娘。円助法親王の母。
¶天皇(藤原能保女 ふじわらよしやすのむすめ)

左衛門督局*(2) さえもんのかみのつぼね
生没年不詳 ㊀藤原為忠女(ふじわらのためただのむすめ) 鎌倉時代後期の女性。後醍醐天皇の宮人。為忠の娘。
¶天皇(藤原為忠女 ふじわらのためただのむすめ)

左衛門佐入道悳祐 さえもんのすけにゅうどうとくゆう
⇒畠山義続(はたけやまよしつぐ)

沙鷗*(1) さおう
天明3(1783)年9月25日～天保14(1843)年9月2日
江戸時代中期～後期の俳人。
¶俳文

沙鷗(2) さおう
⇒益戸滄洲(ますこそうしゅう)

棹子 さおこ
江戸時代末期の女性。和歌。大洲藩藩士河田釆治正高の母。安政1年序、半井梧庵編『鄙のてぶり』初に載る。
¶江表(棹子(愛媛県))

棹鹿巻筆 さおしかまきふで★
江戸時代中期の女性。狂歌。天明3年序、普栗釣方編『狂歌知足振』の芝連の中に、「棹鹿の巻筆 女」とある。
¶江表(棹鹿巻筆(東京都))

早乙女家貞* さおとめいえさだ
生没年不詳 江戸時代前期～中期の金工家。早乙女家4代、家成の子。
¶コン,美工

槁根津日子 さおねつひこ
⇒椎根津彦(しいねつひこ)

狭穂姫 さおひめ
⇒狭穂姫(さほひめ)

佐河 さか★
江戸時代中期の女性。和歌。多度津藩主京極高慶の室三穂子付の老女。三穂子の祖母黒田土佐子の歌文日記「言の葉草」に宝暦3年11月の高文生後百箇日の祝宴での和歌が載る。
¶江表(佐河(香川県))

佐賀(1) さが★
江戸時代中期～後期の女性。俳諧。原郷の宮沢仁右衛門の娘。
¶江表(佐賀(埼玉県) ㊐宝暦6(1756)年 ㊑文政11(1828)年)

佐賀(2) さが★
江戸時代後期の女性。和歌。松代藩藩士高松養碩

文実の姉。寛政10年跋、藩主真田幸弘の六〇賀集「千とせの寿詞」に載る。
¶江表（佐賀（長野県））

坂合部唐　さかあいべのから
⇒坂合部唐（さかいべのから）

坂光秀　さかあきひで
⇒坂光秀（さかみつひで）

酒井家次*　さかいいえつぐ
永禄7（1564）年～元和4（1618）年　[別]酒井左衛門尉（さかいさえもんのじょう）　安土桃山時代～江戸時代前期の大名。上野高崎藩主、下総臼井藩主、越後高田藩主。
¶コン（[生]永禄12（1569）年），戦武

酒井伊織*　さかいいおり
生没年不詳　江戸時代末期の紀伊和歌山藩士。
¶幕末

酒井右京*　さかいうきょう
文化4（1807）年～慶応3（1867）年　江戸時代末期の出羽庄内藩士。公武合体論を主張。
¶幕末（[没]慶応3（1867）年9月11日）

酒井雅楽頭　さかいうたのかみ
⇒酒井忠世（さかいただよ）

坂井越中守*　さかいえっちゅうのかみ
？～天正10（1582）年6月2日　戦国時代～安土桃山時代の織田信長の家臣。
¶織田

酒井鶯浦　さかいおうほ
⇒酒井鶯浦（さかいろほ）

酒井晦堂*　さかいかいどう
＊～慶応4（1868）年　江戸時代末期の越後長岡藩士。
¶幕末（[生]文政10（1827）年　[没]慶応4（1868）年7月29日）

境川浪右衛門*　さかいがわなみえもん
[別]増位山大四郎（ますいざんだいしろう）　江戸時代末期～明治時代の力士。
¶幕末（[生]天保14（1843）年　[没]明治22（1889）年）

酒井帰耕　さかいきこう
⇒酒井十之丞（さかいじゅうのじょう）

坂井喜左衛門*　さかいきざえもん
生没年不詳　安土桃山時代の織田信長の家臣。
¶織田

坂井久蔵　さかいきゅうぞう
⇒坂井尚恒（さかいひさつね）

酒井巨山*　さかいきょざん
生没年不詳　江戸時代の破笠細工師。
¶美工

酒井九郎右衛門*　さかいくろうえもん
生没年不詳　江戸時代末期の下総結城藩士。
¶幕末

酒井源左衛門*　さかいげんざえもん
生没年不詳　江戸時代末期の下総結城藩士。
¶幕末

酒井玄蕃　さかいげんば
⇒酒井了恒（さかいのりつね）

坂井好斎*　さかいこうさい
生没年不詳　安土桃山時代の織田信長の家臣。
¶織田，全戦

坂井虎山*（阪井虎山）　さかいこざん
寛政10（1798）年～嘉永3（1850）年　江戸時代末期の儒学者。
¶コン，詩作（[没]嘉永3（1850）年9月8日）

坂井虎山の母　さかいこざんのはは★
江戸時代末期の女性。書簡。河瀬氏の娘。
¶江表（坂井虎山の母（広島県）　[没]安政6（1859）年）

酒井左衛門尉（1）　さかいさえもんのじょう
⇒酒井家次（さかいいえつぐ）

酒井左衛門尉（2）　さかいさえもんのじょう
⇒酒井忠次（さかいただつぐ）

酒井作之右衛門　さかいさくのえもん
安土桃山時代の武田氏の家臣。穴山信君に仕えた。
¶武田（[生]？　[没]天正3（1575）年5月21日）

酒井定之　さかいさだゆき
寛永7（1630）年～元禄5（1692）年　江戸時代前期～中期の幕臣。
¶徳人，徳代（[没]元禄5（1692）年6月4日）

酒井讃岐守　さかいさぬきのかみ
⇒酒井忠勝（さかいただかつ）

酒井実明　さかいさねあきら
戦国時代～江戸時代前期の武士。駿河衆。通称は極助。
¶武田（[生]天文2（1533）年　[没]慶長10（1605）年）

酒井重勝*　さかいしげかつ
天文18（1549）年～慶長18（1613）年5月　戦国時代～江戸時代前期の徳川家の家臣。
¶徳人

坂井重季*　さかいしげき
＊～大正11（1922）年　[別]阪井重季（さかいしげすえ），二川元助（ふたかわもとすけ）　江戸時代末期～明治時代の志士。板垣退助のもとで小隊長をつとめる。
¶幕末（[生]弘化3（1847）年11月24日　[没]大正11（1922）年3月1日）

阪井重季　さかいしげすえ
⇒坂井重季（さかいしげき）

酒井重忠*　さかいしげただ
天文18（1549）年～元和3（1617）年　安土桃山時代～江戸時代前期の武将、大名。武蔵川越城主、上野厩橋藩主。
¶戦武

坂井七郎左衛門*　さかいしちろうざえもん
？～天正2（1574）年9月29日　戦国時代～安土桃山時代の織田信長の家臣。
¶織田

酒井下総守吉政　さかいしもうさのかみよしまさ
江戸時代前期の豊臣秀吉・秀頼の家臣。
¶大坂（[没]慶長20年5月7日）

酒井十之丞*　さかいじゅうのじょう
＊～明治28（1895）年　[別]酒井帰耕（さかいきこう），酒井直道（さかいなおみち）　江戸時代末期～明治時代の越前福井藩士。
¶全幕（[生]文政2（1819）年），幕末（[生]文政2（1819）年　[没]明治28（1895）年2月9日）

酒井勝作* さかいしょうさく
文政2（1819）年～明治9（1876）年　江戸時代末期～明治時代の奉行。藩主山内豊範の名主、戊辰戦役には松山警衛総督を務める。
¶幕末（[生]文政2（1819）年5月　[没]明治9（1876）年9月19日）

境二郎* さかいじろう
天保7（1836）年～明治33（1900）年　江戸時代末期～明治時代の武士、官吏。
¶幕末（[没]明治33（1900）年2月9日）

坂井助右衛門 さかいすけえもん
江戸時代前期の豊臣秀頼・藤堂高虎の家臣。
¶大坂

酒泉竹軒* さかいずみちくけん
承応3（1654）年～享保3（1718）年　江戸時代中期の儒学者。
¶コン

酒井田柿右衛門* さかいだかきえもん
世襲名　[別]柿右衛門（かきえもん）　江戸時代の陶工。
¶江人（柿右衛門　かきえもん），山小

酒井田柿右衛門〔1代〕* さかいだかきえもん
慶長1（1596）年～寛文6（1666）年　[別]柿右衛門〔1代〕（かきえもん）　江戸時代前期の伊万里焼の陶工。
¶コン（代数なし），美工（[生]文禄5（1596）年9月25日　[没]寛文6（1666）年6月19日）

酒井田柿右衛門〔11代〕 さかいだかきえもん
江戸時代後期～大正時代の陶芸家。
¶美工（[生]弘化2（1845）年　[没]大正6（1917）年2月8日）

酒井高重 さかいたかしげ
戦国時代の上野国緑埜郡高山庄の領主高山氏の被官。
¶武田（生没年不詳）

酒井田渋右衛門* さかいだしぶえもん
生没年不詳　江戸時代中期の肥前有田の陶工。
¶美工

酒井忠義* さかいただあき
文化10（1813）年～明治6（1873）年12月5日　江戸時代末期～明治時代の小浜藩知事。若狭小浜藩主酒井忠進の6男。寺社奉行、京都所司代を務める。
¶コン，全幕，幕末（[生]文化10（1813）年7月9日）

酒井忠明(1) さかいただあき
江戸時代後期～明治時代の旗本。
¶幕末（生没年不詳）

酒井忠明(2) さかいただあき
⇒酒井忠挙（さかいただたか）

酒井忠氏* さかいただうじ
天保6（1835）年～明治9（1876）年　江戸時代後期～明治時代の大名。
¶全幕，幕末（[生]天保6（1835）年1月14日　[没]明治9（1876）年1月21日）

酒井忠勝*(1) さかいただかつ
文禄3（1594）年～正保4（1647）年　江戸時代前期の大名。出羽庄内藩主、信濃松代藩主、越後高田藩主。
¶コン

酒井忠勝*(2) さかいただかつ
天正15（1587）年～寛文2（1662）年7月12日　[別]酒井讃岐守（さかいさぬきのかみ）　江戸時代前期の大名、大老。武蔵川越藩主、若狭小浜藩主。
¶江人，コン，徳将

酒井忠垠 さかいただきし
江戸時代前期～中期の幕臣。
¶徳人（[生]1663年　[没]1707年）

酒井忠清* さかいただきよ
寛永1（1624）年～天和1（1681）年　[別]下馬将軍（げばしょうぐん）　江戸時代前期の大名、大老。上野前橋藩主。
¶江人，コン，徳将，山小（[没]1681年5月19日）

酒井忠績* さかいただしげ
文政10（1827）年～明治28（1895）年11月30日　江戸時代後期～明治時代の大名。
¶コン，全幕，幕末

酒井忠篤* さかいただずみ，さかいただすみ
嘉永6（1853）年2月13日～大正4（1915）年6月8日　江戸時代末期～大正時代の武士、陸軍軍人、庄内藩主、中佐。新徴組を配下に江戸市中取り締まりに当たる。兵部省練兵御用掛を歴任。
¶全幕，幕末

酒井忠挙* さかいただたか
慶安1（1648）年～享保5（1720）年　[別]酒井忠明（さかいただあき）　江戸時代前期～中期の大名。上野前橋藩主。
¶徳将

酒井忠高* さかいただたか
正徳2（1712）年～安永3（1774）年　江戸時代中期の奈良奉行、京都町奉行。
¶徳人

酒井忠経 さかいただつぐ
⇒酒井忠経（さかいただつね）

酒井忠次* さかいただつぐ
大永7（1527）年～慶長1（1596）年　[別]酒井左衛門尉（さかいさえもんのじょう）　戦国時代～安土桃山時代の武将。酒井左衛門尉系の初代忠親の次男。
¶コン，全戦，戦武，徳将

酒井忠経* さかいただつね
嘉永1（1848）年～明治17（1884）年　[別]酒井忠経（さかいただつぐ）　江戸時代末期～明治時代の敦賀藩主、敦賀藩（鞠山藩）知事、小浜藩県知事。
¶幕末（さかいただつぐ　[生]嘉永1（1848）年9月1日　[没]明治17（1884）年12月5日）

酒井忠惇* さかいただとし
天保10（1839）年～明治40（1907）年　江戸時代末期～明治時代の大名、華族。
¶コン，幕末（[生]天保10（1839）年7月28日　[没]明治40（1907）年11月10日）

酒井忠利* さかいただとし
永禄2（1559）年～寛永4（1627）年　安土桃山時代～江戸時代前期の大名。武蔵川越藩主、駿河田中藩主。
¶コン，徳将

酒井忠知 さかいただとも
安土桃山時代～江戸時代前期の幕臣。
¶徳人（[生]1593年　[没]1676年）

酒井忠朝*　さかいただとも
元和5(1619)年～寛文2(1662)年　江戸時代前期の徳川幕臣。
¶徳将, 徳人

酒井忠毗*　さかいただます
文化13(1816)年～明治9(1876)年　江戸時代後期～明治時代の大名、華族。
¶幕末([生]文化13(1816)年6月20日　[没]明治9(1876)年2月12日)

さ

酒井忠宝*　さかいただみち
安政3(1856)年6月13日～大正10(1921)年9月17日　江戸時代末期～明治時代の庄内藩主、庄内藩知事。郷土産業の発展に尽力。法律学を学びにドイツに渡航。
¶幕末

酒井忠村　さかいただむら
江戸時代前期～中期の幕臣。
¶徳人([生]1619年　[没]1694年)

酒井忠行*　さかいただゆき
江戸時代末期の幕臣。
¶徳人(生没年不詳), 幕末(生没年不詳)

酒井忠世*　さかいただよ
元亀3(1572)年～寛永13(1636)年　[別]酒井雅楽頭(さかいうたのかみ)　安土桃山時代～江戸時代前期の大名。上野伊勢崎藩主、上野前橋藩主、上野那波藩主。
¶江人, コン, 戦武, 徳将

酒井忠吉　さかいただよし
安土桃山時代～江戸時代前期の幕臣。
¶徳人([生]1589年　[没]1663年)

酒井忠寄*　さかいただより
宝永1(1704)年～明和3(1766)年　江戸時代中期の大名。出羽庄内藩主。
¶コン

酒井胤治*　さかいたねはる
？～天正5(1577)年　戦国時代～安土桃山時代の上総土気城主。
¶後北(胤治〔酒井(1)〕　たねはる　[没]天正5年5月23日)

坂井忠五郎　さかいちゅうごろう
江戸時代前期の京極高知・豊臣秀頼の家臣。
¶大坂

酒井忠讜　さかいちゅうとう
江戸時代後期～末期の幕臣。
¶徳人(生没年不詳)

境常秀　さかいつねひで
⇒千葉常秀(ちばつねひで)

坂井伝右衛門定氏　さかいでんえもんさだうじ
江戸時代前期の牢人。元小早川家の家臣。
¶大坂

酒井道一　さかいどういつ
弘化2(1845)年～大正2(1913)年　江戸時代末期～大正時代の画家。
¶浮絵, 美画([生]弘化2(1845)年12月21日　[没]大正2(1913)年2月11日)

酒井藤兵衛　さかいとうべえ
江戸時代後期～明治時代の浮世絵商。
¶浮絵([生]弘化1(1844)年　[没]明治44(1911)年)

酒井融*　さかいとおる
天保11(1840)年～大正9(1920)年　江戸時代末期～大正時代の医師、主計将校。陸軍に入り、西南の役に主計主任として熊本籠城を成功させる。
¶幕末([生]天保11(1840)年8月22日　[没]大正9(1920)年8月30日)

坂井利貞*　さかいとしさだ
生没年不詳　戦国時代～安土桃山時代の武士。織田氏家臣、秀吉馬廻。
¶織田([生]？　[没]慶長13(1608)年6月13日), 全戦([生]？　[没]慶長13(1608)年)

酒井利貞　さかいとしさだ
安土桃山時代の眼科医。
¶眼医(生没年不詳)

酒井敏房*　さかいとしふさ
？～天正5(1577)年　戦国時代～安土桃山時代の武将。里見氏家臣。
¶後北(胤敏〔酒井(2)〕　たねとし), コン

酒井利泰　さかいとしやす
江戸時代後期～大正時代の眼科医。
¶眼医([生]嘉永6(1853)年　[没]大正10(1921)年)

坂井利行　さかいとしゆき
⇒坂井隼人(さかいはやと)

坂井直政*　さかいなおまさ
生没年不詳　安土桃山時代の織田信長の家臣。
¶織田

酒井直道　さかいなおみち
⇒酒井十之丞(さかいじゅうのじょう)

坂井成利*　さかいなりとし
？～慶長5(1600)年　安土桃山時代の武士。織田氏家臣、秀吉馬廻。
¶織田

坂井日清*　さかいにっせい
天保3(1832)年～明治4(1871)年　江戸時代末期～明治時代の若松城下の大法寺住職。戊辰の籠城戦で熱血僧として戦う。
¶幕末([没]明治4(1871)年7月10日)

坂合黒彦皇子　さかいのくろひこのおうじ
⇒坂合黒彦皇子(さかいのくろひこのみこ)

坂合黒彦皇子*　さかいのくろひこのみこ
[別]坂合黒彦皇子(さかいのくろひこのおうじ)　上代の允恭天皇の皇子。
¶古代, 天皇(境黒彦皇子　さかいのくろひこのおう　生没年不詳)

酒井久遠　さかいのひさとお
平安時代中期の官人。
¶古人(生没年不詳)

酒井人真　さかいのひとざね
⇒酒井人真(さかいひとざね)

酒井正武　さかいのまさたけ
平安時代中期の随身。随身近衛。寛弘頃活躍。
¶古人(生没年不詳)

栄井蓑麻呂　さかいのみのまろ
⇒日置造蓑麻呂(へきのみやつこみのまろ)

境野求馬* さかいのもとめ
文化7(1810)年～元治1(1864)年　江戸時代末期の志士。
¶幕末([生]文化7(1810)年1月6日　[没]元治1(1864)年4月2日)

境野盛景の妻 さかいのもりかげのつま★
江戸時代中期の女性。和歌。盛景は仙台藩士。
¶江表(境野盛景の妻(宮城県)　[没]享保2(1717)年)

酒井吉忠 さかいのよしただ
平安時代中期の官人。
¶古人(生没年不詳)

酒井吉仲 さかいのよしなか
平安時代後期の官人。
¶古人(生没年不詳)

酒井了恒* さかいのりつね
天保13(1842)年～明治9(1876)年　[別]酒井玄蕃(さかいげんば)，酒井了恒(さかいりょうこう)　江戸時代末期～明治時代の庄内藩中老。
¶全幕(酒井玄蕃　さかいげんば)，幕末([生]天保13(1842)年11月12日　[没]明治9(1876)年2月5日)

坂井隼人* さかいはやと
永禄2(1559)年～？　[別]坂井利行(さかいとしゆき)　戦国時代～安土桃山時代の織田信長の家臣。
¶織田(坂井利行　さかいとしゆき)

坂井尚恒* さかいひさつね
弘治1(1555)年～元亀1(1570)年　[別]坂井久蔵(さかいきゅうぞう)　戦国時代の武士。織田氏家臣。
¶織田(坂井久蔵　さかいきゅうぞう　[生]弘治1(1555)年？　[没]元亀1(1570)年6月28日)

酒井人真* さかいひとざね
？～延喜17(917)年4月　[別]酒井人真(さかいのひとざね)　平安時代前期～中期の官人、歌人。
¶古人(さかいのひとざね)

酒井兵庫* さかいひょうご
生没年不詳　江戸時代末期の新撰組隊士。
¶新隊

坂井平八* さかいへいはち
安土桃山時代の武将。秀吉馬廻。
¶大坂

境部石積 さかいべいわつみ
⇒坂合部磐積(さかいべのいわつみ)

境部王 さかいべおう
⇒境部王(さかいべのおおきみ)

坂合部石布 さかいべのいわしき
⇒坂合部連磐鍬(さかいべのむらじいわすき)

坂合部磐積*(境部石積，坂合部石積)　さかいべのいわつみ，さかいべのいわづみ
生没年不詳　[別]境部石積(さかいべいわつみ)，坂合部宿禰磐積(さかいべのすくねいわつみ)　飛鳥時代の留学生、遣唐使。
¶古人(境部石積)，古代(坂合部宿禰磐積　さかいべのすくねいわつみ)，コン，対外(境部石積)

境部王(坂合部王)　さかいべのおう
⇒境部王(さかいべのおおきみ)

坂合部大分*(境部大分)　さかいべのおおきた，さかいべのおおきだ
生没年不詳　[別]坂合部宿禰大分(さかいべのすくねおおきた)　奈良時代の官人、遣唐使。
¶古代(坂合部宿禰大分　さかいべのすくねおおきた)，コン

境部王*(坂合部王)　さかいべのおおきみ
生没年不詳　[別]境部王(さかいべおう，さかいべのおう)，坂合部王(さかいべのおう)　奈良時代の官人。天武天皇の孫、穂積親王の子。
¶古人(坂合部王　さかいべのおう)，古代(坂合部王)，コン(さかいべのおう)

境部雄摩侶*(境部雄麻呂)　さかいべのおまろ
生没年不詳　[別]境部臣雄摩侶(さかいべのおみおまろ)　飛鳥時代の武将。新羅征討の大将軍。
¶古人，古代(境部臣雄摩侶　さかいべのおみおまろ)，コン，対外

境部臣雄摩侶 さかいべのおみおまろ
⇒境部雄摩侶(さかいべのおまろ)

境部臣摩理勢 さかいべのおみまりせ
⇒境部摩理勢(さかいべのまりせ)

境部老麻呂* さかいべのおゆまろ
[別]境部宿禰老麻呂(さかいべのすくねおゆまろ)　奈良時代の「万葉集」の歌人。
¶古人(生没年不詳)

坂合部葛木麻呂 さかいべのかつらぎまろ
奈良時代の官人。
¶古人(生没年不詳)

坂合部金綱 さかいべのかねつな
奈良時代の官人。
¶古人(生没年不詳)

坂合部唐*(境合部唐)　さかいべのから
生没年不詳　[別]坂合部唐(さかあいべのから)，坂合部宿禰唐(さかいべのすくねから)　奈良時代の官人。
¶古人(境合部唐　[生]？　[没]704年？)，古代(坂合部宿禰唐　さかいべのすくねから)，コン

境部薬 さかいべのくすし
⇒坂合部薬(さかいべのくすり)

坂合部薬* さかいべのくすり
？～弘文天皇1・天武天皇1(672)年　[別]境部薬(さかいべのくすし)，坂合部連薬(さかいべのむらじくすり)　飛鳥時代の壬申の乱時の近江方の将。
¶古人，古代(坂合部連薬　さかいべのむらじくすり)，古物，コン([没]弘文1/天武1(672)年)

境合部国宣 さかいべのくにのぶ
平安時代中期の官人。
¶古人(生没年不詳)

坂合部女王 さかいべのじょおう
⇒坂合部内親王(さかいべのないしんのう)

坂合部宿禰磐積 さかいべのすくねいわつみ
⇒坂合部磐積(さかいべのいわつみ)

坂合部宿禰大分 さかいべのすくねおおきた
⇒坂合部大分(さかいべのおおきた)

境部宿禰老麻呂 さかいべのすくねおゆまろ
⇒境部老麻呂(さかいべのおゆまろ)

坂合部宿禰唐 さかいべのすくねから
⇒坂合部唐(さかいべのから)

さ

さかいへ

坂合部内親王* さかいべのないしんのう
?〜宝亀9(778)年 別坂合部女王(さかいべの じょおう) 奈良時代の施基親王の王女。
¶古人(坂合部女王 さかいべのじょおう)

坂合部久茂 さかいべのひさもち
平安時代中期の官人。
¶古人(生没年不詳)

坂合部斐太麻呂 さかいべのひだまろ
奈良時代の官人。
¶古人(生没年不詳)

境部摩理勢* さかいべのまりせ
?〜推古36(628)年 別境部臣摩理勢(さかいべの おみまりせ), 蘇我境部摩理勢(そがのさかいべの まりせ) 飛鳥時代の蘇我系有力豪族。
¶古人,古代(境部臣摩理勢 さかいべのおみまりせ),古 人,コン

坂合部三田麻呂 さかいべのみたまろ
飛鳥時代の官人。
¶古人(生没年不詳)

坂合部連稲積* さかいべのむらじいなつみ
飛鳥時代の官人。
¶古代

坂合部連磐鍬* さかいべのむらじいわすき
?〜659年 別坂合部石布(さかいべのいわしき), 坂合部磐鍬(さかいべのいわすき) 飛鳥時代の遣 外使臣。
¶古人(坂合部磐鍬 さかいべのいわすき),古代

坂合部連薬 さかいべのむらじくすり
⇒坂合部薬(さかいべのくすり)

坂合部連贄宿禰* さかいべのむらじにえのすくね
上代の従者。
¶古代

酒井抱一 さかいほういち
⇒酒井抱一(さかいほういつ)

酒井抱一* さかいほういつ
宝暦11(1761)年〜文政11(1828)年 別酒井抱一 (さかいほういち), 抱一(ほういつ) 江戸時代中 期〜後期の琳派の画家。
¶江人,コン,俳文(抱一 ほういつ) ④宝暦11(1761)年 7月11日 ②文政11(1828)年11月29日),美画(④宝暦 11(1761)年7月1日 ②文政11(1828)年11月29日), 山人(④1761年7月1日 ②1828年11月29日)

酒井孫四郎* さかいまごしろう
天保10(1839)年〜明治2(1869)年 江戸時代末期 の越前福井藩士。
¶幕末(④天保10(1839)年3月 ②明治2(1869)年5月8 日)

酒井孫八郎* さかいまごはちろう
弘化2(1845)年〜明治12(1879)年 江戸時代末期 〜明治時代の桑名藩家老。
¶全幕,幕末(④弘化2(1845)年11月17日 ②明治12 (1879)年4月15日)

坂井孫平次* さかいまごへいじ
生没年不詳 安土桃山時代の織田信長の家臣。
¶織田

酒井政家 さかいまさいえ
⇒酒井正親(さかいまさちか)

酒井正親* さかいまさちか
大永1(1521)年〜天正4(1576)年 別酒井政家(さ かいまさいえ) 戦国時代〜安土桃山時代の武将。 酒井雅楽頭系の清秀の子。
¶コン

酒井政辰* さかいまさとき
?〜慶長8(1603)年 安土桃山時代の武将。後北条 氏家臣。
¶後北(政辰〔酒井(2)〕 まさとき ②慶長8年11月), コン

酒井政長 さかいまさなが
江戸時代中期〜後期の幕臣。
¶徳人(④1770年 ②1837年)

坂井政尚 さかいまさひさ
?〜元亀1(1570)年 戦国時代の武将。織田信長 の臣。
¶織田(②元亀1(1570)年11月26日),コン,全戦

境町まつ女 さかいまちまつじょ*
江戸時代後期の女性。将棋。甲斐の人。嘉永2年 刊、内藤蘭風撰『甲陽将棋鑑』に載る。
¶江表(境町まつ女(山梨県))

酒井康治* さかいやすはる
*〜慶長13(1608)年 安土桃山時代〜江戸時代前 期の武将。後北条氏家臣。
¶後北(康治〔酒井(1)〕 やすはる ②慶長13年11月), コン(④天文16(1547)年)

酒井要次郎* さかいようじろう
弘化2(1845)年〜? 江戸時代後期〜末期の新撰 組隊士。
¶新隊

堺与右衛門 さかいよえもん
江戸時代前期の武士。大坂の陣で籠城。
¶大坂

酒井了恒 さかいりょうこう
⇒酒井了恒(さかいのりつね)

酒井良佐* さかいりょうさ
?〜明治14(1881)年 別酒井良佐(さかいりょう すけ) 江戸時代末期〜明治時代の高田藩士。
¶全幕(酒井良祐 さかいりょうすけ),幕末(さかいりょ うすけ ②明治14(1881)年5月17日)

酒井良佐 さかいりょうすけ
⇒酒井良佐(さかいりょうさ)

酒井鶯浦* さかいろほ
文化5(1808)年〜天保12(1841)年 別鶯浦(おう ほ), 酒井鶯浦(さかいおうほ) 江戸時代後期の 画家。
¶美画(酒井鶯浦 さかいおうほ ②天保12(1841)年7 月23日)

佐香恵 さかえ*
江戸時代後期の女性。俳諧。曽根崎の芸妓。文化 10年刊、柿耶丸長斎編『万家人名録』に載る。
¶江表(佐香恵(大阪府))

坂英力* さかえいりき
天保4(1833)年〜明治2(1869)年 江戸時代末期 の陸奥仙台藩一族。
¶全幕,幕末(②明治2(1869)年5月19日)

栄女(1)　さかえじょ*
　江戸時代後期の女性。俳諧。月舘の人。寛政6年
　序、一無庵丈左編『狭名辺墳集』に載る。
　¶江表(栄女(福島県))

栄女(2)　さかえじょ*
　江戸時代後期の女性。俳諧。本都塚の人。天保6年
　刊、若室草丸編『藤蘠集』に載る。
　¶江表(栄女(山梨県))

寒河江高基　さがえたかもと
　安土桃山時代の出羽寒河江城主。
　¶全戦(㊥？　㊦天正12(1584)年)

坂上昌栄　さかがみしょうえい
　江戸時代後期の眼科医。
　¶眼医(生没年不詳)

坂上蜂房＊　さかがみはちふさ
　？〜安永9(1780)年　㊙蜂房(はちふさ)　江戸時
　代中期の俳人。
　¶俳文(蜂房　はちふさ　㊦安永9(1780)年9月21日)

逆川甚五郎＊　さかがわじんごろう
　？〜天正10(1582)年6月2日　戦国時代〜安土桃山
　時代の織田信長の家臣。
　¶織田

坂川光当　さかがわみつまさ
　江戸時代前期〜中期の武士、勘定。
　¶徳代(㊥寛文2(1662)年　㊦享保14(1729)年閏9月22
　日)

榊鉞三郎＊　さかきおのさぶろう
　天保11(1840)年〜＊　江戸時代末期の水戸藩士。
　¶幕末(㊦文久1(1862)年12月15日)

彭城貞徳　さかきていとく
　江戸時代末期〜昭和期の洋画家。
　¶美画(㊥安政5(1858)年2月11日　㊦昭和14(1939)年1
　月4日)

彭城仁左衛門　さかきにざえもん
　⇒劉東閣(りゅうとうかく)

彭城宣義　さかきのぶよし
　⇒劉東閣(りゅうとうかく)

榊原景長＊　さかきばらかげなが
　文政12(1829)年〜明治16(1883)年7月23日　江戸
　時代末期〜明治時代の津山藩士。津山藩主に内勅
　書を渡し、藩論を勤王に一決。
　¶幕末

榊原勘解由＊　さかきばらかげゆ
　文化7(1810)年〜明治1(1868)年　江戸時代末期
　の尾張藩士。佐幕派の指導者の一人。
　¶幕末(㊦慶応4(1868)年1月20日)

榊原鍵吉＊　さかきばらけんきち
　天保1(1830)年〜明治27(1894)年9月11日　江戸
　時代末期〜明治時代の剣術家。将軍徳川家茂の上
　洛の警護に当たり、剣術師範並に昇任。維新後、兜
　割りの特技を天覧に供し名声を博した。
　¶コン(㊦明治32(1899)年), 全幕, 幕末(㊥文政13
　　(1830)年11月5日)

榊原篁洲＊　さかきばらこうしゅう
　明暦2(1656)年〜宝永3(1706)年　江戸時代前期
　〜中期の漢学者。
　¶コン(㊥万治2(1659)年), 思想

榊原式部大輔　さかきばらしきぶたいふ
　⇒榊原康政(さかきばらやすまさ)

榊原新左衛門＊　さかきばらしんざえもん
　天保5(1834)年〜慶応1(1865)年　江戸時代末期
　の水戸藩士。
　¶幕末(㊦元治2(1865)年4月5日)

榊原忠郷の妻　さかきばらたださとのつま*
　江戸時代前期の女性。和歌。旗本酒依喜右衛門昌次
　の娘。貞享5年跋、浅井忠能編「難波捨草」に載る。
　¶江表(榊原忠郷の妻(東京都))

榊原忠郷の母　さかきばらたださとのはは*
　江戸時代前期の女性。和歌。旗本小笠原丹斎経康
　の娘。貞享5年跋、浅井忠能編「難波捨草」に載る。
　¶江表(榊原忠郷の母(東京都))

榊原忠次　さかきばらただつぐ
　⇒松平忠次(まつだいらただつぐ)

榊原忠知の妻　さかきばらただとものつま*
　江戸時代中期の女性。和歌。三好石見守政盛の娘
　か。元禄16年刊、植山検校江民軒梅之・梅柳軒水之
　編『歌林尾花末』に載る。
　¶江表(榊原忠知の妻(東京都))

榊原忠政＊　さかきばらただまさ
　天文10(1541)年〜慶長6(1601)年　安土桃山時代
　の武将。摂津守を称す。
　¶コン(㊥天文9(1540)年)

榊原忠之＊　さかきばらただゆき
　明和3(1766)年〜天保8(1837)年　江戸時代後期
　の旗本。勘定奉行。
　¶徳人(㊥1750年)

榊原忠義＊　さかきばらただよし
　？〜慶応1(1865)年　江戸時代後期の旗本。勘定
　奉行。
　¶徳人

榊原照清　さかきばらてるきよ
　江戸時代前期〜中期の幕臣。
　¶徳人(㊥1620年　㊦1703年)

榊原友吉　さかきばらともきち
　江戸時代末期の文盛堂創業者。
　¶出版(㊥安政3(1856)年3月15日　㊦？)

榊原豊通　さかきばらとよみち
　⇒榊原豊(さかきばらゆたか)

榊原長義　さかきばらながよし
　元文4(1739)年〜文化12(1815)年　江戸時代中期
　〜後期の幕臣。
　¶徳人, 徳代(㊦文化12(1815)年3月23日)

榊原文翠　さかきばらぶんすい
　江戸時代後期〜明治時代の日本画家。
　¶美画(㊥文政8(1825)年　㊦明治42(1909)年12月20
　日)

榊原政敬＊　さかきばらまさたか
　弘化2(1845)年〜昭和2(1927)年　江戸時代末期
　〜昭和期の大名、華族。
　¶コン, 全幕(㊥天保14(1843)年)

榊原政令＊　さかきばらまさのり
　安永5(1776)年〜文久1(1861)年　㊙榊原政令(さ
　かきばらまさよし)　江戸時代後期の大名。越後高

田藩主。
¶コン

榊原政岑*　さかきばらまさみね
正徳3(1713)年～寛保3(1743)年　江戸時代中期の大名。播磨姫路藩主。
¶コン([没]寛保2(1742)年)

榊原政殊　さかきばらまさよし
江戸時代中期の幕臣。
¶徳人([生]?　[没]1722年)

榊原政令　さかきばらまさよし
⇒榊原政令(さかきばらまさのり)

榊原職直*　さかきばらもとなお
天正14(1586)年～慶安1(1648)年9月1日　江戸時代前期の幕臣。長崎奉行。
¶コン,徳人([生]1588年)

榊原元義　さかきばらもとよし
安土桃山時代～江戸時代前期の幕臣。
¶徳人([生]1582年　[没]1655年)

榊原守典*　さかきばらもりのり
寛政3(1791)年～明治8(1875)年6月7日　江戸時代末期～明治時代の加賀藩臣今枝内記の家臣。
¶幕末

榊原康政*　さかきばらやすまさ
天文17(1548)年～慶長11(1606)年5月14日　[別]榊原式部大輔(さかきばらしきぶたいふ)　安土桃山時代～江戸時代前期の大名。上野館林藩主。
¶江人([生]1546年),コン,全戦,戦武,徳将

榊原豊*　さかきばらゆたか
天保8(1837)年～明治33(1900)年　[別]榊原豊通(さかきばらとよみち)　江戸時代末期～明治時代の近江膳所藩士、大津県参事、県議会議員。攘夷決行が藩主に容れられず、脱藩。
¶幕末(榊原豊通　さかきばらとよみち　[没]明治33(1900)年6月16日)

榊原芳野*　さかきばらよしの
天保3(1832)年～明治14(1881)年　江戸時代末期～明治時代の国学者。「古事類苑」の編修に参加。集書7千巻1万冊といわれた。国学研究においては考証派。
¶幕末([没]明治14(1881)年12月2日)

彭城百川*　さかきひゃくせん
元禄10(1697)年～宝暦2(1752)年　江戸時代中期の南画家。
¶江人,コン([生]元禄10(1697年/1698)年　[没]宝暦2(1752年/1753)年),美画([生]元禄10(1697)年10月28日　[没]宝暦2(1752)年8月25日)

榊山鶯助〔1代〕　さかきやまおうすけ
⇒榊山小四郎〔2代〕(さかきやまこしろう)

榊山尾上　さかきやまおのえ
⇒榊山小四郎〔1代〕(さかきやまこしろう)

榊山小四郎〔1代〕*　さかきやまこしろう
寛文11(1671)年～延享4(1747)年　[別]榊山尾上(さかきやまおのえ),榊山平四郎(さかきやまへいしろう),仙山(せんざん)　江戸時代中期の歌舞伎役者。元禄6年～寛保2年頃に活躍。
¶歌大([没]延享4(1747)年6月15日)

榊山小四郎〔2代〕*　さかきやまこしろう
元禄10(1697)年～明和5(1768)年　[別]榊山鶯助〔1代〕(さかきやまおうすけ),榊山四郎太郎〔1代〕(さかきやましろたろう),仙声,先声(せんせい)　江戸時代中期の歌舞伎役者、歌舞伎座本。宝永6年～明和3年頃に活躍。
¶歌大([没]明和5(1768)年1月9日)

榊山小四郎〔3代〕*　さかきやまこしろう
享保9(1724)年～明和4(1767)年　[別]榊山重太郎(かさきやまじゅうたろう),榊山四郎太郎〔2代〕(さかきやましろたろう),榊山十太郎〔1代〕(さかきやまじゅうたろう),榊山千太郎(さかきやませんたろう),仙芝(せんし)　江戸時代中期の歌舞伎役者。元文4年～明和3年頃に活躍。
¶歌大([生]享保9(1734)年　[没]明和4(1767)年7月2日)

榊山小四郎〔4代〕*　さかきやまこしろう
元文5(1740)年～明和5(1768)年　[別]榊山四郎太郎〔3代〕(さかきやましろたろう),榊山新太郎(さかきやましんたろう),榊山十太郎〔2代〕(さかきやまじゅうたろう),榊山八十二(さかきやまやそじ),仙山(せんざん)　江戸時代中期の歌舞伎役者。寛保1年～明和4年頃に活躍。
¶歌大

榊山小四郎〔5代〕*　さかきやまこしろう
生没年不詳　[別]山下小四郎(やましたこしろう)　江戸時代後期の歌舞伎役者。寛政5年～文化末に活躍。
¶歌大

榊山十太郎〔1代〕　さかきやまじゅうたろう
⇒榊山小四郎〔3代〕(さかきやまこしろう)

榊山十太郎〔2代〕　さかきやまじゅうたろう
⇒榊山小四郎〔4代〕(さかきやまこしろう)

榊山四郎太郎〔1代〕　さかきやましろたろう
⇒榊山小四郎〔2代〕(さかきやまこしろう)

榊山四郎太郎〔2代〕　さかきやましろたろう
⇒榊山小四郎〔3代〕(さかきやまこしろう)

榊山四郎太郎〔3代〕　さかきやましろたろう
⇒榊山小四郎〔4代〕(さかきやまこしろう)

榊山新太郎　さかきやましんたろう
⇒榊山小四郎〔4代〕(さかきやまこしろう)

榊山助五郎　さかきやますけごろう
⇒市山助五郎〔1代〕(いちやますけごろう)

榊山千太郎　さかきやませんたろう
⇒榊山小四郎〔3代〕(さかきやまこしろう)

榊山平四郎　さかきやまへいしろう
⇒榊山小四郎〔1代〕(さかきやまこしろう)

榊山八十二　さかきやまやそじ
⇒榊山小四郎〔4代〕(さかきやまこしろう)

榊綽　さかきゆたか
文政6(1823)年～明治27(1894)年　江戸時代後期～明治時代の幕臣。
¶徳人,幕末([生]文政6(1823)年11月18日　[没]明治27(1894)年1月24日)

坂木六郎*　さかきろくろう
寛政9(1797)年～明治16(1883)年　江戸時代末期～明治時代の薩摩国伊集院の郷士。
¶幕末([没]明治16(1883)年5月)

さかくち藤右衛門　さかぐちとうえもん
安土桃山時代の信濃国筑摩郡麻績北条の土豪。

¶武田（生没年不詳）

坂口縫殿助* さかぐちぬいのすけ
？〜元亀1（1570）年11月26日　戦国時代〜安土桃山時代の織田信長の家臣。
¶織田

坂口民部丞 さかぐちみんぶのじょう
戦国時代の北条氏綱家臣・武蔵国小机城代笠原信為の同心。
¶後北（民部丞〔坂口〕　みんぶのじょう）

坂倉源次郎* さかくらげんじろう
生没年不詳　江戸時代中期の淘金師。
¶コン，美工

坂倉東鷲* さかくらとうしゅう
生没年不詳　[別]東鷲（とうしゅう）　江戸時代中期の俳人（蕉門）。
¶俳文（東鷲　とうしゅう）

さか子(1) さかこ★
江戸時代の女性。和歌。天童藩藩士川部磐の妻。明治14年刊、岡田良策編『近世名婦百人撰』に載る。
¶江表（さか子（山形県））

さか子(2) さかこ★
江戸時代後期の女性。和歌。出雲国造北島家の上官佐草美清の娘。嘉永4年刊、出雲大社神官で国学者富永芳久編『出雲国名所歌集』初に載る。
¶江表（さか子（島根県））

坂子 さかこ★
江戸時代後期の女性。和歌。伊勢松坂の歌人で本居宣長の門人須賀直見の娘。寛政10年成立、宣長編『古事記頒題集』に載る。
¶江表（坂子（三重県））

佐賀子 さがこ★
江戸時代末期の女性。和歌。豊後日出藩御典医勝田安石の娘。万延1年序、物集高世編『類題春草集』二に載る。
¶江表（佐賀子（大分県））

瑳我子 さがこ★
江戸時代後期の女性。和歌。安達氏。嘉永5年刊、長沢伴雄編『類題鴨川四郎集』に載る。
¶江表（瑳我子（鳥取県））

坂高麗左衛門（——〔1代〕） さかこうらいざえもん
⇒高麗左衛門（こうらいざえもん）

坂高麗左衛門〔9代〕 さかこうらいざえもん
江戸時代後期〜大正時代の陶芸家。
¶美工（[生]嘉永2（1849）年　[没]大正10（1921）年8月17日）

坂高麗左衛門 さかこうらざえもん
⇒高麗左衛門（こうらいざえもん）

坂崎出羽守 さかざきでわのかみ
⇒坂崎直盛（さかざきなおもり）

坂崎直盛* さかざきなおもり
？〜元和2（1616）年　[別]宇喜多左京亮（うきたさきょうのすけ），坂崎出羽守（さかざきでわのかみ），坂崎成正（さかざきなりまさ）　安土桃山時代〜江戸時代前期の武将、大名。石見津和野藩主。
¶江人，コン（坂崎出羽守　さかざきでわのかみ），全戦

坂崎成正 さかざきなりまさ
⇒坂崎直盛（さかざきなおもり）

嵯峨実愛 さがさねなる
⇒正親町三条実愛（おおぎまちさんじょうさねなる）

佐賀侍従 さがじじゅう
⇒竜造寺政家（りゅうぞうじまさいえ）

坂実菴 さかじつあん
江戸時代前期〜中期の幕臣。
¶徳人（生没年不詳）

坂士仏* さかしぶつ
？〜応永22（1415）年3月3日　南北朝時代〜室町時代の医師。
¶コン（生没年不詳），思想

坂十仏* さかじゅうぶつ
生没年不詳　[別]十仏（じゅうぶつ）　南北朝時代の連歌師、医僧。
¶コン，俳文（十仏　じゅうぶつ）

坂浄運* さかじょううん
生没年不詳　室町時代の医師。坂士仏の子浄快の玄孫。
¶コン，対外

坂新兵衛 さかしんべえ
⇒高麗左衛門〔8代〕（こうらいざえもん）

坂助八 さかすけはち
⇒高麗左衛門（こうらいざえもん）

坂正永 さかせいえい
⇒坂正永（さかまさのぶ）

坂田明敬* さかたあきたか
天保2（1831）年〜明治24（1891）年　江戸時代末期〜明治時代の徳山藩士。萩の乱に呼応して同士と都濃郡花岡警察署を襲う。
¶幕末（[没]明治24（1891）年10月）

坂田伊左衛門 さかたいざえもん
⇒坂田藤十郎〔1代〕（さかたとうじゅうろう）

坂田稲太郎* さかたいなたろう
[別]坂田稲太郎（さかたいねたろう）　江戸時代末期〜明治時代の日向高鍋藩士。
¶幕末（[生]文政9（1826）年　[没]明治21（1888）年10月26日）

坂田稲太郎 さかたいねたろう
⇒坂田稲太郎（さかたいなたろう）

佐方乙語* さかたおつご
元禄14（1701）年〜明和4（1767）年　[別]乙語（おつご）　江戸時代中期の俳人。
¶俳文（乙語　おつご　[没]明和4（1767）年6月2日）

佐方熊二郎* さかたくまじろう
弘化2（1845）年〜元治1（1864）年　江戸時代末期の長州（萩）藩寺社組謙二弟。
¶幕末（[没]元治1（1864）年7月19日）

坂田警軒 さかたけいかん
⇒坂田丈平（さかたじょうへい）

坂田警軒 さかたけいけん
⇒坂田丈平（さかたじょうへい）

坂田源右衛門 さかたげんえもん
戦国時代の甲斐府中八日市場の有力町人。
¶武田（生没年不詳）

坂田元龍　さかたげんりゅう
江戸時代後期の眼科医。
¶眼医（生没年不詳）

坂田定四郎　さかたさだしろう
⇒坂田藤十郎〔3代〕（さかたとうじゅうろう）

坂田庄次郎　さかたしょうじろう
江戸時代前期の武士。大坂の陣で籠城。塙団右衛門配下。
¶大坂（[没]慶長20年4月29日）

坂田丈平*　さかたじょうへい
天保10（1839）年～明治32（1899）年　[別]坂田警軒（さかたけいかん，さかたけいけん）　江戸時代末期～明治時代の漢学者、教育者、政治家。
¶幕末（[生]天保10（1839）年5月5日　[没]明治32（1899）年8月15日）

坂田甚八*（酒田甚八）　さかたじんぱち
生没年不詳　安土桃山時代の商人。武田氏家臣。
¶コン

坂田正清　さかたせいせい
江戸時代前期の甲府代官。武田家旧臣。
¶徳代（[生]？　[没]元和4（1618）年10月24日）

坂田仙四郎〔2代〕　さかたせんしろう
⇒芳村伊三郎〔3代〕（よしむらいさぶろう）

坂田長左衛門　さかたちょうざえもん
⇒坂田藤十郎〔2代〕（さかたとうじゅうろう）

坂田藤十郎　さかたとうじゅうろう
世襲名　江戸時代の歌舞伎役者。江戸時代に活躍したのは、初世から3世まで。
¶江人

坂田藤十郎〔1代〕*　さかたとうじゅうろう
正保4（1647）年～宝永6（1709）年　[別]坂田伊左衛門（さかたいざえもん），車漣（しゃれん），藤十郎（とうじゅうろう），冬貞（とうてい）　江戸時代前期～中期の歌舞伎役者、歌舞伎座本。延宝4年～宝永6年頃に活躍。
¶歌大（[生]正保3（1646）年頃　[没]宝永6（1709）年11月1日），コン（代数なし），新歌（――〔1世〕），山小（代数なし　[没]1709年11月1日）

坂田藤十郎〔2代〕*　さかたとうじゅうろう
寛文9（1669）年～享保9（1724）年　[別]桑名屋長左衛門（くわなやちょうざえもん），坂田長左衛門（さかたちょうざえもん），車漣（しゃれん），伏見藤十郎（ふしみとうじゅうろう）　江戸時代中期の歌舞伎役者。宝永6年～正徳4年頃に活躍。
¶歌大

坂田藤十郎〔3代〕*　さかたとうじゅうろう
元禄14（1701）年～安永3（1774）年　[別]坂田定四郎（さかたさだしろう），三条半弥（さんじょうはんや），射漣，車漣，車連（しゃれん），富沢定四郎（とみざわさだしろう）　江戸時代中期の歌舞伎役者。享保15年～安永3年頃に活躍。
¶歌大

坂田直亮*　さかたなおすけ
天保12（1841）年～明治36（1903）年　江戸時代末期～明治時代の萩藩寄組浦靫負臣、村長、小学校長。四境の役に大砲隊長として功を挙げる。
¶幕末（[生]天保12（1841）年5月2日　[没]明治36（1903）年9月11日）

阪谷素　さかたにしろし
⇒阪谷朗廬（さかたにろうろ）

阪谷朗廬*（阪谷郎盧，阪谷朗盧）　さかたにろうろ
文政5（1822）年11月17日～明治14（1881）年1月15日　[別]阪谷素（さかたにしろし）　江戸時代末期～明治時代の儒学者。大阪、江戸で儒学を学んだのち郷里で子弟に教授した。維新後は広島藩、陸軍省、司法省などに出仕。
¶コン（阪谷朗盧），詩作，思想（阪谷素　さかたにしろし），幕末

坂田公時*　さかたのきんとき
[別]金太郎（きんたろう）　平安時代後期の武士。源頼光の四天王の一人。幼名・金太郎。後世に御伽草子などで伝説化された。
¶古人（生没年不詳）

坂田守忠　さかたのもりただ
平安時代中期の官人。
¶古人（生没年不詳）

坂田莠*　さかたはぐさ
*～明治24（1891）年　江戸時代末期～明治時代の高鍋藩士、物頭、下局議長。兵制改革を行う。西南の役で政府軍に貢献。
¶幕末（[生]天保1（1830）年　[没]明治24（1891）年3月30日）

坂田半五郎〔1代〕*　さかたはんごろう
天和3（1683）年～享保20（1735）年　[別]杉暁（さんぎょう）　江戸時代中期の歌舞伎役者。正徳3年～享保19年頃に活躍。
¶浮絵，歌大（[没]享保20（1735）年4月23日）

坂田半五郎〔2代〕*　さかたはんごろう
享保9（1724）年～天明7（1787）年5月17日　[別]杉暁（さんぎょう），仙国佐十郎，仙石佐十郎（せんごくさじゅうろう），仙国佐六（せんごくさろく）　江戸時代中期の歌舞伎役者。寛保2年～天明2年頃に活躍。
¶浮絵（[没]天明2（1782）年），歌大（[没]天明2（1782）年5月17日）

坂田半五郎〔3代〕*　さかたはんごろう
宝暦6（1756）年～寛政7（1795）年　[別]寄曲（ききょく），杉暁（さんぎょう），坂東熊十郎（ばんどうくまじゅうろう），坂東熊次郎（ばんどうくまじろう）　江戸時代中期の歌舞伎役者。明和8年～寛政7年頃に活躍。
¶浮絵，歌大（[没]寛政7（1795）年6月6日）

坂田半五郎〔4代〕*　さかたはんごろう
[別]伊豆屋弥助（いずややすけ），大谷広右衛門〔4代〕（おおたにひろえもん），杉暁（さんぎょう），坂東大五郎（ばんどうだいごろう），幡風（ばんふう）　江戸時代後期の歌舞伎役者。文化11年～天保1年頃に活躍。
¶浮絵（[生]寛政5（1793）年　[没]天保11（1840）年），歌大（[生]寛政5（1793）年　[没]天保11（1840）年7月18日）

佐方平蔵兵衛　さかたへいぞうひょうえ
江戸時代前期の武士。大坂の陣で籠城。
¶大坂

坂田昌熾*　さかたまさたる
嘉永4（1851）年～明治41（1908）年　江戸時代末期～明治時代の萩藩寄組浦靫負臣、海軍少佐、衆議院議員。神風連の乱、西南の役に軍艦で鎮圧に赴いた。
¶幕末（[生]嘉永4（1851）年1月15日　[没]明治41（1908）年5月12日）

坂田諸遠* さかたもろとお
文化7(1810)年～明治30(1897)年 江戸時代末期～明治時代の外務省官吏。維新外交史料編纂に従事。著書に「維新外交史」三十二巻ほかがある。
¶幕末([没]明治31(1898)年)

坂田滝尾 さかたろうび
江戸時代後期の眼科医。
¶眼医(生没年不詳)

酒月鑓女 さかづきやりじょ★
江戸時代後期の女性。狂歌。寛政3年、桑楊庵光序『狂歌部領使』に載る。
¶江表(酒月鑓女(東京都))

嵯峨天皇* さがてんのう
延暦5(786)年9月7日～承和9(842)年7月15日 平安時代前期の第52代の天皇(在位809～823)。桓武天皇と皇后藤原乙牟漏の次男。
¶古人,古代,コン,思想,天皇,日文,山小([生]786年9月7日 [没]842年7月15日)

嵯峨天皇后 さがてんのうのきさき
⇒橘嘉智子(たちばなのかちこ)

坂洞菴 さかとうあん
安土桃山時代～江戸時代前期の幕臣。
¶徳人([生]1572年 [没]1619年)

坂内具義* さかないともよし
永禄1(1558)年?～天正4(1576)年11月25日 戦国時代～安土桃山時代の織田信長の家臣。
¶織田

坂名井子縄麻呂* さかないのこつなまろ
平安時代前期の信濃国の人。
¶古代

魚屋栄吉 さかなやえいきち
江戸時代末期の地本問屋。
¶浮絵(生没年不詳)

嵯峨根良吉* さがねりょうきち
天保8(1837)年～明治1(1868)年 江戸時代末期の洋学者。
¶科学([生]天保8(1837)年3月 [没]慶応4(1868)年6月27日),幕末([生]天保8(1837)年3月 [没]慶応4(1868)年6月27日)

坂上明兼 さかのうえあきかね
⇒坂上明兼(さかのうえのあきかね)

坂上明基 さかのうえあきもと
⇒坂上明基(さかのうえのあきもと)

坂上稲丸 さかのうえいなまる
⇒坂上稲丸(さかのうえいねまる)

坂上稲丸* さかのうえいねまる
承応3(1654)年～元文1(1736)年 [別]稲丸(いなまる,いねまる),坂上稲丸(さかのうえいなまる) 江戸時代前期～中期の俳人(談林派)。
¶俳文(稲丸 いねまる 生没年不詳)

坂上今継 さかのうえいまつぐ
⇒坂上今継(さかのうえのいまつぐ)

坂上是則 さかのうえこれのり
⇒坂上是則(さかのうえのこれのり)

坂上定成* さかのうえさだしげ
寛弘2(1005)年～寛治2(1088)年3月 [別]坂上定成(さかのうえのさだなり) 平安時代中期～後期の明法家・歌人。
¶古人(さかのうえのさだなり)

坂上田村麻呂 さかのうえたむらまろ
⇒坂上田村麻呂(さかのうえのたむらまろ)

坂上忠介* さかのうえちゅうすけ
文政1(1818)年～明治23(1890)年 江戸時代末期～明治時代の儒者。
¶幕末([生]文化14(1817)年2月27日 [没]明治23(1890)年10月14日)

坂上明兼* さかのうえのあきかね
承暦3(1079)年～久安3(1147)年 [別]坂上明兼(さかのうえあきかね) 平安時代後期の明法家。中原範政の子。
¶古人

坂上明基* さかのうえのあきもと
保延4(1138)年～承元4(1210)年 [別]坂上明基(さかのうえあきもと),中原明基(なかはらのあきもと) 平安時代後期～鎌倉時代前期の明法家。明法博士坂上兼成の子。
¶古人,コン

坂上直国麻呂* さかのうえのあたいくにまろ
[別]坂上国麻呂(さかのうえのくにまろ) 飛鳥時代の高市皇子の従者。
¶古代

坂上直熊毛* さかのうえのあたいくまけ
[別]坂上熊毛(さかのうえのくまけ) 飛鳥時代の壬申の乱の功臣。
¶古人(坂上熊毛 さかのうえのくまけ 生没年不詳),古代

坂上犬養* さかのうえのいぬかい
天武天皇11(682)年～天平宝字8(765)年 [別]坂上忌寸犬養(さかのうえのいみきいぬかい) 飛鳥時代～奈良時代の官人。大国の子、苅田麻呂の父。
¶古人([没]764年),古代(坂上忌寸犬養 さかのうえのいみきいぬかい [没]764年)

坂上今継* さかのうえのいまつぐ
生没年不詳 [別]坂上今継(さかのうえいまつぐ) 平安時代前期の漢詩人。
¶古人

坂上忌寸犬養 さかのうえのいみきいぬかい
⇒坂上犬養(さかのうえのいぬかい)

坂上忌寸老 さかのうえのいみきおゆ
⇒坂上老(さかのうえのおきな)

坂上礼光 さかのうえのいやみつ
平安時代後期の官人。
¶古人(生没年不詳)

坂上郎女 さかのうえのいらつめ
⇒大伴坂上郎女(おおとものさかのうえのいらつめ)

坂上老 さかのうえのおい
⇒坂上老(さかのうえのおきな)

坂上王 さかのうえのおう
⇒坂上王(さかのうえのおおきみ)

坂上大嬢 さかのうえのおおいらつめ
⇒大伴坂上大嬢(おおとものさかのうえのおおいらつめ)

さ

坂上王* さかのうえのおおきみ
[別]坂上王(さかのうえのおう) 奈良時代の皇族。
¶古人(さかのうえのおう 生没年不詳), 古代

坂上大国 さかのうえのおおくに
奈良時代の官人。犬養の父。
¶古人(生没年不詳)

坂上大宿禰苅田麻呂 さかのうえのおおすくねかりたまろ
⇒坂上苅田麻呂(さかのうえのかりたまろ)

坂上大宿禰浄野 さかのうえのおおすくねきよの
⇒坂上浄野(さかのうえのきよの)

坂上大宿禰茂樹* さかのうえのおおすくねしげき
生没年不詳 [別]坂上茂樹(さかのうえのしげき) 平安時代前期の官人。
¶古人(坂上茂樹 さかのうえのしげき), 古代

坂上大宿禰田村麻呂 さかのうえのおおすくねたむらまろ
⇒坂上田村麻呂(さかのうえのたむらまろ)

坂上大宿禰当道 さかのうえのおおすくねまさみち
⇒坂上当道(さかのうえのまさみち)

坂上大宿禰好蔭* さかのうえのおおすくねよしかげ
生没年不詳 [別]坂上恒蔭(さかのうえのつねかげ), 坂上好蔭(さかのうえのよしかげ) 平安時代前期の官人。
¶古人(坂上恒蔭 さかのうえのつねかげ [生]879年 [没]?), 古人(坂上好蔭 さかのうえのよしかげ), 古代

坂上大野* さかのうえのおおの
生没年不詳 平安時代前期の政治家。
¶古人

坂上老* さかのうえのおきな
?～文武天皇3(699)年 [別]坂上忌寸老(さかのうえのいみきおゆ), 坂上老(さかのうえのおい, さかのうえのおゆ) 飛鳥時代の官人。壬申の乱の大海人皇子方の功臣。
¶古代(坂上忌寸老 さかのうえのいみきおゆ), コン([没]文武3(699)年)

坂上老人 さかのうえのおきな
奈良時代の官人。
¶古人(生没年不詳)

坂上老 さかのうえのおゆ
⇒坂上老(さかのうえのおきな)

坂上遂高* さかのうえのかつたか
?～天慶3(940)年 平安時代前期～中期の平将門の与党。
¶古人

坂上兼成* さかのうえのかねしげ
?～応保2(1162)年 平安時代後期の明法家。
¶古人

坂上兼俊* さかのうえのかねとし
生没年不詳 平安時代後期の官人。
¶古人

坂上苅田麻呂*(坂上苅田麿) さかのうえのかりたまろ
神亀5(728)年～延暦5(786)年1月7日 [別]坂上大宿禰苅田麻呂(さかのうえのおおすくねかりたまろ) 奈良時代の武将、坂上田村麻呂の父。
¶公卿, 古人, 古代(坂上大宿禰苅田麻呂 さかのうえのおおすくねかりたまろ), コン

坂上浄野* さかのうえのきよの
延暦8(789)年～嘉祥3(850)年 [別]坂上大宿禰浄野(さかのうえのおおすくねきよの) 平安時代前期の官人、田村麿の子。
¶古人, 古代(坂上大宿禰浄野 さかのうえのおおすくねきよの)

坂上葛亮* さかのうえのくずすけ
生没年不詳 平安時代前期の官人。
¶古人

坂上国松 さかのうえのくにまつ
平安時代後期の官人。
¶古人(生没年不詳)

坂上国麻呂 さかのうえのくにまろ
⇒坂上直国麻呂(さかのうえのあたいくにまろ)

坂上熊毛 さかのうえのくまけ
⇒坂上直熊毛(さかのうえのあたいくまけ)

坂上是則* さかのうえのこれのり
生没年不詳 [別]坂上是則(さかのうえこれのり) 平安時代中期の歌人。坂上田村麻呂の子孫。
¶古人, コン([生]? [没]延長8(930)年), 詩作([生]? [没]延長8(930)年)

坂上斯文 さかのうえのこれふみ, さかのうえのこれぶみ
⇒坂上宿禰斯文(さかのうえのすくねこれふみ)

坂上維光 さかのうえのこれみつ
平安時代中期の官人。
¶古人(生没年不詳)

坂上定成 さかのうえのさだなり
⇒坂上定成(さかのうえさだしげ)

坂上重方* さかのうえのしげかた
生没年不詳 平安時代中期の紀伊国伊都郡在住の豪族。
¶古人

坂上茂樹 さかのうえのしげき
⇒坂上大宿禰茂樹(さかのうえのおおすくねしげき)

坂上宿禰斯文* さかのうえのすくねこれふみ
生没年不詳 [別]坂上斯文(さかのうえのこれふみ, さかのうえのこれぶみ) 平安時代前期の官人。
¶古人(坂上斯文 さかのうえのこれぶみ), 古代

坂上鷹養* さかのうえのたかかい
?～弘仁8(817)年 奈良時代～平安時代前期の苅田麻呂の子。
¶古人

坂上滝守* さかのうえのたきもり
天長2(825)年～元慶5(881)年 平安時代前期の田村麻呂の弟鷹養の孫。
¶古人

坂上武光 さかのうえのたけみつ
平安時代後期の官人。
¶古人(生没年不詳)

坂上忠清 さかのうえのただきよ
平安時代後期の官人。
¶古人(生没年不詳)

坂上田村麻呂*(坂上田村麿) さかのうえのたむらまろ
天平宝字2(758)年～弘仁2(811)年5月23日 [別]坂上田村麻呂(さかのうえたむらまろ), 坂上大宿禰田村麻呂(さかのうえのおおすくねたむらまろ)

奈良時代～平安時代前期の武将、征夷大将軍。
¶公卿,古人,古代(坂上大宿禰田村麻呂 さかのうえのおおすくねたむらまろ),コン,山小([没]811年5月23日)

坂上為正 さかのうえのためまさ
平安時代中期の官人。
¶古人(生没年不詳)

坂上恒蔭 さかのうえのつねかげ
⇒坂上大宿禰好蔭(さかのうえのおおすくねよしかげ)

坂上経澄* さかのうえのつねずみ
生没年不詳 平安時代後期の紀伊国の武士。
¶古人

坂上春子* さかのうえのはるこ
?～承和2(835)年 [別]坂上春子(さかのうえはるこ) 平安時代前期の女性。桓武天皇の宮人。
¶天皇(さかのうえはるこ 生没年不詳)

坂上晴澄 さかのうえのはるずみ
平安時代中期の武士。平惟時の郎等。紀伊国伊都郡の小武士団の長。
¶古人(生没年不詳)

坂上久延 さかのうえのひさのぶ
平安時代後期の官人。
¶古人(生没年不詳)

坂上広野* さかのうえのひろの
延暦6(787)年～天長5(828)年 平安時代前期の朝臣、征夷大将軍坂上田村麿の子。
¶古人

坂上当道* さかのうえのまさみち
弘仁4(813)年～貞観9(867)年 [別]坂上大宿禰当道(さかのうえのおおすくねまさみち) 平安時代前期の官人。
¶古人,古代(坂上大宿禰当道 さかのうえのおおすくねまさみち)

坂上又子* さかのうえのまたこ
?～延暦9(790)年 奈良時代の女性。桓武天皇の宮人。
¶天皇([没]延暦9(790)年7月21日)

坂上宮延 さかのうえのみやのぶ
平安時代後期の官人。
¶古人(生没年不詳)

坂上望城* さかのうえのもちき
生没年不詳 [別]坂上望城(さかのうえもちき) 平安時代中期の歌人。勅撰集に3首入集。
¶古人,コン,日文

坂上諸国 さかのうえのもろくに
平安時代後期の官人。
¶古人(生没年不詳)

坂上行貞 さかのうえのゆきさだ
平安時代後期の官人。
¶古人(生没年不詳)

坂上好蔭 さかのうえのよしかげ
⇒坂上大宿禰好蔭(さかのうえのおおすくねよしかげ)

坂上春子 さかのうえはるこ
⇒坂上春子(さかのうえのはるこ)

坂上康敬* さかのうえみちのり
?～嘉永5(1852)年 江戸時代末期の三条西家家士、国学者。
¶幕末

坂上望城 さかのうえもちき
⇒坂上望城(さかのうえのもちき)

坂延武 さかのぶたけ
平安時代後期の大工。承暦1年従五位上。
¶古人(生没年不詳)

坂場熊吉* さかばくまきち
文政1(1818)年～明治27(1894)年 江戸時代末期～明治時代の水戸藩士、松川藩大参事。藩主徳川慶篤の側用人。
¶幕末([生]文化15(1818)年1月19日 [没]明治27(1894)年2月14日)

阪場志業* さかばむねなり
天保4(1833)年～明治44(1911)年 江戸時代末期～明治時代の鉄砲製造業者。維新後も製造、生産量が伸びる。
¶幕末

坂原定賢 さかはらさだかた
江戸時代中期の幕臣。
¶徳人([生]1690年 [没]1758年)

酒人内親王* さかひとないしんのう
天平勝宝6(754)年～天長6(829)年 [別]酒人内親王(さかひとのないしんのう) 奈良時代～平安時代前期の女性。桓武天皇の妃。
¶古人,古代,女史,天皇([没]天長6(829)年8月20日)

酒人忌寸刀自古 さかひとのいみきとじこ
⇒酒人刀自古(さかひとのとじこ)

酒人茂嗣 さかひとのしげつぐ
平安時代中期の官人。
¶古人(生没年不詳)

酒人重成 さかひとのしげなり
平安時代中期の官人。
¶古人(生没年不詳)

酒人刀自古* さかひとのとじこ
生没年不詳 [別]酒人忌寸刀自古(さかひとのいみきとじこ) 奈良時代の女性。外従五位下の女官。
¶古代(酒人忌寸刀自古 さかひとのいみきとじこ)

酒人内親王 さかひとのないしんのう
⇒酒人内親王(さかひとないしんのう)

酒部王 さかべおう
奈良時代の官人。
¶古人([生]? [没]730年)

坂部清義 さかべきよよし
江戸時代後期～明治時代の和算家。上総天羽郡上村の人。斎藤善満に関流算学を学ぶ。
¶数学

坂部広胖*(坂部広畔) さかべこうはん
宝暦9(1759)年～文政7(1824)年8月24日 [別]坂部広胖(さかべひろなお),戸田広胖(とだこうはん) 江戸時代中期～後期の和算家。
¶江人,科学,コン,数学,徳人

坂部甚蔵* さかべじんぞう
生没年不詳 江戸時代末期の紀伊和歌山藩士金沢

さかへた　952

弥右衛門の家臣。
¶幕末

坂部大作* さかべだいさく
天保4(1833)年～明治41(1908)年　江戸時代末期
～明治時代の剣術家。警視庁巡査となり、撃剣世話
掛をつとめる。のち剣道範士の称号を贈られる。
¶幕末（㋴天保4(1833)年9月29日 ㋬明治41(1908)年9
月22日）

酒部真信 さかべのさねのぶ
平安時代中期の官人。
¶古人（生没年不詳）

酒部利永 さかべのとしなが
平安時代中期の官人。
¶古人（生没年不詳）

酒部方光 さかべのまさみつ
平安時代中期の官人。
¶古人（生没年不詳）

坂部広利 さかべひろとし
江戸時代前期～中期の幕臣。
¶徳人（㋴1611年 ㋬1691年）

坂部広胖 さかべひろなお
⇒坂部広胖（さかべこうはん）

坂部広吉 さかべひろよし
江戸時代中期～後期の幕臣。
¶徳人（㋴1742年 ㋬1805年）

佐香保* さかほ
生没年不詳　江戸時代前期の遊女。
¶江表（佐香保（東京都））

坂正永* さかまさのぶ
生没年不詳　㋚坂正永（さかせいえい）　江戸時代
中期の和算家、暦学者。麻田剛立の弟子。
¶科学（㋴? ㋬寛政7(1795)年），コン，数学

相模* さがみ
生没年不詳　平安時代中期の女性。歌人。
¶古人，コン，詩作，女史，女文，日文（㋬正暦3(992)年頃）

相模太郎 さがみたろう
⇒北条時宗（ほうじょうときむね）

坂光秀* さかみつひで
㋚坂光秀（さかあきひで）　安土桃山時代～江戸時
代前期の武士。最上氏家臣。
¶全戦（さかあきひで ㋴? ㋬元和2(1616)年）

相模母* さがみのはは
生没年不詳　平安時代中期の歌人。
¶古人

相模屋政五郎 さがみやまさごろう
文化4(1807)年～明治19(1886)年　江戸時代末期
～明治時代の侠客。中山政次郎と称した。
¶江人，幕末（㋬明治19(1886)年1月20日）

阪村臼峰* さかむらきゅうほう
文化10(1827)年～明治9(1876)年　江戸時代末期
～明治時代の津和野藩士。
¶幕末（㋬明治9(1876)年5月9日）

坂本秋郷* さかもとあきさと
文政3(1820)年～明治18(1885)年　江戸時代末期
～明治時代の長崎神官、長崎諏訪神社社祠官、長崎県

神社教導取締。維新前後、神官の育成に尽くす。
¶幕末（㋬明治18(1885)年9月1日）

坂本渭川* さかもといせん
文化2(1805)年～明治11(1878)年　江戸時代末期
～明治時代の岩国藩士、藩医、養老館教授。吉川家
譜を編集。
¶幕末（㋬明治11(1878)年6月7日）

坂本市之丞* さかもといちのじょう
元文1(1736)年～文化6(1809)年　㋙坂本養川（さ
かもとようせん）　江戸時代中期～後期の新田開
発者。
¶コン

坂本栄 さかもとえい
江戸時代後期の女性。坂本龍馬の次姉。
¶全幕（㋴? ㋬弘化2(1845)年）

坂元大炊* （坂本大炊）　さかもとおおい
文政6(1823)年～明治1(1868)年　江戸時代末期
の大番頭士。
¶全幕（坂本大炊 ㋴文政7(1824)年 ㋬慶応4(1868)
年，幕末（㋴文政7(1824)年 ㋬慶応4(1868)年5月1
日）

坂本乙女* さかもとおとめ
天保3(1832)年～明治12(1879)年8月31日　江戸
時代末期～明治時代の女性。坂本龍馬の姉。龍馬
やその妻お竜のよき理解者。
¶江表（乙女（高知県），㋴天保2(1831)年），女史，全幕，
幕末（㋴天保3(1832)年1月1日）

坂本基柱* さかもとききちゅう
天保9(1838)年～明治15(1882)年　江戸時代末期
～明治時代の鹿児島県士族、海軍・陸軍大尉。西郷
軍と戦い勲応を授かる。
¶幕末（㋬明治15(1882)年8月13日）

坂本宮内 さかもとくない
江戸時代前期の武士。大坂の陣で籠城。後、本多忠
政に仕えた。
¶大坂

坂本権平 さかもとごんべい
江戸時代後期～明治時代の土佐藩郷士。
¶全幕（㋴文化11(1814)年 ㋬明治4(1871)年）

坂本左源太* さかもとさげんた
天保8(1837)年～明治31(1898)年　江戸時代末期
～明治時代の日吉神社別当。勤王派の寄兵隊を組
織してゲリラ活動を行う。
¶幕末（㋬明治31(1898)年2月17日）

坂本左近貞幸 さかもとさこんさだゆき
戦国時代～江戸時代前期の武士。大坂の陣で籠城。
¶大坂（㋴弘治2年 ㋬元和2年6月21日）

坂本貞次 さかもとさだつぐ
*～文禄1(1592)年10月18日　戦国時代～安土桃山
時代の武田氏の家臣。駿河国山西地域の代官をつ
とめた。
¶武田（㋴永正14(1517)年），徳代（㋴大永3(1523)年）

坂本幸 さかもとさち
江戸時代後期の女性。坂本龍馬の母。
¶全幕（㋴寛政10(1798)年? ㋬弘化3(1846)年）

坂本三太夫* さかもとさんだゆう
？～寛永8(1631)年　江戸時代前期の武士。
¶コン

坂本繁国 さかもとしげくに
安土桃山時代の滝山城主北条氏照家臣平山氏重の同心。四郎左衛門。
¶後北(繁国〔坂本(1)〕 しげくに)

坂本朱拙* さかもとしゅせつ
*～享保18(1733)年 [別]朱拙(しゅせつ) 江戸時代中期の俳人(蕉門)。
¶俳文(朱拙 しゅせつ [生]承応2(1653)年 [没]享保18(1733)年6月4日)

坂本四郎右衛門* さかもとしろうえもん
生没年不詳 戦国時代の北条氏照の家臣。
¶後北(四郎右衛門〔坂本(1)〕 しろうえもん)

坂本新三郎 さかもとしんざぶろう
安土桃山時代の武蔵国鉢形城主北条氏邦家臣長谷部兵庫助の同心。
¶後北(新三郎〔坂本(2)〕 しんざぶろう)

坂本申太郎*(坂本伸太郎) さかもとしんたろう
嘉永1(1848)年～明治10(1877)年 江戸時代末期～明治時代の薩摩藩士の子、高山副区長。西郷隆盛の挙兵に従い出兵、戦死。
¶幕末(坂本伸太郎 [没]明治10(1877)年2月27日)

坂本親王 さかもとしんのう
⇒坂本親王(さかもとのしんのう)

坂元純凞* さかもとすみひろ
?～大正3(1914)年 江戸時代末期～明治時代の薩摩藩士。
¶幕末([没]大正3(1914)年5月8日)

坂本清次郎 さかもとせいじろう
江戸時代末期の海援隊士。
¶全幕(生没年不詳)

坂本清平 さかもとせいへい
⇒坂本瀬平(さかもとせへい)

坂本瀬平* さかもとせへい
文政11(1828)年～文久2(1862)年 [別]坂本清平(さかもとせいへい) 江戸時代末期の剣術取立役。
¶幕末(坂本清平 さかもとせいへい [没]文久2(1862)年11月7日)

坂本詮明 さかもとせんめい
江戸時代末期の和算家。
¶数学

坂本千鶴 さかもとちず
⇒高松千鶴(たかまつちづる)

坂元仲平* さかもとちゅうへい
弘化1(1844)年～明治10(1877)年 江戸時代末期～明治時代の鹿児島県士族。西南戦争で西郷軍を指揮し、戦死。
¶幕末([没]明治10(1877)年4月20日)

坂本天山* さかもとてんざん
延享2(1745)年～享和3(1803)年 [別]坂本孫八(さかもとまごはち) 江戸時代中期～後期の砲術家、信濃高遠藩士。天山流砲術の創始者。
¶科学([生]延享2(1745)年5月22日 [没]享和3(1803)年2月9日),コン

坂本藤吉* さかもととうきち
寛政10(1798)年～天保10(1839)年 江戸時代後期の川根茶改良の先駆者。駿河国志太郡伊久美村の人。
¶コン

坂本直* さかもとなお
天保13(1842)年～明治31(1898)年 [別]高松太郎(たかまつたろう) 江戸時代末期～明治時代の武士、官吏。
¶コン(高松太郎 たかまつたろう),全幕(高松太郎 たかまつたろう),幕末([生]天保13(1842)年11月1日 [没]明治31(1898)年11月7日)

坂本阿曽麻呂 さかもとのあそまろ
奈良時代の官人。
¶古人(生没年不詳)

坂本朝臣宇頭麻佐 さかもとのあそんうずまさ
⇒坂本宇頭麻佐(さかもとのうずまさ)

坂本朝臣人上* さかもとのあそんひとかみ,さかもとのあそんひとがみ
奈良時代の下級官人。
¶古代

坂本宇頭麻佐* さかもとのうずまさ
生没年不詳 [別]坂本朝臣宇頭麻佐(さかもとのあそんうずまさ),坂本宇頭麻佐(さかもとのうづまさ) 奈良時代の武士。
¶古人(さかもとのうづまさ),古代(坂本朝臣宇頭麻佐 さかもとのあそんうずまさ),コン

坂本宇頭麻佐 さかもとのうづまさ
⇒坂本宇頭麻佐(さかもとのうずまさ)

坂本大足 さかもとのおおたり
奈良時代の官人。
¶古人(生没年不詳)

坂本男足 さかもとのおたり
奈良時代の官人。
¶古人(生没年不詳)

坂本臣財 さかもとのおみたから
⇒坂本財(さかもとのたから)

坂本親王* さかもとのしんのう
延暦12(793)年～弘仁9(818)年 [別]坂本親王(さかもとしんのう) 平安時代前期の桓武天皇の皇子。
¶古人(さかもとしんのう)

坂本財* さかもとのたから
?～673年 [別]坂本臣財(さかもとのおみたから) 飛鳥時代の壬申の乱の武将。
¶古人,古代(坂本臣財 さかもとのおみたから)

坂本忠国 さかもとのただくに
平安時代中期の官人。
¶古人(生没年不詳)

坂本友武 さかもとのともたけ
平安時代中期の官人。
¶古人(生没年不詳)

坂本広茂 さかもとのひろしげ
平安時代中期の官人。
¶古人(生没年不詳)

坂本広光 さかもとのひろみつ
平安時代中期の官人。
¶古人(生没年不詳)

坂本春猪 さかもとはるい
江戸時代後期～大正時代の女性。坂本龍馬の姪。
¶全幕([生]天保14(1843)年 [没]大正4(1915)年)

坂本春樹*　さかもとはるき
文政11(1828)年～明治30(1897)年　江戸時代末期～明治時代の土佐藩の洋式船船頭。和歌にも優れ歌集「古井の蛙」がある。
¶幕末([生]文政11(1828)年11月3日　[没]明治30(1897)年1月7日)

坂本半助　さかもとはんすけ
江戸時代前期の武士。大坂の陣で籠城。後、峰須賀至鎮に仕えた。
¶大坂

坂本平治*　さかもとへいじ
文化14(1817)年～明治28(1895)年　江戸時代末期～明治時代の漢学者、教育者。漢学を教える。学制発布後、小学校教員。
¶幕末([没]明治28(1895)年8月18日)

坂本平三*　さかもとへいぞう
？～慶応4(1868)年1月6日　江戸時代後期～末期の新撰組隊士。
¶新隊([没]明治1(1868)年1月6日)

坂本孫八　さかもとまごはち
⇒坂本天山(さかもとてんざん)

坂本正留　さかもとまさとめ
江戸時代前期～中期の代官。
¶徳代([生]寛文9(1669)年　[没]享保19(1734)年6月8日)

坂本正義　さかもとまさよし
江戸時代中期～後期の和算家。武州小金井村の算師。
¶数学([生]宝暦1(1751)年　[没]天保11(1840)年12月16日)

坂本元蔵*　さかもとともとぞう
天明5(1785)年～安政1(1854)年　江戸時代後期の筑後久留米藩士、久留米ツツジの育種始祖。
¶幕末([没]嘉永7(1854)年6月7日)

坂本祐左衛門*　さかもとゆうざえもん
？～万延1(1860)年　江戸時代末期の数学者。
¶数学([没]安政7(1860)年3月6日)

坂本養川　さかもとようせん
⇒坂本市之丞(さかもといちのじょう)

阪本隆哉　さかもとりゅうさい
江戸時代後期～明治時代の医師。
¶科学([生]嘉永5(1852)年　[没]明治41(1908)年5月4日)

坂本竜*　さかもとりょう
天保12(1841)年～明治39(1906)年1月15日　[別]楢崎お竜(ならさきおりょう)，楢崎龍(ならさきりょう)　江戸時代末期～明治時代の女性。坂本龍馬の妻。
¶女史,全幕(楢崎龍　ならさきりょう),幕末(楢崎お竜　ならさきおりょう)

坂本梁雲〔1代〕　さかもとりょううん
⇒江戸半太夫〔1代〕(えどはんだゆう)

坂本亮春*(阪本亮春)　**さかもとりょうしゅん**
安永1(1772)年～安政4(1857)年　江戸時代中期～末期の和算家。
¶数学(阪本亮春　[没]安政4(1857)年3月6日)

坂本龍馬*(坂本竜馬)　**さかもとりょうま**
天保6(1835)年～慶応3(1867)年　[別]才谷梅太郎(さいたにうめたろう)　江戸時代末期の志士。もと土佐藩士。脱藩して海援隊を組織し、薩長連合を斡旋。「船中八策」を起草して倒幕活動中暗殺された。
¶江人,コン,思想(坂本竜馬),全幕,徳将,幕末([生]天保6(1836)年11月15日　[没]慶応3(1867)年11月15日),山小([生]1835年11月15日？　[没]1867年11月15日)

坂本廉四郎*　さかもとれんしろう
生没年不詳　江戸時代末期の薩摩藩士。
¶幕末

昌谷精渓*　さかやせいけい
寛政4(1792)年～安政5(1858)年　江戸時代末期の儒学者、漢詩人。
¶幕末([没]安政5(1858)年8月27日)

昌谷千里　さかやせんり
⇒昌谷千里(さかやちさと)

昌谷千里*　さかやちさと
天保9(1838)年～明治36(1903)年4月6日　[別]昌谷千里(さかやせんり)　江戸時代末期～明治時代の美作津山藩士、司法官。
¶幕末

酒依清三郎　さかよりせいざぶろう
安土桃山時代の武士。長篠合戦で討死。
¶武田([生]？　[没]天正3(1575)年5月21日)

相良角兵衛*　さがらかくべえ
生没年不詳　江戸時代末期の薩摩藩士。
¶幕末

相良吉之助*　さがらきちのすけ
天保13(1842)年～明治10(1877)年　江戸時代末期～明治時代の鹿児島県士族、大尉。西郷隆盛の挙兵に従い、政府軍を迎え撃ち戦死。
¶幕末([生]天保13(1842)年10月26日　[没]明治10(1877)年3月5日)

相良休也斎　さがらきゅうやさい
⇒相良長毎(さがらながつね)

相良五左衛門*　さがらござえもん
弘化4(1847)年～明治37(1904)年　江戸時代末期～明治時代の鹿児島県士族、台東支庁長、沖縄師範学校長。西南戦争で政府軍と戦う。後、文部省視学官。
¶幕末([没]明治37(1904)年3月17日)

相良前頼*　さがらさきより
？～応永1(1394)年　南北朝時代の武将。
¶室町

相良定頼*　さがらさだより
？～文中1/応安5(1372)年　南北朝時代の武士。
¶室町

相良治部*　さがらじぶ
天保5(1834)年～明治41(1908)年　江戸時代末期～明治時代の薩摩藩士肝付の子、陸軍少佐。薩英戦争、鳥羽・伏見の戦い、西南戦争で戦う。
¶幕末

相良祐則　さがらすけのり
安土桃山時代の北条氏直の家臣。左京進。
¶後北(祐則〔相良〕　すけのり)

相良清左衛門*　さがらせいざえもん
宝暦10(1760)年～天保6(1835)年　江戸時代中期～後期の出羽米沢藩士、陶工、人形師。

¶美工

相楽総三* さがらそうぞう
天保10(1839)年～明治1(1868)年 [別]児島四郎(こじましろう),村上四郎(むらかみしろう) 江戸時代末期の尊攘派志士、赤報隊1番隊隊長。
¶江人,コン,思想([没]慶応4(1868)年),全幕([没]慶応4(1868)年),幕末([生]天保10(1839)年2月 [没]慶応4(1868)年3月3日),山小([没]1868年3月3日)

相良武任* さがらたけとう
?～天文20(1551)年 戦国時代の武士。
¶全戦,戦武([生]明応7(1498)年)

相良為続* さがらためつぐ
文安4(1447)年～明応9(1500)年6月4日 [別]為続(ためつぐ) 室町時代～戦国時代の武将。長続の子。応仁の乱に参加。
¶中世,俳文(為続 ためつぐ),室町

相楽等躬 さがらとうきゅう
⇒等躬(とうきゅう)

相良藤次* さがらとうじ
文化13(1816)年～明治16(1883)年 江戸時代末期～明治時代の島津一門加治木氏家臣。
¶幕末([没]明治16(1883)年10月8日)

相良知安* さがらともやす,さがらちあん
天保7(1836)年2月16日～明治39(1906)年6月10日 江戸時代末期～明治時代の医師。
¶科学,幕末(さがらちあん(ともやす) [没]明治39(1906)年6月14日)

相良長唯 さがらながただ
⇒相良義滋(さがらよししげ)

相良長続* さがらながつぐ
応永18(1411)年～応仁2(1468)年 室町時代の武将。肥後国球磨郡山田城主永富実重の子。
¶コン,室町

相良長毎*(1) さがらながつね
文明1(1469)年～* [別]相良休也斎(さがらきゅうやさい) 戦国時代の武将。
¶中世([生]? [没]1518年),室町([没]永正15(1518)年)

相良長毎*(2) さがらながつね
天正2(1574)年～寛永13(1636)年 [別]相良頼房(さがらよりふさ) 安土桃山時代～江戸時代前期の大名。肥後人吉藩主。
¶コン,全戦(相良頼房 さがらよりふさ),戦武,対外

相良長頼* さがらながより
治承1(1177)年～建長6(1254)年 鎌倉時代前期の領主。肥後相良氏の祖。頼景の嫡子。
¶コン

相良晴広* さがらはるひろ
永正10(1513)年～弘治1(1555)年 戦国時代の武将。
¶全戦,戦武,中世([生]?),室町([没]天文24(1555)年)

相楽半右衛門* さがらはんえもん
文化8(1811)年～明治12(1879)年 江戸時代末期～明治時代の安積疏流開拓の功労者、庄屋。殖産興業を目指し、猪苗代湖からの引水を計画、実行。
¶幕末([没]明治12(1879)年2月)

相良兵部 さがらひょうぶ
⇒犬童頼兄(いんどうよりもり)

相良義滋* さがらよししげ
延徳1(1489)年～天文15(1546)年 [別]相良長唯(さがらながただ) 戦国時代の武将、相良家当主。長毎の子で長定の嗣子。
¶全戦

相良義陽 さがらよしはる
⇒相良義陽(さがらよしひ)

相良義陽* さがらよしひ
天文13(1544)年～天正9(1581)年 [別]相良義陽(さがらよしはる) 安土桃山時代の武将。
¶全戦,戦武

相良頼俊* さがらよりとし
生没年不詳 鎌倉時代後期の領主。人吉荘初代地頭長頼の子。
¶コン

相良頼房 さがらよりふさ
⇒相良長毎(さがらながつね)

相良頼兄 さがらよりもり
⇒犬童頼兄(いんどうよりもり)

相良六郎 さがらろくろう
⇒桜任蔵(さくらじんぞう)

盛少将* さかりのしょうしょう
生没年不詳 平安時代中期の女房・歌人。
¶古人

佐川 さがわ★
江戸時代中期の女性。俳諧。田上菊舎が3年の江戸滞在を終え、天明4年に帰国する時、句を詠んだ。
¶江表(佐川(東京都))

佐川官兵衛* さがわかんべえ
天保2(1831)年～明治10(1877)年3月18日 江戸時代末期～明治時代の会津藩士。会津戦争で家老として指揮。のち警視庁に入り一等大警部として西南戦争に出陣。
¶コン,全幕,幕末([生]天保2(1831)年9月5日)

佐川蔵之助 さがわくらのすけ
⇒三桝大五郎〔1代〕(みますだいごろう)

佐川田喜六 さがわだきろく
⇒佐川田昌俊(さかわだまさとし)

佐川田昌俊 さかわだしょうしゅん
⇒佐川田昌俊(さかわだまさとし)

佐川田昌俊*(佐河田昌俊) さかわだまさとし,さがわだまさとし
天正7(1579)年～寛永20(1643)年 [別]佐川田昌俊(さかわだしょうしゅん),佐川田喜六(さがわだきろく) 安土桃山時代～江戸時代前期の歌人。
¶コン

佐河道覚 さがわどうかく
南北朝時代の武将。佐川とも書く。
¶室町(生没年不詳)

属甚五右衛門 さかんじんごえもん
⇒属甚五左衛門(さっかじんござえもん)

左官女房 さかんにょうぼう★
江戸時代後期の女性。狂歌。寛政5年刊、桑楊庵光編『狂歌太郎殿犬百首』に載る。
¶江表(左官女房(東京都))

さき(1)
江戸時代中期の女性。俳諧。大坂今津の人。正徳4年刊、藤岡月尋編『伊丹発句合』に載る。
¶江表(さき(大阪府))

さき(2)
江戸時代中期の女性。和歌。備中本町の伊勢屋小野諸雄とはんの娘。
¶江表(さき(岡山県) ㊝元禄16(1703)年)

さき(3)
江戸時代中期の女性。俳諧。筑前福岡の人。安永9年の『しくれ会』に載る。
¶江表(さき(福岡県))

さき(4)
江戸時代後期の女性。和歌。土佐藩藩士内田理俊の妻。天保4年3月、娘みとと紈子が書いた「内田氏女稲荷詣之記」に載る。
¶江表(さき(高知県))

さ起 さき*
江戸時代中期の女性。俳諧。甲府の人。安永9年成立、涼雲斎門瑟編『庚子歳旦』に載る。
¶江表(さ起(山梨県))

左幾 さき*
江戸時代中期～後期の女性。俳諧。『閨秀俳句選』の天明～天保期に名が見える。
¶江表(左幾(福岡県))

咲(1) さき
江戸時代中期の女性。徳川吉宗の側室。
¶徳将(生没年不詳)

咲(2) さき*
江戸時代中期の女性。俳諧。祇園の歌妓だったが、のちに俳人松木淡々の妻となる。安永5年刊、三浦樗良撰『月の夜』に載る。
¶江表(咲(京都府))

崎 さき*
江戸時代中期の女性。和歌。延岡の人。賀茂真淵の門人録に「内藤備後守殿内宇太夫妻」とある。
¶江表(崎(宮崎県))

先川牧之進* さきかわまきのしん
天保7(1836)年～明治35(1902)年 江戸時代末期～明治時代の稲田家家臣の子、郷学校取締。徳島藩騒擾事件の時、家来を率い高松藩領に逃避させる。
¶幕末

さき子 さきこ*
江戸時代後期の女性。和歌。豪農岡崎善右衛門の妻。天保13年刊、千家尊孫編『類題八雲集』に載る。
¶江表(さき子(島根県))

佐喜子 さきこ*
江戸時代の女性。読書・和歌。小野田氏。明治14年刊、岡田良策編『近世名婦百人撰』に載る。
¶江表(佐喜子(福島県))

左喜子 さきこ*
江戸時代末期の女性。和歌。出雲松江藩士藤江千元の娘。慶応2年序、村上忠順編『元治元年千首』に載る。
¶江表(左喜子(島根県))

咲子(1) さきこ*
江戸時代後期～明治時代の女性。和歌。西大路村の豪商山中英輝の妻。
¶江表(咲子(滋賀県) ㊝文化14(1817)年 ㊞明治42(1909)年)

咲子(2) さきこ*
江戸時代末期の女性。和歌。津恵とも。文久3年刊、関橋守編『耳順賀集』に載る。
¶江表(咲子(東京都))

崎子(1) さきこ*
江戸時代中期の女性。和歌。出雲松江の瀬田氏。正徳1年跋、勝部芳房編『佐陀大社奉納神始言吹草』に載る。
¶江表(崎子(島根県))

崎子(2) さきこ*
江戸時代後期の女性。和歌。摂津伊丹の大塚氏。『桂園遺稿』に享和3年～文化3年の記事が見られる。
¶江表(崎子(兵庫県))

鷺権之丞* さぎごんのじょう
天保13(1842)年～明治28(1895)年2月18日 江戸時代末期～明治時代の能楽狂言師。
¶新能

向坂言政 さきさかときまさ
江戸時代中期の幕臣。
¶徳人(㊝1710年 ㊞1764年)

匂坂吉政*(勾坂吉政) さきさかよしまさ, さぎさかよしまさ
生没年不詳 戦国時代の武将。今川氏家臣。
¶全戦(さぎさかよしまさ)

さき女 さきじょ*
江戸時代末期の女性。俳諧。庄内藩士で俳人の合漠舎淡遊の娘。嘉永7年刊、淡遊編『羽大泉古今俳諧百人一集』に載る。
¶江表(さき女(山形県))

咲女(1) さきじょ*
江戸時代後期の女性。和歌・書・画。永井旦斎の娘。
¶江表(咲女(東京都) ㊝文化4(1807)年 ㊞嘉永1(1848)年)

咲女(2) さきじょ*
江戸時代末期の女性。和歌。出雲松江藩士森為泰の先妻。文久1年序、村上忠順編『類題和歌玉藻集』二に載る。
¶江表(咲女(島根県))

鷺助* さぎすけ
江戸時代中期の俳人。
¶俳文(生没年不詳)

鷺伝右衛門保教* さぎでんえもんやすのり
延宝3(1675)年～享保9(1724)年5月27日 ㊍鷺保教(さぎやすのり) 江戸時代中期の狂言役者。
¶新能(鷺保教 さぎやすのり)

前采女* さきのうねめ
㊍陸奥国前采女(みちのくのくにのさきのうねめ, むつのくにのさきのうねめ) 奈良時代の伝承上の女性。葛城王の怒りを歌を詠んで解いた人。
¶詩作(陸奥国前采女 みちのくのくにのさきのうねめ 生没年不詳), 女史(陸奥国前采女 むつのくにのさきのうねめ 生没年不詳)

前斎院尾張* さきのさいいんのおわり
生没年不詳 ㊍尾張(おわり) 平安時代後期の女房・歌人。
¶古人(尾張 おわり)

前斎院肥前* さきのさいいんのひぜん
生没年不詳 [別]肥前(ひぜん) 平安時代後期の女房・歌人。
¶古人(肥前 ひぜん)

前斎宮甲斐* さきのさいぐうのかい
生没年不詳 平安時代後期の女房・歌人。
¶古人(甲斐 かい)

前中宮出雲 さきのちゅうぐうのいずも
⇒出雲(いずも)

前中書王 さきのちゅうしょおう
⇒兼明親王(かねあきらしんのう)

鷺野谷国親 さぎのやくにちか
江戸時代後期～明治時代の和算家。栃木芳賀郡阿部品村の人。広瀬国治、のち仁平静教に和算を学ぶ。
¶数学([生]弘化2(1845)年 [没]明治33(1900)年2月8日)

鷺畔翁* さぎばんおう
天保13(1842)年～大正11(1922)年 [別]中山行長(なかやまゆきなが) 江戸時代末期～大正時代の能楽狂言師。
¶日文(中山行長 なかやまゆきなが 生没年不詳)

前久 さきひさ
⇒近衛前久(このえさきひさ)

崎姫 さきひめ
安土桃山時代の女性。山木大方・高源院。北条氏綱の娘。今川氏輝家臣の堀越六郎後室。
¶後北(崎姫〔北条〕 [没]天正14年8月24日)

鷺保教 さぎやすのり
⇒鷺伝右衛門保教(さぎでんえもんやすのり)

崎山方寛 さきやまほうかん
江戸時代後期～明治時代の幕臣。
¶徳人([生]1825年 [没]1891年)

崎山利兵衛* さきやまりへえ
寛政9(1797)年～明治8(1875)年 江戸時代末期～明治時代の陶器場経営者、陶工。藩の殖産振興策により有田に陶器場を開設。
¶幕末([没]明治8(1875)年2月18日), 美工

左京大夫局(1) さきょうたいふのつぼね
⇒左京大夫局(さきょうのだいぶのつぼね)

左京大夫局(2) さきょうたいふのつぼね
⇒左京大夫局(さきょうのだいぶのつぼね)

左京大夫道雅 さきょうだいぶみちまさ
⇒藤原道雅(ふじわらのみちまさ)

左京大夫局*(1) さきょうのだいぶのつぼね
生没年不詳 [別]左京大夫局(さきょうたいふのつぼね), 僧都証遍女(そうずしょうへんのむすめ) 鎌倉時代前期の女性。土御門天皇の宮人。
¶天皇(僧都証遍女 そうずしょうへんのむすめ)

左京大夫局*(2) さきょうのだいぶのつぼね
生没年不詳 [別]左京大夫局(さきょうたいふのつぼね), 法印長快女(ほういんちょうかいのむすめ) 南北朝時代の女性。後光厳天皇の宮人。
¶天皇(法印長快女 ほういんちょうかいのむすめ)

左錦 さきん★
江戸時代中期の女性。俳諧。三河刈谷の阮酔の娘。享保13年刊、太田巴静編『歳旦』に載る。
¶江表(左錦(愛知県))

左琴 さきん★
江戸時代中期の女性。俳諧。高崎の人。宝暦13年刊、建部綾足編『古今俳諧明題集』に載る。
¶江表(左琴(群馬県))

さく(1)
江戸時代中期の女性。書。仙台藩儒学者蘆野東山の娘。
¶江表(さく(宮城県) [生]元文2(1737)年 [没]明和6(1769)年)

さく(2)
江戸時代後期の女性。教育。佐藤氏。
¶江表(さく(東京都) [生]文政5(1822)年頃)

さく(3)
江戸時代後期の女性。教育。島田氏。
¶江表(さく(東京都) [生]文政11(1828)年頃)

さく(4)
江戸時代末期の女性。和歌・俳諧・書・画。長門細江町の長府藩御用達広江殿峰の娘。
¶江表(さく(山口県) [没]文久1(1861)年)

サク
江戸時代末期～昭和期の女性。教育。相模小園村の金子忠兵衛とクニの娘。
¶江表(サク(神奈川県) [生]安政6(1859)年 [没]昭和15(1940)年)

佐久(1) さく★
江戸時代の女性。和歌。津軽の人。
¶江表(佐久(青森県))

佐久(2) さく★
江戸時代後期の女性。和歌。駿河台住の幕臣、小姓頭取森川佐渡守義生の娘。天保9年刊、海野遊翁編『類題現存歌選』二に載る。
¶江表(佐久(東京都))

作(1) さく★
江戸時代後期の女性。俳諧。大坂の人。天明8年序、宮紫暁編『松のそなた』に載る。
¶江表(作(大阪府))

作(2) さく★
江戸時代後期の女性。狂歌。鎌田氏。寛政6年刊、玉雲斎貞右撰『狂歌拾葉集』に載る。
¶江表(作(大阪府))

朔 さく★
江戸時代後期の女性。俳諧。三河菅生村の旧家紺屋の鶴田光貞の娘。文化6年序、五十嵐梅夫編『草神楽』に載る。
¶江表(朔(愛知県))

策庵 さくあん
⇒里村昌叱(さとむらしょうしつ)

策彦 さくげん
⇒策彦周良(さくげんしゅうりょう)

策彦周良* さくげんしゅうりょう
文亀1(1501)年～天正7(1579)年 [別]策彦(さくげん), 周良(しゅうりょう), 周良策彦(しゅうりょうさくげん) 戦国時代～安土桃山時代の臨済宗の僧。細川氏被官井上宗信の3子。
¶コン, 思想, 対外, 武田([没]天正7(1579)年6月30日), 俳文([生]文亀1(1501)年4月2日 [没]天正7(1579)年6月晦日), 山小([生]1501年4月2日 [没]1579年6月30日)

さく子(1)　**さくこ**★
江戸時代後期の女性。和歌。徳川(田安)家の奥女中。文化11年刊、中山忠雄・河田正致編『柿本社奉納和歌集』に載る。
¶江表(さく子(東京都))

さく子(2)　**さくこ**★
江戸時代後期の女性。和歌。飯田藩藩士村沢潤蔵の妻。弘化4年刊、清堂観尊編、紀貫之九〇〇回忌和歌集『たち花の香』に載る。
¶江表(さく子(長野県))

さく子(3)　**さくこ**★
江戸時代末期の女性。和歌。江戸日本橋の呉服問屋佐野屋菊地孝兵衛知良と民子の娘。安政5年自序、菊地民子著『倭文舎集』の付録「玉のかむさし」に載る。
¶江表(さく子(栃木県))

さく子(4)　**さくこ**★
江戸時代末期の女性。和歌。黒屋氏。慶応3年刊、猿渡容盛編『類題新竹集』に載る。
¶江表(さく子(埼玉県))

佐久子　**さくこ**★
江戸時代後期の女性。和歌。下室田の質屋で材木商の歌人関橋守の息子好孝の妻。嘉永2年序、関橋守著『草枕花下臥』に載る。
¶江表(佐久子(群馬県))

作子(1)　**さくこ**★
江戸時代後期の女性。和歌。筑前山鹿魚町の醤油醸造業を営む小田茂種の娘。
¶江表(作子(福岡県))

作子(2)　**さくこ**★
江戸時代末期の女性。和歌。徳島藩の奥女中。文久3年刊、関橋守編『耳順賀集』に載る。
¶江表(作子(徳島県))

策伝　**さくでん**
⇒安楽庵策伝(あんらくあんさくでん)

昨嚢＊　**さくのう**
？～元文2(1737)年8月26日　江戸時代中期の俳人。
¶俳文

昨非＊　**さくひ，ざくひ**
生没年不詳　江戸時代中期の俳人。
¶俳文

昨非窓左明＊　**さくひそうさめい**
正徳1(1711)年～宝暦10(1760)年　[別]左明(さめい)　江戸時代中期の俳人。
¶俳文(左明　さめい　[没]宝暦10(1760)年8月13日)

朔平門院＊　**さくへいもんいん**
弘安10(1287)年～延慶3(1310)年　[別]璹子内親王(じゅしないしんのう，たまこないしんのう)　鎌倉時代後期の女性。伏見天皇の皇女。
¶天皇([没]延慶3(1310)年10月8日)

佐久間葵助＊(佐久間葵之助)　**さくまあおいのすけ**
安土桃山時代の武将。秀吉馬廻。
¶大坂(佐久間葵之助　[没]慶長20年5月7日)

佐久間家勝＊　**さくまいえかつ**
生没年不詳　安土桃山時代の織田信長の家臣。
¶織田

佐久間長興　**さくまおさおき**
江戸時代後期～明治時代の幕臣。
¶徳人([生]1810年　[没]1873年)

佐久間長敬＊　**さくまおさひろ**
天保9(1838)年～大正12(1923)年1月4日　江戸時代末期～明治時代の江戸南町奉行与力。
¶徳人([生]1839年)，幕末

佐久間脩　**さくまおさむ**
江戸時代後期の和算家。奥州石森村の人。天保13年算額を奉納。
¶数学

佐久間果園　**さくまかえん**
⇒佐久間種(さくまたね)

佐久間勝信＊　**さくまかつのぶ**
天保13(1842)年～慶応2(1866)年　江戸時代末期の武士。彦山座主氏家臣。
¶幕末([没]慶応2(1866)年6月19日)

佐久間銀次郎　**さくまぎんじろう**
⇒佐久間銀太郎(さくまぎんたろう)

佐久間銀太郎＊　**さくまぎんたろう**
嘉永1(1848)年2月20日～昭和8(1933)年2月19日　[別]佐久間銀次郎(さくまぎんじろう)　江戸時代後期～明治時代の新撰組隊士。
¶新隊(佐久間銀次郎　さくまぎんじろう)

佐久間蔵人　**さくまくらんど**
江戸時代前期の豊臣秀頼の馬廻の大将分。
¶大坂([没]慶長20年5月6日)

佐久間顕輔＊(佐久間顕助)　**さくまけんすけ**
嘉永3(1850)年～？　江戸時代後期～末期の新撰組隊士。
¶新隊(佐久間顕助)

佐久間玄徳＊　**さくまげんとく**
慶長12(1607)年～寛文9(1669)年　江戸時代前期の画家。
¶美画([没]寛文9(1669)年8月9日)

佐久間玄蕃允　**さくまげんばのじょう**
⇒佐久間盛政(さくまもりまさ)

佐久間綱治＊　**さくまこうじ**
嘉永5(1852)年5月16日～明治6(1873)年8月17日　江戸時代末期～明治時代の和算家、地図取調方、村長。測量術、漢学、俳句、洋算、蘭学も修める。
¶数学，幕末

佐久間光豹＊　**さくまこうひょう**
安永8(1779)年～嘉永7(1854)年3月23日　江戸時代中期～末期の和算家・漢学者。
¶数学

佐久間五平＊　**さくまごへい**
生没年不詳　[別]佐久間五平次(さくまごへいじ)　安土桃山時代の織田信長の家臣。
¶織田(佐久間五平次　さくまごへいじ)

佐久間五平次　**さくまごへいじ**
⇒佐久間五平(さくまごへい)

佐久間権平　**さくまごんべえ**
安土桃山時代の織田信長の家臣。元亀年中、川名太平寺を開く。
¶織田(生没年不詳)

佐久間左京* さくまさきょう
天正9(1581)年～明暦3(1658)年11月29日 江戸時代前期の狩野派の画家。陸奥仙台藩のお抱え絵師。
¶美画([没]明暦3(1657)年11月29日)

佐久間真勝* さくまさねかつ
元亀1(1570)年～寛永19(1642)年 [別]佐久間直勝(さくまなおかつ), 寸松庵(すんしょうあん) 安土桃山時代～江戸時代前期の武将、茶人。河内守政実の長男。
¶徳人

佐久間佐兵衛* さくまさへえ
天保4(1833)年～元治1(1864)年 [別]赤川直次(あかがわなおじ), 赤川直次郎(あかがわなおじろう) 江戸時代末期の長州(萩)藩士。尊攘運動を支援。
¶幕末([没]元治1(1864)年11月12日)

佐久間左馬太*(佐久間佐馬太) さくまさまた
弘化1(1844)年～大正4(1915)年8月5日 江戸時代末期～明治時代の長州(萩)藩士、陸軍軍人。
¶コン(佐久間佐馬太), 幕末([生]天保15(1844)年10月10日)

佐久間三四郎* さくまさんしろう
生没年不詳 安土桃山時代の織田信長の家臣。
¶織田

佐久間次右衛門* さくまじえもん
生没年不詳 安土桃山時代の織田信長の家臣。
¶織田

佐久間修理 さくましゅり
⇒佐久間盛政(さくまもりまさ)

佐久間象山* さくましょうざん
文化8(1811)年～元治1(1864)年 [別]佐久間象山(さくまぞうざん) 江戸時代末期の思想家、信濃松代藩士。
¶江人, 科学([生]文化8(1811)年2月28日 [没]元治1(1864)年7月11日), コン, 詩作(さくまぞうざん [生]文化8(1811)年2月28日 [没]元治1(1864)年7月11日), 思想, 全幕, 対外, 幕末([生]文化8(1811)年2月28日 [没]元治1(1864)年7月11日), 山小([生]1811年2月28日 [没]1864年7月11日)

佐久間松長軒 さくましょうちょうけん
⇒竹本長門太夫〔3代〕(たけもとながとだゆう)

佐久間真輔* さくましんすけ
生没年不詳 江戸時代末期の幕臣。
¶幕末

佐久間晴岳* さくませいがく
文政2(1819)年～明治18(1885)年 江戸時代末期～明治時代の画家。
¶美画([没]明治18(1885)年5月12日)

佐久間象山 さくまぞうざん
⇒佐久間象山(さくましょうざん)

佐久間荘太郎* さくまそうたろう
文政12(1829)年～? 江戸時代後期～末期の新撰組隊士。
¶新隊

佐久間大学助 さくまだいがくのすけ
安土桃山時代の織田氏の家臣。信秀の代からの織田家家臣。
¶全戦([生]? [没]永禄3(1560)年)

昔麻帝弥* さくまたいみ
[別]昔麻帝弥(しゃくまたいみ) 上代の瓦博士。
¶古代(しゃくまたいみ)

佐久間登介* さくまたかすけ
嘉永1(1848)年～? [別]佐久間登人(さくまのりと) 江戸時代後期～末期の新撰組隊士。
¶新隊(佐久間登人 さくまのりと)

佐久間尊義 さくまたかよし
江戸時代末期の和算家。奥州東新殿村の人。嘉永3年、元治1年算額を奉納。
¶数学

佐久間立枝* さくまたつえ
文化11(1814)年8月2日～文久1(1861)年 江戸時代末期の女性。歌人、画家。
¶江表(立枝子(福岡県))

佐久間種* さくまたね
享和3(1803)年～明治25(1892)年 [別]佐久間果園(さくまかえん) 江戸時代末期～明治時代の豊前小倉藩士、歌人。
¶幕末([生]享和3(1803)年12月26日 [没]明治25(1892)年3月1日)

作間忠三郎 さくまちゅうざぶろう
⇒寺島忠三郎(てらじまちゅうざぶろう)

佐久間纘*(佐久間續) さくまつづき, さくまつつき
*～明治29(1896)年 江戸時代末期～明治時代の数学者、数学教育家。数学修業のため、全国各地を旅する。福島県三春に塾を開く。著書「当用算法」。
¶数学(佐久間纘 [生]文政2(1819)年12月15日 [没]明治29(1896)年9月27日), 幕末(さくまつつき [生]文政2(1820)年 [没]明治29(1896)年9月20日)

佐久間貞一* さくまていいち
嘉永1(1848)年～明治31(1898)年11月6日 江戸時代末期～明治時代の実業家、東京市議会議員。教科書出版の大日本図書を創立。移民事業の東洋移民を創立。
¶コン([生]弘化3(1846)年), 出版([生]嘉永1(1848)年5月10日), 幕末([生]嘉永1(1848)年5月15日)

佐久間悌二 さくまていじ
江戸時代末期～明治時代の幕臣。
¶幕末([生]? [没]明治2(1869)年4月17日)

佐久間鉄園 さくまてつえん
江戸時代後期～大正時代の日本画家。
¶美画([生]嘉永3(1850)年11月22日 [没]大正10(1921)年4月25日)

佐久間伝次郎 さくまでんじろう
⇒竹本長門太夫〔3代〕(たけもとながとだゆう)

佐久間洞巌*(佐久間洞嵓) さくまどうがん
承応2(1653)年～元文1(1736)年 江戸時代中期の儒学者、書画家。
¶美画([生]承応2(1653)年6月7日 [没]元文1(1736)年2月11日)

佐久間直勝 さくまなおかつ
⇒佐久間真勝(さくまさねかつ)

佐久間信近 さくまのぶちか
江戸時代中期～後期の幕臣。
¶徳人([生]1756年 [没]1814年)

佐久間信輝 さくまのぶてる
江戸時代中期の幕臣。

¶徳人（[生]1751年　[没]？）

佐久間信辰＊　さくまのぶとき
天文7（1538）年～＊　[別]佐久間信直（さくまのぶなお）　安土桃山時代の館林城代。
¶織田（佐久間信直　さくまのぶなお　[没]慶長4（1599）年11月23日）

佐久間信直　さくまのぶなお
⇒佐久間信辰（さくまのぶとき）

佐久間信就＊　さくまのぶなり
正保3（1646）年～享保10（1725）年　江戸時代中期の長崎奉行。
¶徳人

佐久間信久　さくまのぶひさ
＊～慶応4（1868）年　江戸時代後期～末期の旗本。
¶全幕（[生]天保4（1833）年），徳人（[生]？），幕末（[生]天保6（1835）年　[没]慶応4（1868）年1月16日）

佐久間信栄　さくまのぶひで
⇒佐久間不干斎（さくまふかんさい）

佐久間信英　さくまのぶひで
江戸時代後期～明治時代の幕臣。
¶徳人（[生]1840年　[没]1903年）

佐久間信盛＊　さくまのぶもり
＊～天正9（1581）年　戦国時代～安土桃山時代の武将。佐久間信晴の子。
¶織田（[生]？　[没]天正9（1581）年7月24日），コン（[生]？），全戦（[生]？），戦武（[生]？　[没]天正9（1581）年？）

佐久間信義　さくまのぶよし
江戸時代後期～末期の幕臣。
¶徳人（生没年不詳）

佐久間登人　さくまのりと
⇒佐久間登介（さくまたかすけ）

佐久間鐇五郎　さくまはんごろう
江戸時代末期～明治時代の幕臣。
¶幕末（[生]？　[没]明治38（1905）年）

佐久間秀脩＊　さくまひでのぶ
天保12（1841）年～明治37（1904）年　江戸時代末期～明治時代の播磨姫路藩士。
¶幕末（[没]明治37（1904）年6月14日）

佐久間不干　さくまふかん
⇒佐久間不干斎（さくまふかんさい）

佐久間不干斎＊　さくまふかんさい
弘治2（1556）年～寛永8（1631）年　[別]佐久間信栄（さくまのぶひで），佐久間不干（さくまふかん），佐久間正勝（さくままさかつ）　安土桃山時代～江戸時代前期の武将、茶人。
¶織田（佐久間信栄　さくまのぶひで　[没]寛永8（1631）年4月27日），全戦（佐久間信栄　さくまのぶひで），戦武（佐久間信栄　さくまのぶひで），徳人（佐久間正勝　さくままさかつ）

佐久間兵大夫　さくまへいだゆう
安土桃山時代の織田信長の家臣。
¶織田（[生]？　[没]天正10（1582）年6月2日）

佐久間正勝　さくままさかつ
⇒佐久間不干斎（さくまふかんさい）

佐久間正清　さくままさきよ
江戸時代中期～末期の和算家。磐城三春の人。最上流の算学を学ぶ。
¶数学（[生]天明6（1786）年　[没]嘉永7（1854）年2月16日）

佐久間政実＊　さくままさざね
永禄4（1561）年～元和2（1616）年　安土桃山時代～江戸時代前期の武士。徳川氏家臣、豊臣氏家臣。
¶徳人

佐久間瑞枝＊　さくまみずえ
＊～明治41（1908）年　江戸時代末期の女性。佐久間象山の妻。
¶江表（順子（長野県）），コン（[生]天保6（1835）年）

佐久間盛重＊　さくまもりしげ
？～永禄3（1560）年　戦国時代の武士。織田氏家臣。
¶織田（[没]永禄3（1560）年5月18日），戦武

佐久間盛次＊　さくまもりつぐ
生没年不詳　安土桃山時代の織田信長の家臣。
¶織田

佐久間盛政＊　さくまもりまさ
天文23（1554）年～天正11（1583）年　[別]佐久間玄蕃允（さくまげんばのじょう），佐久間修理（さくましゅり）　安土桃山時代の武将。佐久間盛次の子。
¶織田（[没]天正11（1583）年5月12日），コン，全戦，戦武

佐久間安政＊　さくまやすまさ
弘治1（1555）年～寛永4（1627）年　[別]保田安政（やすだやすまさ）　安土桃山時代～江戸時代前期の武将、大名。近江高島藩主、信濃飯山藩主。
¶織田（保田安政　やすだやすまさ　[没]寛永4（1627）年4月25日）

佐久間弥太郎＊　さくまやたろう
生没年不詳　安土桃山時代の織田信長の家臣。
¶織田

佐久間柳居＊　さくまりゅうきょ
貞享3（1686）年～延享5（1748）年　[別]柳居（りゅうきょ）　江戸時代中期の俳人。
¶徳人，俳文（柳居　りゅうきょ　[没]延享5（1748）年5月30日）

さくめ（1）
江戸時代後期の女性。俳諧。天保期頃成立、星喜庵北因編『俳諧百人一首集』に、少年として載る。
¶江表（さくめ（東京都））

さくめ（2）
江戸時代末期の女性。俳諧。入間郡藤沢の人。安政5年刊、度会蔀編『今世俳諧百人集』に載る。
¶江表（さくめ（埼玉県））

佐久良東雄＊（桜東雄）　さくらあずまお
文化8（1811）年～万延1（1860）年　江戸時代末期の歌人、志士。
¶コン（桜東雄），幕末（[生]文化8（1811）年3月21日　[没]万延1（1860）年6月27日）

桜井和泉守＊　さくらいいずみのかみ
？～天正12（1584）年　戦国時代～安土桃山時代の北条氏の家臣。
¶後北（和泉守〔桜井（1）〕　いずみのかみ）

桜井氏敦＊　さくらいうじあつ
元禄3（1690）年～寛保1（1741）年12月20日　江戸時代中期の公家（非参議）。非参議桜井兼供の長男。
¶公卿，公家（氏敦〔桜井家〕　うじあつ　[生]元禄3（1690）年3月23日）

桜井王 さくらいおう
⇒桜井王（さくらいのおう）

桜井魁園* さくらいかいえん
文化11（1814）年～明治2（1869）年 [別]桜井武雄（さくらいたけお） 江戸時代末期の周防徳山藩士。
¶幕末（[没]明治2（1869）年4月1日）

桜井数馬* さくらいかずま
？～慶応4（1868）年1月5日 江戸時代後期～末期の新撰組隊士。
¶新隊（[没]明治1（1868）年1月5日）

桜井勝強 さくらいかつより
江戸時代中期～後期の幕臣。
¶徳人（[生]1745年 [没]1828年）

桜井兼供* さくらいかねとも
万治1（1658）年閏12月16日～享保15（1730）年1月4日 江戸時代前期～中期の公家（非参議）。権中納言水無瀬兼俊の孫。
¶公卿，公家（兼供〔桜井家〕 かねとも [生]万治1（1658）年12月16日）

桜井亀文 さくらいきぶん
⇒松平忠告（まつだいらただつぐ）

桜井軍記* さくらいぐんき
天保14（1843）年～慶応3（1867）年 江戸時代末期の僧。
¶幕末（[没]慶応3（1867）年11月18日）

桜井群祇 さくらいぐんぎ
江戸時代後期～明治時代の和算家。栃木芳賀郡小貝村の神官。
¶数学（[生]文政11（1828）年 [没]明治31（1898）年）

桜井兀峰* さくらいこっぽう
寛文2（1662）年～享保7（1722）年 [別]兀峰（こっぽう，こつぽう，ごっぽう） 江戸時代中期の俳人（蕉門）。
¶俳文（兀峰 こっぽう [没]享保7（1722）年6月27日）

桜井左近* さくらいさこん
生没年不詳 戦国時代の武士。後北条氏家臣。
¶後北（左近〔桜井（1）〕 さこん）

桜井貞相 さくらいさだみ
⇒桜井貞相（さくらいのさだみ）

桜井貞世 さくらいさだよ
⇒桜井貞世（さくらいのさだよ）

桜井蕉雨* さくらいしょうう
安永4（1775）年～文政12（1829）年 [別]蕉雨（しょうう） 江戸時代後期の俳人。
¶俳文（蕉雨 しょうう）

桜井新三郎* さくらいしんざぶろう
文政7（1824）年～明治1（1868）年 [別]桜井頼直（さくらいよりなお） 江戸時代末期の志士。
¶幕末（[没]慶応4（1868）年4月1日）

桜井慎平* さくらいしんぺい
天保5（1834）年～明治13（1880）年 江戸時代末期～明治時代の裁判官、金沢裁判長。鋭武隊を創り戊辰の役に奥羽へ出征。
¶幕末（[生]天保5（1834）年4月15日 [没]明治13（1880）年11月1日）

桜井雪館* さくらいせっかん
享保1（1716）年～寛政2（1790）年 江戸時代中期の画家。自称雪舟12世。
¶コン（[没]寛政3（1791）年），美画（[没]寛政2（1790）年2月21日）

桜井雪保* さくらいせっぽ
？～文政7（1824）年9月9日 江戸時代後期の画家。画家桜井雪館の娘。
¶江表（雪保（茨城県） [生]宝暦3（1753）年），美画

桜井大三郎 さくらいだいざぶろう
江戸時代後期～末期の武士、京都見廻組並。
¶全幕（[生]天保8（1837）年 [没]慶応4（1868）年）

桜井武雄 さくらいたけお
⇒桜井魁園（さくらいかいえん）

桜井忠興* さくらいただおき
＊～明治28（1895）年 [別]松平忠興（まつだいらただおき，まつだいらだおき） 江戸時代末期～明治時代の尼崎藩主、尼崎藩知事、貴族院議員。日本赤十字社の前身博愛社の創立に尽力。
¶徳松（松平忠興 まつだいらただおき [生]1848年），幕末（[生]弘化5（1848）年1月8日 [没]明治28（1895）年4月29日）

桜井辰之介*（桜井辰之助） さくらいたつのすけ
弘化1（1844）年～慶応1（1865）年 江戸時代末期の人。水戸筑波勢の挙兵に参加。
¶幕末（[没]元治2（1865）年2月16日）

桜井知栄尼* さくらいちえいに
享保9（1724）年1月1日～文化10（1813）年2月18日 江戸時代中期～後期の女性。歌人。
¶江表（知栄尼（長野県））

桜井知寿 さくらいちじゅ
生没年不詳 江戸時代末期の幕臣。
¶徳人，徳代

桜井綱吉 さくらいつなよし
戦国時代の信濃小県郡の国衆。海野氏の被官。
¶武田（生没年不詳）

桜井常五郎 さくらいつねごろう
江戸時代後期～末期の赤報隊二番隊嚮導、軍監。
¶幕末（[生]天保3（1832）年 [没]慶応4（1868）年3月6日）

桜井供敦* さくらいともあつ
寛保2（1742）年2月18日～寛政6（1794）年10月4日 江戸時代中期の公家（非参議）。非参議桜井氏敦の次男。
¶公卿，公家（供敦〔桜井家〕 ともあつ）

桜井氏全* さくらいともたけ
明和2（1765）年5月18日～寛政9（1797）年6月13日 江戸時代中期の公家（非参議）。非参議桜井供敦の子。
¶公卿，公家（氏全〔桜井家〕 うじたけ）

桜井供秀* さくらいともひで
天明1（1781）年4月2日～嘉永6（1853）年1月6日 江戸時代後期の公家（非参議）。非参議桜井氏全の子。
¶公卿，公家（供秀〔桜井家〕 ともひで）

桜井供文* さくらいともふみ
享和3（1803）年9月13日～弘化4（1847）年6月26日 江戸時代後期の公家（非参議）。非参議桜井供秀の子。
¶公卿，公家（供文〔桜井家〕 ともふみ [生]享和3（1803）年9月14日）

桜井節義* さくらいともよし
生没年不詳　江戸時代後期の和算家。
¶数学

桜井豊邑 さくらいとよくに
江戸時代後期の和算家。
¶数学

桜井某 さくらいなにがし
戦国時代～安土桃山時代の北条氏康・氏政の家臣。品川港の代官職か。
¶後北（某〔桜井（2）〕　なにがし）

桜井尼* さくらいのあま
生没年不詳　平安時代後期の歌人。
¶古人

桜井王* さくらいのおう
[別]桜井王（さくらいおう）　奈良時代の万葉歌人。
¶古人（さくらいおう　生没年不詳），古代

桜井包元 さくらいのかねもと
平安時代後期の官人。
¶古人（生没年不詳）

桜井貞相 さくらいのさだすけ
⇒桜井貞相（さくらいのさだみ）

桜井貞相* さくらいのさだみ
生没年不詳　[別]桜井貞相（さくらいさだみ，さくらいのさだすけ），桜井田部連貞相（さくらいのたべのむらじさだすけ）　平安時代前期の明法博士。
¶古人（さくらいのさだすけ），古代（桜井田部連貞相　さくらいのたべのむらじさだすけ），コン

桜井貞世* さくらいのさだよ
生没年不詳　[別]桜井貞世（さくらいさだよ）　平安時代前期の明法家。
¶コン

桜井田部連胆渟* さくらいのたべのむらじいぬ
飛鳥時代の物部守屋の部下。
¶古代

桜井田部連貞相 さくらいのたべのむらじさだすけ
⇒桜井貞相（さくらいのさだみ）

桜井為道 さくらいのためみち
平安時代後期の官人。
¶古人（生没年不詳）

桜井信忠* さくらいのぶただ
天文1（1532）年？～慶長15（1610）年？　戦国時代～江戸時代前期の甲斐武田晴信・勝頼の家臣。
¶武田（[生]享禄2（1529）年　[没]慶長16（1611）年）

桜井梅室* さくらいばいしつ
明和6（1769）年～嘉永5（1852）年　[別]梅室（ばいしつ）　江戸時代中期～後期の俳人。
¶コン，詩作，俳文（梅室　ばいしつ　[生]明和6（1769）年11月27日　[没]嘉永5（1852）年10月1日）

桜井肥前守* さくらいひぜんのかみ
安土桃山時代の武将。後北条氏家臣。
¶後北（肥前守〔桜井（1）〕　ひぜんのかみ）

桜井豊前守* さくらいぶぜんのかみ
生没年不詳　[別]桜井豊後守（さくらいぶんごのかみ）　安土桃山時代の織田信長の家臣。
¶織田（桜井豊後守　さくらいぶんごのかみ）

桜井武兵衛尉 さくらいぶへえのじょう
安土桃山時代の北条氏直の家臣。肥前守の嫡男。
¶後北（武兵衛尉〔桜井（1）〕　ぶへえのじょう）

桜井豊後守 さくらいぶんごのかみ
⇒桜井豊前守（さくらいぶぜんのかみ）

桜井政甫 さくらいまさすけ
江戸時代中期の幕臣。
¶徳人（[生]1711年　[没]？）

桜井正次* さくらいまさつぐ
生没年不詳　安土桃山時代の織田信長の家臣。
¶織田

桜井政英 さくらいまさひで
江戸時代前期～中期の幕臣。
¶徳人（[生]1669年　[没]1739年）

桜井政能* さくらいまさよし
慶安2（1649）年～享保16（1731）年　江戸時代前期～中期の甲斐甲府藩代官。
¶徳人，徳代（[没]享保16（1731）年1月14日）

桜井三木三* さくらいみきぞう
江戸時代末期の長州（萩）藩士。
¶幕末（[生]文政13（1830）年　[没]元治2（1865）年2月11日）

桜井棟昌 さくらいむねまさ
戦国時代の信濃小県郡の国衆。海野氏の被官。
¶武田（生没年不詳）

桜井基佐* さくらいもとすけ
生没年不詳　[別]基佐（もとすけ）　室町時代の連歌師。
¶俳文（基佐　もとすけ）

桜井元憲* さくらいもとのり
？～明治2（1869）年　江戸時代末期の安芸広島藩士。
¶全幕，幕末（[没]明治2（1869）年5月10日）

桜井勇之進* さくらいゆうのしん
天保11（1840）年～慶応1（1865）年12月12日　江戸時代後期～末期の新撰組隊士。
¶新隊

桜井義著 さくらいよしあき
江戸時代末期の和算家。上州森新田村の人。安政7年算額を奉納。
¶数学

桜井与三 さくらいよぞう
戦国時代の武士。信玄旗本の陣立書にその名がみえる。
¶武田（生没年不詳）

桜井頼直 さくらいよりなお
⇒桜井新三郎（さくらいしんざぶろう）

桜井吏登* さくらいりとう
天和1（1681）年～宝暦5（1755）年　[別]史登（りと），吏登（りとう）　江戸時代中期の俳人。
¶俳文（吏登　りとう　[没]宝暦5（1755）年6月25日）

桜岡源次衛門 さくらがおかげんじえもん
⇒桜岡真方（さくらがおかまさかた）

桜岡真方* さくらがおかまさかた
文化1（1804）年～慶応1（1865）年　[別]桜岡源次衛門（さくらがおかげんじえもん）　江戸時代末期の

水戸藩郷士。
¶幕末(㊂慶応1(1865)年閏5月6日)

桜川女松朝　さくらがわおんなまつあさ★
江戸時代後期の女性。草双紙。桜川慈悲成の娘。
¶江表(桜川女松朝(東京都))

桜川慈悲成*　さくらがわじひなり
宝暦12(1762)年～天保4(1833)年　江戸時代中期
～後期の戯作者。
¶浮絵(㊂?)，江人，コン

桜木*　さくらぎ
生没年不詳　江戸時代末期の女性。京都島原の
遊女。
¶江表(桜木(京都府))

桜木伝七*　さくらぎでんしち
?～天正10(1582)年6月2日　戦国時代～安土桃山
時代の織田信長の家臣。
¶織田

桜国輔*　さくらくにすけ
天保14(1843)年～慶応3(1867)年　江戸時代末期
の志士。
¶コン，幕末(㊐天保14(1843)年10月20日　㊂慶応3
(1868)年12月26日)

桜島国重*　さくらじまくにしげ
生没年不詳　鎌倉時代前期の建築工匠。法勝寺九
重塔再建に携わる。
¶美建

桜島国宗*　さくらじまくにむね
生没年不詳　鎌倉時代前期の番匠大工。東大寺伽
藍再建に活躍。
¶美建

桜島兼重　さくらじまのかねしげ
平安時代後期の官人。
¶古人(生没年不詳)

桜島忠信*　さくらじまのただのぶ
生没年不詳　平安時代中期の官人。
¶古人

桜島雅親　さくらじまのまさちか
平安時代中期の官人。
¶古人(生没年不詳)

咲良女　さくらじょ★
江戸時代末期の女性。俳諧。下柚木の人。安政5年
刊、神都度会舎部編『今世俳諧百人集』に載る。
¶江表(咲良女(山梨県))

桜女　さくらじょ★
江戸時代中期の女性。俳諧。元禄15年刊、志水盤
谷編『桑梓格』に載る。
¶江表(桜女(東京都))

桜任蔵*　さくらじんぞう
文化9(1812)年～安政6(1859)年　㊐相良六郎(さ
がらろくろう)，桜任蔵(さくらにんぞう)，桜真金
(さくらまがね)，村越芳太郎(むらこしよしたろ
う)，渡辺純蔵(わたなべじゅんぞう)　江戸時代
末期の水戸藩吏。
¶コン，幕末(㊂安政6(1859)年7月6日)

佐倉宗吾　さくらそうご
⇒佐倉惣五郎(さくらそうごろう)

佐倉惣五郎*　(佐倉惣吾郎)　さくらそうごろう
生没年不詳　㊐木内宗吾(きうちそうご)，木内宗
五郎，木内惣五郎(きうちそうごろう)，佐倉宗吾
(さくらそうご)　江戸時代前期の義民。佐倉藩領
公津村の名主。
¶江人，コン(佐倉宗吾　さくらそうご　㊔?)　㊂正保2
(1645)年?)，徳将，山小

桜田臥央*　さくらだがおう
?～文化7(1810)年　㊐臥央(がおう)　江戸時代
後期の俳人。
¶俳文(臥央　がおう　㊂文化7(1810)年6月4日)

桜田簡斎　さくらだかんさい
⇒桜田済美(さくらださいび)

桜田欽斎　さくらだきんさい
⇒桜田虎門(さくらだこもん)

桜田虎門*　さくらだこもん
安永3(1774)年～天保10(1839)年　㊐桜田欽斎
(さくらだきんさい)　江戸時代後期の儒学者。
¶コン，思想

桜田済美*　さくらださいび
寛政9(1797)年～明治9(1876)年　㊐桜田簡斎(さ
くらだかんさい)，桜田良佐(さくらだりょうさ，
さくらだりょうすけ)　江戸時代末期～明治時代の
志士。
¶コン，幕末(桜田良佐　さくらだりょうすけ　㊂明治9
(1876)年10月4日)

桜田治助　さくらだじすけ
世襲名　江戸時代の歌舞伎作者。江戸時代に活躍
したのは、初世から3世まで。
¶江人

桜田治助〔1代〕*　さくらだじすけ
享保19(1734)年～文化3(1806)年　㊐笠倉屋善兵
衛(かさくらやぜんべえ)，狂言堂左交〔1代〕(きょ
うげんどうさこう)，桜田つくり(さくらだつく
り)，左交，左交〔1代〕(さこう)，田川治助(たが
わじすけ)，津打治助(つうちじすけ)　江戸時代
中期～後期の歌舞伎作者。宝暦3年～文化2年頃に
活躍。
¶歌大(㊂文化3(1806)年6月27日)，コン，新歌(――〔1
世〕)，日文(――〔1世〕)

桜田治助〔2代〕*　さくらだじすけ
明和5(1768)年～文政12(1829)年　㊐五街遊人
(ごかいゆうじん)，左交，左交〔2代〕(さこう)，
田川章作(たがわしょうさく)，調布(ちょうふ)，
松島てうふ〔1代〕(まつしまちょうふ)，松島半次
〔1代〕，松島半二〔1代〕(まつしまはんじ)，松島陽
助〔1代〕(まつしまようすけ)　江戸時代後期の歌
舞伎作者。寛政8年～文政11年頃に活躍。
¶歌大(㊂文政12(1829)年4月14日)，コン，新歌(――
〔2世〕)，日文(――〔2世〕)

桜田治助〔3代〕*　さくらだじすけ
享和2(1802)年～明治10(1877)年　㊐狂言堂左交
〔2代〕(きょうげんどうさこう)　江戸時代末期～明
治時代の歌舞伎作者。屋号は成田屋、狂言作家。狂
言堂、狂言堂左交、桜田左交とも称した。
¶歌大(㊐明治10(1877)年8月7日)，コン，新歌(――〔3
世〕)，日文(――〔3世〕)

桜田治助〔4代〕*　さくらだじすけ
生没年不詳　㊐木村園次〔2代〕(きむらえんじ)，
左昴(さこう)，宝屋基助(たからやもとすけ)，藤

本助（ふじもとすけ），藤本基助，藤本元助（ふじもともとすけ）　江戸時代末期～明治時代の歌舞伎作者。弘化3年～明治27年頃に活躍。
¶新歌（——〔4世〕）

桜田誠一郎* 　さくらだせいいちろう
天保1（1830）年～明治39（1906）年　江戸時代末期～明治時代の秋田藩士。勤王派決起に率先して参加。
¶幕末（[生]文政13（1830）年8月25日　[没]明治39（1906）年2月）

桜田惣四郎* 　さくらだそうしろう
*～明治10（1877）年　江戸時代末期～明治時代の熊本藩士。公武合体論者。西南戦争で熊本隊参謀、死刑となる。
¶幕末（[生]文政11（1828）年　[没]明治10（1877）年10月26日）

桜田つくり　さくらだつくり
⇒桜田治助〔1代〕（さくらだじすけ）

桜田兵蔵　さくらだひょうぞう
⇒鶴屋南北〔4代〕（つるやなんぼく）

桜田良佐　さくらだりょうさ
⇒桜田済美（さくらださいび）

桜田良佐　さくらだりょうすけ
⇒桜田済美（さくらださいび）

佐倉常七　さくらつねしち
江戸時代後期～明治時代の西陣織匠。
¶美工（[生]天保6（1835）年1月7日　[没]明治32（1899）年7月24日）

桜遠江守　さくらとおとうみのかみ
戦国時代の武士。葛山衆。
¶武田（生没年不詳）

桜任蔵　さくらにんぞう
⇒桜任蔵（さくらじんぞう）

桜真金　さくらまがね
⇒桜任蔵（さくらじんぞう）

桜孫左衛門尉　さくらまござえもんのじょう
戦国時代の武士。葛山衆。靫負尉の父。
¶武田（生没年不詳）

桜間青厓*（桜間青涯）　さくらませいがい
天明6（1786）年～嘉永4（1851）年　江戸時代後期の画家。
¶美画（桜間青涯　[没]嘉永4（1851）年2月18日）

桜町天皇* 　さくらまちてんのう
享保5（1720）年1月1日～寛延3（1750）年4月23日　江戸時代中期の第115代の天皇（在位1735～1747）。中御門天皇第1皇子、若宮。
¶江人，コン，天皇（[生]享保5（1720）年1月1日），山小（[生]1720年1月1日　[没]1750年4月23日）

桜間伴馬　さくらまばんま
江戸時代後期～大正時代のシテ方金春流。
¶新能（[生]天保6（1835）年11月18日　[没]大正6（1917）年6月24日）

桜屋亀猿　さくらやきえん
⇒市川雷蔵〔4代〕（いちかわらいぞう）

桜山茲俊* 　さくらやまこれとし
？～元弘2/正慶1（1332）年1月21日　鎌倉時代後期の備後国の勤王武将。四郎入道。
¶コン，内乱（[没]元徳2/元弘2（1332）年）

桜靫負尉　さくらゆきえのじょう
安土桃山時代の武田氏・上杉景勝の家臣。
¶武田（生没年不詳）

莎鶏　さけい
⇒莎鶏（しゃけい）

酒上不埒（酒上不埒）　さけのうえのふらち
⇒恋川春町（こいかわはるまち）

酒君　さけのきみ
⇒百済酒君（くだらのさけきみ）

鮭延秀綱* 　さけのぶひでつな
永禄5（1562）年～正保3（1646）年　[別]鮭延秀綱（さけのべひでつな），佐々木典膳（ささきてんぜん）　安土桃山時代～江戸時代前期の出羽山形藩士、下総古川藩士。
¶全戦（さけのべひでつな　[生]永禄6（1563）年），戦武（さけのべ（さけのぶ）ひでつな）

鮭延秀綱　さけのべひでつな
⇒鮭延秀綱（さけのぶひでつな）

サケノンクル*
生没年不詳　江戸時代末期の蝦夷の族長。
¶コン

左言　さげん
⇒井関左言（いせきさげん）

左交(1)（——〔1代〕）　さこう
⇒桜田治助〔1代〕（さくらだじすけ）

左交(2)（——〔2代〕）　さこう
⇒桜田治助〔2代〕（さくらだじすけ）

左昂　さこう
⇒桜田治助〔4代〕（さくらだじすけ）

酒匂軍助* 　さこうぐんすけ
天保9（1838）年～？　江戸時代末期の鹿児島県士族。
¶幕末

座光寺貞房　ざこうじさだふさ
安土桃山時代の信濃国伊那郡の国衆。
¶武田（[生]？　[没]天正3（1575）年10月26日）

座光寺左馬尉　ざこうじさまのじょう
安土桃山時代の信濃国伊那郡の国衆座光寺氏の一族。
¶武田（[生]？　[没]天正3（1575）年10月26日）

座光寺為清　ざこうじためきよ
戦国時代～安土桃山時代の信濃国伊那郡の国衆。座光寺氏の当主。貞房の子か。85歳で死去。
¶武田（生没年不詳）

座光寺為時* 　ざこうじためとき
天文20（1551）年～寛永20（1643）年　安土桃山時代～江戸時代前期の信濃山吹邑主。
¶武田（[没]寛永20（1643）年6月26日），徳人

茶谷(1)　さこく
⇒片岡仁左衛門〔4代〕（かたおかにざえもん）

茶谷(2)　さこく
⇒片岡仁左衛門〔5代〕（かたおかにざえもん）

佐五女　さごじょ*
江戸時代中期の女性。俳諧。尾張の人。延享2年刊、馬州編、露川追悼集『秋の水』に載る。
¶江表(佐五女〔愛知県〕)

佐古高郷*　さことかさと
天保1(1830)年〜明治16(1883)年　江戸時代後期〜明治時代の尊攘運動家。
¶コン

迫田太次右衛門*　さこだたじえもん，さこたたじえもん
*〜安政2(1855)年　江戸時代中期〜後期の薩摩藩士。
¶幕末(㊦天明6(1786)年　㊥安政2(1855)年9月21日)

迫田鉄五郎*　さこたてつごろう，さこだてつごろう
嘉永3(1850)年〜明治10(1877)年　江戸時代末期〜明治時代の鹿児島藩士、陸軍軍人。島津久光の上京に従い、宮廷警護の任務に従事。のちに陸軍に入る。
¶幕末(さこだてつごろう　㊦嘉永3(1850)年1月11日　㊥明治10(1877)年8月18日)

佐子局(1)　さこのつぼね
戦国時代の足利義晴の近侍。三淵晴員の実姉。
¶女史(生没年不詳)

佐子局(2)　さこのつぼね
⇒一対局(いったいのつぼね)

左近士七郎兵衛*　さこんししちろべえ
生没年不詳　戦国時代の武士。北条氏家臣。
¶後北(七郎兵衛〔左近士〕　しちろべえ)

左近士新左衛門尉　さこんじしんざえもんのじょう
戦国時代の京都の商人。
¶武田(生没年不詳)

左近乳母*　さこんのめのと
生没年不詳　平安時代中期の女性。内大臣藤原教通室の乳母。
¶古人

佐々井久保　ささいきゅうほ
江戸時代後期〜明治時代の代官、製茶店経営者。
¶徳代(㊦文化11(1814)年　㊥明治27(1894)年12月17日)

笹生　ささう*
江戸時代中期の女性。俳諧。遠江見附の人。宝暦10年刊、南山人菊枝後編『遠州歳旦』に載る。
¶江表(笹生〔静岡県〕)

さゝ雄　ささお*
江戸時代後期の女性。俳諧。甲斐の人。文化10年刊、山下百二編、百童3回忌追善集『反故さがし』に載る。
¶江表(さゝ雄〔山梨県〕)

ささ雄　ささお*
江戸時代後期の女性。俳諧。笹雄、笹尾、ささをとも書く。文政13年に『柿法師』を刊行。
¶江表(ささ雄〔神奈川県〕)

篠岡右京　ささおかうきょう
江戸時代前期の武士。大坂の陣で籠城。
¶大坂(㊥慶長20年5月6日)

篠岡八右衛門*　ささおかはちえもん
生没年不詳　安土桃山時代の織田信長の家臣。
¶織田

さゝか女　ささかじょ*
江戸時代末期の女性。俳諧。松原の人。安政5年刊、引田の先得亭野草編『玉藻日記』に載る。
¶江表(さゝか女〔香川県〕)

笹川繁蔵*　ささがわのしげぞう
文化7(1810)年〜弘化4(1847)年　江戸時代後期の侠客。
¶江人、コン(㊥弘化1(1844)年)

篠川兵庫頭*　ささかわひょうごのかみ
？〜天正10(1582)年6月2日　戦国時代〜安土桃山時代の織田信長の家臣。
¶織田

佐々木愛二郎*(佐々木愛次郎)　ささきあいじろう
*〜文久3(1863)年　江戸時代末期の壬生浪士隊士。
¶新隊(佐々木愛次郎　㊦弘化2(1845)年？　㊥文久3(1863)年8月1日)、幕末(佐々木愛次郎　㊦弘化2(1845)年　㊥文久3(1863)年8月2日)

佐々木顕発*　ささきあきのり
文化5(1808)年〜明治9(1876)年　㊞佐々木顕発(ささきけんはつ)　江戸時代末期〜明治時代の幕臣、信濃守。勘定吟味役、作業奉行、西丸留守居役、北町奉行等歴任。
¶コン(㊦文化3(1806)年)、徳人(ささきけんはつ　㊦1806年　㊥？)、幕末(㊥明治9(1876)年12月31日)

佐々木市兵衛　ささきいちべえ
？〜明治5(1872)年　江戸時代末期〜明治時代の勤王家志士。
¶幕末

佐々木一陽　ささきいちよう
⇒佐々木一陽(ささきかずあき)

佐々木宇考*　ささきうこう
元文4(1739)年〜文政3(1820)年　㊞宇考(うこう)　江戸時代中期〜後期の俳人(暁台門)。
¶俳文(宇考　うこう　㊦元文3(1738)年　㊥文政3(1820)年3月7日)

佐々木氏詮*　ささきうじあき
㊞京極氏詮(きょうごくうじあき)　南北朝時代の武将。
¶コン(㊦？　㊥正平16/康安1(1361)年)

佐々木氏頼*　ささきうじより
嘉暦1(1326)年〜建徳1/応安3(1370)年　㊞氏頼(うじより)、六角氏頼(ろっかくうじより)　南北朝時代の守護大名。足利尊氏・義詮の臣。
¶コン、俳文(氏頼　うじより　㊦正中3(嘉暦1)(1326)年　㊥応安3(1370)年6月7日)、室町(六角氏頼　ろっかくうじより)

佐々木馬之介　ささきうまのすけ
⇒斎藤監物(さいとうけんもつ)

佐々木浦右衛門(1)　ささきうらえもん
江戸時代前期〜中期の砲術家。
¶科学(㊦寛文7(1667)年　㊥延享3(1746)年6月30日)

佐々木浦右衛門*(2)　ささきうらえもん
生没年不詳　江戸時代末期の紀伊和歌山藩士、鉄砲奉行。
¶幕末

佐々木男也*　ささきおとや
天保7(1836)年〜明治26(1893)年　㊞佐々木男也

（ささきおなり）　江戸時代末期～明治時代の長州
藩士、実業家。藩の京都の周旋役に抜擢、征長戦で
は南園隊総督。のちに百十銀行支配人、共同運輸会
社、郵船会社支配人。
¶幕末（ささきおなり）　㊶天保7（1836）年5月26日　㊸明
治26（1893）年11月25日）

佐々木男也　ささきおなり
⇒佐々木男也（ささきおとや）

佐々木一陽*　ささきかずあき
天明7（1787）年～安政2（1855）年5月15日　㊿佐々
木一陽（ささきいちよう）　江戸時代中期～末期の
幕臣・歌人。
¶徳人（ささきいちよう）　㊶？）

佐々木亀之助*　ささきかめのすけ
天保6（1835）年～大正3（1914）年　江戸時代末期
～大正時代の萩藩士。吉田松陰門下。南園隊に
在って国事に尽くす。
¶幕末

佐々木岸流（佐々木巌流）　ささきがんりゅう
⇒佐々木小次郎（ささきこじろう）

佐々木吉左衛門　ささききちざえもん
江戸時代中期の宮大工。
¶美建（㊶？　㊸宝暦12（1762）年）

佐々木刑部助*　ささきぎょうぶのすけ
生没年不詳　戦国時代の紀伊国紀之湊の船主。
¶後北〔刑部助〔佐々木（2）〕　ぎょうぶのすけ）

佐々木清*　ささききよし
生没年不詳　江戸時代末期～明治時代の和算家。
¶数学

佐崎宮内少輔信俊　さざきくないのしょうのぶとし
江戸時代前期の武士。大坂の陣で籠城。
¶大坂

佐々木蔵之允*（佐々木蔵之介）　ささきくらのすけ
江戸時代末期の新撰組隊士。
¶新隊（佐々木蔵之介　生没年不詳）

佐々木蔵人*　ささきくらんど
生没年不詳　安土桃山時代の織田信長の家臣。
¶織田

佐々木景子*　ささきけいこ
安政2（1855）年～文久2（1862）年　江戸時代末期
の女性。国学者佐々木弘綱の長女。和歌・書に秀
でたが8歳で死没。
¶江表（景子（三重県））

佐々木元俊*　ささきげんしゅん
文政1（1818）年～明治7（1874）年　江戸時代末期
～明治時代の医師、蘭学者、弘前藩藩医、蘭学堂教
授。著書に「厚生舎密」「練鉄訓象」など。
¶科学（㊶文政1（1818）年11月8日　㊸明治7（1874）年12
月6日）、幕末（㊶文政1（1818）年11月8日　㊸明治7
（1874）年12月16日）

佐々木顕発　ささきけんはつ
⇒佐々木顕発（ささきあきのり）

佐々木五右衛門*　ささきごうえもん
天保11（1840）年～慶応1（1865）年　㊿佐々木五右
衛門（ささきごえもん）　江戸時代末期の奇兵隊士。
¶幕末（ささきごえもん　㊸元治2（1865）年1月2日）

佐々木高保　ささきこうほ
江戸時代後期～昭和期の蒔絵師。
¶美工（㊶弘化2（1845）年1月9日　㊸昭和4（1929）年7月
24日）

佐々木五右衛門　ささきごえもん
⇒佐々木五右衛門（ささきごうえもん）

佐々木小次郎*（佐々木小五郎）　ささきこじろう
？～慶長17（1612）年　㊿佐々木岸流，佐々木巌流
（ささきがんりゅう）　安土桃山時代～江戸時代前
期の剣術家。小倉細川家安芸毛利家の兵法師範。
¶コン（佐々木巌流　ささきがんりゅう）、全戦（佐々木小
五郎　㊸慶長17（1612）年？）

佐崎宰相*　さざきさいしょう
文政10（1827）年～明治21（1888）年　㊿佐崎了重
（ささきりょうじゅう，さざきりょうじゅう）　江
戸時代末期～明治時代の竜厳寺住職。
¶幕末（㊸明治21（1888）年12月11日）

佐々木左京太夫義賢　ささきさきょうだゆうよしかた
⇒六角義賢（ろっかくよしかた）

佐々木貞子*　ささきさだこ
天保4（1833）年～明治45（1912）年　江戸時代末期
～明治時代の女性。枢密顧問官佐々木高行の妻。
愛国婦人会評議員をつとめた。
¶幕末（㊶天保9（1838）年　㊸明治45（1912）年5月20日）

佐々木定重*　ささきさだしげ
？～建久2（1191）年　平安時代後期の武将。
¶古人

佐々木定綱*　ささきさだつな
康治1（1142）年～元久2（1205）年　㊿源定綱（みな
もとのさだつな）　平安時代後期～鎌倉時代前期の
武将。
¶古人（源定綱　みなもとのさだつな）、コン、内乱（㊸元
久1（1204）年）、平家（㊶？）

佐々木定保*　ささきさだやす
生没年不詳　江戸時代後期の和算家。
¶数学

佐々木定頼　ささきさだより
⇒六角定頼（ろっかくさだより）

佐々木重綱*　ささきしげつな
承元1（1207）年～文永4（1267）年　鎌倉時代前期
の武将。信綱の長子。
¶コン

佐々木志頭磨*（佐々木志津磨）　ささきしずま
元和5（1619）年～元禄8（1695）年　㊿佐々木志津
磨（ささきしづま）　江戸時代前期の書家。
¶コン（佐々木志津磨）

佐々木志津磨　ささきしづま
⇒佐々木志頭磨（ささきしずま）

佐々木俊蔵　ささきしゅんぞう
⇒生天目新之介（なばためしんのすけ）

佐々木祥一郎*　ささきしょういちろう
嘉永3（1850）年～明治3（1870）年　江戸時代末期
～明治時代の長州（萩）藩寄組、奇兵隊士。
¶幕末（㊶嘉永3（1850）年？　㊸明治3（1870）年3月2日）

佐々木松後*　ささきしょうご
享保17（1732）年～寛政10（1798）年　㊿松後（しょ
うご）　江戸時代中期の俳人（美濃派）。

¶俳文(松後　しょうご　[没]寛政10(1798)年4月3日)

佐々木松墩　ささきしょうとん
⇒佐々木貞介(ささきていすけ)

佐々木次郎四郎*　ささきじろしろう
天保10(1839)年～明治4(1871)年　江戸時代末期～明治時代の萩藩士の子。戊辰戦争で大坂城に進む。明治後大阪府出仕。
¶幕末

佐々木清蔵*　ささきせいぞう
？～天正10(1582)年　[別]佐々清蔵(さっさせいぞう)　安土桃山時代の信長に仕えた小姓。
¶織田(佐々清蔵　さっさせいぞう　[生]永禄3(1560)年？　[没]天正10(1582)年6月2日),コン

佐々木泉竜*　ささきせんりゅう
*～明治17(1884)年　江戸時代末期～明治時代の画師。
¶幕末([生]文化9(1812)年　[没]明治17(1884)年6月)

佐々木惣四郎　ささきそうしろう
世襲名　江戸時代の竹苞楼主人。
¶出版

佐々木高詮　ささきたかあき
⇒京極高詮(きょうごくたかのり)

佐々木高氏*　ささきたかうじ
*～文中2/応安6(1373)年　[別]京極高氏(きょうごくたかうじ),京極道誉(きょうごくどうよ),佐々木導誉,佐々木道誉(ささきどうよ),導誉,道誉(どうよ)　鎌倉時代後期～南北朝時代の守護大名。法名導誉。
¶コン([生]永仁4(1296)年),思想(佐々木導誉　ささきどうよ　[生]永仁4(1296)年　[没]応安6/文中2(1373)年),中世(佐々木道誉　ささきどうよ　[生]1296年),内乱(佐々木道誉　ささきどうよ　[生]徳治1(1306)年　[没]応安6(1373)年),俳文(導誉　どうよ　[生]永仁4(1296)年　[没]応安6(1373)年8月25日),室町(佐々木道誉　ささきどうよ　[生]永仁4(1296)年　[没]応安6/文中2(1373)年),山小([生]1306年　[没]1373年8月25日)

佐々木高貞　ささきたかさだ
⇒塩冶高貞(えんやたかさだ)

佐々木高綱*　ささきたかつな
？～建保2(1214)年　[別]了智坊,了智房(りょうちぼう)　鎌倉時代前期の武将。
¶コン,中世,内乱(生没年不詳),平家(生没年不詳)

佐々木高陳*　ささきたかのぶ
生没年不詳　江戸時代後期の幕臣・砲術家。
¶徳代

佐々木高秀*　ささきたかひで
嘉暦3(1328)年～元中8/明徳2(1391)年　[別]京極高秀(きょうごくたかひで)　南北朝時代の守護大名。康暦の政変での管領細川頼之追放の指導者の一人。
¶コン([生]?),内乱(京極高秀　きょうごくたかひで　[没]明徳2(1391)年)

佐々木高行*(佐佐木高行)　ささきたかゆき
天保1(1830)年～明治43(1910)年3月2日　江戸時代末期～明治時代の土佐藩士、政治家。
¶コン(佐佐木高行),全幕(佐佐木高行),幕末([生]文政13(1830)年10月12日)

佐々木高頼　ささきたかより
⇒六角高頼(ろっかくたかより)

佐々木孟雅　ささきたけまさ
江戸時代中期の幕臣。
¶徳人([生]1719年　[没]1774年)

佐々木只三郎*　ささきたださぶろう
天保4(1833)年～慶応4(1868)年　江戸時代末期の京都見廻組与頭。清河八郎、坂本竜馬殺害の指揮者。
¶コン([没]明治1(1868)年),全幕,徳人,幕末([没]慶応4(1868)年1月12日)

佐々木太郎　ささきたろう
⇒佐々木春夫(ささきはるお)

佐々木中沢*(佐々木仲沢,佐々木忠沢)　ささきちゅうたく
寛政2(1790)年～弘化3(1846)年　江戸時代後期の蘭方医。号は蘭嵎。
¶江人,コン

佐々木中沢の妻　ささきちゅうたくのつま★
江戸時代後期の女性。歌人。
¶江表(佐々木中沢の妻(岩手県))

佐々木長淳　ささきちょうじゅん
⇒佐々木長淳(ささきながのぶ)

佐々木経高*　ささきつねたか
？～承久3(1221)年　[別]源経高(みなもとのつねたか)　鎌倉時代前期の武将。秀義の次子。
¶古人(源経高　みなもとのつねたか),コン,内乱,平家

佐々木貞介*　ささきていすけ
天保6(1835)年～明治18(1885)年　[別]荻野隼太(おぎのはやた),佐々木松墩(ささきしょうとん)　江戸時代末期～明治時代の長州(萩)藩士。
¶幕末([生]天保6(1835)年1月14日　[没]明治18(1885)年3月26日)

佐々木典膳　ささきてんぜん
⇒鮭延秀綱(さけのぶひでつな)

佐々木導誉(佐々木道誉)　ささきどうよ
⇒佐々木高氏(ささきたかうじ)

佐々木東洋*　ささきとうよう
天保10(1839)年～大正7(1918)年10月9日　江戸時代末期～明治時代の蘭方医、東京医会会長。幕府軍艦蟠竜の軍医、医学校付属病院院長を経て開業。杏雲堂医院を設立。
¶科学([生]天保10(1839)年6月22日),コン

佐々木時信*　ささきときのぶ
徳治1(1306)年～正平1/貞和2(1346)年　[別]六角時信(ろっかくときのぶ)　鎌倉時代後期～南北朝時代の武将。
¶室町(六角時信　ろっかくときのぶ　生没年不詳)

佐々木俊綱*　ささきとしつな
生没年不詳　平安時代後期の武士。
¶古人

佐々木知嗣　ささきともつぐ
江戸時代後期～末期の和算家。山形上奥田村の人。関流の算学を学び免許。
¶数学([生]天明8(1788)年　[没]文久3(1863)年)

佐々木直作*　ささきなおさく
文化14(1817)年～明治27(1894)年　江戸時代末期～明治時代の漢学者、勘定奉行兼京都留守居。盛岡藩降伏に際し幽閉、許され漢学塾を開設。

¶幕末（[生]文化14（1817）年12月20日　[没]明治27（1894）年11月8日）

佐々木直次郎＊　ささきなおじろう
江戸時代末期の新撰組隊士。
¶新隊（生没年不詳）

佐々木仲親＊　ささきなかちか
生没年不詳　鎌倉時代後期～南北朝時代の武将。
¶コン

佐々木長淳＊　ささきながのぶ
天保1（1830）年～大正5（1916）年1月25日　[別]佐々木長淳（ささきちょうじゅん）　江戸時代末期～大正時代の養蚕技術者、官吏、養蚕御用係。近代的養蚕技術導入の先覚者。著書に「蚕の夢」など。
¶科学（[生]文政13（1830）年9月3日），幕末（ささきちょうじゅん）

佐々木永春＊　ささきながはる
生没年不詳　戦国時代の遣明使節。
¶対外

佐々木成綱＊　ささきなりつな
生没年不詳　平安時代後期の武士。
¶古人，平家

佐佐木鴻子＊　ささきにおこ
寛政9（1797）年～慶応4（1868）年1月7日　江戸時代末期の女性。佐佐木弘綱の母。
¶江表（鴻子（三重県））

佐々木二六〔1代〕　ささきにろく
江戸時代末期～昭和期の陶工。
¶美工（[生]安政4（1857）年　[没]昭和10（1935）年12月）

佐々木信実＊　ささきのぶざね
安元2（1176）年～寛元1（1243）年　鎌倉時代前期の武将。
¶古人（[没]？）

佐々木信綱＊　ささきのぶつな
養和1（1181）年～仁治3（1242）年　鎌倉時代前期の武将。定綱の子。
¶古人，コン，中世，内乱

佐々木野資敦＊　ささきのもとあつ
元和4（1618）年1月2日～寛文2（1662）年　江戸時代前期の公家（非参議）。権中納言庭田重定の次男。
¶公卿，公家（資敦〔庭田家〕　すけあつ）

佐々木梅門＊　ささきばいもん
弘化2（1845）年～明治36（1903）年　江戸時代末期～明治時代の俳人。書道、漢学も学ぶ。俳句の同人で東雲社を作る。
¶幕末（[没]明治36（1903）年4月10日）

佐々木一＊　ささきはじめ
嘉永4（1851）年6月4日～大正15（1926）年5月24日　江戸時代後期～明治時代の新撰組隊士。
¶新隊

佐々木隼人佐＊　ささきはやとのすけ
生没年不詳　安土桃山時代の織田信長の家臣。
¶織田

佐々木春夫＊　ささきはるお
文政1（1818）年～明治21（1888）年　[別]佐々木太郎（ささきたろう）　江戸時代末期～明治時代の国学者、和歌山藩国学所総裁。天誅組挙兵で軍資金を援助。
¶コン（佐々木太郎　ささきたろう），幕末（[生]文政3（1820）年　[没]明治23（1890）年11月27日）

佐々木春行＊　ささきはるゆき
明和1（1764）年9月10日～文政2（1819）年8月21日　江戸時代後期の能楽研究家。
¶コン

佐々木半四郎＊　ささきはんしろう
文政12（1829）年～元治1（1864）年　江戸時代末期の長州（萩）藩寄組。
¶幕末（[没]元治1（1864）年7月19日）

佐々木秀詮＊　ささきひであき
？～正平17/貞治1（1362）年　[別]京極秀詮（きょうごくひであき）　南北朝時代の武将。
¶コン

佐々木秀綱＊　ささきひでつな
？～正平8/文和2（1353）年　[別]京極秀綱（きょうごくひでつな）　南北朝時代の守護大名。足利尊氏方の有力武将。
¶コン，室町（[没]文和2/正平8（1353）年）

佐々木秀義＊　ささきひでよし
天永3（1112）年～元暦1（1184）年　[別]源秀義（みなもとのひでよし）　平安時代後期の武将。宇田源氏。季定の子。
¶古人（源秀義　みなもとのひでよし），中世

佐々木兵庫頭定治　ささきひょうごのかみさだはる
安土桃山時代～江戸時代前期の豊臣秀頼の家臣。
¶大坂（[生]慶長1年4月12日　[没]延宝1年10月6日）

佐々木広綱＊　ささきひろつな
？～承久3（1221）年　鎌倉時代前期の武将。定綱の長子。
¶内乱

佐々木弘綱＊（佐佐木弘綱）　ささきひろつな
文政11（1828）年～明治24（1891）年　江戸時代末期～明治時代の歌人、国文学者、東京大学講師。万葉集、八代集などを初めて活字本とした「日本歌学全書」刊行。
¶コン（佐佐木弘綱），幕末（[生]文政11（1828）年7月16日　[没]明治24（1891）年6月25日）

佐々木文山＊　ささきぶんざん
万治2（1659）年～享保20（1735）年5月7日　江戸時代前期～中期の書家。号は臥竜、墨華堂。
¶コン

雀部明時　ささきべのあきとき
平安時代中期の官人。
¶古人（生没年不詳）

雀部朝臣真人　さざきべのあそんまひと
⇒雀部真人（さざきべのまひと）

雀部兄子＊　ささきべのあにこ，さざきべのあにこ
[別]雀部兄子（ささきべのえこ）　奈良時代の医師。
¶古人（ささきべのえこ　生没年不詳）

雀部兄子　ささきべのえこ
⇒雀部兄子（ささきべのあにこ）

雀部惟国　ささきべのこれくに
平安時代中期の官人。
¶古人（生没年不詳）

雀部重国　ささきべのしげくに
平安時代中期の官人。

¶古人(生没年不詳)

雀部真人* さざきべのまひと
生没年不詳 [別]雀部朝臣真人(さざきべのあそんまひと) 奈良時代の官人。
¶古代(雀部朝臣真人 さざきべのあそんまひと)

雀部道奥 ささきべのむつ
奈良時代の官人。
¶古人(生没年不詳)

雀部安光 ささきべのやすみつ
平安時代中期の官人。
¶古人(生没年不詳)

笹木政吉 ささきまさきち
⇒中井範五郎(なかいはんごろう)

佐々木政清* ささきまさきよ
戦国時代の武将。足利氏家臣。
¶後北(政清〔佐々木(1)〕 まさきよ)

佐々木又四郎* ささきまたしろう
天保9(1838)年～文久3(1863)年 江戸時代末期の長州(萩)藩士。
¶幕末([没]文久3(1863)年6月5日)

佐々木満高 ささきみつたか
⇒六角満高(ろっかくみつたか)

佐々木満綱 ささきみつつな
⇒六角満綱(ろっかくみつつな)

佐々木持清 ささきもちきよ
⇒京極持清(きょうごくもちきよ)

佐々木盛綱* ささきもりつな
仁平1(1151)年～? [別]源盛綱(みなもとのもりつな) 平安時代後期～鎌倉時代前期の武将。秀義の子。
¶古人(源盛綱 みなもとのもりつな),コン,内乱,平家

佐々木弥五兵衛* ささきやごべえ,ささきやごへえ
*～嘉永1(1848)年6月 [別]小本の弥五兵衛(おもとのやごべえ),小本村弥五兵衛(おもとむらやごへえ,こもとむらやごべえ) 江戸時代後期の陸奥盛岡藩一揆の指導者。
¶江人(小本村弥五兵衛 おもとむらやごへえ [生]1782年?),コン(ささきやごへえ [生]? [没]嘉永2(1849)年),コン(小本村弥五兵衛 こもとむらやごべえ [生]安永9(1780)年 [没]嘉永3(1850)年)

佐々木遊古子* ささきゆうこし
延宝3(1675)年～享保6(1721)年 江戸時代中期の女性。対馬藩主宗義真の側室。
¶江表(筆(長崎県) [生]延宝2(1674)年)

佐々木義賢 ささきよしかた
⇒六角義賢(ろっかくよしかた)

佐々木義清* ささきよしきよ
生没年不詳 鎌倉時代前期の武将。
¶古人

佐々木義治 ささきよしはる
⇒六角義治(ろっかくよしはる)

佐々木吉春 ささきよしはる
江戸時代末期～明治時代の和算家。岡山の青木村の人。嘉永7年算額を奉納。
¶数学([没]明治18(1885)年8月1日)

佐崎了重 ささきりょうじゅう,さざきりょうじゅう
⇒佐崎宰相(さざきさいしょう)

佐々木累* ささきるい
生没年不詳 江戸時代前期の女性。武芸者。
¶江表(留伊(東京都)),コン

佐々倉桐太郎* ささくらきりたろう
天保1(1830)年～明治8(1875)年12月17日 江戸時代末期～明治時代の幕臣。1860年咸臨丸の運用方としてアメリカに渡る。
¶全幕([生]天保7(1836)年),幕末([没]明治8(1875)年11月17日)

左座謙三郎* さざけんざぶろう
天保11(1840)年～慶応1(1865)年 [別]左座謙三郎(そざけんざぶろう) 江戸時代末期の筑前福岡藩士。
¶幕末([没]慶応1(1865)年10月23日)

ささ子 ささこ★
江戸時代末期の女性。旅日記・和歌。沢村氏の妻。文久3年成立の旅日記「旅記しのふ草」が香川大学附属図書館神原文庫に残る。
¶江表(ささ子(東京都))

三三子 ささこ
江戸時代末期～明治時代の女性。和歌。福岡藩士小寺七郎左衛門貞雄の妻。
¶江表(三三子(福岡県) [没]明治2(1869)年)

佐々耕庵 ささこうあん
⇒佐々耕庵(さっさこうあん)

笹沢櫟亭 ささざわれきてい
江戸時代末期～昭和期の日本画家。
¶美画([生]安政2(1855)年8月27日 [没]昭和10(1935)年8月)

篠島久大* ささじまひさおお
文化9(1812)年～明治3(1870)年 江戸時代末期～明治時代の加賀藩士、金沢藩権少参事。勝手方、大組頭、馬廻頭兼算用場奉行等歴任。
¶幕末([没]明治3(1870)年11月10日)

佐々十左衛門 ささじゅうざえもん
⇒佐々十左衛門(さっさじゅうざえもん)

さゝ女 ささじょ★
江戸時代中期の女性。俳諧。松山の人。延享4年刊、波止浜の俳人村山一志編『素羅宴』に載る。
¶江表(さゝ女(愛媛県))

佐々如是* ささじょぜ
文化7(1810)年～明治19(1886)年2月 [別]佐々泉翁(ささせんおう) 江戸時代末期～明治時代の儒学者。
¶幕末

佐々泉翁 ささせんおう
⇒佐々如是(ささじょぜ)

佐々宗惇 ささそうじゅん
⇒佐々十竹(さっさじっちく)

笹竹露子 ささたけつゆこ★
江戸時代後期の女性。狂歌。寛政6年、元杢網序『新古今狂歌集』に、翠簾網女の死を悼んで詠んだ。
¶江表(笹竹露子(東京都))

笹田友山 ささだゆうざん
江戸時代後期～大正時代の陶画工。

¶美工（[生]天保11（1840）年 [没]大正3（1914）年）

笹塚有義 ささつかありよし，ささづかありよし
⇒笹塚有義（ささづかゆうぎ）

篠塚峯蔵＊（篠塚峰蔵） ささづかみねぞう
江戸時代末期の新撰組隊士。
¶新隊（篠塚峰蔵 生没年不詳）

笹塚有義＊ ささづかゆうぎ
生没年不詳 [別]笹塚有義（ささつかありよし，ささづかありよし） 江戸時代中期の算家。
¶数学（ささつかありよし）

楽浪河内＊ さざなみのかわち
生没年不詳 [別]楽浪河内（さざなみのこうち），高丘河内（たかおかのかわち，たかおかのこうち），高丘連河内（たかおかのむらじかわち，たかおかのむらじこうち） 奈良時代の渡来系官人。父は沙門詠。
¶古人（さざなみのこうち），古人（高丘河内 たかおかのかわち），古代（高丘連河内 たかおかのむらじこうち），コン

楽浪河内 さざなみのこうち
⇒楽浪河内（さざなみのかわち）

佐々成政 ささなりまさ
⇒佐々成政（さっさなりまさ）

笹沼金吾＊ ささぬまきんご
天保5（1834）年～明治1（1868）年 江戸時代末期の陸奥会津藩士。
¶幕末（[没]慶応4（1868）年8月30日）

笹沼金六＊ ささぬまきんろく
天保9（1838）年～明治1（1868）年 江戸時代末期の陸奥会津藩士。
¶幕末（[没]慶応4（1868）年閏4月25日）

笹林堂助 ささばやしどうすけ
⇒中村重助〔2代〕（なかむらじゅうすけ）

佐々隼太＊ ささはやた
文政6（1823）年～明治42（1909）年 [別]佐々隼太（さっさはやた） 江戸時代末期～明治時代の常陸土浦藩士。
¶幕末（[没]明治42（1909）年1月4日）

篠原善兵衛＊ ささはらぜんべえ
天明7（1787）年～安政3（1856）年 江戸時代後期の庄屋。
¶幕末（[生]天明2（1782）年 [没]安政3（1856）年7月13日）

笹股幸満の母 ささまたゆきみつのはは★
江戸時代末期の女性。和歌。幸満は出雲広瀬藩藩士で安政6年跋、淡路の高階惟昌編『国学人物志』初に名が載る。
¶江表（笹股幸満の母（島根県））

さゝめ
江戸時代中期の女性。俳諧。甲斐の人。安永5年刊、堀内引蝶撰『其唐松』に載る。
¶江表（さゝめ（山梨県））

篠本為直 ささもといちょく
江戸時代中期の代官。
¶徳代（生没年不詳）

篠本亀松＊ ささもとかめまつ
天保10（1839）年～明治1（1868）年 江戸時代末期の医師。
¶幕末（[没]慶応4（1868）年2月9日）

笹本金平 ささもときんぺい
⇒歌沢笹丸（うたざわささまる）

篠本信也 ささもとしんや
江戸時代後期～明治時代の代官、大蔵省職員。
¶徳代（[生]天保2（1831）年 [没]？）

笹元住の母 ささもとすみのはは★
江戸時代後期の女性。狂歌。石和の人。文化11年刊、四方滝水楼米人撰『狂歌水薦集』に載る。
¶江表（笹元住の母（山梨県））

笹本忠良 ささもとただよし
江戸時代中期～後期の幕臣。
¶徳人（[生]1773年 [没]1819年）

篠本彦次郎 ささもとひこじろう
江戸時代後期～末期の幕臣。
¶徳人（生没年不詳）

笹本彦太郎 ささもとひこたろう
⇒歌沢笹丸（うたざわささまる）

篠山景助＊ ささやまかげすけ
生没年不詳 安土桃山時代の織田信長の家臣。
¶織田

篠山景徳 ささやまかげのり
⇒篠山十兵衛景徳（しのやまじゅうべいかげのり）

篠山景義 ささやまかげよし
宝暦5（1755）年～＊ 江戸時代中期～後期の幕臣、代官、佐渡奉行。
¶徳人（[没]1818年），徳代（[没]文化14（1817）年8月）

篠山景徳 ささやまけいとく
⇒篠山十兵衛景徳（しのやまじゅうべいかげのり）

篠山資家 ささやますけいえ
⇒篠山資家（しのやますけいえ）

篠山資友 ささやますけとも
安土桃山時代～江戸時代前期の代官。
¶徳代（[生]天正4（1576）年 [没]寛永12（1635）年2月）

細草 さざれぐさ★
江戸時代中期の女性。俳諧。久保田の人。享保10年序、秋田藩士根本老之助編と考えられる『太平山採花』に載る。
¶江表（細草（秋田県））

笹分 ささわけ★
江戸時代中期の女性。俳諧。宝永4年刊、榎本其角門の才媛小川秋色ほか編『類柑子』の「晋子終焉記」に載る。
¶江表（笹分（東京都））

些山女 ささんじょ★
江戸時代後期の女性。俳諧。谷素外門。文化8年序、素外編『玉池雑藻』に載る。
¶江表（些山女（東京都））

佐次 さじ
江戸時代前期～中期の俳諧作者。元禄ごろ。
¶俳文（生没年不詳）

佐治一平＊ さじかずひら
生没年不詳 江戸時代前期の和算家。
¶数学

座敷童子＊ ざしきわらし
東北地方に伝承される精霊。

¶コン

左氏珠山* さししゅざん
文政12(1829)年～明治29(1896)年7月20日　江戸時代末期～明治時代の朱子学者、申義堂・藩学明倫館の教授。南予中学校長などつとめる。
¶幕末

佐治主馬助為成 さじしゅめのすけためなり
江戸時代前期の佐治与九郎一成の子。大坂の陣で籠城。
¶大坂

佐治新太郎* さじしんたろう
？～天正7(1579)年4月1日　戦国時代～安土桃山時代の織田信長の家臣。
¶織田(生永禄3(1560)年頃)

指田竹次郎* さしだたけじろう
嘉永2(1849)年～？　江戸時代後期～末期の新撰組隊士。
¶新隊

佐治頼母為重 さじたのもためしげ
安土桃山時代～江戸時代前期の藤堂高虎・池田光政の家臣。
¶大坂(生天正13年　没明暦3年7月4日)

佐治為貞 さじためさだ
戦国時代～安土桃山時代の織田信長の家臣。知多郡大野城主。
¶織田(生没年不詳)

佐七 さしち
⇒荻野沢之丞(おぎのさわのじょう)

佐治内膳 さじないぜん
江戸時代前期の武士。大坂の陣で籠城。毛利吉政配下の鉄砲頭。
¶大坂

佐治信方* さじのぶかた
天文22(1553)年～天正2(1574)年　安土桃山時代の武将。織田氏家臣。
¶織田(生？　没天正2(1574)年9月29日)

佐治梅坡* さじばいは
天保11(1840)年～明治20(1887)年8月8日　江戸時代末期～明治時代の会津藩士の子、福島師範学校教官。開拓使出仕。「愛国談叢」「作文階梯」等の著書がある。
¶幕末

佐治寛* さじひろし
嘉永1(1848)年3月22日～明治1(1868)年11月30日　江戸時代後期～末期の新撰組隊士。
¶新隊

幸島桂花 さしまけいか
⇒幸島桂花(ゆきしまけいか)

佐治美作守* さじみまさかのかみ
生没年不詳　安土桃山時代の織田信長の家臣。
¶織田

座神* ざしん
生没年不詳　江戸時代前期の俳人。
¶俳文

佐須伊織* さすいおり
享和2(1802)年～文久2(1862)年　江戸時代末期の対馬藩家老。
¶全幕，幕末(没文久2(1862)年8月25日)

佐世一清* させいっせい
嘉永5(1852)年～明治9(1876)年　江戸時代末期～明治時代の萩藩士の子。萩の乱で敗れ斬首される。
¶幕末(生嘉永5(1852)年3月　没明治9(1876)年12月3日)

佐世清宗* させきよむね
戦国時代～安土桃山時代の武士。
¶戦武(生没年不詳)

佐瀬常藤 さぜつねふじ
安土桃山時代の蘆名四天宿老の1人。
¶全戦(生没年不詳)

鎖是時成 さぜときなり
安土桃山時代の大宮浅間神社の社人。正鎰取をつとめ、武田氏による本宮造営事業を担う。
¶武田(生没年不詳)

佐瀬得所* させとくしょ，さぜとくしょ
文政5(1822)年～＊　江戸時代末期～明治時代の書家。長崎、清国で研鑽。著書に「新選万字文」。
¶幕末(さぜとくしょ　没明治11(1878)年1月2日)

佐世彦七 させひこしち
⇒佐世彦七(させひこひち)

佐世彦七* させひこひち
文化10(1813)年～明治9(1876)年　[別]佐世彦七(させひこしち)　江戸時代末期～明治時代の萩藩士。萩の乱の際、捕縛の時屠腹を果たせず病院で死去。
¶幕末(させひこしち　生文化10(1813)年1月　没明治9(1876)年11月14日)

鎖是宮猿 さぜみやさる
戦国時代～安土桃山時代の大宮浅間神社の社人。
¶武田(生没年不詳)

鎖是宮千代 さぜみやちよ
戦国時代の大宮浅間神社の社人。
¶武田(生没年不詳)

佐世元嘉* させもとよし
＊～元和6(1620)年　安土桃山時代～江戸時代前期の武士。
¶全戦(生天文15(1546)年)，戦武(生天文15(1546)年)

佐瀬与次右衛門* させよじえもん
寛永7(1630)年～正徳1(1711)年　江戸時代前期～中期の陸奥国会津郡幕内村の篤農家。
¶江人，コン

佐相和泉守* さそういずみのかみ
生没年不詳　戦国時代の相模の名主。
¶後北(和泉守〔佐相・佐蔵尾〕　いずみのかみ)

佐双左仲 さそうさちゅう
江戸時代後期～明治時代の造船技師、海軍造船総監。
¶科学(生嘉永5(1852)年4月15日　没明治38(1905)年10月9日)

佐々宇三五 さそうさんご
⇒麻生三五(あそうさんご)

さた(1)
江戸時代後期の女性。俳諧。越前福井の人。天保14年刊、天井韋静ほか編『炭瓢集』に載る。
¶江表(さた(福井県))

さた(2)
江戸時代後期の女性。和歌。駿河沼津の脇本陣虎屋中村九左衛門の妻。天保12年刊、竹村茂雄編『門田の抜穂』に載る。
¶江表(さた(静岡県))

さ多　さた★
江戸時代後期の女性。教育。山下粂蔵の妻。
¶江表(さ多(東京都)　[生]文政6(1823)年頃)

佐多(1)　さた★
江戸時代中期の女性。狂歌。尾張名古屋の人。明和7年跋、三休斉白掬撰『狂歌気のくすり』に載る。
¶江表(佐多(愛知県))

佐多(2)　さた★
江戸時代後期の女性。教育。松本氏。
¶江表(佐多(東京都)　[生]天保4(1833)年頃)

佐太　さた★
江戸時代後期の女性。俳諧。長崎西浜町の廻船問屋久松熊十郎の妻。五十嵐波間藻編『八重山吹』によると、文化3年、波間藻が長崎を訪れた折、久松氏宅で両吟歌仙を巻いたという。
¶江表(佐太(長崎県))

さだ(1)
江戸時代後期の女性。俳諧。芳賀氏の娘。
¶江表(さだ(宮城県)　[没]文化3(1806)年)

さだ(2)
江戸時代後期〜明治時代の女性。教育。赤須村下平の建築家宮沢清次郎の妻。
¶江表(さだ(長野県)　[生]文化1(1804)年　[没]明治6(1873)年)

さだ(3)
江戸時代後期の女性。医術。蘭方医稲村三伯の娘。
¶江表(さだ(大阪府)　[没]嘉永2(1849)年)

貞(1)　さだ★
江戸時代後期の女性。和歌。越後与板の三輪喜左衛門の後妻。天保11年から同12年に成立、富取正誠編「雲居の杖」に載る。
¶江表(貞(新潟県))

貞(2)　さだ★
江戸時代末期の女性。和歌。会津藩の西郷氏の娘。
¶江表(貞(福島県)　[没]慶応4(1868)年)

貞(3)　さだ★
江戸時代末期〜明治時代の女性。画。尾張の吉田氏。
¶江表(貞(愛知県)　[没]明治33(1900)年)

定(1)　さだ★
江戸時代後期の女性。教育。斎藤永明の妻。
¶江表(定(東京都)　[生]享和3(1803)年頃)

定(2)　さだ★
江戸時代後期の女性。和歌。佐々木氏。文化11年刊、中山忠雄・河田正致編『柿本社奉納和歌集』に載る。
¶江表(定(京都府))

定(3)　さだ★
江戸時代末期の女性。和歌。美濃加納の杉浦兵四郎の母。慶応2年序、村上忠順編『元治元年千首』に載る。
¶江表(定(岐阜県))

定家　さだいえ
⇒藤原定家(ふじわらのさだいえ)

貞市右衛門*　さだいちえもん
文政8(1825)年〜明治37(1904)年　江戸時代末期〜明治時代の養蜂家。転地養蜂を考え出し、収量を非常に増大させる。
¶幕末([没]明治37(1904)年6月10日)

貞江継人*　さだえのつぐひと
生没年不詳　平安時代前期の明法博士。
¶古人,コン

貞香　さだか★
江戸時代中期の女性。漢詩。管氏。
¶江表(貞香(京都府)　[生]享保17(1732)年　[没]天明7(1787)年)

佐田介石*　さだかいせき
文政1(1818)年〜明治15(1882)年12月9日　江戸時代末期〜明治時代の真宗本願寺派僧侶、国粋主義者。仏教の須弥山説を擁護して天動説を主張。国産品の奨励など文明開化の風潮に反対。
¶科学([生]文政1(1818)年4月8日),コン,全幕,幕末([生]文政1(1818)年4月8日)

貞一　さだかず
⇒月山貞一(がっさんさだかず)

貞数親王*　さだかずしんのう
貞観17(875)年〜延喜16(916)年　平安時代前期〜中期の清和天皇の皇子。
¶古人,古代,天皇([生]?　[没]延喜16(916)年5月19日)

貞固親王*　さだかたしんのう
?〜延長8(930)年　[別]貞固親王(さだもとしんのう)　平安時代前期〜中期の清和天皇の皇子。
¶古人,古代(さだもとしんのう),天皇([没]延長8(930)年5月15日)

貞歌女　さだかめ★
江戸時代末期の女性。画。歌川を名乗る。浮世絵師初代歌川国貞門。
¶江表(貞歌女(東京都))

定清　さだきよ
⇒服部定清(はっとりさだきよ)

沙宅紹明*　さたくじょうみょう,さたくしょうみょう
?〜天武2(673)年　[別]沙宅紹明(さたくしょうめい)　飛鳥時代の百済からの渡来人。官人。
¶古人(さたくしょうみょう),古代,古物,コン

沙宅紹明　さたくしょうめい
⇒沙宅紹明(さたくじょうみょう)

佐竹永海*　さたけえいかい
享和3(1803)年〜明治7(1874)年　江戸時代末期〜明治時代の日本画家。文晁系の南北合派を明治に伝える。
¶幕末([没]明治7(1874)年12月24日),美画([没]明治7(1874)年12月24日)

佐竹永湖*　さたけえいこ
*〜明治42(1909)年　江戸時代後期〜明治時代の日本画家。作品に「観音図」「雲中西王母図」「松下孔雀図」など。
¶美画([生]天保6(1835)年12月　[没]明治42(1909)年7月24日)

佐竹永邨 さたけえいそん
江戸時代後期～大正時代の日本画家。
¶美画(㋐弘化2(1845)年2月23日　㋑大正11(1922)年8月7日)

佐竹悦子* さたけえつこ
天保12(1841)年～大正5(1916)年　江戸時代末期～大正時代の華族。秋田藩主義睦の妻。高知藩主山内豊資の2女。
¶江表(諒鏡院(秋田県)　りょうきょういん)

佐竹織江* さたけおりえ
文化13(1816)年～元治1(1864)年　江戸時代末期の彦山修験僧。
¶コン, 幕末(㋑元治1(1864)年7月20日)

佐竹噲々* (佐竹噲噲, 佐竹噲々)　さたけかいかい
元文3(1738)年～寛政2(1790)年　江戸時代中期の南画家。
¶美画(佐竹噲噲　㋑寛政2(1790)年3月22日)

佐竹五郎* さたけごろう
文政6(1823)年～明治1(1868)年　江戸時代末期の美濃大垣藩士。
¶幕末(㋑明治1(1868)年10月1日)

佐竹貞義* さたけさだよし
弘安10(1287)年～正平7/文和1(1352)年　鎌倉時代後期～南北朝時代の武将。常陸国守護。行義の子。
¶室町

佐竹曙山* さたけしょざん
寛延1(1748)年～天明5(1785)年　㋕佐竹義敦(さたけよしあつ)　江戸時代中期の大名。出羽秋田藩主。
¶江人, コン, 対外(佐竹義敦　さたけよしあつ), 美画(㋐寛延1(1748)年閏10月1日　㋑天明5(1785)年6月1日)

佐竹隆義* さたけたかよし
永永1(1118)年～寿永2(1183)年　㋕源隆義(みなもとのたかよし)　平安時代後期の常陸国の武将。昌義の子。
¶古人(源隆義　みなもとのたかよし), コン(生没年不詳), 平家(㋑寿永2(1183)年?)

佐竹武子* さたけたけこ
?～元治1(1864)年1月20日　江戸時代末期の女性。出羽秋田藩城代佐竹義茂の妻。
¶江表(武子(秋田県)　㋐文化13(1816)年)

佐竹忠義* さたけただよし
?～治承4(1180)年　平安時代後期の武将。
¶古人

佐竹親直* さたけちかなお
?～元和1(1615)年　安土桃山時代～江戸時代前期の武将。長宗我部氏家臣。
¶戦武(㋐慶長9(1566)年?　㋑慶長20(1615)年)

佐竹与義 さたけともよし
⇒山入与義(やまいりともよし)

佐竹直衛* さたけなおえ
文政8(1825)年～元治1(1864)年　江戸時代末期の国分寺隊長。
¶幕末(㋑元治1(1864)年7月19日)

佐竹秀義* さたけひでよし
仁平1(1151)年～嘉禄1(1225)年　㋕源秀義(みなもとのひでよし)　平安時代後期～鎌倉時代前期の

常陸国の武将。隆義の子。
¶古人(源秀義　みなもとのひでよし), コン(㋑仁平2(1152年/1151)年), 内乱(㋐仁平1(1151)年?　㋑嘉禎1(1235)年)

佐武広命* さたけひろみち
天保10(1839)年～大正1(1912)年　江戸時代末期～明治時代の紀州藩士、陸軍大尉。西南戦争で熊本籠城、三国峠で大功を立てる。
¶幕末(㋑明治45(1912)年5月12日)

佐竹蓬平* さたけほうへい
寛延3(1750)年～文化4(1807)年　江戸時代後期の画家。
¶美画

佐竹昌成* さたけまさなり
生没年不詳　㋕佐竹義弘(さたけよしひろ), 佐竹義政(さたけよしまさ)　平安時代後期～鎌倉時代前期の武将。
¶古人

佐竹昌義* さたけまさよし
生没年不詳　平安時代後期の常陸国の武将。源義業の子。
¶コン, 平家(㋐?　㋑康治2(1143)年?)

佐竹美恵子* さたけみえこ
天保6(1835)年～明治25(1892)年3月16日　江戸時代末期～明治時代の歌人。出羽国大館佐竹に生まれる。「明治歌集」に詠歌が収められている。
¶江表(貞照院(秋田県))

佐竹宗実 さたけむねざね
安土桃山時代の織田信長の家臣。明智光秀の麾下。
¶織田(㋐?　㋑天正18(1590)年9月23日)

佐竹師義* さたけもろよし
?～正平6/観応2(1351)年?　南北朝時代の武将。
¶室町(生没年不詳)

佐竹義昭* さたけよしあき
享禄4(1531)年～永禄8(1565)年　戦国時代の武将、常陸太田城主、義篤の子。
¶全戦, 戦武, 室町

佐竹義篤* (1)　さたけよしあつ
応長1(1311)年～正平17/貞治1(1362)年　南北朝時代の武将。貞義の子。
¶室町

佐竹義篤* (2)　さたけよしあつ
永正4(1507)年～天文14(1545)年　戦国時代の武将。
¶全戦

佐竹義敦 さたけよしあつ
⇒佐竹曙山(さたけしょざん)

佐竹義堅* さたけよしかた
生没年不詳　戦国時代の武将。佐竹氏家臣。
¶全戦, 戦武(さたけよしかた(よしみ))

佐竹義廉* さたけよしかど
生没年不詳　戦国時代の武将。佐竹氏家臣。
¶全戦

佐竹義舜* さたけよしきよ
文明2(1470)年～永正14(1517)年　戦国時代の武将、常陸太田城主、義治の子。
¶室町

さたけよ 974

佐竹義斯* さたけよしこれ
天文14(1545)年〜慶長4(1599)年4月18日 ㊗佐竹義斯(さたけよしつな) 戦国時代〜安土桃山時代の武将。佐竹氏家臣。
¶全戦(さたけよしつな)

佐竹義里* さたけよしさと
永正17(1520)年〜？ 戦国時代の武将。佐竹氏家臣。
¶全戦(㊗永正12(1515)年)

佐竹義重* さたけよししげ
天文16(1547)年〜慶長17(1612)年 安土桃山時代〜江戸時代前期の武将、常陸太田城主、義昭の子。
¶コン, 全戦, 戦武

佐竹義堯* さたけよしたか
文政8(1825)年7月27日〜明治17(1884)年10月23日 江戸時代末期〜明治時代の出羽久保田藩主、侯爵。藩の富国強兵と西洋砲術を推進した。維新後は藩知事に就任。
¶コン, 全幕, 幕末

佐竹義理* さたけよしただ
安政5(1858)年〜大正3(1914)年 江戸時代末期〜明治時代の秋田新田藩(岩崎藩)主、岩崎藩知事、貴族院議員、国光生命保険社長。
¶幕末(㊐安政5(1858)年9月4日 ㊗大正3(1914)年4月26日)

佐竹義継女 さたけよしつぐじょ
⇒佐田秀(さだひで)

佐竹義斯 さたけよしつな
⇒佐竹義斯(さたけよしこれ)

佐竹義諶* さたけよしつま, さたけよしづま
天保8(1837)年〜明治3(1870)年 江戸時代末期〜明治時代の大名、華族。
¶幕末(さたけよしづま ㊗明治3(1870)年4月16日)

佐竹義祚* さたけよしとし
*〜安政5(1858)年 江戸時代末期の秋田の画家。
¶美画(㊐文化14(1817)年12月16日 ㊗安政5(1858)年6月26日)

佐竹義尚* さたけよしなお
嘉永1(1848)年〜明治42(1909)年 江戸時代末期〜明治時代の秋田藩角館城代。戊辰戦争で、角館攻撃を退却させる。郷学和義塾を開く。
¶幕末(㊐嘉永1(1848)年11月17日 ㊗明治42(1909)年10月15日)

佐竹義直* さたけよしなお
生没年不詳 戦国時代〜安土桃山時代の武士。長宗我部氏家臣。
¶全戦

佐竹義脩* さたけよしなお
安政1(1854)年〜* 江戸時代末期〜明治時代の大名。出羽秋田藩主分流。
¶幕末(㊐嘉永7(1854)年7月 ㊗明治26(1893)年12月22日)

佐竹義宣* (1) さたけよしのぶ
？〜元中6/康応1(1389)年 南北朝時代の武将。
¶室町(㊗康応1/元中6(1389)年)

佐竹義宣* (2) さたけよしのぶ
元亀1(1570)年〜寛永10(1633)年 ㊹常陸侍従(ひたちじじゅう) 安土桃山時代〜江戸時代前期の大名。出羽秋田藩主、水戸藩主。
¶江人, コン, 全戦, 戦武, 内乱, 山小(㊗1633年1月25日)

佐竹義憲* (1) さたけよしのり
元亀1(1570)年〜* 安土桃山時代の武将。佐竹氏家臣。
¶戦武(㊗慶長7(1602)年)

佐竹義憲 (2) (佐竹義仁) さたけよしのり
⇒佐竹義人(さたけよしひと)

佐竹義治* さたけよしはる
嘉吉3(1443)年〜延徳2(1490)年4月25日 室町時代〜戦国時代の佐竹氏16代当主。
¶室町

佐竹義久* さたけよしひさ
天文23(1554)年〜慶長6(1601)年 安土桃山時代の武将。佐竹氏家臣。
¶全戦, 戦武(㊐天文10(1541)年)

佐竹義寿* さたけよしひさ
弘化4(1847)年〜明治17(1884)年 江戸時代末期〜明治時代の大名。出羽秋田藩主分家。
¶幕末(㊐弘化2(1845)年9月13日 ㊗明治17(1884)年9月4日)

佐竹義人* (佐竹義仁) さたけよしひと
応永7(1400)年〜応仁1(1467)年 ㊹佐竹義憲, 佐竹義仁(さたけよしのり) 室町時代の武将、常陸太田城主、義盛の養嗣子。
¶内乱(佐竹義憲(義人) さたけよしのり(よしひと)), 室町(㊗応永6(1399)年)

佐竹義広 さたけよしひろ
⇒蘆名盛重(あしなもりしげ)

佐竹義弘 さたけよしひろ
⇒佐竹昌成(さたけまさなり)

佐竹義政 さたけよしまさ
⇒佐竹昌成(さたけまさなり)

佐竹義和* さたけよしまさ
安永4(1775)年〜文化12(1815)年 江戸時代後期の大名。出羽秋田藩主。
¶江人, コン, 徳家, 山小(㊐1775年1月1日 ㊗1815年7月8日)

佐竹義躬* さたけよしみ
寛延2(1749)年〜寛政12(1800)年 江戸時代中期〜後期の画家。出羽久保田藩角館城代。
¶コン, 美画(㊐寛延2(1749)年5月4日 ㊗寛政12(1800)年1月16日)

佐竹義宗* さたけよしむね
生没年不詳 平安時代後期の常陸国の豪族。清和源氏。
¶コン

佐竹義遵* さたけよしゆき
天保9(1838)年〜明治34(1901)年 江戸時代末期〜明治時代の久保田藩大館城代、男爵。
¶幕末(㊐天保9(1838)年5月11日 ㊗明治34(1901)年3月7日)

さた子 (1) さたこ★
江戸時代後期の女性。和歌。棚倉藩藩士中村彦八の娘。天保11年序、因幡若桜藩主松平定保の室栄子著「松平源女寛妥和歌」に載る。
¶江表(さた子(福島県))

さた子(2)　さたこ*
　江戸時代後期の女性。和歌。幕臣、小姓組土岐十左衛門の妻。文化5年頃、真田幸弘編「御ことほきの記」に載る。
　¶江表（さた子（東京都））

さた子(3)　さたこ*
　江戸時代後期の女性。和歌。大黒十郎兵衛常転の妻。嘉永4年刊、堀尾光久編『近世名所歌集』に載る。
　¶江表（さた子（東京都））

さた子(4)　さたこ*
　江戸時代後期の女性。和歌。富谷嘉兵衛の娘。嘉永4年刊、堀尾光久編『近世名所歌集』初に載る。
　¶江表（さた子（東京都））

さた子(5)　さたこ*
　江戸時代後期の女性。和歌。常陸水戸藩の上﨟か。寛政10年跋、信濃松代藩主真田幸弘の六〇賀集「千とせの寿詞」に載る。
　¶江表（さた子（茨城県））

さた子(6)　さたこ*
　江戸時代後期の女性。和歌。紀州藩の奥女中。天保15年和歌を菩提寺の東漸寺に奉納。
　¶江表（さた子（和歌山県））

佐多子　さたこ*
　江戸時代後期の女性。和歌。高取藩主植村家長家の継室。文化5年頃、真田幸弘編「御ことほきの記」に載る。
　¶江表（佐多子（奈良県））

さだ子(1)　さだこ*
　江戸時代後期の女性。和歌。尾張名古屋の医師小宮山宗広友房、しげ子、くに子の母。文化14年刊、磯村道彦編『春風集』に載る。
　¶江表（さだ子（愛知県））

さだ子(2)　さだこ*
　江戸時代末期の女性。和歌。鬼柳氏。安政4年成立、江刺恒久編「言玉集」二に載る。
　¶江表（さだ子（岩手県））

整子　さだこ*
　江戸時代後期〜明治時代の女性。和歌。因幡鳥取東館新田藩主池田仲律の娘。
　¶江表（整子（鳥取県））　㋴天保5（1834）年　㋒明治12（1879）年

貞子(1)　さだこ*
　江戸時代前期〜中期の女性。和歌・教訓書・書簡。久我通名の娘。
　¶江表（貞子（宮城県））　㋴元禄1（1688）年　㋒延享2（1745）年

貞子(2)　さだこ*
　江戸時代中期の女性。俳諧。安芸能美の人。安永3年刊、多賀庵風律編『歳旦広島』に載る。
　¶江表（貞子（広島県））

貞子(3)　さだこ*
　江戸時代後期〜明治時代の女性。和歌・教育。佐々木氏の娘。
　¶江表（貞子（秋田県））　㋴文政3（1820）年　㋒明治12（1879）年

貞子(4)　さだこ*
　江戸時代後期の女性。画。高野氏。天保3年刊、畑銀鶏編『書画蓍粋』に載る。

　¶江表（貞子（東京都））

貞子(5)　さだこ*
　江戸時代後期の女性。和歌。仙洞御所に仕える侍松波光寮の娘。
　¶江表（貞子（茨城県））　㋴文政1（1818）年　㋒天保15（1844）年

貞子(6)　さだこ*
　江戸時代後期〜明治時代の女性。和歌。下野足利藩藩主田部文雅の娘。
　¶江表（貞子（群馬県））　㋴文化7（1810）年　㋒明治22（1889）年

貞子(7)　さだこ*
　江戸時代後期の女性。和歌。諏訪藩士浅野氏の妻。嘉永4年刊『波布里集』に載る。
　¶江表（貞子（長野県））

貞子(8)　さだこ*
　江戸時代後期の女性。和歌。伊勢山田の伊勢神宮外宮の禰宜檜垣貞賀の娘。
　¶江表（貞子（三重県））　㋴寛政7（1795）年　㋒嘉永3（1850）年

貞子(9)　さだこ*
　江戸時代後期〜昭和期の女性。書・教育・和歌。伊勢亀山藩藩士渡辺杢平の娘。天保期〜昭和初期に生きた人とされる。
　¶江表（貞子（滋賀県））

貞子(10)　さだこ*
　江戸時代後期の女性。和歌。大坂在住で、紀伊の医官森熊夫の妻。
　¶江表（貞子（大阪府）　㋒弘化3（1846）年）

貞子(11)　さだこ*
　江戸時代後期の女性。和歌。美濃大垣藩主戸田氏教の娘。文化5年頃、真田幸弘編「御ことほきの記」に載る。
　¶江表（貞子（奈良県））

貞子(12)　さだこ*
　江戸時代後期の女性。和歌。備後沼隈郡藤江村の山路源兵衛重恒の娘。天保12年刊、小野基固編『海内偉帖人名録』に名が載る。
　¶江表（貞子（広島県））

貞子(13)　さだこ*
　江戸時代後期〜明治時代の女性。和歌。安芸東浜の土佐藩船方由比屋市右衛門の娘。
　¶江表（貞子（高知県））　㋴天保9（1838）年　㋒明治45（1912）年

貞子(14)　さだこ*
　江戸時代後期〜明治時代の女性。和歌。久留米藩士林田守秋の妻。
　¶江表（貞子（福岡県））　㋴文政2（1819）年　㋒明治10（1877）年

貞子(15)　さだこ*
　江戸時代末期の女性。和歌。相模余綾郡大磯の小嶋市左衛門政業の娘。安政6年版『国学人物志』に載る。
　¶江表（貞子（神奈川県））

貞子(16)　さだこ*
　江戸時代末期の女性。和歌。二河福田の眼科医酒井利亮の妻。安政6年序、村上忠順編『類題和歌玉藻集』初に載る。
　¶江表（貞子（愛知県））

貞子(17)　さだこ*
江戸時代末期の女性。和歌。尾張内海の日比某の娘。安政5年序、佐々木弘綱編『類題千船集』初に載る。
¶江表(貞子(愛知県))

貞子(18)　さだこ*
江戸時代末期の女性。和歌。伊勢津藩士淵田順蔵の母。安政4年刊、富樫広蔭編『千百人一首』上に載る。
¶江表(貞子(三重県))

貞子(19)　さだこ*
江戸時代末期の女性。工芸。町医師長岡謙祥の妻。
¶江表(貞子(島根県)　[没]文久1(1861)年)

貞子(20)　さだこ*
江戸時代末期の女性。和歌。豊後杵築の荒巻為右衛門景福の娘。安政4年序、物集高世編『類題春草集』初に載る。
¶江表(貞子(大分県))

定子(1)　さだこ*
江戸時代の女性。和歌。浅草本願寺門跡前の池田氏。明治8年刊、橘東世子編『明治歌集』に載る。
¶江表(定子(東京都))

定子(2)　さだこ*
江戸時代中期の女性。和歌。幕臣曽雌盛定の娘。
¶江表(定子(山梨県)　[没]正徳3(1713)年)

定子(3)　さだこ*
江戸時代後期～大正時代の女性。和歌。伊豆木領主小笠原家の家臣木下一馬光昭の娘。
¶江表(定子(長野県)　[生]嘉永1(1848)年　[没]大正5(1916)年)

定子(4)　さだこ*
江戸時代後期の女性。和歌。彦根藩家老宇津木久純の娘。
¶江表(定子(滋賀県)　[生]寛政6(1794)年)

定子(5)　さだこ*
江戸時代末期の女性。和歌。徳島藩の奥女中。安政3年序、江戸の国学者で歌人井上文雄編『摘英集』に載る。
¶江表(定子(徳島県))

禎子　さだこ*
江戸時代後期の女性。和歌。出雲津和野藩主亀井矩賢の娘。
¶江表(禎子(東京都)　[生]寛政8(1796)年　[没]嘉永5(1852)年)

貞子内親王*　さだこないしんのう
？～承和1(834)年5月22日　平安時代前期の女性。淳和天皇の皇女。
¶古人, 天皇

佐田五郎作　さだごろうさく
⇒佐田秀(さだひで)

貞真親王*　さださねしんのう
貞観18(876)年～承平2(932)年　平安時代中期の清和天皇の皇子。
¶古人, 天皇([生]？　[没]承平2(932)年9月20日/承平1(931)年)

佐田秀　さたしゅう
⇒佐田秀(さだひで)

さた女(1)　さたじょ*
江戸時代中期の女性。俳諧。出作村の人。元禄14年序、大淀三千風編『倭漢田鳥集』に載る。
¶江表(さた女(香川県))

さた女(2)　さたじょ*
江戸時代後期の女性。俳諧。甲斐の俳諧結社「安楽林舎中」の人。天保9年、辻嵐外序『福は内』に載る。
¶江表(さた女(山梨県))

さた女(3)　さたじょ*
江戸時代末期の女性。俳諧。下総大穴の俳人斎藤園女の曽孫。文久1年序、随巣羽人編『憑蔭集』に載る。
¶江表(さた女(千葉県))

佐多女　さたじょ*
江戸時代末期の女性。俳諧。金井の人。元治1年刊、宮本真鶩編『あふぎ集』に載る。
¶江表(佐多女(長野県))

貞女(1)　さだじょ*
江戸時代中期の女性。俳諧。三河吉田の人。元禄14年刊、太田白雪編『きれぎれ』に載る。
¶江表(貞女(愛知県))

貞女(2)　さだじょ*
江戸時代末期の女性。和歌。三河堤村の生まれ。文久2年刊、村上忠順編『河藻歌集』に載る。
¶江表(貞女(愛知県))

貞純親王*　さだずみしんのう, さだすみしんのう
？～延喜16(916)年　平安時代前期～中期の清和天皇の皇子。
¶古人, 古代([生]873年？), コン, 天皇([没]延喜16(916)年5月7日)

貞次*(1)　さだつぐ
生没年不詳　鎌倉時代の備中国青江の刀工。
¶美工

貞次*(2)　さだつぐ
生没年不詳　南北朝時代の刀工。
¶美工

定時*　さだとき
生没年不詳　[別]定時(ていじ)　江戸時代前期の俳人。
¶俳文(ていじ)

貞辰親王*　さだときしんのう
貞観16(874)年～延長7(929)年　平安時代前期～中期の清和天皇の皇子。
¶古人

定利*　さだとし
生没年不詳　[別]綾小路定利(あやのこうじさだとし)　鎌倉時代の刀工。
¶美工

完敏親王　さだとししんのう
⇒堯恕入道親王(ぎょうじょにゅうどうしんのう)

定直　さだなお
⇒木畑定直(こばたさだなお)

貞永正輔*　さだながしょうすけ
天保3(1832)年～明治25(1892)年　江戸時代末期～明治時代の問屋商人の長男。家業を廃す。詩画を好み、志士と交わり庇護する。

¶幕末（[没]明治25（1892）年10月9日）

貞良親王* さだながしんのう

康元1（1256）年～文応1（1260）年　[別]貞良親王（さだよししんのう）　鎌倉時代前期の後嵯峨天皇の第13皇子。

¶天皇（さだよししんのう　[生]正嘉1（1257）年　[没]正元2（1260）年）

佐太味村 さだのあじむら

奈良時代の官人。

¶古人（生没年不詳）

佐太老 さだのおゆ

奈良時代の官人。

¶古人（生没年不詳）

貞登 さだののぼる

⇒貞登（さだのぼる）

貞登の母三国氏 さだののぼるのははみくにし

⇒三国町（みくにのまち）

貞登* さだのぼる

生没年不詳　[別]貞朝臣登（さだのあそんのぼる），貞登（さだののぼる）　平安時代前期の歌人。仁明天皇の皇子。

¶古人（さだののぼる），古代（貞朝臣登　さだのあそんのぼる），天皇（さだののぼる）

佐太良親* さたのよしちか

生没年不詳　平安時代中期の下級官人。障子絵を得意とした。

¶古人

貞教親王* さだのりしんのう

天保7（1836）年～文久2（1862）年　江戸時代末期の伏見宮邦家親王の第6王子、伏見宮第20代。

¶天皇（[生]天保7（1836）年9月17日　[没]文久2（1862）年10月25日）

貞利の母 さだのりのはは★

江戸時代中期の女性。和歌。尾張藩藩士貞利の母。宝永6年奉納、平間長雅編「住吉社奉納千首和歌」に載る。

¶江表（貞利の母（愛知県））

佐田白茅* さだはくぼう

天保3（1832）年～明治40（1907）年10月4日　[別]佐田素一郎（さだもといちろう）　江戸時代末期～明治時代の筑後久留米藩士。藩校明善堂の寮長となり、尊攘運動に参加。維新後は東征軍に従事。

¶コン，幕末（佐田素一郎　さだもといちろう　[生]天保3（1833）年12月10日），幕末（佐田素一郎　さだもといちろう　[生]天保3（1833）年12月10日）

佐田秀 さだひずる

⇒佐田秀（さだひで）

佐田秀* さだひで

天保11（1840）年～明治1（1868）年　[別]佐竹義継女（さたけよしつぐじょ），佐田秀（さたしゅう，さだひずる），佐田五郎作（さだごろうさく）　江戸時代末期の志士。

¶幕末（[生]天保10（1839）年　[没]慶応4（1868）年1月23日）

定秀 さだひで

⇒定秀（じょうしゅう）

貞姫* さだひめ

弘化2（1845）年～大正9（1920）年　江戸時代末期～大正時代の華族。近衛忠房の妻。鹿児島藩主島津斉彬の養女。

¶幕末（[生]弘化2（1845）年5月28日　[没]大正9（1920）年1月19日）

定姫* さだひめ

明暦1（1655）年5月7日～天和3（1683）年4月17日　江戸時代前期の女性。権大納言広幡忠幸の娘。

¶江表（定姫（愛知県））

貞平親王* さだひらしんのう

？～延喜13（913）年　平安時代前期～中期の清和天皇の皇子。

¶古人，コン，天皇（[没]延喜13（913）年3月6日）

貞成親王* さだふさしんのう

文中1/応安5（1372）年～康正2（1456）年　[別]後崇光院（ごすうこういん，ごすこういん），後崇光太上天皇（ごすこうだじょうてんのう），伏見宮貞成（ふしみのみやさだふさ），伏見宮貞成親王（ふしみのみやさだふさしんのう）　南北朝時代～室町時代の伏見宮栄仁親王の子。

¶コン（後崇光院　ごすこういん），中世（伏見宮貞成　ふしみのみやさだふさ），内乱（伏見宮貞成親王　ふしみのみやさだふさしんのう　[生]応安5（1372）年），俳文（[生]応安5（1372）年3月25日　[没]康正2（1456）年8月29日），室町（伏見宮貞成親王　ふしみのみやさだふさしんのう　[生]応安5（1372）年）

貞宗* さだむね

生没年不詳　[別]相州貞宗（そうしゅうさだむね）　鎌倉時代の刀工。

¶コン，美工

貞行親王* さだもちしんのう

宝暦10（1760）年～安永1（1772）年　江戸時代中期の桃園天皇の第2皇子、伏見宮第16代主。

¶天皇（[生]宝暦10（1760）年2月24日　[没]明和9（1771）年6月20日）

佐田素一郎 さだもといちろう

⇒佐田白茅（さだはくぼう）

貞元親王* さだもとしんのう

？～延喜9（909）年　平安時代前期～中期の清和天皇の皇子。

¶古人，古代，天皇（[没]延喜9（909）年11月26日）

貞固親王 さだもとしんのう

⇒貞固親王（さだかたしんのう）

貞保親王* さだやすしんのう

貞観12（870）年9月13日～延長2（924）年6月19日　平安時代前期～中期の清和天皇の皇子。

¶古人，古代，コン，天皇

貞保親王女* さだやすしんのうのむすめ

生没年不詳　平安時代中期の女性歌人。

¶古人

定雅 さだよし

⇒西村定雅（にしむらていが）

貞敬親王* さだよししんのう

＊～天保12（1841）年　江戸時代後期の伏見宮邦頼親王の第1王子、伏見宮第18代。

¶天皇（[生]安永4（1775）年12月10日　[没]天保12（1841）年1月21日）

貞良親土 さだよししんのう

⇒貞良親王（さだながしんのう）

さ

さ

貞好の母　さだよしのはは*
江戸時代前期の女性。俳諧。高橋氏。延宝5年刊、松風軒卜琴撰『玉江草』二に載る。
¶江表(貞好の母(福井県))

貞好の娘　さだよしのむすめ*
江戸時代前期の女性。俳諧。高橋氏。延宝5年刊、松風軒卜琴撰『玉江草』二に載る。
¶江表(貞好の娘(福井県))

貞頼親王*　さだよりしんのう
貞観18(876)年～延喜22(922)年　平安時代中期の清和天皇の皇子。
¶古人

左団次〔1代〕　さだんじ
⇒市川左団次〔1代〕(いちかわさだんじ)

さち(1)
江戸時代中期の女性。和歌。京都の水田七左衛門長隣の妻。宝永6年奉納、平間長雅編「住吉社奉納千首和歌」に載る。
¶江表(さち(京都府))

さち(2)
江戸時代中期～後期の女性。散文。江戸の狂歌四天王の一人宿屋飯盛こと石川雅望の長女。
¶江表(さち(東京都)　[生]天明2(1782)年　[没]文化1(1804)年)

さち(3)
江戸時代後期の女性。和歌。庄内藩主酒井左衛門尉忠徳家の奥女中。寛政10年跋、信濃松代藩主真田幸弘の六〇賀集「千とせの寿詞」に載る。
¶江表(さち(山形県))

さち(4)
江戸時代後期の女性。俳諧。高知の人。文政3年頃成立、徐風庵跋、竺貫三編『はせを塚集』に載る。
¶江表(さち(高知県))

幸　さち*
江戸時代後期の女性。俳諧。三河菅生村の旧家紺屋の鶴田光貞の娘。文化8年刊、眉山編『安宅集』に載る。
¶江表(幸(愛知県))

佐知　さち*
江戸時代中期～後期の女性。和歌・書。久留米藩の儒医で勤皇家森嘉善の妹。
¶江表(佐知(福岡県)　[生]宝暦7(1757)年　[没]文化13(1816)年)

さちを
江戸時代後期の女性。俳諧。泊の人。天保5年刊、高岡の真葛坊編『己之中集』に載る。
¶江表(さちを(富山県))

さちか女　さちかじょ*
江戸時代後期の女性。俳諧。本江の人。天保5年刊、高岡の真葛坊編『己之中集』に載る。
¶江表(さちか女(富山県))

さち子(1)　さちこ*
江戸時代後期の女性。和歌。飯田藩藩士北原丈太郎重満の娘。
¶江表(さち子(長野県)　[没]天保9(1838)年)

さち子(2)　さちこ*
江戸時代末期の女性。和歌。大竹吉十郎の母。安政7年跋、蜂屋光世編『大江戸倭歌集』に載る。
¶江表(さち子(東京都))

葛子　さちこ
江戸時代中期～後期の女性。和歌。幕臣で小納戸千本倶隆の娘。
¶江表(葛子(岐阜県)　[生]享保12(1728)年　[没]享和1(1801)年)

幸子(1)　さちこ*
江戸時代の女性。和歌。大野氏。明治15年刊、住谷明宣編『芳風集』に載る。
¶江表(幸子(神奈川県))

幸子(2)　さちこ*
江戸時代の女性。和歌。摂津三反田の吉井氏。明治16年刊、中村良顕編『猪名野の摘草』に載る。
¶江表(幸子(兵庫県))

幸子(3)　さちこ*
江戸時代の女性。和歌。阿蘇氏。明治4年刊、『不知火歌集』に載る。
¶江表(幸子(熊本県))

幸子(4)　さちこ*
江戸時代中期～末期の女性。茶道。儒者で書家篠崎小竹の妻。
¶江表(幸子(大阪府)　[生]天明6(1786)年　[没]安政4(1857)年)

幸子(5)　さちこ*
江戸時代後期の女性。和歌。江戸住の上杉家の女中。天保2年序、賀茂季鷹著、長治祐義編「雲錦翁家集」に載る。
¶江表(幸子(東京都))

幸子(6)　さちこ*
江戸時代後期の女性。和歌。忍藩の蓮花院の人。嘉永6年刊、黒沢翁満編『類題採風集』に載る。
¶江表(幸子(埼玉県))

幸子(7)　さちこ*
江戸時代後期の女性。和歌。越後水原の小田島松翁の娘。文政11年伯母穴沢たみ子の遺詠集『雪月集』に載る。
¶江表(幸子(新潟県))

幸子(8)　さちこ*
江戸時代後期～大正時代の女性。国学。近江八幡の商人西川吉輔の長女。
¶江表(幸子(滋賀県)　[生]嘉永1(1848)年　[没]大正7(1918)年)

幸子(9)　さちこ*
江戸時代後期の女性。和歌。因幡八上郡曳田村の河島陸奥の妻。弘化2年刊、加納諸平編『類題鰒玉集』五に載る。
¶江表(幸子(鳥取県))

幸子(10)　さちこ*
江戸時代後期～末期の女性。和歌・日記。松山の田内董史の妻。
¶江表(幸子(愛媛県)　[生]寛政5(1793)年　[没]安政4(1857)年)

幸子(11)　さちこ*
江戸時代末期の女性。和歌。三河三好の眼科医酒井利亮と貞子の娘。安政6年序、村上忠順編『類題和歌玉藻集』初に載る。
¶江表(幸子(愛知県))

幸子(12)　さちこ*
江戸時代末期の女性。和歌。西条藩領の寺川市郎兵衛の母。安政5年序、半井梧庵編『鄙のてぶり』二に載る。
¶江表(幸子(愛媛県))

幸子(13)　さちこ*
江戸時代末期～明治時代の女性。和歌。筑前秋月藩藩士水間氏の娘。
¶江表(幸子(福岡県)　[没]明治16(1883)年)

佐智子　さちこ*
江戸時代後期の女性。狂歌。上総小糸の人。文化13年刊『俳諧歌老若・貴賤百首』に載る。
¶江表(佐智子(千葉県))

左知子　さちこ*
江戸時代中期～末期の女性。和歌・長歌。武政七郎左衛門の娘。
¶江表(左知子(高知県)　[生]安永8(1779)年　[没]文久1(1861)年)

瑳智子　さちこ*
江戸時代後期～明治時代の女性。和歌。常陸鹿島神宮大宮司鹿島則瓊と末之子の娘。
¶江表(瑳智子(茨城県)　[生]文政6(1823)年　[没]明治26(1893)年)

幸女(1)　さちじょ*
江戸時代中期の女性。俳諧。美濃の脇坂氏の妻。宝永3年刊、孤耕庵魯九編『春鹿集』に載る。
¶江表(幸女(岐阜県))

幸女(2)　さちじょ*
江戸時代後期の女性。和歌。三河新城藩藩士の菅沼権右衛門勝行の妻。嘉永5年刊、本居内遠編『五十鈴川』に載る。
¶江表(幸女(愛知県))

佐中太常澄*(左中太常澄)　さちゅうだつねずみ
？～養和1(1181)年　平安時代後期の武士。
¶古人

さつ(1)
江戸時代中期の女性。俳諧。三河の人。元禄15年刊、太田白雪編『三河小町』下に載る。
¶江表(さつ(愛知県))

さつ(2)
江戸時代中期の女性。俳諧。大津の人。元禄16年序、井上千山編『当座はらひ』に載る。
¶江表(さつ(滋賀県))

さつ(3)
江戸時代中期の女性。俳諧。俳人乃白の妻。宝永3年刊、百花坊除風編、芭蕉翁追善集『一巡百韻』に載る。
¶江表(さつ(香川県))

属甚五左衛門*　さっかじんござえもん
嘉永2(1849)年～慶応2(1866)年　[別]属甚五右衛門(さかんじんごえもん)　江戸時代末期の長州(萩)藩軽卒。
¶幕末([没]慶応2(1866)年9月24日)

佐津川楠之助*　さつがわくすのすけ
生没年不詳　江戸時代末期の紀伊和歌山藩士。
¶幕末

皐月　さつき*
江戸時代後期の女性。和歌。備前岡山藩天城領領主池田家家臣山脇氏の娘。
¶江表(皐月(岡山県)　[没]文化11(1814)年)

五月庵綾女　さつきあんあやめ
江戸時代後期の女性。狂歌。杉屋町の大阪屋弥助の妻。天保3年刊、六樹園飯盛撰、六根園春根編『阿淡狂歌百人一首』に載る。
¶江表(五月庵綾女(徳島県))

皐月平砂*(──〔2代〕)　さつきへいさ
宝永5(1708)年～天明3(1783)年　[別]平砂〔2代〕(へいさ)，平砂(へいさ，へいしゃ)　江戸時代中期の俳人。
¶俳文(平砂〔2世〕　へいさ　[生]宝永4(1707)年)

さつ子　さつこ*
江戸時代末期の女性。和歌。筑後柳川藩の奥女中。「鶯歌集」に載る。
¶江表(さつ子(福岡県))

薩弘恪*　さつこうかく
生没年不詳　飛鳥時代の唐からの渡来人系官人。
¶古代,対外

佐々鶴城　さっさかくじょう
⇒佐々鶴城(さっさたずき)

佐々金平*　さっさきんぺい
弘化2(1845)年～明治2(1869)年　江戸時代末期の筑後久留米藩士。
¶幕末([没]明治2(1869)年4月17日)

佐々九郎右衛門　さっさくろ(う)えもん
江戸時代前期の豊臣秀吉の家臣。佐々成政の親類。
¶大坂([没]慶長20年5月7日/寛永11年4月？)

佐々耕庵*　さっさこうあん
文政5(1822)年～慶応3(1867)年　[別]佐々耕庵(ささこうあん)　江戸時代末期の志士。
¶幕末(ささこうあん　[没]慶応3(1867)年5月19日)

佐々十竹*　さっさじっちく
寛永17(1640)年～元禄11(1698)年　[別]佐々宗惇(ささそうじゅん)，佐々宗淳(さっさそうじゅん，さっさむねきよ)，助さん(すけさん)　江戸時代前期の歴史家。
¶コン(佐々宗淳　さっさむねきよ)

佐々十左衛門*　さっさじゅうざえもん
[別]佐々十左衛門(ささじゅうざえもん)　安土桃山時代の武将。秀吉馬廻。
¶大坂([没]慶長20年5月7日)

佐々甚右衛門成直　さっさじんえもんなりなお
江戸時代前期の豊臣秀頼の家臣。
¶大坂([没]慶長20年5月7日)

佐々清蔵　さっさせいぞう
⇒佐々木清蔵(ささきせいぞう)

佐々宗淳　さっさそうじゅん
⇒佐々十竹(さっさじっちく)

佐々鶴城*　さっさたずき
天保3(1832)年～明治38(1905)年3月17日　[別]佐々鶴城(さっさかくじょう)　江戸時代末期～明治時代の国学者、出雲大社主典。教部省出仕。京都梅宮神社等の宮司になる。
¶幕末(さっさかくじょう　[没]明治36(1903)年)

佐々槻子* さっさつきこ
寛政7(1795)年～慶応3(1867)年　江戸時代末期の女性。歌人、画家。
¶江表(槻子(熊本県)),美画([没]慶応3(1867)年8月17日)

佐佐友房 さっさともふさ
江戸時代末期～明治時代の政治家。
¶詩作([生]安政1(1854)年　[没]明治39(1906)年)

佐々長穐* さっさながあき
生没年不詳　安土桃山時代の織田信長の家臣。
¶織田,全戦

佐々長重 さっさながしげ
江戸時代前期の幕臣。
¶徳人([生]?　[没]1614年)

佐々長純 さっさながずみ
江戸時代中期の代官。
¶徳代([生]元禄15(1702)年　[没]安永5(1776)年8月9日)

佐々長次 さっさながつぐ
安土桃山時代～江戸時代前期の幕臣。
¶徳人([生]1591年　[没]1654年)

佐々成応 さっさなりまさ
江戸時代中期の佐渡奉行、小普請奉行。
¶徳代([生]元禄9(1696)年　[没]延享4(1747)年2月10日)

佐々成政* さっさなりまさ
*～天正16(1588)年　[別]佐々成政(ささなりまさ),陸奥侍従(むつじじゅう)　戦国時代～安土桃山時代の武将。成宗の第5子。
¶織田([生]?　[没]天正16(1588)年閏5月14日),コン([生]?),全戦([生]天文4(1535)年?),戦武([生]?)

佐々成意* さっさなりもと
元禄3(1690)年～延享3(1746)年　江戸時代中期の武士。
¶徳人

佐々成之 さっさなりゆき
⇒丹羽正雄(にわまさお)

佐々主知* さっさぬしとも
生没年不詳　[別]佐々良則(さっさよしのり)　安土桃山時代の織田信長の家臣。
¶織田(佐々良則　さっさよしのり)

佐々八右衛門 さっさはちえもん
江戸時代前期の武士。大坂の陣で籠城。
¶大坂

佐々隼太 さっさはやた
⇒佐々隼太(ささはやた)

佐々隼人正 さっさはやとのかみ
⇒佐々隼人正(さっさはやとのしょう)

佐々隼人正* さっさはやとのしょう
?～永禄3(1560)年5月19日　[別]佐々隼人正(さっさはやとのかみ)　戦国時代～安土桃山時代の織田信長の家臣。
¶織田(さっさはやとのかみ)

佐々隼人佑 さっさはやとのすけ
安土桃山時代の織田信長の家臣。伊勢大河内城攻めに従軍。信雄より所領安堵を受ける。
¶織田(生没年不詳)

佐々平蔵氏成 さっさへいぞううじなり
江戸時代前期の豊臣秀頼の家臣。
¶大坂

佐々平太* さっさへいた
生没年不詳　安土桃山時代の織田信長の家臣。
¶織田

佐々孫助*(1)(佐々孫介)　さっさまごすけ
大永6(1526)年?～弘治2(1556)年8月24日　戦国時代の織田信長の家臣。
¶織田(佐々孫介)

佐々孫助(2)　さっさまごすけ
安土桃山時代～江戸時代前期の豊臣秀頼の鷹匠頭。牢人。
¶大坂

佐々宗淳 さっさむねきよ
⇒佐々十竹(さっさじっちく)

佐々弥三郎* さっさやさぶろう
生没年不詳　安土桃山時代の織田信長の家臣。
¶織田

佐々与衛門* さっさよえもん
文政8(1825)年～慶応1(1865)年　[別]佐々与左衛門(さっさよざえもん)　江戸時代末期の水戸藩士。
¶幕末([没]慶応1(1865)年5月26日)

佐々与左衛門 さっさよざえもん
⇒佐々与衛門(さっさよえもん)

佐々良則 さっさよしのり
⇒佐々主知(さっさぬしとも)

さつ女 さつじょ*
江戸時代中期の女性。和歌。今治の人。明和7年の柿本明神への奉納詠と考えられる「詠百首和歌」の入集者と重なる「大浜八幡大神社奉納百首歌」に載る。
¶江表(さつ女(愛媛県))

佐津女 さつじょ*
江戸時代中期の女性。和歌。佐渡の人。明和5年小倉実起卿父子追善歌会に出席。
¶江表(佐津女(新潟県))

薩埵徳軒* さったとくけん
安永7(1778)年1月17日～天保7(1836)年9月21日　江戸時代後期の心学者。
¶コン

察度* さっと
玉城8(1321)年～琉球・察度46(1395)年　[別]察度王(さっとおう),中山王察度(ちゅうざんおうさっと)　南北朝時代の琉球王国の黎明期の王。
¶コン([生]元亨1(1321)年　[没]応永2(1395)年),対外(察度王　さっとおう),内乱(中山王察度　ちゅうざんおうさっと),山小([没]1396年?)

察度王 さっとおう
⇒察度(さっと)

薩弘格 さつのこうかく
飛鳥時代の渡来人。
¶古人(生没年不詳)

薩摩外記 さつまげき
世襲名　江戸時代前期以降の古浄瑠璃の太夫。
¶歌大

薩摩外記〔1代〕*　さつまげき
*〜寛文12(1672)年　[別]薩摩浄雲(さつまじょううん)，薩摩掾外記(さつまのじょうげき)　江戸時代前期の外記節の創始者。薩摩外記藤原直政と名乗る。
¶コン(薩摩浄雲　さつまじょううん　[生]文禄4(1595)年)

薩摩侍従　さつまじじゅう
⇒島津義弘(しまづよしひろ)

薩摩治兵衛*　さつまじへえ
天保2(1831)年〜明治33(1900)年2月　江戸時代末期〜明治時代の商人。綿布問屋小林商店に入る。のち独立し和洋木綿商店を開く。
¶コン，幕末([没]明治24(1891)年)

薩摩浄雲　さつまじょううん
⇒薩摩外記〔1代〕(さつまげき)

薩摩少将　さつましょうしょう
⇒島津家久(しまづいえひさ)

薩摩守忠度　さつまのかみただのり
⇒平忠度(たいらのただのり)

薩摩掾外記　さつまのじょうげき
⇒薩摩外記〔1代〕(さつまげき)

薩摩屋宗二　さつまやそうじ
⇒山上宗二(やまのうえそうじ)

薩摩屋仁兵衛〔1代〕*　さつまやにへえ
江戸時代前期の大坂の豪商。比田三太左衛門の養子。
¶コン(代数なし)

薩妙観*　さつみょうかん
[別]薩妙観(さつのみょうかん)，妙観尼(みょうかんに)　奈良時代の女性。元正天皇の女官。
¶古人(さつのみょうかん　生没年不詳)，古代，女史(生没年不詳)

紗手媛*　さてひめ
生没年不詳　飛鳥時代の女性。安閑天皇の妃。
¶天皇

さと(1)
江戸時代中期の女性。和歌。新田郡細谷村の郷士高山彦九郎正之の娘。
¶江表(さと(群馬県)　[生]安永9(1780)年)

さと(2)
江戸時代後期の女性。和歌。根岸住の彫師江川八左衛門美啓の妻。天保9年刊、海野遊翁編『類題現存歌選』二に載る。
¶江表(さと(東京都))

さと(3)
江戸時代後期の女性。俳諧。相模の人。文政3年刊、六花苑嵐窓編『相模風流』に載る。
¶江表(さと(神奈川県))

さと(4)
江戸時代後期の女性。俳諧。大門町の人。寛政6年刊、啾芳庵猿左著『老の春』に載る。
¶江表(さと(長野県))

さと(5)
江戸時代後期の女性。俳諧。越後刈羽郡小国の巨渓庵指峰の娘。文化7年刊、相山亭二扇編、指峰七回忌追善集『闇晴集』に載る。
¶江表(さと(新潟県))

さと(6)
江戸時代後期の女性。和歌。伊豆韮山の森田氏。天保12年刊、竹村茂雄編『門田の抜穂』に載る。
¶江表(さと(静岡県))

さと(7)
江戸時代後期の女性。俳諧。桝井氏。寛政7年序、岡五雲の送別集『あきの余波』に載る。
¶江表(さと(京都府))

さと(8)
江戸時代後期の女性。俳諧。摂津兵庫の人。寛政8年序、並井むら編『大練諱』に載る。
¶江表(さと(兵庫県))

サト
江戸時代末期の女性。教育。黒川氏。慶応1年〜明治7年女子を対象にした黒川塾を経営。
¶江表(サト(栃木県))

郷　さと★
江戸時代後期の女性。俳諧。京都の人。寛政2年俳人菊舎の餞別に吟じている。
¶江表(郷(京都府))

里(1)　さと★
江戸時代後期の女性。教育。上田正総の妹。
¶江表(里(東京都)　[生]天保11(1840)年頃)

里(2)　さと★
江戸時代後期〜末期の女性。和歌。山吹村代官で旗本座光寺伊奈助為巳の娘。
¶江表(里(長野県)　[生]天保2(1831)年　[没]慶応2(1866)年)

佐渡　さど
安土桃山時代の信濃国筑摩郡青柳の土豪。麻績氏の被官とみられる。
¶武田(生没年不詳)

佐渡阿闍梨　さどあじゃり
⇒日向(にこう)

里井孝幹　さといたかもと
⇒里井浮丘(さといふきゅう)

里井浮丘*　さといふきゅう
寛政11(1799)年〜慶応2(1866)年　[別]里井孝幹(さといたかもと)　江戸時代末期の砂糖仲買い商。
¶コン，幕末

佐藤亥三郎*　さとういさぶろう
文政7(1824)年〜明治16(1883)年　江戸時代末期〜明治時代の実業家。薄荷を煎薬として商品化。良質の薄荷油抽出に成功。
¶幕末([没]明治16(1883)年6月1日)

佐藤和泉守*　さとういずみのかみ
生没年不詳　安土桃山時代の織田信長の家臣。
¶織田

佐藤市郎*　さとういちろう
文政7(1824)年〜元治1(1864)年　江戸時代末期の長州(萩)藩士。
¶幕末([没]元治1(1864)年7月20日)

佐藤一斎*　さとういっさい
安永1(1772)年〜安政6(1859)年　[別]佐藤捨蔵(さとうすてぞう)　江戸時代後期の儒学者、林家塾頭、昌平坂学問所教官。

さ

¶江人, コン, 詩作（[生]安永1（1772）年10月20日　[没]安政6（1859）年9月24日）, 思想（[生]明和9（1772）年）, 全幕, 徳人, 幕末（[生]明和9（1772）年10月21日　[没]安政6（1859）年9月24日）, 山小（[生]1772年10月20日　[没]1859年9月24日）

佐藤一清　さとういっせい
⇒葛西一清（かさいいっせい）

佐藤右近右衛門*　さとううこんえもん
？～永禄8（1565）年8月25日　戦国時代～安土桃山時代の織田信長の家臣。
¶織田（[没]永禄8（1565）年8月25日？）

さ

佐藤卯兵衛*　さとううへえ
寛政7（1795）年～弘化2（1845）年8月14日　江戸時代後期の陸奥牡鹿郡門脇村の商人。
¶コン（[生]寛政2（1790）年）

佐藤栄右衛門*　さとうえいうえもん
天保3（1832）年～？　[別]佐藤栄右衛門（さとうえいえもん）　江戸時代末期～明治時代の場所請負人。蝦夷地歌棄・磯谷の道路開削により苗字を賜る。
¶幕末（さとうえいえもん）

佐藤栄右衛門　さとうえいえもん
⇒佐藤栄右衛門（さとうえいうえもん）

佐藤男破魔*　さとうおはま
？～明治8（1875）年　江戸時代末期～明治時代の蝦夷松前藩士。
¶幕末（[没]明治8（1875）年11月3日）

佐藤可庵*　さとうかあん
文政3（1820）年～明治17（1884）年　江戸時代末期～明治時代の福山藩士、藩校誠之館教授。藩大属になり訴訟を担当。家で漢学、法律を教授。
¶幕末（[没]明治17（1884）年10月28日）

佐藤解記　さとうかいき
⇒佐藤解記（さとうげき）

佐藤主計頭*　さとうかずえのかみ
[別]佐藤主計頭春信（さとうかずえのかみはるのぶ）　安土桃山時代の武士。豊臣氏家臣。
¶大坂（佐藤主計頭春信　さとうかずえのかみはるのぶ　[没]元和8年）

佐藤主計頭春信　さとうかずえのかみはるのぶ
⇒佐藤主計頭（さとうかずえのかみ）

佐藤一清　さとうかずきよ
⇒葛西一清（かさいいっせい）

佐藤堅忠*　さとうかたただ
天文17（1548）年～慶長17（1612）年　安土桃山時代～江戸時代前期の武士。徳川氏家臣。
¶徳人

佐藤方政*　さとうかたまさ
？～元和1（1615）年　[別]佐藤才次郎方政（さとうさいじろうかたまさ）　安土桃山時代～江戸時代前期の武将、大名。美濃上有知藩主。
¶大坂（佐藤才次郎方政　さとうさいじろうかたまさ）

佐藤紀伊守*　さとうきいのかみ
？～天正6（1578）年3月29日　[別]佐藤忠能（さとうただよし）　戦国時代～安土桃山時代の織田信長の家臣。
¶織田（佐藤忠能　さとうただよし　[没]天正6（1578）年3月29日？）

佐藤清衛*　さとうきよえ
天保5（1834）年～明治37（1904）年　江戸時代末期～明治時代の津軽弘前藩士、勘定奉行、津軽家家扶。民政局長として十三湖口改修による米の増産を指導。
¶幕末（[没]明治37（1904）年12月29日）

佐藤清臣*　さとうきよおみ
天保4（1833）年～明治43（1910）年3月17日　江戸時代末期～明治時代の国学者。三浦秀波と変名して志士活動。各地を巡回して古道学師を務める。
¶幕末（[生]天保4（1833）年4月6日）

佐藤蔵人佑　さとうくろうどのすけ
安土桃山時代の武蔵国鉢形城主北条氏邦の家臣。
¶後北（蔵人佑〔佐藤（2）〕　くろうどのすけ）

佐藤慶雲　さとうけいうん
江戸時代後期の眼科医。
¶眼医（生没年不詳）

佐藤解記*　さとうげき
文化11（1814）年～安政6（1859）年　[別]佐藤解記（さとうかいき），佐藤雪山（さとうせつざん）　江戸時代末期の和算家。
¶コン, 数学（[生]文化11（1814）年1月　[没]安政6（1859）年6月19日）

佐藤元海　さとうげんかい
⇒佐藤信淵（さとうのぶひろ）

佐藤憲欽*　さとうけんきん
*～明治26（1893）年　[別]佐藤憲欽（さとうのりよし），佐藤梅軒（さとうばいけん）　江戸時代末期～明治時代の出羽亀田藩士。
¶幕末（[生]文政8（1825）年　[没]明治26（1893）年10月12日）

佐藤玄孝*　さとうげんこう
文政6（1823）年～明治33（1900）年　江戸時代末期～明治時代の医師、村長。私塾を開設、儒学を講じ、自由民権説を唱導。
¶幕末（[没]明治33（1900）年5月16日）

佐藤源左衛門尉　さとうげんざえもんのじょう
安土桃山時代の武田信玄・北条氏邦の家臣。
¶後北（源左衛門尉〔佐藤（3）〕　げんざえもんのじょう）

佐藤元萇*　さとうげんちょう
文政1（1818）年～明治30（1897）年　江戸時代末期～明治時代の医師、医学館教授。種痘法を研究、その術を広める。
¶幕末（[没]明治30（1897）年8月7日）

佐藤玄蕃長英の妻　さとうげんばちょうえいのつま★
江戸時代後期の女性。和歌。天保11年成立「鷲見家短冊帖」に載る。
¶江表（佐藤玄蕃長英の妻（鳥取県））

佐藤玄明窩　さとうげんめいか
⇒佐藤信季（さとうのぶすえ）

佐藤元竜　さとうげんりゅう
⇒佐藤元竜（さとうもとたつ）

佐藤耕雲　さとうこううん
江戸時代末期～大正時代の日本画家。
¶美画（[生]安政1（1854）年　[没]大正9（1920）年）

佐藤広右衛門　さとうこうえもん
⇒佐藤広右衛門（さとうひろえもん）

佐藤剛斎　さとうごうさい
⇒佐藤直方（さとうなおかた）

佐藤刻治　さとうこくじ
江戸時代末期～昭和期の和算家。
¶数学（[生]安政5（1858）年4月3日　[没]昭和9（1934）年1月11日）

佐藤駒之進*　さとうこまのしん
天保7（1836）年～＊　江戸時代末期～明治時代の陸奥会津藩士。
¶幕末（[没]大正2（1913）年1月3日）

佐藤五郎左衛門尉　さとうごろうさえもんのじょう
戦国時代の美濃の商人。
¶武田（生没年不詳）

佐藤採花　さとうさいか
⇒佐藤採花女（さとうさいかじょ）

佐藤採花女*　さとうさいかじょ
弘化1（1844）年～明治34（1901）年　[別]採花女（さいかじょ），佐藤採花（さとうさいか）　江戸時代末期～明治時代の女性。俳人。
¶江表（採花女（長野県）），俳文（採花女　さいかじょ　[没]明治34（1901）年4月7日）

佐藤才次郎方政　さとうさいじろうかたまさ
⇒佐藤方政（さとうかたまさ）

佐藤貞次　さとうさだつぐ
江戸時代後期～明治時代の和算家。
¶数学（[生]天保12（1841）年　[没]明治35（1902）年1月18日）

佐藤貞能*　さとうさだよし
生没年不詳　戦国時代の伊豆大見郷の土豪。
¶後北（貞能〔佐藤（4）〕　さだよし）

佐藤左馬助　さとうさまのすけ
安土桃山時代の国峰城主小幡信定の家臣。北条氏に属した。
¶後北（左馬助〔佐藤（1）〕　さまのすけ）

佐藤三左衛門*　さとうさんざえもん
生没年不詳　江戸時代中期の錦魚改良家。大和郡山藩士。
¶コン

佐藤三二*　さとうさんじ
弘化3（1846）年～明治10（1877）年　江戸時代末期～明治時代の鹿児島県士族。西南戦争で各地転戦、城山で戦死。
¶幕末（[没]明治10（1877）年9月24日）

佐藤志か*　さとうしか
天保5（1834）年～大正6（1917）年　江戸時代後期～明治時代の実業家。波瀾万丈の自身の一代記を書き残す。
¶江表（志か（大阪府））

佐藤重信（1）　さとうしげのぶ
江戸時代前期～中期の幕臣。
¶徳人（[生]1666年　[没]1704年）

佐藤重信（2）　さとうしげのぶ
江戸時代後期～明治時代の数学者。会津若松の人。和算に通じて洋算を教授。
¶数学（[生]文政10（1827）年　[没]明治36（1903）年4月）

佐藤重矩　さとうしげのり
寛保3（1743）年～文政11（1828）年　江戸時代中期～後期の幕臣。
¶徳人，徳代（[没]文政11（1828）年7月6日）

佐藤茂春*　さとうしげはる
生没年不詳　江戸時代中期の摂津高槻藩士。
¶数学

佐藤治部少輔　さとうじぶのしょう
安土桃山時代の上野国国峰城主小幡信定の家臣。もと武田信玄・勝頼の家臣。
¶後北（治部少輔〔佐藤（1）〕　じぶのしょう　[没]天正17年12月），武田（生没年不詳）

佐藤十弥　さとうじゅうや
安土桃山時代の上野国衆和田昌繁の家臣。
¶武田（生没年不詳）

佐藤庄助*　さとうしょうすけ
嘉永5（1852）年～昭和10（1935）年　江戸時代末期～昭和期の産馬改良。馬の育成に専念、鹿児島県の種馬を出す。
¶幕末（[没]昭和10（1935）年8月17日）

佐藤松星*　さとうしょうせい
文政5（1822）年～明治32（1899）年　江戸時代末期～明治時代の相馬中村藩士、俳人。俳諧で名が知られ、小笠原流の諸礼に通ず。
¶幕末（[没]明治32（1899）年12月28日）

佐藤昌蔵*　さとうしょうぞう
天保4（1833）年～大正4（1915）年　江戸時代末期～大正時代の政治家、衆議院議員。勤王を唱える。盛岡県権典事などを務める。
¶幕末（[生]天保4（1833）年6月25日　[没]大正4（1915）年11月30日）

佐藤尚中*　さとうしょうちゅう
文政10（1827）年～明治15（1882）年7月23日　江戸時代末期～明治時代の医師。佐倉藩医を務め、大学東校主宰者、大典医、大学丞を歴任。東京下谷に私立病院順天堂を開設。
¶江人，科学（[生]文政10（1827）年4月8日），眼医，コン，幕末（[生]文政10（1827）年4月8日），山小（[生]1827年4月8日　[没]1882年7月23日）

佐藤暢*　さとうしん
＊～明治43（1910）年　江戸時代末期～明治時代の官吏、東京府取締組長、大阪府収税長。博多湾鉄道社長、川崎造船取締役なども勤めた。
¶幕末（[生]嘉永3（1850）年）

佐藤信淵　さとうしんえん
⇒佐藤信淵（さとうのぶひろ）

佐藤季清　さとうすえきよ
平安時代後期の官人。父は公清。白河院政期に活躍し従五位下。
¶古人（生没年不詳）

佐藤祐之*　さとうすけゆき
寛政8（1796）年～慶応2（1866）年　江戸時代末期の天文家。
¶数学（[没]慶応2（1866）年5月6日）

佐藤図書*　さとうずしょ
文政8（1825）年～明治1（1868）年　[別]信夫膳司（しのぶぜんじ）　江戸時代末期の水戸藩士。
¶幕末（[没]慶応4（1868）年5月4日）

佐藤進　さとうすすむ
江戸時代後期～大正時代の医師、陸軍軍医総監、男

爵、順天堂堂主。
¶科学（[生]弘化2（1845）年11月25日　[没]大正10（1921）年7月26日）

佐藤捨蔵　さとうすてぞう
⇒佐藤一斎（さとういっさい）

佐藤惺庵*　さとうせいあん
文化13（1816）年～明治28（1895）年　江戸時代末期～明治時代の陽明学者。戊辰戦争で勤王を唱え、町人をリード。
¶幕末（[没]明治28（1895）年11月）

さ

佐藤正行*　さとうせいこう
文化14（1817）年～明治16（1883）年　[別]佐藤正行（さとうまさゆき）　江戸時代末期～明治時代の和算家、陸奥津軽藩士。
¶数学（さとうまさゆき　[生]文化14（1817）年8月　[没]明治16（1883）年7月）

佐藤清五郎　さとうせいごろう
江戸時代後期の幕臣。
¶徳人（生没年不詳），幕末（[生]文政9（1826）年　[没]？）

佐藤精明*　さとうせいめい
弘化4（1847）年～昭和12（1937）年　江戸時代末期～昭和期の漢学者、小学校長。地誌編纂掛、福島師範助教諭兼舎監等つとめる。
¶幕末

佐藤雪山　さとうせつざん
⇒佐藤解記（さとうげき）

佐藤泰然*　さとうたいぜん
文化1（1804）年～明治5（1872）年4月10日　江戸時代末期～明治時代の外科医師。下総佐倉に移住し、わが国最初の私立病院佐倉順天堂を開設して医学教育と治療を行った。
¶江人，科学，眼医（佐藤泰然（和田泰然）），コン，思想，対外，幕末，山小（[没]1872年4月10日）

佐藤武英*　さとうたけひで
？～明治12（1879）年　江戸時代末期～明治時代の加賀藩足軽。
¶幕末

佐藤忠興　さとうただおき
江戸時代後期の和算家。三春芹ヶ沢村の人。文政9年算額を奉納。
¶数学

佐藤忠利　さとうただとし
江戸時代末期の和算家。奥州安積の小原田村の人。文久1年算額を奉納。
¶数学

佐藤忠信*　さとうただのぶ
応保1（1161）年～文治2（1186）年　平安時代後期の武士。源義経の従者。
¶コン，中世（[生]？），内乱（[生]？），平家（[生]？）

佐藤忠泰*　さとうただやす
文化6（1809）年～明治1（1868）年　江戸時代末期の尾張藩士、国学者。
¶幕末（[没]慶応4（1868）年8月23日）

佐藤忠義*　さとうただよし
文化4（1807）年～明治1（1868）年　江戸時代末期の陸奥会津藩士。
¶幕末（[没]慶応4（1868）年8月23日）

佐藤忠能*(1)　さとうただよし
戦国時代の武士。
¶全戦（[生]？　[没]天正6（1578）年）

佐藤忠能(2)　さとうただよし
⇒佐藤紀伊守（さとうきいのかみ）

佐藤為信*　さとうためのぶ
？～天正19（1591）年　安土桃山時代の武将。伊達氏家臣。
¶全戦（[生]天文11（1542）年）

佐藤忠八*　さとうちゅうはち
文政10（1827）年～明治36（1903）年　江戸時代末期～明治時代の刀剣飾具職。廃刀令のあと和算を教授。家塾を開き洋算を教授。
¶科学（[没]明治36（1903）年4月），幕末（[没]明治36（1903）年4月3日）

佐藤中陵*　さとうちゅうりょう
宝暦12（1762）年～嘉永1（1848）年　江戸時代中期～後期の本草学者。
¶幕末（[没]嘉永1（1848）年6月6日）

佐藤継信　さとうつぎのぶ
⇒佐藤継信（さとうつぐのぶ）

佐藤継成　さとうつぐなり
安土桃山時代～江戸時代前期の幕臣。
¶徳人（[生]1570年　[没]1634年）

佐藤継信*（佐藤嗣信）　さとうつぐのぶ
保元3（1158）年～文治1（1185）年　[別]佐藤継信（さとうつぎのぶ），藤原継信（ふじわらのつぐのぶ）　平安時代後期の武将。源義経の家人。
¶古人（藤原継信　ふじわらのつぐのぶ　[生]？　[没]1184年），コン，中世（[生]？），内乱（[生]？），平家（佐藤嗣信　[生]？　[没]元暦2（1185）年）

佐藤適圃*　さとうてきほ
天保5（1834）年～大正4（1915）年　江戸時代末期～大正時代の南画家。戊辰後、画塾を開き画業に専念。
¶幕末（[没]大正4（1915）年9月7日），美画（[生]天保3（1832）年12月　[没]大正4（1915）年9月7日）

佐藤鉄三郎*　さとうてつさぶろう
天保7（1836）年～大正4（1915）年　[別]安島鉄三郎（あじまてつさぶろう）　江戸時代末期～大正時代の水戸藩属吏。桜田門外の変に参加、追放、一年後許される。
¶幕末（[没]大正4（1915）年1月25日）

佐藤藤右衛門*　さとうとうえもん
天明3（1783）年～安政6（1859）年　江戸時代後期の篤農家。ウンカ類の注油駆除法の実験者。
¶幕末（[生]明和3（1766）年1月18日　[没]安政6（1859）年1月12日）

佐藤藤左衛門　さとうとうざえもん
戦国時代～安土桃山時代の北条氏康・氏政の家臣。
¶後北（藤左衛門〔佐藤（4）〕　とうざえもん）

佐藤藤佐*　さとうとうすけ
安永4（1775）年～嘉永1（1848）年　江戸時代末期の策士。
¶幕末（[没]嘉永1（1848）年3月8日）

佐藤道碩　さとうどうせき
江戸時代後期～末期の奥医師。
¶徳人（生没年不詳）

佐藤藤蔵* さとうとうぞう
享保3(1718)年～寛政9(1797)年 江戸時代中期の砂防植林の功労者。出羽国酒田町町人。
¶コン([生]正徳2(1712)年)

佐藤桃太郎 さとうとうたろう
江戸時代後期～明治時代の幕臣。
¶幕末([生]嘉永1(1848)年 [没]明治2(1869)年4月21日)

佐藤時之助* さとうときのすけ
文政4(1821)年～明治4(1871)年 江戸時代末期～明治時代の出羽秋田藩士。
¶幕末([生]文政4(1821)年7月15日 [没]明治4(1872)年12月12日)

佐藤豊信の娘 さとうとよのぶのむすめ⋆
江戸時代後期の女性。和歌。旗本佐藤豊信の娘。寛政7年序、荷田蒼生子著、菱田縫子編『杉のしつ枝』に載る。
¶江表(佐藤豊信の娘(東京都))

佐藤直方* さとうなおかた
慶安3(1650)年～享保4(1719)年 [別]佐藤剛斎(さとうごうさい) 江戸時代前期～中期の備後福山藩士、上野前橋藩士、儒学者。
¶江人,コン,思想

佐藤直勝 さとうなおかつ
江戸時代の和算家。
¶数学

佐藤長純の母 さとうながずみのはは⋆
江戸時代中期の女性。和歌。明和3年成立、難波玄生・清水貞固ほか撰「稲葉和歌集」に載る。
¶江表(佐藤長純の母(鳥取県))

佐藤長脩 さとうながのぶ
江戸時代後期～明治時代の和算家。仙台の人。
¶数学([生]寛政12(1800)年 [没]明治18(1885)年)

佐藤魚淵* さとうなぶち
宝暦5(1755)年～天保5(1834)年 [別]魚淵(なぶち) 江戸時代後期の医師、俳人。
¶俳文(魚淵 なぶち [没]天保5(1834)年6月11日)

佐藤業時* さとうなりとき
建久1(1190)年～建長1(1249)年 鎌倉時代前期の鎌倉評定衆。藤原秀郷の子孫明時の子。
¶古人,中世

佐藤信顕 さとうのぶあき
江戸時代中期～後期の幕臣。
¶徳人([生]1765年 [没]1831年)

佐藤信篤 さとうのぶあつ
江戸時代後期の和算家。
¶数学([没]文政8(1825)年)

佐藤信景* さとうのぶかげ
延宝2(1674)年～享保17(1732)年 江戸時代中期の蝦夷地稲作の先唱者。
¶コン

佐藤信季* さとうのぶすえ
享保9(1724)年～天明4(1784)年 [別]佐藤玄明窩(さとうげんめいか) 江戸時代中期の農政学者。農学者信景の子、経世家信淵の父。
¶コン

佐藤信崇 さとうのぶたか
江戸時代後期～明治時代の幕臣。
¶徳人(生没年不詳)

佐藤信也の母* さとうのぶなりのはは
？～元文3(1738)年8月15日 江戸時代中期の女性。陸奥仙台藩士佐藤信静の妻。
¶江表(佐藤信也の母(宮城県))

佐藤信則* さとうのぶのり
明応4(1495)年～天正5(1577)年 戦国時代～安土桃山時代の武士、織田信長の臣。
¶織田

佐藤信久 さとうのぶひさ
江戸時代前期～中期の武士、勘定。
¶徳代([生]寛文2(1662)年 [没]享保4(1719)年9月8日)

佐藤信寛* さとうのぶひろ
文化12(1815)年～明治33(1900)年2月15日 江戸時代末期～明治時代の萩藩士。郡奉行、浜田県令、島根県令をつとめる。
¶幕末([生]文化12(1815)年11月27日)

佐藤信淵* さとうのぶひろ
明和6(1769)年～嘉永3(1850)年 [別]佐藤元海(さとうげんかい),佐藤信淵(さとうしんえん) 江戸時代中期～後期の経世家。著作に「農政本論」「経済要録」など。
¶江人,コン([生]明和6(1769年/1767)年),思想,植物([生]明和6(1769)年6月15日 [没]嘉永3(1850)年1月6日),地理(さとうのぶひろ(しんえん)),山小([没]1850年1月6日)

佐藤義清(佐藤憲清,佐藤則清) さとうのりきよ
⇒西行(さいぎょう)

佐藤憲欽 さとうのりよし
⇒佐藤憲欽(さとうけんきん)

佐藤則義* さとうのりよし
文政3(1820)年～明治29(1896)年 江戸時代末期～明治時代の和算家、備後福山藩士。
¶数学

佐藤梅軒 さとうばいけん
⇒佐藤憲欽(さとうけんきん)

佐藤八左衛門 さとうはちざえもん
江戸時代前期の木村重成の小姓。稲葉正則の家臣。
¶大坂

佐藤伴右衛門* さとうばんえもん
生没年不詳 江戸時代末期の下総結城藩士。
¶幕末

佐藤晩得* さとうばんとく
享保16(1731)年～寛政4(1792)年 [別]晩得(ばんとく) 江戸時代中期の俳人。
¶俳文(晩得 ばんとく [没]寛政4(1792)年10月18日)

佐藤彦五郎* さとうひこごろう
文政10(1827)年～明治35(1902)年 江戸時代末期～明治時代の多摩郡日野宿名主、日野郡長。京都新撰組の後援者。農兵隊を組織し、一揆鎮圧。
¶全幕,幕末([生]文政10(1827)年9月25日 [没]明治35(1902)年9月17日)

佐藤秀方* さとうひでかた
？～文禄3(1594)年 [別]佐藤秀方(さとうひでまさ) 安土桃山時代の武将。
¶織田(さとうひでまさ [没]文禄3(1594)年7月20日),全戦

さ

佐藤秀信* さとうひでのぶ
？～元亀1（1570）年　戦国時代の美濃の豪族。
¶織田（[没]元亀1（1570）年7月27日）

佐藤秀方 さとうひでまさ
⇒佐藤秀方（さとうひでかた）

佐藤広右衛門* さとうひろえもん
文化9（1812）年～慶応4（1868）年　[別]佐藤広右衛門（さとうこうえもん）　江戸時代末期の樺太漁業家。
¶コン（さとうこうえもん　[没]明治1（1868）年）

佐藤広儔* さとうひろとも
生没年不詳　江戸時代末期の和算家。
¶数学

佐藤房太郎* さとうふさたろう
嘉永6（1853）年～？　江戸時代後期～末期の新撰組隊士。
¶新隊

佐藤武兵衛 さとうぶべえ
⇒佐野竹之介（さのたけのすけ）

佐藤平右衛門* さとうへいえもん
文政10（1827）年～明治35（1902）年　江戸時代末期～明治時代の豪商。村内窮民救済、教会建築などする。
¶幕末（[没]明治35（1902）年9月15日）

佐藤平三郎 さとうへいさぶろう
戦国時代～安土桃山時代の吉田の富士山御師か。
¶武田（生没年不詳）

佐藤牧山* さとうぼくざん
享和1（1801）年～明治24（1891）年　江戸時代末期～明治時代の儒学者。著書に「中庸講義」「周易叢説」など。
¶全幕，幕末（[没]明治24（1891）年2月14日）

佐藤北溟 さとうほくめい
⇒佐藤正持（さとうまさもち）

佐藤正興*（佐藤昌興）　さとうまさおき
生没年不詳　江戸時代前期～中期の和算家。
¶科学，コン（佐藤昌興），数学

佐藤正方 さとうまさかた
江戸時代後期の和算家。
¶数学

佐藤正方の母 さとうまさかたのはは★
江戸時代中期の女性。和歌。明和3年成立、難波玄生・清水貞固ほか撰「稲葉和歌集」に載る。
¶江表（佐藤正方の母（鳥取県））

佐藤政忠* さとうまさただ
天保2（1831）年～明治24（1891）年　江戸時代末期～明治時代の矢島藩士、康済義社社長。戊辰戦争に功績。士族就産に尽力。
¶幕末（[生]天保2（1831）年5月25日　[没]明治24（1891）年1月16日）

佐藤正持* さとうまさもち
文化6（1809）年～安政4（1857）年　[別]佐藤北溟（さとうほくめい）　江戸時代末期の尊王画家。
¶幕末（[没]安政4（1857）年7月27日），美画（[没]安政4（1857）年9月15日）

佐藤政養* さとうまさやす
文政4（1821）年12月～明治10（1877）年8月2日　[別]佐藤政養（さとうまさよし）　江戸時代末期～明治時代の蘭学者、技術者。
¶科学（さとうまさよし），全幕（さとうまさよし），幕末（さとうまさよし）

佐藤正行 さとうまさゆき
⇒佐藤正行（さとうせいこう）

佐藤政養 さとうまさよし
⇒佐藤政養（さとうまさやす）

佐藤三河入道* さとうみかわにゅうどう
生没年不詳　安土桃山時代の織田信長の家臣。
¶織田

佐藤三喜蔵*（佐藤三喜造）　さとうみきぞう
文政2（1819）年～明治3（1870）年　江戸時代末期～明治時代の農民一揆指導者。高崎藩下で年貢上納減額の運動で大総代にあげられた。高崎五万石騒動の指導的役割を果した。
¶コン（佐藤三喜造）

佐藤民部少輔 さとうみんぶのしょう
戦国時代の武田氏の家臣。
¶武田（生没年不詳）

佐藤元清* さとうもときよ
生没年不詳　南北朝時代の武将。
¶室町

佐藤元竜*（佐藤元龍）　さとうもとたつ
文化11（1814）年～明治15（1882）年11月13日　[別]佐藤元竜（さとうげんりゅう）　江戸時代末期～明治時代の算学者。方陣算の研究に優れる。
¶数学（佐藤元龍），幕末（さとうげんりゅう）

佐藤康清 さとうやすきよ
平安時代後期の官人。
¶古人（生没年不詳）

佐藤安二郎* さとうやすじろう
江戸時代末期の新撰組隊士？
¶新隊

佐藤安長 さとうやすなが
江戸時代後期の和算家、二本松藩士。
¶数学

佐藤弥六 さとうやろく
江戸時代後期～大正時代の農業指導者、青森県議。
¶植物（[生]天保13（1842）年　[没]大正12（1923）年）

佐藤勇吉* さとうゆうきち
文政4（1821）年8月～明治5（1872）年7月3日　江戸時代後期～明治時代の和算家。
¶数学

佐藤行広* さとうゆきひろ
生没年不詳　戦国時代の伊豆大見郷の土豪。
¶後北（行広〔佐藤（4）〕　ゆきひろ）

佐藤義馨 さとうよしきよ
江戸時代後期の和算家。奥州安積小原田の人。文化15年算額を奉納。
¶数学

佐藤吉邦 さとうよしくに
江戸時代末期の和算家。岡山の成羽の人。天保9年算額を奉納。
¶数学（[没]安政3（1856）年10月19日）

佐藤好信 さとうよしのぶ
戦国時代〜安土桃山時代の武将。
¶戦武([生]永正8(1511)年 [没]永禄8(1565)年)

さと子(1) さとこ★
江戸時代中期の女性。和歌。松本高教の妻。元禄15年刊、竹内時安斎編『出雲大社奉納清地草』に載る。
¶江表(さと子(京都府))

さと子(2) さとこ★
江戸時代後期の女性。和歌。照降町の人。文化5年頃、真田幸弘編「御ことほきの記」に載る。
¶江表(さと子(東京都))

さと子(3) さとこ★
江戸時代後期〜明治時代の女性。和歌。石見浜田藩主松平康任の娘。
¶江表(さと子(栃木県) [生]文化12(1815)年 [没]明治19(1886)年)

さと子(4) さとこ★
江戸時代後期の女性。和歌。富山藩主前田利与の側室。文化7年成立、弘中重義著「大淵寺の道の記」に載る。
¶江表(さと子(富山県))

さと子(5) さとこ★
江戸時代末期の女性。和歌。相模大磯の人。慶応2年刊、村上忠順編『元治元年千首』に載る。
¶江表(さと子(神奈川県))

さと子(6) さとこ★
江戸時代末期の女性。和歌。石見浜田藩の奥女中。安政3年序、井上文雄編『摘英集』に載る。
¶江表(さと子(島根県))

さと子(7) さとこ★
江戸時代末期の女性。和歌。豊後鶴崎の有田弥一郎の母。万延1年序、物集高世編『類題春草集』二に載る。
¶江表(さと子(大分県))

郷子(1) さとこ
江戸時代後期の女性。経書・国学・和歌。幕府台所役人喜多山藤蔵美啓の娘。
¶江表(郷子(宮城県) [没]文政5(1822)年)

郷子(2) さとこ
江戸時代後期の女性。和歌。安田長穂の妻。
¶江表(郷子(和歌山県) [生]文政4(1821)年 [没]天保13(1842)年)

郷子(3) さとこ★
江戸時代後期の女性。書。吉富杏村の娘。こま子の母。
¶江表(郷子(福岡県))

郷子(4) さとこ★
江戸時代後期の女性。和歌。筑前山鹿村の神官波多野駿河守春樹の娘。
¶江表(郷子(福岡県))

佐登子 さとこ★
江戸時代後期〜明治時代の女性。日記・散文。幕府大工頭大越喬久の娘。
¶江表(佐登子(東京都) [生]文化1(1804)年 [没]明治17(1884)年)

聡子 さとこ★
江戸時代後期の女性。和歌。薩摩藩主島津斉宣の娘。文政11年成立、川畑平多左衛門篤実編「松操和歌集」に載る。
¶江表(聡子(福島県))

里子(1) さとこ★
江戸時代中期の女性。和歌。熊本藩士で医師田中省庵の娘。初め夫の元幹は浪人であったが、篤実温厚で学問が抜群であったことにより天明7年、儒学の教授として筑後久留米藩に抱えられた。
¶江表(里子(熊本県))

里子(2) さとこ★
江戸時代後期〜明治時代の女性。和歌。下総成田村の諸岡平兵衛の娘。
¶江表(里子(千葉県) [生]文政6(1823)年 [没]明治7(1874)年)

里子(3) さとこ★
江戸時代後期の女性。和歌。布施貞通の妻。文政13年刊、近藤芳樹編『類題阿武之杣板』上に載る。
¶江表(里子(山口県))

里子(4) さとこ★
江戸時代後期の女性。和歌。筑前福岡藩士寺田伝右衛門保定の娘。夫の父で同藩士中沢弥右衛門常親が文政5年、筑前黒崎の代官として赴任した。
¶江表(里子(福岡県))

里子(5) さとこ★
江戸時代後期の女性。和歌。都城の人。嘉永5年成立、安政3年刊『都洲集』上に載る。
¶江表(里子(宮崎県))

佐渡子 さどこ★
江戸時代後期の女性。国学・和歌。本市場の馬淵慶介の母。息子と共に天保12年に長野義言の最初の門人となった。
¶江表(佐渡子(滋賀県))

恵子女王 さとこじょおう
⇒恵子女王(けいしじょおう)

理子女王 さとこじょおう
⇒真宮理子(さなのみやさとこ)

恵子内親王*(1) さとこないしんのう
?〜元慶5(881)年 平安時代前期の女性。文徳天皇の皇女。
¶古人

恵子内親王(2) さとこないしんのう
⇒慧子内親王(けいしないしんのう)

識子内親王* さとこないしんのう
貞観16(874)年〜延喜6(906)年 [別]識子内親王(しきしないしんのう) 平安時代前期〜中期の女性。清和天皇の皇女。
¶古人,古代

里芝 さとしば★
江戸時代後期の女性。俳諧。筑前の人。文政2年刊、田喜庵護物編『俳諧捜玉集』に載る。
¶江表(里芝(福岡県))

佐渡島長五郎〔1代〕*(佐渡嶋蝶五郎) さどしまちょうごろう, さどじまちょうごろう
元禄13(1700)年〜宝暦7(1757)年 [別]蓮智坊(れんちぼう) 江戸時代中期の歌舞伎役者。正徳末〜延享4年頃に活躍。
¶歌大(佐渡嶋長五郎〔1代〕 [没]宝暦7(1757)年7月13日),新歌(佐渡嶋長五郎)

さ

さ

佐渡島長五郎〔2代〕　さどしまちょうごろう
⇒中山来助〔4代〕(なかやまらいすけ)

さと女　さとじょ★
江戸時代末期の女性。和歌。市川熊雄の娘。安政7年跋、蜂屋光世編『大江戸倭歌集』に載る。
¶江表(さと女(東京都))

佐渡女　さとじょ★
江戸時代末期の女性。和歌。美濃曽井中島の浄土真宗本願寺派正尊寺13代義空の妻。安政4年刊、富樫広蔭編『千百人一首』に載る。
¶江表(佐渡女(岐阜県))

里女(1)　さとじょ★
江戸時代前期の女性。俳諧。美濃の人。貞享1年序、井原西鶴編『俳諧女歌仙』に載る。
¶江表(里女(岐阜県))

里女(2)　さとじょ★
江戸時代後期の女性。俳諧。山ノ目の人。文化期頃の人。
¶江表(里女(岩手県))

里女(3)　さとじょ★
江戸時代後期の女性。俳諧。水沢の人。嘉永6年序、花屋庵鼎左・五梅庵舎用編『俳諧海内人名録』に載る。
¶江表(里女(岩手県))

里女(4)　さとじょ★
江戸時代後期の女性。俳諧。長町の人。文政4年刊、九鶴堂楳山・春曙亭柳郊編『不二煙集』に載る。
¶江表(里女(岩手県))

里女(5)　さとじょ★
江戸時代後期の女性。狂歌。文化9年、宿屋飯盛撰『狂歌波津加蛭子』に載る。
¶江表(里女(東京都))

里女(6)　さとじょ★
江戸時代後期の女性。俳諧。天保8年刊、前幻住庵三志編『名家発句類題集』に載る。
¶江表(里女(徳島県))

里女(7)　さとじょ★
江戸時代後期の女性。和歌。周布の人。享和3年序、佐伯貞中八〇賀集「周桑歌人集」に載る。
¶江表(里女(愛媛県))

里女(8)　さとじょ★
江戸時代末期の女性。俳諧。大東町興田の人。幕末頃の人。
¶江表(里女(岩手県))

里の尼　さとのあま★
江戸時代後期の女性。旅日記・和歌。作者不明の「むやにつき」が残る。
¶江表(里の尼(徳島県))

佐渡院　さどのいん
⇒順徳天皇(じゅんとくてんのう)

里姫　さとひめ★
江戸時代中期の女性。和歌。三河西尾藩主松平乗佑の娘。
¶江表(里姫(兵庫県)　[没]明和8(1771)年)

里丸　さとまろ
江戸時代中期～後期の俳諧師。
¶俳文([生]宝暦6(1756)年　[没]天保1(1830)年6月25日)

里見家基*　さとみいえもと
*～嘉吉1(1441)年　室町時代の武将。
¶内乱([生]?　[没]嘉吉1(1441)年?), 室町([生]?)

里見亥三郎*　さとみいさぶろう
文化12(1815)年～明治17(1884)年　江戸時代末期～明治時代の加賀藩医、銃隊馬廻組頭。政局転変と加賀藩の対応に尽力。
¶幕末

里見梅王丸*　さとみうめおうまる
?～元和8(1622)年　安土桃山時代～江戸時代前期の里見義弘の子。
¶全戦

里見孝助　さとみこうすけ
⇒木村権之衛門(きむらごんのえもん)

里見実堯*　さとみさねたか
明応3(1494)年～天文2(1533)年　戦国時代の武将。里見氏家臣。
¶コン, 全戦([生]?)

里見二郎　さとみじろう
⇒岩橋半三郎(いわはしはんざぶろう)

里見四郎左衛門*(1)　さとみしろうざえもん
文化12(1815)年～慶応1(1865)年　江戸時代末期の水戸藩士。
¶幕末([没]慶応1(1865)年4月5日)

里見四郎左衛門*(2)　さとみしろうざえもん
寛政6(1794)年～元治1(1864)年　江戸時代末期の水戸藩士。
¶幕末([没]元治1(1864)年9月5日)

里見忠義*　さとみただよし
文禄3(1594)年～元和8(1622)年　江戸時代前期の大名。安房館山藩主、伯耆倉吉領主。
¶全戦

里見定昭　さとみていしょう
江戸時代後期～末期の代官。
¶徳代([生]寛政5(1793)年　[没]慶応1(1865)年8月29日)

里見時成*　さとみときなり
延慶2(1309)年～延元2/建武4(1337)年　鎌倉時代後期～南北朝時代の武将。
¶室町

里見義章　さとみまさあきら
江戸時代中期～後期の幕臣。
¶徳人(生没年不詳)

里見美作　さとみみまさか
安土桃山時代～江戸時代前期の武士。大坂の陣で籠城。
¶大坂

里見ヤジロウ　さとみやじろう
⇒アンジロー

里見義氏*　さとみよしうじ
?～建武3/延元1(1336)年　南北朝時代の武将。
¶コン([没]延元1/建武3(1336)年)

里見義実*　さとみよしざね
応永24(1417)年～長享2(1488)年　室町時代～戦国時代の武将。房総里見氏の祖。
¶コン, 内乱, 室町

里見義成　さとみよししげ
⇒里見義成（さとみよしなり）

里見義堯*　さとみよしたか
永正4（1507）年～天正2（1574）年　戦国時代～安土桃山時代の武将。実堯の子。
¶コン（[生]永正9（1512）年），全戦，戦武，室町（[生]永正9（1512）年）

里見義俊*　さとみよしとし
保延3（1137）年～嘉応2（1170）年　平安時代後期の武士。
¶コン（生没年不詳）

里見義豊*　さとみよしとよ
永正11（1514）年～天文3（1534）年　戦国時代の武将。
¶全戦（[生]？）

里見義成*　さとみよしなり
保元2（1157）年～文暦1（1234）年　[別]里見義成（さとみよししげ），新田義成（にったよしなり），源義成（みなもとのよししげ）　平安時代後期～鎌倉時代前期の武将、新田一族の里見義俊の子、伊賀守。
¶古人，古人（新田義成　にったよしなり），古人（源義成　みなもとのよししげ）

里見義弘*　さとみよしひろ
＊～天正6（1578）年　戦国時代～安土桃山時代の武将。義堯の嫡子。
¶コン（[生]享禄3（1530）年），全戦（[生]大永5（1525）年），戦武（[生]享禄3（1530）年）

里見義康*　さとみよしやす
天正1（1573）年～慶長8（1603）年　[別]安房侍従（あわじじゅう）　安土桃山時代の大名。安房館山藩主。
¶コン，全戦，戦武

里見義頼*　さとみよしより
？～天正15（1587）年　安土桃山時代の武将。義弘の長子。
¶コン（[生]弘治1（1555）年　[没]天正14（1586）年），全戦，戦武（[生]天文12（1543）年）

里村玄仍*　さとむらげんじょう
＊～慶長12（1607）年　[別]玄仍（げんじょう，げんよう）　安土桃山時代～江戸時代前期の連歌師。
¶俳文（玄仍　げんじょう　[生]元亀2（1571）年　[没]慶長12（1607）年4月21日）

里村玄碩*　さとむらげんせき
＊～文政4（1821）年　[別]玄碩（げんせき）　江戸時代後期の連歌師。
¶俳文（玄碩　げんせき　[生]宝暦12（1762）年　[没]文政4（1821）年2月17日）

里村玄仲*　さとむらげんちゅう
＊～寛永15（1638）年　[別]玄仲（げんちゅう）　安土桃山時代～江戸時代前期の連歌師。
¶俳文（玄仲　げんちゅう　[生]天正6（1578）年　[没]寛永15（1638）年2月3日）

里村玄陳*　さとむらげんちん
天正19（1591）年～寛文5（1665）年　[別]玄陳（げんちん）　江戸時代前期の連歌師。
¶俳文（玄陳　げんちん　[没]寛文5（1665）年1月5日）

里村玄的*　さとむらげんてき
文禄2（1593）年～慶安3（1650）年　[別]玄的（げんてき）　安土桃山時代～江戸時代前期の連歌師。
¶俳文（玄的　げんてき　[没]慶安3（1650）年8月18日）

里村昌億*　さとむらしょうおく
万治3（1660）年～享保11（1726）年　[別]昌億（しょうおく）　江戸時代中期の連歌師。
¶俳文（昌億　しょうおく　[没]享保11（1726）年2月24日）

里村昌休*　さとむらしょうきゅう
永正7（1510）年～天文21（1552）年　[別]昌休（しょうきゅう）　戦国時代の連歌師。
¶俳文（昌休　しょうきゅう　[没]天文21（1552）年11月5日）

里村昌叱*　さとむらしょうしつ
天文8（1539）年～慶長8（1603）年　[別]策庵（さくあん），昌叱（しょうしつ）　安土桃山時代の連歌師。
¶俳文（昌叱　しょうしつ　[没]慶長8（1603）年7月24日）

里村昌純*　さとむらしょうじゅん
慶安2（1649）年～享保7（1722）年12月8日　[別]昌純（しょうじゅん）　江戸時代中期の連歌師。
¶俳文（昌純　しょうじゅん）

里村昌琢*　さとむらしょうたく
天正2（1574）年～寛永13（1636）年　[別]昌琢（しょうたく）　安土桃山時代～江戸時代前期の連歌作者。連歌作者昌叱の子。
¶コン，徳人，俳文（昌琢　しょうたく　[没]寛永13（1636）年2月5日）

里村昌程*　さとむらしょうてい
慶長17（1612）年～元禄1（1688）年　[別]昌程（しょうてい）　江戸時代前期の連歌師。
¶俳文（昌程　しょうてい　[没]元禄1（1688）年10月28日）

里村紹巴*　さとむらじょうは，さとむらしょうは
＊～慶長7（1602）年　[別]紹巴（じょうは）　戦国時代～安土桃山時代の連歌師。松井昌祐の子。
¶コン（[生]？），全戦（[生]大永5（1525）年　[没]慶長7（1602）年？），俳文（紹巴　じょうは　[生]大永4（1524）年　[没]慶長7（1602）年4月12日）

里村昌陸*　さとむらしょうりく
寛永16（1639）年～宝永4（1707）年　[別]昌陸（しょうりく）　江戸時代前期～中期の連歌師。
¶俳文（昌陸　しょうりく　[没]宝永4（1707）年11月16日）

里村波四郎*　さとむらなみしろう
[別]朝倉隼之介（あさくらはやのすけ）　江戸時代末期の新撰組隊士。
¶新隊（朝倉隼之介　あさくらはやのすけ　[生]？　[没]明治2（1869）年10月？）

さとめ
江戸時代後期の女性。俳諧。須賀川の人。天保期の郡山市守山の奉納額に載る。
¶江表（さとめ（福島県））

佐渡山田村善兵衛*　さどやまだむらぜんべえ
？～天保10（1839）年　[別]上山田村善兵衛（かみやまだむらぜんべえ）　江戸時代後期の義民。
¶江人（[生]1805年），コン

早苗　さなえ⋆
江戸時代末期の女性。和歌。熊野の富田の神主吉田光長の母。安政4年刊、西田惟恒編『安政四年三百首』に載る。
¶江表（早苗（和歌山県））

佐柳高治*（佐柳高次）　さなぎたかじ
天保6（1835）年～明治24（1891）年　江戸時代末期～明治時代の海援隊の航海長。咸臨丸で渡米。陽春丸で箱館追討に従軍。

¶全幕(佐柳高次), 幕末([没]明治24(1891)年1月27日)

沙奈具那* (沙那具那)　さなぐな
飛鳥時代の蝦夷の首長。
¶古人(沙那具那　生没年不詳), 古代

佐奈多家安　さなだいえやす
平安時代後期の相模国の武士。
¶平家([生]保安4(1123)年　[没]治承4(1180)年)

真田采女　さなだうねめ
江戸時代前期の武士。大坂の陣で籠城。
¶大坂

真田桜山*　さなだおうざん
文政3(1820)年～明治34(1901)年　江戸時代後期～明治時代の武士。
¶幕末([生]文政2(1819)年　[没]明治34(1901)年12月8日)

真田喜平太*　さなだきへいた
文政7(1824)年～明治20(1887)年10月16日　[別]真田幸歓(さなだゆきよし)　江戸時代末期～明治時代の陸奥仙台藩士。
¶全幕, 幕末([生]文政7(1824)年4月1日)

真田源八　さなだげんぱち
江戸時代前期の武士。大坂の陣で籠城。後、池田恒元に仕えた。
¶大坂

真田源八郎　さなだげんぱちろう
安土桃山時代の武田氏の家臣。
¶武田(生没年不詳)

真田小松　さなだこまつ
⇒小松姫(こまつひめ)

真田左衛門佐　さなださえもんのすけ
⇒真田幸村(さなだゆきむら)

真田左衛門佐信繁　さなださえもんのすけのぶしげ
⇒真田幸村(さなだゆきむら)

真田四目之進*　さなだしめのしん
天保15(1844)年～慶応4(1868)年1月5日　[別]真田四目之進(さなだしめのすけ)　江戸時代後期～末期の新撰組隊士。
¶新隊(さなだしめのすけ　[没]明治1(1868)年1月5日)

真田四目之進　さなだしめのすけ
⇒真田四目之進(さなだしめのしん)

真田大助　さなだだいすけ
⇒真田幸昌(さなだゆきまさ)

真田高勝　さなだたかかつ
江戸時代前期の武田氏の家臣。
¶武田([生]?　[没]慶長11(1606)年7月6日)

真田綱吉　さなだつなよし
戦国時代の信濃小県郡の国衆。海野氏の被官。
¶武田(生没年不詳)

真田某　さなだなにがし
安土桃山時代の駿河国戸倉城主北条氏光の家臣。
¶後北(某〔真田〕　なにがし)

真田信繁　さなだのぶしげ
⇒真田幸村(さなだゆきむら)

真田信綱*　さなだのぶつな
天文6(1537)年～天正3(1575)年　安土桃山時代の武将。武田氏家臣。
¶全戦, 戦武, 武田([没]天正3(1575)年5月21日)

真田信昌　さなだのぶまさ
⇒加津野昌春(かづのまさはる)

真田信之* (真田信幸)　さなだのぶゆき
永禄9(1566)年～万治1(1658)年　安土桃山時代～江戸時代前期の大名。上野沼田藩主、信濃上田藩主、信濃松代藩主。
¶江人, コン, 全戦, 戦武, 武田(真田信幸　[没]万治1(1658)年10月17日)

真田信之室　さなだのぶゆきしつ
⇒小松姫(こまつひめ)

真田信之妻　さなだのぶゆきのつま
⇒小松姫(こまつひめ)

真田信吉*　さなだのぶよし
文禄2(1593)年～*　江戸時代前期の大名。上野沼田藩主。
¶全戦([生]慶長2(1597)年　[没]寛永10(1633)年)

真田平六　さなだへいろく
江戸時代前期の武士。大坂の陣で籠城。
¶大坂([没]慶長20年5月7日？)

真田昌輝*　さなだまさてる
？～天正3(1575)年　戦国時代～安土桃山時代の武士。武田氏家臣。
¶全戦([生]天文12(1543)年), 武田([生]天文12(1543)年6月？　[没]天正3(1575)年5月21日)

真田昌幸*　さなだまさゆき
天文16(1547)年～慶長16(1611)年　[別]武藤喜兵衛(むとうきへえ)　安土桃山時代～江戸時代前期の大名。信濃上田藩主。
¶コン, 全戦, 戦武, 武田([没]慶長16(1611)年6月4日), 山小([没]1611年6月4日)

真田幸隆*　さなだゆきたか
永正10(1513)年～天正2(1574)年　[別]菊貫(きくつら), 真田幸綱(さなだゆきつな)　戦国時代～安土桃山時代の武将。海野棟綱の子。
¶コン, 全戦, 戦武, 武田(真田幸綱　さなだゆきつな　[没]天正2(1574)年5月19日), 室町

真田幸綱　さなだゆきつな
⇒真田幸隆(さなだゆきたか)

真田幸貫*　さなだゆきつら
寛政3(1791)年9月2日～嘉永5(1852)年　江戸時代末期の大名。信濃松代藩主。
¶コン, 全幕, 幕末([没]嘉永5(1852)年6月17日)

真田幸利*　さなだゆきとし
天保3(1832)年～慶応1(1865)年　[別]与津屋清次(よつやせいじ)　江戸時代末期の志士。禁門の変に参加。
¶幕末([没]慶応1(1865)年6月12日)

真田幸教*　さなだゆきのり
*～明治2(1869)年　江戸時代末期の大名。信濃松代藩主。
¶全幕([生]天保6(1835)年), 幕末([生]天保6(1836)年12月13日　[没]明治2(1869)年10月18日)

真田幸弘*　さなだゆきひろ
元文5(1740)年～文化12(1815)年　江戸時代中期～後期の大名、俳人。信濃松代藩主。俳名は菊貫など。

¶コン，俳文（菊貫　きくつら）　㊦元文5（1740）年1月3日　㊷文化12（1815）年8月3日）

真田幸昌* さなだゆきまさ
慶長8（1603）年～元和1（1615）年　㊙真田大助（さなだだいすけ）　江戸時代前期の真田幸村の長子。
¶大坂（真田大助　さなだだいすけ　㊦慶長7年　㊷慶長20年5月8日），戦武（㊦慶長6（1601）年？　㊷慶長20（1615）年）

真田幸政 さなだゆきまさ
江戸時代前期の幕臣。
¶徳人（㊦？　㊷1653年）

真田幸村* さなだゆきむら
永禄10（1567）年～元和1（1615）年　㊙真田左衛門佐（さなださえもんのすけ），真田左衛門信繁（さなださえもんのぶしげ），真田信繁（さなだのぶしげ）　安土桃山時代～江戸時代前期の武将。昌幸の次男。
¶大坂（真田左衛門佐信繁　さなださえもんのすけのぶしげ　㊦？），コン（㊦永禄12（1569）年，全戦（真田信繁　さなだのぶしげ），戦武（真田信繁　さなだのぶしげ　㊷慶長20（1615）年），山小（㊷1615年5月7日）

真田幸歓 さなだゆきよし
⇒真田喜平太（さなだきへいた）

真田与右衛門 さなだよえもん
江戸時代前期の武士。大坂の陣で籠城。
¶大坂

佐奈田義忠*（佐那田義忠）さなだよしただ
保元1（1156）年～治承4（1180）年　㊙平義忠（たいらのよしただ）　平安時代後期の武士。岡崎義実の長子。
¶古人（平義忠　たいらのよしただ），中世（㊦？），内乱，平家（佐奈多義忠　㊦久寿2（1155）年）

真宮理子* さなのみやさとこ
元禄4（1691）年～宝永7（1710）年　㊙寛徳院（かんとくいん），理子女王（さとこじょおう，まさこじょおう）　江戸時代中期の女性。徳川吉宗の正室，伏見宮貞致親王の第4王女。
¶江表（理子（東京都）），徳将（寛徳院　かんとくいん）

さなみ
江戸時代中期の女性。俳諧。宝暦9年刊，岡田米仲著『鞁随筆』に載る。
¶江表（さなみ（東京都））

左入* さにゅう
貞享2（1685）年～元文4（1739）年　㊙楽左入，楽左入〔楽家6代〕（らくさにゅう）　江戸時代中期の陶工，楽家6代。
¶美工（楽左入　らくさにゅう）

讃岐 さぬき
⇒二条院讃岐（にじょういんのさぬき）

佐貫治兵衛〔1代〕 さぬきじへえ
⇒竹田治蔵（たけだじぞう）

讃岐千継 さぬきちつぐ
⇒讃岐千継（さぬきのちつぐ）

佐貫成綱 さぬきなりつな
⇒佐貫広綱（さぬきひろつな）

讃岐朝臣永直 さぬきのあそんながなお
⇒讃岐永直（さぬきのながなお）

讃岐院 さぬきのいん
⇒崇徳天皇（すとくてんのう）

讃岐氏成 さぬきのうじなり
平安時代中期の官人。
¶古人（生没年不詳）

讃岐典侍* さぬきのすけ
生没年不詳　㊙讃岐典侍（さぬきのてんじ），藤原長子（ふじわらちょうし，ふじわらのちょうし，ふじわらのながこ）　平安時代後期の女性。「讃岐典侍日記」の作者。
¶古人（藤原長子　ふじわらのながこ），コン（さぬきのてんじ），女文，日文

讃岐扶範* さぬきのすけのり
生没年不詳　平安時代中期の官人。
¶古人

讃岐宣旨* さぬきのせんじ
承保1（1074）年～保元1（1156）年　平安時代後期の従三位藤原隆佐孫。
¶古人

讃岐田虫別* さぬきのたむしわけ
上代の雄略天皇の侍臣。
¶古代

讃岐千継* さぬきのちつぐ
生没年不詳　㊙讃岐千継（さぬきちつぐ）　平安時代前期の法律学者。
¶古人，古代

讃岐典侍 さぬきのてんじ
⇒讃岐典侍（さぬきのすけ）

讃岐時雄* さぬきのときお
生没年不詳　平安時代前期の明法家。
¶コン

讃岐時人* さぬきのときひと
生没年不詳　平安時代前期の明法学者。
¶コン

讃岐永直* さぬきのながなお
延暦2（783）年～貞観4（862）年　㊙讃岐朝臣永直（さぬきのあそんながなお）　平安時代前期の明法家，明法博士。
¶古人，古代（讃岐朝臣永直　さぬきのあそんながなお），コン

讃岐永直女 さぬきのながなおのむすめ
平安時代前期の更衣。光孝天皇の宮人。
¶天皇（生没年不詳）

讃岐永成* さぬきのながなり
生没年不詳　平安時代前期の明法家。
¶コン

佐貫広綱 さぬきのひろつな
⇒佐貫広綱（さぬきひろつな）

讃岐広直* さぬきのひろなお
生没年不詳　平安時代前期の明法家。
¶コン

讃岐当世* さぬきのまさよ
生没年不詳　平安時代前期の法律学者。
¶コン

讃岐義方 さぬきのよしかた
平安時代中期の官人。

¶古人（生没年不詳）

佐貫広綱*　さぬきひろつな
生没年不詳　[別]佐貫成綱（さぬきなりつな），佐貫広綱（さぬきのひろつな），藤原広綱（ふじわらのひろつな）　平安時代後期～鎌倉時代前期の武士。
¶古人（藤原広綱　ふじわらのひろつな），コン（さぬきのひろつな），平家

讃岐屋治蔵　さぬきやはるぞう
⇒竹田治蔵（たけだじぞう）

狭野茅上娘子　さぬのちがみのおとめ
⇒狭野茅上娘子（さののちがみのおとめ）

実淳　さねあつ
⇒徳大寺実淳（とくだいじさねあつ）

実氏　さねうじ
⇒西園寺実氏（さいおんじさねうじ）

真景*　さねかげ
生没年不詳　南北朝時代の刀工。
¶コン，美工

実方　さねかた
⇒藤原実方（ふじわらのさねかた）

実川定賢　さねかわさだかた
⇒実川定賢（さねかわていけん）

実川定賢*　さねかわていけん
安永6（1777）年～天保6（1835）年　[別]実川定賢（さねかわさだかた，じつかわさだかた）　江戸時代後期の算家。
¶数学（さねかわさだかた　[没]天保6（1835）年10月8日），数学（じつかわさだかた）

実枝　さねき
⇒三条西実世（さんじょうにしさねよ）

真子内親王　さねこないしんのう
⇒真子内親王（しんしないしんのう）

孚子内親王　さねこないしんのう
⇒孚子内親王（ふしないしんのう）

実隆　さねたか
⇒三条西実隆（さんじょうにしさねたか）

真恒*　さねつね
生没年不詳　平安時代後期の備前の刀工。「恒」の字を通字とする系統の刀工。
¶古人，美工

実朝　さねとも
⇒源実朝（みなもとのさねとも）

実仁親王*　さねひとしんのう
延久3（1071）年～応徳2（1085）年　平安時代後期の後三条天皇の第2皇子。
¶古人（[生]1070年），天皇（[生]延久3（1071）年2月10日　[没]応徳2（1085）年11月8日）

誠仁親王*　さねひとしんのう
天文21（1552）年～天正14（1586）年7月24日　[別]陽光院（ようこういん），陽光太上天皇（ようこうだいじょうてんのう，ようこうだじょうてんのう）　安土桃山時代の正親町の第1子。
¶コン，全戦，天皇（陽光院　ようこういん　[生]天文21（1552）年4月23日　[没]永禄14（1586）年7月24日），天皇（[生]天文21（1552）年4月23日）

真光*　さねみつ
生没年不詳　鎌倉時代の備前国長船派の刀工。
¶美工

真守*（1）　さねもり
生没年不詳　平安時代中期の刀工。
¶美工

真守*（2）　さねもり
生没年不詳　平安時代後期の伯耆国大原の刀工。
¶美工

人康親王*　さねやすしんのう
天長8（831）年～貞観14（872）年　平安時代前期の仁明天皇の第4皇子。
¶古人（[生]？），古代，天皇（[没]貞観14（872）年5月5日）

実世王*　さねよおう
平安時代前期の官人、桓武天皇の孫。
¶古人（生没年不詳），古代

実吉安純　さねよしやすずみ
江戸時代後期～昭和期の海軍軍医総監、子爵。
¶科学（[生]嘉永1（1848）年3月20日　[没]昭和7（1932）年3月1日）

さの（1）
江戸時代中期の女性。俳諧。榎本其角門。元禄3年刊、其角編『華摘』に載る。
¶江表（さの（東京都））

さの（2）
江戸時代中期の女性。俳諧。若狭佐柿の人。明和8年刊、三宅宗春編『孝婦記』に載る。
¶江表（さの（福井県））

さの（3）
江戸時代中期の女性。和歌。穴虫の吉村久兵衛氏之の妻。宝永6年奉納、平間長雅編「住吉社奉納千首和歌」に載る。
¶江表（さの（奈良県））

さの（4）
江戸時代末期～明治時代の女性。俳諧・画。会津藩の絵師で俳人の遠藤香村とまさの娘。
¶江表（さの（福島県）　[没]明治38（1905）年）

佐野（1）　さの★
江戸時代中期の女性。和歌。美濃加治田の豪商平井家7代で俳人丹芝の娘。平井家11代貞誠の「詠草」に載る。
¶江表（佐野（岐阜県））

佐野（2）　さの★
江戸時代中期の女性。和歌。備中長尾村の農家八郎右衛門の娘。
¶江表（佐野（岡山県）　[生]安永4（1775）年）

佐野（3）　さの★
江戸時代中期の女性。俳諧。富高の人。安永9年刊、五升庵蝶夢編『しくれ会』に載る。
¶江表（佐野（宮崎県））

佐野（4）　さの★
江戸時代中期～後期の女性。和歌。西信右衛門松寿の娘。
¶江表（佐野（佐賀県）　[生]明和1（1764）年　[没]天保14（1843）年）

佐野（5）　さの★
江戸時代後期の女性。書・画・和歌。清久氏。

¶江表（佐野（徳島県）　[生]文化10（1813）年　[没]天保13（1842）年）

佐野安芸守　さのあきのかみ
戦国時代の駿河国興津郷の土豪？
¶武田（生没年不詳）

佐野市右衛門　さのいちえもん
戦国時代～安土桃山時代の駿河国上稲子もしくは下稲子郷の土豪？
¶武田（生没年不詳）

佐野右京亮入道　さのうきょうのすけにゅうどう
戦国時代の駿河国上稲子もしくは下稲子郷の土豪？　穴山家臣。
¶武田（生没年不詳）

佐野右近丞　さのうこんのじょう
安土桃山時代の駿河国油野郷の人。
¶武田（生没年不詳）

佐野氏忠*　さのうじただ
？～文禄2（1593）年　[別]北条氏忠（ほうじょううじただ）　安土桃山時代の武将。
¶後北（氏忠〔北条〕　うじただ　[没]文禄2年4月8日），全戦（北条氏忠　ほうじょううじただ）

佐野鷗庵*　さのおうあん
生没年不詳　戦国時代の甲斐武田一族穴山信君の家臣。
¶武田

佐野鼎*　さのかなえ
*～明治10（1877）年　江戸時代末期～明治時代の加賀藩士、教育者。加賀藩軍艦所奉行補佐を経て、維新後は共立学校を創立。卒業生に島崎藤村ら。
¶幕末（[生]文政12（1829）年　[没]明治10（1877）年10月22日）

佐野川市松〔1代〕*　さのがわいちまつ，さのかわいちまつ
享保7（1722）年～宝暦12（1762）年　[別]市松（いちまつ），盛府（せいふ）　江戸時代中期の歌舞伎役者。享保18年～宝暦12年頃に活躍。
¶歌大（[没]宝暦12（1762）年11月12日），新歌（――〔1世〕）

佐野川市松〔2代〕*　さのがわいちまつ，さのかわいちまつ
延享4（1747）年～天明5（1785）年　[別]市松（いちまつ），盛府，青布（せいふ），東花（とうか），坂東愛蔵（ばんどうあいぞう），松本山十郎（まつもとさんじゅうろう）　江戸時代中期の歌舞伎役者。宝暦7年～天明4年頃に活躍。
¶歌大（[没]天明5（1785）年8月26日）

佐野川市松〔3代〕　さのかわいちまつ，さのがわいちまつ
⇒市川荒五郎〔1代〕（いちかわあらごろう）

佐野川十蔵　さのかわじゅうぞう
⇒中村十蔵〔1代〕（なかむらじゅうぞう）

佐野川千蔵　さのかわせんぞう，さのがわせんぞう
⇒富士田吉次〔1代〕（ふじたきちじ）

佐野川万吉　さのかわまんきち
⇒中村仲蔵〔大坂系1代〕（なかむらなかぞう）

佐野喜兵衛　さのきひょうえ
安土桃山時代の駿河国小泉郷の人。
¶武田（生没年不詳）

佐野君弘*　さのきみひろ
生没年不詳　[別]佐野君弘（さのただひろ）　戦国時代の甲斐武田一族穴山信君・勝千代の家臣。
¶武田（さのただひろ　[生]？　[没]文禄5（1596）年2月17日）

佐野九郎左衛門尉(1)　さのくろうざえもんのじょう
戦国時代の駿河国の人。武田氏に仕えた。
¶武田（生没年不詳）

佐野九郎左衛門尉(2)　さのくろうざえもんのじょう
安土桃山時代の駿河国富士郡長貫の土豪。
¶武田（生没年不詳）

佐野源右衛門尉　さのげんえもんのじょう
戦国時代の駿河国大岩の土豪？
¶武田（生没年不詳）

佐野源左衛門*　さのげんざえもん
鎌倉時代の武士。
¶コン（生没年不詳）

佐野源左衛門尉　さのげんざえもんのじょう
戦国時代の穴山氏の家臣。甲斐国中野の人物か。
¶武田（生没年不詳）

佐野源六　さのげんろく
戦国時代の穴山氏の家臣。
¶武田（生没年不詳）

さの子　さのこ★
江戸時代後期～末期の女性。和歌・俳諧。出雲今市の旧家直良家の娘。
¶江表（さの子（島根県）　[生]文化10（1813）年　[没]文久2（1862）年）

佐野子(1)　さのこ★
江戸時代後期の女性。和歌。筑前芦屋町の庄屋中西吉六則成の娘。寛政6年、夫と共に赤間関へ移住する。
¶江表（佐野子（福岡県））

佐野子(2)　さのこ★
江戸時代末期の女性。和歌。伊勢津の豪商岡安定の妻。元治2年序、佐々木弘綱編『類題千船集』三・下に載る。
¶江表（佐野子（三重県））

佐野小太郎　さのこたろう
戦国時代の駿河国下稲子郷の土豪。
¶武田（生没年不詳）

佐野左京助　さのさきょうのすけ
安土桃山時代の駿河国富士郡長貫の土豪。
¶武田（生没年不詳）

佐野左京亮　さのさきょうのすけ
戦国時代の駿河国富士郡上稲子の土豪。
¶武田（生没年不詳）

佐野三郎左衛門尉　さのさぶろうざえもんのじょう
戦国時代の駿河国富士郡下条の土豪？
¶武田（生没年不詳）

佐野治右衛門尉　さのじえもんのじょう
安土桃山時代～江戸時代前期の甲斐国八代郡河内岩間豪の土豪。
¶武田（生没年不詳）

佐野七郎兵衛尉*　さのしちろうひょうえのじょう
生没年不詳　戦国時代の甲斐武田一族穴山信君・

勝千代の家臣。
¶武田

佐野治部右衛門尉 さのじぶえもんのじょう
安土桃山時代の甲斐国下部の土豪。
¶武田（生没年不詳）

佐野七五三之助* さのしめのすけ
天保5（1834）年～慶応3（1867）年　江戸時代末期の新撰組隊士。
¶新隊（[没]慶応3（1867）年6月14日），全幕（[生]天保7（1836）年），幕末（[没]慶応3（1867）年6月14日）

さ

佐野下野守 さのしもつけのかみ
安土桃山時代の駿河国油野郷の人。
¶武田（生没年不詳）

佐野十右衛門 さのじゅうえもん
安土桃山時代の甲斐国河内福士郷の土豪。
¶武田（生没年不詳）

さの女(1) さのじょ★
江戸時代後期の女性。和歌。菅沼大蔵家の奥女中。文化11年刊、中山忠雄・河田正致編『柿本社奉納和歌集』に載る。
¶江表（さの女（東京都））

さの女(2) さのじょ★
江戸時代後期の女性。狂句。甲斐の人。嘉永5年刊『柳風狂句合』に載る。
¶江表（さの女（山梨県））

佐埜女 さのじょ★
江戸時代後期の女性。和歌。伊勢津藩士八田舎柱の妻。弘化4年刊、清堂観尊編『たち花の香』に載る。
¶江表（佐埜女（三重県））

佐野女 さのじょ★
江戸時代中期の女性。俳諧。木曽福島の人。正徳2年刊、尾張の巨霊堂板倉東鶩が編んだ『金竜山』に載る。
¶江表（佐野女（長野県））

佐野紹益 さのしょうえき，さのじょうえき
⇒灰屋紹益（はいやじょうえき）

佐野紹由 さのしょうゆう，さのじょうゆう
⇒灰屋紹由（はいやじょうゆう）

佐野次郎衛門尉 さのじろうえもんのじょう
安土桃山時代の穴山家臣。甲斐国下部の土豪か。
¶武田（生没年不詳）

佐野二郎右衛門尉 さのじろうえもんのじょう
戦国時代の穴山家臣。甲斐国下部の土豪か。
¶武田（生没年不詳）

佐野次郎左衛門* さのじろうざえもん
生没年不詳　江戸時代中期の下野国佐野の百姓。
¶コン

佐野新左衛門尉 さのしんざえもんのじょう
安土桃山時代の甲斐国下山の土豪？　穴山家臣か。
¶武田（生没年不詳）

佐野新四郎 さのしんしろう
安土桃山時代の駿河国の武士。
¶武田（生没年不詳）

佐野新八(1) さのしんぱち
戦国時代の甲斐国巨摩郡南部の土豪？　穴山家臣。
¶武田（生没年不詳）

佐野新八(2) さのしんぱち
戦国時代の駿河国富士郡厚原郷の土豪。
¶武田（生没年不詳）

佐野助左衛門尉 さのすけざえもんのじょう
戦国時代の穴山信友の家臣。
¶武田（生没年不詳）

佐野清九郎 さのせいくろう
戦国時代の駿河国富士郡長貫の土豪。
¶武田（生没年不詳）

佐野清十郎 さのせいじゅうろう
江戸時代前期の佐野清左衛門の子。
¶大坂

佐野善左衛門 さのぜんざえもん
⇒佐野政言（さのまさこと）

佐野善次郎 さのぜんじろう
戦国時代の駿河国富士郡上稲子の土豪。
¶武田（生没年不詳）

佐野宗威軒 さのそういけん
戦国時代の穴山氏の家臣。
¶武田（生没年不詳）

佐野惣左衛門尉 さのそうざえもんのじょう
戦国時代の駿河国富士郡上稲子の土豪。
¶武田（生没年不詳）

佐野竹之介*（佐野竹之助） さのたけのすけ
*～万延1（1860）年　[別]海野慎八（うみのしんぱち），佐藤武兵衛（さとうぶべえ）　江戸時代末期の水戸藩士。
¶詩作（佐野竹之助　[生]天保10（1839）年　[没]安政7（1860）年3月3日），全幕（[生]天保11（1840）年　[没]安政7（1860）年），幕末（[生]天保11（1840）年　[没]安政7（1860）年3月3日）

佐野君胤 さのただたね
戦国時代の駿河国富士郡上稲子の土豪。
¶武田（生没年不詳）

佐野君弘 さのただひろ
⇒佐野君弘（さのきみひろ）

佐野長寛* さのちょうかん
寛政3（1791）年～文久3（1863）年　江戸時代末期の漆工。長浜屋治兵衛の次男。
¶コン（[生]寛政2（1790）年　[没]文久3（1863年/1856）年），美工

佐野綱正* さのつなまさ
天文23（1554）年～慶長5（1600）年　安土桃山時代の武将。豊臣氏家臣。
¶徳代（[没]慶長5（1600）年7月29日）

佐野庸貞 さのつねさだ
江戸時代中期～後期の幕臣。
¶徳人（[生]1756年　[没]1837年）

佐野常民* さのつねたみ
文政5（1822）年12月28日～明治35（1902）年12月7日　江戸時代末期～明治時代の佐賀藩士、政治家、伯爵、初代日本赤十字社社長、農商務相。わが国最初の蒸気船と蒸気車の模型を制作、のち凌風丸を作った。新政府では海軍を創設。
¶科学，コン，全幕，幕末（[生]文政5（1823）年12月28日），山小（[生]1822年12月28日　[没]1902年12月7日）

佐野経彦* さのつねひこ
天保5(1834)年〜明治39(1906)年10月16日 江戸時代末期〜明治時代の宗教家。九州北部、中国地方を歴遊。教導職試補、小倉に神理協会を設立。
¶コン、幕末(㋑天保5(1834)年2月16日)

佐野藤左衛門 さのとうざえもん
戦国時代の相模国玉縄城主北条為昌の家臣？
¶後北(藤左衛門〔佐野(2)〕 とうざえもん)

佐野藤六 さのとうろく
戦国時代の甲斐国巨摩郡薬袋の土豪。
¶武田(生没年不詳)

佐野友重* さのともしげ
生没年不詳 戦国時代の甲斐武田一族穴山信君の家臣。
¶武田

佐野友光 さのともみつ
戦国時代の穴山信友・信君の家臣。
¶武田(生没年不詳)

佐野内膳 さのないぜん
安土桃山時代の甲斐国河内井出村の土豪。
¶武田(生没年不詳)

佐野縫殿右衛門尉 さのぬいえもんのじょう
戦国時代の穴山信友・信君(梅雪)の家臣。
¶武田(生没年不詳)

狭野弟上娘子 さのおとがみのおとめ
⇒狭野茅上娘子(さののちがみのおとめ)

狭野茅上娘子*(挾野茅上娘子) さののちがみのおとめ
生没年不詳 ㋖狭野茅上娘子(さぬのちがみのおとめ)、さののちがみのおとめこ)、狭野弟上娘子(さののおとがみのおとめ)、茅上娘子、茅上娘女(ちがみのおとめ) 奈良時代の女官。万葉歌人。
¶古代、コン(狭野弟上娘子 さののおとがみのおとめ)、詩作(さののちがみのおとめこ)、女史(狭野弟上娘子 さののおとがみのおとめ)、女文(狭野弟上娘子 さののおとがみのおとめ)、日文

狭野茅上娘子 さののちがみのおとめこ
⇒狭野茅上娘子(さののちがみのおとめ)

佐野信吉* さののぶよし
永禄9(1566)年〜元和8(1622)年 ㋖富田信吉(とみたのぶよし) 安土桃山時代〜江戸時代前期の武将、大名。下野佐野藩主。
¶全戦

佐野義行* さののりゆき
宝暦7(1757)年〜文政12(1829)年12月4日 江戸時代中期〜後期の幕臣。
¶徳人

佐野八郎左衛門尉 さのはちろうざえもんのじょう
戦国時代の駿河国の土豪。
¶武田(生没年不詳)

佐野彦右衛門尉 さのひこえもんのじょう
戦国時代の武田氏の家臣。
¶武田(生没年不詳)

佐野房綱* さのふさつな
？〜慶長6(1601)年 ㋖天徳寺了伯(てんとくじりょうはく) 安土桃山時代の武将。豊綱の子。
¶全戦、戦武(㋑永禄1(1558)年)

佐野文右衛門尉 さのぶんえもんのじょう
安土桃山時代の甲斐国下部の土豪。
¶武田(生没年不詳)

佐野文三 さのぶんぞう
戦国時代の甲斐国下部の土豪。
¶武田(生没年不詳)

佐野蓬宇* さのほうう
文化6(1809)年〜明治28(1895)年 ㋖蓬宇(ほうう) 江戸時代後期〜明治時代の俳人。
¶俳文(蓬宇 ほうう ㋞明治28(1895)年1月13日)

佐野牧太 さのまきた
⇒佐野牧太郎(さのまきたろう)

佐野牧太郎* さのまきたろう
天保13(1842)年〜慶応1(1865)年7月25日 ㋖佐野牧太(さのまきた) 江戸時代後期〜末期の新撰組隊士。
¶新隊(佐野牧太 さのまきた ㋑？ ㋞慶応1(1865)年7月25日？)

佐野孫右衛門* さのまごえもん
？〜明治14(1881)年 江戸時代末期〜明治時代の漁業家。釧路昆布業の基礎を築く。函館の第百十三国立銀行設立に尽力。
¶コン

佐野孫衛門 さのまごえもん
戦国時代の甲斐国大崩の土豪。
¶武田(生没年不詳)

佐野孫右衛門尉 さのまごえもんのじょう
安土桃山時代の穴山信君の家臣。
¶武田(生没年不詳)

佐野孫三郎 さのまごさぶろう
安土桃山時代の穴山信君の家臣。
¶武田(生没年不詳)

佐野孫四郎* さのまごしろう
生没年不詳 戦国時代の駿河国の土豪。
¶武田

佐野孫右兵衛尉 さのまごひょうえのじょう
戦国時代〜安土桃山時代の駿河国富士郡の土豪。
¶武田(生没年不詳)

佐野正勝 さのまさかつ
江戸時代前期の代官。
¶徳代(生没年不詳)

佐野政言* さのまさこと
宝暦7(1757)年〜天明4(1784)年 ㋖佐野善左衛門(さのぜんざえもん) 江戸時代中期の旗本。政豊の子。
¶江人、コン、徳将、徳人、山小(㋞1784年4月3日)

佐野正重 さのまさしげ
江戸時代前期の代官。
¶徳代(㋑？ ㋞寛永18(1641)年)

佐野政親* さのまさちか
江戸時代中期〜後期の大坂町奉行。
¶徳人(㋑1732年 ㋞1824年)

佐野正周* さのまさちか
元和4(1618)年〜元禄3(1690)年 江戸時代前期〜中期の武士。
¶徳人(㋞1689年)

佐野昌綱* さのまさつな
戦国時代〜安土桃山時代の武将。足利氏家臣。
¶全戦（[生]？　[没]天正7（1579）年）

佐野政行 さのまさゆき
江戸時代後期〜末期の幕臣。
¶徳人（生没年不詳）

佐野増蔵* さのますぞう
文化7（1810）年〜明治15（1882）年　江戸時代後期〜明治時代の因幡国鳥取藩在方役人。
¶コン，幕末（[没]明治16（1883）年3月1日）

佐野宗綱* さのむねつな
永禄3（1560）年〜天正13（1585）年　安土桃山時代の武将。佐竹氏家臣。
¶全戦（[生]永禄1（1558）年）

佐野茂承 さのもちつぐ
江戸時代中期の幕臣。
¶徳人（[生]1703年　[没]1786年）

佐野基綱* さのもとつな
生没年不詳　平安時代後期〜鎌倉時代前期の武将。
¶古人

佐野盛門 さのもりかど
江戸時代後期の和算家。棚倉藩士、のち館林藩士。
¶数学

佐野盛綱* さのもりつな
寛永3（1626）年〜元禄1（1688）年　江戸時代前期の武士。
¶徳人（[生]1622年）

佐野（門西）七左衛門 さの（もんざい）しちざえもん
安土桃山時代〜江戸時代前期の甲斐国巨摩郡河内湯之奥郷の土豪。
¶武田（生没年不詳）

佐野（門西）新蔵 さの（もんざい）しんぞう
安土桃山時代〜江戸時代前期の甲斐国巨摩郡河内湯之奥郷の土豪。
¶武田（生没年不詳）

佐野弥右衛門 さのやえもん
戦国時代の駿河国富士郡の土豪。
¶武田（生没年不詳）

佐野屋喜兵衛* さのやきへえ
江戸時代後期の草双紙・人情本類の出版元。
¶浮絵

佐野屋孝兵衛（——〔2代〕）　さのやこうべえ
⇒菊池教中（きくちきょうちゅう）

佐野屋幸兵衛 さのやこうべえ
⇒菊池淡雅（きくちたんが）

佐野弥左衛門尉 さのやざえもんのじょう
戦国時代〜安土桃山時代の駿河国富士郡内房郷の土豪。
¶武田（生没年不詳）

佐野泰光* さのやすみつ
生没年不詳　戦国時代の甲斐武田一族穴山信君の家臣。
¶武田

佐野弥八郎 さのやはちろう
戦国時代の駿河国富士郡の土豪。
¶武田（生没年不詳）

佐野山孫六郎 さのやままごろくろう
安土桃山時代の武士。信濃国の人物か。
¶武田（生没年不詳）

佐野屋万助* さのやまんすけ
天保2（1831）年〜明治43（1910）年　江戸時代末期〜明治時代の土佐国実業家。樟脳、生糸の輸出、ライフル銃の輸入、北見との航海業に尽力。
¶幕末（[生]文政13（1830）年5月28日　[没]明治43（1910）年10月4日）

左行秀* さのゆきひで
文化10（1813）年〜明治20（1887）年　江戸時代後期〜明治時代の刀工。
¶幕末（[生]文化10（1813）年11月25日　[没]明治20（1887）年3月5日），美工（[没]明治20（1887）年3月5日）

佐野与三右衛門尉 さのよさうえもんのじょう
戦国時代の駿河国富士郡の土豪。
¶武田（生没年不詳）

佐野吉綱 さのよしつな
天正15（1587）年〜元和7（1621）年　安土桃山時代〜江戸時代前期の幕臣。
¶徳人，徳代（[没]元和7（1621）年12月29日）

佐野義致* さのよしむね
生没年不詳　江戸時代後期の和算家。
¶数学

佐野楽翁* さのらくおう
天保9（1838）年11月15日〜大正12（1923）年10月9日　江戸時代末期〜明治時代のりんご栽培研究家。西洋りんご栽培を研究し、普及させた第一人者。
¶植物，幕末

佐野理八* さのりはち
弘化1（1844）年〜大正4（1915）年　江戸時代末期〜明治時代の商人。
¶幕末（[生]天保15（1844）年2月15日　[没]大正4（1915）年8月14日）

さは
江戸時代前期の女性。俳諧。大坂の人。延宝9年刊、田中常矩撰『俳諧雑巾』に載る。
¶江表（さは（大阪府））

佐羽内吉寛 さはうちよしひろ
江戸時代後期の和算家。
¶数学

沙白蓋廬*（沙白蓋盧）　さはくこうろ
上代の豪族。
¶古代

さは女（1）　さはじょ★
江戸時代後期の女性。俳諧。花館の人。文化初年頃刊、秋田藩士片岡吾長編『秋田俳人俳画百人集』に載る。
¶江表（さは女（秋田県））

さは女（2）　さはじょ★
江戸時代末期の女性。和歌。三河吉田の人。慶応2年序、村上忠順編『元治元年千首』に載る。
¶江表（さは女（愛知県））

佐橋佳富 さはせよしとみ
江戸時代中期の幕臣。
¶徳人（[生]1776年　[没]？）

佐橋佳如　さはせよしゆき
江戸時代中期の幕臣。
¶徳人（[生]1740年　[没]？）

佐畑信之*　さばたのぶゆき
弘化4（1847）年～明治26（1893）年　江戸時代末期～明治時代の実業家，神戸電灯会社社長。遊撃隊など小隊指令として国事に尽くす。
¶幕末（[没]明治26（1893）年3月18日）

佐原家連*　さはらいえつら
生没年不詳　鎌倉時代前期の御家人。
¶古人

佐原鞠塢　さはらきくう
⇒富岡吟松（とみおかぎんしょう）

佐原盛純　さはらもりずみ
⇒佐原蘇楳（さわらそばい）

佐原義連　さはらよしつら
⇒三浦義連（みうらよしつら）

左筆　さひつ★
江戸時代末期の女性。俳諧。摂津伊丹天王町の河内屋勘兵衛の後妻。文久1年梶曲阜の自筆本「道しるべ」に紹介される。
¶江表（左筆（兵庫県））

さぶ
江戸時代中期の女性。俳諧。播磨姫路の人。元禄15年刊，井上千山編『花の雲』に載る。
¶江表（さぶ（兵庫県））

佐生甚之丞　さぶじんのじょう
江戸時代前期の平子主膳の従士。
¶大坂（[没]慶長19年11月29日）

佐分利徳三郎*　さぶりとくさぶろう
弘化1（1844）年～元治1（1864）年　江戸時代末期の奇兵隊士。
¶幕末（[生]天保15（1844）年　[没]元治1（1864）年7月19日）

左夫流児*　さぶるこ
生没年不詳　奈良時代の女性。越中国の遊行女婦。
¶女史

三郎右衛門　さぶろうえもん
戦国時代の甲斐国河内領の山造頭。
¶武田（生没年不詳）

三郎衛門　さぶろうえもん
安土桃山時代の信濃国筑摩郡小芹・大久保・花見の土豪。塔原海野氏の被官とみられる。
¶武田（生没年不詳）

三郎左衛門　さぶろうざえもん
安土桃山時代の信濃国筑摩郡高の土豪。麻績氏の被官か。
¶武田（生没年不詳）

さへ
江戸時代後期の女性。和歌。駿河の植松理兵衛の娘。
¶江表（さへ（静岡県）　[没]寛政7（1795）年）

さほ
江戸時代後期の女性。俳諧。伊豆走湯の人。文化13年序，俳人蟹殿洞々編『的申集』に載る。
¶江表（さほ（静岡県））

早穂　さほ★
江戸時代後期～明治時代の女性。和歌。遠江山梨の幡鎌家8代目貢の娘。
¶江表（早穂（静岡県）　[生]文政4（1821）年　[没]明治40（1907）年）

佐保介我*　さほかいが
承応1（1652）年～享保3（1718）年　[別]介我，介我〔1代〕（かいが）　江戸時代中期の俳人（蕉門）。
¶俳文（介我　かいが　[没]享保3（1718）年6月18日）

乍木　さぼく
江戸時代前期～中期の俳諧作者。元禄ごろ。本名，原田覚左衛門。
¶俳文（生没年不詳）

さほ子　さほこ★
江戸時代後期の女性。和歌。尾張藩主徳川斉朝の奥女中。文化5年頃，真田幸弘編「御ことほきの記」に載る。
¶江表（さほ子（愛知県））

佐保子(1)　さほこ★
江戸時代後期の女性。和歌。11代将軍徳川家斉の室広大院付上臈。寛政10年跋，信濃松代藩主真田幸弘の六〇賀集「千とせの寿詞」に載る。
¶江表（佐保子（東京都））

佐保子(2)　さほこ★
江戸時代後期の女性。和歌・日記。天草の高浜村の庄屋上田源太夫宜珍の娘。享和2年，養嗣子信親の妻となる。
¶江表（佐保子（熊本県））

佐保子(3)　さほこ★
江戸時代末期の女性。和歌。小城藩主鍋島加賀守直英の娘。安政4年序，佐賀藩の藩校弘道館教授で歌人今泉守蟹編「樟葉百歌撰」に載る。
¶江表（佐保子（佐賀県））

佐保路　さほじ★
江戸時代中期の女性。俳諧。遠江川井の俳人木野雪獅の妻。内山真龍の縁戚内山南山人菊後に夫婦で師事し，宝暦10年免許が与えられる。
¶江表（佐保路（静岡県））

さほ女　さほじょ★
江戸時代中期の女性。俳諧。岩瀬今泉の妻。宝暦3年刊『今ぞ昔』に載る。
¶江表（さほ女（福島県））

狭穂彦*　さほひこ，さほびこ
[別]狭穂彦・狭穂姫（さほひこ・さほひめ，さほびこ・さほひめ，さほびこ・さほびめ），狭穂彦王（さほひこおう，さほひこのおおきみ）　上代の人。垂仁天皇に反乱したと伝えられる。
¶古代（狭穂彦王　さほひこのおおきみ）

狭穂彦王　さほひこおう
⇒狭穂彦（さほひこ）

狭穂彦・狭穂姫(1)　さほひこ・さほひめ，さほびこ・さほひめ，さほびこ・さほびめ
⇒狭穂彦（さほひこ）

狭穂彦・狭穂姫(2)　さほひこ・さほひめ，さほびこ・さほひめ，さほびこ・さほびめ
⇒狭穂姫（さほひめ）

狭穂彦王　さほひこのおおきみ
⇒狭穂彦（さほひこ）

狭穂姫*　さほひめ，さほびめ
[別]狭穂姫（さおひめ），狭穂彦・狭穂姫（さほひこ・さほひめ，さほびこ・さほひめ，さほびこ・さほびめ），狭穂媛命（さほびめのみこと）　上代の女性。垂仁天皇の皇后。
¶古代, 天皇（狭穂媛命　さほびめのみこと　[没]垂仁天皇5年）

狭穂媛命　さほびめのみこと
⇒狭穂姫（さほひめ）

佐保山　さほやま★
江戸時代後期の女性。和歌。紀州藩徳川家の元奥女中。寛政11年刊、石野広通編『霞関集』に載る。
¶江表（佐保山（和歌山県））

座間織部　ざまおりべ
戦国時代の北条氏綱家臣広田仲重の同心。
¶後北（織部〔座間〕　おりべ）

座間為成　ざまためなり
江戸時代後期の和算家。相州川崎の砂子の人。文政6年、10年算額を奉納。
¶数学

座間豊後守*　ざまぶんごのかみ
生没年不詳　戦国時代の北条氏の家臣。
¶後北（豊後守〔座間〕　ぶんごのかみ）

座間味庸昌　ざまみようしょう
⇒殷元良（いんげんりょう）

座間弥三郎　ざまやさぶろう
安土桃山時代の北条氏政の家臣。豊後守の嫡男か。
¶後北（弥三郎〔座間〕　やさぶろう）

さみ子　さみこ★
江戸時代末期の女性。和歌。豊後岡藩藩士矢野勘三郎の妻。万延1年序、物集高世編『類題春草集』二に載る。
¶江表（さみ子（大分県））

佐味親王　さみしんのう
⇒佐味親王（さみのしんのう）

佐味朝臣宿那麻呂*　さみのあそんすくなまろ
飛鳥時代の官人。
¶古代

佐味朝臣虫麻呂　さみのあそんむしまろ
⇒佐味虫麻呂（さみのむしまろ）

佐味伊与麻呂　さみのいよまろ
奈良時代の官人。
¶古人（生没年不詳）

佐味賀佐麻呂　さみのかさまろ
奈良時代の官人。
¶古人（生没年不詳）

佐味親王*　さみのしんのう
延暦12（793）年～天長2（825）年　[別]佐味親王（さみしんのう）　平安時代前期の桓武天皇の皇子。
¶古人（さみしんのう）, 天皇（[没]天長2（825）年閏7月16日）

佐味少麻呂*（佐味宿那麻呂）　**さみのすくなまろ**
生没年不詳　飛鳥時代の官人。
¶古人（佐味宿那麻呂）, コン

佐味足人　さみのたりひと
奈良時代の官人。
¶古人（生没年不詳）

佐味宮守*　さみのみやもり
生没年不詳　[別]佐味朝臣宮守（さみのあそんみやもり）　奈良時代の官吏。
¶古人, 古代（佐味朝臣宮守　さみのあそんみやもり）

佐味虫麻呂*　さみのむしまろ
？～天平宝字3（759）年　[別]佐味朝臣虫麻呂（さみのあそんむしまろ）　奈良時代の官人。
¶古人, 古代（佐味朝臣虫麻呂　さみのあそんむしまろ）

佐味山守　さみのやまもり
奈良時代の官人。
¶古人（生没年不詳）

沙弥満誓　さみまんせい，さみまんぜい
⇒笠麻呂（かさのまろ）

佐舞　さむ
江戸時代前期～中期の女性。和歌。熊本藩主細川忠興の側室立法院の姪。
¶江表（佐舞（熊本県）　[生]寛永12（1635）年　[没]元禄11（1698）年）

寒川雲晁*　さむかわうんちょう
文政6（1823）年～明治40（1907）年　江戸時代末期～明治時代の画家。
¶美画（[没]明治40（1907）年8月31日）

寒川辰清*　さむかわたつきよ
元禄10（1697）年～元文4（1739）年　[別]寒川辰清（さむかわときよ）　江戸時代中期の近江膳所藩士、儒学者。
¶地理（さむかわときよ（かんがわたつきよ））

寒川てう子*　さむかわちょうこ
文政11（1828）年～明治23（1890）年5月　江戸時代末期～明治時代の歌人。狂歌をよくし、ひまの内子、こころ内子と呼ばれた。
¶江表（こころ内子（東京都）　[生]文政12（1829）年）

寒川辰清　さむかわときよ
⇒寒川辰清（さむかわたつきよ）

寒河尼　さむかわに
⇒寒河尼（さむかわのあま）

寒河尼*（寒川尼）　**さむかわのあま**
保延4（1138）年～安貞2（1228）年　[別]寒河尼（さむかわに）　平安時代後期～鎌倉時代前期の女性。源頼朝の乳母。
¶古人（寒川尼）, 女史, 内乱

佐牟田長堅*　さむたながかた
？～天正6（1578）年　戦国時代～安土桃山時代の武将。相良氏家臣。
¶全戦（[生]天文15（1546）年）

田村三省　さむらさんせい
⇒田村三省（たむらさんせい）

さめ
江戸時代中期の女性。徳川吉宗の側室。
¶徳将（生没年不詳）

左明　さめい
⇒昨非窓左明（さくひそうさめい）

沙明*　ざめい，さめい
？～享保12（1727）年6月15日　江戸時代前期～中期の俳人。

¶俳文（さめい）

鮫島家高* さめじまいえたか，さめしまいえたか
生没年不詳　鎌倉時代前期の武将。
¶古人

鮫島金兵衛* さめしまきんべえ
文政8（1825）年～明治1（1868）年　江戸時代末期の薩摩藩士。
¶幕末（[没]慶応4（1868）年閏4月21日）

鮫島周吉* さめしましゅうきち
？～明治1（1868）年　江戸時代末期の薩摩藩士。
¶幕末（[没]慶応4（1868）年7月5日）

鮫島新左衛門* さめしましんざえもん
弘化1（1844）年～明治43（1910）年　江戸時代末期～明治時代の鹿児島県士族、海軍大将。海軍大学校長、佐世保鎮守府指令長官などを歴任。
¶幕末（[生]弘化2（1845）年5月10日　[没]明治43（1910）年10月14日）

鮫島尚信 さめしまなおのぶ，さめじまなおのぶ
⇒鮫島尚信（さめじまひさのぶ）

鮫島白鶴* さめしまはっかく
*～安政6（1859）年　江戸時代後期の薩摩藩士、書家。
¶幕末（[生]安永1（1772）年　[没]安政6（1859）年5月6日）

鮫島尚信* さめじまひさのぶ，さめしまひさのぶ
弘化2（1845）年3月10日～明治13（1880）年12月4日　[別]鮫島尚信（さめしまなおのぶ，さめじまなおのぶ）　江戸時代末期～明治時代の外交官。藩留学生として渡英、帰国後、外国官権判事、英、仏、独などの少弁務使を歴任。
¶コン（さめじまなおのぶ　[生]弘化3（1846）年），幕末（さめしまなおのぶ）

佐目田菅七郎 さめだかんしちろう
安土桃山時代の武田氏の家臣、菊姫の付家臣。
¶武田（生没年不詳）

左門太 さもんた★
江戸時代中期～後期の女性。俳諧。長崎の遊女。『閨秀俳句選』附録の天明期～天保期に名がみえる。
¶江表（左門太（長崎県））

左也加 さやか★
江戸時代後期の女性。和歌。筑前頃末の医者安部文彦淳庵の娘。
¶江表（左也加（福岡県））

沙也可 さやか
⇒金忠善（きむちゅんそん）

さや子(1) さやこ★
江戸時代後期の女性。和歌。三島景雄の妹。文化2年刊、加藤千蔭編『うけらが花』に載る。
¶江表（さや子（東京都））

さや子(2) さやこ★
江戸時代後期の女性。和歌。美作津山藩江戸藩邸中奥医師井岡友仙の姉。弘化2年刊、加納諸平編『類題鰒玉集』五に載る。
¶江表（さや子（岡山県））

さや子(3) さやこ★
江戸時代後期の女性。和歌。吉田藩の奥女中か。江戸詰藩医で、同藩主伊達村芳やその室満喜子に仕え歌の指導もした本間游清の判による「三十番歌合」に載る。
¶江表（さや子（愛媛県））

佐山(1) さやま★
江戸時代中期の女性。家祖。徳島藩士枝川家の家臣大林弥平の娘。安永4年に御次女中、文化5年に老女となり、同14年に同藩士清瀬氏の息子貴好を養子として迎え、佐山家が成立した。
¶江表（佐山（徳島県））

佐山(2) さやま★
江戸時代後期の女性。和歌。会津藩主松平容衆の老女。文化5年頃、真田幸弘編「御ことほきの記」に載る。
¶江表（佐山（福島県））

佐山(3) さやま★
江戸時代後期の女性。和歌。大洲藩の奥女中、中老。文化5年頃、真田幸弘編「御ことほきの記」に載る。
¶江表（佐山（愛媛県））

佐山教由 さやまのりよし
江戸時代中期の代官。
¶徳代（[生]元禄5（1692）年　[没]宝暦10（1760）年6月2日）

佐山八十次郎 さやまやそじろう
江戸時代後期～末期の幕臣。
¶徳人（生没年不詳）

さゆり
江戸時代中期の女性。国学・和歌。丹波福知山藩藩士福富興庵の妻。明和年間に国学を修める。
¶江表（さゆり（京都府））

小百合子 さゆりこ★
江戸時代末期の女性。和歌。因幡鳥取藩の奥女中。安政3年序、井上文雄編『摘英集』に載る。
¶江表（小百合子（鳥取県））

さよ(1)
江戸時代中期の女性。和歌。中田氏の娘。宝暦5年の「歳旦引付之和歌」に載る。
¶江表（さよ（秋田県））

さよ(2)
江戸時代中期の女性。和歌。倉垣安之の娘。元禄15年刊、戸田茂睡編『鳥之迹』に載る。
¶江表（さよ（東京都））

さよ(3)
江戸時代中期の女性。俳諧。能登七尾大田の人。元禄12年序、涼風軒提要編『能登釜』に載る。
¶江表（さよ（石川県））

さよ(4)
江戸時代中期の女性。俳諧。越前敦賀の人。明和7年刊、錦渓舎琴路編、手打庵蕉雨の追悼集『風露郎』に載る。
¶江表（さよ（福井県））

さよ(5)
江戸時代中期の女性。俳諧。俳人北条団水の妻。元禄3年跋、団水編『秋津島』に載る。
¶江表（さよ（大阪府））

さよ(6)
江戸時代中期の女性。俳諧。俳人榎並舎羅の妻。宝永6年刊、大西吟墨編『既望』に載る。
¶江表（さよ（大阪府））

さよ(7)
江戸時代中期の女性。俳諧。淡路由良の人。享保3

年刊、一夜庵百花編『俳諧雪之光』に載る。
¶江表（さよ（兵庫県））

さよ(8)
江戸時代中期の女性。俳諧・和歌。仁尾の庄屋吉田五兵衛の妻。享保10年序、備後鞆の浦の白糸編『花野之枕』に載る。
¶江表（さよ（香川県））

さよ(9)
江戸時代中期の女性。俳諧。享保10年序、棘亭路圭編『雪薺集』に載る。
¶江表（さよ（大分県））

さよ(10)
江戸時代中期～後期の女性。散文・和歌。根岸住。今井氏の娘、佐藤徳明の妻。「片玉集抄」に載る。
¶江表（さよ（東京都））

さよ(11)
江戸時代後期の女性。俳諧。内田氏。
¶江表（さよ（神奈川県）　[没]天保10（1839）年）

さよ(12)
江戸時代後期の女性。俳諧。甲斐の人。文化10年刊、山下百二編、百童3回忌追善集『反故さがし』に載る。
¶江表（さよ（山梨県））

さよ(13)
江戸時代後期の女性。俳諧。但馬田中の人。天明8年刊、剡渓ほか編『老の柳』に載る。
¶江表（さよ（兵庫県））

さよ(14)
江戸時代後期の女性。俳諧。美作勝山の人。寛政12年序、夏音舎柊里編『三度笠』に載る。
¶江表（さよ（岡山県））

さ世　さよ★
江戸時代後期の女性。和歌。白河藩主松平定信家の奥女中。寛政10年跋、信濃松代藩主真田幸弘の六〇賀集「千とせの寿詞」に載る。
¶江表（さ世（福島県））

佐世　さよ★
江戸時代後期の女性。和歌。但馬豊岡の豪商保田長房の娘。
¶江表（佐世（兵庫県）　[没]寛政6（1794）年）

佐代　さよ★
江戸時代後期の女性。俳諧。越前市の人。寛政11年刊、松山令羽編『三つの手向』に載る。
¶江表（佐代（福井県））

小夜　さよ★
江戸時代中期の女性。俳諧。俳人須賀呼雪の妻。宝暦8年刊、羽鳥一紅著、句集『あやにしき』に跋を書いている。
¶江表（小夜（群馬県））

さよ子(1)　さよこ★
江戸時代中期の女性。和歌。賀茂真淵門。宝暦7年桜の文会の文芸資料「さくらの文」に載る。
¶江表（さよ子（東京都））

さよ子(2)　さよこ★
江戸時代後期の女性。和歌。出雲国造北島家の禰宜で国学者富永芳久の娘。
¶江表（さよ子（島根県）　[生]天保6（1835）年）

佐代子　さよこ★
江戸時代末期の女性。和歌。最後の浦賀奉行土方八十郎勝敬の妻。安政7年跋、蜂屋光世編『大江戸倭歌集』に載る。
¶江表（佐代子（東京都））

佐代女　さよじょ★
江戸時代末期の女性。狂歌。二本松の人。安政5年刊、安満廼門都竜ほか編『錦花集』に載る。
¶江表（佐代女（福島県））

茶雷　さらい
⇒山県茶雷（やまがたさらい）

坐来*　ざらい
生没年不詳　江戸時代後期の俳人。
¶俳文

沙良真熊*　さらしんゆう
生没年不詳　[別]沙良真熊（さらのまぐま）　平安時代前期の新羅人、新羅琴の名手。
¶古人（さらのまぐま），古代

沙良真熊　さらのまぐま
⇒沙良真熊（さらしんゆう）

左蘭　さらん★
江戸時代後期の女性。俳諧。高知の人。文化14年刊、徐風庵編、雨崗庵七回忌追善集『めぐるはる』に載る。
¶江表（左蘭（高知県））

さり
江戸時代中期の女性。俳諧。播磨の人。元禄15年同16年刊、広瀬惟然編『二葉集』に載る。
¶江表（さり（兵庫県））

茶裡　さり
⇒茶裡（ちゃり）

左利次郎左衛門尉　さりじろうさえもんのじょう
戦国時代の信濃国諏訪郡在住の細工職人か。
¶武田（生没年不詳）

左柳(1)　さりゅう
江戸時代前期～中期の俳諧作者。元禄ごろ。本名、浅井源兵衛。
¶俳文（生没年不詳）

左柳(2)　さりゅう★
江戸時代後期の女性。俳諧。加賀松任の人。文化4年序、中山眉山編、千代女三三回忌追善集『長月集』に載る。
¶江表（左柳（石川県））

沙柳　さりゅう
江戸時代前期～中期の俳諧作者。元禄～享保ごろ。村田氏。
¶俳文（生没年不詳）

猿木為貞の妹　さるぎためさだのいもうと★
江戸時代中期の女性。和歌。出雲松江藩士猿木為貞の妹。元禄15年刊、竹内時安斎編『出雲大社奉納清地草』に載る。
¶江表（猿木為貞の妹（島根県））

猿木為貞の妻　さるぎためさだのつま★
江戸時代中期の女性。和歌。出雲松江藩士猿木為貞の妻。元禄15年刊、竹内時安斎編『出雲大社奉納清地草』に載る。
¶江表（猿木為貞の妻（島根県））

猿子 さるこ★
江戸時代の女性。和歌。大石氏。明治12年刊、松並正名編『猴冠集』一に載る。
¶江表（猿子（高知県））

猿田雄彦* さるたかつひこ
文政1（1818）年～元治1（1864）年 江戸時代末期の医師。
¶幕末（[没]元治1（1864）年9月27日）

猿田寿秀の妻 さるたとしひでのつま★
江戸時代中期の女性。和歌。出雲松江の佐太神社神官猿田寿秀の妻。正徳1年跋、勝部芳房編『佐陀大社奉納神始言吹草』に載る。
¶江表（猿田寿秀の妻（島根県））

猨田彦大神 さるたひこのおおかみ
⇒猿田彦命（さるたひこのみこと）

猨田彦神（猿田毘古神，猿田彦神） さるたひこのかみ
⇒猿田彦命（さるたひこのみこと）

猿田彦命* さるたひこのみこと
[別]猨田彦大神（さるたひこのおおかみ），猨田彦神（さるたひこのかみ），猿田毘古神，猿田彦神（さるたひこのかみ，さるたびこのかみ） 瓊瓊杵尊を先導した神。
¶コン（猿田毘古神 さるたひこのかみ）

猿飛佐助* さるとびさすけ
大坂の立川文庫によって創造された人物。
¶コン，全戦

猿丸大夫*（猿丸太夫） さるまるだゆう
生没年不詳 [別]猿丸大夫（さるまるのたいふ） 平安時代の歌人。三十六歌仙の一人。
¶コン，詩作（さるまるのたいふ，さるまるだゆう），思想

猿丸大夫 さるまるのたいふ
⇒猿丸大夫（さるまるだゆう）

猿屋石見守 さるやいわみのかみ
安土桃山時代の川口の富士山御師。
¶武田（生没年不詳）

猿屋金蔵 さるやきんぞう
江戸時代後期の彫刻家。
¶美建（生没年不詳）

猿屋宝性 さるやほうしょう
戦国時代～安土桃山時代の川口の富士山御師。近世に宮下讃岐を称した。
¶武田（生没年不詳）

猿屋路考 さるやろこう
⇒瀬川菊之丞〔4代〕（せがわきくのじょう）

猿若勘三郎(1) さるわかかんざぶろう
⇒中村勘三郎〔1代〕（なかむらかんざぶろう）

猿若勘三郎(2) さるわかかんざぶろう
⇒中村勘三郎〔5代〕（なかむらかんざぶろう）

猿若勘三郎(3) さるわかかんざぶろう
⇒中村勘三郎〔6代〕（なかむらかんざぶろう）

猿若山左衛門〔4代〕 さるわかさんざえもん
⇒六郷新三郎〔2代〕（ろくごうしんざぶろう）

猿若三作 さるわかさんさく
⇒三国彦作〔2代〕（みくにひこさく）

猿渡信光* さるわたりのぶみつ
安土桃山時代の武士。
¶戦武（[生]天文3（1534）年 [没]天正15（1587）年）

左簾 されん
江戸時代中期の女性。俳諧。天明2年刊、菊亮編の『菊亮春帖』に載る。
¶江表（左簾（佐賀県））

猿荻甚太郎* さろおぎじんたろう
生没年不詳 安土桃山時代の織田信長の家臣。
¶織田

佐魯麻都* さろまつ
生没年不詳 上代の倭系の安羅の人、「任那日本府」の執事。
¶古代，対外

さわ(1)
江戸時代中期の女性。俳諧。美濃郡上の人。元禄9年刊、蕉門の可吟編『浮世の北』に載る。
¶江表（さわ（岐阜県））

さわ(2)
江戸時代中期の女性。和歌。歌人山本九郎右衛門猶清の妻。宝永6年奉納、平間長雅編「住吉社奉納千首和歌」に載る。
¶江表（さわ（大阪府））

さわ(3)
江戸時代後期の女性。俳諧。明治38年刊、幸田露伴序のある、秋田の安藤和風編『閨秀俳句選』に載る。
¶江表（さわ（山形県））

沢(1) さわ★
江戸時代前期の女性。俳諧。京都の人。延宝9年刊、田中常矩編『俳諧雑巾』に載る。
¶江表（沢（京都府））

沢(2) さわ★
江戸時代中期の女性。俳諧。遠江水窪の人。元禄17年刊、太田白雪編『蛤与市』に載る。
¶江表（沢（静岡県））

沢(3) さわ★
江戸時代中期の女性。和歌。法橋康継の妻。元禄14年序、大淀三千風編『倭漢田鳥集』に載る。
¶江表（沢（大阪府））

佐和綾女 さわあやじょ★
江戸時代後期の女性。狂歌。文化5年、尋幽亭載名編の唐衣橘洲七回忌追善集『とこよもの』に載る。
¶江表（佐和綾女（東京都））

沢井 さわい★
江戸時代後期の女性。和歌。遠江浜松藩主井上正甫家の奥女中。寛政10年跋、真田幸弘の六〇賀集「千とせの寿詞」に載る。
¶江表（沢井（静岡県））

沢井鶴汀* さわいかくてい
文化9（1812）年～文久1（1861）年 江戸時代末期の医師。
¶幕末

沢井雄重* さわいかつしげ
？～慶長13（1608）年4月 [別]沢井吉長（さわいよしなが） 安土桃山時代～江戸時代前期の織田信長の家臣。
¶織田（沢井吉長 さわいよしなが [没]慶長13（1608）年

さ

4月4日）

沢池幸恒　さわいけゆきつね
江戸時代末期～明治時代の和算家。
¶数学

沢井弁之助　さわいべんのすけ
⇒市村羽左衛門〔4代〕(いちむらうざえもん)

沢井吉長　さわいよしなが
⇒沢井雄重(さわいかつしげ)

沢采女*　さわうねめ
[別]青地源太郎(あおちげんたろう)　江戸時代末期の新撰組隊士。
¶新隊(青地源太郎　あおちげんたろう　生没年不詳)

沢江　さわえ⋆
江戸時代の女性。和歌・散文。平沢氏の娘。「片玉集」前集巻六八に載る。
¶江表(沢江(東京都))

沢尾　さわお⋆
江戸時代の女性。和歌・書。野村氏。明治14年刊、岡田良策編『近世名婦百人撰』に載る。
¶江表(沢尾(埼玉県))

沢阜匪石　さわおかひせき
⇒沢阜忠平(さわふちゅうへい)

沢方満　さわかたみつ
戦国時代の大和宇陀郡の在地領主。
¶全戦(生没年不詳)

佐脇嵩之*　さわきすうし
宝永4(1707)年～安永1(1772)年　江戸時代中期の画家。佐嵩之とも。
¶美画([没]安永1(1772)年7月2日)

佐脇大学*　さわきだいがく
文化5(1808)年～文久2(1862)年　江戸時代末期の讃岐丸亀藩士。
¶幕末([没]文久2(1862)年閏8月8日)

佐脇藤右衛門*　さわきとうえもん
生没年不詳　安土桃山時代の織田信長の家臣。
¶織田

佐脇波登麿　さわきはとまろ
江戸時代後期～大正時代の日本画家。
¶美画([生]嘉永6(1853)年6月8日　[没]大正11(1922)年9月29日)

沢木正一　さわきまさかず
江戸時代後期～明治時代の彫刻家。
¶美建([生]天保10(1839)年　[没]明治24(1891)年1月28日)

沢木正利　さわきまさとし
江戸時代後期～明治時代の彫刻家。
¶美建([生]天保6(1835)年　[没]明治17(1884)年8月5日)

佐脇安住　さわきやすずみ
江戸時代前期～中期の幕臣。
¶徳人([生]1684年　[没]1761年)

佐脇良之*　さわきよしゆき
？～元亀3(1572)年　戦国時代の武士。織田氏家臣。
¶織田([没]元亀3(1572)年12月22日)

沢口一之*　さわぐちかずゆき
生没年不詳　江戸時代前期の和算家。橋本正数に師事。
¶科学, コン, 数学

沢元愷*　さわげんがい
？～寛政3(1791)年　江戸時代中期の随筆家。
¶コン

佐和子　さわこ⋆
江戸時代末期の女性。和歌。吉井藩藩士小林弼の妻。文久3年刊、関橋守編『耳順賀集』に載る。
¶江表(佐和子(群馬県))

沢子(1)　さわこ⋆
江戸時代の女性。和歌。摂津伊丹の池上氏。明治16年刊、中村良顕編『猪名野の摘草』に載る。
¶江表(沢子(兵庫県))

沢子(2)　さわこ⋆
江戸時代の女性。和歌。浦上氏。明治4年刊、『不知火歌集』に載る。
¶江表(沢子(熊本県))

沢子(3)　さわこ⋆
江戸時代後期の女性。和歌。尾張の人。弘化4年刊、清堂観尊編『たち花の香』に載る。
¶江表(沢子(愛知県))

沢子(4)　さわこ⋆
江戸時代後期の女性。和歌。播磨山崎の紙屋氏。弘化2年刊、加納諸平編『類題鰒玉集』五に載る。
¶江表(沢子(兵庫県))

沢禎章*　さわさだあき
寛政7(1795)年～明治9(1876)年　江戸時代末期～明治時代の徳島城下長谷川越前の臣。時計方となり藩内に時計を普及する。
¶幕末

沢実仲*　さわさねなか
？～天正11(1583)年2月　戦国時代～安土桃山時代の織田信長の家臣。
¶織田

沢蕃実　さわしげざね
江戸時代前期～中期の武士、勘定。
¶徳代([生]延宝8(1680)年　[没]享保15(1730)年8月25日)

沢島信三郎*　さわじましんさぶろう, さわしましんざぶろう, さわじましんざぶろう
天保10(1839)年～慶応3(1867)年　江戸時代末期の近江膳所藩士。
¶幕末([生]天保10(1839)年8月13日　[没]慶応3(1867)年7月2日)

沢女(1)　さわじょ⋆
江戸時代後期の女性。和歌。石見津和野藩藩士千葉忠太夫の娘。文化11年刊、中山忠雄・河田正致編『柿本社奉納和歌集』に載る。
¶江表(沢女(島根県))

沢女(2)　さわじょ⋆
江戸時代末期の女性。和算。美濃竹島の富家大黒屋の娘。関流浅野五藤治の塾算光堂の「浅野孝光門人帳」に載る。
¶江表(沢女(岐阜県))

沢住検校*　さわずみけんぎょう
生没年不詳　安土桃山時代～江戸時代前期の琵琶法師。

¶コン

沢雪喬*（沢雪嶠）　さわせっきょう

江戸時代末期の浮世絵師。

¶浮絵（沢雪嶠）

沢田実之助*　さわだじつのすけ

？～文久3（1863）年　[別]山本実之助（やまもとじつのすけ）　江戸時代末期の志士。

¶幕末（[没]文久3（1863）年9月24日）

沢田舜山*　さわだしゅんざん

文政1（1818）年～明治27（1894）年　江戸時代末期～明治時代の京都の陶工。

¶美工

沢田新左衛門景房　さわたしんざえもんかげふさ

江戸時代前期の人。三輪大神主家の出自。林外記村房の兄。

¶大坂（[没]慶長19年）

沢田清兵衛*　さわだせいべえ

明和1（1764）年～文政12（1829）年　江戸時代中期～後期の新田開発、治水功労者。

¶コン

沢田宗沢*　さわだそうたく

天保1（1830）年～大正4（1915）年　江戸時代末期～大正時代の蒔絵師。加賀蒔絵の伝統を生かした独自の作風を完成。金沢における代表的蒔絵師。

¶美工（[没]大正4（1915）年6月）

沢忠量*　さわただかず

延宝1（1673）年4月13日～宝暦4（1754）年8月28日　江戸時代中期の公家（非参議）。非参議伏原宣幸の次男。

¶公卿，公家（忠量〔沢家〕　ただかず）

佐和正　さわただし

江戸時代後期～大正時代の仙台藩士。

¶幕末（[生]天保5（1834）年　[没]大正7（1918）年11月6日）

沢田東江*　さわだとうこう

享保17（1732）年～寛政8（1796）年　[別]無々道人（むむどうじん）　江戸時代中期の書家。

¶江人，コン，思想

沢田直温*　さわだなおはる

天保5（1834）年～明治29（1896）年　江戸時代末期～明治時代の測量家。幕府軍艦教授所で航海術・測量術を学ぶ。のち明治政府の太政官御用掛などを歴任。

¶幕末（[生]天保5（1834）年1月　[没]明治29（1896）年2月8日）

沢田名垂*　さわだなたり

安永4（1775）年～弘化2（1845）年4月30日　[別]沢田名垂（さわだなたれ）　江戸時代後期の国学者、歌人、陸奥会津藩士。

¶コン

沢田名垂　さわだなたれ

⇒沢田名垂（さわだなたり）

沢田正敬　さわだまさたか

江戸時代後期の和算家。龍野の人。文政4年算額を奉納。

¶数学

沢田理則　さわだまさのり

江戸時代後期の和算家。

¶数学

沢為量*　さわためかず

文化9（1812）年～＊　江戸時代末期～明治時代の公家。奥羽鎮撫副総督として東北を転戦。

¶公卿（[生]文化9（1812）年3月14日　[没]？），公家（為量〔沢家〕　ためかず　[生]文化9（1812）年3月14日　[没]明治22（1889）年8月9日），幕末（[生]文化9（1812）年3月14日　[没]明治22（1889）年8月9日）

沢田義範の娘　さわだよしのりのむすめ★

江戸時代中期の女性。和歌。天明7年、土佐藩藩士谷真潮61歳の「賀歌集」に載る。

¶江表（沢田義範の娘（高知県））

猿渡研斎*（沢渡研斎）　さわたりけんさい

文政7（1824）年～明治41（1908）年　江戸時代末期～明治時代の蘭方医。

¶科学（沢渡研斎　[生]文政7（1824）年11月　[没]明治41（1908）年3月7日）

猿渡満繁　さわたりみつしげ

戦国時代の上野国衆和田氏の家臣？

¶武田（生没年不詳）

佐渡民部大輔*　さわたりみんぶのたいふ

？～天正2（1574）年9月29日　戦国時代～安土桃山時代の織田信長の家臣。

¶織田

猿渡盛章*　さわたりもりあき

寛政2（1790）年～文久3（1863）年　江戸時代後期の国学者。

¶コン

沢太郎左衛門*　さわたろうざえもん

天保5（1834）年6月4日～明治31（1898）年5月9日　江戸時代末期～明治時代の幕臣、海軍軍人。軍艦操練所教授方手伝出役となる。専門は海上砲術。兵部省出仕を経て兵学校教務副総理など海軍発展に尽力。

¶科学，コン，全幕，徳人，幕末

沢忠助*　さわちゅうすけ

江戸時代末期の新撰組隊士。

¶新隊（生没年不詳），全幕（生没年不詳）

沢渡盛則　さわどもりのり

安土桃山時代の信濃国安曇郡沢渡郷の国衆。

¶武田（[生]？　[没]元亀1（1570）年1月）

沢野　さわの★

江戸時代後期の女性。書簡。鶴齢院付の老女。鶴齢院は丸亀藩主京極高朗の嫡子高美の室。

¶江表（沢野（香川県））

沢野井徳右衛門*　さわのいとくえもん

？～明治41（1908）年　江戸時代末期～明治時代の郷士。

¶幕末（[没]明治41（1908）年10月29日）

沢野含斎　さわのがんさい

⇒沢野修輔（さわのしゅうすけ）

沢野修輔*　さわのしゅうすけ

文政11（1828）年～明治36（1903）年　[別]沢野含斎（さわのがんさい）　江戸時代末期～明治時代の出雲松江藩士。

¶幕末

沢野精一*　さわのせいいち

天保6（1835）年～大正4（1915）年　江戸時代末期

～大正時代の駿河庵原郡の篤農家。茶園を開き農家に普及。蜜柑栽培と普及に貢献。
¶幕末

沢野忠庵　さわのちゅうあん
⇒フェレイラ

沢野フェレイラ　さわのふぇれいら
⇒フェレイラ

沢宣維*　さわのぶこれ
寛延2(1749)年10月12日～寛政7(1795)年6月23日　江戸時代中期の公家(非参議)。非参議沢宣成の子。
¶公卿, 公家(宣維〔沢家〕　のぶこれ)

沢宣成*　さわのぶなり
正徳1(1711)年6月2日～天明1(1781)年8月25日　江戸時代中期の公家(非参議)。非参議沢忠量の子。
¶公卿, 公家(宣成〔沢家〕　のぶなり)

沢宣嘉*　さわのぶよし
天保6(1835)年～明治6(1873)年9月27日　江戸時代末期～明治時代の公卿。長崎府知事などを経て外務卿に就任。
¶コン([生]天保4(1833)年), 全幕, 幕末([生]天保6(1836)年12月23日), 山小([生]1835年12月23日　[没]1873年9月27日)

沢畑頼母*　さわはたたのも
天保10(1839)年～明治27(1894)年　江戸時代末期～明治時代の兵学者、開成所教授。秋田藩藩校の著書に「日本語軌範」。
¶幕末([生]天保10(1839)年1月20日　[没]明治27(1894)年11月30日)

沢花女　さわはなじょ★
江戸時代後期の女性。狂歌。上毛深沢の人。文化8年刊、六樹園撰『狂歌画像作者部類』に載る。
¶江表(沢花女(群馬県))

沢久量*　さわひさかず
安永2(1773)年3月4日～天保9(1838)年3月8日　江戸時代後期の公家(非参議)。非参議沢宣維の子。
¶公卿, 公家(久量〔沢家〕　ひさかず)

沢尚智*　さわひさとも
生没年不詳　江戸時代中期の和算家。
¶数学

沢兵蔵　さわひょうぞう
⇒鶴屋南北〔4代〕(つるやなんぼく)

沢兵部大輔*　さわひょうぶのたいふ
生没年不詳　安土桃山時代の織田信長の家臣。
¶織田

沢房満　さわふさみつ
安土桃山時代の織田信長の家臣。大和宇陀三人衆の一人。
¶織田(生没年不詳)

沢阜忠平*　さわふちゅうへい
[別]沢阜匪石(さわおかひせき)　江戸時代後期の木彫師。
¶美建(沢阜匪石　さわおかひせき　[生]元文5(1740)年　[没]?)

沢フランシスコ　さわふらんしすこ
⇒高山図書(たかやまずしょ)

沢辺琢磨*　さわべたくま
*～大正2(1913)年　[別]山本数馬(やまもとかずま)　江戸時代末期～明治時代の日本ハリスト正教会最初の日本人司祭。
¶幕末([生]天保6(1835)年1月5日　[没]大正2(1913)年6月25日)

沢辺談右衛門*　さわべだんえもん
明和1(1764)年～嘉永5(1852)年　[別]沢辺北冥, 沢辺北溟(さわべほくめい)　江戸時代中期～後期の宮津藩城代格。
¶幕末([没]嘉永5(1852)年3月)

沢辺北冥(沢辺北溟)　さわべほくめい
⇒沢辺談右衛門(さわべだんえもん)

沢村伊八　さわむらいはち
⇒中山文七〔2代〕(なかやまぶんしち)

沢村勝為*　さわむらかつため
慶長18(1613)年～明暦1(1655)年　[別]沢村勝為(さわむらしょうい), 沢村直勝(さわむらなおかつ)　江戸時代前期の武士。陸奥磐城平藩士沢村仲の次男。
¶コン(さわむらしょうい)

沢村其答〔2代〕　さわむらきとう
⇒中村大吉〔3代〕(なかむらだいきち)

沢村金平　さわむらきんぺい
⇒助高屋高助〔2代〕(すけたかやたかすけ)

沢村国太郎〔1代〕*　さわむらくにたろう
元文4(1739)年～文政1(1818)年　[別]其答(きとう), 沢村長吉(さわむらちょうきち), 神路館海老麿(しんじかんえびまろ)　江戸時代後期の歌舞伎役者。寛政1年～文化2年頃に活躍。
¶歌大([没]文政1(1818)年7月2日)

沢村国太郎〔2代〕*　さわむらくにたろう
?～天保7(1836)年　[別]泉川亀吉(いずみかわかめきち), 荻野亀吉(おぎのかめきち), 荻野錦子〔1代〕, 荻野錦紫(おぎのきんし), 荻野八重桐〔3代〕(おぎのやえぎり), 其答(きとう), 錦子(きんし)　江戸時代後期の歌舞伎役者。寛政10年～天保5年頃に活躍。
¶歌大

沢村国太郎〔3代〕*　さわむらくにたろう
生没年不詳　[別]市川花升(いちかわかしょう), 市川寿美之丞〔2代〕(いちかわすみのじょう), 大野清吉(おおのせいきち), 花枡(かしょう), 中村かほる(なかむらかおる), 中山ゑんし(なかやまえんし), 坂東花昇(ばんどうかしょう)　江戸時代末期～明治時代の歌舞伎役者。天保1年～明治23年頃に活躍。
¶歌大

沢村源之助〔1代〕　さわむらげんのすけ
⇒沢村宗十郎〔4代〕(さわむらそうじゅうろう)

沢村源之助〔2代〕　さわむらげんのすけ
⇒沢村宗十郎〔5代〕(さわむらそうじゅうろう)

沢村源之助〔3代〕*　さわむらげんのすけ
文化1(1804)年～文久3(1863)年　[別]市川右団次〔世代に加えず〕(いちかわうだんじ), 市川清子(いちかわせいし), 市川清十郎〔1代〕(いちかわせいじゅうろう), 沢村清子〔1代〕(さわむらせいし), 清子(せいし), 訥子(とっし)　江戸時代末期の歌舞伎役者。文化11年～文久3年頃に活躍。
¶歌大([没]文久3(1863)年9月15日), 新歌(――〔3世〕)

沢村源之助〔4代〕 さわむらげんのすけ
安政6(1859)年～昭和11(1936)年 江戸時代末期～昭和期の歌舞伎俳優。
¶歌大([生]安政6(1859)年3月14日 [没]昭和11(1936)年4月20日),新歌(——〔4世〕)

沢村源平〔1代〕 さわむらげんぺい
⇒沢村宗十郎〔5代〕(さわむらそうじゅうろう)

沢村幸吉* さわむらこうきち
天保14(1843)年～元治1(1864)年 江戸時代末期の志士。
¶幕末([没]文久4(1864)年2月16日)

沢村小伝次〔2代〕 さわむらこでんじ
⇒森田勘弥〔6代〕(もりたかんや)

沢村重の井 さわむらしげのい
⇒森田勘弥〔6代〕(もりたかんや)

沢村勝為 さわむらしょうい
⇒沢村勝為(さわむらかつため)

沢村四郎五郎〔1代〕 さわむらしろごろう
⇒助高屋高助〔2代〕(すけたかやたかすけ)

沢村清子〔1代〕 さわむらせいし
⇒沢村源之助〔3代〕(さわむらげんのすけ)

沢村善五郎 さわむらぜんごろう
⇒沢村宗十郎〔1代〕(さわむらそうじゅうろう)

沢村宗十郎 さわむらそうじゅうろう
世襲名 江戸時代の歌舞伎役者。江戸時代に活躍したのは、初世から5世まで。
¶江人

沢村宗十郎〔1代〕*(沢村惣十郎) さわむらそうじゅうろう
貞享2(1685)年～宝暦6(1756)年 [別]高賀(こうか),沢村善五郎(さわむらぜんごろう),沢村長十郎〔3代〕(さわむらちょうじゅうろう),沢村訥子〔1代〕(さわむらとっし),助高屋高助〔1代〕(すけたかやたかすけ),染山喜十郎(そめやまきじゅうろう),訥子(とっし),三木藤五郎(みきとうごろう),笠亭(りゅうてい) 江戸時代中期の歌舞伎役者、歌舞伎作者。正徳5年～宝暦5年頃に活躍。
¶浮絵,歌大([生]貞享1(1684)年 [没]宝暦6(1756)年1月3日),歌大(助高屋高助〔1代〕 すけたかやたかすけ [生]貞享1(1684)年 [没]宝暦6(1756)年1月3日),コン([生]元禄2(1685)年),新歌(——〔1世〕)

沢村宗十郎〔2代〕* さわむらそうじゅうろう
正徳3(1713)年～明和7(1770)年 [別]歌川四郎五郎(うたがわしろうごろう),亀音(きおん),沢村訥子〔2代〕(さわむらとっし),曙山(しょざん),滝中哥川(たきなかかせん),竹中哥川(たけなかかせん),訥子(とっし),富沢長之助(とみざわながのすけ) 江戸時代中期の歌舞伎役者。享保17年～明和7年頃に活躍。
¶歌大([没]明和7(1770)年8月30日),新歌(——〔2世〕)

沢村宗十郎〔3代〕* さわむらそうじゅうろう
宝暦3(1753)年～享和1(1801)年 [別]喜虫庵(きちゅうあん),沢村田之助〔1代〕(さわむらたのすけ),沢村訥子〔3代〕(さわむらとっし),遮莫(しゃばく),曙山(しょざん),訥子(とっし) 江戸時代中期～後期の歌舞伎役者。宝暦9年～享和1年頃に活躍。
¶浮絵,浮絵(沢村田之助〔1代〕 さわむらたのすけ),歌大([没]享和1(1801)年3月29日),歌大(沢村田之助〔1代〕 さわむらたのすけ [没]享和1(1801)年3月29日),コン,新歌(——〔3世〕)

沢村宗十郎〔4代〕* さわむらそうじゅうろう
天明4(1784)年～文化9(1812)年 [別]沢村源之助〔1代〕(さわむらげんのすけ),沢村訥子〔4代〕(さわむらとっし),遮莫(しゃばく),訥子(とっし) 江戸時代後期の歌舞伎役者。寛政3年～文化9年頃に活躍。
¶歌大([没]文化9(1812)年12月8日),新歌(——〔4世〕)

沢村宗十郎〔5代〕* さわむらそうじゅうろう
享和2(1802)年～嘉永6(1853)年 [別]高賀(こうが),沢村源之助〔2代〕(さわむらげんのすけ),沢村源平〔1代〕(さわむらげんぺい),沢村長十郎〔5代〕(さわむらちょうじゅうろう),沢村訥子〔5代〕(さわむらとっし),沢村訥升〔1代〕(さわむらとっしょう),助高屋高助〔3代〕(すけたかやたかすけ),訥子(とっし),訥升(とっしょう) 江戸時代末期の歌舞伎役者。文化4年～嘉永6年頃に活躍。
¶歌大([没]嘉永6(1853)年11月15日),歌大(助高屋高助〔3代〕 すけたかやたかすけ),新歌(——〔5世〕)

沢村宗十郎〔大坂・世代に加えず〕 さわむらそうじゅうろう
⇒沢村長十郎〔1代〕(さわむらちょうじゅうろう)

沢村惣之丞*(沢村総之丞) さわむらそうのじょう
天保14(1843)年～明治1(1868)年 [別]沢村総之丞(さわむらふさのじょう),関雄之助(せきゆうのすけ) 江戸時代末期の土佐藩士。
¶全幕([生]天保14(1844)年 [没]慶応4(1868)年),幕末([生]弘化1(1844)年 [没]慶応4(1868)年1月15日)

沢村田之助〔1代〕 さわむらたのすけ
⇒沢村宗十郎〔3代〕(さわむらそうじゅうろう)

沢村田之助〔2代〕* さわむらたのすけ
天明8(1788)年～文化14(1817)年 [別]沢村鉄之助(さわむらてつのすけ),曙山(しょざん) 江戸時代後期の歌舞伎役者。寛政5年～文化13年頃に活躍。
¶浮絵,歌大([没]文化14(1817)年1月28日),コン,新歌(——〔2世〕)

沢村田之助〔3代〕* さわむらたのすけ
弘化2(1845)年～明治11(1878)年 江戸時代末期～明治時代の歌舞伎役者。16歳で森田座の立女方となり一世を風靡した。脱疽を病み、両足両手を切断してなお舞台に立った。
¶浮絵,江人(——〔3世〕),歌大([生]弘化2(1845)年2月8日 [没]明治11(1878)年7月7日),コン,新歌(——〔3世〕),全幕(代数なし),幕末([没]明治11(1878)年7月7日)

沢村田之助〔4代〕 さわむらたのすけ
安政4(1857)年～明治32(1899)年 江戸時代末期～明治時代の歌舞伎俳優。
¶浮絵,歌大([没]明治32(1899)年4月3日),新歌(——〔4世〕)

沢村長吉 さわむらちょうきち
⇒沢村国太郎〔1代〕(さわむらくにたろう)

沢村長作 さわむらちょうさく
⇒藤本斗文(ふじもととぶん)

沢村長十郎〔1代〕* さわむらちょうじゅうろう
延宝3(1675)年～享保19(1734)年1月24日 [別]亀音(きおん),沢村宗十郎〔大坂・世代に加えず〕(さわむらそうじゅうろう),沢村六之助(さわむらろくのすけ),宗慶(そうけい),備中屋長右衛門(びっちゅうやちょうえもん) 江戸時代中期の歌舞伎役者、歌舞伎座本。元禄14年～享保18年頃に

活躍。
¶歌大（代数なし）

沢村長十郎〔3代〕　さわむらちょうじゅうろう
⇒沢村宗十郎〔1代〕（さわむらそうじゅうろう）

沢村長十郎〔5代〕　さわむらちょうじゅうろう
⇒沢村宗十郎〔5代〕（さわむらそうじゅうろう）

沢村鉄之助　さわむらてつのすけ
⇒沢村田之助〔2代〕（さわむらたのすけ）

沢村藤十郎〔1代〕　さわむらとうじゅうろう
江戸時代中期の歌舞伎俳優。
¶歌大

沢村訥子〔1代〕　さわむらとっし
⇒沢村宗十郎〔1代〕（さわむらそうじゅうろう）

沢村訥子〔2代〕　さわむらとっし
⇒沢村宗十郎〔2代〕（さわむらそうじゅうろう）

沢村訥子〔3代〕　さわむらとっし
⇒沢村宗十郎〔3代〕（さわむらそうじゅうろう）

沢村訥子〔4代〕　さわむらとっし
⇒沢村宗十郎〔4代〕（さわむらそうじゅうろう）

沢村訥子〔5代〕　さわむらとっし
⇒沢村宗十郎〔5代〕（さわむらそうじゅうろう）

沢村訥升〔1代〕　さわむらとっしょう
⇒沢村宗十郎〔5代〕（さわむらそうじゅうろう）

沢村斗文　さわむらとぶん
⇒藤本斗文（ふじもととぶん）

沢村直勝　さわむらなおかつ
⇒沢村勝為（さわむらかつため）

沢村二三次（沢村二三治）　さわむらにそうじ
⇒壕越二三治（ほりこしにそうじ）

沢村総之丞　さわむらふさのじょう
⇒沢村惣之丞（さわむらそうのじょう）

沢村宗綱＊　さわむらむねつな
生没年不詳　鎌倉時代後期の武士、摂関家の大番舎人。
¶コン

沢村基宗＊　さわむらもとむね
生没年不詳　鎌倉時代後期の悪党。
¶コン

沢村六之助　さわむらろくのすけ
⇒沢村長十郎〔1代〕（さわむらちょうじゅうろう）

沢本幸則＊　さわもとゆきのり
天保14（1843）年～大正12（1923）年　江戸時代末期～大正時代の土佐国の志士。軍監の命で軍使として米沢藩に行き降状を勧告。
¶幕末（[生]天保14（1843）年7月5日　[没]大正12（1923）年4月15日）

沢吉長　さわよしなが
戦国時代の武田氏の家臣。左衛門尉。
¶武田（生没年不詳）

沢頼実＊　さわよりざね
？～天正10（1582）年8月　戦国時代～安土桃山時代の織田信長の家臣。
¶織田

佐原影之　さわらかげゆき
江戸時代前期～中期の関東代官。
¶徳代（[生]寛永7（1630）年　[没]元禄3（1690）年12月17日）

佐原菊塢　さわらきくう
⇒北野鞠塢（きたのきくう）

佐原喜三郎＊　さわらきさぶろう
文化3（1806）年～弘化2（1845）年　[別]佐原喜三郎（さわらのきさぶろう）　江戸時代後期の博徒。
¶コン

佐原純吉　さわらじゅんきち
江戸時代後期～明治時代の和算家。
¶数学

早良親王＊　さわらしんのう
天平勝宝2（750）年～延暦4（785）年　[別]崇道天皇（すどうてんのう）　奈良時代の皇太子。光仁天皇の子。桓武天皇の同母弟。
¶古人（[生]750年？），古代，コン（[生]？），天皇，山小（[没]785年10月）

讃良清蔵＊　さわらせいぞう
弘化2（1845）年～明治10（1877）年　江戸時代末期～明治時代の鹿児島県士族。西南戦争に出征、城山で戦死。
¶幕末（[没]明治10（1877）年9月24日）

佐原蘇楳＊　さわらそばい
天保6（1835）年～明治41（1908）年　[別]佐原盛純（さはらもりずみ，さわらもりずみ）　江戸時代末期～明治時代の儒学者。金子徳之助、杉原心斎、添川廉斎らに学ぶ。詩「白虎隊」は有名。
¶詩作（佐原盛純　さはらもりずみ　[没]明治41（1908）年12月4日），幕末（佐原盛純　さわらもりずみ　[生]天保7（1836）年　[没]明治41（1908）年12月4日）

佐原喜三郎　さわらのきさぶろう
⇒佐原喜三郎（さわらきさぶろう）

佐原盛純　さわらもりずみ
⇒佐原蘇楳（さわらそばい）

佐原義連　さわらよしつら
⇒三浦義連（みうらよしつら）

沢録三郎　さわろくさぶろう
江戸時代末期の幕臣、遊撃隊隊長。
¶全幕（生没年不詳），幕末（[生]天保13（1842）年　[没]？）

沢露川　さわろせん
⇒露川（ろせん）

さん（1）
江戸時代中期の女性。俳諧。富商深沢嵐七の妻。享保15年刊、各務支考編『三日月日記』に載る。
¶江表（さん（山形県））

さん（2）
江戸時代中期の女性。俳諧。長沼の人。安永4年刊、栗庵似鳩編『有無の日集』に載る。
¶江表（さん（群馬県））

さん（3）
江戸時代中期の女性。俳諧。能登穴水の人。天明3年刊、白達摩（河合）見風の追善集で、河合風逸編『白達摩』に載る。
¶江表（さん（石川県））

さん（4）
江戸時代中期の女性。俳諧。宝永2年刊、観音寺の

百花坊除風門の一砂編『有明浜』に載る。
¶江表（さん（香川県））

さん(5)
江戸時代後期の女性。俳諧。古後氏。寛政8年、夫婦で京坂の旅に出た時の旅行記「東遊紀行」に夫妻の吟句があるという。
¶江表（さん（大分県））

讃 さん
⇒倭王讃（わおうさん）

賛 さん*
江戸時代中期の女性。俳諧。『元禄十三年歳旦帖』に載る。
¶江表（賛（佐賀県））

サン＝アウグスティノ
⇒トマス・デ・サン・アウグスチノ

三惟* さんい
？〜延享3（1746）年6月28日　江戸時代中期の俳人。
¶俳文

三惟の母 さんいのはは*
江戸時代中期の女性。俳諧。三河大村の三惟の母。元禄15年刊、太田白雪編『三河小町』下に載る。
¶江表（三惟の母（愛知県））

三栄 さんえい
江戸時代末期〜明治時代の大阪の興行師。
¶歌大（㊅文化4（1807）年　㊥明治16（1883）年），新歌（生没年不詳）

三英 さんえい*
江戸時代末期の女性。画。池田氏。安政5年刊『現故漢画名家集鑑』に載る。
¶江表（三英（東京都））

三右衛門 さんえもん
安土桃山時代の信濃国筑摩郡小立野の土豪。日岐氏の被官か。
¶武田（生没年不詳）

三衛門 さんえもん
安土桃山時代の信濃国筑摩郡会田の土豪。会田岩下氏の被官か。
¶武田（生没年不詳）

算延* さんえん
平安時代前期の文徳天皇の皇子。
¶古人（生没年不詳），古代

三円瀬吉郎 さんえんせきちろう
⇒樺山資之（かばやますけゆき）

西園寺実宣* さんおんじさねのぶ
明応5（1496）年〜天文10（1541）年　㊥西園寺実宣（さいおんじさねのぶ，さいおんじさねのり）　戦国時代の公卿（右大臣）。右大臣西園寺公藤の子。
¶公卿（さいおんじさねのり　㊥天文10（1541）年9月12日），公家（実宣〔西園寺家〕　さねのぶ　㊥天文10（1541）年9月12日）

傘下* さんか
生没年不詳　江戸時代前期の俳人。
¶俳文

山花 さんか*
江戸時代後期の女性。俳諧。京都の人。文政11年刊、徐風庵編『東山十百韻』に載る。
¶江表（山花（京都府））

蚕臥* さんが
生没年不詳　江戸時代中期〜後期の俳人。
¶俳文

山花女 さんかじょ*
江戸時代後期の女性。川柳。天保8年刊『誹風柳多留』一四五篇に載る。
¶江表（山花女（東京都））

三勝 さんかつ
⇒三勝・半七（さんかつ・はんしち）

三勝・半七* さんかつ・はんしち
㊙三勝（さんかつ）　江戸時代情話の主人公。
¶コン，史実（三勝　さんかつ　㊅？　㊥1695年）

三可亭 さんかてい
⇒市川団之助〔3代〕（いちかわだんのすけ）

山花亭詠女 さんかていえいじょ*
江戸時代後期の女性。狂歌。なかシマの人。天保9年刊、緑樹園元有撰『桜間狂歌集』に載る。
¶江表（山花亭詠女（徳島県））

三簡頼照* さんかよりてる
？〜文禄4（1595）年7月13日　戦国時代〜安土桃山時代の織田信長の家臣。
¶織田

山閑人交来 さんかんじんこうらい
⇒武田交来（たけだこうらい）

三喜斎 さんきさい
⇒田代三喜（たしろさんき）

参議等 さんぎひとし
⇒源等（みなもとのひとし）

傘狂* さんきょう
享保12（1727）年〜寛政5（1793）年12月17日　江戸時代中期〜後期の俳人。
¶俳文

杉暁(1)　さんぎょう
⇒坂田半五郎〔1代〕（さかたはんごろう）

杉暁(2)　さんぎょう
⇒坂田半五郎〔2代〕（さかたはんごろう）

杉暁(3)　さんぎょう
⇒坂田半五郎〔3代〕（さかたはんごろう）

杉暁(4)　さんぎょう
⇒坂田半五郎〔4代〕（さかたはんごろう）

残杏(1)　さんきょう
⇒森田勘弥〔6代〕（もりたかんや）

残杏(2)　さんきょう
⇒森田勘弥〔7代〕（もりたかんや）

山月 さんげつ*
江戸時代後期の女性。俳諧。甲斐の人。文化2年刊、平橋庵蔵氷編、堀内引蝶追善集『蝶の夢集』に載る。
¶江表（山月（山梨県））

三五 さんご*
江戸時代中期の女性。俳諧。安芸厳島の遊女。元禄6年刊、北条団水編『くやみ草』に載る。
¶江表（三五（広島県））

三吾 さんご*
江戸時代後期の女性。和歌。遠江浜松藩主井上正

甫家の奥女中。寛政10年跋、真田幸弘の六〇賀集「千とせの寿詞」に載る。
¶江表(三吾(静岡県))

珊瑚　さんご★
江戸時代中期の女性。和歌。元文頃の島原の遊女。
¶江表(珊瑚(京都府))

三光(1)　さんこう
⇒市川小団次〔2代〕(いちかわこだんじ)

三光(2)　さんこう
⇒中村富十郎〔2代〕(なかむらとみじゅうろう)

三紅　さんこう
⇒市川団之助〔3代〕(いちかわだんのすけ)

山紅　さんこう★
江戸時代後期の女性。俳諧。甲斐の人。文化2年刊、平橋庵敲氷編、堀内引蝶追善集『蝶の夢集』に載る。
¶江表(山紅(山梨県))

三光院豪空　さんこういんごうくう
⇒三条西実世(さんじょうにしさねよ)

三光坊*　さんこうぼう
生没年不詳　戦国時代の能面作者。加賀平泉寺の僧。
¶コン

三斉　さんさい
⇒細川忠興(ほそかわただおき)

山々亭有人*(山山亭有人)　さんさんていありんど
天保3(1832)年～明治35(1902)年　[別]条野採菊(じょうのさいぎく)　江戸時代末期～明治時代の戯作者。
¶歌大(条野採菊　じょうのさいぎく　[生]天保3(1832)年9月1日　[没]明治34(1901)年1月24日)

笠子(1)　さんし
⇒中島三甫右衛門〔1代〕(なかじまみほえもん)

笠子(2)　さんし
⇒中島三甫右衛門〔4代〕(なかじまみほえもん)

三子　さんし★
江戸時代中期の女性。和歌。賀茂真淵門。宝暦7年、桜の文会の文芸資料「さくらの文」に載る。
¶江表(三子(東京都))

三止　さんし
江戸時代中期～後期の俳諧作者。本名、長谷川善正正澄。
¶俳文([生]寛保1(1741)年　[没]文政6(1823)年)

山子　さんし
⇒浅尾為十郎〔2代〕(あさおためじゅうろう)

三芝居士　さんしこじ
⇒花笠文京〔1代〕(はながさぶんきょう)

三枝尼　さんしに★
江戸時代後期の女性。俳諧。摂津の人。寛政8年刊、並井むら編『大練諱』に載る。
¶江表(三枝尼(兵庫県))

三寿　さんじゅ
⇒市川小団次〔2代〕(いちかわこだんじ)

三修　さんじゅ
⇒三修(さんしゅう)

三修*　さんしゅう
天長6(829)年～昌泰2(899)年　[別]三修(さんじゅ)　平安時代前期の法相宗・真言宗の僧。
¶古人(さんじゅ　[没]900年),古代(さんじゅ),コン(さんじゅ　[没]昌泰3(900)年)

さん女　さんじょ★
江戸時代中期の女性。俳諧。加茂連。天明2年の歳旦に載る。
¶江表(さん女(山形県))

三升(1)　さんしょう
⇒市川団十郎〔2代〕(いちかわだんじゅうろう)

三升(2)　さんしょう
⇒市川団十郎〔3代〕(いちかわだんじゅうろう)

三升(3)　さんしょう
⇒市川団十郎〔4代〕(いちかわだんじゅうろう)

三升(4)　さんしょう
⇒市川団十郎〔5代〕(いちかわだんじゅうろう)

三升(5)　さんしょう
⇒市川団十郎〔6代〕(いちかわだんじゅうろう)

三升(6)　さんしょう
⇒市川団十郎〔7代〕(いちかわだんじゅうろう)

三升(7)　さんしょう
⇒市川団十郎〔8代〕(いちかわだんじゅうろう)

三松　さんしょう
⇒津川義近(つがわよしちか)

三条　さんじょう
⇒三条局(さんじょうのつぼね)

三条有子　さんじょうありこ
⇒安喜門院(あんきもんいん)

三条厳子　さんじょういつこ
⇒通陽門院(つうようもんいん)

三条厳子　さんじょういつし
⇒通陽門院(つうようもんいん)

三条院　さんじょういん
⇒三条天皇(さんじょうてんのう)

三条尹子　さんじょういんし
⇒三条尹子(さんじょうただこ)

三条公明　さんじょうきみあき
⇒三条公明(さんじょうきんあき)

三条公親女　さんじょうきみちかのむすめ
鎌倉時代後期の女性。亀山天皇の宮人。
¶天皇(生没年不詳)

三条公明*　さんじょうきんあき
弘安4(1281)年～延元1/建武3(1336)年9月11日　[別]正親町三条公明(おおぎまちさんじょうきんあき),三条公明(さんじょうきみあき,さんじょうきんあきら)　鎌倉時代後期～南北朝時代の公卿(権大納言)。従二位・民部卿正親町三条実仲の長男、母は権中納言吉田経俊の娘。
¶公卿(正親町三条公明　おおぎまちさんじょうきんあき　[生]弘安5(1282)年　[没]延元1(1336)年9月11日),公家(公明〔九条家(絶家)〕　きんあき　[生]1282年　[没]建武3(1336)年9月11日)

三条公明　さんじょうきんあきら
⇒三条公明(さんじょうきんあき)

三条公充*　さんじょうきんあつ
元禄4(1691)年～享保11(1726)年　[別]三条公充(さんじょうきんみつ)　江戸時代中期の公家(権大納言)。左大臣三条実治の次男。
¶公卿([生]元禄4(1691)年1月23日　[没]享保11(1726)年9月17日),公家(公充〔三条家〕　きんあつ　[生]元禄4(1691)年1月23日　[没]享保11(1726)年9月17日)

三条公敦(1)　さんじょうきんあつ
室町時代の公家。三条実音の子。
¶公家(公敦〔三条家(絶家)3〕　きんあつ　[生]?　[没]応永16(1409)年)

三条公敦*(2)　さんじょうきんあつ
永享11(1439)年～永正4(1507)年　室町時代～戦国時代の公卿(右大臣)。左大臣三条実量の長男。
¶公卿([没]永正4(1507)年4月8日),公家(公敦〔三条家〕　きんあつ　[没]永正4(1507)年5月7日)

三条公氏　さんじょうきんうじ
⇒正親町三条公氏(おおぎまちさんじょうきんうじ)

三条公修　さんじょうきんおさ
⇒三条公修(さんじょうきんなが)

三条公兼*　さんじょうきんかね
延宝7(1679)年8月16日～?　江戸時代中期の公家(非参議)。左大臣三条実治の長男。
¶公卿,公家(公兼〔三条家〕　きんかね)

三条公定*　さんじょうきんさだ
長寛1(1163)年～?　平安時代後期～鎌倉時代前期の公卿(権中納言)。内大臣藤原実宗の子。
¶公卿,公家(公定〔清水谷家(絶家)〕　きんさだ　[没]承久3(1221)年6月25日),古人

三条公茂*　さんじょうきんしげ
弘安7(1284)年～正中1(1324)年　鎌倉時代後期の公卿(内大臣)。太政大臣三条実重の長男。
¶公卿([没]正中1(1324)年1月9日),公家(公茂〔三条家〕　きんしげ　[没]元亨4(1324)年1月9日)

三条公忠*　さんじょうきんただ
正中1(1324)年～弘和3/永徳3(1383)年　南北朝時代の公卿(内大臣)。内大臣三条実忠の子。
¶公卿([生]正中2(1325)年　[没]永徳3(1383)年12月24日),公家(公忠〔三条家〕　きんただ　[生]1325年　[没]永徳3(1383)年12月24日),コン([没]永徳3/弘和3(1383)年),室町([生]元亨5(1325)年)

三条公親*　さんじょうきんちか
貞応1(1222)年～正応5(1292)年　鎌倉時代後期の公卿(内大臣)。右大臣三条実親の長男。
¶公卿([没]正応1(1288)年7月12日),公家(公親〔三条家〕　きんちか　[没]正応1(1288)年7月12日)

三条公親女　さんじょうきんちかじょ
鎌倉時代後期の女性。後二条天皇の後宮。
¶天皇(生没年不詳)

三条公貫　さんじょうきんつら
⇒正親町三条公貫(おおぎまちさんじょうきんぬき)

三条公俊*　さんじょうきんとし
建久3(1192)年～?　鎌倉時代前期の公卿(非参議)。左大臣三条実房の四男。
¶公卿,公家(公俊〔知足院三条家(絶家)〕　きんとし　[生]1194年)

三条公富*　さんじょうきんとみ
元和6(1620)年～延宝5(1677)年　江戸時代前期の公家(右大臣)。左大臣三条実秀の子。
¶公卿([生]元和6(1620)年1月2日　[没]延宝5(1677)年6月12日),公家(公富〔三条家〕　きんとみ　[生]元和6(1620)年1月2日　[没]延宝5(1677)年6月12日)

三条公豊　さんじょうきんとよ
⇒正親町三条公豊(おおぎまちさんじょうきんとよ)

三条公修*　さんじょうきんなが
安永3(1774)年～天保11(1840)年　[別]三条公修(さんじょうきんおさ)　江戸時代後期の公家(内大臣)。右大臣三条実起の長男。
¶公卿([生]安永3(1774)年8月1日　[没]天保11(1840)年9月7日),公家(公修〔三条家〕　きみおさ　[生]安永3(1774)年8月1日　[没]天保11(1840)年9月7日)

三条公宣*　さんじょうきんのぶ
?～応永17(1410)年3月28日　室町時代の公卿(権大納言)。太政左大臣三条実冬の長男。
¶公卿,公家(公宣〔三条家〕　きんのぶ)

三条公教　さんじょうきんのり
⇒藤原公教(ふじわらのきんのり)

三条公秀　さんじょうきんひで
⇒正親町三条公秀(おおぎまちさんじょうきんひで)

三条公広*　さんじょうきんひろ
天正5(1577)年～寛永3(1626)年　[別]三条公盛(さんじょうきんもり)　安土桃山時代～江戸時代前期の公家(権大納言)。内大臣三条西公国の次男。
¶公卿([没]寛永3(1626)年10月7日),公家(公広〔三条家〕　きんひろ　[没]寛永3(1626)年10月)

三条公房*　さんじょうきんふさ
治承3(1179)年～建長1(1249)年　鎌倉時代前期の公卿(太政大臣)。左大臣三条実房の長男。
¶公卿([没]建長1(1249)年8月16日),公家(公房〔三条家〕　きんふさ　[没]建長1(1249)年8月16日),古人

三条公房女　さんじょうきんふさのむすめ
鎌倉時代前期の女性。後嵯峨天皇の後宮。
¶天皇

三条公冬*　さんじょうきんふゆ
元中8/明徳2(1391)年～長禄3(1459)年　室町時代の公卿(右大臣)。太政左大臣三条実冬の次男。
¶公卿([生]明徳3/元中9(1392)年　[没]長禄3(1459)年5月17日),公家(公冬〔三条家〕　きんふゆ　[没]長禄3(1459)年5月17日)

三条公雅*　さんじょうきんまさ
文永1(1264)年～興国1/暦応3(1340)年8月　鎌倉時代後期～南北朝時代の公卿(権中納言)。正二位・権中納言三条公泰の三男。
¶公卿([没]暦応3(1340)年8月),公家(公雅〔三条家(絶家)1〕　きんまさ　[没]暦応3(1340)年8月)

三条公充　さんじょうきんみつ
⇒三条公充(さんじょうきんあつ)

三条公睦*　さんじょうきんむつ
文政11(1828)年5月7日～安政1(1854)年2月11日　江戸時代末期の公家(権中納言)。内大臣三条実万の長男。
¶公卿,公家(公睦〔三条家〕　きんむつ　[没]嘉永7(1854)年2月11日)

三条公盛　さんじょうきんもり
⇒三条公広(さんじょうきんひろ)

三条公泰*　さんじょうきんやす
寛喜3(1231)年～?　鎌倉時代後期の公卿(権中納言)。右大臣三条実親の次男。

さ

¶公卿, 公家（公泰〔三条家（絶家）1〕 きんやす）

三条公泰女 さんじょうきんやすじょ
⇒権大納言局（ごんだいなごんのつぼね）

三条公頼* さんじょうきんより
明応7（1498）年〜天文20（1551）年 戦国時代の公卿（左大臣）。太政大臣三条実香の子。
¶公卿（㊟天文20（1551）年8月29日, 公家（公頼〔三条家〕 きんより）㊟天文20（1551）年8月29日, 室町㊟明応4（1495）年）

三条厳子 さんじょうげんし
⇒通陽門院（つうようもんいん）

三条小鍛冶宗近 さんじょうこかじむねちか
⇒宗近（むねちか）

三条実顕* さんじょうさねあき
宝永5（1708）年〜安永1（1772）年12月19日 江戸時代中期の公家（右大臣）。非参議三条公兼の子。
¶公卿（㊟宝永5（1708）年5月29日, 公家（実顕〔三条家〕 さねあき）㊟宝永5（1708）年5月29日）

三条実起* さんじょうさねおき
宝暦6（1756）年〜文政6（1823）年 江戸時代中期〜後期の公家（右大臣）。右大臣三条季晴の子。
¶公卿（㊟宝暦6（1756）年11月14日 ㊟文政6（1823）年9月7日）, 公家（実起〔三条家〕 さねおき）㊟宝暦6（1756）年11月14日 ㊟文政6（1823）年9月7日）

三条実音* さんじょうさねおと
元亨1（1321）年〜元中3/至徳3（1386）年2月16日 鎌倉時代後期〜南北朝時代の公家・歌人。
¶公家（実音〔三条家（絶家）3〕 さねおと ㊟至徳3（1386）年2月16日）

三条実香* さんじょうさねか
文明1（1469）年〜弘治4（1558）年 戦国時代の公卿（太政大臣）。右大臣三条公敦の子。
¶公卿（㊟永禄2（1559）年2月25日, 公家（実香〔三条家〕 さねか）㊟永禄2（1559）年2月25日）

三条実量* さんじょうさねかず
応永22（1415）年〜文明15（1483）年12月19日 室町時代〜戦国時代の公卿（左大臣）。右大臣三条公冬の長男。
¶公卿（㊟文明16（1484）年12月19日, 公家（実量〔三条家〕 さねかず）, コン（㊟文明15（1483年/1473）年）, 室町

三条実重* さんじょうさねしげ
正元1（1259）年〜元徳1（1329）年 鎌倉時代後期の公卿（太政大臣）。内大臣三条公親の次男。
¶公卿（㊟文応1（1260）年 ㊟嘉暦2（1327）年6月26日, 公家（実重〔三条家〕 さねしげ ㊟1260年 ㊟嘉暦4（1329）年6月26日）

三条実忠* さんじょうさねただ
嘉元2（1304）年〜正平2/貞和3（1347）年 鎌倉時代後期〜南北朝時代の公卿（内大臣）。太政大臣三条実重の次男。
¶公卿（㊟貞和3/正平2（1347）年1月4日, 公家（実忠〔三条家〕 さねただ ㊟貞和3（1347）年1月4日）

三条実親* さんじょうさねちか
建久6（1195）年〜弘長3（1263）年 鎌倉時代前期の公卿（右大臣）。太政大臣三条公房の長男。
¶公卿（㊟弘長3（1263）年3月4日, 公家（実親〔三条家〕 さねちか）㊟弘長3（1263）年3月4日）

三条実継* さんじょうさねつぐ
正和2（1313）年〜元中5/嘉慶2（1388）年6月24日

正親町三条実継 （おおぎまちさんじょうさねつぐ） 南北朝時代の公卿（内大臣）。内大臣正親町三条公秀の長男。
¶公卿（正親町三条実継 おおぎまちさんじょうさねつぐ ㊟正和1（1312）年 ㊟嘉慶2（1388）年6月24日, 公家（実継〔正親町三条家〕 さねつぐ ㊟嘉慶2（1388）年6月24日）

三条実綱* さんじょうさねつな
永禄5（1562）年〜天正9（1581）年 安土桃山時代の公卿（権中納言）。内大臣三条西実枝の子。
¶公卿（㊟天正9（1581）年2月7日, 公家（実綱〔三条家〕 さねつな）㊟天正9（1581）年2月7日）

三条実万* さんじょうさねつむ
享和2（1802）年〜安政6（1859）年 江戸時代末期の公家（内大臣）。内大臣三条公修の子。
¶江人, 公卿（㊟享和2（1802）年2月15日 ㊟安政6（1859）年10月5日, 公家（実万〔三条家〕 さねつむ ㊟享和2（1802）年2月15日 ㊟安政6（1859）年10月6日）, コン, 全幕, 幕末（㊟享和2（1802）年2月15日 ㊟安政6（1859）年10月6日）

三条実任 さんじょうさねとう
⇒正親町三条実任（おおぎまちさんじょうさねとう）

三条実美* さんじょうさねとみ
天保8（1837）年〜明治24（1891）年2月18日 江戸時代末期〜明治時代の公卿、政治家。
¶江人, 公卿（㊟天保8（1837）年2月8日 ㊟明治24（1891）年2月19日, 公家（実美〔三条家〕 さねとみ ㊟天保8（1837）年2月8日）, コン, 全幕, 徳将, 幕末（㊟天保8（1837）年2月7日）, 山小（㊟1837年2月7日 ㊟1891年2月18日）

三条実豊 さんじょうさねとよ
⇒正親町三条実豊（おおぎまちさんじょうさねとよ）

三条実永* さんじょうさねなが
?〜応長2（1311）年2月28日 鎌倉時代後期の公卿（参議）。正二位・権中納言三条公泰の次男。
¶公卿, 公家（実永〔三条家（絶家）1〕 さねなが ㊟応長2（1312）年2月28日）

三条実宣 さんじょうさねのぶ
⇒滋野井実宣（しげのいさねのぶ）

三条実治* さんじょうさねはる
慶安3（1650）年12月6日〜享保9（1724）年 江戸時代前期〜中期の公家（左大臣）。右大臣三条公富の子。
¶公卿（㊟享保9（1724）年8月12日, 公家（実治〔三条家〕 さねはる）㊟享保9（1724）年8月12日）

三条実秀* さんじょうさねひで
慶長3（1598）年〜寛文11（1671）年 江戸時代前期の公家（左大臣）。権大納言三条公広の子。
¶公卿（㊟寛文11（1671）年8月25日, 公家（実秀〔三条家〕 さねひで ㊟慶長3（1598）年4月12日 ㊟寛文11（1671）年8月25日）

三条実平* さんじょうさねひら
建久8（1197）年〜? 鎌倉時代前期の公卿（非参議）。太政大臣三条公房の次男。
¶公卿, 公家（実平〔三条家〕 さねひら）

三条実房* さんじょうさねふさ
久安3（1147）年〜嘉禄1（1225）年 ㊐藤原実房（ふじわらさねふさ, ふじわらのさねふさ） 平安時代後期〜鎌倉時代前期の公卿（左大臣）。内大臣三条公教の三男。
¶公卿（㊟嘉禄1（1225）年8月19日, 公家（実房〔三条

家〕 さねふさ [没]嘉禄1(1225)年8月17日),古人,古人(藤原実房 ふじわらのさねふさ),平家(藤原実房 ふじわらさねふさ)

三条実冬* さんじょうさねふゆ
正平9/文和3(1354)年〜応永18(1411)年 南北朝時代〜室町時代の公卿(太政大臣)。内大臣三条公忠の子。
¶公卿([生]? [没]応永18(1411)年10月7日),公家(実冬〔三条家〕 さねふゆ [生]? [没]応永18(1411)年閏10月17日),室町

三条実古* さんじょうさねふる
?〜正平20/貞治4(1365)年 南北朝時代の公卿(参議)。権中納言三条公雅の子。
¶公卿([没]貞治4/正平20(1365)年),公家(実古〔三条家(絶家)1〕 さねふる [没]貞治4(1365)年)

三条実雅 さんじょうさねまさ
⇒正親町三条実雅(おおぎまちさんじょうさねまさ)

三条実躬* さんじょうさねみ
文永1(1264)年〜? [別]正親町三条実躬(おおぎまちさんじょうさねみ) 鎌倉時代後期の公卿(権大納言)。権大納言正親町三条公貫の三男、母は中納言藤原為経の娘。
¶公卿(正親町三条実躬 おおぎまちさんじょうさねみ),公家(実躬〔正親町三条家〕 さねみ),中世

三条実盛* さんじょうさねもり
?〜嘉元2(1304)年7月22日 鎌倉時代後期の公卿(参議)。権中納言三条公泰の長男。
¶公卿,公家(実盛〔三条家(絶家)1〕 さねもり),中世

三条実行 さんじょうさねゆき
⇒藤原実行(ふじわらのさねゆき)

三条氏 さんじょうし
南北朝時代の女性。光明天皇の後宮。
¶天皇

三条季晴 さんじょうすえはる
⇒三条季晴(さんじょうすえはれ)

三条季晴* さんじょうすえはれ
享保18(1733)年〜天明1(1781)年11月28日 [別]三条季晴(さんじょうすえはる) 江戸時代中期の公家(右大臣)。右大臣三条実顕の子。
¶公卿([生]享保18(1733)年10月22日),公家(季晴〔三条家〕 すえはれ [生]享保18(1733)年10月22日)

三篠台女 さんじょうだいじょ★
江戸時代末期の女性。狂歌。狂歌師初代絵馬屋額輔の妻。
¶江表(三篠台女(東京都))

三条厳子 さんじょうたかこ
⇒通陽門院(つうようもんいん)

三条尹子* さんじょうただこ
生没年不詳 [別]三条尹子(さんじょういんし) 室町時代の女性。将軍足利義教の室。
¶女史

三条為藤 さんじょうためふじ
⇒二条為藤(にじょうためふじ)

山椒大夫*(山椒太夫,山荘太夫) さんしょうだゆう
昔話の長者の名。
¶コン

三笑亭可楽* さんしょうていからく
世襲名 江戸時代後期以来の落語家。
¶江人

三笑亭可楽〔1代〕* さんしょうていからく
安永6(1777)年〜天保4(1833)年3月8日 [別]可楽(からく) 江戸時代後期の落語家。
¶コン([生]?)

三小亭小紅 さんしょうていしょうこう★
江戸時代後期の女性。狂歌。天保3年刊、六樹園飯盛・六々園春足撰『阿淡狂歌三十六歌撰』に載る。
¶江表(三小亭小紅(徳島県))

三笑亭夢楽〔1代〕* さんしょうていむらく
安永6(1777)年〜天保2(1831)年 江戸時代後期の落語家。
¶江人

三条天皇* さんじょうてんのう
貞元1(976)年〜寛仁1(1017)年 [別]三条院(さんじょういん) 平安時代中期の第67代の天皇(在位1011〜1016)。冷泉天皇の第2皇子。
¶古人,コン,詩作([生]天延4(976)年1月3日 [没]寛仁1(1017)年5月9日),天皇([生]貞元1(976)年1月3日 [没]寛仁1(1017)年5月9日),山小([生]976年1月3日 [没]1017年5月9日)

三条長兼 さんじょうながかね
⇒藤原長兼(ふじわらのながかね)

三条西公条 さんじょうにしきみえだ
⇒三条西公条(さんじょうにしきんえだ)

三条西公允* さんじょうにしきんあえ
天保12(1841)年〜明治37(1904)年 江戸時代末期〜明治時代の公家、左近衛権少将。皇太后宮権亮、新潟県知事などを務める。
¶幕末([生]天保12(1841)年5月22日 [没]明治37(1904)年6月13日)

三条西公明 さんじょうにしきんあき
⇒三条西公国(さんじょうにしきんくに)

三条西公条* さんじょうにしきんえだ
長享1(1487)年5月21日〜永禄6(1563)年12月2日 [別]公条(きんえだ),三条西公条(さんじょうにしきみえだ),仍覚(しょうかく,じょうかく) 戦国時代の歌人・公卿(右大臣)。内大臣三条西実隆の子。
¶公卿,公家(公条〔三条西家〕 きんえだ [生]文明19(1487)年5月21日),コン,俳文(公条 きんえだ [生]文明19(1487)年5月21日)

三条西公国* さんじょうにしきんくに
弘治2(1556)年〜天正15(1587)年 [別]三条西公明(さんじょうにしきんあき) 安土桃山時代の公卿(内大臣)。内大臣三条西実枝の子。
¶公卿([没]天正15(1587)年11月9日),公家(公国〔三条西家〕 きんくに [没]天正15(1587)年11月9日)

三条西公時* さんじょうにしきんとき
延元4/暦応2(1339)年〜弘和3/永徳3(1383)年 南北朝時代の公卿(権大納言)。三条西家の祖。内大臣正親町三条実継の次男。
¶公卿([生]暦応1/延元1(1338)年 [没]永徳3/弘和3(1383)年3月11日),公家(公時〔三条西家〕 きんとき [没]永徳3(1383)年3月11日)

三条西公福 さんじょうにしきんとみ
⇒三条西公福(さんじょうにしきんふく)

三条西公福*　さんじょうにしきんふく
元禄10（1697）年11月17日～延享2（1745）年9月17日　[別]三条西公福（さんじょうにしきんとみ）　江戸時代中期の公家（権大納言）。権大納言三条西実教の子。
¶公卿, 公家（公福〔三条西家〕　きんふく）

三条西公保*　さんじょうにしきんやす
応永5（1398）年～寛正1（1460）年　室町時代の公卿（内大臣）。内大臣正親町三条公豊の子。
¶公卿（[生]応永4（1397）年　[没]長禄4（1460）年1月28日）, 公家（公保〔三条西家〕　きんやす　[没]長禄4（1460）年1月28日）

三条西実勲*　さんじょうにしさねいさ
天明5（1785）年12月17日～*　[別]三条西実勲（さんじょうにしさねいそ）　江戸時代後期の公家（権中納言）。権大納言三条西延季の子。
¶公卿（[没]天保7（1836）年5月30日）, 公家（実勲〔三条西家〕　さねいさ　[没]弘化2（1845）年7月22日）

三条西実勲　さんじょうにしさねいそ
⇒三条西実勲（さんじょうにしさねいさ）

三条西実枝　さんじょうにしさねえ
⇒三条西実世（さんじょうにしさねよ）

三条西実枝　さんじょうにしさねえだ
⇒三条西実世（さんじょうにしさねよ）

三条西実条*　さんじょうにしさねえだ
天正3（1575）年～寛永17（1640）年10月9日　安土桃山時代～江戸時代前期の歌人・公家（右大臣）。内大臣三条西公国の長男。
¶公卿（[生]天正3（1575）年1月26日）, 公家（実条〔三条西家〕　さねえだ　[生]天正3（1575）年1月26日）

三条西実枝　さんじょうにしさねき
⇒三条西実世（さんじょうにしさねよ）

三条西実清*　さんじょうにしさねきよ
*～応永13（1406）年2月16日　南北朝時代～室町時代の公卿（権中納言）。権大納言三条西公時の子。
¶公卿（[生]応安5/文中1（1372）年）, 公家（実清〔三条西家〕　さねきよ　[生]1373年）

三条西実澄　さんじょうにしさねずみ
⇒三条西実世（さんじょうにしさねよ）

三条西実隆*　さんじょうにしさねたか
康正1（1455）年～天文6（1537）年　[別]実隆（さねたか）, 逍遙院殿（しょうよういんどの）　戦国時代の歌人・公卿（内大臣）。内大臣三条西公保の次男。
¶公卿（[生]享徳3（1454）年　[没]天文6（1537）年10月3日）, 公家（実隆〔三条西家〕　さねたか　[没]天文6（1537）年10月3日）, コン, 詩作（[生]享徳4（1455）年4月25日　[没]天文6（1537）年10月3日）, 思想, 全戦, 中世, 内乱, 日文（[生]享徳4（1455）年）, 俳文（実隆　さねたか　[没]天文6（1537）年10月3日）, 室町, 山小（[生]1455年4月25日　[没]1537年10月3日）

三条西実連*　さんじょうにしさねつら
嘉吉1（1441）年～長禄2（1458）年10月20日　室町時代の公卿（参議）。内大臣三条西公保の長男。
¶公卿, 公家（実連〔三条西家〕　さねつら　[生]1442年）

三条西実称　さんじょうにしさねな
⇒三条西実称（さんじょうにしさねよし）

三条西実教*　さんじょうにしさねのり
*～元禄14（1701）年10月19日　江戸時代前期～中期の公家（権大納言）。右大臣三条西実条の孫。
¶公卿（[生]元和4（1618）年）, 公家（実教〔三条西家〕　さねのり　[生]？）

三条西実世*　さんじょうにしさねよ
永正8（1511）年～天正7（1579）年　[別]実枝（さねき）, 三光院豪空（さんこういんごうくう）, 三条西実枝（さんじょうにしさねえ, さんじょうにしさねえだ, さんじょうにしさねき）, 三条西実澄（さんじょうにしさねずみ）　戦国時代～安土桃山時代の歌人・公卿（内大臣）。右大臣三条西公条の長男。
¶公卿（三条西実枝　さんじょうにしさねえだ　[生]永正8（1511）年8月4日　[没]天正7（1579）年1月24日）, 公家（実枝〔三条西家〕　さねき　[没]天正7（1579）年1月24日）, 後北（実澄〔三条西〕　さねずみ　[没]天正7年1月24日）, 俳文（実枝　さねき　[生]永正8（1511）年8月4日　[没]天正7（1579）年1月24日）

三条西実称*　さんじょうにしさねよし
享保12（1727）年3月23日～寛政3（1791）年9月21日　[別]三条西実称（さんじょうにしさねな）　江戸時代中期の公家（権大納言）。権大納言三条西公福の子。
¶公卿, 公家（実称〔三条西家〕　さねよし）

三条西季知*　さんじょうにしすえとも
文化8（1811）年～明治13（1880）年　江戸時代末期～明治時代の公家。王政復古により復位入京、新政府で参与、権大納言。明治天皇の歌道の指導にあたった。
¶公卿（[生]文化8（1811）年閏2月26日　[没]明治23（1890）年8月24日）, 公家（季知〔三条西家〕　すえとも　[生]文化8（1811）年閏2月26日　[没]明治13（1880）年8月24日）, コン, 全幕, 幕末（[生]文化8（1811）年2月26日　[没]明治13（1880）年8月24日）

三条西延季*　さんじょうにしのぶすえ
寛延3（1750）年11月14日～寛政12（1800）年1月20日　江戸時代中期～後期の公家（権大納言）。権大納言三条西実称の次男。
¶公卿, 公家（延季〔三条西家〕　のぶすえ）

三条小右近*　さんじょうのこうこん
生没年不詳　平安時代中期の女房・歌人。
¶古人

三条局*(1)　さんじょうのつぼね
？～保延4（1138）年　[別]三条（さんじょう）　平安時代後期の女性。鳥羽天皇の宮人。
¶古人（三条　さんじょう）

三条局*(2)　さんじょうのつぼね
生没年不詳　[別]権大僧都仁操女（ごんだいそうづにんそうのむすめ）　平安時代後期の女性。後白河天皇の宮人。
¶天皇（権大僧都仁操女　ごんだいそうづにんそうのむすめ）

三条局*(3)　さんじょうのつぼね
生没年不詳　[別]藤原実平女（ふじわらのさねひらのむすめ）　鎌倉時代前期の女性。亀山天皇の宮人。
¶天皇（藤原実平女　ふじわらのさねひらのむすめ）

三条局*(4)　さんじょうのつぼね
生没年不詳　南北朝時代の女性。崇光天皇の宮人。
¶天皇

三条宮　さんじょうのみや
⇒以仁王（もちひとおう）

三条半弥　さんじょうはんや
⇒坂田藤十郎〔3代〕（さかたとうじゅうろう）

三条秀子 さんじょうひでこ
⇒陽禄門院（ようろくもんいん）

三条冬子* さんじょうふゆこ
嘉吉1（1441）年～延徳1（1489）年 [別]藤原冬子（ふじわらのふゆこ） 室町時代～戦国時代の女性。後花園天皇の宮人。
¶天皇（藤原冬子 ふじわらのふゆこ）

三条房子 さんじょうぼうし
⇒藤原房子（ふじわらのふさこ）

三条宗近 さんじょうむねちか
⇒宗近（むねちか）

山人 さんじん★
江戸時代中期の女性。俳諧。神田貞宣の妻。寛延1年序、大場寥和編『職人尽俳諧集』後編に載る。
¶江表（山人（東京都））

暫酔 ざんすい
⇒大谷暫酔（おおたにざんすい）

三声 さんせい★
江戸時代中期の女性。俳諧。京都の人。享保10年刊、中川文露編『秋風七回忌』に載る。
¶江表（三声（京都府））

三井園蚊牛* さんせいえんぶんぎゅう
寛政4（1792）年～明治5（1872）年 [別]蚊牛（ぶんぎゅう） 江戸時代末期～明治時代の俳諧師。著に「みちのく日記」。寺子屋を営みながら句作。
¶俳文（蚊牛 ぶんぎゅう [没]明治5（1872）年5月18日），幕末

山石 さんせき★
江戸時代中期の女性。俳諧。尾張犬山の人。元禄8年刊、各務支考編『笈日記』に載る。
¶江表（山石（愛知県））

サンセズ
⇒有馬直純（ありまなおずみ）

山雪 さんせつ
⇒狩野山雪（かのうさんせつ）

山叟慧雲* さんそうえうん
安貞1（1227）年～正安3（1301）年7月9日 [別]慧雲（えうん） 鎌倉時代後期の臨済宗聖一派の僧。東福寺5世。
¶コン（慧雲 えうん [生]?），対外

三田花朝 さんだかちょう
⇒三田花朝尼（さんだかちょうに）

三田花朝尼* さんだかちょうに
寛政4（1792）年～明治21（1888）年2月16日 [別]三田花朝（さんだかちょう） 江戸時代末期～明治時代の歌人。香川景樹、黒川真頼に和歌を師事。
¶江表（花朝尼（東京都） [生]寛政9（1797）年），女史（三田花朝 さんだかちょう [生]1797年）

三田葆光* さんたかねみつ，さんだかねみつ
*～明治40（1907）年 江戸時代末期～明治時代の歌人。
¶幕末（さんだかねみつ [生]? [没]明治40（1907）年10月17日）

三田浄久* さんだじょうきゅう
慶長13（1608）年～元禄1（1688）年 [別]浄久（じょうきゅう），三田浄久（みたじょうきゅう） 江戸時代前期の俳人。
¶コン，俳文（浄久 じょうきゅう [没]元禄1（1688）年11月27日）

三太輔 さんだゆう★
江戸時代中期の女性。俳諧。遊女。元禄16年成立、吉井雲鈴編『摩詰庵入日記』下に載る。
¶江表（三太輔（石川県））

サンチョ
⇒大村喜前（おおむらよしあき）

三澄* さんちょう
平安時代前期の僧。
¶古人（生没年不詳），古代

三朝(1) さんちょう
⇒尾上菊五郎〔3代〕（おのえきくごろう）

三朝(2) さんちょう
⇒尾上松助〔1代〕（おのえまつすけ）

三朝(3) さんちょう
⇒尾上松助〔3代〕（おのえまつすけ）

三蝶 さんちょう
⇒関三十郎〔1代〕（せきさんじゅうろう）

杉鳥(1) さんちょう
⇒嵐小六〔1代〕（あらしころく）

杉鳥(2) さんちょう
⇒嵐三右衛門〔3代〕（あらしさんえもん）

簪蝶 さんちょう★
江戸時代後期の女性。俳諧。天保期頃成立、星喜庵北囚編『俳諧百人一首集』に載る。
¶江表（簪蝶（東京都））

山店 さんてん
江戸時代前期の俳諧作者。石川氏、のち坂上氏。天和頃、芭蕉に入門。
¶俳文（生没年不詳）

山道 さんどう
⇒浅尾為十郎〔3代〕（あさおためじゅうろう）

山東京山* さんとうきょうざん
明和6（1769）年～安政5（1858）年 [別]岩瀬京山（いわせきょうざん），岩瀬百樹（いわせももき），京山（きょうざん） 江戸時代中期～後期の戯作者。
¶江人，コン（[生]明和6（1769年/1770）年），日文

山東京伝* さんとうきょうでん
宝暦11（1761）年～文化13（1816）年 [別]北尾政演，北尾政信，北尾政寅（きたおまさのぶ），京伝（きょうでん） 江戸時代中期～後期の黄表紙・洒落本・読本・合巻作者。
¶浮絵（北尾政演 きたおまさのぶ），浮絵，江人，コン，思想，日文，美画（北尾政寅 きたおまさのぶ [生]宝暦11（1761）年8月15日 [没]文化13（1816）年9月7日），山小（[生]1761年8月15日 [没]1816年9月7日）

山東直砥* さんとうなおと
天保11（1840）年～明治37（1904）年 江戸時代末期～明治時代の紀州藩志士。開拓使判官などを務める。育英事業「北門社」を創立。
¶出版（[生]天保11（1840）年2月7日 [没]明治37（1904）年2月14日），幕末（[没]明治37（1904）年2月14日）

山南敬助 さんなんけいすけ
⇒山南敬助（やまなみけいすけ）

さんにん　　　　　　　　　1014

三人吉三* さんにんきちさ，さんにんきちざ
歌舞伎「三人吉三廓初買」の登場人物。
¶コン（さんにんきちざ）

三戸式部* さんのへしきぶ
？〜明治15（1882）年　江戸時代末期〜明治時代の
陸奥盛岡藩家老。
¶幕末　㋲文政10（1827）年1月1日　㋰明治15（1882）年2
月5日。

三宮十助 さんのみやじゅうすけ
安土桃山時代〜江戸時代前期の武士。長宗我部盛
親の家臣。落城後、堀田正盛に仕える。
¶大坂

三馬 さんば
⇒式亭三馬（しきていさんば）

サン＝ハシント
⇒トマス・デ・サン・ハシント

三風 さんぷう
⇒嵐音八〔2代〕（あらしおとはち）

杉風(1) さんぷう
⇒嵐三右衛門〔4代〕（あらしさんえもん）

杉風(2) さんぷう
⇒杉山杉風（すぎやまさんぷう）

三甫* さんぽ
生没年不詳　安土桃山時代の連歌作者。
¶俳文

三宝院賢俊 さんぽういんけんしゅん
⇒賢俊（けんしゅん）

三宝院満済 さんぽういんまんさい
⇒満済（まんさい）

三法師 さんぽうし
⇒織田秀信（おだひでのぶ）

山本寺定長* さんぽんじさだなが，さんぽんじさだなが
生没年不詳　安土桃山時代の武将。上杉氏家臣。
¶全戦

三幅* さんまん
文治2（1186）年〜正治1（1199）年　鎌倉時代前期
の女性。源頼朝の二女。
¶女史（㋲1185年）

三位* さんみ
生没年不詳　平安時代後期の歌人。
¶古人

三位局*(1) さんみのつぼね
明応6（1497）年〜永禄1（1558）年　㋲伊予局（いよ
のつぼね）、小槻雅久女（おづきのまさひさのむす
め）　戦国時代の女性。後奈良天皇の宮人。
¶天皇（小槻雅久女　おづきのまさひさのむすめ）　㋰永
禄1（1558）年7月12日

三位局(2) さんみのつぼね
江戸時代前期の女性。大坂城の大房衆。
¶大坂（㋰慶長20年5月7日/5月8日）

三位局(3) さんみのつぼね
⇒八条院三位局（はちじょういんのさんみのつぼね）

三藐院 さんみゃくいん
⇒近衛信尹（このえのぶただ）

三藐院殿 さんみゃくいんどの
⇒近衛信尹（このえのぶただ）

三藐院信尹 さんみゃくいんのぶただ
⇒近衛信尹（このえのぶただ）

暫夢尼 ざんむに*
江戸時代中期の女性。俳諧。加賀の人。安永6年
刊、堀麦水編『新虚栗』に載る。
¶江表（暫夢尼（石川県）

三文字屋九右衛門 さんもじやきゅうえもん
⇒三文字屋九右衛門（さんもんじやきゅうえもん）

三文字屋九右衛門* さんもんじやきゅうえもん
生没年不詳　㋲三文字屋九右衛門（さんもじやきゅ
うえもん）　江戸時代の陶工、京都粟田焼の祖。
¶美工

三山綱定* さんやまつなさだ
生没年不詳　戦国時代の武士。北条氏家臣。
¶後北（綱定〔三山〕　つなさだ）

三山又六 さんやままたろく
安土桃山時代の北条氏直の家臣。綱定の一族。
¶後北（又六〔三山〕　またろく）

三遊亭円生 さんゆうていえんしょう
世襲名　江戸時代の落語家。初代から2代まで。
¶江人

三遊亭円生〔1代〕* さんゆうていえんしょう
明和5（1768）年〜天保9（1838）年　㋲円生（えん
しょう）　江戸時代中期〜後期の落語家。
¶コン

三遊亭円朝 さんゆうていえんちょう
世襲名　江戸時代末期〜大正時代の落語家。幕末
〜大正期に2代を数える。
¶山小

三遊亭円朝〔1代〕* さんゆうていえんちょう
天保10（1839）年〜明治33（1900）年8月11日　㋲円
朝（えんちょう），橘家小円太〔1代〕（たちばなやこ
えんた）　江戸時代末期〜明治時代の落語家。橘屋
円太郎の子。
¶歌大（代数なし）㋰天保10（1839）年4月1日），コン（代
数なし），思想（代数なし），幕末（代数なし）㋲天保10
（1839）年4月1日）

三要 さんよう
⇒閑室元佶（かんしつげんきつ）

三要元佶 さんようげんきつ
⇒閑室元佶（かんしつげんきつ）

山楽 さんらく
⇒狩野山楽（かのうさんらく）

三楽軒の妻 さんらくけんのつま*
江戸時代中期の女性。和歌。寛延1年刊、松風也軒
編『渚の松』に載る。
¶江表（三楽軒の妻（東京都）

山里 さんり*
江戸時代中期の女性。俳諧。安永3年刊、千乗舎芳
団著の俳文集『萩の枝折』に載る。
¶江表（山里（群馬県）

山隣* さんりん
生没年不詳　江戸時代中期の俳人。
¶俳文

蚕路 さんろ*
江戸時代中期の女性。俳諧。寛延3年刊、松露庵鳥酔社中月次集『張笠』に載る。
¶江表（蚕路（東京都））

三和 さんわ
⇒唐来参和（とうらいさんな）

【し】

ジアチン
⇒小西隆佐（こにしりゅうさ）

自安 じあん*
江戸時代中期の女性。教育。伊藤仁斎と並び評される大儒、京都の中村惕斎の孫娘。
¶江表（自安（徳島県） [没]宝暦13（1763）年）

慈威和尚 じいおしょう
⇒円観（えんかん）

椎本才麿 しいがもとさいまろ
⇒才麿（さいまろ）

紫一女 しいつじょ*
江戸時代末期の女性。俳諧。安政期から文久期の露心主催「露心新居賀摺」に載る。
¶江表（紫一女（福島県））

椎名顕時 しいなあきとき
安土桃山時代の下総国大台城主井田胤徳の家臣。勢兵衛尉。
¶後北（顕時〔椎名〕 あきとき）

椎名織部丞 しいなおりべのじょう
安土桃山時代の大台城主井田胤徳の家臣。
¶後北（織部丞〔椎名〕 おりべのじょう）

椎名景直 しいなかげなお
安土桃山時代の武将。
¶全戦（[生]？ [没]天正9（1581）年？）

椎名刑部丞 しいなぎょうぶのじょう
安土桃山時代の大台城主井田胤徳の家臣。
¶後北（刑部丞〔椎名〕 ぎょうぶのじょう）

椎名源右衛門尉 しいなげんえもんのじょう
安土桃山時代の武士。武田遺臣。甲斐府中近習小路に居住。
¶武田（生没年不詳）

椎名佐渡守 しいなさどのかみ
安土桃山時代の大台城主井田胤徳の家臣。
¶後北（佐渡守〔椎名〕 さどのかみ）

椎名将左衛門尉 しいなしょうざえもんのじょう
安土桃山時代の大台城主井田胤徳の家臣。
¶後北（将左衛門尉〔椎名〕 しょうざえもんのじょう）

椎名図書助 しいなずしょのすけ
安土桃山時代の大台城主井田胤徳の家臣。
¶後北（図書助〔椎名〕 ずしょのすけ）

椎名駿河守* しいなするがのかみ
生没年不詳 安土桃山時代の織田信長の家臣。
¶織田

椎名摂津守 しいなせっつのかみ
安土桃山時代の大台城主井田胤徳の家臣。
¶後北（摂津守〔椎名〕 せっつのかみ）

椎名帯刀左衛門尉 しいなたてわきざえもんのじょう
安土桃山時代の大台城主井田胤徳の家臣。
¶後北（帯刀左衛門尉〔椎名〕 たてわきざえもんのじょう）

椎名弾正左衛門 しいなだんじょうざえもん
安土桃山時代の大台城主井田胤徳の家臣。
¶後北（弾正左衛門〔椎名〕 だんじょうざえもん）

椎名道三* しいなどうさん
寛政2（1790）年～安政5（1858）年 [別]椎名道三（しいなどうぞう） 江戸時代末期の新田開発功労者。
¶コン（[生]天明4（1784）年 [没]安政3（1856）年），幕末（しいなどうぞう [生]天明5（1785）年 [没]安政3（1856）年）

椎名道三 しいなどうぞう
⇒椎名道三（しいなどうさん）

椎名孫兵衛 しいなまごべえ
安土桃山時代の大台城主井田胤徳の家臣。
¶後北（孫兵衛〔椎名〕 まごべえ）

椎名康胤* しいなやすたね
？～天正4（1576）年 戦国時代～安土桃山時代の地方豪族・土豪。上杉氏家臣、武田氏家臣。
¶全戦（生没年不詳）

椎名吉次* しいなよしつぐ
生没年不詳 江戸時代前期の鋳物師。江戸城築城で御鋳物師。
¶コン，美工

椎根津彦* しいねつひこ
[別]珍彦（うずひこ），槁根津日子（さおねつひこ），椎根津彦命（しいねつひこのみこと） 上代の倭直の祖。
¶古代，コン

椎根津彦命 しいねつひこのみこと
⇒椎根津彦（しいねつひこ）

志斐嫗* しいのおみな
生没年不詳 [別]志斐嫗（しひのおみな） 飛鳥時代の女性。持統天皇の女官。
¶古人，女史

志斐国守* しいのくにもり
生没年不詳 平安時代前期の天文博士、陰陽博士。
¶古人

椎野正兵衛* しいのしょうべえ
天保10（1839）年～明治33（1900）年11月8日 江戸時代末期～明治時代の実業家。絹ハンカチ工場、刺繍工場を建設。
¶幕末

志斐三田次 しいのみたすき
⇒志斐三田次（しひのみたすき）

椎本才麿 しいのもとさいまろ
⇒才麿（さいまろ）

椎本芳室 しいのもとほうしつ
⇒芳室（ほうしつ）

椎葉 しいば*
江戸時代後期の女性。俳諧。小川の人。寛政13年刊、荘丹跋『与野八景句集』に載る。

¶江表（椎葉（埼玉県））

椎原市太夫* しいはらいちだゆう，しいばらいちだゆう
生没年不詳　江戸時代前期の加賀の蒔絵師。江戸の名工清水源四郎の門人。
¶コン，美工

椎原国幹* しいはらくにもと
文政3（1820）年～明治32（1899）年　江戸時代末期～明治時代の薩摩藩士、郡長、鹿児島学校長。西南戦争で荷駄隊長。後、島津家の家令。
¶幕末

椎原小弥太* しいはらこやた，しいばらこやた
天保11（1840）年～明治1（1868）年　江戸時代末期の薩摩藩士。
¶幕末（[没]慶応4（1868）年1月5日）

椎本才麿 しいもとさいまろ
⇒才麿（さいまろ）

市隠* しいん
？～享保7（1722）年　江戸時代中期の俳人（貞徳系）。
¶俳文（[没]享保7（1722）年3月14日）

しう(1)
江戸時代中期の女性。俳諧。越前金津の人。天明7年刊、時雨庵祐阿編『飛梅集』下に載る。
¶江表（しう（福井県））

しう(2)
江戸時代中期の女性。俳諧。一古園宜哉の妻か。天明4年田上菊舎が一座して歌仙を巻き、詠んだ。
¶江表（しう（岐阜県））

しう(3)
江戸時代後期の女性。俳諧。上水内郡長沼の人。文化11年刊、小林一茶編『三韓人』に載る。
¶江表（しう（長野県））

しう(4)
江戸時代後期の女性。俳諧。清武の人。文化5年刊、五升庵二世柏原瓦全編『さくら会』二に載る。
¶江表（しう（宮崎県））

志う しう★
江戸時代中期～後期の女性。和歌。那波九郎右衛門裕寛の娘。
¶江表（志う（京都府）　[生]安永4（1775）年　[没]文政12（1829）年）

志宇* しう
宝暦11（1761）年～天保5（1834）年3月11日　江戸時代中期～後期の女性。俳人。
¶江表（志宇（滋賀県））

しう子 しうこ★
江戸時代後期の女性。和歌。幕臣山本半之助の妻。寛政10年跋、信濃松代藩主真田幸弘の六〇賀集「千とせの寿詞」に載る。
¶江表（しう子（東京都））

時雨の母 じうのはは★
江戸時代後期の女性。俳諧。備前の人。天保3年刊、守村鶯卿編『女百人一句』に載る。
¶江表（時雨の母（岡山県））

周文 しうぶん
⇒周文（しゅうぶん）

士雲 しうん
⇒南山士雲（なんざんしうん）

似雲* じうん
延宝1（1673）年～宝暦3（1753）年7月8日　江戸時代中期の歌人。伏見屋彦兵衛、木屋喜右衛門と称す。
¶コン

慈雲*(1) じうん
天平宝字3（759）年～*　奈良時代～平安時代前期の僧。
¶古人（[生]758年　[没]806年），古代（[生]758年　[没]806年），コン（[没]大同2（807）年）

慈雲(2) じうん★
江戸時代中期の女性。和歌。遠江浜松の医師渡辺竹庵の妻。
¶江表（慈雲（静岡県）　[没]享保5（1720）年）

慈雲*(3) じうん
享保3（1718）年7月28日～文化1（1804）年　[別]飲光（いんこう，おんこう），慈雲飲光（じうんいんこう，じうんおんこう），慈雲尊者（じうんそんじゃ）　江戸時代中期～後期の真言宗の僧。
¶江人（飲光　おんこう），コン（慈雲尊者　じうんそんじゃ），思想

慈雲(4) じうん
⇒慈雲妙意（じうんみょうい）

慈雲院 じうんいん★
江戸時代中期の女性。和文。備前岡山藩主池田光政の娘。
¶江表（慈雲院（奈良県）　[没]元禄11（1698）年）

慈雲飲光 じうんいんこう
⇒慈雲（じうん）

慈雲院尼 じうんいんに★
江戸時代中期の女性。和歌。旗本黒川正直の娘。元禄16年刊、植山検校江民軒梅之・梅柳軒水之編『歌林尾花末』に載る。
¶江表（慈雲院尼（東京都））

慈雲飲光 じうんおんこう
⇒慈雲（じうん）

而慍斎 じうんさい
⇒山岡元隣（やまおかげんりん）

慈雲尊者 じうんそんじゃ
⇒慈雲（じうん）

慈雲妙意* じうんみょうい
文永11（1274）年～興国6/貞和1（1345）年　[別]慧日光明国師（えにちこうみょうこくし），恵日聖光国師（えにちしょうこうこくし），慈雲（じうん），妙意（みょうい）　鎌倉時代後期～南北朝時代の臨済宗法灯派の僧。恵日聖光国師。
¶コン

慈恵 じえ
⇒良源（りょうげん）

子英* しえい
？～正徳5（1715）年6月2日　[別]岩本子英（いわもとしえい）　江戸時代前期～中期の俳人。
¶俳文

紫英(1) しえい★
江戸時代中期の女性。俳諧。長沼の人。安永3年の栗庵似鳩編の最初の歳旦帖『麓の塵』に載る。

¶江表(紫英(群馬県))

紫英(2)　しえい*
　江戸時代中期の女性。俳諧。下総吉岡連の人。天明3年成立、梅人編『卯春帖』に載る。
　¶江表(紫英(千葉県))

慈恵大師(慈慧大師)　じえたいし，じえだいし
　⇒良源(りょうげん)

自悦　じえつ
　生没年不詳　江戸時代前期～中期の俳人。
　¶俳文

ジェロニモ
　⇒益田時貞(ますだときさだ)

思円　しえん
　⇒叡尊(えいそん)

慈円*　じえん
　久寿2(1155)年～嘉禄1(1225)年　㊗慈鎮(じちん)，道快(どうかい)　吉水僧正(よしみずのそうじょう)　平安時代後期～鎌倉時代前期の天台宗の僧。
　¶古人、コン、詩作(㊙久寿2(1155)年4月15日　㊚嘉禄1(1225)年9月25日)、思想、中世、内乱、日文、山小(㊙1155年4月15日　㊚1225年9月25日)

慈延*　じえん
　寛延1(1748)年～文化2(1805)年7月8日　江戸時代中期～後期の天台宗の歌人、僧。
　¶詩作

志燕尼　しえんに*
　江戸時代後期の女性。俳諧・和歌。伊丹の「泉川」醸造元大塚氏の娘。
　¶江表(志燕尼(兵庫県)　㊚寛政6(1794)年)

しを・志を
　江戸時代後期の女性。俳諧。越前福井の人。寛政1年三月に芭蕉一〇〇回忌取越法要を執行。
　¶江表(しを・志を(福井県))

塩入守直　しおいりもりなお
　安土桃山時代の佐久郡国衆蘆田依田氏の家臣？　日向守。
　¶武田(生没年不詳)

紫扇　しおう
　⇒河原崎権之助〔6代〕(かわらさきごんのすけ)

慈応*　じおう
　生没年不詳　鎌倉時代前期の天台宗の僧。
　¶古人

塩河勘十郎*　しおかわかんじゅうろう
　生没年不詳　安土桃山時代の織田信長の家臣。
　¶織田

塩河橘大夫*　しおかわきつだゆう
　安土桃山時代の織田信長の家臣。
　¶織田(㊙?　慶長2(1597)年10月21日)

塩川広平*　しおかわこうへい
　天保13(1842)年～明治23(1890)年　江戸時代末期～明治時代の幕臣仕え。岩倉具視に接近、旧幕府要路に恭順を説き、内情調査。
　¶幕末(㊙天保2(1831)年12月2日　㊚明治23(1890)年6月2日)

塩川信濃貞行　しおかわしなのさだゆき
　安土桃山時代～江戸時代前期の豊臣秀吉・秀頼の家臣。
　¶大坂(㊙天正9年　㊚寛文8年)

塩川清右衛門　しおかわせいえもん
　江戸時代前期の紀州の者。大坂の陣で籠城。
　¶大坂

塩川清兵衛　しおかわせいびょうえ
　江戸時代前期の人。大坂の陣で籠城。
　¶大坂

塩川仲延*　しおかわなかのぶ
　生没年不詳　安土桃山時代の織田信長の家臣。
　¶織田

塩河長満*　しおかわながみつ
　生没年不詳　安土桃山時代の織田信長の家臣。
　¶織田(㊙天文7(1538)年　㊚天正14(1586)年10月5日)、全戦(㊙天文7(1538)年　㊚天正14(1586)年)

塩川文麟*　しおかわぶんりん
　文化5(1808)年～明治10(1877)年　江戸時代末期～明治時代の画家。明治初期の四条派を支え、平安四名家の一人と称される。如雲社を組織し、京都画壇の基礎を築いた。
　¶コン、幕末(㊚明治10(1877)年5月1日)、美画(㊚明治10(1877)年5月11日)

塩川原三郎左衛門　しおかわらさぶろうざえもん
　安土桃山時代の信濃国安曇郡塩川原の土豪。仁科氏の被官か。
　¶武田(生没年不詳)

塩川原宗左衛門　しおかわらそうざえもん
　安土桃山時代の信濃国安曇郡塩川原の土豪。仁科氏の被官か。
　¶武田(生没年不詳)

汐子　しおこ*
　江戸時代後期～明治時代の女性。和歌。美作吉野郡宮本村の神職白岩正学の娘。
　¶江表(汐子(鳥取県)　㊙寛政6(1794)年　㊚明治5(1872)年)

塩崎氏の娘　しおさきしのむすめ*
　江戸時代後期の女性。俳諧。高岡の人。文化13年刊、寺崎れい洲編の雑俳撰集『狐の茶袋』初に載る。
　¶江表(塩崎氏の娘(富山県))

塩沢茂三郎*　しおざわもさぶろう
　天保1(1830)年～明治42(1909)年　江戸時代末期～明治時代の駿河国富士郡の篤農家。梨栽培を試み普及、貧困化した農家を救う。
　¶幕末

塩沢麟次郎*　しおざわりんじろう
　天保12(1841)年～？　江戸時代後期～末期の新撰組隊士。
　¶新隊

塩路嘉一郎*　しおじかいちろう
　生没年不詳　㊗崖嘉一郎(きしかいちろう)　江戸時代末期の紀伊和歌山藩士。
　¶幕末

塩瀬玄徳の妻　しおぜげんとくのつま*
　江戸時代中期の女性。和歌。多度津の人。明和8年刊、佐々木泉明撰『一人一首短冊篇』坤に載る。
　¶江表(塩瀬玄徳の妻(香川県))

塩瀬靖明の母　しおぜやすあきのはは*
江戸時代末期の女性。和歌。多度津藩藩士の靖明の母。
¶江表(塩瀬靖明の母(香川県))

塩田右京進　しおだうきょうのしん
戦国時代の武田氏の家臣。
¶武田([生]？　[没]明応3(1494)年3月26日)

塩田一承　しおたかずつぐ
江戸時代の和算家。京都の人。著書に『中学算法勿憚鈔』など。
¶数学

塩田牛渚*　しおだぎゅうしょ
*～慶応2(1866)年　江戸時代末期の画家。
¶幕末([生]文政11(1828)年),美画([生]文政12(1829)年)

塩田権之丞　しおたごんのじょう
⇒町田申四郎(まちだしんしろう)

塩田三郎*　しおださぶろう
天保14(1843)年～明治22(1889)年　江戸時代末期～明治時代の語学者、外交官、清国公使。語学力をいかし不平等条約改正など国際折衝に貢献。
¶幕末([生]天保14(1843)年11月6日　[没]明治22(1889)年5月12日)

塩田信秀　しおだのぶひで
戦国時代の武田氏の家臣。宮内大輔。
¶武田(生没年不詳)

塩田文起*　しおだぶんき
天保2(1831)年～明治27(1894)年　江戸時代末期～明治時代の富商、俳人。須賀川病院の設立・経営に専心。
¶幕末([没]明治27(1894)年9月17日)

塩田政繁　しおだまさしげ
戦国時代～安土桃山時代の二階堂氏の家臣。
¶全戦([生]天文23(1554)年　[没]天正17(1589)年)

塩田冥々*　しおだめいめい
寛保1(1741)年～文政7(1824)年　[別]冥々(めいめい)　江戸時代中期～後期の俳人。
¶俳文(冥々　めいめい)

塩田索行　しおたもとゆき
江戸時代末期の和算家。奥州塩田村の人。安政6年算額を奉納。
¶数学

塩田義政　しおだよしまさ
⇒北条義政(ほうじょうよしまさ)

塩田若狭守*　しおだわかさのかみ
生没年不詳　安土桃山時代の織田信長の家臣。
¶織田

塩津治部右衛門　しおづじぶえもん
安土桃山時代の穴山信君の家臣。
¶武田(生没年不詳)

塩津助兵衛　しおづすけひょうえ
戦国時代の穴山信君の家臣。
¶武田(生没年不詳)

塩津友重*　しおづともしげ
生没年不詳　戦国時代の穴山梅雪の家臣。
¶武田

塩坪鶯笠*　しおつぼおうりつ
文政2(1819)年～明治27(1894)年　[別]鶯笠(おうりつ,おうりゅう)　江戸時代末期～明治時代の俳人。
¶俳文(鶯笠　おうりゅう　[没]明治27(1894)年1月17日)

塩野門之助　しおのもんのすけ
江戸時代後期～昭和期の鉱業技術者。
¶幕末([生]嘉永6(1853)年　[没]昭和8(1933)年7月1日)

塩谷雨香*　しおのやうこう
天保3(1832)年～明治23(1890)年　江戸時代末期～明治時代の岩国藩士。和歌、南画、槍術等文武風流をする。春鶯会創立。
¶幕末([没]明治23(1890)年5月12日)

塩谷簣山*　しおのやきざん
文化9(1812)年～明治7(1874)年　江戸時代末期～明治時代の漢学者、幕府儒官。水野忠邦に仕え、ペリー来航時に上書。
¶幕末([生]文化9(1812)年5月10日　[没]明治7(1874)年9月10日)

塩谷惟寅　しおのやこれのぶ
⇒塩谷大四郎(しおのやだいしろう)

塩谷維広　しおのやこれひろ
平安時代後期～鎌倉時代前期の武蔵国児玉党の武士。
¶平家(生没年不詳)

塩谷処*　しおのやさだむ
文政8(1825)年～明治23(1890)年　[別]塩谷鼎助(しおのやていすけ)　江戸時代末期～明治時代の周防岩国藩士、儒学者、藩学養老館教授、福岡県大参事。密用方に任ぜられ、藩侯の国事斡旋を補佐、参政となる。
¶コン,幕末(塩谷鼎助　しおのやていすけ　[没]明治23(1890)年11月22日)

塩谷須磨子*　しおのやすまこ
享保20(1735)年～文化5(1808)年3月19日　江戸時代中期～後期の女性。歌人。
¶江表(須磨(静岡県)　[生]元文5(1740)年)

塩谷青山　しおのやせいざん
江戸時代末期～大正時代の教育者。
¶詩作([生]安政2(1855)年1月27日　[没]大正14(1925)年2月2日)

塩谷大四郎*　しおのやだいしろう
明和6(1769)年～天保7(1836)年　[別]塩谷惟寅(しおのやこれのぶ,しおやこれのぶ)　江戸時代中期～後期の西国筋郡代。土木事業などに尽力。
¶コン,徳人(塩谷惟寅　しおやこれのぶ),徳代(塩谷惟寅　しおのやこれのぶ　[生]明和7(1770)年　[没]天保7(1836)年9月8日)

塩谷鼎助　しおのやていすけ
⇒塩谷処(しおのやさだむ)

塩谷宕陰*　しおのやとういん
文化6(1809)年～慶応3(1867)年　江戸時代末期の儒学者。
¶江人,コン,詩作([生]文化6(1809)年4月17日　[没]慶応3(1867)年8月28日),思想,幕末([没]慶応3(1867)年8月8日)

塩谷八百之介*　しおのややおのすけ
文化8(1811)年～慶応1(1865)年　江戸時代末期の水戸藩士。

¶幕末（[没]慶応1（1865）年6月22日）

塩谷義綱＊ しおのやよしつな
生没年不詳 戦国時代の宇都宮氏の重臣「御宿老中」の1人。
¶全戦

塩原太助＊（塩原多助） しおばらたすけ
寛保3（1743）年～文化13（1816）年 江戸時代中期～後期の商人。
¶コン

潮見勝平＊ しおみかつへい
天保4（1833）年～明治12（1879）年 江戸時代末期～明治時代の周防国の八幡宮宮司。権少宣教師、皇太神宮禰宜などつとめる。
¶幕末（[生]天保3（1833）年12月22日 [没]明治12（1879）年3月18日）

塩水清女 しおみずのきよめ
江戸時代後期の女性。狂歌。尾張名古屋の賓導堂轡音成の妻。文化14年刊、橘庵芦辺田鶴丸撰『狂歌弄花集』に載る。
¶江表（塩水清女（愛知県））

塩見政誠＊ しおみまさなり
正保3（1646）年～享保4（1719）年 江戸時代前期～中期の蒔絵師。
¶コン, 美工（[没]享保4（1719）年9月）

塩屋秋貞＊ しおやあきさだ
？～天正11（1583）年 安土桃山時代の地方豪族・土豪。上杉氏家臣。
¶戦武（[生]大永1（1521）年）

塩屋王 しおやおう
奈良時代の官人。
¶古人（生没年不詳）

塩焼王＊ しおやきおう
？～天平宝字8（764）年 [別]氷上塩焼（ひかみのしおやき，ひがみのしおやき） 奈良時代の公卿（中納言）。天武天皇の孫。
¶公卿（氷上塩焼 ひがみのしおやき [生]霊亀1（715）年 [没]天平宝字8（764）年9月10日），古人（[生]715年），古代，コン

シオヤコウジ
⇒ショヤ・コウジ

塩谷惟寅 しおやこれのぶ
⇒塩谷大四郎（しおのやだいしろう）

塩屋主税＊ しおやちから
享保2（1717）年～？ 江戸時代中期の和算家。
¶数学

塩屋長兵衛 しおやちょうべえ
江戸時代後期～末期の版元。寛政3年大坂本屋仲間に加入後、幕末まで。
¶浮絵

塩谷朝業 しおやともなり
⇒宇都宮朝業（うつのみやともなり）

塩屋鯯魚＊ しおやのこのしろ
？～斉明天皇4（658）年 [別]塩屋連鯯魚（しおやのむらじこのしろ） 飛鳥時代の官人。
¶古人，古代（塩屋連鯯魚 しおやのむらじこのしろ）

塩屋古麻呂＊ しおやのこまろ
生没年不詳 [別]塩屋連古麻呂（しおやのむらじこまろ） 奈良時代の明法家。
¶古人，古代（塩屋連古麻呂 しおやのむらじこまろ），コン

塩屋連鯯魚 しおやのむらじこのしろ
⇒塩屋鯯魚（しおやのこのしろ）

塩屋連古麻呂 しおやのむらじこまろ
⇒塩屋古麻呂（しおやのこまろ）

枝折 しおり
江戸時代末期の女性。俳諧。対馬の人。慶応2年刊、芭蕉堂公成編『花供養』に載る。
¶江表（枝折（長崎県））

栞（1） しおり★
江戸時代後期の女性。俳諧。石見亀嵩の夢中庵汀柳門。天保14年序、夢中庵汀柳撰、芭蕉一五〇回忌追善集『八雲三十五員』に載る。
¶江表（栞（島根県））

栞（2） しおり★
江戸時代後期の女性。俳諧。美作の人。文政2年刊、田喜庵護物編『俳諧捜玉集』に載る。
¶江表（栞（岡山県））

紫園 しおん★
江戸時代末期の女性。俳諧。慶応4年刊、於保元如・貞夫共編『千代の遊び』に載る。
¶江表（紫園（佐賀県））

慈恩寺大進 じおんじだいしん
鎌倉時代後期の仏師。
¶美建（生没年不詳）

慈温女 じおんじょ★
江戸時代後期の女性。俳諧。城ケ崎の商人で、京都の俳人五升庵蝶夢門の太田可笛の長女。文化12年に死去した父の追悼句がある。
¶江表（慈温女（宮崎県））

慈恩尼（慈音尼） じおんに
⇒兼葭（けんか）

慈音尼兼葭 じおんにけんか
⇒兼葭（けんか）

しか（1）
江戸時代中期の女性。俳諧。加賀の人。享保7年刊、巻耳・燕説編『北国曲』一に載る。
¶江表（しか（石川県））

しか（2）
江戸時代後期の女性。俳諧。但馬の人。天明8年刊、刻渓ほか編『老の柳』に載る。
¶江表（しか（兵庫県））

紫霞 しか★
江戸時代中期の女性。俳諧。三本松の人。安永8年序『俳諧幽間集』に載る。
¶江表（紫霞（香川県））

鹿 しか★
江戸時代末期の女性。和歌。播磨姫路藩藩士川端寿助の母。安政6年刊、秋元安民編『類題青藍集』に載る。
¶江表（鹿（兵庫県））

志賀（1） しが★
江戸時代後期の女性。書簡。高山村の豪農梨本七左衛門宣祥の娘。
¶江表（志賀（長野県） [没]文政3（1820）年）

志賀(2)　しが＊
江戸時代後期の女性。俳諧。延岡の人か。天保12年序、『多計都恵集』に載る。
¶江表（志賀（宮崎県））

志賀(3)　しが＊
江戸時代末期の女性。和歌。渡辺利器の妻。下沢保躬編「津軽古今大成歌集稿」に載る。
¶江表（志賀（青森県））

持賀＊　じが
生没年不詳　平安時代後期の仏師。
¶古人, 美建

鹿内主税＊　しかうちちから
江戸時代末期の新撰組隊士。
¶新隊（生没年不詳）

滋賀右馬大允　しがうまのだいじょう
江戸時代末期の徳大寺家家士。
¶全幕（⊕?）　⊗文久3（1863）年

志賀金八郎＊　しがきんぱちろう
江戸時代末期の幕臣、奥右筆組頭。
¶徳人（⊕?　⊗1858年）

市鶴　しかく
⇒市川鰕十郎〔1代〕（いちかわえびじゅうろう）

慈覚大師　じかくたいし, じかくだいし
⇒円仁（えんにん）

志賀敬内＊　しがけいない
文政1（1818）年～慶応3（1867）年　江戸時代末期の志士。
¶幕末（慶応3（1868）年12月27日）

しか子(1)　しかこ＊
江戸時代後期の女性。和歌。金田清之進の娘。
¶江表（しか子（福島県））　⊗嘉永3（1850）年）

しか子(2)　しかこ＊
江戸時代後期の女性。和歌。浅草の人。文化5年頃、真田幸弘編「御ことほきの記」に載る。
¶江表（しか子（東京都））

志可子　しかこ＊
江戸時代末期の女性。和歌。豊後府内の児玉右衛門の妻。万延1年序、物集高世編『類題春草集』二に載る。
¶江表（志可子（大分県））

志かこ子　しかこ＊
江戸時代中期の女性。和歌。出雲松江の人。元禄15年刊、竹内時安斎編『出雲大社奉納清地草』に載る。
¶江表（志かこ子（島根県））

志賀小左衛門尉　しがこざえもんのじょう
⇒志賀親次（しがちかつぐ）

志賀定継　しがさだつぐ
安土桃山時代～江戸時代前期の幕臣。
¶徳人（⊕1596年　⊗1660年）

志賀女　しがじょ＊
江戸時代後期の女性。和歌・狂歌。三河吉川村の大林甲三郎善教の娘。
¶江表（志賀女（愛知県））　⊗文政9（1826）年）

志賀親朋＊　しがしんぽう
天保13（1842）年～大正5（1916）年9月20日　㊞志

賀親朋（しがちかとも）　江戸時代末期～大正時代の外務省官吏、通訳、日露協会長崎県支部長。北海道開拓使の少年生典、露国公使館書記生を歴任。
¶コン, 幕外（しがちかとも　⊕天保13（1842）年11月8日）

志賀僧正　しがそうじょう
⇒明尊（みょうそん）

しか田　しかだ
安土桃山時代の信濃国筑摩郡光郷の土豪。塔原海野氏もしくは光海野氏の被官か。
¶武田（生没年不詳）

四方赤良　しかたあから
⇒大田南畝（おおたなんぽ）

鹿田静七〔2代〕　しかたせいしち, しかだせいしち
弘化3（1846）年～明治38（1905）年　江戸時代末期～明治時代の出版人、松雲堂主人。
¶出版（⊕弘化3（1846）年10月1日　⊗明治38（1905）年8月13日）, 幕外（代数なし　しかだせいしち　⊗大正8（1919）年8月13日）

志賀忠知　しがただとも
江戸時代中期の幕臣。
¶徳人（⊕1765年　⊗?）

志賀忠如　しがただゆき
江戸時代前期～中期の金奉行、勘定。
¶徳代（⊕延宝2（1674）年　⊗享保2（1742）年2月29日）

鹿田文平＊　しかだぶんぺい
＊～明治4（1871）年　㊞鹿田正明（しかたまさあき）
江戸時代末期～明治時代の洋学者。加賀藩壮猶館で西洋兵書の翻訳講義に従事。
¶幕外（鹿田正明　しかたまさあき　⊕文化12（1815）年　⊗明治4（1871）年1月6日）

鹿田正明　しかたまさあき
⇒鹿田文平（しかだぶんぺい）

志賀為吉＊　しがためきち
文政8（1825）年～明治4（1871）年　江戸時代後期～明治時代の武士。
¶幕末（⊗明治4（1871）年3月25日）

志謙安重　しかたやすしげ
江戸時代後期～昭和期の和算家。
¶数学（⊕嘉永6（1853）年　⊗昭和11（1936）年）

四方龍文〔1代〕＊　しかたりゅうぶん
享保17（1732）年～寛政10（1798）年　㊞竜文堂（りゅうもんどう）　江戸時代中期の鋳金家。号は金寿泰。
¶コン, 美工（四方龍文〔1代〕）

四方竜文〔2代〕＊　しかたりゅうぶん
安永9（1780）年～天保12（1841）年　江戸時代後期の鋳物師。
¶コン, 美工（四方龍文〔2代〕）

四方竜文〔3代〕＊（四方龍文〔3代〕）　しかたりゅうぶん
寛政8（1796）年～嘉永3（1850）年　江戸時代末期の鋳物師。
¶コン（四方龍文〔3代〕）, 美工（四方龍文〔3代〕）

四方竜文〔6代〕＊　しかたりゅうぶん
天保11（1840）年～大正10（1921）年　江戸時代後期～明治時代の鋳物師。京都工芸品の東京進出を図るが失敗。

¶美工(四方龍文〔6代〕 [没]大正10(1921)年1月8日)

志賀親孝 しがちかたか
⇒志賀親度(しがちかのり)

志賀親次* しがちかつぐ
[別]志賀小左衛門尉(しがこざえもんのじょう), ドン=パウロ 安土桃山時代のキリシタン、武将。
¶全戦([生]永禄9(1566)年 [没]?), 戦武([生]永禄9(1566)年 [没]?)

志賀親朋 しがちかとも
⇒志賀親朋(しがしんほう)

志賀親度*(志賀親教) しがちかのり
?~天正15(1587)年 [別]志賀親孝(しがちかたか) 安土桃山時代の武士。
¶全戦, 戦武

志賀親守* しがちかもり
生没年不詳 [別]志賀道輝(しがどうき) 安土桃山時代の武士。
¶全戦, 戦武

鹿都部真顔*(鹿津部真顔) しかつべのまがお, しかつべのまかお
宝暦3(1753)年~文政12(1829)年 [別]狂歌堂真顔(きょうかどうまがお), 恋川好町(こいかわすきまち, こいかわよしまち), 鹿津部真顔, 鹿都部真顔(しかつべまがお), 真顔(しんがん), 四方真顔(よものまがお), 四方好町(よものよしまち) 江戸時代中期~後期の狂歌師。恋川好町の戯号で洒落本、黄表紙を書いた。
¶コン(しかつべまがお [生]宝暦2(1752)年), 日文

鹿津部真顔(鹿都部真顔) しかつべまがお
⇒鹿都部真顔(しかつべのまがお)

志賀天民* しがてんみん
*~明治9(1876)年 江戸時代末期~明治時代の医師、信州上田病院院長。宇和島において種痘を実施。
¶幕末([生]文政7(1824)年 [没]明治9(1876)年4月5日)

志賀道輝 しがどうき
⇒志賀親守(しがちかもり)

志賀恵隠 しがのえおん
飛鳥時代の学問僧。
¶古人(生没年不詳)

鹿野武左衛門* しかのぶざえもん
慶安2(1649)年~元禄12(1699)年 江戸時代前期の落語家。座敷仕方咄を得意とした。
¶江人, コン, 日文

滋賀徳重* しがのりしげ
?~文久3(1863)年 江戸時代末期の徳大寺家用人。
¶幕末([没]文久3(1863)年9月7日)

志我閇阿禰陁 しがべのあみだ
奈良時代の陰陽師。養老7年従五位下。
¶古人(生没年不詳)

志我部海継* しがべのうみつぐ
生没年不詳 平安時代前期の鋳工。
¶古人

志賀山万作 しがやまばんさく
⇒志賀山万作(しがやままんさく)

志賀山万作* しがやままんさく
生没年不詳 [別]志賀山万作(しがやまばんさく) 江戸時代の歌舞伎振付師。江戸の振付師の元祖。
¶歌大(しがやまばんさく), 新歌

志賀山万作〔8代〕 しがやままんさく
⇒中村仲蔵〔1代〕(なかむらなかぞう)

志賀山万作〔9代〕 しがやままんさく
⇒中山小十郎〔7代〕(なかやまこじゅうろう)

似我与左衛門* じがよざえもん
永正3(1506)年~天正8(1580)年 [別]観世与左衛門国広(かんぜよざえもんくにひろ), 似我与左衛門(にがよざえもん), 檜垣本国広(ひがきもとくにひろ) 戦国時代~安土桃山時代の太鼓役者。父は太鼓役者の次郎大夫国忠。
¶コン

志賀能長 しがよしなが
⇒志賀頼房(しがよりふさ)

志賀吉倫* しがよしみち
生没年不詳 江戸時代後期の和算家。
¶数学([生]明和2(1765)年 [没]天保7(1836)年)

志賀頼房* しがよりふさ
生没年不詳 [別]志賀能長(しがよしなが) 南北朝時代の武将。
¶室町

支川 しかわ★
江戸時代中期の女性。俳諧。深浦の人。天明3年の深浦町関八幡宮にある俳諧奉納額に載る。
¶江表(支川(青森県))

芝翫 しかん
⇒中村歌右衛門〔3代〕(なかむらうたえもん)

只丸* しがん
寛永17(1640)年~正徳2(1712)年 [別]弄松閣只丸(ろうしょうかくしがん) 江戸時代前期~中期の浄土真宗の僧、俳人。
¶俳文

慈眼院 じがんいん
江戸時代中期~後期の女性。和歌。盛岡藩8代藩主南部利視の娘。
¶江表(慈眼院(岩手県) [生]宝暦2(1752)年 [没]文政3(1820)年)

食行身禄* じきぎょうみろく
寛文11(1671)年1月17日~享保18(1733)年 [別]身禄(みろく) 江戸時代中期の富士講身禄派の祖。
¶コン([生]寛文10(1670)年), 女史

式乾門院* しきけんもんいん
建久8(1197)年~建長3(1251)年 [別]利子内親王(りしないしんのう) 鎌倉時代前期の女性。後高倉院守貞親王の皇女。
¶コン

しき子 しきこ★
江戸時代末期の女性。俳諧。三河吉田の商人次郎太夫の後妻。
¶江表(しき子(愛知県))

信貴子 しきこ
江戸時代後期の女性。和歌。幕臣、大番美濃部茂重の妻。文政4年の「詩仙堂募集和歌」に載る。
¶江表(信貴子(東京都))

し

式子　しきし
⇒式子内親王（しきしないしんのう）

式之*　しきし
*～享保16（1731）年12月25日　江戸時代中期の俳人。
¶俳文（[生]？）

式子糸女　しきしいとじょ★
江戸時代後期の女性。狂歌。松山の人。天保9年刊、緑樹園元有撰『桜間狂歌集』に載る。
¶江表（式子糸女（愛媛県））

志岐鎮経　しきしげつね
⇒志岐麟泉（しきりんせん）

式子内親王*　しきしないしんのう
？～正治3（1201）年1月25日　[別]式子（しきし），式子内親王（しょくしないしんのう，のりこないしんのう）　平安時代後期～鎌倉時代前期の女性。歌人。後白河天皇の皇女。
¶古人，古人（のりこないしんのう），コン（[没]建仁1（1201）年），詩作（しきしないしんのう，しょくしないしんのう　[生]久安5（1149）年　[没]建仁1（1201）年1月25日），思想（[没]建仁1（1201）年），女史（[生]1152年？），女文（しょくしないしんのう　[生]久安5（1149）年），天皇（しょくしないしんのう　[生]仁平3（1153）年/久寿1（1154）年　[没]建仁1（1201）年），内乱（式子　しきし（しょくし）　[生]久安5（1149）年），日文（しょくしないしんのう・しきしないしんのう　[生]久安5（1149）年）

識子内親王　しきしないしんのう
⇒識子内親王（さとこないしんのう）

紫機女　しきじょ★
江戸時代末期の女性。和歌。尾張名古屋の松本源兵衛の妻。慶応2年序、村上忠順編『元治元年千首』に載る。
¶江表（紫機女（愛知県））

色定法師　しきじょうほっし
⇒良祐（りょうゆう）

志貴親王　しきしんのう
⇒志貴皇子（しきのみこ）

敷田年治*　しきだとしはる，しきたとしはる
文化14（1817）年7月20日～明治35（1902）年1月30日　江戸時代末期～明治時代の国学者、神宮皇学館学頭。和学講談所、大阪の国学講習所などで教えた。著書「古事記標注」。
¶コン

志岐太郎次郎*　しきたろうじろう
弘化2（1845）年～明治1（1868）年　江戸時代末期の薩摩藩士。
¶幕末（[没]明治1（1868）年9月19日）

磯城津彦玉手看尊　しきつひこたまてみのみこと
⇒安寧天皇（あんねいてんのう）

磯城津彦命*　しきつひこのみこと
上代の安寧天皇の皇子。
¶天皇

式亭三馬*　しきていさんば
安永5（1776）年～文政5（1822）年　[別]三馬（さんば）　江戸時代後期の黄表紙・合巻・滑稽本作者。作品に「浮世風呂」など。
¶江人，コン，日文，山小（[没]1822年閏1月6日）

識名盛命*　しきなせいめい
尚質4（1651）年12月19日～尚敬3（1715）年10月23日　江戸時代前期～中期の琉球の政治家、和文学者。
¶コン（[生]慶安4（1651）年　[没]正徳5（1715）年）

磯城県主*　しきのあがたぬし
飛鳥時代の豪族。
¶古代

磯城皇子　しきのおうじ
⇒磯城皇子（しきのみこ）

志貴皇子（施基皇子）　しきのおうじ
⇒志貴皇子（しきのみこ）

磯城皇子*　しきのみこ
生没年不詳　[別]磯城皇子（しきのおうじ）　飛鳥時代の天武天皇の皇子。
¶古人（しきのおうじ），古代，古物，コン

志貴皇子*（施基皇子）　しきのみこ
？～霊亀2（716）年　[別]春日宮天皇（かすがのみやてんのう，かすがのみやのすめらみこと，かすがのみやのてんのう），志貴親王（しきしんのう），志貴皇子，施基皇子（しきのおうじ），田原天皇（たわらのてんのう）　飛鳥時代～奈良時代の天智の第7子。
¶古人（施基皇子　しきのおうじ），古代（施基皇子），古物（施基皇子），コン（施基皇子），詩作（[没]霊亀2（716）年8月11日），天皇（施基皇子　[没]霊亀2（716）年8月11日？），日文

鴫原弥作*　しぎはらやさく
天保1（1830）年～明治18（1885）年　江戸時代末期～明治時代の郡山の豪商、郵便局長、村議会議員。旅籠屋扇屋を経営。呉服、砂糖、金物など販売。
¶幕末（[没]明治18（1885）年5月5日）

式部卿法印(1)　しきぶきょうほういん
⇒楠正虎（くすのきまさとら）

式部卿法印(2)　しきぶきょうほういん
⇒大橋重保（おおはししげやす）

式部卿法印(3)　しきぶきょうほういん
⇒松浦鎮信（まつらしげのぶ）

式部輝忠*　しきぶてるただ
生没年不詳　室町時代の画家。
¶美画

式部命婦*　しきぶのみょうぶ
生没年不詳　平安時代中期の女房・歌人。
¶古人

芝耆摩呂　しきまろ
飛鳥時代の百済からの渡来人。
¶古物

式見市左衛門*　しきみいちざえもん
生没年不詳　安土桃山時代～江戸時代前期のイエズス会司祭。洗礼名マルティーニョ。
¶コン

式森　しきもり★
江戸時代中期の女性。狂歌。天明4年刊、山東京伝編・画『手拭合』に載る。
¶江表（式森（東京都））

式守伊之助*　しきもりいのすけ
世襲名　江戸時代中期以降の立行司。
¶江人

式守五太夫*　しきもりごだゆう
江戸時代中期の相撲行司、式守家の祖。
¶コン（生没年不詳）

志岐守行*　しきもりゆき
？～明治10（1877）年　江戸時代末期～明治時代の鹿児島県士族。
¶幕末（[没]明治10（1877）年3月11日）

志岐諸経　しきもろつね
⇒志岐麟泉（しきりんせん）

鴫鳩斎栄里　しきゅうさいえいり
⇒礫川亭栄里（れきせんていえいり）

紫暁　しぎょう
⇒宮紫暁（みやしぎょう）

慈教　じきょう
⇒慈賢（じけん）

自彊　じきょう
⇒竺雲等連（じくうんとうれん）

執行越前守種兼　しぎょうえちぜんのかみたねかね
⇒執行種兼（しぎょうたねかね）

慈教大師　じきょうだいし
⇒法然（ほうねん）

執行種兼*　しぎょうたねかね
？～天正12（1584）年　[別]執行越前守種兼（しぎょうえちぜんのかみたねかね）　安土桃山時代の武士。
¶全戦，戦武（[生]享禄3（1530）年？）

慈竟尼　じきょうに⋆
江戸時代後期の女性。俳諧。両国薬研堀の人。天保7年跋、黒川惟草編『俳諧人名録』初に載る。
¶江表（慈竟尼（東京都））

志玉*　しぎょく
弘和3/永徳3（1383）年～寛正4（1463）年9月6日　[別]総円志玉（そうえんしぎょく）　室町時代の僧。東大寺戒壇院の長老。
¶コン，対外

志岐麟泉*（志岐麟仙）　しきりんせん
生没年不詳　[別]志岐鎮経（しきしげつね），志岐諸経（しきもろつね），ジュアン，ジョアン　安土桃山時代の肥後天草の武将。志岐城城主。
¶コン（志岐麟仙），対外

子禽　しきん
江戸時代後期の女性。画。上条公美の妻。文化7年刊、大原東野編『名数画譜』に画がある。
¶江表（子禽（大阪府））

糸錦　しきん⋆
江戸時代中期の女性。俳諧。細江の人。安永3年刊、城ケ崎の二松亭五明編、父菊路一周忌追善集『星明り』に載る。
¶江表（糸錦（宮崎県））

紫錦　しきん⋆
江戸時代後期の女性。俳諧。越後の人。文化11年序、以興庵鳳味編、以一庵石川豊井七回忌追善集『華ばたけ』に載る。
¶江表（紫錦（新潟県））

紫琴（1）　しきん⋆
江戸時代後期の女性。俳諧。中山氏。嘉永6年序、花屋庵鼎左・五梅庵舎用編『俳諧海内人名録』に載る。
¶江表（紫琴（岩手県））

紫琴（2）（芝琴）　しきん
⇒中村歌六〔1代〕（なかむらかろく）

慈訓　じきん
⇒慈訓（じくん）

竺雲等連*　じくうんとうれん
弘和3/永徳3（1383）年～文明3（1471）年1月7日　[別]自彊（じきょう），等連（とうれん）　室町時代の臨済宗の僧。
¶コン

竺信　じくしん
⇒梅峰竺信（ばいほうじくしん）

竺仙梵僊*（竺仙梵仙）　じくせんぼんせん，じくせんぼんせん
元・至元29（1292）年～正平3/貞和4（1348）年7月16日　[別]梵僊（ぼんせん）　鎌倉時代後期～南北朝時代の臨済宗古林派の僧。五山文芸興起の基礎をつくった。
¶コン（竺仙梵仙　[生]正応5（1292）年），思想（[生]正応5（1292）年　[没]貞和4/正平3（1348）年），対外

竺道契　じくどうけい
⇒道契（どうけい）

志熊清記*　しぐませいき
天保10（1839）年～昭和3（1928）年　江戸時代末期～大正時代の医師。戦傷者を診る。医務の傍ら寺子屋を開く。
¶幕末（[没]昭和3（1928）年11月7日）

四熊宗庵*　しぐまそうあん
天保4（1833）年～明治41（1908）年　江戸時代末期～明治時代の徳山藩医、徳山病院長。藩主侍医。戊辰の役に院長として従軍。
¶幕末（[生]天保4（1833）年9月　[没]明治41（1908）年1月9日）

志倉西馬*　しくらさいば
文化5（1808）年～安政5（1858）年　[別]西馬（さいば）　江戸時代末期の俳人。
¶俳文（西馬　さいば　[没]安政5（1858）年8月15日）

時雨子　しぐれこ⋆
江戸時代の女性。和歌。伊勢の原田氏。明治24年刊、佐々木信綱『婦女詞藻』に載る。
¶江表（時雨子（三重県））

此君　しくん
江戸時代後期の女性。俳諧。越前福井の人。天明8年刊、白鶴楼紅楓編『そのかげ集』に載る。
¶江表（此君（福井県））

慈訓*　じくん
持統5（691）年～宝亀8（777）年　[別]慈訓（じきん）　奈良時代の僧。渡来系氏族船氏。
¶古人（生没年不詳），古代，コン（[生]？）

此君女（1）　しくんじょ⋆
江戸時代後期の女性。俳諧。酒田の人。寛政12年刊、不舎観其水ほか編、神谷玄武坊の三周忌追悼集『梅香炉』に載る。
¶江表（此君女（山形県））

此君女（2）　しくんじょ⋆
江戸時代後期の女性。俳諧。延岡の人。文化2年に没した内藤暁山の追悼式と松尾芭蕉の句碑除幕式

し

しくんに　　　　　　　　　　　　　1024

に参列し詠んだ。

¶江表〔此君女（宮崎県）〕

此君尼　しくんに

江戸時代後期の女性。俳諧。摂津の人。寛政8年序、並井むら編、至席七回忌追善句集『大練諱』に載る。

¶江表〔此君尼（大阪府）〕

しけ(1)

江戸時代中期の女性。俳諧。甲斐の人。天明3年、起早庵稲後編『癸卯歳旦』に載る。

¶江表〔しけ（山梨県）〕

しけ(2)

江戸時代中期の女性。俳諧。延岡の人。明和8年刊、大坂の商人で俳人の佐々木泉明撰『一人一首短冊篇』乾に載る。

¶江表〔しけ（宮崎県）〕

しけ(3)

江戸時代後期の女性。俳諧。本郷の人。文化2年刊、圃辛亭甘谷編『苗しろ』に載る。

¶江表〔しけ（富山県）〕

しけ(4)

江戸時代後期の女性。俳諧。文化4年序、中山眉山（翠台）編、千代女33回忌追善集『長月集』に載る。

¶江表〔しけ（石川県）〕

しけ(5)

江戸時代後期の女性。和歌。遠江浜松藩藩士上遠野杢右衛門の母。

¶江表〔しけ（静岡県）〕

しけ(6)

江戸時代後期の女性。俳諧。石見益田の蛸阿坊梨般の娘。文化8年刊、自然房以松編『月のまこと』に載る。

¶江表〔しけ（島根県）〕

しけ(7)

江戸時代後期の女性。俳諧。耳風坊の親族。文化5年刊、十方庵画山が日蓮僧として京都滞在中、美濃派の俳友を訪ねて越前・加賀へ旅した記念集『頭陀の旅寝』に載る。

¶江表〔しけ（佐賀県）〕

しげ(1)

江戸時代中期の女性。俳諧。能登七尾の人。元禄12年序、涼風軒提要編『能登釜』に載る。

¶江表〔しげ（石川県）〕

しげ(2)

江戸時代中期の女性。俳諧。膳所の茶製造業者水田正秀の妻。

¶江表〔しげ（滋賀県）〕

しげ(3)

江戸時代中期の女性。俳諧。京都の人。元禄15年刊、太田白雪編『三河小町』下に載る。

¶江表〔しげ（京都府）〕

しげ(4)

江戸時代後期の女性。教育。佐藤半兵衛の妻。

¶江表〔しげ（東京都）　⊕天保3（1832）年頃〕

しげ(5)

江戸時代後期の女性。俳諧。上谷村の医師で俳人松村篁雨の妻。文化7年序、夫篁雨の追善集『盆かはらけ』に載る。

¶江表〔しげ（埼玉県）〕

しげ(6)

江戸時代後期～明治時代の女性。和歌。伊豆柳瀬の山下忠左衛門の娘。

¶江表〔しげ（静岡県）　⊕天保9（1838）年　②明治35（1902）年〕

しげ(7)

江戸時代後期の女性。俳諧。俳人吉分大魯の後妻。

¶江表〔しげ（兵庫県）　②文化9（1812）年〕

しげ(8)

江戸時代末期の女性。和歌。金屋氏。

¶江表〔しげ（広島県）　②安政4（1857）年〕

シゲ

江戸時代後期の女性。教育。田辺氏。天保14年、豊後長池町で、寺子屋を開く。

¶江表〔シゲ（大分県）〕

志げ　しげ★

江戸時代後期の女性。和歌。一関藩主田村隆家の奥女中。安永3年成立『田村隆母公六十賀祝賀歌集』に載る。

¶江表〔志げ（岩手県）〕

志希　しげ★

江戸時代後期の女性。俳諧。備後庄原の人。文化13年刊、越智古声編『芦のかれ集』に載る。

¶江表〔志希（広島県）〕

志計(1)　しげ★

江戸時代中期の女性。和歌。愛宕郡大原の尼。元文4年刊、恕信ほか編『厳島八景』に載る。

¶江表〔志計（京都府）〕

志計(2)　しげ

江戸時代中期の女性。俳諧。備後福山の人。安永9年刊『しぐれ会』に載る。

¶江表〔志計（広島県）〕

繁(1)　しげ★

江戸時代中期の女性。俳諧。大坂の人。宝暦6年刊、有井浮風編『窓の春』に載る。

¶江表〔繁（大阪府）〕

繁(2)　しげ★

江戸時代後期の女性。和歌。忍藩阿部家の女中か。文化11年刊、中山忠雄・河田正致編『柿本社奉納和歌集』に載る。

¶江表〔繁（埼玉県）〕

繁(3)　しげ

江戸時代末期の女性。和歌。播磨飾奥の明石氏。安政6年刊、秋元安民編『類題青藍集』に載る。

¶江表〔繁（兵庫県）〕

茂(1)　しげ★

江戸時代中期の女性。和歌。弘前藩藩士毛内茂肅の妻。

¶江表〔茂（青森県）〕

茂(2)　しげ★

江戸時代後期の女性。俳諧。但馬多子の北村氏。

¶江表〔茂（兵庫県）　②文化7（1810）年〕

茂(3)　しげ★

江戸時代後期の女性。俳諧。平野屋周三郎の妻。文政11年刊、多賀庵四世筵史編『やまかつら』に載る。

¶江表〔茂（広島県）〕

重明親王*　しげあきらしんのう
延喜6(906)年～天暦8(954)年　平安時代中期の醍醐天皇の皇子。
¶古人, コン, 思想, 天皇([没]天暦8(954)年9月14日)

志計　しけい
江戸時代前期の俳諧作者。延宝ごろ。
¶俳文(生没年不詳)

枝桂　しけい★
江戸時代後期の女性。俳諧。長門長府の人か。文化8年春、田上菊舎が京都に上るに際しての餞別句が「鶯の舎」に載る。
¶江表(枝桂(山口県))

糸契　しけい★
江戸時代後期の女性。俳諧。文化14年刊、宮本八朗編、加舎白雄27回忌追善集『なりかや』に載る。
¶江表(糸契(長野県))

茂井　しげい★
江戸時代中期の女性。和歌。遠江浜松の浜松八幡神社神主金原伊勢守久富の母。
¶江表(茂井(静岡県)　[没]宝暦4(1754)年)

時芸　じけい, じげい
⇒綽如(しゃくにょ)

自蹊*　じけい
江戸時代中期の僧、俳人。
¶俳文([生]元禄16(1703)年　[没]宝暦10(1760)年3月4日)

重枝繁蔵*　しげえだはんぞう
天保2(1831)年～元治1(1864)年　江戸時代末期の百姓。
¶幕末([没]元治1(1864)年11月20日)

志けを
江戸時代後期の女性。和歌。石見津和野藩の奥女中。文化11年刊、中山忠雄・河田正致編『柿本社奉納和歌集』に載る。
¶江表(志けを(島根県))

志け尾　しげお★
江戸時代後期の女性。和歌。下総佐倉藩藩士小林環の叔母。嘉永4年刊、『波布里集』に載る。
¶江表(志け尾(千葉県))

滋岳川人　しげおかかわひと
⇒滋岳川人(しげおかのかわひと)

滋岳朝臣川人　しげおかのあそんかわひと
⇒滋岳川人(しげおかのかわひと)

滋岳川人*　しげおかのかわひと
？～貞観16(874)年　[別]滋岳川人(しげおかかわひと), 滋岳朝臣川人(しげおかのあそんかわひと)　平安時代前期の陰陽家。
¶古人, 古代(滋岳朝臣川人　しげおかのあそんかわひと)

滋生行兼　しげおゆきかね
平安時代後期の随身。藤原師実の仮御随身。
¶古人(生没年不詳)

滋生行忠　しげおゆきただ
平安時代後期の官人。
¶古人(生没年不詳)

重花　しげか★
江戸時代後期の女性。俳諧。千田の人。寛政2年序、『窓の明』に載る。
¶江表(重花(和歌山県))

成種　しげかず
⇒大江成種(おおえなりかず)

重方　しげかた
江戸時代前期の俳諧作者。望月氏。寛文12年頃没か。
¶俳文(生没年不詳)

しけき
江戸時代後期の女性。俳諧。常陸の人。寛政5年序、子日庵一草編『潮来集』に載る。
¶江表(しけき(茨城県))

志けき　しけき★
江戸時代後期の女性。俳諧。文政8年刊、野辺地馬遊撰『そのみどり』に載る。
¶江表(志けき(岩手県))

しげき
江戸時代後期の女性。俳諧。文化15年序、大屋士由編『美佐古鮓』に載る。
¶江表(しげき(東京都))

繁子*　しげきこ
享保3(1718)年～寛政8(1796)年7月6日　[別]森繁子(もりしげきこ), 森磐子(もりはんこ)　江戸時代中期～後期の女性。歌人。
¶江表(繁子(静岡県))

しけ子(1)　しけこ★
江戸時代後期の女性。書・和歌。奥田楓斎の娘。天保4年3月の「内田氏女稲荷詣之記」に載る。
¶江表(しけ子(高知県))

しけ子(2)　しけこ★
江戸時代末期の女性。和歌。新居九兵衛安臣の妻。安政6年序、西田惟恒編『安政六年五百首』に載る。
¶江表(しけ子(徳島県))

蕙子　しげこ
江戸時代後期の女性。和歌。柏原宿の岩佐氏。弘化4年刊、清堂観尊編『たち花の香』に載る。
¶江表(蕙子(滋賀県))

しげ子(1)　しげこ★
江戸時代後期～昭和期の女性。俳諧。美濃岐阜の獅子門17世棚橋碌翁の娘。
¶江表(しげ子(岐阜県)　[生]天保11(1840)年　[没]昭和7(1932)年)

しげ子(2)　しげこ★
江戸時代後期の女性。和歌。尾張名古屋の医師小宮山宗法友房の妹。文化14年刊、磯村道彦編『春風集』に載る。
¶江表(しげ子(愛知県))

しげ子(3)　しげこ★
江戸時代末期の女性。和歌。忍藩藩士服部正容の妻。安政6年刊、黒沢翁満編『類題採風集』に載る。
¶江表(しげ子(埼玉県))

含子　しげこ
江戸時代後期の女性。和歌。伊勢名張の藤堂宮内の妻。香川景樹門。
¶江表(含子(三重県))

志け子　しげこ★
江戸時代後期の女性。和歌。相模藤沢の歌人阿部無尽の妻。文政3年刊、天野政徳撰『草縁集』に載る。

¶江表（志け子（神奈川県））

滋子(1)　しげこ★
江戸時代後期～明治時代の女性。和歌。徳島藩士阿部八十之進の娘。
¶江表（滋子（徳島県）　㊌天保9（1838）年　㊏明治42（1909）年）

滋子(2)　しげこ★
江戸時代末期の女性。和歌。越後東方の釈深暢の妻。安政2年序、僧大英撰「北越三雅集」に載る。
¶江表（滋子（新潟県））

し

重子(1)　しげこ★
江戸時代の女性。和歌。但馬豊岡藩京極家家老舟木氏の娘。
¶江表（重子（兵庫県））

重子(2)　しげこ★
江戸時代中期の女性。和歌。安芸広島藩主浅野綱長の娘。元文3年に嗣子河鰭頼季の母。
¶江表（重子（京都府））

重子(3)　しげこ★
江戸時代後期の女性。和歌。長崎の高石氏の母。嘉永4年刊、長沢伴雄編『類題鴨川三郎集』に載る。
¶江表（重子（長崎県））

重子(4)　しげこ★
江戸時代末期の女性。和歌。鳥居瀬兵衛忠蔵の養女。文久期の床井晩緑編『秘笈詩歌』に載る。
¶江表（重子（茨城県））

重子(5)　しげこ★
江戸時代末期の女性。和歌。出雲国造北島家の上官佐草美清の妻。安政5年序、中山琴主著『八雲琴譜』に載る。
¶江表（重子（島根県））

重子(6)　しげこ★
江戸時代末期の女性。和歌。松山藩の奥女中。嘉永7年刊、海野遊翁編『類題現存歌選』三に載る。
¶江表（重子（愛媛県））

重子(7)　しげこ★
江戸時代末期～明治時代の女性。和歌・教訓書。赤羽の医師河村宗澹の娘。明治9年に往来物『童之教』を出版。
¶江表（重子（東京都））

成子(1)　しげこ★
江戸時代前期の女性。和歌。遠江匂坂村の匂坂勝重の妻。成子の歌は元禄1年に霰を詠む歌が載る。
¶江表（成子（静岡県））

成子(2)　しげこ★
江戸時代中期の女性。和歌。遠江二俣の名主川島休意の娘。元禄年間中頃成立、羽山蘭子編「細江草」に載る。
¶江表（成子（静岡県））

成子(3)　しげこ★
江戸時代後期の女性。和歌。旗本永井能登守尚徳の妻。天保11年に亡くなった家族の墓石に歌が刻まれている。
¶江表（成子（東京都））

繁子(1)　しげこ★
江戸時代中期の女性。和歌。増田長博の妻。明和3年成立、難波玄生・清水貞固ほか撰「稲葉和歌集」に載る。
¶江表（繁子（鳥取県））

繁子(2)　しげこ★
江戸時代後期の女性。狂歌。芳賀郡の国学者河野守弘の妹。
¶江表（繁子（栃木県）　㊏文政13（1830）年）

繁子(3)　しげこ★
江戸時代後期の女性。和歌。備前岡山藩士赤垣良右衛門の妻。嘉永3年刊、藤井尚澄編『類題吉備国歌集』に載る。
¶江表（繁子（岡山県））

繁子(4)　しげこ★
江戸時代末期の女性。和歌。因幡鳥取藩の奥女中。安政3年序、井上文雄編『摘英集』に載る。
¶江表（繁子（鳥取県））

繁子(5)　しげこ★
江戸時代末期の女性。和歌。宇和島の和霊神社神主和田元礼の妻。安政5年序、半井梧庵編『鄙のてぶり』二に載る。
¶江表（繁子（愛媛県））

繁子(6)　しげこ★
江戸時代末期の女性。旅日記・和歌。三河西尾藩主松平乗全の娘。安政7年刊、『大江戸倭歌集』に市正松平親良室戚子の名で載る。
¶江表（繁子（大分県））

茂子(1)　しげこ★
江戸時代後期の女性。和歌。備中東酒津の医師和田義卿と忠子の娘。玉島の歌人福武真九十の『福武真九十歌集』に載る。
¶江表（茂子（岡山県））

茂子(2)　しげこ★
江戸時代後期の女性。和歌。山本氏。弘化4年刊、清堂観尊編『たち花の香』に載る。
¶江表（茂子（高知県））

茂子(3)　しげこ★
江戸時代末期の女性。和歌。斎藤文寂の母。安政6年版の『国学人物志』に名が載る。
¶江表（茂子（福岡県））

茂子(4)　しげこ★
江戸時代末期の女性。和歌。豊後岡藩藩士小河一敏の祖母。万延1年序、物集高世編『類題春草集』二に載る。
¶江表（茂子（大分県））

林子　しげこ★
江戸時代末期の女性。和歌。幕府の医師塙主齢の妻。万延1年序、佐々木弘綱編『類題千船集』初に載る。
¶江表（林子（東京都））

重子内親王*　しげこないしんのう
？～貞観7（865）年　平安時代前期の女性。仁明天皇の皇女。
¶古人

成子内親王(1)　しげこないしんのう
⇒成子内親王（せいしないしんのう）

成子内親王(2)　しげこないしんのう
⇒成子内親王（ふさこないしんのう）

繁子内親王(1)　しげこないしんのう
⇒繁子内親王（はんしないしんのう）

しけのい

繁子内親王 (2)　しげこないしんのう
⇒繁子内親王（はんしないしんのう）

茂里　しげさと＊
江戸時代中期の女性。俳諧。緑郡岩井村の俳人岡野桐里の娘。
¶江表（茂里（群馬県）　㊨宝暦2（1752）年）

重春塘　しげしゅんとう
江戸時代後期〜明治時代の日本画家。
¶美画（㊨天保4（1833）年10月2日　㊨明治37（1904）年1月21日）

しけ女 (1)　しけじょ＊
江戸時代後期の女性。和歌。長門長府藩藩士桂澄清の娘。天保11年刊、上田堂山編『延齢松詩歌前集』に載る。
¶江表（しけ女（山口県））

しけ女 (2)　しけじょ＊
江戸時代末期の女性。俳諧。石見日和の人。嘉永7年刊、金子頼甫編『石海集』初に載る。
¶江表（しけ女（島根県））

しげ女 (1)　しげじょ＊
江戸時代中期の女性。俳諧。上田の人。安永2年序、秋毫亭其明編『俤表紙』に載る。
¶江表（しげ女（長野県））

しげ女 (2)　しげじょ＊
江戸時代後期の女性。俳諧。五箇の人。天保14年成立、山岸梅塵編『あられ空』に載る。
¶江表（しげ女（長野県））

しげ女 (3)　しげじょ＊
江戸時代末期の女性。俳諧。白河本町の湊屋の芸妓。安政4年刊、面川鋪桜編『鯉鱗筆鑑』に載る。
¶江表（しげ女（福島県））

しげ女 (4)　しげじょ＊
江戸時代末期の女性。和歌。生田耕七の妻。文久1年序、西田惟恒編『文久元年七百首』に載る。
¶江表（しげ女（山口県））

繁女・しけ女　しげじょ＊
江戸時代後期の女性。俳諧。城ケ崎の人。文政1年の五明の古希祝集『松賀左根』に載る。
¶江表（繁女・しけ女（宮崎県））

志計女　しげじょ＊
江戸時代後期の女性。和歌。幕臣、使番松平八十郎の娘。文政4年の「詩仙堂募集和歌」に載る。
¶江表（志計女（東京都））

森女 (1)　しげじょ＊
江戸時代後期の女性。和歌。幕臣、小普請組高木九介源正言の妻。文政頃の人。
¶江表（森女（東京都））

森女 (2)　しげじょ＊
江戸時代後期の女性。和歌。幕臣、小納戸役で歌人菅沼大蔵定敬の娘。
¶江表（森女（東京都））

茂田一次郎＊　しげたかずじろう
生没年不詳　江戸時代末期の紀伊和歌山藩士。
¶幕末

茂田七右衛門＊　しげたしちえもん
？〜寛文10（1670）年　江戸時代前期の新田開発者。
¶コン

重田信征　しげたのぶゆき
江戸時代中期の幕臣。
¶徳人（㊨1750年　㊨？），徳代（㊨宝暦2（1752）年　㊨？）

重田木工之助＊　しげたもくのすけ
生没年不詳　戦国時代の北条氏の家臣。
¶後北（杢之助〔重田〕　もくのすけ）

指月　しげつ＊
江戸時代後期の女性。狂歌。大坂の人。文化5年序、片岡雪亭編『狂歌智音百人一首』に載る。
¶江表（指月（大阪府））

枝月　しげつ＊
江戸時代後期の女性。俳諧。彦根の商人疋田藤右衛門の娘。天保7年刊、川原悠々著『薄苞集』に載る。
¶江表（枝月（京都府））

枝月尼　しげつに＊
江戸時代後期の女性。俳諧。会津の人。天保10年刊、大屋土由編の月歩追悼集『袖塚集』に載る。
¶江表（枝月尼（福島県））

芝月尼　しげつに＊
江戸時代末期の女性。和歌。幕府天領の豊前四日市陣屋の飯村春樹の母。安政1年刊、堀尾光久編『近世名所歌集』二に載る。
¶江表（芝月尼（大分県））

成富茂安　しげとみしげやす
⇒成富兵庫（なるとみひょうご）

重富平左衛門＊　しげとみへいざえもん
？〜天和1（1681）年　江戸時代前期の治水功労者。筑後久留米藩の庄屋。
¶コン

重供　しげとも
江戸時代前期の俳諧作者。望月氏。重頼門。季吟とも交際があった。
¶俳文（生没年不詳）

重成　しげなり
⇒大高重成（おおたかしげなり）

重然　しげなり
⇒古田織部（ふるたおりべ）

しげの
江戸時代後期の女性。和歌。越後出雲崎の敦賀屋次左衛門の娘。良寛の弟山本由之著「八重菊日記」に載る。
¶江表（しげの（新潟県））

繁野　しげの＊
江戸時代中期の女性。家祖。守山藩藩士小田定泰の娘。安永6年より徳島藩奥に仕え、寛政9年老女。
¶江表（繁野（徳島県））

重の井＊　しげのい
浄瑠璃・歌舞伎の登場人物。
¶コン

滋野井公古＊　しげのいきみふる
永正17（1520）年〜永禄8（1565）年10月24日　㊨滋野井公古（しげのいきんこ）　戦国時代の公卿（権中納言）。権中納言滋野季国の子。
¶公卿（しげのいきんこ），公家（公古〔滋野井家〕　きんふる）

滋野井公麗* しげのいきんかず
享保18(1733)年〜天明1(1781)年9月7日　江戸時代中期の公家(権大納言)。権大納言滋野井公澄の孫。
¶公卿(㊟享保18(1733)年10月14日),公家(公麗〔滋野井家〕 きんかず ㊟享保18(1733)年11月14日),コン

滋野井公古 しげのいきんこ
⇒滋野井公古(しげのいきみふる)

滋野井公澄* しげのいきんずみ,しげのいきんすみ
寛文10(1670)年11月21日〜宝暦6(1756)年　江戸時代中期の公家(権大納言)。権大納言高倉永敦の末子。
¶公家(公澄〔滋野井家〕 きんずみ ㊀宝暦6(1756)年7月25日),コン

滋野井公敬* しげのいきんたか
明和5(1768)年2月4日〜天保14(1843)年7月16日 ㊟滋野井公敬(しげのいきんはや)　江戸時代中期〜後期の公家(権大納言)。権中納言滋野井冬泰の子。
¶公卿,公家(公敬〔滋野井家〕 きんたか)

滋野井公時* しげのいきんとき
保元2(1157)年〜?　平安時代後期〜鎌倉時代前期の公家(参議)。権大納言滋野井実国の長男。
¶公卿

滋野井公尚* しげのいきんなお
嘉元3(1305)年〜興国5/康永3(1344)年閏2月8日 ㊟滋野井公尚(しげのいきんひさ)　鎌倉時代後期〜南北朝時代の公卿(参議)。権中納言滋野井実前の子。
¶公卿(㊟康永3/興国5(1344)年2月8日),公家(公尚〔滋野井家〕 きんひさ ㊟康永3(1344)年閏2月8日)

滋野井公敬 しげのいきんはや
⇒滋野井公敬(しげのいきんたか)

滋野井公寿* しげのいきんひさ
天保14(1843)年〜明治39(1906)年　江戸時代末期〜明治時代の公家、佐渡裁判所総督、甲府県知事。尊攘派として活躍。
¶全権,幕末(㊟天保14(1843)年6月4日 ㊀明治39(1906)年9月21日)

滋野井公尚 しげのいきんひさ
⇒滋野井公尚(しげのいきんなお)

滋野井公賢* しげのいきんまさ
建仁3(1203)年〜?　鎌倉時代前期の公卿(参議)。権大納言滋野井実宣の長男。
¶公卿,公家(公賢〔滋野井家〕 きんかた)

滋野井公光* しげのいきんみつ
貞応2(1223)年〜建長7(1255)年11月10日　鎌倉時代前期の公卿(中納言)。権大納言滋野井実宣の次男。
¶公卿,公家(公光〔滋野井家〕 きんみつ)

滋野井実在* しげのいさねあり
文政9(1826)年〜明治11(1878)年8月11日　江戸時代末期〜明治時代の公家。日米修好通商条約調印に反対する88人公卿列参に加わる。維新後、権弁事、内弁事を歴任。
¶幕末(㊟文政9(1826)年7月27日)

滋野井実国* しげのいさねくに
保延6(1140)年〜寿永2(1183)年1月2日 ㊟藤原

実国(ふじわらさねくに,ふじわらのさねくに)　平安時代後期の公卿(権大納言)。滋野井家の祖。大臣三条公教の次男。
¶公卿,公家(実国〔滋野井家〕 さねくに),古人(藤原実国 ふじわらのさねくに)

滋野井実前 しげのいさねさき
⇒滋野井実前(しげのいさねまえ)

滋野井実宣* しげのいさねのぶ
治承1(1177)年〜安貞2(1228)年11月22日 ㊟三条実宣(さんじょうさねのぶ)　鎌倉時代前期の公卿(権大納言)。参議滋野井公時の子。
¶公卿,公家(実宣〔滋野井家〕 さねのぶ)

滋野井実冬* しげのいさねふゆ
寛元1(1243)年〜乾元2(1303)年5月27日　鎌倉時代後期の公卿(権大納言)。中納言滋野井公光の子。
¶公卿,公家(実冬〔滋野井家〕 さねふゆ)

滋野井実前* しげのいさねまえ
弘安1(1278)年〜嘉暦2(1327)年 ㊟滋野井実前(しげのいさねさき)　鎌倉時代後期の公卿(権中納言)。中納言滋野井冬季の子。
¶公卿(㊀嘉暦2(1327)年3月3日),公家(実前〔滋野井家〕 さねさき ㊀嘉暦2(1327)年3月)

滋野井実全* しげのいさねまさ
元禄13(1700)年4月5日〜享保20(1735)年10月20日　江戸時代中期の公家(権中納言)。権大納言滋野井公澄の子。
¶公卿,公家(実全〔滋野井家〕 さねたけ)

滋野井実益* しげのいさねます
?〜文安4(1447)年4月29日　室町時代の公卿(参議)。参議滋野井公尚の子。
¶公卿,公家(実益〔滋野井家〕 さねます)

滋野井季国* しげのいすえくに
明応2(1493)年〜天文4(1535)年6月18日　戦国時代の公家(権中納言)。権大納言正親町公治の次男。
¶公卿,公家(季国〔滋野井家〕 すえくに)

滋野井季吉* しげのいすえよし
天正14(1586)年〜明暦1(1655)年12月5日　江戸時代前期の公家(権大納言)。非参議・右兵衛督五辻之仲の子。
¶公卿(㊟天正14(1586)年9月),公家(季吉〔滋野井家〕 すえよし ㊀天正14(1586)年9月)

滋野井教国* しげのいのりくに
永享7(1435)年〜明応9(1500)年12月22日　室町時代〜戦国時代の公家(権中納言)。参議滋野井実益の子。
¶公卿,公家(教国〔滋野井家〕 のりくに)

滋野井教広* しげのいのりひろ
元和6(1620)年8月27日〜元禄2(1689)年6月21日　江戸時代前期の公家(非参議)。権大納言滋野井季吉の次男。
¶公卿,公家(教広〔滋野井家〕 のりひろ)

滋野井冬季* しげのいふゆすえ
文永1(1264)年〜乾元1(1302)年2月23日　鎌倉時代後期の公卿(権大納言)。権大納言滋野井実冬の子。
¶公卿,公家(冬季〔滋野井家〕 ふゆすえ ㊀正安4(1302)年2月23日)

滋野井冬泰* しげのいふゆやす
宝暦1(1751)年9月22日〜天明5(1785)年10月27日　江戸時代中期の公家(権中納言)。権大納言滋野井

公麗の子。
¶公卿, 公家 (冬泰〔滋野井家〕 ふゆやす [生]寛延4 (1751) 年9月22日)

茂野喜内* しげのきない
？～明治2 (1869) 年　江戸時代末期の下総結城藩士。
¶幕末 ([没]明治2 (1869) 年5月15日)

滋野貞主 しげのさだぬし
⇒滋野貞主 (しげののさだぬし)

滋野七郎* しげのしちろう
天保6 (1835) 年～明治19 (1886) 年　江戸時代末期～明治時代の志士、神官、弥彦神社禰宜。糸魚川藩の祈願所持命院の院主。大村益次郎暗殺事件の被疑者隠匿の廉で投獄。
¶コン, 幕末 ([生]天保6 (1836) 年12月19日　[没]明治19 (1886) 年3月16日)

滋野縄子 しげのじょうし
⇒滋野縄子 (しげののつなこ)

滋野内親王* しげのないしんのう
大同4 (809) 年～天安1 (857) 年　[別]滋野内親王 (しげののないしんのう)　平安時代前期の女性。桓武天皇の皇女。
¶古人 ([生]？)

滋野朝臣貞主 しげののあそんさだぬし
⇒滋野貞主 (しげののさだぬし)

滋野朝臣縄子 しげののあそんつなこ
⇒滋野縄子 (しげののつなこ)

滋野朝臣岑子 しげののあそんみねこ
⇒滋野岑子 (しげののみねこ)

滋野貞雄* しげののさだお
延暦14 (795) 年～貞観2 (860) 年　[別]滋野朝臣貞雄 (しげののあそんさだお)　平安時代前期の官吏。
¶古人 ([没]859年), 古代 (滋野朝臣貞雄　しげののあそんさだお　[没]859年)

滋野貞主* しげののさだぬし
延暦4 (785) 年～仁寿2 (852) 年　[別]滋野貞主 (しげのさだぬし), 滋野朝臣貞主 (しげののあそんさだぬし)　平安時代前期の学者、公卿 (参議)。正五位下・大学頭博士栢原東人の孫。
¶公卿 ([没]仁寿2 (852) 年12月10日), 古人, 古代 (滋野朝臣貞主　しげののあそんさだぬし), コン, 思想

滋野岑子 しげののしんし
⇒滋野岑子 (しげののみねこ)

滋野相如 しげののすけゆき
平安時代中期の官人。
¶古人 (生没年不詳)

滋野親忠 しげののちかただ
⇒楯親忠 (たてちかただ)

滋野縄子* しげののつなこ
生没年不詳　[別]滋野縄子 (しげのじょうし), 滋野朝臣縄子 (しげののあそんつなこ)　平安時代前期の女性。仁明天皇の侍女。
¶古人, 古代 (滋野朝臣縄子　しげののあそんつなこ), コン, 天皇 (しげのじょうし・ただこ)

滋野内親王 しげののないしんのう
⇒滋野内親王 (しげのないしんのう)

滋野直子* しげののなおいこ
承和4 (837) 年～延喜15 (915) 年　平安時代前期～中期の典侍。
¶古人, 天皇 ([没]延喜15 (915) 年1月)

滋野岑子* しげののみねこ
生没年不詳　[別]滋野朝臣岑子 (しげののあそんみねこ), 滋野岑子 (しげののしんし)　平安時代前期の女性。文徳天皇の宮人。
¶古人, 古代 (滋野朝臣岑子　しげののあそんみねこ), コン, 天皇 (しげののしんし・みねこ)

滋野安成* しげののやすなり
延暦20 (801) 年～貞観10 (868) 年　平安時代前期の官人。紀伊国名草郡の豪族出身。
¶古人

滋野行親 しげののゆきちか
⇒根井幸親 (ねのいゆきちか)

滋野如時 しげののゆきとき
平安時代中期の官人。
¶古人 (生没年不詳)

滋野善言* しげののよしとき
天暦1 (947) 年～？　平安時代中期の人。もと小槻氏。
¶古人

重野安繹* しげのやすつぐ
文政10 (1827) 年～明治43 (1910) 年12月6日　江戸時代末期～明治時代の漢学者、歴史学者、帝国大学文科大学教授、貴族院議員。島津久光の命により「皇朝世鑑」の編纂に従事。維新後は修史局、修史館で修史事業に携わる。
¶コン, 詩作 ([生]文政10 (1828) 年10月6日), 思想, 幕末 ([生]文政10 (1827) 年10月6日), 山小 ([生]1827年10月6日 [没]1910年12月6日)

滋野幸親 しげのゆきちか
平安時代後期の信濃国の武士。
¶平家 ([生]？　[没]寿永3 (1184) 年)

重徳 しげのり
⇒寺田重徳 (てらだじゅうとく)

茂宣の妻 しげのりのつま★
江戸時代後期の女性。俳諧。脇坂氏。天保3年刊、守村鶩卿編『女百人一句』に載る。
¶江表 (茂宣の妻 (大阪府))

重久佐平太 しげひささへいた
江戸時代後期～明治時代の薩摩藩の豪商。
¶幕末 ([生]1831年　[没]1884年)

重仁親王* しげひとしんのう
保延6 (1140) 年～応保2 (1162) 年　平安時代後期の崇徳天皇の第1皇子。
¶古人, コン, 天皇 ([生]保延6 (1140) 年9月2日　[没]応保2 (1162) 年1月28日), 平家

茂姫 しげひめ
⇒広大夫人 (こうだいふじん)

繁松 しげまつ★
江戸時代の女性。和歌。豊後別府の芸妓。明治14年刊、岡田良策編『近世名婦百人撰』に載る。
¶江表 (繁松 (大分県))

滋水朝臣清実 しげみずのあそんきよみ
⇒滋水清実 (よしみずのきよみ)

しけみす 1030

滋水清実 しけみずのきよみ
⇒滋水清実（よしみずのきよみ）

重道 しげみち
江戸時代前期の俳諧作者。
¶俳文（生没年不詳）

重宗* しげむね
生没年不詳　平安時代後期の下級官人。
¶古人

寺家村邦一郎 じけむらくにいちろう
江戸時代後期〜末期の幕臣。
¶徳人（生没年不詳）

繁弥* しげや*
江戸時代後期の女性。和歌。備前岡山藩士中西十
内重行の娘。
¶江表（繁弥（岡山県）　㊥文化15（1818）年）

繁山⑴ しげやま*
江戸時代後期の女性。和歌。盛岡藩の奥女中。寛
政10年4月、年姫の歌日記「湯の山ふみ」上に載る。
¶江表（繁山（岩手県））

繁山⑵ しげやま*
江戸時代後期の女性。家祖。徳島藩御番人高田林
次の娘。
¶江表（繁山（徳島県））

茂山千五郎〔9代〕* しげやませんごろう
文化7（1810）年5月17日〜明治19（1886）年5月11日
㊙茂山千作〔1代〕（しげやませんさく）　江戸時
代末期〜明治時代の狂言師。大蔵流狂言方。代々禁
裏御用を務めたが近江彦根藩に召し抱えられた。
¶新能（茂山千作〔1世〕　しげやませんさく）

茂山千作〔1代〕 しげやませんさく
⇒茂山千五郎〔9代〕（しげやませんごろう）

茂山忠三郎〔1代〕* しげやまちゅうさぶろう
江戸時代後期〜明治時代の能楽師狂言方。
¶新能（──〔1世〕　㊥文化10（1813）年11月10日　㊥
明治20（1887）年10月27日）

茂山忠三郎〔2代〕 しげやまちゅうさぶろう
⇒茂山忠三郎良豊（しげやまちゅうさぶろうよしと
よ）

茂山忠三郎良豊* しげやまちゅうさぶろうよしとよ
嘉永1（1848）年11月19日〜昭和3（1928）年8月21日
㊙茂山忠三郎〔2代〕（しげやまちゅうさぶろう）
江戸時代末期〜明治時代の能楽狂言方大蔵流。
¶新能（茂山忠三郎〔2世〕　しげやまちゅうさぶろう）

重行 しげゆき
江戸時代後期の俳諧師。武井氏。
¶俳文（㊥? 　㊥天保12（1841）年8月8日）

繁慶 しげよし
⇒繁慶（はんけい）

滋善宗人* しげよしのむねひと
延暦19（800）年〜貞観5（863）年1月20日　平安時
代前期の学者。
¶古人

重頼* しげより
慶長7（1602）年〜延宝8（1680）年6月29日　㊙惟
舟、維舟（いしゅう），大文字屋治右衛門（だいもん
じやじえもん），松江維舟（まつえいしゅう），松江

重頼（まつえしげより）　江戸時代前期の俳人。俳
諧選集「犬子集」を出版。
¶江人，コン（松江重頼　まつえしげより），詩作（松江重
頼　まつえしげより），日文（松江重頼　まつえしげよ
り），俳文

重里 しげり
江戸時代後期の女性。俳諧。越前三国の人。天保
14年刊、天井韋静ほか編『炭瓢集』に載る。
¶江表（重里（福井県））

しげり女 しげりじょ*
江戸時代後期の女性。俳諧。月舘の菅野梧楼の妻。
文政6年序、いはほ編『しのふくさ』に載る。
¶江表（しげり女（福島県））

紫硯 しけん
江戸時代中期の女性。俳諧。遠江浜松の人。寛延2
年刊、太田巴静道善集『笠の恩』に載る。
¶江表（紫硯（静岡県））

士阮 しげん
室町時代の連歌師。
¶俳文（生没年不詳）

子元 しげん
⇒無学祖元（むがくそげん）

志玄 しげん
⇒無極志玄（むきょくしげん）

旨原 しげん
⇒小栗旨原（おぐりしげん）

慈賢* じけん，じげん
安元1（1175）年〜仁治2（1241）年3月3日　㊙慈教
（じきょう）　鎌倉時代前期の天台宗の僧。
¶古人

慈眼院 じげんいん*
江戸時代前期〜中期の女性。和歌。飯田藩家老勅
使河原八郎直信の妹。
¶江表（慈眼院（長野県）　㊥寛文6（1666）年　㊥宝延4
（1751）年）

慈眼院関白 じげんいんかんぱく
⇒九条政基（くじょうまさもと）

慈眼寺胤康 じげんじいんこう
⇒胤康（いんこう）

慈眼寺尊長 じげんじそんちょう
戦国時代の慈眼寺実相院住職。
¶武田（生没年不詳）

慈眼大師 じげんだいし
⇒天海（てんかい）

此香 しこう*
江戸時代後期の女性。俳諧。旭翠庵群映其逸の妻。
¶江表（此香（山口県）　㊥嘉永1（1848）年）

市紅⑴ しこう*
江戸時代中期の女性。俳諧。本庄宿の人。天明3年
刊、曲川館宜長編、田中反哺3回忌追善集『追善す
て碇』に載る。
¶江表（市紅（埼玉県））

市紅⑵ しこう
⇒市川団蔵〔1代〕（いちかわだんぞう）

市紅⑶ しこう
⇒市川団蔵〔2代〕（いちかわだんぞう）

市紅(4) しこう
⇒市川団蔵〔3代〕(いちかわだんぞう)

市紅(5)(二紅) しこう
⇒市川団蔵〔4代〕(いちかわだんぞう)

市紅(6) しこう
⇒市川団蔵〔5代〕(いちかわだんぞう)

支考 しこう
⇒各務支考(かがみしこう)

糸岡 しこう
江戸時代中期の女性。俳諧。松本の人。天明2年刊、白雄編『春秋稿』二に載る。
¶江表(糸岡〔長野県〕)

糸紅 しこう*
江戸時代中期の女性。俳諧。松代の豪商八田嘉右衛門知義の妻か。
¶江表(糸紅〔長野県〕)

紫紅(1) しこう*
江戸時代後期の女性。俳諧。上田藩藩士大野来居の妻。天明8年瀬下玉芝編『やいろぐさ』に載る。
¶江表(紫紅〔長野県〕)

紫紅(2) しこう
⇒辰岡久菊(たつおかひさぎく)

芝香 しこう
江戸時代末期～明治時代の女性。漢詩。鈴木氏。明治3年詩社七曲吟社の同人。
¶江表(芝香〔福井県〕)

慈恒* じこう
天平宝字7(763)年～天長4(827)年　奈良時代～平安時代前期の僧。
¶古代

滋厚*(慈厚) じこう
生没年不詳　平安時代前期の僧。
¶古人(慈厚)

滋恒 じこう
奈良時代～平安時代前期の興福寺の僧。慈厚とも。
¶古人(⑦736年　⑧827年)

而后* じこう
天明5(1785)年～慶応1(1865)年11月9日　江戸時代中期～末期の俳人。
¶俳文

自交 じこう*
江戸時代後期の女性。俳諧。尼。享和2年刊、遊糸庵巴文編、芭蕉一〇〇回忌集『なでしこ塚』に載る。
¶江表(自交〔福井県〕)

慈光院 じこういん*
江戸時代中期の女性。宗教。豊前中津藩主小笠原長次の娘。
¶江表(慈光院〔秋田県〕　⑧元禄13(1700)年)

慈光寺有仲* じこうじありなか
文政11(1828)年～明治31(1898)年　江戸時代末期～明治時代の公家(非参議)。非参議慈光寺仲子の子。
¶公卿(⑦文政11(1828)年1月1日　⑧明治31(1898)年10月)、公家(有仲〔慈光寺家〕　ありなか　⑦文政11(1828)年1月1日　⑧明治31(1898)年10月6日)、幕末(⑦文政11(1828)年1月1日　⑧明治31(1898)年10月6日)

慈光寺家仲* じこうじいえなか
文化11(1814)年8月7日～明治1(1868)年11月12日　江戸時代末期の公家(非参議)。非参議慈光寺実仲の子。
¶公卿、公家(家仲〔慈光寺家〕　いえなか)

慈光寺実仲* じこうじさねなか
天明7(1787)年8月8日～文久3(1863)年9月6日　江戸時代後期の公家(非参議)。右衛門佐慈光寺尚仲の子。
¶公卿、公家(実仲〔慈光寺家〕　さねなか　⑧文久1(1861)年9月6日)

慈光寺澄仲* じこうじすみなか
正徳3(1713)年4月13日～寛政7(1795)年7月23日　江戸時代中期の公家(非参議)。宮内権大輔慈光寺房仲の子。
¶公卿、公家(澄仲〔慈光寺家〕　すみなか)

紫綱女 しこうじょ*
江戸時代後期の女性。俳諧。越後高田の人。寛政2年跋、根津桃路編、芭蕉翁一〇〇回忌追善集『華鳥風月集』に載る。
¶江表(紫綱女〔新潟県〕)

治五右衛門〔1代〕* じごえもん
生没年不詳　安土桃山時代の漆工。
¶美工

治五右衛門〔11代〕* じごえもん
天保6(1835)年～明治12(1879)年　江戸時代末期～明治時代の蒔絵師。
¶美工(⑧明治12(1879)年7月17日)

地獄大夫*(地獄太夫) じごくだゆう
室町時代の女性。和泉国境の伝説の遊女。
¶浮絵(地獄太夫)、コン

自在庵祇徳 じざいあんぎとく
⇒祇徳(ぎとく)

自在院啓伝* じざいいんけいでん
文政7(1824)年～明治4(1871)年　江戸時代末期～明治時代の住職。雲井龍雄事件の中心人物、獄死する。
¶幕末(⑧明治3(1871)年12月12日)

治左衛門の母 じざえもんのはは*
江戸時代中期の女性。宗教。都城諸県の某村の神社を再興した。
¶江表(治左衛門の母〔宮崎県〕)

四沢堂 しざわどう
⇒芳沢あやめ〔2代〕(よしざわあやめ)

司杉 しさん
江戸時代中期の女性。俳諧。美濃兼山の人。元文2年刊、仙石廬元坊編、各務支考七回忌追善集『渭江話』に載る。
¶江表(司杉〔岐阜県〕)

子珊* しさん
？～元禄12(1699)年　江戸時代前期の俳人(蕉門)。
¶俳文(⑧元禄12(1699)年1月10日)

四山 しさん
⇒松平直興(まつだいらなおおき)

市山* しさん
貞享1(1684)年12月～宝暦2(1752)年12月12日

江戸時代前期～中期の俳人。
¶俳文

志山 しざん
⇒市山助五郎〔1代〕(いちやますけごろう)

支山 しざん
⇒雲渓支山(うんけいしざん)

紫山 しざん＊
江戸時代中期の女性。俳諧。戸出の人。宝暦13年刊、高桑闌更編『花の故事』に載る。
¶江表(紫山(富山県))

芝山 しざん
⇒陳元贇(ちんげんぴん)

慈山＊ じざん
寛永14(1637)年～元禄3(1690)年7月3日 ㊗妙立(みょうりゅう)、妙立慈山(みょうりゅうじざん)江戸時代前期の僧。天台安楽律の創唱者。
¶コン,思想(妙立 みょうりゅう)

紫山・紫山女 しざん・しざんじょ＊
江戸時代後期の女性。画。家木氏。天保7年刊『江戸現在広益諸家人名録』一に載る。
¶江表(紫山・紫山女(東京都))

自山得吾＊ じざんとくご, じざんとくご
永享11(1439)年～大永2(1522)年 室町時代～戦国時代の曹洞宗の僧。
¶武田(じざんとくご) ㊗永享10(1438)年

志道安房＊ しじあわ
文化10(1813)年～明治18(1885)年 江戸時代末期～明治時代の長州(萩)藩士組。
¶幕末(㊗明治18(1885)年4月30日)

宍喰屋次郎右衛門＊ ししくいやじろうえもん
生没年不詳 江戸時代前期の大坂の豪商の一人。
¶コン

宍倉与兵衛 ししくらよへい
江戸時代前期～中期の代官、蔵奉行。
¶徳代(㊥承応1(1652)年 ㊗享保4(1719)年12月17日)

獅子吼 ししこう
⇒中村十蔵〔1代〕(なかむらじゅうぞう)

宍戸家政＊ ししどいえまさ
?～建保1(1213)年 鎌倉時代前期の武士。
¶古人

四時堂其諺＊ しじどうきげん
寛文6(1666)年～元文1(1736)年 ㊥其諺(きげん) 江戸時代中期の貞徳系の俳人、僧。
¶俳文(其諺 きげん) ㊗元文1(1736)年8月23日)

宍戸左馬之介＊ (宍戸左馬介) ししどさまのすけ
文化1(1804)年～元治1(1864)年 ㊥宍戸真澄(ししどまさもと) 江戸時代末期の長州(萩)藩の藩士。
¶コン,幕末(宍戸左馬介)㊥文化1(1804)年8月13日 ㊗元治1(1864)年11月12日)

宍戸善兵衛＊ ししどぜんべえ
生没年不詳 江戸時代前期の能笛師。
¶コン

宍戸隆家＊ ししどたかいえ
?～文禄1(1592)年 安土桃山時代の武士。
¶全戦(㊥永正15(1518)年)、戦武(㊥永正15(1518)年)

宍戸隆家の嫡女 ししどたかいえのちゃくじょ
戦国時代～安土桃山時代の武家女性。
¶女史(㊥? ㊗1594年)

宍戸璣＊ ししどたまき
文政12(1829)年3月15日～明治34(1901)年 江戸時代末期～明治時代の長州藩士、政治家、貴族院議員、子爵。蝦夷、樺太を巡検、その後宍戸備後助と改名。山口藩権大参事、司法大輔、元老院議官などを歴任。
¶コン,全幕,幕末(㊗明治34(1901)年10月1日)

宍戸親基＊ ししどちかもと
文政2(1819)年～明治19(1886)年 江戸時代末期の長州(萩)藩士。
¶コン(㊥文政10(1827)年)

宍戸備前 ししどびぜん
文政10(1827)年～明治27(1894)年 江戸時代末期～明治時代の毛利一門、長州(萩)藩家老。
¶幕末(㊥文政10(1827)年9月17日 ㊗明治27(1894)年7月14日)

宍戸政彝 ししどまさつね
天明2(1782)年～元治2(1865)年2月24日 江戸時代中期～末期の和算家。
¶数学

宍戸真澄 ししどまさもと
⇒宍戸左馬之介(ししどさまのすけ)

宍戸持里 ししどもちさと
室町時代の武士。
¶内乱(㊥? ㊗嘉吉2(1442)年)

宍戸元家 ししどもといえ
室町時代～戦国時代の武将。
¶全戦(㊥永享6(1434)年 ㊗永正6(1509)年)

宍戸元源 ししどもとよし
戦国時代の武将。
¶全戦(㊥? ㊗天文11(1542)年)

宍戸弥四郎＊ ししどやしろう
天保4(1833)年～文久3(1863)年 江戸時代末期の三河刈谷藩士。
¶幕末(㊥天保4(1833)年1月14日 ㊗文久3(1863)年9月24日)

禔子内親王＊ ししないしんのう
長保5(1003)年～永承3(1048)年 ㊥禔子内親王(ていしないしんのう, やすこないしんのう) 平安時代中期の女性。三条天皇の皇女。
¶古人(やすこないしんのう),コン,天皇(ししないしんのう・やすこないしんのう) ㊗永承3(1048)年閏1月29日)

資子内親王＊ ししないしんのう
天暦9(955)年～長和4(1015)年4月26日 ㊥資子内親王(すけこないしんのう) 平安時代中期の女性。村上天皇の皇女。
¶古人(すけこないしんのう),コン,天皇(ししないしんのう・すけこないしんのう)

宍野半＊ ししののなかば
弘化1(1844)年～明治17(1884)年5月13日 江戸時代末期～明治時代の神道家。富士山本宮浅間神社の宮司。
¶コン,幕末

ししょう

宍人橿媛娘＊　ししひとのかじひめのいらつめ
　生没年不詳　㓉橿媛娘（かじひめのいらつめ）　飛鳥時代の女性。天武天皇の宮人。
　¶コン（宍人橿媛娘），天皇（穴人橿媛娘）㊷　㊹持統4（689）年以降）

宍人継麻呂　ししひとのつぎまろ
　奈良時代の官人。
　¶古人（生没年不詳）

宍人永継＊　ししひとのながつぐ
　延暦21（802）年〜貞観10（868）年　平安時代前期の法律学者。
　¶古人，コン

宍人倭麻呂　ししひとのやまとまろ
　奈良時代の官人。
　¶古人（生没年不詳）

志道広良＊　しじひろよし
　＊〜弘治3（1557）年　戦国時代の武士。
　¶全戦（㊤応仁1（1467）年），戦武（㊤応仁1（1467）年）

志々目献吉＊　ししめけんきち，しじめけんきち
　生没年不詳　江戸時代末期の薩摩藩士，刺客。
　¶幕末

志道聞多　しじもんた
　⇒井上馨（いのうえかおる）

枝雀　しじゃく
　江戸時代後期の女性。俳諧。越前福井の人。天明8年刊，白鶴楼紅楓編『そのかげ集』に載る。
　¶江表（枝雀（福井県））

紫若　しじゃく
　⇒岩井半四郎〔7代〕（いわいはんしろう）

芝石　しじゃく
　⇒芝石（しせき）

児雀　じじゃく
　江戸時代中期の女性。俳諧。加賀高松の人。明和2年刊，河合見風編『霞かた』に載る。
　¶江表（児雀（石川県））

紫若半四郎　しじゃくはんしろう
　⇒岩井半四郎〔7代〕（いわいはんしろう）

慈周　じしゅう
　⇒六如（りくにょ）

侍従＊　じじゅう
　生没年不詳　平安時代後期の女性。遠江国池田の遊女。
　¶古人

自秀院　じしゅういん＊
　江戸時代中期の女性。和歌。仙台藩士佐々伊賀定条の養祖母。
　¶江表（自秀院（宮城県））　㊹正徳1（1711）年

似春　じしゅん
　⇒小西似春（こにしじしゅん）

時春　じしゅん
　江戸時代中期の連歌師。瀬川氏。
　¶俳文（㊤？），㊹元禄13（1700）年10月5日）

枝春女　ししゅんじょ＊
　江戸時代中期の女性。俳諧・狂歌。尾張名古屋の俳人風左坊馬六の妻。天明1年序，世里一○○日追善集『雪見月』に載る。
　¶江表（枝春女（愛知県））

紫筍の母　しじゅんのはは＊
　江戸時代中期の女性。俳諧。伊勢慥柄の人。享保7年刊，巻耳・燕説編『北国曲』一に載る。
　¶江表（紫筍の母（三重県））

志女　しじょ
　江戸時代後期の女性。俳諧。世良田の人。寛政7年の「新田郡中江田村矢抜明神奉納句合帖」に載る。
　¶江表（志女（群馬県））

旨恕　しじょ
　⇒片岡旨恕（かたおかしじょ）

慈助　じじょ
　⇒慈助法親王（じじょほっしんのう）

時助　じじょ
　鎌倉時代の後嵯峨天皇の皇子。
　¶天皇

芝賞(1)　ししょう
　⇒中村歌右衛門〔4代〕（なかむらうたえもん）

芝賞(2)　ししょう
　⇒中村翫雀〔2代〕（なかむらがんじゃく）

芝丈　ししょう
　⇒中村歌六〔1代〕（なかむらかろく）

慈昌＊　じしょう
　天文13（1544）年〜元和6（1620）年　源誉（げんよ），存応（ぞんおう，ぞんのう），普光観智国師（ふこうかんちこくし）　安土桃山時代〜江戸時代前期の浄土宗の僧。浄土宗発展の基礎を築いた。
　¶コン

慈性　じしょう
　⇒慈性法親王（じしょうほっしんのう）

自笑＊　じしょう
　？〜正徳3（1713）年　江戸時代中期の俳人（蕉門）。
　¶俳文（㊹正徳3（1713）年1月7日）

四条顕家　しじょうあきいえ
　⇒藤原顕家（ふじわらあきいえ）

四条顕保＊　しじょうあきやす
　？〜応永2（1395）年11月　南北朝時代の公卿（権中納言）。父母名は不明。
　¶公卿，公家（顕保（油小路家））　あきやす）

四条今子　しじょういまこ
　⇒藤原今子（ふじわらのいまこ）

慈昭院（慈照院）　じしょういん
　⇒足利義政（あしかがよしまさ）

慈照院　じしょういん＊
　江戸時代中期の女性。和歌。薩摩藩主頴娃久甫の娘。薩摩藩士で島津御一門加治木島津家の三代当主兵庫頭久季の妻。
　¶江表（慈照院（鹿児島県））

自証院　じしょういん
　⇒お振の方（おふりのかた）

慈照院殿　じしょういんどの
　⇒足利義政（あしかがよしまさ）

ししよう　　　　　　　　　　　　　　　　　　*1034*

慈性親王　じしょうしんのう
　⇒慈性法親王（じしょうほっしんのう）

自性大師　じしょうだいし
　⇒覚鑁（かくばん）

四条大納言　しじょうだいなごん
　⇒藤原公任（ふじわらのきんとう）

四条隆顕＊　しじょうたかあき
　寛元1（1243）年〜？　鎌倉時代後期の公卿（権大納言）。大納言四条隆親の次男。
　¶公卿, 公家（隆顕〔四条（嫡流）家）（絶家）〕　たかあき）

四条隆生＊　しじょうたかあり
　寛政4（1792）年12月1日〜安政4（1857）年1月13日　江戸時代末期の公家（権大納言）。権大納言四条隆師の次男。
　¶公卿, 公家（隆生〔四条家〕　たかあり）

四条隆有＊　しじょうたかあり
　正応5（1292）年〜元徳1（1329）年6月27日　鎌倉時代後期の公卿（参議）。非参議四条隆政の子。
　¶公卿, 公家（隆有〔西大路家〕　たかあり　㊣嘉暦4（1329）年6月27日）

四条隆謌＊　しじょうたかうた
　文政11（1828）年9月9日〜明治31（1898）年11月23日　江戸時代末期〜明治時代の公卿、陸軍軍人、侯爵。鳥羽・伏見の戦いで仁和寺総督宮の参謀を務める。陸軍中将に進み、元老院議官。
　¶コン, 全篆, 幕末

四条隆蔭＊　しじょうたかかげ
　永仁5（1297）年〜正平19/貞治3（1364）年3月14日　㊕油小路隆蔭（あぶらこうじたかかげ, あぶらのこうじたかかげ）　鎌倉時代後期〜南北朝時代の公卿（権大納言）。油小路家の祖。正三位西大路（四条）隆政の次男。
　¶公卿（油小路隆蔭　あぶらのこうじたかかげ　㊕永仁3（1295）年　㊣貞治3（1364）年3月14日）, 公家（隆蔭〔油小路家〕　たかかげ　㊣貞治3（1364）年3月14日）, コン

四条隆師　しじょうたかかず
　⇒四条隆師（しじょうたかもろ）

四条隆量＊　しじょうたかかず
　永享1（1429）年〜文亀3（1503）年9月19日　室町時代〜戦国時代の公卿（権大納言）。権大納言四条隆盛の子。
　¶公卿, 公家（隆量〔四条家〕　たかかず　㊣？）

四条隆賢＊　しじょうたかかた
　生没年不詳　鎌倉時代前期の公卿（非参議）。正四位下・左近衛権中将隆茂の子。
　¶公卿, 公家（隆賢〔冷泉家〕（絶家）1〕　たかかた）

四条隆兼＊　しじょうたかかね
　生没年不詳　鎌倉時代前期の公卿（非参議）。非参議四条隆仲の子。
　¶公卿, 公家（隆兼〔冷泉家〕（絶家）1〕　たかかね）

四条隆貞　しじょうたかさだ
　鎌倉時代後期〜南北朝時代の公卿。高資の子。
　¶室町（生没年不詳）

四条隆郷＊　しじょうたかさと
　嘉暦1（1326）年〜応永17（1410）年2月12日　南北朝時代〜室町時代の公卿（権大納言）。従三位・非参議四条隆宗の子。

　¶公卿, 公家（隆郷〔四条家〕　たかさと）

四条隆重＊　しじょうたかしげ
　永正4（1507）年〜天文8（1539）年11月19日　戦国時代の公卿（参議）。権大納言四条隆永の子。
　¶公卿, 公家（隆重〔四条家〕　たかしげ　㊕永正4（1507）年10月）

四条隆資＊　しじょうたかすけ
　正応5（1292）年〜正平7/文和1（1352）年5月11日　鎌倉時代後期〜南北朝時代の公卿（大納言）。権大納言四条隆顕の子。
　¶公卿（㊕永仁3（1295）年　㊣文和1/正平7（1352）年）, 公家（隆資〔四条（嫡流）家〕（絶家）〕　たかすけ　㊣観応3（1352）年5月11日）, コン, 室町

四条隆資女　しじょうたかすけのむすめ
　⇒少納言内侍（しょうなごんのないし）

四条隆親＊　しじょうたかちか
　建仁2（1202）年〜弘安2（1279）年　鎌倉時代前期の公卿（大納言）。権大納言四条隆衡の次男。
　¶公卿（㊕建仁3（1203）年　㊣弘安2（1279）年9月6日）, 公家（隆親〔四条家〕　たかちか　㊣弘安2（1279）年9月6日）

四条隆綱＊　しじょうたかつな
　文治5（1189）年〜？　鎌倉時代前期の公卿（非参議）。権大納言四条隆衡の長男。
　¶公卿, 公家（隆綱〔西大路家〕　たかつな）

四条隆俊＊　しじょうたかとし
　？〜応安6（1373）年　㊕藤原隆俊（ふじわらのたかとし）　南北朝時代の公卿（内大臣）。大納言四条隆資の子。
　¶公卿（応安6/文中2（1373）年）, コン（藤原隆俊　ふじわらのたかとし）, 室町

四条隆平＊　しじょうたかとし
　天保12（1841）年〜明治44（1911）年　江戸時代末期〜明治時代の公家、越後府知事、若松県知事。鳥羽・伏見役で長藩陣営に帰順説得成功。
　¶幕末（㊕天保12（1841）年4月21日　㊣明治44（1911）年7月18日）

四条隆文　しじょうたかとも
　⇒四条隆文（しじょうたかぶみ）

四条隆名＊　しじょうたかな
　？〜元亨2（1322）年7月　鎌倉時代後期の公卿（非参議）。大納言四条房名の次男。
　¶公卿, 公家（隆名〔四条家〕　たかな）

四条隆直＊　しじょうたかなお
　正平12/延文2（1357）年〜永享8（1436）年　南北朝時代〜室町時代の公卿（権大納言）。権大納言四条隆郷の子。
　¶公卿（延文2/正平12（1357）年　㊣永享8（1436）年8月）, 公家（隆直〔四条家〕　たかなお　㊣永享8（1436）年8月）

四条隆仲＊　しじょうたかなか
　寿永2（1183）年〜？　鎌倉時代前期の公卿（非参議）。中納言藤原隆房の四男。
　¶公卿, 公家（隆仲〔冷泉家〕（絶家）1〕　たかなか　㊣寛元3（1245）年2月15日）

四条隆永＊　しじょうたかなが
　文明10（1478）年〜天文7（1538）年4月16日　戦国時代の公卿（権大納言）。権大納言中御門宣胤の次男。
　¶公卿, 公家（隆永〔四条家〕　たかなが）

四条隆音* しじょうたかなり
寛永14(1637)年3月14日～寛文10(1670)年7月22日　江戸時代前期の公家(参議)。参議四条隆術の子。
¶公卿,公家(隆音〔四条家〕　たかと)

四条隆叙* しじょうたかのぶ
享保15(1730)年11月9日～*　江戸時代中期～後期の公家(権大納言)。権大納言正親町公通の末子。
¶公卿([没]享和1(1801)年10月22日),公家(隆叙〔四条家〕　たかのぶ　[没]享和1(1801)年10月22日)

四条隆久* しじょうたかひさ
建長4(1252)年～？　鎌倉時代後期の公卿(参議)。権大納言四条隆行の次男。
¶公卿,公家(隆久〔西大路家〕　たかひさ)

四条隆衡* しじょうたかひら
承安2(1172)年～建長6(1254)年12月18日　鎌倉時代前期の公卿(権大納言)。中納言藤原隆房の長男。
¶公卿,公家(隆衡〔四条家〕　たかひら),古人,コン

四条隆衡女 しじょうたかひらのむすめ
⇒按察三位局(あぜちのさんみのつぼね)

四条隆房* しじょうたかふさ
久安4(1148)年～承元3(1209)年　[別]藤原隆房(ふじわらたかふさ,ふじわらのたかふさ)　平安時代後期～鎌倉時代前期の歌人・公卿(権大納言)。権大納言藤原隆季の子。
¶公卿(藤原隆房　ふじわらのたかふさ　[没]？),公家(隆房〔四条家〕　たかふさ　[没]？),古人,古人(藤原隆房　ふじわらのたかふさ),コン,内乱(藤原隆房　ふじわらのたかふさ),日文(藤原隆房　ふじわらのたかふさ),平家(藤原隆房　ふじわらたかふさ)

四条隆文* しじょうたかぶみ
元禄2(1689)年6月22日～元文3(1738)年8月9日　[別]四条隆文(しじょうたかとも)　江戸時代中期の公家(参議)。権中納言四条隆安の子。
¶公卿,公家(隆文〔四条家〕　たかふみ)

四条隆冬 しじょうたかふゆ
南北朝時代～室町時代の公家。四条隆宗の子。
¶公家(隆冬〔四条家〕　たかふゆ)

四条隆政* しじょうたかまさ
文永4(1267)年～元弘2/正慶1(1332)年　[別]西大路隆政(にしおおじたかまさ,にじおおじたかまさ)　鎌倉時代後期の公卿(非参議)。権大納言四条隆行の三男。
¶公卿([没]正慶1(1332)年10月17日),公家(隆政〔西大路家〕　たかまさ　[没]正慶1(1332)年5月12日)

四条隆益* しじょうたかます
享禄4(1531)年1月19日～永禄10(1567)年9月8日　戦国時代の公卿(参議)。参議四条隆重の子。
¶公卿,公家(隆益〔四条家〕　たかます)

四条隆宗*(1) しじょうたかむね
養和1(1181)年～寛喜1(1229)年8月21日　鎌倉時代前期の公卿(非参議)。中納言藤原隆房の次男。
¶公卿,公家(隆宗〔四条家〕　たかむね)

四条隆宗*(2) しじょうたかむね
？～正平13/延文3(1358)年10月6日　南北朝時代の公卿(非参議)。非参議四条隆名の子。
¶公卿([没]延文3/正平13(1358)年10月6日),公家(隆宗〔四条家〕　たかむね　[没]延文3(1358)年10月6日)

四条隆持* しじょうたかもち
文保2(1318)年～弘和3/永徳3(1383)年3月19日　南北朝時代の公卿(権中納言)。参議四条隆有の子。
¶公卿([没]永徳3/弘和3(1383)年3月19日),公家(隆持〔西大路家〕　たかもち　[没]永徳3(1383)年3月19日)

四条隆盛*(1) しじょうたかもり
建暦1(1211)年～建長3(1251)年8月13日　鎌倉時代前期の公卿(非参議)。権大納言四条隆衡の三男。
¶公卿,公家(隆盛〔四条家〕　たかもり)

四条隆盛*(2) しじょうたかもり
応永4(1397)年～文正1(1466)年2月21日　室町時代の公卿(権大納言)。権大納言四条隆直の子。
¶公卿,公家(隆盛〔四条家〕　たかもり)

四条隆師* しじょうたかもろ
宝暦6(1756)年8月3日～文化8(1811)年2月2日　[別]四条隆師(しじょうたかかず)　江戸時代中期～後期の公家(権大納言)。権大納言四条隆叙の子。
¶公卿,公家(隆師〔四条家〕　たかかず)

四条隆安* しじょうたかやす
寛文3(1663)年5月14日～享保5(1720)年1月26日　江戸時代中期の公家(権中納言)。参議山科言行の次男。
¶公卿,公家(隆安〔四条家〕　たかやす)

四条隆康* しじょうたかやす
建長1(1249)年～正応4(1291)年2月24日　鎌倉時代後期の公卿(参議)。権大納言四条隆行の長男。
¶公卿,公家(隆康〔西大路家〕　たかやす)

四条隆術* しじょうたかやす
慶長16(1611)年5月25日～正保4(1647)年11月28日　江戸時代前期の公家(参議)。参議四条隆益の孫。
¶公卿,公家(隆術〔四条家〕　たかやす)

四条隆行* しじょうたかゆき
承元1(1207)年～？　鎌倉時代前期の公卿(権大納言)。非参議四条隆綱の子。
¶公卿,公家(隆行〔西大路家〕　たかゆき　[生]1224年)

四条隆良* しじょうたかよし
？～永仁4(1296)年　[別]鷲尾隆良(わしのおたかなが)　鎌倉時代後期の公卿(権中納言)。華道鷲尾松月堂古流の祖。大納言四条隆親の末子。
¶公卿([没]永仁4(1296)年12月5日),公家(隆良〔鷲尾家〕　たかよし　[没]永仁4(1296)年12月5日)

四条天皇* しじょうてんのう
寛喜3(1231)年～仁治3(1242)年　[別]秀仁親王(みつひとしんのう)　鎌倉時代前期の第87代の天皇(在位1232～1242)。後堀河天皇の第1皇子。
¶コン,天皇([生]寛喜3(1231)年2月12日　[没]仁治3(1242)年1月9日),中世,山小([生]1231年2月12日　[没]1242年1月9日)

似松尼 じしょうに★
江戸時代の女性。和歌。八丁堀の与力で平田銕胤門の秋山和光の妻。明治8年刊、橘東世子編『明治歌集』に載る。
¶江表(似松尼(東京都))

慈照尼 じしょうに★
江戸時代後期の女性。和歌。高崎藩藩士深井藤助景美の妻。
¶江表(慈照尼(群馬県)　[没]天保3(1832)年)

慈性尼　じしょうに
江戸時代中期の女性。和歌。豊前小倉藩細川家藩士間七太夫の娘。
¶江表（慈性尼（大阪府）　[没]元禄3（1690）年）

慈性入道親王　じしょうにゅうどうしんのう
⇒慈性法親王（じしょうほっしんのう）

四条宮下野＊　しじょうのみやしもつけ
生没年不詳　[別]四条宮下野（しじょうのみやのしもつけ）　平安時代中期の女性。歌人。
¶古人（下野　しもつけ），コン，女史（しじょうのみやのしもつけ），日文

四条宮筑前　しじょうのみやちくぜん
⇒康資王の母（やすすけおうのはは）

四条宮下野　しじょうのみやのしもつけ
⇒四条宮下野（しじょうのみやしもつけ）

四条宮筑前　しじょうのみやのちくぜん
⇒康資王の母（やすすけおうのはは）

四条房名＊　しじょうふさな
寛喜1（1229）年～正応1（1288）年6月15日　鎌倉時代後期の公卿（大納言）。大納言四条隆親の長男。
¶公卿，公家（房名〔四条家〕　ふさな）

四条房衡＊　しじょうふさひら
弘安6（1283）年～正平12/延文2（1357）年6月18日　鎌倉時代後期～南北朝時代の公卿（非参議）。大納言四条房名の長男。
¶公卿（[没]延文2/正平12（1357）年6月18日），公家（房衡〔四条家（絶家）〕　ふさひら　[生]1284年　[没]延文2（1357）年6月18日）

慈性法親王　じしょうほうしんのう
⇒慈性法親王（じしょうほっしんのう）

慈性法親王＊　じしょうほっしんのう
文化10（1813）年～慶応3（1867）年　[別]慈性（じしょう），慈性親王（じしょうしんのう），慈性入道親王（じしょうにゅうどうしんのう），慈性法親王（じしょうほうしんのう）　江戸時代末期の皇族。
¶天皇（じしょうほうしんのう　[生]文化10（1813）年8月26日　[没]慶応3（1867）年11月24日），幕末（[生]文化10（1813）年8月26日　[没]慶応3（1868）年12月7日）

四条頼基＊　しじょうよりもと
鎌倉時代後期の武士。頼員の子で日蓮に帰依。
¶コン（生没年不詳）

慈助親王　じじょしんのう
⇒慈助法親王（じじょほっしんのう）

四書屋加助　ししょのやかすけ
⇒五井持軒（ごいじけん）

慈助法親王　じじょほうしんのう
⇒慈助法親王（じじょほっしんのう）

慈助法親王＊　じじょほっしんのう
建長6（1254）年～永仁3（1295）年　[別]慈助（じじょ），慈助親王（じじょしんのう），慈助法親王（じじょほうしんのう）　鎌倉時代後期の後嵯峨天皇の皇子。
¶天皇（じじょほうしんのう）

慈信＊　じしん
生没年不詳　平安時代前期の僧（空鉢上人）。
¶古人

慈心＊(1)（慈信）　じしん
生没年不詳　平安時代後期～鎌倉時代前期の天台宗の僧。
¶コン（慈信）

慈心＊(2)　じしん
生没年不詳　鎌倉時代前期の律宗の僧。
¶コン

時人　じじん
江戸時代中期の俳諧師。高倉氏。
¶俳文（[生]元禄14（1701）年　[没]明和8（1771）年2月19日）

此身尼　ししんに
江戸時代中期の女性。俳諧。萩原の人。延享3年刊、中川麦浪編『雪石すり』に載る。
¶江表（此身尼（奈良県））

慈信房　じしんぼう
⇒善鸞（ぜんらん）

慈真法親王　じしんほうしんのう
[別]尊実法親王（そんじつほうしんのう）　鎌倉時代後期～南北朝時代の後伏見天皇の皇子。
¶天皇（生没年不詳）

志津(1)　しず★
江戸時代中期の女性。俳諧。石見の人。安永9年刊、岸本江橋編、江橋耳順賀俳諧撰集『年華集』に載る。
¶江表（志津（島根県））

志津(2)　しず★
江戸時代末期の女性。和歌。歌人堀尾生津磨の妻。文久2年刊、西田惟恒編『文久二年八百首』に載る。
¶江表（志津（京都府））

賤　しず
江戸時代後期の女性。漢詩・書。越後新発田藩祐筆尾本喜次郎の娘。
¶江表（賤（新潟県））

此誰　しすい
⇒水木辰之助〔2代〕（みずきたつのすけ）

四睡　しすい
江戸時代前期～中期の俳諧作者。元禄ごろ。姓名未詳。
¶俳文（生没年不詳）

枝水　しすい★
江戸時代中期の女性。俳諧。加賀金沢の人。天明3年刊、河合風逸編、河合見風追善集『白達摩』に載る。
¶江表（枝水（石川県））

止翠　しすい★
江戸時代後期の女性。俳諧。米沢の人。寛政12年菅野鶯父編『籬のゆかり』に載る。
¶江表（止翠（山形県））

紫水　しすい★
江戸時代中期の女性。俳諧。豊前小倉の大羽内蔵介の母。伊勢の俳人春渚門。
¶江表（紫水（福岡県））

紫翠　しすい
江戸時代後期の女性。俳諧。安芸南方の人。文化15年刊、多賀庵四世筳史編『夢のあした』に載る。
¶江表（紫翠（広島県））

静江　しずえ★
江戸時代後期～明治時代の女性。書・画。彦根藩足軽秋山勘六の娘。井伊直弼の側室。
¶江表（静江（滋賀県）　㊐文政5（1822）年　㊦明治32（1899）年）

賤江　しずえ★
江戸時代後期の女性。狂歌。和歌山の人。寛政2年刊、玉雲斎貞右編『狂歌玉雲集』に載る。
¶江表（賤江（和歌山県））

静(1)　しずか★
江戸時代末期～明治時代の女性。書簡。沖探三の妻。探三に宛てた明治8年の書状3通と年未詳の1通が残る。
¶江表（静（鳥取県））

静(2)　しずか
⇒静御前（しずかごぜん）

静御前*　しずかごぜん
生没年不詳　㊀静（しずか），静女（しずじょ）　平安時代後期～鎌倉時代前期の女性。源義経の側女。
¶浮絵，古人（静　しずか），コン，詩作，女史，中世，内乱（静　しずか），平家（静　しずか）

志津兼氏　しずかねうじ
⇒志津兼氏（しづかねうじ）

志筑忠雄　しずきただお
⇒志筑忠雄（しづきただお）

閑子　しずこ★
江戸時代中期の女性。和歌。出雲松江の高力氏の母。正徳1年跋、勝部芳房編『佐陀大社奉納神始言吹草』に載る。
¶江表（閑子（島根県））

静子(1)　しずこ★
江戸時代の女性。和歌。公卿広橋胤定の娘。明治39年刊『好古類纂』二に載る。
¶江表（静子（京都府））

静子(2)　しずこ★
江戸時代中期の女性。和歌。有沢惟孝の妻。明和3年成立、難波玄生・清水貞固ほか撰「稲葉和歌集」に載る。
¶江表（静子（鳥取県））

静子(3)　しずこ★
江戸時代後期の女性。狂歌。文政期刊、文々舎蟹子丸撰『江戸名物百題狂歌集』に載る。
¶江表（静子（東京都））

静子(4)　しずこ★
江戸時代後期の女性。和歌。彦根藩藩士庵原徳之進朝栄の母。天保15年に国学者長野義言に入門。
¶江表（静子（滋賀県））

静子(5)　しずこ★
江戸時代後期の女性。和歌。因幡鳥取の牛尾金之助の娘。弘化2年刊、加納諸平編『類題鰒玉集』五に載る。
¶江表（静子（鳥取県））

鎮子(1)　しずこ
江戸時代中期の女性。和歌。備前岡山藩主池田宗政の室藤子の侍女。宝暦12年刊、村上影面編『続采藻編』に載る。
¶江表（鎮子（岡山県））

鎮子(2)　しずこ★
江戸時代末期の女性。談話。幕臣、小普請組佐々半左衛門の妹。12代将軍徳川家慶から15代将軍慶喜までの4代にわたって仕える。
¶江表（鎮子（東京都））

鎮子(3)　しずこ★
江戸時代末期～明治時代の女性。書・画。松代藩学問所教頭の北沢蘭壑の娘。
¶江表（鎮子（長野県）　㊦明治3（1870）年）

倭文子　しずこ
江戸時代末期の女性。和歌。出雲松江藩士太田監物の娘。文久2年刊、西田惟恒編『近世三十六人撰』に載る。
¶江表（倭文子（島根県））

賤子(1)　しずこ★
江戸時代の女性。和歌。岡村氏。明治13年刊、服部春樹編『筱並集』下に載る。
¶江表（賤子（京都府））

賤子(2)　しずこ★
江戸時代後期の女性。狂歌。和泉堺の人。嘉永年間刊、梅廼屋月花園編『狂歌東西集』に載る。
¶江表（賤子（大阪府））

賤子(3)　しずこ★
江戸時代末期の女性。和歌。因幡鳥取藩医師小寺良叔の妻。安政3年刊、中島宜門編『類題稲葉集』に載る。
¶江表（賤子（鳥取県））

志津女　しずじょ★
江戸時代後期の女性。俳諧。野沢の俳人で国学者瀬下玉芝と後妻孝の娘。天明8年玉芝編『やいろぐさ』に載る。
¶江表（志津女（長野県））

静女(1)　しずじょ★
江戸時代後期の女性。和歌。幕臣、寄合席から書院番頭を務めた津田弾正山城守の妻。文政4年の「詩仙堂募集和歌」に載る。
¶江表（静女（東京都））

静女(2)　しずじょ★
江戸時代後期の女性。和歌。内藤氏。天保11年刊、上田堂山編『延齢松詩歌前集』に載る。
¶江表（静女（山口県））

静女(3)　しずじょ
⇒静御前（しずかごぜん）

賤の尾　しずのお★
江戸時代後期の女性。狂歌。新吉原の中万字屋の遊女。天保年間刊『秋葉山奉灯狂歌合』に載る。
¶江表（賤の尾（東京都））

閑野女　しずのじょ★
江戸時代後期の女性。和歌。澄川氏。高津柿本神社蔵書目録に寛政7年の「柿本大明神奉納和歌十六首」の記載がある。
¶江表（閑野女（島根県））

賤女　しずのめ
江戸時代後期の女性。狂歌。文化9年刊、便々館湖鯉鮒編『狂歌浜荻集』に載る。
¶江表（賤女（東京都））

静野与右衛門*　しずのよえもん
生没年不詳　江戸時代前期の算学者、佐渡金山の測

量技術者。
¶科学

賤浜　しずはま★
江戸時代後期の女性。狂歌。新吉原の中万字屋の遊女。弘化3年刊、至清堂捨魚ほか編『狂歌作者評判記吉書始』に載る。
¶江表（賤浜（東京都））

静間彦太郎＊　**しずまひこたろう**
天保7（1836）年～明治2（1869）年　江戸時代末期の長州（萩）藩士。
¶幕末（[生]天保7（1836）年9月3日　[没]明治2（1869）年9月4日）

静間弥寿太＊　**しずまやすた**
天保14（1843）年～慶応2（1866）年　江戸時代末期の長州（萩）藩士。
¶幕末（[没]慶応2（1866）年9月27日）

鎮目家次　しずめいえつぐ
戦国時代の武田氏の家臣。
¶武田（生没年不詳）

鎮目惟明　しずめこれあきら
永禄11（1568）年～寛永4（1627）年　安土桃山時代～江戸時代前期の幕臣。
¶徳人，徳代（[没]寛永4（1627）年7月14日）

鎮目左衛門尉　しずめさえもんのじょう
室町時代～戦国時代の鎮目郷の土豪。
¶武田（生没年不詳）

思声　しせい
⇒三升屋二三治（みますやにそうじ）

糸静　しせい
江戸時代後期の女性。俳諧。越前福井の人。寛政4年刊、涼池園二専の俳諧紀行集『芦間鶴』に載る。
¶江表（糸静（福井県））

至生　しせい
⇒中山文七〔2代〕（なかやまぶんしち）

只青　しせい
江戸時代後期～明治時代の俳諧作者。本名、家明。小林対鷗の三男。為田家を継ぐ。
¶俳文（[生]文化9（1812）年　[没]明治9（1876）年4月14日）

自清　じせい★
江戸時代後期の女性。俳諧。撫子塚建立地伯立院の尼。享和2年刊、遊糸庵巴文編、芭蕉一〇〇回忌集『なでしこ塚』に載る。
¶江表（自清（福井県））

自性院　じせいいん★
江戸時代中期の女性。和歌。荻原辰直の母。元禄15年刊、戸田茂睡編『鳥之迹』に載る。
¶江表（自性院（東京都））

紫石　しせき★
江戸時代後期の女性。和歌。和歌山の滝本氏。天保11年序、西田惟恒・高階光久編『信恒翁霊祭歌集』に載る。
¶江表（紫石（和歌山県））

至席＊　**しせき**
？～寛政2（1790）年2月19日　江戸時代中期～後期の雑俳点者。
¶俳文

芝石＊　**しせき**
安永6（1777）年～嘉永1（1848）年3月20日　[別]芝石（しじゃく）　江戸時代中期～後期の俳人。
¶俳文（しじゃく　[生]明和4（1767）年　[没]嘉永1（1848）年3月20日？）

慈摂大師　じせつだいし
⇒真盛（しんせい）

士川　しせん
⇒松岡士川（まつおかしせん）

紫川　しせん★
江戸時代末期の女性。俳諧。斉藤匡利の娘。
¶江表（紫川（福岡県）　[没]慶応1（1865）年）

紫扇　しせん
⇒河原崎権之助〔4代〕（かわらざきごんのすけ）

士前＊　**しぜん**
文化5（1808）年～明治11（1878）年7月24日　江戸時代後期～明治時代の俳諧作者。
¶俳文

似船　じせん
⇒富尾似船（とみおじせん）

慈仙(1)　**じせん**★
江戸時代後期の女性。和歌。川之江の浜手役長野氏。同所の儒学者尾藤二洲の弟子でもあった長野豊山の母。
¶江表（慈仙（愛媛県））

慈仙(2)　**じせん**★
江戸時代後期の女性。俳諧。妻の人。文化11年刊、日高習之編の父圃友三回忌追善集『雁のわかれ』に載る。
¶江表（慈仙（宮崎県））

慈善＊　**じぜん**
天元3（980）年～永保2（1082）年　平安時代中期～後期の興福寺僧。
¶古人

自仙院　じせんいん★
江戸時代後期の女性。和歌。江戸の処士山田茂右衛門の娘。富山藩6代藩主前田利与の側室。
¶江表（自仙院（富山県）　[没]文化7（1810）年）

地蔵院＊　**じぞういん**
生没年不詳　戦国時代の北条氏の家臣。
¶後北

信太歌之助　しだうたのすけ
江戸時代後期の幕臣。
¶幕末（[生]天保8（1837）年2月24日　[没]？）

シタエホリ
江戸時代後期の彫工。
¶美建（生没年不詳）

仕多切鈴女　したきりすずめ★
江戸時代後期の女性。狂歌。寛政6年～文化1年刊、千秋庵三陀羅編『狂歌三十六歌仙』に載る。
¶江表（仕多切鈴女（東京都））

思託＊　**したく**
生没年不詳　奈良時代の律宗の渡来僧。鑑真の弟子。
¶古人，古代，コン

四沢堂 したくどう
⇒芳沢あやめ〔2代〕(よしざわあやめ)

信田作太夫* しださくだゆう
文政12(1829)年～慶応1(1865)年 江戸時代末期の築山藩士。
¶幕末([生]文政12(1829)年5月16日 [没]元治2(1865)年1月14日)

志田正徳* しだしょうとく
寛政2(1790)年～慶応2(1866)年 [別]志田正徳(しだまさのり) 江戸時代末期の地誌学者。
¶幕末([没]慶応2(1866)年11月5日)

志田正徳 しだまさのり
⇒志田正徳(しだしょうとく)

舌間弥五郎* したまやごろう
文化13(1816)年～明治30(1897)年 江戸時代末期～明治時代の福岡藩士、双水執流柔術家。
¶幕末([没]明治30(1897)年5月17日)

下見吉十郎* したみきちじゅうろう
延宝1(1673)年～宝暦5(1755)年 [別]下見吉十郎(あさみきちじゅうろう) 江戸時代中期の篤農家。
¶植物(あさみきちじゅうろう [没]宝暦5(1755)年8月1日)

信太意舒 しだもとのぶ
⇒信太意舒(しのだもとのぶ)

志多野坡(志太野坡, 志田野坡) しだやは, しだやば
⇒野坡(やば)

志太義広(志田義広, 信太義広) しだよしひろ
⇒源義広(みなもとのよしひろ)

設楽貞政* しだらさだまさ
寛永1(1624)年～元禄4(1691)年 江戸時代前期～中期の武士。
¶徳人

設楽太郎兵衛 しだらたろうべえ
江戸時代前期の代官。
¶徳代([生]? [没]元禄1(1688)年5月1日)

設楽利継* しだらとしつぐ
?～元亀2(1571)年3月20日 戦国時代～安土桃山時代の千葉氏の奉行人。
¶後北(利継〔設楽〕 としつぐ)

設楽八三郎* しだらはちさぶろう
?～文久2(1862)年 [別]設楽能潜(しだらのうせん) 江戸時代末期の幕臣。
¶徳人(設楽能潜 しだらのうせん), 徳代(設楽能潜 しだらのうせん [没]文久2(1862)年9月6日), 幕末([没]文久2(1862)年9月6日)

設楽正秀 しだらまさひで
江戸時代前期～中期の伊豆国三島の代官。
¶徳代([生]承応1(1652)年 [没]元禄13(1700)年7月16日)

設楽能真 しだらよしざね
江戸時代前期の代官。
¶徳代([生]慶長9(1604)年 [没]寛文7(1667)年11月3日)

設楽能武 しだらよしだけ
江戸時代前期～中期の越後国出雲崎の代官。
¶徳代([生]承応1(1652)年 [没]元禄13(1700)年4月20日)

設楽能該 しだらよしなり
江戸時代中期の代官。
¶徳代([生]宝永3(1706)年 [没]明和7(1770)年9月13日)

設楽能業 しだらよしなり
安土桃山時代～江戸時代前期の代官。
¶徳代([生]永禄3(1560)年 [没]正保4(1647)年3月14日)

設楽能久 しだらよしひさ
江戸時代中期の代官。
¶徳代([生]? [没]元禄13(1700)年7月25日)

設楽能政 しだらよしまさ
江戸時代前期の代官。
¶徳代([生]? [没]延宝6(1678)年9月18日)

しち
江戸時代中期の女性。和歌。柿本村の生野嘉兵衛正知の妻。宝永6年奉納、平間長雅編「住吉社奉納千首和歌」に載る。
¶江表(しち(奈良県))

実運* じちうん
長治2(1105)年～永暦1(1160)年2月24日 [別]実運(じつうん) 平安時代後期の真言宗の僧。醍醐寺17世。
¶古人(じつうん), 密教([没]1160年2月24日)

実恵(実慧) じちえ
⇒実慧(じつえ)

七右衛門 しちえもん
安土桃山時代の信濃国筑摩郡会田の土豪。会田岩下氏の被官か。
¶武田(生没年不詳)

詩竹 しちく
江戸時代後期～明治時代の俳人。
¶俳文([生]天保2(1831)年 [没]明治32(1899)年10月14日)

七子 しちし⋆
江戸時代中期の女性。和歌。前橋藩主酒井忠挙の家臣遠山平右衛門頼永の孫娘。元禄16年刊、植山検校江民軒梅之ほか編『歌林尾花末』に載る。
¶江表(七子(群馬県))

しち女 しちじょ⋆
江戸時代中期の女性。俳諧。桑折の人。享保12年序、魯九編『雪白河』に載る。
¶江表(しち女(福島県))

七女 しちじょ⋆
江戸時代中期の女性。俳諧。美濃錦織の人。宝永1年刊、『国の花』、豪農兼松嘯風編「藪の花」に載る。
¶江表(七女(岐阜県))

七条院* しちじょういん
保元2(1157)年～安貞2(1228)年9月16日 [別]藤原殖子(ふじわらしょくし, ふじわらのしょくし, ふじわらのたねこ) 平安時代後期～鎌倉時代前期の女性。高倉天皇の宮人。
¶古人(藤原殖子 ふじわらのたねこ), コン, 女史, 天皇(藤原殖子 ふじわらのしょくし), 平家

七条院大納言 しちじょういんだいなごん
⇒大納言(だいなごん)

七条隆豊* しちじょうたかとよ
寛永17(1640)年3月26日～貞享3(1686)年2月28日 江戸時代前期の公家(参議)。七条隆脩の子。
¶公卿, 公家(隆豊〔七条家〕 たかとよ)

し

七条信方* しちじょうのぶかた
延宝5(1677)年1月12日～享保14(1729)年3月7日 江戸時代中期の公家(従三位・非参議)。権中納言町尻兼量の次男。
¶公卿, 公家(信方〔七条家〕 のぶかた)

七条信隆妻*(七条信隆の妻) しちじょうのぶたかのつま
平安時代後期の平清盛の6女。
¶古人(生没年不詳)

七条信全* しちじょうのぶたけ
正徳4(1714)年12月15日～寛延1(1748)年9月25日 江戸時代中期の公家(非参議)。従三位・非参議七条信方の子。
¶公卿, 公家(信全〔七条家〕 のぶたけ)

七条信元* しちじょうのぶはる
寛政4(1792)年3月16日～? 江戸時代後期の公家(参議)。正五位下・河内権介七条隆則の次男。
¶公卿, 公家(信元〔七条家〕 のぶはる [没]明治2(1869)年4月11日)

七戸晴睦*(七戸晴陸) しちのへはるむつ
生没年不詳 江戸時代後期の和算家。
¶数学(七戸晴陸)

実範 じちはん
⇒実範(じっぱん)

市中庵 しちゅうあん
⇒並木宗輔(なみきそうすけ)

此蝶 しちょう
江戸時代後期の女性。俳諧。小諸の神津ふう。天明8年瀬下玉芝編『やいろぐさ』に載る。
¶江表(此蝶(長野県))

志蝶 しちょう
江戸時代後期の女性。俳諧。下総船橋九日市の人。弘化3年刊、黒川惟草編『俳諧人名録』二に載る。
¶江表(志蝶(千葉県))

糸調 しちょう★
江戸時代後期の女性。俳諧。福井藩家老狛帯刀こと俳人春暁閣只静の母。文政11年刊、只静編、還暦祝賀記念集『松の花』に載る。
¶江表(糸調(福井県))

紫朝(1) しちょう
⇒嵐小六〔1代〕(あらしころく)

紫朝(2) しちょう
⇒嵐小六〔4代〕(あらしころく)

翅蝶 しちょう
江戸時代後期の女性。俳諧。備後甲山の人。文化7年刊『時雨会』に載る。
¶江表(翅蝶(広島県))

慈朝 じちょう
奈良時代～平安時代前期の西大寺の僧。
¶古人([生]757年 [没]838年)

耳鳥斎 じちょうさい
⇒耳鳥斎(にちょうさい)

指直 しちょく
⇒矢部指直(やべしちょく)

七里恒順* しちりごうじゅん
天保6(1835)年7月11日～明治33(1900)年1月29日 江戸時代末期～明治時代の真宗本願寺派の僧。万行寺住職。
¶コン

七里政要の妻 しちりせいようのつま★
江戸時代後期の女性。和歌。伊勢津藩士七里政要の妻。天明8年刊、西村節甫編『老伴集』に載る。
¶江表(七里政要の妻(三重県))

七里頼周* しちりよりちか
安土桃山時代の代官。
¶戦武(生没年不詳)

七郎左衛門尉* しちろうざえもんのじょう
生没年不詳 戦国時代の塗師。
¶後北

慈鎮 じちん
⇒慈円(じえん)

しつ(1)
江戸時代中期の女性。俳諧。駿河府中の人。明和8年刊、六花庵乙児編『伊豆十二歌仙附録』に載る。
¶江表(しつ(静岡県))

しつ(2)
江戸時代中期の女性。和歌。公卿・歌人冷泉為村の娘。明和9年成立「たもとのしぐれ」に載る。
¶江表(しつ(京都府))

志つ しつ★
江戸時代後期の女性。俳諧。越前府中の人。弘化5年桂花坊不妖編「歳旦帖」に載る。
¶江表(志つ(福井県))

しづ(1)
江戸時代前期の女性。和歌。丸亀藩京極家の江戸藩邸に仕える奥女中。井上通著「江戸日記」の天和2年10月に載る。
¶江表(しづ(香川県))

しづ(2)
江戸時代後期の女性。俳諧。相模小田原の岩波午心の妻。
¶江表(しづ(神奈川県))

しづ(3)
江戸時代後期の女性。教育。武蔵登戸の小川了民の妻。天保年間夫が寺子屋清風堂を開業。文久2年に没した後、継承。
¶江表(しづ(神奈川県))

実意* じつい
生没年不詳 平安時代後期の東大寺僧。
¶古人

実印* じついん
久安5(1149)年～文治1(1185)年 平安時代後期の天台宗園城寺僧。
¶古人

実因* じついん
天慶8(945)年～長保2(1000)年8月12日 平安時代中期の天台宗の僧。
¶古人

実運 じつうん
⇒実運(じちうん)

志津枝 しつえ
江戸時代後期の女性。俳諧。対馬の人。文化10年

刊、梅樹軒逸人撰『酔月集』に載る。
¶江表(志津枝(長崎県))

実慧*(実恵) じつえ
延暦5(786)年～承和14(847)年11月13日 [別]実恵，実慧(じちえ)，道興大師(どうこうだいし)，檜尾僧都(ひのおのそうず) 平安時代前期の真言宗の僧。
¶古人(実恵),古代(実恵 じちえ),コン

実睿 じつえ
⇒実睿(じつえい)

実睿* じつえい
生没年不詳 [別]実睿(じつえ) 平安時代中期の天台宗の僧。
¶古人(じつえ)

実円*(1) じつえん
保延3(1137)年～？ 平安時代後期の天台宗延暦寺僧。
¶古人

実円*(2) じつえん
生没年不詳 平安時代後期～鎌倉時代前期の仏師。
¶古人,美建

実宴* じつえん
保延2(1136)年～文治1(1185)年 平安時代後期の延暦寺僧。
¶古人

漆翁 しつおう
⇒中村宗哲〔3代〕(なかむらそうてつ)

しつか(1)
江戸時代後期の女性。狂歌。新吉原の玉楼の遊女。寛政7年刊、鹿都部真顔編『四方の巴流』に載る。
¶江表(しつか(東京都))

しつか(2)
江戸時代末期の女性。俳諧。越後中子の人。安政4年刊、松岡茶山編『常磐集』一六に載る。
¶江表(しつか(新潟県))

しづか
江戸時代中期の女性。俳諧。新吉原の遊女とされる。元禄4年序、露吹庵和及編『ひこはゑ』に載る。
¶江表(しづか(東京都))

実快* じつかい，じっかい
仁平3(1153)年～？ 平安時代後期～鎌倉時代前期の天台宗の僧・歌人。
¶古人(じっかい)

実海* じつかい，じっかい
保延1(1135)年～寿永1(1182)年 平安時代後期の真言宗醍醐寺僧。
¶古人(じっかい),密教(じっかい [没]1182年10月25日)

実覚 じっかく
平安時代後期～鎌倉時代前期の僧。准胝堂別当(上醍醐別当)。
¶密教([生]1179年以前 [没]1230年1月8日)

実覚* じつかく，じっかく
康平6(1063)年～大治5(1130)年 平安時代後期の興福寺僧。
¶古人(じっかく)

志津兼氏* しづかねうじ
弘安1(1278)年～興国5/康永3(1344)年 [別]兼氏(かねうじ)，志津兼氏(しずかねうじ) 鎌倉時代後期～南北朝時代の刀工。相州正宗の弟子。
¶コン,美工(しずかねうじ)

実川延三郎〔1代〕 じつかわえんさぶろう，じつかわえんざぶろう
⇒実川額十郎〔2代〕(じつかわがくじゅうろう)

実川延三郎〔2代〕* じつかわえんざぶろう
嘉永1(1848)年～明治5(1872)年 江戸時代末期～明治時代の歌舞伎役者。
¶歌大([没]明治5(1872)年11月9日)

実川延三郎〔3代〕* じつかわえんざぶろう
安政3(1856)年～明治21(1888)年2月8日 江戸時代末期～明治時代の歌舞伎役者。
¶歌大

実川延若〔1代〕* じつかわえんじゃく
天保2(1831)年～明治18(1885)年 江戸時代末期～明治時代の歌舞伎役者。屋号は河内屋、上方和事の名手として知られた。
¶歌大([生]天保2(1831)年6月23日 [没]明治18(1885)年9月18日),コン,新歌(――〔1世〕)

実川額十郎〔1代〕* じつかわがくじゅうろう，じつかわかくじゅうろう
天明2(1782)年～天保6(1835)年 [別]浅尾額十郎(あさおがくじゅうろう)，浅尾八百蔵(あさおやおぞう)，浅尾勇次郎〔1代〕(あさおゆうじろう)，延若(えんじゃく)，鬼丈(きじょう)，中村八百蔵(なかむらやおぞう) 江戸時代後期の歌舞伎役者。寛政7年～天保6年頃に活躍。
¶歌大([没]天保6(1835)年11月4日),コン,新歌(――〔1世〕)

実川額十郎〔2代〕* じつかわがくじゅうろう，じつかわかくじゅうろう
文化10(1813)年～慶応3(1867)年 [別]浅尾延三郎(あさおえんさぶろう)，浅尾万吉(あさおまんきち)，延賞(えんしょう)，延若(えんじゃく)，実川延三郎〔1代〕(じつかわえんさぶろう，じつかわえんざぶろう)，盲の額十郎(めくらのがくじゅうろう) 江戸時代末期の歌舞伎役者。文政10年～慶応2年頃に活躍。
¶歌大([生]？ [没]慶応3(1867)年2月22日),コン,新歌(――〔2世〕)

実川定賢 じつかわさだかた
⇒実川定賢(さねかわていけん)

実寛* じつかん，じっかん
天仁1(1108)年～寿永1(1182)年 平安時代後期の比叡山の僧。
¶古人(じっかん)

志筑忠雄* しづきただお，しつきただお，しずきただお
宝暦10(1760)年～文化3(1806)年7月8日 [別]志筑忠雄(しずきただお)，中野忠雄(なかのただお)，中野柳圃(なかのりゅうほ) 江戸時代中期～後期の蘭学者。
¶江人,科学(しずきただお),コン,思想,対外,地理,徳将,山小([没]1806年7月8日/9日)

十暁 じつぎょう
⇒中村東蔵〔2代〕(なかむらとうぞう)

実慶* じっけい，じつけい
*～承元1(1207)年 鎌倉時代前期の僧。

し

しつけい

¶古人（㊼？）

実継* じっけい，じつけい
久寿1（1154）年〜建仁4（1204）年1月21日　平安時
代後期〜鎌倉時代前期の真言宗の僧。醍醐寺23世。
¶古人，平家，密教（㊼1204年1月21日）

実賢* じつけん，じっけん，じつげん
安元2（1176）年〜建長1（1249）年　鎌倉時代前期
の僧。
¶古人（じっけん），密教（じつげん　㊼1249年9月4日）

実眼* じつげん
生没年不詳　鎌倉時代前期の仏師。康慶の弟。
¶古人，美建

実厳 じつげん
⇒実厳（じつごん）

実源* じつげん
万寿1（1024）年〜嘉保3（1096）年1月23日　平安時
代中期〜後期の天台宗の僧・歌人。
¶古人

十湖 じっこ
江戸時代後期〜大正時代の俳諧作者。
¶俳（㊼嘉永2（1849）年　㊼大正15（1926）年7月10日）

実子* じっこ
江戸時代後期の女性。和歌。小城藩藩士村崎周蔵
の娘。嘉永5年刊、長沢伴雄編『類題鴨川四郎集』
に載る。
¶江表（実子（佐賀県））

十口 じっこう，じつこう
⇒広瀬十口（ひろせじゅうこう）

室子女王* しつこじょおう
元文1（1736）年〜宝暦6（1756）年　江戸時代中期
の女性。閑院宮直仁親王の第4王女。
¶江表（室子妃（京都府））

実厳* (1)　じつごん
？〜元暦2（1185）年5月14日　㊼実厳（じつげん）
平安時代後期の真言宗の僧。
¶古人（生没年不詳），平家（じつげん）

実厳 (2)　じつごん
平安時代後期の法勝寺の僧。
¶古人（生没年不詳）

実厳* (3)　じつごん
生没年不詳　平安時代後期〜鎌倉時代前期の仏師。
¶古人，美建

瑟々 しつしつ
江戸時代後期の女性。画。文化7年刊、大原東野編
『名数画譜』に図が載る。
¶江表（瑟々（香川県））

十洲 じっしゅう
⇒中村仲蔵〔2代〕（なかむらなかぞう）

実修* じっしゅう，じつしゅう
久安1（1145）年〜？　平安時代後期の天台宗の
僧・歌人。
¶古人（じっしゅう）

しつ女 しつじょ*
江戸時代中期の女性。和歌。西条の高橋兵作の妻。
明和7年の柿本明神奉納詠と考えられる「詠百首和
歌」に載る。

¶江表（しつ女（愛媛県））

志つ女 しつじょ*
江戸時代後期の女性。俳諧。天保4年刊、常陸帆津
倉の河野涼谷編『類題十万句集』初に載る。
¶江表（志つ女（東京都））

室女 しつじょ*
江戸時代後期の女性。和歌。西条連の人。享和3年
序、佐伯貞中八〇賀集『周桑歌人集』に載る。
¶江表（室女（愛媛県））

実如 じつじょ
⇒実如（じつにょ）

実性* じっしょう，じっしょう
寛平4（892）年〜天暦10（956）年　平安時代前期〜
中期の天台僧。
¶古人（じっしょう）

実成院 じつじょういん
⇒おみさ

実性尼 じっしょうに*
江戸時代後期の女性。和歌。盛岡藩士桂源左衛門
の母。文政12年に「高野山奉納和歌草稿」に載る。
¶江表（実性尼（岩手県））

実深* じっしん，じっしん
生没年不詳　平安時代後期の絵師。
¶古人（じっしん）

実誓* じっせい，じつせい
天禄3（972）年〜万寿4（1027）年7月7日　平安時代
中期の天台宗の僧・歌人。
¶古人

実西 じっせい
平安時代後期〜鎌倉時代前期の僧。金剛王院の阿
闍梨。
¶密教（㊼1165年　㊼1241年以後）

実全* じつぜん
保延6（1140）年〜承久3（1221）年　平安時代後期
〜鎌倉時代前期の天台宗の僧（天台座主）。
¶古人（㊼1141年）

実相院 じっそういん*
江戸時代中期の女性。和歌・散文。常陸笠間藩主
井上正利の娘。
¶江表（実相院（千葉県）　㊼元禄3（1690）年）

実相房 じっそうぼう
⇒円照（えんしょう）

実尊* じっそん
治承4（1180）年〜嘉禎2（1236）年　㊼大乗院実尊
（だいじょういんじっそん）　鎌倉時代前期の法相
宗の僧、興福寺、大乗院の僧。
¶古人，コン（大乗院実尊　だいじょういんじっそん）

尻高源次郎 しったかげんじろう
戦国時代〜安土桃山時代の武田信玄・長尾顕長・北
条氏邦の家臣。左京亮。
¶後北（源次郎〔尻高〕　げんじろう）

尻高三河守 しったかみかわのかみ
戦国時代の武士。上野国沼田衆。沼田領尻高城主。
¶武田（生没年不詳）

十達 じったつ
⇒俊才（しゅんさい）

十達俊才　じったつしゅんさい，じったつしゅんさい
　⇒俊才（しゅんさい）

実忠＊　じっちゅう，じつちゅう
　神亀3（726）年〜？　　奈良時代の僧。東大寺造営などに活躍。
　¶古人（㋐731年　㋑815年），古代，コン（生没年不詳）

十丁（十町）　じっちょう
　⇒大谷広次〔3代〕（おおたにひろじ）

十町(1)　じっちょう
　⇒大谷広次〔2代〕（おおたにひろじ）

十町(2)　じっちょう
　⇒大谷広次〔4代〕（おおたにひろじ）

実如＊　じつにょ
　長禄2（1458）年〜大永5（1525）年2月2日　㋾教恩院（きょうおんいん），光兼（こうけん），実如（じつじょ），実如光兼（じつにょこうけん）　戦国時代の真宗の僧。本願寺9世。
　¶コン（実如光兼　じつにょこうけん），山小（㋐1458年8月10日　㋑1525年2月2日）

実如光兼　じつにょこうけん
　⇒実如（じつにょ）

実任　じつにん
　平安時代後期の真言宗の僧。
　¶古人（生没年不詳）

志津野一左衛門＊　しつのいちざえもん
　生没年不詳　　戦国時代の武士。北条氏家臣。
　¶後北（一左衛門〔志津野〕　いちざえもん）

実範＊　じっぱん，じつはん
　？〜天養1（1144）年9月10日　㋾実範（じちはん）
　平安時代後期の真言宗，律宗の僧。成身院の開祖。
　¶古人（じつぱん），コン（生没年不詳），密教（じちはん　㋐1094年以前　㋑1144年9月10日）

実敏＊　じつびん
　延暦7（788）年〜斉衡3（856）年　平安時代前期の三論宗の僧。
　¶古人，古代，コン（㋑仁寿3（853）年）

十返舎一九＊（――〔1代〕）　じっぺんしゃいっく
　明和2（1765）年〜天保2（1831）年　江戸時代中期〜後期の黄表紙・洒落本・合巻作者。作品に「東海道中膝栗毛」など。
　¶江人，コン，日文，山小（㋑1831年8月7日）

実了慶＊　じつりょうけい
　生没年不詳　　戦国時代の甲斐長延寺の住持。武田信玄の御伽衆。
　¶武田（㋐？　㋑天正10（1582）年3月？）

自貞　じてい＊
　江戸時代中期〜末期の女性。寺院中興・俳諧。下浦の人。
　¶江表（自貞（徳島県）　㋑天明6（1786）年　㋒万延1（1860）年）

四手井景則　しでいかげのり
　⇒御牧景則（みまきかげのり）

紫貞女＊　していじょ
　？〜寛延4（1751）年5月18日　㋾木村紫貞（きむらしてい）　江戸時代中期の女性。俳人。
　¶江表（紫貞（佐賀県）　㋑天和3（1683）年，俳文（㋒？）

此殿咲草女　しでんしょうそうじょ＊
　江戸時代後期の女性。狂歌。万里小路の人。文化8年刊，六樹園編『狂歌画像作者部類』に載る。
　¶江表（此殿咲草女（京都府））

糸桐　しとう＊
　江戸時代後期の女性。画。文人画家岡田半江の妻。
　¶江表（糸桐（大阪府））

紫藤(1)　しとう＊
　江戸時代中期の女性。俳諧。宝暦13年刊，建部綾足編『古今俳諧明題集』に載る。
　¶江表（紫藤（東京都））

紫藤(2)　しとう＊
　江戸時代中期の女性。俳諧。城端の人。享保13年刊，各務支考序，半三・仙石廬元坊共編『桃の首途』に載る。
　¶江表（紫藤（富山県））

紫道　しどう
　江戸時代中期の俳諧作者。大神氏。
　¶俳文（㋐？　㋑寛保1（1741）年10月15日）

至道　しどう
　⇒至道無難（しどうぶなん）

芝童　しどう
　⇒中村福助〔2代〕（なかむらふくすけ）

之道＊　しどう
　万治2（1659）年〜宝永5（1708）年1月5日　㋾槐本之道（えもとしどう）　江戸時代前期〜中期の俳人。
　¶俳文

慈道　じどう
　⇒慈道法親王（じどうほっしんのう）

至道庵無難　しどうあんむなん
　⇒至道無難（しどうぶなん）

志道軒〔1代〕＊　しどうけん
　＊〜明和2（1765）年3月7日　㋾栄山（えいざん），深井志道軒（ふかいしどうけん）　江戸時代中期の講釈師。
　¶浮絵（代数なし　㋐延宝8（1680）年？），江人（代数なし　㋐？），コン（深井志道軒　ふかいしどうけん　㋐天和2（1682）年）

慈道親王　じどうしんのう
　⇒慈道法親王（じどうほっしんのう）

持統天皇＊　じとうてんのう
　大化1（645）年〜大宝2（702）年12月22日　㋾鸕野讃良皇女（うののさららのおうじょ），高天原広野姫尊（たかまのはらひろのひめのみこと）　飛鳥時代の第41代の天皇（女帝，在位686〜697）。天智天皇の第2皇女。
　¶古人，古代，古物，コン，詩作，女史，女文（㋐？），天皇（鸕野讃良皇女（持統天皇）　うののさららのひめみこ），天皇，日文，山小（㋑702年12月22日）

紫藤尼　しとうに＊
　江戸時代中期の女性。俳諧。山鹿の人。明和3年の「蛍塚集」に載る。
　¶江表（紫藤尼（熊本県））

至道無難　しどうぶなん
　慶長8（1603）年〜延宝4（1676）年　㋾至道（しどう），至道庵無難（しどうあんむなん），至道無難（しどうむなん），無難（ぶなん，むなん）　江戸時代前期の臨済宗の僧。

¶コン, 思想

慈道法親王　じどうほうしんのう
⇒慈道法親王（じどうほっしんのう）

慈道法親王*　じどうほっしんのう
弘安5（1282）年～興国2/暦応4（1341）年4月11日　[別]慈道（じどう），慈道親王（じどうしんのう），慈道法親王（じどうほうしんのう）　鎌倉時代後期の天台宗の僧（天台座主）。亀山天皇の皇子。
¶天皇（じどうほうしんのう　[生]？　[没]興国2（1341）年4月/4月11日）

し

至道無難　しどうむなん
⇒至道無難（しどうぶなん）

自徳*　じとく
？～永正5（1508）年　[別]積桂（せきけい），積桂自徳（せきけいじとく，せっけいじとく）　戦国時代の曹洞宗の僧。
¶武田（積桂自徳　せきけいじとく）

慈徳院（1）　じとくいん★
江戸時代中期の女性。和歌。加賀藩6代藩主前田吉徳の娘。
¶江表（慈徳院（富山県）　[生]享保18（1733）年　[没]宝暦8（1758）年）

慈徳院*（2）　じとくいん
？～文化14（1817）年　江戸時代中期～後期の女性。徳川家斉の母。
¶徳将

自得院　じとくいん
安土桃山時代～江戸時代前期の女性。遺書。若狭熊川城主沼田光長の娘。
¶江表（自得院（熊本県）　[生]永禄3（1560）年　[没]寛永18（1641）年）

蔀関月*　しとみかんげつ
延享4（1747）年～寛政9（1797）年　江戸時代中期の画家。月岡雪鼎に師事。
¶美画（[没]寛政9（1797）年10月21日）

委文大宅　しどりのおおやけ
奈良時代の造東大寺司の絵師。
¶古人（生没年不詳）

士曇　しどん
⇒乾峰士曇（けんぽうしどん）

子曇　しどん
⇒西礀子曇（せいかんしどん）

しな
江戸時代後期の女性。俳諧。京都の人。文化1年序、得終尼編の闌更七回忌追善句集『もゝのやとり』に載る。
¶江表（しな（京都府））

紫那　しな★
江戸時代中期の女性。俳諧。豊後玖珠の人。宝永3年刊、長野馬貞撰『七異跡集』に載る。
¶江表（紫那（大分県））

品川氏章*　しながわうじあき
弘化2（1845）年～明治22（1889）年　江戸時代末期～明治時代の長門長府藩士。
¶幕末（[生]弘化2（1845）年6月24日　[没]明治22（1889）年9月6日）

品川高如　しながわたかゆき
江戸時代前期の幕臣。
¶徳人（[生]1612年　[没]1671年）

品川忠道*　しながわただみち
*～明治24（1891）年　江戸時代末期～明治時代の官吏、長崎蘭通詞。上海の帝国領事館初代領事、のち総領事となる。農商務省通商局長も歴任。
¶幕末（[生]天保11（1841）年12月19日　[没]明治24（1891）年2月18日）

品川弥二郎*　しながわやじろう
天保14（1843）年閏9月29日～明治33（1900）年2月26日　江戸時代末期～明治時代の長州藩士、政治家、子爵。内務少輔、農商務大輔などを経てドイツ駐在特命公使として赴任。国民協会を組織、副会頭。信用組合の設立奨励に尽力。
¶コン, 全幕, 幕末, 山小（[生]1843年閏9月29日　[没]1900年2月26日）

志奈子　しなこ★
江戸時代末期～明治時代の女性。和歌。松浦郡平戸村の古川深澄の娘。明治15年新刻、橘東世子編、『明治歌集』五編上に載る。
¶江表（志奈子（長崎県））

品子　しなこ★
江戸時代後期の女性。和歌。幕臣、寄合席阿部正信の妻。天保14年に「駿国雑誌」49巻を著した。
¶江表（品子（東京都））

文子　しなこ★
江戸時代中期～後期の女性。和歌。佐賀藩主鍋島治茂の娘。
¶江表（文子（佐賀県）　[生]天明6（1786）年　[没]天保14（1843）年）

しな女　しなじょ★
江戸時代後期の女性。和歌。桜田住の米沢氏。文化11年刊、中山忠雄・河田正致編『柿本社奉納和歌集』に載る。
¶江表（しな女（東京都））

志那女　しなじょ★
江戸時代末期の女性。和歌。伊勢桑名の松平氏。安政4年刊、富樫広蔭編『千百人一首』上に載る。
¶江表（志那女（三重県））

品女（1）　しなじょ★
江戸時代中期の女性。俳諧。伊勢一の瀬の人。元禄16年跋、三輪素覧撰『幾人水主』に載る。
¶江表（品女（三重県））

品女（2）　しなじょ★
江戸時代末期の女性。和歌。尾張名古屋の毛利弥八の母。安政4年刊、富樫広蔭編『千百人一首』上に載る。
¶江表（品女（愛知県））

品女・しな女　しなじょ★
江戸時代後期の女性。狂歌。深川新石場の亀屋内の妓女。文化8年刊、六樹園撰『狂歌画像作者部類』に載る。
¶江表（品女・しな女（東京都））

信濃*　しなの
生没年不詳　平安時代後期の歌人。四条宮藤原寛子の女房。
¶古人

信濃前司行長 しなのぜんじゆきなが
⇒信濃前司行長（しなののぜんじゆきなが）

信濃前司行長* しなののぜんじゆきなが
生没年不詳　㊥信濃前司行長（しなのぜんじゆきなが）　平安時代後期～鎌倉時代前期の「平家物語」の作者？
¶コン, 山小

信濃兵部丞* しなのひょうぶのじょう
生没年不詳　安土桃山時代の織田信長の家臣。
¶織田

信濃行忠 しなのゆきただ
⇒二階堂行忠（にかいどうゆきただ）

品姫* しなひめ
貞享2（1685）年11月9日～宝暦11（1761）年3月8日　江戸時代中期の女性。長州（萩）藩主毛利吉元の妻。
¶江表（法林院（山口県））

似南 じなん
⇒以南（いなん）

慈忍(1) じにん
⇒慧猛（えみょう）

慈忍(2) じにん
⇒尋禅（じんぜん）

時仁* じにん
生没年不詳　平安時代前期の仏師。
¶古人, 美建

慈仁親王 じにんしんのう
⇒慈仁法親王（じにんほうしんのう）

自忍尼 じにんに*
江戸時代中期の女性。紀行文。前橋藩主松平朝矩の家臣加藤三右衛門の妻。明和5年、95日間をかけて松島へ一人旅をした時の紀行文「松しま道の記」がある。
¶江表（自忍尼（群馬県））

慈仁入道親王 じにんにゅうどうしんのう
⇒慈仁法親王（じにんほうしんのう）

慈仁法親王* じにんほうしんのう
享保8（1723）年～享保20（1735）年　㊥慈仁親王（じにんしんのう）, 慈仁入道親王（じにんにゅうどうしんのう）　江戸時代中期の中御門天皇の第4皇子。
¶天皇（慈仁親王　じにんしんのう　㊦享保8（1723）年5月2日　㊦享保20（1735）年8月6日）

自然居士* じねんこじ
生没年不詳　鎌倉時代前期の禅宗系の説教師、勧進聖。
¶コン

自然斎 じねんさい
江戸時代後期～明治時代の陶画工。
¶美工（㊤文政4（1821）年　㊦明治10（1877）年）

慈念僧正 じねんそうじょう
⇒延昌（えんしょう）

しの(1)
江戸時代後期の女性。俳諧。登米郡大泉の俳人鈴木英二郎の妻。寛政12年刊、耽楽亭路玉編『橋柱集』に載る。
¶江表（しの（宮城県））

しの(2)
江戸時代後期の女性。俳諧。越後の人。文化11年序、以興庵鳳味編、以一庵石川豊井七回忌追善集『華ばたけ』に載る。
¶江表（しの（新潟県））

篠井秀次〔1代〕　しのいひでつぐ
⇒篠井秀次〔1代〕（しのいひでつぐ）

篠岡彦兵衛尉* しのおかひこべえのじょう
生没年不詳　戦国時代の北条一族の北条幻庵・同氏隆の家臣。
¶後北（彦兵衛尉〔篠岡〕　ひこべえのじょう）

篠窪治部 しのくぼじぶ
戦国時代～安土桃山時代の北条氏康・氏政の家臣。越相同盟の時の使者。
¶後北（治部〔篠窪〕　じぶ）

篠窪出羽守 しのくぼでわのかみ
戦国時代の北条氏綱・氏康の家臣。出羽入道。
¶後北（出羽守〔篠窪〕　でわのかみ）

篠窪遠江守* しのくぼとおとうみのかみ
生没年不詳　戦国時代の北条氏の家臣。
¶後北（遠江守〔篠窪〕　とおとうみのかみ）

篠窪弥太郎* しのくぼやたろう
安土桃山時代の武将。後北条氏家臣。
¶後北（弥太郎〔篠窪〕　やたろう）

しの子 しのこ*
江戸時代後期の女性。和歌。出雲国造千家尊孫の二男俊栄の妻。天保13年刊、千家尊孫編『類題八雲集』に載る。
¶江表（しの子（島根県））

志の子(1) しのこ*
江戸時代末期の女性。和歌。木村氏。安政4年成立「言玉集」二に載る。
¶江表（志の子（岩手県））

志の子(2) しのこ*
江戸時代末期の女性。和歌。布施氏。安政3年成立「言玉集」一に載る。
¶江表（志の子（岩手県））

篠崎桂之助* しのさきけいのすけ
嘉永5（1852）年～明治9（1876）年9月25日　江戸時代末期のキリシタン。
¶コン

篠崎源太郎 しのさきげんたろう
⇒川崎孫四郎（かわさきまごしろう）

篠崎五郎* しのさきごろう
？～明治42（1909）年　江戸時代末期～明治時代の鹿児島県士族。
¶幕末（㊦明治42（1909）年8月15日）

篠崎小竹* しのさきしょうちく
天明1（1781）年～嘉永4（1851）年　江戸時代後期の儒学者、漢詩人。
¶コン, 詩作（㊤天明1（1781）年4月14日）

篠崎慎八郎* しのさきしんぱちろう
弘化2（1845）年～慶応4（1868）年9月1日　江戸時代後期～末期の新撰組隊士。
¶新隊（㊦明治1（1868）年9月1日）

篠崎進* しのざきすすむ
文化12(1815)年～明治20(1887)年　江戸時代末期～明治時代の陸奥弘前藩士。
¶幕末

篠崎彦十郎* しのざきひこじゅうろう
文政9(1826)年～慶応3(1867)年　江戸時代末期の薩摩藩士。
¶幕末(㊀慶応3(1868)年12月25日)

篠崎保平* しのざきやすへい
生没年不詳　江戸時代中期の装剣金工。
¶コン,美工

し

篠沢雅□ しのざわまさ
戦国時代の武田氏の家臣、望月氏の被官であろう。
¶武田(生没年不詳)

篠嶋王 しのしまおう
平安時代前期の官人。
¶古人(生没年不詳)

篠塚菊松 しのずかきくまつ
⇒坂東彦三郎〔1代〕(ばんどうひこさぶろう)

篠塚次郎左衛門〔1代〕 しのずかじろざえもん
⇒篠塚次郎左衛門〔1代〕(しのづかじろざえもん)

篠塚力寿 しのずかりきじゅ
⇒篠塚力寿(しのづかりきじゅ)

篠田雲鳳* しのだうんぽう
文化7(1810)年～明治16(1883)年　江戸時代末期～明治時代の詩人、開拓子女黌教授。子女の教育に専心。
¶江表(雲鳳(東京都)),コン,幕末(㊀明治16(1883)年5月20日)

篠田魁介* しのだかいすけ
天保14(1843)年～明治44(1911)年　江戸時代末期～明治時代の常陸国庄屋。尊攘運動に加わる。後、郷里の地方自治に尽力。
¶幕末(㊀明治44(1911)年4月2日)

篠田儀三郎* しのだぎさぶろう
嘉永5(1852)年～明治1(1868)年　江戸時代末期の白虎隊士。
¶全幕(㊀慶応4(1868)年),幕末(㊀慶応4(1868)年8月23日)

篠田久次郎 しのだきゅうじろう
⇒笠々亭仙果(りゅうりゅうていせんか)

篠田槿々堂 しのだきんきんどう
⇒並木五瓶〔2代〕(なみきごへい)

篠田金治〔1代〕 しのだきんじ
⇒並木五瓶〔2代〕(なみきごへい)

篠田金治〔2代〕 しのだきんじ
⇒並木五瓶〔3代〕(なみきごへい)

篠田正二 しのだしょうじ
⇒並木五瓶〔2代〕(なみきごへい)

篠田惣六 しのだそうろく
⇒並木五瓶〔3代〕(なみきごへい)

篠田隆之 しのだたかゆき
江戸時代中期の代官、勘定吟味役。
¶徳代(㊉安永2(1773)年　㊀?)

信太仁十郎*(信田仁十郎,志太仁十郎) しのだにじゅうろう
文政9(1826)年～安政5(1858)年　江戸時代末期の浪人。
¶コン(信田仁十郎),幕末(㊀安政5(1858)年5月9日)

信太意舒* しのだもとのぶ
天保10(1839)年～明治25(1892)年　[別]信太意舒(しだもとのぶ)　江戸時代末期～明治時代の久保田藩士。西洋砲術を修め、物頭、海岸警備の副役、軍事係を務める。戊辰戦争に藩論を勤王にまとめた。
¶コン,幕末(しだもとのぶ　㊉天保14(1843)年　㊀明治25(1892)年7月18日)

篠塚重広*(篠塚重弘) しのづかしげひろ
生没年不詳　南北朝時代の武将。
¶室町

篠塚次郎左衛門〔1代〕* しのづかじろざえもん,しのずかじろざえもん
明暦3(1657)年～享保3(1718)年1月23日　[別]篠塚次郎左衛門〔1代〕(しのずかじろざえもん)　江戸時代中期の歌舞伎役者。元禄4年～享保2年頃に活躍。
¶歌大(代数なし　しのづかじろうざえもん　㊉?)

篠塚荻浦* しのづかてきほ
文化12(1815)年～安政2(1855)年　江戸時代末期の僧。
¶幕末(㊀安政2(1855)年10月)

篠塚梅翁 しのづかばいおう
⇒篠塚文三郎〔1代〕(しのづかぶんざぶろう)

篠塚梅扇〔1代〕 しのづかばいせん
⇒篠塚文三郎〔1代〕(しのづかぶんざぶろう)

篠塚文三郎〔1代〕* しのづかぶんざぶろう
?～弘化2(1845)年　[別]篠塚梅翁(しのづかばいおう),篠塚梅扇,篠塚梅扇〔1代〕(しのづかばいせん)　江戸時代後期の京都の劇場振付師。京舞篠塚流の祖。
¶歌大(篠塚梅扇〔1代〕　しのづかばいせん)

篠塚好生* しのづかよしお
文政6(1823)年～明治21(1888)年　江戸時代末期～明治時代の医師。子弟の教導も行う。著に「松窓文集」など。
¶幕末(㊀明治21(1888)年8月20日)

篠塚力寿* しのづかりきじゅ
文政10(1827)年～明治33(1900)年8月24日　[別]篠塚力寿(しのずかりきじゅ)　江戸時代末期～明治時代の舞踊家。京都、名古屋で門下を指導。
¶幕末

志野知郷* しのともさと
生没年不詳　江戸時代末期の和算家、紀伊和歌山藩士。
¶数学

篠井秀次〔1代〕* しののいひでつぐ
生没年不詳　[別]篠井秀次〔1代〕(しのいひでつぐ)　室町時代の塗師。
¶コン(代数なし),美工

東雲 しののめ★
江戸時代末期の女性。俳諧。白木湊の遊女か。万延2年丹生郡の青雲編「春興」に載る。
¶江表(東雲(福井県))

しのはら
江戸時代中期の女性。俳諧。遊女か。元禄15年刊、太田白雪編『三河小町』下に載る。
¶江表(しのはら(東京都))

篠原王 しのはらおう
奈良時代の官人。
¶古人(生没年不詳)

篠原尾張守 しのはらおわりのかみ
安土桃山時代の駿河国富士郡大鹿の土豪。
¶武田(生没年不詳)

篠原国幹* しのはらくにもと
天保7(1836)年12月5日～明治10(1877)年3月4日 江戸時代末期～明治時代の鹿児島藩士、陸軍軍人。鹿児島常備隊大隊長、御親兵の大隊長。兵部省に出仕し、陸軍大佐を務める。
¶コン,全幕,幕末(㊤天保7(1837)年12月5日)

篠原自遁* しのはらじとん
生没年不詳 戦国時代の武将。
¶全戦

篠原泰之進* しのはらたいのしん
文政11(1828)年～明治44(1911)年6月13日 江戸時代末期～明治時代の新撰組隊士。
¶新隊(㊤文政11(1828)年10月20日),全幕,幕末(㊤文政11(1828)年10月20日)

篠原忠右衛門* しのはらちゅうえもん
*～明治24(1891)年 ㊗甲州屋忠右衛門(こうしゅうやちゅうえもん) 江戸時代末期～明治時代の貿易商。外国人への生糸売り込み第一号。
¶コン(甲州屋忠右衛門 こうしゅうやちゅうえもん ㊤文化7(1810)年),幕末(㊤文化6(1809)年 ㊦明治24(1891)年11月24日)

篠原長房* しのはらながふさ
?～元亀4(1573)年5月13日 戦国時代の武将。
¶コン(㊦天正1(1573)年),全戦(㊦天正1(1573)年),戦武(㊤永正10(1513)年 ㊦天正1(1573)年)

篠原秀太郎* しのはらひでたろう
弘化4(1847)年～元治1(1864)年 江戸時代末期の長州(萩)藩寄組。
¶幕末(㊦元治1(1864)年7月19日)

篠原又右衛門 しのはらまたえもん
江戸時代前期の豊臣秀頼の右筆。
¶大坂(㊦慶長20年5月7日)

篠原与一右衛門尉 しのはらよいちえもんのじょう
戦国時代の駿河国富士郡下稲子の土豪。
¶武田(生没年不詳)

篠原吉忠 しのはらよしただ
戦国時代の武田氏の家臣、信濃国諏訪大社の奉公人。
¶武田(生没年不詳)

篠原善富* しのはらよしとみ
生没年不詳 江戸時代後期の和算家。
¶数学

しのふ
江戸時代中期の女性。俳諧。桑折の人。元禄12年序、相楽等躬編『伊達衣』に載る。
¶江表(しのふ(福島県))

信夫女 しのぶじょ★
江戸時代後期の女性。俳諧・和歌。志度の人。
¶江表(信夫女(香川県) ㊦文化7(1810)年)

信夫恕軒* しのぶじょけん
天保6(1835)年～明治43(1910)年 江戸時代末期～明治時代の漢学者。
¶コン,詩作(㊤天保6(1835)年5月5日 ㊦明治43(1910)年12月11日)

信夫膳司 しのぶぜんじ
⇒佐藤図書(さとうずしょ)

忍の惣太*(忍惣太) しのぶのそうだ
河竹黙阿弥作の歌舞伎「都鳥廓白浪」(安政1年)の登場人物。
¶コン(忍惣太)

四宮源蔵 しのみやげんぞう
安土桃山時代の伯耆山名氏の家臣。
¶全戦(㊤? ㊦天正8(1580)年)

四宮五右衛門 しのみやごえもん
江戸時代前期の武士。大坂の陣で籠城。
¶大坂(㊦慶長20年5月7日)

四宮輝明* しのみやてるあき
?～永禄3(1560)年 戦国時代の武将。今川氏家臣。
¶武田(生没年不詳)

四宮彦右衛門 しのみやひこえもん
安土桃山時代～江戸時代前期の代官。
¶徳代(生没年不詳)

四宮文造*(四宮文蔵) しのみやぶんぞう
文政1(1818)年～明治15(1882)年 江戸時代末期～明治時代の詫間流算盤名手、寺子屋師匠。小学校教諭。祥雲学校を私設して教育。
¶数学(四宮文蔵 ㊦明治15(1882)年9月17日),幕末(㊦明治15(1882)年9月17日)

四宮順実* しのみやよりざね
生没年不詳 江戸時代後期の和算家。
¶数学

四宮与六 しのみやよろく
安土桃山時代の武士。駿河衆。
¶武田(生没年不詳)

篠本彦太郎 しのもとひこたろう
⇒歌沢笹丸(うたざわささまる)

篠本守典* しのもともりすけ
生没年不詳 江戸時代中期の和算家。
¶数学

篠山十兵衛 しのやまじゅうべい
⇒篠山十兵衛景徳(しのやまじゅうべいかげのり)

篠山十兵衛景徳* しのやまじゅうべいかげのり
?～安政3(1856)年 ㊗篠山景徳(ささやまかげのり,ささやまけいとく),篠山十兵衛(しのやまじゅうべい) 江戸時代末期の江戸城再建御用掛。
¶徳代(篠山景徳 ささやまけいとく ㊦安政3(1856)年4月),幕末(篠山十兵衛 しのやまじゅうべい)

篠山資家* しのやますけいえ
?～慶長5(1600)年 ㊗篠山資家(ささやますけいえ) 安土桃山時代の武士。徳川家康の臣。
¶徳代(ささやますけいえ ㊦慶長5(1600)年8月1日)

斯波詮高 しばあきたか
戦国時代の陸奥高水寺斯波家当主。

¶室町 ㋯文明8（1476）年 ㋻天文18（1549）年）

斯波家氏* しばいえうじ
生没年不詳 ㋕足利家氏（あしかがいえうじ） 鎌倉時代の武将。
¶コン

斯波家兼* しばいえかね
延慶1（1308）年〜正平11／延文1（1356）年 ㋕大崎家兼（おおさきいえかね） 鎌倉時代後期〜南北朝時代の武将。宗氏の子。高経は兄。
¶室町（㋯徳治3（1308）年）

斯波家長* しばいえなが
？〜延元2／建武4（1337）年 鎌倉時代後期〜南北朝時代の武将。高経の長子。陸奥守。
¶中世, 室町

斯波氏経* しばうじつね
生没年不詳 ㋕足利氏経（あしかがうじつね） 南北朝時代の武将。高経の次男、家長は兄。
¶室町

芝江 しばえ*
江戸時代後期の女性。俳諧。拝島の人。寛政11年序、榎本星布の子喚之が編んだ『美登里能松』に載る。
¶江表（芝江（東京都））

柴江運八郎* しばえうんぱちろう, しばえうんぱちろう
天保5（1834）年〜大正1（1912）年 江戸時代末期〜明治時代の剣道範士。戊辰戦争、佐賀の乱の際に活躍。要職歴任後、大村に帰郷後は農耕のかたわら剣道を教授。
¶幕末（㋯天保5（1834）年11月 ㋻大正1（1912）年10月29日）

柴岡剛三* しばおかごうぞう
？〜慶応4（1868）年4月 江戸時代後期〜末期の新撰組隊士。
¶新隊（生没年不詳）

柴垣其文 しばがききぶん
⇒文亭梅彦（ぶんていうめひこ）

柴垣辰之進* しばがきたつのしん
天保8（1837）年〜明治26（1893）年 江戸時代末期〜明治時代の但馬国の志士。長州藩振武隊の会計方。
¶幕末（㋻明治26（1893）年10月）

斯波兼頼* しばかねより
？〜天授5／康暦1（1379）年 南北朝時代の武将。
¶室町（㋯康暦1／天授5（1379）年）

芝木喜内* しばききない
天保14（1843）年〜明治5（1872）年 江戸時代末期〜明治時代の本多氏旧臣。主人仇討ちを果たし切腹。
¶幕末（㋻明治5（1872）年11月4日）

糸白 しはく
江戸時代中期の女性。俳諧。筑前田代の人。元禄10年刊、筑前箱崎の俳人松月庵哺扇編『染川集』に載る。
¶江表（糸白（福岡県））

之白 しはく
⇒根来之白（ねごろしはく）

紫白女* しはくじょ
㋕寺崎紫白（てらさきしはく），寺崎紫白女（てらさきしはくじょ） 江戸時代中期の女性。蕉門の俳人。
¶江表（紫白（佐賀県）㋻享保3（1718）年），女史（生没年不詳），俳文（生没年不詳）

柴倉対馬* しばくらつしま
江戸時代中期の建築家。
¶美建（生没年不詳）

司馬江漢 しばこうかん
延享4（1747）年〜文政1（1818）年 江戸時代中期〜後期の洋風画家。
¶浮絵, 江人, 科学（㋻文政1（1818）年10月21日），コン（㋯元化3（1738／1747）年），思想, 対外, 地理, 美画（㋻文政1（1818）年10月21日），山小（㋲1818年10月21日）

司馬江南* しばこうなん
生没年不詳 江戸時代後期の画家。
¶浮絵

芝崎栄子* しばざきえいこ
生没年不詳 江戸時代中期の女性。賀茂真淵の弟子。
¶江表（栄子（東京都））

芝崎直子 しばざきなおこ, しばざきなおこ
⇒荷田直子（かだのなおこ）

芝崎孫三* しばざきまごぞう
生没年不詳 安土桃山時代の織田信長の家臣。
¶織田

芝崎好高* しばざきよしたか
寛文7（1667）年〜享保18（1733）年 江戸時代中期の神官。
¶コン

柴崎林左衛門〔3代〕 しばさきりんざえもん
⇒浅尾工左衛門〔2代〕（あさおくざえもん）

柴貞邦 しばさだくに
江戸時代後期〜明治時代の海軍軍人。
¶幕末（㋯天保5（1834）年7月14日 ㋻明治7（1874）年8月1日）

斯波蕃 しばしげり
⇒津田正邦（つだまさくに）

斯波蕃 しばしげる
⇒津田正邦（つだまさくに）

司馬芝叟* しばしそう
生没年不詳 ㋕雄崎勝助（おざきかつすけ），司馬芝叟（しばしばそう），し葉叟（しばそう），芝屋勝助（しばやかつすけ），芝屋芝叟（しばやしばそう） 江戸時代中期〜後期の歌舞伎作者。天明3年〜文化1年頃に活躍。
¶コン

司馬芝叟 しばしばそう
⇒司馬芝叟（しばしそう）

柴秋村*〈柴秋邨〉 しばしゅうそん
天保1（1830）年〜明治4（1871）年3月18日 江戸時代末期〜明治時代の蘭学者。商家に生まれ、のち士族に列せられる。蜂須賀藩洋学校で教師を務める。
¶詩作, 幕末（柴秋邨）

司馬女 しばじょ*
江戸時代後期の女性。俳諧。文政2年刊、田喜庵護物編『俳諧捜玉集』に載る。

¶江表（司馬女（東京都））

柴女　しばじょ★
江戸時代前期の女性。俳諧。松永貞徳を祖とする貞門。延宝4年序、神田蝶々子編『誹諧当世男』に載る。
¶江表（柴女（東京都））

芝全交〔1代〕＊　しばぜんこう
寛延3（1750）年6月19日～寛政5（1793）年5月27日　江戸時代中期の黄表紙作者。
¶江人（代数なし），コン（代数なし）

し葉叟　しばそう
⇒司馬芝叟（しばしそう）

司馬曹達＊　しばそうたつ
上代の武士。倭王讃の臣。
¶古代

斯波園女　しばそのじょ
⇒園女（そのめ）

斯波園女　しばそのめ
⇒園女（そのめ）

柴太一郎＊　しばたいちろう
天保10（1839）年～大正12（1923）年　江戸時代末期～明治時代の会津藩士、政治家。藩主松平容保のもとで長州征討を画策。維新後西南戦争で敗れた鹿児島県の戦後処理を担当。
¶全幕，幕末（[没]大正12（1923）年4月26日）

柴田一光　しばたいっこう
江戸時代後期～明治時代の陶工。
¶美工（[生]天保8（1837）年5月　[没]明治44（1911）年5月）

柴田勝家＊　しばたかついえ
＊～天正11（1583）年　戦国時代～安土桃山時代の武将。信長の家臣。
¶織田（[生]大永2（1522）年　[没]天正11（1583）年4月24日），コン（[生]大永2（1522）年），全戦（[生]大永2（1522）年？），戦武（[生]？），中世（[生]？），山小（[生]？　[没]1583年4月24日）

柴田勝家室　しばたかついえしつ
⇒小谷の方（おだにのかた）

柴田勝定＊　しばたかつさだ
生没年不詳　安土桃山時代の織田信長の家臣。
¶織田

柴田勝豊＊　しばたかつとよ
？～天正11（1583）年　安土桃山時代の武将。
¶織田（[没]天正11（1583）年4月16日），戦武

柴田勝命　しばたかつなが
江戸時代前期～中期の武士、勘定。
¶徳代（[生]貞享3（1686）年　[没]宝暦6（1756）年11月26日）

斯波高経＊　しばたかつね
嘉元3（1305）年～正平22/貞治6（1367）年　[別]足利高経（あしかがたかつね）　鎌倉時代後期～南北朝時代の武将。宗氏の子。
¶コン，内乱（[没]貞治6（1367）年），室町，山小（[没]1367年7月13日）

柴田勝房　しばたかつふさ
江戸時代中期～後期の幕臣。
¶徳人（[生]1751年　[没]1806年）

柴田勝政＊　しばたかつまさ
弘治3（1557）年～天正11（1583）年　安土桃山時代の武士。豊臣氏家臣。
¶戦武（[生]？　[没]天正11（1583）年？）

柴田義董＊　しばたぎとう
安永9（1780）年～文政2（1819）年　江戸時代後期の四条派の画家。
¶美画（[没]文政2（1819）年4月5日）

柴田鳩翁＊　しばたきゅうおう
天明3（1783）年5月5日～天保10（1839）年5月3日　江戸時代後期の石門心学者。
¶江人，コン，思想

柴田宮内少輔＊　しばたくないのしょう
安土桃山時代の織田信長の家臣。
¶織田

柴田桂次郎　しばたけいじろう
江戸時代末期の代官、官吏。
¶徳代（生没年不詳）

柴田元徳　しばたげんとく
江戸時代後期の眼科医。
¶眼医（[生]？　[没]文化5（1808）年）

柴田小源太＊　しばたこげんた
天保8（1837）年～？　江戸時代後期～末期の新撰組隊士。
¶新隊

柴田定勝　しばたさだかつ
⇒駒井躋庵（こまいせいあん）

新発田重家＊　しばたしげいえ
？～天正15（1587）年　安土桃山時代の武将。新発田綱貞の次男。
¶全戦（[生]天文16（1547）年？），戦武（[生]天文16（1547）年？）

新発田収蔵＊（柴田収蔵）　しばたしゅうぞう
文政3（1820）年～安政6（1859）年　江戸時代末期の蘭方医、篆刻家。
¶コン，徳人（柴田収蔵），幕末（柴田収蔵　[生]文政3（1820）年6月26日　[没]安政6（1859）年4月10日）

柴田昌吉＊　しばたしょうきち
＊～明治34（1901）年　[別]柴田昌吉（しばたまさきち，しばたまさよし）　江戸時代末期～明治時代の官吏、洋学所教授。「附音挿図英和字彙」を刊行。長崎で柴田英語学校を創立。
¶幕末（しばたまさよし　[生]天保12（1841）年　[没]明治34（1901）年10月8日）

柴田真哉　しばたしんさい
江戸時代末期～明治時代の漆芸家。
¶美工（[生]安政5（1858）年　[没]明治28（1895）年）

柴田躋庵　しばたせいあん
⇒駒井躋庵（こまいせいあん）

柴田是真＊　しばたぜしん
文化4（1807）年～明治24（1891）年7月13日　江戸時代末期～明治時代の日本画家、蒔絵師。とだえていた青海波塗を復活。明治宮殿に描き、帝室技芸員となる。日本漆芸会を創立。
¶コン，幕末（[生]文化4（1807）年2月7日），美工（[生]文化4（1807）年2月7日）

柴田善一郎　しばたぜんいちろう
江戸時代末期の代官。
¶徳代（生没年不詳）

柴田泰山*　しばたたいざん
文政1（1818）年～明治17（1884）年　江戸時代末期～明治時代の画家。
¶美画（(没)明治17（1884）年9月）

柴田剛中*　しばたたけなか
文政6（1823）年～明治10（1877）年8月24日　江戸時代末期～明治時代の幕臣、外国奉行、兵庫奉行。
¶徳人, 幕末（(生)文政6（1823）年1月17日）

斯波直持　しばただもち
⇒斯波直持（しばなおもち）

柴田中務　しばたちゅうむ
⇒柴田中務（しばたなかつかさ）

司馬達等*　しばたっと，しばたつと
生没年不詳　(別)鞍部司馬達等（くらつくりのしばたっと），鞍作司馬達等（くらつくりのしばたっとな），鞍部村主司馬達等（くらつくりのすぐりしばたっと），司馬達等（しばのたちと），達等（たつとう）　飛鳥時代の渡来人鞍部氏の祖先。
¶古人, 古代（鞍部村主司馬達等　くらつくりのすぐりしばたっと）, 古物（しばたつと）, コン（しばのたちと）, 思想, 対外, 山小

新発田綱貞*　しばたつなさだ
生没年不詳　戦国時代の国人。
¶全戦（(生)永正9（1512）年？　(没)永禄4（1561）年）, 戦武（(生)永正9（1512）年　(没)永禄4（1561）年）

柴田伝之助*　しばたでんのすけ
*～明治1（1868）年　江戸時代末期の百姓。
¶幕末（(生)天保1（1830）年　(没)明治1（1868）年9月19日）

柴田東五郎*　しばたとうごろう
文政1（1818）年～明治6（1873）年　江戸時代末期～明治時代の志士。薩長提携の途を開くのに貢献。
¶幕末

柴田棟斎　しばたとうさい
⇒木子棟斎（きのことうさい）

柴田道楽*　しばたどうらく
生没年不詳　安土桃山時代の織田信長の家臣。
¶織田

新発田長敦*　しばたながあつ
？～天正8（1580）年　安土桃山時代の国人。
¶全戦

柴田中務*　しばたなかつかさ
？～明治1（1868）年　(別)柴田中務（しばたちゅうむ）　江戸時代末期の陸奥仙台藩士。
¶幕末（(生)天保3（1832）年　(没)明治1（1868）年9月20日）

柴田花守*　しばたはなもり
文化6（1809）年～明治23（1890）年　江戸時代末期～明治時代の神道家、不二道の10世教主、実行社初代管長。富士信仰を中核とし、復古神道的色彩を加えた教えを説く。
¶コン, 幕末

柴田彦三郎*　しばたひこさぶろう
天保10（1839）年～慶応2（1866）年　江戸時代末期の新撰組隊士。
¶新隊（(没)慶応2（1866）年6月23日）, 幕末（(没)慶応2（1866）年6月23日）

柴田方庵*（柴田方菴）　しばたほうあん
寛政12（1800）年～安政3（1856）年　江戸時代末期の蘭方医。
¶コン, 幕末（柴田方菴　(没)安政3（1856）年10月8日）

柴田昌吉　しばたまさきち
⇒柴田昌吉（しばたしょうきち）

柴田政方　しばたまさのり
*～安政1（1854）年　江戸時代中期～末期の幕臣、美濃郡代。
¶徳人（(生)？）, 徳代（(生)安永5（1776）年　(没)安政1（1854）年12月）

柴田昌吉　しばたまさよし
⇒柴田昌吉（しばたしょうきち）

芝多民部*　しばたみんぶ
文政5（1822）年～慶応2（1866）年　江戸時代末期の陸奥仙台藩士。
¶幕末（(没)慶応2（1866）年2月25日）

柴田弥左衛門尉　しばたやざえもんのじょう
安土桃山時代の織田信長の家臣。信長の奉行衆の一人。
¶織田（生没年不詳）

柴田康直　しばたやすなお
江戸時代中期の幕臣。
¶徳人（(生)1780年　(没)？）

柴田康長*　しばたやすなが
天正14（1586）年～寛永12（1635）年　江戸時代前期の武士。徳川家の臣。
¶徳人（(生)1587年　(没)1636年）

柴田康能　しばたやすよし
江戸時代前期～中期の幕臣。
¶徳人（(生)1639年　(没)1722年）

柴田養寿　しばたようじゅ
江戸時代後期の眼科医。
¶眼医（生没年不詳）

柴田リイノ　しばたりいの
⇒柴田礼能（しばたれいのう）

柴田理右衛門　しばたりえもん
⇒宮城清行（みやぎせいこう）

柴田立斎　しばたりっさい
江戸時代後期の眼科医。
¶眼医（生没年不詳）

柴田令哉　しばたれいさい
江戸時代後期～大正時代の蒔絵師。
¶美工（(生)嘉永3（1850）年9月14日　(没)大正4（1915）年10月29日）

柴田礼能*　しばたれいのう
？～天正14（1586）年　(別)柴田リイノ（しばたりいの），天徳寺礼能（てんとくじれいのう）　安土桃山時代の武士。
¶全戦

柴司*　しばつかさ
弘化2（1845）年～元治1（1864）年　江戸時代末期の陸奥会津藩士。
¶全幕（(生)天保15（1844）年）, 幕末（(没)元治1（1864）年6月12日）

芝辻理右衛門* しばつじりえもん
？～寛永11（1634）年　江戸時代前期の鉄砲鍛冶。
¶コン

芝直照* しばなおてる
嘉永1（1848）年～明治32（1899）年　江戸時代末期～明治時代の陸軍軍人。西南戦争、日清戦争に従軍。宇和島明倫館の官長もつとめる。
¶幕末（[没]明治32（1899）年11月1日）

斯波直持* しばなおもち
嘉暦2（1327）年～弘和3/永徳3（1383）年　[別]斯波直持（しばただもち）　南北朝時代の武将。
¶室町（生没年不詳）

司馬達等 しばのたちと
⇒司馬達等（しばたっと）

柴野美啓* しばのびけい
？～弘化4（1847）年　[別]柴野美啓（しばのよしひろ）　江戸時代後期の算家。
¶数学（しばのよしひろ　[没]弘化4（1847）年8月8日）

柴野碧海* しばのへきかい
安永2（1773）年～天保6（1835）年7月16日　江戸時代後期の阿波徳島藩儒。柴野栗山の養子。
¶コン

柴野美啓 しばのよしひろ
⇒柴野美啓（しばのびけい）

柴野栗山* しばのりつざん
元文1（1736）年～文化4（1807）年　[別]柴栗山（しばりつざん）　江戸時代中期～後期の儒学者。「寛政三博士」の一人。
¶江人, コン, 詩作（[没]文化4（1807）年12月1日）, 思想, 徳将, 徳人, 山小（[没]1807年12月1日）

柴原和* しばはらやわら
天保3（1832）年～明治38（1905）年　江戸時代末期～明治時代の地方官、千葉県令、貴族院議員。地方民会創設、地租改正に尽力。
¶幕末（[生]天保3（1832）年2月7日　[没]明治38（1905）年11月29日）

斯波蕃 しばばん
⇒津田正邦（つだまさくに）

芝正盛 しばまさもり
江戸時代中期の幕臣、飛騨郡代。
¶徳人（生没年不詳）, 徳代（[生]宝暦9（1759）年　[没]？）

柴村盛香 しばむらもりか
元禄6（1693）年～宝暦10（1760）年　江戸時代中期の幕臣。
¶徳人, 徳代（[没]宝暦10（1760）年5月2日）

柴村盛興 しばむらもりき
江戸時代前期～中期の幕臣、代官。
¶徳代（[生]承応3（1654）年　[没]享保8（1723）年12月11日）

柴村盛膺 しばむらもりたか
江戸時代中期～後期の代官。
¶徳代（[生]正徳4（1714）年　[没]天明8（1788）年2月4日）

柴村盛方* しばむらもりみち
享保7（1722）年～？　江戸時代中期の幕臣。
¶徳人

柴村盛之* しばむらもりゆき
生没年不詳　江戸時代中期の和算家。
¶数学

芝屋勝助 しばやかつすけ
⇒司馬芝叟（しばしそう）

芝屋芝叟 しばやしばそう
⇒司馬芝叟（しばしそう）

柴山愛次郎* しばやまあいじろう
天保7（1836）年～文久2（1862）年　江戸時代末期の薩摩藩士、尊攘派志士。
¶コン, 全幕, 幕末（[没]文久2（1862）年4月23日）

柴山伊兵衛* しばやまいへえ
慶長16（1611）年～元禄16（1703）年　江戸時代前期～中期の美濃国の用水開削者。
¶コン

芝山国豊* しばやまくにとよ
天明1（1781）年～文政4（1821）年　江戸時代後期の公家（正三位・非参議）。権大納言勧修寺経逸の次男。
¶公卿（[生]天明1（1781）年7月19日　[没]文政4（1821）年9月28日）, 公家（国豊〔芝山家〕　くにとよ　[生]天明1（1781）年7月19日　[没]文政4（1821）年9月28日）

柴山元昭 しばやまげんしょう
⇒売茶翁（ばいさおう）

芝山監物*（柴山監物）　しばやまけんもつ
生没年不詳　安土桃山時代の武将、利休七哲の一人。
¶織田（柴山監物）, 全戦

芝山定豊* しばやまさだとよ
寛永15（1638）年4月10日～宝永4（1707）年5月2日　江戸時代前期～中期の公家（権中納言）。権大納言芝山宣豊の子。
¶公卿, 公家（定豊〔芝山家〕　さだとよ）

芝山重豊* しばやましげとよ
元禄16（1703）年～明和3（1766）年　江戸時代中期の歌人・公家（権中納言）。非参議高丘季起の次男。
¶公卿（[生]元禄16（1703）年1月25日　[没]明和3（1766）年8月6日）, 公家（重豊〔芝山家〕　しげとよ　[生]元禄16（1703）年1月25日　[没]明和3（1766）年8月6日）

芝山次大夫* しばやまじだゆう
生没年不詳　安土桃山時代の織田信長の家臣。
¶織田

芝山宗一 しばやまそういち
江戸時代末期～明治時代の蒔絵師。
¶美工（生没年不詳）

柴山長次郎* しばやまちょうじろう
生没年不詳　安土桃山時代の織田信長の家臣。
¶織田

芝山徳三郎*（柴山徳三郎）　しばやまとくさぶろう
江戸時代末期の新撰組隊士。
¶新隊（柴山徳三郎　生没年不詳）

芝山宣豊* しばやまのぶとよ
慶長17（1612）年～元禄3（1690）年　江戸時代前期の公家（権大納言）。芝山家の祖。贈内大臣中御門明豊の孫。
¶公卿（[生]慶長17（1612）年3月25日　[没]元禄3（1690）年2月13日）, 公家（宣豊〔芝山家〕　のぶとよ　[生]慶長17（1612）年3月25日　[没]元禄3（1690）年2月13日）

芝山広豊* しばやまひろとよ
延宝2（1674）年2月23日～享保8（1723）年　江戸時

代中期の公家（参議）。左中将四辻季輔の次男。
¶公卿（[没]享保8（1723）年2月12日），公家（広豊〔芝山家〕　ひろとよ　[没]享保8（1723）年2月12日）

芝山正親*　しばやままさちか
弘治1（1555）年～寛永14（1637）年　安土桃山時代～江戸時代前期の堺政所職。
¶徳代（[没]寛永14（1637）年9月16日）

芝山持豊*　しばやまもちとよ
寛保2（1742）年6月5日～文化12（1815）年2月20日　江戸時代中期～後期の歌人・公家（権大納言）。権中納言芝山重豊の子。
¶公卿，公家（持豊〔芝山家〕　もちとよ）

柴山龍五郎*　しばやまりゅうごろう
天保6（1835）年～明治44（1911）年　江戸時代末期～明治時代の薩摩藩士、山形・福島郡長。寺田屋事件に加担。薩英戦争で奮戦。
¶幕末（[生]天保6（1835）年11月11日　[没]明治44（1911）年9月6日）

柴山良助*（柴山良介）　しばやまりょうすけ
天保5（1834）年～明治1（1868）年　江戸時代末期の志士。薩摩藩士。
¶コン，幕末（[没]慶応4（1868）年1月9日）

芝芳　しばよし⋆
江戸時代中期の女性。俳諧。下仁田の人。天明3年刊、曲川館宜長編、田中反哺3回忌追善集『追善すて碇』に載る。
¶江表（芝芳（群馬県））

斯波義廉*　しばよしかど
生没年不詳　室町時代の武将、室町幕府管領。渋川義鏡の子。
¶コン，中世，内乱，室町，山小（[生]1446年/1447年　[没]？）

斯波義銀*　しばよしかね
天文9（1540）年～慶長5（1600）年　安土桃山時代の武将。
¶コン，全戦

斯波義達　しばよしさと
⇒斯波義達（しばよしたつ）

斯波義重*　しばよししげ
建徳2/応安4（1371）年～応永25（1418）年　[別]足利義重（あしかがよししげ），斯波義教（しばよしのり）　南北朝時代～室町時代の武将、室町幕府管領。義将と吉良満貞の娘の子。
¶コン，内乱（[生]応安4（1371）年），室町

斯波義健*　しばよしたけ
永享7（1435）年～享徳1（1452）年　室町時代の武将。
¶コン

斯波義達*　しばよしたつ
？～大永1（1521）年　[別]斯波義達（しばよしさと，しばよしみち），斯波義逵（しばよしみち）　戦国時代の武将。
¶全戦（しばよしみち），室町（生没年不詳）

斯波義種*　しばよしたね
正平7/文和1（1352）年～応永15（1408）年2月3日　南北朝時代～室町時代の武将。
¶コン，内乱（[生]文和1（1352）年）

斯波義近　しばよしちか
⇒津川義近（つがわよしちか）

斯波義敏*　しばよしとし
*～永正5（1508）年　室町時代～戦国時代の武将。持種の子。
¶コン（[生]永享7（1435）年？），中世（[生]1435年？），内乱（[生]？），室町（[生]永享7（1435）年），山小（[生]1435年？　[没]1508年11月16日）

斯波義教　しばよしのり
⇒斯波義重（しばよししげ）

斯波義将*　しばよしまさ
正平5/観応1（1350）年～応永17（1410）年5月7日　[別]足利義将（あしかがよしまさ），斯波義将（しばよしゆき）　南北朝時代～室町時代の武将、室町幕府管領。高経の4男。
¶コン，内乱（しばよしゆき　[生]観応1（1350）年），室町（しばよしゆき　[生]観応1/正平5（1350）年），山小（しばよしゆき　[没]1410年5月7日）

斯波義達（斯波義逵）　しばよしみち
⇒斯波義達（しばよしたつ）

斯波義統*　しばよしむね
永正10（1513）年～天文23（1554）年　戦国時代の武将。尾張国守護。
¶コン，全戦（しばよしむね？），室町

斯波義将　しばよしゆき
⇒斯波義将（しばよしまさ）

柴栗山　しばりつざん
⇒柴野栗山（しばのりつざん）

司馬凌海*　しばりょうかい
天保10（1839）年～明治12（1879）年3月11日　江戸時代末期～明治時代の蘭方医、医学校3等教授、愛知県病院医学教師。
¶科学（[生]天保10（1839）年2月28日），コン

司馬良作*　しばりょうさく
天保12（1841）年～？　江戸時代後期～末期の新撰組隊士。
¶新隊

芝琳賢　しばりんけん，しばりんげん
⇒琳賢（りんけん）

芝陸　しばろく
⇒中村東蔵〔3代〕（なかむらとうぞう）

斯波緑之助*　しばろくのすけ
天保11（1840）年～？　江戸時代後期～末期の新撰組隊士。
¶新隊

使帆*　しはん
江戸時代中期の俳人。
¶俳文（生没年不詳）

師蛮　しばん
⇒卍元師蛮（まんげんしばん）

志斐嫗　しひのおみな
⇒志斐嫗（しいのおみな）

志斐公麻呂*　しひのきみまろ
天平9（737）年～？　[別]志斐連公麻呂（しひのむらじきみまろ）　奈良時代の造石山院の仏工。
¶美建

志斐三田次*　しひのみたすき
生没年不詳　[別]志斐三田次（しいのみたすき）　奈

良時代の学者。
¶古人(しいのみたすき),コン,数学

志斐連公麻呂　しひのむらじきみまろ
⇒志斐公麻呂(しひのきみまろ)

新開一右衛門　しびらきいちえもん
⇒新開一右衛門(しんびらきいちえもん)

渋井太室*　しぶいたいしつ
享保5(1720)年〜天明8(1788)年　[別]渋井孝徳(しぶいたかのり)　江戸時代中期の漢学者。
¶コン,思想

渋井孝徳　しぶいたかのり
⇒渋井太室(しぶいたいしつ)

紫風(1)　しふう★
江戸時代中期の女性。俳諧。能登の人。安永8年刊、森岡玦卜序、寄皐追善集「風も秋」に載る。
¶江表(紫風(石川県))

紫風(2)　しふう★
江戸時代後期の女性。俳諧。安芸御手洗の人。文化11年刊、多賀庵三世玄蛙編『やまかつら』に載る。
¶江表(紫風(広島県))

紫風女　しふうじょ★
江戸時代後期の女性。俳諧。天保14年成立、俳人松永笠人追善連句巻「笠人居士追善俳諧之連歌」に載る。
¶江表(紫風女(群馬県))

渋江右近丞　しぶえうこんのじょう
戦国時代の富士山河口浅間神社所属の御師。
¶武田(生没年不詳)

渋江景胤*　しぶえかげたね
戦国時代の武士。足利氏家臣。
¶後北(景胤〔渋江〕　かげたね)

渋江公木　しぶえこうぼく
⇒渋江晩香(しぶえばんこう)

渋江小平治公茂　しぶえこへいじきみしげ
江戸時代前期の平戸松浦家の家臣。牢人して大坂の陣に籠城。
¶大坂

渋江三郎*　しぶえさぶろう
?〜享禄4(1531)年9月24日　戦国時代の地方豪族・土豪。
¶後北(三郎〔渋江〕　さぶろう)

渋江抽斎*　しぶえちゅうさい
文化2(1805)年〜安政5(1858)年　江戸時代末期の儒医、考証学者。
¶江人,コン,徳人,幕末([生]文化2(1805)年11月8日　[没]安政5(1858)年8月29日)

渋江長四郎　しぶえちょうしろう
江戸時代末期〜昭和期の仏師、人形師。
¶美建([生]安政1(1854)年　[没]昭和4(1929)年)

渋江長伯*　しぶえちょうはく
宝暦10(1760)年〜天保1(1830)年　江戸時代中期〜後期の本草学者。太田元達の4男。
¶科学,コン([没]?),植物,徳人

渋江晩香*　しぶえばんこう
*〜大正3(1914)年　[別]渋江公木(しぶえこうぼく)　江戸時代末期〜明治時代の菊池神社宮司。
¶幕末(渋江公木　しぶえこうぼく　[生]天保4(1833)年　[没]大正3(1914)年1月26日)

渋江厚光*　しぶえひろみつ
文化14(1817)年〜明治22(1889)年　江戸時代末期〜明治時代の武士。
¶幕末([生]文化14(1818)年11月20日　[没]明治22(1889)年2月16日)

渋江政光*　しぶえまさみつ
天正2(1574)年〜慶長19(1614)年　安土桃山時代〜江戸時代前期の出羽秋田藩家老。
¶全戦

渋江好胤　しぶえよしたね
戦国時代の太田康資・北条氏康の家臣。弥十郎・紀伊守。景胤の嫡男。
¶後北(好胤〔渋江〕　よしたね　[没]天正18年)

渋川栄承*　しぶかわえいしょう
文政10(1827)年〜慶応2(1866)年　江戸時代末期の豊前英彦山の修験僧。長州(萩)藩尊攘運動に同調。
¶幕末([没]慶応2(1866)年8月1日)

渋川景佑*(渋川影佑,渋川景祐)　しぶかわかげすけ
天明7(1787)年〜安政3(1856)年6月20日　江戸時代後期の天文暦学者。
¶江人,科学([生]天明7(1787)年10月15日),コン,徳人

渋川幸子*　しぶかわこうし
元弘2/正慶1(1332)年〜元中9/明徳3(1392)年6月25日　南北朝時代の室町幕府第2代将軍足利義詮の正室。
¶コン([生]正慶1/元弘2(1332)年　[没]明徳3/元中9(1392)年),室町([生]元弘2(1332)年　[没]明徳3(1392)年)

渋川算哲　しぶかわさんてつ
⇒安井算哲(やすいさんてつ)

渋川春海　しぶかわしゅんかい
⇒渋川春海(しぶかわはるみ)

渋川則休*　しぶかわのりよし
享保2(1717)年〜寛延3(1750)年　江戸時代中期の暦学者。
¶科学([没]寛延3(1750)年8月24日),徳人

渋川春海*　しぶかわはるみ
寛永16(1639)年〜正徳5(1715)年　[別]渋川春海(しぶかわしゅんかい),安井算哲,安井算哲〔2代〕,保井算哲(やすいさんてつ)　江戸時代前期〜中期の天文暦学者。幕府碁方安井算哲の子。
¶江人,科学([生]寛永16(1639)年閏11月　[没]正徳5(1715)年10月6日),コン(安井算哲　やすいさんてつ),地理,徳将,徳人,山小([生]1639年閏11月　[没]1715年10月6日)

渋川伴五郎*(——〔1代〕)　しぶかわばんごろう
承応1(1652)年〜宝永1(1704)年　江戸時代前期〜中期の柔術家。渋川流の開祖。
¶コン

渋川敬尹*　しぶかわひろただ
元禄9(1696)年〜享保11(1726)年　江戸時代中期の天文方。
¶科学([没]享保11(1726)年4月10日),徳人

渋川敬直*　しぶかわひろなお
文化12(1815)年〜嘉永4(1851)年7月25日　[別]渋川敬直(しぶかわよしなお),渋川六蔵(しぶかわろ

くぞう） 江戸時代末期の暦学者。渋川景佑の長男。「英文鑑」を訳述。

¶科学, コン（渋川六蔵 しぶかわろくぞう）, 徳人

渋川満直* しぶかわみつなお

元中7/明徳1（1390）年～永享6（1434）年 室町時代の武将。

¶室町（[生]明徳1（1390）年）

渋川満頼* しぶかわみつより

文中1/応安5（1372）年～文安3（1446）年3月13日 南北朝時代～室町時代の武将。義行の子。

¶コン, 内乱（[生]応安5（1372）年）, 室町（[生]応安5/文中1（1372）年）

渋川義鏡* しぶかわよしかね

生没年不詳 戦国時代の武将。関東探題。

¶室町

渋川義季* しぶかわよしすえ

正和3（1314）年～建武2（1335）年 鎌倉時代後期～南北朝時代の武将。

¶中世, 室町

渋川義俊* しぶかわよしとし

応永7（1400）年～永享6（1434）年 室町時代の武将。父は満頼。

¶コン（[生]永徳2/弘和2（1382）年）, 室町

渋川敬直 しぶかわよしなお

⇒渋川敬直（しぶかわひろなお）

渋川六蔵 しぶかわろくぞう

⇒渋川敬直（しぶかわひろなお）

治部卿* じぶきょう

仁平2（1152）年～寛喜3（1231）年 [別]治部卿局（じぶきょうのつぼね） 平安時代後期～鎌倉時代前期の女性。平清盛の四男知盛の室。

¶古人, 平家（治部卿局 じぶきょうのつぼね）

治部卿局*(1) じぶきょうのつぼね

生没年不詳 鎌倉時代後期の女性。後伏見天皇の宮人。

¶天皇

治部卿局(2) じぶきょうのつぼね

⇒治部卿（じぶきょう）

治部卿法印 じぶきょうほういん

⇒日根野弘就（ひねのひろなり）

渋沢栄一* しぶさわえいいち

天保11（1840）年2月13日～昭和6（1931）年11月11日 江戸時代末期～明治時代の幕臣、実業家。大蔵省、大蔵大丞を経て国立銀行を設立。ほかに王子製紙、東京瓦斯など多数の会社を設立。

¶コン, 思想, 全幕, 徳将, 徳人, 幕末, 山小（[生]1840年2月13日 [没]1931年11月11日）

渋沢喜作* しぶさわきさく

天保9（1838）年6月10日～明治45（1912）年8月30日 [別]渋沢成一郎（しぶさわせいいちろう） 江戸時代末期～明治時代の実業家。彰義隊を脱退。大蔵省などに勤務後、渋沢商店を興し廻米問屋や生糸売込問屋を営んだ。

¶江人（渋沢成一郎 しぶさわせいいちろう）, コン（[没]大正1（1912）年）, 全幕（渋沢成一郎 しぶさわせいいちろう [没]大正6（1917）年）, 幕末（[没]大正1（1912）年8月30日）

渋沢吉之助 しぶさわきちのすけ

江戸時代末期の新撰組隊士。

¶新隊（生没年不詳）

渋沢成一郎 しぶさわせいいちろう

⇒渋沢喜作（しぶさわきさく）

渋沢平九郎* しぶさわへいくろう

弘化4（1847）年～明治1（1868）年 江戸時代末期の彰義隊士。

¶幕末（[生]弘化4（1847）年11月7日 [没]慶応4（1868）年5月23日）

渋谷伊与作 しぶたにいよさく

⇒渋谷伊予作（しぶやいよさく）

渋谷清太郎* しぶたにせいたろう

*～慶応2（1866）年 江戸時代末期の長州（萩）藩寄組。

¶幕末（[生]弘化3（1846）年 [没]慶応2（1866）年10月4日）

渋田見伊勢守政長 しぶたみいせのかみまさなが

⇒渋田見政長（しぶたみまさなが）

渋田見長盛 しぶたみながもり

戦国時代の信濃国安曇郡渋田見の国衆。

¶武田（生没年不詳）

渋田見政長* しぶたみまさなが

[別]渋田見伊勢守政長（しぶたみいせのかみまさなが） 戦国時代～安土桃山時代の武士。小笠原氏家臣。

¶武田（生没年不詳）

渋田見盛種 しぶたみもりたね

安土桃山時代の信濃国安曇郡渋田見の国衆。

¶武田（生没年不詳）

渋田見主水 しぶたみもんど

安土桃山時代の信濃国安曇郡渋田見の国衆。

¶武田（生没年不詳）

渋谷伊予作* しぶやいよさく

天保13（1842）年～元治1（1864）年 [別]渋谷伊与作（しぶたにいよさく），八木成太郎（やぎせいたろう） 江戸時代末期の下館藩士。

¶コン, 幕末（渋谷伊与作 しぶたにいよさく [生]天保13（1842）年11月18日 [没]文久4（1864）年2月16日）

渋谷国安* しぶやくにやす

*～明治22（1889）年 江戸時代末期～明治時代の歌人、神学者、霧島神宮宮司、霧島神宮教会会長。地方をまわり神道の布教に努める。

¶幕末（[生]文政9（1826）年）

渋谷金王丸 しぶやこんのうまる

⇒土佐房昌俊（とさぼうしょうしゅん）

渋谷三郎兵衛* しぶやさぶろうべえ

天保2（1831）年～明治25（1892）年 江戸時代末期～明治時代の紙商人。謡曲・茶の湯に長け、漢方薬に通じていた。

¶幕末（[没]明治25（1892）年12月17日）

渋谷重員の妻 しぶやしげかずのつま

鎌倉時代後期の女性。

¶女史（生没年不詳）

渋谷重国* しぶやしげくに

生没年不詳 鎌倉時代前期の武将、秩父氏一族、鎌倉幕府の御家人。

¶中世, 内乱, 平家

渋谷重助*（渋谷重資）　しぶやしげすけ
生没年不詳　平安時代後期～鎌倉時代前期の武士。相模国の人。
¶平家（渋谷重資）

渋谷重頼*　しぶやしげより
？～永享1（1429）年　室町時代の武士。
¶内乱（生没年不詳）

渋谷勝五郎吉美　しぶやしょうごろうよしざね
江戸時代前期の秀吉の近習渋谷勝左衛門尉吉春の嫡男。
¶大坂

渋谷牀山*　しぶやしょうざん
弘化4（1847）年～明治41（1908）年　江戸時代末期～明治時代の漢学者、彦根藩校・高等師範学校教授。漢学、洋学を兼ね修める。
¶幕末（㊐弘化4（1847）年6月13日　㊀明治41（1908）年8月19日）

渋谷善右衛門尉*　しぶやぜんえもんのじょう
生没年不詳　戦国時代の番匠。
¶後北（善右衛門尉〔渋谷〕　ぜんえもんのじょう）

渋谷総司*　しぶやそうじ
弘化3（1846）年～明治1（1868）年　江戸時代末期の浪士隊使番。
¶全幕（㊀慶応4（1868）年），幕末（㊐弘化3（1846）年2月28日　㊀慶応4（1868）年3月3日）

渋谷藤兵衛　しぶやとうべえ
江戸時代後期の石工。
¶美建（㊐？　㊀嘉永6（1853）年）

渋谷東馬*　しぶやとうま
天保3（1832）年～明治37（1904）年　江戸時代末期～明治時代の武道家。「養気館」を設立、文武二道により子弟を育成。
¶幕末（㊀明治37（1904）年5月6日）

渋谷知礼*　しぶやともひろ
生没年不詳　江戸時代中期の和算家。
¶数学

渋谷道熙　しぶやみちひろ
江戸時代中期～後期の和算家。信州篠ノ井の人。青木包高に和算を学ぶ。
¶数学（㊐宝暦1（1751）年　㊀天保1（1830）年）

渋谷元右衛門*　しぶやもとえもん
文政10（1827）年～明治19（1886）年　江戸時代末期～明治時代の名主、豪農。生糸の仲買商を営む。
¶幕末

渋谷良信*　しぶやよしのぶ
天和2（1682）年～宝暦4（1754）年　江戸時代前期～中期の武士。
¶徳人

慈遍*　じへん
生没年不詳　鎌倉時代後期～南北朝時代の天台宗の僧。神道論に精通。
¶コン，思想

慈弁*　じべん
生没年不詳　平安時代末期の延暦寺の僧・歌人。
¶古人

しほ（1）
江戸時代前期の女性。和歌。丸亀藩京極家の江戸藩邸に仕える奥女中。井上通著「江戸日記」の天和3年1月に通の歌への返しが載る。
¶江表（しほ（香川県））

しほ（2）
江戸時代中期の女性。和歌。上野氏。寛延1年刊、松風也軒編『渚の松』に載る。
¶江表（しほ（東京都））

しほ（3）
江戸時代後期の女性。和歌。松代藩主真田幸弘の奥女中。天明9年頃編、幸弘の五〇賀集「わかみとり」に載る。
¶江表（しほ（長野県））

志保　しほ⋆
江戸時代末期～明治時代の女性。俳諧・画。鎌原の安藤氏。
¶江表（志保（長野県）　㊀明治11（1878）年）

史邦　しほう
⇒中村史邦（なかむらふみくに）

士方　しほう
江戸時代後期～明治時代の俳諧作者。
¶俳文（㊐享和1（1801）年　㊀明治3（1870）年）

士鳳　しほう
⇒松村源六郎（まつむらげんろくろう）

紫芳　しほう
江戸時代中期の女性。俳諧。筑後久留米の人。享保2年刊、塩足市山ほか編『百曲』に載る。
¶江表（紫芳（福岡県））

至芳*　しほう
？～明和8（1771）年9月7日　江戸時代中期の俳人。
¶俳文（生没年不詳）

示蜂*　しほう
江戸時代中期の俳人。
¶俳文（生没年不詳）

慈宝*　じほう
天平宝字2（758）年～弘仁10（819）年　奈良時代～平安時代前期の法相宗の僧。
¶古人，古代

慈法　じほう⋆
江戸時代中期の女性。和歌。元文1年、荷田春満100日祭追悼歌会「春満先生霊祠」に載る。
¶江表（慈法（静岡県））

四方田雅楽助　しほうでんうたのすけ
安土桃山時代の武蔵国鉢形城主北条氏邦家臣秩父孫次郎の同心。
¶後北（雅楽助〔四方田〕　うたのすけ）

四方田源左衛門尉　しほうでんげんざえもんのじょう
安土桃山時代の武蔵国鉢形城主北条氏邦の家臣。
¶後北（源左衛門尉〔四方田〕　げんざえもんのじょう）

慈法尼（1）　じほうに⋆
江戸時代後期の女性。書簡。播磨加西郡北条の医師児島尚善の母。
¶江表（慈法尼（兵庫県））

慈法尼（2）　じほうに⋆
江戸時代後期の女性。和歌。白鳥新町の人か。
¶江表（慈法尼（香川県））

慈芳尼 じほうに*
江戸時代中期の女性。俳諧。安永9年刊、柳絮尼編、蝶々庵百花の追善集『花かたみ』に載る。
¶江表(慈芳尼(滋賀県))

自芳尼 じほうに*
江戸時代後期〜明治時代の女性。旅日記。彦根藩足軽柴田惣次の妻。
¶江表(自芳尼(滋賀県)) ⓔ文化2(1805)年 ⓓ明治15(1882)年)

詩舫の妻 しほうのつま*
俳諧。天明5年刊、加舍白雄編『春秋稿』五に載る。
¶江表(詩舫の妻(東京都))

しほ女 しほじょ*
江戸時代後期の女性。俳諧。文政4年、青隠跋『七夕後集』に載る。
¶江表(しほ女(東京都))

志ほ女 しほじょ*
江戸時代後期の女性。俳諧。寒河江の人。天保15年、寒河江八幡宮に奉納された俳額に載る。
¶江表(志ほ女(山形県))

至本 しほん*
生没年不詳 南北朝時代の貿易商人。
¶対外、中世

しま
江戸時代末期〜明治時代の女性。教育。熊城氏。
¶江表(しま(千葉県)) ⓓ明治28(1895)年)

シマ
江戸時代中期の女性。教育。幕臣市川氏。天明5年に市川クメが開いた御家流筆道指南所市川堂を継承。
¶江表(シマ(東京都))

嶋 しま*
江戸時代中期の女性。和歌。但馬豊岡の人。寛延から天明期頃成立「長閑集」に載る。
¶江表(嶋(兵庫県))

島惟精 しまいせい*
天保5(1834)年〜明治19(1886)年 江戸時代末期〜明治時代の官吏、岩手県令、内務省土木局長。参事院議官、元老院議官などを歴任。
¶幕末(ⓔ天保5(1834)年4月1日 ⓓ明治19(1886)年5月11日)

島井宗室 *(嶋井宗室) しまいそうしつ
天文8(1539)年〜元和1(1615)年 安土桃山時代〜江戸時代前期の筑前博多の豪商、茶人。
¶江人(ⓔ?),コン、全戦、対外(嶋井宗室 ⓔ?),中世(ⓔ1539年? ⓓ1615年8月24日))

島男也 しまおとや
⇒島男也(しまおなり)

島男也 しまおなり*
文化6(1809)年〜文久1(1861)年 ⓝ石井八郎(いしいはちろう)、島男也(しまおとや) 江戸時代末期の笠間藩士。
¶幕末(しまおとや ⓔ文化6(1809)年7月20日 ⓓ文久1(1861)年11月5日)

島霞谷 しまかこく*
文政10(1827)年〜明治3(1870)年 江戸時代末期〜明治時代の画家。大学東校で医書に使用される

活版活字の製作に専念。
¶出版(ⓓ明治3(1870)年10月31日)、徳人、幕末(ⓓ明治3(1870)年10月31日)、美画

島一正 * しまかずまさ
天文17(1548)年〜寛永3(1626)年6月6日 戦国時代〜江戸時代前期の織田信長の家臣。
¶織田

島勝猛 * しまかつたけ
?〜慶長5(1600)年 ⓝ島清興(しまきよおき)、島左近(しまさこん) 安土桃山時代の武将。
¶全戦(島清興 しまきよおき ⓓ慶長5(1600)年?)、戦武(ⓔ天文9(1549)年? ⓓ慶長5(1600)年?)、対外(島清興 しまきよおき)

島川瀬織 * しまかわせおり
文政10(1827)年〜明治23(1890)年 江戸時代末期〜明治時代の盛岡藩士、神官。奥羽鎮撫総督府へ謝罪嘆願の時藩主名代に随行。
¶幕末(ⓓ明治23(1890)年8月23日)

島清興 しまきよおき
⇒島勝猛(しまかつたけ)

島公方 しまくぼう
⇒足利義稙(あしかがよしたね)

島子 しまこ*
江戸時代の女性。和歌。今井氏。明治13年刊、佐々木弘綱編『明治開化和歌集』に載る。
¶江表(島子(東京都))

嶋子(1) しまこ*
江戸時代後期の女性。和歌。海運業船主で諸品問屋を営む越野守任の妻。嘉永6年の「重浪集」に入集。
¶江表(嶋子(福岡県))

嶋子(2) しまこ*
江戸時代末期の女性。和歌。岡崎氏。慶応4年の戊辰戦争の際に句を残す。
¶江表(嶋子(福島県))

志摩好矩 * しまこうく
?〜天保9(1838)年 ⓝ志摩好矩(しまよしかね) 江戸時代後期の算家。
¶数学(しまよしかね ⓔ天保9(1838)年4月)

縞衣 しまころも*
江戸時代の女性。漢詩。吉原の芸妓。明治13年刊、水上珍亮編『日本閨媛吟藻』上に載る。
¶江表(縞衣(東京都))

島権左衛門 しまごんざえもん
江戸時代前期の幕臣。
¶徳人(ⓔ? ⓓ1636年)

島崎雲圃 * しまざきうんぽ
享保16(1731)年〜文化2(1805)年 江戸時代中期〜後期の画家。
¶美画(ⓓ文化2(1805)年11月)

島崎源兵衛 * しまざきげんべえ
文化7(1810)年〜明治6(1873)年 江戸時代末期〜明治時代の和算家。
¶数学

島崎直方 * しまさきなおかた
天保9(1838)年〜明治7(1874)年 江戸時代末期〜明治時代の志士。戊辰戦争従軍。岩倉具視狙撃で死刑。

¶幕末（[没]明治7（1874）年7月9日）

島崎正樹* しまざきまさき
天保2（1831）年～明治19（1886）年11月29日　江戸時代末期～明治時代の中山道馬籠宿本陣。島崎藤村の父で小説「夜明け前」の主人公のモデル。中山道馬籠宿の本陣、庄屋、問屋を兼ねた。
¶コン，幕末（[生]天保2（1831）年5月4日）

島左近 しまさこん
⇒島勝猛（しまかつたけ）

嶋佐次右衛門 しまさじえもん
江戸時代中期の幕臣。
¶徳人（生没年不詳）

島定右衛門 しまさだえもん
⇒島定右衛門（しまじょうえもん）

嶋沢 しまざわ★
江戸時代後期の女性。和歌。幕臣、槍奉行で冷泉門の歌人森山豊後守孝盛の娘。
¶江表（嶋沢（東京都）　[没]弘化3（1846）年）

島地島三 しまじとうぞう
⇒松井幸三〔1代〕（まついこうぞう）

島地正存 しまじまさなり
⇒島地正存（しまぢまさなり）

島地黙雷 しまじもくらい
天保9（1838）年～明治44（1911）年　[別]黙雷（もくらい）　江戸時代末期～明治時代の浄土真宗の僧。明治期に仏教の近代化を進めた。
¶詩作（黙雷　もくらい　[生]天保9（1838）年2月15日　[没]明治44（1911）年2月3日），思想，山小（[生]1838年2月15日　[没]1911年2月3日）

嶋主馬助 しましゅめのすけ
江戸時代後期～末期の幕臣。
¶徳人（生没年不詳）

しま女 しまじょ★
江戸時代後期の女性。和歌。石見津和野藩藩士福原権左衛門邦教の妻。文化11年刊、中山忠雄・河田正致編『柿本社奉納和歌集』に載る。
¶江表（しま女（島根県））

嶋女 しまじょ★
江戸時代後期の女性。狂歌。桑折の人。文化12年刊、四方真顔撰『俳諧歌兄弟百首』に載る。
¶江表（嶋女（福島県））

島定右衛門* しまじょうえもん
天保7（1836）年～慶応3（1867）年　[別]島定右衛門（しまさだえもん）　江戸時代末期の出流山挙兵参加者。
¶幕末（しまさだえもん　[没]慶応3（1867）年12月18日）

嶋津右馬頭忠興の室 しまずうまのかみただおきのしつ★
江戸時代中期の女性。和歌。寛延1年刊、松風也軒編『渚の松』に載る。
¶江表（嶋津右馬頭忠興の室（東京都））

島津亀寿 しまずかめじゅ
⇒亀寿（かめじゅ）

島津久起の娘 しまずひさおきのむすめ★
江戸時代後期の女性。和歌。薩摩藩藩士で一所持の豊州島津家の当主左近将監久起の娘。文政11年序、川畑篤実編「松操和歌集」に載る。
¶江表（島津久起の娘（鹿児島県））

島津久邦の妻 しまずひさくにのつま★
江戸時代後期の女性。和歌。薩摩藩藩士島津久邦の妻。文政11年序、川畑篤実編「松操和歌集」に載る。
¶江表（島津久邦の妻（鹿児島県））

島津久邦の娘 しまずひさくにのむすめ★
江戸時代後期の女性。和歌。薩摩藩士島津久邦の娘。文政11年序、川畑篤実編「松操和歌集」に載る。
¶江表（島津久邦の娘（鹿児島県））

島津久季の娘 しまずひさすえのむすめ★
江戸時代中期の女性。和歌。薩摩藩藩士で島津御一門である加治木島津家の三代当主兵庫頭久季の娘。
¶江表（島津久季の娘（鹿児島県））

島津久輝の娘 しまずひさてるのむすめ★
江戸時代前期の女性。和歌。薩摩藩藩士で永吉島津家の当主久輝の娘。父久輝は延宝2年より薩摩藩主島津光久、綱貴、吉貴の三代にわたり家老を務める。
¶江表（島津久輝の娘（鹿児島県））

島雪斎* しませっさい
文政3（1820）年～明治12（1879）年　江戸時代末期～明治時代の木彫師。
¶美建（[没]明治12（1879）年12月）

島田一良*（島田一郎） しまだいちろう
嘉永1（1848）年～明治11（1878）年7月27日　江戸時代末期～明治時代の加賀藩士、陸軍軍人、藩軍士官、大尉。大久保利通を暗殺。紀尾井坂の変の首謀者。
¶全幕（島田一郎），幕末

島田越後 しまだえちご
江戸時代前期の奈良の興福寺一条院の衆徒。
¶大坂

嶌田円周 しまだえんしゅう
江戸時代末期～明治時代の和算家。関流九伝。
¶数学

島田魁* しまだかい
文政11（1828）年～明治33（1900）年3月20日　江戸時代末期～明治時代の新撰組隊士。
¶新隊（[生]文政11（1828）年1月5日），全幕，幕末（[生]文政11（1828）年1月15日）

島田勝摩 しまだかつきよ
⇒島田勝摩（しまだかつま）

島田勝摩* しまだかつま
天保12（1841）年～慶応1（1865）年　[別]島田勝摩（しまだかつきよ）　江戸時代末期の富士藩士。
¶幕末（[没]元治2（1865）年3月2日）

島田亀蔵* しまだかめぞう
文化7（1810）年～文久3（1863）年　江戸時代末期のヤマモモ繁殖家。
¶幕末（[没]文久3（1863）年3月10日）

島田清田 しまだきよた，しまだきよだ
⇒島田清田（しまだのきよた）

島田元直* しまだげんちょく
元文1（1736）年～文政2（1819）年　[別]島田鸞洞（しまだらんどう）　江戸時代中期～後期の円山派の画家。
¶美画（島田鸞洞　しまだらんどう　[没]文政2（1819）年6月8日）

島田篁村* しまだこうそん
天保9 (1838) 年～明治31 (1898) 年　江戸時代末期～明治時代の漢学者、東京大学教授。宋学を根幹に据えた学は中国古典研究の近代化を促す。著書に「篁村遺稿」。
¶コン, 幕末 ([生]天保9 (1838) 年8月18日　[没]明治31 (1898) 年8月27日)

島田幸之助*（島田幸之介）　しまだこうのすけ
江戸時代末期の新撰組隊士。
¶新隊（島田幸之介　生没年不詳）

島田小右衛門　しまだこえもん
江戸時代前期の阿波細川氏の家臣。島田信濃守の四男。秀頼に仕え、普請奉行。
¶大坂 ([没]慶長20年)

島田小源太　しまだこげんた
⇒水野哲太郎（みずのてつたろう）

島田左近*　しまださこん
？～文久2 (1862) 年　江戸時代末期の九条家家士。
¶コン, 全幕, 幕末 ([没]文久2 (1862) 年7月20日)

島田貞継*　しまださだつぐ
慶長13 (1608) 年～延宝8 (1680) 年　江戸時代前期の和算家。
¶数学 ([没]延宝8 (1680) 年7月15日)

島田重次*　しまだしげつぐ
天文14 (1545) 年～寛永14 (1637) 年9月17日　戦国時代～江戸時代前期の徳川家奉行人。
¶徳代

嶋田重頼　しまだしげより
江戸時代前期～中期の幕臣。
¶徳人 ([生]1625年　[没]1695年)

島田尚政*　しまだしょうせい
生没年不詳　[別]島田尚政（しまだなおまさ）　江戸時代中期の算家。
¶数学（しまだなおまさ）

嶋田政富　しまだせいふ
江戸時代後期～末期の幕臣。
¶徳人（生没年不詳）

島田雪谷*　しまだせっこく
文政11 (1828) 年～明治17 (1884) 年　江戸時代後期～明治時代の武士、画家。
¶幕末 ([没]明治17 (1884) 年1月19日)

島田善次*　しまだぜんじ
天明5 (1785) 年～？　江戸時代後期の紀伊和歌山藩士。
¶幕末

島田宗長　しまだそうちょう
⇒宗長（そうちょう）

島田忠臣　しまだただおみ
⇒島田忠臣（しまだのただおみ）

島忠之*　しまただゆき
文政7 (1824) 年～明治34 (1901) 年　江戸時代末期～明治時代の志士。盛岡城開城の時城中御用掛を務める。
¶幕末 ([生]文政7 (1824) 年1月10日　[没]明治34 (1901) 年12月9日)

島田道桓*　しまだどうかん
生没年不詳　江戸時代中期の和算家。
¶科学, 数学

島田利木　しまだとしき
江戸時代前期～中期の幕臣。
¶徳人 ([生]1624年　[没]1699年)

島田利正*　しまだとしまさ
天正4 (1576) 年～寛永19 (1642) 年　安土桃山時代～江戸時代前期の江戸町奉行。旗本島田重次の子。
¶コン, 徳将, 徳人

島田伴十郎*　しまだともじゅうろう
天保9 (1838) 年～明治27 (1894) 年　江戸時代末期～明治時代の本多氏旧臣。主君の仇討ちを計画。小学校教員。
¶幕末

島田虎之助*　しまだとらのすけ
文化11 (1814) 年～嘉永5 (1852) 年　江戸時代末期の武士、剣術家。
¶江人, 全幕, 幕末 ([生]文化11 (1814) 年4月3日　[没]嘉永5 (1852) 年9月16日)

島田直時　しまだなおとき
安土桃山時代～江戸時代前期の幕臣。
¶徳人 ([生]1570年　[没]1628年)

島田尚政　しまだなおまさ
⇒島田尚政（しまだしょうせい）

島谷市左衛門　しまだにいちざえもん
⇒島谷市左衛門（しまやいちざえもん）

嶋田朝臣清田　しまだのあそんきよた
⇒島田清田（しまだのきよた）

嶋田朝臣忠臣　しまだのあそんただおみ
⇒島田忠臣（しまだのただおみ）

嶋田臣宮成*　しまだのおみみやなり
[別]嶋田宮成（しまだのみやなり）　奈良時代の官人。
¶古代

島田清田*（嶋田清田）　しまだのきよた
宝亀10 (779) 年～斉衡2 (855) 年　[別]島田清田（しまだきよた，しまだきよだ），嶋田朝臣清田（しまだのあそんきよた）　平安時代前期の官人。正六位上村作の子。
¶古人（嶋田清田）, 古代（嶋田朝臣清田　しまだのあそんきよた）, コン

島田忠臣*（嶋田忠臣）　しまだのただおみ
天長5 (828) 年～寛平4 (892) 年　[別]島田忠臣（しまだただおみ），嶋田朝臣忠臣（しまだのあそんただおみ），田達音（でんたつおん）　平安時代前期の文人。清田の孫。
¶古人（嶋田忠臣）, 古代（嶋田朝臣忠臣　しまだのあそんただおみ）, コン ([没]寛平3 (891) 年), 思想, 日文

島田宣来子*　しまだののぶきこ
嘉祥3 (850) 年～？　平安時代前期の女性。菅原道真の妻。
¶古人

島田信定　しまだのぶさだ
戦国時代の刀鍛冶職。義助。北条氏に仕えた。
¶後北（信定〔島田〕　のぶさだ）

嶋田宮成　しまだのみやなり
⇒嶋田臣宮成（しまだのおみみやなり）

島田良臣*　しまだのよしおみ
天長9（832）年？～元慶6（882）年？　平安時代前期の文人。
¶古人

島田八郎左衛門*　しまだはちろうざえもん
？～明治16（1883）年　江戸時代末期～明治時代の商人、実業家。京都釜座通で為替業、呉服商を営み、維新政府に莫大な資金を調達した。
¶コン，幕末（[没]明治16（1883）年4月19日）

島田春世　しまだはるよ
江戸時代前期の幕臣。
¶徳人（[生]？　[没]1634年）

島田蕃根*　しまだばんこん
文政10（1827）年～明治40（1907）年　[別]島田蕃根（しまだみつね）　江戸時代末期～明治時代の仏教学者。明治初期の宗教行政の確立に尽力。弘教書院を設立し、「縮刷大蔵経」を刊行。
¶コン，幕末（しまだみつね　[生]文政9（1828）年11月8日　[没]明治40（1907）年9月2日）

島田秀満*　しまだひでみつ
戦国時代の武将。織田信長の臣。
¶織田（生没年不詳），全戦（生没年不詳）

島田文右衛門　しまだぶんうえもん
⇒島田文右衛門（しまだぶんえもん）

島田文右衛門*（島田文衛門）　しまだぶんえもん
天保6（1835）年～慶応1（1865）年　[別]島田文右衛門（しまだぶんうえもん）　江戸時代末期の農民。
¶幕末（[没]元治2（1865）年2月16日）

島田政富　しまだまさとみ
江戸時代末期の幕臣、代官、書物奉行。
¶徳人（生没年不詳），徳代（[生]？　[没]文久3（1863）年12月12日）

島田政美　しまだまさよし
*～天保5（1834）年　江戸時代中期～後期の幕臣、代官。
¶徳人（[生]？），徳代（[生]宝暦8（1758）年　[没]天保5（1834）年4月19日）

島田道正　しまだみちまさ
江戸時代前期～中期の幕臣、勘定。
¶徳代（[生]延宝3（1675）年　[没]享保4（1719）年12月20日）

島田蕃根　しまだみつね
⇒島田蕃根（しまだばんこん）

島田充房*　しまだみつふさ
生没年不詳　江戸時代中期の本草学者。
¶植物，美画

島田盛貞　しまだもりさだ
江戸時代前期～中期の佐渡奉行、留守居番。
¶徳代（[生]元禄1（1688）年　[没]明和3（1766）年11月12日）

島田弥一郎*（嶋田弥一郎）　しまだやいちろう
天保8（1837）年～？　江戸時代後期～末期の新撰組隊士。
¶新隊（嶋田弥一郎）

島田泰夫*　しまだやすお
文政9（1826）年～明治23（1890）年1月16日　江戸時代末期～明治時代の守藩士、医師。
¶幕末（[生]文政9（1826）年6月）

島田豊*　しまだゆたか
*～明治12（1879）年　江戸時代末期～明治時代の岸和田藩士。
¶幕末（[生]？　[没]明治12（1879）年8月15日）

島田鸞洞　しまだらんどう
⇒島田元直（しまだげんちょく）

島田礼右衛門*　しまだれいえもん
寛政2（1790）年～元治1（1864）年　江戸時代末期の駆付郷士、歌人。
¶幕末（[生]？　[没]元治1（1864）年9月17日）

島地正存*　しまぢまさなり，しまじまさなり
弘化2（1845）年～？　[別]島地正存（しまじまさなり）　江戸時代末期～明治時代の自由民権運動家。土佐勤王党に参加。立志社副社長。
¶幕末（しまじまさなり　[生]弘化2（1845）年8月9日）

島津家久*(1)　しまづいえひさ
天文16（1547）年～天正15（1587）年　[別]家久（いえひさ）　安土桃山時代の武士。貴久の4男。
¶全戦，戦武，俳文（家久　いえひさ　[没]天正15（1587）年6月5日）

島津家久*(2)　しまづいえひさ
天正4（1576）年～寛永15（1638）年2月23日　[別]薩摩少将（さつましょうしょう），島津忠恒（しまづただつね）　安土桃山時代～江戸時代前期の大名。薩摩藩主。
¶江人，公卿（[生]天正4（1576）年11月7日），公家（家久〔島津家〕　いえひさ），コン，全戦（島津忠恒　しまづただつね），戦武（島津忠恒　しまづただつね），対外，山小（[生]1576年11月7日　[没]1638年2月23日）

島津伊勢　しまづいせ
⇒諏訪甚六（すわじんろく）

島津氏久*　しまづうじひさ
嘉暦3（1328）年～元中4/嘉慶1（1387）年　南北朝時代の大隅守護。貞久の4男。
¶コン，中世，室町

島津珍彦*　しまづうずひこ
弘化1（1844）年～明治43（1910）年　江戸時代末期～明治時代の政治家、貴族院議員、男爵。照国神社宮司、鹿児島高等中学造士館長などを歴任。
¶コン，幕末（[生]弘化1（1844）年10月22日　[没]明治43（1910）年6月16日）

島津勝久*　しまづかつひさ
文亀3（1503）年～天正1（1573）年　戦国時代の武将。
¶全戦

島津亀寿　しまづかめじゅ
⇒亀寿（かめじゅ）

島津伊久*　しまづこれひさ
正平2/貞和3（1347）年～応永14（1407）年　南北朝時代～室町時代の薩摩国守護、師久の嫡子、上総介。
¶コン，内乱（[生]貞和3（1347）年），室町

島津左近大夫　しまづさこんだいぶ
安土桃山時代の北条氏直の家臣。孫四郎の嫡男。
¶後北（左近大夫〔島津〕　さこんだいぶ）

島津貞忠*　しまづさだただ
？～天文5（1536）年11月10日　戦国時代の信濃

国衆。
¶武田(生没年不詳)

島津貞久* しまづさだひさ
文永6(1269)年〜正平18/貞治2(1363)年 鎌倉時代後期〜南北朝時代の武将、三郎左衛門尉、上総介。
¶コン, 内乱([没]貞治2(1363)年), 室町

島津式部* しまづしきぶ
生没年不詳 江戸時代末期の薩摩藩士。
¶幕末

島津重豪* しまづしげひで
延享2(1745)年〜天保4(1833)年 [別]島津重豪(しまずしげひで) 江戸時代中期〜後期の大名。薩摩藩主。
¶江人, コン, 植物(しまずしげひで [生]延享2(1745)年11月7日 [没]天保4(1833)年1月15日), 対外, 山小([生]1745年11月7日 [没]1833年1月15日)

島津日新斎 しまづじっしんさい, しまづじつしんさい
⇒島津忠良(しまづただよし)

島津恂堂* しまづじゅんどう
文化1(1804)年〜明治5(1872)年 江戸時代末期〜明治時代の医師。医業の傍ら藩校矜式館の儒学教授。
¶幕末

島津将曹* しまづしょうそう
生没年不詳 [別]碇山将曹(いかりやましょうそう), 島津兵庫(しまづひょうご) 江戸時代末期の薩摩藩家老。
¶幕末

島津新八郎* しまづしんぱちろう
天保10(1839)年〜明治1(1868)年 江戸時代末期の志士。
¶幕末([没]慶応4(1868)年8月23日)

島津高忠* しまづたかただ
文化3(1806)年〜元治1(1864)年 江戸時代末期の力士。
¶幕末([没]元治1(1864)年9月22日)

島津貴久* しまづたかひさ
永正11(1514)年〜元亀2(1571)年 戦国時代の薩摩の大名。忠良の嫡子。
¶コン, 全戦, 戦武, 対外, 中世, 山小([生]1514年5月5日 [没]1571年6月23日)

島津孝久 しまづたかひさ
⇒島津元久(しまづもとひさ)

島津忠国* しまづただくに
応永10(1403)年〜文明2(1470)年 室町時代の薩摩・大隅・日向国守護。久豊の嫡子。
¶コン, 内乱, 室町

島津忠貞* しまづたださだ
生没年不詳 戦国時代の北条氏の家臣。
¶後北(忠貞〔島津〕 たださだ)

島津忠恒 しまづただつね
⇒島津家久(しまづいえひさ)

島津忠直* しまづただなお
生没年不詳 安土桃山時代〜江戸時代前期の信濃国衆。
¶戦武

島津忠久* しまづただひさ
?〜安貞1(1227)年 [別]惟宗忠久(これむねただひさ, これむねのただひさ) 鎌倉時代前期の武士。惟宗氏の出身(島津氏初代)。
¶古人(惟宗忠久 これむねのただひさ [生]1179年), コン([生]治承3(1179)年?), 中世(惟宗忠久 これむねただひさ), 内乱([生]久安2(1146)年?), 山小([没]1227年6月18日)

島津惟久室* しまづただひさのしつ
生没年不詳 江戸時代中期の「女軍立武事習集」の著者。
¶江表(島津惟久の室(宮崎県))

島津忠寛* しまづただひろ
文政11(1828)年〜明治29(1896)年6月20日 [別]島津忠寛(しまずただひろ) 江戸時代末期〜明治時代の佐土原藩主、伯爵。生麦事件や薩英戦争で講和交渉を続けた。維新後は日向佐土原藩知事。
¶コン, 全幕, 幕末([生]文政11(1828)年3月12日)

島津忠昌* しまづただまさ
寛正4(1463)年〜永正5(1508)年 戦国時代の薩摩・大隅・日向国守護。立久の嫡子。
¶コン, 室町

島津忠義* しまづただよし
天保11(1840)年〜明治30(1897)年12月26日 江戸時代末期〜明治時代の鹿児島藩主、公爵。イギリスより紡績機械を購入し、初の洋式紡績工場を始める。戊辰戦争では政府軍の主力として活動。
¶コン, 全幕, 幕末([生]天保11(1840)年4月21日), 山小([生]1840年4月21日 [没]1897年12月26日)

島津忠良* しまづただよし
明応1(1492)年〜永禄11(1568)年12月13日 [別]島津日新斎(しまづじっしんさい, しまづじつしんさい) 戦国時代の薩摩の武将。
¶コン, 全戦, 戦武, 室町

島津立久* しまづたつひさ
永享4(1432)年〜文明6(1474)年 [別]島津立久(しまづはるひさ) 室町時代の守護。
¶内乱, 室町

島津長徳軒 しまづちょうとくけん
戦国時代の今川氏親・北条氏綱の家臣。
¶後北(長徳軒〔島津〕 ちょうとくけん [没]永禄2年8月10日)

島津歳久* しまづとしひさ
*〜文禄1(1592)年 安土桃山時代の武士。
¶全戦([生]天文6(1537)年), 戦武([生]天文6(1537)年)

島津豊久* しまづとよひさ
元亀1(1570)年〜慶長5(1600)年 安土桃山時代の武将、大名。日向佐土原城主。
¶全戦, 戦武

島津斉彬* しまづなりあきら
文化6(1809)年〜安政5(1858)年 [別]島津斉彬(しまずなりあきら) 江戸時代末期の大名。薩摩藩主。開明的君主で藩政改革を断行。公武合体を唱え、幕政にも影響を及ぼす。
¶江人, コン, 全幕, 徳将(しまずなりあきら), 幕末([生]文化6(1809)年9月28日 [没]安政5(1858)年7月16日), 山小([生]1809年9月28日 [没]1858年7月16日)

島津斉興* しまづなりおき
寛政3(1791)年〜安政6(1859)年 江戸時代末期

の大名。薩摩藩主。

¶コン, 幕末([生]寛政3(1791)年11月6日 [没]安政6(1859)年9月12日)

島津斉興室 しまづなりおきのしつ

⇒賢章院(けんしょういん)

島津登*(1) しまづのぼる

生没年不詳 江戸時代末期の薩摩藩士。

¶幕末

島津登*(2) しまづのぼる

江戸時代末期の薩摩藩家老。

¶幕末(生没年不詳)

島津立久 しまづはるひさ

⇒島津立久(しまづたつひさ)

島津久明* しまづひさあき

天保13(1842)年～大正3(1914)年 江戸時代末期～大正時代の薩摩国領主、照国神社宮司、男爵。長州征伐に出征、戊辰戦争で奥羽を転戦。

¶幕末([生]天保13(1842)年5月28日 [没]大正3(1914)年4月21日)

島津久宝*(1) しまづひさたか

享和2(1802)年～明治6(1873)年 江戸時代後期～明治時代の武士。

¶幕末([没]明治6(1873)年1月17日)

島津久宝*(2) しまづひさたか

嘉永5(1852)年～明治20(1887)年 江戸時代末期～明治時代の領主。戊辰戦争で私領隊、大砲隊を出征させる。

¶幕末([生]嘉永5(1852)年11月12日 [没]明治20(1887)年8月14日)

島津久籌* しまづひさとし

文政10(1827)年～明治44(1911)年 江戸時代末期～明治時代の武士、神職。

¶幕末([生]文政8(1825)年 [没]明治44(1911)年9月26日)

島津久豊* しまづひさとよ

天授1/永和1(1375)年～応永32(1425)年 室町時代の武将。

¶室町

島津久直* しまづひさなお

生没年不詳 江戸時代末期の薩英戦争で天保山砲台の物主。

¶幕末

島津久徴* しまづひさなが

文政2(1819)年～明治3(1870)年 江戸時代末期～明治時代の薩摩国日置郷の領主。

¶幕末([生]文政2(1819)年4月13日 [没]明治3(1870)年4月5日)

島津久容* しまづひさなり

天保13(1842)年～明治23(1890)年 江戸時代末期～明治時代の薩摩国佐司郷領主。長州征伐、鳥羽・伏見の戦いに出陣する。

¶幕末([没]明治23(1890)年5月3日)

島津久治* しまづひさはる

天保12(1841)年～明治5(1872)年 江戸時代末期～明治時代の鹿児島藩士。兄島津忠義の名代で上京、禁門の変を戦う。戊辰戦争に出陣。維新後は藩の教育に専念。

¶コン, 幕末([生]天保12(1841)年閏4月26日 [没]明治5(1872)年1月3日)

島津久寛* しまづひさひろ

安政6(1859)年～明治17(1884)年 江戸時代末期～明治時代の鹿児島藩都城領主。兵制改革を行う。禁中守護に都城一番隊を置く。

¶幕末([生]安政6(1859)年1月8日 [没]明治17(1884)年2月23日)

島津久通* しまづひさみち

慶長9(1604)年～延宝2(1674)年 江戸時代前期の興産家。薩摩藩家老。

¶コン

島津久光* しまづひさみつ

文化14(1817)年～明治20(1887)年12月6日 江戸時代末期～明治時代の政治家。島津忠義の後見人、国父と呼ばれ鹿児島藩政の実権を握る。尊攘派と妥協提携。

¶江人, コン, 全幕, 徳将, 幕末([生]文化14(1817)年10月24日), 山小([生]1817年10月24日 [没]1887年12月6日)

島津久本* しまづひさもと

享和3(1803)年～明治1(1868)年 江戸時代末期の薩摩藩都城領主。

¶幕末([生]享和3(1803)年2月9日 [没]明治1(1868)年9月13日)

島津久保* しまづひさやす

天正1(1573)年～文禄2(1593)年 安土桃山時代の武士。

¶全戦

島津久芳* しまづひさよし

文政5(1822)年～明治18(1885)年 江戸時代末期～明治時代の鹿児島藩士。隼人と通称。軍役方から騎兵教授となる。戊辰戦争では戦功を上げた。

¶コン, 幕末([没]明治18(1885)年12月8日)

島津久芬* しまづひさよし

元禄16(1703)年～延享3(1746)年 江戸時代中期の大番頭。

¶徳人([生]1701年)

島津兵庫 しまづひょうご

⇒島津将曹(しまづしょうそう)

島津孫五郎 しまづまごごろう

江戸時代前期の北信濃の国衆。

¶武田([生]? [没]正保3(1646)年11月22日)

島津孫四郎* しまづまごしろう

戦国時代の武士。後北条氏家臣。

¶後北(孫四郎〔島津〕 まごしろう)

島津又次郎*(嶋津又次郎) しまづまたじろう

生没年不詳 戦国時代の武士。後北条氏家臣。

¶後北(又次郎〔島津〕 またじろう)

島津元久* しまづもとひさ

興国4/康永2(1343)年～応永18(1411)年 [別]島津孝久(しまづたかひさ) 南北朝時代～室町時代の薩摩・大隅・日向国守護。氏久の嫡子。

¶コン([生]興国3/康永1(1342)年), 室町([生]正平18/貞治2(1363)年)

島津師久* しまづもろひさ

正中2(1325)年～天授2/永和2(1376)年 南北朝時代の薩摩国守護。貞久の子。

¶室町

島津弥七郎*(嶋津弥七郎) しまづやしちろう

生没年不詳 戦国時代の武士。後北条氏家臣。

し

¶後北（弥七郎〔島津〕　やしちろう）

島津泰忠* しまづやすただ
生没年不詳　戦国時代の信濃国衆。
¶武田

島津義虎* しまづよしとら
*〜天正13（1585）年　安土桃山時代の武士。
¶全戦（[生]天文5（1536）年）

島津義久* しまづよしひさ
天文2（1533）年〜慶長16（1611）年　[別]島津竜伯（しまづりゅうはく），義久（よしひさ）　安土桃山時代〜江戸時代前期の薩摩の大名。貴久の嫡子。
¶コン，全戦，戦武，対外，中世，俳文（義久　よしひさ　[没]慶長16（1611）年1月21日），山小（[生]1533年2月9日　[没]1611年1月21日）

島津義弘* しまづよしひろ
天文4（1535）年〜元和5（1619）年　[別]薩摩侍従（さつまじじゅう）　安土桃山時代〜江戸時代前期の大名。薩摩藩主。
¶江人，コン，全戦，戦武，対外，徳将，中世，内乱，山小（[生]1535年7月23日　[没]1619年7月21日）

島津竜伯 しまづりゅうはく
⇒島津義久（しまづよしひさ）

島友親 しまともちか
江戸時代前期の越後国高田代官。
¶徳代（[生]元和8（1622）年　[没]天和3（1683）年11月9日）

島豊勝 しまとよかつ
江戸時代中期の信濃国飯島代官。
¶徳代（[生]元禄11（1698）年　[没]明和4（1767）年5月28日）

島豊垮 しまとよもり
江戸時代中期の信濃国飯島代官。
¶徳代（[生]享保13（1728）年　[没]天明7（1787）年11月8日）

島浪間*（島波間）　しまなみま
天保14（1843）年〜慶応1（1865）年　[別]島義親（しまよしちか）　江戸時代末期の三条実美の衛士。
¶全幕（島波間），幕末（[生]天保14（1843）年7月　[没]元治2（1865）年2月22日）

嶋野 しまの★
江戸時代中期の女性。和歌。仙台藩主伊達吉村の娘村子の侍女。元文4年成立、畔充英写「宗村朝臣亭後宴和歌」に載る。
¶江表（嶋野（宮城県））

島信重* しまのぶしげ
安土桃山時代の武将。豊臣秀吉の臣。
¶織田（生没年不詳）

志摩乗時* しまのりとき
寛延2（1749）年〜文化12（1815）年　江戸時代後期の木彫師。
¶美建（[没]文化12（1815）年11月4日）

島原式部大輔純豊 しまばらしきぶのたゆうすみとよ
⇒島原純豊（しまばらすみとよ）

島原純豊 しまばらすみとも
⇒島原純豊（しまばらすみとよ）

島原純豊* しまばらすみとよ
[別]島原式部大輔純豊（しまばらしきぶのたゆうすみとよ），島原純豊（しまばらすみとも）　戦国時代〜安土桃山時代の武士。
¶全戦（しまばらすみとも　[生]？　[没]天正12（1584）年）

島姫* しまひめ
生没年不詳　[別]県主嶋姫（あがたぬしのしまひめ）　奈良時代の女性。光仁天皇の宮人。
¶天皇（県主嶋姫　あがたぬしのしまひめ）

島正祥（嶋正祥）　しままささだ
⇒島正祥（しままさただ）

島正祥* しままさただ
貞享4（1687）年〜延享3（1746）年　[別]島正祥，嶋正祥（しままささだ）　江戸時代中期の江戸町奉行。
¶徳人（しままささだ）

島村右馬丞* しまむらうまのじょう
文化13（1816）年〜明治3（1870）年　江戸時代末期〜明治時代の郷士。家塾を開き文武にわたって門人を指導。
¶幕末（[生]文化13（1816）年4月11日　[没]明治3（1870）年1月23日）

島村衛吉* しまむらえきち
天保5（1834）年〜慶応1（1865）年　[別]島村重険（しまむらしげのり）　江戸時代末期の志士。土佐勤王党に参加。
¶幕末（[生]天保6（1835）年10月　[没]元治2（1865）年3月23日）

島村要 しまむらかなめ
⇒土岐真金（ときまかね）

島村左伝次* しまむらさでんじ
文政12（1829）年〜明治37（1904）年　江戸時代末期〜明治時代の志士。土佐勤王党に参加。
¶幕末（[没]明治37（1904）年2月29日）

島村三四郎* しまむらさんしろう
文化9（1812）年〜明治32（1899）年　江戸時代末期〜明治時代の土佐藩御抱え大工、彫工。潮江天満宮楼門の鳳凰は有名。一弦琴を博覧会に出品。
¶幕末（[没]明治32（1899）年3月18日），美建（[没]明治32（1899）年3月18日）

島村重険 しまむらしげのり
⇒島村衛吉（しまむらえきち）

島村志津摩 しまむらしづま
⇒島村貫倫（しまむらつらとも）

島村寿之助* しまむらじゅのすけ
文政4（1821）年〜明治18（1885）年　江戸時代末期〜明治時代の志士。土佐勤王党に参加。
¶幕末（[生]文政4（1821）年1月29日　[没]明治18（1885）年7月30日）

島村俊規 しまむらしゅんき
江戸時代後期の彫工。
¶美建（生没年不詳）

島村俊表 しまむらしゅんぴょう
江戸時代後期の彫工。
¶美建（生没年不詳）

島村俊明 しまむらしゅんめい
江戸時代末期〜明治時代の彫刻家。
¶美建（[生]安政2（1855）年11月10日　[没]明治29（1896）年12月14日）

島村省吾* しまむらしょうご
弘化2（1845）年〜元治1（1864）年　江戸時代末期の土佐藩士。
¶幕末（[生]天保15（1844）年11月　[没]文久4（1864）年2月18日）

島村図書助　しまむらずしょのすけ
安土桃山時代の武蔵国滝山城主北条氏照家臣大石秀信の同心。
¶後北(図書助〔島村〕　ずしょのすけ)

島村洲平*　しまむらすへい
天保3(1832)年～明治6(1873)年　江戸時代後期～明治時代の武士。
¶幕末([没]明治6(1873)年12月2日)

島村貫倫*　しまむらつらとも
天保4(1833)年～明治9(1876)年　[別]島村志津摩(しまむらしづま)　江戸時代末期～明治時代の小倉藩士、家老。第2次長州征討で征長軍に参加、一番手士大将として長州軍と戦う。
¶全幕(島村志津摩　しまむらしづま),幕末([生]天保4(1833)年3月28日　[没]明治9(1876)年8月18日)

島村鼎甫*　しまむらていほ
天保1(1830)年～明治14(1881)年2月25日　江戸時代末期～明治時代の洋学者、医学校中等教授。儒学、のちに適塾で蘭学を学び京都の赤沢寛輔塾の塾頭になる。
¶科学([生]文政13(1830)年)

島村俊重　しまむらとししげ
江戸時代前期～中期の関東代官。
¶徳代([生]慶安2(1649)年　[没]元禄5(1692)年3月12日)

島村外内　しまむらとない
江戸時代後期～末期の土佐藩郷士。
¶全幕(生没年不詳)

島村紀孝*　しまむらのりたか
文化4(1807)年～*　江戸時代末期～明治時代の漢学者、教育者。
¶幕末([没]明治20(1887)年6月6日)

島村盛実　しまむらもりざね
*～永禄2(1559)年　戦国時代の武将。
¶全戦([生]?),戦武([生]永正6(1509)年)

島本虎豹　しまもとこひょう
⇒土岐真金(ときまかね)

島本青宜*　しまもとせいぎ
文政2(1819)年～明治30(1897)年　江戸時代後期～明治時代の俳人。
¶俳文([没]明治30(1897)年11月8日)

島本仲道*　しまもとなかみち
天保4(1833)年～明治26(1893)年1月2日　江戸時代末期～明治時代の高知藩士、政治家。土佐勤王党に加盟し、捕縛、終身禁固。維新後司法省の大検事・警保頭として司法制度改正、新律綱領の制定に努めた。
¶コン([没]明治25(1892)年)

島元成*　しまもとなり
永禄5(1562)年～慶長5(1600)年　安土桃山時代の武士。豊臣氏家臣、徳川氏家臣。
¶徳代([生]永禄4(1561)年　[没]慶長5(1600)年8月1日)

島本蘭渓*　しまもとらんけい
安永1(1772)年～安政2(1855)年　江戸時代後期の人。家塾で絵と書を教える。
¶幕末([没]安政2(1855)年8月)

島谷市左衛門*　しまやいちざえもん
?～元禄3(1690)年　[別]島谷市左衛門(しまだにいちざえもん)　江戸時代前期の探検家。
¶コン(しまだにいちざえもん)

島屋久次郎*　しまやきゅうじろう
文政5(1822)年～明治36(1903)年　江戸時代末期～明治時代の実業家、幕府用達請負業。神戸市街地造成に従事。兵庫手形引替所を開設。
¶幕末([没]明治36(1903)年12月)

島屋西国*　しまやさいこく
正保4(1647)年～元禄8(1695)年　[別]西国(さいこく),中村西国(なかむらさいこく)　江戸時代前期の俳人(談林派)。
¶俳文(西国　さいこく　[没]元禄8(1695)年6月6日)

島屋佐右衛門*　しまやさえもん
世襲名　江戸時代の定飛脚問屋。
¶コン

志摩好矩　しまよしかね
⇒志摩好矩(しまこうく)

島義勇*　しまよしたけ
文政5(1822)年9月12日～明治7(1874)年4月13日　江戸時代末期～明治時代の佐賀藩士、政治家。蝦夷・樺太を探検し、蝦夷開拓首席判官になり、札幌市街地の建設に尽力。佐賀憂国党を率い佐賀の乱を戦ったが、敗れ処刑。
¶コン,全幕,幕末

島義親　しまよしちか
⇒島浪間(しまなみま)

志摩利右衛門*　しまりえもん
文化6(1809)年～明治17(1884)年1月14日　江戸時代末期～明治時代の商人。阿波藍の製造販売業に従事。京都のほか31か国に及ぶ商権を持っていた。
¶コン,幕末([生]文化6(1809)年5月)

島利兵衛*　しまりへえ
?～元文5(1740)年　江戸時代中期の農民。京都にサツマイモを普及。
¶植物

島立甫*(嶋立甫)　しまりゅうほ
文化4(1807)年～明治6(1873)年5月17日　江戸時代末期～明治時代の近代化学の先駆者。
¶科学,幕末([生]文化5(1808)年)

清水某*　しみず
生没年不詳　安土桃山時代の織田信長の家臣。
¶織田

清水昭武　しみずあきたけ
⇒徳川昭武(とくがわあきたけ)

清水浅彦*　しみずあさひこ
天保2(1831)年～明治19(1886)年　江戸時代末期～明治時代の長門長府藩士。
¶幕末([没]明治19(1886)年5月7日)

清水敦之助*　しみずあつのすけ
寛政8(1796)年～寛政11(1799)年　[別]体門院(たいもんいん)　江戸時代後期の三卿清水家の2代当主。
¶徳将(体門院　たいもんいん),徳松

清水一瓢*　しみずいっぴょう
明和7(1770)年～天保11(1840)年　[別]一瓢(いっぴょう)　江戸時代後期の僧、俳人。
¶俳文(一瓢　いっぴょう　[生]明和8(1771)年　[没]天保11(1840)年7月7日)

し

清水卯吉* しみずうきち
江戸時代末期の新撰組隊士。
¶新隊(生没年不詳)

清水卯三郎* しみずうさぶろう
文政12(1829)年3月4日～明治43(1910)年1月20日　江戸時代後期～明治時代の印刷技術者、石版印刷の祖。
¶科学, 出版, 幕末

志水燕十* しみずえんじゅう
享保11(1726)年～天明6(1786)年　江戸時代中期の戯作者。
¶浮絵([没]天明6(1786)年8月21日), コン(生没年不詳)

清水嘉門* しみずかもん
江戸時代後期～明治時代の蒔絵師。内国勧業博覧会に「稲穂に雀」などを出品。
¶美工([没]明治18(1885)年)

清水勘平 しみずかんぺい
江戸時代前期の根来の真言坊主。
¶大坂

清水喜助〔1代〕* しみずきすけ
天明3(1783)年～安政6(1859)年　江戸時代後期の大工棟梁、現清水建設の祖。
¶美建([没]安政6(1859)年5月8日)

清水喜助〔2代〕* しみずきすけ
文化12(1815)年11月～明治14(1881)年8月9日　江戸時代末期～明治時代の大工、建設業者。
¶コン(代数なし), 幕末, 美建

清水義八 しみずぎはち
江戸時代後期～大正時代の建築技術者。
¶美建([生]弘化3(1846)年4月16日　[没]大正3(1914)年4月1日)

清水休左衛門* しみずきゅうざえもん
天保9(1838)年～？　江戸時代後期～末期の新撰組隊士。
¶新隊

清水清次 しみずきよつぐ
⇒清水清次(しみずせいじ)

清水金三郎* しみずきんざぶろう
嘉永1(1848)年～明治29(1896)年　江戸時代末期～明治時代の加賀藩老本多氏旧臣。主本多氏暗殺事件後、仇討ちの同士に加わる。
¶幕末([没]明治29(1896)年3月)

清水九兵衛 しみずくへえ
⇒清水柳景(しみずりゅうけい)

清水謙吾 しみずけんご
江戸時代後期～明治時代の治水家、東京府議。
¶植物([生]天保11(1840)年　[没]明治40(1907)年7月7日)

清水兼次郎 しみずけんじろう
⇒町田清次郎(まちだせいじろう)

清水吾一* しみずごいち
天保7(1836)年～明治5(1872)年5月27日　江戸時代後期～明治時代の新撰組隊士。
¶新隊

志水小八郎 しみずこはちろう
江戸時代前期の山城国の代官。
¶徳代(生没年不詳)

清水左京亮* しみずさきょうのすけ
生没年不詳　安土桃山時代の織田信長の家臣。
¶織田

清水貞固の妻 しみずさだかたのつま★
江戸時代後期の女性。和歌。夫貞固は御宮奉行を23年間務めた因幡鳥取藩士で、和歌を好んだ。
¶江表(清水貞固の妻(鳥取県))

清水貞徳* しみずさだのり
正保2(1645)年～享保2(1717)年　江戸時代前期～中期の測量家。
¶江人, 科学([没]享保2(1717)年6月26日), コン, 数学([没]享保2(1717)年6月26日)

清水林直 しみずしげなお
江戸時代後期の和算家。
¶数学

清水重好 しみずしげよし
⇒徳川重好(とくがわしげよし)

清水周竹* しみずしゅうちく
生没年不詳　[別]周竹(しゅうちく)　江戸時代中期の医師、俳人(嵐雪門)。
¶俳文(周竹〔1世〕　しゅうちく)

清水春流* しみずしゅんりゅう
寛永3(1626)年～？　[別]春流(しゅんりゅう)　江戸時代前期の儒学者、俳諧師。
¶俳文(春流　しゅんりゅう)

清水諸葛監 しみずしょかつかん
⇒諸葛監(しょかつかん)

清水甚五郎* しみずじんごろう
？～延宝3(1675)年　江戸時代前期の彫金家。
¶コン, 美工

清水新七郎* しみずしんしちろう
？～永禄12(1570)年12月6日　戦国時代～安土桃山時代の北条氏の家臣。
¶後北(新七郎〔清水〕　しんしちろう　[没]永禄12年12月6日)

清水瑞室* しみずずいしつ
？～万治1(1658)年　江戸時代前期の幕府医師。
¶徳人

清水助五郎 しみずすけごろう
江戸時代後期～明治時代の宮大工。
¶美建([生]文化3(1806)年　[没]明治14(1881)年)

清水清閑* しみずせいかん
天保9(1838)年～大正10(1921)年　江戸時代末期～大正時代の陶画工、絵付工人組合の頭取。金沢石浦町に開店。
¶幕末([没]大正10(1921)年10月)

清水静斎 しみずせいさい
⇒諸葛監(しょかつかん)

清水清次* しみずせいじ
*～元治1(1864)年　[別]清水清次(しみずきよつぐ)　江戸時代末期の谷田部藩士。
¶幕末([生]？　[没]元治1(1864)年11月29日)

清水清太郎* しみずせいたろう
天保14(1843)年～元治1(1864)年　[別]清水親知(しみずちかとも)　江戸時代末期の長州(萩)藩士。
¶コン, 幕末([生]天保14(1843)年6月9日　[没]元治1

(1865)年12月25日)

清水赤城*　しみずせきじょう
明和3(1766)年～嘉永1(1848)年　江戸時代中期～後期の儒者、兵学者。
¶コン, 幕末([没]嘉永1(1848)年5月10日)

清水雪信　しみずせっしん
⇒清原雪信(きよはらゆきのぶ)

清水谷石子*　しみずだにいわこ
元禄16(1703)年～享保20(1735)年　[別]藤原石子(ふじわらのいしこ)　江戸時代中期の女性。中御門天皇の宮人。
¶天皇(藤原石子　ふじわらのいしこ　[没]享保20(1735)年9月2日)

清水谷公有*　しみずだにきんあり
永仁4(1296)年～正平7/文和1(1352)年1月4日　[別]一条公有(いちじょうきんなり)　鎌倉時代後期～南北朝時代の公卿(権中納言)。正二位藤原実達の子。
¶公卿([没]文和1/正平7(1352)年1月4日), 公家(公有〔清水谷家〕　きんあり　[没]観応3(1352)年1月4日)

清水谷公勝　しみずだにきんかつ
⇒一条公勝(いちじょうきんかつ)

清水谷公寿*　しみずだにきんとし
宝暦9(1759)年10月14日～享和1(1801)年7月4日　[別]清水谷公寿(しみずだにきんひさ)　江戸時代中期～後期の公家(権中納言)。非参議吉田良延の末子、母は伊予守本多忠統の娘。
¶公卿, 公家(公寿〔清水谷家〕　きんひさ)

清水谷公正*　しみずだにきんなお
文化6(1809)年～*　江戸時代末期～明治時代の公家、権中納言。条約幕府委任反対に加わる。
¶公卿([生]文化6(1809)年2月18日　[没]明治13(1880)年6月), 公家(公正〔清水谷家〕　きんなお　[生]文化6(1809)年2月18日　[没]明治16(1883)年3月2日), 幕末([生]文化6(1809)年2月18日　[没]明治16(1883)年3月2日)

清水谷公考　しみずだにきんなる
江戸時代末期～明治時代の公家。
¶コン([生]弘化2(1845)年　[没]明治15(1882)年)

清水谷公寿　しみずだにきんひさ
⇒清水谷公寿(しみずだにきんとし)

清水谷公広*　しみずだにきんひろ
嘉暦2(1327)年～天授3/永和3(1377)年6月16日　南北朝時代の公卿(参議)。参議藤原実秀の子。
¶公卿([没]永和3(1377)年6月16日), 公家(公広〔清水谷家(絶家)〕　きんひろ　[没]永和3(1377)年6月16日)

清水谷公藤*　しみずだにきんふじ
嘉禎1(1235)年～弘安4(1281)年5月21日　[別]藤原公藤(ふじわらきんふじ)　鎌倉時代後期の公卿(権大納言)。権大納言清水谷実有の次男。
¶公卿([生]嘉禎3(1237)年), 公家(公藤〔清水谷家〕　きんふじ)

清水谷公持*　しみずだにきんもち
安貞1(1227)年～文永5(1268)年10月28日　[別]藤原公持(ふじわらきんもち)　鎌倉時代前期の公卿(権大納言)。権大納言清水谷実有の長男。
¶公卿, 公家(公持〔清水谷家〕　きんもち　[生]1228年)

清水谷貞安　しみずたにさだやす
江戸時代後期の大工。
¶美建([生]文政9(1826)年　[没]?)

清水谷実秋　しみずだにさねあき
⇒一条実秋(いちじょうさねあき)

清水谷実有*　しみずだにさねあり
建仁3(1203)年～文応1(1260)年4月17日　[別]藤原実有(ふじわらさねあり)　鎌倉時代前期の公卿(権大納言)。清水谷家の祖。太政大臣西園寺公経の次男。
¶公卿, 公家(実有〔清水谷家〕　さねあり　[生]1204年)

清水谷実材*　しみずだにさねえだ
延慶2(1309)年～?　鎌倉時代後期～南北朝時代の公卿(権大納言)。権中納言一条公有の子。
¶公卿, 公家(実材〔清水谷家〕　さねえだ　[没]応安6(1373)年11月29日)

清水谷実揖　しみずだにさねおさ
⇒清水谷実揖(しみずだにさねゆう)

清水谷実連*　しみずだにさねつら
?～正和3(1314)年3月15日　鎌倉時代後期の公卿(非参議)。権大納言清水谷公藤の子。
¶公卿, 公家(実連〔清水谷家〕　さねつら)

清水谷実任*　しみずだにさねとう
天正15(1587)年～寛文4(1664)年6月7日　江戸時代前期の公家(権大納言)。従四位上季時の孫。
¶公卿, 公家(実任〔清水谷家〕　さねとう)

清水谷実業*　しみずだにさねなり
慶安1(1648)年～宝永6(1709)年　江戸時代前期～中期の歌人・公家(権大納言)。右大臣三条西実条の孫。
¶公卿([生]慶安1(1648)年3月4日　[没]宝永6(1709)年9月10日), 公家(実業〔清水谷家〕　さねなり　[生]慶安1(1648)年3月4日　[没]宝永6(1709)年9月10日)

清水谷実栄*　しみずだにさねはる
享保7(1722)年1月22日～安永6(1777)年7月3日　[別]清水谷実栄(しみずだにさねひで)　江戸時代中期の公家(権大納言)。権大納言清水谷雅季の子。
¶公卿, 公家(実栄〔清水谷家〕　さねひで)

清水谷実久*　しみずだにさねひさ
永享4(1432)年～明応7(1498)年　室町時代～戦国時代の公卿(権大納言)。権大納言清水谷実秋の孫。
¶公卿([没]明応7(1498)年12月18日), 公家(実久〔清水谷家〕　さねひさ　[没]明応7(1498)年12月18日)

清水谷実栄　しみずだにさねひで
⇒清水谷実栄(しみずだにさねはる)

清水谷実揖*　しみずだにさねゆう
天明2(1782)年5月10日～嘉永4(1851)年2月20日　[別]清水谷実揖(しみずだにさねおさ)　江戸時代後期の公家(権大納言)。右大臣徳大寺実祖の次男。
¶公卿, 公家(実揖〔清水谷家〕　さねおさ)

清水谷雅季*　しみずだにまさすえ
貞享1(1684)年9月28日～延享4(1747)年10月7日　江戸時代中期の公家(権大納言)。権大納言清水谷実業の子。
¶公卿, 公家(雅季〔清水谷家〕　まさすえ)

清水千賀*　しみずちか
天保8(1837)年～文久2(1862)年　江戸時代後期～末期の俳人。
¶江表(千賀(石川県))

し

清水周常　しみずちかつね
江戸時代後期の和算家。児玉郡の人。文化8年算額を奉納。
¶数学

清水親知　しみずちかとも
⇒清水清太郎（しみずせいたろう）

清水千子　しみずちね
⇒千子（ちね）

し

清水長十郎*　しみずちょうじゅうろう
文政8（1825）年～明治20（1887）年12月15日　江戸時代末期～明治時代の実業家。製茶業を改良。養蚕・製糸業を起こす。
¶幕末

清水超波*　しみずちょうは
*～元文5（1740）年　[別]超波（ちょうは）　江戸時代中期の俳人。
¶俳文（超波　ちょうは　[生]元禄15（1702）年　[没]元文5（1740）年7月27日）

清水直乗*　しみずちょくじょう
生没年不詳　室町時代の象嵌師。
¶美工

清水綱吉*　しみずつなよし
生没年不詳　戦国時代の後北条氏の家臣。
¶後北（綱吉〔清水〕　つなよし）

清水道閑*（――〔1代〕）　しみずどうかん
天正7（1579）年～慶安1（1648）年　安土桃山時代～江戸時代前期の茶匠。茶道石州流清水派の祖、仙台伊達家の茶道役。
¶コン

清水東谷*　しみずとうこく
天保12（1841）年1月28日～明治40（1907）年6月　江戸時代末期～明治時代の写真屋。シーボルトから写真術を教授。東京で写真館を設立、宮内庁御用達を務めた。
¶植物, 美画

清水豊明　しみずとよあき
⇒清水豊明（しみずほうめい）

志水長次*　しみずながつぐ
生没年不詳　安土桃山時代の織田信長の家臣。
¶織田

清水永昌　しみずながまさ
江戸時代の和算家。
¶数学

清水斉明*　しみずなりあき
文化7（1810）年～文政10（1827）年　江戸時代後期の三卿清水家の4代当主。
¶徳松（[生]1809年）

清水斉彊　しみずなりかつ
⇒徳川斉彊（とくがわなりかつ）

清水斉順　しみずなりゆき
⇒徳川斉順（とくがわなりゆき）

清水次郎長*　しみずのじろちょう
文政3（1820）年～明治26（1893）年　江戸時代末期～明治時代の侠客。叔父の米問屋次郎八の養子となり次郎長と名のる。博徒となり、東海道の縄張を確保。
¶江人, コン, 全幕, 幕末（[生]文政3（1820）年1月1日　[没]明治26（1893）年6月12日）

清水信頼　しみずのぶより
江戸時代末期の和算家。信濃境新田の人。近郷の門人に算学のほか神儒仏道も教えた。
¶数学（[没]安政2（1855）年9月8日）

清水八左衛門の妻　しみずはちざえもんのつま*
江戸時代中期の女性。和歌。元禄16年刊、柳陰堂了寿編『新歌さゝれ石』に載る。
¶江表（清水八左衛門の妻（東京都））

清水浜臣*　しみずはまおみ
安永5（1776）年～文政7（1824）年　江戸時代後期の国学者、歌人。
¶コン, 詩作（[没]文政7（1824）年閏8月17日）, 思想

清水晴国*　しみずはるくに
文政8（1825）年～明治4（1871）年　江戸時代末期～明治時代の島津家家士。与小頭、高奉行、藩用人、検地主任を務める。
¶幕末（[生]文政8（1825）年5月　[没]明治4（1871）年5月2日）

志水盤谷*　しみずばんこく
延宝7（1679）年～*　[別]盤谷，盤谷〔1代〕（ばんこく）　江戸時代中期の俳人（談林派）。
¶俳文（盤谷　ばんこく　生没年不詳）

清水英吉　しみずひでよし
安土桃山時代の北条氏直家臣清水康英の同心。又兵衛・淡路守。綱吉の次男。
¶後北（英吉〔清水〕　ひでよし）

清水豊明*　しみずほうめい
？～明治7（1874）年　[別]清水豊明（しみずとよあき），福原宗吉（ふくはらそうきち）　江戸時代末期の算家。
¶数学（しみずとよあき　[没]明治7（1874）年2月2日）

清水孫次郎　しみずまごじろう
江戸時代末期の代官。
¶徳代（[生]？　[没]文久2（1862）年12月）

清水誠　しみずまこと
江戸時代後期～明治時代の実業家、発明家、国産マッチの先駆者。
¶科学（[生]弘化2（1845）年12月25日　[没]明治32（1899）年2月8日）

清水政勝　しみずまさかつ
江戸時代前期の北条氏康・氏政・氏直の家臣。新七郎・太郎左衛門尉・意笑入道。北条氏政の偏諱を受けた側近。
¶後北（政勝〔清水〕　まさかつ　[没]元和2年3月2日）

清水政英*　しみずまさひで
生没年不詳　江戸時代後期の和算家。
¶数学

清水政光の母　しみずまさみつのはは*
江戸時代前期の女性。俳諧。京都の人。明暦2年刊、安原貞室編『玉海集』に載る。
¶江表（清水政光の母（京都府））

清水道香*　しみずみちか
生没年不詳　江戸時代後期の和算家。
¶数学

清水美作*　しみずみまさか
文政1(1818)年〜明治8(1875)年　江戸時代末期〜明治時代の萩藩寄組。四境の役で第二騎兵隊総督として指揮。
¶幕末([生]文政15(1818)年3月21日　[没]明治8(1875)年2月18日)

清水宗治*　しみずむねはる
天文6(1537)年〜天正10(1582)年　安土桃山時代の武将。
¶コン, 戦武

清水康英*　しみずやすひで
？〜天正19(1591)年6月3日　安土桃山時代の武士。後北条氏家臣。
¶後北(康英〔清水〕　やすひで), 全戦, 戦武([生]天文1(1532)年)

清水義高*(志水義高)　しみずよしたか
承安3(1173)年〜元暦1(1184)年　[別]木曽義高(きそよしたか), 源義高(みなもとのよしたか, みなもとよしたか), 源義重(みなもとよししげ)　平安時代後期の武士。木曽義仲の子。
¶古人(源義高　みなもとのよしたか　[没]1183年), 平家(源義重　みなもとよししげ)

清水吉広　しみずよしひろ
戦国時代〜安土桃山時代の北条氏康・氏政家臣清水康英の同心。小太郎・右京亮・能登守。
¶後北(吉広〔清水〕　よしひろ　[没]天正12年10月23日)

清水吉政*　しみずよしまさ
？〜天正3(1575)年10月23日　戦国時代〜安土桃山時代の後北条氏の家臣。
¶後北(吉政〔清水〕　よしまさ)

清水与兵衛　しみずよへえ
⇒大和屋政助(やまとやまさすけ)

清水利兵衛*　しみずりへえ
？〜承応3(1654)年　江戸時代前期の信濃国上高井郡の義民。
¶コン

清水柳景*　しみずりゅうけい
生没年不詳　[別]清水九兵衛(しみずくへえ)　江戸時代前期の加賀の蒔絵師。
¶コン, 美工

清水隆慶*　しみずりゅうけい
万治2(1659)年〜享保17(1732)年11月　[別]隆慶(りゅうけい)　江戸時代前期〜中期の仏師。人形作家。
¶コン(隆慶　りゅうけい　生没年不詳), コン(生没年不詳), 美建, 美工

清水柳三　しみずりゅうぞう
江戸時代末期〜明治時代の彫師。
¶浮絵

清水六兵衛〔1代〕　しみずろくべえ
⇒清水六兵衛〔1代〕(きよみずろくべえ)

清水六兵衛〔2代〕　しみずろくべえ
⇒清水六兵衛〔2代〕(きよみずろくべえ)

清水兼次郎　しみづけんじろう
⇒町田清次郎(まちだせいじろう)

慈明院(1)　じみょういん★
江戸時代中期の女性。和歌。仙台藩士渡部源助の母。安永3年成立「田村村隆母公六十賀祝賀歌集」に載る。
¶江表(慈明院(宮城県))

慈明院(2)　じみょういん★
江戸時代中期〜後期の女性。和歌・長歌。土佐藩主山内豊雍の娘。黒田長舒の室。
¶江表(慈明院(福岡県)　[生]安永4(1775)年　[没]天保1(1830)年)

持明院家胤*　じみょういんいえたね
宝永2(1705)年8月27日〜延享4(1747)年8月6日　江戸時代中期の公家(参議)。権中納言石野基顕の次男。
¶公卿, 公家(家胤〔持明院家〕　いえたね)

持明院家秀*　じみょういんいえひで
生没年不詳　南北朝時代の公卿(非参議)。非参議持明院基世の次男。
¶公卿, 公家(家秀〔持明院家〕　いえひで)

持明院家藤*　じみょういんいえふじ
？〜正平3/貞和4(1348)年11月6日　鎌倉時代後期〜南北朝時代の公卿(非参議)。非参議持明院基長の長男。
¶公卿([没]貞和4/正平3(1348)年11月6日), 公家(家藤〔持明院家(絶家)〕　いえふじ　[没]貞和4(1348)年11月6日)

持明院家行　じみょういんいえゆき
⇒藤原家行(ふじわらいえゆき)

持明院家行女　じみょういんいえゆきのむすめ
平安時代後期の女性。藤原家行女のこと。室町院、神仙院の母か。
¶天皇(生没年不詳)

持明院宗時*　じみょういんむねとき
享保17(1732)年1月3日〜寛政7(1795)年6月27日　江戸時代中期の公家(権中納言)。参議高倉永房の次男。
¶公卿, 公家(宗時〔持明院家〕　むねとき)

持明院基家　じみょういんもといえ
⇒藤原基家(ふじわらもといえ)

持明院基雄*(1)　じみょういんもとお
？〜建武1(1334)年　鎌倉時代後期の公卿(非参議)。非参議持明院基光の子。
¶公卿, 公家(基雄〔持明院(正嫡)家(絶家)〕　もとお)

持明院基雄*(2)　じみょういんもとお
貞享4(1687)年1月21日〜元文5(1740)年11月16日　[別]持明院基雄(じみょういんもとかつ)　江戸時代中期の公家(権中納言)。権中納言持明院基輔の子。
¶公卿, 公家(基雄〔持明院家〕　もとお)

持明院基和*　じみょういんもとかず
天保5(1834)年〜慶応1(1865)年　江戸時代末期の公家。
¶幕末([生]天保5(1834)年10月6日　[没]慶応1(1865)年10月5日)

持明院基雄　じみょういんもとかつ
⇒持明院基雄(じみょういんもとお)

持明院基清*　じみょういんもときよ
？〜弘和2/永徳2(1382)年8月10日　南北朝時代の公卿(非参議)。権中納言持明院家行の五代孫。
¶公卿([没]永徳2/弘和2(1382)年8月10日), 公家(基清〔持明院家〕　もときよ　[没]永徳2(1382)年8月10日)

持明院基子*　じみょういんもとこ
？～正保1(1644)年　[別]藤原孝子(ふじわらのたかこ)　江戸時代前期の女性。後陽成天皇の宮人。
¶女史,天皇(藤原孝子　ふじわらのたかこ　[没]寛永21(1644)年1月2日)

持明院基定*　じみょういんもとさだ
慶長12(1607)年4月10日～寛文7(1667)年10月17日　江戸時代前期の公家(権大納言)。中納言持明院基孝の孫。
¶公卿,公家(基定〔持明院家〕　もとさだ)

持明院基輔*　じみょういんもとすけ
万治1(1658)年～正徳4(1714)年6月5日　江戸時代前期～中期の公家(権中納言)。権大納言持明院基時の子。
¶公卿([生]万治1(1658)年3月11日),公家(基輔〔持明院家〕　もとすけ　[生]明暦4(1658)年3月11日)

持明院基澄*　じみょういんもとずみ
？～元亨2(1322)年8月　鎌倉時代後期の公卿(非参議)。非参議持明院基光の子。
¶公卿,公家(基澄〔持明院(正嫡)家(絶家)〕　もとずみ)

持明院基孝*(1)　じみょういんもとたか
？～元亨2(1322)年10月19日　鎌倉時代後期の公卿(参議)。権中納言持明院保藤の孫。
¶公卿,公家(基孝〔持明院(正嫡)家(絶家)〕　もとたか)

持明院基孝*(2)　じみょういんもとたか
永正17(1520)年8月21日～慶長16(1611)年5月28日　戦国時代～安土桃山時代の公卿(中納言)。権中納言持明院基規の子。
¶公卿,公家(基孝〔持明院家〕　もとたか)

持明院基武*　じみょういんもとたけ
宝暦7(1757)年10月27日～寛政1(1789)年8月4日　江戸時代中期の公家(非参議)。権中納言持明院宗時の子。
¶公卿,公家(基武〔持明院家〕　もとたけ)

持明院基親*　じみょういんもとちか
？～応永26(1419)年7月23日　室町時代の公卿(非参議)。非参議持明院基清の子。
¶公卿,公家(基親〔持明院家〕　もとちか)

持明院基親女　じみょういんもとちかのむすめ
⇒伊予局(いよのつぼね)

持明院基時*　じみょういんもととき
寛永12(1635)年9月5日～宝永1(1704)年3月10日　江戸時代前期～中期の公家(権大納言)。権大納言持明院基定の子。
¶公卿,公家(基時〔持明院家〕　もととき　[没]元禄17(1704)年3月10日)

持明院基延　じみょういんもとなが
⇒持明院基延(じみょういんもとのぶ)

持明院基長*　じみょういんもとなが
建長8(1256)年～建武2(1335)年6月21日　鎌倉時代後期～南北朝時代の公卿(非参議)。権中納言持明院家行の曽孫。
¶公卿,公家(基長〔持明院家(絶家)〕　もとなが　[生]？)

持明院基延*　じみょういんもとのぶ
寛政4(1792)年6月1日～安政2(1855)年9月9日　[別]持明院基延(じみょういんもとなが)　江戸時代末期の公家(権中納言)。非参議持明院基武の孫。
¶公卿,公家(基延〔持明院家〕　もとのぶ)

持明院基信*　じみょういんもとのぶ
？～文明2(1470)年7月1日　室町時代の公卿(非参議)。非参議持明院基親の孫。
¶公卿,公家(基信〔持明院家〕　もとのぶ)

持明院基規*　じみょういんもとのり
明応1(1492)年～天文20(1551)年　戦国時代の公卿(権中納言)。参議持明院基春の子。
¶公卿([没]？),公家(基規〔持明院家〕　もとのり　[没]？)

持明院基春*　じみょういんもとはる
享徳2(1453)年～天文4(1535)年　戦国時代の書家、公卿(参議)。和様筆道持明院流の祖。従三位・非参議持明院基信の子。
¶公卿([没]天文4(1535)年7月26日),公家(基春〔持明院家〕　もとはる　[没]天文4(1535)年7月26日)

持明院基久*　じみょういんもとひさ
？～慶長20(1615)年　安土桃山時代～江戸時代前期の公卿。
¶大坂([生]天正12年　[没]慶長20年5月7日/5月28日)

持明院基政*　じみょういんもとまさ
文化7(1810)年～明治1(1868)年　江戸時代末期の公家(非参議)。権中納言持明院基延の子。
¶公卿([生]文化7(1810)年9月27日　[没]明治1(1868)年1月25日),公家(基政〔持明院家〕　もとまさ　[生]文化7(1810)年9月27日　[没]慶応4(1868)年1月25日),幕末([生]文化7(1810)年9月27日　[没]慶応4(1868)年1月25日)

持明院基光*　じみょういんもとみつ
嘉禄1(1225)年～？　鎌倉時代前期の公卿(非参議)。正四位下・左中将藤原家教の子。
¶公卿,公家(基光〔持明院(正嫡)家(絶家)〕　もとみつ)

持明院基宗*　じみょういんもとむね
久寿2(1155)年～建仁2(1202)年2月25日　平安時代後期～鎌倉時代前期の公卿(非参議)。権中納言持明院基家の長男。
¶公卿,公家(基宗〔持明院家〕　もとむね)

持明院基保*(1)　じみょういんもとやす
建久3(1192)年～？　鎌倉時代前期の公卿(権中納言)。権中納言持明院保家の子。
¶公卿,公家(基保〔持明院(正嫡)家(絶家)〕　もとやす)

持明院基保*(2)　じみょういんもとやす
生没年不詳　室町時代の公卿(非参議)。文明4年従三位に叙される。
¶公卿,公家(基保〔持明院(正嫡)家(絶家)〕　もとやす　[生]1425年　[没]延徳2(1490)年7月13日)

持明院基行*　じみょういんもとゆき
生没年不詳　鎌倉時代後期の公卿(非参議)。権中納言持明院家行の曽孫。
¶公卿,公家(基行〔持明院家〕　もとゆき)

持明院基世*　じみょういんもとよ
応永10(1403)年～永享1(1429)年10月29日　室町時代の公卿(参議)。権中納言藤原基秀の子。
¶公卿,公家(基世〔園家〕　もとよ)

持明院基頼*　じみょういんもとより
長久1(1040)年～保安3(1122)年　[別]藤原基頼(ふじわらのもとより)　平安時代中期～後期の貴族、持明院氏の祖。

¶古人（藤原基頼　ふじわらのもとより），コン

持明院保有*　じみょういんやすあり
正応4（1291）年～？　鎌倉時代後期～南北朝時代の公卿（権中納言）。権中納言持明院保藤の子。
¶公卿，公家（保有〔持明院（正嫡）家（絶家）〕　やすあり　[生]1288年）

持明院保家*　じみょういんやすいえ
仁安2（1167）年～承元4（1210）年　平安時代後期～鎌倉時代前期の公卿（権中納言）。権中納言持明院基家の次男。
¶公卿（生没年不詳），公家（保家〔持明院（正嫡）家（絶家）〕　やすいえ）

持明院保藤*　じみょういんやすふじ
建長6（1254）年～？　鎌倉時代後期の公卿（権中納言）。非参議松殿良嗣の子。
¶公卿，公家（保藤〔持明院（正嫡）家（絶家）〕　やすふじ　[没]康永1（1342）年9月26日）

持明院保冬*　じみょういんやすふゆ
？～元中9/明徳3（1392）年10月16日　南北朝時代の公卿（権中納言）。参議持明院基孝の子。
¶公卿（[没]明徳3/元中9（1392）年10月16日），公家（保冬〔持明院（正嫡）家（絶家）〕　やすふゆ　[没]明徳3（1392）年10月16日）

思眠　しみん★
江戸時代後期の女性。俳諧。越前福井の人。寛政1年刊、平話房旭周撰『星の宵塚』に載る。
¶江表（思眠（福井県））

蓁子　しむこ★
江戸時代後期の女性。和歌。江戸後期、徳川幕府の老中松平定信の娘。
¶江表（蓁子（長崎県）　[生]寛政7（1795）年　[没]文政6（1823）年）

志村光安　しむらあきやす
⇒志村光安（しむらみつやす）

志村勘十郎　しむらかんじゅうろう
安土桃山時代の甲斐国八代郡河内岩間庄中山の土豪。
¶武田（生没年不詳）

志村箏花尼*　しむらきょうかに
？～天保9（1838）年　江戸時代後期の女性。歌人。
¶江表（箏花尼（京都府））

志村宮内左衛門　しむらくないざえもん
安土桃山時代の甲斐国八代郡河内岩間庄中山の土豪。
¶武田（生没年不詳）

志村将監　しむらしょうげん
安土桃山時代の武蔵国滝山城主北条氏照の家臣。
¶後北（将監〔志村（2）〕　しょうげん）

志村常仙*　しむらじょうせん
*～延享1（1744）年　[別]常仙，常仙〔1代〕（じょうせん）　江戸時代前期～中期の俳人。
¶俳文（常仙〔1世〕　じょうせん　[生]延宝4（1676）年　[没]？）

志村清蔵　しむらせいぞう
安土桃山時代の甲斐国八代郡河内岩間庄中山の土豪。
¶武田（生没年不詳）

志村武蔵*　しむらたけぞう
天保4（1833）年～？　江戸時代後期～末期の新撰組隊士。
¶新隊

志村恒憲*　しむらつねのり
文政6（1823）年～明治31（1898）年1月17日　江戸時代後期～明治時代の和算家。
¶数学

志村藤三郎　しむらとうざぶろう
安土桃山時代の甲斐国八代郡河内岩間庄中山の土豪。
¶武田（生没年不詳）

志村俊勝　しむらとしかつ
江戸時代前期～中期の幕臣。
¶徳人（[生]1665年　[没]1737年）

志村俊茂　しむらとししげ
江戸時代前期～中期の幕臣。
¶徳代（[生]寛永9（1632）年　[没]元禄8（1695）年2月21日）

志村長吉　しむらながよし
戦国時代の武田氏家臣。小山田氏の被官か。
¶武田（生没年不詳）

志村昌義*　しむらまさよし
生没年不詳　江戸時代後期の和算家。『淇澳集』を著す。
¶数学

志村又左衛門　しむらまたざえもん
戦国時代の武士。信玄旗本の陣立書に「各鉄砲」の統率者として名がみえる。
¶武田（生没年不詳）

志村光安*　しむらみつやす
？～慶長14（1609）年　[別]志村光安（しむらあきやす）　安土桃山時代～江戸時代前期の武士。最上氏家臣。
¶全戦（しむらあきやす　[没]慶長16（1611）年），戦武

志村本隆の妻　しむらもとたかのつま★
江戸時代後期の女性。和歌。
¶江表（志村本隆の妻（群馬県））

志村師智　しむらもろとも
江戸時代中期の代官。
¶徳代（[生]正徳5（1715）年　[没]明和3（1766）年6月2日）

志村弥四郎*　しむらやしろう
生没年不詳　戦国時代の北条氏の家臣。
¶後北（弥四郎〔志村（1）〕　やしろう）

しめ（1）
江戸時代中期の女性。俳諧。深浦の人。天明3年の深浦町関八幡宮にある俳諧奉納額に載る。
¶江表（しめ（青森県））

しめ（2）
江戸時代中期の女性。和歌。武田勘兵衛信成の娘。享保9年成立、道工正央著「有賀以敬斎長伯阿波日記」に2首が載る。
¶江表（しめ（徳島県））

示　しめ
江戸時代末期の女性。和歌。播磨飾西郡奥村の佐野円次の妻。安政6年刊、秋元安民編『類題青藍集』に載る。
¶江表（示（兵庫県））

紫明の妻 しめいのつま*
江戸時代後期の女性。俳諧。紫明は八丁目の金沢屋加藤忠兵衛。文政12年没。
¶江表（紫明の妻（福島県））

シメオン(1)
⇒池田教正（いけだのりまさ）

シメオン(2)
⇒黒田孝高（くろだよしたか）

七五三長斎* しめちょうさい
宝暦7（1757）年～文政7（1824）年 [別]長斎，長斉（ちょうさい） 江戸時代後期の俳人。
¶俳文（長斎 ちょうさい [没]文政7（1824）年4月19日）

しも(1)
江戸時代中期の女性。和歌。中村安斎の娘。宝永6年奉納、平間長雅編「住吉社奉納千首和歌」に載る。
¶江表（しも（奈良県））

しも(2)
江戸時代後期～明治時代の女性。和歌・福祉。伊勢大湊の関大吉の娘。
¶江表（しも（三重県） [生]天保9（1838）年 [没]明治19（1886）年）

下枝田久綱 しもえだひさつな
戦国時代の信濃国伊那郡の武士。松尾城主小笠原信貴の家臣。
¶武田（生没年不詳）

下岡蓮杖* しもおかれんじょう
文政6（1823）年2月12日～大正3（1914）年3月3日 江戸時代末期～明治時代の写真家。日本の写真師の祖、上野彦馬と共に営業写真師の草分け。
¶コン，全幕，幕末

下方市左衛門正弘 しもかたいちざえもんまさひろ
江戸時代前期の武士。大坂の陣で籠城。
¶大坂（[没]慶長20年5月7日）

下方九郎左衛門* しもかたくろうざえもん
生没年不詳 戦国時代の武士。織田氏家臣。
¶織田

下方源左衛門* しもかたげんざえもん
生没年不詳 安土桃山時代の織田信長の家臣。
¶織田

下方貞清* しもかたさだきよ，しもがたさだきよ
？～慶長11（1606）年7月4日 安土桃山時代～江戸時代前期の武将。織田氏家臣。
¶織田（[生]大永7（1527）年？），全戦（[生]大永7（1527）年）

下方貞弘 しもかたさだひろ
⇒下方弥三郎（しもかたやさぶろう）

下方弥三郎* しもかたやさぶろう
？～天正10（1582）年6月2日 [別]下方貞弘（しもかたさだひろ） 安土桃山時代の武士。織田氏家臣。
¶織田（下方貞弘 しもかたさだひろ [生]天文23（1554）年）

下河辺長流 しもかわべながる
⇒下河辺長流（しもこうべちょうりゅう）

下川元宣* しもかわもとのぶ
？～慶長17（1612）年 安土桃山時代～江戸時代前期の武将。秀吉馬廻、加藤氏家臣。
¶全戦

下久三郎 しもきゅうざぶろう
安土桃山時代の上野国松井田城代大道寺政繁の家臣。
¶後北（久三郎〔下〕 きゅうざぶろう）

下国安芸* しもくにあき，しもぐにあき
文化6（1809）年～明治14（1881）年 江戸時代末期～明治時代の松前藩士。家督を継ぎ家老。正議隊のクーデターの際、同派に擁されて事件の処理に当たる。
¶幕末（[没]明治14（1881）年6月4日）

下国東七郎* しもくにとうしちろう
文政9（1826）年～明治26（1893）年 江戸時代末期～明治時代の開拓使、松前藩士、館藩大参事。正義隊士として活躍。維新後は困窮し流浪。著書に「実歴史」。
¶全幕，幕末

下源七郎 しもげんしちろう
安土桃山時代の武士。上野松井田衆か。下但馬守の弟。
¶武田（生没年不詳）

下河内村辰蔵* しもごうちむらたつぞう，しもこうちむらたつぞう
寛政8（1796）年～* [別]辰蔵（たつぞう），松平辰蔵（まつだいらたつぞう） 江戸時代後期の加茂一揆の指導者。
¶江人（[没]1837年），コン（しもこうちむらたつぞう [没]天保8（1837）年），コン（松平辰蔵 まつだいらたつぞう [没]天保9（1838）年）

下河辺清親 しもこうべきよちか
平安時代後期の下総国の武士。
¶平家（生没年不詳）

下河辺長流*（下川辺長流） しもこうべちょうりゅう
*～貞享3（1686）年 [別]下河辺長流（しもかわべながる，しもこうべながる），長流（ちょうりゅう） 江戸時代前期の歌人・歌学者。
¶江人（[生]1627年），コン（しもこうべながる [生]寛永1（1624）年），詩作（しもこうべちょうりゅう，しもこうべながる [生]？ [没]貞享3（1686）年6月3日），思想（[生]寛永4（1627）年），日文（下川辺長流 [生]寛永4（1628）年），山小（[生]1627年 [没]1686年6月3日）

下河辺与方* しもこうべともかた
生没年不詳 江戸時代中期の和算家。
¶数学

下河辺長流 しもこうべながる
⇒下河辺長流（しもこうべちょうりゅう）

下河辺行平* しもこうべゆきひら
生没年不詳 鎌倉時代前期の武将、下総国下河辺荘の荘司。
¶コン，内乱

下坂市之丞 しもさかいちのじょう
⇒康継（やすつぐ）

下坂康継 しもさかやすつぐ
⇒康継（やすつぐ）

下里知足* しもさとちそく，しもざとちそく
寛永17（1640）年～宝永1（1704）年 [別]知足（ちそく） 江戸時代前期～中期の俳人。
¶俳文（知足 ちそく [没]宝永1（1704）年4月13日）

志茂実明　しもさねあきら
⇒志茂又左衛門（しもまたざえもん）

下嶋為政　しもじまためまさ
江戸時代前期～中期の幕臣。
¶徳人（[生]1648年　[没]1694年）

下嶋与政　しもしまともまさ
安土桃山時代～江戸時代前期の幕臣。
¶徳人（[生]1597年　[没]1665年）

下島政真（下嶋政真）　しもじままさざね，しもしままさざね
慶長2（1597）年～明暦1（1655）年　安土桃山時代～江戸時代前期の幕臣、代官。
¶徳人（下嶋政真　しもしままさざね），徳代（[没]明暦1（1655）年1月15日）

下島政茂　しもじままさしげ
戦国時代～江戸時代前期の代官。
¶徳代（[生]天文22（1553）年　[没]寛永4（1627）年6月14日）

下島政武　しもじままさたけ
江戸時代前期～中期の代官。
¶徳代（[生]承応2（1653）年　[没]享保2（1717）年7月23日）

霜女＊（1）　しもじょ
？～明暦3（1657）年　安土桃山時代～江戸時代前期の女性。細川ガラシャの侍女。
¶江表（霜（滋賀県））

霜女（2）　しもじょ★
江戸時代中期の女性。俳諧。一宮の人。天明3年刊、平橋庵敲氷編『折鶴』に載る。
¶江表（霜女（山梨県））

下条氏長＊　しもじょううじなが
？～天正10（1582）年　戦国時代～安土桃山時代の甲斐武田晴信・勝頼の家臣。
¶武田（[没]天正10（1582）年6月）

下条勘兵衛＊　しもじょうかんべえ
？～明治3（1870）年　江戸時代末期～明治時代の阿波徳島藩士。
¶幕末（[没]明治3（1870）年4月15日）

下条時氏＊　しもじょうときうじ
生没年不詳　戦国時代の信濃国鈴岡小笠原氏の家臣。
¶武田

下条信氏＊　しもじょうのぶうじ
享禄2（1529）年～天正10（1582）年6月25日　戦国時代～安土桃山時代の武将。武田氏家臣、徳川氏家臣。
¶武田

下条信氏室　しもじょうのぶうじしつ
戦国時代の女性。武田信虎の娘。
¶武田（生没年不詳）

下条信隆＊　しもじょうのぶたか
寛永2（1625）年～享保1（1716）年　江戸時代前期～中期の石州流の茶人。
¶徳人

下条信正＊　しもじょうのぶまさ
？～天正10（1582）年3月22日　戦国時代～安土桃山時代の甲斐武田勝頼の家臣。
¶武田

下条術親　しもじょうのりちか
江戸時代末期～大正時代の和算家。常州真壁郡倉持村の人。関流12伝を称す。
¶数学（[生]安政2（1855）年　[没]大正7（1918）年11月4日）

下条通春＊　しもじょうみちはる
文政10（1827）年～明治18（1885）年　江戸時代末期～明治時代の医師。江戸日本橋に外科の医業を開き、私資をもって勤王の志士たちを援助する。
¶コン

下条康長＊　しもじょうやすなが
天正3（1575）年～？　安土桃山時代～江戸時代前期の甲斐武田勝頼の家臣。
¶武田

下条頼安＊　しもじょうよりやす
弘治2（1556）年～天正12（1584）年1月20日　戦国時代～安土桃山時代の甲斐武田勝頼の家臣。
¶武田

下間仲孝　しもずまなかたか
⇒下間少進（しもつましょうしん）

下瀬熊之進＊　しもせくまのしん
天保14（1843）年～文久3（1863）年　[別]下瀬頼高（しもせよりたか）　江戸時代末期の長州（萩）藩士。
¶幕末（[没]文久3（1863）年10月14日）

下瀬頼高　しもせよりたか
⇒下瀬熊之進（しもせくまのしん）

下曽根金三郎＊　しもそねきんざぶろう，しもそねきんさぶろう
文化3（1806）年～明治7（1874）年6月5日　[別]下曽根信之（しもそねしんし，しもそねのぶゆき）　江戸時代後期～明治時代の武士、砲術家。
¶江人（下曽禰金三郎　[没]？），科学，コン，全幕，徳人（下曽根信之　しもそねしんし），幕末（下曽根信之　しもそねのぶゆき）

下曽禰源七　しもそねげんしち
安土桃山時代の武田氏の家臣。
¶武田（[生]？　[没]天正3（1575）年5月21日）

下曽禰源三　しもそねげんぞう
安土桃山時代の武田氏の家臣。
¶武田（[生]？　[没]天正3（1575）年5月21日）

下曽禰源六　しもそねげんろく
安土桃山時代の武士。下曽禰浄喜の嫡男か。長篠合戦で討死。
¶武田（[生]？　[没]天正3（1575）年5月21日）

下曽根浄喜＊（下曽禰浄喜）　しもそねじょうき
生没年不詳　戦国時代の甲斐武田晴信・勝頼の家臣。
¶全戦（下曽禰浄喜），武田（下曽禰浄喜）

下曽根信之　しもそねしんし
⇒下曽根金三郎（しもそねきんざぶろう）

下曽禰出羽守　しもそねでわのかみ
戦国時代の武田信虎・信玄の家臣。岳雲軒浄喜の父か。
¶武田（生没年不詳）

下曽禰信辰　しもそねのぶとき
戦国時代～安土桃山時代の武士。
¶武田（生没年不詳）

しもそね　　　　　　　　1072

下曽根信之　しもそねのぶゆき
⇒下曽根金三郎（しもそねきんざぶろう）

下曽禰弥左衛門尉　しもそねやざえもんのじょう
安土桃山時代の武田氏の家臣。
¶武田（㊞？　㊥天正3（1575）年5月21日）

下平可都美＊（下平可都三）　しもだいらかつみ
文政5（1822）年〜明治43（1910）年　江戸時代末期
〜明治時代の俳人。
¶俳文（下平可都三　㊐文政5（1822）年1月11日　㊥明治
43（1910）年12月9日），幕末（㊥明治43（1910）年12月9
日）

下田佐太郎＊　しもださたろう
天保10（1839）年〜明治9（1876）年　㊔楠英太郎
（くすのきえいたろう）　江戸時代末期〜明治時代
の出羽秋田藩士。
¶幕末（㊥明治9（1876）年3月）

下但馬守　しもたじまのかみ
安土桃山時代の武士。上野松井田衆か。
¶武田（㊞？　㊥天正9（1581）年？）

下田恂介＊　しもだじゅんすけ
天保10（1839）年〜明治1（1868）年　江戸時代末期
の長門長府藩士。
¶幕末（㊐天保10（1839）年5月11日　㊥明治1（1868）年
10月5日）

下田神衛門　しもだしんえもん
安土桃山時代の信濃国筑摩郡光郷の土豪。
¶武田（生没年不詳）

下田信通　しもだしんつう
江戸時代前期の代官。
¶徳代（生没年不詳）

下田生素　しもだせいそ
江戸時代後期〜大正時代の陶工。
¶美工（㊐弘化3（1846）年　㊥大正4（1915）年10月）

下田直貞　しもだなおさだ
江戸時代後期の和算家。
¶数学（㊥文化2（1805）年6月）

下田師古＊　しもだもろひさ
＊〜享保13（1728）年4月9日　江戸時代前期〜中期
の国学者。
¶徳人（㊐1692年）

下津一通　しもづかずみち
⇒下津権内（しもつごんない）

下野＊　しもつけ
生没年不詳　平安時代中期の女房・歌人。
¶古人

下野雄宗＊　しもつけおむね
生没年不詳　㊔下野雄宗（しもつけのおむね）　平
安時代前期の歌人。
¶古人（しもつけのおむね）

下毛野敦方＊　しもつけぬのあつかた
生没年不詳　平安時代後期の近衛府の府生。
¶古人

下毛野敦清　しもつけぬのあつきよ
平安時代後期の官人。近衛府生、番長。藤原忠実の
随身。
¶古人（生没年不詳）

下毛野敦貞　しもつけぬのあつさだ
平安時代後期の随身。右近衛番長。藤原師実の
随身。
¶古人（生没年不詳）

下毛野敦重　しもつけぬのあつしげ
平安時代後期の官人。右近衛府生、藤原師実の随身。
¶古人（生没年不詳）

下毛野敦季＊　しもつけぬのあつすえ
？〜承徳1（1097）年　平安時代後期の近衛府の下級
官人。
¶古人

下毛野敦武　しもつけぬのあつたけ
平安時代後期の賭弓の射手。父は敦久。
¶古人（生没年不詳）

下毛野敦時＊　しもつけぬのあつとき
生没年不詳　平安時代後期の近衛府官人。
¶古人

下毛野敦利＊　しもつけぬのあつとし
承保1（1074）年〜久安2（1146）年　平安時代後期
の近衛府の将監。
¶古人

下毛野敦久　しもつけぬのあつひさ
平安時代後期の官人。藤原師実の随身、近衛府生
番長。
¶古人（㊞？　㊥1099年）

下毛野敦行＊　しもつけぬのあつゆき
生没年不詳　㊔下毛野敦行（しもつけののあつゆ
き）　平安時代中期の近衛府武士。
¶古人

下毛野稲麻呂　しもつけぬのいねまろ
奈良時代の官人。
¶古人（㊞？　㊥768年）

下毛野石代　しもつけぬのいわしろ
奈良時代の官人。
¶古人（生没年不詳）

下毛野帯足　しもつけぬのおびたり
奈良時代の官人。
¶古人（生没年不詳）

下毛野公助　しもつけぬのきみすけ
⇒下毛野公助（しもつけぬのきんすけ）

下毛野公武　しもつけぬのきみたけ
平安時代中期の官人。右近衛府生・番長・摂政随身。
¶古人（生没年不詳）

下毛野公久　しもつけぬのきみひさ
平安時代中期の官人。
¶古人（生没年不詳）

下毛野公安　しもつけぬのきみやす
平安時代中期の随身近衛。
¶古人（生没年不詳）

下毛野公頼　しもつけぬのきみより
平安時代中期の随身。藤原実資の随身。
¶古人（㊞？　㊥1018年？）

下毛野公助＊　しもつけぬのきんすけ
生没年不詳　㊔下毛野公助（しもつけぬのきみす
け，しもつけののきんすけ）　平安時代中期の近衛

しもつけ

官人。敦行の子。
¶古人(しもつけぬのきみすけ)、古人、コン

下毛野公忠* しもつけぬのきんただ
生没年不詳　平安時代中期の近衛府の将監。
¶古人

下毛野公時 しもつけぬのきんとき
平安時代中期の相撲使。
¶古人(㊱?　㉛1017年)

下毛野公奉 しもつけぬのきんとも
平安時代中期の鷹飼。
¶古人(㊱?　㉛1014年)

下毛野古麻呂* (下毛野子麻呂) しもつけぬのこまろ
?～和銅2(709)年　㊚下毛野古麻呂(しもつけのこまろ)、下毛野朝臣子麻呂(しもつけののあそんこまろ)　飛鳥時代の官人(参議)。和銅元年正四位下に叙され、式部卿に任ぜられる。
¶公卿(しもつけののふるまろ　㉛和銅2(709)年12月16日)、古人(下毛野子麻呂　生没年不詳)、古代(下毛野朝臣子麻呂　しもつけののあそんこまろ)、コン(下毛野子麻呂)

下毛野重季 しもつけぬのしげすえ
平安時代中期の随身。近衛将曹、院随身。
¶古人(生没年不詳)

下毛野重時 しもつけぬのしげとき
平安時代中期の随身。左近将曹、藤原忠実随身。
¶古人(生没年不詳)

下毛野重行* しもつけぬのしげゆき
生没年不詳　平安時代中期の近衛府の将監。
¶古人

下毛野助忠 しもつけぬのすけただ
平安時代後期の官人。近衛府生、番長。
¶古人(生没年不詳)

下毛野助利 しもつけぬのすけとし
平安時代後期の随身。藤原師実の随身。
¶古人(生没年不詳)

下毛野助友 しもつけぬのすけとも
平安時代後期の随身。
¶古人(生没年不詳)

下毛野助頼 しもつけぬのすけより
平安時代後期の官人。
¶古人(生没年不詳)

下毛野多具比 しもつけぬのたぐい
奈良時代の官人。
¶古人(生没年不詳)

下毛野武忠* しもつけぬのたけただ
生没年不詳　平安時代後期の近衛府官人。
¶古人

下毛野武正 しもつけぬのたけまさ
⇒下毛野武正(しもつけのたけまさ)

下毛野忠助 しもつけぬのただすけ
平安時代後期の随身。院随身、近衛番長。
¶古人(生没年不詳)

下毛野忠久 しもつけぬのただひさ
平安時代後期の官人。近衛府生、藤原忠実随身。
¶古人(生没年不詳)

下毛野足麻呂 しもつけぬのたりまろ
奈良時代の官人。
¶古人(生没年不詳)

下毛野近末* しもつけぬのちかすえ
生没年不詳　平安時代後期の近衛府の将監。
¶古人

下毛野近行 しもつけぬのちかゆき
平安時代後期の随身。藤原師実の随身。
¶古人(生没年不詳)

下毛野年継 しもつけぬのとしつぐ
⇒下毛野朝臣年継(しもつけののあそんとしつぐ)

下毛野根麻呂 しもつけぬのねまろ
平安時代中期の官人。
¶古人(生没年不詳)

下毛野延末 しもつけぬののぶすえ
平安時代後期の官人。
¶古人(生没年不詳)

下毛野久行 しもつけぬのひさゆき
平安時代後期の官人。
¶古人(生没年不詳)

下毛野船足 しもつけぬのふなたり
奈良時代の官人。
¶古人(生没年不詳)

下毛野光重 しもつけぬのみつしげ
平安時代後期の官人。近衛府生。
¶古人(生没年不詳)

下毛野光武 しもつけぬのみつたけ
平安時代中期の随身。藤原道長の随身。長元1年府生。
¶古人(生没年不詳)

下毛野虫麻呂* しもつけぬのむしまろ
㊚下毛野朝臣虫麻呂(しもつけののあそんむしまろ)、下毛野虫麻呂(しもつけののむしまろ、しもつけのむしまろ)　奈良時代の学者。
¶古人(㊱685年　㉛?)、古代(下毛野朝臣虫麻呂　しもつけののあそんむしまろ)

下毛野安行 しもつけぬのやすゆき
平安時代中期の随身。万寿1年関白藤原頼通の随身。
¶古人(生没年不詳)

下毛野行高 しもつけぬのゆきたか
平安時代後期の随身。藤原忠実の随身番長。
¶古人(生没年不詳)

下毛野行忠 しもつけぬのゆきただ
平安時代後期の官人。近衛府生、鷹飼。
¶古人(生没年不詳)

下毛野行時 しもつけぬのゆきとき
平安時代後期の官人。
¶古人(生没年不詳)

下野雄宗 しもつけのおむね
⇒下野雄宗(しもつけおむね)

下毛野古麻呂 しもつけのこまろ
⇒下毛野古麻呂(しもつけぬのこまろ)

下毛野武正* しもつけのたけまさ
生没年不詳　㊚下毛野武正(しもつけぬのたけまさ、しもつけのたけまさ)　平安時代後期の随

身。左近衛府の府生下毛野武忠の子。
¶古人（しもつけぬのたけまさ）

下野局　しもつけのつぼね
鎌倉時代後期の女性。亀山天皇の宮人。
¶天皇（生没年不詳）

下毛野朝臣子麻呂　しもつけののあそんこまろ
⇒下毛野古麻呂（しもつけぬのこまろ）

下毛野朝臣年継*　しもつけののあそんとしつぐ
[別]下毛野年継（しもつけぬのとしつぐ）　奈良時代～平安時代前期の官人。
¶古人（下毛野年継　しもつけぬのとしつぐ　生没年不詳），古代

下毛野朝臣虫麻呂　しもつけののあそんむしまろ
⇒下毛野虫麻呂（しもつけぬのむしまろ）

下毛野敦行　しもつけののあつゆき
⇒下毛野敦行（しもつけぬのあつゆき）

下毛野公助　しもつけののきんすけ
⇒下毛野公助（しもつけぬのきんすけ）

下毛野古麻呂　しもつけののこまろ
⇒下毛野古麻呂（しもつけぬのこまろ）

下毛野武正　しもつけののたけまさ
⇒下毛野武正（しもつけのたけまさ）

下毛野古麻呂　しもつけののふるまろ
⇒下毛野古麻呂（しもつけぬのこまろ）

下毛野虫麻呂　しもつけののむしまろ
⇒下毛野虫麻呂（しもつけぬのむしまろ）

下毛野虫麻呂　しもつけのむしまろ
⇒下毛野虫麻呂（しもつけぬのむしまろ）

下津権内*　しもつごんない，しもづごんない
生没年不詳　[別]下津一通（しもづかずみち）　戦国時代の武士。細川氏家臣。
¶織田（下津一通　しもづかずみち　[生]？　[没]天正5（1577）年10月1日）

下間少進*　しもつましょうしん，しもつましょうじん
天文20（1551）年～元和2（1616）年5月15日　[別]下間仲孝（しもずまなかたか，しもつまなかたか），下間少進仲孝（しもつましょうしんなかたか）　安土桃山時代～江戸時代前期の本願寺坊官。能の名手。
¶コン（下間少進仲孝　しもつましょうしんなかたか），新能，戦武（下間仲孝　しもつまなかたか）

下間少進仲孝　しもつましょうしんなかたか
⇒下間少進（しもつましょうしん）

下間庄兵衛〔1代〕*　しもづましょうべえ，しもつましょうべえ
江戸時代の釜師。
¶美工（しもつましょうべえ　[生]？　[没]安永2（1773）年）

下間庄兵衛〔2代〕*　しもづましょうべえ，しもつましょうべえ
江戸時代の釜師。
¶美工（しもつましょうべえ　[生]？　[没]寛政12（1800）年）

下間庄兵衛〔3代〕*　しもづましょうべえ，しもつましょうべえ
江戸時代の釜師。
¶美工（しもつましょうべえ　[生]？　[没]天保9（1838）年）

下間仲孝　しもつまなかたか
⇒下間少進（しもつましょうしん）

下間頼広　しもづまらいこう
安土桃山時代～江戸時代前期の坊官。
¶戦武（[生]天正14（1586）年　[没]寛永8（1631）年）

下間頼照*　しもづまらいしょう，しもずまらいしょう
？～天正3（1575）年　戦国時代～安土桃山時代の坊官。
¶戦武（しもつまらいしょう）

下間頼龍*　しもづまらいりゅう，しもずまらいりゅう，しもつまらいりゅう
？～慶長14（1609）年　戦国時代の坊官。
¶戦武（しもつまらいりゅう　[生]天文21（1552）年）

下間頼廉*　しもつまらいれん，しもづまらいれん
天文6（1537）年～寛永3（1626）年　安土桃山時代～江戸時代前期の坊官。
¶全戦，戦武

下間蓮宗（下間蓮崇）　しもつまれんしゅう
⇒下間蓮崇（しもつまれんそう）

下間蓮崇*　しもつまれんそう
？～明応8（1499）年　[別]下間蓮宗，下間蓮崇（しもつまれんしゅう），蓮崇（れんそう）　室町時代～戦国時代の本願寺門徒。蓮如に近仕。
¶コン（しもつまれんしゅう）

下道朝臣圀勝　しもつみちのあそんくにかつ
⇒下道圀勝（しもつみちのくにかつ）

下道主　しもつみちのあるじ
⇒下道主（しものみちぬし）

下道蔭麻呂　しもつみちのかげまろ
奈良時代の官人。
¶古人（生没年不詳）

下道吉備　しもつみちのきび
奈良時代の絵師。
¶古人（生没年不詳）

下道圀勝*　しもつみちのくにかつ
生没年不詳　[別]下道朝臣圀勝（しもつみちのあそんくにかつ）　奈良時代の下級武官。吉備真備の父。
¶古人，古代（下道朝臣圀勝　しもつみちのあそんくにかつ）

下道黒麻呂　しもつみちのくろまろ
奈良時代の官人。
¶古人（生没年不詳）

下道色夫多　しもつみちのしこぶた
奈良時代の官人。
¶古人（生没年不詳）

下道直事　しもつみちのなおこと
奈良時代の官人。
¶古人（生没年不詳）

下道長人　しもつみちのながひと
奈良時代の官人。
¶古人（生没年不詳）

下津屋某*　しもづや
生没年不詳　安土桃山時代の織田信長の家臣。
¶織田

下徳太郎* しもとくたろう
天保8(1837)年～明治23(1890)年 江戸時代末期～明治時代の周防岩国藩士。
¶幕末([没]明治23(1890)年11月22日)

楉田勢麻呂 しもとだのせまろ
奈良時代の官人。
¶古人(生没年不詳)

下斗米秀之進 しもとまいひでのしん,しもどまいひでのしん
⇒相馬大作(そうまだいさく)

下鳥富次郎* しもとりとみじろう
延享2(1745)年～文化11(1814)年 江戸時代中期～後期の越後国頸城郡川浦村の庄屋。用水完成者。
¶コン

下野勘平* しものかんぺい
文政9(1826)年～慶応3(1867)年 江戸時代末期の越後村松藩士。
¶幕末([没]慶応3(1867)年5月19日)

下野遠明 しものとおあき
⇒下野隼次郎(しものはやじろう)

下野隼次郎* しものはやじろう
文政6(1823)年～慶応1(1865)年 [別]下野遠明(しものとおあき),竹下鷹之允(たけしたたかのじょう) 江戸時代末期の水戸藩士。
¶幕末([没]元治2(1865)年4月4日)

下道主* しものみちぬし
養老7(723)年～? [別]下道主(しもつみちのあるじ) 奈良時代の下級官人。
¶古人(しもつみちのあるじ 生没年不詳)

下野廉三郎* しものれんざぶろう
嘉永2(1849)年～慶応1(1865)年 江戸時代末期の水戸藩士。
¶幕末([没]元治2(1865)年2月16日)

下平きさ* しもひらきさ
寛政2(1790)年～天保12(1841)年10月26日 江戸時代後期の女性。歌人。
¶江表(きさ(長野県))

下平伝右衛門 しもひらでんえもん
安土桃山時代の信濃国伊那郡の武士。
¶武田(生没年不詳)

下平伝左衛門尉 しもひらでんざえもんのじょう
安土桃山時代の信濃国伊那郡の武士。上穂郷の代官。
¶武田(生没年不詳)

下平藤七郎 しもひらとうしちろう
安土桃山時代の信濃国伊那郡の武士。上穂郷の代官。
¶武田(生没年不詳)

志茂又左衛門* しもまたざえもん
天保1(1830)年～明治1(1868)年 [別]志茂実明(しもさねあきら) 江戸時代末期の陸奥仙台藩士。
¶幕末([没]慶応4(1868)年7月4日)

下村幹方* しもむらかんぽう
宝永1(1704)年～明和9(1772)年 [別]下村幹方(しもむらもとかた) 江戸時代中期の算家、加賀藩士。
¶数学(しもむらもとかた [生]元禄17(1704)年 [没]明和9(1772)年5月6日)

下村山三郎勝元 しもむらさんざぶろうかつもと
江戸時代前期の武士。大坂の陣で籠城。
¶大坂

下村次右衛門* しもむらじえもん
?～慶応2(1866)年 江戸時代末期の豪農。
¶幕末([没]慶応2(1866)年8月24日)

下村重守 しもむらしげもり
戦国時代の武田氏の家臣、伴野信是の被官。
¶武田(生没年不詳)

下村春坡* しもむらしゅんぱ
寛延3(1750)年～文化7(1810)年 [別]春坡(しゅんぱ) 江戸時代後期の俳人(几董門)。
¶俳文(春坡 しゅんぱ [生]寛延3(1750)年5月6日 [没]文化7(1810)年10月22日)

下村正太郎〔7代〕* しもむらしょうたろう
享和3(1803)年～文久1(1862)年 江戸時代末期の商人。
¶コン(代数なし [没]文久1(1861)年)

下村善太郎* しもむらぜんたろう
文政10(1827)年～明治26(1893)年 江戸時代末期～明治時代の実業家、政治家、初代前橋市長。
¶幕末([没]明治26(1893)年6月4日)

下村鉄之助* しもむらてつのすけ
生没年不詳 江戸時代末期のキリシタン。
¶コン

下村文次郎* しもむらぶんじろう
弘化4(1847)年～慶応2(1866)年 江戸時代末期の長門長府藩士。
¶幕末([生]天保10(1839)年5月1日 [没]慶応2(1866)年7月3日)

下村雅忠* しもむらまさただ
生没年不詳 江戸時代末期の弘道館教授。
¶幕末

下村満幸 しもむらみつゆき
戦国時代の武田氏の家臣、伴野信是の被官。
¶武田(生没年不詳)

下村幹方 しもむらもとかた
⇒下村幹方(しもむらかんぽう)

下村義明* しもむらよしあき
?～明治7(1874)年 江戸時代末期～明治時代の人。戊辰戦争に従軍。
¶幕末([生]天保14(1843)年 [没]明治7(1874)年7月9日)

下山応助* しもやまおうすけ
生没年不詳 江戸時代末期～明治時代の神道家、御岳教の組織者。
¶コン([生]? [没]明治23(1890)年)

下山甲斐守* しもやまかいのかみ
生没年不詳 安土桃山時代の織田信長の家臣。
¶織田

下山正次 しもやままさつぐ
戦国時代～江戸時代前期の甲斐国代官。
¶徳代([生]天文12(1543)年 [没]慶長9(1604)年)

下屋棟吉 しもやむねよし
戦国時代の信濃小県郡の国衆。海野氏の被官。
¶武田(生没年不詳)

しもよし

下吉忠* しもよしただ
?〜慶長19(1614)年 安土桃山時代〜江戸時代前期の武士。最上氏家臣。
¶全戦

下冷泉政為 しもれいぜいまさため
⇒冷泉政為(れいぜいまさため)

下和田村治左衛門*(下和田村次左衛門) しもわだむらじざえもん
*〜天保7(1836)年 囲下和田村武七(しもわだむらぶしち) 江戸時代後期の甲州一揆郡内衆の指導者。
¶江人(㋴1765年),コン(下和田村武七 しもわだむらぶしち ㋴?)

下和田村武七 しもわだむらぶしち
⇒下和田村治左衛門(しもわだむらじざえもん)

自問 じもん
江戸時代中期の俳諧師。元禄ごろ。高木氏。
¶俳文(生没年不詳)

慈門尼* じもんに
元禄13(1700)年〜安永4(1775)年7月19日 江戸時代中期の女性。尼僧。
¶江表(慈門尼(滋賀県))

施谷 しや
江戸時代中期の女性。漢詩。河内氷野の人。明和8年刊、佐々木泉明編『一人一首短冊篇』乾に載る。
¶江表(施谷(大阪府))

車蓋* しゃがい
?〜寛政7(1795)年2月28日 江戸時代中期〜後期の俳人。
¶俳文

ジャガタラお春* じゃがたらおはる
*〜元禄10(1697)年 江戸時代前期〜中期の女性。イタリア人航海士ニコラス・マリンの娘。混血女性として国外追放された。
¶江表(春(長崎県)) ㋴寛永2(1625)年),コン(㋴寛永3(1626)年),女史 ㋴1626年)

寂意* じゃくい
生没年不詳 鎌倉時代後期〜南北朝時代の連歌師。
¶俳文

寂雲 じゃくうん
奈良時代の東大寺の僧。
¶古人(生没年不詳)

釈雲照 しゃくうんしょう
文政10(1827)年〜明治42(1909)年 囲雲照(うんしょう)、渡辺雲照(わたなべうんしょう) 江戸時代末期〜明治時代の真言宗の僧。
¶コン,思想,幕末(㋴文政10(1827)年4月15日 ㋵明治42(1909)年4月13日)

寂円(1) じゃくえん
平安時代中期〜後期の上醍醐理趣坊の僧(入道)。
¶密教(㋴996年頃 ㋵1080年8月5日以後)

寂円*(2) じゃくえん
南宋・開禧3(1207)年〜正安1(1299)年 囲寂円智深(じゃくえんちしん)、寂円智琛(じゃくえんちちん) 鎌倉時代後期の曹洞宗の渡来禅僧。
¶コン(寂円智深 じゃくえんちしん ㋴承元1(1207)年),対外

寂淵 じゃくえん
⇒京姫(きょうひめ)

釈円栄朝 しゃくえんえいちょう
⇒栄朝(えいちょう)

寂円智深 じゃくえんちしん
⇒寂円(じゃくえん)

寂円智琛 じゃくえんちちん
⇒寂円(じゃくえん)

釈円房 しゃくえんぼう
⇒栄朝(えいちょう)

若翁* じゃくおう
享保19(1734)年〜文化10(1813)年 江戸時代中期〜後期の俳人。
¶俳文

釈環中* しゃくかんちゅう
天明7(1787)年〜安政3(1856)年 江戸時代後期の福城寺住職。
¶幕末(㋵安政3(1856)年9月18日)

綽空 しゃくくう
⇒親鸞(しんらん)

寂源* じゃくげん
*〜万寿1(1024)年 平安時代中期の天台宗の僧。
¶古人(㋴968年),コン(生没年不詳)

寂玄 じゃくげん
⇒秋の坊(あきのぼう)

寂光大師 じゃくこうだいし
⇒円澄(えんちょう)

釈興然 しゃくこうねん
江戸時代末期〜大正時代の真言宗(高野山)の僧。
¶コン(㋴嘉永2(1849)年 ㋵大正13(1924)年)

寂厳* じゃくごん
元禄15(1702)年9月17日〜明和8(1771)年8月3日 江戸時代中期の真言宗の僧。
¶コン

寂済 じゃくさい
⇒六角寂済(ろっかくじゃくさい)

若糸 じゃくし*
江戸時代中期の女性。俳諧。遊女。享保11年序、兎園編、女性句集『姫の式』に載る。
¶江表(若糸(石川県))

寂芝 じゃくし
江戸時代中期の俳諧作者。元禄後期〜正徳ごろ。通称、竹内八郎右衛門。
¶俳文(生没年不詳)

雀枝 じゃくし
⇒中村仲蔵〔3代〕(なかむらなかぞう)

釈志静* しゃくしじょう
天明4(1784)年〜安政1(1854)年 江戸時代後期の真如寺住職。
¶幕末(㋵嘉永7(1854)年4月30日)

寂室元光* じゃくしつげんこう
正応3(1290)年〜正平22/貞治6(1367)年9月1日 囲円応禅師(えんのうぜんじ)、元光(げんこう) 鎌倉時代後期〜南北朝時代の臨済宗の禅僧。

¶コン, 詩作([生]正応3(1290)年5月15日 [没]貞治6(1367)年9月1日), 思想([没]貞治6/正平22(1367)年), 対外

シャクシャイン*
?～寛文9(1669)年 江戸時代前期の蝦夷メナシルの首長。
¶コン, 山小([没]1669年10月23日)

寂照*(寂昭) **じゃくしょう**
?～長元7(1034)年 [別]円通大師(えんつうだいし), 大江定基(おおえのさだもと) 平安時代中期の天台宗の僧。大江斉光の子。
¶古人, コン(寂昭 [生]康保1(964)年 [没]長元9(1036)年), 対外

寂心 じゃくしん
⇒慶滋保胤(よししげのやすたね)

寂身* じゃくしん
生没年不詳 鎌倉時代前期の歌僧。
¶古人([生]1191年 [没]?)

若人* じゃくじん
宝暦13(1763)年～嘉永4(1851)年8月28日 江戸時代中期～後期の俳人。
¶俳文([生]安永4(1775)年)

赤鶴 しゃくずる
⇒赤鶴(しゃくづる)

寂仙* じゃくせん
?～天平宝字2(758)年 奈良時代の石鎚山の修験僧。
¶古代

寂然 じゃくぜん
⇒藤原頼業(ふじわらのよりなり)

寂禅* じゃくぜん
寛和1(985)年～治暦3(1067)年 平安時代中期の天台宗の僧。
¶古人

雀叟 じゃくそう
江戸時代中期～後期の俳諧作者。磯部氏。
¶俳文([生]明和3(1766)年 [没]文政12(1829)年12月28日)

鵲巣* じゃくそう
宝暦13(1763)年～嘉永2(1849)年 江戸時代中期～後期の俳人・医者。
¶俳文([生]?)

若冲 じゃくちゅう
⇒伊藤若冲(いとうじゃくちゅう)

寂超 じゃくちょう
⇒藤原為経(ふじわらのためつね)

赤鶴* しゃくづる, しゃくつる
生没年不詳 [別]赤鶴(しゃくずる), 赤鶴吉成(しゃくづるよしなり) 南北朝時代の能面作者。
¶美工(しゃくずる)

赤鶴吉成 しゃくづるよしなり
⇒赤鶴(しゃくづる)

雀童(1) じゃくどう
⇒中村勘三郎〔7代〕(なかむらかんざぶろう)

雀童(2) じゃくどう
⇒中村勘三郎〔10代〕(なかむらかんざぶろう)

釈日正 しゃくにっしょう
⇒日正(にっしょう)

綽如* しゃくにょ
正平5/観応1(1350)年3月15日～明徳4(1393)年 [別]時芸(じけい, じげい) 南北朝時代の真宗の僧。越中国井波瑞泉寺を建てた。
¶コン

寂忍* じゃくにん
生没年不詳 鎌倉時代後期の連歌師。
¶俳文

寂然 じゃくねん
⇒藤原頼業(ふじわらのよりなり)

寂念 じゃくねん
⇒藤原為業(ふじわらのためなり)

昔麻帝弥 しゃくまたいみ
⇒昔麻帝弥(さくまたいみ)

雀遊 じゃくゆう
⇒中村千弥〔1代〕(なかむらせんや)

若鸞 じゃくらん★
江戸時代後期の女性。漢詩。伊勢の佐野氏。大江玄圃について学んだ。
¶江表(若鸞(京都府))

雀里 じゃくり★
江戸時代後期～大正時代の女性。画。北足立郡大芦村の百姓深井勘兵衛の娘。
¶江表(雀里(埼玉県) [生]天保3(1832)年 [没]大正8(1919)年)

釈了意 しゃくりょうい
⇒浅井了意(あさいりょうい)

寂霊 じゃくれい
⇒通幻寂霊(つうげんじゃくれい)

寂蓮* じゃくれん
*～建仁2(1202)年 [別]藤原定長(ふじわらさだなが, ふじわらのさだなが) 平安時代後期～鎌倉時代前期の歌人。阿闍梨俊海の子。
¶古人([生]?), コン([生]保延5(1139)年), 詩作([生]? [没]建仁2(1202)年7月20日), 中世([生]?), 日文([生]保延5(1139)年?)

莎鶏* しゃけい
享保9(1724)年～* [別]阿部莎鶏(あべさけい, あべしゃけい), 莎鶏(さけい) 江戸時代中期の俳人。
¶浮絵(さけい), 徳人(阿部莎鶏 あべさけい [没]1777年)

車月 しゃげつ★
江戸時代中期～後期の女性。俳諧。筑後高島村の庄屋鹿毛徳兵衛信重の妻。
¶江表(車月(福岡県) [生]宝暦11(1761)年 [没]天保5(1834)年)

謝国明* しゃこくめい
生没年不詳 鎌倉時代前期の南宋の商人。
¶コン, 対外

蛇足 じゃそく
⇒曽我蛇足(そがじゃそく)

車大* しゃだい
生没年不詳 江戸時代後期の俳人。
¶俳文

し

者中の母　しゃちゅうのはは⋆
江戸時代中期の女性。俳諧。筑前福岡の人。宝永5年序、万李編『田植諷』に数句が載る。
¶江表（者中の母（福岡県））

綽空　しゃっくう
⇒親鸞（しんらん）

寂光大師　じゃっこうだいし
⇒円澄（えんちょう）

洒堂　しゃどう
⇒浜田洒堂（はまだしゃどう）

し

謝徳　しゃとく
⇒八巣謝徳（はっそうしゃとく）

謝名　しゃな，じゃな
⇒鄭迵（ていどう）

謝名鄭迵　じゃなていどう
⇒鄭迵（ていどう）

謝名利山　しゃなりざん，じゃなりさん，じゃなりざん
⇒鄭迵（ていどう）

遮莫(1)　しゃばく
⇒沢村宗十郎〔3代〕（さわむらそうじゅうろう）

遮莫(2)　しゃばく
⇒沢村宗十郎〔4代〕（さわむらそうじゅうろう）

遮莫(3)　しゃばく
⇒助高屋高助〔2代〕（すけたかやたかすけ）

沙弥満誓　しゃみまんせい，しゃみまんぜい
⇒笠麻呂（かさのまろ）

暹羅屋勘兵衛(1)　しゃむろやかんべえ
世襲名　江戸時代の商人。近江八幡町の岡地勘兵衛がこの屋号を称した。
¶対外

暹羅屋勘兵衛＊(2)　しゃむろやかんべえ
永禄9（1566）年～慶安2（1649）年　[別]岡地貞政（おかぢさだまさ）　安土桃山時代～江戸時代前期の商人。日本へ更紗染の技術を伝えた。
¶コン

捨目師＊　しゃもくし
生没年不詳　奈良時代の伎楽面作者。
¶美工

車庸＊　しゃよう
生没年不詳　江戸時代の俳人（蕉門）。
¶俳文

沙羅　しゃら
⇒堀田沙羅（ほったしゃら）

舎羅＊　しゃら
生没年不詳　[別]榎並舎羅（えなみしゃら）　江戸時代前期～中期の俳人。
¶俳文

車来＊　しゃらい
？～享保18（1733）年　江戸時代中期の俳人（蕉門）。
¶俳文（[生]延宝2（1674）年　[没]享保18（1733）年7月29日）

写楽　しゃらく
⇒東洲斎写楽（とうしゅうさいしゃらく）

舎柳　しゃりゅう
⇒中山文七〔2代〕（なかやまぶんしち）

斜嶺　しゃれい
⇒高岡斜嶺（たかおかしゃれい）

射連（車漣，車連）　しゃれん
⇒坂田藤十郎〔3代〕（さかたとうじゅうろう）

車漣(1)　しゃれん
⇒坂田藤十郎〔1代〕（さかたとうじゅうろう）

車漣(2)　しゃれん
⇒坂田藤十郎〔2代〕（さかたとうじゅうろう）

しゆ
江戸時代後期の女性。旅日記。越後枯木又の農家春川七郎右衛門の娘。文政5年善光寺、伊勢神宮に初参宮の折の記録「伊勢道中記」を綴る。
¶江表（しゆ（新潟県））

住阿弥＊　じゅあみ
？～天正6（1578）年10月2日　[別]住阿弥（じゅうあみ）　戦国時代～安土桃山時代の織田信長の家臣。
¶織田（じゅうあみ）

ジュアン(1)
⇒志岐麟泉（しきりんせん）

ジュアン(2)
⇒内藤如安（ないとうじょあん）

寿以　じゅい⋆
江戸時代後期の女性。俳諧。播磨姫路の人。寛政1年刊、瓜坊編『はりまあんこ』に載る。
¶江表（寿以（兵庫県））

寿印　じゅいん
戦国時代の連歌師。天文ごろ。谷氏。
¶俳文（生没年不詳）

周　しゅう⋆
江戸時代の女性。画。伊豆三津村の豪商羽田清助直臣の娘。
¶江表（周（静岡県））

此勇（此友）　しゆう
⇒大谷友右衛門〔1代〕（おおたにともえもん）

此友　しゆう
⇒大谷友右衛門〔4代〕（おおたにともえもん）

姿有　しゆう⋆
江戸時代中期の女性。俳諧。甲斐の人。安永10年刊、壺中軒調唯編、壺嘗軒調唯50回忌追善集『続やどり木』に載る。
¶江表（姿有（山梨県））

志遊　しゆう⋆
江戸時代後期の女性。俳諧。石見の人。嘉永4年刊、完甫編『此花集』に載る。
¶江表（志遊（島根県））

糸遊(1)　しゆう⋆
江戸時代後期の女性。俳諧。武蔵金沢の人。文政13年刊、八巣謝堂撰『日和鳶集』に載る。
¶江表（糸遊（神奈川県））

糸遊(2)　しゆう⋆
江戸時代後期の女性。俳諧。筑前の人。文政2年刊、田喜庵護物編『俳諧捜玉集』に載る。
¶江表（糸遊（福岡県））

柔 じゅう*
江戸時代末期の女性。和歌。播磨姫路の井上覚兵衛の母。安政6年刊、秋元安民編『類題青藍集』に載る。
¶江表（柔（兵庫県））

示右* じゅう，しゅう
？〜宝永2（1705）年4月19日　江戸時代前期〜中期の俳人・神職。
¶俳文（しゅう　㊥宝永2（1705）年閏4月19日）

周阿* しゅうあ
生没年不詳　南北朝時代の連歌師。
¶コン，俳文

重阿* じゅうあ
生没年不詳　室町時代の僧、連歌作者。
¶俳文

住阿弥 じゅうあみ
⇒住阿弥（じゅあみ）

重安 じゅうあん
⇒伊勢村重安（いせむらじゅうあん）

宗意 しゅうい
⇒宗意（そうい）

重以* じゅうい
生没年不詳　江戸時代前期の俳人。
¶俳文

重怡* じゅうい
承保2（1075）年〜保延6（1140）年　㊙重怡（ちょうい）　平安時代後期の天台宗の僧。
¶古人（ちょうい）

秋雨 しゅうう*
江戸時代後期の女性。俳諧。備後福山の人。寛政6年刊『しぐれ会』に載る。
¶江表（秋雨（広島県））

岫雲* しゅううん
生没年不詳　江戸時代中期の連歌作者。
¶俳文

宗叡* しゅうえい
大同4（809）年〜元慶8（884）年3月26日　㊙宗叡（しゅえい）、禅林寺僧正（ぜんりんじそうじょう、ぜんりんじのそうじょう）　平安時代前期の真言宗の僧。禅林寺開山真紹の甥。
¶古人（しゅえい），古代，コン，対外（しゅえい）

秀英 しゅうえい*
江戸時代中期の女性。記録文。播磨曽根の河野氏。元禄2年に不徹庵の尼となる。
¶江表（秀英（兵庫県））

秋栄尼 しゅうえいに*
江戸時代中期の女性。和歌。京都の人。享保4年刊、森川右兵衛編『新玉津島社奉納和歌』に載る。
¶江表（秋栄尼（京都府））

修円* しゅうえん
宝亀2（771）年〜承和2（835）年　㊙修円（しゅえん）　平安時代前期の法相宗の僧。
¶古人，古代（㊥？），コン

秀佳(1)（秀歌）　しゅうか
⇒坂東三津五郎〔3代〕（ばんどうみつごろう）

秀佳(2)（秀歌）　しゅうか
⇒坂東三津五郎〔5代〕（ばんどうみつごろう）

袖歌 しゅうか
⇒岩井半四郎〔6代〕（いわいはんしろう）

袖香 しゅうか
⇒荻野沢之丞（おぎのさわのじょう）

秀雅 しゅうが*
江戸時代後期の女性。俳諧。西麻植の人。文政7年刊『阿波摸墨直会式集』に載る。
¶江表（秀雅（徳島県））

秋羮 しゅうが*
江戸時代後期の女性。画。天保7年刊『江戸名物詩』の「試喫江南鯉魚　尾候家无此一杯羮　桂陰」に図を描く。
¶江表（秋羮（東京都））

秋瓜〔1代〕　しゅうか
⇒古川太無（ふるかわたいむ）

秋瓜〔2代〕　しゅうか
⇒多少庵秋瓜（たしょうあんしゅうか）

守海 しゅうかい
鎌倉時代前期〜後期の僧。鎌倉佐々目遺身院主。
¶密教（㊤1205年　㊥1266年1月7日）

守覚 しゅうかく
⇒守覚法親王（しゅかくほっしんのう）

秀鶴(1)　しゅうかく
⇒中村仲蔵〔1代〕（なかむらなかぞう）

秀鶴(2)　しゅうかく
⇒中村仲蔵〔3代〕（なかむらなかぞう）

秀花女 しゅうかじょ*
江戸時代後期の女性。川柳。天保3年刊『誹風柳多留』一一七篇の中住居士追福会に、川柳評で載る。
¶江表（秀花女（東京都））

醜我女 しゅうがじょ*
江戸時代後期の女性。俳諧。甲斐の人。文化10年刊、山下百二編、百童3回忌追善集『反故さがし』に載る。
¶江表（醜我女（山梨県））

重軏* じゅうき
？〜寛文7（1667）年　江戸時代前期の俳人。
¶俳文（生没年不詳）

秋菊 しゅうぎく*
江戸時代後期の女性。俳諧。宇都宮の人。享和3年以降成立、嘯月庵秋天・月中庵秋英共編『下毛みやけ』に載る。
¶江表（秋菊（栃木県））

周及 しゅうきゅう
⇒愚中周及（ぐちゅうしゅうきゅう）

集九 しゅうきゅう
⇒万里集九（ばんりしゅうく）

秋挙 しゅうきょ
⇒中島秋挙（なかじましゅうきょ）

周鏡 しゅうきょう
⇒月翁周鏡（げつおうしゅうきょう）

集堯　しゅうぎょう
⇒仁如集堯（にんじょしゅうぎょう）

十暁(1)　じゅうぎょう
⇒中村歌右衛門〔2代〕（なかむらうたえもん）

十暁(2)　じゅうぎょう
⇒中村東蔵〔3代〕（なかむらとうぞう）

周魚亭仲女　しゅうぎょていちゅうじょ★
江戸時代後期の女性。都々逸・狂歌。尾張須賀町の煙草屋与左衛門の娘。文化14年刊、橘庵芦辺田鶴丸撰『狂歌弄花集』に載る。
¶江表（周魚亭仲女（愛知県））

重吟＊　じゅうぎん
生没年不詳　戦国時代の連歌師。
¶俳文

秋琴女　しゅうきんじょ★
江戸時代末期の女性。俳諧。石見津川の人。嘉永7年刊、金子頼甫編『石海集』初に載る。
¶江表（秋琴女（島根県））

周欽尼＊　しゅうきんに
生没年不詳　江戸時代前期～中期の歌人。
¶江表（周欽尼（三重県））

尚金福＊　しゅうきんぷく
明・洪武31（1398）年～明・景泰4（1453）年　[別]尚金福（しょうきんぷく），尚金福王（しょうきんぷくおう）　室町時代の琉球の王。
¶室町（しょうきんぷく　[生]応永5（1398）年　[没]享徳2（1453）年）

集九　しゅうく
⇒万里集九（ばんりしゅうく）

周桂＊　しゅうけい
文明2（1470）年～天文13（1544）年2月9日　室町時代の連歌師。
¶俳文

集慶＊　しゅうけい
生没年不詳　室町時代の仏師。
¶美建

袖月(1)　しゅうげつ
江戸時代中期の女性。俳諧。下総古河藩藩士来次氏の家族。元禄13年、柳陰庵句空編『草庵集』に載る。
¶江表（袖月（茨城県））

袖月(2)　しゅうげつ★
江戸時代中期の女性。俳諧。古国府の人。享保15年序、仙石廬元坊編『三物拾遺』に載る。
¶江表（袖月（富山県））

収月〔1代〕＊　しゅうげつ
江戸時代中期の俳人。
¶俳文（[没]元文5（1740）年10月13日）

収月〔2代〕　しゅうげつ
江戸時代中期の雑俳点者。
¶俳文（[没]宝暦7（1757）年7月24日）

収月〔3代〕＊　しゅうげつ
享保9（1724）年～享和3（1803）年　江戸時代中期～後期の雑俳点者。
¶俳文（生没年不詳）

収月〔4代〕　しゅうげつ
江戸時代後期の雑俳点者。
¶俳文（生没年不詳）

秋月院　しゅうげついん
⇒おつゆの方（おつゆのかた）

秋月院お露　しゅうげついんおつゆ
⇒おつゆの方（おつゆのかた）

秋月女　しゅうげつじょ★
江戸時代後期の女性。俳諧。二本松の人。天保15年刊、太白堂孤月編『桃家春帖』に載る。
¶江表（秋月女（福島県））

秋月等観＊　しゅうげつとうかん
生没年不詳　[別]等観（とうかん）　室町時代の画僧。雪舟の弟子。
¶コン，美画

宗賢　しゅうけん
⇒宗賢（そうけん）

集賢　しゅうけん
鎌倉時代後期の仏師。
¶美建（生没年不詳）

宗源　しゅうげん
⇒双峰宗源（そうほうそうげん）

周子(1)　しゅうこ★
江戸時代後期の女性。俳諧。但馬桐岡の人。文化3年刊、森田因山編『三日の月影』に載る。
¶江表（周子（兵庫県））

周子(2)　しゅうこ★
江戸時代末期の女性。和歌。並木信粋の妻。
¶江表（周子（長野県）　[没]慶応2（1866）年）

習子　しゅうこ★
江戸時代の女性。和歌。伊勢坂部の館氏。明治13年刊、佐々木弘綱編『明治開化和歌集』上に載る。
¶江表（習子（三重県））

周午＊　しゅうご
生没年不詳　江戸時代中期の俳人。
¶俳文

重五　じゅうご
⇒加藤重五（かとうじゅうご）

周興　しゅうこう
⇒彦竜周興（げんりゅうしゅうこう）

周光　しゅうこう★
江戸時代中期の女性。和歌。久吉左衛門の祖母。宝永6年奉納、平間長雅編「住吉社奉納千首和歌」に載る。
¶江表（周光（大阪府））

周幸　しゅうこう
⇒中村吉右衛門〔上方系2代〕（なかむらきちえもん）

宗興　しゅうこう
⇒玄興（げんこう）

秋江(1)　しゅうこう★
江戸時代中期の女性。俳諧。田中の人。天明5年の『乙巳歳旦』に載る。
¶江表（秋江（山梨県））

秋江(2)　しゅうこう★
江戸時代後期の女性。画。上田氏。文化7年刊、大原東野編『名数画譜』に画がある。
¶江表（秋江（大阪府））

秋紅　しゅうこう*
江戸時代後期の女性。画。近藤氏。天保7年刊『江戸現在広益諸人名録』初に載る。
¶江表(秋紅(東京都))

秋香(1)　**しゅうこう***
江戸時代後期の女性。漢詩・和歌・書。幕臣、書院番河野四郎通故の母。天保2年刊、菊池五山著『五山堂詩話』補遺巻4に載る。
¶江表(秋香(東京都))

秋香(2)　**しゅうこう***
江戸時代後期の女性。画。画家の翠湖の娘、光。天保7年刊『江戸現在広益諸人名録』初に載る。
¶江表(秋香(東京都))

秋香(3)　**しゅうこう***
江戸時代後期の女性。画。志方氏。文化9年の竹石七回忌法要に出品した。
¶江表(秋香(香川県))

袖香　しゅうこう*
江戸時代後期の女性。画。北川氏。嘉永6年刊『古今南画要覧』に載る。
¶江表(袖香(京都府))

重厚　じゅうこう
⇒井上重厚(いのうえじゅうこう)

秀光院　しゅうこういん
⇒細川ガラシャ(ほそかわがらしゃ)

宗厳　しゅうごん
保延6(1140)年〜承元3(1209)年9月14日　平安時代後期〜鎌倉時代前期の真言宗の僧。
¶密教(㊨1145年　㊁1209年9月14日)

舟山　しゅうざん
江戸時代後期の俳諧師。
¶俳文(㊨寛政5(1793)年　㊁天保11(1840)年2月3日)

重師　じゅうし
⇒中島勘左衛門〔1代〕(なかじまかんざえもん)

秋色*(――〔1代〕)　**しゅうしき**
寛文9(1669)年〜享保10(1725)年　㊟大目秋色(おおめしゅうしき)、秋色女(しゅうしきじょ)、秋色(しゅうしょく)　江戸時代中期の女性。俳人。
¶江表(秋色(東京都))、詩作(㊁享保10(1725)年4月19日)、女史(秋色女　しゅうしきじょ)、女文(㊨？　㊁享保10(1725)年4月19日)、俳文(㊁享保10(1725)年4月19日)

秋色〔2代〕*　しゅうしき
享保12(1727)年〜天明4(1784)年5月20日　㊟秋色〔2代〕(しゅうしょく)、深川秋色(ふかがわしゅうしき)　江戸時代中期の俳人。
¶俳文(代数なし)

烁色女　しゅうしきじょ
⇒野菊女(のぎくじょ)

秋色女　しゅうしきじょ
⇒秋色(しゅうしき)

修子内親王*　しゅうしないしんのう
？〜承平3(933)年　㊟修子内親王(しゅうしないしんのう、のぶこないしんのう)　平安時代中期の女性。醍醐天皇の第8皇女。
¶古人(のぶこないしんのう)、天皇(しゅうしないしんのう・のぶこないしんのう　㊁承平3(933)年2月5日？)

秀子内親王*　しゅうしないしんのう
？〜嘉祥3(850)年　㊟秀子内親王(ひでこないしんのう)　平安時代前期の女性。嵯峨天皇の皇女。
¶古人(ひでこないしんのう)

秋子内親王　しゅうしないしんのう
⇒秋子内親王(あきこないしんのう)

絹子内親王*　しゅうしないしんのう
？〜天禄1(970)年　㊟絹子内親王(つぎこないしんのう)　平安時代中期の女性。村上天皇の第8皇女。
¶古人(つぎこないしんのう)

脩子内親王*(修子内親王)　**しゅうしないしんのう**
長徳2(996)年12月16日〜永承4(1049)年　㊟脩子内親王(ながこないしんのう)　平安時代中期の女性。一条天皇の第1皇女。
¶古人(ながこないしんのう)、コン、天皇(しゅうしないしんのう・ながこないしんのう　㊁永承4(1049)年2月7日)

柔子内親王*(1)　**じゅうしないしんのう**
？〜貞観11(869)年　㊟柔子内親王(よしこないしんのう)　平安時代前期の女性。仁明天皇の皇女。
¶古人(よしこないしんのう)

柔子内親王*(2)　**じゅうしないしんのう**
？〜天徳3(959)年　㊟柔子内親王(よしこないしんのう)　平安時代中期の女性。宇多天皇の第2皇女。
¶古人(よしこないしんのう　㊥892年？)

秀雀　しゅうじゃく
⇒中村仲蔵〔3代〕(なかむらなかぞう)

宗俊　しゅうしゅん
⇒日峰宗舜(にっぽうそうしゅん)

宗純　しゅうじゅん
⇒一休宗純(いっきゅうそうじゅん)

周女(1)　**しゅうじょ***
江戸時代後期の女性。俳諧。谷地の人。稲沢の工藤三九郎家所有の谷地の人々の一枚物の歳旦に載る。
¶江表(周女(山形県))

周女(2)　**しゅうじょ***
江戸時代末期の女性。和歌。三河重原の水田柳庵の妻。慶応2年序、村上忠順編『元治元年千首』に載る。
¶江表(周女(愛知県))

秋女　しゅうじょ*
江戸時代後期の女性。俳諧。金ケ崎の人。嘉永6年序、花屋庵鼎左・五梅庵舎用編『俳諧海内人名録』に載る。
¶江表(秋女(岩手県))

此友女　しゅうじょ*
江戸時代中期の女性。俳諧。榎本其角門。元禄10年刊、其角編『末若葉』に載る。
¶江表(此友女(東京都))

紫遊女　しゅうじょ*
江戸時代後期の女性。俳諧。越後の人。文化11年序、以興庵鳳味編、以一庵石川豊井七回忌追善集『華ばたけ』に載る。
¶江表(紫遊女(新潟県))

宗昭　しゅうしょう
⇒覚如(かくにょ)

宗性　しゅうしょう
⇒宗性（そうしょう）

集証　しゅうしょう
⇒亀泉集証（きせんしゅうしょう）

秋色　しゅうしょく
⇒秋色（しゅうしき）

秋色〔2代〕　しゅうしょく
⇒秋色〔2代〕（しゅうしき）

周信　しゅうしん
⇒義堂周信（ぎどうしゅうしん）

遒真　しゅうしん
江戸時代中期の女性。俳諧。越前福井の人。延享1年刊、蘭蘭舎一色坊撰『いつか月』に載る。
¶江表（遒真（福井県））

宗深　しゅうじん
⇒雪江宗深（せっこうそうしん）

重辰*　じゅうしん
？～享保12（1727）年　[別]児玉重辰（こだまじゅうしん）　江戸時代中期の俳人（蕉門）。
¶俳文（[没]享保12（1727）年1月1日）

十尋　じゅうじん*
江戸時代中期の女性。俳諧。豊後の人。享保14年序、藪家散人兎城撰『門鳴子』に載る。
¶江表（十尋（大分県））

充真院*　じゅうしんいん
寛政12（1800）年～明治13（1880）年10月　[別]内藤充真院（ないとうじゅうしんいん）　江戸時代末期～明治時代の大名夫人、尼僧。彦根藩主井伊直中の娘。夫に死別後、髪をおろす。ユーモラスな題名の道中日記を記す。
¶江表（充真院（宮崎県）　[生]享和1（1801）年），女史（内藤充真院　ないとうじゅうしんいん）

秋水　しゅうすい
江戸時代中期～後期の俳諧作者、筑前国福岡藩家老。本名、立花増昆。
¶俳文（[生]元文5（1740）年　[没]文政4（1821）年1月24日）

拾翠女　しゅうすいじょ*
江戸時代中期の女性。俳諧。越後加茂の人。延享5年刊、伏見許虹編『夏座敷』に載る。
¶江表（拾翠女（新潟県））

周崇　しゅうすう
⇒大岳周崇（だいがくしゅうすう）

秋青　しゅうせい*
江戸時代中期の女性。俳諧。宝暦4年刊、東武獅子門編、梅花仏追善法要集『梅勧進』に載る。
¶江表（秋青（東京都））

充誠院　じゅうせいいん
江戸時代後期の徳川家慶の七男。
¶徳将（[生]1828年　[没]1829年）

周清尼　しゅうせいに*
江戸時代前期の女性。宗教。伊勢山田の伊勢神宮外宮の祠官河合氏の娘。
¶江表（周清尼（三重県）　[没]慶安1（1648）年）

舟仙*　しゅうせん
江戸時代末期の彫刻家。
¶美建（生没年不詳）

舟泉*　しゅうせん
？～元文2（1737）年　江戸時代中期の俳人（蕉門）。
¶俳文（[生]承応3（1654）年　[没]元文2（1737）年10月27日）

重扇　じゅうせん
⇒尾上松助〔1代〕（おのえまつすけ）

周崇　しゅうそう
⇒大岳周崇（だいがくしゅうすう）

秋倉庵滄々　しゅうそうあんそうそう
⇒西沢一鳳（にしざわいっぽう）

周沢　しゅうたく
⇒竜湫周沢（りゅうしゅうしゅうたく）

秀知　しゅうち*
江戸時代中期の女性。俳諧。田上菊舎が、天明4年江戸から帰郷する際の餞別句会で詠む。
¶江表（秀知（東京都））

周竹　しゅうちく
⇒清水周竹（しみずしゅうちく）

宗築*　しゅうちく
天正12（1584）年～寛文9（1669）年7月16日　[別]大愚宗築（たいぐしゅうちく，たいぐそうちく，だいぐそうちく）　江戸時代前期の臨済宗の僧。
¶思想（大愚宗築　たいぐしゅうちく）

周竹〔2代〕*　しゅうちく
生没年不詳　江戸時代中期の俳人。
¶俳文（――〔2世〕　[生]？　[没]天明3（1783）年7月18日）

秀朝　しゅうちょう
⇒坂東三津五郎〔4代〕（ばんどうみつごろう）

十町　じゅうちょう
⇒大谷広次〔1代〕（おおたにひろじ）

集蝶女　しゅうちょうじょ*
江戸時代後期の女性。俳諧。三河の人。寛政5年刊、三秀亭李喬編『旅の日数』に載る。
¶江表（集蝶女（愛知県））

宗澄尼　しゅうちょうに
⇒月江宗澄（げっこうそうちょう）

宗陳　しゅうちん
⇒古渓宗陳（こけいそうちん）

修哲　しゅうてつ
⇒修哲（しゅてつ）

周徳　しゅうとく
⇒惟馨周徳（いけいしゅうとく）

重徳　じゅうとく
⇒寺田重徳（てらだじゅうとく）

秋徳院　しゅうとくいん
安土桃山時代の徳川秀忠の長男。
¶徳将（[生]1601年　[没]1602年）

十内　じゅうない
⇒小野寺秀和（おのでらひでかず）

重野宗玄　じゅうのそうげん
江戸時代前期の豊臣家の茶道坊主、茶道頭。
¶大坂

重野忠助　じゅうのちゅうすけ
江戸時代前期の豊臣秀頼・寺沢広高・片桐孝利の

家臣。
¶大坂

周伯恵雍　しゅうはくえよう
戦国時代の西禅寺の住持。後、岩国永興寺住持。
¶全戦（[生]天文19（1550）年　[没]？）

宗弼　しゅうひつ
⇒授翁宗弼（じゅおうそうひつ）

秋風　しゅうふう
⇒三井秋風（みついしゅうふう）

十仏(1)　じゅうぶつ
鎌倉時代後期の仏師。
¶美建（生没年不詳）

十仏(2)　じゅうぶつ
⇒坂十仏（さかじゅうぶつ）

周文*　しゅうぶん
生没年不詳　[別]越渓周文（えっけいしゅうぶん），周文（しうぶん），天章周文（てんしょうしゅうぶん）　室町時代の画僧。相国寺の都官。
¶コン，思想，対外（天章周文　てんしょうしゅうぶん），中世，美画，室町，山小

秀文*　しゅうぶん
応永10（1403）年～？　[別]李秀文（りしゅうぶん）　室町時代の画家。李朝朝鮮より来日。
¶美画（[生]太宗3（1403）年）

宗遍*　しゅうへん
仁平3（1153）年～建久9（1198）年　[別]宗遍（そうへん）　平安時代後期～鎌倉時代前期の真言宗の僧。
¶密教（そうへん　[没]1198年？）

周鳳　しゅうほう
⇒瑞渓周鳳（ずいけいしゅうほう）

宗彭　しゅうほう
⇒沢庵宗彭（たくあんそうほう）

秀芳　しゅうほう★
江戸時代後期～明治時代の女性。和歌。飯田の真光寺住職脇坂恵潮の娘。
¶江表（秀芳（長野県）　[生]文政8（1825）年　[没]明治24（1891）年）

宗峰妙超*（宗峯妙超）　しゅうほうみょうちょう
弘安5（1282）年～延元2/建武4（1337）年12月22日　[別]宗峰妙超（そうほうみょうちょう），大灯（だいとう），大灯国師（だいとうこくし），妙超（みょうちょう）　鎌倉時代後期～南北朝時代の僧。京都紫野の龍宝山大徳寺の開山。
¶コン，思想（[没]建武4/延元2（1337）年），中世

宗命*　しゅうみょう
元永2（1119）年～承安1（1171）年7月10日　[別]宗命（そうみょう）　平安時代後期の真言宗の僧。理性院流宗命方の祖。
¶古人（そうみょう），密教（[没]1171年7月10日）

秀無　しゅうむ★
江戸時代後期の女性。俳諧。甲斐の人。文化2年刊、平橋庵敲氷編、堀内引蝶追善集『蝶の夢集』に載る。
¶江表（秀無（山梨県））

秋夜亭　しゅうやてい
⇒松本幸四郎〔5代〕（まつもとこうしろう）

秋夜亭千草女　しゅうやていちぐさじょ
江戸時代後期の女性。狂歌。相模小田原の人。弘化3年、紀軽人17回忌の歌会に参集。
¶江表（秋夜亭千草女（神奈川県））

重愉*　じゅうゆ
永長1（1096）年～長寛2（1164）年1月5日　[別]重愉（ちょうゆ）　平安時代後期の天台宗の僧。天台座主51世。
¶古人（ちょうゆ）

周養　しゅうよう
⇒慶光院周養（けいこういんしゅよう）

十葉　じゅうよう★
江戸時代中期の女性。俳諧。月橋庵魚雪の妻。天明4年、田上菊舎帰国時に餞別句を送る。
¶江表（十葉（東京都））

秀蘭(1)　しゅうらん★
江戸時代後期の女性。小説。大塚氏。天保7年刊『江戸現在広益諸家人名録』初に載る。
¶江表（秀蘭（東京都））

秀蘭(2)　しゅうらん★
江戸時代後期の女性。俳諧。遠江新地の人。寛政3年刊、牡丹庵阿人・鳥過庵千布編『雪幸集』に載る。
¶江表（秀蘭（静岡県））

秀蘭(3)　しゅうらん★
江戸時代後期～末期の女性。画家。彦根高宮出身の絵師石田逸翁の妹。
¶江表（秀蘭（滋賀県）　[生]享和3（1803）年　[没]文久3（1863）年）

秀蘭(4)　しゅうらん★
江戸時代末期の女性。画。吉田氏。安政5年刊『現故漢画名家集鑑』に載る。
¶江表（秀蘭（東京都））

秋蘭女　しゅうらんじょ★
江戸時代末期の女性。俳諧。高知蓮池町の本田屋太助の妻。安政2年序、笠庵鳥吟編『俳家古今墨蹟後集』に載る。
¶江表（秋蘭女（高知県））

秋蘭の妻　しゅうらんのつま★
江戸時代中期の女性。俳諧。大坂の人。正徳4年刊、藤岡月尋編『伊丹発句合』に載る。
¶江表（秋蘭の妻（大阪府））

周良　しゅうりょう
⇒策彦周良（さくげんしゅうりょう）

周良策彦　しゅうりょうさくげん
⇒策彦周良（さくげんしゅうりょう）

周麟　しゅうりん
⇒景徐周麟（けいじょしゅうりん）

住蓮*　じゅうれん
？～承元1（1207）年　鎌倉時代前期の浄土宗の僧。法然の弟子、承元法難で斬罪。
¶古人，コン

萩露　しゅうろ★
江戸時代後期の女性。俳諧。八王子の人。寛政11年刊、星布跋『松の花』に載る。
¶江表（萩露（東京都））

十郎衛門 じゅうろうえもん
安土桃山時代の信濃国安曇郡の土豪。仁科氏の被官とみられる。
¶武田（生没年不詳）

秀和 しゅうわ
⇒大野秀和（おおのしゅうわ）

萩和 しゅうわ★
江戸時代中期の女性。俳諧。一宮連が宝暦13年、師の渡辺雲裡坊の三回忌に句碑を建てた時の追善集、富永朔宇編『ゆき塚』に載る。
¶江表（萩和（群馬県））

し

宗叡 しゅえい
⇒宗叡（しゅうえい）

寿栄尼* じゅえいに
生没年不詳　江戸時代中期の尼僧。
¶江表（寿栄尼（愛知県））

寿永尼(1) じゅえいに★
江戸時代中期の女性。俳諧。尾張の人。元禄8年刊、扇川堂東藤編、芭蕉追悼集『熱田皺筥物語』に載る。
¶江表（寿永尼（愛知県））

寿永尼(2) じゅえいに★
江戸時代末期の女性。和歌。中村九左衛門の祖母。慶応2年序、村上忠順編『元治元年千首』に載る。
¶江表（寿永尼（静岡県））

修円 しゅえん
⇒修円（しゅうえん）

寿猿 じゅえん
⇒浅尾為十郎〔4代〕（あさおためじゅうろう）

寿遠* じゅえん
宝亀2（771）年～承和5（838）年12月　[別]寿遠（じゅおん）　平安時代前期の法相宗の僧。
¶古人（じゅおん）

授翁宗弼 じゅおうしゅうひつ
⇒授翁宗弼（じゅおうそうひつ）

授翁宗弼* じゅおうそうひつ
永仁4（1296）年～天授6/康暦2（1380）年　[別]円鑑国師（えんかんこくし），円鑑禅師（えんかんぜんじ），宗弼（しゅうひつ，そうひつ），授翁宗弼（じゅおうしゅうひつ）　鎌倉時代後期～南北朝時代の僧。臨済宗京都妙心寺2世。
¶コン

寿遠 じゅおん
⇒寿遠（じゅえん）

寿海 じゅかい
平安時代後期～鎌倉時代前期の僧。三宝院阿闍梨。
¶密教（[生]1164年頃　[没]1228年2月28日）

寿海老人 じゅかいろうじん
⇒市川団十郎〔7代〕（いちかわだんじゅうろう）

守覚 しゅかく
⇒守覚法親王（しゅかくほっしんのう）

守覚親王 しゅかくしんのう
⇒守覚法親王（しゅかくほっしんのう）

寿鶴亭政国 じゅかくていまさくに
江戸時代後期の画家。
¶浮絵（生没年不詳）

守覚法親王 しゅかくほうしんのう
⇒守覚法親王（しゅかくほっしんのう）

守覚法親王* しゅかくほっしんのう
久安6（1150）年3月4日～建仁2（1202）年8月25日　[別]守覚（しゅうかく，しゅかく），守覚親王（しゅかくしんのう），守覚法親王（しゅかくほうしんのう）　平安時代後期～鎌倉時代前期の真言宗の僧（仁和寺御室）。後白河天皇の第2皇子。
¶古人，コン（しゅかくほうしんのう），天皇（しゅかくほうしんのう），内乱，平家，密教（守覚　しゅうかく　[没]1202年8月25日）

樹下石上* じゅかせきじょう
生没年不詳　[別]梶原石上（かじわらせきじょう），樹下石上（じゅげせきじょう）　江戸時代後期の戯作者。
¶浮絵（じゅげせきじょう）

寿暁亭梅国 じゅぎょうていうめくに
江戸時代後期の画家。
¶浮絵（生没年不詳）

執行弘道 しゅぎょうひろみち
江戸時代後期～昭和時代の美術鑑識家、浮世絵蒐集家。
¶浮絵（[生]嘉永6（1853）年　[没]昭和2（1927）年）

宿院良蔵* しゅくいんりょうぞう
文政5（1822）年頃～慶応4（1868）年1月6日　江戸時代後期～末期の新撰組隊士。
¶新隊（[生]？　[没]明治1（1868）年1月6日）

叔応文伯 しゅくおうぶんぱく
安土桃山時代の曹洞宗の僧。
¶武田（[生]？　[没]天正10（1582）年）

粛子内親王* しゅくしないしんのう
建久7（1196）年～？　鎌倉時代前期の女性。後鳥羽天皇の第2皇女。
¶天皇

宿女 しゅくじょ
江戸時代後期の女性。狂歌。文化9年刊、便々館湖鯉鮒撰『狂歌浜荻集』に載る。
¶江表（宿女（岩手県））

淑貞 しゅくてい
江戸時代後期の女性。書簡。唐人妻。寛政から文化初頭頃、長崎で日本人の妻となったか。別れた夫に宛てた書簡が残る。
¶江表（淑貞（長崎県））

寿慶* じゅけい，しゅけい
戦国時代の連歌師。
¶俳文（生没年不詳）

寿桂 じゅけい
⇒月舟寿桂（げっしゅうじゅけい）

樹渓 じゅけい★
江戸時代後期の女性。俳諧。寛政1年序、五升庵蝶夢編『新類題発句集』に載る。
¶江表（樹渓（香川県））

寿桂尼* じゅけいに
？～永禄11（1568）年　[別]今川氏親室（いまがわうじちかしつ），瑞光院（ずいこういん）　戦国時代の女性。今川氏親の正室。
¶女史，全戦

樹下茂国* じゅげしげくに
文政5（1822）年～明治17（1884）年 江戸時代末期～明治時代の神官、太政官御用掛。神仏分離令が出ると、仏像、経巻など焼却した。
¶幕末（[没]明治17（1884）年10月4日）

樹下石上 じゅげせきじょう
⇒樹下石上（じゅかせきじょう）

寿月尼 じゅげつに★
江戸時代末期の女性。和歌。仙台藩士猪狩兵左衛門の母。慶応2年序、日野資始編『宮城百人一首遺稿』に載る。
¶江表（寿月尼（宮城県））

寿玄* じゅげん
生没年不詳 平安時代中期の僧侶・歌人。
¶古人

守元尼 しゅげんに★
江戸時代中期の女性。和歌。天禄16年刊、植山検校江民軒梅之・梅柳軒水之編『歌林尾花末』に載る。
¶江表（守元尼（東京都））

守言尼 しゅげんに★
江戸時代末期の女性。和歌。安政1年刊、堀尾光久編『近世名所歌集』二「石清水神社」に易則庵守言尼として載る。
¶江表（守言尼（京都府））

寿元尼 じゅげんに
江戸時代前期の女性。大坂城の女房衆。
¶大坂（[没]慶長20年5月8日）

崇賢門院 しゅけんもんいん
⇒崇賢門院（すうけんもんいん）

珠光 しゅこう，じゅこう
⇒村田珠光（むらたじゅこう）

寿興* じゅこう
奈良時代～平安時代前期の僧。
¶古人，古代

寿広* じゅこう
宝亀5（774）年～？ 平安時代前期の法相宗の僧。
¶古人（生没年不詳）

珠光院 しゅこういん★
江戸時代中期の女性。和歌・書簡。公卿竹内惟庸の娘。
¶江表（珠光院（岩手県） [没]宝暦7（1757）年）

殊光院 じゅこういん★
江戸時代前期の女性。書簡・日記。八条宮智仁親王の娘。
¶江表（殊光院（京都府） [生]元和7（1621）年 [没]慶安1（1648）年）

寿光院 じゅこういん
⇒大典侍（おおてんじ）

寿高雪枝女 じゅこうせっしじょ★
江戸時代末期の女性。狂歌。上総二間塚の人。安政2年刊、天明老人編『狂歌やまと人物』に載る。
¶江表（寿高雪枝女（千葉県））

寿好堂よし国* じゅこうどうよしくに
江戸時代末期の浮世絵師。
¶浮絵（生没年不詳），歌大（生没年不詳）

樹光尼 じゅこうに★
江戸時代後期の女性。和歌。越後新発田の寺田長治の祖母。天保10年成立、藩主池田定保の室栄子著「源女竟宴和歌」に載る。
¶江表（樹光尼（新潟県））

寿山 じゅざん★
江戸時代中期の女性。俳諧。元文4年跋、椎名紀逸がまとめた『飛鳥山』に載る。
¶江表（寿山（東京都））

寿山女 じゅざんじょ★
江戸時代後期の女性。教育。八木沢義一の叔母。
¶江表（寿山女（東京都） [生]文政3（1820）年頃）

寿三尼 じゅさんに★
江戸時代中期の女性。和歌。旗本水野伊予守元重の娘。元禄16年刊、植山検校江民軒梅之・梅柳軒水之編『歌林尾花末』に載る。
¶江表（寿三尼（東京都））

樹枝 じゅし
江戸時代中期の女性。俳諧。相模伊勢原の加藤氏。安永8年、杲道玄明序「桜覧記」に載る。
¶江表（樹枝（神奈川県））

守子女王 しゅしじょおう
⇒守子内親王（しゅしないしんのう）

姝子内親王 しゅしないしんのう
⇒高松院（たかまついん）

守子内親王* しゅしないしんのう
天永2（1111）年～久寿3（1156）年 [別]守子女王（しゅしじょおう），守子内親王（もりこないしんのう） 平安時代後期の女性。後三条天皇第3皇子輔仁親王の王女。
¶古人（もりこないしんのう）

璹子内親王 じゅしないしんのう
⇒朔平門院（さくへいもんいん）

寿子内親王 じゅしないしんのう
⇒徽安門院（きあんもんいん）

樹々 じゅじゅ★
江戸時代後期の女性。俳諧。淡路の人。嘉永1年刊、真野暁梅編『続淡路島』に載る。
¶江表（樹々（兵庫県））

朱舜水* しゅしゅんすい
明・万暦28（1600）年～天和2（1682）年 江戸時代前期の儒学者。日本に亡命した中国明末の遺臣。
¶江人，コン（[生]慶長5（1600）年），対外，山小（[生]1600年10月12日 [没]1682年4月17日）

寿常* じゅじょう
平安時代前期の僧。
¶古人（生没年不詳），古代

寿松尼 じゅしょうに★
江戸時代後期の女性。俳諧。尾張藩藩士大島九郎兵衛の母か祖母。文化10年刊、柿耶丸長斎編『万家人名録』に入集。
¶江表（寿松尼（愛知県））

守恕親王 しゅじょしんのう
⇒守恕法親王（しゅじょほうしんのう）

寿曙堂清国 じゅしょどうきよくに
江戸時代後期の画家。

し

¶浮絵（生没年不詳）

守恕入道親王　しゅじょにゅうどうしんのう
⇒守恕法親王（しゅじょほうしんのう）

守恕法親王*　しゅじょほうしんのう
宝永3（1706）年～享保14（1729）年　[別]稲宮（いなのみや），守恕親王（しゅじょしんのう），守恕入道親王（しゅじょにゅうどうしんのう），周典親王（ちかのりしんのう）　江戸時代中期の京極宮文仁親王の第2王子。
¶天皇（[生]宝永3（1706）年12月27日　[没]享保14（1729）年4月9日）

寿信　じゅしん
戦国時代の連歌師。
¶俳文（生没年不詳）

侏青　しゅせい★
江戸時代中期の女性。俳諧。豊後の人。享保14年序、藪家散人兎城撰『門鳴子』に載る。
¶江表（侏青（大分県））

寿正院　じゅせいいん★
江戸時代後期～明治時代の女性。和歌。加賀藩主前田斉広の娘。
¶江表（寿正院（石川県）　[生]文化10（1813）年　[没]明治8（1875）年）

寿清院　じゅせいいん★
江戸時代中期の女性。和歌。伊勢津藩藤堂家の家臣園田季顕の娘。
¶江表（寿清院（石川県）　[没]宝暦1（1751）年）

樹正院　じゅせいいん
⇒豪姫（ごうひめ）

寿性尼　じゅせいに★
江戸時代後期の女性。和歌。摂津伊丹の山本氏。『桂園遺稿』に享和3年～天保2年の記事が見られる。
¶江表（寿性尼（兵庫県））

寿清尼　じゅせいに★
江戸時代末期の女性。和歌・書簡。越前福井藩士で旗奉行彦坂又兵衛重固の養嗣子又右衛門重弘の妻。
¶江表（寿清尼（福井県））

寿成門院*　じゅせいもんいん
乾元1（1302）年～正平17/貞治1（1362）年　[別]媞子内親王（べんしないしんのう）　鎌倉時代後期～南北朝時代の女性。後二条天皇の第1皇女。
¶天皇（[没]貞治1（1362）年）

朱拙　しゅせつ
⇒坂本朱拙（さかもとしゅせつ）

守仙　しゅせん
⇒彭叔守仙（ほうしゅくしゅせん）

珠全　しゅぜん
戦国時代の連歌師。高城氏。薩摩国島津家の宗匠。
¶俳文（生没年不詳）

寿仙　じゅせん
⇒宝田寿助（たからだじゅすけ）

酒泉好吉　しゅせんこうきち
⇒大関和七郎（おおぜきわしちろう）

寿扇女　じゅせんじょ★
江戸時代末期の女性。俳諧。嘉永7年序、江戸の医者で俳人東杵庵顧言著『俳諧茶話』に載る。
¶江表（寿扇女（東京都））

修禅大師　しゅぜんだいし
⇒義真（ぎしん）

守澄　しゅちょう
⇒守澄入道親王（しゅちょうにゅうどうしんのう）

珠長　しゅちょう
安土桃山時代の連歌師。高城氏。薩摩国島津家の宗匠。
¶俳文（生没年不詳）

寿長*　じゅちょう
？～寛平8（896）年　平安時代前期の真言宗の僧、高野山金剛峰寺初代座主。
¶古人（[生]827年），コン（生没年不詳）

寿鳥　じゅちょう★
江戸時代後期の女性。俳諧。長門萩の人。文化8年の菊舎の萩滞在の俳諧記録「鶯の舎」に入集。
¶江表（寿鳥（山口県））

守澄親王　しゅちょうしんのう
⇒守澄入道親王（しゅちょうにゅうどうしんのう）

守澄入道親王*　しゅちょうにゅうどうしんのう
寛永11（1634）年～延宝8（1680）年　[別]今宮（いまのみや），守澄（しゅちょう），守澄親王（しゅちょうしんのう），守澄法親王（しゅちょうほうしんのう），尊敬法親王（そんけいほうしんのう），幸教親王（たかのりしんのう）　江戸時代前期の後水尾天皇の第6皇子。
¶コン，天皇（守澄法親王　しゅちょうほうしんのう　[生]寛永11（1634）年閏7月11日　[没]延宝8（1680）年5月16日）

守澄法親王　しゅちょうほうしんのう
⇒守澄入道親王（しゅちょうにゅうどうしんのう）

出紫*　しゅっし
？～正徳2（1712）年　江戸時代前期～中期の俳人。
¶俳文

述子内親王*　じゅつしないしんのう
？～寛平9（897）年　[別]述子内親王，逑子内親王（のぶこないしんのう）　平安時代前期の女性。文徳天皇の皇女。
¶古人（逑子内親王　のぶこないしんのう）

寿貞*(1)　じゅてい
？～元禄7（1694）年　江戸時代前期～中期の女性。松尾芭蕉の妻。
¶江表（寿貞（東京都）　[没]元禄7（1694）年？）

寿貞(2)　じゅてい★
江戸時代中期の女性。人形彫刻。奈良生まれ。
¶江表（寿貞（奈良県）　[没]安永5（1776）年）

朱迪*（朱廸）　しゅてき
*～宝永3（1706）年　江戸時代前期～中期の俳人。
¶俳文（朱廸　[生]万治3（1660）年　[没]宝永1（1704）年）

修哲*　しゅてつ
？～天長8（831）年　[別]修哲（しゅうてつ）　平安時代前期の僧。
¶古人（しゅうてつ），古代

酒呑童子*　しゅてんどうじ
平安時代前期の伝説の鬼王。
¶コン

首藤新八　しゅどうしんぱち
江戸時代末期の新撰組隊士。
¶新隊

珠徳*　しゅとく
生没年不詳　室町時代の茶杓師(茶祖珠光門)。
¶美工

酒粕*　しゅはく
江戸時代前期の俳人・狂歌師。
¶俳文(生没年不詳)

守敏*　しゅびん
生没年不詳　平安時代前期の僧。
¶古人,古代

寿法院　じゅほういん★
江戸時代前期の女性。宗教。西方村の元高鍋藩藩士内田外記の娘。
¶江表(寿法院(宮崎県)　[生]元和6(1620)年　[没]寛文10(1670)年)

珠牧*　しゅぼく
生没年不詳　戦国時代～安土桃山時代の画家。
¶後北(珠牧〔狩野(5)〕),後北

寿保尼　じゅほに★
江戸時代後期の女性。宗教。摂津平野村に生まれる。
¶江表(寿保尼(奈良県)　[没]文化9(1812)年)

殊妙院　じゅみょういん
⇒お筆の方(おふでのかた)

しゅむ
江戸時代後期の女性。俳諧。樋口氏。天保3年刊、守村鶯卿編『女百人一句』に載る。
¶江表(しゅむ(京都府))

修明門院*　しゅめいもんいん
寿永1(1182)年～文永1(1264)年8月29日　[別]修明門院(すめいもんいん),藤原重子(ふじわらじゅうし,ふじわらのしげこ,ふじわらのじゅうし)　鎌倉時代前期の女性。順徳天皇の母。
¶古人(藤原重子　ふじわらのしげこ),コン,女史,天皇(藤原重子　ふじわらのじゅうし)

主馬首一平安代　しゅめのかみいっぺいやすよ
⇒安代(やすよ)

寿陽堂とし国　じゅようどうとしくに
江戸時代後期の画家。
¶浮絵(生没年不詳)

洒楽　しゅらく★
江戸時代中期～後期の女性。書・画・和歌・俳諧・漢詩。関谷氏。
¶江表(洒楽(山口県)　[生]宝暦12(1762)年　[没]嘉永6(1853)年)

ジュリアおたあ
⇒おたあジュリア

ジュリアン
⇒中浦ジュリアン(なかうらじゅりあん)

酒柳　しゅりゅう★
江戸時代後期の女性。俳諧。長門吉田の人。文化12年刊、吉田連編『塚のおもかげ』に故人の句として載る。
¶江表(酒柳(山口県))

寿霊*　じゅりょう
生没年不詳　[別]寿霊(じゅれい)　奈良時代～平安時代前期の東大寺僧。「華厳五教章指事記」の著者。
¶古人(じゅれい),古代

周麟　しゅりん
⇒景徐周麟(けいじょしゅうりん)

寿林*　じゅりん
?～延宝7(1679)年10月19日　江戸時代前期の女性。陸奥会津藩家老堀主水の妻。
¶江表(寿林(福島県))

久留島義太　じゅるしまよしひろ
⇒久留島義太(くるしまよしひろ)

寿霊　じゅれい
⇒寿霊(じゅりょう)

寿連　じゅれん★
江戸時代中期の女性。和歌。美濃岐阜の後藤才助の母。宝永6年奉納、平間長雅編「住吉社奉納千首和歌」に載る。
¶江表(寿連(岐阜県))

しゅん(1)
江戸時代中期の女性。俳諧。油屋の母。天明3年の深浦町関八幡宮にある俳諧奉納額に載る。
¶江表(しゅん(青森県))

しゅん(2)
江戸時代中期の女性。俳諧。備後尾道の人。明和8年刊、佐々木泉明編『一人一首短冊篇』坤に載る。
¶江表(しゅん(広島県))

しゅん(3)
江戸時代後期の女性。俳諧。朶々斎原口也好の孫娘。文政1年、亡くなった祖父の追善集『暁月集』に載る。
¶江表(しゅん(東京都))

舜　しゅん★
江戸時代中期の女性。俳諧。筑後久留米の人。享保2年刊、沢露川撰・無外坊燕説編『西国曲』に載る。
¶江表(舜(福岡県))

筝　しゅん
江戸時代中期の女性。俳諧。大坂の人。元禄12年刊、榎並舎羅編『簑笠』に載る。
¶江表(筝(大阪府))

しゆん(1)
江戸時代中期の女性。俳諧。保原の白川氏。昭和7年序、渡辺亀六編の遠藤自川追善集『小島菊』に載る。
¶江表(しゆん(福島県))

しゆん(2)
江戸時代中期の女性。俳諧。加賀宮腰の人。元禄5年序、神戸友琴が編んだ歌仙『鶴来酒』に載る。
¶江表(しゆん(石川県))

しゆん(3)
江戸時代中期の女性。俳諧。能登敷波の人。天明3年刊、河合風逸編、河合見風追善集『白達摩』に載る。
¶江表(しゆん(石川県))

しゆん(4)
江戸時代後期の女性。和歌。松本氏。天保11年刊『瓊浦集』に載る。

¶江表（しゅん（長崎県））

順(1)　**じゅん**★
江戸時代前期の女性。俳諧。備中の柴田氏の娘。
¶江表（順（大阪府）　[没]天和1（1681）年）

順(2)　**じゅん**★
江戸時代中期の女性。和歌。下総香取郡佐原の伊能権之丞知胤の娘。国学者楫取魚彦の後妻。
¶江表（順（千葉県））

順(3)　**じゅん**★
江戸時代中期の女性。俳諧。能登諸岡の少女。安永8年刊、森岡珙卜序、寄皐追善集「風も秋」に載る。
¶江表（順（石川県））

順(4)　**じゅん**★
江戸時代後期の女性。和歌。平田氏。文化11年刊、中山忠雄・河田正致編『柿本社奉納和歌集』に載る。
¶江表（順（山口県））

順(5)　**じゅん**★
江戸時代後期の女性。内助。若狭小浜藩京都留守居役藤田義知の娘。儒学者柴野栗山の妻。
¶江表（順（香川県）　[没]寛政6（1794）年）

順(6)　**じゅん**★
江戸時代末期の女性。書簡。播磨上月の大庄屋大谷義章の娘。大庄屋永富定群の妻。
¶江表（順（兵庫県））

俊恵＊　**しゅんえ**
永久1（1113）年～？　[別]俊恵（すんえ）　平安時代後期の歌人。源俊頼の子。
¶古人（生没年不詳），日文（しゅんえ・すんえ）

春英　**しゅんえい**★
江戸時代中期の女性。画。江戸中期の浮世絵師勝川春章の弟子。江戸時代後期の作品に「太夫とかむろ図」がある。
¶江表（春英（東京都））

俊円＊　**しゅんえん**
嘉承2（1107）年～仁安1（1166）年8月28日　平安時代後期の天台宗の僧。天台座主53世。
¶古人

春屋　**しゅんおく**
⇒春屋宗園（しゅんおくそうえん）

俊屋桂彦＊　**しゅんおくけいげん**
文安1（1444）年～天文8（1539）年　戦国時代の曹洞宗の僧。
¶武田（[生]嘉吉3（1443）年）

春屋宗園　**しゅんおくしゅうおん**
⇒春屋宗園（しゅんおくそうえん）

春屋宗園＊　**しゅんおくそうえん**
享禄2（1529）年～慶長16（1611）年　[別]春屋（しゅんおく），春屋宗園（しゅんおくしゅうおん，しゅんおくそうおん），宗園（そうえん，そうおん），大宝円鑑国師（たいほうえんかんこくし）　戦国時代～安土桃山時代の臨済宗の僧。
¶コン

春屋宗園　**しゅんおくそうおん**
⇒春屋宗園（しゅんおくそうえん）

春屋妙葩＊　**しゅんおくみょうは**
応長1（1311）年～元中5/嘉慶2（1388）年　[別]智覚普明国師（ちかくふみょうこくし），普明国師（ふみょうこくし），妙葩（みょうは）　南北朝時代の臨済宗の僧、五山文学僧。
¶コン，思想（[没]嘉慶2/元中5（1388）年），対外，中世，内乱（[没]嘉慶2（1388）年），室町，山小（[生]1311年12月22日　[没]1388年8月12日）

春可　**しゅんか**
江戸時代前期の俳諧作者。
¶俳文（生没年不詳）

俊賀＊　**しゅんが**
生没年不詳　[別]宅磨俊賀，託磨俊賀，詫磨俊賀（たくましゅんが）　鎌倉時代の画家。
¶古人，コン

春娥　**しゅんが**★
江戸時代末期の女性。画・俳諧。本名は、松本安女、松屋保女。安政6年刊、畑銀鶏編『書画薈粋』二に載る。
¶江表（春娥（東京都））

俊覚＊(1)　**しゅんかく**
天喜5（1057）年～康和5（1103）年　平安時代後期の天台宗延暦寺僧。
¶古人

俊覚＊(2)　**しゅんかく**
永承7（1052）年～天永2（1111）年　平安時代後期の天台宗園城寺僧。
¶古人

順覚＊　**じゅんかく**
文永5（1268）年～？　鎌倉時代後期の連歌師、僧。
¶俳文（生没年不詳）

俊覚院　**しゅんかくいん**
江戸時代中期の徳川家宣の六男。
¶徳将（[生]1711年　[没]1711年）

俊岳院　**しゅんがくいん**
江戸時代後期の徳川家斉の九男。
¶徳将（[生]1806年　[没]1810年）

春華門院＊　**しゅんかもんいん**
建久6（1195）年～建暦1（1211）年　[別]昇子内親王（しょうしないしんのう）　鎌倉時代前期の女性。後鳥羽天皇の第1皇女。
¶コン，女史，天皇（[生]建久6（1195）年8月13日　[没]建暦1（1211）年11月8日）

俊寛＊　**しゅんかん**
＊～治承3（1179）年　平安時代後期の僧。後白河院の近習僧、法勝寺執行。
¶浮絵（生没年不詳），古人（[生]1143年），コン（[生]康治1（1142）年），中世（生没年不詳），内乱（生没年不詳），平家（生没年不詳），山小（生没年不詳）

淳寛＊　**じゅんかん，しゅんかん**
生没年不詳　平安時代後期の真言宗の僧。
¶密教（しゅんかん　[生]1101年　[没]1150年以後）

春完斎北信　**しゅんかんさいほくしん**
江戸時代後期の画家。
¶浮絵（生没年不詳）

春蟻　**しゅんぎ**
江戸時代後期の俳諧作者。
¶俳文（[生]？　[没]文化10（1813）年9月10日）

俊堯＊　**しゅんぎょう**
元永1（1118）年～文治2（1186）年　平安時代後期

の天台僧。
¶古人

順暁*　じゅんぎょう
生没年不詳　奈良時代〜平安時代前期の僧。
¶古代

春暁院　しゅんぎょういん★
江戸時代中期の女性。書簡。一関藩主田村村顕の娘。
¶江表（春暁院（岩手県）　[没]寛保3（1743）年）

舜玉　しゅんぎょく★
江戸時代末期〜明治時代の女性。画。京都の宇都宮秀寿の娘。
¶江表（舜玉（香川県）　[没]明治4（1871）年）

春旭斎北明　しゅんきょくさいほくめい
江戸時代後期の画家。
¶浮絵（生没年不詳）

春琴　しゅんきん★
江戸時代後期の女性。漢詩。橋氏。文化6年刊、菊池五山著『五山堂詩話』巻3に載る。
¶江表（春琴（宮城県））

順空　じゅんくう
⇒蔵山順空（ぞうざんじゅんくう）

春慶*(1)　しゅんけい
生没年不詳　室町時代の和泉国堺の漆工。春慶塗の創始者。
¶コン,美工

春慶*(2)　しゅんけい
？〜明応8（1499）年8月6日　室町時代〜戦国時代の仏師。
¶美建

春慶(3)　しゅんけい
⇒加藤景正（かとうかげまさ）

舜慶*　しゅんけい
生没年不詳　南北朝時代の仏師。
¶美建

俊月　しゅんげつ★
江戸時代後期の女性。俳諧。文政11年刊、多賀庵四世筵史編『やまかつら』に70歳尼として載る。
¶江表（俊月（広島県））

春月　しゅんげつ★
江戸時代中期の女性。俳諧。安永9年刊、加舎白雄編『春秋稿』初に載る。
¶江表（春月（東京都））

春湖　しゅんこ
⇒橘田春湖（きちだしゅんこ）

淳子　じゅんこ★
江戸時代中期の女性。和歌。向坂休意の二女。元禄16年刊、植山検校江民軒梅之ほか編『歌林尾花末』に載る。
¶江表（淳子（静岡県））

純子　じゅんこ★
江戸時代後期〜明治時代の女性。和歌。徳川斉匡の娘。
¶江表（純子（福岡県）　[生]文政7（1824）年　[没]明治39（1906）年）

順子(1)　じゅんこ★
江戸時代の女性。漢詩。石川兵蔵の娘。明治13年刊、水上珍亮編『日本閨媛吟藻』下に載る。
¶江表（順子（東京都））

順子(2)　じゅんこ★
江戸時代の女性。和歌。藤井氏。明治4年刊、『不知火歌集』に載る。
¶江表（順子（熊本県））

順子(3)　じゅんこ★
江戸時代の女性。和歌。藤原氏。明治4年刊、『不知火歌集』に載る。
¶江表（順子（熊本県））

順子(4)　じゅんこ★
江戸時代後期の女性。和歌。摂津伊丹の大塚氏。『桂園遺稿』の享和3年の項に載る。
¶江表（順子（兵庫県））

順子(5)　じゅんこ
江戸時代後期〜明治時代の女性。和歌・散文。備中足守藩主木下利愛の娘。
¶江表（順子（山口県）　[生]天保6（1835）年　[没]明治24（1891）年）

順子(6)　じゅんこ★
江戸時代後期の女性。剣術家。山本氏。弘化年間に活動。
¶江表（順子（福岡県））

順子(7)　じゅんこ★
江戸時代後期の女性。和歌。長崎の歌人山本物次郎の祖母。天保7年刊、加納諸平編『類題鰒玉集』三に載る。
¶江表（順子（長崎県））

順子(8)　じゅんこ★
江戸時代末期の女性。和歌。小松藩領の喜多川又三郎の妻。安政5年序、半井梧庵編『鄙のてぶり』二に載る。
¶江表（順子（愛媛県））

順子(9)　じゅんこ★
江戸時代末期〜明治時代の女性。和歌。播磨姫路藩家老河合屏山の一族。
¶江表（順子（兵庫県））

春幸　しゅんこう
奈良時代の香山薬師寺の僧。
¶古人（生没年不詳）

春江　しゅんこう★
江戸時代後期の女性。画。南画家渡辺玄対の三女。「諸家書画帖」に「花弁図」が残る。
¶江表（春江（東京都））

春耕*　しゅんこう
？〜嘉永3（1850）年　江戸時代末期の俳人。
¶俳文（[生]安永1（1772）年）

春航　しゅんこう★
江戸時代の女性。漢詩。淡路の三田氏。明治10年刊、鱸松塘編『七曲吟社閨媛絶句』に載る。
¶江表（春航（兵庫県））

春香　しゅんこう★
江戸時代後期の女性。画。天保4年刊、地誌『江の島まうで 浜のさざ波』の中で「江ノ島」の記述の上部に、波と千鳥の図を描く。

¶江表（春香（東京都））

春鴻*　しゅんこう
？～享和3（1803）年　江戸時代中期～後期の俳人。
¶俳文（[生]享保18（1733）年　[没]享和3（1803）年6月7日）

春光院(1)　**しゅんこういん★**
江戸時代前期の女性。寺院開基。近江彦根藩藩士石居九郎兵衛道種の娘。井伊直孝の側室。
¶江表（春光院（東京都）　[没]延宝9（1681）年）

春光院(2)　**しゅんこういん★**
江戸時代中期の女性。旅日記。備中小田郡矢掛の大庄屋で矢掛宿本陣石井源次郎義智の妻。
¶江表（春光院（岡山県）　[没]安永4（1775）年）

春光院(3)　**しゅんこういん**
江戸時代後期の徳川家斉の二十四男。
¶徳将（[生]1822年　[没]1823年）

春光院(4)　**しゅんこういん★**
江戸時代後期の女性。書簡。一関藩田村家の縁者。文化7年5月に出した「田村右京太夫様」宛の仮名消息文が一通残る。
¶江表（春光院（岩手県））

春光院(5)　**しゅんこういん★**
江戸時代後期～末期の女性。和歌。肥前佐賀藩主鍋島斉直の娘。伊達宗城の室。
¶江表（春光院（愛媛県）　[生]文化9（1812）年　[没]慶応2（1866）年）

春光院妙華　しゅんこういんみょうか★
江戸時代後期～明治時代の女性。和歌。浅草山谷町の某の娘。
¶江表（春光院妙華（青森県）　[生]寛政10（1798）年　[没]明治7（1874）年）

春好斎北洲*　しゅんこうさいほくしゅう
生没年不詳　[別]北洲（ほくしゅう）　江戸時代末期の浮世絵師。
¶浮絵，歌大（しょうこうさいほくしゅう），コン，美画

春好斎北倒　しゅんこうさいほくとう
江戸時代後期の画家。
¶浮絵（生没年不詳）

春国光新　しゅんこくこうしん
戦国時代の府中長禅寺2世住職。
¶武田（生没年不詳）

春沙　しゅんさ
⇒立原春沙（たちはらしゅんさ）

俊才*　しゅんさい，しゅんざい
正元1（1259）年～正平8/文和2（1353）年　[別]十達（じったつ），十達俊才（じったつしゅんさい，じったつしゅんざい）　鎌倉時代後期～南北朝時代の僧。東大寺戒壇院の長老。
¶コン（十達　じったつ）

遵西*　じゅんさい
？～承元1（1207）年　[別]安楽（あんらく）　鎌倉時代前期の浄土宗の僧。法然の弟子、承元法難で斬罪。
¶古人（安楽　あんらく），コン，中世（安楽　あんらく）

春山　しゅんざん★
江戸時代後期の女性。画。南画家渡辺玄対の二女。
¶江表（春山（東京都））

順之　じゅんし★
江戸時代中期の女性。和歌。坂静山の娘。
¶江表（順之（東京都））

淳子女王*　じゅんしじょおう
生没年不詳　[別]淳子女王（あつこじょおう）　平安時代後期の女性。式部卿敦賢親王の王女。
¶古人（あつこじょおう）

俊子内親王*　しゅんしないしんのう
天喜4（1056）年～天承2（1132）年　[別]俊子内親王（としこないしんのう）　平安時代後期の女性。後三条天皇第3皇女。
¶古人（としこないしんのう），天皇（[没]天承2（1132）年閏4月5日）

恂子内親王*（恂子内親王）　じゅんしないしんのう
寛治7（1093）年～長承1（1132）年　平安時代後期の女性。白河天皇の第6皇女。
¶天皇（恂子内親王　[没]長承1（1132）年10月16日）

珣子内親王　じゅんしないしんのう
⇒新室町院（しんむろまちいん）

純子内親王*　じゅんしないしんのう
？～貞観5（863）年　[別]純子内親王（すみこないしんのう）　平安時代前期の女性。嵯峨天皇の皇女。
¶古人（すみこないしんのう）

惇子内親王*　じゅんしないしんのう
保元3（1158）年～承安2（1172）年　[別]惇子内親王（あつこないしんのう）　平安時代後期の女性。後白河天皇の第5皇女。
¶古人（あつこないしんのう　[生]1157年），天皇（あつこないしんのう）

恂子内親王　じゅんしないしんのう
⇒上西門院（じょうさいもんいん）

諄子内親王*　じゅんしないしんのう
？～文応1（1260）年　[別]諄子内親王（あつこないしんのう）　鎌倉時代前期の女性。土御門天皇の皇女。
¶天皇

俊秀*(1)　**しゅんしゅう**
生没年不詳　平安時代後期の天台宗の僧・歌人。
¶古人

俊秀(2)　**しゅんしゅう**
⇒山内首藤俊秀（やまのうちすどうとしひで）

春秋庵白雄　しゅんじゅうあんしらお
⇒加舎白雄（かやしらお）

春秋軒一葉〔1代〕*　しゅんじゅうけんいちよう
生没年不詳　江戸時代後期の遠州流華道師範。
¶コン（代数なし）

春曙(1)　**しゅんしょ★**
江戸時代中期の女性。俳諧。宝暦13年刊、建部綾足編『古今俳諧明題集』に載る。
¶江表（春曙（東京都））

春曙(2)　**しゅんしょ★**
江戸時代後期の女性。俳諧。5代目市川団十郎の二女。
¶江表（春曙（東京都）　[没]文政1（1818）年）

春渚*　しゅんしょ
正徳1（1711）年～安永5（1776）年3月12日　江戸時代中期の俳人。
¶俳文（[没]安永5（1776）年3月11日）

しゅん女(1)　しゅんじょ★
江戸時代前期の女性。俳諧。越前三国の人。延宝6年頃刊、松風軒卜琴撰『越路草』二に載る。
¶江表(しゅん女(福井県))

しゅん女(2)　しゅんじょ★
江戸時代中期の女性。俳諧。尾張鳴海の豪商下里知足の孫。正徳2年序『千鳥掛』に載る。
¶江表(しゅん女(愛知県))

しゅん女(3)　しゅんじょ★
江戸時代後期の女性。俳諧。富山の人。嘉永4年刊、西山亭可九撰『越の枝折』に載る。
¶江表(しゅん女(富山県))

しゆん女　しゆんじょ★
江戸時代中期の女性。和歌。今治の人。
¶江表(しゆん女(愛媛県))

準女　じゅんじょ★
江戸時代後期の女性。和歌。豊前中津藩藩士榊原庄内の娘。文化11年刊、中山忠雄・河田正致編『柿本社奉納和歌集』に載る。
¶江表(準女(大分県))

順助　じゅんじょ
⇒順助法親王(じゅんじょほっしんのう)

順女(1)　じゅんじょ★
江戸時代の女性。和歌。佐竹七家の1つ大館佐竹西家の家臣浅野角弥の娘。秋田藩士石井忠行編「伊頭園茶話」に5首載る。
¶江表(順女(秋田県))

順女(2)　じゅんじょ★
江戸時代中期の女性。散文・和歌。賀茂真淵門。宝暦7年の文芸資料「さくらの文」に載る。
¶江表(順女(東京都))

順女(3)　じゅんじょ★
江戸時代後期の女性。俳諧。東磐井郡玉島の人。文政4年刊、九鶴堂楳山・春曙亭柳郊編『不二煙集』に載る。
¶江表(順女(岩手県))

順女(4)　じゅんじょ★
江戸時代後期の女性。和歌。土崎湊町の岩城喜左衛門の妻。文化15年序、秋田藩士山方泰通編「月花集」に載る。
¶江表(順女(秋田県))

順女(5)　じゅんじょ★
江戸時代後期の女性。俳諧。文化15年序、大屋士由編『美佐古鮓』に載る。
¶江表(順女(東京都))

順女(6)　じゅんじょ★
江戸時代末期の女性。和歌。幕臣、番頭志立伝八の妻。安政7年跋、蜂屋光世編『大江戸倭歌集』に載る。
¶江表(順女(東京都))

順女(7)　じゅんじょ★
江戸時代末期〜大正時代の女性。俳諧。美濃米屋町の提灯製造商勅使河原佐助の妻。
¶江表(順女(岐阜県)　[没]大正3(1914)年)

俊証*　しゅんしょう
嘉承1(1106)年〜建久3(1192)年3月17日　平安時代後期〜鎌倉時代前期の僧。
¶古人

俊晴　しゅんしょう
⇒俊晴(しゅんぜい)

俊盛*　しゅんしょう
生没年不詳　[別]俊盛(しゅんせい)　平安時代後期の法相宗の僧・歌人。
¶古人(しゅんせい)

春宵　しゅんしょう★
江戸時代中期の女性。俳諧。越前福井の人。明和9年刊、美濃派三代以乙斎可推坊撰『雪の筐』上に載る。
¶江表(春宵(福井県))

春正　しゅんしょう
⇒山本春正〔1代〕(やまもとしゅんしょう)

俊芿*　しゅんじょう
仁安1(1166)年〜嘉禄3(1227)年閏3月8日　[別]月輪大師(がちりんだいし，げつりんたいし)，大興正法国師(だいこうしょうぼうこくし)，不可棄(ふかき)　平安時代後期〜鎌倉時代前期の僧。戒律復興を行い、京都泉涌寺を開山。
¶古人,コン([没]安貞1(1227)年),思想([没]安貞1(1227)年),対外,中世,山小([生]1166年8月10日　[没]1227年閏3月8日)

春昌院　しゅんしょういん
⇒お小姫(おこひめ)

順性院　じゅんしょういん
⇒お夏の方(おなつのかた)

春松斎北寿　しゅんしょうさいほくじゅ
江戸時代後期の画家。
¶浮絵(生没年不詳)

春正次郎兵衛　しゅんしょうじろうびょうえ
⇒山本春正〔2代〕(やまもとしゅんしょう)

春松堂玉国　しゅんしょうどうたまくに
江戸時代後期の画家。
¶浮絵(生没年不詳)

俊乗房　しゅんじょうぼう
⇒重源(ちょうげん)

俊乗坊重源(俊乗房重源)　しゅんじょうぼうちょうげん
⇒重源(ちょうげん)

春曙園桜戸　しゅんしょえんおうこ★
江戸時代後期の女性。狂歌。徳島塀裏の六根園春根の娘。
¶江表(春曙園桜戸(徳島県))

春色*　しゅんしょく
正保3(1646)年〜元禄15(1702)年　江戸時代前期〜中期の俳人。
¶俳文([没]元禄15(1702)年11月)

春曙斎北頂*　しゅんしょさいほくちょう
江戸時代末期の浮世絵師。
¶浮絵(生没年不詳)

順助親王　じゅんじょしんのう
⇒順助法親王(じゅんじょほっしんのう)

順助法親王　じゅんじょほうしんのう
⇒順助法親王(じゅんじょほっしんのう)

順助法親王*　じゅんじょほっしんのう
建治3(1277)年〜元応2(1320)年　[別]順助(じゅんじょ)，順助親王(じゅんじょしんのう)，順助法親

王（じゅんじょほうしんのう）　鎌倉時代後期の亀山天皇の皇子。
¶天皇（じゅんじょほうしんのう　[生]？　[没]元応2（1320）年10月5日）

純信　じゅんしん
⇒純信・お馬（じゅんしん・おうま）

惇信院殿　じゅんしんいんどの
⇒徳川家重（とくがわいえしげ）

純信・お馬*　じゅんしん・おうま
[別]お馬（おうま），純信（じゅんしん）　江戸時代末期の土佐の駆け落ち男女。
¶コン，幕末（お馬　おうま　[生]天保10（1840）年12月27日　[没]明治36（1903）年12月15日），幕末（純信　じゅんしん　[生]文政2（1819）年10月10日　[没]？）

春水（1）　しゅんすい★
江戸時代後期の女性。書。仙石氏。書家芝水の娘。天保13年刊『江戸現在広益諸家人名録』に載る。
¶江表（春水（東京都））

春水（2）　しゅんすい★
江戸時代後期の女性。俳諧。常陸潮来連。水戸の幽竹庵山芝が青郊の号を継承した享和1年の披露集『青郊襲号記念集』に載る。
¶江表（春水（茨城県））

春水（3）　しゅんすい
⇒為永春水〔1代〕（ためながしゅんすい）

春水（4）　しゅんすい
⇒芳沢あやめ〔1代〕（よしざわあやめ）

春水（5）　しゅんすい
⇒芳沢あやめ〔2代〕（よしざわあやめ）

春水（6）　しゅんすい
⇒芳沢あやめ〔4代〕（よしざわあやめ）

春翠（1）　しゅんすい★
江戸時代後期の女性。俳諧。八戸の人。文化1年序、松窓乙二撰『はたけせり』に載る。
¶江表（春翠（青森県））

春翠（2）　しゅんすい★
江戸時代後期の女性。漢詩。野村氏。文化12年刊、菊池五山著『五山堂詩話』九に載る。
¶江表（春翠（東京都））

順水*　じゅんすい
生没年不詳　江戸時代前期の俳人。
¶俳文

俊盛　しゅんせい
⇒俊盛（しゅんしょう）

春清　しゅんせい
⇒井上春清（いのうえしゅんせい）

俊成　しゅんぜい
⇒藤原俊成（ふじわらのとしなり）

俊晴*　しゅんぜい
生没年不詳　[別]俊晴（しゅんしょう）　平安時代後期～鎌倉時代前期の新義真言宗の僧。
¶古人（しゅんしょう）

淳正　じゅんせい★
江戸時代中期の女性。和歌。愛宕郡大原の尼。元文4年刊、恕信ほか編『厳島八景』に載る。
¶江表（淳正（京都府））

潤清*　じゅんせい
平安時代前期の新羅人。
¶古人（生没年不詳），古代

俊成卿女　しゅんぜいきょうのむすめ
⇒藤原俊成女（ふじわらのとしなりのむすめ）

春仙　しゅんせん★
江戸時代末期の女性。画。幕末の三筆の一人といわれた書家市川米庵の娘。
¶江表（春仙（東京都））

春扇　しゅんせん★
江戸時代末期の女性。画。片山氏。安政7年刊『安政文雅人名録』に載る。
¶江表（春扇（東京都））

春暹*　しゅんせん
昌泰3（900）年～康保1（964）年　平安時代前期～中期の天台宗延暦寺僧。
¶古人

俊宗*　しゅんそう
生没年不詳　平安時代後期の僧侶・歌人。
¶古人

春草（1）　しゅんそう★
江戸時代後期の女性。俳諧。黄海の人。文政4年刊、九鶴堂楳山・春曙亭柳郊編『不二煙集』に載る。
¶江表（春草（岩手県））

春草（2）　しゅんそう★
江戸時代後期の女性。画。漢詩人宮沢雲山の娘。
¶江表（春草（東京都））

春草（3）　しゅんそう★
江戸時代後期の女性。俳諧。越前福井の人。文化10年刊、美濃派五代対鷗斎双巴坊編「歳旦」に載る。
¶江表（春草（福井県））

順操院順子　じゅんそういんじゅんこ★
江戸時代後期の女性。和歌・書簡。村上氏。松代藩8代藩主真田幸貫の嫡子幸良の側室。天保6年嫡子幸教を出産。
¶江表（順操院順子（長野県））

馴操園太誉女　じゅんそうえんたよじょ★
江戸時代末期の女性。狂歌。栃木の人。安政2年刊、清流亭西江編『狂歌茶器財画像集』に載る。
¶江表（馴操園太誉女（栃木県））

春村　しゅんそん
⇒黒川春村（くろかわはるむら）

淳脱院　じゅんだついん
江戸時代後期の徳川家斉の二十一女。
¶徳将（[生]1813年　[没]1814年）

俊智*　しゅんち
長治2（1105）年～？　平安時代後期の天台宗園城寺僧。
¶古人

俊朝*　しゅんちょう
生没年不詳　平安時代後期の天台宗延暦寺僧。
¶古人

俊長　しゅんちょう
平安時代後期の園城寺の悪僧。
¶平家（生没年不詳）

春澄　しゅんちょう
⇒青木春澄（あおきはるずみ）

春町(1)　しゅんちょう★
江戸時代中期の女性。俳諧。富岡の俳人坂本雲郎の妹。
¶江表（春町（群馬県））

春町(2)　しゅんちょう
⇒恋川春町（こいかわはるまち）

春蝶(1)　しゅんちょう
江戸時代後期の画家。
¶浮絵（生没年不詳）

春蝶(2)　しゅんちょう★
江戸時代後期～末期の女性。画・和歌。越後五泉の歌川本家に生まれる。
¶江表（春蝶（新潟県）　[生]寛政1（1789）年　[没]慶応2（1866）年）

春調(1)　しゅんちょう★
江戸時代中期の女性。俳諧。備後府中の人。宝暦12年序、如芥ほか編『密語橋集』に載る。
¶江表（春調（広島県））

春調(2)　しゅんちょう★
江戸時代後期の女性。俳諧。越前福井の人。天明8年刊、白鶴楼紅楓編『そのかげ集』に載る。
¶江表（春調（福井県））

春長庵国女　しゅんちょうあんくにじょ★
江戸時代後期の女性。狂歌。常陸江戸崎の人。天保7年刊、梅多楼撰、緑樹園元有序『十符の菅薦』に載る。
¶江表（春長庵国女（茨城県））

春長軒　しゅんちょうけん
⇒村井貞勝（むらいさだかつ）

春蝶女　しゅんちょうじょ★
江戸時代後期の女性。俳諧。二本松の人。天保3年刊、太白堂孤月編『桃家春帖』に載る。
¶江表（春蝶女（福島県））

春定斎棹月　しゅんていさいていげつ
戦国時代の武田氏の家臣、禰津常安の被官。
¶武田（生没年不詳）

舜天*　しゅんてん
南宋・乾道2（1166）年～琉球・舜天51（1237）年　[別]舜天王（しゅんてんおう），尊敦（そんとん）　平安時代後期～鎌倉時代前期の琉球王国舜天王統の開祖。
¶コン（[生]仁安1（1166）年　[没]嘉禎3（1237）年），対外

舜天王　しゅんてんおう
⇒舜天（しゅんてん）

春堂　しゅんどう
江戸時代前期～中期の俳諧作者。山田氏。
¶俳文

順徳院　じゅんとくいん
⇒順徳天皇（じゅんとくてんのう）

順徳上皇　じゅんとくじょうこう
⇒順徳天皇（じゅんとくてんのう）

順徳大皇*　じゅんとくてんのう
建久8（1197）年9月10日～仁治3（1242）年　[別]佐渡院（さどのいん），順徳院（じゅんとくいん），順徳上皇（じゅんとくじょうこう）　鎌倉時代前期の第84代の天皇（在位1210～1221）。後鳥羽天皇の第3皇子。
¶古人，コン，天皇（[没]仁治3（1242）年9月12日），中世（順徳上皇　じゅんとくじょうこう），内乱（[没]仁治3（1241）年），山小（[生]1197年9月10日　[没]1242年9月12日）

淳和天皇*　じゅんなてんのう
延暦5（786）年～承和7（840）年　平安時代前期の第53代の天皇（在位823～833）。桓武天皇の子。
¶古人，古代，コン，思想，天皇（[没]承和7（840）年5月8日），山小（[没]840年5月8日）

淳祐*　しゅんにゅう，じゅんにゅう
寛平2（890）年～天暦7（953）年7月2日　[別]石山内供（いしやまのないく），淳佑，淳祐（しゅんゆう，じゅんゆう）　平安時代中期の真言宗の僧。
¶古人（じゅんゆう），コン（じゅんゆう）

准如*　じゅんにょ
天正5（1577）年7月19日～寛永7（1630）年11月30日　[別]光昭（こうしょう），本願寺准如（ほんがんじじゅんにょ）　安土桃山時代～江戸時代前期の僧、本願寺第12世宗主。
¶コン，戦武（本願寺准如　ほんがんじじゅんにょ　[没]寛永8（1631）年）

淳仁天皇*　じゅんにんてんのう
天平5（733）年～天平神護1（765）年　[別]淡路公（あわじのきみ），淡路廃帝（あわじのはいてい），大炊王（おおいおう）　奈良時代の第47代の天皇（在位758～764）。天武天皇の孫。舎人親王の子。
¶古人，古代，コン，天皇（[没]天平神護1（765）年10月23日），山小（[没]765年10月23日）

遵仁入道親王　じゅんにんにゅうどうしんのう
⇒寛全親王（かんぜんしんのう）

純仁法親王　じゅんにんほうしんのう
⇒嘉言親王（よしことしんのう）

遵仁法親王　じゅんにんほうしんのう
⇒寛全親王（かんぜんしんのう）

春波　しゅんぱ
江戸時代中期の俳諧師。武田氏。
¶俳文（[生]元禄7（1694）年　[没]宝暦6（1756）年4月11日）

春坡　しゅんぱ
⇒下村春坡（しもむらしゅんぱ）

春梅斎北英*　しゅんばいさいほくえい
？～天保8（1837）年頃　江戸時代後期の浮世絵師。
¶浮絵（[没]天保7（1836）年），歌大（[没]天保7（1836）年11月）

春範　しゅんはん
奈良時代の大安寺の僧。
¶古人（生没年不詳）

俊範*　しゅんぱん，しゅんはん
生没年不詳　鎌倉時代前期の天台宗の僧。
¶古人

春帆　しゅんぱん
⇒富森助右衛門（とみもりすけえもん）

春風　しゅんぷう★
江戸時代中期の女性。俳諧。七日市連の人。元文1年跋、鈴木桃鯉編、太田白雪1周忌追善集『雪なし月』に載る。
¶江表（春風（群馬県））

春風舎　しゅんふうしゃ
⇒尾上多見蔵〔2代〕(おのえたみぞう)

春風亭小さん〔1代〕　しゅんぷうていこさん
⇒柳家小さん〔1代〕(やなぎやこさん)

春風亭柳枝〔1代〕*　しゅんぷうていりゅうし
？～明治1(1868)年　[別]柳枝(りゅうし)　江戸時代末期の落語家。
¶コン

春婦斎北妙　しゅんぷさいほくみょう
江戸時代後期の画家。
¶浮絵(生没年不詳)

春甫　しゅんぽ
⇒村松春甫(むらまつしゅんぽ)

春芳尼　しゅんぽうに★
江戸時代後期の女性。俳諧。菱屋宅路の妻。寛政9年刊、暮柳舎車大編『ゆめのあと』に載る。
¶江表(春芳尼(石川県))

俊満　しゅんまん
⇒窪俊満(くぼしゅんまん)

浚明院殿　しゅんめいいんどの
⇒徳川家治(とくがわいえはる)

春明斎北潮　しゅんめいさいほくちょう
江戸時代後期の画家。
¶浮絵(生没年不詳)

順也*　じゅんや
？～正徳3(1713)年1月24日　江戸時代前期～中期の俳人。
¶俳文

淳祐　しゅんゆう, じゅんゆう
⇒淳祐(しゅんにゅう)

春勇斎北雪　しゅんゆうさいほくせつ
江戸時代後期の画家。
¶浮絵(生没年不詳)

春友女　しゅんゆうじょ★
江戸時代末期の女性。俳諧。俳人井上得蕪と留木女の父娘と親交があったようで、安政6年刊、留木編『あさゆふへ』に載る。
¶江表(春友女(東京都))

春遊女　しゅんゆうじょ★
江戸時代後期の女性。俳諧。三春の人。化政期刊、白川芝山編「四海句双子」に載る。
¶江表(春遊女(福島県))

春陽斎北敬*　しゅんようさいほくけい
生没年不詳　[別]春陽斎北敬(しゅんようさいほっけい)　江戸時代後期の絵師。
¶浮絵(しゅんようさいほっけい)

春陽斎北敬　しゅんようさいほっけい
⇒春陽斎北敬(しゅんようさいほくけい)

俊頼*　しゅんらい
生没年不詳　平安時代後期の仏師。
¶古人, 美建

春鸞　しゅんらん★
江戸時代末期の女性。画。画家鯤斎の妻。安政7年刊『安政文雅人名録』に載る。
¶江表(春鸞(東京都))

春里(1)　しゅんり★
江戸時代中期の女性。俳諧。古賀氏。宝暦9年刊、岡田米仲編『靱随筆』に載る。
¶江表(春里(東京都))

春里(2)　しゅんり★
江戸時代中期の女性。俳諧。宝暦2年刊、各務支考門の渡辺雲裡坊編『芭蕉名録集』に載る。
¶江表(春里(群馬県))

春里(3)　しゅんり★
江戸時代後期の女性。俳諧。越前福井の人。天明8年刊、白鶴楼紅楓編『そのかげ集』に載る。
¶江表(春里(福井県))

春流　しゅんりゅう
⇒清水春流(しみずしゅんりゅう)

春林*　しゅんりん
生没年不詳　江戸時代前期の俳人。
¶俳文

春齢　しゅんれい★
江戸時代後期の女性。俳諧。安芸広島の医師三宅通玄の妻。天保12年刊、小野基圀編『海内偉帖人名録』に名が載る。
¶江表(春齢(広島県))

春若*　しゅんわか
生没年不詳　[別]春若(はるわか)　室町時代の能面作者。六作の一人。
¶コン(はるわか), 美工

如一　じょいち
⇒即非如一(そくひにょいち)

鈔　しょう
江戸時代中期～後期の女性。和歌。播磨龍野藩主脇坂安親の娘。
¶江表(鈔(大阪府)　[生]宝暦13(1763)年　[没]文政7(1824)年)

鱶　しょう
江戸時代後期の女性。和歌。紀伊新宮の儒者宇井愷の娘。東道喜の妻。
¶江表(鱶(三重県)　[没]天保2(1831)年)

此葉*　しよう
生没年不詳　江戸時代後期の女性。俳人。
¶江表(此葉(和歌山県))

子葉*　しよう
*～元禄16(1703)年2月4日　江戸時代前期～中期の俳人(蕉門)。
¶俳文([生]寛文12(1672)年)

紫葉　しよう★
江戸時代中期の女性。俳諧。尾張の人。正徳5年序、吉井雲鈴編『笈の若葉』に載る。
¶江表(紫葉(愛知県))

正阿*　しょうあ
？～天保9(1838)年　江戸時代後期の俳人。
¶俳文([生]安永8(1779)年)

浄阿　じょうあ
⇒真観(しんかん)

成阿*　じょうあ
生没年不詳　南北朝時代～室町時代の連歌師。
¶俳文

浄阿〔2代〕*　じょうあ
　嘉元2(1304)年〜正平15/延文5(1360)年　鎌倉時代後期〜南北朝時代の僧、連歌師。
　¶俳文(代数なし⊕延文5(1360)年8月25日)

盛阿弥*（──〔1代〕）　じょうあみ
　生没年不詳　㊙盛阿弥，盛阿弥〔1代〕(せいあみ)　安土桃山時代〜江戸時代前期の塗師。
　¶美工（──〔1代〕）

正阿弥勝義　しょうあみかつよし
　江戸時代後期〜明治時代の彫金家。
　¶美工(㊄天保3(1832)年3月28日　㊧明治41(1908)年12月19日)

浄阿弥陀仏真観　じょうあみだぶつしんかん
　⇒真観(しんかん)

成安*　じょうあん
　*〜寛文4(1664)年　㊙成安(せいあん)　安土桃山時代〜江戸時代前期の俳人。
　¶俳文(㊄天正10(1582)年頃　㊧寛文4(1664)年閏5月26日)

静安*　じょうあん
　延暦9(790)年〜承和11(844)年　平安時代前期の法相宗の僧。仏名会を広めた。
　¶古人，古代(㊄?)，コン(生没年不詳)

聖安女王*　しょうあんじょおう
　寛文8(1668)年〜正徳2(1712)年　㊙聖安女王(しょうあんにょおう)，清安(せいあん)　江戸時代中期の女性。後西天皇の第9皇女。
　¶江表(聖安(京都府))，天皇(清安　せいあん　㊄寛文8(1668)年6月22日　㊧正徳2(1712)年12月3日)

ジョヴァンニ
　⇒後藤寿庵(ごとうじゅあん)

聖安女王　しょうあんにょおう
　⇒聖安女王(しょうあんじょおう)

松安の妻　しょうあんのつま*
　江戸時代前期の女性。俳諧。和泉堺の人。貞享1年刊，井原西鶴編『古今俳諧女歌仙』に載る。
　¶江表(松安の妻(大阪府))

勝位*　しょうい
　奈良時代の僧。
　¶古人(生没年不詳)，古代

松意*〔1〕　しょうい
　生没年不詳　㊙田代松意(たしろしょうい)　江戸時代前期の俳人。
　¶江人，コン(田代松意　たしろしょうい)，俳文

松意〔2〕　しょうい
　江戸時代前期の俳諧師。延宝ごろ。大阪の人。
　¶俳文(生没年不詳)

松衣　しょうい*
　江戸時代後期の女性。俳諧。享和1年跋，宮本虎杖編『つきよほとけ』に載る。
　¶江表(松衣(長野県))

成意*　しょうい
　？〜延喜17(917)年　平安時代前期の僧。
　¶古人，古代

静意*　じょうい
　延久1(1069)年〜仁平1(1151)年7月22日　平安時代後期の真言宗の僧。
　¶古人，密教(㊧1151年7月20日/7月22日)

城勇雄　じょういさお
　⇒城竹窓(じょうちくそう)

城一*　じょういち
　生没年不詳　鎌倉時代の平家琵琶演奏者。
　¶コン

聖一国師　しょういちこくし
　⇒円爾(えんに)

荘市助*　しょういちすけ
　生没年不詳　安土桃山時代の織田信長の家臣。
　¶織田

聖一国師　しょういつこくし
　⇒円爾(えんに)

承胤　しょういん
　⇒承胤法親王(しょういんほっしんのう)

性因　しょういん*
　江戸時代後期の女性。和歌。寛政3年、愛宕郡大原寂光院で催された平清盛の娘の建礼門院600年忌法要に参加した尼。
　¶江表(性因(京都府))

清胤*　しょういん
　*〜長徳1(995)年5月8日　㊙清胤(せいいん)　平安時代中期の天台宗の僧・歌人。
　¶古人(せいいん)，㊄943年)

紹印　じょういん
　⇒木山紹印(きやましょういん)

乗印　じょういん
　平安時代後期〜鎌倉時代前期の醍醐寺の学僧。
　¶密教(㊄1129年　㊧1213年以後)

乗因*　じょういん
　天和3(1683)年〜元文4(1739)年　江戸時代中期の天台宗延暦寺の僧。
　¶思想(㊄天和2(1682)年)

定胤*　じょういん
　？〜天慶2(939)年　平安時代前期〜中期の石清水八幡宮の僧。
　¶古人

浄印翊聖国師　じょういんいきしょうこくし
　⇒絶海中津(ぜっかいちゅうしん)

承胤親王　しょういんしんのう
　⇒承胤法親王(しょういんほっしんのう)

承胤法親王〔1〕　しょういんほうしんのう
　⇒覚叡法親王(かくえいほうしんのう)

承胤法親王〔2〕　しょういんほうしんのう
　⇒承胤法親王(しょういんほっしんのう)

承胤法親王*　しょういんほっしんのう
　文保1(1317)年〜天授3/永和3(1377)年　㊙承胤(しょういん)，承胤親王(しょういんしんのう)　南北朝時代の後伏見天皇の皇子。
　¶天皇(しょういんほうしんのう　㊄?　㊧永和3(1377)年4月)

松宇　しょうう
　⇒松井松宇(まついしょうう)

松雨　しょうう★
江戸時代後期の女性。俳諧。越前福井の人。寛政8年刊、荒木為卜仙編『卯花筐』上に載る。
¶江表(松雨(福井県))

蕉雨(1)　しょうう
⇒桜井蕉雨(さくらいしょうう)

蕉雨(2)　しょうう
⇒桃源瑞仙(とうげんずいせん)

象雨　しょうう★
江戸時代後期の女性。俳諧。常陸南水原の人。文化2年刊、仙湖釣徒鏡浦庵編『乙丑三節』に載る。
¶江表(象雨(茨城県))

小雲　しょううん★
江戸時代後期の女性。画。漢詩人宮沢雲山の娘。
¶江表(小雲(東京都))

昌雲*　しょううん
生没年不詳　平安時代後期～鎌倉時代前期の天台僧。
¶古人

松雲　しょううん
⇒松雲元慶(しょううんげんけい)

聖雲　しょううん
⇒聖雲法親王(しょううんほっしんのう)

承雲*　じょううん
平安時代前期の僧。
¶古代

静雲*　じょううん
平安時代前期の華厳宗の僧。東大寺16世。
¶古人([生]?　[没]821年?)

正雲院　しょううんいん
江戸時代中期の女性。徳川吉宗の子女。
¶徳将([生]1721年　[没]1722年)

聖雲院　しょううんいん
江戸時代前期の女性。和歌。佐賀藩祖鍋島直茂の娘。同藩士多久長門安順の妻。
¶江表(聖雲院(佐賀県))

松雲元慶*　しょううんげんけい
慶安1(1648)年～宝永7(1710)年7月11日　[別]元慶(がんぎょう, げんけい), 松雲(しょううん)　江戸時代前期～中期の仏師。大坂瑞龍寺の鉄眼道光の弟子。
¶美建

松雲大師　しょううんだいし
⇒惟政(いせい)

松雲尼　しょううんに★
江戸時代後期の女性。和歌。横田氏。天保8年、大石千引とその門人天野政徳社中の歌集『真蹟歌集』に載る。
¶江表(松雲尼(東京都))

聖雲法助親王(聖雲法親王)　しょううんほうしんのう
⇒聖雲法親王(しょううんほっしんのう)

聖雲法親王*　しょううんほっしんのう
文永8(1271)年～正和3(1314)年　[別]聖雲(しょううん), 聖雲法助親王, 聖雲法親王(しょううんほうしんのう)　鎌倉時代後期の亀山天皇の皇子。
¶天皇(聖雲法助親王　しょううんほうしんのう　[生]文永8(1268)年　[没]正和3(1314)年6月)

乗恵*　じょうえ
延喜8(908)年～永観2(984)年　平安時代中期の天台宗延暦寺僧。
¶古人

静恵　じょうえ
⇒静恵法親王(じょうえほっしんのう)

定恵*(1)(定慧)　じょうえ
皇極2(643)年～天智4(665)年　飛鳥時代の僧。藤原鎌足の長男。
¶古人, 古代, コン, 対外

定恵*(2)　じょうえ
生没年不詳　平安時代中期の仏師。
¶古人

定恵(3)　じょうえ
⇒定恵法親王(じょうえほっしんのう)

勝叡　しょうえい
奈良時代の僧、元興寺寺主。
¶古人(生没年不詳)

承誉　しょうえい
⇒承誉(しょうよ)

松影　しょうえい★
江戸時代後期の女性。俳諧。能登一宮の人。文政7年序、雪貢ほか編、千代女五〇回忌追善集『後長月集』に載る。
¶江表(松影(石川県))

紹永*　しょうえい, じょうえい
生没年不詳　室町時代の連歌師。
¶俳文(じょうえい)

松栄院　しょうえいいん
⇒浅姫(あさひめ)

正栄院　しょうえいいん
⇒お牟須の方(おむすのかた)

正栄尼*　しょうえいに
?～元和1(1615)年　安土桃山時代～江戸時代前期の女性。豊臣秀頼の家臣の母。
¶大坂([没]慶長20年5月7日), 女史

紹益　しょうえき
⇒灰屋紹益(はいやじょうえき)

性易　しょうえき
⇒戴曼公(たいまんこう)

性慧法親王*(性恵法親王)　しょうえほうしんのう
鎌倉時代後期の亀山天皇の皇子。
¶天皇(性恵法親王　[生]応永26(1419)年　[没]文明3(1471)年)

聖恵法親王*　しょうえほうしんのう
嘉保1(1094)年～保延3(1137)年2月11日　[別]聖恵法親王(しょうえほっしんのう, しょうけいほうしんのう, しょうけいほっしんのう), 聖恵(しょうけい), 聖恵親王(しょうけいしんのう)　平安時代後期の白河天皇の第5皇子。華蔵院流の祖。
¶古人(しょうえほっしんのう), コン, 天皇

静恵法親王　じょうえほうしんのう
⇒静恵法親王(じょうえほっしんのう)

定恵法親王 じょうえほうしんのう
⇒定恵法親王(じょうえほっしんのう)

静恵法親王 じょうえほっしのう
⇒静恵法親王(じょうえほっしんのう)

聖恵法親王 しょうえほっしんのう
⇒聖恵法親王(しょうえほうしんのう)

静恵法親王* じょうえほっしんのう
長寛2(1164)年～建仁3(1203)年 [別]静恵(じょうえ),静恵法親王(じょうえほうしんのう,じょうえほっしのう) 平安時代後期～鎌倉時代前期の後白河天皇の皇子。
¶古人(じょうえほっしのう),天皇(じょうえほうしんのう [生]永万1(1165)年)

定恵法親王* じょうえほっしんのう
保元1(1156)年～建久7(1196)年 [別]定恵(じょうえ),定恵法親王(じょうえほうしんのう) 平安時代後期～鎌倉時代前期の後白河天皇の皇子。
¶古人,天皇(じょうえほうしんのう [生]保元2(1157)年)

勝円* しょうえん
生没年不詳 平安時代後期の仏師。長円の孫。
¶古人,美建

勝延* しょうえん
天長4(827)年～昌泰4(901)年2月10日 平安時代前期～中期の真言・天台兼宗の僧・歌人。
¶古人

小燕 しょうえん★
江戸時代後期の女性。和歌・書画。京都の書家岡椋堂の妻。嘉永3年刊、長沢伴雄編『類題鴨川次郎集』に載る。
¶江表(小燕(京都府))

尚円* しょうえん
尚思紹10(1415)年～尚円7(1476)年 [別]尚円王(しょうえんおう) 室町時代の琉球王国の第二尚氏王統の始祖。
¶コン([生]応永22(1415)年 [没]文明8(1476)年),対外,室町([生]応永22(1415)年 [没]文明8(1476)年),山小([没]1476年7月29日)

祥延* しょうえん
寛平3(891)年～康保3(966)年 平安時代前期～中期の法相宗の僧。
¶古人

性円 しょうえん
⇒性円法親王(しょうえんほっしんのう)

乗円* じょうえん
生没年不詳 南北朝時代の円派の仏師。
¶美建

浄円* じょうえん
生没年不詳 戦国時代の武田氏の家臣。
¶武田

静円* じょうえん
長和5(1016)年～延久6(1074)年 平安時代中期～後期の僧、歌人。
¶古人

静縁* じょうえん
生没年不詳 平安時代後期～鎌倉時代前期の天台宗の僧・歌人。
¶古人

定円*(1) じょうえん
康平1(1058)年～保安4(1123)年 平安時代後期の興福寺僧。
¶古人

定円*(2) じょうえん
生没年不詳 鎌倉時代前期の仏師。
¶古人,美建

定宴* じょうえん
生没年不詳 [別]真行房定宴(しんぎょうぼうじょうえん) 鎌倉時代の荘官。東寺領を経営。
¶コン(真行房定宴 しんぎょうぼうじょうえん)

浄円院* じょうえんいん
明暦1(1655)年～享保11(1726)年 江戸時代中期の徳川吉宗の生母。
¶江表(浄円院(和歌山県)),徳将([生]?)

尚円王 しょうえんおう
⇒尚円(しょうえん)

性円法親王 しょうえんほうしんのう
⇒性円法親王(しょうえんほっしんのう)

性円法親王* しょうえんほっしんのう
正応5(1292)年～正平2/貞和3(1347)年 [別]性円(しょうえん),性円法親王(しょうえんほうしんのう) 鎌倉時代後期～南北朝時代の真言宗の僧。
¶天皇(しょうえんほうしんのう [生]? [没]貞和3(1347)年3月7日)

小桜 しょうおう★
江戸時代後期の女性。俳諧。周防竈ヶ関の人。文化8年刊『時雨会』に載る。
¶江表(小桜(山口県))

鼎王* じょうおう
?～延元3/暦応1(1338)年6月 鎌倉時代後期～南北朝時代の公卿(非参議)。宇多天皇の皇子雅明親王の曽孫。
¶公卿(鼎王 [没]暦応1/延元3(1338)年6月),公家(鼎王〔王家(絶家)〕 [没]暦応1(1338)年6月)

紹鷗 じょうおう
⇒武野紹鷗(たけのじょうおう)

聖応大師 しょうおうたいし,しょうおうだいし
⇒良忍(りょうにん)

性応入道親王 しょうおうにゅうどうしんのう
⇒性応法親王(しょうおうほうしんのう)

性応法親王* しょうおうほうしんのう
元禄3(1690)年～正徳2(1712)年 [別]性応入道親王(しょうおうにゅうどうしんのう) 江戸時代中期の霊元天皇の第11皇子。
¶天皇([生]元禄3(1690)年11月8日 [没]正徳2(1712)年8月14日/15日)

昌億 しょうおく
⇒里村昌億(さとむらしょうおく)

昌穏 しょうおん
江戸時代前期の連歌師。
¶俳文([生]? [没]慶安3(1650)年)

成恩寺関白 じょうおんじかんぱく
⇒一条経嗣(いちじょうつねつぐ)

槳花 しょうか
⇒森田勘弥〔8代〕(もりたかんや)

松花(1)　しょうか★
江戸時代中期の女性。俳諧。下仁田の人。天明3年刊、曲川館宜長編、田中反哺3回忌追善集『追善すて碇』に載る。
¶江表(松花(群馬県))

松花(2)　しょうか★
江戸時代中期の女性。俳諧。越前福井の人。明和9年刊、美濃派三代以乙斎可推坊撰『雪の筐』上に載る。
¶江表(松花(福井県))

松花(3)　しょうか★
江戸時代中期の女性。俳諧。和泉の人。
¶江表(松花(大阪府)　[生]宝永1(1704)年　[没]安永9(1780)年)

松花(4)　しょうか★
江戸時代後期の女性。漢詩。長氏。弘化4年序、友野霞舟編『熙朝詩薈』に載る。
¶江表(松花(東京都))

蕉花　しょうか★
江戸時代末期の女性。俳諧。小杉の人。安政3年刊、麦仙城烏岬編『俳諧多磨比呂飛』に載る。
¶江表(蕉花(富山県))

勝賀　しょうが
⇒宅磨勝賀(たくましょうが)

定花　じょうか
⇒市川八百蔵〔1代〕(いちかわやおぞう)

浄賀*　じょうが
建治1(1275)年～正平11/延文1(1356)年　[別]康楽寺浄賀(こうらくじじょうが)　鎌倉時代後期の画僧。
¶コン(生没年不詳),美画([没]正平11/延文1(1356)年10月13日)

盛賀*　じょうが
生没年不詳　平安時代後期～鎌倉時代前期の仏師。
¶古人,美建

定賀*　じょうが
生没年不詳　平安時代後期～鎌倉時代前期の仏師。
¶古人,美建

松下庵永久　しょうかあんえいきゅう
⇒岩井半四郎〔5代〕(いわいはんしろう)

勝快*　しょうかい
？～天永3(1112)年　平安時代後期の清水寺別当。
¶古人

勝海　しょうかい
平安時代後期～鎌倉時代前期の僧。勝倶胝院々主。
¶密教([生]1184年　[没]1217年2月4日)

性海*　しょうかい
平安時代前期の僧。
¶古人(生没年不詳),古代

聖戒*　しょうかい
弘長1(1261)年～元亨3(1323)年2月15日　鎌倉時代後期の僧。時宗六条派の祖。
¶コン([没]元亨2(1322)年)

聖海　しょうかい
⇒聖海法親王(しょうかいほっしんのう)

乗海*　じょうかい
永久4(1116)年～治承2(1178)年5月4日　平安時代後期の真言宗の僧。醍醐寺19世。
¶古人,密教([没]1178年5月4日)

定海*　じょうかい
延久6(1074)年1月3日～久安5(1149)年4月12日　平安時代後期の真言宗の僧。右大臣源顕房の子。
¶古人,コン([生]承保2(1075)年),密教([没]1149年4月12日)

浄海王　じょうかいおう
⇒王直(おうちょく)

清海入道　じょうかいにゅうどう
⇒三好政康(みよしまさやす)

承快法親王*　しょうかいほうしんのう
天正19(1591)年～慶長15(1610)年　安土桃山時代～江戸時代前期の後陽成天皇の第2皇子。
¶天皇([生]天正19(1591)年2月14日　[没]慶長14(1609)年8月20日)

聖海法親王　しょうかいほうしんのう
⇒聖海法親王(しょうかいほっしんのう)

聖海法親王*　しょうかいほっしんのう
建永1(1206)年～？　[別]聖海(しょうかい),聖海法親王(しょうかいほうしんのう)　鎌倉時代前期の高倉天皇の皇孫。
¶密教(聖海　しょうかい　[生]1207年　[没]1228年以後)

正墻薫*　しょうがきかおる
文政1(1818)年～明治8(1875)年　[別]正墻適処(しょうがきてきしょ)　江戸時代後期～明治時代の儒学者、鳥取藩儒。
¶詩作(正墻適処　しょうがきてきしょ　[生]文政1(1818)年1月1日　[没]明治8(1875)年3月9日),幕末([没]明治9(1877)年3月9日)

正墻適処　しょうがきてきしょ
⇒正墻薫(しょうがきかおる)

勝覚*(1)　しょうかく
天喜5(1057)年～大治4(1129)年4月1日　平安時代後期の真言宗の僧。左大臣源俊房の子。
¶古人,コン,密教([没]1129年4月1日)

勝覚(2)　しょうかく
平安時代後期の園城寺の僧。
¶古人([生]1065年　[没]1097年)

承覚　しょうかく
⇒承覚法親王(しょうがくほっしんのう)

昇角*　しょうかく
？～宝暦3(1753)年　[別]百川(ひゃくせん)　江戸時代中期の俳人、画家。
¶俳文(百川　ひゃくせん　[生]元禄10(1697)年　[没]宝暦2(1752)年8月25日)

松鶴　しょうかく
⇒笑福亭松鶴〔1代〕(しょうふくていしょかく)

性覚　しょうかく
⇒性覚法親王(しょうかくほっしんのう)

聖覚　しょうかく,しょうがく
⇒聖覚(せいかく)

相覚*　しょうかく
延久2(1070)年～天治1(1124)年　平安時代後期

の天台宗の僧.
¶古人

仍覚 しょうかく，じょうかく
　⇒三条西公条（さんじょうにしきんえだ）

静覚* じょうかく
　万寿1（1024）年～永保3（1083）年　平安時代中期
　～後期の僧.
¶古人

貞覚* じょうかく
　久寿2（1155）年～?　平安時代後期～鎌倉時代前
　期の天台宗延暦寺僧.
¶古人

定覚*(1) じょうかく
　永承1（1046）年～永久5（1117）年　平安時代後期
　の天台宗園城寺僧.
¶古人

定覚(2) じょうかく
　平安時代後期の東寺の僧.
¶古人（生没年不詳）

定覚(3) じょうかく
　平安時代後期の興福寺の僧.
¶古人（生没年不詳）

定覚*(4) じょうかく，じょうがく
　生没年不詳　鎌倉時代前期の仏師.運慶の弟.
¶古人，美建，山小

松岳院(1) しょうがくいん*
　江戸時代中期の女性.和歌.松下次良左衛門秀房
　の母.元禄15年刊，戸田茂睡編『烏之迹』に載る.
¶江表（松岳院（東京都））

松岳院(2) しょうがくいん*
　江戸時代後期の女性.和歌.白河藩主松平定信の
　縁者か.
¶江表（松岳院（福島県））

正覚国師 しょうがくこくし
　⇒夢窓疎石（むそうそせき）

正覚心宗国師 しょうかくしんそうこくし
　⇒夢窓疎石（むそうそせき）

承覚親王 しょうかくしんのう
　⇒承覚法親王（しょうかくほっしんのう）

正覚普通国師 しょうかくふつうこくし
　⇒大林宗套（だいりんそうとう）

成覚房 じょうかくぼう
　⇒幸西（こうさい）

承覚法親王 しょうかくほうしんのう，しょうがくほう
しんのう
　⇒承覚法親王（しょうかくほっしんのう）

性覚法親王 しょうかくほうしんのう，しょうがくほう
しんのう
　⇒性覚法親王（しょうかくほっしんのう）

性覚法親王* しょうかくほっしんのう
　文永4（1267）年～永仁5（1297）年　㊟性覚（しょう
　かく），性覚法親王（しょうかくほうしんのう），
　しょうがくほうしんのう）　鎌倉時代後期の亀山天
　皇の皇子.
¶天皇（しょうがくほうしんのう　生没年不詳）

承覚法親王* しょうがくほっしんのう
　永仁2（1294）年～?　㊟承覚（しょうかく），承覚
　親王（しょうかくしんのう），承覚法親王（しょうか
　くほうしんのう，しょうがくほうしんのう）　鎌倉
　時代後期の後宇多天皇の第4皇子.
¶天皇（しょうがくほうしんのう　生没年不詳）

城景茂* じょうかげもち
　天文15（1546）年～慶長15（1610）年　安土桃山時
　代～江戸時代前期の武士.上杉氏家臣，武田氏家
　臣，徳川氏家臣.
¶武田（㊦大永2（1522）年　㊤天正15（1587）年）

勝賀実信* しょうがさねのぶ
　?～天正16（1588）年　㊟勝賀野実信（しょうがの
　さねのぶ），勝賀野次郎兵衛（しょうがのじろうべ
　え）　安土桃山時代の武士.
¶全戦（勝賀実信　しょうがのさねのぶ　生没年不詳）

松花女 しょうかじょ*
　江戸時代後期の女性.俳諧.二本松の人.天保3年
　刊，太白堂孤月編『桃家春帖』に載る.
¶江表（松花女（福島県））

松花堂 しょうかどう
　⇒松花堂昭乗（しょうかどうしょうじょう）

松花堂昭乗* しょうかどうしょうじょう
　天正12（1584）年～寛永16（1639）年　㊟松花堂
　（しょうかどう），昭乗（しょうじょう）　江戸時代
　前期の学僧，書画家.
¶江人，コン（㊦天正10（1582年/1584）年），美画（㊤寛永
　16（1639）年9月18日）

勝賀野実信 しょうがのさねのぶ
　⇒勝賀実信（しょうがさねのぶ）

勝賀野次郎兵衛 しょうがのじろうべえ
　⇒勝賀実信（しょうがさねのぶ）

勝観* しょうかん
　生没年不詳　平安時代中期の僧侶・歌人.
¶古人

昌寛* しょうかん
　生没年不詳　平安時代後期～鎌倉時代前期の僧.
　京都成勝寺の執行.源頼朝の右筆的存在.
¶古人，内乱，平家

証観* しょうかん
　治暦3（1067）年～*　平安時代後期の天台宗の僧.
¶古人（㊦1065年　㊤1137年），コン（㊦?　㊤保延2
　（1136）年）

静観* じょうかん
　応徳2（1085）年～保元2（1157）年　平安時代後期
　の真言僧.
¶古人

浄巌 じょうがん
　⇒浄厳（じょうごん）

浄観院 じょうかんいん
　⇒喬子女王（たかこじょおう）

浄岸院 じょうかんいん
　⇒竹姫（たけひめ）

聖鑑国師 しょうかんこくし
　⇒無文元選（むもんげんせん）

松看斎　しょうかんさい
安土桃山時代の武田氏の家臣。
¶武田（生没年不詳）

貞観寺僧正　じょうがんじのそうじょう
⇒真雅（しんが）

静観僧正　じょうかんそうじょう
⇒増命（ぞうみょう）

小菅尼　しょうかんに★
江戸時代後期の女性。和歌。尾張名古屋の人。歌人石橋蘿窓門。
¶江表（小菅尼（愛知県））

静観房好阿*　じょうかんぼうこうあ
生没年不詳　[別]摩志田好阿（ましだこうあ），摩志田好話（ましだこうあ，ましだこうわ）　江戸時代中期～後期の談義本作者。狭義の談義本の開祖。
¶コン（摩志田好阿　ましだこうあ），思想（[生]元禄11（1698）年　[没]明和6（1769）年）

笑鬼　しょうき
⇒藤川平九郎（ふじかわへいくろう）

紹喜　しょうき，じょうき
⇒快川紹喜（かいせんじょうき）

清基*　しょうき
生没年不詳　[別]清基（せいき）　平安時代中期の僧侶・歌人。
¶古人（せいき）

勝義*　しょうぎ
康平6（1063）年～長承1（1132）年　平安時代後期の僧。
¶古人

証議　しょうぎ
平安時代後期の源顕国の子。大治4年出家。
¶古人（[生]1118年　[没]？）

正義*　しょうぎ
平安時代前期の僧。
¶古代

定基*(1)　じょうき
天延3（975）年～長元6（1033）年　平安時代中期の園城寺僧。
¶古人

定基(2)　じょうき
平安時代後期の園城寺の僧。法成寺執行長吏。
¶古人（生没年不詳）

章義門院*　しょうぎもんいん
？～建武3/延元1（1336）年　[別]誉子内親王（よしこないしんのう，よしないしんのう）　鎌倉時代後期～南北朝時代の女性。伏見天皇の皇女。
¶天皇（[没]建武3（1336）年10月10日）

昌休　しょうきゅう
⇒里村昌休（さとむらしょうきゅう）

松臼　しょうきゅう
江戸時代前期の俳諧作者。出来氏。
¶俳文（生没年不詳）

章救　しょうきゅう
平安時代後期の僧。
¶平家（生没年不詳）

浄久　じょうきゅう
⇒三田浄久（さんだじょうきゅう）

諸九尼　しょうきゅうに
⇒諸九尼（しょきゅうに）

松皐　しょうきょう
江戸時代中期の女性。俳諧。越前金津の人。天明6年刊、庄山二逐房編、松嶋行脚の『緑こゝろ』に載る。
¶江表（松皐（福井県））

聖慶*　しょうきょう
久寿1（1154）年～安元1（1175）年　[別]聖慶（しょうけい）　平安時代後期の僧。
¶コン

承教　じょうきょう
奈良時代の僧。
¶古人（生没年不詳）

静経*　じょうきょう
？～仁平2（1152）年　平安時代後期の徳大寺の僧。
¶古人

貞慶　じょうきょう
⇒貞慶（じょうけい）

常暁*　じょうぎょう
？～貞観8（866）年11月30日　平安時代前期の真言宗の僧。入唐八家の一人、太元帥法を伝えた。
¶古人，古代，コン，対外

浄業　じょうぎょう
⇒曇照（どんしょう）

貞暁*　じょうぎょう
文治2（1186）年～寛喜3（1231）年2月22日　[別]貞暁（ていぎょう）　鎌倉時代前期の真言宗の僧。
¶古人，古人（ていぎょう）

勝行院　しょうぎょういん★
江戸時代中期～末期の女性。和歌・書簡。浄福寺住職公厳の妹。
¶江表（勝行院（山形県）　[生]明和4（1767）年　[没]安政2（1855）年）

常境院　じょうきょういん
江戸時代後期の徳川家斉の十四男。
¶徳将（[生]1813年　[没]1814年）

承香殿俊子*　しょうきょうでんのとしこ
生没年不詳　[別]俊子（としこ）　平安時代中期の女性。藤原千兼の妻。
¶古人（俊子　としこ）

承香殿女御　じょうぎょうでんのにょうご
⇒斎宮女御（さいぐうのにょうご）

貞鏡尼*　じょうきょうに
文化13（1816）年7月17日～明治6（1873）年3月26日　江戸時代末期～明治時代の尼。角館藩主佐竹義術の娘。歌人としても名高く、800余首を収めた歌集がある。
¶江表（貞鏡院（秋田県））

承均*　しょうきん
生没年不詳　[別]承均（そうく）　平安時代前期の歌僧。
¶古人（そうく）

松琴　しょうきん★
江戸時代の女性。漢詩。加賀の上田氏。明治18年刊、有馬則興・関三一編『七曲吟社詩』二に載る。
¶江表(松琴(石川県))

紹瑾　しょうきん，じょうきん
⇒瑩山紹瑾(けいざんじょうきん)

小吟　しょうぎん★
江戸時代中期の女性。俳諧。越後中条の人。明和5年序、安田以哉坊編「百里鶯」に載る。
¶江表(小吟(新潟県))

松吟尼　しょうぎんに★
江戸時代前期の女性。俳諧。榎本其角門。元禄1年刊、服部嵐雪編『戊辰歳旦帖』に載る。
¶江表(松吟尼(東京都))

尚金福　しょうきんぷく
⇒尚金福(しゅうきんぷく)

尚金福王　しょうきんぷくおう
⇒尚金福(しゅうきんぷく)

聖救*　しょうく
延喜9(909)年～長徳4(998)年　平安時代中期の天台宗の僧。
¶古人

勝虞　しょうぐ
⇒勝虞(しょうご)

聖弘*　しょうぐ
生没年不詳　平安時代後期の興福寺僧。得業。
¶古人

証空*(1)　しょうくう
生没年不詳　平安時代中期の天台宗の僧。
¶古人

証空*(2)　しょうくう
治承1(1177)年～宝治1(1247)年11月26日　[別]鑑智国師(かくちこくし)，鑑知国師(かんちこくし)，善慧房(ぜんえぼう)　鎌倉時代前期の浄土宗の僧(西山派の派祖)。法然の高弟。
¶古人，コン，思想，中世

性空*　しょうくう
*～寛弘4(1007)年3月10日　[別]書写上人(しょしゃしょうにん，しょしゃのしょうにん)　平安時代中期の僧。姫路市の天台宗寺院、書写山円経寺の開基。
¶古人([生]?)，コン([生]延喜10(910)年)

浄薫院　じょうくんいん
江戸時代後期の女性。徳川家斉の二十三女。
¶徳将([生]1815年　[没]1816年)

将軍万福*　しょうぐんまんぷく
生没年不詳　奈良時代の仏師。興福寺西金堂本尊丈六釈迦集会像を造像。
¶美建

昭訓門院*　しょうくんもんいん
文永10(1273)年～建武3/延元1(1336)年　[別]西園寺瑛子(さいおんじえいこ)，藤原瑛子(ふじわらえいし，ふじわらのえいし)　鎌倉時代後期～南北朝時代の女性。亀山天皇の宮人。
¶コン([没]延元1/建武3(1336)年)，女史，天皇(西園寺瑛子　さいおんじえいこ　[没]延元1(1336)年)

昭訓門院近衛　しょうくんもんいんこのえ
南北朝時代の女性。後醍醐天皇の宮人。
¶天皇

尚敬*　しょうけい
尚貞32(1700)年～尚敬39(1751)年　[別]尚敬王(しょうけいおう)　江戸時代中期の琉球王国の第二尚氏王朝13代の王。
¶コン([生]元禄13(1700)年　[没]寛延2(1749)年)，対外

松兄*　しょうけい
*～文化4(1807)年　江戸時代中期～後期の俳人。
¶俳文([生]明和4(1767)年　[没]文化4(1807)年7月25日)

松谿*　しょうけい
生没年不詳　室町時代の水墨画家。
¶美画

祥啓*　しょうけい
生没年不詳　[別]啓書記(けいしょき)，賢江祥啓(けんこうしょうけい)　室町時代～戦国時代の画僧。
¶コン(賢江祥啓　けんこうしょうけい)，美画

性瑩　しょうけい
⇒独湛性瑩(どくたんしょうけい)

聖恵　しょうけい
⇒聖恵法親王(しょうえほうしんのう)

聖慶*(1)　しょうけい
生没年不詳　平安時代後期～鎌倉時代前期の仏師。
¶古人

聖慶(2)　しょうけい
⇒聖慶(しょうきょう)

聖冏*　しょうげい
興国2/暦応4(1341)年～応永27(1420)年9月27日　[別]西蓮社了誉(ゆうれんじゃりょうりょ)，了誉(りょうよ)，了誉聖冏(りょうよしょうきょう，りょうよしょうげい)　南北朝時代～室町時代の浄土宗の僧。浄土宗鎮西派の第7祖。
¶思想([生]暦応4/興国2(1341)年)

常慶*　じょうけい
*～寛永12(1635)年　[別]楽常慶，楽常慶〔楽家2代〕(らくじょうけい)　安土桃山時代～江戸時代前期の楽焼の陶工。楽家の2代。
¶美工(楽常慶　らくじょうけい　[生]?)

浄慶*　じょうけい
生没年不詳　平安時代後期～鎌倉時代前期の仏師。
¶古人，美建

静慶*　じょうけい
久安6(1150)年～寛元1(1243)年3月16日　[別]信恵(しんえ)　鎌倉時代前期の律宗の僧。
¶密教(信恵　しんえ　[没]1243年3月16日)

貞慶*　じょうけい
久寿2(1155)年5月21日～建暦3(1213)年2月3日　[別]笠置上人(かさぎのしょうにん)，解脱(げだつ)，解脱上人(げだつしょうにん)，貞慶(じょうきょう)　平安時代後期～鎌倉時代前期の法相宗の学僧。藤原信西の孫。法然の専修念仏を排撃する旧仏教の代表的存在。戒律の復興に努め「興福寺奏状」では浄土宗を批判し、専修念仏の禁止を朝廷に求めた。
¶古人，コン(じょうきょう　[没]建保1(1213)年)，思想([没]建保1(1213)年)，中世，山小([生]1155年5月21日　[没]1213年2月3日)

し

定慶〔越前法橋〕*　じょうけい
生没年不詳　鎌倉時代後期の仏師。
¶美建（代数なし　[生]寛元4（1246）年　[没]？）

定慶〔大仏師法師〕*　じょうけい
生没年不詳　鎌倉時代の仏師。奈良仏師康慶の一門。
¶古人（代数なし），コン（代数なし），美建（代数なし），山小（代数なし）

定慶〔肥後法眼〕*　じょうけい
元暦1（1184）年～？　鎌倉時代前期の仏師。
¶コン（代数なし），美建（代数なし）

し

定恵院殿*　じょうけいいんでん
永正16（1519）年～天文19（1550）年6月2日　[別]武田信虎娘（たけだのぶとらむすめ）　戦国時代の武田信虎娘。
¶武田（武田信虎娘　たけだのぶとらむすめ）

尚敬王　しょうけいおう
⇒尚敬（しょうけい）

聖恵親王　しょうけいしんのう
⇒聖恵法親王（しょうえほうしんのう）

昭圭尼　しょうけいに★
江戸時代前期～中期の女性。和歌・宗教。蓮池藩初代藩主鍋島直澄の娘。
¶江表（昭圭尼（佐賀県）　[生]承応3（1654）年　[没]元禄15（1702）年）

性桂尼　しょうけいに★
江戸時代前期の女性。俳諧。長崎の貿易商内田橋水の母。大淀三千風の『日本行脚文集』に貞享1年、三千風に餞別の句を送ったことが載る。
¶江表（性桂尼（長崎県））

浄桂尼　じょうけいに★
江戸時代中期の女性。和歌。旗本向井忠勝の娘。元禄16年刊、植山検校江民軒梅之・梅柳軒水之編『歌林尾花末』に載る。
¶江表（浄桂尼（東京都））

聖恵法親王　しょうけいほうしんのう
⇒聖恵法親王（しょうえほうしんのう）

聖恵法親王　しょうけいほっしんのう
⇒聖恵法親王（しょうえほうしんのう）

松月　しょうげつ★
江戸時代末期～明治時代の女性。和歌・漢詩。坂田郡の中沢兵右衛門の娘、ふさ。
¶江表（松月（滋賀県）　[没]明治38（1905）年）

松月院　しょうげついん★
江戸時代後期の女性。工芸。熊本藩の支城八代城代家老八代当主松井徴之の娘。
¶江表（松月院（熊本県）　[生]寛政10（1798）年　[没]天保2（1831）年）

松月女　しょうげつじょ★
江戸時代末期の女性。俳諧。石見浜田の人。嘉永7年刊、金子頼甫編『石海集』初に載る。
¶江表（松月女（島根県））

松月尼(1)　しょうげつに★
江戸時代後期～明治時代の女性。和歌。日野の島崎善平の娘。
¶江表（松月尼（滋賀県）　[生]寛政7（1795）年　[没]明治12（1879）年）

松月尼(2)　しょうげつに★
江戸時代後期の女性。和歌。萩原氏。弘化4年刊、清堂観尊編『たち花の香』に載る。
¶江表（松月尼（京都府））

松月尼(3)　しょうげつに★
江戸時代後期の女性。俳諧。丸亀の人。天保2年序、丸亀の藤井茂椎編『笠着集』に載る。
¶江表（松月尼（香川県））

笑月尼　しょうげつに★
江戸時代末期の女性。和歌。彦根光徳寺の尼僧か。安政4年刊、富樫広蔭編『千百人一首』下に載る。
¶江表（笑月尼（滋賀県））

勝賢*　しょうけん
保延4（1138）年～建久7（1196）年6月22日　平安時代後期～鎌倉時代前期の真言宗の僧。藤原通憲の子。
¶古人（[生]1132年），コン（[生]長承1（1132）年　[没]建久1（1190）年），密教（[没]1196年6月22日）

尚健*　しょうけん
文政1（1818）年～？　江戸時代末期～明治時代の琉球国摂政。
¶コン

昌俔*　しょうけん
元亀3（1572）年～寛文5（1665）年1月5日　安土桃山時代～江戸時代前期の連歌作者。
¶俳文（[生]天正16（1588）年　[没]慶安4（1651）年7月18日）

松堅　しょうけん
⇒宮川松堅（みやかわしょうけん）

松軒　しょうけん
江戸時代中期～後期の俳諧作者。
¶俳文（[生]宝暦12（1762）年　[没]天保15（1844）年9月10日）

性憲*(1)　しょうけん
永治1（1141）年～？　平安時代後期の天台宗の僧・歌人。
¶古人

性憲*(2)　しょうけん
正保3（1646）年～享保4（1719）年11月21日　江戸時代前期～中期の浄土宗の僧。
¶思想

聖賢*　しょうけん
永保3（1083）年～久安3（1147）年1月4日　平安時代後期の真言宗の僧。金剛王院流の祖。
¶古人（生没年不詳），密教（[没]1147年1月4日）

章玄*　しょうげん
保安4（1123）年～承元2（1208）年　平安時代後期～鎌倉時代前期の法相宗興福寺僧。
¶古人

性源　しょうげん
⇒独本性源（どくほんしょうげん）

成賢　じょうけん，じょうげん
⇒成賢（せいけん）

静賢*（静憲）　じょうけん
天治1（1124）年～？　平安時代後期の僧。藤原通憲の子。
¶古人（静憲　生没年不詳），内乱（生没年不詳），平家（静憲）

定兼*(1)　じょうけん
*〜元暦1(1184)年　平安時代後期の真言宗の僧。
¶古人(㊐1106年)

定兼*(2)　じょうけん
生没年不詳　平安時代後期〜鎌倉時代前期の鶴岡八幡宮の供僧。
¶古人(㊐?　㊋1184年)

定賢*　じょうけん
万寿1(1024)年〜康和2(1100)年10月6日　平安時代後期の真言宗の僧。東寺長者33世、醍醐寺13世。
¶古人,密教(㊋1100年10月7日/10月6日)

城玄　じょうげん
⇒八坂検校(やさかけんぎょう)

松現院　しょうげんいん★
江戸時代後期〜明治時代の女性。和歌。越中富山藩主前田利保の娘。
¶江表(松現院(石川県)　㊐天保6(1835)年　㊋明治9(1876)年)

常憲院殿　じょうけんいんどの
⇒徳川綱吉(とくがわつなよし)

昭憲皇太后*　しょうけんこうたいごう
嘉永2(1849)年〜大正3(1914)年4月11日　㊕一条美子(いちじょうはるこ)　江戸時代末期〜明治時代の皇族、明治天皇の皇后。明治1年入内の儀ののち皇后。和歌、書道等に秀でる。
¶江表(昭憲皇太后(東京都)),コン(㊐嘉永3(1850)年),女史,女文(㊐嘉永2(1849)年4月17日(新暦5月9日)),天皇(一条美子　いちじょうはるこ　㊐嘉永3(1850)年4月17日),幕末(㊐嘉永3(1850)年4月17日)

蕉堅道人　しょうけんどうにん
⇒絶海中津(ぜっかいちゅうしん)

承詁　しょうこ
⇒芥隠(かいいん)

松古　しょうこ
江戸時代後期の女性。俳諧。大町の人。天保12年刊、万頃園麦太編『仰魂集』に載る。
¶江表(松古(佐賀県))

梢子(1)　しょうこ★
江戸時代の女性。和歌。摂津伊丹の伊勢村氏。明治16年刊、中村良顕編『猪名野の摘草』に載る。
¶江表(梢子(兵庫県))

梢子(2)　しょうこ★
江戸時代末期の女性。和歌。美濃船橋の願誓寺の妻。安政6年序、村上忠順編『類題和歌玉藻集』に載る。
¶江表(梢子(岐阜県))

祥子　しょうこ★
江戸時代後期の女性。狂歌。天保年間刊、六帖園正雄・甲子楼の遊女瀬川ほか撰『秋葉山奉灯狂歌合』に載る。
¶江表(祥子(東京都))

粧子　しょうこ★
江戸時代の女性。漢詩・書。吉原の松葉楼の遊女。明治12年刊、蒲生重章著『近世佳人伝』初編上で評される。
¶江表(粧子(東京都))

荘子　しょうこ★
江戸時代の女性。和歌。摂津加茂の厳田氏。明治16年刊、中村良顕編『猪名野の摘草』に載る。
¶江表(荘子(兵庫県))

勝虞*(勝悟)　しょうご
天平4(732)年〜弘仁2(811)年　㊕勝虞(しょうぐ)　奈良時代〜平安時代前期の法相宗の僧。
¶古人(しょうぐ),古人(勝悟),古代(勝悟),コン(㊐天平5(733)年)

松後　しょうご
⇒佐々木松後(ささきしょうご)

勝皎*　しょうこう
弘仁3(812)年〜寛平2(890)年5月22日　平安時代前期の華厳宗の僧。東大寺32世。
¶古人

小紅(1)　しょうこう★
江戸時代後期の女性。画。彦根の久米道仲の娘。
¶江表(小紅(滋賀県))

小紅(2)　しょうこう★
江戸時代末期の女性。書。大島氏。安政7年刊『安政文雅人名録』に載る。
¶江表(小紅(東京都))

小香　しょうこう★
江戸時代後期の女性。画。松本氏の娘。
¶江表(小香(香川県))

松興*　しょうこう
生没年不詳　平安時代中期の真言宗の僧。
¶古人

松江*　しょうこう
?〜元禄9(1696)年　江戸時代前期の俳人(蕉門)。
¶俳文(㊐元和5(1619)年　㊋元禄10(1697)年7月5日)

松香　しょうこう
⇒津打門三郎〔1代〕(つうちもんざぶろう)

照香　しょうこう★
江戸時代末期の女性。漢詩。山崎氏。嘉永7年刊、大沼枕山序、照香編『仙桂一枝』がある。
¶江表(照香(東京都))

正広*　しょうこう
応永19(1412)年〜明応4(1495)年　室町時代〜戦国時代の歌人。
¶詩作(㊋?)

聖光　しょうこう
⇒弁長(べんちょう)

勝豪*　しょうごう
康平2(1059)年〜久安3(1147)年　平安時代後期の天台僧。
¶古人

定興*　じょうこう
?〜延暦24(805)年12月　平安時代前期の華厳宗の僧。東大寺12世。
¶古人

浄業　じょうごう
⇒曇照(どんしょう)

定豪*　じょうごう
仁平2(1152)年〜暦仁1(1238)年　鎌倉時代前期の真言僧。東寺長者。

¶古人

勝光院*　しょうこういん
文化7（1810）年～明治13（1880）年　江戸時代末期～明治時代の徳川家慶上臈。和宮降嫁を推進する。
¶幕末（[生]文化7（1810）年2月12日　[没]明治13（1880）年8月9日）

常高院*　じょうこういん
？～寛永10（1633）年　[別]お初（おはつ），京極高次室（きょうごくたかつぐしつ），初（はつ）　安土桃山時代～江戸時代前期の女性。浅井長政の2女。京極高次の妻。
¶江表（常高院（福井県）　[生]永禄11（1568）年），コン，女史（お初　おはつ　[生]1570年），全戦（初　はつ）

し

浄光院*（1）（常光院）　じょうこういん
天正12（1584）年～寛永12（1635）年9月17日　[別]お静の方（おしずのかた）　江戸時代前期の女性。徳川秀忠の側室。
¶江表（志津（長野県）），コン（常光院），徳将（[生]？）

浄光院*（2）　じょうこういん
万治1（1658）年～宝永6（1709）年　[別]小石君（こいしのきみ）　江戸時代前期～中期の女性。徳川綱吉の正室。
¶江表（浄光院（東京都）　[生]慶安4（1651）年），徳将（[生]1651年）

浄光院殿*　じょうこういんでん
？～天正9（1581）年6月15日　戦国時代～安土桃山時代の女性。足利義氏室。
¶女史

常光国師　じょうこうこくし
⇒空谷明応（くうこくみょうおう）

松好斎半兵衛*　しょうこうさいはんべえ
生没年不詳　江戸時代末期の浮世絵師。
¶浮絵，歌大

常光寺の妻　じょうこうじのつま★
江戸時代中期の女性。和歌。小川有香の孫。明和1年成立、冷泉為久・為村著「下わらび」に載る。
¶江表（常光寺の妻（東京都））

上甲振洋*　じょうこうしんよう
文化14（1817）年～明治11（1878）年9月9日　江戸時代後期～明治時代の儒者。
¶幕末（[生]文化14（1818）年12月9日）

称光天皇*　しょうこうてんのう
応永8（1401）年～正長1（1428）年　室町時代の第101代の天皇（在位1412～1428）。後小松天皇の第1皇子。
¶コン，天皇（[生]応永8（1401）年3月29日　[没]正長1（1428）年7月20日），中世，山小（[生]1401年3月29日　[没]1428年7月20日）

聖光房　しょうこうぼう
⇒弁長（べんちょう）

浄光法師　じょうこうほうし
⇒中山文七〔1代〕（なかやまぶんしち）

上甲芳亭*　じょうこうほうてい
文化11（1814）年～明治7（1874）年　江戸時代末期～明治時代の伊予宇和島藩士。
¶幕末（[没]明治7（1874）年7月20日）

聖光房弁長　しょうこうぼうべんちょう
⇒弁長（べんちょう）

浄国院頼快　じょうこくいんらいかい
江戸時代前期の鎌倉鶴岡の浄国院の僧。宰相法印頼任の直弟。
¶武田（[生]寛永1（1624）年　[没]寛永17年6月23日）

浄国院頼任　じょうこくいんらいにん
江戸時代前期～中期の鎌倉浄国院の住持。
¶武田（[生]慶長9（1604）年　[没]元禄2（1689）年11月10日）

勝厳*　しょうごん
生没年不詳　平安時代後期の仏師。
¶古人，美建

浄厳*（浄厳）　じょうごん
寛永16（1639）年～元禄15（1702）年6月27日　[別]覚彦（かくげん），浄嚴（じょうがん）　江戸時代前期～中期の真言宗の僧。
¶江人，コン（浄嚴　じょうがん）

静厳　じょうごん
平安時代後期の興福寺の僧。
¶古人（生没年不詳）

生西*　しょうさい
生没年不詳　平安時代後期の真言宗の僧。通憲の子。
¶密教（[生]1158年以前　[没]1172年以後）

常済*　じょうさい
[別]常済（じょうぜい）　平安時代前期の僧。
¶古代（じょうぜい）

昇斎一景*　しょうさいいっけい
生没年不詳　江戸時代末期～明治時代の画家。
¶幕末，美画

松斎吟光*　しょうさいぎんこう
生没年不詳　江戸時代後期～明治時代の浮世絵師。
¶美画

常済大師　じょうさいだいし
⇒瑩山紹瑾（けいざんじょうきん）

生西法師*　しょうざいほうし
生没年不詳　[別]生西法師（しょうざいほっし），生西（しょうせい）　鎌倉時代後期の悪党。号は性誓。
¶コン（しょうざいほっし）

生西法師　しょうざいほっし
⇒生西法師（しょうざいほうし）

上西門院*　じょうさいもんいん，しょうさいもんいん
大治1（1126）年～文治5（1189）年　[別]詢子内親王（あなしないしんのう），恂子内親王（じゅんしないしんのう），統子内親王（とうしないしんのう，むねこないしんのう）　平安時代後期の女性。鳥羽天皇の皇女。
¶古人（統子内親王　むねこないしんのう），コン，女史，天皇（[生]大治1（1126）年7月23日　[没]文治5（1189）年7月20日），天皇（詢子内親王　あなしないしんのう），内乱，平家（しょうさいもんいん）

上西門院兵衛*　じょうさいもんいんのひょうえ
生没年不詳　[別]上西門院兵衛（じょうさいもんいんひょうえ）　平安時代後期～鎌倉時代前期の女性。歌人。
¶古人（兵衛　ひょうえ），女史

上西門院兵衛　じょうさいもんいんひょうえ
⇒上西門院兵衛（じょうさいもんいんのひょうえ）

正左衛門　しょうざえもん
　安土桃山時代の信濃国安曇郡の土豪。仁科氏の被官とみられる。
　¶武田（生没年不詳）

昌察　しょうさつ
　江戸時代前期〜中期の連歌師。西山氏。
　¶俳文（㊙寛文10（1670）年　㊤享保15（1730）年5月6日）

承察度*　しょうさっと
　？〜応永11（1404）年　㊙承察度（うふさと）　南北朝時代の古琉球の南山王。
　¶コン（うふさと）

勝算　しょうさん
　天慶2（939）年〜寛弘8（1011）年　平安時代中期の天台宗の僧。
　¶古人, コン

正三　しょうさん
　⇒鈴木正三（すずきしょうさん）

正算*　しょうさん
　延喜19（919）年〜正暦1（990）年　平安時代中期の天台宗延暦寺僧。
　¶古人

聖珊　しょうさん
　⇒聖珊女王（しょうさんじょおう）

嘯山　しょうさん
　⇒三宅嘯山（みやけしょうざん）

盛算*(1)　じょうさん
　*〜長和4（1015）年　㊙盛算（せいさん）　平安時代中期の真言僧。東寺二長者。
　¶古人（㊙931年）

盛算(2)　じょうさん
　平安時代中期の東大寺の僧。
　¶対外（㊙961年　㊤？）

常山　じょうさん
　⇒湯浅常山（ゆあさじょうざん）

照山元瑤　しょうざんげんよう
　⇒光子内親王（みつこないしんのう）

照山元瑤尼　しょうざんげんように
　⇒光子内親王（みつこないしんのう）

笑山宗闇　しょうざんしゅうぎん
　安土桃山時代の曹洞宗の僧。
　¶武田（㊙？　㊤永禄12（1569）年）

松山女　しょうさんじょ*
　江戸時代後期の女性。俳諧。箱館の人。文化8年刊、松窓乙二編『斧の柄』に載る。
　¶江表（松山女（北海道））

聖珊女王*　しょうさんじょおう
　享保6（1721）年〜宝暦9（1759）年　㊙聖珊（しょうさん）、聖珊内親王（しょうさんないしんのう）、聖珊女王（しょうさんにょおう）　江戸時代中期の女性。中御門天皇の御1皇女。
　¶天皇（聖珊　しょうさん　㊤享保6（1721）年9月18日

匠山長哲　しょうざんちょうてつ
　戦国時代〜安土桃山時代の甲斐広厳院の7世住職。
　¶武田（㊙永正14（1517）年　㊤天正10（1582）年）

聖珊内親王　しょうさんないしんのう
　⇒聖珊女王（しょうさんじょおう）

松山尼　しょうざんに*
　江戸時代中期の女性。俳諧。加賀の人。元禄5年序、神戸友琴編『鶴来酒』に載る。
　¶江表（松山尼（石川県））

聖珊女王　しょうさんにょおう
　⇒聖珊女王（しょうさんじょおう）

証山の母　しょうざんのはは*
　江戸時代中期の女性。和歌。西久保の光明寺住持証道の妻。宝暦13年成立「御点取並御当座和歌之写」に載る。
　¶江表（証山の母（東京都））

昌治　しょうじ*
　江戸時代末期の女性。狂歌。日光の人。安政2年刊、清流亭西江編『狂歌茶器財集』に載る。
　¶江表（昌治（栃木県））

松二　しょうじ*
　江戸時代後期の女性。和歌。石見美濃郡疋見の美濃地表左衛門の妻。文政6年成立、中村安由編「柿葉集」に載る。
　¶江表（松二（島根県））

紹之*　じょうし
　生没年不詳　安土桃山時代〜江戸時代前期の連歌作者。
　¶俳文

勝事園蝶子　しょうじえんちょうし*
　江戸時代後期の女性。狂歌。天保7年刊、緑樹園元有序『十符の菅薦』に載る。
　¶江表（勝事園蝶子（東京都））

庄司唫風　しょうじぎんぷう
　⇒唫風（ぎんぷう）

正司考祺*（正司考棋）　しょうじこうき、しょうじこうぎ
　寛政5（1793）年〜安政4（1857）年12月6日　㊙正司碩渓（しょうじせきけい）、正司考祺（しょうじのりよし）　江戸時代末期の経済家。「経済問答秘録」の著者。
　¶コン, 思想（しょうじのりよし）, 幕末（正司考棋）

尚思紹*　しょうししょう
　？〜尚思紹16（1421）年　㊙尚思紹王（しょうししょうおう）　室町時代の琉球王国の第一尚氏王統初代の王。
　¶コン（㊤応永28（1421）年）, 山小

尚思紹王　しょうししょうおう
　⇒尚思紹（しょうししょう）

昭子女王*　しょうしじょおう
　？〜正暦5（994）年　㊙昭子女王（あきこじょおう、しょうしにょおう）　平安時代中期の女性。醍醐天皇長子有明親王の第2王女。
　¶古人（あきこじょおう）

荘子女王　しょうしじょおう
　⇒荘子女王（そうしじょおう）

正司碩渓　しょうじせきけい
　⇒正司考祺（しょうじこうき）

彰子中宮　しょうしちゅうぐう
　⇒上東門院（じょうとうもんいん）

し

昌叱　しょうしつ
⇒里村昌叱（さとむらしょうしつ）

章実*　しょうじつ
生没年不詳　平安時代後期の天台宗の僧。
¶古人

相実　しょうじつ
⇒相実（そうじつ）

乗実*　じょうじつ
生没年不詳　平安時代後期の僧。
¶古人

正実坊*　しょうじつぼう
世襲名　室町時代の土倉業者。
¶コン

庄子伝三郎　しょうじでんざぶろう
江戸時代後期～末期の秋田藩に使節として派遣された仙台藩士内崎順治の従者。陸前国宮城郡下愛子栗生（仙台市）農業沢口伝左衛門の次男。
¶幕末（㊄天保14（1843）年　㊀慶応4（1868）年7月4日）

暲子内親王　しょうしないしんのう
⇒八条院（はちじょういん）

勝子内親王*（1）　しょうしないしんのう
？～貞観13（871）年7月28日　㊍勝子内親王（まさるこないしんのう）　平安時代前期の女性。文徳天皇の皇女。
¶古人（まさるこないしんのう）

勝子内親王（2）　しょうしないしんのう
⇒勝子内親王（かつこないしんのう）

奨子内親王　しょうしないしんのう
⇒達智門院（たっちもんいん）

承子内親王*　しょうしないしんのう
天暦2（948）年～天暦5（951）年　㊍承子内親王（つぎこないしんのう）　平安時代中期の女性。村上天皇の皇女。
¶古人（つぎこないしんのう），コン，天皇（しょうしないしんのう・つぎこないしんのう　㊄天暦2（948）年4月11日　㊀天暦5（951）年7月25日）

昇子内親王　しょうしないしんのう
⇒春華門院（しゅんかもんいん）

昌子内親王*　しょうしないしんのう
天暦4（950）年～長保1（999）年12月1日　㊍昌子内親王（まさこないしんのう）　平安時代中期の女性。冷泉天皇の皇后。
¶古人（まさこないしんのう），コン，天皇（まさこないしんのう）

祥子内親王*　しょうしないしんのう
生没年不詳　鎌倉時代後期～南北朝時代の女性。後醍醐天皇の皇女。
¶女史（㊄1322年？　㊀？），天皇（しょうしないしんのう・さちこないしんのう）

章子内親王　しょうしないしんのう
⇒二条院（にじょういん）

正子内親王（1）　しょうしないしんのう
⇒正子内親王（まさこないしんのう）

正子内親王（2）　しょうしないしんのう
⇒正子内親王（まさこないしんのう）

韶子内親王*　しょうしないしんのう
延喜18（918）年～天元3（980）年　㊍韶子内親王（あきこないしんのう）　平安時代中期の女性。醍醐天皇の皇女。
¶古人（あきこないしんのう），天皇（しょうしないしんのう・あきこないしんのう　㊀天元3（980）年1月18日）

頌子内親王*　しょうしないしんのう
天養2（1145）年～承元2（1208）年　㊍頌子内親王（のぶこないしんのう）　平安時代後期～鎌倉時代前期の女性。鳥羽天皇の第7皇女。
¶古人（のぶこないしんのう），女史，天皇（しょうしないしんのう・のぶこ　㊄久安1（1145）年3月13日　㊀承元2（1208）年9月）

禔子内親王　じょうしないしんのう
⇒永安門院（えいあんもんいん）

昭子女王　しょうしにょおう
⇒昭子女王（しょうしじょおう）

正司考祺　しょうじのりよし
⇒正司考祺（しょうじこうき）

庄司久成　しょうじひさなり
江戸時代中期～後期の和算家、庄内藩士。
¶数学

庄司兵蔵*　しょうじへいぞう
天保2（1831）年～明治25（1892）年　江戸時代末期～明治時代の豪農。藩命で男鹿北浦を警備、士籍に列す。
¶幕末（㊄天保2（1831）年10月　㊀明治25（1892）年4月18日）

丈芝坊白居　じょうしぼうはくきょ
⇒山田白居（やまだはくきょ）

庄司本元　しょうじほんげん
眼科医。
¶眼医（生没年不詳）

城島公茂　じょうじまきみもち
⇒城島公茂（じょうしまきんしげ）

城島公茂*　じょうしまきんしげ，じょうじまきんしげ
文政4（1821）年～慶応1（1865）年　㊍城島公茂（じょうじまきみもち）　江戸時代末期の武士。彦山座主家臣。
¶幕末（㊀慶応1（1865）年8月7日）

小車　しょうしゃ★
江戸時代末期の女性。俳諧。元治1年刊、竹原卜早編のかつら女三回忌追善集『かつらかけ』に載る。
¶江表（小車（東京都））

巴雀　しょうじゃく
⇒武藤巴雀（むとうはじゃく）

常寂*　じょうじゃく
正暦1（990）年～延久6（1074）年4月13日　平安時代中期の真言宗の僧。
¶密教（㊀1074年4月13日）

聖守*　しょうしゅ
＊～正応4（1291）年11月27日　㊍寛通（かんどう），中道（ちゅうどう）　鎌倉時代の学僧。東大寺真言宗中興の祖。
¶コン（㊄承久1（1219）年）

清寿*　しょうじゅ
天徳3（959）年～長和5（1016）年　㊍清寿（せい

じゅ） 平安時代中期の真言宗の僧。東大寺58世。
¶古人（せいじゅ）

松寿庵永年 しょうじゅあんえいねん
⇒烏亭焉馬〔2代〕（うていえんば）

松寿院(1) しょうじゅいん★
安土桃山時代～江戸時代前期の女性。和歌・寺院建立。伊藤義益の娘。伊東祐兵の後室。
¶江表（松寿院（宮崎県） [生]永禄8（1565）年 [没]寛永14（1637）年）

松寿院(2) しょうじゅいん★
江戸時代中期の女性。書簡・写経。上野前橋藩主酒井忠挙の娘。京極高豊の継室。
¶江表（松寿院（香川県） [没]享保8（1723）年）

松寿院(3) しょうじゅいん★
江戸時代中期の女性。和歌。薩摩藩藩士で一所持格の町田家の流れを汲む久孚の娘。
¶江表（松寿院（鹿児島県） [生]明和7（1770）年）

松寿院*(4) しょうじゅいん
寛政9（1797）年～慶応1（1865）年 江戸時代末期の女性。種子島久遠の妻。
¶江表（松寿院（鹿児島県））, 女史

成寿院 しょうじゅいん★
江戸時代後期の女性。和歌。摂津高槻藩主永井直与の娘。白河藩主阿部正瞭に嫁ぐ。
¶江表（成寿院（福島県））

正寿院(1) しょうじゅいん★
江戸時代中期の女性。和歌。上野高崎藩主安藤重長の娘。秋田盛季の室。
¶江表（正寿院（福島県））

正寿院(2) しょうじゅいん★
江戸時代中期の女性。和歌。旗本岡部弥三郎嘉忠の母。元禄2年奥書、跡部良隆編・源信之補編「近代和歌一人一首」に載る。
¶江表（正寿院（東京都））

浄珠院 じょうしゅいん★
江戸時代中期の女性。書簡。江戸の上坂喜信の娘。前田吉徳の側室。
¶江表（浄珠院（石川県） [生]元禄6（1693）年 [没]天明1（1781）年）

昌周 しょうしゅう
⇒阪昌周（ばんしょうしゅう）

昌住* しょうじゅう
生没年不詳 平安時代前期～中期の僧。
¶古人

松什* しょうじゅう
寛政10（1798）年～嘉永6（1853）年4月18日 江戸時代後期の俳人。
¶俳文

定秀* じょうしゅう
生没年不詳 [別]定秀（さだひで） 平安時代後期～鎌倉時代前期の刀工。
¶コン（さだひで）, 美工

聖秀皇女 しょうしゅうこうじょ
⇒聖秀女王（しょうしゅうじょおう）

正宗国師 しょうじゅうこくし
⇒白隠慧鶴（はくいんえかく）

聖秀女王* しょうしゅうじょおう
天文21（1552）年～元和9（1623）年 [別]聖秀皇女（しょうしゅうこうじょ），聖秀女王（しょうしゅうにょおう） 戦国時代～江戸時代前期の女性。後奈良天皇の第7皇女。
¶天皇（聖秀皇女 しょうしゅうこうじょ [生]天文21（1552）年8月8日 [没]元和9（1623）年9月25日）

聖秀女王 しょうしゅうにょおう
⇒聖秀女王（しょうしゅうじょおう）

承秋門院* しょうしゅうもんいん
延宝9（1681）年～享保5（1720）年 [別]幸子女王（ゆきこじょおう，ゆきこにょおう） 江戸時代中期の女性。東山天皇の皇后。
¶江表（承秋門院（京都府） [生]延宝8（1680）年）, 天皇（幸子女王 ゆきこじょおう [生]延宝8（1680）年9月 [没]享保5（1720）年2月10日）

松寿翁* しょうじゅおう
文政1（1818）年～明治39（1906）年 江戸時代末期～明治時代の狂歌師。
¶幕末（[没]明治39（1906）年10月4日）

小淑 しょうしゅく★
江戸時代中期の女性。漢詩。加賀金沢の日野氏。安永8年跋、岡崎廬門編『麗沢詩集』に載る。
¶江表（小淑（石川県））

松寿尼 しょうじゅに★
江戸時代中期の女性。和歌。岡崎に住んだ。宝永6年奉納、平間長雅編「住吉社奉納千首和歌」に載る。
¶江表（松寿尼（京都府））

松樹尼 しょうじゅに★
江戸時代中期の女性。和歌。旗本高尾嘉文の娘。元禄16年刊、植山検校江民軒梅之・梅柳軒水之編『歌林尾花末』に載る。
¶江表（松樹尼（東京都））

正寿尼 しょうじゅに★
江戸時代後期の女性。和歌。桂氏。天保11年刊、上田堂山編『延齢松詩歌前集』に載る。
¶江表（正寿尼（山口県））

小春* しょうしゅん
？～元文5（1740）年 江戸時代中期の俳人（蕉門）。
¶俳文（[生]寛文7（1667）年 [没]元文5（1740）年2月4日）

承俊* しょうしゅん，じょうしゅん
？～延喜5（905）年12月7日 平安時代前期～中期の僧。
¶古人（じょうしゅん）, 古代

昌俊 しょうしゅん
⇒土佐房昌俊（とさぼうしょうしゅん）

松春* しょうしゅん
？～宝永6（1709）年 江戸時代前期～中期の俳人・書肆。
¶俳文

昌純 しょうじゅん
⇒里村昌純（さとむらしょうじゅん）

性遵* しょうじゅん
？～建徳2/応安4（1371）年8月1日 [別]性遵（せいじゅん） 鎌倉時代後期～南北朝時代の連歌師、武士。
¶俳文（[没]応安4（1371）年8月18日）

勝助* しょうじょ
鎌倉時代前期の後嵯峨天皇の皇子。
¶天皇

将女 しょうじょ★
江戸時代後期の女性。和歌。桂氏。天保11年刊、上田堂山編『延齢松詩歌前集』に載る。
¶江表（将女（山口県））

少汝* しょうじょ
宝暦9（1759）年～文政3（1820）年6月2日　江戸時代中期～後期の俳人。浄土真宗の僧。
¶俳文（[没]文政2（1819）年6月2日）

性助 しょうじょ
⇒性助入道親王（しょうじょにゅうどうしんのう）

錠女 じょうじょ★
江戸時代中期の女性。和歌。「小松御連衆点取」に10首が載る。
¶江表（錠女（愛媛県））

定助*（1） じょうじょ
仁和4（888）年～天徳1（957）年　平安時代中期の真言宗の僧。醍醐寺6世。
¶古人

定助*（2） じょうじょ
生没年不詳　平安時代後期の絵仏師。
¶古人

定助（3） じょうじょ
平安時代後期の東大寺得業。
¶古人（生没年不詳）

城ジョアン* じょうじょあん
？～寛永9（1632）年　江戸時代前期のキリシタン。
¶コン

少将* しょうしょう
生没年不詳　[別]化粧坂少将（けわいざかのしょうしょう）　鎌倉時代前期の女性。鎌倉化粧坂の遊女。
¶女史（化粧坂少将　けわいざかのしょうしょう）

昭乗 しょうじょう
⇒松花堂昭乗（しょうかどうしょうじょう）

性承* しょうじょう
寛永14（1637）年～延宝6（1678）年　[別]性承入道親王（しょうじょうにゅうどうしんのう），性承法親王（しょうじょうほうしんのう，せいしょうほうしんのう），周敦親王（なりあつしんのう）　江戸時代前期の真言宗の僧。仁和寺22世。
¶天皇（性承法親王　せいしょうほうしんのう　[生]寛永14（1637）年1月18日　[没]延宝6（1678）年2月27日）

清成* しょうじょう
寛弘7（1010）年～治暦3（1067）年7月13日　[別]清成（せいじょう）　平安時代中期～後期の社僧・歌人。
¶古人（せいじょう）

常照 じょうしょう
⇒浪化（ろうか）

成清* じょうしょう
大治4（1129）年～正治1（1199）年8月27日　[別]成清（じょうせい）　平安時代後期～鎌倉時代前期の社僧・歌人。
¶古人（じょうせい）

静証* じょうしょう
生没年不詳　平安時代後期の白河天皇の皇子。
¶古人，天皇

定照*（定昭） じょうしょう
延喜6（906）年～天元6（983）年3月21日　平安時代中期の法相宗・真言宗の僧。
¶古人（定昭），コン（[没]永観1（983）年）

定性 じょうしょう
鎌倉時代の仏師。
¶美建（生没年不詳）

少将井尼 しょうしょういのあま
⇒少将井尼（しょうしょうのいのあま）

勝定院 しょうじょういん
⇒足利義持（あしかがよしもち）

勝定院殿 しょうじょういんどの
⇒足利義持（あしかがよしもち）

上条宜順斎 じょうじょうぎじゅんさい
⇒畠山義春（はたけやまよしはる）

惺々暁斎 しょうじょうきょうさい
⇒河鍋暁斎（かわなべきょうさい）

向象賢*（尚象賢） しょうしょうけん，しょうじょうけん
尚寧29（1617）年～清・康熙14（1675）年　[別]羽地朝秀（はぢちょうしゅう，はぢともひで，はねじちょうしゅう，はねちちょうしゅう，はねぢちょうしゅう）　江戸時代前期の琉球国の政治家。向は尚を略したもの。
¶江人，コン（[生]元和3（1617）年　[没]延宝3（1675）年），対外（尚象賢）

上条定憲* じょうじょうさだのり
？～大永1（1521）年　[別]上条定憲（かみじょうさだのり）　戦国時代の武士。
¶全戦（生没年不詳），室町（生没年不詳）

証誠大師 しょうじょうだいし
⇒一遍（いっぺん）

性勝入道親王* しょうしょうにゅうどうしんのう
？～正平9/文和3（1354）年　[別]性勝法親王（しょうしょうほうしんのう）　南北朝時代の後宇多天皇の第5皇子。
¶天皇（性勝法親王　しょうしょうほうしんのう　生没年不詳）

性承入道親王 しょうじょうにゅうどうしんのう
⇒性承（しょうじょう）

少将井尼* しょうしょうのいのあま
生没年不詳　[別]少将井尼（しょうしょういのあま）　平安時代中期の女性。歌人。
¶古人（しょうしょういのあま）

少将更衣* しょうしょうのこうい
生没年不詳　平安時代中期の女房・歌人。円融天皇の更衣。
¶古人

少将内侍*（1） しょうしょうのないし
生没年不詳　平安時代中期の女房・歌人。
¶古人

少将内侍*（2） しょうしょうのないし，しょうしょうのないじ
生没年不詳　[別]平範女（たいらのはんし）　平安時

代後期の女性。高倉天皇の宮人。
¶天皇（平範女　たいらのはんし）

少将内侍＊⑶　しょうしょうのないし，しょうしょうのないじ
生没年不詳　㊄菅原在仲女（すがわらのありなかのむすめ）　鎌倉時代後期～南北朝時代の女性。後醍醐天皇の宮人。
¶天皇（菅原在仲女　すがわらのありなかのむすめ）

上条彦七郎　じょうじょうひこしちろう
戦国時代の武士。
¶武田（㊄？　㊁永正6（1509）年12月24日）

性勝法親王　しょうしょうほうしんのう
⇒性勝入道親王（しょうしょうにゅうどうしんのう）

性承法親王　しょうじょうほうしんのう
⇒性承（しょうじょう）

上条政繁＊　じょうじょうまさしげ
生没年不詳　㊄畠山政繁（はたけやままさしげ）
安土桃山時代の武士。上杉氏家臣。
¶全戦（㊄天文22（1553）年？　㊁寛永20（1643）年），戦武（㊄天文14（1545）年　㊁寛永20（1643）年）

上条又八郎　じょうじょうまたはちろう
安土桃山時代～江戸時代前期の織田信雄・森忠政・浅野長晟の家臣。
¶大坂

笑々楼恒女　しょうしょうろうつねじょ＊
江戸時代の女性。狂歌。年々斎撰『きさらぎの哥』に載る。
¶江表（笑々楼恒女（東京都））

性助親王　しょうじょしんのう
⇒性助入道親王（しょうじょにゅうどうしんのう）

浄助親王　じょうじょしんのう
⇒浄助法親王（じょうじょほっしんのう）

性助入道親王＊　しょうじょにゅうどうしんのう
宝治1（1247）年～弘安5（1282）年12月19日　㊄性助（しょうじょ），性助親王（しょうじょしんのう），性助法親王（しょうじょほうしんのう）　鎌倉時代後期の後嵯峨天皇の第6皇子。
¶天皇（性助法親王　しょうじょほうしんのう）

性助法親王　しょうじょほうしんのう
⇒性助入道親王（しょうじょにゅうどうしんのう）

聖助法親王＊⑴　しょうじょほうしんのう
㊄聖助法親王（せいじょほうしんのう）　南北朝時代の後光厳院の皇子。
¶天皇（せいじょほうしんのう　生没年不詳）

聖助法親王⑵　しょうじょほうしんのう
⇒聖助法親王（じょうじょほうしんのう）

浄助法親王　じょうじょほうしんのう
⇒浄助法親王（じょうじょほっしんのう）

聖助法親王＊　しょうじょほっしんのう
生没年不詳　㊄聖助法親王（しょうじょほうしんのう，せいじょほうしんのう）　南北朝時代の後醍醐天皇の皇子。
¶天皇（せいじょほうしんのう）

浄助法親王＊　じょうじょほっしんのう
建長5（1253）年～弘安3（1280）年　㊄浄助親王（じょうじょしんのう），浄助法親王（じょうじょほ

うしんのう）　鎌倉時代前期の後嵯峨天皇の皇子。
¶天皇（じょうじょほうしんのう）

尚真＊　しょうしん
尚徳5（1465）年～明・嘉靖5（1526）年　㊄尚真王（しょうしんおう）　戦国時代の琉球王国の第二尚氏王統3代の王。
¶コン（㊅寛正6（1465）年　㊁大永6（1526）年），対外，室町（㊅寛正6（1465）年　㊁大永7（1527）年），山小（㊁1526年12月11日）

承真＊　しょうしん
天明7（1787）年～天保12（1841）年　㊄承真法親王（しょうしんほうしんのう）　江戸時代後期の天台宗の僧。天台座主220・222・224・226世。
¶天皇（承真法親王　しょうしんほうしんのう　㊅天明6（1786）年12月29日　㊁天保12（1841）年1月7日）

証真＊　しょうしん
生没年不詳　鎌倉時代前期の天台宗の僧。駿河守平説定の子。
¶古人，思想

性信⑴　しょうしん
寛弘2（1005）年～応徳2（1085）年9月27日　㊄大御室（おおおむろ），性信親王（しょうしんしんのう），性信入道親王（しょうしんにゅうどうしんのう），性信法親王（しょうしんほうしんのう），師明親王（もろあきらしんのう）　平安時代中期～後期の真言宗の僧。三条天皇の第4子。
¶古人，コン（性信法親王　しょうしんほうしんのう），天皇（師明親王　もろあきらしんのう　㊅寛弘2（1005）年6月1日）

性信＊⑵　しょうしん
文治3（1187）年～建治1（1275）年7月17日　鎌倉時代前期の真宗の僧。親鸞の高弟。
¶古人，コン

正信　しょうしん
⇒湛空（たんくう）

正進＊　しょうしん，しょうじん
？～貞観16（874）年　平安時代前期の僧。
¶古人，古代

聖心　しょうしん
生没年不詳　平安時代後期～鎌倉時代前期の高野山の僧。「十念極楽往集」を撰集。
¶古人，密教（㊅1149年以前　㊁1194年閏8月2日以後）

松人　しょうじん＊
江戸時代後期の女性。俳諧。米沢藩の藩医で俳人山口彭寿の妻。
¶江表（松人（山形県））

聖尋　しょうじん
生没年不詳　鎌倉時代後期～南北朝時代の真言宗の僧。東寺長者。
¶コン

常辰　じょうしん
⇒常辰（つねとき）

浄信　じょうしん
？～宝徳3（1451）年　室町時代の連歌師、武士。
¶俳文

浄真＊　じょうしん
？～仁治1（1240）年10月18日　鎌倉時代前期の真

言宗の僧。
¶密教（[生]1190年　[没]1240年閏10月28日）

成信* じょうしん
？〜永久5（1117）年　平安時代後期の宇治平等院及び法成寺の修理別当。
¶古人

成真* じょうしん
生没年不詳　平安時代中期の大仏師。
¶美建

静真*（1）　じょうしん
生没年不詳　平安時代中期の天台宗の僧。
¶古人

静真*（2）　じょうしん
生没年不詳　平安時代後期の仏師。
¶古人, 美建

定深* じょうしん, じょうじん
永承3（1048）年〜天仁1（1108）年　平安時代中期〜後期の真言宗の僧。
¶古人

定真* じょうしん
長元5（1032）年〜天永1（1110）年　平安時代中期〜後期の興福寺僧。
¶古人

成尋* じょうじん, しょうじん
寛弘8（1011）年〜南宋・元豊4（1081）年　[別]善慧大師（ぜんえだいし）　平安時代中期〜後期の入宋僧。藤原貞叙の子。
¶古人, コン（[没]永保1（1081）年）, 思想（[没]永保1（1081）年）, 対外, 山小（[没]1081年10月6日）

貞尋* じょうじん
長暦1（1037）年〜元永1（1118）年　平安時代中期〜後期の天台僧。
¶古人

成尋阿闍梨母*（成尋阿闍梨の母）　じょうじんあじゃりのはは, じょうじんあじやりのはは
永延2（988）年頃〜？　[別]成尋母（じょうじんのはは）　平安時代中期〜後期の女性。歌人、作家。
¶古人（[生]988年）, 女文（生没年不詳）, 日文（[生]長徳3（998）年）

証真院 しょうしんいん★
江戸時代前期の女性。和歌。播磨三木の光善寺住持三木長然の娘。
¶江表（証真院（茨城県）　[没]延宝3（1675）年）

成身院光宣 じょうしんいんこうせん
南北朝時代〜戦国時代の武将。筒井順覚の2男。
¶室町（[生]元中7/明徳1（1390）年　[没]文明1（1470）年）

浄心院殿 じょうしんいんでん
戦国時代の女性。北条氏綱の娘。武蔵国江戸城主太田資高正室。
¶後北（浄心院殿〔北条〕　[没]天文19年9月）

尚真王 しょうしんおう
⇒尚真（しょうしん）

性信親王 しょうしんしんのう
⇒性信（しょうしん）

性信入道親王 しょうしんにゅうどうしんのう
⇒性信（しょうしん）

成尋母 じょうじんのはは
⇒成尋阿闍梨母（じょうじんあじゃりのはは）

承真法親王 しょうしんほうしんのう
⇒承真（しょうしん）

性信法親王 しょうしんほうしんのう
⇒性信（しょうしん）

性信法親王 しょうしんほっしんのう
⇒性信（しょうしん）

松睡 しょうすい★
江戸時代中期の女性。俳諧。京都の人。宝暦1年刊、早川丈石編『俳諧家譜』に載る。
¶江表（松睡（京都府））

祥瑞 しょうずい
⇒祥瑞五郎太夫（しょんずいごろうだゆう）

丈水* じょうすい
享保3（1718）年〜文化5（1808）年4月22日　江戸時代中期〜後期の俳人。
¶俳文

祥瑞五郎太夫 しょうずいごろだゆう
⇒祥瑞五郎太夫（しょんずいごろうだゆう）

松吹の母 しょうすいのはは★
江戸時代中期の女性。俳諧。中村常次郎の母。宝永2年序、百花坊除風編、『冬の花』に載る。
¶江表（松吹の母（香川県））

貞崇 じょうすう
⇒鳥栖寺貞崇（とりすでらていそう）

庄資直 しょうすけなお
戦国時代〜安土桃山時代の武士。式部少輔・左近将監。北条氏康・氏政の家臣。
¶後北（資直〔庄（1）〕　すけなお）

城資永*（城資長）　じょうすけなが
？〜養和1（1181）年　[別]城助永（じょうのすけなが）, 平資永（たいらすけなが, たいらのすけなが）　平安時代後期の武将。父は城九郎資国。
¶古人（平資永　たいらのすけなが）, 中世（城資長）, 内乱（城助永　[没]治承5（1181）年）, 平家（城助永　[没]治承5（1181）年）

城助茂 じょうすけもち
鎌倉時代前期の越後国の武士。城資国の四男。
¶平家（[生]？　[没]建仁1（1201）年）

城助職 じょうすけもと
⇒城長茂（じょうながもち）

荘駿河守* しょうするがのかみ
生没年不詳　安土桃山時代の織田信長の家臣。
¶織田

勝清* しょうせい
天永3（1112）年〜承安1（1171）年　平安時代後期の石清水八幡宮祠官。
¶古人

小青 しょうせい★
江戸時代末期の女性。俳諧。摂津伊丹の人。安政3年序、山口米ほか編『なこり月』に載る。
¶江表（小青（兵庫県））

昌成* しょうせい
？〜天保13（1842）年8月11日　江戸時代後期の連

歌作者。
¶俳文

祥勢＊(詳勢) しょうせい
弘仁2(811)年～寛平7(895)年　平安時代前期の僧。
¶古人,古人(詳勢),古代

生西 しょうせい
⇒生西法師(しょうざいほうし)

聖清＊ しょうせい
延長3(925)年～長和2(1013)年　平安時代中期の社僧。
¶古人

成清 じょうせい
⇒成清(じょうしょう)

定清＊(1) じょうせい
生没年不詳　平安時代中期の僧。
¶古人

定清＊(2) じょうせい
？～長元3(1030)年　平安時代中期の石清水八幡宮第18代別当。
¶古人

定清＊(3) じょうせい
文治1(1185)年～弘安3(1280)年8月26日　鎌倉時代前期の真言宗の僧。定清方の祖。
¶密教([没]1280年8月26日)

定西＊ じょうせい
生没年不詳　平安時代後期の仏師。
¶古人,美建

常済 じょうぜい
⇒常済(じょうさい)

松清院(正清院) しょうせいいん
⇒振姫(ふりひめ)

昌清尼 しょうせいに★
安土桃山時代～江戸時代前期の女性。散文。渡辺氏。
¶江表(昌清尼(香川県)　[生]慶長8(1603)年　[没]延宝7(1679)年)

紹碩(詔碩) しょうせき,じょうせき
⇒峨山詔碩(がさんじょうせき)

丈石 じょうせき
⇒早川丈石(はやかわじょうせき)

松石斎 しょうせきさい
戦国時代～安土桃山時代の北条氏康・氏政の家臣。
¶後北

勝詮＊ しょうせん
天永2(1111)年～正治2(1200)年　平安時代後期～鎌倉時代前期の法相宗の僧。
¶古人

紹仙 しょうせん
⇒曽我紹仙(そがしょうせん)

性潜 しょうせん
⇒竜渓性潜(りゅうけいしょうせん)

勝禅＊ しょうぜん
生没年不詳　平安時代後期の仏師。
¶古人,美建

性全 しょうぜん
⇒梶原性全(かじわらしょうぜん)

聖全＊ しょうぜん
生没年不詳　平安時代中期の仏師僧。
¶古人,美建

静暹＊ じょうせん
生没年不詳　平安時代後期の園城寺の破戒僧。
¶古人

定泉＊ じょうせん
文永10(1273)年～？　鎌倉時代後期の真言律宗の僧。
¶コン

定暹＊(1) じょうせん
生没年不詳　平安時代中期の天台宗園城寺の僧。
¶古人

定暹＊(2) じょうせん
永承2(1047)年～保安3(1122)年　平安時代中期～後期の東大寺僧。
¶古人

常全＊ じょうぜん
弘仁9(818)年～延喜1(901)年　平安時代前期～中期の僧。
¶古人

貞禅＊ じょうぜん
？～嘉保2(1095)年　平安時代後期の興福寺僧。
¶古人

定禅＊ じょうぜん
生没年不詳　平安時代後期の絵仏師。
¶古人

常仙〔1代〕 じょうせん
⇒志村常仙(しむらじょうせん)

常仙〔2代〕 じょうせん
江戸時代中期の俳諧師。1世の子。
¶俳文(――〔2世〕　生没年不詳)

勝仙院 しょうせんいん
戦国時代の京都の聖護院代官の院家の1つ。
¶武田(生没年不詳)

昭宣公 しょうせんこう
⇒藤原基経(ふじわらのもとつね)

勝善寺順西 しょうぜんじじゅんせい
戦国時代～安土桃山時代の勝善寺の僧。
¶武田(生没年不詳)

松扇舎折女 しょうせんしゃせつじょ★
江戸時代後期の女性。狂歌。松葉連。文化7年刊、千首楼堅丸編『千もとの華』に載る。
¶江表(松扇舎折女(東京都))

章善門院＊ しょうぜんもんいん
？～延元3/暦応1(1338)年　鎌倉時代後期～南北朝時代の女性。後深草天皇の皇女。
¶天皇([没]建武5(1338)年3月)

正蔵(1) しょうぞう
⇒林屋正蔵〔1代〕(はやしやしょうぞう)

正蔵(2) しょうぞう
⇒林家正蔵(はやしやしょうぞう)

し

丈草　じょうそう
⇒内藤丈草(ないとうじょうそう)

浄蔵*　じょうぞう
寛平3(891)年～康保1(964)年　平安時代中期の天台宗の僧。三善清行の子。
¶古人,コン

松操院　しょうそういん★
江戸時代後期～末期の女性。和歌。奥沢氏。
¶江表(松操院(秋田県)　[生]文化6(1809)年　[没]慶応3(1867)年)

し

正宗国師　しょうそうこくし
⇒白隠慧鶴(はくいんえかく)

勝尊*　しょうそん
生没年不詳　鎌倉時代前期の真言宗の僧。醍醐寺34世。
¶密教([生]1209年　[没]1253年以後)

聖尊*　しょうそん
嘉元1(1303)年～建徳1/応安3(1370)年9月27日　[別]聖尊親王(しょうそんしんのう),聖尊法親王(しょうそんほうしんのう,せいそんほうしんのう)　鎌倉時代後期～南北朝時代の真言声明醍醐流の声明家。
¶天皇(聖尊法親王　せいそんほうしんのう　[生]乾元1(1302)年　[没]応安3(1370)年9月27日)

浄尊*(1)　じょうそん
生没年不詳　平安時代後期の法華持経者。九州の山中で極楽往生を願って往生したとされる人物。
¶古人

浄尊*(2)　じょうそん
生没年不詳　鎌倉時代の真言宗の僧。
¶密教([生]1211年以前　[没]1255年以後)

成尊　じょうそん
⇒成尊(せいそん)

聖尊親王　しょうそんしんのう
⇒聖尊(しょうそん)

聖尊法親王　しょうそんほうしんのう
⇒聖尊(しょうそん)

小太　しょうた
⇒関三十郎〔1代〕(せきさんじゅうろう)

承兌　しょうだ
⇒西笑承兌(せいしょうじょうたい)

松雫　しょうだ
江戸時代後期の女性。俳諧。四ヶ浦の人。弘化4年刊、山室梅濤編『月塚集』に載る。
¶江表(松雫(福井県))

尚泰*　しょうたい
尚育9(1843)年～明治34(1901)年8月19日　[別]尚泰王(しょうたいおう)　江戸時代末期～明治時代の琉球最後の国王。日本政府によって華族となり、外交事務は外務省に移管された。
¶コン([生]天保14(1843)年),対外,幕末([生]天保14(1843)年7月8日),山小([生]1843年7月8日　[没]1901年8月19日)

承兌　しょうたい,じょうたい
⇒西笑承兌(せいしょうじょうたい)

乗台院　じょうだいいん
⇒万寿姫(まんじゅひめ)

尚泰王　しょうたいおう
⇒尚泰(しょうたい)

尚泰久*　しょうたいきゅう
尚思紹10(1415)年～尚泰久7(1460)年　[別]尚泰久王(しょうたいきゅうおう)　室町時代の琉球王国の第一尚氏王朝6代の王。
¶コン([生]応永17(1410)年　[没]応仁2(1468)年),対外,室町([生]応永22(1415)年　[没]長禄4(1460)年)

尚泰久王　しょうたいきゅうおう
⇒尚泰久(しょうたいきゅう)

庄高家　しょうたかいえ
平安時代後期～鎌倉時代前期の武蔵国児玉党の武士。
¶平家(生没年不詳)

昌琢　しょうたく
⇒里村昌琢(さとむらしょうたく)

紹宅　じょうたく
⇒木山惟久(きやまこれひさ)

正田玄寿　しょうだげんじゅ
江戸時代後期の眼科医。
¶眼医([生]?　[没]文化7(1810)年)

荘田貞子*　しょうださだこ
天明2(1782)年～嘉永5(1852)年10月12日　江戸時代後期の女性。臼杵藩士の妻。賢女として知られた。
¶江表(貞子(大分県))

正田章次郎　しょうだしょうじろう
江戸時代末期～昭和時代の天明鋳物師、銀行家。
¶美工([生]安政2(1855)年　[没]昭和2(1927)年)

荘田胆斎*　しょうだたんさい
*～明治9(1876)年　江戸時代末期～明治時代の会津藩士、書家。南北両学館の華様師範。福島県、文部省に出仕。
¶幕末([生]文化13(1816)年　[没]明治9(1876)年3月30日)

松妥尼　しょうだに★
江戸時代後期の女性。俳諧。日光の人。享和3年以降成立、嘯月庵秋天・月中庵秋英共編『下毛みやけ』に載る。
¶江表(松妥尼(栃木県))

庄田安照*　しょうだやすてる
天正18(1590)年～明暦2(1656)年3月27日　安土桃山時代～江戸時代前期の幕臣。
¶徳人

庄田安利*　しょうだやすとし
承応1(1652)年～宝永5(1708)年　江戸時代中期の幕府大目付。
¶徳人([生]1650年　[没]1705年)

正田利一郎　しょうだりいちろう
江戸時代後期～明治時代の天明鋳物師。
¶美工([生]文化8(1811)年　[没]明治24(1891)年)

勝智*　しょうち
永保2(1082)年～?　平安時代後期の仏師。
¶古人,美建

正智*　しょうち
？～永久5（1117）年　平安時代後期の高野山の僧。
¶古人

定智*　じょうち
生没年不詳　平安時代の画僧。
¶古人，美画

紹智〔1代〕　しょうち
⇒藪内紹智〔藪内流1代〕（やぶのうちじょうち）

城知涯　じょうちがい
江戸時代後期～末期の幕臣。
¶徳人（生没年不詳）

城竹窓*　じょうちくそう
文政11（1828）年～明治33（1900）年　[別]城勇雄（じょういさお）　江戸時代末期～明治時代の高鍋藩大参事。辞任後、東京府のため「水産図説」を編纂。
¶幕末（城勇雄　じょういさお　[生]文政11（1828）年7月5日　[没]明治33（1900）年9月）

勝超*　しょうちょう
治暦1（1065）年～？　平安時代後期の僧侶・歌人。
¶古人

少長（1）　しょうちょう
⇒中村七三郎〔2代〕（なかむらしちさぶろう）

少長（2）　しょうちょう
⇒中村七三郎〔4代〕（なかむらしちさぶろう）

少長（3）　しょうちょう
⇒中村七三郎〔1代〕（なかむらしちさぶろう）

松朝　しょうちょう
⇒尾上多見蔵〔2代〕（おのえたみぞう）

正澄　しょうちょう
⇒清拙正澄（せいせつしょうちょう）

成朝　じょうちょう
⇒成朝（せいちょう）

定澄*　じょうちょう
承平5（935）年～長和4（1015）年　平安時代中期の興福寺僧。
¶古人

定朝*　じょうちょう
？～天喜5（1057）年　平安時代中期の仏師。康尚の子または弟子。
¶古人，コン，美建（[没]天喜5（1057）年8月1日），山小（[没]1057年8月1日）

聖珍　しょうちん
⇒聖珍法親王（しょうちんほっしんのう）

聖珍法親王　しょうちんほうしんのう
⇒聖珍法親王（しょうちんほっしんのう）

聖珍法親王*　しょうちんほっしんのう
？～弘和2/永徳2（1382）年　[別]聖珍（しょうちん，せいちん），聖珍法親王（しょうちんほうしんのう）　南北朝時代の伏見天皇の皇子。
¶天皇（聖珍　せいちん　生没年不詳）

浄通尼　じょうつうに★
江戸時代中期の女性。和歌。元禄16年刊、植山検校江民軒梅之・梅柳軒水之編『歌林尾花末』に載る。
¶江表（浄通尼（東京都））

昌程　しょうてい
⇒里村昌程（さとむらしょうてい）

正貞院　しょうていいん★
江戸時代後期の女性。和歌。肥後熊本藩士堀部弥兵衛の娘。
¶江表（正貞院（広島県）　[没]文政5（1822）年）

常諦院　じょうていいん★
江戸時代後期の女性。和歌・書。筑後久留米藩主有馬頼徳の娘。
¶江表（常諦院（香川県）　[生]文政11（1828）年）

浄諦院　じょうていいん★
江戸時代後期の女性。和歌。鳥取藩主池田治道の娘。
¶江表（浄諦院（佐賀県）　[生]寛政1（1789）年　[没]天保8（1837）年）

松亭金水*　しょうていきんすい
寛政9（1797）年～文久2（1862）年　[別]中村経年（なかむらつねとし）　江戸時代末期の戯作者。
¶幕末（[没]文久2（1863）年12月12日）

松貞尼　しょうていに★
江戸時代中期の女性。書簡・和歌・俳諧。丸亀藩家老岡五左衛門の母。
¶江表（松貞尼（香川県）　[没]元禄16（1703）年）

昇亭北寿*　しょうていほくじゅ
宝暦13（1763）年～*　[別]葛飾北寿（かつしかほくじゅ）　江戸時代中期～後期の浮世絵師。葛飾北斎の門人。
¶浮絵（[没]文政7（1824）年以後），コン（[没]文政7（1824）年），美画（[没]文政7（1824）年）

昌廸　しょうてき
江戸時代中期の連歌師。
¶俳文（[生]宝永1（1704）年　[没]宝暦8（1758）年6月1日）

紹滴　しょうてき，じょうてき
⇒一凍紹滴（いっとうしょうてき）

正徹*　しょうてつ
弘和1/永徳1（1381）年～長禄3（1459）年5月9日　[別]清巌正徹（せいがんしょうてつ）　室町時代の臨済宗の僧、歌人。
¶コン（清巌正徹　せいがんしょうてつ），詩作（[生]永徳1/弘和1（1381）年），中世，日文（[生]永徳1（1381）年）

承天*　しょうてん，じょうてん
奈良時代の僧。
¶古人（じょうてん　生没年不詳），古代

成典　じょうてん
⇒成典（せいてん）

笑伝宗咄　しょうでんそうせつ
安土桃山時代の曹洞宗雲岫派の僧。甲斐都留郡主小山田氏墓所、谷村の長生寺6世住職。
¶武田（生没年不詳）

性瑫　しょうとう
⇒木庵性瑫（もくあんしょうとう）

勝道*　しょうどう
天平7（735）年～弘仁8（817）年　奈良時代～平安時代前期の僧。日光山輪王寺・中禅寺の開山。
¶古人，古代，コン（[生]天平9（737）年）

し

松堂　しょうどう★
江戸時代後期の女性。和歌。本所住の幕臣、大番山本次郎右衛門正良の妻。文政7年頃成立の「玉露童女追悼集」に載る。
¶江表(松堂(東京都))

蕉洞　しょうどう★
江戸時代中期の女性。和歌。常陸水戸藩士佐々木雲八郎正通の妻。伴香竹の享保6年序「青木翁八十賀和訶幷序」に載る。
¶江表(蕉洞(茨城県))

常騰*　じょうとう
天平12(740)年〜弘仁6(815)年　奈良時代〜平安時代前期の学僧。永厳に師事。
¶古人,古代,コン

墻東庵雪塢*　しょうとうあんせつう
享和3(1803)年〜明治9(1876)年　[別]井上吉兵衛(いのうえきちべえ),第六世風羅堂(だいろくせふうらどう)　江戸時代末期〜明治時代の実業家。油滓、木綿問屋と質屋を営む。俳句もする。
¶幕末([没]明治9(1876)年12月)

松東院　しょうとういん★
安土桃山時代〜江戸時代前期の女性。宗教。大村藩藩主大村純忠の娘。
¶江表(松東院(長崎県)　[生]天正2(1574)年　[没]明暦2(1656)年)

上東門院*　じょうとうもんいん
永延2(988)年〜承保1(1074)年　[別]彰子中宮(しょうしちゅうぐう),藤原彰子(ふじわらしょうし,ふじわらのあきこ,ふじわらのしょうし)　平安時代中期の女性。一条天皇の皇后。
¶古人(藤原彰子　ふじわらのあきこ),コン,女史,女文([没]承保1(1074)年10月3日/2日),天皇(藤原彰子　ふじわらのしょうし・あきこ　[没]承保1(1074)年10月3日),山小([没]1074年10月3日)

上東門院中将　じょうとうもんいんちゅうじょう
⇒上東門院中将(じょうとうもんいんのちゅうじょう)

上東門院中将*　じょうとうもんいんのちゅうじょう
生没年不詳　[別]上東門院中将(じょうとうもんいんちゅうじょう)　平安時代中期の女性。歌人。
¶詩作

尚徳*　しょうとく
明・正統6(1441)年〜明・成化5(1469)年　[別]尚徳王(しょうとくおう)　室町時代の琉球の王。
¶室町(尚徳王　しょうとくおう　[生]永享13(1441)年　[没]応仁3(1469)年)

昭徳院　しょうとくいん
⇒徳川家茂(とくがわいえもち)

正徳院(1)　しょうとくいん
安土桃山時代〜江戸時代前期の紀伊高野山、または根来の者。大坂の陣で籠城。
¶大坂

正徳院(2)　しょうとくいん
江戸時代後期の徳川家斉の十八男。
¶徳将([生]1818年　[没]1821年)

正徳院(3)　しょうとくいん★
江戸時代後期〜大正時代の女性。和歌。越中富山藩主前田利保の娘。
¶江表(正徳院(石川県)　[生]弘化4(1847)年　[没]大正7(1918)年)

浄徳院　じょうとくいん
⇒徳川徳松(とくがわとくまつ)

昭徳院殿　しょうとくいんどの
⇒徳川家茂(とくがわいえもち)

常徳院殿　じょうとくいんどの
⇒足利義尚(あしかがよしひさ)

尚徳王　しょうとくおう
⇒尚徳(しょうとく)

聖徳太子*　しょうとくたいし
敏達天皇3(574)年〜推古天皇30(622)年　[別]厩戸皇子(うまやどのおうじ,うまやどのみこ),豊聡耳皇子(とよとみみのおうじ)　飛鳥時代の用明天皇の子。推古天皇の摂政として蘇我馬子と協力して政治にあたる。冠位十二階、十七条憲法、遣隋使などの業績があり、法隆寺を建立したことも有名。
¶古人,古代,古物,コン([生]敏達3(574)年　[没]推古30(622年/621)年),詩作([生]敏達天皇3(574)年1月1日　[没]推古天皇30(622)年2月22日),思想([生]敏達3(574)年　[没]推古30(622)年),対外,天皇([生]敏達天皇3(574)年?/敏達天皇4年?　[没]推古天皇30(622)年2月22日),平家,山小([没]622年2月22日)

称徳天皇　しょうとくてんのう
⇒孝謙天皇(こうけんてんのう)

章徳門院*　しょうとくもんいん
生没年不詳　[別]璜子内親王(おうしないしんのう,こうしないしんのう)　南北朝時代の女性。後伏見天皇の皇女。
¶天皇(章徳門院(璜子)　しょうとくもんいん(こうし))

笑度尼　しょうどに★
江戸時代中期の女性。俳諧。宝暦5年刊、雪炊庵二狂編『葛の別』に載る。
¶江表(笑度尼(東京都))

性激　しょうとん
⇒高泉性激(こうせんしょうとん)

城内次郎左衛門*　じょうないじろうざえもん
生没年不詳　安土桃山時代の織田信長の家臣。
¶織田

庄直能*　しょうなおよし
生没年不詳　戦国時代の北条氏の家臣。
¶後北(直能〔庄(1)〕　なおよし　[没]元和1年8月27日)

城長茂*　じょうながもち
?〜建仁1(1201)年　[別]城助職(じょうすけもと),城長茂(じょうのながもち),平助職(たいらすけもと),平長茂(たいらのながもち)　平安時代後期〜鎌倉時代前期の武将。父は城九郎資国。城資永の弟。
¶古人(平長茂　たいらのながもち),コン,中世

少納言*(1)　しょうなごん
生没年不詳　平安時代前期〜中期の命婦。村上天皇乳母。
¶古人

少納言*(2)　しょうなごん
生没年不詳　平安時代中期の藤原頼忠家の家女房。
¶古人

少納言典侍*　しょうなごんのすけ
生没年不詳　[別]少納言典侍(しょうなごんのてん

じ，しょうなごんのないし）　平安時代後期～鎌倉
時代前期の女性。後鳥羽天皇の宮人。
　¶天皇（しょうなごんのないし）

少納言局*　しょうなごんのつぼね
生没年不詳　㉞秦仲子（はたちゅうし）　江戸時代
中期の女性。霊元天皇の宮人。
　¶天皇（秦仲子　はたちゅうし・なかこ　㊎延宝4
　（1676）年9月28日　㊦寛延4（1751）年6月24日）

少納言典侍　しょうなごんのてんじ
⇒少納言典侍（しょうなごんのすけ）

少納言典侍　しょうなごんのないし
⇒少納言典侍（しょうなごんのすけ）

少納言内侍⑴　しょうなごんのないし
平安時代後期の女性。平信国の娘。
　¶平家（生没年不詳）

少納言内侍*⑵　しょうなごんのないし，しょうなごんのないじ
生没年不詳　㉞四条隆資女（しじょうたかすけのむ
すめ）　鎌倉時代後期～南北朝時代の女性。後醍醐
天皇の宮人。
　¶天皇（四条隆資女　しじょうたかすけのむすめ）

少納言内侍*⑶　しょうなごんのないし，しょうなごんのないじ
生没年不詳　㉞橘知繁女（たちばなのともしげのむ
すめ）　南北朝時代の女性。後光厳天皇の宮人。
　¶天皇（橘知繁女　たちばなのともしげのむすめ）

庄某　しょうなにがし
安土桃山時代の白子郷小代官。相模国三崎城主北
条氏規の家臣。
　¶後北〔某〔庄⑵〕　なにがし〕

少弐　しょうに
室町時代の仏師。
　¶美建（生没年不詳）

少弐景資*　しょうにかげすけ
寛元4（1246）年～弘安8（1285）年　鎌倉時代後期
の武将。資能の子。
　¶コン（㊎？），対外，中世

少弐貞経*　しょうにさだつね
*～建武3/延元1（1336）年　鎌倉時代後期～南北朝
時代の武将。太宰少弐。
　¶コン（㊎文永9（1272）年　㊦元元1/建武3（1336）年），
　中世（1273年），室町（㊎文永9（1272）年），山小
　（㊎1272/1273年　㊦1336年2月29日）

少弐貞頼*　しょうにさだより
文中1/応安5（1372）年～応永11（1404）年　南北朝
時代～室町時代の武将、太宰少弐、頼澄の子。
　¶内乱（㊎応安5（1372）年），室町（㊎応安5/文中1
　（1372）年）

少弐資元*　しょうにすけもと
延徳3（1491）年～天文5（1536）年　戦国時代の武
将、太宰少弐、政資の子、高経の弟。
　¶全戦，戦武

少弐資能*　しょうにすけよし
建久9（1198）年～弘安4（1281）年　㉞武藤資能（む
とうすけよし）　鎌倉時代前期の太宰少弐。武藤資
頼の子。
　¶コン，対外，中世，内乱

少弐資頼　しょうにすけより
⇒武藤資頼（むとうすけより）

象耳泉奘　しょうにせんしょう
⇒泉奘（せんしょう）

少弐高経*　しょうにたかつね
?～明応6（1497）年　室町時代～戦国時代の武将。
　¶戦武

昭日*　しょうにち
仁和2（886）年～天徳4（960）年　平安時代前期～中
期の天台宗延暦寺僧。
　¶古人

少弐経資*　しょうにつねすけ
寛喜1（1229）年～正応5（1292）年　㉞武藤経資（む
とうつねすけ）　鎌倉時代後期の武将。資能の子。
　¶コン（㊎嘉禄2（1226）年　㊦正応2（1289）年），対外，中
　世，内乱

少弐時尚　しょうにときなお
⇒少弐時尚（しょうにときひさ）

少弐時尚*　しょうにときひさ
?～永禄2（1559）年　㉞少弐時尚（しょうにときな
お），少弐冬尚（しょうにふゆひさ）　戦国時代の
武将。
　¶コン，全戦（少弐冬尚　しょうにふゆひさ），戦武（少弐
　冬尚　しょうにふゆひさ　㊎享禄2（1529）年）

少弐命婦*（小弐命婦）　しょうにのみょうぶ
生没年不詳　平安時代中期の女房・歌人。
　¶古人（㊎907年？　㊦？）

少弐教頼　しょうにのりより
室町時代の武士。
　¶内乱（㊎応永32（1425）年　㊦応仁1（1467）年），室町
　（㊎？　㊦応仁2（1468）年）

少弐冬資*　しょうにふゆすけ
*～天授1/永和1（1375）年　南北朝時代の武将、太
宰少弐、頼尚の子。
　¶コン（㊎？），室町（㊎元弘3（1333）年　㊦永和1/天授1
　（1375）年）

少弐冬尚　しょうにふゆひさ
⇒少弐時尚（しょうにときひさ）

少弐政資*　しょうにまさすけ
嘉吉1（1441）年～明応6（1497）年　室町時代～戦
国時代の肥前の武将。
　¶全戦，室町（㊎嘉吉1（1441）年？）

少弐満貞*　しょうにみつさだ
応永1（1394）年～永享5（1433）年　室町時代の
武将。
　¶室町（㊎？）

証如*⑴（勝如）　しょうにょ
天応1（781）年～貞観9（867）年　平安時代前期
の僧。
　¶古人（勝如），古代

証如*⑵　しょうにょ
永正13（1516）年～天文23（1554）年8月13日　㉞光
教（こうきょう），証如光教（しょうにょこうきょ
う），本願寺証如（ほんがんじしょうにょ）　戦国
時代の真宗の僧、本願寺10世。
　¶コン，戦武（本願寺証如　ほんがんじしょうにょ），山小
　（㊎1516年11月20日　㊦1554年8月13日）

性如　しょうにょ
⇒法岸(ほうがん)

証如光教　しょうにょこうきょう
⇒証如(しょうにょ)

少弐頼尚　しょうによりなお
⇒少弐頼尚(しょうによりひさ)

少弐頼尚*　しょうによりひさ
永仁2(1294)年～建徳2/応安4(1371)年　[別]少弐頼尚(しょうによりなお)　鎌倉時代後期～南北朝時代の武将、太宰少弐。
¶コン([生]永仁1(1293)年),内乱([没]応安4(1371)年),室町(しょうによりなお　[没]応安4/建徳2(1372)年),山小([没]1371年12月24日)

承仁　しょうにん
⇒承仁法親王(しょうにんほっしんのう)

性仁　しょうにん
⇒性仁入道親王(しょうにんにゅうどうしんのう)

成忍*　じょうにん
生没年不詳　[別]恵日房(えにちぼう),恵日房成忍(えにちぼうじょうにん)　平安時代後期～鎌倉時代前期の画僧。明恵上人の弟子。
¶古人,美画,山小

静仁　じょうにん
⇒静仁法親王(じょうにんほっしんのう)

定忍　じょうにん
南北朝時代の仏師。
¶美建(生没年不詳)

承仁親王　しょうにんしんのう
⇒承仁法親王(しょうにんほっしんのう)

性仁親王　しょうにんしんのう
⇒性仁入道親王(しょうにんにゅうどうしんのう)

譲仁親王　じょうにんしんのう
⇒譲仁法親王(じょうにんほうしんのう)

静仁親王　じょうにんしんのう
⇒静仁法親王(じょうにんほっしんのう)

性仁入道親王*　しょうにんにゅうどうしんのう
文永4(1267)年～嘉元2(1304)年　[別]性仁(しょうにん),性仁親王(しょうにんしんのう),性仁法親王(しょうにんほうしんのう)　鎌倉時代後期の後深草天皇の皇子。
¶天皇(性仁法親王　しょうにんほうしんのう　[没]嘉元2(1304)年8月10日)

常仁入道親王*　じょうにんにゅうどうしんのう
*～安永1(1772)年　[別]常仁法親王(つねひとほうしんのう)　江戸時代中期の有栖川宮第5代職仁親王の第6王子。
¶天皇(常仁法親王　つねひとほうしんのう　[生]宝暦1(1751)年12月22日　[没]明和9(1771)年4月23日)

譲仁入道親王　じょうにんにゅうどうしんのう
⇒譲仁法親王(じょうにんほうしんのう)

承仁法親王　しょうにんほうしんのう
⇒承仁法親王(しょうにんほっしんのう)

性仁法親王　しょうにんほうしんのう
⇒性仁入道親王(しょうにんにゅうどうしんのう)

譲仁法親王*　じょうにんほうしんのう
文政7(1824)年～天保13(1842)年　[別]譲仁親王(じょうにんしんのう),譲仁入道親王(じょうにんにゅうどうしんのう)　江戸時代後期の伏見宮邦家親王の第3王子。
¶天皇([生]文政7(1824)年1月9日　[没]天保13(1842)年6月29日)

静仁法親王　じょうにんほうしんのう
⇒静仁法親王(じょうにんほっしんのう)

承仁法親王*　しょうにんほっしんのう
嘉応1(1169)年～建久8(1197)年4月27日　[別]承仁(しょうにん),承仁親王(しょうにんしんのう),承仁法親王(しょうにんほうしんのう)　平安時代後期の天台宗の僧(天台座主)。後白河天皇の皇子。
¶古人,コン(しょうにんほうしんのう),天皇(しょうにんほうしんのう　[生]仁安2(1167)年),平家

静仁法親王*　じょうにんほっしんのう
建保4(1216)年～永仁4(1296)年　[別]静仁(じょうにん),静仁親王(じょうにんしんのう),静仁法親王(じょうにんほうしんのう,せいじんほうしんのう,せいにんほうしんのう,せいにんほっしんのう)　鎌倉時代後期の土御門天皇の皇子。
¶天皇(せいじんほうしんのう)

尚寧*　しょうねい
尚元9(1564)年～尚寧32(1620)年　[別]尚寧王(しょうねいおう)　安土桃山時代～江戸時代前期の琉球王国第二尚氏7代の国王。
¶江人,コン([生]永禄7(1564)年　[没]元和6(1620)年),対外,山小([没]1620年9月19日)

尚寧王　しょうねいおう
⇒尚寧(しょうねい)

尚寧王の母　しょうねいおうのはは★
安土桃山時代～江戸時代前期の女性。琉歌。王族北谷王子朝理の娘。
¶江表(尚寧王の母(沖縄県)　[生]永禄5(1562)年　[没]寛永14(1637)年)

尚寧王妃*　しょうねいおうひ
?～寛文3(1663)年8月7日　江戸時代前期の女性。琉球国王妃。
¶江表(蘭叢(沖縄県))

正念　しょうねん
⇒大休正念(だいきゅうしょうねん)

成然*　じょうねん
治承2(1178)年～文永2(1265)年　鎌倉時代前期の僧。
¶古人

称念院入道殿　しょうねんいんにゅうどうどの
⇒鷹司兼平(たかつかさかねひら)

条野採菊　じょうのさいぎく
⇒山々亭有人(さんさんていありんど)

城助永　じょうのすけなが
⇒城資永(じょうすけなが)

少輔内侍*　しょうのないし
生没年不詳　平安時代中期の官女。一条朝。
¶古人

城長茂　じょうのながもち
⇒城長茂(じょうながもち)

城信茂　じょうのぶもち
安土桃山時代～江戸時代前期の幕臣。
¶徳人([生]1578年　[没]1639年)

少輔乳母*　しょうのめのと
生没年不詳　平安時代中期の女性。冷泉院皇子の乳母。
¶古人

召波　しょうは
⇒黒柳召波(くろやなぎしょうは)

笙巴　しょうは
江戸時代中期の女性。俳諧。松代の人。明和8年白雄が出版した春興帖『田ごとのはる』に載る。
¶江表(笙巴(長野県))

紹巴　じょうは
⇒里村紹巴(さとむらじょうは)

尚白　しょうはく
⇒江左尚白(こうさしょうはく)

肖柏*(肖栢)　しょうはく
嘉吉3(1443)年～大永7(1527)年4月4日　[別]牡丹花(ぼたんか), 牡丹花肖柏(ぼたんかしょうはく, ぼたんげしょうはく)　室町時代～戦国時代の連歌師。中院通淳の子。
¶コン(牡丹花肖柏　ぼたんかしょうはく), 思想, 日文, 俳文, 室町(牡丹花肖柏　ぼたんかしょうはく), 山小([没]1527年4月4日)

蕭白　しょうはく
⇒曽我蕭白(そがしょうはく)

尚巴志*　しょうはし
琉球・察度23(1372)年～尚巴志18(1439)年　[別]尚巴志王(しょうはしおう), 尚巴志(しょうはっし)　南北朝時代～室町時代の琉球国王。琉球初の統一王朝を樹立。
¶コン([生]文中1/応安5(1372)年　[没]永享11(1439)年), 対外, 中世, 内乱, 室町([生]文中1/応安5(1372)年　[没]永享11(1439)年), 山小([没]1439年4月20日)

尚巴志王　しょうはしおう
⇒尚巴志(しょうはし)

昌橋丘次　しょうはしきゅうじ
⇒福森久助〔1代〕(ふくもりきゅうすけ)

尚巴志　しょうはっし
⇒尚巴志(しょうはし)

庄林一心　しょうばやしかずただ
江戸時代前期の武将。隼人佐。荒木村重、のち仙石秀久に仕え、加藤清正の家臣となる。
¶全戦([生]?　[没]寛永8(1631)年)

荘原半哉*　しょうばらはんや
文政5(1822)年～明治3(1870)年　江戸時代末期～明治時代の長府藩士。四境の役で陣場奉行兼軍監。後、参政となる。
¶幕末([没]明治3(1870)年閏10月)

勝範*　しょうはん
長徳2(996)年～承暦1(1077)年　平安時代中期の僧。天台座主。
¶古人, コン

静範*　じょうはん
生没年不詳　平安時代後期の興福寺の僧。
¶古人

定範*　じょうはん
永万1(1165)年～元仁2(1225)年2月25日　平安時代後期～鎌倉時代前期の僧。
¶古人, 密教([没]1225年2月25日)

松琵　しょうひ, しょうび
⇒窪田松琵(くぼたしょうひ)

松美女　しょうびじょ★
江戸時代末期の女性。狂歌。シシハマの人。『田沼町史』の「安政6年狂歌扶桑名所名物」抄に載る。
¶江表(松美女(栃木県))

松琵の妻　しょうひのつま★
江戸時代中期の女性。俳諧。茂呂伝兵衛の娘。享保9年刊、窪田松琵編、正秀一周忌追善集『水の友』に載る。
¶江表(松琵の妻(滋賀県))

松婦　しょうふ★
江戸時代中期の女性。俳諧。石和の人。天明3年刊、平橋庵敲氷編『折鶴』に載る。
¶江表(松婦(山梨県))

定豊*　じょうぶ
生没年不詳　平安時代中期の絵仏師。
¶古人

少風　しょうふう
江戸時代中期～末期の俳諧師。
¶俳文([生]安永8(1779)年　[没]安政6(1859)年7月15日)

松風(1)　しょうふう★
江戸時代後期の女性。俳諧。神田鍛冶町の加賀屋常二郎の娘。弘化3年跋、黒川惟草編『俳諧人名録』二に載る。
¶江表(松風(東京都))

松風(2)　しょうふう
⇒霊巌(れいがん)

梢風*　しょうふう
*～宝暦8(1758)年　[別]梢風尼(しょうふうに), 友田梢風(ともだしょうふう), 友田梢風尼(ともだしょうふうに)　江戸時代中期の女性。俳人。
¶江表(梢風尼(三重県)), 俳文([生]寛文9(1669)年　[没]宝暦8(1758)年4月13日)

松風琴子　しょうふうきんし★
江戸時代後期の女性。狂歌。下総佐倉の人。文政年間刊、四方歌垣編『俳諧歌若草集』に載る。
¶江表(松風琴子(千葉県))

松風女　しょうふうじょ★
江戸時代後期の女性。俳諧。鶴岡の人。文化15年刊、松童窟文二撰『南谿集』に載る。
¶江表(松風女(山形県))

梢風尼　しょうふうに
⇒梢風(しょうふう)

照福院　しょうふくいん★
戦国時代～江戸時代前期の女性。書簡・連歌。播磨志方城主櫛橋則伊の娘。
¶江表(照福院(福岡県)　[生]天文22(1553)年　[没]寛永4(1627)年)

成福院　じょうふくいん
安土桃山時代の僧。元は将軍足利義昭の使僧。甲斐に留まっていた。
¶武田([生]?　[没]天正10(1582)年4月3日)

笑福亭松鶴〔1代〕*　しょうふくていしょかく
[別]松鶴（しょうかく，しょかく），笑福亭松喬〔1代〕（しょうふくていしょきょう）　江戸時代末期の落語家。
¶コン（[生]？　[没]慶応1（1865）年）

笑福亭松喬〔1代〕　しょうふくていしょきょう
⇒笑福亭松鶴〔1代〕（しょうふくていしょかく）

庄米　しょうべい
江戸時代後期～明治時代の陶工。
¶美工（[生]天保1（1830）年　[没]明治45（1912）年3月18日）

昭平親王　しょうへいしんのう
⇒昭平親王（あきひらしんのう）

乗遍*　じょうへん
？～元暦1（1184）年9月　平安時代後期の真言宗の僧。
¶密教（[生]1175年以前　[没]1184年9月4日）

静遍*　じょうへん
仁安1（1166）年～元仁1（1224）年　平安時代後期～鎌倉時代前期の真言宗の僧。平頼盛の子。
¶古人，密教（[没]1224年4月20日）

定遍*　じょうへん
長承2（1133）年～文治1（1185）年　平安時代後期の僧。忍辱山流定遍方の祖。
¶古人

浄弁*　じょうべん
生没年不詳　鎌倉時代後期～南北朝時代の歌僧。勅撰集に21首入集。
¶コン（[生]？　[没]正平11/延文1（1356）年），詩作，日文

松峰*　しょうほう
生没年不詳　江戸時代中期の俳人。服部氏。俳人風水の門人。
¶俳文

聖宝*　しょうぼう，しょうほう
天長9（832）年～延喜9（909）年　[別]理源大師（りげんだいし）　平安時代前期～中期の真言宗の僧。醍醐寺の開山。
¶古人，古代，コン，思想

紹芳*　じょうほう
生没年不詳　室町時代の臨済宗の僧・連歌作者。
¶俳文

成宝*　じょうほう
平治1（1159）年～安貞1（1227）年12月17日　[別]成宝（せいほう）　平安時代後期～鎌倉時代前期の僧。
¶古人，平家（[没]嘉禄3（1227）年），密教（せいほう　[没]1227年12月17日）

貞芳*　じょうほう
？～貞元2（977）年　平安時代中期の石清水八幡宮寺の僧。
¶古人

浄法軒　じょうほうけん
⇒養方軒パウロ（ようほうけんぱうろ）

浄法寺某　じょうほうじなにがし
戦国時代の北条氏康の家臣？
¶後北（某〔浄法寺〕　なにがし）

松朋女　しょうほうじょ★
江戸時代後期の女性。俳諧。越後十日町の人。嘉永3年刊、松岡茶山編『常磐集』九に載る。
¶江表（松朋女（新潟県））

常牧*　じょうぼく
生没年不詳　江戸時代前期の俳人。
¶俳文

聖梵*　しょうぼん
生没年不詳　平安時代中期の東大寺の僧・歌人。『後拾遺和歌集』に載る。
¶古人

正本屋九左衛門　しょうほんやくざえもん
⇒西沢一鳳（にしざわいっぽう）

升米　しょうまい★
江戸時代中期の女性。俳諧。越前三国の人。安永4年刊、琴松館可隆の追悼集『明の道』に載る。
¶江表（升米（福井県））

城昌茂*　じょうまさもち
*～寛永3（1626）年　安土桃山時代～江戸時代前期の武士。武田氏家臣、徳川氏家臣。
¶武田（[生]天文20（1551）年），徳人（[生]1551年）

勝命*　しょうみょう
天永3（1112）年～？　鎌倉時代の歌僧。
¶古人

昌明*　しょうみょう
生没年不詳　[別]昌明（しょうめい），常陸房昌明（ひたちぼうしょうみょう）　平安時代後期～鎌倉時代前期の僧。
¶古人，平家（しょうめい）

紹明　しょうみょう，じょうみょう
⇒南浦紹明（なんぽしょうみょう）

常明*　じょうみょう
生没年不詳　平安時代後期の絵仏師。
¶古人

静明*　じょうみょう
長暦3（1039）年～天永2（1111）年　平安時代中期～後期の天台宗の僧。
¶古人

証明院*　しょうみょういん
正徳1（1711）年～享保18（1733）年　[別]証明院（しょうめいいん）　江戸時代中期の女性。徳川家重の妻。
¶江表（証明院（東京都）），徳将（しょうめいいん）

静明院尼　じょうみょういんに★
江戸時代末期の女性。和歌。五条大納言為範の娘。安政4年序、「樟葉百歌撰」に載る。
¶江表（静明院尼（佐賀県））

称名寺殿　しょうみょうじどの
⇒北条実時（ほうじょうさねとき）

浄明珠院殿　じょうみょうじゅいんどの
⇒二条晴良（にじょうはれよし）

松眠　しょうみん★
江戸時代後期の女性。俳諧。桜井の桜井氏。
¶江表（松眠（長野県）　[没]天保14（1843）年）

紹明　じょうみん
⇒南浦紹明（なんぽしょうみょう）

聖武天皇* しょうむてんのう
大宝1(701)年～天平勝宝8(756)年 [別]首皇子(おびとのおうじ, おびとのみこ) 奈良時代の第45代の天皇(在位724～749)。文武天皇の皇子。仏教に帰依し、国分寺や東大寺の大仏を造営。
¶古人([没]757年), 古代, コン, 思想, 天皇([没]天平勝宝8(756)年5月2日), 日文, 山小([没]756年5月2日)

荘村安芸* しょうむらあき
生没年不詳 安土桃山時代の織田信長の家臣。
¶織田

昌明 しょうめい
⇒昌明(しょうみょう)

証明院 しょうめいいん
⇒証明院(しょうみょういん)

章明親王* しょうめいしんのう
延長2(924)年～正暦1(990)年 [別]章明親王(のりあきらしんのう) 平安時代中期の醍醐天皇の皇子。
¶古人(のりあきらしんのう), 天皇(のりあきらしんのう [没]正暦1(990)年9月22日)

承明門院* しょうめいもんいん, じょうめいもんいん
承安1(1171)年～正嘉1(1257)年7月5日 [別]源在子(みなもとざいし, みなもとのありこ, みなもとのざいし) 平安時代後期～鎌倉時代前期の女性。後鳥羽天皇の宮人。
¶古人(源在子 みなもとのありこ), コン, 女史, 天皇(源在子 みなもとのざいし)

浄門院 じょうもんいん
江戸時代後期の徳川家斉の十六男。
¶徳将([生]1815年 [没]1817年)

上文字也吉左衛門 じょうもんじやきちざえもん
⇒上村吉弥〔1代〕(うえむらきちや)

庄康正* しょうやすまさ
生没年不詳 安土桃山時代の武士。後北条氏家臣。
¶後北(康正〔庄(1)〕 やすまさ)

勝猷* しょうゆう
平安時代前期の僧。
¶古人(生没年不詳), 古代

少輔* しょうゆう
生没年不詳 平安時代後期の女房・歌人。藤原兼房の娘。『後拾遺和歌集』に入る。
¶古人(しょう(ゆう))

承祐* しょうゆう, じょうゆう
*～康正2(1456)年12月 室町時代の僧、連歌師。
¶俳文(じょうゆう 生没年不詳)

紹由 しょうゆう
⇒灰屋紹由(はいやじょうゆう)

正友 しょうゆう
江戸時代前期の俳諧作者。遠藤氏。
¶俳文(生没年不詳)

紹由 じょうゆう
生没年不詳 安土桃山時代の連歌作者。
¶俳文

定祐 じょうゆう
室町時代の仏師。
¶美建(生没年不詳)

笑遊の母 しょうゆうのはは★
江戸時代前期の女性。俳諧。松永貞徳を祖とする貞門。延宝4年序、神田蝶々子編『誹諧当世男』に載る。
¶江表(笑遊の母(東京都))

性融法親王 しょうゆうほうしんのう
⇒性融法親王(しょうゆほうしんのう)

性融法親王* しょうゆほうしんのう
[別]性融法親王(しょうゆうほうしんのう) 鎌倉時代後期の亀山天皇の皇子。
¶天皇(しょうゆうほうしんのう 生没年不詳)

承誉* しょうよ
生没年不詳 [別]承誉(しょうえい), 弁房承誉(べんぼうしょうよ) 鎌倉時代後期の東寺領伊予国弓削島荘の荘官、悪党。
¶コン(しょうえい)

紹与* じょうよ
生没年不詳 戦国時代～安土桃山時代の連歌師。
¶俳文

盛誉* じょうよ
生没年不詳 安土桃山時代～江戸時代前期の社僧・連歌作者。
¶俳文

定誉 じょうよ
⇒祈親(きしん)

照耀院 しょうよういん
江戸時代後期の徳川家慶の十一男。
¶徳将([生]1843年 [没]1843年)

逍遙院殿 しょうよういんどの
⇒三条西実隆(さんじょうにしさねたか)

承陽大師 しょうようだいし, じょうようだいし
⇒道元(どうげん)

松葉の妻 しょうようのつま★
江戸時代中期の女性。俳諧。立花松葉の妻。安永3年刊、与謝蕪村編『俳諧玉藻集』に載る。
¶江表(松葉の妻(石川県))

小鸞* しょうらん
？～天保8(1837)年 [別]小鸞女(しょうらんじょ), 妙華尼(みょうかに) 江戸時代後期の女性。俳人。
¶江表(小鸞(東京都))

少鸞 しょうらん★
江戸時代末期～明治時代の女性。俳諧。高井井門の妻。
¶江表(少鸞(愛媛県) [没]明治17(1884)年)

小鸞女 しょうらんじょ
⇒小鸞(しょうらん)

将李魚成* しょうりぎょせい
生没年不詳 [別]将李魚成, 相李魚成(しょうりのうおなり) 飛鳥時代の伎楽面師。
¶古代(しょうりのうおなり), 美工(しょうりのうおなり)

昌陸 しょうりく
⇒里村昌陸(さとむらしょうりく)

正立 しょうりつ
⇒北村正立(きたむらせいりゅう)

松理尼　しょうりに★
江戸時代後期の女性。和歌。河内狭山藩主北条氏喬の奥女中。文化11年刊、中山忠雄・河田正致編『柿本社奉納和歌集』に載る。
¶江表（松理尼（大阪府））

将李魚成（相李魚成）　**しょうりのうおなり**
⇒将李魚成（しょうりぎょせい）

相李田次麻呂*　しょうりのたすきまろ
生没年不詳　[別]相李田次万呂（しょうりのたつぎまろ）　奈良時代の絵師、仏師。
¶古人，古代，美画（相李田次万呂　しょうりのたつぎまろ）

相李田次万呂　しょうりのたつぎまろ
⇒相李田次麻呂（しょうりのたすきまろ）

正立　しょうりゅう
⇒北村正立（きたむらせいりゅう）

紹良*　しょうりょう
生没年不詳　平安時代中期の天台宗の僧。
¶古人

静了尼　じょうりょうに★
江戸時代中期の女性。和歌。浅草報恩寺住持の後妻。明和5年刊、石野広通編『霞関集』に載る。
¶江表（静了尼（東京都））

昌林*　しょうりん
生没年不詳　江戸時代中期の連歌作者。西山氏。曽祖父は宗因。
¶俳文（[生]宝永4（1707）年　[没]宝暦2（1752）年8月6日）

定林　じょうりん
⇒大西定林（おおにしじょうりん）

松林院　しょうりんいん★
江戸時代中期の女性。宗教。吉田藩主松平信綱の娘。平戸藩主松浦棟の室。
¶江表（松林院（長崎県））

浄琳院　じょうりんいん
⇒吉子内親王（よしこないしんのう）

松林亭伯円〔1代〕　しょうりんていはくえん
⇒松林伯円〔1代〕（しょうりんはくえん）

松林尼　しょうりんに★
江戸時代中期の女性。和歌。旗本小栗長右衛門正武の母。元禄16年刊、植山検校江民軒梅之・梅柳軒水之編『歌林尾花末』に載る。
¶江表（松林尼（東京都））

松林伯円〔1代〕*　しょうりんはくえん
文化9（1812）年～安政2（1855）年　[別]松林亭伯円〔1代〕（しょうりんていはくえん），伯円（はくえん）　江戸時代末期の講釈師。
¶コン

松林伯円〔2代〕*　しょうりんはくえん
*～明治38（1905）年　江戸時代末期～明治時代の講談師。武家から勘当され、伊藤潮花に入門、のち2代伯円を襲名。創作力に富み「鼠小僧」など白波物は有名。
¶歌大（[生]天保3（1832）年6月2日　[没]明治38（1905）年2月8日），コン（[生]文政11（1828年/1831）年），新歌（――〔2世〕　[生]1832年），幕末（代数なし　[生]天保3（1832）年　[没]明治38（1905）年2月8日）

浄瑠璃姫*　じょうるりひめ
御伽草子「浄瑠璃物語」の女主人公。
¶コン

松嶺玄秀尼　しょうれいげんしゅうに
⇒元秀女王（げんしゅうじょおう）

松齢尼　しょうれいに★
江戸時代後期の女性。和歌。中野兵介の母。天保12年成立、徳川斉昭撰「弘道館梅花詩歌」に載る。
¶江表（松齢尼（茨城県））

紹廉　しょうれん
⇒小野紹廉（おのしょうれん）

静蓮*　じょうれん
生没年不詳　平安時代後期の真言宗の僧・歌人。
¶古人

青蓮院　しょうれんいん
⇒お瑠璃の方（おるりのかた）

乗蓮院　じょうれんいん★
安永5（1776）年～天保13（1842）年　江戸時代中期～後期の女性。和歌。公家二条治孝の娘。徳川治国の室。
¶江表（乗蓮院（東京都）），江表（彰君（京都府）　あきぎみ）

勝蓮華近江守　しょうれんげおうみのかみ
⇒朝倉近江守（あさくらおうみのかみ）

清蓮尼　じょうれんに
江戸時代後期の女性。和歌。小姓衆戸田政方の娘。
¶江表（清蓮尼（東京都）　[没]弘化1（1844）年）

松露　しょうろ★
江戸時代後期の女性。俳諧。筑前大宰府の人。文政4年の歳旦帖『北筑』に載る。
¶江表（松露（福岡県））

松鱸*　しょうろ
？～嘉永6（1853）年12月26日　江戸時代後期の雑俳点者。
¶俳文

松露庵烏明*　しょうろあんうめい
享保11（1726）年～享和1（1801）年　[別]烏明（うめい）　江戸時代中期～後期の俳人。
¶俳文（烏明　うめい　[没]享和1（1801）年6月19日）

常楼*　じょうろう
天平13（741）年～弘仁5（814）年　奈良時代～平安時代前期の僧。
¶古人，古代

升六*　しょうろく
？～文化10（1813）年　[別]黄華庵升六（こうかあんしょうろく）　江戸時代中期～後期の俳人。
¶俳文（[没]文化10（1813）年9月3日）

松緑　しょうろく
⇒尾上松助〔1代〕（おのえまつすけ）

城六兵衛*　じょうろくべえ
天保11（1840）年～慶応2（1866）年　江戸時代末期の安芸広島藩士。
¶幕末（[没]慶応2（1866）年6月15日）

如栄　じょえい★
江戸時代中期の女性。俳諧。松山藩主松平定国に仕える奥女中。

¶江表（如栄（愛媛県））

如永尼　じょえいに★
江戸時代前期の女性。漢詩。加賀藩家老今枝近義の叔母。
¶江表（如永尼（石川県））

如悦女　じょえつじょ★
江戸時代末期の女性。俳諧。安政4年序、伊那谷の馬場如竹編『このはつと』に載る。
¶江表（如悦女（長野県））

松鶴　しょかく
⇒笑福亭松鶴〔1代〕（しょうふくていしょかく）

諸葛監*　しょかつかん
享保2（1717）年～寛政2（1790）年　[別]清水諸葛監（しみずしょかつかん），清水静斎（しみずせいさい）　江戸時代中期の画家。
¶美画（清水静斎　しみずせいさい）

如橘　じょきつ★
江戸時代後期の女性。俳諧。駿河比奈村の人。文化12年刊、岩崎梧泉編『三節』に載る。
¶江表（如橘（静岡県））

諸九　しょきゅう
江戸時代中期の女性。俳諧・旅日記・書簡。筑後竹野郡唐島の庄屋永松十五郎の娘。
¶江表（諸九（福岡県）　[生]正徳3（1713）年　[没]天明1（1781）年）

諸九尼*　しょきゅうに
正徳4（1714）年～天明1（1781）年　[別]有井諸九（ありいしょきゅう），有井諸九尼（ありいしょきゅうに），諸九尼（しょうきゅうに，もろくに）　江戸時代中期の女性。俳人。
¶コン（もろくに），女史（有井諸九　ありいしょきゅう），女文（[没]天明1（1781）年9月10日），俳文（[没]天明1（1781）年9月10日）

如空尼　じょくうに★
江戸時代中期の女性。俳諧。商人で俳人瓜屋五兵衛令龍の母。元禄14年序、大淀三千風編『倭漢田鳥集』に載る。
¶江表（如空尼（熊本県））

蜀山人〔1代〕　しょくさんじん
⇒大田南畝（おおたなんぽ）

濁子　じょくし
⇒中川濁子（なかがわじょくし）

式子内親王　しょくしないしんのう
⇒式子内親王（しきしないしんのう）

続守言　しょくしゅげん
⇒続守言（ぞくしゅげん）

しょけん
江戸時代前期の女性。書簡。千姫の侍女。明暦3年蔭涼軒宛書状が残る。
¶江表（しょけん（兵庫県））

如見　じょけん
江戸時代前期の俳諧師。寛文～延宝ごろ。樋口氏。
¶俳文（生没年不詳）

如元　じょげん
江戸時代前期の女性。書簡。美濃墨俣城主の武将にして著名な俳人斎藤徳元の孫。
¶江表（如元（岐阜県））

如幻　じょげん
⇒菊岡如幻（きくおかにょげん）

如考（如皐）　じょこう
⇒瀬川如皐〔1代〕（せがわじょこう）

如行（1）　じょこう★
江戸時代中期の女性。俳諧。備中吉備津の吉備津神社の宮内藤次の母。元禄13年刊、南瓜庵除風編『青筵』に載る。
¶江表（如行（岡山県））

如行（2）　じょこう
⇒近藤如行（こんどうじょこう）

女屮　じょさ
江戸時代中期の女性。俳諧。俳人中村李畝の妹。正徳3年刊、小野田芦帆斎編『泉陽俳諧作者部類』に載る。
¶江表（女屮（大阪府））

曙山（1）　しょざん
⇒沢村宗十郎〔2代〕（さわむらそうじゅうろう）

曙山（2）　しょざん
⇒沢村宗十郎〔3代〕（さわむらそうじゅうろう）

曙山（3）　しょざん
⇒沢村田之助〔2代〕（さわむらたのすけ）

書写上人　しょしゃしょうにん
⇒性空（しょうくう）

書写上人　しょしゃのしょうにん
⇒性空（しょうくう）

如松　じょしょう★
江戸時代後期の女性。和歌。徳川家の奥女中。文化11年刊、中山忠雄・河田正致編『柿本社奉納和歌集』に載る。
¶江表（如松（東京都））

徐々坊*　じょじょぼう
享保16（1731）年～文化2（1805）年11月22日　江戸時代中期～後期の俳人。
¶俳文

如水（1）　じょすい★
江戸時代中期の女性。俳諧。越後五泉の人。宝暦2年序、五竹房編『入梅の後』に載る。
¶江表（如水（新潟県））

如水（2）　じょすい
⇒黒田孝高（くろだよしたか）

如水宗淵*　じょすいそうえん
生没年不詳　[別]宗淵（そうえん），如水宗淵（にょすいそうえん）　室町時代～戦国時代の画僧。鎌倉円覚寺の蔵主。雪舟に師事。
¶コン，美画

如拙*　じょせつ
生没年不詳　[別]大巧如拙（たいこうじょせつ），如拙（にょせつ）　室町時代の相国寺の画僧。周文の師。
¶コン，中世，美画，山小

如雪女　じょせつじょ★
江戸時代後期の女性。俳諧。遠江浜松の蓮華寺住職鳥居柳也の妻。嘉永2年小高神社に扁額を奉納。
¶江表（如雪女（静岡県））

ジョセフ・ヒコ
⇒浜田彦蔵（はまだひこぞう）

女扇　じょせん★
江戸時代中期の女性。俳諧。下総八日市場の人。宝暦13年刊、建部綾足編『古今俳諧明題集』に載る。
¶江表（女扇（千葉県））

如泉　じょせん
⇒如泉（にょせん）

絮泉　じょせん
江戸時代後期の女性。俳諧。松代の人。寛政5年序、加舎白雄門の美濃口春鴻編『俳諧冬瓜汁』に載る。
¶江表（絮泉（長野県））

助然　じょぜん
⇒荒巻助然（あらまきじょぜん）

助叟＊　**じょそう**
？～正徳5（1715）年　江戸時代前期～中期の俳人。
¶俳文（生没年不詳）

女草　じょそう
江戸時代前期～中期の雑俳点者。元禄頃。
¶俳文（生没年不詳）

初代藤四郎　しょだいとうしろう
⇒加藤景正（かとうかげまさ）

如竹(1)　**じょちく**★
江戸時代中期の女性。俳諧。諏訪の人か。安永7年刊、藤森文輔編『はるの吟』に載る。
¶江表（如竹（長野県））

如竹(2)　**じょちく**★
江戸時代後期の女性。俳諧。駿河庵原の人。文化12年刊、岩崎梧泉編『三節』に載る。
¶江表（如竹（静岡県））

如竹(3)　**じょちく**★
江戸時代後期の女性。俳諧。石見益田の人。文化8年刊、自然房以松編『月のまこと』に載る。
¶江表（如竹（島根県））

初朝(1)　**しょちょう**
⇒荻野伊三郎〔1代〕（おぎのいさぶろう）

初朝(2)　**しょちょう**
⇒坂東三津五郎〔2代〕（ばんどうみつごろう）

如蝶　じょちょう★
江戸時代後期の女性。俳諧。越前福井の人。天明8年刊、白鶴楼紅楓編『そのかげ集』に載る。
¶江表（如蝶（福井県））

如貞　じょてい
⇒井口如貞（いのぐちじょてい）

如泥　じょでい
⇒小林如泥（こばやしじょでい）

如鈿女　じょでんじょ★
江戸時代後期の女性。俳諧。嘉永6年成立、平等社中撰『嘉永六年春興』に2句載る。
¶江表（如鈿女（高知県））

助然　じょねん
⇒荒巻助然（あらまきじょぜん）

女媒　じょばい
⇒桑原女媒（くわばらじょばい）

ジョバンニ(1)
⇒明石掃部（あかしかもん）

ジョバンニ(2)
⇒後藤寿庵（ごとうじゅあん）

除風＊（如風）　**じょふう**
？～延享3（1746）年　江戸時代中期の倉敷真言寺の僧、俳人。
¶俳文（[没]延享3（1746）年1月13日）

如風＊　**じょふう**
？～宝永2（1705）年　江戸時代前期～中期の俳人、僧。尾張鳴海如意寺6世。
¶俳文（[没]宝永2（1705）年9月21日）

徐葆光＊　**じょほこう**
生没年不詳　江戸時代中期の琉球王尚敬の冊封副使。
¶コン

舒明天皇＊　**じょめいてんのう**
推古1（593）年～舒明天皇13（641）年10月9日　[別]息長足日広額尊（おきながたらしひひろぬかのみこと），田村皇子（たむらのおうじ）　飛鳥時代の第34代の天皇（在位629～641）。敏達天皇の孫。
¶古人（[生]？），古代（[生]？），古物（[生]推古天皇1（593）年），コン（[没]舒明13（641）年），詩作（[生]推古天皇1（593）年），天皇（[生]推古1（593）年？　[没]？），日文（[生]？　[没]舒明13（641）年），山小（[没]641年10月9日）

ショヤ
⇒ショヤ・コウジ

ショヤ・コウジ＊
？～永正12（1515）年　[別]コウジ，シオヤコウジ，ショヤ　戦国時代の蝦夷地東部の首長兄弟。
¶コン（シオヤコウジ）

如勇　じょゆう★
江戸時代後期の女性。俳諧。甲斐の人。文化2年刊、平橋庵敲氷編、堀内引蝶追善集『蝶の夢集』に載る。
¶江表（如勇（山梨県））

如儡子＊　**じょらいし**
＊～延宝2（1674）年3月8日　[別]如儡子（にょらいし）　江戸時代前期の仮名草子作者。「可笑記」を執筆。
¶コン（生没年不詳），日文（にょらいし　[生]慶長8（1603）年頃）

如蘭(1)　**じょらん**★
江戸時代中期の女性。俳諧。但馬八鹿町吉井の人。安永2年刊、去来庵半化編『俳諧十百韵』に載る。
¶江表（如蘭（兵庫県））

如蘭(2)　**じょらん**★
江戸時代後期の女性。画。紀州藩藩医の父坂本純庵の娘、清。文化14年～同15年成立、瀬川富三郎撰「諸家人名江戸方角分」に載る。
¶江表（如蘭（東京都））

女柳　じょりゅう★
江戸時代後期の女性。俳諧。延岡の人。天保9年序、島津五木編『はしり穂集』に載る。
¶江表（女柳（宮崎県））

鋤立＊　**じょりゅう**
生没年不詳　江戸時代中期の俳人。
¶俳文

如柳(1)　じょりゅう
江戸時代中期の女性。俳諧。筑前福岡の人。天明3年の句集『しくれ会』に載る。
¶江表(如柳(福岡県))

如柳(2)　じょりゅう★
江戸時代後期の女性。俳諧。戸倉の人。寛政期に佐藤楚六が旅中、諸家に揮毫してもらった書画帖に載る。
¶江表(如柳(長野県))

絮柳　じょりゅう
江戸時代後期の女性。俳諧。松代の人。寛政9年序、常世田長翠編『黒祢宜』に載る。
¶江表(絮柳(長野県))

如柳女　じょりゅうじょ★
江戸時代後期の女性。俳諧。下総銚子の人。嘉永頃没。
¶江表(如柳女(千葉県))

序令*　じょれい
生没年不詳　江戸時代前期～中期の俳人。
¶俳文

祥瑞　しょんずい
⇒祥瑞五郎太夫(しょんずいごろうだゆう)

祥瑞五郎太夫*　しょんずいごろうだゆう
天正5(1577)年～寛文3(1663)年　[別]伊勢五郎太夫祥瑞(いせごろうだゆうしょうずい),呉祥瑞(ごしょうずい,ごしょんずい),五良大甫(ごろたゆう),祥瑞(しょうずい,しょんずい),祥瑞五郎太夫(しょうずいごろだゆう),祥瑞五郎大夫(しょんずいごろだゆう)　江戸時代前期の陶工。染付磁器を製作。
¶コン(呉祥瑞　ごしょうずい　生没年不詳),対外,美工(生没年不詳)

祥瑞五郎大夫　しょんずいごろだゆう
⇒祥瑞五郎太夫(しょんずいごろうだゆう)

ジョン万次郎　じょんまんじろう
⇒中浜万次郎(なかはままんじろう)

しら
江戸時代中期の女性。俳諧。俳人北空の娘。元禄6年刊、沢露川編『流川集』に載る。
¶江表(しら(富山県))

白井音次郎　しらいおとじろう
江戸時代末期～明治時代の幕臣。
¶幕末([生]?　[没]明治39(1906)年1月13日)

白井織部*　しらいおりべ
文政3(1820)年～慶応1(1865)年　江戸時代末期の水戸藩の家老。
¶コン,幕末([没]慶応1(1865)年6月21日)

白井加賀守*　しらいかがのかみ
生没年不詳　安土桃山時代の武士。後北条氏家臣。
¶後北(加賀守〔白井〕　かがのかみ)

白井勝胤　しらいかつたね
⇒白井民部少輔(しらいみんぶのしょう)

白井華陽*　しらいかよう
?～天保7(1836)年　江戸時代中期の岸派の画家。
¶美画([没]天保7(1836)年9月)

白井義謙　しらいぎけん
⇒白井亨(しらいとおる)

白井小助*　しらいこすけ
文政9(1826)年～明治35(1902)年　江戸時代末期～明治時代の長州藩士。吉田松陰、宮部鼎蔵らと交流、志士活動に入る。奇兵隊の参謀となる。
¶全幕,幕末([没]明治35(1902)年6月18日)

白井五郎太夫*　しらいごろうだゆう
天保3(1832)年～明治1(1868)年　江戸時代末期の陸奥会津藩士。
¶幕末([没]慶応4(1868)年1月5日)

白井権八*　しらいごんぱち,しらいごんはち
明暦1(1655)年?～延宝7(1679)年　[別]平井権八(ひらいごんぱち)　江戸時代前期の情話の主人公。モデルは平井権八。
¶コン(平井権八　ひらいごんぱち　[生]?)

白石卯兵衛*　しらいしうへえ
天明8(1788)年～慶応3(1867)年　江戸時代後期の長門清末藩御用達、奇兵隊士。
¶幕末([生]天明8(1789)年12月13日　[没]慶応3(1867)年3月26日)

白石加寿子*　しらいしかずこ
文化12(1815)年1月16日～明治24(1891)年4月10日　江戸時代末期～明治時代の女性。尊攘派志士白石正一郎の妻。諸藩の志士をかくまい、後援した。
¶江表(かず子(山口県))

白石内蔵進*　しらいしくらのしん
天保3(1832)年～文久1(1861)年　江戸時代末期の水戸藩郷士。
¶幕末([没]万延2(1861)年1月24日)

白井重行　しらいしげゆき
⇒白井矢太夫(しらいやだいふ)

白石五六郎*　しらいしごろくろう
江戸時代末期の新撰組隊士。
¶新隊([生]?　[没]明治1(1868)年3月6日)

白石正一郎*　しらいししょういちろう
文化9(1812)年～明治13(1880)年8月31日　江戸時代後期～明治時代の商人。
¶江人,コン([生]文化8(1811)年),全幕,幕末([生]文化9(1812)年3月7日)

白石照山*　しらいししょうざん
文化12(1815)年～明治16(1883)年　江戸時代末期～明治時代の教育家。「国権論跋」を執筆し国権主義思想を展開した。門人には福沢諭吉、清浦奎吾らがいる。
¶幕末([没]明治16(1883)年10月3日)

白井芝石　しらいしせき
江戸時代後期～明治時代の彫刻家。
¶美建([没]明治33(1900)年)

白石忠太夫　しらいしちゅうだゆう
江戸時代後期～明治時代の幕臣。
¶徳人([生]1817年　[没]1898年)

白石千別*　しらいしちわき
*～明治20(1887)年　江戸時代末期～明治時代の御家人、新聞人、歌人。
¶幕末([生]文化14(1817)年　[没]明治21(1888)年9月12日)

しらいし

白石艶子*　しらいしつやこ
寛政7(1795)年～*　江戸時代末期～明治時代の歌人。白石家に逗留した勤王の志士や公家ら400人余の世話をした。歌集に「千年集」など。
¶江表(艶子(山口県)　[没]明治5(1872)年),女史([没]1871年)

白石道賢*　しらいしどうけん
文化9(1812)年～安政4(1857)年　[別]白石道賢(しらいしみちかた)　江戸時代末期の数学者、大和郡山藩士。
¶数学(しらいしみちかた　[没]安政4(1857)年6月30日)

白石島岡　しらいしとうこう
江戸時代後期～明治時代の幕臣、新聞人。
¶徳代([生]文化14(1817)年　[没]明治20(1887)年)

白石長忠*　しらいしながただ
寛政7(1795)年～文久2(1862)年　江戸時代末期の和算家。
¶科学([没]文久2(1862)年7月3日),数学([没]文久2(1862)年7月3日)

白石某　しらいしなにがし
安土桃山時代の武蔵国鉢形城主北条氏邦家臣秩父孫次郎の同心。
¶後北(某〔白石〕　なにがし)

白石信兼*　しらいしのぶかね
生没年不詳　江戸時代後期の暦算家。
¶数学

白石延子*　しらいしのぶこ
天保4(1833)年～明治10(1878)年　江戸時代末期～明治時代の女性。尊攘派志士白石正一郎の別家白石健蔵資澄の娘。
¶江表(延子(山口県)　[没]明治10(1877)年)

白石平八郎*　しらいしへいはちろう
文化9(1812)年～文久1(1861)年　江戸時代末期の水戸藩郷士。
¶幕末([没]万延2(1861)年1月24日)

白石参河頼重の妻　しらいしみかわよりしげのつま★
江戸時代末期の女性。和歌。頼重は栗原郡真坂邑主一門。慶応2年序、仙台藩主伊達慶邦撰、日野資始編『宮城百人一首』に載る。
¶江表(白石参河頼重の妻(宮城県))

白石道賢　しらいしみちかた
⇒白石道賢(しらいしどうけん)

白石皆瀬*　しらいしみなせ
天保2(1831)年～明治43(1910)年5月27日　江戸時代後期～明治時代の教育者。維新後仙台に私塾を開き宮城県の女子教育の先駆者となる。
¶江表(皆瀬(宮城県)　みなせ)

白石宗実　しらいしむねざね
⇒白石宗実(しろいしむねざね)

白石元重の母　しらいしもとしげのはは★
江戸時代末期の女性。和歌。出雲杵築の人。元重は安政6年跋『国学人物志』初に名が載る。
¶江表(白石元重の母(島根県))

白井俊造　しらいしゅんぞう
江戸時代末期の眼科医。
¶眼医([生]安政1(1854)年　[没]?)

白石立敬*　しらいしりっけい
文化1(1804)年～明治16(1883)年　江戸時代末期～明治時代の医儒者。侍医。名士と交わり文運を高める。
¶幕末([没]明治16(1883)年7月26日)

白石良右衛門*　しらいしりょううえもん
文政11(1828)年～明治28(1895)年　江戸時代末期～明治時代の政治家、市議会議員。勤王を助け、志士たちの面倒をみる。
¶幕末([生]文政11(1828)年6月19日　[没]明治28(1895)年5月21日)

白石廉作*　しらいしれんさく
文政11(1828)年～文久3(1863)年　江戸時代末期の志士。
¶コン([生]文政9(1828)年),幕末([生]文政11(1828)年7月20日　[没]文久3(1863)年10月24日)

白井甚右衛門　しらいじんえもん
江戸時代前期の豊臣秀頼の右筆。
¶大坂

白井宣左衛門*　しらいせんざえもん
文化8(1811)年～明治1(1868)年　[別]白井宣左衛門(しろいせんざえもん)　江戸時代末期の志士。
¶コン,幕末,幕末(しろいせんざえもん　[生]文化8(1811)年9月4日　[没]慶応4(1868)年6月12日)

白井鷹之進*　しらいたかのしん
天保10(1839)年～?　江戸時代後期～末期の新撰組隊士。
¶新隊

白井玉井*　しらいたまい
寛政10(1798)年～明治6(1873)年　江戸時代末期～明治時代の歌人。和歌のほか国文や書をよくした。「胡蝶日記」の作者白井千代梅の母。
¶江表(玉井(山形県))

白井鳥酔　しらいちょうすい
⇒鳥酔(ちょうすい)

白井千代梅　しらいちようめ
⇒白井千代梅(しらいちよめ)

白井千代梅*　しらいちよめ
文化13(1816)年～明治1(1868)年9月24日　[別]白井千代梅(しらいちようめ)　江戸時代末期の女性。歌人。
¶江表(千代梅(山形県))

白糸*(1)　しらいと
生没年不詳　[別]白糸(はくし)　江戸時代中期の女性。内藤新宿の遊女。
¶女史

白糸(2)　しらいと★
江戸時代中期の女性。俳諧。遠江水窪の人。元禄15年刊、太田白雪編『三河小町』下に載る。
¶江表(白糸(静岡県))

白糸(3)　しらいと★
江戸時代中期の女性。俳諧。安芸宮島の遊女。享保頃没。
¶江表(白糸(広島県))

白糸(4)　しらいと★
江戸時代後期の女性。俳諧。京都狩野派の絵師景山洞玉の妻。文化10年刊、柿耶丸長斎編『万家人名録』に載る。

¶江表（白糸（京都府））

白糸(5)　しらいと★
江戸時代後期の女性。俳諧。長門長府の人。文化8年春、田上菊舎が京都に上るに際しての餞別句が「鶯の舎」に載る。
¶江表（白糸（山口県））

白糸(6)　しらいと★
江戸時代後期の女性。俳諧。豊前小倉の人。文化6年序、五十嵐梅夫編『草神楽』に載る。
¶江表（白糸（福岡県））

白糸(7)　しらいと★
江戸時代後期の女性。俳諧。延岡の人。天保9年序、島津五木編『はしり穂集』に載る。
¶江表（白糸（宮崎県））

白井亨*　しらいとおる
天明3（1783）年～天保14（1843）年　[別]白井義謙（しらいぎけん）　江戸時代中期の剣術家、孝子。
¶江人

白井利庸　しらいとしつね
江戸時代中期～後期の幕臣。
¶徳人（生没年不詳）

白糸南賀女　しらいとなんがじょ★
江戸時代後期の女性。狂歌。三河の人。享和3年刊、宇都宮芙蓉連編『雁のふみ』に載る。
¶江表（白糸南賀女（愛知県））

白井富之祐　しらいとみのすけ
⇒臼井富之祐（うすいとみのすけ）

白猪胆津*　しらいのいつ
生没年不詳　[別]白猪史胆津（しらいのふひといつ）　飛鳥時代の百済系帰化人、白猪氏の祖。
¶古人，古代（白猪史胆津　しらいのふひといつ），コン

白猪広成　しらいのひろなり
⇒葛井広成（ふじいのひろなり）

白猪史胆津　しらいのふひといつ
⇒白猪胆津（しらいのいつ）

白猪史宝然*　しらいのふひとほね
飛鳥時代の「大宝律令」の撰定者の一人。
¶古代

白猪骨*（白猪宝然）　しらいのほね
生没年不詳　飛鳥時代の官人、学者。渡来系氏族の出身。
¶古人（白猪宝然），コン，対外

白井半七〔1代〕*　しらいはんしち
生没年不詳　江戸時代前期の陶工。
¶美工

白井半七〔2代〕*　しらいはんしち
生没年不詳　江戸時代中期の陶工。
¶美工

白井秀雄　しらいひでお
⇒菅江真澄（すがえますみ）

白井政胤　しらいまさたね
安土桃山時代の織田信長の家臣。若狭加茂荘の代官。
¶織田（生没年不詳）

白井民部少輔*　しらいみんぶのしょう
[別]白井勝胤（しらいかつたね）　安土桃山時代の織田信長の家臣。
¶織田（白井勝胤　しらいかつたね　生没年不詳）

児雷也*　じらいや
江戸後期の読本、合巻、歌舞伎などの登場人物。
¶コン

白井矢太夫*　しらいやだいふ
宝暦3（1753）年～文化9（1812）年　[別]白井重行（しらいしげゆき），白井矢太夫（しらいやたゆう，しらいやだゆう）　江戸時代中期～後期の出羽庄内藩士。久右衛門の長男。
¶コン，幕末（しらいやだゆう　[没]文化9（1812）年6月24日）

白井矢太夫　しらいやたゆう，しらいやだゆう
⇒白井矢太夫（しらいやだいふ）

白井養全　しらいようぜん
江戸時代前期の眼科医。
¶眼医（生没年不詳）

白江竜吉*　しらえりゅうきち
天保9（1838）年～明治14（1881）年　江戸時代末期～明治時代の砲術家。
¶幕末（[没]明治14（1881）年4月20日）

白雄　しらお
⇒加舎白雄（かやしらお）

白尾国柱　しらおくにはし
⇒白尾国柱（しらおくにはしら）

白尾国柱*　しらおくにはしら
宝暦12（1762）年～文政4（1821）年　[別]白尾国柱（しらおくにはし），白尾斎蔵（しらおさいぞう）　江戸時代中期～後期の国学者、薩摩藩士。
¶コン（白尾斎蔵　しらおさいぞう），植物（[生]宝暦12（1762）年8月5日　[没]文政4（1821）年2月15日）

白尾斎蔵　しらおさいぞう
⇒白尾国柱（しらおくにはしら）

白樫五左衛門　しらかしござえもん
江戸時代前期の武士。大坂の陣で籠城。
¶大坂

白柏左京　しらかしさきょう
江戸時代前期の武士。大坂の陣で籠城。
¶大坂

白樫三郎兵衛　しらかしさぶろ（う）びょうえ
江戸時代前期の人。白樫主馬助の弟。初め左馬介を称した。
¶大坂

白樫主馬助　しらかししゅめのすけ
⇒白樫主馬助（しろがししゅめのすけ）

白神新一郎（――〔1代〕）　しらがしんいちろう
⇒白神新一郎（しらかみしんいちろう）

白髪武広国押稚日本根子尊　しらかのたけひろくにおしわかやまとねこのみこと
⇒清寧天皇（せいねいてんのう）

白壁王　しらかべおう
⇒光仁天皇（こうにんてんのう）

白髪部王　しらかべのおおきみ
飛鳥時代の厩戸皇子の王子。

し

¶古物([生]? [没]643年?)

白神新一郎* しらかみしんいちろう，しらがみしんいちろう

文政1(1818)年～明治15(1882)年4月24日 [別]白神新一郎，白神新一郎〔1代〕(しらがしんいちろう) 江戸時代末期～明治時代の初期金光教の布教功労者。

¶コン(しらがしんいちろう)，幕末([生]文政1(1818)年5月25日)

白川顕邦王* しらかわあきくにおう

延元3/暦応1(1338)年～* 南北朝時代の神祇伯。非参議・神祇伯白川資英王の長男。

¶公卿([生]暦応1/延元3(1338)年 [没]明徳4(1393)年3月13日)，公家(顕邦王〔白川家〕 あきくにおう [没]明徳4(1393)年3月13日?)

白川顕英* しらかわあきひで

?～応永4(1398)年10月 南北朝時代～室町時代の公卿(非参議)。神祇伯白川資英王の子。

¶公卿，公家(顕英〔白川家〕 あきひで [没]応永4(1397)年10月)

白川伊右衛門* しらかわいえもん

?～文化4(1807)年 江戸時代中期～後期の北海道亀田郡大野村本郷の開拓功労者。

¶コン

白河院 しらかわいん

⇒白河天皇(しらかわてんのう)

白河伊俊* しらかわこれとし

*～正平14/延文4(1359)年 鎌倉時代後期～南北朝時代の公卿(非参議)。非参議藤原伊家の次男。

¶公卿([生]嘉元3(1305)年 [没]延文4(1359)年)，公家(伊俊〔坊門家(絶家)〕 これとし [生]1305年 [没]延文4(1359)年)

白河伊宗* しらかわこれむね

嘉元2(1304)年～正平6/観応2(1351)年6月26日 鎌倉時代後期～南北朝時代の公卿(非参議)。非参議藤原伊家の長男。

¶公卿([没]観応2/正平6(1351)年6月26日)，公家(伊宗〔坊門家(絶家)〕 これむね [没]観応2(1351)年6月26日)

白川資顕 しらかわすけあき

⇒白川資顕王(しらかわすけあきおう)

白川資顕王*(1) しらかわすけあきおう

?～乾元1(1302)年11月21日 鎌倉時代後期の公卿(非参議)。非参議・神祇伯白川資基王の次男。

¶公卿，公家(資顕〔王家(絶家)〕 すけあき)

白川資顕王*(2) しらかわすけあきおう

享保16(1731)年8月26日～天明5(1785)年1月6日 [別]白川資顕(しらかわすけあき) 江戸時代中期の神祇伯。非参議・神祇伯白川雅富王の次男。

¶公卿，公家(資顕王〔白川家〕 すけあきおう)

白川資氏 しらかわすけうじ

⇒白川資氏王(しらかわすけうじおう)

白川資氏王* しらかわすけうじおう

享徳1(1452)年～永正1(1504)年4月14日 [別]白川資氏(しらかわすけうじ) 戦国時代の神祇伯。非参議・神祇伯白川資益王の子。

¶公卿([生]康正2(1456)年)，公家(資氏王〔白川家〕 すけうじおう [生]1456年)

白川資方王* しらかわすけかたおう

?～応永5(1398)年 南北朝時代～室町時代の神祇伯。顕方朝臣の子。

¶公卿，公家(資方王〔王家(絶家)〕 すけかたおう)

白川資清 しらかわすけきよ

⇒白川資清王(しらかわすけきよおう)

白川資清王* しらかわすけきよおう

正応2(1289)年～元徳2(1330)年5月11日 [別]白川資清(しらかわすけきよ) 鎌倉時代後期の神祇伯。非参議・神祇伯白川業顕王の子。

¶公卿，公家(資清王〔白川家〕 すけきよおう)

白川資邦 しらかわすけくに

⇒白川資邦王(しらかわすけくにおう)

白川資邦王* しらかわすけくにおう

天福1(1233)年～永仁6(1298)年12月2日 [別]白川資邦(しらかわすけくに) 鎌倉時代後期の神祇伯。非参議・神祇伯白川業資王の孫。

¶公卿([生]?)，公家(資邦王〔白川家〕 すけくにおう [生]?)

白川資茂王* しらかわすけしげおう

仁治3(1242)年～嘉暦2(1327)年8月18日 鎌倉時代後期の神祇伯。非参議・神祇伯白川資緒王の子。

¶公卿，公家(資茂王〔王家(絶家)〕 すけしげおう [生]?)

白川資忠 しらかわすけただ

⇒白川資忠王(しらかわすけただおう)

白川資忠王* しらかわすけただおう

文中1/応安5(1372)年～永享12(1440)年1月21日 [別]白川資忠(しらかわすけただ) 南北朝時代～室町時代の神祇伯。非参議・神祇伯白川顕邦王の子。

¶公卿([生]応安5/文中1(1372)年)，公家(資忠王〔白川家〕 すけただおう)

白川資継王* しらかわすけつぐおう

永仁4(1296)年～建徳2/応安4(1371)年4月24日 鎌倉時代後期～南北朝時代の神祇伯。非参議・神祇伯白川資茂王の子。

¶公卿([没]応安4/建徳2(1371)年4月24日)，公家(資継王〔王家(絶家)〕 すけつぐおう [生]1299年 [没]応安4(1371)年4月24日)

白川資緒王* しらかわすけつぐおう

建長2(1250)年～? 鎌倉時代後期の神祇伯。非参議・神祇伯白川資基王の長男。

¶公卿，公家(資緒王〔王家(絶家)〕 すけつぐおう)

白川資延 しらかわすけのぶ

⇒白川資延王(しらかわすけのぶおう)

白川資延王* しらかわすけのぶおう

明和7(1770)年～文政7(1824)年1月13日 [別]白川資延(しらかわすけのぶ) 江戸時代後期の神祇伯。非参議・神祇伯白川資顕王の子。

¶公卿([生]明和7(1770)年2月19日)，公家(資延王〔白川家〕 すけのぶおう [生]明和7(1770)年11月10日)

白川資訓* しらかわすけのり

天保12(1841)年～明治39(1906)年 [別]白川資訓王(しらかわすけのりおう) 江戸時代末期～明治時代の神祇伯。非参議・神祇伯白川資延王の曽孫。

¶公卿(白川資訓王 しらかわすけのりおう [生]天保12(1841)年11月15日 [没]明治39(1906)年12月)，公家(資訓王〔白川家〕 すけのりおう [生]天保12(1841)年11月15日 [没]明治39(1906)年12月7日)，幕末([生]天

保12（1841）年11月15日　[没]明治39（1906）年12月7日）

白川資訓王　しらかわすけのりおう
⇒白川資訓（しらかわすけのり）

白川資英王＊　しらかわすけひでおう
延慶2（1309）年～＊　鎌倉時代後期～南北朝時代の神祇伯。非参議・神祇伯白川資清王の子。
¶公卿（[没]貞治5/正平21（1366）年5月26日），公家（資英王〔白川家〕　すけひでおう　[没]貞治5（1366）年5月26日）

白川資益　しらかわすけます
⇒白川資益王（しらかわすけますおう）

白川資益王＊　しらかわすけますおう
応永24（1417）年～文明16（1484）年8月21日　[別]白川資益（しらかわすけます）　室町時代～戦国時代の神祇伯。非参議・神祇伯白川雅兼王の子。
¶公卿，公家（資益王〔白川家〕　すけますおう）

白川資宗王＊　しらかわすけむねおう
建久2（1191）年～＊　鎌倉時代前期の神祇伯。非参議・神祇伯白川仲資王の次男。
¶公卿（[没]？），公家（資宗王〔王家（絶家）〕　すけむねおう）

白川資基王＊　しらかわすけもとおう
嘉禄2（1226）年～文永1（1264）年12月7日　鎌倉時代前期の神祇伯。非参議・神祇伯白川資宗王の子。
¶公卿，公家（資基王〔王家（絶家）〕　すけもとおう）

白川忠富　しらかわただとみ
⇒白川忠富王（しらかわただとみおう）

白川忠富王＊　しらかわただとみおう
正長1（1428）年～永正7（1510）年2月1日　[別]白川忠富（しらかわただとみ）　室町時代～戦国時代の神祇伯。非参議・神祇伯白川資益王の次男。
¶公卿，公家（忠富王〔白川家〕　ただとみおう）

白河天皇＊　しらかわてんのう
天喜1（1053）年～大治4（1129）年　[別]白河院（しらかわいん）　平安時代後期の第72代の天皇（在位1072～1086）。後三条天皇の第1皇子。父の遺志を継ぎ摂関政治を廃し、初めて院政を開始。
¶古人，コン，思想，天皇（[生]天喜1（1053）年6月19日/20日　[没]大治4（1129）年7月7日），平家（白河院　しらかわいん），山小（[生]1053年6月19日　[没]1129年7月7日）

白川仲資　しらかわなかすけ
⇒白川仲資王（しらかわなかすけおう）

白川仲資王＊　しらかわなかすけおう
？～承久4（1222）年　[別]白川仲資（しらかわなかすけ）　鎌倉時代前期の神祇伯。花山天皇の皇子清仁親王の曽孫。
¶公卿，公家（仲資王〔白川家〕　なかすけおう　[没]貞応1（1222）年）

白川業顕王＊　しらかわなりあきおう
文永3（1266）年～元応2（1320）年12月27日　[別]白川業顕（しらかわなりあきら），白川業顕王（しらかわなりあきらおう）　鎌倉時代後期の神祇伯。非参議・神祇伯白川資邦王の子。
¶公卿，公家（業顕王〔白川家〕　なりあきおう）

白川業顕　しらかわなりあきら
⇒白川業顕王（しらかわなりあきおう）

白川業顕王　しらかわなりあきらおう
⇒白川業顕王（しらかわなりあきおう）

白川業定王＊　しらかわなりさだおう
？～応永28（1421）年11月　室町時代の神祇伯。非参議白川業清王の子。
¶公卿，公家（業定王〔白川家（絶家）〕　なりさだおう）

白川業資　しらかわなりすけ
⇒白川業資王（しらかわなりすけおう）

白川業資王＊　しらかわなりすけおう
元暦1（1184）年～元仁1（1224）年閏7月15日　[別]白川業資（しらかわなりすけ），業資王（なりすけおう）　鎌倉時代前期の神祇伯。非参議・神祇伯白川仲資王の長男。
¶公卿，公家（業資王〔白川家〕　なりすけおう　[没]貞応3（1224）年閏7月15日）

白河八右衛門　しらかわはちえもん
江戸時代前期の侍。大坂の陣で後藤又兵衛配下に所属。
¶大坂

白川雅兼王＊　しらかわまさかねおう
生没年不詳　室町時代の神祇伯。非参議・神祇伯白川資忠王の子。
¶公卿，公家（雅兼王〔白川家〕　まさかねおう）

白川雅喬　しらかわまさたか
⇒白川雅喬王（しらかわまさたかおう）

白川雅喬王＊　しらかわまさたかおう
元和6（1620）年12月26日～元禄1（1688）年10月15日　[別]白川雅喬（しらかわまさたか）　江戸時代前期の神祇伯。非参議・神祇伯白川雅陳王の子。
¶公卿，公家（雅喬王〔白川家〕　まさたかおう）

白川雅陳王＊　しらかわまさつらおう
文禄1（1592）年～寛文3（1663）年2月16日　[別]白川雅陳（しらかわまさのぶ）　江戸時代前期の神祇伯。権中納言高倉永孝の次男。
¶公卿，公家（雅陳王〔白川家〕　まさのぶおう）

白川雅富王＊　しらかわまさとみおう
元禄15（1702）年～宝暦9（1759）年　江戸時代中期の神祇伯。権中納言梅渓通条の次男。
¶公卿（[生]元禄15（1702）年3月12日　[没]宝暦9（1759）年5月17日），公家（雅富王〔白川家〕　まさとみおう　[生]元禄15（1702）年3月12日　[没]宝暦9（1759）年5月17日）

白川雅朝　しらかわまさとも
⇒雅朝王（まさともおう）

白川雅朝王　しらかわまさともおう
⇒雅朝王（まさともおう）

白川雅業　しらかわまさなり
⇒雅業王（まさなりおう）

白川雅業王　しらかわまさなりおう
⇒雅業王（まさなりおう）

白川雅陳　しらかわまさのぶ
⇒白川雅陳王（しらかわまさつらおう）

白川雅冬＊　しらかわまさふゆ
延宝7（1679）年～享保19（1734）年　[別]白川雅冬王（しらかわまさふゆおう）　江戸時代中期の神祇伯。非参議・神祇伯白川雅喬王の次男。
¶公卿（白川雅冬王　しらかわまさふゆおう　[生]延宝7（1679）年1月12日　[没]享保19（1734）年11月9日），公

家(雅冬王〔白川家〕 まさふゆおう [生]延宝7(1679)年1月12日 [没]享保19(1734)年11月9日)

白川雅冬王 しらかわまさふゆおう
⇒白川雅冬(しらかわまさふゆ)

白川雅光 しらかわまさみつ
⇒白川雅光王(しらかわまさみつおう)

白川雅光王* しらかわまさみつおう
万治3(1660)年12月16日～宝永3(1706)年10月10日 [別]白川雅光(しらかわまさみつ) 江戸時代前期～中期の神祇伯。非参議・神祇伯白川雅喬王の長男。
¶公卿,公家(雅光王〔白川家〕 まさみつおう)

し

白河結城義親 しらかわゆうきよしちか
⇒結城義親(ゆうきよしちか)

白河義親(白川義親) しらかわよしちか
⇒結城義親(ゆうきよしちか)

白川義広 しらかわよしひろ
⇒蘆名盛重(あしなもりしげ)

白河楽翁 しらかわらくおう
⇒松平定信(まつだいらさだのぶ)

白菊女 しらぎくじょ★
江戸時代末期の女性。俳諧。松風社一世松前町の豪商鶴庵旭の弟子として、幕末期の松前俳壇系統図に名が載る。
¶江表(白菊女(北海道))

新羅飯麻呂 しらぎのいいまろ
奈良時代の画工司画師。東大寺大仏殿の彩色に従う。
¶古人(生没年不詳)

新羅人伏万呂 しらぎひとふせまろ
奈良時代の画工司画師。東大寺大仏殿の彩色に従う。
¶古人(生没年不詳)

思楽 しらく
江戸時代末期～明治時代の俳諧作者。
¶俳文([生]? [没]明治4(1871)年)

紫楽 しらく
⇒辰岡万作(たつおかまんさく)

芝楽 しらく
⇒中村東蔵〔2代〕(なかむらとうぞう)

芝楽園 しらくえん
⇒中島勘左衛門〔1代〕(なかじまかんざえもん)

しらけの米女 しらけのよねじょ★
江戸時代後期の女性。狂歌。嘉永4年刊、江境庵北雄編『連名披露狂歌合』に載る。
¶江表(しらけの米女(東京都))

白子屋お熊 しらこやおくま
⇒お駒・才三郎(おこま・さいざぶろう)

白崎善次郎 しらさきぜんじろう
江戸時代後期～末期の木彫師。
¶美建([生]寛政5(1793)年 [没]元治1(1864)年12月28日)

白崎文錦堂 しらさきぶんきんどう
江戸時代後期の木彫師。
¶美建([生]? [没]文化8(1811)年9月18日)

志良女 しらじょ★
江戸時代後期の女性。俳諧。文化4年刊、信濃の宗匠宮本虎杖編、加舎白雄十七回忌追善集『いぬ榧集』に載る。
¶江表(志良女(滋賀県))

白須新五左衛門 しらすしんござえもん
戦国時代の武士。信玄旗本の陣立書にその名がみえる。
¶武田(生没年不詳)

白洲退蔵* しらすたいぞう
文政12(1829)年～明治24(1891)年 江戸時代末期～明治時代の三田県大参事。三田藩を討幕派に転換させ、家臣団に実業方面の活動家を輩出した。
¶コン,全幕,幕末([没]明治24(1891)年6月13日)

白州信重 しらすのぶしげ
戦国時代の武田氏家臣。小山田氏の被官か。
¶武田(生没年不詳)

白須政賢 しらすまさたか
江戸時代中期の幕臣。
¶徳人([生]1722年 [没]1773年)

白須政徳 しらすまさのり
江戸時代後期の幕臣。
¶徳人([生]? [没]1843年)

白玉 しらたま★
江戸時代後期の女性。狂歌。新吉原の玉楼の遊女。天保4年序、黒川春村編『草庵五百人一首』に載る。
¶江表(白玉(東京都))

白太夫* しらだゆう
*～延喜5(905)年 平安時代の大神宮の仕人、浄瑠璃「菅原伝授手習鑑」の登場人物。
¶コン

白露 しらつゆ★
江戸時代末期の女性。俳諧。文久2年刊、草中庵希水編『俳諧画像集』に新吉原の岡本楼名妓として載る。
¶江表(白露(東京都))

白土右門* しらとうもん
文化12(1815)年～明治14(1881)年 江戸時代末期～明治時代の篤学者、詩人。著書に「詩語統韻」がある。
¶幕末([生]文化12(1815)年2月13日 [没]明治14(1881)年5月9日)

白土隆通 しらとたかみち
安土桃山時代の陸奥大館城主岩城氏の家臣。
¶全戦(生没年不詳)

白戸隆盛 しらとたかもり
江戸時代末期～明治時代の幕臣、陸軍軍人。
¶徳人(生没年不詳),幕末([生]? [没]明治9(1876)年3月22日)

白戸友衛* しらとともえ
?～明治2(1869)年5月? 江戸時代後期～明治時代の新撰組隊士。
¶新隊

白鳥高名 しらとりたかな
⇒長峯高名(ながみねのたかな)

白鳥長久* しらとりながひさ
[別]白鳥長久(しろとりながひさ) 安土桃山時代の

武将、出羽の豪族。

¶全戦（しろとりながひさ　㋬？　㉜天正12（1584）年）

白鳥清岑* しらとりのきよみね

生没年不詳　㋿白鳥村主清岑（しらとりのすぐりきよみね）　平安時代前期の官吏。

¶古人、古代（白鳥村主清岑　しらとりのすぐりきよみね）

白鳥村主元麻呂* しらとりのすぐりもとまろ

㋿白鳥元麻呂（しらとりのもとまろ）　奈良時代の官人。

¶古人（白鳥元麻呂　しらとりのもとまろ　生没年不詳）、古代

白浪五人男* しらなみごにんおとこ

歌舞伎「青砥稿花紅彩画」の登場人物。

¶コン

不知火光右衛門（――〔2代〕）　しらぬいこうえもん

⇒不知火光右衛門〔2代〕（しらぬいみつえもん）

不知火諸右衛門* しらぬいだくえもん

享和1（1801）年～安政1（1854）年　江戸時代後期～末期の肥後国における初代の横綱。

¶コン

不知火諸右衛門〔2代〕　しらぬいだくえもん

⇒不知火光右衛門〔2代〕（しらぬいみつえもん）

不知火光右衛門〔2代〕* しらぬいみつえもん

文政8（1825）年～明治12（1879）年　㋿不知火光右衛門，不知火光右衛門〔2代〕（しらぬいこうえもん），不知火諸右衛門〔2代〕（しらぬいだくえもん），殿リ勝五郎（しんがりかつごろう）　江戸時代末期～明治時代の力士。

¶コン（代数なし）、幕末（代数なし　しらぬいこうえもん　㉜明治12（1879）年2月24日）

白根多助* しらねたすけ

文政2（1819）年～明治15（1882）年3月15日　江戸時代末期～明治時代の長州藩士。所帯方役人、山口県大属、埼玉県令を務める。

¶幕末（㋬文政2（1819）年5月6日）

白野夏雲* しらのかうん

文政10（1827）年～明治33（1900）年9月8日　㋿白野夏雲（しらのなつくも）　江戸時代末期～明治時代の静岡藩士、物産研究家。明治時代初の近代的魚図鑑「璽海魚譜」を編纂。

¶幕末（㋬文政10（1827）年6月26日　㉜明治32（1899）年9月8日）

白野夏雲　しらのなつくも

⇒白野夏雲（しらのかうん）

白浜久徴* しらはまきゅうちょう

天保3（1832）年～明治5（1872）年　江戸時代末期～明治時代の肥前福江藩家老。

¶幕末（㉜明治5（1872）年5月5日）

白原七郎右衛門* しらはらしちろうえもん

江戸時代末期の新撰組隊士。

¶新隊（生没年不詳）

白拍子武女　しらびょうしたけじょ

⇒武（たけ）

白真弓肥太右衛門*（白真弓肥大右衛門）　しらまゆみひだえもん

文政12（1829）年～明治1（1868）年　㋿浦風林右衛門（うらかぜりんえもん），駒ヶ岳峰五郎（こまがたけみねごろう），燧洋荒五郎（ひうちなだあらごろう）

う）　江戸時代末期～明治時代の力士。

¶全幕（白真弓肥太エ門）

白峰駿馬（白峯駿馬）　しらみねしゅんめ

*～明治42（1909）年　江戸時代後期～明治時代の海援隊士、造船技術者。

¶科学（白峯駿馬）㋬天保7（1836）年　㉜明治42（1909）年4月1日）、全幕（㋬弘化4（1847）年）

白山松哉　しらやましょうさい

江戸時代後期～大正時代の漆芸家。

¶美工（㋬嘉永6（1853）年9月22日　㉜大正12（1923）年8月7日）

白夜　しらよ*

江戸時代中期の女性。俳諧。尾張名古屋の人。寛延2年序、馬州編、蕉門の沢露川七回忌追善集『和須連寿』に載る。

¶江表（白夜（愛知県））

志蘭　しらん*

江戸時代末期～大正時代の女性。俳諧・書・教育。松山藩家老塚常右衛門の妻。大正4年、古香洞栄雄輔写本の「松嶺俳諧人名録」に載る。

¶江表（志蘭（山形県））

糸蘭⑴　しらん*

江戸時代中期の女性。俳諧。越前福井の人。天明7年刊、時雨庵祐阿編『飛梅集』下に載る。

¶江表（糸蘭（福井県））

糸蘭⑵　しらん*

江戸時代後期の女性。俳諧。文化8年序、谷素外編『玉池雑藻』に載る。

¶江表（糸蘭（東京都））

紫蘭⑴　しらん*

江戸時代中期の女性。俳諧。明和2年刊、建部綾足編『かすみをとこ』に載る。

¶江表（紫蘭（東京都））

紫蘭⑵　しらん*

江戸時代中期の女性。俳諧。京都の人。天明7年刊、李雨巌『骨書』に載る。

¶江表（紫蘭（京都府））

芝蘭*　しらん

生没年不詳　江戸時代後期の俳人。

¶江表（芝蘭（京都府））

紫蘭女　しらんじょ*

江戸時代後期の女性。俳諧。宇都宮の佐野屋与兵衛の妻。嘉永6年序、花屋庵鼎左・五梅庵舎用編『俳諧海内人名録』に載る。

¶江表（紫蘭女（栃木県））

志り女　しりじょ*

江戸時代後期の女性。俳諧。嘉永4年、若松観音に奉納された俳額に載る。

¶江表（志り女（山形県））

糸流　しりゅう*

江戸時代中期の女性。俳諧。石見益田の人。安永2年刊、大山鳥仙編『筆柿集』に載る。

¶江表（糸流（島根県））

二柳　じりゅう*

⇒勝見二柳（かつみじりゅう）

自了*　じりょう

尚寧26（1614）年～尚賢4（1644）年　江戸時代前期

の琉球史上最初の画家。
¶美画([生]慶長19(1614)年10月18日　[没]正保1(1644)年10月18日)

自涼尼　じりょうに★
江戸時代後期の女性。俳諧。周防地家室の人。「おゐのたひ」に入集。
¶江表(自涼尼(山口県))

師錬　しれん
⇒虎関師錬(こかんしれん)

司鱸　しろ
江戸時代中期の俳諧作者。岩城氏。通称、塩屋清五郎。
¶俳文(生没年不詳)

白　しろ
⇒白女(しろめ)

白石宗実＊　しろいしむねざね
＊～慶長4(1599)年　[別]白石宗実(しらいしむねざね)，伊達宗実(だてむねざね)　安土桃山時代の武士。伊達氏家臣。
¶全戦(しらいしむねざね　[生]天文22(1553)年)，戦武(しらいしむねざね　[生]天文22(1553)年)

白井宣左衛門　しろいせんざえもん
⇒白井宣左衛門(しらいせんざえもん)

士朗＊　しろう
寛保2(1742)年～文化9(1812)年　[別]井上士朗，井上士郎(いのうえしろう)　江戸時代中期～後期の俳人。寛政三大家の一人。
¶コン(井上士朗　いのうえしろう)，詩作(井上士朗　いのうえしろう　[没]文化9(1812)年5月16日)，俳文([没]文化9(1812)年5月16日)

紫浪　しろう
⇒片岡仁左衛門〔6代〕(かたおかにざえもん)

二郎衛門　じろうえもん
安土桃山時代の信濃国筑摩郡永井の土豪。麻績氏の被官とみられる。
¶武田(生没年不詳)

四郎左衛門(1)　しろうざえもん
安土桃山時代の信濃国筑摩郡会田の土豪。会田岩下氏の被官とみられる。
¶武田(生没年不詳)

四郎左衛門(2)　しろうざえもん
安土桃山時代の信濃国筑摩郡小芹・大久保・花見の土豪。塔原海野氏の被官とみられる。
¶武田(生没年不詳)

四郎左衛門(3)　しろうざえもん
安土桃山時代の信濃国筑摩郡明科の土豪。塔原海野氏の被官とみられる。
¶武田(生没年不詳)

二郎左衛門(1)　じろうざえもん
安土桃山時代の信濃国筑摩郡光郷の土豪。塔原海野氏もしくは光海野氏の被官か。
¶武田(生没年不詳)

二郎左衛門(2)　じろうざえもん
安土桃山時代の信濃国筑摩郡生野の土豪。塔原海野氏の被官とみられる。
¶武田(生没年不詳)

二郎三郎　じろうさぶろう
室町時代の大工。
¶美建(生没年不詳)

四郎右衛門　しろえもん
戦国時代の信濃小県郡の国衆小泉氏の被官。
¶武田(生没年不詳)

白樫主馬助＊　しろがししゅめのすけ
[別]白樫主馬助(しらかししゅめのすけ)　安土桃山時代の地侍。秀吉馬廻。
¶大坂(しらかししゅめのすけ)

白銀伊佐子・伊佐子・白銀いさ子　しろがねいさこ★
江戸時代後期の女性。狂歌。白金台町住。文化12年に家集「たまのいさご」が出される。
¶江表(白銀伊佐子・伊佐子・白銀いさ子(東京都))

白銀小波瀬・白銀小波世　しろがねこはせ★
江戸時代中期の女性。狂歌。天明4年、朱楽漢江序『狂言鶯蛙集』に載る。
¶江表(白銀小波瀬・白銀小波世(東京都))

白銀のあふり子　しろがねのあふりこ★
江戸時代後期の女性。狂歌。天明8年刊、朱楽菅江編『八重垣縁結』に載る。
¶江表(白銀のあふり子(東京都))

白壁王　しろかべのおう
⇒光仁天皇(こうにんてんのう)

白子屋お熊　しろこやおくま
⇒お駒・才三郎(おこま・さいざぶろう)

城崎方弘＊　しろさきまさひろ
生没年不詳　江戸時代後期の和算家。
¶数学

白田澄＊　しろたすみ
文政8(1825)年～？　江戸時代末期の女性。天満宮神官白田外記の妻。
¶江表(澄子(山形県)　[没]明治20(1887)年)

白取数馬＊　しろとりかずま
文政6(1823)年～明治31(1898)年　江戸時代末期～明治時代の津軽弘前藩士。庄内追討軍大隊長、新弘前藩の軍監になる。
¶幕末([没]明治31(1898)年4月18日)

白鳥長久　しろとりながひさ
⇒白鳥長久(しらとりながひさ)

白花子　しろばなこ★
江戸時代後期の女性。和歌。幕臣、大番小林鉄治郎正供の母。文化5年頃、真田幸弘編「御ことほきの記」に載る。
¶江表(白花子(東京都))

白藤　しろふじ★
江戸時代中期の女性。俳諧。長崎の遊女。宝永3年成立、堀部魯九編『春の鹿』に載る。
¶江表(白藤(長崎県))

治郎兵衛＊　じろべえ
江戸時代中期の仏師。
¶美建(生没年不詳)

白女＊　しろめ
生没年不詳　[別]白(しろ)　平安時代前期の女性。摂津国江口の遊女。大江玉淵の娘という。
¶古人，詩作，女史(白　しろ)

志和又之丞正次　しわまたのじょうまさつぐ
江戸時代前期の毛利吉政の近習。
¶大坂(㉜正保4年12月7日)

しん(1)
江戸時代中期の女性。和歌。京都の歌人・歌学者有賀長伯の妻。元禄9年成立、平間長雅編「奉納千首和歌」に載る。
¶江表(しん(京都府))

しん(2)
江戸時代中期の女性。和歌。龍造寺氏の娘。宝永6年奉納、平間長雅編「住吉社奉納千首和歌」に載る。
¶江表(しん(奈良県))

しん(3)
江戸時代中期の女性。和歌。高鍋藩主秋月長門守の娘。宝永6年奉納、平間長雅編「住吉社奉納千首和歌」に載る。
¶江表(しん(宮崎県))

しん(4)
江戸時代中期〜後期の女性。和歌・書簡。飯田本町の豪商黒金屋日能喜左衛門の娘。
¶江表(しん(長野県))　㊌元文5(1740)年　㉜文政3(1820)年

志ん
江戸時代後期の女性。和歌。河田直正の姉。天保11年成立「鷲見家短冊帖」に載る。
¶江表(志ん(鳥取県))

信　しん★
江戸時代後期の女性。俳諧。木村氏。天保3年刊、守村鶯卿編『女百人一句』に載る。
¶江表(信(京都府))

慎(1)　しん★
江戸時代後期の女性。俳諧。伊勢の人。安永年間刊、三浦樗良編『年の尾』に載る。
¶江表(慎(三重県))

慎(2)　しん★
江戸時代末期の女性。和歌。美濃曽井の青木杢助の妻。安政4年刊、富樫広蔭編『千百人一首』に載る。
¶江表(慎(岐阜県))

新　しん★
江戸時代中期の女性。俳諧。元禄3年刊、京都の三井秋風編『吐綬雞』に載る。
¶江表(新(滋賀県))

信阿★(1)　しんあ
生没年不詳　平安時代後期の真言宗の僧。
¶密教

信阿(2)　しんあ
⇒忍澂(にんちょう)

真阿弥陀仏　しんあみだぶつ
平安時代後期〜鎌倉時代前期の僧。勝倶胝院々主。
¶密教(㊌1168年以前　㉜1233年以後)

信安　しんあん
⇒植村信安(うえむらしんあん)

沈惟岳★　しんいがく
生没年不詳　㊙沈惟岳(ちんいがく)　奈良時代の唐より来朝した人。のち日本に帰化。
¶古代,対外

信恵　しんえ
⇒静慶(じょうけい)

信慧★(信恵)　しんえ
生没年不詳　平安時代後期の真言宗の僧。
¶古人(信恵)

心恵　しんえ
平安時代前期の僧。
¶古人(生没年不詳),古代

真恵★　しんえ
弘安2(1279)年〜正平2/貞和3(1347)年　鎌倉時代後期〜南北朝時代の法律家。
¶中世(㊌1283年)

真恵(2)(真慧)　しんえ
⇒真恵(しんけい)

真慧★(1)　しんえ
平安時代前期の僧。
¶古人(生没年不詳),古代

真慧(2)　しんえ
平安時代中期の延暦寺の僧。真恵とも。
¶古人(㊌?　㉜1000年)

信永　しんえい
⇒蜷川信永(にながわしんえい)

神叡★　しんえい　じんえい
?〜天平9(737)年　奈良時代の法相宗の僧。法相六祖の一人。
¶古人(じんえい),古代,コン(生没年不詳),対外

心越　しんえつ
⇒心越興儔(しんえつこうちゅう)

心越興儔★　しんえつこうちゅう
明・崇禎12(1639)年〜元禄8(1695)年　㊙興儔(こうちゅう),興儔心越(こうちゅうしんえつ),心越(しんえつ),東皐(とうこう),東皐心越(とうこうしんえつ)　江戸時代前期の来朝した中国の禅僧。
¶コン(東皐心越　とうこうしんえつ　㊌寛永16(1639)年),思想,対外

進越中守高清　しんえっちゅうのかみたかきよ
江戸時代前期の羽衣石南条氏の家臣。
¶大坂(㉜慶長19年)

新右衛門(1)　しんえもん
戦国時代の檜皮大工職人。甲斐国山梨郡藤木郷の放光寺近在。
¶武田(生没年不詳)

新右衛門(2)　しんえもん
戦国時代の鎌倉の大工職人。北条氏綱に仕えた。
¶後北

神右衛門(1)　しんえもん
安土桃山時代の信濃国筑摩郡黒坪の土豪。塔原海野氏の被官とみられる。
¶武田(生没年不詳)

神右衛門(2)　しんえもん
安土桃山時代の信濃国筑摩郡野口の土豪。麻績氏の被官とみられる。
¶武田(生没年不詳)

甚右衛門　じんえもん
安土桃山時代の信濃国筑摩郡会田の土豪。会田岩下氏の被官とみられる。
¶武田(生没年不詳)

信円*　しんえん
仁平3(1153)年～貞応3(1224)年11月19日　平安時代後期～鎌倉時代前期の僧。
¶古人

信縁*　しんえん
応徳1(1084)年～保延4(1138)年　平安時代後期の法相宗の僧。
¶古人

真円*　しんえん
永久5(1117)年～元久1(1204)年　平安時代後期～鎌倉時代前期の天台宗寺門派の僧。
¶古人

真延*　しんえん
生没年不詳　平安時代中期の僧侶・歌人。
¶古人

尋円*　じんえん
貞元2(977)年～長元4(1031)年　平安時代中期の天台僧。
¶古人

真翁宗見　しんおうしゅうけん
⇒真翁宗見(しんおうそうけん)

真翁宗見*　しんおうそうけん
？～永正13(1516)年　[別]真翁宗見(しんおうしゅうけん)　戦国時代の曹洞宗の僧。
¶武田(しんおうしゅうけん　[生]永享12(1440)年　[没]永正13(1516)年5月4日)

辰下　しんか⋆
江戸時代中期の女性。俳諧。榎本其角門。延享4年刊『五元集』に載る。
¶江表(辰下(東京都))

晋我(――〔1代〕)　しんが
⇒早見晋我(はやみしんが)

真雅*　しんが
延暦20(801)年～元慶3(879)年1月3日　[別]貞観寺僧正(じょうがんじのそうじょう)，法光大師(ほうこうだいし)　平安時代前期の真言宗の僧。空海の実弟。
¶古人,古代,コン

信海*(1)　しんかい
生没年不詳　鎌倉時代の画僧。藤原信実の第4子。
¶コン,美画

信海*(2)　しんかい
文政4(1821)年～安政6(1859)年　江戸時代末期の勤王僧。
¶全幕

信海(3)　しんかい
⇒豊蔵坊信海(ほうぞうぼうしんかい)

真快*　しんかい
生没年不詳　平安時代後期の仏師。
¶古人,美建

真改　しんかい
⇒井上真改(いのうえしんかい)

真海*(1)　しんかい
生没年不詳　平安時代後期の僧。
¶密教([生]1119年頃　[没]1184年3月21日)

真海(2)　しんかい
平安時代後期の園城寺の僧。系譜未詳。
¶平家(生没年不詳)

深慨隠士　しんがいおんし
⇒超然(ちょうねん)

新開実綱*　しんがいさねつな
？～天正10(1582)年　安土桃山時代の武将。
¶全戦

新海宗松　しんかいそうまつ
江戸時代後期～明治時代の仏師。
¶美建([生]弘化3(1846)年　[没]明治32(1899)年8月28日)

信覚*　しんかく
寛弘8(1011)年～応徳1(1084)年　平安時代中期～後期の真言宗の僧。東大寺70世、東寺長者32世。
¶古人,コン

心覚*(1)　しんかく，しんがく
永久5(1117)年～*　平安時代後期の真言宗の僧。密教の白描図像研究家。
¶古人([生]？　[没]1182年),コン([生]？　[没]養和1(1181)年),密教([没]1180年6月24日)

心覚*(2)　しんかく
元永2(1119)年～寿永1(1182)年6月24日　平安時代後期の天台宗の僧・歌人。
¶古人(生没年不詳)

真覚*(1)　しんかく
嘉祥3(850)年～延喜15(915)年　平安時代前期～中期の興福寺の僧。
¶古人

真覚*(2)　しんかく
？～永久4(1116)年　平安時代後期の僧。
¶古人

深覚*　じんかく，じんがく，しんがく
天暦9(955)年～長久4(1043)年9月14日　平安時代中期の真言宗の僧。東寺長者。
¶古人(しんかく)

殿リ勝五郎　しんがりかつごろう
⇒不知火光右衛門〔2代〕(しらぬいみつえもん)

真観*(1)　しんかん
*～興国2/暦応4(1341)年　[別]浄阿(じょうあ)，浄阿弥陀仏真観(じょうあみだぶつしんかん)　鎌倉時代後期～南北朝時代の僧。時宗四条派の祖。
¶コン([生]建治2(1276)年)

真観(2)　しんかん
⇒藤原光俊(ふじわらのみつとし)

信願　しんがん
⇒良遍(りょうへん)

真顔　しんがん
⇒鹿都部真顔(しかつべのまがお)

真願*　しんがん
寛徳2(1045)年～永久3(1115)年　平安時代中期～後期の興福寺の僧。
¶古人

深観* じんかん，しんかん
*〜永承5(1050)年　平安時代中期の真言宗の僧。東大寺64世、東寺長者27世。
¶古人（しんかん　㊥1003年），天皇（しんかん　㊥長保5(1003)年）

心観院 しんかんいん
⇒倫子女王（ともこじょおう）

真観院 しんかんいん*
江戸時代中期の女性。書。公卿清閑寺熈定の娘。寛延1年跋「拾遺愚草伊呂波字類」を編む。
¶江表（真観院（京都府））

真喜* しんき
*〜長保2(1000)年　平安時代中期の法相宗の僧。興福寺19世。
¶古人（㊥927年）

心祇 しんぎ
⇒魚貫（ぎょかん）

仁義公 じんぎこう
⇒藤原公季（ふじわらのきんすえ）

仁義堂道守 じんぎどうみちもり
⇒古満寛哉（こまかんさい）

信救 しんぎゅう
⇒西仏（さいぶつ）

信慶 しんきょう
延長6(928)年〜？　㊙信慶（しんけい）　平安時代後期の法相宗の僧。
¶古人（しんけい）

信敬* (1)　しんきょう
？〜長承1(1132)年　平安時代後期の天台宗の僧。
¶古人

信敬 (2)　しんきょう*
江戸時代後期の女性。俳諧。箕輪の人。文化2年刊、平橋庵蔽氷編、堀内引蝶集善集『蝶の夢集』に載る。
¶江表（信敬（山梨県））

真教 しんきょう
嘉禎3(1237)年〜元応1(1319)年　㊙他阿（たあ），他阿真教（たあしんきょう），他阿弥陀仏（たあみだぶつ）　鎌倉時代後期の時宗の僧。第2代遊行上人。
¶コン（他阿　たあ），思想，中世（他阿　たあ）

信行* しんぎょう
生没年不詳　㊙信行（しんこう）　奈良時代の元興寺法相宗の学僧。
¶古代（しんこう）

心敬 しんぎょう
⇒心敬（しんけい）

真暁* しんぎょう
平安時代前期の真言宗の僧。
¶古人（生没年不詳），古代

心鏡院 しんきょういん*
江戸時代中期の女性。和歌。鹿島藩主鍋島直条の娘。
¶江表（心鏡院（佐賀県））

信教尼 しんきょうに*
江戸時代後期の女性。和歌。伊丹の人。『桂園遺稿』に享和3年〜文化6年の記事がある。
¶江表（信教尼（兵庫県））

真行房定宴 しんぎょうぼうじょうえん
⇒定宴（じょうえん）

蜃気楼貝女 しんきろうかいじょ*
江戸時代後期の女性。狂歌。文化9年、宿屋飯盛撰『狂歌波津加蛭子』に載る。
¶江表（蜃気楼貝女（東京都））

信空* しんくう
久安2(1146)年〜安貞2(1228)年9月9日　㊙法蓮房（ほうれんぼう）　平安時代後期〜鎌倉時代前期の僧。浄土宗諸行衆の流祖。
¶古人

真空* しんくう
元久1(1204)年〜文永5(1268)年　鎌倉時代前期の三論・真言・律・浄土宗兼学の僧。
¶密教（㊷1268年7月8日）

信救 しんぐう
⇒西仏（さいぶつ）

真空院 しんくういん
江戸時代後期の徳川家斉の男子。
¶徳将（㊷享和3(1803)年5月9日）

新宮馬之助* しんぐううまのすけ
天保9(1838)年〜明治19(1886)年　㊙寺内新左衛門（てらうちしんざえもん）　江戸時代末期〜明治時代の土佐藩士。
¶全幕，幕末（㊷？）

新宮清通 しんぐうきよみち
戦国時代〜安土桃山時代の駿河府中浅間社富士新宮の社人。鎧取の新宮大夫をつとめた。
¶武田（生没年不詳）

神功皇后* じんぐうこうごう
170年〜269年　㊙気長足姫尊，息長帯日女命，息長帯比売命（おきながたらしひめのみこと，おきながたらしひめのみこと）　上代の女性。仲哀天皇の皇后。
¶古人（生没年不詳），古代，古物（生没年不詳），コン，天皇（㊷神功皇后69(269)年4月17日），平家（生没年不詳），山小

新宮左馬助 しんぐうさまのすけ
⇒堀内氏弘（ほりのうちうじひろ）

神宮司助左衛門* じんぐうじすけざえもん
天保14(1843)年〜？　江戸時代末期の鹿児島県士族。
¶幕末（㊷明治12(1879)年8月14日）

新宮簡* しんぐうたけま
文政10(1827)年〜明治11(1878)年　江戸時代末期〜明治時代の肥後人吉藩士。
¶幕末（㊷明治11(1878)年11月30日）

新宮半次郎 しんぐうはんじろう
⇒松脇五左衛門（まつわきござえもん）

新宮正清 しんぐうまさきよ
戦国時代〜安土桃山時代の駿河府中浅間社の富士新宮神主。
¶武田（㊥？）

新宮昌忠 しんぐうまさただ
戦国時代〜安土桃山時代の駿河府中浅間社の富士新宮神主。
¶武田（生没年不詳）

新宮涼閣＊（新宮凉閣）　しんぐうりょうかく
文政11（1828）年5月14日～明治18（1885）年12月4日　江戸時代末期～明治時代の蘭法医。
¶科学（新宮凉閣）

新宮涼庭＊（新宮凉庭）　しんぐうりょうてい
天明7（1787）年～安政1（1854）年　江戸時代後期の蘭方医。丹後国由良の新宮道庵の長子。
¶江人, 科学（[生]天明7（1787）年3月13日　[没]安政1（1854）年1月9日）, 眼医, コン, 思想, 対外, 幕末（新宮凉庭　[生]天明7（1787）年3月13日　[没]安政2（1855）年4月28日）

し

新宮涼民＊　しんぐうりょうみん
文政3（1820）年～明治8（1875）年3月24日　江戸時代末期～明治時代の蘭方医。新宮凉庭に入門し、養子となり本家を継ぐ。京都医学研究会、京都療病院設立など京都医学界の興隆に大きく貢献。
¶科学

甚九郎　じんくろう
⇒水木辰之助〔1代〕（みずきたつのすけ）

信慶＊（1）　しんけい
長元5（1032）年～元永1（1118）年　平安時代中期～後期の天台宗園城寺僧。
¶古人

信慶＊（2）　しんけい
承暦4（1080）年～保元2（1157）年　平安時代後期の僧。
¶古人

信慶（3）　しんけい
⇒信慶（しんきょう）

心敬＊　しんけい
応永13（1406）年～文明7（1475）年　[別]心敬（しんぎょう）　室町時代の連歌師、十住心院の住持。
¶コン, 思想, 中世, 日文, 俳文（[没]文明7（1475）年4月16日）

真恵＊　しんけい
長寛1（1163）年～暦仁2（1239）年1月21日　[別]真恵, 真慧（しんえ）　平安時代後期～鎌倉時代前期の僧。
¶古人（しんえ）

辰閨　しんけい★
江戸時代中期の女性。俳諧。伊勢の人。正徳2年序、下里知足編『千鳥掛』に載る。
¶江表（辰閨（三重県））

真芸　しんげい
⇒芸阿弥（げいあみ）

心慶胤光＊　しんけいたねみつ
天保3（1832）年～明治34（1901）年　[別]長尾栄吉（ながおえいきち）　江戸時代末期～明治時代の土浦藩刀工。師は大慶直胤で、作風を受け継ぐ。
¶幕末（[生]天保3（1832）年4月14日　[没]明治34（1901）年12月11日）

信解院　しんげいん★
江戸時代中期の女性。和歌。谷川氏。寛延3年成立、見坊景兼編「寛延和歌集」に載る。
¶江表（信解院（岩手県））

心月　しんげつ
⇒松浦詮（まつらあきら）

心月院　しんげついん★
江戸時代後期の女性。和歌。幕臣、大番木室庄七郎の妻。文政4年の「詩仙堂募集和歌」に載る。
¶江表（心月院（東京都））

真月院直子　しんげついんなおこ★
江戸時代後期の女性。和歌。遠江浜松藩主井上正甫の娘。
¶江表（真月院直子（長野県）　[生]寛政11（1799）年頃　[没]嘉永6（1853）年）

深月尼　しんげつに★
江戸時代後期の女性。和歌。彦根北組に住む彫刻家小野古澹の妻。嘉永3年刊『類題鴨川次郎集』に入集。
¶江表（深月尼（滋賀県））

真源　しんげん
平安時代後期～鎌倉時代前期の僧。上醍醐寂静院々主。
¶密教（[生]1142年　[没]1214年8月19日）

親玄＊　しんげん
建長1（1249）年～元亨2（1322）年　鎌倉時代後期の真言宗の僧。醍醐寺覚洞院親快の弟子。
¶コン

深賢（1）　じんけん
平安時代後期の僧。上醍醐准胝堂阿闍梨。
¶密教（[生]1095年　[没]1164年以後）

深賢＊（2）　じんけん, しんけん
？～弘長1（1261）年9月14日　鎌倉時代前期の真言宗の僧。醍醐寺地蔵院の開祖。
¶密教（[生]1179年　[没]1261年9月14日）

尋源　じんげん
平安時代中期の東寺の僧。長暦3年広沢別当。
¶古人（生没年不詳）

信子　しんこ★
江戸時代後期～明治時代の女性。工芸。飫肥藩の藩医桑原寿伯の娘。機織界の第一人者。
¶江表（信子（宮崎県）　[生]文政5（1822）年　[没]明治42（1909）年）

震子　しんこ★
江戸時代後期の女性。和歌。京都の溝口氏の娘。文化11年、夫に死別後、秋帆、立枝を連れ、家を継いだ久太郎の弟秋水と再婚。
¶江表（震子（山口県））

甚子　じんこ★
江戸時代中期の女性。俳諧。鶴来の人。元禄4年刊、立花北枝編『卯辰集』に載る。
¶江表（甚子（石川県））

諶厚　しんこう
⇒彦坂諶厚（ひこさかじんこう）

信行　しんこう
⇒信行（しんぎょう）

真興＊　しんこう, しんごう
＊～寛弘1（1004）年10月23日　[別]子島先徳（こじまのせんとく）　平安時代中期の南都の僧。子島流の祖。
¶古人（[生]934年）, コン（[生]承平4（934）年）

真光　しんこう★
江戸時代後期の女性。和歌。常陸水戸藩書院番組

頭、弘道館舎長鵜殿平太左衛門の母。天保12年成立、徳川斉昭撰「弘道館梅花詩歌」に載る。
¶江表（真光（茨城県））

尋光* じんこう
天禄2（971）年～長暦2（1038）年　平安時代中期の天台僧。
¶古人

尋香 じんこう
⇒小川尋香（おがわじんこう）

新光院殿* しんこういんでん
生没年不詳　戦国時代の女性。北条氏繁後室。
¶後北（新光院殿〔北条〕）

新皇嘉門院* しんこうかもんいん
寛政10（1798）年～文政6（1823）年　[別]鷹司繁子（たかつかさつなこ），藤原繁子（ふじわらのつなこ）　江戸時代後期の女性。仁孝天皇の妃。
¶江表（新皇嘉門院（京都府）），天皇（鷹司繁子　たかつかさつなこ　[生]寛政10（1798）年2月1日）

新広義門院* しんこうぎもんいん
寛永1（1624）年～延宝5（1677）年　[別]園国子（そのくにこ），藤原基子（ふじわらのきし）　江戸時代前期の女性。後水尾天皇の宮人。
¶天皇（園国子　そのくにこ　[生]？　[没]延宝5（1677）年7月5日）

進鴻渓* しんこうけい
文政4（1821）年～明治17（1884）年11月21日　江戸時代後期～明治時代の儒者。
¶詩作

真興尼 しんこうに★
江戸時代後期の女性。和歌・散文。愛宕郡大原の寂光院主。
¶江表（真興尼（京都府））

真寉 しんこく★
江戸時代の女性。漢詩。松村氏。明治13年刊、水上珍亮編『日本閨媛吟藻』下に載る。
¶江表（真寉（新潟県））

新五郎(1) しんごろう
戦国時代の甲斐国八代郡石橋郷在住の番匠頭。
¶武田（生没年不詳）

新五郎(2) しんごろう
安土桃山時代の信濃国安曇郡の土豪。仁科氏の被官とみられる。
¶武田（生没年不詳）

新五郎(3) しんごろう
安土桃山時代の信濃国筑摩郡小立野の土豪。日岐氏の被官とみられる。
¶武田（生没年不詳）

神五郎 しんごろう
安土桃山時代の信濃国筑摩郡刈谷原の土豪。会田岩下氏の被官とみられる。
¶武田（生没年不詳）

進五郎左衛門高直 しんごろ（う）ざえもんたかなお
江戸時代前期の武士。大坂の陣で籠城。後、水野忠善に仕えた。
¶大坂

親厳* しんごん
仁平1（1151）年～嘉禎2（1236）年　平安時代後期～鎌倉時代前期の僧。
¶古人

辰斎 しんさい
⇒柳々居辰斎（りゅうりゅうきょしんさい）

新宰相*(1) しんさいしょう
生没年不詳　平安時代中期の歌人。上東門院（藤原彰子）の女房。
¶古人

新宰相*(2) しんさいしょう
生没年不詳　平安時代中期の歌人。四条宮（藤原寛子）の女房。
¶古人

新左衛門* しんさえもん
生没年不詳　平安時代中期の女房・歌人。
¶古人

新左衛門(1) しんざえもん
安土桃山時代の信濃国安曇郡押野の土豪。仁科氏の被官とみられる。
¶武田（生没年不詳）

新左衛門(2) しんざえもん
安土桃山時代の信濃国筑摩郡会田の土豪。会田岩下氏の被官とみられる。
¶武田（生没年不詳）

甚左衛門(1) じんざえもん
安土桃山時代の信濃国筑摩郡小芹・大久保・花見の土豪。塔原海野氏の被官とみられる。
¶武田（生没年不詳）

甚左衛門(2) じんざえもん
⇒神吉寿平〔1代〕（かみよしじゅへい）

新朔平門院* しんさくへいもんいん
文化8（1811）年～弘化4（1847）年　[別]鷹司祺子（たかつかさやすこ），藤原祺子（ふじわらのやすこ）　江戸時代後期の女性。仁孝天皇の妃。
¶江表（新朔平門院（京都府）），天皇（鷹司祺子　たかつかさやすこ　[生]文化8（1811）年2月25日　[没]弘化4（1847）年10月3日）

新三郎 しんざぶろう
安土桃山時代の信濃国筑摩郡永井の人。
¶武田（生没年不詳）

真山 しんざん★
江戸時代中期の女性。俳諧。加賀の人。明和8年序、高桑闌更編『落葉考』に載る。
¶江表（真山（石川県））

晨支 しんし
江戸時代後期の俳諧師。
¶俳文（[生]？　[没]天保14（1843）年）

神子栄尊* しんしえいそん，じんしえいそん
建久6（1195）年～文永9（1272）年12月28日　[別]栄尊（えいそん）　鎌倉時代前期の天台兼修の臨済僧。
¶対外（じんしえいそん）

心地覚心 しんじかくしん
⇒覚心（かくしん）

神路館海老麿 しんじかんえびまろ
⇒沢村国太郎〔1代〕（さわむらくにたろう）

進士仙吉* しんじせんきち
弘化2（1845）年～明治26（1893）年　江戸時代末期

～明治時代の教育者。石岡小学校初代校長。石岡地方の公立小学校教育の基礎を確立。
¶幕末(㊀明治26(1893)年3月8日)

新七* しんしち
生没年不詳 安土桃山時代の織田信長の家臣。
¶織田

信実* しんじつ
生没年不詳 平安時代後期の興福寺の僧。
¶古人

し

宍道恒樹* しんじつねき
天保4(1833)年～明治44(1911)年 江戸時代末期～明治時代の萩藩士。文学寮助教。京都梅宮神社等に仕え、宮内省図書寮属。
¶幕末(㊀明治44(1911)年9月7日)

新子内親王* しんしないしんのう
？～寛平9(897)年 ㊙新子内親王(にいこないしんのう) 平安時代前期の女性。仁明天皇の皇女。
¶古人(にいこないしんのう)

真子内親王* しんしないしんのう
？～貞観12(870)年 ㊙真子内親王(さねこないしんのう,まさこないしんのう) 平安時代前期の女性。仁明天皇の皇女。
¶古人(さねこないしんのう),古人(まさこないしんのう)

仁子内親王* じんしないしんのう
？～仁和5(889)年 ㊙仁子内親王(ひとこないしんのう) 平安時代前期の女性。嵯峨天皇の皇女。
¶古人(ひとこないしんのう)

新車(1) しんしゃ
⇒市川門之助〔1代〕(いちかわもんのすけ)

新車(2) しんしゃ
⇒市川門之助〔2代〕(いちかわもんのすけ)

新車(3) しんしゃ
⇒市川門之助〔3代〕(いちかわもんのすけ)

信寂* しんじゃく
生没年不詳 平安時代中期の天台宗の僧・歌人。
¶古人

真寂 しんじゃく
⇒斉世親王(ときよしんのう)

真寂法親王 しんじゃくほうしんのう
⇒斉世親王(ときよしんのう)

真寂法親王 しんじゃくほっしんのう
⇒斉世親王(ときよしんのう)

信寿 しんじゅ
⇒津軽信寿(つがるのぶひさ)

辰寿 しんじゅ
⇒富永平兵衛(とみながへいべえ)

心珠院 しんしゅいん★
江戸時代前期～中期の女性。宗教・和歌。京都の公家鷲尾隆量の娘。
¶江表(心珠院(熊本県) ㊀寛永3(1626)年 ㊀元禄8(1695)年)

深珠院 しんじゅいん
江戸時代後期の女性。徳川家慶の長女。
¶徳将(㊀1814年 ㊀1818年)

真珠院 しんじゅいん★
江戸時代中期の女性。和歌。仙台の人。安永3年成立「田村村隆母公六十賀祝賀歌集」に載る。
¶江表(真珠院(宮城県))

真寿院 しんじゅいん★
江戸時代中期の女性。漢詩・和歌。長門長府藩主毛利綱元の娘。
¶江表(真寿院(岩手県) ㊀寛保2(1742)年)

真珠院三千子 しんじゅいんみちこ★
江戸時代中期～後期の女性。和歌。松代藩6代藩主真田幸弘の娘。
¶江表(真珠院三千子(長野県) ㊀明和9(1772)年 ㊀文政5(1822)年)

真修院 しんしゅういん★
江戸時代前期の女性。書簡。伊予松山藩主松平定頼の娘。
¶江表(真修院(鹿児島県) ㊀天和2(1662)年)

進十六* しんじゅうろく
*～昭和3(1928)年 ㊙進十六(しんそろく) 江戸時代末期～明治時代の萩藩士。権大属兼権典事、判事、行政裁判所評定官になる。
¶幕末(しんそろく ㊀天保14(1844)年12月2日 ㊀昭和3(1928)年5月16日)

神叔* しんしゅく
江戸時代中期の神道家・俳人。
¶俳文(生没年不詳)

新崇賢門院 しんしゅけんもんいん
⇒新崇賢門院(しんすうけんもんいん)

深守法親王* しんしゅほうしんのう
*～元中8/明徳2(1391)年 南北朝時代の邦良親王の王子。
¶天皇(生没年不詳)

慎女 しんじょ★
江戸時代中期の女性。俳諧。豊後玖珠の人。元禄11年刊、北村季吟門の晴寛浪化編『続有磯海』に載る。
¶江表(慎女(大分県))

振女 しんじょ
江戸時代前期の女性。俳諧。清水為安の妻。延宝6年頃刊、松風軒卜琴撰『越路草』一に載る。
¶江表(振女(福井県))

新女 しんじょ★
江戸時代後期の女性。和歌。幕臣、使番鷲巣伊左衛門清典の妻。文政4年の「詩仙堂募集和歌」に載る。
¶江表(新女(東京都))

臣女 しんじょ★
江戸時代中期の女性。俳諧。服部氏。享保17年序、菊岡沾涼編『綾錦』下に載る。
¶江表(臣女(東京都))

晨女 しんじょ★
江戸時代後期～明治時代の女性。教育。今井氏。
¶江表(晨女(東京都) ㊀文政8(1825)年頃 ㊀明治13(1880)年)

信昭* しんしょう
生没年不詳 鎌倉時代後期～南北朝時代の連歌師。
¶俳文

信証* しんしょう
承徳2(1098)年～康治1(1142)年 平安時代後期

の真言宗の僧。西院流の祖。
¶古人（㊐1096年）

信正　しんしょう
⇒宇都宮朝業（うつのみやともなり）

審祥*　しんしょう，しんじょう
生没年不詳　奈良時代の僧。入唐し法蔵について
華厳を学ぶ。
¶古人（しんじょう），古代，コン，対外（しんじょう）

新升(1)　**しんしょう**
⇒市川鰕十郎〔1代〕（いちかわえびじゅうろう）

新升(2)　**しんしょう**
⇒市川鰕十郎〔2代〕（いちかわえびじゅうろう）

新升(3)　**しんしょう**
⇒市川鰕十郎〔3代〕（いちかわえびじゅうろう）

真照*　しんしょう
生没年不詳　鎌倉時代前期の律僧。
¶対外

真性　しんしょう
仁安2（1167）年〜寛喜2（1230）年　平安時代後期
〜鎌倉時代前期の僧。以仁王の王子。
¶古人

新城　しんじょう*
安土桃山時代〜江戸時代前期の女性。書簡。戦国
大名島津義久の二女。
¶江表（新城（鹿児島県）　㊐永禄6（1563）年　㊷寛永18
（1641）年）

真紹*　しんじょう，しんしょう
延暦16（797）年〜貞観15（873）年　㊅石山僧都（い
しやまのそうず），禅林寺僧都（ぜんりんじのそう
ず）　平安時代前期の真言宗の僧。禅林寺の開山。
¶古人（しんしょう　㊐795年），古代

真盛　しんじょう
⇒真盛（しんせい）

真静　しんじょう
⇒真静（しんせい）

深勝　じんしょう
平安時代後期の僧。上醍醐別当（准胝堂別当）。
¶密教（㊐1110年以前　㊷1142年以後）

深性　じんしょう
⇒深性法親王（しんしょうほっしんのう）

新庄厚信*　しんじょうあつのぶ
天保5（1834）年〜明治36（1903）年　江戸時代末期
〜明治時代の官吏、実業家。
¶幕末（㊐天保5（1834）年4月　㊷明治36（1903）年3月8
日）

信松院*　しんしょういん
永禄4（1561）年〜元和2（1616）年　㊅信松尼（しん
しょうに），武田松（たけだまつ），松姫（まつひ
め）　安土桃山時代〜江戸時代前期の女性。武田信
玄の6女。
¶江表（信松院（東京都），武田（武田松　たけだまつ）
㊷元和2（1616）年4月16日）

信証院　しんしょういん
⇒蓮如（れんにょ）

真性院　しんしょういん
⇒お梅（おうめ）

真常院　しんじょういん*
江戸時代前期の女性。書簡。佐賀竜造寺家の多久
茂辰の娘。
¶江表（真常院（佐賀県）　㊷寛永14（1637）年）

真松院定子　しんじょういんさだこ*
江戸時代後期の女性。和歌。陸奥白河藩主松平定
賢の娘。
¶江表（真松院定子（長野県）　㊷文化14（1817）年）

新上西門院*　しんじょうさいもんいん
承応2（1653）年〜正徳2（1712）年　㊅鷹司房子（た
かつかさふさこ），藤原房子（ふじわらのふさこ）
江戸時代前期〜中期の女性。霊元天皇の皇后。
¶江表（新上西門院（京都府），天皇（鷹司房子　たかつ
かさふさこ・ふさこ　㊐承応2（1653）年8月21日　㊷
正徳2（1712）年4月14日）

新庄侍従　しんじょうじじゅう
⇒吉川広家（きっかわひろいえ）

新少将*　しんしょうしょう
生没年不詳　鎌倉時代前期の女流歌人。
¶古人

真照寺鷺十　しんしょうじろじゅう
⇒鷺十（ろじゅう）

真浄禅尼　しんじょうぜんに*
江戸時代後期〜明治時代の女性。和歌・書。関白
鷹司政煕の娘。
¶江表（真浄禅尼（京都府）　㊐天明8（1788）年　㊷明治5
（1872）年）

新庄惣兵衛　しんじょうそうびょうえ
江戸時代前期の大野治房の家臣。
¶大坂

新上東門院*　しんじょうとうもんいん
天文22（1553）年〜元和6（1620）年　㊅勧修寺晴子
（かじゅうじはるこ），藤原晴子（ふじわらのはる
こ）　安土桃山時代〜江戸時代前期の女性。後陽成
天皇の母。
¶女史，天皇（勧修寺晴子　かじゅうじはるこ　㊐天文21
（1552）年　㊷元和6（1620）年2月18日）

新庄直氏　しんじょうなおうじ
安土桃山時代〜江戸時代前期の代官。
¶徳代（㊐天正19（1591）年　㊷寛永9（1632）年9月17日）

新城直勝の妻　しんじょうなおかつのつま*
江戸時代中期の女性。和歌。旗本飯田四郎左衛門
直重の娘。　元禄16年刊、植山検校江民軒梅之・梅柳
軒水之麿『歌林尾花末』に載る。
¶江表（新城直勝の妻（東京都））

新庄直定*　しんじょうなおさだ
永禄5（1562）年〜元和4（1618）年　安土桃山時代
〜江戸時代前期の大名。常陸麻生藩主。
¶コン（㊷元和2（1616）年）

新庄直敬*　しんじょうなおたか
*〜明治5（1872）年　㊅新庄直敬（しんじょうなお
なり）　江戸時代末期〜明治時代の大名。常陸麻生
藩主。
¶幕末（㊐文政1（1818）年　㊷明治5（1872）年9月2日）

新庄直忠*　しんじょうなおただ
天文11（1542）年〜元和6（1620）年　安土桃山時代
〜江戸時代前期の武将。直昌の次男。
¶対外，徳人，徳代（㊷元和6（1620）年1月25日）

新庄直恒の妻 しんじょうなおつねのつま★
江戸時代中期の女性。和歌。旗本三枝日向守守清の娘。宝永7年刊、坂静山編『和歌継塵集』に載る。
¶江表(新庄直恒の妻(東京都))

新庄直恒の娘 しんじょうなおつねのむすめ★
江戸時代中期の女性。和歌。旗本の娘。宝永7年刊、坂静山編『和歌継塵集』に載る。
¶江表(新庄直恒の娘(東京都))

し

新庄直時* しんじょうなおとき
寛永3(1626)年～延宝5(1677)年 江戸時代前期の大名。常陸麻生藩主。
¶コン

新庄直富 しんじょうなおとみ
江戸時代中期の幕臣。
¶徳人(㊍1747年 ㊞?)

新庄直彪* しんじょうなおとら
天保10(1839)年～慶応1(1865)年 江戸時代末期の大名。常陸麻生藩主。
¶幕末

新庄直敬 しんじょうなおなり
⇒新庄直敬(しんじょうなおたか)

新庄直詮* しんじょうなおのり
寛文5(1665)年～宝永5(1708)年 江戸時代前期～中期の大名。常陸麻生藩主。
¶コン

新庄直温 しんじょうなおはる
江戸時代後期の幕臣。
¶徳人(㊍1831年 ㊞?)

新庄直房* しんじょうなおふさ
文禄4(1595)年～慶安2(1649)年 江戸時代前期の書院番頭。
¶徳人(㊍1594年)

新庄直政の妻 しんじょうなおまさのつま★
江戸時代中期の女性。和歌。旗本新庄直政の妻。元禄16年刊、植山検校江民軒梅之・梅柳軒水之編『歌林尾花末』に載る。
¶江表(新庄直政の妻(東京都))

新庄直政の母 しんじょうなおまさのはは★
江戸時代中期の女性。和歌。旗本新庄内膳直政の母。
¶江表(新庄直政の母(東京都))

新庄直好* しんじょうなおよし
慶長4(1599)年～寛文2(1662)年 江戸時代前期の大名。常陸麻生藩主。
¶コン

新庄直頼* しんじょうなおより
天文7(1538)年～慶長17(1612)年 安土桃山時代～江戸時代前期の武将、大名。摂津高槻藩主、常陸麻生藩主。
¶織田(㊞慶長17(1612)年12月19日)

新少納言* しんしょうなごん
生没年不詳 平安時代中期の女性。後冷泉天皇皇后寛子の女房。
¶古人

信勝尼* しんしょうに
生没年不詳 奈良時代の尼僧。
¶女史

信松尼 しんしょうに
⇒信松院(しんしょういん)

真浄尼 しんじょうに★
江戸時代末期の女性。和歌。下総香取郡新里の人。安政4年序、三橋鶴彦編『麻葉和歌集』に載る。
¶江表(真浄尼(千葉県))

信乗の母 しんじょうのはは★
江戸時代前期の女性。俳諧。伊賀の人。寛文12年刊、松尾芭蕉編『貝おほひ』に載る。
¶江表(信乗の母(三重県))

深性法親王 しんしょうほうしんのう, じんしょうほうしんのう
⇒深性法親王(しんしょうほっしんのう)

深性法親王* しんしょうほっしんのう
建治1(1275)年～正安1(1299)年 ㊿深性法親王(しんしょうほうしんのう, じんしょうほうしんのう), 深性(じんしょう) 鎌倉時代後期の後深草天皇の第6皇子。
¶天皇(しんしょうほうしんのう ㊍建治1(1275)年/文永8年 ㊞正安1(1299)年6月7日)

神四郎 しんしろう
安土桃山時代の信濃国筑摩郡会田の土豪。会田岩下氏の被官とみられる。
¶武田(生没年不詳)

晋々 しんしん
江戸時代後期の女性。俳諧。赤ヶ原の人。寛政5年成立、南無庵作良編『丑のとし春興』に載る。
¶江表(晋々(山梨県))

深心院 じんしんいん
⇒お梅の方(おうめのかた)

深心院関白 しんしんいんかんぱく
⇒近衛基平(このえもとひら)

伸々女 しんしんじょ★
江戸時代後期の女性。俳諧。浅草の札差で俳諧宗匠守村抱儀の妻。天保7年跋、黒川惟草編『俳諧人名録』初に載る。
¶江表(伸々女(東京都))

信仁亭月和孝の妻 しんじんていつきわたかしのつま★
江戸時代中期～後期の女性。狂歌。茗荷屋沖右衛門が、早世した夫和孝と花信亭鏡起明の供養のための追悼の会で歌を詠む。
¶江表(信仁亭月和孝の妻(東京都))

薪水(1) しんすい
⇒坂東彦三郎〔1代〕(ばんどうひこさぶろう)

薪水(2) しんすい
⇒坂東彦三郎〔2代〕(ばんどうひこさぶろう)

薪水(3) しんすい
⇒坂東彦三郎〔3代〕(ばんどうひこさぶろう)

辰水 しんすい★
江戸時代後期の女性。俳諧。相模荻野の人。文化9年刊、芹江編『うめこよみ』に載る。
¶江表(辰水(神奈川県))

真蘂 しんずい
⇒季瓊真蘂(きけいしんずい)

新崇賢門院* しんすうけんもんいん
延宝3(1675)年～宝永6(1709)年12月29日 ㊿櫛

櫛賀子（くしげよしこ），新崇賢門院（しんしゅけんもんいん）　江戸時代中期の女性。中御門天皇の母。
¶コン，天皇（櫛笥賀子　くしげよしこ）

新介　しんすけ
安土桃山時代の信濃国筑摩郡郷郷の土豪。塔原海野氏もしくは光海野氏の被官か。
¶武田（生没年不詳）

新助　しんすけ
安土桃山時代の信濃国筑摩郡刈谷原の土豪。会田岩下氏の被官とみられる。
¶武田（生没年不詳）

新典侍*　しんすけ
？〜元文4（1739）年1月19日　劉清心院（せいしんいん）　江戸時代中期の女性。5代将軍徳川綱吉の側室。
¶徳将（清心院　せいしんいん　⊕1667年）

神介　しんすけ
安土桃山時代の信濃国筑摩郡野口の土豪。麻績氏の被官とみられる。
¶武田（生没年不詳）

信精　しんせい*
江戸時代中期の女性。俳諧。伊勢崎の人。安永8年刊、栗庵似鳩編『せりのね』に載る。
¶江表（信精（群馬県））

信誓　しんせい，しんぜい
生没年不詳　平安時代中期の法華持経者。
¶古人（しんぜい）

心誠　しんせい*
江戸時代末期の女性。和歌。中宮寺の侍尼。安政6年刊、伴林光平編『垣内摘草』に載る。
¶江表（心誠（奈良県））

真盛*　しんせい，しんぜい
嘉吉3（1443）年1月28日〜明応4（1495）年2月30日　劉円戒国師（えんかいこくし），真盛（しんじょう），慈摂大師（じせつだいし）　室町時代〜戦国時代の天台宗の僧。天台宗真盛派の開祖。
¶コン，思想，中世

真静*　しんせい
？〜天慶3（940）年　劉真静（しんじょう）　平安時代の僧、歌人。
¶古人（しんじょう）

信西　しんぜい
⇒藤原通憲（ふじわらのみちのり）

真済*　しんぜい
延暦19（800）年〜貞観2（860）年　劉紀僧正（きのそうじょう），高雄僧正（たかおそうじょう）　平安時代前期の真言宗の僧。空海十大弟子の一人。
¶古人，古代，コン，思想，平家

塵生　じんせい
江戸時代中期の俳諧作者。
¶俳文（生没年不詳）

尋清*　じんせい
貞元1（976）年〜永承6（1051）年　平安時代中期〜後期の真言僧。
¶古人

新清和院*　しんせいわいん
安永8（1779）年〜弘化3（1846）年　劉欣子内親王

（きんしないしんのう，よしこないしんのう）　江戸時代後期の女性。光格天皇の皇后。
¶江表（新清和院（京都府）），天皇（欣子内親王　よしこ・きんしないしんのう　⊕安永8（1779）年1月24日　⊗弘化3（1846）年6月20日）

心前*　しんぜん
？〜天正17（1589）年？　安土桃山時代の連歌師。
¶俳文（生没年不詳）

真然*　しんぜん
*〜寛平3（891）年9月11日　劉真然（しんねん）　平安時代前期の真言宗の僧。空海の甥。
¶古人（⊕？），古代（⊗？），コン（⊗延暦23（804）年？）

尋禅*　じんぜん
天慶6（943）年〜正暦1（990）年　劉慈忍（じにん）　平安時代中期の天台宗の僧（天台座主、藤原師輔の10男）。
¶古人，コン

真全女　しんぜんじょ*
江戸時代後期の女性。教育。伊能氏。文化10年に塾を開き、天保7年に閉塾するまで、女子に読み書きを教えた。
¶江表（真全女（千葉県））

神仙門院*　しんせんもんいん
寛喜3（1231）年〜正安3（1301）年　劉体子内親王（たいしないしんのう）　鎌倉時代の女性。後堀河天皇の皇女。
¶天皇，天皇（体子内親王　たいしないしんのう）

真相　しんそう
⇒相阿弥（そうあみ）

進三　しんぞう
⇒河竹新七〔1代〕（かわたけしんしち）

新三衛門　しんぞうえもん
安土桃山時代の信濃国筑摩郡安坂の土豪。
¶武田（生没年不詳）

甚三衛門　じんぞうえもん
安土桃山時代の信濃国筑摩郡刈谷原の土豪。会田岩下氏の被官とみられる。
¶武田（生没年不詳）

新蕎麦打子　しんそばうちこ*
江戸時代後期の女性。狂歌。天明8年刊、朱楽菅江編『八重垣縁結』に載る。
¶江表（新蕎麦打子（東京都））

進十六　しんそろく
⇒進十六（しんじゅうろく）

真存*　しんそん，しんぞん
生没年不詳　戦国時代の僧侶・連歌作者。
¶俳文（しんぞん）

尋尊*　じんそん
永享2（1430）年〜永正5（1508）年　劉大乗院尋尊（だいじょういんじんそん，だいじょういんじんそん）　室町時代〜戦国時代の法相宗の僧。父は一条兼良。
¶コン（大乗院尋尊　だいじょういんじんそん），思想，中世（大乗院尋尊　だいじょういんじんそん），内乱（⊕永享3（1430）年），山小（⊕1430年8月　⊗1508年5月2日）

新待賢門院*(1)　しんたいけんもんいん
享和3（1803）年〜安政3（1856）年　劉正親町雅子

（おおぎまちなおこ），藤原雅子（ふじわらのまさこ）　江戸時代末期の女性。仁孝天皇の宮人。
¶コン，天皇（正親町雅子　おおぎまちなおこ）　㊤享和3（1803）年11月1日　㊦安政3（1856）年7月6日）

新待賢門院⑵　しんたいけんもんいん
⇒阿野廉子（あのれんし）

新大納言局*⑴　しんだいなごんのつぼね
生没年不詳　㊞平維盛の北の方（たいらこれもりのきたのかた）　平安時代後期の女性。平維盛の妻。
¶平家（平維盛の北の方　たいらこれもりのきたのかた）

新大納言局*⑵　しんだいなごんのつぼね
生没年不詳　㊞法眼良珍女（ほうげんりょうちんじょ）　鎌倉時代後期の女性。後二条天皇の宮人。
¶天皇（法眼良珍女　ほうげんりょうちんじょ）

神忠政　じんただまさ
弘治2（1556）年～天正10（1582）年11月15日　戦国時代～安土桃山時代の織田信長の家臣。
¶織田

進常刀　しんたてわき
安土桃山時代～江戸時代前期の羽衣石南条氏の家臣。
¶大坂（㊦慶長20年5月5日）

新太夫　しんだゆう*
江戸時代前期の女性。書簡。常高院の侍女。
¶江表（新太夫（香川県）　㊦慶安4（1651）年）

津太夫　しんだゆう
⇒津太夫（つだゆう）

尋智*　じんち
生没年不詳　平安時代後期の興福寺僧。
¶古人

心地覚心　しんちかくしん，しんぢかくしん
⇒覚心（かくしん）

信忠*　しんちゅう
奈良時代の僧。
¶古人（生没年不詳），古代

新中和門院*　しんちゅうかもんいん
元禄15（1702）年～享保5（1720）年　㊞近衛尚子（このえひさこ），新中和門院（しんちゅうわもんいん），藤原尚子（ふじわらのひさこ）　江戸時代中期の女性。中御門天皇の女御、桜町天皇の母。
¶コン，天皇（近衛尚子　このえひさこ　㊤元禄15（1702）年3月9日　㊦享保5（1720）年1月20日）

新中和門院　しんちゅうわもんいん
⇒新中和門院（しんちゅうかもんいん）

真超（真迢）　しんちょう
⇒日迢（にっちょう）

真鳥　しんちょう
⇒森田勘弥〔4代〕（もりたかんや）

真昶*　しんちょう
大同2（807）年～元慶4（880）年　平安時代前期の僧。
¶古人，古代

真禎*　しんてい
嘉応1（1169）年～?　平安時代後期～鎌倉時代前期の僧。後白河天皇の第11皇子。
¶古人，天皇（生没年不詳）

新田貞俊　しんでんさだとし
戦国時代～安土桃山時代の相模国久野城主北条宗哲・氏隆の家臣。日向守。
¶後北（貞俊〔新田〕　さだとし）

心田清播　しんでんしょうばん
⇒心田清播（しんでんせいは）

心田清播*　しんでんせいは
天授1/永和1（1375）年～文安4（1447）年　㊞心田清播（しんでんしょうばん，しんでんせいはん），清播（せいは），聴雨（ちょうう）　南北朝時代～室町時代の臨済宗の僧、五山文学僧。
¶コン（しんでんせいはん）

心田清播　しんでんせいはん
⇒心田清播（しんでんせいは）

神藤右衛門*　しんどううえもん
生没年不詳　安土桃山時代の織田信長の家臣。
¶織田

進藤賢盛*　しんどうかたもり
生没年不詳　安土桃山時代の織田信長の家臣。
¶織田，全戦

進藤源次郎*　しんどうげんじろう
生没年不詳　安土桃山時代の織田信長の家臣。
¶織田

新藤五国光　しんとうごくにみつ
⇒国光（くにみつ）

進藤貞治*　しんどうさだはる
?～天文20（1551）年　㊞進藤山城守貞治（しんどうやましろのかみさだはる）　戦国時代の武士。
¶全戦（㊤明応6（1497）年）

進藤茂子　しんどうしげこ
⇒土岐筑波子（ときつくばこ）

新藤治助　しんどうじすけ
戦国時代～江戸時代前期の山名氏の家臣。
¶大坂（㊤天文7年　㊦寛永4年10月1日）

新藤鉊蔵　しんどうしょうぞう
江戸時代末期の幕臣。
¶幕末（生没年不詳）

進藤高範　しんどうたかのり
鎌倉時代前期の官人。
¶平家（㊤?　㊦承久3（1221）年）

進藤常吉*　しんどうつねきち
弘化4（1847）年～明治1（1868）年　江戸時代末期の上野館林藩士。
¶幕末（㊤弘化4（1847）年8月　㊦慶応4（1868）年4月17日）

進藤長房　しんどうながふさ
江戸時代前期～中期の公家。進藤長定の子。
¶公家（長房〔近衛家諸大夫　進藤家（藤原氏）〕　ながふさ　㊤1642年　㊦享保3（1718）年8月6日）

進藤長義*　しんどうながよし
文政5（1822）年～?　江戸時代末期の近衛家諸大夫。
¶幕末（㊤文政5（1822）年1月13日）

進藤山城守貞治　しんどうやましろのかみさだはる
⇒進藤貞治（しんどうさだはる）

進藤世咲*　しんどうよさく
文政8(1825)年～明治11(1878)年　江戸時代末期～明治時代の医師。
¶幕末([没]明治11(1878)年10月4日)

進藤与兵衛　しんどうよひょうえ
安土桃山時代の武士。高天神籠城衆。
¶武田([生]？　[没]天正9(1581)年3月22日)

新藤頼安*　しんどうよりやす
？～永禄4(1561)年10月19日　戦国時代～安土桃山時代の北条氏の家臣。河越衆。
¶後北(頼安〔新藤〕　よりやす)

進藤来安　しんどうらいあん
江戸時代後期の眼科医。
¶眼医(生没年不詳)

信徳　しんとく
⇒伊藤信徳(いとうしんとく)

深徳院　しんとくいん
⇒須磨の方(すまのかた)

慎徳院殿　しんとくいんどの
⇒徳川家慶(とくがわいえよし)

信徳丸*　しんとくまる
弱法師伝説の主人公。
¶コン,女史

神日*　じんにち,しんにち
貞観2(860)年～延喜16(916)年　平安時代前期～中期の真言宗の僧。
¶古人(しんにち　[生]851年)

信如*　しんにょ
建暦1(1211)年～？　[別]信如尼(しんにょに)　鎌倉時代前期の尼僧。中宮寺中興開山。
¶女史

真如*　しんにょ
延暦18(799)年～*　[別]高岳親王(こうがくしんのう,たかおかしんのう),真如親王(しんにょしんのう),高丘親王(たかおかしんのう)　平安時代前期の真言宗の僧。平城天皇の第3皇子。
¶古人(高丘親王　たかおかしんのう　[生]799年？　[没]865年？),古代,コン(真如親王　しんにょしんのう　[没]貞観7(865)年),対外(生没年不詳),天皇(高岳親王　たかおかしんのう　[生]延暦18(799)年？　[没]貞観7(865)年？),山小(高岳親王　たかおかしんのう　[生]799年？　[没]865年？)

仁如集堯　じんにょしゅうぎょう
⇒仁如集堯(にんじょしゅうぎょう)

真如親王　しんにょしんのう
⇒真如(しんにょ)

信如尼　しんにょに
⇒信如(しんにょ)

深仁親王　しんにんしんのう
⇒深仁法親王(しんにんほうしんのう)

真仁親王　しんにんしんのう
⇒真仁法親王(しんにんほうしんのう)

深仁入道親王　しんにんにゅうどうしんのう
⇒深仁法親王(しんにんほうしんのう)

真仁入道親王　しんにんにゅうどうしんのう
⇒真仁法親王(しんにんほうしんのう)

深仁法親王*　しんにんほうしんのう
宝暦9(1759)年～文化4(1807)年　[別]深仁親王(しんにんしんのう),深仁入道親王(しんにんにゅうどうしんのう),深仁法親王(ふかひとほうしんのう)　江戸時代後期の閑院宮典仁親王(慶光天皇)の第2王子。
¶天皇(ふかひとほうしんのう　[生]宝暦9(1759)年1月14日　[没]文化4(1807)年7月21日)

真仁法親王*　しんにんほうしんのう
明和5(1768)年～文化2(1805)年　[別]真仁親王(しんにんしんのう),真仁入道親王(しんにんにゅうどうしんのう),周翰親王(ちかもとしんのう)　江戸時代後期の閑院宮典仁親王(慶光天皇)の第5王子。
¶天皇([生]明和5(1768)年6月7日　[没]文化2(1805)年8月9日)

真然　しんねん
⇒真然(しんぜん)

真能　しんのう
⇒能阿弥(のうあみ)

神野源六郎*　じんのげんろくろう
生没年不詳　安土桃山時代の織田信長の家臣。
¶織田

甚丞　じんのじょう
安土桃山時代の信濃国筑摩郡野口の土豪。麻績氏の被官とみられる。
¶武田(生没年不詳)

真範*(1)　しんぱん,しんはん
寛和2(986)年～天喜2(1054)年　平安時代中期の法相宗の僧。興福寺24世。
¶古人

真範(2)　しんぱん
⇒真範比丘尼(しんはんびくに)

尋範*　じんはん,じんぱん
康和3(1101)年～承安4(1174)年　平安時代後期の僧。
¶古人(じんぱん)

真範比丘尼*　しんはんびくに
文明6(1474)年～明応4(1495)年　[別]真範(しんぱん)　戦国時代の尼僧。真盛の弟子。
¶女史(真範　しんぱん　[生]1473年？　[没]1495年？)

新肥前*　しんひぜん
生没年不詳　平安時代後期の歌人。
¶古人

新兵衛　しんひょうえ
安土桃山時代の信濃国筑摩郡小芹・大久保・花見の土豪。塔原海野氏の被官とみられる。
¶武田(生没年不詳)

新開一右衛門*　しんびらきいちえもん
生没年不詳　[別]新開一右衛門(しびらきいちえもん)　安土桃山時代の織田信長の家臣。
¶織田(しびらきいちえもん)

新舞若女　しんぶじゃくじょ★
江戸時代中期の女性。狂歌。天明6年刊、四方赤良編『新玉狂歌集』に載る。
¶江表(新舞若女(東京都))

真仏*(1)　しんぶつ
承元3(1209)年～正嘉2(1258)年3月8日　鎌倉時

しんふつ

代前期の浄土真宗の僧。親鸞の直弟。
¶コン

真仏＊(2)　**しんぶつ**
建久6（1195）年～弘長1（1261）年　鎌倉時代前期
の浄土真宗の僧。親鸞の直弟。
¶コン

真平＊　**しんべい**
平安時代前期の新羅人。
¶古人（生没年不詳），古代

新兵衛　**しんべえ**
安土桃山時代の信濃国筑摩郡青柳の土豪。麻績氏
の被官とみられる。
¶武田（生没年不詳）

新甫　**しんぽ**
⇒海老原新甫（えびはらしんぽ）

進歩　**しんぽ**
⇒寺坂吉右衛門（てらさかきちえもん）

神保氏張　**じんぼううじはる**
⇒神保氏張（じんぼうじはる）

神保清満　**じんぼうきよみつ**
江戸時代前期～中期の代官。
¶徳代（⊕寛文9（1669）年　㊀寛保2（1742）年8月18日）

神保内蔵助　**じんぼうくらのすけ**
⇒神保内蔵助（じんぼくらのすけ）

神保重利　**じんぼうしげとし**
安土桃山時代～江戸時代前期の代官。
¶徳代（⊕文禄4（1595）年　㊀万治1（1658）年5月6日）

神保氏張＊　**じんぼうじはる**
享禄1（1528）年～文禄1（1592）年　㊞神保氏張（じ
んぼうじはる）　戦国時代～安土桃山時代の武
将。庶流氏純の養子。
¶織田（じんぼううじはる　⊕大永8（1528）年　㊀文禄1
（1592）年8月5日），全戦，戦武（じんぼううじはる）　⊕
大永8（1528）年）

神保綱忠　**じんぼうつなただ**
⇒神保綱忠（じんぼつなただ）

神保長国＊　**じんぼうながくに**
生没年不詳　㊞神保長国（じんぼながくに）　安土
桃山時代の織田信長の家臣。
¶織田（じんぼながくに）

神保長住＊　**じんぼうながずみ**
生没年不詳　㊞神保長住（じんぼながずみ）　安土
桃山時代の織田信長の家臣。
¶織田（じんぼながずみ），全戦（じんぼながずみ），戦武

神保長誠　**じんぼうながのぶ**
⇒神保長誠（じんぼながのぶ）

神保長治　**じんぼうながはる**
江戸時代前期～中期の佐渡奉行。
¶徳代（⊕寛永18（1641）年　㊀正徳5（1715）年10月8日）

神保長光　**じんぼうながみつ**
江戸時代中期～後期の幕臣。
¶徳人（⊕1737年　㊀1808年）

神保長職＊　**じんぼうながもと**
生没年不詳　㊞神保長職（じんぼながもと）　戦国
時代の武将。

¶全戦（じんぼながもと　⊕？　㊀元亀3（1572）年？），
戦武（⊕？　㊀元亀3（1572）年？），室町（⊕？　㊀元亀
3（1572）年）

神保孫三郎＊　**じんぼうまごさぶろう**
生没年不詳　㊞神保孫三郎（じんぼまごさぶろう）
戦国時代の武士。後北条氏家臣。
¶後北（孫三郎〔神保〕　まごさぶろう）

神保慶宗　**じんぼうよしむね**
⇒神保慶宗（じんぼよしむね）

神保内蔵助＊　**じんぼくらのすけ**
文化13（1816）年～明治1（1868）年　㊞神保内蔵助
（じんぼうくらのすけ），神保利孝（じんぼとした
か）　江戸時代末期の陸奥会津藩家老。
¶コン（神保利孝　じんぼとしたか　⊕慶応4（1868）
年），全幕（慶応4（1868）年），幕末（⊕文化11（1814）
年　㊀慶応4（1868）年8月22日）

神保修理＊　**じんぼしゅり**
＊～明治1（1868）年　江戸時代末期の軍事奉行添役。
¶全幕（⊕？　㊀慶応4（1868）年），幕末（⊕天保5（1834）
年　㊀慶応4（1868）年2月13日）

神保長興　**じんぼちょうこう**
江戸時代後期～末期の幕臣。
¶徳人（生没年不詳）

神保綱忠　**じんぼつなただ**
寛保3（1743）年～文政9（1826）年　㊞神保綱忠（じ
んぼうつなただ），神保蘭室（じんぼらんしつ）
江戸時代中期～後期の出羽米沢藩儒。
¶コン（じんぼうつなただ　⊕享保14（1729）年）

神保輝広　**じんぼてるひろ**
戦国時代の相模国玉縄城主北条為昌・綱成の家臣。
宮内入道。了圓。
¶後北（輝広〔神保〕　てるひろ　㊀永禄1年7月1日）

神保出羽守　**じんぼでわのかみ**
江戸時代前期の豊臣秀頼の家臣。諱は幸昌とされ
る。大坂城に籠り、城東警固の頭分として、兵100
人を指揮。
¶大坂

神保利孝　**じんぼとしたか**
⇒神保内蔵助（じんぼくらのすけ）

神保寅三郎＊　**じんぼとらさぶろう**
天保13（1842）年～明治43（1910）年12月2日　㊞神
保長致（しんぼながむね，じんぼながむね）　江戸
時代末期～明治時代の陸軍教官、沼津兵学校三等教
授。第1回幕府遣仏留学生。
¶数学（神保長致　しんぼながむね），徳人（神保長致　じ
んぼながむね　㊀1903年）

神保長国　**じんぼながくに**
⇒神保長国（じんぼうながくに）

神保長住　**じんぼながずみ**
⇒神保長住（じんぼうながずみ）

神保長城　**じんぼながなり**
生没年不詳　㊞神保長城（じんぼうながしろ）　安
土桃山時代の越中増山城主。
¶全戦，戦武（じんぼうながしろ）

神保長誠＊　**じんぼながのぶ**
？～文亀1（1501）年　㊞神保長誠（じんぼうながの
ぶ）　室町時代～戦国時代の武将。
¶室町（じんぼうながのぶ）

神保長致　しんぼながむね，じんぼながむね
⇒神保寅三郎（じんぼとらさぶろう）

神保長職　じんぼながもと
⇒神保長職（じんぼうながもと）

神保慶宗　じんぼのりむね
⇒神保慶宗（じんぼよしむね）

神保孫三郎　じんぼまごさぶろう
⇒神保孫三郎（じんぼうまごさぶろう）

神保昌光　じんぼまさみつ
戦国時代の上野国衆小幡縫殿助の家臣？
¶武田（生没年不詳）

神保泰和*　じんぼやすかず，しんぼやすかず
生没年不詳　江戸時代後期の地誌家・和算家。
¶数学（しんぽやすかず）

神保雪子*　じんぼゆきこ
？～明治1（1868）年　江戸時代後期～末期の女性。神保修理の妻。
¶幕末（[生]弘化3（1846）年　[没]慶応4（1868）年8月25日）

神保慶宗*　じんぼよしむね
？～永正17（1521）年12月21日　[別]神保慶宗（じんぼうよしむね，じんぼのりむね）　戦国時代の越中国射水郡・婦負郡守護代。
¶全戦（じんぼのりむね　[没]永正17（1520）年），室町（じんぼうよしむね　[没]永正17（1520）年）

神保蘭室　じんぼらんしつ
⇒神保綱忠（じんぼつなただ）

陣幕久五郎*　じんまくきゅうごろう
文政12（1829）年～明治36（1903）年　江戸時代末期～明治時代の力士。鹿児島藩の抱え力士となり、横綱昇進。維新後大阪相撲の親方となる。
¶コン，幕末（[生]文政12（1829）年5月3日　[没]明治36（1903）年10月21日）

新見蠖蔵*（新見蠖蔵）　しんみかくぞう
生没年不詳　江戸時代末期の幕臣。
¶徳代（新見蠖蔵　[生]文化10（1813）年　[没]？）

新見正功　しんみせいこう
[別]新見正功（しんみまさかつ）　江戸時代後期～明治時代の飛騨郡代。
¶徳人（しんみまさかつ　生没年不詳），徳代（[生]文政6（1823）年　[没]？）

新見錦　しんみにしき
⇒新見錦（にいみにしき）

新見正興*　しんみまさおき
文政5（1822）年～明治2（1869）年　江戸時代末期～明治時代の幕臣、外国奉行。日米修好通商条約批准使節に任命され、ワシントンで批准書を交換した。
¶江人，コン，徳人，幕末（[没]明治2（1869）年10月18日），山小（[没]1869年10月18日）

新見正栄　しんみまさなが
江戸時代中期の幕臣。
¶徳人（[生]1718年　[没]1776年）

新見正信　しんみまさのぶ
⇒新見正信（にいみまさのぶ）

新見正路*　しんみまさみち
寛政3（1791）年～嘉永1（1848）年　江戸時代後期の幕臣、蔵書家。
¶コン，徳人

新見主水　しんみもんど
江戸時代前期の豊臣秀頼の目代。
¶大坂（[没]慶長20年5月6日/7日）

深妙*　しんみょう
生没年不詳　鎌倉時代前期の女性。相模国御家人の妻。
¶女史

心明院長慶　しんみょういんちょうけい
戦国時代の箱根神社別当。相模国久野城主北条幻庵（宗哲）の家臣。
¶後北

神武天皇*　じんむてんのう
[別]神日本磐余彦尊（かむやまといわれひこのみこと，かんやまといわれひこのみこと），神日本磐余彦命（かんやまといわれひこのみこと）　上代の第1代の天皇（始馭天下之天皇）。実在は疑わしい。
¶古人（生没年不詳），古代，古物（[生]庚午（前711）年1月1日　[没]神武天皇76（前585）年3月11日），コン，詩作（生没年不詳），天皇（[没]796年），山小

新村佐七*　しんむらさしち
文化9（1812）年～明治17（1884）年　江戸時代末期～明治時代の筑後三池藩御用宮大工。
¶美建（[没]明治17（1884）年8月9日）

新村猛雄　しんむらたけお
江戸時代後期～明治時代の幕臣。
¶徳人（[生]1838年　[没]1908年）

新村豊作*　しんむらとよさく
文化13（1816）年～明治12（1879）年　江戸時代末期～明治時代の篤農家、報徳社社長。尊徳の報徳思想を学び、近隣に100余の報徳社を作らせる。
¶幕末

新村信　しんむらのぶ
⇒新村信子（しんむらのぶこ）

新村信子*　しんむらのぶこ
嘉永5（1852）年頃～明治38（1905）年2月8日　[別]新村信（しんむらのぶ）　江戸時代末期～明治時代の女性。15代将軍徳川慶喜の側室。
¶全幕（[生]嘉永5（1852）年？），徳将（新村信　しんむらのぶ　[生]？）

新村義矩　しんむらまさのり
江戸時代中期～後期の幕臣。
¶徳人（[生]1769年　[没]1842年？）

新室町院*　しんむろまちいん
応長1（1311）年～延元2/建武4（1337）年　[別]珣子内親王（じゅんしないしんのう）　鎌倉時代後期～南北朝時代の女性。後醍醐天皇の妃。
¶天皇（新室町院（珣子）　しんむろまちいん（じゅんし）　[没]建武4（1337）年5月12日），天皇（珣子内親王　じゅんしないしんのう　[没]延元1（建武4）（1337）年）

新免武蔵　しんめんむさし
⇒宮本武蔵（みやもとむさし）

新門辰五郎*　しんもんたつごろう
寛政12（1800）年～明治8（1875）年　江戸時代後期～明治時代の侠客。
¶コン，全幕，徳将，幕末（[没]明治8（1875）年9月19日）

心友*　しんゆう
生没年不詳　江戸時代前期の俳人。

¶俳文

心誉*　しんよ
天徳1(957)年～長元2(1029)年　平安時代中期の天台宗の僧。園城寺長吏。
¶古人([生]971年),コン

真誉*　しんよ
延久1(1069)年～保延3(1137)年1月15日　平安時代後期の僧。真言宗持明院流の祖。
¶古人,コン([生]?　[没]保延4(1138)年)

新陽明門院*　しんようめいもんいん
弘長2(1262)年～永仁4(1296)年　[別]近衛位子(このえいし),藤原位子(ふじわらいし,ふじわらのいし)　鎌倉時代後期の女性。亀山天皇の妃。
¶天皇(近衛位子　このえいし　[没]永仁4(1296)年1月)

真頼*　しんらい
生没年不詳　平安時代中期の真言宗の僧。
¶古人

新羅三郎　しんらさぶろう
⇒源義光(みなもとのよしみつ)

新羅三郎義光　しんらさぶろうよしみつ
⇒源義光(みなもとのよしみつ)

森羅万象〔1代〕　しんらまんぞう
⇒平賀源内(ひらがげんない)

森羅万象〔2代〕　しんらまんぞう
⇒桂川甫粲(かつらがわほさん)

親鸞*　しんらん
承安3(1173)年～弘長2(1262)年　[別]見真大師(けんしんたいし,けんしんだいし),綽空(しゃくくう,しゃっくう),善信(ぜんしん),範宴(はんえん)　鎌倉時代前期の僧。浄土真宗の開祖。見真大師。その思想は「教行信証」「悪人正機説」「歎異抄」に詳しい。
¶古人,コン,思想,女史,中世,山小([没]1262年11月28日)

晋流　しんりゅう
⇒藤井晋流(ふじいしんりゅう)

真流*　しんりゅう
正徳1(1711)年～?　[別]円耳真流(えんにしんりゅう)　江戸時代中期の僧。
¶思想(円耳真流　えんにしんりゅう)

真竜院*　しんりゅういん
天文19(1550)年～正保4(1647)年　[別]木曽義昌室(きそよしまさしつ),真竜院殿(しんりゅういんでん),真理姫(まりひめ)　戦国時代～安土桃山時代の女性。武田信玄の3女。
¶江表(万里姫(長野県)　[生]天正17(1548)年),武田(木曽義昌室　きそよしまさしつ　[没]正保4(1647)年7月10日)

真竜院殿　しんりゅういんでん
⇒真竜院(しんりゅういん)

真梁　しんりょう
⇒石屋真梁(せきおくしんりょう)

辰亮　しんりょう
⇒月峰(げっぽう)

真了院　しんりょういん★
江戸時代中期の女性。和歌。歌人岡松忠澄の妻。正徳2年奉納、蘆錐軒高倫序「蟻通奉納百首和歌」に載る。
¶江表(真了院(大阪府))

津梁斎　しんりょうさい
安土桃山時代の武田氏の家臣。
¶武田(生没年不詳)

心蓮*　しんれん
?～治承5(1181)年4月18日　平安時代後期の真言宗の僧。
¶古人

新六*　しんろく
?～天正10(1582)年6月2日　戦国時代～安土桃山時代の織田信長の家臣。
¶織田

振鷺亭〔1代〕*　しんろてい
江戸時代後期の戯作者。別号は浜町亭、関東米。
¶浮絵(代数なし　[生]?　[没]文化12(1815)年),コン(振鷺亭　[生]?　[没]文化12(1815)年)

振鷺亭〔2代〕　しんろてい
⇒為永春水〔1代〕(ためながしゅんすい)

【す】

翠　すい★
江戸時代後期の女性。教育。小倉氏。弘化4年～明治6年まで塾で読書、習字、算術を教授。
¶江表(翠(滋賀県))

錐　すい★
江戸時代中期の女性。俳諧。飛騨高山の人。元文2年刊、仙石廬元坊編、各務支考七回忌追善集『渭江話』に載る。
¶江表(錐(岐阜県))

数以　すい
江戸時代後期の女性。和歌。遠江浜松藩主井上正甫家の奥女中。寛政10年跋、真田幸弘の六〇賀集「千とせの寿詞」に載る。
¶江表(数以(静岡県))

椎陰*　すいいん
?～明治7(1874)年　江戸時代後期～明治時代の俳人。
¶俳文([没]明治7(1874)年1月18日)

翠羽　すいう
⇒三輪ひさ(みわひさ)

酔雨　すいう
⇒吉原酔雨(よしはらすいう)

翠羽女　すいうじょ
⇒三輪ひさ(みわひさ)

瑞雲院殿*　ずいうんいんでん
明応6(1497)年11月17日～天文21(1552)年5月7日　[別]大井夫人(おおいふじん),武田信虎室(たけだのぶとらしつ)　戦国時代の女性。武田信虎の正室。信玄の母。大井信達の娘。
¶武田(武田信虎室　たけだのぶとらしつ)

翠英(1)　すいえい★
江戸時代後期の女性。画。横手城代戸村義通の娘。
¶江表(翠英(秋田県))

翠英(2) **すいえい**★

江戸時代末期の女性。書・画。大町の太田良兵衛の娘。

¶江表(翠英(秋田県) [没]慶応1(1865)年頃)

瑞栄尼 **ずいえいに**★

江戸時代後期の女性。和歌。京都の人。天保12年刊、加納諸平編『類題鰒玉集』四に載る。

¶江表(瑞栄尼(京都府))

翠園 **すいえん**★

江戸時代末期の女性。俳諧。松本の人。文久2年刊『寄傲集』、元治1年序『うすすみ集』に入集。

¶江表(翠園(長野県))

睡花 **すいか**★

江戸時代中期の女性。和歌。但馬豊岡の人。寛延～天明期頃成立の「長閑集」に載る。

¶江表(睡花(兵庫県))

瑞岳院 **ずいがくいん**

江戸時代後期の徳川家慶の十二男。

¶徳将([生]1845年 [没]1846年)

瑞巌院 **ずいがんいん**

江戸時代後期の徳川家斉の三男。

¶徳将([生]1795年 [没]1797年)

翠巌宗珉＊ **すいがんそうみん**

慶長13(1608)年～寛文4(1664)年 江戸時代前期の臨済宗の僧。

¶コン

翠玉 **すいぎょく**★

江戸時代後期の女性。俳諧・画。高知蓮池町の商家百足屋の分家松田元七の娘。

¶江表(翠玉(高知県) [没]天保9(1838)年)

水琴＊ **すいきん**

生没年不詳 江戸時代末期の女性。画家。

¶江表(水琴(秋田県))

翠兄＊ **すいけい**

＊～文化10(1813)年 [別]杉野翠兄(すぎのすいけい) 江戸時代後期の俳人。

¶俳文([生]宝暦4(1754)年 [没]文化10(1813)年10月27日)

瑞渓院＊ **ずいけいいん**

?～天正18(1590)年6月12日 戦国時代の女性。今川氏親の娘。

¶後北(瑞渓院殿〔北条〕 ずいけいいんでん)

瑞渓周鳳＊ **ずいけいしゅうほう**

元中8/明徳2(1391)年～文明5(1473)年5月8日 [別]臥雲山人(がうんさんじん),周鳳(しゅうほう) 室町時代の臨済宗の僧。

¶コン,思想([生]明徳2/元中8(1391)年),対外

水月 **すいげつ**★

江戸時代中期の女性。俳諧。遠江浜松の人。元禄15年刊、太田白雪編『三河小町』下に載る。

¶江表(水月(静岡県))

酔月＊ **すいげつ**

生没年不詳 江戸時代前期～中期の俳人。

¶俳文

須為子 **すいこ**★

江戸時代末期の女性。和歌。播磨姫路の井田氏。安政6年刊、秋元安民編『類題青藍集』に載る。

¶江表(須為子(兵庫県))

水子 **すいこ**★

江戸時代後期～明治時代の女性。和歌。大館の山田忠四郎勝証の娘。

¶江表(水子(秋田県) [生]文化6(1809)年 [没]明治15(1882)年)

翠紅 **すいこう**★

江戸時代中期の女性。俳諧。駿河の人。宝暦13年序、雪瓜園耳得編『芙蓉文集』に載る。

¶江表(翠紅(静岡県))

翠香(1) **すいこう**★

江戸時代後期の女性。書・漢詩・画。仙台藩士今田定静の娘。

¶江表(翠香(宮城県) [没]嘉永2(1849)年)

翠香(2) **すいこう**★

江戸時代末期の女性。画。儒学者で書家柳外の妻、仲子。安政7年刊『安政文雅人名録』に載る。

¶江表(翠香(東京都))

翠香(3) **すいこう**★

江戸時代末期の女性。画・俳諧。慶応1年序、一葉舎主人編、波月亭花雪追善句画集『花吹雪』に図が描かれている。

¶江表(翠香(東京都))

瑞光 **ずいこう**

⇒瑞光女王(ずいこうじょおう)

瑞光院(1) **ずいこういん**★

江戸時代後期の女性。和歌。信濃小諸藩主牧野康重の娘。寛政10年跋、真田幸弘の六〇賀集「千とせの寿詞」に載る。

¶江表(瑞光院(奈良県))

瑞光院(2) **ずいこういん**

⇒寿桂尼(じゅけいに)

瑞光女王＊ **ずいこうじょおう**

延宝2(1674)年～宝永3(1706)年 [別]瑞光(ずいこう),瑞光女王(ずいこうにょおう) 江戸時代中期の女性。後西天皇の第13皇女。

¶天皇(瑞光 ずいこう [生]延宝2(1674)年1月19日 [没]宝永3(1706)年9月10日)

瑞光女王 **ずいこうにょおう**

⇒瑞光女王(ずいこうじょおう)

水国 **すいこく**

⇒雲津水国(くもつすいごく)

推古天皇＊ **すいこてんのう**

欽明15(554)年～推古36(628)年 [別]豊御食炊屋姫(とよみけかしきやひめ),豊御食炊屋姫天皇(とよみけかしきやひめのすめらみこと),豊御食炊屋姫尊(とよみけかしきやひめのみこと),額田部皇女(ぬかたべのおうじょ) 飛鳥時代の第33代の天皇(女帝、在位592～628)。

¶古人,古代,古物([生]欽明天皇15(554)年 [没]推古天皇36(628)年3月7日),コン,女史,対外,天皇(豊御食炊屋姫 とよみけかしきやひめ),天皇([生]欽明天皇15(554)年 [没]推古天皇36(628)年3月7日/4月15日),山小([没]628年3月7日)

水颯＊ **すいさつ**

＊～享保9(1724)年6月8日 江戸時代前期～中期の俳人。

¶俳文([生]?)

す

瑞子女王　ずいしじょおう
⇒永嘉門院(えいかもんいん)

綏子内親王*　すいしないしんのう
？～延長3(925)年　[別]綏子内親王(やすこないしんのう)　平安時代前期～中期の女性。光孝天皇第3皇女。
¶古人(やすこないしんのう), 天皇([没]延長3(925)年4月2日)

瑞子内親王　ずいしないしんのう
⇒永嘉門院(えいかもんいん)

翠車　すいしゃ★
江戸時代中期の女性。俳諧。長沼の人。安永4年刊、栗庵似鳩編『有無の日集』に載る。
¶江表(翠車(群馬県))

瑞春院　ずいしゅんいん
⇒お伝の方(おでんのかた)

翠女　すいじょ★
江戸時代前期の女性。俳諧。俳人榊原水軒の妻。貞享2年刊、鈴木清風撰『稲莚』に載る。
¶江表(翠女(山形県))

帥升*　すいしょう
上代の倭国王。
¶古代, 古物, 対外, 山小

随性院　ずいしょういん
⇒八重姫(やえひめ)

随真院　ずいしんいん★
江戸時代後期～明治時代の女性。和歌・旅日記。薩摩藩主島津斉宣の娘。
¶江表(随真院(宮崎県)　[生]享和1(1801)年　[没]明治9(1876)年)

綏靖天皇*　すいぜいてんのう
[別]神渟名川耳尊(かんぬなかわみみのみこと)　上代の第2代の天皇。
¶古人(生没年不詳), 古代, 古物([生]神武天皇29(前632)年　[没]綏靖天皇33(前549)年5月10日), コン, 天皇([生]神武天皇29(紀元前632)年　[没]綏靖天皇33(紀元前549)年5月10日)

水尺の母　すいせきのはは★
江戸時代中期の女性。俳諧。美濃深田の豪農兼松甚蔵の妻。宝永1年跋、孤耕庵魯九編、内藤丈草追悼集『幻之庵』に載る。
¶江表(水尺の母(岐阜県))

水雪　すいせつ★
江戸時代中期の女性。俳諧。元禄11年序、笠岡の僧露泉編『網代笠』に載る。
¶江表(水雪(香川県))

翠扇　すいせん★
江戸時代中期の女性。俳諧。堀越氏。
¶江表(翠扇(東京都)　[没]安永4(1775)年)

瑞仙　ずいせん
⇒桃源瑞仙(とうげんずいせん)

瑞禅　ずいぜん
室町時代の連歌作者。
¶俳文(生没年不詳)

瑞泉寺殿　ずいせんじどの
⇒足利基氏(あしかがもとうじ)

随川甫信*　ずいせんほしん
元禄5(1692)年～延享2(1745)年　[別]狩野随川(かのうずいせん)　江戸時代中期の絵師。
¶コン

吹田某*　すいた
永禄3(1560)年頃～天正7(1579)年12月16日　[別]吹田村氏(すいたむらうじ)　安土桃山時代の織田信長の家臣。
¶織田(吹田村氏　すいたむらうじ)

瑞泰院　ずいたいいん★
江戸時代中期の女性。和歌。筑後柳川藩主立花貞俶の娘。
¶江表(瑞泰院(山口県)　[生]享保17(1732)年　[没]明和6(1769)年)

吹田鯛六　すいたたいろく
江戸時代後期～明治時代の幕臣。
¶幕末([生]嘉永3(1850)年10月20日　[没]明治30(1897)年8月10日)

吹田村氏　すいたむらうじ
⇒吹田某(すいた)

瑞潭　ずいたん
⇒菊隠瑞潭(きくいんずいたん)

水竹*　すいちく
天明7(1787)年～嘉永3(1850)年1月12日　江戸時代中期～後期の俳人。
¶俳文([生]天明6(1786)年)

瑞澄*　ずいちょう
文政10(1827)年～文久2(1862)年　江戸時代末期の志士。
¶幕末

随朝若水　ずいちょうじゃくすい
⇒随朝陳(ずいちょうのぶる)

随朝陳*　ずいちょうのぶる
寛政2(1790)年～嘉永3(1850)年　[別]随朝若水(ずいちょうじゃくすい)　江戸時代後期の儒学者、数学者。
¶コン, 数学([没]嘉永3(1850)年5月21日)

翠丁　すいてい
江戸時代後期の女性。俳諧。大坂の人。寛政5年刊、橋本燕志著『笠の塵』鳥に載る。
¶江表(翠丁(大阪府))

瑞藤　ずいとう★
江戸時代前期～中期の女性。宗教・国文。臨済宗の尼。
¶江表(瑞藤(京都府)　[生]寛永17(1640)年　[没]享保15(1730)年)

垂仁天皇*　すいにんてんのう
[別]活目入彦五十狭茅尊(いくめいりひこいさちのみこと)　上代の第11代の天皇。
¶古人(生没年不詳), 古代, 古物([生]崇神天皇29(前69)年1月1日　[没]垂仁天皇99(70)年7月14日), コン, 天皇([生]崇神天皇29年1月1日　[没]垂仁天皇99年7月14日)

随念　ずいねん
⇒市川団十郎〔4代〕(いちかわだんじゅうろう)

水巴　すいは★
江戸時代後期の女性。俳諧。大隅加治木の立山長兵衛の娘。

¶江表(水巴(鹿児島県) [没]文化2(1805)年)

瑞馬*(1) ずいば
生没年不詳 江戸時代中期～後期の俳人。
¶俳文

瑞馬(2) ずいば
⇒津打門三郎〔1代〕(つうちもんざぶろう)

瑞伯の娘 ずいはくのむすめ⋆
江戸時代後期の女性。医学。出雲秋鹿郡の外科医瑞伯の娘で、自身も医療に従事する。文政6年序、出雲古志の比布智神社神官春日花叔著「雲陽人物誌」に載る。
¶江表(瑞伯の娘(島根県))

水原親憲* すいはらちかのり, すいばらちかのり
天文15(1546)年～元和2(1616)年 [別]大関親憲(おおぜきちかのり) 安土桃山時代～江戸時代前期の出羽米沢藩士、猪苗代城代。
¶戦武(すいばらちかのり)

随風 ずいふう
⇒天海(てんかい)

瑞方 ずいほう
⇒面山瑞方(めんざんずいほう)

瑞芳院 ずいほういん
江戸時代後期の女性。徳川家慶の次女。
¶徳将([生]1815年 [没]1815年)

酔夢亭蕉鹿 すいむていしょうろく
⇒高尾蕉鹿(たかおしょうろく)

翠葉 すいよう⋆
江戸時代の女性。画。佐竹家の奥女中。明・清の写生風の花鳥画を得意とした。
¶江表(翠葉(秋田県))

翠蘭 すいらん⋆
江戸時代末期～明治時代の女性。画。安芸厳島神社神官の娘。
¶江表(翠蘭(宮城県) [没]明治29(1896)年)

翠瀾 すいらん⋆
江戸時代後期の女性。画。桐生の人。文政10年刊、高田五棟編『翰苑奇品』前に載る。
¶江表(翠瀾(群馬県))

瑞蘭 ずいらん⋆
江戸時代後期の女性。画。市丸博斉の娘。天保6年頃～14年に出された書画会の案内に載る。
¶江表(瑞蘭(東京都))

随流* ずいりゅう
寛永6(1629)年～宝永5(1708)年 [別]中島随流, 中嶋随流(なかじまずいりゅう) 江戸時代前期～中期の貞門派の俳人。別号は松月庵ほか。
¶江人, コン(中島随流 なかじまずいりゅう), 俳文([没]宝永5(1708)年2月11日)

瑞柳院 ずいりゅういん⋆
江戸時代中期～後期の女性。旅日記・和歌。越後与板藩主井伊直朗の娘。
¶江表(瑞柳院(山形県) [生]明和2(1762)年 [没]天保7(1836)年)

翠柳の妻 すいりゅうのつま⋆
江戸時代中期の女性。和歌。出雲松江の人。元禄15年刊、竹内時安斎編『出雲大社奉納清地草』に載る。
¶江表(翠柳の妻(島根県))

翠簾 すいれん
江戸時代後期の女性。漢詩。沢氏。弘化4年序、友野霞舟編『熙朝詩薈』に載る。
¶江表(翠簾(東京都))

雛薫舎梅子・雛薫亭梅子 すうくんしゃばいし・すうくんていばいし⋆
江戸時代後期の女性。狂歌。嘉永6年～安政1年刊、天明老人撰『狂歌東都花日千両』に載る。
¶江表(雛薫舎梅子・雛薫亭梅子(東京都))

崇源院* すうげんいん
天正1(1573)年～寛永3(1626)年 [別]浅井達子(あさいたつこ), お江与の方(おえよのかた), 江(ごう), 崇源院(そうげんいん), 徳川秀忠室(とくがわひでただしつ) 安土桃山時代～江戸時代前期の女性。浅井長政の3女、徳川秀忠の正室。
¶江表(崇源院(東京都)), コン, 女史(お江与の方 おえよのかた), 全戦(江 ごう), 徳将

崇賢門院* すうけんもんいん
*～応永34(1427)年 [別]崇賢門院(しゅけんもんいん, すけんもんいん), 広橋仲子(ひろはしちゅうし), 藤原中子(ふじわらちゅうし) 南北朝時代～室町時代の女性。後光厳天皇の宮人。
¶女史([生]?), 天皇(広橋仲子 ひろはしちゅうし [生]建武2(1335)年 [没]応永34(1427)年5月20日)

すう子 すうこ⋆
江戸時代末期の女性。和歌。相模上古沢の岩村玄馬の娘。慶応3年刊、猿渡容盛編『類題新竹集』に載る。
¶江表(すう子(神奈川県))

崇山居中*(嵩山居中) すうざんきょちゅう
建治3(1277)年～興国6/貞和1(1345)年2月6日 [別]居中(きょちゅう, こちゅう), 嵩山居中(すうざんこちゅう) 鎌倉時代後期～南北朝時代の入元禅僧。
¶コン, 対外(嵩山居中)

嵩山居中 すうざんこちゅう
⇒崇山居中(すうざんきょちゅう)

崇昌院殿* すうしょういんでん
?～天文14(1545)年6月19日 [別]武田信縄室(たけだのぶつなしつ) 戦国時代の女性。武田信縄の正室。
¶武田(武田信縄室 たけだのぶつなしつ)

崇善院 すうぜんいん
江戸時代中期の徳川家治次男。
¶徳将([生]1762年 [没]1763年)

崇伝 すうでん
⇒以心崇伝(いしんすうでん)

崇孚 すうふ
⇒太原崇孚(たいげんすうふ)

崇明門院 すうめいもんいん
⇒崇明門院(そうめいもんいん)

雛雄 すうゆう
江戸時代後期の女性。俳諧。小豆島土庄村の大庄屋笠井久躬の妻。文化1年刊、小豆島連の名で出された句集『一つ葉集』に載る。
¶江表(雛雄(香川県))

須浦又次郎 すうらまたじろう
安土桃山時代の武田勝頼・北条氏直の家臣。

¶後北(又次郎〔須浦〕　またじろう)

すえ(1)
江戸時代後期の女性。俳諧。但馬の盲目の俳人由利菊隠の妾。
¶江表(すえ(兵庫県)　[没]寛政4(1792)年)

すえ(2)
江戸時代後期の女性。書簡。播磨龍野日飼の大庄屋堀延祐の娘。
¶江表(すえ(兵庫県)　[没]文政10(1827)年)

陶興房*　**すえおきふさ**
?～天文8(1539)年　戦国時代の武将。大内氏の家臣で周防守護代。
¶コン, 全戦, 戦武([生]文明7(1475)年), 室町

末川久平*　**すえかわひさひら**
江戸時代末期の薩摩藩家老。
¶幕末(生没年不詳)

陶官鼠*　**すえかんそ**
?～享和3(1803)年　[別]官鼠(かんそ)　江戸時代中期～後期の俳人。
¶俳文(官鼠　かんそ　[生]享保18(1733)年　[没]享和3(1803)年6月1日)

末木家重*　**すえきいえしげ**
?～天正15(1587)年　戦国時代～安土桃山時代の甲斐八田村の地下人・商人。
¶武田

末木新左衛門尉*　**すえきしんざえもんのじょう**
生没年不詳　戦国時代の甲斐八田村の商人。武田氏の蔵前衆。
¶武田([生]?　[没]慶長11(1606)年頃)

末木政清*　**すえきまさきよ**
戦国時代の甲斐八田村の地下人・商人。
¶武田([生]?　[没]慶長14(1609)年頃)

末木正重*　**すえきまさしげ**
生没年不詳　戦国時代の甲斐八田村居住の商人。
¶武田

季子　**すえこ**
江戸時代前期～中期の女性。和歌・書簡。織田信長の孫今出川公規の娘。
¶江表(季子(茨城県)　[生]万治2(1659)年　[没]享保17(1732)年)

寿衛子(1)　**すえこ**★
江戸時代の女性。和歌。三部氏。明治10年成立「伊夜日子神社献灯和歌集」に載る。
¶江表(寿衛子(新潟県))

寿衛子(2)　**すえこ**★
江戸時代末期の女性。和歌。土佐藩藩士篠原丹蔵元春の母。文久3年、吉田孝継編「採玉集」初に載る。
¶江表(寿衛子(高知県))

寿恵子　**すえこ**★
江戸時代末期の女性。和歌。明治14年刊、岡田良策編『近世名婦百人撰』によると、安芸広島の岡松重太夫の娘という。元治1年17歳の時、大入道を退治。
¶江表(寿恵子(広島県))

末子(1)　**すえこ**★
江戸時代の女性。和歌。北島氏。明治15年刊、橘東世子編「明治歌集」五上に載る。
¶江表(末子(秋田県))

末子(2)　**すえこ**★
江戸時代後期の女性。和歌。因幡鳥取東照宮神主永江讃岐守の娘。天保11年成立「鷲見家短冊帖」に載る。
¶江表(末子(鳥取県))

末子(3)　**すえこ**★
江戸時代末期の女性。和歌。因幡鳥取藩の奥女中。安政3年序、井上文雄編『摘英集』に載る。
¶江表(末子(鳥取県))

末子(4)　**すえこ**★
江戸時代末期の女性。和歌。出雲松江藩士棚橋大象の妻。文久1年、師為泰の五〇賀の算賀の歌会詠である「文久四年子二月玉藻三編料為泰詠草」に載る。
¶江表(末子(島根県))

季子内親王*　**すえこないしんのう**
?～天元2(979)年　平安時代中期の女性。宇多天皇皇女。
¶古人

季貞　**すえさだ**
平安時代後期の大工。
¶美建(生没年不詳)

すゑ女(1)　**すえじょ**★
江戸時代後期の女性。俳諧。杉木の人。文政2年刊、荻田一蓬編『葛の実』に載る。
¶江表(すゑ女(富山県))

すゑ女(2)　**すえじょ**★
江戸時代後期の女性。俳諧。文化9年刊、祥禾・天外共編『以左奈宇太』に載る。
¶江表(すゑ女(佐賀県))

末女　**すえじょ**★
江戸時代後期の女性。和歌。大山源助の妻。
¶江表(末女(秋田県))

陶隆房　**すえたかふさ**
⇒陶晴賢(すえはるかた)

末田元慶*　**すえだげんけい**
生没年不詳　江戸時代末期の蘭方医。
¶コン

末田重邨*　**すえだじゅうそん**
文政5(1822)年～明治2(1869)年　江戸時代末期～明治時代の儒学者。三亦舎を設けて教育活動をする。
¶幕末([没]明治2(1869)年6月2日)

末次興善*　**すえつぐこうぜん**
戦国時代の商人。
¶全戦(生没年不詳)

末次忠助　**すえつぐただすけ**
⇒末次忠助(すえつぐちゅうすけ)

末次忠助*　**すえつぐちゅうすけ**
明和2(1765)年～天保9(1838)年　[別]末次忠助(すえつぐただすけ)　江戸時代中期～後期の蘭学者。
¶コン([生]明和3(1766)年)

末次平蔵*(——〔1代〕)　**すえつぐへいぞう**
?～寛永7(1630)年　江戸時代前期の朱印船貿易家、長崎代官。
¶江人, コン, 対外, 徳将([没]1621年)

末次政直 すえつぐまさなお
天文15(1546)年～寛永7(1630)年 [別]末次政直(すえつぐせいちょく) 戦国時代～江戸時代前期の幕臣。
¶徳人, 徳代(すえつぐせいちょく [没]寛永7(1630)年5月25日)

末次茂朝 すえつぐもちょう
江戸時代前期の長崎代官。
¶徳代(生没年不詳)

末次茂貞 すえつぐもてい
[別]末次茂貞(すえつぐしげさだ) 江戸時代前期の長崎代官。
¶徳人(すえつぐしげさだ 生没年不詳), 徳代([生]? [没]慶安4(1651)年9月12日)

末次元康 すえつぐもとやす
⇒毛利元康(もうりもとやす)

末次茂房 すえつぐもぼう
江戸時代前期の長崎代官。
¶徳代([生]? [没]寛文9(1669)年11月2日)

陶部高貴 すえつくりのこうき
⇒高貴(こうき)

陶部高貴 すえつくりべのこうき
⇒高貴(こうき)

末摘花* すえつむはな
「源氏物語」の登場人物。
¶コン

末永虚舟* すえながきょしゅう
寛永12(1635)年～享保14(1729)年10月11日 江戸時代前期～中期の地理学者。
¶コン

末永周洋* すえながしゅうよう
寛政8(1796)年～明治4(1871)年 江戸時代末期～明治時代の岩国藩士。書に長じ、画は蘭を得意とした。
¶幕末([没]明治4(1871)年5月27日)

陶長房* すえながふさ
?～弘治1(1555)年 戦国時代の武将。
¶戦武([生]天文9(1540)年 [没]弘治3(1557)年)

陶晴賢* すえはるかた
大永1(1521)年～弘治1(1555)年 [別]陶隆房(すえたかふさ) 戦国時代の武将。大内氏の家臣で周防守護代。
¶コン, 全戦(陶隆房 すえたかふさ), 戦武, 中世, 室町(陶隆房 すえたかふさ), 山小([没]1555年10月1日)

陶弘詮* すえひろあき
?～大永3(1523)年 [別]朝倉弘詮(あさくらひろのぶ), 陶弘詮(すえひろのぶ), 右田弘詮(みぎたひろあき) 戦国時代の武将。筑前守護代。
¶室町(右田弘詮 みぎたひろあき)

末広雲華 すえひろうんげ
⇒雲華(うんげ)

末広かな女 すえひろかなめ★
江戸時代後期の女性。狂歌。寛政11年～享和2年刊、酒月米人編『狂歌東来集』に載る。
¶江表(末広かな女(東京都))

末広静古園* すえひろせいこえん
天保3(1832)年～明治22(1889)年 江戸時代末期～明治時代の伊予宇和島藩士。
¶幕末([没]明治22(1889)年4月16日)

末広直方* すえひろなおかた
弘化4(1847)年～大正9(1920)年 江戸時代末期～大正時代の鹿児島県士族、香川・高知両県知事、小倉市長。警視庁に入る。高城・薩摩等の統一郡長。
¶幕末

陶弘房 すえひろふさ
室町時代の武士。
¶内乱([生]? [没]応仁2(1468)年)

末松熊左衛門* すえまつくまざえもん
生没年不詳 江戸時代末期の肥前大村藩士。
¶幕末

末松謙澄 すえまつけんちょう
安政2(1855)年～大正9(1920)年10月5日 江戸時代末期～大正時代の政治家。
¶歌大([生]安政2(1855)年8月20日), 詩作

末松淳 すえまつじゅん
江戸時代後期の眼科医。
¶眼医([生]嘉永6(1853)年 [没]?)

末村綱次郎* すえむらつなじろう
天保13(1842)年～慶応2(1866)年 江戸時代末期の長門清末藩士。
¶幕末([没]慶応2(1866)年6月17日)

陶持長* すえもちなが
明応6(1497)年～? [別]陶隆満(すえたかみつ) 戦国時代の武士。
¶全戦(陶隆満 すえたかみつ)

末吉勘兵衛(――〔1代〕) すえよしかんべえ
⇒末吉利方(すえよしとしかた)

末吉勘兵衛〔2代〕 すえよしかんべえ
⇒末吉孫左衛門(すえよしまござえもん)

末吉道節* すえよしどうせつ
慶長13(1608)年～承応3(1654)年 [別]道節(どうせつ) 江戸時代前期の俳人。
¶コン, 俳文(道節 どうせつ [没]承応3(1654)年8月12日)

末吉利方* すえよしとしかた
大永6(1526)年～慶長12(1607)年 [別]末吉勘兵衛, 末吉勘兵衛〔1代〕(すえよしかんべえ) 戦国時代～安土桃山時代の豪商、銀座頭役。
¶コン, 全戦, 対外(末吉勘兵衛 すえよしかんべえ)

末吉利隆* すえよしとしたか
享保12(1727)年～寛政6(1794)年 江戸時代中期の長崎奉行。
¶徳人

末吉利長 すえよしとしなが
正保4(1647)年～貞享3(1686)年 江戸時代前期の幕臣。
¶徳人, 徳代([没]貞享3(1686)年9月6日)

末吉長明 すえよしながあきら
江戸時代前期の代官。
¶徳代([生]慶長14(1609)年 [没]承応2(1653)年9月28日)

末吉長方* すえよしながかた
天正16(1588)年～寛永16(1639)年 [別]末吉孫左衛門(すえよしまござえもん), 平野孫左衛門(ひら

のまござえもん）　江戸時代前期の豪商、朱印船貿易家。
¶コン, 徳代（[没]寛永16（1639）年2月24日）

末吉孫左衛門*（1）　すえよしまござえもん
元亀1（1570）年～元和3（1617）年　[別]末吉勘兵衛〔2代〕（すえよしかんべえ），末吉吉安，末吉吉康（すえよしよしやす），平野孫左衛門（ひらのまござえもん），平野屋（ひらのや）　安土桃山時代～江戸時代前期の豪商、朱印船貿易家。
¶江人, コン（末吉吉安　すえよしよしやす）, 対外, 徳人（末吉吉安　すえよしよしやす）, 徳代（末吉吉安　すえよしよしやす　[没]元和3（1617）年3月26日）, 山小（[没]1617年3月26日）

末吉孫左衛門（2）　すえよしまござえもん
⇒末吉長方（すえよしながかた）

末吉正明　すえよしまさあきら
江戸時代前期の代官。
¶徳代（生没年不詳）

末吉吉安（末吉吉康）　すえよしよしやす
⇒末吉孫左衛門（すえよしまござえもん）

周防女　すおうじょ★
江戸時代後期～末期の女性。和歌。伊勢桑名郡多度村の小串重穂の妻。
¶江表（周防女（三重県）　[生]寛政10（1798）年　[没]慶応4（1868）年）

周防内侍*　すおうのないし，すおうのないじ
生没年不詳　平安時代中期～後期の女性。歌人。
¶女史, 女文, 日文

すか（1）
江戸時代中期の女性。俳諧。大坂の人。宝暦13年刊、建部綾足編『古今俳諧明題集』に載る。
¶江表（すか（大阪府））

すか（2）
江戸時代後期の女性。和歌。伊勢菰野藩主土方雄興の室。文化11年刊、中山忠雄・河田正致編『柿本社奉納和歌集』に載る。
¶江表（すか（三重県））

すか（3）
江戸時代末期の女性。和歌。会津若松の沼沢出雲の妹。
¶江表（すか（福島県）　[没]慶応4（1868）年）

スカ
江戸時代中期～末期の女性。和歌。筑後久留米藩の御用絵師三谷永錫映信の娘。
¶江表（スカ（福岡県）　[生]天明2（1782）年　[没]文久3（1863）年）

寿賀　すが★
江戸時代後期の女性。和歌。大草村の医師小木曽景鼎の娘。
¶江表（寿賀（長野県）　[生]文化14（1817）年　[没]天保4（1833）年）

須賀（1）　すが★
江戸時代末期の女性。和歌。淡路由良の徳島藩士森長左衛門の母。文久2年刊、武田信起編『類題真清水和歌集』に載る。
¶江表（須賀（兵庫県））

須賀（2）　すが★
江戸時代末期の女性。和歌。大坂新町の遊女。文久2年刊、西田惟恒編『文久二年八百首』に載る。
¶江表（須賀（和歌山県））

菅（1）　すが★
江戸時代中期の女性。俳諧。大坂の人。元文2年序、河野自蹊編『笠の影』に載る。
¶江表（菅（大阪府））

菅（2）　すが★
江戸時代後期の女性。俳諧。下戸倉の宮本虎杖の子八朗の妻すげ。
¶江表（菅（長野県）　[没]天保11（1840）年）

菅（3）　すが★
江戸時代後期～大正時代の女性。和歌。播磨網干の中田左一郎の妻。
¶江表（菅（兵庫県）　[生]天保2（1831）年　[没]大正7（1918）年）

菅井梅関*　すがいばいかん
天明4（1784）年～弘化1（1844）年　江戸時代後期の画家。
¶コン, 美画（[生]天明4（1784）年10月27日　[没]弘化1（1844）年1月11日）

菅井文十郎　すがいぶんじゅうろう
江戸時代後期の宮大工。
¶美建（生没年不詳）

菅運吉*　すがうんきち
文化14（1817）年3月～明治10（1877）年8月10日　江戸時代末期～明治時代の材木商。
¶コン（[生]文化4（1807）年）, 幕末

菅江　すがえ
江戸時代後期の女性。狂歌。大坂の狂歌師玉雲斎貞右の娘。寛政2年刊、玉雲斎貞右著『狂歌玉雲集』に載る。
¶江表（菅江（大阪府））

菅江真澄*　すがえますみ
宝暦4（1754）年～文政12（1829）年　[別]白井秀雄（しらいひでお）　江戸時代中期～後期の国学者、紀行家。
¶江人, コン（[生]宝暦4（1754）年？）, 思想, 植物（[没]文政12（1829）年7月19日）, 日文, 山小（[没]1829年7月19日）

菅甘谷*　すがかんこく
*～宝暦14（1764）年　[別]菅甘谷（かんかんこく），菅谷甘谷（すげのやかんこく）　江戸時代中期の儒学者、漢詩人。
¶コン（[生]元禄3（1690）年　[没]明和1（1764）年）

菅其翠*　すがきすい
天保2（1831）年～明治20（1887）年　江戸時代末期～明治時代の画家。押し花をよくし、茶道・俳句にも長じる。
¶幕末（[没]明治20（1887）年5月17日）, 美画（[生]天保1（1830）年　[没]明治20（1887）年5月17日）

寿賀子（1）　すがこ★
江戸時代中期の女性。和歌。小城藩主鍋島直英の娘。寛保4年に嫁ぐ。
¶江表（寿賀子（佐賀県））

寿賀子（2）　すがこ★
江戸時代後期～明治時代の女性。和歌・書。上総夷隅郡中原村の神職で国学者弓削春彦の娘。
¶江表（寿賀子（千葉県）　[生]文化13（1816）年　[没]明治30（1897）年）

寿賀子(3)　**すがこ**★

江戸時代後期の女性。和歌。熊本藩士平野家の家来石村龍右衛門の娘。

¶江表(寿賀子(熊本県)　[生]享和1(1801)年)

寿賀子(4)　**すがこ**★

江戸時代末期の女性。和歌。山田氏。安政7年跋、蜂屋光世編『大江戸倭歌集』に載る。

¶江表(寿賀子(東京都))

須賀子(1)　**すがこ**★

江戸時代後期の女性。和歌。紀伊奥熊野大泊の江川六左衛門の母。嘉永4年刊、堀尾光久編『近世名所歌集』初に載る。

¶江表(須賀子(三重県))

須賀子(2)　**すがこ**★

江戸時代末期～明治時代の女性。和歌。松浦郡平戸村の浅山純尹の妻。明治15年新刻、橘東世子編、『明治歌集』五編上に載る。

¶江表(須賀子(長崎県))

菅子(1)　**すがこ**★

江戸時代の女性。和歌。岡本氏。明治8年刊、橘東世子編『明治歌集』に載る。

¶江表(菅子(東京都))

菅子(2)　**すがこ**★

江戸時代の女性。和歌。吉村千春の娘。明治13年刊、佐々木弘綱編『明治開化和歌集』に載る。

¶江表(菅子(福岡県))

菅子(3)　**すがこ**★

江戸時代中期の女性。和歌。寛保1年8月、荷田在満家で「十二番歌合」が行われた際に歌を詠んだ。

¶江表(菅子(東京都))

菅子(4)　**すがこ**★

江戸時代中期～後期の女性。和歌。武蔵橘樹郡作延村の名主三田正章の娘。

¶江表(菅子(神奈川県)　[生]天明3(1783)年　[没]文政1(1818)年)

菅子(5)　**すがこ**★

江戸時代後期の女性。和歌。加藤氏。寛永5年刊、仲田顕忠編『類題武蔵野集』初に載る。

¶江表(菅子(埼玉県))

菅子(6)　**すがこ**

江戸時代後期の女性。和歌。荻山氏。文政3年刊、天野政徳編『草緑集』に載る。

¶江表(菅子(福井県))

菅子・すがこ

江戸時代後期の女性。和歌。松前藩藩士北川時房の孫。寛政6年序、菅江真澄の「奥のてぶり」に載る。

¶江表(菅子・すがこ(北海道))

洗子　**すがこ**

江戸時代後期～明治時代の女性。和歌・書簡・散文。権大納言岩倉具集の娘。

¶江表(洗子(京都府)　[生]寛政11(1799)年　[没]明治17(1884)年)

須賀恒次　**すかこうじ**

⇒須賀恒次(すがつねじ)

菅薦三婦・菅こもの三婦　**すがこものさんふ**

江戸時代後期の女性。狂歌。寛政6年、元杢網序『新古今狂歌集』に載る。

¶江表(菅薦三婦・菅こもの三婦(東京都))

須賀左衛門尉　**すがさえもんのじょう**

安土桃山時代の下野国佐野唐沢山城主北条氏忠の家臣。

¶後北(左衛門尉〔須賀〕　さえもんのじょう)

すか女　**すかじょ**★

江戸時代後期の女性。和歌。北条の人。享和3年序、佐伯貞中八〇賀集「周桑歌人集」に載る。

¶江表(すか女(愛媛県))

菅女(1)　**すがじょ**★

江戸時代末期の女性。俳諧。白岩の人。文久4年成立、安達郡の登那木二郎左衛門編「千と世集」に載る。

¶江表(菅女(福島県))

菅女(2)　**すがじょ**★

江戸時代末期～明治時代の女性。俳諧。小浜の菅野氏。

¶江表(菅女(福島県)　[没]明治21(1888)年)

菅専助*　**すがせんすけ**

生没年不詳　江戸時代中期の浄瑠璃作者。豊竹此太夫の門下。

¶歌大,コン

須賀千朴　**すがせんぼく**

⇒都太夫一中〔1代〕(みやこだゆういっちゅう)

須賀恒次*(須賀恒二)　**すがつねじ,すかつねじ**

天保6(1835)年～元治1(1864)年　[別]須賀恒次(すかこうじ)　江戸時代末期の志士。

¶幕末(須賀恒二　すかつねじ　[生]天保6(1835)年7月　[没]元治1(1864)年9月5日)

酢香手姫皇女　**すかてひめのおうじょ**

⇒酢香手姫皇女(すかてひめのひめみこ)

酢香手姫皇女　**すかてひめのこうじょ,すがてひめのこうじょ**

⇒酢香手姫皇女(すかてひめのひめみこ)

酢香手姫皇女*　**すかてひめのひめみこ**

?～推古天皇30(622)年?　[別]酢香手姫皇女(すかてひめのおうじょ,すかてひめのこうじょ,すかてひめのみこ,すがてひめのこうじょ)　飛鳥時代の女性。用明天皇の皇女。

¶古人(すかてひめのこうじょ　生没年不詳),古代,コン([没]推古30(622)年?),女史(生没年不詳),天皇(すかてひめのみこ　生没年不詳)

酢香手姫皇女　**すかてひめのみこ**

⇒酢香手姫皇女(すかてひめのひめみこ)

菅沼伊賀守　**すがぬまいがのかみ**

戦国時代～江戸時代前期の武士。三河国衆。

¶武田([生]天文9(1540)年　[没]元和1(1615)年10月6日)

菅沼伊豆守　**すがぬまいずのかみ**

安土桃山時代の武田氏の家臣。長篠菅沼一族。

¶武田([生]?　[没]天正10(1582)年5月17日)

菅沼右近助　**すがぬまうこんのすけ**

戦国時代の三河国衆。長篠菅沼当主。

¶武田(生没年不詳)

菅沼奇淵*　**すがぬまきえん**

*～天保5(1834)年　[別]奇淵(きえん)　江戸時代中期～後期の俳人。

¶コン([生]宝暦13(1763年/1765)年),俳文(奇淵　きえん　[生]明和2(1765)年　[没]天保5(1834)年5月18日)

す

菅沼刑部丞　すがぬまぎょうぶのじょう
⇒菅沼定忠（すがぬまさだただ）

菅沼曲翠*　すがぬまきょくすい
？～享保2（1717）年　[別]曲翠（きょくすい）　江戸時代中期の俳人。
¶コン，俳文（曲翠　きょくすい　[生]万治3（1660）年　[没]享保2（1717）年9月4日）

菅沼定堅　すがぬまさだかた
江戸時代中期～後期の佐渡奉行。
¶徳代（[生]享保10（1725）年　[没]寛政2（1790）年5月9日）

菅沼定実*　すがぬまさだざね
寛永3（1626）年～元禄4（1691）年　江戸時代前期の茶道家、幕府交代寄合衆。
¶徳人

菅沼定忠*　すがぬまさだただ
？～天正10（1582）年5月17日　[別]菅沼刑部丞（すがぬまぎょうぶのじょう）　安土桃山時代の武将。武田氏家臣。
¶武田（菅沼刑部丞　すがぬまぎょうぶのじょう）

菅沼定秀*　すがぬまさだひで
元禄12（1699）年～宝暦8（1758）年12月23日　江戸時代中期の幕臣。
¶徳人

菅沼定昌　すがぬまさだまさ
江戸時代中期の代官。
¶徳代（[生]元文1（1736）年　[没]？）

菅沼定喜　すがぬまさだよし
江戸時代中期～後期の幕臣。
¶徳人（[生]1750年　[没]1814年）

菅沼三五郎　すがぬまさんごろう
？～明治2（1869）年　江戸時代末期～明治時代の彰義隊頭取改役。
¶全幕（[没]明治2（1869）年？），幕末

菅沼新八郎　すがぬましんぱちろう
江戸時代後期～明治時代の旗本。
¶幕末（[生]弘化4（1847）年　[没]明治9（1876）年3月7日）

菅沼新兵衛尉　すがぬましんひょうえのじょう
安土桃山時代の武士。三河国衆、長篠菅沼当主。
¶武田（[生]？　[没]天正10（1582）年5月17日）

菅沼忠政*　すがぬまただまさ
天正8（1580）年～慶長19（1614）年　[別]奥平忠昌（おくだいらただまさ），松平忠政（まつだいらただまさ）　安土桃山時代～江戸時代前期の武将、大名。上野吉井藩主、美濃加納藩主。
¶徳松（松平忠政　まつだいらただまさ）

菅沼藤蔵　すがぬまとうぞう
⇒土岐定政（ときさだまさ）

菅沼生定　すがぬまなりさだ
天和1（1681）年～宝暦6（1756）年　江戸時代前期～中期の幕臣。
¶徳人，徳代（[没]宝暦6（1756）年9月22日）

菅沼三照　すがぬまみつてる
天文10（1541）年～元和1（1615）年　戦国時代～江戸時代前期の幕臣。
¶徳人，徳代（[没]元和1（1615）年10月16日）

菅根　すがね
江戸時代後期の女性。書簡・和歌。浅草の青木朝恒の妻。天保4年刊、本居大平編『八十浦之玉』に載る。
¶江表（菅根（東京都））

菅根母　すがねぼ*
江戸時代後期の女性。狂歌。永田氏。文化10年刊、鶴廼屋乎佐丸撰『狂歌五十人一首』に載る。
¶江表（菅根母（大阪府））

菅野覚兵衛　すがのかくべい
⇒菅野覚兵衛（すがのかくべえ）

菅野覚兵衛*　すがのかくべえ
天保13（1842）年11月23日～明治26（1893）年5月30日　[別]菅野覚兵衛（すがのかくべい），千屋寅之助（ちやとらのすけ）　江戸時代末期～明治時代の軍人。
¶全幕（千屋寅之助　ちやとらのすけ），幕末（すがのかくべい）

菅野兼山*　すがのけんざん
延宝8（1680）年～延享4（1747）年　江戸時代中期の儒学者。
¶コン

菅野狷介*　すがのけんすけ
文政3（1820）年～明治3（1870）年　[別]菅野白華（すがのはくか，すがのはっか，すげのはっか）　江戸時代末期～明治時代の江戸藩邸学舎教授。
¶幕末（[生]文政3（1820）年2月6日　[没]明治3（1870）年3月8日）

菅野定明*　すがのさだあき
文化12（1815）年～明治1（1868）年　江戸時代末期の志士。
¶幕末（[没]慶応4（1868）年3月17日）

菅野序遊〔1代〕*　すがのじょゆう
*～文政6（1823）年　江戸時代中期～後期の一中節中興の祖。
¶コン（[生]明和8（1771）年）

菅野序遊〔2代〕*　すがのじょゆう
天明4（1784）年～天保12（1841）年　江戸時代後期の一中節菅野系の家元。初代の子。
¶コン

菅野高年　すがのたかとし
⇒菅野高年（すがののたかとし）

菅野高世*　すがのたかよ
生没年不詳　[別]菅野高世（すがののたかよ）　平安時代前期の公家・歌人。
¶古人（すがののたかよ）

菅野忠臣*　すがのただおむ
生没年不詳　[別]菅野忠臣（すがののただおみ）　平安時代前期の公家・歌人。
¶古人（すがののただおみ）

菅野直棟　すがのなおむね
戦国時代の武田氏の家臣、禰津常安の被官。
¶武田（生没年不詳）

菅野朝臣佐世*　すがののあそんすけよ
延暦21（802）年～元慶4（880）年　[別]菅野佐世（すがののすけよ）　平安時代前期の官人。
¶古人（菅野佐世　すがののすけよ），古代

菅野朝臣真道　すがののあそんまみち
⇒菅野真道（すがののまみち）

菅野敦頼*　すがののあつより
生没年不詳　平安時代中期の官人。
¶古人

菅野惟肖　すがののこれすえ
⇒菅野惟肖（すがののこれゆき）

菅野是永　すがののこれなが
平安時代後期の木工権大工。
¶古人（生没年不詳）

菅野惟肖*　すがののこれゆき
生没年不詳　圀菅野朝臣惟肖（すがののあそんこれ
ゆき），菅野惟肖（すがののこれすえ）　平安時代
前期の官吏、学者。
¶古人（すがののこれすえ），古代（菅野朝臣惟肖　すがの
のあそんこれゆき）

菅野貞義　すがののさだよし
平安時代後期の官人。
¶古人（生没年不詳）

菅野実国　すがののさねくに
平安時代中期の官人。
¶古人（生没年不詳）

菅野重忠　すがののしげただ
平安時代中期の官人。
¶古人（㊷？　㊥1007年）

菅野重頼　すがののしげより
平安時代中期の官人。
¶古人（生没年不詳）

菅野傅説*　すがののすけとき
？〜康保4（967）年　平安時代中期の御船姓。
¶古人

菅野佐世　すがののすけよ
⇒菅野朝臣佐世（すがののあそんすけよ）

菅野高年*　すがののたかとし
生没年不詳　圀菅野高年（すがのたかとし）　平安
時代前期の官吏。
¶古人，古代（菅野朝臣高年　すがののあそんたかとし）

菅野高世　すがののたかよ
⇒菅野高世（すがのたかよ）

菅野忠臣　すがののただおみ
⇒菅野忠臣（すがのただおむ）

菅野忠輔　すがののただすけ
平安時代中期の官人。
¶古人（生没年不詳）

菅野永岑*　すがののながみね
生没年不詳　平安時代前期の官吏。
¶古人，古代（菅野朝臣永岑　すがののあそんながみね）

菅野成経　すがののなりつね
平安時代後期の官人。佐渡に配流。
¶古人（生没年不詳）

菅野成時　すがののなりとき
平安時代後期の官人。
¶古人（生没年不詳）

菅野生則　すがののなりのり
平安時代後期の官人。
¶古人（生没年不詳）

菅野文信*　すがののふみのぶ
生没年不詳　平安時代中期の官人。
¶古人

菅野政任　すがののまさとう
平安時代後期の官人。
¶古人（生没年不詳）

菅野正統*　すがののまさむね
生没年不詳　平安時代中期の外記。
¶古人

菅野政行　すがののまさゆき
平安時代後期の官人。
¶古人（生没年不詳）

菅野真道*（菅野真通）　すがののまみち
天平13（741）年〜弘仁5（814）年6月29日　圀菅野
朝臣真道（すがののあそんまみち），菅野真道（すが
のまみち），津真道（つのまみち）　奈良時代〜平
安時代前期の公卿（参議）。百済国辰孫王の裔。
¶公卿，古人，古代（菅野朝臣真道　すがののあそんまみ
ち），コン，思想

菅野義高　すがののよしたか
平安時代後期の官人。
¶古人（生没年不詳）

菅野吉行　すがののよしゆき
平安時代後期の官人。
¶古人（生没年不詳）

菅野頼延　すがののよりのぶ
平安時代後期の官人。
¶古人（生没年不詳）

菅野白華　すがのはくか
⇒菅野狷介（すがのけんすけ）

菅野白華　すがのはっか
⇒菅野狷介（すがのけんすけ）

菅野輔吉　すがのほきち
嘉永3（1850）年〜明治5（1872）年　江戸時代末期
〜明治時代の加賀藩士。執政本多政均暗殺に加担、
政均の遺臣に殺害される。
¶幕末（㊥明治4（1872）年11月23日）

菅野真道　すがのまみち
⇒菅野真道（すがののまみち）

菅野元健　すがのもとたけ
⇒菅野元健（かんのげんけん）

菅野谷高政　すがのやたかまさ
⇒高政（たかまさ）

菅野六郎*　すがのろくろう
江戸時代末期の新撰組隊士。
¶新隊（生没年不詳）

菅原白竜　すがはらはくりゅう
⇒菅原白竜（すがわらはくりゅう）

須賀治意　すがはるおさ
江戸時代後期の和算家。上州倉賀野村の人。文化
11年算額を奉納。
¶数学

菅政友　すがまさとも
⇒菅政友（かんまさとも）

菅谷織部丞　すがやおりべのじょう
戦国時代〜安土桃山時代の北条為昌・北条氏規家臣大貝平五の寄子。源次郎。
¶後北（織部丞〔菅谷（1）〕　おりべのじょう）

菅屋角蔵*　すがやかくぞう
？〜天正10（1582）年6月2日　戦国時代〜安土桃山時代の織田信長の家臣。
¶織田

菅屋勝次郎*　すがやかつじろう
？〜天正10（1582）年6月2日　[別]菅屋勝次郎（すがやしょうじろう）　戦国時代〜安土桃山時代の織田信長の家臣。
¶織田（すがやしょうじろう）

菅屋勝次郎　すがやしょうじろう
⇒菅屋勝次郎（すがやかつじろう）

菅屋四郎右衛門*　すがやしろうえもん
生没年不詳　安土桃山時代の織田信長の家臣。
¶織田

菅屋長頼*　すがやながより
？〜天正10（1582）年　[別]菅谷長頼（すげのやながより）　安土桃山時代の武士。織田氏家臣。
¶織田（[没]天正10（1582）年6月2日），全戦

菅谷政貞*　すがやまささだ
文亀3（1503）年〜天正5（1577）年5月2日　[別]菅谷政貞（すげのやまささだ）　戦国時代〜安土桃山時代の武将。
¶全戦（生没年不詳），戦武（すげのや（すがや）まささだ　[生]永正15（1518）年　[没]文禄1（1592）年）

菅谷茂八*　すがやもはち
？〜明治7（1874）年　江戸時代末期〜明治時代の水戸藩郷士。
¶幕末（[没]明治7（1874）年9月5日）

菅谷大和守　すがややまとのかみ
安土桃山時代の北条氏照・小山秀綱の家臣。左衛門五郎。
¶後北（大和守〔菅谷（2）〕　やまとのかみ）

須賀吉辰　すがよしとき
江戸時代後期の和算家。上州倉賀野村の人。文政11年算額を奉納。
¶数学

須賀吉久　すがよしひさ
戦国時代の上野国群馬郡倉賀野の土豪。
¶武田（生没年不詳）

菅礼治*　すがれいじ
天保12（1841）年〜明治45（1912）年　江戸時代末期〜明治時代の木材問屋。
¶幕末（[没]明治45（1912）年3月27日）

須川千之助　すがわせんのすけ
江戸時代末期の彫師。
¶浮絵

須川長之助*　すがわちょうのすけ，すかわちょうのすけ
天保13（1842）年〜大正14（1925）年2月24日　江戸時代末期〜大正時代の植物採集家。
¶植物（[生]天保13（1842）年2月6日），幕末（すかわちょうのすけ）

菅原淳茂　すがわらあつしげ
⇒菅原淳茂（すがわらのあつしげ）

菅原淳高*　すがわらあつたか
安元2（1176）年〜建長2（1250）年　[別]菅原淳高（すがわらのあつたか）　鎌倉時代前期の公卿（非参議）。非参議菅原在高の子。
¶公卿（すがわらのあつたか　[生]承安4（1174）年　[没]建長2（1250）年5月24日），公家（淳高〔菅原家（絶家）1〕　あつたか　[没]建長2（1250）年5月24日），古人（すがわらのあつたか）

菅原淳中　すがわらあつなか
平安時代後期の官人。父は是綱。
¶古人（生没年不詳）

菅原在仲　すがわらありなか
⇒菅原在仲（すがわらのありなか）

菅原在成*　すがわらありなり
永仁6（1298）年〜正平7/文和1（1352）年10月19日　鎌倉時代後期〜南北朝時代の公卿（非参議）。参議菅原在兼の次男。
¶公卿（[没]文和1/正平7（1352）年10月19日），公家（在成〔菅原家（絶家）1〕　ありしげ　[没]文和1（1352）年10月19日）

菅原在良　すがわらありよし
⇒菅原在良（すがわらのありよし）

菅原卯八　すがわらうはち
江戸時代後期の大工。
¶美建（[生]？　[没]寛政8（1796）年）

菅原和子　すがわらかずこ
⇒東坊城和子（ひがしぼうじょうかずこ）

菅原公良*　すがわらきみよし
建久6（1195）年〜文応1（1260）年7月17日　鎌倉時代前期の公卿（非参議）。高辻為長の子。
¶公卿，公家（公良〔唐橋家〕　きんよし）

菅原清公　すがわらきよとも
⇒菅原清公（すがわらのきよとも）

菅原国高*　すがわらくにたか
弘安9（1286）年〜正平9/文和3（1354）年1月5日　鎌倉時代後期〜南北朝時代の公卿（非参議）。参議菅原在兼の三男。
¶公卿（[没]文和3/正平9（1354）年1月5日），公家（国高〔菅原家（絶家）1〕　くにたか　[没]文和3（1354）年1月5日）

菅原恵迪*　すがわらけいてき
生没年不詳　江戸時代後期の和算家。
¶数学

菅原源右衛門*　すがわらげんえもん
寛政10（1798）年〜明治6（1873）年　江戸時代後期〜明治時代の和算家。
¶数学

菅原是忠*　すがわらこれただ
生没年不詳　[別]菅原是忠（すがわらのこれただ）　平安時代後期の官人、歌人。
¶古人（すがわらのこれただ）

菅原是綱　すがわらこれつな
⇒高辻是綱（たかつじこれつな）

菅原是善　すがわらこれよし
⇒菅原是善（すがわらのこれよし）

菅原実清　すがわらさねきよ
平安時代後期の官人。
¶古人(生没年不詳)

菅原実春　すがわらさねはる
江戸時代後期〜明治時代の和算家。
¶数学([没]明治4(1871)年)

菅原実良　すがわらさねよし
江戸時代末期〜明治時代の和算家。
¶数学

菅原輔昭*　すがわらすけあき
生没年不詳　[別]菅原輔昭(すがわらすけあきら，すがわらのすけあき)　平安時代中期の歌人。
¶古人(すがわらのすけあき)，詩作(すがわらのすけあき)

菅原輔昭　すがわらすけあきら
⇒菅原輔昭(すがわらすけあき)

菅原資忠*　すがわらすけただ
[別]菅原資忠(すがわらのすけただ)　平安時代中期の官人、歌人。
¶古人(すがわらのすけただ　[生]?　[没]987年)

菅原輔正　すがわらすけまさ
⇒菅原輔正(すがわらのすけまさ)

菅原祐政　すがわらすけまさ
江戸時代後期の和算家。上州三嶋村の人。小野栄重に関流の算学を学ぶ。
¶数学

菅原孝標の娘(菅原孝標女)　すがわらたかすえのむすめ
⇒菅原孝標女(すがわらのたかすえのむすめ)

菅原胤定　すがわらたねさだ
江戸時代後期の和算家。
¶数学

菅原為繁　すがわらためしげ
江戸時代前期の武士。元は武蔵国衆。羽生城将。
¶武田([生]?　[没]慶長19(1614)年1月23日)

菅原為長　すがわらためなが
⇒菅原為長(すがわらのためなが)

菅原為言*　すがわらためのぶ
生没年不詳　[別]菅原為言(すがわらのためのぶ)　平安時代中期の公家・歌人。
¶古人(すがわらのためとき(のぶ))

菅原藤太　すがわらとうた
江戸時代後期〜大正時代の宮大工。
¶美建([生]弘化4(1847)年　[没]大正4(1915)年3月)

菅原内親王　すがわらないしんのう
⇒菅原内親王(すがわらのないしんのう)

菅原長員*　すがわらながかず
文永10(1273)年〜正平7/文和1(1352)年6月23日　鎌倉時代後期〜南北朝時代の公卿(非参議)。康永2年従二位豊前権守に任ぜられる。
¶公卿([没]文和1/正平7(1352)年6月23日)，公家(長員〔菅原家(絶家)2〕　ながかず　[没]観応3(1352)年6月23日)

菅原長成　すがわらながなり
⇒高辻長成(たかつじながなり)

菅原長宣*　すがわらながのぶ
文永8(1271)年〜正中2(1325)年7月8日　鎌倉時代後期の公家・歌人。
¶公家(長宣〔高辻家〕　ながのぶ　[没]正中2(1325)年7月17日)

菅原長義　すがわらながよし
⇒桑原長義(くわばらながよし)

菅原昭季　すがわらのあきすえ
平安時代後期の官人。
¶古人(生没年不詳)

菅原明任　すがわらのあきとう
平安時代中期の官人。為職の子。
¶古人(生没年不詳)

菅原朝臣梶成　すがわらのあそんかじなり
⇒菅原梶成(すがわらのかじなり)

菅原朝臣清公　すがわらのあそんきよきみ
⇒菅原清公(すがわらのきよとも)

菅原朝臣是善　すがわらのあそんこれよし
⇒菅原是善(すがわらのこれよし)

菅原朝臣道真　すがわらのあそんみちざね
⇒菅原道真(すがわらのみちざね)

菅原朝臣峯嗣　すがわらのあそんみねつぐ
⇒菅原岑嗣(すがわらのみねつぐ)

菅原朝臣善主　すがわらのあそんよしぬし
⇒菅原善主(すがわらのよしぬし)

菅原淳茂*　すがわらのあつしげ
?〜延長4(926)年　[別]菅原淳茂(すがわらあつしげ)　平安時代中期の学者。道真の5男。
¶古人，コン(生没年不詳)

菅原淳高　すがわらのあつたか
⇒菅原淳高(すがわらあつたか)

菅原阿満*　すがわらのあま
生没年不詳　平安時代前期の贈太政大臣道真の子。
¶古人

菅原在章*　すがわらのありあき
建永1(1206)年〜?　鎌倉時代前期の公卿(非参議)。非参議菅原淳高の次男。
¶公卿，公家(在章〔菅原家(絶家)1〕　ありあき)

菅原在淳*　すがわらのありあつ
徳治1(1306)年〜正平9/文和3(1354)年5月18日　鎌倉時代後期〜南北朝時代の公卿(非参議)。参議菅原在登の子。
¶公卿([没]文和3/正平9(1354)年5月18日)，公家(在淳〔壬生坊城家(絶家)〕　ありあつ　[没]文和3(1354)年5月18日)

菅原在兼*　すがわらのありかね
建長1(1249)年〜元亨1(1321)年6月24日　鎌倉時代後期の公卿(参議)。参議菅原在嗣の子。
¶公卿，公家(在兼〔菅原家(絶家)1〕　ありかね)

菅原在公*　すがわらのありきみ
?〜弘安10(1287)年4月19日　鎌倉時代後期の公卿(非参議)。正四位下・式部権大輔唐橋公輔の子。
¶公卿，公家(在公〔壬生坊城家(絶家)〕　ありきみ)

菅原有真*　すがわらのありざね
生没年不詳　平安時代後期の法制家。

す

¶古人

菅原在茂* すがわらのありしげ

保安2(1121)年〜正治2(1200)年　平安時代後期〜鎌倉時代前期の学者。

¶古人

菅原在輔* すがわらのありすけ

宝治1(1247)年〜元応2(1320)年11月9日　鎌倉時代後期の公卿(非参議)。非参議菅原在公の子。

¶公卿, 公家(在輔〔壬生坊城家(絶家)〕　ありすけ)

菅原在高* すがわらのありたか

平治1(1159)年〜貞永1(1232)年9月23日　平安時代後期〜鎌倉時代前期の公卿(非参議)。大学頭菅原在茂の子。

¶公卿, 公家(在高〔菅原家(絶家)1〕　ありたか)

菅原在胤* すがわらのありたね

？〜天授6/康暦2(1380)年　南北朝時代の公卿(非参議)。参議菅原在兼の孫。

¶公卿([没]康暦2/天授6(1380)年), 公家(在胤〔菅原家(絶家)1〕　ありたね　[没]康暦2(1380)年)

菅原在嗣* すがわらのありつぐ

貞永1(1232)年〜延慶1(1308)年4月12日　鎌倉時代後期の公卿(参議)。非参議菅原良頼の子。

¶公卿, 公家(在嗣〔菅原家(絶家)1〕　ありつぐ　[没]徳治3(1308)年4月12日)

菅原在躬* すがわらのありつね

生没年不詳　平安時代中期の学者。

¶古人

菅原在富* すがわらのありとみ

？〜天授1/永和1(1375)年4月16日　南北朝時代の公卿(非参議)。非参議菅原在輔の次男。

¶公卿([没]永和1/天授1(1375)年4月16日), 公家(在富〔壬生坊城家(絶家)〕　ありとみ　[没]永和1(1375)年4月16日)

菅原在仲* すがわらのありなか

*〜延元3/暦応1(1338)年　[別]菅原在仲(すがわらありなか)　鎌倉時代後期〜南北朝時代の公卿(非参議)。菅原在嗣の孫。

¶公卿([生]弘安5(1282)年　[没]暦応1/延元3(1338)年9月), 公家(在仲〔菅原家(絶家)1〕　ありなか　[生]1285年　[没]暦応1(1338)年9月)

菅原在仲女 すがわらのありなかのむすめ

⇒少将内侍(しょうしょうのないし)

菅原在登* すがわらのありのり

文永9(1272)年〜正平5/観応1(1350)年5月16日　鎌倉時代後期〜南北朝時代の公卿(参議)。非参議菅原在輔の子。

¶公卿([没]観応1/正平5(1350)年5月16日), 公家(在登〔壬生坊城家(絶家)〕　ありのり　[没]観応1(1350)年5月16日)

菅原在宗* すがわらのありむね

正治1(1199)年〜弘安3(1280)年6月2日　鎌倉時代前期の公卿(非参議)。正四位下・文章博士菅原資高の次男。

¶公卿, 公家(在宗〔菅原家(絶家)3〕　ありむね)

菅原在行* すがわらのありゆき

生没年不詳　室町時代の公卿(参議)。菅原在保の子。

¶公卿, 公家(在行〔唐橋家(絶家)〕　ありゆき)

菅原在良* すがわらのありよし

長久2(1041)年〜保安2(1121)年　[別]菅原在良(すがわらありよし)　平安時代中期〜後期の歌人、漢詩人。文章博士菅原定義の4男。

¶古人

菅原梶成* すがわらのかじなり

？〜仁寿3(853)年　[別]菅原朝臣梶成(すがわらのあそんかじなり)　平安時代前期の医師。

¶古人, 古代(菅原朝臣梶成　すがわらのあそんかじなり)

菅原兼茂* すがわらのかねしげ

生没年不詳　平安時代中期の官人。

¶古人(すがわらのかねしげ(もち))

菅原公時* すがわらのきみとき

弘安7(1284)年〜興国3/康永1(1342)年10月22日　鎌倉時代後期〜南北朝時代の公卿(非参議)。参議菅原在兼の長男。

¶公卿([没]康永1/興国3(1342)年10月22日), 公家(公時〔唐橋家(絶家)〕　きんとき　[没]康永1(1342)年10月22日)

菅原清公 すがわらのきよきみ

⇒菅原清公(すがわらのきよとも)

菅原清公* すがわらのきよとも

宝亀1(770)年〜承和9(842)年　[別]菅原清公(すがわらきよとも, すがわらのきよきみ), 菅原朝臣清公(すがわらのあそんきよきみ)　平安時代前期の公卿(非参議)。阿波守土師宇庭の孫。

¶公卿(すがわらのきよきみ　[生]宝亀2(771)年　[没]承和9(842)年10月17日), 古人, 古代(菅原朝臣清公　すがわらのあそんきよきみ), コン(すがわらのきよきみ), 対外

菅原清房 すがわらのきよふさ

平安時代後期の官人。

¶古人(生没年不詳)

菅原清能* すがわらのきよよし

延久5(1073)年〜大治5(1130)年　平安時代後期の在良の二男。

¶古人

菅原是忠 すがわらのこれただ

⇒菅原是忠(すがわらこれただ)

菅原是綱 すがわらのこれつな

⇒高辻是綱(たかつじこれつな)

菅原惟経 すがわらのこれつね

平安時代中期の官人。

¶古人(生没年不詳)

菅原是善* すがわらのこれよし

弘仁3(812)年〜元慶4(880)年8月30日　[別]菅相公(かんしょうこう), 菅原是善(すがわらこれよし), 菅原朝臣是善(すがわらのあそんこれよし)　平安時代前期の学者、公卿(参議)。従五位下・遠江介菅原古人の孫。

¶公卿, 古人, 古代(菅原朝臣是善　すがわらのあそんこれよし), コン, 日文

菅原定義 すがわらのさだのり

⇒菅原定義(すがわらのさだよし)

菅原定義* すがわらのさだよし

長和1(1012)年〜康平7(1064)年　[別]菅原定義(すがわらのさだのり)　平安時代中期〜後期の孝標の子。道真の5世孫。

¶古人（すがわらのさだのり）

菅原重近　すがわらのしげちか
平安時代中期の官人。
¶古人（生没年不詳）

菅原宿禰古人　すがわらのすくねふるひと
⇒菅原古人（すがわらのふるひと）

菅原輔昭　すがわらのすけあき
⇒菅原輔昭（すがわらすけあき）

菅原資忠　すがわらのすけただ
⇒菅原資忠（すがわらすけただ）

菅原輔時　すがわらのすけとき
平安時代中期の武士。
¶古人（生没年不詳）

菅原資信　すがわらのすけのぶ
平安時代中期の官人。
¶古人（生没年不詳）

菅原輔正*　すがわらのすけまさ
延長3（925）年〜寛弘6（1009）年12月24日　㊟菅相
公（かんしょうこう）、菅原輔正（すがわらすけま
さ）　平安時代中期の文人、公卿（参議）。右大臣
菅原道真の曽孫。
¶公卿,古人,コン

菅原増守女　すがわらのぞうしゅのむすめ
平安時代後期の女性。後冷泉天皇妃、藤原師信の室。
¶天皇（菅原増守（僧）女　生没年不詳）

菅原孝標*　すがわらのたかすえ
天延1（973）年〜？　平安時代中期の漢学者。
¶古人

菅原孝標女*（菅原孝標の女）　すがわらのたかすえのむ
すめ
寛弘5（1008）年〜？　㊟菅原孝標の娘、菅原孝標
女（すがわらたかすえのむすめ）　平安時代中期の
女性、文学者。「更級日記」で有名。
¶古人,コン,詩作,思想,女文,日文,山小

菅原高嗣*　すがわらのたかつぐ
？〜弘和1/永徳1（1381）年2月　南北朝時代の公卿
（非参議）。参議菅原在兼の孫。
¶公卿（㊞永徳1/弘和1（1381）年2月）、公家（高嗣〔菅原
家（絶家）〕　たかつぐ　㊞永徳1（1381）年2月）

菅原高視*　すがわらのたかみ
貞観18（876）年〜延喜13（913）年　平安時代前期
〜中期の道真の子。
¶古人

菅原高能*　すがわらのたかよし
？〜正応1（1288）年3月14日　鎌倉時代後期の公卿
（非参議）。従四位下・刑部大輔菅原義高の子。
¶公卿,公家（高能〔菅原家（絶家）〕　たかよし　㊞弘
安11（1288）年3月14日）

菅原忠長*　すがわらのただなが
文永10（1273）年〜元弘1/元徳3（1331）年9月　鎌
倉時代後期の公卿（非参議）。参議五条長経の次男。
¶公卿（㊞元弘1（1331）年9月）、公家（忠長〔菅田口家
（絶家）〕　ただなが　㊞元弘1（1331）年9月）

菅原董信　すがわらのただのぶ
平安時代中期の官人。藤原伊周家の家司。
¶古人（生没年不詳）

菅原為輔　すがわらのためすけ
平安時代中期の官人。師長の子。文章生。治安2年
丹波掾。
¶古人（生没年不詳）

菅原為忠　すがわらのためただ
平安時代中期の大博士。輔正の子。
¶古人（生没年不詳）

菅原為長*　すがわらのためなが
保元3（1158）年〜寛元4（1246）年3月28日　㊟菅原
為長（すがわらためなが）、高辻為長（たかつじため
なが）　平安時代後期〜鎌倉時代前期の学者、公卿
（参議）。菅原道真の末裔。
¶公卿（高辻為長　たかつじためなが）、公家（為長〔高辻
家〕　ためなが）、古人、コン、中世、日文

菅原為言　すがわらのためのぶ
⇒菅原為言（すがわらためのぶ）

菅原為紀　すがわらのためのり
平安時代中期の官人。
¶古人（㊗957年　㊣1002年）

菅原為理　すがわらのためのり
平安時代中期の官人。
¶古人（㊗？　㊣1010年？）

菅原為衡　すがわらのためひら
平安時代中期の官人。幹正の子。長徳4年若狭掾。
¶古人（生没年不詳）

菅原為職*　すがわらのためもと
生没年不詳　平安時代中期の官人。
¶古人

菅原周長*　すがわらのちかなが
？〜天授6/康暦2（1380）年　南北朝時代の公卿（非
参議）。非参議菅原長員の子。
¶公卿（㊞康暦2/天授6（1380）年）、公家（周長〔菅原家
（絶家）〕　ちかなが　㊞康暦2（1380）年）

菅原親衡　すがわらのちかひら
平安時代後期の官人。
¶古人（生没年不詳）

菅原時親*　すがわらのときちか
？〜天授4/永和4（1378）年3月19日　南北朝時代の
公卿（非参議）。非参議菅原公時の次男。
¶公卿（㊞永和4/天授4（1378）年3月19日）、公家（時親
〔唐橋家（絶家）〕　ときちか　㊞永和4（1378）年3月19
日）

菅原類子*　すがわらのともこ
生没年不詳　平安時代前期の女性。光孝天皇の
更衣。
¶古人,天皇

菅原豊長*　すがわらのとよなが
生没年不詳　南北朝時代の公卿（非参議）。永徳元
年従三位に叙される。
¶公卿（豊長〔粟田口家（絶家）〕　とよなが）

菅原内親王*　すがわらのないしんのう
？〜天長2（825）年　㊟菅原内親王（すがわらないし
んのう）　平安時代前期の女性。桓武天皇の皇女。
¶古人

菅原長方*　すがわらのながかた
？〜応永29（1422）年3月11日　室町時代の公卿（非
参議）。正四位下・少納言菅原淳嗣の子。

¶公卿, 公家（長方〔粟田口家（絶家）〕　ながかた [生]1361年）

菅原修成　すがわらのながしげ
平安時代中期の官人。輔正の子。
¶古人（生没年不詳）

菅原仲季　すがわらのなかすえ
平安時代後期の官人。
¶古人（生没年不詳）

菅原長嗣*　すがわらのながつぐ
？～元中3/至徳3（1386）年5月20日　南北朝時代の公卿（参議）。非参議菅原忠長の子。
¶公卿（[没]至徳3/元中3（1386）年5月20日）, 公家（長嗣〔粟田口家（絶家）〕　ながつぐ　[没]至徳3（1386）年5月20日）

菅原長成　すがわらのながなり
⇒高辻長成（たかつじながなり）

菅原陳経　すがわらののぶつね
⇒菅原陳経（すがわらのぶつね）

菅原宣義*　すがわらののぶよし
？～寛仁1（1017）年　平安時代中期の漢詩人。
¶古人

菅原典雅　すがわらののりまさ
平安時代中期の官人。藤原道長の家司。
¶古人（生没年不詳）

菅原広貞　すがわらのひろさだ
⇒出雲広貞（いずものひろさだ）

菅原陳経*　すがわらのぶつね
生没年不詳　[別]菅原陳経（すがわらののぶつね）　平安時代後期の官人。
¶古人（すがわらののぶつね）

菅原文時*　すがわらのふみとき
昌泰2（899）年～天元4（981）年　[別]菅三品（かんさんぼん, かんさんぽん）, 菅原文時（すがわらふみとき）　平安時代中期の歌人、学者、公卿（非参議）。右大臣菅原道真の孫。
¶公卿（[没]天元4（981）年9月8日）, 古人, コン, 日文

菅原古人*　すがわらのふるひと
生没年不詳　[別]菅原宿禰古人（すがわらのすくねふるひと）, 土師古人（はじのふるひと）　奈良時代の文人、官人。
¶古人, 古人（土師古人　はじのふるひと）, 古代（菅原宿禰古人　すがわらのすくねふるひと）

菅原雅規　すがわらのまさのり
⇒菅原雅規（すがわらまさのり）

菅原雅行　すがわらのまさゆき
平安時代中期の医師。永承2年左兵衛医師。
¶古人（生没年不詳）

菅原道真*　すがわらのみちざね
承和12（845）年～延喜3（903）年　[別]菅原朝臣道真（すがわらのあそんみちざね）, 菅原道真（すがわらみちざね）　平安時代前期の学者、歌人、公卿（右大臣、従二位）。参議菅原是善の三男。遣唐使の廃止を奏上。讒言により大宰権帥に左遷。後世学問の神として祀られている。
¶浮絵, 公卿（[生]承和2（835）年　[没]延喜3（903）年2月25日）, 古人, 古代（菅原朝臣道真　すがわらのあそんみちざね）, コン, 詩作（[生]承和12（845）年6月25日　[没]延喜3（903）年2月25日）, 思想, 対外, 日文, 山小（[没]903年2月25日）

菅原道真母　すがわらのみちざねのはは
⇒菅原道真母（すがわらみちざねのはは）

菅原通（道）雅　すがわらのみちまさ
平安時代中期の官人。
¶古人（[生]？　[没]1015年？）

菅原道雅女　すがわらのみちまさのむすめ
⇒菅原道雅女（すがわらみちまさのむすめ）

菅原岑嗣*（菅原峯嗣）　すがわらのみねつぐ
延暦12（793）年～貞観12（870）年　[別]出雲岑嗣（いずものみねつぐ, いずもみねつぐ）, 菅原朝臣峯嗣（すがわらのあそんみねつぐ）, 菅原岑嗣（すがわらみねつぐ）　平安時代前期の医師。父の出雲広貞は「大同類聚方」の編者。
¶古人（出雲岑嗣　いずものみねつぐ　生没年不詳）, 古人（菅原峯嗣）, 古代（菅原朝臣峯嗣　すがわらのあそんみねつぐ）, コン

菅原幹正　すがわらのもとまさ
平安時代中期の官人。在躬の子。故菅原道真に正一位・左大臣が贈られたときの勅使。
¶古人（生没年不詳）

菅原資宗*　すがわらのもとむね
宝治2（1248）年～乾元1（1302）年6月30日　鎌倉時代後期の公卿（非参議）。非参議菅原在宗の子。
¶公卿, 公家（資宗〔菅原家（絶家）3〕　すけむね　[没]正安4（1302）年6月30日）

菅原師長　すがわらのもろなが
⇒菅原師長（すがわらもろなが）

菅原行正　すがわらのゆきまさ
平安時代中期の官人。文章生。寛和1年丹波権掾。
¶古人（生没年不詳）

菅原義資　すがわらのよしすけ
平安時代後期の官人。資信の子。
¶古人（生没年不詳）

菅原善綱*　すがわらのよしつな
生没年不詳　平安時代前期の宇多天皇の侍臣。
¶古人

菅原善主*　すがわらのよしぬし
延暦22（803）年～仁寿2（852）年　[別]菅原朝臣善主（すがわらのあそんよしぬし）, 菅原善主（すがわらよしぬし）　平安時代前期の官人。清公の3男、道真の叔父。
¶古人, 古代（菅原朝臣善主　すがわらのあそんよしぬし）, コン

菅原良頼*　すがわらのよしより
建久5（1194）年～弘安1（1278）年8月24日　鎌倉時代前期の公卿（非参議）。非参議菅原淳高の長男。
¶公卿, 公家（良頼〔菅原家（絶家）1〕　よしより）

菅原徳資　すがわらのりすけ
江戸時代後期～末期の和算家。
¶数学

菅原白竜*　すがわらはくりゅう
天保4（1833）年～明治31（1898）年　[別]菅原白竜（すがはらはくりゅう）　江戸時代末期～明治時代の日本画家。東洋絵画会結成に参加、その機関誌「絵画叢誌」の編集にあたる。
¶コン, 幕末（すがはらはくりゅう）, 美画（菅原白龍　[生]天保4（1833）年11月13日　[没]明治31（1898）年5月24

日）

菅原房長*　すがわらふさなが
？～興国6/貞和1（1345）年7月24日　鎌倉時代後期～南北朝時代の公卿（非参議）。参議五条長経の三男。
¶公卿（[没]貞和1/興国6（1345）年7月24日），公家（房長〔五条家〕　ふさなが　[没]貞和1（1345）年7月24日）

菅原文時　すがわらふみとき
⇒菅原文時（すがわらのふみとき）

菅原雅規*　すがわらまさのり
延喜19（919）年～天元2（979）年8月　[別]菅原雅規（すがわらのまさのり）　平安時代中期の官人、漢詩人。
¶古人（すがわらのまさのり）

菅原道真　すがわらみちざね
⇒菅原道真（すがわらのみちざね）

菅原道真母*　すがわらみちざねのはは
[別]菅原道真母（すがわらのみちざねのはは）　平安時代前期の歌人。
¶古人（すがわらのみちざねのはは　[生]？　[没]795年）

菅原道雅女*　すがわらみちまさのむすめ
生没年不詳　[別]菅原道雅女（すがわらのみちまさのむすめ）　平安時代中期の歌人。
¶古人（すがわらのみちまさのむすめ）

菅原岑嗣　すがわらみねつぐ
⇒菅原岑嗣（すがわらのみねつぐ）

菅原師長*　すがわらもろなが
生没年不詳　[別]菅原師長（すがわらのもろなが）　平安時代中期の官人、漢学者。
¶古人（すがわらのもろなが）

菅原善主　すがわらよしぬし
⇒菅原善主（すがわらのよしぬし）

須竿　すかん
江戸時代前期～中期の俳諧作者。
¶俳文（[生]寛文6（1666）年　[没]元禄8（1695）年1月11日）

すき
江戸時代後期の女性。俳諧。越後の人。文化13年刊、松下堂李英編、松後園如共追善集『秋の末』に載る。
¶江表（すき（新潟県））

杉(1)　すぎ*
江戸時代後期の女性。俳諧。種屋伝右衛門の妻。嘉永4年刊、寿川亭常丸著『俳諧風雅帖』に載る。
¶江表（杉（青森県））

杉(2)　すぎ*
江戸時代後期の女性。俳諧。加賀の人。寛政9年刊、暮柳舎車大編『ゆめのあと』に載る。
¶江表（杉（石川県））

杉(3)　すぎ*
江戸時代末期の女性。俳諧。摂津伊丹の人。安政3年序、山口米ほか編『なこり月』に載る。
¶江表（杉（兵庫県））

杉浦嘉七〔2代〕*　すぎうらかしち
？～明治9（1876）年　江戸時代末期～明治時代の実業家、産物会所用達元締。幌泉場所、十勝場所の請負人。両場所とも東蝦夷地有数の昆布の産地で莫大な収益を得た。
¶コン（代数なし）

杉浦勝静　すぎうらかつしげ
⇒杉浦誠（すぎうらまこと）

杉浦勝成　すぎうらかつなり
江戸時代前期の幕臣。
¶徳人（[生]？　[没]1688年）

杉浦吉副*　すぎうらきっぷく
弘化1（1844）年～明治19（1886）年　江戸時代末期～明治時代の自由民権家、銀行員。加波山事件に参加、死刑となる。
¶幕末（[没]明治19（1886）年10月5日）

杉浦行宗　すぎうらぎょうそう
江戸時代末期～明治時代の鋳金家。
¶美工（[生]安政3（1856）年10月　[没]明治34（1901）年5月3日）

杉浦羔二郎*　すぎうらこうじろう
文政6（1823）年～慶応2（1866）年　江戸時代末期の水戸藩士。
¶幕末（[没]慶応2（1866）年7月12日）

杉浦成忠*　すぎうらしげただ
天保11（1840）年～明治29（1896）年　江戸時代末期～明治時代の会津藩士、陸軍憲兵中尉。戊辰戦争、西南戦争に従軍。
¶幕末（[没]明治29（1896）年5月17日）

杉浦重文*　すぎうらしげぶみ
文政6（1823）年～明治32（1899）年　江戸時代末期～明治時代の膳所藩儒、藩校遵義堂教授。地租改正事務にあたる。遵義学校で子弟を教育。
¶幕末（[没]明治32（1899）年11月18日）

杉浦乗意*　すぎうらじょうい
元禄14（1701）年～宝暦11（1761）年　江戸時代中期の装剣金工家。
¶コン，美工（[没]宝暦11（1761）年7月24日）

杉浦正一郎　すぎうらせいいちろう
⇒杉浦誠（すぎうらまこと）

杉浦正尹　すぎうらせいいん
生没年不詳　江戸時代末期の幕臣。
¶徳人，徳代

杉浦清介　すぎうらせいかい
江戸時代末期～明治時代の幕臣。
¶幕末（[生]？　[没]明治23（1890）年）

杉浦大学*　すぎうらだいがく
天保1（1830）年～明治6（1873）年　江戸時代末期～明治時代の神職、靖国神社社司。報国隊を結成して東征軍に参加。
¶幕末（[生]文政13（1830）年5月23日　[没]明治6（1873）年7月6日）

杉浦親俊　すぎうらちかとし
安土桃山時代～江戸時代前期の幕臣。
¶徳人（[生]1582年　[没]1661年）

杉浦梅潭　すぎうらばいたん
⇒杉浦誠（すぎうらまこと）

杉浦誠*　すぎうらまこと
文政9（1826）年～明治33（1900）年　[別]杉浦勝静（すぎうらかつしげ），杉浦正一郎（すぎうらせいいちろう），杉浦梅潭（すぎうらばいたん）　江戸時代末期～明治時代の幕臣。箱館奉行、開拓使函館支

庁主任官。

¶詩作(杉浦梅潭　すぎうらばいたん),全幕(杉浦正一郎　すぎうらせいいちろう),徳将,徳人(杉浦勝静　すぎうらかつしげ),徳人(杉浦梅潭　すぎうらばいたん),幕末([生]文政9(1826)年1月　[没]明治33(1900)年5月30日)

杉浦正勝　すぎうらまさかつ

江戸時代中期〜後期の幕臣。

¶徳人([生]1733年　[没]1806年)

杉浦真崎*　すぎうらまさき

元禄3(1690)年〜宝暦4(1754)年　江戸時代中期の女性。歌人。荷田春満の姪。

¶江表(真崎(静岡県)),コン

杉浦政清　すぎうらまさきよ

江戸時代前期〜中期の幕臣。

¶徳人([生]1616年　[没]1697年)

杉浦正昭　すぎうらまさてる

江戸時代前期〜中期の幕臣。

¶徳人([生]1614年　[没]1701年)

杉浦正友*　すぎうらまさとも

天正5(1577)年〜寛文2(1662)年　江戸時代前期の幕臣。留守居。

¶徳人

杉浦譲*　すぎうらゆずる

天保6(1835)年9月25日〜明治10(1877)年8月22日　江戸時代末期〜明治時代の官吏、内務省大書記官地理局長。日本郵政事業の最初の実施者。駅逓正、内務大丞兼地理頭などを歴任。

¶コン,幕末

杉江　すぎえ⋆

江戸時代後期の女性。和歌。白河藩主松平定信家の奥女中。寛政10年跋、信濃松代藩主真田幸弘の六〇賀集「千とせの寿詞」に載る。

¶江表(杉江(福島県))

杉江寿門*　すぎえじゅもん

文政10(1827)年〜明治30(1897)年　江戸時代末期〜明治時代の尾張常滑の陶工。

¶美工

杉江善右衛門*　すぎえぜんえもん

文政5(1822)年〜明治18(1885)年　江戸時代末期〜明治時代の実業家。琵琶湖に蒸気船を走らせ、湖南汽船会社を設立。

¶幕末

杉岡能連*　すぎおかよしつれ

寛文9(1669)年〜元文3(1738)年　江戸時代中期の幕臣。勘定奉行。

¶徳人

杉興運*　すぎおきかず

?〜天文20(1551)年　戦国時代の武士。

¶全戦,戦武

杉興重*　すぎおきしげ

文明9(1477)年〜?　戦国時代の武士。

¶全戦

杉生貞則　すぎおさだのり

⇒杉生十右衛門(すぎゅうじゅうえもん)

杉生左兵衛　すぎおさひょうえ

安土桃山時代〜江戸時代前期の明智光秀・長岡幽斎の家臣。後に牢人。

¶大坂

杉生十右衛門　すぎおじゅうえもん

⇒杉生十右衛門(すぎゅうじゅうえもん)

杉木普斎*　すぎきふさい

寛永5(1628)年〜宝永3(1706)年　[別]盧牧(ろぼく)　江戸時代前期〜中期の茶人。宗旦四天王の一人、伊勢神宮外宮の御師。

¶コン,俳文(盧牧　ろぼく　[没]宝永3(1706)年6月21日)

杉木正友　すぎきまさとも

⇒正友(まさとも)

杉木美津*　すぎきみつ

天正11(1583)年〜正保4(1647)年7月2日　[別]光貞妻(みつさだのつま),美津女(みつじょ)　安土桃山時代〜江戸時代前期の女性。俳人。

¶江表(美津女(三重県)),俳文(光貞妻　みつさだのつま)

杉木望一　すぎきもいち

⇒望一(もいち)

杉木茂左衛門　すぎきもざえもん

⇒磔茂左衛門(はりつけもざえもん)

杉享二　すぎきょうじ

⇒杉亨二(すぎこうじ)

杉木良蔵*　すぎきりょうぞう

文化8(1811)年〜明治16(1883)年　[別]杉本良蔵(すぎもとりょうぞう)　江戸時代後期〜明治時代の武士。

¶幕末(杉本良蔵　すぎもとりょうぞう　[没]明治16(1883)年12月27日)

杉子　すぎこ⋆

江戸時代後期の女性。和歌。土佐藩の奥女中。文政4年、高岡郡新居村の庄屋細木庵常の四〇賀に短冊を寄せる。

¶江表(杉子(高知県))

杉亨二*　すぎこうじ

文政11(1828)年〜大正6(1917)年12月4日　[別]杉享二(すぎきょうじ)　江戸時代末期〜大正時代の統計学者、スタチスチック社社長。蕃書調所に出仕、統計学の重要性を知る。新政府の政表課に勤め、政府に統計調査の必要性を説いた。

¶科学([生]文政11(1828)年10月10日),コン,思想,数学(杉享二　すぎきょうじ),徳人,幕末

杉坂百明*　すぎさかひゃくめい

?〜天明4(1784)年　[別]百明(ひゃくめい)　江戸時代中期の俳人。

¶俳文(百明　ひゃくめい　[没]天明4(1784)年7月22日)

杉崎但馬守*　すぎさきたじまのかみ

生没年不詳　戦国時代の伊豆国平井郷の名主・問屋。

¶後北(正福〔杉崎〕　まさふく)

杉貞響　すぎさだたか

明和8(1771)年〜文政10(1827)年　江戸時代中期〜後期の幕臣。

¶徳人,徳代([没]文政10(1827)年8月9日)

杉重矩*　すぎしげのり

?〜天文20(1551)年　戦国時代の武士。

¶全戦([没]天文22(1553)年),戦武([生]明応7(1498)年)

杉女　すぎじょ★
江戸時代中期の女性。俳諧。久万俳壇の中心であった佐伯寿風の妻。宝暦1年刊、亡くなった夫寿風の追悼集『十夜の霜』に載る。
¶江表(杉女(愛媛県))

杉善右衛門＊　すぎぜんえもん
？〜元和1(1615)年　安土桃山時代〜江戸時代前期の武士。豊臣氏家臣。
¶大坂([没]慶長20年5月7日)

杉田勝政　すぎたかつまさ
江戸時代前期の代官。
¶徳代([生]元和8(1622)年　[没]万治3(1660)年6月16日)

杉滝　すぎたき
⇒杉滝子(すぎたきこ)

杉滝子＊　すぎたきこ
文化4(1807)年〜明治23(1890)年8月29日　[別]杉滝(すぎたき)　江戸時代末期〜明治時代の女性。吉田松陰の母。松陰の刑死後も塾の維持に努めた。
¶江表(滝子(山口県)),幕末([生]文化4(1807)年1月24日)

杉田喜兵衛　すぎたきへえ
江戸時代中期〜後期の宮大工。
¶美建([生]宝暦13(1763)年　[没]天保7(1836)年1月19日)

杉田玄端＊　すぎたげんたん
文政1(1818)年〜明治22(1889)年7月19日　江戸時代末期〜明治時代の蘭方医。若狭小浜藩医になり蕃書調所・洋書調所教授、外国奉行支配翻訳御用頭取などを歴任。東京神田に共立病院を創立。
¶科学([生]文政1(1818)年9月20日),コン,徳人,幕末([生]文政1(1818)年5月20日)

杉田玄白＊　すぎたげんぱく
享保18(1733)年〜文化14(1817)年　江戸時代中期〜後期の蘭方医、外科医。「解体新書」の翻訳者。
¶江人,科学([生]享保18(1733)年9月13日　[没]文化14(1817)年4月17日),コン,思想,対外,徳将,山小([生]1733年9月13日　[没]1817年4月17日)

杉田重直　すぎたしげなお
安土桃山時代の武蔵国滝山城主北条氏照の家臣。右近丞。
¶後北(重直〔杉田〕　しげなお)

杉田成卿＊　すぎたせいけい
文化14(1817)年〜安政6(1859)年　江戸時代末期の蘭学者。杉田立卿の長男。
¶江人,科学([生]文化14(1817)年11月11日　[没]安政6(1859)年2月19日),コン,思想,徳人,幕末([没]安政6(1859)年2月19日)

杉田仙十郎＊　すぎたせんじゅうろう
文政3(1820)年〜明治26(1893)年　江戸時代末期〜明治時代の政治家、大庄屋、県議会議員。地域のために九頭竜川の治水に尽力。政治家となった長男の物心両面の活動を支えた。
¶コン

杉田忠次　すぎたただつぐ
天正4(1576)年〜寛永18(1641)年　安土桃山時代〜江戸時代前期の幕臣。
¶徳人,徳代([没]寛永18(1641)年6月16日)

杉田旦藁＊　すぎたたんこう
生没年不詳　[別]旦藁(たんこう)　江戸時代中期の俳人(蕉門)。
¶俳文(旦藁　たんこう)

杉田藤太夫　すぎたとうだゆう
江戸時代中期〜後期の宮大工。
¶美建([生]享保19(1734)年　[没]文化7(1810)年1月19日)

杉田直孟＊　すぎたなおたけ
生没年不詳　江戸時代後期の和算家。
¶数学

杉田直昌　すぎたなおまさ
慶長18(1613)年〜天和3(1683)年　江戸時代前期の幕臣。
¶徳人,徳代([没]天和3(1683)年7月8日)

杉谷雪樵＊　すぎたにせっしょう
文政10(1827)年〜明治28(1895)年　江戸時代末期〜明治時代の日本画家。代表作に「山水画巻」2巻など。北宗系漢画の花鳥、風月を得意とした。
¶美画([没]明治28(1895)年8月4日)

杉谷善住坊　すぎたにぜんじゅうぼう
⇒善住坊(ぜんじゅうぼう)

杉谷雍助＊(杉谷擁助)　すぎたにようすけ
文政3(1820)年〜慶応2(1866)年　江戸時代末期の洋学者、造兵家、肥前佐賀藩士。
¶科学([没]慶応2(1866)年9月24日),全幕([生]文政2(1820)年),幕末([没]慶応2(1866)年9月24日)

杉田伯元＊　すぎたはくげん
宝暦13(1763)年〜天保4(1833)年　江戸時代中期〜後期の蘭方医。
¶江人,科学([生]宝暦13(1763)年8月7日　[没]天保4(1833)年5月21日),コン

杉田望一　すぎたもういち
⇒望一(もいち)

杉田立卿　すぎたりっけい
⇒杉田立卿(すぎたりゅうけい)

杉田立卿＊　すぎたりゅうけい
天明6(1786)年11月15日〜弘化2(1845)年11月2日　[別]杉田立卿(すぎたりっけい)　江戸時代後期の蘭方医。
¶江人,科学,眼医,コン(すぎたりっけい),徳人

杉聴雨　すぎちょうう
⇒杉孫七郎(すぎまごしちろう)

杉常道　すぎつねみち
⇒杉百合之助(すぎゆりのすけ)

杉敏三郎＊　すぎとしさぶろう
弘化2(1845)年〜明治9(1876)年　江戸時代末期〜明治時代の吉田松陰の末弟。聾唖だが、読書を好み写字模書に巧み。
¶幕末([生]弘化2(1845)年10月6日　[没]明治9(1876)年2月1日)

杉呑獅　すぎどんし
⇒呑獅(どんし)

杉之　すぎの★
江戸時代中期の女性。和歌。中村交安の妻。享保17年跋、坂静山編『和歌山下水』に載る。
¶江表(杉之(東京都))

杉野怡雲＊　すぎのいうん
寛政3(1791)年〜慶応1(1865)年　江戸時代末期の人。陶然酔筆を揮うのを常とした。

¶幕末（[没]慶応1（1865）年7月）

杉野翠兄　すぎのすいけい
⇒翠兄（すいけい）

杉野土佐右衛門*　すぎのとさえもん
文化6（1809）年～明治1（1868）年　江戸時代末期の陶工。
¶幕末（[没]元治1（1864）年5月26日），美工（[没]明治1（1868）年6月29日）

椙原治人　すぎのはらおさめ
⇒椙原治人（すぎはらはるんど）

杉原兵部丞*　すぎのはらひょうぶのじょう
？～天正4（1576）年7月13日　戦国時代～安土桃山時代の織田信長の家臣。
¶織田

杉の坊*　すぎのぼう
生没年不詳　安土桃山時代の織田信長の家臣。
¶織田

杉原家次*　すぎはらいえつぐ
？～天正12（1584）年　安土桃山時代の武士。
¶織田（[生]享禄4（1531）年　[没]天正12（1584）年9月9日），全戦

杉原伊佐直重　すぎはらいすけなおしげ
江戸時代前期の人。杉原次郎左衛門尉重吉の三男。大坂の陣で籠城。
¶大坂（[没]慶長20年）

杉原凱*　すぎはらがい
文化3（1806）年～明治4（1871）年　[別]杉原外之助（すぎはらそとのすけ）　江戸時代末期～明治時代の陸奥会津藩士。
¶幕末（[没]明治4（1871）年2月14日）

杉原源太郎盛成　すぎはらげんたろうもりしげ
江戸時代前期の人。杉原次郎左衛門尉重吉の次男。大坂の陣で籠城。
¶大坂（[没]慶長20年5月7日）

杉原定利　すぎはらさだとし
⇒木下祐久（きのしたすけひさ）

杉原重治　すぎはらしげはる
安土桃山時代の小早川秀秋の家臣。
¶全戦（生没年不詳）

杉原宗伊　すぎはらそうい
⇒宗伊（そうい）

杉原外之助　すぎはらそとのすけ
⇒杉原凱（すぎはらがい）

椙原治人*　すぎはらはるんど
文政4（1821）年～明治22（1889）年　[別]椙原治人（すぎのはらおさめ）　江戸時代後期～明治時代の武士。
¶幕末（すぎのはらおさめ　[没]明治22（1889）年5月30日）

杉原日向守　すぎはらひゅうがのかみ
戦国時代～安土桃山時代の武士。元将軍足利義輝の家臣で、のちに信玄に仕えたという。
¶武田（[生]永正14（1517）年　[没]天正3（1575）年5月21日）

杉原平助　すぎはらへいすけ
江戸時代末期の幕臣。
¶徳人（[生]？　[没]1868年）

杉原正永　すぎはらまさなが
安土桃山時代～江戸時代前期の幕臣。
¶徳人（[生]1596年　[没]1670年）

杉原盛重*　すぎはらもりしげ
？～天正9（1581）年　安土桃山時代の武士。
¶全戦，戦武（[生]天文2（1533）年）

杉孫七郎*　すぎまごしちろう
天保6（1835）年～大正9（1920）年5月3日　[別]杉聴雨（すぎちょうう）　江戸時代末期～明治時代の長州藩士、政治家。幕府の遣欧使節に従い英・仏の制度、技術を視察。明治以降、山口藩権大参事、特命全権大使などを歴任。
¶詩作（杉聴雨　すぎちょうう　[生]天保6（1835）年1月），幕末（[生]天保6（1835）年1月16日）

杉政女　すぎまさじょ★
江戸時代後期の女性。狂歌。寛政8年刊、後巴人亭光編『狂歌晴天闘歌集』に載る。
¶江表（杉政女（茨城県））

杉民治*　すぎみんじ
文政11（1828）年～明治43（1910）年11月11日　江戸時代末期～明治時代の長州藩士。郡奉行所加勢暫役となり、民政に尽くす。弟・吉田松陰の最もよき理解者として物心両面より援助。
¶全幕，幕末（[生]文政11（1828）年1月15日）

杉村機兵衛*　すぎむらきへえ
寛政9（1797）年～明治3（1870）年　江戸時代末期～明治時代の常陸土浦藩士。
¶幕末（[没]明治3（1870）年6月23日）

杉村治兵衛*（杉村次兵衛）　すぎむらじへえ
生没年不詳　江戸時代前期の浮世絵師。
¶浮絵，江人，美画

杉村輝義　すぎむらてるよし
江戸時代後期の和算家。
¶数学

杉村直記*　すぎむらなおき
寛保1（1741）年～文化5（1808）年　江戸時代中期～後期の対馬府中藩家老。
¶コン，対外

杉村濬*　すぎむらふかし
嘉永1（1848）年～明治39（1906）年　江戸時代末期～明治時代の外交官、外務省通商局長、ブラジル公使。海外移住計画を立案、南米移民事業促進に尽力。
¶コン

椙村保寿*　すぎむらやすかず
*～大正7（1918）年　[別]椙村保寿（すぎむらやすひさ）　江戸時代末期～明治時代の検校。
¶幕末（[生]天保10（1839）年　[没]大正7（1918）年11月16日）

椙村保寿　すぎむらやすひさ
⇒椙村保寿（すぎむらやすかず）

杉本某　すぎもと
江戸時代末期の新撰組隊士。勘定方。
¶新隊

杉本乙菊*　すぎもとおとぎく
嘉永2（1849）年～明治11（1878）年　江戸時代末期～明治時代の石川県士族。大久保利通の暗殺共謀、斬刑となる。

¶幕末（[没]明治11（1878）年7月27日）

杉本清蔭* すぎもときよかげ
天明8（1788）年～慶応3（1867）年 江戸時代後期の質屋。漁業発展に寄与。
¶幕末（[生]天明8（1788）年3月14日 [没]慶応3（1867）年9月27日）

杉本権蔵* すぎもとごんぞう
文政12（1829）年～明治42（1909）年 江戸時代末期～明治時代の開拓家。失職した川越人足に茶栽培をさせる。中山新道の開削。
¶幕末

杉本善助 すぎもとぜんすけ
戦国時代の相模国玉縄城主北条為昌の家臣。
¶後北（善助〔杉本（2）〕 ぜんすけ）

杉本惣太郎* すぎもとそうたろう
生没年不詳 江戸時代後期の義民。
¶コン

杉本為十郎 すぎもとためじゅうろう
⇒浅尾為十郎〔1代〕（あさおためじゅうろう）

杉本忠恵* すぎもとちゅうけい
元和4（1618）年～元禄2（1689）年 江戸時代前期の医師。南蛮流外科医。
¶科学，コン

杉本樗園* すぎもとちょえん
明和7（1770）年5月26日～天保7（1836）年8月8日 江戸時代中期～後期の医者。
¶徳人（[生]1762年 [没]1847年）

杉本田造* すぎもとでんぞう
享和3（1803）年～文久1（1861）年 江戸時代末期の足柄上郡の名主。
¶幕末

杉本七百丸 すぎもとななおまる
江戸時代末期～大正時代の翰香堂主人。
¶出版（[生]嘉永7（1854）年2月7日 [没]大正10（1921）年8月30日）

杉本隼人 すぎもとはやと
江戸時代後期～明治時代の眼科医。
¶眼医（[生]天保4（1833）年 [没]明治20（1887）年）

杉本茂十郎* すぎもともじゅうろう
生没年不詳 [別]大坂屋茂兵衛（おおさかやもへえ） 江戸時代の町人。十組問屋の再建に尽力。
¶江人，コン，山小

杉本弥二郎 すぎもとやじろう
安土桃山時代の北条氏政の家臣。
¶後北（弥二郎〔杉本（1）〕 やじろう）

杉本良蔵 すぎもとりょうぞう
⇒杉木良蔵（すぎきりょうぞう）

杉森市兵衛信成 すぎもりいちびょうえのぶしげ
江戸時代前期の豊臣秀吉・秀頼・稲葉正則の家臣。
¶大坂（[没]明暦1年5月26日）

杉山市太夫 すぎやまいちだいゆう
⇒杉山市太夫（すぎやまいちだゆう）

杉山市太夫* すぎやまいちだゆう
天保2（1831）年～明治2（1869）年 [別]杉山市太夫（すぎやまいちだいゆう），杉山対軒（すぎやまたいけん） 江戸時代末期の関宿藩士。
¶幕末（すぎやまいちだいゆう [生]天保2（1831）年3月 [没]明治2（1869）年4月20日）

杉山岩三郎* すぎやまいわさぶろう
天保12（1841）年～大正2（1913）年7月18日 江戸時代末期～明治時代の岡山藩士、実業家、岡山商法会議所会頭。士族授産に努める。岡山紡績所設立。
¶幕末（[生]天保12（1841）年8月15日）

杉山上総* すぎやまかずさ
天保12（1841）年～明治28（1895）年 [別]杉山龍江（すぎやまりゅうこう） 江戸時代末期～明治時代の軍人、弘前藩大参事兼公議人。青森県政下の中津軽郡・北津軽郡郡長を歴任。
¶幕末（杉山龍江 すぎやまりゅうこう [没]明治28（1895）年9月2日）

杉山勘左衛門〔3代〕 すぎやまかんざえもん
⇒杉山平八（すぎやまへいはち）

杉山喜平次* すぎやまきへいじ
天保10（1839）年～明治19（1886）年 江戸時代末期～明治時代の駿河国名主。東海道宇津谷峠にトンネルを完成させる。
¶幕末

杉山小太郎* すぎやまこたろう
[別]杉山小兵衛尉（すぎやまこひょうえのじょう） 戦国時代の武将。今川氏家臣。
¶武田（杉山小兵衛尉 すぎやまこひょうえのじょう 生没年不詳）

杉山小兵衛尉 すぎやまこひょうえのじょう
⇒杉山小太郎（すぎやまこたろう）

杉山貞治* すぎやまさだはる
生没年不詳 江戸時代中期の和算家。
¶数学

杉山杉風* すぎやまさんぷう
正保4（1647）年～享保17（1732）年 [別]杉風（さんぷう） 江戸時代前期～中期の俳人。
¶江人（杉風 さんぷう），コン，詩作（[没]享保17（1732）年6月13日），日文，俳文（杉風 さんぷう [没]享保17（1732）年6月13日）

杉山七郎左衛門 すぎやましちろざえもん
⇒杉山丹後掾（すぎやまたんごのじょう）

杉山周防守 すぎやますおうのかみ
安土桃山時代の北条氏政の家臣。
¶後北（周防守〔杉山（2）〕 すおうのかみ）

杉山清十郎 すぎやませいじゅうろう
⇒杉山裏白（すぎやまりはく）

杉山惣次郎 すぎやまそうじろう
戦国時代～安土桃山時代の北条氏康・氏政家臣岡本政秀の同心。
¶後北（惣次郎〔杉山（3）〕 そうじろう）

杉山惣兵衛 すぎやまそうひょうえ
戦国時代の駿河国阿野荘井出郷の土豪。駿河衆。
¶武田（生没年不詳）

杉山対軒 すぎやまたいけん
⇒杉山市太夫（すぎやまいちだゆう）

杉山泰助* すぎやまたいすけ
天保11（1840）年～明治38（1905）年 江戸時代末期～明治時代の蘭方医、薬種商。砂糖・石油の貿易。江陽銀行を開行。

¶幕末（[没]明治38（1905）年3月2日）

杉山丹後掾＊　すぎやまたんごのじょう
生没年不詳　[別]杉山七郎左衛門（すぎやましちろざえもん）　江戸時代前期の古浄瑠璃の太夫。江戸浄瑠璃の祖。
¶コン

杉山篤太郎＊　すぎやまとくたろう
天保12（1841）年～明治1（1868）年　江戸時代末期の長州（萩）藩士。
¶幕末（[没]慶応4（1868）年閏4月27日）

杉山某　すぎやまなにがし
安土桃山時代の相模国三崎城主北条氏規の家臣。
¶後北（某〔杉山（1）〕　なにがし）

杉山信行　すぎやまのぶゆき
江戸時代前期～中期の代官。
¶徳代（[生]正保4（1647）年　[没]享保10（1725）年5月5日）

杉山律義　すぎやまのりよし
⇒杉山松介（すぎやままつすけ）

杉山秀太郎＊　すぎやまひでたろう
弘化4（1847）年～慶応1（1865）年　江戸時代末期の水戸藩士。
¶幕末（[没]元治2（1865）年2月16日）

杉山平八＊　すぎやまへいはち
生没年不詳　[別]杉山勘左衛門〔3代〕（すぎやまかんざえもん），千之（せんし），山下いつき，山下斎（やましたいつき），山下文左衛門（やましたぶんざえもん）　江戸時代中期の歌舞伎役者。貞享3年～元文5年頃に活躍。
¶コン

杉山松介＊（杉山松助）　すぎやままつすけ
天保9（1838）年～元治1（1864）年　[別]杉山律義（すぎやまのりよし）　江戸時代末期の長州（萩）藩士。
¶コン，幕末（杉山松助　[没]元治1（1864）年6月6日）

杉山弥一郎＊　すぎやまやいちろう
文政7（1824）年～文久1（1861）年　江戸時代末期の水戸藩士。
¶コン，全幕，幕末（[没]文久1（1861）年7月26日）

杉山腰司＊　すぎやまようじ
江戸時代末期の新撰組隊士。
¶新隊（生没年不詳）

杉山裏白＊　すぎやまりはく
文政6（1823）年～明治14（1881）年　[別]杉山清十郎（すぎやませいじゅうろう）　江戸時代末期～明治時代の工芸家。
¶幕末，美工（[没]明治14（1881）年4月1日）

杉山龍江　すぎやまりゅうこう
⇒杉山上総（すぎやまかずさ）

杉山良輔＊　すぎやまりょうすけ
弘化3（1846）年～明治3（1870）年　江戸時代末期～明治時代の志士。長州諸隊解隊の際、脱藩騒動の鎮圧に当り戦死。
¶幕末（[生]弘化2（1845）年12月　[没]明治3（1870）年2月9日）

杉山廉＊　すぎやまれん
元文4（1739）年～文化5（1808）年3月5日　江戸時代中期～後期の女性。歌人。庄内藩藩士杉山宜葵の娘。
¶江表（廉（山形県）　れん　[生]享保20（1735）年）

杉山和一＊　すぎやまわいち
慶長15（1610）年～元禄7（1694）年　江戸時代前期の鍼術家。
¶江人（[生]？），コン（[生]慶長18（1613）年？）

杉生十右衛門＊　すぎゅうじゅうえもん
明和2（1765）年～天保1（1830）年　[別]杉生貞則（すぎおさだのり），杉生十右衛門（すぎおじゅうえもん）　江戸時代後期の豊前小倉藩士。
¶コン（[生]明和4（1767）年）

杉百合之助＊　すぎゆりのすけ
文化1（1804）年～慶応1（1865）年　[別]杉常道（すぎつねみち）　江戸時代末期の吉田松陰の実父。
¶コン，全幕，幕末（[生]文化1（1804）年2月23日　[没]慶応1（1865）年8月29日）

杉若吉藤＊　すぎわかよしふじ
戦国時代の武将。朝倉氏家臣。
¶全戦（生没年不詳）

杉原まん　すぎわらまん
安土桃山時代の織田信長の家臣。信長か信忠の小姓。
¶織田（[生]？　[没]天正10（1582）年6月2日）

少彦名（少名毗古那）　すくなひこな，すくなびこな
⇒少彦名神（すくなひこなのかみ）

少彦名神＊（少名毘古那神）　すくなひこなのかみ，すくなびこなのかみ
[別]少彦名，少名毗古那（すくなひこな，すくなびこな），少彦名命，少名彦名命（すくなひこなのみこと，すくなびこなのみこと）　酒造りの神、温泉の神。
¶コン

少彦名命（少名彦名命）　すくなひこなのみこと，すくなびこなのみこと
⇒少彦名神（すくなひこなのかみ）

村主永吉　すぐりながよし
平安時代後期の遠江国鎌田御厨惣検校。
¶古人（生没年不詳）

勝正朝　すぐるまさとも
江戸時代中期～後期の佐渡奉行、普請奉行、鑓奉行。
¶徳代（[生]宝暦10（1760）年　[没]天保11（1840）年6月）

助右衛門　すけえもん
安土桃山時代の信濃国筑摩郡野口の土豪。麻績氏の被官とみられる。
¶武田（生没年不詳）

助衛門　すけえもん
安土桃山時代の信濃国筑摩郡桑関の土豪。麻績氏の被官とみられる。
¶武田（生没年不詳）

介川善之介＊（介川善之助）　すけがわぜんのすけ
天保6（1835）年～慶応3（1867）年　江戸時代末期の水戸藩士。
¶幕末（[没]慶応3（1867）年5月24日）

助川昌昆　すけがわまさやす
江戸時代後期の和算家。奥州船引村の人。文政4年算額を奉納。
¶数学

輔君　すけぎみ★
江戸時代中期の女性。和歌。関白九条輔実の娘。
¶江表（輔君（愛知県）　[生]元禄3（1690）年　[没]享保16（1731）年）

資子*　すけこ
生没年不詳　鎌倉時代後期の女性。亀山天皇の宮人。
¶天皇

祐子女王　すけこじょおう
⇒祐子女王（ゆうしじょおう）

資子内親王　すけこないしんのう
⇒資子内親王（ししないしんのう）

輔子内親王　すけこないしんのう
⇒輔子内親王（ほしないしんのう）

祐子内親王　すけこないしんのう
⇒祐子内親王（ゆうしないしんのう）

亮子内親王　すけこないしんのう
⇒殷富門院（いんぷもんいん）

助左衛門　すけざえもん
戦国時代の甲斐国巨摩郡大崩村の山造職人棟梁。
¶武田（生没年不詳）

祐貞　すけさだ
江戸時代中期～後期の平野神社禰宜。
¶公家（祐貞〔平野神社禰宜 伊藤家〕　[生]1781年　[没]天保6（1835）年2月25日）

助真*　すけざね
生没年不詳　鎌倉時代の備前国福岡の一文字派の刀工。
¶美工

菅実秀*　すげさねひで
天保1（1830）年～明治36（1903）年2月17日　江戸時代末期～明治時代の出羽庄内藩士。
¶全幕（[生]文政13（1830）年），幕末（[生]文政13（1830）年1月8日）

助さん　すけさん
⇒佐々十竹（さっさじっちく）

助三衛門　すけぞうえもん
安土桃山時代の信濃国筑摩郡会田の土豪。会田岩下氏の被官とみられる。
¶武田（生没年不詳）

助高屋四郎五郎　すけたかやしろうごろう
⇒助高屋高助〔2代〕（すけたかやたかすけ）

助高屋高助〔1代〕　すけたかやたかすけ
⇒沢村宗十郎〔1代〕（さわむらそうじゅうろう）

助高屋高助〔2代〕*　すけたかやたかすけ
延享4（1747）年～文政1（1818）年　[別]市川中車（いちかわちゅうしゃ），市川八百蔵〔3代〕（いちかわやおぞう），亀音（きおん），高賀（こうが），沢村金平（さわむらきんぺい），沢村四郎五郎〔1代〕（さわむらしろごろう），遮莫（しゃばく），助高屋四郎五郎（すけたかやしろうごろう），瀬川雄次郎〔1代〕（せがわゆうじろう），中車（ちゅうしゃ），路舟（ろしゅう）　江戸時代中期～後期の歌舞伎役者。宝暦10年～文政1年頃に活躍。
¶歌大（[没]文政1（1818）年12月13日），コン，新歌（――〔2世〕）

助高屋高助〔3代〕　すけたかやたかすけ
⇒沢村宗十郎〔5代〕（さわむらそうじゅうろう）

助高屋高助〔4代〕*　すけたかやたかすけ
天保9（1838）年～明治19（1886）年　江戸時代末期～明治時代の歌舞伎役者。父の芸風を継いで江戸随一の和事師と呼ばれ、女方も兼ねて明治期の名人と称された。
¶歌大，コン，新歌（――〔4世〕），幕末（[没]明治19（1886）年2月2日）

助綱*　すけつな
生没年不詳　鎌倉時代後期の相模鎌倉山内の刀工。
¶美工

祐寿　すけとし
江戸時代中期の平野神社禰宜。
¶公家（祐寿〔平野神社禰宜 伊藤家〕　[生]1699年　[没]安永7（1778）年閏7月21日）

習宜阿曽麻呂　すげのあそまろ
⇒中臣習宜阿曽麻呂（なかとみのすげのあそまろ）

□助丞　すけのじょう
安土桃山時代～江戸時代前期の甲斐国巨摩郡河内清沢郷の人。慶長8年高野山に登り自身の逆修供養を依頼。
¶武田（生没年不詳）

介内侍*　すけのないし
生没年不詳　平安時代中期の女性。
¶古人

菅野白華　すげのはっか
⇒菅野狷介（すがのけんすけ）

助延*　すけのぶ
生没年不詳　鎌倉時代の刀工。
¶美工

菅谷嘉平次　すげのやかへいじ
江戸時代後期の代官、勘定。
¶徳代（生没年不詳）

菅谷甘谷　すげのやかんこく
⇒菅甘谷（すがかんこく）

菅野谷高政　すげのやたかまさ
⇒高政（たかまさ）

菅谷長昌*　すげのやながまさ
？～寛政12（1800）年　江戸時代中期～後期の徳川幕府麾下の士。
¶徳人（[生]1734年），徳代（[生]享保19（1734）年　[没]寛政12（1800）年2月25日）

菅谷長頼　すげのやながより
⇒菅屋長頼（すがやながより）

菅谷政貞　すげのやまささだ
⇒菅谷政貞（すがやまささだ）

助則*　すけのり
生没年不詳　鎌倉時代前期の備前福岡の刀工。
¶美工

典仁親王*　すけひとしんのう
享保18（1733）年～寛政6（1794）年7月6日　[別]閑院宮典仁（かんいんのみやすけひと），閑院宮典仁親王（かんいんのみやすけひとしんのう），慶光天皇（きょうこうてんのう，けいこうてんのう）　江戸時代中期の閑院宮直仁親王の第2皇子。

¶江人（慶光天皇　きょうこうてんのう），コン（閑院宮典仁親王　かんいんのみやすけひとしんのう），コン（[没]天明6（1786）年），天皇（閑院宮典仁親王　かんいんのみやすけひとしんのう　[生]享保18（1733）年2月28日）

輔仁親王*　すけひとしんのう
延久5（1073）年～元永2（1119）年11月28日　平安時代後期の後三条天皇の第3皇子。
¶古人，コン，天皇（[生]延久5（1073）年1月19日），平家，山小（[生]1073年1月19日　[没]1119年11月28日）

助平*　すけひら
平安時代後期の刀工。備前三平の一人。
¶古人（生没年不詳），美工（生没年不詳）

祐平*　すけひら
宝暦5（1755）年～文政12（1829）年　江戸時代中期の備前長船の刀工。
¶美工（[生]？　[没]文政12（1829）年8月25日）

助広〔2代〕*　すけひろ
寛永14（1637）年～天和2（1682）年　[別]越前守助広（えちぜんのかみすけひろ），津田助広，津田助広〔2代〕（つだすけひろ）　江戸時代前期の刀工。初代津田助広の子。
¶江人（代数なし），コン（津田助広　つだすけひろ），美工（津田助広〔2代〕　つだすけひろ　[没]天和2（1682）年3月14日）

祐昌　すけまさ
江戸時代中期～後期の平野神社禰宜。
¶公家（祐昌〔平野神社禰宜 伊藤家〕　[生]1746年　[没]文化5（1808）年6月8日）

助光*　すけみつ
生没年不詳　[別]吉岡一文字助光（よしおかいちもんじすけみつ）　鎌倉時代後期の備前の刀工。
¶コン，美工

助宗*　すけむね
生没年不詳　鎌倉時代の備前国福岡の一文字派の刀工。
¶美工

輔世王*　すけよおう
？～元慶3（879）年　平安時代前期の仲野親王の王子、桓武天皇皇孫。
¶古人

助六（――〔花川戸助六〕）　**すけろく**
⇒花川戸助六（はなかわどすけろく）

崇賢門院　すけんもんいん
⇒崇賢門院（すうけんもんいん）

寿香　すこう★
江戸時代後期の女性。教育。御園氏。嘉永2年～明治5年まで読書、習字の塾を開いた。
¶江表（寿香（滋賀県））

菅生王　すごうおう
奈良時代の皇族。宝亀3年小家内親王を姧して除名、翌年本位に復し正五位下大膳大夫。
¶古人（生没年不詳）

崇光天皇*　すこうてんのう
建武1（1334）年～応永5（1398）年　南北朝時代の北朝第3代の天皇（在位1348～1351）。父は光厳天皇。
¶コン，天皇（[生]建武1（1334）年4月22日　[没]応永5（1398）年1月13日），中世，内乱，山小（[生]1334年4月22日　[没]1398年1月13日）

菅生古麻呂　すごうのこまろ
奈良時代の神祇官人。
¶古人（生没年不詳）

須子吉次郎*　すこきちじろう
天保6（1835）年～元治1（1864）年　江戸時代末期の長州（萩）藩士。
¶幕末（[没]元治1（1864）年11月3日）

須子小五郎*　すここごろう
弘化3（1846）年～元治1（1864）年　江戸時代末期の市勇隊伍長。
¶幕末（[没]元治1（1864）年7月19日）

朱雀天皇*　すざくてんのう
延長1（923）年～天暦6（952）年8月15日　平安時代中期の第61代の天皇（在位930～946）。
¶古人，コン，天皇（[生]延長1（923）年7月24日），山小（[生]923年7月24日　[没]952年8月15日）

素戔嗚　すさのお
⇒素戔嗚尊（すさのおのみこと）

素戔嗚尊*（須佐之男命）　**すさのおのみこと**
[別]素戔嗚（すさのお）　日本神話の神。
¶コン，詩作（生没年不詳），思想（スサノオノミコト），山小

朱雀操*　すじゃくみさお
？～明治1（1868）年　江戸時代末期の郷士。
¶幕末（[没]慶応4（1868）年2月30日）

崇峻天皇*　すしゅんてんのう
？～崇峻5（592）年11月3日　[別]泊瀬部皇子（はつせべのおうじ，はつせべのみこ），長谷部若雀尊（はつせべのわかさぎのみこと）　飛鳥時代の第32代の天皇。欽明天皇の第5子。蘇我馬子により暗殺された。
¶古人，古代，古物（[没]崇峻天皇5（592）年11月3日），コン，天皇（[生]？/520年），山小

調所広郷*　ずしょひろさと
安永5（1776）年～嘉永1（1848）年　江戸時代後期の薩摩藩の財政家。
¶江人，コン，幕末（[生]安永5（1776）年2月5日　[没]嘉永1（1849）年12月18日），山小（[生]1776年2月5日　[没]1848年12月19日）

図司呂丸　ずしろがん
⇒呂丸（ろがん）

崇神天皇*　すじんてんのう
[別]御間城入彦五十瓊尊（みまきいりひこいにえのみこと）　上代の第10代の天皇。
¶古人（生没年不詳），古代，古物（[生]開化天皇10（前148）年　[没]崇神天皇68（前30）年12月5日），コン，天皇（[生]開化天皇10年　[没]崇神天皇68年），山小

寿々　すず★
江戸時代中期の女性。狂歌。美濃関の人。延享3年刊、永日庵其律編『狂歌秋の花』に載る。
¶江表（寿々（岐阜県））

鈴鹿王*　すずかおう
？～天平17（745）年　奈良時代の公卿（知太政官事）。天武天皇の孫。
¶公卿（[没]天平17（745）年9月4日），古人，古代，コン

鈴鹿甚右衛門*　すずかじんえもん
文政2（1819）年～文久1（1861）年　江戸時代末期の商人。初代橋本屋甚右衛門の長男。
¶コン（生没年不詳），幕末（[生]文政2（1819）年1月　[没]文

久1(1861)年8月26日)

鈴川敏助* すずかわとしすけ
弘化4(1847)年～昭和7(1932)年 江戸時代末期～昭和時代の萩藩寄組浦靱負臣。四境の役で戦う。諸隊脱藩騒動で鎮撫にあたる。
¶幕末

鈴木朖* すずきあきら
明和1(1764)年～天保8(1837)年 江戸時代中期～後期の国学者。尾張藩士。
¶江人, コン

鈴木伊賀守* すずきいがのかみ
生没年不詳 戦国時代の北条氏の家臣。
¶後北(伊賀守〔鈴木(8)〕 いがのかみ)

鈴木丑五郎* すずきうしごろう
天保11(1840)年～大正8(1919)年 江戸時代末期～大正時代の実業家。荷車､醤油製造業。改良車軸、酒粕蒸留器等発明。
¶幕末

鈴木右馬助 すずきうまのすけ
安土桃山時代の金町郷の名主職。北条氏に属した。
¶後北(右馬助〔鈴木(6)〕 うまのすけ)

鈴木運八郎 すずきうんぱちろう
江戸時代前期の武士、勘定。
¶徳代([生]貞享3(1686)年 [没]?)

鈴木悦可 すずきえつか
安土桃山時代～江戸時代前期の豊臣秀吉の右筆。
¶大坂

鈴木乙治 すずきおつじ
⇒鈴木乙治(すずきおとじ)

鈴木乙治* すずきおとじ
[別]鈴木乙治(すずきおつじ) 江戸時代末期の新撰組隊士。
¶新隊(すずきおつじ 生没年不詳)

鈴木織太郎* すずきおりたろう
江戸時代末期～明治時代の蝦夷松前藩士。
¶幕末([生]? [没]明治13(1880)年9月28日)

鈴木蠖之進 すずきかくのしん
⇒永井蠖伸斎(ながいかくしんさい)

鈴木鵞湖* すずきがこ
文化13(1816)年～明治3(1870)年 江戸時代後期～明治時代の画家。
¶幕末([没]明治3(1870)年4月23日), 美画([没]明治3(1870)年4月23日)

鈴木主計* すずきかずえ
生没年不詳 江戸時代後期の医者。
¶眼医

鈴木嘉助 すずきかすけ
江戸時代後期～大正時代の漆芸家。
¶美工([生]嘉永1(1848)年6月24日 [没]大正14(1925)年9月24日)

鈴木其一 すずききいち
⇒鈴木其一(すずききいつ)

鈴木其一* すずききいつ
寛政8(1796)年～安政5(1858)年 [別]其一(きいち), 鈴木其一(すずききいち) 江戸時代末期の画家。
¶浮絵, 江人, コン(すずききいち), 美画([生]寛政8(1796)年4月 [没]安政5(1858)年9月10日)

鈴木吉権 すずききちけん
戦国時代の仏師。伊豆国の人。出羽守。
¶後北(吉権〔鈴木(16)〕 きちけん?)

鈴木金一郎* すずききんいちろう
弘化4(1847)年～? 江戸時代末期～明治時代の公務員。改良型山岳気圧計を制作、表彰される。
¶幕末

鈴木金谷 すずききんこく
⇒鱸半兵衛(すずきはんべえ)

鈴木銀四郎* すずきぎんしろう
天保9(1838)年～大正12(1923)年 江戸時代末期～大正時代の庄屋。雪冤運動に加わる。私塾惜陰舎を開く。
¶幕末([没]大正12(1923)年1月12日)

鈴木金蔵* すずききんぞう
天保8(1837)年～明治34(1901)年 江戸時代末期～明治時代の絞職人。機械を導入した新筋絞を発明。新製社設立。
¶幕末, 美工

鈴木金之助 すずききんのすけ
⇒宝田寿来(たからだじゅらい)

鈴木九郎* すずきくろう
建徳2/応安4(1371)年～永享10(1438)年 室町時代の開拓者。
¶室町([生]? [没]永享12(1440)年)

鈴木圭輔 すずきけいすけ
江戸時代中期～後期の眼科医。
¶眼医([生]明和8(1771)年 [没]天保5(1834)年)

鈴木慶蔵* すずきけいぞう
文政9(1826)年～明治37(1904)年 江戸時代末期～明治時代の実業家、自由民権運動家。蚕種紙を輸出。国木田独歩「忘れ得ぬ人々」の主人公のモデル。
¶幕末

鈴木源吉* すずきげんきち
嘉永5(1852)年～明治1(1868)年 江戸時代末期の白虎隊士中二番隊士。
¶全幕([没]慶応4(1868)年), 幕末([没]慶応4(1868)年8月23日)

鈴木源内* すずきげんない
?～文久3(1863)年 江戸時代末期の大和国五条代官。
¶幕末([生]享和1(1801)年 [没]文久3(1863)年8月17日)

鈴木香峰* すずきこうほう
文化5(1808)年～明治17(1884)年 江戸時代末期～明治時代の問屋役。宿場の改革に努める。農兵隊を編成する。
¶幕末

鈴木孤芳* すずきこほう
文政6(1823)年～明治24(1891)年 江戸時代末期～明治時代の書家。書道を生涯の仕事として研鑽。
¶幕末

鈴木伊直* すずきこれなお
?～元和4(1618)年11月14日 安土桃山時代～江戸時代前期の織田信長の家臣。
¶織田, 徳人([生]1545年)

す

すすきこ 1168

鈴木権左衛門* すずきごんざえもん
？〜明治13（1880）年　江戸時代末期〜明治時代の相模国真土村名主。
¶幕末

鱸采蘭* すずきさいらん
嘉永1（1848）年〜明治22（1889）年11月30日　江戸時代末期〜明治時代の漢詩人、画家。漢詩にすぐれ、その詩才は中国清朝の儒者愈曲園に評されたほどであった。
¶江表（采蘭（千葉県）　さいらん），美画（歿明治22（1889）年10月31日）

鈴木定七 すずきさだしち
⇒鈴木定七（すずきていしち）

鈴木佐大夫* すずきさだゆう
？〜天正13（1585）年　別鈴木重意（すずきしげおき）　安土桃山時代の武将。
¶戦武（鈴木重意　すずきしげおき　歿天正13（1585）年？）

鈴木佐内* すずきさない
享和2（1802）年〜明治12（1879）年　江戸時代末期〜明治時代の数学者。
¶数学（生享和2（1802）年6月23日　歿明治12（1879）年8月23日）

鈴木式部* すずきしきぶ
弘化2（1845）年〜明治4（1871）年　江戸時代末期〜明治時代の会津藩士。
¶幕末

鈴木重意 すずきしげおき
⇒鈴木佐大夫（すずきさだゆう）

鈴木重量 すずきしげかず
江戸時代末期の和算家。山形八日町の人。今治と称し、鈴木重栄に最上流の算学を学ぶ。
¶数学

鈴木重固 すずきしげかた
江戸時代後期〜明治時代の幕臣。
¶徳人（生1837年　歿1888年）

鈴木薫勝 すずきしげかつ
江戸時代末期の和算家。上総上湯江村の人。安政3年算額を奉納。
¶数学

鈴木重門 すずきしげかど
安土桃山時代の岩付城主北条氏政・源五郎・氏房の家臣。雅楽助・日向守。
¶後北（重門〔鈴木（9）〕　しげかど）

鈴木重祐 すずきしげすけ
江戸時代前期〜中期の代官。
¶徳代（生寛永18（1641）年　歿宝永2（1705）年2月3日）

鈴木重董 すずきしげただ
⇒鈴木貞次郎（すずきていじろう）

鈴木重胤* すずきしげたね
文化9（1812）年〜文久3（1863）年　江戸時代末期の国学者。
¶江人，コン，思想，幕末（生文化9（1812）年5月　歿文久3（1863）年8月15日）

鈴木重親 すずきしげちか
戦国時代〜安土桃山時代の奈良梨宿の伝馬役。隼人佐。北条氏に属した。
¶後北（重親〔鈴木（3）〕　しげちか　歿慶長17年）

鈴木重次 すずきしげつぐ
生没年不詳　江戸時代中期の数学者。
¶数学

鈴木重遠 すずきしげとう
⇒鈴木重遠（すずきしげとお）

鈴木重遠* すずきしげとお
文政11（1828）年〜明治39（1906）年4月7日　別鈴木重遠（すずきしげとう）　江戸時代末期〜明治時代の政治家、家老、衆議院議員。蘭学を修め開国論を唱える。自由民権運動に奔走する。
¶コン，幕末（すずきしげとう　生文政11（1828）年11月19日）

鈴木重辰 すずきしげとき
江戸時代前期の天草代官。
¶徳代（生慶長12（1607）年　歿寛文10（1670）年10月2日）

鈴木重朝 すずきしげとも
別雑賀孫一，雑賀孫市（さいかまごいち），鈴木孫三郎（すずきまごさぶろう）　安土桃山時代〜江戸時代前期の武士。
¶戦武（生没年不詳）

鈴木重成 すずきしげなり
*〜承応2（1653）年　江戸時代前期の代官。
¶コン（生天正15（1587）年），徳人（生1588年），徳代（生天正16（1588）年　歿承応2（1653）年10月15日）

鈴木重嶺 すずきしげね
文化11（1814）年〜明治31（1898）年　別鈴木重嶺（すずきじゅうれい）　江戸時代末期〜明治時代の幕臣、歌人、浜松県参事、相川県権知事。著書に「詠史清渚集」「雅言解」など。
¶徳人，徳代（すずきじゅうれい），幕末（生文化11（1814）年6月　歿明治31（1898）年11月26日）

鈴木重則* すずきしげのり
天文16（1547）年〜天正17（1589）年　安土桃山時代の武士。真田氏家臣。
¶戦武

鈴木重栄* すずきしげひで
文政12（1829）年〜明治32（1899）年8月11日　江戸時代後期〜明治時代の和算家。
¶数学（生文政13（1830）年　歿明治33（1900）年8月11日）

鈴木重秀 すずきしげひで
⇒雑賀孫一（さいかまごいち）

鈴木重昌* すずきしげまさ
文化9（1812）年〜明治13（1880）年　江戸時代末期〜明治時代の和算家。
¶数学（歿明治13（1880）年4月7日）

鈴木重政 すずきしげまさ
江戸時代前期〜中期の代官。
¶徳代（生寛永18（1641）年　歿享保1（1716）年11月13日）

鈴木重棟* すずきしげむね
？〜明治1（1868）年　江戸時代末期の水戸藩士。
¶幕末（歿慶応4（1868）年）

鈴木繁宗* すずきしげむね
生没年不詳　戦国時代の伊豆国江梨の豪族。
¶後北（繁宗〔鈴木（1）〕　しげむね）

鈴木重義* すずきしげよし
天保9(1838)年～明治36(1903)年 [別]鈴木縫殿(すずきぬい) 江戸時代末期～明治時代の水戸藩士。尊攘派の重臣。本圀寺党を率いて市川三左衛門らを追討。
¶コン,幕末(鈴木縫殿 すずきぬい [没]明治36(1903)年1月31日)

鈴木重良 すずきしげよし
江戸時代後期～明治時代の和算家。鶴岡大山にある椙尾神社宮司。
¶数学([生]天保2(1831)年 [没]明治27(1894)年)

鈴木七郎左衛門* すずきしちろうざえもん
生没年不詳 戦国時代の鍛冶。伊豆国南部で活動。
¶後北(七郎左衛門〔鈴木(15)〕 しちろうざえもん)

鈴木重春 すずきじゅうしゅん
江戸時代前期の代官。
¶徳代([生]? [没]元和1(1615)年3月9日)

鈴木重嶺 すずきじゅうれい
⇒鈴木重嶺(すずきしげね)

鈴木十郎左衛門 すずきじゅうろ(う)ざえもん
江戸時代前期の武士。大坂の陣で籠城。
¶大坂

鈴木春山* すずきしゅんさん,すずきしゅんざん
享和1(1801)年～弘化3(1846)年 江戸時代後期の蘭方医、兵学者。
¶江人,科学([没]弘化3(1846)年閏5月10日),コン(すずきしゅんざん),思想,幕末([没]弘化3(1846)年閏5月10日)

鈴木春山* すずきしゅんざん
元文3(1738)年～文化11(1814)年 江戸時代中期～後期の上野伊勢崎藩士、画家。
¶美画([没]文化11(1814)年8月26日)

鈴木縄* すずきじょう
天保9(1838)年～明治39(1906)年 江戸時代末期～明治時代の下館藩士。
¶幕末([没]明治39(1906)年5月11日)

鈴木正三* すずきしょうさん,すずきしょうざん
天正7(1579)年～明暦1(1655)年 [別]正三(しょうさん),鈴木正三(すずきしょうぞう) 安土桃山時代～江戸時代前期の仮名草紙作者。
¶江人(すずきしょうぞう),コン,思想,徳将,日文(正三 しょうさん)

鈴木正三 すずきしょうぞう
⇒鈴木正三(すずきしょうさん)

鈴木荘蔵* すずきしょうぞう
文政5(1822)年～慶応1(1865)年 江戸時代末期の水戸藩士。
¶幕末([没]元治2(1865)年4月5日)

鱸松塘*(鈴木松塘) すずきしょうとう
文政6(1823)年～明治31(1898)年 [別]鈴木元邦,鱸元邦(すずきもとくに) 江戸時代末期～明治時代の漢詩人。
¶詩作([生]文政6(1823)年12月15日 [没]明治31(1898)年12月24日),幕末(鱸元邦 すずきもとくに [没]明治31(1898)年12月24日)

鈴木松年 すずきしょうねん
江戸時代後期～大正時代の日本画家。
¶美画([生]嘉永1(1848)年6月14日 [没]大正7(1918)年1月29日)

鈴木昌之助* すずきしょうのすけ
江戸時代末期の薩摩藩士。
¶幕末(生没年不詳)

鈴木二郎左衛門* すずきじろうざえもん
生没年不詳 戦国時代の伊豆南部地域の鍛冶。
¶後北(広次〔鈴木(15)〕 ひろつぐ)

鈴木次郎三郎* すずきじろうさぶろう
戦国時代の江戸衆。後北条氏家臣。
¶後北(次郎三郎〔鈴木(1)〕 じろうさぶろう)

鈴木四郎兵衛 すずきしろべえ
⇒鈴木石橋(すずきせっきょう)

鈴木新右衛門 すずきしんえもん
安土桃山時代の流通商人。善右衛門尉。もと葛山氏元、のち北条氏政の家臣。富士川の渡船を業とする。
¶後北(新右衛門〔鈴木(2)〕 しんえもん)

鈴木新左衛門* すずきしんざえもん
?～明治23(1890)年 江戸時代末期～明治時代の実業家。足柄山産の竹から安価軽量の物差しを制作。
¶幕末

鈴木神左衛門尉 すずきしんざえもんのじょう
戦国時代の大宮浅間神社の社人。境内末社七之宮の禰宜。
¶武田(生没年不詳)

鈴木新七郎 すずきしんしちろう
戦国時代の武蔵国児玉郡今井村の土豪。上野国衆国峰小幡氏の家臣。
¶武田(生没年不詳)

鈴木瑞彦 すずきずいげん
江戸時代後期～明治時代の日本画家。
¶美画([生]弘化5(1848)年2月6日 [没]明治34(1901)年12月31日)

鈴木清野* すずきすがの
寛政12(1800)年頃～安政1(1854)年3月13日 [別]清野(きよの) 江戸時代末期の女性。歌人。
¶江表(清野(千葉県) [生]寛政12(1800)年)

鈴木清右衛門* すずきせいえもん
生没年不詳 江戸時代末期の大名。下総結城藩主。
¶幕末

鈴木清三郎 すずきせいざぶろう
安土桃山時代の甲府在住の秤職人。
¶武田(生没年不詳)

鈴木正信 すずきせいしん
江戸時代末期の代官。
¶徳代([生]? [没]文久3(1863)年8月17日)

鈴木誠政 すずきせいせい
⇒日下誠(くさかまこと)

鈴木清風* すずきせいふう
慶安4(1651)年～享保6(1721)年1月12日 [別]清風(せいふう) 江戸時代前期～中期の俳人。尾花沢の豪商。
¶俳文(清風 せいふう)

鈴木棲鳳* すずきせいほう
生没年不詳 江戸時代後期の画家。
¶江表(棲鳳(京都府))

す

鈴木正龍斎　すずきせいりゅうさい
江戸時代後期の眼科医。
¶眼医（生没年不詳）

鈴木石橋*　すずきせっきょう
宝暦4（1754）年〜文化12（1815）年　[別]鈴木四郎兵衛（すずきしろべえ）　江戸時代中期〜後期の儒学者。
¶コン, 思想

鈴木善左衛門尉*　すずきぜんざえもんのじょう
生没年不詳　戦国時代の地役人。伊豆奥郡代清水康英の手代、検地奉行。
¶後北（善左衛門尉〔鈴木（13）〕　ぜんざえもんのじょう）

鈴木善次郎　すずきぜんじろう
江戸時代末期の新撰組隊士。
¶新隊（生没年不詳）

鈴木千里*　すずきせんり
文化4（1807）年〜安政6（1859）年　江戸時代末期の志士、蘭学医。足利藩医。
¶コン

鈴木宗観*　すずきそうかん
宝暦9（1759）年〜文政7（1824）年7月　江戸時代後期の眼科医。
¶眼医

鈴木鎗八郎*　すずきそうはちろう
？〜元治1（1864）年　江戸時代末期の石岡藩士。
¶幕末（[没]元治1（1864）年4月12日）

鈴木総兵衛　すずきそうべえ
江戸時代末期〜大正時代の名古屋の富商。
¶幕末（[生]安政3（1856）年1月21日　[没]大正14（1925）年12月29日）

鈴木その女*　すずきそのじょ
安永3（1774）年〜嘉永6（1853）年4月4日　江戸時代後期の女性。兵学者鈴木春山の母。
¶江表（園女（愛知県））

鈴木大学助*　すずきだいがくのすけ
戦国時代〜江戸時代前期の御馬廻衆。後北条氏家臣。
¶後北（重次〔鈴木（14）〕　しげつぐ　[没]寛文7年）

鈴木大太郎　すずきだいたろう
江戸時代後期の代官。
¶徳代（生没年不詳）

鈴木隆次　すずきたかつぐ
江戸時代前期の代官。
¶徳代（[生]？　[没]寛永13（1636）年1月27日）

薄田兼相*　すすきだかねすけ
？〜元和1（1615）年　[別]岩見重太郎（いわみじゅうたろう），薄田隼人（すすきだはやと），薄田隼人正（すすきだはやとのかみ，すすきだはやとのしょう）　安土桃山時代〜江戸時代前期の武功者。小早川隆景の家臣薄田重左衛門の子。
¶大坂（薄田隼人正　すすきだはやとのかみ　[没]慶長20年5月6日）, コン, 全戦, 戦武（[没]慶長20（1615）年）

鈴木隆政　すずきたかまさ
江戸時代前期の代官。
¶徳代（[生]？　[没]承応1（1652）年7月19日）

鈴木内匠　すずきたくみ
⇒鈴木内匠（すずきないしょう）

鈴木武五郎*　すずきたけごろう
弘化2（1845）年〜明治1（1868）年　江戸時代末期の薩摩藩士。
¶幕末（[没]明治1（1868）年10月18日）

鈴木武女　すずきたけじょ
⇒武（たけ）

鈴木但馬守*　すずきたじまのかみ
生没年不詳　戦国時代の金融業者。
¶後北（但馬守〔鈴木（10）〕　たじまのかみ）

鈴木忠義*　すずきただよし
生没年不詳　江戸時代後期の和算家。
¶数学

鈴木龍六　すずきたつろく
江戸時代後期〜明治時代の幕臣。
¶幕末（[生]嘉永1（1848）年7月6日　[没]明治43（1910）年4月20日）

薄田伝右衛門*　すすきだでんえもん
安土桃山時代の武将。秀吉馬廻。
¶大坂（[没]慶長20年5月7日）

薄田伝兵衛　すすきだでんひょうえ
江戸時代前期の武士。大坂の陣で籠城。
¶大坂（[没]慶長19年11月29日）

薄田伝兵衛義次　すすきだでんひょうえよしつぐ
江戸時代前期の浅野長晟の児小姓、馬廻。
¶大坂（[没]寛文2年8月）

薄田隼人　すすきだはやと
⇒薄田兼相（すすきだかねすけ）

薄田隼人正　すすきだはやとのかみ
⇒薄田兼相（すすきだかねすけ）

薄田隼人正　すすきだはやとのしょう
⇒薄田兼相（すすきだかねすけ）

薄田文右衛門　すすきだぶんえもん
江戸時代前期の豊臣秀頼・浅野長晟の家臣。
¶大坂（[没]寛永19年2月19日）

鈴木為輔*　すずきためすけ
文政11（1828）年〜明治10（1877）年　江戸時代末期〜明治時代の会津藩士。「会津開城使者の始末」の著者。
¶幕末（[没]明治10（1877）年2月7日）

鈴木田安右衛門　すずきだやすえもん
江戸時代前期の人。大坂の陣で籠城。
¶大坂

薄田与五郎*　すすきだよごろう
？〜天正10（1582）年6月2日　戦国時代〜安土桃山時代の織田信長の家臣。
¶織田

鈴木弾右衛門尉*　すずきだんえもんのじょう
生没年不詳　戦国時代の北条氏家臣山角定勝の代官。
¶後北（弾右衛門尉〔鈴木（12）〕　だんえもんのじょう）

鈴木丹宮　すずきたんぐ
江戸時代後期の仏師。
¶美建（[生]文政1（1818）年　[没]？）

鈴木丹後守　すずきたんごのかみ
安土桃山時代の北条氏政の家臣。
¶後北〔丹後守〔鈴木(1)〕　たんごのかみ)

鈴木周広　すずきちかひろ
戦国時代～安土桃山時代の大石綱周・北条氏照の家臣。神左衛門尉。
¶後北〔周広〔鈴木(11)〕　ちかひろ)

鈴木主税*　すずきちから
文化11(1814)年～安政3(1856)年　江戸時代末期の越前福井藩士、経世家。
¶コン、幕末(⊕文化11(1814)年3月12日　⊗安政3(1856)年2月10日)

鈴木忠蔵*　すずきちゅうぞう
寛政9(1797)年頃～明治1(1868)年　江戸時代末期の和算家。
¶幕末(⊕寛政9(1797)年頃　⊗慶応4(1868)年7月29

鈴木長吉　すずきちょうきち
江戸時代後期～大正時代の鋳金家。
¶美工(⊕嘉永1(1848)年8月15日　⊗大正8(1919)年1月29日)

鈴木長五郎*　すずきちょうごろう
弘化1(1844)年～*　⑱西田長次(にしだちょうじ)江戸時代末期の人。出流山義挙に参加。
¶幕末(⊗慶応3(1867)年12月12日)

鈴木長蔵*　すずきちょうぞう
天保5(1834)年～？　江戸時代後期～末期の新撰組隊士。
¶新隊

鈴木月彦*　すずきつきひこ
文政8(1825)年～明治25(1892)年　江戸時代末期～明治時代の俳人。
¶俳文(⊗明治25(1892)年3月20日)

鈴木伝*　すずきつたえ
天保7(1836)年～明治37(1904)年　江戸時代末期～明治時代の半原藩権大参事。藩政改革、藩財政処理などに奔走。
¶幕末

鈴木常明*　すずきつねあき
文化8(1811)年～明治3(1870)年　江戸時代末期～明治時代の医師。種痘所を設置。医師として長州征伐に随行。
¶幕末(⊗明治3(1870)年10月4日)

鈴木経勲　すずきつねのり
江戸時代後期～昭和時代の探検家。
¶幕末(⊕嘉永6(1853)年12月12日　⊗昭和13(1938)年12月11日)

鈴木貞斎*　すずきていさい
*～元文5(1740)年　江戸時代中期の儒学者。
¶コン(⊕？)

鈴木定七*　すずきていしち
天保4(1833)年～明治39(1906)年　⑱鈴木定七(すずきさだしち)　江戸時代末期～明治時代の勝山藩士。
¶幕末(すずきさだしち　⊗明治39(1906)年7月13日)

鈴木貞次郎*　すずきていじろう
文化8(1811)年～明治19(1886)年　⑱鈴木重董(すずきしげただ)　江戸時代末期～明治時代の和

算家。
¶数学(鈴木重董　すずきしげただ　⊗明治19(1886)年10月1日)

鈴木出羽守*　すずきでわのかみ
？～天正8(1580)年　安土桃山時代の一向一揆の指導者。
¶全戦

鈴木道運　すずきどううん
眼科医。
¶眼医(生没年不詳)

鈴木道順*　すずきどうじゅん
寛政7(1795)年～明治2(1869)年7月18日　江戸時代後期～明治時代の眼科医。
¶眼医

鈴木道泉　すずきどうせん
戦国時代の伊豆国の鍛冶職。鍛冶棟梁の鈴木次郎左衛門尉広次の番子か。
¶後北(道泉〔鈴木(17)〕　どうせん)

鈴木桃野*　すずきとうや
寛政12(1800)年～嘉永5(1852)年6月15日　江戸時代後期の儒学者。
¶コン、徳人

鈴木徳之進　すずきとくのしん
江戸時代中期の幕臣。
¶徳人(⊕？　⊗1708年)

鈴木利雄　すずきとしお
江戸時代前期～中期の幕臣。
¶徳人(⊕1664年　⊗1743年)

鈴木俊直　すずきとしなお
江戸時代後期の和算家。上総の人。寛政1年算額を奉納。
¶数学

鈴木内匠*　すずきないしょう
文化8(1811)年～明治2(1869)年　⑱鈴木内匠(すずきたくみ)　江戸時代末期の常陸土浦藩士。
¶幕末(すずきたくみ　⊗明治2(1869)年4月26日)

鈴木直賢　すずきなおかた
江戸時代中期の和算家、龍野藩士。
¶数学

鈴木直人*　すずきなおと
天保15(1844)年～慶応4(1868)年　⑱鈴木直人(すずきなおんど)　江戸時代末期の新撰組隊士。
¶新隊(⊗明治1(1868)年1月5日)、幕末(⊕弘化1(1844)年　⊗慶応4(1868)年1月5日)

鈴木直裕　すずきなおひろ
江戸時代中期の幕臣。
¶徳人(⊕1716年　⊗1786年)

鈴木直之　すずきなおゆき
江戸時代後期の和算家。仙台の人。文政11年算額を奉納。
¶数学

鈴木直好*　すずきなおよし
生没年不詳　江戸時代中期の和算家。
¶数学

鈴木直人　すずきなおんど
⇒鈴木直人(すずきなおと)

鈴木中務丞 すずきなかつかさのじょう
戦国時代の武蔵国高月城主大石道俊の家臣。
¶後北（中務丞〔鈴木(11)〕 なかつかさのじょう）

鈴木長敏* すずきながとし
生没年不詳 [別]長敏（ながとし） 戦国時代の武将・連歌作者。
¶俳文（長敏 ながとし）

鈴木某(1) すずきなにがし
安土桃山時代の相模国新城主北条氏忠の家臣。
¶後北（某〔鈴木(4)〕 なにがし）

鈴木某(2) すずきなにがし
安土桃山時代の北条氏政の家臣。鈴木伊賀守と同一人物か。
¶後北（某〔鈴木(5)〕 なにがし）

鈴木某(3) すずきなにがし
安土桃山時代の相模国木古庭郷の小代官。北条氏に属した。
¶後北（某〔鈴木(18)〕 なにがし）

鈴木業俊 すずきなりとし
安土桃山時代の武蔵国岩付城主北条氏政・源五郎・氏房の家臣。雅楽助。
¶後北（業俊〔鈴木(9)〕 なりとし）

鈴木縫殿 すずきぬい
⇒鈴木重義（すずきしげよし）

鈴木子之吉* すずきねのきち
江戸時代末期の水戸藩士。
¶幕末（生没年不詳）

鈴木準道* すずきのりみち
天保12(1841)年～大正10(1921)年 江戸時代末期～大正時代の官吏。初代福井市長。
¶幕末（[没]大正10(1921)年3月13日）

鈴木楳林 すずきばいりん
⇒鈴木楳林（すずきぼうりん）

鈴木白藤*（鈴木白籐） すずきはくとう
明和4(1767)年～嘉永4(1851)年 江戸時代中期の儒者。
¶徳人

鈴木元 すずきはじめ
江戸時代末期の新撰組隊士。
¶新隊（生没年不詳）

鈴木大 すずきはじめ
⇒鈴木楳林（すずきぼうりん）

鈴木春信* すずきはるのぶ
享保10(1725)年～明和7(1770)年 [別]春信（はるのぶ） 江戸時代中期の浮世絵師。
¶浮絵（[生]享保10(1725)年頃），江人（[生]？），コン，徳将（[生]？），美画（[没]明和7(1770)年6月15日），山小（[生]1725年？ [没]1770年6月14日/15日）

鈴木半左衛門 すずきはんざえもん
江戸時代前期の武士。大坂の陣で籠城。
¶大坂

鈴木半十郎 すずきはんじゅうろう
江戸時代後期の代官。
¶徳代（[生]？ [没]天保7(1836)年）

鈴木半之丞* すずきはんのじょう
文政11(1828)年～？ 江戸時代末期の下総結城藩家老。
¶幕末

鱸半兵衛*（鈴木半兵衛） すずきはんべえ
文化12(1815)年～安政3(1856)年 [別]鈴木金谷（すずききんこく） 江戸時代末期の蘭学者。水戸藩士。
¶科学（[没]安政3(1856)年8月），コン，幕末（[没]安政3(1856)年8月30日）

鈴木万里〔1代〕* すずきばんり
？～文化13(1816)年 江戸時代後期の長唄唄方。初代荻江露友の門弟。
¶歌大（[没]文化13(1816)年7月29日），コン

鈴木秀太郎* すずきひでたろう
天保10(1839)年～慶応1(1865)年 江戸時代末期の水戸藩属吏。
¶幕末（[没]元治2(1865)年2月15日）

鈴木百年* すずきひゃくねん
文政8(1825)年～明治24(1891)年 江戸時代末期～明治時代の日本画家。和漢の画蹟研究。各種共進会、博覧会で受賞。
¶美画（[生]文政8(1825)年5月28日 [没]明治24(1891)年10月26日）

鈴木秉之助* すずきひょうのすけ
*～明治17(1884)年 [別]鈴木秉之助（すずきへいのすけ） 江戸時代末期～明治時代の備後福山藩士。
¶幕末（すずきへいのすけ [生]文政4(1821)年）

鈴木不求* すずきふきゅう
元禄16(1703)年～安永4(1775)年 江戸時代中期の画家。
¶美画（[没]安永4(1775)年5月3日）

鈴木房平 すずきふさひら
江戸時代中期の佐渡奉行。
¶徳代（[生]元禄13(1700)年 [没]宝暦13(1763)年2月15日）

鈴木房昌 すずきふさまさ
江戸時代中期の出羽国尾花沢代官。
¶徳代（[生]寛保3(1743)年 [没]？）

鈴木武助 すずきぶすけ
⇒鈴木正長（すずきまさなが）

鈴木芙蓉* すずきふよう
寛延2(1749)年～文化13(1816)年 江戸時代中期～後期の画家。
¶コン，美画

鈴木平九郎 すずきへいくろう
⇒山中平九郎〔1代〕（やまなかへいくろう）

鈴木兵左衛門*（鈴木平左衛門） すずきへいざえもん
天保3(1832)年～明治14(1881)年 江戸時代末期～明治時代の美濃郡上藩家老。
¶幕末（鈴木平左衛門 [没]明治14(1881)年2月1日）

鈴木平左衛門〔1代〕* すずきへいざえもん
？～元禄14(1701)年 江戸時代中期の歌舞伎役者。天和2年～元禄14年頃に活躍。
¶コン

鈴木秉之助 すずきへいのすけ
⇒鈴木秉之助（すずきひょうのすけ）

鈴木楳林* すずきぼうりん
？～明治30(1897)年6月19日 [別]鈴木大（すずきは

じめ），鈴木楳林（すずきばいりん）　江戸時代末期〜明治時代の水戸藩士、学者。
¶幕末（すずきばいりん）

鈴木牧之*　すずきぼくし
明和7（1770）年1月27日〜天保13（1842）年5月15日
⑱牧之（ぼくし）　江戸時代後期の随筆家、文人。
¶江人、コン、日文、俳文（牧之　ぼくし）、山小（㊙1770年1月27日　㊕1842年5月15日）

鈴木孫一　すずきまごいち
⇒雑賀孫一（さいかまごいち）

鈴木孫三郎　すずきまごさぶろう
⇒鈴木重朝（すずきしげとも）

鈴木正当　すずきまさあつ
寛永19（1642）年〜享保15（1730）年　江戸時代前期〜中期の幕臣。
¶徳人、徳代（㊕享保15（1730）年5月17日）

鈴木正興　すずきまさおき
延宝4（1676）年〜宝暦3（1753）年　江戸時代前期〜中期の幕臣。
¶徳人、徳代（㊕宝暦3（1753）年5月12日）

鈴木正勝　すずきまさかつ
延享3（1746）年〜文化2（1805）年　江戸時代中期〜後期の幕臣。
¶徳人、徳代（㊕文化2（1805）年8月10日）

鈴木正恒　すずきまさつね
安永2（1773）年〜天保7（1836）年　江戸時代中期〜後期の幕臣。
¶徳人、徳代（㊕天保7（1836）年3月5日）

鈴木正栄　すずきまさてる
江戸時代中期の代官。
¶徳代（㊗享保10（1725）年　㊕明和6（1769）年8月3日）

鈴木政辰*　すずきまさとき
生没年不詳　江戸時代末期〜明治時代の和算家。
¶数学

鈴木正長*　すずきまさなが
享保17（1732）年〜文化3（1806）年　⑱鈴木武助（すずきぶすけ）　江戸時代中期〜後期の下野黒羽藩家老。
¶コン

鈴木正誠　すずきまさなり
江戸時代前期〜中期の代官。
¶徳代（㊗寛文11（1671）年　㊕元文3（1738）年10月20日）

鈴木正守　すずきまさもり
江戸時代前期〜中期の代官。
¶徳代（㊗明暦2（1656）年　㊕正徳1（1711）年10月15日）

鈴木雅之*　すずきまさゆき
天保8（1837）年〜明治4（1871）年　江戸時代末期〜明治時代の国学者、神道学者、歌人。著書に「撞賢木」「日本書記名物正訓」「天津祝詞考」など。
¶コン（㊗天保9（1838）年　㊕明治5（1872）年）、思想、幕末（㊕明治4（1871）年4月21日）

鈴木正義　すずきまさよし
江戸時代中期〜後期の代官。
¶徳代（㊗延享4（1747）年　㊕文政10（1827）年10月）

鈴木三樹三郎*　すずきみきさぶろう
天保8（1837）年〜大正8（1919）年　江戸時代末期〜大正時代の新撰組隊士。赤報隊を結成、偽官軍の罪になるが、西郷隆盛の尽力で許される。
¶幕末（㊗天保8（1837）年7月12日　㊕大正8（1919）年7月11日）

鈴木道彦　すずきみちひこ
宝暦7（1757）年〜文政2（1819）年　⑱道彦（みちひこ）　江戸時代中期〜後期の俳人。
¶コン、詩作（㊕文政2（1819）年9月6日）、俳文（道彦　みちひこ　㊕文政2（1819）年9月6日）

鈴木宗邦　すずきむねくに
享和2（1802）年〜明治2（1869）年　江戸時代後期〜明治時代の数学者。
¶数学（㊕明治2（1869）年6月21日）

薄以緒*　すすきもちお
明応3（1494）年8月9日〜弘治1（1555）年5月28日
⑱薄以緒（うすいのりつぐ），橘以緒（たちばなもちお）　戦国時代の公卿（参議）。正四位下行大内記唐橋在数の子。
¶公卿（うすいのりつぐ）、公家（以緒〔橘・薄家（絶家）〕もちつぐ　㊕天文24（1555）年5月28日）

鈴木元邦（鱸元邦）　すずきもとくに
⇒鱸松塘（すずきしょうとう）

鈴木主水*　すずきもんど
天文17（1548）年〜天正17（1589）年11月　安土桃山時代の武将。真田昌幸の家臣。
¶コン（㊗天文16（1547）年　㊕天正16（1588）年）

鈴木弥五郎*　すずきやごろう
生没年不詳　戦国時代の相模国座間の鍛冶。
¶後北（弥五郎〔鈴木（11）〕　やごろう）

鈴木弥三郎　すずきやさぶろう
江戸時代前期の人。熊野新宮の住人鈴木弥三右衛門の子。
¶大坂

鈴木安且　すずきやすあき
⇒会田安明（あいだやすあき）

鈴木安貞　すずきやすさだ
江戸時代前期〜中期の幕臣。
¶徳人（㊗1682年　㊕1755年）

鈴木安族*　すずきやすつぐ
生没年不詳　江戸時代の出羽庄内の金工。
¶美工

鈴木弥三右衛門　すずきやそうえもん
江戸時代前期の熊野新宮の住人。大坂の陣で籠城。
¶大坂

鈴木山城守　すずきやましろのかみ
安土桃山時代の上野国衆小幡氏・北条氏邦家臣奥采女正の同心。
¶後北（山城守〔鈴木（7）〕　やましろのかみ）

鈴木勇右衛門*　すずきゆうえもん
江戸時代末期の薩摩藩士。
¶幕末（生没年不詳）

鈴木暘庵*　すずきようあん
文政6（1823）年〜万延1（1860）年　江戸時代末期の医師。
¶幕末（㊕万延1（1860）年4月12日）

鈴木羊素*　すずきようそ
元禄6（1693）年〜寛延4（1751）年　[別]羊素（ようそ）　江戸時代中期の俳人。
¶俳文（羊素　ようそ　[没]宝暦1（1751）年4月8日）

鈴木良茂*　すずきよししげ
生没年不詳　江戸時代末期の和算家。
¶数学

鈴木与治郎　すずきよじろう
安土桃山時代の甲府在住の秤職人。
¶武田（生没年不詳）

鱸与助　すずきよすけ
戦国時代の武士。葛山衆。
¶武田（生没年不詳）

鈴木頼之*　すずきよりゆき
生没年不詳　江戸時代後期の和算家。
¶数学

鈴木来助*　すずきらいすけ
天保13（1842）年〜明治1（1868）年　江戸時代末期の志士。
¶幕末（[生]天保13（1842）年7月20日　[没]明治1（1868）年10月5日）

鈴木利助*　すずきりすけ
文化14（1817）年〜明治21（1888）年　江戸時代末期〜明治時代の陶工。染付白磁製法を研究、改良する。
¶幕末（[没]明治21（1888）年9月29日），美工（[没]明治21（1888）年9月29日）

鈴木利兵衛*　すずきりへい
天保5（1834）年〜明治37（1904）年　[別]鈴木利兵衛（すずきりへえ）　江戸時代末期〜明治時代の漆器商人。職工四散を憂い、職工の救済営業の方途を改善。
¶幕末（すずきりへえ　[生]天保5（1834）年10月13日　[没]明治37（1904）年11月12日）

鈴木利兵衛　すずきりへえ
⇒鈴木利兵衛（すずきりへい）

鈴木量平*　すずきりょうへい
弘化3（1846）年〜？　江戸時代後期〜末期の新撰組隊士。
¶新隊

鈴木練三郎*　すずきれんざぶろう
嘉永1（1848）年〜慶応4（1868）年8月21日　江戸時代後期〜末期の新撰組隊士。
¶新隊（[没]明治1（1868）年8月21日）

鈴木六太郎*　すずきろくたろう
生没年不詳　江戸時代末期の陸奥福島藩士。
¶幕末（[生]文政6（1823）年頃　[没]明治10（1877）年5月20日）

鈴木若狭守　すずきわかさのかみ
戦国時代の駿河国竹之下の土豪。問屋を営んだ。
¶武田（生没年不詳）

寿々子(1)　すずこ★
江戸時代末期の女性。画・俳諧。慶応1年序、一葉舎主人編の波月亭追善句画集『花吹雪』に女の絵を描く。
¶江表（寿々子（東京都））

寿々子(2)　すずこ★
江戸時代末期の女性。和歌。佐賀藩の奥女中。文久3年刊、関橋守編『耳順賀集』に載る。
¶江表（寿々子（佐賀県））

須々子・すゝ子　すずこ★
江戸時代の女性。和歌。高沢氏。明治8年刊、橘東世子編『明治歌集』に載る。
¶江表（須々子・すゝ子（東京都））

鐸子　すずこ★
江戸時代末期の女性。和歌。伊勢久居藩主藤堂高聴の娘。
¶江表（鐸子（三重県）　[生]安政4（1857）年）

鈴子(1)　すずこ★
江戸時代中期の女性。旅日記・和歌。常陸水戸藩江戸家老藤井紋太夫徳昭の娘。元禄7年「藤井氏女記」は同7年の6日間の旅日記。
¶江表（鈴子（東京都））

鈴子(2)　すずこ★
江戸時代中期の女性。俳諧・和歌。三浦米積の妻。宝暦10年刊、ノ乁庵麻父編『歳旦』に載る。
¶江表（鈴子（石川県））

鈴子(3)　すずこ★
江戸時代後期の女性。俳諧。相模戸塚の人。文政12年刊、鴫立庵九世遠藤雉啄編『磯清水』に載る。
¶江表（鈴子（神奈川県））

鈴子(4)　すずこ★
江戸時代末期の女性。和歌。片山氏。慶応2年、白石資風序『さくら山の歌集』に載る。
¶江表（鈴子（山口県））

寿々女　すずじょ★
江戸時代末期の女性。俳諧。新堀の人。安政3年刊、麦仙城烏岬編『俳諧多磨比呂飛』に載る。
¶江表（寿々女（富山県））

鈴女　すずじょ★
江戸時代の女性。俳諧。相模大磯の人。明治2年刊、月の本為山編『葛三・雉啄・宇山追悼句集』に載る。
¶江表（鈴女（神奈川県））

鈴廼屋　すずのや
⇒本居宣長（もとおりのりなが）

鈴藤致孝　すずふじむねたか
⇒鈴藤勇次郎（すずふじゆうじろう）

鈴藤勇次郎*　すずふじゆうじろう
文政9（1826）年〜明治1（1868）年　[別]鈴藤致孝（すずふじむねたか）　江戸時代末期の幕臣。1860年咸臨丸運用方としてアメリカに渡る。
¶コン（[没]慶応4（1868）年），全幕（[没]慶応4（1868）年），幕末

鈴虫女　すずむしじょ★
江戸時代前期の女性。狂歌。寛文12年刊、生白堂行風編『後撰夷曲集』に載る。
¶江表（鈴虫女（東京都））

鈴村主馬　すずむらかずま
安土桃山時代の織田信長の家臣。信長の馬廻か。
¶織田（[生]？　[没]永禄12（1569）年9月8日）

鈴村荊叢*　すずむらけいそう
文政1（1818）年〜明治8（1875）年　江戸時代末期〜明治時代の僧侶。円覚寺201世住職になる。

¶幕末

鈴村要蔵＊（鈴村要造） すずむらようぞう
＊～明治23（1890）年　江戸時代末期～明治時代の
町火消の第一番組頭。
¶幕末（卒）②明治23（1890）年12月28日）

鈴村吉照 すずむらよしてる
江戸時代の和算家。龍野中垣内の人。三良右衛門
と称し、横山武平治に中西流の和算を学ぶ。
¶数学

寿々女(1) すずめ＊
江戸時代後期の女性。川柳。寛政11年刊、菅裏序
『誹風柳多留』二八篇に載る。
¶江表（寿々女（東京都））

寿々女(2) すずめ＊
江戸時代後期の女性。狂歌。文化9年刊、便々館湖
鯉鮒編『狂歌浜荻集』に載る。
¶江表（寿々女（東京都））

寿々女(3) すずめ＊
江戸時代後期の女性。画。江戸後期の歌川派の
絵師。
¶江表（寿々女（東京都））

雀春子・雀はる子 すずめはるこ＊
江戸時代後期の女性。狂歌。文化1年刊、四方真顔
ほか編『狂歌武射志風流』に載る。
¶江表（雀春子・雀はる子（東京都））

鈴代 すずよ＊
江戸時代後期～末期の女性。教育。波田の森安芸
の妻。文化年間～明治初年まで家塾を開いていた。
¶江表（鈴代（長野県））

須勢理毘売 すせりびめ
⇒須勢理毘売命（すせりびめのみこと）

須勢理毘売 すせりびめ
⇒須勢理毘売命（すせりびめのみこと）

須勢理毘売命＊ すせりびめのみこと，すせりひめのみ
こと
㉑須勢理毘売（すせりびね，すせりびめ）　上代の
女神。大国主神の妻。
¶女史（須勢理毘売　すせりびね）

須田加賀守 すだかがのかみ
安土桃山時代の上野国箕輪城代北条氏邦の家臣。
¶後北（加賀守〔須田（1）〕　かがのかみ）

須田官蔵〔1代〕＊ すだかんぞう
宝暦5（1755）年～文政9（1826）年　江戸時代中期
～後期の須田新田の開拓者、江戸高輪の商人。
¶コン（代数なし）

須田経哲 すだけいてつ
⇒須田泰嶺（すだたいれい）

須田将監＊ すだしょうげん
江戸時代末期の石山家家士。
¶幕末（生没年不詳）

須田正連＊ すだしょうれん
生没年不詳　戦国時代の銀師。
¶後北（正蓮入道〔須田（3）〕　しょうれんにゅうどう）

須田新左衛門尉 すだしんざえもんのじょう
安土桃山時代の上野国勢多郡下南雲郷宮田村の
土豪。

¶武田（生没年不詳）

須田泰嶺＊ すだたいれい
文政8（1825）年～明治41（1908）年　㉑須田経哲
（すだけいてつ）　江戸時代末期～明治時代の医学
者、江戸医学所外科教授。クロロフォルム麻酔を用
いて手術を行う。文部・内務省に歴任。
¶科学（㉓文政8（1825）年5月5日　㉑明治41（1908）年9
月5日），眼医（須田経哲　すだけいてつ），コン

須田長琢（寿宅） すだちょうたく
江戸時代後期～明治時代の眼科医。
¶眼医（㉓文化8（1811）年　㉑明治13（1880）年）

須田哲造 すだてつぞう
嘉永1（1848）年～明治27（1894）年　江戸時代後期
～明治時代の医学者、眼科医。
¶科学（㉓嘉永1（1848）年8月3日　㉑明治27（1894）年4
月25日），眼医

須田信正＊（須田信政） すだのぶまさ
？～天正13（1585）年　安土桃山時代の地方豪族・
土豪。
¶武田（須田信政　㉑天正13（1585）年5月）

須田信頼＊ すだのぶより
生没年不詳　戦国時代の信濃国衆。
¶武田

須田隼人助＊ すだはやとのすけ
生没年不詳　戦国時代の伊豆仁科の代官。
¶後北（隼人佑〔須田（2）〕　はやとのすけ）

周田半蔵＊ すだはんぞう
天保12（1841）年～文久3（1863）年　㉑岡田半造
（おかだはんぞう）　江戸時代末期の長州（萩）藩士。
¶幕末（㉑文久3（1863）年9月6日）

須田広庄 すだひろさと
安土桃山時代～江戸時代前期の代官、郡代。
¶徳代（㉓天正1（1573）年　㉑寛永10（1633）年8月14日）

須田広 すだひろし
戦国時代の伊勢宗瑞・北条氏綱家臣渡辺氏の代官。
八平・対馬守。
¶後北（広〔須田（2）〕　ひろし）

須田満親＊ すだみつちか
天文5（1537）年～慶長3（1598）年2月　安土桃山時
代の武士。上杉氏家臣。
¶全戦（㉓天文5（1536）年），戦武（㉓大永6（1526）年）

須田盛貞＊ すだもりさだ
弘化2（1845）年～明治34（1901）年　江戸時代末期
～明治時代の出羽久保田藩士。家老に任ぜられ討
幕先鋒を務め軍事を統轄。
¶コン，幕末（㉓弘化2（1845）年1月25日　㉑明治34
（1901）年8月7日）

須田盛森 すだもりしげ
江戸時代前期の幕臣。
¶徳人（㉓1606年　㉑1680年）

須田盛輔 すだもりすけ
江戸時代前期～中期の幕臣。
¶徳人（㉓1632年　㉑1717年）

須田盛照 すだもりてる
江戸時代中期～後期の幕臣。
¶徳人（㉓1781年　㉑1838年）

須田盛秀*　すだもりひで
？〜天正17(1589)年　安土桃山時代の武士。
¶全戦([生]享禄3(1530)年　[没]寛永2(1625)年)

須田盛満　すだもりみつ
安土桃山時代〜江戸時代前期の代官、材木奉行。
¶徳代([生]永禄6(1563)年　[没]寛永15(1638)年9月7日)

須田盛吉　すだもりよし
安土桃山時代の相模国玉縄城主北条綱成の家臣。図書助。
¶後北(盛吉〔須田(2)〕　もりよし)

須田弥七郎　すだやしちろう
安土桃山時代の上野国沼田城主猪俣邦憲の同心。北条氏直家臣。
¶後北(弥七郎〔須田(1)〕　やしちろう)

須田義正　すだよしまさ
江戸時代の和算家、篠山藩士。
¶数学

すて(1)
江戸時代中期の女性。和歌。一関藩主田村村隆家の奥女中。安永3年成立「田村村隆母公六十賀祝賀歌集」に載る。
¶江表(すて(岩手県))

すて(2)
江戸時代中期の女性。俳諧。能代の人。明和8年刊、願勝寺住職如是閣来翁編『辛卯歳旦帖』に載る。
¶江表(すて(秋田県))

すて(3)
江戸時代中期の女性。俳諧。大雲真久の妻。安永3年刊、与謝蕪村編『俳諧玉藻集』に載る。
¶江表(すて(福井県))

ステ
江戸時代後期の女性。教育。加藤伝左衛門の長女。
¶江表(ステ(東京都)　[生]文政1(1818)年頃)

すて女・捨女　すてじょ★
江戸時代中期の女性。和歌。高崎藩藩士で歌人宮部義正の妻万女の縁者。『三藻日記』に安永8年月見の時の歌が載る。
¶江表(すて女・捨女(群馬県))

捨女(1)　**すてじょ★**
江戸時代中期の女性。和歌。押田政久の娘。元禄7年刊、戸田茂睡編『不求橋梨本隠家勧進百首』に載る。
¶江表(捨女(東京都))

捨女(2)　**すてじょ**
⇒田捨女(でんすてじょ)

須藤敬之進*　すどうけいのしん
天保13(1842)年〜慶応1(1865)年　[別]伊藤徳兵衛(いとうとくべえ)　江戸時代末期の水戸藩士。
¶幕末([没]元治2(1865)年2月4日)

須藤佐次兵衛*(須藤佐治兵衛)　**すどうさじべえ**
*〜明和7(1770)年　江戸時代中期の義民。越後長岡藩領明和五年新潟湊騒動の指導者。
¶コン([生]?)

崇道尽敬皇帝　すどうじんきょうこうてい，すどうじんぎょうこうてい
⇒舎人親王(とねりしんのう)

崇道尽敬皇帝　すどうじんけいこうてい
⇒舎人親王(とねりしんのう)

首藤水晶*　すどうすいしょう
元文5(1740)年〜安永1(1772)年　江戸時代中期の儒学者。
¶コン

須藤仙長　すどうせんちょう
戦国時代の武田氏の家臣、禰津常安の被官。
¶武田(生没年不詳)

須藤但馬*　すどうたじま
文化10(1813)年〜？　江戸時代後期の伊予宇和島藩士。
¶幕末

首藤経俊　すどうつねとし
⇒山内首藤経俊(やまのうちすどうつねとし)

崇道天皇　すどうてんのう
⇒早良親王(さわらしんのう)

須藤時一郎*　すどうときいちろう
天保12(1841)年〜明治36(1903)年　江戸時代末期〜明治時代の幕臣、銀行家。1864年遣仏使節随員としてフランスに渡る。
¶徳人，幕末([没]明治36(1903)年4月15日)

首藤俊秀　すどうとしひで
⇒山内首藤俊秀(やまのうちすどうとしひで)

首藤俊通　すどうとしみち
⇒山内首藤俊通(やまのうちすどうとしみち)

須藤久守　すどうひさもり
戦国時代の上野国衆。
¶武田(生没年不詳)

須藤豊後守　すどうぶんごのかみ
安土桃山時代の武田氏の家臣、禰津月直の被官。
¶武田([生]？　[没]天正3(1575)年5月21日)

須藤盛永*　すどうもりなが
明応4(1495)年〜*　戦国時代〜安土桃山時代の武士。後北条氏家臣。
¶後北(盛永〔須藤〕　もりなが　[没]天正2年12月21日)

須藤盛良　すどうもりよし
安土桃山時代の北条氏直の家臣。惣左衛門尉・近江守。
¶後北(盛良〔須藤〕　もりよし　[没]慶長6年1月26日)

周藤弥兵衛*　すとうやへえ，すどうやへえ
慶安4(1651)年〜宝暦2(1752)年　江戸時代前期〜中期の切通水路の開削、新田開発の功労者。
¶コン(すどうやへえ)

須藤由蔵　すどうよしぞう
⇒藤岡屋由蔵(ふじおかやよしぞう)

崇徳院　すとくいん
⇒崇徳天皇(すとくてんのう)

崇徳天皇*　すとくてんのう
元永2(1119)年〜長寛2(1164)年　[別]讃岐院(さぬきのいん)，崇徳院(すとくいん)　平安時代後期の第75代の天皇(在位1123〜1141)。鳥羽天皇の第1皇子。保元の乱で敗れ讃岐に流された。
¶古人，コン，天皇([生]元永2(1119)年5月28日　[没]長寛2(1164)年8月26日)，内乱，日文，平家(崇徳院　すとくいん)，山小([生]1119年5月28日　[没]1164年8月26日)

直川智* すなおかわち
生没年不詳　江戸時代の薩摩藩士、甘藷栽培者。
¶コン

須永於菟之輔*（須永於菟之助）　すながおとのすけ
天保13(1842)年～明治37(1904)年　[別]須永伝蔵（すながでんぞう）　江戸時代末期～明治時代の幕臣、酪農家。
¶全幕，幕末（須永於菟之助　[没]明治37(1904)年8月13日）

須永通屋* すながつうおく
？～享和2(1802)年　江戸時代中期～後期の数学者。
¶数学（[没]享和2(1802)年7月15日）

須永伝蔵 すながでんぞう
⇒須永於菟之輔（すながおとのすけ）

砂川貫一郎* すながわかんいちろう
文政6(1823)年～明治27(1894)年　江戸時代末期～明治時代の播磨姫路藩士。
¶幕末（[没]明治27(1894)年3月15日）

砂川健次郎* すながわけんじろう，すなかわけんじろう
文化13(1816)年～明治16(1883)年1月8日　江戸時代末期～明治時代の奉行所与力。山陵を調査、「廟陵考補遺」を著す。
¶コン，幕末（すなかわけんじろう）

砂沢中安 すなざわちゅうあん
江戸時代後期の眼科医。
¶眼医（生没年不詳）

砂女 すなじょ★
江戸時代後期の女性。和歌。松本藩藩士板橋正平の妻。文化11年刊、中山忠雄・河田正致編『柿本社奉納和歌集』に載る。
¶江表（砂女（長野県））

角南国寛* すなみくにひろ
元禄15(1702)年～宝暦5(1755)年　江戸時代中期の佐渡奉行。
¶徳代（[没]宝暦5(1755)年4月29日）

角南国寛の妻 すなみくにひろのつま★
江戸時代中期の女性。和歌。旗本林直秀の娘。享保10年成立「市谷八幡宮奉納和歌」に載る。
¶江表（角南国寛の妻（東京都））

角南国通の後妻 すなみくにみちのごさい★
江戸時代中期の女性。和歌。旗本林直秀の娘。享保5年成立、旗本安部重救勧進の『北野奉納五十首和歌』に載る。
¶江表（角南国通の後妻（東京都））

角南重勝 すなみしげかつ
安土桃山時代～江戸時代前期の代官、郡代、作事奉行。
¶徳代（[生]天正11(1583)年　[没]寛永5(1628)年2月7日）

須沼 すぬま
安土桃山時代の信濃国安曇郡須沼の土豪。仁科氏の被官とみられる。
¶武田（生没年不詳）

巣内式部* すのうちしきぶ
文政1(1818)年～明治5(1872)年　江戸時代末期～明治時代の志士。狂信的尊王攘夷を主唱。横井小楠ら暗殺の嫌疑で禁固中に死去。
¶コン，幕末（[生]文政1(1818)年11月7日　[没]明治5(1872)年10月5日）

春原惣左衛門尉 すのはらそうざえもんのじょう
戦国時代の武士。小草野隆吉の弟。実名は幸則と伝わる。海野衆。
¶武田（生没年不詳）

簀秦笠麻呂 すはたのかさまろ
平安時代前期の官人。
¶古人（生没年不詳）

簀秦豊次 すはたのとよつぐ
奈良時代の画師。天平勝宝9年無位の画師司画師。
¶古人（生没年不詳）

栖原角兵衛* すはらかくべえ
世襲名　江戸時代の場所請負商人、漁業家。
¶幕末（生没年不詳）

栖原角兵衛〔7代〕* すはらかくべえ
安永9(1780)年～嘉永4(1851)年　江戸時代後期の漁業家、海産物・材木商、廻船業者。
¶コン（生没年不詳）

栖原角兵衛〔10代〕 すはらかくべえ
⇒栖原寧幹（すはらやすもと）

栖原三郎兵衛 すはらさぶろうべえ
⇒栖原三郎兵衛（すはらさぶろべえ）

栖原三郎兵衛* すはらさぶろべえ
生没年不詳　[別]栖原三郎兵衛（すはらさぶろうべえ）　江戸時代中期の漁業家。
¶コン

須原屋市兵衛* すはらやいちべえ
？～文化8(1811)年　江戸時代後期の江戸の書肆。
¶浮絵，コン

須原屋伊八〔4代〕* すはらやいはち
文政6(1823)年～明治29(1896)年　江戸時代末期～明治時代の書店主。
¶コン（代数なし）

須原屋新兵衛* すはらやしんべえ
世襲名　江戸時代～明治時代の江戸の書肆。
¶コン

栖原寧幹* すはらやすもと
天保7(1836)年～大正7(1918)年　[別]栖原角兵衛〔10代〕（すはらかくべえ）　江戸時代末期～明治時代の豪商。
¶幕末

須原屋茂兵衛* すはらやもへえ
世襲名　[別]須原屋茂兵衛（すわらやもへえ）　江戸時代の江戸の着物問屋。
¶浮絵，出版（すわらやもへえ）

須原屋茂兵衛〔4代〕* すはらやもへえ
享保16(1731)年11月～天明2(1782)年8月13日　江戸時代中期の江戸書肆の4代。
¶コン（代数なし）

周布公平* すふこうへい，すぶこうへい
嘉永3(1851)年～大正10(1921)年2月15日　江戸時代末期～明治時代の官僚、男爵、枢密顧問官。長州閥第2世代の出世頭。第1次山県内閣の内閣書記官長、兵庫県知事などを歴任。
¶幕末（[生]嘉永3(1851)年12月6日）

周布政之助* すふまさのすけ，すぶまさのすけ
文政6(1823)年～元治1(1864)年 [別]麻田公輔(あさだきみすけ，あさだこうすけ) 江戸時代末期の長州(萩)藩の指導者。
¶江人, コン, 全幕, 幕末([没]元治1(1864)年10月26日)

すへ(1)
江戸時代後期の女性。書簡。将軍家の侍医で蘭学者桂川甫賢の娘。
¶江表(すへ(東京都))

すへ(2)
江戸時代後期の女性。俳諧。出町の人。享和4年成立、馬仏編の高桑闌更七回忌追善集『続柞原集』に載る。
¶江表(すへ(富山県))

すへ女 すへじょ*
江戸時代中期～後期の女性。俳諧。酒造業相河屋の娘。
¶江表(すへ女(石川県) [生]享保5(1720)年 [没]天明8(1788)年)

統朝臣忠子 すべのあそみただこ
⇒統忠子(むねのただこ)

寿保 すほ*
江戸時代後期の女性。俳諧。越後横越の人。文政6年跋、徐風庵文柳編『東山十百韻』に載る。
¶江表(寿保(新潟県))

すま(1)
江戸時代中期の女性。和歌。下総佐倉藩主戸田忠真の娘。藩主松平忠喬の室。
¶江表(すま(兵庫県))

すま(2)
江戸時代末期の女性。和歌・書簡。牛込若松町の堤鴻佐の娘。安政2年江戸の大地震の様子を書簡で報告。
¶江表(すま(東京都))

すま(3)
江戸時代末期の女性。俳諧。徳島藩の祐筆。安政2年、上田美寿が自ら編集した俳諧集「百囀」を送る文の奥書に四季の発句を依頼した。
¶江表(すま(徳島県))

須摩 すま*
江戸時代中期の女性。俳諧。加賀小松の人。享保11年序、兎路編、女性句集『姫の式』に載る。
¶江表(須摩(石川県))

須磨(1) すま*
江戸時代中期の女性。俳諧。三河新城の人。元禄17年刊、太田白雪編『蛤与市』に載る。
¶江表(須磨(愛知県))

須磨(2) すま*
江戸時代中期の女性。和歌。播磨平福の守分軒の妻。元禄15年刊、竹内時安斎編『出雲大社奉納清地草』に載る。
¶江表(須磨(兵庫県))

須磨(3) すま*
江戸時代後期の女性。俳諧。京都の人。文化1年序、得終尼編の闌更七回忌追善句集『もゝのやとり』に載る。
¶江表(須磨(京都府))

須磨(4) すま*
江戸時代後期の女性。俳諧。但馬豊岡の俳人福井髭風の長男東皐の妻。文政3年刊、福井東皐編『京都紀行』に載る。
¶江表(須磨(兵庫県))

須磨(5) すま*
江戸時代末期～明治時代の女性。和歌・書・教育。江戸小石川の椿椿山の養女(松尾氏の二女、椿山の姪)。
¶江表(須磨(愛知県) [没]明治30(1897)年)

須磨浦女 すまうらじょ*
江戸時代後期の女性。狂歌。文政10年刊、燕栗園編『新玉帖』に載る。
¶江表(須磨浦女(東京都))

すま子(1) すまこ*
江戸時代後期の女性。和歌。向島白髭明神脇に住。文化5年頃、真田幸弘編「御ことほきの記」に載る。
¶江表(すま子(東京都))

すま子(2) すまこ*
江戸時代後期の女性。和歌。浅草本願寺内等光寺の住持静景の母。天保9年序、橘守部編『下蔭集』に載る。
¶江表(すま子(東京都))

須磨子(1) すまこ*
江戸時代後期～明治時代の女性。書簡。飫肥清武生まれ。安井息軒の娘。
¶江表(須磨子(宮崎県) [生]文政11(1828)年 [没]明治12(1879)年)

須磨子(2) すまこ*
江戸時代末期の女性。和歌。井口氏。安政4年刊、上田光美編『延齢松詩歌後集』に載る。
¶江表(須磨子(京都府))

須磨子(3) すまこ*
江戸時代末期～明治時代の女性。和歌。伊勢石薬師の岡田庄兵衛守典の娘。
¶江表(須磨子(三重県) [没]明治3(1870)年)

寿満女 すまじょ*
江戸時代後期の女性。俳諧。仙台藩士朝倉氏の娘。嘉永6年序、花屋庵鼎左・五梅庵舎用編『俳諧海内人名録』に載る。
¶江表(寿満女(宮城県))

須摩女 すまじょ*
江戸時代中期の女性。俳諧。南部の人。安永8年成立、如雪庵尺五編『己亥歳旦』に載る。
¶江表(須摩女(山梨県))

須磨の方*(須摩方) すまのかた
元禄1(1688)年～正徳3(1713)年 [別]お須摩の方(おすまのかた)，深徳院(しんとくいん) 江戸時代中期の女性。徳川吉宗の側室。
¶徳将(深徳院 しんとくいん)

寿万宮*(寿満宮) すまのみや
安政6(1859)年～文久1(1861)年 江戸時代末期の女性。孝明天皇の第3皇女。
¶天皇(寿満宮 [生]安政6(1859)年3月20日 [没]文久1(1861)年5月1日)，幕末([生]安政6(1859)年3月22日 [没]文久1(1861)年5月1日)

すみ(1)
江戸時代前期の女性。瞽女。美濃久須美の与次右衛門の娘。初名、かつ。延宝2年久須美に戻り、す

みと改名。
¶江表(すみ(岐阜県))

すみ(2)
江戸時代中期の女性。和歌。横地正勢の娘。寛延1年刊、松風也軒編『渚の松』に載る。
¶江表(すみ(東京都))

すみ(3)
江戸時代中期の女性。散文・和歌。高本康連の妻。
¶江表(すみ(東京都) [没]明和8(1771)年頃)

すみ(4)
江戸時代中期の女性。俳諧。越後糸魚川の人。宝永6年刊、各務支考編『越の名残』に載る。
¶江表(すみ(新潟県))

すみ(5)
江戸時代後期の女性。俳諧。原町の人。文政期頃刊、月院社何丸編『俳諧男草紙』に載る。
¶江表(すみ(福島県))

すみ(6)
江戸時代後期の女性。教育。河内氏。
¶江表(すみ(東京都) [生]文化3(1806)年頃)

すみ(7)
江戸時代後期の女性。和歌。幕臣今井左衛門好之の妻。天保11年序、忍藩藩士加藤古風編の歌集「京極黄門定家卿六百回忌追福」に載る。
¶江表(すみ(東京都))

すみ(8)
江戸時代後期の女性。俳諧。武蔵保土ヶ谷連の人。寛政4年序、秋瓜編『ももとせ集』に載る。
¶江表(すみ(神奈川県))

すみ(9)
江戸時代後期の女性。俳諧。伊豆走湯の人。文化13年序、蟹殿洞々編『的申集』に載る。
¶江表(すみ(静岡県))

すみ(10)
江戸時代後期の女性。和歌。徳島藩士村田要庵基之の娘。父基之は奥御番医師を務める。
¶江表(すみ(徳島県))

寿美(1) **すみ**★
江戸時代後期の女性。教育。笹川義潔の母。
¶江表(寿美(東京都) [生]文化11(1814)年頃)

寿美(2) **すみ**★
江戸時代後期の女性。和歌。松代藩藩士真田勘解由の妻。寛政10年跋、藩主真田幸弘の六〇賀集「千とせの寿詞」に載る。
¶江表(寿美(長野県))

寿美(3) **すみ**★
江戸時代後期の女性。俳諧。加賀の人。文政7年序、雪貢ほか編、千代女五〇回忌追善集『後長月集』に載る。
¶江表(寿美(石川県))

寿美(4) **すみ**★
江戸時代後期の女性。俳諧。越前西袋の人。寛政8年刊、荒木為卜仙編『卯花筐』下に載る。
¶江表(寿美(福井県))

須美 **すみ**★
江戸時代後期の女性。画。駿河下石町の小林六兵衛の娘。『東海道人物志』の著作で知られる大須賀鬼卵の養女。
¶江表(須美(静岡県))

澄(1) **すみ**
江戸時代中期の女性。俳諧。享保2年刊、塩足市山ほか編『百曲』に載る。
¶江表(澄(長崎県))

澄(2) **すみ**★
江戸時代末期の女性。和歌。播磨飾磨の岡上氏。安政6年刊、秋元安民編『類題青藍集』に載る。
¶江表(澄(兵庫県))

澄江 **すみえ**★
江戸時代末期～明治時代の女性。和歌。備前岡山藩士児島復三郎徳増の娘。
¶江表(澄江(岡山県) [没]明治12(1879)年)

墨江武禅＊ **すみえぶぜん**
享保19(1734)年～文化3(1806)年 [別]墨江武禅(すみのえぶぜん) 江戸時代中期～後期の画家、彫金家。
¶美画(すみのえぶぜん [没]文化3(1806)年1月29日)

澄川拙三＊ **すみかわせつぞう**
天保13(1842)年～明治27(1894)年 江戸時代末期～明治時代の萩藩士。判事、検事を歴任。詩に長ず。
¶幕末([没]明治27(1894)年4月6日)

すみ子(1) **すみこ**★
江戸時代後期の女性。和歌。松代藩藩士竹村権左衛門安休の妻。寛政10年跋、藩主真田幸弘の六〇賀集「千とせの寿詞」に載る。
¶江表(すみ子(長野県))

すみ子(2) **すみこ**★
江戸時代後期の女性。和歌。播磨山崎藩藩士樽井宗俊の妻。弘化2年刊、加納諸平編『類題鰒玉集』五に載る。
¶江表(すみ子(兵庫県))

すみ子(3) **すみこ**★
江戸時代後期の女性。和歌。筑前福岡藩主黒田斉清の娘。
¶江表(すみ子(福岡県) [没]嘉永4(1851)年)

すみ子(4) **すみこ**★
江戸時代末期の女性。和歌。坂東氏。慶応3年刊、猿渡容盛編『類題新竹集』に載る。
¶江表(すみ子(埼玉県))

すみ子(5) **すみこ**★
江戸時代末期～明治時代の女性。和歌。黒沢氏。
¶江表(すみ子(秋田県) [没]明治5(1872)年)

スミ子 **すみこ**★
江戸時代末期の女性。教育。原田氏。私塾芝香堂を開業。
¶江表(スミ子(東京都))

隅子 **すみこ**★
江戸時代中期の女性。和歌。服部親因の母。元禄15年刊、竹内時安斎編『出雲大社奉納清地草』に載る。
¶江表(隅子(鳥取県))

珠梅子 **すみこ**
江戸時代後期の女性。和歌。建部六左衛門の母。嘉永3年刊、長沢伴雄編『類題鴨川次郎集』に載る。
¶江表(珠梅子(大阪府))

住子(1)　**すみこ★**
江戸時代後期の女性。和歌。備中笠岡の庄屋生長小十郎の娘。
¶江表（住子（岡山県）　[没]天保8（1837）年）

住子(2)　**すみこ★**
江戸時代後期の女性。和歌。長門長州藩下士入江某の娘。
¶江表（住子（山口県）　[生]弘化4（1847）年）

住子(3)　**すみこ★**
江戸時代末期の女性。和歌。西条藩藩士望月九八郎の母。安政1年序、半井梧庵編『鄙のてぶり』初に載る。
¶江表（住子（愛媛県））

淑子　**すみこ★**
江戸時代後期～明治時代の女性。和歌。京都の公家甘露寺国長の娘。
¶江表（淑子（島根県）　[生]文化10（1813）年　[没]明治19（1886）年）

純子　**すみこ★**
江戸時代後期の女性。和歌。江戸後期の儒学者林大学頭述斎の娘。文政4年の「詩仙堂募集和歌」に載る。
¶江表（純子（東京都））

須満子　**すみこ★**
江戸時代後期の女性。和歌。桐生の歌人書上勝智の妻。天保9年序、橘守部編『下蔭集』に載る。
¶江表（須満子（群馬県））

澄子(1)　**すみこ★**
江戸時代の女性。和歌。佐賀藩士諫早豊前守の室。明治29年刊、今泉蟹守編「西肥女房百歌撰」に載る。
¶江表（澄子（佐賀県））

澄子(2)　**すみこ★**
江戸時代の女性。和歌。竹原氏。明治4年刊、『不知火歌集』に載る。
¶江表（澄子（熊本県））

澄子(3)　**すみこ★**
江戸時代後期の女性。和歌。越前丸岡藩主有馬誉純の娘。寛政10年跋、真田幸弘の六〇賀集「千とせの寿詞」に載る。
¶江表（澄子（福井県））

澄子(4)　**すみこ★**
江戸時代後期の女性。和歌。美濃の人。弘化4年刊、清堂観尊編『たち花の香』に載る。
¶江表（澄子（岐阜県））

澄子(5)　**すみこ★**
江戸時代後期の女性。書。遠江掛川の山崎氏。享和3年刊、大須賀鬼卵著『東海道人物志』に載る。
¶江表（澄子（静岡県））

棲子　**すみこ**
江戸時代末期～明治時代の女性。漢詩。陸奥福島藩最後の藩主板倉勝達の娘。
¶江表（棲子（鹿児島県）　[没]明治19（1886）年）

淑子内親王*　**すみこないしんのう**
文政12（1829）年～明治14（1881）年10月3日　[別]桂宮淑子内親王（かつらのみやすみこないしんのう）江戸時代末期～明治時代の皇族。仁孝天皇第3皇女。桂宮家11代を相続。
¶天皇（[生]文政12（1829）年1月19日　[没]？），幕末（[生]文政12（1829）年1月19日）

純子内親王　**すみこないしんのう**
⇒純子内親王（じゅんしないしんのう）

鷲見春岳*　**すみしゅんがく**
文政5（1822）年～明治26（1893）年　江戸時代末期～明治時代の日本画家、勘定同心。四条派の画をよくし、春秋書画会を開く。
¶幕末（[没]明治26（1893）年6月24日），美画（[没]明治26（1893）年6月24日）

住女　**すみじょ★**
江戸時代中期の女性。和歌。大蔵半右衛門の妻。明和5年刊、石野広通編『霞関集』に載る。
¶江表（住女（東京都））

住田素鏡*　**すみたそきょう**
安永1（1772）年～弘化4（1847）年　[別]素鏡（そきょう）　江戸時代後期の俳人。
¶俳文（素鏡　そきょう　[没]弘化4（1847）年5月）

隅田団之丞*　**すみだだんのじょう**
文政2（1819）年～明治19（1886）年　江戸時代末期～明治時代の医師。開業のかたわら家塾を開き子弟を教育。
¶幕末（[没]明治19（1886）年8月）

墨田信俊　**すみだのぶとし**
安土桃山時代の織田信長の家臣。
¶織田（生没年不詳）

墨田信久　**すみだのぶひさ**
安土桃山時代の織田信長の家臣。
¶織田（生没年不詳）

住田又兵衛〔1代〕*　**すみだまたべえ，すみたまたべえ**
文化11（1814）年～文久1（1861）年　江戸時代後期の歌舞伎囃子方。
¶コン

住田又兵衛〔2代〕*　**すみたまたべえ，すみだまたべえ**
天保10（1839）年～明治36（1903）年11月1日　江戸時代末期～明治時代の歌舞伎囃子方。「駿河町の又兵衛」と呼ばれ、名人と称された。
¶コン（すみだまたべえ　[生]天保12（1841）年）

鷲見藤三郎　**すみとうざぶろう**
安土桃山時代の織田信長の家臣。
¶織田（生没年不詳）

清仁親王　**すみとしんのう**
⇒清仁親王（きよひとしんのう）

住友吉左衛門（――〔3代〕）　**すみともきちざえもん**
⇒住友友信（すみともとものぶ）

住友吉左衛門〔4代〕　**すみともきちざえもん**
⇒住友友芳（すみともともよし）

住友友信*　**すみともとものぶ**
正保4（1647）年～宝永3（1706）年　[別]住友吉左衛門，住友吉左衛門〔3代〕（すみともきちざえもん）　江戸時代前期～中期の豪商、銅山師。住友家3代。
¶コン（住友吉左衛門　すみともきちざえもん　[生]正保3（1646）年）

住友友以*　**すみともともち**
慶長12（1607）年～寛文2（1662）年　江戸時代前期の住友家2代、銅精錬・銅輸出商泉屋住友家の創業者。
¶コン

住友友芳* すみともともよし
寛文10(1670)年～享保4(1719)年 [別]住友吉左衛門〔4代〕(すみともきちざえもん) 江戸時代中期の鉱業家。豪商住友家の第4代。
¶コン

住友政友* すみともまさとも
天正13(1585)年～承応1(1652)年 江戸時代前期の住友家初代、涅槃宗の僧、のち還俗。
¶コン

住江松翁* すみのえしょうおう
寛政6(1794)年～元治1(1864)年 江戸時代末期の肥後熊本藩士。
¶幕末([没]元治1(1864)年7月25日)

住江甚兵衛* すみのえじんべえ
文政8(1825)年～明治9(1876)年 江戸時代末期～明治時代の熊本藩士。熊本藩勤王党急進派の中心となる。
¶幕末([没]明治9(1876)年10月12日)

住吉仲皇子 すみのえのなかつおうじ
⇒住吉仲皇子(すみのえのなかつみこ)

住吉仲皇子 すみのえのなかつのおうじ
⇒住吉仲皇子(すみのえのなかつみこ)

住吉仲皇子 すみのえのなかつのみこ
⇒住吉仲皇子(すみのえのなかつみこ)

住吉仲皇子* すみのえのなかつみこ
[別]住吉仲皇子(すみのえのなかつおうじ, すみのえのなかつのおうじ, すみのえのなかつのみこ) 上代の仁徳天皇の皇子。
¶古代,古物(すみのえのなかつのみこ),コン,天皇([生]? [没]仁徳87(399)年)

墨江武禅 すみのえぶぜん
⇒墨江武禅(すみえぶぜん)

角倉厳昭 すみのくらかねあき
江戸時代前期の嵯峨角倉家の祖。角倉了以の孫。
¶徳代([生]? [没]正保2(1645)年6月18日)

角倉玄遠 すみのくらげんえん
江戸時代末期～明治時代の嵯峨代官。
¶徳代([生]安政4(1857)年 [没]?)

角倉玄珍 すみのくらげんちん
江戸時代末期の嵯峨代官。
¶徳代([生]? [没]元治1(1864)年)

角倉玄寧* すみのくらげんねい
寛政12(1800)年～明治6(1873)年 江戸時代末期～明治時代の武士。愛陶家としても知られた。
¶徳代([生]? [没]明治6(1873)年1月22日)

角倉素庵* すみのくらそあん
元亀2(1571)年～寛永9(1632)年 [別]角倉玄之(すみのくらはるゆき), 角倉与一(すみのくらよいち) 安土桃山時代～江戸時代前期の京都の豪商、文化人。
¶浮絵,コン,対外,徳人(角倉玄之 すみのくらはるゆき),徳代(角倉玄之 すみのくらはるゆき [没]寛永9(1632)年6月22日)

角倉宗恂 すみのくらそうじゅん
⇒吉田宗恂(よしだそうじゅん)

角倉玄篤 すみのくらはるあつ
享保1(1716)年～延享2(1745)年 江戸時代中期の幕臣。
¶徳人,徳代([没]延享2(1745)年7月11日)

角倉玄懐 すみのくらはるかね
江戸時代前期～中期の京都代官、淀川過書船支配。
¶徳代([生]貞享3(1686)年 [没]元文1(1736)年11月6日)

角倉玄恒 すみのくらはるつね
江戸時代前期～中期の京都代官、淀川過書船支配。
¶徳代([生]万治3(1660)年 [没]元禄4(1691)年閏8月20日)

角倉玄寿 すみのくらはるなが
江戸時代中期～後期の京都代官、淀川過書船支配。
¶徳代([生]享保18(1733)年 [没]享和2(1802)年8月)

角倉玄信 すみのくらはるのぶ
江戸時代中期～後期の嵯峨代官。
¶徳代([生]安永1(1772)年 [没]天保11(1840)年?)

角倉玄紀* すみのくらはるのり
文禄3(1594)年～天和1(1681)年 江戸時代前期の京都の豪商。
¶コン,徳代([没]延宝9(1681)年2月12日)

角倉玄匡 すみのくらはるまさ
江戸時代中期～後期の京都代官、淀川過書船支配。
¶徳代([生]明和3(1766)年 [没]文化3(1806)年4月16日)

角倉玄通 すみのくらはるみち
江戸時代前期～中期の京都代官、淀川過書船支配。
¶徳代([生]寛永16(1639)年 [没]宝永5(1708)年4月26日)

角倉玄之 すみのくらはるゆき
⇒角倉素庵(すみのくらそあん)

角倉玄義 すみのくらはるよし
江戸時代中期の京都代官、淀川過書船支配。
¶徳代([生]享保13(1728)年 [没]宝暦3(1753)年7月27日)

角倉与一 すみのくらよいち
⇒角倉素庵(すみのくらそあん)

角倉了以* すみのくらりょうい
天文23(1554)年～慶長19(1614)年 [別]吉田了以(よしだりょうい) 安土桃山時代～江戸時代前期の京都の豪商。河川開墾土木工事の大家、朱印船貿易家。
¶コン,全戦,対外,徳将,山小([没]1614年7月12日)

炭太祇 すみのたいぎ
⇒炭太祇(たんたいぎ)

素美林 すみばやし★
江戸時代末期の女性。俳諧。入善の人。文久4年刊、太田木甫編『荒磯集』に載る。
¶江表(素美林(富山県))

炭焼小五郎* すみやきこごろう
大分県の長者伝説の主人公。
¶コン

住谷悌之介* すみやていのすけ
天保9(1838)年～文久1(1861)年 江戸時代末期の水戸藩士。
¶幕末([没]文久1(1861)年11月4日)

住谷寅之介*(住谷寅之助) すみやとらのすけ
文政1(1818)年～慶応3(1867)年 [別]加藤於菟之介, 加藤於菟之助(かとうおとのすけ), 小場源介(こばげんすけ), 住谷信順(すみやのぶより) 江戸時代末期の尊攘派水戸藩士。坂下門外の変に関与。

¶コン（住谷寅之助），全幕（住谷寅之助），幕末（[没]慶応3（1867）年6月13日）

住谷信順　すみやのぶより
⇒住谷寅之介（すみやとらのすけ）

住吉具慶*　すみよしぐけい
寛永8（1631）年～宝永2（1705）年　[別]具慶（ぐけい），住吉広澄（すみよしひろずみ）　江戸時代前期～中期のやまと絵系の画家。如慶広通の長男。
¶浮絵，コン，徳人，美画（[没]宝永2（1705）年4月3日），山小（[没]1705年4月3日）

す

住吉慶恩*　すみよしけいおん
鎌倉時代前期の画家。慶忍と混同されてきた。
¶コン（生没年不詳），美画（生没年不詳）

住吉如慶*　すみよしじょけい
慶長4（1599）年～寛文10（1670）年　[別]住吉広通（すみよしひろみち）　江戸時代前期の画家。佐吉派の祖。
¶浮絵（[生]慶長3（1598）年），コン，植物（[没]寛文10（1670）年6月2日），美画（[没]寛文10（1670）年6月2日），山小（[没]1670年6月2日）

住吉綱主*　すみよしのつなぬし
天平1（729）年～延暦24（805）年　奈良時代～平安時代前期の官人。
¶古人

住吉広賢*　すみよしひろかた
天保6（1835）年～明治16（1883）年　江戸時代後期～明治時代の日本画家。フェノロサの日本美術研究に協力。
¶美画（[没]明治16（1883）年5月30日）

住吉広澄　すみよしひろずみ
⇒住吉具慶（すみよしぐけい）

住吉弘貫*（住吉広貫）　すみよしひろつら
寛政5（1793）年～文久3（1863）年　江戸時代末期の画家。住吉広行の次男。住吉家の7代。幕府の御用絵師。
¶コン，幕末（[没]文久3（1863）年7月22日），美画（[没]文久3（1863）年7月22日）

住吉広通　すみよしひろみち
⇒住吉如慶（すみよしじょけい）

住吉広守*　すみよしひろもり
宝永2（1705）年～安永6（1777）年　江戸時代中期の画家。住吉広保の次男。
¶コン，美画（[没]安永6（1777）年10月21日）

住吉広行*　すみよしひろゆき
宝暦5（1755）年～文化8（1811）年　江戸時代中期～後期の画家。4代広守の高弟板谷桂舟広当の長子、住吉5代。
¶徳人，美画（[没]文化8（1811）年8月6日）

すみれ
江戸時代中期の女性。俳諧。能登阿部屋の人。明和2年刊、河合見風編、追善集『霞かた』に載る。
¶江表（すみれ（石川県））

寿美礼*　すみれ
文化5（1808）年10月～天保8（1837）年7月11日　江戸時代後期の女性。歌人。
¶江表（寿美礼（千葉県））

すむ子　すむこ★
江戸時代後期の女性。和歌。吉田の人。「三十番歌合」に載る。
¶江表（すむ子（愛媛県））

澄子　すむこ
江戸時代末期の女性。和歌。美作津山藩江戸藩邸中奥医師井岡友仙の母。安政7年跋、蜂屋光世編『大江戸倭歌集』に載る。
¶江表（澄子（岡山県））

寿免　すめ
江戸時代中期～末期の女性。和歌・狂歌・書・画・茶道。四つ屋町の小笠原流礼法師範神保忠右衛門の娘。
¶江表（寿免（群馬県）　[生]天明7（1787）年　[没]安政1（1854）年）

修明門院　すめいもんいん
⇒修明門院（しゅめいもんいん）

須免方　すめのかた
⇒お須免の方（おすめのかた）

図森一道　ずもりかずみち
江戸時代の和算家。
¶数学

陶山庄右衛門　すやましょうえもん
⇒陶山鈍翁（すやまどんおう）

陶山善四郎*　すやまぜんしろう
文政4（1821）年～＊　江戸時代末期～明治時代の越後長岡藩校崇徳館都講。
¶幕末（[没]明治13（1880）年1月3日）

陶山訥庵　すやまとつあん
⇒陶山鈍翁（すやまどんおう）

陶山鈍翁*　すやまどんおう
明暦3（1657）年11月28日～享保17（1732）年　[別]陶山庄右衛門（すやましょうえもん），陶山訥庵（すやまとつあん）　江戸時代前期～中期の儒学者。
¶江人，コン，植物（[没]享保17（1732）年6月24日）

すよ子　すよこ★
江戸時代末期の女性。和歌。幕臣、交代寄合生駒大内蔵親敬の妻。安政7年跋、蜂屋光世編『大江戸倭歌集』に載る。
¶江表（すよ子（東京都））

修理*　すり
生没年不詳　平安時代前期の女房・歌人。
¶古人

駿河*(1)　するが
生没年不詳　平安時代前期の女房・歌人。
¶古人

駿河(2)　するが
⇒祐子内親王家駿河（ゆうしないしんのうけのするが）

駿河清重*　するがきよしげ
？～文治5（1189）年　[別]駿河清重（するがのきよしげ）　鎌倉時代前期の武士。
¶古人（するがのきよしげ　[没]1189年？）

駿河御前(1)　するがごぜん
⇒朝日方（あさひのかた）

駿河御前(2)　するがごぜん
⇒築山殿（つきやまどの）

駿河大納言(1)　するがだいなごん
⇒徳川家康(とくがわいえやす)

駿河大納言(2)　するがだいなごん
⇒徳川忠長(とくがわただなが)

駿河内親王　するがないしんのう
⇒駿河内親王(するがのないしんのう)

駿河清重　するがのきよしげ
⇒駿河清重(するがきよしげ)

駿河内親王*　するがのないしんのう
延暦20(801)年～弘仁11(820)年　[別]駿河内親王(するがないしんのう)　平安時代前期の女性。桓武天皇の皇女。
¶古人(するがないしんのう), 天皇([没]弘仁11(820)年6月20日)

諏方　すわ
安土桃山時代の諏訪大社社家衆。信濃国諏訪郡の人。
¶武田(生没年不詳)

須和　すわ
⇒阿茶局(あちゃのつぼね)

諏訪伊助*　すわいすけ
天保4(1833)年～明治32(1899)年　江戸時代末期～明治時代の会津藩家老、教育者。廃藩後、藩校日新館の復興を企画、士族子弟の教育を果たし、私立会津中学校の創立に継承された。
¶幕末([没]明治32(1899)年6月7日)

諏方伊豆守　すわいずのかみ
安土桃山時代の信濃国諏方氏の一族。諏訪大社上社の有力社家衆。
¶武田([生]?　[没]天正10(1582)年3月)

諏訪市二郎*(諏訪市次郎)　すわいちじろう
?～慶応4(1868)年1月5日　江戸時代後期～末期の新撰組隊士。
¶新隊(諏訪市次郎　[没]明治1(1868)年1月5日)

諏方伊予守　すわいよのかみ
安土桃山時代の諏訪大社社家衆。信濃国諏訪郡の人。
¶武田(生没年不詳)

諏方采女正　すわうねめのじょう
安土桃山時代の信濃国諏方氏の一族。諏訪頼豊の子。
¶武田([生]?　[没]天正10(1582)年4月)

諏方越後守　すわえちごのかみ
安土桃山時代の諏訪大社社家衆。信濃国諏訪郡の人。
¶武田(生没年不詳)

諏方右衛門尉　すわえもんのじょう
戦国時代の武田氏の家臣、信濃国諏訪郡尾口郷の人。
¶武田(生没年不詳)

諏方勘解由左衛門尉　すわかげゆざえもんのじょう
安土桃山時代の諏訪大社社家衆。信濃国諏訪郡の人。
¶武田(生没年不詳)

諏方主計佑　すわかずえのすけ
安土桃山時代の諏訪大社社家衆。信濃国諏訪郡の人。
¶武田(生没年不詳)

諏訪兼利の妻　すわかねとしのつま⋆
江戸時代前期の女性。和歌。薩摩藩藩士諏訪兼利の妻。
¶江表(諏訪兼利の妻(鹿児島県))

諏訪兼利の娘　すわかねとしのむすめ⋆
江戸時代後期の女性。和歌。薩摩藩藩士諏訪兼利の娘。文政11年序、川畑篤実編「松操和歌集」に載る。
¶江表(諏訪兼利の娘(鹿児島県))

諏方勘七郎　すわかんしちろう
安土桃山時代の諏訪大社社家衆。信濃国諏訪郡の人。
¶武田(生没年不詳)

諏訪喜智子*　すわきちこ
文政2(1819)年～明治40(1907)年　江戸時代末期～明治時代の会津藩士の子、瓜生会会津支部長。戊辰戦争の際、若松城中の女子の総取締に任じられる。
¶江表(喜智(福島県)), 幕末([没]明治40(1907)年4月4日)

諏方久三　すわきゅうぞう
安土桃山時代の信濃国小県郡屋代の人。屋代氏の家臣。
¶武田(生没年不詳)

諏方刑部右衛門尉　すわぎょうぶえもんのじょう
安土桃山時代の諏訪大社社家衆。信濃国諏訪郡の人。
¶武田(生没年不詳)

諏方刑部丞　すわぎょうぶのじょう
安土桃山時代の武士。信濃国諏訪郡の人。高遠衆。
¶武田([生]?　[没]天正10(1582)年4月)

諏方宮内左衛門尉　すわくないざえもんのじょう
戦国時代～安土桃山時代の諏訪大社社家衆。信濃国諏訪郡の人。
¶武田(生没年不詳)

諏方賢聖　すわけんしょう
戦国時代の諏訪仏法寺の僧。信濃国諏訪郡の人物。諏方満隆の子。
¶武田(生没年不詳)

諏方源二郎　すわげんじろう
安土桃山時代の武田氏の家臣。
¶武田([生]?　[没]天正10(1582)年2月)

すわ子(1)　すわこ⋆
江戸時代後期の女性。和歌。土佐藩の奥女中。文政4年、高岡郡新居村の庄屋細木庵常の四○賀に短冊を寄せる。
¶江表(すわ子(高知県))

すわ子(2)　すわこ⋆
江戸時代後期～末期の女性。和歌。京都の大溝与兵衛の娘。
¶江表(すわ子(長野県)　[生]享和3(1803)年　[没]慶応2(1866)年)

寿和子　すわこ⋆
江戸時代の女性。和歌。岡内氏。明治14年刊、寺田成美編『猴冠集』三に載る。
¶江表(寿和子(高知県))

諏訪御寮人*(諏訪御料人)　すわごりょうにん
?～弘治1(1555)年　[別]諏訪御寮人(すわのごりょ

す

うにん），武田勝頼母（たけだかつよりはは），武田晴信側室（たけだはるのぶそくしつ）　戦国時代の女性。武田信玄の側室。
¶全戦，武田（武田晴信側室　たけだはるのぶそくしつ　[没]弘治1（1555）年11月6日）

諏方宰相　すわさいしょう
安土桃山時代の上野国衆松井田諏方氏一族？
¶武田（生没年不詳）

諏方佐渡守　すわさどのかみ
戦国時代の屋代氏の家臣。信濃国小県郡屋代の人。
¶武田（生没年不詳）

す

諏訪三郎兵衛*　すわさぶろべえ
生没年不詳　江戸時代後期の駿河沼津藩士。
¶織田

諏訪司山*　すわしざん
文政1（1818）年～明治2（1869）年　江戸時代末期の越後長岡藩士。
¶幕末（[没]明治2（1869）年2月13日）

諏訪十郎*　すわじゅうろう
生没年不詳　安土桃山時代の織田信長の家臣。
¶織田

諏訪春山　すわしゅんざん
江戸時代後期～大正時代の彫刻家。
¶美建（[生]嘉永1（1848）年　[没]大正7（1918）年4月18日）

諏方春芳　すわしゅんぽう
戦国時代～安土桃山時代の武田家蔵前衆。諏訪高島城下の商人。
¶武田（生没年不詳）

すわ女　すわじょ★
江戸時代末期の女性。俳諧。東新町の道具屋小林賢治の娘。安政4年成立、日々庵半山選上田市上塩尻の「座摩神社奉額句合」に載る。
¶江表（すわ女（長野県））

諏訪真性*　すわしんしょう
生没年不詳　鎌倉時代の信濃国御家人。北条3代に仕えた得宗被官。
¶コン

諏訪甚六*　すわじんろく
文政12（1829）年～明治31（1898）年　[別]島津伊勢（しまづいせ）　江戸時代後期～明治時代の武士。
¶コン（島津伊勢　しまづいせ），幕末（[生]文政12（1829）年10月8日　[没]明治31（1898）年8月19日）

諏方清三　すわせいぞう
戦国時代の信濃国諏訪郡の人。
¶武田（生没年不詳）

諏訪蘇山〔1代〕　すわそざん
江戸時代後期～大正時代の陶芸家。
¶美工（[生]嘉永5（1852）年5月25日　[没]大正11（1922）年2月8日）

諏訪大四郎*　すわだいしろう
*～明治2（1869）年　江戸時代末期の陸奥会津藩家老。
¶幕末（[生]？　[没]明治2（1869）年7月23日）

諏方（金刺）堯存　すわたかあり
安土桃山時代の武田氏の家臣、信濃国諏訪郡諏訪大社下社大祝。
¶武田（生没年不詳）

諏方内匠助　すわたくみのすけ
安土桃山時代の諏訪大社社家衆。信濃国諏訪郡の人。
¶武田（生没年不詳）

諏訪忠晴*　すわただはる
寛永16（1639）年～元禄8（1695）年3月2日　江戸時代前期の大名。信濃高島藩主。
¶コン

諏訪忠誠*　すわただまさ
文政4（1821）年～明治31（1898）年　江戸時代末期～明治時代の高島藩主、芝東照宮・芝大神宮祠官。
¶全幕，幕末（[生]文政4（1821）年5月8日　[没]明治31（1898）年2月19日）

諏方主税助　すわちからのすけ
戦国時代の信濃国諏訪郡の人。
¶武田（生没年不詳）

諏訪常吉*　すわつねきち
天保4（1833）年～明治2（1869）年　江戸時代末期の陸奥会津藩士。
¶幕末（[没]明治2（1869）年5月16日）

諏方藤七郎　すわとうしちろう
戦国時代の諏訪大社社家衆。信濃国諏訪郡の人。
¶武田（生没年不詳）

諏方藤三　すわとうぞう
安土桃山時代の諏訪大社社家衆。信濃国諏訪郡の人。
¶武田（生没年不詳）

諏方（金刺）豊保　すわとよやす
戦国時代の武田氏の家臣、諏訪大社下社大祝。
¶武田（生没年不詳）

諏方虎寿丸　すわとらじゅまる
安土桃山時代の諏訪大社社家衆。信濃国諏訪郡の人。
¶武田（生没年不詳）

諏方虎千世　すわとらちよ
安土桃山時代の諏訪大社社家衆。信濃国諏訪郡の人。
¶武田（生没年不詳）

諏訪御寮人　すわのごりょうにん
⇒諏訪御寮人（すわごりょうにん）

諏訪八郎*　すわはちろう
？～明治5（1872）年　江戸時代末期～明治時代の加賀藩士。
¶幕末（[没]明治4（1872）年12月12日）

諏訪飛驒守*　すわひだのかみ
？～天正10（1582）年6月13日　戦国時代～安土桃山時代の織田信長の家臣。
¶織田

諏訪部大炊左衛門尉　すわべおおいざえもんのじょう
安土桃山時代の甲斐国河内谷の土豪。穴山家臣。
¶武田（生没年不詳）

諏訪部定勝*　すわべさだかつ
天文5（1536）年～天正16（1588）年　安土桃山時代の武士。後北条氏家臣。
¶後北（定勝〔諏訪部〕　さだかつ　[没]天正16年12月7日）

諏訪部定吉　すわべさだよし
安土桃山時代～江戸時代前期の北条氏直・徳川家康の家臣。定勝の嫡男。
¶後北（定吉〔諏訪部〕　さだよし　[没]寛文3年）

諏訪部三郎左衛門尉　すわべさぶろうざえもんのじょう
戦国時代の甲斐国巨摩郡南部の土豪。穴山家臣。
¶武田（生没年不詳）

諏訪部信五郎　すわべしんごろう
江戸時代後期～末期の幕臣。
¶幕末（[生]嘉永3（1850）年　[没]明治1（1868）年11月21日）

諏訪部助右衛門尉　すわべすけえもんのじょう
安土桃山時代の甲斐国河内谷の土豪。
¶武田（[生]？　[没]天正3（1575）年5月21日）

諏訪部善三　すわべぜんぞう
安土桃山時代の駿河国の土豪。
¶武田（生没年不詳）

諏訪部惣右衛門*　すわべそうえもん
生没年不詳　戦国時代の武士。後北条氏家臣。
¶後北（定次〔諏訪部〕　さだつぐ）

諏訪部惣兵衛尉　すわべそうひょうえのじょう
戦国時代～安土桃山時代の武田氏家臣。
¶武田（生没年不詳）

諏訪部成定　すわべなりさだ
江戸時代前期～中期の幕臣。
¶徳人（[生]1628年　[没]1697年）

諏訪部政義　すわべまさよし
安土桃山時代の駿河国の土豪。
¶武田（[生]？　[没]天正9年）

諏訪部又三郎　すわべまたさぶろう
戦国時代の甲斐国河内谷の土豪。穴山家臣。
¶武田（生没年不詳）

諏訪部又六郎　すわべまたろくろう
戦国時代の武田氏の家臣。
¶武田（生没年不詳）

諏訪部百代　すわべももよ
安土桃山時代の駿河国の土豪。諏訪部藤七郎政義の子。
¶武田（生没年不詳）

諏訪三河守*　すわみかわのかみ
生没年不詳　戦国時代の武士。後北条氏家臣。
¶後北（三河守〔諏訪〕　みかわのかみ）

諏方満茂　すわみつしげ
戦国時代の諏方高遠氏の家臣。信濃国伊那郡高遠の人。
¶武田（生没年不詳）

諏訪満隆*（諏方満隆）　すわみつたか
？～天文15（1546）年8月28日　戦国時代の信濃国諏訪氏の一族。
¶武田（諏方満隆）

諏訪満隣*（諏方満隣）　すわみつちか
生没年不詳　戦国時代の信濃国諏訪氏の一族。
¶全戦，武田（諏方満隣）

諏訪盛重*　すわもりしげ
生没年不詳　鎌倉時代の武士、北条氏御内人。
¶コン

諏方弥左衛門尉　すわやざえもんのじょう
戦国時代の信濃国諏訪郡の人。武田氏に訴えた社家衆のひとり。
¶武田（生没年不詳）

諏訪好和*　すわよしかず
嘉永1（1848）年～＊　江戸時代末期～明治時代の長門長府藩士。
¶幕末（[生]嘉永5（1848）年1月7日　[没]昭和12（1937）年11月16日）

諏方与七郎　すわよしちろう
戦国時代の武士。上野国衆松井田諏方氏の一族か。上杉謙信に従属し、与七郎を人質にす。
¶武田（生没年不詳）

諏方（金刺）善政　すわよしまさ
戦国時代の武田氏の家臣、諏訪大社下社竹居祝。
¶武田（生没年不詳）

諏訪頼篤　すわよりあつ
江戸時代前期～中期の幕臣。
¶徳人（[生]1661年　[没]1753年）

諏訪頼蔭　すわよりかげ
江戸時代前期～中期の幕臣。
¶徳人（[生]1643年　[没]1725年）

諏訪頼重*（1）　すわよりしげ
？～建武2（1335）年　鎌倉時代後期～南北朝時代の武将。宗経の子。
¶中世，内乱，室町

諏訪頼重*（2）　すわよりしげ
永正13（1516）年～天文11（1542）年　戦国時代の信濃国の武将。
¶コン（[生]？），全戦，室町

諏方頼重室（諏訪頼重室）　すわよりしげしつ
⇒ねゝ御料人（ねねごりょうにん）

諏訪頼忠*（諏方頼忠）　すわよりただ
天文5（1536）年～慶長10（1605）年　安土桃山時代の武将、大名。信濃国高島藩主、満隣の子。
¶コン（[没]慶長11（1606）年），全戦（[没]慶長11（1606）年），武田（諏方頼忠　[没]慶長11（1606）年8月11日）

諏方頼辰　すわよりたつ
安土桃山時代の武田氏の家臣。
¶武田（[生]？　[没]天正3（1575）年3月2日）

諏訪頼継*　すわよりつぐ
？～天文21（1552）年　[別]高遠頼継（たかとおよりつぐ）　戦国時代の武将、紀伊守。
¶コン，全戦（高遠頼継　たかとおよりつぐ），武田（諏方（高遠）頼継　[没]天文21（1552）年1月27日？/8月16日）

諏訪頼豊*（諏方頼豊）　すわよりとよ
？～天正10（1582）年　安土桃山時代の武士。武田氏家臣。
¶武田（諏方頼豊　[没]天正10（1582）年3月）

諏訪頼水*　すわよりみず
元亀1（1570）年～寛永18（1641）年　安土桃山時代～江戸時代前期の大名。上野総社藩主、信濃高島藩主。
¶コン

諏方頼途　すわよりみち
安土桃山時代の諏訪大社社家衆。信濃国諏訪郡の人。

¶武田(生没年不詳)

諏訪頼満*　すわよりみつ

文明12(1480)年～*　戦国時代の武士。

¶全戦(㊐文明5(1473)年　㊁天文8(1539)年),室町(生没年不詳)

諏方頼運　すわよりゆき

戦国時代の諏訪大社社家衆。信濃国諏訪郡の人。

¶武田(生没年不詳)

須原屋伊八*　すわらやいはち

世襲名　江戸時代中期～後期の出版人、青藜閣(須伊)主人。

¶出版(生没年不詳)

須原屋茂兵衛　すわらやもへえ

⇒須原屋茂兵衛(すはらやもへえ)

俊恵　すんえ

⇒俊恵(しゅんえ)

寸松庵　すんしょうあん

⇒佐久間真勝(さくまさねかつ)

寸長　すんちょう

⇒片山寸長(かたやますんちょう)

寸木*　すんぼく

正保4(1647)年～正徳5(1715)年　江戸時代前期～中期の俳人。

¶,俳文(㊁正徳5(1715)年4月28日)

新訂増補 人物レファレンス事典

古代・中世・近世編 III (2007-2016) あ～す

2018 年 1 月 25 日　第 1 刷発行

発 行 者／大高利夫
編集・発行／日外アソシエーツ株式会社
　　　　　　〒140-0013 東京都品川区南大井 6-16-16 鈴中ビル大森アネックス
　　　　　　電話 (03)3763-5241 (代表)　FAX(03)3764-0845
　　　　　　URL　http://www.nichigai.co.jp/
発 売 元／株式会社紀伊國屋書店
　　　　　　〒163-8636 東京都新宿区新宿 3-17-7
　　　　　　電話 (03)3354-0131 (代表)
　　　　　　ホールセール部 (営業) 電話 (03)6910-0519

　　　　　　電算漢字処理／日外アソシエーツ株式会社
　　　　　　印刷・製本／株式会社平河工業社

　　　　　　不許複製・禁無断転載　　　　　　　《中性紙三菱クリームエレガ使用》
　　　　　　〈落丁・乱丁本はお取り替えいたします〉
　　　　　　ISBN978-4-8169-2697-6　　　　**Printed in Japan, 2018**

本書はディジタルデータでご利用いただくことが
できます。詳細はお問い合わせください。

21世紀 世界人名典拠録　欧文名

B5・2,200頁（3分冊）　セット定価（本体70,000円＋税）　2017.7刊

外国人名の正確な表記と読みを確認できる人名典拠録。現代の政治家、経済人、作家、学者、ジャーナリスト、芸術家、俳優、スポーツ選手等10.3万人を収録。国籍や職業、別表記なども併載、簡易人名事典としても利用できる。本文は原綴りのアルファベット順、索引では異表記を含むすべてのカタカナ表記から検索できる。

地名でたどる郷土の歴史
―地方史誌にとりあげられた地名文献目録

飯澤文夫 監修　B5・1,240頁　定価（本体18,500円＋税）　2017.12刊

2000～2014年に日本各地の地方史研究雑誌・地域文化誌に発表された「土地」の歴史に関する文献6.4万点を収録した文献目録。市区町村、旧国・藩、山、川、施設名など、2.2万の地名から引くことができる。

日本全国 歴史博物館事典

A5・630頁　定価（本体13,500円＋税）　2018.1刊

日本全国の歴史博物館・資料館・記念館など275館を収録した事典。全館にアンケート調査を行い、沿革・概要、展示・収蔵、事業、出版物・グッズ、館のイチ押しなどの最新情報のほか、外観・館内写真、展示品写真を掲載。

民俗風俗 図版レファレンス事典

民俗事典、風俗事典、民具事典、生活・文化に関する事典、祭礼・芸能・行事事典、図集・図説・写真集に掲載された日本各地・各時代の民俗・風俗に関する写真や図を探すことができる図版索引。郷土の祭礼、民俗芸能、年中行事、衣食住や生産・生業、信仰、人の一生にまつわることなどに関する写真や図の掲載情報がわかる。図版の掲載頁および写真/図、カラー/白黒の区別、文化財指定、地名、所蔵、行事等の実施時期、作画者、出典、撮影者、撮影年代などを記載。

古代・中世・近世篇
B5・1,110頁　定価（本体46,250円＋税）　2016.12刊

衣食住・生活篇
B5・1,120頁　定価（本体45,000円＋税）　2015.11刊

祭礼・年中行事篇
B5・770頁　定価（本体45,000円＋税）　2015.6刊

データベースカンパニー
日外アソシエーツ

〒140-0013　東京都品川区南大井6-16-16
TEL.(03)3763-5241　FAX.(03)3764-0845　http://www.nichigai.co.jp/

収録事典一覧

略号	書　名	出版者	刊行年月
浮絵	浮世絵大事典	東京堂出版	2008.6
江人	江戸時代人名控1000	小学館	2007.10
江表	江戸期おんな表現者事典	現代書館	2015.2
大坂	大坂の陣豊臣方人物事典	宮帯出版社	2016.12
織田	織田信長家臣人名辞典 第2版	吉川弘文館	2010.11
科学	事典 日本の科学者―科学技術を築いた5000人	日外アソシエーツ	2014.6
歌大	最新 歌舞伎大事典	柏書房	2012.7
眼医	眼科医家人名辞書	思文閣	2006.11
公卿	公卿人名大事典 普及版	日外アソシエーツ	2015.10
公家	公家事典	吉川弘文館	2010.3
古人	日本古代人名辞典	東京堂出版	2009.12
古代	日本古代氏族人名辞典 普及版	吉川弘文館	2010.11
古物	日本古代史人物事典	KADOKAWA	2014.2
後北	後北条氏家臣団人名辞典	東京堂出版	2006.9
コン	コンサイス日本人名事典 第5版	三省堂	2009.1
詩作	詩歌作者事典	鼎書房	2011.11
思想	日本思想史辞典	山川出版社	2009.4
出版	出版文化人物事典―江戸から近現代・出版人1600人	日外アソシエーツ	2013.6
植物	植物文化人物事典―江戸から近現代・植物に魅せられた人々	日外アソシエーツ	2007.4
女史	日本女性史大辞典	吉川弘文館	2008.1
女文	日本女性文学大事典	日本図書センター	2006.1
新歌	新版 歌舞伎事典	平凡社	2011.3
新隊	新選組隊士録	新紀元社	2011.12